DEUTSCHE
STANDARDS

Mit herzlichem Dank für eine engagierte und konstruktive Unterstützung an den
Beirat der Deutschen Standards:

Dipl. Kfm. Michael Beckel (Vorsitz)

Jean-Remy von Matt (Jung von Matt)

Prof. Dr. Dr. h.c. mult. Heribert Meffert

Dr. Antonella Mei-Pochtler (The Boston Consulting Group)

Wolfgang Momberger (Momberger's BrandNet)

Manfred Schüller (Publicis)

DEUTSCHES MARKEN LEXIKON

Herausgeber
Dr. Florian Langenscheidt

Chefredakteur
Olaf Salié

Projektleitende Redakteure
Steffen Heemann, Cläre Stauffer

Redaktion
Daniel Bergs, Anna Jacobsen, Dr. Manfred Luckas, Peter Neuhaus, Armin Scheid, Matthias Walbroel

Redaktionsassistenz
Christian Bathen, Holger Beßlich, Anette Ehrenstein, Dagmar Fernholz, Cora Finner, Boris Hofferbert, Michael Hoi, Sebastian Laule, Henning Röhr

Business Relations Management
Nadine Beys-Döhring, Isa Falckenberg-Hetzer, Kristina Reinbothe

Design
Stefan Laubenthal

Satz
A-Z Satztechnik GmbH, Mannheim

Mit Texten von
Christian Bathen, Daniel Bergs, Rebecca Bergs, Amelie Endruweit, Steffen Ermisch, Cora Finner, Henrik Flor (Literaturtest), Roland Große Holtforth (Literaturtest), Steffen Heemann, Jork Herrmann, Stephanie A. Hiller, Boris Hofferbert, Michael Hoi, Anna Jacobsen, Tim Kanning, Karina Klohs, Gerold Kruth, Stefanie Kuhne, Lotte Lehmbruck, Sebastian Lorenz, Dr. Manfred Luckas, Stefan Mauer, Jahel Mielke, Peter Neuhaus, Wiebke Pilz, Alexander Rein, Jutta Riedel, Franziska Roscher, Armin Scheid, Cosima Scholz, Dr. Gregor Schuhen, Cläre Stauffer, Elena Stein, Holger Sweers, Oliver Tissen, Mathias Voigt (Literaturtest), Julian von Heyl, Matthias Walbroel, Stefan Wolf u. a.

Prof. Dr. Ulrich Lehner,
Vorsitzender der
Geschäftsführung der
Henkel KGaA

Marken faszinieren, weil sie mit ihren Käufern kommunizieren, weil sie Qualität versprechen und dieses Versprechen einhalten. Weil sie ihren Käufern Sicherheit bieten und Vertrauen erwecken.

Marken faszinieren, weil sie – wie Leuchttürme – in der vielfältigen, schwer überschaubaren Warenwelt moderner Industriegesellschaften, besonders aber in den aufstrebenden Schwellenländern, Richtung weisen und Orientierung und Differenzierung bieten.

Marken faszinieren, weil sie aus Gegenständen lebendige Produktpersönlichkeiten machen, zu denen ihre Käufer über die Produktzufriedenheit hinaus emotional geprägte Bindungen entwickeln.

Marken faszinieren, weil sie, wenn sie gut geführt sind, verbinden, was eigentlich unvereinbar scheint: jugendliche Kraft und Attraktion mit solider Tradition und langjähriger Existenz. Erfolgreiche Marken müssen ständig den Widerspruch zwischen Stetigkeit und Veränderung auflösen.

Marken faszinieren, weil sich in ihnen die Leidenschaft, die Kompetenz und die Werte des produzierenden Unternehmens widerspiegeln.

Marken faszinieren, weil sie Produkte mit Glanz und Prestige ausstatten, weil sie Begehrlichkeit wecken und ihren Herstellern ein persönliches Gesicht geben.

Marken faszinieren, weil ihre Käufer mit ihnen ihre Persönlichkeit ausdrücken oder verändern können.

Marken faszinieren, weil sie in der globalisierten Welt Synonyme für gesellschaftliche Entwürfe darstellen, die für Millionen Menschen in der Welt als attraktiv und wünschenswert empfunden werden.

Marken faszinieren, weil sie untrennbar mit Innovation und Fortschritt verbunden sind. Es sind schließlich die Marken, die in ihren jeweiligen Produktsegmenten den State of the Art, die Benchmark verkörpern, an der sich Kunden orientieren. Das gilt für Unternehmens- oder Dachmarken wie für Produktmarken in exakt der gleichen Weise.

Nur ein starkes Produkt macht eine starke Marke: Die Marke verspricht, das Produkt löst das Versprechen ein.

Marken stellen mit der kontinuierlichen und systematischen Suche nach Leistungsvorsprüngen auch ein wesentliches Element unserer heutigen Wissensgesellschaft dar. Das bestimmt ihre Funktion als Wachstums- und Innovationstreiber.

Voraussetzung freilich ist, dass Markenprodukte ihre Käufer nicht enttäuschen. Denn gerade bei den großen, traditionsreichen Marken reagieren die Käufer verletzt und fast gekränkt, wenn ihre Erwartungen nicht erfüllt werden. Dabei werden Marken und die dahinter stehenden Leistungen von vielen Verbrauchern als etwas Selbstverständliches angesehen.

In dieser Selbstverständlichkeit liegt die Gefahr für die Markenmacher, unsensible und fahrlässige Eingriffe in ihrer Tragweite für die Marke zu unter-

schätzen. Marken sind immer ein Angebot. Erst wenn dieses Angebot von den Verbrauchern angenommen wird, entsteht eine wirkliche und wirkende Marke. Die Erfolgsvoraussetzungen sind einfach: Das Angebot muss wahr sein.
Untersuchungen zeigen, dass wir Hunderte von Markenartikeln aller Art wiederzuerkennen und einzuordnen vermögen. Unsere Kaufentscheidung treffen wir aufgrund dieser Einordnung, in die rationale und emotionale Momente, aber auch vielfältige Erfahrungen eingeflossen sind.
Unternehmen müssen deshalb verstehen, so der Markenexperte Klaus Brandmeyer, dass die Marke eine Angelegenheit der ganzen Firma ist und nicht nur Sache des Marketings und der Werbung. Jeder Unternehmensbereich – vom Einkauf über Forschung und Entwicklung, Produktion, Personal, Finanzen, Marketingkommunikation bis zum Verkauf – beeinflusst bewusst oder unbewusst den Zustand der Marke – und letztlich jene Wertschätzung, die sie bei ihren Absatzpartnern und Kunden genießt.
Marken sind Wertschöpfungssysteme und müssen folgerichtig nach ähnlich strengen Regeln geführt werden wie die Unternehmen selbst.
Das „Deutsche Markenlexikon" zeigt uns eine bunte und vielfältige Welt von Marken – lexikalisch verdichtet. Und wir erkennen, wie sehr Marken unser Leben begleiten, manchmal sogar als Teil unseres Selbstverständnisses, unserer Identität. Wie gute Freunde, die wir nicht missen möchten.
In diesem Buch wird das Wissen über Marken in einer Qualität zusammengetragen, die es so bisher nicht gab. Zu den elementaren Fakten kommen kleine und große Geschichten, Anekdoten, aber auch Merkwürdigkeiten, die noch einmal bestätigen: Marken sind faszinierend.

PROF. DR. ULRICH LEHNER

Dr. Florian Langenscheidt, Herausgeber

Es war Gründerzeit. Mein Urgroßvater hatte als 18-Jähriger die Grand Tour d'Europe bewältigt und war dabei in manche peinliche Situation geraten, weil er insbesondere des Englischen nicht ausreichend mächtig war. Zurück in Berlin, entwickelte er den ersten Fernunterricht – und dazu die erste praktikable Lautschrift, um auch ohne Lehrer die Aussprache einer Fremdsprache vermitteln zu können. Der französischsprachige Lernbrief wurde ein großer Erfolg und zur Keimzelle unserer Verlagsgruppe. Doch kaum gegründet, wurde die Existenz auch schon wieder gefährdet. Denn immer wieder fragten Kunden, ob man auf der Basis des bewährten Lautschriftsystems nicht auch Wörterbücher anbieten könnte. Das wurde zur Geburtsstunde der bis heute verwendeten, nach ihren Verfassern benannten Nachschlagewerke „Sachs Villatte" und „Muret Sanders". Der Jungunternehmer Gustav Langenscheidt kalkulierte eine Entstehungszeit von drei Jahren bei 1.200 Seiten. Tatsächlich wurden es 17 Jahre, und der Umfang wuchs auf 4.000 Seiten. In den Schlussbemerkungen des Buches resümierte der Verleger: „Im Allgemeinen müssen wir die paradox erscheinende, darum aber nicht weniger wahre Behauptung aufstellen, dass derartige Werke schwerlich das Licht der Welt erblicken würden, wenn jeder Autor von vornherein wüsste, welche Herkulesarbeit er übernimmt, will er ernstlich einen Fortschritt erzielen und nicht einfach der Aus- und Abschreiber des Vorhandenen sein. (...) In der Regel werden solche Werke wohl nur vollendet, weil sie angefangen worden sind, die literarische Ehre engagiert ist, Jahre voller Mühe und vorbereitender Arbeit vergingen, ehe die ganze Aufgabe zu übersehen war, und weil alle mit derartigen Unternehmen verbundene Umstände und Kosten eisern und unerbittlich die Vollendung erheischen."

Diese Geschichte ist symptomatisch für die Erstellung großer Nachschlagewerke. Fast immer werden Aufwand und Komplexität unterschätzt. So auch beim Deutschen Markenlexikon. Doch Verlag, Redaktion und Herausgeber bereuen nicht eine Sekunde, nicht einen Euro. Denn von größter Bedeutung ist uns, dass im vorliegenden Werk die gesamte Vielfalt deutscher Marken sichtbar wird und der Praxiswelt des Marketings und Brandings ein Standardwerk zur Verfügung gestellt wird, das in jedes Unternehmen und in jede Agentur gehört. Wir können nach ausführlichen Recherchen Informationen, Geschichten und Strategien sichtbar machen, die essenziell zur Marke und deren Identität gehören, manchmal aber den Unternehmen selbst nicht einmal mehr bewusst sind. Damit können wir einen Beitrag zur Kultur der Marke leisten, die wichtiger ist denn je in Zeiten allgegenwärtiger No-Name-Produkte und schnäppchenverliebter Konsumenten.

Warum Marken wirtschaftlich, psychologisch und gesellschaftlich so elementare Bedeutung haben? Sie sind wie Macheten. Sie schlagen Schneisen durch den Dschungel des Warenangebotes. Sie schenken Orientierung und

Halt, sind Leitplanken auf den Autobahnen des Konsumentenlebens. Sie transportieren Werte und machen diese erfahrbar, sie ermöglichen Gruppenzusammengehörigkeit und Individualität zugleich. Sie sind oft wichtiger als manch anderer Ausweis tief innen in der Brieftasche, da sie stolz und selbstbewusst durch den Raum der Öffentlichkeit schreiten und ohne übertriebene Bescheidenheit sagen: „Hier bin ich. Das bist du. Vergiss alles andere."
Marken markieren den Raum der Kaufentscheidungen. Sie sind Straßenschilder, Ampeln und Wegweiser zugleich. Sie signalisieren, wo man steht und wer man ist – natürlich nicht in einem umfassenden Sinne, aber doch als ein Element der Identität.
Marken sind Versprechen. Sie flüstern: „Ich bin aus gutem Hause. Bei mir kannst du keinen Fehler machen." Sie versprechen außergewöhnliche Leistung und Perfektion in jedem Detail. Sie garantieren, dass niemand sonst dieses Produkt oder diese Dienstleistung besser machen oder erbringen kann. Das hat sie groß und mächtig gemacht, denn wer von uns hat schon Zeit, das riesige Angebot vor einer Kaufentscheidung zu durchforsten, um das Beste zu wählen? Insofern ersparen sie uns unendlich Zeit und machen die Marktwirtschaft erst effizient. Mehr als jede Versicherung geben sie das lebenswichtige Gefühl von Sicherheit und Vertrauen. Sie versprechen, dass man angesagt ist und die richtigen Entscheidungen im Leben zu treffen weiß. Sie entlasten von dem Risiko, etwas Falsches zu wählen, lächerlich zu wirken oder zum Umtauschschalter gehen zu müssen.
Marken sind aber auch Verheißungen eines spannenderen und aufregenderen Lebens, Sirenen im Meer der Kauflust. Sie versprechen Status und Prestige, Thrill und Glamour. Sie verführen uns und geben uns dieses herrliche Gefühl, das Beste, Schönste und Eleganteste gewählt zu haben. Sie transportieren Lifestyle und Libido zugleich.
Aus all diesen Gründen heraus erstaunt es zutiefst, dass es noch kein deutsches Markenlexikon gibt, dass sich noch niemand an eine umfassende Ikonographie der Markenlogos gewagt hat – die zugleich einen geistigen Spaziergang durch die deutsche Alltagsmythologie ermöglicht. Undenkbar wäre das ambitionierte Projekt gewesen ohne die Unterstützung des Brockhaus-Verlages mit seiner über zweihundertjährigen Erfahrung im Erstellen standardsetzender Nachschlagewerke, ohne Professor Heribert Meffert mit seiner lebenslangen Erfahrung im Umgang mit Marken, ohne die „Absatzwirtschaft" als Medienpartner und ohne den Beirat, der uns in allen Einzelfragen mit größter Kompetenz zur Verfügung stand.

Ein Dank aus ganzem Herzen!

DR. FLORIAN LANGENSCHEIDT

Christoph Berdi,
Chefredakteur der
absatzwirtschaft

Capitol-Theater Düsseldorf, im März 2007. Zeit für die „Night of the Brands". Eine ebenso festliche wie gespannte Atmosphäre liegt in der Luft, und über 1.000 Führungskräfte aus Marketing, Medien und Agenturen stellen sich die Frage: Wer gewinnt den Marken-Award, den Preis, den die *absatzwirtschaft – Zeitschrift für Marketing* und der Deutsche Marketing-Verband (DMV) für exzellente Leistungen in der Markenführung vergeben? Bei einigen Dutzend Gästen dürfte der Adrenalinspiegel noch etwas höher sein. Zwischen Hoffen und Bangen warten sie auf die Vollendung des Satzes: „And the winner is ..." Florian Langenscheidt ist auch da. Er kündigt das Werk an, welches nun nach einem Jahr Arbeit vorliegt: das Deutsche Markenlexikon.

Der Erfolg der „Night of the Brands" zeigt die ungebrochene Faszination der Marke bei ihren Machern – und vor allem bei den Verbrauchern. Denn ohne deren Zuspruch gäbe es keinen Grund, an diesem Abend die Unternehmen Hipp, Jägermeister und Danone für ihre Marketing-Raffinesse mit dem Marken-Award auszuzeichnen. Die Gewinner und Nominees des Abends stehen als Pars pro Toto für einen Wirtschaftszweig, der, wie es McKinsey einmal errechnet hat, im Jahr über 350 Milliarden Euro Umsatz erwirtschaftet und seine Leistungsstärke mit einer Bruttowertschöpfung von über 150 Milliarden Euro unter Beweis stellt.

Erfolgreiche Marken sind Leuchttürme im unüberschaubaren Meer des Konsums. Sie heben Angebote aus der Masse heraus und ziehen, wenn sie umsichtig geführt werden, die Menschen wie mit magischer Hand an. Doch der Erfolg kommt nicht von allein und wird schon gar nicht durch die Größe des Werbebudgets bestimmt. Markenführung, so hat es einmal Lothar S. Leonhard, Chairman der Werbeagentur Ogilvy & Mather, im Gespräch mit der absatzwirtschaft formuliert, ist „kleingärtnerische Arbeit". Die Aufgabe der Marketers ist es, Win-win-Situationen zwischen den Verbrauchern und den Unternehmen herzustellen.

Die Markenforschung zeigt, dass die Menschen einen dreifachen Nutzen aus dem Kauf von Marken ziehen:

Erstens erleichtern Marken die Orientierung im Angebot der Warenhäuser und Supermärkte. Marken helfen, schneller zum Ziel zu kommen.

Zweitens geben Marken Sicherheit. „Da weiß man, was man hat" ist ein berühmter Slogan, der diesen Nutzen in Worte packt.

Drittens bereichern Marken das Leben der Menschen. Sie sind stolz, ein bestimmtes Auto zu fahren oder ein Kleidungsstück einer bekannten Designer- oder Modemarke zu tragen.

Für manche Menschen klingt Musik erst gut, wenn sie über eine bestimmte Hi-fi-Anlage gehört wird. Und mobile Musik hat aus coolen weißen Kästchen mit dem Apfel-Logo zu kommen ... Marken bieten einen „ideellen Mehrwert", der auch schon mal in quasi-religiöse Verehrung münden kann.

Der Gewinn für die Anbieter und Hersteller liegt darin, dass die Menschen für Marken mehr zu zahlen bereit sind als für Produkte, die „nur" eine Funktion erfüllen. Außerdem dringt markenbezogene Werbung – ausgestattet mit einem Vertrauens- und Bekanntheitsvorschuss – besser durch das Grundrauschen unserer Mediengesellschaft. Erfolgreiche Marken lassen sich schließlich gezielt ausbauen und internationalisieren – man denke an Nivea oder Milka.

Wie aber wird ein Produkt zu Marke? Sicher nicht durch die pure Absicht eines Unternehmens, eine Marke aufzubauen. Marken entstehen im Kopf des Verbrauchers und nirgendwo anders. Wenn sich dort angesichts eines Logos, eines Werbespruchs oder eines Werbemotivs nichts tut, hat das Unternehmen auch nichts erreicht. Starke Marken lösen hingegen ein Feuerwerk an Assoziationen und Emotionen aus.

In den USA, dem Mutterland des modernen Marketings, fand die Wissenschaft schon in den 30er-Jahren des vergangenen Jahrhunderts heraus, dass Marken auf die Verbraucher eine sehr starke Wirkung haben können. Logo, Typographie, Farben, Design und Verpackung senden Signale aus, die die Menschen intuitiv mit Eigenschaften – guten wie schlechten – verbinden: schmeckt (oder nicht), hilft gegen Kopfschmerzen, damit fühle ich mich wohl ... Deshalb ist eine Marke auch mehr als ein guter Name.

Aber zurück zum Marken-Award 2007. Was haben die Gewinner geleistet, um der hochkarätig besetzten Jury preiswürdig zu erscheinen? Claus Hipp ist ein großes unternehmerisches Risiko eingegangen. Er wagte mit der Marke den Sprung in den Markt der Babypflege. Mast-Jägermeister hat seine traditionsreiche Marke in die Club- und Eventszene getragen und mithilfe der feixenden Werbehirsche Rudi und Ralph die Basis für neues Wachstum und eine erfolgreiche Internationalisierung geschaffen. Danone Deutschland schließlich hat mit Activia extrem schnell und erfolgreich eine neue Joghurtmarke eingeführt. Sie hat das, was Marketeers als „USP", Unique Selling Proposition, bezeichnen: Eine spezielle Bakterienkultur hilft, Verdauungsprobleme zu beseitigen.

Die Sieger von 2007 setzen eine mittlerweile lange Liste eindrucksvoller Gewinner fort, in der sich bereits Brands wie Henkel, Hugo Boss, BMW, TUI oder eBay verewigt haben.

Die „Night of the Brands" ist ein Fest für die Marke. Und das Deutsche Markenlexikon auch. Es ist nicht nur informatives Nachschlagewerk, sondern auch Faszinations-Auslöser.

CHRISTOPH BERDI

Olaf Salié,
Chefredakteur der
Deutschen Standards
EDITIONEN

1.500 Marken auf über 1.300 bedruckten Seiten, 12 Monate rein redaktionelle Herstellungszeit mit einem Team von zeitweise über 40 Autoren, Redakteuren und Lektoren, über 10.000 Fragebogenseiten bei über 4.000 Ansprechpartnern in den beteiligten Abteilungen der Unternehmen – dies ist die Produktionsbilanz des nun vorliegenden „Deutschen Markenlexikons". Von Anfang an war uns klar, dass ein derart ambitioniertes Projekt, das den Anspruch eines „Brockhaus der Marken" erfüllen soll, nur unter ganz bestimmten Bedingungen zu realisieren sein würde. Dazu gehörten vor allem präzise definierte redaktionelle Abläufe, die es ermöglichten, die riesige Datenflut von der Erstansprache der Unternehmen bis zur Freigabe des fertigen Lexikoneintrags zu steuern und zu bewältigen. Mit der Idee einer regelrechten „Redaktionsfabrik" vor Augen haben wir die einzelnen Produktionsetappen akribisch genau festgelegt. Maßgeschneiderte Formulare und Leitz-Register zur Archivierung der Materialien halfen uns, die Flut an Informationen zu überblicken, zu verwalten und – von Station zu Station – zu einem Lexikoneintrag zu verarbeiten. Auch inhaltlich haben wir jedes mögliche Element des lexikalischen Eintrags definiert und zugeordnet. Zunächst entwickelten wir drei verschiedene Formate, denen wir maximal vier Info-Bereiche zuordneten: Fließtext, Factsheet, alternativ „Schon gewusst?"-Format oder Chronologie und Bildstrecke. Die Summe der von uns definierten Informationen, etwa zur Bedeutung des Markennamens, des dahinterstehenden Unternehmens, zur Markengeschichte bis hin zum Designer des Logos und zur Typographie der Wortmarke, wurde diesen Bereichen passend zugeordnet.

Über die reine Produktionssystematik hinaus stellte sich vor allem die Frage, wie wir an die Markeninformationen kommen sollten. Schnell war klar, dass das gesamte Projekt nur in enger Zusammenarbeit mit den Unternehmen zu realisieren war. Dies ist ein elementarer Punkt zum Verständnis des Projektes, denn genau hier liegt der große Unterschied zu anderen Lexika. Nahezu jeder einzelne Eintrag ist in Kooperation mit den markenführenden Unternehmen entstanden und durchlief allein auf Unternehmensseite zuweilen bis zu vier Abteilungen – angefangen bei Kommunikation und Marketing über die Rechtsabteilung bis hin zur Geschäftsführung. Dieses Vorgehen hatte verschiedene Implikationen zur Folge. Zunächst einmal konnten wir ein gutes Stück Arbeit direkt an die Unternehmen sozusagen delegieren. Denn Grundlage für unsere Redaktion war ein sehr detailliert formulierter, mehrere Seiten umfassender Fragebogen, mit dem wir zugeschnitten auf die vorher definierten Elemente bzw. Bausteine die erforderlichen Informationen systematisch abfragten. Damit lösten wir bei den Unternehmen einen eigenen Rechercheprozess aus, denn unsere „Neugier" bezog sich durchaus auch auf Informationen, die nicht ohne Weiteres verfügbar waren. An dieser Stelle möchte ich mich bei allen Unternehmen, die sich engagiert und ernsthaft unseren Fragen gestellt haben, herzlich für die Mitarbeit bedanken. Die Gründlichkeit, mit der sie unseren Wissensdurst stillten, ist der Substanz der Einträge unmittelbar zugute gekommen.

Viele Unternehmen fassten die Arbeit am Fragebogen als Arbeit an der eigenen Marke auf – jedoch konnten wir diese Sichtweise nicht immer vermitteln. Denn – und auch dies gehört zu den Erfahrungen der ersten Auflage des Deutschen Markenlexikons – es gab durchaus auch Ansprechpartner, die nicht bereit waren, sich intensiver mit unseren Fragen zu beschäftigen. In vielen Fällen bekamen wir statt Antworten Pressetexte zugeschickt, mit der Bitte, diese zu veröffentlichen. Wir haben höflich dankend abgelehnt und es vorgezogen, die in der Fachliteratur, in Pressearchiven und im Internet verfügbaren Informationen zu einem lexikalischen Eintrag zu verdichten. Auch die in Eigenrecherche erstellten Beiträge haben wir mit Bitte um Verifikation, Korrektur und Ergänzung den Unternehmen vorgelegt. Die Qualität und Substanz der Einträge, dies ist uns durchaus bewusst, spiegelt in der Regel also auch die Kooperationsbereitschaft und Informationspolitik der betreffenden Unternehmen wider.

Selbstredend ist uns ebenso bewusst, dass man über jede Auswahl trefflich streiten kann. Von rund 50.000 in Deutschland beworbenen Marken galt es 1.500 Marken auszuwählen. Hierbei hat uns ebenso engagiert wie konstruktiv Prof. Dr. Heribert Meffert mit seinem Team unterstützt. Die von ihm angeregte Definition von sogenannten „Muss-Marken", also Marken, die keinesfalls fehlen durften, hat uns sehr geholfen und war eine wichtige Richtschnur bei der endgültigen Festlegung. Allerdings gab es einige wenige Unternehmen, die eine Nennung ihrer Marke in unserem Markenlexikon ohne Angabe von Gründen explizit ablehnten. Diese Wünsche haben wir natürlich respektiert, sodass sich keine Marke gegen den Willen des Unternehmens in diesem Buch befindet. Doch wir sind überzeugt: Wo es uns nicht gelungen ist, unsere Absicht im Vorfeld zu kommunizieren, wird spätestens das fertige Projekt manchen Vorbehalt ausräumen.

Die überwältigende Anzahl der involvierten Markenartikler allerdings hat unser Projekt mit größtem Interesse und Engagement begleitet und somit entscheidend zur Verwirklichung beigetragen. Dass es überhaupt möglich war, dieses *opus magnum* der Deutschen Standards in den Druck legen zu können, ist das Ergebnis einer gewaltigen redaktionellen Kraftanstrengung. Nun rückblickend fällt es leicht zuzugeben, dass wir alle den Aufwand für dieses Projekt unterschätzt hatten. Seit Projektstart im Januar 2007 haben wir unsere Kapazitäten beständig erweitert, neue Räume angemietet, das Team aufgestockt, die Infrastruktur vergrößert. Die sorgfältige Vorbereitung der Produktionsabläufe hat sich dabei ebenso bewährt wie die perfekte Zusammenarbeit mit Brockhaus und der Brockhaus-Tochter A-Z Satztechnik. Ohne die enge Zusammenarbeit mit dem Bibliographischen Institut wäre das nun vorliegende Buch nicht denkbar gewesen. Zum einen durften wir uns dort redaktionelle Unterstützung abholen. Zweimal reiste die Redaktion nach Mannheim und Leipzig für sehr informative Workshops, bei denen wir uns das redaktionelle Know-how zur Produktion eines Lexikons aneigneten. Ausdrücklich danke ich dem Vorstandsmitglied Frau Marion Winkenbach für die immer offenen Türen. Ganz besonders bedanken möchte ich mich aber auch bei Herrn Kleemann und Herrn Dr. Schütze von der A-Z-Satztechnik, wo dieses Buch gesetzt und das riesige Datenkonvolut in der perfekt funktionierenden Datenbank verwaltet wurde. Das nicht enden wollende Freigabe-Procedere, das die Abgabe der einzelnen Buchstabenbereiche immer wieder verzögerte, hat Nerven und Geduld zweifelsohne sehr strapaziert. Umso erfreulicher, feststellen zu können, dass Offenheit und entspannte Freundlichkeit ganz offenbar ein fester Bestandteil der Brockhaus-Kultur sind.

Das große Interesse und die Kooperationsbereitschaft der Markenartikler, die fachliche Kompetenz von Partnern wie Prof. Dr. Meffert und der Brockhaus-Redaktion, eine funktionierende „Redaktionsfabrik", eine buchstäblich einzigartige Datenverwaltung und Satztechnik – all dies waren unerlässliche und zwingend notwendige Erfolgsfaktoren für dieses große Projekt. Das Zusammenspiel aller Parameter konnte aber nur unter einer – der ersten und allerwichtigsten – Vorbedingung greifen: ein funktionierendes, hoch motiviertes Team. Deshalb ist es nun der schönste denkbare Schlusspunkt unter ein sehr aufwendiges und arbeitsreiches Projekt, meinen Mitarbeitern zu danken. Fast ein Jahr lang haben sie das Projekt auch in Nachtschichten und durchgearbeiteten Wochenenden tapfer vorangetrieben. Es spricht ganz besonders für dieses großartige Team und die unvergessliche Zeit der Produktion, dass es allen Beteiligten auch noch Spaß gemacht hat. Namentlich möchte ich mich bei meinem langjährigen Mitarbeiter und Freund Steffen Heemann bedanken, der das Projekt mit einem Höchstmaß an Sachverstand und Umsicht souverän koordiniert hat.

Bereits bei Gründung der Deutschen Standards im Jahr 2002 gehörte das Deutsche Markenlexikon zu den großen strategischen Zielen des Verlages. Für die Geduld und das Vertrauen in das Konzept möchte ich mich aus ganzem Herzen beim Herausgeber Dr. Florian Langenscheidt und bei unserem Geschäftsführer Michael Beckel bedanken.

OLAF SALIÉ

Die in diesem Buch wiedergegebenen Marken und Kennzeichen sind zum größten Teil eingetragene und geschützte Wort- bzw. Wort-Bild-Marken. Sie unterliegen in der Regel markenrechtlichem Schutz und dürfen im Einzelfall nicht ohne die ausdrückliche Genehmigung der jeweiligen Unternehmen und Markenrechtsinhaber verwendet oder abgedruckt werden. Dies ist unabhängig davon, ob die Marken und Kennzeichen in diesem Buch als solche besonders gekennzeichnet oder mit den Symbolen ® oder ™ versehen sind. Der Hinweis zur Markenregistrierung unter der Rubrik „Daten & Fakten" gibt keine Garantie auf die Vollständigkeit und Richtigkeit des markenrechtlichen Status. In der Regel wurde auf die Registrierung der Marken beim Deutschen Patent- und Markenamt in München Bezug genommen. Es wird aber darauf hingewiesen, dass die in diesem Lexikon genannten Marken und Kennzeichen auch ohne Eintragung und auch in anderen Ländern marken- oder kennzeichenrechtlichen Schutz genießen können, selbst wenn hierauf in diesem Buch nicht explizit hingewiesen wird.

Abkürzungen
Ein Verzeichnis über die im Lexikon verwendeten Abkürzungen finden Sie am Ende dieses Buches.

Reihenfolge der Marken
Die Marken und Unternehmen sind in alphabetischer Reihenfolge angeordnet. Umlaute (ä, ö, ü) werden wie die nicht umgelauteten Vokale einsortiert. Ziffern werden vor Buchstaben angeordnet.

Schreibung
Die Schreibung in diesem Lexikon richtet sich im Allgemeinen nach den Regeln der Duden-Rechtschreibung und nach den Empfehlungen der Duden-Redaktion. In Einzelfällen wird davon abgewichen, v. a. wenn es sich um geschützte Markennamen oder patentierte Technologien handelt.

Verweisungen
Der Verweispfeil (→) zeigt an, dass unter der dahinter stehenden Marke oder Firmenbezeichnung ein eigener Eintrag im Lexikon zu finden ist.

Vollständigkeit
Besonders bei den Bereichen „Innovationen", „Auszeichnungen" und „Literatur" in der Rubrik „Daten & Fakten" wurde bei den aufgeführten Informationen eine Auswahl getroffen. Meist wurden hier die wichtigsten bzw. aktuellsten Fakten berücksichtigt. Eine umfassende Wiedergabe lässt der begrenzte Raum eines Lexikoneintrags mitunter nicht zu.

A

Ebenso berühmt wie die klassische Molanusflasche von 4711 (Mitte) ist das ehrwürdige Gebäude in der Glockengasse in Köln (unten).

4711

Die MÄURER & WIRTZ GmbH & Co. KG vertreibt mit der traditionellen Konsumgütermarke 4711 Echt Kölnisch Wasser eine der bekanntesten Duft- und Pflegeserien in Deutschland. Das klassische Eau de Cologne wurde erstmals 1792 von dem Kölner Kaufmann Wilhelm Muelhens hergestellt. Das Rezept für das „aqua mirabilis", ein heilendes Wunderwasser, erhielt er zu seiner Hochzeit von dem Kartäusermönch Franz Farina. Die Bezeichnung Farina erzeugte jedoch keine ausreichende Identität, da sich damals ca. 50 Produkte mit der Bezeichnung Kölnisch Wasser im Umlauf befanden. Der Enkel des Firmengründers, Ferdinand Muelhens, wählte daher die Hausnummer 4711 seines Kölner Betriebes in der Glockengasse zum Markenzeichen. Das vormals als Heilmittel angebotene Duftwasser wurde ab 1810 als Erfrischungswasser verkauft, um den franz. Besatzern die Rezeptur nicht aushändigen zu müssen. Ebenso wie die traditionelle Herstellung sind die typische Molanusflasche und das Etikett auf dem Flakon fast unverändert geblieben; bis heute werden die Hausfarben „Bremer Blau", Schwarz und Gold verwendet. Das Design besitzt dadurch einen hohen Wiedererkennungswert. Die Zielgruppe sind

Um die Marke 4711 ist eine ganze Produktreihe mit dem typischen frischen Duft von Echt Kölnisch Wasser entstanden.

Frauen und Männer jeder Altersklasse. In seiner Außendarstellung kommuniziert der Hersteller stets die langjährige Markentradition. Mit Schauspielern wie Joachim Fuchsberger und Michael Degen sowie der span. Sopranistin Montserrat Caballé warben in der Markenvergangenheit berühmte Persönlichkeiten für den Duft. In der aktuellen Kampagne greift das Unternehmen auf die urspr. Bezeichnung „Wunderwasser" zurück und verknüpft diese mit Testimonials aus verschiedenen Kulturkreisen und Ländern, um den globalen Bekanntheitsgrad der Marke hervorzuheben. Neben dem Duftwasser entstand eine ganze Produktreihe, die weltweit über eigene Niederlassungen und durch Vertriebspartner vermarktet wird. Seit Dezember 2006 gehört die Marke 4711 samt dem 4711-Haus in Köln dem Stolberger Parfumhersteller MÄURER & WIRTZ, einem eigenständigen Tochterunternehmen der Dalli-Gruppe.

DATEN UND FAKTEN

Markenname: 4711 Echt Kölnisch Wasser, Hausnummer z. Z. Napoleons in der Glockengasse Köln

Slogan: „4711. Das Wunderwasser."

Erfinder: Wilhelm Muelhens, 1792, Köln

Markeneinführung: 1875, Deutschland

Markenbekanntheit: 72 % gest. (Frauen zwischen 14–64 Jahren, Brigitte Kommunikationsanalyse, 2006)

Markenwebsite: www.4711.com

UNTERNEHMEN

MÄURER & WIRTZ GmbH & Co. KG

Hauptsitz: Stolberg, Deutschland

Vorstand: Dr. Hermann Wirtz, Bert Lehnen

Weitere Marken: → Tabac Original, Sir Irisch Moos, Tosca, Nonchalance, Betty Barclay, s. Oliver, Otto Kern

Gesamtumsatz: 125 Mio. Euro (2007, geplant)

Vertrieb: weltweit über Vertriebspartner

Mitarbeiter: ca. 350

KONTAKT

MÄURER & WIRTZ GmbH & Co. KG
Zweifaller Str. 120
52220 Stolberg
(0 24 02) 89-01
(0 24 02) 89-26 99
www.m-w.de

SCHON GEWUSST?

Während der franz. Besatzung ließ Napoleon alle Häuser in Köln mit einer Hausnummer versehen, um seine in einigen Gebäuden einquartierten Soldaten besser erreichen zu können. Ein franz. Korporal nummerierte alle Häuser in Köln mit einer aufsteigenden Zahlenfolge. Die Parfümerie in der Glockengasse wurde als 4711. Gebäude von ihm beschriftet.

3 GLOCKEN

Der Name 3 Glocken ist angelehnt an die Mittagsglocke, die zum Essen ruft; derer drei sind es, um hohe Qualität („3 Sterne") zu assoziieren. Die lt. Eigenangaben führende dt. Nudelmarke im Segment „Nudeln ohne Ei" geht zurück auf Julius Zaiser, der 1884 in Weinheim die „Erste Badische Dampfteigwarenfabrik" gründete. Seine erste Markennudel trug den Namen *Glockenblume*, es folgten *Alpenglocke*, *Glocke* sowie – um höhere Qualität anzuzeigen – *2 Glocken* und *3 Glocken*. Das Premium-Label setzte sich schließlich durch, woraufhin Julius Zaiser für seine Marke ein Logo entwickelte, das den Namen bildlich aufgreift und in den Hausfarben Weiß, Rot und Gelb gehalten ist. In einer weiß umrandeten, roten Ellipse bilden drei gelbe, schwingende Glocken die Bildmarke. Darüber steht in geschwungenen Großbuchstaben der Namenszug. Die Produkte von 3 Glocken finden sich in dt. und auch russ. Verkaufsregalen. Wurden lange Zeit ausschließlich Eiernudeln produziert, so führte das Unternehmen 1994 mit *Genuss Pur* ein neues Produktkonzept ein, das im aktuellen Slogan auf den Punkt gebracht wird: „3 Glocken Genuss Pur – Reiner Hartweizen. Frisches Quellwasser. Sonst nichts." Bekannt sind auch die Spätzle-Spezialitäten. Im Oktober 2000 schloss sich die 3 Glocken GmbH mit der → Birkel Teigwaren GmbH zusammen, zu deren Portfolio auch die Marken → Möwe und → Schüle gehören. Mit einem Umsatz von 90 Mio. Euro bildet die Birkel Teigwaren GmbH lt. eigenen Angaben den größten dt. Teigwarenanbieter.

UNTERNEHMEN

Birkel Teigwaren GmbH
Schüttelgrabenring 3b
71332 Waiblingen
✆ (0 71 51) 6 01-0
Fax (0 71 51) 6 01-2 85
www.birkel.de

Die Marke 3 Glocken gehört seit 2000 zur Birkel Teigwaren GmbH.

8X4

8x4 ist eine bekannte Marke der Beiersdorf AG. 8x4 war die erste Deo-Marke Deutschlands und eines der ersten Deo-Produkte weltweit. 1951 entwickelte der Konzern das erste marktfähige Deodorant, das gezielt das Wachstum schweißzersetzender Bakterien hemmt. Der dabei eingesetzte Wirkstoff Hexachlordihydroxydephenylmethan war eine Innovation der Forschungsabteilung von Beiersdorf. Zunächst erschien die Marke als „desodorierende Toiletten- und Badeseife". 1952 kam das *8x4 Puder* auf den Markt. Im Jahr 1958 folgte das *8x4 Aerosolspray* und der *8x4 Roll-on*. Der *8x4 Deo-Stift* wurde 1963 eingeführt. Ab 1967 wurde die Produktpalette durch das *8x4 Schaumbad* ergänzt. Heute wird 8x4 in zahlreichen unterschiedlichen Duftnoten hergestellt und als Spray oder Roll-on angeboten. Seit 1999 kommen regelmäßige limitierte Special Editions hinzu. Die Marke wird außerhalb

Ein Plakatmotiv von 8x4 aus dem Jahre 1952

Deutschlands noch in ca. 30 weiteren Ländern vertrieben. In Japan ist 8x4 nach Angaben des Unternehmens Marktführer. Der Markenname 8x4 soll die besonders lang anhaltende Wirkung symbolisieren. Sie lässt sich jedoch auch auf den Namen des chemischen Wirkstoffes zurückführen, der aus 32 Buchstaben besteht. Der langjährige Werbeleiter der Beiersdorf AG, Juan Gregorio Clausen, kreierte den Namen nach der chemischen Bezeichnung und dem zunächst gängigen Firmenkürzel B32. Das Logo der Marke variierte im Laufe der Jahre leicht. Das ausgeschriebene „mal" wurde durch ein „x" ersetzt und eine leicht versetzte, geschwungene Anordnung gewählt. Der silbrig-graue Farbton auf unterschiedlichem Hintergrund ist an die jeweilige Duftnote farblich angepasst und soll Assoziationen von Frische und Luxus wecken. Die Ursprünge der Beiersdorf AG reichen bis in das Jahr 1882 zurück, als der Apotheker Carl P. Beiersdorf das Unternehmen gründete. Neben 8x4 führt die Beiersdorf AG weitere bekannte Marken wie

8x4 Soft Kiss als Roll-on (oben) und als Spray (unten)

In Aachen gründete David Hansemann (Mitte) 1824 die Aachener Feuer-Versicherungs-Gesellschaft, heute wird das Unternehmen von dem Vorstandsvorsitzenden Michael Westkamp geleitet (unten).

→atrix, →Eucerin, →Hansaplast, →Hidrofugal, →Labello, →NIVEA und →tesa in ihrem Portfolio.

DATEN UND FAKTEN

Markenname: 8x4, bezieht sich auf die 32 Buchstaben des Wirkstoffes Hexachlordihydroxydephenylmethan. Das firmeninterne Kürzel B32 wurde durch die Rechenaufgabe „griffiger" gemacht.

Slogan: „Mit 8x4 wird man sich selbst wieder sympathisch" (1951), „Frische, so wie ich sie liebe." (1959), „Mehr Sicherheit kann keiner bieten." (1960), „24 Stunden bezaubernd frisch!" (1962), „Wenn Sie wirklich sicher sein wollen!", (1967), „Die Morgenfrische für den ganzen Tag." (1965), „Fühl Dich 8x4." (1978), „Bei mir wirkt 8x4" (1985), „Schließlich weiß man nie, wie der Tag endet." (2002), „Tu, was du nicht lassen kannst. Aber tu's mit 8x4." (2003), „Bei mir wirkt 8x4" (2004)

Markenregistrierung: 24.04.1952, DPMA München

Innovationen: Wirkstofferfindung (1951), *8x4 Puder* (1952), *8x4 Aerosolspray* und *8x4 Roll-on* (1958), *8x4 Deo-Stift* (1963), *8x4 Schaumbad* (1967), jährlich Special Editions (seit 1999)

Markenwebsite: www.8x4.de

SCHON GEWUSST?

- Beiersdorf gelang es 1951 als erster Firma, ein marktfähiges Deodorant zu produzieren.
- Der desodorierende Wirkstoff von 8x4 hält länger als 24 Stunden.
- 8x4 ist Marktführer in Japan.

UNTERNEHMEN

Beiersdorf AG

Hauptsitz: Hamburg, Deutschland

Vorstand: Thomas-B. Quaas

Weitere Marken: NIVEA, Labello, atrix, Hansaplast, Eucerin

Gesamtumsatz: 5.120 Mio. Euro (2006)

KONTAKT

Beiersdorf AG
Unnastr. 48
20245 Hamburg
☏ (0 40) 49 09-0
🖷 (0 40) 49 09-34 34
💻 www.beiersdorf.de

Ansprechpartner Presse:
Claudia Fasse
☏ (0 40) 49 09-0
✉ info@beiersdorf.com

AACHENMÜNCHENER

Unter der Marke AachenMünchener agieren die beiden Gesellschaften AachenMünchener Lebensversicherung AG und AachenMünchener Versicherung AG, die Lebens- bzw. Kompositversicherungen anbieten. Die AachenMünchener gehört zum Generali-Konzern (Sitz Triest), der zu den drei größten Versicherern Europas zählt. Ihren Ursprung hat die Marke im Jahre 1824, als sich auf Initiative des späteren preußischen Finanzministers David Hansemann Kaufleute und Politiker zur Aachener Feuer-Versicherungs-Gesellschaft zusammenschlossen. 2005 wurde das aktuelle Markenlogo der AachenMünchener eingeführt: Es besteht aus der grauen, stilisierten Bildmarke in Kreisform, daneben steht zweizeilig der schwarze Namenszug AachenMünchener. Beides ist auf einen gelben Fond gesetzt. Die serifenlose Schrift und das Silbergrau des Monogramms sollen modern, leicht und klar wirken und die Seriosität der Marke unterstreichen. Das Gelb soll dabei für eine warme, vertrauensvolle Stimmung sorgen. Bekanntes Werbe-Testimonial der AachenMünchener war über viele Jahre der Schauspieler Mario Adorf. Heute zählt die AachenMünchener nach eigenen Angaben als zweitgrößter Lebensversicherer Deutschlands zu den Marktführern der Branche. Sie deckt alle Versicherungssparten ab und zählt zu den Vorreitern bei der Entwicklung neuer Produkte. So hat sie mit ihrer Fondsgebundenen Lebensversicherung und Ihren Riesterprodukten Pionierarbeit in der privaten Altersvorsorge geleistet. Ihre Produkte erhalten in Marktvergleichen regelmäßig Bestnoten. Sowohl in der Sachversicherung, als auch in allen Fragen der Lebensversicherung können Firmen- und Privatkunden auf die Erfahrung der AachenMünchener bauen. Seit über drei Jahrzehnten besteht eine strategische Partnerschaft zwischen der AachenMünchener und ihrem wichtigsten Vertriebspartner Deutsche Vermögensberatung AG. 4 Mio. Kunden schenken über 33.000 Vermögensberatern der Deutschen Vermögensberatung AG ihr Vertrauen. Mit der Kombination aus

Die gelben Fahnen der AachenMünchener mit der stilisierten Bildmarke

Produktinnovation und Vertriebskraft hat die AachenMünchener die entscheidende Grundlage für ihre erreichte Bedeutung und Größe gelegt.

DATEN UND FAKTEN

Markenname: AachenMünchener, die Aachener-Feuer-Versicherungs-Gesellschaft war 1834 die erste „ausländische" Gesellschaft in Bayern. Voraussetzung: Der Name München musste Bestandteil der Firmierung werden.

Slogan: „Träume brauchen Sicherheit" (2005)

Gründer: David Hansemann, 1824, Aachen

Markenregistrierung: 18. 02. 2005 (AachenMünchener Lebensversicherung AG, AachenMünchener Versicherung AG), DPMA München

Markenbekanntheit: 16 % ungest., 94 % gest. (GfK, 2006)

Beiträge: rund 4,8 Mrd. Euro (2006)

Versicherungsbestand: rund 125 Mrd. Euro (2006)

Auszeichnungen:
„AA", Ratingagentur Standard & Poor's (2000–2007)
Prüfzertifikat des TÜV Rheinlands für hervorragenden Kundenservice (2006)

UNTERNEHMEN

AachenMünchener Versicherung AG, AachenMünchener Lebensversicherung AG

Hauptsitz: Aachen, Deutschland

Vorstandsvorsitzender: Michael Westkamp

Eigenkapital: 491 Mio. Euro

Vertrieb: über die AachenMünchener Beratungs- und Service Gesellschaft bzw. über den Vertragspartner Deutsche Vermögensberatung AG

KONTAKT

AachenMünchener
Aureliusstr. 2
52064 Aachen
(02 41) 4 56-0
(02 41) 4 56-51 38
www.amv.de

Ansprechpartner Presse:
Andreas Krosta
(02 41) 4 56-54 81
medien@amv.de

SCHON GEWUSST?

Schon in der zweiten Hälfte des 19. Jh. gehört die Aachener und Münchener zu den angesehensten und bekanntesten Versicherungsunternehmen. Bezeichnend für den Bekanntheitsgrad der Gesellschaft ist die Tatsache, dass Wilhelm Busch sie in einer Bildergeschichte erwähnt. Er schildert, wie das Haus des Doktor Fink abbrennt. Abschließend heißt es dann: „Fink hat versichert, Gott Lob und Dank, bei der Aachener Feuerversicherungs-Bank. Und nach zwei Jahren so ungefähr, wohnt er weit schöner als wie vorher."

AAREAL BANK

„Immobilienfinanzierungen und Services aus einer Hand" bietet die Dienstleistungsmarke Aareal Bank. Die Dachmarke der Aareal Bank Gruppe umfasst die beiden Geschäftsfelder Strukturierte Immobilienfinanzierungen und Consulting und Dienstleistungen. Unter dem Claim „The International Property Specialist" begleitet die Aareal Bank gewerbliche Investoren auf drei Kontinenten in über 25 Ländern bei ihren Immobilienprojekten. Kunden aus der institutionellen Wohnungswirtschaft bietet das Unternehmen IT-Systeme und -Beratungsdienste sowie integrierte Zahlungsverkehrssysteme und Services in der Verwaltung von Wohnungsbeständen. Auf beiden Gebieten gehört die Aareal Bank zu den führenden Unternehmen. Die Aareal Bank ging 2002 aus einer Teilung der DePfa Deutsche Pfandbrief Bank AG hervor. Dabei übernahm sie das Logo, die Bild- und Markenstruktur sowie die Hausfarben der DePfa Gruppe. Ihr

Aareal Bank

Das Logo der Aareal Bank (oben) und der Hauptsitz der Unternehmensgruppe in Wiesbaden (Mitte), Netzwerk der Aareal Bank im Bereich Strukturierte Immobilienfinanzierungen (unten)

Abraham nimmt in Deutschland eine führende Rolle im Segment Rohschinken ein.

Das Titelthema „Beziehungsstress" in der März-Ausgabe 2007 von absatzwirtschaft bezieht sich auf das Verhältnis von Marketing und Einkauf (Mitte). Die Januar-Ausgabe aus dem Jahr 1985 mit dem Titel „Die Botschaft von der Kompetenz. Unternehmer über sich" (unten)

neuer Name, der Kunstname Aareal, ist eine Verbindung der Worte Areal und Aar, dem altdt. Wort für Adler. Er lehnt sich an die traditionelle Bildmarke im Logo der Bank, den Adler, an. Das Logo wurde bei der Firmengründung auf der Grundlage des alten Logos neu entwickelt. Die Aareal Bank Gruppe beschäftigt über 2.500 Mitarbeiter und zählt zu den größten Arbeitgebern an ihrem Standort in Wiesbaden. Das Unternehmen legt großen Wert auf seine mittelständische Struktur, durch die es zugleich Dynamik und Bodenständigkeit gewährleistet. Zurzeit erarbeitet das Unternehmen eine neue Corporate Identity, die im ersten Quartal 2008 eingeführt werden soll.

DATEN UND FAKTEN

Markenname: Kunstname, Verbindung von Aar= altdt. für Adler und **Areal**

Slogan: „We have the perfect answer for you – across three continents."

Produkte: Immobilienfinanzierungen für Büros, Einzelhandelsflächen, Logistik-, Hotel- und Wohnimmobilien, IT-Systeme und dazugehörige Beratungsdienste, integrierte Zahlungssysteme und Service in der Verwaltung von Wohnungsbeständen für die Immobilienwirtschaft

Jahresumsatz: 40.562 Mio. Euro (2006)

UNTERNEHMEN

Aareal Bank AG
Paulinenstr. 15
65189 Wiesbaden
(06 11) 34 80
(06 11) 3 48 25 49
www.aareal-bank.com

ABRAHAM

Die Marke Abraham steht für hochwertige geräucherte und luftgetrocknete Rohschinkenprodukte. Das gleichnamige Familienunternehmen legt Wert auf den regionalen Charakter der Produkte. Alle Rohschinken werden nach traditioneller handwerklicher Art hergestellt. Die verschiedenen Schinkensorten werden ausschließlich dort produziert, wo die ursprüngliche Rezeptur entwickelt wurde. Am Hauptsitz in Seevetal produziert Abraham Echten Katenschinken. Am Standort Harkebrügge (Niedersachsen) werden Landschinken und Pikanto-Edelschinken hergestellt. In Edewecht wird der Ammerländer Kernschinken produziert. Aus Schiltach im Schwarzwald kommt Original Schwarzwälder Schinken. Bio-Schinken ergänzt das Produktportfolio. Mit der 2002 vollzogenen Übernahme der Schinkenräucherei Larden Salaisons S. A. in Recogne-Libramont-Chevigny in Belgien und der sich drei Jahre darauf anschließenden Akquisition der Firma Sanchez Alcaraz S. L., eines in der Nähe von Toledo ansässigen Herstellers von Serrano und Iberico Schinken, rundete das Unternehmen sein Sortiment internat. ab. Jüngste Produktinnovation ist *Abraham Leichter Genuss*. Dieser Schinken ohne Fettrand hat einen Fettanteil von nur 3 %. Der Markenauftritt wurde 2006 erneuert. Seitdem gehört der Slogan „Der Schinkenspezialist" zum Abraham-Logo. Das Verpackungsdesign stammt von der Hamburger Agentur Colell & Kampmann. Nach eigenen Angaben ist Abraham in Deutschland Marktführer für Rohschinken. Die beiden Geschäftsführer Rolf und Jürgen Abraham haben das Unternehmen 1971 gegründet. Abraham vertreibt Rohschinkenprodukte in Deutschland und 20 weiteren Ländern. Für den Schinkenhersteller arbeiten 650 Mitarbeiter. Der Gesamtumsatz liegt bei 186 Mio. Euro.

DATEN UND FAKTEN

Markenname: Abraham, abgeleitet vom Familiennamen der Gründer

Slogan: „Der Schinkenspezialist"

Gründer: Rolf Abraham und Jürgen Abraham, 1971, Seevetal

Markenregistrierung: 03.04.1990, DPMA München

Innovationen: Abraham Leichter Genuss

Jahresumsatz: 186 Mio. Euro (2006)

UNTERNEHMEN

Gebr. Abraham Schinken GmbH
Brookdamm 21
21217 Seevetal
(0 40) 76 80 05-0
(0 40) 76 80 05-3 01
www.abraham.de

ABSATZWIRTSCHAFT

Die absatzwirtschaft – Zeitschrift für Marketing erscheint im Fachverlag der Verlagsgruppe Handelsblatt GmbH. Er ist gemeinsam mit dem Deutschen Marketing-Verband (DMV) Hg. des Monatstitels, dessen Zielgruppe Entscheider aus den Bereichen Management, Marketing, Kommunikation und Vertrieb sind. Die absatzwirtschaft verfügt mit 24.347 Stück (IVW III/07) über die höchste Abonnement-Auflage aller dt. Fachzeitschriften für Marketing und Vertrieb. Der Copypreis von 9,25 Euro unterstreicht die Premium-Positionierung, für die sorgfältig

Beim Kampagnenmotiv wird der Informationsgehalt der absatzwirtschaft mit hochwertigen Lebensmitteln verglichen.

redigierte und recherchierte Beiträge von Gastautoren und Fachjournalisten sowie das hochwertige Layout stehen. Die absatzwirtschaft wurde 1958 im Handelsblatt-Verlag mit dem ersten Chefredakteur Erhard Knoth gegründet. Als Hg. fungierten die Arbeitsgemeinschaft Deutscher Verkaufsleiter-Clubs als Vorgängerverband des DMV und die Absatzwirtschaftliche Gesellschaft Nürnberg. Von der klassischen, dem Know-how-Transfer verpflichteten Fachzeitschrift wandelte sich die absatzwirtschaft im Laufe der Jahre zu einem modernen Magazin, das aktuelle Themen informativ, aber auch kritisch-konstruktiv beleuchtet. Dieser Anspruch spiegelt sich im Claim „Köpfe brauchen Nahrung" wider, mit dem die absatzwirtschaft beworben wird: werthaltige Information, die über den Tag hinaus wirkt. Neben der monatlichen Publikation gehören u. a. die Website www.absatzwirtschaft.de und der E-Mail-Newsletter „com3" zum Angebot der absatzwirtschaft. Mehrmals jährlich erscheinen Sonderausgaben zu Branchenevents oder zur Vertiefung relevanter Themen. Unter dem damaligen Chefredakteur Friedhelm Pälike erhielt die absatzwirtschaft 1976 und 1978 den Publication Award des European Marketing Council. Seit 2000 ist Christoph Berdi Chefredakteur des Blattes. 2006 wurde die Zeitschrift mit dem 2. Preis für den „Fachjournalist des Jahres" der Deutschen Fachpresse ausgezeichnet. Seit 2001 vergibt die absatzwirtschaft gemeinsam mit dem DMV den Marken-Award für exzellente Leistungen in der Markenführung in den Kategorien Beste Neue Marke, Bester Marken-Relaunch und Beste Marken-Dehnung.

DATEN UND FAKTEN

Markenname: absatzwirtschaft - Zeitschrift für Marketing

Slogan: „Köpfe brauchen Nahrung"

Abo-Auflage: 24.347 (IVW III/ 07)

Auszeichnungen:
„Publication Award des European Marketing Council" (1976, 1978)
2. Preis für den „Fachjournalist des Jahres 2006" der dt. Fachpresse

UNTERNEHMEN

Fachverlag der Verlagsgruppe Handelsblatt GmbH

Hauptsitz: Düsseldorf, Deutschland

Chefredakteur: Christoph Berdi

Geschäftsführer: Dr. Tobias Schulz-Isenbeck und Johannes Höfer

Weitere Zeitschriften: Der Betrieb, Creditreform

KONTAKT

absatzwirtschaft – Zeitschrift für Marketing
Kasernenstr. 36
40213 Düsseldorf
✆ (02 11) 8 87–14 21
🖷 02 11) 8 87–14 20
💻 www.absatzwirtschaft.de

Ansprechpartner Presse:
Olaf Hohmann
✆ (02 11) 8 87–14 12
🖷 (02 11) 8 87–97 14 12
✉ o.hohmann@fachverlag.de

Lead-Agentur:
Serviceplan
💻 www.serviceplan.de

> **SCHON GEWUSST?**
> ▮ Der damalige Bundeswirtschaftsminister Ludwig Erhard trug sich bei der Gründung der Zeitschrift mit wohlwollenden Worten ins Stammbuch ein.

ABSOLUT VODKA

ABSOLUT VODKA gilt als eine der größten Wodkamarken weltweit. Lars Olsson Smith begann 1879 im südschwed. Åhus mithilfe

ABSOLUT VODKA gilt als bekannteste Wodkamarke der Welt und ist in verschiedenen Geschmacksrichtungen erhältlich.

Abtei gehört zu den führenden Marken im Bereich Selbstmedikation.

der kontinuierlichen Destillation einen hochwertigen Wodka herzustellen, wie es ihn bis dahin in Schweden nicht gab. Um sich von der Konkurrenz abzuheben, füllte Smith den Wodka in spezielle Flaschen ab, die an traditionelle Apothekerflaschen erinnern. Bis in die 1970er-Jahre wurde er unter dem Namen Absolut rent Bränvin (absolut reiner Wodka) verkauft. Im Rahmen eines Marken-Relaunches, der mit der Ausdehnung des Vertriebs auf Nordamerika einherging, änderte man im Jahr 1979 den Markennamen in ABSOLUT. Neben der Flaschenform prägt ein markantes Logo das Corporate Design von ABSOLUT VODKA. Der zweizeilige, in blauen Versalien der Type Futura Bold gezeichnete Namenszug wird durch den Zusatz „Country of Sweden" in schwungvoller Schreibschrift ergänzt. Seit Mai 2007 präsentiert sich ABSOLUT VODKA weltweit mit einem neuen Markenauftritt. Unter dem Titel „In an ABSOLUT world" möchte ABSOLUT VODKA eine Diskussion über Dinge des Weltgeschehens wie auch alltägliche Themen anregen. Die Verbraucher sollen auf humorvolle Weise dazu inspiriert werden, ihre eigenen Visionen „einer absoluten, einer perfekten" Welt auszudrücken. Der neue Markenauftritt löst das bisherige Kommunikations-Konzept der Wodkamarke ab, in dessen Zentrum die Inszenierung der ABSOLUT VODKA-Flasche stand. Namhafte Künstler wie Andy Warhol oder Keith Haring steuerten Entwürfe zu dieser preisgekrönten Kampagne bei. ABSOLUT VODKA wird aus natürlichen Zutaten ohne Zusatzstoffe hergestellt. Jüngste Produktinnovationen sind die Geschmacksrichtungen ABSOLUT *Ruby Red* und ABSOLUT *Pears* (2007). ABSOLUT VODKA produziert ausschließlich in Åhus, die Produktionsmenge beläuft sich auf über 88,8 Mio. l pro Jahr. Die Marke ist in 126 Ländern erhältlich und wird über V&S Absolut Spirits vertrieben, einer Tochterfirma der Vin & Spirit Group mit 2.304 Angestellten.

DATEN UND FAKTEN

Markenname: ABSOLUT VODKA, Kurzform, abgeleitet vom ursprünglichen Markennamen Absolut rent Bränvin (= absolut reiner Wodka)

Slogan: „In an Absolut World"

Erfinder: Lars Olsson Smith, 1879, Südschweden

Markenregistrierung: 27. 04. 1994, DPMA München

Innovationen: ABSOLUT Mandarin (1999), ABSOLUT Vanilla (2003), ABSOLUT Raspberry (2004), ABSOLUT Peach (2005), ABSOLUT Ruby Red (2007), ABSOLUT Pears (2007) etc.

Markenwebsite: www.absolut.com

Literatur:
R. W. Lewis: ABSOLUT Sequel (2005)
C. Hamilton: ABSOLUT – Biography of a Bottle (1994)

UNTERNEHMEN

MaxXium Deutschland GmbH
(Marketing und Vertrieb von ABSOLUT VODKA in Deutschland)
Söhnleinstr. 8
65201 Wiesbaden
☏ (06 11) 2 50-01
Fax (06 11) 2 50-3 40
www.maxxium.de

ABTEI

Die Gesundheitsmarke Abtei blickt auf eine über 100-jährige Geschichte zurück. Oscar Sarhage gründete das Unternehmen 1897 in Bielefeld. Erste Rezepturen erhielt der Abtei-Gründer von einem befreundeten Ordensbruder und entwickelte in der Folge aus dem Erfahrungsschatz der Mönche Präparate zur Selbstmedikation. So gesehen nimmt der Markenname Abtei Bezug auf das Gesundheitswissen der Klöster und weckt Assoziationen zur Natur-Arznei. Das Logo der Marke ist seit 1986 mit einem roten Oval assoziiert (Pantone 1795), in dem in weißer Schrift der Namenszug steht. Ein grüner Keimling (Pantone 348) fasst einen Teil der Vignette und stellt einen Bezug zur Natur her. Das Markenzeichen soll Vertrauen und medizinische Kompetenz kommunizieren. Die führende Dachmarke im Bereich freiverkäuflicher Gesundheitspräparate vertritt Produkte zur Nahrungsergänzung, Beruhigung, für Herz und Kreislauf, gegen Erkältung, für Haut und Haare, für Magen und Verdauung sowie Gelenke und Beweglichkeit. Sie dienen der Vorsorge und sanften Therapie zur Steigerung der körperlichen und geistigen Leistungsfähigkeit. Angesprochen werden Menschen, die sich eigenverantwortlich um ihre Gesundheit und die Gesundheit ihrer Lieben kümmern. Seit 1996 ist Abtei Teil der → GlaxoSmithKline Consumer Healthcare GmbH & Co. KG und nutzt so die Entwicklungs- und Vertriebsmöglichkeiten eines weltweit forschenden Pharmaunternehmens. Durch die Kooperation mit der interdisziplinären „Forschergruppe Klostermedizin" der Universität Würzburg gewinnt man seit 1999 ständig wissenschaftlichen Input und kann zudem auf die weltweit größte Datenbank für in der Überlieferung genannte Heilpflanzen und Kräuter zurückgreifen. Auf dieser Grundlage werden stetig neue Präparate entwickelt, die sich am Markenkern orientieren. Unter der Leitidee „Bitte bleiben Sie gesund" werden die Gesundheitsprodukte in Drogerien, im Lebensmitteleinzelhandel und in Apotheken vertrieben.

DATEN UND FAKTEN

Markenname: Abtei, Bezug auf das Gesundheitswissen der Klöster

Slogan: „Bitte bleiben Sie gesund"

Erfinder: Oscar Sarhage, 1897, Bielefeld

Markenregistrierung: 06. 06. 1955, DPMA München

Markenbekanntheit: 92 % gest. (Forsa, 2007)

Auszeichnungen:
„Most Trusted Brand", Reader's Digest (2006)

Markenwebsite: www.abtei.de

UNTERNEHMEN

GlaxoSmithKline Consumer Healthcare GmbH & Co. KG
Bußmatten 1
77815 Bühl
✆ (0 72 23) 76-0
🖷 (0 72 23) 76-40 00
💻 www.gsk-consumer.de

ABUS

Die August Bremicker Söhne KG, kurz ABUS, hat sich in über 80 Jahren vom Produzenten traditioneller Vorhangschlösser zur Premiummarke für präventive Sicherheitstechnologie entwickelt. Gegründet wurde das Unternehmen 1924 in dem Dorf Volmarstein an der Ruhr durch August Bremicker. Das nach christlichen Grundsätzen geführte Familienunternehmen ist heute im Besitz der dritten und vierten Generation. Bis in die 1950er-Jahre dominierte im Produktportfolio das aus Stahl oder Blech hergestellte Vorhangschloss. 1958 begann die Produktion des aus massivem Messing hergestellten Schlosskörpers, den ABUS als erster dt. Anbieter im Markt platzierte. So konnte sich ABUS schnell auch eine Führerschaft im internat. Markt sichern. Der Erfolg und die Kompetenz der Marke ABUS gründen nicht allein auf dem Produktbereich Vorhangschlösser. Seit über 40 Jahren entwickelt, produziert und vertreibt ABUS ein weit reichendes Produktprogramm für die Bereiche Haussicherheit, Objektsicherheit und Mobile Sicherheit. Unter dem Slogan „Das gute Gefühl der Sicherheit" werden ABUS-Produkte seit nunmehr über 80 Jahren an drei Produktionsstandorten in Deutschland hergestellt. Unter der Marke *ABUS Security Tech Germany* werden die Produkte weltweit teils über eigene Niederlassungen vertrieben. In Rehe/Westerwald betreibt ABUS ein eigenes Forschungs- und Entwicklungszentrum.

Die ABUS-Firmenzentrale in Wetter/Ruhr steuert den Vertrieb in fünf Kontinenten.

DATEN UND FAKTEN

Markenname: ABUS, Akronym, **A**ugust **B**remicker **u**nd **S**öhne, abgeleitet vom Namen des Gründers

Slogan: „ABUS – Das gute Gefühl der Sicherheit"

Gründer: August Bremicker, 1924, Volmarstein

Markenregistrierung: 1932

Innovationen: Das Fahrrad-Bügelschloss wurde in den 1970er-Jahren von ABUS auf den Markt gebracht und zählt zu den sichersten Schlossarten.

Auszeichnungen:
„Designpreis Rheinland-Pfalz" für ABUS (2005)
„sehr gut", Stiftung Warentest für Fenstersicherungen (03/2005)

UNTERNEHMEN

ABUS August Bremicker Söhne KG

Hauptsitz: Wetter, Deutschland

August Bremicker gründete ABUS 1924 in Volmarstein/Ruhr.

Accenture verbindet Strategieberatung mit technologiebasierten Dienstleistungen.

Unternehmensbereiche: Haussicherheit, Objektsicherheit, Mobile Sicherheit

Vertrieb: weltweit

Mitarbeiter: über 2.000 weltweit

KONTAKT

ABUS August Bremicker Söhne KG
Altenhofer Weg 25
58300 Wetter
✆ (0 23 35) 63 40
🖷 (0 23 35) 63 43 00
💻 www.abus.de

Ansprechpartner Kommunikation:
Michael Bräuer
✉ m.braeuer@abus.de

Lead-Agentur:
Tost Public Relations GmbH
💻 www.tost-relations.de

MEILENSTEINE

1958 ABUS bringt als erstes Unternehmen Vorhangschlösser aus Messing auf den Markt.

1959 Das Unternehmen beginnt mit der Produktion von Fahrradschlössern.

2001 Die Elektronik-Tochter Security-Center mit den Produktschwerpunkten Alarmanlagen und Videoüberwachungstechnik wird in die ABUS-Gruppe integriert.

2003 Integration des Traditionsunternehmens Schließanlagen GmbH Pfaffenhain in die ABUS-Gruppe.

2006 Mit einem neuen Corporate Design startet der weltweit einheitliche Markenauftritt.

ACCENTURE

Accenture ist ein weltweit agierender Managementberatungs-, Technologie- und Outsourcing-Dienstleister. Accenture sieht sich in der Kategorie „Business Innovation Partner" – d. h. als Gesamtanbieter eines kunden- und projektspezifischen Mixes aus Management- und IT-Beratung, Realisierung, Outsourcing und Business Process Management bzw. -Outsourcing – als Vorreiter. Das Unternehmen verbindet Strategieberatung mit technologiebasierter Dienstleistung und begleitet seine Kunden entlang der kompletten Wertschöpfungskette. Zu den Kunden des Unternehmens zählen etwa drei Viertel der Firmen, die im umsatzbasierten und Firmen weltweit erfassenden Ranking des amerikanischen Wirtschaftsmagazins Fortune auf den ersten 100 Plätzen rangieren. Das Unternehmen wurde 1989 als Andersen Consulting gegründet. Der Markenname Accenture ist ein Kunstbegriff, der sich aus der englischsprachigen Wortfolge „accent on the future" ableitet und von einem norw. Mitarbeiter des Unternehmens im Rahmen eines internen Ideenwettbewerbs entwickelt wurde. Der klein geschriebene Markenname auf dem Logo wird durch den Slogan ergänzt: „High performance. Delivered". Das Unternehmen erzielte im Geschäftsjahr 2006/2007 weltweit einen Umsatz von 19,70 Mrd. USD. In Deutschland sind über 4.000 Mitarbeiter für Accenture tätig, weltweit sind es etwa 170.000 in 49 Ländern. Im Jahr 2000 wurde die Firma aus der Holding-Gesellschaft Andersen Worldwide ausgegliedert, heißt seit 2001 Accenture und ist seit demselben Jahr an der New Yorker Börse notiert.

UNTERNEHMEN

Accenture
Campus Kronberg 1
61476 Kronberg i. Ts.
✆ (0 61 73) 94-99
🖷 (0 61 73) 94-98
💻 www.accenture.com

ACE

Das dynamische Logo des ACE Auto Club Europa

ACE gehört zu den Dienstleistungsmarken im Bereich Mobilität. Der ACE Auto Club Europa ist gemessen an der Zahl seiner eingetragenen Mitglieder (rund 550.000) der zweitgrößte Autoclub in Deutschland. Seine Kernleistungen umfassen Pannenhilfe, Bergen und Abschleppen sowie Krankenrücktransporte. Darüber hinaus bietet der ACE noch zahlreiche Zusatzdienste an, z. T. über das Online-Portal. Dazu gehören Reisen, Schneekettenservice, Carsharing, Mietwagen, Routenplaner, Gebrauchtwagenbewertung, Autotests, Mitfahrgelegenheiten, Moped-Kennzeichen, Pressedienste und ein Online-Shop mit Produkten rund um das Auto. Touristische Informationen, juristische Unterstützung und medizinische Hilfe vermittelt der Club ebenfalls. Er wirbt mit persönlichem, unbürokratischem und effizientem Einsatz. Familienmitglieder erhalten sämtliche Club- und Schutzbriefleistungen ohne Aufpreis. Der räumliche Geltungsbereich von ACE-

Leistungen erstreckt sich auf ganz Europa, alle Mittelmeer-Anliegerstaaten, die Kanarischen Inseln, die Azoren und Madeira. Die ACE-Notfallhilfe gilt weltweit. Der Euro-Notruf und die Vernetzung mit qualifizierten Vertragspartnern garantieren den Mitgliedern lt. Unternehmen schnelle Hilfe. Außerdem sieht sich der Club als Interessenvertreter seiner Mitglieder gegenüber Politik und Wirtschaft etwa auf den Gebieten Verbraucherschutz und Verkehrssicherheit. Vorsitzender des eingetragenen Vereins ist zzt. Wolfgang Rose, als stellv. Vorsitzender fungiert Erwin Braun. In Verbindung mit den Signalfarben Gelb, Rot und Schwarz vermittelt das ACE-Logo Sicherheit, Einsatzbereitschaft und Dynamik.

UNTERNEHMEN

ACE Auto Club Europa e.V.
Schmidener Str. 227
70374 Stuttgart
✆ (07 11) 53 03–0
🖷 (07 11) 53 03–1 68
💻 www.ace-online.de

ACEMATT

ACEMATT steht als internat. Industriemarke für eine synthetische Kieselsäure, die zur Mattierung von Lacken dient. Die Marke wurde 1994 angemeldet und zählt zum Portfolio des Spezial-Chemie-Hersteller Evonik Degussa GmbH. Seit den 1950er-Jahren beschäftigt sich Degussa mit der Herstellung von chemischen Komponenten zur Lackveredelung. Der zunehmende Bedarf an mattierten Lacksystemen führte zur Entwicklung von Kieselsäuren, die der Mattierung von Oberflächen dienen. Die Marke ACEMATT umfasst eine Reihe von Produkten, die jeweils für bestimmte Anforderungen entwickelt wurden. Entscheidend ist insbesondere die Partikelgröße des Zusatzmittels, die Mattigkeit und Glätte der Oberfläche bestimmt. Das Logo zeigt den in gefetteten serifenlosen Versalien gesetzten Markennamen und einen Balken mit Schwarz-Grau-Verlauf. Er steht als Assoziation für die Lichteffekte, die das Produkt kreiert. Der Hersteller sieht ACEMATT im Premiumsegment der Lackherstellung. Zu den geplanten Produktinnovationen zählt die Herstellung von *Soft-feel-Lacken*, Mattierungsmitteln, die eine angenehme Haptik bewirken. Die Evonik Degussa GmbH beschäftigt sich insbesondere mit der Herstellung von Spezialprodukten für die Gummi-, Farb- und Kunststoffproduktion. Zu den Marken aus ihrem Hause zählen auch →AEROSIL, →Si69 oder →CORAX. Im Jahr 2006 erzielte die Degussa GmbH unter dem Vorsitz von Dr. Klaus Peters mit rund 35.000 Mitarbeitern weltweit insgesamt ca. 11 Mrd. Euro Umsatz. Seit 2007 bildet sie das Geschäftsfeld *Chemie* der Evonik Industries AG, die weiterhin die Bereiche *Energie* und *Immobilien* unter ihrem Dach vereint. Vorstandsvorsitzender ist Dr. Werner Müller.

DATEN UND FAKTEN

Markenname: Acematt, abgeleitet von **Ace**, engl. für As (= spitze, unschlagbar) und **matt**, engl. für mattierend

Erfinder: Degussa, 1994, Frankfurt/Main

Markenregistrierung: 07. 10. 1994, DPMA München

Innovationen: Soft-Feel-Mattierungsmittel (2004)

Markenwebsite: www.acematt.com

UNTERNEHMEN

Evonik Industries AG
Rellinghauser Str. 1–11
45128 Essen
✆ (02 01) 1 77–01
🖷 (02 01) 1 77–34 75
💻 www.evonik.de

Die Marke Acematt steht für die Mattierung von Oberflächen.

ACTION CONCEPT

action concept gehört zu den größten Full Service Filmproduktionen für Actionformate auf dem internat. Markt. Full Service bedeutet, dass alle Abläufe von der Idee bis zum fertigen Produkt unter einem Dach gebündelt sind. Buch- und Stuntentwicklung, Produktionsbüros, Studio- und Technikbereich sowie die Nachbearbeitungstechnik grenzen unmittelbar aneinander. Zudem startete action concept 2006 den „Writers Room". Unter der Leitung renommierter US-Showrunner arbeiten ausgewählte Autoren eine Woche lang an der Entwicklung neuer Serien für den dt. und internat. TV-Markt. Hausinterne Schulungen gibt es in den Bereichen Actionregie, Action-Editing, Kamera-, Schnitt- und Special-Effects-Technik. Zu den bekanntesten dt. TV-Produktionen von action concept gehören die RTL-Serien *Alarm für Cobra 11 - Die Autobahnpolizei*, *Der Clown* und *Die Motorrad-Cops*. Alle Produktionen von action concept sind strikt in eine Drama- und eine Action-Unit aufgeteilt. Hermann Joha hat

Markenname und Claim bilden das Logo (oben), Dreharbeiten mit dem firmeneigenen Helikopter (Mitte, direkt am Set aufgenommen), Hermann Joha, Gründer und Geschäftsführer von action concept (unten)

Szene aus der *Der Clown - Payday*

das Unternehmen im Jahr 1992 gegründet. Der Helikopterpilot führte auch Regie bei dem RTL-Fernsehfilm *Der Clown*, den im Schnitt 8,77 Mio. Zuschauer gesehen haben. Nach dem Ende der gleichnamigen RTL-Serie in 44 gesendeten Folgen ist 2004 der Kinofilm *Der Clown* erschienen. Dieser wurde mit dem „Taurus World Stunt Award" 2005 in der Kategorie „Beste Action in einem ausländischen Film" ausgezeichnet und in über 40 Länder verkauft. Im Jahr 2007 erhält action concept bereits zum vierten Mal den „Taurus World Stunt Award". Neben der Serien- und Fernsehfilmproduktion in Deutschland ist action concept an internat. Projekten beteiligt. Zu den Produktionen in engl. Sprache zählen *Lasko – Im Auftrag des Vatikans*, *Final Contract – Death on Delivery* und *Fast Track – No Limits* mit jeweils internat. Besetzungen. Als Bildmarke dient action concept ein Helikopter. Das schlichte schwarze Logo zeigt in moderner, serifenloser Type den Markennamen sowie den Claim „More than entertainment". Das Unternehmen mit Sitz in Hürth bei Köln beschäftigt 150 fest angestellte und bis zu 200 freie Mitarbeiter.

DATEN UND FAKTEN

Markenname: action concept, zusammengesetzt aus den engl. Wörtern **action** (Aktion) und **concept** (Konzept)

Slogan: „More than entertainment"

Gründer: Hermann Joha, 1992, Hürth bei Köln

Markenregistrierung: 25. 10. 1999, DPMA München

Innovationen: „Writers Room" (Drehbuchworkshop mit US-Showrunners, 2006)

Auszeichnungen:
„Goldener Löwe" (1996)
„Taurus World Stunt Award" (2003, 2004, 2005, 2007)

UNTERNEHMEN

action concept Film- und Stuntproduktion GmbH

Hauptsitz: Hürth, Deutschland

Geschäftsführer: Hermann Joha

KONTAKT

action concept Film- und Stuntproduktion GmbH
An der Hasenkaule 1–7
50354 Hürth
✆ (0 22 33) 5 08–1 00
🖷 (0 22 33) 5 08–1 80
🖳 www.actionconcept.com

Ansprechpartner Presse:
Petra Keller
✆ (0 22 33) 5 08–1 03
✉ petra.keller@actionconcept.com

MEILENSTEINE

1992 Gründung der action concept Film- und Stuntproduktion GmbH in Düsseldorf

1993 action concept entwickelt und produziert 32 Folgen des Action-Magazins *Stuntteam* für das DSF.

1996 Full Service Produktion *Alarm für Cobra 11* – Die Autobahnpolizei (Serie)

1997 Full Service Produktion *Der Clown* (Serie)

2000 Full Service Produktion *Die Motorrad-Cops* (Serie)

2004 *Lasko – Im Auftrag des Vatikans*, das erste internat. TV-Movie in engl. Sprache von action concept wird gedreht. Der Kinofilm *Der Clown* wird in 40 Länder verkauft.

2006 RTL feiert zehn Jahre *Alarm für Cobra 11*. Die Action-Doku *Europes Greatest Stunts* erscheint in acht Folgen; Produktion Crash Kids; *Im Auftrag des Vatikans* (AT: *Lasko*) wird als Serie entwickelt; Start des „Writers Rooms".

2007 action concept wird in der Kategorie „Beste Action international" für eine Szene aus *Alarm für Cobra 11* das vierte Mal in Folge mit dem „Taurus World Stunt Award" ausgezeichnet. Weitere Filme und Serien in Produktion: *Dekker – Der Trucker*, *Fast Track – No Limits*, *112* und *Schlagwetter*.

AD

→ Architectural Digest

ADAC

Die Marke ADAC steht für Service und Produkte des führenden dt. Mobilitätsdienstleisters, des Allgemeinen Deutschen Automobil-Clubs. Der ADAC ist ein eingetragener Verein. Er engagiert sich lt. Satzung für die Förderung des „Kraftfahrwesens, des Motorsports und des Tourismus". Seine Mitglieder können als wichtigste Basisdienstleistung die vereinseigene Pannenhilfe in Anspruch nehmen. Diese wird in Deutschland von 1.700 „gelben Engeln" geleistet, einer im charakteristischen ADAC-Gelb lackierten Flotte von Pannen- und Abschleppfahrzeugen sowie 53 Rettungshubschraubern. Deren Arbeit hat maßgeblich dazu beigetragen, dass inzwischen 96 % der dt. Bevölkerung die Marke kennen (Quelle: ADAC). Zum Service des Vereins gehören darüber hinaus Hilfe bei Kfz-Diebstahl, Krankheit, Verletzung und in Notsituationen, außerdem Versicherungen, Finanzdienstleistungen, Rechtsberatung, Sicherheitstrainings und Tests von Produkten und Dienstleistungen auf dem Gebiet der Mobilität. Die Mitgliederzeitschrift „ADACmotorwelt" ist das auflagenstärkste Printmagazin weltweit. Seit dem Kaiserreich ist ein stilisierter Adler Teil des Markenlogos. Zunächst wurde er in Schwarz auf weißem Hintergrund abgebildet, verbunden mit dem Vereinskürzel in Frakturschrift. Im heutigen Logo erscheint er in Grau auf gelbem Fond, darüber der Schriftzug „ADAC" in schwarzen serifenlosen Versalien. Die Wurzeln des ADAC reichen zurück bis 1903. In diesem Jahr wurde die Deutsche Motorradfahrer-Vereinigung gegründet. Aus ihm ging 1911 der Allgemeine Deutsche Automobil-Club hervor. Der Verein zählt heute 16 Mio. Mitglieder, die in 1.800 Orts- und 18 Regionalclubs organisiert sind.

UNTERNEHMEN

ADAC e.V.
Am Westpark 8
81373 München
✆ (0 89) 76 76–0
Fax (0 89) 76 76–25 00
www.adac.de

Das charakteristischen ADAC-Gelb ist auch das Erkennungszeichen der 1.700 „gelben Engel" in Deutschland.

ADECCO

Die Marke Adecco steht für Dienstleistungen in der Personalbranche. Das gleichnamige Unternehmen entstand im Jahr 1996 als Zusammenschluss der seit 1957 in der Schweiz tätigen Firma Adia und dem 1964 gegründeten franz. Unternehmen Ecco. Während der Jahrhundertwende investierte Adecco intensiv in Internettechnologien, welche gemeinsam mit dem umfassenden Branchennetzwerk zur Rekrutierung dazu beitrugen, eine marktführende Position zu sichern. Seit 2005 sind die Unternehmensaktivitäten in verschiedene Zweige untergliedert, die jeweils auf eine Branche und einen Markt spezialisiert sind. Die aktuellen Geschäftsbereiche sind „Engineering", „Finance", „Human Capital Solutions", „Industrial", „Information Technology", „Medical & Science", „Office" und „Sales, Marketing & Events". Das Angebot umfasst alle gängigen Services aus den Bereichen Arbeitnehmerüberlassung und Personalvermittlung. Das Adecco-Logo besteht aus einem roten Rechteck mit abgerundeten Kanten, in dessen unterer Hälfte der Name in weißer Schrift erscheint. Der griffige Slogan „better work, better life" rundet die Markenpräsentation ab. Adecco vermittelt eigenen Angaben zufolge täglich den Kontakt zwischen 700.000 Arbeitskräften und mehreren hunderttausend Firmenkunden in aller Welt. In Deutschland werden davon ca. 20.000 Mitarbeiter und über 10.000 Firmenkunden in über 260 Niederlassungen betreut. Das weltweit agierende Unternehmen mit Hauptsitz in der Schweiz unterhält insgesamt mehr als 6.900 Niederlassungen in über 70 Ländern der Welt.

UNTERNEHMEN

Adecco Personaldienstleistungen GmbH
Hauptverwaltung Deutschland
Niederkasseler Lohweg 18
40547 Düsseldorf
www.adecco.de

Adecco
better work, better life

Weltweit werden täglich rund 700.000 Arbeitskräfte vermittelt.

ADELTA

Unter der Marke ADELTA vertreibt das gleichnamige Unternehmen Möbelentwürfe verschiedener Designer und Architekten auf dem internat. Markt. ADELTA wurde 1982 von Iiro Santalahti in Köln gegründet und wird heute von seinem Schwiegersohn Bert Ufermann geleitet. ADELTA ist ein Kunstname und entstand aus der strategischen Überlegung, in alphabetischen Listen möglichst früh aufzutauchen. Santalahti machte es sich zur Aufgabe, finn. Möbeldesign einem internat. Publikum zugängig zu machen. Die erste Möbelkollektion, die unter der Marke ADELTA

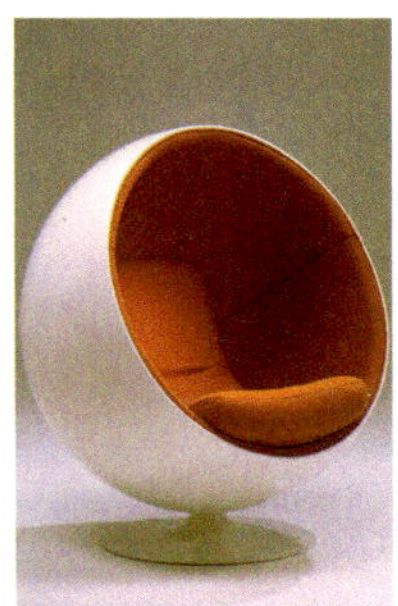

Der Ball Chair, designt von Eero Aarnio 1963 in Helsinki, ist der Klassiker unter den Möbeln von Adelta.

Der Designer Eero Aarnio, geboren 1932 in Helsinki, Finnland hat u.a. den Ball Chair, das Markenzeichen von Adelta, entwickelt.

aufgelegt wurde, basierte auf den Arbeiten des finn. Architekten Eliel Saarinen. 1983 wurde sie erstmals auf internat. Messen präsentiert. 1986 ergänzte ADELTA seine Kollektion mit den Entwürfen des finn. Architekten Pauli E.- Blomstedt. Blomstedt gilt als führender Vertreter des Funktionalismus in Finnland, vergleichbar mit dem Bauhaus in Deutschland. 1990 übernahm das Unternehmen den exkl. Vertrieb der Möbelkollektion von Eero Aarnio, die sich seitdem als Synonym für die Marke ADELTA etabliert hat und 95 % des Umsatzes und Vertriebs ausmacht. Seit 1992 ist der Ball Chair Markenzeichen und Symbol von ADELTA. Neben den Möbeln von Aarnio vertreibt ADELTA auch die Entwicklungen anderer Designer wie z.B. die Entwürfe des Belgiers Henry van de Velde, einer der Gründungsväter des Bauhauses oder des finn. Designers Yki Nummi. Die Möbelkollektionen von ADELTA richten sich an Kunden mit gehobenen Ansprüchen an Design und Qualität. Auf dem Gebiet der Glasfibermöbel ist ADELTA marktführend und vertreibt seine Kollektionen in mehr als 70 Ländern.

DATEN UND FAKTEN

Markenname: ADELTA, Kunstname

Slogan: „Design from Finland"

Erfinder des Markennamens: Alfons Bürger, 1982

Klassiker: Ball Chair, Eero Aarnio, 1963, Finnland

Neuester Entwurf: Parabel Dining Table, Eero Aarnio, 2004

Auszeichnungen:
„International Competition on Furniture Design", 1. Preis für Eero Aarnio, Cantu, Italien (1965)
„Steel Furniture Competition", 2. Preis für Eero Aarnio, Helsinki (1967)
„International Design Award", American Institute of Interior Design New York für Pastil Chair von Eero Aarnio (1968)

UNTERNEHMEN

ADELTA Bert Ufermann Personenges.

Hauptsitz: Dinslaken, Deutschland

Vorstand: Bert Ufermann

Designer im Vertrieb: Eero Aarino, Eliel Saarinen, Henry van den Velde, Pauli E. Blomstedt, Yki Nummi

Gesamtumsatz: 1,4 Mio. Euro

Vertrieb: weltweit in ca. 70 Ländern

KONTAKT

Adelta Bert Ufermann
Friedrich-Ebert-Str. 96
46535 Dinslaken
✆ (0 20 64) 4 07 97
🖷 (0 20 64) 4 07 98
✉ adelta@t-online.de
💻 www.adelta.de

MEILENSTEINE

1982 Iiro Santalahti gründet das Unternehmen ADELTA in Köln.

1991 ADELTA erhält die exkl. Vertriebsrechte der Fiberglaskollektion von Eero Aarnio. Die Klassiker des Designers, der Ball Chair, der Pastil Chair und der Tomato Chair werden erstmalig einem internat. Fachpublikum auf der Kölner Möbelmesse vorgestellt.

1992 Der Ball Chair des finn. Designers Eero Aarino wird zum Markenzeichen von ADELTA.

1992–1999 ADELTA vertreibt die Kollektion artek von Alvar Aalto.

2004 ADELTA nimmt die Möbelkollektion von Henri van de Velde in das Vertriebsprogramm auf.

ADHESIN

Adhesin®

Adhesin kommt in der Produktion von Faltschachteln (Mitte) und bei der Produktion von Küchentüchern (unten) zum Einsatz.

Unter der Marke Adhesin vertreibt → Henkel eine Vielzahl wasserbasierter Klebstoffe für den Einsatz in der Industrie. Die Hauptanwendungsgebiete von Klebstoffen der Marke

Adhesin liegen in der Papier- und Kartonverarbeitung sowie in der Buchbindung. Die Produkte von Adhesin zeichnen sich durch eine hohe Haftkraft aus. Bei Adhesin handelt es sich um eine Kunstharz-Dispersion auf Basis von Polyvinylacetat oder Acrylaten. Die ersten Klebstoffe unter der Marke Adhesin wurden 1950 auf der Düsseldorfer Messe für Druck und Papier vorgestellt. In der Folge wurde die Produkpalette laufend erweitert und an die unterschiedlichen Anforderungen der Papierverarbeitung angepasst. Seit 1988 sind alle Klebstoffe der Marke lösungsmittelfrei. Der Markenname Adhesin leitet sich vom lat. Wort adhere für kleben, festhängen ab. Die Klebstoffe werden internat. vertrieben. Henkel gehört zu den größten Industrie- und Konsumgüterherstellern in Deutschland. Das Unternehmen ist in die Bereiche Kosmetik und Körperpflege, Wasch- und Reinigungsmittel sowie Adhesives Technologies (Klebstoff Technologien) unterteilt. Der Gesamtumsatz im Unternehmensbereich Adhesives Technologies betrug im Jahr 2006 rund 5,5 Mrd. Euro. Henkel ist sowohl im Konsumenten- als auch im Profi- und Industriebereich einer der bedeutendsten Produzenten von Klebstoffen.

DATEN UND FAKTEN

Markenname: Adhesin, abgeleitet vom lat. Begriff adhere für kleben, festhalten

Markteinführung: 1950, Düsseldorfer Messe für Druck und Papier (Drupa)

Markenregistrierung: 22.09.1949, DPMA München

Innovationen: Umstellung auf weichmacherreduzierte / weichmacherfreie Rezepturen (2005)

Markenwebsite: www.adhesin.de

UNTERNEHMEN

Henkel KGaA

Hauptsitz: Düsseldorf, Deutschland

Weitere Marken: s. →Henkel

Gesamtumsatz: 12,740 Mrd. Euro (2006)

Vertrieb: weltweit in über 125 Ländern

KONTAKT

Henkel KGaA
Henkelstr. 67
40589 Düsseldorf
✆ (02 11) 7 97-0

Weichmacherfreie Klebstoffe wie Adhesin 7800 werden insbesondere zur Herstellung von Nahrungsmittelverpackungen verwendet

🖷 (02 11) 7 98-40 08
💻 www.henkel.de

Ansprechpartner Presse:
Peter Lienkamp
✉ press@henkel.com

ADIDAS

Unter der Sportmarke adidas versammelt sich ein breites Produktsortiment von Schuhen und Sport- sowie Freizeitbekleidung bis hin zu Bällen und weiteren Ausstattungen für diverse Sportarten. adidas-Produkte sind in zwei Divisionen mit jeweils unterschiedlichen Zielgruppen unterteilt. *adidas Sport Performance* steht für Produkte, die im Freizeit- oder Profisport zum Einsatz kommen. *adidas Sport Style* richtet sich gezielt an Lifestyle-Konsumenten und umfasst heute die Kollektionen von adidas Originals sowie Y-3 in Kooperation mit Yohji Yamamoto. Der Markenname adidas setzt sich aus dem Namen „Adi", dem Spitznamen des Unternehmensgründers Adolf Dassler, und den ersten Buchstaben seines Nachnamens zusammen. Dassler gründete adidas 1948 im bayerischen Herzogenaurach, wo er zunächst Sportschuhe produzierte. Den Durchbruch schaffte adidas mit der Fußball WM 1954 in der Schweiz, bei der die dt. Nationalmannschaft mit adidas-Schuhen Weltmeister wurde. Markenzeichen von adidas sind die drei Streifen, die seit 1949 auf allen Schuhen des Unternehmens und seit 1967 auch auf adidas-Kleidung zu finden sind. Dassler wählte die Streifen aufgrund des hohen Wiedererkennungswertes. Um der stetig erweiterten Produktpalette von adidas gerecht zu werden, wurde das Markenlogo 1971 überarbeitet. Ein Dreiblatt mit drei Streifen sollte die Vielfältigkeit der Marke adidas symbolisieren. Heute ist das Dreiblatt das Symbol für die adidas Originals Kollektion. 1997 wurde das adidas-Logo moderni-

Die adidas Gruppe, zu der auch die Marke adidas gehört, wird vom Vorstandsvorsitzenden Herbert Hainer geführt.

Der adidas Originals Concept Store in Köln gehört zu den über 400 eigenen adidas Concept Stores weltweit.

siert. Ein aus drei Balken bestehender Berg über dem adidas-Schriftzug soll Herausforderung symbolisieren. Das Logo steht heute für die Division *Sport Performance*. Für die 2002 eingeführte Y-3 Kollektion wurde ein eigenes Logo entworfen. Eine stilisierte Weltkugel mit drei gekrümmten Streifen soll für Modernität und Veränderungen stehen. Als divisionsübergreifendes Markenlogo dienen seit 2006 drei Streifen neben dem adidas-Schriftzug. Die adidas Gruppe ist der zweitgrößte Sportartikelhersteller der Welt. Mit der Übernahme von →Reebok im Jahr 2006 konnte das Unternehmen seine Position weiter ausbauen. Die adidas Gruppe beschäftigt weltweit mehr als 27.000 Mitarbeiter und erwirtschaftete 2006 einen Umsatz von 10.084 Mrd. Euro. Produkte der adidas Gruppe sind in nahezu jedem Land der Welt erhältlich.

DATEN UND FAKTEN

Markenname: adidas, Akronym aus dem Spitznamen **Adi** und dem Nachnamen des Unternehmensgründers Adolf **Das**sler

Slogan: „Impossible is nothing"

Gründer: Adolf Dassler, 1948, Herzogenaurach

Markenregistrierung: 1949, DPMA München

Innovationen: Fußballschuhe mit abschraubbaren Stollen (1954)

Jahresumsatz: 6,626 Mrd. Euro (2006, Marke adidas)

Auszeichnungen:
„Cannes Advertiser of the Year" (2006)

Markenwebsite: www.adidas.de

UNTERNEHMEN

adidas AG

Hauptsitz: Herzogenaurach, Deutschland

Vorstand: Herbert Hainer

Weitere Marken: →Reebok, →TaylorMade

Gesamtumsatz: 10,084 Mrd. Euro (2006)

Vertrieb: weltweit über Sportfachgeschäfte, Einzelhandel, über 400 eigene adidas Concept Stores

KONTAKT

adidas AG
Adi-Dassler-Str. 1
91074 Herzogenaurach
✆ (0 91 32) 84-0
www.adidas-group.de

Ansprechpartner Presse:
Anne Putz
Team Leader Corporate PR
✆ (0 91 32) 84-29 64
✉ anne.putz@adidas-group.com

SCHON GEWUSST?

- Beim „Wunder von Bern" 1954 nutzte die dt. Nationalmannschaft erstmals Fußballschuhe mit abschraubbaren Stollen. Die adidas-Schuhe wurden später unter dem Namen Weltmeister verkauft.
- adidas ist bekannt für das Sponsoring von Sportgrößen wie Fußballer David Beckham oder Basketballer Gilbert Arenas. Schon Unternehmensgründer Adolf Dassler erkannte die Zugkraft des Personensponsorings und konnte u. a. Muhammad Ali, Max Schmeling und Franz Beckenbauer als adidas-Werbeträger verpflichten.

Adler betreibt über 125 Modemärkte in Deutschland, Österreich und Luxemburg.

ADLER MODEMÄRKTE

Das Textileinzelhandelsunternehmen Adler Modemärkte GmbH wurde im Jahr 1960 von Albert Adler, von dem sich auch der Unternehmensname ableitet, als Adler Mäntel KG in Engen gegründet. Mode für die Zielgruppe der ab 45-Jährigen ist der Schwerpunkt von Adler. In Deutschland sowie in Österreich und Luxemburg betreibt das Unternehmen über 125 Märkten, die auch Mode für Kinder und junge Heranwachsende und Mode in Übergrößen in ihrem Sortiment anbieten. Erst am 01.04.1981 registrierte Adler den Namen beim DPMA in München als Marke. Das Logo, das in einem mangentafarbenem Ton gehalten ist, zeigt einen stilisierten Adler in Weiß, der steil nach oben fliegt. Das unter dem Slogan „Adler – Mode mit Happy End" agierende, in Haibach ansässige Textilunternehmen vertreibt sortimentsergänzend mit der Marke *Thea42plus* Mode für Frauen mit Übergröße. Unter der Marke *big fashion* bietet der Textildiscounter „Businessmode für starke Männer" an. Die Untermarke *Adventure & Travel* steht für Freizeitmode für die männliche Kundschaft und die Untermarke *myOwn* für die weibliche Kunden. Beide Marken stehen für legere und schicke Mode zu günstigen Preisen. Bis zum Jahr 2005 fungierte die Fernsehmoderatorin Birgit Schrowange (RTL) primär in TV-Werbespots als Testimonial für das Unternehmen. Adler beschäftigte im Jahr 2006 mehr als 7.200 Mitarbeiter in Deutschland, Österreich und Luxemburg, die im selben Jahr in über 125 Modemärkten einen Bruttoumsatz von ca. 650 Mio. Euro erwirtschafteten.

UNTERNEHMEN

Adler Modemärkte GmbH
Industriestraße Ost 1–5
63808 Haibach
(0 60 21) 63 3–0
(0 60 21) 63 3–11 51
www.adlermode.de

ADLER SCHINKEN

Unter dem Markennamen Adler verkauft die Hans Adler OHG Wurst- und Schinkenprodukte nach Schwarzwälder Art. Zur Produktpalette gehören insbesondere Spezialitäten aus der Region wie Schwarzwälder Schäufele, Badisches Rollschinkle, Schlemmerschinkle und Schwarzwälder Burehäxle. Das Unternehmen verspricht Qualität und traditionelle Hausrezepte – die Produkte sind von Hand gewürzt, im Kamin tannengeräuchert und in frischer Höhenluft ausgereift. Gegründet wurde das Unternehmen 1920 von Michael und Margarethe Adler, ursprünglich in Verbindung mit einem Hotel. 1955 begann man mit dem Versand von Räucherwaren und verlegte sich schließlich ganz auf Herstellung und Vertrieb. Das Logo der Marke zeigt in weiß vor grünem Hintergrund den Schriftzug Adler in einer länglich-sechseckigen Vignette mit orangefarbenem Rahmen. Das Grün (Pantone 348) steht für den Schwarzwald, das Orange (Pantone 021) soll Frische symbolisieren. Die Firma Adler hat ihren Sitz in Bonndorf. Das Tochterunternehmen Kinzigtäler Schwarzwaldfleisch in Achern hat sich auf die Produktion von Schwarzwälder Schinken spezialisiert; ein weiteres Zweigwerk in Achern produziert ausschließlich Schinken. Die Wurst- und Schinkenwaren von Adler werden in ganz Deutschland über große Einzelhandelsketten vertrieben. Aber auch in Dänemark, den Niederlanden, Belgien, Frankreich, Großbritannien, Polen und Tschechien kann man die Schwarzwälder Spezialitäten kaufen. Heute leiten Hansjörg und Peter Adler den Familienbetrieb mit 250 Mitarbeitern in dritter und vierter Generation.

Unter der Marke Adler werden Schinken Schwarzwälder Art vertrieben.

UNTERNEHMEN

Hans Adler OHG
Am Lindenbuck 3
79848 Bonndorf
(0 77 03) 8 32–0
(0 77 03) 8 32–1 00
www.adler-schinken.de

ADLON

Das Hotel Adlon ist ein Grandhotel in direkter Nähe zum Brandenburger Tor in Berlin. Als Fünf-Sterne-Hotel spricht das Adlon vor allem Gäste mit gehobenem Geschmack und Wunsch nach herausragendem Service an. Zu den prominenten Besuchern zählen u.a. Queen Elizabeth oder Michail Gorbatschow sowie internat. bekannte Schauspieler. Gegründet wurde das Hotel durch den bekannten Mainzer Gastronomen Lorenz Adlon. Der Bau des Hotels durch die Architekten Carl Gause und Robert Leibnitz dauerte knapp zwei Jahre und kostete rund 20 Mio. Goldmark. Am 23. Oktober 1907 wurde das Hotel Adlon von Kaiser Wilhelm II. eröffnet. In den 1920er-Jahren wurde aus dem Haus ein Treffpunkt für prominente Persönlichkeiten aus allen gesellschaftlichen Bereichen, unter ihnen Thomas Mann, Theodore Roosevelt und Henry Ford. Das durch einen Brand 1945 fast vollständig zerstörte Gebäude wurde 1997 erneut eingeweiht. Nach dem Mauerfall 1989 hatte die Kempinski Hotelbetriebsgesellschaft die Baugenehmigung für das Projekt „Wiederaufbau Hotel Adlon" erworben. Wie in seinen Anfängen zeichnet sich das neue Hotel Adlon mit 382 Zimmern und Suiten durch seine exkl. Lage, die luxuriöse Ausstattung und eine hohe Servicequalität aus. Daneben bietet es u.a. Kongress- und Ballsäle sowie einen Spa-Bereich. Die exponierte Lage wird auch im Logo aufgegriffen. Es zeigt das stilisierte Brandenburger Tor und darunter den Schriftzug Hotel Adlon Kempinski in Royalblau. Zukünftig soll das Angebot des

Hotel Adlon Kempinski
BERLIN

Im Logo (oben) des Hotel Adlon wird das Brandenburger Tor wiedergegeben, eine Luxus-Suite trägt auch dessen Namen (unten).

ADO produziert seit 1954 hochwertige Gardinen und Dekostoffe und ist bekannt geworden durch die „Goldkante".

Das Hotel Adlon ist eine Landmarke am Pariser Platz in Berlin.

Hotels, das u.a. mit Merchandising-Produkten und speziellen Events arbeitet, kontinuierlich erweitert werden, u.a. mit dem Adlon Day Spa, der Lorenz Adlon Weinhandlung oder der Sicherheitssuite. Mit der Marke Adlon erwirtschaftet die Kempinski-Gruppe jährlich einen Umsatz von durchschnittlich 20 Mio. Euro. Das Unternehmen beschäftigte im Jahr 2006 rund 400 Mitarbeiter.

DATEN UND FAKTEN

Markenname: Adlon, Nachname des Gründers

Slogan: „Adlon oblige" (franz. Adlon verpflichtet)

Gründer: Lorenz Adlon, 1907, Berlin

Markenregistrierung: 27.06.1994, DPMA München

Jahresumsatz: 20 Mio. Euro (2006)

Werbespendings: 6 % des Gesamtumsatzes

Literatur:
H. Adlon: Die Entstehungsgeschichte des berühmten und renommierten Berliner Hotels (2004)
L. Demps u. C.-L. Paeschke: Das Hotel Adlon (2004)

UNTERNEHMEN

Hotel Adlon Kempinski

Hauptsitz: Berlin, Deutschland

Geschäftsführer: Stephan Interthal (Geschäftsführender Direktor)

Vertrieb: weltweit – über Kempinski und LHW Leading Hotels of the World

KONTAKT

Hotel Adlon Kempinski
Unter den Linden 77
10117 Berlin
(0 30) 22 61-0
(0 30) 22 61-22 22
www.hotel-adlon.de

Ansprechpartner Presse:
Sabina C. Held
(0 30) 22 61-17 03
sabina.held@kempinski.com

Ansprechpartner Marketing:
Irene Offenhammer
(0 30) 22 61-10 76
irene.offenhammer@kempinski.com

SCHON GEWUSST?

- Ihren berühmten Satz „I want to be alone" sprach Greta Garbo im Hotel Adlon.
- Bekannte Filme wie „Hotel Adlon" von Artur Brauner oder die Neuverfilmung von „Emil und die Detektive" wurden im Hotel Adlon gedreht. Ebenfalls sehenswert: Der Dokumentarfilm „Die glanzvolle Welt des Hotel Adlon" von Percy Adlon.

ADO

ADO ist ein dt., internat. tätiger Konzern der Heimtextilbranche, der sich einen Namen insbesondere als Hersteller hochwertiger Gardinen und Dekostoffe gemacht hat. 1954 von Marianne und Hubert Wulf im emsländischen Aschendorf gegründet, war die Gardinenweberei der erste Industriebetrieb der Kreisstadt. Seit 1968 webt ADO als Echtheitszeichen in den unteren Rand jeder Gardine einen Goldfaden ein. Diese sog. „Goldkante" entwickelte sich zum Symbol für die besondere ADO-Qualität und verhalf der Marke zu einem hohen Bekanntheitsgrad, der durch die ersten Fernsehwerbespots noch gesteigert werden konnte. Das 1963 eingeführte Logo in Form einer gelb schattierten Sprechblase war zunächst in schwarz mit gelber Schrift gehalten. Später wurde die schwarze Grundfarbe durch rot ersetzt, Schrift und Schattierung wurden weiß, bis die Schattierung schließlich gänzlich wegfiel. Der Zusatz „international" innerhalb der Sprechblase und „Goldkante" unterhalb (schwarz auf weiß) komplettiert das heutige Erscheinungsbild der Marke. Die Produktpalette umfasst sechs unterschiedliche, repräsentative Grundstilrichtungen für den privaten Wohnbereich. Ergänzt wird das Programm u.a. durch die permanent schwerentflammbare ADO-Objektkollektion für öffentliche

Einrichtungen und Gebäude. ADO Textilien stehen für den Produktionsstandort Deutschland und zeichnen sich lt. Hersteller durch Qualität, Luxus und Design-Kompetenz aus. Sie sind in 57 Ländern der Welt erhältlich. Mit einer überdachten Produktionsfläche von über 110.000 qm und einer vollstufigen Produktion ist das ADO-Werk am Standort Aschendorf die größte Gardinenfabrik weltweit. Neben dem Stammwerk in Aschendorf verfügt ADO über weitere Produktionsstätten in den USA, Indonesien und Polen. Das weiter auf Expansion ausgerichtete Unternehmen ist ein Familienbetrieb und wird von den Gründersöhnen Andreas und Klaus Wulf geleitet. 2006 wurde bei einem Umsatz von 127,8 Mio. Euro ein Plus von 3,1 % im Vergleich zu 2005 erwirtschaftet. ADO beschäftigt inzwischen weltweit ca. 1.400 Mitarbeiter, davon ca. 715 am Stammsitz.

DATEN UND FAKTEN

Markenname: ADO, abgleitet aus dem Namen der Kreisstadt **A**schen**do**rf, dem Stammsitz der Firma

Gründer: Marianne Wulf, Hubert Wulf, 1954, Aschendorf

Markenbekanntheit: 90 % ungest. (Firmenangabe)

Umsatz: 127,8 Mio. Euro (2006)

Auszeichnungen:
„Decoration+Design", Australian Trend Award für ADO Cordon® (2004)
Nominierungen für den „Designpreis der Bundesrepublik Deutschland" für ADO Cordon® (2006, 2007 und 2008)
„iF poduct design award" für ADO Cordon® (2006)
„iF material award" in Gold für ADO eProtect® (2007)

UNTERNEHMEN

ADO Gardinenwerke GmbH & Co. KG
Hüntestr. 68
26871 Aschendorf/Ems
✆ (0 49 62) 50 50
🖷 (0 49 62) 63 92
🖳 www.ado-international.de

ADOBE

Zu den wichtigsten Produkten des weltweit tätigen Technologie- und Softwareunternehmens Adobe Systems Incorporated gehören Anwendungen wie Acrobat, Photoshop, Dreamweaver oder InDesign. Zielgruppen der Adobe-Produkte sind in erster Linie professionelle Anwender in den Bereichen Design, Fotografie und Unternehmenslösungen. Im Fall des Adobe Reader und der Acrobat-Software gehören auch private Computeranwender zur Zielgruppe. Das von Adobe entwickelte Portable Document Format (PDF), das Daten aus beliebigen Anwendungen in ein einheitliches Format bringt, ist eines der am weitesten verbreiteten Dokumentformate überhaupt. Der Markenname geht auf den Fluss Adobe Creek zurück, an dem die Wohnhäuser der beiden Firmengründer, John Warnock und Chuck Geschke, liegen. Das Markenzeichen zeigt den Buchstaben „A" als ausgesparte Fläche auf rotem Grund, darunter den Schriftzug „Adobe". Das Unternehmen Adobe Systems Incorporated wurde 1982 mit dem Ziel gegründet, eine Software zu entwickeln und zu vertreiben, die am Bildschirm bearbeitete Texte und Grafiken originalgetreu darstellen und ausgeben kann. Die Verwirklichung dieses Vorhabens war zugleich ein Beitrag zur Einführung des Desktop-Publishing. Inzwischen installieren die zehn größten PC-Hersteller den Adobe Reader als Standardanwendung zur Nutzung von PDF-Dateien auf ihren Rechnern. Adobe-PDF-Dokumente machen heute fast 10 % des Inhalts im Internet aus. 2006 betrug der Jahresumsatz des Unternehmens 2,575 Mrd. USD. Adobe ist eine Aktiengesellschaft und beschäftigt weltweit ca. 6.700 Mitarbeiter. Firmensitz ist San José im US-Bundesstaat Kalifornien.

UNTERNEHMEN

Adobe Systems GmbH
Georg-Brauchle-Ring 58
80992 München
✆ (0 89) 31 70-50
🖷 (0 89) 31 70-57 05
🖳 www.adobe.de

ADVOCARD

Die Dienstleistungsmarke Advocard steht für schnelle und unbürokratische Hilfe bei Rechtsstreitigkeiten. Der Name Advocard setzt sich aus den ersten Buchstaben von Advokat (Anwalt) und dem engl. Wort card für Karte zusammen. Der Rechtsschutzversicherer bietet sowohl für Firmen- als auch Privatkunden eine Absicherung des Kostenrisikos bei Rechtsstreitigkeiten. Ziel ist die schnelle Handlungsfähigkeit mithilfe der

Das Logo von Advocard (oben) weist die typische Kartenform auf. Die Advocard selbst (Mitte) kann neben ihrer eigentlichen Funktion als Ausweis beim Anwalt auch als Kreditkarte genutzt werden.
Dr. Karsten Eichmann, Vorstandsvorsitzender der Advocard Rechtsschutzversicherung AG (unten)

Advocard-Rechtsschutzkarte, die eine Kostenübernahme für Anwälte garantiert, damit diese ohne großen Schriftverkehr sofort tätig werden können. Das Unternehmen belegt mit 5,9 % Marktanteil und rund 1,4 Mio. Kunden Rang fünf unter den Rechtsschutzanbietern in Deutschland. Neueste Produkte aus dem Hause Advocard sind eine Rechtsschutzkarte mit Kreditkartenfunktion und ein mobiler Anwalt, der auf Wusch zu den potenziellen Klienten nach Hause kommt. 1968 gründete die Volksfürsorge Versicherung in Hamburg die Volksfürsorge Rechtsschutzversicherung. 1990 wurde dann die Advocard Rechtsschutzversicherung AG gegründet. Die Marke Advocard hat eine gest. Markenbekanntheit von 87,8 % (2007).

Der Schauspieler Oliver Korittke wirbt in einem TV-Spot für die Advocard.

Werbespots mit den Schauspielern Manfred Krug, Oliver Korittke sowie dem Handballspieler Stefan Kretzschmar machten die Marke in Deutschland bekannt. Schlüsselbilder der Spots sind stets eine Anwaltskanzlei und ein hilfesuchender Klient, der im entscheidenden Moment die Advocard Rechtsschutzkarte zückt. Das 2005 aktualisierte Logo der Marke Advocard besteht aus einer stilisierten Karte als Rahmen, darin stehen Markenname und der Claim „Anwalts Liebling" in großen Lettern. Hintergrundfarbe ist ein helles Grün, die Schrift setzt sich in Weiß und Dunkelgrün ab. Das Unternehmen mit Sitz in Hamburg beschäftigt zzt. 166 Mitarbeiter. Der Vertrieb der Versicherungsleistungen erfolgt über die Partner der AMB Generali Gruppe und die Deutsche Vermögensberatung AG.

DATEN UND FAKTEN

Markenname: Advocard, Akronym aus **Advo**kat (Anwalt) und engl. **card** (Karte)

Slogan: „Anwalts Liebling"

Erfinder: Volksfürsorge Rechtsschutz, 1987, Hamburg

Innovationen: Rechtsschutzkarte mit Kreditkartenfunktion (2006), Mobiler Anwalt (2006)

Markenbekanntheit: 11,7 % ungest., 87,8 % gest. (AD TREK Icon Added Value, 03/2007)

Jährlicher Bruttoneuzugang: 15,8 Mio. Euro

Auszeichnungen:
„AA" Ratingbeurteilung (Ausgezeichnet), Standard & Poor's (2006)

UNTERNEHMEN

Advocard Rechtsschutzversicherung AG

Hauptsitz: Hamburg, Deutschland

Vorstand: Dr. Karsten Eichmann (Vorsitzender), Onno Denekas, Peter Stahl

Gebuchter Bruttobeitrag: 180,9 Mio. Euro (2006)

Vertrieb: nat. über die Partner der AMB Generali Gruppe und die Deutsche Vermögensberatung AG

KONTAKT

Advocard Rechtsschutzversicherung AG
Heidenkampsweg 81
20097 Hamburg
✆ (0 40) 2 37 31-0
Fax (0 40) 2 37 31-4 14
www.advocard.de

Ansprechpartner Presse:
Sonja Adelhelm
✆ (0 40) 2 37 31-2 79
✉ Sonja.adelhelm@advocard.de

Ansprechpartner Marketing:
Yorck-Leuer von Hinüber
✆ (0 40) 2 37 31-3 40
✉ Yorck.vonhinueber@advocard.de

Lead-Agentur:
Serviceplan Dritte Werbeagentur GmbH, München
www.serviceplan.de

SCHON GEWUSST?

Im Februar 2007 hat der Deutsche Anwaltverein eine Empfehlungspartnerschaft mit Advocard abgeschlossen.

AEG

Die Geschichte der Marke AEG ist auf das Jahr 1883 zurückzuführen, als Rathenau Emil die Patente an den Erfindungen Thomas Edisons für Glühlampen erwarb und die Deutsche Edison Gesellschaft (DEG) gründete. Sechs Jahre später erfolgte dann die Umbenennung in die Allgemeine Electricitäts Gesellschaft, kurz AEG. Im Zuge einer Berliner Ausstellung präsentierte das Unternehmen die ersten Haushaltselektrogeräte wie Bügeleisen, Teekessel und Eierkocher. Mit der Beauftragung des Künstlers und Architekten Peter Behrens gelang es der AEG, Massenprodukte, die kostengünstig und leicht in der Handhabung waren, auf den Markt zu bringen. Zudem entwickelte sich Behrens zum Pionier der modernen Industriekultur und schaffte bei der Gestaltung der Produkte eine Harmonie zwischen Form und Funktion. Die Bandbreite der Produkte reicht vom Edelstahlherd über Haartrockner und Bohrmaschine bis hin zum mobilen Telefon und Straßenleuchte. Die AEG Hausgeräte GmbH hat als erstes Unternehmen der Branche an allen ihren Standorten ein Umweltmanagementsystem gemäß EMAS (EG-Öko Audit) installiert und dies von externen Gutachtern prüfen lassen. Seit 1994 ist AEG Teil von Electrolux AB, einem der weltgrößten Hausgerätekonzerne mit Sitz in Stockholm. Vor zwei Jahren begann Electrolux mit einer strategischen Weiterentwicklung der Marke AEG, die mit einem neuen Slogan den hohen Anspruch klar formuliert: „Perfekt in Form und Funktion" – unter diesem Motto rückt Electrolux heute seine dt. Premium-Marke ins Blickfeld leistungs- und qualitätsorientierter Verbraucher. Durch die umfassende Überarbeitung will die Marke noch mehr Profil zeigen, indem sie sich bewusst auf ihre seit dem Gründungsjahr 1889 gewachsenen Werte beruft: Technische Faszination, Qualität, Langlebigkeit und ein klares, strukturiertes Design. Mit dieser Positionierung präsentiert sich AEG europaweit einheitlich als Marke für anspruchsvolle Kunden.

UNTERNEHMEN

Electrolux Hausgeräte Vertriebs GmbH
Muggenhofer Str. 135
90429 Nürnberg
(09 11) 3 23-0
(09 11) 3 23-17 70
www.aeg-electrolux.de

AEROSIL

AEROSIL ist eine Industriemarke der Evonik Degussa GmbH. Die Marke steht für pyrogene Kieselsäure, die in einem kontinuierlichen Verbrennungsprozess (Flammenhydrolyse) hergestellt und bei der Veredelung zahlreicher Produkte wie Lacke, Silikone und Klebstoffe eingesetzt wird. Erfunden wurde die Marke von der Degussa GmbH, die 2007 als Geschäftsfeld Chemie in der Evonik Industries AG aufging. Der Degussa-Chemiker Harry Klöpfer entwickelte die

Anzeigenmotiv einer Kampagne für AEROSIL

Chemikalie 1942 unter der Bezeichnung *weißer Ruß* als Alternative zu Industrierußen. Ein Jahr später wurde sie unter dem gemeinschaftlich entwickelten Namen AEROSIL eingetragen, einer Kombination der lateinischen Begriffe für Luft und Kieselsäure. Das Logo der Marke besteht aus dem Namenszug in einer fetten blauen (Pantone 293) Versalschrift mit technisch abgeschrägten Kanten. Der Claim „Invented to improve" („Entwickelt, um zu verbessern"), der in grauer Kursivschrift unter dem Namenszug steht, erinnert an die Funktion der Chemikalie, die in mehr als zwanzig verschiedenen Industrien Verwendung findet. Die Marke hat innerhalb des Unternehmens eine zweifache Verwendung. Einerseits dient sie intern dazu die weltweite Organisation zu stärken, andererseits wird sie mit Broschüren, Anzeigen und Messeauftritten nach außen hin beworben. Nach eigenen Angaben ist die Evonik Degussa GmbH im Bereich der Produktionsmenge der größte Anbieter von pyrogener Kieselsäure weltweit. AEROSIL ist nur eine von vielen Erfindungen aus dem Haus Evonik Degussa. Zum Portfolio des Unternehmens gehören auch → Si 69, → ULTRASIL, oder → ACEMATT. 1843 als Deutsche Gold- und Silber Scheideanstalt gegründet, entwickelte sich De-

AEG Electrolux

Seit 1994 ist AEG Teil des schwed. Haugerätekonzerns Electrolux AB.

AEROSIL
Invented to improve®

Die von Degussa-Chemiker Harry Klöpfer entwickelte Chemikalie AEROSIL wird aufgrund ihrer Eigenschaften zur Veredelung zahlreicher Produkte eingesetzt.

gussa im Laufe ihrer Geschichte zu einem führenden Chemiekonzern mit einem Produktionsschwerpunkt auf Spezial-Chemie. Heute firmiert das Unternehmen als Teil der →Evonik Industries AG in Essen. Unter dem Vorsitz von Dr. Klaus Engel beschäftigt die Evonik Degussa GmbH weltweit rund 35.000 Mitarbeiter.

DATEN UND FAKTEN

Markenname: AEROSIL, abgeleitet von den Bestandteilen **Aer**, lat. für Luft, und **Sil**ex, lat. für Kiesel

Slogan: „AEROSIL – invented to improve"

Erfinder: Harry Klöpfer, 1942, Rheinfelden

Markenregistrierung: 07.01.1943, DPMA München

Werbespendings: ca. 3 Mio. Euro

Markenwebsite: www.aerosil.com

UNTERNEHMEN

Evonik Industries AG

Hauptsitz: Essen, Deutschland

Vorstandsvorsitzender: Dr. Werner Müller

Weitere Marken: →ACEMATT, →SI 69, →CORAX, →ULTRASIL, →SIPERNAT, →PLEXIGLAS, →EUDRAGIT, →STOKO, →TEGO

Gesamtumsatz: 14,8 Mrd. Euro (2006)

KONTAKT

Evonik Industries AG
Rellinghauser Str. 1–11
45128 Essen
✆ (02 01) 1 77–01
🖷 (02 01) 1 77–34 75
🖳 www.evonik.de

SCHON GEWUSST?

- Zu den auf pyrogenem Weg hergestellten Produkten zählt auch *Aeroxide*. Das sind Metalloxide, wie z. B. Aluminiumoxid oder Titanoxid für den Einsatz in der Papier-, Kosmetik- und Elektroindustrie.
- AEROSIL und Aeroxide werden u. a. dazu verwendet, um die einzelnen Schichten elektronischer Bauelemente so eben wie möglich zu machen – bei Schichtstärken im Nanometerbereich wird so erst der Aufbau moderner Computerchips ermöglicht.

Das Erfrischungsgetränk afri-cola etablierte sich während des Wirtschaftswunders auf dem Markt.

AFRI-COLA

Die Ursprünge des koffeinhaltigen Erfrischungsgetränks afri-cola reichen zurück in das Jahr 1864, als das Unternehmen F. Blumhoffer Nachfolger GmbH von Karl Flach in Köln gegründet wurde und sich vor der Jahrhundertwende auf die Limonadenherstellung konzentrierte. Ende des Jahres 1931 wurde die Marke afri-cola als Warenzeichen internat. registriert und verhalf dem Unternehmen zum überregionalen Durchbruch. In den Jahren des Wirtschaftswunders avancierte die beliebte Brause zum Kultgetränk. Damals wie heute grenzt sich afri-cola durch einen erhöhten Koffeingehalt von 25 mg auf 100 ml von den Mitbewerbern ab. Die seit 1962 unveränderte markante Glasflasche mit der Taille ist ein wesentlicher Bestandteil der Marke. Ende der 1960er-Jahre verhalf eine Aufsehen erregende Werbekampagne von Charles Wilp der Marke afri-cola zu großer Bekanntheit. Inzwischen zählt neben dem klassischen Getränk auch die kalorienreduzierte Variante *afri-white* zum Sortiment, welche den vollen Koffeingehalt von 25 mg pro 100 ml bei weniger als 0,5 kcal bietet. Beide Sorten werden in der Original 0,2 l Glasflasche, in einer 0,25 l Slimline Dose sowie in 0,5 l und 1,0 l PET-Pfandflaschen vertrieben. Das Design der Marke wird dominiert von den Farben Schwarz und Weiß – einer Farbkombination, die Assoziationen zur aufmunternden Wirkung des Getränks herstellt. Das Logo zeigt eine stilisierte Palme, in deren Mitte die Wortmarke in weißer Schrift auf schwarzem Grund platziert ist. Das Portfolio der Mineralbrunnen Überkingen-Teinach AG, die 1998 die Markenrechte an afri-cola erwarb, umfasst neben afri-cola u. a. die Marken Teinacher, →Staatl. Fachingen, Hirschquelle, Krumbach und →Bluna. Die Markenpolitik des Unternehmens stützt sich auf eine emotionale Positionierung der Einzelmarken sowie eine Erweiterung der Produktlinien um innovative Trendprodukte.

DATEN UND FAKTEN

Markenname: afri-cola, Kunstname

Slogan: „Entscheide dich"

Erfinder: Karl Flach, 1931, Köln

Markeneinführung: 1931

Markenwebsite: www.afri.de

UNTERNEHMEN

Mineralbrunnen Überkingen-Teinach AG
Bahnhofstr. 15
73337 Bad Überkingen
(0 73 31) 2 01–0
(0 73 31) 2 01–3 30
www.mineralbrunnen-ag.de

AGFA

→ Sonderartikel S. 38

AHOJ

Unter der Marke Ahoj werden Süßwaren, hauptsächlich Brauseprodukte, als Getränk oder Schleckbrause vertrieben. Der Markenname Ahoj ergibt sich aus dem seit dem 17. Jh. üblichen Seefahrergruß ahoi. Ahoi stammt aus dem Tschechischen und bedeutet hallo. Die Brause wurde 1925 in Stuttgart von Theodor Beltle erfunden, als dieser zufällig einen einfachen, schmackhaften Limonadengrundstoff entdeckte. Zunächst wurde das Brausepulver unter dem Namen Friedel-Brause vertrieben, 1932 ist mit steigender Beliebtheit des Getränks der Name *Frigeo Ahoj-Brause* gewählt worden. Der Markeninhaber Katjes Fassin produziert ca. 4.000 t Brauseprodukte jährlich, davon allein 100 Mio. Tüten Brausepulver. Die Marke hat

Jährlich werden über 100 Mio. Tütchen Ahoj Brausepulver verkauft.

mit 30 Mio. Euro Jahresumsatz einen Anteil von 15 % am Gesamtumsatz von Katjes Fassin. Das Markenlogo zeigt einen dunkelblauen Matrosen, der ein ebenfalls dunkelblaues Banner mit dem Schriftzug Ahoj-Brause hochhält. Beides ist in einem roten Kreis eingefasst, den das Banner jedoch an einer Stelle durchbricht. Im Laufe der Jahre wurde der Matrose mehrfach angepasst. Das Logo soll das Themenumfeld Matrose, Schifffahrt, Wasser und Brause assoziieren. Der aktuelle Werbeslogan der Marke ist „Ahoj-Brause: Mach was Prickelndes". Bekanntester Testimonial ist seit 2004 der Komiker Hape Kerkeling. Ein früherer bekannter Werbespruch ist „Ahoj-Brause: der prickelfrische Brausespaß". Ahoj-Brause ist lt. des AC Nielsen Handelspanels mit großem Abstand Marktführer auf dem dt. Brausepulvermarkt. Theodor Beltle und Robert Friedel gründeten im Jahr 1925 in Stuttgart das Unternehmen Friedel GmbH. 2002 wurde die Firma vom Familienbetrieb → Katjes Fassin GmbH & Co. KG übernommen. Stammsitz der Katjes Fassin GmbH & Co. KG ist Emmerich am Niederrhein. Das Unternehmen beschäftigt 500 Mitarbeiter und macht einen Jahresumsatz von 200 Mio. Euro.

DATEN UND FAKTEN

Markenname: Ahoj, seit dem 17. Jh. Seefahrergruß, aus dem Tschechischen für hallo

Slogan: „Ahoj-Brause: Mach was Prickelndes!"

Erfinder: Theodor Beltle, 1925, Stuttgart

Markenregistrierung: 24. 11. 1931, Reichspatentamt Berlin

Jahresumsatz: 30 Mio. Euro (Marke Ahoj)

Werbespendings: über 1 Mio. Euro

Markenwebsite: www.ahoj-brause.de

UNTERNEHMEN

Katjes Fassin GmbH & Co. KG

Hauptsitz: Emmerich, Deutschland

Geschäftsführung: Tobias Bachmüller, Bastian Fassin

Weitere Marken: → Katjes, Sallos, Hustelinchen, Gletscher Eis, Granini Bonbons

Gesamtumsatz: 200 Mio. Euro (2006)

Vertrieb: Deutschland

KONTAKT

Katjes Fassin GmbH & Co. KG
Dechant-Sprünken-Str. 53–57
46446 Emmerich

Fortsetzung auf S. 42

Die Ahoj-Brause, die vor 1932 auch Friedel- oder Frigeo-Brause hieß, wurde 1925 in Stuttgart von Theodor Beltle (unten) erfunden.

AGFA

Die Firmengründer Paul Mendelssohn Bartholdy (Mitte) und Lieven Gevaert (unten).

AGFA

Das erste Logo der „Actien-Gesellschaft für Anilinfabrikation" (AGFA).

AGFA GEVAERT

Die Agfa-Gevaert-Gruppe konstituiert sich namensgebend aus den beiden Unternehmen Agfa AG und L. Gevaert & Cie. Die 1867 gegründete Agfa (Aktiengesellschaft für Anilin Fabrikation) beschäftigte sich zunächst mit der Herstellung chemischer Farben und stieg 1916 in das Geschäftssegment Farbfotografie ein. Unter der Leitung von Dr. Rudolf Fischer entwickelte man Farbfilme, deren Verarbeitung wesentlich vereinfacht war und revolutionierte damit das Filmgeschäft. Die Firma L. Gevaert & Cie begann 1894 in Antwerpen mit der Herstellung von Kalziumpapier für die Fotoproduktion. Aufgrund des großen Erfolges ihrer Fotopapiere verlegte sie 1904 ihre Produktion nach Mortsel und führte als eines der weltweit ersten Unternehmen eine Gewinnbeteiligung für ihre Mitarbeiter ein. In den folgenden Jahren bauten beide Unternehmen ihre Geschäftsfelder weiter aus. Gevaert beschäftigte sich insbesondere mit der Entwicklung von Filmen für Röntgenapparate und wissenschaftliche Zwecke, etwa in den Bereichen Astronomie, Infrarotfotografie und Rasterelektronenmikroskopie. 1964 übernahm die Agfa AG als 100%ige Tochtergesellschaft der Bayer AG, Gevaert & Cie. Es entstanden die beiden Unternehmen Gevaert-Agfa in Mortsel und Agfa-Gevaert am Bayer-Standort Leverkusen. Ein starker Preisanstieg für Silber führte 1981 zu finanziellen Engpässen, und brachte Agfa-Gevaert zu 100 % in die Hände der Bayer AG. Die folgenden Jahre waren von der Einführung der Digitalisierung geprägt. Agfa-Gevaert etablierte sich als Marktführer für die Druckvorstufe und baute seine Aktivitäten im Bereich HealthCare aus. 2004 wurden die Aktivitäten im Bereich Fotografie und Consumer Imaging unter dem Markennamen AgfaPhoto in ein eigenständiges Unternehmen im Rahmen eines Management-Buyouts ausgegliedert. Die Agfa-Gevaert-Gruppe hat heute ihren Geschäftssitz im belgischen Mortsel und verfügt über Produktionsstandorte in 10 Ländern, die größten davon in Belgien, Deutschland, den USA und China. Sie ist mit Vertriebsgesellschaften in über 40 Ländern weltweit vertreten. Die Unternehmensgruppe ist in den drei Geschäftsfeldern Graphics, HealthCare und Materials tätig.

Das Stammwerk der Agfa-Gaevert N.V. im belgischen Mortsel.

UNTERNEHMENSBEREICHE UND MARKEN

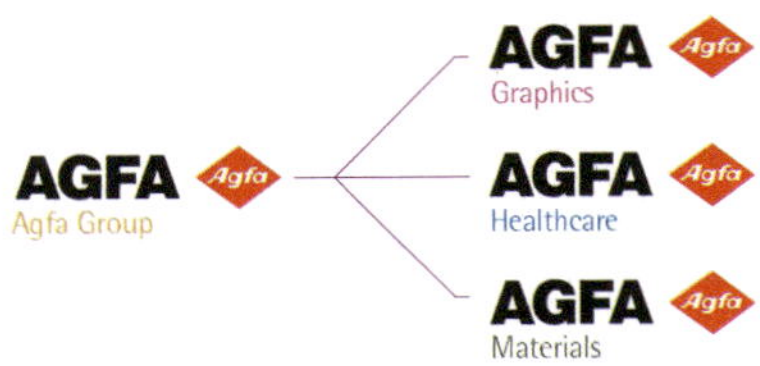

Bei einem Demerger 2008 wurde die Agfa Gaevert in die drei eigenständigen Bereiche AgfaGraphics, Agfa HealthCare und AgfaMaterials unterteilt.

AGFA GRAPHICS

(Anteil am Unternehmensumsatz: 50 %)
Agfa Graphics steht ganz im Dienste des gedruckten Mediums. Die beiden Hauptschwerpunkte der Unternehmensaktivitäten liegen auf der Druckvorstufe und dem Industriellen Inkjetdruck. In der Druckvorstufe hat Agfa in den letzten Jahrzehnten entscheidend zum Wandel von analoger zu digitaler Produktionstechnologie beigetragen. Der Unternehmensbereich zählt zu den weltweit führenden Innovatoren bei Lösungen und Systemen für die Druckvorstufe und verfügt heute nach eigenen Angaben über das branchenweit größte Portfolio an Verbrauchsmaterialien, Druckplattenbelichtern und Software. Mit diesen innovativen Lösungen und Systemen deckt das Unternehmen sehr verschiedene und individuelle Anforderungen seiner Kunden ab und ermöglicht ihnen in der Druckvorstufe reibungslose Produktionspro-

In der Druckvorstufe für den Zeitungsdruck ist Agfa Graphics weltweit Marktführer.

zesse. Hinzu kommt das weltweite Service- und Support-Netz des Unternehmens, das die ständige Einsatzbereitschaft der von Agfa Graphics gelieferten Lösungen gewährleistet. Die wichtigsten Zielmärkte im Bereich Druckvorstufe sind für Agfa Graphics der Akzidenz-, der Zeitungs- und der Verpackungsdruck. Im Zeitungsdruck beansprucht Agfa Graphics weltweit die Marktführerschaft. Der größte Teil der führenden Zeitungshäuser in aller Welt produziert in seiner Druckvorstufe mit Technik von Agfa Graphics. Im Bereich Industrieller Inkjetdruck liefert Agfa Graphics Komplettlösungen für den großformatigen Farbdruck auf wahlweise flexiblen Rollenmaterialien wie unter anderem Papier, Pappen und Folien oder rigiden Substraten wie etwa PVC, Plexiglas, Karton, Holz, Metall oder Glas. Weiterhin werden Hochleistungsinkjetdrucksysteme für unterschiedlichste Anwendungen wie beispielsweise den Transaktionsdruck, den Siebdruck und den Verpackungsdruck angeboten. Darüber hinaus zählt Agfa Graphics inzwischen zu den wichtigsten Herstellern von Tinten für industrielle Inkjet-Drucksysteme. Die ständige Weiterentwicklung seiner Produkte und Technologien macht Agfa Graphics in vielen Bereichen zum Technologieführer. Beispiele hierfür sind das weltweit erste PDF-Workflowmanagement, die JDF-Integration, patentierte Rastertechnologien oder die eigenentwickelte Druckplattentechnologie Thermofuse, mit der die Kunden Druckplatten ohne chemische Entwicklung und damit äußerst ökologisch produzieren. Diese Technologie hat den Druckplattenmarkt revolutioniert und wird bereits in tausenden Betrieben in aller Welt eingesetzt. Der Jahresumsatz des Geschäftsbereiches betrug 2006 1,7 Mrd. Euro (entspricht etwa 50 % des Gesamtumsatzes der Agfa-Gevaert Gruppe). Unter der Führung von Stefan Vanhooren beschäftigt das Unternehmen in diesem Jahr weltweit etwa 5.900 Mitarbeiter.

AGFA HEALTHCARE

(Anteil am Unternehmensumsatz: 43 %)
Agfa HealthCare ist im Bild- und Informationsmanagement beheimatet und begleitet mit über 100 Jahren Erfahrung im Bereich der bildgebenden (Imaging) Verfahren Kliniken auf ihrem Weg von der analogen in die digitale Welt. Mit einer stetig wachsenden Palette aus Produkten, Systemen und Dienstleistungen bietet Agfa maßgeschneiderte Lösungen an. Die Entdeckung der Röntgenstrahlen Ende des 19. Jh. stellten einen entscheidenden Durchbruch in der medizinischen Diagnostik dar. Agfa war das erste Unternehmen, das einen Röntgenfilm vermarktete. Kontinuierlich wurde die Qualität verbessert, sodass sich die Strahlendosis vermindern ließ. Heute bieten die Produkte weit mehr als nur ein Bild. Bei den diagnostischen

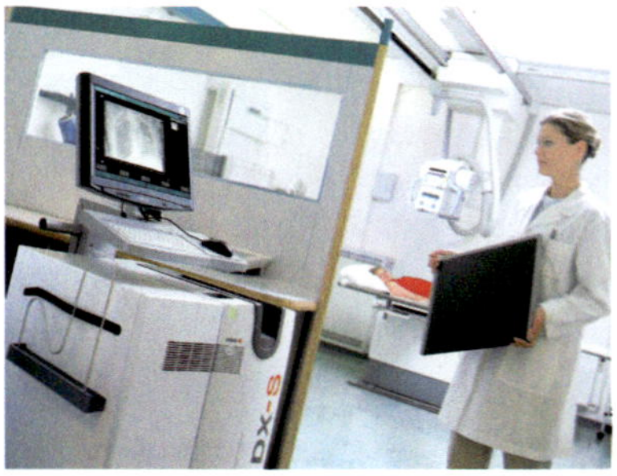

Mit einer stetig wachsenden Palette aus Produkten, Systemen und Dienstleistungen bietet Agfa HealthCare maßgeschneiderte Lösungen an.

Imaging-Systemen werden neueste digitale Technologien eingesetzt. Die Agfa-Systeme beinhalten u. a. die Zusammenfassung aller Daten eines Patienten in einer Datei, die allen Klinikabteilungen zugänglich ist. Somit kann ein Mediziner die Meinung eines weiteren Spezialisten unabhängig von dessen Standort einholen, da beide gleichzeitig dieselben relevanten Patienteninformationen einsehen können. Systeme von Agfa ermöglichen zudem das elektronische Speichern, Verwalten und Weiterleiten von Patienten-

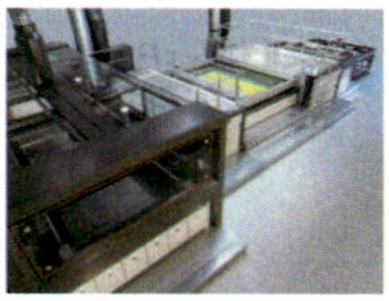

Workflowmanagementlösungen (oben) und Computer-to-Plate gehören zu den Kernkompetenzen von Agfa Graphics. Der Industrielle Inkjetdruck bildet einen zusätzlichen Schwerpunkt.

Agfa HealthCare ist im medizinischen Bild- und Informationsmanagement beheimatet.

bildern und -daten. Softwareanwendungen wie das Radiologie-Informationssystem oder das Klinik-Informationssystem ermöglichen z. B. die Patientenregistrierung, die Abrechnung von Leistungen und die Zusammenarbeit aller Abteilungen einer Klinik oder mehrerer Kliniken. In dieses IT-System wird zudem der niedergelassene Arzt integriert. Nach Angaben des Unternehmens arbeiten heute weltweit 50 % aller Kliniken mit Produkten und Systemen von Agfa HealthCare. Agfa bietet Service, Beratung und Begleitung bei der Anwendung. Ein wichtiges Projekt bei Agfa ist die Elektronische Patientenakte. Hierfür werden alle klinischen Aufzeichnungen über einen Patienten elektronisch zusammenführt. Weltweit beschäftigt

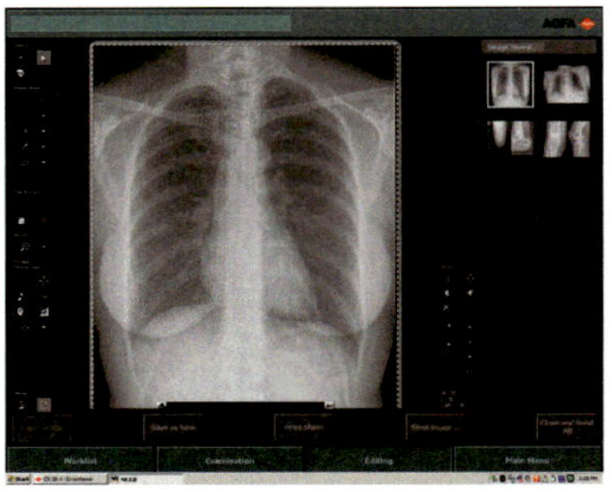

Systeme von Agfa HealthCare ermöglichen das elektronische Speichern, Verwalten und Weiterleiten von Patientenbildern und -daten.

Agfa HealthCare heute rund 5.800 Mitarbeiter und ist in mehr als 100 Ländern vertreten. 2006 belief sich der Jahresumsatz von Agfa HealthCare auf 1,452 Mrd. Euro, das entspricht einem Anteil von 43 % am gesamten Konzernumsatz.

AGFA MATERIALS

(Anteil am Unternehmensumsatz: 7 %)
Agfa Materials entstand aus dem Film-Produktionsbereich der Agfa-Gevaert N. V. und produziert Filmprodukte für eine Vielzahl industrieller Anwendungen. Seit Ende des 19. Jhs. werden bei Agfa beschichtete Filme hergestellt. Als erstes Unternehmen bot Agfa einen Röntgenfilm an (siehe auch Agfa HealthCare). Weitere Produkte z. B. für grafische Anwendungen kamen hinzu. Auf die wachsenden Anforderungen der Märkte reagierte Agfa mit innovativen Lösungen und erwarb sich umfassendes Wissen und Erfahrung in der Entwicklung von Emulsionen sowie in der Multi-Layer-Beschichtungstechnologie. Die Produkte von Agfa Materials werden auf modernsten Coating-Anlagen gefertigt. Ziel des Unternehmens ist es, mit optimierten Produktionsprozessen kundenspezifische Anforderungen zu erfüllen. Hierzu gibt es unter anderem spezielle „Pilot-Coating-Anlagen", in denen die individuellen Coatings getestet und bis zur Produktionsreife geführt werden. Neben den klassischen Filmprodukten für Agfa Graphics und Agfa HealthCare bietet Agfa Materials ein großes Sortiment spezialisierter Lösungen für verschiedene Anwendungen an: Dazu zählen Luftbildfilme und Zubehör, beispielsweise für kartografische Zwecke, panchromatische Glasplatten für die Fotogrammetrie sowie Filme für archivarische Aufnahmen, Überwachungskameras und Verkehrsüberwachung. Für die langfristige Archivierung werden insbesondere Mikrofilme und deren digitale Auswertung angeboten. Weiterhin bietet Agfa Materials Lösungen für Phototooling im wissenschaftlichen und Forschungsbereich

AgfaMaterials erwarb sich umfassendes Wissen und Erfahrung in der Entwicklung von Emulsionen sowie in der Multi-Layer-Beschichtungstechnologie.

Hauptverwaltung der Agfa-Gevaert N.V. in Belgien.

AgfaMaterials produziert Filmprodukte für eine Vielzahl industrieller Anwendungen.

und cinematografische Filme für die Filmindustrie. Schließlich beschäftigt sich der Geschäftszweig mit der Entwicklung von Sicherheits-Systemen für den Einsatz in öffentlichen Gebäuden. Die Basisprodukte für all diese Anwendungen liefert die modernste Polyesterfilmfabrik weltweit. Auch andere Hersteller von Polyesterfilm-basierenden Produkten beziehen heute Masterrollen von Agfa Materials. Darüber hinaus werden weitere Fertigprodukte für Großkunden produziert; z.B. Röntgenfilme für das Non-Destructive Testing (NDT) für einen namhaften Weltmarktführer in diesem Segment.

DATEN UND FAKTEN

Agfa-Gevaert Gruppe

Markenregistrierung: 15.04.1897, Kaiserliches Patentamt Berlin (Marke Agfa)

Gründer: Paul Mendelssohn Bartholdy und Carl Alexander von Martius (Agfa); Lieven Gevaert (L. Gevaert & Cie)

Unternehmensgründung: Agfa: 1867 bei Berlin, Gevaert: 1894 in Antwerpen, Belgien

Mitarbeiter: über 14.300 weltweit
Davon:
Graphics: 5.900
HealthCare: 5.800
Materials: 3.000

Vorsitzender der Geschäftsführung:
Ludo Verhoeven

Umsatz: 3.401 Mio. Euro
Davon
Graphics: 50,3 %
HealthCare: 42,7 %
Materials: 7,0 %

Aufwand Forschung & Entwicklung:
193 Mio. Euro

KONTAKT

Agfa Deutschland
Vertriebsgesellschaft mbh & Cie. KG
Im Mediapark 5
50670 Köln
(02 21) 57 17-0
www.agfa.com

Ansprechpartner Kommunikation:
Rudolf Tippner
Agfa Graphics
(02 11) 57 17-2 21
rudolf.tippner@agfa.com

MEILENSTEINE

1867 Gründung der Aktiengesellschaft für Anilin Fabrikation Agfa am Rummelsburger See bei Berlin.

1894 Der 22-jährige Lieven Gevaert gründet im belg. Antwerpen die L. Gevaert & Cie zur Herstellung von Fotopapieren.

1904 L. Gevaert & Cie zieht in neue Gebäude in Mortsel. Die Mitarbeiter werden am Gewinn des Unternehmens beteiligt.

1916 Agfa beginnt mit der Entwicklung von Materialien für die noch junge Farbfotografie.

1936 Agfa bringt den Farbfilm „Agfacolor-Neu" auf den Markt, der die Verwendung von Farbfilm revolutioniert. Hierfür werden 278 Patente angemeldet.

1952 Mit Filmen für wissenschaftliche Zwecke erschließt sich Gevaert ein weiteres Marktsegment.

1959 Agfa stellt erste vollautomatische 35-mm-Kamera vor.

1964 Die Agfa AG und L. Gevaert & Cie fusionieren und bilden zwei neue Unternehmen: Gevaert-Agfa mit Sitz in Mortsel und die Agfa-Gevaert AG mit Sitz in Leverkusen.

1971 Agfa-Gevaert entwickelt den ersten europäischen Fotokopierer.

1980–81 Aufgrund von dramatischen Preissteigerungen für Silber gerät Agfa-Gevaert in eine finanzielle Krise und wird zu 100 % von der Bayer AG übernommen.

1982 Agfa-Gevaert steigt in die digitale Bild-Technologie ein.

1997 Nach der Akquisition des Druckplattenbereichs der Hoechst AG erlangt Agfa-Gevaert die Marktführerschaft im Bereich Druckvorstufe.

1999 Agfa geht an die Börse.

2004 Mit der Lizenzmarke AgfaPhoto gehen alle Aktivitäten von Agfa im Fotobereich an ein eigenständiges Unternehmen über.

2008 Aufspaltung der Agfa-Gaevert Gruppe in Agfa Graphics, Agfa HealthCare und Agfa Materials

Historische Aufnahmen aus den Werken Wolfen und Mortsel

Historische Logos

Das farbenfrohe Logo von AIDA

Die „Etienne" von Aigner verbindet die traditionellen Taschenformen Saddle Bag und Doctor's Bag.

Fortsetzung von S. 37

✆ (0 28 22) 6 01–0
🖷 (0 28 22) 6 01–2 14
🖳 www.katjes.de

Ansprechpartner Presse:
Heiner Wolters
✆ (0 28 22) 6 01–2 89
✉ heinerwolters@katjes.de

Ansprechpartner Marketing:
Alexandra Pfeiffer
✆ (0 28 22) 6 01–2 60
✉ alexandrapfeiffer@katjes.de

SCHON GEWUSST?

- In den 1960er-Jahren ist Ahoj-Brausepulver als sprudelnde Stärkung bei mehreren Expeditionen nach Pakistan und in das Himalaya-Gebiet mit dabei.
- Ahoj-Brausepulver wurde in Günter Grass' Bestseller „Die Blechtrommel" und dem darauf basierenden, gleichnamigen Film von Volker Schlöndorff verewigt.
- Die Übernahme der Ahoj-Brause durch Katjes Fassin wurde 2002 mit einem neunminütigen Fernsehbeitrag in der Harald Schmit Show dokumentiert.

AIDA

Die Marke Aida steht für Kreuzfahrtprodukte der Firma Aida Cruises. Die Produkte zeichnen sich durch ein hohes Qualitätsniveau – insbesondere beim Service –, Weltoffenheit und Nachhaltigkeit aus. Primäre Zielgruppe sind jüngere oder sich jünger fühlende Kunden, die aktiv reisen und sich an Bord eines Kreuzfahrtschiffes leger bewegen möchten. Das Aida-Logo besteht aus dem Namenszug in serifenlosen Versalien in den Farben Hellblau, Rot, Gelb und Grün, der Unterzeile „Das Clubschiff" sowie einem roten Mund, durch den eine stilisierte Buglinie führt. Zusammen mit einem großen gelben Auge und einer blauen Wellenlinie an den Flanken bildet der riesige Kussmund am Bug das Erkennungszeichen der Aida-Flotte. Entworfen wurde das Ensemble vom Rostocker Künstler Feliks Büttner. In der Markenkommunikation wird der lächelnde Mund mit dem Slogan „Hier ist das Lächeln zu Hause" verbunden, der insbesondere für Kunden- und Mitarbeiterzufriedenheit stehen soll. Mit einem Marktanteil von rund 35 % ist Aida Cruises der größte Kreuzfahrtanbieter in Deutschland und gehört zu den fünf größten Anbietern in Europa. Das 1996 gegründete Unternehmen mit Sitz in Rostock ist eine Tochter der US-amerikanischen Carnival Corporation & plc, des größten Kreuzfahrtunternehmens der Welt. Im Jahr 2006 erwirtschaftete Aida Cruises mit rund 2.400 Mitarbeitern einen Umsatz von ca. 408 Mio. Euro (das bedeutet ein Plus von 8,8 % gegenüber 2005). Bis 2010 soll die derzeit aus vier Schiffen bestehende Flotte um drei Neubauten erweitert werden.

UNTERNEHMEN

Aida Cruises
Am Strande 3d
18055 Rostock
✆ (03 81) 4 44–0
🖷 (03 81) 4 44–99 88
🖳 www.aida.de

AIGNER

Die Marke Aigner steht heute in erster Linie für hochwertige Lederwaren wie Taschen, Schuhe, Gürtel und Kleinlederartikel. Zudem zählen die Bereiche Fashion, Accessoires wie Uhren, Schmuck, Brillen und Schreibgeräte sowie Parfums zum Markenportfolio von Aigner. Der Name stammt von dem ungarischen Designer Etienne Aigner, der 1950 seine erste eigene Taschenkollektion in New York vorstellte. Aigner gründete im Jahr 1965 gemeinsam mit Heiner Rankl sein eigenes Unternehmen in München, nachdem er zuvor durch Tätigkeiten in Haute-Couture-Häusern wie Dior und Hermès zum Fachmann im Bereich traditionelle Sattlertechnik für Taschen und Gürtel geworden war. Die Marke Aigner ist lt. Firmenphilosophie „das andere Wort für Leder". Im Laufe der Jahre expandierte das Unternehmen und erweiterte seine Produktpalette. Ein junges, multikulturelles Designteam gewährleistet die Gradwanderung zwischen klassischen und innovativen Produkten. Das Unternehmen verfolgt eine Hochpreisstrategie, wobei die Marke in verschiedensten Märkten eine Nischenposition als eine führende Premiummarke im Lederwarenbereich einnimmt. Mit insgesamt 134 Franchise-Shops und knapp 300 Verkaufsstellen wird die Marke in 40 Ländern verkauft. Die dt. Etienne Aigner AG mit Sitz in München besitzt Vertriebsrechte für Europa, Asien, Afrika und Australien. Das Markensymbol - bestehend aus dem Großbuchstaben „A" in Hufeisenform und dem Namen Aigner - gehört zu den prägnantesten Logos weltweit: Die Verbindung zum Pferdesport besteht durch das hochwertige Leder, das zur Herstellung feiner Taschen sowie von Sattel und Zaumzeug verwendet wird. Das Täschner- und Sattlereihandwerk sind eng verwandt und ihr Know-how in der Welt des Pferdesports unentbehrlich. Für das Unternehmen lag es nahe, das Hufeisen als Symbol für sowohl hochwertige Qualität als auch beste Handwerklichkeit zu wählen. Das Hufeisen ist darüber hinaus global als Glückssymbol anerkannt.

DATEN UND FAKTEN

Markenname: Aigner, Familienname des Gründers

Slogan: „Aigner – my favourite piece"

Erfinder: Etienne Aigner, 1950

Markenregistrierung: 24. 08. 1966, DPMA München

Markenbekanntheit: 85 % ungest. im Homemarket (GfK, 2006)

Jahresumsatz: ca. 170 Mio. Euro (auf Retailbasis)

Vorstand: Michael Kamm

UNTERNEHMEN

Etienne Aigner AG
Marbachstr. 9
81369 München
(0 89) 76 99 30
(0 89) 7 60 77 85
www.aigneronline.com

AIR BERLIN

Air Berlin ist eine dt. Fluggesellschaft mit Sitz in Berlin. Die Air Berlin PLC & Co. Luftverkehrs KG versteht sich als serviceorientierter Premium-Anbieter im Segment der günstigen Airlines. Der Markenname erinnert an den Erstflug von Air Berlin am 28. April 1979 von Berlin-Tegel nach Palma de Mallorca. Weil zu dieser Zeit nur Flugzeuge der Alliierten Berlin anfliegen durften, wurde Air Berlin im US-Staat Oregon gegründet. Nach der dt. Wiedervereinigung musste sich der Unternehmensgründer Kim Lundgren, ein ehemaliger PanAm-Kapitän, einen dt. Mehrheitsgesellschafter suchen. Den fand er in Person des früheren LTU-Managers Joachim Hunold. Heute fliegt Air Berlin von 20 dt. Flughäfen aus zu internat. Ferienzielen, in Metropolen und innerhalb Deutschlands. Eine der wichtigsten Destinationen ist Palma de Mallorca: Im Sommer gibt es wöchentlich mehr als 360 Verbindungen auf die Insel. Internat. wirbt Air Berlin mit dem Slogan „Fly Euro Shuttle". In Deutschland will Air Berlin mit dem Werbespruch „Die Business-Klasse für alle" verstärkt Geschäftsreisende ansprechen. Das aktuelle Logo hat die Werbeagentur Hamburger Connection im Jahr 1996 entwickelt. Dem in Versalien geschriebenen Markenschriftzug sind drei nach oben hin breiter werdende Bögen vorangestellt, die an die Dynamik beim Start eines Flugzeugs erinnern sollen. Hausfarbe der Marke ist Rot (HSK 15). Air Berlin ist nach eigenen Angaben die zweitgrößte dt. Airline und der drittgrößte Low-Cost-Carrier in Europa. In 2006 beförderte das Unternehmen 19,7 Mio. Gäste und erzielte einen Umsatz von 1,57 Mrd. Euro. Zur Air Berlin-Gruppe gehören neben Air Berlin die österr. Airline Niki (24 %), die schwz. Fluggesellschaft belair (49 %), die Münchener Fluggesellschaft dba (100 %) und seit März 2007 auch die Düsseldorfer LTU (100 %). Die Air Berlin-Gruppe hat 131 Flugzeuge im Einsatz und beschäftigt rund 7.000 Mitarbeiter (2007).

DATEN UND FAKTEN

Markenname: Air Berlin, zusammengesetzt aus dem engl. Wort für Luft und dem Ort, von dem aus der erste Flug des Unternehmens startete

Slogans: „Die Business-Klasse für alle" (in Deutschland), „Fly Euro Shuttle" (internat.)

Gründer: Kim Lundgren, 1978, Oregon/USA

Markenregistrierung: 04. 12. 1991, DPMA München

Jahresumsatz: 1,57 Mrd. Euro (2006)

UNTERNEHMEN

Air Berlin PLC & Co. Luftverkehrs KG
Saatwinkler Damm 42–43
13627 Berlin
(0 18 05) 73 78 00
(0 30) 34 34–15 09
www.airberlin.com

AIR-BERLIN Fly Euro Shuttle!

Die Fluggesellschaft Air Berlin fliegt von 20 dt. Flughäfen aus zu internat. Ferienzielen, in Metropolen und innerhalb Deutschlands.

AIR FRANCE

Air France ist eine franz. Fluggesellschaft mit Sitz in Paris. In Deutschland fliegt sie von zehn Flughäfen bis zu 66 Mal am Tag nach Paris - Charles de Gaulle und Lyon. Von dort aus können Reisende 189 Ziele in 83 Ländern erreichen. Die Geschichte der

AIR FRANCE

Eleganz und Stilempfinden sind prägende Merkmale des Erscheinungsbildes der Fluggesellschaft Air France. Uniformen des Bordpersonals (Mitte), Kabine der First-Class (l'Espace Première, unten)

Dienstleistungsmarke Air France geht bis ins Jahr 1933 zurück. Damals gründeten die fünf Gesellschaften Air Union, Société Générale de Transport Aérien, Compagnie Internationale de Navigation Aérienne, Air Orient und Aéropostale gemeinsam eine private Fluggesellschaft. Von Beginn an war das Image der Fluggesellschaft von den Begriffen Kreativität, Eleganz, Know-how und franz. Lebensart bestimmt. Bekannte Publizisten und Grafiker, Innenarchitekten und Modedesigner prägten das Erscheinungsbild mit ihren Entwürfen für Corporate Design, Uniformen und die Innenausstattung der Maschinen und Dependancen. Das Logo der Marke in den franz. Nationalfarben Blau, Weiß und Rot steht für Eleganz und Stilempfinden. Der Namenszug in fett gesetzten Majuskeln wird von einer Linie aus unterschiedlich langen Rauten in Blau und Rot unterstrichen. Daneben signalisiert eine kreisrunde blaue Vignette die Zugehörigkeit des Unternehmens zur Luftfahrtallianz *SkyTeam*, zu der sich bis heute weltweit zehn Fluggesellschaften zusammengeschlossen haben. Der Werbeauftritt der Marke in Deutschland legt zwei Schwerpunkte: Überregionale Anzeigen weisen auf Serviceleistungen hin, die für Wohlbefinden und Entspannung stehen. Der dazugehörige Claim lautet: „Wo der Himmel am schönsten ist". Daneben bewirbt das Unternehmen mit taktischen Anzeigenmotiven das Preis-Leistungs-Verhältnis der Fluglinie. Das nach dem Krieg verstaatlichte Unternehmen wird seit 1999 an der Börse gehandelt. Im Mai 2004 schloss sich Air France mit KLM zur größten europäischen Luftverkehrsgruppe zusammen, daraus entstand das gemeinsame Vielflieger-Programm *Flying Blue*. Jährlich transportiert AIR FRANCE KLM 73,5 Mio. Passagiere und erzielt damit einen Umsatz von ca. 23,1 Mrd. Euro.

MEILENSTEINE

1933 Fünf Gesellschaften gründen die private Fluggesellschaft Air France.

1945 Verstaatlichung von Air France

1946 Erstflug von Paris nach New York

1993 Der Airbus A340 kommt erstmals zum Einsatz.

1998 Die Boeing B777 geht in den Liniendienst.

1999 Air France wird an der Börse gehandelt.

2000 Gründung der Allianz SkyTeam

2004 Zusammenschluss von Air France und KLM

2005 Air France und KLM gründen das Vielfliegerprogramm Flying Blue

Die Boing B777-300 ist eines der Aushängeschilder der Air France Luftflotte.

DATEN UND FAKTEN

Markenname: Air France, zusammengesetzt aus den franz. Begriffen für *Luft* und *Frankreich*

Claim: „Wo der Himmel am schönsten ist"

Gründer: Air Union, Société Générale de Transport Aérien, Compagnie Internationale de Navigation Aérienne, Air Orient, Aéropostale (1933)

Markenregistrierung: 01.06.1982, DPMA München

Innovationen: Vielflieger-Programm *Flying Blue* (2005), First-Class-Lounge in Paris - Charles de Gaulle (2007), E-Services (2007)

Auszeichnungen:
„Fluggesellschaft des Jahres", Air Transport World (2005)
„Beste Airline-Allianz", Global Travel Magazine für *SkyTeam* (2005/06)

UNTERNEHMEN

Air France

Hauptsitz: Paris, Frankreich

Vorstand: Jean-Cyril Spinetta

Weitere Marken: Régional, CityJet, Brit Air, Servair, Transavia France (Auswahl)

Gesamtumsatz: 23,1 Mrd. Euro

Vertrieb: weltweit, Direktvertrieb (Homepage, Telefon, Flughäfen) und über Reisebüros

KONTAKT

Air France - Direktion für Deutschland
Zeil 5
60313 Frankfurt/Main
(0 18 05) 83 08 30
(0 69) 95 30 71 62
www.airfrance.de

Ansprechpartner Presse:
Julia Lange
mail.service.presse.fra@airfrance.fr

Ansprechpartner Marketing:
Leen van Baalen
mail.marketing.fra@airfrance.fr

AJAX

Unter der Marke Ajax vertreibt die US-amerikanische →Colgate-Palmolive Company Produkte zur Haushaltsreinigung auf der ganzen Welt. Ende der 1940er-Jahre wurden zahlreiche neue Marken auf den internat. Markt gebracht, so auch ein Reinigungspulver unter dem Namen Ajax, der Vorläufer des bekannten Haushaltsreinigers. In den folgenden Jahren wurde das Angebot der Ajax-Haushaltsreiniger beständig erweitert und noch heute ist das Reinigungspulver von Ajax fester Bestandteil der Produktpalette. Die bekanntesten Ajax-Produkte sind das Scheuermittel, das 1960 in Deutschland eingeführt wurde, sowie der Ajax-Allzweckreiniger. Das Ajax-Logo besteht aus einem roten Schriftzug mit leicht schräg gestellten Großbuchstaben. Unter dem Schriftzug ist ein Haus mit einem hellen Schein abgebildet, der den Sauberkeitseffekt von Ajax-Produkten verdeutlichen soll. Der Markenname Ajax entstammt der griech. Mythologie. Ajax war einer der Helden, die das sagenhafte Troja belagert hatten. Durch die Wahl des Namens soll das kraftvolle Vorgehen bei der Entfernung von Schmutz und Flecken unterstrichen werden. Gleiches assoziiert der im deutschsprachigen Raum wohl bekannteste Slogan „Ajax, weißer Wirbelwind", der 1964 inhouse entwickelt wurde. Zur Ajax-Produktpalette zählen neben dem Allzweckreiniger-Sortiment auch verschiedene Produkte zur Reinigung von Fenstern, Glas und Spiegeln. Der Mutterkonzern Colgate-Palmolive ist einer der weltweit führenden Konsumgüterhersteller. Das Unternehmen beschäftigt rund 38.000 Mitarbeiter und vertreibt seine Produkte in über 200 Ländern. 2006 erwirtschaftete Colgate-Palmolive weltweit einen Umsatz von über 12 Mrd. USD.

DATEN UND FAKTEN

Markenname: Ajax. Der Markenname entstammt der griech. Mythologie und soll das kraftvolle Vorgehen bei der Entfernung von Schmutz und Flecken symbolisieren.

Slogan: „Ajax, weißer Wirbelwind." (1964)

Markenregistrierung: 03. 10. 1955, DPMA München

Innovationen: Ajax Scheuermittel (1960), Ajax Glasreiniger (1966)

Markenwebsite: www.ajax.de

UNTERNEHMEN

Colgate-Palmolive GmbH
Lübecker Str. 128
22087 Hamburg
(0 40) 73 19-0
www.colgate.de

AKZO NOBEL

Der internat. agierende Konzern Akzo Nobel n. v. mit Sitz in Amsterdam versammelt unter seinem Dach mehrere Dutzend Marken in den Bereichen Farben und Lacke sowie Chemie und Pharma. Das Unternehmen erzielte 2006 mit weltweit rund 62.000 Mitarbeitern einen konsolidierten Umsatz von 13,7 Mrd. Euro. Über Tochtergesellschaften ist Akzo Nobel in über 80 Ländern vertreten. Nach eigenen Angaben ist Akzo Nobel der weltweit größte Hersteller von Farben und Lacken. Der Geschäftsbereich macht ca. 45 % des Konzernumsatzes aus, zum Portfolio gehören z. B. Flugzeug- und Schiffslacke, Autolacke (u. a. →Lesonal) sowie Bautenlacke und -farben (u. a. →Herbol, →Sikkens). Der Geschäftsbereich Chemicals umfasst die Produktion von Grund- und Spezialchemikalien, die industriell weiterverarbeitet werden. Der Geschäftsbereich Pharma wurde 2006 an Schering Plough verkauft. Die Desinvestition wird bis Jahresende abgeschlossen. Akzo Nobel entstand 1994 aus dem Zusammenschluss des niederl. Unternehmens Akzo mit dem schwed. Unternehmen Nobel Industries, dessen Namensgeber der Wissenschaftler Alfred Nobel war. Akzo war 1969 aus dem Zusammenschluss der niederl. Unternehmen AKU und KZO hervorgegangen, der Name Akzo ist aus den beiden Kürzeln AKU und KZO zusammengesetzt. Das aktuelle Unternehmenslogo wurde 1988 von der Agentur Wolf Olins für Akzo entwickelt. Als Inspirationsquelle diente eine Statue aus dem Jahr 450 v. Chr., die auf

Der Ajax Haushaltsreiniger in der grünen Flasche lässt sich für alle Oberflächen einsetzen und verströmt den Duft von Frühlingsblumen.

Hauptsitz von Akzo Nobel in Amsterdam (Mitte), Vorstandsvorsitzender Hans Wijers (unten)

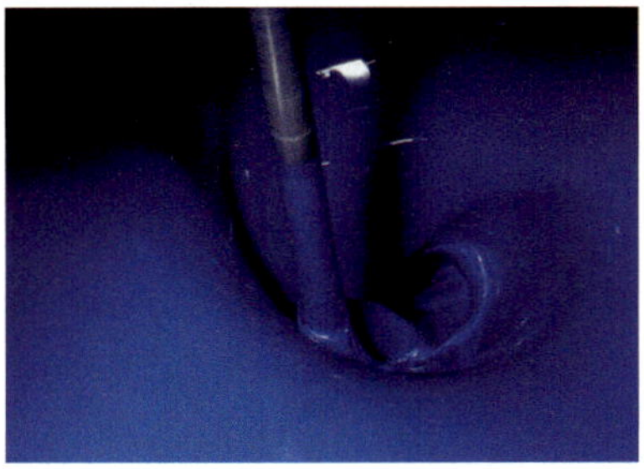

Akzo Nobel produziert und vertreibt unter seinem Dach mehrere Dutzend Marken in den Bereichen Farben, Lacke, Chemie und Pharma.

der griech. Insel Samos gefunden wurde. Die Figur steht für den Faktor Mensch, dessen unternehmerisches Denken die Kultur von Akzo Nobel prägen soll. Während die geballte Faust der Figur das Festhalten am Bewährten symbolisieren soll, assoziiert die offene linke Hand den Griff nach Neuem und damit Innovation und Veränderung. 1994 wurde durch die Namensänderung infolge der Fusion mit Nobel Industries eine Anpassung des Logos notwendig. Das Corporate Design wird von den Farben Blau (Pantone Process Blue) und Dunkelgrau (Pantone Cool Grey 9) bestimmt.

UNTERNEHMENSBEREICHE UND MARKEN

Farben und Lacke:
Anteil am Unternehmensumsatz:
45 % (2006)
→ Lesonal, → Herbol, → Sikkens, → Sadolin, → Levis, Interpon, Resicoat

Chemie:
Anteil am Unternehmensumsatz:
28 % (2006)

Pharma:
Anteil am Unternehmensumsatz:
27 % (2006)
Organon, Intervet

DATEN UND FAKTEN

Akzo Nobel n. v.

Gründer: Zusammenschluss der Unternehmen Akzo und Nobel Industries

Unternehmensgründung: 1994 in Amsterdam/Niederlande

Mitarbeiter: ca. 62.000 weltweit

Vorstandsvorsitzender: Hans Wijers

Umsatz: 13,7 Mrd. Euro (2006)

KONTAKT

Akzo Nobel GmbH
Vitalisstr. 198–226
50827 Köln
(02 21) 58 81-6 16
(02 21) 58 81-6 28
www.akzonobel.de

Ansprechpartner Kommunikation:
Christine Wunderlich
(02 21) 58 81-6 16
info.deutsch@akzonobel.com

MEILENSTEINE

1871 In Schweden wird das Unternehmen KemaNobel gegründet.

1886 Der niederl. Geschäftsmann Constant Kortman und der dt. Chemiker Hermann Schulte gründen in Rotterdam eine Chemie- und Sodafabrik. Diese wird 1965 von der Firma Koninklijke Zwanenberg Organon (KZO) übernommen.

1969 Fusion der KZO mit der Kunstfaserfabrik AKU zum neuen Unternehmen Akzo

1984 KemaNobel fusioniert mit dem Unternehmen Bofors zu Nobel Industries.

1994 Akzo kauft Nobel Industries, Umbenennung in Akzo Nobel

Das ALD-Logo ist mittlerweile in 37 Ländern präsent.

ALD

Die ALD Automotive Deutschland zählt zu den stärksten Dienstleistungsmarken im herstellerunabhängigen Flottenleasinggeschäft. Das Unternehmen mit Hauptsitz in Hamburg ging aus Europas erster eigenständiger Leasinggesellschaft hervor und blickt auf eine fast 40-jährige Firmengeschichte zurück. Seit 2001 gehört die ALD Automotive zur franz. Großbank Société Générale, einem der führenden Finanzdienstleister im Euroraum. Ebenso wie beim Mutterkonzern wird auch der Markenauftritt der ALD Automotive von den beiden Farben Rot und Schwarz dominiert. Die ALD Automotive ist derzeit in 37 Staaten auf fünf Kontinenten mit eigenen Niederlassungen vertreten, die unter dem Dach der gemeinsamen Marke vereint sind. Insgesamt beschäftigt das Unternehmen 3.500 Mitarbeiter und betreut 687.250 Fahrzeuge. Allein in Deutschland verwaltet die ALD Automotive einen Vertragsbestand von 94.100 Einheiten. Hauptzielgruppe sind dabei

Flottenbetreiber mit einer Fuhrparkgröße von 20 Einheiten und mehr. Das Leistungsspektrum der ALD Automotive reicht vom reinen Finanz- über umfangreiches Full-Service-Leasing bis hin zu komplettem Fuhrpark-Outsourcing. Vertragsmodelle mit Kilometereinstufung, Restwertausgleich oder „Sale and lease-back" lassen sich exakt auf die individuellen Bedürfnisse zuschneiden. Flottenkunden können die unterschiedlichen Leistungsmodule samt professioneller Online-Abwicklung frei wählen. Egal, ob Werkstatt-, Versicherungs-, Tank-, Reifen- oder Mietwagen-Service – die ALD Automotive bietet die ganze Bandbreite der Leasing-Dienstleistungen aus einer Hand.

UNTERNEHMEN

ALD AutoLeasing D GmbH
Nedderfeld 95
22529 Hamburg
(0 40) 4 71 04–0
(0 40) 4 80 19–40
www.ald-automotive.de

ALDI

Der Ursprung des Familienunternehmens Aldi liegt in dem von Anna Albrecht 1913 eröffneten Krämerladen in Essen. 1946 übernehmen ihre Söhne Theodor Albrecht und Karl Albrecht die Geschäfte. 1960 gründen die Brüder die beiden rechtlich eigenständigen Unternehmensgruppen Aldi Nord und Aldi Süd und entwickeln das Aldi-Konzept. In dieser Zeit entsteht auch der Firmenname als Kombination der ersten beiden Buchstaben des Nachnamens der Firmengründer und der Bezeichnung des Geschäftsmodells Discounter. Die Marke Aldi steht lt. Unternehmen für gleichbleibend hohe Qualität zu konstant günstigen Preisen. Das Konzept hinter dem Erfolg ist die alleinige Konzentration auf das Discount-Prinzip. Dieses Prinzip basiert auf den folgenden vier Maximen: ein konzentriertes Sortiment von 700 Basisartikeln, ständige Qualitätskontrollen durch eigene und unabhängige Lebensmittellabors, eine übersichtliche, in allen Filialen einheitliche Produktpräsentation und eine dezentrale Managementstruktur, in der Verantwortung weitgehend delegiert wird. Außerdem verzichtet Aldi aus Gründen der Unabhängigkeit weitgehend auf den Verkauf von Markenartikeln. So setzt Aldi Süd konsequent auf den Ausbau von Eigenmarken wie z.B. dem Waschmittel *Tandil*, den Konserven *Gartenkrone*, der Kaffeesorten *Amaroy* oder der Körperpflegeserien *Caribic* und *Kür*. Ob Süd oder Nord – Aldi ist eine internat. Führungsmarke im Lebensmittel-Einzelhandel. Aldi zählt zu den Spitzenreitern bei der Kundenzufriedenheit im Bereich Discount und ist mehrfacher Gewinner des Kundenbarometers (Kundenbarometer 2002). Drei von vier Haushalten in Deutschland kaufen bei Aldi ein und Aldi ist die Nummer 1 im Ranking der Top-Marken in Deutschland (Markenwertstudie 2000 von Young & Rubicam).

UNTERNEHMEN

ALDI SÜD
ALDI Einkauf GmbH & Co. oHG
Burgstr. 37
45476 Mülheim
www.aldi-sued.de

ALDI NORD
ALDI Einkauf GmbH & Co. oHG
Eckenbergstr. 16
45307 Essen
www.aldi-essen.de

ALESSANDRO INTERNATIONAL

Die Kosmetikmarke alessandro International steht für Pflegeprodukte und Dienstleistungen für die Hand-, Nagel- und Fußpflege von Frauen und Männern. alessandro International nimmt in diesem Bereich eine führende Position auf dem Markt ein. Der heutige Firmenname alessandro International wurde zunächst nur für die Nagellacke benutzt. Nach Rechtsstreitigkeiten um den ursprünglich Namen Troska wurde das 1989 von Silvia Troska in Langenfeld bei Düsseldorf gegründete Unternehmen in alessandro International umbenannt. Aus den USA brachte die gelernte Kosmetikerin die Idee mit nach Deutschland, Fingernägel künstlich zu verlängern, und leistete damit Pionierarbeit: Der Beruf der Nageldesignerin entstand. In den späten 1990er-Jahren entwickelte Troska unter der Dachmarke alessandro International eine Konsumlinie für die Naturnagelpflege und führte damit eine neue Produktkategorie am Markt ein. 1998 wurde die Firmengründerin und Geschäftsführerin zur Unternehmerin des Jahres gewählt. 2002 verlieh die Zeitschrift Cosmopolitan alessandro International für die Pflegelinie für die Hände *Hands!Up* den Prix de Beauté. Bis 2007 erhielt die Unternehmensmarke dreimal den Beauty Award. Dank breit gefächerter Marketingstrategien und eines weit gespannten Vertriebsnetzes ist alessandro International

alessandro® INTERNATIONAL

Die Unternehmensgründerin Silvia Troska vertreibt unter der Marke alessandro International Produkte für die Hand-, Nagel- und Fußpflege.

Mit Pflegelinien für die Hände und Nägel nimmt die Kosmetikmarke alessandro International eine führende Position auf dem Markt ein

in über 50 Ländern vertreten. Zur Produktfamilie zählen *Nail Spa, Hands!Up, Nail Wear,* die Wellness-Fußpflege *Pedix,* die Herren-Manicure-Serie *Uomo* sowie die Produktserie für die professionelle Wimpernverlängerung *Great Lashes.* Das Unternehmen beschäftigte 2006 rund 200 Mitarbeiter und hatte im gleichen Jahr einen Gesamtumsatz von ca. 30 Mio. Euro. Damit verzeichnet alessandro International seit über 15 Jahren konstant zweistellige Wachstumsraten. Die alessandro-Produkte werden über Nagelstudios, Parfümerien, Kauf- und Warenhäuser vertrieben. Die neueste Entwicklung ist der Ausbau der Dienstleistungen im Hand- und Fußpflegebereich unter dem Begriff alessandro *Spa.* Hier wurde ein spezielles Partnerkonzept entwickelt, das internat. umgesetzt wird.

DATEN UND FAKTEN

Markenname: alessandro International, Kunstname

Slogan: „Beauty in your hands"

Gründer: Silvia Troska, 1989, Düsseldorf

Markenregistrierung: 29. 05. 1989, DPMA München

Innovation: Great Lashes (2007)

Jahresumsatz: 30 Mio. Euro (2006)

Auszeichnungen:
„Unternehmerin des Jahres" für Silvia Troska (1998)
„Prix de Beauté", Cosmopolitan (2002)
„Beauty Award" (1997, 1998, 2000)

UNTERNEHMEN

alessandro International GmbH & Co. KG

Hauptsitz: Langenfeld, Deutschland

Geschäftsführer Silvia Troska, Michael Winter

Gesamtumsatz: 30 Mio. Euro (2006)

Vertrieb: in 50 Ländern vertreten

KONTAKT

alessandro International GmbH & Co. KG
Hans-Böckler-Str. 3
40764 Langenfeld
(0 21 73) 9 74 60
www.alessandro.de

Ansprechpartner Presse:
Susanne Lehnen
(0 21 73) 97 46 89
lehnen@alessandro.de

Ansprechpartner Marketing:
Reiner Engert
(0 21 73) 97 46 85
engert@alessandro.de

SCHON GEWUSST?

▮ Design von alessandro International kann als Symbol von Funktionalität mit zeitloser Ästhetik gelten, denn der eigens entworfene Flakon für die alessandro International Nagellacke ist ein Flakon mit Prädikat: Er wurde in das offizielle Genfer Konferenz-Plakat der Haager Übereinkunft zum Schutz von Industriedesign aufgenommen.

ALESSI

Alessi Geschäftsführer Alberto Alessi (Mitte), Wasserkessel nach einem Entwurf von Michael Graves mit vogelförmigem Flötenaufsatz (unten)

ALESSI

Das ital. Familienunternehmen Alessi, dessen Ursprünge bis in das 17. Jh. zurückreichen, steht heute mit seinen Haushaltswaren und Kaffeemaschinen für die private Küche, Restaurants oder Bars für den Anspruch auf innovatives Design sowie eine hochwertige Produktpalette. Das Logo, das den Familiennamen in roten Lettern zeigt, wurde Anfang der 1980er-Jahre von Sottsass Associati entwickelt. In Crusinallo stellte Alessi seine ersten Waren her. Die Stadt am Ortasee ist auch heute Firmensitz des von Alberto Alessi geführten Unternehmens. Alessi beschäftigt weltweit über 450 Mitarbeiter und spricht mit seinem Design vor allem Kunden im höheren Einkommensbereich an, die auf hochwertig verarbeitete Produkte und originelles

Design Wert legen. 2006 verzeichnete das Unternehmen einen Umsatz von 85 Mio. Euro und erwirtschaftete im gleichen Jahr mit der Vergabe von Lizenzen weitere 28 Mio. Euro Umsatz. Im mittleren und gehobenen Marktsegment ist Alessi führend in der Haushaltswarenbranche. Für die Marke entwerfen namhafte Designer wie Philippe Starck, Michael Graves, Richard Sapper oder Aldo Rossi und sorgen so für eine exkl. Produktpalette. Die hochwertigen Materialien der Alessi Produkte reichen von Kunststoff über Keramik bis hin zu Kristall und Edelstahl. Das Unternehmen führte mit seinen Entwicklungen stets neue Formen und Sprachen im Bereich der Haushaltwaren ein, ohne dabei die Funktionalität aus den Augen zu verlieren. Der 1986 von Michael Graves entworfene Wasserkessel mit vogelförmigem Flötenaufsatz wurde bis 2007 mehr als 1,35 Mio. Mal weltweit verkauft. Die Zitronenpresse *Juicy Salif* von Philippe Stark entstand aus einem sprachlichen Missverständnis: Die Italiener wollten ein Tablett auf den Markt bringen, der Franzose entwarf stattdessen jene Zitruspresse, die zwar dem Auftrag nicht gerecht wurde, sich aber bestens verkaufen sollte.

DATEN UND FAKTEN

Markenname: Alessi, Familienname des Unternehmensgründers

Slogan: „Die Traumfabrik"

Gründer: Giovanni Alessi, 1921, Crusinallo di Omegna/Italien

Markenregistrierung: 26. 09. 1989, Italienisches Marken und Patentamt, Rom

Innovationen: Wasserkessel von Michael Graves (1986), Zitronenpresse *Juicy Salif* (1990)

Jahresumsatz: ca. 85 Mio. Euro (2006)

UNTERNEHMEN

Alessi, s.p.a.
Via Privata Alessi, 6
I–28887 Crusinallo (VB)
+39 03 23 86 86 11
+39 03 23 64 17 09
www.alessi.com

ALETE

→ Nestlé Alete

ALFA ROMEO

Die Marke Alfa Romeo steht für sportliche Kraftfahrzeuge. Der Name setzt sich aus der Abkürzung A. L. F. A. für „Anonima Lombarda Fabricia Automobil" und dem Familiennamen des Ingenieurs Nicola Romeo zusammen. Nachdem der franz. Automobilbauer Alexandre Darracq 1906 in Portello, nördlich von Mailand, ein modernes Automobilwerk errichtete, übernahmen Geschäftsleute aus der Lombardei das Werk und gründeten die besagte A. L. F. A. Der erste Wagen aus der Feder des Konstrukteurs Guiseppe Merosi verließ das Werk im Jahr 1910. Fünf Jahre später legte das Institut zur Förderung und Finanzierung der ital. Rüstungsindustrie das Werk in die Hände von Nicola Romeo. Nach dem 1. Weltkrieg wurde die Produktion schließlich wieder von Rüstungsgütern auf Automobile der Marke Alfa Romeo umgestellt. Sowohl im Segment der Serienfahrzeuge als auch im Motorsport feiern die bis heute sportlich orientierten Fahrzeuge mit ihrem markanten Design große Erfolge. Das runde Markenemblem geht auf das Wappen der Stadt Mailand zurück und bietet eine Fülle symbolträchtiger Details. In einem äußeren Ring steht in goldener Schrift der Markenname, während das zweigeteilte Innere des Logos das Kreuz Mailands sowie die Schlange der Visconti enthält. Das rote Kreuz kombiniert die Farbe der Bürger und Bauern der Lombardei mit der des Adels (weißer Grund). Die Schlange mit Drachenkopf und Krone wurde von der damals mächtigsten Familie Mailands dem Stadtwappen hinzugefügt. Heute befindet sich die traditionsreiche Automarke im Besitz der Fiat-Gruppe.

UNTERNEHMEN

Fiat Group Automobiles Germany AG
Alfa Romeo
Hanauer Landstr. 174–176
60314 Frankfurt/Main
(0 69) 6 69 88–0
Kontakt@alfaromeo.de
www.alfaromeo.de

ALFI

Unter der Marke alfi werden Isoliergefäße zum Heiß- und Kalthalten von Flüssigkeiten verkauft. In Deutschland ist der gleichnamige Hersteller alfi nach eigenen Angaben Marktführer im Bereich hochwertiger Isolierkannen. Die Firma wurde von Sophie und Carl Zitzmann gegründet. Bereits seit 1914 pro-

Das Traditionshaus alfi gehört seit 1987 zur WMF AG.

ALHO bietet Systembauten in Stahlmodulbauweise.

duziert das Unternehmen doppelwandige Gefäße. Allerdings geht die Idee für die sog. Thermos-Kanne auf Reinhold Burger zurück, der im Auftrag des Eismaschinen-Fabrikanten Karl von Linde im Jahr 1903 die erste Isolierkanne für den Hausgebrauch entwickelte. Unter dem Namen alfi hat es die Isolierkanne Juwel zu besonderer Bekanntheit gebracht. Wie die anderen alfi-Produkte soll sie nicht nur ihren Zweck erfüllen, sondern auch den Ansprüchen einer erlesenen Tischkultur gerecht werden. Entsprechend gibt es sie in verschiedenen Ausführungen – etwa mit verchromtem Messing als Ummantelung, vergoldet oder lackiert. Generell stellt alfi hohe Ansprüche an das Design der Kannen und betraut renommierte Designer wie Ole Palsby mit neuen Entwürfen. Der Name alfi ist ein Kunstwort, das aus der Abkürzung für Aluminium und dem Namen des Gründungsortes Fischbach entstand. Das alfi-Logo ist der geschwungene Schriftzug in einem Oval. Verändert wurde es seit den 1930er-Jahren kaum. Die alfi GmbH gehört mit seinen rund 300 Mitarbeitern seit 1987 zur WMF AG. Mittlerweile umfasst das Produktangebot bei alfi neben den klassischen Isolierkannen auch Eis- und Speisegefäße sowie Spezialkühler. Das Portfolio wird immer wieder an die Erfordernisse des Marktes angepasst und um neue Produkte zum Heiß- und Kalthalten ergänzt. Mit der Möglichkeit, Ersatzteile für Kannen zu erhalten und einen Reparaturservice nutzen zu können, wird die Idee der Premium-Marke bei alfi unterstrichen.

UNTERNEHMEN

Alfi GmbH
Ernst-Abbe-Str. 14
97877 Wertheim
✆ (0 93 42) 8 77-0
🖷 (0 93 42) 8 77-1 60
💻 www.alfi.de

ALHO

Die Marke ALHO bietet Systembauten in Stahlmodulbauweise. ALHO steht für schnelles und flexibles Bauen. Im Jahr 1967 gründete Albert Holschbach die Marke. Der Markenname setzt sich aus den jeweils ersten beiden Buchstaben seines Vor- und Nachnamens zusammen. Die Marke wurde am 25. Juli 1994 beim DPMA eingetragen. Zu Beginn stand die Herstellung von Büro-, Schlaf- und Sanitärwagen im Vordergrund, gefolgt von ersten Container-Modulen. Heute bietet ALHO Full-Service-Leistungen für unterschiedliche Gebäudeanforderungen. Zu den Kunden zählen Industrie- und Dienstleistungsunternehmen sowie Behörden- oder Militäreinrichtungen. Anwendungsbereiche sind Büros, Krankenhäuser, Schulen, Hallenbauten und Hotels. Hinzu kommt in der Unternehmensgruppe ein Mietpark, der aktuell rund 9.000 Miet-Module umfasst. Der Vertriebsraum für die Marke ALHO erstreckt sich über Europa, vornehmlich Deutschland, Schweiz, Frankreich und die Benelux-Staaten. Die ALHO Unternehmensgruppe erwirtschaftet rund 97 % des jährlichen Gesamtumsatzes mit der Marke ALHO. Das Logo zeigt den Markennamen in weißer Schrift auf grünem Grund, in einer Versal-Schrift gesetzt. Die Kombination und Darstellung der Elemente stehen symbolhaft für das Angebot schlüsselfertigen Bauens. Die ALHO Unternehmensgruppe mit Sitz in Friesenhagen vertreibt unter dem Slogan „ALHO die Raumfabrik" Gebäude in Systembauweise, darunter die *Basic-Line*, *Classic-Line*, *Comfort-Line* und das System *Pro Contain*. Damit gehört die rund 500 Mitarbeiter beschäftigende Unternehmensgruppe in die Sparte des industriell vorgefertigten Bauens.

UNTERNEHMEN

ALHO Holding GmbH & Co. KG
Hammer 1
51598 Friesenhagen
✆ (0 22 94) 6 96-1 11
🖷 (0 22 94) 6 96-2 95
💻 www.alho.com

ALITALIA

Die ital. Fluglinie Alitalia wurde 1947 gegründet.

Alitalia ist die größte ital. Fluggesellschaft mit Sitz in Rom. Der Markenname setzt sich zusammen aus den ital. Begriffen für Flügel (le ali) und Italien (Italia). Mit einer Flotte von 179 Flugzeugen bedient die 1947 gegründete Fluggesellschaft mit 1.313 Flügen pro Woche 25 Flughäfen in Italien, darunter Bergamo, Florenz, Palermo und Venedig. Europaweit sind es 1.247 Flüge in der Woche zu 63 Flughäfen, u.a. Barcelona, London, Düsseldorf, Kopenhagen, Dubai, Paris und Zürich. Mit 124 Flügen pro Woche werden weitere 22 Flughäfen weltweit über die Drehkreuze Mailand und Rom angeflogen. Im Jahr 2005 beförderte Alitalia rund 24 Mio. Passagiere. Bei interkontinentalen Flügen werden hauptsächlich Boeings der Bauart B777-200 und B767-300 in eingesetzt, bei internat. Flügen verlässt sich das Unternehmen u.a. auf Flugzeuge der Marke Airbus 319, 320 und 321.

Alitalia ist seit 2001 Mitglied der SkyTeam Allianz, deren Netzwerk 728 Flughäfen in über 130 Ländern anfliegt. Seit Mai 2005 wird Alitalia in allen Serviceangelegenheiten von Alitalia Servizi unterstützt. Alitalia Servizi ist im Besitz der Alitalia und Fintecna, die über die Mehrheit der Stimmen verfügt.

UNTERNEHMEN

Alitalia - Linee Aeree Italiane S.p.A.
Viale Alessandro Marchetti, 111
IT-00148 Rom
+39 06-6 56 21
www.alitalia.com

ALLGÄUER LATSCHENKIEFER

Die Pflegemarke Allgäuer Latschenkiefer steht für über 20 Produkte, die aus dem Öl der Latschenkiefer gewonnen werden. Das ätherische Öl fördert die Durchblutung, zusätzlich hemmt es das Wachstum von Bakterien und Pilzen. In den Bronchien löst es Schleim, dazu wirkt es entzündungshemmend und schmerzstillend. Diese Eigenschaften der unter Naturschutz stehenden Latschenkiefer wurden von dem Apotheker Dieter Vollmann ab 1975 systematisch erforscht. Heute wird die Latschenkiefer von dem Unternehmen

Das Siegel bestätigt die originale Herkunft der Marken-Produkte.

auf einer Fläche von rd. 100 ha im Allgäu angebaut. Das Öl wird nach sieben Jahren Wachstum aus den jungen Ästen der Latschenkiefer mittels Wasserdampfdestillation gewonnen. Die Marke Allgäuer Latschenkiefer gehörte zunächst der Allga Pharma GmbH, die von dem im Jahr 2000 verstorbenen Herrn Vollmann gegründet wurde. Im August 2005 hat die Dr. Theiss Naturwaren GmbH die Geschäfte übernommen. Produkte der Marke Allgäuer Latschenkiefer teilen sich in die Schwerpunktthemen „Fuß- und Beinpflege" sowie „Muskeln und Gelenke". Allgäuer Latschenkiefer wird bundesweit ausschließlich über Apotheken vertrieben und ist in diesem Bereich laut IMS Health (2007) Marktführer im Bereich Fuß- und Beinpflege. Zu den bekanntesten Produktinnovationen zählt die *Hornhaut Reduziercreme*, mit der die Hornhautbildung innerhalb von drei Wochen deutlich zurückgehen soll. Im Jahr 2005 wurde der Duft *Latschenkiefer-Orange* auf den Markt gebracht. Für diese Duftlinie wurde ein neues, sehr farbintensives Grün als Verpackungsfarbe gewählt, das das bisherige, etwas sanftere und dunklere Grün ergänzt. Alle Verpackungen tragen seit 2001 ein Bergbild, bzw. den Latschenkiefer-Zweig, um die Verbundenheit mit der Herkunftsregion Allgäu auch grafisch zum Ausdruck zu bringen. Die Dachmarkenstrategie soll auch in Zukunft beibehalten und die Marke Allgäuer Latschenkiefer auf weitere, innovative Produktvarianten ausgedehnt werden.

DATEN UND FAKTEN

Markenname: Allgäuer Latschenkiefer, Kompositum aus Herkunftsort und Pflanzennamen

Slogan: „Vertrauen Sie auf die Kraft der Natur."

Erfinder: Dieter Vollmann, 1975, Fischen im Allgäu

Markenregistrierung: 11.08.1994, DPMA München

Innovationen: Latschenkiefer Orange (2005)

Auszeichnungen:
„Franzbranntwein des Jahres" (in regelmäßiger Folge)
„Apothekenpartner des Jahres" (2005, 2006)

Markenwebsite: www.latschenkiefer.de

UNTERNEHMEN

Dr. Theiss Naturwaren GmbH

Hauptsitz: Homburg, Deutschland

Geschäftsführer: Dr. Peter Theiss, Giuseppe Nardi

Mitarbeiter: 300 (Homburg), 1.000 (weltweit, 2006)

Weitere Marken: Dr. Theiss, medipharma cosmetics (Olivenöl), Lacalut

Vertrieb: Apothekenexklusiv, 99 % aller Apotheken bieten die Marke laut eigenen Angaben an

Das Logo der Allgäuer Latschenkiefer (oben) ist seit Beginn in dunklem, sattem Grün gehalten. Die Hornhaut Reduziercreme ist eine Innovation aus dem Jahre 2005 (Mitte). Dr. Peter Theiss, Geschäftsführer der Dr. Theiss Naturwaren GmbH (unten)

KONTAKT

Dr. Theiss Naturwaren GmbH
Michelinstr. 10
66424 Homburg
✆ (0 68 41) 7 09–0
🖷 (0 68 41) 7 09–2 68
💻 www.naturwaren-theiss.de

Ansprechpartner Presse:
Julia Ruffing
✆ (0 68 41) 7 09–7 03

Ansprechpartner Marketing:
Helga Müller
✆ (0 68 41) 7 09–7 15

SCHON GEWUSST?

- Die Allgäuer Latschenkiefer Destillationsanlage ist die größte ihrer Art in West-Europa.
- Die Latschenkiefer wächst am besten in Höhen zwischen 800 Metern und 1.600 Metern über dem Meeresspiegel.

Die Allianz-Gruppe ist heute mit zahlreichen Tochtergesellschaften und Marken einer der führenden globalen Finanzdienstleister.

ALLIANZ

Die Marke Allianz steht weltweit für Finanzdienstleistungen. Seit der Gründung als Allianz Versicherungs-Aktiengesellschaft im Jahr 1890 hat das Unternehmen die Versicherungslandschaft grundlegend verändert. So zeichnet die Allianz verantwortlich für zahlreiche Innovationen, wie z. B. die 1900 entwickelte Maschinenversicherung, aus der später die Kfz-Haftpflichtversicherung entstand, und die 1932 in Berlin gegründete Materialprüfstelle, aus der das Allianz Zentrum für Technik in Ismaning hervorging. Das erste Logo war ein Adler, der stark an den Reichsadler erinnerte, und enthielt die Wappen von München und Berlin, den Städten in denen die Allianz gegründet wurde. 1923 wurde der Adler durch den von Karl Schulpig entwickelten Allianz-Adler ersetzt, einen stilisierten Adler mit drei Jungen, die die Filialen des expandierenden Konzerns symbolisierten. Das aktuelle Logo, das 1999 eingeführt wurde, soll die Verbindung von Tradition und Moderne im Unternehmen signalisieren – es erinnert an den Adler, die drei Säulen verkörpern die Kernkompetenzen Schutz, Vorsorge und Leistung. Daneben gehören die 2005 von Gerard Unger entwickelte Hausschrift sowie die Hausfarbe Pantone 287 zum Corporate Design. Die Allianz-Gruppe ist heute mit zahlreichen Tochtergesellschaften und Marken einer der führenden globalen Finanz-

Ansicht des Allianz-Headquarters in München

dienstleister. Der Wandel des Unternehmens Allianz von einem dt. Versicherer zu einem internat. Finanzdienstleister begann bereits in den 1960er- und 1970er-Jahren, als die Allianz verstärkt ins europäische Ausland und nach Amerika expandierte. In den 1980er- und 1990er-Jahren folgten zahlreiche Akquisitionen im In- und Ausland. Die übernommenen Unternehmen wurden teilweise unter das Dach der Marke Allianz integriert, bestehen z. T. aber auch unter eigenem Namen und mit eigenen Marken fort. Die Vermögensverwaltung wurde 1998 mit der Gründung der Allianz Asset Management ein Kernbereich der Allianz-Gruppe. Seit dem Kauf der Dresdner Bank im Jahr 2005 gehört die Allianz-Gruppe zu den drei größten Vermögensverwaltern weltweit. Insgesamt hat die Unternehmensgruppe, die 2006 in eine Europäische Aktiengesellschaft umgewandelt wurde, heute mehr als 70 Mio. Kunden in weltweit rund 70 Ländern. Der Umsatz belief sich 2006 auf mehr als 101 Mrd. Euro. Von den 173.000 Mitarbeitern sind rund 74.000 in Deutschland beschäftigt. Die dt. Versicherungsgesellschaften der Allianz wurden 2005 unter dem Dach der neu gegründeten Allianz Deutschland AG zusammengeführt, die mit ihren Tochtergesellschaften die größte Versicherungsholding im dt. Markt ist.

DATEN UND FAKTEN

Markenname: Allianz, Substantiv, bezugnehmend auf Verbindung, Bündnis mit dem Kunden

Slogan: „Hoffentlich Allianz versichert" (seit 1958)

Gründer: Carl von Thieme, Wilhelm von Finck, 1889, München

Markenregistrierung: 11. 07. 1997, DPMA München

UNTERNEHMEN

Allianz SE

Hauptsitz: München, Deutschland

Vorstand: Michael Diekmann

Gesamtumsatz: 101,13 Mrd. Euro (2006)

Mitarbeiter: 170.000 weltweit

KONTAKT

Allianz SE
Königinstr. 28
80802 München
✆ (0 89) 38 00-0
✉ info@allianz.de
🖳 www.allianz.com

MEILENSTEINE

1893 Eröffnung der ersten Auslandsfiliale in London

1900 Einführung der Maschinenversicherung

1922 Gründung der Allianz Lebensversicherungsbank

1932 Einrichtung einer Materialprüfstelle in Berlin, aus der das heutige Allianz Zentrum für Technik in Ismaning bei München hervorgeht.

1959 Wiederaufnahme des Auslandsgeschäfts mit einem Büro in Paris

1976 Eintritt in den US-amerikanischen Versicherungsmarkt

1985 Gründung der Allianz AG als Holding-Gesellschaft

1998 Gründung der Allianz Asset Management in München

2001 Übernahme der Dresdner Bank, Bündelung des Bereichs Vermögensverwaltung als Allianz Dresdner Asset Management (Heute Allianz Global Investors)

2005 Eröffnung der Allianz-Arena, Münchens neuem Fußballstadion

2006 Umwandlung in eine Europäische Aktiengesellschaft

ALLMILMÖ

Die Marke Allmilmö steht für Markenküchen mit innovativem Design. Sie geht zurück auf Heinz Milewski, der sie 1965 gründete und 1971 ins Register beim DPMA eintragen ließ. Der Markenname ist eine Kurzform des Werbeslogans „Alles macht Milewski Möbelwerk". Aktuell wird mit dem Slogan „Die phantastische Küche" geworben, 1985 stand die Aussage „Die Küchenkultur" im Mittelpunkt. Allmilmö-Küchen bedient auf dem Markt das Premiumsegment und richtet sich an alle, die hohe Qualität wünschen und Wert auf ein prägendes Design legen. Die Auswahl der Rohstoffe folgt dabei ökologischen Prinzipien. Genutzt werden in den Küchen verschiedene Materialien wie Lack, Glas und Aluminium. Die Marke wurde mehrfach ausgezeichnet – u.a. vom Fachhandel in den Jahren 2000, 2002 und 2004 als leistungsstärkstes Unternehmen der Küchenbranche und von Öko-Test im Jahr 2003 mit der besten vergebenen Note „gut". Das Logo der Marke besteht aus dem fett geschriebenen Markennamen in Kleinbuchstaben und dem Claim, der mit einem schwarzen Balken unterlegt ist. Prominenter Werbeträger von Allmilmö ist seit 2001 der Sterne- und Fernsehkoch Johann Lafer. Das Unternehmen beschäftigt rund 220 Mitarbeiter und hatte im Jahr 2006 einen Gesamtumsatz von rund 30 Mio. Euro. Geschäftsführer ist mittlerweile Johannes la Cour. Er übernahm Allmilmö im Jahr 1996.

DATEN UND FAKTEN

Markenname: Allmilmö, Akronym, zusammengesetzt aus den Anfangsbuchstaben des Slogans „**All**es macht **Mil**ewski **Mö**belwerk"

Slogan: „Die phantastische Küche"

Gründer: Heinz Milewski,1965, Zeil am Main

Markenregistrierung: 31. 08. 1971, DPMA München

Innovationen: *Modern ART*, grifflose Küche (1989); *MODELL 32*; modulare, mobile Küche (2000); griffloses Öffnungs- und Schließsystem *Tip-Tec* (2002)

Auszeichnungen: „gut", Öko-Test für *Design Art Picco* (2003)

Jahresumsatz: 30 Mio. Euro

UNTERNEHMEN

Zeiler Möbelwerk GmbH & Co. KG
Obere Altach 1
97475 Zeil am Main
✆ (0 95 24) 91-0
🖷 (0 95 24) 91-121
🖳 www.allmilmoe.com

allmilmö®
DIE PHANTASTISCHE KÜCHE.

Allmilmö verarbeitet bei der Herstellung von Küchen Hölzer aus nachhaltiger Forstwirtschaft.

Allos
Naturkost für Genießer

Allos produziert verschiedene Cerealien und Riegel u. a. mit Amaranth, aber auch Fruchtaufstriche, Honig und Fruchtschnitten.

ALLOS

Die Lebensmittelmarke Allos ist nach eigenen Angaben Marktführer im Naturkostfachhandel für die Bereiche Honig, Fruchtaufstriche und Fruchtschnitten. Das Produktspektrum umfasst darüber hinaus Gebäck, Schokoriegel und Frühstückscerealien. Seit 1974 stellt die Firma unter Verzicht auf Produktionshilfsmittel, Konservierungsstoffe und synthetischen Aromastoffe Waren aus Bio-Rohstoffen her und gehört zu den Pionieren der Naturkost. Der Markenname Allos ist dem Berg Mount Allos in der Haute Provence entlehnt, in dessen Nachbarschaft sich die Imkerei des Firmengründers befand. Das Unternehmen operiert mit zwei Logos. Während die Allos-Produkte mit einem grünen Schriftzug versehen, ziert die Geschäftskommunikation ein stilisiertes Abbild des Firmensitzes, dem Allos-Hof. Mit dem Entwurf des Designbüros Jo Hartwig Grafik soll die naturbezogene Authentizität der Marke und des Unternehmens ausgedrückt werden. In Alleinstellung wird das Produktlogo durch den Slogan „Naturkost für Genießer" ergänzt. Im Jahr 2006 erhielt das Unternehmen für seine Bio-Produkte *Allos Choco-Amaranti Kokos Mango* und *Allos ChocoConfiserie-Riegel Latte Macchiato* DLG-Prämierungen. Grundlage des unternehmerischen Erfolgs der Allos-Produkte ist die Konzentration auf die Zielgruppe naturbewusster Käufer sowie die konsequente Ausweitung des Produktportfolios im Segment Naturkostprodukte. Dabei wird eine Dachmarkenstrategie verfolgt. Neben den Allos-Produkten werden unter der Lizenzmarke *Sesamstraße* Gebäck und Riegel vertrieben. Mit 120 Mitarbeitern hat sich das Unternehmen seit seiner Gründung 1974 von einem Selbstversorgerprojekt zu einem europaweit exportierenden Unternehmen mit einem jährlichen Gesamtumsatz von 25 Mio. Euro entwickelt. Der Vertrieb erfolgt ausschließlich über den Fachhandel. Sitz und Produktionsstandort des Unternehmens ist das niedersächsische Mariendrebber. Für ein künftiges Wachstum setzt das Unternehmen auf Produktinnovationen unter der Marke Allos.

Das Logo mit dem Allos-Hof drückt die Naturverbundenheit des Unternehmens aus.

DATEN UND FAKTEN

Markenname: Allos, abgeleitet vom Namen des franz. Bergs Mount Allos in der Haute Provence

Slogan: „Naturkost für Genießer"

Markenregistrierung: 12.08.1991, DPMA München

Innovationen: Einsatz von Agavendicksaft und Amaranth in Lebensmitteln

Jahresumsatz: 20 Mio. Euro (Marke Allos, 2006)

Auszeichnungen: „Bronze", DLG-Prämierung (2006)

UNTERNEHMEN

Allos Walter Lang GmbH

Hauptsitz: Mariendrebber, Deutschland

Gründer: Walter Lang,1974, Mariendrebber

Geschäftsführer: Frank von Glan, Alice Fridum

Gesamtumsatz: 25 Mio. Euro (2006)

Vertrieb: europaweit über Naturkostfachhandel

KONTAKT

Allos Walter Lang GmbH
Imkerhof
49457 Mariendrebber
(0 54 45) 98 99-0
www.allos.de

Ansprechpartner Presse
Evelyn Stötzner
✉ evelyn.stoetzner@allos.de

SCHON GEWUSST?

▌ Firmengründer Walter Lang entdeckte in den 1980er-Jahren bei seinem Honigkauf in Mexiko auf einem Einheimischenmarkt das süße Konfekt Allegria. Es besteht u.a. aus Amaranth, Honig und Mandeln. Der Unternehmer war so begeistert von dem nussigen Geschmack des gesunden Amaranths, dass er sich entschied, das sog. Wunderkorn der Inkas nach Deutschland zu bringen. Walter Lang war der erste Importeur von Amaranth.

▌ Lange nach der Firmengründung entdeckte Walter Lang, dass Allos im Griechischen „das andere", „anders" bedeutet. Der Firmenname entsprach somit quasi aus Zufall dem alternativen Produktionsansatz von Lebensmitteln des Gründers.

ALLTOURS

„Alles – aber günstig" ist nicht nur der Slogan der Marke alltours, sondern auch die Philosophie des gleichnamigen Reiseveranstalters. Kerngeschäft der Marke alltours sind Pauschalreisen - von der 2,5-Sterne-Finca bis zum 5-Sterne-Luxus-Hotel ist alles im Programm vertreten. Außerdem gibt es die Möglichkeit nur Flüge oder Hotels zu buchen. Der Name alltours ist ein Kunstname. Er soll die Assoziation „Urlaub für alle" wecken - daher alltours. So richten sich die Reiseangebote der Marke an preisbewusste Kunden jeder Altersklasse sowie Familien und Club-Urlauber. Das Logo der Marke zeigt in rot den Schriftzug alltours. Gegründet wurde das Unternehmen 1974 von Willi Verhuven in seiner Heimatstadt Kleve. Er begann damals mit einem Ein-Mann-Reisebüro. Doch schon im ersten Jahr schickte er 500 Gäste auf die griechische Insel Mykonos und die Erfolgsgeschichte nahm ihren Lauf. Heute hat das Unternehmen 1.126 Mitarbeiter. In der Saison 2006/2007 flogen rund 1.570.000 Gäste mit alltours in den Urlaub. Das Unternehmen machte einen Umsatz von rund 1.188 Mio. Euro. Nach eigenen Angaben ist die alltours flugreisen gmbh der größte konzernunabhängige Reiseveranstalter in Deutschland. Im Flugreisegeschäft ist sie der viertgrößte dt. Reiseveranstalter und in Europa belegt sie in dieser Kategorie Rang sieben. Die Produkte der Marke werden in Deutschland, den Niederlanden, in der Schweiz und in Österreich vertrieben. Zur Unternehmensgruppe gehört außerdem eine Reisebürokette mit derzeit 216 Reisebüros, die span. Incoming-Agentur Viajes allsun, die Immobiliengesellschaft Alltours España und die Verwaltungsgesellschaften allsun Touristica und C. G. Canarias.

Das Kerngeschäft von alltours sind Pauschalreisen.

UNTERNEHMEN

Alltours Flugreisen GmbH
Am Innenhafen 8–10
47059 Duisburg
✆ (02 03) 3 63 6-0
🖷 (02 03) 3 63 6-9 99
🖳 www.alltours.de

ALMETTE

Almette ist eine Konsumgütermarke im Bereich Lebensmittel. Die zur →Hochland AG gehörende Marke steht für Frischkäse, hergestellt mit Alpenmilch. Das Sortiment umfasst acht Sorten mit unterschiedlich hohem Fettanteil und unterschiedlichen Geschmacksrichtungen. Neben verschiedenen Pur-Varianten gibt es Kräuter- und Gewürzvarianten sowie eine halbjährlich wechselnde saisonale Sorte, die jeweils im Frühjahr und im Herbst erscheint. Die Marke wurde 1980 in Deutschland entwickelt und beim DPMA München eingetragen. Ziel war es lt. Unternehmen, einen Frischkäse mit besonders luftiger und cremiger Konsistenz herzustellen, der sich außerdem durch Herkunft und Verpackung von ähnlichen Produkten abgrenzen sollte. Almette kam nach der Anuga-Vorstellung 1985 im Jahr 1986 in den Handel. Spezielle Kernzielgruppe sind Familien und Singles zwischen 20 und 49 Jahren. Das Produkt wird über eine eigene Vertriebsorganisation in Europa, Russland und der Ukraine vertrieben. Lt. Brigitte Kommunikationsanalyse von 2006 erreicht die Marke Almette eine gest. Bekanntheit von 71 %. Almette ist nach Unternehmensangaben der einzige Frischkäse mit bester Alpenmilch und die am stärksten wachsende FK-Marke 2006. Charakteristisch für Almette ist das „Fässchen" als Verpackung. Das Key-Visual von Almette zeigt im Zentrum einen Berg, dessen (Frischkäse-) Spitze durch ein Messer abgetragen und dann auf ein Brot gestrichen wird. Damit soll die Alpenherkunft, aber auch die Frische symbolisiert werden. Der Schriftzug wurde kontinuierlich modernisiert, Hausfarbe ist Blau (Reflex Blue) mit grau-silbernem Schatten. Alle beste-

Almette Alpenfrischkäse wird seit 1985 von Hochland produziert.

henden Standardsorten erhielten 2007 die DLG-Auszeichnung in Gold.

UNTERNEHMEN

Hochland Deutschland GmbH
Kemptener Str. 17
88178 Heimenkirch
✆ (0 83 81) 5 02-0
🖷 (0 83 81) 5 02-1 07
💻 www.almette.de

ALMIGHURT

Almighurt ist eine Konsumgütermarke der →Ehrmann AG, dem viertgrößten Milchverarbeitungskonzern in Deutschland (Nielsen Handelspanel Weiße Linie). 1920 gründete der Molkereimeister Alois Ehrmann sen. seine erste Molkerei als Ein-Mann-Betrieb. 1929 erwarb er den Betrieb in Oberschönegg im Allgäu. Der Grundstein für das heutige Unternehmen war gelegt. Seine beiden Söhne Alois und Anton Ehrmann, beide Molkereimeister, setzen das Lebenswerk des Firmengründers fort. Almighurt wurde 1964 als Marke eingeführt und gab dem ersten durch kalt eingerührte Früchte verfeinerten Fruchtjoghurt seinen Namen. Almi weist als erster Bestandteil des Wortes auf die Herkunft der Milchprodukte hin: die Alm, denn die Milch für Almighurt und alle weiteren Ehrmann-Marken stammt vorwiegend von Kühen aus dem Allgäu. Allein am Standort Oberschönegg werden über 600.000 l täglich verarbeitet. Der Wortbestandteil -ghurt als Teil des Wortes Joghurt kommt in weiteren Subbrands zum Einsatz, etwa bei den cremig gerührten Produkten der Reihe *Cremighurt* und dem naturbelassenen *Bighurt PUR*. Heute umfasst das Sortiment von Almighurt Frucht- und Naturjoghurts sowie Joghurt- und Molkedrinks. Die kontinuierliche Entwicklung neuer Produkte und Varianten hält die Marke lebendig. Die Verbraucher finden regelmäßig neue Rezepturen in den Regalen vor, wie z.B. Fruchtjoghurt mit Schokoraspeln, Fruchtjoghurt mit Kuchenkompositionen, Fruchtjoghurt mit crunchigen Schoko-Cerealien oder seit 2007 mit würzigen Zutaten wie Chilli oder Pfeffer. Die hohe Qualität der Ehrmann Produkte wird jährlich von der DLG prämiert und ausgezeichnet. Erkennungszeichen der Marke ist der blaue Schriftzug Almighurt, über dem das Wortlogo von Ehrmann auf die Dachmarke verweist. Die Ehrmann AG mit Stammsitz in Oberschönegg sowie einer weiteren Produktionsstätte in Freiberg ist ein Familienunternehmen in dritter Generation. Außerhalb Deutschlands gibt es Vertriebsniederlassungen bzw. Vertriebspartner in England, Polen, Spanien, Italien, den Niederlanden und China. Weitere Produktionsstätten befinden sich in Russland und Tschechien. Mit weltweit 1.450 Mitarbeitern erwirtschaftete sie 2006 unter dem Vorsitz von Christian Ehrmann mit der Marke Almighurt über 110 Mio. Euro. Das Ehrmann Produktsortiment wird weltweit in 40 Ländern vertrieben.

Alois Ehrmann sen. erwirbt 1929 den Betrieb in Oberschönegg im Allgäu.

DATEN UND FAKTEN

Markenname: Almighurt, abgeleitet von Alm und Joghurt

Slogan: „Ehrmann. Keiner macht mich mehr an!"

Gründer: Alois und Anton Ehrmann, 1964, Oberschönegg im Allgäu

Markenregistrierung: 21.08.1973, DPMA München

Innovationen: *Almighurt im 500 g Mehrwegglas im Gebinde (1990), Almighurt mit Schokoraspeln* (1999), *Almighurt mit scharfen Gewürzen (2007)*

Markenbekanntheit: 82 % gest. (Brigitte Kommunikationsanalyse, 2006)

Jahresumsatz: 110,4 Mio. Euro (Nielsen Handelspanel, 2006)

Werbespendings: 10 Mio. Euro für Almighurt (2006)

Auszeichnungen:
„DLG-Silbermedaille" für *Almighurt-Relaunch* (2004), für *Almighurt Joghurt-Drinks* (2004), für *Almighurt Biss-Kick* (2006), für *Almighurt Molke-Drinks mit Buttermilch verfeinert* (2006)
„DLG-Bronzemedaille" für *Almighurt Joghurt-Drinks mit Buttermilch verfeinert* (2006)

Almighurt Fruchtjoghurt gibt es in über 30 verschiedenen Sorten. Eine Auswahl aus der Sortenvielfalt von Almighurt Fruchtjoghurt (unten)

„DLG-Golden-Classic für 25 Jahre"
Almighurt Himbeer (2007)

Literatur:
Ehrmann Joghurt-Kochbuch (2008)

UNTERNEHMEN

Ehrmann AG Oberschönegg im Allgäu

Hauptsitz: Oberschönegg, Deutschland

Vorstände: Christian Ehrmann (Vorstandsvorsitzender), Werner Hahn (Vorstand Vertrieb – Marketing), Wolfgang Graf (Vorstand Finanzen)

Weitere Marken: Alpenmädel, *Bighurt PUR, Cremighurt, Grand Dessert, FitVital, MONSTER BACKE, Allgäuer Speisequarkzubereitung, Allgäuer Sauerrahm, Dessert plus Sahne, FrüchteTraum, VanilleTraum, Grieß-Traum*

Gesamtumsatz: 620 Mio. Euro (2006)

Vertrieb: dt. Lebensmitteleinzelhandel

KONTAKT

Ehrmann AG Oberschönegg im Allgäu
Hauptstr. 19
87770 Oberschönegg
(0 83 33) 3 01-0
(0 83 33) 3 01-3 10
www.ehrmann.de

Ansprechpartner Marketing:
Gunther Wanner
(0 71 52) 60 67-0
(0 71 52) 60 67 32
vt.mkt@ehrmann.de

SCHON GEWUSST?

- Seit 1989 zählen auch Wurst- und Fleischwaren zum Produktportfolio der Ehrmann AG. Der Milchkonzern übernahm zu 100 % die Fleischwerke Edmund Zimmermann im bayrisch-schwäbischen Tannhausen.
- 1998 erwirbt Ehrmann die Mehrheitsbeteiligung (90 %) an dem Traditionsunternehmen J. M. Gabler Saliter in Obergünsburg, dem namhaften Hersteller von Kaffeesahne und Kondensmilch.
- Im Jahr 2000 weihte Ehrmann seine Produktionsstätte in Russland ein. Mit dem Molkereibetrieb in Raos bei Moskau wurde das Unternehmen der zweitgrößte Milchprodukthersteller auf dem russ. Markt (MMRB, 2006).

ALNATURA

Die Bio-Marke Alnatura steht für ein Komplettsortiment an Lebensmitteln aus kontrolliert ökologischer Landwirtschaft. Der Markenname Alnatura ist ein Kunstname, der Assoziationen an Natur wecken soll und in allen Sprachen problemlos auszusprechen ist. Unter der Marke Alnatura werden rund 700 Bio-Lebensmittel angeboten. Alnatura ist Marktführer unter den Bio-Supermarkt-Filialisten, mit derzeit 30 Filialen seiner eigenen Bio-Supermarktkette Alnatura Super Natur Markt. In den Läden finden sich über 5.500 Markenprodukte verschiedener Hersteller: Bio-Lebensmittel, Naturkosmetik und Textilien aus Naturfasern. 1984 gründete Götz Rehn, der 2005 als Entrepreneur des Jahres ausgezeichnet wurde, Alnatura. Das Unternehmen produziert Lebensmittel für Menschen, die sich gesund und gut ernähren und einen Beitrag zum Umweltschutz leisten wollen. Die Marke Alnatura wurde 1985 als Wort- und Bildmarke eingetragen. Das Logo zeigt einen stilisierten Sonnenaufgang vor grünem Hintergrund. „Sinnvoll für Mensch und Erde" lautet der Leitgedanke des Unternehmens, der zugleich auch als Slogan eingesetzt wird. Im Jahr 2004 wurde Alnatura mit dem Preis „Nachhaltiger Mittelstand" der Ethik Bank ausgezeichnet. Der Gesamtumsatz im Geschäftsjahr 2005/2006 betrug 182 Mio. Euro. Das Unternehmen beschäftigte im Jahr 2006 900 Angestellte und 49 Lehrlinge. Der Vertrieb der Bio-Produkte erfolgt über die Alnatura Super Natur Märkte und über 2.550 Filialen verschiedener Handelspartner, darunter u. a. dm-Drogeriemärkte, Hit und tegut. Die Marke Alnatura wird außerhalb Deutschlands auch in Österreich, Luxemburg und mehreren osteuropäischen Ländern vertrieben.

ALNATURA®

Das Logo mit dem stilisierten Sonnenaufgang über einem Feld lässt zahlreiche Assoziationen zum Thema Ökologie und Natur zu.

UNTERNEHMEN

Alnatura Produktions- und Handels GmbH
Darmstädter Str. 63
64404 Bickenbach
(06257) 93 22-0
(06257) 93 22-6 88
www.alnatura.de

ALNO

„... die Welt der Küche", den Grundstein für den Aufbau dieser „Welt" legte Albert Nothdurft 1927 mit einer Schreinerwerkstatt bei Göppingen. Der Name des Unternehmens, die heutige Wortmarke, setzt sich aus den ersten

ALNO AG

Die Marke Alno stammt vom Namen des Gründers, Albert Nothdurft.

Das Alpecin-Logo erinnert an ein klassisches Flaschenetikett.

beiden Buchstaben des Vor- und Nachnamens des Gründers zusammen. Aufgrund guter handwerklicher Qualität der Produkte expandierte das Unternehmen stetig, 1957 wurde die Produktionsstätte nach Pfullendorf verlegt, bis heute der Stammsitz des Unternehmens. 1958 entstand aus der Schreinerei die Alno Möbelwerke GmbH & Co. KG. Um den Fortbestand des Unternehmens zu sichern, wurde die Personengesellschaft 1995 in eine Kapitalgesellschaft umgewandelt. Neben den Fabriken am Stammsitz Pfullendorf, wo Einbauküchen der Marke Alno hergestellt werden, verfügt Alno über die Tochterunternehmen Wellmann, Impuls und Pino, die selbst für spezielle Marktsegmente produzieren. So bietet Wellmann durch sein vielfältiges Sortiment preiswürdige Küchen für alle Zielgruppensegmente, Impuls steht mit einer vielfältigen Auswahl an Frontfarben für einen hohen Grad an Individualität und Pino hält für preisbewusste Käufer ein modernes Sortiment schwerpunktmäßig im unteren Preissegment bereit. Alno-Küchen in den drei Sortimentslinien *Lifestyle*, *Country* und *Home* werden bundesweit über 22 exkl. Stores vertrieben, die Eröffnung des 23. steht kurz bevor. Im europäischen Ausland hat Alno acht 100%ige Vertriebstochtergesellschaften, weltweit kooperiert das Unternehmen mit Importeuren. Außerdem betreibt Alno seit Herbst 2005 eine Produktionsstätte in Dubai und ist damit der erste europäische Küchenhersteller, der im Mittleren Osten gezielt für die Bedürfnisse des dortigen Marktes produziert. Mit einem Umsatz von 615 Mio. Euro im Geschäftsjahr 2006 und rund 2.400 Beschäftigten ist die Alno AG einer der größten Küchenhersteller der Welt.

UNTERNEHMEN

Alno AG
Heiligenbergerstr. 47
88630 Pfullendorf
✆ (0 75 52) 21-0
🖷 (0 75 52) 21-37 89
🖳 www.alno.de

ALPECIN

Alpecin steht als Konsumgütermarke für Haarpflegeprodukte der Dr. Wolff-Gruppe. Die Alpecin-Produktpalette umfasst Pflegemittel und Shampoos, die z. T. speziell für verschiedene Haar- bzw. Kopfhauttypen entwickelt wurden. Die unternehmenseigene Dr. Kurt Wolff-Forschung stößt regelmäßig Produktinnovationen an, die insbesondere die Verhinderung von Glatzenbildung zum Ziel haben. So haben die Wissenschaftler mit dem Alpecin After Shampoo Liquid ein Tonikum entwickelt, das mit Hilfe von Koffein den Ursachen erblich bedingten Haarausfalls erfolgreich entgegenwirkt. Die Form des Alpecin-Logos entspricht dem traditionellen Flaschen-Etikett und zeigt den Markennamen als weißen, serifenlosen Schriftzug auf rotem Grund. Der Name selbst wurde 1930 für das erste Wirkstoffprodukt für die Kopfhautpflege eingeführt. Entwickelt hatte es Dr. August Wolff, Inhaber eines chemisch-pharmazeutischen Unternehmens, zusammen mit dem Dermatologen Prof. Carl Bruck. Nach dem Tod des Vaters übernahm Dr. Kurt Wolff 1942 die Firma. 1946 gründete er als zweites Standbein die Kosmetik-Firma Dr. Kurt Wolff. Ihm ist auch die Einrichtung der Dr. Kurt Wolff-Forschung zu verdanken, die heute eng mit den dermatologischen Fachbereichen verschiedener Universitätskliniken zusammenarbeitet. Die Marke wurde einer breiten Öffentlichkeit u. a. durch ein konsequentes Sportsponsoring bekannt, seit 1947 unterstützt die Firma populäre Sportler. Zu den Online-Aktivitäten der Marke zählt der „Glatzenrechner", der bereits von über 1 Mio. Nutzern angeklickt wurde und eine Prognose zum individuellen Haarausfall stellt. Dr. Kurt Wolff GmbH & Co. KG ist heute ein gesellschaftergeführtes Familienunternehmen mit Sitz in Bielefeld.

UNTERNEHMEN

Dr. Kurt Wolff GmbH & Co. KG
Johanneswerkstr. 34–36
33 611 Bielefeld
✆ (05 21) 88 08-2 43
🖷 (05 21) 88 08-2 00
🖳 www.alpecin.de

ALPI

Die Stoffe für alpi Krawatten stammen aus ausgewählten ital. und Krefelder Webereien.

Die Traditionsmarke alpi steht für die Herstellung exkl. Krawattenmode sowie hochwertiger und designorientierter Accessoires. Albrecht Pick gründete das Unternehmen 1904 und etablierte die Marke alpi (zusammengesetzt aus den Anfangsbuchstaben seines Namens) in den Zeiten wirtschaftlichen Aufschwungs der 1920er-Jahre. Anfang der 1930er- Jahre wurde das goldene, heraldische Wappen von hauseigenen Designern entwickelt und verleiht der alpi-Krawatte bis heute Einzigartigkeit in Form eines Anhängers an der Krawattenspitze, dem sog. Berlock. Bekannte Werbefiguren in der Vergangenheit waren die Sportler der Olympiamannschaft 1974, der Präsident des nat. olympischen Komitees Dr. Willy Daume sowie Hans-Joachim Kuhlenkampff. Aktuell unterstützt alpi die Kampagne zur Wahl „Krawattenmann des Jahres". Das Produktportfolio richtet sich vor allem an modebewusste und qualitäts-orientierte Herren jeder Altersklasse sowie an Unternehmen, die Krawatten in Anlehnung an ihr CI individuell fertigen lassen. Die hochwertigen Stoffe für die alpi Kollektionen stammen aus ital. und Krefelder Webereien, die Konfektion findet in Deutschland und im europäischen Ausland statt. Die alpi Krawatte verbindet hochwertige Verarbeitung mit aktuellen Trends und exkl. Designs. Neben dem Corporate Design mit kompletter Messeausstattung als weitere Produktlinie gibt es außerdem festliche Extras wie Abendschals, Schleifen, Galasets und Einstecktücher sowie eine Schalkollektion für den modebewussten Herrn. Neuere Produktentwicklungen sind Krawatten in Überlänge und erweiterte Variationen an Damenaccessoires im CI-Segment. Abnehmer für alpi-Produkte sind vor allem der gehobene Facheinzelhandel, hochwertige Versender und Firmen, die die Krawatte als textile Visitenkarte ihres Hauses nutzen. Der Stammsitz des Unternehmens befindet sich seit der Neugründung 2003 wieder in der Samt- und Seidenstadt Krefeld.

DATEN UND FAKTEN

Markenname: alpi, Kürzel des Vor- und Nachnamens des Firmengründers **Al**brecht **Pi**ck

Slogan: „alpi – modisch in Seide"

Markenregistrierung: 07. 08. 1939, DPMA München (alpi-Wappen)

UNTERNEHMEN

alpi Krawattenmode GmbH
Weyerhofstr. 71
47803 Krefeld
✆ (0 21 51) 4 93–0
🖷 (0 21 51) 4 93–1 00
💻 www.alpi.de

ALPIA

Die Marke Alpia steht für Alpenvollmilchschokolade hergestellt nach Schweizer Original-Rezept. Neben zehn Sorten Tafelschokolade umfasst das Sortiment Dragees, Schokoladenbonbons, Knusperwaffeln und Pralinen. Da um 1900 die ersten Milchschokoladen aus der Schweiz kamen, wurde die symbolische Verwandtschaft von Milchschokolade und Schweiz schnell zum festen Bestandteil der Werbung von Alpia. 1905 entwickelte Stollwerck eine erste Alpenmilchschokolade und ließ verschiedene Wortbildungen des Begriffs Alpen als Warennamen eintragen, um Nachahmungen zu vermeiden. Zu diesen gehörte auch der Name Alpia, den sich Stollwerck 1906 sicherte. Erst 1954, als sich Vollmilchschokoladen zum dominierenden Geschmackstrend entwickelten, brachte Stollwerck eine Schokolade mit diesem Namen heraus. Eine breit angelegte Kinowerbung unterstütze die Markteinführung und zwei Jahre später lag Alpia mit 250.000 verkauften Tafeln pro Jahr an der Spitze der Stollwerck-Produkte. 1976 warb der damalige Chef des Schokoladeherstellers Dr. Hans Imhoff für Alpia, ein Jahr später der Trainer des 1. FC Kölns Hennes Weisweiler. Anfang der 1990er-Jahre startete Stollwerck eine Werbekampagne mit dem Slogan „Wir stecken keine einzige Mark in die Werbung, sondern jede Mark in die Schokolade". Trotz der offensichtlichen Unlogik dieser Aussage und zahlreichen Anrufen von enttäuschten Kunden, die vergeblich in der gekauften Schokolade nach einer Mark gesucht hatten, wurde die Kampagne ein Erfolg: Der Absatz stieg um über 20 %. Zielgruppe der Marke Alpia sind Männer und Frauen zwischen 14 und 49 Jahren sowie Familien mit Kindern. Stollwerck mit Sitz in Köln führt neben den Kernmarken Alpia und → Sarotti die Spezialitätenmarken Alprose, Van Houten und Jacques im Produktportfolio.

DATEN UND FAKTEN

Markenname: Alpia, Wortbildung mit Assoziation zu den Alpen und der Schweiz

Slogan: „Alpig. Sahnig. Alpia."

Erfinder: Franz Stollwerck, 1839, Köln

Markenregistrierung: 06. 07. 1906, DPMA München

Markenwebsite: www.alpia.de

UNTERNEHMEN

Stollwerck GmbH
Stollwerckstr. 27–31
51149 Köln
✆ (0 22 03) 43–0
🖷 (0 22 03) 43–3 19
💻 www.stollwerck.de

1954 brachte Stollwerck die erste Schokolade mit dem Namen Alpia heraus.

Dr. Klaus Murjahn und sein Sohn Dr. Ralf Murjahn, Inhaber der Deutschen Amphibolin-Werke von Robert Murjahn (unten). Alpinaweiß wird im patentierten EasyPak vermarktet, der besonders komfortabel zu tragen und zu öffnen ist (Mitte). Markensymbol ist die Alpina-Sonne (oben).

ALPINA

Die Dachmarke Alpina steht für hochwertige Farben, Lacke und Lasuren für die Haus- und Wohnraumgestaltung. Bekannt wurde die Marke durch das Produkt *Alpinaweiß*, das bis heute die jahrzehntelange Marktführerschaft des Unternehmens begründet. Erfunden und 1909 als Marke eingetragen hat die weiße Wandfarbe Dr. Robert Murjahn. *Alpinaweiß* zeichnete sich im Gegensatz zu anderen Farben dadurch aus, dass man zum Anrühren nur kaltes Wasser brauchte. Bis dahin waren Leimfarbenanstriche üblich, bei denen ein Kreide-Leim-Gemisch in Pulverform mit warmem Wasser angerührt werden musste. Der Name *Alpinaweiß* soll dem Erfinder und Unternehmensgründer eingefallen sein, als er im schwz. Luzern aus dem Hotelfenster schaute und die verschneiten Berge bewunderte. Ein Meilenstein bei der Weiterentwicklung war die Erfindung der modernen Dispersionsfarben-Technologie: Dr. Robert Murjahn gelang es, ein Reinacrylat-Bindemittel anstelle von natürlichem Öl in seinem Caparol Binder einzusetzen. Das Produkt *Caparol-Paste-Ölfrei* war geboren. Fortlaufend wurden die Farben auf den neuesten Stand der Forschung gebracht und Alpina wurde zu einem der größten Innovationsführer im Baummarkt. 2002 gelingt mit der Linie *LivingStyle* der erfolgreiche Einstieg in die farbig-kreative Wandgestaltung. Durch professionelle Trendforschung wird die Kompetenz in diesem Bereich weiterhin ausgebaut. Mit der Verpackungsinnovation *ColorStick* - der „Mischmaschine aus der Tube" - revolutioniert Alpina die Technik des Selbermischens. Alpina richtet sich an private Kunden, die selbst streichen und gestalten wollen. Als Sympathieträger der Marke Alpinaweiß hat sich die weiße Katze etabliert, als Symbol für Reinheit und strahlendes Weiß. Vertrieben werden die Alpina-Produkte von der 1983 gegründeten Alpina Farben Vertriebs GmbH & Co. KG. Diese gehört zu den Deutschen Amphibolin-Werken von Robert Murjahn. Für die Firmengruppe, zu der auch die führende Profi-Marke *Caparol* gehört, arbeiten mehr als 3.900 Mitarbeiter. Der Jahresumsatz beträgt im In- und Ausland über 900 Mio. Euro (2006). Das Unternehmen sieht internat. weiteres Wachstumspotenzial für Alpinaweiß sowie im Markt für farbige Wandgestaltung, Lacke und Lasuren.

Seit 2002 bietet Alpina mit der Linie *Living Style* auch Produkte für die farbige Wandgestaltung.

DATEN UND FAKTEN

Markenname: Alpina, Kunstwort, das an das Weiß schneebedeckter Berge erinnern soll.

Slogan: „Alpinaweiß - Europas meistgekaufte Innenfarbe"

Erfinder: Dr. Robert Murjahn, 1901 Ober-Ramstadt

Markenregistrierung: 04. 05. 1909, Kaiserliches Patentamt Berlin

Innovationen: Alpina LivingStyle (2002), Alpina 2in1-Lacke (2003), Alpina ColorStick (2005)

Markenbekanntheit: 95 % gest. (IfF, Heimwerker-Monitor 2005)

Auszeichnungen:
„Worldstar for Packaging" für Alpina Öko-Pack (1993)
„Innovationspreis in Silber" für Alpina LivingStyle, Branchenmesse Practical World (2002)
„Marken-Award 2005", Finalist Bereich Beste Markendehnung für Alpina LivingStyle (2005)
„Innovationspreis der deutschen Wirtschaft" für Alpina EasyPak™ (2005)
„Superbrand" für Dachmarke Alpina (2005, 2007)
„Marke des Jahrhunderts" für Dachmarke Alpina (2007)
„Product of the Year 2007", pro-K für Alpina ColorStick (2007)

UNTERNEHMEN

DAW Stiftung & Co KG, Geschäftsbereich Alpina Farben

Hauptsitz: Ober-Ramstadt, Deutschland

Geschäftsführer: Peter Stechmann (Vorsitzender), Erich Hubert Klinkhammer

Weitere Marken: Farbturm

Gesamtumsatz: über 900 Mio. Euro (2006)

Vertrieb: über Bau- und Heimwerkermärkte, Fachmärkte und Verbrauchermärkte in Europa

KONTAKT

Alpina Farben GmbH
Rößdorfer Str. 50
64372 Ober-Ramstadt
(0 61 54) 71-0
(0 61 54) 71-5 94 / (0 61 54) 71-11 42
www.alpina-farben.de

Ansprechpartner Presse:
Dr. Franz Dörner
(0 61 54) 71-10 97
franz.doerner@daw.de

Ansprechpartner Marketing:
Heiko Trimpel
(0 61 54) 71-1478
heiko.trimpel@alpina-farben.de

SCHON GEWUSST?

- Mit Alpinaweiß werden jährlich weit über 100 Mio. Quadratmeter Wandfläche in Europa gestrichen – das entspricht in etwa der Fläche von 30.000 Fußballfeldern.
- Über 85 % aller Heimwerker haben Alpina Produkte bereits gekauft oder verwendet.
- Die Alpinaweiß-Katze hat in Form eines Stofftieres in über 300.000 Haushalten Einzug gehalten.

ALPINA EYEWEAR

Die Marke Alpina Eyewear steht für Sportprodukte zum Schutz von Kopf und Augen. Zum Produktportfolio gehören neben Brillen Ski- und Radhelme. Wichtige Innovationen von Alpina waren die 1992 entwickelte Ceramic-Scheiben-Technologie, die unzerbrechliche Polycarbonat-Brillenscheiben ermöglichte, sowie die Quattroflex-Technologie. Letztere reduziert Streulicht bei einem hohen Kontrast und soll damit auch bei schlechten Wetterbedingungen eine klare Sicht ermöglichen. Bekanntestes Produkt von Alpina ist die Sportbrille *Swing*, die seit 1982 immer wieder modifiziert wird. Gegründet wurde das Unternehmen von Werner Grau, der heute noch neben Rolf Obermeier geschäftsführender Gesellschafter des zugehörigen Unternehmens Alpina International ist. Alpina ist ein Kunstname, der Assoziationen wie Alpen, Berge und Skisport wecken soll. Als Logo dient der Schriftzug des Markennamens. Zu den Werbeträgern gehören Sportler wie die ehemalige Ski-Slalom-Olympiasiegerin Hilde Gerg. Die Produkte werden in Deutschland über den Sport- und Radfachhandel sowie Augenoptiker vertrieben. In der Schweiz und Österreich gibt es eigene Tochtergesellschaften. Die Produkte werden außerdem in 35 weitere Länder exportiert. Auf seinem Heimatmarkt Deutschland ist Alpina nach eigenen Angaben Marktführer für Skibrillen. Neben Sportartikeln baut Alpina Optik als zweites Standbein auf. Mittlerweile werden vier Fassungsmarken vertrieben. In Zukunft will Alpina sein Portfolio von Schutzprodukten mit Rückenprotektoren ausbauen. Das Unternehmen erwirtschaftet mit der Marke einen Umsatz von 25 Mio. Euro und beschäftigt 140 Mitarbeiter.

DATEN UND FAKTEN

Markenname: Alpina, Kunstname, der Assoziationen wie Alpen, Berge und Skifahren wecken soll

Slogan: „Professional eyewear + helmets"

Gründer: Werner Grau, 1980

Innovationen: Quattroflex-Scheibentechnologie (1996)

Markenbekanntheit: ungest. 60 % (eigene Angaben)

Jahresumsatz: 25 Mio. Euro (2006)

UNTERNEHMEN

Alpina International Sport + Optik-Vertriebs-GmbH
Äußere Industriestr. 8a
86316 Friedberg-Derching
(08 21) 7 80 03-0
(08 21) 7 80 03-50
www.alpina-eyewear.de

EYEWEAR & HELMETS

Produkte der Marke Alpina Eyewear schützen Kopf und Augen bei verschiedenen Sportarten.

ALPINE

Alpine-Produkte, wie z. B. Radios, Navigationssysteme, Monitore und Lautsprecher, aber auch CD-Wechsler und DVD-Player, werden ausschließlich in Automobilen eingesetzt. Die Produkte des 1967 gegründeten Unternehmens erhalten regelmäßig Auszeichnungen: Von der „European Imaging and Sound Association" erhielt Alpine 2007 u. a. für das Steuergerät „iDA-X001" einen Preis für die „European In-Car Innovation of the Year". Die Leser der Zeitschrift autohifi kürten Alpine ebenfalls 2007 zum „Best Brand" in den Kategorien Multimedia und Autoradios. Das Logo zeigt den Schriftzug Alpine in dunkelblauen, serifenlosen Versalien. Davor finden sich fünf parallele, nach rechts oben strebende Streifen, die für die Unternehmensziele stehen: Engineering, Manufacturing, Marketing, Service und Partner Excellence. Der darunter befindliche Untertitel „Mobile Media Solutions" ist in schwarzer, ebenfalls serifenloser Schrift gehalten und steht für die Verpflichtung zur Innovation bei automobiler Elektronik und mehr Annehmlichkeit für Autofahrer und deren Mitinsassen. Für das Unternehmen arbeiten weltweit knapp 12.500 Mitarbeiter. Alpine ist eine der führenden Marken im Car-Audio-Bereich. Das Unternehmen wird als Aktiengesellschaft geführt. Stammsitz ist die jap. Hauptstadt Tokio. Die Alpine Electronics (Europe) GmbH hat ihren Sitz in München. Die Zukunftsstrategie ist auf innovative, mobile, multimediale Geräte ausgerichtet, mit denen sich die Marke von der Konkurrenz abhebt.

UNTERNEHMEN

Alpine Electronics (Europe) GmbH
Frankfurter Ring 117
80807 München
✆ (0 89) 32 42 64–0
🖷 (0 89) 32 42 64–2 41
🖳 www.alpine.de

ALTENDORF

ALTENDORF®

Das Logo von Altendorf findet sich auch auf allen Produkten wie hier der F45 wieder. Wilfried Altendorf, geschäftsführender Gesellschafter der Wilhelm Altendorf GmbH & Co. KG (unten)

Die Industriemarke Altendorf steht für ein umfangreiches Programm an Formatkreissägen. Das Prinzip der Formatkreissäge, die 1906 von Wilhelm Altendorf, dem Unternehmensgründer und Namensgeber der Marke, erfunden wurde, hat sich in der über 100-jährigen Produktgeschichte kaum verändert. Das Material wird per Schlitten über das Sägeblatt geschoben und es können mit hoher Präzision Einzelteile in einem einzigen Arbeitsgang gesägt werden. Dieses „System Altendorf" wurde bis heute analog zeitgemäßer Technologien perfektioniert. So bietet das Unternehmen seit 1995 die erste Formatkreissäge mit PC-Schnittstelle an, inzwischen zeigen LCD-Bildschirme die jeweiligen Geräteeinstellungen an. 4.400 Sägen produziert das Unternehmen jährlich und erzielte damit

Der Stammsitz der Wilhelm Altendorf GmbH & Co. KG in Minden

2006 einen Jahresumsatz von 55 Mio. Euro. Das Logo des Unternehmens vereint die ineinander verschränkten Initialen W und A des Firmengründers innerhalb eines runden, gezackten Sägeblatts. Das sehr stringent durchgehaltene Corporate Design des Unternehmens wird von der Firmenfarbe Grün getragen und sorgt für einen hohen Wiedererkennungswert der Marke und ihrer Produkte. Die Altendorf-Sägen sind z. T. ebenfalls grün. Die Produkte des Unternehmens sind mehrfach für ihr Design ausgezeichnet worde, zwischen 1997 und 2007 erhielten sie fünfmal den „iF product design award", 2007 zudem den „iF gold award". Grundlage des unternehmerischen Erfolges ist die konsequente Konzentration auf das Produkt Formatkreissäge. Das Familienunternehmen Wilhelm Altendorf GmbH & Co. KG wird heute von Wilfried und Tom Altendorf in dritter und vierter Generation geführt. Mit über 400 Mitarbeitern weltweit ist es Weltmarktführer im Bereich Formatkreissägen. Der Stammsitz ist Minden. Im Zuge der Internationalisierung ist man mittlerweile in über 70 Ländern mit Fachhandelspartnern und in 13 Ländern mit Tochtergesellschaften vertreten. Weitere Produktionsstätten sind in China und Brasilien.

DATEN UND FAKTEN

Markenname: Altendorf, abgeleitet vom Familiennamen des Firmengründers Wilhelm Altendorf

Slogan: „Der Mythos lebt."

Erfinder und Unternehmensgründer: Wilhelm Altendorf, 1906, Minden

Markenregistrierung: 18. 08. 1971, DPMA München

Innovationen: WA 80 (2003), WA6 (2005), F45 neueste Generation (2006)

Auszeichnungen:
„red dot award: product design" (1993)

„iF product design award" (1997, 1999, 2002, 2004, 2007)
„Challengers Award", North American Misson Board (1998)

Literatur:
Altendorf Maschinenbau GmbH: Die Säge – 100 Jahre Geschichte und Geschichten der Altendorf Formatkreissäge (2006)

UNTERNEHMEN

Wilhelm Altendorf GmbH & Co. KG

Hauptsitz: Minden, Deutschland

Vorstand: Wilfried Altendorf, Tom Altendorf, Andreas Ploeger, Bernd Donnerberg

Weitere Modellvarianten: WA 6, WA 8, WA 80, F 45, F 45 ELMO

Gesamtumsatz: 55 Mio. Euro (2006)

Vertrieb: weltweit

KONTAKT

Wilhelm Altendorf GmbH & Co. KG
Wettinerallee 43/45
32429 Minden
(05 71) 95 50-0
(05 71) 95 50-1 11
www.altendorf.com

Ansprechpartner Presse:
Simone Bergmann
(05 71) 95 50-1 34
s.bergmann@altendorf.de

MEILENSTEINE

1906 Erfindung der Formatkreissäge durch Wilhelm Altendorf

1956 Weltweit einziger Aluminium-Doppelrollwagen

1958 Einführung der Monokultur

1984 Erste Auslandstochter

1995 Erste Formatkreissäge mit Schnittstelle für PC

2000 Bedienergeführte Maschinensteuerung

2003 Erweiterung der Produktionstiefe

2006 Zum 100-jährigen Firmenjubiläum wird die neue Generation der F45 eingeführt.

Lead-Agentur:
Hagenhoff und Graef GmbH
www.hagenhoffundgraef.de

AMARO RAMAZZOTTI

Mit dem Kräuterlikör Amaro Ramazzotti vertreibt die franz. Groupe Pernod Ricard eine Traditions-Spirituose aus 33 Kräutern, deren Rezept bereits 1815 vom Mailänder Ausano Ramazzotti entworfen wurde. Dessen Söhne Guiseppe und Eugenio gründeten, bestärkt durch den guten Verkauf des milden Likörs, 1872 das Unternehmen Fratelli Ramazzotti, das bis heute in Mailand residiert. Im Jahre 1989 wurde das Unternehmen von Pernod Ricard übernommen. Seit 2002 ist Amaro Ramazzotti die stärkste Importspirituose auf dem hiesigen Markt (Quelle: AC Nielsen, Absatz konv. LEH). Primäre Zielgruppe sind Männer und Frauen im Alter zwischen 25 und 39 Jahren. Das Markenlogo zeigt den Namen des Gründers in Weiß vor blauem Fond und soll in seiner Einfachheit Qualität und Tradition assoziieren. Während das Erscheinungsbild des Logos gleichgeblieben ist, wurden Flasche und Etikett 2005 leicht modifiziert. Als Hausfarben zur Auszeichnung der Produkte werden die Farben Rot (Pantone 1795c) und Blau (Black 6) verwendet. Mit einer Produktionsmenge von mehr als 12 Mio. Flaschen und einer gest. Markenbekanntheit von fast 90 % in Deutschland hat sich Ramazzotti als starke Konsumgütermarke etablieren können. Dazu trugen umfassende Marketing-Aktivitäten in Gastronomie und bei Events sowie in TV, Print und Internet bei. Der dt. Unternehmensableger von Pernod Ricard wurde 1989 in Koblenz gegründet und firmiert seit 2002 als Pernod Ricard Deutschland GmbH mit Sitz in Köln. Im Geschäftsjahr 2005/2006 erwirtschaftete das Unternehmen mit 150 Mitarbeitern einen Nettoumsatz von 360 Mio. Euro. Für den Pariser Mutterkonzern arbeiten weltweit 17.600 Personen.

DATEN UND FAKTEN

Markenname: Ramazzotti, Familienname des ital. Gründers Ausano Ramazzotti

Slogan: „Ich mag dich" (1994–2005)

Erfinder: Ausano Ramazzotti, 1815

Markenregistrierung: 18.07.1973, DPMA München

Markenbekanntheit: 23,2 % ungest., 86,6 % gest. (GfK, 2006)

RAMAZZOTTI

Amaro Ramazzotti gehört seit 1989 zur Groupe Pernod Ricard und hat in Deutschland eine gest. Markenbekanntheit von 86,6 % (GfK, 2006).

Gesamtumsatz: 360 Mio. Euro (Pernod Ricard Deutschland 2005/2006)

Auszeichnungen:
„Effie Award", Gesamtverband Kommunikationsagenturen GWA für TV-Kampagne „Balcone" (2006)

Markenwebsite: www.ramazzotti.de

UNTERNEHMEN

Pernod Ricard Deutschland GmbH
Universitätsstr. 91
50931 Köln
(02 21) 43 09 09-0
(02 21) 43 09 09-92
www.pernod-ricard-deutschland.com

AMAZON.DE

Unter dem dt. Logo von Amazon.de ein Screenshot der Homepage, mit der der Internet-Händler seine Besucher empfängt.

Die Marke Amazon.de steht für den dt. Ableger des bekanntesten Internet-Warenhauses der Welt. Ursprünglich als reiner Buchversand 1995 in den USA gegründet, entstand der dt. Ableger 1998 durch die Übernahme des Unternehmens ABC Bücherdienst. Inzwischen ermöglicht Amazon.de seinen Kunden, neben Büchern u. a. auch Musik, Videos, Computer nebst Zubehör sowie Elektronikartikel, Fotoausrüstungen und Artikel für Haus und Garten sowie Sport und Freizeit online zu bestellen. Über die Plattform Marketplace können Verkäufer ihre Produkte direkt neben dem Amazon-Angebot präsentieren. Im Jahr 2006 stellte Amazon.de einen Verkaufsrekord auf, indem an einem einzigen Tag mehr als 600.000 Artikel über die dt. Plattform verkauft wurden. Ursprünglich bestand das Logo der Marke Amazon aus einem hellblauen Dreieck auf blauem Hintergrund, durch das ein stilisierter Fluss fließt. Zusammen mit dem Slogan „Earth's biggest bookstore" (Der weltgrößte Buchladen), sollte dieser Fluss den Amazonas, den weltgrößten Fluss, darstellen. Das heutige Logo besteht aus dem Namen der URL und einem orangefarbenen Pfeil, der nach oben geschwungen ist und von Amazon „the smile" genannt wird. Die Markenstrategie von Amazon.de konzentriert sich ausschließlich auf den Handel von Produkten über das Internet. Dabei will das Unternehmen seinen Kunden die größte Auswahl, die attraktivsten Preise und den besten Service bieten. Hier sind u. a. personalisierte Empfehlungen zu nennen, mit denen dem Kunden aufgrund seiner bisherigen Präferenzen neue Artikel vorgestellt werden. In Deutschland unterhält Amazon neben einem Standort in München zwei Logistikzentren in Bad Hersfeld und Leipzig sowie ein Kundenservicezentrum in Regensburg. Aus den Logistikzentren wurden Waren bereits in über 170 Länder verschickt. Insgesamt hat der Konzern nach eigenen Angaben zurzeit mehr als 66 Mio. aktive Kunden.

DATEN UND FAKTEN

Markenname: Amazon, engl. Name für Amazonas, größter Fluss der Welt

Slogan: „Earth's biggest selection"

Erfinder: Jeff Bezos, 1995

Markenregistrierung: 11. 09. 1998, DPMA München

Auszeichnungen:
„Top 10 des deutschen Markenrankings", Best Brand (2005)
„Einkaufen im Internet" Testsieger, Stiftung Warentest (2002)
„Top 100 der weltweiten Marken", Interbrand (2006)
Kundenmonitor Deutschland, Servicebarometer (2006)

UNTERNEHMEN

Amazon EU S. a.r.l.
5, Rue Plaetis
2338 Luxemburg
www.amazon.de

AMERICAN EXPRESS

American Express bietet einfache und auf der ganzen Welt akzeptierte Zahlungsmittel.

American Express steht für das umfangreiche Portfolio an Reise- und Finanzdienstleistungen, das das gleichnamige Unternehmen seinen Kunden weltweit offeriert. Zu seinen wichtigsten Produkten zählen Kreditkarten und Travelers Cheques. Grundgedanke bei der Entwicklung dieser Angebote war es, einfache und auf der ganzen Welt akzeptierte Zahlungsmittel bereitzustellen. Im Kreditkartensegment wurden bis heute ca. 85 Mio. Premium-, Super-Premium- und Firmenkarten ausgegeben, die 2006 weltweit einen Umsatz von 561 Mrd. USD bedeuteten. Im Premiumsegment bei den Kreditkarten ist American Express dt. Marktführer. Im Bereich Reisedienstleistungen bietet American Express neben Reiseschecks einen umfangreichen Service vor allem für Geschäftsreisende an. Das Markenlogo, die Blue Box, wurde 1961 entwickelt, als sich der Präsident von American Express darüber ärgerte, dass bei Dunkelheit der Schriftzug über dem American Express Reisebüro an der Fifth Avenue nicht zu lesen war. Die Blue Box wurde 1975 neu gestaltet und zeigt heute den Firmennamen in weißer Schrift. Zusätzlich zum eigentlichen Logo fungiert der Centurion als Markensymbol für American Express. Der Centurion steht für Sicherheit, Integrität, Stärke, Schutz und Dienstbereitschaft. Der Slogan der Marke lautet seit 2007 „More than just a card". Das Unternehmen American Express entstand 1850 durch den Zusammenschluss von drei Gesellschaften zu einem Transportunternehmen mit dem Ziel, Bargeld und Pakete weltweit zu befördern. Noch heute erinnert der Schriftzug „Wells & Fargo" auf den Postkutschen der Lucky Luke Comics an die Mitbegründer des Unternehmens, Henry Wells und William G. Fargo. 1891 führte American Express die weltweit ersten Reiseschecks ein. 1907 gründete das Unternehmen die dt. Tochtergesellschaft in Hamburg.

UNTERNEHMEN

American Express International, Inc.
Niederlassung Deutschland
Frankfurt a. M.
Theodor-Heuss-Allee 112
60486 Frankfurt/Main
(0 69) 97 97-10 00
(0 69) 97 97-15 00
www.americanexpress.de

AMICA

Unter dem Namen AMICA produziert die AMICA Verlag GmbH & Co. KG ein exkl. Fashion-Magazin. Der Name ist aus dem Italienischen abgeleitet und steht für Freundin. Die Zeitschrift erscheint monatlich und wird hauptsächlich in Deutschland und dem deutschsprachigen Ausland vertrieben sowie in geringem Umfang auch in weiteren Ländern. Das Magazin AMICA richtet sich an modisch interessierte und beruflich erfolgreiche Frauen zwischen 20 und 39 Jahren. Die redaktionelle Kernkompetenz liegt neben Fashion und Accessoires in den Bereichen Beauty und Lifestyle. AMICA wurde 1996 gegründet und 2005 von der Burda People Group übernommen. Mit Chefredakteurin Patricia Riekel erfolgte ein umfangreicher Relaunch des Formats. Im Zuge dessen erhielt das Magazin mit der Ausgabe 4/2006 erstmals den Claim „Das Fashion-Magazin". Das Logo von AMICA besteht aus einem farbigen Schriftzug in Versalien, der auf einen wechselnden, vom Coverfoto abhängigen Grund gesetzt ist. Die hochwertige Aufmachung der Hefte soll den hohen Ansprüchen einer trend- und konsumorientierten Zielgruppe entsprechen. Die Werbung für die Marke AMICA läuft unter dem Slogan „Lebe deine Leidenschaft". Lt. Verlagsangabe bietet AMICA den höchsten Fashion-Anteil aller exkl. monatlichen Frauenmagazine. Gemäß IVW III/2007 umfasst die verkaufte monatliche Auflage 164.765 Exemplare, während die Reichweite pro Monat bei etwa 640.000 Lesern liegt (Quelle: Media-Analyse 2007/II).

UNTERNEHMEN

AMICA Verlag GmbH & Co. KG
Arabellastr. 23
81925 München
(0 89) 92 50-0
(0 89) 92 50-22 51
www.amica.de

AMNESTY INTERNATIONAL

Der Name amnesty international (amnesty engl. für Straferlass) steht für eine *non-profit* Organisation, die sich gegen Verletzungen der Menschenrechte wendet. Besonderes Augenmerk liegt dabei auf Verletzungen des Rechtes auf Meinungsfreiheit, des Rechtes auf Freiheit von Diskriminierung und des Rechtes auf körperliche sowie geistige Unversehrtheit. Die Organisation ist unabhängig von Regierungen, Parteien, Religionen, Wirtschaftsinteressen und Ideologien. Das Logo von amnesty international zeigt in weißer Schrift vor einem schwarzen Hintergrund die Buchstaben ai – die Abkürzung für amnesty international. Darunter steht der Name noch einmal ausgeschrieben, sowie der Zusatz „für die Menschenrechte". Amnesty international agiert weltweit, es gibt Niederlassungen in 58 Staaten. In Deutschland hat amnesty rund 100.000 Mitglieder und Unterstützer. Die Mitglieder sind in etwa 700 Gruppen organisiert. Generalsekretärin der Organisation in Deutschland ist Barbara Lochbihler. 1977 bekam amnesty international den Friedensnobelpreis für ihre weltweite Unterstützung von Opfern von Menschenrechtsverletzungen verliehen. Der Londoner Rechtsanwalt Peter Benenson gründete die Organisation 1961. Er wollte nicht länger zusehen, wie Menschen aufgrund ihrer Gesinnung verhaftet wurden. Er schrieb einen Artikel in der engl. Zeitung Observer. In diesem klagte er das Schicksal politisch Gefangener an, die inhaftiert, gefoltert und ermordet wurden. Heute noch hat die Organisation ihr internat.

AMICA

Die Zeitschrift AMICA erscheint seit 1996 in Deutschland.

ANDECHSER MOLKEREI

Milch, Joghurt, Butter, Käse sowie weitere Milchprodukte gehören zur Produktpalette der Andechser Molkerei.

AOK Die Gesundheitskasse.

Die Gesundheitskarte (Mitte) erhalten alle Versicherten der AOK. Dr. Hans Jürgen Ahrens, Vorstandsvorsitzender AOK-Bundesverband (unten)

Sekretariat in London. Die dt. Sektion gründeten im gleichen Jahr Carola Stern und Gerd Ruge. Heute sind 52 Teil- und Vollzeitkräfte in der dt. Sektion beschäftigt.

ORGANISATION

amnesty international
Heerstr. 178
53111 Bonn
(02 28) 98 37 30
(02 28) 63 00 36
www.amnesty.de

ANDECHSER MOLKEREI

Die Andechser Molkerei fungiert als Dachmarke für Produktmarken wie Andechser Natur oder Andechser. Zur Produktpalette gehören Milch, Joghurt, Butter, Käse und weitere Milchprodukte. Rund 450 Vertrags-Biobauernhöfe liefern die Grundstoffe. 2006 erhielt die Molkerei auf der Fachmesse Biofach für ihren Himbeer-Lemon-Trinkjoghurt in der PET-Verpackung den Preis „Renner des Jahres 2006". Das Logo der Andechser Molkerei ist in Versalien gehalten. Das Wort Andechser steht in grauer Serifenschrift. Darunter, durch einen Strich getrennt, findet sich das Wort Molkerei in grüner, serifenloser Schrift. Die Produktmarken haben eigene Logos. Auch die Gestaltung der Verpackungen spielt eine wichtige Rolle bei der Markenkommunikation. So wurde 1984 die Firma für ihre Joghurt-Glasflasche von der Deutschen Landwirtschafts-Gesellschaft (DLG) ausgezeichnet. Seit 2004 vertreibt das Unternehmen als erste Bio-Molkerei Trinkjoghurt und -molke in wiederverschließbaren PET-Flaschen. Die Tradition der Milchverarbeitung reicht in der Inhaberfamilie Scheitz nachweisbar bis 1720 zurück. Bereits 1900 betrieb die Familie eine Käserei in Andechs. 1976 übernahm Georg Scheitz den Aufbau der Andechser Molkerei. 1980 verarbeitete das Unternehmen erstmals Milch eines Bio-Bauern. Seit 1994 verwendet die Andechser Molkerei auch Ziegenmilch. Anfang des 21. Jh. hat die Andechser Molkerei 180 Mitarbeiter und steigt zur größten Bio-Molkerei Europas auf, in der täglich etwa 5 Mio. l Milch verarbeitet werden.

UNTERNEHMEN

Andechser Molkerei Scheitz GmbH

Biomilchstr. 1

82346 Andechs in Obb.

(0 81 52)-3 79-0

(0 81 52)-3 79-2 01

www.andechser-molkerei.de

AOK

Die Marke AOK steht für die größte Gruppe der gesetzlichen Krankenversicherungen (GKV) in Deutschland. Ursprünglich bezog sich der Name auf die Abkürzung „Allgemeine Ortskrankenkasse", wird heute aber ausschließlich in seiner kurzen Version verwendet. Zentrale Aufgabe der AOK als gesetzliche Krankenversicherung ist es, die Gesundheit ihrer Mitglieder zu erhalten, wiederherzustellen oder zu verbessern. Das Markenlogo besteht aus dem Schriftzug „AOK – Die Gesundheitskasse." sowie einem stilisierten Baum und wird in dieser Form seit mehr als 20 Jahren unverändert eingesetzt. Die AOK möchte damit Assoziationen mit den Begriffen Sicherheit, Nähe, Erfahrung und Gemeinschaft wecken. Die AOK versucht, ihrer Marke neben der reinen Versicherungsleistung einen Mehrwert hinzuzufügen. Als „Gesundheitskasse" profiliert sie sich auf den Gebieten Prävention und Gesundheitsvorsorge. Mit 25 Mio. Versicherten und 36 % Marktanteil ist die AOK Marktführer unter den GKV und die bei weitem bekannteste Krankenversicherung Deutschlands. Dem Ausbau des Produktangebots und der Leistungen sind durch gesetzliche Vorschriften Grenzen gesetzt, jedoch entwickelt die AOK spezielle Zusatzangebote exkl. für ihre Versicherten, z. B. einen medizinischen Infoservice am Telefon oder einen Internet-gestützten „Krankenhaus-Navigator", der bei der Wahl der passenden Klinik helfen soll. Die Ursprünge der GKV – und damit auch der AOK – gehen zurück auf das „Gesetz betreffend die Krankenversicherung der Arbeiter" von 1883, angeregt vom damaligen Reichskanzler Otto von Bismarck. Heute gibt es 16 selbstständige AOKs und als Dachorganisation den AOK-Bundesverband. Insgesamt sind etwa 60.000 Mitarbeiter in 1.300 Geschäftsstellen bei der AOK beschäftigt.

DATEN UND FAKTEN

Markenname: AOK, Akronym für „**A**llgemeine **O**rts-**K**rankenkasse"

Slogan: „AOK. Wir tun mehr."

Markenregistrierung: „AOK – Die Gesundheitskasse": 1987, DPMA München

Ein Beispiel aus der bundesweiten Anzeigenkampagne der AOK.

Innovationen: Kostenlose medizinische Telefonhotline (2000), Behandlungsprogramme für chronisch Kranke „AOK-Curaplan" (2003), Krankenhaus-Navigator (2005)

Markenbekanntheit: 96 % ungest., 100 % gest. (Produkt + Markt, 1991)

Leistungsausgaben: 53,6 Mrd. Euro (2005)

Auszeichnungen:
„Deutscher Präventionspreis" für das Projekt „Gesund älter werden" der AOK Niedersachsen (2005)

Markenwebsite: www.aok.de

UNTERNEHMEN

AOK-Bundesverband
(Körperschaft des öffentlichen Rechts)

Hauptsitz: Bonn, Deutschland (ab 01.07.2008: Berlin, Deutschland)

Verwaltungsrat: Fritz Schösser (Versichertenvertreter), Dr. Volker Hansen (Arbeitgebervertreter)

Vorstand: Dr. Hans Jürgen Ahrens (Vorsitzender), Johann-Magnus von Stackelberg (stellvertr. Vorsitzender).

Mitarbeiter: 60.000 (Deutschland, 2006)

Vertrieb: 1.300 Geschäftsstellen in Deutschland (2006)

KONTAKT

AOK-Bundesverband
Kortrijker Str. 1
53177 Bonn
✆ (02 28) 8 43-0
🖷 (02 28) 8 43-5 02
✉ aok-bundesverband@bv.aok.de
🖳 www.aok-bv.de

Ansprechpartner Presse:
Udo Barske
✆ (02 28) 8 43-3 09
✉ udo.barske@bv.aok.de

Ansprechpartner Kommunikation:
Rainer Eikel
✆ (02 28) 8 43-3 03
✉ rainer.eikel@bv.aok.de

Ansprechpartner Marketing:
Rainer Dittrich
✆ (02 28) 8 43-2 54
✉ rainer.dittrich@bv.aok.de

Lead-Agentur:
Serviceplan Gruppe, München
www.serviceplan.de

SCHON GEWUSST?

- Die AOK beantwortet jährlich mehr als 300.000 Gesundheitsanfragen über eine eigene medizinische Telefon-Hotline.
- Der Krankenhaus-Navigator der AOK hilft täglich mehr als 1.000 Menschen dabei, das richtige Krankenhaus zu finden.
- Mehr als 1,5 Mio. Menschen haben sich für die Teilnahme an einem Disease-Management-Programm (DMP) der AOK, z. B. für Diabetes, Brustkrebs oder koronare Herzkrankheit, entschieden.

AOK (HENKEL)

Die Kosmetikmarke Aok präsentiert sich als naturnahe Alternative zu herkömmlichen Pflege- und Schönheitsprodukten für das Gesicht. Das Produktportfolio umfasst Waschgele, Gesichtswasser, Peelings, Tages- und Nachtcremes, Masken, Augencremes und Abdeckprodukte. Die Marke steht seit jeher für eine untrennbare Verbundenheit mit der Natur, was durch den Slogan „Aok – von Natur aus wirksam" unterstrichen wird. Symbolisiert wird diese Philosophie wiederkehrend bei der Produktkonzeption als auch im Marketing durch die Themen Strand und Meer. Wegbereitend dafür ist der Ursprung der Marke im damals westpommerschen Ostseebad Kolberg. Apotheker Wilhelm Anhalt begann 1885 mit dem Vertrieb kosmetischer Artikel, fasziniert von der Idee, wertvolle und

Aok
Von Natur aus wirksam.

Die Straffende Tagespflege (Mitte) aus der Aok-Produktlinie Pur Lift. Das regulierende Waschgel (unten) gehört zur Linie Pur Balance.

heilende Elemente aus der Natur zu gewinnen. Sein erstes Produkt war die Seesand Mandelkleie, die noch heute im Aok-Sortiment zu finden ist. 1903 meldete Anhalt seine Marke Anhalt Ostseebad Kolberg - kurz Aok - zur Registrierung an. Die 1904 eingetragene Marke ist eines der ältesten Warenzeichen der Welt. Der enge Bezug zur Natur der Marke Aok wird ebenfalls in der Werbung kommuniziert. Seit den 1980er-Jahren setzt Aok in Kampagnen dem damals sehr populären künstlichen Schönheitsbild der Frau eine gepflegte Natürlichkeit und Authentizität entgegen. Derzeit umfasst die Marke folgende Produktlinien: *First Beauty, Pur Balance* und *Pur Lift.* Im März 2007 wurde das komplette Aok-Sortiment neu überarbeitet.

Die Seesand-Madelkleie von Aok zur „Hautfrottage" war das erste Produkt der Marke und ist heute noch erhältlich.

Die Marke präsentiert sich seitdem frischer und positiver. Durchsichtige Flaschen, klare, helle Farben und ein modernes Design unterstreichen das Werbeversprechen: reine Haut. Gleiches gilt für das Markenlogo. In einem roten Quadrat stehen die drei weißen Buchstaben Aok. Das Viereck wird silberfarben umrandet, an seinem rechten unteren Rand wächst ein Blatt in den roten Grund hinein. Vertrieben werden die Produkte der Marke Aok in Deutschland und Österreich. Die Marke Aok gehört seit 1983 zum Unternehmensbereich Kosmetik und Körperpflege der →Henkel KGaA. Mit ihrem Kosmetik- und Körperpflegebereich setzte die Henkel KGaA im Jahre 2006 2,864 Mrd. Euro in mehr als 125 Ländern um und zählt zu den weltweit führenden Herstellern von Markenprodukten in diesem Bereich.

DATEN UND FAKTEN

Markenname: Aok, Akronym, zusammengesetzt aus **A**nhalt **O**stseebad **K**olberg (Nachname des Erfinders sowie des Gründungsorts)

Slogan: „Aok – Von Natur aus wirksam"

Erfinder: Wilhelm Anhalt, Kolberg/heute Polen

Markenregistrierung: 16. 05. 1904, Kaiserliches Patentamt Berlin

Innovationen: Pur Balance (2004), Pur Lift (2007)

Auszeichnungen:
„gut", Öko-Test für *Aok Vitamin E Tages- und Feuchtigkeitscreme* (2006)
„sehr gut", Öko-Test für *Aok Clear Action Antibakterieller Pickel-Löscher* (2006)
„Sugar Beauty Star", Sieger, für *Aok First Beauty Tiefenreinigendes Peeling* (2006)

Markenwebsite: www.aok-kosmetik.de

Literatur:
Henkel KGaA (Hg.): Menschen und Marken – 130 Jahre Henkel (2006)

UNTERNEHMEN

Henkel KGaA

Hauptsitz: Düsseldorf, Deutschland

Weitere Marken: s. →Henkel

Gesamtumsatz: 12,740 Mrd. Euro (2006)

Vertrieb: weltweit in mehr als 125 Ländern

KONTAKT

Henkel KGaA
Henkelstr. 67
40589 Düsseldorf
✆ (02 11) 7 97–0

SCHON GEWUSST?

- Bereits 1913 ist sich Aok der Werbekraft von Testimonials bewusst. Ein Star des frühen 20. Jh. ist Hermine Bosetti. Sie erklärt in einer Anzeige: „Ich gebrauche seit Jahren nur Aok-Seife!"
- Im Kontrast zu dem stark geschminkten, künstlichen Schönheitsbild der Frau in den 1980er-Jahren bleibt Aok seiner natürlichen Linie treu. Zum neuen Sinnbild der Marke wird ab 1980 die „Aokanerin". „Aokanerinnen" sind aktiv und selbstbewusst. Sie sind mit der Natur im Einklang und legen dabei großen Wert auf ein gepflegtes Äußeres.

🖷 (02 11) 7 98-40 08
🖳 www.henkel.de

Ansprechpartner Presse:
Marion Schwenker
✉ press@henkel.com

AOL

Die Marke AOL steht für Dienstleistungen und Inhalte in den Bereichen Internetanwendungen und Kommunikation. Das Web-Portal von AOL Deutschland präsentiert u.a. Unterhaltungsangebote wie Musikdownloads oder Kommunikationsfeatures wie AOL Webmail oder den AOL Instant Messenger: ein Programm, mit dessen Hilfe Nachrichten direkt auf den Computerbildschirm des Empfängers übermittelt werden können. Ein mobiles Portal bietet AOL-Kunden zudem die Möglichkeit, mit Hilfe ihrer Handys zu chatten, zu surfen oder E-Mails zu lesen. Weitere Portalfeatures heißen AOL Kindersicherung oder AOL Fotocenter. Die inhaltlichen Angebote reichen von Themen wie Auto, Finanzen, Sport und Wetter bis zu Kleinanzeigen, Klingeltönen und Shopping-Tipps. Als Medienplattform zählt AOL nach eigenen Angaben zu den führenden Online-Vermarktern in Deutschland und Europa. Seit 2007 bietet AOL in Kooperation mit dem Telekommunikationsanbieter HanseNet bzw. dessen Marke Alice Unternehmen die Einrichtung und Vermarktung von Portallösungen an. Der Markenname entstand aus den englischsprachigen Begriffen „America" und „Online". Das Logo zeigt den Markennamen in serifenlosen Versalien, für den hiesigen Markt versehen mit dem Zusatz Deutschland. AOL Deutschland entstand 1995 als Joint Venture von Bertelsmann AG und AOL Europe. 1999 startete der bislang bekannteste Fernsehwerbespot: Tennisprofi Boris Becker kommentierte die Leichtigkeit eines durch AOL ermöglichten Internetzugangs mit den Worten: „Ich bin drin! Das ist ja einfach!" Das Zugangsgeschäft wurde erst vor kurzem an HanseNet/Alice verkauft. Heute konzentriert sich AOL auf das Portalgeschäft und die Vermarktung von Web-Seiten. In Deutschland erreicht AOL über seine Dienste monatlich etwa 5 Mio. Menschen (Quelle: AGOF internet facts 2007-I). Der internat. tätige AOL-Konzern gehört mehrheitlich zum Verbund von Time Warner.

UNTERNEHMEN

AOL Deutschland Medien GmbH
Beim Strohhause 25
20097 Hamburg
✆ (0 40) 3 61 59-0
🖷 (0 40) 3 61 59-70 60
🖳 www.aol.de

Der Internetanbieter AOL erreicht mit seinen Diensten monatlich etwa 5 Mio. Menschen.

AOSTE

Die Lebensmittelmarke Aoste steht für eine umfangreiche Produktpalette an luftgetrockneten Rohschinken und Salamis sowie gekochtem Schinken und Wurstwaren. Der Markenname leitet sich vom kleinen Ort Aoste am Fuße der franz. Alpen ab, in dem das Unternehmen 1973 unter dem Namen *Jambons crus d'Aoste* gegründet wurde. 1976 ging daraus die Groupe Aoste hervor. Nach Angaben der GfK France ist Aoste heute in Frankreich Marktführer im Bereich luftgetrocknete Salami und Schinken. Aoste produziert seine Fleischwaren nach traditionellen Herstellungsverfahren und kontrolliert sowohl Haltung und Fütterung als auch Transport und Schlachtung der Tiere gemäß internat. Normen. Die Marke, die nach Angaben des Unternehmens im Premium-Segment einzuordnen ist, spricht markenbewusste Menschen an, für die Qualität und Geschmack im Vordergrund stehen. Der schwungvolle rote Aoste-Schriftzug und die Verpackung in warmen Farben sollen die Genusswelt mediterraner Lebenskultur vermitteln. Neueste Produktinnovation sind die luftgetrockneten Mini-Salamis *Aoste Stickado*. Seit Beginn der 1980er Jahre vertreibt Aoste seine Erzeugnisse auf dem dt. Markt. Das Angebot bediente anfangs die Metzger und die Frischetheken von Lebensmittelgeschäften. Seit 1994 sind Aoste-Produkte dort auch in den Selbstbedienungsbereichen zu finden. Die Groupe Aoste beschäftigt 2.400 Mitarbeiter, in Deutschland zählt die Aoste SB GmbH 45 Angestellte. Aoste gehört seit 2006 zum amerikanischen Konzern Smithfield Foods, dem weltweit größten Produzenten von Schweinefleisch.

DATEN UND FAKTEN

Markenname: Aoste, Frankreich, vom Ort Aoste am Fuße der franz. Alpen

Slogan: „Jeder Tag ein echter Genuss"

Geschäftsführer: Frank Erfurt, Robert A. Sharpe II

Markenregistrierung: 30.09.1992, DPMA München

Innovationen: *Aoste Stickado, Aoste Pasteten*

Jeder Tag ein echter Genuss.

Die luftgetrocknete Ringsalami, der Klassiker aus dem Aoste-Sortiment

Der geschwungene Markenschriftzug in Rot und Grün bildet seit 2007 das Logo (oben), seit 2003 werden die tiefgekühlten Komplettmahlzeiten auch im Lebensmitteleinzelhandel angeboten (Mitte). Vorstandsvorsitzender Andres Ruff (unten)

UNTERNEHMEN

Aoste SB GmbH
Im Teelbruch 67
45219 Essen
✆ (0 20 54) 92 12 19
🖷 (0 20 54) 92 12 17
💻 www.aoste.de

APETITO

apetito produziert tiefgekühlte Komplettmahlzeiten und Menükomponenten. Dabei richten sich die Verpflegungsangebote von apetito an Institutionen wie z. B. Schulen, Kliniken und Senioreneinrichtungen, den Fachgroßhandel sowie über den Einzelhandel auch an Privathaushalte. Über Wohlfahrtsverbände bestückt die apetito AG zudem den Menüservice Essen auf Rädern. Firmengründer Karl Düsterberg suchte im Jahr 1958 ein neues Geschäftsmodell, da sein Obst- und Gemüsehandel stagnierte. Die Idee, mit der Marke apetito tiefkühlfrische Komplettmahlzeiten anzubieten, entstand durch eine entsprechende Werbeanzeige in einem US-Magazin. Bald produzierte das von Düsterberg gegründete Unternehmen knapp 1.000 Menüs pro Tag und bewarb die Produkte mit dem Slogan „Stets essbereit aus der Tiefkühltruhe – für Berufstätige, für unerwarteten Besuch und wenn Vati kochen muss". Heute liefert apetito täglich 1 Mio. Produkte aus. 1999 führte das Unternehmen als erster Anbieter in diesem Segment Bio-Menüs für Kinder ein. Die Wortmarke hat sich seit 1958 einige Male verändert. Immer gleich blieb die Schreibweise des Namens in breiten Minuskeln. Seit 1965 setzt apetito auf die Farbe Rot im Logo, 1981 führte das Unternehmen ein grünes Herz als i-Punkt ein. Seit 2007 kennzeichnet das Logo ein grüner, geschwungener Unterstrich und eine wellenförmige Anordnung der Buchstabenfolge. Das neue Design betont die Aspekte Frische, Dynamik und Emotionalität und soll den Markencharakter stärken. Die apetito AG hat ihren Sitz in Rheine und verfügt über Auslandstöchter in den Niederlanden, England, Frankreich und Kanada. Geplant ist das weitere Wachstum der Unternehmensgruppe. Nach eigenen Angaben ist apetito Marktführer im Segment Gemeinschaftsverpflegung. Das Unternehmen beschäftigt knapp 7.000 Mitarbeiter und erwirtschaftete zuletzt 522 Mio. Euro (2006).

Serviervorschlag von apetito

DATEN UND FAKTEN

Markenname: apetito, von ital. „Buon apetito!"

Slogan: „Wir lieben's frisch"

Erfinder: Karl Düsterberg, 1958

Produktionsmenge: 1 Mio. Menüs pro Tag

Auszeichnungen:
Innovationspreis für die Vermittlung von Ernährungswissen (2003)
Ethics in Business (2005)
Zertifikate des Bureau Veritas Quality International (BVCI) 2006

Markenwebsite: www.apetito.de

MEILENSTEINE

1958 Karl Düsterberg gründet *apetito Fertigmenü.*

1969 apetito importiert das in Deutschland unbekannte Catering aus den USA.

1971 apetito und Deutsches Rotes Kreuz entwickeln das heutige Essen auf Rädern.

1989 In den Niederlanden wird die erste Auslandstochter von apetito gegründet.

2003 Erstmals sind apetito-Menüs unter eigener Marke im Lebensmitteleinzelhandel erhältlich.

UNTERNEHMEN

apetito AG

Hauptsitz: Rheine, Deutschland

Vorstand: Andres Ruff (Vorstandsvorsitzender)

Gesamtumsatz: 522 Mio. Euro (2006)

Vertrieb: Kindertagesstätten, Schulen, Essen auf Rädern, Kliniken, Lebensmitteleinzelhandel, Heimdienste, Fachgroßhandel, Senioreneinrichtungen

KONTAKT

apetito AG
Bonifatiusstr. 305
48432 Rheine
✆ (0 59 71) 7 99-0
www.apetito.de

Ansprechpartner Presse:
Ruth Fislage
✆ (0 59 71) 7 99-94 69
Fax (0 59 71) 7 99-7809
presse@apetito.de

Ansprechpartner Marketing:
Matthias Mertens
matthias.mertens@apetito.de

APOLLINARIS

Das Mineralwasser Apollinaris wird in der Vulkan-Eifel gewonnen und in über 40 Ländern vertrieben. Das Naturprodukt erhält seinen geschmacklichen Charakter auf dem Weg durch zahlreiche Gesteinsschichten, wobei Mineralien und Spurenelemente gelöst werden. Die Quelle des Mineralwassers entdeckte Winzer Georg Kreuzberg im Jahr 1852 in seinen Weinbergen. Er benannte die Marke nach dem Schutzheiligen des Weines, dem heiligen Apollinaris. Das Markenzeichen von Apollinaris ist das rote Dreieck, welches seit Ende des 19. Jh. ununterbrochen für die Marke genutzt wird. Als das Gesetz zum Schutz der Warenbezeichnungen im Deutschen Reich in Kraft trat, ließ die *Actiengesellschaft Apollinarisbrunnen* das rote Dreieck und den Slogan „The Queen of Table Waters" schützen. Das Markenzeichen soll auch heute noch die Qualität des Wassers versinnbildlichen, weshalb es bislang keine gravierenden Veränderungen am Logo gab. Die Marke soll zudem Stil und Klasse transportieren und richtet sich damit an qualitätsbewusste Menschen ab 35 Jahren. Als Testimonial warb die ehemalige Tennisspielerin Steffi Graf von 1998 bis 2000 für das Mineralwasser. Unterstützt wird die hohe Markenbekanntheit, die das Unternehmen selbst mit mehr als 90 % beziffert, auch durch die markante Individualflasche für den Gastronomie-Bereich. Ihr Design orientiert sich am traditionellen Tonkrug, in dem das Wasser anfangs transportiert wurde. Inzwischen werden verschiedene Sorten des Wassers vertrieben, aber auch die Sorten *Lemon*, *Big Apple* und *Active+* gehören zum Produktsortiment. Apollinaris vertreibt außerdem die Marken Heppinger, ViO und Presta. Seit 2006 gehört das Unternehmen zum Coca-Cola Konzern, der u. a. die Marken → Coca-Cola, → Fanta, → Sprite, → Lift, → Mezzomix und → Nestea unter seinem Dach vereint.

UNTERNEHMEN

Apollinaris GmbH
Grüner Deich 15
20097 Hamburg
✆ (0 40) 3 00 54-0
Fax (0 40) 3 00 54-4 99
www.apollinaris.de

SEIT 1852 Apollinaris THE QUEEN OF TABLE WATERS®

Apollinaris Mineralwasser wird in der Vulkan-Eifel gewonnen.

APOLLO-OPTIK

Hinter der Marke Apollo-Optik steht der Anspruch, optische Kompetenz und umfassenden Service zu vereinen. Alle Apollo-Optik Filialen bieten neben eigenen Exklusivlinien auch viele Brillenfassungen internat. Designer an. Das breit gefächerte Sortiment umfasst rund 1.500 Brillenfassungen, zudem Gläser, Kontaktlinsen, Fertiglese- und Sonnenbrillen sowie Brillenaccessoires. Zusätzlich bietet Apollo-Optik seinen Kunden eine Brillenversicherung an. Der Optiker verspricht handwerkliche Qualität, fachmännische Beratung und diverse Garantieleistungen. Dafür steht der aktuelle Slogan „Wir haben nur Ihre Augen im Kopf". Das Auge ist auch wichtiger Bestandteil des Markenlogos: Vor einem mittelblauen Parallelogramm erscheint in kursiv gesetzten weißen Großbuchstaben der Name Apollo, darunter in kleinerer Blockschrift das Wort Optik. Neben dem Schriftzug bilden sieben um einen orangefarbenen Punkt nach außen hin größer werdende Bögen ein stilisiertes Auge. 2005 wurde das Logo um einen Balken in hellerem Blau bzw. Orange ergänzt, in dem der Claim des Unternehmens steht. Für eine Werbekampagne zu einer Altersrabatt-Aktion im Winter 2006/07 konnte Apollo-Optik den zur damaligen Zeit 103-jährigen Johannes Heesters gewinnen. Mit über 600 Filialen, die teilweise von selbstständigen Franchisepartnern geführt werden, ist das Unternehmen nach eigenen Angaben der Optiker mit dem größten Filialnetz in Deutschland. Neben vielen anderen Auszeichnungen ging Apollo-Optik auch in einem Vergleich der Stiftung Warentest zur Dienstleistungsqualität von zwölf dt. Augenoptikern im Jahr 2005 als Testsieger hervor (Test 09/2005, Note 2,8). Das Unternehmen Foto-Quelle Augenoptik wurde 1969 als Teil des Quelle Versandhauses gegründet, die erste Apollo-Optik Filiale eröffnete im Jahr 1972. Seit

Johannes Heesters (Mitte) warb im Jahr 2006 für die Altersrabatt-Aktion von Apollo-Optik. Das Kampagnenmotiv zum 35-jährigen Jubiläum von Apollo-Optik (unten)

Apollo-Optik betreibt ein deutschlandweites Netz mit mehr als 600 Filialen.

1998 ist Apollo-Optik Teil des größten Optik-Konzerns Europas, der Pearle Europe Gruppe.

DATEN UND FAKTEN

Markenname: Apollo-Optik, Kunstname

Slogan: „Wir haben nur Ihre Augen im Kopf." (2005)

Gründer: Foto-Quelle Augenoptik, 1972

Markenregistrierung: Marke Apollo: 14. 04. 1964; Marke Apollo-Optik: 07. 11. 1985, DPMA München

Innovationen: iWear direct® Kontaktlinsen und -pflegemittel Lieferservice, Altersrabatt, Zufriedenheitsgarantie

Markenbekanntheit: 73 % ungest., 96 % gest. (TNS European Brand Monitor 09/2007)

Auszeichnungen:
„Testsieger", Note 2,2 für Fertiglesebrillen, Stiftung Warentest (11/2004)
„Testsieger", Note 2,8 für Dienstleistungs-Qualität, Stiftung Warentest (09/2005)

UNTERNEHMEN

Apollo-Optik GmbH & Co. KG

Hauptsitz: Schwabach, Deutschland

Geschäftsführer: Ulrich Koch

Vertrieb: über 600 Filialen in Deutschland

SCHON GEWUSST?

- Apollo-Optik ist der zweitgrößte Ausbilder der Branche. Rund 200 junge Menschen jährlich erlernen in den Filialen ihr Handwerk.
- Apollo-Optik gehörte im Jahr 2000 zu den Gründungsmitgliedern des Rabattsystems PAYBACK.

KONTAKT

Apollo-Optik Holding GmbH & Co. KG
Wallenrodstr. 3
91126 Schwabach
✆ (0 91 22) 8 31-0
Fax (0 91 22) 8 31-3 46
www.apollo.de

Ansprechpartner Presse:
Nadine Petavy
✆ (0 91 22) 8 31-0
✉ presse@apollo-optik.com

Ansprechpartner Marketing:
Volker Reeh
✆ (0 91 22) 8 31-0

Lead-Agentur:
Scholz & Friends Brand Affairs GmbH
www.s-f.com

APOTHEKER SCHELLER

APOTHEKER SCHELLER
DAS NATURKONZEPT

Die Marke Apotheker Scheller steht für hochverträgliche Naturkosmetik.

Das Unternehmen Dr. Scheller Cosmetics AG produziert unter der internat. Marke APOTHEKER SCHELLER Hautpflegeprodukte auf Naturbasis. Schon während seines Pharmazie- und Chemiestudiums interessierte sich Gründer Dr. Hans-Ulrich Scheller dafür, wie die Natur genutzt werden kann, um natürliche und zugleich höchst effiziente Heilmittel herzustellen. Aus diesem Grund gründete er nach seiner Promotion seine erste Apotheke. 1978 übernahm er mit seinem Bruder Karl-Alexander die Geschäftsleitung des elterlichen Kosmetik-Unternehmens im baden-württembergischen Eislingen, wo er seine Forschungen intensivierte und die dermatologische Kompetenz des Unternehmens ausbaute. Schließlich wurden nach intensiver Forschung 1986 hochverträgliche und wirksame Naturprodukte unter der Marke APOTHEKER SCHELLER eingeführt. Im Dezember desselben Jahres erfolgte der Eintrag der Marke beim DPMA in München. Das vom Gründer mitentwickelte Markenzeichen präsentiert den Schriftzug APOTHEKER SCHELLER in einem Rechteck mit abgerundeten Dach. Das Logo soll dem Kunden Apothekenqualität, Vertrauen und Kompetenz vermitteln. Die mit dem Slogan „Das Naturkonzept" beworbenen Erzeugnisse richten sich v. a. an Naturkosmetik-affine Frauen ab 30 Jahren. Positive Bewertungen des Verbraucher-Magazins Öko-Test belegen die sehr gute Qualität der Scheller-Produkte. Neben der Marke APOTHEKER SCHELLER hat das Unternehmen weitere Markenprodukte wie z. B. Phyto Solutions (Pflege-Produkte im Premium-Segment), →Manhattan (dekorative Kosmetik) sowie Manhattan Clearface (Anti-Akne-Produkte) im Portfolio. Ergänzt wird die Palette durch Zahnpflege-Produkte und eigene Handelsmarken. Die Dr. Scheller Cosmetics AG erwirtschaftete 2006 mit 404 Mitarbeitern einen Umsatz von 76,6 Mio. Euro. Die Aktiengesellschaft mit Stammsitz im schwäbischen Eislingen, 1944 als Württembergische Parfümeriefabrik GmbH gegründet, gehört mehrheitlich dem Kosmetikkonzern Kalina International S. A. mit Sitz in Lausanne.

DATEN UND FAKTEN

Markenname: Apotheker Scheller, abgeleitet vom Familiennamen und Beruf des Unternehmensgründers

Slogan: „Das Naturkonzept"

Gründer: Dr. Hans-Ulrich Scheller, 1986, Eislingen

Markenregistrierung: 05. 12. 1986, DPMA München

Markenbekanntheit: 26 % gest. (Brigitte Kommunikationsanalyse, 2006)

Auszeichnungen:
„sehr gut", Öko-Test für Calendula Handbalsam (11/2005)
„sehr gut", Öko-Test für Intensive Aufbaucreme Distelöl (06/2006)
„sehr gut", Öko-Test für Aktiv Schützende Feuchtigkeitscreme Karotte & Orange (08/2007)

UNTERNEHMEN

Dr. Scheller Cosmetics AG
Schillerstr. 21–27
73054 Eislingen
✆ (0 71 61) 8 03-3 49
🖷 (0 71 61) 8 03-2 89
💻 www.dr-scheller-cosmetics.com

APPEL

Die Marke Appel steht seit 1879 für Fisch und Feinkost von höchster Qualität. Das heutige Sortiment umfasst Fischkonserven, Delikatess-Mayonnaise, -Remoulade und Würzsoßen. Der Markenname Appel ist dem Familiennamen des Firmengründers Heinrich Wilhelm Appel entlehnt. Dieser eröffnete 1879 einen Kolonialwarenladen in Hannover, der sich bis heute zum Marktführer im Segment Fischdauerkonserven entwickelte. Für Fisch- und Feinkostliebhaber bringt Appel immer wieder neue Produkte auf den Markt, wie etwa die Wellness Heringsfilets *Energie*, *Balance* oder *Harmonie*. Im Jahr 1905 war Appel das erste Unternehmen, das industriell hergestellte Mayonnaise vertrieb. 1909 entwarf die Künstlerin Änne Koken das Markenzeichen von Appel, einen Hummer mit

Zahlreiche Fischspezialitäten wie z. B. Heringsfiltes in Tomaten-Creme gehören zum Angebot der Feinkostmarke Appel.

großen Scheren. Der Hummer ist seitdem Teil des Firmenlogos, das heute auf allen Verpackungen zu sehen ist. Der rote Schriftzug mit dem Namen Appel steht in einem weißen Kreis vor blauem Hintergrund. Über dem Appel-Schriftzug thront der Hummer als Inbegriff für Feinkost – übrigens eine Wortschöpfung von Heinz Appel, die er 1912 anstatt des Begriffs Delikatesse benutzte und zusammen mit seinen Produkten am Markt einführte. Heute steht Feinkost für eine ganze Branche. Seit 2004 ist die Verwaltung und Produktion von Appel am neuen Firmenstandort Cuxhaven. Die Nähe zum Meer garantiert eine schnelle Verarbeitung der frischen Rohstoffe vor Ort. Der Vertrieb der Produkte findet über den Lebensmitteleinzelhandel statt. 400 Mitarbeiter sind bei dem Unternehmen angestellt, das 1999 von der heristo aktiengesellschaft als Premiumanbieter in deren Feinkostsparte als selbstständige Gesellschaft integriert wurde. 2003 übernahm Appel die Firma Norda sowie die Produktionsstätten von Richter & Greif am Elbdeich in Cuxhaven.

DATEN UND FAKTEN

Markenname: Appel, abgeleitet vom Familiennamen des Firmengründers

Gründer: Heinrich Wilhelm Appel, 1879 in Hannover

Slogan: „Appel verfeinert den Tag." (2007)

Markenregistrierung: zwischen 1912–1914

Innovationen: erste industriell hergestellte Mayonnaise (1905)

Seit 1912 steht der Hummer mit den großen Scheren für Appel, der damals (Mitte, 1923) wie heute (oben, 2007) im Logo der Feinkostmarke zu sehen ist. Die erste industriell hergestellte Mayonnaise wurde 1905 von Appel auf den Markt gebracht (unten).

Auszeichnungen:
„Produkt des Jahres", Lebensmittelpraxis (in regelmäßiger Wiederholung)
„HIT", Lebensmittelpraxis (in regelmäßiger Wiederholung)

UNTERNEHMEN

Appel Feinkost GmbH & Co. KG

Hauptsitz: Cuxhaven, Deutschland

Weitere Marken: Norda, Richter & Greif

Vertrieb: über den Lebensmitteleinzelhandel

SCHON GEWUSST?

▌ Heinz Appel ersetzt 1912 den bis dato gängigen Begriff Delikatesse durch die eigene Wortschöpfung Feinkost, die heute eine ganze Branche definiert.

KONTAKT

Appel Feinkost GmbH & Co. KG
Neufelder Schanze
27472 Cuxhaven
✆ (0 47 21) 6 05-0
🖷 (0 47 21) 2 60 65
💻 www.appel-feinkost.de

Ansprechpartner Presse:
Uschi Vogg
✆ (0 89) 25 54 20 34
✉ contact@uschivogg-pr.de

Ansprechpartner Marketing:
Thomas Hensel
✆ (04721) 6 05-3 42
✉ thensel@appel-feinkost.de

Der angebissene Macintosh-Apfel – das Logo von Apple

APPLE

Der Markenname Apple steht für speziell designte Computer, MP3-Player und seit neuestem Mobiltelefone. 1976 gründeten die damals 21 und 26 Jahre alten US-Amerikaner Steven Jobs und Stephen Wozniak die Firma Apple und verkauften unter diesem Markennamen eine selbst entwickelte und produzierte Computerplatine. Nur ein Jahr später war ihr junges Unternehmen an der Börse und stellte den „Apple II" vor, den ersten vollwertigen Personalcomputer (PC). 1982 schaffte Apple mit mehr als 500 Mio. USD Umsatz als jüngstes Unternehmen den Sprung unter die 500 führenden amerikanischen Firmen. Auch heute noch gehören PCs zum Hauptgeschäftsfeld von Apple, der Jahresumsatz 2006 lag bei 20,5 Mrd. USD. Die aktuelle Produktlinie firmiert unter dem Namen MacBook und MacBook Pro für portable Computer und MacPro, iMac sowie Macmini für Heimsysteme. Das Firmenlogo, ein angebissener Apfel, geht auf den Werbespruch des Byte-Shop zurück, der als erster die Produkte der Apple-Gründer mit dem Slogan „Byte into an Apple" bewarb und dem Unternehmen Apple mit diesem Wortspiel zu einer Bildmarke verhalf. Nach einem Umsatzrückgang in den 1990er-Jahren erfand Apple 1997 seine Marke neu. Mit dem Slogan „Think different" versuchte das Unternehmen, sich eine kreative und innovative Klientel zu erschließen. Seine Zielgruppe sieht es besonders in kreativ arbeitenden Unternehmen wie Agenturen, Medien und Studios. Zusätzlich zum Computergeschäft erweiterte Apple seine Angebotspalette um Multimediageräte wie den → iPod, der durch seine millionenfachen Verkäufe zum Erfolg des Unternehmens beitrug. Als Vertriebskanäle nutzt Apple den Fachhandel, Einzelhandel sowie einen eigenen Internet-Shop.

DATEN UND FAKTEN

Markenname: Apple, engl. Substantiv für Apfel, Macintosh (MAC), Eigenname Apfelsorte

Slogan: „Think different"

Der iMac mit unterschiedlichen Monitormaßen, der Rechner befindet sich im Bildschirmgehäuse.

Erfinder: Steven P. Jobs, Stephen G. Wozniak, 1976

Innovationen: MacBook Pro (2006); Mac OS X Leopard (Betriebssystem 2007)

Jahresabsatz: 1,6 Mio. Rechner im 1. Quartal 2007

Anzahl Mitarbeiter: 17.000 weltweit

Gesamtumsatz: 20,5 Mrd. USD (2006)

UNTERNEHMEN

APPLE Deutschland GmbH
Arnulfstr. 19
80335 München
☏ (0 89) 9 96 40 - 0
🖷 (0 89) 9 96 40 - 1 80
💻 www.apple.com/de

APTAMIL

Aptamil ist eine Marke der Milupa GmbH und bietet seit 40 Jahren Säuglings- und Kleinkindernahrung. Neben den Produkten für gesunde Säuglinge führt Aptamil auch eine komplette Range für allergiegefährdete Kinder sowie Säuglinge mit bestimmten Beschwerden wie Reflux, Bauchkrämpfen oder Verstopfungen. Für die Säuglingsmilchen – die Hauptproduktgruppe von Aptamil – dient die Muttermilch als natürliches Vorbild. Bereits 1968 führte Aptamil zum ersten Mal eine Säuglingsmilch ein, die in der Eiweißzusammensetzung der Muttermilch weitgehend entsprach. In den 1990er-Jahren kamen in Deutschland durch Aptamil zum ersten Mal langkettige, mehrfach ungesättigte Fettsäuren (LCPs) in Säuglingsnahrungen zum Einsatz. Diese spielen eine wichtige Rolle bei der Entwicklung des Gehirns, des Nervensystems und des Sehvermögens. 2002 gelang es der Forschungsabteilung des Unternehmens, die Wirkungsweise der in der Muttermilch natürlicherweise vorkommenden Prebiotika nachzuahmen. Diese fördern eine gesunde Darmflora und stärken so die Abwehrkräfte auf natürliche Weise. Seit 2006 bietet Aptamil auch verschiedene Breie an. Das Motto von Aptamil „Große Forschung für die Kleinen" hebt auf die lt. Unternehmen in Deutschland einzigartige Forschungsleistung in diesem Bereich ab. Aptamil ist als Premium-Marke positioniert. Die heutige Milupa GmbH hat ihren Ursprung in der im Jahre 1921 gegründeten „Friedrichsdorfer Zwieback und Nährmittelfabrik Pauly". Heute beschäftigt das Unternehmen, zu dem auch die Marken →Milupa, *Milumil* und *Milupino* gehören, an den Standorten Friedrichsdorf, Fulda und Ettingshausen rund 480 Mitarbeiter.

UNTERNEHMEN

Milupa GmbH
Bahnstr. 14–30
61381 Friedrichsdorf
☏ (0 61 72) 99–0
🖷 (0 61 72) 99–15 95
💻 www.milupa-gmbh.de

Aptamil ist eine Marke der Milupa GmbH.

ARA

Die Marke ara steht vor allem für ein breites Sortiment an Damenschuhen. Seit 2004 produziert die ara Shoes AG jedoch auch Herrenschuhe unter dem Namen ara *men*. Das Unternehmen legt Wert auf die Verwendung von schadstofffreiem Leder und fertigt seine Schuhe in bis zu 130 Arbeitsgängen. Ein großer Teil des Fertigungsprozesses geschieht in Handarbeit. Von den Produkten der Marke

Wie alles begann: Das erste Modell der Marke ara war eine Holzsandalette mit Riemchen aus Gasmaskenbändern.

ara fühlen sich vor allem Kunden angesprochen, für die Wellness und Komfort einen hohen Stellenwert haben. Der Hersteller trägt diesen Wünschen Rechnung, indem er Schuhe in vier Weiten, ganze und halbe Größen fertigt und auf eine anatomisch angepasste Fußbettung achtet. Dementsprechend wirbt das Unternehmen mit dem Slogan „Schuhmode, die mir passt" für seine Produkte. Der Markenname ara wurde aufgrund seiner Prägnanz und internat. Anwendbarkeit gewählt. Dies findet sich auch in der visuellen Umsetzung des Logos wieder. Es zeigt den in weißen Minuskeln gezeichneten ara-Schriftzug auf rotem Fond. Seit den 1960er-Jahren erscheint neben der Marke noch ein Papagei, der immer wieder modifiziert wurde. Das Rot bestimmt das Corporate Design des Unternehmens und findet sich auch in der

Verschiedene Ausprägungen des ara-Markenzeichens im Laufe der Zeit bis zur heutigen Form (oben)

Farbgebung der Schuhkartons wieder. ara vertreibt seine Schuhmode weltweit über Vertriebspartner und eigene Niederlassungen. Nach Angaben des Unternehmens ist ara *Naturform* die älteste noch existente Schuhmarke in Deutschland. Paul Röseler gründete ara im Jahr 1949 in Solingen. Der Firmengründer begegnete dem Mangel an Schuhen nach dem 2. Weltkrieg, indem er auf ungewöhnliche, aber vorhandene Materialien zurückgriff. Das erste verkäufliche Modell war eine Sandalette mit einer Holzsohle und Riemchen aus Gasmaskenbändern. Der Markenumsatz der ara Shoes AG beläuft sich auf 189,2 Mio. Euro pro Jahr. Zusätzlich zur Damen- und Herrenmarke führt das Unternehmen die Damenschuh-Zweitmarke *Jenny by ara*. Weltweit beschäftigt der Schuhhersteller mehr als 4000 Mitarbeiter.

DATEN UND FAKTEN

Markenname: ara, Palindrom, kurz und einprägsam, internat. verwendbar

Slogan: „Schuhmode, die mir passt"

Erfinder: Paul Röseler, 1949, Solingen

Markenregistrierung: 11. 06. 1955, DPMA München

Markenbekanntheit: 36 % gest. (Spiegel-Studie Outfit 6/2007)

Werbespendings: 3,8 Mio. Euro

UNTERNEHMEN

ara Shoes AG

Hauptsitz: Langenfeld, Deutschland

Vorstand: Robert Röseler (Vorsitz), Tobias Zimmerer, Thomas Schmies

MEILENSTEINE

1949 Gründung der ARA Schuhfabrik GmbH durch Paul Röseler in Solingen

1975 Aus der GmbH wird eine AG.

1990 Der erste Produktionsstandort außerhalb Europas entsteht in Asien auf der Insel Java.

1999 ara feiert sein 50-jähriges Firmenjubiläum.

2004 Der ursprünglich reine Damenschuhhersteller komplettiert seine Produktpalette um ein Herrenschuhsortiment.

Gesamtumsatz: 189,2 Mio. Euro (weltweit, 2006)

Vertrieb: weltweit über Vertriebspartner und eigene Niederlassungen

KONTAKT

ara Shoes AG
Zur Schlenkhecke 4
40764 Langenfeld
(0 21 73) 1 05-0
(0 21 73) 1 05-108
www.ara-shoes.de

ARAG

MACHT STARK.

ARAG Vorstandsvorsitzender Dr. Paul-Otto Faßbender (Mitte), die Konzernzentrale in Düsseldorf (unten), entworfen von Norman Foster.

Die Marke ARAG steht für Qualitätsversicherungen mit einem starken Schwerpunkt in Rechtsschutzleistungen. Der Rechtsanwalt und Notar Heinrich Faßbender gründete Mitte der 1930er-Jahre die „Deutsche Auto-Rechtsschutz-AG" (DARAG). Wenige Monate später wurde der Name in die noch heute gültige Form „Allgemeine Rechtsschutz-Versicherungs-AG" (ARAG) abgeändert. Ursprünglich spezialisierte sich das Unternehmen auf die Versicherung von Rechtsfällen, die aus dem zunehmenden Straßenverkehr resultierten. Während die ARAG nach den Kriegsjahren im Bereich Rechtsschutz europaweit expandierte, wurden die angebotenen Versicherungsleistungen auch in anderen Sparten stetig erweitert. Im dt. Heimatmarkt werden heute zusätzlich Lebens- und Krankenversicherungen sowie Sach-, Haftpflicht-, Unfall- und Kfz- Versicherungen angeboten. Mit diesem Leistungsspektrum versteht sich die ARAG nach ihrem 2006 eingeführten Leitbild als der internat. anerkannte unabhängige Partner für Recht und Schutz. Das runde Markenlogo trägt in der Mitte den Namen „ARAG" in schwarzer Schrift. Im gelben Hintergrund befinden sich zwei gekreuzte, mit der Spitze nach unten zeigende Schwerter, welche die Assoziation an eine kraftvoll schützende Verteidigung wecken und Wehrhaftigkeit andeuten. Im Jahr 2003 wurde das Logo im Rahmen der Einführung eines internat. Corporate Designs aktualisiert. Als Hausschrift dient der Typ Myriad, die Hausfarbe ist 100 % Gelb und 30 % Magenta. Die ARAG zählt heute durch die strategische Konzernausrichtung auf die zunehmende Internationalisierung der Versicherungsmärkte zu den weltweit führenden Rechtsschutz-Versicherern. Der Vertrieb erfolgt in Europa und den USA. Mit rund 21 Mio. versicherten Freizeit- und Spitzensportlern ist das Familienunter-

Neuer Vertriebsweg Einzelhandel: Marketingaktion für ARAG Rechtsschutz aus dem Jahr 2006.

nehmen zudem Europas größter Sportversicherer.

DATEN UND FAKTEN

Markenname: ARAG, Akronym, Zusammensetzung aus **A**llgemeine **R**echtsschutz-Versicherungs-**AG**

Slogan: „ARAG. Macht stark."

Gründer: Heinrich Faßbender, 1935, Düsseldorf

Markenregistrierung: 05.09.1979, DPMA München

Markenbekanntheit: 30 % ungest., 59 % gest. (Rechtsschutz-Tracking Psychonomics, 2007)

Werbespendings: 6 Mio. Euro

Auszeichnungen:
„Note 1,55" (gut), TÜV Saarland für die telefonische anwaltliche Erstberatung der ARAG Rechtsschutz (2007)
„Spitzenposition", Finanztest für den Zahn-Ergänzungstarif *ARAG Z100* (04/2007)
„sehr gut" (Testsieger), Finanztest für die stationäre Krankenzusatzversicherung *ARAG Tarif 262* (05/2007)

UNTERNEHMEN

ARAG Allgemeine Rechtsschutz-Versicherungs-AG

Hauptsitz: Düsseldorf, Deutschland

Vorstand: Dr. Paul-Otto Faßbender

Gesamtumsatz: 1,3 Mrd. Euro (2006)

Vertrieb: internat. in Europa und den USA

KONTAKT

ARAG Allgemeine Rechtsschutz-Versicherungs-AG
ARAG Platz 1
40472 Düsseldorf
(02 11) 98 70 07 00
(02 11) 9 63-28 50
www.arag.de

Ansprechpartner Kommunikation:
Klaus Heiermann
Konzernkommunikation
(02 11) 9 63-22 19
klaus.heiermann@arag.de

Ansprechpartner Marketing:
Connie Peters
Konzernmarketing
(02 11) 9 63-22 85

MEILENSTEINE

1935 Heinrich Faßbender gründet die „Deutsche Auto-Rechtsschutz AG" (DARAG). Kurze Zeit später wird der Name auf das heute noch gültige Akronym ARAG reduziert.

1949 Die Leistungen werden auf andere Risikobereiche im privaten und beruflichen Sektor ausgedehnt, die über den Fahrzeug-Rechtsschutz hinausgehen.

1962 Die ARAG übernimmt den Kompositversicherer Terra AG, die heutige ARAG Allgemeine Versicherungs-AG.

1962 In den Niederlanden wird die erste Rechtsschutz-Tochtergesellschaft im europäischen Ausland gegründet. Heute ist die ARAG in 14 Ländern aktiv.

1965 Die ARAG Rechtsschutz beteiligt sich an der Gisela Allgemeine Aussteuer-Versicherungs-AG, die 1981 in ARAG Lebensversicherungs-AG umbenannt wird.

1985 Erwerb der Bavaria Krankenversicherung, die 1990 in ARAG Krankenversicherungs-AG umbenannt wird.

1989 Die ARAG Rechtsschutz tritt mit einer eigenen Tochtergesellschaft in den US-amerikanischen Rechtsschutzmarkt ein.

2001 Die neue Konzernzentrale, errichtet nach Entwürfen von Lord Norman Foster, wird in Düsseldorf bezogen.

Das Markenlogo ist in Blau-Weiß gehalten, den Stadtfarben Bochums (oben). Der Kanister für den Kraftstoff im typischen Aralblau (Mitte), Walter L. Clements, Vorstandsvorsitzender der Aral AG (unten)

🖷 (02 11) 9 63-21 84
✉ connie.peters@arag.de

Lead-Agentur:
Butter. Agentur für Werbung GmbH
💻 www.butter.de

ARAL

Unter der Marke Aral betreibt der Mineralölkonzern BP das mit rund 2.400 Stationen größte Tankstellennetz Deutschlands. Neben dem Kraft- und Schmierstoffvertrieb über Autohäuser und Werkstätten zählen auch Fahrzeugflotten, Speditionen und Verkehrsbetriebe zu den Aral Geschäftskunden. Die Geschichte von Aral beginnt 1898 mit der Gründung der Westdeutsche Benzol-Verkaufsvereinigung in Bochum, aus der 1918 der Benzol-Verband (kurz B. V.) hervorging. Im Jahr 1924 entwickelte der Chemiker Walter Ostwald aus einer Mischung von Benzol und Benzin einen neuartigen Kraftstoff, B. V.-Aral. Der Name setzt sich aus den ersten Buchstaben der chemischen Gruppen von Benzin (Aromate) und Benzol (Aliphate) zusammen. Im Rahmen der Neufirmierung 1952 wurde der Produktname Aral erstmals in der Firmenbezeichnung erwähnt. Bereits seit diesem Jahr existiert das bekannte Aral Markenzeichen, der dunkelblaue Diamant mit weißer Schrift. Mit dem Ausscheiden aus dem Benzol Verband 1962 firmierte das Unternehmen zur heutigen Aral AG um. Im Rahmen der Übernahme im Jahre 2002 entschied sich BP aufgrund der Markenstärke, das Tankstellengeschäft in Deutschland unter dem Markendach Aral zu betreiben. Dies führte zu einer der größten Umflaggungsaktionen der dt. Tankstellengeschichte. Seit Jahrzehnten stehen der Aral Diamant sowie der Claim „Alles super" für die Aral Markenwerte Qualität, Service und Innovationskraft. Sowohl mit den 2004 eingeführten Premiumkraftstoffen *Aral Ultimate 100* und *Aral Ultimate Diesel* als auch mit dem um die Marke *PetitBistro* erweiterten Convenience-Shop-Geschäft baut das Unternehmen sein Produkt- und Serviceangebot weiterhin kontinuierlich aus. Auch in Zukunft ist Aral darauf ausgerichtet, seine Markenwerte mittels konsequenter Markenpflege, großer Nähe zum Kunden, klaren und authentischen Angeboten sowie einer ganzheitlichen, integrierten Strategie zu realisieren.

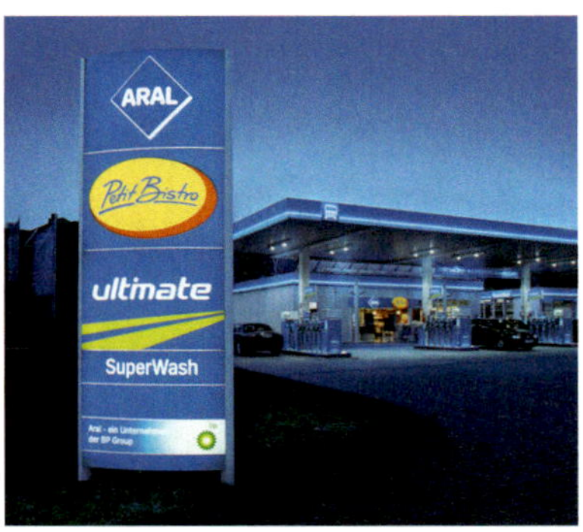

Aral Tankstellen bieten Service für mobile Menschen, der über das reine Tanken hinausgeht. Einkaufen, Autopflege und Gastronomie sind wichtige Bestandteile vieler Aral Stationen.

DATEN UND FAKTEN

Markenname: Aral, Akronym, abgeleitet aus **Ar**omate und **Al**iphate, Bestandteile des 1924 entwickelten Benzin-Benzol-Gemisches

Slogan: „Fahre ohne Sorge, fahre mit Aral" (1955/1960), „Wo Fortschritt ist, da ist Aral" (1964), „Aral. Einfach super" (1977), „Aral. Alles super" (seit 1987)

Erfinder: Walter Ostwald, 1924, Bochum

Markenregistrierung: 22.07.1929, Reichspatentamt Berlin

Innovationen: Erdgastankstelle (1999), leisester Diesel der Welt (2001, eigene Angabe), erste Wasserstoff-Straßentankstelle (2004), Premium-Kraftstoff Ultimate (2004)

Werbespendings: zweistelliger Mio. Euro-Betrag

Auszeichnungen:
„Most trusted Brand", Reader's Digest, (2002–2007)
„Best Brand", auto, motor und sport Leserpreis (2006, 2007)

Literatur: B. Vangerow u. U. Franke: Markenfusion. Strategie und Gestaltung - Warum Aral kommt und BP bleibt. (2004)

UNTERNEHMEN

Aral Aktiengesellschaft

Hauptsitz: Bochum, Deutschland

Vorstand: Walter L. Clements

Weitere Marken: Aral Ultimate, PetitBistro

Gesamtumsatz: ca. 54 Mrd. Euro (2006)

Vertrieb: Schmierstoff-Vertrieb in weltweit ca. 50 Ländern

KONTAKT

Aral AG
Wittener Str. 45
44789 Bochum
✆ (02 34) 31 50
www.aral.de

Ansprechpartner Presse:
Ulrich Winkler
✆ (02 34) 3 15-32 00
✉ presse@aral.de

Ansprechpartner Marketing:
Dirk Sauer
✆ (02 34) 3 15-35 58
✉ Dirk.Sauer@aral.com

MEILENSTEINE

1898 Gründung der Westdeutsche Benzol-Verkaufsvereinigung in Bochum

1924 Walter Ostwald entwickelt einen neuartigen Kraftstoff aus einem Benzol-Benzin-Gemisch; der neue Kraftstoff wird B. V.-Aral genannt.

1929 Erster Ost-West-Flug über den Atlantik gelingt mit kompressionsfestem B. V.-Benzol Treibstoff.

1949 Die erste elektrisch betriebene Zapfsäule wird von Aral eingeführt.

1969 Aral eröffnet die erste Selbstbedienungstankstelle.

1999 Eröffnung der weltweit ersten robotergesteuerten Flüssigwasserstoff-Betankung am Münchner Flughafen.

2002 Deutsche BP AG übernimmt Aral.

ARBURG

Das Leistungsportfolio der Marke Arburg umfasst neben Produktion und Vertrieb von Kunststoffspritzgießmaschinen auch ein breit gefächertes Service- und Dienstleistungsprogramm. Der Markenname setzt sich aus den Anfangsbuchstaben des Gründers und Chirurgie-Mechanikers Arthur Hehl und dem Unternehmenssitz Loßburg zusammen. Seit 1943 wird dieser Name in der Firma verwendet. Nach dem Krieg produzierten und vertrieben Arthur Hehl und seine Söhne Karl und Eugen Gebrauchsgüter wie Schlösser und Haarnadeln und ab 1950 Blitzlichtgeräte für die private Fotografie. Um Isolationsprobleme an den Steckverbindungen zwischen Fotoapparat und Blitzlicht zu vermeiden, konstruierte Karl Hehl 1954 eine Maschine zum Umspritzen der Kontakte mit Kunststoff. Diese Spritzgießmaschine ging 1956 in die Serienproduktion. 1961 folgte die Patentierung des sog. *Allrounder*-Prinzips, mit dem sich bis zu zehn unterschiedliche Arbeitsstellungen an einer Maschine realisieren lassen. Weitere Innovationen folgten, z. B. 1963 die erste Zwei-Komponenten-Spritzgießmaschine oder 1982 die erste Spritzgießmaschine mit Bildschirmsteuerung. Bis heute werden die Allrounder-Spritzgießmaschinen kunden- und zukunftsorientiert permanent weiter entwickelt. Das 1923 gegründete Unternehmen produziert ausschließlich im Stammwerk Loßburg, besitzt jedoch mit eigenen Standorten in über 20 Ländern und mit über 30 internat. Handelspartnern ein weltumspannendes Vertriebs- und Servicenetz. 2005 übernahm mit Juliane Hehl, Renate Keinath und Michael Hehl die dritte Generation der Eigentümerfamilie die Führung des Unternehmens, das mittlerweile weltweit rund 2000 Mitarbeiter beschäftigt.

UNTERNEHMEN

ARBURG GmbH + Co KG
Arthur-Hehl-Straße
72290 Loßburg
✆ (0 74 46) 33-0
(0 74 46) 33-33 65
www.arburg.com

ARCA

Unter der Industriegütermarke ARCA verkauft die ARCA Flow Gruppe weltweit pneumatisch und elektrisch angetriebene Regelventile und -armaturen, die in vielen industriellen Bereichen eingesetzt werden. Das Einsatzgebiet reicht von Kraftwerkstechnik über Raffinerien, Chemieanlagen, Stahl- und Hüttenwerke bis hin zur Pharmazie- und Lebensmittelproduktion. Die Marke ARCA geht auf den Schweden Ragnar Carlstedt zurück, der das Grundpatent für seine Entwicklung des Fluidreglers (Düse-Prallplatte-System) im Jahr 1917 in Schweden anmeldete und auf dieser Grundlage die Firma ARCA gründete. Die letzten beiden Buchstaben seines Vornamens und die ersten zwei seines Nachnamens bilden seitdem den Marken- und Firmennamen des Unternehmens. Dementsprechend wird die Marke ARCA nur in Form einer Wortmarke dargestellt. Durch den Zusatz „Gruppe" unterstreicht ARCA seine Entwicklung zu einer internat. Firmengruppe. Die

ARBURG

Arburg produziert seit 1956 Spritzgießmaschinen für die Kunststoffverarbeitung.

ARCA VENTILE

ECOTROL-Ventil der Firma ARCA (Mitte), Geschäftsführer Rüdiger Kaspers (unten)

Im Jahr 2006 hat die ARCA Regler GmbH ihr modernes Fertigungs- und Innovationszentrum (FIZ) in Tönisvorst bezogen.

Hausfarbe ist das firmentypische Blau (RAL 5012), wie es auch in der Wortmarke verwendet wird. Bereits 1920 wurden ARCA-Regler in Deutschland, Frankreich, England und Schweden hergestellt. Seitdem entwickelte sich ARCA vom Spezialisten für Regeltechnik zum Hersteller komplexer Armaturen für die unterschiedlichsten Industriezweige. ARCA-Produkte ermöglichen völlig neue und deutlich schnellere Produktionsgänge in industriellen Großanlagen. Abnehmer sind Anlagenbauer und Betreiber von industriellen Prozessanlagen. Qualitativ hochwertige Produkte wie das *Ecotrol* Stellventil mit Schnellwechselsystem sollen lt. ARCA „für jeden Einsatzfall die passende Variante bieten". Das System ermöglicht außerdem eine Minimierung der Wartung und der Betriebskosten. Der Maschinenbauer aus Tönisvorst, der ca. 250 Mitarbeiter in Deutschland beschäftigt, gehört lt. eigenen Angaben zu den Weltmarktführern in seinem Segment. Seit Ende der 1980er-Jahre hat sich die ARCA Regler GmbH zu einer Unternehmensgruppe entwickelt. In Europa gehören inzwischen vier weitere Firmen zur ARCA Flow-Gruppe.

DATEN UND FAKTEN

Markenname: ARCA, Schweden, Buchstaben aus Namen des Firmengründers Ragn**ar** **Ca**rlstedt

Slogan: „ARCA Regler – Zuverlässigkeit in Regelarmaturen weltweit"

Erfinder: Ragnar Carlstedt, 1918, Carlstedt/Schweden

Markeneinführung: 1918, England, Deutschland, Frankreich, Schweden

Innovationen: ARCAPRO (1996)

Auszeichnungen:
„iF product design award" für das *BIOVENT-Ventil* (1996)
„Die 100 innovativsten Unternehmen", compamedia GmbH (2001)
„Die 100 besten Arbeitgeber", compamedia GmbH (2004)

UNTERNEHMEN

ARCA Regler GmbH

Hauptsitz: Tönisvorst, Deutschland

Geschäftsführer: Rüdiger Kaspers

Gesamtumsatz: ca. 100 Mio. USD

Mitarbeiter: 250 in Deutschland, 500 weltweit (2006)

Vertrieb: weltweit

KONTAKT

ARCA Regler GmbH
Kempener Str. 18
47918 Tönisvorst
(0 21 56) 77 09-0
(0 21 56) 77 09-55
www.arca-valve.com

Ansprechpartner Presse & Marketing:
Claudia Kaspers
(0 21 56) 77 09-202
ka@arca-valve.com

MEILENSTEINE

1917 Patentanmeldung durch Ragnar Carlstedt in Stockholm

1922 Gründung in Berlin

1949 Neugründung in Tönisvorst bei Düsseldorf

1985 Erstes Joint Venture in Indien, ein Joint Venture in Korea folgt zwei Jahre später.

1990/92 Patentanmeldung für integrierten, intelligenten Antrieb von Regelarmaturen

2006 Bau eines neuen Fertigungs- und Innovationszentrums am Standort in Tönisvorst

2006 Gründung einer eigenen Vertriebsniederlassung in der Volksrepublik China

ARCHITECTURAL DIGEST

Architectural Digest ist ein Lifestylemagazin im Premium-Segment, das sich auf Architektur, Wohnen und Lebensart fokussiert. Der engl. Name – „Digest" = „Auswahl, Auslese" –

AD
ARCHITECTURAL DIGEST

Die dt. Ausgabe der AD erscheint seit 1997.

steht für den hohen Anspruch der Zeitschrift. AD wurde 1993 in den USA gegründet, 1997 erschien die erste dt. Ausgabe. Das Magazin gibt in Foto- und Reportagestrecken Beispiele für luxuriöse Einrichtungsstile, es informiert über Interieurdesign und Tischkultur, aber auch über Themenverwandtes wie Autos, Schmuck und gehobene Konsumartikel. Zielgruppe des Magazins sind dementsprechend besser verdienende, überdurchschnittlich gebildete Männer und Frauen, die kritisch und äußerst qualitätsbewusst sind, sowie Architekten, Designer und andere Gestaltungsprofis. Das Heft hat eine garantiert verkaufte Auflage von 80.000 Exemplaren (2007). Das Markenlogo besteht aus den Initialen AD und dem Zusatz Architectural Digest in Serifenschrift, deren Farbe je nach Ausgabe wechselt. Im Kopf des Titelblattes findet sich auch der aktuelle Markenslogan „Die schönsten Häuser der Welt". Architectural Digest erscheint zehnmal pro Jahr zu einem Preis von 6 Euro. Das Magazin ist sowohl über den Einzelhandel als auch als Abonnement in Deutschland, der Schweiz und Österreich erhältlich. Architectural Digest erscheint mit eigenen Ausgaben neben den USA und Deutschland zudem noch in Italien, Frankreich, Spanien, Lateinamerika sowie Russland. Herausgegeben wird der dt. Titel von der Condé Nast Verlags GmbH in München, einer 100%igen Tochtergesellschaft des Medienkonzerns Advance Publications. Weitere Titel des Verlagshauses sind u.a. →GQ Gentlemen's Quarterly, →Vanity Fair und →Vogue. Das Unternehmen beschäftigt etwa 400 Mitarbeiter in Deutschland und macht einen Umsatz von ca. 120 Mio. Euro (2006).

DATEN UND FAKTEN

Markenname: Architectural Digest, engl., bedeutet soviel wie architektonische Auswahl, Auslese

Slogan: „Die schönsten Häuser der Welt"

Markenregistrierung: 17.02.2000, DPMA München

Auszeichnungen: „Lead Magazin des Jahres", LeadAwards (2005, 2006, 2007)

Markenwebsite: www.ad-magazin.de

UNTERNEHMEN

Condé Nast Verlag GmbH
Ainmillerstr. 8
80801 München
✆ (0 89) 3 81 04-0
www.condenast.de

ARCOR

Die nat. Dienstleistungsmarke Arcor steht für einen Telekommunikationsanbieter, dessen Angebotspalette alle privaten Haushalte, aber auch Geschäftskunden ansprechen möchte. Der von der Agentur *Nomen* entwickelte Markenname enthält in abgekürzter Form das Wort *Corporation* und soll in Anlehnung an das franz. *arc d'or* den Brückenschlag zum Kunden symbolisieren. Die Produktpalette des Anbieters umfasst Telefon und Breitband-DSL-Internet für Privatkunden zu monatlichen Pauschalpreisen sowie Sprach- und Internetdienste, Servicerufnummern und Unternehmensnetze zur Übertragung von Daten für Geschäftskunden. Zu den neueren Innovationen des Unternehmens zählen bundesweite Flatrates für Telefon (2004) und Internet (2000), die Entwicklung einer Online-Videothek zum Herunterladen von Filmen und Dokumentationen sowie der derzeitige Ausbau eines IPTV-Angebots für neue Fernsehformate über den Breitbandanschluss. Arcor ging 1996 aus dem Joint-Venture der Unternehmen CNI (Communications Network International) und DB Kom (Deutsche Bahn Kommunikation) mit den Gesellschaftern →Mannesmann, →Deutsche Bahn und →Deutsche Bank hervor. Das Logo in den Farben Rot und Blau wurde in Anlehnung an das bekannte Logo der Mannesmann-Schwestergesellschaft D2 entwickelt. Ziel ist die Signalisierung von Stärke und Dynamik, der das A und das R verbindende rote Telefonhörer repräsentiert die Branche des Unternehmens. Das Unternehmen beschäftigt 3.700 Mitarbeiter (2007) und verzeichnet einen Gesamtumsatz von 2,13 Mrd. Euro (2006/2007).

ARCOR

Der franz. Arc d'or, der Brückenschlag zum Kunden, stand Pate bei der Namensgebung von Arcor.

UNTERNEHMEN

ARCOR AG & Co. KG
Alfred-Herrenhausen-Allee 1
65760 Eschborn
✆ (069) 21 69-0
(069) 21 69-83 80
www.arcor.de

ARD

→Das Erste

ARIEL

Unter der Konsumgütermarke Ariel bietet das Unternehmen Procter & Gamble Waschmittelprodukte an. Zur Ariel-Produktfamilie gehören Ariel Klassik, Ariel Color & Style, Ariel Sanft & Rein, Ariel Pure Frische sowie der Fleckenstift Ariel Pocket für unterwegs. Ariel kalt-aktiv ermöglicht es durch den Zusatz von Enzymen, Wäsche schon bei einer Wassertemperatur von 20 Grad Celsius zu waschen und so Energie zu sparen. Die Produkte werden als Pulver, Kompaktpulver, Tablette oder flüssig angeboten. Ariel Color & Style wurde 2007 erneut Stiftung-Warentest-Sieger unter den Color-Waschmitteln. Ariel gehört in Westeuropa zu den Marktführern im Waschmittel-Segment. 1966 wurde Ariel, damals in der Ariel-Trommel, in Deutschland eingeführt. Zentrale Werbefigur war von 1968 bis 1986 Klementine, eine Frau, die in weißer Latzhose und mit Schirmmütze auftrat und den Markenslogan „Nicht nur sauber, sondern porentief rein" transportierte. Den Slogan entwickelte die Agentur Compton; Latzhose und Mütze der Werbeikone sind heute im Deutschen Werbemuseum zu besichtigen. Aktuell wird das Markenlogo, das den Markennamen vor drei verschränkten Ellipsen zeigt, von den Slogans „Mehr Reinheit. Mehr Licht" sowie „Mehr Leuchtkraft für Ihre Kleidung" begleitet. Ariel wird von der Procter & Gamble Service GmbH mit Sitz in Schwalbach am Taunus hergestellt und vertrieben.

UNTERNEHMEN

Procter & Gamble Service GmbH
Sulzbacher Str. 40–50
65824 Schwalbach a. T.
(0 61 96) 89 01
(0 61 96) 89 47 08
www.ariel.de

GIORGIO ARMANI

Die Marke Armani wurde von Modedesigner Giorgio Armani im Jahr 1974 gegründet und steht für exkl. Herrenmode.

ARMANI

Im Bereich Mode gehört die Firma „Giorgio Armani" – mit Hauptsitz in Mailand – zu den führenden und erfolgreichsten internat. Unternehmen. Armani steht für zeitlose und lässige Eleganz sowie für Innovation und herausragende Qualität. Dank des beeindruckenden Spektrums an Produkten und Kollektionen wirbt das Unternehmen bereits mit dem Begriff „Armani Lifestyle". Das Armani Imperium umfasst folgende Kollektionen: die Haute Couture Kollektion Giorgio Armani Privè; Giorgio Armani, die exkl. und luxuriöse Linie, auch „black label" genannt; Armani Collezioni, hochwertige Mode für anspruchsvolle Businessleute; Emporio Armani und Armani Jeans, verspielte und modische Bekleidung; Armani Exchange, die preiswerteste sportliche Armani Bekleidungskollektion: Kinderkleidung Armani Junior; Armani Casa, eine umfassende Home Collection mit High-End-Living Einrichtungsgegenständen und Dekorationen; Giorgio Armani Cosmetics mit Parfüm und Pflegeartikeln; Armani Libri als exkl. Buchmarke; Armani Fiori als Floristik deluxe; sowie Armani Dolci, Bars und Restaurants, die jedoch ausschließlich in Flagshipstores weltweit vertreten sind. Die Brillenkollektionen Giorgio Armani und Emporio Armani sowie die Uhrenkollektionen Emporio Armani und Armani Privé vervollständigen das Image der Marke. Giorgio Armani gründete das Unternehmen 1974 und startete mit einer Herrenkollektion, der 1975 die erste Damenkollektion folgte. Der internat. Durchbruch gelang 1980 mit der Ausstattung mehrerer Hollywood Stars, u. a. Richard Gere in American Gigolo. Giorgio Armani wurde 2006 von GQ zum „Man of the Year" gewählt.

UNTERNEHMEN

Giorgio Armani Spa
Via Borgonuovo, 11
IT-20212 Milano
+39 27 2 31 81
+39 27 2 31 85 49
www.giorgioarmani.com

ARONAL/ELMEX

Die Marken Aronal und Elmex stehen für Mund- und Zahnpflegeprodukte. Sie werden von der Firma Gaba zusammen mit der Marke Meridol geführt. Die Produktpalette der drei Marken ist so konzipiert, dass die einzelnen Artikel einerseits je für sich bestimmte Probleme lösen, andererseits Teil eines umfassenden Problemlösungssystems sind. Unter dem Namen Aronal gibt es die Pasta Aronal forte sowie Zahnbürsten, zudem ist Aronal forte Teil eines Zahnpflege-Taschensets, zu dem auch Elmex-Zahnpasta gehört. Die beiden Pasten ergänzen sich in ihrer Funktion: Aronal forte wird für den Morgen empfohlen und ist primär für die Bekämpfung bakterieller Beläge und die Stärkung des Zahnfleischs durch Vitamin A zuständig. Die für den Abend gedachte Elmex schützt den Zahnschmelz mit Hilfe von organischem Aminfluorid und dient so vor allem dem Kariesschutz. Weitere Elmex-Produkte sind u. a. das Elmex-Sensitive-Schutzsystem, das vor schmerzempfindlichen Zähnen und Zahnhalskaries schützt, die Zahnpasten Elmex Kinder, Elmex Junior und Elmex mentholfrei, außerdem Zahnspülungen, -bürsten und -gelée sowie Zahnseide und Interdentalbürsten. Die Logos der Marken präsentieren jeweils den Markennamen in serifenlosen Kleinbuchstaben. „aronal" erscheint in Weiß auf blauem Hintergrund. Die Farbgebung des Schriftzugs „elmex" variiert z. T. in Abhängigkeit vom Produkt, wobei Weiß als Schrift- und Rot und Grün als Hintergrundfarben dominieren. Der Slogan „morgens aronal – abends elmex" ist ein zentrales Element der Markenkommunikation. „Gaba" steht als Abkürzung für die 1638 gegründete „Goldene Apotheke Basel". Die auf diese Gründung zurückgehende Firma brachte 1944 in der Schweiz die Aronal-Zahnpasta mit Vitamin A auf den Markt. Später folgten die Elmex-Zahnpasta und weitere Elmex-Produkte, u. a. 1980 die Elmex-Zahnbürsten. Seit 2004 gehört Gaba zur Colgate-Palmolive-Gruppe. Gaba hat nach eigenen Angaben eine führende Stellung auf dem Gebiet der oralen Prophylaxe.

UNTERNEHMEN

Gaba GmbH
Berner Weg 7
79 539 Lörrach
✆ (0 76 21) 90 70
🖷 (0 76 21) 90 74 99
🖳 www.gaba-dent.de

ARRI

Die Marke Arri steht für die Produkte und Dienstleistungen, die die Arri AG der Film- und Medienwirtschaft anbietet. Das bekannteste mit der Marke verbundene Produkt ist die *Arriflex*: Unter diesem Namen wurde bereits 1937 die erste industriell hergestellte 35-mm-Spiegelreflex-Filmkamera auf den Markt gebracht. Das Unternehmen hat zahlreiche Academy Awards für technische Innovationen erhalten und ist nach eigenen Angaben Weltmarktführer für professionelle Filmkameras. Darüber hinaus vertreibt die Arri Group weltweit über zahlreiche Agenturen sowie Tochterunternehmen auch Produkte wie Kunst- und Tageslicht-Scheinwerfer und filmtechnische Geräte zum Scannen und Ausbelichten von Film. Weiteres Geschäftsfeld sind Dienstleistungen wie der Verleih von Kameras, Objektiven, Scheinwerfern und weiterem technischem Gerät und Zubehör oder das Kopieren von Filmmaterial sowie dessen digitale Nachbearbeitung. Der Markenname setzt sich aus den Anfangsbuchstaben der Nachnamen der Firmengründer August Arnold und Robert Richter zusammen. Das Logo besteht aus dem Unternehmensnamen in serifenlosen blauen Versalien (das A mit schrägem Auf- und senkrechtem Abstrich) und einem hochgestellten, in einem Oval eingefassten weiteren Arri-Namenszug in einer Serifenschrift. Das 1917 gegründete Unternehmen, das seinen Stammsitz nach wie vor in München hat, beschäftigt aktuell rund 1.100 Mitarbeiter. Der Jahresumsatz lag 2006 bei 224 Mio. Euro. In Zukunft will Arri seinen Digitalbereich ausbauen. Anfang 2008 kommt die erste digitale Arri-Profi-Filmkamera auf den Markt.

Die Anfangsbuchstaben der Firmengründer Arnold und Richter standen Pate für ARRI.

UNTERNEHMEN

ARRI AG
Türkenstr. 89
80799 München
✆ (0 89) 38 09–0
🖷 (0 89) 38 09–12 44
🖳 www.arri.de

ART – DAS KUNSTMAGAZIN

Unter dem Titel „ART – Das Kunstmagazin" veröffentlicht der Verlag Gruner + Jahr eine Monatszeitschrift, die ihren Lesern einen allgemein verständlichen und unterhaltsamen Zugang zur Welt der Kunst eröffnen will. Das Heft wurde 1979 als Reaktion auf das steigende Publikumsinteresse an moderner Kunst gegründet. Themen sind neben Malerei, Plastik und Architektur auch Fotografie, Videokunst und Design. Inhaltlicher Schwerpunkt ist die Auseinandersetzung mit dem aktuellen Geschehen in der Kunstszene. Zu den redaktionellen Themenfeldern zählt neben der Gegenwartskunst aber auch die Kunst vergangener Epochen. ART ist nach Angaben von Gruner + Jahr das größte Kunstmagazin Europas. Die Leserschaft von ART hat einen Altersschwerpunkt zwischen 40 und 59 Jahren und ist ausgeglichen männlich wie weiblich. Nach Angaben der Allensbacher Markt- und Werbeträger-Analyse verfügen mehr als 50 % der Leser über ein außerordentlich hohes Haushalts-Netto-Einkommen und haben Abitur und/oder einen Hochschulabschluss. Die durchschnittliche verkaufte Auflage liegt bei 68.434 pro Ausgabe. Das Logo besteht seit Gründung des Magazins aus dem roten (HKS 14), in gefet-

Inhaltlicher Schwerpunkt des Magazins ART ist das aktuelle Geschehen in der Kunstszene.

teten Minuskeln gesetzten Schriftzug des Markennamens. ART wird in Deutschland, Österreich und der Schweiz vertrieben. Die Markenwebsite www.art-magazin.de wurde im Sommer 2007 umfangreich modernisiert und ausgebaut. Anspruch ist dabei, die führende Stellung, die das gedruckte Magazin im Printbereich einnimmt, auch online zu erreichen. Der jährliche Werbeetat der Marke beträgt 1 Mio. Euro. Der Verlag Gruner + Jahr beschäftigt über 14.500 Mitarbeiter weltweit. Der Gesamtumsatz lag im Jahr 2006 bei 2,86 Mrd. Euro. Weitere bekannte Publikationen von Gruner + Jahr sind →stern und →GEO.

DATEN UND FAKTEN

Markenname: ART, abgleitet von ars, lat. für Kunst

Gründer: Rolf Uecker, Axel Hecht, 1978/79, Hamburg

Markenregistrierung: 05. 06. 1979, DPMA München

Werbespendings: 1 Mio. Euro

Markenwebsite: www.art-magazin.de

Literatur:
A. Nemeczek: Das Bild der Kunst. 20 Jahre ART - Das Kunstmagazin (2002)

UNTERNEHMEN

Gruner + Jahr AG & Co. KG
ART – Das Kunstmagazin
Am Baumwall 11
20459 Hamburg
✆ (0 40) 37 03-0
🖷 (0 40) 37 03-56 18
💻 www.guj.de

ARTDECO
THE TRENDSETTER COMPANY

Das Bronzing Powder Art Design 2007 von Artdeco (Mitte). Helmut Baurecht ist der Firmengründer und leitet das Unternehmen auch heute noch (unten).

ARTDECO

Die Kosmetikmarke Artdeco steht für dekorative und pflegende Kosmetik in hochwertiger Qualität zu günstigen Preisen. Artdeco ist ein Kunstname, der dem in Frankreich begründeten Kunststil Art déco (Dekorative Kunst) entlehnt ist. 1985 gründete Helmut Baurecht die Firma Artdeco cosmetic GmbH, seit 1989 ist Artdeco auch in Deutschland als Marke registriert. Die Kosmetikmarke bietet mit dem *Système Mosaique*, nachfüllbaren Beautyboxen mit Magnetsystem, individuelle Kosmetiklösungen für Frauen zwischen 15 und 50 Jahren. Für diese künstlerisch gestalteten Designerboxen erhielt die Marke im Jahr 2006 den „Prix de Beauté Trend 2006" der Zeitschrift Cosmopolitan. Im gleichen Jahr setzte Artdeco etwa 65 Mio. Euro um, knapp ein Fünftel davon entfiel auf den Vertrieb mit nachfüllbaren Produkten. Der Anteil der Kosmetikmarke am Gesamtumsatz des Unternehmens betrug ca. 70 %. Das Markenlogo besteht aus dem Schriftzug Artdeco in Versalien und soll Dekoration und Kunst assoziieren. In den vergangenen Jahren wurde das Logo angepasst, um es moderner

Als *Système Mosaique* vertreibt Artdeco nachfüllbare Produkte mit Magnetsystem.

und jünger wirken zu lassen. Aktuell wirbt Artdeco mit dem Slogan „Cosmetics like never before". Die Kosmetikmarke wird ausschließlich über Parfümerien, Kosmetikinstitute und selektive Kaufhäuser vertrieben. Strategie des Unternehmens ist es, mit Artdeco ein möglichst umfangreiches Sortiment anzubieten, damit kleinere Geschäfte und Institute auf den Vertrieb weiterer Kosmetikmarken verzichten können. Im sog. selektiven Fachhandel ist Artdeco dt. Marktführer im dekorativen Bereich. Auch im Gesamtmarkt zählt die Marke inzwischen mit einem Marktanteil von 5,8 % (2006) zu den führenden Anbietern. Das Unternehmen Artdeco cosmetic GmbH beschäftigt 2007 rund 300 Mitarbeiter in Deutschland mit Sitz in Karlsfeld bei München. Inhaber ist der Firmengründer Helmut Baurecht. Aktuell plant Artdeco eine Line Extension im Pflegesortiment mit dem Ziel, zum Global Beauty Player aufzusteigen.

DATEN UND FAKTEN

Markenname: Kunstname, abgeleitet aus franz. Art déco (franz. Kunststil 1920–40)

Slogan: „Cosmetics like never before"

Erfinder: Helmut Baurecht, 1985, Karlsfeld

Markenregistrierung: 03. 02. 1989, DPMA München

Innovationen: Wonder Brush Nail Lacquer (Nagellack mit Doppelpinsel, 2006)

Markenbekanntheit: 28 % (Brigitte Kommunikationsanalyse, 2006)

Jahresumsatz: ca. 65 Mio. Euro (2006)

Auszeichnungen:
Beauty Award (1999)
„Prix de Beauté" der Cosmopolitan (2006)
„Trend Award" für Hot Chili Lip Booster, Joy (2007)

UNTERNEHMEN

Artdeco cosmetic GmbH

Hauptsitz: München-Karlsfeld, Deutschland

Geschäftsführer: Helmut Baurecht

Gesamtumsatz: ca. 90 Mio. Euro (2006)

Vertrieb: Distributeure in über 50 Ländern auf allen Kontinenten

KONTAKT

Artdeco cosmetic GmbH
Gaußstr. 13
85757 München-Karlsfeld
(0 81 31) 3 90-01
www.artdeco.de

Ansprechpartner Presse:
Jelena Ivancevic
(0 81 31) 3 90-1 09
jelena.ivancevic@artdeco.de

Ansprechpartner Marketing:
Anna Blasco Salvat
(0 81 31) 3 90-1 50
anna.blasco@artdeco.de

MEILENSTEINE

1985 Markteinführung bei Kosmetikinstituten

1999 Artdeco erhält als beliebteste Marke im Kosmetikinstitut erstmals den Beauty Award.

2000 Der internat. Vertrieb von Artdeco in Parfümerien startet.

2005 Einstieg in die Bereiche Hand- und Fußpflege (Wellfeet)

2006 Prix de Beauté Trend 2006; Start in China, den USA und Südamerika

ARZBERG

Die Marke Arzberg steht in der Porzellanherstellung für Qualität, Design und Ästhetik. Der Markenname des Porzellans geht auf die ehemalige Produktionsstätte des Unternehmens, die Stadt Arzberg im Fichtelgebirge in Oberfranken, zurück. Dort gründete 1887 Theodor Lehmann die Porzellanmanufaktur. Arzberg-Porzellan zeichnet sich seit Jahrzehnten durch zeitloses sog. „Longlife-Design" aus: eine Kombination aus Zweckmäßigkeit, Gestaltung und konstant hoher Qualität. Das Logo von Arzberg-Porzellan wurde im Laufe der Jahre stetig weiterentwickelt, der aktuellste Entwurf stammt von Prof. h.c. Peter Schmidt: Seit 2006 wird der Markenname Arzberg durch den Zusatz „Made in Germany" ergänzt, um auf die Fertigung in Deutschland hinzuweisen. Die ebenfalls von Prof. h.c. Peter Schmidt entworfene CI in der Farbe Rot wird von der Verpackung bis zur Warenpräsentation eingesetzt. Es soll die Porzellan-Designs der Marke Arzberg zur Geltung bringen und von Mitbewerbern unterscheiden. Seit 1931 wird die Produktlinie *Form 1382* vertrieben, entworfen von Dr. Hermann Gretsch. 1954 kreierte Heinrich Löffelhardt *Form 2000*, das Geschirr, das Ende der 1960er-Jahre zum Konferenzgeschirr des Bundeskanzleramtes in Bonn wurde. Und zum 110. Geburtstag Löffelhardts im Jahr 2001 erweiterte das Bundeskanzleramt in Berlin seine Geschirrausstattung um weitere Artikel der Arzberg-Kollektion. Mehrfach sind die Porzellan-Designs von Arzberg ausgezeichnet worden. Allein *Form 2006* des Designers Prof. h.c. Peter Schmidt wurden im Jahr 2006 drei Design-Preise verliehen. 1993 hatten sich die Porzellanhersteller Schirnding, Kronester und Johann Seltmann Vohenstrauß zur SKV-Arzberg-Porzellan-Union GmbH zusammengeschlossen. Im Jahr 2000 kam die Hutschenreuther AG mit der Marke Arzberg dazu. Seit 2004 firmiert das Unternehmen als Arzberg-Porzellan GmbH mit Sitz in Schirnding.

DATEN UND FAKTEN

Markenname: Arzberg, Eigenname, abgeleitet von der Stadt Arzberg im Fichtelgebirge in Oberfranken

Slogan: „Gut in Form" (2007)

Gründer: Theodor Lehmann, 1887, Arzberg

Markenregistrierung: 25. 10. 1977, DPMA München

Arzberg
MADE IN GERMANY

Arzberg-Porzellan wie z. B. der Klassiker *Form 1382* von Dr. Ing. Hermann Gretsch wird ausschließlich in Deutschland produziert.

Die Entwürfe des Designers Prof. h.c. Peter Schmidt *Form 2006* für Arzberg-Porzellan wurden mehrfach ausgezeichnet.

Innovationen: Form 2006 (2006)

Auszeichnungen:
„iF Design Award" für Form 2006 (2007)
„Design Plus" für Form 2006, Messe Frankfurt (2007)
„red dot award: product design" für Form 2006 (2007)

UNTERNEHMEN

Arzberg-Porzellan GmbH
Fabrikweg 41
95706 Schirnding
✆ (0 92 33) 4 03-0
🖷 (0 92 33) 4 03-1 22
✉ info@arzberg-porzellan.de
🖳 www.arzberg-porzellan.com

ASB GREENWORLD

Unter der internet. Dachmarke ASB-Greenworld werden Gartenprodukte vertrieben. Die Abkürzung ASB steht dabei für Aurenz-Spezial-Blumenerde. Helmut Aurenz legte im Jahr 1958 mit der Gründung eines Blumenerdebetriebs in Ludwigsburg den Grundstein des Unternehmens. Im Jahr 1981 übernahm ASB die Marke Grünland von der Hoechst AG, woraus sich der aktuelle Firmenname ASB Grünland entwickelte. Auf Grund der internat. Ausrichtung des Unternehmens wurde der Markenname später in ASB-Greenworld geändert. Im Rahmen einer Drei-Marken-Strategie werden unter der Dachmarke Greenworld eine Premium- und eine Qualitätslinie sowie unter der Marke Grünland ein Standardprogramm angeboten. Die Produktpalette umfasst verschiedene Sorten Erde, Bodenverbesserer, Dünger und ergänzende Pflegeprodukte. Die Produkte richten sich sowohl an Pflanzenliebhaber, Gartenbesitzer und Hobbygärtner als auch an den Erwerbsgartenbau. Das bogenförmige Markenlogo wurde im Jahr 1990 von dem Grafik-Designer Rudolf Wurst entwickelt und soll vor allem Naturverbundenheit vermitteln. Über einer grünen Wiese mit dem weiß eingestanzten Namen Greenworld ist eine stilisierte, rotgelbe Blume abgebildet, in deren Mitte die Abkürzung „ASB" Platz findet. Das Corporate Design wird durch die Farben Grün Pantone 347, Rot Pantone 032 und Gelb Pantone 012 sowie die Schrift Helvetica *Neue Condensed* ergänzt. Die ASB-Grünland Helmut Aurenz GmbH beschäftigt weltweit ca. 500 Mitarbeiter und nimmt lt. eigenen Angaben eine marktführende Position in ihrem Segment ein. Der Vertrieb erfolgt in Europa und Nordamerika mit eigenen Produktionswerken und Vertriebsniederlassungen. Für die Zukunft sind ein Ausbau der Premium- und Qualitätslinie sowie Investitionen in neue Verpackungstechnologien geplant.

DATEN UND FAKTEN

Markenname: ASB-Greenworld, ASB = Abkürzung von Aurenz-Spezial-Blumenerde,

Die Gartenprodukte der Marke ASB-Greenworld werden in Europa und Nordamerika vertrieben.

Greenworld engl. Übersetzung von Grünland, einer übernommenen Marke

Slogan: „Wachstum ist unsere Stärke!"

Gründer: Helmut Aurenz, 1958, Ludwigsburg

Markenregistrierung: 29. 09. 1992, DPMA München

Markenbekanntheit: 20 % gest. (AC Nielsen, 2006)

Produktionsmenge im Jahr: 8,5 Mio. Beutel 20 l Blumenerde*, 13 Mio. Flaschen 1 l Flüssigdünger*, 30 Mio. Düngestäbchen, 500.000 kg Festdünger (2006)
*verschiedene Formate auf eine Größe umgerechnet

Werbespendings: ca. 750.000 Euro (2006)

Auszeichnungen:
Innovationspreise für Torfersatzstoff Culti-Fibre in Frankreich und England (1991)
„1. Platz", DuPont Verpackungsauszeichnung in der Kategorie Blumenerde-Säcke (2005)

UNTERNEHMEN

ASB-Grünland Helmut Aurenz GmbH
Porschestr. 4
71634 Ludwigsburg
(0 71 41) 3 08-0
(0 71 41) 3 08-2 16
www.asbgreenworld.com

ASBACH

Die Spirituosenmarke Asbach steht für Weinbrände im Premiumsegment. Rund um den Klassiker *Asbach Uralt* mit 38 % Vol. runden verschiedene Asbach Spezialitäten das Sortiment des Hauses ab. Angefangen beim *Asbach Privatbrand 8 Jahre gereift* bis hin zum *Asbach Jahrgangsbrand 1972* unterscheiden sich die Spezialitäten in Reifezeit und Alkoholgehalt. Die Trauben für die Grundweine stammen fast ausschließlich aus den besten Anbaugebieten der Charente in Frankreich. Sein in Frankreich erlerntes Wissen über die Kunst des Weindestillierens, brachte Hugo Asbach zurück in seine Heimat nach Rüdesheim am Rhein und dort gründete er 1892 das Unternehmen Asbach & Co. Mit der Warenzeichenanmeldung im Jahr 1907 prägte Hugo Asbach ein neues dt. Wort: Weinbrand. Als dt. Herstellern durch den Versailler Vertrag die Bezeichnung Cognac verboten wurde, setzte sich dieser Begriff in ganz Deutschland durch. Mit seinen einprägsamen Slogans wurde Asbach bereits in den 1950er-Jahren zum Pionier der TV Werbung. Die Aussage „Wenn einem so viel Gutes widerfährt, das ist schon einen Asbach Uralt wert" aus dem Jahr 1959 hatte einen Bekanntheitsgrad von 86 %. Der ebenfalls bekannte und auch heute noch eingesetzte Slogan „Im Asbach ist der Geist des Weines" besteht seit 1937. Im Jahr 2002 wurde das Unternehmen von der Semper Idem Underberg AG übernommen. 2004 hat die Firma Asbach eine Produktneuheit mit *A&A – Asbach und Auslese*, einem Riesling-Likör mit nur 19 % Vol., eingeführt. Heute ist *Asbach Uralt* nicht nur Marktführer in seinem Segment, sondern ist mit 92 % Markenbekanntheit seit Jahren auch die bekannteste Spirituosenmarke überhaupt. Die Leser des Magazins Reader's Digest wählten Asbach in 2007 zum sechsten Mal in Folge zur „Most Trusted Brand" in der Kategorie Spirituosen.

DATEN UND FAKTEN

Markenname: Asbach, abgeleitet vom Familiennamen des Gründers

Slogan: „Im Asbach ist der Geist des Weines"

Gründer: Hugo Asbach, 1892, Rüdesheim

Markenregistrierung: 1907, Kaiserliches Patentamt Berlin

Innovationen: A&A – Asbach und Auslese, Riesling-Likör (2004)

Markenbekanntheit: 92 % gest. (ICON, Mai 2007)

Auszeichnungen:
„Most Trusted Brand", Reader's Digest (2002–2007)
„Verkaufshit" für Asbach Uralt, Getränke-Zeitung (2003 und 2004)
„Newcomer des Jahres" für *A&A – Asbach und Auslese*, GetränkeZeitung (2004)
„Newcomer des Jahres" für *Asbach Urbrand*, GetränkeZeitung (2006)

UNTERNEHMEN

Asbach GmbH
Taunusstr. 1–3
65385 Rüdesheim
(0 67 22) 4 97-0
www.asbach.de

ASICS

Kihachiro Onitsuka gründete 1949 im jap. Kobe die Onitsuka Co. Ltd., eine Firma für

Asbach gibt es seit 1892.

Der Name ASICS leitet sich vom lat. Sprichwort „Anima Sana In Corpore Sano" ab („ein gesunder Geist in einem gesunden Körper").

Sportschuhe, um Jugendliche zum Sport zu motivieren. Heute wird die Multisportmarke ASICS weltweit vertrieben. In Deutschland liegen die Umsatz-Schwerpunkte in den Bereichen Laufschuhe und -textilien. Der Hersteller fertigt Schuhe für diverse Sportarten wie Volleyball, Handball, Squash und Badminton, aber auch Sportschuhe für den Breitensport und den Fitness-Bereich. Zudem bietet ASICS mit der Linie *Sportstyle* und dem Label der Gründermarke Onitsuka Tiger Produkte für den Lifestyle-Bereich und die Zeit vor und nach dem Sport an. Aus der ursprünglichen Marke entstand 1977 das Unternehmen in seiner heutigen Form, als die Firmen Onitsuka Tiger, GTO Sport Nets und Jelenk Sportswear zum heutigen Sportartikel-Hersteller ASICS fusionierten. Die Onitsuka-Philosophie blieb im Namen ASICS erhalten. Der Name ASICS leitet sich vom lat. Sprichwort „Anima Sana In Corpore Sano" ab, was so viel bedeutet wie „ein gesunder Geist in einem gesunden Körper". In Deutschland startete ASICS 1972 mit einem Informationsbüro während der Olympischen Spiele in München. Daraus entwickelte sich die Düsseldorfer Europazentrale, von der aus das europäische Firmen- und Vertriebsnetz aufgebaut wurde. 1995 wurde die Zentrale nach Amsterdam verlegt und als rechtlicher Nachfolger die ASICS Deutschland GmbH gegründet. Geschäftsführer ist Dieter Bauer, dessen Nachfolge ab Januar 2008 Carsten Unbehaun antreten wird. Das Unternehmen beschäftigt deutschlandweit 120 Mitarbeiter und verfügt darüber hinaus über ein Netzwerk von freien Mitarbeitern. Die Produkte werden über 1.600 Fachhändler in Deutschland vertrieben. ASICS erwirtschaftete 2006 einen Umsatz von 86 Mio. Euro. Gemäß der Kaizen-Philosophie zum Drang nach steter Verbesserung will das Unternehmen sein Angebot an Sportartikeln 2008 weiter entwickeln.

UNTERNEHMEN

ASICS Deutschland GmbH
Hansemannstr. 67
41468 Neuss
☎ (0 21 31) 38 02-0
🖷 (0 21 31) 38 02-1 79
💻 www.asics.de

Aspecton®

Das Hustenmittel Aspecton gehört zu den bekanntesten Produkten von Krewel Meuselbach.

ASPECTON

Das Arzneimittel Aspecton kommt bei Verschleimung der Bronchien (z. B. Bronchitis) und eingeschränkter Nasenatmung (Aspecton Eukaps; z. B. Sinusitis) zur Anwendung. Durch ein patentiertes Herstellungsverfahren auf alkohol- und zuckerfreier Basis grenzt sich Aspecton von anderen Präparaten ab. Der Markenname ist von dem lat. Wort pectus, das für Brust oder Brustkorb steht, abgeleitet. Die apothekenpflichtigen pflanzlichen Arzneimittel *Aspecton Hustentropfen* und *Aspecton Hustensaft* enthalten den Wirkstoff Thymiankraut-Dickextrakt, der schleimlösend und entkrampfend auf die Bronchien wirkt. Zur Markenfamilie Aspecton gehört außerdem *Aspecton Eukaps* mit dem Wirkstoff Eukalyptusöl. Seit November 2007 sind unter der Marke Aspecton auch Lutschtabletten mit Isländisch Moos erhältlich. Die Aspecton-Verpackungen sind in einem kräftigen Rot (HKS 14) gestaltet und zeigen Bilder der Heilpflanzen Thymian, Eukalyptus bzw. Isländisch Moos. In der Werbung wird ein rotes Nashorn, das eine Wand durchbricht, als Symbol für Wirkkraft eingesetzt. Aspecton gehört zum Portfolio des Pharmaunternehmens Krewel Meuselbach GmbH das u. a. auch die Arzneimittel → Mallebrin, → Hedelix und → Regulax herstellt. Das internat. agierende Unternehmen ist mit seinen Produkten in über 20 Ländern präsent und besitzt in fünf europäischen Ländern Vertretungen mit eigenem Vertrieb und Außendienst. Der Schwerpunkt der Exportaktivitäten liegt auf den osteuropäischen Staaten. Die Krewel Meuselbach GmbH beschäftigt ca. 320 Mitarbeiter und verfügt über Produktionsstätten in Gehren (Thüringen) und Eitorf (Nordrhein-Westfalen).

DATEN UND FAKTEN

Markenname: Aspecton, abgeleitet von pectus = Brust

Slogan: „Durchbrechen Sie den Husten! Aspecton ‚Schnell und Stark'"

Markenregistrierung: 25. 09. 1953, DPMA München

Markenwebsite: www.aspecton.de

UNTERNEHMEN

Krewel Meuselbach GmbH
Krewelstr. 2
53783 Eitorf
☎ (0 22 43) 87-0
🖷 (0 22 43) 87-3 33
💻 www.krewel-meuselbach.de

ASPIRIN

Aspirin von Bayer hat sich weltweit in der Schmerztherapie etabliert und gehört zur Medikamentengruppe der nicht-steroidalen Antirheumatika. Landläufig meist als reines Kopfschmerzmittel angesehen, weist das Arzneimittel jedoch eine größere therapeutische Bandbreite auf. Aufgrund seiner Eigenschaft, das Enzym Cyclooxygenase (COX) zu hemmen, wird Aspirin auf verschiedensten medizinischen Anwendungsgebieten eingesetzt, um Fieber zu senken, Schmerzen zu lindern und Entzündungen zu hemmen. Ein weiterer Effekt des Medikaments beinhaltet die dauerhafte Verhinderung des Zusammenklumpens von Bluttplättchen, was das Medikament auch für kardiovaskuläre Anwendungen unverzichtbar macht. Die Weltgesundheitsorganisation (WHO) führt das Arzneimittel in der „Liste der unentbehrlichen Arzneimittel" in den Anwendungsbereichen Schmerzen und akute Migräneattacken sowie zur Prävention von Herzinfarkt und Schlaganfall. Aspirin bzw. sein Wirkstoff Acetylsalicylsäure (ASS) wurde am 10. August 1897 von dem Bayer-Forscher Dr. Felix Hoffmann entwickelt. Ihm gelang es erstmals, ASS in chemisch reiner und stabiler Form zu synthetisieren. Aspirin gilt heute als gut erforschtes Arzneimittel und verfügt über ein fundiert dokumentiertes Verträglichkeitsprofil. Das Medikament ist in mehr als 90 Ländern weltweit zugelassen und wird in Deutschland rezeptfrei über Apotheken vertrieben. Unter dem Markennamen Aspirin werden neben der normalen Aspirin-Tablette auch *Aspirin plus C* als Brausetablette, *Aspirin Effect* als Granulat für unterwegs, *Aspirin Migräne*, *Aspirin direkt* als Kautablette angeboten. Die dt. Vertriebsgesellschaft der Bayer HealthCare AG, ein selbstständiger Teilkonzern der Bayer AG, ist die Bayer Vital GmbH. 2006 investierte die Bayer HealthCare AG 1.426 Mio. Euro in Forschung und Entwicklung. Dies entspricht rund 62,1 % der gesamten Forschungsaufwendungen des Gesamtkonzerns. Der Fokus der Forschung und Entwicklung ist die Identifizierung und Entwicklung neuer Wirkstoffe für Erkrankungen mit einem hohen medizinischen Bedarf. Daraus resultierend führt Bayer HealthCare mit mehreren Arzneimittelkandidaten aus der unternehmenseigenen Forschungs- und Entwicklungspipeline klinische Studien durch. Das Unternehmen bündelt die Aktivitäten der Divisionen Animal Health, Bayer Schering Pharma, Consumer Care und Diabetes Care und beschäftigt weltweit rund 51.400 Mitarbeiter.

DATEN UND FAKTEN

Markenname: Aspirin, Akronym, Wortzusammensetzung aus **A**cetyl, **spir**ea ulmaria (lat. für Mädesüß, ein Heilkraut) und der Endung **in** als gebräuchliches Suffix für Arzneimittel.

Slogan: „Aspirin – überraschend vielseitig"

Entwickler: Dr. Felix Hoffmann, 1897, Deutschland

Markenregistrierung: 1899, Kaiserliches Patentamt Berlin

Innovationen: Aspirin Plus C (1971), Aspirin Direkt (1992), Aspirin Migräne (2000), Aspirin Effect (2003)

Markenbekanntheit:. 98 % gest. (Medikamenten Monitor, 2007)

Jahresumsatz: 674 Mio. Euro (2006)

Auszeichnungen:
„Ei des Columbus", Stiftung Innovation für *Aspirin Effect* (2005)
„Pegasus Award", Most Trusted Brand Readers Digest (2007)

Markenwebsite: www.aspirin.de

Literatur:
Karlheinz Schmidt u. M. Zerbst: Aspirin, mehr als nur ein Kopfschmerzmittel (1997)

Aspirin wurde zügig nach der Erfindung auch weltweit vermarktet: Heute ist das Medikament in über 90 Ländern erhältlich.

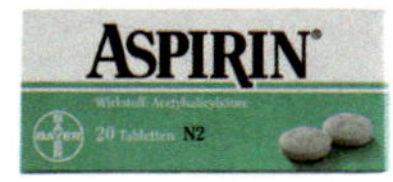

Aspirin in unterschiedlichen Verpackungen: die erste Verpackung von 1899 (unten) und die heutige Form (Mitte)

Das Logo von ASS im leuchtenden Karten-Format

ASTOR gehört zu den weltweit führenden Anbietern von kosmetischen Produkten.

H. Vollmer: Aspirin. Ein Jahrhundertmittel macht Karriere (1997)
F. Vennemann: Aspirin. (1998)

UNTERNEHMEN

Bayer HealthCare AG

Hauptsitz: Leverkusen, Deutschland

Vorstand: Arthur J. Higgins, Vorstandsvorsitzender

Weitere Marken: →Bepanthen, →Bepanthol, →Canesten, →Lefax, →Priorin, →Talcid

Gesamtumsatz: 11,724 Mio. Euro (2006)

KONTAKT

Bayer HealthCare AG
51368 Leverkusen
✆ (02 14) 30–1
www.bayerhealthcare.com

Ansprechpartner Presse:
Jutta Schulze
✆ (0 22 03) 56 82 18
✉ jutta.schulze@bayerhealthcare.com

Ansprechpartner Kommunikation:
Dr. Markus Pickel
Ltg. Bayer HealthCare Unternehmenskom.
✆ (02 14) 30–43 30 2
✉ markus.pickel@bayerhealthcare.com

SCHON GEWUSST?

- Als Neil Armstrong 1969 als erster Mensch den Mond betrat, war Aspirin in der Bordapotheke der Apollo 11 dabei.
- Würde man eine Jahresproduktion des Wirkstoffs ASS ausschließlich in 500-mg-Tabletten pressen, so könnte man mit den daraus gewonnenen 100 Mrd. Tabletten eine Kette von Erde bis Mond und wieder zurück bilden.

ASS

Die Marke ASS Altenburger steht für Spielkarten und andere hochwertige Kartenprodukte. Zielgruppen der Marke sind Kartenspieler in aller Welt bzw. Spieleverlage und Casinos sowie Firmen, die Spielkarten als Werbemittel einsetzen können. Letztere beziehen Werbespielkarten, also Spielkarten mit eingedruckter Firmenwerbung auf der Rückseite. Dieser Bereich macht mit 60 % inzwischen den größten Anteil am Umsatz des Herstellers Spielkartenfabrik Altenburg GmbH aus. Zu dessen jüngsten Innovationen gehören Karten mit Harry-Potter-Motiven sowie Lizenzprodukte zur Fußball-Europameisterschaft 2008. Das Markenlogo zeigt den Schriftzug ASS in großen, serifenlosen Versalien, darunter kleiner „Altenburger", und über diesen Schriftzügen zwei ineinandergesetzte Kartenmotive Pik und Herz, wie man sie auf Spielkarten findet. Der heutige Markenname entstammt der Verbindung der Namen ASS und Altenburger. Die Bezeichnung ASS ist eng verknüpft mit dem Kartenspiel Skat, das in Altenburg erfunden wurde, und wurde 1931 als Kürzel für die Vereinigte Altenburger und Stralsunder Spielkartenfabriken AG eingeführt. Diese war 1898 aus einer Fusion der Herzoglich Sächsischen Altenburgischen Condessionierten Spielkartenfabrik in Altenburg mit einem Stralsunder Wettbewerber hervorgegangen. Die Marke blieb nach 1945 unter der neu gegründeten ASS AG, Stuttgart, erhalten. Nach der Verstaatlichung der Spielkartenfabrik in Altenburg, Thüringen, produzierte man zunächst unter der Marke Altenburger. 2002 wurden beide Marken unter dem Dach des Spielkartenherstellers Cartamundi zusammengeführt zu ASS Altenburger. Das heutige Unternehmen, die Spielkartenfabrik Altenburg GmbH, geht auf die 1832 von den Brüdern Bechstein in Altenburg gegründete Spielkartenfabrik zurück. Täglich werden heute bis zu 200.000 Spielkarten in Altenburg produziert. Die Firma beschäftigt derzeit 161 Mitarbeiter und ist ein Tochterunternehmen der Cartamundi Company, der nach Unternehmensangaben weltweite Marktführer im Segment Spielkarten mit Sitz in Belgien.

UNTERNEHMEN

Spielkartenfabrik Altenburg GmbH
Leipziger Str. 7
04600 Altenburg
✆ (0 34 47) 5 82–0
(0 34 47) 5 82–1 09
www.spielkarten.com

ASTOR

Die internat. aufgestellte Kosmetikmarke ASTOR steht für ein umfangreiches Programm an kosmetischen Produkten für den Mass-Market. ASTOR gehört zur Coty Inc., einem der weltweit führenden Anbieter von Beauty-Produkten, und wird als dynamisches, frisches und modeaffines Label vermarktet. Zum Anspruch der Marke gehört es, aktuelle Trends möglichst rasch umzusetzen und zu einem optimalen Preis-Leistungs-Verhältnis anzubieten. Die Marke Margaret ASTOR wurde zu Beginn des Wirtschaftsbooms der Nachkriegsjahre gegründet. Ziel war die Herstellung von Kosmetikprodukten, die in Qualität und Aufmachung den Konkurrenzprodukten aus dem Ausland entsprachen jedoch preiswerter waren. Die Namensgebung wurde von der dt. Auswandererfamilie Astor inspiriert, die in New York das Waldorf Astoria Hotel gegründet hatte. Das erste Sortiment 1952 umfasste dekorative Kosmetik, Hautpflege und Düfte. In den 1960er- und 1970er-Jahren erreichte Margret ASTOR erstmals Spitzenpositionen in den Bereichen Lippen- und Augenkosmetik. 1990 wurde das Unternehmen vom dt. Benckiser-Konzern gekauft. Um den markeneigenen Aktualitätsanspruch zu kommunizieren, wurde 1999 ein kompletter Relaunch des gesamten Sortiments vorgenommen. Aus demselben Grund wurde im Jahre 2001 der ursprüngliche Markenname Margaret Astor zu ASTOR verkürzt.

UNTERNEHMEN

Coty Deutschland GmbH
Fort Malakoff Park
Rheinstr. 4e
55116 Mainz
✆ (0 61 31) 3 06–0
🖷 (0 61 31) 3 06–7 45
💻 www.coty.com

ATA

Die Marke Ata steht für Universalreiniger-Produkte, die hartnäckige Verschmutzungen wie Fett, Rost, Kalk oder Eingebranntes in Küche, Bad oder WC hygienisch entfernen. Ata ist als Pulver oder für empfindliche Oberflächen wie Keramik oder Emaille als Scheuermilch erhältlich und kann als Universalreiniger in allen Haushaltsbereichen eingesetzt werden. Das Produkt hat eine hohe Fettlösekraft, schont das Material und löst auch starke Verunreinigungen kraftvoll. Ata ist eine Marke des Unternehmens →Henkel. Der Markenname geht auf eine Tochter von Fritz Henkel jun. zurück. Sie hatte beim Spielen wiederholt „ata" gerufen und ihrem Vater so die Idee für den Namen gegeben. Eingeführt wurde das Scheuermittel 1920 zunächst in 300-g-Paketen und zielte in erster Linie auf den Hausgebrauch. Später kamen aber auch Großgebinde für gewerbliche Anwender hinzu. Damit genießt die Marke Ata bereits seit vielen Jahrzehnten das Vertrauen der Verbraucher. Das Logo zeigt, erstmals 1924, den Markennamen in serifenlosen Versalien, wobei die Schriftart immer wieder modifiziert wurde. Im Jahr 1924 kam eine spezielle Pappgussflasche auf den Markt, in der das Produkt bis 1956 verkauft wurde. Danach wurde die Verpackung

Ein Werbemotiv für Ata aus dem Jahr 1977

von der runden Streudose abgelöst. Seit der Markeneinführung hat Henkel die Marke Ata stetig weiterentwickelt: 1928 kam *Ata Fein* auf den Markt, 1933 folgte *Ata Extra Fein*, 1966 *Ata mit Fettlöser*, 1972 *Ata mit Zitrone*, 1977 *Ata Scheuermilch mit Marmorstaub*, 1983 *Ata Sauerstoff-Aktivat* sowie *Ata Sanft und Sauber* als Flüssigreiniger, 1990 *Ata Essig-Reiniger* und 1997 *Ata Pulverreiniger* sowie *Scheuermilch* mit neuer Rezeptur. Vertrieben wird die Marke in Deutschland und in verschiedenen Exportländern.

DATEN UND FAKTEN

Markenname: Ata, Kunstname, geht auf eine Tochter von Fritz Henkel jun. zurück, die beim Spielen wiederholt „ata" gerufen hatte.

Slogan: „Bei Aluminium ist's von Nutzen mit Ata trocken stets zu putzen." (1937), „Jeden Fleck putzt Ata weg" (1954), „Ata reinigt alles - so appetitlich sauber" (1965), „Macht die Küche lebensmittelsauber" (1980/81)

Erfinder: Henkel & Cie, 1920, Düsseldorf

Markenregistrierung: 11. 09. 1914, Kaiserliches Patentamt Berlin

Innovationen: Ata Pappgussflasche (1924), Ata Fein (1928), Ata Extra Fein (1933), Ata in der runden Streudose (1956), Ata mit Fettlöser (1966), Ata mit Zitrone (1972), Ata Scheuermilch mit Marmorstaub (1977), Ata Sauerstoff-Aktivat und Ata Sanft und Sauber als Flüssigreiniger (1983), Ata Essig-Reiniger (1990), Ata Pulverreiniger und Scheuermilch mit neuer Rezeptur (1997)

Ata ist seit 1956 als Streudose (Mitte, hier eine Variante aus dem Jahr 2007) erhältlich. Bei der Markteinführung 1920 wurde das Produkt in Paketen zu 300 g (unten) verkauft.

Mit *Alone in the Dark*, dem Survival-Adventure (Mitte), wird ATARI die erfolgreiche Serie im Jahr 2007 fortsetzen. Lutz Anderie, Geschäftsführer GSA, CEE und Russland (unten)

UNTERNEHMEN

Henkel KGaA

Hauptsitz: Düsseldorf, Deutschland

Weitere Marken: s. → Henkel

Gesamtumsatz: 12,740 Mrd. Euro (2006)

Vertrieb: weltweit in über 125 Ländern

KONTAKT

Henkel KGaA
Henkelstr. 67
40589 Düsseldorf
✆ (02 11) 7 97-0
🖷 (02 11) 7 98-40 08
💻 www.henkel.de

Ansprechpartner Presse:
Marion Schwenker
✉ press@henkel.com

SCHON GEWUSST?

▮ Der Bildhauer George Rickey aus New York scheuerte 1975 seine kinetische Plastik „Routierende Quadrate" mit Ata, bevor sie auf der Engelnschanze in München aufgestellt wurde.

ATARI

Unter der Marke ATARI vertreibt der gleichnamige Softwarehersteller Computer- und Videospiele auf dem internat. Markt. ATARI produziert Spiele für alle erhältlichen Spielkonsolen sowie für PCs und deckt mit seinem Portfolio eine Vielzahl von Spielegenres ab. ATARI wurde 1972 durch den US-Amerikaner Nolan Bushnell gegründet. Ursprünglich wollte Bushnell seine Firma Syzygy nennen. Da dieser Name bereits vergeben war, entschied er sich für den Namen ATARI. Das Wort ist ein Begriff aus dem jap. Brettspiel GO und bedeutet „Ich werde gewinnen". Das Markenlogo besteht aus dem ATARI-Schriftzug und einem mit drei Streifen stilisierten Berg. Dieser soll an den Fujiyama erinnern, den heiligen Berg der Japaner. ATARI produzierte 1972 mit Pong, einem einfachen Tennisspiel, den ersten Videospielautomaten der Welt und gilt als Erfinder der Videospiele. 1977 übernahm der US-Medienkonzern Warner Communications ATARI für 28,8 Mio. USD. Ein Jahr später brachte ATARI mit dem *VCS 2600* seine erste Spielkonsole für den Heimanwendermarkt heraus. Das *VCS 2600* wurde dank Spielen von ATARI selbst

Test Drive Unlimited ist das erste Massivly Multiplayer Online Racing Game für die X360, PC, PS2 und PSP.

sowie Fremdentwicklern zu einem großen Erfolg. Neben Weiterentwicklungen im Konsolenbereich fokussierte ATARI sein Geschäft in den 1980er-Jahren auf den Heimcomputermarkt. So entwickelte ATARI u. a. den *Atari ST*, einen der erfolgreichsten Computer des Jahrzehnts. In den 90er-Jahren gingen die Verkaufszahlen für ATARI-Hardware zurück. Sowohl die 1990 eingeführte tragbare Konsole *Lynx* als auch der *Falcon 030*, ATARIS letzter Computer, konnten wirtschaftlich nicht überzeugen. Auch die *Jaguar*, die erste 64Bit-Spielkonsole der Welt, behauptete sich nicht am Markt, so dass ATARI die Hardwareproduktion Mitte der 1990er-Jahre einstellte. 1996 gingen die Markenrechte von ATARI an den Festplattenhersteller JTS, zwei Jahre später übernahm der Spielekonzern Hasbro die Marke ATARI für 5 Mio. USD. 2001 wechselten die Markenrechte schließlich zum franz. Softwarehersteller Infogrames, der seit 2003 unter dem Namen ATARI firmiert. Heute beschäftigt ATARI weltweit rund 500 Mitarbeiter.

DATEN UND FAKTEN

Markenname: ATARI, ein Begriff aus dem jap. Brettspiel GO, in etwa „Ich werde gewinnen"

Slogan: „Start.Game.Now" (2003)

Erfinder: Nolan Bushnell, 1972, Redwood City, Kalifornien/USA

Markenregistrierung: 17. 08. 1978, DPMA München

Innovationen: Pong (1972), ATARI VCS (1978), ATARI ST (1985), ATARI Jaguar (1993)

Markenbekanntheit: 91 % gest. (Brand Navigator, Oktober 2005)

UNTERNEHMEN

ATARI Deutschland GmbH

Hauptsitz: Frankfurt/Main, Deutschland

CEO: Patrick Lelau

Vertrieb: internat., über Einzelhandel, Großhandel und E-Commerce

KONTAKT

ATARI Deutschland GmbH
Carl-Benz-Str. 21
60386 Frankfurt/Main
✆ (0 69) 24 44 91-00
💻 www.atari.de

Ansprechpartner Presse:
Michael Röder, PR Manager
✆ (0 69) 24 44 9-1 44
✉ Michael.Roeder@atari.com

Ansprechpartner Marketing:
Patrick Rausch, Senior Produkt Manager
✆ (0 69) 24 44 9-1 43
✉ patrick.rausch@atari.com

SCHON GEWUSST?

- Der ATARI ST erlangte aufgrund seiner damals herausragenden Audiofähigkeiten Kultstatus in Musikerkreisen und wird auch heute noch von einigen Künstlern verwendet.
- Das 1982 eingeführte ATARI VCS 5200 sollte ATARIs erstes VCS ablösen, was jedoch an diversen Designmängeln und Inkompatibilitäten scheiterte. Als erstes Videospielsystem mit analogen Controllern – übrigens heute Standard – ist das 5200 dennoch ein Meilenstein der Videospielgeschichte geworden.

ATRIX

atrix gehört zu den bekannten Marken der Beiersdorf AG. Die Handpflege wurde als spezielle Öl/Wasseremulsionscreme mit schneller Wirkungsweise konzipiert. Der Markenname atrix wurde 1906 von Dr. Oscar Troplowitz beim Kaiserlichen Patentamt eingetragen und zunächst 1908 für Rasierseife, 1927 für Enthaarungsmittel und von 1949 bis 1953 für Lippenstifte benutzt. Die Glycerin-Handcreme atrix kam 1955 auf den Markt und versprach als erste Marke zugleich Schutz und

Die atrix Handpflege-Serie umfasst verschiedene Verpackungsformen und -größen.

Pflege für beanspruchte und empfindliche Hände. Seit 1989 enthält atrix neben entzündungshemmender Kamille und verschiedenen Feuchtigkeitsspendern auch hautpflegendes Panthenol (ProVitamin B5). Panthenol kann Feuchtigkeit binden und speichern. Außerdem fördert es die Regeneration der Zellen. Bereits Mitte der 1950er-Jahre wurde die Pflegeformel durch Silikon ergänzt, um wie ein „unsichtbarer Handschuh" den Schutzeffekt zu verstärken. Die Marke atrix umfasst neben den Klassikern *atrix Intensive Schutzcreme* und *atrix Intensive Schutzcreme – Parfümfrei* die Produkte *atrix Zarte Schutzcreme* und *atrix Professionelle Repair-Creme*. Die Produkte sind sowohl in Dosen als auch in mitnahmefreundlichen Tuben erhältlich. 2005 kam zum 50-jährigen Geburtstag der Marke eine limitierte Jubiläumsedition der traditionellen Blechdose heraus. atrix wurde 1955 europaweit lanciert und ist inzwischen auf allen Erdteilen im Handel erhältlich. 1991 bewertete die Stiftung Warentest die pflegende Wirkung von atrix mit „sehr gut". 2004 erreichte die *atrix Intensive Schutzcreme – Parfümfrei* bei erneuter Prüfung durch die Stiftung Warentest dasselbe Ergebnis. Das Bild des Logos hat sich im Verlauf der Produktgeschichte mehrmals gewandelt. Die ausgestreckte Hand, mal mit geschlossenen, mal mit gespreizten Fingern, und die abgerundeten Buchstaben des Namenszuges unterstützen den Gedanken von Schutz und Pflege. Das Bild des „unsichtbaren Handschuhs" wurde zum Sinnbild der mit atrix gepflegten Hand. Neben atrix führt die Beiersdorf AG so bekannte Marken wie →8x4, →Eucerin, →Hansaplast, →Hidrofu-

Die Geburtstagsedition zum 50-jährigen Markenbestehen (Mitte), die atrix Intensive Schutzcreme ist in der klassischen Dose und in der Tube erhältlich (unten).

Das Logo von Audi erinnert an den Firmengründer Horch.

gal, → Labello, → NIVEA und → tesa in ihrem Portfolio.

DATEN UND FAKTEN

Markenname: atrix, 1906

Markenregistrierung: 01.05.1906, Kaiserliches Patentamt Berlin

Innovationen: *atrix Handschutzcreme* (1955), *atrix Handcreme mit Panthenol* (1989), *atrix Intensive Schutzcreme - Parfümfrei* (2002)

Markenbekanntheit: 62,8 %, gest. (Stern Markenprofile 11 Intermedia 2005)

Auszeichnungen:
„sehr gut", Stiftung Warentest für *atrix Handschutzcreme* (1991)
„sehr gut", Stiftung Warentest für *atrix Intensive Schutzcreme - Parfümfrei* (2004)

UNTERNEHMEN

Beiersdorf AG

Hauptsitz: Hamburg, Deutschland

Vorstand: Thomas-B. Quaas

Weitere Marken: NIVEA, Labello, Hansaplast, Eucerin, 8x4

Gesamtumsatz: 5.120 Mio. Euro (2006)

KONTAKT

Beiersdorf AG
Unnastr. 48
20245 Hamburg
(0 40) 49 09-0
(0 40) 49 09-34 34
www.beiersdorf.de

Ansprechpartner Presse:
Claudia Fasse
(0 40) 49 09-0
info@beiersdorf.com

SCHON GEWUSST?

- Die Zusammensetzung von atrix mit einem hohen Panthenol-Anteil und Silikon als Beimischung sorgt dafür, dass kein Wasser in die Haut eindringen und zum Austrocknen der Haut führen kann.
- Auch das Eindringen von Schmutz und chemischen Substanzen wird erschwert, wenn die Handcreme schon vor dem Ausüben einer strapazierenden Tätigkeit angewendet wird - der „unsichtbare Handschuh" entsteht.

AUDI

Die Herstellermarke Audi steht für innovative Pkw-Modelle im gehobenen Preissegment. Die aktuellen Linien heißen Q7, R8, TT, A3, A4, A5, A6 und A8. Sie sind auch in zahlreichen Variationen verfügbar, etwa als TT Coupé, A3 Sportback oder A4 Cabriolet. Das Portfolio, das komfortable Modelle (Q7) ebenso umfasst wie Hightech-Sportwagen (R8), sichert Audi eine breite Zielgruppenansprache innerhalb seines Marktsegments. Markenname und Logo sind eng mit der Historie des Unternehmens verknüpft. August Horch gründete 1899 in Köln die Firma A. Horch & Cie., die ab 1904 in Zwickau als A. Horch & Cie. Motorwagen AG ansässig war. 1909 verließ Horch das Unternehmen, gründete eine neue Firma und nannte sie, da er den Namen „Horch" nicht verwenden durfte, „Audi". Diese Bezeichnung leitet sich aus der lat. Übersetzung des Familiennamens Horch ab. 1932 wurde Audi Teil der Auto Union, dem Zusammenschluss der Hersteller Audi, DKW, Horch und Wanderer. 1969 fusionierten dann die damals bereits zu → Volkswagen gehörenden Unternehmen Auto Union GmbH und NSU Motorenwerke AG und firmierten fortan als Audi NSU Auto Union AG. 1985 erfolgte die Umbenennung in Audi AG. Die vier ineinandergreifenden Ringe im heutigen Firmenlogo nehmen auf den Zusammenschluss der vier Automarken von 1932 Bezug. Weiterhin zeigt es den Markennamen in Audi roten Lettern. Begleitet wird das Logo durch den Slogan „Vorsprung durch Technik", der auf Innovation als Kernbotschaft der Marke verweist. Herausragende Erfindungen der letzten Jahrzehnte waren der Audi Quattro (1980), das erste Hochleistungsfahrzeug mit Allradantrieb, oder der A8 (1994), als erstes Serienmodell komplett in Aluminiumbauweise gefertigt. 1994 führte das Unternehmen eine Nomenklatur der Modellbezeichnungen ein, der Audi 100 hieß nun z. B. A6. Das Unternehmen, eine hundertprozentige Tochter der Volkswagen AG, konnte zuletzt mit mehr als 52.000 Mitarbeitern weltweit einen Umsatz von über 31 Mrd. Euro erreichen.

UNTERNEHMEN

Audi AG
85045 Ingolstadt
(08 41) 89-0
(08 41) 89-3 25 24
www.audi.de

AUGUSTINUM

Der Sozialdienstleister Augustinum wurde 1954 von dem Münchener Pfarrer und Religionslehrer Georg Rückert ins Leben gerufen. Er benannte das Unternehmen nach Aurelius Augustinus, einem ökumenischen Kirchenvater aus dem fünften Jh. n. Chr. Zielgruppe sind Senioren, Menschen mit Behinderungen und Kranke. Eine der Kernkompetenzen des Augustinums ist seit 1962 die Einrichtung von Wohnstiften. Mittlerweile gibt es deutschlandweit 21 solcher Einrichtungen. Insgesamt leben dort heute rund 7.000 Bewohner. 2008/2009 sollen zwei weitere Wohnstifte in München bzw. Stuttgart fertiggestellt werden. Zu den Innovationen des Augustinums zählen auch ein integratives Konzept für Schulen und ein Kunstpreis für Menschen mit geistiger Behinderung. 2006 bekam das Augustinum Kleinmachnow bei Berlin von der Stiftung Warentest viermal die Note „sehr gut" verliehen. Der Kunde soll die Marke mit christlichen Werten, Verantwortungsbewusstsein und Weitblick assoziieren. Hierbei hat das Logo, bestehend aus dem Augustinum-Schriftzug und dem griech. Buchstaben Phi, eine unterstützende Wirkung. Phi ist der Anfangsbuchstabe des Wortes „Philadelphia", das für Geschwisterlichkeit steht. Seit der Einführung 1954 variierten sowohl die Farbe des Schriftzuges als auch das Phi. Aktuell wirbt die Marke mit dem Slogan: „Selbstbestimmt leben. Gut betreut wohnen". Zwei Jahre nach der Gründung des ersten Wohnstiftes kam die Stiftsklinik Augustinum in München hinzu. Daraufhin folgten u.a. die Berufsschule für Krankenpflege (1966), das Heilpädagogische Centrum Augustinum (1972) und die Fachoberschule für heilpädagogische Arbeit mit Kindern und Jugendlichen (1983). Mittlerweile runden behütende Häuser für altersdemente Menschen sowie Schulen und Behinderteneinrichtungen das Spektrum des Unternehmens ab. Das Augustinum gehört dem Diakonischen Werk der Ev. Kirche an und ist heute einer der führenden Sozialdienstleister in Deutschland. Es beschäftigt 3.700 Mitarbeiter und erwirtschaftete 2005 einen Umsatz von 268,1 Mio. Euro.

UNTERNEHMEN

Augustinum GmbH
Stiftsbogen 74
81375 München
(0 89) 7 09 80
(0 89) 7 09 81-99
www.augustinum.de

AURORA

Unter dem Markennamen AURORA vertreibt die AURORA Mühlen GmbH verschiedene Sorten Mehl. AURORA ist der Name der röm. Göttin der Morgenröte. Er soll die Kraft der Natur zum Ausdruck bringen, die in AURORA Mehl steckt. Die Marke richtet sich an anspruchsvolle und moderne Konsumenten, denen eine gute Ernährung wichtig ist. Es gibt elf Sorten Mehl und eine Sorte Schrot der Marke AURORA. Der Klassiker ist das universell einsetzbare Sonnenstern-Mehl *Type 405*. Weitere Produkte sind u.a. *Urkraft des Keimes* mit sichtbaren Weizenkeimen sowie die Spezialmehle der Reihe *Bestes Korn*. Außerdem tragen Grieße, Brotbackmischungen und seit 2007 auch Kuchenbackmischungen den Namen AURORA. Das Markenlogo zeigt passend zum Ursprung des Namens eine Sonne vor einem roten Hintergrund. In der Mitte der Sonne steht der Markenname. Das Logo wurde zusammen mit der Marke und dem Slogan „AURORA mit dem Sonnenstern" von Clemens Auer entwickelt und erstmals 1951 als Markenzeichen registriert. Innerhalb kurzer Zeit wurde aus einem einfachen Grundnahrungsmittel ein Markenprodukt und AURORA in Deutschland zum Inbegriff für Mehl. 2004 wurde für die Marke AURORA, die ausschließlich im dt. Lebensmitteleinzelhandel vertrieben wird, ein gest. Bekanntheitsgrad von 87 % ermittelt (Emnid). Der Ursprung der AURORA Mühlen GmbH geht auf das Jahr 1850 zurück, als Clemens Auers Großvater Heinrich in Köln eine Mühle gründete. Seit 1975 gehört das Unternehmen mit seinen 29 Mitarbeitern zur VK Mühlen AG mit Sitz in Hamburg. Geschäftsführer der AURORA Mühlen GmbH ist Jan-Dierk Eisenschmidt.

DATEN UND FAKTEN

Markenname: AURORA ist die röm. Göttin der Morgenröte

Slogan: „Natürlich backen. AURORA mit dem Sonnenstern"

Erfinder: Clemens Auer, 1951, Köln

Markenregistrierung: 1951, DPMA München

Innovationen: AURORA Kuchenbackmischungen (2007)

Augustinum Φ

Markenzeichen des Sozialdienstleisters

Aurora

Natürlich backen.
Aurora mit dem Sonnenstern.

Ein Klassiker der Marke AURORA ist das Sonnenstern-Mehl Type 405.

Austermann bietet ein breites Sortiment an modischen Strick- und Häkelgarnen.

Markenbekanntheit: 87 % gest. (Emnid, 2004)

UNTERNEHMEN

AURORA Mühlen GmbH
Trettaustr. 49
21107 Hamburg
✆ (0 40) 7 51 09-02
🖷 (0 40) 7 51 09-1 20
🖳 www.aurora-mehl.de

AUSTERMANN

Unter der Marke Austermann verkauft die Schoeller Süssen GmbH eine umfangreiche Kollektion modischer Handstrickgarne. Zudem werden Stricknadeln und ein breites Sortiment an Handarbeitszubehör angeboten. Der Markename geht auf den Namen des Firmengründers Max Austermann zurück, der 1912 das Unternehmen in Wuppertal gründete. 1981 gründete Günter Austermann das Bildungszentrum für den Handarbeits-Einzelhandel. Die Marke Austermann richtet sich an designbewusste Strickerinnen und Stricker mit mittlerem Einkommen, für die auch ein umfangreicher Informationsservice zu den Produkten und seiner Verarbeitung angeboten wird. Mehrmals jährlich erscheinen modische Wollekollektionen, die ausschließlich über den Fachhandel vertrieben werden. Das Logo der Marke Austermann ist in den Hausfarben der Schoeller Süssen GmbH, Schwarz und Rot (Pantone 193), gehalten. Es besteht aus dem Namensschriftzug in roten Versalien und dem darunter gestellten Markenslogan „fashion & style" in schwarzen Minuskeln. In seiner Ausgewogenheit verspricht das Markenzeichen Zuverlässigkeit und Qualität für seine Produkte. 1989 ging die Austermann-Wolle GmbH & Co. in den Besitz der Schoeller Eitorf AG über. Im Jahr 1994 verlagerte die Austermann Vertriebs-GmbH seinen Standort vom Gründungsort Wuppertal nach Süssen. Heute gehört die Marke Austermann zur Schoeller Süssen GmbH, dem Nachfolgeunternehmen der Schoeller + Stahl GmbH. Zum Markenportfolio der Schoeller Süssen GmbH zählen neben Austermann die Marken →Schoeller + Stahl, Alwo und Schaffhauser Wolle. Das Unternehmen erzielt einen Jahresabsatz von über 1. Mio. kg Handstrickgarnen und erwirtschaftet einen Umsatz von ca. 17 Mio. Euro. Damit gehört der Konzern zu einem der weltweit führenden Anbieter in der Textilbranche.

DATEN UND FAKTEN

Markenname: Austermann, Familienname des Gründers

Slogan: „Fashion & Style"

Gründer: Max Austermann, 1912, Wuppertal; Günter Austermann

Markenregistrierung: 28. 12. 1981, DPMA München

Innovationen: Sockengarn mit Aloe Vera- und Jojoba-Behandlung (2005)

Geschäftsführung: Achim Hamann, Gerhard Hübinger

Markenwebsite: www.austermann-wolle.de

UNTERNEHMEN

Schoeller Süssen GmbH
Bühlstr. 14
73079 Süssen
✆ (0 71 62) 9 30 50-0
🖷 (0 71 62) 9 30 50-10
🖳 www.schoeller-und-stahl.de

AUTAN

Eine Verpackung von Autan aus den 1980er-Jahren (Mitte), die Konzernzentrale von SC Johnson in Racine, Wisconsin/USA

Seit 50 Jahren steht Autan für Schutz vor Insekten- und Zeckenstichen. 1958 wurde Autan von der Bayer-Tochter Drugofa in Deutschland erstmals als Lotion in den Handel gebracht. Anfang der 1970er-Jahre ersetzten bruchsichere Plastikflaschen die bis dahin verwendeten Glasflaschen. Das Produktportfolio wurde im Laufe der Jahre um Sprays und Tücher erweitert. 1996 wurde mit *Autan Akut* ein Produkt eingeführt, das die Haut nach Insektenstichen pflegt und beruhigt. Seit 1998 gliedert sich das Sortiment in die Produktlinien *Autan Active* und *Autan Family*, eine Serie speziell für empfindliche Haut. Bereits seit 1960 sind Rot und Gelb die charakteristischen Farben der klassischen Produkte, die heute zur *Autan Active* Linie gehören. 1999 wurde das Markenlogo um eine Mücke ergänzt. Im Jahre 2002 wurde dann *Family Zeckenschutz* eingeführt. Dies kam dem immer größeren Bewusstsein der dt. Bevölkerung entgegen, dass Zecken nicht nur ein Problem in Süddeutschland darstellen – wegen der deutlich häufiger auftretenden Lyme Borelliose in ganz Deutschland war ein besserer Schutz vonnöten. Denn die häufig irreführend „Zeckenschutzimpfung" genannte FSME-Schutzimpfung bietet keinen ausreichenden Schutz vor der deutlich schwieriger zu diagnostizierenden Lyme

Die aktuelle Verpackung von Autan aus der Family Care Linie.

Borelliose. Davor hilft nur die sog. „Expositionsprophylaxe", sprich kein Zeckenstich, keine Infektion. Autan wird heute weltweit in rund 70 Ländern vertrieben und ist in Europa bei Repellents (persönliche Insektenschutzmittel) marktführend (Quelle: IRI). Seit 2003 gehört Autan zu dem US-amerikanischen Konzern S. C. Johnson & Son Inc. Das weltweit auf Reinigungs-, Pflege- und Insektenschutzmittel spezialisierte Unternehmen erzielte 2007 einen Umsatz von 7,0 Mrd. USD. Von den weltweit ca. 12.000 Mitarbeitern des Konzerns sind rund 100 in Deutschland und Österreich beschäftigt. Die SC Johnson GmbH mit Sitz in Erkrath bei Düsseldorf vertreibt neben Autan u.a. auch die →00 null null, →Brise, →Pronto, →Paral Raid, →Drano, →Oust und →Stahl-Fix.

DATEN UND FAKTEN

Markenname: Autan, Kunstwort

Slogan: „Schutz, dem Ihre Haut vertraut" (2007)

Frühere Slogans: „Ausgestochen" (1990), „wehrt Mücken und Zecken ab", „Keine Mücke sticht mehr"

Erfinder: Drugofa, 1958, Köln

Markenregistrierung: 16. 12. 1904, Kaiserliches Patentamt Berlin

Innovationen: Family Zeckenschutz (2002), Family Après-Sun (2005), Active Tücher (2006)

Markenbekanntheit: 37 % ungest., 88 % gest. (IPSOS, 2007)

Auszeichnungen:
„Testsieger", Stiftung Warentest für *Autan Active Lotion* (2004)
„Produkt des Jahres", Lebensmittelpraxis für *Autan Family Zeckenschutz* (2004)

Markenwebsite: www.autan.de

UNTERNEHMEN

S. C. Johnson & Son Inc.

Hauptsitz: Racine, Wisconsin/USA

Vorstandsvorsitzender: Fisk Johnson

Weitere Marken: weltweit zahlreiche Marken; in Deutschland u.a. →00 null null, →Brise, →Oust, →Paral Raid, →Pronto, →Drano, →Stahl-Fix

Gesamtumsatz: 7,0 Mrd. USD (2007)

Vertrieb: in über 100 Ländern weltweit

KONTAKT

SC Johnson GmbH
Mettmanner Str. 25
40699 Erkrath
✆ (02 11) 3 02 34–0
🖷 (02 11) 3 02 34–2 47
💻 www.scjohnson.de

SCHON GEWUSST?

▌Da Mücken und Zecken den Menschen mit ihrem Geruchssinn orten, kann man ihnen die Lust am Blutsaugen durch Repellents schnell verderben. Als Repellents werden Stoffe bezeichnet, die von Organismen über den Geruchssinn wahrgenommen werden und eine abschreckende Wirkung haben, ohne dabei zu töten. Ein gutes Repellent wie Autan zeichnet sich dadurch aus, dass es der Mücke und Zecke „stinkt", nicht aber dem Menschen.

AVENTIS

→Sanofi-Aventis

AVERY ZWECKFORM

Die Büroartikelmarke Avery Zweckform steht für ein umfassendes Sortiment an hochwertigen PC-bedruckbaren Materialien wie Etiketten, Fotopapiere, Visitenkarten und Folien. Benutzerfreundliche Software unterstützt dabei die vielfältigen und einfach anzuwendenden Komplettlösungen für die Erstellung professioneller Druckergebnisse für den beruflichen und privaten Bereich. Avery Zweckform ist eine sog. Dual Brand, entstanden aus

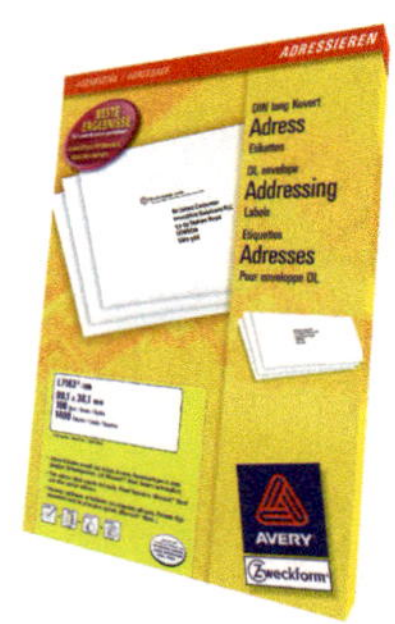

Unter dem gemeinsamen Marken-Logo von Avery Zweckform ein Formularbuch (Mitte) sowie eine Packung selbstklebender, bedruckbarer Etiketten (unten)

dem US-Unternehmen Avery Dennison Corporation und der dt. Marke Zweckform, die sich 1998 zusammenschlossen und ihre Produkte seitdem gemeinsam unter der Marke Avery-Zweckform vertreiben. Avery leitet sich von dem Familiennamen des US-Amerikaners Stan Avery, der 1935 die Selbstklebe-Etiketten erfand, ab. Der dt. Namensteil Zweckform soll symbolisieren, dass man für jeden Zweck das richtige Formular zur Hand hat. Paul Nordmann und Hermann Steinbeis gründeten 1946 in Oberlaindern die Marke Zweckform, unter der sie die ersten Formularbücher überhaupt auf den dt. Markt brachten. Im Computerzeitalter sind Formularbücher zwar zu einem Nischenprodukt geworden, das dennoch wegen seiner anerkannten Rechtssicherheit in ausgewählten Bereichen unverzichtbar ist. Hauptzielgruppe von Avery Zweckform sind heute Büroanwender, die einfach und schnell professionell

Der Standort von Avery Dennison Zweckform im oberbayerischen Oberlaindern.

gestaltete Druckerzeugnisse erstellen wollen. Mit ständigen Innovationen wie der *Quick & Clean Technologie*, die es jedermann ermöglicht, am PC qualitativ hochwertige Visitenkarten mit glatten Kanten selbst zu erstellen, oder den vielseitigen *QuickPeel* Etiketten mit praktischer Abziehhilfe arbeitet das in den USA ansässige Unternehmen an der Weiterentwicklung seiner Produkte. Die Avery Dennison Corporation ist Weltmarktführer bei Selbstklebe- und Haftmaterialien. Das Unternehmen mit Hauptsitz in Pasadena, Kalifornien, beschäftigt über 22.000 Mitarbeiter weltweit. Der Gesamtumsatz belief sich 2006 auf 5,6 Mrd. USD. Seit 2005 wird das Unternehmen von Dean Scarborough geleitet. Die Produkte werden über den Fach-, Einzel- und Großhandel sowie das Internet vertrieben.

DATEN UND FAKTEN

Markenname: Avery Zweckform, Avery leitet sich vom Namen des Firmengründers Stan Avery ab. Zweckform bedeutet so viel wie, für jeden **Zweck** das richtige **Form**ular.

Slogan: „Einfach perfekt“

Gründer Avery: Stan Avery, 1935, Pasadena, Kalifornien/USA

Gründer Zweckform: Paul Nordmann, Hermann Steinbeis, 1946, Oberlaindern

Innovationen: Quick & Clean Technologie (2003), QuickPeel Etiketten (2005)

Markenbekanntheit: 80 % gest. in Deutschland (Facit Marketingforschung, 2006)

UNTERNEHMEN

Avery Dennison Zweckform Office Products Europe GmbH

Hauptsitz: Holzkirchen, Deutschland

Geschäftsführung: Bjarne Mindested

Weitere Marken: Z-Design, Chronoplan

Vertrieb: Multi-Channel: Elektrofachmärkte, Kauf- u. Warenhäuser, C&C Märkte, SB-Verbrauchermärkte, Bürofachhandel u. a.

KONTAKT

Avery Dennison Zweckform
Office Products Europe GmbH
Postfach 1252
83602 Holzkirchen
www.avery-zweckform.de

Ansprechpartner Presse:
Abteilung Consumer Marketing
& Kommunikation
(0 80 24) 64 10
(0 80 24) 56 11

SCHON GEWUSST?

Im Jahre 2006 wurde durchschnittlich alle zehn Sekunden eine Packung DIN A4 Etiketten von Avery Zweckform in Deutschland gekauft. Insgesamt sind damit in diesem Jahr 2,8 Mrd. Einzel-Etiketten erworben worden.

AVIS

Avis Kunden steht eine Flotte von 350.000 Fahrzeugen in mehr als 160 Ländern zur Verfügung.

„We Try Harder“, mit diesem Slogan begann die Autovermietung Avis 1963 ihre Aufholjagd auf den damaligen US-amerikanischen Marktführer. Den Grundstein der internat. Dienstleistungsmarke legte Warren E. Avis 1946 in Detroit, als er die erste Mietwagenstation an einem Flughafen eröffnete. Der Slogan ist mittlerweile fester Bestandteil der

Marke und untrennbar mit der Unternehmensphilosophie verbunden. So bietet Avis seinen Kunden mit der FunCar Flotte ein Portfolio lifestyle-orientierter Autos und ist zudem exkl. Mietwagenpartner von Porsche. Zudem zeichnet sich Avis u. a. durch sein Engagement im Klima- und Umweltschutz aus: Seit 1999 kooperiert Avis Europe mit The CarbonNeutral Company, einer der führenden Klimaschutz-Organisationen Europas. Dabei hat Avis als einzige Autovermietung den „Carbon Neutral" Status erreicht, was bedeutet, dass alle übrigen CO_2-Emissionen komplett durch Aufforstungs- und Technologieprojekte neutralisiert werden sollen. Im letzten Jahr belegte Avis den fünften Platz im Wettbewerb Deutschlands kundenorientierteste Dienstleister 2007 und war dort als einzige Autovermietung unter den ersten 50 Unternehmen gelistet. Beim ADAC-Mietwagentest 2007 belegte Avis den 1. Platz. Das Unternehmen verfügt heute über eine weltweite Flotte von 350.000 Autos in 161 Ländern. Die 1965 in Oberursel gegründete dt. Dependance beschäftigt 1.380 Mitarbeiter und ist mit einem Netz von 340 Stationen und ca. 22.700 Fahrzeugen (2007) eine der führenden Autovermietungen des Landes. Im Jahr 2006 betrug der Umsatz der Marke aus Vermietungen in Europa rund 1,3 Mrd. Euro.

UNTERNEHMEN

Avis Autovermietung GmbH & Co. KG
Zimmersmühlenweg 21
61437 Oberursel
✆ (0 61 71) 68-0
🖷 (0 61 71) 68 10-01
💻 www.avis.de

AWD

Unter ihrer Dachmarke AWD bietet die AWD Holding AG umfangreiches Financial Planning. Entwickelt hat die Marke Carsten Maschmeyer mit der Unternehmensgründung im Jahr 1988. AWD führt keine eigenen Produkte, sondern konzentriert sich auf die unabhängige Beratung und den Vertrieb von Finanzdienstleistungen führender Hersteller aller Produktsparten. Die Kernzielgruppe von AWD sind Privatpersonen im Alter zwischen 25 und 45 Jahren. Eigens ausgebildete Spezialisten beraten aber auch Unternehmen rund um die betriebliche Altersvorsorge. Das aktuelle Logo wurde 1998 in Zusammenarbeit mit der Werbeagentur Scholz & Friends entwickelt. Es zeigt die drei Buchstaben AWD in den Farben Grün und Blau. Diese Farben stehen für Sicherheit und Seriosität und sollen u. a. Dynamik, Vertrauen, Individualität, Kompetenz und Sympathie symbolisieren. Ergänzt wird das Logo durch den Markenslogan: „Ihr unabhängiger Finanzoptimierer". Damit wird der Kunde direkt angesprochen und über die Kernkompetenz von AWD informiert. Über dem Schriftzug spannt eine in Grün gehaltene Möwe schützend ihre Flügel.

Der durchleuchtete Ordner ist beständiges Key-Visual des Corporate Designs und veranschaulicht den finanziellen Vorteil durch die AWD-Beratung.

Dieses Symbol steht für Unabhängigkeit und finanzielle Freiheit. Die Möwe Jonathan aus der Parabel von Richard Bach diente den Designern als Vorbild und soll auch die Unternehmensphilosophie von AWD transportieren: Finanzberatung ist nicht nur Handwerk, sondern beinhaltet ganzheitliche, individuelle Beratung in allen Lebensabschnitten des Kunden. AWD ist lt. einer Studie des IVA Marktführer unter den unabhängigen Finanzdienstleistern in Europa. In den nächsten Jahren will die AWD Holding AG die Marke AWD auf dem europäischen Markt als Premium-Marke etablieren. Im Jahr 2006 arbeiteten 6.040 selbstständige Handelsvertreter für die in zehn verschiedenen europäischen Ländern vertretenen AWD Gesellschaften.

DATEN UND FAKTEN

Markenname: AWD, Abkürzung, für „Allgemeiner Wirtschaftsdienst"

Slogan: „Ihr unabhängiger Finanzoptimierer" (seit 1998)

Gründer: Carsten Maschmeyer, 1988

Markenregistrierung: weltweit geschützt, 18. 06. 1993, DPMA München

Innovationen: Private Finanzstrategie, Vergleichssoftware, verschiedene Vergleichsrechner, z. B. zum Thema Altersvorsorge (seit 1996)

Werbespendings: rund 25 Mio. Euro jährlich für Verkaufsförderung, Marketing, Sponsoring und Presse

AWD
Ihr unabhängiger Finanzoptimierer

Das Markenlogo von AWD symbolisiert Kompetenz, Seriosität und Unabhängigkeit. Carsten Maschmeyer hat das Unternehmen 1988 gegründet und steht ihm heute als Vorstandsvorsitzender vor.

Claude Bébéar (Mitte) gründete 1985 in Frankreich die Axa-Gruppe. In Deutschland verantwortet Vorstandsvorsitzender Frank Keuper (unten) die Geschäfte.

UNTERNEHMEN

AWD Holding AG

Hauptsitz: Hannover, Deutschland

Vorstandsvorsitzender: Carsten Maschmeyer

Weitere Marken: AWD-Arena sowie länderspezifische Marken wie AWDplc in Großbritannien

Gesamtumsatz: 728 Mio. Euro (2006)

Vertrieb: Deutschland, Schweiz, Österreich, Großbritannien, Tschechien, Polen, Slowakei, Ungarn, Rumänien, Kroatien

KONTAKT

AWD Holding AG
AWD-Platz 1
30659 Hannover
💻 www.AWD.de

Ansprechpartner Konzernkommunikation:
Béla Anda
✆ (05 11) 90 20 53 87
✉ Bela.Anda@AWD.de

SCHON GEWUSST?

▮ Am 19. Januar 1991 gründete die AWD Gruppe die gemeinnützige AWD-Stiftung Kinderhilfe in Deutschland. Wenige Jahre später schlossen sich AWD Österreich und AWD Schweiz an, seit 2006 zählt auch AWD Tschechien zum Unterstützerkreis. Die AWD-Stiftung Kinderhilfe verfolgt den Zweck mildtätiger, uneigennütziger Hilfe für Kinder, die in ihren Existenz- und Entwicklungschancen benachteiligt sind.

AXA

Die Dienstleistungsmarke Axa steht für Finanzprodukte im Umfeld von Vorsorge, Vermögensmanagement und Versicherung. In Deutschland bietet der Axa Konzern unter der Marke Axa etwa Schaden- und Unfallversicherungen, private Vorsorgeformen, z. B. Lebens- oder Krankenversicherungen und Vermögensanlagen sowie weitere Finanzprodukte an. Die Axa Konzern AG ist eine Tochtergesellschaft der franz. Versicherungs- und Finanzdienstleistungsgruppe Axa, die internat. tätig ist. Der Name Axa wurde ausgewählt, da er sich in allen Sprachen gut aussprechen lässt und einprägsam ist. Erfunden hat die Marke Claude Bébéar 1985 in Frankreich. Die Produkte der Marke Axa richten sich lt. Firmenangaben an alle Privat- und Firmenkunden, die finanzielle Sicherheit benötigen. Das Logo des Konzerns zeigte 1984 zunächst den Markennamen Axa in schwarzen Versalien. Seit 1994 gibt es ein neues Logo: Ein blaues Quadrat, mit einer roten Diagonalen von rechts oben nach links unten.

Alle Axa-Center besitzen ein einheitliches Design.

Links unten vor der Diagonalen steht der weiße Schriftzug Axa. Das Logo soll die Stärke, Energie, Entschlossenheit, Solidität und Einheit der Axa Gruppe und damit der Marke Axa symbolisieren. Auch der Werbeslogan „Financial Protection" – oder in Deutschland „Für Ihre Sicherheit. Für Ihr Vermögen" – soll den Kunden zeigen, dass sich der Konzern für sie, ihre Sicherheit und ihre Zukunft einsetzt. Damit Axa überall diese Assoziation auslöst, legt der Konzern großen Wert darauf, weltweit unter einem einheitlichen Markennamen aufzutreten. Der Axa Konzern gehört nach eigenen Angaben in Deutschland in allen Geschäftsbereichen zu den zehn größten Anbietern. Insgesamt hat die Axa etwa 8 Mio. Kunden mit etwa 16 Mio. Verträgen in Deutschland. Die Axa Gruppe gehört lt. eigenen Angaben internat. mit Einnahmen von 79 Mrd. Euro im Bereich Versicherung zur Weltspitze. Die Marke wird hauptsächlich in Europa, Nordamerika und in Asien, im Pazifik-Raum, vertrieben.

DATEN UND FAKTEN

Markenname: Axa, Kunstname

Slogan: „Für Ihre Sicherheit. Für Ihr Vermögen"

Gründer: Claude Bébéar, 1985 in Frankreich

Markenregistrierung: 1984, Frankreich

Literatur:
C. Desaegher: The history of Axa (1995)
M. Couwez: Diary of a journey (2002)

UNTERNEHMEN

Axa S. A.

Hauptsitz: Paris, Frankreich

Vorstand: Henri de Castries (internat.), Frank Keuper (Deutschland)

Gesamtumsatz: Gruppenumsatz weltweit 79 Mrd. Euro, davon 9,8 Mrd. Euro in Deutschland (2006)

Vertrieb: weltweit

KONTAKT

Axa Konzern AG
Colonia-Allee 10–20
51067 Köln
✆ (0 18 03) 55 66 22
🖷 (02 21) 14 8-2 27 40
💻 www.axa.de

MEILENSTEINE

1839 Kölner Bankiers und Kaufleute gründen die Vorgängerin der heutigen Axa Konzern AG, die „Kölnischen Feuer-Versicherungs-Gesellschaft", genannt Colonia.

1970/71 Konzernbildung unter Führung der Colonia durch eine Fusion der Versicherer National, Schlesische und Gladbacher

1993 Die damals noch staatliche Union des Assurances de Paris (UAP) aus Frankreich wird Mehrheitsaktionärin der Colonia-Gruppe.

1997 Fusion von Axa und UAP. Umbenennung der dt. Holding in Axa Colonia Konzern AG

2001 Alle dt. Konzerngesellschaften übernehmen den globalen Markennamen Axa.

Ansprechpartner Presse:
Ulrich Bockrath
✆ (02 21) 14 8-2 24 91
✉ ulrich.bockrath@axa.de

AXE

Axe ist eine Marke aus dem Körperpflege-Segment des Unilever Konzerns, deren Portfolio Deodorants, Shower Gels und Body Lotions für Herren in zahlreichen Duftvarianten umfasst. Seit 1985 gibt es Axe in Deutschland, das erste Produkt war ein Bodyspray. 1987 kamen ein Roll-on, Shower Gel und Aftershave hinzu. Seitdem hat sich Deutschland nach Unternehmensangaben zum drittgrößten Absatzmarkt der Produkte von Axe entwickelt. Die Wortbildmarke von Axe ist ein auf den Verpackungen der hochkant gestellte Namenszug in silberfarbenen Versalien. Ein zielgruppengerechtes Verpackungsdesign soll die männlichen Kunden zwischen 13 und 29 Jahren ansprechen. So verfügen die Bodysprays über einen besonderen „Twist & Spray" Mechanismus, während das Design der Shower Gels die Aerodynamik eines Turnschuhs mit der Griffigkeit eines Joysticks verbinden soll. Die Image-Kampagne von Axe setzt auf den sog. Axe-Effekt; die Düfte der Marke sollen Männern außerordentliche Verführungskräfte verleihen und den Verwendern eindeutige Startvorteile beim weiblichen Geschlecht bescheren. Unilever produzierte zahlreiche TV-Spots, die dieses Thema in unterschiedlichen Varianten in Szene setzen. Die Werbefilme wurden mehrfach mit Preisen ausgezeichnet, und die Spots der Kampagne „Bom Chicka Wah Wah" erlangten sogar Kultstatus.

UNTERNEHMEN

Unilever Deutschland GmbH
Dammtorwall 15
20355 Hamburg
✆ (0 40) 3 49 30
🖷 (0 40) 35 47 42
💻 www.axe.de

AXE

Unter dem Namen Axe brachte Unilever 1985 in Deutschland sein erstes Bodyspray auf den Markt.

B

B|BRAUN
SHARING EXPERTISE

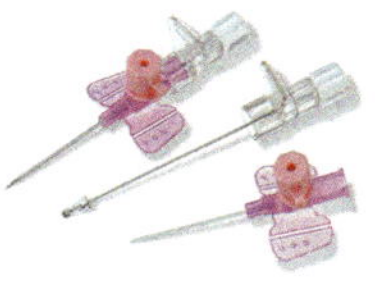

Produktinnovation aus dem Hause B. Braun: Die Braunüle ist heute ein Gattungsbegriff (Mitte). Vorstandsvorsitzender Prof. Dr. h.c. Braun (unten)

B. BRAUN

Im Gesundheitsmarkt steht die Marke B. Braun für mehr als 30.000 Produkte für die Medizin. Was vor fast 170 Jahren als Apotheke begann, ist heute ein weltweit operierender Konzern mit einem Umsatz von über 3,4 Mrd. Euro. Das Portfolio umfasst Produkte für die Infusionstherapie, die Intensivmedizin oder die Anästhesie ebenso wie für die Chirurgie, die Kardiologie, die Wundversorgung oder die extrakorporale Blutbehandlung. Viele Innovationen, wie z. B. die *Braunüle* (1962), sind zum Gattungsbegriff geworden. B. Braun will die hohe Bekanntheit in seinen Zielgruppen – Ärzten, Apothekern und Managern im Gesundheitswesen – durch die Unternehmensphilosophie „Sharing Expertise" weiter ausbauen. Angestrebt wird der rege, lebendige Wissensaustausch mit Partnern und Kunden. Das Ziel: Therapien stetig zu verbessern und Prozessabläufe in der Klinik weiter zu optimieren. Seit langer Zeit im Unternehmen vorhanden ist das Bewusstsein für den Wert einer starken Marke. Bereits der Gründersohn Bernhard Braun erkannte den identitätsstiftenden Nutzen eines übergeordneten Corporate Designs. Zunächst griff er als Warenzeichen den regionalen Wappenlöwen auf. 1908 entwickelte Grafiker Ferdy Hormeyer ein eigenes Warenzeichen, das am 13. Oktober 1921 eingetragen wurde. Das Signet zeigte ein auf die Spitze gestelltes Quadrat in breitem Kreis. 1996 wurde es durch den in Grün (Pantone Green) gehaltenen Markenschriftzug ausgetauscht. Das heutige Logo wird seit 2003 durch den Claim „Sharing Expertise" ergänzt. Die Farbkombination aus Grün und Weiß besitzt eine hohe Eigenständigkeit und steht sowohl für Reinheit, Gesundheit und Nachhaltigkeit (Grün) als auch für Wahrheit und Klarheit (Weiß). In den Sparten *Hospital Care*, *Aesculap*, *Out Patient Market* und B. Braun *Avitum* beschäftigt das Familienunternehmen heute weltweit rund 35.000 Mitarbeiter und beansprucht führende Positionen in den Gesundheitsmärkten der Welt.

DATEN UND FAKTEN

Markenname: B. Braun, Name des Gründersohnes Bernhard Braun

Slogan: „Sharing Expertise"

Gründer: Julius Wilhelm Braun, Melsungen

Markenregistrierung: 29. 08. 1996, DPMA München

Die Firmenzentrale der B. Braun Melsungen AG

Innovationen: Erstes Verfahren zur industriellen Herstellung sterilen Nahtmaterials (1908), Sterofundin, Basis späterer Infusionslösungen (1930), Perfusor, erste Spritzenpumpe zur Dauereinfusion (1951), Braunüle (1962), Introcan Safety, Venenverweilkanüle mit Sicherheitsclip (1998), B. Braun Space, transportables Infusionssystem mit Barcode-Funktion (2003), etc.

UNTERNEHMEN

B. Braun Melsungen AG

Hauptsitz: Melsungen, Deutschland

Vorstand: Prof. Dr. h.c. Ludwig Georg Braun

Gesamtumsatz: 3,3 Mrd. Euro (2006)

MEILENSTEINE

1839 Am 23. Juni erwirbt Julius Wilhelm Braun die Rosen-Apotheke in Melsungen.

1908 Carl Braun und der Chirurg Dr. Frank Kuhn entwickeln gemeinsam das erste industrielle Verfahren zur Herstellung sterilen Nahtmaterials.

1962 Die Braunüle, die erste einteilige Plastikkanüle für Dauerinfusionen, wird zum Verkauf freigegeben.

1976 Erwerb Mehrheitsbeteiligung an der Aesculap AG

1977 Ludwig Georg Braun wird Sprecher des Vorstands.

1992 Eröffnung des neuen Werkes sowie der Konzernzentrale in den Pfieffewiesen, Melsungen

2005 Eröffnung von Europas modernster Fertigung für Infusionslösungen

2007 Start mehrerer internat. Investitionsvorhaben mit einem Volumen von 1,4 Mrd. Euro in den nächsten drei Jahren

Vertrieb: weltweit durch über 50 Landesgesellschaften

KONTAKT

B. Braun Melsungen AG
Carl-Braun-Str. 1
34212 Melsungen
✆ (0 56 61) 71-0
🖷 (0 56 61) 71-45 67
💻 www.bbraun.de

Ansprechpartner Presse:
Dr. Bernadette Tillmanns-Estorf
✆ (0 56 61) 71-38 01
✉ presse@bbraun.de

BABYFON

Der Funk-Babysitter Babyfon, hergestellt und vertrieben von der Vivanco Gruppe AG, zählt zu den führenden europäischen Marken in diesem Bereich. Babyfon überträgt per Funk Geräusche aus dem Kinderzimmer an ein Empfängergerät, das bei den Eltern ist. So können sich diese frei in den Wohnung bewegen und sind dennoch schnell bei ihrem Kind, wenn etwas sein sollte. Weil Babyfon am besten in der Nähe des schlafenden Kindes steht, hat die Vivanco Gruppe AG eine neue Generation von Babyfon entwickelt, das *BM 440 Eco Plus*. Nach Angaben des Unternehmens handelt es sich um das erste Babyfon weltweit, das frei ist von elektrischen und magnetischen Feldern. Außerdem reduziert es die elektromagnetischen Wellen aus der Funkstrahlung zu 95 %. Das Logo von Babyfon zeigt leicht gewellt den Schriftzug in weißen, rundlichen Buchstaben auf einem hellblauen Hintergrund. Das Design von Babyfon ist schlicht und einfach. So hat das Gerät nur einen Schalter, mit dem man es ein- und ausschaltet und über den auch der Funk-Kanal gewählt wird. Über ein Stellrad wird die Lautstärke geregelt. Die Geräte sind, wie das Logo, in blau und weiß gehalten. Sie sind rund und haben eine weiße Antenne, mit einer kleinen blauen Kugel auf der Spitze, damit sich das Kind nicht verletzen kann. Die schlichten Farben sollen dafür sorgen, dass Babyfon in jedes Kinderzimmer passt. Seit mehr als 25 Jahren zählt Babyfon zu den führenden Geräten auf dem Markt der Funk-Babysitter. Man kann es in Babyspezialgeschäften und im Fachhandel für Unterhaltungselektronik kaufen oder über den Versandhandel beziehen. Die Vivanco Gruppe AG unterhält acht Tochtergesellschaften in Europa sowie Distributoren in mehr als 30 Ländern

Die neueste Generation des Babyfons funktioniert ohne die Erzeugung elektrischer und magnetischer Felder.

und beschäftigt insgesamt 480 Mitarbeiter. In Zukunft soll das Produktportfolio auf verwandte Märkte ausgeweitet werden, z. B. als Unterstützung in der Pflege von Senioren, mit dem Seniorfon.

DATEN UND FAKTEN

Markenname: Babyfon, Kunstwort, abgeleitet aus **Baby** und Tele**fon**

Slogan: „Babyfon – das Original" (1995)

Markenregistrierung: 14. 09. 1954, DPMA München

Innovationen: elektrosmogfreies Babyüberwachungsgerät (2006)

Auszeichnungen:
„sehr gut" für BM 440 ECO Plus Öko-Test (2006)
„Plus X Award für Ökologie" für BM 440 ECO Plus (2006)

Markenwebsite: www.babyfon.de

UNTERNEHMEN

Vivanco Gruppe AG

Hauptsitz: Ahrensburg, Deutschland

Vorstand: Frank Bussalb

Weitere Marken: Vivanco, bazoo

Vertrieb: über acht europäische Tochtergesellschaften und Distributoren in mehr als 30 Ländern

KONTAKT

Vivanco Gruppe AG
Ewige Weide 15
22926 Ahrensburg
✆ (0 41 02) 2 31-0
🖷 (0 41 02) 2 31-1 60
💻 www.vivanco.de

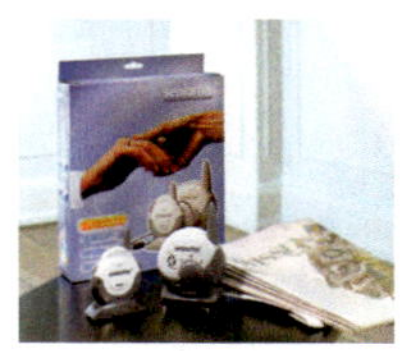

Neben dem klassischen Babyfon (Mitte) gibt es seit dem Jahr 2006 auch ein Seniorfon, das in der Altenpflege eingesetzt wird (unten).

baby-walz

Seit 1952 werden über den Baby-Walz Versandkatalog Artikel für Schwangerschaft und Baby-Bedarf vertrieben.

bac

bac ist auch als Deospray (Mitte) sowie als Duschgel (unten) erhältlich.

Ansprechpartner Presse:
Ines Möller
✆ (0 41 02) 2 31-3 88
✉ i.moeller@vivanco.de

Ansprechpartner Marketing:
Thomas Benecke
✆ (0 41 02) 2 31-2 40
✉ t.benecke@vivanco.de

SCHON GEWUSST?

▮ Das Wort Babyfon kann man im DUDEN nachschlagen. Es ist dort als Marken geschütztes Wort gekennzeichnet und wie folgt beschrieben: „Babyfon, das; -s, -e (telefonähnliches Gerät, das Geräusche aus dem Kinderzimmer überträgt)."

BABY-WALZ

Schwangere, junge Mütter und Familien mit Kindern bis drei Jahren sind die Zielgruppe der Marke Baby-Walz. Entwickelt hat sie Alfons Walz im Jahr 1952. Anlass war die Tatsache, dass zu dieser Zeit Schwangerschafts- und Babybedarf in Deutschland schwer erhältlich war. Das Geschäftsmodell traf von Anfang an auf rege Nachfrage und ließ den Umsatz in den folgenden Jahren beständig steigen. Heute umfasst der Baby-Walz Versandkatalog mehr als 600 Seiten mit rd 5.000 Artikeln. Ergänzt wird das Angebot seit 1965 durch einen Katalog mit dem Titel „Die moderne Hausfrau", der Produkte für Haushalt, Garten und Freizeit aufführt. Unternehmensangaben zufolge ist Baby-Walz Marktführer im Segment Schwangerschaft/Babybedarf und zeichnet sich durch hohe Qualität, faire Preise und umfassenden Service aus. Das Markenlogo wurde im Jahr 1979 von einer Mitarbeiterin des Unternehmens entwickelt und soll unbeschwerte, verspielte Kindlichkeit darstellen: Der Markenname ist in Kleinbuchstaben geschrieben, in den Bs befinden sich stilisierte Blüten. Geworben wird für Baby-Walz mit „Alles Gute für mein Baby". Ein kostenloses Kundenmagazin unterstützt die Maßnahmen zur Markenbindung. Baby-Walz wird in Deutschland, Frankreich, Österreich, der Schweiz, den Niederlanden und Belgien per Versandkatalog und über das Internet vertrieben. In Deutschland und Österreich gibt es außerdem rund 60 Filialen. Das Filialnetz soll in naher Zukunft ausgebaut und das Engagement im E-Commerce intensiviert werden. Das Versandhaus Walz beschäftigt aktuell rund 1.600 Mitarbeiter und setzte im Jahr 2006 etwa 300 Mio. Euro um.

DATEN UND FAKTEN

Markenname: Baby-Walz, Kunstwort, abgeleitet vom Substantiv Baby und dem Familiennamen des Firmengründers Alfons Walz

Slogan: „Alles Gute für mein Baby" (2004)

Erfinder: Alfons Walz, 1952, Bad Waldsee

Markenregistrierung: 09. 10. 1973, DPMA München

Gesamtumsatz: 300 Mio. Euro (2006)

UNTERNEHMEN

Versandhaus Walz GmbH
Steinstr. 28
88339 Waldsee
✆ (0 75 24) 7 03-0
🖷 (0 18 05) 33 40 12
🖳 www.baby-walz.de

BAC

Unter der Familienmarke bac sind verschiedene Körperpflegeprodukte wie Deosprays, Deosticks und Duschgele zusammengefasst. Ursprünglich gehörte die Marke zur Wiesbadener Firma Olivin, die unter Führung von Joachim Jencquel bis 1975 bac-Produkte unabhängig herstellte. Der Markenname bac ist abgeleitet von Bactericid 43, einem Wirkstoff gegen Geruchsbakterien. Im Jahre 1920 wurde der Markenname bac registriert und die ersten Produkte unter diesem Namen vermarktet. Der bac Deostick war der erste Deostick überhaupt, der im Jahr 1952 auf dem dt. Markt eingeführt wurde. Die Hans Schwarzkopf GmbH übernahm die Firma Olivin und somit auch die Marke bac im Jahr 1975 und leitete ein Jahr später die sehr be-

Der klassische bac-Deostick wurde 1952 als erster Deostick in Deutschland überhaupt auf den Markt gebracht.

kannte Fernsehwerbung mit einer Familie und dem Werbeslogan „Mein bac, dein bac: bac ist für uns alle da!" ein. Auch die sofortige Ausweitung vom alleinigen Fachhandelsvertrieb auch auf den Einzelhandel trug zum rapiden Erfolg der Marke bei. Heute ist bac im Bereich der Deosticks sowohl in Deutschland als auch in Österreich sehr erfolgreich am Markt etabliert. Die Familienmarke umfasst aktuell sechs Produktlinien: *Classic, Energy, Sport, Silky Care, Elegance* und *Aloe Vera Sensitive*. Diese sind jeweils als Deospray, Deostick und als Duschgel erhältlich. Alle bac-Pflegesubstanzen beinhalten Vitamin E als Wirkstoff. Als Zielgruppe haben sie vor allem sportlich aktive Männer und Frauen, die Wert auf ein angemessenes Preis-Leistungsverhältnis legen. bac wird in mehr als 25 Ländern vertrieben. Das Unternehmen →Schwarzkopf wurde 1898 in Berlin von dem Apotheker Hans Schwarzkopf gegründet. Aufgestiegen zu einem der größten Haarkosmetikhersteller Europas wurde Schwarzkopf 1995 von der →Henkel KGaA übernommen. Mit ihrem Kosmetik- und Körperpflegebereich setzte die Henkel KGaA im Jahr 2006 2,864 Mrd. Euro in mehr als 125 Ländern um und zählt zu den weltweit führenden Herstellern von Markenprodukten in diesem Bereich.

DATEN UND FAKTEN

Markenname: bac, abgeleitet von Bactericid 43, ein Wirkstoff der Geruchsbakterien beseitigt

Slogan: „Mein bac, dein bac!"

Erfinder: Firma Olivin, 1920, Wiesbaden

Markteinführung: 1920

Markenregistrierung: 19.05.1920, Reichspatentamt Berlin

Innovationen: erster Deostick bzw. erstes Deo Roll-on in Deutschland

Literatur:
Henkel KGaA (Hg.): Chronik 130 Jahre Henkel. (2006)

UNTERNEHMEN

Henkel KGaA

Hauptsitz: Düsseldorf, Deutschland

Weitere Marken: s. →Henkel

Gesamtumsatz: 12,740 Mrd. Euro (2006)

Vertrieb: weltweit in mehr als 125 Ländern

KONTAKT

Henkel KGaA
Henkelstr. 67
40589 Düsseldorf
(02 11) 7 97-0
(02 11) 7 98-40 08
www.henkel.de

Ansprechpartner Presse:
Marion Schwenker
press@henkel.com

MEILENSTEINE

1952 Die Firma Olivin führt den ersten bac-Deostick auf dem dt. Markt ein.

1958 Das erste Deo-Roll on wird in Deutschland von bac hergestellt.

1960 Das erste bac Spray-Deodorant wird verkauft.

1964–1966 Das bac-Portfolio wird durch drei Düfte - frisch, würzig und mild - erweitert. Deos ohne Alkohol kommen auf den Markt.

1975 Die Hans Schwarzkopf GmbH - heute Teil des Henkel-Konzerns - übernimmt die Firma Olivin und damit die Marke bac.

1982 Das erste bac-Duschgel kommt auf den Markt.

1998 Das Konzept „Double Action" wird eingeführt. Es soll Frische und 24h-Rundumschutz garantieren.

BACARDI

Die Konsumgütermarke Bacardi steht für Spirituosen aus dem gehobenen Marktsegment. Das wichtigste mit der Marke verbundene Produkt ist der weiße Rum Bacardi Superior. Der Marktführer gilt als Synonym für die Kategorie weißer Rum. Namensgeber der Marke ist Don Facundo Bacardi, der 1862 in Santiago de Cuba eine Destillerie unter seinem Namen eröffnete. Weltweit bekannt ist das Markenlogo von Bacardi – die Fledermaus. Der Familienlegende nach geht dieses Erkennungszeichen auf die Frau des Firmengründers zurück: Eine unter dem Dach der Brennerei lebende Kolonie der Tiere, die in der spanischsprachigen Welt als Glücksbringer galten, soll sie zur Wahl dieses Motivs bewogen haben. In der Markenkommunikation setzt das Unternehmen auf karibische Le-

BACARDI

Die Fledermaus als Glücksbringer im weltberühmten Logo von Bacardi

bensfreude und Genuss, bekannt geworden als das „Bacardi-Feeling". Bacardi Superior wird auch zum Mixen des Original Bacardi Mojito oder Barcadi & Coke sowie weiteren Longdrinks und Cocktails empfohlen. Seit 2004 ist das Thema eines verantwortungsvollen Umgangs mit Alkohol wichtiger Teil der Markenkommunikation. Zum Unternehmen Bacardi gehören weitere Marken wie →Martini, *Noilly Prat* oder *Grey Goose Vodka*. Außerdem vertreibt das Unternehmen in Deutschland als Lizenznehmer u.a. die Marken →Osborne, *Molinari* und →Jack Daniel's. Die Bacardi GmbH mit Sitz in Hamburg ist eine 100%ige Tochter der Bacardi Ltd., Bermuda, und beschäftigt etwa 300 Mitarbeiter. In Deutschland gehört Bacardi zu den führenden Anbietern internat. Premium-Spirituosen.

UNTERNEHMEN

Bacardi GmbH
Hindenburgstr. 49
22297 Hamburg
✆ (0 40) 3 39 50-0
🖷 (0 40) 3 39 50-2 22
💻 www.bacardi-deutschland.de

BAHLSEN

Bahlsen steht mit mehr als 100 Jahre alten Sorten wie *ABC Russisch Brot* (Mitte) für eine lange Tradition in der Keksherstellung. Damals wie heute sind Kreationen wie *Ohne Gleichen* (unten) im Premium Segment platziert.

Die Konsumgütermarke Bahlsen gehört lt. Werbemonitor (2007) zu den bekanntesten Marken Deutschlands. Entwickelt hat sie Hermann Bahlsen im Jahr 1889, als er die „Hannoversche Cakesfabrik H. Bahlsen" gründete. Bahlsen hatte die Idee für fabrikgefertigte Kekse und Biscuits im Jahr 1887 aus England mit nach Deutschland gebracht. Bereits aus dem Jahr 1900 stammt hingegen das sog. „TET-Zeichen" in Rot und Weiß, das Heinrich Mittag in Anlehnung an eine altägyptische Hieroglyphe entwickelte. Übersetzt bedeutet es ewig dauernd. Im Jahr 1904 wurde es als Markenzeichen geschützt, bis 2002 war es Teil des Logos der Dachmarke und bis heute ist es Teil des Unternehmenslogos. Den zugehörigen Schriftzug entwickelte Martel Schwichtenberg 1928 aus der Unterschrift des Firmengründers. Der Schriftzug mit einer roten Welle (Pantone 186) auf blauem Grund (Pantone 293), ist mittlerweile das Logo der Dachmarke. In den 1950er-Jahren warb Bahlsen mit „Am Ofen versiegelt", Mitte der 1990er-Jahre mit „Feiner backt's keiner". Der aktuelle Werbeslogan lautet „Zuhause ist, wo du willkommen bist". Werbung für seine Dachmarke ist dem Unternehmen rund 14 Mio. Euro pro Jahr wert. Heutzutage werden unter der Dachmarke viele verschiedene Gebäcksorten vertrieben. In Deutschland ist Bahlsen Marktführer im Segment Süßgebäck (Nielsen). Um diese Position zu halten, werden unter der Dachmarke regelmäßig Produktinnovationen platziert. Zwei Innovationen aus dem Jahr 2007 sind *Bahlsen Crispini* und *Bahlsen Dip it!*. Die eigenen Produkte vertreibt Bahlsen in über 80 Ländern mit eigenen Vertriebsgesellschaften und -partnern. Das Unternehmen beschäftigt weltweit mehr als 2.860 Mitarbeiter und erwirtschaftet einen Umsatz von 458 Mio. Euro (2006).

Das TET-Logo von Bahlsen aus dem Jahr 1904 (oben). Zu den Innovationen 2007 gehört *Bahlsen Crispini* (unten).

DATEN UND FAKTEN

Markenname: Bahlsen, Nachname des Firmengründers

Slogan: „Zuhause ist, wo du willkommen bist." (2006)

Gründer: Hermann Bahlsen, 1889, Hannover

Markenregistrierung: 21. 11. 1927, Reichspatentamt Berlin

Innovationen: *Bahlsen Crispini* und *Bahlsen Dip it!* (2007)

Markenbekanntheit: fast 100 % gest. (Werbemonitor, 2007)

Werbespendings: 14 Mio. Euro für Deutschland

Markenwebsite: www.bahlsen.com

UNTERNEHMEN

Bahlsen GmbH & Co. KG

Hauptsitz: Hannover, Deutschland

Geschäftsführer: Werner M. Bahlsen

Weitere Marken: → Leibniz, → Brandt (Deutschland), Krakuski (Polen), Kornland (Österreich)

Gesamtumsatz: 458 Mio. Euro (2006)

Vertrieb: weltweit in über 80 Länder durch eigene Vertriebsgesellschaften und -partner

KONTAKT

Bahlsen GmbH & Co. KG
Podbielskistr. 11
30163 Hannover
✆ (05 11) 9 60–0
🖷 (05 11) 9 60–27 49
💻 www.bahlsen.com

Ansprechpartner Presse:
Dorith Wolff
✆ (05 11) 9 60–26 27
🖷 (05 11) 9 60–24 42
✉ bahlsenpress@bahlsen.com

SCHON GEWUSST?

- Hermann Bahlsen setzte bereits im Jahr 1905 die erste Fließförderanlage Europas ein, um seine Produkte zu verpacken. Henry Ford nutzte Fließbänder in der Automobilindustrie erst acht Jahre später.
- Im Jahr 1911 deutschte Bahlsen das engl. Pluralwort „cakes" zu Keks ein. Allerdings nahm der Duden das Wort erst 1919 auf. Bis dahin hießen Kekse noch „Knusperchen".

BAHN

→ DB (Deutsche Bahn)

BALDESSARINI

Die Modemarke Baldessarini trägt den Namen des Begründers und Designers Werner Baldessarini. Gemäß dem Motto „Luxus mit Augenzwinkern" werden hochwertige Stoffe mit ausgefeilten Verarbeitungstechniken verbunden. Das Herrenmode-Label wurde 1993 als eigene Geschäftseinheit bei der Hugo Boss AG gegründet. 2004 wurde die Baldessarini GmbH & Co. KG operativ eigenständig und verlegte ihren Geschäftssitz von Metzingen nach München, blieb jedoch zu-

Werner Baldessarini bei einer Abschlussfeier anlässlich einer Modenschau

nächst 100 %ige Tochter von Hugo Boss. Seit 2006 gehört Baldessarini zur Ahlers AG, dem europaweit zweitgrößten Herrenbekleidungshersteller Europas. Werner Baldessarini ist bis heute für das Marketing und das Design der Marke verantwortlich. Die Kollektionen sowie die Marke selbst tragen seine persönliche Handschrift. Der handschriftliche Namenszug des Designers dient der Marke Baldessarini als Logo, ergänzt durch einen Versalienschriftzug. Der mittlerweile weltweit bekannte Slogan „Separates Men from the Boys." betont die Exklusivität der Mode und ihren Anspruch auf Einzigartigkeit ohne sich auf ein bestimmtes Alter festzulegen. Die Individualität des Mannes soll hier im Vordergrund stehen. So werden die Kollektionen auch von bekannten Persönlichkeiten präsentiert. Das Gesicht der Marke ist der bekannte Gastronomiebetreiber Charles Schumann. Auch José Carreras und Rollando Villazon standen schon für Baldessarini vor der Kamera. Bei den Kreationen des Hauses wird durch die hochwertige Verarbeitung und insbesondere durch die Auswahl exkl. Materialien Individualität unterstrichen. Man verarbeitet Python- oder Aalleder, schneidert Anzüge aus Krawattenseide und Jacken aus Brokat. Darüber hinaus führt Baldessarini Bekleidungsartikel wie Anzüge, Hemden, Mäntel, Strick und T-Shirts eine Accessoire- und Lifestylekollektion, zu der auch ein handgearbeitetes Backgammonspiel gehört. Die Baldessarini Duft- und Pflegeserie wird ebenfalls mit dem Charakterkopf von Charles Schumann beworben. Die Kollektionen der Baldessarini GmbH & Co. KG werden internat. in 20 Ländern vertrieben. Thorsten Stiebing leitet das Unternehmen und beschäftigt 25 Mitarbeiter.

DATEN UND FAKTEN

Markenname: Baldessarini, Familienname des Designers

Baldessarini
BALDESSARINI

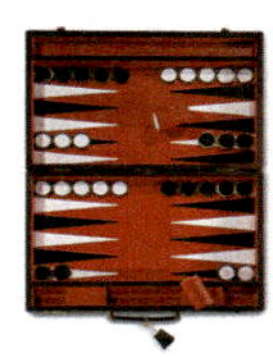

Der Designer Werner Baldessarini (unten) kreiert neben Mode auch Accessoires wie z. B. ein handgearbeitetes Backgammon (Mitte).

Baldriparan®

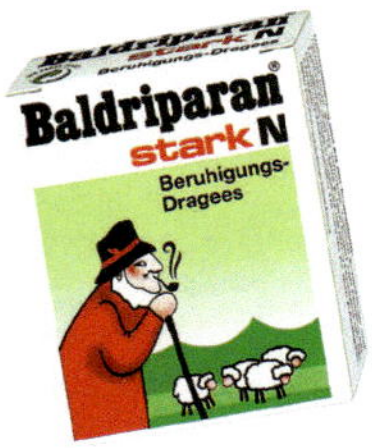

Mitte: Packung aus den 1980er-Jahren. Unten: Baldriparan zur Beruhigung (neue Packung).

Slogan: „Separates Men from the Boys"

Erfinder: Werner Baldessarini, 1993

Markenregistrierung: 18. 05. 1993, DPMA München

Innovationen: handgearbeitetes Backgammonspiel mit original Spielcasinowürfeln aus Monte Carlo, handgenähter Baldessarini Fuß- und Sitzball „Wunder von Bern"

Auszeichnungen:
„Bester Herrendesigner", Michael Award für Werner Baldessarini (1996)
„Bestes Parfum", „Bester Flakon", Fifi Awards in der Kategorie Haute Couture für Baldessarini Parfum (2003)
„Beste Verpackung", „Beste Anzeige", Fifi Awards in der Kategorie Haute Couture für *Baldessarini Parfum* (2004)
„Bester Unternehmer Mode", Die Goldene Flamme (2007)

UNTERNEHMEN

Baldessarini GmbH & Co. KG

Hauptsitz: München, Deutschland

Geschäftsführer: Thorsten Stiebing

Gesamtumsatz: 245,9 Mio. Euro (Ahlers AG, 2005/06)

Vertrieb: weltweit in 20 Ländern über Franchisestores, Fachhändler und Shop-in-Shop

KONTAKT

Baldessarini GmbH & Co. KG
Wilhelm-Wagenfeldstraße 24
80807 München
✆ (0 89) 30 66 84-0
🖷 (0 89) 30 66 84-71
💻 www.baldessarini.com

SCHON GEWUSST?

▮ Der Granny Smith Apfel und die Margeritensorte „weiße Mumie" sind die Symbole des Unternehmens Baldessarini. Für Werner Baldessarini ist die Mumie „die Pure Blume". Keine andere Blume wirkt stilvoller und reiner als diese Margaritenart. Sie wird auf jedem Event in jeder Saison zusammen mit dem Apfel neu interpretiert. Sogar Karl Lagerfeld fotografierte die beiden Symbole.

BALDRIPARAN

Die Marke Baldriparan steht für ein pflanzliches Beruhigungsmittel, welches ausschließlich in Apotheken erworben werden kann. Baldriparan hilft gegen Unruhezustände und nervös bedingte Einschlafstörungen. 1954 wurde die Monomarke Baldriparan gelauncht. Die innovative Drageeform war eine Alternative zu Baldrian-Produkten in flüssiger Form. Seit 1964 ist die Marke Baldriparan in Verbindung mit der Bildmarke „Schäfer" im Markenregister eingetragen.

Baldriparan Stark für die Nacht ist seit 1999 auf dem dt. Markt.

Das Erkennungsmerkmal Schäfer signalisiert Vertrauen und Fürsorge und ist bis heute Werbeträger des Produktes. 1999 wurde der Line Extender Baldriparan Stark für die Nacht auf den Markt gebracht. Das Nachtprodukt zeichnet sich durch seinen hochdosierten Baldrianwurzeltrockenextrakt aus. Hieraus resultiert der Slogan „Schon ein Dragee genügt". Baldriparan ist lt. Herstellerangaben Marktführer im Segment der pflanzlichen Beruhigungsmittel (Baldrian Monopräparate & Kombinationspräparate) wobei das Nachtprodukt den weitaus größeren Umsatzanteil innehat. Die traditionsreiche dt. Marke gehört heute zur Whitehall-Much GmbH, einem in Münster ansässigen Tochterunternehmen des US-Pharmakonzerns Wyeth. Der Konzern beschäftigt weltweit 55.000 Mitarbeiter, davon arbeiten über 80 für die OTC-Division (nicht-verschreibungspflichtige Medikamente) in Deutschland. Bekannte Marken der dt. Tochter sind neben Baldriparan → Caltrate, → Centrum, → Spalt und → Vitasprint.

DATEN UND FAKTEN

Markenname: Baldriparan, Kunstwort

Slogan: „Baldriparan Stark für die Nacht – schon ein Dragee genügt"

Markeneinführung: 1954

Innovationen: erstes Produkt in Drageeform (1954), Baldriparan Stark für die Nacht (1999)

Markenwebsite: www.baldriparan.de

UNTERNEHMEN

Whitehall-Much GmbH

Hauptsitz: Münster, Deutschland

Geschäftsführer: Frank D. Kube

Weitere Marken: → Centrum, → Spalt, → Vitasprint, → Caltrate

KONTAKT

Whitehall-Much GmbH
Regina-Protmann-Str. 16
48159 Münster
✆ (02 51) 92 71-8
🖷 (02 51) 92 71-30 99
🖳 www.whitehall-much.de

Ansprechpartner Presse:
Daniela Kleiböhmer
✆ (02 51) 92 71-30 47
✉ kleibod@wyeth.com

Lead-Agentur:
Grey Worldwide
www.grey.de

SCHON GEWUSST?

- Baldrian wurde im zehnten Jh. erstmalig mit Valeriana bezeichnet, wobei Valeriana officinalis für den europäischen Baldrian steht.
- Baldrian gilt seit 200 Jahren als Sedativum.
- Es gibt 250 verschiedene Arten Baldrian.
- Beim Baldrian finden nur die Wurzeln Verwendung.

BALLANTINE'S

Die Dachmarke Ballantine's bezeichnet einen traditionsreichen Blended Scotch Whisky, der seit 2005 zum Portfolio der franz. Groupe Pernod Ricard gehört. Seine Geschichte begann im Jahre 1827 im schottischen Edinburgh, wo der Firmengründer George Ballantine eine Wein- und Spirituosenhandlung eröffnete. Das private Whisky-Brennen war erst vier Jahre zuvor legalisiert worden. 1853 schließlich erlaubte das Königreich auch das „Blending", also das Zusammenführen unterschiedlich lange gelagerter Malt und Grain Whiskys. George Ballantine schuf daraufhin einen Blended Scotch Whisky aus 40 verschiedenen Malt und Grain Whiskys aus den berühmtesten Whisky-Regionen Schottlands. Sein Wissen als Masterblender wird heute von Sandy Hyslop angewendet, der erst der fünfte Nachfolger von George Ballantine ist. Lt. einer Datenerhebung des Marktforschungsinstituts AC Nielsen vom Juli 2007 ist Ballantine's dt. Marktführer unter den Anbietern schottischer Whiskys. Primäre, mit TV-Werbung sowie vielfältigen PR-Aktionen und dem Slogan „Ballantine's - Leave an Impression" umworbene Zielgruppe sind „lifestyle- und genussorientierte Männer zwischen 25 und 35 Jahren, die selbstbewusst ihren eigenen Stil haben und vertreten". Das Logo auf den rechteckigen, braunen Glasflaschen vereint die wichtigsten Elemente der Whisky-Herstellung: Gerste, Quellwasser, Pot Still und Eichenfässer sowie die schottische Flagge. Queen Victoria ernannte Ballantine's 1937 zum offiziellen Hoflieferanten und zeichnete das Unternehmen mit ihrem Familien-Wappen aus. Zum Logo in den Hausfarben Blau (Pantone 281C) und Gold (873) gehört auch der lat. Ausspruch „amicus humani generis" („Freund aller Menschen") in der Hausschrift Trade Gothic. Ballantine's wird weltweit durch Pernod-Ricard-Niederlassungen vertrieben. Im Geschäftsjahr 2005/2006 erwirtschaftete die seit 2002 in Köln ansässige Pernod Ricard Deutschland GmbH mit 150 Mitarbeitern einen Nettoumsatz von 360 Mio. Euro. Für den Pariser Mutterkonzern arbeiten weltweit 17.600 Personen.

DATEN UND FAKTEN

Markenname: Ballantine's, abgeleitet vom Familiennamen des schottischen Firmengründers George Ballantine

Slogan: „The good Life – A great Scotch is part of it" (1965), „Just Fine" (1990), „Go Play" (2000), „The Scotch" (2005), „Ballantine's – Leave an Impression" (2007)

Erfinder: George Ballantine, 1827

Markenregistrierung: 09.06.1942, UK Intellectual Property Office; 15.11.1948, DPMA München

Markenbekanntheit: 51 % ungest., 83 % gest. (Brand Equity Monitoring, GfK, 2007)

Gesamtumsatz: 360 Mio. Euro (Pernod Ricard Deutschland 2005/2006)

Ballantine's LEAVE AN IMPRESSION

Ballantine's ist dt. Marktführer unter den schottischen Whisky-Anbietern (AC Nielsen, 2007) und erreicht eine gest. Markenbekanntheit von 83 % ((Brand Equity Monitoring, GfK, 2007).

Auszeichnungen:
„Distiller of the Year", International Wine & Spirits Competition (1997)
„ISC Trophy Award", International Spirits Challenge (2003–06)

Markenwebsite: www.ballantines.de

Literatur:
G. Nown: The Scotch. The Story of Ballantine's 17 Years Old, TBS Britannica (1996)

UNTERNEHMEN

Pernod Ricard Deutschland GmbH
Universitätsstr. 91
50931 Köln
✆ (02 21) 43 09 09–0
🖷 (02 21) 43 09 09–92
🖳 www.pernod-ricard-deutschland.com

BALLY

Die Marke Bally steht für Mode der gehobenen Mittelklasse, wobei die Schuhproduktion den wichtigsten Geschäftsbereich des Unternehmens repräsentiert. Das komplette Portfolio umfasst neben den aufwendig und vorwiegend manuell gefertigten Schuhen Accessoires und Bekleidungskollektionen. Bally & Co. wurde 1851 von den Brüdern Fritz und Carl Bally im schwz. Schönewerd nach der Übernahme der väterlichen Gummiband- und Hosenträger-Manufaktur gegründet. 1854 gründete Carl Bally nach dem Ausscheiden des Bruders die Firma unter dem Namen C. F. Bally neu. Um 1860 beschäftigte der Schuhhersteller bereits ca. 500 Mitarbeiter und erste Zweigstellen in Montevideo, Buenos Aires und Paris wurden eröffnet. Nach dem Tod des Gründers 1894 übernahmen die Söhne das Unternehmen als C. F. Bally Söhne. Die beiden Weltkriege sowie die weltweite wirtschaftliche Depression minderten zwar den wirtschaftlichen Erfolg des Schuhherstellers, nicht aber seine Expansion. In der Nachkriegszeit etablierte sich Bally erfolgreich auf dem nordamerikanischen Markt. 1977 zog sich die Bally-Familie aus dem Unternehmen zurück und noch im selben Jahr übernahm der Rüstungshersteller Oerlikon-Bührle die Aktienmehrheit. Trotz weiterer Expansionen auf dem asiatischen und australischen Markt wurde Bally von der weltweiten Rezession zu Beginn der 1990er schwer getroffen, 1999 wurde das Unternehmen an die amerikanische Texas Pacific Group verkauft. Der heutige Hauptsitz und Schwerpunkt der Schuhproduktion liegen im schwz. Caslano. Die Entwicklung der Accessoire-Produktion findet in Florenz statt, die Bekleidungskollektion entsteht in Ancona. Das Unternehmen besitzt über 200 Bally-Stores (2007).

UNTERNEHMEN

Bally Deutschland GmbH
Königsallee 58
40212 Düsseldorf
✆ (02 11) 86 46–20
🖷 (02 11) 86 46–2 12
🖳 www.bally.com

BANG & OLUFSEN

Bang & Olufsen steht als Marke für hochwertige Produkte aus den Bereichen Unterhaltungselektronik und Kommunikationstechnologie. Neben Audio- und Videosystemen bzw. Fernsehgeräten umfasst die Produktpalette auch Telefone sowie digitale Medien, die u. a. die Integration von Computertechnologie in Home-Entertainment-Systeme ermöglichen. Überhaupt sind die Vernetzung von Geräten und die Vereinfachung ihrer Bedienung wichtige Aspekte des Produktportfolios. So können mit Hilfe des Beo-Link-Systems Geräte so miteinander verbunden werden, dass sie sich innerhalb eines Wohnhauses mit nur einer Fernbedienung steuern lassen. Der Vorsatz „Beo" ist zum festen Bestandteil der Produktlinien der Marke geworden. An äußere Gestalt, Technologie, Verarbeitung und Bedienkomfort seiner Produkte stellt das Unternehmen höchste Ansprüche. Insbesondere das klare und funktionale Bang & Olufsen-Design ist eng mit der Bekanntheit der Marke verbunden. Allein im Laufe der letzten drei Jahrzehnte wurden Produkte des Herstellers mit über 100 Design-Preisen ausgezeichnet. Einige von ihnen gehören zur ständigen Sammlung des Museum of Modern Art in New York. Der Markenname geht auf die dän. Ingenieure und Firmengründer Peter Bang und Svend Olufsen zurück. Das Logo zeigt den Namen der Marke in serifenlosen Versalien. In seiner erweiterten Form enthält es auch die Kurzform des Namens, „B&O", wobei das „&" über dem kleiner gesetzten „o" platziert ist. 1925 entwickelten die Gründer auf dem Dachboden des Hauses der Olufsens in Quistrup (Nordjütland) Radioempfänger. 1930 brachte die Firma Bang & Olufsen das erste integrierte Radio-Grammophon heraus. Die vier Jahre später präsentierte Kombination aus Radio, Plattenspieler und Lautsprecher setzte bereits Maßstäbe in punkto Design. Die heute weltweit tätige Bang & Olufsen Group hat ihre Zentrale weiterhin im dän. Struer, dem Sitz der ersten Bang & Olufsen-Fabrik, an dem das Unternehmen bis heute produziert.

UNTERNEHMEN

Bang & Olufsen Deutschland GmbH
Dr. Carl von Linde-Str. 2
82049 Pullach
✆ (0 89) 7 59 05–0
🖷 (0 89) 7 59 05–2 80
💻 www.bang-olufsen.com

BABOR

Unter dem Markennamen Babor vertreibt Babor Cosmetics hochwertige Kosmetik, die weitestgehend aus natürlichen, pflanzlichen Inhaltsstoffen hergestellt wird. Zur Produktpalette gehören u.a. Reinigungs- und Gesichtspflegeprodukte, Körperpflege und Sonnenschutz, sowie eine Herrenserie und ein eigenes Make-up-System. Konzepte für die junge Haut sind ebenso vertreten wie eine Anti-Aging-Serie und eine Luxusserie für das Premiumsegment. Gegründet wurde die Marke im Jahr 1955 von Dr. Michael Babor, auf den auch der Markenname zurückgeht. Er entwickelte eine Gesichtsreinigung, die er unter dem bis heute gültigen Namen HY-ÖL® patentieren und als Marke anmelden ließ. Diese innovative Rezeptur basiert auf wasserfreundlichen Ölen und bewirkt eine besonders gründliche und schonende Gesichtsreinigung. 1962 wurde die Dr. Babor GmbH & Co. KG von der Aachener Unternehmensfamilie Dr. Leo Vossen übernommen und der Firmensitz nach Aachen verlegt. Das Markenlogo trägt seit den 1950er-Jahren eine Rose als Symbol der Schönheit. Seit 1991 ist sie in das O des Babor-Schriftzugs integriert und wie die Schrift goldfarben und dunkelblau hinterlegt. Babor hat lt. eigenen Angaben eine marktführende Position im Bereich der professionellen Kosmetik. So arbeiten Kosmetikinstitute, Wellness-Hotels und Spas, aber auch Apotheken und Parfümerien mit angeschlossenen Instituten mit Produkten des Hauses. Neuestes Projekt ist das Babor City Spa am Kurhaus in Wiesbaden, das sich mit einem neuen Wellnesskonzept sowohl vom klassischen Institut als auch vom Hotel-Spa abhebt. Vertrieben werden die Produkte von Babor in über 60 Länder auf allen Kontinenten über eigene Tochterunternehmen oder Distributeure.

DATEN UND FAKTEN

Markenname: Babor, abgeleitet vom Familiennamen des Gründers

Gründer: Dr. Michael Babor, 1956, München

Markenregistrierung: 03.09.1964, DPMA München

Markenportfolio: über 220 Marken, älteste Marke ist HY-ÖL® (seit 28.11.1955)

Mitarbeiter: 350 weltweit

UNTERNEHMEN

Dr. Babor GmbH & Co. KG
Neuenhofstr. 180
52078 Aachen
✆ (02 41) 52 96–0
🖷 (02 41) 52 96–1 75
💻 www.babor.de

BARBOUR

Barbour steht für eine umfangreiche Palette zeitgemäßer und klassischer Jacken, Pullover, Hemden, Hosen und Accessoires. Mittlerweile sind über 2.000 Produkte in den Kollektionen Frühjahr/Sommer und Herbst/Winter erhältlich. Barbour ist der weltweit bekannteste Hersteller von Wachsjacken, die immer noch per Hand im nordengl. South Shields angefertigt werden. Dort wurde die Firma 1894 von John Barbour gegründet. Ein wichtiges Geschäftsfeld waren von Anfang an ölbeschichtete Jacken, die vor allem bei Seglern und Fischern sowie Hafen- und Werftarbeitern wegen ihrer Wetterbeständigkeit beliebt waren. Die Qualität der Marke hat später auch den brit. Adel überzeugt. Barbour wurde u.a. von der engl. Königin mit einem Royal Warrant geehrt. Die Auszeichnung weist auf einen Hoflieferanten-Status hin. Von 1936 bis 1977 war unter dem Namen Barbour auch Motorradkleidung erhältlich. Kern des Geschäfts sind nach wie vor die traditionsreichen Jacken. In den 1990ern hat Barbour seine Produktpalette wesentlich erweitert: Hinzu kamen neben den etablierten Wachsjacken auch Produkte aus unbeschichteter Baumwolle sowie zeitgemäßen, technischen Nylonqualitäten. Zudem finden sich seitdem auch die Farben Schwarz, Marineblau und Sandstein neben dem traditionellen Olivgrün im Sortiment. Das Unternehmen ist immer noch in Familienhand und wird in der vierten Generation geführt. Seit Ende 2006 ist die Niederlassung für Vertrieb und Marketing Nordeuropa in Düsseldorf angesiedelt.

BABOR

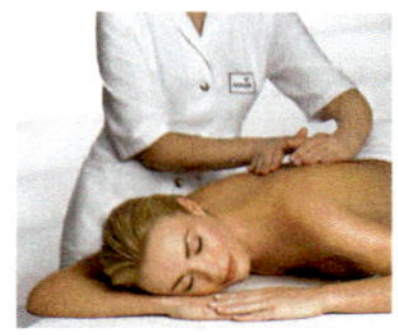

Das Babor-Konzept verbindet kosmetische Produkte und Dienstleistungen.

Barbour

Die im engl. South Shields (unten) produzierten Jacken der Marke Barbour zeichnen sich durch ihre besondere Wetterbeständigkeit aus.

Seit 1894 wird Bekleidung unter dem Namen Barbour hergestellt.

Das Gesamtunternehmen hat ca. 450 Mitarbeiter, von denen der überwiegende Teil in der heimischen Produktionsstätte in South Shields tätig ist.

DATEN UND FAKTEN

Markenname: Barbour, abgeleitet vom Familiennamen des Gründers

Gründer: John Barbour, 1894, South Shields, England

Auszeichnungen:
„Royal Warrant", vergeben vom Duke of Edinburgh (1974), von HM the Queen (1982) und vom HRH Prince of Wales (1987)
„Queen Awards for Export Achievement" (1992, 1994 und 1995)

MEILENSTEINE

1894 John Barbour gründet das Textilgeschäft J Barbour & Sons im engl. South Shields.

1919 Malcolm Barbour gründet eine Agentur für den Überseehandel.

1957 Die Firma zieht in einen Außenbezirk von South Shields und produziert in einer eigenen Fabrik.

1981 Bezug eines neuen Fabrikgebäudes in Simonside

1988 Der Barbour Trust, eine gemeinnützige Stiftung, wird gegründet.

2003 Einführung der Damenkollektion

UNTERNEHMEN

J. Barbour & Sons Ltd.

Hauptsitz: Simonside, South Shields, England

Vertrieb: Vertrieb in mehr als 30 Ländern auf fünf Kontinenten, in Großbritannien acht eigene Shops, internat. sechs Factory Outlets

KONTAKT

Barbour (Europe) Ltd.
Cecilienallee 43a
40474 Düsseldorf
www.barbour.com

BÄRENMARKE

Der Klassiker Kondensmilch (Mitte) und das jüngste Produkt, *Der Alpenfrische Schüttel-Shake* von 2007 (unten)

Die Ursprünge der Bärenmarke reichen bis in das Jahr 1892 zurück. Bärenmarke zählt aber nicht nur zu den ältesten und bekanntesten Markenartikeln auf dem dt. Markt, darüber hinaus wurde der Bärenmarke-Bär auch zur beliebtesten Werbefigur in Deutschland gewählt (Deutsches Werbemuseum, 2006). Der Bär spielt auf das Wappentier des Kantons Bern in der Schweiz an und wurde bereits vom 1892 gegründeten Vorgängerunternehmen, der Berner-Alpen Milchgesellschaft, als Markenzeichen verwendet. Mit der Einführung der ersten ungezuckerten Kondensmilch im Jahre 1912 wurde schließlich auch der Name Bärenmarke eingeführt. Als unternehmenseigenes Testimonial wurde die Bärenfigur in den 1950er-Jahren auch in der Kinowerbung eingesetzt. Im Jahr 1967 folgte der erste TV-Spot in Farbe. Seit 2006 repräsentiert ein computeranimierter Bär die Marke. Mit einer großen Milchkanne auf einer Alpenwiese vermittelt er damit das Markenversprechen eines hochwertigen und naturbelassenen Produkts aus Alpenmilch. Im Logo hält eine Bärenmutter ihr Junges im Arm und signalisiert dem Verbraucher Fürsorge und Geborgenheit. In einer älteren Version hält das Muttertier eine Trinkflasche in der Hand und füttert ihr Junges. Dieser Bezug zur Sparte Kindernahrung wird heute nicht mehr eingesetzt. Die Bildmarke in roter Vignette wird vom Markenschriftzug in den charakteristischen Majuskeln der Marke eingefasst und rot und weiß umrahmt. Die Allgäuer Alpenmilch GmbH unter der Geschäftsführung von Andreas Schneider sieht sich als Marktführer in vielen Sparten für Molkereiprodukte wie z.B. Kondensmilch, Milchschaum oder Frischmilch. Die „Eroberung weiterer Märkte im Milchbereich" ist für die Zukunft anvisiert. Die Marke Bärenmarke macht einen Umsatz von über 100 Mio. Euro (2006). Bei Tests der Stiftung Warentest wurde die gute Qualität der Bärenmarke bei der *Alpenfrischen Vollmilch* und der *Alpenfrischen fettarmen Milch* mit der Note 1,6 (01/2004) bestätigt. Zudem wählte der Handel in der Fachzeitschrift *Lebensmittel Praxis* die Produkte *Schaum mit Alpenmilch* (2006) und *Alpenfrische Schüttel-Shakes* (2007) zu den innovativsten Produkten des Jahres. Weitere Marken der Allgäuer Alpenmilch GmbH neben Bärenmarke sind →Glücksklee und Lünebest.

Der Bärenmarke-Bär wurde zur beliebtesten Werbefigur in Deutschland gewählt (Deutsches Werbemuseum, 2006).

DATEN UND FAKTEN

Markenname: Bärenmarke, das Wappentier des Kanton Bern/Schweiz wurde zum Firmenzeichen der Berner-Alpen Milchgesellschaft, 1892.

Slogan: „Nichts geht über Bärenmarke – Bärenmarke zum Kaffee" (vor 2000)
„Nichts geht über Bärenmarke – Bärenmarke Qualität" (seit 2001)

Erfinder: Allgäuer Alpenmilch Gesellschaft

Markenregistrierung: 21.03.1914, Kaiserliches Patentamt Berlin

Innovationen: *ESL-Milch* (2006), *sprühfertiger Milchschaum* (2006), *Alpenfrische Schüttel-Shakes* (2007)

Markenbekanntheit: 96 % gest. (GfK, 2002)

Jahresumsatz Bärenmarke: über 100 Mio. Euro (2006)

Auszeichnungen:
„gut" (1,6), Stiftung Warentest für *Die Alpenfrische Vollmilch* und *Die Alpenfrische fettarme Milch* (1/2004)
„*Schaum mit Alpenmilch*", Lebensmittel Praxis für innovativstes Produkt (2006)
„*Der Alpenfrische Schüttel-Shake*", Lebensmittel Praxis für innovativstes Produkt der Weissen Linie (2007)
„sehr gut" (1,5), Stiftung Warentest für die sensorische Fehlerfreiheit von *Die Alpenfrische Schlagsahne* (7/2007)

Markenwebsite: www.baerenmarke.de

UNTERNEHMEN

Allgäuer Alpenmilch GmbH

Werkssitz: Mühldorf, Deutschland

Geschäftsführer: Andreas Schneider

Weitere Marken: Glücksklee, Lünebest

Umsatz Bärenmarke: über 100 Mio. Euro

Vertrieb: primär in Deutschland

KONTAKT

Allgäuer Alpenmilch GmbH
Bahnhofstr. 37–43
54424 Thalfang
☏ (0 65 04) 12-0
🖷 (0 65 04) 12-2 24
💻 www.allgaeuer-alpenmilch.de

Ansprechpartner Marketing & Kommunikation:
Jürgen Dittrich
☏ (0 65 04) 12-1 35
✉ j.dittrich@allgaeuer-alpenmilch.de

SCHON GEWUSST?

- Der Hotelier César Ritz gehörte im Jahr 1892 zu den Mitgründern der Berner-Alpenmilchgesellschaft, in der die Bärenmarke ihren Ursprung hat.
- Die erste ungezuckerte Kondensmilch wurde im Jahr 1912 in Deutschland eingeführt.
- Während der Inflation in den 1920er-Jahren wurde in Köln die teuerste Bärenmarken-Dose aller Zeiten für 35 Billionen Reichsmark verkauft.
- Seit 2006 unterstützt Bärenmarke das WWF-Projekt „Schutz der Braunbären in den Alpen". Sie finanzierte u.a. ein Bärenmobil, mit dem Bruno, der erste Braunbär in Deutschland seit 171 Jahren, beobachtet und lebend gefangen werden sollte.
- Im Jahre 2012 feiert Bärenmarke seinen 100. Geburtstag.

Seit 1877 steht der Name Barilla für Nudel- und Pastavariationen mit einem unfangreichen Angebot an Saucen und Pestos.

BARILLA

„Der Geschmack Italiens" soll mit den Produkten der Nahrungsmittelmarke Barilla transportiert werden. Mehr als 30 Nudelsorten, zahlreiche Pastasaucen und Pestos werden unter der Dachmarke Barilla in Deutschland vertrieben. Weltweit sind Barillaprodukte in mehr als 100 Ländern vertreten. Die Wurzeln der Marke liegen in Italien. 1877 eröffnete Pietro Barilla in Parma einen Brot- und Pastaladen. Das Unternehmen heißt heute Barilla G. e. R. Fratelli Società per Azioni und wird in vierter Generation von Guido, Luca, Paolo und Emanuela Barilla geleitet. Stammsitz ist nach wie vor Parma. Das Traditionsunternehmen besitzt 27 Fabriken und Produktionsstätten und hat weltweit 7.300 Mitarbeiter (2006). Seit 1999 gehört die →Wasa-Gruppe zu Barilla, die →Kamps AG wurde 2002 übernommen. Mehr als 1,4 Mio. t Nahrungsmittel des ital. Unternehmens werden jedes Jahr weltweit verspeist. Dabei setzt Barilla auf stetige Innovationen: Seit 2006 gehören z. B. die Vollkornnudeln *Barilla Integrali* zum Sortiment der Marke. In der Markenkommunikation des Herstellers ist seit den 1990er-Jahren in Werbekampagnen wiederholt der ehemalige Tennisstar Steffi Graf zu sehen. Für einen hohen Wiedererkennungswert soll zudem das kräftige Blau der Barilla-Verpackungen sorgen, auf denen stets die jeweilige Pastasorte auf einer Gabel präsentiert wird. Die Tradition der Marke unterstreicht das Logo. Während ital. Pasta heute überwiegend aus reinem Hartweizen besteht, wurde sie ursprünglich häufig aus Eiern hergestellt. Das Logo soll an die traditionelle Zutat erinnern: Die Bildmarke hat eine ovale Form und anstelle des orange-gelben Eidotters ist heute ein kräftiges Rot zu sehen. Der Familien- und Markenname steht darin in weichen, weißen Buchstaben.

UNTERNEHMEN

Barilla Wasa Deutschland GmbH
Ettore-Bugatti-Str. 35
51149 Köln
(0 22 03) 37 00-0
(0 22 03) 31 00-3 89
www.barilla.de

Die Flagge mit Barmenia-Logo (Mitte), der Vorstand des Unternehmens, v. l. n. r. Dr. Andreas Eurich, Norbert Lessmann, Dr. h. c. Josef Beutelmann, Heinz-Werner Richter, Martin Risse (unten)

BARMENIA

Die Barmenia Versicherungen stehen für Dienstleistungen in den Bereichen private Kranken-, Lebens- sowie Haftpflicht-, Unfall-, Kraftfahrt- und Sachversicherungen. Zielgruppen der Barmenia sind Privatpersonen, Familien, Selbstständige, Freiberufler, Ärzte und Beamte. Der Ursprung der Barmenia Krankenversicherung a. G. ist auf die Gewerbekrankenkasse zu Leipzig zurückzuführen, die am 16. Dezember 1904 in Leipzig gegründet wurde. Im Jahr 1922 ging das zweite Ursprungsunternehmen die „Barmenia Versicherungsbank für Mittelstand und Beamte VaG zu Barmen" aus der Barmer Ersatzkasse hervor. Dieses fungierte auch als heutiger Namensgeber. Im Jahr 1923 wurden die beiden Unternehmen zur „Versicherungs-Anstalt für Beamte und freie Berufe VaG" vereinigt. 1931 war die Barmenia mit ca. 520.000 Versicherten die größte dt. private Krankenversicherung ihrer Zeit. 1928 wurde für die Barmenia Lebensversicherung a. G. zum Geburtsjahr.

Die Hauptverwaltung der Barmenia befindet sich in Wuppertal.

Nach Ende des 2. Weltkriegs wurden 1946 die Hauptverwaltungen der Krankenversicherung nach Wuppertal und der Lebensversicherung nach Hamburg verlegt. Die Barmenia-Gruppe wurde im Jahre 1958 durch die Gründung der Barmenia Allgemeine Versicherungs-AG zum Allspartenversicherer. 1971 wurden alle Barmenia-Unternehmen unter einem Dach in Wuppertal vereint. Heute sind in den Hauptverwaltungen und den 45 bundesweiten Bezirksdirektionen, sieben Maklerdirektionen und fünf Bezirksleitungsbüros mehr als 3.600 Mitarbeiter beschäftigt. Diese betreuen gemeinsam mit selbstständigen Vertriebspartnern über 1,7 Mio. Versicherungsverträge. Die Barmenia Krankenversicherung a. G. ist mit über 1 Mio. versicherten Personen das größte der drei Barmenia-Unternehmen. Zu ihren Stärken gehören spezielle Tarife für Naturheilverfahren sowie private Zusatzversicherungen zum Zahnersatz. Die Produkte der Barmenia Unternehmen wurden mehrfach ausgezeichnet. Beispielsweise erhielt der *Kinder-Invaliditäts-Sorglos-Schutz (KISS)* den Innovationspreis der Zeitschrift Capital und die Berufsunfähigkeitsversicherungen *StarBUZ* und *SoloBU* wurden mit den höchsten Bewertungen von Franke und Bornberg (FFF) und Morgen & Morgen (5 Sterne) ausgezeichnet.

DATEN UND FAKTEN

Markenname: Barmenia, hervorgegangen aus „Barmenia Versicherungsbank für Mittelstand und Beamte VaG zu Barmen" (Barmen ist ein Stadtteil Wuppertals)

Slogan: „Wir sind Ihre Versicherung" (Anfang 1980er-Jahre)

Gründung: 16. 12. 1904, Leipzig

Markenregistrierung: 30. 01. 1996 (Barmenia), DPMA München

Innovationen: Kinder-Invaliditäts-Sorglos-Schutz (KISS) (2004)

Auszeichnungen:
„Qualitätscheck" Capital (2002–2006)
„Rating A+, sehr gut, Barmenia Kranken", Assekurata (2003–2006)
„Rating A, gut, Barmenia Leben", Assekurata (2004–2006)
„Rating A+, sehr gut, Barmenia Allgemeine", Assekurata (2004–2006)
„Deutschlands kundenorientierteste Dienstleister", Handelsblatt (2007)

UNTERNEHMEN

Barmenia Allgemeine Versicherungs-AG
Barmenia Krankenversicherung a. G.
Barmenia Lebensversicherung a. G.

Hauptsitz: Wuppertal, Deutschland

Vorstand: Dr. h. c. Josef Beutelmann (Vorsitzender), Dr. Andreas Eurich, Norbert Lessmann, Heinz-Werner Richter, Martin Risse

Vertrieb: 45 Bezirksdirektionen, sieben Maklerdirektionen, fünf Bezirksleitungsbüros in Deutschland, über 1.700 gebundene und über 10.000 ungebundene Vermittler

KONTAKT

Barmenia Versicherungen
Kronprinzenallee 12–18
42094 Wuppertal
✆ (02 02) 4 38–22 50
🖷 (02 02) 4 38–28 46
✉ info@barmenia.de
💻 www.barmenia.de

Ansprechpartner Presse:
Heiko Scholz
✆ (02 02) 4 38–36 55
✉ presse@barmenia.de

SCHON GEWUSST?

- Z. Z. der Wirtschaftsinflation nach dem 1. Weltkrieg bestand die Vermögensanlage der Barmenia vor allem in Sachgütern wie Rotationspapier zum Zeitungsdruck.
- Mit der damals noch völlig neuen Rundfunkwerbung konnte die Barmenia zwischen 1923 und 1926 mehr als 240.000 neue Kunden gewinnen.

BARMER

BARMER ist der Markenname der BARMER Ersatzkasse, die mit rund 7 Mio. Versicherten und 1.000 Geschäftsstellen die größte gesetzliche Krankenkasse in Deutschland ist. Die BARMER Ersatzkasse ist nach der ehemals selbstständigen Stadt Barmen benannt, die heute ein Stadtteil von Wuppertal ist. Die Geschichte des Unternehmens begann 1884, als sich der „Unterstützungsverein der Handelsgehilfen in Barmen" mit der im selben Jahr gegründeten „Krankenkasse des Vereins junger Kaufleute" aus Görlitz zusammenschloss. Daraus formte Ernst Vesper 1904 die BARMER, die zunächst „Krankenkasse für Handelsangestellte in Barmen" hieß. Die BARMER bietet grundsätzlich alle Gesundheits- und Vorsorgeleistungen einer gesetzlichen Krankenkasse, die durch eine Reihe von besonderen Programmen (z. B. der Teilnahme am Hausarzt- und Hausapothekenprogramm), Wahltarifen und flankierenden Zusatzversicherungen erweitert werden können. Das Unternehmensangebot richtet sich vornehmlich an Arbeitnehmer samt Familien in Deutschland, die mit der Marke BARMER eine zuverlässige, qualitäts- und serviceorientierte Krankenkasse verbinden sollen. Das Logo besteht aus dem in der Schrift Frutiger gesetzten Markennamen in der Hausfarbe Pantone 368, worunter in Schwarz der aktuelle Slogan erscheint, derzeit „Deutschlands größte Krankenkasse". Für die BARMER werben bekannte Persönlichkeiten wie Heike Drechsler und Torsten May. Vorstandsvorsitzender des Unternehmens, das bundesweit etwa 17.000 Mitarbeiter beschäftigt und 2006 für Versicherungsleistungen 14,8 Mrd. Euro ausgab, ist Dr. Johannes Vöcking.

BARMER
Deutschlands größte Krankenkasse

Die BARMER Ersatzkasse gibt es seit 1884.

UNTERNEHMEN

BARMER Ersatzkasse
Lichtscheider Str. 89
42285 Wuppertal
☏ 0 18 5 00 99 0
🖷 0 18 5 00 99 18 15
🖳 www.barmer.de

BASF

BASF
The Chemical Company

Das Logo der BASF (oben), das Kühlerschutzmittel Glysantin (Mitte), der Vorstandsvorsitzende der BASF AG Dr. Jürgen Hambrecht (unten).

Die BASF AG mit Sitz in Ludwigshafen ist das weltweit führende Unternehmen der chemischen Industrie. BASF steht als internat. Dachmarke für das Unternehmen. Der Markenname ist entstanden als Abkürzung der ursprünglichen Firmenbezeichnung Badische Anilin- & Soda-Fabrik, die der Fabrikant Friedrich Engelhorn 1865 zur Herstellung von Teerfarbstoffen gründete. 1973 wurde das Unternehmen offiziell in BASF AG umbenannt. Das Portfolio umfasst Chemikalien, Kunststoffe, Veredlungsprodukte, Pflanzenschutzmittel und Feinchemikalien sowie Erdöl und Erdgas. Das Logo der Marke ist in seiner aktuellen Form seit 2004 Teil des Corporate Designs. Es beruht auf dem 1968 entwickelten „Brikett", einem schwarzen Rechteck, mit dem Markennamen in schlanken, weißen Versalien. 1986 setzte man den BASF-Schriftzug Schwarz auf weißen Grund. Heute sind der traditionsreichen Wortmarke zwei einander ergänzende Quadrate vorangestellt.

Das BASF Werk in Ludwigshafen ist das weltweit größte zusammenhängende Chemieareal.

Sie stehen für Partnerschaft und Zusammenarbeit. Sechs Unternehmensfarben ergänzen das Corporate Design: Orange, Rot, Hellgrün, Dunkelgrün, Hellblau und Dunkelblau. Sie stehen für Vielfalt, Innovationskraft und Flexibilität. Der Claim „The Chemical Company" unterstreicht die weltweit führende Position der BASF. Das Unternehmen ist in allen Wirtschaftsregionen der Welt mit Produktionsstätten und Vertriebsorganisationen vertreten. Neben dem Heimatmarkt Europa gewinnen die Wachstumsmärkte in Asien sowie Nord- und Südamerika für die BASF zunehmend an Bedeutung. Mit rund 95.000 Mitarbeitern erzielte die BASF im Jahr 2006 einen Umsatz von 52,6 Mrd. Euro. Die Forschungsstrategie der von Dr. Jürgen Hambrecht geleiteten Aktiengesellschaft konzentriert sich auf die fünf zentralen Zukunftsthemen Energiemanagement, Rohstoffwandel, Nanotechnologie, Weiße Biotechnologie und Pflanzenbiotechnologie.

DATEN UND FAKTEN

Markenname: BASF, ursprüngliche Abkürzung von **B**adische **A**nilin- & **S**oda-**F**abrik

Slogan: „Unsichtbarer Beitrag. Sichtbarer Erfolg" (regional für Europa)

Gründer: Friedrich Engelhorn, 1865

Markenregistrierung: 1922, Reichspatentamt Berlin (Eintragung des ersten Firmenzeichens mit den Buchstaben „BASF", sog. „BASF-Ei")

Innovationen: Verfahren zur technischen Herstellung des Farbstoffes Alizarin (1870), Herstellung von Stickstoffdüngemitteln nach Haber-Bosch-Verfahren (1913), Technische Styrolsynthese (1929), Styropor (1951), Innovative Pflanzenschutzmittel (Strobilurine, 1996), Ionische Flüssigkeiten für großtechnische Verfahren (2002)

Markenbekanntheit: 58 % gest. (TNS Infratest Berlin, 2007)

Literatur:
W. Abelshauser (Hg.): Die BASF. Eine Unternehmensgeschichte (2003)
Christian Schubert et al.: Corporate Brand Identity, in: Praxishandbuch Internationales Marketing (2006)

UNTERNEHMEN

BASF AG

Hauptsitz: Ludwigshafen, Deutschland

Vorstandsvorsitzender: Dr. Jürgen Hambrecht

Weitere Marken: → Styropor, Neopor, Glysantin

Gesamtumsatz: 52,6 Mrd. Euro (2006)

Vertrieb: weltweit

KONTAKT

BASF AG
67056 Ludwigshafen
✆ (06 21) 60-0
🖷 (06 21) 60-4 25 25
💻 www.basf.com

Ansprechpartner Presse:
Michael Grabicki
✆ (06 21) 60-9 99 38
✉ michael.grabicki@basf.com

MEILENSTEINE

1865–1901 Gründung der BASF und das Zeitalter der Farben: Methylenblau, Alizarin und Indigo verschaffen dem Unternehmen eine führende Stellung.

1901–1925 Das Zeitalter der Düngemittel: die Synthese von Ammoniak nach dem Haber-Bosch-Verfahren ermöglicht die Herstellung synthetischer Stickstoffdünger.

1925–1945 Weiterentwicklung der Hochdrucktechnik: die Herstellung von synthetischem Benzin und Kautschuk gelingt.

1945–1965 Wiederaufbau und Neubeginn: 1952 Neugründung der BASF als eigenständiges Unternehmen; Beginn des Kunststoffzeitalters: Polystyrol, Styropor und Polyethylen kommen auf den Markt.

1965–2006 Der Weg zum transnationalen Unternehmen mit Produktionsstätten in Europa, Nord- und Südamerika und Asien. Die Akquisition der Engelhard Corporation, USA, im Juni 2006 ist die größte Übernahme in der Unternehmensgeschichte der BASF.

BASLER

Die Marke Basler steht für hochwertige Damenmode aus dem gehobenen Preissegment. Zielgruppe sind anspruchsvolle, mode- und qualitätsbewusste Frauen ab 45, doch gewinnt das Unternehmen nach eigenen Angaben zunehmend auch jüngere Kundinnen. Besonderen Wert legt Basler auf die Verarbeitungsqualität: Jeder einzelne der derzeit jährlich etwa 3,5 Mio. ausgelieferten Artikel wird von Hand geprüft. Der Name des Labels geht zurück auf Fritz und Elisabeth Basler, die die Firma 1936 in Berlin gründeten. Das Logo zeigt den Unternehmensnamen in schräg gestellten serifenlosen Versalien, die durch parallele Schrägstriche voneinander getrennt werden. Die Firma wirbt mit der Aussage, dass Frauen mit Basler-Mode immer modisch, anlassgerecht und stilvoll gekleidet sind. In den letzten Jahren hat sich das Label parallel zur Zielgruppe behutsam verjüngt und zudem diversifiziert: Die drei Kollektionen pro Saison werden durch Lizenzprodukte aus den Kategorien Taschen, Tücher, Gürtel, Handschuhe und Modeschmuck ergänzt. Vertrieben werden Basler-Produkte über elf eigene Stores sowie über ca. 700 Fachhändler und Filialunternehmen in Deutschland sowie etwa 1.400 im Ausland. Die Basler-Kollektionen sind weltweit in mehr als 50 Ländern erhältlich. Der Bekanntheitsgrad der Marke liegt in Deutschland bei 51,5 % (Spiegel Outfit 06), bei unter 40-Jährigen bei knapp 45 %. Mit etwa 550 Beschäftigten erzielte die Basler Fashion GmbH im Geschäftsjahr 2006/2007 einen Umsatz von 164,9 Mio. Euro, der Exportanteil lag nach Angaben des Unternehmens bei 61 %.

B/A/S/L/E/R

Basler steht für hochwertige Damenmode.

UNTERNEHMEN

Basler Fashion GmbH
Dammer Weg 51
63773 Goldbach
✆ (0 60 21) 5 04-0
🖷 (0 60 21) 5 04-1 77
💻 www.basler-fashion.de

BAUFRITZ

Die Industriegütermarke Baufritz steht für ökologischen Holzfertigbau und wird in Deutschland und vier weiteren europ. Ländern vertrieben. Sylvester Fritz begann im Jahr 1896 mit der Herstellung von Wohn- und Landwirtschaftsgebäuden, Dachstühlen und Kirchtürmen. 1927 konzentrierte sich sein Sohn auf die Herstellung von Holz-Fertigteilen. Baufritz erhielt 1979 als erster Blockhaushersteller das Gütezeichen der Gütegemeinschaft Montagebau und Fertighäuser e.V. (Landesverband Bayern). Seither wurde die Bau-Fritz GmbH & Co. KG für Produkte und umweltorientiertes Management mehrfach ausgezeichnet. Als Markenkern definiert das Unternehmen Werte wie ökologisches, designorientiertes und qualitativ hochwertiges Bauen. Die Markenbezeichnung setzt sich aus dem Familiennamen des Unternehmensgründers und dem Wort Bau zusammen, das die Verbindung zum Baugewerbe signalisiert. Das 1993 von Hubert Fritz entwickelte Logo zeigt einen Zimmermanns-

BAUFRITZ
SEIT 1896

Die Marke Baufritz steht für hochwertigen, ökologischen Holzfertigbau.

winkel in Form eines gleichseitigen Dreiecks eingeschrieben in einen Kreis. Darunter steht in Blockbuchstaben der Namenszug der Marke, unterstrichen von einer weißen Linie und den Worten „seit 1896". Der Schriftzug soll Ausdruck der langen Tradition des Unternehmens sein. Über 40 Patente, darunter ein ökologischer Dämmstoff aus Hobelspänen und der aktuelle Slogan „Natürlich wertvoll" unterstreichen den Anspruch des Unternehmens Vorreiter im ökologischen Holzhausbau zu sein. Für die Zukunft planen die Geschäftsführer Dagmar Fritz-Kramer und Helmut Holl eine Ausweitung des Exports. Mit 249 Mitarbeitern erwirtschaftete die GmbH zuletzt einen Jahresumsatz von ca. 50 Mio. Euro (2006).

UNTERNEHMEN

Bau-Fritz GmbH & Co. KG, seit 1896
Alpenstr. 25
87746 Erkheim
✆ (0 83 36) 9 00-0
🖷 (0 83 36) 9 00-2 22
🖳 www.baufritz.de

BAUHAUS

Das BAUHAUS Logo signalisiert Solidität und Beständigkeit (oben). Außenansicht eines BAUHAUS Fachcentrums (unten)

Die Marke BAUHAUS steht für ein umfassendes Produktangebot und kompetente Fachberatung in den Bereichen Werkstatt, Haus und Garten. Europaweit bieten über 185 BAUHAUS Fachcentren mehr als 120.000 Produkte in 15 Fachabteilungen an, in denen Warengruppen wie z. B. Baustoffe, Holz, Eisenwaren, Werkzeuge und Maschinen übersichtlich präsentiert werden. Neben der Unternehmensmarke umfasst das Portfolio mehr als 50 Qualitätsmarken. Ergänzt wird das Fachsortiment durch ein breites Dienstleistungsangebot, das vom kostenlosen Holzzuschnitt über den Montageservice bis hin zum Schlüsseldienst und Anhängerverleih reicht. BAUHAUS richtet sich nicht nur an Privatkunden, sondern auch an Handwerker aller Fachrichtungen, Gewerbetreibende, Hausmeister und Bauherren. Für gewerbliche Kunden gibt es ein zusätzliches Servicepaket, zu dem u. a. spezielle Handwerker-Informationen, besonders große Ladezonen, die Bereitstellung von Großmengen, ein Lieferservice und die sog. Drive-In Arena Baustoffhallen gehören. Die BAUHAUS AG sieht Ihre Stärke insbesondere auch im intelligenten Einkauf von innovativen Produkten mit einem optimalen Preis-Leistungsverhältnis begründet. Die BAUHAUS AG brachte vor mehr als 40 Jahren als erstes Unternehmen ein neues Verkaufskonzept nach Deutschland. Statt von Fachgeschäft zu Fachgeschäft zu gehen, konnten Verbraucher nun unter einem einzigen Dach, das Sortiment spezialisierter Einzelhändler finden. BAUHAUS versteht sich auch heute noch als innovativer Vorreiter in der Umsetzung von Fachhandelskonzepten (z. B. Drive-In Arena, Profi Depot oder Bäderwelt). Das Markenlogo in den Farben Rot und Weiß setzt sich zusammen aus dem Namen und aus einem Symbol mit drei stilisierten, unterschiedlich großen und übereinander angeordneten Häusern. Die Großbuchstaben des Schriftzugs sind jeweils in einem leicht schattierten Kasten eingefasst. Alle Bestandteile des Logos stehen für Stabilität, Beständigkeit und eine solide Qualität. BAUHAUS verwendet als Hausfarbe HKS 13. Die BAUHAUS AG wurde vom heutigen Verwaltungsrat-Präsidenten Heinz G. Baus gegründet und hat ihren Sitz im schwz. Zug. Weltweit beschäftigt das Unternehmen rund 14.500 Mitarbeiter. Für die Zukunft sind weitere Neueröffnungen in Europa geplant.

DATEN UND FAKTEN

Markenname: BAUHAUS, Assoziationen an Beständigkeit und solide Qualität

Slogan: „Wenn's gut werden muss"

Gründer: Heinz G. Baus

BAUHAUS will mit innovativen Produkten, Übersichtlichkeit und einem optimalen Preis-/ Leistungsverhältnis überzeugen.

Markenregistrierung: März 1970, DPMA München

Innovationen: Vorreiter bei Fachhandelskonzepten wie Drive-In Arena, Profi Depot, Bäderwelt

Werbespendings: über 100 Mio. Euro

UNTERNEHMEN

BAUHAUS AG

Hauptsitz: Zug, Schweiz

Präsident des Verwaltungsrates: Heinz G. Baus

Weitere Marken: über 50 Qualitätsmarken

Gesamtumsatz: über 3 Mrd. Euro (2006)

Vertrieb: europaweit in 13 Ländern

KONTAKT

BAUHAUS AG Service Center Deutschland
Gutenbergstr. 21
68167 Mannheim
✆ (0 16 21) 39 05-0
🖷 (0 16 21) 37 32-110
💻 www.bauhaus.info

SCHON GEWUSST?

▌Die BAUHAUS AG engagiert sich seit über 30 Jahren im Sportsponsoring und unterstützt dabei auch regionale Vereine, die sich für den Breitensport einsetzen. Im Spitzensport ist die Marke BAUHAUS bei internat. Großveranstaltungen wie der Eishockeyweltmeisterschaft und Fußball-Länderspielen präsent.

BAUKNECHT

Die Konsumgütermarke Bauknecht steht für hochwertige Haushaltsgeräte. Die Produktpalette gliedert sich in die Bereiche Kühlen, Kochen, Spülen und Waschen und wird weiterhin nach dem Kriterium Stand- oder Einbaugerät differenziert. Sie umfasst neben Kühl- und Gefrierschränken, Backöfen, Mikrowellengeräten, Geschirrspül- und Waschmaschinen sowie Wäschetrocknern auch Kaffeevollautomaten und Dunstabzugshauben sowie ein umfangreiches Zubehörangebot. Bauknecht-Produkte verbinden innovative Technologie mit ansprechendem Design. Die Produktreihe *Design Kompaktgeräte* steht für moderne Küchentechnik in minimalistischer Anmutung. Dank eines neuen SuperEco-Programms kann der Energieverbrauch bei Bauknecht-Waschmaschinen um bis zu 40 % gesenkt werden. Der Markenname nimmt den Familiennamen des Gründers Gottlob Bauknecht auf. Das Logo präsentiert den Namen als weißen Schriftzug auf dunkelblauem Fond. Er ist seit 2004 verbunden mit dem Slogan „Heute leben". Zuvor warb die Marke fünf Jahrzehnte lang mit der Aussage „Bauknecht weiß, was Frauen wünschen". Die Geschichte der Marke begann auf der schwäbischen Alb. In Tailfingen gründete Gottlob Bauknecht 1919 eine „elektrotechnische Werkstatt" und baute dort zunächst Elektromotoren. Wichtige Produktinnovationen der Firmengeschichte waren z. B. die elektrische Rührhilfe *Allfix* (1948) oder der erste Bauknecht Geschirrspül-Automat (1964). Der Kundenservice spielte schon früh eine wichtige Rolle bei der Markenführung. Seit 1951 ist ein mobiler Kundendienst mit eigenen Fahrzeugen im Einsatz. 1994 richtete Bauknecht als erste Firma der Hausgerätebranche eine zentrale bundesweite Hotline zum Ortstarif ein. Heute steht ihren Kunden auch ein umfangreiches Online-Beratungsangebot zur Verfügung. 1989 wurde das seit 1982 als Bauknecht Hausgeräte GmbH firmierende Unternehmen in den amerikanischen Whirlpool-Konzern eingegliedert.

UNTERNEHMEN

Bauknecht Hausgeräte GmbH
Industriestr. 48
70565 Stuttgart
✆ (07 11) 8 10 71-0
🖷 (07 11) 8 10 71-33 33
💻 www.bauknecht.de

BAUMA

Die Bauma zählt zu den großen Messen der Bauindustrie. Die 28. internat. Fachmesse für Bau-, Baustoff und Bergbaumaschinen, Baufahrzeuge und Baugeräte fand im April 2007 auf dem Gelände der Neuen Messe München statt. Die komplett gebuchten Hallenflächen von 180.000 Quadratmetern und Freiflächen von 360.000 Quadratmetern machten die Bauma mit insgesamt 540.000 Quadratmetern, einer Steigerung zur Bauma 2004 um ca. 10 %, zur größten Messe der Welt. Mit einer Steigerung der Besucherzahlen um ca. 20 % auf ca. 500.000, darunter ca. 160.000 ausländische Gäste aus ca. 190 Ländern, erreichte die Bauma einen Besucherrekord und konnte ihre Position als führende Plattform der Bauindustrie ausbauen. 3.041 Aussteller präsentierten ihre Produkte und Leistungen.

bauma 2010

Die Bauma ist eine der größten Messen der Welt.

Deutschland, Italien und Großbritannien waren die drei am stärksten vertretenen Ausstellernationen. Lt. TNS Infratest fungierten 83 % der Besucher als Entscheider, 97 % der Besucher bezeichneten die Messe als vollen Erfolg, waren mit der Vollständigkeit und Breite des Angebots und den Innovationen zufrieden und bewerten die Situation der Baubranche insgesamt positiv. Konkrete Investitionen tätigten 87 % der Fachbesucher, weitere 88 % bereiteten diese vor. Aus Ausstellersicht wurde u. a. die Internationalität (96 %), der Leitmessecharakter (96 %), und die Besucherfrequenz (90 %), die Pflege bestehender Geschäftsbeziehungen (96 %), die Vorbereitung von Folgegeschäften (93 %), die Anbahnung neuer Geschäftsbeziehungen (92 %) und die Einführung neuer Produkte (91 %) gelobt. Die nächste Bauma soll im April 2010 auf dem Gelände der Neuen Messe München stattfinden.

UNTERNEHMEN

Messe München GmbH
Messegelände
81823 München
✆ (0 89) 9 49-2 07 20
🖷 (0 89) 9 49-2 07 29
💻 www.bauma.de

BAUR VERSAND

Heute lässt sich jede Bestellung beim Baur Versand auch über das Internet aufgeben (Mitte). 1925 rief Friedrich Baur das Schuhversandhaus ins Leben (unten).

Die Marke Baur steht für den Distanzhandel von Mode, Wohn- und Haushaltsartikeln durch das Unternehmen Baur Versand. Die Hauptzielgruppe von Baur sind Frauen im Alter von 40 bis 55 Jahren, die höheren Einkommensschichten zuzurechnen sind. Markenzeichen des Baur Versandes ist der gelbe Baur-Schriftzug neben drei grauen und einem gelben Quadrat. Die Quadrate sollen die Vielseitigkeit der Marke Baur symbolisieren. Der Markenname geht zurück auf den Unternehmensgründer Friedrich Baur. 1925 gründete Baur im oberfränkischen Burgkunstadt das erste dt. Schuhversandhaus. Baur setzte auf die Sammelbestellung, bei der mehrere Kunden gemeinsam Ware ordern und dadurch Kosten für Porto und Verpackung sparen. Außerdem bot der Versand seinen Kunden ab 1935 die Option zur Ratenzahlung an. In den Folgejahren erweiterte der Baur Versand sein Sortiment kontinuierlich. Nach dem Tod von Friedrich Baur im Jahr 1965 erbte die gemeinnützige Friedrich-Baur-Stiftung dessen gesamtes Vermögen sowie Geschäftsanteile. Seit 1997 gehört der Baur-Versand zum Otto-Konzern. 2001 baute Baur sein Geschäftsfeld mit der Übernahme

Der Titel des Baur-Katalogs aus dem Jahr 1935

des Versandhauses Universal bis nach Österreich aus. 2003 gründete der Baur Versand den Spezial-Schuhversand *I'm Walking*, 2006 den Dienstleistungsanbieter *Baur Fulfillment Solutions*. Neben Damen- und Herrenbekleidung sowie Schuhen bietet der Baur Versand heute auch Wohnartikel und Möbel an. Mehr als 30 % der rund 3 Mio. Baur-Kunden wickeln ihre Bestellung über den Ende der 1990er-Jahre eingeführten Internetshop ab. Neben dem Katalog- und Internetgeschäft ist Baur auch im Einzelhandel aktiv. In Altenkunstadt, in der Nähe des Stammsitzes des Versandhauses gelegen, betreibt Baur das mit 25.000 Quadratmeter größte Kaufhaus Nordbayerns. Insgesamt beschäftigt der Baur Versand rund 4.000 Mitarbeiter, davon rund 2.800 in Deutschland. Im Geschäftjahr 2006/2007 erwirtschaftete die Baur-Gruppe einen Umsatz von 572 Mio Euro.

DATEN UND FAKTEN

Markenname: Baur Versand, abgeleitet vom Familiennamen des Unternehmensgründers Friedrich Baur

Gründer: Friedrich Baur, 1925, Burgkunstadt

Firmengründung: 14. 07. 1925, Burgkunstadt

Innovationen: Spezialschuhversand I'm Walking (2003), Baur Fulfilment Solutions (2006)

Jahresumsatz: 572 Mio. Euro (2006/2007)

UNTERNEHMEN

BAUR Versand GmbH & Co. KG

Hauptsitz: Burgkunstadt, Deutschland

Vorstand: Richard Krekeler

Weitere Marken: I'm Walking, Baur Fulfillment Solutions

Gesamtumsatz: 572 Mio. Euro (2006/2007)

Vertrieb: Distanzhandel per Katalog- und Internetbestellung, Einzelhandel (Altenkunstadt)

KONTAKT

Baur Versand GmbH & Co. KG
Bahnhofstr. 10
96222 Burgkunstadt
✆ (0 95 72) 91-0
🖳 www.baur.de

Ansprechpartner Presse:
Richard Krekeler
✆ (0 95 72) 91-30 00
✉ richard.krekeler@baur.de

Ansprechpartner Marketing:
Bernd Preßler
✆ (0 95 72) 91-31 68
✉ bernd.pressler@baur.de

SCHON GEWUSST?

- Ende der 1950er-Jahre war Baur das größte Schuhversandhaus Europas und verkaufte ein Fünftel der gesamten dt. Schuhproduktion.
- Täglich werden bis zu 85.000 Pakete durch den Baur-Versand verschickt. Würde man diese Pakete aneinanderreihen käme man auf eine Paketstrecke von über 50 km Länge.

BAUSCHER

Die internat. aufgestellte Porzellanmarke Bauscher steht für hochwertiges und designorientiertes, aber auch funktionales Geschirr im Hotellerie- und Gastronomiebereich. Als die Brüder August und Conrad Bauscher 1881 die Porzellanfabrik Weiden gründeten, waren sie die ersten, die sich gezielt auf die Großgastronomie ausrichteten. Hotels, Schiffe, Eisenbahnen und die Kantinen der aufstrebenden Industriebetriebe boten ein entsprechendes Potential. Im Laufe der Zeit entwickelte das Unternehmen spezielle Deckelhalterungen für Kannen, formintegrierte Stapelelemente oder nicht-tropfende Schnaupen. Gewichtskennzeichnungen auf dem Porzellan ermöglichen das Zahlen nach Gewicht ohne Waage an der Kasse. 1960 brachte das Unternehmen die Form B1100 des Designers

Bauscher spricht mit seinem hochwertigen Portfolio weltweit gezielt Kunden in der Hotellerie und Spitzengastronomie sowie in den Bereichen Gemeinschaftsverpflegung und Krankenhäuser an.

Heinz H. Engler auf den Markt. Dieses Stapelporzellan gilt als das meistverkaufte Geschirrsystem der Welt. Bis heute will Bauscher keine Privathaushalte, sondern gezielt Kunden in der dt. und der internat. Hotellerie und Spitzengastronomie sowie in den Bereichen Gemeinschaftsverpflegung und Krankenhäuser ansprechen. Im Jahr 2006 brachte das Unternehmen das eigens für diese Zielgruppen entwickelte sog. „intelligente" Porzellan pabis auf den Markt. Die in diesem Geschirr integrierten RFID-Chips erleichtern die Abrechnung in Kantinen und bei der Versorgung außer Haus. Bauscher ist nach eigenen Angaben Weltmarktführer im Bereich Hotellerie- und Gastronomieporzellan. Prestigeträchtige Kunden wie das Luxushotel Burj Al Arab in Dubai oder das Kreuzfahrtschiff Aida servieren auf Geschirr des Oberpfälzer Unternehmens. Zum Sortiment gehören heute mehr als 18 Formen in über 8.000 Dekoren. Seit 1987 bietet die Porzellanfabrik Weiden Gebr. Bauscher auch Gläser und Besteck an. Das Unternehmen gehört zur BHS tabletop AG mit den Marken Bauscher, Tafelstern und Schönwald.

DATEN UND FAKTEN

Markenname: Bauscher, abgeleitet vom Namen der Firmen gründenden Brüder August und Conrad Bauscher

Erfinder: August und Conrad Bauscher, 1881

Innovationen: pabis (2006)

Markenwebsite: www.bauscher.de

BAUSCHER.
Weltmarke des Hotelporzellans

Von der Natur inspirierte, variantenreiche Formen bietet das Hartporzellan Compliments (Mitte). Das „intelligente" Porzellan pabis mit integrierten RFID-Chips erleichtert die Abrechnung in der Gemeinschaftsverpflegung (unten).

Die Herstellung von Bautz'ner Senf beruht auf traditionellen Rezepturen.

UNTERNEHMEN

Porzellanfabrik Weiden Gebr. Bauscher Zweigniederlassung der BHS tabletop AG

Hauptsitz: Selb, Deutschland

Vorstand: Hans G. Beckmann

Gesamtumsatz: 95 Mio. Euro (2006, Konzern)

Vertrieb: in über 120 Ländern weltweit über Vertriebspartner

KONTAKT

Porzellanfabrik Weiden Gebr. Bauscher
Zweigniederlassung der BHS tabletop AG
Obere Bauscherstr. 1
92637 Weiden
✆ (09 61) 82-0
🖷 (09 61) 82-31 02
💻 www.bauscher.de

Ansprechpartner Presse:
Christian Horwedel
Engel & Zimmermann AG
✆ (0 89) 8 93 56 33
✉ info@engel-zimmermann.de

Ansprechpartner Marketing:
Jelena Jenzsch
✆ (09 61) 82-33 50
✉ jenzsch.j@bauscher.de

Lead-Agentur:
Engel & Zimmermann AG
💻 www.engel-zimmermann.de

MEILENSTEINE

1890 Sämtliche Schiffe der Norddeutschen Lloyd werden mit Bauscher Porzellan ausgestattet.

1960 Bauscher bringt die Form B1100 auf den Markt, die bis heute als meist verkauftes Geschirrsystem der Welt gilt.

2001 Bauscher gilt als größte Hotelporzellanfertigung Europas.

2006 Das „intelligente" Porzellan pabis soll mittels RFID-Technologie die Abrechnungsprozesse in der Gemeinschaftsverpflegung erleichtern.

BAUTZ'NER

Die Senfmarke Bautz'ner hat in Osteutschland einen Marktanteil von 64 % (Firmenangaben). Bundesweit ist Bautz'ner mit einem Marktanteil von 22 % Absatzmarktführer (AC Nielsen, 2006). Die Erfolgsgeschichte der Marke Bautz'ner begann im Jahr 1953. Im sog. Volkseigenen Betrieb (VEB) „Lebensmittelbetriebe Bautzen" wurde das erste Mal Bautz'ner Senf mittelscharf abgefüllt. Reichhaltige Erfahrung im Vermahlen von Senf konnten die Bautz'ner bereits seit den 1930er-Jahren sammeln. Heute umfasst das Produktportfolio sieben Senfsorten u.a. in den Varianten mittelscharf, scharf und pikant-süß sowie drei Ketchups, sechs *Brutzelsaucen*, drei Salat-Dressings und zwölf Feinsaure Delikatessen. Mit *Quetch'Up*, dem Kinderketchup mit 30 % weniger Zucker und Calcium, brachte Bautz'ner eine Innovation auf den Markt. Für 2008 ist eine Serie an Brotaufstrichen geplant. Das Logo wurde über die Jahre leicht modifiziert, Corporate Schrift und Farbe sind die Type *The Sans Bold* und der Farbton Pantone 186. Seit 1992 gehört die Marke Bautz'ner zum Familienunternehmen Develey Senf & Feinkost GmbH in Unterhaching bei München. Seitdem ist die Strategie der Marke von kontinuierlich vorangetriebenen Investitionen geprägt. Dazu zählen der Bau und die Erweiterung einer modernen Produktionsanlage vor Ort, die Ausweitung des Sortiments sowie der Aufbau neuer bundesweiter Vertriebsstrukturen. Kurs bestimmend für Bautz'ner ist jedoch auch die konsequente Beibehaltung geschätzter Eigenheiten wie z.B. die Verwendung der schlichten Senfbecher aus Plastik und ein auf traditionellen Rezepturen basierendes Herstellungsverfahren. Jährlich verlassen über 20 Mio. Becher Senf die Produktionsstätte.

DATEN UND FAKTEN

Markenname: Bautz'ner, abgeleitet von der sächsischen Senfstadt Bautzen

Slogan: „Komm auf den Geschmack"

Erfinder: VEB Lebensmittelbetrieb Bautzen, 1953, Bautzen

Markenregistrierung: 19.02.1992, DPMA München

Innovationen: Quetch'Up (2007), Bautz'ner Brotaufstriche (2008)

UNTERNEHMEN

Develey Senf & Feinkost GmbH
Werk Bautzen
Großdubrauer Str. 36
02607 Bautzen

(03 59 35) 2 70-0
(03 59 35) 2 70-29
www.bautzner.de

BAVARIA BLU

Die Käsemarke Bavaria blu bezeichnet einen Schimmelkäse, der sich aus Blau- und Weißschimmelkulturen zusammensetzt. Die Bergader Privatkäserei GmbH entwickelte das Produkt 1972 und war die erste Käsemanufaktur, die diese beiden Schimmelarten kombinierte. Außen besteht der Käse aus Weißschimmel, innen enthält er Blauschimmel. Seit dem ersten Käse der Marke Bavaria blu hat das Unternehmen weitere Produktvariationen unter der gleichen Marke entwickelt. Seit 2005 gibt es Bavaria blu auch mit Rotschimmel und die aktuellste Innovation stammt aus dem Jahre 2006, ein fettreduzierter Käse, den das Unternehmen als Bavaria blu *25 % Fett* vertreibt. Zudem gibt es Bavaria blu auch als Scheibenkäse. Das Logo der Marke besteht aus dem Schriftzug „Bavaria blu" vor einem blau-weißen Bergpanorama. Als Schriftart hat das Unternehmen altbayerische Lettern gewählt. Diese Darstellung soll die Verbundenheit von Marke und Produzent mit dem Bundesland und der Region Bayern verdeutlichen. Bavaria blu ist eine der bekanntesten Marken im Portfolio von Bergader und wird vom Hersteller in erster Linie als Naturprodukt vermarktet. Bewusst als hochpreisige Premiummarke platziert, soll Bavaria blu auch solche Kunden ansprechen, die Wert auf heimische Herkunft und traditionelle Produktionsverfahren legen. Für andauernd hohe Produktqualität hat die DLG Bavaria blu im Jahr 2005 mit der „DLG Golden Classics 25 Jahre"-Medaille ausgezeichnet. Das Familienunternehmen Bergader produziert seit dem Jahre 1902 Käse, mittlerweile in der dritten Generation. Zurzeit leitet Beatrice Kress, die Enkelin des Gründers Basil Weixler, die Firma. Für seine Jahresproduktion von mehr als 23.000 t Käse hat Bergader innerhalb Deutschlands ein eigenes Vertriebsnetz aufgebaut, in dem gut 20 der 450 Mitarbeiter beschäftigt sind, die den Lebensmittel- und den Fachgroßhandel betreuen.

DATEN UND FAKTEN

Markenname: Bavaria blu, Kunstwort, abgeleitet von **Bavaria** für Bayern und **blu**, mit Assoziation zu Blauschimmel

Markenregistrierung: 04. 03. 1983, DPMA München

Innovationen: Bavaria blu mit Rotkulturen (2005), Bavaria blu 25 % Fett (2006)

Markenbekanntheit: 64 % der Frauen gest. (MA 2006)

Auszeichnungen: „DLG-Golden-Classics" (2005)

Markenwebsite: www.bavariablu.de

UNTERNEHMEN

Bergader Privatkäserei GmbH
Weixlerstr. 16
83329 Waging am See
(0 86 81) 4 04-0
(0 86 81) 4 04-1 00
www.bergader.de

Der Blauschimmelkäse der Marke Bavaria blu wird von der Bergader Käserei produziert.

BAYBLEND

Seit rund 30 Jahren vermarktet das Unternehmen Bayer MaterialScience die Industriemarke Bayblend, die einen Kunststoff bezeichnet, der primär aus dem Polycarbonat (PC) →Makrolon und Acrylnitril-Butadien-Styrol-Copolymer (ABS) besteht. Die Markteinführung erfolgte 1977, vorangegangen waren umfangreiche Entwicklungsarbeiten im Bayer-Werk Uerdingen und die im November 1975 erfolgte Markeneintragung beim DPMA Berlin. Aufgrund von Eigenschaften wie Wärmeformbeständigkeit bei starker Sonneneinstrahlung und Resistenz gegenüber Tieftemperaturen fand das Produkt zu Beginn seinen Hauptabnehmer in der Automobilindustrie, wo es bis heute vornehmlich für Komponenten im Autoinnenraum z. B. für Handschuhfachdeckel und Komponenten von Türverkleidungen eingesetzt wird. Mitte der 1980er-Jahre gelang es der Forschungsabteilung der Bayer AG, das Produkt um eine zusätzliche Komponente zu erweitern. Das nunmehr flammgeschützte Bayblend FR weckte das Interesse der Elektro- und Elektronik-Industrie, die es für Gehäuse von Fernsehgeräten und Computern verwendete und seither als größter Abnehmer des Werkstoffes gilt. Durch stetige Weiterentwicklung, aber auch durch die Globalisierung der Kfz- und IT-Industrie ist es dem Unternehmen heute möglich, weltweit den jeweils adäquaten Typen des Produkts anzubieten, der von der weiterverarbeitenden Industrie vor Ort benötigt wird. Resultierend aus diesen Umständen hat Bayer MaterialScience Produktionsstätten in allen wichtigen Wirtschaftsregionen aufgebaut und ist

Das Gehäuse des Philips Ambilight ist aus brom- und chlorfreiem Bayblend® (Mitte). Bayblend® wird zudem vielfältig im Automobilbereich eingesetzt (unten).

Auch Bauteile des neuen smart fortwo sind aus dem high-tech Material Bayblend® gefertigt.

darauf bedacht, die Weiterentwicklung des Produkts unter Berücksichtigung der Erfahrungswerte seiner Kunden zu forcieren. Mit mittlerweile mehr als 2 Mio. Tonnen hergestelltem Bayblend und rund 10 Mrd. Euro Jahresumsatz gehört das 14.900 Mitarbeiter (Stand: Ende 2006) zählende Chemie-Unternehmen lt. eigenen Angaben zu den weltweit führenden PC/ABS-Anbietern.

DATEN UND FAKTEN

Markenname: Bayblend®, Akronym, aus dem Unternehmensnamen **Bay**er und dem altnordischen Wort **blanda** bzw. altengl. Wort **blandan** (dt. mischen)

Erfinder: Bayer AG, Leverkusen, 1975

Markenregistrierung: 05. 11. 1975, DPMA München

Innovationen: Werkstoff-Typen mit antimonoxidfreien Flammschutzpaketen (1984), brom- und chlorfreies flammgeschütztes Bayblend® FR (1987)

Markenwebsite: www.plastics.bayer.com

UNTERNEHMEN

Bayer MaterialScience AG

Hauptsitz: Leverkusen, Deutschland

Vorstand: Patrick W. Thomas (Vorsitzender)

Weitere Marken: → Makrolon®, Makroblend®, Apec®, Makrofol®, Bayfol®, Vivak®, Marnot®, Axpet®, Bayloy®

Gesamtumsatz: ca. 10,2 Mrd. Euro (2006)

Mitarbeiter: 14.900 weltweit (2006)

Vertrieb: weltweit

KONTAKT

Bayer MaterialScience AG
Gebäude B 207
51368 Leverkusen
✆ (02 14) 30-3 16 73
🖷 (02 14) 30-5 35 97
💻 www.bayermaterialscience.de

Ansprechpartner Presse:
Andrea Huber
✆ (02 14) 30-7 25 36
✉ andrea.huber@bayerBMS.com

Ansprechpartner Marketing:
Jürgen Hohmann
✆ (02 14) 30-3 16 73
✉ juergen.hohmann@bayermaterialscience.com

SCHON GEWUSST?
▮ Ob Lichtschalter oder PC-Gehäuse in Büro und Haushalt, sicherheitsrelevante Komponenten im Bereich des Airbag-Austritts oder Türverkleidungen im Auto: Bayblend® ist im Alltag in unterschiedlichsten Formen und Funktionen zu finden.

BAYERNLB

Bayern LB

Werner Schmidt (unten) ist Vorstandsvorsitzender der BayernLB.

Den Grundstein für die Bayerische Landesbank legte König Ludwig II. 1884 mit der Unterzeichnung des Gesetzes zur Gründung der königlichen Landeskultur-Rentenanstalt. Aus der Fusion mit der Bayerischen Gemeindebank ging 1972 die Bayerische Landesbank hervor. 2005 übernahm diese im Zuge des neuen Marktauftritts den Namen BayernLB. Anlass war ein neues Geschäftsmodell aufgrund des Wegfalls der Anstaltslast und Gewährträgerhaftung und eine strategische Neuausrichtung der Landesbank. Für den Relaunch wurde von der Agentur MetaDesign Berlin ein neues Markenlogo entwickelt; die Wortmarke BayernLB in Verbindung mit einer Raute mit Pfeil. Das Logo in den Hausfarben Pantone Process Blue, Pantone 2757 und Weiß steht für die Verknüpfung von Tradition und Moderne: Die blaue Raute symbolisiert die bayerischen Wurzeln, der in Leserichtung deutende Pfeil symbolisiert die vorwärts gerichtete Haltung und weist auf die Wortmarke hin. Hausschrift ist die Corpid. Zur Markenpflege führt die BayernLB Image-Kampagnen durch. In vorwiegend dt. Zeitungen werden Image-Anzeigen sowie Anzeigen zu Produkten, Dienstleistungen und gesellschaftlichem Engagement geschaltet. Die

BayernLB ist eine Anstalt des öffentlichen Rechts. Ihre Eigentümer sind - indirekt über die BayernLB Holding AG - zu je 50 % der Freistaat Bayern und der Sparkassenverband Bayern. Sie hat eigene Standorte u. a. in London, Mailand, Moskau, New York und Hong

Die BayernLB beschäftigt konzernweit 17.084 Mitarbeiter.

Kong. Neben Kooperationen mit Partnerbanken wie der *ICICI* (Indien) und der *Itaú-Gruppe* (Brasilien) hält die BayernLB mehrere Repräsentanzen und baut neben Shanghai mit der *LBBW* (Landesbank Baden-Württemberg) ein weiteres German Centre in Indien auf. Zu den Töchtern der BayernLB zählen u. a. die *SaarLB*, die *Deutsche Kreditbank AG*, *LB(Swiss)*, *MKB Ungarn* und die *Hypo Group Alpe Adria Österreich*. Der Vertrieb wird in Zusammenarbeit mit den Niederlassungen und Töchtern der BayernLB sowie den Sparkassen flächendeckend gewährleistet. 2006 erzielte die BayernLB ein Betriebsergebnis von 1.375 Mio. Euro. Das Unternehmen mit Hauptsitz in München wird von Werner Schmidt geleitet. Die BayernLB baut derzeit ihr Geschäft in Mittel- und Osteuropa aus.

DATEN UND FAKTEN

Markenname: BayernLB, verkürzte Form des ehemaligen Markennamens und der heutigen Firmierung Bayerische Landesbank

Gründer: Königreich Bayern unter König Ludwig II., 1884

Markenregistrierung: 28. 02. 2002, DPMA München

Innovationen: Finanzierung von erneuerbaren Energien, Kyoto Dienstleistungen, Nachhaltige Geldanlagen, CO2-Emissionshandel (CER, EUA, ERU), Entwicklung von Klimaschutzprojekten (JI, CDM), Rheinschiene-Swaps, ein Finanzierungsinstrument zur Absicherung der Gaspreise, Value-Investitionen, langfristige Investitionen mit einem Zeithorizont von mindestens drei Jahren haben Vorrang vor kurzfristigen, spekulativen Strategien

Betriebsergebnis: 1.375 Mio. Euro (2006)

Auszeichnungen:
„EuroWeek Awards", 1. Platz in der Kategorie Best Arranger of Loans for Financial Institutions (2004–2007)
„Aktien Analysten Award",1. Platz, Börsenzeitung in Large-Cap-Bereich bei Transport/Logistik und Einzelhandel (2007)

UNTERNEHMEN

Bayerische Landesbank

Hauptsitz: München, Deutschland

Vorstand: Werner Schmidt (Vorsitzender)

Bilanzsumme: 353,2 Mrd. Euro (2006)

Vertrieb: weltweit über eigene Niederlassungen

KONTAKT

BayernLB
Brienner Str. 18
80333 München
(0 89) 21 71-01
(0 89) 21 71-2 35 78
www.bayernlb.de

Ansprechpartner Presse:
Abteilung Presse & Media Relations

MEILENSTEINE

1884 Mit dem Gesetz „die Landeskultur-Rentenanstalt betreffend" wird das älteste Vorgängerinstitut der Bayerischen Landesbank gegründet.

1914 Gründung der Girozentrale, ab 1925 Bayerische Gemeindebank

1949 Umfirmierung der Landeskultur-Rentenanstalt in Bayerische Landesbodenkreditanstalt

1972 Bayerische Gemeindebank und Bayerische Landesbodenkreditanstalt fusionieren zur Bayerischen Landesbank.

2005 Die staatlichen Haftungsgarantien für öffentlich-rechtliche Kreditinstitute werden modifiziert. Die Bayerische Landesbank geht als BayernLB mit einer neuen Marke und einem neuen Logo an den Markt.

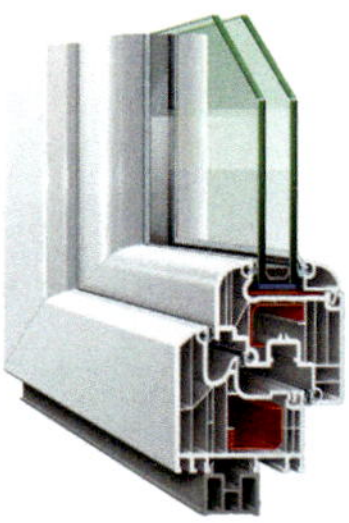

BAYERWALD produziert moderne Haustür- und Fenstertechnik.

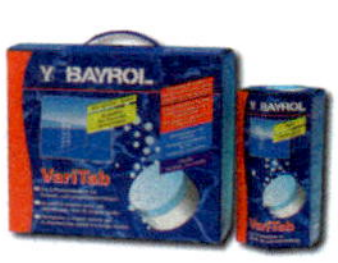

Produkt aus dem breiten Sortiment von BAYROL: BAYROL VariTab (Mitte), Geschäftsführer Bernd Rothfuß (unten)

(0 89) 21 71-2 71 76
presse@bayernlb.de

Ansprechpartner Marketing:
Abteilung Marketing
marketing@bayernlb.de

Lead-Agentur:
Dassel & Schumacher

BAYERWALD

Die Premiummarke BAYERWALD steht für Fenster und Haustüren. Die Wurzeln der BAYERWALD® Fenster Haustüren GmbH & Co. KG liegen in einer Schreinerei, die Markus Altenbuchinger sen. 1920 in Tittling im Bayerischen Wald gründete. Markus Altenbuchinger jun. entwickelte die Marke BAYERWALD 1980 im Zuge des Wandels zu einem Industrieunternehmen. BAYERWALD steht in Anlehnung an die Region Bayerischer Wald. Bereits seit 1973 bestimmt die Fensterherstellung im großen Stil die Aktivitäten des Unternehmens. Heute besteht das Portfolio aus qualitativ hochwertigen und sicheren Fenstern und Haustüren aus Holz, Kunststoff, Aluminium bzw. der Kombination dieser Materialien. Anwendung finden die Produkte bei Neubauten und Renovierungen von Wohnhäusern, vor allem von Ein- und Zweifamilienhäusern. Fenster werden in fünf verschiedenen Rahmenqualitäten angeboten. Die Haustüren sind standardmäßig mit einer 17-fachen Verriegelung ausgestattet. Mit der Einführung des patentierten Tresorbandes für Fenster (1999) und Haustüren (2006) reagierte das Unternehmen auf gestiegene Sicherheitsansprüche der Kunden. Das Logo besteht aus dem Markennamen in Grün (Pantone 5473) und dem Zusatz „Fenster Haustüren". Der Claim „Ein Leben lang sicher" nimmt Bezug auf die strategische Ausrichtung auf Sicherheitsaspekte. In Radiospots warben die bayerischen Bühnenfiguren Herbert und Schnipsi von 2000 bis 2006 für die Marke BAYERWALD. Die BAYERWALD®-Fenster Haustüren GmbH & Co. KG erwirtschaftet mit 380 Mitarbeitern jährlich einen Umsatz von 40 Mio. Euro. Der Vertrieb erfolgt über den Fachhandel im gesamten deutschsprachigen Raum. Seit 2002 ist das Unternehmen Teil der HAAS Group, einem der führenden Anbieter von Qualitätsprodukten rund um die Vielfalt des Bauens. Die Unternehmensgruppe vertreibt u. a. Fertighäuser (→HAAS FERTIGBAU) sowie Bauelemente unter den Marken HOCO (→HOCOHOLZ, →HOCOPLAST), →WO & WO und →STABIL.

DATEN UND FAKTEN

Markenname: BAYERWALD, Bezeichnung in Anlehnung an die Region Bayerischer Wald

Slogan: „BAYERWALD – Fenster Haustüren – ein Leben lang sicher"

Gründer: Markus Altenbuchinger sen., 1920

Markenregistrierung: 25. 05. 2003, DPMA München

Innovationen: Tresorband (1999)

Markenbekanntheit: 11 % (Interconnection, 2005)

Jahresumsatz: 40 Mio. Euro

Werbespendings: ca. 3 % vom Umsatz

UNTERNEHMEN

BAYERWALD® – Fenster Haustüren GmbH & Co. KG
Gewerbepark 7
94154 Neukirchen vorm Wald
(0 85 04) 40 00
(0 85 04) 20 77
www.bayerwald-online.com

BAYROL

Die Marke BAYROL richtet sich mit ihrem breit gefächerten Sortiment von Pflege- und Hygieneprodukten für das Schwimmbad an alle Poolbesitzer. Vom Planschbecken im Garten bis zum fest installierten Pool bietet BAYROL passende Lösungen. Das Ziel ist dabei, die Poolpflege so einfach wie möglich zu machen. Das Sortiment reicht daher vom Komplettpflegeprodukt bis hin zu speziellen Problemlösungen. Das Unternehmen wurde 1927 durch den Chemiker Heinz Pohl in München gegründet. Der Markenname verrät mit den ersten vier Buchstaben die bayerische Herkunft, die letzte Silbe ist dem Nachnamen des Gründers entnommen. Neben einer modernen Wasserpflege aus eigener Forschung und Entwicklung wird bei BAYROL Wert auf die anwenderfreundliche Gestaltung der Produkte gelegt. Handliche Kartons, Dosierhilfen und farbige Markierungen auf den Verpackungen sollen eine einfache Handhabung garantieren. So sind z. B. Desinfektionsprodukte mit Chlor durch eine rote Welle markiert. Handelt es sich um Algenverhütung, ist die Welle grün. Zur Information der Kunden gibt es Prospekte, Pflegebroschüren und Informationen auf der Website. Einmal im Jahr bringt BAYROL die Zeitschrift *Schwimmbad*

Report heraus. In Zukunft will das Unternehmen seine Produkte noch stärker auf die Zielgruppen zuschneiden. Forschung und Entwicklung spielen in dem Unternehmen eine große Rolle. Neueste Innovation ist die *VariTab*, eine 2-Phasen-Tablette, welche die Schnell- mit der Langsamdesinfektion vereint. Europaweit sind die Produkte von BAYROL im Fachhandel und teilweise auch in Baumärkten erhältlich. Das Markenlogo besteht aus dem Firmennamen und einem vorangestellten, eingerahmten Y. Der Buchstabe dient zur klaren Unterscheidung der Marke BAYROL von dem Logo des Pharmakonzerns →Bayer. Die Hausfarbe ist Blau (Pantone Reflex Blue) und symbolisiert das Wasser, dem Hauptwirkungsfeld der Markenprodukte. Das Unternehmen erwirtschaftet mit der Marke BAYROL einen Umsatz von 80 Mio. Euro pro Jahr. Das Münchner Unternehmen hat europaweit 120 Mitarbeiter.

BAYROL bietet ein breites Sortiment an Wasserpflegeprodukten an, ob mit Chlor, Aktivsauerstoff, Brom oder Biguanid.

DATEN UND FAKTEN

Markenname: BAYROL, verbindet die bayerische Herkunft (Bayr) mit dem Nachnamen des Erfinders Pohl (ol)

Slogan: „Mehr Freude am Schwimmbad"

Gründer: Heinz Pohl, 1927, München

Markenregistrierung: 21. 05. 1954, DPMA München

Innovationen: Desalgin (1960), Filterclean Silver (1998), VariTab (2006)

UNTERNEHMEN

BAYROL Deutschland GmbH

Hauptsitz: Planegg, Deutschland

Geschäftsführer: Bernd Rothfuß

Gesamtumsatz: 80 Mio. Euro (2006)

Mitarbeiter: 120 europaweit (2006)

Vertrieb: europaweit

KONTAKT

BAYROL Deutschland GmbH
Lochhamer Str. 29
82152 Planegg
✆ (0 89) 8 57 01-0
🖷 (0 89) 8 57 01-2 09
🖳 www.bayrol.de

Ansprechpartner Presse:
Pavla Kaiser
✆ (0 89) 8 57 01-2 23
✉ pkaiser@bayrol.de

Ansprechpartner Marketing:
Michael Bencak
✆ (0 89) 8 57 01-2 85
✉ mbencak@bayrol.de

SCHON GEWUSST?

▌1982 machte sich BAYROL als weltweit Erster daran, Aktivsauerstoff für die Schwimmwasserpflege anwendbar zu machen und im europäischen Markt als Alternative zum Chlor einzuführen. Der Wirkstoff ist sanft zu Haut und Haaren und geruchsneutral, was vor allem für Kinder wichtig ist.

BCG (BOSTON CONSULTING GROUP)

→The Boston Consulting Group

BEATE UHSE

Beate Uhse steht für die Sex- und Erotikartikel, die vom gleichnamigen Unternehmen vertrieben werden. Darüber hinaus ist das Unternehmen auch in der Fernsehunterhaltung aktiv. Der Markenname leitet sich vom Namen der Unternehmensgründerin Beate Uhse ab. Das rote Logo ist in kleinen serifenlosen Buchstaben gesetzt. Die Buchstaben „E" und „A" im Wort „Beate" sind weinrot. Gespiegelt ergeben sie die Zahl 69 aus dem aktuellen Firmenslogan: „69 Sex up your Life". In Versalien gesetzt und ebenfalls rot gefärbt ist die Wortfolge „Sex up your Life" Teil des Logos. 2002 entschied sich die Beate Uhse AG für diesen Auftritt, wodurch „Beate Uhse" als internat. Dachmarke etabliert wurde. Lange Jahre war die Firmengründerin die wichtigste Werbefigur. 1946 legte Beate Uhse mit einer Aufklärungsschrift den Grundstein für das Unternehmen. Seit 1947 versendet Beate

beate uhse

Mit einer Aufklärungsschrift legte Beate Uhse 1946 den Grundstein für den Handel mit Sex- und Erotikartikeln.

Die Holiday Skin Body Lotion (Mitte) von bebe Young Care, eine Anzeige für den Perlganz Lippenpflegestift (unten)

Uhse erotische Produkte. 1962 eröffnete die Unternehmerin den ersten Sex-Shop der Welt. Heute arbeiten ca. 1.500 Menschen für die Beate Uhse AG, die 2006 einen Umsatz von 270,9 Mio. Euro erzielte, den größten Teil davon mit der Marke Beate Uhse. Die Beate Uhse AG ist führender Anbieter in 14 Ländern Europas. Vertrieben werden die Produkte über den Einzel-, Versand- und Großhandel. Die Zukunftsstrategie des seit 1999 als Aktiengesellschaft geführten Konzerns ist auf internat. Expansion ausgerichtet, um die Marktposition zu festigen und weiter auszubauen. Stammsitz der Beate Uhse AG ist Flensburg.

UNTERNEHMEN

Beate Uhse AG
Gutenbergstr. 12
24941 Flensburg
✆ (04 61) 99 66–0
🖷 (04 61) 99 66–4 66
💻 www.beate-uhse.ag

BEBE YOUNG CARE

Unter der Marke bebe Young Care vertreibt die →Johnson & Johnson GmbH Gesichts- und Körperpflegeprodukte für junge Haut. Dazu gehören u.a. Reinigungstücher, Peelings, Wasch- und Duschgele, Deos, Lippenpflegestifte, Bodylotions und Gesichtspflege für verschiedene Hauttypen. Der Markenname soll die Zielgruppe der Produkte assoziieren. Mit bebe Young Care will Johnson & Johnson hauptsächlich junge Frauen zwischen 14 und 29 Jahren ansprechen. Lt. eigenen Angaben ist das Unternehmen mit der Marke Marktführer in dieser Zielgruppe. Weil es in den 1980er-Jahren keine Produkte speziell für junge Haut gab, entwickelte Johnson & Johnson 1989 unter dem Namen bebe Gesichtspflegeprodukte für Jugendliche. 1995 entstand die Marke bebe Young Care, die seit 2002 mit dem Slogan „Natürlich schöne Haut" beworben wird. Das Logo zeigt den klein geschriebenen Markennamen in dunkelblauen Buchstaben. Darunter steht in rosa Schreibschrift „young care". Unten wird das Logo vom Slogan abgeschlossen, der in kleiner und dunkelblauer Schrift gehalten ist. Die Agentur Heye & Partner kreierte für bebe Young Care eine „Mädchen-WG", mit der verschiedene Produkte in Fernsehspots beworben werden. Das Produktportfolio der Marke wurde seit 1995 stetig erweitert. So kamen zu den Basispflegeprodukten Serien für spezielle Gesichtspflege hinzu. Eine Innovation von bebe Young Care ist die Holiday Skin Body Lotion, die erste Lotion mit leichtem Selbstbräuneranteil. Johnson & Johnson ist eines der weltweit größten Unternehmen auf dem Gebiet der Gesundheitsfürsorge und in den Geschäftsfeldern Pharma, Medizintechnik und Konsumgüter aktiv. Die Johnson & Johnson GmbH ist die dt. Tochter im Geschäftsfeld Konsumgüter und mit 14 Marken im Markt vertreten.

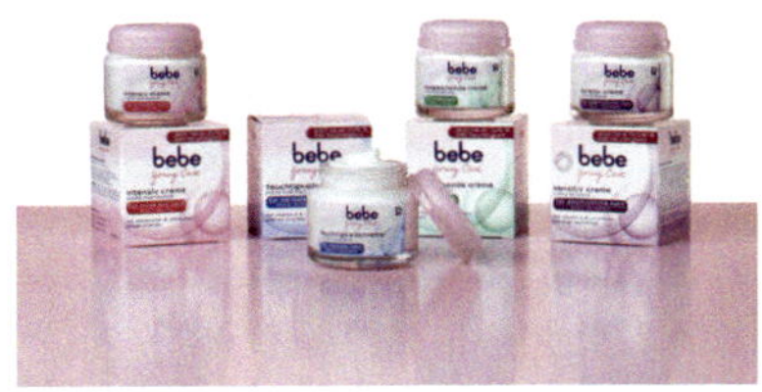

Die Produkte der Basispflege von bebe Young Care

DATEN UND FAKTEN

Markenname: bebe Young Care, steht für die Pflege junger Haut

Slogan: „Natürlich schöne Haut"

Erfinder: entstanden aus der Marke bebe Zartpflege, 1995

Markenregistrierung: bebe 28.09.1954, bebe Young Care 21.07.2004, DPMA München

Innovationen: bebe Young Care Holiday Skin (2005)

Markenbekanntheit: 97 % gest. (14- bis 29-jährige Frauen, unabhängiges Marktforschungsinstitut)

Auszeichnungen:
„Beauty Star", Sugar u.a. für *Holiday Skin Body Lotion Night, Morning Energy Waschpeeling* und *Shower & Shave Cream* (2006)
„Bussi für die Besten", Bravo Girl! für *Holiday Skin Body Lotion Night* und *Quick'n Clean Reinigungstücher* (2006)
„Produkt des Jahres", Lebensmittelpraxis für *Holiday Skin Feuchtigkeitscreme* (2007)

Markenwebsite: www.bebe.de

UNTERNEHMEN

Johnson & Johnson GmbH

Hauptsitz: Düsseldorf, Deutschland

Geschäftsführer: Peter Feld

Weitere Marken: s. → Johnson & Johnson

Gesamtumsatz: 53,3 Mrd. USD (Johnson & Johnson, weltweit, 2006)

Vertrieb: Deutschland, Schweiz und Österreich

KONTAKT

Johnson & Johnson GmbH
Kaiserswerther Str. 270
40474 Düsseldorf
✆ (02 11) 43 05-0
🖷 (02 11) 43 05-3 52
💻 www.jnjgermany.de

Ansprechpartner Presse:
PRint
Agentur für Öffentlichkeitsarbeit GmbH
✆ (0 40) 2 29 33-2 64
✉ pressebuero-bebeyc@heye.de

Lead-Agentur:
Heye & Partner, Hamburg
💻 www.heye.de

SCHON GEWUSST?

- Die Inspiration für die Einführung von bebe Young Care stammt aus den 1980er-Jahren. In dieser Zeit nutzten viele Teenager die 1961 eingeführte Kleinkinderpflege bebe Zartpflege für ihre Haut. Johnson & Johnson erkannte das Marktpotential und reagierte 1989 mit der Einführung von Pflegeprodukten speziell für junge Haut.
- Der Fernseh-Spot für Holiday Skin wurde 2005 schon kurz nach Einführung des Produktes wieder abgesetzt, da innerhalb weniger Tage seit Ausstrahlung die Bestände im Handel vergriffen waren.

BECEL

Seit den 1960er-Jahren vertreibt Unilever in Deutschland Becel Diät Margarine – die erste mit einer fettmodifizierten Rezeptur. Zunächst über Apotheken eingeführt, gibt es Becel seit 1971 im Handel. Der Markenname beruht auf der Buchstabenfolge BCL für „Blood Cholesterol Lowering" (Blutcholesterin-Senkung). Unter dem Markennamen Becel werden zwei eigenständig positionierte Produktlinien angeboten: Becel ist das präventive Produktangebot für eine herzgesunde Lebensweise, die kurativen Produkte von Becel pro-activ senken nachweislich den Cholesterinspiegel. Becel Produkte sind reich an lebenswichtigen mehrfach ungesättigten Omega 3- und 6-Fettsäuren. Aufgrund dieser Zusammensetzung eignen sie sich für eine herzgesunde Lebensweise und helfen, das Herz-Kreislauf-System zu schützen. Becel bietet eine Vielzahl an Produkten für die warme und kalte Küche: Das Sortiment reicht von Produkten zum Kochen, Backen und Braten über Omega 3-Pflanzenöl und Kaffeeweißer bis hin zu verschiedenen Wurstprodukten und Käse. Im Jahr 2000 kam die Sub-Marke Becel pro-activ hinzu. Sie steht für Margarine, Joghurtdrinks und Milch, die mit wirksamen Pflanzenstoffen (Pflanzensterine) angereichert sind und nachweislich einen erhöhten Cholesterinspiegel senken. Becel pro-activ Margarine war das erste Lebensmittel seiner Art, das nach der EU Novel Food-Verordnung im dt. Markt und europaweit zugelassen wurde und so mit einem medizinischen Nutzen werben darf. Die Zulassung für Milch und Joghurtdrinks folgte im Jahr 2004. Die Wirksamkeit und Sicherheit der Produkte wurde durch über 40 ernährungswissenschaftliche Studien nachgewiesen. Zusammen mit anderen Unilever-Marken wie → Rama, Sanella, Bonella, → Du darfst oder → Lätta deckt Becel weite Teile des dt. Margarinemarktes ab.

UNTERNEHMEN

Unilever Deutschland GmbH
Dammtorwall 15
20355 Hamburg
✆ (0 40) 3 49 30
🖷 (0 40) 35 47 42
💻 www.becel.de

Das dynamische Logo von Becel steht für Herzgesundheit und Lebensfreude.

BECHSTEIN

Die C. Bechstein Pianofortefabrik AG ist ein Hersteller und Händler von Klavieren und Flügeln. Neben C. Bechstein und Bechstein gehören heute die Marken Zimmermann, W. Hoffmann, Euterpe und Wilhelm Steinmann zum Produktportfolio. Damit bietet Bechstein seinen Kunden Instrumente von der Einsteiger- bis zur Premiumklasse. Carl Bechstein gründete die Klavierfabrik 1853 als Ein-Mann-Betrieb in Berlin. Für die damalige Zeit verwendet er derart stabile Materialien, dass Flügel und Klaviere dieser Marke schnell bekannt werden. So beginnt er in den 1860er-Jahren mit dem Export seiner Instrumente u.a. nach England und Russland. Ab 1870 fertigt er jährlich 500 Instrumente. 1882 gründet er eine zweite Fabrik in Berlin, 1885 folgt eine Dependance in London, 1897

Das Markenlogo mit dem typischen Tropfen

Beck's Bier ist seit 1949 auf dem dt. Markt erhältlich.

die dritte Fabrik in Berlin. Fast 100 Jahre später werden 1990 die Marken Euterpe und W. Hoffmann erworben, dazu kommen Euterpe und Steinmann. 1992 übernimmt Bechstein die VEB Sächsische Pianofortefabrik in Seifhennersdorf bei Dresden. C. Bechstein investiert ca. 20 Mio. Euro in den Aufbau einer modernen Klavier- und Flügelmanufaktur am sächsischen Standort, wo heute Marken C. Bechstein, Bechstein Academy und Zimmermann hergestellt werden. 1996 wird Bechstein in eine Aktiengesellschaft umgewandelt. Innerhalb des kontinuierlichen Wachstumsprozesses entstehen zahlreiche C. Bechstein Centren im In- und Ausland. 2007 eröffnet das erste eigene Centrum in New York gegenüber der Carnegie Hall. Ebenso 2007 entsteht unter dem Firmennamen C. Bechstein Europe in Tschechien ein weiterer eigener Fertigungsstandort für die Herstellung der Marke W. Hoffmann. Das von Karl Schulze geleitete Unternehmen erwirtschaftete 2006 mit 5.097 verkauften Instrumenten einen Gesamtumsatz von knapp 30 Mio. Euro und konnte somit den Umsatz seit Rückerwerb aus amerikanischen Händen in den letzten 20 Jahren um 600 % steigern. Ein weiterer Ausbau ist in Planung. C. Bechstein richtet 2010 wiederum den erfolgreichen Internationalen Carl Bechstein Klavierwettbewerb aus.

UNTERNEHMEN

C. Bechstein Pianofortefabrik AG
im stilwerk
Kantstr. 17
10623 Berlin
✆ (02 01) 23 32 45-46
🖷 (02 01) 22 97 44
✉ info@pianoschmitz.de
🖳 www.bechstein.de

BECKERS BESTER

Die Fruchtsaftmarke beckers bester steht für verschiedene fruchthaltige und alkoholfreie Getränkeprodukte wie Nektare, Schorlen, Direktsäfte, Fruchtsaftgetränke oder Joghurt-Drinks. Der Markenname geht auf die Unternehmensgründerin Bertha Becker zurück, die 1932 auf die Idee kam, aus den Apfelbäumen auf ihrem Grundstück Apfelsaft zu pressen. In den 1970er-Jahren entstand das Logo, das einen Tropfen neben dem Schriftzug zeigt, der die Frische der Produkte betonen soll. Der Slogan „Nur echt mit dem Tropfen" unterstützt die Bildmarke. Hergestellt werden die Marken-Produkte vom Unternehmen selbst: Die beckers bester GmbH & Co. KG betreibt Mehrweg-Abfüllanlagen für Glas und Kunststoff, Karton- und PET-Abfüllanlagen und zwei getrennte Verarbeitungslinien für die Saftgewinnung. Für die Zubereitung der beckers bester Apfelsäfte werden Früchte aus heimischen Anbaugebieten in Ost- und Westdeutschland angekauft. Neueste Produktinnovation sind sog. Frucht-Smoothies, die aus 100 % Frucht bestehen. Nach eigenen Angaben ist die Firma, die in der dritten und vierten Generation von der Familie Becker geführt wird, in der Top 10 der dt. Fruchtsaftanbieter vertreten und die Nummer 2 im Mehrwegmarkt für fruchthaltige Getränke in Deutschland. Produkte von beckers bester erhielten zahlreiche DLG-Prämierungen und sehr gute Urteile von Stiftung Warentest und Ökotest. beckers bester übernahm 2002 die Getränkemarke *Neu's Fruchtsäfte* und vertreibt zudem die Marke *Ocean Spray*. Das Unternehmen beschäftigt 250 Mitarbeiter an drei Standorten.

UNTERNEHMEN

beckers bester GmbH & Co. KG
Obere Dorfstr. 42
37176 Lütgenrode
✆ (0 55 03) 98 58-0
🖷 (0 55 03) 98 58-52
🖳 www.beckers-bester.de

BECK'S

Die internat. Marke Beck's steht für Biere und Biermischgetränke. Beck's Pils wird weltweit in 120 Ländern verkauft. Die Marke hat ihren Ursprung in der 1873 von Heinrich Beck, Lüder Rutenberg und Thomas May in Bremen gegründeten Kaiserbrauerei Beck & May oHG. Die Gründer hatten von Anfang an Auslandsmärkte im Blick: Beck's sollte ein Bier nach dt. Reinheitsgebot und somit ohne jegliche Zusätze sein, dessen Geschmack die lange Reise nach Übersee schadlos übersteht. Mit Blick auf die englischsprachigen Exportmärkte wurde auch die Schreibweise mit dem Apostroph gewählt. In Deutschland ist die Marke Beck's seit 1949 erhältlich. Hierzulande hat sich die im Premiumsegment angesiedelte Biermarke als Trendsetter etabliert und in den letzten Jahren mit Produktneuheiten wie Beck's *Gold* den Biermarkt geprägt. In Deutschland werden die Biere sowohl in Flaschen als auch in Dosen angeboten. Bereits 1968 wurde das legendäre „Beck'ser" Sixpack eingeführt. Markenzeichen von Beck's ist der nach links gerichtete, vertikal gespiegelte „Bremer Schlüssel". Auf dem Etikett von Beck's Pils sind außerdem zwei Medaillen abgebildet: die eine erhielt Beck's 1874 von Kaiser Friedrich III., die andere auf der Weltausstellung 1876 für das beste kontinentale Bier. In der Werbung ist Beck's vor allem durch einen grün beflaggten Großsegler bekannt, der erstmals 1984 als Leitmotiv für Kampagnen eingesetzt wurde. 1988 wurde er durch die „Alexander von Humboldt" ersetzt. Der dazugehörige Song „Sail Away" wurde 1992 zunächst von dem Deutschen Sänger Hans Hartz und 1995 dann von Joe Cocker interpretiert. 2002 wurde die Brauerei Beck & Co von dem belg. Brauereikonzern Interbrew übernommen. Interbrew fusionierte 2004 mit der brasil. AmBev zu dem neuen Unternehmen InBev, das mehr als 200 Biermarken in seinem Portfolio hält.

DATEN UND FAKTEN

Markenname: Beck's, nach dem Familiennamen des Gründers, angelsächsische Schreibweise

Slogan: „The Beck's Experience" (seit 2001)

Gründer: Heinrich Beck, 1873, Bremen

Markenregistrierung: 18.04.1896, Kaiserliches Patentamt Berlin

Innovationen: „Beck'ser" Sixpack (1968), Beck's *Gold* (2002), Beck's *Green Lemon* (2005) etc.

Markenbekanntheit: 50 % ungest., 95 % gest. (InBev Brand Performance Tracking, Synovaty GmbH, 2007)

Auszeichnungen:
„Silber Effi" für Beck's Gold (2004)
„Produkt des Jahres", Lebensmittelpraxis für Beck's *Gold* (2004)
„Produkt des Jahres", Lebensmittelpraxis für Beck's *Green Lemon* (2005)

Markenwebsite: www.becks.de

UNTERNEHMEN

InBev Deutschland
Brauerei Beck GmbH & Co. KG
28365 Bremen
(04 21) 50 94–0
(04 21) 50 94–6 67
www.inbev-deutschland.de

BEIERSDORF AG

Im Jahr 1880 ließ sich Paul C. Beiersdorf, der Namensgeber der heutigen Beiersdorf AG, in Hamburg nieder und übernahm eine Apotheke. Mit seinen physikalischen Kenntnissen und Fähigkeiten baute er in kurzer Zeit ein Laboratorium auf und bot Ärzten seine Dienste an. In enger Zusammenarbeit mit dem Dermatologen Prof. Paul Gerson Unna entwickelte er ein Verfahren zur Herstellung

2004 eröffnete die Beiersdorf AG in Hamburg das erweiterte Hautforschungszentrum. Auf 16.000 m² wird in Kooperation mit Universitäten und Institutionen angewandte Hautforschung und Produktentwicklung betrieben.

von medizinischen Pflastern und meldete dafür sein erstes Patent an. Das Datum der Patentschrift, der 28. März 1882, gilt zugleich als Gründungsdatum der Firma. Ein Jahr später verkaufte Beiersdorf die Apotheke und zog mit dem Laboratorium in den heutigen Hamburger Stadtteil Altona um. Seit 115 Jahren ist das Unternehmen in Hamburg-Eimsbüttel ansässig. Der Apotheker Dr. Oscar Troplowitz erwarb das Beiersdorf-Laboratorium im Jahre 1890 und baute es rasch zu einem führenden Markenunternehmen auf. Dr. Isaac Lifschütz erfand den Emulgator Eucerit, der die Grundlage für die spätere → NIVEA Creme und die → Eucerin Creme bildet. Heute ist die Beiersdorf AG ein global agierender Markenartikelkonzern für Haut- und Schönheitspflege mit rund 150 Tochtergesellschaften. Weltweit sind mehr als 17.000 Mitarbeiter beschäftigt. Grundlage des Unternehmenserfolges sind internat. führende Marken wie NIVEA, Eucerin, la prairie, Labello oder → 8x4. Besonders mit dem Relaunch der NIVEA Creme in der bis heute charakteristischen blau-weißen Dose gelang dem Unternehmen im Jahr 1925 ein entscheidender Durchbruch. NIVEA ist heute mit einem Umsatz von mehr als 3,1 Mrd. Euro (2006) nach Angaben des Unternehmens die größte Körperpflegemarke der Welt. Ziel des Unternehmens ist es, bestehende Marktanteile durch qualitatives Wachstum aus eigener Kraft und durch gezielte Akquisitionen im Rahmen der Unter-

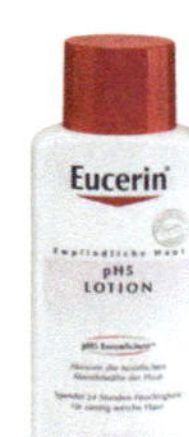

Das markentypische Design der blau-weißen NIVEA-Dose wurde seit seiner Einführung im Jahre 1925 nur wenig verändert (Mitte). Eucerin ist eine weitere Kernmarke der Beiersdorf AG (unten).

nehmensstrategie kontinuierlich zu steigern. Diese Unternehmenstrategie fußt auf vier Eckpfeilern: Herausragende Marken, Herausragende Supply Chain, Regionale Fokussierung und Herausragende Führungskompetenz in effizienten Strukturen. Ein weiterer Kern der Unternehmensphilosophie beruht auf der Motivation, die Wünsche und Bedürfnisse der Verbraucher mit Innovationen zu erfüllen und die Produktpalette zeitnah und marktorientiert anzupassen.

MARKEN UND PRODUKTBEREICHE

Labello:
Classic Pflege, Beauty Pflege, Special Pflege, Active Pflege

8x4:
Deo Sprays, Deo Roll-on

Juvena:
Pure, Juvedical, Rejuven, Juvenance, Juvelia, Body

Eucerin:
Empfindliche Haut, Trockene Haut, Empfindliche Gesichtshaut, Unreine Haut, Reife Haut, Sonnenempfindliche Haut, Anti-Age

NIVEA:
NIVEA Visage, NIVEA Beauté, NIVEA Creme, NIVEA Soft, NIVEA Hair Care, NIVEA Body, NIVEA Sun, NIVEA for Men, NIVEA Hand, NIVEA Deodorant, NIVEA Bath Care

la prairie:
Silver Rain Collection, The Swiss Cellular De-Agers, The Caviar Collection, Swiss Moisture Care, Swiss Daily Essentials, Swiss Specialists, Swiss Body Care, Swiss Suncare, Cellular Treatment Colour Système

atrix:
Professionelle Repair-Creme, Zarte Schutzcreme, Intensive Schutzcreme, Intensive Schutzcreme - Parfümfrei

Hansaplast:
Wundversorgung, Narbenreduktion, Fußpflege, Lokale Schmerz-Therapie, Bandagen, Lärmschutz

Florena:
Gesichtspflege, Hautpflege, Handpflege, Dusch- und Badezusätze, Männerpflege

DATEN UND FAKTEN

Firmenname: Beiersdorf AG

Gründer: Paul C. Beiersdorf (1836–1896)

Unternehmensgründung: 28.03.1882 in Hamburg

Mitarbeiter: 17.172 (2006)

Vorstandsvorsitzender:
Thomas-B. Quaas

Umsatz: 5.120 Mio. Euro (2006)

KONTAKT

Beiersdorf AG
Unnastr. 48
20245 Hamburg
✆ (0 40) 49 09-0
🖷 (0 40) 49 09-34 34
💻 www.beiersdorf.de

Ansprechpartner Presse:
Claudia Fasse
✆ (0 40) 49 09-0
✉ info@beiersdorf.com

MEILENSTEINE

1882 Gründung des Unternehmens durch den Apotheker Paul C. Beiersdorf in Hamburg. Mit dem von ihm entwickelten Guttapercha-Pflaster legte er die Grundlage für die moderne Pflastertechnologie.

1900 Der Emulgator Eucerit, die spätere Grundlage von Eucerin und NIVEA, wird zum Patent angemeldet.

1909 Das Unternehmen bringt den Lippenpflegestift →Labello auf den Markt.

1911 Beginn der Produktion von Cremes unter der Bezeichnung NIVEA

1922 Unter dem Namen →Hansaplast wird der erste Pflasterschnellverband eingeführt.

1925 Relaunch von NIVEA in der charakteristischen blau-weißen Dose

1936 wird →tesa als Dachmarke für Selbstklebe-Technologie eingeführt.

1955 Unter dem Namen →atrix bringt Beiersdorf eine schützende Handcreme auf den Markt.

1991 Erwerb der Marke la prairie

2004 Eröffnung des erweiterten Beiersdorf Hautforschungszentrums

2006 Einweihung des ersten NIVEA Hauses in der Hamburger Innenstadt

BELINEA

Unter der Marke Belinea vertreibt das dt. IT-Unternehmen →MAXDATA Computerzubehör auf dem europäischen Markt. Zum Markenportfolio gehören u. a. TFT-Monitore, Laptops, Mäuse und Tastaturen. Belinea-Produkte sind in drei Designlinien mit jeweils eigenen Zielgruppen aufgeteilt. Die Produktlinie *o.line* richtet sich mit an eine jüngere Käuferschicht, die Wert auf trendbewusstes Design legen, *b.line* ist auf Geschäftskunden ausgerichtet und *s.line* verbindet moderne Komponenten mit hochwertigen, exkl. Designs. Zusätzlich zu den Designlinien sind alle Belinea-Produkte einem sog. Level von eins bis sechs zugeordnet, anhand dessen die Kunden die Leistungsstärke der Komponenten abschätzen können. Der Markenname Belinea ist ein Kunstwort. Er geht zurück auf den Ursprung der Marke, unter der Maxdata von 1991 bis 2006 ausschließlich Computermonitore vertrieb. Mit seinem weiblichen Klang sollte die hohe Ergonomie von Belinea-Monitoren betont werden. Die Buchstabenkombination „in" soll zudem die Schnittstelle zwischen Mensch und Computer symbolisieren. 2007 erfolgte ein umfangreicher Relaunch von Belinea. Ziel war es, das Markenportfolio von Monitoren auf alle Computerprodukte zu erweitern, die auf dem Schreibtisch zu finden sind. Unterstützt wurde MAXDATA dabei von Produktentwicklern sowie Designern. Die Maxdata AG mit Hauptsitz in Marl beschäftigte 2006 rund 1.200 Mitarbeiter und erwirtschaftete einen Umsatz von ca. 525 Mio. Euro. Belinea-Produkte werden indirekt über Fachhandelspartner, den Einzelhandel sowie eigene Distributionsnetze vertrieben.

UNTERNEHMEN

Maxdata AG
Elbestr. 16
45768 Marl
✆ (0 23 65) 95 20
🖷 (0 23 65) 20 05
💻 www.maxdata.de

BELMONDO

Die Modemarke Belmondo steht für Schuhe und Accessoires ital. Designs. Das Produktportfolio umfasst seit 2006 neben Damen- und Herrenschuhen ein umfangreiches Angebot an Accessoires. Hierzu gehören Taschen, Gürtel, Handschuhe, Schals, Tücher und Schmuck. Sämtliche Produkte sind im mittleren Preissegment angesiedelt und richten sich an modebewusste Männer und Frauen. Pro Jahr werden vier verschiedene Schuh-Kollektionen kreiert, die das Spektrum von Sneakers bis hin zu eleganten Schuhen abdecken. Die Marke Belmondo wurde 1983 von der Ludwig Görtz GmbH in Hamburg entwickelt. Hauseigene Designerteams sollten eine Schuhkollektion entwerfen, die sich durch ital. inspirierte Stilkompetenz auszeichnet. Der Markenname Belmondo, ital. für „die schöne Welt", soll diese Geschäftsidee unterstützen. Er ist zudem internat. verwendbar und wird überall gleich ausgesprochen. Das schwarz-weiße Logo mit dem in moderner Typo gehaltenen Schriftzug Belmondo wurde 2005 überarbeitet und soll dem Kunden Eleganz und Kraft vermitteln. Der Vertrieb der Belmondo-Produkte erfolgt über mehrere 100 Fachhändler mit über 1.000 Verkaufsstandorten. Außerhalb Deutschlands werden Belmondo-Produkte derzeit in weiteren 20 Ländern weltweit angeboten. Die aktuelle Kampagne zum neuen Claim „Belmondo. Shoes and Accessories" wird in führenden Modezeitschriften gestartet. Ziel der Kampagne ist es, die vorgenommene Markendehnung auf Accessoires beim Kunden und im Facheinzelhandel wirksam zu etablieren.

DATEN UND FAKTEN

Markenname: Belmondo, ital. Substantiv für „die schöne Welt"

Slogan: „Belmondo. Shoes and Accessories" (2007)

Erfinder: Ludwig Görtz GmbH, 1983, Hamburg

Markenregistrierung: 20. 10. 1980, DPMA München

Markenbekanntheit: 23 % ungest. (Spiegel Outfit Studie 2002)

Markenwebsite: www.belmondo.de

UNTERNEHMEN

Belmondo Vertriebsgesellschaft
Spitalerstr. 10
20095 Hamburg
✆ (0 40) 3 33 00–4 07
💻 www.belmondo.de

BENQ

Die BenQ Corporation (BenQ) ist einer der weltweit führenden Anbieter von Produkten des digitalen Lifestyles. Das Unternehmen

Belinea

Das Belinea Logo mit dem zusammengezogenen Buchstabenensemble „in" als Symbol für die Schnittstelle zwischen Anwender und PC

BELMONDO

Die Marke Belmondo wird u. a. in eigenen Retail-Stores vertrieben, die neben Schuhen auch Accessoires von Belmondo anbieten.

BenQ

BenQ Digitalkamera T700 (Mitte), Projektor W5000 (unten)

besteht aus drei Geschäftsbereichen: IT, UE und Kommunikation. Diese Geschäftsfelder umfassen eine breite Produktpalette, wobei jeder Bereich den Fokus auf anwenderorientierte Lösungen im digitalen Lifestyle-Design richtet. Der Umsatz der BenQ Corporation betrug im Jahr 2006 6,2 Milliarden USD (Marken- und Produktionsgeschäft). BenQs Unternehmensgeschichte beginnt 1984 mit der Gründung der Firma Continental Systems durch Stan Shih, der in diesem Unternehmen seine Idee „Computer für jedermann" verwirklichen wollte. Aus Continental Systems ging 1991 das Unternehmen Acer Peripherals hervor und im Jahr 2000 Acer Communications & Multimedia. Im Dezember 2001 firmierte das Unternehmen in BenQ um; der Name steht für „Bringing Enjoyment and Quality to Life". Seit September 2007 werden das BenQ Markengeschäft und die Produktion in zwei getrennten Einheiten geführt, BenQ Corporation und Qisda Corporation.

BenQ Display FP241W

Heute arbeiten für das Markengeschäft über 2.300 Menschen in über 40 Niederlassungen in 30 Ländern. Seit 1991 ist K. Y. Lee Chairman, seit 2007 ist Conway Lee CEO der BenQ Corporation. BenQ verfügt über ein umfangreiches Produktportfolio, das weltweit vertrieben wird. Das Sortiment umfasst LC-Displays, Scanner, Projektoren, Notebooks, CD-ROM- und DVD-Laufwerke, CD-RW-Brenner und DVD+RW-Brenner, Speichermedien, bildverarbeitende Systeme, Tastaturen, Mäuse und Digital-Kameras sowie Lösungen für mobile Kommunikation und Breitbandtechnologie. Die BenQ Corporation gehört zur BenQ Gruppe, die sich insgesamt aus zwölf Unternehmen zusammensetzt. Diese agieren unabhängig voneinander, nutzen aber untereinander gemeinsame Ressourcen und Synergien. Der Umsatz der BenQ Gruppe betrug im Jahr 2006 16,5 Milliarden USD. In Europa hat die BenQ Corporation insgesamt 11 Niederlassungen, dazu zählt auch die BenQ Deutschland GmbH, die ihre Niederlassung Ende 2001 in Hamburg eröffnete.

UNTERNEHMENSBEREICHE

AU Optronics (LCD-Panelfabrikation);
BenQ Corporation (IT, UE, Kommunikation);
BenQ Guru Software Co. (E-Business-Lösungen und Unternehmensinformationssysteme);
BenQ Hospital (BenQ Kliniken);
Cando Corporation (TFT-LCD-Farbfilter);
Darwin Precisions Ltd. (Module für Hintergrundbeleuchtung);
Darfon Electronics (Eingabegeräte, Netzteile und Bauelemente für Kommunikationslösungen);
Daxin Materials Corporation (Flüssigkeiten für LCD-Panels);
Daxon Technology (optische Speichermedien und Bauteile für TFT-LCD-Panels);
Qisda Corporation (ODM – Original Design Manufacturer);
Raydium Semiconductor Corporation (TFT-LCD-Treiber und integrierte Schaltkreislösungen);
Wellypower Co. Ltd. (Display Hintergrundbeleuchtung)

DATEN UND FAKTEN

Markenname: BenQ, Akronym für Bringing Enjoyment 'n Quality to Life

Slogan: „Enjoyment Matters"

Markeneinführung: 2001, Taiwan

Jahresumsatz: 6,2 Mrd. USD (BenQ Corp., 2006)

Markenwebsite: www.BenQ.com

UNTERNEHMEN

BenQ Corporation

Hauptsitz: Taipeh, Taiwan

Vorstand: K. Y. Lee (Chairman), Conway Lee (CEO)

Gesamtumsatz: 16,5 Mrd. USD (BenQ Gruppe, 2006)

Mitarbeiter: über 2.300 weltweit (2006)

Vertrieb: weltweit in über 100 Länder

KONTAKT

BenQ Deutschland GmbH
Große Elbstr. 39
22767 Hamburg

☏ (0 40) 82 22 64–0
🖷 (0 40) 82 22 64–2 88
💻 www.BenQ.de

BEN & JERRY'S

Zu den weltweit erfolgreichsten Eismarken gehört das US-amerikanische Speiseeis unter dem Namen Ben & Jerry's. Zusammengesetzt aus den Vornamen der beiden Gründer Ben Cohen und Jerry Greenfield zeichnet sich das Unternehmen seit 1978 für seine außergewöhnlichen Geschmacksrichtungen, die Qualität sein Produkte und sein soziales Verantwortungsbewusstsein aus. Unter den ca. 30 verschiedenen Sorten befinden sich ausgefallene Kreationen wie *Cherry Garcia, Bohemian Raspberry* oder *New York Super Fudge Chunk*. Der geringe Luftanteil im Eis sorgt für eine cremige und reichhaltige Konsistenz. Das Unternehmen sticht durch seine soziale Mission hervor, die 1988 in einem Dokument festgehalten wurde und das Engagement des Unternehmens in den Bereichen Politik, Wirtschaft und Gesellschaft beschreibt. So wurde das weltweit erste von Fairtrade zertifizierte Speiseeis auf den Markt gebracht. Zudem unterhält Ben & Jerry's Kooperationen mit der Rainforest Alliance und unterstützt Maßnahmen zum Klimaschutz. In der Außendarstellung wird ein partnerschaftlicher Ton gepflegt, der sich auch in einem bunten, naiv-freundlichen Comic-Design niederschlägt. Die Hausschriften Severance und Household assoziieren den Eindruck von Hausgemachtem und Traditionellem. Mit dem Slogan „...das vielleicht beste Eis der Welt" wird das Image auf verschmitzte Art und Weise in Print-Kampagnen und POS-Maßnahmen positioniert. Auch geschicktes Product Placement hat den Namen im Speiseeissegment etabliert. Die internat. Marke hat ihren Firmensitz seit der Gründung in Burlington/USA. Seit dem August 2000 gehört die Marke Ben & Jerry's zum niederl.-engl. Lebensmittelkonzern Unilever.

Ben & Jerry's bietet ca. 30 verschiedene Sorten Speiseeis in z.T. ausgefallenen Geschmacksrichtungen.

UNTERNEHMEN

Ben & Jerry's GmbH
Dammtorwall 15
20355 Hamburg
☏ (0 40) 35 97–0
💻 www.benjerry.de

BEPANTHEN

Die Präparate der Marke Bepanthen der Bayer Vital GmbH dienen der Wund- und Hautheilung. Der Name leitet sich vom Wirkstoff Dexpanthenol ab, der die Haut bei oberflächlichen Wunden und leichten Verbrennungen regeneriert und ihre Heilung unterstützt. Das führende Produkt im Sortiment ist die *Wund- und Heilsalbe*. Durch die enge Verknüpfung dieses Produkts mit der Marke, ist Bepanthen zum Synonym für Wund- und Heilsalben geworden. Zum Produktportfolio gehören aber auch die Antiseptische Wundcreme, die Augen- und Nasensalbe, das Meerwasser-Nasenspray die Lösung und das Schaumspray, ein speziell für leichte Verbrennungen wie Sonnenbrand entwickeltes Produkt, das die Haut kühlt, befeuchtet und regeneriert. Das Bepanthen-Sortiment ist rezeptfrei in Apotheken erhältlich und richtet sich an die ganze Familie. In Deutschland wird die Marke seit 1950 vertrieben. In der Schweiz wurde sie bereits sechs Jahre zuvor eingeführt, da der Baseler Pharmakonzern Hoffmann-La Roche Bepanthen entwickelt hatte. Im Jahr 2004 verkaufte →Roche sein Consumer Health-Geschäft an den Bayer-Konzern. Die Marke Bepanthen ist Marktführer im Bereich Wundheilmittel und wird von der Bayer Vital GmbH, die dt. Vertriebsgesellschaft der Bayer HealthCare AG, vermarktet. Zum Portfolio gehören →Aspirin, →Bepanthol, →Canesten, →Lefax, →Priorin und →Talcid.

Bepanthen®

Die Produkte von Bepanthen werden bei der Wund- und Hautheilung eingesetzt.

UNTERNEHMEN

Bayer Vital GmbH
Welserstr. 5–7
51149 Köln
☏ (0 22 03) 5 68–0
💻 www.bepanthen.de

BEPANTHOL

Unter der Marke Bepanthol bietet die Bayer Vital GmbH ein umfangreiches Sortiment an medizinischen Hautpflegeprodukten an. Die Cremes und Lotionen werden in Deutschland exkl. in Apotheken verkauft. Die Pflegeserie für trockene Haut mit dem Hautvitamin Dexpanthenol fördert die Regeneration der Haut und pflegt sie gleichzeitig. Das Kunstwort Bepanthol wurde vom wissenschaftlichen Namen des Wirkstoffes abgeleitet. Es sollte ein Transfer der medizinischen Kompetenz von Bepanthen zur täglichen medizinischen Hautpflege Bepanthol erreicht werden. Die erste Körperlotion mit dem Wirkstoff Dexpanthenol kam 1989 auf den Markt und war optisch bis 2001 an das Verpackungsdesign von Bepanthen angeglichen. Nach einem Pa-

Bepanthol®

Die gesamte Bepanthol-Range enthält den Wirkstoff Dexpanthenol.

ckungsrelaunch erhielt die Pflegeserie einen eigenen Markenauftritt. Inzwischen gehören folgende Produkte zum Sortiment von Bepanthol: Körperlotion, Körperlotion Plus, Intensiv Körperlotion, Gesichtscreme, Handbalsam, Lippencreme, Lipstick sowie die Wasch- und Duschlotion. Das Angebot richtet sich vorrangig an Frauen mit trockener Haut. Den Vertrieb der Marke übernimmt die Bayer Vital GmbH, eine Tochter der Bayer HealthCare AG. Zu den Gesundheitsprodukten der Selbstmedikation aus dem Hause Bayer zählen auch →Aspirin, →Canesten, →Lefax, →Priorin und →Talcid.

UNTERNEHMEN

Bayer Vital GmbH
Welserstr. 5–7
51149 Köln
✆ (0 22 03) 5 68–0
💻 www.bepanthol.de

BERENTZEN

Berentzen

Der Klassiker Berentzen *Apfel* (Mitte) ist auch in den Produktvarianten *Saurer Apfel* und seit dem Jahr 2007 *Roter Apfel* erhältlich (unten).

Die Spirituosenmarke Berentzen wurde erstmals im Jahr 1899 als Marke geschützt. Bereits seit 1758 wurde in der gleichnamigen Brennerei im emsländischen Haselünne Korn gebrannt. Anfangs noch eine Schnapsbrennerei, ist die Berentzen-Gruppe AG heute vor allem für ihre Fruchtspirituosen bekannt. Seit Ende der 1950er-Jahre wurde das Produktangebot unter der Dachmarke Berentzen ständig erweitert. Bisher größter Erfolg ist die Fruchtspirituose Apfelkorn, die 1976 auf den Markt kam. Apfelkorn war die erste sog. Convenience-Spirituose und die erfolgreichste Spirituosenneueinführung in Deutschland nach 1945. Insgesamt wurden bis heute über 300 Mio. Flaschen Apfelkorn abgesetzt. Das Logo der Berentzen-Spirituosen zeigt den roten Anfangsbuchstaben B in einer weißen Raute. Typisch für die Marke ist die eckige Flaschenform. 1991 stellte das Unternehmen von runden auf eckige Flaschen um, was Vorteile in der Logistik und Stapelbarkeit in Regalen bedeutete. Berentzen entwickelte im Jahr 2006 ein neues Verfahren zur sauerstoffreduzierten Abfüllung, um Frische und Aromen der Fruchtspirituosen besser zu schützen. Die Marke wirbt mit einer emotionalen Bildsprache, etwa mit heimischen, natürlichen Früchten und geselligen Feiern mit Freunden. So sollen Werte wie Qualität, Lebensfreude und Natürlichkeit mit Berentzen assoziiert werden. Diese Werte sind es, die dafür stehen, dass unter der Marke Berentzen Spirituosen vertrieben werden, die sich aus dem hiesigen Obstsortiment bedienen. 1954 übernahmen Dr. Hans und Friedrich Berentzen in fünfter Generation das Unternehmen, damals noch ein Familienbetrieb. Durch die Fusion mit der Weinbrennerei Pabst & Richarz im Jahr 1988 entstand die heutige Berentzen-Gruppe. Diese integrierte bekannte Marken wie *Doornkaat*, →Puschkin und *Bommerlunder* in das Unternehmen, das 1994 schließlich an die Börse ging. Heute beschäftigt die Berentzen-Gruppe ca. 700 Mitarbeiter. Stammsitz ist seit fast 250 Jahren Haselünne im Emsland.

Die Anzeigenkampagnen von Berentzen zeigen stets fröhliche Leute in geselliger Runde.

DATEN UND FAKTEN

Markenname: Berentzen, abgeleitet vom Familiennamen des Unternehmensgründers Johann Bernhard Berentzen

Slogan: „Knackiger Spaß im Glas"

Gründer: Johann Bernhard Berentzen, 1758, Haselünne

Markenregistrierung: 1899, Kaiserliches Patentamt Berlin

Innovationen: Mehrstufige Reduktion von Sauerstoff, innovative Herstell- und Abfülltechnologie (2006)

Markenwebsite: www.berentzen.de

UNTERNEHMEN

Berentzen-Gruppe AG

Hauptsitz: Haselünne, Deutschland

Vorstandsvorsitzender: Axel Dahm

Weitere Marken: →Puschkin, Polar, Strothmann, Bommerlunder, Doornkaat, Linie Aquavit, Licor 43, Vecchia Romagna, Vivaris

Gesamtumsatz: 180 Mio. Euro (2006, exkl. Branntweinsteuer)

Vertrieb: nat. über eigenes Vertriebsnetz, internat. über Vertriebspartner

KONTAKT

Berentzen-Gruppe AG
Ritterstr. 7
49740 Haselünne
✆ (0 59 61) 5 02-0
🖷 (0 59 61) 5 02-2 68
💻 www.berentzen-gruppe.de

Ansprechpartner Kommunikation:
Oliver Bartelt
✆ (0 59 61) 5 02-3 86
✉ oliver.bartelt@berentzen.de

Ansprechpartner Marketing:
Dietmar Spille
✆ (0 59 61) 5 02-2 95
✉ dietmar.spille@berentzen.de

MEILENSTEINE

1758 Gründung der Firma Berentzen in Haselünne durch Johann Berhard Berentzen

1899 Berentzen wird erstmalig als Marke geschützt.

1976 Berentzen *Apfel*, die erste „Convenience Spirituose", kommt auf den Markt.

1994 Mit Berentzen *Saurer Apfel* erhält der Klassiker Berentzen *Apfel* sein saures Pendant.

2007 Mit der Einführung von Berentzen *Roter Apfel* setzt das Unternehmen seine erfolgreichen Produktinnovationen mit Apfelspirituosen fort.

BERLEBACH

Die Marke Berlebach steht für Stative, die aus Holz gefertigt werden. Der Stativhersteller ist nach Eigenauskunft der älteste der Welt. Der Grundstein für die Marke wurde 1898 von Peter Otto Berlebach gelegt, der dem Unternehmen auch seinen Namen gab. Die Produkte richten sich an Fotografen, Videofilmer, Ornitologen und Astronomen. Mit Eschenholz für die Beine des Stativs setzt das Unternehmen auf ein Material, das problemlos extremen klimatischen Bedingungen ausgesetzt werden kann. Zudem sind die Stative – anders als ihre Alternativen aus Metall – auch bei großer Hitze oder Kälte mit bloßer Hand zu berühren. Das flexible Eschenholz reduziert Erschütterungen und macht besonders scharfe Foto- und Filmaufnahmen möglich. Das Logo der Marke beschränkt sich auf einen kräftig gelben Berlebach-Schriftzug in geschwungener, kursiver Schrift auf schwarzem Grund. Die Marke wurde im Jahr 1991 registriert, im Jahr 1993 übernahm der einstige leitende Mitarbeiter Wolfgang Fleischer die Firma von der Treuhand. Aktuell beschäftigt sie zwölf Mitarbeiter. Immer wieder wurden Berlebach-Stative von Fotozeitschriften wie dem Fotomagazin oder Color-Foto mit Bestnoten ausgezeichnet. Mittlerweile werden die Produkte in 25 Ländern vertrieben. Im Frühjahr 2007 wurden 210 Berlebach-Stative nach Dubai geliefert. Jetzt können Gäste des dortigen Sieben-Sterne-Hotels „Burj el Arab" mit Fernrohren, die auf Berlebach-Stativen montiert sind, die Umgebung beobachten.

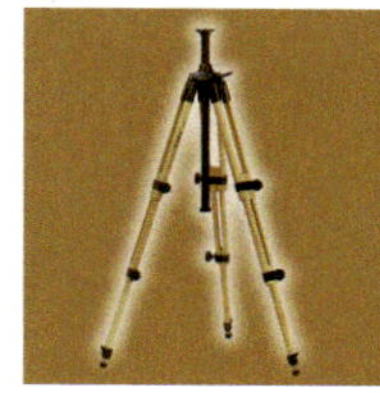

Sämtliche Stative von Berlebach werden aus flexiblem Eschenholz gefertigt.

UNTERNEHMEN

Berlebach Stativtechnik
Chemnitzer Str. 2
09619 Mulda
www.berlebach.de

BERLITZ

Berlitz bringt seinen Kunden seit 130 Jahren Fremdsprachen nach einer firmeneigenen Methode bei. Angelehnt an das frühkindliche Erlernen der Muttersprache vermittelt Berlitz die Sprache durch Hören und Sprechen. Maximilian D. Berlitz gründete die erste Berlitz School of Languages 1878 auf Rhode Island/USA. Die Grundlagen für die Methode entstanden durch einen Zufall: Ein von Berlitz angestellter Französischlehrer begann, den Schülern seine Sprache spielerisch und mit Gesten zu vermitteln, da er selbst kein Wort Englisch sprach. Als Berlitz sechs Wochen später die Klasse betrat, tauschten sich die Schüler angeregt in der neuen Sprache aus. Berlitz zog daraus die Konsequenz, die bislang übliche Grammatik-Übersetzungsmethode durch seine neue *Berlitz-Methode* – auch als „natural method" bezeichnet – zu ersetzen. Überwiegend Muttersprachler unterrichten an den 500 Sprachschulen in über 60 Ländern, um neben der korrekten Aussprache typische Ausdrücke und Redewendungen zu vermitteln. Als Zielgruppen benennt Berlitz Erwachsene und Kinder, Unternehmen, Arbeitssuchende und Immigranten. Seit 1991 trägt das Logo von Berlitz weltweit einheitlich den weißen Schriftzug in der Schriftart Futura auf einem Oval im firmen-

Seit 1991 trägt das Berlitz-Logo den weißen Schriftzug in der Schrift Futura auf einem Oval im firmentypischen Blau.

typischen Blau. Zwischen dem ersten Logo, das um das 1900 entstand, und der heutigen Wortmarke veränderte sich das Motiv mehrmals, u.a. mit der Darstellung eines Schlüssels und dem integrierten Slogan „Loqui Loquendo Discitur" (der Bedeutung nach „You learn to speak by speaking"). Berlitz bietet neben Sprachtraining u.a. Sprachreisen, *Berlitz Kids Camps* und seit 2007 *Berlitz BusinessSeminare* an.

UNTERNEHMEN

Berlitz Deutschland GmbH
Hahnstr. 68–70
60528 Frankfurt/Main
✆ (0 69) 66 60 89–0
🖷 (0 69) 66 60 89–2 22
💻 www.berlitz.de

BERNER

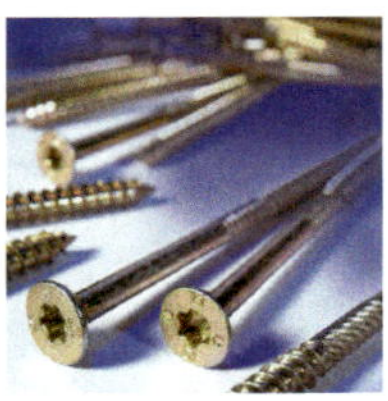

Schrauben und Verbindungselemente für Industrie und Automobilbranche gehören zum Portfolio von Berner.

Die Geschichte der internat. Dachmarke Berner ist von kontinuierlicher Expansion geprägt. Sie begann 1957, als Firmengründer Albert Berner in der baden-württembergischen Stadt Künzelsau eine Schraubenhandlung eröffnete. Schon vier Jahre später erwirtschaftete er seine erste Umsatzmillion und errichtete einen eigenen Geschäftssitz. 1969 gründete Berner die ersten europäischen Tochterunternehmen in Belgien, Österreich, und Frankreich. Niederlassungen in weiteren europäischen Ländern folgten und 1976 übernahm die Berner GmbH eine Schraubenfabrik in Taiwan. Im Zuge der Unternehmensexpansion wurde 1983 die Berner-Holding als Firmengruppe gegründet. Zu der Unternehmensgruppe zählen heute Tochtergesellschaften in ganz Europa und der Türkei sowie Produktionsstätten in Deutschland und Taiwan. In einem früheren Slogan bezeichnete sich das Unternehmen als „Experten in Verbindungstechnik". Neben dem ursprünglichen Geschäftssegment Schrauben und Verbindungselemente führt Berner heute auch Werkzeug und Chemieprodukte für die professionelle Anwendung in Handwerk und Industrie. Schwerpunkt der Vertriebs- und Serviceaktivitäten liegt auf der Bauindustrie und der Kfz-Branche. Als einer der führenden Direktvertreiber der Branche wendet sich Berner an Handwerker im Profi-Bereich und wirbt u.a. mit Messeauftritten und Kundenveranstaltungen. Das Firmenlogo besteht seit einem Markenrelaunch im Jahr 2004 und umfasst Bild- und Wortmarke. Die rote Bildmarke ist eine abstrahierte Darstellung der Initiale B in einem Quadrat, gefolgt vom blauen Namenszug Berner in fetten Majuskeln. Das Handelsunternehmen ist noch immer in Familienbesitz und wird heute von Jörn Werner geleitet. Es beschäftigt 2007 über 7.000 Mitarbeiter in Europa und Taiwan und setzte bis 31. März 2007 rund 780 Mio. Euro um.

Berner führt auch Chemieprodukte für die professionelle Anwendung in Handwerk und Industrie.

DATEN UND FAKTEN

Markenname: Berner, Familienname des Firmengründers

Erfinder: Albert Berner, 1957, Künzelsau

Markenregistrierung: 13. 12. 1994, DPMA München

Innovationen: Nylondübel (1966), Easyfast (2005)

Jahresumsatz: 624 Mio. Euro (Marke Berner, 80 % des Gesamtumsatzes)

Markenwebsite: www.berner-group.com

UNTERNEHMEN

Berner GmbH

Hauptsitz: Künzelsau, Deutschland

Vorstand: Jörn Werner

Gesamtumsatz: 780 Mio. Euro (bis 31. 03. 07)

Vertrieb: europaweit

KONTAKT

Berner GmbH
Bernerstr. 6
74653 Künzelsau
✆ (0 79 40) 1 21–0
🖷 (0 79 40) 1 21–3 00
💻 www.berner-group.com

Ansprechpartner Presse:
Sibylle Kolb
✆ (0 79 40) 1 21-6 32
✉ sibylle.kolb@berner-group.de

Ansprechpartner Marketing:
Ulf Loesenbeck
✆ (0 79 40) 1 21-6 37
✉ ulf.loesenbeck@berner-group.de

SCHON GEWUSST?

▮ 3.000 Mark und ein altes Auto dienten dem 21-jährigen Albert Berner 1957 als Startkapital zur Gründung einer Schraubenhandlung. Zuvor hatte er beim heutigen Wettbewerber Würth eine kaufmännische Lehre absolviert. Die ersten Geschäftsräume befanden sich im Keller eines Hauses in Künzelsau.

▮ Für sein geschäftsführerisches Engagement erhielt Albert Berner zahlreiche Auszeichnungen, darunter das Bundesverdienstkreuz (1995), die Wirtschaftsmedaille des Landes Baden-Württemberg (2000) und das Verdienstkreuz 1. Klasse des Verdienstordens der Bundesrepublik Deutschland (2005). In Frankreich wurde er 2004 zum „Ritter der Ehrenlegion" ernannt.

BERTOLLI

Die zum Unilever-Konzern gehörende Marke Bertolli steht weltweit für hochwertige Produkte für die traditionelle und gesunde ital. Küche. Wichtigste Produktlinie dieser Konsumgütermarke sind die Bertolli-Olivenöle in den Sorten *Originale*, *Olio di Oliva*, *Gentile*, *Robusto* und *Riserva*. Weitere Produktbereiche sind Pasta-Saucen, Pesto, fertige Salatdressings, Essige, ein margarineartiger Brotaufstrich mit Olivenöl, Pflanzencreme zum Braten oder Dünsten und eingelegte Antipasti. Das Unternehmen verwendet in keinem seiner Produkte künstliche Geschmacksverstärker oder Konservierungsstoffe. Ihren Namen verdankt die Marke Francesco Bertolli, der 1865 in der ital. Stadt Lucca ein Lebensmittelgeschäft eröffnete. Dort füllte er Olivenöl ab, das seinen Namen trug und das er später auch an italienische Emigranten vor allem in den USA lieferte. Das Markenlogo zeigt den Bertolli-Namenszug in weißen Versalien in klassischer Serifenschrift auf ovalem rotem Grund. Darüber befindet sich ein Wappen im Lorbeerkranz, darunter der Schriftzug „dal 1865" (seit 1865). Die Marke steht für mediterranes Lebensgefühl und mediterrane Werte. Die Produktwerbung nimmt deshalb Bezug auf Alltagsszenen, in denen gutes Essen in einer fröhlichen Runde eine wichtige Rolle spielt. Bertolli ist nach Herstellerangaben als Olivenöl-Marke Weltmarktführer. Produkte der Marke werden in über 50 Ländern verkauft, u. a. in Australien, Indien und Südafrika.

UNTERNEHMEN

Unilever Deutschland GmbH
Dammtorwall 15
20355 Hamburg
✆ (0 40) 3 49 30
🖷 (0 40) 35 47 42
💻 www.bertolli.de

BEST WESTERN

Das internat. verwendete Logo der Best Western Hotels

Die Hotelmarke Best Western steht mit 4.200 Hotels in über 80 Ländern für die weltweit größte Hotelkette. Die Tagungs-, Business- und Urlaubshotels gehören der Drei- und Vier-Sterne-Kategorie an. Regelmäßige und einheitliche Qualitätsprüfungen garantieren einen verlässlichen Ausstattungs- und Servicestandard. Der Claim „Best Western Hotels – jedes anders – jedes gut" betont den individuellen Charakter, die Vielfalt sowie die Orientierung der Hotelarchitektur an der jeweils regionalen Bauart. Diese Merkmale zählen zur der Best Western Philosophie und bestimmen die Markenkommunikation. Das heutige Logo der Marke Best Western wurde 1993 entwickelt. Es zeigt eine Krone, die das Unternehmen als Symbol für die erstklassige Qualität der Hotels verstanden wissen will. Der blaue Fonds ist in seiner Form einem Haus nachempfunden und greift damit das Thema Hotel grafisch auf. Das Logo wird mit dem geschützten Zusatz „The World's Largest Hotel Chain" verwendet. Best Western Hotels sind über einen Dienstleistungsvertrag der Hotelgruppe angeschlossen, der neben dem Markenrecht umfassende Marketing-, Verkaufs-, Schulungs- und PR-Aktivitäten beinhaltet. Diese Geschäftsidee geht auf den Gründer der Marke zurück, Merrill K. Guertin, der 1946 eine Kooperation aus 67 eigenständigen Hotels schuf, die sich gegenseitig unter einem gemeinsamen Namen weiterempfehlen und vermarkten. Schon 1963 ist Best Western mit knapp 700 Hotels die größte Hotelkette der USA und seit den 1980er-Jahren internat. vertreten. Neben der Kernmarke Best Western können die Kunden seit 2002

Betty Barclay versteht sich als Lifestyle-Marke und wird weltweit in über 60 Ländern vertrieben.

Das Logo von bianca wurde 2006 überarbeitet und soll in Anlehnung an die Modelinien Modernität, Wertigkeit und Esprit ausstrahlen.

auch Hotels der Kategorie Best Western Premier auswählen. Unter diesem Namen sind Hotels vereint, die sich durch hochwertiges Ambiente, durchgängiges Design sowie zusätzliche Serviceangebote qualifiziert haben.

UNTERNEHMEN

Best Western Hotels Deutschland GmbH
Frankfurter Str. 10–14
65760 Eschborn
(0 61 96) 47 24 0
(0 61 96) 47 24 12
www.bestwestern.de

BETTY BARCLAY

Die Damenoberbekleidungsmarke Betty Barclay versteht sich als Lifestyle Marke mit internat. Anspruch. Die Markenbezeichnung Betty Barclay stammt ursprünglich aus Kalifornien und wurde in den 1940er-Jahren von der Jonathan Logan-Gruppe erfunden. Namensgeberin war die gleichnamige Designerin, die in den USA in den 1940er-Jahren Teenager-Kollektionen herstellte. Der Heidelberger Textilfabrikant Max Berk erwarb 1955 zunächst die Lizenzrechte für Europa, 1972 dann die weltweiten Markenrechte an Betty Barclay. Aus der reinen Teenager-Kollektion wurde eine moderne DOB-Kollektion, die mit einem sehr guten Preis-/Leistungsverhältnis und einem klaren, auf die Zielgruppe „der modernen Frauen ab Mitte 30" abgestimmten Sortiment überzeugen will. Das Markenlogo, bestehend aus dem handgeschriebenen Namenszug im Stil eines Autogramms, stellt auch heute noch den Bezug zur Persönlichkeit Betty Barclays her. Das Vertrauen in die Marke und die Nähe zum Kunden sollten damit von Anfang an gestärkt werden. Als Model warb bereits Claudia Schiffer für Betty Barclay. Zu den prominenten Testimonials zählten zudem Leichtathletinnen wie Susen Tiedtke und Heike Drechsler. Die Sportlerinnen sollten die Vielseitigkeit und Modernität der Mode von Betty Barclay repräsentieren. In den Jahren 2004 und 2008 ist Betty Barclay zudem offizieller Ausstatter der dt. Damen-Olympiamannschaft. Nach Angaben des Unternehmens besitzt jede vierte Frau in der Zielgruppe Kleidung von Betty Barclay, der Bekanntheitsgrad der Marke liegt lt. Unternehmensangaben bei 69 %. 2006 wurde die Marke von der Fachzeitschrift „Textilwirtschaft" unter die Top Ten der Modemarken gewählt. Betty Barclay wird in 62 Ländern weltweit über eigene Niederlassungen oder Vertriebspartner gehandelt, der Exportanteil liegt bei 49 %. Weitere Marken der Firma sind *Gil Bret* und *Vera Mont.* Unternehmenssitz der Betty Barclay GmbH ist Nußloch bei Heidelberg. Aktuell beschäftigt das Unternehmen 900 Mitarbeiter und setzte im Geschäftsjahr 2006/2007 250 Mio. Euro um. Dabei stellen die Produkte der Marke Betty Barclay etwa 70 % des Umsatzes der Betty Barclay GmbH.

DATEN UND FAKTEN

Markenname: Betty Barclay, Name einer US-Modedesignerin

Gründer: Max Berk, 1938, Mannheim (Betty Barclay Kleiderfabrik GmbH, 1955, Heidelberg)

Markenregistrierung: 23. 11. 1970, DPMA München

Innovationen: Shopkonzept von Betty Barclay (2006)

Gesamtumsatz: 250 Mio. Euro (2006/2007)

UNTERNEHMEN

Betty Barclay GmbH
Heidelbergerstr. 9–11
69226 Nußloch
(0 62 24) 9 00–0
(0 62 24) 9 00–3 02
www.bettybarclay.de

BIANCA

Unter der internat. Dachmarke bianca produziert das gleichnamige Unternehmen Mode, die auf modisch orientierte, moderne Frauen abgestimmt ist, bei denen der Wohlfühlfaktor eine wichtige Rolle spielt. Die Kollektionen umfassen alle Bereiche der Damenoberbekleidung wie Hosen, Röcke, Shirts, Blusen, Pullover, Blazer bis hin zu Outdoorjacken. Das Unternehmen wurde 1973 von Paul Budden und Paul Dankbar im nordrhein-westfälischen Ochtrup gegründet. Mit der Einführung des Markennamens bianca im Jahre 1989, begann die Entwicklung zur heutigen DOB-Marke. Das Logo wurde seit der Firmengründung stetig weiterentwickelt. Das aktuelle Markenzeichen wurde 2006 überarbeitet und soll in Anlehnung an die Modelinien Modernität, Wertigkeit und Esprit ausstrahlen. Der weiße Schriftzug steht auf einem schwarzen Fond. Der i-Punkt, dargestellt als Ellipse, steht hinter dem Markennamen und erhält somit Symbolcharakter. Die neu definierte Corporate Identity findet sich auch in der Werbung, Kommunikation und der Produktausstattung des Unternehmens wieder. Für die Internetpräsenz, wie auch für den aktuellen Imagekatalog wird das brasil. Topmodel Leticia Birkheuer als Repräsentantin der sportiven, eleganten und romantischen Mode eingesetzt. Pro Jahr werden 2,2 Mio.

Die Kollektionen von bianca umfassen alle Bereiche der Damenoberbekleidung.

Bekleidungsstücke produziert, die den Kundinnen in über 38 Ländern angeboten werden. Weltweit betreibt bianca 17 eigene Showrooms, in Deutschland wird die Mode zudem in anerkannten Modecentern angeboten. Die Bianca Moden GmbH & Co. KG hat bis heute ihren Stammsitz im Gründungsort Ochtrup und beschäftigt weltweit 980 Mitarbeiter. Die Bianca Moden GmbH & Co. KG wird heute in zweiter Familiengeneration von Thomas und Paul Dankbar geleitet und wurde 1999 mit dem Forum Preis als Familienunternehmen par excellence ausgezeichnet.

DATEN UND FAKTEN

Markenname: bianca, diesen Namen sollte das erste Kind von Gründer Paul Budden tragen

Gründer: Paul Budden, Paul Dankbar, 1973, Ochtrup

Markeneinführung: 1989, Deutschland

Markenbekanntheit: 32 % gest. (Brigitte Kommunikationsanalyse, 2006)

Auszeichnungen:
„Familienunternehmen par excellence", Forum Preis der Textilwirtschaft (1999)
„Fachanzeige des Jahres", Textilwirtschaft in der Kategorie Point of Sale (1998)
„Manufacturer of the Year", Leslie Internat. PLC Drapers Record Independent Retailer & Department Store Award (1995)

UNTERNEHMEN

Bianca Moden GmbH & Co. KG

Hauptsitz: Ochtrup, Deutschland

Geschäftsführer: Paul Dankbar, Thomas Dankbar

Vertrieb: weltweit in 38 Ländern und in 17 eigenen Showrooms

Mitarbeiter: 230 in Deutschland, 980 weltweit (2006)

KONTAKT

Bianca Moden GmbH & Co. KG
Kreuzweg 70
48607 Ochtrup
(0 25 53) 79-0
(0 25 53) 79-1 56
www.bianca.de

Ansprechpartner Vertrieb:
Christian Kötterheinrich
(0 25 53) 79-0
christian.koetterheinrich@bianca.de

Ansprechpartner Marketing & PR:
Bianka Y. Träger
(0 25 53) 79-0

SCHON GEWUSST?

▌Bianca sollte eigentlich der Name des ersten Kindes von Firmengründer Paul Budden sein. Da statt einer Tochter jedoch ein Sohn zur Welt kam, wurde bianca dennoch als Firmenname übernommen.

BIC CRISTAL

Seitdem die internat. Marke BIC® 1950 den ersten Einwegkugelschreiber BIC® Cristal auf den Markt brachte, bilden Markenname und Produkt eine Einheit und der BIC® Cristal hat sich als Klassiker unter den Einwegkugelschreibern etabliert. Der Markenname BIC® geht auf die verkürzte Form des Nachnamens des Firmengründers Marcel Bich zurück. Zusammen mit Edouard Buffard gründete er 1945 in der Nähe von Paris eine Firma zur Herstellung von Drehbleistiften und Füllerkomponenten. Kurze Zeit später kaufte er die Patentrechte an dem von László József Biró erfundenen und entwickelten Kugelschreiber. In Argentinien gibt es zu Ehren des Erfinders des Kugelschreibers gar einen Erfindertag: Seit 1985 wird am Geburtstag von László József Biró am 29. September der „Tag der Erfinder" begangen. 1950 stellte Marcel

Cristal®

Das Markenlogo der BIC Cristal Kugelschreiber

Birch seinen Einwegkugelschreiber unter der Marke BIC® Cristal vor. Der Zusatz Cristal nimmt darauf Bezug, dass sämtliche Kugelschreiber aus einem transparenten Kunststoff gefertigt sind damit der Nutzer erkennen kann, wie voll die Mine noch ist. Der Kugelschreiber spielt auch im Logo von BIC® eine Rolle. 1950 von dem franz. Grafik-Designer Raymond Savignac entworfen, ist es in den Farben Orange und Schwarz gehalten. Es zeigt den BIC-Boy, der einen Kugelschreiber hält sowie die drei Buchstaben B I C. Seit Oktober 2005 hat BIC® die Grenze von 100 Mrd. weltweit verkauften Kugelschreibern durchbrochen. Dieser ist auch als Gelschreiber BIC® Cristal Gel und seit 2007 als Druckkugelschreiber BIC® Cristal Clic auf dem Markt. Die franz. BIC-Gruppe vertreibt ihre Produkte internat., so auch die Markenprodukte →Tipp-Ex®, →BIC® Feuerzeuge und →BIC® Kids .

UNTERNEHMEN

BIC Deutschland GmbH & Co. OHG
Ginnheimer Str. 4
65760 Eschborn
✆ (0 61 96) 50 60–5
🖷 (0 61 96) 50 60–9 99
💻 www.bicworld.com

BIC FEUERZEUGE

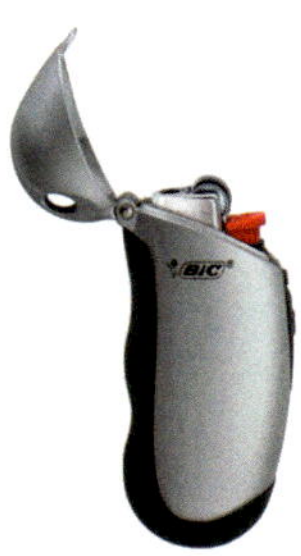

Neben dem Modell mit Feuerzeughülle (Mitte) wird das klassische BIC Feuerzeug (unten) weltweit vertrieben.

Die Konsumgütermarke BIC Feuerzeuge steht für qualitativ hochwertige Feuerzeuge. Nach eigenen Angaben ist das Unternehmen BIC Weltmarktführer im Bereich der Taschenfeuerzeuge und belegt internat. Rang zwei im Bereich Allzweckanzünder. Besonderen Wert legt das Unternehmen auf Sicherheit, weswegen Sicherheitsnormen bei der Produktion zum Teil sogar übererfüllt werden. Ziele der Produktentwicklung sind eine sehr saubere Flamme und ein Behälter, der extremen Falltests und hohen Temperaturen standhält. Das Produktportfolio gliedert sich in vier Bereiche: Die klassischen Feuerzeuge gehören zu den meistverkauften und sind in den drei Größen Maxi, Mini und Slim erhältlich. Die Elektronikfeuerzeuge sind wie die klassischen Modelle in verschiedenen Farben erhältlich. Im dritten Produktbereich finden sich limitierte Auflagen mit unterschiedlichen Designs. Multifunktionsfeuerzeuge runden das Sortiment ab. Kennzeichnend für diese Produktvarianten sind die langen Hälse, die einen weiten Abstand der Flamme vom Gaskörper ermöglichen. Sie werden etwa zum Anheizen eines Grills oder beim Anzünden von Kerzen verwendet. Jüngste Innovation ist das Multifunktionsfeuerzeug *U140 Megalighter*. Das Logo ist in den typischen Firmenfarben gelb und schwarz gehalten. Neben dem Unternehmensnamen BIC ist rechts eine

Die BIC Feuerzeuge mit speziell entworfenen Hüllen sind in verschiedenen Farbvariationen erhältlich.

Flamme zu sehen, Markenzeichen für den Bereich BIC Feuerzeuge. Das Unternehmen BIC stellt seit den 1970er-Jahren Feuerzeuge her. Ausgangspunkt war der Kauf des franz. Unternehmens Flaminaire, das auf die Produktion sicherer Gasfeuerzeuge spezialisiert war. BIC brachte 1972 sein erstes Feuerzeug-Modell *J1* heraus. 1973 folgte ein Modell mit verstellbarer Flamme. Heute produziert BIC in vier Fabriken täglich 4 Mio. Feuerzeuge. Zum Unternehmen gehören außerdem die Schreibwarenmarken →BIC Cristal, →BIC KIDS und →Tipp-Ex. Neben Feuerzeugen und Schreibwaren stellt BIC noch Rasierer her.

DATEN UND FAKTEN

Markenname: BIC Feuerzeuge, abgeleitet aus dem Familiennamen des Gründers Marcel Bich und dem Begriff Feuerzeug

Slogan: „BIC® Feuerzeuge. Unsere Qualität, Ihre Sicherheit" (2005)

Markenregistrierung: 1951 (BIC), DPMA München

Markteinführung: 1972 (BIC Feuerzeug in Deutschland)

Innovationen: U140 Megalighter (2006)

UNTERNEHMEN

BIC Deutschland GmbH & Co. OHG

Hauptsitz: Eschborn, Deutschland

Gründer: Marcel Bich, 1950

Geschäftsführer: Nicolas Paillot

Weitere Marken: →Tipp-Ex, →BIC Cristal, →BIC Kids

Gesamtumsatz: 170 Mio. Euro (2006)

Vertrieb: weltweit

KONTAKT

BIC Deutschland GmbH & Co. OHG
Ginnheimer Str. 4
65760 Eschborn
✆ (0 61 96) 50 60-5
🖷 (0 61 96) 50 60-9 99
💻 www.bicworld.com

Ansprechpartner Marketing:
Mona Aboulzahab
✆ (0 61 96) 50 60-7 53
✉ Mona.Aboulzahab@bicworld.com

SCHON GEWUSST?

- Jedes Feuerzeug, das die BIC-Produktionsstätte in Frankreich verlässt, durchläuft über 50 automatische Qualitätskontrollen. Damit übertreffen die Feuerzeuge die Anforderungen der ISO-Norm 9994.
- Bei Elektronikfeuerzeugen trifft ein kleiner Schlagbolzen mit hoher Geschwindigkeit auf einen Kristall, der bei Druck eine hohe Spannung erzeugt. Durch die Entladung entsteht ein Funken, der das Feuerzeug-Gas entflammt.

BIC KIDS

Die Marke BIC KIDS steht mit ihrem Schreibwarensortiment an Buntstiften, Fasermalern und Wachsmalkreiden für kindgerechte und robuste Malstifte in hoher Qualität. Der Name BIC KIDS setzt sich aus dem Unternehmensnamen BIC, zurückgehend auf die Abkürzung des Namens des Unternehmensgründers Marcel Bich, und Kids, dem engl. Begriff für Kinder zusammen. BIC KIDS richtet sich an Kinder in Kindergärten, Schulen und anderen pädagogischen Einrichtungen. Die Marke BIC KIDS ist seit 2003 auf dem Markt die Unternehmensgeschichte jedoch reicht mehrere hundert Jahre zurück: 1794 erfand Nicolas Jaques Conté die moderne Bleistiftmine. Ein Jahr später erhielt er das Patent auf ein Verfahren, bei dem Lehm und Grafit zur Herstellung von Bleistiften verwendet wurde. 1993 entwickelte das Conté -Unternehmen mit der sog. Evolution-Technologie ein alternatives Verfahren zur Produktion herkömmlicher Bleistifte. Die gemäß diesem Verfahren angefertigten Blei- und Buntstifte bestehen, von den Pigmenten abgesehen, aus 100 % Kunstharz und sind damit holz- und splitterfrei. Das in Orange und Schwarz gehaltene Logo setzt sich aus zwei Teilen zusammen: der BIC Boy und die drei Buchstaben B I C. Der BIC Boy wurde 1950 vom franz. Grafik-Designer Raymond Savignac entworfen und später durch den Schriftzug Kids ergänzt. Die Firma Conté wurde 1979 in die BIC-Unternehmensgruppe eingegliedert und BIC Kids 1998 in Deutschland auf dem Markt eingeführt. Seit 2003 firmiert Conté unter dem Namen BIC KIDS, vereint unter dem einheitlichen Markendach der BIC-Gruppe, zu der auch BIC-Produkte wie Feuerzeuge, Schreibwaren, Rasierer und mit →Tipp-Ex Korrekturprodukte gehören. In Deutschland und Österreich wird BIC KIDS über den Fachhandel, Großhandel und Lehrmittelverlage vertrieben.

Das Siegel für die Bruchsicherheit der Mine zeichnet die Stifte von BIC KIDS aus.

DATEN UND FAKTEN

Markenname: BIC KIDS, Wortfolge, zusammengesetzt aus dem Firmennamen **BIC** und **KIDS**, engl. für Kinder.

Slogan: „BIC Kids – All children creativity solutions…" (2006)

Erfinder (Bleistiftmine): Nicolas Jaques Conté, 1794, Frankreich

Gründer: Marcel Bich, 1950, Paris/Frankreich

Markenregistrierung: 1951 (BIC), DPMA München

Innovationen: Evolution Technologie (1999)

Markenwebsite: www.bickids.com

UNTERNEHMEN

BIC Deutschland GmbH & Co. OHG

Hauptsitz: Eschborn, Deutschland

Die Malstifte von BIC KIDS (Mitte) sind holz- und splitterfrei. Die bunte Verpackung des Malstiftsortiments unterstützt die kindgerechte Zielgruppenansprache (unten).

Geschäftsführer: Nicolas Paillot

Weitere Marken: →Tipp-Ex, →BIC Cristal Kugelschreiber, →BIC Feuerzeuge

Gesamtumsatz: 170 Mio. Euro (2006)

Vertrieb: weltweit

KONTAKT

BIC Deutschland GmbH & Co. OHG
Ginnheimer Str. 4
65760 Eschborn
(0 61 96) 50 60-5
(0 61 96) 50 60-9 99
www.bicworld.com

Ansprechpartner Marketing:
Susanne Franken
(0 61 96) 50 60-7 04
susanne.franken@bicworld.com

SCHON GEWUSST?

Der Bleistift hat seinen Namen durch einen Irrtum erhalten. Das Material des Bleistiftes wurde Ende des 16 Jh. in England entdeckt. Es wurde angenommen, dass es sich um Blei handle. Erst 200 Jahre später fand ein Chemiker heraus, dass es sich bei dem Material um reinen, kristallinen Kohlenstoff handelt. Es wurde noch versucht, das Material in Graphit umzubenennen, doch die Bezeichnung Bleistift war bereits so volkstümlich, dass sie sich bis heute im Sprachgebrauch gehalten hat.

Der biff Bad-Reiniger (Mitte) kam 1987 erstmals mit einer Sprühpistole auf den Markt. Das untere Bild zeigt den biff Schimmel-Entferner, hier in einer Variante aus dem Jahr 2007.

BIFF

Die Marke biff steht für Spezialreiniger, die lt. Hersteller gründlich gegen hartnäckige Kalkablagerungen und Seifenseite im ganzen Bad vorgehen und dabei einen strahlenden Glanz hinterlassen. Die Reiniger sollen Schmutz im Badezimmer, in der Dusche, Wanne und auf Amaturen kraftvoll entfernen und gleichzeitig das Material schonen. biff ist eine Marke des Unternehmens →Henkel. 1974 brachte Henkels Tochterfirma Thompson-Siegel biff Badezimmereiniger als Spray auf den Markt. Seit der Markeneinführung hat Henkel das Produkt stetig weiterentwickelt. Im Jahr 1987 folgte der *biff Bad-Universalreiniger* („mit der natürlichen Kraft der Zitronensäure") und 1994 das *biff Supra Bad-Reinigungskonzentrat*. Bereits seit 1993 bietet Henkel umweltverträgliche Nachfüllkonzentrate für den *biff Bad-Universalreiniger* an, inzwischen sind für viele biff-Varianten praktische Nachfüllbeutel erhältlich. Im Jahr 1996 wurde das Sortiment um den *biff Hygiene-Reiniger* erweitert, der später zum *biff Schimmel-Entferner* wurde. 1999 folgte *biff*

Das Bild zeigt das biff-Produktsortiment aus dem Jahr 2007, hier allerdings ohne Nachfüllbeutel.

Fresh-Shower zur Vorbeugung von Kalk- und Wasserflecken im Bereich der Dusche. Der *biff Schimmel-Entferner* wirkt gegen Schimmelpilze und Bakterien und weißt sogar Fugen. *biff Fresh-Shower* wurde 2000 als limitierte Duftedition in den Sorten Apple, Peach, Lemon und Aqua aufgelegt. 2002 kam eine Duftedition des *biff Bad-Reinigers* und 2004 *biff Fresh-Shower* mit dem Nano-Protect-System für den zweimal länger anhaltenden Glanz ohne Nachwischen auf den Markt. Das Logo zeigt den Markennamen in klein geschriebenen, weißen Buchstaben, die blau umrandet sind und leicht schräg nach rechts oben zeigen. Die Gestaltung des Schriftzugs erinnert an den Sprühschaum des *biff Badezimmereinigers*, der Name ist lautmalerisch angelegt und symbolisiert das Sprühgeräusch bei der Anwendung des Reinigers. Im Rahmen seiner Produktpalette positioniert Henkel das biff-Sortiment als den Spezialisten für das gesamte Badezimmer.

DATEN UND FAKTEN

Markenname: biff, lautmalerischer Begriff in Anlehnung an das Geräusch beim Sprühen des Reinigers

Slogan: „Aufsprühen, Abspülen, fertig ist der Glanz!" (1974), „Bäder brauchen biff" (seit 2001)

Erfinder: Thompson-Siegel, 1974, Düsseldorf

Markenregistrierung: 17. 10. 1975, DPMA München („Bif": 07. 10. 1922, durch die Thompson-Werke beim Reichspatentamt Berlin)

Innovationen: biff Badezimmerreiniger (1974), biff Bad-Universalreiniger mit Sprühpistole (1987), biff Supra Bad-Reinigungskonzentrat (1994), biff Hygiene-Reiniger (1996), biff Fresh-Shower (1999), biff Fresh-Shower Duftedition (2000), biff Bad-Reiniger Duftedition (2002), biff Fresh-Shower mit Nano-Protect (2004)

UNTERNEHMEN

Henkel KGaA

Hauptsitz: Düsseldorf, Deutschland

Weitere Marken: s. → Henkel

Gesamtumsatz: 12,740 Mrd. Euro (2006)

Vertrieb: weltweit in über 125 Ländern

KONTAKT

Henkel KGaA
Henkelstr. 67
40589 Düsseldorf
✆ (02 11) 7 97–0
🖷 (02 11) 7 98–40 08
💻 www.henkel.de

Ansprechpartner Presse:
Marion Schwenker
✉ press@henkel.com

> **SCHON GEWUSST?**
> ▮ Die Firma Thompson führte von 1964 bis 1974 einen WC-Reiniger unter dem Namen „bif" im Sortiment. Er wurde vom Markt genommen, nachdem der biff-Badezimmerreiniger eingeführt wurde.

BIFFAR

Biffar ist eine Marke der Bauelemente-Branche. 1965 gründete Oskar D. Biffar das Unternehmen, 1973 ließ er Biffar als Marke eintragen. Das in Edenkoben ansässige mittelständische Unternehmen bietet lt. eigenen Angaben sichere, hochwertige und individuelle Bauelemente an. Zielgruppe sind Ein- und Zweifamilienhausbesitzer, Architekten und Bauherren. Im Portfolio befinden sich Haustüren, Vordächer, Wohnungseingangstüren, Fenster, Nebeneingangstüren mit unterschiedlicher Ausstattung, Terrassenüberdachungen mit variablen Dachneigungen und Carports. Das Baukastensystem von Biffar ermöglicht es, flexibel auf Kundenwünsche einzugehen und zu reagieren. Umfangreiches Funktionszubehör wird auf Wunsch mitgeliefert. Die Firma wirbt mit Innovation und Sorgfalt in Design und Technik, handwerklicher Qualität und Erfahrung. Das Biffar-Sicherheitskonzept beinhaltet neben massiven Konstruktionen eine Vielzahl von innovativen, einbruchhemmenden Elementen wie SBS Sicherheitsblockiersystem, ZRA Automatikschloss, Sicherheitsbeschlag, Schwenkriegel, Tresorbolzen und Sperrbügel, Pilzkopf mit Hintergreifplatte und Z-Schiene. Fachberatung in Planung und Montage zu jeder Jahreszeit gehören zum Service des Unternehmens. Biffar erwirtschaftet mit etwa 200 Mitarbeitern einen Umsatz von ca. 17 Mio. Euro. Der aktuelle Slogan lautet: „Biffar. Für ein sicheres Zuhause." Die breiten und klar geführten Buchstaben des Logos stehen für Stabilität, Zuverlässigkeit und formschönes Design.

UNTERNEHMEN

Biffar GmbH & Co. KG
In den Seewiesen
67480 Edenkoben
✆ (0 63 23) 80 10
🖷 (0 63 23) 80 11 87
💻 www.biffar.de

Biffar®
Für ein sicheres Zuhause.

Biffar steht für Sicherheit in den eigenen vier Wänden.

BIFI

Die Konsumgütermarke BiFi steht für herzhafte Wurst-Snacks aus Rind-, Schweine- oder Geflügelfleisch und Speck. Markenanker ist eine Minisalami unter dem Namen *BiFi original*. Diese wird ebenso wie die anderen BiFi-Minisalamis über Buchenholz geräuchert. Zur Produktpalette gehören neben der klassischen Minisalami *BiFi original* u. a. eine scharf gewürzte *BiFi Peperoni* und eine *BiFi Geflügel* (mit Putenfleisch), Minisalamis im Teigmantel in den Sorten *BiFi Roll*, *Roll Peperoni* und *Roll Korn*, *BiFi Balls* (kleine, einzeln verpackte Salamikugeln im Teigmantel), *BiFi Minis* (einzeln verpackte Minisalamis), *BiFi Ranger*, ein Salamisnack mit Bohnen und Speck im Teigmantel, sowie der Pizzasnack *BiFi Carazza*. Einige Sorten werden auch in XXL-Varianten angeboten. Der Name der Marke geht auf die engl. Wörter „beef" (Rindfleisch) bzw. „beefy" (fleischig) zurück und wird in der Markenkommunikation im Slogan „BiFi ... muss mit!" eingesetzt. Zielgruppe sind Verbraucher, die sich beim Sport, beim Autofahren, in der Freizeit oder bei der Arbeit unkompliziert mit einem Snack stärken wollen. Das Logo zeigt den Namen in fett geschnittenen schwarzen Buchstaben auf weißem Grund, die durch Lichtreflexe und eine silberfarbene Umrisslinie plastisch wirken. Die 1972 eingeführte Marke hat lt. der Marktforschungsagentur AC Nielsen einen Bekanntheitsgrad von rund 94 % (Nielsen, 2007). Pro Jahr werden etwa 85 Mio. BiFi-Snacks verkauft. *BiFi Roll XXL* ist noch vor Schokoriegeln der umsatzstärkste Snack an Tankstellen.

UNTERNEHMEN

Unilever Deutschland Foods GmbH
Dammtorwall 15
20355 Hamburg
(0 40) 3 49 30
(0 40) 35 47 42
www.bifi.de

BILD

Das Logo der Bild-Zeitung (oben), Vorstandsvorsitzender Dr. Mathias Döpfner (unten)

Die Bild-Zeitung und damit die Marke Bild wurden 1952 geschaffen und 1956 offiziell beim DPMA angemeldet. Axel Springer, Gründer des gleichnamigen Verlags, entwickelte das Zeitungsformat, inspiriert von der britischen Boulevardpresse, als gedruckte Antwort auf das Fernsehen. Er wollte eine schnell lesbare Zeitung, die Leser mit einem eigenen Sprachstil bindet. Dieser Stil wurde 2006 mit dem Goldenen Nagel des ADC für die Titelseite „Wir sind Papst" ausgezeichnet. Die Markenfamilie Bild umfasst heute diverse Zeitschriftentitel wie *Sport Bild*, *Computer Bild* und *Auto Bild*. Zudem erscheint die Zeitung in verschiedenen Regionalausgaben und ist führend im dt. Zeitungsmarkt. Das Logo auf der Titelseite sorgt für einen hohen Wiedererkennungswert durch ein dominierendes Rechteck in Rot, in dem der Markenname in weißen, gestreckten Versalien in der Schrift Helvetica Inserat erscheint. Die Zeitung wurde von Beginn an im nordischen Format produziert und greift im Layout die Logofarben Weiß und Rot immer wieder auf. Seit 1993 lautet der Markenslogan „Bild Dir Deine Meinung!". Mit einer verkauften Auflage von ca. 3,5 Mio. (Informationsgemeinschaft zur Feststellung der Verbreitung von Werbeträgern, 2006) ist Bild die größte Tageszeitung Europas und erreicht ca. 11,6 Mio. Leser. Die Axel Springer AG, zu der Bild gehört, ist Deutschlands größter Zeitungsverlag sowie drittgrößter Zeitschriftenverlag und entwickelt sich zu einem in Europa führenden multimedial integrierten Print-, Online- und TV-Unternehmen. Der börsennotierte Konzern mit Hauptsitz in Berlin beschäftigte nach eigenen Angaben im Geschäftsjahr 2006 durchschnittlich 9.733 Mitarbeiter und erzielte einen Gesamtumsatz von 2,38 Mrd. Euro. Vorstandsvorsitzender ist Dr. Mathias Döpfner, der seine Laufbahn als Journalist 1982 startete und seit 1998 für die Axel Springer AG tätig ist. Weitere Publikationen unter dem Namen Bild sind unter anderem die Magazine *Computer Bild Spiele*, *Audio Video Foto Bild*, *Bild der Frau* sowie Deutschlands größter Sonntagstitel *Bild am Sonntag* und im Internet Bild.de.

Für die Titelzeile „Wir sind Papst" erhielt die Bild-Zeitung im Jahr 2006 den Goldenen Nagel des Art Directors Club.

DATEN UND FAKTEN

Markenname: Bild, Intention des Gründers: Zeitung als gedruckte Antwort auf das Fernsehen

Slogan: „BILD Dir Deine Meinung"

Erfinder: Axel Springer, 1952, Berlin

Markenregistrierung: 23.06.1956, DPMA München

Markenbekanntheit: 88 % ungest., 100 % gest. (Werbemonitor, 2007)

Auszeichnungen:
„Goldener Nagel", Art Directors Club für die Titelseite *Wir sind Papst* (2006)
„Deutscher Marketingpreis", Deutscher Marketing-Verband (2003)

Markenwebsite: www.bild.de

UNTERNEHMEN

Axel Springer AG

Hauptsitz: Berlin, Deutschland

Vorstand: Dr. Mathias Döpfner (Vorsitzender)

Weitere Marken: →Welt, →Hamburger Abendblatt, Berliner Morgenpost, B. Z., Sport Bild, Computer Bild, Auto Bild, Bild der Frau, Hörzu

Gesamtumsatz: 2,38 Mrd. Euro (2006)

Vertrieb: nat.

KONTAKT

Axel Springer AG
Axel-Springer-Str. 65
10888 Berlin
✆ (0 30) 25 91-0
🖷 (0 30) 25 91-7 25 79
💻 www.axelspringer.de

Ansprechpartner Presse:
Tobias Fröhlich
✆ (0 30) 25 91-7 76 20
✉ tobias.froehlich@axelspringer.de

MEILENSTEINE

1952 Die Axel Springer Verlag GmbH veröffentlicht am 24. Juni die erste Ausgabe der Bild-Zeitung.

1969 21. Juli: Der erste Mensch auf dem Mond. Bild druckt aus diesem Anlass unter das Bild-Logo „Mond-Zeitung". In dieser Ausgabe erscheint das erste Farbfoto.

1970 Umfirmierung von Axel Springer Verlag GmbH in Axel Springer AG

1985 Der Verleger Axel Springer stirbt am 22. September.

1996 Die Bild-Zeitung eröffnet ihr Internet-Portal.

2001 Die durchschnittliche verkaufte Auflage liegt bei 4,36 Mio. Exemplaren.

2005 Ab dem 1. Juli wird Bild durchgängig im Vierfarbdruck produziert.

BILLY BOY Kondome gibt es in unterschiedlichen Ausführungen.

BILLY BOY

Unter der Marke BILLY BOY vertreibt die Mapa GmbH Kondome. Der Name BILLY BOY ist ein Kunstname. Die Marke wurde 1990 für die Mapa GmbH entwickelt. Anlass war die Aidsdiskussion in den 1990er-Jahren und die damit verbundene Enttabuisierung des Themas. Zielgruppe von BILLY BOY sind alle potenziellen Kondombenutzer, insbesondere solche zwischen 14 und 49 Jahren. Die BILLY BOY Produkte werden in Deutschland hergestellt und zeichnen sich durch ein breites Produktportfolio aus. Die Qualität der Kondome wurde 2004 von der Stiftung Warentest mit „gut" bewertet. Die Marke BILLY BOY hat einen Anteil von 50 % am Kondomumsatz des herstellenden Unternehmens Mapa. Das Markenlogo von BILLY BOY ist ein Comicphallus, der sich weiß gegen die Hausfarbe Schwarz ausnimmt, in der auch sämtliche Produktverpackungen gehalten sind. Mit dem Comic will BILLY BOY Offenheit und Humor assoziieren und so für einen unbeschwerteren Umgang mit den Themen Verhütung und Sexualität werben. Der aktuelle Slogan der Marke lautet „Das aufregend andere Condom". BILLY BOY ist seit 1995 Marktführer im Bereich Kondome, aktuell mit einem Anteil von 20,7 % in Deutschland. Mit immer neuen Produktvarianten, limitierten Auflagen oder sog. Special Ranges will BILLY BOY ein breites Spektrum an Bedürfnissen und Ansprüchen seitens der Zielgruppe abdecken. Lt. einer Studie der Technischen Universität Berlin aus dem Jahr 2002 zählt BILLY BOY zu den „identitätsstiftenden" Marken. BILLY BOY wird auch als Lizenz vertrieben, hier vor allem neben Europa in China. Zusätzlich zum Hauptprodukt Kondome werden unter dem Namen BILLY BOY auch Gleitgel und Vibratoren verkauft. Das Mutterunternehmen Mapa GmbH hat seinen Stammsitz in Zeven und beschäftigte im Jahr 2006 650 Mitarbeiter. Weitere Marken des Unternehmens sind NUK (im Bereich Baby Care), Spontex (im Bereich Home Care) sowie die Kon-

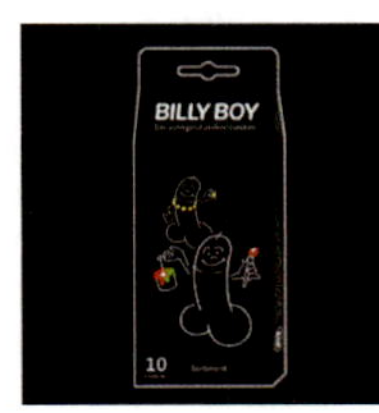

Billy Boy Kondome werden stets in schwarzen Verpackungen vertrieben (Mitte), der Comic-Phallus „Brillen-Billy" wirbt auf Plakaten und der Website für BILLY BOY Kondome (unten).

Vom Einrohr-Gasdruck-Stoßdämpfer bis hin zum aktiven Luftfedermodul, ist Bilstein seit Jahrzenten ein bedeutender Zulieferer der Automobilindustrie.

dommarken →Fromms und →Blausiegel (ebenso wie BILLY BOY im Bereich Health Care).

DATEN UND FAKTEN

Markenname: BILLY BOY, Kunstname

Slogan: „Das aufregend andere Condom" (1990)

Markteintritt: Mapa GmbH, 1990, Zeven

Markenregistrierung: 26. 02. 1990, DPMA München

Markenbekanntheit: 94 % gest. bei den 14- bis 49-Jährigen (Unternehmensangabe, 2006)

Anteil am Konzernumsatz: 50 % (2006)

Markenwebsite: www.billy-boy.com

UNTERNEHMEN

Mapa GmbH

Hauptsitz: Zeven, Deutschland

Geschäftsleitung: Günter Marr, Michael Frankenstein

Weitere Marken: →NUK (im Bereich Baby Care), →Spontex (im Bereich Home Care), →Fromms und →Blausiegel (im Bereich Health Care)

Mitarbeiter: 650 (2006)

Vertrieb für Health Care: in Europa und China, z. T. über Lizenzvergabe

KONTAKT

Mapa GmbH
Industriestr. 21–25
27404 Zeven
✆ (0 42 81) 73-0
🖷 (0 42 81) 73-2 44
🖳 www.mapa.de

SCHON GEWUSST?

▮ Nach Markteinführung im Jahr 1990 startete BILLY BOY mit einem Marktanteil von 3,5 %. 1995 wurde die Marke Marktführer mit damals 17 %. Heute hat BILLY BOY einen Anteil von 20,7 % am Kondommarkt.

▮ Die Homepage von BILLY BOY bietet neben Anwendungshinweisen für die Produkte auch amüsante Extras wie den Kondomführerschein oder das Love-Diplom.

Ansprechpartner Presse:
Marco Gehlken
✆ (0 42 81) 73-0
✉ marco.gehlken@mapa.de

BILSTEIN

Unter der Marke Bilstein entwickelt und vertreibt der zur ThyssenKrupp AG gehörende Automobilzulieferer Stoßdämpfer, Komplettfahrwerke, Fahrwerkfedern und Stabilisatoren für den Einsatz in Serienfahrzeugen sowie im Motorsport. Produkte von Bilstein werden u. a. in Fahrzeugen von Mercedes Benz, Porsche, Jaguar, Bugatti und BMW verbaut. Bei der Entwicklung von Fahrwerken und Stoßdämpfern setzt Bilstein auf enge Zusammenarbeit mit der Automobilindustrie. Die wichtigste Innovation Bilsteins ist der erstmals 1957 eingesetzte Einrohr-Gasdruck-Stoßdämpfer. Die Gasdrucktechnik entstammt einer Idee des franz. Schwingungsforschers Bourcier de Carbon und setzt bis heute den Standard für Teleskop-Stoßdämpfer. Der Markenname geht auf August Bilstein zurück, der das Unternehmen 1873 im westfälischen Altenvoerde gründete. Ursprünglich produzierte Bilstein Fensterbeschläge. Erst in den 1920er-Jahren stieg das Unternehmen mit der Produktion von Wagenhebern und Stoßstangen in die Automobilindustrie ein. Seit 1954 werden unter der Marke Bilstein ausschließlich Fahrwerke und Stoßdämpfer produziert. Im gleichen Jahr ließ Hans Bilstein das Unternehmenslogo, ein stilisiertes Auge mit einem Rohrabschnitt und dem Bilstein-Schriftzug im blauen Quadrat, beim DPMA eintragen. 1999 wurde Bilstein in die ThyssenKrupp AG integriert und mit dem Konzern-Unternehmensbereich Federn zusammengelegt. In diesem Zusammenhang ist das Bilstein-Logo überarbeitet worden: Der Stoßdämpfer wurde leicht schräg gestellt und um eine Feder erweitert, aus dem blauen Quadrat wurde zur besseren Lesbarkeit des Bilstein-Schriftzugs ein Rechteck. Die Bilstein-Gruppe beschäftigt heute 4.500 Mitarbeiter und fertigt weltweit an 13 Produktionsstandorten. Der ThyssenKrupp Konzern ist u. a. mit Bilstein einer der bedeutendsten Automobilzulieferer der Welt.

DATEN UND FAKTEN

Markenname: Bilstein, Familienname des Unternehmensgründers August Bilstein

Slogan: „Engineered for Performance"

Seit 1954 werden Bilstein Stoßdämpfer u. a. in den Wagen von Mercedes Benz eingebaut.

Erfinder: Bourcier de Carbon, 1954 (Gasdruck-Stoßdämpfer)

Markenregistrierung: 1954, DPMA München

Innovationen: Einrohr-Gasdruck-Stoßdämpfer (1954), Aktive Luftfedersysteme (1999), Bilstein damptronic® (2005)

Auszeichnungen:
„BEST BRAND", motor sport aktuell, sport auto (2006)
„BEST BRAND" im Bereich Sportfahrwerk/Federn/Dämpfer, auto motor und sport (2007)

Markenwebsite: www.bilstein.de

UNTERNEHMEN

ThyssenKrupp Bilstein Suspension GmbH

Hauptsitz: Ennepetal, Deutschland

SCHON GEWUSST?

- Vor der Serienproduktion werden alle Bilstein-Fahrwerke auf der Mercedes-Benz-Teststrecke in Papenburg und auf der Nordschleife des Nürburgringes ausführlich getestet.
- Seit mehr als 40 Jahren werden Bilstein-Produkte im Motorsport eingesetzt. Zu den größten Erfolgen, die mit Bilstein-Fahrwerken errungen wurden, zählen mehrere Formel 1- und Rallye-Weltmeisterschaften, Siege beim 24-Stunden-Rennen von Le Mans sowie mehrere DTM-Titel durch Bernd Schneider und Garry Paffet.

Vorstand: Dr. Arndt Laßmann (Vorsitzender der ThyssenKrupp Bilstein Suspension GmbH)

Vertrieb: weltweit

KONTAKT

ThyssenKrupp Bilstein Suspension GmbH
August-Bilstein-Str. 4
58256 Ennepetal
✆ (0 23 33) 7 91 44 44
🖷 (0 23 33) 7 91 44 00
💻 www.bilstein.de

BIODROGA SYSTEMS

Die Marke Biodroga Systems steht für ein System hochwertiger Hautpflegepflegeprodukte und Behandlungskonzepte. Der Namensbestandteil Bio ist von bios, griechisch für Leben, abgeleitet. Droga ist eine Abwandlung des Wortes Droge, mit dem ursprünglich natürliche oder künstlich hergestellte Rohstoffe für Heilmittel bezeichnet werden. Unter dem Namen Biodroga präsentierte Walter Friedmann 1959 auf dem CIDESCO-Kongress in Luzern erstmals isolierte Zellkernsubstanzen. 1964 wurde Biodroga als Markenname für Hautpflegeprodukte eingeführt. Biodroga Systems richtet sich in erster Linie an Frauen und Männer, die ihre Haut professionell behandeln lassen. Die Produkte werden über Kosmetikinstitute, Spas sowie die Kosmetikabteilungen großer Warenhäuser vertrieben. Nach Angaben des Herstellers zählt Biodroga Systems als etablierte Institutsmarke zu den führenden Kosmetikmarken in Deutschland. Bei der Weiterentwicklung des Angebots legt die Biodroga Cosmetic GmbH das Augenmerk auf innovative Inhaltsstoffe (z. B. Repair Complex, Syn Vipe) und neue Behandlungskonzepte (z. B. Ayus Lomi). Das Markenlogo wurde im Lauf der Jahre mehrmals verändert, zuletzt im Zuge eines Verpackungsrelaunchs im Jahr 2007. Es besteht aus dem Markennamen in Rot (Pantone 187c) in der Schrift TheSans. Unter dem Biodroga-Schriftzug steht der Zusatz Systems, der für die individuelle Anpassung der Inhaltsstoffe und Produkte auf unterschiedliche Ansprüche der Haut steht. Die Biodroga Cosmetic GmbH ist Teil der Fribad Cosmetics Group mit Sitz in Baden-Baden. Neben Biodroga Systems gehören die Marken Sans Soucis, Futuresse und Bogner Parfums zu der Unternehmensgruppe. Mit Biodroga Systems erzielte Fribad Cosmetics 2006 rund 39 Mio. Euro weltweit, das sind 58 % des Gesamtumsat-

BIODROGA
SYSTEMS

Biodroga steht für hochwertige Hautpflegeprodukte und Behandlungskonzepte.

Biokat's®

Biokat's aus dem Hause Gimborn ist eine der bekanntesten Marken für Katzenstreu in Deutschland.

zes. Das Unternehmen beschäftigt ca. 260 Mitarbeiter.

UNTERNEHMEN

Biodroga Cosmetic GmbH
Im Rosengarten
76532 Baden-Baden
✆ (0 72 21) 6 88-01
🖷 (0 72 21) 6 88-3 69
🖳 www.biodroga.de

BIOKAT'S

Als Marktführer im dt. Zoofachhandel (lt. Nielsen) steht die Marke Biokat's für natürliche Tonstreu für Katzen. Die Süd-Chemie AG entwickelte die Marke 1986, nachdem sie die bis dahin unbekannten positiven Eigenschaften des Stoffes Bentonit als Katzenstreu entdeckt hatte. Der Markenname soll mit *Bio* den Aspekt des Natürlichen betonen und *kat's* steht für den Anwendungsbereich Katzenhygiene. Zielgruppe sind gesundheits- und hygienebewusste Katzenbesitzer, die Streu mit hoher Saugkraft und eine starke Geruchsbindung suchen. Neuste Innovation der Marke ist Katzenstreu mit Duft. Die Verbraucherzeitschrift Öko-Test gab der Classic-Variante des Katzenstreus die Note „gut". Das Markenlogo wurde noch von der Süd-Chemie AG entwickelt und bereits 1986 eingeführt. Die Modifizierungen seither waren gering. Seit 1986 gab es die Katzenstreu im PE-Sack, im Jahr 2001 wurde der umweltfreundliche Papiersack eingeführt. Biokat's wird unter der Dachmarke für Produkte der Katzenernährung und -pflege → Gimpet der Heinrich von Gimborn GmbH vertrieben. Die Heinrich von Gimborn GmbH, gehört zur Capiton AG, einem dt. Finanzinvestor, der sie 2006 von der Süd-Chemie AG übernommen hat. Der Ursprung von Gimborn liegt im Jahr 1855, als Apotheker Heinrich von Gimborn die Firma in Emmerich am Niederrhein gründete – damals allerdings zunächst als pharmazeutische Fabrik. Die ersten Heimtierprodukte brachte das Unternehmen ab 1965 mit der brit. Lizenzmarke *ipevet* auf den Markt und nahm damit eine neue Ausrichtung an. Produkte der Marke Gimborn gibt es seit Beginn der 1970er-Jahre auf dem Markt. In Europa stellen rund 330 Mitarbeiter, davon 143 in Deutschland, rund 600 verschiedene Artikel für Haustiere her. Es bestehen Werke bzw. Niederlassungen in Deutschland, Italien, Ungarn, Tschechien und Russland. Gimborn-Produkte werden in ganz Europa vertrieben.

DATEN UND FAKTEN

Markenname: Biokat's, Akronym, zusammengesetzt aus **Bio**, steht für natürliche Tonstreu und **kat's** als Hinweis für Katzenhygiene als Einsatzbereich

Slogan: „Natürlich sauber"

Erfinder: Süd-Chemie AG, 1986

Markenregistrierung: 16.01.1987, DPMA München

Markenbekanntheit: 80 % ungest. (Nielsen, 2005)

Jahresumsatz: rund 32 Mio. Euro (Marke Biokat's, 2006)

UNTERNEHMEN

H. von Gimborn GmbH
Albert-Einstein-Str. 6
46446 Emmerich am Rhein
✆ (0 28 22) 9 64-0
🖷 (0 28 22) 9 64-1 13
🖳 www.gimborn.de
✉ info@gimborn.de

Bioland
ÖKOLOGISCHER LANDBAU

Bioland ist der größte Verband für ökologischen Anbau in Deutschland.

BIOLAND

Hinter dem Markennamen Bioland verbirgt sich ein Zusammenschluss von über 4.500 Biobetrieben, die bundesweit in allen Regionen vertreten sind. Bioland-Produkte werden nach einem eigenen Produktionsstandard erzeugt. Dieser basiert auf dem organisch-biologischen Landbau und geht über die gesetzlichen Bestimmungen der EG-Öko-Verordnung hinaus. Die Betriebe streben geschlossene Stoffkreisläufe an und schonen durch ihre ökologische Wirtschaftweise die Ressourcen Wasser, Luft und Boden. So arbeiten sie beispielsweise ohne chemische Dünger, Pestizide, Gentechnik und bedenkliche Zusatzstoffe. Für seine Betriebe bietet der Verband wichtige Leistungen aus einer Hand an: bundesweite Beratung der Betriebe, Unterstützung bei der Vermarktung, Erfahrungsaustausch in ca. 200 Regional- und Fachgruppen sowie viele regionalen und internat. Fachtagungen. Der Bioland e.V. vergibt Verträge zur Nutzung der Marke an Hersteller und Handel. 2007 nutzten über 700 verarbeitende Betriebe wie Bäckereien, Fleischereien und Molkereien die Marke Bioland. Um die Qualität der mit Bioland zertifizierten Produkte zu sichern, unterliegen Erzeuger und Verarbeiter den Bioland-Richtlinien und damit Kontrollen. Das Logo von Bioland zeigt den Schriftzug Bioland in rundlichen, fett gesetzten grünen Buchstaben. Unter dem Schriftzug steht, ebenfalls in grün, „ökologischer Landbau". Die Marke hat einen gest. Bekanntheitsgrad von 84 %. Damit ist die Marke lt. Angaben des Unternehmens die bekannteste ökologische Marke in Deutschland. Der Grundstein für den heutigen Verband wurde 1971 vom Verein „bio-gemüse e.V." gelegt. Daraus ging die „Arbeitsgemeinschaft organisch-biologischer Land- und Gartenbau" hervor, die seit nunmehr 20 Jahren unter dem etablierten Namen Bioland Verband tätig ist. Auch die Marke Bioland wurde bereits im März 1987 beim DPMA in München eingetragen.

UNTERNEHMEN

Bioland e.V.
Kaiser Str. 18
55116 Mainz
(0 61 31) 2 39 79-0
(0 61 31) 2 39 79-27
www.bioland.de

BIOMARIS

Die Biomaris GmbH und Co.KG gehört zu den führenden Herstellern von Kosmetik mit Meereswirkstoffen in Deutschland. Die Produkte werden inzwischen in 20 verschiedenen Ländern auf vier Kontinenten verkauft. Entstanden ist die Marke 1937, als ihr Erfinder Walter Brachmann auf der Leipziger Messe sein „Helgoländer Meerwasser-Kurgetränk" vorstellte. Dem Meerwasser wurde durch wissenschaftliche Untersuchungen eine positive Wirkung auf den menschlichen Organismus bescheinigt. Obwohl von der Fachwelt zunächst belächelt, gewann das Produkt bei den Kunden schnell an Popularität. Neun Jahre später eröffnete das Unternehmen seine erste Trinkkurhalle auf Borkum und baute sein Produktportfolio systematisch aus. Ab 1960 entwickelte der Mittelständler zahlreiche pflegende und dekorative Kosmetikprodukte auf der Basis von Meerwasser. Heute umfasst das Angebot neben Getränken und Pflegeprodukten außerdem Nahrungsergänzungsmittel. Allen Produkten ist bis heute gemein, dass sie auf Wirkstoffen aus dem Meer basieren. Das dazu benötigte Wasser gewinnt Biomaris aus den Tiefen des Nordatlantiks. Als eines der ersten mittelständischen Unternehmen setzte Biomaris schon 1996 auf den Vertriebskanal Internet, indem es einen Online-Shop eröffnete. Der Hersteller betreibt weiterhin eigene Geschäfte an Nord- und Ostsee und nutzt Apotheken, ausländische Handelspartner sowie Kosmetikinstitute als Vertriebskanäle. Das blau-grüne Firmenlogo wird von einer stilisierten Welle gekrönt und soll den besonderen Bezug des Unternehmens zum Meerwasser symbolisieren. Biomaris ist Mitglied der Forschungsgemeinschaft für Meeresheilkunde.

BIOMARIS stellt Kosmetik- und Körperpflegeprodukte auf der Basis von Meerwasser her.

DATEN UND FAKTEN

Markenname: Biomaris, Kunstwort, zusammengesetzt aus dem griech. bios (Leben) und dem lat. mare (Meer)

Slogan: „Gesundheit & Schönheit aus dem Meer"

Erfinder: Walter Brachmann, 1937

Markenregistrierung: 1939, Reichspatentamt Berlin

Markenbekanntheit: 52 % gest. (bei Kosmetikern lt. MIK Market-Studie 2006)

UNTERNEHMEN

BIOMARIS GmbH & Co.KG

Hauptsitz: Bremen, Deutschland

Geschäftsführung: Wolfgang Ferner und Claudia Grätschus

Mitarbeiter: 70

Gesamtumsatz: 11 Mio. Euro (2006)

Vertrieb: in weltweit 20 Ländern auf vier Kontinenten

KONTAKT

BIOMARIS GmbH & Co.KG
Parallelweg 14
28219 Bremen

BIOMARIS®

Die Geschäftsführung von BIOMARIS: Claudia Grätschus und Wolfgang Ferner

BIONADE wird auf rein biologische Art und Weise hergestellt.

Biotherm wurde 1950 gegründet und gehört seit 1970 zu L'Oréal.

✆ (04 21) 3 80 50-0
🖷 (04 21) 3 80 50-10
✉ info@biomaris.com
🖳 www.biomaris.com

Ansprechpartner Presse:
Bettina Kindermann
✆ (04 21) 3 80 50-47
✉ kindermann@biomaris.com

Ansprechpartner Marketing:
Wolfgang Ferner
✆ (04 21) 3 80 50-19
✉ ferner@biomaris.com

SCHON GEWUSST?

- Als der Gründer von Biomaris Walter Bachmann 1937 sein „Meerwasser-Kurgetränk" vorstellte, wurde er von der Fachwelt zunächst belächelt.
- 1946 wurde auf Borkum die erste Biomaris Trinkkurhalle eröffnet.
- Schon 1970 nutzen mehr als 1 Mio. Menschen pro Jahr die Meerwasser-Trinkkur als Teil ihrer Gesundheitsvorsorge.

BIONADE

Das Unternehmen BIONADE hat in seinem Portfolio alkoholfreie Getränke in verschiedenen Geschmacksrichtungen, hergestellt auf rein biologische Art und Weise. Erfinder der Marke BIOANDE ist der Diplom-Braumeister Dieter Leipold. Alleinstellungsmerkmal der Marke ist die Herstellung der Getränke durch Fermentation. Für BIONADE *Ingwer-Orange* hat das Unternehmen 2006 u.a. den Preis für das innovativste Produkt auf der Internat. Lebensmittelmesse in Paris (SIAL d'OR) erhalten. Das rechteckige Logo wird von einer weißen Linie begrenzt. Auf blauem Grund (Farbe: Pantone 282) findet sich in weißen Versalien das Wort BIONADE. Das „O" ist der Mitte mit Rot (Pantone 186) ausgefüllt. Ein Werbeslogan bezeichnet BIONADE als „Das offizielle Getränk einer besseren Welt". BIONADE gibt es seit 1995. In diesem Jahr wurde auch die BIONADE International GmbH gegründet. 2002 kam es zur Gründung der BIONADE GmbH. Hervorgegangen ist das Unternehmen aus der Privatbrauerei PETER KG. Derzeit sind über 70 Mitarbeiter (inkl. Zeitarbeiter) beschäftigt, die 2007 ca. 200 Mio. Flaschen abfüllten. Der Vertrieb läuft u.a. über Einzel- und Fachhandel sowie über Drogerien und die Gastronomie. Die Getränke werden in Deutschland vertrieben, exportiert wird in 17 europäische Länder und nach Australien. Zur Zukunftsstrategie des im bayerischen Teil der Rhön ansässigen Unternehmens gehört eine weitere Internationalisierung der Marke, u.a. durch Exporte in die USA.

UNTERNEHMEN

BIONADE GmbH
Nordheimer Str. 14
97645 Ostheim/Rhön
✆ (09 77) 91 01 22
🖷 (09 77) 3 58 08 16
🖳 www.bionade.com

BIOTHERM

Unter der Marke Biotherm werden Pflegelinien für die tägliche Hautpflege vertrieben. Neben Produkten in den vier Kategorien Gesichtspflege, Körperpflege, Sonnenpflege und Make-up für Frauen, bietet das Portfolio mit Biotherm Homme auch eine spezielle Pflegelinie für Männer. Die Pflegeprodukte decken eine Reihe unterschiedlicher Bedürfnisse und Hauttypen ab und bedienen damit eine große Zielgruppe mit einer breit gefächerten Altersstruktur. Im Vordergrund der Markenstrategie steht die Natürlichkeit der Produkte, deren kosmetische Wirksamkeit in Einklang mit der Haut steht. Die Grundlage der Biotherm-Formeln bildet das Dermobiotikum (reiner Thermalplankton), ein Konzentrat aktiver natürlicher Inhaltsstoffe, dessen Produktionsprozess nach jahrelanger Forschung patentiert wurde. Das aktuelle Logo zeigt in serifenfreien Versalien den Markennamen. Ein wellenförmiger horizontaler Strich schließt das Logo ab. Die Logo-Variante der Subbrand Biotherm Homme ist in der gleichen Schrift gehalten, erhält jedoch durch einen links ausgerichteten, vertikalen Balken und dunkelroten Hintergrund ein kernigeres, maskulineres Format. Biotherm wurde im Jahr 1950 gegründet und 1970 von der L'Oréal Gruppe übernommen. Heute werden die Produkte in 67 Ländern vertrieben und in 13.000 der führenden Parfümerien und Kaufhäuser der Welt angeboten.

UNTERNEHMEN

L'Oréal Luxusprodukte GmbH
Georg-Glock-Str. 18
40474 Düsseldorf
✆ (02 11) 43 78-02
🖳 www.biotherm.de

BIRKEL

Die Konsumgütermarke Birkel hat ihren Ursprung im schwäbischen Schorndorf, wo Balthasar Birkel 1874 einen Mühlen- und Produktenhandel gründete und 1896 eine Nudelfabrik errichtete. Die Marktchancen, die sich aus der Mühsal heimischer Nudelherstellung ergaben, nutzte Birkel mit dem Vertrieb der ersten abgepackten Nudeln, die ab 1902 unter dem Label *Viktoria* verkauft wurden. Seitdem verzeichnete die Firma stetiges Wachstum, angetrieben vor allem durch die Umstellung auf vollautomatisierte Produktion (1950), Produktinnovationen wie fertige Nudelsaucen (*Nudel up*, 1977) und Instant-Suppen (*Minuto*, 1980) sowie die Übernahmen der Wettbewerber → Schüle (1954) und *TAG Nahrungsmittel* (1980). Zwischen 1990 und 1999 gehörte das Unternehmen zur franz. Danone-Gruppe, nach Management-Buy-Out schloss sich die neu gegründete Birkel Teigwaren GmbH dann 2000/01 mit den Konkurrenten → 3 Glocken und → Möwe zusammen. Das Markenlogo stammt noch aus der Gründerzeit und wurde seither kaum verändert. Der weiße Birkel-Schriftzug in fetten, abgerundeten Lettern auf blauem Grund ist gelb unterstrichen. Der blau-gelbe Farbcode findet sich vor allem auf dem Packaging und besitzt hohen Wiedererkennungswert. Primär sollen Käufer zwischen 20 und 49 Jahren, in der Regel mit Kindern im Haushalt, angesprochen werden, so mit dem aktuellen Slogan „Echt Birkel. Immer lecker. Immer locker." Das Sortiment des (lt. eigenen Angaben) dt. Marktführers wird ständig um moderne Produkte (Bio-Ware, aromatisierte Nudeln) erweitert. Die Birkel Teigwaren GmbH, seit 2007 im Besitz der span. Ebro Puleva, erzielt mit rund 370 Mitarbeitern unter der Leitung von Dr. Werner Hildenbrand und Rolf Bausch einen Jahresumsatz von ca. 90 Mio. Euro.

DATEN UND FAKTEN

Markenname: Familienname des Firmengründers

Slogan: „Echt Birkel. Immer lecker. Immer locker."

Erfinder: Balthasar Birkel, 1874

Markenregistrierung: 07. 03. 1952, DPMA München

Innovationen: *Nudel up*, fertige Nudelsauce (1977); *Minuto*, Instant-Suppe (1980)

Markenbekanntheit: 87 % ungest. (Brigitte Kommunikationsanalyse, 2006)

Jahresumsatz: ca. 90 Mio. Euro (2006)

UNTERNEHMEN

Birkel Teigwaren GmbH
Schüttelgrabenring 3b
71332 Waiblingen
☏ (0 71 51) 6 01-0
Fax (0 71 51) 6 01-2 85
www.birkel.de

Birkel

Birkel umfasst ein breites Sortiment an verschiedenen Nudelspezialitäten.

BIRKENSTOCK

Unter der Komfortschuhmarke Birkenstock vertreibt das gleichnamige Familienunternehmen Produkte rund um die Gesundheit des Fußes. Das Angebot reicht von Schuhen, Sandalen über Fußbetteinlagen bis hin zu Fuß- und Schuhpflegeprodukten. Den Grundstein für den Aufbau der Marke legte der Schuhmacher Johann Adam Birkenstock im Jahr 1774 in der hessischen Stadt Langenberg. Rund 120 Jahre später entwickelte Konrad Birkenstock das sog. *Blaue Fußbett*, das er in seiner Fabrik in Friedberg/Hessen produzieren und auf dem europäischen Markt etablieren konnte. In von Medizinern unterstützten „Birkenstock-Schulungskursen" wurden ab 1932 mehr als 5.000 Fachleute für innovative Fußorthopädie sensibilisiert. Anfang der 1960er-Jahre entwickelte Karl Birkenstock die *Gymnastiksandale*, eine Fußbett-Sandale mit Kork-Latex-Kern, die im Laufe der Jahre zu einem der populärsten Produkte der Birkenstock-Kollektion avancierte. Der medizinische Hintergrund der Marke spiegelt sich in der Gestaltung des Markenzeichens wider: Das Logo zeigt einen stilisierten Fuß und ein strahlendes Kreuz. Der Zusatz „Made in Germany – Tradition seit 1774" weist darauf hin, dass alle Birkenstock-Produkte ausschließlich in Deutschland hergestellt werden. Mittels orthopädischer Schulungen, Messen und intensiver Kundenbetreuung trägt Birkenstock zur Markenpflege bei. Prominenter Werbeträger ist Topmodel Heidi Klum, die auch eine eigene Kollektion entwarf. Das Familienunternehmen verwendet eigenen Angaben zufolge 95 % wasserlösliche und lösungsmittelfreie Klebstoffe. Weiterhin hat der Komfortschuhhersteller seinen Energieverbrauch in den letzten Jahren ständig gesenkt. Mit eigenen Anlagen zur umweltfreundlichen Stromerzeugung und der Optimierung von Produktionsabläufen konnte das Unterneh-

BIRKENSTOCK – MADE IN GERMANY

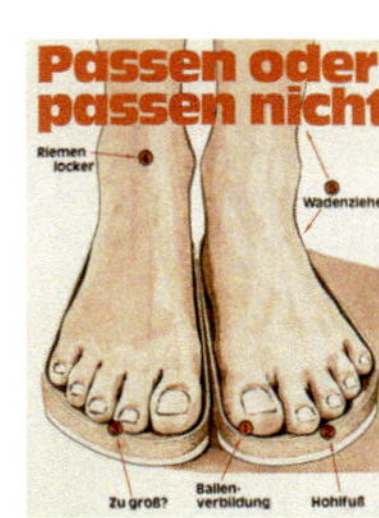

Birkenstock-Markenzeichen (oben), Gymnastiksandale (Mitte), hist. Infografik (unten)

Querschnitt durch das von Birkenstock entwickelte Tieffußbett mit Kork-Latex-Kern

men seinen Energieverbrauch um mehr als 90 % reduzieren. Die Marke Birkenstock wird mit einem Sortiment von rund 250 Produkten in mehr als 80 Ländern weltweit vertrieben.

DATEN UND FAKTEN

Markenname: Birkenstock, abgeleitet vom Namen des Gründers Johann Adam Birkenstock

Slogan:
„Modeschuhe so oft wie nötig, Birkenstock so oft wie möglich.", „Made in Germany – Tradition seit 1774"

Gründer: Johann Adam Birkenstock, 1774, Langenberg

Innovationen: Blaues Fußbett (1939), Kork-Tieffußbett, Gymnastiksandale (Anfang 1960er-Jahre)

SCHON GEWUSST?

- Birkenstock begann schon in den ersten Jahren der Unternehmensgeschichte damit, flexible Fußbetteinlagen zu entwickeln. Sie sollten die Leiden lindern, die die damalige Schuhmode schuf. Diese Fußbetteinlagen waren die Vorläufer vom *Blauen Fußbett*.
- Das sog. *Blaue Fußbett* wurde 1940 gefertigt. Es hatte einen hohen Anteil Naturkork, der es hoch elastisch, leicht und damit fußfreundlich machte. Es stellte eine fachliche Revolution dar, da zu dieser Zeit in der Fußorthopädie starre Einlagen aus Stahl üblich waren.
- Birkenstock erfand Anfang der 1960er-Jahre das erste flexible Kork-Tieffußbett der Welt.

Markenbekanntheit: 81 % ungest. (Spiegel-Studie „Outfit 6", 2006)

Literatur:
C. Birkenstock: Fußorthopädie „System Carl Birkenstock" (1948)
K. Birkenstock: Fuß-Fibel; Buch der Fußgesundheit; Mit dem Arzt gegen Fußkrankheiten und Irrlehren.

UNTERNEHMEN

Birkenstock Orthopädie GmbH & Co. KG

Hauptsitz: Vettelschoß, Deutschland

Geschäftsführer: Alex Birkenstock, Stephan Birkenstock, Karl Bernd Bremer

Vertrieb: weltweit über Vertriebspartner

KONTAKT

Birkenstock Orthopädie GmbH & Co. KG
Rheinstr. 2–4
53560 Vettelschoß
✆ (0 26 45) 9 42-1 00
🖷 (0 26 45) 9 42-1 01
💻 www.birkenstock.de

Ansprechpartner Kommunikation:
Frank Baur
✆ (0 26 45) 9 42-1 20
🖷 (0 26 45) 9 42-1 03
✉ fbaur@birkenstock.de

Biskin

Die Lebensmittelmarke Biskin gehört zur Peter Kölln KGaA.

BISKIN

Biskin wurde als Konsumgütermarke im Zuge der Gründung der Union Deutsche Lebensmittelwerke GmbH 1913 in Deutschland erfunden. Die Übernahme durch die Peter Kölln KGaA erfolgte im Jahr 2004. Grund für den Launch der Marke in der Nährmittelbranche war der sinkende Schmalzverbrauch und die Nachfrage nach einem geschmeidigen Pflanzenfett für den Einsatz in der Küche. Auch in der modernen Küche findet Biskin heute Kunden, die Spaß am Kochen und Braten haben oder gerne mit dem Wok arbeiten. In der Spitzenküche haben sich Produkte der Marke Biskin ebenfalls durchgesetzt. Bereits in den 1950er- und 1960er-Jahren wurde Biskin als Edelfett für die feine Küche beworben. Der aktuelle Slogan lautet „Chefköche empfehlen Biskin" – er platziert Biskin als Premiummarke in der Speisefettbranche. Als hochwertige Pflanzenöle lassen sich Biskin-Produkte hoch erhitzen und bleiben dabei geschmacksneutral. Im Jahre 2005 wurden unter dem Label Biskin verschiedene Pflanzencremes auf den

Markt gebracht, die sich durch die flüssige Zubereitung und feinen Butter- oder Mediterrangeschmack für die schnelle Zubereitung verschiedenster Gerichte eignen. Das Logo greift den Slogan auf und zeigt einen Koch hinter dem Markennamen Biskin, der in der Hausfarbe Rot im Pantonefarbton 1797 ausgezeichnet ist. Als Hausschrift wird neben der ITC Stone Serif LT die Futura LT verwendet. Auf den Verpackungen werden beide Schriften und die weitere Hausfarbe Blau im Farbton Pantone 2756 zur Gestaltung herangezogen. Sie findet sich auf den Verschlusskappen und Etiketten wieder. Alle Produkte werden nat. durch die Peter Kölln KGaA vertrieben. Die Peter Kölln KGaA wurde bereits im Jahre 1795 von Hans Hinrich Kölln gegründet. Heute produziert das Unternehmen mit Stammsitz in Elmshorn und rund 300 Mitarbeitern Nährmittel und Speiseöle für den Konsumgütermarkt. Neben der Marke Biskin sorgten weitere bekannte Marken wie →Kölln, →Palmin und →Livio im Jahr 2006 für einen Gesamtumsatz von 75 Mio. Euro.

DATEN UND FAKTEN

Markenname: Biskin, Kunstname

Slogan: „Chefköche empfehlen Biskin"

Erfinder: Union Deutsche Lebensmittelwerke GmbH, 1913

Markenregistrierung: 20.02.1914, Kaiserliches Patentamt Berlin

Markenbekanntheit: 88 % gest. (Brigitte Kommunikationsanalyse, 2006)

Markenwebsite: www.biskin.de

UNTERNEHMEN

Peter Kölln KGaA
Westerstr. 22–24
25336 Elmshorn
✆ (0 41 21) 64 80
🖷 (0 41 21) 66 39
💻 www.koelln.com

BITBURGER

Durch konsequente Innovationsfreude und frühzeitige Anstrengungen in der Vermarktung avancierte Bitburger bei den Fassbieren zum Marktführer in Deutschland. Das Pils aus dem Hause der Bitburger Brauerei Th. Simon GmbH setzte schon im 19. Jh. auf Print-Werbung. Gegründet wurde die Brauerei 1817 von Johann Peter Wallenborn. Die Heirat mit dessen Tochter Elisabeth ließ Ludwig Bertrand Simon zum Geschäftsführer und Namensgeber werden. Die Produktpalette umfasst heute nicht nur das traditionelle „Bitburger Premium Pils". Auch die Sorten Light und Alkoholfrei, *Bit Sun* (2005), *Bit Passion* (2006), *Bitburger Radler*, *Kandi Malz* und *Bit Copa* (2007) befinden sich im Sortiment. Das fast 200 Jahre alte Unternehmen beschäftigt rund 1.000 Mitarbeiter und erzielt einen Umsatz von 389 Mio. Euro jährlich. Deutschlandweit ist das Bier unter der Dachmarke in über 900 Vertretungen erhältlich. Das Bier wird in 56 Länder der Welt exportiert mit den Hauptabsatzmärkten in Europa, USA, Japan, China und Australien. Das Corporate Design wurde ebenso dem Zeitgeist angepasst wie das Portfolio. Bereits 1927 trat man als Sponsor am Nürburgring auf. 1929 wurde das „Genießer"-Motiv entwickelt, welches noch heute im Bitburger Logo zu sehen ist. Das Signet ersetzt heute das Bild der namengebenden Bitburg. Im Schriftzug Bitburger in traditioneller Biertypik ist die Anfangssilbe hervorgehoben und macht so auf die Werbeinhalte aufmerksam. Der Claim „Bitte ein Bit" wurde erstmals 1951 auf der ANUGA vorgestellt. Zur umfangreichen Produktkommunikation über TV, Radio und eigenem Kommunikationszentrum zählt zunehmend das Sponsoring. Seit 1992 besteht eine Premium-Partnerschaft mit dem DFB und der dt. Fußballnationalmannschaft. Ebenso förderte man Michael Schumacher und diverse Kultur-Events. Mit Oliver Bierhof als weiteren Testimonial der Sportbranche unterstützte man die Kampagne „Bolzplätze für Deutschland". Seit April 2007 unterstreicht die neue Markenkampagne die Kernaussage der Marke: „Sorgfalt, Qualität und Genuss."

Das „Genießer-Motiv" wurde bereits 1929 entwickelt.

UNTERNEHMEN

Bitburger Braugrupe GmbH
Römermauer 3
54634 Bitburg
✆ (0 65 61) 14–0
🖷 (0 65 61) 14–22 89
💻 www.bitburger.de

BITZER

Seit 1934 werden unter der Industriemarke BITZER Kältemittelkompressoren, Aggregate und Druckbehälter für Kälte- und Klimaanlagen hergestellt und vertrieben. Gegründet wurde das Unternehmen von Martin Bitzer. Heute ist die GmbH im Besitz der Familie Peter Schaufler. Lt. Eigenangaben ist das Unternehmen Branchenprimus in Europa und

Bildmarke seit 1951

optimiert seit 2000

Wortmarke seit 1996

Die Logoentwicklung der Marke BITZER (oben), das internat. genutzte Logo des Unternehmens Bitzer (Mitte), typischer 4-Zylinder Hubkolbenverdichter (unten)

weltweit zweitgrößter Hersteller in seinem Segment, im Bereich Schraubenverdichter ist BITZER weltweit führend. Von Mitbewerbern grenzen sich die Produkte nach eigenen Angaben durch höchste Qualität und hohe Innovationskraft in Forschung, Entwicklung und Fertigung ab. Das Unternehmen positioniert BITZER entsprechend als Premium-Marke. Zu den neuesten Produkten gehören

Der Eingang zur Hauptverwaltung der Bitzer Kühlmaschinenbau GmbH in Sindelfingen

Verdichter der *Octagon*-Baureihe, die auch Kohlendioxid zum Kühlen nutzen. Zwar registrierte das Unternehmen die Marke erst 1958, das zugehörige Logo entwickelten Mitarbeiter allerdings schon 1951. Im Laufe der Jahre wurde es geringfügig optimiert und steht für die Ausbreitung der Marke: Schon 1951 exportierte BITZER die ersten Produkte und vertreibt sie heute flächendeckend weltweit. 1996 wurde auch der Namenszug BITZER erneuert und die Hausfarbe Grün um Magenta ergänzt. Jährlich wendet das Unternehmen rund 3 Mio. Euro für kommunikative Maßnahmen im Zusammenhang mit der Marke BITZER auf. In Deutschland lautet der aktuelle Slogan „BITZER – das Herz der Kälteanlage". Während der Umweltdiskussionen Anfang der 1990er-Jahre warb das Unternehmen mit „Love green, take Bitzer". 1997 wurde es erstmals ökozertifiziert. Die Bitzer Kühlmaschinenbau GmbH beschäftigt weltweit über 2.200 Mitarbeiter und machte 2006 einen Umsatz von rund 500 Mio. Euro. In naher Zukunft sind Investitionen in neue Gebäude und Anlagen, Produktneuentwicklungen sowie Firmenzukäufe geplant, um die führende Position von BITZER zu behaupten.

DATEN UND FAKTEN

Markenname: BITZER, abgeleitet vom Familiennamen des Unternehmensgründers Martin Bitzer

Slogan: „BITZER – das Herz der Kälteanlage"(1980)

Gründer: Martin Bitzer, 1934, Sindelfingen

Markenregistrierung: 30.01.1958, DPMA München

Innovationen: CSH95 – stärkster BITZER Schraubenverdichter (2006)

Werbespendings: 3 Mio. Euro weltweit (2006)

UNTERNEHMEN

Bitzer Kühlmaschinenbau GmbH

Hauptsitz: Sindelfingen, Deutschland

Geschäftsführender Gesellschafter: Peter Schaufler, Senator h.c.

Gesamtumsatz: 500 Mio. Euro (2006)

Mitarbeiter: über 2.200 weltweit (2006)

Vertrieb: weltweit über 36 eigene Töchter und mehr als 70 Vertriebspartner

KONTAKT

Bitzer Kühlmaschinenbau GmbH
Eschenbrünnlestr. 15
71065 Sindelfingen
✆ (0 70 31) 9 32-0
Fax (0 70 31) 9 32-1 47

Ansprechpartner Presse:
Michael Hendriks
✆ (0 70 31) 9 32-2 51
✉ hendriks@bitzer.de

MEILENSTEINE

1934 Firmengründung

1977 Markteinführung von Verdichtern für Ammoniak als Kältemittel

1990 Erste Versuche mir chlorfreien Kältemitteln

1996 Verdichter für natürliche Kältemittel (z. B. Propan, Propen, CO_2) werden eingeführt.

1998 Einführung der neuen Baureihe OCTAGON

2005 Produktionsstart der Container-Kühleinheit *Star Cool*

2007 Markteinführung ECOSTAR®

Ansprechpartner Konzernkommunikation:
Thomas Ernst
✆ (0 70 31) 9 32–0

Ansprechpartner Werbung:
Jürgen Mogel, Anja Brüstle
✆ (0 70 31) 9 32–1 68 / 2 82
✉ mogel@bitzer.de / bruestle@bitzer.de

BIZERBA

Die Industriegütermarke Bizerba steht für professionelle Systemlösungen der Wäge-, Informations- und Food-Servicetechnik. Mit branchenspezifischer Hard- und Software sowie netzwerkfähigen Managementsystemen sichert die Bizerba GmbH & Co. KG die Transparenz integrierter Geschäftsprozesse und Produktionsabläufe. Zum Portfolio gehören z. B. elektronische Ladenwaagen, Systemkassen und Etikettendrucker für den Handel. Außerdem richtet sich das weltweit operierende Technologieunternehmen mit seinen Produkten an die Nahrungsmittelindustrie und Logistikdienstleister. Das Unternehmen Bizerba wurde 1866 von Andreas Bizer in Balingen als Waagenbauwerkstatt gegründet. Bizerba ist ein Akronym aus dem Familiennamen des Gründers und dem Gründungsort. 1906 kaufte Wilhelm Kraut, der Schwiegersohn des Firmengründers, den Betrieb. Er entwickelte Bizerba bis 1928 zu Deutschlands größter Waagenfabrik. Die Gestaltung der Wortmarke wurde im Laufe der Jahre mehrfach verändert. Heute steht der schlichte Bizerba-Schriftzug in Versalien in schwarz auf hellem Grund. Er soll die Konzentration auf das Wesentliche betonen sowie Präzision, Qualität und Kompetenz signalisieren. Der weltweite Vertrieb der Produkte erfolgt über 21 eigene Gesellschaften in 20 Ländern sowie über 58 Ländervertretungen. 2006 erzielte die Bizerba GmbH & Co. KG mit weltweit 2.807 Mitarbeitern einen Umsatz von 410 Mio. Euro. Der Exportanteil beläuft sich auf 51 % des Umsatzes. Hauptsitz des Unternehmens ist auch heute noch Balingen, weitere Fertigungsstätten befinden sich in Meßkirch, Bochum und Shanghai.

UNTERNEHMEN

Bizerba GmbH & Co. KG
Wilhelm-Kraut-Str. 65
72336 Balingen
✆ (0 74 33) 12–0
Fax (0 74 33) 12–26 96
www.bizerba.com

BKS

Seit mehr als 100 Jahren steht die Marke BKS für Sicherheit, Qualität und Funktionalität bei Schließvorgängen. Seit 1983 gehört sie zur internat. → Gretsch-Unitas-Gruppe, einem Komplettanbieter für Fenster- und Türtechnik sowie automatischen Eingangssystemen. Der Markenname BKS ist hergeleitet von den Familiennamen der Gründer Boge und Kasten und dem ursprünglichen Unternehmenssitz Solingen. Der im Jahre 1938 patentierte Rundzylinder setzte Maßstäbe im Sicherheitsbereich und verschaffte der Marke ihren Durchbruch. Weitere wegweisende Innovationen sind die Panikschlösser, die im Falle eines Brandes bzw. Notfalles ein unkompliziertes Öffnen und automatisches Schließen ermöglichen. Mit dem MasterKeySystem, eine internetbasierte Planungs- und Bestellplattform für Schließanlagen, schlägt BKS eine zukunftsweisende Richtung im Hinblick auf medialen Einsatz ein. In Zusammenhang mit den Aspekten Qualität und Sicherheit wird das Logo als stilisierte Krone in rot, in der sich der weiße Schriftzug BKS befindet, dargestellt. Der Slogan „BKS – Das Mehr an Sicherheit" verstärkt diese Aspekte und soll Vertrauen bei den Kunden wecken. Der Vertrieb der BKS Produkte findet über Vertriebspartner in Zentraleuropa und weltweit mit eigenen Vertriebsgesellschaften der Unternehmensgruppe Gretsch-Unitas statt. Die Produkte werden vor allem von Architekten, Sicherheitsbeauftragten der Industrie und öffentlichen Einrichtungen sowie von privaten Verbrauchern eingesetzt. Der Marktführer im Bereich Fluchttürsysteme mit heutigem Stammsitz in Velbert beschäftigt rund 650 Mitarbeiter. 2006 wurde ein Gruppenumsatz von 500 Mio. Euro erzielt. Die BKS GmbH wird von Julius von Resch und Martin Schmitz geleitet.

DATEN UND FAKTEN

Markenname: BKS, Abkürzung, zusammengesetzt aus den Anfangsbuchstaben der Familiennamen der Gründer und dem ursprünglichen Unternehmenssitz Solingen

Slogan: „BKS – Das Mehr an Sicherheit"

Gründer: O. Boge und F. Kasten, 1903, Solingen

Markenregistrierung: 10. 06. 1922, Reichspatentamt Berlin

Innovationen: BKS Rundzylinder (1938), MasterKeySystem (2005)

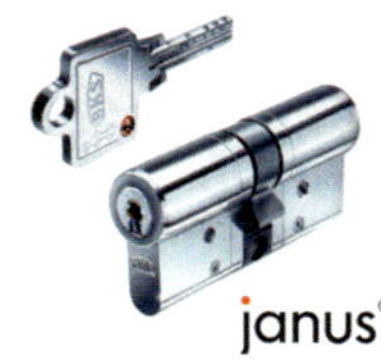

Das Zylindersystem janus

BLACK&DECKER

Das markentypische Hexagon ziert das Logo von Black & Decker seit 1911.

BLAUPUNKT

Das Blaupunkt Navigationssystem TravelPilot Lucca 5.3 (Mitte)

Jahresumsatz: 500 Mio. Euro (Unternehmensgruppe, 2006)

UNTERNEHMEN

BKS GmbH
Heidestr. 71
42549 Velbert
(0 20 51) 2 01-0
(0 20 51) 2 01-4 31
www.bks.de

BLACK&DECKER

Das Unternehmen Black & Decker ist ein weltweit agierender Hersteller von Elektrowerkzeugen und -zubehör. Ob Bohren, Schleifen, Sägen oder Polieren, es gibt kaum ein Segment im Werkzeugbereich, für das Black & Decker kein passendes Gerät in seinem Portfolio hat. Die Erfolgsgeschichte der Marke begann 1911 als die Unternehmer Duncan Black und Alonzo Decker in Baltimore, USA in ihrer Werkstatt eine Firma gründeten und ihr den Namen *The Black & Decker Manufacturing Company* gaben. Heute richtet sich die Marke Black & Decker mit dem Slogan „Powerful Solutions" weltweit an Heimwerker und Bastler. Mit der Submarke *DeWalt* bedient das Unternehmen zudem professionelle Gewerbetreibende, die in ihrem Arbeitsalltag technisch ausgereifte Lösungen benötigen. Das Logo der Marke Black & Decker besteht seit Firmengründung aus dem markentypischen Hexagon, das sich im Laufe der Jahre nur leicht gewandelt hat. Erhalten blieb neben der Grundform immer die Hausfarbe Orange (Pantone 172), die sich ebenso in der Produktpalette der Firma wieder findet. Auch bei einem Redesign des Logos 1984, das dem erweiterten Produktangebot Rechnung tragen sollte, blieben Hexagon und Farbton erhalten. Ein Jahr später stimmten die Aktionäre des Unternehmens zudem einem Namenswechsel zu. Seitdem vertreibt das Unternehmen unter dem Namen *The Black & Decker Corporation* seine Produkte in mehr als 100 Ländern. Das Unternehmen erzielte 2006 mit seinen weltweit 26.000 Mitarbeitern einen Gesamtumsatz von 6 Mrd. USD. Dabei erwirtschaftet Black & Decker etwa die Hälfte seines Gewinns außerhalb der USA.

UNTERNEHMEN

Black & Decker GmbH
Black-und-Decker-Str. 40
65510 Idstein
(0 61 26) 21-0
(0 61 26) 21-29 81
www.blackanddecker.de

BLAUPUNKT

Blaupunkt ist gleichzeitig Marken- und Firmenname der Blaupunkt GmbH. Sie ist eine Tochtergesellschaft der Robert Bosch GmbH mit Stammsitz in Hildesheim und agiert im Bereich Car Multimedia. Als Marke steht Blaupunkt für technische Kompetenz rund um Autoradios, Navigationssysteme, Lautsprecher sowie Instrumente- und Anzeigensysteme. Bereits 1932 wurde unter dem Namen Blaupunkt das erste serienreife Autoradio produziert. Der Ursprung der Marke geht zurück auf die Ideal-Radiotelefon und Apparatefabrik GmbH, die 1923 in Berlin entstand und Kopfhörer herstellte. Die Produkte wurden nach bestandener Qualitätskontrolle mit einem blauen Punkt gekennzeichnet. Im Laufe der Zeit fragten die Kunden verstärkt nach den Kopfhörern mit dem blauen Punkt auf der Hörmuschel. Daraufhin trat der Name der Ideal GmbH immer weiter in den Hintergrund, sodass im Jahre1938 der blaue Punkt zum offiziellen Markenzeichen und gleichzeitig zum Firmenname wurde. Das heutige Logo hat sich seit den 1930er-Jahren kontinuierlich weiterentwickelt und wird seit 1969 als Wort-Bildmarke eingesetzt. Es zeigt den blauen Punkt in 100 %-igem Cyan und zitiert damit das ursprüngliche Qualitätssiegel der Ideal GmbH. Der Schriftzug ist in Weiß rechts daneben gesetzt. Die Blaupunkt-Produktlinien richten sich an die Zielgruppe technisch begeisterter Autofahrer und decken vom anspruchsvollen HiFi-Liebhaber bis zum pragmatisch veranlagten Nutzer von Navigationssystemen alle Segmente ab. Mit einer gest. Markenbekanntheit von 99 % (Icon Added Value, 2006) ist Blaupunkt auf dem dt. Markt der bekannteste Anbieter für Kommunikations- und Informationssysteme im Auto und eine der bekanntesten dt. Marken überhaupt. Seitdem das Unternehmen das erste serienreife Autoradio auf den Markt gebracht hat, gab es neben dem ersten Stereo-Autoradio und dem ersten vorausschauenden Navigationssystem diverse weitere Innovationen unter der Marke Blaupunkt. Das Produktionsvolumen der heutigen Blaupunkt GmbH liegt bei 6 Mio. Autoradios, 20 Mio. Autolautsprechern und einer halben Mio. Navigationssysteme. Im Jahre 2006 beschäftigte die Blaupunkt GmbH weltweit 8.700 Mitarbeiter, davon 2.300 in Deutschland.

Das Autosuper 5 war 1932 das erste serienreife Autoradio von Blaupunkt.

DATEN UND FAKTEN

Markenname: Blaupunkt, abgeleitet aus dem Qualitätssiegel der Ideal AG auf Radiokopfhörern

Slogan: „Der Pluspunkt im Auto" (2000)

Markenregistrierung: 27.08.1928, Reichspatentamt Berlin

Innovationen: Das erste Autoradio (1932), das erste Stereo-Autoradio (1969), der erste Auto-CD-Spieler (1983), das erste europäische Navigationssytem (1989), Radiophone (Autoradio und Mobiltelefon in einem Gerät, 1997), das erste digitale Autoradio mit Aufnahmefunktion (2003), das erste 1 DIN-Navigationssystem mit TFT-Farbdisplay und permanenter Kartenansicht (2006)

Markenbekanntheit: 99 % gest. (in Deutschland, Icon Added Value, 2006)

Markenwebsite: www.blaupunkt.com

UNTERNEHMEN

Blaupunkt GmbH

Hauptsitz: Hildesheim, Deutschland

Geschäftsführung: Dr. Uwe Thomas, Dr. Michael Klemm, Dr. Dirk Hoheisel, Dr. Otto Mayer

Gesamtumsatz: 1,4 Mrd. Euro (2006)

Vertrieb: weltweit

KONTAKT

Blaupunkt GmbH
Robert-Bosch-Str. 200
31139 Hildesheim
(0 51 21) 49-0
(0 51 21) 49-46 02

Ansprechpartner Presse & Öffentlichkeitsarbeit:
Dr. Joachim Siedler
(0 51 21) 49-46 12
joachim.siedler@de.bosch.com

Ansprechpartner Marketingkommunikation:
Clemens K. Krebs
(0 51 21) 49-42 20
clemens.krebs@de.bosch.com

Lead-Agentur:
Jung von Matt/Elbe
www.jvm.de

SCHON GEWUSST?

Der Name Blaupunkt wurde von den Kunden der „Radiotelefon und Apparatefabrik Ideal AG" initiiert. Die Radio-Kopfhörer der Ideal AG wurden mit einem blauen Punkt in der Qualitätskontrolle gekennzeichnet, bevor sie in den Verkauf gingen. In der Folge fragten die Kunden zunehmend nach den Kopfhörern mit dem blauen Punkt. 1938 benannte sich das Unternehmen in „Blaupunkt Werke" um.

BLAUSIEGEL

Die Marke Blausiegel steht für Spezialkondome. Der Markenname ist ein Kunstname und soll die hohe Qualität der Produkte betonen. Die Marke wurde 1949 als Schutzmarke angemeldet. Ziel war es, unter Blausiegel eine Palette besonders hochwertiger Kondome zu entwickeln und zu vertreiben. Heute bietet Blausiegel sowohl besonders dickwandige, als auch latexfreie bzw. extra große Kondome an. Letztere wurden 2004 von Stiftung Warentest mit „gut" bewertet. Neueste Innovation von Blausiegel ist ein Gleitgel. Zielgruppe der Marke sind Kondom- und Gleitgelverwender mit besonderen Ansprüchen. Der Umsatz von Blausiegel macht etwa ein Drittel des Kondomumsatzes des herstellenden Unternehmens Mapa GmbH aus. Das Markenlogo besteht aus dem weißen, wie handschriftlich wirkenden Schriftzug Blausiegel auf dunkelblauem Grund. Der Slogan lautet „Blausiegel – die Spezialisten" und hat den einstigen Werbeslogan „Vertrauen in Kompetenz und Qualität" abgelöst. Blausiegel ist Marktführer im Segment der

Das in der Hausfarbe Dunkelblau hinterlegte Logo findet sich auf allen Verpackungen der Blausiegel-Produkte.

Das Markenzeichen der blend-a-med-Forschung

Spezialkondome. Die Marke wird ausschließlich in Deutschland vertrieben. Das ursprüngliche Mutterunternehmen Richter, Käufer & Co. GmbH wurde 1949 in Hannover gegründet und war im Besitz der Lizenzvertriebsrechte für Blausiegel. 1964 wurde das Unternehmen von der franz. Mapa S. A., Paris, erworben. 1969 firmierte das Unternehmen in die heutige Mapa GmbH um. Stammsitz ist Zeven. Mapa beschäftigte im Jahr 2006 650 Mitarbeiter. Weitere Marken des Unternehmens sind NUK (im Bereich Baby Care), Spontex (im Bereich Home Care) sowie die Kondommarken →Fromms und →BILLY BOY (ebenso wie Blausiegel im Bereich Health Care).

UNTERNEHMEN

Mapa GmbH
Industriestr. 21–25
27404 Zeven
✆ (0 42 81) 73-0
🖷 (0 42 81) 73-2 44
🖳 www.mapa.de

BLEND-A-MED

Unter der Konsumgütermarke blend-a-med werden Produkte zur Prophylaxe von Zahn- und Munderkrankungen angeboten. Zur Produktpalette zählen Zahncremes, Zahnbürsten und Zahnaufheller sowie Produkte zur Pflege dritter Zähne. Spezielle Produkte zur Pflege von Milchzähnen bietet die Blendi-Linie. Die Zahncremes complete plus sowie medicweiss wurden mit dem Stiftung-Warentest-Urteil „sehr gut" ausgezeichnet. Im Bereich der V-Zahnbürsten ist blend-a-med Marktführer. Zielgruppe der blend-a-med-Produkte sind Erwachsene und Kinder sowie Zahnärzte. 1932 wurden in Mainz die Blendax-Werke gegründet, die bis 1939 zum größten Zahncreme-Produzenten Europas wuchsen und auch andere Körperpflegeprodukte herstellten. Die Entwicklung der blend-a-med-Zahncreme geht auf die Apothekerin Hertha Hafer zurück, die 1949 die erste Rezeptur für die Firma Blendax entwickelte. 1951 wurde mit blend-a-med die erste medizinische Zahncreme vertrieben, zunächst über Apotheken und Zahnärzte in Deutschland. Auf das gleiche Jahr datiert ist die Gründung der blend-a-med-Forschung, die sich der Weiterentwicklung der Produkte widmet. Das Logo zeigt neben dem klein geschriebenen Namen auch das Markenzeichen der blend-a-med-Forschung mit der Schlange, die sich vor einem roten Hintergrund mit einem weißen Kreuz um den Äskulap-Stab windet. 1987 wurde die Blendax-Unternehmensgruppe von der Firma Procter & Gamble übernommen.

UNTERNEHMEN

Procter & Gamble Service GmbH
Sulzbacher Str. 40
65824 Schwalbach a. T.
✆ (0 61 96) 89-01
🖷 (0 61 96) 89-47 08
🖳 www.blend-a-med.de

BLISTEX

Blistex ist eine amerikanische Lizenzmarke, unter der Lippenpflegeprodukte vertrieben werden. 1973 in Deutschland eingeführt, wurde Blistex 1994 zur Dachmarke für eine Produktlinie ausgebaut. Diese umfasst heute sieben verschiedene Lippenpflegeprodukte, darunter die „Klassiker": Lippenbalsam aus der Tube, Classic als Pflegestift, Lip Conditioner im Tiegel und Lip Tone-Lippenpflege mit natürlichen Farbpigmenten für individuell getönte Lippen. Die Marke wurde von Lou Bracken in den USA erfunden und 1939 dort registriert. Der Markenname setzt sich aus den engl. Wörtern „blister" (Blase) und „ex" (ohne) zusammen, bedeutet also soviel wie „Bläschen weg". Zielgruppe des Produkts sind Menschen auf der Suche nach einer Lösung für spröde, brennende oder rissige Lippen. Als zweitplatzierte Marke auf dem Markt (Nielsen Wert, LEH total, 2007) wird Blistex mit

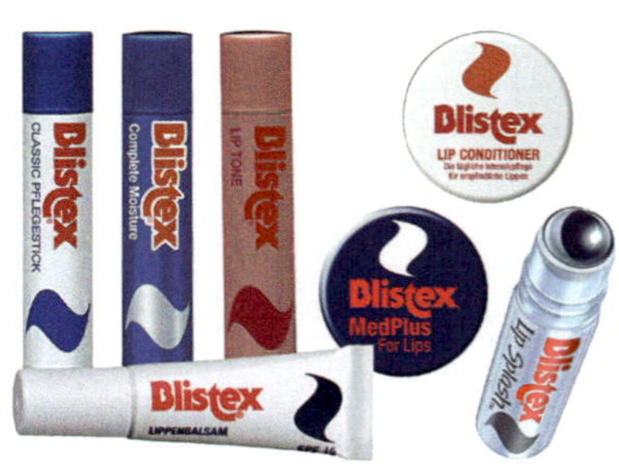

Die aktuelle Produktrange von Blistex

Einsatz des kompletten Marketing-Mixes gepflegt. Von den Wettbewerbern möchte sich Blistex durch einen hohen Qualitätsanspruch und ständige Produktinnovationen abgrenzen. Die Qualität wird in eigenen Blistex Laboratorien in Oak Brook (Illinois/USA) kontinuierlich überprüft. Aktuellste Produktneuheit ist Blistex MedPlus, eine Lippenpflege im Tiegel mit Menthol und Campher. Blistex wird

Historische Verpackung des damals noch Blisteze genannten Lippenbalsams (unten), aktuelles Produkt von Blistex (Mitte)

weltweit über Vertriebspartner gehandelt. In Deutschland ist Blistex in Verbraucher- und Supermärkten, SB-Warenhäusern, Drogeriemärkten und Apotheken erhältlich. Seit 1973 ist →delta pronatura exkl. für die Distribution in Deutschland und in Österreich verantwortlich. Das mittelständische Markenartikelunternehmen besitzt neben der Lizenz für Blistex u.a. die Marken →Dr. Beckmann und →Bullrich.

DATEN UND FAKTEN

Markenname: Blistex, USA, Akronym, zusammengesetzt aus blister (engl. für Blase) und ex (Präfix für ohne)

Slogan: „Blistex – alles was Lippen brauchen"

Erfinder: Lou Bracken, 1939, USA

Markenregistrierung: 1939, USA (15.07.1980, DPMA München)

Markenbekanntheit: 60 %, gest. (Emnid, 2006)

Markenwebsite: www.blistex.de

UNTERNEHMEN

delta pronatura
Dr. Krauss & Dr. Beckmann KG

Hauptsitz: Egelsbach, Deutschland

Vorstand: Heinrich Beckmann, Gerhard Krauss

Weitere Marken: →Bullrich Salz, Bullrichs Vital, Bullrichs Heilerde, →Dr. Beckmann, DDD

Vertrieb: Deutschland und Österreich (Blistex-Lizenz)

KONTAKT

delta pronatura
Dr. Krauss & Dr. Beckmann KG
Kurt-Schumacher-Ring 15–17
63329 Egelsbach
(0 61 03) 40 45–0
(0 61 03) 40 45–1 90
www.delta-pronatura.de

Ansprechpartner Presse:
Silke Westerwald
(0 61 03) 40 45–1 48
pr@delta-pronatura.de

Ansprechpartner Unternehmenskommunikation:
Michaela Bracht-Klopfer
(0 61 03) 40 45–1 41
pr@delta-pronatura.de

Ansprechpartner Marketing:
Peter Seiffert
(0 61 03) 40 45–1 43

SCHON GEWUSST?

- Innovation ist wichtig für Blistex: in Oak Brook, Illinois/USA gibt es ein eigenes Blistex Laboratorium, das die Produkte fortlaufend verbessert.
- Wer seine Lippen ständig mit der Zunge befeuchtet trocknet sie aus, denn auf der Lippenoberfläche tritt dann ein Verdunstungseffekt auf.

BLUNA

Die Marke Bluna steht für ein fruchtiges Limonadengetränk. Der Unternehmer Karl Flach führte die Marke im Jahr 1952 als Bezeichnung einer Orangenlimonade ein, die sich in den 1950er-Jahren als Verkaufsschlager entwickelte. Sein Unternehmen, die F. Blumhoffer Nachfolger GmbH, konnte bereits 21 Jahre zuvor mit der erfolgreichen Getränkemarke →Afri Cola aufwarten. Seit Januar 1994 befindet sich Bluna im Markenportfolio der Mineralbrunnen Überkingen-Teinach AG, die eine Wiederbelebung der traditionsreichen Marke initiierte. Insbesondere der erfolgreiche Werbeslogan „Sind wir nicht alle ein bisschen Bluna?" und die Promotion-Tour des Jahres 2002 unter dem Motto „Wie Bluna bist du?" trugen maßgeblich zur Modernisierung und Rehabilitation von Bluna bei. Die geschickte Darstellung des Markennamens als vage, anthropomorphe Eigenschaft, eingebettet in eine persönlich wirkende Frage, schärfte das Profil der Limonade in der Werbelandschaft. Neben der ursprünglichen Geschmacksrichtung *Classic Orange* umfasst die Produktpalette noch die Sorte *Classic Zitrone.* Das rautenförmige Markenlogo trägt in der Mitte die Wortmarke in leicht gewellter, comicartiger Schrift. Den blauen Hintergrund schmücken abperlende Tropfen und die stilisierte Andeutung einer Frucht, die den Erfrischungscharakter der kohlensäurenhaltigen Limonade betonen. Neben den üblichen PET-Pfandflaschen in den Formaten 0,5 l und 1,0 l für den Handel bietet die Mineralbrunnen Überkingen-Teinach AG die Bluna-Produkte in der 0,2 l Mehrwegflasche für den Gastronomiebereich an.

Die Orangenlimonade Bluna wurde 1952 auf dem dt. Markt eingeführt.

DATEN UND FAKTEN

Markenname: Bluna, Kunstwort

Slogan: „Sind wir nicht alle ein bisschen Bluna?"

Erfinder: Karl Flach, 1952, Köln

Markenregistrierung: 17.05.1958, DPMA München

Markenwebsite: www.bluna.de

UNTERNEHMEN

Mineralbrunnen Überkingen-Teinach AG
Bahnhofstr. 15
73337 Bad Überkingen
✆ (0 73 31) 2 01-0
🖷 (0 73 31) 2 01-3 30
💻 www.mineralbrunnen-ag.de

BMW

Das Coupé aus der 1er-Reihe von BMW (Mitte), auch im Motorrad-Bau (unten) besetzt BMW das Premiummarkensegment.

BMW ist eine der drei Premiummarken, die die BMW Group neben →MINI und →Rolls-Royce in ihrem Portfolio führt. Sie zeichnet sich durch eine klare Markenidentität und die konsequente Ausrichtung aller Aktivitäten an den Markenwerten aus. Die Marke BMW verkörpert sportliches und dynamisches Fahren, das mit einem hohen Anspruch an Innovation und Design einhergeht. Der seit 1975 verwendete und in vielen Sprachen übersetzte Slogan „Freude am Fahren" verleiht dieser Tatsache Ausdruck. Die internat. agierende Premiummarke verfügt über sieben Baureihen, besonders sportliche Fahrzeugmodelle werden über die Subbrand BMW M angeboten. BMW Motorrad verfolgt ebenfalls eine Premiummarken-Strategie, die sich durch führende Produkte in den Bereichen Technologie, Umweltschutz und Sicherheit mit umfassenden Service auszeichnet. Als eine weltweit führende Marke im automobilen Premiumsegment steht BMW immer auch für Innovationen. Mit dem aktuellen Programm unter dem Namen „BMW EfficientDynamics", einem Maßnahmenbündel zur Verbrauchs- und CO_2-Reduzierung aber gleichzeitiger Leistungssteigerung, stellt die Marke wiederum ihre Innovationskraft unter Beweis. Zielgruppe der Marke sind Menschen, die Wert auf hochwertige Premiumfahrzeuge mit dynamisch sportlichen Fahreigenschaften, anspruchsvollem Design sowie innovativer Technik legen. Die Marke BMW, die Abkürzung bedeutet „Bayerische Motoren Werke", wurde am 21. Juli 1917 aus der Rapp Motoren Werke GmbH umgegründet. Anlass

Die BMW-Welt als Erlebnis- und Auslieferungszentrum wurde am 20. Oktober 2007 in München eröffnet.

war das Ausscheiden des Namensgebers Karl Rapp aus dem Unternehmen und ein neuer Höhen-Flugmotor, der unter der Bezeichnung BMW IIIa vermarktet wurde. Das Logo, das 1917 in Anlehnung an die weiß-blauen Landesfarben Bayerns gestaltet wurde, wird seit Ende der 1920er-Jahre als rotierender Flugzeugpropeller interpretiert. Die Absatzmenge der Marke BMW lag im Jahr 2006 bei 1.185.088 Fahrzeugen.

DATEN UND FAKTEN

Markenname: BMW, Abkürzung für **B**ayerische **M**otoren**w**erke

Slogan: „Freude am Fahren"

Erfinder: Umgründung aus der Rapp Motorenwerke GmbH am 21.07.1917

Markenregistrierung: 10.12.1917, Kaiserliches Patentamt Berlin

Innovationen: Aktuell xDrive, Aktivlenkung und HeadUp-Display, EfficientDynamics

Markenwebsite: www.bmw.de

Literatur:
M. Grunert u. F. Triebel: Das Unternehmen BMW seit 1916 (2006)

UNTERNEHMEN

BMW Group

Hauptsitz: München, Deutschland

Vorstand: Dr. Norbert Reithofer (Vorsitz)

Weitere Marken: →MINI, →Rolls-Royce Motor Cars

Gesamtumsatz: 48,999 Mrd. Euro (2006)

Vertrieb: weltweit über Niederlassungen und Vertriebspartner

KONTAKT

BMW Group
Petuelring 130
80788 München
✆ (0 89) 3 82-0
www.bmwgroup.com

MEILENSTEINE

1917 Gründung der Bayerischen Motoren Werke GmbH

1918 Aus der BMW GmbH wird die BMW AG.

1934 Der Flugmotorenbau wird autark.

1959 BMW bleibt selbstständig.

1970 Gründung der Herbert Quandt Stiftung

1998 Erwerb der Rechte am Namen Rolls Royce

2000 Neuausrichtung der BMW Group mit den Marken BMW, MINI und Rolls-Royce Motor Cars

BOCO

Unter der Marke boco werden textile Lösungen mit System angeboten.

Unter der Dienstleistungsmarke boco werden die Entwicklung, Produktion und die Pflege kompletter Berufsbekleidungslinien subsumiert. Das Angebot richtet sich an Betriebe, deren Mitarbeiter an ihre Corporate Identity angepasste Berufsbekleidung tragen, vornehmlich in den Branchen Construction, Health Care, Industry, Public, Service & Business und Trade. Das Produktportfolio umfasst zudem Flachwäsche, Frottierwäsche und Arbeitsschutzzubehör. Als Marktführer in Deutschland bietet boco einen Mietservice der Textilien an. Zu den bedeutendsten Innovationen zählen *ProFlex4*, ein flammhemmendes Textil für Schweißerkleidung, und industriell waschbare Businesskleidung. Bereits 1899 erkannte Bernhard Burmeister den Bedarf an professionell gesäuberter Glattwäsche von Hotels und Privatkunden und gründete einen Wäscheverleih in Hamburg. 1906 fusionierte die Firma von Burmeister mit denen der Herren Oszmer und Jacobsen und kreierte aus den Initialen der ersten beiden Namen sowie dem Kürzel Co. für die Firmengattung den Markennamen boco. Das Markenlogo der europäischen Traditionsmarke soll textile Sauberkeit suggerieren. Es besteht aus einer blauen, runden Druckschrift, die klare und technische Präzision verkörpert. Heute bildet boco zusammen mit der Schwestermarke CWS das Unternehmen HTS Deutschland GmbH & Co. KG. Dieses erwirtschaftete im Jahr 2006 in Deutschland mit 3.816 Mitarbeitern ca. 371,5 Mio. Euro Umsatz. Vor allem durch ein umfassendes Lösungsangebot und den Auftritt als Branchenexperte will das Unternehmen die Marke weiterhin festigen.

UNTERNEHMEN

HTS Deutschland GmbH & Co. KG
Dreieich Plaza 1A
63303 Dreieich
✆ (0 61 03) 3 09-17 02
Fax (0 61 03) 3 09-9 17 29
www.cws-boco.de

BODUM

Mit Küchenartikeln rund um den gedeckten Tisch hat sich die Marke BODUM auf dem Markt etabliert. Neben Kaffee- und Teebereitern gehören beispielsweise Warmhaltekannen, Trinkbecher und Milchaufschäumer zum Sortiment der Marke. Eine breit gefächerte Auswahl an Kochutensilien, Geschirr und Grillzubehör rundet das Angebot ab. Alle Artikel zeichnen sich durch innovatives Design und hohe Funktionalität aus. Eines der bekanntesten Produkte von BODUM ist der mehrfach preisgekrönte Kaffeebereiter *Chambord*. Der Kaffee wird hierbei durch Herunterdrücken eines Metallsiebs in der Kanne gefiltert. Seit 1974 wurden bis heute nach Angaben des Unternehmens mehr als 100 Mio. Kannen dieses Typus verkauft. Kernzielgruppe der Marke sind designorientierte Menschen sowie Kaffee- und Teeliebhaber über 25 Jahren mit einem mittleren Einkommen. Gründer und Namensgeber ist der Däne Peter Bodum. Er begann 1944 mit dem Import von Gläsern aus Osteuropa zum Verkauf in Dänemark. 1958 kam mit der von Klaas Klaeson entworfenen Kaffeemaschine *Santos* das erste eigene Produkt auf dem Markt. Das Modell wurde zwischenzeitlich neu interpretiert und ist bis heute ein fester Bestandteil des Programms. Neben zahlreichen Designpreisen spiegelt sich die gestalterische Ausrichtung der Marke auch in der visuellen Kommunikation und dem Verpackungsdesign wider. Das Logo ist seit 1958 unverändert und zeigt den BODUM-Schriftzug in Weiß auf rotem Fond. Verpackungen und Teile der Produkte sind meist in Schwarz gehalten. BODUM ist seit 1980 in der Schweiz

Eines der bekanntesten Produkte der Marke BODUM ist der Kaffeebereiter Chambord.

angesiedelt und wird in zweiter Generation von Jørgen Bodum geleitet. Das Unternehmen vertreibt seine Küchenartikel über ein weltweites Vertriebsnetz. Aushängeschilder sind die 52 eigenen Shops, die es z. B. in Paris, Kopenhagen, Zürich, Luzern, New York und Tokio gibt. Die Bodum AG beschäftigt rund 600 Mitarbeiter in 17 Ländern. Zum Unternehmen gehören eine Produktionsstätte in Portugal, die schwz. Bodum Design Group sowie Handelsvertretungen in Hongkong und Shanghai.

DATEN UND FAKTEN

Markenname: Bodum, abgeleitet vom Familiennamen des Gründers

Slogan: „Give up bad Design for good"

Gründer: Peter Bodum, 1944, Dänemark

Markenregistrierung: 10. 03. 1986, DPMA München

Auszeichnungen (Auswahl):
„Silber", Designpreis der Bundesrepublik Deutschland für doppelwandiges Thermoglas Canteen (2006)
„red dot award: product design" für den doppelwandigen Kaffeebereiter Chambord (2007)
„iF product design award" für die digitale Küchenwaage Bistro (2007)

UNTERNEHMEN

Peter Bodum AG
Roseggerstr. 35
21079 Hamburg
(0 41 91) 99 83–0
(0 41 91) 29 69
www.bodum.com

BOESNER

Zum boesner-Sortiment gehören auch Eigenmarken wie boesner-Acrylfarbe. Wolfgang Boesner gründete im Jahre 1983 den Großhandel für Künstlerbedarf.

Die Marke boesner bezeichnet eine umfangreiche Palette an Künstlermaterialien. Der Kaufmann Wolfgang Boesner, dessen Familienname für die Markenbezeichnung Pate stand, gründete im Jahr 1983 ein eigenes Unternehmen mit dem Ziel, professionelle Materialien für Künstler zu erschwinglichen Preisen anbieten zu können. In den Jahren zuvor wandte sich der Kunstliebhaber Boesner von seinem ursprünglich betriebswirtschaftlich geprägten Berufsumfeld ab und mietete in Bochum sein erstes eigenes Atelier. Als hauptberuflich arbeitender Maler und Bildhauer stellte er fest, dass die Quellen für künstlerische Materialien rar gesät waren und ihr Fehlen die Arbeit erschwerte. Seine Geschäftsidee, diese Lücke zu schließen, wurde in den angesprochenen Kreisen mit Begeisterung aufgenommen und führte innerhalb kurzer Zeit zu einem raschen Wachstum des jungen Unternehmens. Die Produktpalette deckt gezielt den künstlerischen Bedarf in diversen Kategorien wie z. B. Farben, Pinsel, Malmittel, Keilrahmen, Leinwände,

Einblick in eine von zurzeit 30 boesner-Niederlassungen. Darüber hinaus verfügt boesner auch über einen Zentralen Versandservice.

Bilderrahmen, Künstlerpapiere, graphische Materialien und Steinbearbeitung ab. 1985 ist das Geburtsjahr des ersten boesner-Katalogs. Aus den damals gerade 50 Seiten hat sich im Laufe der Jahre ein hunderte Seiten umfassendes Werk mit zahlreichen redaktionellen Inhalten rund um das Thema künstlerische Techniken entwickelt. Seit 1986 ist auch Klaus Boesner der Bruder des Unternehmensgründers am Unternehmen beteiligt. Das schlichte Logo der Marke besteht aus dem Namenszug in eng aneinander gesetzten Kleinbuchstaben. Die moderne Gestaltung des „e", dessen Mittelstrich in einer diagonalen Ausrichtung steht, verleiht dem Logo einen künstlerischen, kreativ anmutenden Charakter. Heute besitzt boesner einen Stamm von ca. 950.000 Kunden und behauptet damit nach eigenen Angaben internat. eine marktführende Position. Neben Deutschland befinden sich in Frankreich, Österreich, der Schweiz und den Niederlanden eigene Filialen, in denen ein Direktverkauf der Produkte angeboten wird. Europaweit besteht außerdem die Möglichkeit, über den Versandhandel die Kunstmaterialien zu ordern.

DATEN UND FAKTEN

Markenname: boesner, Familienname des Gründers

Slogan: „Aus Künstlermaterial entsteht Kunst"

Gründer: Wolfgang Boesner, 1983

Innovationen: boesner-Öl- und Acrylfarbe, boesner-Zeichenmaterial, boesner-Spachtelmasse, boesner-Keilrahmen

Markenbekanntheit: 33 % Marktanteil im Bereich Profimaterialien in Deutschland (2006)

UNTERNEHMEN

boesner GmbH holding + innovations

Hauptsitz: Witten, Deutschland

Geschäftsführung: Heinz-Jürgen Freund, Wolfgang und Klaus Boesner

Vertrieb: über Niederlassungen in Deutschland, Österreich, der Schweiz, Frankreich und den Niederlanden sowie europaweit über den Versandhandel

KONTAKT

boesner GmbH holding + innovations
Gewerkenstr. 2
58456 Witten
www.boesner.com

MEILENSTEINE

1983 Der Kaufmann Wolfgang Boesner stellt nach einer beruflichen Umorientierung als Künstler fest, dass es nur wenige Quellen für adäquates Material gibt. Er gründet sein eigenes Unternehmen für Künstlermaterialien.

1986 Der erste 50-seitige Großhandelskatalog für Künstler erscheint. Wolfgang Boesners Bruder Klaus wird am Unternehmen beteiligt.

1992 Mit 45 beschäftigten Mitarbeitern und etwa 25.000 Stammkunden entwickelt sich das Unternehmen zum europäischen Marktführer für Profimaterialien.

1994 In der Schweiz wird die erste Auslandsniederlassung eröffnet.

2005 Mit der Eröffnung von neun neuen Niederlassungen wird die Expansion des inzwischen 21 Läden umfassenden Unternehmens fortgesetzt.

2007 boesner feiert seinen 25. Geburtstag.

Ansprechpartner Presse & Kommunikation:
(0 23 02) 9 73 11-42

Ansprechpartner Marketing:
(0 23 02) 9 73 11-53

Lead Agentur:
boesner GmbH holding + innovations
www.boesner.com

BOFROST

Die Dienstleistungs- und Konsumgütermarke Bofrost steht für den Direktvertrieb von Tiefkühlkost- und Eisprodukten sowie für die Herstellung dieser Produkte selbst. Die Produktpalette umfasst vor allem Eiscreme, Obst, Gemüse, Fleisch, Fisch, Kartoffelprodukte, Suppen, Fertiggerichte, Pizza, Pasta, Torten und Gebäck. Spezielle Angebote richten sich an Diabetiker. Die Produkte werden in einer ununterbrochenen Tiefkühlkette zunächst bei bis zu minus 70 Grad Celsius verarbeitet, dann gelagert und schließlich an die mehr als 4 Mio. Kunden europaweit ausgeliefert. Bofrost-Kunden können über die Website – hier auch mit Hilfe von Audio-Katalogen – oder in Print-Katalogen auswählen und bestellen. Die Produkte versprechen nicht nur eine Arbeitserleichterung während der Zubereitung, das Unternehmen wirbt darüber hinaus mit einer Umtauschgarantie. Der Internetauftritt der Marke bietet zudem Ernährungs- und Küchentipps, zusätzlich ist eine Hotline mit Ernährungsexperten eingerichtet. Das Logo zeigt neben dem kleingeschriebenen Markennamen mit dem Eiskristall hinter dem letzten Buchstaben den Untertitel „Frische + Genuss tiefgekühlt direkt ins Haus". Das Unternehmen wurde 1966 in Issum gegründet. Heute ist der Unternehmenssitz Straelen am Niederrhein. In insgesamt 239 europäischen Niederlassungen sind derzeit 9.639 Mitarbeiter beschäftigt. Die Produkte werden mit 5.032 Verkaufsfahrzeugen ausgeliefert. Bofrost hat lt. Unternehmen in Deutschland aktuell einen Marktanteil von 70 % am Direktvertrieb von Tiefkühlkost, das entspricht einem Jahresumsatz von gut 720 Mio. Euro (2006).

Die ersten beiden Buchstaben erinnern an den Firmengründer.

UNTERNEHMEN

Bofrost* Dienstleistungs GmbH & Co. KG
An der Oelmühle 6
47638 Straelen
(02 8 34)7 07-0
(0 28 34)7 07-1 17
www.bofrost.com

BOGE fertigt Kolben-, Schrauben- und Turbokompressoren und vertreibt diese weltweit. Der Stammsitz von BOGE befindet sich in Bielefeld, Ostwestfalen-Lippe (unten).

BOGE

Die Investitionsgütermarke BOGE steht für Luftkompressoren im Premiumsegment. Die Maschinen erzeugen Energie, indem sie Luft verdichten, die als Druckluft eingesetzt wird. Ein wichtiges Produkt der Otto Boge GmbH & Co. KG ist der in den 1990er-Jahren entwickelte ölfreie Schraubenkompressor. Er wird z. B. in der Pharma- oder Lebensmittelindustrie genutzt, wo komprimierte Luft ohne jegliche Ölrückstände benötigt wird. Das Unternehmen wurde 1907 von Otto Boge in Bielefeld gegründet. Er kümmerte sich ursprünglich um die Montage und Wartung von automatischen Türschließern, die in der Firma seines Bruders hergestellt wurden. Nach Ende des 1. Weltkriegs spezialisierte sich Boge auf Kfz-Werkzeuge und Motorräder. Ab 1925 entwickelte Otto Boge zusammen mit seinem Schwiegersohn erste Kolbenkompressoren. Die Geräte wurden in Kfz-Werkstätten und Tankstellen gebraucht, um Reifen aufzupumpen und Hebebühnen zu betreiben. Erst in den 1950er-Jahren setzte sich Druckluft auch in der Industrie flächendeckend durch, wo sie zunehmend statt mechanischer Kraftübertragung genutzt wurde.

Querschnitt eines ölfrei verdichtenden BOGE-Schraubenkompressors

1973 folgte die Entwicklung des Schraubenkompressors, der sich bis heute etabliert hat. Zum Markenauftritt von BOGE gehört vor allem die markante Maschinenfarbe Blau. Das Logosignet, ein Dreieck, das mit der Spitze einen Kreis durchbricht, verbindet die drei Dimensionen Leistung, Mitarbeiter und Kunde. Der derzeitige Geschäftsführer Wolf D. Meier-Scheuven ist Urenkel des Firmengründers Otto Boge und leitet das Familienunternehmen in vierter Generation. Der Vertrieb läuft entweder direkt per Außendienst oder über den Fachhandel. In zehn Ländern gibt es Tochtergesellschaften, in über 80 Ländern Handelspartner. Der BOGE-Jahresumsatz liegt bei 100 Mio. Euro, die Exportquote bei annähend 60 %.

DATEN UND FAKTEN

Markenname: BOGE, abgeleitet vom Namen des Firmengründers Otto Boge

Slogan: „Luft. Druckluft. Bogeluft."

Gründer: Otto Boge, 1907, Bielefeld

Markenregistrierung: 16. 05. 1951, DPMA München

Innovationen: Ölfrei verdichtender Schraubenkompressor (1994), S-Baureihe Schraubenkompressoren (1995), komplexe Druckluftsystemlösungen inklusive Monitoring (2001), intelligente Effizienzsteuerungen für Druckluftstationen (2005), absolut ölfreie K-Baureihe Kolbenkompressoren (2007)

UNTERNEHMEN

BOGE KOMPRESSOREN Otto Boge GmbH & Co. KG

Hauptsitz: Bielefeld, Deutschland

Geschäftsführung: Wolf D. Meier-Scheuven, Rolf Struppek

Gesamtumsatz: 100 Mio. Euro (2007)

Vertrieb: weltweit

KONTAKT

BOGE KOMPRESSOREN Otto Boge GmbH & Co. KG
Otto-Boge-Str. 1–7
33739 Bielefeld
✆ (0 52 06) 6 01-0
🖷 (0 52 06) 6 01-2 00
🖳 www.boge.com

Ansprechpartner Kommunikation:
Harald Kranz
✆ (0 52 06) 6 01-1 59
✉ h.kranz@boge.de

SCHON GEWUSST?

▮ Als sich eine Mitarbeiterin des internen BOGE-Callcenters aktuell bei einer Kfz-Werkstatt erkundigte, ob denn mit dem BOGE-Kompressor, den der Kunde 1960 erworben hatte, noch alles in Ordnung sei, lautete die knappe Antwort: „Läuft! Rufen Sie in zehn Jahren nochmal an!"

BOGNER

Die Marke Bogner steht für Sportmode im Premiumsegment. Namensgeber und Gründer des weltbekannten Familienunterneh-

Maria Bogner (links) mit Model (1959), Willy Bogner in erster eigener Skikollektion *Formel W* (1972), Strecheinteiler (1981)

mens ist der Skisportler Willy Bogner sen. Seine spätere Frau Maria beginnt, Anfang der 1930er Jahre Modelle selbst zu entwerfen, denen der Sportler zu Bekanntheit verhilft. Bereits 1936 stattet Bogner die dt. Winterolympiamannschaft mit Sportbekleidung aus. Die Marke verbindet die beim Leistungssport geforderte Funktionalität mit aktueller Mode. Neben Sportbekleidung umfasst das modische Spektrum des Unternehmens heute auch mehrere Damen- und Herrenkollektionen für Freizeitmode sowie Accessoires wie Handtaschen und Schuhe. Bekanntestes Markenzeichen ist das 1952 erfundene *Bogner „B"* am Reißverschluss, dem ersten Branding auf Skimode. Jüngste Innovation ist der *Bambus Ski* aus dem Jahr 2004, der den natürlichen Werkstoff Bambus mit hochentwickelter Technologie verbindet. Das Markenlogo besteht aus einem erhabenen B in einem Kreis, darunter der Namenszug Bogner. Entwickelt wurde es vom Hamburger Designer Peter Schmidt. Die Zielgruppe der Marke sind Menschen, die sich mit dem sportlichen, modischen und kosmopolitischen Stil von Skisportler und Filmemacher Willy Bogner jun. und dessen Frau Sônia identifizieren können. Das Paar führt den Familienbetrieb in zweiter Generation und ist zugleich primärer Werbeträger. Neben Werbekampagnen mit Sportlern wie Markus Wasmeier, Bernhard Langer oder Amelie Kober, inszeniert Willy Bogner seine Mode seit den 1960er Jahren in zahlreichen Filmprojekten, wie z. B. dem preisgekrönten Film *Feuer und Eis*. Das Unternehmen beschäftigt heute 679 Mitarbeiter weltweit, davon 610 in Deutschland. Der Jahresumsatz beträgt 154 Mio. Euro inklusive Markenlizenzen.

DATEN UND FAKTEN

Markenname: Bogner, Name des Firmengründers Willy Bogner sen.

Gründer: Willy Bogner sen., Maria Bogner, 1932, München

Markenregistrierung: 1932, Reichspatentamt Berlin

Innovationen: Bogner „B" am Reißverschluss (1952), Keilhose (1955), Skianzug Thermosystem mit integrierten Wärmepads (1986), Bambus Ski (2004),

Markenbekanntheit: 71,8 % gest. in Deutschland (Wickert Studie 2006)

Jahresumsatz: 154 Mio. Euro inkl. Lizenzen

Auszeichnungen:
„Bambi" für Willy Bogners Kameraarbeit in „A View to Kill" (1985)
„iF product design award" für Bambus Ski (2004)
„Brand of the Century – Award" für Bogner (2007)
Modepreis der Stadt München (1970/1994)

Literatur:
S. Zehle, L. Breier: Die Bogner Story (1988)
W. Bogner: To B Willy Bogner (2002)

UNTERNEHMEN

Willy Bogner GmbH & Co. KGaA

Hauptsitz: München, Deutschland

Vorstandsvorsitzender: Willy Bogner

Marken: Sônia Bogner, Bogner Woman, Bogner Man, Bogner Sport, Bogner Fire+Ice

Vertrieb: Fachhandel, Filialisten, Departmentstores, Versandhandel, eigene Retail und Franchising Stores, Homeshopping und Onlineshopping, sowie Lizenzgeschäft

KONTAKT

Willy Bogner GmbH & Co. KGaA
Sankt-Veit-Str. 4

Kampagnenfoto aus der aktuellen Bogner-Kollektion (Mitte); Modeunternehmer, Filmemacher und Olympia-Teilnehmer Willy Bogner (unten)

81673 München
✆ (0 89) 4 36 06–0
🖷 (0 89) 4 36 06–4 29
🖳 www.bogner.com

Ansprechpartner Vorstand Vertrieb & Lizenzen:
Dr. Oliver Pabst
✆ (0 89) 4 36 06–2 25
✉ o.pabst@bogner.com

Ansprechpartner Kommunikation & Presse
Thomas Diekmann
✆ (0 89) 4 36 06–4 84
✉ t.diekmann@bogner.com

SCHON GEWUSST?

▮ Als das Ehepaar Bogner 1955 in die USA reiste, wurde Maria Bogner auf den Skipisten von Sun Valley immer wieder nach dem Hersteller ihrer rasant geschnittenen Skihose gefragt. So begann der Siegeszug der Keilhose in Amerika. Schon bald trugen Stars wie Marilyn Monroe, Jane Mansfield und Ingrid Bergmann die Keilhose von Bogner. Maria Bogner wurde von nun an die „Königin der Keilhose" genannt. In Amerika heißen Skihosen bis heute „Bogners".

BOEHRINGER INGELHEIM

Boehringer Ingelheim ist eines der größten unabhängig forschenden und produzierenden Pharma-Unternehmen der Welt. Albert Boehringer legte den Grundstein des Unternehmensverbands im Jahr 1885 mit dem Erwerb einer kleinen Weinsteinfabrik in Nieder-Ingelheim, die Weinsäure für die technische und insbesondere für die Lebensmittelindustrie herstellte. Aus der Forschung und Entwicklung des international agierenden, pharmazeutischen Familienunternehmens gingen bereits zahlreiche innovative Medikamente hervor. Die Geschäftsgebiete umfassen Humanpharmazeutika mit den Segmenten verschreibungspflichtige Arzneimittel, Selbstmedikation, Biopharmazeutika, Chemikalien sowie den Bereich Tiergesundheit. Seit 2004 zählt auch der Bereich Mikrosystemtechnik zu den Aktivitäten des Unternehmens. Das aktuelle Logo zeigt ein kreisförmiges Symbol, in dem senkrechte Linien in abstrakter Form den Mittelbau der Kaiserpfalz Karls des Großen darstellen. Das Logo nimmt damit Bezug auf den König der Franken, der sich im späten 8. Jh. in Ingelheim aufhielt. Rechts neben dem Symbol steht der Firmenname. So ist der Stammsitz im Rhein-Main-Gebiet fest im Logo des Unternehmens verankert, das seinem dt. Heimatstandort bis heute treu geblieben ist. Im Zeitraum 1999 bis 2006 wurden hier rund 1,8 Mrd. Euro investiert. Das Geschäftssegment Pharma umfasst verschreibungspflichtige Arzneimittel, Selbstmedikation, Biotechnologie und Feinchemikalien. Die Boehringer Ingelheim Microparts GmbH entwickelt und vertreibt Produkte der Mikrosystemtechnik. Die drei wesentlichen Geschäftsfelder sind Zerstäubertechnik, Mikrofluidik, Mikrooptik. Im Bereich Tiergesundheit entwickelt und produziert Boehringer Ingelheim Präparate für landwirtschaftliche Nutztiere sowie für Pferde, Hunde und Katzen. Boehringer Ingelheim beschäftigt weltweit in 137 verbundenen Unternehmen mehr als 38.400 Mitarbeiter und erzielte 2006 Gesamterlöse von 10,6 Mrd. Euro.

Standort der pharmazeutischen Forschung und Entwicklung am Standort Biberach.

Verpackung von Sympatol um 1935 (Mitte), Firmengründer Albert Boehringer (unten)

UNTERNEHMENSBEREICHE UND MARKEN

Boehringer Ingelheim Pharma GmbH & Co. KG, Ingelheim und Biberach:
Buscopan, → Mucosolvan, → Dulcolax, → Thomapyrin

Boehringer Ingelheim Microparts GmbH, Dortmund:
Respimat, Truspray Aerosol System, Lilliput Chip

Boehringer Ingelheim Vetmedica GmbH, Ingelheim:
Buscopan Compositum, Metacam, Voren

DATEN UND FAKTEN

Boehringer Ingelheim

Gründer: Albert Boehringer (1861–1939)

Unternehmensgründung: 1885 in Nieder-Ingelheim

Mitarbeiter: 38.428 (2006)

Sprecher der Unternehmensleitung:
Dr. Alessandro Banchi

Umsatzerlös: 10,57 Mrd. Euro (2006)

KONTAKT

Boehringer Ingelheim Pharma GmbH & Co. KG
Binger Str. 173
55216 Ingelheim
(0 61 32) 77-0
(0 61 32) 77-30 00
www.boehringer-ingelheim.de

Ansprechpartner Presse:
Heidrun Thoma
(0 61 32) 77-58 38
presse@boehringer-ingelheim.de

MEILENSTEINE

1885 Albert Boehringer erwirbt eine kleine Weinsteinfabrik in Nieder-Ingelheim, unweit von Mainz in Rheinland-Pfalz.

1939 Die Söhne des verstorbenen Gründers, Albert und Ernst, sowie sein Schwiegersohn Julius Liebrecht, übernehmen die Leitung des Familienunternehmens.

1966 Das Herz-Kreislauf Präparat *Catapresan* kommt auf den Markt.

1981 Boehringer Ingelheim übernimmt die Roxane Laboratories in Columbus, Ohio (USA)

1991 Nach dem Tod des Vorsitzenden Hubertus Liebrecht wird eine neue Unternehmensleitung gewählt, die sich im neuen gesundheitspolitischen Umfeld bewähren muss.

BÖKLUNDER

Die Lebensmittelmarke Böklunder steht für eine Vielzahl von Wurstwaren, insbesondere Würstchen. Böklunder wurde 1934 gegründet und ist nach dem Ort Böklund in Schleswig-Holstein benannt. Die Würstchenfabrik Böklunder führte Ende der 1930er-Jahre als erstes Unternehmen in Deutschland die weitgehend automatisierte Fertigung von Würstchen ein und initiierte damit den Vertrieb von Würstchen im Glas. Heute umfasst das Böklunder-Sortiment ein breites Spektrum an Wurstwaren, die in Gläsern, Dosen oder Packungen für die SB-Theke angeboten werden. Neben den klassischen Böklunder-Würstchen in vielen Varianten beinhaltet das Portfolio auch Bratwürste, Aufschnittpackungen, portionsweise abgepackte Würste und Convenience-Artikel jeglicher Art. Böklunder ist seit 1998 ein Unternehmen der →zur Mühlen-Gruppe, die zu den größten der europäischen Fleisch- und Wurstwarenbranche zählt und pro Jahr über 230.000 t Wurstwaren verkauft (gesamte Gruppe). Unter dem Dach der zur Mühlen-Gruppe werden Produkte der Marken Böklunder, Plumrose, →Könecke, →Redlefsen, Heine's, Jensen's, →Schulte, Zerbster und Naumburger verkauft. Die Hauptzielgruppe von Böklunder sind Familien mit Kindern. Für ihre hohe Qualität wurden zahlreiche Produkte der Marke Böklunder vielfach prämiert, u. a. von Öko-Test und der Stiftung Warentest. Das Markenlogo zeigt neben dem Markennamen in Weiß auf rotem Grund ein stilisiertes Bild der Böklunder Landschaft. Ergänzt wird der Markenauftritt von dem Claim „Das Würstchen vom Lande". Diese Kombination betont die Herkunft der Produkte und verleiht ihnen einen ursprünglichen, natürlichen Charakter. Bereits Anfang der 1960er-Jahre warb das Unternehmen als erstes in seiner Branche mit TV-Kampagnen um die Gunst der Verbraucher und legte damit den Grundstein für die Bekanntheit der Marke Böklunder. Böklunder erhielt als eines der ersten Unternehmen in Deutschland die Zertifizierung nach dem International Food Standard (IFS). Außerdem sind die Böklunder Produkte nach den qualitätssichernden Normen ISO 9001-2000, Qualität & Sicherheit (QS) und British Retail Consortium (BRC) zertifiziert. Des Weiteren bietet Böklunder Artikel mit dem Biosiegel gemäß der EG-Öko-Verordnung (EG 2092/1991) an. Unter der Marke Plumrose produziert Böklunder in großem Umfang für den Export in die ganze Welt.

DATEN UND FAKTEN

Markenname: Böklunder, benannt nach dem Dorf Böklund in Schleswig-Holstein

Slogan: „Das Würstchen vom Lande"

Gründung: 1934, Böklund

Markenregistrierung: 25. 05. 1964, DPMA München

Böklunder
DAS WÜRSTCHEN VOM LANDE

Böklunder steht für eine Vielzahl an Wurstwaren, die internat. vertrieben werden.

Ein berühmter Edelstein stand Pate bei der Namensgebung von Bombay Sapphire.

Markenbekanntheit: gest. 51 % (Quelle: Brigitte Kommunikationsanalyse, 2004)

Produktionsmenge: ca. 2 Mrd. Würstchen / Wurstportionen, entspricht über 230.000 t pro Jahr (gesamte Gruppe)

Auszeichnungen:
„sehr gut", Öko-Test für die Echte Land-Bockwurst u. Geflügel-Würstchen (2001), Rostbrat-Würstchen / Bratwurst (2003), Leo Lausemaus Mortadella (2007)
„gut", Stiftung Warentest für *Rostbrat-Würstchen* (2004)

UNTERNEHMEN

Böklunder Plumrose GmbH & Co. KG
Gewerbestr. 1
24860 Böklund
✆ (0 46 23) 77-0
🖷 (0 46 23) 77-3 10
🖳 www.boeklunder-plumrose.de

BOMBAY SAPPHIRE

Die traditionsreiche Spirituosenmarke Bombay Sapphire steht für einen Premium London Dry Gin. Die charakteristische Rezeptur besteht aus zehn verschiedenen, fein ausbalancierten pflanzlichen Stoffen (Botanicals), darunter Wacholderbeeren, Kubebenpfeffer oder Cassiarinde, die dank eines schonenden Dampfinfusionsverfahrens Bombay Sapphire sein facettenreiches, ausgewogenes Aroma verleihen. Das Herstellungsverfahren und die Zusammensetzung des Produkts wurden bereits 1761 entwickelt. Bombay Sapphire wird als Bombay Crushed mit frischen Kumquats, als klassisches Bombay Tonic sowie in Form weiterer Longdrinks oder Cocktails angeboten. Die Abfüllmengen sind 0,5 l, 0,7 l oder 1,0 l. Bombay Sapphire hat einen Alkoholgehalt von 40 %. Neben seinem charakteristischen Geschmack fällt auch das unverwechselbare, blaue Flaschendesign auf. Anlass für die Marke, sich seit Jahren im Bereich Design und Design-Nachwuchsförderung aktiv zu engagieren. Benannt wurde der Premium-Gin nach dem hochkarätigen Saphir „Star of Bombay". Das Logo zeigt neben dem Schriftzug Bombay Sapphire ein mit Edelsteinen eingefasstes Medaillon mit dem Porträt der engl. Königin Victoria, die zeitweise auch den Titel „Kaiserin von Indien" trug. Heute vertreibt die →Bacardi GmbH in Deutschland Bombay Sapphire zusammen mit Marken wie Bacardi Rum, →Jack Daniel's, →Martini oder Aberfeldy Single Malt Whisky. Im Bacardi-Kodex verpflichtet sich das in Hamburg sitzende Unternehmen zu einer verantwortungsvollen Vermarktung seiner Spirituosen.

UNTERNEHMEN

Bacardi GmbH
Hindenburgstr. 49
22297 Hamburg
✆ (0 40) 3 39 50-0
🖷 (0 40) 3 39 50-2 14
🖳 www.bacardi-deutschland.de

BONA DEA

Die Süßwaren von Bona Dea werden exkl. in Apotheken angeboten.

Bona Dea ist eine Marke der Cavendish & Harvey Confectionery GmbH. Der 1932 gegründete Komplettanbieter für Hart- und Weichkaramellen hat Bona Dea geschaffen, um sich im wachsenden Market der Süßwaren im Apothekenbereich mit einer Marke mit starker Identität zu positionieren. So werden unter der Marke Bona Dea seit dem 1. Juli 2006 Bonbons in Faltschachteln exkl. in Apotheken angeboten. Die Bonbons sind in den Geschmacksrichtungen Salbei, Eukalyptus Menthol und Holunder-Minze-Limette jeweils zuckerfrei und zuckerhaltig erhältlich. Der Name Bona Dea ist lat. und bedeutet „Göttin der Heilung". Der Name steht im Logo im Vordergrund einer abstrahierten Person, die das Idealbild eines Wesens mit heilkräftigen Eigenschaften symbolisiert, das Menschen seit der Antike haben. Neben den Bonbons der Marke Bona Dea produziert Cavendish & Harvey noch die Marken →Cavendish & Harvey, Heller & Strauss und Sky Candy. Stammsitz des Unternehmens ist Kaltenkirchen. Der Süßwarenhersteller beschäftigt derzeit mehr als 180 Mitarbeiter und wird von Jürgen Biskup geleitet. Seit 2002 gehört Cavendish & Harvey zur Unternehmensgruppe Dr. Wolfgang Boettger aus Berlin. Die Süßigkeiten werden schwerpunktmäßig über den Lebensmittelhandel vertrieben, gefolgt vom Großhandel sowie dem im Aufbau befindlichen Bereich der Gastronomie und Hotellerie. Für den Vertrieb von Bona Dea konnte das Unternehmen bereits 3.000 Apotheker gewinnen.

UNTERNEHMEN

Cavendish & Harvey Confectionery GmbH
Carl-Zeiss-Str. 14–16
24568 Kaltenkirchen
✆ (0 41 91) 50 01-0
🖷 (0 41 91) 50 01-33
🖳 www.cavendish-harvey.de

BONAQA

Mit der Wassermarke BONAQA bedient die The Coca-Cola Company das internat. Wassersegment. Die Marketingstrategien sind dabei auf jedes Land individuell ausgerichtet. In Deutschland kann die Marke einen Bekanntheitsgrad von 92 % in ihrer Zielgruppe unter den 20- bis 39-Jährigen vorweisen (Quelle: B^3, 2007). Sie wurde 2007 als einzige Wassermarke mit dem Fresenius Gütesiegel ausgezeichnet. Bereits seit 1970 ist BONAQA beim Deutschen Patent- und Markenamt in München registriert. Der Markenname setzt sich aus den lat. Begriffen *Bona* für gut und *Aqua* für Wasser zusammen. Die Kernbotschaft des Produkts, seine Qualität, wird so bereits im Namen transportiert. Die Marke wird betont jung, dynamisch und modern präsentiert, was auch der Slogan „Erfrischend. Klar. BONAQA" verdeutlichen soll. Eine aktualisierte, rundliche Flaschenform soll seit 2004 diesen Markenauftritt unterstreichen. Frische kombiniert mit Kompetenz im Wassersegment soll auch das Markenlogo von BONAQA symbolisieren. Der Name steht dabei in serifenbetonter Schriftart auf blauem Fond. Die charakteristische BONAQA-Farbe zeigt schemenhaft den Wassergott Neptun. Mit den Produktlinien *sportswater*, eingeführt 2002, und *Fruits*, seit 2005 im Handel, baute die Marke ihr Sortiment weiter aus. Testimonial für die BONAQA-Linie war von 2001 bis 2006 Moderator Johannes B. Kerner. Zu den weiteren Marken im Portfolio von The Coca-Cola Company zählen u. a. →Coca-Cola, →Fanta, →Sprite, →Lift, →Mezzomix und →Nestea.

UNTERNEHMEN

Coca-Cola GmbH
Quartier 205, Friedrichstr. 68
10117 Berlin
☎ (0 30) 2 26 06-90 00
Fax (0 30) 2 26 06-95 10
www.bonaqa.de

Das Markenzeichen des Tafelwassers BONAQA zeigt schemenhaft den Wassergott Neptun.

BONDERITE

Die Industriemarke Bonderite steht für verschiedene Produkte zur Vorbehandlung von Metallen und wird von Henkel vertrieben. Haupteinsatzgebiet von Bonderite-Produkten sind die metallverarbeitende und die Automobilindustrie. Das Markenportfolio umfasst dabei die ganze Bandbreite der Metallvorbehandlung wie Reiniger, Aktivatoren und Spülungen. Bonderite wird auf Stahl-, Zink- und Aluminiumoberflächen zum Schutz vor Korrosion sowie zur Erhöhung der Farbhaftung verwendet. Mit Bonderite NT verwendet Henkel zudem erstmals Nanokeramik-Partikel zur Metallvorbehandlung, was deutlich verbesserte Ergebnisse beim Korrosionsschutz von lackierten Flächen liefern soll. Alle Bonderite-NT-Produkte sind frei von chemischen Schadstoffen wie Phosphaten, Nickel oder Nitraten, wodurch eine hohe Umweltverträglichkeit gewährleistet werden soll. Der Markenname Bonderite leitet sich vom engl. Wort „bond" für „binden" oder „haften" ab. Dadurch soll auf die verbesserte Farbhaftung durch die Anwendung von Bonderite hingewiesen werden. Ursprünglich war Bonderite eine Marke der US-amerikanischen Parker Rust-Proof Company und wurde erstmals 1935 in den USA verkauft. Das Unternehmen wurde 1987 unter seinem damaligen Namen Parker Chemicals von Henkel übernommen, die Bonderite als Marke fortführte. Mit Bonderite ist Henkel Technologieführer auf dem Gebiet der Metallvorbehandlung. Die wichtigsten Absatzmärkte sind Nord- und Südamerika sowie der europäische Kontinent, wo zusammen rund 90 % des Umsatzes erwirtschaftet werden. Der Gesamtumsatz im Henkel-Unternehmensbereich Adhesives Technologies (Klebstoff Technologien) betrug im Jahr 2006 rund 5,5 Mrd. Euro. Henkel ist sowohl im Konsumenten- als auch im Profi- und Industriebereich einer der bedeutendsten Produzenten von Klebstoffen.

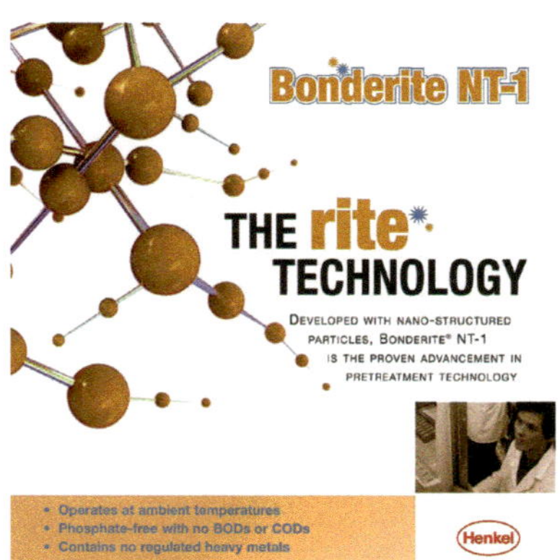

Eine US-amerikanische Anzeige für Bonderite NT-1, ein Produkt für die nanokeramische Vorbehandlung.

DATEN UND FAKTEN

Markenname: Bonderite, Kunstwort, abgeleitet aus engl. bond für binden

Bonderite®

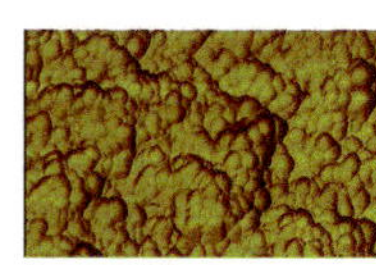

Bonderite NT

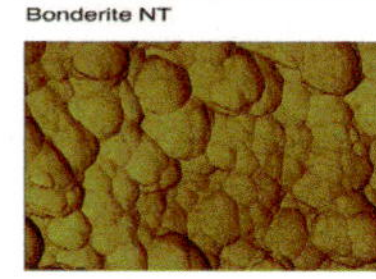

Fe-Phosphate

Die Produkte der Marke Bonderite dienen der Vorbehandlung von Metallen (Mitte). Bei der Behandlung mit Bonderite NT kommt es im Vergleich zum klassischen Verfahren der Eisenphosphatierung zur Vergrößerung der Oberfläche, was die Lackanhaftung verbessert (unten).

Die Werbung im Cartoon-Stil ist typisch für Bonduelle: In den 1970er-Jahren kümmerte sich Gießbert mit der Karre um das Gedeihen der Pflanzen (oben), heute ist es der Goldhamster, der sich über eine Dose Mais freut (Mitte). Der erste Kindersalat der Welt (unten) wurde 2007 am Markt eingeführt.

Slogan: The Rite Technology

Erfinder: Parker Rust-Proof Company, USA

Markenregistrierung: 21.07.2005, DPMA München

Innovationen: Bonderite® NT (2004)

Auszeichnungen: „Fritz-Henkel-Preis für Innovation 2004" für Bonderite-NanoTech (2005)

Markenwebsite: www.bonderitent.com

UNTERNEHMEN

Henkel KGaA

Hauptsitz: Düsseldorf, Deutschland

Weitere Marken: s. → Henkel

Gesamtumsatz: 12,740 Mrd. Euro (2006)

Vertrieb: weltweit in über 125 Ländern

KONTAKT

Henkel KGaA
Henkelstr. 67
40589 Düsseldorf
(02 11) 7 97–0
(02 11) 7 98–40 08
www.henkel.de

Ansprechpartner Presse:
Peter Lienkamp
press@henkel.com

MEILENSTEINE

1935 Bonderite hat sich in der US-amerikanischen Automobil- und Metallindustrie durchgesetzt.

1987 Henkel übernimmt Parker Chemicals und die Markenrechte an Bonderite. Auf dem europäischen Markt übernimmt Chemetall die Vertriebslizenz für Bonderite.

2003 Die Vertriebslizenz für Chemetall läuft aus, Henkel übernimmt den weltweiten Vertrieb von Bonderite-Produkten.

BONDUELLE

Die Familienmarke Bonduelle wurde 1947 in Frankreich angemeldet. Bereits 1926 entwickelten Pierre und Benoit Bonduelle, Nachfahren des Firmengründers, die Geschäftsidee, Gemüse so haltbar zu machen, dass es jederzeit zubereitet werden kann. Anlass war die Erfindung des Appertisierens, eines Sterilisationsverfahrens, das die Vitamine und die Frische des Gemüses weitgehend erhält. In Deutschland gibt es das Unternehmen und die Marke Bonduelle seit 1969. Hier vertreibt Bonduelle jährlich ca. 100.000 t Konserven und 13.000 t Freshcut-Salate. Die Strategie der Marke ist die Spezialisierung auf ein einziges Metier, nämlich Gemüse. Mit dem breiten Produktportfolio an frischem Gemüse und verzehrfertigen Salaten spricht Bonduelle verschiedene Zielgruppen an. Neueste Produktentwicklungen wie *Lunchtime* (frische Salate mit Topping in der Schale) und *LeckerSchnell* (verschiedene Gemüsekombinationen mit Sauce im Tetra Recart) folgen dem Wunsch nach gesunden, hochwertigen Produkten mit hohem Convenience-Grad. Die Bonduelle Gruppe erreichte im Jahr 2006 einen Umsatz von 1,2 Mrd. Euro, wovon 62,5 % (748 Mio. Euro) allein auf die Marke entfallen. Weltweit beschäftigt Bonduelle 5.700 Mitarbeiter, davon 450 in Deutschland. Das aktuelle Markenlogo besteht aus vier Komponenten: dem grünen Namenszug, der Sonne, einem orange-roten Bogen über dem Schriftzug und einem Blätterdach darüber. Seit dem ersten Entwurf in den 1940er-Jahren wurde es immer wieder aktualisiert (siehe Abbildung). Der aktuelle Werbeslogan lautet „Frisch. Schnell. Bonduelle". Beworben wurde und wird die Marke im bewährten Cartoon-Stil. Ebenso wie Logo und Marke sollen die Spots und Anzeigen dem Kunden Natur, Genuss, Sympathie und Vertrauen vermitteln und den gesunden Charakter der Produkte betonen. Bonduelle ist nach eigenen Angaben sowohl im Bereich Konserve als auch im Freshcut-Bereich Marktführer im Gesamtmarkt.

DATEN UND FAKTEN

Markenname: Bonduelle, Familienname des Gründers

Slogan: „Frisch. Schnell. Bonduelle." (aktuell), „Bonduelle ist das famose Zartgemüse aus der Dose" (1970er-Jahre)

Gründer: Louis Bonduelle Dalle, 1853, Marquette-lez-Lille, Frankreich

Markenregistrierung: 1968, DPMA München

Innovationen: Freshcut-Salate (2004), LeckerSchnell (2007), Kindersalat (2007)

Markenbekanntheit: 60 % ungest., 97 % gest. (TNS, 2007)

1960er 1970er 1990er

Die Entwicklung des Bonduelle Logos von den 1960er-Jahren bis heute

Werbespendings: ca. 4 bis 5 Mio. Euro (jährlich)

Auszeichnungen:
„Produkt des Jahres" für *Bonduelle Ausgewählte Spezialitäten* (2004)
„Superbrands Award Germany" (2005)
„Produkt des Jahres" für *Goldmais Bunter Mix* (2007)

UNTERNEHMEN

Bonduelle Deutschland GmbH

Hauptsitz: Reutlingen, Deutschland

Geschäftsführer: Rolf Darius, Oliver Daniel, Christophe Bonduelle

Weitere Marken: Cassegrain

Gesamtumsatz: 1,2 Mrd. Euro (2006)

Vertrieb: weltweit

KONTAKT

Bonduelle Deutschland GmbH
Am Heilbrunnen 136–138
72766 Reutlingen
✆ (0 71 21) 14 94–0
www.bonduelle.de

Ansprechpartner Marketing:
Andreas Kuhnle, Leitung
✆ (0 71 21) 14 94–0
✉ info-deutschland@bonduelle.com

Lead-Agentur:
Robert Pütz, Köln

SCHON GEWUSST?

- ...dass Bonduelle im Jahr 1853 als Korn- und Wacholderbrennerei gegründet wurde?
- ...dass bei der Verarbeitung – spätestens sechs bis acht Stunden nach der Ernte – das Zartgemüse in der Konserve „frischer" ist als Gemüse, das auf dem Markt gekauft wird? Übrigens gilt das auch für die Freshcut-Salate von Bonduelle.
- ...dass Erbsen im 16. Jh. als Medizin galten und nicht mit Schale gereicht werden durften?
- ...dass frisch konserviert im Zartgemüse mehr als 80 % aller natürlichen Vitamine erhalten bleiben?

BONIFAZ

Die Käsemarke Bonifaz steht für einen Weichkäse im Weißschimmelmantel, der von der Firma Bergader Privatkäserei GmbH produziert wird. Als erstes Unternehmen stellte Bergader 1978 mit diesem Produkt einen Weichkäse her, der in unterschiedlichen Geschmacksrichtungen angeboten wird. Die aktuelle Produktpalette umfasst mehr als zehn verschiedene Sortenvariationen, die meistverkaufte ist der Käse mit Pfeffernote. Als jüngste Neuerung führte Bergader im Jahr 2006 einige bereits bekannte Bonifaz-Geschmacksrichtungen als Scheibenkäse ein. Der Name Bonifaz leitet sich aus dem Namen des Benediktinermönches Bonifatius ab, der zu Lebzeiten häufig in die bayerischen Benediktinerklöster einkehrte und lt. Erzählungen den dortigen Käse sehr schätzte. Als bayerisches Unternehmen beruft sich Bergader auf diese Tradition und betont durch das Bonifaz-Logo seine Verbundenheit zu der Region. Der blau-weiße Schriftzug „Bonifaz" ist vor eine Wiese mit Berglandschaft gesetzt, im Vordergrund ist der jeweilige Käse zu sehen. Diese lokale Verbundenheit spiegelt sich auch in der Bonifaz-Markenstrategie wider, wenn Bergader betont, ausschließlich regionale und natürliche Zutaten zu verwenden. Als Zielgruppe sollen vor allem genussorientierte Konsumenten angesprochen werden, die Wert auf ursprünglichen Geschmack und hohe Produktqualität legen. Das Unternehmen Bergader entstand 1902 aus einer kleinen Dorfkäserei im bayerischen Waging am See. In den 1920er-Jahren gewann die Käserei durch den selbst entwickelten *Bergader Edelpilz* an Bedeutung. Heute ist das Familienunternehmen mit etwa 450 Mitarbeitern und einer Produktion von jährlich mehr als 23.000 t einer der größten Käsehersteller im Bereich Käsespezialitäten in Deutschland. Zurzeit wird es von Beatrice Kress geführt, der Enkelin des Gründers Basil Weixler.

Stets vor bayerischer Kulisse – die Produktpalette der Bonifaz-Käse von Bergader

BOONANDBANE

BOON AND BANE steht für hochwertige Dekorations- und Papeterieartikel.

BOSCH
Technik fürs Leben

Eine frühe Bosch-Anzeige für die Zündkerze (Mitte), die Bosch-Zentrale in Stuttgart (unten).

DATEN UND FAKTEN

Markenname: Bonifaz, Kunstwort, abgeleitet vom Namen des Erzbischofs „Bonifatius"

Markenregistrierung: 21. 12. 1978, DPMA München

Innovationen: Bonifaz Weichkäsescheiben (2006)

Markenbekanntheit: 65 % gest. (bei den 14- bis 64-jährigen Frauen, KA 2006)

Auszeichnungen:
DLG-Prämierung Goldmedaille (2004)

Markenwebsite: www.bonifaz.de

UNTERNEHMEN

Bergader Privatkäserei GmbH
Weixlerstr. 16
83329 Waging am See
(0 86 81) 4 04-0
(0 86 81) 4 04-1 00
www.bergader.de

BOON AND BANE

Unter dem Markennamen BOON AND BANE vertreibt die Herlitz PBS AG qualitativ hochwertige Designartikel aus dem Bereich der Papeterie. Die Marke ist noch jung: Sie wurde Ende 2006 entwickelt und ist erst seit Januar 2007 auf dem Markt. Die Produkte richten sich an Privatkunden, die Lust auf Veränderung haben, sich mit Dekoration und Gestaltung beschäftigen und gerne schenken. So können sie jeden Tag zu etwas Besonderem machen. Der Markenname kommt aus dem Englischen und bedeutet Fluch und Segen. Das soll auf die vielen Gegensätze anspielen, die das Leben spannend machen. Auch die Designs der Marke sollen diese Polarität widerspiegeln, dabei neu und anders sein und einen hohen Trend- und Lifestyle-Faktor bieten. Diesen Anspruch greift der Slogan „Auf der Suche nach dem Besonderen" auf. Für das Jahr 2007 wurden 14 Themenwelten mit unterschiedlichen und miteinander kombinierbaren Motiven entwickelt. Ausgewählte Papeterie-Artikel wie Servietten, Gruß- und Tischkarten, Geschenkpapier, Tüten und Schachteln sind in den verschiedenen Designs erhältlich. Das Markenlogo hat der Art-Director Thomas Schröder entwickelt. Es greift die Initialen des Markennamens auf. Die Produkte werden weltweit in Dekorationsfachmärkten, bei ausgewählten Papeterie-Fachhändlern und in einigen Warenhäusern verkauft. Zur Herlitz PBS AG gehören außerdem die Marken →Herlitz, →Susy Card und Falken. Das Unternehmen beschäftigt weltweit über 2.400 Mitarbeiter und erwirtschaftete im Jahr 2006 rund 309 Mio. Euro Umsatz.

DATEN UND FAKTEN

Markenname: BOON AND BANE, abgeleitet aus den engl. Wörtern für Fluch und Segen. BOON AND BANE verkörpert die Polarität und soll die spannenden Widersprüche des Lebens widerspiegeln. So sind auch die Designs der Marke immer wieder neu und immer wieder anders.

Slogan: „Auf der Suche nach dem Besonderen"

Erfinder: Herlitz PBS AG, 2006

Markenregistrierung: 21. 02. 2007, DPMA München

Markenwebsite: www.boonandbane.com

UNTERNEHMEN

Herlitz PBS AG
Am Borsigturm 100
13507 Berlin
(0 30) 43 93-0
(0 30) 43 93-32 62
www.herlitz.de

BOSCH

Die Marke Bosch zählt internat. zu den Marktführern in der Kraftfahrzeugtechnik sowie bei Elektrowerkzeugen, Haushaltsgeräten und Sicherheitstechnik. Die Produkte der Marke Bosch werden in mehr als 50 Ländern vertrieben. In Deutschland liegt die Markenbekanntheit bei 97 %, in Großbritannien, Frankreich, Italien und Indien ist sie ähnlich hoch. Lt. Hersteller steht die Marke weltweit für Innovationskraft, hohe Qualität und Zuverlässigkeit und hat einen Anteil von mehr als 60 % am Gesamtumsatz der Bosch-Gruppe. Urheber der Marke ist Robert Bosch, der 1886 in Stuttgart seine „Werkstätte für Feinmechanik und Elektrotechnik" gründete. Die Produkte wurden nach dem Unternehmer benannt. In den ersten Jahrzehnten baute das Unternehmen seine Kompetenz im Automobilsegment aus. 1897 bauten Bosch und seine Mitarbeiter den ersten serienreifen Magnetzündapparat in ein Kraftfahrzeug ein und entwickelten in der Folge zahlreiche weitere Neuerungen für Kraftfahrzeuge. Das Marken-

Das Unternehmen Robert Bosch GmbH ist der Pionier bei Zündsystemen für Automobile.

portfolio erweiterte Bosch ab 1928 mit dem Einstieg in die Bereiche Elektrowerkzeuge und Hausgeräte (ab 1933). Heute richtet sich die Marke mit führenden Produkten an Automobilhersteller und Autofahrer, Heimwerker, professionelle Anwender von Elektrowerkzeugen, Privathaushalte und Unternehmen, an die Bosch Verpackungsmaschinen liefert. Das umfassende Angebot unterstreicht der Konzern mit dem Slogan „Technik fürs Leben". Das Marken- und Firmenlogo repräsentiert die Bosch-Produkte bereits seit 1918. Es orientiert sich an einer Zeichnung des Bosch-Entwicklungschefs Gottlob Honold, der den Querschnitt des Doppel-T-Ankers, das Herzstück der Bosch Magnetzündung, zeichnete. Farblich tritt die Marke in verschiedenen Blauabstufungen auf, hinzu kommt das satte Bosch-Rot. Die Schriftarten Bosch Sans und Bosch Serif wurden speziell für den Konzern entworfen. Die Robert Bosch GmbH investiert mehr als 3 Mrd. Euro pro Jahr in Forschung und Entwicklung. Im Jahr 2006 meldete die Gruppe, die zusätzlich rund 300 Tochter- und Regionalgesellschaften umfasst, über 3.000 Patente an - 14 Patenterstanmeldungen pro Arbeitstag. Die weltweit rund 260.000 Mitarbeiter erwirtschafteten 2006 ca. 43,7 Mrd. Euro.

DATEN UND FAKTEN

Markenname: Bosch, Familienname des Firmengründers

Slogan: „Technik fürs Leben"

Erfinder: Robert Bosch, 1886

Markenregistrierung: 08.10.1900, Kaiserliches Patentamt Berlin

Innovationen: Magnetzündapparat (1897), Zündkerze (1902), Elektrowerkzeug (1928), Antiblockiersystem (1978), Schwenkarm-Roboter (1984), Elektronisches Stabilitäts-Programm (1995)

Markenbekanntheit: 97 % gest. (Deutschland, Icon Added Value, 2006)

Jahresumsatz: mehr als 60 % des Gesamtumsatzes (Marke Bosch)

Literatur:
Robert Bosch GmbH (Hg.): „Unsere beste Reklame war stets unsere Ware". Werbung bei Bosch von den Anfängen bis 1960 (1998)
T. Heuss: Robert Bosch. Leben und Leistung (erw. Neuausgabe, 2002)

MEILENSTEINE

1897 Erster Einbau eines Magnetzündapparates in ein Kraftfahrzeug

1902 Lieferung der ersten Zündkerzen und des ersten Hochspannungsmagnetzünders

1927 Beginn der Serienfertigung von Bosch-Einspritzpumpen für Dieselmotoren

1928 Erstes Bosch-Elektrowerkzeug

1933 Aufnahme der Produktion von Haushaltsgeräten mit dem Bosch-Kühlschrank

1958 Produktionsbeginn Bosch-Waschmaschine

1978 Markteinführung des weltweit ersten serientauglichen Antiblockiersystems (ABS)

1984 Produktionsstart des weltweit ersten Schwenkarmroboters

1995 Einführung des Elektronischen Stabilitäts-Programms (ESP)

1997 Markteinführung des Hochdruck-Diesel-Direkteinspritzsystems Common Rail

2005 Markteinführung des Nachtsichtassistenten „Night Vision" für Automobile

Robert Bosch GmbH (Hg.): Robert Bosch. Leben und Werk; Magazin zur Bosch-Geschichte, Sonderheft 1 (2004)
Robert Bosch GmbH (Hg.), Bosch Automotive. Produktgeschichte im Überblick; Magazin zur Bosch-Geschichte, Sonderheft 2 (2005)

UNTERNEHMEN

Robert Bosch GmbH

Hauptsitz: Gerlingen, Deutschland

Vorstand: Franz Fehrenbach (Vorsitzender)

Weitere Marken: → Rexroth, → Buderus, → Blaupunkt, → Neff, Junkers

Gesamtumsatz: weltweit: 43,7 Mrd. Euro; Deutschland: 11,3 Mrd. Euro (2006)

Vertrieb: weltweit in über 50 Ländern

KONTAKT

Robert Bosch GmbH
Robert-Bosch-Platz 1
70839 Gerlingen
(07 11) 8 11-0
www.bosch.de

Ansprechpartner Presse:
Dr. Michael Preuss
(07 11) 8 11-66 31
michael.preuss@bosch.com

Ansprechpartner Marketing:
Rainald Mohr
(07 11) 8 11-0

BOSE

Bose steht als Konsumgütermarke für hochwertige Unterhaltungselektronik. Dazu zählen komplette Musiksysteme, Lautsprecher, Kopfhörer, Home-Entertainment-Lösungen, Musikanlagen für Autos und DVD-Geräte. Sowohl private Endkunden als auch Betreiber von Veranstaltungen und Musiker gehören zu den Zielgruppen der Marke. Zahlreiche Produktinnovationen konnten zur Marktreife gebracht werden, darunter die 901 Direct Reflecting Speaker Systems, die Waveguide-Technologie oder das Systemdesign Lifestyle. Mit Hilfe des Auditioner Audio Demonstrator können Klangeigenschaften für in Planung befindliche Gebäude simuliert werden. Der Markenname leitet sich vom Firmengründer Dr. Amar G. Bose, ab, der in den 1950er-Jahren aus Enttäuschung über die schlechte Klangqualität der damals erhältlichen Lautsprecherboxen begann, neue Lautsprechern konstruierte. Das Logo zeigt den Markennamen in schwarzer, schräg gestellter Schrift. 2005 erlangte Bose den Titel „Superbrand Germany 2005" der internat. Superbrands Organisation, die hervorragende Markenführung auszeichnet. 2007 wurde Bose bei den Plus X Awards als „Most Innovative Brand" geehrt. Die Bose GmbH ist seit 1974 als Tochtergesellschaft der Bose Corporation in Deutschland tätig. Die Zentrale in Friedrichsdorf ist für die Koordination der dt. Geschäftstätigkeit und den technischen Kundenservice zuständig, das Kunden-Servicezentrum ist in der Niederlassung in Nordhorn angesiedelt.

UNTERNEHMEN

Bose GmbH
Max-Planck-Str. 36
61381 Friedrichsdorf
(0 61 72) 71 04-0
(0 61 72) 71 04-19
www.bose.de

BÖSENDORFER

Seit 180 Jahren nahezu unverändert: Die Wortmarke von Bösendorfer

Bösendorfer zählt zu den ältesten Pianomanufakturen der Welt. 1828 gründet Ignaz Bösendorfer das Unternehmen in Wien und entwickelt im selben Jahr das Logo in Goldschrift, das sich bis heute kaum verändert hat. Die Marke ist im obersten Qualitätssegment positioniert und steht für höchste Klavierbaukunst und meisterliches Handwerk. So wurde der Bösendorfer Flügel *Design by F. A. Porsche* 2004 mit dem reddot design award ausgezeichnet. Neben Flügeln und Pianinos bietet Bösendorfer seinen Kunden heute auch Computerflügel, Keyboards und Audio-Lautsprecherboxen an. Produktinnovationen sind der CEUS Computerflügel und das CEUSmaster Keyboard/Stage Piano. Die Zielgruppe der Produkte sind Konzert- und Opernhäuser, Musikhochschulen, Pianisten und Privatpersonen. Bösendorfer grenzt sich durch den höchsten Anteil an handwerklicher Fertigung und die Verwendung bester Hölzer von der Konkurrenz ab. Das Unternehmen pflegt seine Marke u. a. durch Bühnenpräsenz, die Austragung internat. Wettbewerbe und die Unterstützung junger Künstler. Zu den berühmten Testimonials, die für die Marke geworben haben, zählen Pianisten wie Franz Liszt, Leonard Bernstein, Andre Previn, Joe Zawinul, Oscar Petersen und Lionel Richie. Pro Jahr fertigt das Unternehmen, das 180 Mitarbeiter beschäftigt, 350 Flügel. In jedem einzelnen steckt die Arbeit eines ganzen Jahres und das Know-how, das seit der

Firmengründung von Generation zu Generation weitergegeben wird. Das Unternehmen mit Hauptsitz in Wien vertreibt seine Instrumente über ein weltweites Händlernetz. Geschäftsführer von Bösendorfer ist Dr. Alfred Zellinger. Aufgrund der fast 200-jährigen Firmengeschichte fühlt sich Bösendorfer höchster musikalischer Qualität verpflichtet und übernimmt in einem umfangreichen Sponsoringprogramm Verantwortung für junge, heranreifende Musiker.

UNTERNEHMEN

L. Bösendorfer Klavierfabrik GmbH
Bösendorferstr. 12
A-1010 Wien
✆ +43 1 5 04 66 51
🖷 +43 1 5 04 66 51 39
💻 www.boesendorfer.com

BOSS

Im Segment des gehobenen Bekleidungsmarktes besetzt die HUGO BOSS AG seit Jahren eine führende Stellung auf dem Weltmarkt und baut diese kontinuierlich aus. Der Markenname BOSS geht auf Hugo Ferdinand Boss zurück, der 1923 in Metzingen eine nach ihm benannte Schneiderei gründete. Ausgehend von dem langjährigen Erfolg der Kernmarke BOSS Black, die seit den 1970er-Jahren klassische Businessmode für Herren kreiert, führte man im Jahr 2000 die gleichnamige Damenkollektion ein, die den Grundstein für eine Diversifizierung der Kernmarke BOSS legte. Neben den business-orientierten Konfektionen unter Black umfasst die BOSS Markenwelt heute die Linien BOSS Orange für Individual Casualwear und BOSS Green für modisch-exkl. Herren-Sportbekleidung. Darüber hinaus bietet das Portfolio mit BOSS Selection eine exquisite Premium-Kollektion, die im oberen Segment von BOSS angesiedelt ist. Die Trendmarke HUGO komplettiert das Angebot mit urbanen Looks und besonderen Styles. Sie wurde 1993 zunächst nur als Herrenkollektion eingeführt und 1998 durch die Damenkollektion ergänzt. Abgesehen von Kleidungsstücken bietet die Produktpalette der Kernmarke BOSS auch Schuhe und Accessoires sowie in Lizenz gefertigte Brillen, Uhren und Düfte. Seit 2008 wurde das Sortiment durch Schmuck erweitert. Die Logos von BOSS Black, BOSS Selection, BOSS Orange und BOSS Green bestehen aus dem in Serifen gesetzten Versalienschriftzug „BOSS" sowie der Unterzeile „HUGO BOSS". Bei der Premium-Linie bildet das Wort „Selection" im Logo eine dritte Zeile. Die Farben entsprechen der Namensgebung der jeweiligen Produktlinien. Die Kollektionen werden im Vier-Saison-Zyklus und zwei Zwischenkollektionen in Metzingen am Stammsitz des Unternehmens entworfen. HUGO BOSS ist mit

Seit 2000 beinhaltet BOSS Black auch eine Damenkollektion, hier eine Damentasche aus dem Segment Accessoires.

Tochtergesellschaften und Showrooms in allen wichtigen Märkten weltweit präsent. Der Konzern erwirtschaftet mit über 8.400 Mitarbeitern weltweit einen Umsatz von 1,5 Mrd. Euro (2006).

DATEN UND FAKTEN

Markenname: BOSS, Familienname des Gründers

Claim: „Modern Classics"

Gründer: Hugo Ferdinand Boss, 1923, Metzingen

Markenregistrierung: 14. 09. 1977, DPMA München

Innovationen: Columbus Projekt (seit 2004), technischer und innerbetrieblicher Prozessoptimierungsansatz für das gesamte Unternehmen

Markenbekanntheit: 89 % (in Deutschland, Spiegel Studie Outfit 6, 05/2007)

Auszeichnungen: „Deutscher Marketing-Preis", Dt. Marketing Verband (2006)

UNTERNEHMEN

HUGO BOSS AG

Hauptsitz: Metzingen, Deutschland

Vorstand: Dr. Bruno Sälzer, Dr. Werner Lackas, André Maeder, Joachim Reinhardt

BOSS
HUGO BOSS

Die Herrenkollektion (Mitte) unter der Linie BOSS Black gibt es seit den 1970er-Jahren, Dr. Bruno Sälzer (unten) ist Vorstandsvorsitzender der HUGO BOSS AG.

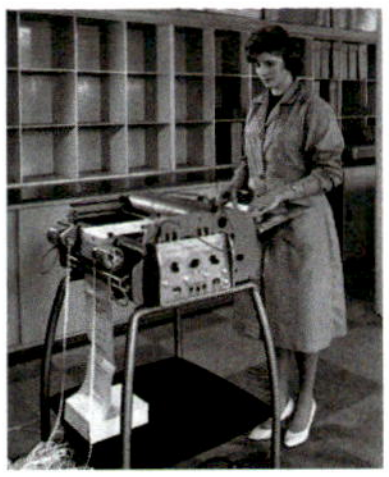

Die erste Schneidemaschine für Endlospapier der BÖWE SYSTEC aus dem Jahr 1953 (Mitte), Vorstandsvorsitzender Dr. Claus Gerckens (unten)

Weitere Marken: HUGO

Gesamtumsatz: 1,5 Mrd. Euro (2006)

Vertrieb: weltweit mehr als 5.900 Verkaufsstellen, 1.153 Mono-Marken Shops sowie 243 konzerneigene Stores und Shops in 105 Ländern

KONTAKT

HUGO BOSS AG
Dieselstr. 12
72555 Metzingen
✆ (0 71 23) 94-0
🖷 (0 71 23) 94-20 14
🖳 www.hugoboss.com

Ansprechpartner Presse & Kommunikation:
Philipp Wolff
✆ 0 71 23-94-23 75
✉ press@hugoboss.com

MEILENSTEINE

1923 Unternehmensgründung durch Hugo Ferdinand Boss

1948 Gründung der HUGO BOSS GmbH

1970 Konzentration des Produktprogramms auf modische Herrenkonfektion unter der Marke BOSS und Beginn des Ausbaus eines weltweiten Lifestyle-Konzerns

1984 Umwandlung des Unternehmens in eine Aktiengesellschaft und erste Lizenzvergabe für Düfte

1991 Marzotto S.p.A. übernimmt die Aktienmehrheit des Unternehmens

1993 Erweiterung des Portfolios um die Trendmarke HUGO

1999 Einführung der Freizeitlinie BOSS Orange für Männer.

2000 Die erste Damenkollektion unter BOSS Black wird eingeführt.

2004 Einführung der Edellinie BOSS Selection

2005 Erweiterung der BOSS Damenmode um die Freizeitlinie BOSS Orange; Namensänderung des Mehrheitsaktionärs in Valentino Fashion Group International N. V.

2007 Lizenzvergabe für Schmuck

BÖWE SYSTEC

BÖWE SYSTEC stellt unter der gleichnamigen Industriegütermarke moderne Hochleistungsschneide-, Kuvertier- sowie Kartenversandsysteme her und entwickelt modulare Soft- und Hardwarelösungen für Postverarbeitung und -versand. Kunden von BÖWE SYSTEC sind Unternehmen mit einem hohen Aufkommen an Postversand, z.B. Banken, Versicherungen, Telekommunikationsunternehmen, Behörden sowie Dienstleister im Postversandsektor. Das Unternehmen wurde 1945 von Max Böhler und Ferdinand Weber in Augsburg gegründet und stellte zunächst chem. Reinigungsmaschinen her. Der Kunstname Böwe setzt sich aus den Anfangsbuchstaben der Familiennamen der Unternehmensgründer zusammen. Ein bedeutender Schritt wurde 1953 mit der Gründung des Bereichs Büromaschinen und der Entwicklung des ersten Schneideautomaten für Endlospapier vollzogen. 1976 kam das mit 12.500 Kuvertierungen pro Stunde damals schnellste Kuvertiersystem der Welt auf den Markt. Im Zuge des Börsengangs im Jahr 1992 wurde die BÖWE Informations- und Systemtechnic GmbH in BÖWE SYSTEC AG umbenannt. Das aktuelle Markenlogo, das seit der CeBIT 1992 in Hannover das Unternehmen präsentiert, entwickelte die Heidelberger Agentur Creative Service. Die weißen Rauten der Bildmarke symbolisieren eine sich auffaltende Endlos-Papierbahn. Die Hausfarbe des Unternehmens ist das BÖWE-Blau, eine Sonderfarbe der Firma Epple Druckfarben. Als Hausschrift dient die Univers. Seit Anfang der 1990er-Jahre werden die Maschinen des Unternehmens einheitlich in den Farben Weiß und Blau gestaltet. Die BÖWE SYSTEC AG ist die Muttergesellschaft der BÖWE Group, die in den vergangenen Jahren Unternehmen aus der gesamten Umgebung des Kuvertierens unter einer Dachmarke vereint hat. Seit der Übernahme des US-amerikanischen Mitbewerbers BELL + HOWELL im Jahr 2002 und der Gründung von BÖWE BELL + HOWELL ist die BÖWE SYSTEC AG lt. eigenen Angaben Weltmarktführer im Bereich Hochleistungskuvertiersysteme. 2006 erzielte die BÖWE SYSTEC AG mit 3.572 Mitarbeitern weltweit einen Umsatz von 484,7 Mio. Euro.

DATEN UND FAKTEN

Markenname: BÖWE SYSTEC, Akronym aus den Nachnamen der Firmengründer Max

Böhler und Ferdinand **We**ber sowie den Anfangsbuchstaben von **Sys**tem **Tec**hnik

Slogan: „Inspired by Your Needs" (seit 2002), „BÖWE SYSTEC – The Paper Management Company„ (1999)

Gründer: Max Böhler, Ferdinand Weber, 1945, Augsburg

Markenregistrierung: 03. 12. 1991, DPMA München

Innovationen: Erste Schneidemaschine für Endlospapier (1953), erster softwaregesteuerter Kuvertierer (1984)

UNTERNEHMEN

BÖWE SYSTEC AG

Hauptsitz: Augsburg, Deutschland

Vorstand: Dr. Claus Gerckens (Vorsitzender), Michael Meyer (stellv. Vorsitzender), Dr. Harald Nippel

Mitarbeiter: 3.572 (weltweit, 2006)

Gesamtumsatz: 484,7 Mio. Euro (weltweit, 2006)

Vertrieb: eigene Vertriebsgesellschaften in Europa, Nordamerika und Japan, Vertriebspartner in 50 Ländern weltweit

KONTAKT

BÖWE SYSTEC AG
Werner-von-Siemens-Str. 1
86159 Augsburg
✆ (08 21) 57 02-0
🖷 (08 21) 57 02-2 43
💻 www.boewe-systec.de

Ansprechpartner Presse:
Daniela Drössler
✆ (08 21) 57 02-204
✉ droessler.marketing@boewe-systec.de

Kunden von BÖWE SYSTEC sind Unternehmen und Institutionen mit einem hohen Aufkommen an Postversand wie Banken, Versicherungen oder Behörden.

Ansprechpartner Marketing:
Dr. Stefan Lackner
✆ (08 21) 57 02-4 98
✉ lackner.marketing@boewe-systec.de

MEILENSTEINE

1945 Firmengründung durch Max Böhler und Ferdinand Weber

1953 Produktion des ersten Schneideautomaten für Endlospapier

1959 Präsentation des ersten Kuvertierers

1991 Entwicklung des ersten Kartenversandsystems

1992 Börsengang als BÖWE SYSTEC AG

2005 Vollständige Übernahme des Unternehmens BÖWE BELL + HOWELL durch BÖWE SYSTEC

2007 Übernahme sämtlicher Anteile an der Lasermax Roll Systems AB

BRAAS

Die Industriemarke Braas steht in Deutschland für Dachbaustoffe. Die Produktpalette umfasst Dach-Ziegel, Dach-Steine und Dach-Systemteile. 1953 gründete der Ingenieur und Kaufmann Rudolf H. Braas zusammen mit dem brit. Baustoffproduzenten Redland Ltd. die gemeinsame Firma Braas & Co GmbH und baute in Heusenstamm bei Frankfurt das Stammwerk des Unternehmens. Ausschlaggebend für die Unternehmensgründung war ein von Braas entwickeltes Verfahren zur maschinellen Produktion von Dachpfannen aus Beton. Braas ist vor allem durch die seit 1954 produzierte „Frankfurter Pfanne" bekannt. Deutschlands meistverkaufte Dachpfanne wurde zu einem Marken- und Gattungsbegriff, selbst andere Dach-Steine werden umgangssprachlich als „Frankfurter Pfanne" bezeichnet. In den 1960er-Jahren erweiterte Braas sein Angebot um Dach-Systemteile. Zu den Produkten, die unter dem Slogan „Braas – Alles gut bedacht" verkauft werden, gehören heute u.a. auch Dachrinnen, Schneesicherungen, Lüftungen und Solarsysteme. Die kontinuierliche Entwicklung neuer Dachpfannen-Modelle sowie neuer und verbesserter Systemteile sichern Braas die Position als bekannteste Marke für Dachbaustoffe in Deutschland. Das schlichte Markenlogo in der Farbe HKS 12 steht als Synonym für dauerhaft sichere Dächer und hochwer-

BRAAS
ALLES GUT BEDACHT

Der Markenname „Braas" ist vor allem durch die „Frankfurter Pfanne" bekannt geworden.

tige Produkte. Seit 2007 gehört die Marke Braas zu Monier, einem weltweit führenden Anbieter von Produkten für geneigte Dächer, Dachsystemteilen und Schornsteinsystemen.

UNTERNEHMEN

Monier GmbH
Frankfurter Landstr. 2–4
61440 Oberursel
(0 61 71) 61–0 14
(0 61 71) 61–23 00
www.monier-dachsysteme.de / www.braas.de

BRABANTIA

Die Marke Brabantia steht für hochwertige Metallartikel in Haushalt und Küche.

Unter der Konsumgütermarke Brabantia vertreibt das gleichnamige Unternehmen in über 70 Ländern Qualitätsartikel aus Metall für Haushalt und Küche. Mit einem umfassenden Angebot an langlebigen Produkten in den Kategorien Abfallsammlung, Aufbewahren, Wäschepflege, Küchenhelfer und Eisenwaren gilt Brabantia als einer der führenden Hersteller innovativer Haushaltsprodukte in Europa. Der Markenname leitet sich aus dem Titel der niederl. Provinz Brabant ab. Dort gründete der Kolonialwarenhändler Johannes Martinus van Elderen im Jahr 1919 die Marke. Anfangs produzierte er Artikel wie Gießkannen, Trichter und Eimer aus Metall. Durch kontinuierliche Innovationsarbeit entstanden so zeitlose Artikel wie der Rollbrotkasten oder der Tretabfalleimer. Neuste Erfindung aus dem Hause Brabantia ist die sog. *fingerprint-proof*-Beschichtung. Sie macht Oberflächen aus gebürstetem Edelstahl unempfindlich gegen Schmutz und Fingerabdrücke. Mit „Everlasting – Brabantia" definiert das Unternehmen seinen Qualitätsanspruch. Dauerhaftigkeit in Funktion und Design drücken sich auch im visuellen Erscheinungsbild der Marke aus: Das Logo zeigt den in Minuskeln gezeichneten Brabantia-Schriftzug, dem ein rotes Haussymbol vorangestellt ist. Es markiert die Ausrichtung auf Haushalt und Küche. Der Claim „Solid Company" erklärt mit dem engl. Attribut *solid* die Langlebigkeit der Produkte. Das engl. *company* steht für die „gute Gesellschaft", die Brabantia-Artikel gewährleisten. Seit dem Jahr 2000 sorgen hellblaue Verpackungen für eine hohe Wiedererkennung. Brabantia International bv. wird in dritter Generation von C. W. T. van Elderen geführt und beschäftigt 1.000 Mitarbeiter. Hauptsitz ist Valkenswaard bei Eindhoven, Niederlande.

Die von Brabantia entwickelte *fingerprint-proof*-Beschichtung macht Oberflächen aus gebürstetem Edelstahl unempfindlich gegen Schmutz und Fingerabdrücke.

DATEN UND FAKTEN

Markenname: Brabantia, Kunstwort, abgeleitet von der niederl. Provinz Brabant

Slogan: „Everlasting - Brabantia (Solid Company)"

Gründer: Johannes Martinus van Elderen, 1919, Niederlande

Markenregistrierung: 05. 10. 1970, WIPO Genf

Innovationen: Beschichtung *fingerprint-proof*

Markenbekanntheit: 98 % gest. (Niederlande, NSS, 2006)

UNTERNEHMEN

Brabantia International bv

Hauptsitz: Valkenswaard bei Eindhoven, Niederlande

Geschäftsführer: C. W. T. van Elderen

Gesamtumsatz: 120 Mio. Euro

Vertrieb: in Europa und USA mit eigenen Niederlassungen, außerhalb Europas über Vertriebspartner

KONTAKT

Brabantia International bv
Verkauf Deutschland
NL-6921 RE Duiven
(0 28 22) 98 18 47
(0 28 22) 53 77 97
www.brabantia.com

Ansprechpartner Presse:
Tim Engels
(0 28 22) 98 18 47
tim.engels@brabantia.com

Ansprechpartner Marketing:
Falko Langhorst
✆ (0 51 36) 97 78 40
✉ falko.langhorst@brabantia.com

SCHON GEWUSST?

▮ Anlässlich ihrer goldenen Hochzeit sendete eine Frau aus Delft der Firma Brabantia ein Paket mit Brabantia-Artikeln, die ihr zur Hochzeit geschenkt wurden. Die Produkte wurden 50 Jahre lang intensiv von der Familie genutzt und sind nach wie vor in tadellosem Zustand. Sie sind im Brabantia-Showroom in Aalst zu sehen.

BRABUS

Fahrzeugtuning und Autoherstellung sind die Spezialgebiete der Marke Brabus. Das gleichnamige Unternehmen tunt vor allem hochwertige Mercedes-Benz Fahrzeuge. Das bedeutet, Brabus baut die Autos so um, dass sie eine gesteigerte Leistung erbringen – etwa durch geänderte Fahrwerke, Reifen oder Karosserieteile. So rüstet Brabus etwa Autos der Marke →Smart, →Mercedes-Benz und →Maybach um. In der Regel steht die Marke Brabus auch für eine verfeinerte und technisch aufgewertete Innenausstattung, etwa durch hochwertige Hifi-Anlagen oder Fernsehbildschirme. Mit den getunten Autos stellte das Unternehmen schon mehrmals Weltrekorde auf. Die Marke Brabus gründete Bodo Buschmann 1977. Gesellschafter des Unternehmens war damals außerdem Klaus Brackmann. Aus den jeweiligen drei Anfangsbuchstaben der beiden Nachnamen entstand der Markenname Brabus. Heute soll die Marke für Tuning und Livestyle für Mercedes-Benz und Maybach Automobile stehen. Eine spezielle Zielgruppe nennt das Unternehmen nicht. Das Logo von Brabus ist edel in Schwarz und Silber gehalten. Es zeigt ein silber umrahmtes „B" in einem schwarzen Kreis, ebenfalls mit silbernem Rand. Darunter steht in silbernen Versalien der Markenname. Im Laufe der 30-jährigen Firmengeschichte wurde das Logo nur einmal angepasst, als aus dem Unternehmen Brabus autosport die Brabus GmbH wurde. Nach Angaben von Brabus ist das Unternehmen der größte unabhängige Tuner der Welt. Die Produkte der Marke werden in 106 Ländern vertrieben. Der Hauptsitz der Firma ist in Bottrop. Das Unternehmen hat 350 Mitarbeiter und erwirtschaftet einen Umsatz von ca. 250 Mio. Euro im Jahr.

UNTERNEHMEN

Brabus GmbH
Brabus-Allee
46240 Bottrop
✆ (0 20 41) 77 7-0
🖷 (0 20 41) 77 7-1 11
🖳 www.brabus.com

BRAND CLUB

Seit elf Jahren kommt ein kleiner, ausgewählter Kreis von Unternehmern und Vorständen führender markenorientierter Firmen zusammen, um sich im Brand Club über die neuesten Entwicklungen und Erfahrungen im Bereich der Markenführung auszutauschen. Der Branchentreff ist Diskussionsplattform und Ideenbörse, Kooperationsnetzwerk und Inspirationsquelle. Das blau-weiß-rote Club-Logo ziert das Motto: „In Brands We Trust". Als Club, der von einem engeren Kreis fester Mitglieder getragen und von einem weiteren, offenen Kreis geladener Gäste alljährlich bereichert wird, grenzt sich die Veranstaltung in ihrem Anspruch, Ablauf und Charakter bewusst von klassischen Industrie- und Managerkonferenzen ab. Der Brand Club wurde 1997 ins Leben gerufen von Dr. Antonella Mei-Pochtler, Senior-Partnerin der internationalen Beratungsgesellschaft The Boston Consulting Group (BCG) und als Mitglied im höchsten Führungsgremium, dem „Executive Committee" u.a. verantwortlich für den weltweiten Markenauftritt des Unternehmens, Helmut Werner, ehemals Vorstandsmitglied von Mercedes, und Wolfgang Momberger, Geschäftsführer der Markenberatung brandnet. Zu den regelmäßigen Teilnehmern gehören u.a. Dr. Helmut Maucher, Ehrenpräsident von Nestlé, Novartis-Aufsichtsrat Prof. Dr. Helmut Sihler, Sony BMG-Chef Rolf Schmidt-Holtz, Verleger Dr. Florian Langenscheidt, Mercedes-Vorstandsvorsitzender Dr. Dieter Zetsche, Verleger Prof. Dr. Hubert Burda sowie Dr. Georg Kofler, Dr. August Oetker, Prof. Dr. Ernst Pöppel, Prof. Dr. Götz Werner, Rudolf J. Gröger, Michael Käfer, Dr. Rolf Kunisch, Markus Lange-Svarowski und Dr. Reinhard Zinkann. Ziel und Gründungsidee des Brand Clubs ist es, eine regelmäßige branchenübergreifende Plattform zu schaffen, um sich über Markenführung auszutauschen und so einen Beitrag zu stärkeren, wertschaffenden Marken und Unternehmen zu leisten. Mit der wachsenden Bedeutung von Marken für die Unternehmensführung und die gesellschaftliche Vermittlung von

Frau Dr. Antonella Mei-Pochtler lädt seit elf Jahren zu den jährlichen Treffen des Brand Clubs ein.

Werten gewinnt das Prinzip einer „ethischen Markenführung" an Relevanz. In den Auftaktveranstaltungen wird das Jahresthema – in der Auswahl von Gästen, Ort und Form der

Beim 10. Brand Club konnte Gastgeberin Dr. Antonella Mei-Pochtler (rechts) u. a. Familienministerin Dr. Ursula von der Leyen (links) und Dr. Florian Langenscheidt (Mitte) begrüßen.

Veranstaltung – künstlerisch erlebbar umgesetzt, so u. a. als „Dinner im Dunkeln" mit Xavier Naidoo, als Atelierbesuch bei Jörg Immendorff und mit einem Besuch im Tonstudio des Rap-Stars Thomas D. Die Themenliste der vergangenen Jahre spiegelt die Zeit- und Markentrends: „Brand-Based Competition" (1997), „Mit Marken Wert schaffen" (1998), „Die Marke verankern: Experience Branding" (1999), „Strategien für die New Economy" (2000), „Die grenzüberschreitende Marke in herausfordernden Zeiten" (2001), „Zeit zum Angriff – Strategien der Markenoffensive" (2002), „Gelebte Marken-Turnarounds" (2003), „Marke zwischen Wert und Werten" (2004), „Performance with Passion" (2005), „Zum 10. Brand Club: Eine Rückschau nach vorn!" (2006), „Die Kunst der Markennavigation" (2007). Als in seiner Art einzigartiges Insidertreffen wird dem Brand Club ein hoher Einflussfaktor auf die Markenführung der großen dt. Unternehmen zuerkannt. Darüber hinaus zählt das Engagement für eine selbstbewusste, international angesehene „Marke Deutschland" in einem integrierten Europa seit seiner Gründung zu den Zielen des Brand Clubs. Die vielbeachteten, gemeinsamen Initiativen zur Marke Deutschland („Deutschland - Land der Ideen" und die Kampagne „Du bist Deutschland") gehen auf Impulse aus den Kaminabenden des Brand Clubs zurück.

DATEN UND FAKTEN

Markenname: Brand Club, vom engl. Wort brand (dt. Marke) abgeleitet

Erfinderin: Dr. Antonella Mei-Pochtler, 1997, München

VERANSTALTER

The Boston Consulting Group GmbH

Geschäftsführung: Dr. Hans-Paul Bürkner

Gesamtumsatz: 305 Mio. Euro in Deutschland, 1,8 Mrd. USD weltweit (2006)

Mitarbeiter: 677 in Deutschland, 3.300 weltweit (2006)

Weitere Marken: → The Boston Consulting Group

KONTAKT

The Boston Consulting Group
Ludwigstraße 21
80539 München
(0 89) 23 17-40
(0 89) 2 60 66 98
www.bcg.de

Ansprechpartner Presse:
Heidi Polke
(0 89) 23 17-45 94
polke.heidi@bcg.com

Ansprechpartner Marketing:
Dr. Kerstin Zwernemann
(0 89) 23 17-42 80
zwernemann.kerstin@bcg.com

SCHON GEWUSST?

Xavier Naidoo, einer der erfolgreichsten Popmusiker Deutschlands, hielt beim 8. Brand Club 2004 die erste Rede seines Lebens. Obwohl er vor einem für seine Verhältnisse kleinen Publikum auftrat, war er – nach eigenem Bekunden – aufgeregter als bei seinen Live-Konzerten vor zehntausenden Zuschauern. Um sich sicherer zu fühlen, ergänzte Naidoo seinen Vortrag mit A-cappella-Gesangseinlagen – und begeisterte die anwesenden Vorstände mit dieser einzigartigen Darbietung. Seither zählt Naidoo, selbst ein erfolgreicher Unternehmer, zu den regelmäßigen Teilnehmern des Brand Clubs und beteiligt sich rege an Diskussionen zur Markenführung und Wirtschaftsethik.

BRANDT

Die Marke Brandt steht für ein breites Angebot an Zwieback- und Schokoladenprodukten. Mit diesem Sortiment spricht Brandt die

Das Logo mit dem Brandt Jungen (oben), Brandt Zwieback auf einem Kampagnenfoto (Mitte), Geschäftsführer Carl-Jürgen Brandt (unten)

Verbraucher zielgruppenübergreifend an. Der Markenname geht zurück auf den Bäcker- und Konditormeister Carl Brandt, der 1912 in Hagen die „Märkische Zwieback- und Keksfabrik" gründete. Sein Ziel war es, Zwieback in gleich bleibender Qualität zu einem erschwinglichen Preis zu produzieren. Der weiße Brandt Schriftzug auf orangenem Hintergrund und blauem Band ziert seit fast 100 Jahren nahezu unverändert die Zwieback-Packung. Das lächelnde Kindergesicht gehört seit 1929 zur Marke Brandt und wurde bis heute erst dreimal ausgetauscht. Das aktuelle Brandt-Kind lächelt nun seit 1983 von der Verpackung. Es bildet zusammen mit dem Schriftzug und den Farben orange, weiß und blau das typische Brandt Markenbild. Von

Seit 2002 löst die Brandt Faltschachtel die Beutelverpackung ab.

1912 bis 2001 wurde Brandt Zwieback im knisternden Dreilagenbeutel verkauft. Heutzutage verpackt Brandt seinen Zwieback noch umweltschonender. Logistisch vorteilhaft, in der praktischen wieder verschließbaren Packung und gefüllt mit zwei Portionspackungen bleibt der Markenzwieback lange frisch. Die Brandt Zwieback-Schokoladen GmbH & Co.KG hat sich in ihrer Geschichte immer wieder verändert. 1940 erwarb das Unternehmen die Zugspitze Keks- und Schokoladenfabrik AG, 1975 eine mehrheitliche Beteiligung an der Pauly Zwieback GmbH & Co.KG. 1995 verkaufte Brandt seine Keks-Sparte an Bahlsen und erwarb 2001 die Burger Knäcke GmbH & Co.KG. Brandt ist mit einem Marktanteil von mehr als 73 % (Quelle: GfK) nicht nur Marktführer im dt. Zwiebacksegment, sondern gehört auch zu den bekanntesten Marken in Deutschland. Nach eigenen Angaben erreicht Brandt eine Markenbekanntheit von etwa 90 %. Vertrieben werden Brandt Produkte vorwiegend in Deutschland, der Exportanteil liegt bei 10 % der Waren. Das Unternehmen, das etwa 1.000 Mitarbeiter beschäftigt, produziert an fünf Standorten ausschließlich in Deutschland. Zuletzt erwirtschaftete die Gruppe einen Umsatz von ca. 185 Mio. Euro (2006/2007).

DATEN UND FAKTEN

Markenname: Brandt, geht zurück auf den Firmengründer Carl Brandt

Gründer: Carl Brandt, 1912, Hagen

Markenregistrierung: 1912, Kaiserliches Patentamt Berlin

Innovationen: Brandt Minis, saisonale Sorten

UNTERNEHMEN

Brandt Zwieback-Schokoladen GmbH & Co.KG

Hauptsitz: Hagen, Deutschland

Geschäftsführer: Carl-Jürgen Brandt, Hartmut Lindner, Arno Lohmann

Gesamtumsatz: ca.185 Mio. Euro (Gruppe Brandt, 2006/2007)

Vertrieb: Deutschland (Exportanteil 10 %)

KONTAKT

Brandt Zwieback-Schokoladen GmbH & Co.KG
Kölner Str. 32–34
58135 Hagen
(0 23 31) 4 77-0
(0 23 31) 4 77-1 90
www.brandt-zwieback.de

Ansprechpartner Presse:
Rina Bisping

Ansprechpartner Marketing:
Hartmut Lindner

SCHON GEWUSST?

Der Begriff Zwieback geht in Deutschland bis ins 15. Jh. zurück. Seit ca. 1450 war das Gebäck unter dem Namen *Zweygeback* bekannt und nahm bereits damals durch seine Haltbarkeit und seinen hohen Nährstoffgehalt einen hohen Stellenwert unter den Lebensmitteln ein. Der Name verweist auf die Art der Herstellung: Das Brot wird zuerst gebacken und in Scheiben geschnitten nochmals geröstet.

BRATMAXE

Unter dem Namen Bratmaxe vertreibt der Würstchenhersteller → Meica ein umfangrei-

Unter der Marke Bratmaxe werden Bratwurstspezialitäten angeboten.

Klar und schnörkellos präsentiert sich das Logo von Braun.

ches Bratwurstsortiment. Kleine, dicke und durchschnittlich große Bratwürste sollen vor allem gesellige Menschen und Familien für Spaß beim Grillen erfreuen. Mit dem in der Werbung genutzten Slogan „Deutschlands Grillspaß Nr. 1" unterstreicht Meica die Marktführerschaft in diesem Segment, denn lt. eigener Angaben ist Bratmaxe Deutschlands meistverkaufte Marken-Bratwurst. Von Öko-Test bekam das Produkt 2003 die Note „Sehr gut", von der Stiftung Warentest die Note „Gut" und war damit Testsieger. Neuestes Mitglied in der Produktfamilie ist Bratmaxe fix & fertig: Vorgegrillte Bratwürste, die auch in der Mikrowelle zubereitet werden können. Das 1908 von Fritz Meinen in Edewecht gegründete Familienunternehmen ist laut eigener Angaben Marktführer im Segment Fleisch- und Wurstwaren in Deutschland und vertreibt seine Produkte heute im In- und Ausland.

UNTERNEHMEN

Meica Ammerländische Fleischwarenfabrik Fritz Meinen GmbH & Co KG
Meicastr. 6
26188 Edewecht
(0 44 05) 9 99-0
(0 44 05) 9 99-1 00
www.meica.de

BRAUN

Braun ist eine Marke der Konsumgüterindustrie und steht für Elektrokleingeräte. Braun wirbt mit Produktqualität, technischer Innovation und herausragendem Design. Das Sortiment umfasst Kleingeräte in den Kategorien Rasierapparate, Epiliergeräte, Küchenmaschinen, Kaffeemaschinen, Bügeleisen, Infrarot Ohr-Thermometer, Blutdruckmessgeräte, Haarpflegegeräte und Uhren. Die Firma wurde 1921 in Frankfurt/Main von Max Braun gegründet. Ab 1929 stellte der Betrieb komplette Radiogeräte her. Ab Mitte der 1950er-Jahre produzierte Braun unter der Leitung von Dr. Fritz Eichler und Dieter Rams zahlreiche preisgekrönte Designklassiker. 1962 ebnete der Sixtant sowohl der Trockenrasur als auch dem Unternehmen Braun den Weg zum Erfolg. 1977 kam die erste Funkuhr auf den Markt und 1991 mit der Plak Control die erste oszillierend-rotierende Zahnbürste. 1999 kam der Syncro auf den Markt, der erste selbstreinigende Rasierer. Die jüngste Innovation im Bereich Rasur ist der Pulsonic aus dem Jahr 2006. Er verfügt über eine neuartige Schalttechnologie. Braun gehörte von 1967 bis 2005 zur Gillette Company, USA und ist seit 2005 Teil der Procter & Gamble Company, USA. Im Bereich Scherfolienrasierer, Epiliergeräte und Stabmixer besitzt das Unternehmen nach eigenen Angaben die Marktführerschaft weltweit. Braun unterhält mehrere Werke in Deutschland, Irland und China. Braun Geräte werden weltweit vertrieben.

UNTERNEHMEN

Braun GmbH
Frankfurter Str. 145
61476 Kronberg
(0 61 73) 30-0
(0 61 73) 30-28 75
www.braun.com

BRAUN BÜFFEL

Unter dem Dach der Marke Braun Büffel sind Lederaccessoires wie Taschen, Portemonnaies und Mappen in neun verschiedenen Produktlinien für Herren und Damen versammelt. Die Produkte der Marke richten sich an modisch interessierte Kunden ab 30 Jahren, die sich lt. Hersteller nicht als Trendsetter sehen, sondern Wert auf eine hohe Qualität und ein schlichtes und funktionelles Design legen. Die unter dem Claim „Functional Luxury" beworbenen Produkte wurden bereits mehrfach mit dem Deutschen Lederwarenpreis ausgezeichnet. Die heutige Braun GmbH & Co. KG hat ihren Ursprung in einer 1887 von dem Sattler- und Polstermeister Johann Braun gegründeten Firma. Ab 1927 produzierte das Unternehmen vermehrt Kleinlederwaren, die im Laufe der Zeit zum Standbein des Betriebes wurden. Weil er die Produkte mit einem charakteristischen Markenzeichen versehen wollte, führte Karl-Heinz Braun, der Enkel des Firmengründers, 1974 die Marke Braun Büffel offiziell ein. Seither ist ein stilisierter Büffel in einem goldenen Farbton (Pantone 871) das Erkennungszeichen der Lederwaren. Das Tier soll dabei Assoziationen zu Leder, Qualität und Stärke wecken. Der Vertrieb der Produkte erfolgt internat. über eigene Shops, den Fachhandel und ausgewählte Kaufhäuser. Im asiatisch-pazifischen Raum ist Braun Büffel über den Partner Lianbee-Jeco PTE. Ltd. mit über 130 Verkaufsstellen vertreten. Das in der vierten Generation familiengeführte Unternehmen mit Sitz in der rheinland-pfälzischen Stadt Kirn erzielte 2006 mit 120 Mitarbeitern einen Umsatz von 20 Mio. Euro. Geschäftsführer sind Christiane Brunk und Holger Wahl. Für die Zukunft plant man, Braun Büffel zu einer Lifestyle-Marke mit weiteren Produktgruppen auszubauen.

Die Marke Braun Büffel umfasst neun verschiedene Produktlinien für Herren und Damen.

DATEN UND FAKTEN

Markenname: Braun Büffel, zusammengesetzt aus dem Familiennamen des Gründers und der Rinderart Büffel als Verweis auf Leder und Stärke

Slogan: „Braun Büffel – Functional Luxury"

Gründer: Johann Braun, 1887, Kirn

Markenregistrierung: 20. 11. 1980, DPMA München

Markenbekanntheit: 22 % (Spiegel Outfit, 2007)

Jahresumsatz: 20 Mio. Euro (2006)

Auszeichnungen:
Mipellissima (2002)
„Deutscher Lederwarenpreis" für Kleinlederwaren (2000, 2002, 2004)
I. L.M Award (2007)

UNTERNEHMEN

Braun GmbH & Co. KG
Industriestr. 10
55606 Kirn
✆ (0 67 52) 93 33-0
🖷 (0 67 52) 93 33-33
💻 www.braun-bueffel.de

BRAVO

Seit über 50 Jahren erscheint jede Woche die Jugendzeitschrift BRAVO. 1956 herausgegeben von Peter Boenisch war sie das erste dt. Jugendmagazin, zunächst mit Schwerpunkt Film und Fernsehen. Später rückte das Thema Musik immer mehr in den Mittelpunkt. Geschichten über Stars und Newcomer der nat. und internat. Musikszene, Nachrichten aus dem Musik- und Showbusiness, Neuigkeiten aus Film und Fernsehen sowie Berichte über Mode- und Lifestyletrends für 12- bis 19-Jährige bilden bis heute die Kernthemen von BRAVO. Für ihr über 50-jähriges Engagement um Musik und junge Künstler wurde BRAVO von der Deutsche Phono Akademie mit dem Musikpreis „Echo" als Medienpartner des Jahres 2007 ausgezeichnet. Neben exklusiven Interviews und Fotoproduktionen mit Stars leistet das Jugendmagazin seit 1969 unter der Rubrik „Dr. Sommer" professionelle Beratung und Aufklärung in allen Fragen rund um Liebe, Körper, Sexualität und Erwachsenwerden. Weitere redaktionelle Inhalte sind der BRAVO Starschnitt, der Fotoroman, Songtexte, die BRAVO-Charts und die BRAVO „Fun-Seiten". Mit der 2006 gestarteten und von Prominen-

BRAVO erschien erstmals am 26. August 1956.

ten unterstützten Kampagne „Schau nicht weg! – BRAVO-Aktion gegen Gewalt an der Schule" soll die Zivilcourage der Jugendlichen im Schulalltag gefördert werden. Interaktion mit dem Leser spiegelt sich in der großen Anzahl an Leserbriefen und E-Mails ebenso wie bei der Verleihung des Leserpreises „Otto" wider, der seit 1957 an Stars verliehen wird. Das Erscheinungsbild des Magazins zeichnet sich durch jugendgerechtes Layout aus. Der markante in Versalien gesetzte BRAVO-Schriftzug hat einen hohen Wiedererkennungswert. Unter dem Dach der BRAVOfamily versammeln sich neben BRAVO weitere zielgruppenspezifische Magazine wie BRAVO GiRL!, BRAVO Sport, BRAVO SCREENFUN und BRAVO HIP-HOP SPECIAL. Das Jugendportal BRAVO.de, das Fernsehformat BRAVO TV, die viermal im Jahr erscheinende Doppel-CD BRAVO HITS und der Musik-Event BRAVO SUPERSHOW runden das umfangreiche Medienangebot für Jugendliche ab. Mit einer Auflage von 454.021 Exemplaren (nach IVW 3/2007) und einer Reichweite von 1,61 Mio. Lesern ist BRAVO Marktführer im Jugendsegment. BRAVO ist Teil der Hamburger Bauer Verlagsgruppe und wird in München publiziert.

DATEN UND FAKTEN

Markenname: BRAVO, Ausruf für wohlwollende Anerkennung

Erfinder: Peter Boenisch, 1956, München

Innovationen: Leserpreis BRAVO Otto (1957), BRAVO Starschnitt (1959),

Das Magazin BRAVO begeistert schon seit über 50 Jahren seine jugendlichen Leser. Der Leserpreis „Otto" wird seit 1957 verliehen (Mitte).

Dr. Sommer (1969), BRAVO GiRL! (1988), BRAVO HITS (1992), BRAVO TV (1993)

Markenwebsite: www.bravo.de

Literatur:
J. H Knoll, E. Monssen-Engberding: BRAVO, Sex und Zärtlichkeit (2000)
T. Hoersch: BRAVO 1956–2006 (2006)

UNTERNEHMEN

Bauer Verlagsgruppe

Hauptsitz: Hamburg, Deutschland

Verleger: Heinz Bauer

Weitere Marken: 40 Zeitschriften in Deutschland, 166 in 14 Ländern weltweit

Gesamtumsatz: 1,76 Mrd. Euro (Geschäftsjahr 2005)

Gesamtauflage: rund 17 Mio. Exemplare in Deutschland (pro Erscheinungsintervall – IVW 3/2006)

KONTAKT

Heinrich Bauer Verlag
Burchardstr. 11
20077 Hamburg
(0 40) 30 19–0
(0 40) 30 19–10 43
www.bauerverlag.de

Ansprechpartner Presse:
Andreas Fritzenkötter
(0 40) 30 19–10 80
kommunikation@bauerverlag.de

SCHON GEWUSST?

- Brigitte Bardot in Lebensgröße war 1959 der erste Starschnitt der BRAVO.
- Dieter Thomas Heck erhielt seinen zweiten Vornamen nach einer Umfrage unter BRAVO Lesern, weil er als Radiomoderator bei Radio Luxemburg häufig mit einem Namensvetter verwechselt wurde.
- Das berühmte Abba Logo mit dem umgedrehten „B" entstand aus Versehen bei einem BRAVO-Fotoshooting. Erst beim Sichten der Abzüge wurde die falsche Position entdeckt und von Abba begeistert übernommen.

BRAWA

Gründer Braun und Gründungsort Waiblingen standen Pate für Brawa.

Die Spielwarenmarke Brawa ist spezialisiert auf Modelleisenbahnen und Zubehör und spricht professionelle Modelleisenbahner und Sammler als Zielgruppe an. Lt. Angaben des Unternehmens zeichnet sich Brawa durch besondere Detailgenauigkeit aus und gilt bei Liebhabern als der „Rolls Royce" unter den Modellbauern. Im Sortiment finden sich 1.200 Produkte, darunter 170 Lokomotiven und 110 Wagenmodelle in IIm, HO, TT und N. Das Unternehmen wirbt mit dem Anspruch auf exakte Maßstäblichkeit, beste Fahreigenschaften, Liefertreue und der gelungenen Auswahl der Modelle. Zu den Produktinnovationen gehört die Einführung von Modellen im Gartenbahn-Segment und die Stecksockeltechnik für Modellleuchten. Die Firma gründete der Unternehmer Artur Braun 1948 im damaligen Firmensitz Waiblingen zunächst als Vertrieb für elektrische Spielwaren. 1963 entstand die Marke Brawa. Der Name setzt sich aus den Anfangsbuchstaben des Gründers Braun und des Ortes Waiblingen zusammen. Das Unternehmen beschäftigt 60 Mitarbeiter. Brawa Produkte werden nur über den Facheinzelhandel vertrieben. Brawa gehört gemeinsam mit dem Kabelproduzenten Braunkabel GmbH, der Eagle Cable GmbH und in der in-akustik GmbH & Co. KG zu der familiengeführten Firmengruppe Braun. 2003 kam es zu einem Relaunch des Firmenlogos. Auf dem gelbgrundigen Rechteck, das an die Form eines Eisenbahnwagens erinnert, wird die weiße, klare Frutigerschrift noch einmal von den Signalfarben schwarz und rot in ihre ursprünglichen Bestandteile getrennt und untermalt. Der hinzugefügte Slogan „Liebe zum Detail" unterstützt das Bekenntnis des Unternehmens zu Leidenschaft und Präzision.

UNTERNEHMEN

Brawa Artur Braun Modellspielwarenfabrik GmbH & Co.
Uferstr. 26–28
73630 Remshalden
(0 71 51) 9 79 35–0
(0 71 51) 7 46 62
www.brawa.de

BRAX

Der Name Brax leitet sich von der engl. Firma Daks und dem lat. Wort für Hose (braka) ab.

Unter der Modemarke Brax bietet die Leineweber GmbH & Co. KG mit Sitz in Herford Bekleidung für anspruchsvolle Damen und Herren an. 1888 gründete Bernward Leineweber das Unternehmen in Berlin mit dem Ziel, einer der ersten Hersteller von Herrenkonfektionen mit eigener Produktion und Verkauf zu sein. Nach dem Verkauf an die Familie Tengelmann entstand 1950 der jetzige Markenname Brax, der sich zum einen von der engl. Firma Daks ableitet, für die in Lizenz produziert wurde, zum anderen aus dem lat. Wort für Hose (braka). Brax ist nicht nur Spezialist für Hosen, sondern will mit seinen Kollektionen generell Menschen mit Sinn für Qualität und Lifestyle ansprechen. Der Anspruch des Unternehmens stellt sich in exkl. Materialien, innovativen Produktionsverfahren und hohem Tragekomfort dar. In Anlehnung an die Firmenphilosophie zeigt sich Brax mit dem Claim „Brax Feel Good" von einer emotionalen Seite, um dem Käufer einen gewissen Wohlfühlfaktor beim Tragen der Kleidung zu vermitteln. Unter der Kernmarke Brax Feel Good werden zudem die Modelinien *Eurex*, *Raphaela* und *Brax Golf* angeboten, die eine perfekte Hosenpassform für Damen und Herren „im besten Alter" sowie Funktionalität und Beweglichkeit bei sportlichen Aktivitäten versprechen. Neben zahlreichen Einzelhändlern werden die Kollektionen zusätzlich in eigenen Brax-Stores in Hamburg, Berlin und Oberhausen vertrieben. Das Unternehmen beschäftigt ca. 1.500 Mitarbeiter weltweit und erzielte im Jahr 2006 einen Umsatz von 213 Mio. Euro.

UNTERNEHMEN

Leineweber GmbH & Co. KG
Wittekindstr. 16–18
32051 Herford
✆ (0 52 21) 5 29-0
🖷 (0 52 21) 5 29-1 18
💻 www.brax-fashion.com

BREE

Die Marke Bree steht für hochwertige Taschen mit funktionalem Design und modischem Anspruch. Neben Damen- und Herrenkollektionen gehören auch Geschäfts-, Reise-, Freizeittaschen und Accessoires zum Angebot. Die klassisch-moderne Ledertasche in zahlreichen Varianten ist das Standbein des Sortiments, während das Spielbein aus einer Vielzahl von Produktinnovationen besteht. Dazu zählen u. a. die Planentaschen der Serie Punch oder auch das Modell Gum aus Kautschuk. Als Zielgruppe der Marke werden modische Frauen und Männer aller Altersklassen anvisiert. Das Markenlogo von Bree besteht aus dem Namenszug in schwarzen Versalien. Dabei wird jeder Buchstabe, ohne Absetzen und ohne eine Linie zu doppeln, durchgezogen, so dass sich die Mittelstriche des B und des E als Bogen statt als Strich darstellen. Zurzeit wird die Marke nicht mit einem Slogan beworben. Bekannt aus früheren Jahren sind jedoch Werbesprüche wie „Taschen mit IQ" (1995/96), „Taschen für die 1000 Dinge im Leben" (1990) oder „Achten sie auf Ihre Tasche" (1999). Keine andere Taschenmarke hat weltweit mehr Auszeichnungen für gute Gestaltung erhalten als Bree. Zu den zahlreichen hochkarätigen Designpreisen gehören z. B. der Internationale Designpreis Baden-Württemberg, der red dot award oder der iF Award. Vertrieben werden

In der Galerie Luise in Hannover werden Produkte von Bree exklusiv präsentiert.

Bree-Produkte über eigene Filialen, Franchise-Shops und den Fachhandel sowie über internat. Kauf- und Warenhäuser. Die BREE Collection GmbH & Co. KG wurde 1970 von Wolf Peter Bree gegründet. Heute beschäftigt das Unternehmen rund 140 Mitarbeiter und ist an über 700 Standorten weltweit vertreten. Stammsitz ist seit den Anfängen Isernhagen bei Hannover. Geschäftsführer sind die Söhne des Gründers, Axel und Philipp Bree.

DATEN UND FAKTEN

Markenname: Bree, Nachname des Gründers Wolf Peter Bree

Erfinder: Wolf Peter Bree, 1970

Auszeichnungen:
„iF design award china" (2006)
„Internationaler Designpreis Baden-Württemberg" – Focus Energy (2006)
„red dot award: product design" (2007)
„iF product design award" (2007)

Markenwebsite: www.bree.com

UNTERNEHMEN

Bree Collection GmbH & Co. KG

Hauptsitz: Isernhagen bei Hannover, Deutschland

Bree verwendet für seine Taschen innovative Materialien.

Vorstand: Axel Bree, Philipp Bree

Vertrieb: weltweit über Filialen, Franchise-Shops, Fachhandel, internat. Kauf- und Warenhäuser

KONTAKT

Bree Collection GmbH & Co. KG
Gerberstr. 3
30916 Isernhagen
(0 51 36) 89 76-0
(0 51 36) 89 76-2 29
www.bree.com

Ansprechpartner Presse:
Wencke Lehmann
(0 51 36) 89 76-7 04
w.lehmann@bree.de

Ansprechpartner Marketing:
Lars Maschmeyer
(0 51 36) 89 76-7 07
l.maschmeyer@bree.de

SCHON GEWUSST?

- Bree hat die beleuchtete Taschenserie Nordkap kreiert. Mit dieser Innovation hat die Marke es sogar bis in das russ. und chin. Staatsfernsehen geschafft.
- Die Serie Gum wird aus Gummi hergestellt. Der Naturstoff Kautschuk hat sich als äußerst geeignet erwiesen: Die Taschen sind mechanisch enorm belastbar und temperaturunempfindlich.

BREF

Bref heißt eine Marke, unter der das Unternehmen →Henkel unterschiedliche Reinigungsmittel gegen hartnäckigen Schmutz wie Eingebranntes, Schimmel oder Kalk anbietet. Bref steht für Produkte, die sich durch eine besonders starke Reinigungskraft auszeichnen und in allen Bereichen des Haushalts anwendbar sind - ob Küche, Bad, Terrasse, Garten, Garage oder Wohnmobil. Produkte von Bref sind leicht, schnell und wirkungsvoll einzusetzen. Durch die speziell entwickelte Sprüh- und Schaum-Funktion der Sprühpistole einiger Bref-Varianten lässt sich sowohl schwer erreichbarer wie auch besonders hartnäckiger Schmutz problemlos beseitigen. Das Lead-Produkt ist der *Bref Power Reiniger*, der auch festsitzenden Schmutz wie Kalk, Rostflecken und Seifenreste entfernen kann. Die Produktfamilie von Bref wird durch die Produkte *Bref Power Hygiene* gegen Schimmel, Keime, Bakterien, unangenehme Gerüche, Flecken und Verfärbungen und den *Bref Power Fettlöser*, der mit Aktiv-Soda Eingebranntes, Motoröl oder Ruß löst, ergänzt. Das Logo zeigt auf weißem Hintergrund den Schriftzug Bref in einem kräftigen Rot, dahinter ist eine gelbe, strahlende Sonne zu sehen. Die blaue, fünfeckige Form symbolisiert ein Haus. Die kräftigen Farben und die Sonne sollen das Marken-Merkmal „starke und blitzsaubere Reinigungskraft" unterstreichen. Diese Bildsprache wurde auch bei der Gestaltung des Internetauftritts der Marke beibehalten: Die Farben Rot und Blau dominieren, und auf der Homepage empfängt eine strahlende Sonne die Besucher. Bref wird von Henkel als „ultrastarke" Marke kommuniziert, deren Produkte es jedem Nutzer ermöglichen sollen, Sauberkeit ohne großen Krafteinsatz zu erzielen. Entwickelt wurde Bref in Frankreich und dort 1955 als Marke eingetragen. Henkel France brachte 1977 flüssige Reinigungsmittel mit dem Namen Bref auf dem Markt. Auf dem dt. Markt ist Bref seit dem Jahr 2004 erhältlich und wird internat. vertrieben. Eine 2007 eingeführte Produktinnovation ist der *Bref Power Universal Reiniger*. Er ist für die Anwendung im Wischwasser konzipiert und hilft bei der Reinigung speziell auf großen Flächen Fett, Kalkflecken und anderen Schmutz zu lösen.

Der Bref Power Reiniger ist mit einer speziellen Sprühpistole ausgestattet und dient der Entfernung von Kalk, Rostflecken und Seifenresten.

Bref Power Hygiene Reiniger (Mitte) wirkt gegen Schimmel, Keime, Bakterien und Verfärbungen. Bref Power Universal Reiniger (unten) ist für den Einsatz speziell auf großen Flächen gedacht.

DATEN UND FAKTEN

Markenname: Bref, franz. für kurz, möglicher Hinweis auf die schnelle und unkomplizierte Anwendung des Reinigers

Slogan: „Ultrastark im ganzen Haus" (seit 2004)

Markenregistrierung: 16. 12. 1955, Frankreich (29. 09. 1986, DPMA München)

Markteinführung: 2004 in Deutschland

Innovationen: Bref Chlor-Reiniger als Spray (2005), Bref Power Universal Reiniger (2007)

Markenwebsite: www.bref.de

UNTERNEHMEN

Henkel KGaA

Hauptsitz: Düsseldorf, Deutschland

Weitere Marken: s. → Henkel

Gesamtumsatz: 12,740 Mrd. Euro (2006)

Vertrieb: weltweit in über 125 Ländern

KONTAKT

Henkel KGaA
Henkelstr. 67
40589 Düsseldorf
✆ (02 11) 7 97-0
🖷 (02 11) 7 98-40 08
💻 www.henkel.de

Ansprechpartner Presse:
Marion Schwenker
✉ press@henkel.com

MEILENSTEINE

1971 Henkel übernimmt in Frankreich das Geschäft mit den pulverförmigen Wasch- und Reinigungsmitteln der Lesieur-Cotelle. Dazu gehört auch das Scheuermittel Bref.

1977 Henkel France bringt mit Bref WC und Bref Vitres (Fensterreiniger) flüssige Reinigungsmittel unter der Marke Bref auf den Markt.

2004 Bref wird auf dem dt. Markt eingeführt.

BREITHAUPT KASSEL

Unter der Industriegütermarke Breithaupt Kassel stellt die traditionsreiche F. W. Breithaupt & Sohn GmbH & Co.KG feinmechanisch-optische Instrumente für Winkel- und/oder Richtungsmessungen her. Ihr Produktportfolio umfasst Nivelliere, Theodolite, Kompasse, geodätische Sonderinstrumente und topografische Instrumente. Neben Standardinstrumenten in über 100 verschiedenen Ausführungen entwickelt und produziert das Unternehmen feinmechanisch-optische und elektronische Präzisionsmessinstrumente nach individuellen Kundenwünschen. Zielgruppe sind vor allem Ingenieure und Wissenschaftler aus den Bereichen Industrie, Maschinenbau, Geodäsie, Geologie, Meteorologie und Bergbau sowie aus der Forst-, Land- und Wasserwirtschaft. Breithaupt Kassel verkauft seine Produkte in mehr als 140 Ländern. Das Familienunternehmen wurde 1762 von Johann Christian Breithaupt in Kassel gegründet. Sein Sohn Friedrich Wilhelm gab dem Unternehmen seinen Namen. Das Firmenlogo in seiner heutigen Form ist eine Entwicklung aus jüngerer Zeit und besteht neben einem blauen Fond aus dem Firmennamen, dessen weiße Versalien in der Form eines Prismas gestaltet sind. Das Prisma verweist auf das Kerngeschäft des Unternehmens, die Herstellung feinmechanisch-optischer sowie zunehmend auch opto-elektronischer Messinstrumente. Grundlage des unternehmerischen Erfolgs bilden insbesondere die kontinuierlichen Neu- und Weiterentwicklungen. So schuf man den ersten Digitaltheodoliten und den ersten elektronischen Geologenkompass. Zur Herstellung der nach DIN EN ISO 9001:2000 gefertigten Instrumente verfügt der Hersteller über mehr als 100 Präzisions-, Werkzeug- und NC-Maschinen sowie CNC-Bearbeitungszentren. Das Marketing erfolgt in erster Line über die internat. und nat. Präsenz auf Messen; die Produkte werden weltweit in 140 Ländern vertrieben. Mittlerweile gehört das Unternehmen seit sieben Generationen der Familie Breithaupt und wird in siebter und achter Generation von Hans-Hellmut und Dr. Hans-Friedrich Breithaupt geleitet.

DATEN UND FAKTEN

Markenname: Breithaupt Kassel, Familienname des Gründers Johann Christian Breithaupt

Slogan: „Präzision aus Tradition"

Gründer: Johann Christian Breithaupt, 1762, Cassel (später Kassel)

Innovationen: Digitaltheodolit (1965), elektronischer Ballontheodolit (1988), elektronischer Geologenkompass (1990)

Auszeichnungen:
„1. Preis", Weltausstellung London (1862)
„Goldmedaille", Weltausstellung St. Louis (1904)

Gefügekompass *GEKOM* von Breithaupt Kassel

„Goldmedaille", Weltausstellung Brüssel (1910)
„Hessischer Innovationspreis" für den elektronischen Geologenkompass *Tectronic 4000* (1990)

Literatur:

L. v. Mackensen: 225 Jahre F. W. Breithaupt & Sohn, Feinmechanik aus Kassel (1987)

UNTERNEHMEN

F. W. Breithaupt & Sohn GmbH & Co. KG
Adolfstr. 13
34121 Kassel
✆ (05 61) 7 00 12-0
🖷 (05 61) 7 00 12-18
🖳 www.breithaupt.de

Die Marke Bresso steht für luftig geschlagenen Frisch- und Weichkäse.

BRESSO

Die Konsumgütermarke Bresso steht für Frisch- und Weichkäseprodukte sowie für Feinkostaufstriche. Zu der Produktlinie des luftig geschlagenen Frischkäses gehören Bresso mediterrane Kräuter, Bresso mit Kräutern der Provence, Bresso mit frischem Knoblauch, Bresso Tomate und Basilikum sowie Bresso mit grünem Pfeffer. Das Angebot wird ergänzt durch die Produkte Bresso mit Joghurt, Bresso Balance (mit 15 % Fettanteil) und Bresso Leichtgenuss (8 % Fettanteil). Zu den Weichkäsen der Marke zählt u.a. „Das Prachtstück" in verschiedenen Variationen und Geschmacksrichtungen. Die Feinkostaufstriche sind in den Geschmacksrichtungen Thunfisch, Geflügel und Schinken erhältlich. Die Produktpalette wurde kürzlich durch Weichkäse- und Frischkäsescheiben sowie Bresso Portionen erweitert. Bresso wurde 1976 zunächst als Frischkäsemarke in der Schreibweise „Bressot" in Deutschland eingeführt. Sie steht für eine franz.-mediterrane Esskultur, für einen natürlichen Genuss und hochwertige, frische Zutaten. Das Logo präsentiert den Markennamen in weißen geschwungenen Versalien auf grünem Fond und wird aktuell von dem Slogan „Mediterran genießen ist gesund" begleitet. Zuvor warb die Marke mit den Slogans „Bresso geht immer" (Springer & Jacoby, 2001) bzw. „Mach mal Urlaub aufs Brot" (2003). 2005 wurden die Verpackungen der Bresso-Familie neu gestaltet. Kunden finden auf der Internetseite der Marke ein umfangreiches Angebot an Rezepten, Reportagen, Ernährungstipps, Spielen und Downloads. Bresso ist eine Marke der Edelweiss GmbH & Co. KG in Kempten.

UNTERNEHMEN

Edelweiss GmbH & Co. KG
Oberstdorfer Str. 7
87435 Kempten
✆ (08 31) 25 39-0
🖷 (08 31) 25 39-2 12
🖳 www.bresso.de

Das Logo von Bretz in breiten Pinselstrichen.

BRETZ

Die Marke Bretz steht für exkl., in Handarbeit aus hochwertigen Materialien gefertigte Polstermöbel. Wichtigster Produktbereich sind Sofas, daneben gehören Betten, Essgruppen und Accessoires zum Sortiment. Zu den jüngsten Produktinnovationen zählen Polstermöbel mit → Swarovski-Kristallen. Bretz wirbt damit, dass alle Teile Unikate seien. Die Kunden können für jedes Modell unter ca. 70 Stoffen und Musterungen wählen. Die Marke richtet sich an gut verdienende Kunden, die einen extravaganten, individuellen und luxuriösen Lebensstil pflegen. Der Markenname geht auf Johann Bretz zurück, der das bis heute familiengeführte Unternehmen im Jahr 1895 gründete. Das Logo zeigt den Namenszug der Firma in breiten, dynamisch aufgetragenen Pinselstrichen, wobei die Grundlinie des „z" weit nach rechts verlängert ist. In der Markenkommunikation wird das Logo mit dem Zusatz „manufactured since 1895" verwendet. Diese englischsprachige Formulierung korrespondiert mit der globalen Ausrichtung des Unternehmens: Der Exportanteil liegt bei fast 60 %. Lt. der Allensbach-Studie TOPLevel Living aus dem Jahr 2006 hat die Marke bei den 25 % einkommensstärksten Deutschen einen Bekanntheitsgrad von rund 12 %. 2006 lag der Umsatz nach Angaben des Unternehmens im niedrigen zweistelligen Millionenbereich. Derzeit sind Bretz-Produkte in rund 25 Ländern erhältlich. Für die Zukunft setzt das Label auf den Ausbau des Vertriebs über eigene Bretz-Stores, die es u.a. bereits in Paris, Dubai, Berlin, Köln, Düsseldorf, Stuttgart und München gibt und die zu den wichtigsten Umsatzträgern der Marke gehören.

UNTERNEHMEN

Bretz Wohnträume GmbH
Alexander-Bretz-Str. 2
55457 Gensingen
✆ (0 67 27) 8 95-0
🖷 (0 67 27) 10 30
🖳 www.bretz.de

BRIDGESTONE

Weltweit vertreibt die Bridgestone Corp. Premium-Reifen für Pkw aller Klassen, Busse, Lkw und Spezialfahrzeuge. Daneben umfasst die Produktpalette Bereifung für Landwirtschaftsmaschinen, Motorräder und Flugzeuge. Im Jahr 1931 wurden Unternehmen und Marke von Shojiro Ishibashi in Tokio gegründet, wo sich auch heute noch der Sitz des Mutterkonzerns befindet. Die in den 1980er-Jahren entwickelten und seitdem permanent optimierten Reifen mit Notlaufeigenschaften zählen zu den wichtigsten Produktinnovationen. Daneben hält Bridgestone seit Jahren den Rekord, den größten Radialreifen der Welt zu produzieren. Der schwarze, kursive Markenschriftzug setzt sich aus breiten, serifenlosen Lettern zusammen. Daneben ist der erste Buchstabe in sich rot abgesetzt und von einer Art weißem Pfeil durchzogen. Dynamik, Innovation und High Tech werden auch durch das Design der Wortmarke kommuniziert. Eine besondere Marketingmaßnahme stellt das Engagement von Bridgestone im Motorsport dar. Dem Einstieg in die Formel1 im Jahr 1997 folgten acht Weltmeister- und Konstrukteurstitel, seit 2007 ist Bridgestone zudem alleiniger Reifenlieferant aller Teams. Auch im Motorradsport konnten Teams auf Bridgestone-Reifen zahlreiche Podiumsplätze belegen, in der Saison 2007 wurde das Engagement mit dem WM-Titel in der MotoGP gekrönt. Nach eigenen Angaben ist Bridgestone im Bereich Motorradreifen Marktführer in Deutschland. Weltweit beansprucht das Unternehmen die Marktführerschaft im Segment Baumaschinenreifen. Die 1976 in Hamburg gegründete Bridgestone Deutschland GmbH ist eine 100%ige und gleichzeitig die umsatzstärkste Tochtergesellschaft der Bridgestone Corp. in Europa. Seit 1995 befindet sich der dt. Firmensitz in Bad Homburg. Zum Portfolio von Bridgestone zählen neben Reifen chemische Erzeugnisse und Gummiprodukte, u.a. für die Schifffahrts- und Sportartikelindustrie. Das Unternehmen beschäftigt weltweit über 100.000 Mitarbeiter, davon rund 750 in Deutschland.

DATEN UND FAKTEN

Markenname: Bridgestone, geht zurück auf den Namen des jap. Firmengründers Ishibashi (dt. „Steinbrücke"), wurde umgedreht uns ins Engl. übersetzt

Slogan: „Passion for Excellence" (seit 2004), früherer Slogan: „Ultimate Performance"

Gründer: Shojiro Ishibashi, 1931, Tokio/Japan

Markenregistrierung: 19.07.1984, DPMA München

Markenbekanntheit: 74,8 %, gest. (ADAC Reifenmonitor/GfK Panel, 2006)

UNTERNEHMEN

Bridgestone Deutschland GmbH
Industriestr. 1
61352 Bad Homburg
✆ (0 61 72) 4 08-01
🖷 (0 61 72) 4 08-4 90
💻 www.bridgestone.de

Bridgestone ist alleiniger Reifenausstatter der Formel 1 und Weltmeister 2007 in der MotoGP.

BRIGITTE

Die Dachmarke Brigitte steht für die Medieninhalte, -produkte und -dienstleistungen der Brigitte-Gruppe. Zu ihr zählen die Frauenzeitschriften Brigitte, Brigitte Woman und Brigitte Balance sowie die Internetangebote Brigitte.de und Bym.de. Daneben präsentiert die Marke auch besondere Produktreihen, etwa in den Segmenten Bücher und Hörbücher. Im Logo der Dachmarke erscheint der Markenname in roter Schrift mit Serifen. Die 1954 gegründete Frauenzeitschrift Brigitte erscheint alle 14 Tage und hat nach einer Medienanlayse (MA 2006) die größte Reichweite aller deutschsprachigen Frauenzeitschriften mit 3,6 Mio. Leserinnen. Die Auflage der monatlich erscheinenden Brigitte Woman, die sich an Leserinnen über 40 wendet, liegt im Schnitt bei 296.090 verkauften Exemplaren pro Monat (IVW III/2007). Beim Angebot von Brigitte Balance stehen Themen wie Ernährung, Fitness sowie Medizin im Vordergrund, die Zeitschrift erscheint vierteljährlich. Brigitte.de ist nach eigenen Angaben der erfolgreichste Onlineauftritt eines dt. Frauenmagazins im Internet mit 720.000 Usern im Monat (Quelle: AGOF internet facts 2007-I). Zu den besonderen Angeboten dieser Website gehört u.a. die Ratgeber-Community „no problem". In ihr erhalten User Antworten auf zahlreiche Alltagsfragen. Das Webangebot von Bym.de wendet sich vor allem an junge Frauen und erreicht etwa 40.000 User im Monat (Quelle: AGOF internet facts 2007-I). Generell gilt, dass die Brigitte-Zeitschriften und -Websites zwar hauptsächlich, aber bei weitem nicht nur von Frauen genutzt werden. Dachmarke und Einzelmarken der Brigitte-Gruppe gehören zum Port-

Die Brigitte gibt es bereits seit 1954.

folio des Verlagshauses Gruner + Jahr AG & Co. KG.

UNTERNEHMEN

Gruner + Jahr AG & Co KG
Am Baumwall 11
20459 Hamburg
✆ (040) 37 03-0
🖷 (040) 37 03-56 79
💻 www.brigitte.de

Ideen für den Garten

Das Logo von Brill.

BRILL

Die Konsumgütermarke Brill steht für Garten- und Hausgeräte. Zu den Produkten der gleichnamigen Firma gehören u. a. Elektrorasenmäher, Heckenscheren und Häcksler. 2005 erhielt Brill Auszeichnungen für die „evolution"-Serie: Benzinrasenmäher, die hochkant und damit extrem platzsparend gelagert werden können. Der Markenname leitet sich vom Namen der Firmengründer ab, den Gebrüdern Brill. Das Logo hat sich mehrfach verändert. Heute findet sich der Markenname, gesetzt in weißen, serifenlosen Versalien, in einem roten Oval. In Produktreihen wie „evolution" oder „brillencio" (besonders leise Geräte) manifestieren sich die ständige Entwicklungsarbeit des Unternehmens. 1873 wurde die Firma von dem Brüderpaar Brill gegründet, zunächst, um Werkzeuge und Maschinen herzustellen. Schon 1874 stellte Brill Handrasenmäher her, später folgten Motorrasenmäher. In den späten 1960er-Jahren erlangte Brill bei Handrasenmähern die Marktführerschaft in Deutschland. 2005 übernahm die Brill Gartengeräte GmbH die Firma Gloria, den führenden Anbieter für Garten-Sprühgeräte. Vertrieben werden Brill-Produkte u. a. über den Gartenfachhandel und Baumärkte. Ziel des Unternehmens ist es, auch in Zukunft getreu dem Slogan „Ideen für den Garten" bedarfsgerecht für die Kunden im In- und Ausland „innovative und solide Gartengeräte" herzustellen. Wichtige Themen sind dabei Lärmreduktion und der für Gartenbesitzer geringer werdende Platz zur Unterbringung ihrer Geräte.

UNTERNEHMEN

BRILL GLORIA Haus- und Gartengeräte GmbH
Därmannsbusch 7
58 456 Witten
✆ (0 23 02) 7 00-0
🖷 (0 23 02) 7 00-46
💻 www.brill.de

2006 wurde die Produktpalette von Brillance um die neuartige Coloration Luminance erweitert (Mitte), die Nuance „Dunkelbraun" der Intensiv-Color-Creme ist lt. führendem MaFo-Institut (Juni 2007) die erfolgreichste der Marke Brillance (unten).

BRILLANCE

Die Haarcolorationsmarke Brillance von → Schwarzkopf steht für intensive, modische und lang anhaltende Farben. Zu ihrer Einführung im Jahr 1989 hieß das erste Produkt Poly Color Intensiv-Color-Creme. 1991 wurde der Markename in Brillance geändert. Seit 1998 läuft die Marke unter dem Slogan „Farben so unvergänglich wie ein Brillant". Brillance orientiert sich bei der Nuancenentwicklung an den internat. Fashion-Trends, um besonders modeaffine Frauen anzusprechen. Aus diesem Grund arbeitet Schwarzkopf u. a. mit bekannten Modedesignern zusammen und bringt jährlich eine neue Fashion Collection heraus. Die erste wurde 2002 zusammen mit dem franz. Modeschöpfer Christian Lacroix entwickelt. Es folgten weitere - die aktuelle Fashion Collection Mystic Romance (2007) wurde von der ital. Mode-Designerin Lavinia Biagiotti ausgewählt. Außerdem werden für Brillance stetig neue, innovative Produkttechnologien erforscht. So wurde in 2006 eine Sublinie unter dem Namen *Luminance* eingeführt, das erste Produkt von Brillance, das auch auf dunklem Haar ein intensives Farbergebnis erzeugen kann. Weiterhin brachte Brillance im Jahr 2006 eine Tönungs-Creme auf den Markt, um das bisher existierende Portfolio aus dauerhaft haltbaren Colorationen um eine auswaschbare Produktlinie zu ergänzen. Brillance gehört zur Dachmarke Schwarzkopf. Das Unternehmen Schwarzkopf wurde 1898 in Berlin von dem Apotheker Hans Schwarzkopf gegründet. Aufgestiegen zu einem der größten Haarkosmetikhersteller Europas wurde Schwarzkopf 1995 von der → Henkel KGaA übernommen. Mit ihrem Kosmetik- und Körperpflegebereich setzte die Henkel KGaA im Jahr 2006 2,864 Mrd. Euro in mehr als 125 Ländern um und zählt zu den weltweit führenden Herstellern von Markenprodukten in diesem Bereich.

DATEN UND FAKTEN

Markenname: Brillance, franz. für Glanz bzw. Leuchtkraft

Slogan: „Farben, so unvergänglich und lang anhaltend wie ein Brillant."

Markteinführung: 1989 in Deutschland

Markenregistrierung: 16. 11. 1993, DPMA München

Innovationen: Tönungs-Creme (2006), Luminance (2006)

Die aktuelle Printanzeige der Haarcolorationsmarke Brillance bewirbt die Fashion Collection „Mystic Romance“, ausgewählt von Lavinia Biagiotti.

Markenwebsite: www.brillance.de

Literatur:
Henkel KGaA (Hg.): Chronik 130 Jahre Henkel. (2006)

UNTERNEHMEN

Henkel KGaA

Hauptsitz: Düsseldorf, Deutschland

Weitere Marken: s. → Henkel

Gesamtumsatz: 12,740 Mrd. Euro (2006)

Vertrieb: weltweit in mehr als 125 Ländern

MEILENSTEINE

1989 Einführung der Marke als „Poly Color Intensiv-Color-Creme“ in Deutschland, Österreich und Schweiz

1990 Einführung in Russland und anderen osteuropäischen Ländern

1991 Umbenennung in Poly Color Brillance

1998 Einführung des aktuellen Slogans

2002 Erste „Fashion Collection“ – Farben orientieren sich an den Modetrends der aktuellen Saison.

2006 Einführung der Tönungs-Creme und der Sublinie Brillance Luminance

KONTAKT

Henkel KGaA
Henkelstr. 67
40589 Düsseldorf
✆ (02 11) 7 97–0
🖷 (02 11) 7 98–40 08
💻 www.henkel.de

Ansprechpartner Presse:
Marion Schwenker
✉ press@henkel.com

BRILLUX

Die Brillux GmbH & Co. KG ist nach Unternehmensangabe der führende Direktanbieter und Vollsortimenter im Farben- und Lackbereich in Deutschland. Das Produktsortiment der gleichnamigen Marke umfasst über 12.000 Artikel und reicht von Dispersionen, Lacken, Holzlasuren, Putzen, Dichtstoffen, Klebern, Wandbekleidungen, Bodenbelägen, Tapeten, Wärmedämm-Verbundsystemen, Spezialsystemen für Betonschutz und Betoninstandsetzung, Bodenbeschichtungen, Creativ-Produkten, CreaGlas Gewebe-System, Werkzeugen, Geräten, Maschinen und Zubehör bis zum Brillux Farbsystem. Der Brillux Slogan „..mehr als Farbe“ weist auf die umfangreichen Serviceleistungen des Unternehmens hin. Hierzu zählen kundennahe Beratung und technische Betreuung, maßgeschneiderte Serviceleistungen für Handwerk, Planung, Handel und Industrie wie der Brillux Objektservice, die Entwicklung von Farbgestaltungskonzepten, Seminare und Schulungen sowie ein ausgefeiltes Logistiksystem für just-in-time Lieferungen direkt zur Baustelle. Die „..mehr als Farbe“-Philosophie besteht bereits seitdem die Farbspezialisten Hobrecker und König 1889 den Grundstein für die Marke Brillux legten. Das Traditionsunternehmen mit Hauptsitz in Münster befindet sich in vierter Generation im unabhängigen Besitz der Familie König. Brillux verfügt über vier Produktionsstätten und ein Warenverteilzentrum sowie ein leistungsstarkes Vertriebsnetz mit über 130 Niederlassungen in Deutschland, den Niederlanden, in Österreich und in der Schweiz.

Brillux ..mehr als Farbe

Die „..mehr als Farbe“-Philosophie der Farben- und Lackmarke Brillux besteht bereits seit 1889.

UNTERNEHMEN

Brillux GmbH & Co. KG
Weseler Str. 401
48163 Münster
✆ (02 51) 71 88–0
🖷 (02 51) 71 88–4 39
💻 www.brillux.de

BRIO®

Brio steht für hochwertige Holzspielwaren.

BRIO

Die Marke Brio steht für qualitativ hochwertige und pädagogisch wertvolle Holzspielwaren. 1884 gründete der Korbflechter Ivar Bengtsson im schwed. Osby das Unternehmen. Seitdem entwickelte sich Brio lt. Hersteller zu einem der leistungsfähigsten Spielwaren-Handelsunternehmen in Skandinavien. Das Warenzeichen erschien zum ersten Mal 1930 auf zwei hölzernen Spielzeug-Lastwagen. Das Symbol der Marke, die klassische Holzschienenbahn, kam Mitte der 1950er-Jahre auf den Markt. Inzwischen erweitern moderne Elemente wie batteriebetriebene Fahrzeuge und Loks die Produktpalette. Kinderwagen und -möbel runden das Angebot des Spielzeugherstellers ab. Brio ist lt. Unternehmen mit ca. 500 Mitarbeitern einer der weltweit größten Spielwarenhersteller und -lieferanten. Der Brio Konzern unterhält Dependancen in zehn Ländern und beliefert etwa 50 Länder weltweit. Die dt. Niederlassung wurde 1974 in Schwabach gegründet. Sie erhielt dreimal die Auszeichnung „Handelspartner Nr. 1" des Spielwarenfachhandels. Viele Brio Spielzeuge erhielten das Prädikat „spiel gut„ des Arbeitsausschusses Kinderspiel & Spielzeug e.V. Die Brio Networker, Holzfiguren, die Kleinkindern das System Computer veranschaulichen, bekamen die Auszeichnung „TOP 10 Spielzeug 2006" vom Bundesverband des Spielwarenhandels (BSV). Vor etwa einem Jahr hat sich mit dem Corporate Design auch das Logo entsprechend dem heutigen Lebensstil von Familien geändert: Das gelb-rote Brio Logo auf schwarzem Hintergrund erscheint nun in schlichten großen Druckbuchstaben, die farblich variierbar sind.

UNTERNEHMEN

Brio GmbH Deutschland
O' Brien Str. 3
91126 Schwabach
✆ (0 91 22) 98 97-0
Fax (0 91 22) 98 97-40
www.brio.de

BRISE

Eine hist. Brise Spraydose (Mitte), die Konzernzentrale von SC Johnson in Racine, Wisconsin/USA.

Unter der Marke Brise bietet die SC Johnson GmbH Lufterfrischer für den Haushalt an. Der Markenname soll Assoziationen zu einer Brise frischer Luft erwecken. Hauptprodukt ist das Minispray Brise *One Touch*, ein nachfüllbares System insbesondere für den Einsatz in Bad und WC. Für die in verschiedenen Designs erhältlichen Dufthalter gibt es aktuell Sprays in neun verschiedenen Düften. Des Weiteren versammeln sich unter dem Dach der Marke Brise derzeit Duftkerzen, Sprays, Duftöl-Lichter, dekorative Flacons, Duftgläser sowie Dufthänger für den Haushalt und das Auto. Das seit vielen Jahren nahezu unveränderte Markenlogo zeigt den Brise-Schriftzug in Weiß auf blauem Hintergrund (Pantone 286) und soll beim Verbraucher Frische assoziieren. Eine starke TV-Präsenz ist wesentlicher Bestandteil der Markenkommunikation. Bekannt ist vor allem der kleine asiatische Junge, der über Jahre in den Spots für Brise *One Touch* zu sehen ist. SC Johnson sieht sich mit Brise als

Die aktuelle Verpackung der Brise Duftkerze Vanille

Trendsetter bei Lufterfrischer-Düften und arbeitet kontinuierlich an einer Sortimentsausweitung, um alle Verbraucherbedürfnisse abdecken zu können. Nach Angaben des Herstellers ist Brise in Deutschland einer der Marktführer im Bereich Lufterfrischer. Brise *One Touch* stellt demnach ca. 50 % des Spray-Marktes und ca. 15 % des gesamten Lufterfrischer-Marktes dar. Der familiengeführte Konzern S. C. Johnson & Son Inc. ist weltweit auf Reinigungs-, Pflege- und Insektenschutzmittel spezialisiert und erzielte 2007 einen Umsatz von 7,0 Mrd. USD. Die Produkte der Marke Brise werden weltweit vermarktet, jedoch auch unter dem Markennamen *Glade*. Von den weltweit ca. 12.000 Mitarbeitern des Unternehmens sind rund 100 in Deutschland und Österreich beschäftigt. Die SC Johnson GmbH mit Sitz in Erkrath bei Düsseldorf vertreibt neben Brise u. a. auch die Marken →00 null null, →Pronto, →Paral Raid, →Autan, →Drano, →Oust und →Stahl-Fix.

DATEN UND FAKTEN

Markenname: Brise, Substantiv, mit Assoziation zu „einer Brise frische Luft"

Slogan: „Brise, Düfte für ein schönes Zuhause"

Früherer Slogan: „Brise. Aus Lust am Duft."

Erfinder: SC Johnson & Son, USA

Markenregistrierung: 02. 10. 1979, DPMA München

Innovationen: One Touch Minispray (2000), Duftöl-Licht (2006)

Markenbekanntheit: 26,3 % ungest., 76 % gest. (TNS Infratest, 2006)

Auszeichnungen:
„1. Platz", Produktinnovationen non-food für *Brise Duftöl-Licht* (2006)
„2. Platz", HIT 2007, LebensmittelPraxis für *Brise Duftöl-Licht* (2007)

UNTERNEHMEN

S. C. Johnson & Son Inc.

Hauptsitz: Racine, Wisconsin/USA

Vorstandsvorsitzender: Fisk Johnson

Weitere Marken: weltweit zahlreiche Marken; in Deutschland u. a. →00 null null, → →Autan, →Oust, →Paral Raid, →Pronto, →Drano, →Stahl-Fix

Gesamtumsatz: 7,0 Mrd. USD (2007)

Vertrieb: in über 100 Ländern weltweit

KONTAKT

SC Johnson GmbH
Mettmanner Str. 25
40699 Erkrath
(02 11) 3 02 34-0
(02 11) 3 02 34-2 47
www.scjohnson.de

SCHON GEWUSST?

Zur Produkteinführung von Brise Cocoon im Jahr 1989 verkleidete sich der Komödiant Dirk Bach als laufende Cocoonflasche.

BRITA

Seit über 40 Jahren produziert und vertreibt das Familienunternehmen Brita seine gleichnamigen Wasserfilter auf dem internat. Markt. Neben Tisch-Wasserfiltern und Filterkartuschen für den privaten Bedarf stellt die Brita GmbH auch Wasserfilter für den professionellen Gebrauch in Kaffee- und Espressomaschinen, Getränkeautomaten, Kombidämpfern und Spülmaschinen her. Das Markenlogo zeigt den Trichter eines Tisch-Wasserfilters, durch den Wasser gefiltert wird, und daneben den Brita-Schriftzug. Gegründet wurde das Unternehmen 1966 durch Heinz

Der Design-Wasserfilter Elemaris Cool Chrome von Brita ist mit der neuen Maxtra-Filterkartusche ausgestattet.

Hankammer mit der Idee, herkömmliches Leitungswasser zu optimieren. Das erste Produkt war ein Filter zur Vollentsalzung von Wasser, der noch heute in vielen Kfz-Werkstätten zur Erzeugung von Batteriewasser verwendet wird. Den Durchbruch schaffte die Brita GmbH vier Jahre nach der Firmengründung mit dem ersten Wasserfilter für den Haushalt. Durch ein Gemisch aus Ionenaustauschern und Aktivkohle wird dem Leitungswasser Kalk entzogen, sowie Chlor und leitungsbedingte Schwermetallrückstände reduziert. Auf diese Weise sollen Ablagerungen an den Geräten verhindert und störende Geschmacksstoffe entfernt werden. Der Markenname Brita geht auf die damals einjährige Tochter des Firmengründers zurück. Angefangen als Ein-Mann-Betrieb ist die Brita GmbH heute internat. Marktführer im Bereich der Tischwasserfilter mit Produktionsstätten in Deutschland, Großbritannien, Indien und der Schweiz. Das Unternehmen beschäftigt weltweit 740 Mitarbeiter und erwirtschaftete 2006 einen Umsatz von 218 Mio. Euro. Seit 1999 führt Markus Hankammer, der Sohn des Firmengründers Heinz, das Unternehmen in zweiter Generation der Familie.

DATEN UND FAKTEN

Markenname: Brita, Vorname der Tochter des Firmengründers Heinz Hankammer

BRITA

Brita-Wasserfilter (Mitte) finden auf der ganzen Welt Anwendung. Markus Hankammer (unten) ist Geschäftsführer in zweiter Generation der Gründerfamilie.

Tradition und digitale Welten: Der „Ur-Brockhaus" aus dem Jahr 1811 (Mitte) und der USB-Stick mit der gesamten Enzyklopädie seit 2005 (unten).

Slogan: „Ihre Quelle für Zuhause"

Erfinder: Heinz Hankammer, 1966

Markenregistrierung: 20. 11. 1972, DPMA München

Jahresumsatz: 218 Mio. Euro (2006)

Literatur:
H. Simon: Hidden Champions (1996)

UNTERNEHMEN

BRITA GmbH

Hauptsitz: Taunusstein, Deutschland

Geschäftsführer: Markus Hankammer

Mitarbeiter: 740 (2007)

Gesamtumsatz: 218 Mio. Euro (2006)

Vertrieb: über Tochtergesellschaften und weltweite Vertriebspartner in mehr als 60 Ländern

KONTAKT

BRITA GmbH
Heinrich-Hertz-Str. 4
65232 Taunusstein
✆ (0 61 28) 7 46-0
🖷 (0 61 28) 7 46-3 50
💻 www.brita.de

MEILENSTEINE

1966 Gründung des Unternehmens

1970 Erster Tischwasserfilter kommt auf den Markt.

1980 Erster Wasserfilter für den gewerblichen Bereich und Start internat. Vertrieb

1987 Brita wird in Deutschland zum Synonym für Tischwasserfilter.

1992 Eröffnung des Brita Kindergartens, Start des Recyclingprogramms für Filterkartuschen

1999 Markus Hankammer wird alleiniger Geschäftsführer.

2005 Einführung der Maxtra Filterkartusche inklusive passender Wasserfilter-Systeme

2006 40-jähriges Firmenjubiläum

Ansprechpartner Presse:
Franka Riedel
✆ (0 61 28) 7 46-6 68
✉ friedel@brita.net

Ansprechpartner Marketing:
Anke Binder
✆ (0 61 28) 7 46-9 08
✉ abinder@brita.net

BROCKHAUS

Unter der Marke Brockhaus vertreibt der Verlag Bibliographisches Institut & F. A. Brockhaus AG (kurz BIFAB) enzyklopädische Nachschlagewerke auf dem deutschsprachigen Markt. Das bekannteste Produkt ist die Brockhaus Enzyklopädie, die aktuell in der 21. Auflage vorliegt. In 30 Bänden bündelt die Enzyklopädie lexikalisch aufbereitete Informationen zu rund 300.000 Stichwörtern. Zum Markenportfolio von Brockhaus gehören außerdem ein- und mehrbändige Lexika zu allgemeinen und sachspezifischen Themen sowie Software und Onlineanwendungen. Seit 2005 liegt die Enzyklopädie auch vollständig digital auf einem USB-Stick vor, der durch zwei DVDs mit Fotos, Videos und Audiomaterial ergänzt wird. Der Markenname geht zurück auf Friedrich Arnold Brockhaus, der 1805 in Amsterdam den Verlag Rohloff & Co. gründete. Mit der Motivation, grundlegendes Wissen verständlich aufzubereiten, veröffentlicht Brockhaus 1809 ein Konversationslexikon in acht Bänden. Das Lexikon wird ein Markterfolg und legt den Grundstein für die spätere Brockhaus-Enzyklopädie. Mit dem Erscheinen der dritten Auflage des Lexikons 1814 wird der Verlag in F. A. Brockhaus umbenannt, drei Jahre später zieht der Verlag nach Leipzig um. Im Jahr 1858 wird der geflügelte Greif als Verlagssignet eingeführt, der in diversen Weiterentwicklungen bis heute das Markenlogo von Brockhaus darstellt. Der Greif wurde als Hommage an die Druckkunst ausgewählt, in der er seit dem 15. Jh. häufig Gebrauch findet. In der Folgezeit entwickelt sich die Marke Brockhaus zum Inbegriff des lexikalischen Wissens und zum Synonym für Lexikon im deutschsprachigen Raum. Mit der 15. Auflage im Jahr 1928 erscheint die Enzyklopädie erstmals unter dem Namen „Der große Brockhaus". Nach dem 2. Weltkrieg wird der Leipziger Verlag durch die sowjetische Besatzung enteignet und verstaatlicht. Der 1946 von Eberhard Brockhaus in Wiesbaden gegründete Verlag firmiert ab 1953

Vorstandsmitglied Marion Winkenbach verantwortet das gesamte Brockhaus-Lexikonprogramm: von der Enzyklopädie in 30 Bänden über Speziallexika bis hin zu digitalen Anwendungen.

unter dem alten Namen F. A. Brockhaus. 1984 erfolgt die Fusion von F. A. Brockhaus mit dem Bibliographischen Institut, was die Marken Brockhaus, Meyers und →Duden unter einem Dach vereint. Hauptsitz des neuen Unternehmens ist Mannheim, die Hauptredaktion der Enzyklopädie arbeitet in Leipzig. Im Jahr 1988 wird die Verlegerfamilie →Langenscheidt Mehrheitsaktionär von BIFAB. Nach der Wiedervereinigung werden die Aktivitäten des Leipziger und des Wiesbadener Verlages zusammengeführt. BIFAB beschäftigte 2006 über 450 Mitarbeiter, erwirtschaftete einen Umsatz von 108 Mio. Euro und ist lt. eigenen Angaben dt. Marktführer im Bereich Nachschlagewerke. Allein an der Enzyklopädie arbeiten 66 feste Redakteure sowie rund 1.000 wissenschaftliche Autoren.

DATEN UND FAKTEN

Markenname: Brockhaus, Familienname des Verlagsgründers

Slogan: „Wer mehr weiß, kann mehr bewegen. Brockhaus: das Wissen der Welt"

Gründer: Friedrich Arnold Brockhaus, 1805

Markenregistrierung: 07. 10. 1929, Reichspatentamt Berlin (Warenzeichen Brockhaus)

Innovationen: Brockhaus Enzyklopädie digital: 30 Bände auf einem USB-Stick (2005)

Markenbekanntheit: 90 % gest. (lt. eigenen Angaben)

Literatur:
T. Keiderling: F. A. Brockhaus 1805–2005, Festschrift (2005)

UNTERNEHMEN

Bibliographisches Institut & F. A. Brockhaus AG

Hauptsitz: Mannheim, Deutschland

Vorstand: Ulrich Granseyer, Hans-Jörg Düllmann, Marion Winkenbach

Weitere Marken: →Duden, Meyers, Harenberg, Weingarten, Guinness World Records

Gesamtumsatz: 108 Mio. Euro (2006)

Vertrieb: Buchhandel, Internet, Versand, Warenhäuser (Deutschland, Österreich, Schweiz)

KONTAKT

Bibliographisches Institut &
F. A. Brockhaus AG
Dudenstr. 6
68167 Mannheim
✆ (06 21) 39 01-01
Fax (06 21) 39 01-3 91
www.brockhaus.de

Ansprechpartner Presse:
Petra Singer
✆ (06 21) 39 01-3 87
✉ petra.singer@bifab.de

brühl

www.bruehl.com

Brühl-Polstermöbel werden von 170 Mitarbeitern im bayerischen Bad Steben produziert.

Ansprechpartner Marketing:
Jürgen Sauerhöfer
(06 21) 39 01-4 43

MEILENSTEINE

1805 Gründung der Firma Rohloff & Co. durch F. A. Brockhaus in Amsterdam

1809 Die erste Auflage des Konversationslexikons erscheint.

1837 Gründung des Im- und Exportgeschäfts Brockhaus & Avenarius in Paris und Leipzig

1953 Enteignung des Leipziger Verlages, der Wiesbadener Verlag Eberhard Brockhaus übernimmt die Bezeichnung F. A. Brockhaus.

1984 Fusion von F. A. Brockhaus und Bibiliographisches Institut zur BIFAB

1988 Die Verlegerfamilie Langenscheidt wird Mehrheitsaktionär bei BIFAB.

1998 Die 20. Auflage der Brockhaus Enzyklopädie erscheint als Künstlerausgabe (gestaltet von André Heller).

2005 Das 200-jährige Firmenjubiläum wird in Leipzig und Mannheim begangen, die Brockhaus Enzyklopädie erscheint in der 21. Auflage.

BRÜHL

Die Marke Brühl gehört zur Brühl & Sippold GmbH und steht mit ihren drei Produktlinien *New Classic*, *Advance* und *Innovation* für Sitzmöbel, die sich durch ein besonderes Design auszeichnen – vom Einzelsitz bis hin zu Loungegruppen und sog. Sofabeds mit Auszugsfunktionen. Brühl-Möbel bieten den Kunden besondere Entspannungsfunktionen. Durch ihren Variantenreichtum sollen sie sowohl in private Wohnräume als auch in großzügige Objekte passen. Beispielgebend dafür ist das Modell *Sunrise*: Ein kubischer Korpus wurde mit Reling-Lehnen versehen, die sich je nach Bedarf ausschwenken lassen. Die Lehnen können darüber hinaus auch abgenommen werden, womit sich die Sofas in Gästebetten verwandeln lassen. Mit dieser Erfindung sicherte sich Kati Meyer-Brühl als Designerin den „red dot award: product design" 2006. Der Rat für Formgebung nominierte *Sunrise* zudem für den Designpreis der Bundesrepublik Deutschland 2007. Generell hat die Marke Brühl schon 24 Auszeichnungen und Nominierungen für ihre Möbel erhalten. 2002 erhielt das Unternehmen die Bayerische Umweltmedaille für seine Umweltfreundlichkeit. Brühl setzt verschärft Augenmerk darauf, dass schadstoffarme Materialien verwendet werden und es zur Wiederverwertung von Restmaterialien kommt. Gefertigt werden Brühl-Möbel in Bad Steben von rund 170 Mitarbeitern. Die Marke wird durch den Namen Brühl und ein rotes Viereck rechts neben dem Schriftzug in der Schrift Rotis von Otl Aicher als Logo definiert. Verkauft werden Brühl-Modelle nur von autorisierten Fachhändlern.

DATEN UND FAKTEN

Markenname: Brühl, abgeleitet vom Familiennamen des Gründers

Slogan: „feeling good."

Gründer: Karl Meyer-Brühl, 1935, Bad Steben

Markenregistrierung: 02.07.1998, DPMA München

Markenbekanntheit: 12 % (Wohnen & Leben)

Mitarbeiter: 170

Auszeichnungen:
„red dot award: product design" (2006)
„iF product design award" (2006)
„Designpreis der BRD", Nominierung (2007)

UNTERNEHMEN

Brühl & sippold GmbH
Alter Bad Stebener Weg 1
95138 Bad Steben
(0 92 88) 9 55-0
www.bruehl.com

BRUNO BANANI

bruno banani
NOT FOR EVERYBODY

Werbekampagne des Unterwäsche-Herstellers bruno banani (Mitte), Mehrheitsgesellschafter und Gründer Wolfgang Jassner (unten)

Die Modemarke bruno banani steht für ein umfangreiches Sortiment an Designer-Mode. Neben dem Produktschwerpunkt Unterwäsche runden Socken, Schuhe, Jeans und Sportbekleidung, Düfte, Uhren und Schmuck sowie Möbel und Bettwäsche das Portfolio der Marke ab. Der von Unternehmensgründer Wolfgang Jassner und der Lead-Agentur erfundene Markenname soll Internationalität und eine Verbindung zur Modewelt assoziieren. Beworben werden die Designerprodukte mit dem Slogan „bruno banani. Not for Everybody". Das Unternehmen möchte damit 20- bis 49-Jährige ansprechen, die körperbe-

1998 führte Kosmonaut Nikolai Budarin an Bord der MIR-Station ein Testprogramm mit der Unterwäsche von bruno banani durch.

wusst und modern sind. Die limitierte Unterwäsche des 1993 in Sachsen gegründeten Unternehmens wird ausschließlich in Deutschland gefertigt. Sie trägt den Markennamen in Schwarz oder Weiß als Logo. bruno banani macht mit seinen Werbekampagnen und medienträchtigen Aktionen auf sich aufmerksam. So wurde die Unterwäsche 1998 von Kosmonauten an Bord der Weltraumstation MIR auf Qualität getestet und beansprucht für sich seitdem das Prädikat *space proof.* bruno banani unterstützte 2005 den Aktionskünstler HA Schult bei seiner Aktion *Trash People* in Brüssel und entwarf dazu eine eigene *Trash*-Kollektion. Für Aufsehen sorgte eine Promotion-Aktion, bei der das Unternehmen eine sog. *underwear control*-Patrouille in dt. Großstädten Unterwäsche-Kontrollen bei Männern durchführen ließ. 2007 lancierte das Unternehmen die Produktinnovationen *bruno banani interior design* und *bruno banani Lederwaren* auf dem Markt. bruno banani ist nach eigener Aussage Marktführer im Einstiegssegment der Designermarken und beschäftigt 110 Mitarbeiter im Kerngeschäft und 500 für die Herstellung von Lizenzprodukten. 2007 liegt der Gesamtumsatz des Unternehmens bei über 60 Mio. Euro.

DATEN UND FAKTEN

Markenname: bruno banani, Kunstwort

Slogan: „bruno banani. Not for Everybody"

Erfinder: Wolfgang Jassner und Gerhard Fischbach, 1993, Mittelbach

Markenregistrierung: 15. 06. 1993, DPMA München

Werbespendings: ca. 6 Mio. Euro (2007)

Literatur:
W. Jassner u. G. Fischbach: Wachstumschancen einer Unterhose – oder wie man einen Markt erregt (2003)

UNTERNEHMEN

bruno banani underwear GmbH

Hauptsitz: Chemnitz, Deutschland

Vorstand: Wolfgang Jassner, Klaus Jungnickel, Jan Jassner

Gesamtumsatz: über 60 Mio. Euro (2007)

Vertrieb: über den Wäschefachhandel und über Lizenzen

KONTAKT

bruno banani underwear GmbH
Mauersberger Str. 5
09117 Chemnitz
✆ (03 71) 84 23 40
🖷 (03 71) 85 25 69
💻 www.brunobanani.de

Lead-Agentur:
plenum stoll & fischbach GmbH
💻 www.stoll-fischbach.de

SCHON GEWUSST?

- 2001 unterzogen Mini-U-Boote die Produkte von bruno banani am Bermuda-Dreieck in 4.800 m Tiefe einer Wäsche- und Faserprüfung.
- Bei einer weiteren Aktion kleidete das Unternehmen Crash-Test-Puppen mit Unterwäsche ein, die der enormen Belastung bei Unfällen standhielt.

BÜBCHEN

Der Ursprung der Marke Bübchen geht auf den Firmengründer Ewald Hermes zurück, der um 1945 für seinen Sohn einen Beruhigungstee entwickelte. Dieser Tee legte den Grundstein für die Marke Bübchen, zu der später Pflegeprodukte für Kinder und Erwachsene hinzukamen. Ab 1951 produzierte das Bübchen Werk in Soest auch Crémes und weitere Pflegeprodukte vor allem für Kleinkinder. Seit 1983 gehört das Werk in Soest und die Marke Bübchen zum Nestlé Konzern, der die Produktpalette ständig weiterentwickelt. Zur Palette gehören neben Shampoos und Ölen zum Baden auch verschiedene Reinigungs- und Pflegemilchsorten. Bei der Herstellung der Hauptpflegeprodukte setzt das Unterneh-

Zur Produktpalette von Bübchen gehören neben Shampoos und Ölen zum Baden auch verschiedene Reinigungs- und Pflegemilchsorten.

men zum größten Teil pflanzliche Wirkstoffe ein: Calendula, Kamille und Lindenblüten werden ebenso verarbeitet wie Jojoba-, Wildrosen- oder Sonnenblumenöl. Die Marke hat einen Bekanntheitsgrad von ungest. 75 %, gest. Umfragen ergaben 99 % (Marketingkontrolle GDP, Hamburg, 2007). Der kleine Junge, das „Bübchen", soll eine Assoziation zu kleinen Kindern und Babys herstellen, für die die Pflegeserie hauptsächlich gedacht ist. Aber auch für Erwachsene - z. B. Schwangere und junge Frauen - konzipiert Bübchen eigene Hautpflegeprodukte. Das Logo von Bübchen, das in einer hellblauen und dunkelblauen Farbkombination gehalten ist, wurde seit seiner Entstehung häufig verändert: So musste der kleine sitzende Junge, der über einem blauen Oval saß, dem heute gültigen Logo weichen. Nach Firmenangaben arbeiten über 100 Mitarbeiter in der Fabrikation.

UNTERNEHMEN

Bübchen Werk Ewald Hermes
Coesterweg 37
59494 Soest
(0 29 21) 7 06-0
(0 29 21) 7 06-59
www.buebchen.de

BUDERUS

Buderus

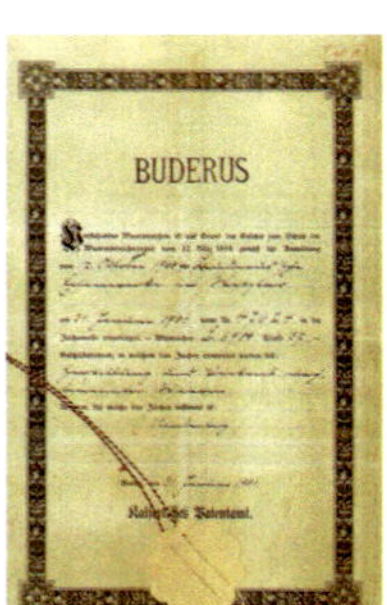

Das Logo mit dem Markenschriftzug (oben), hist. Gussheizkessel (Mitte), die Urkunde des Kaiserlichen Patentamtes zum Markeneintrag von Buderus vom 31. 01. 1901 (unten)

Mit der Marke Buderus bietet die Bosch Thermotechnik GmbH eine breite Palette an Heiztechnik-Systemen. Zum Produktprogramm gehören Systeme für Öl, Gas, Holz und Pellets, Regelsysteme, Wärmepumpen, Speicher-Wasserwärmer, Flachheizkörper und Solaranlagen sowie das entsprechende Zubehör von Rohr- über Abgassysteme bis hin zu Tanks. Zur Zielgruppe zählt Buderus einerseits Fachkunden wie z. B. Heizungsbauer, Architekten oder Fertighaushersteller und anderseits Endverbraucher. Am Markt platziert sich die Marke als Komplettanbieter, der intensive Beratung und modulare Systeme liefert. Dabei steht der Qualitätsanspruch im Vordergrund. Buderus vertreibt das Programm über ein eigenes Niederlassungsnetz mit derzeit 51 Standorten an den Heizungsfachbetrieb. Nach Herstellerangaben ist Buderus eine der europaweit meistverkauften Marken im Bereich Heiztechnik. Zu den neuesten Entwicklungen der Firma gehört der Öl-Kompaktheizkessel *Logano plus GB125*, der mit allen Heizölqualitäten und unabhängig von der Raumluft betrieben werden kann. Das Textlogo besteht aus dem durch einen

Ein Einblick in das Portfolio von Buderus

Unterstrich betonten Markenschriftzug in der Typografie Folio. In seiner Außendarstellung setzt Buderus bevorzugt warme Farben ein und zeigt Wohn- und Arbeitssituationen, die Assoziationen an ein behagliches und angenehmes Klima hervorrufen sollen. Die Ursprünge der Marke Buderus gehen bis in das Jahr 1731 zurück. Johann Wilhelm Buderus I. gründete zu dieser Zeit bei Laubach (Hessen) die Friedrichshütte und produzierte zunächst Ofenplatten. Im Jahr 1895 kam die Heizkesselproduktion hinzu und seit 1913 ist Buderus Komplettanbieter. Durch den Zusammenschluss der Buderus Heiztechnik GmbH mit Bosch Thermotechnik erfolgte 2004 die Umfirmierung in BBT Thermotechnik GmbH. Mit Stammsitz in Wetzlar beschäftigte BBT Thermotechnik GmbH im Jahr 2006 12.876 Mitarbeiter.

DATEN UND FAKTEN

Markenname: Buderus geht zurück auf den Familiennamen des Unternehmensgründers Johann Wilhelm Buderus I.

Slogan: „Wärme ist unser Element"

Gründer: Johann Wilhelm Buderus I.

Markenregistrierung: 13. 01. 1901, Kaiserliches Patentamt Berlin

Innovationen: Logano plus GB125 (2007)

Literatur:
BBT Thermotechnik: Feuer und Eisen - 275 Jahre Wärme von Buderus (2006)

UNTERNEHMEN

Bosch Thermotechnik GmbH

Hauptsitz: Wetzlar, Deutschland

Vorsitzender Geschäftsführer: Dr. Joachim Berner

Mitarbeiter: 12.876 (2006)

Gesamtumsatz: 2.831 Mio. Euro (2006)

Vertrieb: weltweit

KONTAKT

Bosch Thermotechnik GmbH
Buderus Deutschland
Sophienstr. 30–32
35576 Wetzlar
✆ (0 64 41) 4 18–0
🖷 (0 64 41) 4 65 02
✉ info@buderus.de
🖳 www.buderus.de

MEILENSTEINE

1731 Gründung von Buderus in Laubach, Oberhessen

1898 Erstes eigenes Gussheizkessel-Patent und Aufnahme der Radiatorenerzeugung

1918 Buderus liefert erstmalig einen Großkessel mit Öl-Feuerung.

1962 Ein besonderer Meilenstein: Das erste wandhängende Heizwertgerät.

1983 Mit dem Ecomatic-Plus erlangt die Buderus -Brennstofftechnologie Serienreife.

1997 Integration der Solartechnik durch Übernahme der Solar Diamant Systemtechnik GmbH

2004 Aus Buderus Heiztechnik GmbH und Bosch Thermotechnik entsteht die BBT Thermotechnik GmbH.

2008 Umfirmierung in Bosch Thermotechnik GmbH

BUDWEISER BUDVAR

Die Biermarke Budweiser Budvar steht für eine Auswahl an Biersorten, zu denen u. a. das *Czech Premium Lager* oder *Dark Lager* zählen. Die Marke ist keinesfalls mit der US-amerikanischen Biermarke *Budweiser* der Brauerei Anheuser-Busch zu verwechseln, die erst viel später auf den Markt kam. Die Biere der tschechischen Traditionsbrauerei, die 1895 als Aktienbrauerei in Budweis gegründet wurde, werden mit Saazer Doldenhopfen, mährischem Malz und Quellwasser aus jahrhundertealten, artesischen Brunnen gebraut. Nach der Gärung lagert Budweiser Budvar etwa 90 Tage gekühlt in Tanks. Getrunken wird das mild schmeckende Bier lt. Unternehmen vornehmlich von Männern und Frauen zwischen 30 und 40 Jahren. Seit 2004 bietet Budweiser Budvar das Schwarzbier *Dark Lager* an, das vier teilweise geröstete Malzsorten enthält. Zu erkennen sind die Biere von Budweiser Budvar an ihrem roten Schriftzug mit schwarzem Schlagschatten vor einem silbernen Ritter-Emblem. Darüber steht das blau-rot-goldene Siegel der Budweiser Bürgerschaft. Der Markenname geht zurück auf den Herkunftsort des Bieres, die böhmische Stadt Budweis, und bedeutet wörtlich übersetzt „Budweiser Budbräu". 2005 und 2006 gestaltete die Brauerei ihre Verpackungen neu. Budweiser Budvar wird nun einheitlich in grüne Flaschen abgefüllt. Helles Budweiser Budvar Lager wurde in Prag von den Lesern der Zeitschrift „Bierkurier" seit 2000 jedes Jahr zum Bier des Jahres gewählt. In Deutschland können Verbraucher zzt. *Czech Premium Lager* und *Budweiser Dark Lager* kaufen. Speziell für den US-amerikanischen Markt, auf dem wegen des Markenstreits mit der Brauerei Anheuser-Busch kein Budweiser Budvar verkauft werden darf, kreierte das Unternehmen die Marke *Czechvar*. Das Unternehmen Budweiser Budvar beschäftigte im Jahr 2006 673 Mitarbeiter und hat seinen Hauptsitz in České Budějovice (Budweis). Internat. setzte es im gleichen Jahr in über 50 Ländern etwa 1,15 Mio. hl Bier ab. 17 % des Gesamtabsatzes entfielen dabei auf Deutschland.

Ein Blick in das Sudhaus von Budweiser Budvar in der böhmischen Stadt Budweis

DATEN UND FAKTEN

Markenname: Budweiser Budvar, tschechisch Budweiser Budbräu, abgeleitet vom Herkunftsort, der böhmischen Stadt Budweis

Slogan: „Treasured by Generations"

Markenregistrierung: 25. 02. 1993 (als Wort-Bildmarke in Deutschland), DPMA München

Innovationen: Budweiser Budvar Dark Lager (2004)

Markenbekanntheit: 90 % gest. (Ipsos, 2006)

Unter dem Logo eine Flasche Budweiser *Dark Lager*, darunter die Abfüllanlage mit den grünen Flaschen für das *Czech Premium Lager* im Bild

Jahresabsatz: 1,15 Mio. hl (2006, alle Biersorten)

Auszeichnungen:
u. a. „Bier des Jahres" für Helles Budweiser Budvar, Zeitschrift „Bierkurier" Prag (2000–2007)
„Silbermedaille" für Helles Budweiser Budvar, Brewers Association, Seattle USA (2006)

Markenwebsite: www.original-budweiser.cz

Literatur:
M. Jackson: Great Beer Guide. (2000)
Dr. I. Hajn: Budweiser Budvar im neuen Jahrtausend. (2002)

UNTERNEHMEN

Budweiser Budvar N. C. (Nationalunternehmen)

Hauptsitz: České Budějovice, Tschechische Republik

Generaldirektor: Jiri Bocek

Weitere Marken: Budejovicky Budvar, Czechvar, Bud Super Strong

Gesamtumsatz: 2,4 Mrd. CZK (2006)

Vertrieb: in über 50 Länder weltweit über LEH, Getränkehandel, Gastronomie

SCHON GEWUSST?

Bier aus Budweis wurde bereits 1872 in die USA exportiert. Wenig später begann der deutschstämmige Geschäftsmann C. Conrad dort US-amerikanisches Bier unter dem Namen *Budweiser Lager Bier* zu verkaufen. Diese Marke übertrug er 1891 an den US-amerikanischen Brauereikonzern Anheuser-Busch. Als dieser 1907 die Marke Budweiser für sich registrieren ließ, protestierten die tschechischen Budweiser-Brauereien. Schließlich erkannte die tschechische Brauerei die Gültigkeit der Registrierung an, behielt sich aber das Recht vor, auf der ganzen Welt ihre Produkte unter der Marke Budweiser und mit dem Attribut *Original* zu verkaufen. 1939 verpflichtete sich Budweiser Budvar, die Schutzmarke *Budweiser* in den USA nicht mehr zu verwenden. 2004 verlieh die EU Budweiser Budvar Markenrechtsschutz als Ursprungsmarke.

KONTAKT

Budejovicky Budvar
Karoliny Svetle 4
37021 České Budějovice
+42 03 87 70 51 11
+42 03 87 31 11 35
www.budweiser-budvar.cz

Ansprechpartner Presse:
Petr Samec
+42 03 87 70 52 84
petr.samec@budvar.cz

Ansprechpartner Marketing:
Marek Honetschläger
+42 03 87 70 52 88
marek.honetschlager@budvar.cz

Tochterunternehmen in Deutschland:
Budweiser Budvar Importgesellschaft mbH
www.budvar.de

BUER

Buer steht für Regeneration und Stärkung des Nervensystems.

Buer ist eine pharmazeutische Marke, die 1935 von dem dt. Arzt Dr. Buer unter dem Namen Dr. Buer's Reinlecithin in Faszikelform auf den Markt gebracht wurde. Der Hauptinhaltsstoff Lecithin in hochwertiger Qualität dient bei Erschöpfungszuständen zur Regeneration und Stärkung des Nervensystems und hat den Zulassungsstatus eines Arzneimittels. Zielgruppe sind lt. Hersteller leistungsorientierte Personen ab 50. Seit 1955 wurde Buerlecithin in flüssiger Form verkauft. Ab 1970 ergänzten mit Vitaminen angereicherte Produkte und Kaudragees das Sortiment. Außer in Deutschland wird Buer Lecithin auch in Österreich, der Schweiz und Polen vertrieben. 2006 betrug der Jahresumsatz in Deutschland 3,7 Mio. Euro. Die Markenbekanntheit von Buer liegt in der Zielgruppe 50 + lt. GfK 07/2007 bei 11,9 %, die von Buer Lecithin bei 88,1 %. Das Produkt gehört zu den Top 5 Tonika und Stärkungsmitteln und ist lt. AC Nielsen, Abverkauf 2007 das bedeutendste Lecithin-Produkt auf dem dt. Markt. Prominenter Werbeträger war der Schauspieler Heinz Weiss. Die Verpackung wurde über die Jahrzehnte hinweg modernisiert. Dominierende Farben sind Grün, Rot und Gold, seit 1985 ergänzt die Abbildung der Lecithin-Pflanze den Schriftzug. Hausfarbe ist Pantone 187 cvc. 1982 übernahm die damalige Firma Roland Arzneimittel GmbH, die heute unter dem Namen Nycomed Deutschland GmbH firmiert, die Marke. Entscheidende Veränderung war die Entkoppelung des Namen Buer im Jahr 2004 zur Schaffung einer neuen Dachmarke. Der aktuelle Slogan lautet: „Buer – Tue was für Dich!".

UNTERNEHMEN

Nycomed Deutschland GmbH
Moltkestr. 4
78467 Konstanz
(08 00) 2 95 33 33
(08 00) 2 95 55 55
www.buer.com

BUGATTI

Bugatti ist eine internat. Bekleidungsmarke und steht für Herrenbekleidung der gehobenen Mittelklasse. Im Segment Business umfasst das Angebot u. a. Anzüge, Sakkos, Mäntel und Schuhe. Dazu kommen Produkte aus den Bereichen Casual, Accessoires sowie Bed & Bath. Die seit 1979 registrierte Marke Bugatti gehört zur Brinkmann-Gruppe mit Sitz im westfälischen Herford. Bugatti positioniert sich als Modern-Classic-Marke. Die höchsten Bekanntheits- und Kaufbereitschaftswerte hat Bugatti bei Männern zwischen 30 und 50 Jahren. Lt. GfK (2006) ist Bugatti mit 53 % eine der bekanntesten Herrenbekleidungsmarken. Bugatti sieht sich insbesondere als Vorreiter durch den Einsatz innovativer Textilien, etwa die Verwendung bügelfreier, atmungsaktiver und schnell trocknender Stoffe für Businesshemden sowie wind- und wasserfestes Gore-Tex und temperaturregulierendes Outlast für Outdoorbekleidung. Die Wortmarke setzt sich aus serifenlosen, schwarzen Minuskeln zusammen. Dazu kommt der Claim „Relax. You're dressed." Zur Vermittlung des ital. geprägten Modestils trägt auch eine Imagekampagne bei, die seit drei Jahren zweimal jährlich mit neuen Motiven für die Marke wirbt. Ein Fashion-Team gibt daneben Stilvorgaben für die eigenen Firmen ebenso wie für die Lizenznehmer und garantiert so, dass Bugatti auf dem Markt als Einheit wahrgenommen wird. Dabei liegt der Schwerpunkt auf Funktionalität, die zum Markenkern gehört. Zur 1947 gegründeten Brinkmann-Gruppe gehören heute sieben Unternehmen, unter ihnen die F. W. Brinkmann GmbH mit den Marken Bugatti und *Doris Hartwich*. Die Gruppe exportiert mit einer Quote von über 50 % in über 50 Ländern mit dem Schwerpunkt Italien und ist dort größter dt. Modeimporteur. Insgesamt vergibt bugatti zudem Lizenzen an 13 Lizenznehmer. Im Jahr 2006 erwirtschaftete die Brinkmann-Gruppe mit 1.250 Mitarbeitern in Deutschland 245 Mio. Euro.

DATEN UND FAKTEN

Markenname: Bugatti, Familienname mit ital. Ursprung

Slogan: „Relax. You're dressed."

Markenregistrierung: 11. 10. 1979, DPMA München

Markenbekanntheit: 53,2 % gest. (GfK, Jahr)

Jahresumsatz: 245 Mio. Euro

UNTERNEHMEN

F. W. Brinkmann GmbH
Waltgeristr. 1–5
32049 Herford
(0 52 21) 88 40
(0 52 21) 88 42 81
www.bugatti.de

BUITONI

Die Konsumgütermarke Buitoni gehört zum Segment Produkte für die Küche der Nestlé Deutschland AG. Mit 18 Sorten Pasta und einem umfangreichen Sortiment an Saucen und Pestos richtet sich die Marke an Konsumenten, die den Geschmack authentischer ital. Lebensmittel schätzen. Ihren Ursprung hat die Marke in Sansepolcro, einem Dorf in der Toskana. Dort eröffnete Guilia Buitoni im Jahr 1827 eine der ersten Pasta-Manufakturen Italiens. Sie verwendete ausschließlich die Hartweizengrieß-Sorte Durum, die den Pastaprodukten ein goldgelbes, lichtdurchlässiges Aussehen verleiht und zugleich für Aroma und einen festen Biss nach dem Kochen sorgte. So schuf Guilia Buitoni lt. Unternehmensangaben, die bis heute gebräuchlichste Rezeptur für ital. Pasta und institutionalisierte den beliebten al-dente-Biss. 1856 eröffnete die Italienerin ihre zweite Manufaktur, 1870 wurden die Buitoni-Pastavariationen auf der Weltausstellung in Paris mit der Goldmedaille geehrt. Die Marke, benannt nach der Erfinderin, konnte sich weiter durchsetzen. Heute belegt eine GfK-Studie (2006) für Buitoni einen Bekanntheitsgrad von 69 % bei den dt. Verbrauchern. Zum Corporate Design der Marke zählt neben der grünen Grundfarbe der Verpackungen auch der Namensschriftzug in einem hellen, kräftigen Rot. Vertrieben werden die Produkte weltweit in über 50 Ländern über den Nestlé-Konzern. Die Nestlé-Gruppe erwirtschaftete im Jahr 2006 mit weltweit 265.000 Mitarbeitern einen Umsatz von 58,7 Mrd. Euro und

bugatti

Bugatti steht für Herrenbekleidung der gehobenen Mittelklasse.

Buitoni

Als Guilia Buitoni im November 1827 ihr Unternehmen im toskanischen Sansepolcro gründete, entstand eine der ersten Pasta-Manufakturen Italiens.

Der dän. Frischkäse Buko ist seit den 1950er-Jahren auch in Deutschland erhältlich.

gilt als größter Nahrungsmittelkonzern der Welt (BIC - Business Information Center, 4/2006).

UNTERNEHMEN

Nestlé Deutschland AG
Lyoner Str. 23
60528 Frankfurt/Main
(0 69) 66 71-1
www.nestle.de

BUKO

Die internat. Lebensmittelmarke Buko steht für Frischkäseprodukte aus nur natürlichen Zutaten. Die Bezeichnung der von dem Dänen Krag Hansen 1932 in Kopenhagen erfundenen Marke ist ein Kunstname, der sich aus dem Tierlaut „buh" und dem Wort „Ko" (dän. für Kuh) zusammensetzt. In der ebenfalls 1932 gegründeten The Buko Cheese Factory begann man im Jahr 1952 mit der Frischkäseherstellung, und bald nach Aufnahme der Produktion folgte der Export nach Deutschland und Italien. Heute zeichnen sich Buko-Produkte durch die Verwendung von nur natürlichen Zutaten und den Verzicht auf künstliche Zusatzstoffe wie Verdickungsmittel Geschmacksverstärker und Konservierungsstoffe aus. Die Produktpalette umfasst 15 verschiedene Geschmacksrichtungen, wobei das 2004 eingeführte Länderkonzept mit *Buko Toskana, India, Provence* und *TexMex* die neueste Innovation darstellt. Buko-Produkte erzielen jährlich einen Absatz von rund 10.000 t, was ca. 50 Mio. Packungen entspricht. Das Logo zeigt den in weiß gehaltenen Markenschriftzug auf rotem Grund, der von einem weißen Rahmen umschlossen wird. Im Jahr 2007 erfuhr diese Konzeption ihre letzte Modifikation: Die 3D-Optik und weichere Konturen sollen das Logo insgesamt moderner und weiblicher erscheinen lassen. BUKO war vielen Konsumenten noch durch die Verpackung mit der Silberfolie bekannt. Seit Anfang der 1980er-Jahre wird Buko in einem mit bedruckter Alufolie und durchsichtigem Deckel bedeckten Plastikbecher angeboten. Durch die Fusion der dän. bzw. schwed. Molkereibetriebe MD Foods und Arla im Jahr 1999 gehört die Marke Buko heute zur Molkereigenossenschaft Arla Foods. Das Sortiment umfasst neben Frischkäse u.a. auch Hart- und Schnittkäse, geriebenen oder Blauschimmelkäse. In Deutschland ist Arla durch die Marketing- und Vertriebsgesellschaft Arla Foods GmbH in Düsseldorf vertreten. Mit 63 Mitarbeitern erwirtschaftete die GmbH einen Jahresumsatz von 227 Mio. Euro (2006).

DATEN UND FAKTEN

Markenname: Buko, Tierlaut der Kuh *buh* und *ko* (dän. für Kuh)

Erfinder: Krag Hansen, 1932

Markenregistrierung: 07.06.1941, Danish Department of Trademark Office (09.07.1959, DPMA München)

Innovationen: Buko Provence, Buko TexMex, BUKO India, BUKO Toskana (Länderkonzept, 2004 ff.)

Markenbekanntheit: 90 % ungest. (GfK, 2007)

Jahresumsatz: 227 Mio. Euro (Arla Foods in Deutschland, 2006)

Werbespendings: 3.202.000 Euro (GfK, CS 12/2006)

Markenwebsite: www.buko.de

UNTERNEHMEN

ARLA FOODS GmbH
Großenbaumer Weg 6
40472 Düsseldorf
(02 11) 4 72 31-0
(02 11) 4 72 31-66
www.arlafoods.de

BULGARI

Bulgari ist die Luxusmarke der Bulgari S.p.A., unter der Schmuck, Uhren, Accessoires, Parfum, Handtaschen und andere Luxusartikel hergestellt und vertrieben werden. Die Produkte orientieren sich traditionell u.a. an der klassischen griech.-röm. Ästhetik und der ital. Renaissance, zeigen aber gleichzeitig moderne Elemente. Zusätzlich werden unter der Marke zwei Bulgari-Hotels in Mailand und auf Bali geführt. Bulgari betreibt in exkl. Geschäftslagen 232 Läden in 40 Ländern. Ca. 40 % des Unternehmensumsatzes entfallen auf Schmuckherstellung und -vertrieb. Der Markenname Bulgari leitet sich vom Familiennamen des Unternehmensgründers ab, des griechischen Silberschmieds Sotirio Boulgaris, der Mitte des 19. Jh. nach Italien auswanderte und 1884 sein erstes Ladengeschäft eröffnete. Das Logo zeigt den Markennamen in der Schreibweise BVLGARI. In den 1950er- und 1960er-Jahren wurde die Marke im internat. Jetset beliebt, in den 1970er-Jahren folgte eine erste Expansionsphase in große europäische Metropolen und nach New York. Später wurden weitere Unternehmen hinzugekauft und unter der Bulgari Group zusammengeführt. Innerhalb der Gruppe, die 52 Unternehmen umfasst, ist die Bulgari S.p.A. für Produktentwicklung, Marketing, Finanzen, Informationstechnologie und Personalwesen zuständig. 51,47 % der Bulgari Group befinden sich im Besitz der Familie Bulgari, der Rest in Streubesitz. 2006 konnte ein Umsatz von 1,01 Mrd. Euro mit 3.186 Mitarbeitern erzielt werden.

UNTERNEHMEN

Bulgari S.p.A.
Lungotevere Marzio, 11
00 186 Rom, Italien
✆ (00 39) 0 66 88 10-1
🖷 (00 39) 0 66 88 10-789
🖳 www.bulgari.com

BULLRICH

Der Apotheker August Wilhelm Bullrich führte *Bullrich Salz* etwa Mitte des 19. Jhs. als Mittel gegen Sodbrennen und Magenbeschwerden auf dem dt. Markt ein. Damit dürfte Bullrich Salz einer der ältesten Markenartikel in Deutschland sein. Mittlerweile hat sich Bullrich zu einer Dachmarke für Gesundheitsprodukte entwickelt. Das Produktportfolio umfasst das traditionelle Arzneimittel *Bullrich Salz*, ein Monosubstanzprodukt aus Natriumhydrogencarbonat gegen Sodbrennen und säurebedingte Magenbeschwerden, das Nahrungsergänzungsmittel *Bullrich's Vital* mit seinen basischen Mineralsalzverbindungen zur Unterstützung des Säure-Basen-Haushaltes und *Bullrich's Heilerde* Medizinprodukte zur Anwendung bei einer Vielzahl von Gesundheitsproblemen der heutigen Zeit. Innerlich angewendet dienen sie u.a. der Darmsanierung, Entgiftung und Entschlackung, äußerlich gegen Muskel- und Gelenkbeschwerden sowie bei Haar- und Hautproblemen. Die Produkte gibt es zum Einnehmen in Pulverform und als Zellulose-Kapseln und für die äußerliche Anwendung als Pulver, gebrauchsfertige Paste und Gesichtsmaske. Das Unternehmen beansprucht für alle drei Marken die Marktführerschaft im DM-/LEH-Bereich. Das Markenlogo von Bullrich Salz zeigt eine gezeichnete Abbildung des Erfinders und soll Originalität, Tradition und Qualität signalisieren. Vermarktet werden die Produkte in Deutschland, Österreich und Italien. Aufmerksamkeitsstarke Werbung in TV und Printmedien wird von namhaften Agenturen gestaltet. Bullrich ist wie → Blistex eine Marke von → delta pronatura. Das Unternehmen mit Sitz in Egelsbach wird in dritter Generation von Heinrich Beckmann und Gerhard Krauss geleitet. delta pronatura plant für die Zukunft, das Produktportfolio der Dachmarke Bullrich kontinuierlich zu erweitern und auszubauen.

Historische Verpackung von Bullrich-Salz in Tablettenform.

DATEN UND FAKTEN

Markenname: Familienname des Erfinders

Slogan: „Mit Bullrich geht's mir gut"

Früherer Slogan: „Bullrich – alles bestens" (ca. 1999)

Erfinder: August Wilhelm Bullrich, ca. 1830

Markenregistrierung: 12. 11. 1895, Kaiserliches Patentamt Berlin

Innovationen: Bullrich's Heilerde gebrauchsfertige Paste zum Auftragen

Markenbekanntheit: 83 % gest., Bullrich Salz (Mediatransfer,2007)

Markenwebsite: www.bullrichs-heilerde.de

Literatur:
M. Gerschwitz: Bullrich-Salz. Marke, Mythos, Magensäure (2007)

UNTERNEHMEN

delta pronatura
Dr. Krauss & Dr. Beckmann KG

Hauptsitz: Egelsbach, Deutschland

Vorstand: Heinrich Beckmann, Gerhard Krauss

Weitere Marken: → Blistex, → Dr. Beckmann, DDD

Vertrieb: Deutschland, Österreich und Italien

Das klassische Bullrich-Salz gegen Sodbrennen (Mitte), Erfinder von Bullrich Salz August Wilhelm Bullrich (unten)

bulthaup

bulthaup entwickelt und gestaltet hochwertige Systeme und Produkte für die Küche und andere Lebensräume.

KONTAKT

delta pronatura
Dr. Krauss & Dr. Beckmann KG
Kurt-Schumacher-Ring 15–17
63329 Egelsbach
✆ (0 61 03) 40 45–0
🖷 (0 61 03) 40 45–1 90
💻 www.delta-pronatura.de

Ansprechpartner Presse:
Silke Westerwald
✆ (0 61 03) 40 45–1 48
✉ pr@delta-pronatura.de

Ansprechpartner Unternehmenskommunikation:
Michaela Bracht-Klopfer
✆ (0 61 03) 40 45–1 41
✉ pr@delta-pronatura.de

Ansprechpartner Marketing:
Peter Seiffert
✆ (0 61 03) 40 45–1 43

SCHON GEWUSST?

- Die Büste von A. W. Bullrich ist im Apotheken-Museum in Heidelberg ausgestellt.
- Zu Bullrich-Salz gibt es eine Sammlung alter Werbereime, u. a. „Snuten und Poten ein Genuss, doch Bullrich-Salz als Magenschluss.", „Hat dein Corpus etwas Stauung, Bullrich fördert die Verdauung.", „Bei jedem Brand die Feuerwehr, bei Sodbrand aber Bullrich her."

BULTHAUP

Die Geschichte der Marke bulthaup begann im Jahr 1949, als Martin Bulthaup beschloss, in Niederbayern Küchenbuffets herzustellen. Bereits damals war der bulthaup eigene Stil deutlich abzulesen - die Möbel waren klar in ihrer Formensprache, zeitlos und von besonderer handwerklicher Qualität. Das Unternehmen gewann beträchtlich an Größe und bekam Anfang der 1980er-Jahre zusätzlich Dynamik, als der Sohn des Gründers die Leitung übernahm. Gerd Bulthaup schärfte das Profil der Marke, indem er die Produktgestaltung noch mehr in Richtung Klarheit und Funktionalität ausrichtete. Seine Vorliebe für diese Gestaltung führte ihn schließlich zu Otl Aicher, dem Mitbegründer der Ulmer Schule und Weiterentwickler des Weimarer Bauhauses. Er arbeitete für bulthaup an einer Studie, die sich letztlich in einem der wohl wichtigsten Bücher für Küchengestaltung niederschlug: Die Küche zum Kochen. Die darin entwickelte neue Philosophie gab der Küche ein neues Organisationsmuster, berücksichtigte die ergonomischen Belange und sah diesen Raum nicht nur als Koch-, sondern als Lebensraum. Diese Ideen bildeten die Messlatte, an der das Unternehmen lernen und entscheidend wachsen sollte. Produkte wie C12 (1974), die Küchenwerkbank (1988), system 25 (1992), system 20 (1997) und die neue bulthaup b3 (2004) gelten als Meilensteine in der Geschichte der Küche. Das Besondere der Marke ist, dass bulthaup nicht in Einzelelementen denkt, sondern eine Küche in Bezug auf die Architektur des Lebensraumes und des Hauses gestaltet. Gerd Bulthaup ist noch heute einer der Gesellschafter der Bulthaup GmbH & Co. KG mit Stammsitz in Bodenkirchen. Die Firma vertreibt ihre Produkte weltweit über Exklusiv-Partner und Leadshops und beschäftigt rund 600 Mitarbeiter.

UNTERNEHMEN

Bulthaup GmbH & Co. KG
Werkstr. 6
84155 Bodenkirchen
✆ (0 87 41) 80–0
🖷 (0 87 41) 80–3 09
💻 www.bulthaup.de

BUNTE

BUNTE ist eine wöchentlich erscheinende Zeitschrift, die nach Angaben des BUNTE Entertainment Verlags als Europas größtes People-Magazin gilt. Senator Franz Burda gründete die Zeitschrift 1948 unter dem Titel *Das Ufer*. In der Anfangszeit thematisierte das Magazin überwiegend nat. Inhalte, u. a. Geschichten über den Adel. 1953 erschien anlässlich der Krönung von Königin Elizabeth II. im Vorläufer von BUNTE das erste aktuelle Farbfoto in einer Zeitschrift. Nach der Zusammenfassung von Deutsche (Stuttgart), Münchner und Frankfurter Illustrierte zu BUNTE Illustrierte erhielt das Magazin 1972 seinen heutigen Namen. 1976 übernahm Dr. Hubert Burda die Leitung und übergab diese1988 an Günter Prinz, der das Konzept des People-Magazins vollständig umsetzte. Seit Januar 1997 ist Patricia Riekel Chefredakteurin von BUNTE. Während die ursprüngliche Zeitschrift mit Untertiteln arbeitete, taucht im heutigen Zeitschriftentitel nur das Wort BUNTE auf. Das Logo von BUNTE setzt sich aus einem weißen in Versalien gesetzten Schriftzug auf roten Grund zusam-

BUNTE
■ LEIDENSCHAFT FÜR MENSCHEN.

Seit 1972 erscheint die Zeitschrift BUNTE unter diesem Markennamen.

men. Lt. IVW III/2007 werden pro Woche 756.472 Exemplare des Magazins verkauft, die Reichweite liegt bei 4,11 Mio. Lesern pro Ausgabe (Quelle: Media-Analyse, II/2007). Der BUNTE Entertainment Verlag führt in seinem Portfolio zahlreiche Print- und Online-Medien, u. a. die Zeitschrift →InStyle. Auf der Website *bunte.de* veröffentlicht die Redaktion aktuelle Beiträge und Fotoreportagen über Stars und Prominente. Daneben zeigt das Medienbarometer *Star Control* die Veränderung der medialen Bedeutung bekannter Personen. Bei *starstyle.tv* ist täglich ein TV-on-Demand-Format online abrufbar. Mit *Tribute to Bambi* und *New Faces Award* bietet das Unternehmen Plattformen für die Markeninszenierung in Form von Veranstaltungen.

DATEN UND FAKTEN

Markenname: BUNTE, substantiviertes Adjektiv, Verweis auf farbige Illustrationen

Slogan: „Ohne BUNTE wäre es ..."

Erfinder: Franz Burda, 1948

Markenregistrierung: 17. 07. 1980, DPMA München

Verkaufte Auflage: 756.472 pro Woche (IVW III/2007)

Markenwebsite: www.bunte.de

UNTERNEHMEN

BUNTE Entertainment Verlag GmbH
Arabellastr. 23
81925 München
(0 89) 92 50-0
(0 89) 92 50-34 27
www.bunte-media.de

BURG

Unter der Möbelmarke burg produziert die burgbad AG Einrichtungsgegenstände und Raumkonzepte für das Badezimmer im Premiumbereich. Zielgruppe des Unternehmens sind zahlungskräftige Kunden, die bereit sind, in hochwertige Materialien und besonderes Design zu investieren. Zu der Marke burg zählen neben einzelnen Badmöbelserien auch Systemlösungen, bei denen der Kunde Möbel, Badewanne oder Duschtasse nach eigenen Vorstellungen kombinieren kann. Aktuell werden burg-Möbel, die diesem Konzept entsprechen, als Produktlinie *rc40* - rc steht für Raum Concept - vermarktet. Teil des neuen Konzeptes ist es, nicht mehr zwischen Bad und sonstigem Wohnraum zu trennen, sondern die Position der Möbel im Raum Nutzen und Zweck bestimmen zu lassen. Der Name burg soll die Verbundenheit des Firmengründers mit seinem Heimatort Bad Fredeburg ausdrücken. Das burgbad AG Logo ist

Ein Produktbeispiel aus der Reihe rc40 der Marke burg

schlicht gehalten und besteht aus einer stilisierten Burg und dem Marken-Schriftzug in einem Kreis. Neben der Kernmarke burg vertreibt die burgbad AG zusätzlich die Möbelmarken *kama* und *schock*. Während *kama* für eine ganze Produktpalette unterschiedlicher Badmöbel steht, werden unter der Marke *schock* ausschließlich Spiegelschränke produziert. Gegründet als GmbH im Jahr 1946 stellte das Unternehmen zunächst Baukästen, Holzspielzeug, Kaffeemühlen und Kleinmöbel her. 1966 veränderte ein Strategiewechsel den Fokus, die Produktion konzentrierte sich auf die Entwicklung eines modularen Möbelkonzepts für das Badezimmer. Die Marke burg wurde als Designmöbelmarke für das Badezimmer etabliert. Seit 1995 ist die burgbad AG an der Börse gelistet und weitete ihre Produktpalette seitdem durch Unternehmenskäufe und Neuentwicklungen beständig aus. Inzwischen beschäftigt das Unternehmen knapp 600 Mitarbeiter und ist bei der Produktion von hochpreisigen Badmöbeln führend in Deutschland. Mit der regelmäßigen Entwicklung neuer Möbellinien und anderen innovativen Produktentwicklungen will der Anbieter in den kommenden Jahren eine führende Marktposition in Europa erreichen.

burgbad

Karl-Heinz Wennrich, Sprecher des Vorstands und Annelie Ruddies-Warwitz, Vorstand der burgbad AG

Das erste BURGER KING® Restaurant eröffnete 1954 in Miami.

Die schlüssellose Tür-Schloss-Elektronik TSE ersetzt den herkömmlichen Schließzylinder. Sie macht den Alltag komfortabler und beendet typische Schlüsselprobleme (Mitte). Diethard Schmale ist Mitglied der Geschäftsleitung (unten).

DATEN UND FAKTEN

Markenname: burg, abgeleitet von **Burg** aus dem Ort Bad Fredeburg

Claim: „Drei Dimensionen Bad"

Unternehmensgründer: Dieter Ruddies, 1946

Markenregistrierung: 14. 10. 1999, DPMA München

Innovationen: Produktlinie rc40 (2005)

Auszeichnungen:
„red dot award: product design" für *pli* und *lavo* (Möbel der Marke burg, 2007)

UNTERNEHMEN

Burgbad AG

Hauptsitz: Bad Fredeburg, Deutschland

Vorstand: Karl-Heinz Wennrich, Annelie Ruddies-Warwitz

Weitere Marken: schock, kama, burg Paris, miral

Mitarbeiter: 587 (2006)

Gesamtumsatz: 75 Mio. Euro (2006)

Vertrieb: dreistufiger Vertriebsweg

KONTAKT

burgbad AG
Kirchplatz 10
57392 Schmallenberg
(0 29 74) 96 17-0
(0 29 74) 96 17-2 78
www.burgbad.com

Ansprechpartner Presse & Marketing
Sabine Meissner
(0 29 74) 7 72-0
(0 29 74) 7 72-2 85
smeissner@burgbad.com

MEILENSTEINE

1946 Gründung des Unternehmens, zunächst zur Fertigung von Kleinmöbeln aller Art

1966 Umstieg auf Badmöbelproduktion, Entwicklung eines modularen Möbelkonzepts

1995 Börsengang der Burg Holding GmbH & Co. KG (burgbad AG)

BURGER KING

Die Marke BURGER KING® steht weltweit für schnelle Gastronomie und *flame grilled* Burger. 1954 eröffneten Jim McLamore und David Edgerton ihr erstes BURGER KING® Schnellrestaurant in Miami im US-Bundesstaat Florida. Damals wie heute steht die Marke für flammengegrilltes Rindfleisch und frische Zutaten. 1957 wurde den Gästen von BURGER KING® erstmals der *WHOPPER* (dt. etwa „Mordsding") serviert, der als erfolgreichstes Produkt des Unternehmens gilt. In stetig wechselnden Aktionen werden zeitlich befristet neue Produkte angeboten, wie z. B. der *Angry WHOPPER* mit *Jalapenos*. Das Logo zeigt sich in den Farben Weiß, Rot und Blau. Die Gestaltung der Restaurants erinnert an das amerikanische Diner. 1975 kam Burger King nach Europa und eröffnete in Madrid das erste Restaurant. Im Zuge der weltweiten Expansion wurde 1976 das erste BURGER KING® Restaurant in Deutschland in Berlin eröffnet. Heute gibt es über 580 Restaurants. Mit 16.800 Mitarbeitern erwirtschaftete das Unternehmen 2006 in Deutschland einen Nettoumsatz von 647 Mio. Euro. Weltweit gibt es in 68 Ländern rund 11.200 Restaurants.

UNTERNEHMEN

Burger King GmbH
Hauptverwaltung
Werner-Eckert-Str. 16–18
81829 München
(0 89) 6 38 04–0
(0 89) 6 38 04–2 29
www.burgerking.de

BURG-WÄCHTER

Die Marke BURG-WÄCHTER ist seit 1920 ein Symbol für Sicherheit und Schutz im privaten und gewerblichen Bereich. Das Traditionsunternehmen entwickelt und produziert Sicherheitsprodukte: Schlösser und Riegel, Tür- und Fenstersicherungen, Tresore, Kassetten und Briefkästen. Aufgrund einer umfangreichen Produktpalette mit unterschiedlichen Einsatzgebieten ist die Zielgruppe breit gefächert. Das Unternehmen hat ein globales Vertriebsnetz aus Partnern und eigenen Niederlassungen. Seine Produkte werden weltweit eingesetzt. BURG-WÄCHTER ist nach eigenen Angaben Pionier bei elektronischen Tresor-Sicherheitsschlössern und Weltmarktführer bei Safe-Hochsicherheitsschlössern. Mit elektronischen Schließsystemen für Tresore gelang früh der Sprung von der traditionellen Mechanik in die innovative Elektronik. Heute setzt der Hersteller diese Technik auch bei Haustürschlössern ein. Die jüngste Tür-Schloss-Elektronik TSE ist ein High-Tech-Verschlusssystem, das keinen Schlüssel mehr benötigt und den herkömmlichen Schließzylinder ersetzt. Das Markenlogo geht auf den Unternehmensgründer Alfred Lüling zurück und wurde bis heute kaum verändert: auf grüner Fläche

Der Name BURG wurde erstmals 1890 verwendet. Um 1900 entstand der Begriff BURG-WÄCHTER, der 1920 als Markenzeichen eingetragen wurde.

steht der zweizeilige gelbe Schriftzug auf schwarzem Fond, eingerahmt von einer gelben Linie. Senkrecht darunter ein rotes Siegelband mit der traditionellen Burg aus dem Markennamen. Die Burg symbolisiert Schutz, Sicherheit und Komfort. Im Bereich Marketing engagiert sich die BURG-WÄCHTER KG mit PoS-Kampagnen und mit Werbemaßnahmen in Print und, gemeinsam mit Handelspartnern, TV. Auch in der TV-Sendung „Aktenzeichen XY" war die Marke präsent. Zudem ist BURG-WÄCHTER im Bereich Sportsponsoring aktiv. Sponsoring-Partner waren z. B. das Williams-Team in der Formel Eins, die Handballteams des TBV Lemgo und der HSG Düsseldorf. Zur Nachwuchsförderung in der Leichtathletik hat das Unternehmen ein eigenes „Trackteam" gebildet. Die BURG-WÄCHTER KG mit Stammsitz in Wetter beschäftigt in der Entwicklung und Herstellung von Sicherheitstechnik rund 600 Mitarbeiter (2006).

DATEN UND FAKTEN

Markenname: BURG-WÄCHTER, steht symbolisch für Schutz und Sicherheit

Slogan: „BURG-WÄCHTER ... macht sicher" (ab 2003), „Für Ihre Sicherheit – BURG-WÄCHTER" (1980), „Sicherheit durch BURG-WÄCHTER" (ca. 1960)

Gründer: Alfred Lüling, 1920

Markenregistrierung: 1920, Reichspatentamt Berlin

Innovationen: Entwicklung der ersten Panzerüberfalle (1949), intelligente, selbst einstellbare Tresor-Zahlenschlösser *Secumatic* (1983) und *Secutronic* (1984), Elektronisches Türschloss *TSE* (2004), *TSE mit Wireless-Technologie* (2006)

Auszeichnungen:
„Testsieger Stiftung Warentest" für Tresor *Karat MT 24* (1/1998)
„Testsieger Stiftung Warentest" für *Seilschloss No. 570* (6/2003)
„Gut", Stiftung Warentest für das *Bügelschloss No. 1500* (7/2007)

UNTERNEHMEN

BURG-WÄCHTER KG

Hauptsitz: Wetter, Deutschland

Geschäftsführung: Dietmar Lüling, Harald Lüling, Reinhard Lüling, Diethard Schmale

Vertrieb: weltweit

KONTAKT

BURG-WÄCHTER KG
Altenhofer Weg 15
58300 Wetter
✆ (0 23 35) 9 65 30
🖷 (0 23 35) 96 53 90
💻 www.burg-waechter.de

Ansprechpartner Presse:
Eva Machill-Linnenberg
✆ (0 23 31) 46 30 78
🖷 (0 23 31) 4 73 58 35
✉ mali-pr@t-online.de

SCHON GEWUSST?

▌BURG-WÄCHTER ist in Deutschland die älteste Schlossfabrik und der einzige Hersteller von Messing-Zylindervorhangschlössern in Großserie.

Burlington

Burlington vermittelt mit hochwertigen Garnen, einer besonderen Färbetechnik und der charakteristischen Burlington-Raute den „Lifestyle brit. Clans".

bürstner

Bürstner gehört heute zur Hymer AG.

BURLINGTON

Die Markenfamilie Burlington steht für hochwertige Damen- und Herren-Kollektionen, darunter Beinbekleidung und Casual Wear. Namensgeber der Marke war das amerikanische Unternehmen Burlington Industries. Es entwickelte eine spezielle Färbetechnik für Garne, die in der Produktion immer noch ausschließlich zum Einsatz kommen. Das bekannteste Produkt der Marke sind die *Original Argyle-Socken*, die mit einem Clip am linken Bein verkauft werden. Charakteristisch für die Mode von Burlington ist ein spezielles Rauten-Muster, das *Burlington-Argyle*, das für Socken, Pullover, Krawatten u.a. Burlington-Artikel verwendet wird. Als schwarze Raute auf weißem Grund ist es dem Familienzeichen des Duke of Argyle in Schottland nachempfunden, das gleichzeitig auch Logo der Marke ist. Es symbolisiert die Zugehörigkeit zum Clan. Über der Raute liegt ein gestricheltes Kreuz, das, komplementär zum Untergrund, innerhalb der Raute weiß und außerhalb schwarz ist. Die Marke soll den „Lifestyle brit. Clans" repräsentieren. Zielgruppe ist ein urbaner Kundenkreis von stilbewussten und kunstinteressierten Menschen. Sie wirbt aktuell mit dem Slogan „The sign for style." Burlington gehört zum Portfolio der Arlington GmbH & Co.KG, die 1982 gegründet wurde. 1989 wurde das Textilunternehmen von der →Kunert AG Konzernholding übernommen. Stammsitz des Unternehmens ist in Immenstadt im Allgäu. Die Kunert AG Konzernholding setzt insgesamt jährlich 94 Mio. Euro um, wovon rund 38 % auf die Marke Burlington, deren Produktsortiment derzeit weiter ausgebaut wird, entfallen.

DATEN UND FAKTEN

Markenname: Burlington, von Burlington Industries

Markenregistrierung: 1982 für Deutschland und Europa

Jahresumsatz: 37 Mio. Euro

UNTERNEHMEN

Arlington GmbH & Co.KG
Julius-Kunert-Str. 49
87509 Immenstadt
✆ (0 83 23) 12-0
www.burlington-fashion.de

BÜRSTNER

Bürstner steht für ein breites Portfolio von Reisemobilen, Caravans und Mobilheimen. Zielgruppe sind reisefreudige Kunden bzw. Familien. Die Firma möchte mit Qualität, Ausstattung und Sicherheit überzeugen und bezeichnet sich als einen der größten Hersteller der Branche. 1924 gründete Jakob Bürstner in Kehl-Neumühl eine Groß- und Bauschreinerei, aus der 1953 die Jakob Bürstner KG wurde. Ab Ende der 1950er-Jahre baute das Unternehmen die ersten Wohnwagen in Einzelfertigung. Aufgrund der stetig steigenden Nachfrage wurde 1976 im elsässischen Wissembourg (rund 100 km vom Hauptsitz entfernt) eine Schreinerei und Möbelfertigung übernommen. Nach der Übernahme durch Investoren und schließlich 1998 durch die →Hymer AG konnte das Unternehmen den Expansionskurs wieder aufnehmen. Der Jahresumsatz liegt aktuell bei ca. 300 Mio. Euro. Bürstner beschäftigt insgesamt rund 1.100 Mitarbeiter. Um den hohen Anteil an qualifizierten Mitarbeiter zu halten, wird am Standort Wissembourg eine moderne Ausbildungswerkstatt für holzbearbeitende Berufe betrieben. Der kaufmännische und technische Nachwuchs wird hauptsächlich am Standort Kehl ausgebildet. Der Vertrieb wird mit Hilfe von Importeuren und Vertriebspartnern in 28 Ländern abgewickelt. Bedeutende Produktinnovationen waren der Flirt-Caravan (1997), der Avantgarde (2001) und der Aero Van (2007). Für den schmutzabweisenden Polsterstoff Novalife erhielt Bürstner den Caravaning Design Award 2006. Das Unternehmen ist zertifiziert nach DIN EN ISO 9001:2000. Die Marke Bürstner wurde in den 1960er-Jahren beim DMPA München registriert und wirbt mit dem Slogan „Grenzenlos wohlfühlen". Das Logo ist abgeleitet aus dem ersten Entwurf eines Delfin-Mundes. Der vom Schriftzug durchtrennte rote Punkt in HKS 15 hat Signalwirkung und repräsentiert wiederum Qualität, Dynamik und Verlässlichkeit.

UNTERNEHMEN

Bürstner GmbH
Weststr. 33
77694 Kehl
✆ (0 78 51) 85-0
Fax (0 78 51) 85-2 01
www.buerstner.com

C

Preise gut, alles gut.

Der Markenname C&A steht für die beiden Vornamen der Gründer Clemens und August Brenninkmeyer.

C&A

Die Marke C&A steht für modische und preisgünstige Bekleidung. Mitglieder der Familie Brenninkmeyer handelten bereits im 17. Jh. mit Leinen und Textilien. 200 Jahre später verließen die Brüder Clemens und August Brenninkmeyer Deutschland und gründeten im holländischen Sneek ein Textillager. 1861 eröffneten sie dort ihr erstes Geschäft unter dem Namen C&A, abgeleitet von den Anfangsbuchstaben ihrer Vornamen. Es war eines der ersten Geschäfte, das preisgünstige Konfektion – d. h. fertige Kleidungsstücke in verschiedenen Größen – einem breiten Publikum anbot. Das Konzept war so erfolgreich, dass zahlreiche weitere Filialen eröffnet wurden. Die ersten Niederlassungen außerhalb Hollands entstanden 1911 in Deutschland und 1922 in England. Mit dem Konzept, modische Bekleidung für Damen, Herren und Kinder jeden Alters und sämtlicher Bevölkerungsschichten zu günstigen Preisen anzubieten, ist C&A heute europaweit aktiv. Zehn eigene Modemarken werden in 865 Filialen, 210 Kids Stores, 18 Clockhouse Shops und 18 Women Stores in 16 europäischen Ländern vertrieben. In Deutschland führt das Unternehmen 287 Filialen, dazu 106 Kids Stores und 18 Women Stores. Die Marke C&A wurde von Reader's Digest im Jahr 2007 als Deutschlands vertrauenswürdigste Bekleidungsmarke ausgezeichnet. C&A Europa erzielte im Geschäftsjahr 2006/07 mit 34.000 Mitarbeitern europaweit einen Umsatz in Höhe von 5,65 Mrd. Euro. In Deutschland beschäftigt die Firma 17.000 Mitarbeiter und wird von Bart Brenninkmeyer geführt. Der Umsatz der C & A Mode KG belief sich 2006/07 auf 2,8 Mrd. Euro. Das Unternehmen plant für die Zukunft die Eröffnung von jährlich ca. 100 neuen C&A-Filialen in Europa.

UNTERNEHMEN

C&A Mode KG
Wanheimer Str. 70
40468 Düsseldorf
(02 11) 98 72-0
(02 11) 98 72-27 48
www.cunda.de

CALGON

Calgon ist eine Konsumgütermarke, die für Produkte zur Wasserenthärtung steht. Calgon-Produkte schützen für Kalkablagerungen anfällige Waschmaschinenteile, insbesondere Heizstab, Waschtrommel und Schläuche. Calgon wird zusätzlich zum regulären Waschmittel eingesetzt. Zu den Calgon-Produkten gehören die Artikel Calgon Express Action Pulver, die Calgon ExpressBall Tabs sowie das Calgon Express Action Gel, die in unterschiedlichen Packungsgrößen erhältlich sind. Der Markenname geht auf den Erfinder Dr. Hall zurück, dem der Ausruf „I want this calc to be gone!" zugeschrieben wird (dt. etwa: „Ich will, dass dieser Kalk verschwindet!"). Verkürzt wurde daraus die Markenbezeichnung Calgon. Das Logo zeigt den Markenamen in blauen, fett gesetzten und serifenlosen Lettern vor einem weißen Stern. Anfang der 1980er-Jahre wurde der Markenslogan „Waschmaschinen leben länger mit Calgon" entwickelt. Die Idee von Dr. Hall war es, Phosphat zur Bekämpfung von Kalkablagerungen einzusetzen. 1935 kam Calgon als Produkt für Industriekunden in Deutschland auf den Markt, 1956 auch in den Einzelhandel. Calgon wird von dem brit. Unternehmen Reckitt Benckiser produziert, das auch Marken wie →Sagrotan, →Calgonit, →Clearasil, Hoffmanns, →Woolite, →Kukident oder Dobendan führt. Einen Meilenstein in der Geschichte des Unternehmens markierte das Jahr 1823, als Johann Adam Benckiser ein chemisches Unternehmen gründete. Reckitt Benckiser erzielte 2006 einen Umsatz von 4,9 Mrd. Euro und ist Weltmarktführer im Bereich Haushaltsreiniger. In Deutschland ist das Unternehmen durch mehrere Tochterfirmen vertreten.

UNTERNEHMEN

Reckitt Benckiser Deutschland GmbH
Theodor-Heuss-Anlage 12
68 165 Mannheim
(06 21) 32 46-0
(06 21) 32 46-5 00
www.calgon.de

CALGONIT

Geschirrspülmittel der Marke Calgonit werden unter dem Dach des internat. agierenden Reckitt-Benckiser Konzerns in Ladenburg hergestellt. Der Name Calgonit geht lt. Hersteller auf den Ausruf „I want this calc to be gone" zurück. Zu Beginn wurde das Produkt nur industriell vertrieben. In den 1950er-Jahren entstanden die ersten Kooperationen mit Waschmaschinenherstellern. Das weltweit im Bereich Haushaltsreiniger operierende Unternehmen brachte 1965 erstmals die Markenartikel →Calgon, Calgonit, Dulgon und

Quanto auf den dt. Markt. In diesem Zusammenhang war Calgonit die erste Marke, unter der ein Maschinenspülmittel angeboten wurde. Kontinuierliche Verbesserungen für bessere Spülergebnisse führten zu einer hohen Innovationsdichte. Die schlichte blaue Wortmarke fällt durch einen roten, strahlenden i-Punkt auf, der die Leistungskraft des Produkts herausstellen soll. In der Markenkommunikation setzt man seit Anfang der 1970er-Jahre auf TV-Spots, in denen prominente Darsteller wie z. B. Herbert Feuerstein für das Produkt werben. Seit Sommer 2007 ergänzt man diese Strategie durch eine groß angelegte Kampagne zum Thema Umweltschutz. Unter dem Slogan „Umwelt beginnt zu Hause" werden dabei Hinweise zum schonenden Umgang mit natürlichen Ressourcen gegeben. Heute stellt Reckitt Benckiser Deutschland auf über 20 Produktionslinien Maschinengeschirrspülmittel sowie Wasserenthärter her. Das Sortiment umfasst u. a. Erzeugnisse wie Calgonit *Quantum*, Calgonit *All in 1*, Calgonit *Powerball 5in1*, Calgonit *PowerBall Classic Tabs*, *Power Gel* und *Protector*. 2006 betrug die Produktionsmenge 124.000 t.

UNTERNEHMEN

Reckitt Benckiser Deutschland GmbH
Theodor-Heuss-Anlage 2
68165 Mannheim
✆ (06 21) 32 46–0
🖷 (06 21) 32 46–5 00
🖳 www.calgonit.de

CALTRATE

Unter dem Markennamen Caltrate vertreibt die Whithehall-Much GmbH das Nahrungsergänzungsmittel Caltrate Calcium + D. Das Mittel basiert auf der Kombination von Calcium und Vitamin D zur Unterstützung der Knochengesundheit. Calcium, als Hauptbestandteil der Knochen, kann vom Körper nicht selbst hergestellt werden, sondern muss über die Nahrung zugeführt werden. Das Vitamin D dient als „Calcium-Kurrier" und hilft bei der Einlagerung in die Knochen. Häufig wird aber über die Nahrung nicht genügend Calcium aufgenommen, wie z. B. bei einer unausgewogenen oder milcharmen Ernährung oder einer kalorienarmen Diät. Generell beginnt mit etwa 35 Jahren bereits der natürliche Alterungsprozess der Knochen, ihre Masse verringert sich ganz allmählich. Auch und gerade jetzt sollte der Körper optimal mit Calcium versorgt werden. Besonders für Frauen in Schwangerschaft und Stillzeit oder während der Wechseljahre spielt eine ausreichende Calcium-Versorgung eine bedeutende Rolle. Caltrate bietet mit seinen unterschiedlichen Darreichungsformen und verschiedenen Geschmacksrichtungen für jeden den richtigen Beitrag zur Knochengesundheit mit Genuss. Darauf basiert auch der Werbeslogan „Caltrate Calcium + D – Knochengesundheit die schmeckt". Als geschmacksneutrale Caplette, erfrischende Brausetablette mit Zitronengeschmack oder als Kautablette in den Geschmacksvarianten Schokolade und Vanille ist die Produkt-Familie einzigartig. Das aus den USA stammende Nahrungsergänzungsmittel ist seit 1998 in Deutschland ausschließlich in Apotheken erhältlich und ist lt. Hersteller weltweit marktführend. Gemäß der weiblichen Hauptzielgruppe dominieren das Packungsdesign die Farben zartgelb und rosa. Whitehall-Much gehört nach eigenen Angaben zu den führenden Unternehmen im Bereich der nicht verschreibungspflichtigen Medikamente. Die Firma gehört zum global operierenden Konzern Wyeth. Der US-Konzern beschäftigt weltweit 55.000 Mitarbeiter, davon arbeiten über 80 in Deutschland für Whitehall-Much. Weitere Marken des dt. Tochterunternehmens sind →Centrum →Baldriparan, →Vitasprint und →Spalt.

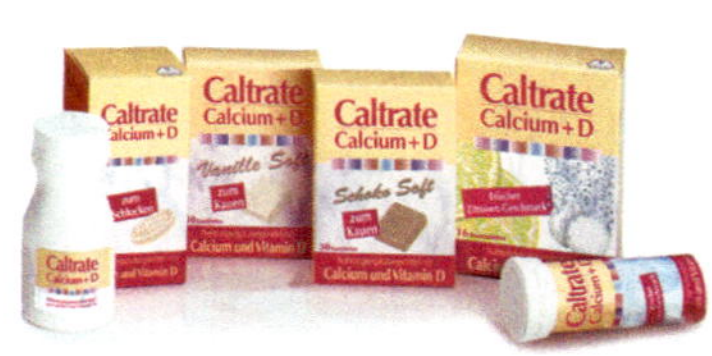

Caltrate wird als Caplette, als Kautablette in unterschiedlichen Geschmacksrichtungen oder als Brausetablette vertrieben.

DATEN UND FAKTEN

Markenname: Caltrate, Kunstbegriff, abgeleitet vom Inhaltsstoff Calcium

Slogan: „Ich will Knochengesundheit, die schmeckt: Caltrate"

Markenregistrierung: 04. 06. 1986, DPMA München

Innovationen: Caltrate Calcium+D Kautabletten

Jahresabsatz: 368.000 Tabletten (2006)

Markenwebsite: www.caltrate.de

Caltrate
Calcium + D

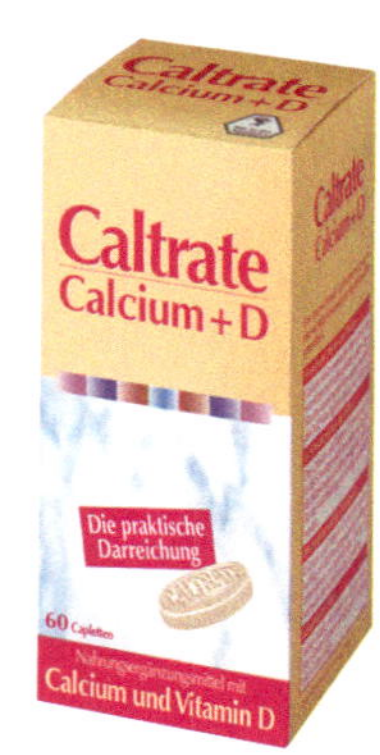

Caltrate wird in Deutschland seit 1998 durch die Pharmafirma Whitehall-Much vertrieben.

Camelia war die erste Frauenhygiene-Marke in Deutschland.

UNTERNEHMEN

Whitehall-Much GmbH
Regina-Protmann-Str. 16
48159 Münster
(02 51) 92 71-8
(02 51) 92 71-30 99
www.whitehall-much.de

CAMELIA

Im Jahre 1926 brachten die Vereinigten Papierwerke aus Nürnberg die erste Damenhygiene-Wegwerfbinde auf den Markt mit dem Namen Camelia. Für die Herstellung der Camelia Binden wurden zwischen 42 und 56 Lagen feinster Zellstoff-Watte verwendet. Sie wurden bis in die 1930er-Jahre hinein fast ausschließlich von Hand gefertigt. 1937 kam die *Camelia Sportbinde* auf den Markt, 1949 die *Camelia Perfecta* im Strickschlauch. 1958 ersetzte man bei der *Camelia Record* den Mull durch einen Vlies-Einschlag. 1972 erhielt die *Camelia 2000* als erste Formbinde zwei Klebestreifen. Als Reaktion auf schwächere Perioden aufgrund der Einführung der Anti-Baby-Pille entwickelte man 1976 die *Camelia Mini*. 1981 kommen die ersten Camelia Slipeinlagen, 1986 die *Camelia Dünne Binde* mit Soft-Vlies, 1994 *Camelia Ultra Binden*, 1995 *Camelia Freedom Tampons*. Die rote Gerbera-Pflanze ist das Symbol der Marke. Weitere feminine Bildmotive wie ein Lippenstift, Stöckelschuh, roter Slip oder ein Schokoladenherz auf den Verpackungen sollen typisch weibliche Situationen und Gefühlslagen widerspiegeln. Der aktuelle Slogan zur Marke lautet: „Camelia passt zu mir. Punkt." Die Marke zeichnet sich lt. Hersteller vor allem durch ihre baumwollartige und natürlich weiche Oberfläche aus. Camelia dient bis heute als Dachmarke über die Segmente Binden, Tampons und Slipeinlagen. Seit 1994 gehört die Marke zum Portfolio des Unternehmens Hakle-Kimberly Deutschland GmbH mit Hauptsitz in Mainz. Zum Unternehmen gehören u. a. auch die Marken → Kleenex und → Hakle. Kimberly-Clark beschäftigt weltweit ca. 60.000 Mitarbeiter, Hakle-Kimberly Deutschland ca. 650. Der Umsatz des Gesamtkonzerns liegt weltweit bei 16,7 Mrd. USD.

UNTERNEHMEN

Hakle-Kimberly Deutschland GmbH
Rheinstr. 4N
55116 Mainz
(0 61 31) 6 07-0
(0 61 31) 6 07-2 28
www.kimberly-clark.com

Erfolgreich in 190 Ländern der Erde: Campari

CAMPARI

Die Marke Campari steht für einen ital. Aperitif. Der Rezeptur liegt ein alkoholischer Auszug aus 86 aufeinander abgestimmten Kräutern, Früchten und Gewürzen zugrunde. 1860 kreierte Gaspare Campari, Mailänder Bistrobesitzer und Maître Licoriste, die Komposition, die für ihren bittersüßen Geschmack und die rote Farbe bekannt ist. Bis heute ist sie unverändert und ein Geheimnis. Die erste Produktionsstätte wurde 1904 in Sesto San Giovanni errichtet. Gaspare Camparis Sohn Davide knüpfte auf Reisen weit reichende Handelsbeziehungen und legte damit die Grundlage für den Export von Campari. Heute erfolgt der Vertrieb der Marke in mehr als 190 Länder. Der hohe Bekanntheitsgrad der Marke basiert vor allem auf einer groß angelegten Werbekampagne von Davide Campari Ende des 19. Jh. Seit den 1920er-Jahren wird die Markenpflege durch das Leitmotiv der Leidenschaft geprägt. Die Ästhetik der Campari-Werbemaßnahmen im 20. Jh. orientierte sich häufig an aktuellen künstlerischen Stilrichtungen wie Futurismus oder Pop-Art. Am 18. November 1912 wurde Campari als Schutzmarke eingetragen. Seither existiert das Logo in dieser Form. Der Schriftzug in weißer Farbe auf dunkelblauem Grund blieb über die Jahre nahezu unverändert. Eine matt goldene Umrandung schmückt die Ränder des Logos. Davide Campari erfand mit dem Campari *Soda* den ersten Premix der Welt. Der ital. Künstler Fortunato Depero entwarf die kleine, konisch zulaufende Flasche. Sie inspirierte u. a. den Designer Raffaele Celentano, der 2002 für *Ingo Maurer* die Campari Light entwarf, eine futuristisch anmutende Hängeleuchte aus zehn Campari Soda-Flaschen. In der aktuellen Kampagne „Hotel Campari" aus dem Jahr 2007 setzt der Fotograf Mario Testino die Schönheit der mexikanischen Schauspielerin Salma Hayek, die in Filmen wie Bandidas oder Frida mitwirkte, in Szene.

UNTERNEHMEN

Campari Deutschland GmbH
Bajuwarenring 1
82041 Oberhaching/München
(0 89) 2 10 37-0
(0 89) 2 10 37-1 90
info@campari.com
www.campari.com

CANESTEN

Canesten wurde im Jahre 1973 zur Behandlung von Pilzerkrankungen entwickelt.

Canesten zählt zum Portfolio der Bayer HealthCare und dient zur gründlichen Behandlung von Pilzerkrankungen. Die Marke wird in über 90 Ländern vertrieben, zum Teil auch in Drogeriemärkten. In Deutschland sind die Canesten-Artikel zur Selbstbehandlung ausschließlich in Apotheken erhältlich. Das Produktsortiment beinhaltet Mittel gegen Pilzerkrankungen der Haut, insbesondere an den Füßen, Nägeln und im Vaginalbereich. Das Angebot wird durch den Canesten Hygiene Wäschespüler ergänzt, der die Erreger von Pilzerkrankungen in der Kleidung beseitigen soll. Der Bayer-Forscher Prof. Karl Heinz Büchel entwickelte die Canesten-Medikamente im Jahre 1973. Da Pilzinfektionen in den 1950er- und 1960er-Jahren massiv zugenommen hatten, begann der Bayer-Konzern mit der Pilzforschung. Auf der Basis dreier Wirkstoffe sollen die Ausbreitung der Infektion eingedämmt und die Beschwerden gelindert werden. Eine Produktinnovation ist das Canesten *Extra Nagelset*, das Nagelpilz innerhalb von sechs Wochen wirksam bekämpfen soll. Canesten wird seit der Markteinführung in rot-weißer Verpackung verkauft. Im Jahr 2002 wurden Logo und Packaging optimiert. Die Erzeugnisse werden mit dem Slogan „Canesten. Weil Pilzbehandlung Vertrauenssache ist." beworben. Die Marke befindet sich unter dem Dach der Bayer Vital GmbH, der Vertriebsgesellschaft der Bayer HealthCare, die weiterhin auch →Aspirin, →Bepanthen, →Bepanthol, →Lefax, →Priorin und →Talcid vermarktet.

UNTERNEHMEN

Bayer Vital GmbH
Welserstr. 5–7
51149 Köln
✆ (0 22 03) 5 68–0
www.canesten.de

CANON

Seit über 30 Jahren in Deutschland: Canon.

Die Canon Deutschland GmbH mit ihrer Dachmarke Canon bietet ausgereifte Home- und Office-Technologien als IT-Solutions-Provider an. Im *Consumer* Segment werden Foto, Video, Ferngläser sowie Drucker, Kopierer, Scanner, Faxgeräte und Projektoren vertrieben. Im Bereich *Business* bietet Canon digitale, multifunktionale Druck- und Kopiersysteme in Farbe und Schwarz-Weiß, Dokumentenmanagement Systeme, Großformatdrucker und IT-Solutions an. Seit über 30 Jahren ist das jap. Unternehmen Canon mit der eigenständigen Tochtergesellschaft in Deutschland am Markt und hat seit mehr als 10 Jahren ihren Sitz in Krefeld. Die Produktpalette macht das Unternehmen nach eigenen Angaben zum Spezialisten in den verschiedenen Bereichen für Endverbraucher und Geschäftskunden. Canon bietet seinen Service aus einer Hand durch ein flächendeckendes Netzwerk von Vertrieb, Service und Beratung. Zzt. beschäftigt die Canon Deutschland GmbH rund 1.000 Mitarbeiter. Der Markenname entstand in Anlehnung an den Produktnamen einer der ersten Fotokameras des damaligen Herstellers: die „Kwanon". Sie verdankte ihren Namen der buddhistischen Göttin der Barmherzigkeit. Das Markenlogo wurde 1956 von Kenji Ito entworfen und ist Teil der Logosammlung des Museum of Modern Art in New York. Der Slogan der Marke für den europäischen Markt lautet seit 2001 „You can". Er wird auch auf Verpackungen, in Broschüren und bei Veranstaltungen eingesetzt. Der jap. Konzern Canon Inc. wurde 1937 gegründet und startete mit der Produktion von 35-Millimeter-Schlitzverschlusskameras und indirekten Röntgenkameras. 1955 vollzog man den Einstieg in den amerikanischen, 1968 den in den europäischen Markt. Die Canon Deutschland GmbH ging aus einer Fusion der Canon Copylux und der Canon Rechner Deutschland GmbH hervor. Im Jahr 2004 wurde Canon europäischer Markführer im Bereich Digitalkameras.

UNTERNEHMEN

Canon Deutschland GmbH
Europark Fichtenhain A10
47807 Krefeld
✆ (0 21 51) 3 45–0
Fax (0 21 51) 3 45–1 02
www.canon.de

CAPAROL

CAPAROL
Qualität erleben.

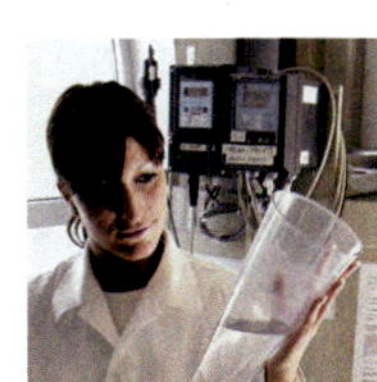

Die Caparol-Gruppe ist der größte Farbenproduzent Deutschlands.

Die Caparol-Firmengruppe aus dem hessischen Ober-Ramstadt ist mit rund 900 Mio. Euro Umsatz pro Jahr (2006) der größte Farbenproduzent Deutschlands. Das Unternehmen ist heute im vollständigen Besitz der Familie Murjahn, die dieses 1895 unter dem Namen Deutsche Amphibolin-Werke von Robert Murjahn gründete. Sie dient heute als Holding der Caparol Farben Lacke Bautenschutz GmbH. Mit dem Abbau des Minerals Amphibol entdeckte Murjahn ein Geschäft, das auf der Herstellung von Anstrichmitteln aus mineralischen Pigmenten basierte. Kurz darauf produziert er eine Pulverfarbe namens *Alpinaweiß*, die heute noch als Wandfarbe produziert wird. Der Enkel des Firmengründers, Dr. Robert Murjahn, entwickelte zudem ein Bindemittel unter dem Namen Caparol aus den Inhaltsstoffen Casein, Paraffin und Oleum. Die Substanz war gut zum Selbstansetzen von Anstrichfarben geeignet und so brachte die Firma im Jahr 1936 die Innovation unter dem Namen Caparol-Paste-Ölfrei auf den Markt. In den Jahren danach folgten viele weitere Innovationen. 1985 brachte Caparol die ersten lösemittelfreien Innenfarben auf den Markt, 2001 folgte die konservierungsmittelfreie Innenfarbe *Caparol Sensitiv*. 2005 brachte das Unternehmen neuartige Wellnessfarben zur Marktreife, um das Raumklima zu verbessern. Seit 2007 bietet Caparol mit der NanoHyrid-Technologie

Seit Firmengründung hat das Unternehmen Caparol seinen Firmenhauptsitz im hessischen Ober-Ramstadt.

ein Produkt an, dass für den langfristigen Schutz von Hausfassaden gedacht ist. Im Hinblick auf die Firmenwerte Qualität, Sortimentsbreite und Gestaltungskompetenz zeigt das Logo einen bunt gestreiften Elefanten, der diese Aspekte symbolisiert. Darunter befindet sich der Schriftzug Caparol in der Schriftart VAG Rounded in schwarzen Versalien. Neben Farben und Lacken bedient das Unternehmen zudem die Geschäftsfelder Bautenschutz und Wärmedämm-Verbundsysteme. Das Sortiment wendet sich vor allem an Maler, Lackierer, Stuckateure sowie Planer, Architekten und Wohnungsbaugesellschaften. Die Produkte sind in Europa, im Mittleren Osten und in Asien präsent und werden in Deutschland über Fachgeschäfte und den Farben-Großhandel vertrieben. Das Unternehmen hat seinen Stammsitz in Ober-Ramstadt und beschäftigt unter der Geschäftführung von Dr. Klaus Murjahn und Dr. Ralf Murjahn ca. 4.300 Mitarbeiter weltweit.

DATEN UND FAKTEN

Markenname: Caparol, abgeleitet von den Hauptbestandteilen Casein, Paraffin und Oleum (Holzöl)

Slogan: „Qualität erleben"

Gründer: Eduard Murjahn, 1889, Ernsthofen

Markenregistrierung: 16.02.1928, Reichspatentamt Berlin

Markenbekanntheit: 98 % unter professionellen Verarbeitern (eigene Brand-Status-Analyse, 2006)

Jahresumsatz: 900 Mio. Euro (2006)

Auszeichnungen:
„Bundesinnovationspreis für hervorragende Leistungen für das Handwerk" für *Nespri-TEC-System* (2005)
Auszeichnung beim MOE Award der Hypovereinsbank und des Mittelstandsmagazins Impulse (2007)
„Unternehmen des Monats Juni", Hessische Landesregierung (2007)
„Unternehmen des Jahres", Landkreis Darmstadt-Dieburg (2007)

UNTERNEHMEN

Caparol Farben Lacke Bautenschutz GmbH

Hauptsitz: Ober-Ramstadt, Deutschland

Vorstand: Dr. Klaus Murjahn, Dr. Ralf Murjahn

Gesamtumsatz: ca. 900 Mio. Euro (2006)

Mitarbeiter: ca. 2.500 in Deutschland, ca. 4.300 weltweit (2006)

Vertrieb: Europa, Mittlerer Osten und Asien über Fachgeschäfte, Farben-Großhandel

KONTAKT

Caparol-Firmengruppe
Deutsche Amphibolin-Werke von Robert Murjahn Stiftung & Co. KG
Roßdörfer Str. 50
64372 Ober-Ramstadt
✆ (0 61 54) 71-0
🖷 (0 61 54) 71-13 91
🖳 www.caparol.de

Ansprechpartner Presse:
Dr. Franz Dörner
✆ (0 61 54) 71-10 97
✉ franz.doerner@daw.de

Ansprechpartner Marketing:
Alexander Hornikel
✆ (0 61 54) 71–11 59
✉ alexander.hornikel@daw.de

MEILENSTEINE

1936 Die *Caparol-Paste-Ölfrei* markiert den Beginn der modernen Dispersionsfarbentechnologie.

1985 Caparol präsentiert die weltweit erste emissionsminimierte und lösemittelfreie Innenfarbe *Indeko-plus E. L. F.*

2001 Einführung der ersten konservierungsmittelfreien Innenfarbe auf Dispersionsbasis: *Caparol Sensitiv*

2007 Eine neue Generation von Fassadenfarben: Die NanoHybridTechnologie sorgt als Weiterentwicklung des *Caparol-CleanConcepts* für langfristig saubere Fassaden.

CAPRI-SONNE

Der Standbodenbeutel ist das unverwechselbare Kennzeichen des Fruchtgetränks Capri-Sonne. Der nur 4,2 Gramm schwere Beutel wurde 1969 von Rudolf Wild entdeckt und bildet eine Einheit mit der Marke. Motivation für die Erfindung des Getränks in der neuartigen Einwegverpackung war die Suche nach einem Durstlöscher für unterwegs und damit nach einer Alternative zur Flaschenabfüllung, die zu jener Zeit die einzige Möglichkeit darstellte, Getränke keimfrei und ohne Geschmacksverlust länger zu lagern. In der Anfangsphase wurde Capri-Sonne als saisonaler Sommerartikel verkauft, wandelte sich aber schnell zum Ganzjahresgetränk. Mitte der 1970er-Jahre begannen die Deutschen SiSi-Werke mit der internat. Vermarktung von Capri-Sonne. Heute werden in weltweit mehr als 100 Ländern jährlich 5,5 Mrd. Beutel verkauft. Lizenznehmer in 18 Ländern – u. a. in den USA, Saudi-Arabien und Nigeria - produzieren Capri-Sonne und passen dabei das Sortiment dem jeweiligen landestypischen Geschmack an. In Deutschland gibt es Capri-Sonne aktuell in 13 verschiedenen Geschmacksrichtungen, vom Klassiker Orange über Kirsch bis hin zu *Safari Fruits*. 2006 erhielt die Marke eine neue Ausrichtung: Für die Herstellung von Capri-Sonne werden nur noch Früchte aus kontrolliert-integriertem Anbau verwendet, die hohe Qualität der Produkte wird durch das Qualitätssiegel des Institut Fresenius garantiert. Außerdem führten die SiSi-Werke eine zuckerreduzierte Range ein. Auf synthetische Zusatzstoffe wie künstliche Aromen, Konservierungsmittel und Farbstoffe wird bei der Herstellung verzichtet. Mit der Einführung der großen, wieder verschließbaren 0,33 l-Capri-Sonne im Jahr 2007 sollen neben der klassischen Zielgruppe, Kinder zwischen sechs und zwölf Jahren, verstärkt auch Jugendliche angesprochen werden. Nach Angaben der Deutschen SiSi-Werke GmbH & Co. Betriebs KG ist Capri-Sonne in Deutschland bei den fruchthaltigen Getränken bis 0,5 l Marktführer. Der weltweite Umsatz der Marke, inkl. aller Lizenznehmer, belief sich 2006 auf 1,2 Mrd. Euro.

DATEN UND FAKTEN

Markenname: Capri-Sonne, Kunstname

Slogan: „Capri-Sonne. Natürlich Spaß"

Erfinder: Rudolf Wild, 1969

Markenregistrierung: 22. 12. 1952, DPMA München

Innovationen: Große Capri-Sonne 0,33 l (2007)

Markenbekanntheit: 77 % ungest., 98 % gest. (Synovate Kinderbus, 2007)

Jahresumsatz: 1,2 Mrd. Euro (Marke Capri-Sonne, 2006)

Jahresabsatz: 5,5 Mrd. Beutel

Markenwebsite: www.capri-sonne.de

Die Verpackung von Capri-Sonne (Mitte) hat zahlreiche Auszeichnungen erhalten, Muhammad Ali (unten) war bekannte Werbefigur.

1969 1971 1973 1974 1991 1998 2000 2006

Die Entwicklung der Verpackung von Capri-Sonne seit 1969

Literatur:
H.-P. Wild: Capri-Sonne. Faszination einer Weltmarke (2001)

UNTERNEHMEN

Deutsche SiSi-Werke GmbH & Co. Betriebs KG

Hauptsitz: Eppelheim, Deutschland

Geschäftsführer: Dr. Hans Peter Wild und Carsten Kaisig

Weitere Marken: CAPS

Vertrieb: weltweit über Lizenznehmer und Vertriebspartner

KONTAKT

Deutsche SiSi-Werke GmbH & Co. Betriebs KG
Rudolf-Wild-Str. 107–115
69214 Eppelheim
✆ (0 62 21) 7 99-0
🖷 (0 62 21) 7 99-5 80
💻 www.wild.de

Ansprechpartner Presse:
Nicole Messmer
✆ (0 62 21) 7 99-90 03
✉ nicole.messmer@wild.de

Ansprechpartner Marketing:
Thomas Martin
✉ Thomas.martin@wild.de

MEILENSTEINE

1952 Das Warenzeichen Capri-Sonne wird für die Deutschen SiSi-Werke eingetragen.

1969 Die Capri-Sonne im Standbodenbeutel kommt auf den Markt. Die ersten Sorten sind Orange, Zitrone und Apfel.

1981 Als erste europäische Softdrink-Marke setzt sich Capri-Sonne auf dem amerikanischen Markt durch.

2005 Capri-Sonne ist die weltweit drittgrößte Fruchtsaftmarke und eindeutiger Marktführer in USA, UK und Deutschland (Quelle: Euromonitor 2005, bei Fruchtsaftgetränken bis 0,5 l).

2006 Die neue Capri-Sonne mit Früchten aus kontrolliert-integriertem Anbau, einer zuckerreduzierten Range und dem Qualitätssiegel vom Institut Fresenius kommt auf den Markt.

CARAMBA

Unter der Marke Caramba werden neben den klassischen Rostlösern und Multiölen auch Produkte für die Bereiche Service und Wartung, Reinigen und Veredeln, Pflege und Schutz sowie Schmieren, Ölen und Lösen hergestellt.

Unter der Marke Caramba vertreibt die Caramba Chemie GmbH & Co. KG chemisch-technische Produkte zur Pflege, Wartung und Instandsetzung für Auto, Industrie, Haus und Hobby. Als Max Elb die Marke Caramba am 25. November 1903 in Dresden als Warenzeichen anmeldete, war das heutige Produktspektrum noch nicht klar umrissen. Der damalige Geschäftszweck war die Produktion sowie der Vertrieb verschiedenster Waren.

Demonstration zur Verdrängungskraft von Caramba Multiölen

Die Palette reichte von chemisch-technischen Produkten bis hin zu Genuss- und Desinfektionsmitteln. Unter dem Namen Caramba wurde dann 1929 das erste graphithaltige Sprühöl von der Deutschen Glühstoff GmbH, einer Tochtergesellschaft der Max Elb AG, auf den Markt gebracht. Das neuartige Produkt konnte dank seiner besonderen Kriechfähigkeit in die kleinsten Winkel einer verschmutzten Mechanik vordringen. Der Name Caramba wurde für das neue Sprühöl übernommen und sollte die Bewunderung für dessen Produkteigenschaften anklingen lassen. Das Sprühöl fand im Zuge der wachsenden Automobilproduktion und des zunehmenden Vertriebes in den 1920er-Jahren vielfach Anwendung, denn die beweglichen Fahrzeugteile der ersten Stunde waren für Schmutz und Rost sehr anfällig. Der Slogan in den 1930er-Jahren lautete dementsprechend: „Caramba lockert Rost und beseitigt Quietschen". Caramba wurde 1967 endgültig als Wort-/Bildmarke eingetragen. Das Logo zeigt den Schriftzug in weiß vor einer spitz auslaufenden, gestauchten Ellipse in der Hausfarbe Rot (Pantone 200). Nach einer Kundenbefragung, wurde das Logo im Jahre 1994 um eine gelbe, schmale Linie hinter dem Haupt-Logo ergänzt. Der Farbton Pantone 123, wird für die gelben Dosen der Produkte *Super* sowie *Super plus* verwendet und mit der Marke Caramba besonders stark in

Verbindung gebracht. Durch die Neugestaltung sollen alle Produkte unter der Dachmarke Caramba vereinigt werden. Die Caramba Chemie GmbH wurde im Jahre 1975 ins Handelsregister eingetragen und produziert seitdem vom Duisburger Stammsitz aus Produkte für die Bereiche Service und Wartung, Reinigen und Veredeln, Pflege und Schutz sowie Schmieren, Ölen und Lösen. Die klassischen Rostlöser und Multiöle sind heute nur noch ein Teil des umfangreichen Produktprogramms.

DATEN UND FAKTEN

Markenname: Caramba, Ausruf des Erstaunens, span. für Donnerwetter, alle Achtung

Slogan: „Wir haben die Lösung"

Erfinder: Max Elb, 1903

Markenregistrierung: 25. 11. 1903, Kaiserliches Patentamt Berlin

Innovationen: Entwicklung des ersten Cockpit-Sprays: *Caramba Cockpit-Spray* (1975)

Auszeichnungen:
„Preis-/ Leistungssieger", AutoBild für *Caramba Cockpit Spray* (35/2001)
„sehr gut", Zeitschrift Motorrad für *Caramba Super Plus* (05/2003) und für *Caramba Kettenspray* (07/2005)
„Testsieger", Zeitschrift Gute Fahrt für *Caramba Felgenreiniger* (01/2005)
„sehr gut", Zeitschrift Motorrad für *Caramba Rasant* (05/ 2005) und für *Caramba Kettenspray* (07/2005)
„gut", AutoBild für *Caramba Ölfleck-Entferner* (17/2007)
„sehr gut", Motorrad für *Caramba Allerhand Handwaschpaste* (14/2007)

UNTERNEHMEN

Caramba Chemie GmbH & Co. KG

Hauptsitz: Duisburg, Deutschland

Geschäftsführung: Dr. Jürgen Meister, Thomas Stewing

Gesamtumsatz: über 20 Mio. Euro

Vertrieb: weltweit

KONTAKT

Caramba Chemie GmbH & Co. KG
Wanheimer Str. 334–336
47055 Duisburg
(02 03) 77 86–01
(02 03) 77 86–196
www.caramba.de

Ansprechpartner Marketing:
Stephanie Wedehase
(02 03) 77 86–2 09
stephanie.wedehase@caramba.de

MEILENSTEINE

1949 wurde die erste Aerosolabfüllanlage wurde konstruiert und patentiert.

1950 erfolgt erstmals die Abfüllung mit Propan/ Butan statt mit FCKW.

1952 erfolgt erstmals die Abfüllung des Rostlösers Caramba in Aerosoldosen.

1976 Die 50millionste Aerosoldose Rostlöser (Produkt: Super) wird produziert.

1987 Die 100millionste Aerosoldose verlässt das Band.

1989 Zweikammer-Sprühdose mit Luft als getrenntem Treibmittel

1990 Einkammersystem: Treibgas (Luft) und Produkt in einer Kammer

2003 weitere Aerosolabfüllanlage mit dem Treibgas Propan/ Butan; Erweiterung des Produktionspotentials

CAREFREE

Die Marke Carefree der → Johnson & Johnson GmbH steht für Slipeinlagen in verschienen Größen und Formen sowie für Intimpflegeprodukte. Der engl. Markenname bedeutet „ohne Sorge" und assoziiert sicheren, frischen und unkomplizierten Schutz. Das Carefree-Logo zeigt den weißen Markennamen auf pinkem Grund. Seit Anfang 2007 ist oberhalb des Schriftzugs statt eines Dalmatinertaschentuchs eine pinke Blume mit weißer Umrandung („Daisy") zu sehen. Carefree-Produkte werden mit dem Slogan „Einfach erfrischend spontan sein" beworben. Erfunden hat die Marke die Gynäkologin Judith Esser, die auch den → o.b.-Tampon mitentwickelte. Sie hatte die Idee, eine dünne Binde herzustellen, die Frauen nicht nur während der Menstruation, sondern jeden Tag tragen können. Auf dem dt. Markt gibt es Carefree-Slipeinlagen seit 1977 zu kaufen. Mit der Marke spricht Johnson & Johnson Frauen aller Altersklassen an. Die Produktpalette wurde seit der Einführung ständig erweitert. 1980 kam

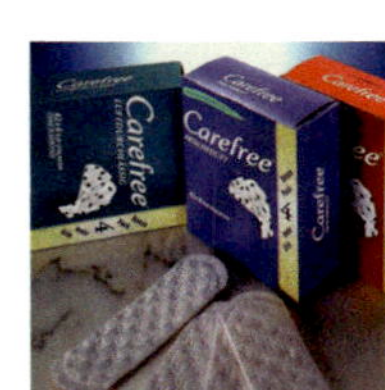

Die Carefree-Slipeinlagen Original (Mitte), Carefree Verpackungen aus den 1990er-Jahren (unten)

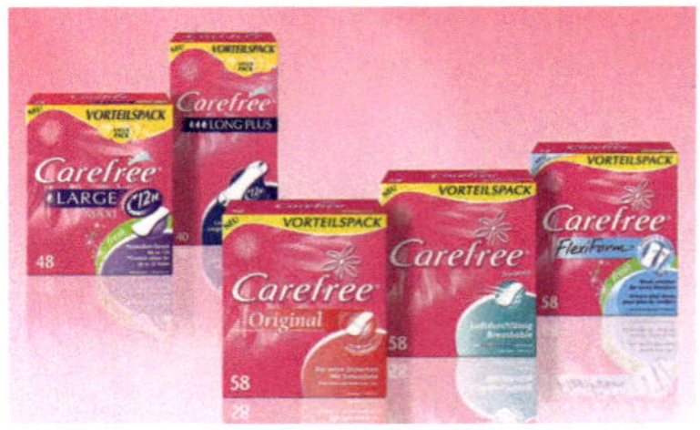

Die aktuelle Produktrange von Carefree

die erste Slipeinlage mit Deodorant auf den Markt. Die erste luftdurchlässige Carefree folgte 1990. Im Jahr 2000 wurde die gesamte Serie in einem Relaunch überarbeitet und die neue Carefree für String-Tangas auf den Markt gebracht. Seit 2004 gehören Intimpflegeprodukte zum Portfolio der Marke. Außerdem bietet Carefree Informationsmaterial besonders für junge Nutzerinnen und für den Aufklärungsunterricht in der Schule an. Die Marke wird weltweit vertrieben, wobei Deutschland den Hauptabsatzmarkt darstellt. Produziert werden Carefree-Slipeinlagen in Pomezia in Italien. Das Unternehmen ist mit der Marke lt. eigenen Angaben Marktführer im Bereich Slipeinlagen mit einem Marktanteil von rund 38 %. Johnson & Johnson ist eines der weltweit größten Unternehmen auf dem Gebiet der Gesundheitsfürsorge und in den Geschäftsfeldern Pharma, Medizintechnik und Konsumgüter aktiv. Die Johnson & Johnson GmbH ist die dt. Tochter im Geschäftsfeld Konsumgüter und mit 14 Marken im Markt vertreten.

DATEN UND FAKTEN

Markenname: Carefree, engl. bedeutet „ohne Sorge"

Slogan: „Einfach erfrischend spontan sein"

Erfinder: Dr. Judith Esser, 1977

Markenregistrierung: 15. 11. 1977, DPMA München

Innovationen: Carefree-Slipeinlage mit Deodorant (1980), luftdurchlässige Carefree-Slipeinlage (1990), Carefree Extra Thin (1998), Carefree für String-Tangas (2000), Carefree-Intimpflegetücher (2006), Carefree-Intim-Waschlotion (2007)

Markenwebsite: www.carefree.de

UNTERNEHMEN

Johnson & Johnson GmbH

Hauptsitz: Düsseldorf, Deutschland

Geschäftsführer: Peter Feld

Weitere Marken: s. → Johnson & Johnson

Gesamtumsatz: 53,3 Mrd. USD (Johnson & Johnson, weltweit, 2006)

Vertrieb: weltweit

KONTAKT

Johnson & Johnson GmbH
Kaiserswerther Str. 270
40474 Düsseldorf
✆ (02 11) 43 05-0
Fax (02 11) 43 05-3 52
www.jnjgermany.de

Ansprechpartner Presse:
Pressebüro Johnson & Johnson GmbH
✆ (02 11) 95 41-21 20
✉ pressebuero-jnj@pleon.com

Lead-Agentur:
Lowe Stratéus Paris
www.lowestrateus.com

MEILENSTEINE

1977 Geburtsstunde der Marke: Die erste Slipeinlage kommt auf den dt. Markt.

1990 Die erste luftdurchlässige Carefree-Slipeinlage kommt auf den Markt.

2004 Design-Relaunch, der Pink zur neuen Carefree-Farbe macht.

2004 Das Carefree-Sortiment wird um Intimpflegeprodukte erweitert.

CARLO COLUCCI

Die Marke Carlo Colucci steht für ital. Lebensstil.

CARLO COLUCCI

Seit der ersten Herrenstrick-Kollektion unter dem Namen Carlo Colucci 1980 steht die Modemarke aus dem Hause Nägelein für eine stringent eingehaltene Corporate Identity gemäß italienischer Lebensart. Der Kunstname soll in Verbindung mit dem Markenclaim „La Vita e Dolce" Selbstsicherheit und eine entspannte Lebenshaltung kommunizieren. Der Marktführer in aufwendigem und raffiniert verarbeitetem Strick weitete sein Programm legerer, sportiver Kleidung seit der Unternehmensgründung stetig aus. Das Produktportfolio umfasst neben den Kollektionen Carlo Colucci *Women* und Carlo Colucci *Men* auch verschiedene Lizenzprodukte wie z. B. Düfte. Im Kleidersortiment der internat. Textilmarke finden sich neben den Strickwaren auch Jeans, Hemden, Polos und Sweatshirts. Dabei wird auf hochwertige Materialien aus Europa ebenso geachtet wie auf die Pflege eines edlen und hochwertigen Images. Die Marke wendet sich an beruflich erfolgreiche, modisch informierte Käufer. Die konsequent emotionale Markeninszenierung wird in aufwendigen Prospekten, im Shop-Design und in der Fachwerbung betrieben. Sie ist stets italienisch ausgerichtet. Das Logo in den Hausfarben schwarz und weiß entwickelte Wilhelm Nägelein zur Firmengründung. Über der Wortmarke befindet sich ein rundes Emblem mit einer stilisierten geflügelten Statue. Das klassizistische Signet in doppelter Corona weckt Assoziationen zum hist. ital. Stil. Registriert ist die Marke seit dem 27. 08. 1981 beim DPMA in München. Mit konsequenter Qualitätsorientierung, zukunftsweisenden Produktionstechniken und einer konsequenten Expansionsstrategie will man die Marke weiterhin auf dem Modemarkt stärken. Laut Spiegel-Umfrage besaß sie im Jahr 2007 einen Bekanntheitsgrad von 30 %. Unter der Geschäftsführung von Dagmar und Wilhelm Nägelein beschäftigt das Unternehmen 150 Mitarbeiter. Der Vertrieb findet weltweit über eigene Niederlassungen und Vertriebspartner statt. 100 Shops-in-Shops und zahlreiche Mono-Shops finden sich nat. sowie internat.

UNTERNEHMEN

Carlo Colucci Vertriebs GmbH & Co. KG
Steinweg 3–5
91567 Herrieden
✆ (0 98 25) 82 00
🖷 (0 98 25) 8 21 49
💻 www.carlo-colucci.com

CARO

Die Konsumgütermarke Caro gehört zum Unternehmensbereich Kaffee- und Kakaogetränke der Nestlé-Gruppe. Der lösliche Landkaffee wird aus rein pflanzlichen Zutaten hergestellt und gilt als gut verträglich. In der Werbekommunikation stehen als Markenversprechen „kleine Wohlfühlmomente" im Vordergrund. Über den Nestlé-Konzern und Drittkunden wird die Marke in Europa, Australien, Neuseeland und China vertrieben. Der Name Caro ist eine mit C geschriebene Abkürzung des lat. Begriffs Kaffeesurrogatextrakt, der mit „löslicher Kaffeeersatz" übersetzt werden kann. Die Franck + Kathreiner GmbH brachte 1954, nach dem 2. Weltkrieg, neben dem bestehenden aufbrühbaren Kornkaffee Linde's eine lösliche Variante auf den Markt. Da der Name „Linde's" jedoch mit Erinnerungen an die Kriegszeit verbunden wurde, wollte man dem neuen Produkt einen anderen Markennamen geben. So bekam der heutige CARO Kaffee seinen Namen. Aus den Zutaten Gerste, Gerstenmalz, Zichorie und Roggen wird Caro-Kaffee hergestellt. Er enthält im Gegensatz zu vielen anderen Heißgetränken weder Koffein, noch zugesetzte Aromen oder zusätzlichen Zucker. Im Jahr 2006 wurden 2.000 t Caro-Kaffee abgesetzt. Seine charakteristische rote (Pantone 199) Raute auf der Verpackung trägt der Landkaffee seit seiner Markteinführung. Ebenso ist das Getränk seit jeher in einer runden Dose erhältlich. Zum Produktportfolio gehören *Caro Original, Caro Extra, Caro Kneipp Malzkaffee* und seit 2002 die Spezialitäten *Choco* und *Latte*. 1964 entstand die Unifranck Lebensmittelwerke GmbH, zu der neben Caro auch die Feinkostmarke Thomy's gehörte. Das Unternehmen wurde 1968 nach Ludwigsburg verlegt, wo Caro heute noch hergestellt wird. Die Unifranck GmbH trat 1971 der Nestlé-Gruppe bei und wurde 1990 in die Nestlé Erzeugnisse GmbH, einer 100 %igen Tochter der Nestlé Deutschland AG, eingegliedert.

Die charakteristische rote Raute gehörte bereits bei der Einführung von Caro im Jahre 1954 zum Logo.

UNTERNEHMEN

Nestlé Deutschland AG
Lyoner Str. 23
60528 Frankfurt/Main
✆ (0 69) 66 71-1
💻 www.nestle.de

CARRERA

Carrera ist eine Marke der Spielwaren und Freizeitindustrie. 1963 wurde die Marke von Josef Neuhierl in Deutschland erfunden und steht in erster Linie für Autorennbahnen. Zielgruppe sind lt. Unternehmen Kinder von sechs bis 14 Jahren und junge Väter mit Söhnen. Carrera wirbt mit dem Anspruch, echte Rennatmosphäre für zu Hause zu schaffen und Wert auf Sicherheit, Qualität und Innovation zu legen. Im Carrera Sortiment befinden sich neben den klassischen Bahnen, Fahrzeugen, Streckenteilen und diversem Zubehör die innovativen Baureihen Carrera Wireless und Carrera Digital 132. Carrera bietet auch Haushaltsprodukte wie Bügeleisen, Toaster, Kaffeemaschinen u. a. an, im Segment Körperpflege u. a. Elektrorasierer, Haartrockner, außerdem Uhren und Sonnenbrillen. Gründer des Unternehmens war der heutige Geschäftsführer Dr. Dieter Stadlbauer. Der Firmensitz liegt in Salzburg/Österreich,

Carrera heißt auf Spanisch „Rennen".

Die Verpackungen von Carstens Lübecker Marzipan sind aufwändig gestaltetet mit hanseatischen Abbildungen.

Der Hauptsitz des Unternehmens ist in Tokio.

Produktionsstätten in China werden von einem dt. Leitungsteam überwacht. Carrera ist lt. eigenen Angaben Marktführer im deutschsprachigen Raum und weltweit führend im Bereich Autorennbahnen. Carrera kommt aus dem Spanischen und bedeutet Rennen. Hausfarbe ist 100/100 Rot, Pantone 485 C, die Hausschrift Eurostyle Bold. Die kursive Schriftsetzung des Logos vermittelt den Eindruck von rasanter Geschwindigkeit und guter Kurvenlage. Den 1970er Slogan „Experten fahren Carrera" löste inzwischen „Carrera – toys for big boys" ab. Carrera Digital 132 erhielt die Auszeichnung „Top 10 der deutschen Spielwaren 2007" des Bundesverbandes des Spielwareneinzelhandels.

UNTERNEHMEN

Stadlbauer Marketing + Vertrieb GmbH
Magazinstr. 4
A-5027 Salzburg
✆ +43 6 62-8 89 21-0
🖷 +43 6 62-8 89 21-5 20
💻 www.stadlbauer.at

CARSTENS LÜBECKER MARZIPAN

Die Produkte aus dem Hause Carstens gehören zu den marktführenden Süßwaren im Nischensegment des Lübecker-Marzipan. Die Herstellung hochwertigen Marzipans hat in der Hansestadt Lübeck eine über 400-jährige Tradition und begann der Legende nach, als Bäcker gezwungen waren, mangels Mehl Brot aus Mandeln herzustellen. Seit 1996 ist die geografische Herkunftsbezeichnung „Lübecker Marzipan" ein EU-weit geschützter Begriff. Die Firma Carstens Lübecker Marzipan wurde im Jahr 1845 von Charlotte Erasmi gegründet und stellte zunächst Konserven her. Zu dieser Zeit kam die maschinelle Herstellung von Marzipan auf, und Frau Erasmis Firma zählte zu den ersten industriellen Produzenten. Für ihr Sortiment wurde sie 1874 zur kaiserlichen Hoflieferantin ernannt. Dieser Tradition fühlt sich das Unternehmen bis heute verpflichtet. Aktuell hat die Erasmi & Carstens GmbH & Co. KG rund 150 verschiedene Marzipan-Spezialitäten in ihrem Sortiment, darunter Marzipanbrote, -happen und -herzen mit und ohne Schokoladenüberzug, Saisonartikel für Weihnachten und Ostern sowie Nougat-Spezialitäten. Kennzeichen ist der hohe Mandel-Anteil. Das aktuelle Firmenlogo kreierte der Mitarbeiter des Hauses Klaus Ohlenroth im Jahr 2003. In ovaler Vignette steht unter einer Zeichnung des Lübecker Holstentors der blaue Versalienschriftzug Carstens, in Rot ergänzt durch die Herkunftsangabe Lübeck. Die Verpackung der Spezialitäten ist Teil des Corporate Designs, so etwa die besonders aufwendig gestalteten Präsentpackungen mit kleinem Sichtfenster und viel Platz für hanseatische Abbildungen. Darüber hinaus betreibt das Unternehmen unter der Geschäftsführung von Torsten Fischer keine offensive Außenwerbung. Der Vertrieb erfolgt weltweit direkt und über Vertriebspartner.

DATEN UND FAKTEN

Markenname: Carstens Lübecker Marzipan

Slogan: „Carstens Lübecker Marzipan"

Erfinder: Charlotte Erasmi, Daniel H. Carstens, 1845, Lübeck

Markenregistrierung: 15. 04. 2004, DPMA München

Innovationen: laser-geflämmtes Marzipan mit freier Motivwahl

Literatur:
C. Pieske: Marzipan aus Lübeck (1977)

UNTERNEHMEN

Carstens Lübecker Marzipan
Erasmi & Carstens GmbH & Co. KG
Mecklenburger Str. 255
23568 Lübeck
✆ (04 51) 6 19 50-0
🖷 (04 51) 6 19 50-50
💻 www.carstens-marzipan.de

CASIO

1957 gründete Tadao Kashio gemeinsam mit seinen Brüdern Toshio, Kuzuo und Yukio die Casio Computer Co. Ltd. in Japan. Der Name Casio ist eine Ableitung seines Familiennamens. Die Marke steht für elektronische Konsum- und Industriegüter, das Produktportfolio umfasst u. a. Exilim-Digitalkameras, G-Shock-Digitaluhren, Schul- und Grafikrechner, Tisch- und Taschenrechner, elektronische Wörterbücher und Musikinstrumente. Viele Casio-Produkte eroberten als Innovationen den Markt wie u. a. der Casio 14-A, der weltweit erste kompakte vollelektronische Rechner (1957), der Casio Mini, der weltweit erste Rechner für den privaten Gebrauch (1972), Casiotron, die erste digitale Armbanduhr (1974) und die EXILIM EX-S1, die weltweit erste ultraflache LCD-Digitalkamera im Kreditkartenformat (2002). Für andere Produkte wurde Casio mehrfach ausgezeichnet, z.B. erhielt Casio 2007 für den Daten- und Videoprojektor Casio XJ-S35 den if design award. Die Markenbekanntheit im Fotomarkt liegt bei 71 % (Stern, Geo Imagery 6, Juli 2006), im Uhrenmarkt liegt sie bei den Männern bei 63 %, bei den Frauen bei 55 % (Stern Markenprofile 11, Januar 2006). Die Abgrenzung von den Wettbewerbern erfolgt durch ausgeprägte Multifunktionalität bei gleichzeitiger Miniaturisierung. Casio beschäftigt weltweit ca. 13.000 Mitarbeiter und erwirtschaftete im Fiskaljahr 2006 einen Gesamtumsatz von 620.769 Mio. Yen.

UNTERNEHMEN

Casio Europe GmbH
Bornbach 10
22848 Norderstedt
✆ (0 40) 5 28 65–0
🖷 (0 40) 5 28 65–1 00
🖳 www.casio-europe.de

CASTELL

Der Orts- und Familienname Castell ist Oberbegriff für die Fürstlich Castell'sche Bank, Credit-Casse AG und das Weingut Fürstlich Castell'sches Domänenamt. Die geographische Herkunftsangabe Castell lässt sich - zumindest für Weine, Branntweine und Spirituosen - nicht markenrechtlich schützen, als Familienname und Herkunftsangabe der Inhaber und Aktionäre ist Castell jedoch Kennzeichen beider Unternehmen. Die Fürstlich Castell'sche Bank bedient die Bereiche Vermögensanlage und -verwaltung, Firmen- und Privatkundenberatung. 1774 durch Friedrich Adolph von Zwanziger gegründet ist die Fürstlich Castell'sche Bank heute die älteste Bank Bayerns. Ihren heutigen Namen erhielt sie 1937. Das Kerngeschäftsgebiet erstreckt sich auf Unter- und Mittelfranken, den Bereich Ludwigshafen am Rhein und Heilbronn, im Bereich Vermögensanlage und -verwaltung auch darüber hinaus. Zur Zielgruppe zählen mittelständische und inhabergeführte Familienunternehmen sowie vermögende Privatpersonen. Nachdem die Bank zunächst als OHG und später als Kommanditgesellschaft auf Aktien geführt wurde, ist sie heute als Aktiengesellschaft noch immer vollständig in Familienbesitz. Die Linien Castell-Rüdenhausen und Castell-Castell halten je 50 % der Aktien. Im Aufsichtsrat der Bank sind Johann-Friedrich Erbgraf zu Castell-Rüdenhausen und Ferdinand Erbgraf zu Castell-Castell aktiv. Die Fürstlich Castell'sche Bank beschäftigt 270 Mitarbeiter und wird von den Vorstandsmitgliedern Wolf-Christian Maßner, Ulrich Treppner und Klaus Vikuk geführt. Das Fürstlich Castell'sche Domänenamt gehört zu den Top-Weinbaubetrieben Frankens und zu den 100 besten Weingütern Deutschlands.

Weinsortiment Fürstlich Castell'sches Domänenamt

Die Weine werden vielfach prämiert, u.a. mit „4 Trauben" im Gault-Millau Wein Guide und dem „Silber Best in Class" der International Wine & Spirit Competition (2007) für den 2005 *APRILES Silvaner trocken*. Der Weinbau findet Angaben des Fürstlich Castell'schen Archivs zufolge die erste Erwähnung im Jahr 1224. Das Weingut beschäftigt 25 Mitarbeiter und wird von Karl-Heinz Rebitzer geleitet. Das Logo des Weingutes entwickelte Pia Vogel von der Agentur Mannhof Media im Jahr 2000. Zum Corporate Design gehören die Schriften Centaur und Venetian sowie die Farben Warm Grey und Rot.

DATEN UND FAKTEN

Markenname: Castell, Familienname der Eigentümer und Name des Ortes am Fuß des Steigerwaldes, in dem die Familie ihren Stammsitz hat

Slogans: „Castell – die Wein Domäne", „Wein ist erlebbare Zeit – genießen Sie diese", Bank: „Seit Jahrhunderten dem Kundennutzen verpflichtet", „In Zeiten wachsender Konzentration und Austauschbarkeit sind Unabhängigkeit und persönlicher Stil für uns unverzichtbar."

Frühere Slogans: „Weine der Spitzenklasse", „Tradition und Fortschritt", Bank: „Castell Bank...der persönliche Kontakt macht's"

Auszeichnungen: (Weingut)
„4 Trauben" im Gault-Millau Wein Guide, „Deutscher Spätburgunderpreis" (2006) „Silber Best in Class", International Wine & Spirit Competition für den *2005er Apriles* (2007)

FÜRSTLICH CASTELL'SCHE BANK

CASTELL
Fürstlich Castell'sches Domänenamt
Die Wein Domäne

Markenzeichen der Fürstlich Castell'schen Bank (oben), Aufsichtsräte Erbgrafen Ferdinand zu Castell-Castell und Johann-Friedrich zu Castell-Rüdenhausen (Mitte), Wappen des Weinguts Fürstlich Castell'sches Domänenamt (unten)

UNTERNEHMEN

Fürstlich Castell'sche Bank, Credit-Casse AG

Zentrale: Würzburg, Deutschland

Gründer: Friedrich Adolph von Zwanziger, 1774, Castell

Vorstand: Wolf-Christian Maßner, Ulrich Treppner, Klaus Vikuk

Bilanzsumme: rund 1 Mrd. Euro (2006)

Vertrieb: 14 Filialen in Unter- und Mittelfranken sowie Ludwigshafen am Rhein und zwei Repräsentanzen

KONTAKT

Fürstlich Castell'sche Bank, Credit-Casse AG
Marktplatz 1
97070 Würzburg
(09 31) 30 83-0
(09 31) 30 83-2 14
www.castell-bank.de

UNTERNEHMEN

Fürstlich Castell'sches Domänenamt

Hauptsitz: Castell, Deutschland

Weingutsleiter: Karl-Heinz Rebitzer

Gesamtumsatz: 4,5 Mio. Euro (2006)

Jahresabsatz: ca. 800.000 Flaschen

KONTAKT

Fürstlich Castell'sches Domänenamt
Schlossplatz 5
97355 Castell
(0 93 25) 6 01-60
(0 93 25) 6 01-85
www.castell.de

SCHON GEWUSST?

▌Seit dem „10. Apriles 1659" ist der Silvaner im Casteller Schlossberg beheimatet. Damals ahnte man noch nicht, welche Bedeutung diese Rebe für Castell einmal haben würde. Der Gräflich Castell'sche Amtmann Johann Georg Körner ließ am 5. April 1659 vom Amtsboten Michel Saueracker für acht Schilling dreieinhalb Pfennig 25 Fechser des Silvaners aus Obereisenheim heranschaffen. Am 10. April gepflanzt wurde der Silvaner zu einem typischen Casteller, für den das Weingut heute nicht nur Wegweiser aufstellt, sondern sogar ein Denkmal setzt. Heute ist der Silvaner ein Botschafter des Frankenweins in der ganzen Welt und Castell ist überzeugt, dass er eine große Zukunft haben wird.

CATALINA MARKETING

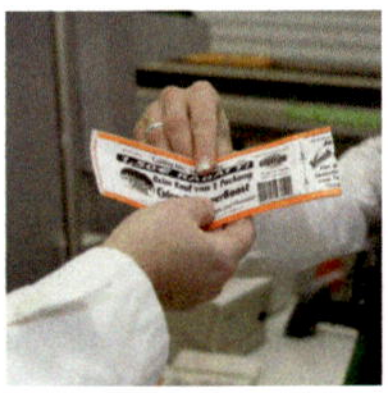

Direkt an der Kasse übergibt die Kassiererin dem Kunden seinen Coupon, den er dann beim nächsten Einkauf einlösen kann (Mitte). Rainer Otterbein ist der Managing Director von Catalina Marketing Deutschland (unten).

Mit der Dienstleistermarke Catalina betreibt die Catalina Marketing Deutschland GmbH kundenorientierte Produktwerbung durch Coupons. Zielgruppe der Marke sind Markenartikler und Handelsketten, die neue Käuferschichten erreichen oder bestehende Kunden binden wollen. Die Verteilung der Coupons erfolgt direkt beim Einkauf an der Kasse. Dabei wird der Warenkorb des Kunden automatisch analysiert. Anhand von bestimmten Kriterien druckt ein an die Kasse angeschlossener Drucker automatisch Coupons für Produkte aus, die exakt auf das Kaufverhalten der Kunden zugeschnitten sind. Gegründet wurde die Marke 1983 von Mike O'Brien, Brian Yeatman, Tim Mindrum, Mike Scroggie und George Off in Los Angeles. Bei einem Urlaub auf der kalifornischen Insel Catalina hatten sie die Idee, die immer mehr aufkommenden Scannerkassen für gezieltes Marketing einzusetzen. Sie entwickelten ein System, das das Einkaufsverhalten der Kunden anhand der gescannten Produkt-EANs analysieren kann. Nach dem Ort ihrer Idee nannten sie ihr neu gegründetes Unternehmen Catalina Marketing. Das Markenlogo von Catalina zeigt drei springende Delfine vor einem blauen Dreieck. Das Dreieck soll dabei die Beziehung zwischen Verbrauchern, Herstellern und Händlern symbolisieren, die Catalina herstellt. Catalina Marketing ist weltweit Marktführer im Segment gezieltes Couponing, jährlich werden weltweit rund 12 Mrd. Einkäufe analysiert. Catalina Marketing kooperiert mit 22 der 25 weltgrößten Markenartikler, darunter u. a. Coca Cola, Kraft Foods, Masterfoods, Nestlé, Procter & Gamble und Unilever. In Deutschland hat sich Catalina seit 2003 auf dem Markt etabliert. Immer mehr Unternehmen nehmen das System des kassenbezogenen Couponing in ihren Marketing-Mix auf. 2006 erwirtschaftete Catalina Marketing einen weltweiten Umsatz von rund 418 Mio. USD und beschäftigte ca. 1.200 Mitarbeiter. Die Markenstrategie von Catalina ist auf Business-to-Business ausgelegt.

DATEN UND FAKTEN

Markenname: Catalina, abgeleitet von Catalina Island, einer Insel vor der kaliforni-

Beim Couponing durch Catalina Marketing wird der Warenkorb des Kunden automatisch analysiert.

schen Küste, auf der diese Geschäftsidee geboren wurde.

Slogan: „Catalina Marketing: Intelligentes Couponing = Mehrwert für Marken und Märkte"

Gründer: Mike Scroggie, George Off, Mike O´Brien, Brian Yeatman, Tom Mindrum, 1983, Los Angeles, USA

Markenregistrierung: 1983, Los Angeles, USA

UNTERNEHMEN

Catalina Marketing

Hauptsitz: St. Petersburg/USA

CEO: Dick Buell

Managing Director für Deutschland: Rainer Otterbein

Gesamtumsatz: 418 Mio. USD

KONTAKT

Catalina Marketing Deutschland GmbH
Saalburgstr. 157
61350 Bad Homberg
(0 61 72) 7 89 81-0
(0 61 72) 7 89 81-18
www.catalinamarketing.com

SCHON GEWUSST?

▌Nach der Geschäftsidee des Couponings, bei der der Warenkorb jedes einzelnen Endverbrauchers analysiert wird, druckte der Couponing-Pionier Catalina Marketing bereits 1984 seinen ersten Coupon. Mittlerweile sind es weltweit 3,4 Mrd. Coupons pro Jahr – Tendenz weiter steigend. Die erste Installation eines Catalina-Druckers in Deutschland fand 2003 im Metro-Future Store in Rheinberg statt.

Ansprechpartner Marketing & Presse:
Rainer Otterbein
(0 61 72) 7 89 81-0
rainer.otterbein@catalinamarketing.com

PR-Agentur:
G. Ulrich Rohrbach
PR-Berater (DPRG)
(0 69) 72 33 76
ulirohrbach@web.de

CAVENDISH & HARVEY

Die Cavendish & Harvey Confectionery GmbH blickt auf eine 75-jährige Unternehmensgeschichte zurück: 1932 von Paul Schmedding als Paul Schmedding KG in Hamburg gegründet, handelte das Unternehmen zunächst vorwiegend mit zollfreien Süßwaren aus England im Hamburger Freihafen. 1977 wurde der Firmensitz nach Goole in Großbritannien verlegt, wo das Unternehmen zum ersten Mal unter dem Namen Cavendish & Harvey firmierte. Das wichtigste Produkt in dieser Zeit waren Bonbons in den sog. „Travel Tins", d. h. in transportstabilen Blechdosen. Nach der Aufgabe des engl. Abpackbetriebs 1983 wurde 1984 die KG Cavendish & Harvey Germany GmbH & Co. gegründet und mit dem Bau einer Fabrik in Kaltenkirchen begonnen. 1991 begann das Unternehmen mit der eigenen Herstellung von Hartkaramellen. Die heutige Cavendish & Harvey Confectionery GmbH wurde im Jahre 1998 gegründet und ist mittlerweile Teil der Unternehmensgruppe Dr. Wolfgang Boettger. Heute ist Cavendish & Harvey Komplettanbieter von Hart- und Weichkaramellen, die vornehmlich aus eigener Herstellung stammen. Das Produktportfolio wird durch Toffee-, Weingummi- und Lakritzspezialitäten mit internat. Vermarktungsanspruch ergänzt. Kernprodukt sind auch heute noch die Drops in der klassischen Runddose, die das Unternehmen in mehr als 22 verschiedenen Geschmacksrichtungen produziert. Neben Deutschland vertreibt das Unternehmen die Süßwaren in über 60 Ländern. Allein die *Mixed-Fruit* Dose wird in 67 Länder exportiert. Den hohen Qualitätsanspruch unterstützt ein Qualitätsmanagement-System, das den Forderungen des IFS (International Food Standard) entspricht. Geschäftsführer des Unternehmens mit Sitz in Kaltenkirchen ist Jürgen Biskup. Cavendish & Harvey beschäftigt inzwischen über 180 Mitarbeiter, die an der Produktion von etwa 17.000 t Hartkaramellen pro Jahr mitwirken. Weitere Marken

Die Marke Cavendish & Harvey ist bekannt für ihre Bonbons in der klassischen Runddose.

Auf der CeBIT präsentieren Aussteller mit ihren Produkten digitale Möglichkeiten in Arbeits- und Lebenswelten.

central
Gesundheit bewegt uns.

Central ist Teil der AMB Generali Gruppe.

aus dem Portfolio des Süßwarenherstellers sind noch →Bona Dea, Heller & Strauss und Sky Candy. Für die kommenden fünf Jahre rechnet die Unternehmensleitung mit einer Verdoppelung der Produktionsmenge und des Umsatzes, der 2006 bei ca. 30 Mio. Euro lag.

DATEN UND FAKTEN

Markenname: Cavendish & Harvey, Kunstname

Slogan: „Genuss aus Tradition"

Gründer: Paul Schmedding, 1932, Hamburg

Markenregistrierung: 12. 05. 1995, DPMA München

Jahresabsatz: 17.000 t Hartkaramellen

UNTERNEHMEN

Cavendish & Harvey Confectionery GmbH
Carl-Zeiss-Str. 14–16
24568 Kaltenkirchen
(0 41 91) 50 01-0
(0 41 91) 50 01-33
www.cavendish-harvey.de

CEBIT

Seit 1986 findet mit der CeBIT in Hannover eine internat. Messe für Kommunikations- und Informationstechnologien statt. Die jährlich veranstaltete CeBIT ging aus der →HANNOVER MESSE hervor und konnte sich lt. Veranstalter →Deutsche Messe AG als weltweit größte Messe zur Darstellung digitaler Lösungen etablieren. Die Aussteller präsentieren mit ihren Produkten und Anwendungen die digitalen Möglichkeiten in Arbeits- und Lebenswelten. Gleichzeitig dient die Messe als Plattform für den Erfahrungsaustausch über internat. Branchentrends und dem Networking. Zu den Besuchern der CeBIT zählen Anwender aus Industrie und Handel, Handwerk und Banken, dem Dienstleistungssektor sowie der öffentlichen Verwaltung und Wissenschaft. Die Messe zeichnet sich dadurch aus, dass sie alle Bereiche der ITK-Branche abbildet. Die CeBIT 2007 hatte mit 6.153 Ausstellern aus rund 80 Nationen die höchste internat. Beteiligung (3.344 Aussteller aus dem Ausland) und empfing rund 480.000 Besucher aus aller Welt. Die mit der Markenpflege beauftragten Agenturen entwickelten das Logo der CeBIT über die Jahre konsequent weiter. Claims und Bildanteile wurden ergänzt, gehörten aber nie zum festen Bestandteil der Konzeption. Die Deutsche Messe AG unterstützt die Markenpflege mit Online- und Print-Werbemaßnahmen und vermarktet die CeBIT mithilfe weltweiter Repräsentanzen. Ihren Hauptsitz hat die Deutsche Messe AG in Hannover. Das Unternehmen wurde im August 1947 als Deutsche Messe- und Ausstellungs AG Hannover-Laatzen gegründet und richtet heute als Dienstleister im Messewesen internat. Weltleitmessen mit dem Schwerpunkt Investitionsgüterindustrie aus. Mit rund 800 Mitarbeitern erwirtschaftet das Unternehmen durchschnittlich 250 Mio. Euro pro Jahr.

DATEN UND FAKTEN

Markenname: CeBIT, Akronym, zusammengesetzt aus **Ce**ntrum der **B**üro- und **I**nformations**t**echnik

Slogan: „Get the spirit of tomorrow" (1999–2006), „Join the Vision" (2007), „Wo aus Null und Eins Milliarden werden" (2008)

Gründung: Hervorgegangen aus der →HANNOVER MESSE, 1986, Hannover

Markenregistrierung: 01. 12. 1968, DPMA München

Markenwebsite: www.cebit.de

UNTERNEHMEN

Deutsche Messe AG
Messegelände
30521 Hannover
(05 11) 89-0
(05 11) 89-3 26 26
www.messe.de

CENTRAL

Die Central gehört zu den führenden Krankenversicherern Deutschlands und ist Teil der AMB Generali Gruppe. Ihr Schwerpunkt liegt auf der privaten Voll- und Zusatzkrankenversicherung. Mit ihrem Slogan „Gesundheit bewegt uns." spricht die Marke Privatkunden, Firmen und Verbände an. Deutschlandweit vertreibt die Central ihre Policen über Vertriebspartner, Makler und die Deutsche Vermögensberatung. Die Central Krankenversicherung AG war 1913 die erste private Krankenversicherung, die als Aktiengesellschaft gegründet wurde. Seit 1971 gehört sie zum drittgrößten dt. Unternehmensverbund, dem AMB. Heute nimmt der Versicherer mit Hauptsitz in Köln Beiträge in Höhe von 1,64 Mrd. Euro pro Jahr ein. Er beschäftigt

1.834 Mitarbeiter, Vorstandsvorsitzender ist Dr. Joachim von Rieth. In der Markengeschichte änderte sich das Logo acht Mal. Das heutige Markenzeichen besteht aus einem dunkelgrauen Central-Schriftzug in kleinen Druckbuchstaben. Links davon zeigt eine Bildmarke zwei geschwungene Linien in Rot-Orange und Hellblau. Sie bilden einen offenen Kreis und stehen für zwei schützende Hände. Diese symbolisieren den Servicegedanken der Central und die Gesundheit ihrer Kunden. Die drei Farben gehören zum Corporate Design des Versicherers, ihnen spricht er die Kernwerte des Unternehmens zu: Agilität, Transparenz und Empathie.

UNTERNEHMEN

Central Krankenversicherung AG
Hansaring 40–50
50670 Köln
✆ (02 21) 16 36-0
🖷 (02 21) 16 36-2 00
💻 www.central.de

CENTRUM

Unter dem Markennamen Centrum vertreibt die Whitehall-Much GmbH Nahrungsergänzungsmittel. Die Capletten – eine Mischung aus Kapsel und Tablette - enthalten Vitamine, Mineralstoffe und Spurenelemente. Weiterer Bestandteil ist Lutein, das gut für die Augengesundheit ist und in der Natur in grünem Blattgemüse wie Spinat vorkommt. Auf die vielfältigen Inhaltsstoffe weist der Markenslogan „Centrum komplett von A bis Zink" hin. Das Design der Verpackung spiegelt den Gedanken der kompletten Formulierung wieder: Das Regenbogenspektrum reicht von blau bis rot und zeigt so die komplette Vielfalt der Vitalstoffe. Centrum gibt es in verschiedenen Zusammensetzungen: Das Grundprodukt richtet sich an Erwachsene mittleren Alters. Für Ältere gibt es *Centrum Generation 50+*, während *Centrum Junior* für Kinder ab vier Jahren gedacht ist. Schwangeren und stillenden Frauen empfiehlt das Unternehmen *Centrum Materna*, das auf die Bedürfnisse von Mutter und Kind abgestimmt ist. Entwickelt worden ist Centrum 1979 in den USA. Seit 1997 gibt es das Nahrungsergänzungsmittel auch auf dem dt. Markt. Es erreichte schon nach zwei Jahren eine marktführende Stellung. Seit 2003 tragen die apothekenexklusiven Produkte das unabhängige Fresenius-Qualitätssiegel. Die Markenphilosophie spiegelt sich in dem Slogan „Von A bis Zink. 100 Prozent Vitamine, wichtige Mineralstoffe und Spurenelemente". Darüber hinaus wird Centrum kontinuierlich auf den neuesten Stand der Wissenschaft gebracht. Vertrieben wird Centrum vom Unternehmen Whitehall-Much, das der US-Pharmakonzern Wyeth

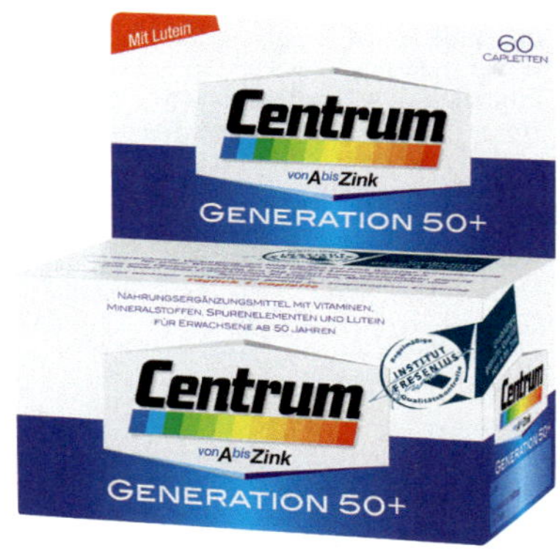

Centrum ist Vorreiter bei Multivitaminen für Menschen ab 50 Jahren.

1972 übernommen hat. Der Konzern beschäftigt weltweit 55.000 Mitarbeiter, über 80 für den OTC-Bereich (nicht-verschreibungspflichtige Medikamente) in Deutschland. Weitere Marken des in Deutschland ansässigen Tochterunternehmens sind →Vitasprint (Tonikum), →Caltrate (Nahrungsergänzung), →Spalt (Schmerzmittel) und →Baldriparan (Beruhigungsmittel).

DATEN UND FAKTEN

Markenname: Centrum, lat. Mittelpunkt, Zentrum

Slogan: „Centrum komplett von A bis Zink"

Erfinder: Lederle Laboratories, 1979, USA

Markenregistrierung: 18.06.1996, DPMA München

Innovationen: Centrum Generation 50+ (1999), Einsatz von FloraGLO® Lutein (2004), Centrum Materna (2005)

Markenbekanntheit: 60 % ungest., 85 % gest. (GfK, 2007)

Jahresabsatz: 125 Mio. Capletten

Marktanteil: 27 % (Herstellerangabe)

Auszeichnungen:
„European Most Trusted Brand", Pegasus Award (2001, 2005, 2007)
„Medikament des Jahres" in der Kategorie Multivitaminpräparate (2003, 2004, 2005,

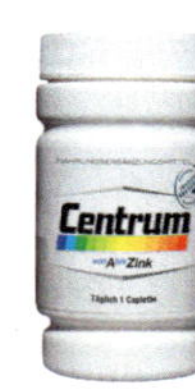

Das Multivitamin-Präparat Centrum ist ursprünglich eine Erfindung der Lederle Laboratories aus den USA.

2006, 2007), Bundesverband dt. Apotheker „POS Marketing Award Gold" (2006)

Markenwebsite: www.vitamin.de, www.centrum-online.de

UNTERNEHMEN

Whitehall-Much GmbH

Hauptsitz: Münster, Deutschland

Geschäftsführer: Frank D. Kube

Weitere Marken: → Baldriparan, → Caltrate, → Spalt, → Vitasprint

KONTAKT

Whitehall-Much GmbH
Regina-Protmann-Str. 16
48159 Münster
✆ (02 51) 92 71-8
🖷 (02 51) 92 71-30 99
💻 www.whitehall-much.de

Ansprechpartner Presse:
Daniela Kleiböhmer
✆ (02 51) 92 71-30 47
✉ kleibod@wyeth.com

Lead-Agentur:
Grey Worldwide
💻 www.grey.de

SCHON GEWUSST?

- Centrum hat die „Caplette" erfunden: Das Wort ist eine Bezeichnung, die aus den Ursprungswörtern Tablette und Kapsel kreiert wurde. Mit der Wortneuschöpfung sollte die leichte Schluckbarkeit unterstrichen werden.
- Seit Bestehen des Produktes sind mehr als 1 Mrd. Centrum Capletten auf dem dt. Markt verkauft worden.
- Centrum ist Vorreiter bei Multivitaminen für Menschen über 50: 1999 brachte die Marke als erste ein Produkt speziell für diese Zielgruppe in die Apotheken.

CERESIT

Ceresit

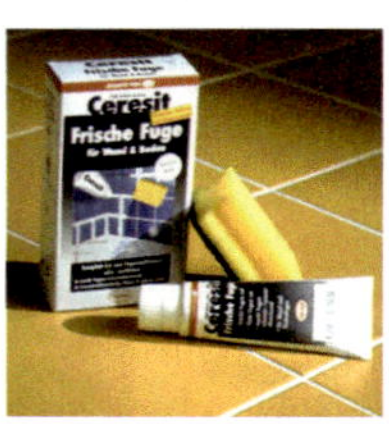

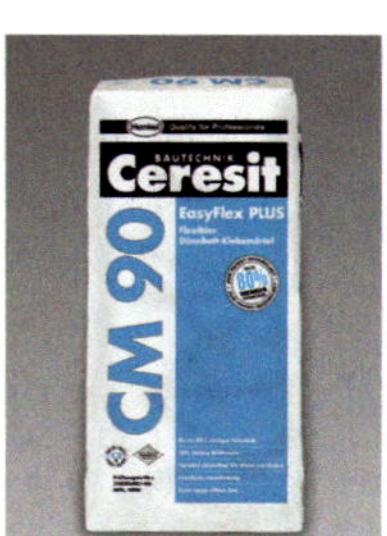

Ceresit Frische Fuge (Mitte) ist für die praktische Heimanwendung gedacht, der Fliesenkleber CM 90 EasyFlex PLUS (unten) für Handwerker.

Die Marke Ceresit von → Henkel steht für innovative Systemprodukte im Baubereich. Mit zwei Produktlinien spricht Ceresit sowohl Profis als auch Heimwerker an. Ceresit-Artikel sind in 60 Ländern weltweit erhältlich. Mit Produkten in Profi-Qualität präsentiert sich die Marke als Helfer in allen Baufragen. Das Sortiment umfasst alle bauchemischen Kernsegmente für Neubau und Sanierung.

Reproduktion einer (Anm.: Das Original ist engl.) Ceresit-Werbung aus den 1930er-Jahren. Bereits damals waren Ceresit-Produkte weltweit im Einsatz.

Dazu gehören etwa Fliesenkleber, Fugenmörtel, Bodenausgleichsmassen, Silikone, Reparaturprodukte und Wandputze. Die Marke grenzt sich durch ihre herausragenden Eigenschaften im Bereich Nässe und Feuchtigkeit ab. Erfinder Paul Mecke aus Stettin entwickelte 1908 einen speziellen Mörtelzusatz, der von den Dattelner (später: Wunner'sche) Bitumenwerke GmbH herstellt wurde. Dieser Zusatz machte Beton und Zementmörtel wasserundurchlässig. Mit diesem Dichtungsmittel namens Ceresit begann die Markengeschichte. 1911 wurde Ceresit auch internat. in Fabriken in England, den USA und Österreich-Ungarn produziert. Seit 1986 gehört Ceresit zu Henkel und profitiert vom bekannten Werbeslogan „Qualität von Henkel". Der in Druckbuchstaben ausgeführte Markenname Ceresit bildet auch das Markenlogo, begleitet vom Zusatz „Für Haus & Bau" in der Do-it-Yourself-Linie bzw. „Bautechnik" in der Profilinie. Im Do-It-Yourself-Segment Haus und Bau werden unter der Marke rund 80 Produkte angeboten. Beide Produktlinien werden laufend durch innovative Produkte erweitert, beispielhaft sei der Ceresit Fliesenkleber CM90 EasyFlex PLUS genannt, ein Hochleistungsklebstoff aus Mikrogranulaten, der für bis zu 90 % weniger Staub bei der Verarbeitung sorgt. Ceresit nimmt in den osteuropäischen Ländern vordere Marktpositionen ein. Zwischen 1990 und 2002 hat die Marke ihren Umsatz fast verdreifacht. Der

Gesamtumsatz im Henkel-Unternehmensbereich Adhesives Technologies (Klebstoff Technologien) betrug im Jahr 2006 rund 5,5 Mrd. Euro. Henkel ist sowohl im Konsumenten- als auch im Profi- und Industriebereich einer der bedeutendsten Produzenten von Klebstoffen.

DATEN UND FAKTEN

Markenname: Ceresit, Kunstname

Slogan: „Ceresit für Haus und Bau", „Mit der Qualität von Henkel"

Erfinder: Paul Mecke, 1908, Stettin

Markenregistrierung: 13. 10. 1908, Kaiserliches Patentamt Berlin

Innovationen: CM 18 EasyFlex (2001)

Auszeichnungen:
„Grand Prix", auf der Weltausstellung in Brüssel (1910)

Markenwebsite: www.ceresit.de, www.ceresit-bautechnik.de

UNTERNEHMEN

Henkel KGaA

Hauptsitz: Düsseldorf, Deutschland

Weitere Marken: s. → Henkel

Gesamtumsatz: 12,740 Mrd. Euro (2006)

Vertrieb: weltweit in über 125 Ländern

KONTAKT

Henkel KGaA
Henkelstr. 67
40589 Düsseldorf
✆ (02 11) 7 97-0
🖷 (02 11) 7 98-40 08
💻 www.henkel.de

Ansprechpartner Presse:
Peter Lienkamp
✉ press@henkel.com

SCHON GEWUSST?

- Das bislang prominenteste Sanierungs-Objekt für Ceresit ist die Chinesische Mauer. Ein 747 m langes Stück des Bauwerks wurde mit Schnellzement und anderen Henkel-Produkten restauriert. Die Arbeiten dauerten sechs Jahre lang. Ein Gedenkstein erinnert an die Hilfe von Henkel.
- Auf der Weltausstellung in Brüssel im Jahr 1910 zeigte Ceresit einen Pavillon, der 1,5 m tief im Wasser stand. Zusätzlich wurde er mit 60.000 l Wasser pro Stunde überspült. Durch den wasserdichten Ceresit-Putz blieb der Pavillon innen staubtrocken.

CHABESO

Die Getränkemarke Chabeso bezeichnet eine Limonade mit rechtsdrehenden Milchsäuren. Sie sollen auf natürliche Weise den pH-Wert im Darm normalisieren, die Verdauung verbessern und das Immunsystem stärken. Charakteristisch ist der samtige Geschmack. Das Getränk wurde 1914 von dem Lebensmittelchemiker Dr. phil. Ernst Büschler entwickelt. Er griff dabei frühere Studien auf, wonach Bulgaren und Rumänen vor allem durch den Verzehr saurer Milch ihre hohe Lebenserwartung erlangten. Beworben wurde das Getränk damals mit der Aussage, dass es „dem Körper die ihm dringend benötigte Milchsäure in angenehmster, wohlschmeckendster Form" zuführe. Die Limonade wurde bald von Gesellschaften in mehreren Ländern weltweit hergestellt. Sie fand Abnehmer u. a. in Ägypten, den USA und Argentinien und war vor allem im vorderen Orient beliebt. Durch den 2. Weltkrieg wurde die Expansion allerdings gestoppt. Das Logo besteht seit 1914 in seiner heutigen Form. Es stellt ein stilisiertes Glas dar und soll ein Zeichen der Güte signalisieren. Herkunft oder Bedeutung des Namens Chabeso hält das Unternehmen geheim. Seit 1999 ist Chabeso eine Marke der → Riegele Brauerei Augsburg. 2005 brachte Riegele das Chabeso Radler auf den Markt. Für die Zukunft sind weitere Line Extensions geplant. Die Getränke werden über den Lebensmitteleinzelhandel, die Gastronomie und bei Veranstaltungen vertrieben.

Die Herkunft des Markennamens Chabeso wird seit 1914 bewusst geheim gehalten.

DATEN UND FAKTEN

Markenname: Der Markeninhaber hält den Ursprung des Namens Chabeso bewusst geheim.

Slogan: „Begehrt seit 1914"

Erfinder: Dr. Ernst Büschler, 1914

Markenregistrierung: 28. 01. 1924, Reichspatentamt Berlin

Innovationen: Chabeso Radler (2005)

UNTERNEHMEN

Chabeso International, Inh. RIEGELE KG
Frölichstr. 26

Das Logo der Charité soll Sicherheit und Professionalität symbolisieren.

Tradition großgeschrieben: Werbemotive ausschließlich mit Familienmitgliedern: Tippi und Charlotte Fleer, Ann-Charlotte Schwarz und Caroline Schwarz (Mitte). Wolf-Peter Schwarz entwirft individuelle Schmuckkreationen (unten).

86150 Augsburg
(08 21) 32 09-0
(08 21) 32 09-80
www.chabeso.de

CHANEL

Die Marke Chanel steht weltweit für Luxusprodukte aus den Bereichen Mode, Parfums und Kosmetik, Schmuck und Uhren sowie Brillen. Bekanntestes Produkt des Labels ist *Chanel No. 5*, das 1921 eingeführte erste Parfum mit künstlichen Aromen – heute weltweit der am häufigsten verkaufte Duft. Das Markenlogo zeigt den Namenszug in serifenlosen Versalien sowie zwei sich überschneidende „C", von denen eines nach links und das andere nach rechts geöffnet ist. Der Name der Luxusmarke geht auf Gabrielle „Coco" Chanel zurück, die 1910 in Paris ihr erstes Atelier unter dem Namen Chanel Modes eröffnete. Aufgrund ihrer sportlichen, zwanglos-lässigen und eleganten Mode sowie der Übernahme männlicher Stilattribute wurde Coco Chanel in den 1920er-Jahren rasch zu einer der führenden Pariser Modedesignerinnen. 1924 tat sie sich vertraglich mit Pierre Wertheimer zusammen, der den Verkauf ihres Parfums No. 5 organisierte. 1925 präsentierte sie zum ersten Mal den berühmten Cardigan-Mantel, 1926 das unter dem Namen „das kleine Schwarze" bekannt gewordene Damenkleid. 1954 ging das Unternehmen in den Besitz der Familie Wertheimer über. Heute wird es von den Brüdern Gérard und Alain geführt, die Chanel zu einer der weltweit erfolgreichsten Luxusmarken ausgebaut haben. Bekanntester Repräsentant der Marke ist Karl Lagerfeld, seit 1983 Chef-Couturier bei Chanel. Die Firma beschäftigt derzeit etwa 400 Mitarbeiter. In den letzten Jahren kaufte sie darüber hinaus einige hoch spezialisierte Ateliers und Manufakturen auf, um deren Modewissen zu bewahren.

UNTERNEHMEN

Chanel GmbH
Brandstücken 23
22549 Hamburg
(0 40) 8 00 91 02
(0 40) 80 28 87
www.chanel.de

CHARITÉ

Die Charité ist eine der ältesten und traditionsreichsten Krankenanstalten Deutschlands. Sie wurde 1710 vom preußischen König Friedrich I. gegründet. Im Jahr 1727, nachdem die Einrichtung von einem Armenhospiz zu einem Militärlazarett umgestaltet wurde, gab Friedrich I. ihr den Namen Charité. Der aus dem Französischen stammende Begriff bedeutet übersetzt Nächstenliebe oder Barmherzigkeit. Dieser Grundgedanke findet sich auch im Logo der Dienstleistungsmarke wieder, das 2003 vom Hamburger Grafiker Peter Schmidt entworfen wurde. Es besteht aus dem grauen Charité-Schriftzug, wobei das C von einem zweiten, größeren C eingeschlossen wird, was Schutz, Umhüllung und Sicherheit suggerieren soll. Die Schrift ist serifenlos und soll in ihrer eher sachlich-technischen Erscheinung Professionalität assoziieren. Vom preußischen Königshaus gefördert, entwickelte sich die Einrichtung im Laufe des 18. Jh. zum führenden Militärkrankenhaus. Heute gehört die Charité zu den führenden Universitätskliniken in Europa. Sie versorgt jährlich etwa 128.000 Patienten stationär und rund 1 Mio. Patienten ambulant, betreibt wissenschaftliche Forschung und bildet ärztlichen Nachwuchs aus. Seit 2003 sind unter dem Dach der Charité alle Institutionen der Berliner Universitätsmedizin vereint. An den Standorten Campus Benjamin Franklin, Campus Berlin-Buch, Campus Charité Mitte und Campus Virchow-Klinikum arbeiteten 2006 rund 14.400 Mitarbeiter, dazu kommen ca. 7.500 Medizinstudenten. Damit ist die Charité der zweitgrößte Arbeitgeber Berlins. Im Jahr 2006 erzielte die Charité - Universitätsmedizin Berlin einen Umsatz von rund 1 Mrd. Euro.

UNTERNEHMEN

Charité – Universitätsmedizin Berlin
Charitéplatz 1
10117 Berlin
(0 30) 4 50-50
www.charite.de

CHARLOTTE

Die Schmuckmarke Charlotte·Ehinger Schwarz 1876 umfasst ein umfangreiches Angebot an Schmucksystemen in Edelstahl, Silber, Gold und Platin mit echten Edelsteinen und Perlen. Der Schmuck wie z. B. Ringe, Ketten oder Broschen ist nach Stilarten und Themen geordnet und kann von der Trägerin selbst verwandelt werden. Erfinder Wolf-Peter Schwarz hatte die Wandelbarkeit des Schmucks bei der Suche nach einer neuen, zeitgemäßen Interpretation des Brillantrings

Die Verwandlungsidee in Schritten erklärt: Edelstahl, Sterling Silber, Aquamarin, rosa und hellblaue Saphire.

entwickelt. Der Markenname Charlotte geht auf den Vornamen der Ehefrau des Goldschmiedemeisters und Gestalters Schwarz zurück. Der Logo-Schriftzug ist aus ihrer Handschrift abgeleitet. Die Werbemittel der Marke, die das Familienunternehmen Ehinger-Schwarz seit 1994 vertreibt, sind von Weiß bis Schwarz gehalten. Werbefiguren für Charlotte-Produkte werden ausschließlich aus dem Umfeld der Familienmitglieder, Mitarbeiter und Freunde des Unternehmers gewonnen. Der Schmuck des 1876 von Wolf-Peter Schwarz' Urgroßvater gegründeten Unternehmens wird über Eigenfilialen, Beteiligungsunternehmen und Franchising schwerpunktmäßig in Deutschland und zunehmend internat. vertrieben. Nach eigenen Angaben ist Ehinger-Schwarz Weltmarktführer im Bereich Schmuck-Verwandlungsideen. Die Firma mit Sitz in Ulm beschäftigt etwa 140 Mitarbeiter als Emailleure und Goldschmiede sowie in der Modellierung und im Verkauf. 1995 eröffneten die ersten Charlotte-Ateliers in Ulm und Hamburg. Heute gibt es weltweit über 35 Ateliers. Wolf-Peter Schwarz, der 1969 die Galerie Ehinger-Schwarz in Ulm übernommen hatte, war 2007 Preisträger beim „Tanzanite Celebration of Life Jewelry Design Award" in der Kategorie Hersteller.

DATEN UND FAKTEN

Markenname: Charlotte · Ehinger-Schwarz 1876, abgeleitet vom Namen Ann-Charlotte Schwarz. Sie ist die Ehefrau des Markenerfinders Wolf-Peter Schwarz.

Slogan: „Willkommen in unserer Schmuckwelt"

Erfinder: Wolf-Peter Schwarz, 1994

Markenregistrierung: 13. 02. 1995, DPMA München

Innovationen: der verwandelbare Ring

Gesamtumsatz: 20 Mio. Euro (Marke Charlotte · Ehinger-Schwarz 1876, 2006)

Werbespendings: 600.000 Euro

UNTERNEHMEN

Ehinger-Schwarz GmbH & Co. KG

Hauptsitz: Ulm, Deutschland

Geschäftsführung: Wolf-Peter Schwarz, Caroline Schwarz, Hans Layer, Olaf Zimmermann

Vertrieb: 35 A-Partner (Eigenfilialen, Franchise), 60 B-Partner (Shop-in Shop), 195 Sonstige

KONTAKT

Ehinger-Schwarz GmbH & Co. KG
Marktplatz 20
89073 Ulm
✆ (07 31) 14 43-0
Fax (07 31) 14 43-55
www.charlotte.de

SCHON GEWUSST?

▮ Die Idee der individuellen Schmucksysteme unter dem Namen Charlotte kam dem Designer Wolf-Peter Schwarz durch einen Auftrag des Juwelierhauses De Beers. Im Jahr 1993 sollten vier Gestalter ein pfiffigeres Outfit für den klassischen Solitair definieren. Schwarz hatte unkonventionelle Materialien wie Filz, Holz und Kieselstein um den Brillanten umarbeitet. Den Londonern war dies allerdings zu progressiv, der Vorschlag landete erstmal in der Schublade. Eine Hautärztin jedoch fragte 1994 nach hautverträglichen und jungen Modellen und Schwarz fertigte weitere individuelle Modelle mit hellen Aquamarinen. Schwarz präsentierte den ersten Charlotten-Ring zunächst mit wenig Resonanz seiner Frau, um später auf der Baselworld 1995 einen vollen Erfolg zu landen. Im Herbst 1995 eröffnete dann in Ulm das erste Charlotte-Geschäft.

Ansprechpartner Presse:
Lucie Paschke
✆ (07 31) 14 43-67
✉ presse@ehinger-schwarz.de

CHARMIN

Charmin ist eine Konsumgütermarke, unter der das Unternehmen Procter & Gamble Toilettenpapier vertreibt. Zu den Markenprodukten zählen Charmin Comfort Weiß, Charmin Deluxe, Charmin feucht und farbiges Toilettenpapier. Im Einzelhandel werden die Produkte in verschiedenen Packungsgrößen vertrieben, die zwischen zwei und 24 Rollen beinhalten. 1973 wurde ein Fertigungsverfahren patentiert, das das Papier bei gleicher Belastbarkeit noch weicher macht. 1999 wurde das Papier durch eine weitere Innovation zum saugstärksten Standard-Toilettenpapier auf dem amerikanischen Markt. Seit 2002 wird Charmin auch in Deutschland, Österreich und der Schweiz vertrieben. Charmin Comfort Weiß erhielt von der Stiftung Warentest als Testsieger die Bewertung „sehr gut", Charmin Deluxe erreichte dasselbe Testurteil. Der Markenname geht einer Überlieferung zufolge darauf zurück, dass ein Mitarbeiter der damaligen Hoberg Paper Company 1928 das Design des Toilettenpapiers als „charming" (dt.: entzückend, bezaubernd) bezeichnete und diese Beschreibung dann als Markenname übernommen wurde. Das Markenlogo zeigt den weißen, geschwungenen Schriftzug „Charmin" auf blau-glänzendem Grund. Als Werbefigur tritt der Charmin Bär auf. 1957 erwarb Procter & Gamble die Charmin Paper Company (früher: Hoberg Paper Company). Das dt. Tochterunternehmen Procter & Gamble Service GmbH hat seinen Sitz in Schwalbach am Taunus.

UNTERNEHMEN

Procter & Gamble Service GmbH
Sulzbacher Str. 40
65824 Schwalbach a. T.
✆ (0 61 96) 89-01
🖷 (0 61 96) 89-47 08
💻 www.charmin.de

CHEVROLET

CHEVROLET

Das Modell Captiva ist seit 2006 auf dem Markt.

Die internat. Einzelmarke Chevrolet steht für zuverlässige und langlebige Mittelklasse-Automobile in modernem Design. Zur Kernzielgruppe zählen familienorientierte, preisbewusste Abnehmer aller Altersklassen. 1911 gründete der schwz. Rennfahrer Louis Chevrolet mit General-Motors-Gründer William C. Durant in Detroit (USA) die Chevrolet Motor Car Company. Während Louis Chevrolet immer hochwertigere Autos bauen wollte, erkannte William Durant früh den Trend zum Volksauto und zielte auf eine möglichst preisgünstige Produktion. Nach gescheiterten Einigungsversuchen verkaufte Louis Chevrolet 1913 seine Anteile an Durant, was zu einer Zusammenlegung von Chevrolet mit General Motors führte. Chevrolet blieb trotz des Ausscheidens eines der beiden Gründer Teil des Firmennamens und Markenbezeichnung.

Chevrolet produziert Kleinwagen, Limousinen und SUV.

Heute werden unter der Marke Chevrolet in über 70 Ländern rund 4 Mio. Autos jährlich verkauft. 2006 erweiterte sich die Produktfamilie um die Modelle *Aveo*, *Captiva* und *Epica* (Kleinwagen, SUV, Großraumlimousine). Noch in der Planungsphase befindet sich ein vollwertiges Elektrofahrzeug (Chevrolet Volt). Das blaugrundige Markenlogo zeigt über dem Namenszug in der Schriftart Klavika CH ein goldenes Symbol, das häufig mit einer Fliege (Halsbinde) verglichen wird. Auf Initiative von W. Durant werden Fahrzeuge von Chevrolet seit 1913 mit dem „Bowtie" (engl. für Fliege) gekennzeichnet. In Deutschland befindet sich die Marke im Aufbau und verfügt nach Herstellerangaben derzeit über einen Marktanteil von 0,8 %. Chevrolet gehört dem US-Konzern Chevrolet General Motors, der über ein weltweites Niederlassungs- und Händlernetz verfügt (eigene und Mehrmarken-Händler). Im hessischen Rüsselsheim ist die Marke durch das Headquarter Chevrolet Deutschland GmbH vertreten. Neben Chevrolet ist GM in Deutschland u.a. mit den Marken →Opel,

→Saab, Hummer, Cadillac und Corvette präsent. Insgesamt beschäftigt GM deutschlandweit 27.226 Mitarbeiter, für Chevrolet Deutschland arbeiten 70 Beschäftigte.

DATEN UND FAKTEN

Markenname: Chevrolet, geht zurück auf den Nachnamen des schwz. Unternehmensgründers Louis Chevrolet

Slogan: „Chevrolet. Mein großes Plus", „Chevy. An American Revolution" (USA)

Gründer: Louis Chevrolet und William C. Durant, 03. 11. 1911, Detroit/USA

Markenregistrierung: 09. 02. 1925, Reichspatentamt Berlin

Jahresabsatz: ca. 4 Mio. Autos

Literatur:

R. DeLaRive Box: Die Personenwagen von General Motors 1945–1965. Buick, Cadillac, Pontiac, Oldsmobile, Chevrolet. (1988)
W. Zeichner: Chevrolet Corvette 1953–1986. Dokumentation. (1991)
J. D. Robertson: Chevrolet History 1940–1954. (1998)

UNTERNEHMEN

Chevrolet General Motors

Hauptsitz: Detroit, USA

Geschäftsführung: Wayne D. Brannon (Executive Director Chevrolet Europe), Peter Sommer (Geschäftsführer Chevrolet Deutschland GmbH)

Weitere Marken: →Opel, →Saab, Hummer, Cadillac, Corvette (in Deutschland)

Vertrieb: weltweit über Händlernetz

KONTAKT

CHEVROLET Deutschland GmbH
Friedrich-Lutzmann-Ring/B3
Postcode IPC C3-02
65423 Rüsselsheim
✆ (0 61 42) 7-4 80 02
🖷 (0 61 42) 7-4 80 70
💻 www.chevrolet.de

Ansprechpartner Presse:
Uwe Rowold
✆ (0 61 42) 7-4 80 35
✉ uwe.rowold@de.chevrolet.com

Ansprechpartner Marketing:
Jörg Wahl
✉ joerg.wahl@de.chevrolet.com

Lead-Agentur:
COBRA Tradepoint GmbH

SCHON GEWUSST?

▮ Die Entstehungsgeschichte des Markenlogos ist legendenumwoben. Angeblich soll das Motiv eine abstrakte Darstellung einer Halsbinde darstellen, was den Spitznamen des Logos „The Chevy Bowtie" (Bowtie engl. für Fliege), erklären würde. Lange hielt sich aber auch das Gerücht, William C. Durant habe sich 1908 für das Emblem von einer Tapete in einem Pariser Hotelzimmer inspirieren lassen. Nach einer Erzählung von Durants Tochter Margery hat ihr Vater das Logo jedoch zwischen Suppe und Hauptgang eines Abendessens erfunden.

CHICCO

Der Name Chicco steht nicht nur für eine der bekanntesten Marken im Bereich Spielwaren und Sanitätsprodukte für Neugeborene und Kleinkinder auf dem dt. Markt sondern darüber hinaus für zahlreiche Hartwaren wie z. B. Buggys, Schaukelwippen, Reisebettchen und Kinderautositze. Die Produkte von Chicco sollen die individuellen Fähigkeiten der Kinder alters- und fähigkeitsgerecht fördern. Zur Kernzielgruppe zählen damit werdende bzw. junge Eltern, Großeltern und Paten. Ursprünglich leitet sich der Markenname vom Kosenamen des 1958 geborenen Sohnes des Firmen- und Markengründers Pietro Catelli ab: Chicco war die Kurzform von Enrico. Zu den Produktinnovationen unter der Marke Chicco gehören das patentierte Babyfläschchen mit abgewinkeltem Hals, ein Beruhigungssauger komplett aus Kautschuk oder einer der ersten Buggys auf dem dt. Markt. Bei der Entwicklung kommen medizinisch und wissenschaftlich aktuelle Erkenntnisse zur Anwendung, daneben Erfahrungen aus einem eigenen Beobachtungszentrum, das mit pädagogischen Einrichtungen zusammenarbeitet. Das Logo zeigt den Markennamen auf dunkelblauem Grund in einer weiß umrandeten Vignette. Die weißen Minuskeln wecken durch ihre unregelmäßige Anordnung und den auffälligen, roten i-Punkt einen spielerischen Eindruck. Seit 2006 werden für Chicco-Produkte selbsterklärende Verpackungen genutzt, die sofort erkennbare Hinweise auf Alters- und Eignungsgruppen aufweisen. Der Inhalt ist klar erkennbar und das

Der Sportwagen *For Me* von Chicco

„Try me"-Prinzip lässt das Ausprobieren des Spielzeugs in der Verpackung zu. Nach der Familienanalyse 2005 hat die Marke Chicco in Deutschland einen gest. Bekanntheitsgrad von 97 %. Artsana SpA mit Sitz im ital. Grandate vertreibt neben Chicco weitere Marken wie *Prénatal* oder *Neo Baby*. Das Unternehmen wurde 1948 gegründet und beschäftigte 2006 weltweit rund 7.100 Mitarbeiter. Der Gesamtumsatz lag bei 2 Mrd. USD. Die Chicco Babyausstattung GmbH ist als eine der eigenen Konzernniederlassungen mit ca. 50 Mitarbeitern (2007) in Dietzenbach angesiedelt. Weltweit werden Chicco-Produkte in ca. 150 Ländern vertrieben.

DATEN UND FAKTEN

Markenname: Chicco, Kosename des erstgeborenen Sohnes Enrico von Firmengründer Pietro Catelli

Slogan: „Chicco – überall, wo Kinder sind"

Erfinder: Pietro Catelli, 1958

Markenregistrierung: 1958, Como/Italien

Innovationen: Babyfläschchen mit angewinkeltem Hals (patentiert), Beruhigungssauger komplett aus Kautschuk, billinguales Spielzeug ab sechs Monate

Markenbekanntheit: gest. 97 % (Familienanalyse, 2005)

Jahresumsatz: 2 Mrd. USD (2006)

Chicco Babyausstattung GmbH
Borsigstr. 1–3
63128 Dietzenbach
(0 60 74) 49 5–0
(0 60 74) 49 5–2 00
www.chicco.com

CHIEMSEE

Seit 1982 vertreibt Chiemsee Bekleidung für den Breitensport und Trendsportarten.

Die 1982 gegründete Konsumgütermarke Chiemsee vertreibt Bekleidung für den Breitensport und Trendsportarten. In den 1970-er Jahren wurde von den späteren Gründern des Unternehmens in Übersee am bayerischen Meer eine Surfschule eröffnet. Da die Teilnehmer des Kurses auch an Bekleidung interessiert waren, machten die Gründer in der Garage des Chiemgauhofs ein Bekleidungsgeschäft auf. Im gleichen Jahr hatte Chiemsee den ersten öffentlichen Auftritt auf der Wassersportmesse *Boot*. Die erste Kollektion von Sportbekleidung kam auf den Markt und die Firma nahm erste Sponsoringaktivitäten auf. Im Jahr 1986 präsentierte Chiemsee die erste Winterkollektion speziell für Snowboarder. Im darauf folgenden Jahr entstand das heutige Logo: der *Chiemsee Jumper* mit dem charakteristischen Schriftzug. 1993 war die Marke zum ersten Mal Hauptsponsor der *Pipe Masters* in Oahu auf Hawaii, einem der wichtigsten Surf-Wettbewerbe der Welt. Ende der 1990-er Jahre stieg das Unternehmen in das Lizenzgeschäft mit dem Namen Chiemsee ein. 2003 übernahm die Unternehmensgruppe Schmidt aus Norderstedt die Mehrheit an der Chiemsee AG & Co. KG, wobei die Eigenständigkeit der Marke erhalten blieb. Im Mai 2005 bezog Chiemsee seinen neuen Hauptsitz in Bernau, wo sich in einem Neubau Verwaltung, Verkaufsraum und Lager befinden. Chiemsee versteht sich heute als vielseitiger Sportausstatter, der Wert auf Qualität, Authentizität und Tradition legt. Der Slogan „People-Sports-Travel-Culture„ soll diesem Anspruch Rechnung tragen. Die gest. Markenbekanntheit liegt bei 62 % lt. einer aktuellen Studie (Spiegel Outfit 6, 2007). Chiemsee feierte 2007 sein 25-jähriges Bestehen.

UNTERNEHMEN

Chiemsee AG & Co. KG
Theodor-Sanne-Str. 6
83233 Bernau
(80 51) 9 61 81–0
(80 51) 9 61 81–1 81
www.chiemsee.com

CHIO

Chio ist die älteste Chipsmarke in Deutschland, die heute weltweit vertrieben wird.

Unter der Dachmarke Chio bietet die Intersnack Vertriebs GmbH seinen Kunden ein breites Sortiment an salzigen Snacks. Neben den klassischen und fettreduzierten Kartoffelchips beinhaltet das Portfolio Tortilla-Chips, dazu passende Dips und Taccos. Der Markenname ist ein Akronym der Namen der Firmengründer Carlo Heinrich und Irmgard von Opel. Irmgard von Opel brachte die Idee der Kartoffelchips von einer Reise in die USA mit. 1962 nahm sie die Produktion der gerösteten Kartoffelscheiben mit ihren beiden Söhnen im heimischen Petersau in der Pfalz auf: Die erste Chips-Marke in Deutschland entstand. Mit Marktanteilen von 53 % bei Tortilla-Chips bzw. 57 % im Bereich Dips ist Chio lt. Unternehmensangaben Marktführer in beiden Produktsegmenten. 1977 schlossen sich Chio und die Chipsmarke funny-frisch unter dem Dach der Firma Convent zusammen. Seit dem Jahr 1995 bildet dieses Unternehmen gemeinsam mit Wolf Bergstrasse die Firma

Intersnack Knabber-Gebäck GmbH & Co. KG. Die Marke mit ihrem Schwerpunkt in Europa wendet sich an Verbraucher zwischen 19 und 35 Jahren. Die Wortmarke steht im charakteristischen Rot (Pantone 485C) auf weißem Grund und wird seit Ende der 1970er-Jahre verwendet. Die Schrift mit der typischen Ch-Ligatur ist eine Eigenentwicklung in Zusammenarbeit mit der Werbeagentur Scholz & Friends. Der Slogan zur Marke „Chio. Unverschämt würzig" ersetzte 2005 das Werbeschlagwort „Chio Chio Chio Chips", der die 1990-er Jahre im Fernsehen und Radio geprägt hatte. In Zukunft setzt das Unternehmen seinen Schwerpunkt auf innovative Produkte mit neuen Geschmacksrichtungen.

DATEN UND FAKTEN

Markenname: Chio, Akronym aus den Initialen der Gründer: **C**arlo **H**einrich und **I**rmgard von **O**pel

Slogan: „Chio. Unverschämt würzig"

Erfinder: Irmgard von Opel, 1962, Petersau

Markenregistrierung: 12. 12. 1979, DPMA München

Markenbekanntheit: 94 % gest. (GfK 2007)

Markenwebsite: www.chio.de

UNTERNEHMEN

Intersnack Vertriebs GmbH
Aachener Str. 1042
50858 Köln
✆ (02 21) 48 94-0
🖷 (02 21) 48 94-1 80
💻 www.intersnack.de

CHIQUITA

Die Marke Chiquita steht für Früchte im Premiumsegment, die sich durch Frische und Qualität auszeichnen. Seit 1992 arbeitet Chiquita gemäß den Sozial- und Umweltstandards der unabhängigen Umweltschutzorganisation Rainforest Alliance. Das bekannteste Produkt der Marke sind Bananen. Der Name Chiquita leitet sich von der Verniedlichungsform des span. Wortes „chica" = kleines Mädchen ab. Miss Chiquita ziert das Logo der Marke mit weißer Schrift auf blauem Grund – 1944 noch als animierte Banane eingeführt, ist sie seit 1987 eine Frau, die einen Früchtekorb auf dem Kopf balanciert. 1998 wurde die Illustration nochmals angepasst. Seit 2005 ist auch das Siegel der Rainforest Alliance auf dem Chiquita Label abgebildet: Es steht für die Einhaltung und jährliche Zertifizierung der Sozial- und Umweltstandards bei der Chiquita Bananenproduktion. Zielgruppe von Chiquita sind alle Obstliebhaber, vor allem aber Mütter mit kleinen Kindern.

Chiquita Bananen werden nach strengen Sozial- und Umweltstandards produziert und tragen seit 2005 das Siegel der unabhängigen Umweltschutzorganisation Rainforest Alliance.

Beworben wird die Marke aktuell mit dem Slogan „Chiquita. Mehr Banane geht nicht." Bereits seit 1899 produziert die United Fruit Company Bananen, 1944 das erste Mal unter dem Namen Chiquita. Mit einer Produktionsmenge von 33 Mio. Kartons 2006 zählt das Unternehmen zu den größten Bananenproduzenten Mittelamerikas. Unter der Marke Chiquita werden auch Ananas, Melonen, Kiwi, Mini-Bananen sowie innovative Fresh Convenience Produkte wie Smoothies und Obst-Mixe aus frisch geschnittenen Früchten vertrieben. 2006 beschäftigte das Unternehmen fast 25.000 Mitarbeiter. Chiquita Bananen werden weltweit in über 70 Ländern verkauft. In Deutschland ist das Unternehmen mit der Chiquita Deutschland GmbH mit Sitz in Duisburg vertreten.

DATEN UND FAKTEN

Markenname: Chiquita, abgeleitet aus dem Spanischen von der Verniedlichungsform „chica" = kleines Mädchen

Slogan: „Chiquita. Mehr Banane geht nicht." (2006)

Gründer: Lorenzo Dow Baker, Andrew Preston und Minor C. Keith, 1899, Boston, USA (United Fruit Company)

Markenregistrierung: 17. 07. 1987, DPMA München (in den USA 1946)

Innovationen: Just Fresh Fruit (Obst-Mix aus frisch geschnittenen Früchten, 2007), Just Fruit in a Bottle (Smoothie, 2007)

Miss Chiquita, 1944 eingeführt, prägt die Werbung der Marke Chiquita seit Jahrzehnten und sorgt für Sympathie und Vertrauen.

Markenbekanntheit: 98 % gest. in Deutschland (lt. Unternehmensangaben)

Jahresumsatz: 1,76 Mrd. USD (2005, Chiquita Bananen)

Auszeichnungen:
Alle Chiquita Farmen in Lateinamerika sind nach den Sozial- und Umweltstandards der Rainforest Alliance zertifiziert (seit 2000)
„Corporate Citizen of the Americas Award" für das „Nuevo San Juan"-Projekt, ein Wohnungsbauprojekt in La Lima (Honduras, 2004)

UNTERNEHMEN

Chiquita Brands International, Inc.

Hauptsitz: Cincinnati, USA

Vorstand: Fernando Aguirre

Weitere Marken: Consul, Amigo

Gesamtumsatz: 4 Mrd. USD (2005)

Vertrieb: über Obst- und Gemüsegeschäfte weltweit

KONTAKT

Chiquita Deutschland GmbH
Schifferstr. 210
47059 Duisburg
✆ (02 03) 34 84 98-0
Fax (02 03) 34 84 98-55
www.chiquita.de

Ansprechpartner Presse:
Edelman GmbH
Désirée Hochkirchen
✆ (0 40) 37 47 98-0
✉ desiree.hochkirchen@edelman.com

Ansprechpartner Marketing:
Chiquita Deutschland GmbH
Mignon Lahaye
✆ (02 03) 34 84 98-0
✉ mlahaye@chiquita.com

Agenturen:
Edelman GmbH
Combera GmbH
Ogilvy & Mather Werbeagentur GmbH

MEILENSTEINE

1899 Die United Fruit Company entsteht aus dem Zusammenschluss der Boston Fruit Company und dem Bahnunternehmer Keith.

1944 Der Name Chiquita und die Miss Chiquita werden eingeführt.

1990 Der Unternehmensname wird in Chiquita Brands International, Inc. geändert.

1992 Die Zusammenarbeit von Chiquita und der Umweltschutzorganisation Rainforest Alliance beginnt.

2005 Kommunikation des neuen Chiquita Labels mit dem Siegel der Rainforest Alliance.

CHIVAS REGAL

Der Namenszusatz Regal bedeutet königlich und drückt die Premium-Positionierung von Chivas Regal aus.

Unter der Dachmarke Chivas Regal vertreibt die franz. Groupe Pernod Ricard einen Blended Scotch Whisky. Entwickelt wurde dieser von den Brüdern John und James Chivas, die 1801 im schottischen Aberdeen einen Delikatessenladen gründeten, jedoch keinen ihren Vorstellungen entsprechenden Whisky auf dem Markt verfügbar fanden. 1831 schließlich präsentierten sie ihre eigene Kreation, deren Namenszusatz „regal" zu Deutsch „königlich, majestätisch" bedeutet. Tatsächlich wurden die Chivas-Brüder 1843 zu offiziellen Hoflieferanten Queen Victorias erklärt. Seit 2001 gehört die Marke zur Groupe Pernod Ricard. Im aktuellen Marktauftritt mit dem Slogan „The Chivas Life" und den damit verbundenen Events und Kampagnen positioniert sich die Marke „als Begleiter in unvergesslichen Momenten, die man in angenehmer Gesellschaft genießt oder mit guten Freunden teilt". Bis zu 40 Premium Single Malt & Grain Whiskys Schottlands werden für Chivas Regal aufeinander abgestimmt. Der Master Blender Colin Scott persönlich wählt für die Grundnote von Chivas Regal zehn Lead Whiskys aus. Sie sollen eine komplexe, fruchtig-weiche Grundnote und die typische Bernsteinfarbe garantieren. Das Markenlogo greift neben den Namen der Firmengründer auch die Tradition ihrer schottischen Familie auf: Der Ritter, der den Flaschenhals ziert, ist Bestandteil des Chivas-Familienwappens und wird auf dem Etikett durch das königliche Wappen ergänzt. Als Hausfarben für die Gestaltung des Logos werden Orange (Pantone 158), Schwarz (Pantone 7) und Silber (Pantone 877) verwendet. Orange soll dabei die Feuerfarbe des Whiskys symbolisieren, Schwarz und Silber hingegen den Anspruch auf höchste Qualität. Chivas ist Markführer im Segment der Premium Blended Scotch Whiskys (IWSR 2007), wozu auch umfangreiche Marketing-Aktivitäten beitragen. Im Geschäftsjahr 2005/2006 erwirtschaftete die seit 2002 in Köln ansässige Pernod Ricard Deutschland GmbH mit 150 Mitarbeitern einen Nettoumsatz von 360 Mio. Euro. Für den Pariser Mutterkonzern arbeiten weltweit 17.600 Menschen.

DATEN UND FAKTEN

Markenname: Chivas Regal, abgeleitet vom Familiennamen der Firmengründer John und James Chivas; der Zusatz Regal ist engl. für „königlich/majestätisch"

Slogan: „The Chivas Life"

Erfinder: John Chivas, James Chivas,1831

Markenregistrierung: 07.09.1961, DPMA München

Innovationen: Chivas Regal 18YO (1997), Chivas Regal 25YO (2007)

Markenbekanntheit: 67 % Brand Awareness: Total, 38 % Brand Awareness: Spontan (GfK, 2006)

Gesamtumsatz: 360 Mio. Euro (Pernod Ricard Deutschland, 2005/ 2006)

Auszeichnungen:
„Distiller of the Year", International Wine & Spirits Competition (2002, 2003 und 2006)

Markenwebsite: www.chivas-life.de

Literatur:
F. P. Pacult: A Double Scotch: How Chivas Regal and the Glenlivet Became Global Icons. Hoboken/Großbritannien (2005)
M. Campbell: Chivas Regal Traveller's Guide to the World's Top 100 Cities (1992)

UNTERNEHMEN

Pernod Ricard Deutschland GmbH
Universitätsstr. 91
50391 Köln
✆ (02 21) 43 09 09-0
🖷 (02 21) 43 09 09-92
💻 www.pernod-ricard-deutschland.com

CHRIST

Im Jahre 1863 gründete Wilhelm Alexander Christ ein Juwelen- und Chronometerhandel in Frankfurt/Main. Die Eröffnung des eigentlichen Stammhauses in Frankfurt/Main folgte 1962. Über 100 Jahre nach Firmengründung, am 16. Juli 1975, wurde die Marke Christ als Dienstleistungsmarke für den Verkauf von Schmuck und Uhren beim DPMA geschützt. Das Markenzeichen zeigt den Namen des Firmengründers in geschwungenen Lettern in den Farben Gold und Silber. Heute zählt Christ zu den führenden Uhren- und Schmuckeinzelhändlern in Deutschland. Zur Zielgruppe der Marke zählen vornehmlich selbstverdienende Frauen und Hedonistinnen. Die unter dem Slogan „Christ - Momente des Glücks" beworbene Produktpalette umfasst neben dem klassischen Uhren- und Schmucksortiment im mittleren bis gehobenen Preisniveau, aktuelle Modemarken wie z. B. Armani und u. a. exkl. Markenkreationen bekannter Designerinnen wie Jette Joop. Der Vertrieb erfolgt über eigene Niederlassungen und Filialen. Die Traditionsmarke Christ ist seit 1995 Teil der DOUGLAS HOLDING AG, zu der weitere bekannte Marken gehören wie → Douglas, → Hussel und → Thalia. Christ erwirtschaftete im Geschäftsjahr 2007 einen Umsatz von rund 263 Mio. Euro und trug damit ca. 10 % zum Gesamtumsatz der DOUGLAS HOLDING bei. Für die Zukunft ist die weitere Expansion auf dem dt. Markt geplant.

UNTERNEHMEN

DOUGLAS HOLDING AG
Kabeler Str. 4
58099 Hagen
✆ (0 23 31) 690-0
🖷 (0 23 31) 690-2 71
💻 www.douglas-holding.com

CHRISTIE + CO

Die internat. Dienstleistungsmarke Christie + Co steht in erster Linie für fundierte Immobilienberatung im Hotelbereich. Bereits 1939 hatten die Engländer George Christie, James Owen und Nick Davies das Potenzial der Vermittlung von Hotelimmobilien erkannt und gemeinsam in London die Firma Christie, Owen & Davies gegründet. Dort befindet sich nach wie vor der Hauptsitz des Unternehmens, das heute Christie + Co heißt. Das Leistungsspektrum umfasst Hotelberatung und -bewertung sowie die Transaktionsunterstützung (Verkauf/Verpachtung). Das Angebot richtet sich vor allem an Eigentümer, Hotelbetreiber, -entwickler, -investoren und -finanzierer. Christie + Co hat dabei sowohl den Mittelstand als auch die internat. Kettenhotellerie im Fokus. Außer im Hotelbereich ist das Unternehmen auch in den Marktfeldern Restaurants, Bars, Einzelhandel, Sozial- und Freizeitimmobilien aktiv. Die sechs Marktfelder werden in dem Markenlogo, das 2005 von Chaos Design in Großbri-

CHRIST
Juweliere und Uhrmacher seit 1863

Seit 1863 werden unter dem Namen Christ Schmuck und Uhren verkauft.

Christie + Co
BUSINESS INTELLIGENCE

Markus Beike, Geschäftsführer Deutschland (Mitte)
Imagekampagne im Wirtschaftsteil der Frankfurter Allgemeinen Sonntagszeitung (unten)

tannien entwickelt wurde, von sechs verschiedenfarbigen Personensilhouetten dargestellt. Ihre Anordnung soll einen Marktplatz symbolisieren. Das Pluszeichen im Markennamen steht für Positives, Addition und Gewinn. Bezogen auf das Transaktionsvolumen bei Hotelimmobilien gilt Christie + Co in Europa und in Deutschland als Marktführer.

Christie + Co bietet Immobilienberatung, -bewertung und Transaktionsunterstützung im Hotelbereich an. Hauptzentrale von Christie + Co Deutschland in Frankfurt/Main (oben)

Über 350 Mitarbeiter in 25 Büros in Großbritannien, Deutschland, Frankreich und Spanien waren im Jahr 2006 europaweit an der Abwicklung von ca. 400 Transaktionen beteiligt. In Deutschland ist das Unternehmen an den Standorten Berlin, Düsseldorf, Frankfurt/Main (Hauptsitz), Hamburg und München positioniert. Für die Zukunft plant Christie + Co die Eröffnung weiterer Niederlassungen in Deutschland und Europa.

DATEN UND FAKTEN

Markenname: Christie + Co, abgeleitet vom Gründernamen George **Christie**, **+ Co** steht zusammenfassend für die beiden anderen Gründungsmitglieder

Slogan: „Die Nummer 1 in Europa für Hotelimmobilien. Wer sonst!" (seit 2007)

Gründer: George Christie, James Owen, Nick Davies, 1935, London

Markenregistrierung: 08/2005, EU Community Trade Mark Office

Markenbekanntheit: 70 % gest. (interne Fachbefragung in der Hotelbranche, 2006)

UNTERNEHMEN

Christie + Co

Hauptsitz Deutschland: Frankfurt/Main

Geschäftsführer Deutschland:
Markus Beike

Gesamtumsatz: 40 Mio. GBP (2006)

Vertrieb: in Europa mit eigenen Niederlassungen

KONTAKT

Christie + Co
Bockenheimer Landstraße 93
60325 Frankfurt/Main
(0 69) 90 74 57-0
(0 69) 90 74 57-10
www.christie.com

Ansprechpartner Presse:
Markus Beike
(0 30) 20 00 96-0
markus.beike@christie.com

Ansprechpartner Marketing:
Pia Gast
(0 69) 90 74 57-11
pia.gast@christie.com

PR-Agentur:
G. Ulrich Rohrbach
PR-Berater (DPRG)
(0 69) 72 33 76
ulirohrbach@web.de

SCHON GEWUSST?

Christie + Co wird häufig mit dem brit. Auktionshaus Christie's verwechselt. Außer dem Namen und den Erfolgen in der jeweiligen Branche haben die beiden Unternehmen keine verwandtschaftlichen Beziehungen.

CHRISTINEN

Unter der Marke Christinen vertreibt die Gehring-Bunte Getränke Industrie GmbH & Co. KG Mineralwasser und alkoholfreie Erfrischungsgetränke auf dem europäischen Markt. Das bekannteste Christinen-Produkt ist das Mineralwasser in der charakteristischen Blauglasflasche. Insgesamt gehören über 200 Produkte zum Portfolio von Christinen, darunter Fruchtschorlen, Mineralwässer und Limonaden. Die Marke wurde 1966 auf dem deutschen Markt eingeführt. Das Markenlogo besteht aus dem weißen Chris-

Christinen
KRONE DER ERFRISCHUNG

Krone der Erfrischung

Die Krone im Christinen-Logo und in der Werbekommunikation soll den Qualitätsanspruch symbolisieren.

tinen-Schriftzug auf einem blauen Oval. Darüber ist eine goldene Krone abgebildet. Die Krone erinnert an eine Tropfenkrone, die entsteht, wenn ein Tropfen auf eine Wasseroberfläche trifft. Außerdem soll mit der Krone die Premium-Qualität der Marke Christinen unterstrichen werden. Diese Absicht verfolgt auch der Markenslogan „Christinen – Krone der Erfrischung", der seit Ende der 1970er-Jahre fest zur Markenkommunikation gehört und auch im Logo zu sehen ist. Die Gehring-Bunte Getränke Industrie GmbH & Co. KG besteht seit 1932, als Paul Gehring den 1895 gegründeten Getränkevertrieb seines Schwiegervaters Franz Bunte übernahm. Bis zur Einführung des Christinen-Mineralwassers 1966 kümmerte sich der Betrieb vornehmlich um den Vertrieb von Erfrischungsgetränken, darunter Coca-Cola, und Bier im Großraum Gütersloh. Heute beschäftigt der Konzern an seinen beiden Abfüllstandorten in Bielefeld und dem brandenburgischen Wiesenburg rund 330 Mitarbeiter. Christinen-Produkte werden im Einzelhandel sowie in der Gastronomie in über 15 europäischen Ländern verkauft. Die Gehring-Bunte Getränke-Industrie GmbH & Co. KG wird in dritter Generation von den Brüdern Paul und Werner Gehring geführt und erwirtschaftete im Jahr 2006 einen Umsatz von 101,7 Mio. Euro.

DATEN UND FAKTEN

Markenname: Christinen, dt. Name

Slogan: „Krone der Erfrischung"

Erfinder der Marke: Dr. Paul Gehring, Diplom-Braumeister Werner Gehring (1966)

Markenregistrierung: 20. 05. 1985, DPMA München

Jahresumsatz: 101,7 Mio. Euro (2006)

Auszeichnungen:
„Gold", DLG-Medaille für Christinen carat (2006)
„sehr gut", Ökotest für Christinen Spritzig 0,33 l-Flasche (2006)

Markenwebsite: www.christinen.com

UNTERNEHMEN

Gehring-Bunte Getränke-Industrie GmbH & Co. KG
Gottlieb-Daimler-Str. 26
33334 Gütersloh
(0 52 41) 6 02-0
(0 52 41) 6 02-1 00
www.gehring-bunte.de

CILLIT BANG

Die Konsumgütermarke Cillit Bang steht für Oberflächenreiniger. Die Produkte finden im Haushalt vor allem in Küche und Bad Verwendung, wo sie gegen Kalkflecken, Fett- und Seifenrückstände wirken. Cillit-Bang *Kalk- und Schmutz-Kraftreiniger* ist als Sprüh- und Squeezeflasche erhältlich und wurde von der Stiftung Warentest mit dem Urteil „gut" in der Kategorie Kraftreiniger gegen Kalk, Seifenreste und Rost ausgezeichnet. Cillit-Bang *Multi-Fett-Kraftreiniger* in der Sprühflasche wurde von der Stiftung Warentest als Testsieger in der Kategorie Kraftreiniger gegen Fettschmutz ermittelt. Zum Portfolio gehört außerdem Cillit Bang *Kraftreiniger Toilette und Schmutz* mit Chlorbleiche speziell für Bad und WC. Das Markenlogo zeigt den Schriftzug Cillit in roten, serifenlosen Versalien, darunter in bauchiger, weißer Typografie ebenfalls in Versalien das Wort Bang. Teil des Markenauftritts ist der Slogan „Bang - und der Schmutz ist weg!". Cillit Bang wurde 2004 von der brit. Reckitt Benckiser Gruppe eingeführt, einem internat. agierenden Hersteller von Reinigungsprodukten und Haushaltswaren. Cillit Bang wird weltweit in 35 Ländern vertrieben. Unter dem Dach der Reckitt Benckiser Gruppe versammeln sich u. a. auch die Marken Air Wick, → Calgon, → Sagrotan, → Clearasil und → Kukident. Die Produkte werden über 60 Niederlassungen weltweit in 180 Ländern vertrieben. Die Unternehmensgruppe ging 1999 aus der Fusion der Unternehmen Reckitt & Colman und Benckiser hervor. Reckitt Benckiser erzielte 2006 einen Umsatz von 4,9 Mrd. Euro. Für das Deutschlandgeschäft ist die Reckitt Benckiser Deutschland GmbH verantwortlich.

UNTERNEHMEN

Reckitt Benckiser Deutschland GmbH
Theodor-Heuss-Anlage 12
68165 Mannheim
(06 21) 32 46-0
(06 21) 32 46-5 00
www.cillitbang.de

CINQUE

Die Modemarke Cinque steht für Freizeit- und Geschäftskleidung der gehobenen Mittelklasse für Männer und Frauen in der Altersgruppe von durchschnittlich 25 bis 45 Jahren. Pro Jahr werden vier Kollektionen Cinque Donna und Cinque Uomo erstellt. Die Produktpalette umfasst Jacken und Mäntel,

CINQUE

Pro Jahr werden vier Kollektionen Cinque Donna und Cinque Uomo erstellt.

CITIZEN®
BEYOND PRECISION

Caliber E2100 mit Eco-Drive Antrieb

Anzüge, Sakkos, Blazer und Hosen sowie Accessoires. Sein modisches Leitbild definiert das Unternehmen als „lässig", „entspannt" und „nicht zu perfekt, zu geleckt". Die Preise der Modemarke liegen im oberen Mittelsegment. Der Markenname geht zurück auf den nordital. Nationalpark Cinque Terre. Dort trafen sich vor knapp 25 Jahren die Markengründer Herbert Wagner (Designer) und Dr. Rolf Köhler (Textilfachmann) und beschlossen die Entwicklung einer neuen Modemarke. Der Markenname soll den emotionalen Grundwert der Marke transportieren und unterstreichen: „Italienische Leidenschaft und Lässigkeit". Das Markenlogo präsentiert sich modern ohne modisch zu wirken. Die „lignea rossa" als Unterstrich verleiht dem Logo ein unverwechselbares Stilelement. Das Modeunternehmen beliefert in Deutschland etwa 1.000, im Ausland rund 300 Verkaufsstellen im gehobenen Fachhandel. Im Jahr 2006 erzielte Cinque einen Umsatz von 37,5 Mio. Euro, davon ca. 25 % in den Exportmärkten Benelux, Kanada, Österreich, Osteuropa, Russland, Schweiz und Skandinavien. Das Unternehmen befindet sich heute im Besitz der Ingolstädter Familie Schleicher. Seit 2002 wird es vom Inhaber Karl Schleicher jun. geführt.

DATEN UND FAKTEN

Markenname: Cinque, ital. fünf, abgeleitet von der ital. Urlaubsregion Cinque Terre

Geschäftsführender Gesellschafter: Karl Schleicher jun.

Markenregistrierung: 15. 02. 1994, DPMA München

Jahresumsatz: 37,5 Mio. Euro (2006)

Jährliche Produktionsmenge: 750.000 Teile

UNTERNEHMEN

Cinque Moda GmbH
Dohrweg 48
41066 Mönchengladbach
(0 21 61) 96 53
(0 21 61) 96 55 55
www.cinque.de

CITIBANK

Die Citibank ist eine weltweit agierende Privatkundenbank, die nach eigenen Angaben global führend ist. Sie gehört zu dem Finanzdienstleister Citi und hat ihren Hauptsitz in New York. Citi ist in über 100 Ländern aktiv. Über ihre Vorläuferinstitute ist die Citibank Privatkunden AG & Co. KGaA mit Sitz in Düsseldorf seit 1926 in Deutschland präsent. Das Privatkundengeschäft in Deutschland ist das viertgrößte innerhalb von Citi weltweit, hinter den Märkten in den USA, Mexiko und Japan. Mit Sitz in Frankfurt/Main betreut Citi Unternehmen, institutionelle Investoren und die öffentliche Hand. Die Citibank ist im Privatkundengeschäft in den drei Geschäftsbereichen Kredit, Kreditkarten und Vermögensberatung tätig. Mit der Citibank Finanzplanung bietet sie ihren Kunden eine ganzheitliche Beratung für die Bereiche Vorsorge, Liquidität und Vermögen an. Im Mittelpunkt sollen dabei nicht die Produkte stehen, sondern individuelle Lösungen zur Realisierung der Ziele der Citibank-Kunden. Im Rahmen ihres Multikanalansatzes bietet die Citibank als Filialbank jedoch auch Konditionen, die mit denen einer Direktbank vergleichbar sind. Inzwischen arbeiten bei der Citibank 6.800 Menschen. Weit über die Hälfte sind direkt in einer der 340 Filialen und Vertriebsstellen in der Kundenberatung tätig. Die Filialen sind einer von sieben Vertriebswegen der Citibank. Darüber hinaus stehen den Kunden *Citigold Center*, mobile Kundenberater, Selbstbedienungsterminals sowie Telefon, Internet und TV-Shopping zur Verfügung.

UNTERNEHMEN

Citibank Privatkunden AG & Co. KGaA
Kasernenstr. 10
40213 Düsseldorf
(02 11) 89 84-0
(02 11) 89 84-2 22
www.citibank.de

CITIZEN

Die Marke Citizen steht in Deutschland seit 1969 für technisch innovative Uhren aus jap. Produktion. Der Markenname geht auf das Jahr 1918 zurück. Damals wünschte sich der Bürgermeister von Tokio, Shinpei Goto, dass die Erzeugnisse des Shokosha-Uhrenforschungsinstitut „von allen geschätzt und immer gerne genutzt werden". Um seinen Wunsch nachdrücklich zu unterstreichen, verlieh er den Produkten den Namen Citizen, was im Deutschen Bürger bedeutet. Betont wird dies noch durch den in Versalien geschriebenen Citizen-Schriftzug, den bis zum Jahr 2006 eine kleine rote Uhr zierte. Es dauerte zwölf Jahre, bis im Jahr 1930 durch Yosaburo Nakajima das Fundament für ein weltumspannendes Uhrenimperium gelegt wurde. Mittlerweile produziert Citizen Uhren mit dem Anspruch, eine „Symbiose von Technologie und Schönheit" zu erreichen. Dafür hat sich die Marke von der Massenproduktion abgewendet und will sich als Anbieter von qualitativ und technologisch hochwertigen Zeitmessern einen Namen machen. So steht die Antriebstechnologie Eco-Drive seit 1995 im Zentrum des Unternehmensportfolios. Ursprünglich stand der Name für eine Uhr, die per Licht betrieben wird. Mittlerweile gibt es auch Uhren der Eco-Drive-Reihe, die durch andere Arten der Energiegewinnung angetrieben werden. So nutzt die *Duo* Bewegungsenergie und die *Thermo* Wärme, um die Zeiger in Bewegung zu halten. Mit der *Promaster Cyber Aqualand* bietet Citizen seit dem Jahr 2001 außerdem eine Tauchcomputeruhr mit PC-Schnittstelle an. Die Eco-Drive Uhren der Marke verfügen über eine sog. Dunkelgangreserve von bis zu 8 Jahren. Citizen beschäftigt ein Team von rund 300 Ingenieuren und Wissenschaftlern, das mit der Unterstützung dutzender Designer an neuen Uhrkonzepten arbeitet. Im Jahr 2005 erwirtschaftete Citizen weltweit einen Umsatz von 357,3 Mrd. Yen.

DATEN UND FAKTEN

Markenname: Citizen, engl. für Bürger

Slogan: „Fusion of Technology and Beauty"

Geschäftsführer: Dante Grossi

Innovationen: Eco-Drive (1995), TI. C. C. Titanium, Funk Vollmetallgehäuse

Produktionsmenge: 326,3 Mio. Einheiten (weltweit, 2004)

Jahresumsatz: 357,3 Mrd. Yen (weltweit, 2004/2005)

UNTERNEHMEN

Citizen Watch Europe GmbH
Hans-Duncker-Str. 8
21035 Hamburg
✆ (0 40) 7 34 62-0
🖷 (0 40) 7 34 62-87
💻 www.citizenwatch.de

CITROËN

Citroën ist die drittgrößte franz. Automobilmarke. Namensgeber und Gründer André Citroën legte 1927 mit dem Kauf einer ehemaligen Waggonfabrik im Kölner Stadtteil Poll den Grundstein für die Citroën Deutschland AG. Mit ihrer Tochtergesellschaft Citroën Commerce GmbH beschäftigt sie rund 720 Mitarbeiter. Angefangen mit dem Pkw *Typ A 10hp*, der damals bereits serienmäßig über elektrisches Licht und einen elektrischen Anlasser verfügte, stellt das Unternehmen heute preisgünstige, praktische Gebrauchsfahrzeuge sowie elegante Limousinen her. Citroën ist nicht nur im öffentlichen Straßenverkehr präsent. Die Marke ist zudem erfolgreich im internat. Rallyesport und kann bereits drei Markenweltmeistertitel aus den Jahren 2003, 2004 und 2005 mit dem *Xsara WRXC* für sich verzeichnen. Das Unternehmenslogo erinnert an Citroëns patentierte Maschine, die Verzahnungen in Form von Doppelwinkeln herstellt. Diese findet man seitdem in stilisierter Form in einem roten Quadrat als Hintergrund, auf jeder Citroën-Motorhaube wieder. Der Slogan „Nichts bewegt Sie wie ein Citroën" unterstützt das Unternehmen im medialen Auftritt. 1975 fusionierte Citroën mit Peugeot. Beide Unternehmen entwickeln seitdem als PSA gemeinsam neue Modelle.

CITROËN

Seit 1975 mit Peugeot fusioniert: Citroën.

UNTERNEHMEN

Citroën Deutschland AG
André-Citroën-Str. 2
51149 Köln
✆ (0 22 03) 44-0
🖷 (0 22 03) 44-3 48
💻 www.citroen.de

CLAAS

Die internat. Industriemarke Claas umfasst ein breites Spektrum von Agrarmaschinen. August Claas gründete das produzierende Unternehmen Claas 1913, um die Erntearbeit mit maschineller Hilfe zu erleichtern. Im Jahr 1930 begann die Entwicklung von Mähdreschern, die auch heute noch einen essenziellen Bestandteil der Produktpalette bilden. Etwa 40 % der in Europa verkauften Mähdrescher stammen aus dem Hause Claas. Bei Feldhäckslern gilt Claas als Weltmarktführer. Daneben befinden sich Traktoren, System- und Transportfahrzeuge sowie landwirtschaftliche Informationstechnologien im Angebot, das hauptsächlich landwirtschaftliche Betriebe als Zielgruppe hat. Als neuste Innovation gilt der 2006 eingeführte Mähdrescher *Lexion 600*, der innerhalb von einer Stunde ausreichend Getreide ernten kann, um den durchschnittlichen Tagesverbrauch einer Stadt wie Dresden zu decken. Das schlichte Markenlogo wurde im Laufe der Zeit nur geringfügig verändert und be-

CLAAS

Der Schwerpunkt der Marke Claas liegt auf Agrarmaschinen: Feldhäcksler *Jaguar* (Mitte), Traktor *Arion* (unten)

Claas Mähdrescher *Lexion 600*

schränkt sich mit einem kursiven Schriftzug des Namens in roten Großbuchstaben auf das Wesentliche. Das Corporate Design ist eng mit dem Produktdesign verbunden, indem die hergestellten Maschinen in dem gleichen einheitlichen Grünton lackiert werden, der auch in der schriftlichen Unternehmenskommunikation Anwendung findet. Im Bereich der Mähdrescher und Feldhäcksler bestreitet das internat. agierende Unternehmen weltweit eine marktführende Position. Die Agrarmaschinen werden in 14 Produktionsstätten hergestellt, von denen sich die Hälfte in Deutschland befindet. Der Vertrieb erfolgt weltweit mit eigenen Gesellschaften oder Vertriebspartnern. Das Familienunternehmen beschäftigt ca. 8.200 Mitarbeiter und erzielt im Jahr 2007 einen voraussichtlichen Umsatz von 2,5 Mrd. Euro. Über 70 % des Umsatzes wird außerhalb Deutschlands erwirtschaftet. Ein hohes Investitionsvolumen fließt in den Bereich Forschung & Entwicklung, mit dem sich das Unternehmen auch in Zukunft als Innovationsführer etablieren soll.

DATEN UND FAKTEN

Markenname: Claas, Familienname des Gründers

Gründer: August Claas, 1913, Clarholz/Westfalen

Markenregistrierung: 30. 11. 1926, Reichspatentamt Berlin

Innovationen: Feldhäcksler Jaguar 880 mit 2 Motoren (2007), Mähdrescher Lexion 600 (2006)

Jahresumsatz: ca. 2,5 Mrd. Euro (2007)

Auszeichnungen:
„Agrarmaschine des Jahres" (2006)

UNTERNEHMEN

Claas KGaA

Hauptsitz: Harsewinkel, Deutschland

Geschäftsführung: Dr. Theo Freye (Sprecher)

Aufsichtsrat: Helmut Claas (Vorsitz)

Gesamtumsatz: ca. 2,5 Mrd. Euro (Prognose, 2007)

Vertrieb: weltweit

KONTAKT

Claas KGaA
Münsterstr. 33
33426 Harsewinkel
✆ (0 52 47) 12-0
🖷 (0 52 47) 12-17 51
🖳 www.claas.com

Ansprechpartner Presse:
Horst Biere
✆ (0 52 47) 12-15 55
🖷 (0 52 47) 12-17 51
✉ biere@claas.com

Ansprechpartner Marketing:
Erik Ljungberg
✆ (0 52 47) 12-28 55
🖷 (0 52 47) 12-27 21
✉ ljungberg@claas.com

SCHON GEWUSST?

▮ In Zukunft wird eine höhere Ernteleistung auf den Feldern der Welt nötig sein. Experten der Welternährungsorganisation sagen voraus, dass in den kommenden zwanzig Jahren etwa 50 % mehr Getreide als heute nötig sein wird, um die wachsende Weltbevölkerung zu ernähren. Der Claas Lexion 600 Mähdrescher begegnet dieser Entwicklung, indem er innerhalb von einer Stunde 60 bis 70 t Weizen ernten kann; genügend um 350.000 Menschen am Tag mit Brot zu versorgen.

ClassiCon

Der Markenname ClassiCon ist eine Abkürzung von *Classic Contemporary Design.*

CLASSICON

Unter der Marke ClassiCon werden weltweit Möbel und Leuchten der klassischen Moderne und zeitgenössischen Designern hergestellt und vertrieben. ClassiCon steht für Einrichtungsgegenstände in hoher Qualität und zeitloser Ästhetik. Gegründet wurde die Möbelfirma 1990 von Stephan Fischer von Poturzyn, der mit der Kollektion *Die Klassiker* eine Produktlinie der Vereinigten Werkstätten für ClassiCon übernahm. Darunter befanden sich Entwürfe von Eileen Gray, Otto Blümel und Bruno Paul. Den Gegenpol dazu bilden Entwürfe zeitgenössischer Designer, deren Arbeiten das Potenzial besitzen, eines Tages selbst zu Klassikern zu werden. Dieses Konzept der Gegenüberstellung von *Classic* und *Contemporary Design* vereint sich im Markennamen ClassiCon. Wichtiges Element des Firmenportfolios sind die Möbel, Teppiche und Leuchten der Designerin Eileen Gray, deren weltweite Lizenz von Aram Design Ltd., London, an ClassiCon vergeben wurde. Mit ihren Produkten wendet sich die Firma an den qualitätsbewussten, an Kunst und Design interessierten Kunden, der sich mit der Formensprache der Klassiker auseinandersetzt und sich auch von den Neuheiten überraschen und begeistern lässt. Zu den bekanntesten Produkten von ClassiCon gehören das *Day Bed* und der *E1027 Adjustable Table* von Eileen Gray oder die Tisch-Serie *Diana* von Konstantin Grcic. ClassiCon Produkte sind weltweit in Museen vertreten – sowohl als Exponate als auch als Mobiliar. Der Firmensitz ist München. Im Jahr 2002 wechselte das Unternehmen den Besitzer und wird seitdem von Geschäftsführer Oliver Holy geleitet.

UNTERNEHMEN

ClassiCon GmbH
Sigmund-Riefler-Bogen 3
81829 München
✆ (0 89) 74 81 33-0
🖷 (0 89) 74 81 33-99
🖳 www.classicon.com

CLAUSTHALER

Als Clausthaler 1979 in den Markt eintrat, öffnete die Marke ein ganz neues Marktsegment: alkoholfreies Bier, das den alkoholhaltigen Vollbieren geschmacklich in Nichts nachsteht. Auch heute bleibt Clausthaler, die einzige nat. vertriebene alkoholfreie dt. Biermarke, als Spezialität von besonderer Bedeutung für die Radeberger Gruppe. Streng nach dem dt. Reinheitsgebot mit einem einzigartigen Verfahren gebraut, bietet Clausthaler ein volles Geschmackserlebnis, das es in über 50 Ländern so beliebt gemacht hat. Das spezielle Brauverfahren entzieht dem herkömmlich gebrauten Bier den Alkohol nicht erst im Nachhinein, sondern lässt diesen gar nicht erst entstehen. In zahllosen Tests belegt Clausthaler Spitzenplätze sowohl in Europa als auch in Übersee. Zahlreiche Auszeichnungen für Clausthaler Classic, Clausthaler Extra Herb und Clausthaler Radler – z. B. des World Beer Awards und der Deutschen Landwirtschafts-Gesellschaft (DLG) – belegen immer wieder die einzigartige Qualität der Marke Clausthaler. „Alles, was ein Bier braucht": Clausthaler ist heute der Inbegriff, fast schon Gattungsbezeichnung eines alkoholfreien Bieres und eine der bekanntesten Biermarken in Deutschland. Längst ist die Produktfamilie neben Clausthaler Classic gewachsen: Clausthaler Extra herb und der Durstlöscher Clausthaler Radler Lemon bieten alkoholfreien Genuss für jeden Geschmack.

UNTERNEHMEN

Radeberger Gruppe
Darmstädter Landstr. 185
60598 Frankfurt/Main
✆ (0 69) 60 65-0
🖷 (0 69) 60 65-2 09
🖳 www.clausthaler.de

Clausthaler – „Nicht immer, aber immer öfter"

CLEARASIL

Die Hautpflegeprodukte der internat. Marke Clearasil richten sich vor allem an Jugendliche mit Problemhaut. Verschiedene Produkte wie Waschlotionen, Cremes und Pickelstifte für unterwegs bieten individuelle Möglichkeiten für die Beseitigung von Hautunreinheiten. Die Produktlinie *Clearasil Ultra* verspricht eine reinere Haut bereits nach einer dreitätigen Anwendung. Neu eingeführt wurden Ende 2006 das antibakterielle Wasch-Peeling und die Anti-Pickel Feuchtigkeitscreme. Die Wortmarke Clearasil ist in einer dunkelblauen, technisch wirkenden Schrift gestaltet. Die in Blau, Weiß und Rot gehaltenen Verpackungen wirken in ihrer Gestaltung medizinisch und assoziieren so die Wirksamkeit und Effizienz der Pflegeprodukte. Clearasil gehört zur Reckitt Benckiser Gruppe, einem internat. agierenden Hersteller von Reinigungsprodukten und Haushaltswaren, der die Marke weltweit vertreibt. Für das Deutschlandgeschäft ist die Reckitt Benckiser Deutschland GmbH verantwortlich. Über das Internetportal www.clearasil.de bietet das Unternehmen Jugendlichen umfassende Informationen zur Hautpflege. In Zusammenarbeit mit der Zeitschrift → Bravo trat die Marke Clearasil 2007 außerdem als Veranstalter des ersten Jugendpressekongresses auf. Dabei hatten Jugendliche die Möglichkeit, Medienbeiträge zum Thema Haut zu gestalten. Unter dem Dach der Reckitt Benckiser Gruppe versammeln sich neben Clearasil u. a. auch die Marken → Cillit Bang, → Calgon, → Sagrotan, Airwick, und → Kukident. Die Produkte werden über 60 Niederlassungen weltweit in 180 Ländern vertrieben. Die Reckitt Benckiser Gruppe ging

Die patentierte Gipskartonplatte Climafit ist eine Neuentwicklung der Firma Saint-Gobain Rigips GmbH.

CLINIQUE
Allergiegetestet.
100% Parfumfrei.

Die Produkte von Clinique sind allergiegetestet und bis auf Düfte 100 % parfumfrei.

1999 aus der Fusion der Unternehmen Reckitt & Colman und Benckiser hervor.

UNTERNEHMEN

Reckitt Benckiser Deutschland GmbH
Theodor-Heuss-Anlage 12
68165 Mannheim
✆ (06 21) 32 46-5 70
www.clearasil.de

CLIMAFIT

Der Baustoff Climafit ist eine Neuentwicklung der Saint-Gobain Rigips GmbH in Zusammenarbeit mit der SGL CarbonGroup. Der Artikelname ist ein Kunstbegriff, der die Fähigkeit des Produkts beschreibt, das Raumklima durch Wärme- oder Kälteabstrahlung zu temperieren. Einer der markantesten Eigenschaften des Baustoffes ist seine effiziente Wärmeleitfähigkeit. Durch die Zugabe von Graphitgranulat zum Gipskern der Platte wird diese annährend so leitfähig wie Metall und kann auf ihrer gesamten Fläche Wärme oder Kälte abstrahlen. Climafit gehört seit Ende 2006 zur Produktpalette des Unternehmens und wird derzeit nur in Deutschland vertrieben. Zielgruppe ist hier insbesondere die Klientel von industriellen Kunden und Gebäudeplanern. Die Hightech-Gipsplatte ist eine Weiterentwicklung der Rigips-Platte. Der charakteristische blaue Schriftzug in der Markenschrift Frutiger markiert die Zugehörigkeit der Marke zur Saint-Gobain Rigips GmbH, die aus dem niedersächsischen Unternehmen Vereinigte Baustoffe Bodenwerder GmbH entstand. Der Firmengründer Max Braun-Wogau etablierte hier 1945 sein 1938 in Riga gegründetes Unternehmen neu und konnte der hohen Nachfrage von Baustoffen nach Kriegsende entsprechen. Dank des graphithaltigen Gipskerns verbessert sich die Wärmeleitfähigkeit gegenüber herkömmlichen Gipsplatten auf ungefähr das Doppelte. Dadurch lässt sich die Leistungsfähigkeit modernen Flächentemperiersysteme, wie z. B. Heiz- und Kühldecken um bis zu 30 % steigern. Dies führt zu Einsparungen bei Material und Montageaufwand und ermöglicht die dauerhafte Senkung des Energiebedarfs. Climafit ist neben →Rigips, →Vario und →Rigidur eine der wesentlichen Innovationen der Saint-Gobain Rigips GmbH, die seit 2005 zum franz. Konzern Saint-Gobain gehört. Rund 800 Mitarbeiter der Rigips GmbH sind deutschlandweit über elf Standorte verteilt, zudem gibt es Schwestergesellschaften in Polen, Schweiz, Türkei und weiteren europäischen Staaten.

UNTERNEHMEN

Saint-Gobain Rigips GmbH
Schanzenstr. 84
40549 Düsseldorf
✆ (02 11) 55 03-0
Fax (02 11) 55 03-2 08
www.rigips.de

CLINIQUE

Die Marke Clinique steht für ein umfangreiches Sortiment an Hautpflegeprodukten wie Cremes, Seifen, Lotions oder Peelings. Das Produktportfolio umfasst die Bereiche Gesichts- und Körperpflege, Sonnenschutz, Herrenpflege, Make-up und Duft. Angeregt durch die Chefredakteurin der amerikanischen Vogue, entwickelte Dr. Norman Orentreich 1968 die ersten Clinique-Produkte. Mit dem Slogan „Allergiegetestet. 100 % Parfumfrei." richtet sich die Marke seit dem vor allem an Frauen mit empfindlichem Hauttyp. Das visuelle Erscheinungsbild der Marke bestimmen die Farben Weiß und Hellgrün. Im Zusammenspiel mit dem serifenlosen Clinique-Schriftzug und dem hervorgehobenen C suggerieren sie Frische, Klarheit und Sicherheit für die Haut. Die Namensgebung der Produkte vermittelt den klinisch-dermatologischen Hintergrund. Mittels individueller Hautanalyse können die Erzeugnisse aus dem Hause Clinique auf den eigenen Hauttyp abgestimmt werden. Sie wurden alle auf Basis eines 3-Phasen-Pflegesystems entwickelt: Reinigung, Exfoliation und Feuchtigkeitspflege. Mit *Turnaround* brachte das Unternehmen eine neuartige Creme auf den Markt, die die Haut pflegt und gleichzeitig exfoliert. Seit Ende der 1970er-Jahre bietet die Marke mit *Skin Supplies for Men* auch eine Herrenlinie an. Unter der Leitung von Leonard Lauder, dem Sohn von Estée Lauder, wurde Clinique 1969 global eingeführt und erhielt 1973 erstmals die Möglichkeit, auf einem Dermatologenkongress präsentiert zu werden. Der Hauptsitz der Division Clinique von Estée Lauder Companies ist in New York. Dort eröffnete 2006 auch das Clinique Skin Wellness Center. Geschäftsführer der Division ist in Deutschland Beate Fastrich.

DATEN UND FAKTEN

Markenname: Clinique, abgeleitet vom Begriff klinisch

Slogan: „Allergiegestestet. 100 % Parfumfrei. Von Dermatologen entwickelt."

Gründer: Dr. Norman Orentreich, 1968, New York

Geschäftsführer: Beate Fastrich (geschäftsführender Direktor der Division Clinique)

Innovationen: Pflegecreme Turnaround (1992 erstmalig lanciert, technische Überarbeitung 2006)

UNTERNEHMEN

Clinique Division Estée Lauder Companies GmbH
Leopoldstr. 256
80807 München
(0 89) 2 36 86–0
(0 89) 2 36 86–1 11
www.clinique.de

CLOER

Unter dem Dach der Marke Cloer werden hochwertige Elektrokleingeräte für die Küche hergestellt und vertrieben. Ein Schwerpunkt des Produktportfolios der Cloer Elektrogeräte GmbH bilden Geräte rund um das Frühstück, wie etwa Kaffee- und Teeautomaten, Toaster und Brötchenbäcker. Ergänzt wird das Sortiment durch Waffel- und Hörnchenautomaten, Sandwich-Toaster, Wasserkocher, Zitruspressen, Barbecue Grills und ähnliche Geräten. Die Produktpalette wird kontinuierlich erneuert und erweitert. Im Jahr 2007 lag der Focus auf der Produktkategorie „Fun Cooking". Passend dazu brachte Cloer mit dem Elektro-Wok, einem Tisch- und Raclette-Grill, sowie einem heißen Stein zahlreiche neue Produkte auf den Markt. Zudem wurde der 2006 herausgebrachte Teeautomat um den Toaster und den Wasserkocher im gleichen Design ergänzt. Die Produkte der Marke Cloer unterliegen hohen Anforderungen bezüglich Funktionalität, Ergonomie und Design, wofür sie bereits mehrfach ausgezeichnet wurden. Im Jahr 2006 ging ein Plus X Award in der Kategorie „Bedienkomfort" an den Teeautomat 5559. 2007 erhielt diesen Award der Tischgrill 6410 in der Kategorie „Design". Die Waffelautomaten wurden in der Vergangenheit mehrfach mit dem red dot award für gutes Produktdesign geehrt. Die Hausfarben Schwarz und Weiß dominieren auch das Design der Verpackungen, auf denen die Produktinformationen anschaulich über Detailfotos vermittelt werden. Bei der Vermarktung von Cloer setzt das Unternehmen auf Koopprationen, u.a. mit dem Heißgetränkehersteller →Teekanne und der Konditorei →Coppenrath & Wiese. In

Cloer produziert vor allem Elektrogeräte rund um das Frühstück, wie etwa Kaffee- und Teeautomaten und Toaster.

den Produktkategorien Toaster, Waffelautomaten und Sandwich-Toaster belegt Cloer lt. Angaben des Unternehmens vordere Positionen im Markt. Die in Arnsberg ansässige Cloer Elektrogeräte GmbH wurde 1898 von Caspar Cloer gegründet und begann in den 1930er-Jahren mit der Herstellung elektrischer Haushaltsgeräte. Heute beschäftigt das sich seit vier Generationen in Familienbesitz befindende Unternehmen 40 Mitarbeiter. Verantwortlich für den Vertrieb in Deutschland, Österreich und der Schweiz ist die Cloer Elektrogeräte GmbH. Der Vertrieb im übrigen Europa sowie in Übersee erfolgt über die Schwesterunternehmen Cloer Germany GmbH & Co. KG bzw. die Cloer Asia Pacific Ltd.

DATEN UND FAKTEN

Markenname: Cloer, Familienname des Gründers

Gründer: Caspar Cloer, 1898, Arnsberg

Markenregistrierung: 11. 04. 1963, DPMA München

Innovationen: u. a. Waffelautomat mit wählbarem Bräunungsgrad

Auszeichnungen:
„Plus X Award" media society networks Kategorie Design und Bedienkomfort für *Cool Wall Wasserkocher 4809*, Kategorie Design für *Zitruspresse 6808* (2004)
„Plus X Award" media society networks Kategorie Bedienkomfort für *Teeautomat 5559* (2006)
„Plus X Award" media society networks Kategorie Design für *Tischgrill 6410* und

Der Elektrohersteller Cloer wird heute von Achim Cloer (Mitte) geleitet, dem Urenkel des Firmengründers Caspar Cloer (unten).

Kategorie Bedienkomfort für *Induktionsplatte 6650* (2007)

Literatur:
E. N. Henkel: Wunderbare Waffeln (2003)

UNTERNEHMEN

Cloer Elektrogeräte GmbH

Hauptsitz: Arnsberg, Deutschland

Geschäftsführer: Achim Cloer, Heinz Götz

Vertrieb: Europa, Japan und Australien; USA, Südafrika und Kanada (im Aufbau)

Mitarbeiter: 40 (Deutschland, 2006)

KONTAKT

Cloer Elektrogeräte GmbH
Von-Siemens-Str. 12
59759 Arnsberg
(0 29 32) 62 97-0
(0 29 32) 62 97-8 88
www.cloer.de

SCHON GEWUSST?

Im Advent 2003 backte TV-Entertainer Harald Schmidt mit einem Cloer Waffelautomaten Typ 185 mit Signalton in seiner Late-Night-Show ausgiebig Waffeln und hatte dabei viel Spaß am Signalton des „Klingelmaten", wie Schmidt das Gerät nannte.

CLOSED

Die Inhaber von Closed: Hans Redlefsen, Til Nadler und Gordon Giers (v. l. n. r.)

Das Modelabel Closed steht für moderne Alltagskleidung der gehobenen Mittelklasse für Frauen und Männer zwischen 25 und 40 Jahren. Ihren Ursprung hatte die Marke Ende der 1970er-Jahre mit der Gründung der Modefirma Ball Spa in Italien. 1978 entstand das Label Closed, das sich mit innovativen Design und neuen Techniken in der Jeansmode einen Namen machte. Die Einführung der Stone-Wash-Technik zur Veredelung von Jeans geht z. B. auf Closed zurück. 1992 erwarb die Firma Bellini die Modemarke und etablierte sie in Nordeuropa. Die heutigen Geschäftsführer der Closed GmbH, Gordon Giers, Hans Redlefsen, Til Nadler und Karsten Wiech betrachten ihre Modefirma als Familienunternehmen im weiteren Sinne. Zunächst stieg Gordon Giers als Geschäftspartner bei Closed in Hamburg ein und übernahm die künstlerische und Produktionsleitung. Er betraute seinen Freund Hans Redlefsen mit dem Finanzmanagement und die beiden erwarben nach und nach die Geschäftsanteile. Als dritter wurde Til Nadler 2004 Vertriebschef von Closed. Zum weiteren Kreis der Familie zählen jedoch der Firmenphilosophie zufolge auch die Mitarbeiter, Händler und Kunden. Das 1978 entwickelte Logo besteht aus dem Markennamen in grauer Schrift, jeweils oben und unten von einem Balken eingerahmt. Der Schriftzug erinnert an den Aufdruck amerikanischer Polizeiabsperrbänder und unterstreicht das vom Label intendierte „selbstbewusste Understatement". Die Imagebildung erfolgt in erster Linie über die Mode selbst, sowie über eigene Läden, unterstützt von PR- und Pressearbeit. Die aktuelle Kollektion umfasst eine Damen- und Herren sowie eine Kinder- und Yoga-Linie inkl. Schuhe und Accessoires. Darüber hinaus wird in limitierter Stückzahl ein von Gordon Giers entworfenes Fahrrad unter dem Namen des Labels vertrieben. Giers ist zusammen mit seinem Kollegen Dominic Sinnott auch Schöpfer von Hans, einer 138 Millimeter großen Kunstfigur, die komplett in Closed gekleidet in limitierter Auflage verkauft wird. Das in Hamburg ansässige Unternehmen beschäftigt 130 Mitarbeiter.

DATEN UND FAKTEN

Markenname: Closed, der ursprüngliche Name Ca wurde nach einem gerichtlichen Prozess in Closed geändert

Slogan: „Welcome to the Closed society" (1980er-Jahre)

Markeneinführung: 1978, Italien

Innovationen: X-Pocket Jeans (1980), Stone-Wash-Technik

UNTERNEHMEN

Closed GmbH
Straßenbahnring 6
20251 Hamburg
(040) 44 18 40-0
(040) 73 35 00 62 01
www.closed.com

CLUB MED

Steht für Urlaub: der Club Med

Die Marke Club Med steht für exkl. Club-Urlaub und zeichnet sich durch ihr „Alles inklusive"-Angebot aus. Im Jahr 1950 gründete Gerard Blitz zusammen mit Gilbert Trigano den ersten Club Med am Strand von Alcudia auf Mallorca. Er hatte die Vision eines ganz neuen Urlaubs-Konzepts: Ferien in der Gemeinschaft, Outdoor-Aktivitäten und Sport.

Fünf Jahre später bot Club Med die erste Reise nach Tahiti an. Es folgten weitere Expansionen in beliebte Urlaubsgebiete. Vieles, was heute den Club Med ausmacht, wurde bereits im Gründungsjahr entwickelt. Damit hat Club Med in vielen Bereichen die Vorreiter-Rolle übernommen und kann sich als „Erfinder des Cluburlaubs" bezeichnen. Club Med ist mit nunmehr 80 Club-Resorts auf fünf Kontinenten nach eigenen Angaben der größte internat. Clubreisen-Anbieter der Welt. Die Mitarbeiter von Club Med werden als G. O. (Gentiles Organisateurs) und die Gäste als G. M. (Gentile Membres) bezeichnet. Die G. O. repräsentieren fast 100 Nationalitäten und 30 Sprachen. Das internat. Flair in den Club-Resorts soll die Philosophie der Gründungsväter widerspiegeln, eine internat. und weltoffene Atmosphäre zu schaffen. Das „Alles inklusive" Angebot von Club Med beinhaltet neben Vollpension, Bar & Snacks auch Kinder- und Jugendbetreuung sowie zahlreiche Sportmöglichkeiten. Der ursprüngliche Schwerpunkt eines Aktivurlaubs blieb weitestgehend erhalten. Neben den Club-Resorts bereichert das größte Segelpassagierschiff der Welt mit zwei Kreuzfahrtrouten das Angebot. Das schlicht gehaltene Logo setzt sich aus dem Markennamen in weißer, moderner Schrift und dem stilisierten Bild eines Dreizacks zusammen. Der Dreizack weckt die Assoziation an Poseidon, den Gott des Meeres aus der griech. Mythologie, der seit jeher von Seefahren und Reisenden verehrt wird. Heute spiegeln zahlreiche Renovierungen und luxuriöse Neueröffnungen die Neupositionierung von Club Med im gehobenen Marktsegment wider.

UNTERNEHMEN

Club Méditerranée Deutschland GmbH
Schwalbacher Str. 62
65760 Eschborn
✆ (0 61 96) 76 40-0
🖷 (0 61 96) 76 40-1 70
🖳 www.clubmed.de

COCA-COLA

Coca-Cola gehört zu den bekanntesten Marken der Welt. Der Name des Erfrischungsgetränks wird internat. verstanden und soll Genuss, Frische und den typischen Coke-Geschmack repräsentieren. John Styth Pemberton, Arzt und Apotheker aus Atlanta (USA), entwickelte 1886 ein Tonikum, das gegen Kopfschmerzen, Antriebsschwäche und Depressionen helfen sollte. Der Sirup wurde für fünf Cent pro Glas mit Sodawasser vermischt und in Drugstores und Sodabars angeboten. Pembertons Buchhalter, Frank M. Robinson, erfand den Namen Coca-Cola in Anlehnung an zwei der Inhaltsstoffe, Blättern der Kokapflanze und Kolanüsse.

Hist. Reklametafel für Coca-Cola

Dem Trend des Jugendstils folgend, kreierte er das Markenzeichen: Es entstand ein schwungvoller, dem Klang und Rhythmus des Wortes entsprechender Schriftzug in den Farben Rot und Weiß. Die The Coca-Cola Company wurde 1888 von dem Drogeristen Asa G. Candler gegründet. Seit 1893 ist die Marke in den USA rechtlich geschützt. Zum Erfolg des Kultgetränks trug auch die unverwechselbare Form der Flasche bei. 1916 präsentierte die Glasmanufaktur Roots Glass Company in Philadelphia die sog. „Flasche mit dem Hüftschwung". Sie besaß ein geriffeltes Profil und war zur Mitte hin tailliert. Ab 1957 wurde der reliefartig eingeblasene Schriftzug per Siebdruckverfahren mit weißer Farbe versehen. Die Konturflasche entwickelte sich zum Kennzeichen des Getränks, ebenso wie die dynamische Welle, die seit 1970 zum Logo gehört. Coca-Cola Werbekampagnen sollen das Lebensgefühl der vor allem jugendlichen Konsumenten positiv beeinflussen und bleiben durch ihren Stilmix aus Jugend- und Popkultur am Puls der Zeit. In Deutschland bietet die Coca-Cola Organisation heute mehr als 50 verschiedene Getränke an. Dazu gehören u.a. → Fanta, → Sprite, → Lift und seit 2006 auch → Apollinaris. Weltweit beschäftigt der Konzern 600.000 Menschen, in Deutschland sind es 12.000 Mitarbeiter an über 80 Standorten.

Mit zielgruppengerechten Werbekampagnen bleibt Coca-Cola am Puls der Zeit.

Unter dem rot-weißen, an gesunde Zähne und gesundes Zahnfleisch erinnernden Logo das Produkt *Colgate Total* mit dem patentierten Langzeitschutz

DATEN UND FAKTEN

Markenname: Coca-Cola, abgeleitet von den zwei Inhaltsstoffen Kokapflanze und Kolanuss

Slogan: „köstlich - erfrischend" (1929), „You can't beat the feeling!„ (1989), „Live on the Coke side of Life!" (2007)

Erfinder: Dr. John Styth Pemberton, 1886, Atlanta/USA

Markenregistrierung: 1893, Atlanta/USA

Innovationen: Coca-Cola Light (1983), Coke Zero (2006)

Markenwebsite: www.coke.de

UNTERNEHMEN

Coca-Cola GmbH

Hauptsitz: Berlin, Deutschland

Geschäftsführung:
Beatrice Guillaume-Grabisch

Weitere Marken (Auswahl): → Fanta, → Sprite, → Lift, → Mezzomix, → Apollinaris

Jahresabsatzmenge: 3,5 Mrd. l

KONTAKT

Coca-Cola GmbH
Quartier 205, Friedrichstr. 68
10117 Berlin
✆ (0 30) 2 26 06-90 00
🖷 (0 30) 2 26 06-95 10
💻 www.coca-cola-gmbh.de

SCHON GEWUSST?

▌Das Erscheinungsbild des Weihnachtsmannes, wie wir es heute kennen, wurde einst von Coca-Cola kreiert. Lange Zeit nur vage in der Literatur beschrieben, erhielt „Santa Claus" 1931 erstmals ein offizielles Erscheinungsbild, komplett mit Rauschebart, gütigem Lächeln und einem Outfit in Rot und Weiß. Der Konzern hatte den schwed.-amerikanischen Zeichner Haddon Sundblom beauftragt, den Santa Claus für eine Werbekampagne zum Weihnachtsgeschäft zu zeichnen. Modell gestanden hat ihm ein Coca-Cola-Verkaufsfahrer, gekleidet in den Markenfarben, mit rotem Mantel, weißem Pelz und schwarzen Gürtel und Stiefeln.

Ansprechpartner Presse:
Bernhard Taubenberger
✆ (0 30) 2 26 06-93 10
✉ presse@coca-cola-gmbh.de

COLGATE

Die Marke Colgate steht für die Zahnpflegeprodukte des US-amerikanischen Konsumgüterherstellers → Colgate-Palmolive Company. Der Schwerpunkt liegt dabei auf Colgate-Zahncreme. Darüber hinaus zählen zum Markenportfolio von Colgate auch manuelle und batteriebetriebene Zahnbürsten, Produkte zur Zahnaufhellung sowie Mundspülungen und Zahnseide. Auf sämtlichen Colgate-Produkten ist das Colgate-Logo, bestehend aus einem roten Hintergrund mit einem weißen, leicht nach rechts gebeugten Schriftzug, zu

Dieses handgemalte Werbeplakat stammt aus dem Jahr 1806 und zeigt den ursprünglichen Colgate-Laden in Manhattan, USA.

sehen. Diese Farbwahl ruft die Assoziation von weißen Zähnen und kräftigem Zahnfleisch hervor. Der Markenname Colgate geht auf William Colgate zurück, der 1806 im US-amerikanischen New York eine Seifenfabrik gründete. Nach seinem Tod im Jahre 1857 wurde die Firma in Colgate&Company umbenannt. 1873 kam mit der Colgate Dental Cream die erste Colgate-Zahncreme auf den Markt. Sie unterschied sich durch ihren milden aromatischen Geschmack von vergleichbaren Produkten, die zu dieser Zeit eher salzig schmeckten. 1896 wurde die Zahncreme erstmals in einer aufrollbaren Blechtube verkauft. 1910 wurde das Konzept der rechteckigen Tubenöffnung eingeführt, das ein gleichmäßiges Auftragen auf die Zahnbürste ermöglichte. 1928 fusionierte Colgate&Company mit dem Seifenhersteller Palmolive Peet Company und firmiert seit 1953 als Colgate-Palmolive Company. Heute gehört Colgate-Palmolive zu den größten Konsumgüterherstellern der Welt. Das Unternehmen beschäftigt weltweit rund 38.000 Mitarbeiter und erwirtschaftete 2006 weltweit einen Umsatz von über 12 Mrd. USD. Lt. Studie von Albemarle marketing research erreichte Colgate 2004 in Europa einen Bekanntheitsgrad von 83 % und ist damit die bekannteste Zahncrememarke des Kontinents.

DATEN UND FAKTEN

Markenname: Colgate, Nachname des Firmengründers William Colgate

Gründer und Erfinder: William Colgate, 1806, Manhattan, USA

Markenregistrierung: 10. 12. 1959, DPMA München

Innovationen: Zahncreme in Tuben (1896), Colgate Total-patentierte Formel mit 12 Stunden Schutz (1993), Colgate Actibrush (2000)

Markenbekanntheit: 83 % gest. (Albemarle marketing research, 2004)

Markenwebsite: www.colgate.de

UNTERNEHMEN

Colgate-Palmolive Company

Hauptsitz: New York, USA

Vorstand: Ian Cook

Weitere Marken: → Ajax, → Dentagard, → Palmolive

Gesamtumsatz: über 12 Mrd. USD weltweit (2006)

Vertrieb: weltweit in mehr als 200 Ländern über den Einzelhandel

KONTAKT

Colgate-Palmolive GmbH
Lübecker Str. 128
22087 Hamburg
(0 40) 73 19-0
www.colgate.de

SCHON GEWUSST?

- Bei Markteinführung wurde Colgate-Zahncreme in kleinen Blechdosen verkauft. 1873 kostete eine Dose 50 US-Cent – ein Schnäppchen im Vergleich zu Konkurrenzprodukten, die größtenteils aus Europa importiert werden mussten.
- 2006 beschloss Colgate eine fünfjährige Kooperation mit der Weltgesundheitsorganisation WHO. Durch die Verteilung von über 30 Mio. Tuben Zahncreme soll dabei speziell die Mundgesundheit von bedürftigen Kindern verbessert werden.

COLGATE-PALMOLIVE COMPANY

Die Colgate-Palmolive Company gehört zu den weltweit führenden Konsumgüterherstellern. Das Unternehmen mit Stammsitz im US-amerikanischen New York beschäftigt weltweit rund 38.000 Mitarbeiter und vertreibt seine Produkte in mehr als 200 Ländern. Zu den Geschäftsbereichen von Colgate-Palmolive gehören die Mund- und Körperpflege, Haushaltsreiniger sowie Produkte zur Wäschepflege. Die wichtigsten Marken des Unternehmens sind → Colgate (Mundpflegeprodukte) und → Palmolive (Geschirrspülmittel sowie Körperpflegeprodukte). Ausschließlich auf dem deutschsprachigen Markt wird die dt. Zahncrememarke → Dentagard von der Colgate Palmolive GmbH vertrieben. Darüber hinaus gehören die Haushaltsreinigermarke → Ajax sowie die Weichspülermarke Softlan

Das Firmengebäude der dt. Colgate-Palmolive GmbH in Hamburg.

zum Portfolio von Colgate-Palmolive. Die Geschichte des Unternehmens beginnt 1806 mit der Gründung einer Stärke-, Seifen- und Kerzenfabrik durch William Colgate in New York. Nach dem Tod des Gründers 1857 wurde die Firma in Colgate&Company umbenannt. 1873 brachte das Unternehmen mit der Colgate Dental Cream seine Zahncreme auf den Markt und legte damit den Grundstein für die künftige Entwicklung der Firma. 1928 schloss sich Colgate & Company mit dem Seifenhersteller Palmolive Peet Company zur Colgate Palmolive Peet Company zusammen. 1953 erhielt der Konzern schließlich seinen heutigen

COLGATE-PALMOLIVE GmbH

1806 gründete William Colgate (unten) eine Stärke-, Seifen- und Kerzenfabrik in New York. Das heutige Unternehmen firmiert als Colgate-Palmolive Company.

Hist. Werbeanzeigen für die Schuh- und Lederpflegeprodukte der Marke Collonil (Mitte, unten)

Namen Colgate-Palmolive Company. Noch vor dem Zusammenschluss begannen die Unternehmen mit der Expansion auf internat. Märkte durch die Gründung von Tochtergesellschaften. 1927 gründete Palmolive in Berlin die erste dt. Vertriebsgesellschaft Palmolive GmbH, die 1964 in Colgate-Palmolive GmbH umbenannt wurde. Sie ist bis heute für den Vertrieb von Colgate-Palmolive-Produkten in Deutschland, Österreich und der Schweiz zuständig. Im Geschäftsjahr 2006 erwirtschaftete die Colgate-Palmolive Company weltweit einen Umsatz von über 12 Mrd. USD.

UNTERNEHMENSBEREICHE UND MARKEN

Mundpflege:
→ Colgate, → Dentagard

Haushaltsprodukte:
→ Ajax, → Palmolive, Softlan, DanKlorix

Körperpflege:
→ Palmolive, GARD

DATEN UND FAKTEN

Colgate-Palmolive Company

Gründer: William Colgate (1783–1857), New York, USA

Unternehmensgründung: 1806, New York, USA

MEILENSTEINE

1806 William Colgate gründet eine Seifenfabrik in New York.

1857 Nach dem Tod von William Colgate wird die Firma von seinem Sohn Samuel als Colgate & Company weitergeführt.

1864 B. J. Johnson eröffnet eine Seifenfabrik in Milwaukee, aus der später die Palmolive Company hervorgeht.

1873 Colgate startet den Verkauf von Zahncreme in Dosen.

1896 Erster Verkauf von Colgate-Zahncreme in Tuben

1898 Palmolive-Seife kommt auf den Markt.

1928 Fusion von Colgate & Company mit Palmolive-Peet zur Colgate Palmolive Peet Company

1953 Umbenennung in Colgate-Palmolive Company

Mitarbeiter: über 38.000 weltweit

Chairman of the Board CEO: Ian Cook

Umsatz: 12 Mrd. USD weltweit (2006)

KONTAKT (IN DEUTSCHLAND)

Colgate-Palmolive GmbH
Lübecker Str. 128
22087 Hamburg
(0 40) 73 19–0
www.colgate.de

COLLONIL

Die Erzeugnisse der Marke Collonil sind in jedem gut sortierten Fachhandel zu finden und stehen für ein breites Sortiment anspruchsvoller Reinigungs-, Schutz- und Pflegeprodukte für Schuhe und Leder. Die Entstehungsgeschichte der Marke Collonil beginnt 1909 in der Chemischen Fabrik Esslen GmbH & Co. mit Karl Esslen und den Brüdern Paul und Walter Salzenbrodt. Sie füllten Lederöl eines schwed. Ölherstellers aus Fässern in Flaschen ab, bevor sie ihren eigenen Betrieb gründeten. Der Markenname leitet sich vom schwed. Produktnamen *Collan Olja* ab, jedoch auch das franz. *coller* (= kleben) könnte Pate bei der Namensfindung gestanden haben. Im Handel erkennt man die Produkte an der markentypischen, dunkelgrünen Banderole mit weißem Collonil-Schriftzug. Durch permanente Marktbeobachtung und intensiven Kontakt zu führenden Schuhherstellern der Welt bewahrt sich die Marke Collonil ihre Innovationskraft. Zweimal pro Jahr werden Pflegeprodukte in den aktuellen Modefarben der Saison auf den Markt gebracht. Jahrzehntelange Erfahrung in Forschung und Entwicklung führten zu kontinuierlicher Erweiterung des Portfolios: Mit den Produktlinien *Colloped* oder *Car Care* bietet der Hersteller beispielsweise ein umfassendes Sortiment an Sohlen, Senkeln und Schuhformern sowie spezielle Pflege für die Innenausstattung von Autos an. Die Salzenbrodt GmbH & Co. KG hat ihren Sitz in Berlin und beschäftigt ca. 160 Mitarbeiter (2006). Zum Unternehmen gehören Niederlassungen in Österreich, Dänemark und Frankreich. Der Vertrieb der Produkte erfolgt weltweit in über 80 Ländern.

DATEN UND FAKTEN

Markenname: Collonil, Kunstwort, abgeleitet vom schwed. Produktnamen *Collan olja* (olja = Öl); alternativ abgeleitet von *coller*, franz. für kleben

Produktsortiment der Collonil-Schuh- und Lederpflege

Slogan: „Schuhe wollen Collonil"

Gründer: Paul Salzenbrodt, Walter Salzenbrodt,1909, Berlin

Markenregistrierung: 15. 05. 1954, DPMA München

Innovationen: erste Schuhcremetube mit Schwammaufträger (1950er-Jahre), Nanopro: Entwicklung des innovativen High-Tech-Schutzes für alle Materialien aus dem Bereich der Nanotechnologie (2005), Kinderschuhpflegeserie Schuh Bi Du (2007)

UNTERNEHMEN

Salzenbrodt GmbH & Co. KG

Hauptsitz: Berlin, Deutschland

Geschäftsführer: Frank Becker

Weitere Marken: Duke of Dubbin, Colloped, emo

Vertrieb: weltweit in mehr als 80 Ländern

MEILENSTEINE

1912 Die ersten Fabrikgebäude in der Schlesischen Straße in Berlin werden bezogen.

1949 Nach dem 2. Weltkrieg wird die Produktion wieder aufgenommen. Innovationen wie die erste Tube mit Schwammaufträger folgen.

1971/72 Gründung von Tochtergesellschaften in Frankreich und Dänemark

2003 Relaunch der Pflegeserie

2005 Einführung der Nano-Produktserie

2006 Collonil übernimmt die emo Furnituren GmbH & Co. KG aus Ascheberg und erweitert das Sortiment um hochwertige Einlegesohlen, Schuhspanner und Fußpflegemittel des etablierten Herstellers.

KONTAKT

Salzenbrodt GmbH & Co. KG
Hermstdorfer Str. 70
13437 Berlin
✆ (0 30) 4 14 04-5 12
🖷 (0 30) 4 14 04-5 20
💻 www.collonil.com

COMDIRECT BANK

Die comdirect bank AG wurde 1994 als Tochtergesellschaft der → Commerzbank AG gegründet, um die neuen Marktentwicklungen im Bankenbereich bzw. das zunehmende Bedürfnis nach selbstbestimmtem Handeln im Brokeragebereich während der prosperierenden Börsenentwicklung in den 1990er-Jahren gerecht zu werden. Als ehemals rein transaktionsorientierter Online-Broker hat die comdirect ihr Geschäftsmodell mit dem Wachstumsprogramm *comvalue* ausgeweitet und agiert heute in den drei Kompetenzfeldern Brokerage, Banking und Beratung. Der Relaunch 2005 unterstützte diese Veränderung auch visuell. Die Wortmarke stellt mit dem Punkt und der Kleinschreibung sowie der farblichen Hervorhebung des „com" den Bezug zum Internet her. Zum CI gehören außerdem die DAX Schrift und als Hausfarbe der firmeneigene Gelbton (Pantone 124). Mit über 900.000 Kunden ist die comdirect bank Deutschlands Marktführer der Online-Broker und lt. eigener Aussage „die führende Direktbank für den modernen Anleger". Die Kernzielgruppe der comdirect bank besteht aus Onlinern und Offlinern zwischen 25 und 50 Jahren mit einem Haushalts-Nettoeinkommen von über 2.500 Euro. Diese Zielgruppe ist online-interessiert und handelt selbstbestimmt. Mit monatlich 170 Mio. Seitenaufrufen und 20 Mio. Visits ist comdirect.de die nach Firmenangaben die meistbesuchte Finanzwebsite Deutschlands. Neben den über die Website angebotenen Leistungen bietet die comdirect als einzige Online-Bank ganzheitliche Finanzberatung über die 100-prozentige Tochter comdirect private finance in bundesweit 27 Geschäftsstellen an. Bei der werblichen und vertrieblichen Kommunikation stehen die Banking-Angebote als Einsteigerprodukt im Vordergrund. Um die Markenwahrnehmung zu verbessern, entwickelte comdirect eine Markenklammer über alle Kampagnen mit dem Claim „Ihr Geld kann mehr". Das Unternehmen mit Sitz in Quickborn wird vom Vorstand Dr. Andre Carls (Vorsitz), Torsten Daenert und Karin Katerbau

.comdirect
Ihr Geld kann mehr

Ausschnitt aus Kampagne für das Banking Einsteigerprodukt TagesgeldPLUS (Mitte), Vorstandsvorsitzender Dr. Andre Carls (unten)

COMMERZBANK

Die Commerzbank wurde 1870 als Commerz- und Disconto-Bank in Hamburg (Mitte) gegründet, Vorstandssprecher Klaus-Peter Müller (unten).

geleitet. Mit 790 Mitarbeitern in Deutschland erwirtschaftete comdirect 2006 ein Gesamtergebnis vor Steuern vom 85,6 Mio. Euro.

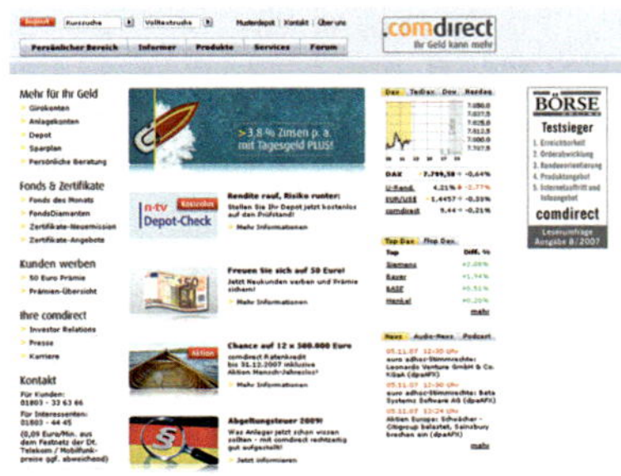

Die Website www.comdirect.de zeigt das umfassende Leistungsspektrum der Direktbank.

DATEN UND FAKTEN

Markenname: comdirect bank, „com" steht für die Zugehörigkeit zur Commerzbank AG, „direct" verweist auf das Geschäftsmodell als Direktbank

Claim: „comdirect – Ihr Geld kann mehr"

Frühere Claims: „comdirect, ein Unternehmen der Commerzbank AG" (ab1996), „comdirect. be empowered." (2000)

Gründer: Commerzbank AG, 1994, Quickborn

Markenregistrierung: 15. 11. 1994, DPMA München

Markenbekanntheit: 31 % ungest., 85 % gest. (Potentialzielgruppe, Basis TNS Infratest II/2007)

Auszeichnungen:
„Beste Bank im Brokerage", Zeitschrift Euro Finanzen (04/2006)
„Fondsbroker des Jahres", brokerwahl.de (2006/07)
„Testsieger", Leserumfrage Börse Online (08/2007)
„1. Platz" Bestes klassisches Tagesgeld, Leserumfrage Börse Online 12/2007

UNTERNEHMEN

comdirect bank AG

Hauptsitz: Quickborn, Deutschland

Vorstand: Dr. Andre Carls (Vorsitz), Torsten Draenert, Karin Katerbau

Weitere Marken: comdirect private finance, comdirect assetmanagement

Gesamtergebnis: 85,6 Mio. Euro (2006)

Vertrieb: Deutschland

KONTAKT

comdirect bank AG
Pascalkehre 15
25449 Quickborn
(0 41 06) 7 04-0
(0 41 06) 7 04-25 80
www.comdirect.de

Ansprechpartner Kommunikation:
Johannes Friedemann
(0 41 06) 7 04-13 40
johannes.friedemann@comdirect.de

Ansprechpartner Marketing:
Kerstin Pape
(0 41 06) 7 04-13 48
kerstin.pape@comdirect.de

MEILENSTEINE

1994 Gründung der comdirect bank GmbH

1995 Markteintritt in Deutschland als klassische Direktbank

1996 Angebot von Online-Banking

1999 Umfirmierung des Unternehmens zur comdirect bank AG

2000 Börsengang der comdirect bank: Notierung am Neuen Markt

2005/07 Wachstumsprogramm *comvalue*, Direct Banking wird wichtigster Wachstumsmotor des Unternehmens

COMMERZBANK

Seit der Übernahme der Eurohypo im Jahr 2005 ist die Commerzbank zweitgrößtes Kreditunternehmen in Deutschland. Als Universalbank versteht sich die Commerzbank als Finanzdienstleister für Privat- und Geschäftskunden sowie für den Mittelstand ebenso wie für internat. Großkunden. Die Bank blickt auf eine über hundertdreißigjährige Unternehmensgeschichte. Sie wurde 1870 im Zuge einer Gründungswelle im dt. Banksektor von zwölf Kaufleuten, Merchant Bankern und Privatbankiers aus Hamburg, Berlin, Frankfurt/Main und New York zunächst als Commerz- und Disconto-Bank in Hamburg gegründet. Seit 1940 wird die Kurzform Commerzbank verwendet. Das CD der internat. Dienstleistungsmarke entwickelte sich stetig weiter. Als Bildmarke nutzte man anfangs die Initialen des Unternehmens, dessen Buchstaben miteinander verflochten und häufig von einem Kreis umschlossen waren. Seit 1940 verwendete man auch ein "C" aus mit den Flügeln des griech. Götterboten Hermes als Symbol für die Handelsbank. Die heutige Bildmarke „quatre vents" kreierte die franz. Agentur Thibaud Lintas 1971/72 als Antwort auf die zunehmende Bedeutung des Marketings im Bankensektor. Die stilisierte Windrose besteht aus vier Winkeln, die mit abgerundeten Spitzen nach innen weisen und im Halbkreis um einen Punkt angeordnet sind. Sie soll weltoffene Dynamik und internat. Kooperation ausdrücken, und dabei konzentrierte Kraft und vielfältigen Kundendienst visualisieren. Ursprünglich war die Windrose blau. Da die Verbraucher das Symbol mit einer Sonne assoziierten, wurde das Logo weiter verändert. Man nutzte die Farbe gelb, um Verbindungen wie Partnerschaft, Aufgeschlossenheit, Sympathie und Entfaltung zusätzlich zu bekräftigen. In Medienkampagnen traten öffentliche Personen wie Uschi Glas, Hans Kulenkampff und Sepp Maier als Testimonials auf. Der aktuelle Slogan „Ideen nach vorn" verspricht neue Impulse im Kundenservice, der bereits vielfach ausgezeichnet wurde. Mehr als acht Mio. Kunden werden weltweit durch 36.000 Mitarbeiter (8.725 im Ausland) betreut. Im Inland verfügt die Commerzbank über Beteiligungen an der *Eurohypo* sowie an der → *comdirect bank AG* und der *Hypothekenbank in Essen AG*.

DATEN UND FAKTEN

Markenname: Commerzbank (lat. „commercium": Handel, „disconto": Wechselgeschäft)

Slogan: „Commerzbank. Die Bank an Ihrer Seite" (1976–2002), „Ideen nach vorn" (seit 2002)

Erfinder: Hamburger Kaufleute, 1870

Markenregistrierung: 24.04.1938, Reichspatentamt Berlin

Auszeichnungen:
„Mobius Award" für *Best Application – Improving Customer Service* (2007)
„Deutschlands beste Kreditberatung", Finanztest (02/2007)

Literatur:
Commerzbank AG (Hrsg.): 100 Jahre Commerzbank 1870–1970 (1970)
Commerzbank AG (Hrsg.): Die Bank – Dienstleister im Wandel. 125 Jahre Commerzbank (1995)
D. Krause: Die Commerz- und Disconto-Bank 1870–1920/23. Bankgeschichte als Systemgeschichte (2004)

Die von Sir Norman Foster entworfene Hauptverwaltung der Commerzbank ist das höchste Bürogebäude Deutschlands und prägt maßgeblich die Frankfurter Skyline.

UNTERNEHMEN

Commerzbank Aktiengesellschaft

Hauptsitz: Frankfurt/Main, Deutschland

Vorstand: Klaus-Peter Müller (Sprecher)

Weitere Marken: comdirect bank, Eurohypo

Bilanzsumme: 608,3 Mio. Euro (2006)

Vertrieb: 820 Filialen in Inland, 20 weltweit

KONTAKT

Commerzbank AG
60261 Frankfurt/Main
✆ (0 69) 1 36–20
www.commerzbank.com

Ansprechpartner Presse:
Preessestelle
✆ (0 69) 1 36–2 28 30
✉ pressestelle@adresse.de

SCHON GEWUSST?

- Kurt Schwitters hat 1919 das „Merz-Bild" aus dem Namen „Commerz- und Privatbank" abgeleitet.
- In Erich-Kästners „Emil und die Detektive" flüchtet der Dieb Grundeis in eine Berliner Depositenkasse, vermutlich Potsdamer Straße, Ecke Bülowstraße (heute Gebietsfiliale der Commerzbank).
- In Alfred Döblins „Berlin Alexanderplatz" wird eine Depositenkasse der Commerz- und Privat-Bank in der Elsässer Straße erwähnt.

Die Verpackung der COMPO SANA COMPACT Blumenerde (Mitte) wurde mehrfach ausgezeichnet. Die beiden Gründerväter der COMPO GmbH & Co. KG (unten).

COMPO

Unter der Marke COMPO vertreibt die gleichnamige GmbH & Co. KG aus Münster biologisch-chemische Markenprodukte für Haus und Garten sowie Spezialdüngemittel für den professionellen Anwender. Gegründet wurde COMPO im Jahr 1956 von dem Deutschen Ernst Hendrik Sprenger und dem Holländer Franz Todenhagen. Grundlegend für den heutigen Erfolg der Marke war die Erfindung und Markteinführung der COMPO SANA Blumenerde, der ersten Blumenerde in verbraucherfreundlichen Verpackungen in Deutschland. Das Produktportfolio wurde in den folgenden Jahren kontinuierlich ausgebaut. Heute bietet COMPO ein komplettes Sortiment an Produkten für Haus und Garten, das von Blumenerden über Blumenpflegeprodukte bis hin zu Gartendüngern, Rasensaat und Pflanzenschutzmitteln reicht. Zudem ist COMPO weltweit tätig und in den westeuropäischen COMPO Kernmärkten (ohne UK) führend im Marktsegment biologisch-chemischer Markenprodukte für Haus und Garten. Nach eigenen Angaben hat COMPO dort einen Marktanteil von 20 %. Wichtiger Bestandteil des Unternehmenserfolges ist der Bereich Forschung und Entwicklung. In der Versuchstation am Limburgerhof werden stetig Innovationen für den Profibereich entwickelt, die auch in die Hobbyprodukte von COMPO einfließen. Eine aktuelles Beispiel ist der COMPO Blaukorn Dünger ENTEC. Dieser macht durch eine reduzierte Nährstoffauswaschung mehr Nährstoffe pflanzenverfügbar und schont dadurch gleichzeitig das Grundwasser. In leicht abgewandelter Form nutzt COMPO seit 1963 das gleiche Logomotiv. Es besteht aus dem Markennamen in gelben Großbuchstaben, der sich in der roten Blüte einer stilisierten Primel befindet. Diese soll einerseits die Gartenwelt, andererseits eine schützende Hand für Pflanzen symbolisieren. Aktueller Slogan der Marke ist „COMPO. Ganz einfach schöne Pflanzen". Zu den prominenten Werbefiguren der Marke zählten in den 1970er-Jahren Gärtner Pötschke und 1997 Karlheinz Feldkamp. Zur Pflege der Marke investiert COMPO seit Jahren kontinuierlich in Werbung und Verkaufsförderung. Für die kommenden Jahre plant die COMPO GmbH & Co. KG den Ausbau des Marktsegmentes Pflanzenschutz Consumer sowie eine regionale Expansion, vor allem in Osteuropa.

COMPO SANA steht als Produkt in einer langen Tradition und ist noch heute eine der führenden Blumenerdenmarken in Europa.

DATEN UND FAKTEN

Markenname: COMPO, Kunstwort

Slogan: „COMPO. Ganz einfach schöne Pflanzen." (2005)

Gründer: Ernst Hendrik Sprenger, Franz Todenhagen, 1956

Markenregistrierung: 13. 10. 1958, WIPO

Innovationen: COMPO SANA COMPACT (2005)

Markenbekanntheit: gest. 85 % (Niko Werbe Index, 2006)

Auszeichnungen:
„Worldstar" für COMPO Flüssigdünger 6-kant Flasche, World Packaging Organization (2005)
„Oscar de l'Innovation", für COMPO SANA COMPACT Verpackung, LSA (2005)

Markenwebsite: www.compo.com; www.compo.de

UNTERNEHMEN

COMPO GmbH & Co. KG

Hauptsitz: Münster, Deutschland

Geschäftsführer: Arnim Weyrich, Dr. Hans-Joachim Winterling

Weitere Marken: Algoflash, Sem, Gesal, Gardiflor

Gesamtumsatz: 552 Mio. Euro (2006)

KONTAKT

COMPO GmbH & Co. KG
Gildenstr. 38
48157 Münster
✆ (02 51) 32 77-0
🖷 (02 51) 32 62 25

Ansprechpartner Presse:
Silke Pahlen
✆ (02 51) 32 77-324
✉ silke.pahlen@compo.de

MEILENSTEINE

1956 Gründung der COMPO GmbH in Münster

1971 Wintershall akquiriert 50 % der COMPO-Anteile, Beginn des Profi-Geschäftes

1985 Akquisition der franz. Consumer-Marke Sem

1986 BASF akquiriert 100 % der COMPO-Anteile

2000 Übername des weltweiten COMPO-Geschäftes durch die K+S AG

2001 Akquisition der Consumer-Marken Algoflash, Gesal und Gardiflor

2004 Akquisition des Torfwerkes Friedrich Meiners AG, Gnarrenburg

2005 Strategische Allianz mit Syngenta zur europaweiten Vermarktung von Pflanzenschutzmitteln im Consumergeschäft

COMTESSE

1929 gründet Adolf D. Kopp mit 21 Jahren ein Unternehmen für exklusive Luxushandtaschen in Offenbach am Main. In den 1930er-Jahren entdeckt Kopp zum ersten Mal Rosshaar als Material für Handtaschen. Auch heute noch verwendet Comtesse das Material für seine Produkte. Dieser feste, auf Haltbarkeit ausgelegte Stoff wird gemäß der Firmentradition auf antiken Webstühlen verarbeitet und in über 200 Farben hergestellt. Neben Rosshaar werden außerdem Handtaschen aus Krokodil- und Straußenleder gefertigt. Für jede Tasche werden 100 Einzelteile in 300 Arbeitsschritten handgearbeitet. Jede Handtasche wird mit feuervergoldeten Metallteilen verziert. Mit Beginn des dt. Wirtschaftswunders wurden die Kollektionen 1948 erstmals nach Kanada und in die USA exportiert. 1953 wurde die Marke Comtesse ins Leben gerufen und dient fortan als Markenbezeichnung. Auf der Weltausstellung in Brüssel wurden die Handtaschen 1958 mit der Goldmedaille für herausragendes Kunsthandwerk ausgezeichnet. Nachdem Inge Kopp, die Tochter des Firmengründers, 1964 den Vertrieb für die Region Asien übernimmt, wird die erste Boutique 1983 in Tokio eröffnet. Seit 2002 gehört die Marke Comtesse zur EganaGoldpfeil Gruppe. 67 % des Umsatzes erwirtschaftet die Marke in Asien, 28 % in Europa und 5 % in den USA. Die Markenführung wird durch regelmäßige Anzeigenkampagnen in Modemagazinen sowie PR-Aktivitäten unterstützt. Die Zielgruppe besteht aus Frauen zwischen 30 und 50 Jahren, die sozial und beruflich erfolgreich sind. Berühmte Kundinnen sind u.a. die jap. Kronprinzessin Masako, die thailändische Königin Sirikit und die Königin von Schweden.

UNTERNEHMEN

EganaGoldpfeil Accessoires GmbH
Kaiserstr. 39-49
63065 Offenbach
✆ (0 69) 80 50-0
🖷 (0 69) 80 50-16 00
💻 www.comtesse.de

CONCORDIA

Die Concordia Versicherungsgruppe bietet umfassende Dienstleistungen im Versicherungssektor an. Der Name hat seinen Ursprung in der röm. Mythologie. Die röm. Göttin Concordia verkörpert die Eintracht und den Gedanken der Gegenseitigkeit, ein zentrales Motiv der Firmenphilosophie. Mit den Produkten der Versicherungsgruppe werden in erster Linie Privatkunden, landwirtschaftliche Betriebe sowie kleine bis mittlere Gewerbebetriebe angesprochen. Besonderen Wert legt das Unternehmen auf das Prinzip der Nachbarschaftlichkeit und eine individuelle Betreuung. Während sich die Unternehmensaktivitäten in den Anfängen auf die Schadenversicherung beschränkten, decken eine Reihe von Tochtergesellschaften mittlerweile ein breites Spektrum ab. Eine wichtige Erfolgsstrategie liegt in der Anpassung an die Veränderungen des Versicherungsbedarfs. Dazu zählt z.B. die innovative Lebensversicherung des Tochterunternehmens oeco capital, bei der die Geldanlage nach strengen ökologischen Kriterien

COMTESSE
handmade perfection since 1929

Comtess fertigt Handtaschen aus Rosshaar, Krokodil- oder Straußenleder.

CONCORDIA
Versicherungsgruppe

Der Hauptsitz der Concordia Versicherungsgruppe befindet sich heute in Hannover.

erfolgt. Heinrich Adolf Mohrhoff gründete die Concordia im Jahr 1864 als Mobiliar-Feuerversicherungsgesellschaft in Hoya a.d. Weser. Seit 1910 wird das als Schildwappen konzeptionierte Logo der Concordia von zwei gekreuzten Pferdeköpfen geschmückt. Sie stehen als Symbol für Niedersachsen und wurden bereits vor langer Zeit als Zierform an Dachgiebeln verwendet, um Schutz, Sicherheit und Glück zu bringen. Die Marke soll durch ihre traditionsreiche Symbolik den Status des Unternehmens als eine der ältesten privaten Versicherungsgesellschaften in Deutschland hervorheben und gleichzeitig ein Gefühl des Vertrauens vermitteln. Die Concordia beschäftigt bundesweit ca. 1.300 Mitarbeiter. Der Vertrieb der nat. Marke erfolgt innerhalb Deutschlands über Ausschließlichkeitsvermittler, Makler und Mehrfachagenten.

DATEN UND FAKTEN

Markenname: Concordia, lat. Eintracht, Göttin der Eintracht aus der röm. Mythologie

Slogan: „Sicherheit für Menschen"

Gründer: Heinrich Adolf Mohrhoff, 1864, Hoya a.d. Weser

Markenregistrierung: 02.08.1994, DPMA München

Innovationen: „Mallorca-Police" (Kfz-Versicherung für Mietfahrzeuge im Ausland), „GoFlex" (flexible Rentenversicherung)

Jahresumsatz: 669,8 Mio. Euro mit einem Überschuss von 14,7 Mio. Euro (2006)

UNTERNEHMEN

Concordia Versicherungsgruppe
Karl-Wiechert-Allee 55
30625 Hannover
✆ (05 11) 57 01-0
🖷 (05 11) 57 01-14 00
💻 www.concordia.de

CONDOR VERSICHERUNGSGRUPPE

Die Marke Condor steht seit mehr als 50 Jahren für umfassende Versicherungsdienstleistungen. Rudolf August Oetker legte im Jahr 1954 mit der Condor Transport- und Rückversicherungs-AG den Grundstein für die Condor Versicherungsgruppe, die heute mehr als eine Viertelmillion Kundenverbindungen unterhält und rund 500 Mitarbeiter beschäftigt. Diese Zugehörigkeit zur Oetker-Gruppe und seine Unabhängigkeit sind Basis einer ebenso soliden wie kontinuierlichen Geschäftspolitik. Aus Überzeugung arbeitet die Condor Versicherungsgruppe seit Unternehmensgründung ausschließlich mit unabhängigen Maklern, Mehrfachagenten und Assekuradeuren zusammen. Mit ihrer Marktkenntnis und ihrem besonderen Know-how bieten diese Geschäftspartner eine individuelle und sachgerechte Beratung im Sinne der gemeinsamen Kunden. Geschäftsschwerpunkte sind die Bereiche gehobenes Privatkundengeschäft, mittelständiges Gewerbe, Industrie und die betriebliche Altersversorgung. Als Innovation gelten u.a. die technischen Versicherungen im Hinblick auf zukunftsfähige Technologien. Oetkers Faible für Südamerika und den dort lebenden Kondor inspirierte ihn bei der Namensgebung der Condor Versicherungsgruppe. Auch heute noch findet sich der Kondor im Logo wieder. Entwickelt wurde dieses von einem befreundeten Architekten der Familie Oetker. Die Serifenschrift weist auf die lange Tradition des Hamburger Unternehmens hin, die Hausfarbe Blau zeigt die Verbundenheit zum norddt. Standort. Dies spiegelt sich zudem auch in den hanseatischen Tugenden wie Verlässlichkeit, Solidität und Transparenz wider. Der Werbeslogan „Qualität ist Zukunft" unterstreicht den Markenkern und die Bereitschaft des Unternehmens mit qualitativ hochwertigen Produkten in die Zufriedenheit der Kunden zu investieren.

DATEN UND FAKTEN

Markenname: Condor, einer der größten flugfähigen Vögel der Welt, beheimatet in den Anden Südamerikas

Slogan: „Qualität ist Zukunft"

Gründer: Rudolf August Oetker, 1955

Markenregistrierung: 09.10.1979, DPMA München

Jahresumsatz: 340 Mio. Euro (Gebuchte Bruttobeiträge 2006)

Auszeichnungen:
„überdurchschnittlich", Morgen & Morgen Unternehmensrating für die *Condor Leben* (2006)
„gut (2,4)", Stiftung Warentest für Fondsgebundene Rentenversicherung (2007)
„1. Platz", ivm-Maklerumfrage für Kraftfahrtversicherung (2007)

CONDOR
VERSICHERUNGSGRUPPE

Das Logo der Condor Versicherungsgruppe, in dem ein stilisierter Kondor abgebildet ist (oben), Vorstandsvorsitzender Peter Thomas (unten).

UNTERNEHMEN

Condor Versicherungsgruppe
Admiralitätstr. 67
20459 Hamburg
✆ (0 40) 3 61 39-0
🖷 (0 40) 3 61 39-1 00
💻 www.condor-versicherungsgruppe.de

CONSOLAN

Unter der Marke Consolan produziert und vertreibt das Unternehmen ICI Paints Holzschutzprodukte. Das Sortiment umfasst das Consolan-Wetterschutz-System für den Außenbereich sowie Lacke und Pflegeprodukte für den Innenbereich. Zur Zielgruppe von Consolan gehören nicht nur Heimwerker und Besitzer von Holzhäusern, Gebäuden mit Holzfassaden, Fachwerkhäusern, Gartenhäuschen sowie Holzzäunen, sondern auch professionelle Anwender. Der Vertrieb erfolgt über Baumärkte sowie Maler- und Holzfachmärkte. Consolan Wetterschutzfarbe wurde 1960 von der Desowag Chemie GmbH in Deutschland entwickelt. Der Markenname Consolan ist ein Kunstwort aus den Anfangsbuchstaben von *Consolidierte Alkaliwerke* und der Endung *an*. Prägendes Merkmal des visuellen Erscheinungsbildes ist die gelbe Wortmarke auf rotem Fond. Das Consolan-Wetterschutz-System für den Holz-Anstrich im Freien, das die Produkte Isoliergrund, Holzgrund, Wetterschutz-Farbe und Zaun-Weiß umfasst, steht für hohe Qualität und Langlebigkeit der Anstriche. Die ICI Paints Deco GmbH in Hilden ist die dt. Vertretung des internat. tätigen brit. Konzerns ICI Paints, der 2006 mit weltweit 32.000 Mitarbeitern einen Umsatz in Höhe von 7,2 Mrd. Euro erzielte. Das Unternehmen vertreibt im Bereich Holzschutz und Holzpflege auch die Marke →Xyladecor. ICI Paints ist mit seinen Marken Consolan und Xyladecor im Segment Holzschutz mit 23,5 % Markenführer (GfK, 2007). Zum Portfolio des Unternehmens gehören darüber hinaus noch die DIY-Marken →Hammerite, →Dulux und →Molto - mit dem Klassiker Moltofill – zu ICI Paints.

UNTERNEHMEN

ICI Paints Deco GmbH
Düsseldorfer Str. 96–100
40721 Hilden
✆ (0 21 03) 2 05-8 00
🖷 (0 21 03) 2 05-8 63
💻 www.consolan.de

CONTINENTAL

Continental ist unter den Reifenherstellern die Nummer 1 in Deutschland, Nummer 2 in Europa und Nummer 4 weltweit. 1871 unter dem Namen Continental-Caoutchouc- und Gutta-Percha Compagnie in Hannover gegründet, ließ das Unternehmen das springende Pferd als Warenzeichen elf Jahre später registrieren. Continental ist für viele Innovationen verantwortlich wie den ersten Fahrrad-Luftreifen (1892) und die weltweit ersten Profilreifen für Autos (1904). 1967 eröffnete Continental die eigene Teststrecke Contidrom am Rande der Lüneburger Heide, deren Gelände 1994/95 mehr als verdoppelt und 2001 um eine 3,7 km lange Geräuschbeurteilungsstrecke erweitert wurde. Heute ist der Continental-Konzern einer der weltweit führenden Zulieferer der Automobilindustrie mit Know-how in Reifen- und Bremsentechnologie, Fahrdynamikregelung, Elektronik und Sensorik. Die Produktpalette von Continental umfasst Pkw- und Lkw-Reifen, sowie Industrie-, Zweirad- und Offroad-Reifen. Das Produktportfolio des Continental-Konzerns beinhaltet 4 Divisionen: Automotive Systems, spezialisiert auf die Vernetzung aktiver und passiver Sicherheit; Pkw-Reifen, die neben Continental die Marken Uniroyal, Semperit, Barum, General Tire, Gislaved, Viking, Mabor, Sime Tyres und Euzkadi enthält; Nfz-Reifen, die Lkw-, Industrie- und OTR-Reifen umfasst und Conti-Tech, spezialisiert auf Kautschuk- und Kunststofftechnologie. An über 100 Standorten (Werke, Forschungszentren, Teststrecken) beschäftigt der Konzern derzeit rund 89.000 Mitarbeiter in 28 Ländern, darunter in Deutschland, China und USA. 2006 erwirtschaftete der Konzern unter dem Vorsitz von Manfred Wennemer einen Gesamtumsatz von 14.887 Mio. Euro, der Anteil der Pkw-Reifen beläuft sich auf 4,694 Mrd. Euro. Der offizielle Sponsor der FIFA WM 2006™ verpflichtete Nationaltorwart Timo Hildebrand bis 2008 als Testimonial für Pkw-Reifen.

UNTERNEHMEN

Continental Aktiengesellschaft
Hauptverwaltung
Vahrenwalder Str. 9
30165 Hannover
✆ (05 11) 9 38-01
🖷 (05 11) 9 38-8 17 70
💻 www.conti-online.com

Consolan®

Die Marke Consolan steht für umfassenden Holzschutz.

Continental

Die Nummer 1 in Deutschland unter den Reifenherstellern

F.G. CONZEN
Im Dienst der Kunst seit 1854

Rahmen der Firma F. G. Conzen gibt es seit 1854.

CONZEN

Die Marke F. G. Conzen steht für hochwertige Produkte und Dienstleistungen rund um die Kunst. Zum Portfolio der F. G. Conzen GmbH gehören neben einer Vielzahl handgefertigter Bilderrahmen, -leisten und Sockeln für Kunstobjekte auch zahlreiche Dienstleistungen. Das Unternehmen bietet u. a. einen Inventarisierungsservice sowie Logistikdienstleistungen wie die Organisation von Kunsttransporten in maßgefertigten Transportbehältnissen und die fachgerechte Montage von Kunstwerken in Ausstellungsräumen. Als eingetragener Handwerksbetrieb für die Denkmalpflege ist F. G. Conzen darüber hinaus Spezialist für die Konservierung und Restaurierung von Kunstwerken. Zudem handelt die F. G. Conzen GmbH mit Kunstwerken aus verschiedenen Epochen und betreibt Einzelhandelsgeschäfte in Düsseldorf, Köln und Frankfurt. Das Familienunternehmen wurde 1854 von Friedrich Gottlieb Conzen als Spiegel- und Gemälderahmenfabrik gegründet. Anfangs war man vor allem für die Düsseldorfer Malerschule tätig. Als Markenlogo dient seit Mitte der 1960er-Jahre neben der Wortmarke ein Bild des „Alten Haus" in der Bilker Straße in Düsseldorf. Dieses Haus wurde 1959 von F. G. Conzen gekauft und beherbergt die familieneigene Sammlung „Alt Düsseldorf", eine Kollektion von Ansichten und Büchern aus verschiedenen Epochen. In dem Gebäude befindet außerdem eine der weltgrößten Sammlungen von Originalrahmen. Mit der Abbildung des Hauses im Firmenlogo verweist F. G. Conzen auf die Tradition des Unternehmens. Heute beschäftigt das von Friedrich G. Conzen sen. und Friedrich G. Conzen jun. in der vierten bzw. fünften Generation familiengeführte Unternehmen ca. 100 Mitarbeiter. Mit der Marke *F. G. Conzen Glas* ist die Firma außerdem in den Bereichen Außen- und Fassadenverglasung, Innenraumgestaltung und in der Montage von Spezialgläsern aktiv.

DATEN UND FAKTEN

Markenname: F. G. Conzen, Initiale und Familienname des Firmengründers

Slogan: „Im Dienst der Kunst seit 1854"

Erfinder: Friedrich Gottlieb Conzen, 1854, Düsseldorf

Weitere Marken: F. G. Conzen Glas

Auszeichnungen:
„Goldmedaille", Kunst- und Gewerbeausstellung Düsseldorf (1880)
„Silberne Staatsmedaille", Gewerbeausstellung Düsseldorf (1902)
Auszeichnung für die Mithilfe beim Dt. Pavillon zur Weltausstellung in Brüssel (1958)

UNTERNEHMEN

F. G. Conzen GmbH
Völklinger Str. 24
40221 Düsseldorf
(02 11) 57 70-10
(02 11) 57 70-1 41
www.conzen.de

coppeneur

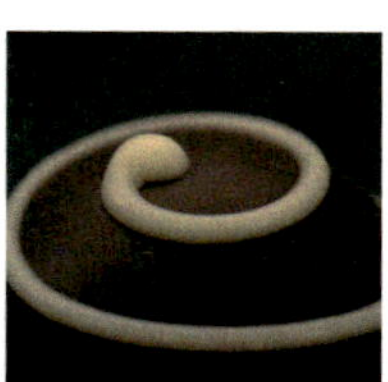

Firmengründer der Confiserie Coppeneur Georg Bernardini und Oliver Coppeneur

COPPENEUR

1993 gründeten Georg Bernardini und Oliver Coppeneur die Confiserie Coppeneur et Compagnon und begannen mit der Entwicklung ihrer ersten Praliné-Kreationen. 1999 erfolgte die Grundsteinlegung einer eigenen Pralinés-Manufaktur mit Sitz in Bad Honnef. Seit 2000 wird die Produktion stetig ausgeweitet. Mittlerweile beschäftigt das Unternehmen ca. 100 Mitarbeiter und wendet sich an genussorientierte Menschen jedweder Altersgruppe. Das Logo des Unternehmens zeigt eine weiße, stilisierte Praline auf schwarzem Fond und ist zudem mit dem in der Schriftart Optima gesetzten, weißen Firmennamen versehen. Das Logo wurde von den beiden Unternehmensgründern im Jahr 2001 entwickelt. Die Confiserie Coppeneur hat den Anspruch, ausschließlich natürliche Rohstoffe und Zutaten zu verarbeiten. Auf naturidentische oder künstliche Rohstoffe wird bei der Produktion gänzlich verzichtet, ebenso auf jegliche Art von Konservierungsstoffen und gehärteten Fetten sowie auf Fremdfette. Die Produktpalette des Unternehmens beinhaltet Truffes und Pralinés, handgeschöpfte Praliné-Chocoladen sowie die selbst entwickelten Tchocolatl-Trinkpralinés. Dabei handelt es sich um Pralinen, die in Kombination mit heißer Milch ein geschmackvolles Kakaogetränk ergeben. Das Unternehmen bietet auch biozertifizierte Produkte an. Mit der Produktreihe Cru de Cacao präsentiert das Unternehmen Kakaoprodukte, die die Authentizität des Kakaos präsentieren. Zu den Produkten zählen massive Chocoladen, Cacaosnacks und Trinkchocolade. Der Kakao für alle Kreationen wird hierbei von der Kakaobohne an selbst hergestellt. Die produzierten Schokoladen beinhalten ausschließlich Kakaobutter und haben lt. Unternehmen einen Mindestanteil an Kakao von

Zu den süßen Produkten der Confiserie zählen massive Chocoladen, Cacaosnacks und Trinkchocolade.

72 % bei dunklen Schokoladen und 36 % bei Vollmilch-Schokoladen. Es wird ausschließlich Rohrzucker und natürliche Rohstoffe verwendet (z.B. biologischen Rosa Pfeffer aus Ecuador) und vollständig auf den Einsatz von Lecithin verzichtet. Die Vielfalt und die Ursprünglichkeit des Kakaos dem Genießer nahezubringen ist das Ziel des Unternehmens. Daher werden auch alle typischen Kakaosorten aus unterschiedlichen Regionen der Welt verarbeitet.

DATEN UND FAKTEN

Markenname: Coppeneur, Familienname eines der Gründer

Slogan: „Wege zum vollkommenen Genuss"

Gründer: Oliver Coppeneur, Georg Bernardini, 2001, Siegburg

Markenregistrierung: 18.02.2003, DPMA München

Innovationen: Tchocolatl-Trinkpralinés (2003/04)

Auszeichnungen: „Carton of the Year", ECMA-Carton Awards für Collection coppeneur (2007)

UNTERNEHMEN

CCC Confiserie Coppeneur et Compagnon GmbH

Hauptsitz: Bad Honnef, Deutschland

Geschäftsführung: Oliver Coppeneur, Georg Bernadini

Weitere Marken: Tchocolatl, Cru de Cacao

Mitarbeiter: ca. 100 Festangestellte plus saisonale Mitarbeiter

Vertrieb: nat. und internat.

KONTAKT

CCC Confiserie Coppeneur et Compagnon GmbH
Wittichenauer Str. 15–17
53604 Bad Honnef
✆ (0 22 24) 9 01 04–0
🖷 (0 22 24) 9 01 04–80
💻 www.coppeneur.de

Ansprechpartner Presse:
Nadine Kaschewski
✆ (0 22 24) 9 01 04–10
✉ infos@coppeneur.de

Ansprechpartner Marketing:
Georg Bernardini
✆ (0 22 24) 9 01 04–10
✉ infos@coppeneur.de

MEILENSTEINE

1993 Gründung der Confiserie Coppeneur et Compagnon GmbH

1999 Eröffnung der eigenen Schokoladen und Pralinen-Manufaktur in Bad Honnef

2003 Einführung der Produkte unter dem Markennamen coppeneur

2005 Markteinführung der Produktreihe *Cru de Cacao* in komplett eigenständiger Produktion

CONDITOREI COPPENRATH & WIESE

Die Marke Conditorei Coppenrath & Wiese steht für tiefgekühlte Konditorei-Produkte. Das Sortiment umfasst Torten, Kuchen, Strudel, Blechkuchen und Kleinteile sowie mehrere Brötchen-Sorten. Insgesamt führt Coppenrath & Wiese über 60 Produkte. Das Angebot richtet sich an alle Haushalte, die über Tiefkühlmöglichkeiten verfügen. 1975 gründeten Aloys Coppenrath und Josef Wiese die Conditorei Coppenrath & Wiese GmbH & Co.KG. Den Anstoß dazu gab eine technologische Innovation bei der Sahneherstellung, -verarbeitung und -tiefkühlung. Anfangs lag der Fokus auf dem Segment Torten, in den 1980er-Jahren wurde das Sortiment um Backkuchen und Strudel erweitert. 1997 erfolgte die Produkteinführung von „Unsere

Das Logo der Conditorei Coppenrath & Wiese (oben) präsentiert sich mit festlichem Goldrand und unterstreicht damit das Markenversprechen „Conditorei Coppenrath & Wiese. Wo gibt's noch Qualität wie diese."

Goldstücke", den ersten fertig gebackenen Tiefkühl-Brötchen in Deutschland. Das Logo der Conditorei Coppenrath & Wiese zeigt ein goldumrandetes, weißgrundiges Oval, in das der rote, geschwungene Markenschriftzug und eine ebenfalls in rot gezeichnete Torte auf schraffiertem Grund eingefügt sind. Bei der farblichen Gestaltung kommen Pantone 1795 C bzw. HKS 14 (Rot) und Pantone 124 C bzw. HKS 1 (Gold) zur Anwendung. Das Markenlogo soll bildlich für beste Konditorei-Qualität stehen. Nach eigenen Angaben ist die Conditorei Coppenrath & Wiese klarer Marktführer bei Tiefkühl-Backwaren und einziger Anbieter mit klassischer Kommunikation. Seit 1988 wirbt die Marke im TV mit der Melodie Recitativo e danza delle ore aus der Oper La Gioconda. Die empfindlichen Torten schützt ein Styroporrahmen vor Temperaturverlust und Beschädigung. Eine Conditor Schiebeschachtel sorgt für die problemlose Entnahme zum Auftauen. Die Conditorei Coppenrath & Wiese GmbH & Co. KG hat ihren Sitz heute in Osnabrück und erzielte 2006 mit ca. 1.800 Beschäftigten einen Gesamtumsatz in Höhe von 289 Mio. Euro.

DATEN UND FAKTEN

Markenname: Conditorei Coppenrath & Wiese, nach den Familiennamen der Gründer

Slogan: „Conditorei Coppenrath & Wiese. Wo gibt's noch Qualität wie diese."

Gründer: Aloys Coppenrath, Josef Wiese, 1975

Markenregistrierung: 26. 04. 1976, DPMA München

Innovationen: Unsere Goldstücke, 1997

Markenbekanntheit: gest. 97 %, ungest. 70 % (Research International, 2006)

Werbespendings: 10 Mio. Euro

UNTERNEHMEN

Conditorei Coppenrath & Wiese GmbH & Co. KG
Zum Attersee 2
49076 Osnabrück
(05 41) 91 62-0
(05 41) 91 62-3 55
www.coppenrath-wiese.de

COR

COR

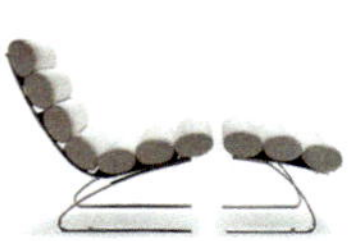

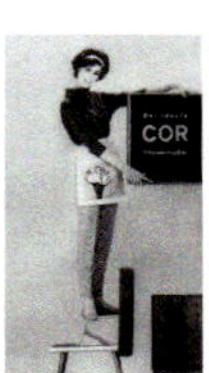

Der Sessel *Sinus*, ein Klassiker aus dem Jahre 1976, hat seinen Namen von den schwingenden Federstahlkufen (Mitte), ein Beispiel aus einer Anzeigenkampagne aus der Gründerzeit von COR (unten).

Die Marke COR steht für qualitativ hochwertige Möbel im Premiumsegment. Der Name stammt aus dem Lat. und bedeutet Herz. Damit wird der Bezug zum Mitgründer Fürst Bentheim-Tecklenburg hergestellt, dessen Wappen drei Herzen trug. Leo Lübke sen. war sein Partner und gab dem Unternehmen seinen Namen. Zum Markenkern der COR-Möbel zählen vielfältige Nutzbarkeit, zeitgemäßes Design, Langlebigkeit sowie qualitativ hochwertige Materialien. Dem Anspruch an hohe Funktionalität soll auch die neueste Produkteinführung, das Sitzmöbel *LAVA* gerecht werden. Das Konzept ist so vielfältig wie seine Nutzung. Fließende Formen laden ein, sich in verschiedensten Sitz- und Liegepositionen auf mehreren Ebenen zu entspannen. Produkte von COR erhielten zahlreiche Auszeichnungen wie z. B. für das Modell *ARTHE* den „red dot: product design award: best of the best" (2000) oder den „red dot: communication design award" für hohe Designqualität der Neuheitenbroschüre 2004. Das Logo

Das Sitzmöbel *LAVA*, 2007 auf den Markt gebracht, ist so designt, dass seine fließenden Formen verschiedene Sitz- und Liegepositionen erlauben.

setzte sich 1954, als die Marke gegründet wurde, aus den drei Herzen des Wappens sowie dem Schriftzug COR zusammen. In den 1980er-Jahren wurde das Logo reduziert und die Herzen verschwanden aus der Bildmarke, stattdessen steht der Schriftzug COR in Versalien allein. So sieht auch das heutige Markenlogo aus. Zum Produktportfolio zählen Polstermöbel, Tische und Stühle. 2004 wurde der Sessel *Sinus* wieder in die Kollektion aufgenommen, 2006 erschien die limitierte *Circo Black Edition* zum 70. Geburtstag des Designers Peter Maly. Das wohl bekannteste Modell ist das Sofa *Conseta*, das F.- W. Möller 1964 entwarf. COR Möbel sind heute weltweit in 54 Ländern im ausgewählten Fachhandel erhältlich. Die COR Sitzmöbel Helmut Lübke GmbH + Co. KG beschäftigt 216 Mitarbeiter. Zu den bekanntesten Referenzen von COR zählt die Ausstattung der Kreuzfahrtschiffe von → AIDA.

DATEN UND FAKTEN

Markenname: COR, lat. Herz, analog zum Wappen des Mitgründers S. D. Adolf Fürst zu Bentheim- Tecklenburg

Gründer: Leo Lübke sen. und Fürst Bentheim- Tecklenburg, 1954, Rheda-Wiedenbrück

Markenregistrierung: 15. 01. 1981, DPMA München

Innovationen: CONSETA (1964), Sinus (1976/2004), Arthe (2000), Lava (2007)

Markenbekanntheit: 8 % gest. (Studie Toplevel, 2006)

Auszeichnungen:
„red dot: product design award" für Trinus (1997), Scroll (2002), Hob (2003), Lava (2007)
„iF Exhibition Award silber" (1998) und „gold" (2001), imm Cologne für COR Messestand
„Top Ten Design NRW Ehrenpreis" (2003)
„iF Design Award" (2004)
„red dot award: communication design" für Neuheitenbroschüre (2004)
„Corporate Design NRW Ehrenpreis" (2005)

Literatur:
Home is where the heart is. Jubiläum 50 Jahre COR (2004)

UNTERNEHMEN

COR Sitzmöbel Helmut Lübke GmbH& Co KG

Hauptsitz: Rheda- Wiedenbrück, Deutschland

Vorstand: Leo Lübke

Gesamtumsatz: 35,6 Mio. Euro (2006)

Vertrieb: über den exkl., autorisierten Fachhandel in weltweit 54 Ländern

KONTAKT

COR Sitzmöbel Helmut Lübke GmbH& Co KG
Nonnenstr. 12
33378 Rheda- Wiedenbrück
✆ (0 52 42)/41 02–0
Fax 05242/41 02–1 34
www.cor.de

Ansprechpartner Presse:
Bettina Mangel
✆ (0 52 42) 41 02–2 89
✉ b.mangel@cor.de

Ansprechpartner Marketing:
Berthold Strüve
✆ (0 52 42) 41 02–2 40
✉ b.strueve@cor.de

MEILENSTEINE

1954 Gründung der Marke COR durch Leo Lübke sen. und S. D. Adolf Fürst zu Bentheim- Tecklenburg

1956 Teilnahme an der Internationalen Möbelmesse in Köln

1964 F.- W. Möller entwirft Conseta, eines der ersten Elementmöbelprogramme

1969 Beginn der Zusammenarbeit mit dem Designer Peter Maly

1994 Leo Lübke jun. übernimmt die Leitung des Unternehmens.

1998 Helmut und Leo Lübke erwerben alle Anteile von interlübke.

2000 COR + interlübke eröffnen den ersten von sieben gemeinsamen Markenshops.

CORAL

Coral ist eine Marke der Textilpflegebranche und gehört zur Markenfamilie der Unilever Deutschland GmbH. Die Waschmittelmarke kam 1964 unter dem Namen *Feinwaschmittel-Neuheit Korall* auf den deutschen Markt. Das Waschmittel war speziell für damals neu auf dem Markt etablierte Gewebe wie Nylon und Perlon konzipiert, die ebenso wie Wolle in schonender Handwäsche gereinigt werden mussten. 1967 machte man das Feinwaschmittel waschmaschinentauglich. In den folgenden Jahren entwickelten die Hersteller Korall zum universalen Feinwaschmittel und brachten 1977 auch ein Flüssigwaschmittel auf den Markt. Im Rahmen einer Europäisierung des Vertriebs änderte man 1988 den Namen zu Coral. Unter dem neuem Namen kamen 1989 ein phosphatfreies Produkt sowie ein Jahr später ein konzentriertes Waschmittel ohne Sulfatzusatz auf den Markt. Die Palette der Spezialwaschmittel erweiterte sich kontinuierlich. Bei der Weiterentwicklung der Marke gilt bis heute der schonenden Textilpflege besonderes Augenmerk, bei der weder die Form noch die Farbe der Textilien unter der Reinigung leiden soll. Der Markenauftritt nutzt die Suggestivkraft der Farben. Der

Optimal Color verspricht seit 2006 zusätzlich zur Farb- und Faserpflege auch ein geschmeidiges, anschmiegsames Stoffgefühl.

Namenszug aus serifenlosen Lettern in Dunkelblau wird durch eine Darstellung von vier Farbkugeln zunehmender Größe in den Primärfarben Gelb, Grün, Blau und Rot ergänzt, die von hinter dem Schriftzug erscheinen. Das Logo erhielt seine aktuelle Form 2006 im Zuge einer groß angelegten Markenkampagne mit TV-Werbung und einer nat. Promotion, die unter anderem in über 1.000 Modegeschäften stattfand. Zeitgleich wurde die Kernvariante *Coral Optimal Color* erneuert, die neben der Farb- und Faserpflege dem Gewebe nun auch Geschmeidigkeit und Anschmiegsamkeit verleihen soll. Die Variante „Optimal Color - Nur ein Hauch von Duft" für Liebhaber eines dezenteren Duftes vervollständigt seit 2007 die Produktlinie. Die Unilever Deutschland GmbH ist eine Tochtergesellschaft der brit.-niederl. Unilever Gruppe.

DATEN UND FAKTEN

Markenname: Coral, Kunstwort, 1988 wurde im Zuge der Europäisierung das dem dt. Korall ersetzt

Slogan: „Nur ein Hauch von Duft" (2006 für Coral Optimal Color)

Markeneinführung: 1988, Deutschland (ursprünglich Korall seit 1964)

Innovationen: Coral Optimal Color (2006)

Markenwebsite: www.coral.de

UNTERNEHMEN

Unilever Deutschland GmbH
Dammtorwall 15
20355 Hamburg
(0 40) 3 49 30
(0 40) 35 47 42
www.unilever.de

CORAX®

CORAX Carbon Black dient Gummiprodukten wie z. B. Reifen als Verstärkerfüllstoff und sorgt hier für positive technische Eigenschaften.

CORAX

Hinter der Industriegütermarke CORAX steht eine Produktlinie der Evonik Degussa GmbH aus dem Bereich der Industrieruße, die heute als *Carbon Black* bezeichnet werden. Der Markenname CORAX wurde vom Wort Korax, griech. für Rabe, hergeleitet und spielt auf die tiefschwarze Farbe des Industrierußes an. Carbon Black dient Gummiprodukten als Verstärkerfüllstoff und mit seiner Hilfe können zahlreiche technische Eigenschaften gezielt eingestellt werden. Die Produkte der CORAX-Linie werden insbesondere bei der Herstellung von Reifen und technischen Gummiartikeln wie z. B. Keilriemen eingesetzt. Für unterschiedliche Anforderungen gibt es verschiedene Produkte – so erhöht CORAX *N 772* die Elastizität der Gummiprodukte, während CORAX *N 115* für mehr Abriebfestigkeit sorgt. Die Evonik Degussa GmbH entwickelt ihre CORAX-Produktlinie kontinuierlich weiter, um den ständig wachsenden Anforderungen an Gummiprodukte zu entsprechen. Dazu führt das Unternehmen weltweit drei Zentren für Anwendungstechnik. Seine 18 Produktionsstandorte für Carbon Black sind auf vier Kontinente verteilt. Der Vertrieb erfolgt weltweit. Neben CORAX führt Evonik Degussa weitere Marken für die Gummiindustrie, darunter Silane (z. B. →SI 69) und Silicas (z. B. →ULTRASIL). Im Jahr 2006 erzielte die Degussa mit rund 35.000 Mitarbeitern weltweit einen Konzern-Umsatz von ca. 11 Mrd. Euro. Als Evonik Degussa GmbH bildet sie den Bereich Chemie der Evonik Industries AG in Essen, die auch die Unternehmensbereiche *Energie* und *Immobilien* unter ihrem Dach vereint. Vorstandsvorsitzender der Unternehmensgruppe ist Dr. Werner Müller.

DATEN UND FAKTEN

Markenname: CORAX, abgeleitet von Korax, griech. für Rabe

Industriebereich: Industrieruße (Carbon Black)

Markenregistrierung: 10. 03. 1953, DPMA München

Anwendungsgebiete: Reifen, technische Gummiartikel

Verwandte Marken: →SI 69, →ULTRASIL

UNTERNEHMEN

Evonik Industries AG
Rellinghauser Str. 1–11
45128 Essen
(02 01) 1 77-01
(02 01) 1 77-34 75
www.evonik.de

Produkte zur Haushaltsreinigung und -pflege werden unter der Marke Coronet vertrieben.

CORONET

Die Marke Coronet umfasst unterschiedliche Produkte zur Haushaltsreinigung und -pflege. Das Sortiment reicht von Besen und Bürsten über Tücher, Schwämme und Wischer bis hin zu Insektenschutznetzen. Auch Fußmatten und Kleiderbügel stellt die Coronet International GmbH & Co. KG her. Mit diesem Angebot erfolgt keine Ausrichtung auf eine spezifische Zielgruppe. Der Ursprung des heutigen Unternehmens liegt in den Hessischen Hölzerwerken, die 1920 von Heinrich Scherf gegründet wurden und Haushaltsgeräte aus Holz in der Tradition der Besenbinder und Bürstenmacher fertigten. 1970 führte der damalige Firmeninhaber Georg Weihrauch den neuen Markennamen Coronet ein, der aus dem Engl. abgeleitet für Krönchen steht. Den ursprünglichen Werbespruch „Coronet hält's Haus adrett" ersetzt heute der Slogan „Vielfalt und Qualität". Das in dieser Form seit einem Relaunch 2005 bestehende Logo bildet den Markenname in weißer Schrift auf dunklem Fond ab. Dabei wird der Anfangsbuchstabe von sich in Leserichtung verkleinernden Sternen umfasst. Seit 2001 herrscht bei den Verpackungen als Grundfarbe Blau vor. Generell zieht sich die CI mit den Hausfarben Grün Pantone 341 und Orange Pantone 1375 durch alle Kommunikationsmittel. Im Jahr 2005 übernahm die Wuppertaler Noelle Holding & Consulting GmbH den Haushaltswarenbereich der ehemaligen Coronet-Gruppe und gründete das eigenständige Unternehmen Coronet International GmbH & Co. KG, deren Hauptsitz im hessischen Wald-Michelbach angesiedelt ist. Geschäftsführer ist Hubert Kleppel. Die Coronet International GmbH & Co. KG arbeitet im Vertrieb weltweit mit Partnern zusammen, eigene Coronet-Vertretungen sind in Österreich, Frankreich, den Niederlanden und Polen ansässig.

UNTERNEHMEN

Coronet International GmbH & Co. KG
Neustadt 2
69483 Wald-Michelbach
✆ (0 62 07) 6 01-0
🖷 (0 62 07) 6 01-2 01
🖳 www.coronet.de

COROPLAST

Die internat. Dachmarke Coroplast gilt als Synonym für Isolier- und technische Klebebänder. Gegründet wurde das der Marke zugeordnete Unternehmen Coroplast 1928 in Wuppertal unter dem Namen Fritz Müller Elektroisoliermaterial. Mitte der 1930er-Jahre wagte sich Gründer Fritz Müller als einer der ersten Unternehmer an die Verarbeitung von PVC und schrieb damit Geschichte im Bereich der Kunststoffverarbeitung. Ab Ende der 1940er-Jahre firmierte das Unternehmen als Coroplast Fritz Müller, um den stark personenbezogenen Charakter durch eine Assoziation zur Kunststoffverarbeitung zu ersetzen. Im Laufe der Firmenhistorie wurden, unter Berücksichtigung verminderter Umweltbelastungen, zahlreiche weitere Produkte wie Fahrzeugleitungen und lösungsmittelfreie Kleber entwickelt. Das aktuelle Produktportfolio enthält zudem Kabel, Leitungen, Bordnetze und flexible Leiterplatten.

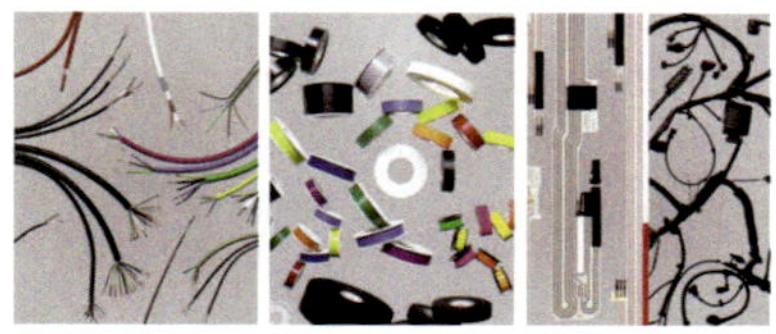

Produktrange der Coroplast Fritz Müller GmbH & Co. KG

Abnehmer der qualitativ hochwertigen Produkte sind vor allem die Automobilindustrie, Industriekunden generell sowie der Handwerk-Großhandel. Mit dem Logo wird der Name von Unternehmen und Dachmarke gleichermaßen transportiert. Der in Rot gehaltene Schriftzug im Schreibschrift-Stil mit der Subline „seit 1928" wurde im Lauf der Zeit einige Male verändert, ohne dass der Charakter des Designs verloren ging. Zusammen mit dem Claim „Verbindungen, die halten" steht das Logo für Tradition und Modernität, Zuverlässigkeit und Qualität. Wechselnde Werbekampagnen für Coroplast reichen von Imagekampagnen bis hin zu Produktbewerbung. Weiterhin gehören zur Markenpflege Beiträge in Fachzeitschriften, Messeauftritte, Sponsoring in Sport und Kultur, aber auch soziales Engagement für verschiedene Einrichtungen. Die Coroplast Fritz Müller GmbH & Co. KG hat ihren Stammsitz nach wie vor in Wuppertal und vertreibt Coroplast-Produkte internat. über Standorte in Mexiko, Polen und China sowie über weltweit vertretene Vertriebspartner. Mit insgesamt rund 4.000 Mitarbeitern erwirtschaftete das Unternehmen zuletzt einen Jahresumsatz von 210 Mio. Euro (2007).

DATEN UND FAKTEN

Markenname: Coroplast, Kunstname, steht insbesondere für Know-how bei der Verarbeitung von Kunststoffen

Slogan: „Coroplast - Verbindungen, die halten."

Gründer: Fritz Müller, 1928, Wuppertal

Markenregistrierung: 01. 10. 1948, DPMA München

Coroplast

Firmensitz von Coroplast in Wuppertal (Mitte), Vorsitzende Geschäftsführerin Natalie Mekelburger (unten)

CosmosDirekt steht für Versicherungsprodukte zu günstigen Konditionen.

Innovationen: umweltfreundliche Fahrzeugleitungen, lösungsmittelfreie Klebebänder

UNTERNEHMEN

Coroplast Fritz Müller GmbH & Co. KG

Hauptsitz: Wuppertal, Deutschland

Geschäftsführung: Natalie Mekelburger (Vorsitz), Markus Söhngen, Frank Zappe, Jürgen Reinert

Gesamtumsatz: 210 Mio. Euro (2006)

Vertrieb: weltweit über eigene Standorte und Vertriebspartner

KONTAKT

Coroplast Fritz Müller GmbH & Co. KG
Wittener Str. 271
42279 Wuppertal
✆ (02 02) 26 81-0
🖷 (02 02) 26 81-3 75
🖳 www.coroplast.de

Ansprechpartner Marketing:
Constanze Krieger
✆ (02 02) 26 81-3 00
✉ c.krieger@coroplast.de

SCHON GEWUSST?

▌Bei Gründung der Fritz Müller Elektroisoliermaterial war die Wirtschaft in der Stadt Wuppertal vor allem durch die blühende Textilindustrie geprägt. Erste Produkte des neu gegründeten Unternehmens waren Textilisolierschläuche und textile Bänder für die Wicklung von Elektromotoren.

COSMOSDIREKT

Die Marke CosmosDirekt steht für Versicherungsprodukte und Finanzdienstleistungen. CosmosDirekt ist nach eigenen Angaben seit 2003 der größte dt. Direktversicherer. Der direkte Vertrieb ermöglicht besonders günstige Konditionen, die an den Kunden weitergegeben werden. Zum Produktportfolio gehören Lebens- und Sachversicherungen sowie Finanzdienstleistungen. Kernzielgruppe der Marke sind 25- bis 40- Jährige mit einem überdurchschnittlichen Einkommen und hoher Bildung. Der überwiegende Teil der Kunden ist männlich. Die CosmosDirekt ist aus der 1959 gegründeten Vereinigte Saarländische Volkshilfe und Terra Volks- und Lebensversicherungs-AG hervorgegangen: Sie firmierte ab 1960 als Cosmos Lebensversicherungs-AG und stieg 1982 in den Direktvertrieb ein. Heute firmieren unter CosmosDirekt mit Sitz in Saarbrücken die Cosmos Lebensversicherungs-AG, die Cosmos Versicherung AG und die Cosmos Finanzservice GmbH. Die Gesellschaften gehören seit 1972 zur AMB-Generali-Gruppe, die zu den größten Versicherungsholdings in Deutschland zählt. Als Markenlogo von CosmosDirekt dient der Schriftzug des Markennamens auf blauem Hintergrund. Entwickelt hat das Logo 2004 die Agentur Schindler & Parent in Berlin. Der Vertrieb erfolgt deutschlandweit. Seit 1996 sind die Produkte auch über das Internet erhältlich. Inzwischen hat dieser Vertriebsweg einen Anteil von 45 % der Neuverträge (Stand: 2006). CosmosDirekt beschäftigt rund 1.100 Mitarbeiter. 2006 wurden Versicherungsbeiträge in Höhe von 1,2 Mrd. Euro verbucht. Vorstandsvorsitzender der CosmosDirekt Gesellschaften ist seit 2002 Winfried Spies.

UNTERNEHMEN

CosmosDirekt
Halbergstr. 50–60
66101 Saarbrücken
✆ (06 81) 9 66 66-66
🖷 (06 81) 9 66 66-33
🖳 www.cosmosdirekt.de

Costa produziert hochwertige Tiefkühlspezialitäten wie z. B. Pacific Prawns (Mitte). Am Stammwerk in Emden (unten) beschäftigt Costa über 70 Mitarbeiter.

COSTA MEERESSPEZIALITÄTEN

Unter der Lebensmittelmarke Costa werden Tiefkühlfisch und -meeresfrüchte vertrieben. Das Angebot reicht dabei von Krustentieren und Muscheln über Fischfilets bis hin zu Meeresfrüchte-Pizzen. Der Markenname Costa leitet sich vom span. Wort für Küste ab. In den Anfangsjahren importierte das gleichnamige, produzierende Unternehmen hauptsächlich Lebensmittelspezialitäten aus dem Mittelmeerraum. Heute deckt die Costa Meeresspezialitäten GmbH alle Segmente des Fisch- und Meeresfrüchte-Tiefkühlmarktes ab. Zahlreiche Produkte werden nach wie vor importiert, der Anteil der Eigenproduktionen wächst jedoch. Das Sortiment reicht vom ganzen Hummer bis zum Convenience-Produkt. Zielgruppe sind ernährungsbewusste, markenorientierte Zweipersonenhaushalte mit überdurchschnittlich hohem Nettoeinkommen. Das Markenzeichen von Costa besteht aus dem roten Namenszug in Versalien und einem blauen Hummer. Beides wird von einem blauen Rahmen eingefasst.

Das Logo wurde 1992 von der Werbeagentur ATS in Bielefeld entwickelt. Mit dem als edle Meeresspezialität geltenden Hummer als zentralem Bestandteil soll es „das Beste aus dem Meer" assoziieren. Dies ist gleichzeitig der Werbeslogan von Costa. In der Vergangenheit gab es zwei Werbespots (1997 und 2004), in denen im Wesentlichen das Markenzeichen in Zusammenhang mit Meer kommuniziert wurde. Costa ist lt. eigenen Angaben einer der führenden Anbieter bei anspruchsvollen tiefgekühlten Fisch- und Meeresfrüchtespezialitäten in Deutschland. Vertrieben werden die Produkte der Marke in Deutschland, der Schweiz, Frankreich, Österreich, Belgien und Luxemburg. Das Unternehmen wurde 1968 von Holger Denicke und Horst Dill unter dem Namen Copa Bade gegründet. 1990 übernahm die Dr. Oetker-Gruppe die Firma. 1997 wurde aus Copa Bade schließlich die Costa Meeresspezialitäten GmbH & Co. KG. Stammsitz ist Emden, das dortige Werk beschäftigt 70 Mitarbeiter. Für die Zukunft plant Costa seine Marktposition auf dem Tiefkühlfischmarkt weiter auszubauen.

Costa ist einer der führenden dt. Anbieter von Tiefkühlfisch und -meeresfrüchten.

DATEN UND FAKTEN

Markenname: Costa, span. für Küste

Slogan: „Das Beste aus dem Meer"

Gründer: Holger Denicke, Horst Dill, 1968

Markenregistrierung: 16. 01. 1996 (Costa-Logo), DPMA München

Innovationen: Marinierte Fischfilets (2006), Marinierte Garnelen (2007)

Markenbekanntheit: 61 % gest. (Dr. Oetker Marktforschung 2003)

UNTERNEHMEN

Costa Meeresspezialitäten GmbH & Co. KG

Hauptsitz: Emden, Deutschland

Geschäftsführung: Conrad Bless, Otto Clüsener, Frank van Fürden

Vertrieb: Westeuropa

KONTAKT

Costa Meeresspezialitäten GmbH & Co. KG
Stedinger Str. 24
26723 Emden
(0 49 21) 96 13-0
(0 49 21) 96 13-20
www.costa.de

Ansprechpartner Presse:
Jan Miska
(05 21) 1 55 30 44
info@costa.de

Ansprechpartner Marketing:
Malte Benesch
(05 21) 1 55 33 07
info@costa.de

MEILENSTEINE

1968 Gründung als Importunternehmen für Lebensmittelspezialitäten aus dem Mittelmeerraum (damals noch unter dem Namen Copa Bade)

1990 Übernahme des Unternehmens durch die Dr. Oetker-Gruppe

1992 Neues Logo: Der Hummer wird als zentraler Bestandteil des Logos von der Bielefelder Werbeagentur ATS eingeführt.

1997 Umfirmierung von Copa Bade zu Costa Meeresspezialitäten

CRISTALL

Die Marke Cristall steht für eine umfangreiche Auswahl an Reisemobilen und Caravans, die in verschiedenen Modellen und Ausstattungen angeboten werden. Der Markenname soll Assoziationen in Bezug auf die hohe Wertigkeit der Fahrzeuge wecken. Das Logo, das durch das Designbüro Hegge entwickelt wurde, unterstützt diese Aussage. Es zeigt den Markennamen in blauer Druckschrift und ist, in Anspielung auf funkelnde Kristalle, statt eines i-Punktes mit einem gelben Glitzern versehen. Der Slogan des Unternehmens lautet „Reisen erleben mit Cristall". Firmen-

CRISTALL

Cristall steht für Reisemobile und Caravans aus dem Allgäu.

CROSS

Cross steht für hochwertige Schreibgeräte.

Mit der Marke CurryKing hat Meica die von der Imbissbude und Kirmes bekannte Currywurst nach Hause gebracht.

gründer Erich Reichart verkauft seine Freizeitfahrzeuge der Marke Cristall seit 1994. Seit 2004 sind zusätzlich die Modelle Cabby, Delta und Kip im Programm. Cristall beschäftigt am Standort Isny im Allgäu sechs Mitarbeiter, die sowohl für die Kundenbetreuung als auch für die Entwicklung von Produktneuheiten zuständig sind. Eine Innovation aus dem Jahr 2007 stellt die Doppelbodenkonstruktion mit verzinkten Stahlträgern dar. Die dadurch gewonnene höhere Stabilität sowie verbesserte Sicherheit und Fahreigenschaften kommen der Zielgruppe – Familien und Reisende der Altersgruppe 50 plus – entgegen. Das Unternehmen gehört zum europäischen Caravan- und Reisemobilhersteller Tirus-Group und erwirtschaftete 2006 einen Umsatz von 9 Mio. Euro. Davon wurden 400.000 Euro für Werbezwecke verwendet. Cristall-Reisemobile und Caravans werden neu und gebraucht in ganz Europa von mehr als 40 Händlern vertrieben.

UNTERNEHMEN

Cristall GmbH
Leutkircher Str. 18
88316 Isny
(0 75 62) 97 17 0
(0 75 62) 97 17 40
www.cristall.de

CROSS

Die Marke Cross steht für hochwertige Schreibgeräte, Armbanduhren, Accessoires, Sonnen- und Präzisionslesebrillen. Der Markenname geht auf den Unternehmensgründer Richard Cross zurück. Nach seiner Emigration aus England 1846 begann der Juwelier in den USA mit der Fertigung von Schreibgeräten. Cross ist nach eigenen Angaben die älteste Schreibgerätemarke der USA. Sie wird mit dem Slogan „Cross. Since 1846" beworben. Das in serifenlosen Versalien gezeichnete Logo wurde vom Designer Mark Knight 2005 entwickelt. Es zeigt den Markennamen Cross in grau auf weißem Grund und soll den Fokus auf das Wesentliche assoziieren. Die Zielgruppe des Unternehmens sind modisch interessierte Design-Liebhaber, die Wert auf Qualität legen. Mit seinem Verpackungsdesign trägt das Unternehmen diesen Ansprüchen Rechnung. Cross gilt weltweit als einer der führenden Anbieter im Schreibgeräte-Bereich und hält mehr als 20 registrierte Patente. Richard Cross entwickelte beispielsweise 1870 den Stylograph mit Tintenreservoir, einen Vorläufer des heutigen Kugelschreibers. Drei Jahre später brachte Gründersohn Alonzo Townsend Cross den ersten Drehbleistift auf den Markt. 1915 ging das Familienunternehmen in andere Hände über. Cross war die Lieblingsmarke des amerikanischen Schriftstellers John Steinbeck. Sie erwirtschaftet einen Umsatz von 112 Mio. USD im Jahr. Vertrieben werden Cross-Produkte weltweit über den Fachhandel, Fachabteilungen in Warenhäusern und über den Werbeartikel-Handel. Zu den Marken der Firma mit 900 Mitarbeitern gehören neben Cross noch *Penatia* und *Costa del Mar.* Das Unternehmen plant zukünftig eine Erweiterung im Bereich Accessoires.

UNTERNEHMEN

A. T. Cross Deutschland GmbH
Max Hufschmidt Str. 2
55130 Mainz
(0 61 31) 6 26 01–0
(0 61 31) 6 26 01–88
www.cross.com

CURRYKING

„Der King of Currywurst" – dieser Slogan steht für eine bereits zubereitete Currywurst für das Kühlregal, die der Konsument lediglich in der Mikrowelle aufwärmen muss, um den Snack aus der Imbissbude ganz einfach zu Hause zu genießen. 2001 hat der Würstchenhersteller →Meica seine Marke CurryKing auf den Markt gebracht. Die schon fertig zubereitete und in Stücke geschnittene Curry-Wurst wird gekühlt und mit einer Currysoße verkauft. Um möglichst viel Ähnlichkeit zum Vorbild der herkömmlichen Currywurst aus der Imbissbude zu schaffen, ist die Verpackung wie eine Pommesschale geformt. Zusätzlich fügt der Produzent Meica jedem Produkt noch einen Holzpiekser und ein Extratütchen Currypulver hinzu. Die Verpackung ist mit einer abziehbaren Plastikfolie verschlossen und kann sowohl in der Mikrowelle als auch im heißen Wasserbad aufgewärmt werden. Die Einführung von CurryKing wurde im Jahr 2001 mit TV-Werbung unterstützt. Schnell konnte CurryKing seinen Marktanteil steigern. Mit dem großen Erfolg stellten sich aber auch sehr schnell viele Nachahmer-Produkte in den Weg. Am Umsatz gemessen ist CurryKing mit einem Marktanteil von mehr als 50 % (Herstellerangaben) jedoch weiterhin der Marktführer. Damit setzt Meica seine Strategie fort, das Segment Chilled Food immer weiter auszubauen. Das Familienunternehmen Meica wurde 1908 in Edewecht gegründet und entwickelte sich von einer kleinen Metzgerei zum dt. Marktführer im Bereich Wurstwaren. Den Markennamen Meica gibt es seit 1950.

UNTERNEHMEN

Meica Ammerländische Fleischwarenfabrik Fritz Meinen GmbH & Co KG
Meicastr. 6
26188 Edewecht
(0 44 05) 9 99-0
(0 44 05) 9 99-1 00
www.meica.de

CURVER

Unter dem Dach der Marke Curver versammeln sich Haushaltswaren, die vorwiegend aus Kunststoff hergestellt sind. Zu den insgesamt etwa 400 Produkten gehören Kunststoffboxen, Mülleimer, Aufbewahrungsboxen und Schüsseln für die Küche, Wischeimer und Gummimatten, Wäschekörbe, Tritte und Werkzeugaufbewahrungen. Die Produkte haben den Anspruch, funktional zu sein und den Alltag zu erleichtern. Sie sind klassisch unifarben gehalten oder mit verschiedenen Dekors gestaltet. Zu den Neuheiten gehören Lifestyle-Boxen mit unterschiedlichen Dessins. Der Markenname setzt sich aus den Anfangsbuchstaben der beiden Unternehmensgründer, Curtius und Verschueren, aus Rijen in den Niederlanden zusammen. Das Logo der Marke zeigt den klein geschriebenen Namen in Verbindung mit einem quadratischen Signet auf einer rot glänzenden Rechteckform, deren obere und untere Seite jeweils eine Bogenform bilden. Der Markenslogan lautet: „Kunststoff neu erleben". Das neue Label-Konzept verbindet die sieben Produktkategorien (Aufbewahrung, Abfall, Küche, Reinigung, Wäsche, Hocker und DIY) mit Gesichtern, die als Sympathieträger wirken sollen. Das Unternehmen wurde 1949 gegründet und ist auf dem gesamten europäischen Markt präsent. Die Curver Germany GmbH ist zuständig für die Märkte Deutschland, Österreich und Schweiz und beschäftigt 50 Mitarbeiter.

UNTERNEHMEN

Curver Germany GmbH
Frankfurter Str. 233
63263 Neu-Isenburg
(0 61 02) 36 70-0
(0 61 02) 36 70-2 53
www.curver.com

Mit dem Slogan „Kunststoff neu erleben" wirbt Curver für seine Haushaltswaren.

CWS

Das Unternehmen HTS Deutschland GmbH & Co. KG vertreibt unter der Dienstleistungsmarke CWS Waschraumkomplettlösungen für den öffentlichen Raum in den Branchen Construction, Health Care, Industry, Public, Service & Business und Trade. CWS stattet seine Kunden mit modernen Sanitärlösungen aus und übernimmt zudem die Pflege und Wartung der Anlagen. Die Marke CWS hat in ihrer Geschichte mit zahlreichen Innovationen auf sich aufmerksam gemacht. Unter der in 17 Ländern vertriebenen Markenfamilie entwickelte man 1976 den ersten Stoffhandtuchspender mit Mikroprozessor, 1993 mit dem *BestCleanSeat* einen selbst reinigenden Toilettensitz und 2007 eine antibakteriell veredelte Stoffhandtuchrolle unter dem Namen *BestCotton*. Conrad Wolfgang Schnyder, dessen Initialen auch den Namen der Marke CWS bilden, gründete den Betrieb 1954 in der Schweiz. Im Jahr 2001 fusionierte CWS mit der Schwestermarke boco und die HTS Deutschland GmbH & Co. KG entstand. Bis 2006 warb das Unternehmen mit dem Slogan „CWS bringt Sauberkeit" für die Marke. Das Logo besteht aus den drei roten Buchstaben CWS, die Sauberkeit, Hygiene und Frische suggerieren sollen. Die Wortmarke tritt seit dem Zusammenschluss mit boco gemeinsam mit dessen blauen Schriftzug auf. Zusammen mit dem Textildienstleister will CWS seinen Kunden Komplettlösungen in der textilen und sanitären Ausstattung bieten. Unter dem Geschäftsführer Hansjörg Votteler beschäftigt das Unternehmen 3.816 Mitarbeiter in Deutschland und erwirtschaftete 2006 einen Umsatz von 371,5 Mio. Euro.

UNTERNEHMEN

HTS Deutschland GmbH & Co. KG
Dreieich Plaza 1A
63303 Dreieich
(0 61 03) 3 09-17 02
(0 61 03) 3 09-9 17 29
www.cws-boco.de

Der Markename CWS leitet sich vom Namen des Firmengründers Conrad Wolfgang Schnyder ab.

D

DACHSER
Intelligent Logistics

Dachser begann 1930 als Ein-Mann-Betrieb und hat heute über 15.000 Mitarbeiter.

DACHSER

Das Familienunternehmen Dachser gilt lt. der neuesten Fraunhofer-Studie (2007) als europäischer Marktführer im Stückgutgeschäft. Doch auch die beiden anderen Säulen des Geschäftsmodells, Air & Sea Logistics und Food Logistics, gewinnen zunehmend an Bedeutung. Hohe Qualitätsstandards und die Einhaltung von Hygienevorschriften gemäß der EU-Richtlinien machen Dachser Food Logistics zum verlässlichen Anbieter für Lebensmittel-Logistik. Im Geschäftsfeld Air & Sea Logistics führte eine organische Wachstumsstrategie zu einer zunehmenden interkontinentalen Ausdehnung mit Schwerpunkten in Greater China, Indien und Brasilien. 1930 gründete der Speditionskaufmann Thomas Dachser das Unternehmen in Kempten im Allgäu als Ein-Mann-Betrieb. Bereits 1938 hat sich Dachser als führendes Unternehmen der Speditionsbranche im Allgäu etabliert und wird 1949 als Thomas Dachser Spedition ins Handelsregister eingetragen. Der Startschuss für das Luftfrachtgeschäft fällt 1951 mit der Erteilung einer IATA-Lizenz durch die International Air Transport Association. Als in den 1950er-Jahren die Epoche der „Spedition" beginnt, werden erstmals Container für kombinierte See-Land-Verkehre eingesetzt. Als Gründungsmitglied der 1969 ins Leben gerufenen Kombiverkehr KG, die die intelligente Vernetzung von Straße und Schiene zum Ziel hat, entwickelt Dachser die Wechselbrücke und stellt bis 1971 den gesamten Fuhrpark darauf um. Nach dem Tod des Firmengründers 1979 übernehmen seine Töchter Annemarie Simon und Dr. Christa Rohde-Dachser die Gesellschaftsanteile. Gemeinsam mit dem damaligen Generalbevollmächtigten Ulrich Weiss wird 1986 ein Gesellschaftervertrag entwickelt, der die Interessen des Unternehmens über die der Familie stellt. Dieser Vertrag sieht vor, dass in der fünfköpfigen Geschäftsführung jeweils nur ein Mitglied der beiden Eigentümerfamilien vertreten sein darf. Darüber hinaus trägt er zur Sicherung der stabilen finanziellen Struktur des Unternehmens bei. Auch die in den 1980er-Jahren getätigten strategischen Investitionen in EDV-Kompetenz und Kommunikationstechnologien haben sich ausgezahlt: Heute gilt Dachser als eines der innovationsstärksten Unternehmen der Logistikbranche. Durch die hochgradige IT-Integration und das flächendeckende Netzwerk in Europa mit Anbindung an die weltweiten Beschaffungs- und Absatzmärkte differenziert sich das Unternehmen von seinen Wettbewerbern. Im Geschäftsjahr 2006 setzte Dachser über 3,1 Mrd. Euro um und beschäftigt an 294 Standorten in über 20 Ländern rund 15.000 Mitarbeiter, davon 8.700 in Deutschland.

Die typischen gelb-blauen Lkws von Dachser

UNTERNEHMEN

Dachser GmbH & Co. KG
Hauptniederlassung
Memminger Str. 140
87439 Kempten
(08 31) 59 16-0
(08 31) 59 16-8 58
www.dachser.com

DAHLE

Schneidemaschine von Dahle (Mitte), Gesellschafter Harald Müller umgeben von den Geschäftsführern Bruno Ghibely und Gerhard Zapf (unten)

DAHLE

Die Marke Dahle steht für Bürotechnik. Kerngeschäft der 1930 gegründeten Firma Dahle, der heutigen Dahle Bürotechnik GmbH, sind Schneidemaschinen. In diesem Segment ist das Unternehmen nach eigenen Angaben mit dem breitesten Portfolio aller Hersteller Marktführer in Deutschland. Die Produktpalette umfasst außerdem Aktenvernichter, Scheren, Flip Charts, Wandtafeln und Accessoires für die Konferenztechnik. Ergänzt wird das Portfolio von Laminatoren, Spitzmaschinen und anderen Bürogeräten. Insgesamt beinhaltet das Sortiment mehr als 3.500 Artikel. Seine Innovationskraft stellte Dahle mit der Einführung der Produktlinie *Dahle SafeTEC³* unter Beweis. Die neue Aktenvernichter-Generation bietet mehr Sicherheit bei der Vernichtung von Daten und ist mit einer akustischen Abschaltautomatik, einer automatischen Papiermengenerkennung und einer optischen Ölwartungsanzeige ausgestattet. Mit seinen Produkten richtet sich Dahle nicht nur an alle Arten von Büros, sondern auch an Schulen, Grafiker und Fotografen. Das Markenlogo der Marke zeigt neben dem Namenszug einen Winkel mit einem stilisierten D in der firmeneigenen Farbe Rot

(HKS 14). Das Logo soll Präzision und Maßgenauigkeit symbolisieren. Als Hausschrift dient die ITC Officina. Das Unternehmen nutzt für seine Kampagne verschiedene Medien wie das Internet, Messen, Anzeigen und

Hauptsitz und größte Produktionsstätte der Dahle Bürotechnik GmbH ist heute der Standort Coburg/Rödental.

Print-Werbung, um seine Kunden zu erreichen. Die Dahle Bürotechnik GmbH beschäftigt an den Standorten Coburg und Rödental rund 160 Mitarbeiter. Über Tochtergesellschaften und Vertriebspartner werden die Produkte in über 100 Länder weltweit exportiert. Der Auslandsanteil beträgt rund 70 %. Seit 2002 gehört das Unternehmen zur Erwin Müller Gruppe mit Sitz in Lingen. Zum Portfolio der familiengeführten Unternehmensgruppe, die insgesamt 1.100 Mitarbeiter hat, gehören auch die Marken →Emco (Haus- und Klimatechnik) und →Novus (Büro- und Befestigungstechnik).

DATEN UND FAKTEN

Markenname: Dahle, Familienname des Firmengründers

Erfinder: Wilhelm Dahle, 1930, Coburg

Markeneinführung: 1930, Deutschland

Innovationen: Dahle SafeTEC³, Laserschnittandeutung, Sicherheitsautomatik

Werbespendings: 5 % vom Jahresumsatz

UNTERNEHMEN

Dahle Bürotechnik GmbH

Hauptsitz: Coburg/Rödental, Deutschland

Geschäftsführer: Bruno Ghibely, Gerhard Zapf

Mitarbeiter: ca. 160 bei Dahle, ca. 1.100 für Erwin Müller Gruppe (2006)

Vertrieb: weltweit über Tochtergesellschaften und Vertriebspartner

KONTAKT

Dahle Bürotechnik GmbH
Karchestr. 3–7
96450 Coburg
Tel. (0 95 61) 2 78–0
Fax (0 95 61) 2 78–3 33
www.dahle.de

Ansprechpartner Markenkommunikation:
Kay-Uwe von Hebel
Tel. (05 91) 91 40–1 92
E-Mail k.u.vonhebel@novus.de

Ansprechpartner Marketing & Vertrieb:
Bruno Ghibely
Tel. (05 91) 91 40–4 00
E-Mail b.ghibely@novus.de

Lead-Agentur:
pro-art werbeagentur
www.pro-art.to

SCHON GEWUSST?

▌Aktenvernichter werden in unterschiedliche Sicherheitsstufen eingeteilt. Die Skala reicht dabei von 1 bis 6. Geräte der Stufe 1 z. B. werden für allgemeines Schriftgut empfohlen und erzeugen Papierstreifen von 12 mm Breite. Ein Gerät der Stufe 3 schneidet das Papier in maximal 2 mm breite Streifen bzw. erzeugt bei Cross Cut Modellen eine Partikelfläche von 4 x 60 mm.

DAK

Die DAK blickt auf eine über 230-jährige Geschichte zurück und ist damit die älteste Krankenkasse Deutschlands. Bereits 1774 gründeten Handlungsgehilfen in Breslau das Institut für hilfsbedürftige Handlungsdiener. Die Bezeichnung Deutsche Angestellten-Krankenkasse (DAK) tauchte erstmals 1930 auf. Heute zählt die DAK rund 4,7 Mio. Mitglieder und 6,2 Mio. Versicherte, die von 12.000 Beratern in bundesweit 900 Geschäftsstellen betreut werden. Außerdem können sich die Kunden über eine 24-Stunden-Hotline telefonischen Rat zu Leistungen und medizinischen Fragen einholen. Die DAK sieht sich als Vorreiter in vielen Bereichen, die über die gesetzlich vorgeschriebenen Leistungen hinausgehen. Im Blickpunkt steht dabei besonders die Gesundheitsvorsorge. So werden Gesundheitskurse auf ausgewählten Reisen in das In- und Ausland bezuschusst und individuelle Zusatzversicherungen angeboten. Seit dem 1. April 2007 bietet die DAK

Unternehmen Leben

DAK Hauptsitz in Hamburg (Mitte), Vorstandsvorsitzender Prof. Dr. h. c. Herbert Rebscher (unten)

auch Individualtarife an, bei denen die Versicherten zwischen den Optionen freiwilliger Selbstbehalt, Beitragsrückerstattung, Gesundheitsprogramm und Präventionsangebot wählen können. Das seit mehr als 35 Jahren verwendete Logo der DAK wurde 2005

Die Bezeichnung Deutsche Angestellten-Krankenkasse tauchte erstmals 1930 auf, fast 150 Jahre nach der Firmengründung.

modernisiert. Dabei löste man den Markennamen DAK aus dem bis dahin verwendeten Kasten heraus und verzichtete auf den Zusatz Deutsche Angestellten Krankenkasse. Die aufmerksamkeitsstarke Farbe Orange, die Selbstbewusstsein und Dynamik assoziieren soll, wurde dagegen beibehalten. Zusammen mit dem nahezu unveränderten DAK-Schriftzug sorgt sie für eine hohe Wiedererkennung der Marke. Der neue Slogan „Unternehmen Leben" unterstreicht den Anspruch der DAK, als moderner Gesundheitsdienstleister wahrgenommen zu werden. 2006 zeichnete das Verbrauchermagazin Öko-Test die DAK bei einem Vergleich unter 143 Krankenkassen als Testsieger aus. Zudem erhielt die DAK 2007 das TÜV Siegel für ihren guten Kundenservice.

DATEN UND FAKTEN

Markenname: DAK, Abkürzung für ehemalige Firmenbezeichnung **D**eutsche **A**ngestellten-**K**rankenkasse

Slogan: „Unternehmen Leben"

Gründer: Handlungsgehilfen, 1774, Breslau

Markenregistrierung: 07.08.1997, DPMA München

Innovationen: Integrierte Versorgung (2004), Individualtarife (2007)

Leistungsvolumen: 15,2 Mrd. Euro (2006)

Auszeichnungen:
„sehr gut", Öko-Test (2006)
„TÜV-Siegel", für guten Kundenservice (2007)

UNTERNEHMEN

DAK

Hauptsitz: Hamburg, Deutschland

Vorstandsvorsitzender: Prof. Dr. h. c. Herbert Rebscher

Leistungsvolumen: ca. 15,2 Mrd. Euro jährlich

Mitarbeiter: 12.000 (2006)

Vertrieb: Deutschland 900 Geschäftsstellen, Hotline

KONTAKT

DAK
Nagelsweg 27–31
20097 Hamburg
(0 40) 23 96–0
www.dak.de

Ansprechpartner Presse:
Jörg Bodanowitz
(0 40) 23 96–14 09
joerg.bodanowitz@dak.de
www.presse.dak.de

Ansprechpartner Marketing:
Martin Kriegel
(0 40) 23 96–12 71
martin.kriegel@dak.de

MEILENSTEINE

1774 Gründung des Instituts für hilfsbedürftige Handlungsdiener in Breslau

1930 Aus der Berufskrankenkasse des Gewerkschaftsbundes der Angestellten entsteht die Deutsche Angestellten-Krankenkasse, Ersatzkasse.

1951 Zusammenschluss mit der „Lichterfelder Ersatzkasse" unter Leitung der DAK

1996 Übernahme der aufgelösten Braunschweiger Ersatzkasse

DANFOSS

Die Marke Danfoss ist untrennbar mit Heizkörperventilen zur Temperaturregelung verknüpft. Im Jahr 1952 kamen in Dänemark unter dem Markennamen die ersten Heizkörperthermostate auf den Markt. Noch heute ist die dän. Marke nach eigenen Angaben weltweiter Marktführer auf diesem Gebiet. Das Unternehmen existiert seit dem Jahr 1933.

Mit den Maumakis, die ihren Stoffwechsel auf Sparflamme runterfahren können, wirbt Danfoss für seinen Heizkörperthermostat RA PLUS.

Der Markenname Danfoss wurde von dem Unternehmensgründer Mads Clausen erfunden, ein Kunstwort, das sich aus „Dan" für Dänemark und „foss" für fließen zusammensetzt. Die seit den 1950er-Jahren auch in Deutschland vertriebene Marke richtet sich an energiebewusste Verbraucher und Immobilienbesitzer, die mit der Regelgenauigkeit der Thermostate Heizkosten sparen wollen. Geworben wird heute mit dem Slogan „Mit Danfoss ist alles geregelt", vorher lautete er „Wärme regelt man mit Danfoss". Das Logo entstand auf Initiative Clausens um 1940. Es besteht aus dem Markennamen Danfoss in roter Schrift mit einem Unterstrich. Die Farbe Rot dient als aufmerksamkeitsstarke Signalfarbe und erinnert zugleich an das Rot der dän. Flagge. Die Pflege der Marke spielt in der Unternehmensphilosophie eine große Rolle. Um Qualität und Service in der jeweiligen Zielgruppe zu gewährleisten, werden die Produkte über einen dreistufigen Vertriebsweg distribuiert: den Großhandel, die Heizungsbauer und den Fachhandel für Endverbraucher. In den 1970er-Jahren wurde bei der Werbung in Deutschland auf den damaligen Tatort-Kommissar Hans-Jörg Felmy als Testimonial gesetzt. Ziel war es, nach der Ölkrise ein breites Publikum für die energiesparenden Heizkörperthermostate zu interessieren. Weltweit ist Danfoss mit eigenen Niederlassungen vertreten. Rund 18.000 Mitarbeiter arbeiten für die Marke und generierten im Jahr 2006 einen Umsatz von 2,6 Mrd Euro. Die Unternehmensvertretung in Deutschland beschäftigte im Jahr 2007 rund 2.700 Mitarbeiter.

DATEN UND FAKTEN

Markenname: Danfoss, Kunstwort aus „Dan" für Dänemark und „foss" für fließen

Slogan: „Mit Danfoss ist alles geregelt" (1988)

Erfinder: Mads Clausen, 1933, Nordborg/Dänemark

Markenregistrierung: 1952, Direktoratet for patenter, Kopenhagen/Dänemark

Innovationen: Schnappschusstechnik für Thermostatfühler (1994), Kombiventile AB-QM für Heizen-Kühlen (2005), Pressfit-Ventilgehäuse (2007)

Mitarbeiter: rund 18.000 weltweit (2007)

UNTERNEHMEN

Danfoss A/S

Hauptsitz: Nordborg, Dänemark

Präsident und CEO: Jørgen Mads Clausen

Gesamtumsatz: 2,6 Mrd. Euro (2006)

SCHON GEWUSST?

Die Pressesprecherin der Tierärztlichen Hochschule Hannover hatte zufällig das Danfoss Mausmaki-Motiv, mit dem für den programmierbaren Heizkörperthermostat RA PLUS geworben wird, in einer Zeitschrift gesehen. Mausmakis haben die Eigenschaft, ihren Stoffwechsel auf Sparflamme zu setzen und damit bis zu 40 % Energie einzusparen. Ähnlich arbeitet der RA PLUS, mit dem in Einzelräumen individuelle Heiz- und Absenkphasen möglich sind. Aus Respekt vor dieser Leistung der Makis hat Danfoss die Namensrechte für den Microcebeus danfossi erworben. Damit unterstützt Danfoss Schutzprojekte zur Erhaltung seines Lebensraums.

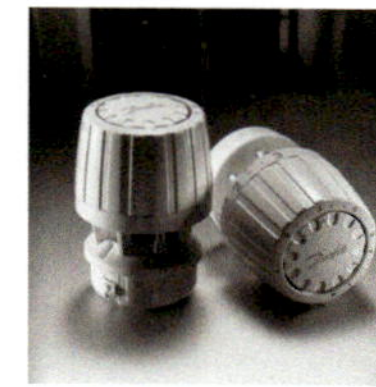

Mit Heizthermostaten ist die dän. Marke Danfoss auch im dt. Markt in führender Poistion vertreten (Mitte). Jørgen Mads Clausen ist Präsident und CEO des Mutterkonzerns (unten).

DANIEL HECHTER
PARIS

Daniel Hechter gründete 1962 in Paris sein Unternehmen.

DÄNISCHES BETTENLAGER
Qualität sehr preiswert...

Assoziiert skandinavische Gemütlichkeit: das Logo von Dänisches Bettenlager.

DANKE
Ihr kleiner Beitrag!

Das Hygienepapier von Danke wird zu 100 % aus ungebleichtem Recyclingpapier hergestellt.

Vertrieb: weltweit über dreistufigen Vertriebsweg und eigene Niederlassungen

KONTAKT

Danfoss GmbH
Carl-Legien-Str. 8
63073 Offenbach
✆ (0 69) 4 78 68-5 00
🖷 (0 69) 4 78 68-5 99
💻 www.danfoss.de

Ansprechpartner Marketing:
Reiner Pfliegensdörfer
✆ (0 69) 4 78 68-5 00
✉ pflie@danfoss.com

DANIEL HECHTER

Die Marke Daniel Hechter geht auf den franz. Modeschöpfer Daniel Hechter zurück, der 1962 in Paris eine Modefirma gründete. Mit seinen Kollektionen wollte er einer breiten Käuferschicht Designermode anbieten, die kreativ, aber erschwinglich und tragbar sein sollte. Zu seinen modischen Innovationen in den 1960er-Jahren zählte die Verwendung von Hosenanzügen und Mänteln im Military-Look. 1975 stellte Hechter als erster Designer eine Sportkollektion vor. Die Marke Daniel Hechter beansprucht heute für sich, hochwertige Materialien in optimaler Funktionalität zu verarbeiten und beruft sich auf das kreative Savoir-vivre der Modehauptstadt Paris. Neben den Kollektionen women's wear, men's wear, sport und lingerie night & day bietet man ergänzende Accecssoires-Ranges an, u. a. Schuhe, Schreibutensilien und Schmuck. Das silberne Logo auf dunkelblauem Hintergrund besteht aus der Wortmarke Daniel Hechter in schlichten Versalien mit dem Zusatz Paris. Die Werbemaßnahmen beschränken sich weitgehend auf Anzeigen und PR-Aktionen an den Points of Sales (PoS). In Deutschland erreicht Daniel Hechter einen Bekanntheitsgrad von 55 % bei Männern im Alter von 35–65 Jahren (Mapro 11, Stern). Die Marke ist an über 1.855 PoS in 51 Ländern vertreten. Daniel Hechter wird in Europa und den GUS-Staaten von der Miltenberger Otto Aulbach GmbH vertrieben.

UNTERNEHMEN

Miltenberger Otto Aulbach GmbH
Frühlingstr. 17
63897 Miltenberg
✆ (0 93 71) 4 00 00
🖷 (0 93 71) 80 667
💻 www.danielhechter.com

DÄNISCHES BETTENLAGER

Unter der Einzelhandelsmarke Dänisches Bettenlager wird in Deutschland und Österreich ein Sortiment von etwa 4.000 Artikeln aus den Bereichen Betten, Möbel bzw. Wohnen angeboten. Zielgruppe sind preis- und qualitätsbewusste Verbraucher. Das Unternehmen verzichtet nach eigenen Angaben zugunsten niedriger Verkaufspreise und kompetenter Beratung auf aufwendige Ladeneinrichtungen und Produktpräsentationen und definiert sein Konzept des „Fachmarkts im Discounterstil" als USP. Das Markenlogo zeigt eine stilisierte weiße Gans vor einem blauen Bett und darunter den Slogan „Qualität sehr preiswert...". Unter den Vollsortiment-Einrichtungsfachmärkten in Deutschland nimmt die Dänische Bettenlager GmbH & Co. KG einen Platz unter den Top 10 ein (Quelle: HVB-Consult, Non-Food-Trends 1/2006). Gegründet wurde das Unternehmen 1984 vom dän. Kaufmann Lars Larsen, der 1979 in Aarhus unter dem Namen JYSK Sengetøjslager seinen ersten Lagerverkauf für Matratzen und Bettwaren eröffnet hatte. Heute ist die GmbH Teil der JYSK Holding und deckt unter der Marke Dänisches Bettenlager auch den österreichischen Markt sowie unter der Marke JYSK die Schweiz und Frankreich ab. Im Geschäftsjahr 2006/2007 erzielten die mehr als 5.000 Mitarbeiter in Deutschland in rund 630 Filialen einen Gesamtumsatz von ca. 643 Mio. Euro (ein Plus von 5,3 % gegenüber dem Vorjahr). In den kommenden Jahren will das Unternehmen weiter expandieren. So soll bis zum Jahr 2010 das dt. Filialnetz auf 750 Häuser gewachsen und der Markteintritt in Spanien und Italien (unter der Marke JYSK) vollzogen sein.

UNTERNEHMEN

Dänisches Bettenlager GmbH & Co. KG
Stadtweg 2
24941 Jarplund-Weding
✆ (0 46 30) 9 75-0
🖷 (0 46 30) 9 75-20 1
💻 www.daenischesbettenlager.de

DANKE

Die Konsumgütermarke Danke steht für umweltfreundliche Hygienepapiere. Als einziges Marken-Hygienepapier wird Danke aus 100 % ungebleichtem Recyclingpapier und ohne die Verwendung von Bleichmitteln und Farbstoffen hergestellt. Dafür tragen die Produkte der Marke das Umweltsiegel „Blauer Engel". Die Produktpalette umfasst Toilettenpapier und Haushaltstücher. Danke kommt ursprünglich aus Österreich und wurde 1984 von der Firma Bunzl & Biach AG in Wien auf den Markt gebracht. Der Markenname entstand aus dem Gedanken des Umweltschutzes, der in den 1980er-Jahren immer mehr an Bedeutung gewann. Das erste Toilettenpapier aus 100 % Altpapier war eine Reaktion auf das gestiegene Umweltbewusstsein der Verbraucher. Mit der Marke Danke sollen Verbraucher aktiv aufgefordert werden, einen Beitrag zum Schutz der Umwelt zu leisten. Zielgruppe der Marke sind moderne und ökologisch orientierte Verbraucher, die am Schutz der Natur interessiert sind. Das Logo, das den Markenschriftzug in blauen Versalien mit einem orangefarbenen Bogen über dem Wortanfang zeigt, assoziiert die Aussage „Danke, dass Sie Ihren Beitrag zum Umweltschutz leisten". Ergänzt wird der Schriftzug durch den Claim „Ihr kleiner Beitrag!" Auf den Verpackungen ist zudem ein grüner Baum abgebildet, der als Sinnbild für eine intakte Natur steht. Im Rahmen der Markenpflege arbeitet Danke häufig mit Kooperationspartnern aus dem Umweltschutz zusammen. 2006 führte man eine gemeinsame Kampagne mit dem World Wide Fund for Nature (→WWF) durch und spendete 5 Cent pro verkaufter Packung, insgesamt 72.000 Euro, für Projekte des WWF. Danke gehört heute zum Geschäftsbereich *Tissue* der schwed. →SCA-Gruppe und wird in Deutschland und Österreich sowie in der Schweiz, den Niederlanden und Osteuropa vertrieben.

DATEN UND FAKTEN

Markenname: Danke, gemeint als Dank für den Beitrag zum Umweltschutz beim Kauf von Produkten der Marke

Slogan: „Kleiner Beitrag – große Wirkung" (bis 2006), „Danke – Ihr kleiner Beitrag" (seit 2007)

Erfinder: Bunzl & Biach AG, 1984, Wien

Markenregistrierung: 1985, DPMA München

Innovationen: Danke Toilettenpapier 4-lagig (2005), DANKE Biobeutel aus abbaubarer Umverpackung (2006)

Markenbekanntheit: ca. 70 % gest. (GfK, 2007)

Markenwebsite: www.danke.de

UNTERNEHMEN

SCA Hygiene Products GmbH
Sandhofer Str. 176
68305 Mannheim
✆ (06 21) 7 78-0
🖷 (06 21) 7 78-31 46
🖳 www.sca.com

DANONE

Der franz. Lebensmittelkonzern Danone ist nach eigenen Angaben weltweit Marktführer im Bereich Milchfrischprodukte. Isaac Carasso entwickelte 1919 seine erste Joghurtrezeptur, um Kindern zu helfen, die aufgrund klimatischer Gegebenheiten an Durchfallerkrankungen litten. Diesen Joghurt benannte er nach dem span. Kosenamen seines Sohnes Daniel: Danone. Aufgrund der medizinischen Wirkungsweise wurde das Produkt in der Apotheke verkauft. 1967 beteiligte sich der Franzose Charles Gervais an dem Unternehmen, das 1850 mit der Produktion von Frischkäse in der Normandie begann. Auch heute noch steht bei der Philosophie der internat. Marke Danone der Gesundheitsaspekt im Vordergrund. So versprechen Produktinnovationen wie *Actimel* und *Activia* nicht nur einen guten Geschmack, sondern werben auch mit gesundheitlichem Zusatznutzen wie der Stärkung der Abwehrkräfte und der Förderung der Verdauung. Das Image der Marke spiegelt sich im Logo wider. Der weiße Schriftzug „Danone" in Versalien und ein stilisiertes Lächeln in Rot stehen im Mittelpunkt und assoziieren in Bezug auf die internat. Ausrichtung das Motto: „Ein Lächeln ist in jeder Sprache gleich". Fast 70 Mio. Menschen weltweit folgen diesem Lächeln täglich und vertrauen den leckeren aber auch funktionellen Produkten. Unter der Dachmarke Danone beinhaltet das Portfolio Marken wie *Actimel*, *Activia*, *Fruchtzwerge*, *Obstgarten* und *Dany Sahne*. Weltweit beschäftigt das Unternehmen knapp 90.000 Mitarbeiter, davon in Deutschland allein 800. Das Unternehmen mit Hauptsitz in Paris erwirtschaftete 2006 weltweit einen Umsatz von 14 Mrd. Euro.

UNTERNEHMEN

Danone GmbH
Richard-Reitzner-Allee 1
85540 Haar
✆ (0 89) 6 27 33-0
🖳 www.danone.de

DANONE

Ein stilisiertes Lächeln ist Teil des Danone-Logos.

Die Eins im Kreis ist seit 2003 das Markenzeichen der ARD-Angebote. Dr. Günter Struve (unten) ist der Programmdirektor.

DAS ERSTE

Am 01. November 1954 startete die Arbeitsgemeinschaft der öffentlich-rechtlichen Rundfunkanstalten der Bundesrepublik Deutschland (ARD) das Deutsche Fernsehen, das 1984 in Erstes Deutsches Fernsehen umbenannt wurde. 1996 erhielt es als Logo-/Wortmarke den Schriftzug „Das Erste". Das nat. Gemeinschaftsprogramm setzt sich aus Gemeinschaftssendungen sowie Anstaltsbeiträgen der neun Landesrundfunkanstalten (BR, HR, MDR, NDR, SR, SWR, RB, RBB, WDR) zusammen. Seit 1959 sind diese durch die Bundesländer staatsvertraglich zur Veranstaltung dieses Fernsehprogramms verpflichtet. Seinem gesetzlichen Auftrag entsprechend bietet Das Erste Bildungs-, Kultur-, Unterhaltungs- und Informationssendungen an. Der Sender steht für zuverlässige Informationen (z. B. Tagesschau), seriöse Ratgebersendungen (z. B. Plusminus), hochwertige Spiel- und Fernsehfilme, vielfältige Unterhaltungsangebote (z. B. Harald Schmidt) und eine professionelle Berichterstattung aus Politik, Kultur und Sport (z. B. Weltspiegel, titel thesen temperamente, Sportschau). Vorwiegend programmbezogene Internetseiten und Videotext-Dienste komplettieren das Angebot. Die Eins im Kreis als Trademark fungiert als verbindendes Element von der Dach- bis Programm-Marke. In ihrer aktuellen Form ist die Eins seit September 2003 im Einsatz. Hausfarbe von Das Erste ist Blau (Pantone 294), die Hausschrift basiert auf der Thesis-Familie von Lucas de Groot. Im Jahr 2006 erreichte Das Erste in der Gesamtbevölkerung ab drei Jahren einen Marktanteil von 14,2 % und war damit das meistgesehene Fernsehprogramm in Deutschland (Quelle: GfK). Pressearbeit und Kampagnen in Form von Anzeigen, Funkspots sowie TV- und Kinotrailern stellen die Grundlage des Marketings dar. Programmdirektor von Das Erste ist seit 1992 Dr. Günter Struve. Das Jahresbudget der ARD setzt sich aus Rundfunkgebühren und den Einnahmen aus Radio- und TV-Werbung zusammen. Die ARD beschäftigt ca. 23.500 fest angestellte Mitarbeiter, die in den Studios der Landesrundfunkanstalten, in den Gemeinschaftsreinrichtungen sowie als Auslandskorrespondenten an 30 Orten weltweit arbeiten. Die geschäftsführende Landesrundfunkanstalt wechselt turnusmäßig mit dem ARD-Vorsitz.

Das Programmangebot von Das Erste wird von neun Landesrundfunkanstalten geliefert.

DATEN UND FAKTEN

Markenname: Das Erste

Slogan: „Das Erste"

Gründer: Arbeitsgemeinschaft der öffentlich-rechtlichen Rundfunkanstalten der Bundesrepublik Deutschland (ARD), 01. 11. 1954

Markenregistrierung: 27. 11. 2003 (aktuelle Fassung), DPMA München

Literatur:
ARD (Hg.): ARD-Jahrbuch (erscheint jährlich)

UNTERNEHMEN

ARD

Hauptsitz Das Erste: Programmdirektion Erstes Deutsches Fernsehen, München, Deutschland

Programmdirektor: Dr. Günter Struve

ARD-Sender: BR, HR, MDR, NDR, RB, RBB, SR, SWR, WDR, DW

KONTAKT

Programmdirektion
Erstes Deutsches Fernsehen
Arnulfstr. 42
80335 München
(0 89) 59 00-01
(0 89) 59 00-32 49
www.daserste.de

Ansprechpartner Presse:
Silvia Maric
(089) 59 00-38 66
silvia.maric@daserste.de

Ansprechpartner Marketing:
Dietmar Pretzsch
✆ (0 89) 59 00–38 72
✉ dietmar.pretzsch@daserste.de

Lead-Agentur:
DMC Group (Designagentur)/Xynias, Wetzel Werbeagentur GmbH
💻 www.dmcgroup.de

MEILENSTEINE

1950 Gründung der ARD

1953 Inkrafttreten des Fernsehvertrags als wesentliche Rechtsgrundlage für das ARD-Gemeinschaftsprogramm

1954 Das Deutsche Fernsehen startet.

1959 Die Bundesländer schließen ein Abkommen über die Veranstaltung des Deutschen Fernsehens.

1961 Die Hauptausgabe der Tagesschau läuft täglich um 20.00 Uhr.

1984 Umbenennung in Erstes Deutsches Fernsehen, die Eins wird neues Logo.

1996 Das Design wird mit einer neuen Eins, einer neuen Schrift und neuen Trailern erneuert.

2003 Die Eins im Kreis wird Markenzeichen des ARD-Senderverbunds.

DASÖRTLICHE

DasÖrtliche zählt neben →DasTelefonbuch und →GelbeSeiten zu den drei Verzeichnissen der DeTeMedien GmbH. Mehr als 1.000 regional unterschiedliche Ausgaben von DasÖrtliche bundesweit führen private Kontakte sowie gewerbliche Angebote auf lokaler Ebene auf. Die jährliche Druckauflage liegt bei 35 Mio. Exemplaren. Wie die anderen Marken von DeTeMedien bietet DasÖrtliche alle Informationen auch über das Internet und mobile Plattformen. Während das erste Telefonbuch in Deutschland 1881 erschien, entstand bereits im Jahr 1924 bei der Deutschen Reichs-Post-Reklame die Idee für ein lokal begrenztes Telefonbuch. Dieses Konzept erwies sich als besonders interessant für Gewerbetreibende, die in der Veröffentlichung auch Werbeanzeigen schalten konnten. Durch die Anzeigeneinnahmen finanzierte die Deutsche Reichs-Post-Reklame die kostenlose Ausgabe der Bücher. DeTeMedien sieht die Stärke der Marke vor allem in ihrer mittelständischen Basis mit mehr als 100 Partnerverlagen als Mitherausgeber. Der blau gehaltene Schriftzug DasÖrtliche bildet das Markenlogo, wobei die Striche auf dem Ö und dem i hellblau und schräg abgesetzt sind. Das Logo soll zielgerichtete und unkomplizierte Informationsbeschaffung signalisieren. Die DeTeMedien GmbH mit Sitz in Frankfurt/Main ist Mitherausgeberin und Mitverlegerin der Print-Verzeichnisse →GelbeSeiten, →DasTelefonbuch und DasÖrtliche, die für das gesamte Bundesgebiet jährlich aktualisiert und in unterschiedlichen Formaten bereitgestellt werden. Ein weiteres ganz junges Produkt ist die Suchmaschine suchen.de, an der DeTeMedien und Partnerfachverlage beteiligt sind. Die Gesamtauflage der Bücher liegt bei jährlich über 100 Mio. Stück. Zusammen fast 2,5 Mrd. Seitenaufrufe im Jahr verzeichnen die Online-Angebote der drei Verzeichnisse. Die Unternehmensgeschichte von DeTeMedien mit Sitz in Frankfurt/Main geht zurück auf die 1924 gegründete Deutsche-Reichs-Post-Reklame. Ab 1946 unter der Firmierung Deutsche Postreklame wurde das Unternehmen nach der Postreform 1990 Teil der Deutschen Bundespost Telekom. Seit 1994 führt es als 100%ige Tochter der →Deutschen Telekom AG seinen heutigen Namen und beschäftigt 140 Mitarbeiter.

DATEN UND FAKTEN

Markenname: DasÖrtliche, abgeleitet vom regionalen Bezug des Verzeichnisses, das nur Teilnehmer aus einem einzigen Ortsnetz auflistet

Slogan: „Ohne Ö fehlt Dir was"

Markeneinführung: 1924

DasÖrtliche ist besonders handlich und zeichnet sich durch seine regionale Kompetenz aus.

Zum lokalen Verzeichnis DasÖrtliche gehört auch ein Internetportal sowie die Version fürs Handy.

DasTelefonbuch.
Alles in einem.

DasTelefonbuch. erscheint in einer jährlichen Auflage von 35 Mio. Druckexemplaren. Das gleichnamige Internetportal hat monatlich bis zu 110 Mio. Seitenaufrufe.

Markenregistrierung: 10.08.2000, DPMA München

Markenbekanntheit: 91 % ungest. (Ipsos Nutzeranalyse, 2006)

Markenwebsite: www.dasoertliche.de

UNTERNEHMEN

DeTeMedien, Deutsche Telekom Medien GmbH

Hauptsitz: Frankfurt/Main, Deutschland

Geschäftsführung: Oliver Neuerbourg, Stephan Schmitt

Weitere Marken: → DasTelefonbuch, → GelbeSeiten

KONTAKT

DeTeMedien GmbH
Wiesenhüttenstr. 18
60239 Frankfurt/Main
(0 69) 26 82-0
(0 69) 26 82-11 01
www.detemedien.de

Ansprechpartner Presse:
Matthias Klesen
(0 69) 26 82-53 19
matthias.klesen@telekom.de

SCHON GEWUSST?

- Mit der kostenlosen Navigationssoftware Ö-Navi von DasÖrtliche wird das Handy schnell und einfach zum vollwertigen Navigationsgerät. Dazu wird eine rund 400 Kilobyte kleine Software auf dem Handy installiert.
- Das Internetportal www.dasoertliche.de verzeichnet monatlich etwa 70 Mio. Seitenaufrufe.

DASTELEFONBUCH

DasTelefonbuch ist eines der drei von der DeTeMedien GmbH gemeinsam mit Partnerfachverlagen herausgegebenen Kommunikationsverzeichnisse. Dabei handelt es sich um ein umfassendes Datenkompendium. Es erscheint in der Druckversion mit einer jährlichen Auflage von über 35 Mio. und verbreitet die Informationen zusätzlich über das Internet, CD- und DVD-ROM sowie über mobile Geräte wie Handy oder PDA. Monatlich registriert das Portal www.dastelefonbuch.de rund 100 Mio. Seitenaufrufe. Der hist. Vorgänger von DasTelefonbuch war „Das Verzeichnis der bei der Fernsprecheinrichtung Betheiligten" von 1881 mit knapp 100 Teilnehmern. Später entstanden daraus die sog. „Amtlichen Fernsprechbücher". DasTelefonbuch wurde 1981 erstmals aufgelegt. Interbrand Zintzmeyer & Lux, Köln, entwarfen das heutige Logo, das den Markennamen sowie darunter vier kleine sog. Digits zeigt. Die in Magenta gehaltene Schrift wie auch die grafischen Elemente entsprechen dem Corporate Design der DeTeMedien als Teil der Deutschen Telekom Gruppe. Marcel Reich-Ranicki und Kaya Yanar zählen zu den bekannten Werbeträgern für DasTelefonbuch.

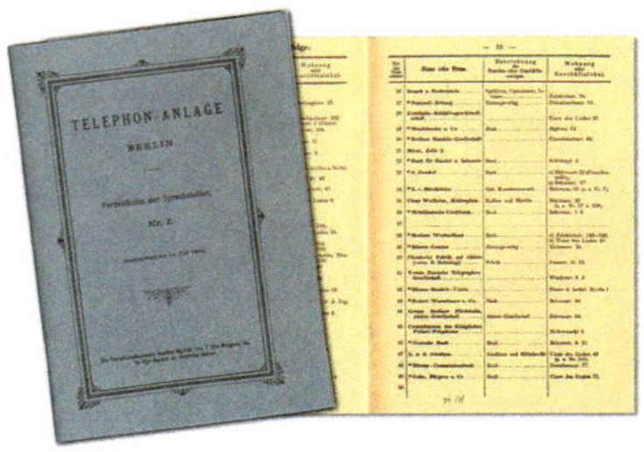

Die erste Ausgabe des Telefonbuchs von 1881 verzeichnete knapp 100 Teilnehmer.

Nach einer Ipsos-Nutzerstudie von 2006 besitzen 77 % der Bundesbürger eine aktuelle Druckausgabe des Kommunikationsverzeichnisses. Die DeTeMedien GmbH ist außerdem Mitherausgeberin und Mitverlegerin der Print-Verzeichnisse → GelbeSeiten und → DasÖrtliche, die für das gesamte Bundesgebiet jährlich aktualisiert und in unterschiedlichen medialen Formen bereitgestellt werden. Ein weiteres ganz junges Produkt ist die Suchmaschine suchen.de, an der DeTeMedien und Partnerfachverlage beteiligt sind. Die Unternehmensgeschichte von DeTeMedien mit Sitz in Frankfurt/Main geht zurück auf die 1924 gegründete Deutsche-Reichs-Post-Reklame. Ab 1946 unter der Firmierung Deutsche Postreklame wurde das Unternehmen nach der Postreform 1990 Teil der Deutschen Bundespost Telekom. Seit 1994 führt es als 100%-ige Tochter der → Deutschen Telekom AG seinen heutigen Namen und beschäftigt aktuell rund 140 Mitarbeiter.

DATEN UND FAKTEN

Markenname: DasTelefonbuch, dt. Substantiv

Slogan: „Alles in einem"

Markeneinführung: 1881 als „Verzeichnis der bei der Fernsprecheinrichtung Beteiligten"

Markenregistrierung: 21.03.2003, DPMA München

Markenbekanntheit: 93 % ungest. (Ipsos Nutzeranalyse, 2006)

Markenwebsite: www.dastelefonbuch.de

UNTERNEHMEN

DeTeMedien, Deutsche Telekom Medien GmbH

Hauptsitz: Frankfurt/Main, Deutschland

Geschäftsführung: Oliver Neuerbourg, Stephan Schmitt

Weitere Marken: → DasÖrtliche, → GelbeSeiten

KONTAKT

DeTeMedien GmbH
Wiesenhüttenstr. 18
60239 Frankfurt/Main
(0 69) 26 82-0
(0 69) 26 82-11 01
www.detemedien.de

Ansprechpartner Presse:
Matthias Klesen
(0 69) 26 82-53 19
matthias.klesen@telekom.de

SCHON GEWUSST?

▮ Das erste Telefonbuch in Deutschland von 1881 wurde auch „Das Buch der 99 Narren" genannt, weil die 99 eingetragenen Teilnehmer ausnahmslos zur Berliner Avantgarde gehörten.

DATEV

Die Dienstleistungsmarke Datev hat sich als Synonym für den dt. Standard EDV-gestützter Buchführung etabliert. Die Datev eG ist Marktführer in Sachen Datenverarbeitung, Service und Software für professionelle Anwender wie Steuerberater, Wirtschaftsprüfer und Rechtsanwälte. Nach Angaben der Genossenschaft nutzen zwei Drittel aller Unternehmen in Deutschland durch ihre Steuerberater die Datev Finanzbuchführung. Die Lohn- und Gehaltsabrechnung jedes vierten sozialversicherungspflichtigen Arbeitnehmers wird mit Software der Datev berechnet.

Gegründet wurde die Datev eG 1966 auf Initiative von Dr. Heinz Sebiger. Im Zuge des starken Wirtschaftswachstums war in den 1960er-Jahren auch die Buchführung der Unternehmen immer umfangreicher geworden. Sie lagerten sie zunehmend bei freiberuflichen Steuerberatern aus. Da auch bei ihnen die Arbeit zunehmend komplexer wurde, war eine computergestützte Datenverarbeitung bald von Vorteil. Die Genossenschaft wurde gegründet, um sich die damals noch hohen Kosten dafür zu teilen. 1969 richtete sich die Genossenschaft ein eigenes Rechenzentrum in Nürnberg ein: Zwei Großrechner lieferten eine Gesamtspeicherleistung von 320 Kilobyte. 1974 stellte die Datev auf der Hannover Messe seine Datenfernübertragung vor. Die erste Software für den autonomen PC bot Datev 1989 an. Inzwischen gibt es 200 unterschiedliche Programme. Die Genossenschaft hat 39.000 Mitglieder und macht mit 5.500 Mitarbeitern einen Umsatz von 585 Mio. Euro im Jahr. Neben Softwarelösungen bietet die Genossenschaft auch Consulting und Service für die Branche an. Seit 30 Jahren erscheint jährlich das Datev-Taschenbuch „Tabellen und Informationen für den steuerlichen Berater". Wichtiges Aufgabenfeld ist zudem der Schutz von Daten, insbesondere bei der Fernübertragung. Im Jahr 2000 hat die Datev Tochtergesellschaften in Tschechien, Österreich, Italien, Spanien und Polen eröffnet. Das Logo besteht in seiner heutigen Form wurde zum 25-jährigen Firmenjubiläum neu gestaltet und soll Zuverlässigkeit und Tatkraft symbolisieren.

DATEN UND FAKTEN

Markenname: Datev, Akronym, abgeleitet von **Daten**v**erarbeitung**

Gründer: Dr. Heinz Sebiger, 1966, Nürnberg

Markenregistrierung: 1966, DPMA München

Jahresumsatz: 585 Mio. Euro (2007)

Literatur:
R. Vollmer: Das Milliarden-Mandat (1991)

UNTERNEHMEN

DATEV eG

Vorstand: Prof. Dieter Kempf

Gesamtumsatz: 585 Mio. Euro (2007)

Mitarbeiter: 5.500 (Deutschland, 2007)

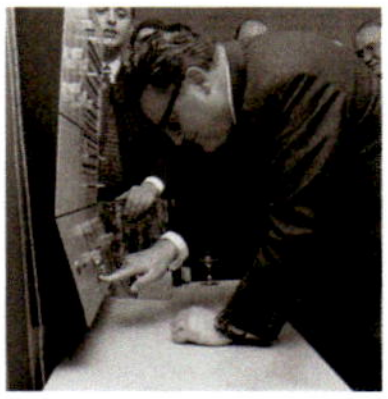

Bundesfinanzminister Franz-Josef Strauß nimmt 1969 das Datev-Rechenzentrum in Nürnberg in Betrieb (Mitte). Prof. Dieter Kempf ist Vorstandsvorsitzender der DATEV eG (unten).

DATEVasp Outsourcing von Technik und Software

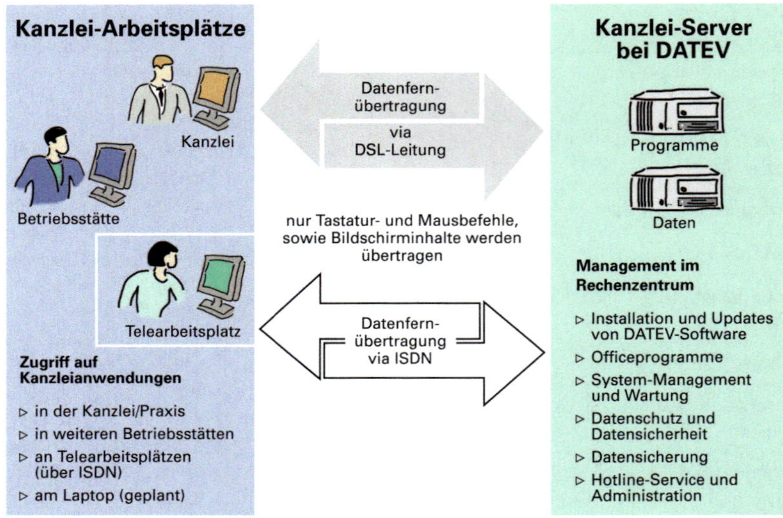

Durch Ausgliederung von Technik und Software bei DATEV können sich die professionellen Anwender ganz auf ihre Arbeit konzentrieren. Wartung und Sicherung übernimmt das Rechenzentrum in Nürnberg.

Vertrieb: in Deutschland, Tschechien, Österreich, Italien, Spanien und Polen

KONTAKT

DATEV eG
Paumgartnerstr. 6–14
90329 Nürnberg
✆ (09 11) 2 76–0
🖷 (09 11) 2 76–31 96
💻 www.datev.de

Ansprechpartner Presse:
Peter Willig
✆ (09 11) 2 76–12 09
✉ peter.willig@datev.de

Ansprechpartner Marketing:
Claus Fesel
✆ (09 11) 2 76–73 47
✉ claus.fesel@datev.de

MEILENSTEINE

1966 Gründung der Datev in Nürnberg

1969 Einweihung des Datev-eigenen Rechenzentrums

1974 Freigabe der Datenfernübertragung in das Rechenzentrum

1976 Einrichtung des Datev-eigenen Datenfernübertragungnetzes

1989 Erste autonome PC-Programme für Datev-Anwendungen

2000 Beginn der Erschließung des europäischen Marktes

DATO

Als Spezialwaschmittel für Gardinen und alles Weiße führte → Henkel die Waschmittelmarke dato im Jahr 1966 auf dem dt. Markt ein. Bereits 1958 hatte das Unternehmen die Marke registrieren lassen. Woher der Name stammt, ist lt. Unternehmensangaben nicht mehr nachzuvollziehen. Henkel entwickelte das Produkt, weil ein Waschmittel speziell für „modernes weißes Gewebe" – also Kunstfasern – auf dem Markt fehlte. dato ist für alle Verbraucher geeignet, die vergilbte Gardinen reinigen und Neuverschmutzung verhindern wollen. Schon bei Waschtemperaturen von 30 Grad Celsius löst es lt. Hersteller hartnäckigen Schmutz und ist auch für alle anderen weißen Gewebe geeignet. Das Logo besteht aus dem Markennamen in fetten, weißen Kleinbuchstaben auf einem roten Oval mit blauem Rand. Die dato-Verpackung von 1967 erhielt beim fünften Verpackungswettbewerb eine Auszeichnung der Rationalisierungsgemeinschaft Verpackung. In den Jahren 1971 und 1972 wurde mit „dato bringt das Neu-Weiss zurück" geworben. Die Werbefigur „Gilb" nutzte Henkel erstmals im Jahr

Das dato Weißwaschmittel gibt es mit einer sog. Anti-Grau-Formel (Mitte), „Raus mit dem Gilb" stand als Claim auf einem Plakat aus dem Jahre 1999 (unten).

1968, in den 1990er-Jahren gab es sie als Plüschfigur, Rucksack und in Form von Plüschpantoffeln. In den vergangenen Jahren – zuletzt 2007 – relaunchte Henkel seine Marke dato mehrfach, auch um sie neu zu positionieren. Bedeutende Produktinnovationen waren in 2004 eine neue Rezeptur mit „Aktiv-Sauerstoff" sowie die „Anti-Grau-Formel" in 2007. Henkel vertreibt dato nach Eigenangaben ausschließlich in Deutschland. Früher wurde die Marke auch in anderen europäischen Ländern, den einstigen Ostblockstaaten und in Südafrika verkauft.

Die Anzeige für dato stammt aus dem Jahre 1966.

DATEN UND FAKTEN

Markenname: dato, Kunstname

Markteinführung: durch Henkel KGaA, 1966, Düsseldorf

Slogan: „dato bringt das Neu-Weiss zurück" (1971/72)

Markenregistrierung: 21.07.1958, DPMA München

Innovationen: dato Form & Pflege (1984), dato Supra Doppel-Aktiv enthält eine Weiß-Bleiche sowie einen Gilb-Blocker (1999), dato „mit Aktiv-Sauerstoff" (2004), dato mit Anti-Grau-Formel für strahlendes Weiß (2007)

Auszeichnungen:
„Goldmedaille", Sales and Marketing Executives International für Marketing und Verkauf (1966, 1968)
5. Verpackungswettbewerb, Rationalisierungsgemeinschaft Verpackung, Auszeichnung für dato-Verpackung (1967)

UNTERNEHMEN

Henkel KGaA

Hauptsitz: Düsseldorf, Deutschland

Weitere Marken: s. → Henkel

Gesamtumsatz: 12,740 Mrd. Euro (2006)

Vertrieb: weltweit in über 125 Ländern

KONTAKT

Henkel KGaA
Henkelstr. 67
40589 Düsseldorf
✆ (02 11) 7 97-0
🖷 (02 11) 7 98-40 08
💻 www.henkel.de

Ansprechpartner Presse:
Marion Schwenker
✉ press@henkel.com

MEILENSTEINE

1966 dato kommt als Spezialwaschmittel für „moderne weiße Gewebe" auf den Markt.

1968 Erstmals wird die Werbefigur „Gilb" verwendet.

1976 Relaunch und Neupositionierung der Marke als Spezialwaschmittel für Gardinen.

1984 Das flüssige Pflegemittel *dato Form & Pflege* kommt auf den Markt.

2004 Das Gardinenwaschmittel erhält eine neue Rezeptur mit Aktiv-Sauerstoff.

2007 Relaunch und Neu-Positionierung als Weiß-Waschmittel für Gardinen und andere weiße Textilien.

DB

Unter der Konzernmarke DB bündelt die Berliner Deutsche Bahn AG ihre Mobilitäts- und Logistikdienstleistungen auf dem dt. und dem internat. Markt. Kerngeschäft der Marke ist dabei der Personen- und Gütertransport auf der Schiene sowie der Schienennetzbetrieb in Deutschland. Die Deutsche Bahn transportierte 2006 rund 1,854 Mrd. Reisende und rund 307,6 Mio. t Fracht auf einem Streckennetz von etwa 34.000 km. Ihre Mobilitätsdienstleistungen im dt. Stadt-, Regional- und Fernverkehr sowie im grenzüberschreitenden Schienenpersonenverkehr er-

DB Mobility Networks Logistics

Konzernzentrale der Deutsche Bahn AG in Berlin (Mitte), Vorstandsvorsitzender Hartmut Mehdorn (unten)

Der InterCityExpress, kurz ICE, ist das schnellste Zugmodell der Deutsche Bahn AG.

bringt die Deutsche Bahn AG mit der Marke DB Bahn. Die Konzernmarke DB fungiert auch als Dach für die Marken DB Schenker und DB Netze. Mit DB Schenker ist der Konzern weltweit an 1.500 Standorten vertreten und verfügt über ein komplettes Angebot für Transport und Logistik im Güterverkehr. Die Marke DB Netze sorgt mit dem Betrieb von Bahninfrastruktur und -netz sowie weiteren damit in Zusammenhang stehenden Dienstleistungen für reibungslose Abläufe im Schienenverkehr. Die Eintragung der Marke DB erfolgte 1994 mit der Gründung des Unternehmens Deutsche Bahn AG. Das Unternehmen ging aus der ehemaligen westdt. Bundesbahn und der ostdt. Reichsbahn (gegründet 1920) hervor. Mit der Zusammenlegung der beiden Staatsbahnen zu einem marktwirtschaftlich orientierten Unternehmen erhielt die Deutsche Bahn auch ein einheitliches Markenlogo. Das bekannte DB-Logo wurde 2007 ergänzt um „Mobility Networks Logistics", zur Kennzeichnung des gesamten Leistungsspektrums des Konzerns. Die DB setzt weltweit auf ein einheitliches Erscheinungsbild. Dadurch können alle Leistungen eindeutig als Bestandteil des Konzerns identifiziert werden. Seit 1999 hat die Deutsche Bahn AG ihren Sitz in Berlin und Hartmut Mehdorn den Posten als Vorstandsvorsitzender. Der Konzern beschäftigte 2006 rund 229.000 Mitarbeiter, davon ca. 80 % in Deutschland, und erwirtschaftete einen Umsatz von 30,1 Mrd. Euro. Die Deutsche Bahn ist heute schon hervorragend im europäischen Personen- und Güterverkehr positioniert und will zum weltweit führenden Mobilitäts- und Logistikunternehmen werden. Im Vorfeld der geplanten Teilprivatisierung des Unternehmens wird die Konzernmarke DB seit März 2007 mit der Kampagne „Zukunft bewegen" beworben.

MEILENSTEINE

1835 Die erste Eisenbahnstrecke Deutschlands wird zwischen Fürth und Nürnberg eröffnet.

1920 Gründung der Deutschen Reichsbahn

1949 Gründung der Deutschen Bundesbahn (BRD). In der DDR wird der Name Reichsbahn fortgeführt.

1994 Zusammenlegung von Bundesbahn und Reichsbahn zur Deutsche Bahn AG

1999 Verlegung der Konzernzentrale nach Berlin

2002 Übernahme der Stinnes AG durch die Deutsche Bahn

2007 Das Gesetzgebungsverfahren für die Teilprivatisierung der Deutschen Bahn AG läuft.

DATEN UND FAKTEN

Markenname: DB, Abkürzung für **D**eutsche **B**ahn

Slogan: „Zukunft bewegen" (seit 2007)

Markenregistrierung: 23. 06. 1994, DPMA München

Innovationen: Hochgeschwindigkeitszug InterCityExpress (ICE)

UNTERNEHMEN

Deutsche Bahn AG

Hauptsitz: Berlin, Deutschland

Vorstandsvorsitzender: Hartmut Mehdorn

Weitere Marken: DB BAHN (Mobilität im Personenverkehr), DB SCHENKER (Transport und Logistik im Güterverkehr), DB NETZE (Bahnnetzbetrieb und -infrastruktur)

Gesamtumsatz: 30,1 Mrd. Euro (2006)

Vertrieb: Deutschlandweites Schienennetz von rund 34.000 km und rund 5.700 Bahnhöfen, Logistik mit 1.500 Standorten weltweit

KONTAKT

Deutsche Bahn AG
Konzernmarketing und Kommunikation
Potsdamer Platz 2
10785 Berlin
✆ (0 30) 29 76 14-21
🖷 (0 30) 29 76 14-25
💻 www.db.de

Ansprechpartner Presse:
Oliver Schumacher (Konzernpressesprecher)
✆ (0 30) 29 76 14-80
✉ oliver.schumacher@bahn.de

Ansprechpartner Marketing:
Dr. Bastian Grunberg
✆ (0 30) 29 76 18 30
✉ bastian.grunberg@bahn.de

D-C-FIX

d-c-fix ist eine Marke der Konrad Hornschuch AG, die 1898 als Textilgesellschaft Weißbach GmbH gegründet wurde und in den ersten Jahren hauptsächlich Bucheinbandstoffe herstellte. Das Unternehmen brachte d-c-fix 1958 auf den Markt, um die in der Wirtschaftswunderzeit aufkommende Do-it-yourself-Bewegung mit Dekorationsfolie zu beliefern und diesen Markt mit aufzubauen. Damit eröffnete sich die Konrad Hornschuch AG, die zuvor ausschließlich die weiterverarbeitende Industrie mit Oberflächen-Materialien versorgt hatte, ein zweites Standbein. Unter der Dachmarke d-c-fix bietet das Unternehmen heute vor allem Konsumeinsteigern, Familienmenschen, Wertorientierten und Experimentierfreudigen selbstklebende Design- und Transparentfolien zum Renovieren, Dekorieren und Aufwerten. Der Markenname ist ein Kunstname mit eingängigem Wortklang und soll mit praktischem, schnellem Dekorieren und Renovieren assoziiert werden. Das Logo, eine Eigenentwicklung der Konrad Hornschuch AG, stilisiert eine ausgerollte Designfolie. Der Claim „d-c-fix Original" soll die Einzigartigkeit und Profiliertheit im Segment Designfolien unterstreichen. Das Unternehmen verfügt weltweit über Tochtergesellschaften, Niederlassungen und Repräsentanzen und macht mit d-c-fix ca. 50 Mio. Euro Umsatz pro Jahr (2006), was einem Anteil von rund 35 % des Gesamtumsatzes entspricht. Das Unternehmen konzentriert sich bei zukünftigen Produktentwicklungen auf technische und optische Varianten von selbstklebenden bzw. selbsthaftenden Designfolien.

UNTERNEHMEN

Konrad Hornschuch AG
Salinenstr. 1
74679 Weißbach
✆ (0 79 47) 81-0
🖷 (0 79 47) 81-3 00
💻 www.d-c-fix.com

DEBEUKELAER

Unter der Konsumgütermarke DeBeukelaer werden in Deutschland und Österreich Süß- und Salzgebäck vertrieben. Das Sortiment der Marke umfasst Butterkekse, Mürbegebäck, Cookies und Gebäckstangen. Als Traditionsmarke erhielt sie ihren Namen von dem belg. Bäckermeister Edouard de Beukelaer, der 1870 eine kleine Keksfabrik in Antwerpen eröffnete. Bis 1965 blieb das Unternehmen in Familienhand, bevor es mit den belg. Keksproduzenten *Parein* und *Victoria* zur *General Biscuits Company* fusionierte. Der Konzernbereich für Deutschland und Österreich schloss sich 1999 mit dem Familienunternehmen Griesson zusammen. Die daraus entstandene Griesson – de Beukelaer GmbH & Co. KG mit Stammsitz in Polch vertreibt heute verschiedene Marken im Süß- und Salzgebäcksegment. Der Markenauftritt von DeBeukelaer nimmt deutlichen Bezug auf die lange Tradition der Marke. Im Logo wird dieser Aspekt besonders aufgegriffen. Ein blauer, handgeschriebener Schriftzug, eingeschrieben in ein rotes Rechteck, vermittelt Authentizität, Tradition und die individuelle Qualität handgefertigter Waren. Eine geschwungene goldgelbe Welle unterstreicht den Namenszug und verleiht dem Logo Dynamik. Auch der Slogan „Natürlich DeBeukelaer" spiegelt dies wider. Die Produkte sind so konzipiert, dass sie sowohl Kindern als auch Erwachsenen schmecken. Die →Griesson – de Beukelaer GmbH & Co. KG vereint unter ihrem Dach weitere Marken wie →Prinzen, →TUC, →Leicht & Cross, →Tekrum und →Griesson. Sie erwirtschaftet jährlich 402 Mio. Euro Umsatz (2006).

DATEN UND FAKTEN

Markenname: DeBeukelaer, Familienname des Firmengründers Edouard de Beukelaer

Slogan: „Natürlich DeBeukelaer"

Gründer: Edouard de Beukelaer, 1870, Antwerpen/Belgien

Markenregistrierung: 05. 04. 1979, DPMA München

Innovationen: Mikado Milchschokolade (2005), Bio Hafercookies (2006), Dino Snack für Kinder (2007)

UNTERNEHMEN

Griesson – de Beukelaer GmbH & Co. KG
August-Horch-Str. 23

d-c-fix ruft zur Individualität im eigenen Zuhause auf.

Die Gebäckmarke DeBeukelaer spricht mit Produkten wie z. B. Mikado (unten) ein breites Publikum an.

Bobby Dekeyser, Firmengründer und ehemaliger Profi-Fußballer, ließ mit der Erfindung der DEDON Faser „das Wohnzimmer für draußen" Wirklichkeit werden.

56751 Polch
✆ (0 26 54) 4 01-0
🖷 (0 26 54) 4 01-10 00
🖳 www.griesson-debeukelaer.de

DEDON

DEDON steht für exkl. Designmöbel im Luxussegment, handgeflochten aus der wetterfesten DEDON Kunststofffaser. Die ursprüngliche Idee des Unternehmensgründers und ehemaligen Profi-Fußballers Bobby Dekeyser war es, „ein Wohnzimmer für draußen" zu entwickeln, mit wetterfesten Möbeln, die jeglichen Wettereinflüssen trotzen. Jedes DEDON Möbel wird in Handarbeit in der eigenen DEDON Manufaktur auf der philippinischen Insel Cebu gefertigt: Die robusten Rahmen bestehen aus pulverbeschichtetem Aluminium. Für das Flechtwerk verwendet DEDON ausschließlich die selbst entwickelte und in

Die *YIN YANG* Kollektion von DEDON wurde 2007 mit dem „red dot: best of the best" ausgezeichnet.

der eigenen Firmenzentrale produzierte DEDON Faser. Die Entwürfe der Kollektionen stammen von internat. Designern. Zielgruppe sind qualitätsbewusste Konsumenten mit einem besonderen Anspruch an Design, Luxus und Exklusivität. Der Markenname DEDON setzt sich aus den Anfangsbuchstaben der Familiennamen der ursprünglichen Unternehmensgründer Dekeyser und Donapai zusammen. Das DEDON Logo besteht aus dem Firmenschriftzug in einer eigens entworfenen Schriftart. Seit 2003 bestimmt die Farbe Gelb-Orange das Logo. Der Markenauftritt von DEDON ist weltweit einheitlich und räumt den Produkten auf Anzeigen und in Präsentationsräumen großzügigen Platz ein, um die Positionierung von DEDON als Luxusmöbelmarke hervorzuheben. Seit 2003 werden die DEDON-Designs kontinuierlich mit internat. Designpreisen prämiert, bislang jüngster Preisträger ist die Kollektion *YIN YANG*, die im Jahr 2007 mit der Auszeichnung „red dot: best of the best" geehrt wurde. Mit 57,5 Mio. Euro Jahresumsatz und mehr als 3.000 Mitarbeitern weltweit gehört das 1990 gegründete Unternehmen heute zu den führenden Anbietern im Bereich Outdoor-Möbel. In Deutschland vertreibt DEDON seine Produkte über ein Netz ausgewählter Fachhändler. Neben eigenen internat. Showrooms übernehmen General-Importeure den Vertrieb in den 52 Exportländern.

DATEN UND FAKTEN

Markenname: DEDON, Akronym, abgeleitet aus den Familiennamen der beiden ursprünglichen Firmengründer, Bobby **De**keyser und Brando **Don**apai

Slogan: „Exklusive Möbel für In- und Outdoor. Handgeflochten aus der wetterfesten DEDON Faser."

Erfinder: Bobby Dekeyser, 1990, Lüneburg

Markenregistrierung: 19. 11. 2001, World Intellectual Property Organization, Genf

Innovationen: DEDON Faser (1991)

Auszeichnungen:
„Design Plus Award" für Soho (2003)
„HD Magazine & IIDA Design Excellence Award" für DAYDREAM (2003) / ORBIT (2004)
„BIDA – The British Interior Design Association" für LEAF (2005)
„Award of Design Excellence" für ORBIT (2005)
„red dot award: product design" für LEAF (2006)

SCHON GEWUSST?

▮ Als Profifußballer Bobby Dekeyser mit 26 Jahren in einem Spiel schwer verletzt wurde, beendete er noch im Krankenbett seine Karriere als Hochleistungssportler, beschloss, sich selbstständig zu machen, und gründete DEDON. Seine Idee: ein Wohnzimmer für draußen mit Möbeln, die Regen, Sturm und Sonne aushalten. Dekeyser experimentierte mit dem Grundstoff Polyethylen und entwickelte eine völlig neuartige Faser, Grundstoff der späteren Erfolgsgeschichte. Es dauerte einige Zeit, bis er zusammen mit seinem Onkel den richtigen Dreh fand: Eine Kunststofffaser, nicht zu unterscheiden von Naturmaterial, die wetterfest und flexibel zu Flechtmöbeln zu verarbeiten ist - der „Unique Selling Point" von DEDON. Entwickelt vor mehr als 16 Jahren, gilt die einzigartige Synthetikfaser auch heute als „das Original" in der Branche.

„Design Award Magazine Robb Report" für DAYDREAM (2006)
„red dot: best of the best" für YIN YANG (2007)

UNTERNEHMEN

DEDON GmbH

Hauptsitz: Lüneburg, Deutschland

Vorstand: Bobby Dekeyser, Harald Aichinger, Hervé Lampert

Gesamtumsatz: 57,5 Mio. Euro (2006)

Vertrieb: weltweit in 52 Ländern

KONTAKT

DEDON GmbH
Zeppelinstr. 22
21337 Lüneburg
✆ (0 41 31) 22 44 7-0
🖷 (0 41 31) 22 44 7-6 30
✉ office@dedon.de
🖳 www.dedon.de

DEGADUR

Die Industriemarke DEGADUR gehört zum Markenportfolio der Evonik Röhm GmbH. Sie steht für Kunstharz-Systeme, die bei besonders kurzer Aushärtungszeit sehr belastbar sind und sich auch bei sehr niedrigen Temperaturen noch verarbeiten lassen. Es handelt sich um lösemittelfreie, kalthärtende Methacrylatharze, die durch Zugabe eines Härters abbinden. Durch eine Bandbreite an Harztypen und Zuschlagstoffen ist DEGADUR vielseitig einsetzbar. Sie kommen als Bodenbeschichtung insbesondere für Industrieböden, in lebensmittelverarbeitenden Betrieben (Bäckereien, Fleischereien, Weingütern, Käsereien), Supermärkten, Sportanlagen, Parkhäusern, als Schiffsdeckbelag sowie in Schulen und öffentlichen Gebäuden zum Einsatz. Mit dem Slogan „Schneller verlegt, auf Dauer belastbar." werden die „Benefits" von DEGADUR unterstrichen: Sie verdeutlichen insbesondere die hohe Verarbeitungsgeschwindigkeit und „das große Temperaturfenster, in dem die Produkte verarbeitet werden können". Die Marke wendet sich insbesondere an Fußbodenverleger, Architekten und gewerbliche Bauherren. Zur DEGADUR-Markenfamilie gehören auch die Produkte *DEGAROUTE*, *DEGADECK* und *DEGAPLAST*. Die Marke wird weltweit vertrieben und ist nach Unternehmensangaben Marktführer in ihrem Spezialsegment. Neben DEGADUR zählt auch →PLEXIGLAS zum Portfolio der Evonik Röhm GmbH. Unter dem Dach der Evonik Degussa GmbH ist sie Teil des Geschäftsfelds *Chemie* der →Evonik Industries AG.

DATEN UND FAKTEN

Markenname: DEGADUR, Kunstwort, zusammengesetzt aus den Bestandteilen Dega von **Degussa** und Dur von **dur**able, engl. für dauerhaft

Slogan: „Schneller verlegt, auf Dauer belastbar"

Erfinder: Degussa, 1960er-Jahre

Markenregistrierung: 14. 12. 1969, Syrien

UNTERNEHMEN

Evonik Industries AG
Rellinghauser Str. 1–11
45128 Essen
✆ (02 01) 1 77-01
🖷 (02 01) 1 77-34 75
🖳 www.evonik.de

DEGADUR®
Schneller verlegt – auf Dauer belastbar

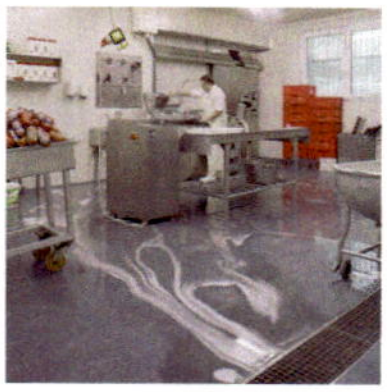

Die Marke DEGADUR kommt insbesondere bei der Herstellung von strapazierfähigen Bodenbelägen (z. B. für die Industrie oder lebensmittelverarbeitende Betriebe) zum Einsatz.

DEICHMANN

Heinrich Deichmann eröffnete 1913 eine Schuhmacherei in Essen-Borbeck und legte damit den Grundstein für das Schuheinzelhandels-Unternehmen Deichmann. Der Gründer wollte den Essener Arbeitern preisgünstiges und solides Schuhwerk anbieten. Sein Konzept war so erfolgreich, dass er schon 1919 begann, fabrikgefertigte Schuhe zu vertreiben. Nach dem Tod von Heinrich Deichmann übernahmen seine Frau Julie und ihre Kinder die Leitung des Geschäfts. Sie eröffneten 1930 eine erste Filiale und weiteten den Vertrieb 1949 nach Düsseldorf aus. Mit breitem Marketing, innovativen Ladenkonzepten wie dem Vorwahlständer und Passagen-Verkauf sowie wachsender Einkaufsmacht konnte Deichmann seine Marktanteile vermehren. 1956 ging die Leitung des Unternehmens an Dr. Heinz-Horst Deichmann über. Mit der Übernahme der Schweizer Schuhkette Dosenbach leitete er 1973 die Auslandsexpansion ein. 1984 akquirierte Deichmann den US-Schuhhändler Lerner Shoes, im Jahr darauf die niederl. Kette vanHaren und 1988 die dt. Kette Roland. Die Geschäftstätigkeit von Deichmann hat auch eine soziale Komponente: Gemäß dem Motto „Das Unternehmen soll dem Menschen dienen" setzt sich das Unternehmen auch im sozialen Bereich ein und unterstützt Hilfsprojekte in

DEICHMANN

Markenzeichen des Schuheinzelhandel-Unternehmens Deichmann (oben), Pumps aus der „Pussicat-Dolls-Collection" (Mitte), Außenfassade einer Deichmann-Filiale (unten)

Firmengründer Heinrich Deichmann mit seiner Tochter Ellen 1924 vor dem ersten Schuhgeschäft in Essen-Borbeck.

Deutschland, Tansania und Indien. Das Markenlogo in den Farben Blau und Grün zeigt einen stilisierten blauen Schuh am Fuß der weißen Deichmann-Initiale D, gesetzt in einem grünen, schattierten Quadrat. Ergänzt wird es von dem Slogan „Gutes Geschäft", der auf das positive Preis-Leistungs-Verhältnis beim europäischen Marktführer abzielt. Seit 1999 führt Heinrich O. Deichmann die Heinrich Deichmann-Schuhe GmbH & Co. KG in dritter Generation. Das Unternehmen übernahm 2005 die Rechte an den Marken Gallus und →Elefanten. 2006 verkaufte man 112 Mio. Schuhe in 13 Ländern, womit ein Jahresumsatz von 2,7 Mrd. Euro erzielt wurde. Deichmann beschäftigt rund 25.000 Mitarbeiter und betreibt allein in Deutschland über 1.000 Filialen.

DATEN UND FAKTEN

Markenname: Deichmann, abgeleitet vom Familiennamen des Unternehmensgründers Heinrich Deichmann

Slogan: „Gutes Geschäft - Deichmann"

Gründer: Heinrich Deichmann, 1913, Essen

Markenregistrierung: 22. 06. 1984, DPMA München

UNTERNEHMEN

Heinrich Deichmann-Schuhe GmbH & Co. KG

Hauptsitz: Essen, Deutschland

Inhaber: Familie Deichmann

Weitere Marken: →Elefanten, Victory, Gallus, Graceland

Gesamtumsatz: 2,7 Mrd. Euro (2006)

KONTAKT

Heinrich Deichmann-Schuhe
GmbH & Co. KG
Deichmannweg 9
45359 Essen
✆ (02 01) 86 76-00
✉ info@deichmann.com
💻 www.deichmann.de

Ansprechpartner Presse:
Ulrich Effing
✆ (02 01) 86 76-9 60
✉ ulrich_effing@deichmann.com

MEILENSTEINE

1913 Heinrich Deichmann eröffnet in Essen-Borbeck eine Schuhmacherei.

1930 Eröffnung der ersten Filiale

1956 Dr. Heinz-Horst Deichmann übernimmt die Leitung der Firma.

1989 Eintritt von Heinrich O. Deichmann in das Unternehmen

2003 Deichmann wird 90 Jahre alt.

2005 Deichmann übernimmt die Marken Elefanten und Gallus.

DEKRA

Das Logo von DEKRA wurde 1982 von der Agentur Wilkens in Hamburg gestaltet.

Die internat. Dienstleistungsmarke DEKRA steht für Sicherheits- und Qualitätsprüfungen sowie Gutachten in den Bereichen Automobil, Industrie, Umwelt und Personal. Zum umfangreichen Portfolio gehören u. a. Fahrzeugprüfungen, Schadengutachten, Gebrauchtwagenmanagement, Umweltanalysen, Bau- und Immobiliengutachten, Industrieanlagenprüfungen, Zertifizierungen sowie Weiterbildungsangebote, Zeitarbeit und Beratungsdienstleistungen. Als unabhängiger Dienstleister übernimmt der DEKRA e. V. sowohl staatliche als auch privatwirtschaftliche Aufgaben. Das Akronym DEKRA steht für den 1925 in Berlin gegründeten Deutschen Kraftfahrzeug-Überwachungsverein. Das Logo von DEKRA wurde 1982 von der Agentur Wilkens in Hamburg gestaltet. Die Wort-Bild-Marke zeigt den Schriftzug in Versalien mit einem vorangestellten, dreieckig gestalteten D. Das Corporate Design wird von den Farben Grün und Silber sowie Orange bestimmt. In der Markenkommunikation liegen die Schwerpunkte auf der Öffentlichkeitsarbeit und dem Sponsoring. Die beiden

Engagements im Motorsport (Deutsche Tourenwagen Masters) und Fußball (DFB-Schiedsrichter) sollen das technische Knowhow im Automobilbereich und die Neutralität und das Expertenwissen der DEKRA Sachverständigen veranschaulichen. Des Weiteren engagiert sich DEKRA mit der Kampagne „Sicherheit braucht Köpfchen" und stattet alljährlich rund 15.000 Schulanfänger deutschlandweit mit Sicherheits-Basecaps aus. Insgesamt verfügt der DEKRA e.V. über mehr als 100 Tochtergesellschaften und Beteiligungen. Diese sind in vier Geschäftseinheiten gegliedert und an die DEKRA AG angebunden, die für die operative Ausrichtung des DEKRA Konzerns verantwortlich ist. Internat. ist DEKRA in 27 europäischen Ländern sowie in den USA, Südafrika, Brasilien und Asien vertreten. 2006 erzielte DEKRA mit 16.000 Mitarbeitern einen Umsatz von 1,3 Mrd. Euro.

UNTERNEHMEN

Dekra e.V.
Handwerkstr. 15
70565 Stuttgart
✆ (07 11) 78 61-0
🖷 (07 11) 78 61-22 40
💻 www.dekra.de

DELI REFORM

Unter der Dachmarke Deli Reform vertreibt das Unternehmen Walter Rau Lebensmittelwerke GmbH & Co.KG naturbelassene Margarinen ohne gehärtete Fette und mit einem hohen Anteil an essenziellen Fettsäuren. Der Markenname leitet sich von den beiden Wörtern Delikatesse und Reform-Margarine ab. Die in den 1950er-Jahren entwickelte Reform-Margarine geht zurück auf Dr. Gerhard von Rappard, dem damaligen Geschäftsleiter des Unternehmens für die Bereiche Produktion, Technik und Wissenschaft. Die Margarine war ab 1959 in der klassischen Würfel-Reform erhältlich. Seit 1993 wird Deli Reform Margarine im bekannten rechteckigen Becher angeboten. Das Produktsortiment erweiterte sich 1973 um die Halbfett-Margarine *Halbarine*, für die der junge Fußballprofi Uli Hoeneß warb. In den Folgejahren kamen kalorienreduzierte Varianten wie *Deli Reform Die Leichte* und *Deli Reform Diät* auf den Markt. Eine Innovation aus dem Jahr 2007 ist der leichte Brotaufstrich *Deli Reform Sommerfrische*. Zu den bekannten Slogans der Marke gehörte der ab 1993 verwendete „Deli Reform. Ist gut. Schmeckt gut." Mit dem aktuellen Markenslogan „Deli Reform – Natürlich ein gesunder Genuss" sollen die besonderen Eigenschaften der Reform-Margarine betont werden. Zwei Kernelemente prägen das Markenlogo: Das stilisierte Herz steht als Zeichen für Gesundheit, der Früchtekreis soll an die Natürlichkeit der pflanzlichen Zutaten erinnern. Lt. GfK sind die Walter Rau Lebensmittelwerke im Segment der Diät- und Reformmargarinen Marktführer in Deutschland.

Die Deli Reform-Magarine in der zwischen 1959 und 1993 verwendeten Würfelform.

Den Grundstein für das Unternehmen legte Walter Rau, der 1903 im niedersächsischen Hilter eine Molkerei gründete und mit der Produktion von Streichfetten begann. Heute gehören zum Produktportfolio Margarinen, Speisefette und -öle sowie pflanzliche Schmalzprodukte für Endverbraucher, Großverbraucher und die Industrie. Das in dritter Generation geführte Familienunternehmen beschäftigt an den Standorten Hilter und Kleve 280 Mitarbeiter und erwirtschaftet im Jahr 120 Mio. Euro (2006).

DATEN UND FAKTEN

Markenname: Deli Reform, abgeleitet von den beiden Wörtern **Deli**katesse und **Reform**-Margarine

Slogan: „Deli Reform – Natürlich ein gesunder Genuss"

Erfinder: Dr. Gerhard von Rappard, 1959, Hilter

Markenregistrierung: 08.04.1960, DPMA München

Innovationen: Deli Reform Pflanzliches Schmalz (1998), Deli Reform Pflanzencreme (2000), Deli Reform Active (2003), Deli Reform Sommerfrische (2007)

Die ursprüngliche Herzform des Deli Reform Markenlogos ist bis heute erhalten geblieben (oben). Seit 1993 wird Deli Reform Margarine im rechteckigen Becher vertrieben (Mitte). Hubertus Rau (unten) leitet das Unternehmen in dritter Generation.

Markenbekanntheit: 59 % gest. (IWD Marktforschung, 2006)

Auszeichnungen:
„sehr gut", Öko Test Jahrbuch Essen, Trinken & Genießen für *Deli Reform Das Original* (2007)

Markenwebsite: www.deli-reform.de

Literatur:
H. Pentermann: 100 Jahre Walter Rau Lebensmittelwerke (2003)

UNTERNEHMEN

Walter Rau Lebensmittelwerke GmbH & Co. KG

Hauptsitz: Hilter, Deutschland

Geschäftsführung: Hubertus Rau, Manfred Hübschmann, Joachim A. F. Rathke

Weitere Marken: Veltenhof, Cremana, Pflanzengold, Landkost

Gesamtumsatz: 120 Mio. Euro (2006)

Vertrieb: europaweit mit Fokus Deutschland

MEILENSTEINE

1959 Markteinführung von Deli Reform, der ersten Reform-Margarine im dt. Lebensmitteleinzelhandel

1973 Die Halbfett-Margarine Halbarine kommt auf den Markt.

1993 Alle Produkte sind mittlerweile im rechteckigen 500-Gramm-Becher erhältlich.

1998 Mit Deli Reform Pflanzliches Schmalz wird die Produktpalette um einen cholesterinfreien Brotaufstrich erweitert.

2000 Kochen, Braten und gerührte Teige sind die Anwendungsgebiete der neuen Pflanzencreme.

2003 Deli Reform Active kommt auf den Markt, eine Margarine mit natürlichen bioaktiven Pflanzensterinen, die im Körper die Aufnahme von Cholesterin hemmt.

2005 Einführung des Deli Reform Diät-Programms

2006 Deli Reform erhält ein neues Marken- und Verpackungsdesign.

KONTAKT

Walter Rau Lebensmittelwerke GmbH & Co. KG
Münsterstr. 9–11
49176 Hilter
✆ (0 54 24) 3 66-0
🖷 (0 54 24) 3 66-3 00
💻 www.walter-rau.de

Ansprechpartner Presse:
Ina Dirksen
Public Relations von Hoyningen-Huene
✆ (0 40) 41 62 08-18
✉ id@prvhh.de

Ansprechpartner Marketing:
Andreas Grafen
✆ (0 54 24) 36 6-296
✉ andreas.grafen@walter-rau.de

Lead-Agentur:
Public Relations von Hoyningen-Huene
💻 www.prvhh.de

DELL

Dell ist der weltweit größte Direktanbieter von Computersystemen.

Die internat. Marke Dell stammt aus den USA und steht für individuelle IT-Systeme. Der Markenname Dell leitet sich von dem Familiennamen des Gründers Michael Dell ab. Dieser gründete 1984 in den USA ein Unternehmen, mit dem er PC-Systeme direkt und ohne Umwege vertreiben wollte. Von Beginn an wurde die Marktführerschaft in dem genannten Segment angestrebt. Gegenwärtig bietet Dell weltweit maßgeschneiderte IT-Systeme an, bei denen die entsprechende Hardware erst nach der Bestellung individuell, entsprechend den Kundenwünschen, zusammengebaut wird. Dabei umfasst das Angebot sowohl Notebooks und Desktops als auch Server und Netzwerke sowie Drucker und Elektronikzubehör. Zielgruppe der Marke sind sowohl IT-Entscheider in Unternehmen als auch allgemein PC- und Notebook-interessierte Privatkunden. Das Markenlogo besteht aus dem Schriftzug Dell in blauen Versalien. Das „E" ist dabei nach links weggekippt. Beworben werden die Produkte aktuell unter dem Slogan „Dell – Yours is here". Bekannt ist auch der frühere Werbespruch „Easy as Dell". Dell ist nach eigenen Angaben der weltweit größte Direktanbieter von Computersystemen. Das Unternehmen Dell Corporation wurde 1984 im texanischen Austin/USA von Michael Dell gegründet. Er ist heute CEO des IT-Großanbieters, der global rund 80.000 Mitarbeiter beschäftigt. 2006 erzielte der Konzern einen weltweiten Umsatz von ca. 57

Mrd. USD. Die dt. Niederlassung von Dell hat ihren Hauptsitz in Frankfurt/Main.

UNTERNEHMEN

Dell GmbH
Unterschweinstiege 10
60549 Frankfurt/Main
(0 69) 97 92-0
(0 69) 97 92-80 00
www.dell.de

DE'LONGHI

Kaffeemaschinen und Klimageräte bilden den Kernbereich der Konsumgütermarke De'Longhi. Unter der internat. Dachmarke produziert die ital. De'Longhi Gruppe Elektrogeräte für Klimatisierung, Heizung, Küche und Haushalt sowie Reinigungsgeräte und Bügelautomaten. In den 1900er-Jahren als Handwerksbetrieb gestartet, fertigte die Firma ab 1950 Heizungssystem-Zubehör und brachte 1970 erstmals unter eigenem Namen Produkte auf den Markt. Das Markenlogo besteht aus dem Schriftzug des Unternehmens in einer ovalen blauen Vignette (Pantone 287c), ergänzt durch den Slogan „Living Innovation". Charakteristisch für die Produkte der Marke ist neben kontinuierlicher technischer Weiterentwicklung insbesondere der hohe Anspruch an die Gestaltung, mit der designorientierte, qualitätsbewusste Käufer angesprochen werden sollen. Aktuell ist De'Longhi nach eigenen Angaben Weltmarktführer bei mobilen Klima- und Heizgeräten. In Deutschland war die Gruppe im Jahr 2006 lt. GfK drittgrößter Anbieter von Kaffeevollautomaten. Zu den neuesten Produkten gehören u. a. ein Wasser-Luft-System für mobile Klimageräte und ein Roto-System für Friteusen. De'Longhi wird weltweit in über 100 Ländern vertrieben. Kernmärkte sind Europa und die USA, wobei der dt. Markt nach dem Heimatmarkt Italien die größte Bedeutung für die Marke hat. Die De'Longhi Deutschland GmbH beschäftigte im Jahr 2006 rund 60 Mitarbeiter und konnte ihren Umsatz im Vergleich zum Vorjahr um 40 % auf rund 55 Mio. Euro steigern. Geschäftsführer Helmut Geltner plant, die Zahl der Außendienstmitarbeiter aufzustocken und die Bekanntheit der Marke durch ein entsprechend hohes Marketingbudget weiter zu erhöhen. Weltweit beschäftigte der Konzern, zu dessen Portfolio neben De'Longhi auch die Marke Kenwood gehört, im Jahr 2006 über 7.000 Mitarbeiter und erwirtschaftete 1,35 Mrd. Euro.

DATEN UND FAKTEN

Markenname: De'Longhi, Nachname des Gründers Giuseppe De'Longhi

Slogan: „Living Innovation"

Gründer: Giuseppe De'Longhi , 1970

Markenregistrierung: 1980, Italien und 1999, HABM Alicante/ Spanien

Innovationen: IFD-Milchaufschäumungssystem, Nespresso Kapselgerät mit Cappuccino-Funktion, Roto-System und Easy Clean-Funktion bei Fritteusen

Jahresumsatz: 1,35 Mrd. Euro (Unternehmen, 2006)

Auszeichnungen:
„iF product design award" für die *Esclusivo Frühstücksserie* (2007)
„red dot award: product design" für die *Esclusivo Frühstücksserie* (2007)
„Plus X Award: Most Innovative Brand" (2007)
„Plus X Award" für Kaffeevollautomaten *ESAM 6600 PrimaDonna, Nespresso Lattissima* von De'Longhi, Klimagerät *PAC T 106 ÖKO*, Klimagerät *PAC W 110 ÖKO*, Luftentfeuchter *DNC 60* und Dampfbügelstation *VVX 2200* (2007)

UNTERNEHMEN

De'Longhi Deutschland GmbH
Am Reitpfad 20
63500 Seligenstadt
(0 61 82) 92 06-0
(0 61 82) 92 06-1 11
www.delonghi.de

DELSEY

Die Konsumgütermarke Delsey steht für hochwertige Reiseartikel und Lederwaren. Derzeit werden neun Weich- und sieben Hartgepäcklinien produziert, zwei Linien, die Weich- mit Hartgepäck mixen, zwei Freizeitgepäcklinien, elf Business-Serien und zahlreiche Reiseaccessoires. Die Produkte werden laufend weiterentwickelt und unter Realbedingungen getestet. 3 Mio. Produkte werden jährlich in der Produktionsanlage in Montdidier an der Somme, Frankreich, gefertigt. Der Markenname Delsey setzt sich aus den jeweils ersten Silben der Familiennamen der Gründer zusammen: Delahaye und Seynhaeve. Das Logo zeigt den Markennamen sowie einen roten, unten abgeflachten Kreis. Der Slogan „Born to Move" verweist auf das zentrale

DēLonghi
Living innovation

Das Produktportfolio von De'Longhi umfasst Elektrogeräte in den Bereichen Klimatisierung, Heizung, Küche und Haushalt sowie Reinigungsgeräte, Bügelautomaten und die komplette Produktpalette im Bereich Kaffeegeräte.

Thema Mobilität. Das Sponsoring im Bereich Sportevents machte die Marke weiter bekannt. Die Unternehmensgründung erfolgte 1946. 1969 stellte man den Trolley-Koffer mit versenkbaren Rollen vor. 1972 folgte der erste Hartschalenkoffer mit Rollen. 1998 erhielt die Gepäcklinie Delsey Circus auf der Tax Free Worldwide Exhibition in Cannes den Titel „Product of the Year". Der Vertrieb der Produkte wird über sechs Vertragsniederlassungen in Europa und den USA organisiert sowie über insgesamt 60 Distributeure, die Delsey-Produkte in 100 Länder liefern. Das Unternehmen gehört heute der Argan Gruppe sowie Ebbe Pelle Jacobsen und Bieber David. Delsey Deutschland wurde 1970 gegründet.

UNTERNEHMEN

Delsey Reiseartikel & Lederwaren GmbH
Bettinastr. 37
63009 Offenbach/Main
(0 69) 3 40 07-0
(0 69) 82 99 36-97
www.delsey.de

DELTA PRONATURA

Geschäftsführende Gesellschafter Heinrich Beckmann (links) und Gerhard Krauss (rechts)

delta pronatura ist ein international tätiges Familienunternehmen, zu dessen Kernkompetenzfeldern Wasch-, Putz- und Reinigungsmittel, freiverkäufliche Arzneimittel sowie Gesundheits- und Körperpflegeprodukte gehören. Zum Portfolio des Unternehmens zählen die Marken Dr. Beckmann, → Bullrich, → Blistex und DDD. Nach eigenen Angaben hält Dr. Beckmann die Marktführerschaft in der klassischen Fleckentfernung und auch die drei Bullrich-Marken sind marktführend im DM-/LEH-Bereich. Das Unternehmen entstand aus der 1934 in Berlin gegründeten „Schäfer's Apotheke". Der Inhaber produzierte ursprünglich die Hautcreme DDD, eine nicht verschreibungspflichtige Creme gegen unreine und juckende Haut, die auch heute noch in den Apotheken erhältlich ist. Dr. Krauss & Dr. Beckmann etablierten das Unternehmen zunächst mit Firmensitz in Frankfurt am Main, später in Neu-Isenburg. Im Zuge der Expansion wechselte man 2001 noch einmal den Standort und bezog ein neues, größeres Firmengelände in Egelsbach. Mittlerweile wird das Unternehmen bereits in dritter Generation von Heinrich Beckmann und Gerhard Krauss geleitet. Mit dem Erwerb der „Fleckenteufel" stieg delta pronatura 1972 in den Wasch-, Putz- und Reinigungsmarkt ein. 1973 begann man mit der Exklusivdistribution der amerikanischen Lippenpflegemarke Blistex, die 1994 zur Dachmarke für ein komplettes Lippenpflege-Sortiment ausgebaut wurde. 1984 wurde Dr. Beckmann als Dachmarke für Wasch-, Putz- und Reinigungsmittel eingeführt und ab 1991 zur stringenten und einheitlichen Dachmarke in ganz Europa ausgebaut. Tochtergesellschaften in USA, England und Österreich unterstreichen die internationale Ausrichtung des mittelständischen Unternehmens. Zur Bündelung nationaler Außendienstaktivitäten gründete delta pronatura gemeinsam mit der Werner & Merz GmbH am 1. Mai 2004 die Erdal-delta Vertriebs GmbH.

Hauptsitz von delta pronatura in Egelsbach

UNTERNEHMENSBEREICHE UND MARKEN

Wasch- und Reinigungsmittel:
Dr. Beckmann, Carbona

Freiverkäufliche Arzneimittel/OTC:
→ Bullrich Salz

Gesundheitsprodukte:
Bullrich's Vital, Bullrich's Heilerde

Körperpflege:
→ Blistex, DDD

DATEN UND FAKTEN

delta pronatura
Dr. Krauss & Dr. Beckmann KG

Gründer: Dr. Beckmann und Dr. Krauss

Unternehmensgründung: 1934 in Berlin als Schäfer's Apotheke

Vertretungsberechtigte geschäftsführende Gesellschafter:
Heinrich Beckmann, Gerhard Krauss

KONTAKT

delta pronatura
Dr. Krauss & Dr. Beckmann KG
Kurt-Schumacher-Ring 15-17

63329 Egelsbach
✆ (0 61 03) 40 45-0
www.delta-pronatura.de

Ansprechpartner Kommunikation:
Michaela Bracht-Klopfer
Marketing Manager
✆ (0 61 03) 40 45-1 41
✉ mbrachtklopfer@delta-pronatura.de

MEILENSTEINE

1934 Unternehmensgründung in Berlin als Schäfer's Apotheke

1951 Firmenverlegung nach Frankfurt am Main/Neu-Isenburg

1972 Einstieg in den Wasch-, Putz- und Reinigungsmittelmarkt mit dem Erwerb der Marke Fleckenteufel

1973 Start Exklusivdistribution der Lippenpflegemarke Blistik

1982 Erwerb der OTC-Marke Bullrich Salz

2001 Verlegung des Firmensitzes nach Egelsbach

2004 delta pronatura und die Werner & Merz GmbH gründen am 01. Mai die Erdal-delta Vertriebs GmbH zur Führung eines gemeinsamen nat. Außendienstes.

DEMAG

Unter der Marke Demag werden Industriekrane und Krankomponenten vertrieben. Auch Dienstleistungen wie die Bereitstellung von Ersatzteilen sowie die Instandhaltung und Modernisierung der Anlagen sind Kernelemente des Leistungsspektrums der Demag Cranes & Components GmbH. Das Unternehmen bietet Logistiklösungen für viele Branchen und spricht nicht nur global agierende Industriekonzerne, sondern auch kleine Handwerksbetriebe an. Die Geschichte des Maschinenbauers begann bereits 1819 mit der Gründung der Mechanische Werkstätten Harkort & Co. in Wetter an der Ruhr, wo sich noch heute der Hauptsitz des Herstellers befindet. Aus diesem und weiteren Unternehmen entstand später die Deutsche Maschinenfabrik Aktiengesellschaft, deren Telegrammkürzel Demag war. 1926 wurde mit dem Zusammenschluss der Deutschen Maschinenfabrik und der Vereinigten Stahlwerke AG (Thyssen) die Demag AG gegründet. Der in den Slogan „Demag. Der Name der Fördertechnik" wurde von einem neuen Kommunikationskonzept abgelöst. Eine Schlagworttechnik soll die Kernwerte des Unternehmens transportieren. Die Begriffe Substanzwert, Innovationskraft, Erfolgsfaktor, Lösungskompetenz und Global Player stehen für Erfahrung, Kundenorientierung, ausgereifte Konzepte, individuelle Lösungen und ein weltweites Service-Netz. Das aktuelle Markenlogo wurde basierend auf dem hist. Demag-Logo 2001 neu kreiert. Neben Werten wie Qualität und Zuverlässigkeit soll es Dynamik und eine Ausrichtung auf die Zukunft verdeutlichen. Die Demag Cranes & Components GmbH ist im Bereich Industriekrane und Seilzüge nach eigenen Angaben einer der weltgrößten Produzenten. Zudem sieht sich das Unternehmen mit 220 Servicestationen und über 650.000 installierten Industriekranen als Marktführer im Bereich Kran-Service. Vertrieben werden die Produkte weltweit über 21 Auslandsgesellschaften sowie über Vertretungen und Partnerunternehmen. Mit 4.915 Mitarbeitern erzielte das zur Demag Cranes AG gehörende Unternehmen im Geschäftsjahr 2006/2007 einen Gesamtumsatz von rund 750 Mio. Euro.

Krananlagen von Demag Cranes & Components werden z.T. für spezielle Einsätze konstruiert wie z.B. der Montage der Airbus-Flugzeuge.

DATEN UND FAKTEN

Markenname: DEMAG, Akronym, zusammengesetzt aus dem Telegrammkürzel des früheren Unternehmens **De**utsche **Ma**schinenfabrik **A**ktien**g**esellschaft

Slogan: „Demag. Der Name für Fördertechnik"

Gründung: Zusammenschluss der Deutschen Maschinenfabrik und der Deutschen Stahlwerke AG, 1926, Duisburg

Markenregistrierung: 04.06.2004, DPMA München

UNTERNEHMEN

Demag Cranes & Components GmbH

Krananlagen der Demag Cranes & Components GmbH (Mitte), Vorsitzender der Geschäftsführung Thomas H. Hagen (unten)

Hauptsitz: Wetter an der Ruhr, Deutschland

Geschäftsführung: Thomas H. Hagen, Dr. Horst J. Heiber, Rainer Berthan

Gesamtumsatz: ca. 750 Mio. Euro (Geschäftsjahr 2006/2007)

Mitarbeiter: 4.915 Demag Cranes & Components GmbH (Geschäftsjahr 2006/07)

KONTAKT

Demag Cranes & Components GmbH
Ruhrstr. 28
58300 Wetter
✆ (0 23 35) 92-10 02
🖷 (0 23 35) 92-24 08
💻 www.demagcranes.de

Ansprechpartner Marketing:
Nikolai Juchem
✆ (0 23 35) 92-10 02
✉ nikolai.juchem@demagcranes.com

SCHON GEWUSST?

▮ In einigen Ländern steht der Begriff Demag inzwischen als Synonym für einen Kettenzug. Dort sagt man: „Wir haben da einen Demag montiert."

Dr. Peter Schaumberger, Geschäftsführer Demeter Marktforum e.V.

DEMETER

Die Marke Demeter steht für Produkte aus biologisch-dynamischen Landbau. Erzeuger, die ihre Waren mit dem Demeter-Markenzeichen bewerben wollen, müssen vom Anbau bis zur Verarbeitung strenge Richtlinien einhalten. Synthetischer Dünger oder chemische Pflanzenschutzmittel sowie künstliche Zusatzstoffe bei der Verarbeitung sind grundsätzlich verboten. Die Demeter-Anforderungen gehen dabei über die der EG-Bio-Verordnung hinaus. Die Demeter-Richtlinien fordern weiterhin eine gezielte Förderung der Lebensprozesse im Boden und in der Nahrung. Demeter ist der älteste ökologische Landwirtschaftsverband. 1924 legte der Anthroposoph Rudolf Steiner mit Vorträgen über „geisteswissenschaftliche Grundlagen zum Gedeihen der Landwirtschaft" die Basis für das Konzept. Den Anstoß dazu hatten Landwirte gegeben, die die Qualität der konventionellen Lebensmittel Sorgen machten. Vier Jahre später wurde das Warenzeichen Demeter eingeführt. Der Name geht auf die griechische Göttin der Fruchtbarkeit, insbesondere des Ackerbaus und des Getreides, zurück. Zur Jahrtausendwende wurde aus dem Warenzeichen eine Marke, und aus Lizenznehmern wurden Mitglieder einer Markengemeinschaft. Im Rahmen der Co-Markenstrategie von Demeter platzieren die kontrollierten Vertragspartner ihr entsprechendes Markenzeichen gemeinsam mit dem Demeter-Logo auf ihren Produkten. Der Verein bezeichnet Demeter als Vertrauensmarke. Der einheitliche Markenauftritt, wie der Gebrauch des orange-grünen Markenzeichens, ist daher von zentraler Bedeutung. Das dazugehörige Kommunikationskonzept wurde von BBDO Berlin erarbeitet. Demeter-Produkte werden ausschließlich über Bio- und Hofläden, Naturkostfachgeschäfte und Reformhäuser vertrieben. Demeter ist der einzige Öko-Verband, dessen Regeln internat. gelten. In 35 Ländern weltweit gehören 3.200 Betriebe zum Anbauverband, davon allein 1.350 in Deutschland.

Zum Demeter-Verbund gehören weltweit 3.200 Anbaubetriebe, die ein breites Produktsortiment produzieren.

DATEN UND FAKTEN

Markenname: Demeter, Göttin der Fruchtbarkeit insbesondere des Ackerbaus in der griech. Mythologie

Slogan: „Bio-dynamische Qualität"

Markenregistrierung: 1928, Reichspatentamt Berlin

Markenbekanntheit: nahezu 90 % (lt. Verbandsangaben)

UNTERNEHMEN

Demeter-Bund e.V. ; Demeter Marktforum e.V. ; Forschungsring für biologisch-dynamische Wirtschaftsweise e.V.

Vorstand: Dr. Peter Schaumberger, Stephan Illi, Jochen Leopold

Mitarbeiter: 25

Betriebe: 3.200 (weltweit), davon 1.350 in Deutschland

Vertrieb: Bio- und Hofläden, Naturkostfachgeschäfte, Reformhäuser, qualitätsorientierter Handel

KONTAKT

Demeter Marktforum e.V.
Brandschneise 1
64295 Darmstadt
✆ (0 61 55) 84 69–0
www.demeter.de

Ansprechpartner Presse:
Renée Herrnkind
✆ (0 64 45) 92 29 38
✉ streichsmuehle@aol.com

MEILENSTEINE

1928 Einführung des Demeter-Warenzeichens

1932 Gründung des „Demeter-Wirtschaftsverbunds"; auch im europäischen Ausland beginnen Bauern mit biologisch-dynamischem Landbau.

1994 Demeter verabschiedet als erster ökologischer Anbauverband Richtlinien für die Verarbeitung von Lebensmitteln.

1997 Als Zusammenschluss 19 unabhängiger Demeter-Organisationen auf der ganzen Welt wird Demeter International e.V. gegründet.

2000 Neuer Markenauftritt mit Co-Markenstrategie, aus Lizenznehmern werden Mitglieder einer Markengemeinschaft.

DENNREE

Das Lebensmittel-Handelshaus dennree zählt im Handel mit Bio-Lebensmitteln und Naturkosmetik europaweit zu den Marktführern. Die dennree GmbH wurde 1974 von Thomas Greim, dem geschäftsführenden Gesellschafter, als Ein-Mann-Betrieb gegründet. Zunächst bot er ausschließlich Demeter-Frischmilch in Flaschen an. Heute beliefert die dennree GmbH 1.400 selbstständige Biomärkte und Bio-Supermärkte. Neben Produkten der Marke dennree vertreibt man auch Bio-Lebensmittel der Marken *Gustoni* und *Königshofer* und *Yalia* Naturkosmetik. dennree steht für Lebensmittel aus kontrolliert biologischem Anbau mit prägnantem Geschmack. Gemäß dem Slogan „Bio für jeden Tag!" verfolgt das Unternehmen den Anspruch, den Konsumenten beste, kontrollierte Qualität vom Bio-Bauern bis zum fertigen Produkt zu gewährleisten. Deshalb hat dennree ein Qualitätsmanagement eingeführt, das über die Anforderungen des staatlichen EU-Siegels hinausgeht, und arbeitet außerdem mit unabhängigen Laboren zusammen. Der Markenname, der zugleich als Firmenname fungiert, leitet sich vom franz. Wort für Nahrungsmittel ab. Das aktuelle Logo, ein weißer Namenszug auf einem grünen Blatt, entwickelte die Agentur Brand Central Station in Hamburg Ende 2004 im Zuge der Vereinheitlichung von Großhandel und Marke der Bio-Produkte. Als Hausfarben verwendet dennree die Logofarben Grün, Orange und Weiß. Durch das zunehmende Interesse der Öffentlichkeit an Bio-Lebensmitteln konnte die dennree GmbH kontinuierliche Wachstumsraten verzeichnen und erwirtschaftete im Geschäftsjahr 2006 mit 700 Mitarbeitern einen Gesamtumsatz von 268 Mio. Euro. dennree vertreibt seine Produkte in Deutschland, Österreich, Luxemburg und Italien und plant einen Ausbau des Markensortiments. Das Schwesterunternehmen *denn's Biomarkt* GmbH betreibt mehr als 25 Bio-Supermärkte in Deutschland und Österreich.

DATEN UND FAKTEN

Markenname: dennree, Kunstname, franz. für Nahrungsmittel

Slogan: „Bio für jeden Tag!" (1974)

Gründer: Thomas Greim, 1974, Töpen

Markenregistrierung: 10.05.2000, DPMA München

Jahresumsatz: 268 Mio. Euro (2006)

UNTERNEHMEN

dennree GmbH
Hofer Str. 11
95183 Töpen
✆ (0 92 95) 18–0
(0 92 95) 91 41–0
www.dennree.de

Die dennree GmbH ist ein führendes Lebensmittel-Handelshaus im Bio-Segment.

DENTAGARD

Unter der Marke Dentagard vertreibt die Colgate-Palmolive Company Mundpflegeprodukte auf dem deutschsprachigen Markt. Ein Schwerpunkt liegt dabei auf der Dentagard

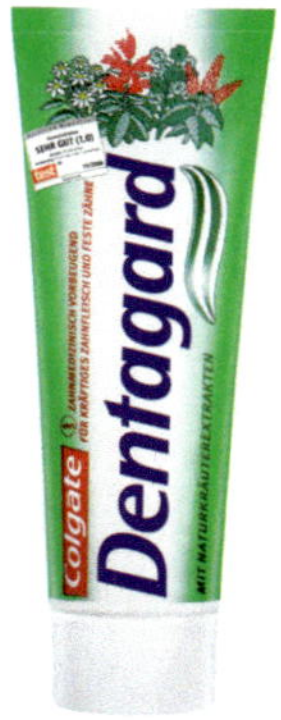

Die grüne Farbe auf der Tube und in der Zahnpasta selbst soll die natürlichen Wirkstoffe von Dentagard symbolisieren.

Der General Bergfrühling (Mitte) ist die erfolgreichste Produktvariante der Marke. „Spurenlos mit Bio-Alkohol": ein Werbemotiv zur Markteinführung 1972 (unten)

Zahncreme, aber auch Mundwasser gehört zum Markenportfolio. Eingeführt wurde die Dentagard-Zahncreme 1973. Zehn Jahre später positionierte Colgate-Palmolive das Produkt neu. Bei der Zusammensetzung der Dentagard-Zahncreme setzte das Unternehmen auf Extrakte der Naturkräuter Kamille, Minze, Myrrhe und Salbei. Diese vier Kräuter bestimmten fortan den Geschmack und trugen zur reinigenden und vorbeugenden Wirkung der Zahncreme bei. Damit gelang es dem Unternehmen, den damaligen Zeitgeist zu treffen, der das Umwelt- und Gesundheitsbewusstsein immer stärker in den Vordergrund rückte. Das gilt bis heute. Symbolisiert werden die natürlichen Zutaten durch die grünen Streifen der Dentagard Zahncreme. Das Markenlogo besteht aus einem kleinen weißen Colgate-Schriftzug auf rotem Grund, darunter der Dentagard-Schriftzug in Blau. Zusätzlich sind auf allen Dentagard-Produkten die vier Kräuter abgebildet. Die Assoziation zur Natur stellt Dentagard auch in der Werbung her. Seit 1986 ist ein gezeichneter Biber Werbefigur für Dentagard. Mit einer überdimensionalen Dentagard-Tube und seinen großen, weißen Schneidezähnen soll er die positive Wirkung der Zahncreme auf Zähne und Zahnfleisch aufzeigen. Der Markenname Dentagard setzt sich aus dent (franz. Zahn) und den ersten Buchstaben von garder (franz. schützen) zusammen. Der Dentagard Mutterkonzern Colgate-Palmolive zählt heute zu den größten Konsumgüterherstellern der Welt. Das Unternehmen beschäftigt internat. rund 38.000 Mitarbeiter und erwirtschaftete 2006 weltweit einen Umsatz von über 12 Mrd. USD.

DATEN UND FAKTEN

Markenname: Dentagard, Kunstname, abgeleitet aus den franz. „**dent**" für Zahn und „**gard**er" für schützen

Slogan: „Dentagard mit den Naturkräuterextrakten – für gesundes Zahnfleisch und kräftige Zähne." (1989)

Markenregistrierung: 13.06.1975, DPMA München

Innovationen: Dentagard mit den vier Kräutern (1983)

Markenwebsite: www.dentagard.de

UNTERNEHMEN

Colgate-Palmolive GmbH
Lübecker Str. 128
22087 Hamburg
(040) 73 19-0
www.colgate.de

DER GENERAL

Der General Allzweck-Reiniger von → Henkel ist ein Reiniger gegen Fett und Schmutz für alle mit Wasser abwaschbaren Flächen in Küche, Bad, WC und im übrigen Haus. Seine besondere Reinigungskraft soll dabei für streifenfreien Glanz ohne Nachwischen sorgen.

Der General: ein Anzeigenmotiv aus dem Jahr 1976

Die Böhme Fettchemie GmbH, ab 1935 eine Tochterfirma von Henkel, entwickelte die Rezeptur des Reinigers mit Bio-Alkohol. Als Der General 1972 bundesweit auf den Markt kam, wurde dieser sofort zum Verkaufserfolg. Schon ein halbes Jahr nach Markteinführung verkauften sich bereits mehr als 10 Mio. Flaschen der Marke. Damit eroberte Der General in kurzer Zeit große Marktanteile von bereits etablierten Konkurrenzmarken. Im Jahr 1988 wurde Der General mit Duftvarianten eingeführt, die 1992 im erfolgreichen *Der General Bergfrühling* aufgingen, der bis heute erhältlich ist. Entstanden aus den Duftvarianten Pinie und Citrus, soll *Der General Bergfrühling* in die frische und entspannende Duftwelt der Berge entführen. Auch die Farbe des Bergfrühlings, ein strahlendes Türkis, ist dazu gedacht, diese Empfindung zu stützen, und symbolisiert die Reinheit und Frische der Berge. Seit 2005 gibt es neben der Duftvariante Bergfrühling auch die Duftrichtungen Frische Zitrone und Frische Brise. Das Sortiment umfasst 2007 neben dem klassischen Allzweck-Reiniger auch die Produkte *Der General mit natürlicher Seife* sowie *Der General Universal-Spray.* Eine schnelle und gezielte Anwendung verspricht das 2006 eingeführte *Der General Universal-Spray* mit „KraftSchaum". In limitierter Auflage kam im Jahr 2007 mit *Der General Natural Edition* erstmalig ein Allzweck-

Reiniger mit natürlichen Duftessenzen auf den Markt. Der rote Schriftzug des Markenzeichens wurde in den vergangenen Jahren immer wieder aktualisiert. Bekannte Werbefigur war in den 1970er-Jahren die „Generalin“ Frau Martin, die den Slogan „General-gereinigt ist mehr als sauber“ berühmt machte. Bekannt ist auch die Marschmusik der „Generalin“, die noch heute in modernisierter Form in der Werbung für die Marke verwendet wird.

DATEN UND FAKTEN

Markenname: Der General, dt. Substantiv

Slogan: „General-gereinigt ist mehr als sauber“ (1970er-Jahre), „Denn nur was richtig sauber ist, kann richtig glänzen“ (1978), „Der Schmutz geht, der Duft bleibt“ (seit 2004)

Erfinder: Böhme Fettchemie, 1972, Düsseldorf

Markenregistrierung: 29.08.1969, DPMA München

Innovationen: Der General Bergfrühling (1992), Der General Supra Bergfrühling (1993), Der General Duo-Aktiv (2001), Der General in vier Varianten als „Sofort-Aktiv mit Kraft-Alkohol“ (2002), vier Duftvarianten mit Schnelltrocken-Formel: Bergfrühling, Frische Zitrone, Frische Brise sowie Frische Wildkirsche (2005), Der General Universal-Spray (2006)

MEILENSTEINE

1972 Der General kommt bundesweit in den Handel.

1973 Die erste TV-Werbung mit der „Generalin“ Frau Martin wird ausgestrahlt.

1985 Zum Relaunch werden 3 Mio. Haushalte mit Proben versorgt.

1988 Der General ist erstmals in zwei Duftvarianten erhältlich: Pinie und Citrus.

1992 Der General Bergfrühling kommt auf den Markt.

1993 Der General Supra ist ein 1,5-fach konzentrierter Reiniger.

1994 Der General Supra Bad-Reiniger mit Zitronensäure ist das erste Reinigungsmittel der Henkel Waschmittel GmbH und bekämpft Kalk und Schmutz aller Art im Bad.

1995 Der General Professionell enthält wasserlösliche Reinigungskristalle.

1999 Der General Antibakteriell ist ein Sprühreiniger für Bad und Küche.

2005 Der General mit natürlicher Seife ist hautschonend und für empfindliche Oberflächen geeignet.

2006 Das Universal-Spray von Der General wird eingeführt.

UNTERNEHMEN

Henkel KGaA

Hauptsitz: Düsseldorf, Deutschland

Weitere Marken: s. → Henkel

Gesamtumsatz: 12,740 Mrd. Euro (2006)

Vertrieb: weltweit in über 125 Ländern

KONTAKT

Henkel KGaA
Henkelstr. 67
40589 Düsseldorf
(02 11) 7 97–0
(02 11) 7 98–40 08
www.henkel.de

Ansprechpartner Presse:
Marion Schwenker
press@henkel.com

DER GRÜNE PUNKT

Der Grüne Punkt –
Duales System Deutschland GmbH

Der Grüne Punkt steht für den Grundgedanken der Kreislaufwirtschaft.

Der Grüne Punkt steht für Dienstleistungen im Segment Abfallentsorgung, die das Unternehmen Der Grüne Punkt - Duales System Deutschland GmbH erbringt. Dessen Ziele sind die Vermeidung und die stoffliche Verwertung von Verkaufsverpackungen sowie die Gewinnung von Sekundärrohstoffen und ihre Rückführung in den Wertstoffkreislauf. Die Firma organisiert das Sammeln, Sortieren und Verwerten von Verpackungen, die mit einem Grünen Punkt gekennzeichnet sind. Der Grüne Punkt auf einer Verpackung zeigt dem Verbraucher, dass vom Hersteller ein Entgelt für die Entsorgung der Verpackung entrichtet wurde. So übernimmt das Unternehmen die Entsorgungs- und Recyclingverpflichtungen von Industrie und Handel, wie sie sich aus der Verpackungsordnung von 1991 und ihrer novellierten Fassung von 2006 ergeben. Es sorgt für den Aufbau und Betrieb eines flächendeckenden und haushaltsnahen Sammelsystems, das Endverbrauchern die Rück-

Eine Märchenfigur stand Pate für den Namen der Kinderschuhmarke Der kleine Muck.

Die erste SPIEGEL-Ausgabe vom 4. Januar 1947 (Mitte), der im Jahr 2002 verstorbene Herausgeber Rudolf Augstein (unten)

gabe der Verpackungen in ihrer Nähe ermöglicht. Über die gesammelten und verwerteten Mengen berichtet die Firma im Rahmen des sogenannten Mengenstromnachweises jährlich an die Landesumweltministerien. Das Logo der Marke besteht aus einer Bild- und einer Wortmarke. Zwei kreisförmig ineinandergeschlungene Pfeile in Hell- und Dunkelgrün (Pantone 366 C oder U und Pantone 343 C oder U) symbolisieren das Verpackungsrecycling, den Grundgedanken der Kreislaufwirtschaft. Mittig darunter oder rechts daneben befinden sich die beiden übereinander angeordneten Zeilen der Firmierung „Der Grüne Punkt" und „Duales System Deutschland GmbH". Dieses Logo entstand 1990 im Zuge der Gründung aus der Zusammenarbeit des ersten Geschäftsführers der Firma, Herrn Oelsen, mit der Hamburger Agentur LINTAS und wurde 2003 leicht modernisiert. Das Unternehmen wurde auf Initiative von Spitzenverbänden der Wirtschaft und des Handels 1990 gegründet, Geschäftssitz ist Köln.

UNTERNEHMEN

Der Grüne Punkt - Duales System Deutschland GmbH
Frankfurter Str. 720–726
51145 Köln-Porz-Eil
(0 22 03) 9 37–0
(0 22 03) 9 37–1 90
www.gruener-punkt.de

DER KLEINE MUCK

Ein Märchen von Wilhelm Hauff stand Pate, als Franz Rössler und Heinz Scheib 1956 in Hauenstein die Konsumgütermarke Der kleine Muck aus der Taufe hoben. Die Marke steht für hochwertige Schuhe für Kinder im Alter von 12 Monaten bis 12 Jahren. Im Jahr 2001 wurde Der kleine Muck von der Josef Seibel Gruppe übernommen, einer Unternehmensgruppe unter dem Vorsitz von Carl-August Seibel und Andreas Garnier, zu deren Portfolio auch die Marken →Romika, →Josef Seibel und Westland gehören. Bis 2000 lautete der Werbeslogan für die Kinderschuhmarke „Der kleine Muck – ein märchenhafter Schuh", und die Märchenfigur der kleine Muck spazierte selbst durch das Logo. Das aktuelle Markenlogo ist eine Eigenentwicklung aus dem Jahr 2007 und existiert in zwei Varianten: Für Kinderschuhe stehen drei quadratische Bauklötze in Gelb, Grün und Blau, auf deren Vorderseite in Rot die Initialen der Firma DKM zu lesen sind. Darunter steht ebenfalls in Rot der Schriftzug „Der kleine Muck". Die Schuhe für ältere Kinder weisen den roten Schriftzug DKM auf, wobei die Buchstaben unterschiedlich hoch sind und so einen verspielten Eindruck erwecken. Das Unternehmen legt Wert auf sorgfältige Verarbeitung und den Einsatz moderner Materialien. Die Prototypen der neuen Modelle werden am Kinderfuß getestet. Die am alten Standort neu eingerichtete Produktionsstätte, die unter der Bezeichnung „Gläserne Schuhfabrik" bekannt wurde, erlaubt einen Einblick in die Produktion der Schuhe von DKM, die europaweit über den Fachhandel vertrieben werden.

UNTERNEHMEN

Der kleine Muck GmbH & Co. KG
Metternichstr. 35
54292 Trier
(06 51) 2 04–0
(06 51) 2 04–67 5
www.derkleinemuck.de

DER SPIEGEL

Die Marke DER SPIEGEL steht für das dt. Nachrichten-Magazin mit der höchsten Auflage. Es erscheint montags und wird in 172 Länder geliefert. Der SPIEGEL ging aus dem von Angehörigen der brit. Militärregierung konzipierten Blatt „Diese Woche" hervor. Der Verleger und Chefredakteur Rudolf Augstein veröffentlichte die erste Ausgabe am 4. Januar 1947, um den Deutschen wieder den Zugang zu „objektiven Nachrichten" zu ermöglichen. Seither ist das Magazin zum Synonym für investigativen Journalismus geworden. Das Markenlogo wurde 1947 vom Grafiker Herbert von Gualteri als Namenszug aus der Typo City entwickelt und nur zu Beginn der 1970er-Jahre geringfügig modifiziert. Weitere charakteristische Gestaltungsmerkmale sind die eigens entworfene Schrift (SPIEGEL-Serif) und die charakteristische Covergestaltung mit einem Rahmen in „SPIEGEL-Rot". Der Titelrahmen steht für das typische Erscheinungsbild eines Nachrichten-Magazins anglo-amerikanischer Tradition. Als Durchbruch für das Magazin erwies sich die SPIEGEL-Affäre 1962, in deren Folge der damalige Bundesverteidigungsminister Franz Josef Strauß zurücktreten musste. Der aktuelle Slogan „SPIEGEL-Leser wissen mehr" verdeutlicht den Anspruch, als Premiummarke Qualitätsmaßstäbe zu setzen. Unter der Dachmarke SPIEGEL bringt die SPIEGEL-Gruppe auch andere Medien heraus: Seit

1988 sendet SPIEGEL TV im privaten Fernsehen. 1994 ging SPIEGEL ONLINE als weltweit erstes Internetangebot eines Nachrichten-Magazins online und ist heute das reichweitenstärkste journalistische Angebot im deutschsprachigen Netz. Weitere Printprodukte sind SPIEGEL SPECIAL (seit 1988), SPIEGEL SPECIAL GESCHICHTE (seit 2007),

SPIEGEL-Titel 30/2007

seit 1995 der KulturSPIEGEL, seit 1997 die SPIEGEL Jahres-Chronik und seit 1998 der UniSPIEGEL. 92 % der wöchentlichen SPIEGEL-Auflage bleiben in Deutschland, die übrigen Exemplare werden exportiert. Der Verlag beschäftigt 775 Mitarbeiter und setzt mit der Marke DER SPIEGEL 219 Mio. Euro um, das entspricht 92 % des Gesamtumsatzes.

DATEN UND FAKTEN

Markenname: DER SPIEGEL

Slogan: „SPIEGEL-Leser wissen mehr"

Gründer: Rudolf Augstein, 1947, Hannover

Markenregistrierung: 23. 12. 1952, DPMA München

Innovationen: E-Paper (2004)

Markenbekanntheit: 93,2 % gest. (AWA, 2007)

Jahresumsatz: 219 Mio. Euro (Marke DER SPIEGEL, 2006)

Werbespendings: 26 Mio. Euro (brutto, Nielsen Media Research, 2006)

Auszeichnungen:
„Institution der Republik", Quadriga-Preis (2007)

Markenwebsite: www.spiegel.de

Literatur:
S. Aust u. S. Kiefer: Die Kunst des SPIEGEL. Titel-Illustrationen aus fünf Jahrzehnten (2004)
L. Brawand: DER SPIEGEL – ein Besatzungskind. Wie die Pressefreiheit nach Deutschland kam. (2007)
D.-M. Boltz: Medienheimat. Die Zukunft von Medien und Marken (2007)

UNTERNEHMEN

SPIEGEL-Verlag Rudolf Augstein GmbH & Co. KG

Hauptsitz: Hamburg, Deutschland

Geschäftsführer: Dr. Mario Frank

Weitere Marken: SPIEGEL SPECIAL, KulturSPIEGEL, UniSPIEGEL, SPIEGEL Jahres-Chronik

Gesamtumsatz: 237 Mio. Euro (2006)

Vertrieb: Deutschland (92 %) und weitere 171 Länder (8 %)

KONTAKT

SPIEGEL-Verlag Rudolf Augstein GmbH & Co. KG
Brandstwiete 19
20457 Hamburg
✆ (0 40) 30 07-0
🖷 (0 40) 30 07-22 47
💻 www.spiegelgruppe.de

Ansprechpartner Presse:
Maria-Julia Gröhn
✆ (0 40) 30 07-30 36
✉ maria_groehn@spiegel.de

SCHON GEWUSST?

- „Sie als Journalist (Rudolf Augstein) können vieles sagen, was ich als Politiker nicht sagen darf." (Konrad Adenauer)
- Wie können Sie am besten entspannen? „Wenn ich Schubert höre und den neuesten SPIEGEL lese." (Marcel Reich-Ranicki im „Focus"-Fragebogen)
- „Der SPIEGEL, geschickt und politisch freisinnig." (Thomas Mann)
- „Was wäre der SPIEGEL ohne mich?" (Franz Josef Strauß)

Mit dem Pilotkatalog „Europas Grüne Oasen" wurde die Marke Dertour 1983 eingeführt.

Ansprechpartner Marketing:
Christoph Hellerung
✆ (0 40) 30 07-23 12
✉ christoph_hellerung@spiegel.de

Lead-Agentur:
Wire Advertising GmbH
💻 www.wire-advertising.de

DERTOUR

Dertour gehört als Fernreiseveranstalter gemeinsam mit Meier's Weltreisen, ADAC Reisen, den DER und Atlas Reisebüros und FCm DER Travel Solutions zur Unternehmensgruppe Deutsches Reisebüro. Seit 2000 gehört die DER Gruppe zur →Rewe Group. Im Portfolio befinden sich Buchungen von Flügen, Hotels, Ferienwohnungen, Mietwagen, Campern, Rundreisen, Boots- und Kreuzfahrten sowie Transfers zu Flughäfen. Städte- und Wellnessreisen, Golfreisen, Freizeitparks, Sport & Aktivurlaub, Reisepakete, Reisen zu Veranstaltungen mit Ticketservice sowie Deluxe-Urlaube für anspruchsvolle Kunden. 1917 wurde das DER Deutsches Reisebüro in Berlin gegründet und 1918 in Mitteleuropäisches Reisebüro umbenannt. 1926 entstand die erste Tochtergesellschaft in New York. 1945 erfolgte die Umbenennung in Deutsches Reisebüro und die Verlegung des Sitzes nach Frankfurt. 1983 wurde die Marke Dertour erstmalig mit dem Pilotkatalog „Europas Grüne Oasen" eingeführt. Das Reservierungssystem Phoenix kommt ab 1997 zum Einsatz. Seit 1998 scheidet die →Lufthansa als Gesellschafter der DER zu Gunsten der →Deutschen Bahn aus. Dertour und DER-Vertrieb werden seitdem als eigenständige Tochtergesellschaften der Deutschen Reisebüro GmbH geführt. Die Rewe Gruppe übernahm 2000 alle Anteile der Deutschen Bahn AG und baut seitdem ihre Marktposition im Segment Touristik weiter aus.

UNTERNEHMEN

Dertour GmbH & Co. KG
Emil-von-Behring-Str. 6
60439 Frankfurt/Main
✆ (0 69) 95 88-00
🖷 (0 69) 95 88-10 10
💻 www.dertour.de

DETHLEFFS

Dethleffs
Ein Freund der Familie

Während unter den Caravan-Käufern viele junge Familien zu finden sind (oben), richten sich die Reisemobile tendenziell eher an die aktive Generation der über 50-Jährigen (unten).

Mit der Entwicklung von familientauglichen Caravans und Reisemobilen hat die Dethleffs GmbH & Co. KG eine traditionsreiche Konsumgütermarke in der Freizeitfahrzeugbranche etabliert. Die Unternehmensgeschichte geht zurück auf den Allgäuer Arist Dethleffs, dessen Firma ursprünglich Peitschen produzierte. Dethleffs entwickelte den ersten Wohnwagen 1931, weil er seine Familie auf seinen zahlreichen Handelsreisen dabeihaben wollte, und legte damit den Grundstein für das Caravaning in Deutschland. 1936 begann die „Betriebsabteilung Wohnautobau" mit der Produktion auf Bestellung. Ab den 1950er-Jahren stieg die Nachfrage durch den Aufschwung im Nachkriegsdeutschland beträchtlich. 1956 begann die Firma mit der Serienfertigung von Wohnwagen, die Herstellung von Peitschen wurde eingestellt.

Über 900 Mitarbeiter sind im Dethleffs Werk in Isny tätig.

Mit dem Bau von Reisemobilen begann man 1983. Nachdem das Unternehmen Mitte der 1990er-Jahre eine schwere Krise durchlebte, erfolgte 1998 eine Neuausrichtung: Dethleffs präsentierte attraktive Image-Produkte und baute sein Modellprogramm konsequent aus. Der Slogan „Ein Freund der Familie" wurde zur Firmenphilosophie und prägt seither das unternehmerische Handeln. Dazu gehört auch die Gründung der Dethleffs Family Stiftung im Jahr 2004, die bedürftige Familien, Kinder und soziale Einrichtungen unterstützt. Mit einem innovativen Produktprogramm und der Positionierung als „Freund der Familie" etablierte sich Dethleffs in der Spitzengruppe der europäischen Reisemobilhersteller. Besonderes Kennzeichen ist heute ein umfangreiches Modellprogramm, das für jeden Lebensabschnitt auf die jeweiligen Bedürfnisse zugeschnittene Fahrzeuglösungen anbietet. Seit 2004 besitzt die Dethleffs GmbH & Co. KG die eigene Vermietgesellschaft McRent, um Kunden bereits in einer frühen Kontaktphase an die Marke heranzuführen. Das Einsteiger-Segment wird mit der Submarke Sunlight abgedeckt.

DATEN UND FAKTEN

Markenname: Dethleffs, Familienname des Gründers

Slogan: „Dethleffs – Ein Freund der Familie"

Erfinder: Arist Dethleffs, 1931, Isny

Markeneinführung: 1936, Deutschland

Innovationen: erster Caravan in Deutschland (1931), Globetrotter CD mit futuristischem Design (1986), familiengerechter Caravan kids & camp (1996), Aero-Tourist (1999), Premium Class (2001), Frauenmobil Femotion (2005), BestAger Mobil (2007)

Auszeichnungen:
„Deutscher Campingpreis" für die *Dethleffs Family Stiftung* (2004)
„Caravaning Design Award" für das *Frauenmobil* und den multifunktionellen Caravan *VARI* (2006)
„Goldenes Lenkrad" für den *Esprit H 6870* (2007)

UNTERNEHMEN

Dethleffs GmbH & Co. KG

Hauptsitz: Isny, Deutschland

Geschäftsführer: Thomas Fritz, Norbert Dellekönig

Weitere Marken: McRent, Sunlight

Gesamtumsatz: 326 Mio. Euro (Stand: August 2007)

Vertrieb: Europa, Neuseeland, Australien, China

KONTAKT

Dethleffs GmbH & Co. KG
Arist-Dethleffs-Str. 12
88316 Isny

SCHON GEWUSST?

- Arist Dethleffs erfand den Wohnwagen und damit das Caravaning in Deutschland 1931. Als Handelsreisender realisierte er den Wunsch seiner Frau nach etwas „Ähnlichem wie einen Zigeunerwagen", in dem sie gemeinsam fahren und ihren Hobbys nachgehen konnten.
- Zum 50-jährigen Unternehmensbestehen wird Arist Dethleffs vom Bundespräsidenten mit dem Bundesverdienstkreuz am Bande ausgezeichnet.

(0 75 62) 9 87-0
www.dethleffs.de

Ansprechpartner Presse & Marketing:
Helge Vester
(0 75 62) 98 72 10
helge.vester@dethleffs.de

Lead-Agentur:
Inhouse, Wangen
www.inhouse-online.de

DEUTSCHE BAHN

→ DB

DEUTSCHE BANK

Die Deutsche Bank, 1870 in Berlin gegründet, um die Internationalisierung der Wirtschaft zu begleiten, gehört heute zu den führenden internat. Finanzdienstleistern. Etwa 78.000 Mitarbeiter aus über 145 Nationen bieten Kunden in 75 Ländern Bankdienstleistungen aller Art. Die Geschäftsbereiche der Deutschen Bank umfassen das Corporate and Investment Banking (CIB), Private Clients and Asset Management (PCAM) sowie Corporate Investments. Als weltweit führende Investmentbank mit einem starken und erfolgreichen Privatkundengeschäft unterhält die Deutsche Bank heute insgesamt 1.814 Niederlassungen, davon allein 994 in Deutschland. Die besondere Stellung im Heimatmarkt, die sie 2006 durch den Erwerb der Berliner Bank sowie der Norisbank weiter untermauerte, ist für die Deutsche Bank eine entscheidende Grundlage ihres Erfolgs im globalen Wettbewerb. Das Logo der Deutschen Bank, das als Zeichen für Wachstum im stabilen Umfeld steht, wurde von Anton Stankowski entworfen und 1974 der Öffentlichkeit vorgestellt. Der „Schrägstrich im Quadrat" zählt heute zu den bekanntesten Markenzeichen im internat. Finanzmarkt und bildet den konstanten globalen Bezugsrahmen für die Premiummarke Deutsche Bank. In der Markenkommunikation der Deutschen Bank wird das dreidimensionale Logo seit 2005 zum Träger der Markenbotschaft „A Passion to Perform" / „Leistung aus Leidenschaft". Ob tatsächlich vor Ort, als Symbol der Leistung oder des Anspruchs der Bank, oder als Plattform überlegener Lösungen für den Kunden – in jeder Umsetzung wird das Logo markt- und zielgruppenspezifisch inszeniert und verdeutlicht so den Mehrwert, den die Deutsche Bank den Kunden bietet. Der Slogan „A Passion to Perform" / „Leistung aus

A Passion to Perform.

Deutsche Bank

Dr. Josef Ackermann: Vorsitzender des Vorstands und des Group Executive Committee der Deutschen Bank

Deutsche Bank-Anzeige "Kunden als Stars" (2007)

Leidenschaft" soll die Art und Weise ausdrücken, wie Menschen in der Deutschen Bank handeln, und wird damit zum Maßstab für alles, was im Namen der Deutschen Bank geschieht.

DATEN UND FAKTEN

Markenname: Deutsche Bank. Gegründet mit dem Ziel, den internat. Handel Deutschlands zu fördern, entwickelte sie sich – aus ihrem Heimatmarkt Deutschland heraus – zum Global Player.

Slogan: „A Passion to Perfom" (global) / „Leistung aus Leidenschaft" (in Deutschland)

Gründer: Adelbert Delbrück et al., 1870, Berlin

Auszeichnungen:
„Bank of the Year", IFR Awards (2003, 2005)
„Marke des Jahrhunderts" (2007)

Literatur:
L. Gall: Die Deutsche Bank 1870–1995 (1995)
Hist. Gesellschaft d. Dt. Bank: Deutsche Bank. Eine Geschichte in Bildern. An Illustrated History. (2007)

UNTERNEHMEN

Deutsche Bank AG

Hauptsitz: Frankfurt/Main, Deutschland

Vorstand: Dr. Josef Ackermann (Vorsitz), Dr. Hugo Bänziger, Anthony di Iorio, Hermann-Josef Lamberti

Mitarbeiter: etwa 78.000 weltweit aus 145 Nationen (Q2/2007)

Vertrieb: in 75 Ländern

KONTAKT

Deutsche Bank AG
Taunusanlage 12
60325 Frankfurt/Main
☏ (0 69) 9 10-00
🖷 (0 69) 9 10-3 42 25
💻 www.deutsche-bank.de

Ansprechpartner Presse:
☏ (0 69) 9 10-4 28 00
✉ db.presse@db.com

Ansprechpartner Markenkommunikation:
Christofer Habig
☏ (0 69) 9 10-3 83 83
✉ christofer.habig@db.com

SCHON GEWUSST?

- Die Deutsche Bank hat ihre ersten Auslandsfilialen 1872 bereits zwei Jahre nach Gründung in Shanghai, Yokohama und London eröffnet.
- Die Aktie der Deutschen Bank ist seit dem 3. Oktober 2001 an der New Yorker Börse gelistet.
- Die Deutsche Bank und ihre Stiftungen engagierten sich im Jahr 2006 weltweit mit über 85 Mio. Euro für Kultur und Gesellschaft.
- Durch die Vielfalt ihrer Mitarbeiter aus über 130 Nationen, ihre Präsenz in 75 Ländern und durch das internat. Management gehört die Deutsche Bank zu den globalsten Banken der Welt.

DEUTSCHE GRAMMOPHON

Die internat. Konsumgütermarke Deutsche Grammophon (DG) steht für Premiumangebote im Klassiksegment. Die Produktpalette umfasst neben CDs, DVDs und Vinyl auch digitale Veröffentlichungen. So stehen etwa die Live-Aufnahmen der Reihe *DG Concerts* über das Portal *iTunes* zum Download bereit. 1898 gründeten die Brüder Emil, Jakob, Manfred und Joseph Berliner das Unternehmen, das heute als Deutsche Grammophon Gesellschaft mbH (DGG) firmiert. Die Idee dazu entstand, nachdem Emil Berliners Erfindungen, das Grammophon und die Schallplatte, patentiert worden waren. Das für die Klassikveröffentlichungen von Hans Domizlaff

1949 konzipierte Markenzeichen aus stilisierten Tulpenblüten wurde 1957 durch die von Gerhard Noack entworfene kleine Kartusche ersetzt. Diese ist in Gelb gestaltet, enthält weiße Linienführungen und Aussparungen und nimmt den dreizeiligen Schriftzug des vorhergehenden Logos auf. Dieses Markenzeichen wurde seither nur geringfügig verändert. Seit Einführung der CD Anfang der 1980er-Jahre erscheint das DG-Markenzeichen in der Kartuschen-Form auch auf den Etiketten der Produkte. Das weltweit über die Universal Music Länderorganisationen vertriebene Label ist nach Angaben der DGG weltweit Marktführer für Klassikaufnahmen. Grundlage des Erfolgs sind die hohe technische und künstlerische Qualität der Aufnahmen, professionelles Marketing und die Promotion der DG-Künstler, unter ihnen Herbert von Karajan, Anne Sophie Mutter und Anna Netrebko. 2007 wurde die Deutsche Grammophon mit dem Gramophone Award „Label of the year" ausgezeichnet und eröffnete unter www.dgwebshop.de ein globales Portal zum Downloaden von klassischer Musik.

UNTERNEHMEN

Deutsche Grammophon Gesellschaft mbH
Alte Rabenstr. 2
20148 Hamburg
✆ (040) 4 41 81-0
🖷 (040) 4 41 81-1 88
💻 www.deutschegrammophon.com
💻 www.dgwebshop.com

DEUTSCHE MESSE

Die Deutsche Messe AG versteht sich als einer der weltweit führenden Partner für Planung, Abwicklung, Kommunikation und Service im Messewesen. Der Schwerpunkt des Angebots liegt auf Investitionsgüter-Messen mit internat. Spitzenausstellern. Jährlich finden auf dem Messegelände in Hannover rund 100 Messen und Ausstellungen mit etwa 23.000 Ausstellern, 1,8 Mio. Besuchern und 15.000 Journalisten aus über 100 Ländern statt. Die Geschichte der Marke hängt eng zusammen mit der wachsenden Bedeutung des Wirtschaftsstandortes Deutschland in den Jahren nach dem 2. Weltkrieg. 1947 erfolgte die Gründung der Deutschen Messe- und Ausstellungs-AG Hannover-Laatzen, was auf Initiative der brit. Besatzungsbehörde in Absprache mit dem Oberbefehlshaber der amerikanischen Zone geschah. Im gleichen Jahr öffnete die erste Export Messe Hannover, die heutige → HANNOVER MESSE. Grund für die Unternehmensgründung und die Etablierung der Messe war die Wiederaufnahme und Stärkung des Exports. Seit 1987 trägt das Unternehmen den Namen Deutsche Messe AG. Im Fokus der Ansprache sind Aussteller wie Besucher, Verbände, Organisationen, Journalisten und Event-Veranstalter. Paul Rademacher entwickelte das Logo für die Deutsche Messe, dessen Basis in den folgenden Jahrzehnten in mehreren Schritten weiterentwickelt wurde, 1947. Grundlage ist die griech. Sagenfigur Hermes, Götterbote und Gott des Handels. Das abstrahierte Profil mit Flügelhut und geöffnetem Mund steht als Symbol für den weltweiten Handel und ist in Pantone 293 gehalten. Der Slogan „Global Fairs. Global Business." unterstreicht die internat. Ausrichtung der Messegesellschaft.

Luftbild des Geländes der Deutschen Messe

Die Deutsche Messe versteht sich als Premium-Marke, die vor allem mit den Marken HANNOVER MESSE und → CeBIT Messen von hohem internat. Stellenwert ausrichtet. Weitere Beispiele sind die *DOMOTEX HANNOVER* (Teppiche und Bodenbeläge), die alle zwei Jahre stattfindende *IAA Nutzfahrzeuge* und die *didacta*. Das Unternehmen, das weltweit mit 70 Repräsentanzen arbeitet, beschäftigt rund 800 Mitarbeiter. Der durchschnittliche Jahresumsatz liegt bei 250 Mio. Euro.

DATEN UND FAKTEN

Markenname: Deutsche Messe, zusammengesetzt aus Ort (Deutschland) und Dienstleistung (Messe)

Slogan: „Der Markt ist die Welt. Der Platz ist Hannover." (1977), „Treffpunkt Zukunft" (1998), „Global Fairs. Global Business." (2007)

Markenregistrierung: 16. 08. 1947, Amtsgericht Hannover

UNTERNEHMEN

Deutsche Messe

Deutsche Messe
Hannover · Germany

Moderne Ausstellungshalle der Deutschen Messe in Hannover (Mitte), Geschäftsleitung S. D. Heckmann, E. Raue und S. Kühne (unten)

Hauptsitz: Hannover, Deutschland

Vorstand: Sepp D. Heckmann (Vorsitz), Ernst Raue und Stephan Ph. Kühne

Weitere Marken: → HANNOVER MESSE, → CeBIT

Gesamtumsatz: 250 Mio. Euro (Jahresdurchschnitt)

Vertrieb: 70 weltweite Repräsentanzen

KONTAKT

Deutsche Messe AG
Messegelände
30521 Hannover
(05 11) 89-0
(05 11) 89-3 26 26
www.messe.de

SCHON GEWUSST?

- Nach 21 Tagen hatten die Aussteller der ersten Export-Messe Hannover 1947 knapp 2.000 Exportverträge im Wert von rund 31,6 Mio. USD abgeschlossen.
- 1948 stand die erste Telefonleitung zwischen dem Messegelände und New York.
- Seit Ende der Expo 2000 verfügt die Deutsche Messe AG über das größte und modernste Messegelände der Welt.

DEUTSCHE POST

Dr. Klaus Zumwinkel (unten) ist Vorstandsvorsitzender der Deutsche Post AG.

Unter der nat. Dienstleistungsmarke Deutsche Post bündelt die Deutsche Post AG alle Leistungen der schriftlichen Kommunikation, des Dialog Marketing sowie der Outsourcing- und Systemlösungen im Briefgeschäft. Der Ursprung der Marke geht zurück auf das Jahr 1490, als Franz von Taxis im Auftrag der Habsburger Kaiser den ersten neuzeitlichen Postkurs von Innsbruck nach Mechelen einrichtete. Die berittenen Postboten kündigten sich zu dieser Zeit an Stadttoren und Fähren mit dem Posthorn an. Daraus entwickelte sich das erste dt. Markenzeichen, das noch heute Bestandteil des Logos der Deutschen Post ist. Das Posthorn, das im Laufe der Zeit öfter leicht überarbeitet wurde, und das Postgelb (HKS 4) sorgen für einen hohen Wiedererkennungswert und die Unverwechselbarkeit der Marke. In ihrer jetzigen Form besteht die Deutsche Post seit 1995. Die Behörde Deutsche Bundespost wurde im Zuge der zweiten Postreform in die drei eigenständigen Aktiengesellschaften

Das Motiv der Kampagne „Post für Deutschland" zeigt den großen menschlichen und technischen Aufwand hinter der Briefbeförderung.

Deutsche Post AG, Deutsche Telekom AG und Deutsche Postbank AG umgewandelt. Bis 2003 stand die Marke Deutsche Post auch für Kurier-, Express- und Paketdienste. Mit der Integration des Expressdienstleisters → DHL in den Konzern wurden diese Dienste unter dem Markennamen DHL gebündelt. Die Marke Deutsche Post konzentriert sich seitdem wieder auf das Kerngeschäft mit Briefprodukten. 2006 stellten die 80.000 Postboten täglich ca. 70 Mio. Briefsendungen zu. Damit hält die Deutsche Post im dt. Briefmarkt nach eigenen Angaben einen Marktanteil von ca. 90 %. Der Umsatz der Marke Deutsche Post, für die 130.000 Mitarbeiter tätig sind, belief sich 2006 auf 13,3 Mrd. Euro und steuerte damit 19,9 % zum Konzernumsatz der Deutschen Post AG bei. Dem Konzern, der unter dem Namen Deutsche Post World Net auftritt, gehört neben den Marken Deutsche Post und DHL seit 1999 auch die *Postbank*.

DATEN UND FAKTEN

Markenname: Deutsche Post, mit Post wurden im 16. Jh. die Stationen des Postwesens benannt, an denen Boten und Pferde gewechselt wurden

Slogan: „Die Post für Deutschland"

Frühere Slogans: „Vergißmeinnicht: Die Postleitzahl" (1962), „Schreib mal wieder" (1980), „Fünf ist Trümpf" (1993), „Menschen erreichen" (2005)

Erfinder: Franz von Taxis, 1490

Markenregistrierung: 21.08.1995, DPMA München

Innovationen: Hybrid-Produkte für Business-Kunden, *STAMPIT* Online-Briefmarke, www.mailingfactory.de, www.adressfactory.de

Jahresumsatz: 13,3 Mrd. Euro (Marke Deutsche Post, 2006)

UNTERNEHMEN

Deutsche Post AG

Hauptsitz: Bonn, Deutschland

Vorstandsvorsitzender: Dr. Klaus Zumwinkel

Weitere Marken: Postbank, DHL

Gesamtumsatz: 60,5 Mrd. Euro (2006)

Vertrieb: deutschlandweit (Marke Deutsche Post)

KONTAKT

Deutsche Post AG
Charles-de-Gaulle-Str. 20
53113 Bonn
✆ (02 28) 1 82–0
www.deutschepost.de

Ansprechpartner Presse:
Uwe Bensin
✆ (02 28) 1 82–99 88
✉ pressestelle@deutschepost.de

Ansprechpartner Marketing:
Ingo Bohlken
✆ (02 28) 1 82–0

MEILENSTEINE

1490 Einrichtung des Postkurses von Innsbruck nach Mechelen

1766 Erste öffentliche Briefkästen in Deutschland in Berlin

1919 Erste regelmäßige Luftpostverbindung in Deutschland zwischen Berlin und Weimar

1950 Gründung der Deutschen Bundespost

1989 Teilung der Deutschen Bundespost in die Unternehmen Post, Telekom und Postbank

1993 Einführung 5-stelliger Postleitzahlen

1998 Vollständige Inbetriebnahme von 83 modernen Briefzentren („Brief 2000")

2000 Börsengang der Deutschen Post AG

2002 Vollständige Übernahme des Expressdienstleisters DHL

DEUTSCHE TELEKOM

Hinter dem Markennamen Deutsche Telekom steht Europas größtes Telekommunikationsunternehmen. Ihr Markenportfolio umfasst das komplette Spektrum der Kommunikationsbranche. Dazu gehören Festnetzanschlüsse, Mobilfunk, Internetzugänge, TV-Angebote, Download und Entertainment. Die Telekom AG betreibt die technischen Netze DSL und ISDN sowie eigene Satelliten. Sie ging aus der Privatisierung des Telekommunikationsbereiches der staatseigenen Deutschen Bundespost hervor und entstand 1995 in ihrer heutigen Form, anfangs mit dem Bund als alleinigem Aktionär. Ein Jahr später ging das Unternehmen an die Börse, begleitet von einer aufwendigen Werbekampagne mit dem

Mit „Hallo Zukunft!" wirbt die Deutsche Telekom im Jahr 2006 für den Hochgeschwindigkeitszugang für Mobilfunkgeräte.

Schauspieler Manfred Krug. Der Markenname verweist auf den nat. Ursprung und grenzt die Deutsche Telekom von Telekommunikationsunternehmen anderer Länder ab, nicht zuletzt durch die Schreibweise mit „k". Als Marke möchte die Telekom Verlässlichkeit, Qualität und Fairness vermitteln und Menschen verbinden. Die Kurzform *Telekom* wird dabei oft als Synonym für den kompletten Markenbegriff verwendet. Kern des Markenauftritts ist die Farbe Magenta und das „T", mit einer eigenen, charakteristischen Typographie, das von einer rhythmisierten Linie aus quadratischen Digits eingefasst wird, das Kernelement einer Markenserie ist. Es wird für das gesamte Produkt- und Dienstleistungsangebot der Deutschen Telekom eingesetzt. Auch die Geräteverpackungen sind im Corporate Design gestaltet. Entwickelt wurde die Marke in den 1990er-Jahren in Zusammenarbeit mit der Design-Agentur Zintzmeyer & Lux aus Zürich. 2007 wurde das Logo an die neuen Angebotsmarken angepasst. Zur Zielgruppe gehören Privatpersonen ebenso wie Geschäftskunden. Heute umfasst die Telekom die Ange-

Die Zentrale der Deutschen Telekom in Bonn (unten)

botsmarken *T-Home* – Alles für Zuhause und *T-Mobile* – Alles für Unterwegs. Zudem werden im Bereich *T-Systems* umfangreiche Angebote für Geschäftskunden angeboten. Erklärtes Ziel des Unternehmens ist es, „die Deutsche Telekom zum bestangesehenen Serviceunternehmen der Branche" zu machen. Telekom AG vertreibt ihre Produkte weltweit, Schwerpunkte sind Europa und die USA. Mit rund 248.000 Mitarbeitern erwirtschaftete sie im Jahr 2006 etwa 61 Mrd. Euro. Vorstandsvorsitzender ist René Obermann.

DATEN UND FAKTEN

Markenname: Deutsche Telekom, verweist auf den nat. Ursprung der Marke

Slogan: „Deutschlands Kommunikationsgesellschaft", „Von Mensch zu Mensch", „Was uns verbindet", „Wir geben alles"

Erfinder: Wandel von Behörde in Unternehmen, 1991, Bonn

Markenregistrierung: 20.02.1996, DPMA München

Innovationen: ISDN (1989 bundesweit eingeführt), Digitaler Mobilfunk (1993), T-DSL (1999)

UNTERNEHMEN

Deutsche Telekom AG

Hauptsitz: Bonn, Deutschland

MEILENSTEINE

1991 Die Behörde wird zum Unternehmen mit neuem Markenauftritt.

1992 Das Mobilfunknetz D1 geht an den Start.

1993 Die Telekom wird internat.: Sie übernimmt die Mehrheit an der ungarischen Matav.

1995 Einführung der Marke T-Online; das Magenta-T hat seinen ersten Auftritt.

1996 Börsengang der Telekom-Aktie

2000 Börsengang von T-Online und Einführung der Marke T-Mobile

2002 3 Mio. DSL-Anschlüsse in Deutschland

2007 Einführung einer neuen Markenarchitektur mit den Angebotsmarken *T-Home*, *T-Mobile* und *T-Systems*

Vorstand: René Obermann

Weitere Marken: T-Home, T-Mobile, T-Systems

Gesamtumsatz: 61 Mrd. Euro

Vertrieb: weltweit

KONTAKT

Deutsche Telekom AG
Friedrich-Ebert-Allee 140
53113 Bonn
✆ (02 28) 1 81-49 49
💻 www.telekom.com

Ansprechpartner Presse:
✆ (02 28) 1 81-49 49

DEUTSCHES ROTES KREUZ

Das Deutsche Rote Kreuz (DRK) ist gleichzeitig Wohlfahrtsverband und Hilfsorganisation und nimmt Aufgaben im In- und Ausland wahr. Zu diesen gehören der Blutspendedienst, die Betreuung älterer Menschen und Obdachloser ebenso wie Leistungen in Erster Hilfe und im Rettungsdienst. Für Nothilfeprojekte stellt die Organisation jährlich etwa 50 Mio. Euro bereit. Weiterhin engagieren sich das Deutsche Rote Kreuz und seine freiwilligen Helfer im Katastrophenschutz und in der Entwicklungszusammenarbeit. Der DRK-Suchdienst hilft bei der Suche nach vermissten Angehörigen. Das Deutsche Rote Kreuz ist Teil der weltweiten Rotkreuz- und Halbmondbewegung, zu deren Dachverband 185 Gesellschaften mit insgesamt 125 Mio. Mitgliedern weltweit gehören. Im DRK sind in 19 Landesverbänden und dem Verband der Schwesternschaften insgesamt etwa 5 Mio. Mitglieder organisiert. Das Logo zeigt das Symbol der Rotkreuzbewegung, das rote Kreuz auf weißem Grund, und daneben den Markennamen in schwarzer serifenloser Schrift. Erstmals eingesetzt wurde dieses Symbol 1864 als auf einer Armbinde sichtbares Schutzzeichen für freiwillige Sanitätshelfer. Ein Jahr zuvor war dieses Zeichen durch das Genfer Abkommen definiert worden. Dessen spätere Fassungen verweisen auf das eidgenössische Wappen als Motivgeber: Zu Ehren der Schweiz habe man das Symbol – unter Unkehrung der Farben – gewählt. 1863 wurde im Königreich Württemberg die erste Rotkreuzgesellschaft gegründet. Eine wichtige Gründerfigur der Rotkreuzbewegung ist Henry Dunant. Als Augenzeuge der Schlacht von Solferino (1859) leistete er, erschüttert vom Leiden zurückgelassener Verwundeter, zusammen mit Dorfbewohnern zivile Hilfe. Finanziert wird die Arbeit des DRK heute durch Beitragszahlungen der Fördermitglieder, Spenden, durch öffentliche Gelder sowie mit Hilfe von Kostenerstattungen durch gesetzliche Sozial- und Krankenversicherungsträger.

UNTERNEHMEN

Deutsches Rotes Kreuz e.V.
Carstennstr. 58
12205 Berlin
✆ (0 30) 8 54 04-0
🖷 (0 30) 8 54 04-4 50
💻 www.drk.de

DEUTSCHLÄNDER

Die Lebensmittelmarke Deutschländer ist eine der bekanntesten Würstchenmarken in Deutschland. Der Hersteller →Meica brachte das Produkt erstmals 1993 auf den Markt. Das Besondere am Deutschländer-Würstchen ist, dass es die Eigenschaften der beliebtesten dt. Würstchensorten (Wiener, Bockwürstchen und Frankfurter) in sich vereint. Damit spricht Meica Konsumenten verschiedener Würstchensorten an. Der Name Deutschländer ist eine Hommage an den Meica Firmengründer Fritz Meinen. Vor Eröffnung der eigenen Metzgerei im Jahre 1908 zog er als Geselle auf Walz durch ganz Deutschland, um von verschiedenen Metzgermeistern zu lernen. Als er sein Wissen schließlich in einem einzigen Würstchen zusammenführte, soll daraus das Rezept für Deutschländer entstanden sein. Deutschländer ist die bekannteste Marke des Herstellers Meica, wobei als Line Extender unterschiedliche Aufbereitungen und Gebinde erhältlich sind. Dazu gehören u.a. der Deutschländer unterwegs, der zum einfachen Transport und zum Sofortverzehr einzeln verpackt ist. Meica ist nach eigenen Angaben dt. Marktführer im Bereich Fleisch- und Wurstwaren und exportiert seine Produkte europaweit.

DATEN UND FAKTEN

Markenname: Deutschländer, soll darauf hinweisen, dass das Produkt die Eigenschaften der beliebtesten dt. Wurstsorten in sich vereint.

Slogan: „Knackig wie Wiener, würzig wie Frankfurter, zart wie Bockwürstchen"

Erfinder: Meica, 1992

Markenbekanntheit: gest. 90 % (IPSOS, 2007)

UNTERNEHMEN

Meica Ammerländische Fleischwarenfabrik Fritz Meinen GmbH & Co KG
Meicastr. 6
26188 Edewecht
✆ (0 44 05) 9 99-0
🖷 (0 44 05) 9 99-1 00
www.meica.de

Die Marke Deutschländer wurde 1993 eingeführt.

DEUTZ

Unter der Industriegütermarke Deutz werden Diesel- und Gasmotoren mit einer Leistung von 5 bis 500 Kilowatt vertrieben. Die Motoren aus dem Hause der Deutz AG kommen bei Bau- und Bergbaumaschinen, Traktoren und Erntemaschinen, in der Fahrzeugindustrie und im Bootsbau zum Einsatz. Sie werden aber auch für Notstromaggregate oder im Bereich erneuerbarer Energien verwendet. Als Gründer des Unternehmens gilt Nicolaus August Otto, der 1876 einen Viertaktmotor, den sog. Ottomotor, erfand. Zusammen mit Eugen Langen führte er in der Kölner Altstadt eine kleine Werkstatt, aus der die ersten Motorenwerke der Welt hervorgingen. Als Gründungsjahr der Deutz AG gilt daher das Jahr der Werkstatteröffnung 1864. Das Logo der Firma stammt aus der Gründerzeit. Der Firmenschriftzug in Versalien ist rot unterstrichen und mit einem Signet überdacht. Der ursprünglich als Gasmotorenwerke Deutz firmierende Betrieb ist heute einer der weltweit führenden Motorenhersteller. Mit 5.500 Mitarbeitern stellt das Unternehmen jährlich mehr als 240.000 Motoren her und erwirtschaftet einen Umsatz von rund 1,2 Mrd. Euro. Über 75 % davon kommen aus Exportgeschäften. Mittelfristiges Geschäftsziel des von Gordon Riske geleiteten Unternehmens ist eine Steigerung der Produktionszahlen auf 240.000 Maschinen pro Jahr. Um auf lange Sicht unabhängig zu bleiben, setzt das Unternehmen auf Partnerschaften, etwa mit dem chin. Nutzfahrzeughersteller FAW.

UNTERNEHMEN

Deutz AG
Otto Str. 1
51057 Köln
✆ (02 21) 8 22-0
🖷 (02 21) 8 22-35 25
💻 www.deutz.de

DEUTZ®

Die Deutz AG gehört zu den führenden Motorenherstellern der Welt.

Sofortenergie für Konzentration und Leistungsfähigkeit

DEXTRO ENERGY

Alles beginnt 1927 mit einem weißen Pulver: Dieses wird unter dem Namen „Dextrose Purum" in Apotheken eingeführt und erhält 1929 den Markennamen *Dextropur.* Ärzte verschrieben das wissenschaftlich anerkannte Kräftigungsmittel, Apotheken gaben es auf Rezept ab. *Dextropur* ist auch heute noch reines Traubenzuckerpulver, während *Dextropur Plus* zusätzlich die Vitaminversorgung im Alltag unterstützt. 1935 wird über den Fachhandel das erste Komprimat mit dem Namen *Dextro Energen* eingeführt. In der typischen Würfelform entwickelt es sich zum Klassiker und wird offizielle Wettkampfverpflegung bei den Olympischen Spielen 1936 in Berlin und 1972 in München. Über die Jahre wird das Sortiment um Minis, Stangen und Riegel sowie unterschiedliche Geschmacksrichtungen erweitert. 2002 wird aus dem Markennamen Dextro Energy. So wie sich Kommunikation und Verpackungsgestaltung stetig weiterentwickelt haben, leitet das Unternehmen damit die Internationalisierung ein. Das funktionale Markenversprechen hingegen bleibt konstant: „Dextro Energy – das ist natürliche Sofortenergie für Konzentration und Leistungsfähigkeit." Diese Aussage wird auf allen Produkten durch ein Kopf-Körper-Symbol visualisiert. Das Unternehmen mit Hauptsitz in Krefeld wird geleitet von Andreas Romankiewicz und Stefan Harms (stv.).

UNTERNEHMEN

Dextro Energy GmbH & Co. KG
Hafenstr. 69
47809 Krefeld
✆ (0 21 51) 52 27–0
🖷 (0 21 51) 52 27–3 82
🖳 www.dextro-energy.de

DHL

Das DHL-Logo (oben) ist eine Synthese des alten DHL-Schrifzugs und der Post-Farben. DHL befördert Pakete per Flugzeug und Lkw (Mitte und unten).

Die Marke DHL mit den fünf Leistungsfeldern DHL Express, DHL Freight, DHL Global Forwarding, DHL Exel Supply Chain und DHL Global Mail steht weltweit für Mail-, Express- und Logistikdienstleistungen. Der Name DHL ist die Abkürzung der Nachnamen der Markengründer Adrian Dalsey, Larry Hillblom und Robert Lynn. Sie hatten 1969 in San Francisco die Idee, Zollpapiere von Frachtschiffen vorab per Flugzeug an die Bestimmungshäfen zu versenden. Diese Neuerung verkürzte die Liegezeiten der Schiffe in den Häfen erheblich und markierte den Beginn des internat. Luftfrachtexpressdienstes. Das Unternehmen DHL wuchs schnell und gründete bereits 1974 in London die erste europäische Niederlassung. In Deutschland ist DHL seit 1978 mit eigenen Büros vertreten. Der Konzern Deutsche Post World Net beteiligte sich 1998 an DHL und erwarb die Marke 2002 vollständig. Nach der Übernahme bündelte der Konzern 2003 sämtliche internat. Mail-, Express- und Logistik-Leistungen unter der Marke DHL. In einem umfassenden Rebranding wurde DHL in das Corporate Design von Deutsche Post World Net integriert. Die Buchstaben DHL stehen seitdem auf postgelbem Grund und verankern die Marke visuell im Konzern. DHL beliefert heute ca. 120.000 Ziele in über 220 Ländern und Territorien. Mit weltweit ca. 305.000 Mitarbeitern, 76.000 Fahrzeugen und 420 Flugzeugen stellt DHL jährlich ca. 1,5 Mrd. Sendungen zu. Damit ist DHL die weltweit führende Marke für Express

Diese Anzeige thematisiert den besonderen Einsatz der DHL-Kuriere bei der Zustellung von Expresssendungen.

und Logistik. In den Bereichen Luftfracht, Seefracht und Supply Chain Management ist DHL nach Angaben der Deutschen Post AG weltweit Marktführer, in Europa, Asien und Afrika auch bei der Kurier-, Express- und Paketzustellung. Der Umsatz der Marke DHL belief sich 2006 auf 39,9 Mrd. Euro und steuerte damit 60 % zum Konzernumsatz der Deutschen Post AG bei. Zum Konzern gehört neben DHL und der Stammmarke →Deutsche Post für Briefleistungen seit 1999 auch die *Postbank.*

DATEN UND FAKTEN

Markenname: DHL, USA, Abkürzung, zusammengesetzt aus den Anfangsbuchstaben der Nachnamen der drei Firmengründer

Früherer Slogan: „We move the world" (2003)

Gründer: Adrian Dalsey, Larry Hillblom, Robert Lynn, 1969, San Francisco/USA

Markenregistrierung: 12.09.1989, DPMA München

Innovationen: Klimaneutraler Versand mit GOGREEN-Produkten, Packstation

Jahresumsatz: 39,9 Mrd. Euro (Marke DHL, 2006)

Literatur:
W. Giehl u. C. Baumgarten: Markenmanagement als Motor der neuen Markenidentität DHL im Konzern Deutsche Post World Net, in: H. Meffert et al.: Markenmanagement (2005)

UNTERNEHMEN

Deutsche Post AG

Hauptsitz: Bonn, Deutschland

Vorstandsvorsitzender: Dr. Klaus Zumwinkel

Weitere Marken: Deutsche Post, Postbank

Gesamtumsatz: 60,5 Mrd. Euro (2006)

Vertrieb: weltweit in über 220 Ländern und Territorien

KONTAKT

DHL Vertriebs GmbH & Co. OHG
Charles-de-Gaulle-Str. 20
53111 Bonn
✆ (02 28) 1 82-0
www.dhl.de

Ansprechpartner Presse:
Claus Korfmacher
✆ (02 28) 1 82-99 88
✉ pressestelle@deutschepost.de

Ansprechpartner Marketing:
Joachim Schäfer
✆ (02 28) 1 82-0

MEILENSTEINE

1969 Gründung von DHL in San Francisco/USA

1977 Eröffnung des ersten DHL-Büros in Deutschland

2002 vollständige Übernahme von DHL durch die Deutsche Post AG

2003 Integration aller Express- und Logistik-Marken der Post unter der Marke DHL und weltweites Rebranding

2008 Das Luftfracht-Drehkreuz Leipzig geht in Betrieb

DIADEM

Die Colorationsmarke Diadem von →Schwarzkopf steht für seidig glänzende Farben. Sie wurde 1967 in Deutschland eingeführt und ist heute eine der erfolgreichsten Colorationsmarken, die im dt. Markt erhältlich sind. Seit ihrer Einführung enthält Diadem besondere Pflegestoffe wie beispielsweise Keratin oder Pflege-Proteine. Ein Meilenstein in der Geschichte von Diadem war 1994 ein Pflegekonzentrat mit Pro-Vitamin B5, das separat von der Color-Creme angeboten wurde. Das Pflegekonzentrat von Diadem wurde seither stetig verbessert. Ab 2003 enthielt dieses Konzentrat flüssige Seiden-Proteine und mit dem Relaunch im Jahr 2007 wurde der *Seide+Repair-Komplex* mit flüssiger Seide eingeführt. Dieses patentierte Pflegekonzentrat wird der Colorationsmischung erst direkt vor der Anwendung zugegeben und reichert so das Produkt an. Die neueste Innovation im Sortiment von Diadem ist das *Ansatzset* (2006). Es ist die erste Coloration von Schwarzkopf zur permanenten Kaschierung nachgewachsener Ansätze zwischen zwei Colorationen. Seit Anfang 2007 verleiht Diadem dank seiner pflegenden Rezeptur Haaren eine samtweiche und seidig-glänzende Struktur bei 100 % Grauabdeckung. Das Unternehmen Schwarzkopf wurde 1898 in Berlin von dem Apotheker Hans Schwarzkopf gegründet. Aufgestiegen zu einem der größten Haarkosmetikhersteller Europas wurde Schwarzkopf 1995 von der →Henkel KGaA übernommen. Mit ihrem Kosmetik- und Körperpflegebereich setzte die Henkel KGaA im Jahr 2006 2,864 Mrd. Euro in mehr als 125 Ländern um und zählt zu den weltweit füh-

In dieser Verpackung wurden die Diadem Produkte 1967 vertrieben.

Die zwei Produktlinien von Diadem, Seiden-Color-Creme (Mitte) und das Ansatzset (unten), sind in verschiedenen Farbnuancen erhältlich.

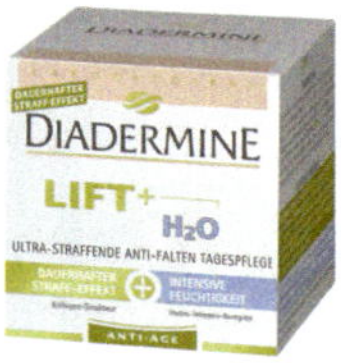

Zur Produktpalette von Diadermine zählt u. a. eine Gesichtscreme mit Lifting-Effekt (Mitte). Im blauen Glastiegel mit abschraubbarem Alu-Deckel wurde die Creme Mitte des letzten Jh. in Frankreich vertrieben (unten).

renden Herstellern von Markenprodukten in diesem Bereich.

DATEN UND FAKTEN

Markenname: Diadem, Kunstname

Slogan: „Diadem – Farben zum Anfassen schön" (2000–2006), „Diadem – Farben wie Samt und Seide" (seit 2007)

Markteinführung: 1967 durch TheraChemie, Düsseldorf

Markenregistrierung: 30. 04. 1902, Kaiserliches Patentamt Berlin (Diadem)

Innovationen: Diadem Pflege Coloration (1967), Cremespülung (1980), Pro-Vitamin B5 (1994), Diadem mit Liquid Silk Proteinen (2003), Diadem Ansatzset (2006), Relaunch Diadem Seiden-Color-Creme mit Seide+Repair-Komplex (2007)

Markenwebsite: www.diadem.schwarzkopf.de

Literatur:
Henkel KGaA (Hg.): Chronik 130 Jahre Henkel. (2006)

UNTERNEHMEN

Henkel KGaA

Hauptsitz: Düsseldorf, Deutschland

Weitere Marken: s. → Henkel

Gesamtumsatz: 12,740 Mrd. Euro (2006)

Vertrieb: weltweit in mehr als 125 Ländern

MEILENSTEINE

1967 Die Pflege-Coloration Diadem wird eingeführt.

1975 Die Produktpalette wird um neue Rotnuancen und Aufheller erweitert.

1980 Aufnahme der Cremespülung mit Keratin und Protein in das Sortiment

1994 Einführung von Pro-Vitamin B5 in die Colorationsformel

2003 Diadem wird mit Liquid Silk Proteinen angereichert.

2006 Das Diadem Ansatzset wird eingeführt.

2007 Relaunch der Diadem Seiden-Color-Creme

KONTAKT

Henkel KGaA
Henkelstr. 67
40589 Düsseldorf
(02 11) 7 97-0
(02 11) 7 98-40 08
www.henkel.com

Ansprechpartner Presse:
Marion Schwenker
press@henkel.de

DIADERMINE

Die Kosmetikmarke Diadermine steht für eine umfangreiche Auswahl an Anti-Aging- und Körperpflege-Produkten zur Reinigung und Pflege der Haut. Die seit mehr als 100 Jahren in Frankreich etablierte Marke wurde 2000 in Deutschland von der → Henkel KGaA auf den Markt gebracht. Der Kunstname Diadermine leitet sich von den altgriech. Begriffen *Dia* für Tag und Frau und *Derma* für Haut ab. Derzeit umfasst die Marke die sechs Produktlinien Lift+, Falten Expert 3D, Age ExCellium, Reactivance, Essentials und Body Perfect. Sie wird mit dem Slogan „Diadermine. Denn Sie haben nur eine Haut" beworben. Die Schauspielerin Veronica Ferres ist die bekannte Werbeträgerin der Marke. Erfunden wurde Diadermine Anfang des 20. Jh. von den Brüdern und Apothekern Giambattista Bonetti und Cornelio Bonetti, die eine wasserlösliche Creme unter diesem Namen in Paris an Apotheken verkauften. Ihre Öl-in-Wasser-Emulsion reicherten die Brüder mit Luft an, um eine leichte Konsistenz der Creme zu erreichen. Heute wird die Marke Diadermine im Einzelhandel in Europa vertrieben. Hauptzielgruppe sind Frauen jeden Alters. Fokus der Marke sind die Segmente Anti-Aging und reife Haut. Seit 2007 vertreibt Diadermine die neue Linie Age ExCellium, die mit Kaviar-Protein-Komplex die Zellerneuerung aktivieren soll. Seit 2006 war die Marke Diadermine dreimal unter den Testsiegern bei Stiftung Warentest. *Diadermine Hydra Vitamin Feuchtigkeitspflege* wurde 2006 mit der Note 2,3 bewertet. Für das Produkt *Falten Expert 3D Nachtpflege* erhielt die Marke die Note 1,8 und für das Produkt *Falten Expert 3D Augenpflege* die Note 2,1. Mit ihrem Kosmetik- und Körperpflegebereich setzte die Henkel KGaA im Jahr 2006 2,864 Mrd. Euro in mehr als 125 Länder um und zählt zu den weltweit führenden Herstellern von Markenprodukten in diesem Bereich.

DATEN UND FAKTEN

Markenname: Diadermine (Frankreich), Kunstname, abgeleitet von den altgriech. Begriffen Dia für Tag und Frau und Derma für Haut.

Slogan: „Diadermine. Denn Sie haben nur eine Haut" (seit 2007)

Erfinder: Giambattista Bonetti und Cornelio Bonetti, 1904, Paris

Markteinführung: 2000 (Deutschland)

Markenregistrierung: 28.09.1989, DPMA München

Innovationen: Lift+ (2001), Falten Expert 3D (2004), Age ExCellium (2007)

Auszeichnungen:
Note 2,3 für *Diadermine Hydra Vitamin Feuchtigkeitspflege*, Stiftung Warentest (2006)
Note 1,8 für *Falten Expert 3D Nachtpflege*, Stiftung Warentest (2007)
Note 2,1 für *Falten Expert 3D Augenpflege*, Stiftung Warentest (2007)

Markenwebsite: www.diadermine.de

Literatur:
Henkel KGaA (Hg.): Chronik 130 Jahre Henkel. (2006)

Die Schauspielerin Veronica Ferres wirbt als Testimonial für die Hautpflegemarke Diadermine.

UNTERNEHMEN

Henkel KGaA

Hauptsitz: Düsseldorf, Deutschland

Weitere Marken: s. → Henkel

Gesamtumsatz: 12,740 Mrd. Euro (2006)

Vertrieb: weltweit in mehr als 125 Ländern

KONTAKT

Henkel KGaA
Henkelstr. 67
40589 Düsseldorf
(02 11) 7 97-0
(02 11) 7 98-40 08
www.henkel.de

Ansprechpartner Presse:
Marion Schwenker
press@henkel.com

SCHON GEWUSST?

▌Anfang des 20. Jh. etablierte sich Diadermine als die Creme Medicale (Medizinische Creme) der Familien in Frankreich. Zwischen den beiden Weltkriegen und in den 1950er-Jahren wuchs Diadermine besonders stark und baute seine Produktpalette aus: Babypuder, Shampoos, Enthaarungscremes, Haarsprays und sogar Sonnensprays wurden produziert. In den 1950er-Jahren kam die erste Diadermine Anti-Falten-Creme auf den Markt. Ab 1970 wurde die Marke außer in Apotheken, Parfümerien und Drogerien auch in Supermärkten verkauft.

DIAMANT

Mit einer Wassermühle in Hartrop bei Soest begann 1775 die Erfolgsgeschichte der Müllerfamilie Plange. Sie verarbeitete Roggen und Weizen aus der Soester Börde und belieferte Bäcker in der Umgebung mit den Endprodukten Mehl und Schrot. Durch die Zugabe von kräftigen Überseesorten zu dem zuweilen schwachen dt. Weizens sicherte der Müller Plange eine gleichbleibend hohe Qualität des Mehls. Um dies zu dokumentieren, gab er dem Produkt Mitte des 19. Jh. den Namen Diamant-Mehl. Der Diamant wurde dabei als Symbol für die Reinheit und Qualität des Produktes gewählt. 1895 wurde die Marke erstmals beim Kaiserlichen Patentamt registriert. 1897 erbaute Georg Plange in Hamburg-Wilhelmshof die größte Mühle Europas. Aufgrund des Erfolgs wurde 1907 eine zweite vergleichbare Mühle in Düsseldorf erbaut. Zu der Produktrange der Marke gehören heute neben Weizen-, Instant-, Roggen-, Vollkorn- und Dinkelmehl auch Backmischungen z. B. für Waffeln, Eierkuchen, Schoko-Muffins, Pizzateige und diverse Brote. Diamant wirbt mit dem Slogan „Gutes aus Tradition". Seit der Einführung einer neuen Verpackung zum 100-jährigen Jubiläum im Jahr 1995 erscheint die Marke in den Regalen frisch und natürlich. Der Schriftzug Diamant zeigt sich in einem kräftigen und aufmerksamkeitsstar-

Steht für Mehl und alles, was man daraus machen kann: Diamant

Produkte der Marke Dibbern werden nach jahrhundertealter handwerklicher Tradition gefertigt.

Die Mundorgel ist eines der bekanntesten Liederbücher in Deutschland.

ken Rotton und wird in Anlehnung an den Markennamen von einem stilisierten Diamanten unterstützt. Dieser befindet sich in einem abgeschrägten Quadrat in Blau. Der Zusatz „Seit 1895" belegt die Beständigkeit der Marke. Diamant wird heute im Vertriebsgebiet West- und Süddeutschland von der Georg Plange KG hergestellt, in Nord- und Ostdeutschland von der Aurora Mühle.

UNTERNEHMEN

Georg Plange KG (Vertriebsgebiet West- und Süddeutschland)
Hansastr. 6–8
41460 Neuss
✆ (0 21 31) 27 95–0
Fax (0 21 31) 27 95–3 52
www.diamant-mehl.de

Aurora Mühle (Vertriebsgebiet Nord- und Ostdeutschland)
Trettaustr. 49
21107 Hamburg
✆ (0 40) 7 51 09–02
Fax (0 40) 7 51 09–1 20
www.diamant-mehl.de

DIBBERN

Die Lifestyle-Marke Dibbern produziert und vertreibt hochwertige Glas- und Porzellanprodukte sowie Tischwäsche. Sie steht für zurückhaltende puristische Formen und setzt modische Akzente durch Farben und Dekors. Dibbern richtet sich an designorientierte, qualitätsbewusste Konsumenten. Bernd T. Dibbern war in den 1960er Jahren als Generalvertreter und Importeur für designorientierte Marken tätig. 1965 gründete er die B. T. Dibbern GmbH & Co.KG. In den 1970er-Jahren entstanden erste Porzellan-, Glas-, und Besteckkollektionen nach eigenen Entwürfen. Der Durchbruch zur Lifestyle-Marke gelang ein Jahrzehnt später mit dem Geschirr Solid Color. Das Besondere der Premiummarke Dibbern ist der hohe Stellenwert traditioneller Handwerkskunst, die Teller der Serie Fine Bone China werden noch von Hand gedreht. Dibbern-Gläser sind mundgeblasen und handgeschliffen, die Jaquard-Tischwäsche wird in einer der letzten dt. Webereien gewebt. Dafür steht Dibbern mit seinem Logo: das elegante Markenzeichen stellt zum einen eine Abstraktion von Tellern dar, zum anderen erinnert das geschwungene große D in Begleitung zweier weiterer Bögen an den Namen des Unternehmens. Unter der Bildmarke formen zarte Großbuchstaben den Markennamen. Das Logo besteht - in der von den Peter Schmidt Studios adaptierten Version - seit 1996. Im Jahr 1997 übernahm Dibbern die erste private Porzellanmanufaktur Deutschlands, die 1814 in Hohenberg gegründet wurde. Bernd T. Dibbern ist bis heute Geschäftsführer und beschäftigt 150 Mitarbeiter.

DATEN UND FAKTEN

Markenname: Dibbern, Familienname des Gründers

Gründer: Bernd T. Dibbern, 1965

Markenregistrierung: 17.09.2001, DPMA München

Produktgruppen: Fine Bone China, Solid Color, Glas, Tischwäsche

Markenwebsite: www.dibbern.de

UNTERNEHMEN

B. T. Dibbern GmbH & Co. KG
Heinrich-Hertz-Str. 1
22941 Bargteheide
✆ (0 45 32) 28 51–0
Fax (0 45 32) 28 51–50
www.dibbern.de

DIE MUNDORGEL

Die Mundorgel gilt als Klassiker unter den Liederbüchern Deutschlands. Sie enthält ein Repertoire aus Morgen- und Abendliedern, Spirituals und geistlichen Liedern, Volks- und Wanderliedern sowie Folklore, Spiel- und Ulkliedern. Das handliche Buch verdankt seine Entstehung dem Wunsch, Kinder und Jugendliche zum Singen zu animieren. Vier Mitglieder des Evangelischen Jungmännerwerks in Köln, heute der christliche Verein junger Menschen (CVJM), schrieben die Liedtexte nieder. Peter Wieners, Dieter Corbach, Hans-Günther Toetemeyer und Ulrich Iseke leiteten Jugendgruppen bei Freizeitfahrten. Bei Liederabenden am Lagerfeuer und der Bibelarbeit stellten sie fest, dass viele der Jugendlichen die vormals erlernten Liedtexte vergessen hatten. Dieser Umstand veranlasste die vier Jugendleiter, ein Liederbuch für alle Anlässe zusammenzustellen. 1953 kamen die ersten 500 „Liederbücher für Fahrt und Lager" auf den Markt. Der Name der Mundorgel ist als Reverenz an den damaligen CVJM-Kreisvorsitzenden Horst Mundt gedacht und leitet sich vom Instrument Mundharmonika ab. Seit 1964 gibt es die Notenausgabe mit Gitarrengriffen. Ihren prägnanten roten Einband mit der stilisierten Zeichnung eines Mundharmonikaspielers bekam die Mundorgel vier Jahre später. Der CVJM Kreisverband gründete den Mundorgel Verlag in Köln/Waldbröl im Jahr 1966. Die GmbH unter Geschäftsführer Hans Heise und Klaus Schoschnig verlegt zahlreiche Liederbücher und -hefte und hat einen hauptamtlichen und mehrere ehrenamtliche Mitarbeiter. Von der Mundorgel wurden bisher 14 Mio. Exemplare verkauft.

DATEN UND FAKTEN

Markenname: Die Mundorgel, entstanden zu Ehren von Horst Mundt (ehemaliger Kreisvorsitzender des CVJM) und hergeleitet vom Musikinstrument Mundharmonika

Herausgeber: Peter Wieners, Dieter Corbach, Hans-Günther Toetemeyer, Ulrich Iseke, 1953, Köln

Markenregistrierung: 10. 05. 1984, DPMA München

UNTERNEHMEN

Mundorgel Verlag GmbH
Postfach 960148
51085 Köln
(02 21) 63 63 88
(02 21) 63 63 78
www.mundorgel-verlag.de

DIE SPIEGELBURG

Die Spiegelburg ist eine seit 1992 etablierte Edition des 1768 gegründeten Coppenrath Verlags mit Sitz in Münster. Mit ergänzenden „Non Book"-Produkten stellt Die Spiegelburg spielerisch eine Verbindung zum Buchprogramm her. Die Produkte werden über den Buch-, Papeterie- und Spielwarenhandel weltweit vertrieben. Bekannte Charaktere des Verlags sind „Felix der Hase", „Prinzessin Lillifee", „Die Lieben Sieben", „Der Mondbär" und „Capt'n Sharky". Im Portfolio von Die Spiegelburg befinden sich Geschenkartikel zu diesen Charakteren sowie Ideen für Erwachsene zu den Themen Hochzeit, „Froschkönig", „Sommerparadies", „Liebe ist Glück", Reisezeit, „Viva Pirata" und „Elephant Lodge". Der Coppenrath Verlag schafft mit der Kombination von Buch und Non-Book-Artikeln für Kinder Welten, in denen sie sich kreativ mit ihrer Fantasie auseinandersetzen können. Der Verlag bezeichnet Die Spiegelburg liebevoll als „Hoflieferant für kleine Prinzen und Prinzessinnen". Zur Kommunikation der Marke produziert der Verlag aufwendig gestaltete Kataloge für Händler und Endkunden, unterhält unterschiedliche Websites und platziert Displays und Dekorationsgegenstände wie

Mit Non-Book-Artikeln (hier zur Serie „Prinzessin Lillifee") stellt Die Spiegelburg eine Verbindung zum Verlagsprogramm her.

Möbel und große Plüschtiere im Einzelhandel. Zudem bieten der Leseclub und der „Felix-Club" ein Forum für Fans. Jährliche hochwertige, innovative Produkte rund um die Charaktere sollen die Käuferbindung aufrechterhalten. Seit 1998 hat das Lizenzgeschäft steigende Bedeutung. Mittlerweile gibt es 36 Lizenznehmer. „Felix"-Lizenzartikel sind u. a. Textilien von Mottom, Kinderbrillen von Nussbaumer, Bettwäsche von Bierbaum, Shampoo und Duschgel von Fissan Kids, Geschirr von →Rosenthal, SIGG-Flaschen, Strümpfe von →Falke, Grußkarten von Inkognito, Fahrräder von →Kettler, Tag- und Nachtwäsche von →Schiesser, Besteck von →WMF, Kinderwagen und Autositze von Hauck, Jahreskalender von →teNeues. 1999 verkaufte die Deutsche Post „Felix"-Wertmarken für „das Päckchen mit der Marke" zu Ostern und zum Schulbeginn. Im Mai 2005 gab es eine Briefmarkenedition mit Motiven der beliebten Hasenfigur in der Schweiz.

DATEN UND FAKTEN

Markenname: Die Spiegelburg, abgeleitet vom Mädchennamen der Ehefrau des Verlegers Wolfgang Hölker

Slogan: „Hoflieferant für kleine Prinzen und Prinzessinnen"

DIE SPIEGELBURG®

Logo der Marke Die Spiegelburg (oben), Plüschtier der Serie „Felix der Hase" (Mitte), Verleger Wolfgang Hölker (unten)

Gründer: Wolfgang Hölker, 1992, Münster

Markenregistrierung: 28.04.1997, DPMA München

Markenwebsite: www.spiegelburg.de

UNTERNEHMEN

Coppenrath Verlag GmbH & Co. KG

Hauptsitz: Münster, Deutschland

Verleger und Inhaber: Wolfgang Hölker

Weitere Marken: Coppenrath Verlag, Hölker Verlag

Gesamtumsatz: ca. 57 Mio. Euro

KONTAKT

Coppenrath Verlag GmbH & Co KG
Hafenweg 30
48155 Münster
✆ (02 51) 4 14 11-0
🖷 (02 51) 4 14 11-20
💻 www.coppenrath.de

Ansprechpartner Presse:
Tomas Rensing
✆ (02 51) 4 14 11-8 22
✉ rensing@coppenrath.de

SCHON GEWUSST?

- Der Coppenrath Verlag wurde 1768 von Josef Heinrich Coppenrath nach der Übernahme der Perrenonschen Hofbuchhandlung gegründet. Nach 200 Jahren im Familienbesitz erwarb der Grafiker und Verleger Wolfgang Hölker den Verlag 1977 und führte das Unternehmen auf neue Wege.
- Der Hase Felix hat einen eigenen Internet-Auftritt. Unter www.felixclub.de können Kinder ihm E-Mails schicken, sich in sein Gästebuch eintragen oder Spiele ausprobieren. Im Felix-Club erhalten sie Briefe mit kleinen Überraschungen und Kartengrüßen.

DIE WELT

Chefredakteur Thomas Schmid (Mitte), DIE WELT erreicht erscheinungstäglich mehr als 734.000 Leser (unten).

DIE WELT

DIE WELT ist ein Objekt der Axel Springer AG. Die überregionale Print-Ausgabe zählt zu den führenden Tageszeitungen in Deutschland. DIE WELT ist als Premium-Marke der WELT-Gruppe eine der führenden dt. Medienmarken. Sie richtet sich an leistungsorientierte, gut ausgebildete Zeitungsleser mit einer optimistischen Grundhaltung. Seit 2004 gibt es mit WELT KOMPAKT zusätzlich die erste überregionale Qualitätszeitung im Tabloid-Format. DIE WELT erschien zum ersten Mal am 2. April 1946. Die brit. Militärregierung brachte die Zeitung zunächst zweimal, später dann dreimal wöchentlich heraus.

Seit Anfang der 1990er-Jahre befindet sich die WELT-Redaktion in Berlin.

1953 kaufte sie der Verleger Axel Springer von der brit. Regierung. DIE WELT verfügt heute über ein weltweites Korrespondentennetz und wird täglich in 130 Ländern gelesen. Im zentralen Newsroom in der Berliner Redaktion arbeiten 400 Journalisten an den redaktionellen Inhalten der Zeitung. Sie betreuen auch die Internetausgabe *WELT ONLINE* sowie andere Onlinemedien der Verlagsgruppe. Optisches Erkennungsmerkmal der Marke ist die Weltkugel. Seit 1947 findet sie sich im Zeitungskopf der WELT. Das Logo soll die nat. und internat. Berichterstattung widerspiegeln. Im November 1998 gestaltete der Verlag im Zuge eines Relaunches den Zeitungskopf und das Logo um. Mit dem neuen Layout gewann DIE WELT in den Jahren 1999 und 2001 den Preis Worlds Best Designed Newspaper. Dieser Weg wurde durch die Einführung einer dynamischeren, leicht gedrehten Weltkugel sowie eines veränderten Schriftbildes im Oktober 2007 konsequent weiter beschritten. DIE WELT und *WELT KOMPAKT* erreichten im zweiten Quartal 2007 bei einer Auflage von 276.670 Exemplaren (IVW II/2007) mehr als 734.000 Leser (AWA). Die Axel Springer AG ist nach eigenen Angaben der größte dt. Zeitungsverlag und der drittgrößte dt. Zeitschriftenverlag. Das Produktportfolio umfasst 170 Zeitungen und Zeitschriften im In- und Ausland. Der Medienkonzern beschäftigt weltweit 9.733 Mitarbeiter (2006) und erwirtschaftet jährlich 2,376 Mrd. Euro.

DATEN UND FAKTEN

Markenname: DIE WELT, dt. Substantiv

Slogan: „Die Welt gehört denen, die neu denken" (2000)

Markenregistrierung: 12. 11. 1973, DPMA München

Innovationen: WELT KOMPAKT (2004)

Markenbekanntheit: 81 % gest. (AWA, 2007)

Verkaufte Auflage: 276.670 (Quelle: IVW II/07)

Reichweite: 734.000 Leser (AWA, 2007)

Auszeichnungen:
„Worlds Best Designed Newspaper", Society for News Design (1999, 2001)
„Theodor-Wolff-Preis", Bundesverband Deutscher Zeitungsverleger (2002, 2003, 2004)

Markenwebsite: www.welt.de

UNTERNEHMEN

Axel Springer AG

Hauptsitz: Berlin, Deutschland

Gründer: Axel Springer

Vorstand: Dr. Mathias Döpfner (Vorsitz)

Weitere Marken: 170 Printmedien, darunter →WELT am SONNTAG, Bild, Hörzu, Maxim, AutoBild, Jolie

Gesamtumsatz: 2.376 Mio. Euro (2006)

Vertrieb: 130 Länder

KONTAKT

Axel Springer AG
Axel-Springer-Str. 65
10888 Berlin
(0 30) 25 91-0
www.axelspringer.de

Ansprechpartner Presse:
Dr. Dirk Meyer-Bosse
(0 30) 25 91-7 76 41
dirk.meyer-bosse@axelspringer.de

Ansprechpartner Marketing:
Knut Geisler
(0 30) 25 91-7 47 31
knut.geisler@axelspringer.de

Lead-Agentur:
Kommunikationsagenturen:
Different, Faktor 3
Werbeagentur:
EURO RSCG Gruppe
www.eurorscg.de

SCHON GEWUSST?

- Neben den etablierten Zeitungsformaten führt die Medienmarke WELT zusätzlich zahlreiche weitere Produkte in ihrem Portfolio wie die WELT EDITION, zu der qualitativ hochwertige Angebote wie Bücher und Weine zählen.
- Etwa zwei Wochen vor der ersten freien Wahl in der DDR hat DIE WELT einen Sonderdruck für Ostdeutschland herausgebracht. Mehr als 1,2 Mio. Exemplare dieses WELT-Reports wurden in den frühen Morgenstunden verteilt.

DIE ZEIT

Die Zeit ist mit einer Auflage von über 480.000 verkauften Exemplaren (Quelle: IVW, 3. Quartal 2007) Deutschlands führende Wochenzeitung. Mit jeder Ausgabe erreicht Die Zeit mehr als 2 Mio. Leser (Quelle: AWA, 2007). Die Zeit erscheint jeden Donnerstag mit Themen aus Politik, Wirtschaft, Kultur, Wissenschaft, Bildung, Gesellschaft, Reisen und Geschichte sowie dem Zeit *Magazin*. Gründlich recherchierte Hintergrundberichte, große Reportagen und meinungsstarke Kommentare sollen die Zeit nicht nur zu einer aktuellen Informationsquelle, sondern auch einem Meinungsmedium machen. Herausgeber der Zeit sind der ehemalige Bundeskanzler Helmut Schmidt sowie Josef Joffe und Michael Naumann (beurlaubt, 11/2007). Chefredakteur ist seit 2004 Giovanni di Lorenzo. Verlag und Redaktion haben sich dem Eintreten für freiheitliche, demokratische und soziale Prinzipien verpflichtet. Die Zeit ist durchgängig vierfarbig gedruckt und wurde für ihr Layout bereits mehrfach ausgezeichnet. Auch 2007 erhielten die Zeit und ihre Redakteure wieder renommierte Auszeichnungen wie den Preis „Chefredakteur des Jahres" und den „Henri Nannen Preis". Die erste Zeit erschien am 21. Februar 1946 unter dem Herausgeber Gerd Bucerius in Hamburg. Bis zur Nummer 13 zierte noch das Hamburger Wappen die Titelseite. Der Senat der Hansestadt sah darin jedoch einen Missbrauch des Hoheitszeichens. Die Lösung fand man im Bremer Wappen, welches die Stadtherren der Zeit ohne Nutzungsgebühr zur Verfügung stellten. Seither ziert der Bremer Schlüssel die Titelseite der Zeit. Im Zeitverlag erscheinen heute auch verschiedene Zeitschriften – darunter Zeit *Wissen*, Zeit *Geschichte* und seit 2006 auch das Studentenmagazin Zeit *Campus*. Im Internet liefert Zeit *Online* Hintergründe zu tagesaktuellen The-

DIE ZEIT

Weil die Hansestadt Hamburg ihr Wappen nicht zur Verfügung stellen wollte, ziert der Bremer Schlüssel seit der 13. Ausgabe die Titelseite der Zeit.

Altbier der Marke Diebels wird im niederrheinischen Issum hergestellt.

men. Seit 1996 ist der Zeitverlag Teil der Stuttgarter Verlagsgruppe Georg von Holtzbrinck.

UNTERNEHMEN

Zeitverlag Gerd Bucerius GmbH & Co. KG
Pressehaus
Buceriusstr., Eingang Speersort 1
20095 Hamburg
✆ (0 40) 32 80-0
🖷 (0 40) 32 71 11
💻 www.zeit.de

DIEBELS

Diebels Altbier gehört in Deutschland zu den bekanntesten Biermarken im Premiumsegment. Braumeister Josef Diebels nutzte während der Wirtschaftsflaute nach dem Krieg 1870/1871 das Potenzial der technischen Industrialisierung und erfüllte sich 1878 im niederrheinischen Issum den Traum einer eigenen Brauerei. Das Unternehmen hatte viele gängige Biersorten im Programm, entschloss sich jedoch 1970 zu einer strategischen Neuorientierung und konzentrierte sich fortan auf die Brauerei der regionalen Spezialität Altbier. Diebels ist eigenen Angaben zufolge mit einem Anteil von über 50 % Marktführer im Altbier-Segment. Neben den Klassikern umfasst das Sortiment auch Diebels *Light*, Diebels *Alt Alkoholfrei* und die Mixgetränke *ApfelLemon* und *Dimix*. Damit möchte die Marke ein modernes, aktives und vorwiegend männliches Publikum zwischen 30 und 45 Jahren ansprechen. Inzwischen führt Diebels wieder ein Pils im Programm, um dem sog. „Wechseltrinker" Alt und Pils der eigenen Marke bieten zu können. Mit dem aktuellen Slogan „Schöner Tag. Mit freundlichem Diebels" wird der Qualitätsanspruch der Brauerei an ihre Erzeugnisse deutlich. Das Corporate Design soll diesem Anspruch Rechnung tragen: Die sechseckigen Flaschenetiketten sind in Gold und Silber gehalten. Die Diebels-Hausfarbe Grün findet sich in den Gebinden wieder. Das Markenlogo zeigt den markant-eckigen Diebels-Schriftzug in Weiß. Darüber ist das Bild eines springenden Hirschs zu sehen. Diesen soll Josef Diebels aus dem Issumer Wappen übernommen haben – aus Dankbarkeit für die schnelle Übertragung der Braurechte. Seit 2001 gehört das ehemalige Familienunternehmen zu InBev-Deutschland, einer Tochter des weltweit größten Brauereikonzerns InBev. Das Unternehmen beschäftigt 280 Mitarbeiter. Geschäftsführer der Brauerei Diebels sind Jens Hösel, Frank Steffens und Markus Vollmers. Ihren Hauptsitz hat sie seit ihrer Gründung in Issum.

Neben dem Altbierklassiker Diebels Alt runden weitere Biersorten wie z. B. ApfelLemon, Dimix oder Diebels Pils das Angebot der Brauerei ab.

DATEN UND FAKTEN

Markenname: Diebels, Familienname des Firmengründers

Slogan: „Schöner Tag. Mit freundlichem Diebels" (2007), „Glück Glück Glück" (2000), „Mit freundlichem Diebels" (1980er-Jahre)

Erfinder: Josef Diebels, 1878, Issum

Markenregistrierung: 31.01.1975, DPMA München

Innovationen: Altbier-Cola-Mischung *Dimix*

UNTERNEHMEN

InBev Deutschland/ Brauerei Diebels GmbH & Co. KG

Hauptsitz: Bremen, Deutschland

Vorstand: Jens Hösel, Frank Steffens, Markus Vollmers

Weitere Marken: Diebels Light, Diebels Alkoholfrei, Diebels Pils, Diebels ApfelLemon

Vertrieb: deutschlandweit

KONTAKT

InBev Deutschland/ Brauerei Diebels GmbH & Co. KG
Brauerei-Diebels-Str. 1
47661 Issum
✆ (0 28 35) 30-0
🖷 (0 28 35) 30-1 45
💻 www.diebels.de

Ansprechpartner Presse:
Linda Drasba

✆ (0 28 35) 30-1 88
✉ linda.drasba@inbev.com

Ansprechpartner Marketing:
Tina Welbers
✆ (0 28 35) 30-1 53
✉ tina.welbers@inbev.com

Lead-Agentur:
McCann Erickson Deutschland GmbH
www.mccann.de

SCHON GEWUSST?

▌Altbier hat seinen Namen daher, dass es noch heute nach dem ältesten Brauverfahren gebraut wird. Als es noch keine technischen Kühlmöglichkeiten gab, wurde fast ausschließlich obergärige Hefe zum Bierbrauen verwendet.

DIERCKE WELTATLAS

Der Diercke Weltatlas ist der meistverwendete Schulatlas im deutschsprachigen Raum. Er liefert eine systematische und didaktisch aufbereitete Orientierung über die Welt, ihre geografischen Teilräume und Raumfragen. Im Jahr 1883 brachte der Kartenautor und Atlasberater Carl Diercke den ersten „Schul-Atlas über alle Teile der Erde" heraus. Zu Ehren Carl Dierckes benannte der Braunschweiger Verleger Friedrich Westermann 1895 den Schulatlas um in „Diercke, Schulatlas für höhere Lehranstalten". Von Anfang an richtet sich der Weltatlas vor allem an Schülerinnen und Schüler der Sekundarstufe. Doch auch außerhalb der Schule, im Studium, im Beruf und in der Freizeit soll das Kartenwerk Antworten auf geografische Fragen geben. Dabei zeichnet es sich durch seine Aktualität und Genauigkeit aus und weist eine klare thematische Struktur und Gliederung auf. Das visuelle Erscheinungsbild des Atlas unterliegt einem ständigen Wandel. Die Einbände der Diercke-Ausgaben zeigen in der Regel eine ungewöhnliche Darstellung der Welt, in der die Erdzonen thematisch und in prägnanten Farben dargestellt sind. Die allseits bekannten Atlas-Cover wurden allesamt von Grafikern des Verlages entworfen und begleiteten Generationen durch die Schulzeit. Der Atlas trägt stets das Logo des Westermann Verlags, das den Firmenschriftzug in Weiß auf rotem Fond zeigt. Aufgrund der langen Tradition als Schulbuch erfreut sich der Diercke Weltatlas eines sehr hohen Bekanntheitsgrades im gesamten deutschsprachigen Raum. Der im Westermann Verlag erscheinende Weltatlas wird seit 1997 auch zusammen mit einer CD konfektioniert und über den Online-, Buch- und Großhandel im gesamten deutschsprachigen Raum vertrieben.

Titelbild des Diercke Weltatlas 2008

DATEN UND FAKTEN

Markenname: Diercke, abgeleitet vom Familiennamen des Hauptherausgebers Carl Diercke

Slogans: „Auch ein Primus kann besser werden" (1974), „Diercke – Der Jahrhundertatlas" (1983), „Diercke: Setzt Maßstäbe" (2007)

Erfinder: Die Verleger George Westermann und Friedrich Westermann, die Bearbeiter Carl Diercke und Eduard Gaebler

Markenregistrierung: 21. 07. 1989, DPMA München

Markenwebsite: www.diercke.de

Literatur:
J. Espenhorst: Diercke – ein Atlas für Generationen (1999)
Sind Sie ein Diercke-Kenner? 125 Jahre Diercke Weltatlas (2008)

UNTERNEHMEN

Georg Westermann Verlag, Druckerei und kartographische Anstalt GmbH & Co KG

Geschäftsführer: Hans-Dieter Möller

Mitarbeiter: ca. 1.500 (2007)

Vertrieb: BMS Bildungsmedien Service GmbH

Hist. Lithografiestein (oben), Diercke Weltatlanten seit 1883 (Mitte), Carl Diercke um 1891 (unten)

KONTAKT

Georg Westermann Verlag, Druckerei und kartographische Anstalt GmbH & Co KG
Georg-Westermann-Allee 66
38104 Braunschweig
(05 31) 7 08-0
(05 31) 7 08 - 3 29
www.westermann.de

Ansprechpartner Marketing:
Sebastian Schlüter
(05 31) 70 8-0
sebastian.schlueter@westermann.de

MEILENSTEINE

1883 Der erste Diercke Weltatlas kommt auf den Markt. Er heißt *Schul-Atlas über alle Teile der Erde.*

1895 Der Schulatlas wird überarbeitet und erheblich umfangreicher: Der große *Diercke, Schulatlas für höhere Lehranstalten* erscheint.

1950 Erste Neuauflage nach dem Krieg unter dem neuen Titel *Diercke Weltatlas*

1957 Die grundlegende Neubearbeitung bekommt einen braunen Einband.

1974 Die nächste Neubearbeitung erscheint in einem blauen Einband.

1988 Auf dem Cover des neu bearbeiteten Atlas ist nun die Erde in Form eines Schmetterlings abgebildet.

2008 Überarbeitung für einen zeitgemäßen Geografieunterricht im 21. Jh. mit Internetanbindung

DIESEL

Die internat. Modemarke Diesel wurde von Renzo Rosso in Italien gegründet.

Diesel ist eine internat. Modemarke aus Italien. Zur Produktpalette gehören neben Jeans, Fashion- und Casualwear, Schuhen und Kindermode auch Parfums und Accessoires. Diesel wurde 1978 von Renzo Rosso in Molvena in Norditalien gegründet. Er wollte eine Marke schaffen, die für „Leidenschaft, Individualität und Ausdruck der eigenen Persönlichkeit" steht. Den Namen Diesel wählte er, weil er leicht verständlich ist und überall auf der Welt gleich ausgesprochen wird. Zudem galt Diesel zu dieser Zeit als alternativer Kraftstoff und stand so auch für einen alternativen Geschmack. Das Unternehmen Diesel bringt pro Saison 3.000 neue Produkte auf den Markt - darunter alleine 40 neue Designs für Jeans in unterschiedlichen Waschungen. Als Logo verwendet Diesel den Markenschriftzug in schwarzen Versalien. Der Slogan „For successful living" markiert in der Markengeschichte nicht nur den Erfolg der Mode, sondern ist auch Hauptbestandteil innovativer und preisgekrönter Werbekampagnen. So erhielt Diesel u. a. den Gold Award, den Grand Prix und den „Advertiser of the Year"-Preis beim Werbefestival in Cannes. Die Kampagnen haben dem Modehersteller internat. zu einem hohen Bekanntheitsgrad verholfen. In Deutschland kennen nach Angaben des Unternehmens 78 % der Bevölkerung die Marke. Diesel wird in mehr als 80 Ländern mit 5.000 Verkaufsstellen vertrieben, von denen 300 reine Diesel-Stores sind. Die Firmenzentrale in Molvena koordiniert 15 Niederlassungen in Europa, Asien und Amerika. Diesel ist Teil des Modekonzerns *Only the Brave*, der zahlreiche Modemarken produziert und vertreibt. Die Holding beschäftigt weltweit 4.000 Mitarbeiter und erzielte im Geschäftsjahr 2006 einen Umsatz in Höhe von 1,18 Mrd. Euro.

UNTERNEHMEN

Diesel Deutschland GmbH
Rather Str. 49b
40476 Düsseldorf
(02 11) 41 85 60
(02 11) 41 22 98
www.diesel.com

DINERS CLUB DEUTSCHLAND

Diners Club ermöglichte als weltweit erste Kreditkarte bargeldlosen Zahlungsverkehr und spricht unterschiedliche Zielgruppen an. Im Portfolio befinden sich bei den Kreditkarten für Privatkunden die persönliche Hauptkarte mit Versicherungsschutz, die Business Karte und die Partner Karte. Daneben bietet Diners Club in vielen Ländern Firmenkarten an, die z. B. global agierenden Unternehmen transparente Reisekostenabrechnungen ermöglichen. Zusatzleistungen sind u. a. Reisespecials und der kostenlose Zugang zu weltweit rund 90 Flughafen Lounges. Diners Club Deutschland gehört zur Citibank Deutschland mit Hauptsitz in Düsseldorf. Im Jahr 1949 erfand der Geschäftsmann Frank McNamara in New York die Kreditkarte aus Pappe, nachdem er in einem Restaurant in Manhattan zu wenig Bargeld dabei hatte. Er gründete gemeinsam mit seinem Anwalt den Diners Club, dem zunächst rund 200 Freunde und Geschäftspartner angehörten. Bereits ein Jahr später zählte der Diners Club 42.000 Mitglieder in den USA, die in über 330 Unternehmen bargeldlos einkaufen konnten. 1958 erfolgte der Eintrag der Diners Club Deutschland GmbH ins Handelsregister. 1961 erschien die erste Plastikkarte, ab 1964 das Diners Club Magazine. 1969 wurde der Diners Club Moskau gegründet, im Anschluss unterzeichnete das Intourist-Reisebüro der DDR einen Partnervertrag. 1977 eröffnete die erste dt. Lounge am Frankfurter Flughafen. 1978 wurde die Partnerkarte eingeführt. Den Titel „Beste-Reise-Kreditkarte" des Freddy Award erhielt Diners Club seit 1988 fünf Mal in Folge.

UNTERNEHMEN

Diners Club Deutschland
Postfach 10 02 42
47002 Duisburg
✆ (0 18 05) 33 66 95
🖷 (02 03) 34 71 62 02
💻 www.dinersclub.de

DITTRICH DESIGN

Die Marke Dittrich Design und das zugehörige Unternehmen gibt es seit dem Jahr 1991. Gegründet wurde Dittrich Design von den Brüdern Andreas und Klemens Dittrich, die unter dem Slogan „design for people" Büromöbel zu angemessenen Preisen anbieten. In den Produkten der Marke sollen Funktionalität und Ästhetik vereint werden, wobei sich das Portfolio von Dittrich Design an Geschäftskunden wie z. B. Anwälte oder Werbeagenturen wendet. Aber auch Home Offices sind Adressaten von Dittrich-Möbeln. Besonders bekannt ist die *Z-Linie* der Marke: Anstelle von vier Tischbeinen befindet sich an den beiden seitlichen Tischenden ein Fuß in Z-Form – in der neuesten Variante ist dieser aus glänzendem Chrom. Seit dem Jahr 2001 kooperiert Dittrich Design zudem mit Bigben-Interactive und erschließt sich damit einen neuen Geschäftsbereich neben der Ausstattung von Büroräumen. Der Computerzubehör-Lieferant Bigben-Interactive vertreibt den Dittrich-*Gamechopper* exkl. Der *Gamechopper* ist ein Sitz, der so konzipiert wurde, dass Lenkrad und Pedale für spezielle Computerspiele ihren festen Platz haben. Dadurch sollen die Spiele besonders realistisch zu spielen sein. Das Logo der Marke wurde von Andreas Dittrich im Jahr 1992 entwickelt. Es ist ein Rechteck, dessen obere und untere Seite eine breitere schwarze Fläche aufweisen, in welcher der Firmenname in weißer Schrift steht. Zwischen den Balken befindet sich eine Zeichnung, die ein Bruderpaar darstellt und damit Bezug auf die beiden Unternehmensgründer nimmt. Im Laufe der Jahre wurde das moderne Logo immer wieder reduziert. Für die Zukunft will das Unternehmen seine führende Stellung im Office-Bereich mit der *Z-Linie* sichern und sich neben den B2B-Geschäften auch Privatkunden erschließen. Aktuell setzt es mit seinen sechs Mitarbeitern pro Jahr 10.000 Einheiten ab.

UNTERNEHMEN

Dittrich Design GmbH
Schwanenstr. 54
42103 Wuppertal
✆ (02 02) 31 78 95-0
🖷 (02 02) 31 78 95-20
💻 www.dittrich-design.de

Die Zeichnung in der Mitte des Logos nimmt Bezug auf die beiden Brüder Dittrich, die das Unternehmen gegründet haben.

DIXI

Die ADCO Umweltdienste Holding GmbH stellt unter der Dienstleistungsmarke DIXI Bauunternehmen und Veranstaltern mobile Sanitärlösungen zur Verfügung. 1973 gründete Fred Edwards das Unternehmen unter dem Namen Port San Ser in Velbert. Die Marke DIXI steht für schnelle, mobile und praktische Entsorgungslösungen. Das Logo der Marke zeigt drei in den Schriftzug integrierte Herzen vor einem weißen Hintergrund. Die Elemente werden seit nunmehr drei Jahrzehnten von einem blauen Oval gerahmt. Das einprägsame Logo findet man auf den mobilen Toilettenkabinen mit ihrem unverwechselbaren blau-braunen Design. Beworben wird die Marke durch gezieltes Product-Placement in Kinofilmen wie z. B. in „Was nicht passt, wird passend gemacht" oder durch den Einsatz auf Großveranstaltungen wie dem Oktoberfest, dem Weltjugendtag und der Fußball-WM 2006. Das Kerngeschäft der ADCO Umweltdienste Holding umfasst die Produktion, Vermietung, regelmäßige Reinigung sowie Entsorgung mobiler Sanitäreinheiten. Neben der Marke DIXI bietet die internat. Gruppe unter der Marke *TOI TOI* Sanitärräume mit Luxus, Design und Komfort nach Maß. Die vielfältige Produktpalette reicht von mobilen Einzelkabinen über Duschanlagen bis zur Luxus-WC-Anlage der Premium Line. Lagercontainer, Sicherungszäune sowie auch die komplette Abwicklung von Projekten runden das Service-Portfolio ab. Der Konzern mit Stammsitz in Ratingen beschäftigt weltweit 1.800 Mitar-

Das einprägsame Logo mit den drei Herzen ziert die mobilen Toilettenkabinen der Marke DIXI.

beiter und erzielt einen Jahresumsatz von ca. 200 Mio. Euro.

UNTERNEHMEN

ADCO Umweltdienste Holding GmbH
Halskestr. 33
40880 Ratingen
✆ (0 21 02) 8 52-0
🖷 (0 21 02) 8 52-2 03
🖳 www.dixi.de

DKV

Die Hauptverwaltung der DKV Deutsche Krankenversicherung AG in Köln (unten)

Die in Deutschland entwickelte Dienstleistungsmarke DKV steht seit mehr als 80 Jahren für Premium-Angebote im Markt für private Krankenversicherungen. Der Name DKV setzt sich aus den drei Anfangsbuchstaben des 1927 in Berlin gegründeten Unternehmens Deutsche Kranken-Versicherungs-Akt.-Ges. zusammen. Heute gehört die DKV Deutsche Krankenversicherung AG zur ERGO Versicherungsgruppe. Mit ihrer strategischen Ausrichtung als „Das Unternehmen Gesundheit!®" will die DKV privaten Versicherungsschutz, Gesundheitsservice und medizinische Versorgung zu einem ganzheitlichen Angebot für jedermann kombinieren. Ein innovatives Versicherungsprodukt der DKV heißt Best Care. Mit Best Care soll die optimale Versorgung garantiert werden. So wird dem Versicherten bei einer schweren oder lebensbedrohlichen Krankheit innerhalb von fünf Werktagen ein Termin oder die stationäre Aufnahme bei einem anerkannten Spezialisten in Deutschland vermittelt. Die zentrale Markenleistung der DKV ist eine relative Beitragsstabilität. Das aktuelle Logo der Marke hat die MetaDesign AG aus Berlin im Jahr 2002/2003 entwickelt. Es markiert die strategische Neupositionierung als „Das Unternehmen Gesundheit!®". Ziel des neuen Corporate Design ist es, der DKV ein unverwechselbares Gesicht zu verleihen und sie auch optisch von anderen Wettbewerbern abzugrenzen. Das Logo zeigt die drei Lettern DKV. Die Farben der Buchstaben sind Hellgrün und Dunkelgrün, der Hintergrund ist weiß. Hellgrün versinnbildlicht Aktivität und Gesundheit, Dunkelgrün Premiumprodukte und Eleganz und Weiß Gesundheit und Medizin. Der Bogen, der sich durch das Logo spannt, symbolisiert die Dimension des globalen und umfassenden Versicherungsschutzes. Die DKV ist lt. eigenen Angaben europäischer Marktführer bei den Privaten Krankenversicherungen und mit Tochtergesellschaften in Belgien, Luxemburg und Spanien sowie

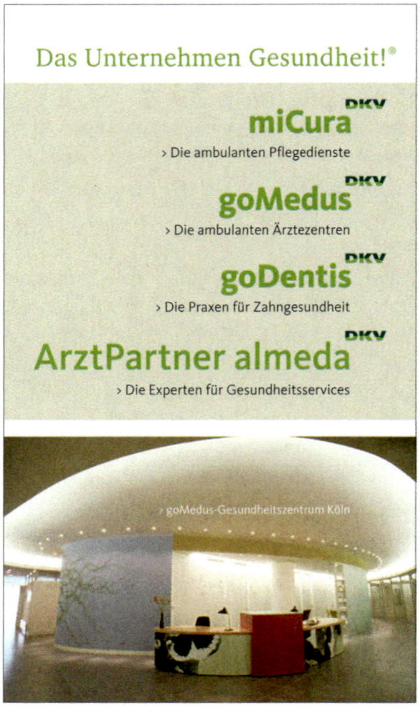

„Das Unternehmen Gesundheit!®" bietet neben privater Krankenversicherung auch Gesundheitsservices und medizinische Versorgung.

über Beteiligungen in Norwegen, Schweden, China und Indien vertreten. Erklärtes Ziel der DKV ist es, das internat. Engagement weiter auszubauen und die Stellung der Marke dauerhaft unter den Top 5 der weltweit tätigen Krankenversicherer zu festigen.

DATEN UND FAKTEN

Markenname: DKV, Abkürzung für **D**eutsche **K**ranken**v**ersicherung

Slogan: „Ich vertrau der DKV" (1991)

Gründung: 1927, Berlin

Markenregistrierung: 05. 09. 1979, DPMA München

Innovationen: OPTIMED® (2001), Best Care (2002), OPTIDENT® (2005)

Markenbekanntheit: 84,7 % gest. in der DKV Kernzielgruppe (Icon Added Value, 2007)

Auszeichnungen:
„Innovationspreis" für OPTIMED®, Capital (2001)
Rating „Ausgezeichnet AA-", Standard & Poor's (10/2007)
Rating „Finanzstärke Sehr Stark AA-", Fitch Ratings (10/2007)

PKV-Rating „mm / sehr gut", map-report Nr. 645-646 (10/2007)

UNTERNEHMEN

DKV Deutsche Krankenversicherung AG

Hauptsitz: Köln, Deutschland

Vorstand: Günter Dibbern (Vorsitzender)

gebuchte Bruttobeiträge: 3.657,5 Mio. Euro (2006)

Vertrieb: in Deutschland und in ausgewählten europäischen und außereuropäischen Staaten

KONTAKT

DKV Deutsche Krankenversicherung AG
Aachener Str. 300
50933 Köln
(0 18 01) 35 81 00
(01 80) 5 78 60 00
www.dkv.com

Ansprechpartner Presse:
Dr. Alexander Becker – Ergo Versicherungsgruppe AG
(02 11) 49 37 15 10
alexander.becker@ergo.de

Ansprechpartner Marketing:
Wolfgang S. Kroul
(02 21) 5 78 30 96
wolfgang.s.kroul@dkv.com

MEILENSTEINE

1927 Gründung der DKV in Berlin

1935 Die DKV führt als erste Versicherung Tarife ein, die in der privaten Krankenversicherung eine Alterungsrückstellung beinhalten.

1963 Einführung von Tarifen, die erstmals in der privaten Krankenversicherung eine automatische Anpassung der Leistungen und Beiträge an die Entwicklung der Kosten im Gesundheitswesen vorsehen.

1997/98 Die DKV schließt sich mit der →Victoria, der →Hamburg-Mannheimer und der →D. A. S. zur ERGO Versicherungsgruppe zusammen.

2005 Die DKV beteiligt sich an der Gründung des ersten privaten Krankenversicherungsunternehmens in China.

2007 Geschäftsaufnahme in Indien

Lead-Agentur:
Ogilvy & Mather
www.ogilvy.de

DOLE

Dole ist ein Unternehmen, das Früchte, Gemüse und Schnittblumen produziert und vertreibt. Der Markenname geht auf James Drummond Dole zurück, der die Firma 1901 als Hawaiian Pineapple Company gründete und das Transportproblem der empfindlichen Ananas löste, indem er sie in Konservendosen verschickte. 1933 prangte auf den Dosen erstmals Doles Name als Markenbezeichnung und ab 1972 auch auf Bananen, die zuvor nur unter den Labels *Cabana* und *Del Oro* angeboten wurden. Seit 1986 gibt es ein neues, weltweit eingeführtes Logo, das in fetten,

Bananen mit dem Label Dole gibt es seit 1972.

unterstrichenen Lettern den Markennamen zeigt, aus dessen O eine Sonne strahlt. Dieses Symbol soll positive Assoziationen wie Frische, Qualität, Gesundheit und Vitalität wecken und spielt zudem auf die meist tropische Herkunft der Dole-Produkte an. Auch der in Europa verwendete Slogan „Dole. Makes you feel good." wendet sich an Konsumenten, die eine vitaminreiche Ernährung als wichtigen Aspekt für ihr Leben betrachten. Mithilfe von Forschung und Beratung vermittelt das Dole Nutrition Institute Wissen über Wert, Wichtigkeit und Wirkung gesunder Ernährung. Dole-Produkte werden größtenteils auf eigenen Plantagen erwirtschaftet, die sich auf Südamerika, Asien, Afrika und Neuseeland verteilen. Weltweit ist die Dole Food Company mit Stammsitz in Westlake/USA in über 90 Ländern vertreten und beschäftigt rund 75.000 Mitarbeiter. Das Sortiment umfasst mehr als 200 Produkte, die neben der eigenen Produktion von über 7.000 Lieferanten stammen und für einen Jahresumsatz von 6,2 Mrd. USD (2006) sorgen. Damit ist das Unternehmen nach eigenen Angaben der weltgrößte Anbieter von frischem und verarbei-

Weltweite Konzernzentrale von Dole in Westlake/USA (Mitte), eines der zahlreichen Produkte von Dole (unten)

Domestos ist als kraftvoller und zuverlässiger Hygieneexperte für die Toilette positioniert.

tetem Obst und Gemüse sowie von frischen Schnittblumen. David H. Murdock erwarb 2003 sämtliche Anteile an der Dole Food Company und privatisierte das Unternehmen. In Europa vermarktet Dole rund 95 Produkte, die Zentrale hat ihren Sitz in Paris, die Zweigstelle in Hamburg ist u. a. für den dt. Markt zuständig.

DATEN UND FAKTEN

Markenname: Dole, Hawaii, abgeleitet vom Familiennamen des Gründers James D. Dole

Slogan: „Dole. Makes you feel good." (Europa)

Gründer: James D. Dole, 1901, Hawaii

Markeneinführung: 1978, Deutschland

Literatur:
R. Dole u. E. D. Porteus: The story of James Dole (1999)

UNTERNEHMEN

Dole Food Company, Inc.

Hauptsitz: Westlake, USA

Vorstandsvorsitzender: David DeLorenzo

Gesamtumsatz: 6,2 Mrd. USD (2006)

Vertrieb: weltweit in 90 Ländern

KONTAKT

Dole Fresh Fruit Europe OHG
Stadtdeich 7
20097 Hamburg
(0 40) 3 29 06–0

MEILENSTEINE

1901 James D. Dole gründet auf Hawaii die Firma Hawaiian Pineapple Company.

1922 Dole kauft die Insel Lanaii vor Hawaii als zusätzliches Anbaugebiet.

1961 Dole fusioniert mit dem Fruchtproduzenten Castle & Cooke, Dole wird gemeinsame Markenbezeichnung.

1972 Erstmals werden Bananen unter dem Markennamen Dole verkauft.

1991 Die Firma wird in Dole Food Company umbenannt.

2003 David H. Murdock erwirbt alle Anteile an Dole und privatisiert das Unternehmen.

(0 40) 3 29 06–2 69
www.dole.eu

DOMESTOS

Unter dem Dach der Marke Domestos versammeln sich Reinigungsprodukte für den Haushalt. Das Sortiment umfasst Universalreiniger, WC-Reiniger, WC-Steine, Bad-Reiniger und Abflussreiniger. Der Fokus liegt dabei auf dem Bereich Toilettenreinigung und -pflege. Hier ist Domestos als kraftvoller und zuverlässiger Hygieneexperte positioniert. Hauptzielgruppe von Domestos sind haushaltsführende Frauen im Alter von 30 bis 60 Jahren. Der Grundstein für die Domestos-Produktpalette wurde 1929 in Großbritannien gelegt. Seit 1961 gehört Domestos zum Unilever-Konzern. Der Markenname ergibt sich aus dem latein. Wort Domus (dt.: Zuhause) und dem griech. Wort Osteon (dt.: Knochen), Domestso bedeutet wörtlich „Das Rückgrat des Hauses". Das Domestos-Sortiment wird regelmäßig um neue Produkte ergänzt. Der 2007 neu eingeführte dickflüssige Domestos *WC-Blitz* haftet und wirkt nach Angaben des Herstellers auch unter der Wasseroberfläche gegen Kalk und Urinstein. Auf einen allgemeinen Domestos-Slogan verzichtet Unilever. Er ist vielmehr jeweils produktabhängig, so lautete er z. B. im letzten TV-Spot: „Domestos WC-Blitz beseitigt Kalk, Bakterien, Geruch. Vollständig!" Der schräge weiße Schriftzug des Logos auf blauem Grund mit den kreisförmig geschwungenen Pfeilen symbolisiert Kraft, Frische, Effektivität und Dynamik. Beim Verpackungsdesign achtet Unilever auf eine leichte Handhabung, attraktive Flaschen und ein einheitliches Auftreten der Produkte. Lt. Hersteller ist Domestos aufgrund der Relaunches bei den Produkten *WC-Gel* und *WC-Blitz* Marktführer unter den flüssigen WC-Reinigern (Stand: August 2007).

UNTERNEHMEN

Unilever Deutschland GmbH
Dammtorwall 15
20355 Hamburg
(0 40) 3 49 30
(0 40) 35 47 42
www.domestos.de

DORINT

Der Markenname Dorint steht für 36 Hotels und Resorts, die von der Neuen Dorint GmbH mit Sitz in Köln betrieben werden. Die Hotels liegen im Vier-Sterne-Plus-Preissegment in Deutschland, Belgien, Österreich, Tschechien, den Niederlanden, in der Schweiz und auf Mallorca. 36 Häuser werden unter der Marke Dorint Hotels & Resorts betrieben. Diese umfassen 6003 Zimmer, 439 Appartements und Studios sowie 157 Landhäuser. Die 36 Dorint-Häuser teilen sich in 18 Business- und 18 Ferien-Regionen auf. Von den insges. 40 Betrieben sind 29 gepachtet, acht unter Management-Führung sowie drei Franchise-Unternehmen. Im Januar 2007 entstand die Neue Dorint GmbH unter der Geschäftsführung von Elke Schade durch die Trennung von Accor und der Dorint AG. Als Gesellschafter zeichnet die Unternehmens- und Finanzberatung Dr. Ebertz und Partner OHG. Die Neue Dorint GmbH beschäftigt ca. 4.000 Mitarbeiter. Die Umsatzerwartung für 2007 liegt bei 307 Mio. Euro (2006: 297 Mio. Euro), die Belegungserwartung bei 61 %. Dorint wirbt mit einem aufmerksamen und engagierten Service und hohem Komfort. Dorint Resorts bieten zahlreiche Wellness-, Sport- und Erholungsmöglichkeiten. Veranstaltungskunden der Dorint Hotels können Meetings, Incentives und Kongresse oder private Feiern individuell konzipieren und gestalten lassen. Das Dorint Angebot umfasst außerdem Specials wie Kurzurlaube, Veranstaltungsbuchungen und Familienprogramme.

UNTERNEHMEN

Dorint Hotels & Resorts
Aachener Str. 1051
50858 Köln
☏ (02 21) 4 85 67-0
🖷 (02 21) 4 85 67-1 07
💻 www.dorint.com

DORMA

Die Marke Dorma steht für hochwertige und innovative „Produkte rund um die Tür". Im umfangreichen Portfolio finden Dorma-Kunden Türschließer und- drücker, automatische Türsysteme, Glastüren und -beschläge, mobile Raumtrennsysteme sowie Sicherheitstechnik. Dorma ist mit 69 Tochtergesellschaften in 45 Ländern Weltmarktführer auf seinem Gebiet. Hinzu kommen regionale Vertriebspartner in über 130 Ländern. Dorma richtet sich an Architekten, Fachplaner, den Fachhandel und Verarbeiter. Rudolf Mankel und sein Schwager Wilhelm Dörken gründeten ihr Unternehmen 1908 unter dem Namen Dörken & Mankel KG. Auf der Suche nach einer einprägsamen Mar-

Der Stammsitz in Ennepetal verkörpert die Modernität des Unternehmens.

kenbezeichnung griffen die Unternehmer auf die eigenen Familiennamen zurück. Aus Dörken und Mankel wurde Dorma. 1927 wurde der Name markenrechtlich geschützt. Damals wie heute gilt der Grundsatz: „Lieber für einen guten Preis das Beste liefern, statt Abnehmer und Verbraucher zu enttäuschen." 1970 wurde das Unternehmen zur Dorma GmbH & Co. KG. Zu den aktuellen Produktinnovationen gehört der automatische Schiebetürenantrieb Celsius, der auf Magnettechnologie basiert. 1961 entwarf Paul Unterberg, damaliger Geschäftsführer bei Dorma, gemeinsam mit Grafikdesigner Alfred Schmidt das heutige Markenlogo. In dicken schwarzen Großbuchstaben steht der Name Dorma unter einer roten dreizackigen Krone. 1982 wurde die Krone modernisiert. Sie soll das edle Design und die hohe Qualität der Dorma-Produkte symbolisieren. Zur Corporate Identity gehören außerdem die Farben Schwarz und Weiß. Bei der Marketingstrategie setzt Dorma auf einen rundum einheitlichen Markenauftritt. Weltweit hat das Unternehmen 6.500 Mitarbeiter und erzielte im Geschäftsjahr 2006/2007 einen Gesamtumsatz von 838 Mio. Euro. Stammsitz der Dorma GmbH & Co. KG ist Ennepetal geblieben. Alleiniger Firmeninhaber ist Karl-Rudolf Mankel, Enkel des einstigen Firmengründers.

DATEN UND FAKTEN

Markenname: Dorma

Slogan: „Produkte rund um die Tür"

Erfinder: Rudolf Mankel und Wilhelm Dörken, 1908

DORMA

Geschäftsführer der Dorma Holding GmbH & Co. KGaA ist Dr. Michael Schädlich. Bei Türsystemen zählt Dorma zu den ersten Adressen weltweit.

Markenregistrierung: 21. 12. 1927, Reichspatentamt Berlin

Innovationen: Raumtrennsystem MOVEO (2006), Türassistent PORTEO (2007)

Literatur:
U. Kausch: China-Pioniere (2007)

UNTERNEHMEN

DORMA GmbH & Co. KG

Hauptsitz: Ennepetal, Deutschland

Geschäftsführung: Karl-Rudolf Mankel (Inhaber), Dr. Michael Schädlich (Geschäftsführer)

Gesamtumsatz: 838 Mio. Euro (2006/07)

Vertrieb: weltweit in 133 Ländern

KONTAKT

DORMA Holding GmbH & Co. KGaA
Breckerfelder Str. 42–48
58256 Ennepetal
✆ (0 23 33) 79 3-0
🖷 (0 23 33) 79 3-64 4
🖳 www.dorma.com

Ansprechpartner Kommunikation:
Helge Wego
✆ (0 23 33) 79 3-56 60
✉ helge.wego@dorma.com

Lead-Agentur:
Change Communication GmbH
🖳 www.change.de

SCHON GEWUSST?

▌Der Burj Dubai ist mit über 700 Metern das höchste Gebäude der Welt. Dorma wird dort mehr als 6.000 Türen mit eigenen Produkten ausstatten. Auch das weltweit erste Armani-Hotel im Turm wird 400 Türen mit Design-Türdrückern (s. Abbildung) erhalten. Am 14. Juli 2004 besuchte Bundeskanzler Gerhard Schröder den Stammsitz in Ennepetal. Er kam zur Einweihung des modernisierten Dorma-Verwaltungsgebäudes. Schröder hatte selbst einmal Dorma-Türschließer verkauft.

Die innovative Gestaltung, die hochwertige Verarbeitung und eine klare Materialsprache positionieren Dornbracht-Produkte im Premium-Segment.

DORNBRACHT

Die Premiummarke Dornbracht steht für Design-Armaturen und Accessoires für Bad und Küche. Aloys F. Dornbracht, Namensgeber der Marke und Gründer des gleichnamigen Unternehmens, machte sich 1950 in Iserlohn selbstständig. Mit der Erfindung des ersten herausziehbaren Auslaufs legte er den Grundstock für den Erfolg des Unternehmens. Heute steht die Marke Dornbracht für hochwertige Designprodukte und eine stilsichere, klare Formensprache. Diese soll auch das reduzierte Markenlogo, das 1992 von dem Designer Mike Meiré entwickelt wurde, kommunizieren. Der Grauton Pantone Cool Gray 9 als Hausfarbe unterstreicht die technische Klarheit und Eleganz der Marke. Zum Markenaufbau trägt seit 1996 auch das Kunst- und Kulturengagement bei. Im Rahmen der sogenannten Culture Projects lädt das Unternehmen regelmäßig internat. renommierte Künstler ein und kooperiert mit großen Museumseinrichtungen weltweit. Seit 2006 erscheint die Publikation „Dornbracht – the Spirit of Water" als Bad- und Küchen-Edition, die das Selbstverständnis von Dornbracht als Unternehmen mit kultureller Relevanz dokumentiert und auf das Spektrum der Marke verweist. Einerseits Magazin, andererseits Katalog, soll die Publikation die Verbindung zwischen Inspiration, Dialog und Innovation herstellen. Mit Produkten in Manufakturqualität sieht sich das Unternehmen als Innovations- und Designführer in der Sanitärbranche. 2007 hat das Magazin Wirtschaftswoche ein Ranking aller dt. Luxusmarken erstellt: Dornbracht ist als einziges Unternehmen aus der Sanitärbranche in diesem Ranking vertreten. Die Aloys F. Dornbracht GmbH & Co. KG beschäftigt ca. 700 Mitarbeiter und erzielte 2006 einen Umsatz in Höhe von 200,3 Mio. Euro. Neben der Marke Dornbracht stellt das Familienunternehmen in Lizenz auch Produkte der Marken Villeroy & Boch sowie Czech & Speake her. Die Marke Dornbracht wird weltweit über Niederlassungen und Vertriebspartner exportiert. In Zukunft soll der internat. Markenaufbau durch die Gründung neuer Niederlassungen im Ausland verstärkt werden.

DATEN UND FAKTEN

Markenname: Dornbracht, Familienname des Gründers

Slogan: „The SPIRIT of WATER" (2007), „Armaturen. Accessoires. Interiors. Culture Projects." (1992–2006), „... schöner kann Wasser nicht fließen" (1977–1992)

Gründer: Aloys F. Dornbracht, 1950, Iserlohn

Markenregistrierung: 06. 09. 1985, DPMA München

Innovationen: Produktreihe *MEM* (2003), *Elemental Spa* (2007)

Jahresumsatz: 200,3 Mio. Euro (Unternehmen, 2006)

Auszeichnungen:
„The Chicago Athenaeum Good Design Award" für *TARA* (1999), *eMote* (2001), *Meta.02 Profi* (2003), *MEM* (2004), *RainSky M* (2005), *TARA. LOGIC* (2006), *LOT* (2006)
„iF Design award" für *eMote* (2002), *MEM* (2004), *LULU* (2006), *RainSky M* (2006)
„Good Design Award Japan" für *MEM* (2003) und *RainSky M* (2005)
„ADAM-Award, Gold" für *ISH Messestand* (2005)
„DDC-Auszeichnung Gute Gestaltung.07", Silber in der Kategorie „Image" für *Iserlohn* (2006)
„Best of Corporate Publishing", Gold in der Kategorie Branchengruppe Handel für *Dornbracht - the Spirit of Water* (2006)

Literatur:
Aloys F. Dornbracht GmbH & Co. KG (Hg.): Iserlohn – the Dornbracht Culture Projects Vol. 1 (Iserlohn, 2003) und Vol. 2 (2006)
Statements I–VII (Iserlohn, 1997–2003)
M. Meiré: The FARM Project (Köln, 2006)

UNTERNEHMEN

Aloys F. Dornbracht GmbH & Co. KG
Köbbingser Mühle 6
58640 Iserlohn
✆ (0 23 71) 4 33–0
🖷 (0 23 71) 4 33–2 32
💻 www.dornbracht.com

DOUGLAS

1821 gründete der schottische Einwanderer J. S. Douglas eine Parfümerie- und Seifenfabrik in Hamburg. Die erste „Parfümerie Douglas" wurde 1910 in der Hansestadt eröffnet. 1969 übernahm der dt. Süßwarenhersteller Hussel die inzwischen sechs Douglas-Parfümerien, woraus 1989 die DOUGLAS HOLDING AG entstand. Heute ist die Konsumgütermarke Douglas im Bereich Duft, Körperpflege und Kosmetik weltweit an über 1.000 Standorten in Europa und den USA präsent. Das Logo von Douglas zeigt den Namen des Gründers in einer geschwungenen Schreibschrift im markenspezifischen Hellblau (Pantone 319C). Der seit 2004 eingesetzte Slogan „Douglas macht das Leben schöner" ist in das Markenzeichen integriert. Lt. der Brigitte Kommunikationsanalyse erzielt die Marke Douglas eine Markenbekanntheit von 90 % (2006). Um die Markenbekanntheit zu steigern, setzt Douglas auf das Top-Model Heidi Klum als Testimonial. Der Geschäftsbereich, den die Marke Douglas abdeckt, erwirtschaftete im Geschäftsjahr 2007 einen Umsatz von 1,7 Mrd. Euro. Die Marke trägt damit 56 % des Gesamtumsatzes der DOUGLAS-Gruppe. Die DOUGLAS HOLDING AG sieht sich in der Tradition eines dezentral geführten, familiengeprägten Unternehmens mit weit verzweigten Wurzeln. Als europäisches Einzelhandelsunternehmen vereint die DOUGLAS HOLDING über 1.800 Fachgeschäfte unter ihrem Dach, sowie weitere Marken wie → Thalia, → Hussel und → Christ. Das Unternehmen mit Stammsitz in Hagen und 22.000 Mitarbeitern weltweit, erzielte im Geschäftsjahr 2007 mit allen Geschäftsbereichen einen Gesamtumsatz von 3 Mrd. Euro.

Douglas vertreibt Duft, Körperpflege und Kosmetik an weltweit an über 1.000 Standorten in Europa und den USA.

UNTERNEHMEN

Douglas Holding AG
Kabeler Str. 4
58099 Hagen
✆ (0 23 31) 6 90–0
🖷 (0 23 31) 6 90–2 98
💻 www.douglas-holding.com

DOVE

Dove ist eine Marke von Unilever, einem internat. Hersteller von Markenartikeln für den täglichen Bedarf. Sie wurde Anfang der 1950er-Jahre als Seifenmarke entwickelt und 1957 erstmals auf dem nordamerikanischen Markt eingeführt. Das erste Dove Waschstück war für das Militär gedacht, das für seine Elite-Einheit eine Seife benötigte, die im Meerwasser schäumt und die Haut nicht austrocknet. Dank dem Zusatz von Feuchtigkeitscreme und seifenfreien Waschsubstanzen entsprach das Dove-Produkt diesen Anforderungen. Die Marke wirbt heute mit dem Credo „wahrer und authentischer Schönheit" und spricht natürliche und unkomplizierte Frauen an. Dies wird auch in den Kampagnen der Marke betont, in denen „normale" Frauen als Models dienen, die nicht den gängigen Schönheitsidealen der Modewelt entsprechen. Entsprechend lautete ein Slogan aus der Markenkampagne: „Keine Models – aber straffe Kurven". Für die Produkte aus dem Körperpflegesegment konnte Dove prominente Fürsprecher gewinnen, z. B. die Schauspielerinnen Ann-Kathrin Kramer und Hannelore Elsner. Die neueste Produktinnovation

Motive der *pro age* Werbung (Mitte) und *Sunshine* Kampagne von Dove (unten)

ist die Pflegeserie *pro age* für ältere Frauen, die von dem Slogan „Schönheit kennt kein Alter" begleitet wird. Das Logo zeigt eine goldene Taube und die Wortmarke Dove in

Die Markenkampagnen von Dove setzen auf „normale" Frauen als Models, die nicht den gängigen Schönheitsidealen der Modewelt entsprechen.

einem geschwungenen Schriftzug im charakteristischen Blau (Pantone 281). Als Hausschrift dient die Neue Helvetica. Die Verpackungen sind nach funktionalen und ästhetischen Gesichtspunkten gestaltet und werden regelmäßig aktualisiert. Die internat. Konsumgütermarke wird weltweit vertrieben und zählt zu den führenden auf dem Markt für Körperpflege. Der Unilever Konzern mit Sitz in London und Rotterdam erzielte im Geschäftsjahr 2006 einen Gesamtumsatz von 39,6 Mrd. Euro. Die dt. Niederlassung Unilever Deutschland Holding GmbH wird von Geschäftsführer Henning Rehder geleitet und hat ihren Stammsitz in Hamburg.

DATEN UND FAKTEN

Markenname: Dove, USA, engl. für Taube

Slogan: „Keine Models – aber straffe Kurven" (2004), „Initiative für wahre Schönheit" (2005), „Schönheit kennt kein Alter." (2007)

Markeneinführung: 1957, USA

Innovationen: pro age Pflegeserie (2007)

Auszeichnungen:
„Marken-Award" für den besten Produkt-Relaunch (2006)
„Lead Award" für die Kampagne *Dove Aktion für mehr Selbstwertgefühl* (2006)
„Grand Prix in Film" Cannes Lions Internat. Advertising Festival für den viralen Werbefilm *Evolution* und für Kampagne *pro age* (2007)

Markenwebsite: www.dove.de

UNTERNEHMEN

Unilever Deutschland Holding GmbH

Hauptsitz: Rotterdam, Niederlande und London, Großbritannien

Vorstand: Henning Rehder

Weitere Marken: → Axe, → Becel, → Domestos, → Du darfst, → Knorr, → Langnese, → Lätta, → Mondamin, → Pfanni, → Rama, → Viss, Sanella, Signal, Sunil, u. a.

Gesamtumsatz: 39,6 Mrd. Euro (weltweit, 2006)

Mitarbeiter: 179.000 weltweit (2007)

KONTAKT

Unilever Deutschland Holding GmbH
Dammtorwall 15
20355 Hamburg
✆ (0 40) 34 93-0
Fax (0 40) 34 93-35 20
www.unilever.de

MEILENSTEINE

1957 Das Dove-Waschstück kommt in Amerika auf den Markt.

1989 Dove Seife kommt nach Europa.

1991 Markteinführung in Deutschland

2004 Unter dem Motto „Keine Models – aber straffe Kurven" wirbt Dove mit rundlichen Frauen für seine Produkte.

2005 Dove zeigt in seiner Kampagne zum Launch der „Initiative für wahre Schönheit" u. a. ein 96-jähriges Model, eine Frau mit Sommersprossen und eine Frau mit weiblichen Rundungen, um die Vielfalt der Schönheit zu zeigen.

2007 Reife Frauen zeigen sich in der *pro age* Kampagne so, wie sie wirklich sind: schön, selbstbewusst und unbekleidet.

DPD

Ein Paketsymbol in grafischer Abstraktion verweist auf das Hauptbetätigungsfeld des DPD.

Unter der Marke DPD bietet der Paketdienstleister weltweiten Versand in 220 Länder an. In Deutschland gehören neben der klassischen Paketzustellung (DPD CLASSIC) auch Express-Dienstleistungen und Angebote im Bereich Unternehmens-Post zum Produktportfolio. Der Service soll Logistikentscheider in Firmen aller Größenordnungen und Branchen ansprechen. DPD wirbt mit Top-Qualität zu marktgerechten Preisen, lokaler Nähe, Vor-Ort-Kompetenz und einem kundenorientierten Angebot. Das Unternehmen wurde 1976 als Zusammenschluss von 18 mittelständischen Spediteuren gegründet. Mit dem ersten privaten dt. Paketdienst sollte eine Alternative zum Paketversand per Post und Bahn gegründet und ein besserer Servicestandard angeboten werden. Heute ist DPD weltweit mit mehr als 500 Depots in 38 Ländern vertreten und verfügt über 15.000 Fahrzeuge. Weltweit 22.000 Mitarbeiter bewältigen ein Sendungsvolumen von täglich ca. 1,4 Mio. Paketen. DPD ist lt. eigenen Angaben in Deutschland die Nummer zwei der Kurier-, Express- und Paketdienste und Marktführer im Bereich „B2B Standardpaket". Die Bekanntheit der Marke liegt ungest. bei 60 % (Quelle: Brand Trek 2007). Das Logo beinhaltet ein Paketsymbol in grafischer Abstraktion, hinzu kommt der Markenname in Versalien in der Hausfarbe DPD Rot (HKS 13, Pantone 032). Die Hausschrift des Unternehmens ist Franklin Gothic DPD. Seit 2007 bietet DPD als erster Anbieter einen SMS-Benachrichtigungsservice nach erfolgter Express-Zustellung an. Eine kontinuierliche Erweiterung des Netzwerkes und eine ständige Ausrichtung des Serviceangebotes nach Marktbedürfnissen stehen im Fokus.

UNTERNEHMEN

DPD Deutscher Paket Dienst GmbH & Co. KG
Wailandtstr. 1
63741 Aschaffenburg
✆ (0 60 21) 8 43-0
🖷 (0 60 21) 8 43-2 90
💻 www.dpd.com

DR. BECKMANN

Unter dem Dach der Marke Dr. Beckmann versammeln sich spezialisierte Produkte für die Reinigung in den Bereichen Wäsche und Haushalt. Zum Produktprogramm gehören u. a. Fleckenentferner, Waschkraftverstärker, Entfärber, Reiniger für Spezialoberflächen und Geräte sowie Hygiene-Reiniger. Die Marke ist nach einer der beiden Inhaberfamilien der delta pronatura Dr. Krauss & Dr. Beckmann KG benannt. Das Unternehmen stieg 1972 mit dem Erwerb der Fleckenteufel in den WPR-Markt ein. 1982 brachte delta pronatura Dr. Beckmann Fleckensalz auf den Markt und baute 1984 Dr. Beckmann zur Dachmarke aus. 1992 wurde die Marke unter dem Slogan „Das Mittel zum Fleck" erstmals im Fernsehen beworben. Im gleichen Jahr setzte sich der Ausbau der Marke mit der Einführung einer Haushaltsreiniger-Serie fort, die heute zahlreiche Produkte für die Sauberkeit in Küche, Bad und Wohnbereich umfasst. Das blaue Markenlogo von Dr. Beckmann ist einem traditionellen Straßenschild

Dr. Beckmann Fleckenteufel: 12 verschiedene Fleckenteufel gegen mehr als 150 Flecken

nachempfunden, das auf einem grünen Hintergrund (Pantone Green) steht. Es soll Orientierung geben, Vertrauen erwecken und Leistungskompetenz signalisieren. Für die flüssigen Produkte sind die auf einer Seite abgeschrägten Flaschen charakteristisch. Dr. Beckmann ist nach Unternehmensangaben in verschiedenen Segmenten der Textilpflege marktführend. Die Produkte werden weltweit über eigene Niederlassungen und Partner vertrieben. Das mittelständische Unternehmen, dessen Hauptsitz sich seit 2001 in Egelsbach befindet, wird heute in dritter Generation von den Inhaberfamilien Beckmann und Krauss geleitet und beschäftigt 200 Mitarbeiter. Zum Portfolio gehören u. a. auch die Marken → Bullrich (Gesundheitsprodukte) und → Blistex (Lippenpflege).

DATEN UND FAKTEN

Markenname: Dr. Beckmann, nach dem Namen einer der Inhaberfamilien

Slogan: „Dr. Beckmann – sauber gemacht"

Erfinder: delta pronatura Dr. Krauss & Dr. Beckmann KG, 1984

Markenregistrierung: 03. 07. 1985, DPMA München

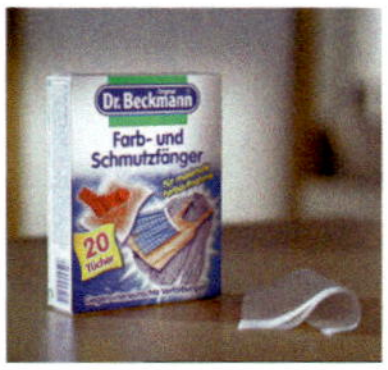

Hist. Verpackung von Dr. Beckmann Fleckenteufel (Mitte), Spezial-Farbschutztücher für maximale Farbaufnahme (unten)

Der Gelkopf der Handzahnbürsten von Dr. BEST wurde 2006 entwickelt.

Innovationen: u. a. Kühlschrank Hygiene-Reiniger, Waschmaschine Pflege-Reiniger, Farb- und Schmutzfänger

Markenwebsite: www.dr-beckmann.de

UNTERNEHMEN

delta pronatura Dr. Krauss & Dr. Beckmann KG

Hauptsitz: Egelsbach, Deutschland

Geschäftsführung: Heinrich Beckmann, Gerhard Krauss

Weitere Marken: u. a. → Bullrich, → Blistex

Vertrieb: Marke Dr. Beckmann weltweit über Niederlassungen und Vertriebspartner

KONTAKT

delta pronatura
Dr. Krauss & Dr. Beckmann KG
Kurt-Schumacher-Ring 15–17
63329 Egelsbach
✆ (0 61 03) 40 45–0
💻 www.delta-pronatura.de

Ansprechpartner Marketing:
Michaela Bracht-Klopfer
✆ (0 61 03) 40 45–141
✉ pr@delta-pronatura.de

MEILENSTEINE

1972 Einstieg in den WPR-Bereich mit dem Erwerb der Fleckenteufel

1984 Einführung von Dr. Beckmann als Dachmarke

1991 Ausbau zur stringenten und einheitlichen Dachmarke in Europa

1999 Dr. Beckmann wird zu einer der bekanntesten Marken für Fleckenentfernung und Wäschepflege in Deutschland

DR. BEST

Die Zahnbürsten mit dem Markennamen Dr. BEST sind dt. Marktführer unter den Handzahnbürsten (Quelle: Nielsen). Ursprünglich entwickelt wurde die Zahnbürste Mitte der 1950er-Jahre von der Carl Schiffer GmbH & Co. KG. Sie erhielt zunächst den Fantasienamen Dr. BEST, um die hohe Qualität und die Nähe zur Zahnmedizin zu unterstreichen. Mit den Zahnreinigungsprodukten gelang es → GlaxoSmithKline Consumer Healthcare, die die Marke der Carl Schiffer GmbH & Co. KG 1974 übernahm, ein Produkt einer „low-interest"-Kategorie als Markenartikel zu etablieren. Seit Einführung der „bewährten Dr. BEST-Federung" 1988 steht die Marke für gründliche und gleichzeitig zahnfleischschonende Zahnreinigung. Seither ist es der Marke mit zahlreichen Innovationen und inhaltlich kontinuierlicher und reichweitenstarker Endverbraucherkommunikation gelungen, den Marktanteil von 5 % in 1988 auf aktuell ca. 40 % auszubauen. Das aktuelle Logo wurde 1954 von Carl Schiffer entwickelt. Die Wortmarke in Blau (Pantone 655) spielt mit unterschiedlichen Schriftmodi. Der Dr.-Titel des Namens ist kursiv gehalten, der Rest des Namens folgt als Versalien-Schriftzug. Mit dem Slogan „Die klügere Zahnbürste gibt nach" und der „Tomaten-Demo" (ab 1988), die die Funktionalität der neu eingeführten „Dr. BEST-Federung" visualisierte, erreichte man eine große Markenbekanntheit von heute gest. 94 % bzw. ungest. 84 %. Angesprochen werden Menschen, die Wert auf Prophylaxe legen und eine problem- und verantwortungsbewusste Mundpflege betreiben. Bis Ende der 1990er-Jahre personalisierte ein amerikanischer Dental-Wissenschaftler (Prof. Dr. James E. Best) die Marke in den TV-Spots. Der Zahnmediziner wurde in der Werbung schließlich durch das Dr. BEST Forschungs-Team abgelöst. Tatsächlich ist das Dr. BEST FuE-Team im dt. Firmensitz von GlaxoSmithKline in Bühl das „Centre of Excellence" für den gesamten Konzern. Hohe Investitionen in FuE sind entscheidend für die Unternehmensstrategie. Die Produktserie der Marke Dr. BEST ist weltweit (unter anderen Markennamen) erhältlich. In Deutschland ist der Vertrieb von Dr. BEST Zahnbürsten über Drogerien, Apotheken und den Lebensmitteleinzelhandel organisiert.

DATEN UND FAKTEN

Markenname: Dr. BEST, Fantasiename mit Assoziationen zur Zahnmedizin

Slogan: „Die klügere Zahnbürste gibt nach", „Die klügere Zahnbürste passt sich an"

Erfinder: Carl Schiffer GmbH & Co. KG, 1954

Markenregistrierung: 24. 07. 1956, DPMA München

Innovationen: Dr. BEST Plus, Zahnbürste mit Dr. BEST-Federung (1988), Dr. BEST

Schwingkopf (1993) Dr. BEST Gelkopf (2006), Dr. BEST Zungenfrisch (2006), Dr. BEST Vibration (2006)

Markenbekanntheit: 84 % ungest., 94 % gest. (GfK, 2007))

Markenwebsite: www.dr-best.de

UNTERNEHMEN

GlaxoSmithKline Consumer Healthcare GmbH & Co. KG
Bußmatten 1
77815 Bühl
✆ (0 72 23) 76-0
🖷 (0 72 23) 76-40 00
💻 www.gsk-consumer.de

DR. OETKER

Zum Sortiment von Dr. Oetker zählen auch Tiefkühlprodukte wie die Ristorante Pizza.

Die Dr. Oetker Nahrungsmittel KG zählt zu den großen Unternehmen der Lebensmittel-Branche. Ihr geschäftlicher Aufstieg begann 1891 in der Apotheke des Firmengründers August Oetker, der das Backpulver *Backin* entwickelte. Oetker druckte Backrezepte und Haushaltstipps auf seine abgefüllten Backpulvertüten und erzielte damit einen nachhaltigen Verkaufserfolg. 1899 ließ er von dem Lithographen Theodor Kind ein Markenzeichen für sein Produkt entwickeln: den sog. „Hellkopf" als Scherenschnitt aus dem Profil seiner Tochter Johanna. Der helle Kopf, gemäß der Unternehmensphilosophie das Symbol für eine „kluge Hausfrau", ist nach vielfachen Abwandlungen bis heute die Bildmarke des Unternehmens. 1971 entstand der blaue Schriftzug Dr. Oetker auf weißem Grund im roten geschwungenen Rahmen. Jüngste Weiterentwicklung ist eine Banderole in den Farben Rot, Blau und Weiß. Mit wachsendem Sortiment verstärkte das Unternehmen auch seine Werbeanstrengungen, so u. a. in den 1930er-Jahren anhand von Filmvorführungen und Vorträgen. 1944 übernahm der Enkel des Gründers, Rudolf-August Oetker, die Leitung der Firma. Unter seiner Führung weitete das Unternehmen sein Sortiment den Verbraucherwünschen folgend weiter aus. Ein Beispiel dafür ist die Tiefkühlkost in den 1970er-Jahren. Er erschloss auch neue Unternehmensbereiche. Seit den 1980er-Jahren führt Urenkel Dr. h. c. August Oetker das Unternehmen. Unter seiner Leitung wurden mehrere zuvor selbstständige Einheiten in der Dr. August Oetker Nahrungsmittel KG zusammengefasst und die Internationalisierung des Unternehmens vorangetrieben. Unter dem Dach der Dr. Oetker GmbH sind Produktions- und Vertriebsgesellschaften in 35 Ländern tätig. Insgesamt 23 Werke – sechs davon in Deutschland – stellen Dr. Oetker Produkte sowohl für in- und ausländische Märkte her. 96 % der Deutschen kennen die Marke Dr. Oetker, die meisten finden diese Marke zudem sympathisch und räumen ihr damit den Spitzenplatz unter den Lebensmittelmarken ein (G+J Brigitte Kommunikationsanalyse, 2006).

SORTIMENT

Backartikel:
Original Backin, Vanillin-Zucker, Bourbon-Vanille-Zucker, Bio Bourbon-Vanille-Zucker, Weinstein Backpulver, Hefeteig Garant, Trockenhefe, Backaromen, Finesse-Aromen, Tortenguss, Gustin, Tortencremes, Gelatine fix, Blattgelatine

Backmischungen:
Teigmischungen, Kuchenmischungen, Kleine Back Ideen, Kleine Törtchen, Kuchen ohne Backen, Trend Back Ideen, Kuchen nach Großmutters Back-Idee, Internationale Spezialität, Weihnachtliche Gebäck-Ideen, Winterliche Back-Ideen, Prinzessin Lillifee, Bio Backmischungen

Desserts:
Original Pudding, Gala, Mandella, Garant, Pudding aus Raspeln, Bio Pudding, Mousse, Paradies Creme, Galetta, Süßer Moment, Götterspeise, Rote Grütze, Prinzessin Lillifee

Süße Mahlzeit:
Milchreis, Bio Milchreis, Grießbrei, Bio Grießbrei, Milchnudeln, Pfannkuchen,

Dr. Oetker Markenlogo (oben), Original Backin Backpulver (Mitte), Dr. h. c. August Oetker (unten)

Kartoffelpuffer, Kaiserschmarrn, Apfel-Püfferchen, Schokino-Püfferchen

Einmachen:
Gelier Zucker, Gelfix, Einmachhilfe, Zitronensäure

Vitalis Müsli:
Schoko Müsli, Früchte Müsli, Knusper Müsli, Weniger Süß, Bio Müsli, Crunchies

Frische Desserts:
Sahne Pudding, Grieß Pudding, Paula, Wölkchen, Diät-Wölkchen, Diät-Pudding, Milchpudding, Mousse, Rote Grütze, Kirsch Grütze, Götterspeise, Bourbon-Vanille-Soße

Joghurt:
Jobst, Onken Joghurt Mild, Onken Länder-Vielfalt, Onken Saison-Vielfalt, Onken Vollkorn, Onken Fitness, Onken Vollkorn Fitness, Onken Bighurt

MEILENSTEINE

1891 Dr. August Oetker entwickelt in seiner Apotheke das Backpulver Backin und löst damit einen regelrechten Backboom aus.

1903 Dr. Oetker lässt die Erfindung *Backin*, ein „Verfahren zur Herstellung von dauerhaftem Backpulver oder backfertigem Mehl" patentieren.

1908 Das erste ausländische Werk eröffnet im österreichischen Baden, in der Nähe von Wien.

1920–30 Gründung weiterer Produktionsstätten in Frankreich, Belgien, Polen, Italien und Dänemark

1970 Dr. Oetker entwickelt die Tiefkühlpizza.

1996 Gründung der Dr. Oetker International GmbH

2000–2001 Internationalisierung des Pizza-Sortimentes, Erwerb von Pizzaherstellern in Osteuropa

2001–2003 Expansion in Skandinavien und Gründung einer Schwestergesellschaft in Großbritannien

2004 Dr. Oetker übernimmt Onken, einen Hersteller von Fertigdesserts, Joghurt- und Quarkprodukten. Es folgen intensive Investitionen und der Ausbau des Frische-Sortiments der Marke Dr. Oetker.

Quark:
Onken Cremiger Quark, Onken Länder-Vielfalt, Onken Fitness, Onken Saison-Vielfalt

Sahneprodukte:
Crème fraîche, Crème double, Crème légère, Crème balance, Dip légère, Zaziki

Tiefkühlpizza:
Ristorante, Ristorante Piccante, Ristorante Leggera, Ristorante Piccola, Ristorante Piccolissima, Die Ofenfrische, Culinaria, Ciabatone, Bistro Flammkuchen, Big Americans

Tiefkühlsnacks:
Intermezzo, Bistro Baguettes, PizzaSnack

DATEN UND FAKTEN

Dr. August Oetker Nahrungsmittel KG

Gründer: Dr. August Oetker (1862–1918)

Unternehmensgründung: 1891 in Bielefeld

Mitarbeiter: über 22.300 weltweit

Vorsitzender der Geschäftsführung:
Dr. h. c. August Oetker

Umsatz: 1,5 Mrd. Euro (2006)

KONTAKT

Dr. August Oetker Nahrungsmittel KG
Lutterstr. 14
33617 Bielefeld

Unternehmenskommunikation:
Dr. Jörg Schillinger
✆ (05 21) 15 5-28 62
✉ presse@oetker.de

DR. HAUSCHKA KOSMETIK

Dr. Hauschka
Kosmetik

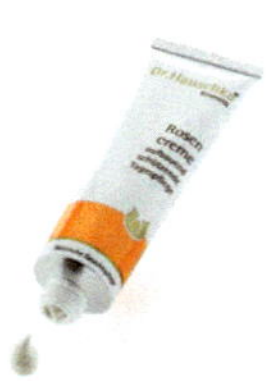

Die Rosencreme (Mitte) gehört zu den Klassikern. Das Entwicklungsteam der Dr. Hauschka Kosmetik (unten) im Sommer 1964: Rudolf Plantener, Elisabeth Sigmund, Dr. Reinhard Schoppmann

Unter der Marke Dr. Hauschka Kosmetik vertreibt die WALA Heilmittel GmbH ein breites Sortiment an qualitativ hochwertiger Naturkosmetik. Dazu gehören Gesichts-, Wasch- und Sonnencremes sowie Körper- und Haarpflegeprodukte und dekorative Kosmetik. Der Markenname geht zurück auf den WALA-Firmengründer Dr. Rudolf Hauschka. 1929 gelang es dem Chemiker, wässrige Auszüge aus Heilpflanzen zu gewinnen, die ohne Konservierungsstoffe haltbar blieben. Die WALA stellte mit diesem Verfahren zunächst nur Arzneimittel her, bis Dr. Rudolf Hauschka gemeinsam mit der Wiener Kosmetologin Elisabeth Sigmund 1967 die Kosmetikserie Dr. Hauschka Kosmetik für Gesichts- und

Körperpflege ins Leben rief. Das Unternehmen spricht mit der Marke männliche wie weibliche Kunden an, die einen bewussten und nachhaltigen Lebensstil pflegen und Wert auf hochwertige Naturprodukte legen. Dafür steht auch der Slogan „Aus der Natur für den Menschen". Seit einem Relaunch 1997 haben die Verpackungen der Dr. Hauschka Kosmetik-Produkte einen hohen Weißanteil, um die Hochwertigkeit der Produkte zu unterstreichen. Den einzelnen Kosmetikserien sind daneben bestimmte Farben zugeordnet (z. B. Blau für die Bäderserie). Alle Verpackungen tragen den Markennamen in der edel anmutenden Schrift Rotis des Designers Otl Aicher und das Bildlogo der Dachmarke WALA. Die eigentliche Produktpräsentation wurde im Rahmen des Relaunchs

Das Produktsortiment von Dr. Hauschka vor dem Designrelaunch 1997.

ebenfalls modernisiert, etwa durch die Einführung von Dosierspendern. Nach Angaben des Unternehmens werben seit 1999 Hollywood-Stars unbezahlt für Dr. Hauschka Kosmetik-Produkte. Wichtigste Produktinnovation des Unternehmens, das für seine Kosmetik natürliche Öle, Wachse und Heilpflanzen verwendet, ist das erste mineralische Sonnenschutzmittel mit Titandioxid. Die WALA Heilmittel GmbH mit Sitz in Eckwälden erhielt dafür 2000 den Innovationspreis des Landes Baden-Württemberg. Das 1935 in Ludwigsburg gegründete Unternehmen vertreibt die Dr. Hauschka Kosmetik als einer der Marktführer ausschließlich über den Fachhandel und ist in Naturkostläden, Reform- und großen Warenhäusern sowie in Apotheken und bei Dr. Hauschka Naturkosmetikerinnen erhältlich. Weltweit verkaufen die Vertriebspartner Dr. Hauschka Kosmetik-Produkte in etwa 40 Ländern. Die GmbH beschäftigt etwa 600 Mitarbeiter. Mit einem Anteil von etwa zwei Drittel am Gesamtumsatz des Unternehmens liegt die Marke Dr. Hauschka Kosmetik bei einem weltweiten Jahresumsatz von rund 58 Mio. Euro (2006).

DATEN UND FAKTEN

Markenname: Dr. Hauschka Kosmetik, geht zurück auf den Firmengründer Dr. Rudolf Hauschka

Slogan: „Aus der Natur für den Menschen"

Erfinder: Dr. Rudolf Hauschka und Elisabeth Sigmund, 1967

Markenregistrierung: 24. 05. 1980, HABM Alicante/Spanien

Innovationen: Mineralisches Sonnenschutzmittel mit Titandioxid (2000)

Markenbekanntheit: 15 % (eigene Angaben)

Jahresumsatz: 58 Mio. Euro (Marke Dr. Hauschka Kosmetik, 2006)

Auszeichnungen:
„Innovationspreis des Landes Baden-Württemberg" für *mineralische Sonnenschutzmittel* (2000)

Markenwebsite: www.dr.hauschka.de

Literatur:
S. West Kurz: Schönheit pur – das Dr. Hauschka-Konzept (2007

UNTERNEHMEN

WALA Heilmittel GmbH

Hauptsitz: Eckwälden, Deutschland

Geschäftsführung: Dr. Johannes Stellmann

Weitere Marken: → WALA Arzneimittel, WalaVita

Gesamtumsatz: 86,5 Mio. Euro (2006)

Vertrieb: über den Fachhandel

KONTAKT

WALA Heilmittel GmbH
Dorfstr. 1
73087 Bad Boll/Eckwälden
✆ (0 71 64) 9 30–0

SCHON GEWUSST?

Rudolf Hauschka erfuhr nur durch Zufall, dass eine Kosmetologin bei der WALA Substanzen bestellte, um diese in ihre Kosmetik zu integrieren. Aus Interesse lud er Elisabeth Sigmund aus Stockholm nach Eckwälden ein und brachte ein paar Jahre später mit ihr die Marke Dr. Hauschka Kosmetik heraus.

DRAENERT

Das Logo zeigt neben dem Schriftzug ein sich im Wasser des Bodensees spiegelndes D und stellt damit den regionalen Bezug her.

🖷 (0 71 64) 9 30-2 97
💻 www.wala.de

Ansprechpartner Presse:
Antal Adam
✆ (0 71 64) 9 30-13 89
✉ antal.adam@wala.de

DRAENERT

Unter der Möbelmarke Draenert produziert und vertreibt das gleichnamige Unternehmen Designmöbel. Der Schwerpunkt liegt bei Tischen aus Holz, Glas und Stein mit patentierten Verstell- und Auszugstechniken. Ein Alleinstellungsmerkmal von Draenert sind die Tische mit Platten aus massivem Stein. Dank ausgeklügelter Mechanismen lassen sich diese schweren Platten mühelos ausziehen und drehen. Die beiden Modelle *Atlas* und *Adler II* sind die neuesten Entwicklungen dieser Art Tische. Mit ausfahrbaren Rollen und einem besonderen Mechanismus zum Bewegen der Platte versehen, sind sie trotz ihres Gewichts einfach in der Handhabung. In einem Steinpark bietet die Manufaktur über 150 verschiedene Steinsorten aus der ganzen Welt zur Auswahl, die zu Möbeln verarbeitet werden können. 1968 gründete Dr. Peter Draenert in Friedrichshafen das Möbelunternehmen. Das Logo trägt den Schriftzug des Familiennamens. Darüber ist ein sich im Wasser spiegelndes D zu sehen, das den Bezug zur Heimatregion Bodensee herstellen soll. Mittlerweile sind rund 70 Mitarbeiter an den beiden Standorten Immenstaad am Bodensee und im schwz. Sulgen beschäftigt. Die Polsterei befindet sich in der Schweiz, da hier noch der Beruf des Polsterers existiert, während in Deutschland das Polstern heute in der Ausbildung zum Raumausstatter zusammengefasst ist. Einige von externen Designern entworfene Exemplare werden im Metropolitan Museum of Art in New York oder dem Victoria & Albert Museum in London ausgestellt. Viele Draenert-Möbel haben renommierte Auszeichnungen erhalten wie z.B. das Modell *1640 Twist* den „red dot award: product design" 2006. Draenert exportiert in die ganze Welt, Schwerpunktmärkte sind Russland, Japan und die USA. Der Exportanteil soll in den nächsten Jahren weiter wachsen, wobei Asien eine wichtige Rolle spielt. Auch in Zukunft will Draenert der persönlichen Handschrift des Hauses treu bleiben, wozu die Firmen-Philosophie gehört, dass die Möbelentwürfe die Geschichte des Landes und der Region Bodensee widerspiegeln sollen.

UNTERNEHMEN

Draenert Studio GmbH
Steigwiesen 3
88090 Immenstaad am Bodensee
💻 www.draenert.de

Dräger

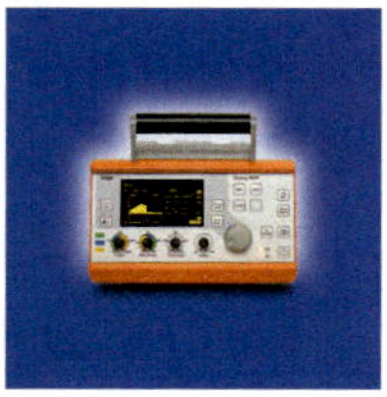

Die Marke Dräger steht für innovative Produkte und Systeme in der Medizin- und Sicherheitstechnik.

DRÄGER

Die Marke Dräger steht weltweit für „Technik für das Leben". Gegründet 1889, ist Dräger heute ein internat. führender Konzern der Medizin- und Sicherheitstechnik. Die innovativen Produkte, Dienstleistungen und Systeme schützen, unterstützen und retten Leben. Im Krankenhaus, in der Industrie, im Bergbau, im Brandschutz und im Rettungswesen vertrauen Menschen auf das Know-how der Firma. Produkte von Dräger begleiten Patienten in der klinischen Akutmedizin und in der Heimbeatmung. Das Unternehmen bietet Lösungen für den Personen- und Anlagenschutz, in der Gasmesstechnik und im ganzheitlichen Gefahrenmanagement. Den Grundstein legte der Fimengründer Johann Heinrich Dräger, der mit seinem Sohn Bernhard in Lübeck 1889 ein Ventil zur Reduzierung von Kohlensäuredruck in Bierdruckautomaten erfand. Es folgten Innovationen im medizinischen Bereich wie 1907 z.B. der Pulmotor, das weltweit erste in Serienproduktion hergestellte mobile Notfallbeatmungs- und Wiederbelebungsgerät, sowie der „Roth-Dräger"-Narkoseapparat. Schon damals wurden die Geräte in alle Welt verkauft und begründen den internat. Ruf des Drägerwerks als Pionier der Medizintechnik. Bereits vor 100 Jahren entstand auch die erste Dräger-Niederlassung in Amerika. Insbesondere in den USA begründeten die Dräger-Atemschutzgeräte das legendäre Dräger-Image in Nordamerika: Draegermen nennt man noch heute die mit Dräger-Geräten ausgestatteten Grubenrettungswehren. Dräger wurde zum Begriff für sicheres Atmen. Weltweit bekannt und im Einsatz sind u.a. auch die Dräger-Alcotest-Geräte zur Atemalkoholmessung. Nach 118 Jahren ist der bereits in fünfter Familiengeneration geführte Technologiekonzern mit seinem umfangreichen Produkt-Portfolio in über 190 Ländern präsent. Entwickelt und produziert wird in China, in Deutschland, den Niederlanden, Großbritannien, Schweden, Südafrika und den USA. Mit rund 10.000 Mitarbeitern wurde 2006 ein Umsatz von 1,8 Mrd. Euro erzielt, davon fließen jährlich 6,6 % in Forschung und Entwicklung.

DATEN UND FAKTEN

Markenname: Dräger, Familienname des Gründers

Leitidee: „Dräger. Technik für das Leben"

Gründer: Johann Heinrich Dräger, 1889, Lübeck

Markenregistrierung: 27. 10. 1986, DPMA München

Innovationen: moderne Anästhesie- und Beatmungssysteme, Gasmess- und Personenschutztechnik

Jahresumsatz: ca. 1,8 Mrd. Euro (2006)

Mitarbeiter: ca. 10.000 weltweit

UNTERNEHMEN

Drägerwerk AG
Moislinger Allee 53–55
23542 Lübeck
✆ (04 51) 8 82–0
🖷 (04 51) 8 82–20 80
💻 www.draeger.com

SCHON GEWUSST?

▮ In der allerersten Ausgabe von Superman ist der Draegerman dabei: Partygäste eines reichen Unternehmers, die in einem Bergwerk eingeschlossen sind, rufen erleichtert, als sie die Grubenrettungswehr erblicken: „Draegermen – We're saved!"

▮ Auch im Kino feiert der Draegerman Erfolge: Im Film „Draegerman Courage" tritt der Held mit den Worten „I am a Draegerman" energisch für die Sicherheit der Bergleute ein. Draegerman wurde zum Synonym für Grubenrettungswehren.

DRANO

Die Marke Drano steht für Abflussreiniger. Drano ist ein Kunstwort, das von dem engl. Substantiv drain (dt. Abfluss) abgeleitet ist. Das klassische Drano *Granulat* beseitigt Verstopfungen in Abflüssen und Ausgüssen von Spül- und Waschbecken sowie Badewannen, die durch Fettrückstände, Speisereste, Seifenablagerungen und Haare verursacht wurden. 1999 wurde das Sortiment um Drano *Power-Gel* erweitert, das besondere Wirksamkeit bei durch Haare verursachten Verstopfungen verspricht. Drano *Power-Gel* wird seit 2001 im TV mit dem Slogan „Jetzt platzt selbst der Haarknoten" beworben. Die derzeitige Produktpalette wird komplettiert von Drano *Duo-Power*, einem Aktivschaum zur vorbeugenden Anwendung. Charakteristisches Kennzeichen aller Produktverpackungen ist der orangefarbene Drano-Schriftzug auf einem blauen Etikett. Das *Power-Gel* erweckt zusätzlich durch die auffällige orangefarbene Flasche Aufmerksamkeit. In Deutschland wurde die Marke Drano 1998 von S. C. Johnson wieder übernommen. Der familiengeführte Konzern ist weltweit auf Reinigungs-, Pflege- und Insektenschutzmittel spezialisiert und erzielte 2007 einen Umsatz von 7,0 Mrd. USD. Die Marke Drano wird mit einer veränderten Produktpalette auch in den USA vertrieben. Von den ca. 12.000 Mitarbeitern des Unternehmens sind rund 100 in Deutschland und Österreich beschäftigt. Die SC Johnson GmbH ist mit Drano in Deutschland Marktführer bei Abflussreinigern (Quelle: IRI). Außerdem vertreibt das in Erkrath bei Düsseldorf ansässige Unternehmen u. a. die Marken →00 null null, →Pronto, →Brise, →Paral Raid, →Autan, →Oust und →Stahl-Fix.

UNTERNEHMEN

SC Johnson GmbH
Mettmanner Str. 25
40699 Erkrath
✆ (02 11) 3 02 34–0
🖷 (02 11) 3 02 34–2 47
💻 www.scjohnson.de

DREI WETTER TAFT

Die Haarstylingmarke Drei Wetter Taft von →Schwarzkopf wird in über 30 Ländern vertrieben. Auf dem europäischen und dt. Haarstylingmarkt belegt sie lt. führenden Marktforschungsinstituten den ersten Platz. Der gest. Bekanntheitsgrad von Drei Wetter Taft beträgt 95 %. Der ursprüngliche Name Taft, der das Geräusch einer Spraydose bei der Anwendung symbolisiert, wurde 1971 in Drei Wetter Taft umgewandelt. Damit versinnbildlicht der Name perfekten Halt - bei jedem Wetter, den ganzen Tag. Zielgruppe sind Frauen und Männer jeden Alters. Durch die Einführung des ersten Haarsprays in Deutschland und eines Stylingproduktes in Gelform sowie seiner starken Fokussierung auf Innovation hebt sich Drei Wetter Taft

Die Marke Drano aus dem Hause SC Johnson steht für Abflussreiniger.

Der Ultra Haarlack von Drei Wetter Taft (Mitte) wird durch zahlreiche Produktvarianten ergänzt, wie z. B. den Volumen Power Haarverdicker (unten).

von seiner Konkurrenz ab. 2006 wurden die Haarsprays und Schaumfestiger von Drei Wetter Taft mit dem sog. *Senso Touch Effect* eingeführt und stehen seitdem neben dem bewährten perfekten Drei Wetter Taft Halt nun auch für ein schönes Haargefühl. Das Erscheinungsbild der Verpackung veränderte sich im Laufe der Jahre von der taillierten Glasflasche mit Plastikmantel (*Taft Lila*, 1956) bis zu den heutigen Drei Wetter Taft Haarspraydosen. Der einem Lockenkopf nachempfundene Scherenschnitt erschien als

Das Produkt *Taft Lila* in der Glasflasche stammt aus dem Jahr 1956.

Markenzeichen erstmals 1904. In den Kampagnen legt Drei Wetter Taft Wert darauf, dem sich verändernden Frauenbild gerecht zu werden. Während die Taft-Frau in den 1960er-Jahren in der Rolle der perfekten Hausfrau zu sehen war, jettet das erfolgreiche Drei Wetter Taft-Model (Tammy Hopkins) in den 1980er-Jahren bereits als Geschäftsfrau um die Welt. 2007 setzt der Styling-Marktführer auf die Stilikone Heidi Klum. Weiterhin hält der Marktführer an seiner Philosophie fest, mit innovativen Produkten und modernem Design seine Vorreiterrolle auf dem Stylingmarkt zu behalten. Das Unternehmen Schwarzkopf wurde 1898 in Berlin von dem Apotheker Hans Schwarzkopf gegründet. Aufgestiegen zu einem der größten Haarkosmetikhersteller Europas wurde Schwarzkopf 1995 von der →Henkel KGaA übernommen. Mit ihrem Kosmetik- und Körperpflegebereich setzte die Henkel KGaA im Jahre 2006 2,864 Mrd. Euro in mehr als 125 Ländern um und zählt zu den weltweit führenden Herstellern von Markenprodukten in diesem Bereich.

DATEN UND FAKTEN

Markenname: Drei Wetter Taft (seit 1971), Kunstname, abgeleitet vom ursprünglichen Namen „Taft" (1955), der dem Geräusch einer Spraydose nachempfunden ist.

Slogan: „Drei Wetter Taft: Perfekter Halt zum Anfassen schön – bei jedem Wetter, den ganzen Tag" (2006)

Markteinführung: durch Hans Schwarzkopf GmbH, 1955, Hamburg

Markenregistrierung: 18. 12. 1954, DPMA München

Innovationen: „flüssiges Haarnetz" Taft (1955), Taft in Gelform (1967), Xpress (1999), Drei Wetter Taft Power (2003), Taft Looks (2004), Drei Wetter Taft Compact (2005), Drei Wetter Taft Volumen (2007), Drei Wetter Taft Power Anti-Gele (2007)

Markenbekanntheit: 95 % gest. (Omnibusstudie 2006)

Markenwebsite: www.taft.de

Literatur:
Henkel KGaA (Hg.): Chronik 130 Jahre Henkel. (2006)

UNTERNEHMEN

Henkel KGaA

Hauptsitz: Düsseldorf, Deutschland

Weitere Marken: s. →Henkel

Gesamtumsatz: 12,740 Mrd. Euro (2006)

Vertrieb: weltweit in mehr als 125 Ländern

MEILENSTEINE

1955 Schwarzkopf entwickelt das „flüssige Haarnetz" Taft – das erste Marken-Haarspray in Deutschland.

1971 Relaunch von Taft unter neuem Markennamen: Drei Wetter Taft

1987 Schwarzkopf stellt die Produktion auf FCKW-freie Aerosole um.

2006 Umfassender Drei Wetter Taft Relaunch: der Senso Touch Effect sorgt für ein schönes Haargefühl.

2007 Zwei Stilikonen treffen sich: Heidi Klum wird das neue Gesicht von Drei Wetter Taft.

KONTAKT

Henkel KGaA
Henkelstr. 67
40589 Düsseldorf
✆ (02 11) 7 97-0
🖷 (02 11) 7 98-40 08
💻 www.henkel.de

Ansprechpartner Presse:
Marion Schwenker
✉ press@henkel.com

DREMEL

Gegründet 1932 in Wisconsin: Dremel.

Unter dem Dach der internat. Marke Dremel werden Werkzeuge, Zubehörteile und Vorsatzgeräte produziert. Zum Sortiment gehören etwa Hochgeschwindigkeits-Rotationswerkzeuge mit und ohne Kabel, Lötkolben, Sägen, Klebepistolen, Elektrogravierer, Schraubstöcke sowie spezielle Vorsatzgeräte zum Schneiden, Fräsen und Sägen. Eine Spezialität ist die biegsame Welle. Sie ermöglicht es, auch an schwer erreichbaren Stellen arbeiten zu können. Die Produkte richten sich an Handwerker, Heimwerker, Bastler und Künstler. Das Logo zeigt den Markennamen als weißen Schriftzug in serifenlosen Versalien auf blauem Grund. Es wird im deutschsprachigen Raum ergänzt um den Claim „Die Stärke im Detail" (abgeleitet vom engl. „Big on detail"). Die Marke ist nach J. Dremel benannt, der 1932 in Racine im US-Bundesstaat Wisconsin die Dremel Manufacturing Co. gründete. Zahlreiche Innovationen kennzeichnen die Firmengeschichte, etwa der erste elektrische Rasierklingenschärfer, ein elektrischer Fischentschupper oder das weltweit erste Elektrogerät mit Lithium-Ionen-Akkutechnologie. 2007 beging das Unternehmen sein 75-jähriges Jubiläum. Speziell für diesen Anlass wurde ein Signet vorgestellt, das den Slogan „Celebrating 75 Years of Trust and Quality" (dt.: „75 Jahre Vertrauen und Qualität feiern") kommuniziert. Dremel ist eine 100%ige Tochter der Robert Bosch GmbH, die 2006 weltweit einen Umsatz von 43,7 Mrd. Euro erwirtschaftete.

UNTERNEHMEN

Dremel Deutschland
Postfach 10 01 56
70745 Leinfelden-Echterdingen
✆ (0 08 00) 39 53 95
💻 www.dremeleurope.com

DRESDNER BANK

Die Dresdner Bank AG und ihre Tochtergesellschaft Dresdner Kleinwort bieten Finanzdienstleistungen in Deutschland, in Europa, in den USA sowie in Asien/Pazifik an. Die Marke richtet sich an Privat-, Geschäfts- und Konzernkunden sowie multinat. Unternehmen und Institutionen. Die Dresdner Bank entstand aus der Umwandlung des Privatbankhauses Michael Kaskel am 12. November 1872. 1884 wurde der Sitz der Geschäftsleitung nach Berlin verlegt. Nach dem 2. Weltkrieg wurden die Filialen der Dresdner Bank in der sowjetischen Besatzungszone enteignet, während die westliche Sparte der Bank in drei regionale Nachfolgeinstitute aufgeteilt wurde. 1957 erfolgte die Wiedervereinigung der Institute zur Dresdner Bank AG mit Sitz in Frankfurt/Main. Das Markenlogo besteht seit der letzten Änderung 2004 aus dem fett gedruckten Schriftzug Dresdner Bank, unter dem in grüner Schrift der Zusatz „Die Beraterbank" (seit 1996) abgebildet ist. Neben dem Schriftzug steht das Logo der Dresdner Bank, ein weißes Dreieck in einem grünen Sechseck. Das Symbol wurde 1972 unter der Ägide des damaligen Vorstandssprechers Jürgen Ponto entworfen. Es symbolisiert einerseits das Delta, den griech. Buchstaben D, andererseits soll das Hexagon an eine Honigwabe erinnern und dadurch Bienenfleiß, Sparsamkeit und Verlässlichkeit assoziieren. Darüber hinaus soll die nach oben zeigende Triangelspitze Ausdruck für zukunftsorientiertes Handeln sein. Die Markenfarben Grün und Weiß sind die Landesfarben Sachsens und sollen an die Herkunft der Bank erinnern, zudem steht Grün sprichwörtlich für die Hoffnung. Seit 2001 ist das Grün im Farbton Pantone 368 gehalten. Der Farbton ist patentrechtlich geschützt, um als Alleinstellungsmerkmal zu dienen. Seit 2001 ist die Dresdner Bank AG eine hundertprozentige Tochter der Allianz Gruppe. 2006 beschäftigte die Dresdner Bank 27.625 Mitarbeiter in ihren 902 dt. und 50 ausländischen Filialen und erzielte ein operatives Ergebnis von 1.350 Mio. Euro.

Das wabenförmige Signet im Logo der Dresdner Bank soll Bienenfleiß, Sparsamkeit und Verlässlichkeit symbolisieren.

DATEN UND FAKTEN

Markenname: Dresdner Bank, benannt nach dem Gründungsort

Slogan: „Die Beraterbank"

Gründer: 17 Gründer, u. a. Carl Freiherr von Kaskel, Eugen Gutmann, 1872, Dresden

Vorstandsvorsitzender: Dr. Herbert Walter

Bilanzsumme: 497.287 Mio. Euro (31. 12. 2006)

Literatur:
Hans G. Meyen: 120 Jahre Dresdner Bank. Unternehmens-Chronik 1872 bis 1992 (1992)
J. Wake: Kleinwort Benson. The history of two families in banking (Oxford, 1997)
V. Helas: Die Dresdner Bank in Dresden. Architektur und Lebensspuren (1998)
Klaus-D. Henke: Die Dresdner Bank im Dritten Reich (2006)
R. Ahrens: Die Dresdner Bank 1945–1957. Konsequenzen und Kontinuitäten nach dem Ende des NS-Regimes (2007)

UNTERNEHMEN

Dresdner Bank AG
Jürgen-Ponto-Platz 1
60301 Frankfurt/Main
(0 69) 2 63–0
(0 69) 2 63–48 31
www.dresdner-bank.de

DRESDNER STOLLEN

Dresdner Stollen®

Echt mit dem Siegel

Nur Verbandsmitglieder dürfen mit der Marke Dresdner Stollen® und dem Siegel des Schutzverbandes Dresdner Stollen® werben. Vorstandsvorsitzender des Verbandes ist Hans-Jürgen Matzker.

Der Dresdner Stollen® ist seit vielen Jahrzehnten ein marken- und patentrechtlich geschütztes Weihnachtsgebäck. Nur Christstollen aus dem Großraum Dresden, die in Handarbeit gefertigt werden und den hohen Qualitätsanforderungen an Zutaten und Verarbeitung entsprechen, dürfen die Bezeichnung Dresdner Stollen® tragen. Die Tradition des Gebäcks geht bereits zurück auf das Jahr 1474, in dem es erstmals auf der Rechnung des christlichen Bartolomai-Hospitals auftauchte. Bereits seit dem Ende des 19. Jh. und auch schon zu DDR-Zeiten gab es Schutzbezeichnungen für den Dresdner Stollen. Zur Fortführung des Markenschutzes nach der Wiedervereinigung Deutschlands gründeten 1991 Bäcker und Konditoren aus Dresden den Schutzverband Dresdner Stollen e.V. als Interessenvertretung, für gemeinsame Werbestrategien und auch zur Wahrnehmung der Interessen auf dem Gebiet des gewerblichen Rechtsschutzes. Auf Initiative des Verbands wurde die Schutzbezeichnung auch auf bundesweites Recht ausgeweitet. Die im Verband organisierten Bäckereien und Konditoreien produzieren jedes Jahr ca. 2 Mio. Stollen. Dabei garantiert der Verein den Verbrauchern durch ein Qualitätszertifikat die geprüfte, gleich bleibende und hohe Qualität

Rund 150 Bäckereien und Konditoreien aus dem Großraum Dresden produzieren jährlich rund 2 Mio. Stollen.

der Ware. Das Zertifikat beinhaltet ein ovales Siegel mit betriebsindividueller Kennzeichnung und dem Text Dresdner Stollen Schutzverband e.V. Für die Vermarktung der Dresdner Stollen® ist die Traditionspflege ein wichtiges Instrument. Daher zeigt das goldene Qualitätssiegel in der Mitte August den Starken, Kurfürst von Sachsen, und verweist so auf die lange Geschichte des Dresdner Stollens®. An August den Starken und den von ihm im Jahr 1730 in Auftrag gegebenen Riesenstollen erinnert auch das Stollenfest, das jedes Jahr am Samstag vor dem zweiten Advent in Dresden stattfindet. Seit 1995 begleitet ein Stollenmädchen das Fest. Über 60 % der Deutschen verbinden die Herkunft des Stollens mit Dresden und 76 % der Bevölkerung kennen die Marke Dresdner Stollen® (Infratest, 1993). Den Vorstandsvorsitz des Schutzverbandes Dresdner Stollen eV. hat Hans-Jürgen Matzker inne. Rund 150 Bäckereien und Konditoreien gehören dem Verband an.

DATEN UND FAKTEN

Markenname: Dresdner Stollen®, Zusammensetzung aus Herkunfts- und Produktbezeichnung

Slogan: „Echt mit dem Siegel"

Erfinder: Schutzverband Dresdner Stollen eV., 1991

Markenregistrierung: 03. 03. 1995, DPMA München

Markenbekanntheit: 60 % ungest. (Infratest, 1993)

Werbespendings: über 100.000 Euro

Literatur:
M. Süßenguth: Dresdner Stollen - Der süße Star aus Sachsen (2005)

UNTERNEHMEN

Schutzverband Dresdner Stollen e. V.

Hauptsitz: Dresden, Deutschland

Vorstand: Hans-Jürgen Matzker (Vorsitzender), Wolfgang Hesse (Geschäftsführer)

Gesamtabsatz: ca. 2 Mio. Stück

Vertrieb: weltweit

KONTAKT

Schutzverband Dresdner Stollen e. V.
Hohe Str. 22
01069 Dresden
(03 51) 4 76 78 72
(03 51) 4 71 01 00
www.dresdnerstollen.com

SCHON GEWUSST?

- Der 1474 erstmals erwähnte Dresdner Christstollen war ursprünglich ein Fastengebäck, das nur aus Mehl, Hefe und Wasser bestand. Nach einer offiziellen Bitte des sächsischen Kurfürsten an den Papst ließ sich der Heilige Vater schließlich erweichen und schickte ein als Butterbrief bekanntes Schreiben, das gehaltvollere Zutaten erlaubte.
- 1730 ließ August der Starke von der Dresdner Bäckerzunft einen Riesenstollen von 1,8 t für 24.000 Gäste backen. Für die Herstellung, an der über 100 Helfer beteiligt waren, musste ein spezieller Ofen gebaut und acht Tage vorgeheizt werden. An dieses Ereignis knüpft das jährlich im Advent stattfindende Stollenfest an.
- In seiner jetzigen Qualität wird der Dresdner Christstollen erst seit dem letzten Jh. gebacken.

DRESSLER

→ Eduard Dressler

DTV

Die Marke dtv steht für ein breit gefächertes Sortiment an Büchern. Im Jahr 1960 schlossen sich elf dt. Buchverlage zusammen und gründeten den Deutschen Taschenbuch Verlag (dtv), um ihre Autorenrechte selbst zu verwerten. Unter den Gründern befanden sich Artemis, C. H. Beck, DVA, Hanser, Hegner, Insel, Kiepenheuer & Witsch, Kösel, Nymphenburger, Piper und Walter. Zu den ersten Produkten zählte eine auf 45 Bände ausgelegte Goethe-Gesamtausgabe im Taschenbuchformat. Das umfangreiche, eine breite Leserschicht ansprechende Programm umfasst heute die Bereiche Literatur, Klassik, Unterhaltung und Sachbuch sowie Kinder- und Jugendbuch. Neben Taschenbüchern befinden sich darunter auch die Formate Broschur und Hardcover. Seit 1997 ergänzt die innovative Produktlinie „dtv premium" mit Original- und dt. Erstausgaben aus den Sparten Belletristik und Sachbuch das Sortiment. Daneben gehören eine Reihe weiterer Produktlinien wie *dtv großdruck*, *dtv Atlanten* und *dtv junior* zum festen Portfolio. Das aktuelle Logo wurde 1997 von den Covergestaltern Balk & Brumshagen entworfen. Es zeigt die drei Buchstaben des Markennamens in schlichter, schwarzer Schrift und soll zurückhaltende Eleganz und Klarheit vermitteln. Mit einem Marktanteil von etwa 9 % gehört dtv zu den Top 3 des Taschenbuchmarkts (GfK, 2006). Darüber hinaus nimmt das Unternehmen eine führende Position bei Kinder- und Jugendtaschenbüchern ein. Das mehr als 5.000 Titel umfassende Gesamtprogramm wird jährlich durch ungefähr 500 Neuerscheinungen ergänzt. Der Verlag beschäftigt 100 Mitarbeiter und erwirtschaftete 2006 einen Umsatz von 50 Mio. Euro. Der Vertrieb erfolgt im deutschsprachigen Raum über den stationären Verkauf sowie über den Versand- und Internetbuchhandel. Für die Zukunft plant dtv einen Ausbau des Unterhaltungsbereiches und des Premium-Programms.

DATEN UND FAKTEN

Markenname: dtv, Abkürzung für **D**eutscher **T**aschenbuch **V**erlag

Slogan: „dtv – besser lesen"

Gründer: elf dt. Buchverlage mit Verleger Heinz Friedrich, 1960

Markenregistrierung: 1961, DPMA München

Jahresumsatz: ca. 50 Mio. Euro (2006)

Werbespendings: ca. 7 % des Umsatzes

Literatur:

Deutscher Taschenbuch Verlag (Hg.): Fünfundzwanzig. Eine dtv-Dokumentation (1986)
W. Berthel: 30 Jahre Deutscher Taschenbuch Verlag 1996 – 1991 (1991)
H. Friedrich: Erlernter Beruf: Keiner. Erinnerungen an das 20. Jh. (2006)

dtv

Der Deutsche Taschenbuch Verlag gibt jedes Jahr 500 Neuerscheinungen heraus.

Die beiden Brüder Adriano und Marcello Ducati gründeten den gleichnamigen Motorradhersteller im Jahre 1926 im ital. Bologna.

Der „Urduden" von 1880 (Mitte); Ulrich Granseyer (unten) verantwortet den Geschäftsbereich des Dudenverlags.

UNTERNEHMEN

dtv – Deutscher Taschenbuch Verlag GmbH & Co. KG
Friedrichstr. 1a
80801 München
(0 89) 3 81 67–0
(0 89) 34 64 28
www.dtv.de

DU DARFST

Die zum Unilever-Konzern gehörende Konsumgütermarke Du darfst steht für kalorien- und fettreduzierte Lebensmittel aus hochwertigen Zutaten. Sie richtet sich in erster Linie an Frauen zwischen 20 und 49, die sich zugleich unkompliziert und gesundheitsbewusst ernähren wollen. Die Produktpalette bietet dafür mehr als 80 Artikel in den Kategorien Wurst, leichte Butter, Margarine, Käse, Feinkostsalate, Fruchtaufstriche, Fertiggerichte und Brotaufstrich. Seit 2007 sind Produkte zum Kochen und Verfeinern wie z. B. Kochsahne, Crème fraîche und Frischkäse-Sauce im Sortiment. Das Markenlogo besteht aus dem Namenszug in serifenlosen roten Buchstaben und einer stilisierten Blüte auf weißem Grund, die von einem blattförmigen Rahmen in Hell- und Dunkelgrün umgeben sind. Die Positionierung von Du darfst als kompetente Adresse für gesunde Ernährung wird auch durch die Markenkommunikation im Internet gestützt.: Neben der eigentlichen Website mit einer Rezeptdatenbank, einem Magazin und Informationen zum Thema Ernährung bietet die Marke seit April 2006 mit dem kostenpflichtigen darf! Coach auch professionelle Begleitung und Unterstützung für eine gesunde und ausgeglichene Lebensführung. Eingeführt wurde die Marke im Jahr 1973 von der damaligen Union Deutsche Lebensmittelwerke GmbH. Als erstes Produkt kam eine Halbfettmargarine auf den Markt. Im Wurstsegment kann der Hersteller bereits über 1 Mio. Käufe pro Woche registrieren und prognostiziert eine weitere Steigerung dieser Zahl. Seit 2007 hat Du darfst mit „Verlieb dich neu. In dich." einen neuen Claim. Zusammen mit der entsprechenden Kampagne positioniert sich die Marke damit wieder stärker in Richtung Gewichtsmanagement.

UNTERNEHMEN

Unilever Deutschland GmbH
Dammtorwall 15
20 355 Hamburg
(0 40) 3 49 30
(0 40) 35 47 42
www.du-darfst.de

DUCATI

Das Unternehmen aus der Motorradbranche hat es sich zum Ziel gesetzt, Motorräder der Marke Ducati zu produzieren, die für Individualität, Leidenschaft für den Motorsport, ital. Lebensgefühl und Stilbewusstsein stehen sollen. 1926 gründeten die Brüder Adriano und Marcello Ducati in Bologna die „Società Scientifica Radiobrevetti Ducati". Stammsitz der Firma bis heute ist die 1935 erbaute Fabrik in Borgo Panigale. Das Unternehmen stellte zunächst Radiobauteile her und muss während des zweiten Weltkriegs auf Rüstungsgüter umstellen. 1954 trat Fabio Taglioni als Chefkonstrukteur und technischer Leiter in das Unternehmen ein. Zu seinen Verdiensten gehörte neben der Entwicklung zahlreicher auch im Rennsport erfolgreicher Motorradmodelle die Einführung der Desmodromik, der Ventilzwangssteuerung. 1965 übernahm Ducati die Herstellung von Industrie- und Bootsmotoren. Das Unternehmen wurde 1969 verstaatlicht. Weltmeistertitel berühmter Ducati-Fahrer in unterschiedlichen Rennklassen und in der Konstrukteurswertung sorgen für anhaltende Euphorie unter den Fans der Marke. So feiern Ducatianhänger die Marke regelmäßig mit Veranstaltungen wie der WDW (Wold Ducati Week) und der Festa Ducati. Im Jahr 2007 gewann Ducati mit seinem Fahrer Casey Stoner die Weltmeisterschaft im Moto GP. Ducati spricht prestigeorientierte, kaufkräftige Kunden an, die luxusorientiert sind und sich in hohem Maße mit der Marke identifizieren. Die Exklusivität und der Mythos Ducati sicherten der Firma einen Sonderstatus unter Motorradliebhabern. Die dynamische weiße Schrift des aktuellen rotgrundigen Logos in Univers 45 Light mit dem durchtrennten weißen Punkt soll die Kraft und Schnelligkeit der Ducati Motorräder repräsentieren.

UNTERNEHMEN

Ducati Motor Deutschland GmbH
Emil-Hoffman-Str. 55–59
50996 Köln
www.ducati.de

DUDEN

Unter der Marke Duden publiziert der Verlag Bibliographisches Institut & F. A. Brockhaus

AG (BIFAB AG) Standardnachschlagewerke und Anwendungssoftware zur dt. Gegenwartssprache. Das Duden-Portfolio umfasst (digitale) Wörterbücher, Ratgeber, Übungsbücher, Software zur Rechtschreib- und Grammatikprüfung sowie Nachschlagewerke und Lernhilfen für Kindergarten und Schule. Schulbücher und Korrektursoftware zur Rechtschreibung und Grammatik für Unternehmen sind die jüngsten Programminnovationen. Die telefonische Duden-Sprachberatung und der kostenlose Newsletter vervollständigen das Angebot. Wichtigstes Dudenprodukt ist der Rechtschreibduden, der als Standardnachschlagewerk für die dt. Gegenwartssprache gilt. Dabei wird der Begriff Duden häufig synonym für Wörterbuch benutzt. In der 24. Auflage (2006) gibt der Rechtschreibduden Erklärungen und Angaben zu rund 130.000 Stichwörtern. Zielgruppe der Marke sind alle Menschen, die in Schule, Beruf und Alltag mit der dt. Sprache zu tun haben und diese richtig anwenden möchten. Das Markenlogo existiert in seiner heutigen Form seit dem Jahr 2000. Es zeigt den weißen Duden-Schriftzug auf schwarzem Grund, unter dem Schriftzug ist ein roter Strich abgebildet. Der Markenname geht zurück auf den Germanisten Konrad Duden. Duden publizierte 1880 das „Vollständige Orthographische Wörterbuch der deutschen Sprache", den „Urduden". Sein Ziel war die Vereinheitlichung der Rechtschreibung im ganzen dt. Sprachraum. Auf der 1901 in Berlin abgehaltenen II. Orthographischen Konferenz wurde die dt. Rechtschreibung erstmals amtlich geregelt. Grundlage für die Regelung war die sechste Auflage des orthografischen Wörterbuchs von Duden. Zur effizienteren Umsetzung der Regeln stellte das Bibliographische Institut Konrad Duden einige Mitarbeiter zur Seite. Das war die Geburtsstunde der Dudenredaktion. Heute kümmern sich 20 wissenschaftliche Redakteure um die Pflege des Duden-Sprachbestands. Dabei geht es vor allem um die Anpassung an sprachliche Entwicklungen, etwa die Neuregelung der dt. Rechtschreibung durch die Wiener Absichtserklärung von 1996. Der Dudenverlag ist seit der Fusion des Bibliographischen Instituts mit dem Verlag F. A. Brockhaus im Jahre 1984 Teil der BIFAB AG. Das Unternehmen beschäftigte 2006 rund 450 Mitarbeiter und erwirtschaftete einen Umsatz von 108 Mio. Euro. Mit einem Marktanteil von über 90 % ist der Duden Marktführer im Bereich der deutschsprachigen Wörterbücher.

Duden produziert neben Printausgaben auch zahlreiche Softwareprogramme wie den „Duden Korrektor".

DATEN UND FAKTEN

Markenname: Duden, Nachname des Germanisten Konrad Duden (1829 – 1911)

Slogan: „Nur der Duden ist der Duden."

Erfinder: Konrad Duden, 1880 (Erscheinungsdatum des „Urdudens")

Markenregistrierung:
Wortmarke: 09. 05. 1956, DPMA, Wort-/Bildmarke: 03. 05. 2003, DPMA München

Innovationen: Korrektursoftware zur Rechtschreibung und Grammatik für Endverbraucher und Unternehmen

Markenbekanntheit: über 90 % ungest.

Auszeichnungen:
„Die schönsten deutschen Bücher", Stiftung Buchkunst für *Duden – Die dt. Rechtschreibung* und für *Duden – Wörterbuch der Szenesprachen* (2000)

Markenwebsite: www.duden.de

UNTERNEHMEN

Bibliographisches Institut & F. A. Brockhaus AG

Hauptsitz: Mannheim, Deutschland

Vorstand: Hans-Jörg Düllmann, Ulrich Granseyer, Marion Winkenbach

Weitere Marken: → Brockhaus, Meyers, Harenberg, Weingarten, Guinness World Records

Gesamtumsatz: 108 Mio. Euro (2006)

Vertrieb: Buchhandel, Warenhäuser, Internet, Versand (Deutschland, Österreich, Schweiz)

Dulcolax

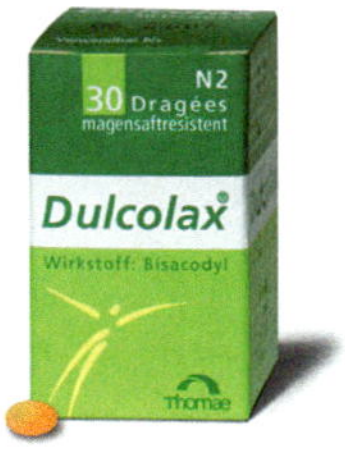

Die Verpackung für die Dragees ist seit 1952 in nahezu unveränderter Form auf dem Markt.

Dulux

Die Marke Dulux steht für Farben und Lacke im Premiumsegment.

KONTAKT

Bibliographisches Institut & F. A. Brockhaus AG
Dudenstr. 6
68167 Mannheim
(06 21) 39 01-01
(06 21) 39 01-3 91
www.bifab.de

Ansprechpartner Presse:
Angelika Böhm
(06 21) 39 01-3 83
angelika.boehm@bifab.de

Ansprechpartner Werbung:
Nadine Zacharias
(06 21) 39 01-4 54
nadine.zacharias@bifab.de

MEILENSTEINE

1880 Konrad Duden veröffentlicht den „Urduden" und legt damit den Grundstein für eine einheitliche dt. Rechtschreibung.

1901 Die II. Orthographische Konferenz in Berlin beschließt die Vereinheitlichung der dt. Rechtschreibung auf der Grundlage von Dudens Wörterbuch.

1955 Die Kultusministerkonferenz erklärt die im Duden gebrauchten Schreibweisen und Regeln für verbindlich.

1996 In der Wiener Absichtserklärung wird eine verpflichtende Neuregelung der dt. Rechtschreibung beschlossen. Die Regeln des Dudens gelten nicht mehr als verbindlich.

DULCOLAX

Dulcolax ein apothekenpflichtiges Abführmittel der Boehringer Ingelheim Pharma GmbH & Co. KG. Das Arzneimittel verspricht zuverlässige Abhilfe bei Verdauungsbeschwerden und eine gute Verträglichkeit. Dulcolax, das in Form von Zäpfchen, Dragees, Tropfen und Pulver angeboten wird, kam 1952 in Deutschland auf den Markt. Entwickelt wurde das Medikament in den Laboren der Dr. Karl Thomae GmbH, einer früheren Firma von →Boehringer Ingelheim. Weil keine natürlichen Stoffe bekannt waren, die eine Darmentleerung herbeiführen konnten, hatte das Pharmaunternehmen nach einer chemischen Variante geforscht. Der Chemiker Dr. Ernst Seeger entdeckte schließlich den Wirkstoff Bisacodyl, den wirksamen Bestandteil einiger Dulcolax-Präparate. Zur Hauptzielgruppe gehören Frauen zwischen 40 und 69 Jahren, die unter Verdauungsstörungen leiden. Die Verpackung, in der die Dragees angeboten werden, ist seit 1952 in nahezu unveränderter Form auf dem Markt und damit ein dominantes Erkennungsmerkmal. In der Printwerbung werden bereits seit 1970 Personen abgebildet, die eine Packung des Präparates in der Hand halten. Durch diese Testimonials soll die Marke Vertrauen bei den Verbrauchern erwecken und das Thema Verdauungsbeschwerden offen ansprechen. Mit Dulcolax erzielt die Boehringer Ingelheim Pharma GmbH & Co. KG in Deutschland jährlich einen Umsatz von 48 Mio. Euro zu Endverbraucherpreisen und ist damit nach eigenen Angaben Marktführer. Zum Unternehmen gehören u. a. auch die Marken →Thomapyrin und →Mucosolvan. Der global agierende Pharmakonzern Boehringer Ingelheim erzielte 2006 mit weltweit rund 38.000 Mitarbeitern einen Umsatz von mehr als 10 Mrd. Euro. Damit ist das 1885 von Albert Boehringer in Ingelheim gegründete Unternehmen der weltweit größte Arzneimittelhersteller in Familienbesitz.

DATEN UND FAKTEN

Markenname: Dulcolax, Kunstwort

Slogan: „Dulcolax – Zuverlässig in Wirkung und Verträglichkeit"

Erfinder: Ernst Seeger, 1952, Biberach

Markenregistrierung: 28. 08. 1952, DPMA München

Innovationen: Dulcolax M Balance (2007)

Werbespendings: 5 Mio. Euro

Markenwebsite: www.dulcolax.de

UNTERNEHMEN

Boehringer Ingelheim Pharma GmbH & Co. KG
Binger Str. 173
55216 Ingelheim
(0 61 32) 77-0
(0 61 32) 77-30 00
www.boehringer-ingelheim.de

DULUX

Unter der Premiummarke Dulux stellt das Unternehmen ICI Paints Farben und Lacke für den Innen- und Außenbereich her. Die Marke wurde bereits um 1930 in England entwickelt, als neue Technologien in der Lackherstellung aufkamen. Die Marke hieß zunächst *Ducolux*, ein Kunstwort aus dem später Dulux wurde. Dulux ist als Trendsetter-Marke positioniert, die ICI-Paints-Forschung entwickelt kontinuierlich neue Produkte in Farbtönen, die von internat. Trendscouts gesichtet werden. Zur Zielgruppe von Dulux gehören vor allem Frauen ab 20 Jahren und junge Familien. Die aktuelle Produktlinie *Fashion Line* spricht trend- und lifestylebewusste Konsumenten an. Mit der Marke Dulux war ICI Paints der erste Anbieter von Farbe in rechteckigen Eimern und der Erfinder der tropffreien *festen Farbe*. Die Produkte *1x Weiss* und *Feste Farbe Blütenweiss Matt* wurden 2004 von der Stiftung Warentest mit der Note „gut" bewertet. Die Premiummarke Dulux hält in Deutschland im Segment Voll- und Abtönfarben einen Marktanteil von 11,3 % bei den Baumärkten (GfK Handelspanel, 2006). Die ICI Paints Deco GmbH in Hilden ist die dt. Vertretung des internat. tätigen brit. Konzerns ICI Paints, der 2006 mit weltweit 32.000 Mitarbeitern einen Umsatz in Höhe von 7,2 Mrd. Euro erzielte. Dulux wird weltweit über eigene Niederlassungen vertrieben. In Deutschland vermarktet ICI Paints neben Dulux auch noch die Heimwerkermarken →Molto, →Hammerite, →Consolan und →Xyladecor.

UNTERNEHMEN

ICI Paints Deco GmbH
Düsseldorfer Str. 96–100
40721 Hilden
✆ (0 21 03) 2 05–8 00
🖷 (0 21 03) 2 05–8 63
🖳 www.dulux.de

DUNLOP

„Die Straße im Griff", das ist der aktuelle Claim von Dunlop, einem Unternehmen, dessen Erfolgsgeschichte von Beginn an untrennbar mit dem Motorsport verbunden ist. Doch die Geschichte beginnt weder auf zwei noch auf vier Rädern: John Boyd Dunlop sucht nach einer komfortableren Lösung für das Dreirad seines Sohnes und erfindet 1888 als Lösung den pneumatischen Reifen. Dieser erweist sich also so gut, dass weniger als ein Jahr später ein unbekannter Fahrer eine Serie von Radrennen gewinnt – er schlägt seine stärkeren Konkurrenten allein aufgrund der besseren Bereifung. Die Expansion des Unternehmens schreitet stetig voran, Dunlop lässt sich seine Erfindung patentieren und eröffnet 1890 die erste Reifenfabrik in Dublin, Irland, 1893 folgt als erste Dunlop-Niederlassung auf dem Kontinent das Werk im hessischen Hanau. Heute ist Dunlop einer der weltweit führenden Reifenhersteller. Das Produktportfolio des Unternehmens umfasst u. a. Reifen für Pkw, Transporter, Lkw, Motorräder und Erdbewegungsmaschinen. Die Marke steht für Reifen höchster Qualität, sog. Ultra High Performance Reifen. So verwenden viele der bekanntesten Autohersteller Dunlop-Reifen als Standard, darunter →Audi, →BMW, →Honda, →Jaguar, Mercedes-Benz, Nissan, →Opel, →Peugeot und →Volkswagen. Außerdem zeichnet das Unternehmen für wichtige Innovationen verantwortlich, wie z. B. die Dunlop-Self-Support-Technologie, einen Reifen mit Notlaufeigenschaften, der auch nach Luftdruckverlust noch selbsttragend ist. Von seinen Mitbewerbern grenzt sich das Unternehmen unter der Leitung von Jean-Jacques Wiroth und Luca Crepaccioli durch hochwertige Qualität, Erfahrungen im Motorsport und Produktion in Deutschland ab. Die Zielgruppe sind sog. „Driving Enthusiasts", also autoaffine, sportliche Fahrer mit hohen Ansprüchen an Qualität. Fahrer also, die die Straße im Griff haben.

Untrennbar mit dem Motorsport verbunden: Dunlop

UNTERNEHMEN

Dunlop GmbH & Co. KG
Dunlopstr. 2
63450 Hanau
✆ (0 61 81) 68 01
🖷 (0 61 81) 68 12 83
🖳 www.dunlop.de

DUNLOPILLO

Die Konsumgütermarke Dunlopillo steht für hochwertige, ergonomisch ausgereifte Matratzen und Schlafsysteme. Im Jahr 1952 gründete Dunlop die Dunlopillo GmbH als Tochtergesellschaft. Im gleichen Jahr gingen die ersten Latex-Matratzen unter dem Markennamen Dunlopillo in Serienproduktion. Das Unternehmen hat seinen Ursprung in der Erfindung des Luftreifens durch John B. Dunlop. Aus dieser Erfindung entwickelten Dunlop-Techniker 1928 eine Möglichkeit zum Aufschäumen von Latex. 1932 wurde in Hanau die erste Latex-Matratze der Welt hergestellt. Dunlopillo versteht sich heute als innovativer Entwickler von modernen Schlafsystemen durch Verwendung neuer Materia-

Dunlopillo verwendet für seine Produkte moderne Materialien und die Erkenntnisse eigener Forschung.

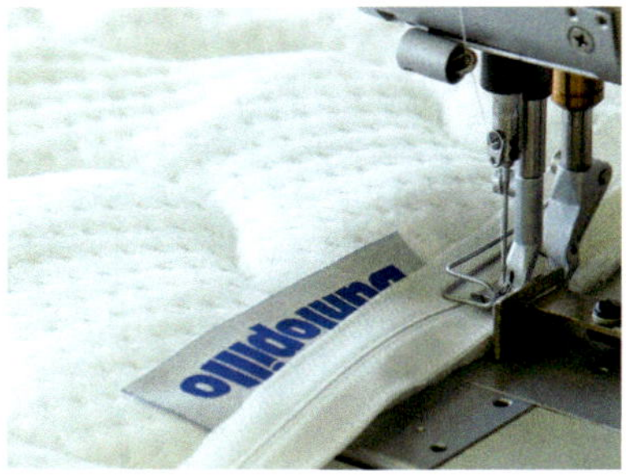

Dunlopillo verfügt über eine eigene Näherei.

lien und nachhaltiger Forschung. Seit 1972 arbeitet die Dunlopillo-Schlaf-Forschung mit Ärzten und Technikern zusammen, um die Zusammenhänge von Körperlage, Bettklima und Schlafqualität zu ermitteln. Aus dieser Kooperation entstanden regelmäßig Neuentwicklungen und Innovationen. Neuere Produktinnovationen sind Materialien wie *Aerial* und *Aerial Senso*. Die Marke Dunlopillo wendet sich an keine bestimmte Zielgruppe, sondern verfolgt mit der Bewerbung eines hohen Liegekomforts eine universelle Ansprache. Das Logo von Dunlopillo zeigt den in Blau (Pantone 280C) gehaltenen Markennamen, der in seiner geschwungenen Form an die S-Form der Wirbelsäule erinnert und die Ergonomie der Produkte hervorheben soll. Das heutige Logo entspricht der ursprünglichen Konzeption. Zwischenzeitlich war auf dem Schriftzug der Dunlopillo „Murmelbär" zu sehen, der auch in der Werbung zum Einsatz kam. Der Vertrieb der Produkte erfolgt europaweit, z.T. über eigene Niederlassungen.

DATEN UND FAKTEN

Markenname: Dunlopillo, Kunstwort aus dem Nachnamen des Erfinders J.B. **Dunlop** und dem engl. **pillow** (dt. Kopfkissen)

Slogan: „Schlafwelten"

Gründer: Dunlop, 1952, Hanau

Markenregistrierung: 04.12.1952, DPMA München

Innovationen: erste Latex-Matratze (1932), Aerial (2001), Aerial Senso (2006/2007)

Markenbekanntheit: 62 % gest. (GfK, 2006)

UNTERNEHMEN

Dunlopillo GmbH

Hauptsitz: Hanau, Deutschland

Geschäftsführer: Gilles Silberman, Marcel Bender

Mitarbeiter: ca. 250 (weltweit, 2006)

Vertrieb: europaweit, z.T. mit eigenen Niederlassungen

KONTAKT

Dunlopillo GmbH
Birkenhainer Str. 77
63450 Hanau
✆ (0 61 81) 93 94-0
🖷 (0 61 81) 93 94-3 91
💻 www.dunlopillo.de

Ansprechpartner Presse:
Marketing-Abteilung
✆ (0 61 81) 93 94-0
🖷 (0 61 81) 93 94-3 91
✉ info@dunlopillo.de

MEILENSTEINE

1888 Der schottische Tierarzt John Boyd Dunlop konstruiert für das Dreirad seines Sohnes den ersten Luftreifen der Welt, da ihn der Lärm der Metallräder störte.

1928 Dunlop-Techniker entwickeln erstmals ein Verfahren zum Aufschäumen von Latex.

1932 Die erste Latex-Matratze der Welt wird im hessischen Hanau vorgestellt.

1952 Dunlop gründet die Tochtergesellschaft Dunlopillo GmbH.

1987 Die *Dunlopillo Royal* wird 1 Mio. Mal verkauft und ist damit die erfolgreichste Latex-Matratze der Welt.

2001 Die Innovation *Aerial* kommt auf den Markt.

2006/2007 Aerial Senso wird eingeführt.

DUPLI-COLOR

Unter der Marke DUPLI-COLOR vertreibt die MOTIP DUPLI GmbH Lacksprays in unterschiedlichen Varianten. Während sich das Sortiment *DIY Deko* an kreative Frauen und Männer richtet, wendet sich der Produktbereich *Auto* an männliche, handwerklich begabte Auto- und Motorradfahrer. DUPLI-COLOR stammt aus den USA und wurde ab 1960 von der Firma Kurt Vogelsang Haßmersheim in Europa zunächst in Lizenz vertrieben.

DUPLI-COLOR

DUPLI-COLOR umfasst Lackspraydosen in vielen Varianten (Mitte), bis zum Jahr 2000 war das Maskottchen Vogi (unten) Erkennungszeichen der Marke.

Der Markenname ist ein Kunstwort, das als Synonym für unendliche Farbenvielfalt steht. Das von der DUPLI-COLOR Corporation in den USA entwickelte Logo besteht aus neun verschiedenen Farben. Die locker geschwungene Schrift soll die bunte Welt der Sprayfarben darstellen und Spaß und Freude am Sprühen erwecken. Auf den Verpackungen

Das MOTIP DUPLI-Werk in Haßmersheim

stand das Logo bis zum Jahr 2000 in Verbindung mit dem Maskottchen Vogi, einem bunt gefiederten Vogel. Im DIY-Bereich wird DUPLI-COLOR heute mit dem Claim „go creative" beworben, zu den imagebildenden Maßnahmen gehören u.a. Sport- und Kultursponsoring sowie Videopräsentationen und Produktvorführungen in Baumärkten. Die MOTIP DUPLI GmbH ist Teil der MOTIP DUPLI Group, die 1998 durch die Fusion mehrerer Unternehmen entstand. Zu der Firmengruppe gehören auch die Marken *MoTip* (Lacksprays für den Automobilbereich) und *presto* (Spachtel). Die MOTIP DUPLI Group ist nach eigenen Angaben europaweit führend bei Lackstiften, Farben und Lacken in Spraydosen. Jährlich produziert das Unternehmen rund 60 Mio. Spraydosen und 7 Mio. Lackstifte, die in zwölf Ländern Europas durch eigene Tochtergesellschaften vertrieben werden. Distributeure und Vertriebspartner übernehmen den Vertrieb in Südamerika, Afrika, im Nahen Osten, Thailand und Korea. Das Unternehmen mit Sitz in Haßmersheim wird von Jürg K. Vogelsang (CEO) und dem Geschäftsführer Silvio Keller geleitet und beschäftigt europaweit 693 Mitarbeiter (2006), davon 300 in Deutschland. Die MOTIP DUPLI Group erwirtschaftete im Jahr 2006 einen Gesamtumsatz von 132,7 Mio. Euro. Mit 45 Mio. Euro liegt der Umsatzanteil der Marke DUPLI-COLOR bei 38,5 %.

DATEN UND FAKTEN

Markenname: DUPLI-COLOR, USA, Kunstwort mit Assoziation zu Vielfalt und Farben

Slogan: „DUPLI-COLOR go creative"

Frühere Slogans: „Jedem Kunden seinen Farbton" (1975), „Eine Marke für alle Marken" (1983), „Lackreparatur mit System!" (1993)

Markenregistrierung: 01.02.1986, DPMA München

Innovationen: Aqua-Lack (1986), Granit-Style- und Marble-Effekt-Sprays (1993), Lacksprühdose mit 2-Komponenten-Technologie (1997), stufenlos einstellbarer Sprühkopf mit variabler Einstellung der Sprührichtung (2007)

Jahresumsatz: 45 Mio. Euro (nur Marke DUPLI-COLOR, 2006)

UNTERNEHMEN

MOTIP DUPLI Group

Hauptsitz: Haßmersheim, Deutschland

Geschäftsführer: Jürg K. Vogelsang, Silvio Keller

Weitere Marken: MoTip, presto, Color-Matic, ColorTech, Colormark, Distein

Gesamtumsatz: 132,7 Mio. Euro (Gruppe, 2006)

Vertrieb: in zwölf europäischen Ländern über Tochtergesellschaften, weltweit über Distributeure und Vertriebspartner

KONTAKT

MOTIP DUPLI GmbH
Kurt-Vogelsang-Str. 6
74855 Haßmersheim
☏ (0 62 66) 75-0
🖷 (0 62 66) 75-3 40
🖳 www.motipdupli.com

SCHON GEWUSST?

▌In Lackspraydosen darf seit 1978 kein FCKW als Treibmittel mehr eingesetzt werden. DUPLI-COLOR-Produkte haben bereits zwei Jahre zuvor als erste Lacksprays am Markt mit alternativen Treibmitteln gesprüht.

▌Mit DUPLI-COLOR Platinum Sprays können durch eine neuartige Ventil-/Sprühkopftechnologie mit einer Lacksprühdose sowohl feine Linien als auch großflächige Lackierungen einfach und schnell durchgeführt werden.

Die Geschäftsführer von DURABLE: Horst-Werner Maier-Hunke (Mitte) und Matthias Laue (unten)

Ansprechpartner Marketing:
Tobias Hornung
(0 62 66) 75-3 53
tobias.hornung@dupli-color.de

DURABLE

Das Familienunternehmen DURABLE Hunke & Jochheim GmbH & Co. KG mit Stammsitz in Iserlohn produziert hochwertige Büroorganisationsprodukte und Organisationsmittel und gehört zu den führenden Unternehmen der Papier-, Bürobedarfs- und Schreibwarenbranche. Der Name DURABLE leitet sich aus dem engl. Adjektiv für dauerhaft und beständig ab und existiert seit 1961, die Wort-Bild-Marke wurde 1987 eingetragen. Die Dachmarke DURABLE dient auch als Referenz für die besonderen Eigenschaften der seit den 1950er-Jahren verarbeiteten Kunststofffolien. Das heutige Firmenlogo entwickelten unternehmenseigene Grafiker Ende der 1980er-Jahre. Drei auf die Spitze gestellte Quadrate über dem Schriftzug DURABLE weisen auf die beiden Firmengründer Karl Hunke und Wilhelm Jochheim sowie den etwas später eingetretenen Teilhaber Paul Glingener hin. Gleichzeitig symbolisieren sie Kartenreiter aus Stahl, die ersten hergestellten Produkte des Unternehmens. Das Sortiment umfasst rund 2.000 Produkte aus den Bereichen Mappen & Hefter, Namensschilder, Registriersysteme, Schreibtisch-Organisation, EDV-Organisation, Informations- und Präsentationssysteme, Ordnungs- & Archivierungssysteme, Reinigungsprodukte sowie Selbstklebeprodukte. Die Produkte haben in den vergangenen zehn Jahren mehr als 20 nat. und internat. Designpreise gewonnen. Das bekannteste Produkt ist die 1959 eingeführte, patentierte Klemmmappe →DURACLIP®. Jährlich werden etwa 60 neue Erzeugnisse auf den Markt gebracht, mehr als 25 % seines Umsatzes erwirtschaftet das Unternehmen mit Produkten, die nicht älter als fünf Jahre sind. Produziert wird vorwiegend in Deutschland, der Vertrieb erfolgt in über 70 Länder. DURABLE besitzt eigene Tochtergesellschaften in den Niederlanden, Belgien, Schweden, Frankreich, Österreich, Großbritannien und den USA. Das von Horst-Werner Maier Hunke und Matthias Laue geleitete Unternehmen beschäftigt weltweit 650 Mitarbeiter (2007).

DURABLE produziert hochwertige Organisationsmittel. SHERPA® motion, das drehbare Sichttafelsystem wurde im Jahr 2003 mit dem „red dot award: product design" ausgezeichnet.

MARKEN

→DURACLIP®, DURABIND®, DURAPLUS®, DURAPRINT®, VISIFIX®, TELINDEX®, DURADATA®, SHERPA®, VARIO®, DURASTAR®, DURAFRAME®, €UROBOXX®

DATEN UND FAKTEN

DURABLE Hunke & Jochheim GmbH & Co. KG

Gründer: Karl Hunke und Wilhelm Jochheim

Unternehmensgründung: 1920 in Iserlohn zunächst unter dem Namen HIG

Mitarbeiter: 650 weltweit

Geschäftsführung: Horst-Werner Maier-Hunke und Matthias Laue

Umsatz: 95 Mio. Euro (2006)

Slogan: „The Style of Success"

Markenbekanntheit: Zielgruppe Einkäufer, Small Office, Home Office (SOHO): 8,7 % ungest., 55,7 % gest. (Dialego, 2007)

KONTAKT

DURABLE Hunke & Jochheim GmbH & Co. KG
Westfalenstr. 77-79
58636 Iserlohn
(0 23 71) 6 62-0
(0 23 71) 6 62-2 21
www.durable.de

Ansprechpartner Kommunikation:
Marco Vella
(0 23 71) 6 62-3 56
marco.vella@durable.de

Ansprechpartner Marketing:
Horst Bubenzer
(0 23 71) 6 62-0
bubenzer@durable.de

MEILENSTEINE

1920 Gründung der Firma HIG zur Herstellung von Kartenreitern aus Metall

1949 Beginn der Verarbeitung von Kunststofffolien für Leitkarten und Leitregister

1952 Aufnahme neuer Produkte aus Kunststofffolie. Branchenweit werden die ersten Ordnerregister aus Kunststoff gefertigt.

1958 Beginn der Fertigung und Vermarktung von Namensschildern

1959 Erfindung der patentierten Klemmmappe DURACLIP®

1978 Das Produktportfolio wird um Sichttafelsysteme erweitert.

1980 Gründung der ersten ausländischen Tochtergesellschaften in England und Schweden

1994 Erfindung des VARIOCLIP®-Klemmen-Systems für unterschiedlichste Mappen- und Hefteranwendungen

2007 Das modulare Prospektspender-System COMBIBOXX® wird auf der internat. Branchenleitmesse Paperworld präsentiert.

DURACELL

Duracell gehört zu den Marken des Unternehmens Procter & Gamble. Die Produktpalette gliedert sich in die Segmente Standard Batterien, Photo Batterien, Spezial Batterien, Akkus und Ladegeräte sowie Taschenlampen. Innerhalb der Produktlinien gibt es Klassiker wie Duracell Plus, die Batterie für Geräte des täglichen Bedarfs wie Wecker, Taschenlampen und Fernbedienungen oder Duracell Ultra M3 für den hohen Energiebedarf etwa von Digitalkameras oder Spielzeug. Duracell-Batterien sind insbesondere für ihre lange Lebensdauer bekannt. Duracell-Produkte erreichen immer wieder Spitzenplätze in Batterietests. So wurde die Duracell Plus AA 2006 mit „Sehr gut (1,5)" Testsieger beim Stiftung-Warentest-Vergleich von 20 Mignonzellen AA. Das Logo zeigt den Markennamen in weißen, fetten und serifenlosen Versalien. In der Markenkommunikation wird es häufig im Zusammenhang mit der Abbildung des „Drumming Bunny" eingesetzt, des trommelnden Hasen, der 1973 in den USA seinen ersten Auftritt in einem Duracell-Werbespot hatte. Er stand in einer Reihe ebenfalls batteriebetriebener Spielzeughasen und trommelte noch weiter, als die Energiereserven der Konkurrenz bereits erschöpft waren. Die Unternehmensgeschichte begann in den 1920er-Jahren, als der Wissenschaftler Samuel Ruben einem Hersteller von Wolfram-Glühfäden, Philip Rogers Mallory, begegnete. Die nachfolgende Partnerschaft war der Grundstein von Duracell International. Der Markenname selbst wurde 1964 eingeführt. Seit 2005 gehört Duracell zum amerikanischen Komsumgüterkonzern Procter & Gamble. The Procter & Gamble Company erwirtschaftete im Geschäftsjahr 2006/2007 insgesamt einen Umsatz von 76,5 Mrd. USD. Das Unternehmen vertreibt ca. 300 Marken, die in insgesamt 160 Ländern vertrieben werden.

UNTERNEHMEN

Procter & Gamble Service GmbH
Sulzbacher Str. 40–50
65824 Schwalbach am Taunus
✆ (0 61 96) 89 01
🖷 (0 61 96) 89 49 29
🖳 www.duracell.com/de

DURACLIP

Die DURACLIP® Klemmmappe zählt zu den erfolgreichsten Produkten des Herstellers → DURABLE. Die Klemmmappe ist eine patentierte Erfindung des Unternehmens aus dem Jahr 1959. Das besondere Kennzeichen ist eine Klemme aus Spezialstahl, die Dokumente und Papiere ohne Lochen zusammenhält. Bis 1978 wurde die Mappe in aufwendiger Handarbeit hergestellt, dann übernahmen spezielle Automaten diese Aufgabe. Im gleichen Jahr erhielt die „Klemmmappe 2200" das Warenzeichen DURACLIP®, eine Kombination aus dem Firmennamen DURABLE und dem engl. Wort clip für Klemme. Damit sollte das Produkt auch für den internat. Markt attraktiver gemacht werden. Ein Jahr später entwickelten unternehmenseigene Grafiker den Markenschriftzug in Blockbuchstaben. 1999 wurde der Name zur Visualisierung seiner Wortbestandteile in eine Negativ- und eine Positivkomponente zerlegt. Der Slogan „DURACLIP® – the original" erinnert an das Ursprungsprodukt von 1959. Seit 1979 erhalten die Klemmmappen vor der Auslieferung einen Papiereinleger, auf dem der Markenschriftzug steht. Mittlerweile werden die Mappen in mehreren

DURACLIP®

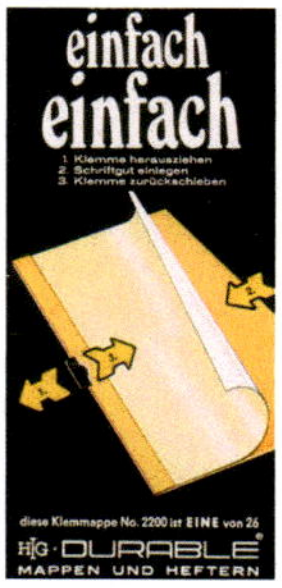

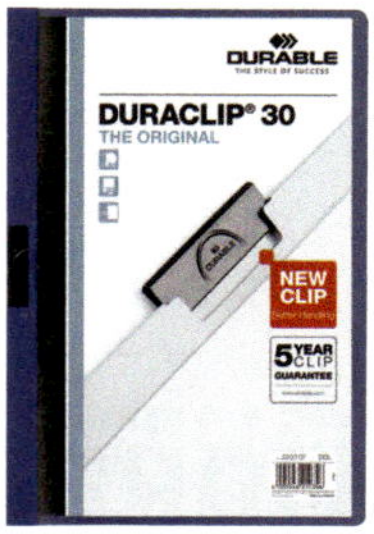

Anzeigenmotiv aus den 1960er-Jahren (Mitte). Der neue Markenauftritt der Klemmmappe DURACLIP® (unten)

Durex wird unter dem Slogan „Durex... weil die Liebe Spaß macht." beworben.

Die Marke Dürr steht für Systeme und Dienstleistungen für die Automobilfertigung.

DIN-Formaten und 16 verschiedenen Farbvarianten hergestellt. Das Sortiment der Marke umfasst außerdem abheftbare Klemmmappen und Mappen mit selbstklebenden Taschen. Seit 2003 gibt DURABLE auf alle Stahlklemmen eine Garantie von fünf Jahren und unterstreicht dies u.a. mit dem Werbespruch „you clip – we care". Nach Angaben des Unternehmens ist DURACLIP® die meistverkaufte Business-Mappe weltweit und hat die höchste Marktdurchdringung in diesem Marktsegment. In Deutschland ist sie überall im Fachhandel erhältlich. In mehreren europäischen Ländern und in den USA hat DURABLE eigene Niederlassungen. Für das mittelständische Unternehmen mit Hauptsitz in Iserlohn arbeiten weltweit 650 Mitarbeiter.

DATEN UND FAKTEN

Markenname: DURACLIP®, Akronym, zusammengesetzt aus den dem Firmennamen **Dura**ble und **clip** (engl. für Klemme)

Slogan: „DURACLIP® – the original", „you clip – we care", „Duraclip – just clip it"

Erfinder: Walter Sörensen, 1959, Rendsburg

Markenregistrierung: 19.04.1978, DPMA München

Markenbekanntheit: Zielgruppe Einkäufer, Small Office, Home Office (SOHO) 48,3 % gest. (Dialego, 2007)

Markenwebsite: www.duraclip.com

Auszeichnungen:
„red dot award: product design" für Sichttafelsystem *SHERPA® motion* (2003)
„Most innovative company of the year", European Office Products Awards für DURABLE (2005)
„Produkt des Jahres", pbs Industrie für *INFO SIGN stand* (2007)

UNTERNEHMEN

DURABLE Hunke & Jochheim GmbH & Co. KG
Westfalenstr. 77–79
58636 Iserlohn
✆ (0 23 71) 6 62–0
🖷 (0 23 71) 6 62–2 21
💻 www.durable.de

DUREX

Unter der Dachmarke Durex vertreibt SSL International Plc (SSL) weltweit eine große Auswahl an Kondomen, Gleitgelen und Vibratoren. Der Markenname setzt sich zusammen aus den Anfangssilben der engl. Begriffe Durability, Reliabilty und Excellence (dt. für Haltbarkeit, Zuverlässigkeit und hervorragende Qualität). Zielgruppe der Marke sind sexuell aktive Menschen zwischen 16 und 35 Jahren mit mittlerem bis hohem Einkommen und Markentreue. Zu den wichtigsten Produktinnovationen von Durex gehören das erste latexfreie Kondom, die Einführung der anatomischen Easy-On-Passform, das wärmende Gleitgel *Durex Play Warming* sowie *Durex Performa*, das als „erstes Kondom für länger andauerndes Sexvergnügen" vermarktet wird. Aktuell wird die seit 1929 eingetragene Marke mit dem Slogan „Durex ... weil die Liebe Spaß macht." beworben. Das Logo zeigt die weiß gerahmte Wortmarke in weißen Kleinbuchstaben auf einem dunkelblauen, abgerundeten Rechteck. Schriftart und Farbverlauf des Logos wurden in der Vergangenheit verändert. Daneben wird die Verpackungsgestaltung regelmäßig verbessert. Durex ist nach eigenen Angaben die erste Marke, die im Segment Kondome und Gleitgele in Deutschland Werbung in TV und Printmedien macht. Durex wird in mehr als 150 Ländern vertrieben und ist lt. Unternehmensangaben Weltmarktführer bei Kondomen sowie in Deutschland Marktführer in der Kategorie Kondome und Gleitgele. Der 1999 aus einer Fusion entstandene Konzern SSL beschäftigt weltweit etwa 4.500 Mitarbeiter. Sitz der SSL Healthcare Deutschland GmbH & Co. KG ist Maintal.

UNTERNEHMEN

SSL Healthcare Deutschland GmbH & Co. KG
Edisonstr. 5
63477 Maintal
✆ (0 61 81) 40 80
🖷 (0 61 81) 40 82 50
💻 www.durex.com/de

DÜRR

Die internat. Marke Dürr kennzeichnet Produkte, Systeme und Dienstleistungen vorwiegend für die Automobilfertigung. Die Marke ist benannt nach Paul Dürr, der 1895 in Cannstatt eine Bauflaschnerei gründete. Ab 1917 wurde der Betrieb auf Blechverarbeitung ausgeweitet. Die Markenregistrierung erfolgte schließlich 1965. Im Jahr 1978 weitete das Unternehmen sein Portfolio auf die Bereiche Automation und Fördertechnik aus. Die Dürr AG bedient heute Lackierereien und Endmontagewerke und damit die wesentlichen Fertigungsstufen eines Fahrzeuges. Rund 60 % aller Lackierereien und etwa die Hälfte aller Montagewerke der Automobilindustrie verwenden nach Unternehmensangaben die Produkte der Dürr AG. Das Produktspektrum umfasst darüber hinaus Reinigungs- und Filtrationsanlagen sowie Auswuchtsysteme. Die Leistungen für Automobilhersteller und -zulieferer machen 90 % des Konzernumsatzes aus. Weitere Kunden kommen aus dem Maschinenbau, der Chemie-, Pharma- und Beschichtungsindustrie sowie aus der Luftfahrtindustrie. Das Dürr-Logo zeigt den Unternehmensnamen in einem kantig gehaltenen Schriftzug, der von einem Rechteck umgeben ist, das lediglich durch die eingearbeiteten „Ü"-Punkte unterbrochen wird. Das stempelartige Design suggeriert Stabilität und Verlässlichkeit. Der Dürr-Konzern mit Hauptsitz in Stuttgart umfasst neben der Holding Dürr AG 52 weitere Unternehmen in 21 Ländern. Der Vorstand setzt sich zusammen aus dem Vorsitzenden Ralf Dieter und Ralph Heuwing. Das Unternehmen beschäftigt 5.836 Mitarbeiter und erzielte im Jahr 2006 einen Umsatz von 1,361 Mrd. Euro. Im Vordergrund der aktuellen Entwicklungsarbeit stehen umwelt- und ressourcenschonende Produktionsprozesse.

UNTERNEHMEN

Dürr AG
Otto-Dürr-Str. 8
70435 Stuttgart
✆ (07 11) 1 36-0
🖷 (07 11) 1 36-17 16
💻 www.durr.com

DUSCHDAS

Seit 1973 ist die Marke duschdas erfolgreich auf dem dt. Markt etabliert. Neben den 18 Duschgelvarianten enthält das Produktportfolio heute Deodorants und Flüssigseifen. Ursprünglich wurde duschdas von der Firma Lingner+ Fischer entwickelt, die 1993 ein Joint Venture mit Sara Lee eingingen. Die Sara Lee Household & Body Care in Köln ist eine Zweigniederlassung der Sara Lee Deutschland GmbH, die wiederum zur amerikanischen Sara Lee Corporation mit Hauptsitz in Chicago gehört. Zu den Geschäftsbereichen von Sara Lee gehören Getränke, Nahrungsmittel, Haushalt und Körperpflege sowie Schuhpflege. Mit weltweit ca. 52.000 Mitarbeitern, 475 davon in Deutschland, erwirtschaftete Sara Lee internat. 12,3 Mrd. USD im Jahr 2006/07. Die wichtigsten Marken des Herstellers sind in Deutschland neben duschdas die Marken →natreen, badedas, Fissan, Ambi Pur, Senseo und Satina. Das duschdas Duschgel startete 1973 als kleine, kompakte Flasche an einer Kordel. Heute tritt die Produktserie in einem modernen Design mit transparentem Hängeclip auf. Der duschdas Deo Roll-on erhielt 2005 für seine Verpackung mit dem Kopfstehmechanismus den dt. Verpackungspreis sowie den dt. Verpackungsdesignpreis. Die Marke wird aktuell mit dem Slogan „duschdas – da ist Gut-drauf drin" beworben, der den emotionalen Mehrwert der Marke in den Mittelpunkt stellt. Lt. Unternehmensangaben ist duschdas seit vielen Jahren Marktführer im Duschbadmarkt. Eines der Erfolgsgeheimnisse der Marke ist die Variantenvielfalt. Das für die unterschiedlichen Kundenwünsche breit angelegte Sortiment wird daher laufend aktuell gehalten. So kommen neben den ständigen Varianteneuheiten jedes Jahr im März auch limitierte Produkte auf den Markt.

Das Duschgel der Marke duschdas ist seit 1973 auf dem dt. Markt.

UNTERNEHMEN

Sara Lee Household & Body Care
ZN der Sara Lee Deutschland GmbH
Edmund-Rumpler-Str. 6
51149 Köln
✆ (0 22 03) 97 98-0
🖷 (0 22 03) 97 98-2 23
💻 www.duschdas.de

DYCKERHOFF

Die Dachmarke Dyckerhoff ist in Deutschland untrennbar mit dem Baugewerbe verbunden: Sie steht für die Herstellung von Grau- und Weißzement sowie Beton. Das Markenportfolio richtet sich entsprechend sowohl an Bauunternehmen und Handwerker als auch an Architekten und Privatpersonen. Dabei ist das Ziel des Unternehmens, Produkte anzubieten, die den unterschiedlichen Anforderungen bei Bauvorhaben gerecht werden. Aus diesem Grund wurden allein im Jahr 2006 7,7 Mio. Euro für Forschung und Entwicklung aufgewendet. Namensgeber der Marke war Wilhelm Gustav Dyckerhoff. Im Jahr 1864 gründete er mit seinen Söhnen die *Portland-Cement-Fabrik Dyckerhoff & Söhne*, aus der sich die heutige Dyckerhoff AG mit ihren knapp 7.000 Beschäftigten entwickelte. Die Dachmarke ist seit

Die Dachmarke Dyckerhoff steht für die Herstellung von Zement und Beton.

1975 geschützt. Das Markenlogo unterlag im Laufe der Jahre einem stetigen Wandel und setzt sich mittlerweile zusammen aus dem Dyckerhoff-Schriftzug und einem rot eingefärbten D mit drei horizontalen Balken. Das heutige Markenzeichen stammt aus dem Jahr 1985 und ist Ergebnis einer Ausschreibung unter Grafik-Designern. Dyckerhoff hat heute eigene Niederlassungen in Deutschland, Frankreich, Polen, Tschechien, der Slowakei, der Ukraine, Russland und den Benelux-Ländern. Das Unternehmen erwirtschaftete im Jahr 2006 mit der Marke Dyckerhoff rund 76 % bzw. 1,1 Mrd. Euro des Gesamtumsatzes. Die Vorstände Wolfgang Bauer (Vorsitzender) sowie Dr. Stefan Fink und Michele Buzzi leiten die Dyckerhoff AG. Zukünftig werden weitere Spezialprodukte, die für besondere Bauanforderungen konzipiert wurden, das bestehende Sortiment ergänzen.

UNTERNEHMEN

Dyckerhoff AG
Biebricher Str. 69
65203 Wiesbaden
(06 11) 6 76-0
(06 11) 6 76-10 40
www.dyckerhoff.com

DYNACORD®

Ein Geschäftsbereich von Dynacord ist Mobile Audio u. a. mit Lautsprechern und Mischpulten.

DYNACORD

Dynacord firmiert als Anbieter im professionellen Audio-Bereich unter dem Dach der Bosch Communications Systems neben weiteren Marken wie →Electro-Voice, →Midas und →Klark Teknik. Die EVI Audio GmbH, das europäische Hauptquartier, beschäftigt ca. 650 Angestellte, davon etwa 500 in der dt. Niederlassung in Straubing. Die EVI Audio GmbH ist auch für die Aktivitäten der Vertriebsgesellschaften in Frankreich und Großbritannien sowie für den Vertrieb in Afrika und dem Mittleren Osten verantwortlich. Dynacord bedient die gesamte Audio-Kette vom →Mischpult bis zum →Lautsprecher. Die Produktpalette ist in vier Geschäftsfelder aufgeteilt: Mobile Audio (z. B. Power Amplifiers, Lautsprecher und Mischpulte), Concert Sound (Beschallungssysteme für Großveranstaltungen), Festinstallationen (Paging-Systeme und Pro Sound-Anlagen) und Pro Entertainment (Beschallungssysteme für Diskotheken). Im Firmensitz im bayerischen Straubing, wo sich das Unternehmen 1958 niederließ, arbeiten mehr als 40 Ingenieure an der Entwicklung von innovativen Audio-Produkten.

Das Unternehmen wurde nach Ende des 2. Weltkriegs 1945 von dem Ingenieur Werner Pinternagel in Form einer Radioreparaturwerkstatt in Pilsting im Landkreis Landau an der Isar gegründet. 1946 begann Pinternagel mit Entwicklungsarbeiten auf dem elektroakustischen Sektor und mit der Fertigung von z. B. Instrumentenskalen und Gehäusen. Das Unternehmen verlegte noch im selben Jahr den Hauptsitz nach Landau und begann mit dem Bau der ersten Verstärker für Schallplatte, Tonband und Rundfunk. Parallel dazu wurden sog. Kinoverstärker sowie Plattenspieleranlagen mit Verstärker und Lautsprecher unter der Firmierung *Funktechnik und Gerätebau, Ing. Werner Pinternagel* produziert. Wenig später wurden die Geräte unter dem Markennamen Dynacord hergestellt und vertrieben. Heute gehört Dynacord nach eigenen Angaben zu den weltgrößten Produzenten von Audio-Geräten.

DATEN UND FAKTEN

Markenname: Dynacord, Akronym aus **Dyn**amik und dem lat. Begriff **cord**are (dt. übereinstimmen)

Slogan: „German Engineering Excellence"

Gründer: Werner Pinternagel, 1945, Pilsting

Markenregistrierung: 02. 08. 1952, DPMA München

Innovationen: ADDone (Advanced Digital Drums) (1984), Cobra (groundstackable Line Array, 2001), PowerH (Hochleistungs-Verstärker mit Fernüberwachung und Netzwerkfähigkeit, 2005)

Auszeichnungen:
„Goldmedaille", Leipziger Frühjahrsmesse, für *Eminent 200* (1976)
„Club PA System Award" ausgezeichnet durch M. I. P. A. für *Cobra System* (2004)
„1. Platz im Vergleichstest Power Mixer im Magazin Tools" für *PowerMate 1000* (2004)
„Sieger der Leserwahl des Magazins Tastenwelt" in der Kategorie Mischpulte & Powermixer für *CMS 1600* (2007)
„1. Platz im Vergleichstest PA Endstufen im Magazin Tools" für *CL 1600* (2007)

UNTERNEHMEN

BOSCH Communications Systems
EVI Audio GmbH
Hirschberger Ring 45
94315 Straubing

✆ (0 94 21) 7 06-0
🖷 (0 94 21) 7 06-2 65
💻 www.dynacord.de

DYSON

Staubsauger der Marke Dyson arbeiten mit der patentierten Cyclone Technologie. Dabei erzeugt ein starker Luftstrom eine Zentrifugalkraft, die den Staub von der Luft trennt. Ein Beutelsystem wird nicht mehr benötigt. Der Staub sammelt sich stattdessen in einem durchsichtigen Behälter. Dieses Verfahren verhindert eine Verstopfung des Gerätes und sichert eine gleichbleibende Saugkraft. Der engl. Erfinder James Dyson begann bereits 1978 mit der Entwicklung dieser Technologie, da er mit der Leistung herkömmlicher Geräte unzufrieden war. Als die beutellosen Staubsauger die Marktreife erlangt hatten, gründete er 1993 ein Unternehmen und begann mit der Serienproduktion des *DC01*. Heute umfasst das Produktportfolio Bodenstaubsauger, Bürstsauger, Handstaubsauger und den neuen Händetrockner Airblade. Neben der Entwicklung innovativer Technologien und Geräte steht bei Dyson auch ein durchdachtes Produktdesign im Mittelpunkt der Unternehmensphilosophie. Die Staubsauger wurden vielfach mit Design-Preisen ausgezeichnet und sogar in Museen ausgestellt. Der Farbcode Schwarz und Gelb, der das Corporate Design bestimmt, wird auch bei der Gestaltung der Geräte angewandt. Der Markenschriftzug ist in technischen Minuskeln mit abgerundeten Ecken gestaltet. Die Marke Dyson gehört nach Angaben des Herstellers in Deutschland zu den Top 5 im Segment der Bodenstaubsauger und hält die führende Position in den USA, Australien, Neuseeland und Großbritannien. Insgesamt werden die Staubsauber in über 44 Ländern vertrieben. Verwaltung und das Forschungs-, Design- und Entwicklungszentrum des Unternehmens befinden sich am Stammsitz in Südengland. Die Fertigung wurde dagegen nach Malaysia ausgelagert. Unter den weltweit über 2.000 Beschäftigten befinden sich 450 Ingenieure und Wissenschaftler. 2007 wurde der zwanzigmillionste Dyson produziert und James Dyson wurde für seine Verdienste mittlerweile mit mehreren Ehrendoktorwürden ausgezeichnet sowie durch die brit. Königin zum Ritter „Sir" ernannt.

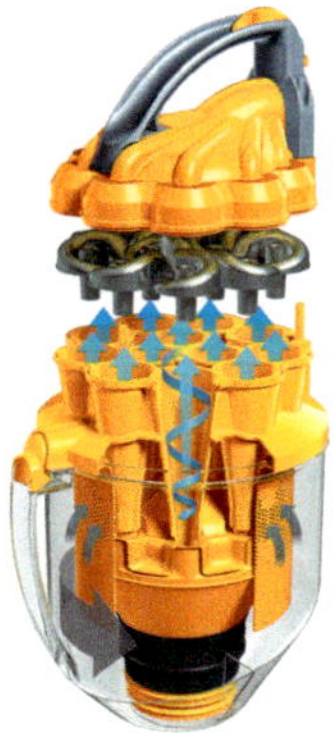

Staubsauger von Dyson arbeiten mit der patentierten Cyclone Technologie.

DATEN UND FAKTEN

Markenname: Dyson, Familienname des Erfinders

Slogan: „Der Staubsauger ohne Saugkraftverlust", „Kein Verstopfen. Kein Saugkraftverlust"

Erfinder: James Dyson, 1978, Südengland

Markenregistrierung: 08. 12. 2003, DPMA München

Innovationen: Cyclone Technologie

Auszeichnungen:
„red dot award: product design" für *DC05 Hard Floors* (2002) und Handstaubsauger *DC16 Root6* (2007)
„iF product design award" für *DC05 Motorhead* (2002), *DC11 Allergy* (2005) und

SCHON GEWUSST?

- Mit dem *DC20 Animalpro* hat Dyson einen Staubsauger speziell für Tierbesitzer auf den Markt gebracht.
- James Dyson war schon in jungen Jahren ein einfallsreicher Erfinder. Er entwickelte den preisgekrönten *Ballbarrow*, eine Schubkarre, die aufgrund ihres ballförmigen Rades nicht mehr im Boden einsinken kann. Es folgten das *Wheelboat*, ein Amphibienfahrzeug, und der Trolleyball, ein Bootstrailer, der ebenfalls ballförmige Räder aufweist.
- Der „James Dyson Award" ist eine jährliche Ausschreibung für junge Designer und Kreative, die entsprechend der Unternehmensphilosophie funktionale und innovative Produkte für den Alltag entwickelt haben.

Entwicklung innovativer Technologien und durchdachtes Produktdesign stehen im Mittelpunkt der Unternehmensphilosophie von Dyson (James Dyson, unten).

DC15 the Ball (2007)
„Plus X Award" für *DC08T* und *DC11* (2004), *DC15* (2005), *DC20* und Handstaubsauger *DC16* (2007)

Literatur:
J. Dyson: Sturm gegen den Stillstand (1997)

UNTERNEHMEN

Dyson GmbH

Hauptsitz: Köln, Deutschland, Hauptsitz der Muttergesellschaft in Großbritannien

Geschäftsführer: Erich Geisser (für Deutschland)

Vertrieb: in über 44 Ländern weltweit

KONTAKT

Dyson GmbH
Lichtstr. 43b
50825 Köln
✆ (02 21) 5 06 00-0
🖷 (02 21) 5 06 00-1 90
🖳 www.dyson.de

Anspechpartner Presse:
Andreas Finke
✆ (02 21) 5 06 00-1 48
✉ andreas.finke@dyson.com

Ansprechpartner Marketing:
René Némorin
✆ (02 21) 5 06 00-1 22
✉ rene.nemorin@dyson.com

E

Steht für „Neue Energie“: E.ON.

EA steht für Electronic Arts.

Seit 1999 gibt es einen eBay-Marktplatz für den deutschsprachigen Raum.

E. ON

E.ON steht als Marke für die Strom- und Gasprodukte des gleichnamigen Energieversorgers. Die E.ON AG beliefert Firmen- und Privatkunden mit Energie, die in den Unternehmenskraftwerken hergestellt und über ein eigenes Netz transportiert wird. E.ON entstand im Jahr 2000 durch die Fusion der ehemals staatlichen Holdings Veba und Viag. Nach dem Zusammenschluss setzte man mit der Umbenennung in E.ON auf eine Ein-Marken-Strategie und trieb durch Ver- und Zukäufe die Fokussierung auf Energiedienstleistungen voran. U.a. wurde die Ruhrgas AG erworben. Im Rahmen der Markenstrategie enthalten heute die meisten Tochterunternehmen den Namen E.ON. Der Markenname ist ein Kunstwort: Das E steht für Energie und ON soll den „Aufbruch in die Welt von morgen“ assoziieren. Außerdem ist Eon auch die engl. Schreibweise des griech. Wortes Aeon, das Zeitalter oder Ewigkeit bedeutet. Das Markenlogo entwarf Keshen Teo von der Londoner Agentur Wolff Olins. Es enthält eine Mischung aus runden und kantigen Formen und soll organisch, kraftvoll und sympathisch wirken. Als Farbe wurde nicht die klassische Farbe der Energieversorger, Blau, verwendet, sondern Pantone Warm Red. Dieses Rot soll Vitalität und Dynamik vermitteln. Die Einführung der Marke erfolgte durch eine Plakat- und Anzeigenkampagne, die zunächst nur die Markenfarbe zeigte. Später wurden auch das Logo und der Slogan „Neue Energie“ kommuniziert. Zusätzlich wurde der Name durch das Sponsoring des Fußball-Bundesligisten Borussia Dortmund verbreitet. Die E.ON AG erzielte 2006 mit 80.612 Mitarbeitern einen Umsatz von 67,759 Mrd. Euro. Das Unternehmen hat 40 Mio. Kunden in 20 Ländern.

UNTERNEHMEN

E.ON AG
E.ON-Platz 1
40479 Düsseldorf
(02 11) 45 79–0
(02 11) 45 79–6 29
www.eon.com

EA

Die Computerspielemarke EA steht für interaktive Unterhaltungssoftware. Der Name ist die Abkürzung für „Electronic Arts“. Das gleichnamige Unternehmen wurde im Jahr 1982 u.a. von Trip Hawkins in den USA gegründet. Der Software-Hersteller und -Herausgeber konzentrierte sich bereits in den 1990er-Jahren auf die Entwicklung von Computer- und Videospielen für verschiedene Plattformen und gilt als einer der Pioniere in dem noch jungen Industriezweig. Die heutige Produktpalette, die sowohl PC-Spiele als auch Unterhaltungssoftware für Spielekonsolen umfasst, deckt eine Vielzahl an Genres ab. Neben erfolgreichen Spielreihen wie „die Sims“, „Battlefield“, „Half Life“ und „Command & Conquer“ erfreuen sich vor allem die unter der Marke EA SPORTS vertriebenen Produkte großer Beliebtheit. In dem kreisrunden Logo fließen die zwei Buchstaben des Markennamens kunstvoll ineinander über. Ihre geometrisch exakte, futuristische Form schlägt den Bogen zu den digitalen Erzeugnissen, die durch die Marke repräsentiert werden sollen. Electronic Arts bestreitet weltweit eine marktführende Position in der Unterhaltungsindustrie. Die dt. Electronic Arts GmbH ist ein Tochterunternehmen der amerikanischen Firma Electronic Arts Inc. mit Hauptsitz in Redwood City, CA. Weltweit beschäftigt das Unternehmen 7.200 Mitarbeiter/innen, davon 180 in Deutschland. Der Vertrieb erfolgt in über 75 Länder der Welt. EA engagiert sich in Deutschland mit der Initiative „Spielraum“ um die Förderung von Medienkompetenz und fördert damit den Dialog über interaktive Unterhaltung.

UNTERNEHMEN

Electronic Arts GmbH
Im Zollhafen 15 - 17
50678 Köln
(02 21) 9 75 82–01

EBAY

Die Marke eBay steht für einen weltweiten Online-Marktplatz, auf dem Privatpersonen und Unternehmen im Internet Güter und Dienstleistungen kaufen und verkaufen. Unternehmensgründer Pierre Omidyar änderte 1997 den Markenname von Auction Web zu Echo Bay, abgekürzt eBay. Die aus Amerika stammende Marke ist besonders bekannt für ihre Online-Auktionen. Täglich werden in mehr als 50.000 Kategorien wie Auto und Motorrad, Tickets oder Kleidung und Accessoires etwa 100 Mio. Artikel weltweit angeboten. Nutzer, die ihr Produkt bei eBay verkaufen, zahlen eine Angebotsgebühr und eine Provision an das Unternehmen. Über ein

Bewertungssystem können sich Käufer und Verkäufer nach jedem Handel gegenseitig einschätzen. Seit 2001 können Mitglieder auch zu festen Preisen beim Online-Marktplatz kaufen und verkaufen. Pro Sekunde werden bei eBay, das auf 37 internat. Märkten mit 233 Mio. Mitgliedern vertreten ist, Waren im Wert von 1.839 USD gehandelt. Seit 1999 gibt es einen eBay-Marktplatz für den deutschsprachigen Raum. Die mehr als 20 Mio. dt. Nutzer setzten 2005 ein Handelsvolumen von 8,5 Mrd. USD um. Jede Sekunde wird ein Kleidungsstück verkauft. Der Umsatz von eBay Deutschland lag im selben Jahr bei 691 Mio. USD. Etwa 64.000 Menschen verdienen über das Unternehmen einen Teil ihres Lebensunterhaltes. Neueste Innovation auf dem dt. Markt ist *eBay Business*, das Firmen ein Portal für Beschaffung und Vertrieb bietet. Über das Format *ebay Shops* kann jeder Internetnutzer ein eigenes virtuelles Ladengeschäft betreiben. Wichtige Expansionskäufe von eBay waren das dt. Autoverkaufsportal *mobile.de*, das Online-Bezahlsystem *PayPal* und die Kommunikationsplattform *Skype* (2005).

DATEN UND FAKTEN

Markenname: eBay, Akronym, engl., abgeleitet von Echo Bay

Slogan: „3...2...1...meins! eBay"

Gründer: Pierre Omidyar, 1995, San José/USA

Markenregistrierung: 31. 05. 1999, DPMA München

Innovationen: eBay Business (2005)

Jahresumsatz: 691 Mio. USD (in Deutschland, 2005)

UNTERNEHMEN

eBay GmbH
Marktplatz 1 im Europarc
14532 Dreilinden
www.ebay.de

EBERHARD FABER

Eberhard Faber ist spezialisiert auf Produkte für das kreative Gestalten. Die Kernkompetenzen liegen im Bereich Modellieren und Malen. Zu den bekanntesten Marken gehören *Fimo*, die ofenhärtende Modelliermasse; *VAN DYKE* Künstlerbedarf, *Dicki* Farbstifte, Fasermaler und Kreiden, sowie *Efaplast* lufttrocknende Modelliermassen und *MALI* Kindermalfarben. Die Geschichte des Unternehmens beginnt, als Eberhard Faber 1861 in New York/USA, seine eigene Bleistiftproduktion gründet. 1922 eröffnen seine Söhne Eberhard und Lothar die Bleistift- und Radiergummifabrik Eberhard Faber im oberpfälzischen Neumarkt. Sie produzieren Bleistifte, Farbstifte und Radiergummis unter der Marke *VAN DYKE*. Diese bauen sie in den 1930er-Jahren aus und werden mit internat. Erfolg belohnt. Nach dem 2. Weltkrieg expandiert Eberhard Faber in der Wirtschaftswunderzeit im In- und Ausland stetig. 1965 wird die Marke *Dicki* eingeführt, 1967 folgen die Malfarben *MALI*. Mit der Modelliermasse *Fimo*, die 1966 eingeführt wird, ist Eberhard Faber Marktführer in Europa und wurde dafür mit dem „Lifetime-Award" der Branche ausgezeichnet. In den 1980er-Jahren entstand in enger Zusammenarbeit mit der Automobilindustrie eine spezielle Modelliermasse für den industriellen Einsatz: *FABER-CLAY* avanciert zum weltweiten Marktführer bei Industrieplastillin. Die Marken- und Imagepflege unterstützt Eberhard Faber durch die konsequente Einhaltung der CI-Richtlinien, die qualitative Sortimentspflege und durch den Kommunikationsmix. Seit 1978 gehört Eberhard Faber zur Staedtler-Gruppe. Im Jahr 2007 beschäftigte das Unternehmen mit Hauptsitz in Neumarkt 100 Mitarbeiter. Jährlich verlassen rund 1.500 t Modelliermassen und 480 t Malfarben das Werk. Dabei achtet Eberhard Faber auf ökologisch verantwortliche Produktionsverfahren und die Entwicklung hochwertiger, langlebiger Produkte und wurde dafür u. a. von Stiftung Warentest, Spiel gut und Öko-Test ausgezeichnet. Die Geschäftsführer sind Burkhard Bräunlich und Robert Dankowski. 2006 betrug der Gesamtumsatz 25 Mio. Euro.

Dicki, Fimo, Mali und Van Dyke sind die bekanntesten Marken der Eberhard Faber GmbH.

EBERHARDFABER
Modellieren · Malen

Die Modelliermasse Fimo (Mitte) wurde 1966 eingeführt, die Fingerfarben Mali (unten) ein Jahr später.

Ecco Schuhe stammen aus Dänemark.

UNTERNEHMENSBEREICHE UND MARKEN

Produkte zum Modellieren:
(Anteil am Unternehmensumsatz: 55 %)
FIMO, Efaplast, Aquasoft, FABERCLAY

Produkte zum Malen:
(Anteil am Unternehmensumsatz: 45 %)
VAN DYKE, Dicki, MALI

DATEN UND FAKTEN

Eberhard Faber GmbH

Gründer: Eberhard und Lothar Faber

Unternehmensgründung: 1922 in Neumarkt/Oberpfalz

Mitarbeiter: über 100 (2007)

Geschäftsführer:
Burkhard Bäunlich, Robert Dankowski

Umsatz: 25 Mio. Euro (2006)

Auszeichnungen:
„sehr gut", Stiftung Warentest für *MALI Fingerfarben* (1994)
„sehr gut", Öko-Test für *VAN DYKE Öl-Pastellkreide* (12/2003)
„sehr gut", Öko-Test für *MALI Fingermalfarbe* (Jahrbuch 2004)
„sehr gut", Öko-Test für *Aquasoft Kinderknete* (9/2006)

MEILENSTEINE

1861 Eberhard Faber gründet in New York/USA seine eigene Bleistiftproduktion.

1922 Die Söhne Eberhard und Lothar Faber gründen im oberpfälzischen Neumarkt die Bleistift- und Radiergummifabrik Eberhard Faber.

1930er-Jahre Die Marke VAN DYKE wird weiter ausgebaut und führt zu internat. Erfolg.

1960er-Jahre Mit MALI und Dicki entstehen weitere Erfolgsmarken für kindgerechtes Malen und Schreiben. Fimo, die ofenhärtende Modelliermasse, wird eingeführt.

1978 Übernahme durch die Staedtler Mars GmbH, Nürnberg

1980er-Jahre Eberhard Faber entwickelt und vermarktet eine spezielle Modelliermasse für den Design-Prozess in der Automobilindustrie. FABERCLAY ist heute Weltmarktführer.

KONTAKT

Eberhard Faber GmbH
Efa-Str. 1
92318 Neumarkt i. d. Opf.

Ansprechpartner Presse:
Gerlinde Karg
Manager Public Relations
✆ (0 91 81) 4 30-3 01
✉ gerlinde.karg@eberhardfaber.de

ECCO

Die Marke Ecco zählt internat. zu den führenden Marken in der Schuhindustrie. Hauptsitz des Unternehmens ist Dänemark. Zielgruppe für Ecco Schuhe sind junge Familien mit mittlerem bis hohem Bildungsstand und Einkommen. Im Sortiment sind Schuhe für jedes Familienmitglied und für unterschiedliche Anlässe und Witterungsbedingungen. Ecco Schuhe haben lt. Hersteller den Anspruch, komfortabel zu sein und sich dem Fuß anzupassen. Diese Aussage wird von dem Slogan „Shoes designed to move you" unterstützt. Das Unternehmen wurde 1963 von Karl Toosbuy gegründet. Ecco verarbeitet als einziger Schuhhersteller Yak-Leder aus dem Himalaya, das sich durch besondere Strapazierfähigkeit und Kälteresistenz auszeichnet. Ecco Schuhe werden in einem Trainingslager vierzehn Tage lang getestet, bevor sie auf den Markt kommen. Durch ein speziell entwickeltes Anspritzverfahren der Schuhsohle auf das Obermaterial erreichen Ecco Schuhe ohne Klebematerial und Nähte eine hohe Wasserdichte. Die Marke steht lt. Hersteller für Comfort und Style und wird weltweit über Handels-, Franchisepartner und eigene Shops vertrieben. Ecco beschäftigt ca. 12.000 Mitarbeiter und setzt jährlich ca. 4,470 Mrd. DKK um. Im Jahr 2006 wurden 14,8 Mio. Paar Ecco Schuhe verkauft. Die verwendete Schrift des Logos ist Helvetica Neu. Die gewählten Farben sind 100 % schwarz und Pantone 186C. Die Schriftfarbe variiert jedoch je nach Untergrund, wenn der Namenszug auf den Schuh aufgedruckt oder eingeprägt wird. Das e und das o des Schriftzuges wird durch eine gespiegelte Aussparung und Unterbrechung der beiden Buchstaben gekennzeichnet.

UNTERNEHMEN

Ecco Schuhe GmbH
Paul-Dessau-Str. 3a
22761 Hamburg
✆ (0 40) 23 61 17 01

🖷 (0 40) 23 61 17 98
💻 www.ecco.com/de

ECE PROJEKTMANAGEMENT

Die Dachmarke ECE steht für die Entwicklung, Vermietung und Realisierung sowie das Management von gewerblichen Großimmobilien und Stadtquartieren. Der Name entstand aus einer Abkürzung für Einkaufs-Center-Entwicklungsgesellschaft, dem ursprünglichen Geschäftsbereich des Unternehmens. Der Versandhauspionier Prof. Dr. h.c. Werner Otto gründete das Unternehmen 1965 in Hamburg. Er hatte das Konzept der Einkaufszentren in den USA kennen gelernt und wollte es in einer auf die hiesigen Bedürfnisse angepassten Form nach Deutschland bringen. Seit den 1970er-Jahren wurde die Geschäftstätigkeit diversifiziert, so dass heute u. a. auch Bürogebäude, Logistikzentren und Verkehrsimmobilien entwickelt werden. Die Marke ECE spricht lokale, regionale und überregionale Einzelhändler, Städte, Investoren und Großkonzerne an. Eine Erfolgsstrategie des Familienunternehmens liegt in der angebotsfördernden Konzentration und Kombination von verschiedenen Rollen wie

Mit den Schloss-Arkaden in Braunschweig hat ECE einen Einkaufs- und Erlebnismittelpunkt mitten im Herzen der Stadt geschaffen.

Entwickler, Vermieter, Betreiber und Investor aus einer Hand. Zu den Innovationen des Unternehmens zählt u. a. die Realisierung neuer architektonischer Formen von Einkaufszentren. Das aktuelle Logo wurde 2007 von der Curtius Lütten Werbeagentur GmbH und der Ute Röseler Markenberatung entwickelt. Es zeigt den Markennamen in einem dunkelgrauen Schriftzug, der durch ein geschwungenes Band in der Farbkombination Blaugrau und Dunkelblau unterstrichen wird. Das Band soll symbolisieren, wie ECE sowohl Kompetenzen als auch Menschen verbindet. Die Farbwahl des Bandes betont die hanseatische Herkunft. Nach eigenen Angaben hat das Unternehmen die Position des europäischen Marktführers bei innerstädtischen Einkaufszentren inne. ECE beschäftigt 2.600 Mitarbeiter und ist derzeit in 15 Ländern aktiv. Für die Zukunft plant das Unternehmen im Zuge der Internationalisierung, 2007 wurde z. B. eine Niederlassung in der Ukraine gegründet, weitere Expansionsschritte.

DATEN UND FAKTEN

Markenname: ECE, ursprünglich Abkürzung für „Einkaufs-Center-Entwicklungsgesellschaft"

Slogan: „Ohne Visionen gibt es keinen Erfolg" (1992 bis 2002), „Erfolg lebt von Visionen" (2002 bis 2007)

Gründer: Prof. Dr. h.c. Werner Otto, 1965, Hamburg

Markenregistrierung: 23. 10. 2000, DPMA München

Auszeichnungen:
„Top Invest 2005", Bund der Tschechischen Unternehmer für Galerie Vaňkovka, Brünn (2005)
„Europe Award for Excellence", Urban Land Institute (ULI) für Potsdamer Platz Arkaden (2006)
„ICSC Design & Development Award", International Council of Shopping-Centers für *Phoenix-Center Harburg* (2006)
„Hauptpreis" in der Kategorie Architektur von offenen Geländen, Zeitung Gazeta Krakowska und Stadt Krakau (2007)

Literatur:
A. Mattner u. S. Düwel-Lake: Die ECE-Gruppe. ECE Projektmanagement GmbH (1997)

UNTERNEHMEN

ECE Projektmanagement GmbH & Co. KG

Hauptsitz: Hamburg, Deutschland

Geschäftsführung: Alexander Otto (Vorsitzender der Geschäftsführung)

Gesamtumsatz: 10,4 Mrd. Euro (2007)

Mitarbeiter: 2.600 (2007)

Vertrieb: in 15 Ländern

KONTAKT

ECE Projektmanagement GmbH & Co. KG
Heegbarg 30
22391 Hamburg
📞 (0 40) 6 06 06-0

ECE

Ein Projekt von ECE: das Eastgate Einkaufszentrum in Berlin (Mitte), Vorsitzender der Geschäftsführung Alexander Otto (unten)

🖷 (0 40) 6 06 06-62 30
💻 www.ece.com

Ansprechpartner Presse:
Christian Saadhoff
✆ (0 40) 6 06 06-68 98
🖷 (0 40) 6 06 06-65 11
✉ christian.saadhoff@ece.com

Ansprechpartner Marketing:
Robert Heinemann
✆ (0 40) 6 06 06-63 53
🖷 (0 40) 6 06 06-65 11
✉ robert.heinemann@ece.com

Lead-Agentur:
Curtius Lütten Werbeagentur GmbH
💻 www. cl-wa.de

MEILENSTEINE

1969 Planung und Realisierung des Franken-Centers in Nürnberg

1984 Entwicklung des Löhr-Centers in Koblenz, als erstes Innenstadt-Center

1994 Bau des europaweit größten Warenverteilzentrums in Haldensleben

1998 Realisierung der Potsdamer Platz Arkaden in Berlin

2000 Alexander Otto wird Vorsitzender der Geschäftsführung

2001 Erste Projektrealisierung eines Einkaufszentrums im Ausland: Galeria Dominikanska in Breslau

2007 Fertigstellung der Schloss-Arkaden in Braunschweig als Einkaufszentrum

2008/10 Realisierung des ThyssenKrupp Quartiers als neue Konzernzentrale des Unternehmens in Essen

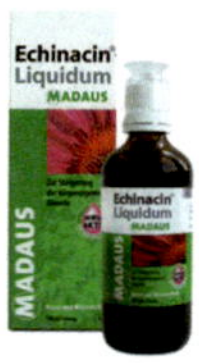

Die Naturheilpräparate der Marke Echinacin® Madaus dienen zur Steigerung der körpereigenen Abwehr sowie der Prävention und Verkürzung der Krankheitsdauer.

ECHINACIN MADAUS

Die internat. Markenfamilie Echinacin® Madaus steht für ein Programm mit Arzneimitteln zur Steigerung der körpereigenen Abwehr sowie zur Prävention und Verkürzung der Krankheitsdauer. Madaus wurde 1919 von den Brüdern Gerhard, Friedemund und Hans Madaus gegründet. In Anlehnung an empirisches Wissen der nordamerikanischen Indianer entwickelte Dr. Gerhard Madaus 1938 das pflanzliche Immunstimulanz Echinacin®, das lt. eigenen Angaben auf dem Arzneimittelmarkt das erste seiner Art war. Gemäß dem Grundsatz „Prävention durch natürliche Wirkprinzipien" wenden sich die aus den frischen oberirdischen Teilen des roten Sonnenhutes gewonnenen Präparate an diejenigen,

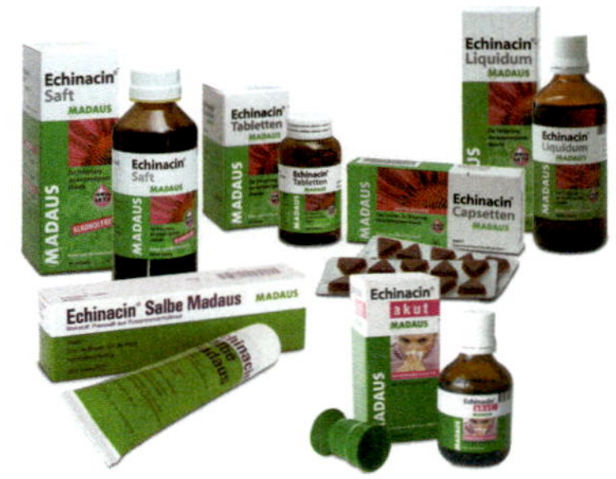

Die Produktfamilie von Echinacin® Madaus umfasst verschiedene Darreichungsformen.

die ihre körpereigene Abwehr durch pflanzlich-basierte Substanzen stärken wollen. Madaus entwickelte weitere pflanzliche Substanzen, etwa aus der Rosskastanie und der Silberdistel. Heute umfasst die Echinacin®-Produktpalette verschiedene Darreichungsformen wie z. B. Liquidum, Tabletten, Capsetten, Saft und Salbe. 1998 erhielten die Marken von Madaus ein einheitliches Corporate Design, das den Namen der Markenfamilie, den Marken-Schriftzug in Versalien und die entsprechende Heilpflanze umfasst. Prägend für das visuelle Erscheinungsbild der Präparate sind die Wortmarke und der grüne Hintergrund, der den Bezug zur Natur herstellt. Das Design der Echinacin®-Serie wird durch die Abbildung einer Blüte des roten Sonnenhuts ergänzt. Insgesamt umfasst die Madaus-Produktpalette verschiedene Phytopharmaka, Homöopatika, z. B. Oligoplexe®, Urologika sowie das komplette Nährstoffprogramm Madaus *Be Well.* Grundlage des Erfolgs ist der Einsatz von natürlichen Stoffgemischen in Analogie zur Natur sowie ständige Qualitätskontrollen vom Anbau bis zur Produktion. Die Marke wird in Deutschland ausschließlich in Apotheken vertrieben. Madaus beschäftigt in Deutschland 450 Mitarbeiter. Das Unternehmen erzielte 2006 einen Gesamtumsatz von 357 Mio. Euro, wobei Echinacin® einen Anteil von 10 % ausmachte.

DATEN UND FAKTEN

Markenname: Echinacin Madaus, abgeleitet vom botanischen Namen der Echinacea (Echinos griech. für Igel, Bezugnahme auf die stacheligen Fruchtböden der Pflanze), Madaus = Familienname des Erfinders

Slogan: „Echinacin und die Abwehr steht!"

Erfinder: Gerhard Madaus, 1938, Bonn

Markenregistrierung: 11. 02. 1924, Reichspatentamt Berlin (Madaus), 30. 10. 1996, DPMA München (Echinacin)

Jahresumsatz: 10 % des Gesamtumsatzes (2006)

Literatur:
Dr. G. Madaus: Lehrbuch der biologischen Heilmittel, 3 Bde. (1999)

UNTERNEHMEN

MADAUS GmbH

Hauptsitz: Köln, Deutschland

Geschäftsführer: Dr. Thomas F. Lauscher

Weitere Marken: Agiolax®, Legalon®

Gesamtumsatz: 357 Mio. Euro (2006)

Vertrieb: weltweit über Tochterfirmen oder Vertriebspartner

KONTAKT

MADAUS GmbH
Rottapharm Gruppe
Colonia-Allee 15
51067 Köln
(02 21) 89 98–0
(02 21) 89 98–7 11
www.madaus.de

SCHON GEWUSST?

In der amerikanischen Volksmedizin ist Echinacea schon lange als Heilmittel bekannt. Ein homöopathischer Arzt soll eines Tages eine indianische Frau dabei angetroffen haben, wie sie die Pflanzen zwischen Steinen zerquetschte. Sie erzählte ihm, dass der so gewonnene Pflanzenbrei zum Verbinden von Wunden und gegen Schlangenbisse diene. Der Arzt beschaffte sich Echinacea und stellte erfolgreiche Versuche damit an. Es folgte eine schnelle Verbreitung des Heilmittels innerhalb der Vereinigten Staaten.

ECHT SYLTER BRISEN-KLÖMBJES

Echt Sylter Brisen-Klömbjes ist eine Bonbon-Marke im Segment Süßwarenerzeugnisse. Die Bonbons werden in erster Linie regional im Einzelhandel auf der Insel Sylt vertrieben, bundesweit sind sie nur in Apotheken erhältlich. Die Idee zum Produkt kam dem ehemaligen Süßwarenfabrikant Wilhelm Köffers während eines Aufenthaltes auf Sylt. 1991 kreierte er eine neue Rezeptur für Bonbons, die die Wirkungsweise nordfriesischer Kräutertees zur Linderung von Husten und Heiserkeit aufgriff. Das erste honighaltige Hustenbonbon mit dem Namen Echt Sylter Brisen-Klömbjes kam 1992 auf den Markt. Zielgruppe der Süßwarenspezialität sind seitdem Freunde der Insel Sylt und Bonbonliebhaber ab etwa 30 Jahren. Die Bonbons aus qualitativ hochwertigen Zutaten werden in runden Dosen angeboten, die aufgrund ihrer blauen Färbung einen hohen Wiedererkennungswert haben. Den Deckel ziert eine stilisierte Strandszene mit Leuchtturm und Spaziergängern. Darüber ist der in prägnanten weißen Lettern gezeichnete Markenname platziert. Das Design vermittelt einen klaren Bezug zum rauen Seeklima und dem Naturerlebnis Sylt. Im Angebot sind derzeit die drei Varianten *Extra-Hustenbonbons*, *Spezial-Hustenbonbons* (mit jodhaltiger Sole) und zuckerfreie Hustenbonbons. Die *Sylter Gaumenfreuden* ergänzen das Sortiment in den Sorten Kräuter-Bonbons und Fitness-Bonbons sowie in den Geschmacksrichtungen Kaffee-Sahne, Lakritz, Rote-Grütze, Mango-Grapefruit, Kirsch-Marzipan, Waldmeister-Vanille und Erdbeer-Rhabarber. Individuell mit Firmenlogos bedruckte Bonbondosen als Werbeträger bereichern das Sortiment. Das Unternehmen investiert 10 % seines jährlichen Umsatzes in Werbeaufwendungen.

DATEN UND FAKTEN

Markenname: Brisen, Anklang an Wind, Stärke und Frische, „Klömbjes", Kunstwort, zusammengesetzt aus Kluntjes (ostfriesisch Kandis) und Klömpken (Solinger Platt für Bonbon, der Niederrhein ist die Heimat des Firmengründers, der sich 1990 auf Sylt zur Ruhe setzen wollte)

Slogan: „Nach original Sylter Rezeptur", „Auf Sylt überall – bundesweit nur in Apotheken"

Erfinder: Wilhelm Köffers, 1991, Sylt

Markenregistrierung: 12. 12. 1991, DMPA München

UNTERNEHMEN

Echt Sylter Brisen-Klömbjes GmbH
Keitumer Landstr. 12
25980 Sylt-Ost / Tinnum

Echt Sylter Brisen-Klömbjes vereinen in ihrer Rezeptur die Wirkungsweise nordfriesischer Kräutertees.

Oben: das edding-Logo, darunter der Klassiker edding 3000 in allen Farben und Per Ledermann, Vorstandsmitglied der edding AG

(0 46 51) 82 29-0
(0 46 51) 82 29-39
www.sylter-brisen.de

EDDING

Seit 1960 ist edding nicht nur das Synonym für Marker, sondern auch der Spezialist für Filz- und Faserschreiber. Der Grundstein für den Erfolg wurde von Carl-Wilhelm Edding und Volker Detlef Ledermann gelegt. Die beiden Schulfreunde vertrieben zunächst einen aus Japan importierten Filzstift. Schon bald darauf entschlossen sie sich für den Vertrieb eines Filzmarkers unter eigenem Markenzeichen. Das war die Geburtsstunde des legendären edding *Allround-Marker No. 1*. Um für jede Anwendung und Oberfläche das passende Produkt im Portfolio zu haben, baut edding in den folgenden Jahren kontinuierlich sein Sortiment aus - besonders im Bereich der Spezialmarker. Zu den inzwischen über 150 Produkten zählen beispielsweise CD-Marker, Reifen- oder Fugenmarker. Dazu kommt das edding Permanentmarker-Sortiment. Das Produktangebot zählt zu den umfangreichsten der Branche. Seit Ende 2004 wird auch ein Modell angeboten, das ohne Kappe und dafür mit Druckmechanik ausgestattet ist. Ähnlich wie bei einem Kugelschreiber lässt sich die Schreibspitze des edding *retract 11 permanent marker* so auf Knopfdruck ausfahren und ermöglicht die praktische Anwendung mit nur einer Hand. Und auch für die 4 Mio. Deutschen, die in ihrer Freizeit gestalterischen Hobbys nachgehen, hat edding mit seinen Markern eine Vielzahl entsprechender Produkte im Sortiment. Verkauft werden die Produkte aus dem Hause edding in ca. 70 Ländern der Erde. Mit Erfolg: Lt. einer Untersuchung der Gesellschaft für Konsumgüterforschung in sieben europäischen Ländern war edding 2006 mit einem Marktanteil von ca. 34 % am Gesamtumsatz im Bereich der Marker Spitzenreiter. Geführt wird das Unternehmen – das im Bereich der visuellen Kommunikation weltweit auch mit der Konzernmarke *Legamaster* operiert – u.a. von Per Ledermann. Als Vorstandsmitglied führt der Sohn von Volker Detlef Ledermann seit Anfang 2005 das erfolgreiche Werk seines Vaters fort.

DATEN UND FAKTEN

Markenname: edding, Familienname des Gründers Carl-Wilhelm Edding

Gründer: Carl-Wilhelm Edding und Volker Detlef Ledermann, 1960

Ein Blick in die Produktion der edding Marker

Slogan: „Spezialist für jede Oberfläche“

Markenregistrierung: 26.01.1966, DPMA München

Innovationen: edding Retract Familie (2004)

Auszeichnungen:
„Top Job – die 100 besten Arbeitgeber im deutschen Mittelstand“, compamedia GmbH (2007)

UNTERNEHMEN

edding AG

Hauptsitz: Ahrensburg, Deutschland

Vorstand: Per Ledermann, Benno Lohausen

Weitere Marken: Legamaster (Visuelle Kommunikation)

Gesamtumsatz: 105,6 Mio. Euro (2006)

Vertrieb: in über 70 Ländern weltweit

KONTAKT

edding AG
Bookkoppel 7
22926 Ahrensburg
(0 41 02) 8 08-0
(0 41 02) 8 08-1 99
www.edding.de

SCHON GEWUSST?

Der edding 3000 permanent marker schreibt auch fließend Spanisch und Holländisch. In beiden Ländern war er 2006 – ebenso wie in Deutschland – der meistverkaufte Marker.

Ansprechpartner Kommunikation:
Inga-Britt Jensen
✆ (0 41 02) 8 08 – 2 06
✉ ibjensen@edding.de

Ansprechpartner Marketing:
Angelika Schumacher
✆ (0 41 02) 8 08 – 1 25
✉ aschumacher@edding.de

EDEKA

Hinter der Einzelhandelsmarke EDEKA steht der größte Verbund im Lebensmitteleinzelhandel in Deutschland. Der Name ist eine Ableitung der drei gesprochenen Anfangsbuchstaben der „Einkaufsgenossenschaft der Kolonialwarenhändler", die Fritz Borrmann 1898 gemeinsam mit 20 weiteren Kaufleuten ins Leben rief. 1907 folgte die Gründung des „Verbands deutscher kaufmännischer Genossenschaften e.V". Die heutige dreistufige Unternehmensstruktur besteht aus der EDEKA ZENTRALE AG & Co. KG in Hamburg, deren Vorstandsvorsitzender Alfons Frenk ist, sieben Regionalgesellschaften, verantwortlich für das operative Geschäft, sowie dem lokalen Einzelhandel. Die EDEKA-Gruppe ist Marktführer im dt. Lebensmitteleinzelhandel (Quelle: ACNielsen) und erwirtschaftete 2006 einen Umsatz von 37,17 Mrd. Euro. Kerngeschäftsfeld ist der dt. Markt mit über 10.000 Geschäften bundesweit und insgesamt 253.000 Beschäftigten. EDEKA schärft sein Profil durch das Engagement der selbstständigen Kaufleute, die für Frische, breite Sortimente und den Service verantwortlich sind. Neben dem breiten Angebot an Markenprodukten werden heute 14 Eigenmarken-Segmente vertrieben, darunter sind EDEKA *Bio Wertkost*, EDEKA *Rio Grande* und *Gut & Günstig*. Das Bild von Frische, Vielfalt und Service wird in der Verbraucherkommunikation aufgenommen und richtet sich an haushaltsführende Personen zwischen 29 und 65 Jahren. Das Logo in seiner heutigen Form hat seit 1972 Bestand. Das signalfarbene Markenzeichen in Blau auf gelbem Grund ist in serifenlosen Großbuchstaben gesetzt und verdrängte die ursprüngliche Schreibschriftwortmarke vergangener Zeiten. Der eigene Anspruch, ein kompetenter, attraktiver und verlässlicher Partner zu sein, ist Bestandteil des integralen Marketingmix. Die Imagekampagne unter dem Slogan „EDEKA. Wir lieben Lebensmittel" erhielt den „Silberner Effie", eine der wichtigsten Auszeichnungen der Werbebranche. Das Unternehmen kommuniziert eine gest. Markenbekanntheit von 96 % in der Zielgruppe.

UNTERNEHMEN

EDEKA-Gruppe
EDEKA Zentrale AG & Co. KG
New-York-Ring 6
22297 Hamburg
✆ (0 40) 63 77–0
🖷 (0 40) 63 77–22 31
💻 www.edeka.de

EDUARD DRESSLER

„Ein Modelabel muss das Selbstbewusstsein haben, kreativ zu sein und sich dennoch stets treu zu bleiben" lautete das Credo des Firmengründers Eduard Dressler. Er besaß den Anspruch, die damals klassische Handwerksschneiderei zu innovativer Fertigung kombiniert mit höchster Schneiderkunst weiterzuentwickeln. Die Verbindung von Kreativität mit handwerklicher Perfektion ist bis heute ein Hauptbestandteil der Markenphilosophie. Das Sortiment des Unternehmens umfasst Anzüge, Sakkos, Hosen, Mäntel, Hemden, Krawatten, Strickwaren, Chinos und Lederjacken. EDUARD DRESSLER steht für ein exkl., ästhetisches und maskulines Erscheinungsbild, immer vor dem Hintergrund des unternehmensinternen Anspruchs, jedem Produkt die Souveränität, die Silhouette und den Charme einer Maßanfertigung zu verleihen. Diese Strategie dient gleichzeitig dazu, sich von den Mitbewerbern abzugrenzen. Die Wortmarke ist beim DPMA in München eingetragen und weltweit geschützt. Das Logo, der Familienname des Gründers, wurde kontinuierlich modernisiert. Als Hausschrift wird die Trade Gothic Regular verwendet, die Hausfarben sind Dunkelblau kombiniert mit Weiß. Zielgruppe der Marke sind moderne Performer ab 40 Jahren, gebildet und mit einem Einkommen im oberen Segment. Sie werden mit Kampagnen in Mode- und Lifestyle-Magazinen angesprochen. Diese Kampagnen dienen zugleich der Markenpflege. Der Bekanntheitsgrad der Konsumgütermarke liegt bei ca. 30 % (Spiegel Outfitstudie 2006). Das Unternehmen mit Sitz in Großostheim wird von Klaus und Wolfgang Brinkmann, Heinz Dressler und Lars Kröckel geleitet. Das Unternehmen beschäftigt rund 200 Mitarbeiter und fertigt alle Kollektionen an exkl. Produktionsstätten. Im Jahr 2006 erwirtschaftete das Unternehmen einen Gesamtumsatz von 40 Mio. Euro. Es ist geplant,

Schlicht, aber mit großer Signalwirkung: Das Logo von EDEKA.

EDUARD DRESSLER
Finest Menswear. Since 1929.

Das Sortiment von EDUARD DRESSLER umfasst Anzüge, Sakkos, Hosen, Mäntel, Hemden, Krawatten, Strick, Chinos und Lederjacken.

die Produktpalette in Zukunft behutsam zu erweitern.

DATEN UND FAKTEN

Markenname: EDUARD DRESSLER, Familienname des Gründers

Slogan: „Finest Menswear. Since 1929"

Gründer: Eduard Dressler, 1908, Großostheim

Markeneinführung: 1929, Deutschland

Markenbekanntheit: ca. 30 % (Spiegel Outfitstudie, 2006)

Jahresumsatz: 40 Mio. Euro

UNTERNEHMEN

Dressler Bekleidungswerke Brinkmann GmbH & Co. KG
Stockstädter Str. 43
63762 Großostheim
(0 60 26) 5 02-0
(0 60 26) 5 02-3 99
www.eduard-dressler.com

EDUSCHO

→ Gala von Eduscho

EFFECT

effect®
HIGH QUALITY ENERGY DRINK

effect Flasche im „Medicine-Look" (Mitte), Geschäftsführer Andreas W. Herb (unten)

effect – „the mental energizer" – ist eine Marke der MBG International Premium Brands GmbH mit Sitz in Paderborn. Die Marke steht für einen im Jahr 2002 entwickelten Energy-Drink. Die Kombination der Inhaltsstoffe Wasser, Zucker, Koffein, Taurin, Vitamine und Mineralstoffe soll gegen Antriebslosigkeit und Müdigkeit helfen und das geistige Leistungsvermögen fördern. Zielgruppe sind sowohl Männer als auch Frauen der Altersgruppe von 16 bis 50 Jahren, die in ihren täglichen Tätigkeiten einer erhöhten Beanspruchung ausgesetzt sind, die geistige Agilität voraussetzt. Gewachsen aus der Trend- und Szenegastronomie bedient die Marke heutzutage auch den Handel sowie Tankstellen und Kioske. effect wird weltweit in ca. 40 Ländern vertrieben, weitere Expansionen sind angestrebt. Für 2008 ist eine Marketingkampagne „no effect without effect" in allen relevanten Medien geplant. Der Fokus der Marke liegt auf dem Hauptprodukt, Innovationen sind lt. Hersteller jedoch in Vorbereitung. effect verfügt über eine große Gebindevielfalt, optimiert für alle Absatzkanäle. Das Aushängeschild der Marke ist die puris-

Der Energy-Drink effect soll gegen Antriebslosigkeit und Müdigkeit helfen und das geistige Leistungsvermögen fördern.

tische 0,2-l-Mehrweg-Glasflasche. Die Optik entspricht dem „Medicine-Look", um die namensgebende Wirkung als Energielieferant zu unterstreichen. Entsprechend sachlich präsentiert sich das Markenlogo des Energy-Drinks. Das Markenzeichen besteht aus dem Markennamen und reihenförmig angeordneten Punkten in der CI-Farbe Rot (Pantone 185). Der Schriftzug effect ist in der Schriftart Helvetica Neue gesetzt. 1993 fand die Gründung der Firma p.o.s. marketing + Vertrieb GmbH in Paderborn statt. Diese wurde 1995 Partner der Brauerei SAB Miller. 1998 kam es zur Umfirmierung in die Miller Brands Germany GmbH. 2003 kam die Krombacher Brauerei Bernhard Schadeberg GmbH & Co. KG als Partnerunternehmen hinzu und 2004 erfolgte die Neufirmierung unter dem jetzigen Namen MBG International Premium Brands GmbH. Das Unternehmen beschäftigt ca. 100 Mitarbeiter und wird von Andreas W. Herb und Peter Jürgens geleitet.

DATEN UND FAKTEN

Markenname: effect, soll den funktionellen Nutzen des Produktes beschreiben

Slogan: „effect - the mental energizer"

Erfinder: MBG International Premium Brands GmbH, 2002

Markenregistrierung: 2002, HABM Alicante/Spanien

Markenbekanntheit: Nr. 2 in Deutschland, Nr. 4 in Europa (Zenith Studie, 2006)

Markenwebsite: www.effect-energy.com

UNTERNEHMEN

MBG International Premium Brands GmbH

Hauptsitz: Paderborn, Deutschland

Geschäftsführer: Andreas W. Herb, Peter Jürgens

Weitere Marken: →Scavi & Ray, →Salitos, Three Sixty Vodka, Angel d'Or, Cab, Snapple, Orangina, Rose's u. a.

Mitarbeiter: ca. 100 (2007)

KONTAKT

MBG International Premium Brands GmbH
Kasseler Mauer 11
33098 Paderborn
✆ (0 52 51) 2 90 32–0
🖷 (0 52 51) 2 90 32–69
💻 www.mbg-online.net

Ansprechpartner Presse:
Rausch PR
✆ (0 40) 36 09 76 90
✉ info@rauschpr.com

Ansprechpartner Marketing:
Cord H. Vinke
✆ (0 52 51) 29 03 20
✉ info@mbg-online.net

SCHON GEWUSST?
▮ Die Ursprungsidee der Energy Drinks stammt aus Japan. Nach dem 2. Weltkrieg verbesserten Piloten ihre Seh- und Konzentrationsleistung bei ihren Einsätzen mit Hilfe taurinhaltiger Getränken. Seit Ende der 1980er-Jahre sind Energy Drinks auch in Europa bekannt.

EHRMANN

Das Unternehmen Ehrmann blickt auf eine lange Tradition zurück. 1920 gründete der Molkereimeister Alois Ehrmann Senior seine erste Molkerei als Ein-Mann-Betrieb. 1929 erwarb er den Betrieb in Oberschönegg im Allgäu. Der Grundstein für das heutige Unternehmen war gelegt. Seine beiden Söhne Alois und Anton Ehrmann, beide Molkereimeister, setzen das Lebenswerk des Firmengründers fort. Heute ist das Unternehmen der viertgrößte Milchverarbeitungskonzern auf dem dt. Markt (Quelle: Nielsen Handelspanel Weiße Linie). Zum Produktportfolio gehören Frucht- und Naturjoghurts, Quarkspezialitäten, Desserts, Diät-Produkte, Joghurt- sowie Molkedrinks. Der Markenname Ehrmann, abgeleitet vom Familiennamen des Gründers, steht für hochwertige Molkereiprodukte, die unter Verwendung von qualitätsgeprüften Zutaten hergestellt werden. Markenzeichen ist der weiße Namenszug in einem rot geschwungenen Feld mit blauem Schatten. Ihr Auftritt wird von dem Slogan „Ehrmann. Keiner macht mich mehr an!" untermalt. Die Ehrmann AG verfügt neben den Standorten Oberschönegg und Freiberg in Deutschland über Produktionsstätten in Russland und Tschechien sowie über Vertriebsniederlassungen bzw. Vertriebspartnern in Spanien, den Niederlanden, England, Italien, China und Polen. In rund 40 Ländern werden die Produkte des Unternehmens im Lebensmitteleinzelhandel verkauft. Die Marken im Portfolio der Ehrmann AG sind *Almighurt, Alpenmädel, Cremighurt, Bighurt PUR, MONSTERBACKE, FrüchteTraum, VanilleTraum, GrießTraum, Grand Dessert, Dessert plus Sahne und FitVital.* Mit rund 1.450 Beschäftigten erzielte die Ehrmann AG mit Sitz in Oberschönegg im Allgäu im Jahr 2006 einen Gesamtumsatz von 620 Mio. Euro. Geleitet wird das Unternehmen vom Vorstandsvorsitzenden und Enkel des Gründers Christian Ehrmann.

UNTERNEHMEN

Ehrmann AG Oberschönegg im Allgäu
Hauptstr. 19
87770 Oberschönegg
✆ (0 83 33) 3 01–0
🖷 (0 83 33) 3 01–3 10
💻 www.ehrmann.de

Keiner macht mich mehr an.

Mit rund 1.450 Beschäftigten erzielte die Ehrmann AG im Jahr 2006 einen Gesamtumsatz von 620 Mio. Euro.

EIFELLAND

Eifelland ist eine Wohnwagenmarke aus dem Portfolio der Knaus Tabbert Group. Erfunden wurde die Konsumgütermarke von Günther Hennerici, der 1967 in Mayen im Herzen der Eifel eine Produktion errichtete, um erschwingliche Wohnwagen für jedermann herzustellen. Mit dem Namen Eifelland nahm er auf seinen Produktionsstandort Bezug und schlug zugleich einen Bogen zur Natur. Der erste Slogan des Unternehmens warb damit, den „wirklichen Volks-Volks-Wohnwagen" herzustellen. Bis heute bedienen die Produkte der Marke insbesondere das Einsteigersegment auf dem Caravan-Markt, zeichnen sich dabei jedoch durch besondere Einfälle und ungewöhnliche Lösungen aus. So ermöglicht die jüngste Modellreihe mit dem Namen *Deseo* den Kunden, die Innenausstattung je nach finanziellen Möglichkeiten und persönlichem Bedarf individuell auszuwählen. Das aktuelle Logo der Marke wurde 2004 von der K+D Agentur in Nürnberg entwickelt. Es zeigt den Namensschriftzug in

Die Spezialität von Eifelland sind Caravans im Einsteigersegment mit innovativen Ausstattungen und besonderen Akzenten.

grauen, kursiven Lettern, eingefasst von einem grünen, geschwungenen Winkel, der wie eine Tanne am Wegesrand wirkt. Die Marke erhebt den Anspruch, „anders als die anderen" zu sein, und will diesen Charakter auch an ihre Kundschaft weitergeben. In der Werbung präsentiert sie sich mit ungewöhnlichen Aktionen. So kuppelte der Formel-1-Rennfahrer Rolf Stommelen 1969 einen Eifelland-Wohnwagen an seinen Boliden und beschleunigte damit bis zu einer Höchstgeschwindigkeit von 201,6 km/h. 2006 begleitete das Sondermodell Deseo Kicker mit einer Roadshow die Fußball-Weltmeisterschaft in Deutschland. Eifelland kam im Markenportfolio der Knaus AG zur →Knaus Tabbert Group, einem Zusammenschluss der beiden Wohnwagenhersteller Knaus AG und Tabbert Industrie AG. Die Unternehmensgruppe hat außerdem die Marken →Knaus, →Tabbert, →T@b, →Wilk und →Weinsberg im Portfolio.

DATEN UND FAKTEN

Markenname: Eifelland, Reminiszenz an den Firmenstandort Mayen im Herzen der Eifel

Slogans: „Eifelland mit dem wirklichen Volks-Volks-Wagen für jedermann" (1968), „Eifelland öffnet das Tor zum Caravaning" (1970), „Eifelland – ein Caravan erobert die Welt" (1973), „Viel Caravan fürs Geld" (2007)

Erfinder: Günther Hennerici, 1967, Mayen

Innovationen: *Deseo* (2005), *Deseo Active* (2006), *Deseo Lifestyle* (2007)

Auszeichnungen:
„iF product design award" für *Eifelland Deseo* (2006)

Markenwebsite: www.eifelland.de

UNTERNEHMEN

Knaus Tabbert Group GmbH
Helmut Knaus Str. 1
94118 Jandelsbrunn
(0 85 83) 21-1
(0 85 83) 21-3 87
www.knaus-tabbert-group.de

ELBA

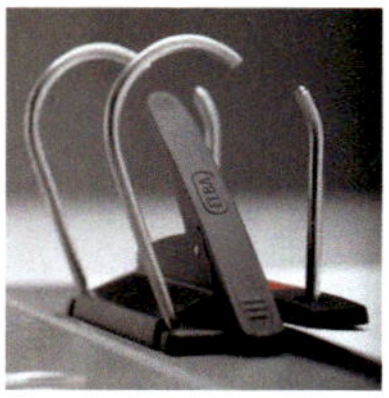

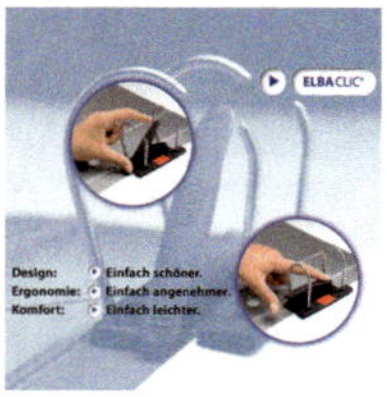

ELBACLIC aus dem Jahr 2007 (unten) zählt zu den jüngsten Innovationen des Unternehmens ELBA.

Die ELBA Buerosysteme GmbH & Co. KG ist einer der führenden Markenhersteller von Büroprodukten und Organisationssystemen in Europa. Im Verbund mit der franz. Groupe Hamelin wird seit dem Jahr 2000 die internat. Marktposition noch weiter ausgebaut. Die Marke ELBA steht seit über 90 Jahren für Premiumprodukte und umfasst heute mehr als 1.000 Ordnungsmittel für jede Art von Büro. ELBA analysiert kontinuierlich die Arbeit im Büro, um neue, auf zukünftige Arbeitswelten zugeschnittene Produkte entwickeln zu können. 1917 hatte ELBA-Gründer Erich Kraut in Wuppertal unter einfachsten Bedingungen die ersten Ordner hergestellt. Der Markenname ELBA setzt sich aus den Anfangssilben der Wuppertaler Stadtteile Elberfeld und Barmen zusammen und wurde später in den Slogan „Erfolgreiche Lösungen für besseres Arbeiten" übersetzt. 1953 erfand Erich Kraut das sog. ELBA rado Prinzip, das über Schlitze im Ordnerdeckel das Einrasten der Ordnerbügel gewährleistet und damit für mehr Standfestigkeit sorgt. Dieses Prinzip

Die Hauptverwaltung der ELBA Buerosysteme GmbH & Co. KG in Gelsenkirchen

hat Schule gemacht und ist bis heute bei den meisten Ordnern zu finden. Als eines der ersten Unternehmen stellte ELBA 1989 die Fertigung auf Recyclingmaterial um, seitdem sind viele ELBA-Produkte mit dem Bundesumweltzeichen „Blauer Engel" ausgezeichnet. Mit einer Lieferquote von über 99 % ist ein reibungsloser Warenfluss stets gewährleistet. Die Produkte von ELBA richten sich an gewerbliche Kunden und Endverbraucher. Für einen einheitlichen Markenauftritt in Europa wurde das Logo modernisiert und das früher verwendete Grün durch einen blauen Farbton ersetzt, mit dem Frische und Modernität symbolisiert werden soll. Neueste Produktinnovation ist *ELBACLIC*, der Aktenordner statt über einen Metall-Hebel mit einem leichten Klick auf eine Kunststoff-Wippe öffnet. Vertrieben werden ELBA-Produkte über den Groß-, Strecken- und Einzelhandel sowie über den Fachhandel mit Konzentration auf Europa. ELBA-Produkte werden seit der Schließung des Stammwerks in Wuppertal 1998 in Gelsenkirchen, Gleichamberg und Tunesien produziert.

DATEN UND FAKTEN

Markenname: ELBA, Kunstname, abgeleitet aus den Anfangssilben der Wuppertaler Stadtteile **El**berfeld und **Ba**rmen

Slogan: „Erfolgreiche Lösungen für besseres Arbeiten" (1991)

Erfinder: Erich Kraut, 1917, Wuppertal

Markenregistrierung: 10. 01. 1955, DPMA München

Innovationen: ELBA rado-Öse (1953), ELBA *rado Lux*, erster vollfarbener Ordner (1960), ELBA Touareg (2006), ELBA *Optimum* (2007), *ELBACLIC* (2007)

Auszeichnungen:
„Dieselmedaille in Gold", Dt. Institut für Erfindungswesen für Erich Kraut (1967)

Markenwebsite: www.initiative-touareg.de, www.hebeln-war-mal.de

UNTERNEHMEN

ELBA Buerosysteme GmbH & Co. KG

Hauptsitz: Gelsenkirchen, Deutschland

Geschäftsführung: Hartwig Vester, Wolfgang Stemmer

Vertrieb: europaweit

KONTAKT

ELBA Buerosysteme GmbH & Co. KG
Maybachstr. 2
45891 Gelsenkirchen
✆ (02 09) 9 76 04–0
🖷 (02 09) 9 76 04–2 12
💻 www.elba.de

Ansprechpartner Presse:
Markus Scholz
✆ (02 09) 9 76 04–8 13
✉ scholz@elba.de

MEILENSTEINE

1933 Erich Kraut entwickelt die neue Ablageform der Pendelregistratur.

1953 erfindet Erich Kraut das ELBA rado Prinzip, nach dem heute die meisten Ordner weltweit produziert werden.

1989 ELBA stellt seine Produktion auf Recycling-Materialien um.

2000 Der Lernmittelhersteller Groupe Hamelin übernimmt die Firma ELBA.

ELCH PRO

Unter der Marke Elch Pro vertreibt →Henkel Produkte zum Dichten, Kleben, Schützen, Isolieren und Verarbeiten im Bereich der Bautechnik. Elch Pro wird vornehmlich für den Gebäudeschutz vor Witterungseinflüssen und Feuer verwendet. Zudem gleichen die Elch-Pro-Werkstoffe Spannungen zwischen unterschiedlichen Materialien aus. Erstmals registriert wurde die Marke im Jahr 1926, Hersteller war zunächst die Chemiefirma Rhodia. Seit dem Jahr 2005 gehört die Marke zum Bereich Bautechnik der Düsseldorfer Henkel KGaA. Die Dachmarke Elch Pro ist diversifiziert in drei Produktlinien: streichbares Silicon, Montageschäume sowie Dicht- und Klebstoffe. Vertrieben werden die Produkte über den Baustoff-Fachhandel. Jüngste Innovationen sind die Schutzbeschichtung *C 633 Dach + Wand*, die vor allem zum Feuchtigkeitsschutz genutzt wird, und der *Montageschaum B1*, der als flamm- und rauchdichte Abdeckung von Anschlussfugen genutzt werden kann. Im Logo der Marke Elch Pro werden die Farben Schwarz, Weiß und Rot genutzt. Auf rotem Grund steht das Wort Elch, links daneben findet sich auf schwarzem Grund die Silhouette eines weißen, trabenden Elches im Seitenprofil. Der

Die Elch Pro Reparaturbeschichtung C603 wird in unterschiedlichen Gebinden verkauft.

Gesamtumsatz im Henkel-Unternehmensbereich Adhesives Technologies (Klebstoff Technologien) betrug im Jahr 2006 rund 5,5 Mrd. Euro. Henkel ist sowohl im Konsumenten- als auch im Profi- und Industriebereich einer der bedeutendsten Produzenten von Klebstoffen.

DATEN UND FAKTEN

Markenname: Elch Pro

Markenregistrierung: 09. 08. 1926, Reichspatentamt Berlin unter der Marke Elch (Elch Pro am 29. 05. 2007, DPMA München)

Innovationen: C 633 Dach + Wand, Feuchtigkeits- und Verwitterungsschutz; Montageschaum B1

Elch Pro-Primer P819 (Mitte) und Fugen-Dichtband W100 in drei verschiedenen Stärken (unten)

UNTERNEHMEN

Henkel KGaA

Hauptsitz: Düsseldorf, Deutschland

Weitere Marken: s. → Henkel

Gesamtumsatz: 12,740 Mrd. Euro (2006)

Vertrieb: weltweit in über 125 Ländern

KONTAKT

Henkel KGaA
Henkelstr. 67
40589 Düsseldorf
(02 11) 7 97-0
(02 11) 7 98-40 08
www.henkel.de

Ansprechpartner Presse:
Peter Lienkamp
press@henkel.com

ELEFANTEN

Markenzeichen der Schuhmarke Elefanten (oben), Kinderschuh-Modell (Mitte), Gründer Gustav Hoffmann (unten)

Kinderschuhe der internat. Marke Elefanten begleiten seit 80 Jahren Generationen von Menschen durch die Kindheit. 1908 gründete Gustav Hoffmann gemeinsam mit seinem Schwager Fritz Pannier eine Kinderschuhfabrik. 1928 wurde der rote Elefant als Marke registriert. Ziel war es von Anfang an, Qualität und Tragekomfort von Kinderschuhen zu optimieren. Das Unternehmen setzte von Beginn an Maßstäbe in Sachen Qualität und brachte Produktneuheiten wie den *Torsana* Schuh auf den Markt, der dank einer flexiblen Laufsohle die natürliche Bewegung des Kinderfußes unterstützt. Elefanten war maßgeblich an der Konzeption des WMS- Weiten-Maß-Systems beteiligt. In Zusammenarbeit mit Orthopäden und Kinderärzten ermöglicht dieses System eine Herstellung von Schuhen in drei Weiten, die individuell auf den Kinderfuß abgestimmt sind. Gleichzeitig werden Designer eingesetzt, die unter Berücksichtigung der aktuellen Entwicklungen ansprechende Modelle für Kinder entwerfen. In Bezugnahme auf die Produkte steht das Logo, ein kleiner roter Elefant, sinngemäß für Robustheit und Dickhäutigkeit. Bestärkt wird dies durch den Slogan „Kinderfüße in besten Händen", der auf eine solide Verarbeitung, hochwertige Materialien, Robustheit, Gelenkbeweglichkeit und eine gute Passform hinweist. Seit 2005 gehört das Unternehmen, das erst seit 1979 unter dem Namen Elefanten firmiert, zu der internat. → Deichmann Gruppe, das die Grundwerte der Elefanten-Philosophie weiter verfolgt. Unter Einsatz seiner Vertriebserfahrung vermarktet Deichmann die populären Schuhe neben anderen Vertriebswegen auch in rund 1.600 europäischen Filialen des Unternehmens. Deichmann ist als Schuheinzelhändler seit 1913 auf dem Markt und hat seinen Stammsitz in Essen. 2006 verkaufte das Unternehmen 112 Mio. Schuhe in 13 Ländern und schreibt zur gleichen Zeit einen Jahresumsatz von 2,7 Mrd. Euro.

1050er-Jahre: Schaufensterauslage mit Kinderschuhen von Elefanten

DATEN UND FAKTEN

Markenname: Elefanten, ein Hamburger Schuhgroßhändler hatte 1927 das Wort Elefanten als Warenzeichen angeboten

Slogan: „Kinderfüße in besten Händen"

Gründer: Gustav Hoffmann, Fritz Pannier, 1908

Markenregistrierung: 11.01.1928, Reichspatentamt Berlin

Innovationen: Torsana Schuh (1955), Lauflernschuh el chico (1964)

Markenwebsite: www.elefanten.de

UNTERNEHMEN

Heinrich Deichmann-Schuhe GmbH & Co. KG

Hauptsitz: Essen, Deutschland

Inhaber: Familie Deichmann

Weitere Marken: Victory, Gallus, Graceland

Gesamtumsatz: 2,7 Mrd. Euro (2006)

KONTAKT

Heinrich Deichmann-Schuhe
GmbH & Co. KG

Deichmannweg 9
45359 Essen
✆ (02 01) 86 76-00
🖷 (02 01) 86 76-1 20
💻 www.deichmann.de

Ansprechpartner Presse:
Ulrich Effing
✆ (02 01) 86 76-9 60
✉ ulrich_effing@deichmann.com

MEILENSTEINE

1896 Als erster industrieller Hersteller fertigt Gustav Hoffmann anatomisch geformte rechte und linke Kinderschuhe an.

1908 Gustav Hoffmann gründet seine Kinderschuh-Fabrik.

1928 Der Elefant wird zum Markenzeichen.

1955 Der neuartige, gelenkbewegliche *Torsana*-Schuh kommt auf den Markt.

1960 Das *T3-System* wird entwickelt. Es setzt wissenschaftliche Erkenntnisse über gesundes Fußwachstum praktisch um.

1964 Der Lauflernschuh Elefanten *el chico* ist da. Er ist bahnbrechend, weil er extrem flexibel ist.

1974 Das unter maßgeblicher Beteiligung von Elefanten entwickelte *Weiten-Maß-System WMS* wird eingeführt.

2005 Deichmann übernimmt die Marke Elefanten.

ELMEX

→Aronal/Elmex

EMCO

Unter der Industriegütermarke Emco werden Produkte für die Bereiche Haustechnik und Ausstattung vertrieben. Der Ingenieur Erwin Müller legte nach dem 2. Weltkrieg mit der Gründung eines Fertigungsbetriebs für Bürogeräte in Lingen den Grundstein. Die unter der Marke →Novus vertriebenen Heftgeräte und Heftklammern bereiteten den Weg für die ab 1952 unter der Marke Emco produzierten Sanitär-Accessoires. Im Jahr 1959 folgte mit der Entwicklung von Roll-Rosten für Unterflurheizungen die Expansion in ein weiteres Geschäftsfeld. Mittlerweile werden unter dem Dach der Marke Emco u.a. Bad-Accessoires, Mattensysteme, Schwimmbadroste, Lüftungs- und Klimasysteme vermarktet. Das Unternehmen konzentriert sich nicht nur auf funktionale Aspekte, sondern legt auch großen Wert auf ein ansprechendes Design. Erzeugnisse der Marke Emco wurden vielfach für ihre gute Gestaltung ausgezeichnet. Architekten mit besonderem Anspruch an Design zählen zur Hauptzielgruppe der Marke. Das von der Agentur Frese & Wolf im Jahr 1980 entworfene Logo zeigt den Markennamen in weißen, von der Signalfarbe Rot umflossenen Buchstaben und soll eine Assoziation zur Metallverarbeitung herstellen. Das Corporate Design wird durch die Verwendung der Hausfarbe Rot (HKS 14) und der Schrift Thesis von Lucas de Groot abgerundet. Organisatorisch sind die Emco Bau- und Klimatechnik GmbH & Co. KG sowie die Emco Bad GmbH & Co. KG als eigenständige Unternehmen unter dem Dach der Erwin Müller Gruppe angesiedelt. Mit den Produkten der Marke Emco wird unter dem Geschäftsführenden Gesellschafter Dipl.-Ing. Harald Müller ein Jahresumsatz von 70 Mio. Euro erwirtschaftet. Weltweit werden 450 Mitarbeiter beschäftigt. Der Anteil der Marke Emco am Gesamtumsatz beträgt ca. 54 %. Für die Zukunft sind Erweiterungen der Produktpalette und die Entwicklung neuer Klimakonzepte geplant.

Sowohl die Emco Bad GmbH & Co. KG, als auch die Emco Bad- und Klimatechnik GmbH & Co. KG haben ihren Sitz im niedersächsischen Lingen.

DATEN UND FAKTEN

Markenname: Emco, Akronym, zusammengesetzt aus den Initialien des Gründers Erwin Müller und dem Firmenzusatz **Co**

Gründer: Erwin Müller, 1945, Lingen

Markenregistrierung: 18.05.1955, DPMA München (Bildzeichen), 10.12.1976, DPMA München (Wortmarke)

Jahresumsatz: 70 Mio. Euro

Auszeichnungen:
„iF product design award" für Einbaumodule

Unter dem Dach der Marke Emco werden u.a. Bad-Accessoires, Mattensysteme, Schwimmbadroste und Lüftungssysteme vermarktet.

Em-eukal ist eine Marke der SOLDAN Holding + Bonbonspezialitäten GmbH.

Emilia Lay steht für Lebensfreude und Spaß an Mode in den Größen 42 bis 54.

emco ASIS (2006)
„red dot award: product design" für *emco ASIS* (2006)

UNTERNEHMEN

Erwin Müller GmbH (Holding)

Hauptsitz: Lingen, Deutschland

Geschäftsführender Gesellschafter: Dipl.-Ing. Harald Müller

Weitere Marken: → Novus, → Dahle

Gesamtumsatz: ca. 106 Mio. Euro

Vertrieb: weltweit über Vertriebspartner

KONTAKT

Emco Bad GmbH & Co. KG
Breslauer Str. 34–38
49803 Lingen (Ems)
(05 91) 91 40–0
(05 91) 91 40–8 31
www.emco-bad.de

Emco Bau- und Klimatechnik GmbH & Co. KG
Breslauer Str. 34–38
49803 Lingen (Ems)
(05 91) 91 40–0
(05 91) 91 40–8 11
www.emco.de

MEILENSTEINE

1949 Beginn der Produktion von Novus Heftgeräten mit ca. 30 Mitarbeitern

1952 erstmalige Produktion von Bad-Accessoires unter dem Markennamen Emco

1972 Gründung des Geschäftsbereiches Emco Klimatechnik

2000 Veränderung der Firmenstruktur und Übergang in eine Holding der Erwin Müller Gruppe

ab 2002 Übernahmen und Beteiligungen, u. a. emcal, ADO, Lüftomatic, Teddington, CRO

EM-EUKAL

Die Bonbons der Marke Em-eukal zeichnen sich durch ihre wirksamen Bestandteile, wie z. B. Eukalyptusöl und Menthol, aus. Dr. Carl Soldan eröffnete 1899 in Nürnberg eine „Medizinal Drogerie", in der er die ersten Rezepturen für gesundheitsfördernde Lutschbonbons entwickelte. 1923 kreierte er das Em-eukal Hustenbonbon, das man sogar Bergarbeitern bis in die 1950er-Jahre gegen die Staublunge verschrieb. Dank der patentierten Fahne im Wickler war es den Arbeitern möglich, die Bonbons auszupacken, ohne sie mit ihren schmutzigen Händen berühren zu müssen. Die Fahne ist auch heute noch das Markenzeichen der Marke Em-eukal, die mit dem Slogan „Em-eukal nur echt mit dieser Fahne. Garant für höchste Bonbonqualität" beworben wird. 1989 kam das erste zuckerfreie Bonbon von Em-eukal auf den Markt. Heute umfasst das Sortiment Bonbons für Kinder und Erwachsene. Um den Auftritt der Produkte des Unternehmens zu vereinheitlichen, entwickelte der Designer Peter Schmidt 2002 das neue Dachmarkenlogo „Dr. C. Soldan", das seither alle Verpackungen ziert. Der geschäftsführende Gesellschafter Perry Soldan leitet das Familienunternehmen mit ca. 160 Mitarbeitern in vierter Generation. Die Produkte werden zunehmend auch im Ausland mit dem Schwerpunkt Europa vertrieben.

UNTERNEHMEN

Dr. C. Soldan GmbH
Herderstr. 5–9
90427 Nürnberg
(09 11) 32 78–01
(09 11) 32 78–1 59
www.em-eukal.de

EMILIA LAY

Das Label Emilia Lay versteht seine Aufgabe darin, Mode im Große Größen-Segment für Frauen im Alter von 40 bis 65 Jahren zu entwerfen, die Wert auf modische Aktualität, ein gepflegtes Auftreten und Qualität legen. Das Unternehmen Tristyle Mode GmbH & Co. KG entwickelte die Marke 2005 und vertreibt seit 2006 seine Kreationen deutschlandweit über den Versandhandel und das Internet. Die Marke Emilia Lay richtet sich an Frauen mit den Konfektionsgrößen zwischen 42 und 54 mit hohem Mode- und Qualitätsanspruch. Das Angebot reicht von stilvoller Alltagskleidung bis zu exkl. Business-Outfits und wird durch Schuhe, Wäsche, Accessoires und Bademode ergänzt. Dabei würdigt Emilia Lay die spezifischen Anforderungen der Zielgruppe und bietet seinen Kundinnen zeitlose und elegante Kleidung. Außerdem hat das junge Modelabel hohe Ansprüche an die Langlebigkeit seiner Produkte hinsichtlich Modizität und Qualität und bietet einen modernen Einkauf über den Versandhandel. Das Signet von Emilia Lay nimmt diesen Anspruch auf und zeigt die schwarzen Initialen des Markennamens in einem eleganten Schriftzug auf weißem Fond. Der ausgeschriebene Markenname darunter ist in der Schrift Futura des Designers Paul Renner gesetzt, die seit ihrer Entstehung 1927 zu einem Klassiker avancierte. Emilia Lay ist ein Kunstname, mit dem qualitativ hochwertige Damenmode assoziiert werden soll. Das Logo wurde 2006 von der Nürnberger Agentur *Wunderburg Design* entworfen. Seit dem Frühjahr 2007 wirbt die dt. Schauspielerin Christine Neubauer im Katalog und in Zeitschriften für die Modemarke. Die Grimmepreisträgerin wurde u.a. durch Filme wie *Geierwally* (2005) oder *Moppel-Ich* (2007) bekannt. Nach den ersten erfolgreichen Jahren auf dem dt. Markt wird die Tristyle Mode GmbH & Co. KG ab dem Jahr 2008 ihre Kollektion auch in der Schweiz und in Österreich anbieten.

DATEN UND FAKTEN

Markenname: Emilia Lay, fiktiver Personenname mit Assoziation zu eleganter Mode

Slogan: „Mode in den Größen 42–54"

Markenregistrierung: 27.02.2006, DMPA München

Geschäftsführer: Joachim Groschopp, Dr. Bernd Ital

UNTERNEHMEN

Tristyle Mode GmbH & Co. KG
Im Pinderpark 4
90513 Zirndorf
✆ (0 18 05) 1 00-2 75
🖷 (0 18 05) 1 00-2 95
💻 www.emilialay.com

EMSA

Mit einem Schmetterling aus Kunststoff fing es an – der Tropfenfänger für Kaffeekannen war das erste Produkt der Konsumgütermarke Emsa. Heute gehört die Emsa GmbH zu den führenden europäischen Herstellern von Haushalts- und Gartenartikeln. Das Sortiment reicht von Produkten für den gedeckten Tisch über Helfer zum Frischhalten, Zubereiten & Backen bis hin zu Isoliergefäßen und Blumenkübeln. Ihre Wurzeln hat die Marke in der 1949 von Franz Wulf gegründeten Franz Wulf & Co. Plasticwarenfabrik in Greven. Neben den Tropfenfängern stellte das Unternehmen damals u.a. Spritzbeutel und Teigrädchen her. 1956 kamen die ersten Emsa-Blumenübertöpfe in den Handel. In den 1960er- und 1970er-Jahren ergänzten Pflanzgefäße ebenso wie Tisch- und Küchenserien und spülmaschinenfeste Frischhaltedosen das Programm. Die ersten Kunststoff-Isolierkannen mit patentiertem Verschluss

Candeo – die erste Emsa-Tischserie aus weißem Porzellan

brachte Emsa 1982 auf den Markt – über 1,5 Mio. verkaufte Kannen jährlich machen den Hersteller nach eigenen Angaben in Deutschland zum Marktführer in diesem Produktsegment. Mit der Neuausrichtung des Unternehmens 2006 rückt auch der hochwertige Geschenkbereich stärker in den Fokus. Neben Kunststoff ergänzen weitere Materialien wie Holz, Edelstahl und nun auch Porzellan für den gedeckten Tisch das Sortiment. Dass sich die „Ideen für jeden Tag" durch hohe Qualität, technische Finesse und attraktives Design auszeichnen, gehört für Emsa zum Markenversprechen und schafft Sympathie bei den Verbrauchern. Das Firmen-Logo zeigt den weißen Schriftzug in Minuskeln, eingefasst in einen roten Punkt (HKS 13), der seit 1971 fester Bestandteil des Logos ist. Seit 1956 ist Emsa in Emsdetten ansässig – der 1969 eingetragene Markenname spielt auf die Stadt und ihren Hauptfluss Ems an. Das Unternehmen beschäftigt ca. 250 Mitarbeiter, davon etwa die Hälfte in der Produktion, und weist eine Ausbildungsquote von 6 % in zehn verschiedenen Berufen auf.

DATEN UND FAKTEN

Markenname: Emsa, Kunstname mit Referenz an die Region Emsdetten und den Fluss Ems

Slogan: „Schöne Ideen für jeden Tag"

Gründer: Franz Wulf, 1949, Greven

Markenregistrierung: 03.04.1969, DPMA München

emsa

Das Emsa-Logo mit dem charakteristischen weißen Schriftzug und dem roten Punkt (oben)/ *Emsa Clip&Close* (Mitte) und *Emsa-Gewürzkarussel* (unten)

Innovationen: *Thermostar* (1982), Gewürzsystem *Galerie* (1994), *Quick-Tip*-Verschluss (1995), *Clip&Close* (2004)

Jahresabsatz: 1,56 Mio. Isolierkannen (Gesamtabsatz, 2006)

Auszeichnungen:
„red dot award: product design", Design Zentrum Nordrhein Westfalen für *Clip&Close Frischhaltesystem* (2004)
„Produkt des Jahres 2004", Pro-K -Industrieverband Halbzeuge und Konsumprodukte aus Kunststoff e. V. ehemals Verband Kunststoff-Konsumwaren für Teefilter *Teatime* (2004)
„red dot award: product design", Design Zentrum Nordrhein Westfalen für *Fit+Fresh Salatschleuder* (2005)

UNTERNEHMEN

EMSA GmbH

Hauptsitz: Emsdetten, Deutschland

Vorstand: Franz-Jörg Wulf, Frank Schepers, Günter Nosthoff, Ewald Ure

Weitere Marken: Addis (UK)

Vertrieb: über eigene Organisationen in Deutschland, Österreich, Benelux, Italien, Frankreich und Skandinavien, darüber hinaus Distributionspartner

KONTAKT

EMSA GmbH
Grevener Damm 215–225
48282 Emsdetten
✆ (0 25 72) 13-0
Fax (0 25 72) 13-2 22
www.emsa.com

Ansprechpartner Presse & Marketing:
Daniela Heisig
Marketingleitung

MEILENSTEINE

1949 Firmengründung durch Franz Wulf

1953 Der Schmetterling am Tropfenfänger für Kaffeekannen wird als erster Emsa-Kunststoffartikel mit einer Handhebel-Spritzgussmaschine selbst gefertigt.

1982 Einführung der *Thermostars*, der ersten Isolierkannen aus Kunststoff mit dem patentierten Verschluss-System *Drücken-Drehen-Dicht*

1994 Einführung des Küchensystems *Galerie* mit Gewürzkarussel

1999 Addis wird Tochterunternehmen von Emsa.

2004 Einführung der Frischhalteserie *Clip&Close*

e·plus+

E-Plus steht für mobile Kommunikation.

E-PLUS

Die E-Plus Gruppe steht für Produkte und Dienstleistungen im Bereich mobile Kommunikation. Die Sprachangebote und Datendienste wenden sich an Privat- und Geschäftskunden. Darüber hinaus stellt das Unternehmen sein GSM- und UMTS-Netz im Rahmen eines Wholesale-Geschäftsmodells unterschiedlichsten Partnern zur Verfügung. Innovativ präsentiert sich E-Plus vor allem bei der Tarifgestaltung und steht hier für einfache Preisstrukturen und günstige Angebote. Mit einer Mehrmarkenstrategie spricht die E-Plus Mobilfunk GmbH & Co. KG individuelle Marktsegmente an und reagiert auf die Bedürfnisse einzelner Teilzielgruppen. Die Hauptmarke E-Plus ging 1994, ein Jahr nach der Unternehmensgründung, an den Start. Das Logo der Produktmarke E-Plus zeigt den Namen im markentypischen Grün in serifenlosen Kleinbuchstaben. Das „e" wird von „plus" durch einen kleinen Punkt getrennt, ein Pluszeichen rechts oberhalb des letzten Buchstabens ergänzt den Schriftzug. 2005 wurden die Marken Base, →Simyo und Ay Yildiz eingeführt, 2006 folgte Vybemobile. Base ist die Flatrate-Marke des Unternehmens, Simyo wurde als Discountermarke platziert, und Ay Yildiz war das erste Angebot im Mobilfunksegment, das sich explizit an türkischstämmige Mitbürger richtet. 2007 wurde Base von der Fachzeitschrift Connect als „Beste mobile Sprachflatrate" sowie als „Beste Datenflatrate" ausgezeichnet, Simyo wurde zum „Beliebtesten Anbieter im Mobilfunk Discount" gewählt. Mit 14,1 Mio. Kunden (Stand: September 2007) ist die E-Plus Mobilfunk GmbH & Co. KG nach eigenen Angaben der drittgrößte dt. Mobilfunkanbieter. Das Unternehmen beschäftigt bei einem Jahresumsatz von 2,9 Mrd. Euro rund 2.200 Mitarbeiter in Deutschland.

UNTERNEHMEN

E-Plus Mobilfunk GmbH & Co. KG
E-Plus-Platz 1
40468 Düsseldorf

(01 77) 10 00 (Kundenhotline Produktmarke E-Plus)
(03 31) 7 00 31 30
www.eplus.de

EPSON

Anlässlich der Olympischen Spiele 1964 in Tokio entwickelte eine Schwesterfirma der für die Zeitnahme zuständigen Firma Seiko einen Drucker zur Protokollierung der Wettkampfergebnisse. Aufgrund der großen Nachfrage, die dieses Gerät erzeugte, präsentierte Seiko 1968 den ersten kommerziellen Desktop Drucker, den *EP-101*. Dessen Erfolg sowie der seiner Nachfolger, die *Son of EP-101* genannt wurden, legten 1975 die Einführung einer eigenen Marke nahe: Epson. Die Kernkompetenzen von Epson liegen in der Herstellung von Imaging-Produkten, wozu heute neben Druckern auch LCD-Projektoren und LC-Displays gehören. Maßgebende Produktinnovationen waren beispielsweise der 1982 eingeführte Handheld-Computer, der erste 3LCD-Multimedia-Projektor sowie der erste mobile Fotodrucker *PictureMate*. Bezüglich des unternehmerischen Anspruchs auf Kraft, Modernität, Hochwertigkeit und Qualität zeigt das Logo in Versalien den schlichten Schriftzug Epson in blauen Versalien, der mit einem weißen Rechteck hinterlegt ist. Der angefügte aktuelle Slogan „Exceed Your Vision" in Schwarz rückt den Anspruch des Unternehmens auf Innovationskraft und die Kreativität in den Vordergrund. Die Produkte werden zzt. im Rahmen einer humoristischen Kampagne von dem dt. Comedian Wigald Boning beworben. Für die witzige und zugleich informative Kampagne erhielt Epson zwei voneinander unabhängige Preise. Das Unternehmen wurde 1975 in Japan mit Einführung der Marke als Seiko-Tochter gegründet. Vier Jahre später folgte der Aufbau der Epson Deutschland GmbH, die heute 200 Mitarbeiter beschäftigt. Der Hauptsitz war zunächst Düsseldorf und wurde später ins benachbarte Meerbusch verlagert. Unter Führung der in Japan ansässigen Seiko Epson Corporation wies die Epson Gruppe mit 87.000 Mitarbeitern 2006/07 einen Konzernumsatz von umgerechnet 8,68 Mrd. Euro aus. Zur Produktions- und Vertriebsstruktur des Unternehmens gehören 41 Entwicklungs- und Fertigungsstätten sowie 59 Marketing- und Service-Stationen. Lt. Decision Tree Consulting (DTC) ist Epson Weltmarktführer im Bereich Projektorenproduktion, zudem zählt das Unternehmen zu den führenden Herstellern von Tintenstrahldruckern.

DATEN UND FAKTEN

Markenname: Epson, abgeleitet von **Son** of **E**lectronic **P**rinter, Japan

Slogan: „Epson – Exceed your vision"

Markenregistrierung: 24. 06. 1975, DPMA München

Innovationen: *EP-101*, erster miniaturisierter Drucker der Welt (1968), erster Notebook-Rechner *Epson HX-20* (1982), erster mobiler Fotodrucker *PictureMate* (2004), erster 3LCD-Multimedia-Projektor *EMP-TWD1* (2005)

Jahresumsatz: 8,68 Mrd. Euro

UNTERNEHMEN

Epson Deutschland GmbH
Otto-Hahn-Str. 4
40670 Meerbusch
(0 21 59) 5 38-0
(0 21 59) 5 38-30 00
www.epson.de

Die Kernkompetenz von Epson liegt in der Herstellung und dem Vertrieb von Fotodruckern, Foto-Multifunktionsgeräten und 3LCD-Projektoren.

ERASCO

Unter der Marke Erasco vertreibt die Campbell's Germany GmbH jährlich rund 90 Mio. Dosensuppen und Eintöpfe und zählt damit lt. Unternehmensangaben zu den führenden Anbietern in diesem Segment. Die Marke steht für qualitativ hochwertige Fertiggerichte im Dosen- und Instantsuppenbereich. Die Standardproduktpalette wird regelmäßig durch saisonale Produkte ergänzt. Neue Fertiggerichte werden in der Erasco-Versuchsküche am Stammsitz in Lübeck umgesetzt. Der Markenname setzt sich aus dem Namen des Firmengründers Paul Erasmi und dem Firmen-Zusatz Co. zusammen. Als Zielgruppe werden neben Familien insbesondere Männer und Frauen im Alter zwischen 29 und 59 Jahren angesprochen. Das ovale Erasco-Logo zeigt den Markennamen in weiß vor dem in der Hausfarbe Rot gehaltenen Fond. In der aktuellen Version ist das Grundlogo in einen grünen Balken eingelassen, der Naturverbundenheit und Frische kommunizieren soll. Durch ergänzende TV-Präsenz in Werbespots wird die Markenpflege unterstützt, regelmäßige Marktforschungen sollen zudem sicherstellen, dass Kundenbedürfnisse angemessen aufgegriffen werden. So reagiert das Unternehmen z. B. auf den Trend zum schnellen, un-

Erasco zählt zu den führenden Herstellern von Dosensuppen und Eintöpfen.

Erasco Gemüse & Sauce gehört zu den Innovationen des Hauses.

komplizierten Kochen, indem seit 2007 unter dem Motto „Ruck-Zuck-Kochideen" Rezeptideen propagiert werden, mit denen Erasco-Produkte in ganz neue Gerichte verwandelt werden. Die Erasco-Geschichte beginnt mit der Gründung der Firmen Vorbeck GmbH & Co. im Jahre 1873 und der Paul Erasmi & Co. im Jahre 1886 in Lübeck, die 1926 zur Vereinigten Konserven- und Süßwaren GmbH fusionieren. 1950 wird die Marke Erasco geschützt und 1968 kommen die ersten Fertiggerichte in Konserven auf den Markt. Nach der Übernahme durch die Campbell Soup Company im Jahre 1996 sind am Stammsitz der Campbell's Germany GmbH in Lübeck 500 Mitarbeiter beschäftigt (2006).

Der Suppensnack Heisse Tasse wird seit 2002 auf dem dt. Markt vertrieben.

DATEN UND FAKTEN

Markenname: Erasco, Akronym aus Familienname des Firmengründers Paul **Eras**mi und der Rechtsform **Co**.

Slogan: „Das Gute daran ist das Gute darin"

Gründer: Paul Erasmi, 1950, Lübeck

Markenregistrierung: 06. 12. 1950, DPMA München

Innovationen: Erasco Gemüse & Sauce (2006)

Markenbekanntheit: 50 % ungest., 90 % gest. (Millward Brown, 2007)

Jahresabsatz: rund 90 Mio. Dosen (Durchschnitt p. a.)

Markenwebsite: www.erasco.de

UNTERNEHMEN

Campbell's Germany GmbH

Hauptsitz: Lübeck, Deutschland

Geschäftsführung: Joseph B. Folds

Mitarbeiter: 24.000 (weltweit, 2006)

Vertrieb: weltweit

KONTAKT

Campbell's Germany GmbH
Geniner Str. 88–100
23560 Lübeck
(04 51) 53 06–0
(04 51) 53 06–1 08
www.campbells.de

Ansprechpartner Presse:
Marion Oberbeck
(04 51) 53 06–2 42
marion_oberbeck@campbellsoup.com

SCHON GEWUSST?

- Erasco Suppen und Eintöpfe werden ohne Vorkochen in der Dose gegart.
- Für die Zubereitung der Erasco-Gerichte werden im Jahr circa 10.000 t Kartoffeln verarbeitet.

ERASCO HEISSE TASSE

Als Erasco Heisse Tasse vertreibt die Campbell's Germany GmbH Instantsuppen in verschiedenen Variationen. Die Heisse Tasse wurde bereits vor 30 Jahren erfunden. Seit dem Jahr 2002 wird der Suppensnack in Deutschland von Campbell's vertrieben. Die Marke steht für qualitativ hochwertige, schnell zuzubereitende Instantsuppen und Eintöpfe mit wenig Fett und ausgewogenen Zutaten. Der Markenname setzt sich aus dem Namen des Erasco Firmengründers Paul Erasmi und dem von der in Hamburg ansässigen Unilever AG 1973 eingeführten Begriff „Heisse Tasse" zusammen. Das ovale Logo der Marke zeigt die Wortmarke Erasco in weiß vor dem in der Hausfarbe Rot gehaltenen Fond. Auf den dunkelblau gehaltenen Produktverpackungen sind darunter jeweils der schwungvoll gezeichnete Heisse Tasse-Schriftzug in Weiß und eine mit der jeweiligen Suppensorte gefüllte Tasse abgebildet. Durch ergänzende TV-Unterstützung in Werbespots werden Marke und Produkte kontinuierlich weitergepflegt; ein eigener Internetauftritt wird zusätzlich als Plattform genutzt, um die Marke umfassend und aktuell zu kommunizieren. Seit einem Marken-Relaunch im Herbst 2007 unter dem Motto „Natürlich" werden die Heisse Tasse-Produkte in neuer Qualität ohne Konservierungsstoffe und Geschmacksverstärker angeboten. Damit ist Campbell's Deutschland das erste Unternehmen, das eine Instantsuppe ohne solche Zusatzstoffe auf den dt. Markt gebracht hat.

DATEN UND FAKTEN

Markenname: Erasco Heisse Tasse, abgeleitet aus dem Namen der Dachmarke Erasco sowie dem Markennamen Heisse Tasse

Slogan: „So lecker wie vom Markt"

Markenregistrierung: 15.01.2002, DPMA München

Markenbekanntheit: 90 % gest. (Millward Brown, 2007)

Markenwebsite: www.heisse-tasse.de

UNTERNEHMEN

Campbell's Germany GmbH
Geniner Str. 88–100
23560 Lübeck
(04 51) 53 06–0
(04 51) 53 06–1 08
www.campbells.de

ERCO

„Licht statt Leuchten" lautet eine der Philosophien mit der sich die Marke Erco im Segment professioneller Lichtplanung in der Architektur etabliert hat. In Zusammenarbeit mit renommierten Designern, Lichtplanern und Architekten entwickelt das Unternehmen Produktlinien und ganzheitliche Beleuchtungskonzepte für Objekte wie Museen, Kirchen, Flughäfen, Denkmäler, Hotels, Ladenketten, Messestände, Verwaltungsgebäude, Grünanlagen und Privathäuser. Zu den prominentesten Arbeitsbeispielen von Erco zählen u.a. die Glaspyramide des Louvre und die Reichstagskuppel in Berlin. Die Lichtgestaltung mithilfe digitaler und vernetzbarer Steuertechnologien definiert Erco mit der Formel „Tune the Light". Dieses Konzept spricht vor allem Architekten, Fachingenieure, Lichtplaner, Interieurdesigner und Bauherren an. Umfangreiche Markenpflege steht im Zentrum der Unternehmenskommunikation: Der Markenname ist ein Zusammenschluss aus dem ausgesprochenen R des Gründernamens Reininghaus und Co. Das bis heute unveränderte Logo wurde 1974 von Otl Aicher in Form des Erco-Schriftzugs in der damaligen Hausschrift Univers gezeichnet. Sie wurde 1992 von der ebenfalls von Aicher entworfenen Schrifttype Rotis ersetzt. Die Strichstärke der Schrifttypen nimmt vom E bis zum O immer weiter ab. Dies soll die abnehmende Lichtstärke symbolisieren, je weiter der Betrachter von der Lichtquelle entfernt ist. Seit seiner Gründung durch Arnold Reininghaus 1934 avancierte das Unternehmen nach eigenen Angaben zum Technologieführer im Bereich der Architekturbeleuchtung. Mit regelmäßigen Seminaren und Workshops am Stammsitz Lüdenscheid bietet Erco nicht nur Kunden

Erco beleuchtet anspruchsvolle Bauwerke, darunter die Glaspyramide des Louvre in Paris.

sondern auch dem eigenen Vertriebsteam ein Weiterbildungsforum. Weltweit beschäftigt Erco 1.080 Mitarbeiter, davon 740 in Lüdenscheid. Der Konzernumsatz 2006 betrug 150 Mio. Euro, mit einem Exportanteil von 78 %.

DATEN UND FAKTEN

Markenname: Erco, Kunstwort, zusammengesetzt aus dem ausgesprochenen R von **R**einighaus und **Co**

Slogan: „Tune the light"

Erfinder: Arnold Reininghaus, 1934, Lüdenscheid

Markenregistrierung: 14.11.1956, DPMA München

Auszeichnungen:
„iF communication design award" für System Dali Tutorial (2007)

Literatur:
Ernst & Sohn: Erco Lichtfabrik (1990)

UNTERNEHMEN

Erco Leuchten GmbH

Hauptsitz: Lüdenscheid, Deutschland

Geschäftsführung: Tim Henrik Maack, Kay Pawlik, Mark Oliver Schreiter, Dr. Dirk Stahlschmidt

Gesamtumsatz: 150 Mio. Euro (2006)

Vertrieb: weltweit, meist über eigene Niederlassungen

ERCO

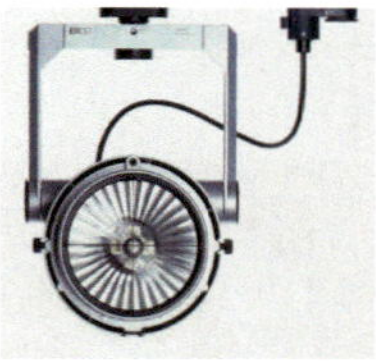

Logo (oben) und Produkt (Mitte) der Marke Erco, illuminiertes Hochlager des Unternehmens am Stammsitz Lüdenscheid (unten)

KONTAKT

Erco Leuchten GmbH
Brockhauser Weg 80–82
58507 Lüdenscheid
(0 23 51) 5 51–0
(0 23 51) 5 51–3 00
www.erco.de

Ansprechpartner Presse:
Martin Krautter
(0 23 51) 5 51–3 45
m.krautter@erco.com

Ansprechpartner Marketing:
David Kuntzsch
(0 23 51) 5 51–5 32
d.kuntzsch@erco.com

MEILENSTEINE

1934 Gründung durch Arnold Reininghaus in Lüdenscheid

1968 Einführung Strahler/Stromschienen, Konzept „Licht statt Leuchten"

1980 Deutscher Marketingpreis

1987 Beleuchtung der Louvre Glaspyramide, Paris

2004 Einführung des Slogans „Tune the Light" für szenografische Beleuchtung

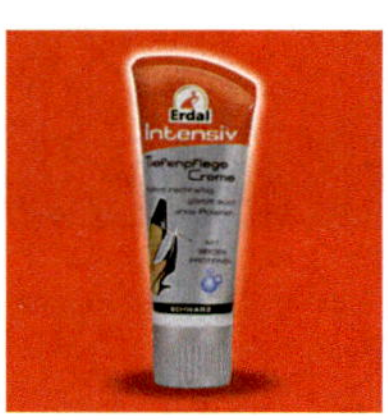

Produkt aus der Schuhpflegeserie der Marke Erdal (Mitte), Geschäftsführer Reinhard Schneider (unten)

ERDAL

Die internat. Konsumgütermarke Erdal umfasst ein breites Spektrum von Pflege- und Reinigungsmitteln für Leder, Textilien und Funktionsmaterialien. Entwickelt wurde die Marke 1901 von Philipp Adam Schneider. Auf Grundlage der Erfahrungen aus der ehemaligen Wachszieherei Werner & Mertz entwickelte Schneider die erste pflegende Schuhcreme. Die Haushaltprodukte des Unternehmens wenden sich an haushaltsführende Frauen und Männer zwischen 19 und 65 Jahren, die auf anwenderfreundliche Pflege Wert legen. Die Bildmarke des Froschkönigs wurde aus Grimms Märchen entlehnt und kurz nach der Unternehmensgründung eingeführt. Das königliche Märchentier kam den Bedürfnissen des damaligen Zeitgeists entgegen. Zudem kommt auch der Frosch, ebenso wie das Schuhwerk, stets mit Wasser in Berührung, seine Haut bietet jedoch einen guten Schutz gegen das nasse Element. Darüber hinaus korreliert die Frosch- mit der Schuhperspektive. Um wieder Friedensqualität der Produkte zu demonstrieren, wurde nach der Kriegszeit 1918 für die neue Ölware der bislang grüne Frosch rot gefärbt. Die Entwicklung der Marke Erdal Schuhpflege begann sozusagen mit dem Rotfrosch. Ein weiterer Einschnitt in der Entwicklung des Logos vollzog sich 1961, als der naturalistische Frosch ein Lächeln bekam. Mit dem Wechsel der Betriebsführung 1971 entstand schließlich ein plakativer, stilisierter Froschkönig, der aus praktischen Gründen optimal zu verkleinern war. Auf dem Schuhpflegemarkt war Erdal lange Zeit aufgrund seiner hohen Innovationsdichte Impulsgeber. Zu den zahlreichen Neuerungen zählte z. B. die erste selbst glänzende Schuhpflege aus dem Jahr 1981. Basierend auf seiner 100-jährigen Marktführerschaft agiert das Unternehmen mit dem Stammsitz Mainz auch weiterhin innovationsfreudig und baut mit der Erdal-Rex GmbH das Segment ökologisch orientierter und leistungsstarker Reinigungsmittel aus. Am Gesamtumsatz des Konzerns Werner & Mertz macht die Traditionsmarke 12 % aus. Weltweit wird Erdal vor allem in Österreich und Russland vertrieben.

Um wieder Friedensqualität der Produkte zu demonstrieren, wurde nach der Kriegszeit 1918 für die neue Ölware der bislang grüne Frosch rot gefärbt.

DATEN UND FAKTEN

Markenname: Erdal, mundartliche Aussprache der Produktionsstätte in der Erthalstraße in Mainz

Slogan: „Erdal – gepflegte Schuhe haben's drauf", „Erdal – einfach glänzend!" (1957 bis 1970), „Erdal – die Pflege aller guten Dinge" (1970 bis 1990)

Erfinder: Philipp Adam Schneider, 1901, Mainz

Markenregistrierung: 28. 09. 1901, Kaiserliches Patentamt Berlin

Innovationen: erste selbst glänzende Schuhpflege (1982)

Markenbekanntheit: 68 % ungest., 70 % gest. (GFK, 2006)

Markenwebsite: www.erdal.de

UNTERNEHMEN

Werner & Mertz GmbH

Hauptsitz: Mainz, Deutschland

Geschäftsführer: Reinhard Schneider

Gesamtumsatz: 258 Mio. Euro

Weitere Marken: → Frosch, ratzfatz

Vertrieb: Deutschland, Österreich, Russland und weltweit über Export

KONTAKT

Werner & Mertz GmbH
Ingelheimstr. 1–3
55120 Mainz
✆ (0 61 31) 9 64–02
🖷 (0 61 31) 9 64–20 30
💻 www.werner-mertz.de

Ansprechpartner Presse:
Birgitta Schenz
✆ (0 61 31) 9 64-20 28
✉ bschenz@werner-mertz.com

Ansprechpartner Marketing:
Wolfgang Feiter
✆ (0 61 31) 9 64-24 71
✉ wfeiter@werner-mertz.com

Lead-Agentur:
Consell Werbeagentur
💻 www.consell.de

SCHON GEWUSST?

▮ Der Markenname entstammt einer mundartlichen Eigenart. Die Produktionsstätten der Schuhcreme befanden sich in der Erthalstraße in Mainz, die in der Mainzer Mundart „Ärdaal" ausgesprochen wurde.

ERDINGER WEISSBIER

Die Marke ERDINGER steht für bayerisches Weizenbier, das lokale Tradition und hohen Qualitätsanspruch vereint. 1949 kreierte der damalige Inhaber Franz Brombach den Namen ERDINGER Weißbräu für das von Johann Kienle 1886 gegründete Unternehmen. Die Angebotspalette umfasst acht verschiedene Weißbiersorten. Neben Kristall- und Starkbiervarianten zählen Besonderheiten wie das saisonale Produkt ERDINGER *Schneeweiße* zum Angebot. ERDINGER *Alkoholfrei* für Fitnessbewusste rundet das Produktportfolio ab. Dem eigenen Qualitätsanspruch wird das mittlerweile von Franz Brombachs Sohn Werner geführte Familienunternehmen nicht nur durch die Einhaltung des Reinheitsgebots von 1516 gerecht. Besonderen Wert legt ERDINGER auf die traditionelle Flaschengärung und sorgt darüber hinaus durch konsequente Qualitätssicherung der verwendeten Rohstoffe am Produktionsstandort Erding für den Erfolg der Marke. Der Slogan „In Bayern daheim. In der Welt zu Hause." spiegelt das Konzept der Privatbrauerei wider. ERDINGER Weißbräu exportiert in über 70 Länder und gilt mit 1,53 hl Ausstoß pro Jahr als weltweiter Weißbier-Marktführer. Das Familienunternehmen vergibt keine Lizenzen. Als eine der ersten Weißbierbrauereien startete ERDINGER mit dem berühmten Jingle „Des Erdinger Weißbier des is hoid a Pracht" eine nat. Werbekampagne. Seit 2003 ist Franz Beckenbauer Werbepartner. Die Sponsoringaktivitäten der Brauerei spielen eine wichtige Rolle: 2003 rief das Unternehmen die Aktion „Weißbier der Fußballfans" ins Leben. Darüber hinaus hat sich das Team ERDINGER *Alkoholfrei* durch sein Engagement im Ausdauersport einen Namen gemacht. Fans der Biermarke finden ein Forum im kostenlosen ERDINGER Fanclub (gegründet 1995), der mit über 80.000 Mitgliedern zu einem der größten dt. Fanclubs gehört. ERDINGER Weißbräu beschäftigt ca. 450 Mitarbeiter (2007).

DATEN UND FAKTEN

Markenname: ERDINGER Weißbier, Erding = Gründungsort, Weißbier = bayerisch für Weizenbier

Slogan: „In Bayern daheim. In der Welt zu Hause."

Inhaber: Werner Brombach

Markenregistrierung: 17. 10. 1974, DPMA München

Innovationen: ERDINGER Schneeweiße (1997), ERDINGER Champ (2000), ERDINGER Alkoholfrei (2001)

Markenbekanntheit: 85 % gest. (Niko Index, 2007)

ERDINGER Weißbier vereint lokale Tradition und hohen Qualitätsanspruch.

Produktionsmenge: 1,53 Mio. hl (2006)

UNTERNEHMEN

Privatbrauerei ERDINGER Weißbräu
Lange Zeile 1 + 3
85435 Erding
(0 81 22) 4 09-0
(0 81 22) 4 09-3 16
www.erdinger.de

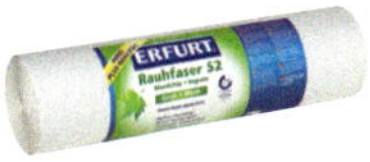

Martin und Henrik Erfurt führen das Familienunternehmen Erfurt in siebter Generation.

ERFURT

Die Konsumgütermarke Erfurt steht für überstreichbare Wandbeläge für den Innen- und Außenbereich, sowohl für Profis als auch für Heimwerker. Der Markenname ist der Familienname des Gründers Friedrich Erfurt. Bekanntestes Produkt von Erfurt ist die Rauhfasertapete, die 1864 vom Apotheker und Gründerenkel Hugo Erfurt entwickelt wurde. Zum Angebot des Unternehmens gehören daneben aber auch Vliesfaser- und Prägetapeten, sowie Tapezierzubehör. Zu den neueren Entwicklungen zählt auch ein Fassadensystem zum Sanieren und Renovieren von Außenwänden. Die Erfurt-Produkte bestehen aus 100 % Papier bzw. Vlies und verzichten auf Weichmacher und geschäumte Kunststoffe. Sie wurden u. a. mit dem Blauen Engel für ihre Umweltverträglichkeit und vom TÜV als allergikergeeignet ausgezeichnet. Das Markenlogo besteht aus dem Namenszug Erfurt in weißen Versalien in einem dunkelblauen Rechteck und wurde zuletzt 2004 überarbeitet. In seiner Einfachheit soll das Logo Tradition und Innovation bei gleichbleibender Qualität und Sicherheit assoziieren. Beworben werden die Erfurt-Produkte seit dem Jahr 2002 mit dem Slogan „Wände zum Wohlfühlen". Weitere bekannte Werbesprüche sind „Unser Vorbild ist die Natur" (1985) und „Prima an der Wand lang" (1990). Die Marke verfolgt eine Differenzierungsstrategie: Erfurt unterscheidet zwischen Angeboten für Profis und Do-it-yourself-Heimwerkern. Dabei werden unterschiedliche Schwerpunkte bei Dekoration bzw. Technik gesetzt. Die Erfurt & Sohn KG wurde 1827 von Friedrich Erfurt gegründet. Heute führen Martin und Henrik Erfurt das Unternehmen in siebter Generation. Erfurt-Produkte werden in Europa und Asien sowie in diversen weiteren Nationen vertrieben. Die Firma beschäftigt zurzeit 400 Mitarbeiter weltweit. Stammsitz ist seit der Gründung vor 180 Jahren Wuppertal.

Rauhfaser-Anzeige aus den 1970er-Jahren

DATEN UND FAKTEN

Markenname: Erfurt, Familienname des Gründers Friedrich Erfurt

Slogan: „Wände zum Wohlfühlen"

Erfinder der Rauhfaser: Hugo Erfurt, 1864, Wuppertal

Gründer: Friedrich Erfurt, 1827, Wuppertal

Markenregistrierung: 13. 03. 1996, DPMA München

Innovationen: Novaboss (1972), Variovlies (1995), Fassadensystem (2005)

Markenbekanntheit: 56 % ungest., 97 % gest. (GfK Profibefragung, 2006), 27 % ungest., 61 % gest. (GfK Endverbraucherbefragung, 2005)

Auszeichnungen:
„Sehr gut", Öko-Test für Erfurt-Rauhfaser 52 (2005)
„Für Allergiker geeignet", TÜV-Siegel für Erfurt-Rauhfaser (2006)
TÜV Cert DIN EN ISO 9001:2000
TÜV Cert DIN EN ISO 14001:2005

UNTERNEHMEN

Erfurt & Sohn KG

Hauptsitz: Wuppertal, Deutschland

Geschäftsführer: Martin Erfurt, Henrik Erfurt

Vertrieb: Europa, Asien und weitere Länder

KONTAKT

Erfurt & Sohn KG
Hugo-Erfurt-Str. 1
42399 Wuppertal
✆ (02 02) 61 10-0
🖷 (02 02) 61 10-8 94 51
💻 www.erfurt.com

Ansprechpartner Marketing:
Heino von Dreele
✆ (02 02) 61 10-2 06
✉ h.vondreele@erfurt.com

SCHON GEWUSST?

- Die Rauhfasertapete wurde 1864 vom Apotheker Hugo Erfurt erfunden. Anfangs wurde sie als Dekorationsmaterial für Schaufenster benutzt, erst in den 1920er-Jahren entdeckte man die Rauhfaser-Struktur als Gestaltungsmittel für die häuslichen vier Wände. Rauhfaser ist heute der beliebteste Wandbelag der Deutschen.
- Seit 180 Jahren werden die Erfurt-Wandbeläge in Deutschland produziert – allerdings nicht in Erfurt, sondern in Wuppertal.

ERGEE

Die Konsumgütermarke Ergee steht für Strumpfwaren aus Österreich. Ergee achtet lt. eigenen Angaben auf hochwertige Materialien und sorgfältige Verarbeitung, um einen besonders angenehmen Tragekomfort zu erreichen. Die Basic-Kollektion wird pro Saison um eine stark modisch ausgerichtete Fashion-Kollektion erweitert. 1901 wurde die namensgebende Firma Edwin E. Rössler OHG in Gelenau im Erzgebirge gegründet. Nach der Produktion von Damenfeinstrümpfen, die weltweit vertrieben wurden, folgte 1948 die Enteignung. 1950 kam es zu einer Neugründung in Sonthofen/Allgäu. Ergee produzierte zunächst Kindersöckchen und Kniestrümpfe und wurde zum weltweit größten Hersteller im Bereich Kinderstrumpfwaren. Seit Beginn der 1960er-Jahre produzierte die Firma unter dem Namen Ergee Textilwerke Schrems GmbH in Niederösterreich neben Strümpfen und Damensocken auch Strickmützen, Strumpfhosen und Handschuhe. 1964 gelang die Entwicklung des Garns Ergolan, das bis heute die wichtigste Produktfamilie der Firma Ergee darstellt. 1998 wurde der Firmenname in Ergee Textilgruppe GmbH geändert und 2001 das Produkt Smart vorgestellt, das aus Ergolan und Lycra besteht. Die V2 GesmbH und Claus Vatter übernahmen Ergee im Jahr 2001. Im selben Jahr erschienen unter dem Lizenznamen Sympatex die innovativen Sportsocken Stimulation System. Die Markenhomepage erhielt den at.award als beste Website in der Kategorie „Business to Consumer". 2003 brachte Ergee die neu entwickelte Sportrange Ergeenomixx auf den Markt.

UNTERNEHMEN

Ergee Textilgruppe GmbH
Gmünder Str. 43
A-3943 Schrems
✆ +43 28 53 7 01-0
🖷 +43 28 53 7 01-3 30
💻 www.ergee.com

Strumpfwaren von Ergee stehen für angenehmen Tragekomfort.

ERGOLINE

Die internat. aufgestellte Industriegütermarke Ergoline ist lt. Unternehmensangaben mit einem konsolidierten Gesamtumsatz von 180 Mio. Euro weltweit Marktführer im Bereich Profi-Solarien. Die Marke gehört der JK-Holding mit Sitz in Windhagen an, die ihren Ursprung in dem 1927 gegründeten Schreiner- und Stellmacherbetrieb von Josef Kratz hat. 1969 stellten die Söhne des Gründers die Produktion des Unternehmens auf den Bau von Saunas um und firmierten um in JK-Saunabau GmbH. 1975 erschloss man als weiteres Geschäftssegment die Herstellung von Solarien. Eine neue Baureihe von Sonnenbänken mit ergonomischer Liegefläche erhielt 1987 den Markennamen Ergoline. Da die Produkte der Serie großen Anklang fanden, baute man die Marke in den folgenden Jahren weiter aus, etwa durch den Einsatz innovativer UV-Technologien wie bei der Ergoline Open Sun 550, deren Bräunungstunnel im Gesichtsbereich offen ist. Stereo-Sound, Climatronic, Air Fresh oder das Intelligent Power System sollen den Kunden beim Bräunen einen angenehmen Komfort bieten. Das Logo ist von der avantgardistischen Gestaltung der Sonnenbänke und ihrer ergonomischen Liegeflächen inspiriert. Die magentafarbene Wortmarke besteht aus einem handschriftlich anmutenden Markenschriftzug. Zusätzlich wird die Marke mit dem Slogan „Ergoline – Always on the sunny side of life" beworben. Die JK-Holding ist in sieben Tochtergesellschaften gegliedert, die verschiedene Geschäftsbereiche übernehmen wie Forschung und Entwicklung, Produktion, Marketing, Finanzierung, Versicherung und

Ergoline ist eine Marke der JK-Holding GmbH und erwirtschaftete mit über 750 Mitarbeitern weltweit rund 180 Mio. Euro (2006).

Ein stilisierter Lötkolben im Logo verweist auf die Produkte von Ersa.

Die ersol Solar Energy AG ist auf die Herstellung von siliziumbasierten Photovoltaikprodukten (Mitte) spezialisiert. Die Konzernzentrale befindet sich im thüringischen Erfurt (unten).

Kundendienst. Mit der 1999 wiederbelebten Zweitmarke Soltron wendet sich das Unternehmen an jüngere und alternative Nachfrager im Bereich Handel, Betreiber und Endverbraucher. Mit ca. 750 Mitarbeitern erschließt die JK-Holding GmbH Märkte in 40 Ländern. Managing Director ist Hermann Nanninga.

DATEN UND FAKTEN

Markenname: Ergoline, Deutschland, abgeleitet von der ergonomischen Liegefläche der Solarien

Slogan: „Ergoline – always on the sunny side of life"

Gründer: Josef Kratz, 1927, Windhagen

Markenregistrierung: 29. 07. 1987, DPMA München

Innovationen: stromsparende Dynamic Power-Technologie (2007)

Markenbekanntheit: 61 % ungest., 75 % gest. (mind's research, 2005)

Jahresumsatz: 180 Mio. Euro (2006)

UNTERNEHMEN

JK-Holding GmbH
Köhlershohner Str.
53578 Windhagen
✆ (0 22 24) 8 18-0
🖷 (0 22 24) 8 18-5 00
💻 www.ergoline.de

ERSA

In der Elektrotechnikindustrie nimmt Ersa weltweit einen Spitzenplatz als Hersteller von Lötsystemen ein. Das Produktportfolio umfasst Handlöten, Maschinenlöten sowie Serviceleistungen wie manuelle Inspektion, AOI und halbautomatische Reparatur. Der Name setzt sich aus den Anfangsbuchstaben des Gründers Ernst Sachs zusammen. Er gründete 1921 die erste Spezialfabrik für elektrische Lötkolben in Berlin. Neben dem heutigen Hauptsitz im baden-württembergischen Wertheim gibt es Niederlassungen in Nordamerika und Asien. Das zur Kurtz Gruppe gehörende Unternehmen konzentriert sich auf die Zielgruppe der Elektronik produzierenden Industrie und des Elektrohandwerks. Der elektronisch betriebene Serienlötkolben zählt dabei zu den zahlreichen Patenten aus dem Hause Ersa. Das Ersa-Logo integriert verschiedene Aspekte des Unternehmensimages. So erinnert die futuristische Wortmarke an Präzision aus der Raumfahrt, eine Assoziation, die durch einen stilisierten Lötkolben vor dem Hintergrund eines blauen Globus betont wird. Gleichzeitig werden auf diese Art Internationalität, Fortschritt und technisches Know-how kommuniziert. Die Hausfarben Schwarz, Cyan und Rot unterstützen die Ausstrahlung von Stärke und Professionalität. Der Claim „Wir sorgen weltweit für gute Verbindungen" stellt hier die konsequente Übersetzung dar. Das Unternehmen, das 300 Mitarbeiter beschäftigt und von Dipl.-Ing. Rainer Kurtz geführt wird, erwirtschaftete 2006 einen Umsatz von 68 Mio. Euro. In naher Zukunft wird man auch Siebdrucker anbieten.

UNTERNEHMEN

Ersa GmbH
Leonhard-Karl-Str. 24
97877 Wertheim
✆ (0 93 42) 8 00-0
🖷 (0 93 42) 8 00-1 00
💻 www.ersa.de

ERSOL

Unter dem Namen der Industriegütermarke ersol werden Photovoltaik-Produkte auf Siliziumbasis hergestellt. Als Dachmarke umfasst sie vier Unternehmensbereiche: ersol Silicon, ersol Wafers, ersol Solar Cells und ersol Modules. Der Markenname geht auf das Ursprungsunternehmen *Erfurter Solarzentrum* zurück. Im Logo erscheint er als blauer Schriftzug in Minuskeln, wobei die beiden Wortteile er und sol leicht voneinander abgehoben sind. Links des Namenszuges steht ein senkrechter Balken, dessen Farbe sich abgestuft von Gelb zu Dunkelblau wandelt. Er symbolisiert die Energie der Sonne, die auf das dunkle Blau der multikristallinen Solarzelle trifft. Über diese wird sie von den Menschen ressourcenschonend als Stromquelle genutzt. ersol bedient sich eines Corporate

Produktion von Solarzellen im Stammwerk Erfurt

Designs, das zum zehnjährigen Firmenjubiläum 2007 von der Gesellschaft für Unternehmenskommunikation Heureka! neu entwickelt wurde. Alle vier Tochterfirmen führen das Markenlogo mit dem Zusatz ihres Bereichsnamens als Segmentemblem. Damit soll ein einheitliches, integriertes Markenprofil geschaffen werden. Auch der aktuelle Slogan „ersol. Von Anfang an" entstand im Rahmen dieses Relaunches. ersol ist führend in der Herstellung großflächiger monokristalliner Zellen. In der Produktion setzt das Unternehmen auf fortwährende Optimierung der Produktionsabläufe und leistet dadurch einen Beitrag zur Schonung von Ressourcen und zur Senkung des Energieverbrauchs. Die ersol Solar Energy AG wurde 1997 als ErSol Solarstrom GmbH & Co. KG gegründet und 2000 in eine Aktiengesellschaft umgewandelt. Stammsitz des Unternehmens ist Erfurt. Die ersol Solar Energy AG arbeitet im B2B-Bereich und beschäftigte im Dezember 2006 weltweit 448 Mitarbeiter, die einen Jahresumsatz von 127,8 Mio. Euro erwirtschaften.

DATEN UND FAKTEN

Markenname: ersol, Akronym, zusammengesetzt aus den Anfangssilben des Ursprungsunternehmens **Er**furter **Sol**arzentrum

Slogan: „ersol. Von Anfang an."

Markenregistrierung: 11.06.1997, DPMA München

UNTERNEHMEN

ersol Solar Energy AG

Hauptsitz: Erfurt, Deutschland

Vorstand: Dr. Claus Beneking (Vorsitz)

Weitere Marken: BlackPower®, BluePower®

Gesamtumsatz: 127,8 Mio. Euro (2006)

Vertrieb: weltweit

KONTAKT

ersol Solar Energy AG
Wilhelm-Wolff-Str. 23
99099 Erfurt
(03 61) 21 95-0
(03 61) 21 95-11 33
www.ersol.de

Ansprechpartner Presse & Marketing:
Janina Broscheit
(03 61) 21 95-11 21
presse@ersol.de

Lead-Agentur:
Heureka! Gesellschaft für Unternehmenskommunikation mbH, Essen
www.heureka.de

MEILENSTEINE

1997 Gründung der ErSol Solarstrom GmbH & Co. KG durch fünf Privatpersonen um Jürgen Hartwig

2001 Umwandlung in die ErSol Solar Energy AG

2004 Steigerung des Umsatzes auf 37,6 Mio. Euro, erstmaliges Erreichen der Gewinnschwelle

2006 Beschluss über einen umfassenden Kapazitätsaufbau in den Bereichen Solar Cells, Wafers und Modules mit einem Gesamtinvestitionsvolumen von rund 200 Mio. Euro

2007 zehnjähriges Jubiläum, Umstellung auf neues Corporate Design, Überschreiten der 600-Mitarbeiter-Schwelle

ESPRIT

Esprit ist eine internat. aufgestellte Lifestylemarke und eine der wenigen Marken, deren weltweite Eigentumsrechte in einer Hand liegen. Susie und Doug Tompkins entwickelten die Marke im Jahr 1968 und verkauften sie zunächst vom Rücksitz ihres Autos. Lebensgefühl, Teamgeist und Charme der Modekollektionen sollten sich im Markennamen widerspiegeln. Nachdem sich die Markengründer in den 1970er-Jahren aus dem Geschäft zurückzogen, entwickelte sich Esprit zur internat. Lifestylemarke. Erklärte Markenstrategie ist es, jedem Kunden das passende Kleidungsstück bei hoher Qualität und einem guten Preis-Leistungs-Verhältnis zu bieten. Die Markenpflege spielt für das Unternehmen eine entscheidende Rolle und wird weltweit einheitlich gehalten. Darauf weist auch der aktuelle Slogan „The world is our culture" hin. Das Esprit-Logo wurde von John Casado entwickelt, der u. a. auch das ursprüngliche Macintosh-Branding mitentwickelte. Es besteht aus dem charakteristischen Esprit-Namenszug in weißen Großbuchstaben auf rotem Grund, das E wurde auf die drei horizontalen Striche reduziert. Seit einiger Zeit bietet das Unternehmen zusätzlich unter dem Namen *edc* eine weitere Marke an. Mit weltweit 600 direkt geführten Esprit Stores ist die

ESPRIT

Esprit ist weltweit in mehr als 13.000 Wholesale Standorten vertreten und erwirtschaftete in 2006 rund 2,8 Mrd. Euro.

Essen & Trinken war eines der ersten Food-Magazine in Deutschland.

Lifestylemarke Esprit in Deutschland in jeder größeren Stadt durch einen eigenen Laden vertreten. Ihre Kollektionen, mittlerweile elf Produktlinien mit jeweils eigenem Charakter und klarem Bezug zur Dachmarke, sind in mehr als 13.000 Wholesale Standorten weltweit fester Bestandteil der Modeabteilungen. Insgesamt beschäftigt Esprit rund 12.000 Mitarbeiter rund um den Globus und verfügt über rund 867.000 Quadratmeter Verkaufsfläche weltweit. Zudem vertreibt es seine Produkte online. Mittlerweile erwirtschaftet der Esprit-Konzern unter dem Vorsitz von Heinz Kroger einen Umsatz von rund 2,8 Mrd. Euro pro Jahr.

DATEN UND FAKTEN

Markenname: Esprit, franz. für geistvoll, steht hier für Teamgeist

Slogan: „The world is our culture"

Erfinder: Susie und Doug Tompkins, 1968

Jahresumsatz: 2,8 Mrd. Euro (2006)

UNTERNEHMEN

Esprit Europe GmbH
Esprit Allee
40882 Ratingen
✆ (0 21 02) 1 23-0
🖷 (0 21 02) 1 23-4 51 00
💻 www.esprit.com

ESSEN&TRINKEN

Die Publikation ESSEN&TRINKEN aus dem Hause Gruner + Jahr weist bereits im Titel auf die beiden Kernkompetenzen des Magazins hin und gehört zu den sog. Food-Magazinen. Konzipiert wurde das Magazin 1972 von der Verlegerin Angelika Jahr-Stilcken, die auch heute noch als Herausgeberin fungiert. Grund für den Launch im Jahr 1972 war die erste große Reisewelle der Deutschen ins Ausland Anfang der 1970er-Jahre. Mit ESSEN&TRINKEN entstand Deutschlands erstes Magazin, das die Suche der heimkehrenden Urlauber nach internat. Gerichten bediente. Die Zeitschrift bietet neben Rezepten auch Informationen über Weine und Spirituosen, stellt Produktneuheiten vor und gibt Reiseempfehlungen. Das Magazin erscheint monatlich zu einem Bezugspreis von 3,70 Euro. Zielgruppe sind einkommensstarke, marken- und qualitätsbewusste Feinschmecker, Hobby-Köche und Profis. 75 % der Leser sind weiblich. Das 1972 erdachte Markenlogo besteht aus dem zweizeiligen Schriftzug „ESSEN&TRINKEN" in Minuskeln. Schrift und Farbe sind austauschbar und wechseln regelmäßig. Mit dem schlichten Wortlogo soll der Inhalt des Hefts direkt transportiert werden. Die Zeitschrift hat 3,11 Mio. Leser (lt. Allensbacher Markt- und Werbeträger-Analyse, 2007), was ESSEN&TRINKEN mit über 4,8 % der Reichweite zum Marktführer im Food-Segment macht. Gemeinsam mit anderen Publikationen aus dem eigenen Verlag wurde 2006 die Genussmesse eat'n STYLE ins Leben gerufen, die als wiederkehrendes Event installiert werden soll. ESSEN&TRINKEN erscheint im Verlag Gruner + Jahr AG & Co KG. Das 1965 gegründete Verlagshaus hat seinen Hauptsitz in Hamburg. Vorstandsvorsitzender ist Dr. Bernd Kundrun. Das Medienhaus beschäftigt 14.500 Mitarbeiter weltweit und erzielte im Jahr 2006 einen Umsatz von 2,86 Mrd. Euro. Weitere Titel des Verlags sind →Art, →SCHÖNER WOHNEN, →GEO, →LIVING AT HOME sowie →stern.

UNTERNEHMEN

Gruner + Jahr AG & Co. KG
Am Baumwall 11
20459 Hamburg
✆ (0 40) 37 03-0
🖷 (0 40) 37 03-60 00
💻 www.guj.de
💻 www.essen-und-trinken.de

ESSO

Das Logo der Marke Esso

Unter der Marke Esso vertreibt die ExxonMobil Corporation über ihre Tochter Esso Deutschland GmbH Mineralölprodukte auf dem dt. Markt. Das Hauptgeschäftsfeld von Esso sind Kraftstoffe, die in Deutschland an rund 1.250 Esso-Tankstellen verkauft werden. Darunter fallen die Ottokraftstoffe Esso, Esso Super und Esso Super Plus sowie der Dieselkraftstoff Esso Super Diesel. Unter der Marke Esso werden ebenfalls Erdgas, Heizöl, Bitumen und Schmierstoffe vertrieben. Der Begriff Esso steht lautmalerisch für die Buchstaben S und O des ehemaligen Unternehmens Standard Oil, das der US-amerikanische Industrielle J. D. Rockefeller 1870 in Ohio gegründet hatte. Auch die Gestaltung des Esso-Logos in den Farben Blau, Weiß und Rot ist an den Mutterkonzern angelehnt. Eine Werbefigur von Esso ist der Tiger, der die Stärke der Esso-Kraftstoffe und der Marke Esso symbolisieren soll. Seinen ersten Auftritt als Werbeträger hatte der Esso-Tiger in den 1930er-Jahren. 1965 startete Esso eine weltweite Werbekampagne mit dem Slogan „Pack den

Tiger in den Tank", die den Tiger als freundliches, verspieltes Tier zeigte. 1975 trat Esso mit einer Informationskampagne mit dem Slogan „Es gibt viel zu tun – Packen wir's an!" auf. Heute setzt Esso auf den internat. einheitlichen Tankstellentyp „On the Run". Esso ging aus der Deutsch-Amerikanischen Petroleum-Gesellschaft (DAPG) hervor, die von Standard Oil of New Jersey 1890 in Bremen gegründet wurde. 1906 begann die DAPG mit dem Verkauf des Benzins DAPOLIN, später kam ESSO Super hinzu. 1950 wurde die DAPG in ESSO A. G. umbenannt. 1999 fusionierte der Esso-Mutterkonzern Exxon Corporation (hervorgegangen aus der Standard Oil of New Jersey) mit der Mobil Corporation zur ExxonMobil Corporation. Heute ist ExxonMobil mit einem Börsenwert von 439 Mrd. USD das größte Unternehmen der Welt. ExxonMobil beschäftigt weltweit rund 82.100 Mitarbeiter und erwirtschaftete 2006 einen Umsatz von 366 Mrd. USD.

UNTERNEHMEN

Exxon Mobil Central Europe Holding GmbH
ESSO Deutschland GmbH
Kapstadtring 2
22297 Hamburg
✆ (0 40) 63 93-0
🖷 (0 40) 63 93 – 33 68
💻 www.esso.de

ESTÉE LAUDER

Das Kosmetikunternehmen Estée Lauder wurde 1946 von Estée und Joseph Lauder in New York gegründet. Die Erfolgsgeschichte der Estée Lauder Companies Inc. begann mit einer einzigen Creme. Sie wurde von einem Onkel Estée Lauders, der Chemiker war, in einer Garage hinter dem Elternhaus der Gründerin hergestellt. Heute sieht sich das Unternehmen mit der Flagshipmarke Estée Lauder und zahlreichen weiteren Marken als weltweit führender Hersteller von Hautpflege, Make-up und Düften im Premiumsegment. Diese Entwicklung ist auch den innovativen Marketingstrategien von Firmengründerin Estée Lauder zu verdanken. So engagierte sie als exkl. „Estée Lauder Gesicht" ein Model, das ausschließlich für Estée Lauder tätig und in der gesamten Werbung präsent war. Prominente Aushängeschilder der Kosmetikmarke sind aktuell Elizabeth Hurley, Carolyn Murphy, Gwyneth Paltrow und Hilary Rhoda. Das Corporate Design von Estée Lauder ist von der Farbe Königsblau und der Schriftart Optima geprägt. Das Logo zeigt den Markennamen in schlanken Versalien. Der Kosmetikhersteller, der seine Produkte mit dem Slogan „Bringing the best to everyone we touch" in 130 Ländern vertreibt, ist mit innovativen Produkten der Marke Estée Lauder in Deutschland besonders in den Segmenten Pflege und Make-up erfolgreich. Die Estée Lauder Companies erwirtschafteten im Geschäftsjahr 2005/2006 einen Umsatz von 6,5 Mrd. USD. Das Unternehmen beschäftigt weltweit über 22.000 Mitarbeiter und stellt mehr als 9.000 verschiedene Produkte in 15 Produktionsstätten in Europa und den USA her. Weitere Marken des Konzerns sind u.a. → Clinique, Aramis, La Mer, Jo Malone, Origins, MAC und Bobbi Brown. Zusätzlich besitzt das Unternehmen u.a. Lizenzen für Duft- und Kosmetikprodukte der Designer → Tommy Hilfiger, Kiton, Donna Karan, Michael Kors, Missoni und Tom Ford.

Das Anti-Aging Hautpflegesystem *Re-Nutriv Re-Creation* von Estée Lauder bietet Luxus in einer vollkommen neuen Dimension.

DATEN UND FAKTEN

Markenname: Estée Lauder, Name der Firmengründerin

Slogan: „Bringing the best to everyone we touch"

Gründer: Estée Lauder, Joseph Lauder, 1946, New York/USA

Innovationen: Re-Nutriv Revitalizing Comfort Creme

Jahresumsatz: 6,5 Mrd. USD (2005/2006)

Markenwebsite: www.esteelauder.de

Literatur:
E. Lauder: Estée, A Success Story by Estée Lauder (1985)

UNTERNEHMEN

The Estée Lauder Companies Inc.

Hauptsitz: New York, USA

ESTĒE LAUDER

Gründerin Estée Lauder (Mitte), CEO William P. Lauder (unten)

CEO: William P. Lauder (President)

Weitere Marken: →Clinique, Aramis, La Mer, Origins, MAC, Bobbi Brown, Jo Malone, Aveda, Darphin, etc.

Gesamtumsatz: 6,5 Mrd. USD (2005/2006)

Mitarbeiter: 22.000 weltweit

Vertrieb: in 130 Ländern weltweit

KONTAKT

Estée Lauder Companies GmbH
Division Estée Lauder
Leopoldstr. 256
80807 München
✆ (0 89) 2 36 86-0
🖷 (0 89) 2 36 86-1 11
🖳 www.elcompanies.com

Ansprechpartner Presse:
Tania Miglietti
✆ (0 89) 2 36 86-1 72
✉ tania.miglietti@de.estee.com

SCHON GEWUSST?

- Estée Lauder hatte als Erste die Idee, Kundinnen bei jedem Kauf eine kostenlose Probe eines anderen Produkts mitzugeben oder eine Probe zu verschenken, ohne dass die Kundin etwas gekauft hatte. Das „Gift with Purchase"-Prinzip hat sich seitdem als erfolgreiches Verkaufsargument weltweit etabliert.
- Seit 1992 engagiert sich das Unternehmen in der Brustkrebsprävention. Evelyn H. Lauder initiierte die Kampagne „Bewusstsein für Brustkrebs" und gründete 1993 in den USA die „Breast Cancer Research Foundation". Die erste und größte gemeinnützige Vereinigung dieser Art hat seit der Gründung über 70 Mio. USD gesammelt. Davon wurden über 250.000 Euro an sozial schwächere Betroffene, Selbsthilfegruppen und Brustkrebsorganisationen in Deutschland vergeben.

ETERNA EXCELLENT

Ein Qualitätsversprechen im Markennamen: eterna

Unter dem Dach der Marke eterna EXCELLENT versammeln sich Hemden, Blusen und Krawatten. Die eterna Mode GmbH nennt als Zielgruppe für ihre Marke qualitätsbewusste Käuferinnen und Käufer mit dem Bedürfnis nach modernem Design. Der Erfolg der Marke gründet sich auf die Einführung und Verwendung bügelfreier, hochwertiger Schweizer Baumwollstoffe. Außerdem grenzt sich eterna EXCELLENT durch die Einhaltung der höchsten Öko Textil Standards von anderen Marken ab. Anti-Smell, Nano-Technologie oder die patentierte Naht der Produktreihe silverline gehören zu den weiteren wichtigen Innovationen. eterna EXCELLENT setzt nach eigenen Angaben auf hochwertigste Stoffe mit bester Verarbeitungsqualität und einen hervorragenden Liefer- und Kundenservice. Die Marke ist lt. GfK im Bügelfrei-Segment Marktführer und umsatzstärkste Marke in Europa. Die eterna Mode GmbH beschäftigt am Hauptfirmensitz Passau und in der Slowakei rund 1.200 Mitarbeiter und setzt jährlich ca. 3,5 Mio. Hemden und 500.000 Blusen ab. 22 % der Gesamtverkäufe gehen ins europäische Ausland, insgesamt werden 29 Länder weltweit beliefert. Die Erfindung des halbsteifen Kragens aus patentiertem Doppelstoff durch die Brüder Hönigsberg in Wien gab 1863 den Anlass zur Erfindung der Marke, die 1925 beim DMPA München registriert wurde. Das Logo mit dem klaren und eleganten Schriftzug wurde im Lauf der Jahre immer wieder aktualisiert. Die Hausfarbe ist Grau (HKS 93). eterna EXCELLENT wirbt seit 2006 mit dem Slogan „Glatt überlegen".

UNTERNEHMEN

eterna Mode GmbH
Medienstr. 12
94036 Passau
✆ (08 51) 98 16-0
🖷 (08 51) 98 16-4 70
🖳 www.eterna.de

ETERNIT

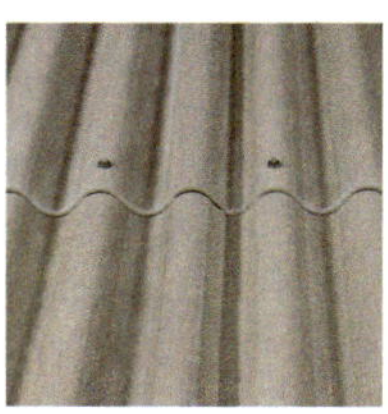

Eternit produziert zahlreiche Baustoffe für Dach, Fassade und Ausbau. Die Firmenzentrale in Heidelberg, Entwurf: Astrid Bornheim Architektur, Berlin (unten)

Dachdecker, Architekten und Wohnungsunternehmen verarbeiten seit mehr als 100 Jahren Baustoffe der Marke Eternit. Der Österreicher Ludwig Hatschek entwickelte im Jahr 1900 ein nicht brennbares Material zur Dacheindeckung und meldete ein Verfahren zur Herstellung von Kunststeinplatten aus Faserstoffen und hydraulischen Bindemitteln zum Patent an. Zeitgleich ließ er den Markennamen Eternit schützen, der von dem lat. Wort aeternitas (dt. Ewigkeit) abgeleitet ist und damit Bezug auf die Langlebigkeit des Werkstoffes nimmt. Der Vorläufer der Eternit AG, die ihren Sitz in Heidelberg hat, wurde 1929 in Berlin gegründet. Heute produziert das Unternehmen unter der Marke Eternit funktionale und zeitlose Baustoffe für die Bereiche Dach, Fassade und Ausbau. Zur Produktrange gehören neben Dach-, Fassaden-

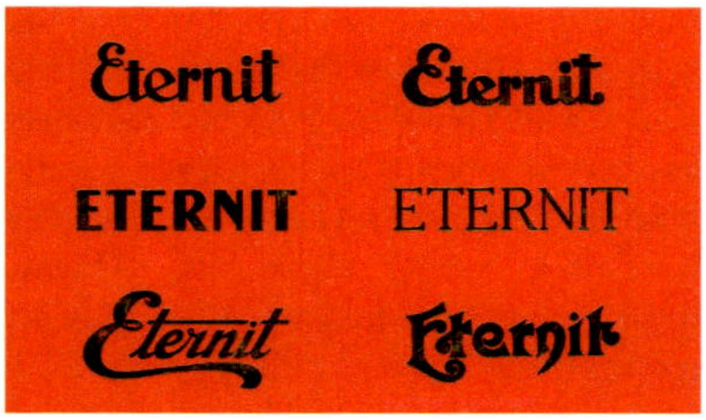

Die Entwicklung des Logos von Eternit

und Wellplatten aus Faserzement auch Dachsteine aus Beton sowie Bauplatten aus Holzzement. Im Kernbereich Faserzement ist das Unternehmen nach eigenen Angaben in Europa marktführend. Seit 1990 gehört die dt. Eternit AG zu der belg. Etex Group. Die Zugehörigkeit zur Konzernmutter wird auch im Eternit-Logo zum Ausdruck gebracht. Beide Unternehmen verwenden als Bildmarke ein dreidimensional gestaltetes E, das an ein Gebäude erinnert. Die Namenszüge Eternit und Etex sind ebenfalls in der gleichen Schriftart gehalten. Der heutige Slogan „Eternit – Das Ideenmaterial" löste das Markenversprechen „Bau mit Eternit – Eternit baut mit" ab, das einen Hinweis auf die besonderen Serviceleistungen und die Bauberatung des Unternehmens gab. Die Eternit AG beschäftigt an den Standorten Heidelberg, Beckum, Neuburg und Berlin ca. 850 Mitarbeiter. Für die Etex Group sind weltweit rund 13.000 Mitarbeiter in 80 Tochterunternehmen tätig.

DATEN UND FAKTEN

Markenname: Eternit, abgeleitet vom lat. Wort aeternitas (dt. Ewigkeit)

Slogan: „Eternit – Das Ideenmaterial"

Erfinder: Ludwig Hatschek, 1900

Markenregistrierung: 14.03.1907, Kaiserliches Patentamt Berlin

Innovationen: durchgefärbte Faserzementtafeln (2002)

Markenbekanntheit: 97,2 % gest. (Dt. Architektenpanel, Die Media, 2000)

Auszeichnungen:
„Materialica Design + Technology Award", MunichExpo (2007)
„Innovationspreis Architektur und Bauwesen", AIT für das System *Natura* (2007)
„ADAM Award Gold" für Messestand (2007)

Literatur:
W. Oechslin: Eternit – Firmenkultur (2003)
Jan R. Krause: Faserzement – Technologie und Entwurf (2007)

UNTERNEHMEN

Eternit AG

Hauptsitz: Heidelberg, Deutschland

Vorstand: Fons Peeters, Udo Sommerer

Vertrieb: europaweit über eigene Unternehmen und externe Vertriebspartner

KONTAKT

Eternit AG
Im Breitspiel 20
69126 Heidelberg
✆ (0 62 24) 7 01–0
💻 www.eternit.de

Ansprechpartner Presse:
Jan R. Krause
✆ (0 30) 34 85–2 91
✉ presse@eternit.de

MEILENSTEINE

1900 Ludwig Hatschek meldet ein Patent für das „Verfahren zur Herstellung von Kunststeinplatten aus Faserstoffen und hydraulischen Bindemitteln" an.

1904 Die Hamburger Alfred Calmon AG erwirbt die Eternit-Lizenz für Deutschland.

1929 Gründung der Deutschen Asbestzement AG, Bau des Eternit-Werkes in Berlin

1952 Umbenennung in Eternit Aktiengesellschaft

1978 Die Eternit AG beschließt, die Produktion von asbesthaltigen Produkten aufzugeben, zwei Jahre später kommen die ersten asbestfreien Produkte auf den Markt.

2002 Produktion lasierter und durchgefärbter Faserzementtafeln; Markteinführung der Wellplatte Profil 6

2004 Eternit feiert ein dreifaches Jubiläum: 100 Jahre Eternit als Werkstoff in Deutschland, 75 Jahre Eternit als Unternehmen in Deutschland und 50 Jahre Eternit-Werk Heidelberg

2007 Gründung der Export-Gesellschaft Wanit Fulgurit

Eucerin®

Eucerin pH5-Produkte, speziell entwickelt für die Bedürfnisse empfindlicher und allergiegestresster Haut (Mitte). Hist. Verpackungen (unten)

EUCERIN

Eucerin ist eine der führenden Marken im Bereich Dermokosmetik und gehört zur Beiersdorf AG. Die medizinische Hautpflegeserie geht auf den Chemiker Isaac Lifschütz zurück, der im Jahre 1900 eine haltbare und geschmeidige Salbengrundlage entwickelte, die den Namen Eucerin (= das schöne Wachs) erhielt. 1903 wurde Eucerin als Emulgator auf den Markt gebracht. Die Patentrechte für Beiersdorf erwarb Dr. Troplowitz im Jahre 1911. Im selben Jahr gelangte als erstes Eucerin-Produkt das Eucerin Pulver in den Handel, gefolgt von Eucerin Seife im Jahr 1930. Die 1950 lancierte pH5-Eucerin Salbe stellte erstmals die Bedeutung des natürlichen Säureschutzmantels für die Gesunderhaltung der Haut in den Mittelpunkt. Mit der pH5-Eucerin Intensiv Lotio erweiterte Beiersdorf die Produktpalette auf die Ganzkörperpflege.

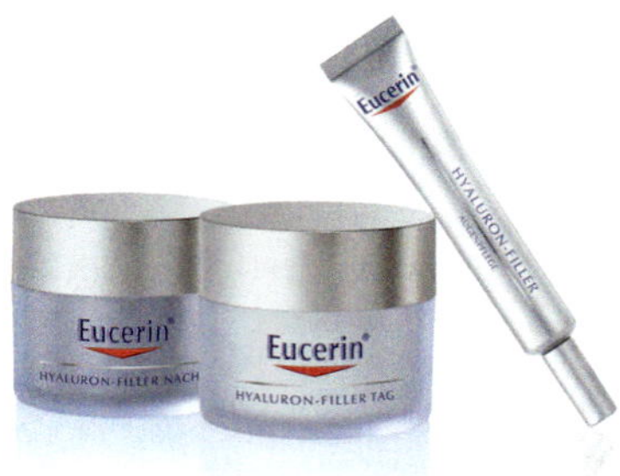

Der Eucerin Hyaluron-Filler polstert die Haut zur Milderung selbst tiefer Falten von innen heraus auf.

Seit 1998 gehören die speziell für problematisch trockene Haut entwickelten Laceran-Produkte unter dem Namen Eucerin Trockene Haut ebenfalls zur Marke. 1996 trat Eucerin in das Gesichtspflegesegment ein. Hier werden innovative Reinigungs- und Pflegeprodukte für problematische Haut bis hin zu Anti-Age-Produkten entwickelt. Mit ihrer mehr als 100-jährigen Erfahrung in kosmetischer Hautpflegetechnologie und therapeutischer Anwendung entwickeln die Eucerin-Hautforschungsexperten heute innovative Produkte in Zusammenarbeit mit Dermatologen und auf der Grundlage aktueller wissenschaftlicher Erkenntnisse. Alle Eucerin-Produkte entsprechen höchstem dermatologischem Standard. Sie enthalten ausgewählte aktive Wirkstoffe, deren Wirksamkeit und Verträglichkeit sorgfältig erprobt und in externen klinischen und dermatologischen Studien geprüft werden. Die Ursprünge der Beiersdorf AG reichen bis in das Jahr 1882 zurück, als der Apotheker Carl Paul Beiersdorf das Unternehmen gründete. Neben Eucerin führt die Beiersdorf AG so bekannte Marken wie → 8x4, → atrix, → Hansaplast, → Hidrofugal, → Labello, → NIVEA und → tesa in ihrem Portfolio.

DATEN UND FAKTEN

Markenname: Eucerin bedeutet „das schöne Wachs"

Slogan: „Eucerin – Das medizinische Hautpflegeprogramm"

Markenregistrierung: 1900, Kaiserliches Patentamt Berlin

Innovationen: *Hyaluron-Filler Intensiv Falten-Auffüllende Pflege* (2006), *Hautberuhigende Gesichtscreme 12 % Omega* (2007)

Auszeichnungen: „Silberner GWA Effie", Kategorie Healthcare, für Eucerin Hyaluron-Filler (2007)

Markenwebsite: www.Eucerin.com

UNTERNEHMEN

Beiersdorf AG

Hauptsitz: Hamburg, Deutschland

Vorstand: Thomas-B. Quaas

Weitere Marken: NIVEA, Hansaplast, 8x4, atrix, Labello

Gesamtumsatz: 5.120 Mio. Euro (2006)

KONTAKT

Beiersdorf AG
Unnastr. 48
20245 Hamburg
(0 40) 49 09–0
(0 40) 49 09–34 34
www.beiersdorf.de

Ansprechpartner Presse:
Claudia Fasse
(0 40) 49 09–0
info@beiersdorf.com

EUDRAGIT®

Die Marke EUDRAGIT findet ihren Einsatz in der Herstellung oral einzunehmender Arzneimittel.

EUDRAGIT

Die Industriegütermarke EUDRAGIT wurde von der Röhm & Haas AG in den 1950er-Jahren entwickelt. Sie steht für Polymere mit unterschiedlicher Löslichkeit, die zur Herstellung von oral einzunehmenden Arzneimitteln verwendet werden. Als Überzug auf Tabletten bewirken die Polymere, dass die eingeschlossen Wirkstoffe nicht im Magen, sondern erst im Darm freigesetzt werden. Der Name der Marke setzt sich aus den Bestandteilen *eu* (griech. für gut) und *dragit* als Ableitung von *dragieren* zusammen. Er wird durch den Slogan „EUDRAGIT - Power through flexibility" ergänzt. Er weist darauf hin, dass die chem. Zusammensetzung der Polymere je nach konkreten Anforderungen variiert werden kann. Dadurch ist es etwa möglich, die Absorptionszeit zu verlängern oder zu verkürzen. Je nach medizinischer Anforderung können die Medikamente so genau da zum Einsatz kommen, wo sie am besten wirken. Doch die Polymere erfüllen auch andere Funktionen, etwa bei der Abschirmung von Gerüchen oder Feuchtigkeit. Die Marke wird weltweit über eigene Niederlassung oder Handelspartner vertrieben. Sie zählt zum Portfolio der Evonik Röhm GmbH, einem Spezial-Chemie Hersteller, der neben vielen anderen auch die Marken →PLEXIGLAS und →DEGADUR führt. 2007 ging die Röhm GmbH als Evonik Röhm GmbH im Geschäftsfeld *Chemie* des Konzerns →Evonik Industries AG auf.

DATEN UND FAKTEN

Markenname: EUDRAGIT, **eu** griech. für gut, **dragit** als Ableitung von dragieren

Slogan: „EUDRAGIT - Power through flexibility"

Erfinder: Röhm & Haas AG, Deutschland, 1953

Markenregistrierung: 03. 04. 1954, DPMA München

Markenwebsite: www.eudragit.com

UNTERNEHMEN

Evonik Industries AG
Rellinghauser Str. 1–11
45128 Essen
(02 01) 1 77–01
(02 01) 1 77–34 75
www.evonik.de

EUROPA

Das Label Europa ist eine Traditionsmarke der Sony BMG, unter der Kinderhörspiele und DVDs veröffentlicht werden. Zu den bekanntesten Serien zählen die Klassiker „Die drei ???", „TKKG", „Fünf Freunde", „Hanni und Nanni", „Bob der Baumeister", „Die Maus" und „Thomas & Seine Freunde". Seit 2006 positioniert sich das Unternehmen auch als Merchandising-Unternehmen und erwarb die Markenrechte u. a. an den Serien „TKKG" und „Hui Buh". Um dem eigenen Anspruch von Qualität und informativer Unterhaltung gerecht zu werden, arbeitet Sony BMG mit Pädagogen zusammen und engagiert als Sprecher meist bekannte Schauspieler. 1961 von David L. Miller in Hamburg gegründet, hieß die Plattenfirma mit dem Label Europa ursprünglich BMG Ariola Miller. Das Unternehmen legte in den ersten Jahren den Grundstein für eine langjährige Erfolgsgeschichte

Erste Folge „Der Super-Papagei" des Hörspielklassikers „Die drei ???"

u. a. mit den Vertonungen von Karl-May-Klassikern wie „Der Schatz im Silbersee" und Märchen auf Vinyl. 2004 firmierte das Unternehmen in die Sony BMG Music Entertainment (Germany) GmbH Family Entertainment um. Der Bereich Family Entertainment befand sich bis 2004 in Quickborn und war danach unmittelbar am Hamburger Hafen beheimatet. Im Zuge der Optimierung der Unternehmensstruktur und bedingt durch eine Neuausrichtung von Sony BMG Family Entertainment hat das Hamburger Unternehmen seine Aktivitäten am 1. Oktober 2007 hin zum Hauptstandort nach München verlagert. Zukünftig will Family Entertainment auf den Aufbau neuer Marken setzen und startete 2005 in Zusammenarbeit mit Random House die Hörspiel- und Buchserie „Die Teufelskicker". Im Januar 2008 wird der Launch des ersten abonnementgestützten Fußball-Onlineportals für Kinder und Jugendliche erfolgen.

DATEN UND FAKTEN

Markenname: Europa

Gründer: David L. Miller, 1961, Hamburg

Logo der Hörspielmarke Europa (oben), CD des Hörspielklassikers TKKG (Mitte), Hörspiel- und Buchserie Die Teufelskicker (unten)

Der Europa-Park wird von Roland Mack geführt (unten).

UNTERNEHMEN

Sony BMG Music Entertainment (Germany) GmbH
Family Entertainment

Hauptsitz: München, Deutschland

Geschäftsführung: Edgar Berger

Weitere Marken: Europa Mini, Europa Primo, Europa Logo!

Vertrieb: Deutschland, Österreich, Schweiz

KONTAKT

Sony BMG Music Entertainment (Germany) GmbH
Family Entertainment
Neumarkter Str. 28
81673 München
(0 89) 41 36–0
info@natuerlichvoneuropa.de
www.natuerlichvoneuropa.de

MEILENSTEINE

1961 David L. Miller gründet in Hamburg die Miller International Schallplatten GmbH.

1965 Die erste Europa-Langspielplatte, „Der Struwwelpeter", gelesen von Hans Paetsch, wird veröffentlicht.

1969 David L. Miller verkauft das Unternehmen an den Medienkonzern MCA.

1989 Miller International wird in die BMG, die Entertainment-Produktsparte des Bertelsmann-Konzerns, integriert.

2004 Zum 25-jährigen Jubiläum der „Drei ???" begeistern die Sprecher mit dem Live Hörspiel „Superpapagei 2004" über 12.000 Zuschauer.

2005 Sony und BMG fusionieren zur Sony BMG Music Entertainment (Germany).

EUROPA-PARK

Deutschlands größter Freizeitpark befindet sich im baden-württembergischen Rust.

Die Europa-Park Freizeit- und Familienpark Mack KG betreibt den größten Freizeitpark Deutschlands und den größten saisonalen seiner Art weltweit. Franz Mack gründete den Park im Jahr 1975 gemeinsam mit seinem Sohn Roland. Der besondere Antrieb dafür lag in dem Bestreben des Stammhauses Mack Rides, ein Ausstellungsgelände für die eigenen Fahrgeschäfte zu haben. Der Park stellt die Länder Europas in Themenbereichen dar. Er richtet sich sowohl an Individualgäste als auch an Gruppen sowie Unternehmen- und Tagungsgäste. Die Marke möchte Spaß und Vergnügen für die ganze Familie bieten. Dabei wird besonders Wert auf ein faires Preis-Leistungsverhältnis gelegt. Von Mitbewerbern unterscheidet sich die Marke Mack u. a. dadurch, dass das zugehörige Unternehmen 90 % seiner Fahrgeschäfte selbst hergestellt hat. In den vergangenen Jahren hat sich der Europa-Park immer wieder als Innovator im Bereich der Freizeitparks erwiesen. So war er der erste Park mit Einheitspreis, eigener Hotellerie und thematisierter Gastronomie. Das Logo wurde von Park-Mitarbeitern anlässlich der Eröffnung entwickelt: In Großbuchstaben steht der Markenname in der Schrifttype The Mix, wobei drei nach oben strebende Sterne die beiden Teile des Markennamens trennen. Sie sollen sowohl Anmutung als auch unverwechselbare Ausstrahlung symbolisieren und damit Aufbruch und dynamische Kreativität vermitteln. Aktualisiert wurde das Logo im Jahr 2000, die wichtigsten Farben sind gelb und blau. Aktuell wirbt die Marke mit dem Slogan „Deutschlands größter Freizeitpark", frühere Slogans lauteten „Spaß ohne Grenzen", „Ich will Spaß" und „Das Jahr der fantastischen Wochen". Vertrieben wird die Marke europaweit, wobei ein Schwerpunkt auf den angrenzenden Nachbarländern liegt. Der Europa-Park setzt sich zum Ziel, jährlich neue Attraktionen zu bieten.

DATEN UND FAKTEN

Markenname: Europa-Park, beschreibt, was der Park bietet: Themenbereiche der Länder Europas

Slogan: „Deutschland größter Freizeitpark"

Gründer: Franz Mack, Roland Mack, 1975

Markenregistrierung: 15.07.1982, DPMA München

Besucher: 4 Mio. (2006)

Literatur:
W. Thoma: Faszination Karusell- und Wagenbau. 200 Jahre Mack. (1988)
W. Thoma u. H. Oesterreich: Europa-Park – Der Park im Herzen Europas (1995)
K. W. u. T. Rump: 30 Jahre Europa-Park (2005) etc.

UNTERNEHMEN

Europa-Park Freizeit- und Familienpark Mack KG

Hauptsitz: Rust, Deutschland

Geschäftsführung: Roland Mack und Jürgen Mack

Vertrieb: Kernzielländer sind Deutschland, Frankreich, Schweiz, Österreich und Italien

KONTAKT

Europa-Park Freizeit- und Familienpark Mack KG
Europa-Park-Str. 2
77977 Rust
✆ (0 78 22) 77-0
🖷 (0 78 22) 77-62 77
💻 www.europapark.de

Ansprechpartner Presse:
Engelbert Gabriel
✉ marketing@europapark.de

SCHON GEWUSST?

- Im Mai 2007 erhielt der Europa-Park bereits zum vierten Mal den „Parksmania Award" als bester europäischer Freizeitpark. Das Freizeitparktester-Team bewertete ihn in der „Bild am Sonntag" als einzigen dt. Freizeitpark mit zehn von zehn Punkten.
- Seit Bestehen des Parks investierte die Mack KG rund 550 Mio. Euro in die Marke.

EUROPCAR

Die Marke Europcar steht für eine breite Palette an Mobilitätsdienstleistungen. So können Europcar-Kunden Fahrzeuge der verschiedensten Fahrzeugklassen mieten. Die Flotte des Unternehmens umfasst im Bereich Pkw-Modelle von der Mini-Kategorie bis zur oberen Luxusklasse, darüber hinaus können auch Sondermodelle, Lkw und Wohnmobile angemietet werden. Buchen und reservieren kann man bei den Europcar-Stationen (in Deutschland aktuell 501), per Telefon, an speziellen Terminals oder via Internet. Europcar unterhält Kooperationen u. a. mit Fluggesellschaften, der Deutschen Bahn, Hotels und Automobilclubs, die den Kunden der jeweiligen Partnerunternehmen Vorteile bei der Inanspruchnahme von Europcar-Angeboten bieten. Der Slogan der Marke lautet: „You rent a lot more than a car" (dt. etwa: „Wenn Sie bei uns mieten, bekommen Sie mehr als nur ein Auto"). Er wird in der Markenkommunikation oft direkt unterhalb des Logos platziert. Grün ist seit 1986 die charakteristische Farbe des Logos. 2002 startete Europcar eine Marketingkampagne mit dem Leitmotiv „Individuelle Freiheit durch Mobilität". Europcar ist europäischer Marktführer im Segment Mietwagen. Die dt. Europcar Autovermietung GmbH geht zurück auf eine Automobilvermietungsfirma, die 1927 in Hamburg gegründet wurde. Von 1974 an firmierte das Unternehmen unter interRent Autovermietung GmbH und war zu 100 % im Besitz der Volkswagen AG. interRent fusionierte 1988 mit der franz. Europcar Autovermietung zur Europcar Interrent Autovermietung GmbH, die seit 1992 Europcar Autovermietung heißt. Der Europcar-Konzern unterhält eine Flotte von über 200.000 Fahrzeugen in 160 Ländern. Das Unternehmen gehört seit 2006 der Investmentfirma Eurazo.

UNTERNEHMEN

EUROPCAR Autovermietung GmbH
Tangstedter Landstr. 81
22415 Hamburg
✆ (0 18 05) 80 00
🖷 (0 40) 5 20 18-26 10
💻 www.europcar.de

Europcar unterhält eine Flotte von über 200.000 Fahrzeugen in 160 Ländern.

EVIAN

Die Marke Evian steht für natürliches Mineralwasser ohne Kohlensäure. Die gesundheitsfördernde Wirkung wurde erstmals von Marquis des Lessert dokumentiert, der die Cachat-Quelle 1789 bei Evian-les-Bains entdeckte und mehrfach bestätigte, dass das Wasser seine Nierenbeschwerden lindere. Die vom franz. Gesundheitsministerium erteilte Abfüllerlaubnis erhält 1858 die neu gegründete Gesellschaft S. A. des Eaux Minérales de Cachat. Fast 130 Jahre später erhält die dt. Gesellschaft Euromarken Getränke GmbH, Mainz diese Erlaubnis. 2001 geht aus dem Zusammenschluss dieses Unternehmens mit

Markenzeichen der 2007 gegründeten Evonik Industries AG in Essen

der Französische Mineralquellen GmbH, Wiesbaden die Danone Waters Deutschland GmbH hervor. Das Unternehmen mit Sitz in Mainz-Kastel wird von Christine Siemssen geleitet und gehört zu 100 % zur franz. Danone Gruppe, die Evian und →Volvic in Deutschland vermarktet. Die Marke wird mit dem Slogan „natürlich jung" beworben und steht für Reinheit, Natürlichkeit und Qualität, die das Unternehmen dreifach sichert: Täglich werden im Haus 200 chemische und bakteriologische Tests durchgeführt, alle zwei Monate testet ein öffentliches Labor das Wasser auf Reinheit und natürliche Inhaltsstoffe und die gefüllten Plastikflaschen werden mechanischen Tests unterzogen. 2003 ist Evian das am meisten getrunkene natürliche Mineralwasser der Welt und wird in 120 Ländern verkauft. Evian ist von 0,5 bis 1,5 l in vier Flaschengrößen erhältlich, außerdem wird jedes Jahr eine Jahresflasche in exkl. Design produziert, die 2007 erstmals auf weltweit 85.000 Stück limitiert ist. Das neuste Produkt der Marke Evian ist der Brumisateur, ein Spray, dass die Haut durch Mio. Mikrotröpfchen erfrischt und ihr die natürliche Feuchtigkeit zurückgibt.

UNTERNEHMEN

Danone Waters Deutschland GmbH
Peter-Sander-Str. 41a
55252 Mainz-Kastel
✆ 0 61 34-18 07-0
www.evian.de

EVONIK INDUSTRIES

Die Marke Evonik gehört zu den jüngsten Marken in diesem Band. Eingeführt wurde sie am 12. September 2007 – als Unternehmensmarke für einen internat. Industriekonzern aus Deutschland mit den Geschäftsfeldern *Chemie*, *Energie* und *Immobilien*. Das neue Unternehmen, die Evonik Industries AG mit Sitz in Essen, entstand aus einer Umstrukturierung der RAG Aktiengesellschaft: Zum 1. Januar 2007 wurden die Industrie-Beteiligungen der RAG – das Chemie-Unternehmen Degussa, das Energie-Unternehmen STEAG und die RAG Immobilien GmbH – organisatorisch von den Bergbau-Aktivitäten des Konzerns getrennt. Die Bergbau-Aktivitäten führen den Namen RAG fort, während der sog. „weiße Bereich" unter dem neuen Namen Evonik Industries AG ausgegliedert wurde. Im Geschäftsfeld *Chemie* umfasst Evonik die Geschäfte der früheren Degussa AG und zählt zu den weltweit führenden Unternehmen im Bereich der Spezialchemie. Die RAG hatte 2004 die Mehrheitsbeteiligung an der Degussa AG vom vorherigen Mehrheitseigner E.on übernommen. Im Geschäftsfeld *Energie* ist Evonik Experte für Stromerzeugung aus Steinkohle und erneuerbaren Energien. Das Unternehmen ist fünftgrößter Stromerzeuger in Deutschland und betreibt auch internat. Kraftwerke, etwa in Kolumbien, in der Türkei und auf den Philippinen. Die Vorgängergesellschaft STEAG war 1937 als Steinkohlen-Elektrizität AG gegründet worden. Im Geschäftsfeld *Immobilien* ist Evonik eine der größten privaten Wohnungsgesellschaften in Deutschland. Die Evonik Immobilien GmbH (früher: RAG Immobilien GmbH) konzentriert sich auf Wohnimmobilien in den Regionen Ruhrgebiet, „Rheinschiene" (Düsseldorf-Köln-Bonn) und Großraum Aachen. Evonik Industries positioniert sich als „kreativer Industriekonzern", der seine Stärken in den Kernkompetenzen Kreativität, Spezialistentum, kontinuierliche Selbsterneuerung und Verlässlichkeit sieht. Das Markenzeichen des neuen Unternehmens besteht aus einer Wort- und Bildmarke in der Hausfarbe „Deep Purple". Die Bildmarke erinnert an ein elektrotechnisches Symbol. In einer runden, grauen Vignette bildet eine purpurfarbene Linie ein stilisiertes e, den Anfangsbuchstaben des Unternehmens. Daneben steht in futuristischer Schrift der Name Evonik mit dem Zusatz *Industries*. Die neue Marke wurde im September und Oktober 2007 mit einer umfassenden Werbekampagne eingeführt. Die

Die Geschäftsfelder der Evonik Industries AG sind Chemie, Energie und Immobilien.

Evonik Industries AG ist nach eigenen Angaben in mehr als 100 Ländern der Welt aktiv. Im Jahr 2006 setzte das Unternehmen, das vom Vorstandsvorsitzenden Dr. Werner Müller geleitet wird, mit rund 43.000 Mitarbeitern 14,8 Mrd. Euro um. Für das erste Halbjahr 2008 ist der Gang an den Kapitalmarkt geplant.

GESCHÄFTSFELDER UND MARKEN

Evonik Degussa GmbH:
→AEROSIL, →ACEMATT, →Si 69, →CORAX, →ULTRASIL, →SIPERNAT

Evonik Röhm GmbH:
→PLEXIGLAS, →EUDRAGIT

Evonik Stockhausen GmbH:
→STOKO

Evonik Goldschmidt GmbH:
→TEGO

DATEN UND FAKTEN

Firmenname: Evonik Industries AG

Unternehmensgründung: 01.01.2007 in Essen

Mitarbeiter: ca. 43.000 weltweit

Vorsitzender des Vorstands:
Dr. Werner Müller

Umsatz: 14,8 Mrd. Euro (2006)

KONTAKT

Evonik Industries AG
Rellinghauser Str. 1-11
45128 Essen
✆ (02 01) 1 77-01
🖷 (02 01) 1 77-34 75
💻 www.evonik.de

MEILENSTEINE

2004 Die RAG Aktiengesellschaft übernimmt die Mehrheitsbeteiligung an der Degussa AG und legt so den Grundstein für das Geschäftsfeld Chemie der heutigen Evonik Industries AG.

2007 Die Evonik Industries AG wird gegründet.

F

Unter dem Fa-Logo eine Flasche mit Fa-Duschgel *Joghurt Aloe Vera* in dem typischen Fa-Design. Das Werbeplakat (unten) stammt aus dem Jahr 1954.

FA

Unter der Marke Fa vertreibt die →Henkel KGaA Produkte für Kosmetik und Körperpflege auf dem internat. Markt. Das Sortiment der Marke Fa umfasst Duschgele, Deodorants, Fest-, Flüssig- und Schaumseifen, Body Lotions und After Shaves. Im Mai 1954 wurde die erste Fa-Festseife durch die Henkel-Tochter Dreiring-Werke, Krefeld, eingeführt. Diese Fadenseife, ein festes Stück Seife, diente gleichzeitig als Namensgeber für die Marke. Die ersten zwei Buchstaben bilden den Markennamen Fa. Das auffällige Produktdesign mit der Marmorierung in Grüngelb wird erstmals 1968 verwendet und bei den Festseifen der Marke Fa bis heute beibehalten. 1975 kam das erste Fa-Duschgel auf den Markt. Die Kommunikationsstrategie der Marke Fa mit ihren Produktlinien setzt auf einen hohen Wiedererkennungswert, der das Vertrauen in die Marke stärkt. Seit 1968 zeigt die Fa-Werbung eine blonde Frau an einem Strand in der Karibik, eine Szene, die ein Gefühl von Frische und Entspannung symbolisiert. Diese Assoziation mit Frische und Wohlbefinden wurde auch in den Werbeslogans aufgegriffen. 1954 startete die Marke mit dem Slogan „Fa kommt von fabelhaft". 1968 wurde Fa „Mit der wilden frische von Limonen" beworben. Der aktuelle Slogan „Fa – Frische zum Wohlfühlen" unterstreicht neben der Frische auch den Pflegeaspekt. Derzeit umfasst die Marke neun verschiedene Produktkategorien, darunter die drei Neuentwicklungen *Fa Joghurt*, *Fa Asia* und *Fa Natural*. *Fa Joghurt* wurde von der Fachzeitschrift Lebensmittel Praxis zum Produkt des Jahres 2006 gewählt. Vertrieben wird Fa sowohl im Einzel- als auch im Fachhandel und spricht damit eine breite Zielgruppe an. Im Henkel-Unternehmensbereich Kosmetik/Körperpflege steht die Marke Fa für Frische und Wohlbefinden. Fa wird in mehr als 125 Ländern vermarktet und zählt weltweit zu den Top Ten der Körperpflege Marken. Mit ihrem Kosmetik- und Körperpflegebereich setzte die Henkel KGaA im Jahr 2006 2,864 Mrd. Euro um und zählt zu den weltweit führenden Herstellern von Markenprodukten in diesem Bereich.

DATEN UND FAKTEN

Markenname: Fa, Abkürzung, abgeleitet von **Fa**denseife

Slogan: „Fa – Frische zum Wohlfühlen!"

Markteinführung: Fa Seife durch Dreiring-Werke, 1954, Krefeld

Markenregistrierung: 29.05.1929, Reichspatentamt Berlin

Innovationen: Fa Sport (1988), Fa Joghurt (2005), Soft Schaum (2006), Fa Natural (2007)

Auszeichnungen:
„Produkt des Jahres 2006", Lebensmittelpraxis *für Fa Duschpflege Joghurt* (2005)

Markenwebsite: www.fa.com

Literatur:
Henkel KGaA (Hg.): Chronik 130 Jahre Henkel. (2006)

UNTERNEHMEN

Henkel KGaA

Hauptsitz: Düsseldorf, Deutschland

Weitere Marken: s. →Henkel

Gesamtumsatz: 12,740 Mrd. Euro (2006)

Vertrieb: weltweit in mehr als 125 Ländern

KONTAKT

Henkel KGaA
Henkelstr. 67
40589 Düsseldorf
(02 11) 7 97–0
(02 11) 7 98–40 08
www.henkel.de

Ansprechpartner Presse:
Marion Schwenker
press@henkel.com

SCHON GEWUSST?

- Der Jingle für die TV-Werbung von 1968 bis Anfang der 1980er-Jahre stammt von dem erfolgreichen Jazz-Musiker Klaus Doldinger.
- „Fa-Fa-Fang dir einen Buggy": Bei diesem Preisausschreiben von 1971 beteiligten sich fast 5 Mio. Verbraucher. An der Preisverleihung auf Sylt nahmen 5.000 Zuschauer teil.

FABER-CASTELL

Faber-Castell ist der größte und älteste Hersteller von holzgefassten Stiften weltweit. Gegründet 1761 durch den Schreiner Caspar Faber in Stein bei Nürnberg, ist das Unternehmen bereits in der achten Generation im Familienbesitz. 1839 übernahm Freiherr und Reichsrat Lothar von Faber die Bleistiftfirma und führte moderne Produktionsmaßstäbe ein. Er gilt als Vater des modernen Qualitätsbleistifts und legte die noch heute gültige Längen- und Härtegradskala fest. Um Plagiaten vorzubeugen, setzte er sich erfolgreich für die Schaffung eines Markenschutzgesetzes ein. Faber-(Castell-)Bleistifte zählen zu den ersten Markenartikeln der Welt. 1898 entstand durch die Heirat von Lothar von Fabers Enkelin Ottilie mit dem Grafen Alexander zu Castell-Rüdenhausen der Name Faber-Castell. Faber-Castell beschäftigt in Deutschland ca. 850 Mitarbeiter. Weltweit arbeiten rund 6.500 Beschäftigte in 16 Fertigungsstätten an der Herstellung von über 2.500 verschiedenen Artikeln zum Schreiben, Zeichnen und kreativen Gestalten. Jährlich werden fast 2 Mrd. Blei- und Farbstifte aus dem Hause Faber-Castell produziert. Der Vertrieb beliefert 120 Länder in Europa, Nord Amerika, Lateinamerika, Asien und im Pazifik. Der Jahresumsatz betrug 2006/2007

1761 in Stein gegründet, ist Faber-Castell eines der ältesten Industrieunternehmen der Welt und bereits in der achten Generation im Besitz derselben Familie.

395,4 Mio. Euro. Im typischen Faber-Castell-Grün, der Regimentsfarbe des Grafen Alexander von Faber-Castell, kam 1905 der *Castell 9000* mit dem Motiv der beiden kämpfenden Bleistiftritter auf den Markt. Im Jahr 2000 setzte sich der silberne ergonomische Dreikantbleistift *Grip 2001* mit rutschfesten Noppen ebenfalls weltweit durch und erhielt vier internat. Designpreise. Bedeutende Künstler und Schriftsteller unterschiedlicher Epochen wie z. B. Vincent van Gogh, Oskar Kokoschka, Alexander Solzschenizyn oder Günther Grass haben zudem in Zitaten ihr Lob für die Marke formuliert. Faber-Castell engagiert sich im Bereich der nachhaltigen Forstwirtschaft und gewährleistet umweltgerechte Produktionsverfahren. So werden in der Holzstiftproduktion nur umweltfreundliche Wasserlacke eingesetzt. Eine in Zusammenarbeit mit der IG-Metall erarbeitete Sozialcharta soll an allen Firmenstandorten die Einhaltung hoher Standards bei den Beschäftigungs- und Arbeitsbedingungen garantieren.

DATEN UND FAKTEN

Markenname: Faber-Castell

Slogan: „Companion for Life"

Gründer: Caspar Faber, 1761, Stein

Markenregistrierung: 04.05.1875, Handelsregister beim Handelsgericht Nürnberg (Firmeneintragung)

Innovationen: *Castell 9000* (1905), *TK-Matic* (1979), *Grip 2001* (2000)

Auszeichnungen:
„red dot award: Höchste Designqualität", Design Zentrum Nordrhein-Westfalen für *Grip 2001* (2000)
„Produkt des Jahres", ISPA für *Grip 2001* (2000)
„Produkt des Jahres", BPS Industrie in der Kategorie Schul- und Privatbedarf für *Jumbo Grip* (2002)
„Preis für Unternehmensethik", DNWE (Deutsches Netzwerk Wirtschaftsethik) für ökologische und soziale Verantwortung in der Gesellschaft (2004)
„Ausgezeichneter Ort im Land der Ideen", Land der Ideen e.V. für einen kreativen und innovativen „Ort", der als Symbol für den Standort Deutschland steht (2006)
„Preis der Arbeit", Forum für Zukunftsökonomie für unternehmerische Verantwortung in der Gesellschaft / Corporate Citizenship (2006)
„Fairness Preis", Fairness-Stiftung für eine faire Unternehmens- und Personalführung (2007)

Literatur:
J. Franzke (Hg.): Das Bleistiftschloß. Familie und Unternehmen Faber-Castell in Stein unter Mitarbeit mehrerer Autoren (1986)
J. Nitzke-Dürr: Lothar Freiherr von Faber (1999)
H. Petrosky: Der Bleistift. Zur Geschichte eines Gebrauchsgegenstandes (1995)

UNTERNEHMEN

Faber-Castell AG

Hauptsitz: Stein, Deutschland

Vorstand: Anton Wolfgang Graf von Faber-Castell (Vorsitzender des Vorstandes)

Weitere Marken: Graf von Faber-Castell

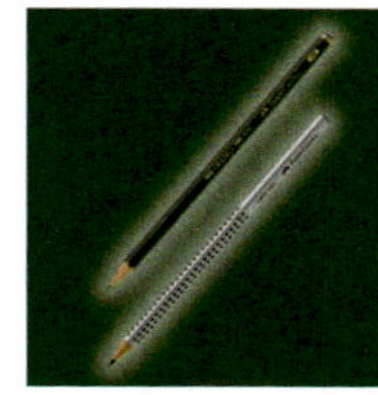

Jährlich werden fast 2 Mrd. holzgefasste Stifte aus dem Hause Faber-Castell hergestellt. Lothar von Faber führte 1839 erstmals moderne Produktionsmaßstäbe ein.

Das Familienunternehmen Fackelmann beschäftigt rund 4.500 Mitarbeiter.

Ein Großlager von FAG (Mitte), die Unternehmenszentrale in Schweinfurt (unten).

Gesamtumsatz: 395,4 Mio. Euro (2006/2007)

Vertrieb: über Handelsvertretungen in über 120 Ländern weltweit

KONTAKT

Faber-Castell AG
Nürnberger Str. 2
90546 Stein

SCHON GEWUSST?

- Lothar von Faber gründete 1844 eine der ersten Krankenkassen und 1851 einen der ersten Kindergärten Deutschlands. Darüber hinaus finanzierte er u.a. den Bau von Werkswohnungen, Schulen und einer Kirche. Napoleon III schickt 1867 eine Experten-Delegation nach Stein, um Lothar von Fabers soziale Einrichtungen zu studieren.
- Vincent van Gogh erwähnte die schwarze Farbe sowie die Qualität der weichen, dicken Faberbleistifte lobend in einem Brief an van Rappard.
- Mitte der 1980er-Jahre entwickelte Anton Wolfgang Graf von Faber-Castell in Brasilien ein ökologisch und ökonomisch richtungsweisendes Forstprojekt für Holzstift-Brettchen.

FACHINGEN

→ Staatl. Fachingen

FACKELMANN

Die Marke Fackelmann steht für Haushaltsartikel und Bademöbel. Sie geht auf Sebastian Fackelmann zurück, der das Unternehmen gleichen Namens 1948 gründete. Mittlerweile ist die Marke - nach eigenen Angaben - in fast allen Bereichen ihres Portfolios internat. führend. Die breite Produktpalette beinhaltet zahlreiche Innovationen, so z.B. ein komplettes Holzwarenkonzept für den Bio-Bereich im Jahr 2007. Das aktuelle Logo der Marke besteht aus dem Namen in schwarzen, fetten Großbuchstaben über einer breiten, roten Linie. Es wurde im Jahr 2000 eingeführt. Bis dahin hatte noch der „Fackelmann-Kopf" das Logo geprägt. Bis in das Jahr 1999 warb die Marke mit dem Slogan „Dynamik im Haushalt". Seither gibt es keinen Werbeslogan mehr. Das Unternehmen kooperiert bei Werbekampagnen mit prominenten Persönlichkeiten wie Axel Schulz und nutzt diese auch für seinen Internetauftritt. 2003 erfolgte schließlich der Erwerb des bayerischen Backformenherstellers Zenker aus Aichach. Im Zuge der seit 1995 vorangetriebenen Internationalisierung betreibt die Fackelmann GmbH inzwischen Vertretungen in 16 Ländern, in vielen anderen ist man mit eigenen Key Account Managern aktiv oder es existieren exkl. Vertriebspartner. Das Familienunternehmen unter der Leitung des geschäftsführenden Gesellschafters Alexander Fackelmann beschäftigt gegenwärtig rund 4.500 Mitarbeiter. Der Gesamtumsatz des Unternehmens liegt bei ca. 240 Mio. Euro, wobei allein mit der Marke Fackelmann etwa 160 Mio. Euro pro Jahr umgesetzt werden.

UNTERNEHMEN

Fackelmann GmbH & Co. KG
Werner-v.-Siemens-Str. 6
91217 Hersbruck
www.fackelmann.de

FAG

Unter der Industriegütermarke FAG produziert die Schaeffler KG Wälzlager für die Industrie, Radmodule und Getriebelager für die Automobiltechnik sowie Hochgenauigkeits- und Sonderwälzlager für die Luft- und Raumfahrt sowie Medizintechnik. Als Zulieferer bedient Schaeffler mit Produkten der Marke FAG rund 60 Industriebranchen und Kunden wie Airbus und die NASA. Zu den wichtigsten Produktinnovationen des letzten Jahrzehntes zählen das FAG-Mechatronik-Sensorlager (1999) und das E1 Pendelrollenlager (2001). Die Ursprung der Marke FAG geht auf das Jahr 1883 zurück, als Friedrich Fischer in Schweinfurt eine Kugelschleifmaschine erfand, mit der außerordentlich präzise Stahlkugeln in großen Stückzahlen hergestellt werden konnten. 1905 wurde die Marke FAG, eine Abkürzung der Unternehmensbezeichnung Fischers Aktien-Gesellschaft, als Warenzeichen eingetragen. Bereits zu dieser Zeit hatte das Unternehmen weltweit Abnehmer für seine Kugellager. Die Marke war bald auch unter dem bis heute geläufigen Namen Kugelfischer bekannt. Das FAG-Logo wurde im Laufe der Jahre mehrfach verändert und vereinfacht. Während anfangs noch Kugeln Teil des Firmenemblems waren, präsentiert sich das Logo heute als schlichter Markenschriftzug in roten Versalien. 2001 wurde die FAG Kugelfischer Georg Schäfer AG von →INA übernommen. Seit 2003 bildet FAG gemeinsam mit den Marken

Auch im Londoner Millennium-Riesenrad London Eye sind Lager von FAG im Einsatz.

→ INA und → LuK die Schaeffler Gruppe. Zusammen sind FAG und INA nach Angaben der Schaeffler KG weltweit die Nummer zwei in der Wälzlagerbranche. 2003 kam unter dem Dach der beiden Marken das Qualitätssiegel X-life mit qualitativ besonders hochwertigen Produkten und einem besonderen Kundenservice auf den Markt. Die Produkte der Schaeffler Gruppe werden weltweit über 100 eigene Büros vertrieben. Mit 63.000 Mitarbeitern an 180 Standorten erzielte das Unternehmen 2006 einen Umsatz von ca. 8,3 Mrd. Euro.

DATEN UND FAKTEN

Markenname: FAG, Akronym, zusammengesetzt aus der ursprünglichen Firmenbezeichnung **F**ischers **A**ktien-**G**esellschaft

Slogan: „Innovation in Motion"

Gründer: Automatische Kugelfabrik Friedrich Fischer, 1883, Schweinfurt

Markenregistrierung: 29. 07. 1905, Kaiserliches Patentamt Berlin

Innovationen: FAG-Mechatronik-Sensorlager (1999), E1 Pendelrollenlager (2001)

Auszeichnungen:
„Fabrik des Jahres/Global Excellence in Operations Award" (GEO-AWARD) von A. T. Kearney und Produktion (2001)

Markenwebsite: www.fag.de

Literatur:
C. R. Ellner: Die Entwicklung der Firma Kugelfischer Georg Schäfer & Co. (1988)

UNTERNEHMEN

Schaeffler KG

Hauptsitz: Schweinfurt, Deutschland

Geschäftsleitung: Dr. Jürgen M. Geißinger (Vorsitz)

Weitere Marken: → INA, → LuK, Barden, Lacey, ELGES, IDAM

Gesamtumsatz: 8,3 Mrd. Euro (Schaeffler Gruppe, 2006)

Vertrieb: weltweit

KONTAKT

Schaeffler KG
Georg-Schäfer-Str. 30
97421 Schweinfurt
✆ (0 97 21) 91-0
www.schaeffler.com

Ansprechpartner Presse:
Gerhard Zaiß
✆ (0 91 32) 82-22 77
✉ gerhard.zaiss@schaeffler.com

Ansprechpartner Marketing:
Dr. Christa Siefert
✆ (0 91 32) 82-76 26
✉ christa.siefert@schaeffler.com

SCHON GEWUSST?

- Auch im Londoner Millennium-Riesenrad London Eye sind Lager von FAG im Einsatz. Sie haben eine Größe von mehr als 2 m, wiegen jeweils mehr als 5.100 kg und sollen mindestens 50 Jahre lang halten.
- FAG zählt zu den meistkopierten Marken. Eine Mitarbeiterin ist eigens dafür angestellt, Produktplagiate und Produktpiraten aufzuspüren.
- FAG ist Hauptlieferant für die Triebwerklager im neuen Airbus A 380 und im Boing Dreamliner.

FAKIR

Fakir
HAUSGERÄTE
AUS LIEBE ZUM RAUM

Der bekannte Maler und Grafiker Anton Stankowski gestaltete 1960 die Wortmarke Fakir.

Die Marke Fakir steht für Hausgeräte in verschiedenen Anwendungsbereichen. Das Portfolio im Segment Bodenpflege und -reinigung beinhaltet u. a. Staubsauger, Bohnergeräte und Waschsauger. Außerdem gibt es von Fakir ein breites Sortiment an Heizlüftern und Heizgeräten. Komplettiert wird das Angebot von Ventilatoren, Klimageräten sowie Luftbe- und -entfeuchtern. Die Produkte der umfangreichen Markenfamilie wenden sich in erster Linie an Kunden mit mittleren bis gehobenen Einkommen. Für ihre hohe Qualität wurden sie vielfach von der Stiftung Warentest und Öko-Test ausgezeichnet. Den Grundstein zur heutigen Fakir Haugeräte GmbH legte Wilhelm Kicherer 1933 mit

Faktu® akut gehört zur Nycomed Deutschland GmbH.

Neben Socken vertreibt Falke ergonomische Sport- und Funktionsbekleidung.

der Gründung eines Familienbetriebs in Mühlacker. Dort produzierte man zunächst Geräte für die Bodenreinigung. In den 1950er-Jahren expandierte das Unternehmen und begann mit der Herstellung von Elektro-Heizgeräten für den Haushaltsbereich. Der Markenname Fakir ist aus den Anfangs- und Endbuchstaben der „Familie Kicherer" abgeleitet. Die Wortmarke wurde 1960 von dem bekannten Maler und Grafiker Anton Stankowski gestaltet. In späteren Jahren wurde das Logo um die Zusätze „Hausgeräte" und den Slogan „aus Liebe zum Raum" ergänzt. In der Außendarstellung spricht Fakir gezielt nachhaltige Werte an, indem das Unternehmen auf den Produktionsort Deutschland und die Nachhaltigkeit in der gesamten Wertschöpfungskette hinweist. Die Hausgeräte der Marke Fakir werden über den qualifizierten Fachhandel vertrieben. Das Unternehmen unterhält in Deutschland ein flächendeckendes Netz an Handelsvertretungen und arbeitet mit 140 autorisierten Werkstätten zusammen. Weltweit sorgen 60 Vertretungen für die Kundenbetreuung. Die Fakir Hausgeräte GmbH hat ihren Sitz seit 1978 in Vaihingen/Enz. Seit 1961 ist die nilco Reinigungsmaschinen GmbH Teil des Unternehmens. Sie deckt den Bereich gewerbliche Reinigungsmaschinen ab.

UNTERNEHMEN

Fakir Hausgeräte GmbH
Industriestr. 6
71665 Vaihingen/Enz
(0 70 42) 9 12-0
(0 70 42) 9 12-3 51
www.fakir.de

FAKTU AKUT

Faktu® akut ist ein Pharmaprodukt der Nycomed Deutschland GmbH und wirksam bei Hämorrhoidalleiden und anderen anorektalen Erkrankungen. Kernzielgruppe sind erkrankte Männer und Frauen der Altersgruppe 35–60. Die Arzneimittel Faktu® und Faktu® akut werden in Apotheken in der BRD, sowie weltweit in 20 Ländern vertrieben. Das Sortiment der Marke ist aufgeteilt in die verschreibungspflichtigen Produkte Faktu® als Zäpfchen und Salbe. Im OTC-Bereich gibt es die Produkte Faktu® akut Salbe und Faktu® akut Zäpfchen, ergänzend FAKTUclean® Feuchtreinigungstücher. Faktu® akut mit dem Wirkstoff Bufexamac verspricht schnelle und effektive Hilfe bei den typischen Beschwerden wie Schmerzen, Juckreiz und Brennen. Es wirkt entzündungshemmend und kann Blutungen stillen. Als Marktführer grenzt sich die Marke lt. eigenen Angaben durch das humorvolle und enttabuisierende Keyvisual La Linea von Osvaldo Cavandoli vom Wettbewerb ab. Lt. ims Health ist Faktu® das meistverordnete, Faktu® akut das meistgekaufte Mittel gegen Hämorrhoidalleiden. Die Markenbekanntheit von Faktu® akut liegt bei 11 % ungest. und bei 35 % gest. lt. tns Healthcare, 05/2006. Der Umsatz von Faktu® akut betrug 2006 11,5 Mio. Euro lt. ims Health, OTC Dataview. Der Anteil der Marke am Gesamtumsatz des Unternehmens beläuft sich auf 15 %. Werbeaufwendungen von 700.000 Euro erreichten 2007 lt. MAT und ims Health OTC Dataview 53 % SoV. Hausfarbe ist Pantone P397c. Der Slogan von Faktu® akut lautet: „Faktu® akut. Und Hämorrhoiden geben Frieden."

UNTERNEHMEN

Nycomed Deutschland GmbH
Moltkestr. 4
78467 Konstanz
(08 00) 2 95 33 33
(08 00) 2 95 55 55
www.faktu-akut.de

FALKE

Unter der Konsumgütermarke Falke vertreibt die Falke Gruppe in vierter Generation hochwertige Strickwaren und Beinbekleidung. 1996 etablierte Falke zudem das Sportsegment *Falke Ergonomic Sport System.* 2002 erweiterte sich das Angebot um ergonomische Funktionsunterwäsche. Seit 2006 bietet Falke zusätzliche Funktionsbekleidung wie Hosen und Jacken an und wurde damit Komplettanbieter für ergonomische Sportbekleidung. Die Marke hat den Anspruch, sich durch Eleganz, handwerkliches Können und die Verarbeitung von hochwertigen Materialien von seinen Mitbewerbern zu unterscheiden. Als Zielgruppe will das Unternehmen mode- und markenbewusste Männer und Frauen ab 25 Jahren ansprechen. Entsprechend edel präsentiert sich das Markenlogo des Herstellers. Es zeigt den Namen des Firmengründers in silbernen Lettern auf schwarzem Untergrund oder invertiert schwarze Schrift auf weißem Grund. Bereits 1949 wurde eine erste Wort-Bild-Marke entwickelt, die seit 1950 Unternehmen und Produkte repräsentiert. Zwischen den Jahren

1949 und 1996 gab es verschiedene Abwandlungen des Markenzeichens in Farbe, Schrift und Größe. Seitdem erscheint der Schriftzug stringent auf allen Produktverpackungen des Textilherstellers. Die Firma wurde Ende des 19. Jh. im sauerländischen Schmallenberg von Franz Falke-Rohen gegründet. Der gelernte Handwerker beschränkte sich zunächst darauf, sich zu seiner Saisonarbeit ein Zubrot zu verdienen, indem er in den Wintermonaten in einer Strickerei Socken herstellte. 1895 machte sich Falke-Rohen selbstständig und begann mit der Produktion von Kinder- und Herrenstrümpfen. Nach dem Tod des Gründers im Jahr 1928 hatte der Betrieb mehr als 800 Beschäftigte. Gründersohn Franz Falke junior übernahm die Firmenleitung und setzte auf einen kontinuierlichen Expansionskurs. Heute wird das Unternehmen von den Urenkeln des Gründers Franz-Peter Falke und Paul Falke geführt. Das Textilunternehmen beschäftigt weltweit über 2.400 Mitarbeiter und exportiert seine Produkte über Vertriebspartner weltweit in 30 Länder. Die Internationalisierung der Marke soll auch in den kommenden Jahren strategische Priorität haben.

DATEN UND FAKTEN

Markenname: Falke, Familienname des Firmengründers

Slogan: „Soul Texture" (2002)

Gründer: Franz Falke-Rohen, 1895, Schmallenberg

Markenregistrierung: 17. 03. 1952, DPMA München

Innovationen: Falke Ergonomic Sport System (2006)

Markenbekanntheit: 51,3 % gest. (Stern Markenprofile 10, 2003)

Jahresumsatz: 186,3 Mio. Euro (2006)

Geschäftsführer: Franz-Peter Falke, Paul Falke

Mitarbeiter: 1.194 Deutschland, 2.431 weltweit (2006)

Auszeichnungen:
„Designpreis der Bundesrepublik Deutschland" für *Sportpullover Ergonomic Sport System* (2007)
„Beste Running Bekleidung", Runner's World ispo Award für *ESS-Kollektion* (2006)

UNTERNEHMEN

FALKE KGaA
Oststr. 5a
57392 Schmallenberg
✆ (0 29 72) 7 99-1
🖷 (0 29 72) 7 99-3 19
💻 www.falke.com

FALLER

Unmittelbar nach dem 2. Weltkrieg gründeten die Brüder Edwin und Hermann Faller ein Unternehmen mit dem Ziel, Basteln und Spielen zum Geschäft zu machen. 1946 bestimmten zunächst noch Holzkämme, Wäscheklammern und Holzbaukästen das Portfolio. Heute produziert die Gebr. Faller GmbH rund 1,2 Mio. Modellbausätze für Modeleisenbahnen pro Jahr. Die ersten kolorierten Fertighausmodelle gingen 1950 in Serie. In den kommenden Jahren spezialisierte sich das Unternehmen auf die Serienproduktion von Miniaturgebäuden für die Modelleisenbahn. Das hausintern entwickelte Logo stammt aus den frühen Jahren des Unternehmens: ein schwarz und weiß umrahmtes, liegendes Rechteck, in dem der Name Faller in serifenlosen Großbuchstaben Gelb auf Schwarz erscheint. Rechts neben dem Namenszug unterbricht ein senkrechtes Band aus roten und gelben Streifen den schwarzen Hintergrund und kann als Abstraktion eines Bahnübergangs gelesen werden. Die Firma wirbt mit dem Slogan „Wir bauen die Welt im Modell" und bezieht sich damit auf die maßstabsgetreue Nachbildung von Häusern, Brücken, Bäumen und Fahrzeugen. Abgrenzungsmerkmal gegenüber anderen Herstellern ist insbesondere die Funktionstüchtigkeit und Beweglichkeit der Modelle. So hat die „Fabrik für Qualitätsspielwaren" bereits 1975 eine Serie fahrtüchtiger Kirmesfahrgeschäfte ins Programm aufgenommen, die sich nach Angaben des Unternehmens bis heute erfolgreich verkaufen. Eine weitere Spezialität des Unternehmens ist die detailgenaue Nachbildung existierender Bauwerke. So entwickelte man zum Erscheinen des Films „Die Brücke am Kwai" eine originalgetreue Replik der Brücke im Maßstab 1:87. Heute steht die Gebr. Faller GmbH aus dem Schwarzwald unter der Geschäftsführung von Horst Neidhard. 150 Mitarbeiter sind an der Produktion der 2.500 verschiedenen Artikel beteiligt und setzen jährlich rund 16 Mio. Euro um.

FALLER®

Mit dem Slogan „Faller – Wir bauen die Welt im Modell" spricht die Marke Faller eisenbahnbegeisterte Menschen zwischen 9 und 99 Jahren an.

Fanta hat tatsächlich ihren Ursprung in Deutschland.

DATEN UND FAKTEN

Markenname: Faller, Familienname der Gründer

Slogan: „Faller – Wir bauen die Welt im Modell"

Erfinder: Edwin Faller und Hermann Faller, 1946

Markenregistrierung: 25. 06. 1956, DPMA München

Innovationen: funktionsfähige Miniaturnachbildungen von Kirmesfahrgeschäften (1975), motorisierte Modellfahrzeuge car system (1988)

Jahresumsatz: 16 Mio. Euro (2006)

UNTERNEHMEN

Gebr. Faller GmbH
Kreuzstr. 9
78148 Gütenbach
✆ (0 77 23) 6 51–0
🖷 (0 77 23) 6 31–1 23
💻 www.faller.de

FANTA

Die Konsumgütermarke Fanta ist eine von mehr als 400 Marken von The Coca-Cola Company. Die Marke steht weltweit für das fruchtige Getränk mit Orangengeschmack. Erfunden wurde Fanta in Deutschland z. Z. des 2. Weltkriegs. Als 1940 die Rohstoffe für die Produktion von Coca-Cola knapp wurden, kreierte die dt. Konzerntochter eine Alternative auf Molkebasis. Max Keith, damaliger Geschäftsführer der Coca-Cola GmbH, kürzte für das neue Getränk einfach das Wort fantastisch bzw. Fantasie ab. Die fünf Buchstaben stehen seitdem für den Geschmack der Limonade. Designer Raymond Loewy gestaltete die klassische Ringflasche für die Markenlimonade. Der schlanke Hals und der geringelte Flaschenkörper wurden zum Markenzeichen von Fanta. Der orangefarbige Hintergrund auf dem Etikett entstand in den 1960er-Jahren, der Schriftzug liegt diagonal. Heute präsentiert sich das Erfrischungsgetränk in der „Splash-Flasche" mit ihren charakteristischen Rundungen. Auch dem Logo wurden im Laufe der Zeit neue Gestaltungselemente hinzugefügt. Der Markenschriftzug ist in Reflex-Blue gehalten. Hinzu kommen Pop-Art-Elemente, schwungvoll angeordnete Südfrüchte unterstreichen den aktuellen Slogan „Fanta Orange: Jetzt noch orangiger". Weitere dekorierende Bildelemente auf dem Etikett sind ein Orangenblatt und Luftblasen. Das Design erweckt einen spritzigen, sprudelnd frischen Eindruck, der diejenigen ansprechen soll, die das Leben spielerisch genießen wollen. Für Fanta werden immer wieder neue Line Extensions generiert, da die Konsumenten nach fruchtiger Abwechslung verlangen. Die ursprüngliche Geschmacksrichtung ist Orange, derzeit sind aber auch die Sorten *Mandarine*, *Lemon* und *Zero* erhältlich. Die Produktlinie *Fanta World* (z. B. Südafrika Blutorange oder Brasilien Limette) spielt ausdrücklich mit einem kurzen Zeitraum, in dem die Produkte im Handel sind. Ein halbjährlicher Wechsel soll zum Kauf animieren, damit der Konsument keine Geschmacksrichtung verpasst, und bringt so den Konsumenten nicht nur mit dem Geschmack, sondern auch mit den Emotionen ferner Länder in Kontakt. Im Jahr 2005 wurden in Deutschland 382 Mio. l des Getränks hergestellt. Die Berliner Coca-Cola GmbH ist eine Tochter des amerikanischen Konzerns. Im dt. Coca-Cola System arbeiten 12.000 Mitarbeiter und vertreiben neben Fanta u. a. die Marken →Coca-Cola, →mezzo mix, →Sprite und →Lift.

UNTERNEHMEN

Coca-Cola GmbH
Quartier 205, Friedrichstr. 68
10117 Berlin
✆ (0 30) 2 26 06–90 00
🖷 (0 30) 2 26 06–95 10
💻 www.fanta.de

FARINA 1709

Farina Gegenüber
seit
1709

Rosoli Flakon aus dem Hause Farina (Mitte), Johann Maria Farina (1685–1766), Créateur von *Eau de Cologne* (unten)

Das Unternehmen Johann Maria Farina gegenüber dem Jülichs-Platz GmbH seit 1709, so der vollständige Firmenname, gilt als der älteste Parfümhersteller der Welt. Die aus Italien stammende Familie Farina gründete 1709 in Köln ein Geschäft für Galanterie- und Seidenwaren. Ein weiteres Produkt des Hauses war ein von Johann Maria Farina kreiertes Parfüm, dem er zu Ehren seiner neuen Heimatstadt Köln den Namen „Eau de Cologne" gibt. Farina wählte die franz. Bezeichnung, da Französisch damals in Europa als allgemeine Handelssprache diente. Das Duftwasser erlangte in gehobenen Kreisen schnell Beliebtheit und Farina belieferte fast alle europäischen Herrscher- und Fürstenhäuser. Sagte man im 18. Jh. *Eau de Cologne*, meinte man Farina. Nach der franz. Revolution fand Farinas Duft viele Nachahmer, und da noch

Farina Haus in Köln, Stammsitz der Firma und Geburtshaus von *Eau de Cologne*

kein Markenschutz existierte, heißt heute eine ganze Duftgattung so. Als in Deutschland 1875 das Markengesetz in Kraft trat, war Farina unter den ersten Markenanmeldungen mit seinen Etiketten, die nun zum Gattungsbegriff gewordenen Marke *Eau de Cologne* konnte man nicht mehr schützen. Von Beginn an wurde Farina Eau de Cologne in den Rosoli Glasflakons verkauft und mit dem typischen Schriftzug versehen, der sich aus der persönlichen Unterschrift von Johann Maria Farina ableitet. Die Farina-Tulpe im Kölner Rot wurde 1923 zur Kennzeichnung der Produkte und deutlicheren Unterscheidung von den vielen Nachahmerprodukten eingeführt. Statt mit dem kompletten Firmennamen ist die Tulpe mit der Firmenkurzbezeichnung beschriftet: „Farina Gegenüber". Farina vertreibt seine Produkte weltweit über ausgesuchte inhabergeführte Parfümerien und Apotheken. Das Familienunternehmen wird heute von den Nachkommen des Firmengründers in der achten Generation geleitet, Geschäftsführer ist der fünffache Urenkel des Gründers, Johann Maria Farina.

DATEN UND FAKTEN

Markenname: Farina 1709, Name der Gründerfamilie und Jahr der Unternehmensgründung

Slogan: „Farina pure luxury since 1709"

Gründer: Johann Farina, 1709, Köln

Markenregistrierung: 01. 10. 1894, Kaiserliches Patentamt Berlin

Auszeichnungen:
„Ausgewählter Ort 2006", Land der Ideen für „Das berühmteste Wasser der Welt" (2006)

Markenwebsite: www.farina1709.com

Literatur:
J. M. Farina: Aus dem Archiv des Originalhauses Johann Maria Farina gegenüber dem Jülichs-Platz, Köln. Geschichte, Markenschutz, Nachahmer, Rechtsprechung (1929)
W. Mönckmeier: Die Geschichte des Hauses Johann Maria Farina gegenüber dem Jülichsplatz in Köln gegründet 1709, überarbeitet von Hermann Schaefer (1934)

UNTERNEHMEN

Johann Maria Farina gegenüber dem Jülichs-Platz GmbH seit 1709

Hauptsitz: Köln, Deutschland

Geschäftsführer: Johann Maria Farina

Gesamtumsatz: 12 Mio. Euro (2006)

Vertrieb: weltweit über inhabergeführte Parfümerien und Apotheken

Mitarbeiter: 52 (in Köln)

KONTAKT

Johann Maria Farina gegenüber dem Jülichs-Platz GmbH seit 1709
Obenmarspforten 21
50667 Köln
☏ (02 21) 2 94 17 09
🖷 (02 21) 2 57 17 09

SCHON GEWUSST?

- Johann Maria Farina benannte sein Parfüm nach der Stadt Köln, wodurch die Stadt lange vor der Vollendung des Kölner Doms weltberühmt wurde. Dafür ehrte die Stadt Köln Farina im Jahr 1995 posthum mit einer Statue am Turm des ehrwürdigen Rathauses.
- Zu den prominenten Kunden im Laufe der 300-jährigen Geschichte von Farina zählten u. a. König Friedrich Wilhelm I. von Preußen, Kaiser Napoléon Bonaparte, Geheimrat Johann Wolfgang von Goethe, die Kaiserin Elisabeth von Österreich (Sissi) und Romy Schneider.

FEDEX

FedEx Express

Eines der größten Express-Transportunternehmen der Welt: FedEx

FedEx ist die Dienstleistungsmarke des weltweit größten Express-Transportunternehmens FedEx Express. Mithilfe einer eigenen Luft- und Fahrzeugflotte sowie zahlreichen Logistikzentren werden Dokumente und Paketsendungen in 220 Staaten und Regionen geliefert. Innerhalb Europas wird ein Über-

Nacht-Service mit unterschiedlichen Zustelloptionen angeboten (u.a. Auslieferung bis 8.00 Uhr oder 10.30 Uhr). Bereits seit 1979 haben die Kuriere tragbare Computer im Einsatz, sodass eine Echtzeit-Sendungsverfolgung möglich ist. Über die FedEx-Online-Angebote können Kunden Sendungen verfolgen und bearbeiten, Tarife berechnen und Zollformalitäten vorbereiten. 1994 wurde aus der Markenbezeichnung Federal Express „FedEx". Der erste Slogan der neuen Marke hieß „The World On Time" (dt. etwa: „Die ganze Welt – pünktlich"), der auch heute noch auf den Fahrzeugen und Paketen von FedEx zu finden ist. Das Logo zeigt in den Farben Lila und Orange den Schriftzug „FedEx" sowie den Zusatz „Express". 1973 nahm Federal Express seinen Betrieb mit eigenen Flugzeugen und Fahrzeugen auf. Das europäische Drehkreuz befindet sich am Flughafen Roissy-Charles de Gaulle in Paris. Zentrale Verteilungsstelle für Deutschland sowie Zentral- und Osteuropa ist Frankfurt/Main. Diese wird 2010 an den Flughafen Köln/Bonn verlegt. FedEx Express ist eine Tochter des Fracht- und Logistikkonzerns Federal Express Corporation.

UNTERNEHMEN

Federal Express Europe Deutsche Niederlassung
Am Forsthaus 9–11
63263 Neu-Isenburg
✆ (0 61 02) 8 83-0
🖳 www.fedex.com/de

FELINA

Die Modemarke Felina steht für Dessous und Bademoden von kleinen bis hin zu großen Cup-Größen. Der Kunstname Felina war zunächst der Name eines Büstenhalters. Dieser wurde in der im Jahr 1885 von Eugen J. Herbst gegründeten Korsagenfabrik in Bad Rappenau hergestellt. Dieses frühe Produkt wurde 1922 zum Verkaufsschlager und gab anschließend dem produzierenden Unternehmen seinen Namen. Bereits im Jahr 1890 verlegte man den Firmensitz nach Mannheim, um der hohen Nachfrage mit neuen Produktionshallen gerecht werden zu können. Die Marke Felina setzt den Schwerpunkt auf modische Eleganz sowie optimale Passform in den Cup-Größen A bis H. Mit den Dessous sollen vor allem Frauen ab 40 angesprochen werden. Seit dem Frühjahr 2005 bietet das Unternehmen zusätzlich die Dessousmarke *Conturelle* an. Diese richtet sich mit ihrem jüngeren Design an Frauen ab 30. Das Logo mit dem Markennamen Felina wurde in den 1930er-Jahren entwickelt. Moderate Modifikationen des Schriftzugs sowie der Wechsel von Rot zu einem eigens für Felina entwickelten Türkis kennzeichnen die Logoentwicklung. Die aktuelle Bildmarke stammt aus dem Jahr 2004 und wurde von der Peter Schmidt Group Hamburg designt. In den 1960er-Jahren warb

Ein Plakat aus der Anzeigenkampagne für *Conturelle* Dessous von Felina

die Schauspielerin Uschi Glas für Dessous von Felina. Heute arbeitet das Unternehmen mit internat. Models zusammen. Die Marke Felina erreicht lt. Brigitte Kommunikationsanalyse 2006 in Deutschland eine gest. Markenbekanntheit von 19 %. Seit 1950 exportiert Felina in über 50 Länder auf fünf Kontinenten. Der Vertrieb der Dessous- und Bademode erfolgt über den gehobenen Facheinzelhandel, Warenhäuser, Konzerne und Versandunternehmen. Im Jahr 1981 wurde Felina von einer Schweizer Investorengruppe übernommen. Weltweit sind ca. 1.000 Mitarbeiter bei Felina beschäftigt. Das Unternehmen hatte im Geschäftsjahr 2006 einen Gesamtumsatz von über 50 Mio. Euro.

DATEN UND FAKTEN

Markenname: Felina, Kunstname

Slogan: „Conturelle – effect feminin"

Gründer: Eugen J. Herbst, 1885, Bad Rappenau

Markenregistrierung: 1915, Kaiserliches Patentamt Berlin

felina

CONTURELLE felina effect feminin

Das Felina Logo in dem typischen Türkis (oben) und die Bildmarke für die Produktlinie Conturelle Dessous (Mitte). Das Model wirbt für *Conturelle Beachwear* von Felina (unten).

Innovationen: Conturelle (2005)

Markenbekanntheit: 19 % gest. (Brigitte Kommunikationsanalyse, 2006)

UNTERNEHMEN

Felina GmbH (100 %ige Tochter der Felina International AG, Wettingen/Schweiz)

Hauptsitz: Mannheim, Deutschland

Geschäftsführer: Hanspeter Sigrist, Jürgen Wollenschläger, Dirk Berges (stellv. Geschäftsführer)

Weitere Marken: Conturelle

Gesamtumsatz: über 50 Mio. Euro (2006)

Vertrieb: weltweit in über 50 Ländern

KONTAKT

Felina GmbH
Lange Rötterstr. 11–17
68167 Mannheim
✆ (06 21) 3 85–0
www.felinainternational.com

Ansprechpartner Presse:
Andrea Krischer
✆ (06 21) 3 85–1 38
✉ Andrea.Krischer@felina.de

Ansprechpartner Marketing:
Mark Thumser
✆ (06 21) 3 85–2 86
✉ Mark.Thumser@felina.de

SCHON GEWUSST?

Korsett, Krinoline und Tornüre sind Begriffe, mit denen eine Frau zwischen 1810 und 1870 umzugehen hatte. In der Mitte des 19. Jh. hört man zum ersten Mal von Damendessous im heutigen Sinne, was auch einem Unternehmen wie Felina mit seiner mehr als 120-jährigen Geschichte zu verdanken ist.

FELIX

FELIX ist eine Katzenfuttermarke der Nestlé Purina PetCare GmbH. Über 80 verschiedene Futter-Artikel für Katzen produziert das Unternehmen unter dieser Marke. Die neuesten Kreationen sind *„So gut wie es aussieht"* und *„Ofenschmaus"*. Für das Katzenfutter *„So gut wie es aussieht"* bekam das Unternehmen zwei Preise verliehen: In einer Umfrage der Fachzeitschrift Lebensmittel Praxis wurde das Produkt zur beliebtesten Innovation des Jahres 2007 gekürt und erhielt damit die Goldmedaille in der Kategorie Tiernahrung. Außerdem erreichte *„So gut wie es aussieht"* den 2. Platz des Bestseller-Rankings der Rundschau für den Lebensmittelhandel. Für die Marke FELIX wirbt der schwarz-weiße Comic-Kater Felix. Der Name soll als ein weit verbreiteter Katzenname emotionale Nähe zum Produkt herstellen. Das Unternehmen hat im Internet rund um Felix eine ganze Katzen-Welt geschaffen von Trockenfutter über Zahnpflege-Snacks bis hin zu allgemeinen Pflegetipps für die Katze. Felix wird auf der Website als aktiver, frecher,kleiner Kater charakterisiert und soll so dem potenziellen Frauchen oder Herrchen die auf die Bedürfnisse der Katze abgestimmte Qualität des Futters vermitteln. Der Slogan lautet dementsprechend „Katzen wie Felix lieben FELIX". Das Logo trägt den Schriftzug felix, gehalten in einer Type, die an Schreibschrift erinnert. Der i-Punkt ist durch den stilisierten Abdruck einer Katzenpfote ersetzt worden. Die Nestlé Purina PetCare Deutschland GmbH ist eine Tochter der Nestlé S. A. Sie vertreibt Produkte der Marke FELIX über den hauseigenen Außendienst, den Lebensmitteleinzelhandel und den Fachhandel. Nestlé Purina ist einer der größten Tiernahrungshersteller der Welt. Das Unternehmen hat Standorte in 50 Ländern und beschäftigt etwa 14.000 Mitarbeiter. Das Werk in Euskirchen ist das einzige Werk in Deutschland. Dort sind 400 Mitarbeiter beschäftigt.

UNTERNEHMEN

Nestlé Purina PetCare Deutschland GmbH
Albert-Latz-Str. 6
53879 Euskirchen
✆ (0 69) 66 71–30 88
(0 69) 66 71–43 85
www.katzenwiefelix.de

FELUWA PUMPEN

In Mürlenbach in der Vulkaneifel entwickelt und produziert die FELUWA Pumpen GmbH in erster Linie Prozesspumpen. Zu den Anwendungsbereichen zählen die Chemie, Petrochemie, Bergbau, Lebensmittelindustrie, Umweltschutz, Abwasser- sowie Gebäudetechnik. Das Unternehmen wurde 1931 von Carl Schlesiger gegründet. Der Markenname setzt sich aus den ersten beiden Buchstaben der Elemente Feuer, Luft und Wasser zusammen und steht für die ursprüngliche Fertigung von feuer-, luft- und wassertechnischen Anlagen. Heute gehört das Unterneh-

Das Logo der Katzenfuttermarke Felix, mit dem Pfotenabdruck statt des i-Punktes im Schriftzug

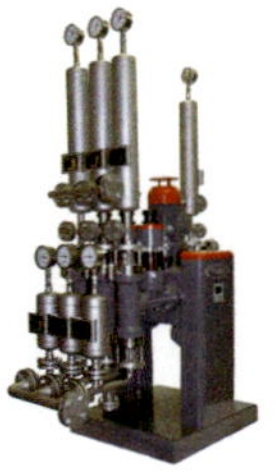

FELUWA ist Spezialist im Bau von Prozesspumpen.

men nach eigenen Angaben zu den Marktführern im Bereich der Pumpentechnik. Die Kernkompetenzen liegen in den drei Geschäftsbereichen Prozesspumpen, Abwassertechnik und Pumpen für die Gebäudetechnik. Die Maschinen der FELUWA Pumpen GmbH zeichnen sich durch ihr patentiertes Design aus. Als weltweit einziger Hersteller

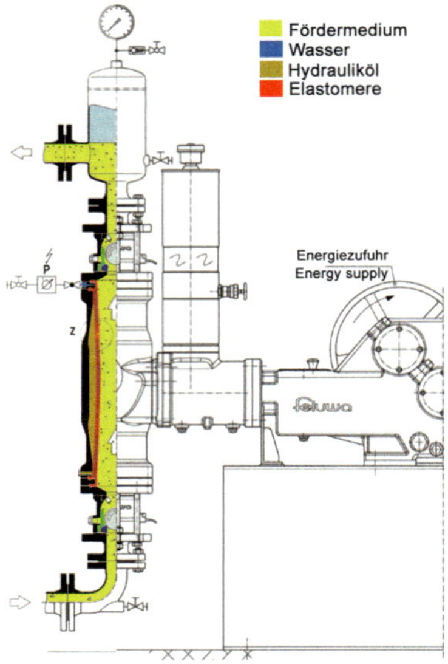

Funktionsprinzip einer FELUWA-Pumpe

produziert die Firma eine patentierte Doppel-Schlauchmembranpumpe, die anstelle von Flachmembranen zwei ineinander angeordnete Schlauchmembranen verwendet. Als Logo wählte FELUWA den blauen Markennamen in einem weißen, schwungvoll blau eingerahmten Oval. Der Claim „Kompetenz in Pumpen" in einer hellgrauen handschriftlichen Typografie ergänzt das Logo und gibt ihm eine geschäftsmäßige Note. Der Zusatz „Ein Unternehmen der ARCA-Gruppe" erläutert die Zugehörigkeit der Firma: Im November 2000 wurde FELUWA von der ARCA Regler GmbH in Tönisvorst übernommen. Als innovatives mittelständisches Unternehmen erhielt die FELUWA GmbH Auszeichnungen für Produktdesign, Innovationskraft und wirtschaftliche Bedeutung. Die internat. Industriegütermarke wird weltweit hauptsächlich vom Herstellerwerk vertrieben. Unterstützt wird der Handel von nat. und internat. Vertretungen. Das Unternehmen beschäftigt unter der Leitung von Dr. Ing. Rüdiger Kaspers und Heinz M. Nägel rund 100 Mitarbeiter und verzeichnet einen Gesamtumsatz von 15,09 Mio. Euro (2006).

DATEN UND FAKTEN

Markenname: FELUWA, Akronym, zusammengesetzt aus den jeweils ersten beiden Buchstaben der Begriffe **Fe**uer, **Lu**ft und **Wa**sser

Gründer: Carl Schlesiger, 1931, Köln

Markenregistrierung: 19. 04. 1996, DPMA München

Innovationen: MULTISAFE Doppel-Schlauchmembranpumpen

Werbespendings: ca. 35.000 Euro p. a.

Auszeichnungen:
Anerkennung „Design-Preis Rheinland-Pfalz" (2005)
„Kammerpreis und Unternehmerpreis", IHK, Innovativer Mittelstand (2006)
„Großer Preis des Mittelstandes", Oskar-Patzelt-Stiftung Leipzig, Finalist (2006) und Preisträger (2007)

UNTERNEHMEN

FELUWA Pumpen GmbH

Hauptsitz: Mürlenbach, Deutschland

Geschäftsleitung: Dr. Ing. Rüdiger Kaspers, Heinz M. Nägel

Gesamtumsatz: 15,09 Mio. Euro (2006)

Vertrieb: weltweit

KONTAKT

FELUWA Pumpen GmbH
Beulertweg
54570 Mürlenbach
✆ (0 65 94) 10-0

SCHON GEWUSST?

- Die MULTISAFE Schlauchmembranpumpe funktioniert nach bionischen Prinzipien. Sie nutzt im Wesentlichen den Mechanismus des menschlichen Herzens. Durch ihre doppelte Schlauchmembran ist sie praktisch unverwundbar.
- Bei der Preisverleihung „Großer Preis des Mittelstandes" wurde die Zahl 13 für FELUWA zur Glückszahl. Im 13. Jahr des Wettbewerbs wurde das Unternehmen am 13. Oktober 2007 in Würzburg als Preisträger gekürt. Der begehrte Preis wurde während einer Galaveranstaltung im Würzburger Maritim-Hotel an Geschäftsführer Heinz M. Nägel überreicht.

(0 65 94) 16 40
www.feluwa.de

Ansprechpartner Presse & Marketing:
Gisela Steil
steil@feluwa.de

FENDT

Die Industriegütermarke Fendt steht seit über 75 Jahren für Traktoren und Landmaschinen. 1930 entwickelte Johann Georg Fendt zusammen mit seinen Söhnen den ersten europäischen Kleinschlepper mit 6PS, Anbaupflug und fahrunabhängigem Mähwerk. Mit diesem sog. *Fendt-Dieselross* konnten es sich erstmalig auch kleinbäuerliche Betriebe leisten, Pferde durch Maschinen zu ersetzten. Heute umfasst die Produktpalette von Fendt ein breites Spektrum von Schleppern, Mähdreschern und Ballenpressen für professionelle Landwirte und Lohnunternehmer. Die Fahrzeuge zeichnen sich durch hohe Qualität und geringen Spritverbrauch aus. Die geschützte Wort-Bild-Marke Fendt besteht aus dem Namenszug der Firma in monumental gesetzten silbernen Großbuchstaben und einem zweifarbig grünen Wellenband, das Natur und Landwirtschaft symbolisiert. Der Fendt-Schriftzug ist auch auf dem Kühler der Traktoren und Landmaschinen zu sehen. Ein Meilenstein in der Entwicklung war 1995 die Einführung des *Fendt Vario 926* mit 260 PS, der erste Großtraktor der Welt mit einem stufenlosen Vario-Getriebe. Das DLG-Imagebarometer 2007 bescheinigt Fendt in Deutschland mit 98,7 % die Rolle des Imageführers in der Landtechnikbranche. Fendt ist nach Angaben des Unternehmens außerdem Marktführer bei Traktoren über 100 PS und verfügt über das leistungsstärkste Vertriebsnetz der Branche. Seit 1997 gehört der Pionier der landtechnischen Entwicklung zur AGCO-Corporation, einem der weltweit größten Hersteller von Traktoren und Landmaschinen. Unter dem Dach von AGCO wurde die Internationalisierung der Marke Fendt ausgebaut. Heute wird Fendt von zahlreichen unabhängigen Händlern und Vertriebspartnern in mehr als 140 Ländern vertrieben. Allein 2006 verkaufte die AGCO-Corporation 12.157 Landwirtschaftsmaschinen der Marke Fendt und erzielte damit einen Umsatz von 885 Mio. Euro. An den Standorten Marktoberdorf (Getriebefertigung, Endmontage) und Asbach Bäumenheim (Kabinen, Karosseriebauteile) waren im

Das *Fendt-Dieselross* entwickelte Johann Georg Fendt zusammen mit seinen Söhnen im Jahre 1930.

selben Jahr ca. 2.700 Mitarbeiter beschäftigt. Die Fahrzeuge werden in den Werken flexibel und individuell nach Kundenwunsch gefertigt und im Just-in-time-Verfahren produziert.

DATEN UND FAKTEN

Markenname: Fendt, Familienname der Gründer

Slogan: „Wer Fendt fährt führt…"

Erfinder: Familie Fendt, 1930

Markenregistrierung: 13.01.1959, DPMA München

Innovationen: *Fendt Vario 926* (erster Großtraktor der Welt mit stufenlosem Vario-getriebe,1996)

Auszeichnungen:
„Goldmedaille", Demopark für *Fendt 200 VK* (2005)
„red dot award: product design" für *Fendt Vario 936* (2006)
„Designpreis der Bundesrepublik Deutschland in Silber" für *Fendt Vario 936* (2007)"
„Silbermedaille", Agritechnica für modulares Untenanhängesystem mit 4t Stützlast und 60km/h (2007), für automatische Lenkachsensperrung (2007)

Markenwebsite: www.fendt.com

Literatur:
K. Hermann: 75 Jahre Dieselross (2005)

UNTERNEHMEN

AGCO GmbH

Hauptsitz: Marktoberdorf, Deutschland

Sprecher der Geschäftsführung: Hermann Merschroth

Gesamtumsatz: 885 Mio. Euro (2006)

Vertrieb: weltweit

Der *Vario 936* von Fendt ist nach Messerergebnissen des DLG-Testzentrums (2007) und des internat. Landtechnikmagazins profi (2007) der stärkste und sparsamste Standardschlepper der Welt (Mitte). Hermann Merschroth, Sprecher der Geschäftsführung (unten)

KONTAKT

AGCO GmbH
Johann-Georg-Fendt-Str. 4
87616 Marktoberdorf
✆ (0 83 42) 77-343
🖷 (0 83 42) 77-98598
💻 www.agcocorp.com

Ansprechpartner Presse & Marketing:
Sepp Nuscheler
✆ (0 83 42) 77-343
✉ pressestelle@xfendt.de

MEILENSTEINE

1930 Das *Fendt-Dieselross* mit 6 PS kommt auf den Markt

1942 Dieselöl-Knappheit führt zur Entwicklung eines Holzgenerator-Schleppers mit 25 PS.

1976 Die Favorit-Großtraktoren mit bis zu 150 PS eröffnen Fendt ein neues Marktsegment.

1985 Fendt wird erstmals Marktführer in Deutschland

1995 Der *Vario 926* kommt auf den Markt, der erste Großtraktor der Welt mit einem stufenlosen Vario-Getriebe.

1997 Übernahme der Marke Fendt durch die AGCO-Corporation

Fenistil®

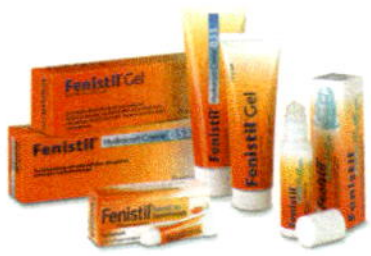

Sämtliche Fenistil Produkte werden in Verpackungen vertrieben, die durch einen von Orange-Rot zu Gelb-Weiß führenden Farbverlauf geprägt sind.

FENISTIL

Fenistil gehört zu den größten Marken der Pharmaunternehmensgruppe Novartis. Sie ist seit mehr als 40 Jahren am Markt platziert. Fenistil bietet dank verschiedener Wirkstoffe Hilfe bei Symptomen und Erkrankungen wie juckenden Insektenstichen, Sonnenbrand, Allergien (Wirkstoff Dimetindenmaleat), Lippenherpes (Wirkstoff Penciclovir) und entzündlichen Hautirritationen wie z. B. Ekzeme, Hautallergien und Neurodermitis (Wirkstoff Hydrocortison) und ist rezeptfrei in Apotheken erhältlich. Als Zielgruppe der Marke wird die ganze Familie angesprochen. In Deutschland wurde im Jahr 2006 mit Produkten von Fenistil ein Umsatz von 22,5 Mio. Euro erwirtschaftet, was etwa 16 % des Gesamtumsatzes der dt. Tochter Novartis Consumer Health GmbH entspricht. Neuestes Produkt sind Fenistil *Hydrocort Creme* und *Spray* mit 0,5 % Dosierung – die Creme ist auch in einer 0,25 % Dosierung erhältlich. Zur Markenfamilie von Fenistil zählen folgende Produkte: Fenistil *Gel* bei Insektenstischen, Sonnenbrand und leichten Verbrennungen, Fenistil *Kühl Roll-on* lindert Beschwerden wie Juckreiz oder Brennen durch seinen Kühleffekt, Fenistil *Pencivir* bei Lippenherpes verkürzt den Heilungsprozess und kann auch noch in der Bläschenphase angewendet werden und Fenistil *Hydrocort* lindert Entzündungssymptome der Haut. Zudem bietet Fenistil Produkte gegen allergische Erkrankungen zum Einnehmen. Frühere Fenistil-Verpackungen wiesen drei Felder in den Farben Rot, Gelb und Weiß auf. Heute sind diese Farbkästen auf den Packungen und Tuben durch einen Farbverlauf von Orange-Rot hin zu Gelb-Weiß ersetzt worden. Aktuell werden die Produkte Fenistil Pencivir und Fenistil Hydrocort in der Fernseh- und Printwerbung beworben. Die Markenpflege von Fenistil spielt innerhalb des Novartis-Konzerns eine bedeutende Rolle. Im Jahr 2006 wurden 6,4 Mio. Euro für Werbemaßnahmen aufgewendet (GPI OTC Mix, 2006).

DATEN UND FAKTEN

Markenname: Fenistil, Kunstwort

Slogan: „Wenn Ihre Haut Hilfe braucht" (2007)

Markenregistrierung: 04. 11. 1957, DPMA München

Werbespendings: 6,4 Mio. Euro (GPI OTC Mix, 2006)

Markenwebsite: www.fenistil.de

UNTERNEHMEN

Novartis Consumer Health GmbH
Zielstattstr. 40
81379 München
✆ (0 89) 78 77-0
🖷 (0 89) 78 77-4 44
💻 www.novartis.de

Feodora

Das Feodora-Logo zeigt Wappen, Krone und den Schriftzug der Prinzessin Feodora, der jüngsten Schwester der letzten dt. Kaiserin Auguste Victoria.

FEODORA

FEODORA ist die Schokoladenmarke der FEODORA Chocolade GmbH & Co. KG, die aus der 1826 gegründeten Zuckersiederei von Friedrich Theodor Meyer in Tangermünde hervorging. Später war die Zuckerraffinerie Tangermünde die größte ihrer Art in Europa und erweiterte sich in den Jahren 1903/04 um die Produktionsbereiche Marmeladen- und Fruchtkonserven sowie Schokoladen und Süßwaren. Ab 1910 wurden hochwertige

Schokoladen und Pralinen unter dem Markennamen FEODORA produziert. Namensgeberin war Prinzessin Feodora, die Schwester der letzten dt. Kaiserin Auguste Viktoria. Prinzessin Feodora hatte mit dem Unternehmen in freundschaftlicher Beziehung gestanden. Dies gab den Ausschlag dafür, dass das Kaiserhaus es erlaubte, das Familienwappen des Schleswig-Holsteinischen Fürstenhauses und die Krone als Markenzeichen für die Schokolade zu verwenden. Neben den fürstlichen Insignien betont auch ein goldener Schriftzug, der der Unterschrift der Prinzessin folgt, die Hochwertigkeit der Produkte. Der Slogan „FEODORA – Genuss der verzaubert" unterstreicht die Marken-Philosophie „Klasse statt Masse". Alle Produkte der Marke FEODORA werden anders als bei den meisten Konsummarken nicht fremd produziert, sondern über die ganze Breite der Produktion, von der Verarbeitung der Kakaobohne bis zur Erstellung des Endproduktes in eigener Regie hergestellt. So wird der Kakao selbst geröstet und gewalzt und in einem mehrere Tage dauernden Verfahren conchiert, um die volle Entfaltung der Aromen zu gewährleisten. Das FEODORA Sortiment wird regelmäßig überarbeitet und aktualisiert, etwa um neue Zartbitter-Chocoladen, verschiedene Chocolade Spezialartikel, *FEODORA Mocca's* oder saisonal produzierte Weihnachts- und Osterartikel. FEODORA Artikel sind internat. im Lebensmittel-Einzelhandel, in Großmärkten sowie in Kauf- und Warenhäusern erhältlich.

DATEN UND FAKTEN

Markenname: Feodora, Name der Schwester der letzten dt. Kaiserin

Slogan: „Feodora – Genuss der verzaubert"

Gründer: Friedrich Theodor Meyer, 1910, Tangermünde

Markenregistrierung: 09. 09. 1913, Kaiserliches Patentamt Berlin

Innovationen: *Grand' Or Tafeln* (2004), *FEODORA Mocca's Classic* (2005), *FEODORA Mocca's Orange* (2007)

UNTERNEHMEN

Feodora Chocolade GmbH & Co. KG
Westerstr. 36
28199 Bremen
✆ (04 21) 50 90–01
🖷 (04 21) 50 90–0 30
💻 www.feodora.de

FERMACELL

Fermacell steht als Industriegütermarke unter dem Dach der →Xella-Gruppe seit mehr als 30 Jahren für Qualitätsbaustoffe im Trockenbau. 1971 wurden Fermacell Gipsfaser-Platten, die sich durch eine hohe statische Belastbarkeit auszeichnen, erstmals im dt. Markt eingeführt. Heute ist Xella Marktführer bei Gipsfaser-Platten, die für den trockenen Innenausbau von Wänden und Decken sowie als Estrich-Elemente für den Boden eingesetzt werden. Das Fermacell-Programm umfasst derzeit eine Vielzahl an Systemprodukten – vom Plattenkleber über bodengleiche Duschelemente bis hin zu Ausgleichsschüttungen. Die Produktpalette bietet wirtschaftliche Lösungen gleichermaßen für Profis als auch für Heimwerker, hier z. B. mit der einfach handhabbaren Ein-Mann-Platte. Das aktuelle Kampagnenmotto „Innenausbau ist orange" nimmt Bezug zur Hausfarbe der Marke. Das Fermacell-Logo richtet sich nach den Maßgaben der Dachmarke Xella im Rahmen eines einheitlichen Corporate Designs aus. Die Schrifttype FF DIN bildet hierbei ein wichtiges Element des visuellen Erscheinungsbildes. Produktinformationen werden in acht Sprachen aufgedruckt, da Fermacell im europäischen Ausland durch eigenständige Verkaufsbüros, im Baustofffachhandel und über Baumärkte vertrieben wird. Zu den jüngsten Innovationen zählt Fermacell Powerpanel: zementgebundene, glasfaserbewehrte Platten für Böden und Wände in Nassräumen oder Außenwänden. Die Xella

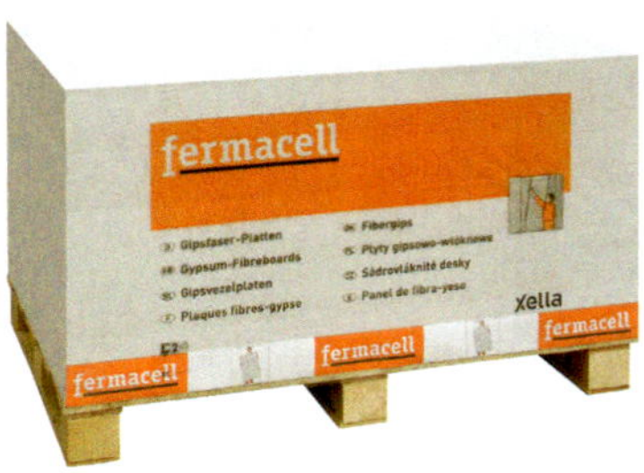

Fermacell Gipsfaser-Platten

International GmbH mit Stammsitz in Duisburg beschäftigt weltweit 7.400 Mitarbeiter in über 30 Ländern. Unter der Dachmarke Xella werden mit den Marken →Ytong und →Hebel weitere Geschäftsfelder des Unternehmens abgedeckt. Im Geschäftsbereich Baustoffe stehen die Marken Hebel und Ytong für Porenbetonprodukte. Fermacell

Fermacell ist im Trockenausbau Marktführer bei Gipsfaser-Platten. Anwendungsbeispiele: Verlegung von Fermacell Estrich-Element. Pinakothek der Moderne, München (unten)

deckt das Segment der Trockenbau-Systeme ab.

DATEN UND FAKTEN

Markenname: Fermacell, Akronym, Zusammensetzung aus **Ferma** (fest) und **Cell**ulose

Slogan: „Innenausbau ist orange"

Markenregistrierung: 24.09.1974, DPMA München

Markenbekanntheit: 97 % gest. (facit Marktforschung, München 2004)

Markenwebsite: www.fermacell.de

UNTERNEHMEN

Xella International GmbH

Hauptsitz: Duisburg, Deutschland

Geschäftsleitung: Jan Buck-Emden, Hans Joachim Koch, Dr. Matthias Stein

Weitere Marken: → Hebel, → Xella, → Ytong

Gesamtumsatz: 1,2 Mrd. Euro (2006)

Vertrieb: weltweit in über 30 Ländern

KONTAKT

Xella International GmbH
Franz-Haniel-Platz 6–8
47119 Duisburg
✆ (02 03) 8 06–90 02
🖷 (02 03) 8 06–95 40
🖳 www.xella.com

Ansprechpartner Presse:
Ernst Arelmann
✆ (02 03) 8 06–96 25
✉ ernst.arelmann@xella.com

SCHON GEWUSST?

▌Die erste Fermacell Gipsfaser-Platte kam 1971 auf den Markt. Gips und Papierfasern, die in einem Recyclingverfahren gewonnen werden, sind die Rohstoffe für die stabilen Ausbau-Platten.

▌Die Herstellung: Gips und Cellulosefasern werden unter der Zugabe von Wasser ohne weitere Bindemittel vermischt und danach unter hohem Druck gepresst und anschließend getrocknet. Daraufhin werden die jeweiligen Formate zugeschnitten.

FERRARI

Die Marke Ferrari steht für Luxusautomobile in den Segmenten Sport und Granturismo sowie für die zu ihnen angebotenen Dienstleistungen. Die Produktpalette umfasst Achtzylinder (F430, F430 Spider und 430 Scuderia) ebenso wie Zwölfzylinder, z. B. 599 GTB Fiorano, eine Zweisitzer-Berlinetta, oder den 2+2-Sitzer 612 Scaglietti. Ferrari hat als einzige Automarke seit 1950 an jeder Formel-1-Weltmeisterschaft teilgenommen und ist Rekord-Weltmeister sowohl bei Fahrer- als auch bei Konstrukteurs-Titeln. Die in der Formel 1 in der Fahrzeugentwicklung gewonnenen Erkenntnisse werden immer wieder auf die Serienmodelle übertragen. So war es 1997 erstmals möglich, das Formel-1-Getriebe in einem Sportwagen einzusetzen. Der firmeneigene Windkanal sorgt für die aerodynamisch optimierte Form, ein Markenzeichen der Autos Maranello, Italien. Darüber hinaus produziert Ferrari auch Autos für den Kunden-Rennsport, z. B. in Markenpokalen oder in der FIA-GT-Serie. Der Markenname geht auf den Gründer Enzo Ferrari zurück. In der Markenkommunikation wird das Emblem der Marke, ein sich aufbäumendes Pferd, in verschiedenen Variationen eingesetzt: teilweise alleinstehend, teilweise als Teil des Logos im Zusammenhang mit dem Schriftzug „Ferrari", in dieser Form wiederum häufig ergänzt durch die Buchstaben „S" und „F". Diese stehen für „Scuderia Ferrari", den Namen des Rennteams, das Enzo Ferrari geleitet hatte, bevor er 1947 sein eigenes Unternehmen gründete. Das Markenimage ist eng mit ihren Formel-1-Aktivitäten und insbesondere mit den erfolgreichen Fahrern wie Niki Lauda und Rekordweltmeister Michael Schumacher verbunden. Ferrari ist heute Teil des Fiat-Konzerns, seine Jahresproduktion liegt aktuell bei über 6.000 Sportwagen.

UNTERNEHMEN

Ferrari Deutschland GmbH
Stielstr. 3b
65201 Wiesbaden
✆ (06 11) 2 84 09–0
🖷 (06 11) 2 84 09–99
🖳 www.ferrari.de

FESTINA

Die Konsumgütermarke Festina aus dem Portfolio der Festina Gruppe bietet Uhren im gehobenen Mittelklassesegment. Der Grün-

FESTINA

Festina Armbanduhr Tour-Chrono 07 als Special Edition zur Tour de France

der, der Spanier Miguel Rodriguez, wollte Konsumenten mit mittlerem Einkommen und einem Hang zu edlen Uhren hochwertige Chronometer in anspruchsvoller Optik zu einem fairen Preis anbieten. Der Markenname geht zurück auf eine Uhrenmanufaktur im Schweizer La-Chaux-de-Fonds, die ab 1902 den lat. Leitspruch „Festina lente", zu Deutsch „Eile mit Weile", auf ihre Zifferblätter schrieb. Miguel Rodriguez übernahm das Unternehmen1984 und verlegte den Unternehmenssitz nach Barcelona. Markenlogo ist ein goldenes Wappen, das von zwei Pferden gehalten wird. In einer Schärpe und unter dem Wappen steht der in Majuskeln gesetzte Markenname. Von 1990 an engagierte sich Festina im Profi-Radsport. Anlässlich des Duells zwischen einem Festina-Fahrer und dem dt. Nachwuchstalent Jan Ullrich bei der Tour 1997 entwickelte das Unternehmen das Uhrenmodell *Tour-Chrono*. Seither kommt jedes Jahr ein neues Modell der Serie auf den Markt, auch wenn das Team 1998 wegen positiver Dopingtests von der Tour ausgeschlossen wurde. Festina übernahm daraufhin die Rolle des offiziellen Zeitnehmers bei der Tour de France, dem Giro d'Italia und der Vuelta a Espana. Im Jahr darauf wurde die Marke offensiv mit dem Slogan „Winners don't dope" beworben. Zum Portfolio der Festina Gruppe gehören auch die Uhrenmarken Lotus, Jaguar, Candino und Calypso. Auch sie werben im Profisport, Lotus beispielsweise im Motorradsport, Candino beim Skilauf. Die Festina Lotus S. A. beschäftigt 2.000 Mitarbeiter und verkaufte im Jahr 2006 weltweit 4 Mio. Uhren. In der Preislage von 75 bis 300 Euro ist die Festina Gruppe Marktführer, insgesamt belegte sie im ersten Quartal 2006 den fünften Platz in der Liste der meistverkauften Uhren.

DATEN UND FAKTEN

Markenname: Festina, abgeleitet von dem lat. Leitspruch „festina lente" (zu dt. „Eile mit Weile")

Slogan: „Attraction is a universal feeling" (2007), „Winners don't dope" (1999)

Gründer: Miguel Rodriguez, 1984, Barcelona/Spanien

Innovationen: High-Speed-Chrono (2006)

Markenbekanntheit: 20,4 % ungest. (Emnid, 2006)

Jahresabsatz: 4 Mio. Uhren (2006)

UNTERNEHMEN

Festina Uhren GmbH
Industriestr. 4
83404 Ainring
✆ (0 86 54) 48 48-18
🖷 (0 86 54) 48 48-48
💻 www.festina.de

FIAT

Die Fiat Group Automobiles Germany AG gehört als Tochterunternehmen der Fiat Group Automobiles, Turin, zu einem der größten Automobilunternehmen weltweit. Mit der Volumenmarke Fiat, den sportlichen Alfa-Romeo-Modellen und der Traditionsmarke Lancia im Angebotsportfolio zählt Fiat seit Jahrzehnten zu den erfolgreichsten Importeuren in Deutschland. Fiat ist ein eingetragener Markenname und Akronym von Fabbrica Italiana Automobili Torino (Italienische Autofabrik Turin). Außerdem bedeutet das lat. „fiat" „es werde". 1899 in Turin gegründet, eröffnete Fiat bereits zehn Jahre später eine Fabrik in den USA und stellte neben Pkws auch Lkws, Traktoren, Züge, Schiffsmotoren und Flugzeuge her. 1922 änderte Fiat sein Image: Während bisher Autos als Luxusartikel für eine Konsumenten-Elite entwickelt wurden, wurden die Autos zunehmend auch für Normalverdiener erschwinglich. Mit der Produktion des Seicento und Cinquecento verwandelte Fiat das Auto Mitte der 1950er-Jahre in einen Massenartikel. Die 1960er-Jahre wurden das Erfolgsjahrzehnt des Konzerns: Das Unternehmen Fiat SpA wandelte sich zu einer internat. Firmengruppe und stellt seitdem u. a. Bauteile für Kraftwerke her. 1966 erwarb Fiat eine Beteiligung an →Ferrari, 1969 kaufte das Unternehmen die verschuldete Marke →Lancia und 1987 die ehemalige Staatsmarke →Alfa Romeo. Dank des umfassenden Restrukturierungsprogramms von Sergio Marchionne schreibt Fiat seit 2005 wieder schwarze Zahlen. Dass der Grande Punto im ersten Quartal 2006 das meistverkaufte Auto Europas war und die Fiat Autosparte eine Vielzahl von internat. Kooperationen eingehen konnte, spricht für eine geglückte Sanierung.

Der Name Fiat steht für Fabbrica Italiana Automobili Torino.

UNTERNEHMEN

Fiat Group Automobiles Germany AG
Hanauer Landstr. 174–176
60314 Frankfurt
✆ (0800) 34 28 00 00
💻 www.fiat.de

Fiege besitzt weltweit eine Lager- und Logistikfläche von 2,7 Mio. Quadratmetern (09/2006).

FIEGE

Hinter der Marke Fiege steht ein Logistik-Dienstleister mit Stammsitz in Greven, Westfalen. Das von Joan Joseph Fiege 1873 gegründete Unternehmen zählt heute lt. eigenen Angaben zu den führenden Anbietern der Kontraktlogistik in Europa. Für die Marke Fiege arbeiten 21.000 Mitarbeiter weltweit an 222 Standorten in 18 Ländern. Die Kompetenz der Fiege Gruppe besteht insbesondere in der Entwicklung und Realisierung integrierter ganzheitlicher Logistiksysteme. Das Angebot umfasst somit nicht nur die Umsetzung von Logistikkonzepten, sondern auch die Entwicklung aus der Praxis für die Praxis. Gemeinsam mit dem Kunden wird ein ganzheitliches System zur nachhaltig optimalen Logistiklösung für seine individuellen Anforderungen entwickelt. Als Grundlage der gemeinsamen Arbeit bietet die Fiege Gruppe

Fiege führte 1979 erstmals die ganzheitliche Logistik im Stil des One Stop Shop ein.

die gesamte Bandbreite logistischer Dienstleistungen vom Engineering bis zum Logistik-Management. Dabei schafft sie europa- und weltweit individuelle Warenwirtschaftssysteme. Die Idee der ganzheitlichen Logistik im Stil des One Stop Shop wurde von Fiege erstmals 1979 für den internat. Reifenproduzenten Bridgestone realisiert. Die Inhaber Heinz Fiege und Dr. Hugo Fiege versprachen dem Kunden dadurch eine effektivere und effizientere Planung, Realisierung, Steuerung und Kontrolle des Material- und Informationsflusses. Das Logo der Marke Fiege ist eine Wort-Bild-Kombination bestehend aus dem Markennamen und einem mit zwei roten Balken gefüllten Sechseck. Verwendet wird es seit 1988, entworfen hat es der Wirtschaftswissenschaftler und Designer Prof. Heribert Meffert von der Universität Münster. Das Unternehmen hinter der Marke soll nach Eigenangaben auch weiterhin familiengeführt bleiben. Für die Zukunft sind Akquisitionen und Investitionen geplant, um weiter zu wachsen.

DATEN UND FAKTEN

Markenname: Fiege, Familienname des Firmengründers

Slogan: „The World of Logistics"

Gründer: Joan Joseph Fiege, 1873, Greven

Markenregistrierung: 30. 11. 1985, DPMA München

Innovationen: One Stop Logistik (1979)

Auszeichnungen:
„Deutscher Logistikpreis" (1992)
„Ökomanager" für Heinz Fiege und Dr. Hugo Fiege, WWF/Capital (1996)

UNTERNEHMEN

Fiege Holding Stiftung & Co. KG

Hauptsitz: Greven, Deutschland

Vorstand: Heinz Fiege, Dr. Hugo Fiege, Jens Meier, Manfred Schnor

Gesamtumsatz: 1,75 Mrd. Euro (2006)

Vertrieb: 222 Niederlassungen in 18 Ländern

KONTAKT

Fiege Holding Stiftung & Co. KG
Joan-Joseph-Fiege-Str. 1
48268 Greven

MEILENSTEINE

1908 Josef Fiege, Sohn des Gründers, erbaut Pferdestall, Scheune und Wagenschuppen für das Fuhrunternehmen und befördert hauptsächlich Kolonialwaren.

1924 Anschaffung des ersten motorisierten Lkw

1979 Erstes bundesweites Logistikkonzept für Bridgestone

1996/1999 Expansion nach Italien, Schweiz, Tschechien, Österreich, Spanien, Portugal und in die Benelux-Länder

2003 Alle Fiege Logistikunternehmen werden unter der Dachmarke Fiege zusammengefasst.

2006 Verstärkte Expansion nach Ost-Europa

(0 25 71) 9 99-0
(0 25 71) 9 99-8 88
www.fiege.com

Ansprechpartner Presse & Marketing:
Dr. Rembert Horstmann

FILA

Die weltweit tätige Sportmarke Fila steht primär für modische und funktionelle Sportbekleidung. Filas Markenportfolio umfasst Schuhe, Textilien und Accessoires für folgende Sportarten: Tennis, Ski, Running, Golf und Fitness. Darüber hinaus bietet Fila die Streetwear-Kollektion Academy sowie die Lifestyle-Kollektionen Vintage und Gold an. Mit ihrem Portfolio richtet sich die Marke altersübergreifend an sportbegeisterte Frauen, Männer und Kinder. 1911 eröffneten die Brüder Fila im ital. Biella einen Betrieb zur Fertigung exkl. Stoffe. Seit 1972 produziert Fila hochwertige Sportkollektionen in ital. Design. Mittlerweile erstreckt sich der Export auf die USA, Europa und den asiatischen Markt. Fila wird in ca. 50 Ländern in eigenen Niederlassungen sowie in Boutiquen, Sportgeschäften und Warenhäusern im oberen Segment vertrieben. Das Fila-Logo besteht aus einem schlichten rot-blauen Marken-Schriftzug, der in Versalien gehalten ist und dessen letzte beiden Buchstaben ineinander übergehen. Bekannte Slogans aus früheren Jahren sind „Fila – change the game" und „Sport. Life. Fila". Testimonials für Fila waren in der Vergangenheit bekannte Sportgrößen wie die Tennisspieler Björn Borg und Boris Becker, der Skirennfahrer Alberto Tomba sowie der Bergsteiger Reinhold Messner. Gesteigerte Bekanntheit erlangte die Marke in den 1970er-Jahren mit innovativen Tenniskollektionen, die lt. Hersteller weltweit die Mode auf den Tenniscourts beeinflusste. Noch heute ist Fila mit der Ausstattung von Sportlern und Sponsorings im Tennissport aktiv. Fila EMEA gehört seit Januar 2007 zu Fila Korea. Stefano Di Martino ist Präsident und CEO von Fila EMEA.

DATEN UND FAKTEN

Markenname: Fila, Nachname der Gründer

Erfinder: Gebrüder Fila, 1911, Biella/Italien

Markenregistrierung: 06. 03. 1972, DPMA München

Jahresumsatz: ca. 150 Mio. USD (EMEA, 2006)

UNTERNEHMEN

Fila Deutschland GmbH
Borsigstr. 13
64291 Darmstadt
(0 61 51) 35 03-77
(0 61 51) 35 03-2 77
www.fila.de

Ansprechpartner Presse:
Oliver Struckmeier
(0 40) 8 08 05 22 41
oliver_struckmeier@de.cohnwolfe.com

Fila vertreibt weltweit funktionale Sportbekleidung.

FILOFAX

Die Marke Filofax steht für Zeitplanungssysteme im Loseblattprinzip. Basis des Systems ist ein in hochwertiges Leder eingebundener Ringordner mit einer Standardfüllung, die dem Benutzer hilft, Termine, Adressen, Notizen u. a. zu organisieren. Dazu gibt es ein breites Angebot an Einlagen und Kalendarien, die den individuellen Wünschen entsprechend hinzugekauft werden können. Die Personal Organizer gibt es in neun verschiedenen Größen und einer variationsreichen Farbpalette, wobei 40 % des Sortiments jährlich ausgewechselt werden. Das Prinzip der Loseblattsammlung geht auf den brit. Colonel Disney zurück. 1921 gründete er unter dem Namen Norman & Hill in London ein Unternehmen und begann mit der Produktion hochwertiger Ledermappen mit flexiblen Loseblatteinlagen. Der Name Filofax wurde erst 1980 eingeführt, als David und Lesley Collischon das Unternehmen übernahmen. Sie leiteten den Markennamen von dem Begriff „file of facts" ab. Als Markenlogo wählten sie den Namenszug mit einem kleingeschriebenen Anfangsbuchstaben, der den in Großbuchstaben geschriebenen Rest des Markennamens dominiert. Als Erkennungszeichen der Produkte dient außerdem ein geschwungenes f in einem Kreis, das auf den Rücken der Ledermappen geprägt ist. Der engl. Slogan „It's a way of life" verdeutlicht den Anspruch der Premiummarke, die sich an anspruchsvolle Kunden mit Sinn für exkl. Produkte richtet. Filofax gehört heute zu dem schottischen Unternehmen Letts Filofax Group Ltd., das unter den Marken *Letts* und *Yard O Led* auch hochwertige Kalender und handgefertigte Sammler-Schreibwerkzeuge herstellt.

UNTERNEHMEN

Filofax GmbH
Am Kronberger Hang 3

Stammt von engl. „file of facts": Filofax.

65824 Schwalbach
(0 61 96) 88 92-0
(0 61 96) 88 92-22
www.filofax.de

Der Claim der Financial Times Deutschland: „Wissen, was wichtig wird."

FINANCIAL TIMES DEUTSCHLAND

„Wissen, was wichtig wird" lautet der Claim der Tageszeitung Financial Times Deutschland. Die Marke FTD steht für investigativen Wirtschaftsjournalismus. Sie präsentiert sich als wegweisendes Wirtschafts- und Finanzmedium für die Zielgruppe der Entscheider in Deutschland, Österreich, Luxemburg und der Schweiz. Ihre verkaufte Auflage beträgt lt. IVW II/07 103.284 Exemplare. Die FTD ist das Ergebnis eines dt.-brit. Joint Ventures. 1997 trafen sich der damalige Geschäftsführer der brit. Financial Times-Gruppe, David Bell, und der ehemalige Gruner & Jahr-Vorstandsvorsitzende Gerd Schulte-Hillen. Bei einem gemeinsamen Frühstück soll die Idee zur dt. Version der Financial Times gereift sein. 1998 unterschrieben die Vorstandschefs das Joint Venture - die Marke Financial Times Deutschland war geboren. Im Jahr 2000 wurde sie patentrechtlich geschützt. Für die Financial Times Deutschland GmbH & Co. KG mit Hauptsitz in Hamburg arbeiten heute rund 250 Mitarbeiter. Die FTD sieht sich als multimedialen Wirtschaftsservice. Zum Produktportfolio gehören u. a. der Internetauftritt, Podcasts, Audioservice und mobile Services. Die FTD wird heute von Geschäftsführer Christoph Rüth geleitet. Optisch hebt sie sich von ihren Mitbewerbern durch das lachsfarbene Papier ab. Bis 2001 lautete der Claim deshalb auch: „Die Farbe der Wirtschaft". Für die aktuelle Kampagne erhielt die FTD diverse Preise, u. a. den Effie in Gold.

UNTERNEHMEN

Financial Times Deutschland GmbH & Co. KG
Stubbenhuk 3
20459 Hamburg
(0 40) 3 19 90-0
(0 40) 3 19 90-3 10
www.ftd.de

FingerHaus setzt bei der Herstellung von Fertighäusern auf energiesparendes Bauen.

FINGERHAUS

FingerHaus ist eine internat. Konsumgütermarke, unter der Häuser in Holzfertigbauweise in verschiedenen Baustilen hergestellt werden. FingerHaus bedient mit seinem Portfolio Bauinteressenten jeder Altersklasse mit einem Budget bis ins Hochpreissegment und berücksichtigt dabei die unterschiedlichen Ansprüche an den gewünschten architektonischen Baustil. FingerHaus zählt lt. eigenen Angaben zu den führenden Marken der dt. Fertighausbranche. Das Unternehmen setzt auf Erdwärme, eine Innovation ist die hoch wärmedämmende Wandkonstruktion *Thermo+*. Der Markenname leitet sich ab vom Familiennamen des Gründers Finger und dem Begriff *Haus*, Bezug nehmend auf die Geschäftstätigkeit *Hausbau*. Das Markenlogo hat seit seiner Entstehung in den 1950er-Jahren eine formale Modernisierung erfahren und zeigt zweimal den Buchstaben F in den Hausfarben Orange (Pantone 152) und Grau (Pantone 446). Die beiden Versalien sind wie Bausteine ineinander geschoben, dass sie zusammen einen Block ergeben. Damit wird nicht nur der Bezug zur Baubranche hergestellt sondern auch an den ursprünglichen Firmennamen *Finger Fertigbau* erinnert. Mit dem Slogan „Ein Qualitätsbegriff" unterstreicht das Unternehmen noch mal den Anspruch an die Marke. FingerHaus wurde 1820 im hessischen Burgwald-Bottendorf als Zimmereibetrieb gegründet. Erst Mitte des 20. Jh. begann das Unternehmen mit dem Fertighausbau, der Hauptsitz wurde ins benachbarte Frankenberg verlegt. Mittlerweile ist die Marke mit 21 Musterhäusern und 18 Vertriebsbüros deutschlandweit vertreten. Im Jahr 2006 hat FingerHaus 704 Häuser fertig gestellt. Die Firma beschäftigt 350 Mitarbeiter und vertreibt ihre Produkte in ganz Europa mit den Schwerpunkten Deutschland, Österreich, Schweiz und Frankreich.

UNTERNEHMEN

FingerHaus GmbH
Auestr. 45
35066 Frankenberg
(0 64 51) 5 04-0
(0 64 51) 5 04-1 00
www.fingerhaus.de

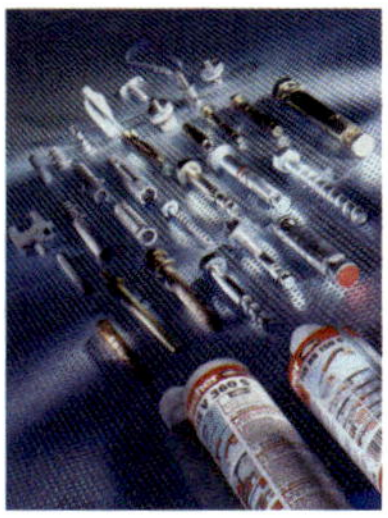

Zum Produktportfolio von fischer gehören über 1.300 verschiedene Dübelarten.

FISCHER DÜBEL

Die Marke fischer steht seit fünf Jahrzehnten für kontinuierliche Innovationen im Bereich Befestigungssysteme. Die Produkte richten sich an Architekten, Planer, Statiker, professionelle Verarbeiter und Heimwerker. Die Marke geht auf Artur Fischer zurück, der 1958 den sog. S-Dübel erfunden hat. Das Logo des Fischer-Fischs wurde 1958 patentrechtlich registriert. Die typische rot-weiße Verpackung gibt es seit Anfang der 1960er-

Jahre. Das Unternehmen bewirbt seine Produkte aktuell mit dem Slogan „Wer Innovationen sucht, wird fischer finden". Tatsächlich hat das Unternehmen allein im Jahr 2006 mehr als 70 Patente und Gebrauchsmuster angemeldet. Zu den jüngeren Innovationen gehört der *fischer SXS*. Als erster Kunststoffdübel wurde er als Einzelbefestigung bauaufsichtlich zum Einsatz in gerissenem Beton zugelassen. Das Unternehmen entwickelt und produziert Befestigungen und Verbindungen aus Stahl, Kunststoff und chemischen Komponenten. Im Produktkatalog von fischer finden sich über 1300 verschiedene Dübelarten. Die Marke wird internat. vertrieben. Sie verfügt in Deutschland über einen gest. Bekanntheitsgrad von 81 % (Quelle: Ipsos, 2005). Weitere Geschäftsfelder sind *fischertechnik* (seit 1965), *fischer automotive systems* (seit 1981) und die 2004 gegründete *fischer Prozessberatung*. Ende 2007 ist das Unternehmen mit 31 eigenen Landesgesellschaften weltweit vertreten. Die technischen Berater des Innen- und Außendienstes führen mit Kunden vor Ort Probemontagen durch und weisen Montagetrupps ein. Außerdem trainiert die *fischer Akademie* Planer, Handwerker und Händler. Die fischerwerke werden seit 26 Jahren vom Eigentümer Klaus Fischer geführt und beschäftigen weltweit 3.500 Mitarbeiter bei einem Umsatz von 493 Mio. Euro im Jahr 2006.

DATEN UND FAKTEN

Markenname: fischer, abgeleitet vom Familiennamen des Unternehmensgründers A. Fischer

Slogan: „Wer Innovationen sucht, wird fischer finden"

Erfinder: Artur Fischer, 1958

Markenregistrierung: 12.02.1958, DPMA München

Innovationen: fischer S-Dübel (1958), Hinterschnittsystem Zykon (1986), Anker zur Befestigung von dynamischen Lasten (1999), weltweit erstes Hinterschnittsystem für Glas fischer FZP-G (2001), mehr als 70 Patent- und Gebrauchsmusteranmeldungen in 2006

Markenbekanntheit: 81 % gest. (Ipsos, 2005)

Jahresumsatz: 493 Mio. Euro (2006)

Markenwebsite: www.fischer.de/befestigungssysteme

UNTERNEHMEN

fischerwerke Artur Fischer GmbH & Co. KG
Weinhalde 14–18
72178 Waldachtal-Tumlingen
(0 74 43) 12-1 20
(0 74 43) 12-42 22
www.fischer.de

MEILENSTEINE

1948 Gründung der fischerwerke durch Artur Fischer

1958 Erfindung des grauen fischer S-Dübels aus Nylon

1964 Artur Fischer erfindet den Konstruktionsbaukasten fischertechnik.

1980 Klaus Fischer übernimmt die Geschäftsführung.

1981 Gründung von fischer automotive systems

2004 Gründung der fischer Prozessberatung

FISCHER MÖBEL

Die Einrichtungsmarke Fischer Möbel steht für designorientierte Gartenmöbel, Sonnenschirme und Auflagen. Das gleichnamige Unternehmen setzt auf Funktionalität und lange Lebensdauer der Produkte. Sie richten sich an gewerbliche und private Käufer mit Garten oder Terrasse. In der Philosophie des Unternehmens wird der Garten als erweiterter Wohnraum gesehen. Der Produktbereich Möbel ist in Design und eine Classic Collection unterteilt: Die Design-Möbel entstehen in Zusammenarbeit mit erfahrenen Designern. Dazu zählt etwa die Air Collection mit Tischen und Sesseln. Die Reihe hat 2004 u.a. den Designpreis des Industrie Forums Design Hannover (iF) gewonnen. Bei den Klassikern finden sich bewährte Modelle, die seit Jahren hergestellt werden - darunter der Designklassiker Tennis. Der Sessel lässt sich in drei verschiedene Sitzpositionen bringen. Bei Kissen und Auflagen setzt Fischer Möbel auf ein zeitloses Design. Sonnenschirme werden mit Holz- und Aluminiumstielen angeboten. Als Logo von Fischer Möbel dient der von einem grünen Balken aufgelockerte Unternehmens-Schriftzug, den Ranger Design 1991 entwickelt hat. Neben Kurt Ranger entwirft Wolfgang C. R. Mezger Designs für Fischer

fischer möbel

Fischer Möbel steht für designorientierte Gartenmöbel.

Bei den Olympischen Winterspielen 2006 in Turin wurden 72 Medaillen auf Skiern von Fischer errungen.

Möbel. Die Neigung, Holz einzusetzen, kommt nicht von ungefähr: Das 1984 gegründete Familienunternehmen hat seine Wurzeln in einem Sägewerk. Vertrieben werden die Produkte über ausgewählte Fachhändler und Einrichter. Die Fischer Möbel GmbH mit Sitz in Schlierbach, Baden-Württemberg, hat 20 Mitarbeiter und setzt im Jahr 5 Mio. Euro um.

DATEN UND FAKTEN

Markenname: Fischer Möbel, entstanden aus dem Familiennamen des Gründers der Vorgängerfirma

Slogan: „... create your life"

Gründer: Will Seyfang, 1984

Innovationen: Tennis Collection, Air Collection

Jahresumsatz: 5 Mio. Euro (2006)

Werbespendings: 300.000 Euro

Auszeichnungen:
Nominierung für den „Designpreis der BRD" (Air Collection)
„iF product design award" (2004)

UNTERNEHMEN

Fischer Möbel GmbH
Dieselstr. 6
73278 Schlierbach
(0 70 21) 72 76-0
(0 70 21) 72 76-40
www.fischer-moebel.de

FISCHER SKI

Die Marke Fischer Ski steht für technisch hochwertige Skier, Skischuhe, Bindungen, Stöcke und weiteres Zubehör für den Skisport. Zielgruppe der Marke sind anspruchsvolle Sportenthusiasten ebenso wie Profisportler. Das neueste von der Marke bediente Produktsegment ist Ski- und Freizeitbekleidung. Das 1957 vom Designer Rudolf Ferch entwickelte Logo der Dachmarke Fischer besteht aus drei zu einem einzigen Dreieck gruppierten gleichseitigen schwarzen Dreiecken. In der Markenkommunikation wird es mit High Tech Sports verbunden, der lt. Unternehmen für technologische Innovationen und Erfolge im Spitzensport sowie Freude und Erlebnis auf Seiten der Konsumenten stehen soll. Werbeträger der Marke sind zahlreiche Spitzensportler. Bei den Olympischen Winterspielen 2006 in Turin wurden insgesamt 72 Medaillen auf Fischer-Skiern errungen. Das Unternehmen ist nach eigenen Angaben weltweit größter Skihersteller und Weltmarktführer im nordischen Skisport. Sein Ziel ist es, auch im alpinen Bereich Weltmarktführer zu werden. Seit 1974 produziert die Fischer-Gruppe mit Stammsitz im oberösterreichischen Ried, 1924 von Josef Fischer sen. als Wagnereibetrieb gegründet, auch Tennisschläger und -zubehör. Seither sind weitere Produkte wie Schläger und Zubehör für Badminton und Eishockey (Letztere im ukrainischen Mukatschewo hergestellt) sowie Autoteile hinzugekommen. Die Tochterfirma FACC produziert Teile für die Luftfahrtindustrie (u. a. für den A 380). Im Geschäftsjahr 2007/2008 erwirtschafteten die etwa 2.100 Mitarbeiter einen Umsatz von rund 191 Mio. Euro.

UNTERNEHMEN

Fischer GmbH
Fischerstr. 8
A-4910 Ried im Innkreis
+43 77 52 90 90
+43 7 75 28 35 00
www.fischer-ski.com

FISHERMAN'S FRIEND

James Lofthouse erfand 1865 die Marke Fisherman's Friend.

Fisherman's Friend ist eine Marke der Konsumgüterindustrie. Im Segment Süßwaren gehört sie zu der Untergruppe Hustenbonbons. Die Pastillen zeichnen sich lt. Hersteller durch besondere Stärke sowie durch Tradition und Qualität aus und sollen wohltuend bei Husten und Heiserkeit wirken. 1865 entwickelte James Lofthouse Fisherman's Friend zunächst als Tinktur aus Lakritze, Eukalyptus und Menthol für die speziellen Bedürfnisse der engl. Hochseefischer in Fleetwood. Später verdickte Lofthouse die Substanz und brachte die charakteristischen Pastillen in der bis heute verwendeten Verpackung auf den Markt. Die Grundrezeptur blieb ebenfalls bis heute bestehen. Die Produktpalette umfasst inzwischen neben dem Klassiker *Extrastark* auch *Mint*, *Anis*, *Lemon*, *Salmiak*, *Wild Cherry*, *Citrus* und *Cool Cassis*, z. T. auch ohne Zucker. Die Marke gehört lt. Hersteller dauerhaft zu den führenden Bonbonmarken in Deutschland. Im Bereich Mint ohne Zucker behauptet Fisherman's Friend die Marktführerschaft. Insgesamt wird Fisherman's Friend in über 120 Ländern der Welt vertrieben. Die quer gestellte Tüte, Name und Schriftzug sowie der abgebildete Trawler „Cevic" sind als Markenzeichen geschützt. Der Trawler repräsentiert das Fischerboot der Entstehungsjahre. Das Logo veränderte sich im Laufe der Firmengeschichte nicht. Fisherman's Friend wirbt mit dem Slogan: „Sind sie zu stark, bist Du zu schwach."

UNTERNEHMEN

CFP Brands
Mildred-Scheel-Str. 1
53175 Bonn
(02 28) 9 23 62-0
(02 28) 9 23 62-49
www.fishermansfriend.de

FISSLER

Die Marke Fissler steht für ein umfangreiches Angebot an hochwertigem Kochgeschirr wie Töpfe, Pfannen, Schnellkochgeräte, Bräter, Woks, Messer und Küchenhelfer. Der Markenname ist der Familienname des Unternehmensgründers Carl Philipp Fissler, der 1845 in Idar-Oberstein mit einem Installationsgeschäft begann. 1892 erfand Fissler die fahrbare Feldküche, die sog. „Gulaschkanone", die heute noch bei Hilfseinsätzen oder Großveranstaltungen eingesetzt wird. Mit Aufkommen des neuen Werkstoffs Aluminium begann Fissler 1900 mit der Fertigung von Haus- und Küchengeräten. Fissler-Produkte sind an dem Markenzeichen mit weißem Schriftzug auf rotem Grund zu erkennen und werden mit dem Slogan „Fissler. Freu dich aufs Kochen." beworben. Mit einer Markenbekanntheit von 90 % (Quelle: GfK) ist Fissler führend auf dem dt. Kochgeschirrmarkt. Mehr als 200 Patente hat das Unternehmen in den letzten 50 Jahren angemeldet. Dazu zählen u.a. der Schnellkochtopf, Pfannen mit Antihaftversiegelung, die Schnellbratpfanne und Edelstahltöpfe mit „Kaltmetallgriffen", die beim Kochen nicht heiß werden. 2005 brachte Fissler das neue Kochsystem *intensa*® auf den Markt, das alltägliche Handgriffe beim Kochen erleichtert: Eine integrierte Deckelablage im Seitengriff ermöglicht gleichzeitiges Umrühren und Würzen mit beiden Händen. Die Abgießfunktion bei aufliegendem Deckel erspart die Nutzung eines Siebes. Das Kochsystem *intensa*® erhielt Design-Preise wie den „red dot award" oder den „Grand Prix de l'Art de Vivre". Die Firma beschäftigt 690 Mitarbeiter und ist über Vertriebspartner und eigene Tochtergesellschaften in mehr als 60 Ländern vertreten. Die Produkte werden an den beiden Unternehmensstandorten in Idar-Oberstein und Hoppstädten-Weiersbach gefertigt. 2006 erwirtschaftete Fissler einen Umsatz von 147 Mio. Euro mit einem Auslandsanteil von mehr als 60 %.

Kochgeschirrserie *original-profi collection*® aus dem Fissler-Sortiment

DATEN UND FAKTEN

Markenname: Fissler, Familienname des Unternehmensgründers Carl Philipp Fissler

Slogan: „Fissler. Freu dich aufs Kochen."

Gründer: Carl Philipp Fissler, 1845, Idar-Oberstein

Markenregistrierung: 30. 06. 1965, DPMA München

Innovationen: „Gulaschkanone" (1892), Erster Schnellkochtopf *vitavit* (1953), Erste Pfanne mit Antihaftversiegelung (1956), Kochsystem *intensa*® (2005)

Jahresumsatz: 147 Mio. Euro

Auszeichnungen:
„red dot award: product design" und „Grand Prix de l'Art de Vivre" für *intensa*® (2005)
„Busse Loglife Design Award" für die Fissler *original-profi-collection*® (2005)
„Testsieger", Stiftung Warentest bei versiegelten Alugusspfannen (2005)

UNTERNEHMEN

Fissler GmbH

Hauptsitz: Idar-Oberstein, Deutschland

Geschäftsführer: Georg Thaller (Sprecher), Heribert Bollinger

Gesamtumsatz: 147 Mio. Euro

Vertrieb: in über 60 Ländern über Vertriebspartner und eigene Tochtergesellschaften

KONTAKT

Fissler GmbH
Harald-Fissler-Str. 1
55743 Idar-Oberstein
(0 67 81) 40 3-0
(0 67 81) 40 3-2 68
www.fissler.de

Freu dich aufs Kochen.

Fissler-Gründer Carl Philipp Fissler (Mitte) erfand die „Gulaschkanone" (unten).

Ansprechpartner Presse:
Nadja Haushahn
✉ nadja.haushahn@fissler.de

Ansprechpartner Marketing:
Stefan Loges
✉ stefan.loges@fissler.de

MEILENSTEINE

1892 Carl Philipp Fissler, der 1845 in Idar-Oberstein das Installationsgeschäft Fissler gründete, erfindet die fahrbare Feldküche, die sog. „Gulaschkanone".

1953 Fissler bringt den ersten Schnellkochtopf mit patentiertem, mehrstufigem Ventil auf den Markt.

1956 Die erste Pfanne mit Antihaftversiegelung für fettarmes Braten und leichte Reinigung

2005 Fissler entwickelt das Kochsystem *intensa®*.

FITNESS COMPANY

Die Marke Fitness Company steht für die Dienstleistungen und Produkte des gleichnamigen Anbieters im Segment Sport und Freizeit. Im Zentrum seiner Angebote steht ein gesundheitsorientiertes Fitnesstraining für alle Altersgruppen. Dazu gehören Cardio- und Krafttraining, Personal-Training oder Kurse wie Aerobic, Dynamic Pilates und Yoga sowie Programme für bestimmte Körperpartien (z. B. Bauch, Beine, Po). Außerdem stehen in den Niederlassungen des Unternehmens Wellnessangebote zur Verfügung, darunter Massagen, Saunen, Dampfbäder und Solarien. Komplettiert wird das Angebotsspektrum durch Kinderbetreuung, Mediathek sowie ein Sortiment an Nahrungsergänzungsmitteln und Getränken. Die modernen Anlagen sind großzügig und in modernem Design gestaltet und verfügen in der Regel über eine Flächengröße zwischen 1.800 und 2.200 Quadratmeter. Für eine qualifizierte Betreuung sorgen geschulte Fachkräfte wie Fitnesstrainer, Sportlehrer und -pädagogen sowie Physiotherapeuten. Sie beraten Einsteiger und Fortgeschrittene. Das Markenlogo präsentiert die beiden Namensteile übereinander, jeweils in serifenlosen Versalien und getrennt durch einen dünnen weißen Strich. Das Wort „Fitness" ist dabei größer und in Rot gehalten, „Company" kleiner und in Weiß. Die Namensteile sind von einem bläulich glänzenden Rechteck mit abgerundeten Ecken eingefasst. Gegründet wurde das Unternehmen in Deutschland 1990 in Frankfurt/Main. 1998 konnten die ersten Clubs außerhalb der Main-Metropole eröffnet werden. Die Fitness Company ist mit derzeit 107 Clubs in Deutschland Marktführer, jährlich sollen etwa zehn neue Anlagen hinzukommen. Stammsitz des Unternehmens ist Frankfurt/Main, es beschäftigt aktuell 1.050 fest angestellte Mitarbeiter. Die dt. Company ist eine Tochtergesellschaft der Fitness Group Ltd., Poole, Dorset (Großbritannien), bei der in insgesamt 500 Studios 1,4 Mio. Mitglieder angemeldet sind.

UNTERNEHMEN

Fitness Company Freizeitanlagen GmbH
Kennedyallee 87
60596 Frankfurt/Main
☏ (0 69) 9 63 7 3-0 00
🖷 (0 69) 9 63 7 3-0 98
💻 www.fitcom.de

FIX & FOXI

Rolf Kauka erfand die Fuchs-Brüder Fix & Foxi im Jahr 1955. Seit 2000 wird Fix & Foxi auch als TV-Serie weltweit vermarktet, für 2008 ist ein Kinofilm geplant.

Das Comic-Magazin Fix & Foxi steht für anspruchsvolle Kinderunterhaltung im Comic-Format. Als Teil der Dachmarke Rolf Kauka erscheint Fix & Foxi sowohl in Heftform als auch als TV-Serie. Die Geschichten um zwei gezeichnete Füchse sollen nicht nur unterhalten, sondern auch spielerisch pädagogische Grundwerte vermitteln. Zielgruppe sind Kinder im Alter von sechs bis zwölf Jahren. Mit einer Gesamtauflage von über 780 Mio. Exemplaren ist Fix & Foxi lt. Unternehmensangaben die erfolgreichste dt. Comic Serie. Als in den 1950er-Jahren US-amerikanische Comics auf den dt. Markt kamen, begann Rolf Kauka mit der Entwicklung eigener Comicfiguren. In den ersten Heftausgaben noch Nebenfiguren, wurden die Fuchsbrüder Fix & Foxi im Jahr 1955 zu den Namensgebern der Reihe. Rolf Kauka erfand auch Charaktere wie Bussi Bär, Pauli der Maulwurf, Tom & Biber sowie über 80 weitere Comicfiguren. Das Logo entwickelte Rolf Kauka 1961. Der Name des Erfinders überfängt in Schreibschrift den in rot gehaltenen Schriftzug Fix & Foxi. Dieser ist weiß und schwarz gerahmt und erreicht dadurch einen plastischeren Effekt. Der leicht verschobene Stand der Buchstaben lässt die Typografie zudem bewegt erscheinen. Neben der Wortmarke beinhaltet das Logo auch zwei in einen schwarz umrandeten Kreis eingefasste, bunt gezeichnete Fuchsköpfe. Kauka sah sich aus der Erzähltradition eines Wilhelm Busch stammend und hatte sich zum Ziel gesetzt, ein dt. Gegengewicht zum Disney-Imperium zu schaffen. Statt reiner Slapstick wollte er auch pädagogische Werte einfließen lassen. Kauka Promedia, Inc. ist die Verwaltungsgesellschaft der Marke. Nach dem Tod Rolf Kaukas im Jahr 2000 übernahm seine Ehefrau Alexandra Kauka als CEO und Präsidentin die Führung.

Alexandra Kauka ist CEO der Kauka Promedia, dem Nachfolge-Unternehmen des Kauka-Verlags und Hg. des Fix & Foxi Magazins.

Neben den klassischen Produkten vergibt Kauka Lizenzen, z.B. für einen Freizeitpark, DVDs, PC-Games oder Spielwaren. Kauka Promedia – The Comic Company! vertreibt die Lizenzprodukte weltweit mithilfe von Vertragspartnern. Insbesondere der Online-Segment soll künftig weiter ausgebaut werden. Neben dem Hauptsitz in Thomasville, USA, befinden sich Standorte in Kerken-Aldekerk (bei Düsseldorf), München und Spanien. Rund 60 Mitarbeiter sind weltweit bei Kauka Promedia beschäftigt, zuzüglich weiterer freier Mitarbeiter und Partnerunternehmen.

DATEN UND FAKTEN

Markenname: Fix & Foxi, abgeleitet von „Fuchs" (Foxi) mit dem Hinweis auf schlaue und flinke Füchse (Fix)

Slogan: „Deutschlands erfolgreichste Comic Serie – Fix & Foxi – immer wieder prima"

Erfinder: Rolf Kauka, 1953, München

Markenregistrierung: 1998 (vorher über Urheberrecht/ Copyright), DPMA München

Innovationen: TV-Serie (2000), Lizenzprodukte (DVD, PC-Games, Freizeitpark, Spielwaren, Bücher, Finanz- und Versicherungsbereich), Kinofilm (2008)

Markenbekanntheit: 95 % ungest. (INFRA 2003)

Markenwebsite: www.fixundfoxi.de

Literatur:
M. Semrad: Die Welt von Fix & Foxi (2003)
E. Sackmann: Deutsche Comic Forschung: Deutsche Comicforschung 2007. Band 1–4 (2007)
B. Ihme: Comic Jahrbuch (2007, 2008)
Microsoft Encarta Professional, Redmond/ USA (2008)

UNTERNEHMEN

Kauka Promedia, Inc.

Hauptsitz: Thomasville, USA

Geschäftsführung: Alexandra Kauka (CEO & President), Michael Semrad (Managing Director AC)

Weitere Marken: Andrax, Bussi Bär, Diabolino, Lupo, Pauli der Maulwurf

Vertrieb: weltweit über Vertragspartner

KONTAKT

Kauka Promedia Andromeda Central Community Medien GmbH
Am Maasend 3
Postfach 21 45
47642 Kerken-Aldekerk (bei Düsseldorf)
✆ (0 28 33) 6 55-0
🖷 (0 28 33) 64 61
💻 www.kauka.de

Ansprechpartner Presse & Marketing:
Michael Semrad
✆ (0 28 33) 6 55-0
🖷 (0 28 33) 64 61
✉ kauka.presse@kauka.de

MEILENSTEINE

1950 Gründung des Kauka Verlages

1953 Rolf Kauka bringt sein erstes Comic-Magazin „Eulenspiegel" auf den Markt, in Heft Nr. 5 verarbeitet er die Fabel von Meister Reinecke als Comic.

1954 Das „Eulenspiegel"-Heft wird mit der Nr. 29 in „Fix & Foxi" umbenannt.

1963 Rolf Kauka übernimmt auch Comics aus Belgien und Frankreich.

1973 Erster Fix & Foxi Film

2000 Start der Fix & Foxi TV Serie, Eröffnung des Freizeitparks Fix & Foxi Abenteuerland in Meckenbeuren

2003 50 Jahre Fix & Foxi

Fixies Windeln kamen 1976 zunächst unter dem Namen „Strampelpeter fix" auf den Markt.

Gegründet 1887: Fleischmann

Lead-Agentur:
Adromeda Central Community Medien GmbH
www.andromeda-central.com

FIXIES

„Viel Liebe für zarte Haut" – dieser Slogan steht für Windeln der Marke Fixies. Die Marke Fixies soll für Hautkompetenz stehen. Um die zarte Babyhaut noch besser zu schützen, haben seit 2007 alle Windeln das Hautklima-System, das schnell absorbieren, sicher speichern und einen optimalen Luftaustausch garantieren soll. Neben Windeln gibt es auch noch Still-Einlagen und Wickelunterlagen unter der Marke. Der Name Fixies leitet sich von dem Wort fix ab, das nicht nur für „schnell" steht, sondern auch Assoziationen an Eigenschaften wie „klug", „pfiffig" oder „reaktiv" weckt. Mit dem Markennamen soll dieses Assoziationsfeld attributiv mit den Fixies-Produkten verbunden werden. Die Produkte der Marke richten sich an Mütter mit Kindern unter drei Jahren. Nach der Firmengründung 1976 wurden die Windeln zunächst unter dem Namen „Strampelpeter fix" vertrieben. Daraus wurde 1980 „Strampelpeter Fixies" und 1988 schließlich einfach „Fixies". Das Logo der Marke zeigt seit 2007 den Schriftzug „Fixies" in Blau. Seit dem Jahr 2000 ist der Schriftzug eingerahmt von zwei runden Klammern, die den Mutterbauch und die Liebe der Mutter zu ihrem Kind symbolisieren. Fixies ist die Nummer zwei auf dem dt. Windelmarkt (Firmenangaben). Erfunden hat die Marke die Paul Hartmann AG. Sie gab Fixies jedoch 2005 an Novacare, einen franz. Hersteller von Hygieneprodukten, ab. Jean-Maurice Dussapt, der heutige Geschäftsführer, gründete 2005 die Fixies GmbH mit Hauptsitz in Ulm. Die Firma hat 14 Mitarbeiter und erwirtschaftete 2006 einen Umsatz von 52 Mio. Euro. Die Produkte der Marke werden vorrangig in Deutschland, der Schweiz und in Österreich vertrieben.

DATEN UND FAKTEN

Markenname: Fixies, abgeleitet von „fix"

Slogan: „Viel Liebe für zarte Haut"

Erfinder: Paul Hartmann AG, Heidenheim

Markenregistrierung: 16. 02. 1981, DPMA München

Markenbekanntheit: 78 % ungest., 95 % gest. (Mediaedge, 02/2007)

Jahresumsatz: 52 Mio. Euro (2006)

Auszeichnungen:
„Testsieger", Öko-Test für Babywindeln (2004)
„sehr gut", Stiftung Warentest für *Fixies Active Life Extra Class* (2005)

UNTERNEHMEN

Fixies GmbH
Syrlinstr. 38
89073 Ulm
(07 31) 93 80 69-0
(07 31) 93 80 69-60
www.fixies.de

FLEISCHMANN

Die Marke Fleischmann steht für detailgetreue und qualitativ hochwertige Modelleisenbahnen. Die Gebr. Fleischmann GmbH & Co. KG, die 1887 von Jean Fleischmann in Nürnberg als Gravieranstalt gegründet wurde, stellte bereits vor dem 2. Weltkrieg dampfbetriebene Modelleisenbahnen her. Auf der Frankfurter Herbstmesse 1949 stellte Fleischmann erstmals eine Modellbahn mit Zweileiter-Gleichstrom-System in der Spurbreite 0 vor. Ein großer Erfolg wurde das 1952 eingeführte Gleissystem H0, für das Fleischmann heute über 100 Lokomotiven sowie mehr als 250 Personen- und Güterwagen anbietet. Die Systeme N piccolo und Magic Train komplettieren das Produktportfolio. Zum 120. Geburtstag des Unternehmens wurden 2007 mehrere neue Modelle wie z. B. der Jubiläumszug „Schnellzug Berlin-München" aus den 1930er-Jahren als Sonderserien aufgelegt. Bei der Entwicklung neuer Fahrzeuge sichten die Konstrukteure intensiv Archivmaterial und vermessen und fotografieren nach Möglichkeit die Originalmodelle. Die Einzelteile der Loks und Wagen, deren Passgenauigkeit im Zehntelmillimeter-Bereich liegt, werden von Hand montiert. So halten die Produkte auch extremen Anforderungen stand: Bei einem Dauertest auf der Berliner Ausstellung „Loxx Miniatur Welten" war eine Fleischmann-Lok mit 2.546 km Sieger. Logo der Marke ist der Name Fleischmann in roten Großbuchstaben auf weißem Grund. In schwarzer Schrift findet sich darunter der Slogan „Die Modellbahn der Profis". Die Fleischmann GmbH & Co. KG, die in der dritten Generation von Horst Fleischmann geführt wird, zählt auch internat. zu den bedeutendsten Herstellern von Modelleisenbahnen und exportiert über 20 % der Produktion.

UNTERNEHMEN

Gebr. Fleischmann GmbH & Co. KG
Postfach 91 01 48
90259 Nürnberg
(09 11) 33 70-0
(09 11) 33 70-2 99
www.fleischmann.de

FLEURESSE

Die Textilmarke Fleuresse steht für modische und qualitativ hochwertige Bettwäsche. Der Hersteller, die Fleuresse GmbH, gehört zur Dierig-Gruppe, die aus einem der traditionsreichsten Textilunternehmen Europas hervorging. Der Ursprung des Unternehmens geht zurück auf das Jahr 1805, als Christian Gottlob Dierig im schlesischen Langenbielau eine Firma für unterschiedliche Textilprodukte gründete. Nach dem 2. Weltkrieg verlagerte sich der Hauptsitz der Firma nach Augsburg. Die Marke Fleuresse führte die Christian Dierig AG im Jahr 1960 ein. Der Name, der von dem franz. Wort fleur (dt. Blume) abgeleitet ist, wurde gewählt, weil die ersten Wäschemuster mit Blumenornamenten dekoriert waren. Unter der Marke Fleuresse bot der Hersteller als eines der ersten Unternehmen bedruckte bzw. buntgewebte Bettwäsche an. Heute konzentriert sich die Weiterentwicklung der Produkte vor allem auf die eingesetzten Materialien. Fleuresse verwendet ausschließlich die Rohstoffe Baumwolle und Leinen, die umweltschonend verarbeitet werden. Die Marke Fleuresse richtet sich vor allem an designorientierte Frauen und Männer zwischen 30 und 65 Jahren. Der Vertrieb erfolgt ausschließlich über den gehobenen Fachhandel und Fachabteilungen von Kaufhäusern. Das Markenlogo wurde im Laufe der Zeit immer wieder modernisiert. Die ursprünglich zusätzlich zur Wortmarke verwendete Blume ist entfallen, wird aber noch als Stilmittel eingesetzt. Die Hausfarben Rot (HKS 15) und Blau (HKS 38) bestimmen das Unternehmensbild. Als Hausschriften der Firma dienen die Humanist und die Gill Sans. Die Fleuresse GmbH erzielte mit der Marke 2006 einen Umsatz in Höhe von 16 Mio. Euro und trug damit ca. 25 % zum Gesamtumsatz der Dierig-Gruppe bei. Mit *Kaeppel* hat die Unternehmensgruppe eine weitere Bettwäschemarke im Portfolio. Die Dierig Holding AG, die auch noch im Roh- und Fertiggewebebereich tätig ist, erwirtschaftete 2006 mit ca. 200 Mitarbeitern einen Umsatz in Höhe von 70 Mio. Euro. Vorstandsvorsitzender Christian Dierig führt das Familienunternehmen in der sechsten Generation.

Für seine Produkte verwendet Fleuresse ausschließlich Baumwolle und Leinen, kein Polyester und keine Viskose.

DATEN UND FAKTEN

Markenname: Fleuresse, Kunstwort, abgeleitet vom franz. Wort fleur (dt. Blume)

Erfinder: Firma Christian Dierig AG, 1960, Augsburg

Markenregistrierung: 05. 02. 1963, DPMA München

Jahresumsatz: 16 Mio. Euro (2006)

Werbespendings: 100.000 Euro

UNTERNEHMEN

Dierig Holding AG

Hauptsitz: Augsburg, Deutschland

Vorstand: Christian Dierig (Vorstandssprecher Dierig Holding AG), Langmann Jürgen (Geschäftsführer Fleuresse GmbH)

Weitere Marken: Kaeppel

Gesamtumsatz: 70 Mio. Euro (2006)

Vertrieb: in Europa über Fachhandelsgeschäfte und Fachabteilungen der Kaufhäuser

KONTAKT

Fleuresse GmbH
Kirchbergstr. 23
86157 Augsburg
(08 21) 52 10-6 20
(08 21) 52 10-3 79
www.fleuresse.de

Ansprechpartner Presse & Marketing:
Christian Dierig, Jürgen Langmann
(08 21) 52 10-3 92
email@fleuresse.de

Fleuresse bot als einer der ersten Hersteller bedruckte und buntgewebte Bettwäsche an.

Lead-Agentur:
H zwo B GmbH
www.h-zwo-b.de

SCHON GEWUSST?

▮ Der Enkel des Firmengründers, Gottfried Dierig, hatte eine moderne Auffassung von Unternehmensführung. In seinen Aufzeichnungen schrieb er: „Unsere Stärke lag stets im Zusammenwirken grundverschiedener Begabungen, im Zusammenwirken ohne jede Eifersucht. Neidloses Geltenlassen war die Voraussetzung für wechselseitige Kritik. Wohl ging es manchmal heiß her, aber nur wo stärkster Druck besteht, wird aus Kohlenstoff Diamant."

FLEUROP bringt's.

Im Blumenfachgeschäft werden die Blumenarrangements gefertigt (unten), Fleurop-Boten bringen die Grüße zu den Adressaten (Mitte). Das Fleurop-Logo (oben) wird weltweit eingesetzt.

FLEUROP

Die Dienstleistungsmarke Fleurop steht für die weltweite Vermittlung von blumigen Botschaften. Der Name Fleurop leitet sich von dem lat. Namen „flores Europae" (Blumen Europas) ab. Im Jahr 1908 hatte der Berliner Florist Max Hübner eine vielversprechende Idee: Nicht die Blumen, sondern lediglich Aufträge an zuverlässige Blumenfachgeschäfte vor Ort sollten auf den Weg gebracht werden. Von Berlin aus zog dieses Geschäftsmodell um die Welt, heute bilden ca. 50.000 Partnerfloristen in 150 Ländern der Erde das globale Fleurop-Netz. In Deutschland arbeiten rund 9.000 selbstständige Blumenfachgeschäfte mit Fleurop zusammen. Das Logo mit dem runden Merkur-Zeichen besitzt internat. Gültigkeit. Jedes Jahr werden knapp 4 Mio. Fleurop-Grüße allein in Deutschland versendet, weltweit sind es rund 25 Mio. Aufträge. Die dt. Fleurop ist ein Unternehmen des Berufsstands der Floristen in Deutschland und firmiert heute als Aktiengesellschaft. Aktionäre sind ausschließlich die Fleurop-Partnerfloristen, die ein Blumenfachgeschäft führen und den Fleurop-Service anbieten. Die Fleurop AG mit Sitz in Berlin steuert die Logistik mit ca. 75 Mitarbeitern. Mittlerweile können Kunden nicht nur über die Hotline 0180-FLEUROP oder 0180-4 11 12 11, sondern auch im Internet auf www.fleurop.de rund um die Uhr Blumen bestellen. Das sog. Fleurop-Prinzip gilt weltweit: Jeder Fleurop-Gruß wird ausschließlich von professionellen Floristen in Handarbeit gefertigt und persönlich an den Empfänger überreicht. Mit der Fleurop-Garantie werden die reibungslose Abwicklung des Auftrages sowie die einwandfreie Qualität gewährleistet. Der Kunde kann in jedem Fleurop-Fachgeschäft Blumengutscheine mit dem Namen Flora-Cheque in unterschiedlichen Wertklassen kaufen und einlösen. Für Geschäftskunden bietet Fleurop zudem einen speziellen Firmenservice an. Im Jahr 2008 feiert die Fleurop AG ihr 100-jähriges Firmenjubiläum.

Fleurop-Boten bringen die bestellten Blumen vom örtlichen Fachgeschäft persönlich zum Empfänger.

DATEN UND FAKTEN

Markenname: Fleurop, Kunstname, abgeleitet vom lat. „flores Europae": Blumen Europas

Slogan: „Fleurop bringt's.» (2004)

Erfinder: Max Hübner, 1908, Berlin

Markenbekanntheit: über 90 % gest. (lt. MaFo, 2006)

Jahresabsatz: ca. 4 Mio. Fleurop-Grüße in Deutschland (2006)

Auszeichnungen:
„Testsieger, Note 2,38", Computerbild (2007)
„sehr gut (1,4)" für Aussehen beim Kauf (Rosensträuße), Stiftung Warentest (2007),
„gut (2,4)" für Haltbarkeit (Rosensträuße), Stiftung Warentest (2007)

UNTERNEHMEN

Fleurop AG

Hauptsitz: Berlin, Deutschland

Vorstand: Hansjörg Buchholz, Niklas Dörr

Weitere Marken: Flora Cheque

Vertrieb: 50.000 Blumenfachgeschäfte in 150 Ländern

KONTAKT

Fleurop AG
Lindenstr. 3–4
12207 Berlin

✆ (0 30) 71 37 10
🖷 (0 30) 71 37 11 98
💻 www.fleurop.de

SCHON GEWUSST?

▮ Alle acht Sekunden wird in Deutschland ein Fleurop-Gruß verschickt. Weltweit werden jährlich 25 Mio. Fleurop-Blumengrüße in Auftrag gegeben. Floristen in weltweit mehr als 50.000 Blumenfachgeschäften sorgen für frische, ansprechend arrangierte und komponierte Fleurop-Grüße.

FLEXITIME

Die Dentalmarke Flexitime ist ein Abformmaterial des weltweit tätigen Edelmetall- und Technologiekonzerns →Heraeus. 1987 übernahm Heraeus die Degussa-Anteile an der Firma Kulzer, die 1939 zu gleichen Teilen in den Besitz der W. C. Heraeus GmbH und der Degussa AG gekommen war. Zusammen mit der Übernahme des Geschäftsbereichs Dental der Bayer AG und von ZL Microdent im Jahr 1995 erreichte der Dentalbereich eine führende Position auf dem Weltmarkt. Heute ist Heraeus Kulzer als Systemanbieter rund um den Globus mit ca. 1.500 Mitarbeitern und einem umfangreichen Programm von Dentalwerkstoffen und -geräten für Zahnärzte und Zahntechniker präsent. Mit der Markteinführung von Flexitime sollte der Zielgruppe der prothetisch arbeitenden Zahnärzte ein Präzisionsabformmaterial an die Hand gegeben werden, mit dem eine größtmögliche Genauigkeit der Abformung für eine passgenaue Prothetik erreicht werden kann. Der Erfolg einer Abformung ist zum einen von den physikalischen Eigenschaften des Abformmaterials abhängig, die die Präzision gewährleisten, und zum anderen von den Verarbeitungseigenschaften des Abformmaterials abhängig, die eine anwenderfreundliche Anwendung garantieren. Das A-Silikon Flexitime wurde speziell zur Gewährleistung dieser Anforderungen entwickelt. Durch die Balance der klinisch relevanten physikalischen Eigenschaften ist es behandelnden Zahnärzten möglich, Präzision, Passgenauigkeit und eine exakte Detailwiedergabe zu erzielen. Das anwenderfreundliche Handling von Flexitime ermöglicht ein entspanntes Arbeiten, das individuellen Anforderungen gerecht wird. Die Marke wird weltweit über den Fachhandel vertrieben. Seit Oktober 2007 ist die Marke in neuer Aufmachung auf dem Markt erhältlich. Die graue Verpackung ist mit Markenlogo und einem monochromen Fingerabdruck versehen, der die Präzision des Abformmaterials widerspiegeln soll.

DATEN UND FAKTEN

Markenname: Flexitime, Kunstname, Assoziation zu zeitlicher Flexibilität

Slogan: „Flexitime – Zuverlässige Präzision. Jederzeit!"

Markenregistrierung: 31.05.2000, DPMA München

Innovationen: Flexitime Dynamix Putty (2007)

Markenbekanntheit: 13 % gest. (TNS, 2006)

Werbespendings: ca. 130.000 Euro

Auszeichnungen:
„Best of the Best Award", Dental Advisor (2005)
„Four Star Award", Reality (2007)

UNTERNEHMEN

Heraeus Kulzer GmbH
Grüner Weg 11
63450 Hanau
✆ (0 61 81) 35–0
💻 www.heraeus-kulzer.com

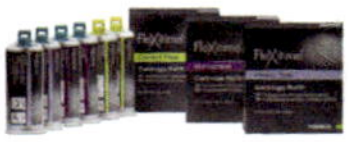

Flexitime ist ein Abformmaterial aus dem Hause Heraeus.

FLORAGARD

Die Marke Floragard bezeichnet biologisch-chemische Produkte für den professionellen wie den Hobby-Gartenbau. Die Angebotspalette der Floragard Vertriebs GmbH reicht von Torf und Blumenerden über Dünger bis hin zu Substraten. Die 1919 in Berlin gegründete Torfstreuverband GmbH verlegte ihren Firmensitz 1946 nach Oldenburg. 1985 wurde die Marke Floragard, die Assoziationen mit Pflanzen, Blumen und Garten wecken soll, beim DPMA in München eingetragen, 1991 erfolgte die Umbenennung des Unternehmens in Floragard Vertriebs GmbH für Gartenbau. Floragard (FG) unterhält 28 Produktionsstandorte mit saisonal bis zu 620 Mitarbeitern, davon zzt. 130 in der Unternehmenszentrale und im nat. und internat. Vertrieb. Ca. 11.000 Hektar Rohstoffflächen erbringen einen jährlichen Absatz von ca. 3 Mio. Kubikmeter Torf und Erden. Etwa die Hälfte der Produkte geht in den weltweiten Export. Die firmeneigene Forschung bemüht

Die Marke Floragard wurde 1985 kreiert.

Der Markenauftritt von Florena wurde 2007 umfangreich modernisiert.

sich um die Entwicklung kreativer Produkte sowie moderner Ersatz- und Zuschlagstoffe, die den Anteil des Rohstoffes Torf bei gleichzeitig hoher Ertragssicherheit gering halten sollen. Frucht dieser Bemühungen sind Innovationen wie *FG Aktiv-Pflanzenerde*, *FG Vital-Blumenerde* mit Anwachsgarantie und die *FG Duo-Vital Dünger*. Seit 2006 wirbt das Unternehmen mit dem „Floragard Effekt" und dem Slogan „Das Beste geben". Das Logo kennzeichnen die gartengrüne Schrift (Pantone 342), der sonnengelbe Untergrund (Pantone 012) und das Blütensymbol. Die Marke Floragard generiert 2007 einen Umsatz von ca. 53 Mio. Euro, was knapp der Hälfte des gesamten Unternehmensumsatzes entspricht.

UNTERNEHMEN

Floragard Vertriebs GmbH für Gartenbau
Gerhard-Stalling-Str. 7
26135 Oldenburg
✆ (04 41) 2 09 22 56
🖷 (04 41) 2 09 21 29
💻 www.floragard.de

FLORENA

Florena steht für Körperpflegeprodukte mit natürlichen Wirkstoffen. Das Portfolio umfasst ca. 100 Produkte, wobei jährlich mehrere Neuprodukte das Sortiment ergänzen. Die heutige Florena Cosmetic GmbH geht zurück auf die 1852 von A. H. A. Bergmann gegründete „Waldheimer Parfümerie- und Toilettenseifenfabrik". Auch heute noch hat die Firma ihren Hauptsitz im sächsischen Waldheim. Der Name Florena, der 1920 beim Reichspatentamt registriert wurde, soll als Kunstname eine Assoziation zur Pflanzenwelt wecken. In der Natürlichkeit der Inhaltsstoffe sieht der Hersteller auch das Alleinstellungsmerkmal der Marke. Analog dazu lautet der aktuelle Slogan „Florena – Natürlichkeit hautnah erleben". Das Logo stellt ebenfalls eine symbolische Verbindung zur Pflanzlichkeit her: Unter dem Markennamen ist ein stilisiertes Blatt an einem langen, im Bogen geschwungenen Stiel dargestellt. Sowohl Bild als auch Text sind in Mittelblau gehalten (Pantone Reflex Blue C). Das aktuelle Logo entstand im Rahmen eines Relaunchs des Markenauftritts im Jahr 2007, der auch die Gestaltung der Verpackungen einschloss. Produktübergreifend stehen die natürlichen Inhaltsstoffe jetzt im Zentrum der Verpackungsdesigns. Lt. einer Erhebung von AC Nielsen zählt Florena im Segment Körperpflege und Kosmetik zu den Top-20-Marken in Deutschland. Die Florena GmbH beschäftigt ca. 350 Mitarbeiter und erwirtschaftete 2006 mit der Marke Florena einen Umsatz von über 40 Mio. Euro. Die Marke steuerte damit ca. 50 % zum Unternehmensumsatz bei. Seit 2002 ist die Florena Cosmetic GmbH eine 100%ige Tochter der Beiersdorf AG.

UNTERNEHMEN

Florena Cosmetic GmbH
Am Eichberg
04736 Waldheim
✆ (03 43 27) 98-0
🖷 (03 43 27) 98-2 77
💻 www.florena.de

FOCUS

Helmut Markwort (Mitte) und Uli Baur (unten) sind Chefredakteure bei FOCUS.

Die Marke FOCUS hat ihren Ursprung im gleichnamigen Nachrichtenmagazin. Zur Markenfamilie der FOCUS Magazin Verlag GmbH gehören inzwischen das Wirtschaftsmagazin FOCUS-MONEY, das Bildungsmagazin FOCUS-SCHULE und das Internet-Portal FOCUS Online sowie die Fernsehformate von FOCUS TV und der TV-Sender FOCUS GESUNDHEIT. Jüngste Publikation ist FOCUS-CAMPUS, das erste PDF-Magazin für Studierende. Das Nachrichtenmagazin FOCUS, das seit 1993 wöchentlich erscheint, ist auf die spezifischen Ansprüche der Info-Elite zugeschnitten. FOCUS präsentiert Informationen, fundiert, konstruktiv und schneller auf den Punkt. FOCUS informiert seine Kernzielgruppe mit dem einzigartigen Konzept der intelligenten Verknüpfung von Text, Bild und Info-Grafik. Im Zentrum der Berichterstattung stehen – gemäß dem bekannten Slogan – „Fakten. Fakten. Fakten.". Das Heft-Konzept geht auf Hg. Helmut Markwort und Verleger Professor Hubert Burda zurück. Das Marken-Logo entwarf Art-Director Manfred Neussl 1992. Der Globus im Logo symbolisiert Weltoffenheit und den Anspruch, den Lesern alle wichtigen Weltnachrichten mit Hilfe eines global umspannenden Korrespondenten-Netzes aus erster Hand zu liefern. In der Werbung setzt der Verlag auf Kampagnen in Tageszeitungen, Zeitschriften, Internet, Radio und Fernsehen. Seit seiner Gründung strahlt das Nachrichtenmagazin TV-Werbespots aus, die aktuell während der Redaktionsschlusskonferenz gedreht werden. Die Protagonisten sind die Chefredakteure Helmut Markwort und Uli Baur. Das Angebot des Nachrichtenmagazins erfolgt über alle gängigen

Presse-Vertriebsschienen wie den Einzelhandel, Bahnhofs-Buchhandel, Abonnement, Lesezirkel und Bordauflage. Der Titel erreicht wöchentlich 5,65 Mio. Leser (Quelle: MA 2007 Pressemedien II). Die insgesamt verkaufte Auflage lag lt. IVW II/2007 bei 711.171 Exemplaren. Inzwischen wird das Nachrichtenmagazin FOCUS in Lizenz auch in Brasilien und Portugal publiziert. Beim FOCUS Magazin Verlag arbeiten etwa 330 Mitarbeiter.

Das Nachrichtenmagazin FOCUS erscheint seit 1993 wöchentlich.

DATEN UND FAKTEN

Markenname: FOCUS, lat. Brennpunkt

Slogan: „Fakten. Fakten. Fakten."

Gründer: Helmut Markwort, Dr. Hubert Burda, 1993

Markenregistrierung: 21. 12. 1992, DPMA München

Innovationen: FOCUS-MONEY (2000), FOCUS-SCHULE (2004), FOCUS-CAMPUS (2006)

Markenbekanntheit: 85,5 % gest. in der Zielgruppe 14 Jahre + (Medien-Analyse I/2007)

Auflage: 711.171 verkaufte Auflage (IVW, II/2007)

Auszeichnungen: „Erfolgreichste Zeitschriften-Innovation", Horizont Auszeichnung (1995)

Markenwebsite: www.focus.de

Literatur:
K. Schmeh: Es kann auch zwei geben – Focus gegen Spiegel, in: ders., David gegen Goliath (2004)

UNTERNEHMEN

FOCUS Magazin Verlag GmbH

Chefredakteure: Helmut Markwort, Uli Baur

Weitere Marken: FOCUS-MONEY, FOCUS-SCHULE, FOCUS-CAMPUS, FOCUS online, FOCUS TV, FOCUS GESUNDHEIT

Vertrieb: Einzelhandel, Bahnhofs-Buchhandel, Abonnement, Lesezirkel und Bordauflage

KONTAKT

FOCUS Magazin Verlag GmbH
Arabellastr. 23
81925 München
(0 89) 92 50-0
(0 89) 92 50-20 26
www.focus-magazin-verlag.de

Ansprechpartner Presse:
Uwe Barfknecht
(0 89) 92 50-29 74
presse@focus-r.de

Ansprechpartner Marketing:
Sandi Dufner
(0 89) 92 50-20 73
sandi.dufner@focus.de

MEILENSTEINE

1993 Das Nachrichtenmagazin FOCUS erscheint zum ersten Mal.

1996 Exakt drei Jahre nach der Printausgabe startet das Internet-Angebot FOCUS Online.

1996 Start des TV-Formats von FOCUS – FOCUS TV

2000 Start des Wirtschaftsmagazins FOCUS-MONEY

2005 Ergänzung des Portfolios um FOCUS-SCHULE

2005 Das 24-Stunden-Programm FOCUS GESUNDHEIT wird über den Bezahlsender Premiere ausgestrahlt.

2006 Start des ersten PDF-Magazins für Studierende FOCUS-CAMPUS

Ford ist derzeit der drittgrößte Automobilhersteller der Welt.

FORD

Der Autokonstrukteur Henry Ford gründete am 16. Juni 1903 die Ford Motor Company in Detroit, Michigan/USA. Seine Motivation war, das Auto und damit Mobilität für jedermann erschwinglich zu machen. Ab 1908 baute er das Modell *T* als erstes am Fließband gefertigtes Automobil, von dem bis 1927 über 19 Mio. Exemplare verkauft wurden. 1925 wurde die dt. Ford-Werke AG in Berlin gegründet und nach der Errichtung eines neuen Werks im Mai 1931 nach Köln verlegt. Der charakteristische Schriftzug der Marke wurde über die Zeit farblich leicht modifiziert, blieb jedoch grundsätzlich erhalten. Als Hausfarben verwendet Ford Blau und Orange. Die Markenpflege erfolgt bei Ford durch interne und externe Kommunikation, die je nach Fahrzeugsegment auf die entsprechende Zielgruppe zugeschnitten wird. So ließ das Unternehmen im Rahmen des Launchs für das Modell *Mondeo* einen aufwendigen Spot produzieren: Alte Autos fliegen wie Ballons durch London – die Besitzer hatten den Mondeo gesehen und wollten ihre Autos möglichst schnell loswerden. Zur Ford-Werke GmbH mit Sitz in Köln gehören die Standorte Saarlouis und Genk/Belgien. Während in Köln die *Fiesta*- und *Fusion*-Produktion angesiedelt ist, werden in Genk *S-MAX*, *Galaxy* und *Mondeo* gefertigt, das Werk in Saarlouis stellt *Focus* und *C-MAX* her. Im Jahr 2006 verließen insgesamt 1.053.515 Fahrzeuge die drei Werke. Vorsitzender der Geschäftsführung der dt. Ford-Werke ist Bernhard Mattes. Die Ford Werke GmbH hat insgesamt 29.520 Mitarbeiter, davon 17.300 in Köln. Die Ford Motor Company mit Hauptsitz in Dearborn/USA ist derzeit der drittgrößte Automobilhersteller der Welt und beschäftigt weltweit ca. 260.000 Mitarbeiter (2007). Weitere Marken des Konzerns sind *Lincoln*, *Mercury*, *Mazda*, → Jaguar, → Volvo und → Land Rover.

DATEN UND FAKTEN

Markenname: Ford, USA, Familienname des Firmengründers

Slogan: „Ford. Feel the difference" (seit Mai 2006)

Frühere Slogans: „Ford. Die tun was." (bis Ende 2000), „Ford. Besser ankommen." (bis April 2006)

Gründer: Henry Ford, 1903, Detroit, Michigan/USA

Markenregistrierung: 22. 12. 1906, Kaiserliches Patentamt Berlin

Innovationen: „EasyFuel", ein System, das Fehlbetankungen verhindert und schmutzige Hände beim Tanken vermeidet. „Flexifuel-System", eine Technik, die eine gleichzeitige Betankung von Benzin und Bio-Ethanol ermöglicht, wodurch Co_2-Emmissonen um 30 %-80 % reduziert werden können. Erster Automobil-Hersteller, der verschiedene Fahrzeuglinien im Innenraum durch den TÜV Rheinland auf Allergien testen ließ und diese mit dem Prüfsiegel „Allergie getesteter Innenraum" versieht.

Vorsteuergewinn: 469 Mio. USD (Ford of Europe, 2006)

Literatur:

R. M. Langworth: The Complete History of Ford Motor Company (New York, 1987)
R. L. Shook: Turnaround. The New Ford Motor Company (London, 1990)

UNTERNEHMEN

Ford-Werke GmbH
Henry-Ford-Str. 1
50735 Köln
(02 21) 90-0
www.ford.de

Fossil vertreibt weltweit Uhren, Schmuck und Accessoires.

FOSSIL

Die Marke Fossil steht für hochwertige Fashion-Produkte im Vintage Look. Ausgehend von modischen Uhren bietet das amerikanische Unternehmen heute Kleinlederwaren, Gürtel, Handtaschen, Schmuck und Brillen sowie Bekleidung (USA) an. 1984 gründeten die Brüder Tom und Kosta Kartsotis im texanischen Richardson das gleichnamige Unternehmen. Schon bald vermarkteten sie Fossil-Uhren im Retro-Stil. Der Name ist eine Hommage an ihren Vater, den sie liebevoll „altes Fossil" nannten. Der Erfolg von Fossil war von Anfang an auch auf das besondere Verpackungsdesign zurückzuführen: Nach Experimenten mit Leinensäcken und übergroßen Streichholzschachteln beschlossen die Brüder 1989, die Uhren in Blechdosen zu vermarkten. Die 1998 entwickelte *Bic Tic* – eine Uhrenlinie, die digitale und analoge Anzeige kombiniert – wurde schnell zum Markenzeichen des Unternehmens. Im Vertrieb setzte Fossil in den USA schon 1996 auf das Internet. Heute sind die Produkte in 90 Ländern erhältlich. Kernzielgruppe der Marke sind Männer und Frauen im Alter zwischen 20 und 30 Jahren. Zur Fossil Inc. gehören auch die Marken *Abacus*, *Relic*, *Michele*, *MW Michele*, *Mobilewear* und *Zodiac*. Fossil entwickelt Produkte außerdem als Lizenzgeschäft für andere Designermarken. Wichtigster Umsatzträger des Unternehmens ist aber mit einem Anteil von etwa 70 % die eigene Marke. Die weltweit 5.400 Mitarbeiter erwirtschaften einen Gesamtumsatz von 1,3 Mrd. USD. In Deutschland firmiert das Unternehmen als Fossil (Europe) GmbH.

DATEN UND FAKTEN

Markenname: Fossil, USA, abgeleitet vom Kosenamen des Vaters der Firmengründer

Slogan: „What Vintage Are You?"

Erfinder: Tom und Kosta Kartsotis, 1984, Richardson, Texas/USA

Markenregistrierung: 17.05.1990, DPMA München

Jahresumsatz: ca. 1,3 Mrd. USD (Gesamtunternehmen)

UNTERNEHMEN

Fossil (Europe) GmbH
Innerlohener Str. 10–12
83355 Grabenstätt/ Erlstätt
(08 61) 9 89 83–0
(08 61) 9 89 83–60 04
www.fossil.de

FRANCOTYP-POSTALIA

Maschinen der Marke Francotyp-Postalia ermöglichen die rationelle Postbearbeitung von Briefen und anderen Sendungen. Sie kommen sowohl in Industrie, Handel und Behörden als auch bei Dienstleistern und privaten Nutzern zum Einsatz. Der Prototyp Francotyp A war 1923 das weltweit erste Frankiergerät mit einstellbaren Portowerten. Diese Erfindung war besonders hilfreich, da kurz vor der damaligen Währungsreform die Portopreise fast stündlich wechselten. Hergestellt wurde das Gerät von der Postfreistempler GmbH, die sich später in Francotyp umbenannte und heute Bestandteil des Unternehmens Francotyp-Postalia GmbH ist. Der zweite Teil des Markennamens geht zurück auf die 1938 mit der kleinsten Frankiermaschine der Welt eingeführten dt. Marke Postalia. Die GmbHs Francotyp und Postalia fusionierten 1983. Die einheitliche Firmenmarke Francotyp-Postalia wurde 1991 eingeführt. Die im gleichen Jahr entwickelte Bildmarke setzt sich zusammen aus den Buchstaben F und P, deren Querbalken miteinander verbunden sind. Die Buchstaben sind in grau („F") und rot („P") gehalten. Unter den Initialen steht der ausgeschriebene Markenname. Zu den Produktinnovationen von Francotyp-Postalia gehört die 2004 erstmals zugelassene FRANKIT®-fähige Frankiermaschine mit hohen Sicherheitsstandards. Neben Frankiermaschinen sind auch Kuvertiermaschinen, Briefwaagen und Posteingangssysteme Teil des Sortiments der Francotyp-Postalia GmbH. 2006 machte das Unternehmen einen Umsatz von 143,1 Mio. Euro. Weltweit beschäftigt es ca. 940 Mitarbeiter (2006). Hauptsitz der GmbH ist Birkenwerder bei Berlin. Auch die Produktion ist in Deutschland angesiedelt. Hier verfügt das Unternehmen nach eigenen Angaben über die Marktführerschaft (45 %). Weltweit stuft die Francotyp-Postalia GmbH ihren Marktanteil bei 9 % ein.

FRANCOTYP-POSTALIA

Francotyp-Postalia ist ein führendes Unternehmen im Bereich Frankiermaschinen.

DATEN UND FAKTEN

Markenname: Francotyp-Postalia, hergeleitet aus der Funktion einer Frankiermaschine, mit der Post maschinell frankiert wird

Slogan: „Postbearbeitung mit System", „Ihre Post ist unsere Stärke"

Markenregistrierung: 21.08.1985, DPMA München

Innovationen: Entwicklung und Einführung der neuen Frankiermaschinengeneration mymail, optimail und ultimail (2002)

Jahresumsatz: 143,1 Mio. Euro (2006)

UNTERNEHMEN

Francotyp-Postalia GmbH
Triftweg 21–26
16547 Birkenwerder
(0 33 03) 5 25–0
(0 33 03) 5 25–7 99
www.francotyp.de

FRANKFURTER ALLGEMEINE

Die Marke F. A. Z. präsentiert sich als „der führende Anbieter qualitativ hochwertiger Informationen für eine anspruchsvolle Zielgruppe". Sie steht für niveauvollen Journalismus der Tageszeitung Frankfurter Allgemeine. Mehr als 951.000 Leser erreicht die

Frankfurter Allgemeine
ZEITUNG FÜR DEUTSCHLAND

Frankfurter Allgemeine
SONNTAGSZEITUNG

Die Marke F. A. Z. richtet sich an gebildete, erfolgreiche und einkommensstarke Leser.

F. A. Z. täglich (AWA 2007). Weltweit ist sie in rund 145 Ländern erhältlich und hat damit die höchste Auslandsverbreitung aller dt. Qualitäts-Tageszeitungen. Für die Gründung der F. A. Z. stellten 72 Privatpersonen das Startkapital zur Verfügung. 1949 erschien die erste Frankfurter Allgemeine mit einer Auflage von 60.000 Exemplaren. Seit 2001

Das Logo der F. A. Z. ist bewusst konservativ gehalten.

erscheint zusätzlich die Frankfurter Allgemeine Sonntagszeitung. „Frankfurt" sollte traditionell als Sitz der Zeitung in ihrem Namen vorkommen. Das Wort „Allgemein" sollte die ausgewogene Berichterstattung verdeutlichen, die Bezeichnung „Zeitung" vor allem andere Formen, z. B. Lokal- oder Boulevardblatt, ausschließen. Die Marke F. A. Z. richtet sich insbesondere an gebildete, erfolgreiche und einkommensstarke Leser. Eine Besonderheit der F. A. Z.: Die Linie der Zeitung bestimmt ein Gremium von fünf Herausgebern. Die Zeitung gilt als prägend, pluralistisch und unabhängig. Die Frankfurter Allgemeine Zeitung GmbH hat 2006 Umsatzerlöse in Höhe von 316,7 Mio. Euro erzielt. Das Markenlogo ist bewusst konservativ gehalten: der klassische schwarze Schriftzug „Frankfurter Allgemeine" steht deutlich hervorgehoben durch Größe und Schriftart über der Zeile „Zeitung für Deutschland". Das Verlagssignet mit dem „klugen Kopf" hinter der Zeitung wurde bereits in den 1950er-Jahren entwickelt. Unter der Dachmarke F. A. Z. gibt es außerdem den Hochschulanzeiger, das F. A. Z.-Archiv und das Nachrichtenportal FAZ.NET. Geschäftsführer sind Dr. Roland Gerschermann und Tobias Trevisan (Sprecher der Geschäftsführung). Stammsitz ist bis heute Frankfurt/Main.

DATEN UND FAKTEN

Markenname: Frankfurter Allgemeine Zeitung

Slogan: „Dahinter steckt immer ein kluger Kopf"

Erfinder: 72 Privatpersonen, 1949

Markenregistrierung: 15. 11. 1960, DPMA München

Innovationen: Frankfurter Allgemeine Sonntagszeitung (2001)

UNTERNEHMEN

Frankfurter Allgemeine Zeitung GmbH

Hauptsitz: Frankfurt/Main, Deutschland

Vorstand: Dr. Roland Gerschermann und Tobias Trevisan (Sprecher der Geschäftsführung)

Weitere Marken: F. A. S., FAZ.NET, F. A. Z.-Archiv, Hochschulanzeiger

Vertrieb: weltweit

KONTAKT

Frankfurter Allgemeine Zeitung GmbH
Hellerhofstraße 2–4
60327 Frankfurt/Main
✆ (06 9) 75 91–0
🖷 (06 9) 75 91–17 43
💻 www.faz.net

Ansprechpartner Kommunikation:
Regine Ehrentraut
✆ (06 9) 75 91–13 69
✉ r.ehrentraut@faz.de

SCHON GEWUSST?

▮ Seit den frühen 1950er-Jahren repräsentiert der kluge Kopf die F. A. Z. Eine Fotografie führte zur Idee: Sie zeigte einen sitzenden Mann mit übereinandergeschlagenen Beinen, den Kopf hinter einer weit vor sich ausgebreiteten Zeitung verborgen. Das Motiv wurde zeichnerisch umgesetzt und erhielt den Text: „Wes Geistes Kind er ist, das zeigt die Zeitung, die er liest." Ein Genitiv, der vielen Lesern missfiel. Einer der damaligen Geschäftsführer formulierte neu: „Dahinter steckt immer ein kluger Kopf." Das kam an. Doch häufig tauchte der kluge Kopf nicht auf. Erst 1961 wurde er zum allgemein gültigen Verlagssignet und später um eine weibliche Variante mit eleganten Damenbeinen ergänzt. In den 1990er-Jahren bekam das Logo Leben eingehaucht. Viele Persönlichkeiten aus Wirtschaft, Politik, Kultur und Sport hielten ihren Kopf für den klugen Kopf hin. Ihr Gesicht blieb dabei natürlich immer hinter der F. A. Z. verborgen.

FRANKFURTER BUCHMESSE

Die Frankfurter Buchmesse ist die größte Buch- und Medienmesse der Welt. Im Jahr 2007 präsentierte eine Rekordzahl von 7.448 Ausstellern aus 108 Ländern insgesamt 391.653 Titel. An den fünf Tagen kamen insgesamt 283.293 Besucher auf die Frankfurter Buchmesse, die Treffpunkt für Autoren und Verleger, Buchhändler und Bibliothekare, Kunsthändler und Illustratoren, Agenten und Journalisten sowie für Informationsvermittler und Leser ist. Gleichzeitig dient die Frankfurter Buchmesse als einer der größten Marktplätze für den Handel mit Rechten und Lizenzen in der Verlagsindustrie. Frankfurt/Main hatte bereits bis ins 17. Jh. eine Bedeutung als zentrale Buchmesse-Stadt Europas. Diese Rolle ging jedoch im 18. Jh. auf Leipzig über. 1949 lebte die Tradition der Buchmesse in Frankfurt/Main wieder auf, ein Jahr später wurde die Messe erstmals vom Börsenverein des Deutschen Buchhandels veranstaltet. Dieser gründete 1964 die Ausstellungs- und Messe-GmbH, die bis heute Veranstalterin der Frankfurter Buchmesse ist. Unter dem Dach der Marke Frankfurter Buchmesse ist das Unternehmen ganzjährig mit seinen Angeboten aktiv. Die Website www.buchmesse.de ist mit ihren umfangreichen Datenbanken und Katalogen ein wichtiges Arbeitsmittel für die Verlagsbranche. Außerdem organisiert das Unternehmen jährlich auf mehr als 25 internat. Buchmessen dt. Gemeinschaftsstände. Erkennungszeichen der Frankfurter Buchmesse ist neben der Wortmarke ein stilisiertes aufgeklapptes Buch. Die jährliche Verleihung des Friedenspreis des Deutschen Buchhandels sowie ein jährlich wechselndes Schwerpunktland verleihen der Frankfurter Buchmesse zusätzlich Profil. In den kommenden Jahren sind die Türkei (2008), China (2009) und Argentinien (2010) als Gastländer vorgesehen.

UNTERNEHMEN

Ausstellungs- und Messe GmbH
Frankfurter Buchmesse
Reineckstr. 3
60313 Frankfurt/Main
(0 69) 21 02-0
(0 69) 21 02-2 27
www.buchmesse.de

FRANKFURTER RUNDSCHAU

Die Frankfurter Rundschau (FR) erschien im August 1945 als eine der ersten unabhängigen Tageszeitungen nach Ende des 2. Weltkriegs, vier Jahre, bevor in Deutschland das Grundgesetz verabschiedet und die Pressefreiheit gesetzlich verankert wurde. Sieben Journalisten erhielten die Lizenz, zunächst zweimal wöchentlich eine unabhängige Zeitung zu produzieren, die den Auftrag hatte „den Weg in eine bessere Zukunft zu erhellen ...". Zwei Jahre später erschien die FR bereits deutschlandweit. Einzige verbliebene Lizenzträger waren Arno Rudert und Karl Gerold. Rudert verstarb 1954; Gerold leitete die Zeitung als Verleger, Hg. und Chefredakteur bis zu seinem eigenen Tod 1973. Er legte großen Wert auf Unabhängigkeit und verlieh der Zeitung ihr linksliberales Profil. Sie etablierte sich überregional und gründete eine eigene Druckerei, die heute wöchentlich rund 8 Mio. Zeitungsexemplare auch für andere Zeitungsverlage druckt, darunter die Frankfurter Ausgabe von → Bild, die → Welt am Sonntag und das → Handelsblatt. Charakteristisch für das Erscheinungsbild der Tageszeitung ist der grüne Balken auf der Titelseite, unter dem der Namenszug steht, in kleinen Versalien ergänzt durch die Worte „Unabhängige Tageszeitung". Im Rahmen eines Relaunches wechselte man im Mai 2007 als erste überregionale Zeitung auf Tabloid-Format. Nach Gerolds Tod leitete eine nach ihm benannte Stiftung den Verlag, in deren Statuten die überregionale und linksliberale Ausrichtung bis heute festgeschrieben ist. 2004 übernahm die SPD-eigene Medienholding DDVG 90 % der Verlagsanteile des Unternehmens, wodurch der Verlag umstrukturiert wurde. Im Juli 2004 erwarb der Kölner Verlag M. DuMont Schauberg die Mehrheit an der FR. Heute leiten Karlheinz Kroke, Hans Peter Volz und Sönke Reimers das Unternehmen, das seinen Lesern nach wie vor ein „engagiertes, differenziertes Angebot" bieten will.

DATEN UND FAKTEN

Markenname: Frankfurter Rundschau, Name in der Nachfolge der Vorgängerzeitung „Frankfurter Zeitung"

Slogan: „Neues Lesen. Weiter denken"

Ersterscheinung: 1945

Innovationen: Umstellung auf Tabloid-Format (30. 05. 2007)

UNTERNEHMEN

Druck- und Verlagshaus Frankfurt am Main GmbH
Verlag der Frankfurter Rundschau
Walther-von-Cronberg-Platz 2–18

FrankfurterRundschau

Im Mai 2007 stellt die Frankfurter Rundschau als erste überregionale Zeitung auf Tabloid-Format um.

Das Fraport-Logo erinnert an eine Kreuzung und an eine Drehscheibe.

60594 Frankfurt/Main
(0 69) 21 99-1
www.fr-online.de

FRAPORT

Die Fraport AG gehört internat. zu den führenden Konzernen im Airport-Business und betreibt mit dem Flughafen Frankfurt/Main eines der bedeutendsten Luftverkehrsdrehkreuze der Welt. Der Konzern, dessen Hauptanteilseigner das Land Hessen und die Stadtwerke Frankfurt/Main sind, erwirtschaftete 2006 einen Umsatz von 2,14 Mrd. Euro. Als Full-Service-Anbieter im Airport-Management ist die Fraport AG nicht nur in Frankfurt/Main, sondern über Beteiligungen und Tochtergesellschaften an mehr als 60 Standorten aktiv und beschäftigt weltweit ca. 30.000 Mitarbeiter. Zum Dienstleistungsspektrum gehören nicht nur sämtliche Services rund um den Flugbetrieb, Fraport ist auch kompetenter Partner für Airport-Retailing und Immobilienentwicklung. Der Flughafen Frankfurt/Main, der internat. unter dem Kürzel FRA bekannt ist, steht im weltweiten Vergleich sowohl in Bezug auf die jährlichen Passagierzahlen als auch im Bereich Luftfracht auf Platz acht. Im Jahr 2006 wurden via Frankfurt/Main ca. 52,8 Mio. Passagiere und über 2 Mio. t Fracht befördert. Der Name Fraport setzt sich zusammen aus Bestandteilen der Wörter Frankfurt (Fra) und Airport (port). Der Markenname und das Logo wurden 2001 von der Agentur Interbrand, Zintzmeyer & Lux entwickelt. Anlass war der Börsengang der seit 1954 bestehenden Flughafen Frankfurt/Main AG, die im Zuge dessen den neuen Namen Fraport AG Frankfurt Airport Services Worldwide erhielt. Das Logo beinhaltet neben dem Markennamen ein Symbol aus fünf Bögen, das an eine Kreuzung und Drehscheibe erinnern soll. Die im Logo verwendete serifenlose Schrift heißt ITC StoneSans, als Konzernfarben werden Pantone Reflex Blue C und Pantone 429 C eingesetzt.

UNTERNEHMEN

Fraport AG
60547 Frankfurt/Main
(0 69) 6 90-0
www.fraport.de

FREENET

Der Telekommunikationsanbieter freenet bietet seit 1999 Dienstleistungen in den Bereichen Festnetz, Mobilfunk und Internet an. Vorstandsvorsitzender Eckhard Spoerr (unten)

Hinter der Dienstleistungsmarke freenet steht einer der größten Telekommunikationsanbieter Deutschlands. Kernzielgruppe von freenet sind Männer und Frauen im Alter von 18 bis 49 Jahren mit Bildung und Einkommen auf höherem Niveau. Seit der Fusion des 1999 gegründeten, börsennotierten Unternehmens freenet.de AG mit der Mobilcom AG im Jahr 2007 bietet die freenet AG ein umfassendes Dienstleistungspaket in den Bereichen Festnetz, Mobilfunk und Internet. Im Produktportfolio befinden sich die Angebote freenet, freenet.de, freenetKomplett, freenetDSL, freenetMobile, freenetPhone und mobilcom. Mit den darin enthaltenen Kommunikationslösungen zielt das Unternehmen vor allem auf die Wettbewerbsabgrenzung durch ein verbraucherfreundliches Preis-Leistungs-Verhältnis. Die in 2007 geänderte

Motiv aus einer Werbekampagne des Telekommunikationsanbieters freenet

Unternehmensstruktur ging auch mit einem Re-Design des Corporate Designs einher. Die Wortmarke ist nunmehr zweifarbig in Grün und Anthrazit gehalten und drückt die zweifache Aufladung des Namens aus: *free* steht dabei für die emotionale Dimension (Freiheit, Mobilität) und *net* für die rationalen Aspekte (sicherer und zuverlässiger Netzservice). Ergänzt wird der Schriftzug durch das Signet „Cube", einen in der Hausfarbe Grün (HSK 66) gestalteten, stilisierten Würfel. Die drei sichtbaren Seiten symbolisieren die gleichberechtigten Unternehmensbereiche Festnetz, Internet und Mobilfunk. Zur Pflege der Marke wird ein integrierter Kommunikationsmix eingesetzt, darunter eine Werbekampagne mit dem Titel „Willkommen im grünen Bereich". Die freenet AG mit Sitz in Büdelsdorf ist mit einem Jahresumsatz von 2,055 Mrd. Euro nach eigenen Angaben derzeit zweitgrößter Internet- und Mobilfunkprovider in Deutschland. Der Vertrieb der nat. Marke erfolgt u. a. über die Shop-Kette mit 350 freenet-mobilcom-Filialen, 2.500 Fachhändler sowie Call-Center und Promotion. Im Jahr 2006 beschäftigte das Unternehmen 3.600 Mitarbeiter.

DATEN UND FAKTEN

Markenname: freenet, Kunstname mit Assoziation zu Freiheit und dem „freien Netz" Internet

Markeneinführung: 1999

Markenbekanntheit: 92 % gest. (icon 2006, interne Studie)

Werbespendings: 20 Mio. Euro (Above-the-Line, 2007)

UNTERNEHMEN

freenet AG

Hauptsitz: Büdelsdorf, Deutschland

Vorstand: Eckhard Spoerr (CEO)

Gesamtumsatz: 2,055 Mrd. Euro (Geschäftsjahr 2006)

Vertrieb: eigene Shop-Kette, über 2.500 freie Fachhändler, Elektronik-Fachmarkt-Ketten, Online-Vermarktung, Direktvertrieb, Call-Center-Outbound- und Promotion-Distribution

KONTAKT

freenet AG
Hollerstr. 126
24782 Büdelsdorf
www.freenet.ag

Ansprechpartner Presse:
Elke Rüther
(0 40) 51 30 67 77
pr@freenet.ag

Ansprechpartner Marketing:
Markus Hüßmann
(0 43 31) 69 33 75
markus.huessmann@freenet.ag

MEILENSTEINE

1999 Gründung der freenet.de AG als Internetserviceprovider. Die mobilcom AG war an freenet.de mit 50,43 % beteiligt. Zu den kostenlosen Leistungen des Internetportals zählen Informationen und Nachrichtendienste aus Unterhaltung, Wirtschaft und Sport.

2003 Das Unternehmen bietet einen Breitbandzugang auf Basis von T-DSL und T-DSL-ZISP über ein eigenes IP-Backbone an.

2004 Mit freenet *iPhone* bietet das Unternehmen die Internet-Telefonie ins In- und Ausland an.

2006 Einführung von Komplett-Telefonanschlüssen mit DSL

2007 Fusion mit der mobilcom AG

FREI

Unter der Familienmarke frei bietet die Apotheker Walter Bouhon GmbH Pflege-Präparate für trockene und empfindliche Haut an. Als erstes apothekenexklusives Hautpflegeprodukt überhaupt wurde 1966 unter der Bezeichnung frei öl ein Massageöl zur Vorbeugung gegen Schwangerschaftsstreifen eingeführt. Zunächst wurde frei öl nur in der zum 1951 gegründeten Unternehmen gehörenden Nürnberger Mohren Apotheke verkauft. Der Begriff frei bezog sich auf das Pflegebedürfnis, frei von Schwangerschaftsstreifen bzw. frei von Falten zu sein. Innerhalb weniger Jahre entwickelte sich frei öl zu einem Marktführer im Segment der Hautfunktionsöle zur Pflege trockener Haut. Anfang der 1980er-Jahre überschritt die verkaufte Jahresstückzahl erstmals die Millionengrenze. Die frei Produkte gehörten bereits in dieser Dekade zu den ersten, die die Vitamine A und E in höherer Dosierung enthielten. Das Pflegeöl bildet inzwischen die Basis für eine komplette Hautpflegeserie, die seit 2004 unter der Markenbezeichnung frei beworben wird. Das frei-Logo mit der signifikanten Farbgebung Blau-Rot-Weiß sowie die Verpackung wurden seit 1966 kaum verändert. Zur Basispflege *frei Hautpflege+* mit den Slogan „Das Plus für die tägliche Pflege" gehören die drei Produktlinien *Face Concept*, *Body Concept* und *Cleansing Concept*. Hinzu kommen die Pflegeserien *frei Anti Age(+)*, *frei Cellulite(+)* und *frei Urea Plus*. Seit 2007 wird die Serie *Anti Age(+)* von der Schauspielerin Christine Neubauer beworben. Besonderen Anklang fand eine Werbekampagne Anfang 2007, bei der das Unternehmen das schönste Mutter-Tochter-Paar Deutschlands suchte.

UNTERNEHMEN

Apotheker Walter Bouhon GmbH & Co. KG
Walter-Bouhon-Str. 4
90427 Nürnberg
(09 11) 9 36 70-0
(09 11) 3 07 17 80
www.freioel.de

frei®

Das prägnante frei-Logo wurde seit 1966 kaum verändert.

FREIXENET

Freixenet ist das wichtigste Unternehmen der span. Weinindustrie und gehört als einziger span. Konzern zu den zehn größten Weinunternehmen der Welt. Das Unternehmen zählt zu den größten und ältesten Sektkellereien Spaniens. Seine Wurzeln liegen im Weinunternehmen Casa Sala, welches schon vor 200 Jahren im span. Weingeschäft aktiv war. Im Jahr 1889 erfanden Dolores Sala Vivé, die Erbin des Weinhauses Sala, und Pedro Ferrer Bosch, Besitzer des Weingutes La Freixaneda, anlässlich ihrer Hochzeit die Marke Freixenet. Das Sortiment umfasst heute neben den Cava-Sorten Carta Nevada, Rotiña, Rosado und Cordon Negro Brut den Perlwein Seccito de Freixenet sowie die Weine aus der Serie Freixenet Mederaño und die Freixenet Pemium-Weinlinie. Gemäß dem Slogan „The Magic of Freixenet" steht die Marke für magische, erotische Momente mit unkonventionellem Flair. Dieser Anspruch wird durch die Hausfarben Gold und Schwarz unterstützt. Von den Mitbewerbern grenzt sich Freixenet durch die Método Tradicional ab, bei der der Sekt durch traditionelle Flaschengärung hergestellt wird. Der so produzierte Sekt trägt die Bezeichnung Cava, die in Spanien für Sekt von höchster Qualität steht. Mit einer Exportquote von über 80 Prozent ist Freixenet alleiniger Marktführer im Cava-Segment. Diese Marktposition wird durch Sponsorings, Print- und TV-Werbung sowie Kooperationen und Promotion unterstützt. Zur Kernzielgruppe der Marke Freixenet zählen anspruchsvolle und qualitätsbewusste Konsumenten ab 35 Jahren. Das Unternehmen produziert pro Jahr mehr als 200 Mio. Flaschen Cava und Wein, die über Vertriebspartner und eigene Niederlassungen in mehr als 150 Ländern vertrieben werden. Freixenet ist bis heute in Familienbesitz und wird von Pedro Ferrer Bosch geleitet. Das Unternehmen mit Hauptsitz in Sant Sadurni d'Anoia (40 km von Barcelona entfernt) beschäftigt weltweit ca. 2.100 Mitarbeiter.

UNTERNEHMEN

Freixenet GmbH
Nerotal 18
65193 Wiesbaden
✆ (06 11) 2 38 35-0
🖷 (06 11) 2 38 35-1 01
💻 www.freixenet.de

Brillen im Premiumsegment werden unter der Marke Freudenhaus vertrieben.

FREUDENHAUS

Fr Freudenhaus ist eine Münchener Brillenmarke aus dem Premiumsegment. Der Name, abgeleitet von „Haus der Freude", wurde der Marke von ihren Gründern Stefan Flatscher und Uwe Pinhammer verliehen. Die beiden Augenoptiker eröffneten 1991 ihre eigene Brillenproduktion aus „Freude an der Brille" und bedienen seither mit ihren hochwertigen Produkten einen ausgewählten Kundenkreis. Die Marke grenzt sich mit ihren minimalistischen Fassungen und der Designsprache Stefan Flatschers von den Wettbewerbern ab. Das aktuelle Freudenhaus-Logo wurde 2001 von Stefan Flatscher selbst entwickelt und ist in seiner minimalistischen Gestaltung auf zweierlei Weise lesbar: Einerseits wird vor olivgrünem Hintergrund (Pantone 392u) die weiße Silhouette einer Brille sichtbar, die senkrecht in einem hochkant gestellten Rechteck mit abgeschrägten Ecken steht, andererseits können die olivgrünen Umrisse auch als Abstraktion der Anfangsbuchstaben F und H des Kompositums Freudenhaus gedeutet werden. Rechts des Emblems steht in Versalien der Schriftzug Freudenhaus in der Hausschrift Futura, wobei die Buchstaben F und H fett hervorgehoben sind. In München betreibt das Unternehmen zwei sog. Eyewear Stores in der Stadtmitte, am Odeonsplatz, Schäfflerhof, und einen Sonnenbrillenstore bei Ludwig Beck. Darüber hinaus wird die Freudenhaus Kollektion weltweit über den Fachhandel vertrieben.

UNTERNEHMEN

Freudenhaus Optik Vertriebs GmbH
Ungererstr. 137 RGB
80539 München
✆ (0 89) 34 08 48-0
🖷 (0 89) 34 08 48-48
💻 www.freudenhaus.com

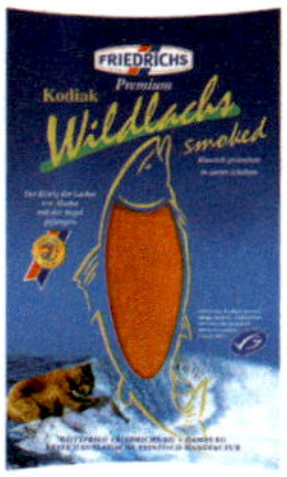

Die Marke Friedrichs steht für hochwertige Feinfischprodukte wie den Premium Kodiak Wildlachs smoked.

FRIEDRICHS

Friedrichs ist eine Konsumgütermarke der Lebensmittelindustrie. Das Unternehmen positioniert sich als Feinfischanbieter der Premiumklasse. Die Produktpalette umfasst Räucherfisch, wie z.B. Lachs und Forelle, Feinfischspezialitäten, diverse Kaviarsorten, Woldemar Matjesprodukte, Sill-Variationen, Saucen und sog. „Chilled Food"-Produkte. Die Marke Friedrichs ist im oberen Qualitäts- und Preissegment angesiedelt. 1908 gründete Gottfried Friedrichs die Aal- und Lachsräucherei in Hamburg-Altona. 1920 erwarb sein

Bruder Martin die Firma und übernahm die Leitung. 1953 wurde ihm aufgrund besonderer Verdienste für die Fischwirtschaft das Bundesverdienstkreuz verliehen. Das Unternehmen zeichnet sich aus durch hohe Qualität, innovative Konzepte und Produkte, die maßgeschneidert sind für die Kunden. Der Genuss steht dabei im Vordergrund. 2003 wurde der Mitbewerber Senne-Forellen von Friedrichs übernommen. Das Unternehmen setzte mit der Inbetriebnahme von neuen Produktionsstandorten in Waren a.d. Müritz (2003) und in Doble/Polen (2006) die Expansion fort. Friedrichs ist nach wie vor überwiegend im Familienbesitz und beschäftigt rund 400 Mitarbeiter bei einem Gesamtumsatz von rund 65 Mio. Euro (2007). Im Premium-Segment ist Friedrichs lt. eigenen Angaben Marktführer. Die Produkte wurden mehrfach für die geschmackliche Qualität und für die Förderung des verantwortungsbewussten Umgangs mit Ressourcen an Fischen und Meeresfrüchten preisgekrönt. Die 1926 patentierte Marke verwendet nach dem Relaunch des Logos von 1995 heute das Zeichen „Fisch im Ring" als „Güteplombe". Die Wortmarke Friedrichs in Blau (Pantone 2748 C, Rot-Anteil im Logo Pantone 1797 C) ist aus einer grob stilisierten Fischform abgeleitet.

DATEN UND FAKTEN

Markenname: Friedrichs, Familienname des Firmengründers

Slogan: „Das Beste geben – aus Tradition"

Gründer: Gottfried Friedrichs, 1908, Hamburg

Markenregistrierung: 04.06.1926, Reichspatentamt Berlin

Jahresumsatz: 65 Mio. Euro

Auszeichnungen:
„Gold Medaille", Lebensmittel Praxis für *Lachs méditerrané* (2004)
„Produkt des Jahres" für *Wildlachs-Sticks* (2006)
„Superior Taste Award" für *Premium Kodiak Wildlachs smoked* (2007)

Literatur:
H. Struck: Der Lachs (1965)
H. Struck: Der Aal (1965)

UNTERNEHMEN

Gottfried Friedrichs KG
Hermann-Wüsthof-Ring 7
21035 Hamburg
✆ (0 40) 3 98 28-0
(0 40) 3 98 28-2 00
www.gottfried-friedrichs.de

FRITT

Fritt ist eine Süßwarenmarke der → Ludwig Schokolade GmbH & CO. KG, die seit 1998 Teil der Krüger Gruppe ist. Fritt Kaustreifen sind in verschiedenen Geschmacksrichtungen erhältlich. Zielgruppe sind vorrangig Kinder und Jugendliche. Der Kaustreifen wird als „langanhaltender, fruchtig-frischer Kauspaß" vermarktet. Der Hersteller wirbt zudem mit der handlichen Einzelverpackung. Das Sortiment beinhaltet neben den Klassikern Zitrone, Orange, Erdbeere und Kirsch die Innovationen Wildberry und Blueberry. Alle Kaustreifen sind mit Vitamin C angereichert. Jeweils sechs Streifen befinden sich einzeln verpackt in einer Packung. Fritt wird seit 50 Jahren hergestellt und gehört wie die Marken → Trumpf, Novesia, Regent und → Mauxion zum Portfolio der Ludwig Schokolade. Das Logo besteht aus einer weißen Sprechblase mit fetten, versetzt angeordneten roten Buchstaben. Diese setzen sich durch eine schwarze Umrandung vom Weiß ab. Signalwirkung bei der jugendlichen Zielgruppe wird durch die Farbgebung ebenso erreicht wie durch den beabsichtigten Bezug zum Comic-Strip. Zur Kundenbindung bietet die Homepage eine Malwerkstatt mit wechselnden Geschichten und Motiven zum Ausdrucken und Ausmalen an, außerdem stehen Türschilder und Bildschirmschoner zum Download zur Verfügung. Eine herausragende Marketingkampagne war die Fritt Glücksradtour. 2007 folgte die Mixed-by-DJ-Mr. Fritt-Tour, bei der DJ-Auftritte in Supermärkten Kinder und Jugendliche auf die Produkte aufmerksam machen sollten. Der Slogan der Kampagne lautet „Wow ist Fritz ein Kau".

Fritt Kaustreifen werden bereits seit 50 Jahren hergestellt.

UNTERNEHMEN

Ludwig Schokolade GmbH & Co. KG
Senefelder Str. 44
51469 Bergisch Gladbach
✆ (0 22 02) 1 05-5 00
(0 22 02) 1 05-5 01
www.fritt.de

FRIWO

Die internat. Industriegütermarke FRIWO steht für Stromversorgungen und Ladetechnologie im Bereich von 3 bis 500 Watt. Das Akronym ist von den Familiennamen der

Abgeleitet von den Gründern Friemann und Wolf: FRIWO

Seit 1967 ist die Marke Frolic auf dem dt. Markt erhältlich.

Das Markenlogo von Fromms wurde seit seiner Entwicklung 1919 nicht verändert.

Gründer Friemann und Wolf abgeleitet, die 1971 FRIWO Gerätebau ins Leben riefen, um die ersten Steckernetzgeräte der Welt zu vermarkten. Bis heute wurden über 1 Mrd. Netz- und Ladegeräte der Marke FRIWO verkauft. Die FRIWO Gruppe besteht aus der Holdinggesellschaft CEAG AG und den beiden unabhängig voneinander agierenden Geschäftseinheiten FRIWO Mobile Power (FMP) und FRIWO Power Solutions (FPS). FMP spricht mit der Entwicklung, Produktion und Vermarktung von Netz- und Ladegeräten für mobile Anwendungen der Telekommunikation hauptsächlich technische Einkäufer und Ingenieure an. FPS ist auf plattform- und kundenspezifische Netz- und Ladegeräte spezialisiert und findet seine Abnehmer in den Segmenten Medizintechnik, IT & Kommunikation, Haushaltsgeräte und mobile Werkzeuge sowie industrielle Anwendungen. Nach Angaben des Unternehmens war FRIWO im Jahr 2006 der Weltmarktführer für Ladegeräte von Mobiltelefonen. Das Markenlogo besteht aus einem gelben Quadrat, in dessen unterer Hälfte der Firmenname in blauen Großbuchstaben abgebildet ist. Der CEAG-Konzern beschäftigt weltweit über 17.000 Mitarbeiter, davon 270 in Deutschland, und erwirtschaftete 2006 einen Umsatz von 351,7 Mio. Euro. Hauptgesellschafterin des Unternehmens ist die DELTON AG, die knapp 77 % der CEAG-Aktien hält.

UNTERNEHMEN

CEAG AG
Von-Liebig-Str. 11
48346 Ostbevern
✆ (0 25 32) 81-1 58
🖷 (0 25 32) 81-1 29
💻 www.ceag-ag.com

FROLIC

Unter der Marke Frolic produziert und vertreibt der US-amerikanische Konsumgüterkonzern Mars, Inc. Hundenahrung. Dank der halbfeuchten Textur der Produkte verbindet Frolic die Vorteile von Nass- und Trockennahrung. Frolic *Complete* wird als Hauptmahlzeit in Form der markanten Ringos angeboten. Hauptmahlzeiten von Frolic gibt es in verschiedenen Geschmacksrichtungen und Packungsgrößen, mehrere Snacks ergänzen die Produktpalette. Frolic wurde 1967 in Deutschland eingeführt. Der Markenname ist von dem engl. Verb to frolic (dt.: fröhlich herumtollen, ausgelassen sein) abgeleitet. Das Frolic-Logo wurde über die Jahre kaum verändert. Der bunte Schriftzug soll Fröhlichkeit und Sympathie assoziieren. Beim Verpackungsdesign, das zuletzt 2007 überarbeitet wurde, dominiert die Farbe Rot. Die Fernsehwerbung war bereits früh ein wichtiger Bestandteil der Markenkommunikation. Außerdem fördert Frolic Hundefrisbee. Das Frolic Frisbee Fun Team hatte bereits einen Auftritt in der TV-Sendung Rent-a-Pocher. Nach Angaben der Mars GmbH ist Frolic in Deutschland die führende Marken-Trockennahrung für Hunde im Lebensmitteleinzelhandel. Frolic wird in nahezu allen Ländern Europas vertrieben. Zum Mars-Konzern gehören im Segment Heimtiernahrung u. a. auch die Marken →Pedigree, →Whiskas, Cesar, Sheba, Kitekat, Perfect Fit und Catsan. Der weltweite Umsatz des Unternehmens lag 2006 bei 21 Mrd. USD. Aktuell verfügt es über 219 Standorte und 98 Produktionsstätten. In Deutschland sind in Viersen, Verden, Minden und Mogendorf insgesamt 1.800 Mitarbeiter beschäftigt.

UNTERNEHMEN

Mars GmbH
Eitzer Str. 215
27283 Verden (Aller)
✆ (0 42 31) 94-0
🖷 (0 42 31) 94-43 26
💻 www.frolic.de

FROMMS

Die Konsumgütermarke Fromms steht für Qualitätskondome aus Deutschland. Der Name Fromms ist vom Familiennamen des Gründers Julius Fromm abgeleitet. 1912 entwickelte Fromm das noch heute bekannte Verfahren zur Kondomherstellung: In die aus Kautschuk gewonnene Rohgummilösung wird ein Glaskolben getaucht. Dieses Verfahren ermöglicht es, hauchdünne Kondome mit Reservoir und ohne Naht herzustellen. Fromm fertigte unter dem Namen *Fromms Act* die ersten maschinell hergestellten Markenkondome in Deutschland, 1919 wurden bereits 150.000 Stück täglich produziert. Fromms Kondome zeichnen sich durch einen Spezialgleitfilm aus, der sie besonders gefühlsaktiv macht. Produziert wird die Marke nach wie vor in Deutschland. Das Logo besteht aus dem handschriftlich stilisierten Schriftzug Fromms in der Hausfarbe Magenta auf weißem Grund. Darunter steht klein der Zusatz „Qualität seit 1919", ebenfalls in Magenta. Dieses 1919 vom Firmengründer entworfene Logo wurde seitdem nicht verändert, um die lange Tradition der Marke zu betonen. Der Slogan lautet „Fromms – immer gut angezogen". Fromms ist heute Marktführer im Bereich Standardkondome. 1912 erbaute Julius Fromm in Berlin eine kleine, leistungsfähige Kondomproduktionsstätte. Nachdem diese während des 2. Weltkriegs zerstört wurde, erwarb die Hanseatische Gummiwarenfabrik 1949 die Lizenzrechte an Fromms. Der Betrieb ging später in der heutigen Mapa GmbH auf. Stammsitz des Unternehmens ist Zeven. Mapa beschäftigt heute 650 Mitarbeiter. Weitere Marken des Unternehmens sind NUK (im Bereich Baby Care), Spontex (im Bereich Home Care) sowie die Kondommarken → BILLY BOY und → Blausiegel (ebenso wie Fromms im Bereich Health Care).

UNTERNEHMEN

Mapa GmbH
Industriestr. 21–25
27404 Zeven
(0 42 81) 73-0
(0 42 81) 73-2 44
www.mapa.de

FROSCH

Die Konsumgütermarke Frosch steht für ökologisch orientierte Wasch-, Putz- und Reinigungsmittel mit Naturwirkstoffen. Das Mainzer Unternehmen Werner & Mertz führte die Marke Frosch 1986 ein und vertreibt unter dieser Dachmarke Reinigungsmittel wie z. B. Universalreiniger, Scheuermilch und Waschmittel. Umweltverträgliche Lösungen anzubieten stieß Ende der 1980er-Jahre auf große Resonanz bei den Verbrauchern. Das Unternehmen nutzte dabei altbewährte Wirkstoffe aus der Natur und Hausmittel. Darüber hinaus bediente man mit Innovationen wie natürlichen Fettlösern auf Orangenbasis zugleich ein neues Konsumverhalten und etablierte sich so als „grüner" Produzent für Haushaltsreiniger. Internat. wird die Marke vor allem in Europa vertrieben. In Belgien und Spanien kennt man den Frosch unter dem Namen *Froggy*, in Frankreich als *Rainett*. Die namengebende Bildmarke erklärt die Produkte bildlich und wendet sich an Verbraucher mit erhöhtem Umwelt- und Nachhaltigkeitsbewusstsein. Seit sechs Jahren gehört sie zu den Most trusted Brands und verfolgt einen kontinuierlichen Vertrauensaufbau. Der grüne Frosch soll eine intakte Natur und sympathische Frische ausstrahlen und bedient dabei das Bedürfnis des Konsumenten nach Respektierung der Umwelt. Die rote Wortmarke steht ergänzend für Ehrlichkeit und Leistungskraft. Auch die transparente Verpackung greift die offene Unternehmenskommunikation auf. Anfang der 1990er-Jahre,

Seit über 20 Jahren produziert und verkauft Frosch umweltverträgliche Reinigungsmittel in Deutschland.

als das Ökologiebewusstsein nicht mehr so stark im gesellschaftlichen Fokus stand, begann man, der bis dahin schlichten Marke mehr Farbe zu geben und in der Dimension „Wohlfühlen" weiter auszubauen. Dies zeigte sich auch im späteren Marken Relaunch im Jahre 2001. Der Markenclaim „Sauberkeit zum Wohlfühlen" soll dies zum Ausdruck bringen. 62 % des Gesamtumsatzes des Konzerns Werner & Mertz GmbH werden mit der Marke Frosch erwirtschaftet. Sie ist damit die umsatzstärkste Marke im Portfolio, zu dem u. a. auch die Schuhpflegemarke → Erdal gehört.

DATEN UND FAKTEN

Markenname: Frosch, abgeleitet vom Tiernamen als Symbol für eine intakte Umwelt

Slogan: „Bleib sauber – nimm Frosch" (bis 1990), „Sauberkeit zum Wohlfühlen"

Markenregistrierung: 11. 11. 1986, DPMA München

Innovationen: Weichspüler auf Basis pflanzlicher Tenside (2005), erster Fettlöser aus Orangenschalen (1996), Oase Raumerfrischer mit Naturwirkkonzept (2007)

Markenbekanntheit: 82 % ungest., 88 % gest. (GfK, 2006)

Frosch steht für Wasch- und Reinigungsmittel mit Naturwirkstoffen (Mitte), Geschäftsführer Reinhard Schneider (unten)

Das Frosta-Logo mit den grün-blauen Wellen und dem Marken-Schriftzug ist auf allen Verpackungen zu finden.

Die stilisierte Türklinke im Logo von FSB wurde von Otl Aicher in Anlehnung an die reduzierten Entwürfe von Ludwig Wittgenstein entwickelt (oben). Flächenbündige Garnitur mit *Türdrücker 1144* (Mitte), der Unternehmensstandort im ostwestfälischen Brakel (unten)

Auszeichnungen: „Most Trusted Brand", Reader's Digest (2007)

Markenwebsite: www.frosch.de

UNTERNEHMEN

Werner & Mertz GmbH

Hauptsitz: Mainz, Deutschland

Geschäftsführer: Reinhard Schneider

Weitere Marken: → Erdal, ratzfatz

Gesamtumsatz: 258 Mio. Euro (2006)

Mitarbeiter: 526 in Deutschland, 920 weltweit (2006)

KONTAKT

Werner & Mertz GmbH
Ingelheimstr. 1–3
55120 Mainz
✆ (0 61 31) 9 64–02
Fax (0 61 31) 9 64–20 30
www.werner-mertz.de

Ansprechpartner Presse:
Birgitta Schenz
✆ (0 61 31) 9 64–20 28
✉ bschenz@werner-mertz.com

Ansprechpartner Marketing:
Wolfgang Feiter
✆ (0 61 31) 9 64–24 71
✉ wfeiter@werner-mertz.com

Lead-Agentur:
Consell Werbeagentur
www.consell.de

SCHON GEWUSST?

■ Die Marke Frosch fokussiert sich nicht nur auf ökologische Wasch-, Putz- und Reinigungsmittel, sondern seit einigen Jahren auch auf das Thema Wellness. Natürliche, fruchtige Düfte und „positiv gelernte Wirkstoffe" wie Aloe Vera stehen für diesen Trend.

FROSTA

Die Lebensmittelmarke Frosta steht für ein großes Angebot an Tiefkühlkost. Dazu gehören Fertiggerichte, Gemüse-, Obst- und Fischprodukte. Das Unternehmen bietet qualitativ hochwertige Ware an und garantiert dem Kunden ein Höchstmaß an Transparenz. Seit dem Jahr 2003 werden in Frosta-Produkten keine Geschmacksverstärker, Aromen, Farbstoffe, Emulgatoren und Stabilisatoren mehr verarbeitet, und es werden auf den Verpackungen sämtliche Inhaltsstoffe angegeben. Damit ist die Lebensmittelmarke Frosta nach eigenen Angaben die erste und bisher einzige Tiefkühlkostmarke in Deutschland, die keine Zusatzstoffe in ihren Gerichten verwendet. Die neueste Produktentwicklung von Frosta sind vier Gourmetmahlzeiten. Die Gerichte haben eine Verpackung mit einem Sichtfenster, damit der Verbraucher beim Einkauf einen Blick auf den Inhalt werfen kann. Der Markenname Frosta ist ein Kunstname, der an Kälte und Frost erinnern soll. Außerdem wurde er ausgewählt, weil er sich auch in anderen Sprachen gut aussprechen lässt. Das erste Frosta-Logo wurde 1976 entworfen. In einem rechteckigen Rahmen stand der Schriftzug der Marke und darunter war ein Fisch gezeichnet. Das aktuelle Logo wurde ein wenig modifiziert. In dem rechteckigen Rahmen steht immer noch der Schriftzug Frosta, doch unterhalb des Markennamens sind heute grüne und blaue Wellen zu sehen. Sie stehen für Wasser und Felder bzw. Bäume und stellen damit einen Bezug zu der natürlichen Herkunft der verarbeiteten Lebensmittel her. Eine wichtige Werbefigur der Marke ist „Peter von Frosta", der seit 1994 für die Produkte wirbt. In Deutschland ist Frosta nach eigenen Angaben Marktführer für tiefgekühlte Komplettgerichte. Die Produkte werden ausschließlich im Lebensmitteleinzelhandel angeboten. Die Frosta AG beschäftigt 1.248 Mitarbeiter und erzielte 2006 einen Umsatz von 307 Mio. Euro.

UNTERNEHMEN

Frosta Tiefkühlkost GmbH
Theodorstr. 42–90
22761 Hamburg
✆ (040) 85 41 40 60
Fax (040) 85 41 40 88
www.frosta.de

FSB

Das mittelständische Unternehmen FSB – Franz Schneider Brakel GmbH + Co KG stellt seit 1881 Produkte für die Hand, genauer gesagt: Griffe für Türen und Fenster und seit 2002 auch Greifhilfen für den Sanitärbereich her. Die Produkte werden für Innen-, Eingangs-, Sonder- und Funktionstüren und für Fenster sowie für barrierefreie Wohnkonzepte gefertigt und kommen in erster Linie in nat. und internat. Architektur ersten Ranges zum Einsatz. Die Herstellung der Produkte erfolgt ausschließlich am 1909 von Firmengründer Franz Schneider errichteten Unternehmensstandort in Brakel in Ostwestfalen. Franz Schneider vertrieb schon seinerzeit unter der Marke FSB Tür- und Fensterbeschläge, die aus einer eigenwilligen Materialkombination bestanden: silbrig-glänzendes Aluminium kombiniert mit mattschwarzem Nickelhorn.

Einblick in den Fertigungsprozess

Mit einer neuen Türklinken-Edition belebt FSB Beschläge aus den 1920er- und 1930er-Jahren aktuell neu. Im Bauboom des Wiederaufbaus nach 1945 entdeckte FSB Aluminium als brauchbares Element zur Produktion von Türklinken. In dieser Zeit entstanden aus der Hand des „anonymen Industriedesigners Johannes Potente" (Otl Aicher) für diese Epoche stilbildende Türdrücker-Entwürfe. Johannes Potente hatte bei FSB eine Ausbildung zum Stahlgraveur durchlaufen. Vier dieser Modelle sind Bestandteil der Design-Ausstellung des Museum of Modern Art in New York und befinden sich nach wie vor im Programm von FSB. In den 1980er-Jahren ging die Ausrichtung auf den internat. Objektbau mit einem ganz neuen Selbstverständnis einher: FSB begriff seine Produkte, beeinflusst durch Otl Aicher, als verlängerte Werkzeuge der Hand. Mit diesem neuen Selbstverständnis entstand nicht nur ein neues, internat. beachtetes Corporate Design, sondern auch eine 16-bändige Buchedition, in der das neue Verständnis kulturhist. aufgearbeitet wurde. Das Zitat der F. A. Z., FSB sei „der einzige Verlag, der nebenbei noch Türklinken" produziere, geht auf dieses Engagement zurück. Auch das in den 1980er-Jahren von Aicher neu geschaffene Logo – eine in Anlehnung an die reduzierten Entwürfe des Architekten und Philosophen Ludwig Wittgenstein gestaltete stilisierte Türklinke – geht auf diese kulturhist. Reflexion zurück. Dieser stilisierten Türklinke wurde eine stilisierte menschliche Hand zur Seite gestellt. Neben dem hohen Designengagement fokussierte sich FSB ab Anfang der 1990er-Jahre vor allem auch auf seine Fertigungskompetenz und entwickelte innovative Fertigungsverfahren zur Herstellung von Beschlägen aus Edelstahl. Die 1990er-Jahre waren es auch, in denen ungewöhnliche, aufmerksamkeitsstarke Werbekampagnen wie die „Türklinken-Phantasien" von Tomi Ungerer entstanden. Aktuell knüpft FSB an diese Tradition mit seinen „Klinkencomics" und dem internat. Projekt „Klinken-Paar – Paar-Klinken" an.

DATEN UND FAKTEN

Markenname: FSB, Initialen des Gründers **F**ranz **S**chneider und des Firmenstandorts **B**rakel (seit 1909)

Slogan: „Greifen + Griffe"

Gründer: Franz Schneider, 1909, Brakel

Markenregistrierung: 28. 07. 1982, DPMA München

Innovationen: Legierung *AluGrau®* (2001), barrierefreies Griffsystem *ErgoSystem* (2002), elektronisches Zugangskontrollsystem *EZK* (2004), umfangreiche Kollektion an Bronze-Beschlägen (2005), flächenbündig in die Tür eingelassene Türdrückergarnituren (2006), Türgriff *Fingerscan* mit biometrischer Identifikationseinheit (2006)

Markenbekanntheit: 73 % ungest., 87 % gest. (Firmenangabe)

Auszeichnungen:
„Designpreis des Landes Nordrhein-Westfalen" für Griffprogramm Jasper Morrison (1991)
„Kunde des Jahres", ADC (1997)
„iF product design award" für Ergo System (2003)
„iF communication design award" für Internet-Auftritt (2007)
„Goldmedaille der 57. Internationalen Kalenderschau" für FSB-Wandkalender (2007)

Literatur:
FSB-Edition (1987–2000, 16 Bände)
Die Sprache der Hände (2006)

UNTERNEHMEN

FSB Franz Schneider Brakel GmbH + Co KG

Hauptsitz: Brakel, Deutschland

Geschäftsführung: Udo Brechmann, Dieter Holsträter

FUCHS ist eine führende Marke im Bereich Gewürze.

FUJIFILM

Die Marke Fujifilm wurde im Jahr 1934 in Tokio/Japan gegründet und hat heute mehr als 300 Tochtergesellschaften weltweit.

Vertrieb: Deutschland: Baubeschlägefachhandel, Nord-, Süd- und Mittelamerika: FSB USA Inc., weltweit über exkl. Repräsentanten

KONTAKT

FSB Franz Schneider Brakel GmbH + Co KG
Nieheimer Str. 38
33034 Brakel
✆ (0 52 72) 6 08-0
🖷 (0 52 72) 6 08-3 00
💻 www.fsb.de

Ansprechpartner Kommunikation:
Matthias Fuchs
✆ (0 52 72) 6 08-0

Lead-Agentur:
Schindler Parent & Cie. Identitiy GmbH, Berlin

SCHON GEWUSST?

▮ Auch Ex-Bundeskanzler Gerhard Schröder ist die Marke FSB vertraut. Er bestückte als Auszubildender bei einem FSB-Kunden in den 1950er-Jahren regelmäßig die Regale mit FSB-Produkten. Daran erinnerte er sich – sehr zum Amüsement des Publikums – im Jahre 1992 während der Preisübergabe beim iF Hannover in seiner Funktion als niedersächsischer Ministerpräsident.

FUCHS GEWÜRZE

Die FUCHS Gewürze GmbH bietet Gewürze und Kräuter für End- und Großverbraucher an. Außerdem produziert FUCHS Hilfs- und Grundstoffe sowie Geschmacksverstärker, Aromen und Extrakte für die Lebensmittel- und Fleischwarenindustrie. Das Sortiment umfasst insgesamt über 7.000 Produkte. Erkennungszeichen der Marke ist der Namenszug in goldenen Versalien auf weißem Grund, der auf seiner Unterseite bogenförmig einen dreiblättrigen Keimling überspannt, in einer golden umrahmten Vignette. Die FUCHS-Gruppe, zu der auch die Ostmann Gewürze GmbH mit der Gewürzmarke → Ostmann gehört, ist in Deutschland nach eigenen Angaben Marktführer im Segment Gewürze. Das Unternehmen, das 1952 von Dieter Fuchs gegründet wurde, hat in Deutschland drei Produktionsstandorte. Im Stammwerk im niedersächsischen Dissen befindet sich die Rohwarenverarbeitung und die Produktion von Flüssigprodukten. Im nahe gelegenen Melle sind die Industrie-Aktivitäten und die Produktentwicklung angesiedelt. Produkte für den Einzelhandel werden im thüringischen Schönbrunn hergestellt. Internat. ist FUCHS mit Tochtergesellschaften und Produktionsstätten in Frankreich, den USA, Brasilien, China und Rumänien vertreten. Die Unternehmensgruppe ist nach eigenen Angaben der größte Gewürzanbieter in Europa und weltweit die Nummer 2. Insbesondere in der Technologie der Gewürzverarbeitung beansprucht FUCHS eine internat. Führungsposition. Das Unternehmen entwickelt innovative Prozesse, wie z. B. die Dampfentkeimung mit dem MicroControl-Verfahren, und die hauseigene Konstruktions- und Fertigungsabteilung baut die entsprechenden Anlagen selbst. FUCHS baut teilweise selbst Gewürze an. In Brasilien betreibt das Unternehmen die weltgrößte Paprikaplantage. Neu im Sortiment von FUCHS sind gefriergetrocknete Kräuter und Gewürze in mehr als 20 Geschmacksrichtungen.

DATEN UND FAKTEN

Markenname: FUCHS, nach dem Familiennamen des Firmengründers

Slogan: „Edle Gewürze"

Gründer: Dieter Fuchs, 1952

Markenregistrierung: 28. 10. 1964, DPMA München

Innovationen: gefriergetrocknete Kräuter und Gewürze (2006)

UNTERNEHMEN

FUCHS Gewürze GmbH
Westring 15–17
49201 Dissen a.T. W.
✆ (0 54 21) 3 09-0
🖷 (0 54 21) 3 09-1 11
💻 www.fuchs-gewuerze.de

FUJIFILM

Die Marke Fujifilm geht auf den gleichnamigen Berg Fuji in Japan und den fotografischen Film zurück. Heute ist die Bezeichnung als Kunstwort anzusehen, da der fotografische Film nur noch 3 % des Umsatzes ausmacht. Das Produktportfolio des Konzerns hat sich den veränderten Märkten angepasst und umfasst mittlerweile ein breites Spektrum an digitalen, optischen und feinchemischen Technologien zur ultradünnen Beschichtung von Film und anderen Materialien. Entsprechend ist das Unternehmen nicht mehr nur in den Segmenten Fotografie und Bürokommunikation, sondern auch in den Branchen Medizintechnik, Life Science, Consumer Elektronik und Chemie präsent. In fast allen Produktbereichen nimmt das global agierende Unternehmen dabei Positionen unter den führenden Anbietern ein. Stetige Investitionen in F & E führten zu zahlreichen Brancheninnovationen. Dem entspricht auch das neue Logo, das auf die erweiterte Neuausrichtung der Industriegütermarke hinweist. Die Hausschriften sind Helvetica light/ regular/ bold/ black sowie Arial in den Farben Grün (Pantone 340c) und Rot (Pantone 185c). Die schlichte Wortmarke ist durch einen roten i-Punkt gekennzeichnet, der sowohl das Engagement des Unternehmens in fortschrittliche Technologien als auch Kraft und Entschlossenheit symbolisiert. Fujifilm erzielte 2006 mit rund 76.000 Beschäftigten einen Umsatz von 18,67 Mrd. Euro. 80 % des Unternehmensumsatzes werden durch B2B umgesetzt. Dach des 1934 gegründeten Konzerns ist die Fujifilm Holdings Corporation mit Sitz in Tokio. Das Unternehmen ist mit mehr als 300 Tochtergesellschaften und verbundenen Unternehmen weltweit vertreten.

UNTERNEHMEN

Fujifilm Deutschland
Niederlassung der Fujifilm Europe GmbH
Heesenstr. 31
40549 Düsseldorf
✆ (02 11) 50 89–0
🖷 (02 11) 50 89–3 44
💻 www.fujifilm.de

FUNNY-FRISCH

Die Marke funny-frisch geht auf den Zusammenschluss der Marke Chipsfrisch und Teilen des Münchner Lebensmittelkonzerns Pfanni im Jahr 1972 zurück. Zuvor hatte das Traditionsunternehmen Peifer & Langen seit 1968 mit der Marke *Chipsfrisch* erfolgreich Kartoffelchips in Deutschland vertrieben. Mit der Vereinigung der Unternehmen konnte den Kunden ein abwechslungsreiches und erweiterbares Sortiment an Chips geboten werden. Das Angebot mit „einzigartiger Würze" reicht von Klassikern wie *Chipsfrisch ungarisch* und *Chipsfrisch Oriental*, *Erdnuss Flippies*, *Jumpys* und *Ringli* bis hin zu den *Leichtprodukten* von funny-frisch. Die beiden Wörter des Markennamens haben ihren Ursprung in der Fusion der Gründungsunternehmen. Seit 1960 ziert das rot-grüne Logo die Produkte der Marke funny-frisch. funny-frisch wird durch TV-Werbung und weitere verkaufsfördernde Maßnahmen beworben. Mit dem Slogan „So schmeckt nur funny-frisch" unterstreicht das Unternehmen seinen Anspruch auf hochwertige Qualität und guten Geschmack. Im Jahr 1977 schlossen sich die Marken Chio und funny-frisch zur Firma Convent zusammen, die seit 1995 zum Kölner Lebensmittelunternehmen Intersnack Vertriebs GmbH & Co. KG gehört. Zu den produzierten Marken der Firma Intersnack gehören heute neben funny-frisch auch die Markenprodukte → Chio, → Pom-Bär und → goldfischli.

DATEN UND FAKTEN

Markenname: funny-frisch, abgeleitet vom Zusammenschluss der Marken Chipsfrisch und Pfanni

Slogan: „So schmeckt nur funny-frisch"

Markenregistrierung: 28. 01. 1974, DPMA München

weitere Marken: → Chio, → Pom-Bär, → goldfischli

Markenwebsite: www.funny-frisch.de

UNTERNEHMEN

Intersnack Vertriebs GmbH
Aachener Str. 1042
50858 Köln
✆ (02 21) 48 94–0
🖷 (02 21) 48 94–1 80
💻 www.intersnack.de

Seit 1960 ziert das rot-grüne Logo die Produkte der Marke funny-frisch.

FÜRST BISMARCK DOPPELKORN

Die Beam Global Spirits & Wine Inc. ist der weltweit viertgrößte Spirituosenhersteller. Die Marke Fürst Bismarck Doppelkorn, die das Unternehmen vertreibt, kann bereits auf eine über 200-jährige Geschichte zurückblicken, angefangen damit hat die Familie Bismarck in ihrer eigenen Brennerei die dt. Premiumspirituose herstellte. Ab 1874 führte Reichskanzler Otto von Bismarck die Produktion des Doppelkorns weiter. Dieser basiert heute noch auf dem ursprünglichen Rezept von 1799 und wird aus Roggen und Weizen gewonnen. Als Wiedererkennungszeichen trägt jede Flasche ein Abbild des Fürsten von Bismarck und den Schriftzug Fürst Bismarck in einer traditionellen Frakturschrift in Schwarz. Die Zielgruppe des Getränks besteht hauptsächlich aus Männern, die den milden

Die traditionelle Wortmarke in Fraktur von Fürst Bismarck

Das fürstliche Wappen (oben), für das Hofkanzler Metternich (unten) seinen Namen gab, wird seit 1930 für den Sekt Fürst von Metternich (Mitte) verwendet.

und runden Geschmack des Premium Doppelkorns schätzen. Neben der nat. Spirituosenmarke Fürst Bismarck beherbergt die dt. Dependance Beam Global Spirits & Wine Deutschland GmbH mit Sitz in Frankfurt/Main noch weitere bekannte Marken wie Kuemmerling Kräuterlikör, Jim Beam Bourbon, →Jacobi 1880 Weinbrand, Sauza Tequila sowie Harveys Bristol Cream.

UNTERNEHMEN

Beam Global Spirits & Wine Deutschland GmbH
Lyoner Str. 15
60528 Frankfurt/Main
✆ (0 69) 6 60 58 89-60
🖷 (0 69) 6 60 58 89-90
💻 www.beamglobal.com

FÜRST VON METTERNICH

Dem österreichischen Hof- und Staatskanzler Clemens Wenzeslaus Lothar Fürst von Metternich-Winneburg gelang es beim Wiener Kongress in den Jahren 1814 und 1815 mit diplomatischem Geschick, Europa zu einem friedlichen Miteinander zu führen. Zum Dank erhielt er von Kaiser Franz von Österreich die Rheingauer Domäne Johannisberg, ein Weinberg zwischen Wiesbaden und Bingen, dessen Weine schon damals einen exzellenten Ruf genossen. Seit 1720 baute der Fuldaer Fürstabt Konstantin von Butlar dort Riesling an, der aufgrund der Südhanglage, der geologischen Beschaffenheit des Bodens und der Wasserreflektion besonders gut gedeihen konnte. Das Bukett des Rieslings zeichnete sich durch leichte Säure und feinen Charakter, blässliche gold-gelbe Farbe und eine große Bandbreite von Aromen aus. Rebstöcke der schon damals berühmten Spätlese wurden bereits bis nach Australien und Südafrika exportiert. Die Fürstäbte errichteten das Schloss Johannisberg und verfügten, dass nur noch Riesling an den Hängen angebaut werden durfte. Damit ist der Johannisberg der älteste Riesling-Weinberg der Welt. Frühzeitig erkannte Metternich das Potenzial von moussierenden Weinen und gab 1834 den ersten Anstoß für deren weitere Entwicklung. 1864 suchte der Winzer Johann Jacob Söhnlein den Kontakt zum Weingut Johannisberg. Der Gründer der gleichnamigen Schaumweinkellerei wollte den Riesling des Fürsten für seine Sektherstellung nutzen. Drei Jahre später gewann der Rieslingsekt vom Johannisberg auf der Weltausstellung in Paris die Goldmedaille. Der Markenname Fürst von

In den Weinkellern des Weingutes Johannisberg lagern noch Weinflaschen aus Goethes Geburtsjahr 1748.

Metternich Riesling Sekt wurde allerdings erst 1925 auf dem Etikett eingesetzt. Das fürstliche Wappen durfte ab 1930 für den Sekt verwendet werden. Seit 1971 ziert das Portrait des Diplomaten Metternich jede einzelne Flasche der Sektkellerei. Das Bildnis ist einem Gemälde des engl. Malers Sir Thomas Lawrence nachempfunden. Heute ist die Sektmarke Fürst von Metternich Riesling Sekt lt. Unternehmensangaben Marktführer im dt. Premiumsegment. Der Sekt wird in den Varianten Trocken, Extra Trocken, Rosé und als Brut Jahrgangs Sekt in limitierter Auflage angeboten.

DATEN UND FAKTEN

Markenname: Fürst von Metternich Riesling Sekt

Slogan: „Fürstlich genießen"

Erfinder: Johann Jacob Söhnlein,1864, Johannisberg im Rheingau

Markenregistrierung: 02.09.1961, DPMA München

Innovationen: Fürst von Metternich Rosé (2007)

Jahresabsatz: 7,4 Mio. Flaschen

Auszeichnungen:
„Goldmedaille", Mundus-vini Weinakademie für *Fürst von Metternich Brut* Jahrgang 2002 (2004)
„Silbermedaille", Mundus-vini Weinakademie für den *Brut* Jahrgang 2003 (2005)
„Goldmedaille", Meilleurs Effervescents du Monde in Paris für *Fürst von Metternich Brut* Jahrgang 2002 (2005) und Jahrgang 2003 (2006)

UNTERNEHMEN

Fürst von Metternich Sektkellerei GmbH

Hauptsitz: Johannisberg im Rheingau, Deutschland

Geschäftsführung: Dr. Erfried Baatz, Dr. Andreas Brokemper, Dr. Hans-Henning Wiegmann (Sprecher)

Vertrieb: europaweit

KONTAKT

Fürst von Metternich Sektkellerei GmbH
Biebricher Allee 142
65187 Wiesbaden
(06 11) 63-0
(06 11) 63-3 51
www.fuerst-von-metternich.com

SCHON GEWUSST?

- Als Kaiser Franz von Österreich seinem Staatskanzler Metternich den Johannisberg zum Geschenk machte, lagerten in dessen Kellern noch Weinflaschen aus Goethes Geburtsjahr 1748. Eine Flasche davon existiert dort noch heute, neben 11.000 anderen Flaschen aus Spitzenjahrgängen.
- Die Sektmarke Metternich steht nicht nur für Schaumweine, sondern auch für einen Gourmet-Guide für dt. Feinschmecker. Auf 700 Seiten listet „Der Metternich" ca. 400 Restaurants mit ausführlicher Umschreibung und Bewertung auf.

FÜRSTENBERG

Die Porzellanmanufaktur FÜRSTENBERG steht für ein breites Sortiment an hochwertigen Produkten aus Porzellan. Der Markenname geht zurück auf das Schloss Fürstenberg, in dem 1747 die gleichnamige Manufaktur gegründet wurde. Herzog Carl I schuf damit die zweite fürstliche Porzellanmanufaktur im deutschsprachigen Raum, die bis heute produziert. Das Logo spielt auf den Produktionsstandort in Fürstenberg an der Weser an und zeigt ein geschwungenes F, das oben mit einer Krone und unten mit dem Markennamen ergänzt wird. Die Hausfarbe des Unternehmens ist Pantone 2756 C. Mit dem Extra „Made in Germany" kommuniziert das Unternehmen bewusst Deutschland als Produktionsstandort, um sich von der Niedrigpreis-Konkurrenz abzuheben. Die Formen des Geschirrs werden in Scherben und Dekor stetig weiterentwickelt. Im Laufe der Jahre erhielten die Produkte diverse Preise, u.a. wurden die Linien Basic (2000), Tao (2005) und Qi (2003) der Manufaktur mit dem „red dot award" ausgezeichnet. Im Jahre 2000 fertigte die Porzellanmanufaktur FÜRSTENBERG im Rahmen der Expo das Staatsgeschenk und die Händewand aus Porzellan. 2005 ging das Unternehmen eine Kooperation mit sieger design ein, aus der die neue Luxusmarke SIEGER by FÜRSTENBERG entstand. Das Jahr 2007 markiert darüber hinaus einen einschneidenden Wendepunkt für die Porzellanmanufaktur FÜRSTENBERG, denn es steht ganz im Zeichen des 260-jährigen Jubiläums und der Neuausrichtung der Traditionsmarke, in deren Rahmen das Geschirr „Victoria Luise" mit den Dekoren „Grand Salon" und „Hohe Schule" die neue Porzellanmanufaktur FÜRSTENBERG repräsentiert. Das Unternehmen beschäftigt 102 Mitarbeiter.

UNTERNEHMEN

Porzellanmanufaktur Fürstenberg GmbH
Meinbrexener Str. 2
37699 Fürstenberg/Weser
(0 52 71) 4 01-0
(0 52 71) 4 01-1 00
www.fuerstenberg-porzellan.com

FÜRSTENBERG

Die Porzellan-Manufaktur Fürstenberg wurde 1747 gegründet.

G

Das elegante Logo von Gala von Eduscho

Galbani gehört heute zur Lactalis-Gruppe.

Das Logo der Galeria Kaufhof steht für Lifestyleprodukte (oben). Das Warensortiment ist thematisch sortiert (Mitte). Leonhard Tietz (unten) gründete 1879 in Stralsund das erste Textilgeschäft der heutigen Kaufhof AG.

GALA VON EDUSCHO

Die Kaffeemarke Gala von Eduscho geht auf Eduard Schopf zurück, der 1924 in Bremen eine Kaffeerösterei gründete. Er nannte das Unternehmen Eduscho, nach den Anfangssilben seines Vor- und Nachnamens. 1959 lancierte die Rösterei die Kaffeemarke Gala. Unter der Bezeichnung „Gala, der Festtagskaffee" wurde das neue Produkt zur Einführung in einem Prospektblatt beworben. In den 1950er-Jahren widmete sich das Unternehmen dem Postversand von Kaffee und eröffnete in allen größeren Städten Westdeutschlands Filialen mit Probierausschank. Ab 1964 kooperierte Eduscho auch mit Bäckereien, später wurde die Distribution auf den Lebensmitteleinzelhandel ausgeweitet. Bis zur Übernahme von Eduscho durch die →Tchibo GmbH im Jahr 1997 stellte sich das Gala Portfolio aus 17 verschiedenen Produkten, darunter der 1980 eingeführte Gala *Nr. 1.* Kaffee, zusammen. Aus diesem Portfolio wurde in der Folge ein kompaktes Filterkaffee-Sortiment, bestehend aus fünf Sorten, entwickelt und im Lebensmitteleinzelhandel angeboten. Seit 2005 wird Gala von Eduscho zur Sortimentsmarke ausgebaut. Neben Caffè Crema (2005) und Espresso (2006) wurden in jüngster Zeit auch *Cafissimo* Kapseln und Pads in mehreren Sorten eingeführt. Die aktuelle Version des Markenlogos wurde 2004 entwickelt und soll Qualität, Superiorität und Modernität des Kaffees vermitteln, die Farbgebung in Gold und Weinrot den edlen und glamourösen Charakter der Marke betonen. Die Gala Markenstrategie nutzt den besonderen Auszeit- und Genussmoment mit Gala Kaffee und die Welt der gehobenen Gesellschaft als Grundlage für die Kommunikation. Gala von Eduscho wird über Vertriebs- und Marketinggesellschaften auch in Österreich, Litauen, Lettland und Polen sowie weltweit über Exportbelieferungen vertrieben. Die Tchibo GmbH mit Sitz in Hamburg beschäftigt 12.500 Mitarbeiter weltweit und erzielte 2006 einen Gesamtumsatz von 3,9 Mrd. Euro.

UNTERNEHMEN

Tchibo GmbH
Überseering 18
22297 Hamburg
✆ (0 40) 63 87-0
🖷 (0 40) 63 87-26 00
💻 www.gala-von-eduscho.de

GALBANI

Die Konsumgütermarke Galbani steht in Deutschland für Molkerei- und Käseprodukte. Die Angebotspalette umfasst u. a. den Weichkäse *Bel Paese*, *Galbanino* (einen Käse mit mildem, frischem Geschmack), Gorgonzola und Grana Padano. Darüber hinaus ist Galbani die Dachmarke der Produktlinie *Santa Lucia*, unter der u. a. Mozzarella, Mascarpone und Ricotta angeboten werden. Internat. stellt Galbani auch Wurstspezialitäten her und verkauft insgesamt mehr als 300 Produkte in über 50 Länder. Gegründet wurde das Unternehmen 1882 im ital. Ballabio von Egidio Galbani, mit dem Ziel, eine Alternative zu den hochpreisigen franz. Käseprodukten anbieten zu können. Heute ist die Firma Egidio Galbani innerhalb der Unternehmensgruppe Galbani (Gruppo Galbani S.p.A.) für Produktentwicklung, Marketing und internat. Märkte zuständig. Die biG Srl betreibt das Handelsgeschäft, den Vertrieb in Italien sowie die Bereiche Food-Service und Catering. Gruppo Galbani beschäftigt derzeit 3.100 Mitarbeiter und unterhält vier Produktionsstätten in Italien, in denen täglich 700.000 l Milch verarbeitet werden. Die Unternehmensgruppe wurde 1989 von →Danone gekauft und 2002 an BC Partners veräußert. Seit 2006 ist Galbani Bestandteil der Lactalis-Gruppe.

UNTERNEHMEN

Lactalis Deutschland GmbH
Am Yachthafen 2
77694 Kehl
✆ (0 78 51) 94 38-0
🖷 (0 78 51) 94 38-59
💻 www.galbani.de

GALERIA KAUFHOF

Unter ihrer Marke Galeria Kaufhof fasst die Kaufhof Warenhaus AG eine umfassende Palette an Mode- und Lifestyleprodukten zusammen, die in einer spezifisch gestalteten Umgebung präsentiert werden. Galeria Kaufhof richtet sich an Verbraucher, die einen gehobenen Anspruch an ihren Lebensstil haben. Die Sortimente werden thematisch oder nach Marken sortiert präsentiert. Der Kunde soll durch diese spezielle Anordnung neue, sortimentsübergreifende Ideen für sein Outfit und sein Zuhause gewinnen. 2006 wurde in Berlin am Alexanderplatz die bisher jüngste Filiale eröffnet. Sie ist der Prototyp des neuen Weltstadtformats der Marke Galeria Kaufhof.

Die Standards dieser neuen Generation werden schrittweise auf alle Filialen übertragen. Das aktuelle Logo des Warenhauses hat die SchwertnerStorm Total Branding GmbH aus Köln im Jahr 2005 entworfen. Es zeigt eine Banderole mit unterschiedlichen, gleichmäßig ineinander verlaufenden Grüntönen, die die Bandbreite des hochwertigen Warenangebots unterstreichen sollen. In der Mitte ist der Markenname Galeria Kaufhof zu sehen.

Das Konzept, Themenwelten zu präsentieren, bestimmt die Innenwelt der Galeria Kaufhof. Hier im Vordergrund zu sehen: Wellness zu Hause

Darüber spannt sich ein grüner, z.T. silbrig glänzender Bogen, der für das hochwertige und vielfältige Warenangebot in einer Einkaufsstätte steht. „Ich freu mich drauf!" lautet der Slogan, der für die Marke Galeria Kaufhof steht. Die Idee des Markenkonzepts geht auf Helmut Horten zurück. Er stellte 1988 in Heidelberg und Münster die ersten Prototypen der sog. Galeria-Generation vor. 1994 erwarb Kaufhof die Horten AG und optimierte Hortens Idee immer weiter. Die Kaufhof Warenhaus AG mit Sitz in Köln gehört zur METRO Group und ist mit einem Nettoumsatz von 3,6 Mrd. Euro (2006) in Europa eines der führenden Warenhausunternehmen. In den 140 Filialen in Deutschland und Belgien arbeiten rund 25.000 Mitarbeiter.

DATEN UND FAKTEN

Markenname: Galeria Kaufhof, Kunstname

Slogan: „Ich freu' mich drauf!"

Gründung: Leonard Tietz, 1879, Stralsund

Markenregistrierung: 14.01.2003, DPMA München

Innovationen: Filiale Berlin Alexanderplatz im Weltstadt-Format (2006)

Markenbekanntheit: 98 % gest. (GfK, 2006)

Auszeichnungen:
„Handels-Innovations-Preis" (2006)
„EDDI-Award" (2007)
„Store of the year" (2007)

UNTERNEHMEN

Kaufhof Warenhaus AG

Hauptsitz: Köln, Deutschland

Vorstandsvorsitzender: Lovro Mandac

Weitere Marken: Kaufhof, Galeria Inno, Sportarena

Gesamtumsatz: 3,6 Mrd. Euro netto (2006)

Vertrieb: 141 Filialen in Deutschland und Belgien, 126 davon in Deutschland

KONTAKT

Kaufhof Warenhaus AG
Leonard-Tietz-Str. 1
50676 Köln
(02 21) 2 23-0
(02 21) 2 23-28 00
www.galeria-kaufhof.de

Ansprechpartner Kommunikation:
Thomas Fett
(02 21) 2 23-55 95
thomas.fett@kaufhof.de

Ansprechpartner Marketing:
Wolfgang Merkle
(02 21) 2 23-28 51
wolfgang.merkle@kaufhof.de

SCHON GEWUSST?

- Zum 125-jährigen Firmenjubiläum veranstaltete die Kaufhof Warenhaus AG ein Fest, an dem mehr als 20.000 Mitarbeiter teilnahmen. Festredner war der ehemalige Bundeskanzler Gerhard Schröder. Barbara Schöneberger und Johannes B. Kerner moderierten die Show, zu deren Höhepunkten Nena und Chris de Burgh zählten.
- Die erste Rolltreppe Deutschlands wurde1925 in dem Kölner Warenhaus Tietz in Betrieb genommen. In Europa gab es zu dieser Zeit außer ihr nur noch zwei andere Rolltreppen: Im Harrods in London und im Au Bon Marché in Paris.

GARDENA

GARDENA Erlebe Deinen Garten

Eine stilisierte Sonne als Bildmarke im Gardena-Logo

Das Unternehmen Gardena GmbH mit Stammsitz in Ulm ist europäischer Marktführer im Bereich Gartengeräte. Ursprünglich wurden nach der Gründung 1961 durch die Kaufleute Werner Kress und Eberhard Kastner franz. Gartengeräte unter der Markenbezeichnung Dragon verkauft. Der Markenname Gardena entstand erst 1966, dem Gestaltungselemente wie das Sonnen-Signet und die Regenbogenfarben verliehen wurden und noch heute gemeinsam mit den Hausfarben Orange und Türkis tragende Elemente der Gardena Corporate Identity darstellen. Neben der Sonne als Bildmarke zeigt das Logo den Schriftzug Gardena in schwarzen Versalien. Die Höhe des Innenkreises der Sonne entspricht der Versalhöhe der Schrift. Mit der Einführung des Gardena Bewässerungssystems schafft das Unternehmen 1968 den Durchbruch und beginnt mit einem kunststoffverarbeitenden Betrieb die Eigenproduktion. Heute setzt Gardena unter dem Motto „Erlebe Deinen Garten" auf Produkte, die innovative und qualitativ hochwertige Lösungen rund um den Garten bieten. Wesentliche Produktneuheiten, wie Elektropumpen, Elektrolenkmäher, kompatible Accu-Systemgeräte, Solartechnologie, Regner und Steuerungsgeräte zur Bewässerung beweisen die Innovationskraft von Gardena. Mit über 25 Tochtergesellschaften ist Gardena in mehr als 85 Ländern vertreten. Angefangen mit 120 Mitarbeitern, zählt das Unternehmen heute rund 2.800, davon allein 1.600 in Deutschland. Seit 2007 gehört Gardena zur Husqvarna Gruppe.

UNTERNEHMEN

Gardena GmbH
Hans-Lorenser-Str. 40
89079 Ulm
(07 31) 4 90-0
(07 31) 4 90-2 19
www.gardena.com

GARDEUR

Das schlicht gehaltene Logo soll den Markennamen prägnant präsentieren (oben), Kampagnenmotiv für die Herrenkollektion (Mitte), die gardeur Zentrale in Mönchengladbach (unten)

Die internat. Konsumgütermarke gardeur steht für moderne und hochwertige Damen- und Herrenkleidung mit dem Schwerpunkt Hosen. Darüber hinaus werden unter dem Markennamen auch Röcke, Gürtel und Oberteile vertrieben. Der Name gardeur ist ein Kunstname. Ansprechen möchte der Kleidungsfabrikant Männer und Frauen ab 35 Jahren, die nicht nur Wert auf gepflegte und modische Kleidung legen, sondern auch gute Passform und Qualität schätzen. Zum Markenversprechen gehört der Anspruch, „Stilsicherheit ohne modische Übertreibungen" anzubieten. Die Brigitte Kommunikations Analyse 2006 bescheinigt der Marke einen Anstieg des Bekanntheitsgrads von 25 % auf 29 % in den Jahren 1994 bis 2006. Das Logo ist eine Wort-/Bildmarke, die den Namen in Minuskeln zeigt. Ziel ist es, den Markennamen prägnant zu präsentieren, und zwar ohne Beeinflussung durch Modeerscheinungen. Dementsprechend wurde das Logo auch seit seiner Entwicklung 1969 nur minimal verändert, indem die Schrift behutsam angepasst wurde. Hausfarbe von gardeur ist ein intensives Rot. In jeder Saison liegt der gardeur Kollektion ein Thema zugrunde, mit dem Verbraucher durch Promotion-Aktionen auf die neue Mode eingestimmt werden sollen. Die Bekleidungsmarke wird weltweit über Fachhändler, Weltstadthäuser, Filialisten und Versandhändler vertrieben. Die gardeur ag wurde 1920 von Dieter Janssen gegründet. Neben dem Stammwerk in Mönchengladbach unterhält der Familienbetrieb ein Know-How-Zentrum im dt. Augustfehn sowie eigene Produktionsstätten in Tunesien.

Mit den Kampagnenmotiven von gardeur werden Aspekte wie Fashion und hochwertige Verarbeitung transportiert.

Darüber hinaus arbeitet die Firma mit Lohnfertigern und Zulieferern zusammen. Das Unternehmen beschäftigte 2006 weltweit über 1.700 Mitarbeiter und machte mit der einzigen Marke gardeur einen Umsatz von 92,5 Mio. Euro.

DATEN UND FAKTEN

Markenname: gardeur, Kunstname

Erfinder: Dieter Janssen, 1920

Markenregistrierung: 11. 03. 1969, DPMA München

Markenbekanntheit: 45,4 % im Segment DOB, 38 % im Segment HAKA (lt. Spiegel Outfitanalyse Nr. 5, 2002), 29 % (lt. Brigitte Kommunikations Analyse 2006)

Jahresumsatz: 92,5 Mio. Euro (2006)

UNTERNEHMEN

gardeur ag

Hauptsitz: Mönchengladbach, Deutschland

Vorstandsvorsitzender: Dr. Günter Roesner

Gesamtumsatz: 92, 5 Mio. Euro

Vertrieb: weltweit über Fachhändler, Weltstadthäuser, Filialisten und Versandhandel

KONTAKT

gardeur ag
Alsstr. 155
41063 Mönchengladbach
(0 21 61) 8 16–0
(0 21 61) 18 38 33
www.gardeur.com

Ansprechpartner Presse:
Sabine Prehn
(0 21 61) 8 16–3 12
s.prehn@gardeur.de

Ansprechpartner Marketing:
Klaus Hiltrop
(0 21 61) 8 16–0
info@gardeur.de

SCHON GEWUSST?

- Um den Kundenservice zu verbessern, hat gardeur einen patentierten Größenfinder entwickelt. Der Terminal ermöglicht es, die exakte Hosengröße der männlichen Kunden ohne Anprobieren zu ermitteln.
- Chinos, der neue Hosentrend bei gardeur, haben ihren Ursprung im brit. besetzten Indien. Dort färbten brit. Soldaten ihre ursprünglich weißen Uniformen erdfarben um unschöne Staubflecken zu vermeiden: Die Geburtsstunde der Khaki-Hosen.

GAZELLE

Die Herstellermarke Gazelle steht für hochwertige Fahrräder sowie Fahrradzubehörprodukte. Die Modellpalette reicht von komfortablen bzw. sportlichen Stadträdern über Reiseräder und spezielle Angebote für Kinder und Jugendliche sowie besonders leichte und geländegängige Modelle bis hin zu Cross-, Renn- und Falträdern. Als Besonderheit der Kollektion 2007 bietet Gazelle eine limitierte Sonderedition des Gazelle Orange an. Die Qualität der Produkte stellt ein Kontrollsystem sicher, das Gazelle als erster Fahrradmarke eine Zertifizierung gemäß ISO 9001:200 verschaffte. Auf Alu- oder Stahlrahmen räumt der Hersteller zehn, auf gefederte Vordergabeln fünf Jahre Garantie ein. Darüber hinaus prägen Innovationen mit dem Ziel der ständigen Verbesserung von Fahrkomfort und -sicherheit das Produktangebot. Zu ihnen zählt z.B. die Seat Switch Sattelwinkeleinstellung, durch die sich die Sattelneigung ohne Zuhilfenahme von Werkzeug anpassen lässt. Das Logo präsentiert den Markennamen in weißer serifenloser Schrift sowie rechts daneben einen blauen Kreis, der eine in Gelb gehaltene springende Gazelle und einen in ihre Sprungrichtung geöffneten Kreis einfasst. In der Markenkommunikation wird im Hinblick auf die Zielgruppen Kinder und Jugendliche die Comicfigur Piet Pelle eingesetzt, der „mit seiner Gazelle" Abenteuer besteht, die in einem bei Gazelle-Händlern erhältlichen Heft nachzulesen sind. Das Unternehmen geht auf die Gründung eines Fahrradhandels durch Willem Kölling 1892 zurück. Zusammen mit seinem Partner Rudolf Arentsen stieg er 1902 in die Fahrradproduktion ein. Seitdem wurden über 12 Mio. Gazelle-Fahrräder hergestellt.

UNTERNEHMEN

Gazelle GmbH
Holtweg 63
41379 Brüggen-Bracht
(0 21 57) 8 95 57–0
(0 21 57) 8 95 57–10
www.gazelle.nl/de

GAZPROM GERMANIA

Unter der Industriemarke GAZPROM Germania wird Erdgas aus Russland vermarktet. Sie ist Teil einer internat. Markenfamilie und versteht sich als Bindeglied zwischen der russ. Mutter GAZPROM und den europäischen Verbrauchermärkten. Die Marke steht für die Nutzung der großen Erdgasvorkommen in Sibirien und für 35 Jahre dt.-russ. Energiepartnerschaft sowie Versorgungssicherheit in Deutschland. GAZPROM ist der mit weitem Abstand größte Erdgasförderer der Welt. Die umfangreichen Reserven sind Grundlage für die zuverlässige und langfristige Versorgung Europas. Seinen Gasexport lagerte der Konzern in die Tochtergesellschaft OOO Gazprom export aus. Die GAZPROM Germania GmbH wurde 1990 als 100%ige Tochter dieses Exportunternehmens in Berlin gegründet. Sie bündelt die europäischen Gaswirtschaftsaktivitäten von GAZPROM, dem wichtigsten Erdgaslieferanten Deutschlands. Zu den zen-

Hans-Joachim Gornig, Geschäftsführer der Unternehmensgruppe GAZPROM Germania

Sibirien ist gleichbedeutend mit immensen Bodenschätzen und Ressourcen.

tralen Geschäftsfeldern zählen die Erdgasförderung, der Erdgashandel und die Erdgasspeicherung. Damit leistet die Unternehmensgruppe entlang der gesamten Wertschöpfungskette einen steigenden Beitrag zur nachhaltigen, zuverlässigen und umweltfreundlichen Energieversorgung der europäischen Absatzmärkte. Das belegen die bereits umfangreich getätigten sowie zukünftig geplanten Investitionen in Beteiligungen und Infrastrukturprojekte wie z. B. Erdgasspeicher. Über das Tochterunternehmen ZMB GmbH vertreibt GAZPROM Germania Erdgas in Ost- und Westeuropa sowie Mittelasien. Seinen Markennamen verdankt GAZPROM Germania dem Mutterkonzern. GAZPROM ist eine Abkürzung der russ. Bezeichnung für Gaswirtschaft, Germania ist die russ. Übersetzung von Deutschland. Auch das Markenlogo folgt dem Corporate Design der russ. Mutter. Ein großes G mit ausströmender Gasflamme symbolisiert das Erdgasunternehmen grafisch. Seinen Partnern und Kunden möchte GAZPROM Germania neben der Kernbotschaft Versorgungssicherheit auch gesellschaftliches Engagement vermitteln. Das Unternehmen positioniert sich daher seit vielen Jahren als verantwortungsbewusster Sponsor in den Bereichen Kultur, Bildung, Soziales, Gesundheit und Sport. Ziel dieses Engagements ist es, den Dialog zwischen Russland und Deutschland zu fördern. Die dt. GAZPROM-Tochter beschäftigt heute mehr als 180 Mitarbeiter.

DATEN UND FAKTEN

Markenname: GAZPROM Germania, dt. Tochter der GAZPROM, Russland

Slogan: „Energie verbindet Menschen"

Markenwebsite: www.gazprom-germania.de

UNTERNEHMEN

GAZPROM Germania GmbH

Hauptsitz: Berlin, Deutschland

Geschäftsführer: Hans-Joachim Gornig

Gesamtumsatz: 6,1 Mrd. Euro (2006)

Vertrieb: Europa und Asien

KONTAKT

GAZPROM Germania GmbH
Markgrafenstr. 23
10117 Berlin
(0 30) 2 01 95-0
www.gazprom-germania.de

Ansprechpartner Presse:
Burkhard Woelki
(0 30) 2 01 95-0
burkhard.woelki@gazprom-germania.de

PR-Agentur:
Hill & Knowlton Communications GmbH
www.hillandknowlton.de

SCHON GEWUSST?

▮ Eine Legende über Sibirien: Als Gott die Erde schuf, kam auch der Tag, an dem er die Bodenschätze über sie verteilte. Er war damit fast fertig, als er über Sibirien anlangte. Vom langen Flug und der Kälte waren ihm die Finger so steif gefroren, dass er alle Schätze, die er noch in seinen Händen hielt, fallen lassen musste. Die Menschen sollten jedoch nicht so leicht an die Reichtümer gelangen und so bedeckte Gott den Boden mit Wasser und ewigem Eis. Harte Fröste und eine lange Polarnacht sollten weiterhin für unwirtliche Naturbedingungen sorgen.

GE (GENERAL ELECTRIC)

Die General Electric Company (GE) führt seinen Ursprung auf Thomas A. Edison zurück, der 1878 die Edison Electric Light Company gründete. 1890 vereinte der Erfinder der Glühbirne seine diversen Tätigkeitsbereiche, um schließlich 1892 mit seinem Hauptkonkurrenten, der Thomas-Houston Company, zu fusionieren und damit die General Electric Company zu gründen. Somit existierte das Unternehmen bereits, als 1896 der Dow Jones gegründet wurde, und ist heute als einziges der damals gelisteten Unternehmen noch auf dem Markt präsent. Das Logo der Firma, das sog. GE Monogramm, ist unbewiesenen Berichten zufolge auf einen Mitarbeiter zurückzuführen, der eine besonders schwungvolle Handschrift besaß. Fakt ist, dass das Firmensymbol zu den ältesten Logos der Welt zählt. Einige der frühen Erfindungen Edisons sind auch gegenwärtig noch in der Produktpalette des Unternehmens vertreten. Neben diesen Produkten wie Lampen, Stromversorgungsprodukten und medizinischen Geräten hat das lt. eigenen Angaben rund 320.000 Mitarbeiter weltweit zählende Unternehmen sein Produkt- und Serviceportfolio um Sektoren wie Finanzdienstleistungen, Produktion von Flugzeugtriebwerken bis hin zu Industrieautomation und dem Besitz von Fernsehsendern erweitert. GE ist in Deutschland seit rund 100 Jahren vertreten und beschäftigt bundesweit eigenen Angaben zufolge knapp 9.000 Mitarbeiter. Lt. Vorstandsinformationen gilt der Standort Deutschland für die Unternehmenspolitik als einer der wichtigsten globalen Märkte. Daher soll das Wachstum des Unternehmens in Deutschland signifikant beschleunigt werden.

UNTERNEHMEN

GE (General Electric Company)
Leopoldstr. 8
80802 München
✆ (0 89) 30 90 72-0
Fax (0 89) 30 90 72-1 01
www.ge.com/de

GE MONEY BANK

GE Money Bank

Die GE Money Bank ist Teil eines der größten Unternehmen der Welt.

Die GE Money Bank mit Sitz in Hannover ist ein Unternehmen der US-amerikanischen General Electric Company (GE), einem der traditionsreichsten und umsatzstärksten Unternehmen der Welt. Die Gründung des Unternehmens geht auf Thomas Alva Edison zurück, der im Jahr 1892 die meisten zur Verwertung seiner Erfindungen und Patente gegründeten Unternehmen unter dem Dach der General Electric Company vereinigte. Die GE Money Bank ist eine Privatkundenbank mit weltweit über 120 Mio. Kunden. Ihr Leistungsportfolio umfasst Girokonten, Kreditkarten, Konsumentenkredite, Spar- und Investmentprodukte sowie Versicherungen und Baufinanzierungen, die im Direktvertrieb und über ein bundesweites Filialnetz vertrieben werden. Außerdem finanziert die GE Money Bank über Autohändler markenunabhängig Neu- und Gebrauchtfahrzeuge und bietet Ratenzahlungen über Partner im Einzelhandel an. In Deutschland beschäftigt die GE Money Bank rund 1.000 Mitarbeiter. Für den Konzern GE sind in den insgesamt sechs Geschäftsfeldern GE Money, GE Commercial Finance, GE Healthcare, GE Infrastructure, GE Industrial und NBC Universal deutschlandweit etwa 9.000 Mitarbeiter tätig. Weltweit bieten mehr als 300.000 Mitarbeiter den Kunden in über 100 Ländern Produkte und Dienstleistungen von Flugzeugmotoren, Stromerzeugung, Wasseraufbereitung und Sicherheitstechnologie bis hin zu medizinischer Bildverarbeitung, Finanzdienstleistungen, Fernsehprogrammen und Hochleistungswerkstoffen an. Damit ist GE einer der weltweit größten Arbeitgeber. Im Geschäftsjahr 2006 belief sich der Umsatz des Unternehmens auf 163 Mrd. USD.

UNTERNEHMEN

GE Money Bank GmbH
Vahrenwalder Str. 315a
30179 Hannover
✆ (05 11) 64 65-0
Fax (05 11) 64 65-2 33
www.gemoneybank.de

GEBERIT

Geberit entwickelt, produziert und vertreibt seit über 130 Jahren Produkte und Systeme der Sanitärtechnik und ist nach eigenen Angaben europäischer Marktführer in diesem Segment. Die Ursprünge der heutigen Geberit AG gehen bis auf das Jahr 1874 zurück. Caspar Melchior Albert Gebert gründete 1874 in St. Gallen einen Spenglereibetrieb. Sein Sohn Albert Emil Gebert brachte 1905 unter der Markenbezeichnung Phoenix den ersten Spülkasten aus Holz, ausgeschlagen mit Blei und mit Bleiarmaturen versehen, auf den Markt. Gemeinsam mit seinem Bruder Leo Gebert führte er das Geschäft nach dem Tod des Vaters im Jahre 1909 weiter. Ab 1935 steigt Geberit in eine damals vollkommen neue Technologie ein und setzt korrosionsfreien Kunststoff als Produktionsmaterial für Spülkästen und Spülrohre ein. 1953 wurde Geberit als Markennamen eingetragen. Im selben Jahr übernahm mit Heinrich und Klaus Gebert die dritte Generation das Unternehmen. Sie gründeten 1955 die Geberit GmbH im süddt. Pfullendorf und erweiterten ihr Produktionssortiment insbesondere um Unterputzspülkästen und Montageelemente. Außerdem führten sie Kundenschulungen als neuen Aspekt ihres Unternehmensprofils ein. Mit der Gründung internat. Niederlassungen und der Übernahme der Sanbloc GmbH im Jahr 1985 baute die Geberit AG ihre internat. Position im Marktsegment Sanitärtechnik weiter aus und ging 1999 an die Börse. Mit dem Erwerb der

GEBERIT

Der Slogan „Know-How Installed" steht für die drei Unterscheidungsmerkmale Wissen, Innovation und Integration (Mitte). Der Produktionsstandort Pfullendorf (unten)

Mapress Holding GmbH im Jahre 2004, einer Tochtergesellschaft von Mannesmann, erweiterte man das Portfolio um die Entwicklung und Herstellung von Rohrsystemen. Heute umfasst das Sortiment der Geberit AG sechs Produktlinien in den Bereichen Sanitärsysteme und Rohrleitungssysteme. Ein zusätzlicher Schwerpunkt liegt im Bereich Forschung und Entwicklung mit insgesamt neun Gebieten wie Hygiene, Hydraulik, Akustik und Brandschutz. In 25 internat. Informationszentren werden Installateure, Sanitärplaner und Architekten ausgebildet. Das Firmenlogo besteht aus dem Namenszug in schwarzen Versalien, angeführt von einem blauen Quadrat. Heute verfügt das Unternehmen über Vertretungen in 40 Ländern und 17 Produktionsstandorte in acht Ländern. Mit weltweit rund 5.400 Mitarbeitern erwirtschaftete man 2006 einen Umsatz von rund 2,2 Mrd. CHF.

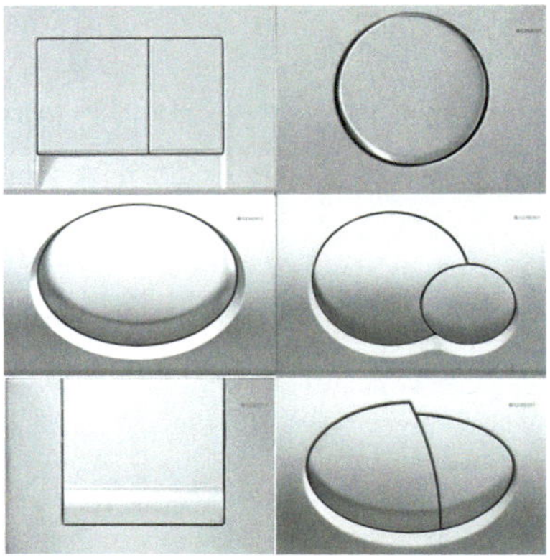

WC-Betätigungsplatten von Geberit in verschiedenen Materialien und Designs

DATEN UND FAKTEN

Markenname: Geberit, Kunstwort abgeleitet von Familiennamen der Gründerfamilie Gebert

Slogan: „Know-How Installed"

Erfinder: Caspar Melchior Albert Gebert, 1874

Innovationen: Einführung von Kunststoff als erstes korrosionsfreies Material für Rohre und Spülkastenteile aus Kunststoff (1935), erster Aufputz-Spülkasten aus Kunststoff (1952), erster Wandeinbau-Spülkasten (1964), neue Generation von Dusch-WCs (2003), Hygienespülung (mikrobiologische Unbedenklichkeit des Wassers durch selbsttätiges Spülen in regelmäßigen Intervallen, 2007)

Jahresumsatz: 2,2 Mrd. CHF (2006)

Auszeichnungen:
„Blauer Engel" für Geberit Unterputzspülkasten (1985)
„New York Festivals International Film & Video Award in Bronze" für Geberit Unternehmens-Film (2007)

UNTERNEHMEN

Geberit AG

Hauptsitz: Rapperswil-Jona, Schweiz

Vorstand: Albert M. Baehny (CEO)

Vertrieb: weltweit

KONTAKT

Geberit Vertriebs GmbH
Theuerbachstr. 1
88630 Pfullendorf
✆ (0 75 52) 9 34-01
🖷 (0 75 52) 9 34-3 00
🖳 www.geberit.de (Deutschland)
🖳 www.geberit.com (internat.)

Ansprechpartner Corporate Communications:
Roman Sidler
✆ +41 5 52 21 69 47
🖷 +41 5 52 21 67 47
✉ corporate.communications@geberit.com

Ansprechpartner PR:
Thomas Mavridis
✆ (0 75 52) 9 34-2 74
🖷 (0 75 52) 9 34-9 92 74
✉ thomas.mavridis@geberit.com

Lead-Agentur:
Kunde & Co., Kopenhagen

SCHON GEWUSST?

- Der Aufbau des Deutschlandgeschäfts im Jahr 1954 war für das Schweizer Unternehmen mit großer Pionierarbeit verbunden. Der bekannteste Satz über diese Zeit lautet: „Mit dem Spülkasten unter dem Arm fuhr Heinrich Gebert nach Deutschland und überzeugte nach und nach die Großhändler."
- Der schonende Umgang mit Wasser ist ein wichtiges Stichwort für die Geberit AG. Mit der 2-Mengen und Spül-Stopp-Spülkastenflotte für die individuelle Wasserregulierung wird der Wasserverbrauch in einem Vierpersonenhaushalt um bis zu 40.000 l pro Jahr gesenkt.

GEDORE

Unter dem Dach der Marke GEDORE vereint sich ein breites Sortiment an Handwerkzeugen sowie Zubehör wie Werkstattwagen und Werkzeugkoffern. GEDORE bietet damit ein breites und tiefes Sortiment an Qualitätsprodukten „Made in Germany". Zu den erfolgreichsten Produkten gehören Steckschlüsselkästen, die im allgemeinen Sprachgebrauch oft als „GEDORE-Kassetten" bezeichnet werden. 1919 von den Gebrüdern Dowidat in Remscheid gegründet, beschäftigt die GEDORE-Gruppe heute rund 3.000 Mitarbeiter und zählt nach eigenen Angaben weltweit zu den größten Werkzeugherstellern.

Bildmotiv mit einstigem Markenlogo von GEDORE

Bedingt durch den Aufschwung der Motorisierung zu Beginn des 20. Jh. und den Aufbau eines firmeneigenen Exportnetzes expandierte das Unternehmen rasch. Der Werkzeughersteller, der neben GEDORE u. a. auch die Marken *RAHSOL DREMOTEC, DAKO, HABERO, OCHSENKOF, METEC, KLANN* und *CAROLUS* im Portfolio hat, spricht mit seinen Produkten vor allem professionelle Werkzeuganwender in Industrie und Handwerk an. Die GEDORE-Gruppe hat es sich zur Aufgabe gemacht, handwerkliche Tradition mit zeitgemäßer Technik zu verknüpfen, und legt Wert auf die durchdachte Konstruktion, Zuverlässigkeit und Langlebigkeit der Produkte. Die entscheidenden qualitätsbegründenden Arbeitsgänge wie die Wärmebehandlung zur Gewährleistung optimaler Härte und Zähigkeit der Werkzeuge werden dabei in den fünf dt. Produktionsstätten durchgeführt. Das Logo der Marke GEDORE wandelte sich im Laufe der Zeit vom reinen Namensschriftzug über die Darstellung in Versalien mit Umrandung hin zur heutigen Darstellung. Die stilisierte Fahne und zwei Balken, die in den Logos aller GEDORE-Marken zu sehen sind, wurde hinzugefügt, um die Gruppenzugehörigkeit hervorzuheben. Die GEDORE Werkzeugfabrik Otto Dowidat KG wird heute in dritter Generation von Karen Dowidat geführt.

DATEN UND FAKTEN

Markenname: GEDORE, Akronym, zusammengesetzt aus **Ge**brüder **Do**widat, den Firmengründern und dem Gründungsort **Re**mscheid

Slogan: „GEDORE – Werkzeuge fürs Leben"

Gründer: Otto, Karl und Willi Dowidat, 1919, Remscheid

Markenregistrierung: 14. 05. 1952, DPMA München

Auszeichnungen:
„Busse Longlife Design Award": Busse Design für *Doppelmaulschlüssel GEDORE Nr. 6* (2002)

UNTERNEHMEN

GEDORE Werkzeugfabrik Otto Dowidat KG

Hauptsitz: Remscheid-Lüttringhausen, Deutschland

Geschäftsführerin: Karen Dowidat

Weitere Marken: RAHSOL DREMOTEC, DAKO, HABERO, OCHSENKOPF, METEC, KLANN, CAROLUS

Mitarbeiter: ca. 1.200 in Deutschland, 3.000 weltweit (2007)

KONTAKT

GEDORE Werkzeugfabrik Otto Dowidat KG
Remscheider Str. 149
42899 Remscheid

SCHON GEWUSST?

▌Gemäß dem Motto „Wir lieben und leben unser Werkzeug" hat GEDORE den sachlichen Bereich der Werkzeuge mit den emotionalen Elementen der Kunstwelt verbunden. Unter www.toolarts.de sind Beispiele dafür zu finden, dass Kunst und Werkzeug durchaus Berührungspunkte vorzuweisen haben.

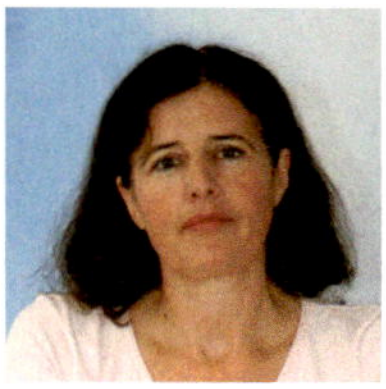

Werkzeugwagen von GEDORE (Mitte), geschäftsführende Gesellschafterin Karen Dowidat (unten)

Das Branchenverzeichnis GelbeSeiten wird in einer jährlichen Auflage von 47 Mio. Stück produziert. Das dazugehörige Internetportal verzeichnet monatlich bis zu 50 Mio. Aufrufe.

(0 21 91) 5 96–0
(0 21 91) 5 96–2 30
www.gedore.de

Ansprechpartner Presse:
Sandra Berkard
(0 21 91) 5 96–3 10
presse@gedore.de

GELBESEITEN

Die GelbenSeiten gehören zu den Verzeichnissen, die die DeTeMedien GmbH zusammen mit 16 Partnerfachverlagen regelmäßig gedruckt herausgibt bzw. online und mobil fast tagesaktuell zur Verfügung stellt. Mit rund 6.400 Branchen bieten sie einen attraktiven Marktplatz und liefern Kontaktinformationen zu Unternehmen und Dienstleistern. Die GelbenSeiten werden in einer jährlichen Auflage von 47 Mio. Stück veröffentlicht. Die Idee, Firmen mit eigenem Telefonanschluss nach Gewerbeart aufzulisten, geht auf das erste dt. Telefonbuch mit einem entsprechenden Anhang zurück, das 1881 erschien. 1924 folgte die Auflage eines Branchen-Fernsprechbuches, wobei die Deutsche Reichs-Postreklame, die Vorgängerin der DeTeMedien, auch Anzeigenvermarktung betrieb. Das Branchenverzeichnis gewann mit der wachsenden Zahl gewerblicher Telefonanschlüsse zunehmend an Bedeutung. Der Markenname GelbeSeiten entstand 1968. Heute liegt der Bekanntheitsgrad der Marke lt. einer Ipsos-Untersuchung von 2006 bei 96 %. Damit gehören die GelbenSeiten zu den prominentesten Marken in Deutschland. Das Logo zeigt einen blauen Schriftzug auf gelbem Fond. In einer früheren Version des Markenzeichens war anstelle der drei geschwungenen blauen Streifen links neben der Schrift ein Telefonhörer dargestellt. Die DeTeMedien GmbH mit Sitz in Frankfurt/Main ist auch Mitherausgeberin und Mitverlegerin der Print-Verzeichnisse → DasTelefonbuch und → DasÖrtliche, die für das gesamte Bundesgebiet jährlich aktualisiert und in unterschiedlichen medialen Formen bereitgestellt werden. Die Gesamtauflage der Bücher liegt bei jährlich über 100 Mio. Ein weiteres, ganz junges Produkt ist die Suchmaschine suchen.de, an der DeTeMedien und Partner-Fachverlage beteiligt sind. Die Unternehmensgeschichte von DeTeMedien mit Sitz in Frankfurt/Main geht zurück auf die 1924 gegründete Deutsche-Reichs-Post-Reklame. Ab 1946 unter der Firmierung Deutsche Postreklame wurde das Unternehmen nach der Postreform 1990 Teil der Deutschen Bundespost Telekom. Seit 1994 führt es als 100%ige Tochter der → Deutschen Telekom AG seinen heutigen Namen und beschäftigt 140 Mitarbeiter.

Die GelbenSeiten gehören zu den bekanntesten Marken Deutschlands.

DATEN UND FAKTEN

Markenname: GelbeSeiten, abgeleitet vom gelben Einband des Branchenbuchs

Slogan: „GelbeSeiten machen das Leben leichter."

Markeneinführung: 1924

Markenregistrierung: 14. 12. 2000, DPMA München

Markenbekanntheit: 96 % gest. (Ipsos Nutzeranalyse, 2006)

Markenwebsite: www.gelbeseiten.de

UNTERNEHMEN

DeTeMedien, Deutsche Telekom Medien GmbH

Hauptsitz: Frankfurt/Main, Deutschland

Geschäftsführung: Oliver Neuerbourg, Stephan Schmitt

Weitere Marken: → DasÖrtliche, → DasTelefonbuch

KONTAKT

DeTeMedien GmbH
Wiesenhüttenstr. 18
60239 Frankfurt/Main
(0 69) 26 82–0
(0 69) 26 82–11 01
www.detemedien.de

Ansprechpartner Presse:
Matthias Klesen
✆ (0 69) 26 82-53 19
✉ matthias.klesen@telekom.de

SCHON GEWUSST?

- Bis zu ein Drittel aller Inhalte in den Kommunikationsverzeichnissen ändert sich jährlich durch Umzug, Namensänderung etc.
- Die Deutschen stöbern gerne in GelbeSeiten. www.gelbeseiten.de verzeichnet fast 50 Mio. Seitenaufrufe monatlich.
- Mit der neuen SMS-Auskunft der GelbeSeiten kann ab sofort jeder Handynutzer unterwegs auf das Angebot des Branchenverzeichnisses zurückgreifen. Dabei erhält man den Namen und die Kontaktdaten direkt auf das Handy.

GELITA

Als Markenname für Gelatine ist GELITA phonetisch nah am Produkt. Die Marke gehört der gleichnamigen GELITA AG, die sich 2005 aus der DGF STOESS Firmengruppe firmierte, und wurde am 3. April 1934 im Reichspatentamt in Berlin eingetragen. Zunächst als Blattgelatine in der sog. „Goldqualität" auf den Markt gebracht, entwickelte sich GELITA rasch: sie kommt als Lebensmittelzusatz in Küche und Industrie, in der Pharmaindustrie und in der Fotografie zum Einsatz. Darüber hinaus entwickelt die Forschungsabteilung in Eberbach neue und erweitert vorhandene Anwendungsmöglichkeiten, um die Firma und Marke aktuell zu halten. GELITA findet sich in Gummibärchen, sie wird für die Herstellung von Aspik ebenso verwendet wie für Hart- und Weichkapseln in der Medizin. Darüber hinaus dient sie zur Restaurierung von Büchern. Im Umweltschutz findet GELITA Gelatine ebenso Verwendung wie als Blutersatzmittel in der Notfallmedizin. Mit CH-Alpha, einem hochwertigem Kollagen, entstand ein Produkt aus der GELITA Markenfamilie, das auf Grund seiner flüssigen Darreichung gut vom Körper aufgenommen wird. Kollagen macht die Gelenke beweglich und geschmeidig. GELITA wirbt mit dem Claim: „GELITA – An Element of Life". In den 1950er-Jahren wurde die Marke erstmals personifiziert: Die „GELITA Mutti", eine patente Hausfrau, wurde zur Symbolfigur für die Gelatinemarke. Kunden schrieben sie an und erbaten Rat und Tat beim Kochen und Backen. In über 50 Ländern ist die Marke heute bekannt und geschützt. Die GELITA AG unterhält weltweit 23 Produktions- und Vertriebsstätten, die von der Zentrale in Eberbach im Naturpark Neckartal-Odenwald aus gesteuert werden. 2.800 Mitarbeiter erarbeiten einen 27%igen Weltmarktanteil im Gelatinesegment. Die GELITA AG ist mit jährlich 80.000 t führender Hersteller von Gelatine. Die vinkulierenden Aktien befinden sich im Familienbesitz und werden nicht an der Börse gehandelt. 2006 betrug der Gesamtumsatz 435 Mio. Euro.

DATEN UND FAKTEN

Markenname: GELITA, Vokalaustausch von a und i, aus Gelatine wird GELITA (Prinzip der phonetischen Übereinstimmung)

Slogan: „GELITA – An Element of Life"

Gründung: 1875, Fusion u. a. aus den Firmen Deutsche Gelatine Fabriken und den Chemischen Werken Stoess

Markenregistrierung: 03. 04. 1934, Reichspatentamt Berlin

Innovationen: CH-Alpha Gelenkkollagen (2004)

Literatur:
S. Tode: Die GELITA Story. 125 Jahre DGF STOESS AG (2003)

UNTERNEHMEN

GELITA AG

Hauptsitz: Eberbach, Deutschland

Vorstand: Dr. Axel Alber, Klaus Hanke, Dr. Peter Pfeilschifter

Weitere Marken: CH-Alpha, FORTIGEL

Gesamtumsatz: 435 Mio. Euro (2006)

Vertrieb: weltweit

Die GELITA Konzernzentrale in Eberbach/Odenwald

KONTAKT

GELITA AG
Uferstr. 7

GELITA

GELITA – die weltweit führende Marke für Gelatine.

Die Generali bietet Produkte von der Kfz-Versicherung bis zur betrieblichen Altersvorsorge an.

Das Magazin GEO zeichnet sich nicht nur durch aktuelle und nachhaltige Inhalte aus, sondern ist auch bekannt für seine opulente Bildsprache.

69412 Eberbach
✆ (0 62 71) 84-01
🖷 (0 62 71) 84-27 00
💻 www.gelita.com

Ansprechpartner Presse:
Michael Teppner
✆ (0 62 71) 84-21 90
✉ michael.teppner@gelita-ag.com

Ansprechpartner Kommunikation:
Stephan Ruhm
✆ (0 62 71) 84-21 95
✉ stephan.ruhm@gelita-ag.com

SCHON GEWUSST?

▮ Gelatine ist ein hochwertiges kollagenes Eiweiß, das in den Bereichen Lebensmittel, Foto und Gesundheit/Pharmazie eingesetzt wird. Produkte, die Gelatine enthalten, sind beispielsweise Gummibärchen, Torten, Sülzen, Gesundheitsriegel, Fitness-Drinks für die Gelenkkräftigung, Pharmakapseln für Vitamine und Medikamente sowie klassische Filme, Fotopapier und Spezialpapier für Tintenstrahldrucker.

GENERAL

→ Der General

GENERALI

Als eine der weltweit finanz- und leistungsstärksten Versicherungsmarken bietet die Generali ihren Kunden „intelligente und bedarfsgerechte" Versicherungen und Serviceleistungen. Die Generali Versicherungen - bestehend aus der Generali Lebensversicherung AG und der Generali Versicherung AG - bieten Privat- und Gewerbekunden ein komplettes Produktspektrum von der Kfz-Versicherung bis zur betrieblichen Altersvorsorge. Im Privatkundenbereich spricht Generali vor allem junge Familien, Familien mittleren Alters, aktive Ruheständler und Senioren an und offeriert mit dem *FrauenFinanzService* und dem *FinanzService 50 PLUS* individuelle Beratungen für Frauen und Menschen ab 50 Jahren. Generali wurde 1831 in Triest als Assicurazioni Generali Austro-Italiche gegründet, die erste Generalagentur in Deutschland eröffnete 1845. Das Generali-Logo, der venezianische, geflügelte Löwe von Sankt Markus, steht für Stärke, Schutz und Sicherheit und wirbt zusammen mit dem Slogan „Schutz unter den Flügeln des Löwen" für die Leistungen der Generali. Die ital. Generali Group ist weltweit tätig und nach eigenen Angaben die drittgrößte Versicherungsgruppe Europas. Die Generali Lebensversicherung und die Generali Versicherung mit Direktionssitz in München wurden 2007 als Tochtergesellschaften der AMB Generali Gruppe von den internat. Ratingagenturen Standard & Poor's (S&P), Fitch und Moody's ausgezeichnet. Rund 2.100 Exklusivagenturen und Spezialisten, 5.000 aktive Makler- und Mehrfachagentenverbindungen sowie über 20.000 nebenberuflich für die Generali Tätige stellen bundesweite Präsenz sicher.

DATEN UND FAKTEN

Markenname: Generali, abgeleitet vom Gründungsnamen des Unternehmens im ital. Triest, Assicurazioni Generali

Slogan: „Schutz unter den Flügeln des Löwen"

Markenregistrierung: 27. 10. 2006, DPMA München

Markenbekanntheit: 56 % gest. (Icon Added Value, August 2007)

Jahresumsatz: 2.060,7 Mio. Euro

Auszeichnungen:
„ausgezeichnet (AA)", Standard & Poor's (2007)
„sehr stark (AA)", Fitch (2007)
„Aa3", Moody's (2007)

UNTERNEHMEN

Generali Versicherungen
Adenauerring 7
81731 München
✆ (0 89) 51 21-0
🖷 (0 89) 51 21-10 00
💻 www.generali.de

GEO

Das Reportagemagazin GEO zeichnet sich durch eine Berichterstattung mit überdurchschnittlichem Rechercheaufwand, hohem journalistischen Anspruch und opulente, durchgängig farbig gedruckte Bildstrecken aus. Die Inhalte von GEO reichen von gesellschaftlichen über philosophische bis hin zu wissenschaftlichen Themen. Das Magazin, das im Verlag Gruner + Jahr erscheint, lesen überwiegend Männer und Frauen zwischen 30 und 49 Jahren. Der Allensbacher Markt- und Werbeträger-Analyse zufolge verfügt die Hälfte der Leser über ein stark überdurchschnittliches Haushalts-Nettoeinkommen (über 2.500 Euro monatlich). Zur Marke gehören die Produktlinienerweiterungen GEO *Special*, GEO *Epoche*, GEO *Saison*, GEO *Saison Extra*, GEO *kompakt*, *Geolino*, *Geolino Extra* und GEO *Wissen*. Hinzu kommen die Online-Plattformen *Geo.de* und *Geolino.de*. Mit 4,23 Mio. Lesern ist die Zeitschrift nach Angaben von Gruner + Jahr unter den freiverkäuflichen dt. Monatsmagazinen das mit der höchsten Reichweite. Die durchschnittliche Auflage liegt bei 450.000 pro Heft. Das Magazin wurde von Rolf Gillhausen, dem damaligen Fotochef des Magazins →stern, und dessen Kollegen Rolf Winter entwickelt. GEO erschien erstmals im Herbst 1976. Der zugrunde liegende Anspruch wird seitdem mit der Unterzeile „Das neue Bild der Erde" hervorgehoben. Die Jubiläumsausgabe zum 20-jährigen Bestehen des Magazins wurde mit dem Slogan „GEO. Die Welt mit anderen Augen sehen" beworben. Das Logo mit den serifenbetonten Versalien wurde 1976 von der GEO-Redaktion entwickelt. Maßgeblich für die optische Wiedererkennbarkeit von GEO ist zudem die Gestaltung des Titelblatts mit einem grünen Rahmen (HKS 66k). Das Magazin erscheint außer in Deutschland auch in 13 weiteren europäischen Ländern. Für Werbung stehen jährlich 8 Mio. Euro zur Verfügung.

DATEN UND FAKTEN

Markenname: GEO, Kunstname mit Assoziation zum Themenspektrum des Magazins

Slogan: „GEO. Die Welt mit anderen Augen sehen."

Gründer: Rolf Gillhausen und Rolf Winter, 1976, Hamburg

Markenregistrierung: 10. 03. 1977, DPMA München

Innovationen: GEO Special (1981), GEO Wissen (1987), GEO Epoche (1999)

Werbespendings: 8 Mio. Euro

Markenwebsite: www.geo.de

Literatur:
Y. Arthus-Bertrand: Die Erde von oben. Ein Jahrhundert-Projekt (2003)
GEO Themenlexikon, diverse Themenbereiche (seit 2006)

UNTERNEHMEN

Gruner + Jahr AG & Co KG
Am Baumwall 11
20459 Hamburg
✆ (0 40) 37 03-0
🖷 (0 40) 37 03-60 00
💻 www.guj.de

GERMANWINGS

Unter der Marke Germanwings bietet die Fluggesellschaft Germanwings GmbH Low-Cost-Flüge an. Die Eurowings Luftverkehrs AG in Dortmund, an der die →Lufthansa AG zu 49 % beteiligt ist, initiierte mit der Gründung der Tochtergesellschaft Germanwings im September 2002 ihren Einstieg in den Low-Cost-Markt. Das neue Unternehmen erhielt ein CD in den Hausfarben Brombeer und Gelb. Die beiden Hauptfarben werden durch ein helles Silber ergänzt. Das von der Peter Schmidt Group entwickelte Markenlogo zeigt den brombeerfarbenen Namenszug in abgerundeten Minuskeln vor gelbem Hintergrund. Die Wortmarke soll Sympathie und Selbstbewusstsein ausstrahlen und dabei progressiv und jung wirken. Der Markenname beschreibt die Herkunft (*german*) sowie das Geschäftsfeld (*wings*) des Unternehmens. Germanwings wirbt mit Komfort und Qualität zu günstigen Preisen. Die Markenpflege schließt externe Maßnahmen wie Werbung ebenso ein wie interne – z. B. Leitbilder für die Mitarbeiter. 2007 umfasste die Flotte des Unternehmens 27 Flugzeuge des Typs Airbus A 319 und A 320, mit denen Ziele in ganz Europa angeflogen werden. Zu den jüngsten Innovationen des Unternehmens zählen der *Boomerang Club* (Vielfliegerprogramm), *Smart Connect* (Umsteigeverbindungen), *Corporate Flex* (Firmenkundenprogramm) sowie die *Germanwings Card* (Kreditkarte). Seit dem Erstflug vom Heimatflughafen Köln/Bonn im Jahr 2002 konnte das Unternehmen sein Streckennetz von 19 auf über 60 Ziele erweitern. Germanwings beschäftigt 973 Mitarbeiter, davon sind 749 fliegendes Personal (2006). Germanwings, die ihre Tickets hauptsächlich über das Internet vertreibt, beförderte 2006 über 7,1 Mio. Passagiere und erzielte einen Jahresumsatz von knapp 560 Mio. Euro.

Die Fluggesellschaft Germanwings fliegt mehr als 60 Ziele in Europa an.

DATEN UND FAKTEN

Markenname: Germanwings, **German** für die Herkunft und **wings** für das Tätigkeitsfeld des Unternehmens

Slogan: „Fly high, pay low." (2002–2006), „Deine Flügel" (2007)

Markenregistrierung: 20. 08. 2002, DPMA München

Innovationen: Boomerang Club (2006), Corporate Flex (2006), Flex Plus (2007), Germanwings Card (2007), Smart Connect (2007)

Markenbekanntheit: Privatreisende: 29 % ungest., 90 % gest.; Geschäftsreisende: 34 % ungest., 97 % gest. (GfK, 2007)

Jahresumsatz: 560 Mio. Euro (2006)

UNTERNEHMEN

Germanwings GmbH
Waldstr. 224
51147 Köln
✆ (0 22 03) 10 27-0
🖷 (0 22 03) 10 27-4 00
🖳 www.germanwings.com

GEROLSTEINER

Mineralwasser aus der Vulkaneifel: Gerolsteiner

Gerolsteiner ist eine Konsumgütermarke im Bereich natürliche alkoholfreie Erfrischungsgetränke. Unter der Marke werden Mineralwasser mit Kohlensäure, mit wenig und ohne Kohlensäure hergestellt. Weiterhin gehören mit Tee oder Frucht angereicherte Erfrischungsgetränke auf der Basis von Mineralwasser zur Angebotspalette. Zur Produktfamilie zählen *Gerolsteiner Sprudel*, *Gerolsteiner Naturell*, *Gerolsteiner Stille Quelle*, *Gerolsteiner Fit*, *Gerolsteiner Sport*, *Gerolsteiner Linée*, *Gerolsteiner Moment*, *Gerolsteiner Naturell + Frucht* sowie das Heilwasser *St. Gero*. Seit 1998 wird das besonders calcium- und magnesiumhaltige Mineralwasser in PET-Flaschen abgefüllt. Zusätzlich werden Gourmetflaschen an die Gastronomie ausgeliefert sowie die Office Line, eine mobile Zapfanlage, an Firmenkunden. Der Markenname Gerolsteiner beschreibt den Standort der Mineralwasserquelle in der Vulkaneifel. Das Logo zeigt den Namenszug der Marke, darunter einen roten Stern mit einem Wappentier. Die Marke engagiert sich u.a. im Sportsponsoring. In den letzten Jahren erhielt Gerolsteiner mehrfach den Pegasus-Award als vertrauensvollste Getränkemarke Deutschlands. Mit einem jährlichen Absatz von 7,1 Mio. hl und einem Netto-Warenumsatz von 208,8 Mio. Euro ist Gerolsteiner Spitzenreiter auf dem dt. Gesamtwassermarkt. Den Grundstein für die Unternehmensentwicklung legte 1888 der Bergwerksdirektor Wilhelm Castendyck, als er bei Bohrarbeiten kohlensäurehaltiges Wasser entdeckte. Als Hauptgesellschafter der Gerolsteiner Brunnen GmbH & Co. KG firmieren die Bitburger Getränke Verwaltungsgesellschaft (51 %) und die Buse Kohlensäuregruppe, Bad Hönningen (33 %). Die restlichen 16 % sind privater Streubesitz. Das Unternehmen beschäftigt 761 Mitarbeiter und liefert in 34 Länder.

UNTERNEHMEN

Gerolsteiner Brunnen GmbH & Co. KG
Vulkanring
54567 Gerolstein
✆ (01 80) 5 33 33 66
🖷 (01 80) 5 10 88 22
🖳 www.gerolsteiner.de

GEZE

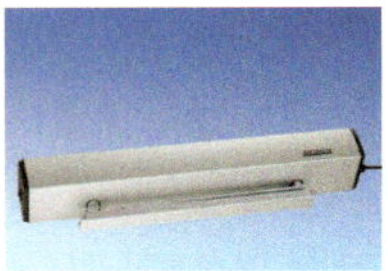

Unter dem GEZE-Logo der Antrieb Slim-Drive SD, entwickelt und produziert von dem Leonberger Unternehmen. Frau Brigitte Vöster-Alber ist geschäftsführende Gesellschafterin der GEZE GmbH.

Die Bauzuliefermarke GEZE steht für innovative Systeme in dem Bereich Tür-, Fenster- und Sicherheitstechnik. Der Name Geze leitet sich aus dem ursprünglichen Firmennamen Gretsch und Co. ab. Allerdings sprachen die Franzosen, mit denen GEZE von Beginn an regen Handel betrieb, das „r" in Gretsch nicht korrekt aus, sodass man sich auf die Verwendung der Initialen G. C. einigte. Der heutige, internat. gültige Firmenname GEZE ist aus der phonetischen Bedeutung dieser beiden Buchstaben entstanden. 1863 gründete Friedrich Carl Bauer in Stuttgart eine Baubeschlägefabrik, die seit der Jahrhundertwende auch Oberlichtöffner, Türschließer und Feststelleinrichtungen für Türen und Fenster herstellt. 1911 wurde ein Zweigwerk in Bönnigheim errichtet, 1914 folgte eine weitere Produktionshalle in Feuerbach. Rund 600 Patente- und Patentanmeldungen im In- und Ausland hat das Unternehmen bis heute zu verzeichnen. Darunter u.a. den *Slimdrive*, ein automatischer Schiebetürantrieb für unterschiedlichste Sicherheitsstufen. Die Produkte von GEZE richten sich insbesondere an Architekten, Bauunternehmer und Fachhändler. Das Logo der Marke besteht aus dem gelben GEZE-Schriftzug mit einem ebenfalls gelben Rahmen vor blauem Hintergrund. Es soll Stabilität und Zuverlässigkeit demonstrieren. Das Unternehmen wurde mit dem Prädikat Top Innovator 2006 ausgezeichnet und in den Jahren 2004 und 2005 im Rahmen der Initiative Top Job zu den besten 100 Arbeitgebern des Deutschen Mittelstands gekürt. Mittlerweile ist die GEZE GmbH in Leonberg ansässig und hat 23 internat. Tochterunternehmen. Weltweit sind bekannte Gebäude mit automatisierten Sicherheitslösungen von GEZE ausgestattet, wie z.B. die Dresdner Frauenkirche, der

Hesperia Tower in Barcelona oder das Children Science Center in Dubai. GEZE festigt mit diesen Referenzen seine Position auf den weltweit wachsenden Märkten für intelligente Gebäudetechnik.

Technik von GEZE sorgt in der restaurierten Dresdner Frauenkirche als zentrales Element für die Zuverlässigkeit des vorbeugenden Brandschutzes.

DATEN UND FAKTEN

Markenname: GEZE, Kunstwort, abgeleitet von Gretsch und Co., die Initialen G. C. heißen phonetisch Geze.

Slogan: „Innovative Systeme für Tür-, Fenster- und Sicherheitstechnik"

Gründer: Friedrich Carl Bauer, 1863, Stuttgart

Markenregistrierung: 1955 und 1964, DPMA München

Innovationen: rund 600 Patente und Patentanmeldungen im In- und Ausland, z. B. Slimdrive.

Auszeichnungen:
Top Job, 100 beste Arbeitgeber für GEZE GmbH (2004, 2005)
Top Job, Top Innovator für GEZE GmbH (2006)

UNTERNEHMEN

GEZE GmbH

Hauptsitz: Leonberg, Deutschland

Geschäftsführende Gesellschafterin: Brigitte Vöster-Alber

Gesamtumsatz: 340 Mio. Euro (2006)

Vertrieb: 23 Tochtergesellschaften weltweit, in über 15 Ländern auf vier Kontinenten

KONTAKT

GEZE GmbH
Reinhold-Vöster-Str. 21–29
71229 Leonberg
✆ (0 71 52) 2 03-0
Fax (0 71 52) 2 03-3 10
www.geze.de

Ansprechpartner Presse:
✆ (0 71 52) 2 03-0
✉ vertrieb-services@geze.de

SCHON GEWUSST?

■ Die GEZE GmbH war bis 1985 einige Jahrzehnte lang auch im Wintersport aktiv: Die Marke GEZE wurde in dieser Zeit als Hersteller und Lieferant von Ski-Bindungen bekannt.

GIANT

Die Herstellermarke Giant steht für hochwertige Fahrräder sowie für Fahrradzubehör. Das Angebotsspektrum ist differenziert nach unterschiedlichen Anforderungsprofilen. Aktuell werden Giant-Artikel in den Segmenten Road, Mountain, Women, Lifestyle, Pedelec und Kids angeboten. Hinzu kommen Zubehör wie Spezialbekleidung, Werkzeug, Pumpen, Flaschenhalter oder Kindersitze. Zielgruppen der Marke sind Freizeitsportler ebenso wie professionelle Fahrer. Die Verwendung von hochwertiger und neuester Technologie – insbesondere beim Einsatz von Karbon – ist ein wesentliches Merkmal der Giant-Produkte. Nach Angaben der Firma ist Giant der einzige Fahrradhersteller, der den gesamten Fertigungsprozess kontrolliert: von der Entwicklungsphase über die Tests bis zum fertigen Produkt. Auch bei der Aluminiumtechnologie nimmt Giant eine Vorreiterrolle in seinem Segment ein. Das Logo zeigt den Markennamen in blauen, serifenlosen und kursiv gesetzten Versalien. Das Sportsponsoring insbesondere im Profi-Radsport erfüllt eine zentrale Funktion innerhalb der Markenkommunikation. Aktuell fungieren über 30 der besten Radsportler der Welt als Markenträger. Die Giant Global Group ist auf fünf Kontinenten in mehr als 50 Ländern vertreten. Giant-Artikel sind in über 10.000 Verkaufsstellen erhältlich. Nach eigenen Angaben ist

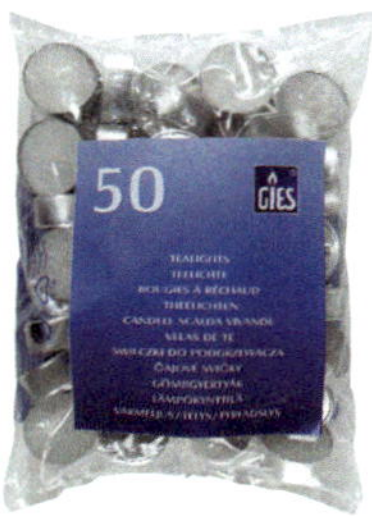

Teelichte gehören zu den umsatzstärksten Produkten von Gies (Mitte). Jørgen Christian Dreyer ist Geschäftsführer und Mitinhaber der Gies Kerzen GmbH (unten).

Giesecke & Devrient

Giesecke & Devrient ist führend in der Herstellung von Banknoten.

Giant die weltweit bekannteste Fahrradmarke. Ziel des Unternehmens ist es, seiner Vision folgend, zur „besten Fahrradfirma der Welt" zu werden.

UNTERNEHMEN

Giant Deutschland GmbH
Mettmanner Str. 25
40699 Erkrath
(02 11) 9 98 94-0
(02 11) 9 98 94-26
www.giant-bicycles.com/de-de/

GIES

Unter der Marke Gies vertreibt die Gies Kerzen GmbH Kerzen und Accessoires auf dem internat. Markt. Zur Produktpalette gehören u.a. Tafelkerzen, Stumpenkerzen, Kugelkerzen, Teelichte, Baum- und Adventskerzen. Darüber hinaus umfasst das Sortiment der Marke Gies Glashalter und Untersetzer. Das Markenlogo besteht aus einem weißen Gies-Schriftzug auf blauem Grund. Dabei wurde der i-Punkt durch eine Flamme ersetzt. Das ursprüngliche Logo wurde Anfang der 1950er-Jahre von dem Designer Lothar Härtel entwickelt. Gies Kerzen GmbH gehörten zu den ersten Unternehmen seiner Branche mit einer eigenen Corporate Identity. Der Markenname geht zurück auf Adam Joseph Gies, der 1899 die „Wachsindustrie Fulda Adam Gies" gründete. In den 1960er-Jahren setzte das Unternehmen kurzzeitig auf eine Mehrmarkenstrategie. Um jedoch den Bekanntheitsgrad der Marke Gies besser zu nutzen, wurde diese später wieder aufgegeben. 1982 erwarb die Firma Dethleffsen die Wachsindustrie Fulda Adam Gies. Die Kerzensparte firmiert seitdem unter dem Namen Gies Kerzen GmbH. Unter dem Markendach Gies wurde Ende der 1990er-Jahre die Duftkerzen-Serie *Ambria* eingeführt. Kerzen aus rein pflanzlichem Stearin unter der Subbrand *Veneziana* ergänzen das Portfolio. Alle in Europa hergestellten Produkte tragen das RAL-Gütezeichen: Die Kerzen brennen gleichmäßig ab, tropfen nicht und sind rauch- und rußarm. Die Gies Kerzen GmbH gehört seit 2006 zur ALG Holding AB und beschäftigt europaweit 400 Mitarbeiter. Mit einer Produktionsmenge von 35.000 t Kerzen pro Jahr ist Gies lt. eigenen Angaben einer der führenden Kerzenhersteller in Deutschland. Die Marke Gies machte 2006 mit rund 20 Mio. Euro etwa ein Viertel des Gesamtumsatzes der Gies Kerzen GmbH aus.

DATEN UND FAKTEN

Markenname: Gies, Familienname des Firmengründers

Gründer: Adam Joseph Gies, 1899, Fulda

Markenregistrierung: 03.09.1999, DPMA München

Markenbekanntheit: 20 % gest. (IPSOS GmbH, 2003)

Jahresumsatz: 20 Mio. Euro (Marke Gies, 2006), 90 Mio. Euro (Unternehmen, 2006)

UNTERNEHMEN

Gies Kerzen GmbH
Beim Zeugamt 8
21509 Glinde
(0 40) 71 00 07-0
(0 40) 7 11 02 71
www.gies-kerzen.de

GIESECKE & DEVRIENT

Die Giesecke & Devrient GmbH (G&D) ist ein internat. Technologiekonzern mit Sitz in München. Er zählt zu den weltweit führenden Anbietern für Banknotenherstellung und -bearbeitung, Smart Cards und Chipkartenlösungen für Telekommunikation, elektronischen Zahlungsverkehr, Gesundheitswesen und Identifizierung sowie für Sicherheitslösungen. 1852 wurde das „Officin für Geld- und Werthpapiere" von Hermann Giesecke und Alphonse Devrient in Leipzig gegründet. Noch vor 1900 produzierte man Banknoten für Länder dreier Kontinente. 1924 war G&D an der Herstellung der Rentenmark beteiligt, nach Kriegsende wurde der Firmensitz in München neu aufgebaut. Ab 1958 übernahm die private Druckerei für 40 Jahre die Herstellung von Banknoten für die Deutsche Bundesbank, ab 1999 den Druck eines Teils der Euro-Banknoten. Aus der 156-jährigen Unternehmensgeschichte stammen Währungen für mehr als 80 Staaten. Giesecke & Devrient teilt sich in verschiedene Geschäftsbereiche auf. Der Bereich „Banknote" umfasst die Herstellung des Banknotenpapiers, Design und Druck sowie Bearbeitung und Vernichtung der Noten. Chipkarten des Geschäftsbereichs „Cards and Services" gewährleisten Zuverlässigkeit in der Telekommunikation, beim bargeldlosen Bezahlen und in elektronischen Netzwerken. Für Sicherheit, Effizienz und Bürgernähe sorgt der Geschäftsbereich „Government Solutions" mit seinen Lösungen für Identifikationssysteme und Ausweisdokumente. Seit dem 1. April 2005 ist Dr. Karsten Ottenberg Vorsitzender der Geschäftsführung. Im Geschäftsjahr 2006 war G&D weltweit mit über 50 Tochterunternehmen und Joint Ventures vertreten, beschäftigte rund 8.300 Mitarbeiter, davon 4.900 im Ausland. Das Logo von Giesecke & Devrient besteht aus Wort- und Bildmarke. Neben dem schwarzen Namenszug in der Hausschrift Times New Roman zeigt die Bildmarke die beiden abstrahierten Anfangsbuchstaben der Nachnamen der Gründer. Das Emblem entwarf Prof. Hermann Virl 1957, das aktuelle Logo stammt aus dem Jahr 2000. Das Leistungsversprechen des Unternehmens an seine Kunden wird seit 2007 im neuen Unternehmensclaim „Creating Confidence." kommuniziert.

DATEN UND FAKTEN

Markenname: Giesecke & Devrient, Familiennamen der beiden Gründer

Slogan: „Creating Confidence."

Ehemaliger Slogan: „security at work." (2001)

Gründer: Hermann Giesecke, Alphonse Devrient, 1852

Markenregistrierung: 05. 10. 1987, DPMA München

Innovationen: Entwicklung des eurocheque-Systems (1971), weltweit erstes automatisches Bearbeitungssystem zur Echtheitsprüfung und Sortierung von Banknoten (1977), erste Chipkarten für die Deutsche Bundespost (1981), Druck des Euro für die europäische Zentralbank (1999), Vorstellung des Reisepasses mit Chip zur Speicherung biometrischer Merkmale (2004)

Jahresumsatz: 1,3 Mrd. Euro (2006)

UNTERNEHMEN

Giesecke & Devrient GmbH
Prinzregentenstr. 159
81677 München
(0 89) 41 19–0
(0 89) 41 19–15 35
www.gi-de.com

GILLETTE

Gillette ist weltweit bekannt als Hersteller von Nassrasierern und Rasierklingen. Namensgeber der Marke war der Amerikaner King Camp Gillette, der 1895 den ersten Rasierapparat mit auswechselbarer Klinge erfand. Sechs Jahre später gründete der Amerikaner die American Safety Razor Company, die später in Gillette Safety Razor Company umbenannt wurde. Seit 2005 gehört Gillette zum amerikanischen Konsumgüterkonzern Procter & Gamble, der in Deutschland jährlich mehr als 4 Mio. Rasierer und mehr als 157 Mio. Ersatzklingen der Marke Gillette verkauft. Zum Produktportfolio gehören neben Nassrasierern für Herren und Damen auch Rasiergel und -schaum sowie After Shave. Mit dem Ziel, die Nassrasur zu vereinfachen und mehr Sicherheit bei der Rasur zu bieten, werden im unternehmenseigenen Forschungszentrum in England kontinuierlich die Abläufe während der Rasur studiert und neue Prototypen getestet. Das Markenlogo besteht seit der ersten Einführung 1908 aus dem Namenszug Gillette, dessen Gestaltung im Laufe der Jahre mehrmals modifiziert wurde. In den Jahren 1970 und 1993 wurde das Logo jeweils dem Zeitgeschmack angepasst. Für einzelne Untermarken wie *Gillette Fusion* und *Gillette Venus* bestehen individuell verschiedene Designvorgaben. In der Gillette-Werbung setzt Procter & Gamble im Bereich Nassrasierer für Herren vor allem auf Gesichter internat. Spitzensportler. Nach Fußballstar David Beckham, der von 2004 bis 2007 für Gillette warb, folgten das Tennis-Ass Roger Federer, Fußballspieler Thierry Henry und Golfprofi Tiger Woods. The Procter & Gamble Company erwirtschaftete im Geschäftsjahr 2006/2007 insgesamt einen Umsatz von 76,5 Mrd. USD. Das Unternehmen vertreibt ca. 300 Marken, die in insgesamt 160 Ländern vertrieben werden. Von den 138.000 Mitarbeitern des Konzerns sind 15.000 in Deutschland beschäftigt.

DATEN UND FAKTEN

Markenname: Gillette, USA, Name des Firmengründers und Erfinder des ersten Rasierapparates mit wechselbarer Klinge

Slogan: „Gillette – für das Beste im Mann"

Erfinder: King Camp Gillette, 1895, Wisconsin/USA

Markeneinführungung: 1904, USA

Markenwebsite: www.gillettefusion.de, www.gillettevenus.de

Gillette

Ein Artikel der aktuellen Produktreihe ist der Gillette Fusion Power Stealth.

Gimborn ist die Dachmarke für Nahrungs- und Pflegeprodukte für den Hund. Shiny Dog bezeichnet Nassfutterprodukte.

Die Dachmarke Gimpet umfasst Ernährungs- und Pflegeprodukte für Katzen.

UNTERNEHMEN

Procter & Gamble GmbH

Hauptsitz: Cincinnati, USA

Geschäftsführer: Alan George Lafley

Weitere Marken: →Olaz, →Max Factor, →head & shoulders, →Pantene Pro-V

Gesamtumsatz: 76,5 Mrd. USD (weltweit, 2006/2007)

Mitarbeiter: 138.000 in ca. 80 Ländern, 15.000 in Deutschland (2006)

KONTAKT

Procter & Gamble GmbH
Sulzbacher Str.40
65823 Schwalbach am Taunus
(0 61 96) 89-01
(0 61 96) 89-47 08
www.de.pg.com

Ansprechpartner Presse:
Nina Knecht
(0 61 96) 89-19 24
knecht.n@pg.com

GIMBORN

Die Marke Gimborn umfasst ein breites Sortiment an Ernährungs-, Hygiene- und Gesundheitsprodukten für Hunde und Nagetiere. Das Portfolio wird ständig um innovative Produkte erweitert. Unlängst beispielsweise um Ernährungsprodukte mit der vitaminähnlichen Substanz L-Carnitin. Der Markenname Gimborn geht auf den Gründer der Heinrich von Gimborn GmbH zurück. Der Künstler Walther Flinterhoff („Flint") aus Kleve entwickelte das Logo von Gimborn und der Dachmarke für Katzenprodukte →Gimpet, unter der auch die bekannte Marke → Biokat's vertrieben wird. Die Heinrich von Gimborn GmbH gehört zur Capiton AG, einem dt. Finanzinvestor, der sie 2006 von der Süd-Chemie AG übernommen hat. Zur Süd-Chemie gehörte die Gimborn GmbH seit 1997. Der Ursprung von Gimborn liegt im Jahr 1855, als Apotheker Heinrich von Gimborn die Firma in Emmerich am Niederrhein gründete – damals allerdings zunächst als pharmazeutische Fabrik. Die ersten Heimtierprodukte brachte das Unternehmen ab 1965 mit der brit. Lizenzmarke *ipevet* auf den Markt und nahm damit eine neue Ausrichtung an. Produkte der Marke Gimborn gibt es seit Beginn der 1970er-Jahre auf dem Markt. In Europa stellen rund 330 Mitarbeiter, davon 143 in Deutschland, rund 600 verschiedene Artikel für Haustiere her. Es bestehen Werke bzw. Niederlassungen in Deutschland, Italien, Ungarn, Tschechien und Russland. Gimborn-Produkte werden in ganz Europa vertrieben.

DATEN UND FAKTEN

Markenname: Gimborn, Familienname des Firmengründers Heinrich vom Gimborn

Slogan: „Gesund für den Hund"

Markenregistrierung: 20.03.1972, DPMA München

Jahresumsatz: ca. 3,5 Mio. Euro (2006)

Weitere Marken: →Gimpet, →Biokat's, Shiny Dog, Ipevet (Lizenz), Vanya Aquaristik (Vertrieb)

UNTERNEHMEN

H. von Gimborn GmbH
Albert-Einstein-Str. 6
46446 Emmerich am Rhein
(0 28 22) 9 64-0
(0 28 22) 9 64-1 13
www.gimborn.de
info@gimborn.de

GIMPET

Unter der Dachmarke Gimpet vertreibt die Heinrich von Gimborn GmbH Ernährungs-, Pflege- und Hygieneprodukte für Katzen. Zum Portfolio gehören auch Katzenstreu-Produkte der bekannten Marke →Biokat's. Eingeführt wurde die Marke Gimpet in den 1970er-Jahren, als das Unternehmen sein Sortiment erweiterte und eine Neuausrichtung zum Hersteller von Produkten für Heimtiere vorantrieb. Zur Zielgruppe gehören qualitätsbewusste Katzenbesitzer, die ihren Tieren artgerechtes Futter geben wollen. So stellte das Unternehmen nach eigenen Angaben die erste Trinkmilch für Katzen her. Weiterhin verfolgt →Gimborn innovative Konzepte und produziert neben Katzen-Zahnpflegeprodukten auch Laktose-reduzierte Katzenmilch, Produkte mit Quinoa oder Pflegemittel mit Neem. Gimborn bezeichnet sich als Marktführer im Fachhandel im Segment problemlösender Pasten. Der Künstler Walther Flinterhoff („Flint") aus Kleve entwickelte das Logo von Gimpet. Der Werbeslogan „Gimpet – Gutes für Katzen" löste den aus in den 1970er-Jahren stammenden Spruch „Der springende Punkt" ab.

Die Heinrich von Gimborn GmbH gehört zur Capiton AG, einem dt. Finanzinvestor, der sie 2006 von der Süd-Chemie AG übernommen hat. Zur Süd-Chemie gehörte die Gimborn GmbH seit 1997. Der Ursprung von Gimborn liegt im Jahr 1855, als Apotheker Heinrich von Gimborn die Firma in Emmerich am Niederrhein gründete – damals allerdings zunächst als pharmazeutische Fabrik. Die ersten Heimtierprodukte brachte das Unternehmen ab 1965 mit der brit. Lizenzmarke *ipevet* auf den Markt und nahm damit eine neue Ausrichtung an. Produkte der Marke Gimborn-Produkte gibt es seit Beginn der 1970er-Jahre auf dem Markt. In Europa stellen rund 330 Mitarbeiter, davon 143 in Deutschland, rund 600 verschiedene Artikel für Haustiere her. Es bestehen Werke bzw. Niederlassungen in Deutschland, Italien, Ungarn, Tschechien und Russland. Gimborn-Produkte werden europaweit vertrieben.

DATEN UND FAKTEN

Markenname: Gimpet, Akronym, zusammengesetzt aus dem Nachnamen des Gründers **Gim**born und **pet**, engl. Tier

Markenregistrierung: 24. 09. 1969, DPMA München

Slogan: „Gutes für Katzen"

Gründer: Heinrich von Gimborn, 1855, Emmerich

Innovation: Trinkmilch für Katzen

UNTERNEHMEN

H. von Gimborn GmbH
Albert-Einstein-Str. 6
46446 Emmerich am Rhein
✆ (0 28 22) 9 64–0
🖷 (0 28 22) 9 64–1 13
💻 www.gimborn.de
✉ info@gimborn.de

GIORGIO ARMANI

→Armani

GIZEH

Die Marke Gizeh steht für ein umfangreiches Sortiment an Raucherbedarf wie Blättchen, Filterhülsen und Zubehör zum Selbstfertigen von Zigaretten. Zielgruppe der Marke sind Raucherinnen und Raucher im Alter von 18 bis 35 Jahren, die ihre Zigaretten selbst drehen. Dafür bietet Gizeh neben dem Standard-Blättchen *Gizeh gelb*, das nur in Deutschland erhältlich ist, verschiedene Papierqualitäten, -längen und -breiten. Neueste Produktinnovation ist das besonders schmale Blättchen *Gizeh extra slim*. Außerdem gehören zum Portfolio Fein-, Kohle- und Slim-Filter. Mit dem Markennamen soll der Verbraucher die Pyramiden von Gizeh in Ägypten assoziieren. Da Tabakwaren bei Unternehmensgründung der Gizeh Zigarettenpapier-Verarbeitungsgesellschaft mbH in Köln im Jahr 1920 meist aus dem Orient kamen, entstand vermutlich die Verbindung des Namens der Blättchen mit Ägypten und dem dort erfundenen Papyrus-Papier. Auf dem Gizeh-Logo ist eine rote Pyramide mit Sphinx abgebildet. Darunter befindet sich der Markenname in schwarzen Versalien auf weißem Grund. Die Produkt-Verpackungen sind in gelb (Pantone 137) gehalten. Im Rahmen der Markenpflege setzt Gizeh auf POS-Werbung und Promotions bei Festivals. Nach Herstellerangaben ist *Gizeh gelb* im Bereich Markenblättchen Marktführer in Deutschland. Ab 1980 verlagerte die Gizeh Raucherbedarf GmbH Teile der Produktion aus Bergneustadt nach Österreich und Frankreich. Seit 1997 gehört der Hersteller zur niederl. Mignot & De Block-Unternehmensgruppe. Vom 2002 eröffneten Stammsitz Gummersbach werden heute Gizeh-Produkte in über 60 Länder weltweit über eigene Vertretungen (Frankreich, Österreich, USA) oder über nat. Distributeure verkauft. Europaweit beschäftigt die Gizeh Gruppe 300 Mitarbeiter.

DATEN UND FAKTEN

Markenname: Gizeh, geht auf die Pyramiden von Gizeh in Ägypten zurück

Slogan: „Stop, drehen, weitermachen" (bis 2002), „Smoking Culture" (bis 2006), „Take it Gizeh" (2007)

Erfinder: damaliger Eigner der Firma Schoeller & Hoesch, 1920

Markenregistrierung: 22. 12. 1951, DPMA München

Innovationen: Dünndrehblättchen Gizeh extra slim (2006)

UNTERNEHMEN

Gizeh Raucherbedarf GmbH
Bunsenstr. 12
51647 Gummersbach
✆ (0 22 61) 40 59–0

GIZEH

Der Markenname Gizeh steht als Referenz für die damalige Herkunft von Papyrus aus dem Orient.

🖷 (0 22 61) 40 59-3 05
🖳 www. gizeh-online.de

GKD

WORLD WIDE WEAVE

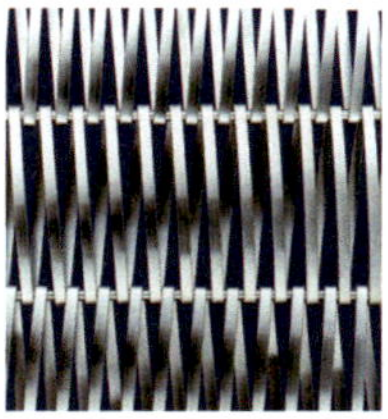

GKD/Emil Zander

GKD-Metallgewebe vom Typ Escale 7x1 (Mitte), die Brüder Dr. Stephan Kufferath-Kassner und Dipl.-Ing. Ingo Kufferath-Kassner leiten das Familienunternehmen (unten).

Die technische Weberei GKD – Gebr. Kufferath AG ist weltweiter Marktführer für Gewebe aus Metall, Kunststoffen und Fasern im Premiumsegment. An den Kundenprozess angepasste Lösungen sind ihr Markenzeichen – vom robusten Prozessgewebe bis zum Feinstfiltergewebe. Die Marke GKD gliedert sich in die Bereichsmarken WORLD WIDE WEAVE für gewebte Lösungen und CAPITAL EQUIPMENT für Filter- und Anlagenbau. WORLD WIDE WEAVE besteht aus den drei Geschäftsbereichen SOLID WEAVE für Sieb- und Filtermedien, WEAVE IN MOTION für Transport- und Prozessbandtechnologie sowie CREATIVE WEAVE für Metallgewebe für Architektur und Design. Abnehmerbranchen sind beispielsweise Industrie, Luft- und Raumfahrt, Bergbau sowie Architektur und Design. Zu den Produktinnovationen zählen leistungsfähige Filtermedien – etwa für Tintenstrahl-Druckerpatronen –, Prozess- und Transportbandsysteme zur Pelletstrocknung sowie Metallgewebe für namhafte Architekturanwendungen. Zur Unternehmenssparte CAPITAL EQUIPMENT gehört das Tochterunternehmen GKD-Delkor für schlüsselfertige Filteranlagen und der Geschäftsbereich GKD-CompactFiltration für Kompaktfiltersysteme. Der Name GKD ist die Kurzform für Gebrüder Kufferath Düren. Das Logo besteht aus dem Markennamen GKD, der aus drei ineinander verzahnten weißen Rauten besteht, die mit einer blauen bzw. grünen Linie umrandet sind. Diese abstrahierten Gewebemaschen symbolisieren die Webkompetenz des Unternehmens. Je nach Sparte ist das Logo blau (WORLD WIDE WEAVE) oder grün (CAPITAL EQUIPMENT) eingefärbt und um den Namen der jeweiligen Sparte ergänzt.

Strategische Lösungskompetenz von GKD

GKD wurde 1925 von Josef Kufferath gegründet und wird heute von den beiden Brüdern Dr. Stephan Kufferath-Kassner und Dipl.-Ing. Ingo Kufferath-Kassner geleitet. Die nicht börsennotierte Aktiengesellschaft beschäftigte im Jahr 2006 weltweit 610 Mitarbeiter, davon 405 in Deutschland. Der Umsatz betrug 75 Mio. Euro. GKD verfügt über sieben Werke – zwei davon in Deutschland, die übrigen in den USA, Großbritannien, Spanien, Südafrika und China – sowie über eine Niederlassung in Dubai und Vertretungen in aller Welt.

DATEN UND FAKTEN

Markenname: GKD, Kurzform des Unternehmensnamens Gebrüder Kufferath Düren

Gründer: Josef Kufferath, 1925, Düren

Markenregistrierung: 23. 04. 1999, DPMA München (Wort-/Bildmarke)

Innovationen: laufend neue Entwicklungen wie besonders leistungsfähige Filtermedien, Prozess- und Transportbandtechnologie oder Metallgewebe für Architektur und Design

Auszeichnungen:
„Stahl-Innovationspreis" (1994, 2006)

UNTERNEHMEN

GKD – Gebr. Kufferath AG

Hauptsitz: Düren, Deutschland

Vorstand: Dr. Stephan Kufferath-Kassner, Dipl.-Ing. Ingo Kufferath-Kassner

Gesamtumsatz: 75 Mio. Euro (2006)

Vertrieb: über eigene Werke in Deutschland, USA, Großbritannien, Spanien, Südafrika und China, Niederlassung in Dubai, Vertretungen in weiteren Ländern weltweit

KONTAKT

GKD – Gebr. Kufferath AG
Metallweberstr. 46
52353 Düren
✆ (0 24 21) 8 03-0
🖷 (0 24 21) 8 03-2 11
🖳 www.gkd.de

Ansprechpartner Presse & Marketing:
impetus.PR
Ursula Herrling-Tusch
✆ (02 41) 1 89 25-10
✉ herrling-tusch@impetus-pr.de

Lead-Agentur:
impetus.PR - Agentur für Corporate Communications GmbH, Aachen
www.impetus-pr.de

MEILENSTEINE

1925 Firmengründung durch Josef Kufferath in Düren

1968 Aufnahme des Geschäftsbereichs WEAVE IN MOTION

1992 Aufnahme des Geschäftsbereichs CREATIVE WEAVE

2001 Umwandlung zur AG

2006 Gründung der Sparte CAPITAL EQUIPMENT

GLAXOSMITHKLINE

Als eines der führenden Gesundheitsunternehmen hat sich GlaxoSmithKline zum Ziel gesetzt, innovative Arzneimittel zu entwickeln, um die Lebensqualität von Menschen zu verbessern. Das Portfolio von GlaxoSmithKline ist breit gefächert und reicht von der Prävention und Behandlung akuter und chronischer Erkrankungen bis zur Therapie lebensbedrohlicher Krankheiten. Der Unternehmensslogan „do more, feel better, live longer" bringt die Firmenphilosophie zum Ausdruck. Das Logo besteht aus dem Akronym der Anfangsbuchstaben des Firmennamens auf orangefarben Grund. In seiner Außendarstellung betont das globale Unternehmen soziales Engagement (Corporate Responsibility). Vor allem in Entwicklungsländern, aber auch in der entwickelten Welt werden mit überstaatlichen Organisationen Gesundheits- und Aufklärungsprogramme durchgeführt. In Deutschland werden verschreibungspflichtige Arzneimittel und Impfstoffe im Geschäftsbereich Pharma sowie Arzneimittel zur Selbstmedikation und Produkte zur Gesundheitsvorsorge im Bereich Consumer Healthcare hergestellt und vertrieben. GlaxoSmithKline Consumer Healthcare Deutschland ist eine Tochterfirma des brit. Pharmaunternehmens GlaxoSmithKline plc mit Hauptsitz in London. Das Markenspektrum im Bereich Consumer Healthcare nimmt einen besonderen Stellenwert ein und richtet sich an den gesundheitsorientierten Endverbraucher. Die Marken finden Absatz in über 100 Ländern und zählen im jeweiligen Branchensegment meist zu den Marktführern. Im Bereich Zahnpflege umfasst das Portfolio →Odol, *Odol-med3*, →Dr. BEST, →Sensodyne, *Corega* und *Chlorhexamed*. Zu den Marken im Segment der Selbstmedikation zählen *Cetebe*, →Granu Fink, *Zovirax* und →Abtei. Die dt. Wurzeln des Unternehmens gehen zurück auf Karl August Lingner, der 1893 das Mundwasser Odol erfand. 1932 macht sich Johann Georg Fink mit pflanzlichen Arzneimitteln selbstständig. Die engl. Beecham-Gruppe übernahm 1974 die Lingner + Fischer GmbH, 1983 die Fink GmbH und fusionierte 1989 mit der amerikanischen SmithKline Beckman. Mit der Zusammenlegung von SmithKline Beecham und Glaxo Wellcome im Jahr 2000 entstand die heutige multinat. Unternehmensstruktur. Von den über 100.000 Mitarbeitern weltweit sind rund 550 im deutschsprachigen Raum für die Consumer Healthcare Sparte mit Schwerpunkt auf den Standorten Bühl und Herrenberg beschäftigt.

UNTERNEHMENSBEREICHE UND MARKEN

Zahngesundheit:
Chlorhexamed, Corega, →Dr. BEST, →Odol, Odol-med3, Parodontax, →Sensodyne

Selbstmedikation:
→Abtei, Alluna, BesserAtmen Nasenstrips, Cetebe, Contac, Eunova, Fagorutin, Formigran, →Granu Fink, Medacalm, NiQUITin, Zovirax, Zantic

DATEN UND FAKTEN

GlaxoSmithKline plc

Unternehmensgründung: 2000 in London/Großbritannien

Mitarbeiter: über 100.000 weltweit

Vorsitzender der Geschäftsführung: Sir Christopher Gent (Chairman), JP Garnier (Chief Executive Officer)

Umsatz: 23,225 Mrd. GBP (2006)

Die Verwaltung der GlaxoSmithKline in Bühl

Jürgen Reinhard ist Geschäftsführer der GlaxoSmithKline Comsumer Healtcare GmbH & Co. KG.

Das Total Repair Shampoo von Gliss Kur wurde 2006 auf dem Markt eingeführt (Mitte), das Model Carmen wirbt mit seinem Lockenkopf seit 1990 für die Produkte von Gliss Kur (unten).

KONTAKT

GlaxoSmithKline Comsumer Healtcare GmbH & Co.KG
Bußmatten 1
77815 Bühl
✆ (0 72 23) 76–0
Fax (0 72 23) 76–40 00
www.gsk-consumer.de

Ansprechpartner Kommunikation:
Dr. Stefan Noé

MEILENSTEINE

1974 Gründung der Lingner+ Fischer GmbH nach der Neueinrichtung der Lingner-Werke, die Marken Odol und Dr. Best kommen in das Portfolio.

1982 Der Zukauf der Fink GmbH bringt Naturarzneien wie urologische Produkte und Venentherapeutika ins Sortiment der Lingner+ Fischer GmbH.

1989 Konzentration auf die Bereiche Mundpflege und OTC. Produkte wie UHU, Badedas und Duschdas werden veräußert.

1996 Übernahme der Marke Abtei

2000 Zusammenschluss mit Glaxo Wellcome zur GlaxoSmithKline

GLISS KUR

Gliss Kur ist eine Haarpflegemarke unter der Dachmarke →Schwarzkopf, die von der →Henkel KGaA vertrieben wird. Gliss Kur steht für Pflege- und Stylingprodukte, die das Haar aufbauen und positiv auf die Haarstruktur einwirken. Frauen mit Kopfhaar, das anfällig für Spliss ist, zählen zur Zielgruppe von Gliss Kur Produkten. Unter dieser Marke sind Shampoos, Spülungen, Kuren sowie spezielle Stylingprodukte erhältlich. 1952 führte die Hans Schwarzkopf GmbH die Marke Gliss ein und brachte *Gliss Sprühtonic* auf den Markt. 1978 wurde Gliss in Gliss Kur umbenannt. Mit der Entwicklung neuer Technologien für die passende Pflege jedes Haartyps will Schwarzkopf eine zielgenaue und tiefenwirksame Haarreparatur garantieren. Mit dem seit 2000 in jedem Pflegeprodukt enthaltenen *Scan Repair Komplex* ermöglicht Gliss Kur gezielte Reparaturen der Haarstruktur: Die geschädigten, negativ aufgeladenen Haarstellen werden mit den Wirkstoffen von Gliss Kur positiv aufgeladen, von innen repariert und von außen versiegelt. Als jüngere Innovationen kamen Gliss Kur *Liquid Silk* (2003), eine Pflegeserie mit flüssigen Bestandteilen der Seide und *Asia Beauty* (2005) aus Soja Proteinen und Lotusblütenextrakten hinzu. Seit neuestem sind Gliss Kur *Total Repair* (2006) und *Oil Nutritive* (2007) auf dem Markt. Der Kunde soll die Marke mit einer angemessenen Lösung für jedes Haarproblem verbinden. Das Model Carmen wirbt seit 1990 für Gliss Kur. Die zerbrochene Schere, Symbol für geschädigtes Haar, das nicht abgeschnitten, sondern repariert wird, ist ein weiterer bekannter Bestandteil der Kampagne. Heute finden sich neun Produktlinien unter dem Markennamen wieder, u.a. für coloriertes oder strapaziertes Haar. Zzt. ist Gliss Kur in über 30 Ländern vertreten. Das Unternehmen Schwarzkopf wurde 1898 in Berlin von dem Apotheker Hans Schwarzkopf gegründet. Aufgestiegen zu einem der größten Haarkosmetikhersteller Europas wurde Schwarzkopf 1995 von der Henkel KGaA übernommen. Mit ihrem Kosmetik- und Körperpflegebereich setzte die Henkel KGaA im Jahr 2006 2,864 Mrd. Euro in mehr als 125 Ländern um und zählt zu den weltweit führenden Herstellern von Markenprodukten in diesem Bereich.

DATEN UND FAKTEN

Markenname: Gliss Kur, Kunstname

Slogan: „Gliss Kur - Entweder… oder." (1992)

Markteinführung: 1952 (Deutschland)

Markenregistrierung: (20.08.1954 Marke Gliss), 08.05.1990, DPMA München

Innovationen: Gliss Kur Liquid Silk (2003), Gliss Kur Total Repair (2006). Gliss Kur Oil Nutritive (2007)

Eine Anzeige für eines der ersten Produkte von Gliss Kur, das *Sprühtonic* aus dem Jahre 1952.

Markenwebsite: www.glisskur.de

Literatur:
Henkel KGaA (Hg.): Chronik 130 Jahre Henkel. (2006)

UNTERNEHMEN

Henkel KGaA

Hauptsitz: Düsseldorf, Deutschland

Weitere Marken: s. →Henkel

Gesamtumsatz: 12,740 Mrd. Euro (2006)

Vertrieb: weltweit in mehr als 125 Ländern

KONTAKT

Henkel KGaA
Henkelstr. 67
40589 Düsseldorf
(02 11) 7 97-0
(02 11) 7 98-40 08
www.henkel.de

Ansprechpartner Presse:
Marion Schwenker
press@henkel.com

MEILENSTEINE

1952 Einführung des ersten Gliss Produkts: Gliss Sprühtonic

1978 Gliss wird zu Gliss Kur.

1987 Das Hair Repair Programm wird etabliert.

2000 Der Scan Repair Komplex wird in allen Gliss Kur Produkten eingeführt.

2003 Gliss Kur Liquid Silk erweitert die Produktpalette.

2006 Gliss Kur entwickelt Total Repair.

GLORIA

Als Europas größten Hersteller von Feuerlöschgeräten auf dem Gebiet des Brandschutzes bezeichnet sich die Gloria GmbH aus Wadersloh. Das Produktportfolio der Marke Gloria umfasst u.a. trag- und fahrbare Feuerlöschgeräte, Löschcontainer, moderne Löschmittel, Objekt- und Raumschutzanlagen, mobile und stationäre Löschsysteme, Wandhydranten, Steigleitungstechnik, Druckerhöhungsanlagen, Füll- und Entleerungsstationen, Schulung und Information. Die Marke wurde zu Beginn des 20.Jh. entwickelt, als die Nachfrage nach tragbaren Feuerlöschgeräten und Pflanzenschutzgeräten stark anstieg. Heinrich Schulte Frankenfeld gründete schließlich 1945 eine Spezialfabrik für Sprühgeräte und Feuerlöschtechnik. Schon früh gelang es ihm, die Marke auf dem internat. Markt zu etablieren. 1948 nahm die Firma Handelsbeziehungen zu anderen europäischen Ländern auf, und seit 1955 liefert Gloria seine Produkte auch nach Übersee. Sicherheit und Kontinuität – diese für die Produkte der Marke unerlässlichen Eigenschaften finden auch im Markenlogo der Firma Ausdruck, das in seiner heutigen Form seit den 1960er-Jahren verwendet wird. Die geschützte Wortmarke Gloria soll in erster Linie Qualität assoziieren (Glanz und Gloria). Sie ist semantisch positiv besetzt, leicht zu merken und in vielen Sprachen auszusprechen. Die Hausfarben der Marke, Feuerrot (RAL 3000) und Schwarz, werden auch bei der Farbgestaltung der Feuerlöscher eingesetzt. Als Abgrenzungsmerkmale gegenüber anderen Herstellern führt die Gloria GmbH Innovation, Design und leichte Bedienbarkeit ins Feld. Bei der Verpackung für Konsumenten strebt man eine bestmögliche Vermittlung von Informationen an. Zu den Innovationen der letzten Jahre zählen Spezialautofeuerlöscher aus der Michael Schumacher Kollektion, die in einer breiten Medienkampagne beworben wurden, ebenso wie die Design-Feuerlöscher F 2000 und F 6. Die Gloria GmbH beschäftigt 125 Mitarbeiter, der nat. Vertrieb und Service ist über 17 Verkaufsbüros und 380 Kundendienststellen organisiert. Weltweit sind die Produkte über Vertriebspartner erhältlich.

DATEN UND FAKTEN

Markenname: Gloria, (lat. Glanz, Gloria)

Slogan: „Jederzeit Sicherheit Gloria Feuerlöschgeräte und -anlagen"

Erfinder: Heinrich Schulte-Frankenfeld, 1945, Wadersloh

Markenregistrierung: 1934 (Wort), 1951 (Wort-/Bildmarke), 1968 (heutige Form), DPMA München

Innovationen: Design-Feuerlöscher F2000 (1995), Design-Feuerlöscher *F6* (1997)

Auszeichnungen:
„iF product design award" für Feuerlöscher *Typ F 2000* (1996)
„iF product design award" für Feuerlöscher *Typ F6G* (1998)

GLORIA®

Design-Feuerlöscher von Gloria aus der aktuellen Baureihe F 6

Glücksklee ist nach Bärenmarke die zweitstärkste Marke im Bereich der 7,5%-igen Kondensmilch der Allgäuer Alpenmilch GmbH.

Durchgefärbtes MDF der Marke TOPAN colour (Mitte), COO Sonae Indústria Central Europe Christian G. Schwarz (unten)

UNTERNEHMEN

Gloria GmbH
Distedder Str. 39
59329 Wadersloh
(0 25 23) 77-0
(0 25 23) 77-2 55
www.gloria.de

GLÜCKSKLEE

Glücksklee zählt zu den Dauermilchprodukten und gehört seit 2003 zur Allgäuer Alpenmilch GmbH, zu der auch die Marken →Bärenmarke und Lünebest gehören. Zielgruppe sind vor allem Konsumenten ab 40 Jahren. Als wichtigste Markenwerte nennt der Hersteller neben guter Qualität und gutem Geschmack auch Vertrauen und Tradition. Glücksklee Kondensmilch mit 7,5 % Fettgehalt wird sowohl in der klassischen Dose als auch in der Tassenpackung angeboten. Die seit den 1980er-Jahren eingeführte Glücksklee Sprühsahne zeichnet sich durch einen extra hohen Fettgehalt von 33 % im Milchanteil aus. Mit dem höheren Fettanteil wird nach Angaben des Herstellers nicht nur eine bessere Standfestigkeit, sondern auch ein besonders sahniger Geschmack erreicht. Der Markenname und das vierblättrige Kleeblatt symbolisieren die Natürlichkeit und die Premiumqualität des Produkts. Auch die Stiftung Warentest beurteilte Glücksklee als sensorisch „sehr gut" (Ausgabe: 07/2007). Das Logo wurde im Laufe der Zeit farblich verändert und mit dreidimensionalen Effekten versehen. Der Schriftzug ist in Dunkelblau gehalten. In 2008 ist eine Produktinnovation im Bereich Kondensmilch mit einer neuen Positionierung geplant. Otto Lagerfeld, der Vater des Modedesigners Karl Lagerfeld, gilt als Erfinder der Marke, die seit 1926 in Neustadt bei Lüneburg produziert wurde. Die gest. Markenbekanntheit liegt in Deutschland bei 57 % (Brigitte Kommunikationsanalyse, 2006). Glücksklee stellt die zweitstärkste Marke der Allgäuer Alpenmilch im Bereich Kondensmilch dar. Die Gourmetsahne ist lt. Hersteller die größte Marke im dt. Sprühsahne-Segment. Der Slogan lautet: „Zum Glück gibt's Glücksklee.

WERKSSITZ

Allgäuer Alpenmilch GmbH
Postfach 11 54
84442 Mühldorf
(0 86 31) 1 88-0
(0 86 31) 1 88-2 80
www.allgaeuer-alpenmilch.de

GLUNZ

Dekorative und konstruktive Holzwerkstoffe sind das Spezialgebiet der Glunz AG, einem der führenden Holzwerkstoffproduzenten im deutschsprachigen Raum. Das Portfolio der Glunz AG umfasst Produkte für den konstruktiven Holzbau wie das AGEPAN Bausystem einschließlich Holzfaserdämmplatten und OSB sowie TAVAPAN Akustikplatten. Im dekorativen Möbel- und Innenausbau kommen neben der NOVOPAN Dekorkollektion auch durchgefärbtes MDF der Marke TOPAN colour, Arbeitsplatten sowie die ultradünne Slimline zum Einsatz. Mit den Produkten von Glunz werden Wohnhäuser, Küchen und Badezimmer ebenso ausgestattet wie Messestände, Büros, Verkaufsflächen und Schiffe.

Mit Werkstoffen wie dem biegsamen und durchgefärbten MDF TOPAN colour lassen sich auch ungewöhnliche Möbel und Innenausbau realisieren.

Die Glunz AG entstand aus einer 1932 in Hamm gegründeten Holzhandlung. 1961 errichteten die Betreiber in Meppen ein Spanplattenwerk und begannen ab 1967 weitere Holz verarbeitende Unternehmen und Marken einzugliedern, darunter die NOVOPAN- und AGEPAN Werke, sowie das engl. Unternehmen Caberboard Ltd. (1985). Glunz ging 1987 an die Börse und setzte seinen Expansionskurs mit weiteren Akquisitionen fort. Durch die Übernahme von Hornitex im Jahr 2006 ist Glunz zu einem der größten Holzwerkstoffhersteller Deutschlands aufgestiegen. Insgesamt beschäftigt die Glunz AG nun rund 2.300 Mitarbeiter an acht Standorten in Deutschland und der Schweiz. Als COO Sonae Indústria Central Europe ist Christian G. Schwarz für die Geschäfte der Glunz AG mit Sitz in Meppen verantwortlich. Seit 1999 gehört die Glunz AG zum Sonae Indústria Konzern, der u. a. in Europa, Kanada, Brasilien und Südafrika aktiv ist. Gemessen an seiner Produktionskapazität ist Sonae Indústria der weltweit größte Hersteller von Holzwerkstoffen. Das Markenzeichen der Glunz AG führt seit dem Zusammenschluss mit dem portugiesischen Konzern unter seinem ursprünglichen Namenszug den Zusatz Sonae Indústria. In Zentraleuropa beliefert Glunz mehr als 7.000 Großkunden aus den Bereichen Möbelproduktion, Innenausbau, konstruktiver Holzbau und Handel.

DATEN UND FAKTEN

Markenname: Glunz

Markeneinführung: 1936, DPMA München

Innovationen: TOPAN colour, AGEPAN Bausystem

Auszeichnungen:
Nominiert für den „Innovationspreis der deutschen Wirtschaft", des Wirtschaftsclubs Rhein-Main e.V. und der Zeitschrift WirtschaftsWoche für das Herstellungsverfahren für durchgefärbtes MDF der Marke TOPAN colour (2007)

UNTERNEHMEN

Glunz AG

Hauptsitz: Meppen, Deutschland

COO: Christian G. Schwarz, COO Sonae Indústria Central Europe

Weitere Marken: TOPAN, AGEPAN, NOVOPAN

MEILENSTEINE

1932 Gründung der Holzhandlung in Hamm

1961 In Meppen wird das erste Spanplattenwerk errichtet.

1987 Die Glunz AG geht an die Börse.

1992 Übernahme des franz. Unternehmens ISOROY

1999 Zusammenschluss der Glunz AG mit dem Unternehmen Sonae Indústria aus Maia in Portugal

2005 Joint Venture mit der Tarkett S. A. zur Laminatfußbodenproduktion am Standort Eiweiler

2006 Übernahme des Unternehmens Hornitex

Mitarbeiter: 2.300 in Deutschland (2006)

KONTAKT

Glunz AG
Grecostr. 1
49716 Meppen
✆ (0 59 31) 4 05-0
🖷 (0 59 31) 4 05-2 98
🖳 www.glunz.de

Ansprechpartner Presse:
Jessica Durst
✆ (02 11) 68 78 35-14
✉ presse@glunz.de

GMX

Unter der Marke GMX betreiben die GMX GmbH und die GMX Internet Services GmbH ein Kommunikations- und Informationsportal im Internet. Neben E-Mail- und Messaging-Dienstleistungen (wie z.B. dem Versand von SMS oder MMS) werden Besuchern der Seite umfangreiche redaktionelle Inhalte zur Verfügung gestellt. Darüber hinaus können User Einkaufsmöglichkeiten nutzen oder - als Firmenkunden – zwischen zahlreichen Businesslösungen wählen. Seit 2003 können Kunden auch DSL- und ISDN-Produkte sowie andere Internetzugänge über GMX erwerben sowie Mail-Domainnamen registrieren lassen. Die kostenlosen E-Mail-Dienste werden mit Werbeeinnahmen und durch E-Commerce-Partnerschaften finanziert. Kostenpflichtig sind auch zusätzliche Funktionen in den Bereichen E-Mail und Messaging. Seit 1999 steht GMX bei den Internetdiensten durchgehend auf Platz 1 der monatlichen IVW-Reichweitenmessung (der Informationsgemeinschaft zur Feststellung der Verbreitung von Werbeträgern). GMX ist lt. einer Studie von Y&R und TNS Infratest eine der zehn populärsten Marken in Deutschland. Der Markenname ist eine Abkürzung der engl. Wortfolge „Global Message Exchange" (dt. etwa: „weltweiter Austausch von Nachrichten"). 1997 veröffentlichte GMX die erste Version seines Internet-Portals. 1999 wurde das einmillionste Mitglied registriert. Die GMX GmbH bietet in erster Linie den kostenlosen E-Mail-Service von GMX an, die GMX Internet Services GmbH entwickelt und implementiert kostenpflichtige Dienstleistungen. Beide Unternehmen haben ihren Hauptsitz in München und sind 100%ige Töchter der United Internet AG.

Golden Toast bietet eine große Variationsbreite an Brot- und Backwaren an, darunter das Golden Toast American Sandwich (Mitte) und die Vollkorn Toasties (unten).

UNTERNEHMEN

GMX GmbH
Frankfurter Ring 129
80807 München
✆ (0 89) 1 43 39-0
🖷 (06 02) 96-10 10
💻 www.gmx.de

GOLDEN TOAST

Die Marke Golden Toast bietet dem Verbraucher eine große Vielfalt von modernen Brot- und Backwaren an. Im Jahr 1963 entwickelte eine Arbeitsgemeinschaft von neun regionalen Mitgliedsbäckereien die Marke Golden Toast zum Zweck der Förderung des Toastverzehrs in Deutschland, da es sich hierzulande um ein unbekanntes Produkt handelte. Dazu kam der Gewährleistungsanspruch eines einheitlich hohen Qualitätsstandards für Toast. Als erstes Produkt seiner Art brachte Golden Toast 1963 den Weizentoast nach amerikanischem Vorbild auf den dt. Markt. Heute umfasst die Dachmarke Golden Toast ein breites Sortiment der modernen Brot- und Backwarenspezialitäten, neben Toast-Variationen auch Sandwiches, Softbackwaren und Aufbackprodukte. Golden Toast ist lt. einer unabhängigen Marktforschungsanalyse aus dem Jahr 2007 (A. C. Nielsen, 2007) mit einem Marktanteil von rund 44 % Marktführer in der Kategorie Toast und Sandwich. Von Montag bis Samstag werden die Backwaren in eigenen Großbäckereien hergestellt und am selben Tag an 23.500 Lebensmittelmärkte in Deutschland ausgeliefert, um die Frische der Brot- und Backwaren zu gewährleisten. Das Markenlogo wurde zuletzt im Herbst 2007 modernisiert. Seitdem steht die Rolle der Dachmarke stärker im Vordergrund, das Logo erscheint moderner und visuell prominenter. Der Markenname Golden Toast steht in Versalien in einem warmen Braunton auf einem gelb bis goldenen Fond, mit dem sich Ofenfrische und Sonnenwärme assoziieren lassen. Neben der Wortmarke steht eine stilisierte Sonne, die diese Anmutung aufgreift. Diese Farbgebung findet sich in den Verpackungen aller Produkte der Marke wieder. Dies soll die Appetitlichkeit der Produkte erhöhen und den Genuss der Golden Toast Brot- und Backwarenspezialitäten vermitteln. Markeninhaber der Marke Golden Toast ist die Arbeitsgemeinschaft Golden Toast e.V. Die Kamps Brot- und Backwaren GmbH sowie weitere Unternehmen der Kamps-Gruppe sind alleinige Mitglieder der Arbeitsgemeinschaft und besitzen die exkl. Nutzungs- und Vertriebsrechte der Marke Golden Toast.

Der Vollkorntoast zählt zu den Klassikern von Golden Toast.

DATEN UND FAKTEN

Markenname: Golden Toast, bezieht sich auf das erste Produkt, einen Weizentoast unter Verwendung von 50 % Great Plain Wheat US-Weizen

Erfinder: Arbeitsgemeinschaft zur Förderung des Toastbrotverzehrs, 1963

Innovationen: Buttertoast (1975), Dreikornsonnetoast (1983), Vollkorntoast (1987), *Körnerharmonie Toast* und *Körnerharmonie Sandwich* (2007)

Markenregistrierung: 06. 08. 1970, DPMA München

Markenbekanntheit: 94 % gest. (Icon Brand Navigation, 2005)

Markenwebsite: www.goldentoast.de

UNTERNEHMEN

Kamps Brot- und Backwaren GmbH

Hauptsitz: Garrel, Deutschland

Vorstand: Stefan von Klebelsberg (Vertrieb), Cristiano Alocci (Marketing)

Weitere Marken: → Lieken Urkorn

Vertrieb: 23.500 Unternehmen des Lebensmitteleinzelhandels

Mitarbeiter: 3.700 (Deutschland, 2006)

KONTAKT

Kamps Brot- und Backwaren GmbH
Auf'm Halskamp 11
49681 Garrel
✆ (0 44 74) 8 91-0

🖷 (0 44 74) 8 91-1 26
💻 www.kamps.de

Ansprechpartner Presse:
Christina Stylianou
✉ pressestelle@kamps.de

SCHON GEWUSST?
▮ Würden alle im Laufe eines Jahres weltweit verzehrten Toastscheiben von Golden Toast aneinandergereiht, ergäbe sich eine Strecke von 180.000 km. Eine Distanz, die ausreicht, um die Erde 4,5 Mal zu umrunden.

GOLDFISCHLI

Die Konsumgütermarke goldfischli gehört zur Intersnack Vertriebs GmbH, die 1995 durch den Zusammenschluss der Convent-Gruppe und der Firma Wolf Snack und Gebäck GmbH entstanden ist. Unter der Marke goldfischli bietet Intersnack den Konsumenten Weizen-Knabbergebäck in verschiedenen Formen und Geschmacksrichtungen an. So ist goldfischli in neun verschiedenen Sorten erhältlich, darunter *goldfischli Original*, *goldfischli Sesam*, *goldfischli Maxi Mix* und *goldfischli Stickletti & Brezli*. Die Backprodukte der Marke goldfischli werden ohne Geschmacksverstärker hergestellt. Der zusammengesetzte Markenname verweist zum einen auf die Form des ersten Produktes goldfischli Original und zum anderen darauf, dass die Produkte ofenfrisch goldbraun gebacken sind. Das Logo der Marke ist ein gold-weißer Fisch, hinzukommen die markenspezifischen Farbtöne Rot und Blau. Den Slogan aus dem Jahr 2006 „Mehr Spaß kann man nicht backen" löste jüngst der Slogan „goldfischli – die gebackene Knabbervielfalt" ab. Damit unterstreicht Intersnack die Weiterentwicklung und Vielfalt des Produktportfolios der Marke. Zur Markenpflege gehören außerdem Produktneuheiten, Relaunches und Produktneuentwicklungen. Mit diesen Maßnahmen richtet sich das Unternehmen an eine umfassende Zielgruppe ab 25 Jahren. Intersnack verkauft seine Produkte in über 70 Ländern weltweit, der Knabbersnack goldfischli ist in Deutschland, Österreich und der Schweiz erhältlich. Das Unternehmen plant, in Zukunft weitere Geschmacks- und Formenvariationen unter der Marke goldfischli auf dem Markt zu bringen. Außerdem produziert das Unternehmen die Marken →Chio, →funny-frisch, →Pom-Bär.

DATEN UND FAKTEN

Markenname: goldfischli, Kompositum aus **Gold** (Farbe der Produkte) und **Fisch** (ursprüngliche Form des Produkts)

Slogan: „goldfischli – die gebackene Knabbervielfalt"

Früherer Slogan: „Mehr Spaß kann man nicht backen" (2006)

Erfinder: Wolf Bergstraße, 1967, Deutschland

Markenregistrierung: 08. 05. 1989, DPMA München

Markenwebsite: www.goldfischli.de

UNTERNEHMEN

Intersnack Vertriebs GmbH
Aachener Str. 1042
50858 Köln
✆ (02 21) 48 94-0
🖷 (02 21) 48 94-1 80
💻 www.intersnack.de

goldfischli gibt es in verschiedenen Fisch- und Muschelformen und diversen Geschmacksrichtungen.

GOLDPFEIL

Die Marke Goldpfeil steht für Lederwaren-Kollektionen im Luxussegment. Der Hersteller, die EganaGoldpfeil Accessoires GmbH, legt lt. eigenen Angaben Wert auf ausgesuchte Materialien, beste Verarbeitung und Ästhetik. Zum Sortiment gehören neben Handtaschen auch Geldbörsen und Business-Accessoires. Der Ursprung der Marke geht auf einen von Ludwig Krumm 1856 in Offenbach gegründeten Betrieb zurück, der zunächst Börsen und Brieftaschen herstellte. 1906 war das Unternehmen mit 1.000 Mitarbeitern das größte seiner Art. Die Firma expandierte nach Großbritannien und exportierte ihre Produkte weltweit. Die Inspiration für den Markennamen Goldpfeil gab der Golden Arrow, der legendäre Luxus-Zug der 1920er-Jahre, den der Sohn des Firmengründers, Heinrich Krumm, in London bewunderte. 1929 benannte er die Ludwig Krumm AG Vereinigte Lederwarenfabriken deshalb um zu Goldpfeil. Ab den 1930er-Jahren wurde Goldpfeil auch in New Yorker Nobelkaufhäusern wie Sak's und Macy's verkauft. Heute ist Goldpfeil mit Flagship-Stores in Berlin, Frankfurt, Nürnberg und Wiesbaden sowie in Hongkong, Japan, China und Kuwait vertreten. Seit 1998 ist Goldpfeil Teil der internat. Egana Gruppe.

GOLDPFEIL
GERMANY
1856

Der Luxuszug Golden Arrow diente 1929 als Inspirationsquelle für den Markennamen Goldpfeil.

UNTERNEHMEN

EganaGoldpfeil Accessoires GmbH
Kaiserstr. 39–49
63065 Offenbach
✆ (0 69) 80 50–0
🖷 (0 69) 80 50–16 00
💻 www.goldpfeil.de

GOODYEAR

Goodyear bietet ein breites Portfolio mit kontinuierlichen Innovationen.

Unter der Marke Goodyear werden weltweit Reifen für Lkws, Pkws, Flugzeuge und Landwirtschaftsmaschinen im Premiumsegment verkauft. Die Marke bietet eine umfassende Produktpalette, die laufend durch Innovationen erweitert wird. Dabei setzt Goodyear auf hohe Produktionsstandards. Zur Zielgruppe der Marke zählen Privatkunden, Autobauer, Speditionen und Autoleasing-Gesellschaften. Der deutschstämmige Frank Seiberling gründete 1898 die Goodyear Tire & Rubber Company in Akron/ Ohio. Er benannte seine Firma nach dem verstorbenen Erfinder Charles Goodyear, der das Prinzip der Vulkanisation entdeckt hatte. Durch dieses Prinzip war es fortan möglich, Kautschuk mit einer längeren Haltbarkeitsdauer herzustellen. Heute zählt das Unternehmen zu den Marktführern in seinem Segment und produziert allein in Deutschland pro Jahr 30 Mio. Reifen. Das Goodyear-Markenzeichen mit dem geflügelten Schuh im Logo geht auf den röm. Gott Merkur zurück, der als schneller und zuverlässiger Überbringer guter Nachrichten gilt und als Gott des Handels und Erfolgs die Kaufleute beschützt. Der Unternehmensgründer Seiberling sah in Merkurs Flügelschuh das Symbol für die guten Eigenschaften der Goodyear-Produkte und übernahm ihn als Bildelement in sein Markenlogo. Das Symbol steht zwischen den Wortteilen Good und Year, die in schwarzen Majuskeln den Markenschriftzug bilden. Im Rahmen eines Joint Ventures zwischen dem Goodyear-Konzern und der Sumitomo-Gruppe im Jahr 1999 entstand die Goodyear Dunlop Tires Germany GmbH mit 7.400 Beschäftigten. Das Unternehmen mit Stammsitz in Hanau hat neben Goodyear die Marken → Dunlop, Fulda, Pneumant, Falken, Sava und Debica im Portfolio. Damit bedient die Konzerntochter unter Geschäftsführer Gerd Grünenwald alle Preisklassen.

DATEN UND FAKTEN

Markenname: Goodyear, Akron (Ohio), benannt nach Charles Goodyear, Erfinder der Vulkanisation

Slogan: „Because not all tires are the same" (seit 2007)

Erfinder: Frank A. Seiberling, 1898

Markenregistrierung: 15. 09. 1924, DPMA München

Innovationen: RunOnFlat, 2005

Jahresumsatz: 2,3 Mrd. Euro

UNTERNEHMEN

Goodyear GmbH CO. KG
Xantener Str. 105
50733 Köln
✆ (02 21) 9 76 66–1
🖷 (02 21) 9 76 66–5 85
✉ pr-cologne@goodyear.de
💻 www.goodyear.com

GOOGLE

Die Internet-Suchmaschine Google ist mit über 80 kostenlosen Produkten im World Wide Web vertreten.

Googles innovative Suchtechnologien bringen jeden Tag Millionen von Menschen auf der ganzen Welt in Kontakt. Gegründet wurde das Unternehmen 1998. Firmengründer Larry Page und Sergey Brin, promovierte Absolventen der Stanford University, haben Google in allen global operierenden Märkten binnen weniger Jahre zu einem der bedeutendsten Unternehmen im Web gemacht. Google ist abgeleitet von „Googol", dem mathematischen Fachbegriff für eine 1 gefolgt von 100 Nullen. Die Verwendung des Begriffs spiegelt die Intention der Google-Erfinder wider, die Informationen der Welt zu organisieren und universell zugänglich und nutzbar zu machen. Das Verb „googeln" wurde sechs Jahre nach der Gründung in den Duden aufgenommen und definiert das Suchen im Internet mit der Suchmaschine von Google. Das erste Datencenter entstand in der Garage, in der Google gegründet wurde. Page und Brin nutzten aus Geldgründen bunte Lego-Steine zum Zusammenhalten der Festplatten. Die Farben Gelb, Grün, Blau und Rot standen später Pate für das Logo, welches zu besonderen Anlässen wie z. B. den Olympischen Spielen oder Feiertagen verändert und dann Doodle genannt wird. Ansonsten hat sich die in Weiß gehaltene Google-Startseite, die sich neben dem Logo auf den Suchschlitz konzentriert, seit der Gründung 1998 nicht verändert. Sie garantiert schnelle Ladezeiten, was in den Zeiten des Modems besonders wichtig war. Dies, die Qualität der Suchergebnisse und die Schnelligkeit, mit denen sie dem Nutzer geliefert werden sind u. a. Faktoren dafür, dass Google die meistbesuchte Website weltweit (Quelle: comScore Network, 2007) ist. Gestartet als reine Internet-Suchmaschine umfasst das Produktportfolio der Marke heutzutage über 80 kostenlose Produkte wie z. B. Google *Earth*, Google *Maps* oder Google *Mail*. Die Marke wird weltweit im Internet und mit 40 Niederlassungen in mehr als 20 Ländern vertrieben. Eric Schmidt ist CEO des Unternehmens.

DATEN UND FAKTEN

Markenname: Google, abgeleitet von „googol", dem mathematischen Fachbegriff für eine 1 mit 100 Nullen.

Erfinder: Larry Page, Sergey Brin, 1998, Mountain View/USA

Jahresumsatz: 10,604 Mrd. USD

Mitarbeiter: über 12.000 weltweit

Literatur:
P. Kiefer: Mit Google alles finden (2005)
D. A. Vise u. M. Malseed: Die Google-Story (2006)
J. Battelle: Die Suche (2006)

UNTERNEHMEN

Google Germany GmbH
ABC-Str. 19
20354 Hamburg
(0 40) 80 81 79 0-00
(0 40) 49 21 91 94
www.google.de

GÖRTZ

Die Modemarke Görtz steht für den Vertrieb von modischen Schuhen und Accessoires in den Schuhhäusern der Ludwig Görtz GmbH. Das Schuhsortiment von Görtz richtet sich an Käuferschichten im mittleren bis gehobenen Segment. In Görtz-Schuhhäusern werden sowohl Marken anderer Hersteller als auch hauseigene Marken wie *Görtz Shoes*, *Görtz 17* und →Belmondo angeboten. Die Markenstrategie von Görtz ist auf differenzierte Zielgruppen ausgelegt. *Belmondo* bietet Schuhe und Accessoires im ital. Design, *Görtz 17* richtet sich an eine junge, trendbewusste Zielgruppe, *Görtz Shoes* ist Schuhmode für Damen und Herren. Mit seinen eigenen Marken verfolgt Görtz das Ziel, schnell auf aktuelle Schuhtrends zu reagieren und den Kunden ein einzigartiges Angebot zu präsentieren. Dafür werden die Görtz-Kollektionen mehrmals im Jahr durch ein hauseigenes Designteam aktualisiert. Das Markenlogo von Görtz wurde vom Hamburger Designer Peter Schmidt überarbeitet. Es zeigt den Namen des Unternehmens in der Schriftart Futura in einem Oval. Die Punkte des Buchstabens ö werden durch einen roten Strich stilisiert. Der Markenname geht auf Johann Ludwig Görtz zurück, der das erste Görtz-Schuhhaus 1875 in Hamburg gründete. Das Unternehmen ist bis heute im Familienbesitz und wird von den Brüdern Ludwig und Friedrich Görtz sowie Christoph von Guionneau und Rainer Worbs geführt.

Die modischen Damenschuhe von *Görtz Shoes* nehmen im Produktportfolio eine bedeutende Position ein.

Nach 1959 begann Görtz die Filialisierung über die Stadtgrenzen von Hamburg hinaus, 1993 wurde in Wien die erste Auslandsfiliale in Betrieb genommen. 2004 öffnete die erste Görtz-Filiale, die ausschließlich Schuhe der Marke *Görtz Shoes* führt. Heute betreibt die Ludwig Görtz GmbH mehr als 220 eigene Schuhhäuser. Für die Zukunft setzt das Unternehmen auf weitere Expansion auch über die Landesgrenzen hinaus, womit man in Österreich und Polen mit der Eröffnung von *Görtz 17* Shops bereits begonnen hat. Die Ludwig Görtz GmbH beschäftigt rund 3.000 Mitarbeiter und gehört zu den umsatzstärksten Schuhfachhändlern in Deutschland.

DATEN UND FAKTEN

Markenname: Görtz, Familienname des Firmengründers Johann Ludwig Görtz

Slogan: „Alles geht mit Görtz"

Erfinder: Johann Ludwig Görtz, 1875, Hamburg

Markenregistrierung: 13. 06. 1961, DPMA München

Markenbekanntheit: 55 % ungest. (Brigitte Kommunikationsanalyse 2006)

Auszeichnungen:
(für das Unternehmen Ludwig Görtz GmbH)
„Kunde des Jahres", ADC Deutschland (1988)

Ganz oben das Logo des Schuhauses Görtz. Darunter das Logo der von Görtz entwickelten Trendlinie *Görtz 17*, deren Produkte in eigenen Shops angeboten werden. Ganz unten im Bild das Logo von *Görtz Shoes*

Die Wortmarke der Gothaer steht mit seinen schlichten Lettern für die lange Tradition des Unternehmens.

„Forum-Preis", Textilwirtschaft (2002)
„Hamburger Gründerpreis" (2004)
„Bronzener Nagel", ADC Deutschland (2007)

UNTERNEHMEN

Ludwig Görtz GmbH

Hauptsitz: Hamburg, Deutschland

Geschäftsführung: Christoph von Guionneau, Ludwig Görtz, Friedrich Görtz, Rainer Worbs

Weitere Marken: → Belmondo, Cox, Laura, Ludwig Görtz

Vertrieb: rund 220 Filialen in Deutschland, Österreich und Polen

KONTAKT

Ludwig Görtz GmbH
Spitalerstr. 10
20095 Hamburg
✆ (0 40) 3 33 00-0
www.goertz-shop.de

Ansprechpartner Presse:
Michael Jacobs
✆ (0 40) 3 33 00-2 00
✉ michael.jacobs@goertz.de

MEILENSTEINE

1875 Johann Ludwig Görtz eröffnet in Hamburg-Barmbek ein Herren-Schuhfachgeschäft.

1948 Der Enkel Gerd Görtz eröffnet ein neues Stammhaus in der Hamburger Innenstadt.

1983 Die Marke Belmondo wird eingeführt.

1989 Der Hamburger Flagship-Store zieht innerhalb der Spitalerstraße um und zählt mit einer Größe von über 4.000 Quadratmetern und seinen vier Verkaufsflächen zu den größten Schuhgeschäften Europas.

1993 Görtz eröffnet in Wien die erste Auslandsfiliale.

2003 Görtz eröffnet unter www.goertz-shop.de einen eigenständigen Shop im Internet.

2004 Start des neuen Vertriebskonzepts Görtz Shoes

2006 Görtz eröffnet seine erste Görtz 17-Filiale in Polen.

GOTHAER

Die Gothaer Versicherungsgruppe steht seinen Kunden seit mehr als 185 Jahren als Finanzdienstleister und Versicherer zur Verfügung. Der Kundenstamm der Gothaer siedelt sich im Bereich der gehobenen Privatkunden und dem unternehmerischen Mittelstand an. Die Gothaer verspricht ihren Kunden, Versicherung und Vorsorge besonders angenehm und einfach zu machen. Der Name der Gruppe mit ihrem Stammsitz in Köln, der neben allgemeinen Versicherungen auch Beratungen für Vermögensbildung und Vorsorgestrategien anbietet, leitet sich von der thüringischen Stadt Gotha ab. Hier lebte und arbeitete der dt. Kaufmann Ernst-Wilhelm Arnoldi (1778–1841), der am 2. Juli 1820 mit der Gründung der *Feuerversicherungsbank des Deutschen Handelsstandes* den Grundstein für den zukünftigen Dienstleistungskonzern legte. Sieben Jahre später erhielt das Unternehmen das Recht, eine Lebensversicherungsbank in Deutschland zu errichten. Im Jahr 1924 wurde die Unternehmensgruppe zum ersten Mal als der *Gothaer Konzern* bezeichnet. Ein Name, der sich durchsetzte, sodass 1968 aus den zusammengeschlossenen Firmenteilen die Gothaer Versicherungsgruppe gebildet wurde. Die Wortmarke nimmt mit seiner schlichten Frakturschrift Bezug auf die lange Tradition des Unternehmens. Im Zuge einer neuen Marktpositionierung 2003 wurden Typografie und Farbe des Logos überarbeitet, das seitdem in der Hausfarbe Blau (Pantone 634) erstrahlt. Seit einer strategischen Umorientierung 1998 ist das Unternehmen in sechs Bereiche gegliedert, sodass unter der Dienstleistungsmarke Gothaer jede Form von Versicherungs- und Finanzdienstleistungen angeboten werden. Mit seinem im gleichen Jahr gegründeten Direktversicherer *Asstel* hat sich der Konzern zusätzliche Kundenkreise erschlossen. Mit mehr als 5.700 Mitarbeitern und ca. 3,9 Mrd. Euro Bruttobeiträgen (2006) gehört die Versicherungsgruppe zu einem der größten Finanzdienstleister in Deutschland.

UNTERNEHMEN

Gothaer
Arnoldiplatz 1
50969 Köln
✆ (02 21) 3 08-00
(02 21) 3 08-1 03
www.gothaer.de

GOURMET

Die Katzenfuttermarke Gourmet ist das Premium-Katzenfutter der Nestlé Purina PetCare Deutschland GmbH. Die Gourmet Welt besteht aus den vier Produktmarken *Gourmet Diamant*, G*ourmet Perle*, *Gourmet Gold* und *Gourmet*, unter denen das Unternehmen 50 exkl. Sorten Katzenfutter anbietet. Die Innovation *Gourmet Perle* ist die jüngste Marke, die in insgesamt 15 Variationen erhältlich ist. Die Produktmarke *Gourmet Gold* wird im Handel in goldfarbenen Dosen verkauft, die den Namen und die hohe Qualität des Futters unterstreichen sollen. Auch das Gourmet-Logo soll die besondere Qualität der Premium-Produkte betonen. Es zeigt den Schriftzug Gourmet, über dem in einem kleinen Bogen drei Sterne platziert sind, die an die Symbole für die höchste Auszeichnung in der gehobenen Gastronomie erinnern sollen. Eingerahmt wird das Logo von zwei Linien: Die eine verläuft geschwungen, oberhalb der Sterne, die andere gerade, unterhalb des Schriftzuges. Die Sterne, die Linien und die Schrift sind Weiß. Neben dem Logo ist auf den Gourmet-Produkten eine weiße Persian Chinchilla Katze abgebildet, die Hochwertigkeit und Eleganz assoziiert. Sie ziert als Werbefigur der Marke auch das Titelblatt des Magazins „Gourmet Magazin", das das Unternehmen begleitend zu dem Katzenfutter herausgibt. Im „Gourmet Magazin" werden neben vielerlei Tipps rund um das Wohl der Katze auch die neuen Produkte der Marke Gourmet vorgestellt. Die Nestlé Purina PetCare GmbH ist eine Tochtergesellschaft der Nestlé S. A. Sie hat ihren Sitz in Euskirchen. Nestlé Purina ist nach eigenen Angaben einer der größten Tiernahrungshersteller der Welt. In 50 Ländern beschäftigt das Unternehmen 14.000 Mitarbeiter. Das internat. Motto, dem sich auch die Marke Gourmet verpflichtet fühlt, lautet „Your Pet, Our Passion" – „Ihr Tier, unsere Leidenschaft". Produkte von Nestlé Purina PetCare werden in Deutschland unter den Marken →Felix, Purina ONE, PRO PLAN, Bonzo, Dog Chow oder Beneful vertrieben.

UNTERNEHMEN

Nestlé Purina PetCare Deutschland GmbH
Albert-Latz-Str. 6
53879 Euskirchen
✆ (0 69) 66 71–30 88
🖳 www.purina-gourmet.de

Das Logo der Katzenfuttermarke Gourmet soll Assoziationen an die Feinschmeckerküche wecken.

GQ

GQ ist der Titel eines Mode- und Lifestylemagazins für Männer. Die Abkürzung GQ steht für Gentlemen's Quarterly, was auf den anfänglich vierteljährlichen Erscheinungsrhythmus hinweist. Das Heft entwickelte sich aus dem New Yorker Fashion-Magazin Apparel Arts, das bis 1957 mit dem Männer-Modemagazin Esquire quartalsweise als Supplement erschien und ein Jahr später in Gentlemen's Quarterly umbenannt wurde. 1983 übernahm Condé Nast die Herausgabe und die Zeitschrift heißt von nun an GQ. In Deutschland erschien die GQ ab 1984 zunächst als Männer Vogue, ab 1997 übernahm man auch hierzulande den Originaltitel. Das Monatsmagazin informiert über Mode, Autos, Uhren, Sport und andere Themen des gehobenen Lifestyles. Zielgruppe sind überdurchschnittlich gebildete, luxusorientierte Männer mit gehobenem Einkommen. Die verkaufte Auflage liegt bei rund 150.000 Exemplaren, der Copypreis der monatlich erscheinenden GQ beträgt 4 Euro. Das Logo besteht aus den gefetteten Initialen GQ in serifenloser Schrift, die sich in der linken oberen Ecke des Titelblattes finden. Die Buchstaben sind unterschiedlich gefärbt, die Farben variieren. Aktuell wird die Marke unter dem Slogan „Deutschlands bestes Männermagazin" beworben, zurückgehend auf das Ergebnis einer Umfrage der Lead Academy 2007. Der Slogan ist als Zusatz im Titelkopf eingefügt, mittig und unmittelbar unterhalb des oberen Heftrandes. Der bekannte Werbeslogan „GQ – Gentlemen's World" stammt aus dem Jahr 2003. Bis Dezember 2006 war im G des Logos der Schriftzug „Gentlemen's World" zu lesen. Line-Extensions gibt es bei GQ seit 2002: Zweimal im Jahr (Sommer und Winter) erscheint seitdem die *GQ Style*, bis 2006 brachte der Verlag *GQ Cars* heraus. Das Sonderheft *GQ Style* wurde in der Top-100-Umfrage der Lead Academy 2007 zum besten Modemagazin für Männer gewählt. Hg. der dt. GQ ist die Condé Nast Verlag GmbH in München. Das Unternehmen ist eine 100%ige Tochtergesellschaft des Medienkonzerns Advance Publications. Neben GQ gehören zum Portfolio des Verlagshauses u. a. →Vogue, →Vanity Fair und →AD Architectural Digest. Das Verlagsunternehmen beschäftigt 400 Mitarbeiter (2007) in Deutschland und erwirtschaftet einen Jahresumsatz von rund 120 Mio. Euro (2006). GQ erscheint in der Condé Nast Gruppe weltweit in 14 Ländern.

GQ erscheint seit 1997 in Deutschland.

DATEN UND FAKTEN

Markenname: GQ, Abkürzung für Gentlemen's Quarterly, Männermagazin mit (ehemals) vierteljährlichem Erscheinungsrhythmus

Slogan: „GQ Gentlemen's World"

Markenregistrierung: 28. 07. 1995, DPMA München

Innovationen: GQ Style (seit 2002)

Gesamtumsatz: 120 Mio. Euro (Unternehmen, 2006)

Auszeichnungen:
„Bestes Männermagazin" bei der Top-100-Umfrage, Lead Agentur (2007)

Markenwebsite: www.gq.com

UNTERNEHMEN

Condé Nast Verlag GmbH
Ainmillerstr. 8
80801 München
✆ (0 89) 3 81 04–0
💻 www.condenast.de

GRAEF

Markenlogo von Graef (oben), die Schneidemaschine Zentro Z1 (Mitte), Hauptsitz der Firma in Arnsberg (unten)

Unter der Marke Graef produziert die Gebr. Graef GmbH & Co.KG Schneidemaschinen für Privathaushalte, Gewerbe und Industrie. Gründer des Unternehmens war Hermann Graef, der schon zu seiner Zeit als leidenschaftlicher Tüftler galt. In seiner ersten Werkstatt, die er 1921 mit seinen Brüdern in Arnsberg eröffnete, entwickelte und produzierte er die unterschiedlichsten Artikel von Gardinenstangen über Spielzeug bis zu Automaten für die Herstellung von Heftzwecken. Eine neue Ausrichtung bekam das Unternehmen mit der Entwicklung einer flachliegenden Schneidemaschine für Wurst und Schinken in den 1950er-Jahren. Die Idee zu diesem Produkt entstand, als die Söhne des Firmengründers 1952 die Kölner Eisenwarenmesse besuchten und nur umständlich mit der Hand zu betreibende Schneidemaschinen vorfanden. Ein Meilenstein war 1967 die Einführung der ersten elektrischen Haushalts-Schneidemaschine aus Metall. Die *EH 170 T* verschaffte Graef vorübergehend eine Monopolstellung im Bereich der Schneidemaschinen für den Haushalt. Seit den 1990er-Jahren beschäftigt sich das Unternehmen verstärkt mit der Gestaltung seiner Maschinen. Mit Erfolg, die Allschnitt-Maschine *Design Zentro* wurde 1998 mit mehreren Preisen für Ihr Design ausgezeichnet. Das Logo der Marke Graef soll Wertigkeit und technisches Know-how symbolisieren. Im Jahr 2004 wurde das Markenlogo überarbeitet und bekam mit den beiden Blautönen Pantone 654 und Pantone 651 sowie der Schrift Frutiger ein neues Aussehen.

Das neuste Modell aus der erfolgreichen Zentro-Serie von Graef: Die Zentro Z6 Genio

Im Sinne eines einheitlichen Erscheinungsbildes wurden auch die Verpackungen dem neuen Corporate Design angepasst. Die Marke Graef steht bis heute für hochwertige Produkte, Funktionalität und Design „Made in Germany"; das Unternehmen produziert ausschließlich am heimischen Standort Arnsberg. Mit einem Marktanteil von 39 % ist Graef der führende Hersteller von Schneidemaschinen in Deutschland (lt. GfK, Jan. 2007). Über eigenständige Vertriebspartner exportiert das Unternehmen seine Produkte in die ganze Welt.

DATEN UND FAKTEN

Markenname: Graef, Familienname der Gründer

Gründer: Hermann Graef, 1921, Arnsberg

Markenregistrierung: 30. 04. 1968, DPMA München

Innovationen: EH 170 T, Ganzmetall-Maschine mit Motorgetriebe (1967)

Auszeichnungen:
„iF product design award" für Allschnittmaschine *Design Zentro* (1998)
„red dot award: product design" für Allschnittmaschine *Design Zentro* (1998)

UNTERNEHMEN

Gebr. Graef GmbH & Co. KG

Hauptsitz: Arnsberg, Deutschland

Geschäftsführer: Hermann Graef (kfm. Geschäftsleitung), Andreas Schmidt (techn. Geschäftsleitung)

Vertrieb: Export weltweit über eigenständige Vertriebspartner

Mitarbeiter: ca. 150 weltweit

KONTAKT

Gebr. Graef GmbH & Co. KG
Donnerfeld 6
59757 Arnsberg
✆ (0 29 32) 97 03-0
🖷 (0 29 32) 97 03-90
💻 www.graef.de

Ansprechpartner Presse & Marketing:
Tanja Kamphaus
✆ (0 29 32) 97 03-29
🖷 (0 29 32) 97 03-90

MEILENSTEINE

1921 Firmengründer Hermann Graef errichtet mit seinen Brüdern in Arnsberg die erste Produktionsstätte und fertigt Gardinenstangen, Holzspielzeug und Reißbrettstifte.

1930–1940 In der Weltwirtschaftskrise denken die Graef-Brüder um und stellen die Produktion auf Spanholzschachteln für Reißbrettstifte um. Sie überstehen die Krise unbeschadet.

1952 Nach dem Tod von Hermann Graef beginnen die Söhne des Firmengründers mit der Herstellung der ersten Schneidemaschinen.

1967 Die erste im eigenen Hause entwickelte elektrische Ganzmetall-Schneidemaschine kommt auf den Markt.

1970 Die Schneidemaschine wird zu einem erfolgreichen Exportartikel. Ein weiteres Werk zur Ausweitung der Produktion wird gebaut.

2007 Die neue Generation von Schneideautomaten wird vorgestellt. Die Maschinen sollen in puncto Technik, Materialien und Ergonomie an die Erfolge der Vorgänger anknüpfen.

GRAFSCHAFTER GOLDSAFT

Unter der Lebensmittelmarke Grafschafter Goldsaft produziert die Grafschafter Krautfabrik Josef Schmitz KG den in Deutschland mit Abstand meistverkauften Brotaufstrich im Bereich Zuckerrübensirupe. Zum Produktportfolio des Unternehmens zählen einige weitere süße Fruchtaufstriche, jedoch erreicht keine dieser Spezialitäten eine ähnliche Marktabdeckung wie der Zuckerrübensirup, dessen Marktanteil in Deutschland seit Jahren bei ca. 90 % liegt. Das heute fast unverändert genutzte Produktdesign stammt aus dem Jahr 1954. Um sich farblich von den Konfitüren im Brotaufstrich-Regal abzuheben, füllte der damalige Besitzer Albert Schmitz den Sirup in einen gelben Becher, nannte ihn „Goldsaft" und verlieh der Verpackung damit ein prägnantes Design. Das aktuelle Markenlogo zeigt als Bild den Schriftzug „Grafschafter Goldsaft" vor einer Landschaft, in eine ovale Form gefügt. Der Name Grafschafter steht für den Landstrich „Grafschaft", aus dem das Unternehmen zu Beginn der Produktion den Großteil der Zuckerrüben bezog. Die im Logo abgebildete Landschaft findet sich tatsächlich in der Nähe des Firmensitzes und unterstreicht die Authentizität der Marke. Nach seiner Gründung 1893 durch Josef Schmitz in Meckenheim produzierte das Unternehmen zunächst Ziegel und seit 1904 im Nebenbetrieb Zuckerrübensirup. Heute stellen 140 Mitarbeiter an drei Standorten mehr als 20.000 t Brotaufstriche und 28.000 t verschiedene Sirupe pro Jahr her, die das Unternehmen teilweise bis in die USA, Kanada und Australien exportiert. Das mittlerweile von der vierten Generation geführte Familienunternehmen sieht seine Hauptaufgabe darin, das Kernprodukt Goldsaft Zuckerrübensirup als Zugpferd für die Marke Grafschafter zu positionieren und dabei die Tradition mit den Chancen und Möglichkeiten der modernen Markenführung zu verbinden.

Unter dem Logo der süße Brotaufstrich Grafschafter Goldsaft in seinem unverwechselbaren gelben Becher

UNTERNEHMEN

Grafschafter Krautfabrik Josef Schmitz KG
Wormersdorfer Str. 22–26
53340 Meckenheim
✆ (0 22 25) 91 90-0
🖷 (0 22 25) 1 50 16
💻 www.grafschafter.de

GRAMMOPHON

→ Deutsche Grammophon

Granufink ist ein Arzneimittel für Selbstmedikation bei urologischen Problemen.

GRANU FINK

Die Marke Granu Fink ist mit einem Sortiment urologischer Arzneimittel im Markt der Selbstmedikation angesiedelt. Wichtigster Bestandteil der Naturpräparate zur Stärkung der Blasenfunktion ist der FINK Arzneikürbis, eine speziell gezüchtete Kürbissorte, deren Wirkstoffe nur in den Präparaten von Granu Fink enthalten sind. Johann Georg Fink entwickelte die ersten Produkte gegen Blasenschwäche in den 1960er-Jahren zunächst für eine männliche Kundschaft und ließ den Namen 1964 schützen. Der Wortteil Granu fußt auf dem Begriff Granulat und bezieht sich auf eine spezielle Darreichungsform, während FINK der Name des damaligen pharmazeutischen Herstellers ist. Als Logo dient der Markenname Granu Fink in seiner typischen Schreibweise. Investitionen in die Werbekommunikation spielen eine große Rolle im Vermarktungskonzept. Als einzige Marke in ihrem Segment mit einer über viele Jahre kontinuierlichen TV-Präsenz erreicht Granu Fink als Marktführer im Bereich Urologika eine gest. Bekanntheit von 91 % (OTC Monitor, 2002). Unter dem Slogan „Granu Fink – Naturrezepte für eine starke Blase" spricht Granu Fink mit spezifischen Wirkstoffkombinationen sowohl Frauen als auch Männer an, die unter einer schwachen Blase und häufigem Harndrang leiden und ihre Probleme mit Naturheilmitteln behandeln wollen. Jüngste Neueinführungen unter der Marke sind die Präparate *Granu Fink PROSTA* (1998) und *Granu Fink femina* (2003). Der Hersteller →Glaxo-SmithKline Consumer Healthcare GmbH & Co. KG vertreibt Granu Fink vor allem im deutschsprachigen Raum. Erhältlich sind die Arzneimittel in Apotheken und Reformhäusern.

UNTERNEHMEN

GlaxoSmithKline Consumer Healthcare GmbH & Co. KG
Bußmatten 1
77815 Bühl
(0 72 23) 76–0
(0 72 23) 76–40 00
www.gsk-consumer.de

Das Angebot von GRAVIS wird von Computern und anderen Produkten der Marke Apple bestimmt.

GRAVIS

Der Computerhändler GRAVIS ist deutschlandweit mit 29 eigenen Geschäften und Shop-in-Shops vertreten. Das Angebot wird von Computern, iPods und anderen Produkten der designorientierten Marke →Apple bestimmt. Digitale Lifestyle-Produkte anderer Hersteller wie z. B. →Bose und Zubehör komplettieren das Sortiment. Die GRAVIS Computervertriebsgesellschaft mbH wurde 1988 von Wilfried Gast und Archibald Horlitz als Versandhandelsunternehmen, das Zubehör aus den USA importierte, gegründet. Erste Shops eröffnete GRAVIS im Jahr 1991.

2006 wurden zahlreiche Shops des Computerhändlers gemäß dem neuen Erscheinungsbild umgebaut und umgestaltet.

Der aus dem Lateinischen stammende Markenname GRAVIS bedeutet schwer, ernst, bedeutungsvoll und soll hoffnungsweisend und solide wirken. Im Jahr 2006 wurde die Marke neu positioniert. Der Wandel vom technik- zum lifestyleorientierten Computerhändler sollte sich auch in einem neuen Corporate Design widerspiegeln. Die von Professor Erik Spiekermann neu entwickelte Bildmarke soll durch die Verschmelzung einer Druck- mit einer digitalen Schrift den Menschen und die digitale Welt symbolisieren. Die auffällige Farbe GRAVIS Grün und die Hausschriften GRAVIS Round, GRAVIS Unit, GRAVIS Hybrid und GRAVIS Icon komplettieren das neue Erscheinungsbild. Nach eigenen Angaben ist GRAVIS mit einem Umsatzanteil von 65 % beim Vertrieb von Apple-Macintosh-Computern in Deutschland Marktführer. Der Vertrieb erfolgt nicht nur über die eigenen Geschäfte, sondern europaweit auch über den Versandhandel. Die Produkte können per Telefon, Post oder Internet bestellt werden. Die GRAVIS Computervertriebsgesellschaft mbH mit Sitz in Berlin beschäftigt 601 Mitarbeiter. Das von Archibald Horlitz, Norbert Mohlberg, Martin Wuppermann, Jörg Mugke und Wilfried Gast geleitete Unternehmen erzielte 2006 mit der Marke GRAVIS einen Umsatz von 99 Mio. Euro. Der Computerhändler plant, in Zukunft die vorhandenen Standorte aus- und umzubauen, neue Standorte zu erschließen und Shop-in-Shops in eigene Geschäfte umzuwandeln.

DATEN UND FAKTEN

Markenname: GRAVIS, lat. für schwer, ernst, bedeutungsvoll

Slogan: „GRAVIS – Digitale Ideen erleben."

Gründer: Wilfried Gast, Archibald Horlitz, 1988, Berlin

Markenregistrierung: 12. 08. 1992, DPMA München

Markenbekanntheit: 0,9 % ungest. (TNS Infratest, 2006), 85 % im Macintosh-Umfeld (Falke Media, 2006)

Werbespendings: 2,1 Mio. Euro (2006), ca. 3 Mio. Euro (2007)

Auszeichnungen:
„European Seal of E-Excellence", Europ. Multimedia Association's Convention (2007)

UNTERNEHMEN

GRAVIS Computervertriebsgesellschaft mbH

Hauptsitz: Berlin, Deutschland

Geschäftsführung: Archibald Horlitz, Norbert Mohlberg, Martin Wuppermann, Jörg Mugke, Wilfried Gast

Gesamtumsatz: 99 Mio. Euro (2006), 130 Mio. Euro (geschätzt, 2007)

Vertrieb: derzeit 30 Stores und Shop-in-Shops, Versandhandel

KONTAKT

GRAVIS Computervertriebsgesellschaft mbH
Ernst-Reuter-Platz 8
10587 Berlin
✆ (0 30) 3 90 22–0
🖷 (0 30) 3 90 22–1 39
💻 www.gravis.de

MEILENSTEINE

1986 Gründung der HSD GmbH von Archibald Horlitiz und Wilfried Gast, Eröffnung des ersten Ladengeschäfts

2001 Einführung des iPods von Apple: GRAVIS entwickelt sich zum Anbieter digitaler Lifestyleprodukte.

2006 Imagewechsel der Marke: neues Logo, neues Erscheinungsbild, neue Stores, neues Design

Ansprechpartner Presse:
fischerAppelt Kommunikation GmbH, Hamburg
✆ (0 40) 89 96 99–9 62
✉ gravis@fischerappelt.de

GREENPEACE

Greenpeace e.V. ist eine internat. und zugleich Deutschlands größte Umweltorganisation. Der gemeinnützige Verein arbeitet unabhängig von staatlicher oder industrieller Unterstützung und wird ausschließlich durch private Spenden finanziert. Schwerpunkt der Arbeit ist der Einsatz gegen den Klimawandel und für den Schutz von Urwäldern und Meeren. Übergeordnetes Ziel von Greenpeace ist es, den Planeten Erde in all seiner Vielfalt als Lebensraum für Mensch und Tier zu erhalten. Spektakuläre Protestaktionen, z. B. Schlauchbooteinsätze zur Rettung der Wale, prägen das Image von Greenpeace. Der Protest gegen die verheerenden Folgen für das ökologische Gleichgewicht von US-Atombombentests in Alaska führte 1971 zum Zusammenschluss von Umweltaktivisten in Kanada. 1972 entstand daraus die „Greenpeace Foundation". Die dt. Organisation wurde 1980 als gemeinnütziger Verein in Hamburg gegründet. Greenpeace wird von ca. 560.000 Menschen unterstützt und hat einen Jahresetat von ca. 40 Mio. Euro. Neben 200 Angestellten in der Deutschlandzentrale setzen sich ca. 3.000 ehrenamtliche Mitarbeiter aller Altersgruppen für Greenpeace Deutschland ein. Greenpeace-Büros gibt es in ca. 40 Ländern der Erde. Sitz der internat. Zentrale ist Amsterdam. Der größte Teil des internat. Budgets wird von Deutschland, den Niederlanden und Großbritannien aufgebracht. Greenpeace besitzt eine eigene Flotte von hochseetauglichen und z. T. eisgängigen Schiffen. Das 1990 entwickelte handschriftliche Logo in Pantone 376 steht für Aktivität, Dynamik und Spontanität mit klarer Handlungs- und Zielorientierung, die eine friedliche und umweltfreundliche Zukunft anstrebt. Bis 1998 verwendete Greenpeace Deutschland als eigenständiges Logo den Schriftzug in Times.

DATEN UND FAKTEN

Markenname: Greenpeace, engl. für „Grüner Friede", Teil des ersten Slogans der 1971 in Kanada gegründeten Initiative zur Verhinderung von Atombombentests in den USA

GREENPEACE

Greenpeace Deutschland wurde 1980 als gemeinnütziger Verein in Hamburg gegründet.

Slogan: „Greenpeace. Du hast nur eine Erde." (Deutschland, aktuell)

Früherer Slogan: „Taten statt Warten" (Deutschland ab ca. 1985)

Gründer: Irving Stowe, Jim Bohlen, Paul Cote, 1971

Markenregistrierung: 05. 11. 1986, DPMA München

Markenbekanntheit: über 80 % ungest. (eigene Angaben)

UNTERNEHMEN

Greenpeace e. V.
Große Elbstr. 39
22767 Hamburg
✆ (0 40) 3 06 18–0
🖷 (0 40) 3 06 18–1 00
💻 www.greenpeace.de

GRETSCH-UNITAS

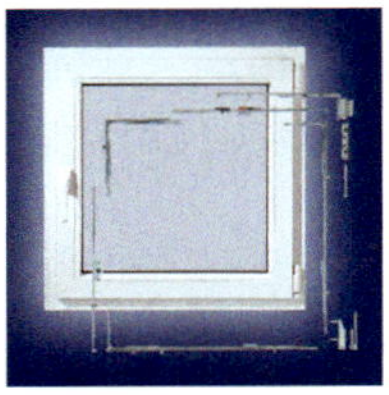

Gretsch-Unitas zählt zu den weltweit größten Anbietern von Fenster-, Tür- und Sicherheitstechnik.

Die Gretsch-Unitas Gruppe hat sich in den vergangenen Jahren zu einem global tätigen Unternehmen entwickelt. Der internat. Konzern gehört mit über 4.000 Mitarbeitern und insgesamt 50 Vertriebs- und Produktionsgesellschaften in 70 Ländern zu den renommiertesten Anbietern von Baubeschlägen und Sicherheitseinrichtungen. Seit 100 Jahren gehört es zur Firmenphilosophie, nicht nur Einzelprodukte zu entwickeln, sondern auch nach Gesamtlösungen für individuelle, hochspezifische Anforderungen zu suchen. Gemäß dem Motto „Vorsprung durch System" lassen sich die verschiedenen Produkte aus den Bereichen Fenstertechnik, Türtechnik, automatische Eingangssysteme und Managementsysteme problemlos miteinander kombinieren. Über 500 Patente, ein Angebot aus 30.000 verkaufsfähigen Artikeln und zahlreiche individuelle Gesamtlösungen sprechen für den Erfolg dieser Philosophie. Namensgeber Viktor Gretsch ließ 1907 die beiden Firmen Hermann Gretsch GmbH und Unitas Metallwarenfabrik GmbH, Feuerbach in das Handelsregister des königlichen Amtsgerichts in Stuttgart eintragen. Später erfolgte die Zusammenführung zur Gretsch-Unitas GmbH. Zu den bedeutendsten Innovationen gehören u. a. der Schwingfensterbeschlag UNITAS, der Parallelschiebekippbeschlag und die automatische Mehrfachverriegelung SECURY. Im Fokus stehen zukünftig elektronische Zutrittskontrolle und Fluchttürsteuerung, motorische und mechatronische Verriegelungselemente, automatische Türöffnungs- bzw. Schließungsfunktionen sowie die Integration dieser elektronischen Komponenten in vernetzte Gebäudetechnik. Die weltweite Präsenz führte 2006 unter der Leitung von Julius und Michael von Resch zu einem Gruppenumsatz von 500 Mio. Euro. Die Marken →BKS, Ferco und ATS gehören ebenfalls zum Portfolio der Unternehmensgruppe. Weitere Produktionsstätten befinden sich in der Türkei, Kanada und China.

DATEN UND FAKTEN

Markenname: Gretsch-Unitas, abgeleitet vom Familiennamen des Gründers und der Unitas Metallwarenfabrik GmbH, Feuerbach

Slogan: „Vorsprung mit System"

Gründer: Viktor Gretsch, 1907

Markenregistrierung: 19. 12. 1927, Reichspatentamt Berlin

Innovationen: Schwingfensterbeschlag UNITAS, Parallelschiebekippbeschlag, Mehrfachverriegelung SECURY Automatic

Jahresumsatz: 500 Mio. Euro (Unternehmensgruppe, 2006)

UNTERNEHMEN

Gretsch-Unitas GmbH
Johann-Maus-Str. 3
71254 Ditzingen
✆ (0 71 56) 3 01–0
🖷 (0 71 56) 3 01–2 93
💻 www.g-u.com

GRIESSON

Eines der wichtigsten Produkte aus dem Sortiment der Marke Griesson ist der Soft Cake.

Die Gebäckmarke Griesson gibt einer breiten Produktpalette ihren Namen. Diese reicht vom klassischen Schoko- und Doppelkeks über Gebäckvariationen mit Frucht, amerikanischen Cookies und salzigen Knabbereien bis hin zu feinem Kaffeegebäck. Das Logo der Marke zeigt den Markennamen in weißen Majuskeln auf rotem Grund. Hintergrund bildet ein geschwungenes, orange gerahmtes Rechteck. Der schwungvolle Charakter der Wortmarke wird durch eine kleine kreisförmige Vignette verstärkt, in der auf orangefarbenem Grund eine weiße Bäckerblume zu sehen ist. Der Name Griesson entstammt einer traditionsreichen Unternehmerfamilie. Bäckermeister Gottlieb A. Gries begann bereits 1892 in Kobern an der Mosel Gebäck speziell zu Weihnachten herzustellen. 1924 gründete sein Sohn Hans Gries das Unternehmen Griesson und baute 1928 bereits eine Lebkuchenfabrik. Nach dessen Tod übernahm Heinz Gries 1967 die Geschäfte. Er brachte 1977 den *Soft Cake*, ein Eigebäck mit Fruchtfüllung und Schokolade, auf den Markt. Die Gebäckkreation, die ursprünglich aus England stammt, ist in ihrem Segment marktführend (Quelle: Nielsen). Heute wird die Marke Griesson im Portfolio von →Griesson - de Beukelaer weitergeführt. Weitere Marken aus dem Hause des Unternehmens sind →Prinzen, →DeBeukelaer, →Leicht & Cross, →TUC und →Tekrum.

DATEN UND FAKTEN

Markenname: Griesson

Slogan: „Köstlich! Günstig! Kauf ich!" (bis 2006)

Erfinder: Hans Gries, 1924, Kobern a. d. Mosel

Markenregistrierung: 05.08.1956, DPMA München

Innovationen: Griesson Schokokeks Latte Macchiato (2007)

Markenbekanntheit: 45 % gest. (Emnid Image Tracking, 2002–2006)

UNTERNEHMEN

Griesson – de Beukelaer GmbH & Co. KG
August-Horch-Str. 23
56751 Polch
(0 26 54) 4 01–0
(0 26 54) 4 01–10 00
www.griesson-debeukelaer.de

GRIESSON - DE BEUKELAER

Der Gebäckhersteller Griesson wurde 1924 von Hans Gries gegründet. Den Grundstein legte bereits sein Vater Gottlieb Anton Gries im Jahr 1892 mit der Herstellung von Lebkuchen und Zuckerwaren zur Weihnachtszeit. 1967 übernahm Heinz Gries in dritter Generation die Führung des Unternehmens. Im Jahr 1999 firmierten Griesson und die Danone Töchter General Biscuits Deutschland und General Biscuits Österreich zur Griesson - de Beukelaer GmbH & Co. KG. Das Firmenlogo von Griesson - de Beukelaer besteht aus dem Namenszug in roten, gold hinterlegten Majuskeln, eingefasst von zwei goldenen konkaven Linien und gekrönt von einer stilisierten goldenen Flamme und einem Stern. Zum Markenportfolio gehören neben →Griesson und →DeBeukelaer auch →Prinzen, →Leicht & Cross, →TUC und →Tekrum. Das Unternehmen mit Stammsitz in Polch liefert täglich über 500 t Gebäck aus.

Zu den bekanntesten Produkten aus dem Hause Griesson - de Beukelaer gehört der Soft Cake.

Zum Sortiment gehören Kekse, Salzsnacks, Cookies, Knusperbrot sowie Gebäck- und Waffelspezialitäten. Zu den bekanntesten Produkten gehören die *Prinzen Rolle*, *Soft Cake*, *Café Musica* und *Mikado*. Griesson – de Beukelaer beschäftigt 1.800 Mitarbeiter und macht 402 Mio. Euro Umsatz pro Jahr (2006). Bei Süßgebäck liegt der Marktanteil bei 13,8 %. Seit Mai 2007 sind Heinz Gries und Andreas Land alleinige Inhaber des Unternehmens, nachdem der 40 %ige Gesellschafteranteil von Danone übernommen wurde.

UNTERNEHMENSBEREICHE UND MARKEN

Unternehmensbereich: Salzgebäck
→TUC, →Leicht & Cross, →DeBeukelaer, →Griesson

Unternehmensbereich: Süßwaren
→Griesson, →DeBeukelaer, →Prinzen, →Tekrum

DATEN UND FAKTEN

Griesson – de Beukelaer GmbH & Co. KG

Gründer: Hans Gries

Unternehmensgründung: 1924

Mitarbeiter: über 1.800 weltweit

Vorsitzende der Geschäftsführung: Heinz Gries und Andreas Land (Geschäftsführende Gesellschafter)

GRIESSON - DE BEUKELAER

Die Leitung der Griesson – de Beukelaer GmbH & Co. KG teilen sich die geschäftsführenden Gesellschafter Heinz Gries (Mitte) und Andreas Land (unten).

Standorte: Polch, Kahla, Kempen, Ravensburg

Umsatz: 402 Mio. Euro (2006)

KONTAKT

Griesson – de Beukelaer GmbH & Co. KG
August-Horch-Str. 23
56751 Polch

Ansprechpartner Kommunikation:
Peter Gries
✆ (0 26 54) 4 01–12 14
✉ pg@griesson-debeukelaer.de

> **SCHON GEWUSST?**
> ▌Stellen Sie sich neun Fußballplätze voller Eier vor. Dazu so viel Mehl, wie ein Luxusdampfer wiegt, und eine Kette von Schokoladentafeln, die hintereinandergelegt um die ganze Welt reicht. Das sind die Zutaten, die Griesson – de Beukelaer pro Jahr in Gebäck verwandelt.

STADA Arzneimittel

Grippostad C

Grippostad wird am Stada-Firmensitz in Bad Vilbel produziert.

GRIPPOSTAD

Grippostad® C ist als Arznei gegen grippale Infekte und Erkältungskrankheiten in seiner aktuellen Form seit 1982 auf dem dt. Markt und nimmt eine führende Marktposition ein. Der Name Grippostad® C setzt sich aus dem Wort Grippe, das umgangssprachlich für alle Erkältungskrankheiten benutzt wird, und der Silbe -stad, die allen vom Bad Vibeler Pharmakonzern Stada entwickelten Arzneimitteln anhängt, zusammen. Der Zusatz C verweist auf den Gehalt an Vitamin C, mit dem das Immunsystem unterstützt und durch die gelbe Hälfte der Kapsel auch direkt am Produkt symbolisiert wird. Als einziges Erkältungs-Arzneimittel enthält Grippostad® C vier Wirkstoffe: Neben Vitamin C enthält das Produkt Paracetamol zur Linderung von Kopf- und Gliederschmerzen, Chlorphenamin, das auf die Nasenschleimhaut abschwellend wirkt, und Coffein, das leicht belebt und die Wirkung des Paracetamols unterstützt. Durch geschickte Anpassungen wurde das Packungs- und Werbedesign immer auf der Höhe der Zeit gehalten, ohne die Anwender durch allzu starke Einschnitte und Neuerungen zu irritieren. Unter der Familienmarke Grippostad hat die Stada GmbH weiterhin einen Erkältungssaft, ein Heißgetränk und zuletzt ein Erkältungsbad eingeführt. Weitere Line Extender sind in Planung. Seit 1995 wird Grippostad® C jedes Jahr durch zahlreiche TV-Kampagnen, seit 2000 mit dem Pinguin als Key-Visual beworben. Heute ist Grippostad® C, das immer noch in Bad Vilbel bei Frankfurt/Main am Stada Firmensitz produziert wird, in praktisch jeder Apotheke in Deutschland geführt und weltweit in 26 Ländern zugelassen.

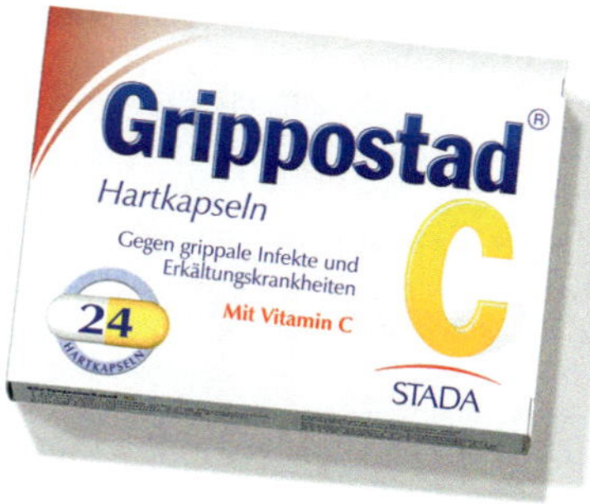

Grippostad wird in 26 Ländern vertrieben.

DATEN UND FAKTEN

Markenname: Grippostad, Kunstwort, zusammengesetzt aus dem Wort **Grippe** und dem Firmennamen **Stad**a

Slogan: „So ist man schnell wieder fit"

Markenregistrierung: 1960, DPMA München

Markeneinführung: 1982 in Deutschland

Markenbekanntheit: 35 % ungest., 72 % gest. (tus, 2006)

Markenwebsite: www.grippostad.de

Jahresumsatz: 19,5 Mio. Euro (Marke Grippostad)

UNTERNEHMEN

STADA GmbH

Hauptsitz: Bad Vilbel, Deutschland

Vorstand: Peter Majer und Dr. Hans-Martin Schwarm

Weitere Marken: Curazink, Hoggar, Kamistad, → Ladival, Magnetrans, → Mobilat, Multilind

Vertrieb: Apothekenvertrieb in 26 Ländern

KONTAKT

STADA GmbH
Stadastr. 2–18
61118 Bad Vilbel
✆ (0 61 01) 6 03–0

(0 61 01) 6 03-2 59
www.stada.de

Ansprechpartner Presse:
Hannes Fischer
(0 61 01) 6 03-2 06
hannes.fischer@stada.de

Ansprechpartner Marketing:
Regina Hollstein
(0 61 01) 6 03-15 00
regina.hollstein@stada.de

MEILENSTEINE

1895 Gründung in Dresden als Apothekergenossenschaft

1960 Markenregistrierung Grippostad

1982 Einführung Grippostad® C Kapseln

1993 Einführung Grippostad® Heißgetränk

1996 Erster TV-Spot

1997 Einführung Grippostad® Erkältungssaft für die Nacht

2000 Pinguin TV-Spot

2005 Einführung Grippostad® Erkältungsbad

GROHE

Grohe steht als Marke für hochwertige Produkte im Sanitärbereich. Zur Produktpalette zählen Badarmaturen und Thermostate, Duschen, zudem Duschsysteme oder Küchenarmaturen ebenso wie Armaturen für den gewerblichen und öffentlichen Bereich sowie Installations- und Spülsysteme. Grohe-Produkte finden sich in privaten Badezimmern ebenso wie in Luxuslinern oder Fußballstadien. Entwickelt werden Technologien und Produkte im eigenen Haus. Das Grohe Design Center sorgt dafür, dass die hochwertige Technologie eine angemessene Gestaltung erhält. Zu den Grohe Spitzenprodukten zählen z.B. die Serie Grohe *Ondus* sowie die *Minimalist*-Designarmaturen. Die innovativen Technologien von Grohe bieten großen Komfort und Sicherheit. Das Firmenlogo zeigt den Markennamen in serifenlosen Versalien über drei stilisierten Wasserwellen. Als Claim fungiert die Wortfolge „Enjoy Water" (dt. etwa: „Spaß am Wasser"). Die Grohe AG ist nach eigenen Angaben Europas größter und mit 8 % Marktanteil ein weltweit führender Hersteller von Sanitärarmaturen. Das Unternehmen hat sechs Standorte, davon drei in Deutschland sowie je einen in Portugal, Thailand und Kanada. Weltweit sind 5.200 Mitarbeiter für Grohe tätig, 3.200 davon in Deutschland. Der Jahresumsatz betrug 2006 939 Mio. Euro. Der Exportanteil liegt bei 82 %. Dafür sorgen 23 Vertriebsgesellschaften sowie die Präsenz in 130 Ländern. Sitz der Unternehmenszentrale der Grohe AG ist Düsseldorf.

UNTERNEHMEN

Grohe AG
Feldmühlenplatz 15
40545 Düsseldorf
(02 11) 91 30-0
www.grohe.de

GROHE
ENJOY WATER®

Eine Weltmarke: Grohe

GRUNDIG

Die Dachmarke Grundig steht in erster Linie für Geräte der Unterhaltungselektronik wie Fernseher, DVD-Player und Audio-Anlagen. Der Name leitet sich aus dem Familiennamen des Unternehmensgründers ab. 1930 setzte der 22-jährige Max Grundig mit einem Radiogeschäft den Grundstein für die dt. Traditionsmarke. Mit Radio- und Fernsehgeräten hatte Grundig nach dem 2.Weltkrieg großen Erfolg. Die Konkurrenz aus Asien beeinträchtigte jedoch die führende Marktposition des Unternehmens seit Ende der 1970er-Jahre. Max Grundig blieb an der Spitze der Firma, bis 1984 der niederl. Elektronikkonzern Philips mit einer Kapitalbeteiligung einstieg. Nach zwölf Jahren zieht sich Philips aus dem immer noch krisengerüttelten Unternehmen zurück. Im April 2003 meldete die Grundig AG Insolvenz an. Die brit. Vertriebsgesellschaft Alba und der türkische Elektronikhersteller Beko, mit dem Grundig bereits mehrere Jahre zusammenarbeitete, wurden als Partner gefunden. Ein Jahr später nahm die Grundig Intermedia GmbH ihren Geschäftsbetrieb im Bereich der Unterhaltungselektronik wieder auf. Das Ziel: mit innovativen Produkten zu alter Größe zurückkehren. So entwickelte das Unternehmen 2006 mit dem Grundig Fine Arts FHD einen LCD-Fernseher, der die hohe HD-Auflösung voll unterstützt und eine spezielle Technologie zur Vermeidung von Bewegungsunschärfen besitzt. Die Grundig Intermedia GmbH will den Namen Grundig, der 98 % der Deutschen ein Begriff ist, für weitere Produkte wie Dect-Telefone lizenzieren.

GRUNDIG
made for you

Grundig – die Traditionsmarke setzt nach der Neugründung wieder auf technische Innovationen.

DATEN UND FAKTEN

Markenname: Grundig, Familiennamen des Unternehmensgründers

Slogan: „Grundig – made for you"

Gründer: Max Grundig, 1930, Fürth

Innovationen: Grundig Fine Arts FHD (2006)

Markenbekanntheit: gest. 98 % (GfK, 2004)

Literatur:
C. Bronnenmeyer: Max Grundig. Made in Germany (1999)

UNTERNEHMEN

Grundig Intermedia GmbH
Beuthener Str. 41
90471 Nürnberg
✆ (09 11) 7 03-0
💻 www.grundig.de

GRÜNER PUNKT

→ Der Grüne Punkt

GÜDE

GÜDE
die Messer

Franz Güde
Solingen

Das Markenlogo von Güde heute (oben), das Logo im Jahr 1951 (Mitte), Franz Güde (unten)

Aus dem Hause Güde kommen handgeschmiedete Messer höchster Qualität in limitierter Stückzahl. Die Manufaktur Franz Güde GmbH wurde um 1910 von Karl Güde in Solingen gegründet, in der dt. Stadt, die für ihre traditionsreiche Messerherstellung bekannt ist. Während die meisten Messerhersteller schon im frühen 20. Jh. die automatisierte Fertigung auf Kosten der Qualität bevorzugten bzw. vom Markt verschwanden, setzte die Manufaktur Güde weiterhin auf die traditionelle manuelle Fertigung nach althergebrachten Wertmaßstäben. Franz Güde entwickelte um das Jahr 1930 ein Brotmesser, das durch die Erfindung des Wellenschliffs richtungsweisend für die gesamte Messerindustrie weltweit wurde. Auch sein Sohn Franz D. Güde und sein Enkel Dr. Karl Peter Born, der das Unternehmen heute leitet, führten den Betrieb in traditioneller Weise fort. Schon allein das Logo, ein stilisierter Namenszug in Weiß auf schwarzem Grund, erweckt, wie auch die Messer selber, den Eindruck klassischer Eleganz. Die von Franz Güde entwickelte Wortmarke in dünnen Majuskeln und einer Ligatur von G und Ü wirkt selbst wie handgeschmiedet und wird durch den selbstbewussten Claim „Güde die Messer" ergänzt. Nach wie vor setzt der Handwerksbetrieb auf qualitätsvolle Handarbeit, hochwertigste Materialien und limitierte Stückzahlen. Zu den Kunden zählen sowohl professionelle Köche als auch ambitionierte Hobbyköche. Ihnen steht ein umfassendes Sortiment zur Verfügung, zu dem etwa die Messerserien Kappa, Alpha und Alpha Olive mit einem Griff aus Olivenholz gehören. Eine Reihe von Messern aus Damaszenerstahl sowie Wetzstähle und Messerblöcke runden das Angebot ab. Darüber hinaus erhalten die Kunden eine individuelle Beratung für den richtigen Umgang mit den wertvollen Werkzeugen und können

Das Brotmesser von Güde mit dem von der Firma entwickelten Wellenschliff wurde zum Vorbild für Brotmesser schlechthin.

diese ggf. auch zum Schleifen in die Werkstatt des Herstellers geben. Eine neuere Entwicklung ist ein chin. Kochmesser, für das mit dem Slogan „Der Chinese aus Solingen" geworben wird. Bei aller Treue zur Tradition versteht sich Güde als Vorreiter modernen, exkl. Designs und erhielt zahlreiche Auszeichnungen für seine Erzeugnisse. Die Produktkommunikation umfasst den Internetauftritt, Broschüren, Anzeigen und Designerwettbewerbe.

DATEN UND FAKTEN

Markenname: Güde, Familienname des Firmengründers

Slogan: „Güde die Messer", „Güde, die Messer mit den Palmen"

Erfinder: Franz Güde, Solingen

Markenregistrierung: 10. 12. 1923, Reichspatentamt Berlin

Jahresumsatz: 1,6 Mio. Euro (2006)

Werbespendings: 100.000 Euro

Auszeichnungen:
„red dot award: product design" für Kräutermesser *Shark* (2007)
„red dot award: product design" für Messer-Serie *Alpha Fasseiche* (2007)
„red dot: best of the best" für das Hart- und Weichkäsemesser der Serie *Kappa* (2001)

Literatur:
I. Weimer: Der Griff nach dem Glück. Das Messerhandbuch (2004)

UNTERNEHMEN

Franz Güde GmbH

Hauptsitz: Solingen, Deutschland

Geschäftsführer: Dr. Karl-Peter Born

Gesamtumsatz: 2 Mio. Euro (2006)

Mitarbeiter: 25 (2006)

Vertrieb: weltweit

KONTAKT

Franz Güde GmbH
Katternberger Str. 175
42655 Solingen
(02 12) 81-61 66
(02 12) 81-58 40
www.guede-solingen.de

Ansprechpartner Presse & Marketing:
Dr. Karl-Peter Born
(02 12) 81-61 66
info@guede-solingen.de

SCHON GEWUSST?

- Das Franz Güde Brotmesser wurde zum Vorbild für Brotmesser schlechthin. Es beruht auf einem Verfahren, bei dem die Klinge bis zur Schneidfläche in Wellen durchgeschliffen wird. Weltweit sind heute selbst billige Brotmesser mit diesem Wellenschliff ausgestattet.
- Die Stadt Solingen ist bezüglich ihrer geografischen Herkunftsangabe als Marke geschützt. Nach den Ersten Richtlinien 89/104/EWG des Rates vom 21. Dezember 1988 dürfen sich nur Messerproduzenten der Region mit diesem Zusatz präsentieren.

GUMPERT

Die Marke Gumpert steht für erlesene Automobile der Spitzenklasse. Die Gumpert Sportwagenmanufaktur GmbH hat ihren Sitz in Altenburg/Thüringen und ist auf die Herstellung exkl. Sportwagen spezialisiert. Der Gumpert *apollo* ist das einzige zugelassene Straßenfahrzeug mit gleichzeitig überzeugender Rennperformance und Homologation. Zielgruppe sind Rennsport-affine, erlebnishungrige Sportwagenfahrer und Liebhaber exkl. Fahrzeuge. Die Marke ging 2005 aus der GMG Sportmanufaktur Altenburg GmbH hervor. Namensgeber, Geschäftsführer und Hauptgesellschafter ist Roland Gumpert, zuvor langjähriger Manager bei Audi. Seit dem Produktionsstart im Oktober 2005 fertigten ca. 40 Mitarbeiter in Produktion und Verwaltung 26 auf Kundenwünsche abgestimmte Fahrzeuge. Ab 2008 ist eine Jahresproduktion von bis zu 60 *apollo* anvisiert. Der Zweisitzer mit Mittelmotoranordnung, Monocoque-Sicherheitszelle und Chrom-Molybdän-Rahmen besitzt ein sequenzielles Sechsgang-Getriebe mit Zwei-Scheiben-Kupplung. Das Fahrwerk besteht aus einem Doppelquerlenker mit einstellbaren Feder- und Dämpfereinheiten und Querstabilisator. Der Tank fasst 120 l. Der 4,2 L Bi-Turbo V8-Motor hat einen Hubraum von 4.163 Kubikzentimeter. Die Motorleistung liegt bei 478 kW (650 PS) bei 6.500 U/min. Die Höchstdrehzahl wird bei 7.200 U/min erreicht. Die Spitzengeschwindigkeit des Fahrzeugs liegt bei bis zu 360 km/h. Die Beschleunigung beträgt im Bereich 0–100 km/h 3,0 Sekunden, im Bereich 0–200 km/h 8,9 Sekunden. Der Greif im Markenlogo wird mythologisch dem Zeussohn Apollo zugeordnet. Er symbolisiert Schnelligkeit, Präzision, Mut und Stärke.

UNTERNEHMEN

Gumpert Sportwagenmanufaktur GmbH
Friedrich-Ebert-Str. 33
04600 Altenburg
(0 34 47) 4 99 39-60
(0 34 47) 4 99 39-65
www.gumpert.de

GUTENBERG

→ Läufer & Gutenberg

GÜTERMANN

Die Gütermann AG produziert und vertreibt unter der Marke Gütermann Nähfäden, Kreativ- und Bastelartikel für den Handel und die Industrie. Gegründet wurde das Unternehmen von Max Gütermann 1864 in Wien. Die Stadt war zu dieser Zeit der größte Umschlagplatz für Seide, die sich gut für die Fadenherstellung eignete. Gütermann wechselte bereits kurz nach der Gründung den Standort und zog 1867 von Wien nach Gutach im Breisgau. Ausschlaggebend für den Umzug war u. a. das klare, weiche Wasser der Elz, das sich besonders gut zum Färben der Nähseide eignete. Gütermann war auf der Weltausstellung 1873 in Wien Initiator für den Verkauf des Fadens nach Metern und nicht mehr nach (manipulierbarem) Gewicht. Bereits beginnend in den 1880er-Jahren be-

Im klassischen Logo von Gumpert symbolisiert der Greif Schnelligkeit, Mut und Stärke.

Gütermann creativ

Gütermann-Garnspulen waren die ersten mit Fadenaufbewahrung (Mitte), Firmengründer Max Gütermann (unten).

gann das Unternehmen europaweit zu expandieren. In den 1920er-Jahren ließ sich Gütermann die Schnellverkaufskästen patentieren. Der Beginn der Selbstbedienung im textilen Bereich war angebrochen. In den 1950er-Jahren löste Polyester mit ihrer wesentlich höheren Temperaturbeständigkeit die Seide als Ausgangsprodukt für den Faden sukzessive ab. 1972 wurde die europaweit erste computergesteuerte Färberei in Betrieb genommen, die auch heute noch immer wieder verbessert richtungsweisend in umweltfreundlichem Verbrauch arbeitet. 1998 erweiterte das Unternehmen im Handel sein Angebot um Perlen und Pailletten und stieg mit dem Kauf der Unternehmen KnorrPrandell GmbH und Bastel Service AG in das Bastelgeschäft ein. Das Logo der Marke

Der Stammsitz von Gütermann in Gutach im Breisgau

zeigt schlicht den Schriftzug Gütermann. Es soll für Qualität und Tradition stehen. Als Akzentfarbe setzt das Unternehmen Rot ein. Die Produkte von Gütermann tragen das Öko-Zertifikat „Schadstoffgeprüfte Textilien", das die Umweltverträglichkeit der Erzeugnisse garantiert. Die Marke ist nach Angaben des Unternehmens marktführend bei Nähfäden. 2006 erzielte die Gütermann AG, die sich in der fünften Generation im Familienbesitz befindet, mit weltweit 1.300 Mitarbeitern einen Umsatz in Höhe von 136 Mio. Euro. Das Unternehmen produziert heute nicht nur am Stammsitz in Gutach, sondern auch in Spanien und in Mexiko. 2008 wird ein Produktionsstandort in Indien dazu kommen. Der weltweite Vertrieb erfolgt über elf Tochtergesellschaften und Vertretungen in 81 Ländern.

DATEN UND FAKTEN

Markenname: Gütermann, Familienname des Gründers

Slogan: „Denn der Faden macht die Naht" (für die Nähfäden)

Gründer: Max Gütermann, 1864, Wien/Österreich

Markenregistrierung: 02.07.1953, DPMA München

Innovationen: SVK-Patentierung, die Nähfadenspule von Gütermann war die erste mit einer Fadenverwahrung, elektronische SVK's in den 1920er-Jahren, Gütermann Corner (Einrichtungsberatung), Kreativsortiment für die Fläche

Markenbekanntheit: 7,5 % ungest., 51,6 % gest. (GfK, 2001)

UNTERNEHMEN

Gütermann AG

Hauptsitz: Gutach im Breisgau, Deutschland

Vorstandsvorsitzender: Peter E. Zwicky

Gesamtumsatz: 136 Mio. Euro (2006)

Weitere Marken: Gütermann creativ

Vertrieb: weltweit

KONTAKT

Gütermann AG
Landstr. 1
79261 Gutach im Breisgau
✆ (0 76 81) 21-0
🖷 (0 76 81) 21-4 48
🖳 www.guetermann.com

Ansprechpartner Presse & Marketing:
Petra Hüttermann
✆ (0 76 81) 21-4 68
✉ petra.huettermann@guetermann.com

SCHON GEWUSST?

- Das Hochzeitskleid von Prinzessin Diana wurde mit Nähfaden von Gütermann genäht.
- Bei der Reichstagsverhüllung benutzte der Künstler Christo ebenfalls Nähfaden von Gütermann. Die Firma lieferte 1.300 km Faden der Marke Tera 10.

GUTFRIED

Die Lebensmittelmarke Gutfried steht für Fleisch, Wurst sowie Aufschnitt aus Geflügel und ist Marktführer in diesem Bereich. 9.085 t Gutfried Geflügelprodukte wurden 2006 abgesetzt und damit ein Umsatz von 78,7 Mio Euro erzielt. Das Familienunternehmen Heinrich Nölke & Co. wurde 1924 von

Gutfried ist gut für mich

Ein Klassiker von Gutfried ist die fettarme Putenbrust als Aufschnitt zum Servieren.

den vier Brüdern Nölke in Versmold/Westfalen gegründet. 1932 erwarb die Firma Nölke das „Gut Friedrichsruh" im westfälischen Steinhagen, woher sich auch der Markenname Gutfried ableitet. In den frühen 60er-Jahren leistete das Familienunternehmen Pionierarbeit, als es die erste Selbstbedienungs-Verpackung für Aufschnitt einführte.

Der erste luftgetrocknete Putenschinken von Gutfried – *Gutfried Delicioso.*

Der nächste Meilenstein in der Firmengeschichte erfolgte kurze Zeit später. Die Nachfolgegeneration, die Vettern Nölke, hatten die Chance erkannt, dass neben den traditionellen Wurstprodukten aus Schwein und Rind eine fettärmere Variante aus Geflügel den Konsumentenbedürfnissen entsprechen würde. 1968 führten sie mit der ersten Geflügelwurst in Deutschland eine völlig neue Produktgattung auf dem Markt ein. Sehr schnell entwickelte sich aus dem ersten Sortiment mit fünf Produkten eine Marke, die bis heute Marktführer ist. Gutfried wird als erste Wurst überhaupt schon 1972 im Fernsehen mit Spots beworben; seither hat das Unternehmen kontinuierlich in Werbung und Markenführung investiert. Mit Johannes B. Kerner und seiner Frau Britta Becker stehen seit 2004 zwei bekannte Personen des öffentlichen Lebens für die Markenkampagne vor der Werbekamera. *Gutfried Junior* wurde 2005 entwickelt und richtet sich speziell an Kinder. Den Janosch-Büchern entnommene Werbefiguren sorgen für eine kindgerechte Zielgruppenansprache. 2006 folgte die Neueinführung *Gutfried Vital*, mit der Konsumenten ab 50 Jahren angesprochen werden sollen. Putenfleisch hauptsächlich dt. Herkunft ist Basis für der Herstellung der qualitativ hochwertigen Geflügelprodukte. 1999 wurde der Familienbetrieb umweltzertifiziert und führte als erstes Unternehmen der Branche das Integrierte Management-System ein. Wachstum und Ausbau der Marktführerschaft bestimmen die Zukunftsstrategie des Unternehmens, das anstrebt, mit seiner Marke Gutfried Innovationsführer im Bereich Geflügelwurst zu bleiben.

DATEN UND FAKTEN

Markenname: Gutfried, Kunstname, abgeleitet von „Gut Friedrichsruh" in Steinhagen, Westfalen.

Slogan: „Gutfried ist gut für mich"

Erfinder der Marke Gutfried: Die Vettern Dieter, Fritz, Udo und Ulrich Nölke, 1968, Versmold

Markenregistrierung: 25. 10. 1972, DPMA München

Innovationen: Roast Turkey (1999), Gutfried Buffet (2004), Gutfried Junior (2005), Gutfried Vital (2006), Gutfried Putenschinken Delicioso (2007)

Markenbekanntheit: 65 % ungest., 97 % gest. (Gfk, 2006)

Umsatz: 78,7 Mio. Euro (2006)

MEILENSTEINE

1924 Gründung des Unternehmens Heinrich Nölke & Co.

1932 Nölke erwirbt das Gut Friedrichsruh in Steinhagen, Westfalen und startet zunächst mit der Mast von Schweinen, später dann Geflügel.

1968 Nölke führt erstmalig Geflügelwurst am Markt ein, die Marke Gutfried wird geboren.

1983 Nölke vertreibt als erstes Unternehmen der Branche Wurst in einer Aromaschutzverpackung.

1999 Nölke expandiert und erschließt sich über eine Mehrheitsbeteiligung an einer Wurstfabrik im polnischen Krakau den osteuropäischen Markt.

2006 Einführung der Balanced Scorecard als Mittel zur Umsetzung der Unternehmensstrategie

Werbespendings: 6.180.000 Euro (Nielsen S+P 01/07)

Auszeichnungen: „Goldener Zuckerhut", Lebensmittel Zeitung (1977)

Markenwebsite: www.gutfried.de, www.gutfried-junior.de

UNTERNEHMEN

Heinrich Nölke GmbH & CO. KG

Hauptsitz: Versmold, Deutschland

Gründer: Brüder Nölke, 1924, Versmold

Geschäftsführer: Ralf Diesing, Frank Göbel, Martin Osterhues

Weitere Marken: Menzefricke

Gesamtumsatz: 154 Mio. Euro (2005)

KONTAKT

Heinrich Nölke GmbH & Co. KG
Ziegeleistr. 5
33775 Versmold
(0 54 23) 9 69-0
www.noelke.de

Ansprechpartner Presse & Kommunikation
Marion Balaster
m.balaster@noelke.de

H

Das internat. Modeunternehmen H&M hat 300 Filialen in Deutschland.

H&M

Unter der Konsumgütermarke H&M bietet das internat. Modeunternehmen H&M Hennes & Mauritz Damen-, Herren- und Kinderkollektionen sowie Kosmetik an. Die Produktpalette reicht von Oberbekleidung über Wäsche bis zu Accessoires und Schuhen. Die Bekleidungslinien werden in der Regel von einer unternehmenseigenen Design- und Entwurfsabteilung entworfen und konzipiert. 2004 hat H&M damit begonnen, Designpartnerschaften mit ausgewählten Modeschöpfern einzugehen, z.B. mit Karl Lagerfeld und Roberto Cavalli. Qualität und Mode zu einem moderaten Preis anzubieten ist das Ziel des aus Schweden stammenden Unternehmens. Der Markenname setzt sich zusammen aus dem ursprünglichen Firmennamen „Hennes" (schwed. „für sie") und dem Wort „Mauritz", das als Kurzname auf das später hinzugekaufte Stockholmer Jagd- und Anglerbedarfgeschäft Mauritz Widforss Bezug nimmt, zu dessen Sortiment auch Herrenmode gehörte. Das Logo zeigt das Buchstabenkürzel der Marke in roter Schrift auf weißem Grund. 1947 wurde das erste Geschäft der Firma Hennes in Västeras, Schweden, von Erling Persson eröffnet. Das Unternehmen heißt seit 1968 Hennes & Mauritz. Ende der 1970er-Jahre verstärkte das Unternehmen seine Expansionsanstrengungen. 1980 eröffnete man die erste Filiale in Deutschland. H&M betreibt 1.450 Filialen in 28 Ländern, davon 300 in Deutschland. Das Unternehmen strebt an, jedes Jahr die Zahl der Filialen um 10 bis 15 % zu steigern. Weitere Vertriebskanäle sind Bestellkataloge und ein eigener Online-Shop. Der Textilkonzern beschäftigt rund 60.000 Mitarbeiter, die 2006 einen Umsatz von über 80,801 Mrd. SEK erwirtschaften. Erling Perssons Sohn Stefan ist heute Aufsichtsratsvorsitzender der Aktiengesellschaft.

UNTERNEHMEN

H&M Hennes & Mauritz B. V. & Co. KG
Spitalerstr. 12
20 095 Hamburg
✆ (0 40) 3 50 95–50
🖷 (0 40) 35 27 95
💻 www.hm.com/de

Hochwertige Fertighäuser werden schlüsselfertig übergeben: Haacke Haus.

HAACKE HAUS

Haacke Haus steht für hochwertige Fertighäuser sowie damit verbundene Dienstleistungen. Die Produktpalette umfasst Stadtvillen und Stadthäuser sowie Winkelbungalows und Landhäuser, wahlweise mit Putz-, Klinker- oder Holzfassaden. Die Häuser werden individuell geplant und schlüsselfertig übergeben – mit einer Garantie von 30 Jahren. Für die ersten fünf Jahre nach Bezug besteht darüber hinaus ein kostenloser 24-Stunden-Kundenservice. Zusätzlich bietet das Unternehmen Unterstützung bei der Baugrundstückssuche und Baufinanzierung an. In verschiedenen dt. Städten wurden Musterhäuser errichtet, die für Besichtigungen zur Verfügung stehen. Die Häuser werden aktuell so konzipiert, dass ihr Energieverbrauch, gemessen an der neuen Energieeinsparverordnung, die gesetzlichen Vorgaben um 30 % unterschreitet. Solartechnik und Regenwassernutzung sowie spezielle Einbruchsicherungen können in die Hausplanung integriert werden. Der Markenname geht auf den Senator Albert Haacke aus Celle zurück, der 1879 den Grundstein für das Unternehmen legte. Die Markenphilosophie orientiert sich an preußischen Tugenden wie Korrektheit, Zuverlässigkeit, Pünktlichkeit, Disziplin und fachliche Unbestechlichkeit. Das Logo zeigt prominent den Namen Haacke, darunter das Wort „Haus". Das Unternehmen ist bis heute inhabergeführt. Es betreibt zwei Werke in Celle und Potsdam, wo auch umfangreichere Musterhaus-Parks errichtet wurden.

UNTERNEHMEN

Haacke + Haacke GmbH & Co. KG
Am Ohlhorstberge 3
29227 Celle
✆ (0 51 41) 80 5–0
🖷 (0 51 41) 8 05–1 69
💻 www.haacke-haus.de

Die Marke Häagen-Dazs wurde 1961 in den USA gegründet. Der erste dt. Shop eröffnete 1987 in Köln.

HÄAGEN-DAZS

Die Marke Häagen-Dazs steht für Eiscreme im Premiumsegment. Ihren Ursprung findet die Marke in New York im Jahr 1932, als Reuben Mattus den 1921 gegründeten Betrieb zur Fruchteisherstellung von seiner Familie übernahm. 1961 verwendete Mattus erstmals den Markennamen Häagen-Dazs für sein Speiseeis. Der Name ist ein Kunstwort. Durch seinen europäischen Klang soll er Qualität, Tradition und Frische assoziieren. Das Markenlogo besteht aus dem schwarzen Häagen-Dazs-Schriftzug auf weißem Grund. Um den Schriftzug ist ein goldener, verzierter Rahmen zu sehen, wodurch die Positionierung der Marke im Premiumbereich unterstrichen werden soll. In den ersten Jahren etablierte sich Häagen-Dazs vor allem in New Yorker Gourmetrestaurants als Premium-Eismarke und wurde auch über die Stadtgrenzen hinaus bekannt. 1976 eröffnete Mattus Tochter Doris den ersten Häagen-Dazs-Shop und erweiterte so die Bekanntheit der Marke. In Deutschland begann der Vertrieb von Häagen-Dazs 1987 mit der Eröffnung des ersten dt. Häagen-Dazs-Shops in Köln. Neben den Shops wird Häagen-Dazs in erster Linie im Lebensmitteleinzelhandel sowie in Videotheken und Tankstellen verkauft. Die Produktpalette von Häagen-Dazs umfasst heute 24 Eissorten und wird laufend um neue Geschmacksrichtungen erweitert. Alle Häagen-Dazs Eiscreme-Sorten werden ohne künstliche Emulgatoren und Stabilisatoren hergestellt. In Deutschland ist die Marke Häagen-Dazs im Besitz der Hamburger General Mills GmbH. Diese wiederum gehört zur General Mills, Inc. mit Hauptsitz in Minneapolis. Die amerikanischen Vertriebsrechte liegen seit 2001 bei Nestlé. Weltweit werden Häagen-Dazs-Produkte in über 50 Ländern verkauft. Im Jahr 2006 beschäftigte General Mills weltweit rund 28.100 Mitarbeiter und erwirtschaftete einen Umsatz von 12,4 Mrd. USD (2007).

DATEN UND FAKTEN

Markenname: Häagen-Dazs, Kunstname, der für Frische, Tradition und Qualität stehen soll.

Slogan: „Eine Reise der Sinne"

Erfinder der Marke: Reuben Mattus, 1961, New York/USA

Markenregistrierung: 27. 01. 1977, DPMA München

Innovationen: seit 2005 Cream Crisp in vier verschiedenen Sorten: Strawberry Cheesecake, Caramel Apple Crumble (2007)

Markenbekanntheit: 30 % gest. (nat.), 48 % in Städten mit über 100.000 Einwohnern (GfK, 2006)

Markenwebsite: www.haagen-dazs.de

UNTERNEHMEN

General Mills GmbH
Osterbekstr. 90c
22083 Hamburg
☏ (0 40) 68 94 14–0
🖷 (0 40) 68 94 14–95 00
🖳 www.generalmills.de

HAAKE-BECK

Haake-Beck ist eine regionale Biermarke, die in ihrem Heimatmarkt Bremen/Weser-Ems führend ist (Quelle: AC Nielsen). Den Grundstein für die Bremer Traditionsmarke legte Cord Hinrich Haake 1826 mit der Gründung der C. H. Haake Brauerei in Bremen. Die Brauerei Haake-Beck AG entstand 1921 durch die Kooperation mit der Brauerei Beck & Co. Heute ist Haake-Beck in zahlreichen Varianten erhältlich, zum Portfolio zählen u. a. *Pils*, *Alster*, *Export* und *Maibock* sowie das naturtrübe *Kräusen*. Die traditionell in Steinie-Flaschen abgefüllten Biere werden seit 2004 auch in 0,33 l-Longneck-Flaschen angeboten. Charakteristisch ist der 25er-Kasten, der 2004 den 30er-Kasten ablöste. Markenzeichen von Haake-Beck ist ein Wappen mit zwei Ankern, die sich auf die Seefahrerstadt Bremen beziehen. Der auf den Etiketten auf zwei Zeilen aufgeteilte Namenszug ist in Rot (Pantone 200 c) gehalten. Die Verbundenheit zur Heimatregion spielt auch eine wichtige Rolle in der Markenkommunikation. So werben u. a. der Trainer Thomas Schaaf und der Spieler Frank Baumann vom Fußballverein Werder Bremen für Haake-Beck. Neu im Sortiment ist Haake-Beck *12*, das Bier „von den Fans für die Fans von Werder Bremen". Als „zwölfter Mann" werden in der Sprache des Fußballs die Fans bezeichnet, die durch ihre Begeisterung die elf Spieler auf dem Platz unterstützen. Seit 1981 ist Haake-Beck eine Marke der Brauerei Beck & Co, zu der auch →Beck's gehört. Die Brauerei Beck & Co wurde 2002 von dem belg. Brauereikonzern Interbrew übernommen, der 2004 mit der brasil. AmBev zu dem neuen Unternehmen InBev fusionierte. Inbev beschäftigt weltweit 88.000 Mitarbeiter und hat mehr als 200 Biermarken in 140 Ländern in seinem Portfolio (2007).

DATEN UND FAKTEN

Markenname: Haake-Beck, abgeleitet vom Familiennamen des Gründers Cord Hinrich Haake, entstanden durch Kooperation mit Brauerei Beck & Co

Slogan: „Echt Haake-Beck"

Gründer: Cord Hinrich Haake, 1826, Bremen

Innovationen: Haake-Beck 12 (2007)

HAAKE BECK

Bei der Traditionsmarke Haake-Beck spielt die Verbundenheit zur Heimat Bremen eine wichtige Rolle.

Markenwebsite: www.haake-beck.de

UNTERNEHMEN

InBev Deutschland
Brauerei Beck GmbH & Co. KG
28365 Bremen
✆ (04 21) 50 94-0
🖷 (04 21) 50 94-6 67
💻 www.inbev-deutschland.de

HAAS FERTIGBAU

HAAS FERTIGBAU produziert verschiedene Gebäudeformen in Fertigbauweise für private und gewerbliche Bauherrn.

Die Marke HAAS FERTIGBAU steht für die Vielfalt des Bauens. Dabei spielt der Werkstoff Holz eine wesentliche Rolle. Neben Wohnhäusern in Fertigbauweise bietet die HAAS FERTIGBAU GmbH auch Lösungen im Industrie- und Gewerbebau, im Landwirtschafts- und Reitanlagenbau sowie Ingenieurholzkonstruktionen aus Brettschichtholz an. HAAS deckt dabei das ganze Spektrum vom standardisierten Serienhaus bis hin zu frei geplanten Architektenbauten ab. Die Angebote richten sich an private und gewerbliche Bauherren, die einen Neubau, eine Gebäudemodernisierung, einen Umbau oder eine Aufstockung planen. Die Ursprünge des Unternehmens reichen in das Jahr 1930 zurück, als Franz Xaver Haas mit einer kleinen Zimmerei begann. Sein Sohn Xaver, der heutige Firmenchef, erwarb 1971 eine Zimmerei in Falkenberg, wo 1973 das erste HAAS Fertighaus die Produktionshallen verließ. Das Markenlogo, das von der Asta Agentur entwickelt wurde, zeigt den Namenszug in schwarzer Schrift mit dem Zusatz FERTIGBAU unter einem angedeuteten, Schutz versprechenden Dach in Orange (HKS 8). Das Dach steht für das umfassende Produkt- und Betreuungsangebot aus einer Hand. In der Markenkommunikation setzt HAAS vor allem auf das Sponsoring von Sport- und Kulturveranstaltungen. Nach eigenen Angaben gehört die HAAS FERTIGBAU zu den fünf größten Fertigbaufirmen in Deutschland und zu den führenden Anbietern in Europa. Mit 600 Mitarbeitern erzielt sie jährlich einen Umsatz von rund 250 Mio. Euro. Darüber hinaus beschäftigt HAAS FERTIGBAU in Österreich rund 250 Mitarbeiter und in Tschechien 20. Die Marke HAAS FERTIGBAU wird in Deutschland sowie acht weiteren europäischen Ländern vertrieben. Die HAAS FERTIGBAU GmbH ist Teil der dt. HAAS Group, einem der führenden Anbieter von Qualitätsprodukten rund um die Vielfalt des Bauens. Die Firmengruppe vertreibt u. a. Bauelemente unter den Marken HOCO (→HOCOHOLZ, →HOCOPLAST), →WO & WO, →BAYERWALD und →STABIL.

DATEN UND FAKTEN

Markenname: Haas, Familienname des Gründers

Slogan: „Die Vielfalt des Bauens"

Gründer: Franz Xaver Haas, 1930

Markenregistrierung: 23. 01. 1979, DPMA München

Jahresumsatz: 170 Mio. Euro (Unternehmen, 2006)

Produktionsmengen: 800 Fertighäuser p. a., 120 Gewerbe- und Industriebauten p. a., 460 Landwirtschaftsbauten, 400 Dachstühle

Werbespendings: ca. 3 Mio. Euro

UNTERNEHMEN

HAAS FERTIGBAU GmbH
Industriestr. 8
84326 Falkenberg
✆ (0 87 27) 18-0
🖷 (0 87 27) 18-5 93
💻 www.haas-fertigbau.de

HABIT

Garten- und Terrassenmöbel wie der plug-table von Matthias Demaker oder die Stühle von Hans Coray zählen u. a. zum Portfolio von Habit (Mitte). Das Bett ist ein Entwurf des Designers Hans Gugelot (unten). Ganz oben im Bild das Habit Marken-Logo

Die Möbelmarke habit steht für den Vertrieb und die Produktion exkl. Möbelstücke im Premiumsegment. Das 1971 von Ulrich Lodholz gegründete Unternehmen bietet neben Designertischen, -stühlen und Bürocontainern auch Möbel für Garten, Terrasse und Balkon an. Der Markenname habit ist ein Kunstwort, das dem Lateinischen entlehnt ist und Assoziationen an Wohnen, Gewohnheit und Einrichtung hervorrufen soll. Das Logo besteht aus dem in schwarzer Type gehaltenen Schriftzug habit und soll modern und hochwertig wirken. Habit vertreibt und produziert ausschließlich Möbel, die sich durch hohe Qualität und einen exkl. Anspruch an Funktionalität und Design auszeichnen. Mit dem Unternehmen arbeiteten und arbeiten u. a. Designer wie der 1965 verstorbene Hans Gugelot, Arnold Bauer, Gerd Lange oder Otto Zapf zusammen. Bistrostühle aus Italien und eine Shaker-Kollektion aus den USA zählen ebenfalls zum Portfolio von Habit. Die Shaker sind eine christliche Glaubensgemeinschaft, die sich 1774 an der Ostküste der USA ansiedelten. Reinheit und Einfachheit gelten ihnen als höchste Tugenden. Ihre Möbel zeich-

Ein Tisch der US-amerikanischen Glaubensgemeinschaft Shaker, deren Möbel in Deutschland von Habit vertrieben werden.

nen sich, so wie ihre ganze selbst geschaffene Umwelt, durch Zweckmäßigkeit, Brauchbarkeit und Klarheit sowie die Perfektion ihrer funktionalen Gestalt aus. In Europa verfügt Habit über die Exklusivrechte zum Vertrieb dieser Möbel und hat sich damit ein Alleinstellungsmerkmal in der Branche verschafft. Habit-Produkte wurden mehrfach mit Preisen ausgezeichnet. So erhielt die Rolf Heide Küche im Jahr 2006 den Designpreis des Landesgewerbeamtes Stuttgart und dem plug-table von Matthias Demacker wurde 2007 der Designpreis der Messe Köln verliehen. Habit verkauft Möbel in Deutschland, den Beneluxstaaten, Italien und der Schweiz. Der Vertrieb erfolgt über den gehobenen Möbelfachhandel. Vom Stammsitz Kürten in Nordrhein-Westfalen aus koordinieren Ulrich Lodholz und seine Mitarbeiter die verschiedenen Produktionsstätten des Unternehmens. Der durchschnittliche Jahresumsatz von Habit beträgt 2,1 Mio. Euro.

DATEN UND FAKTEN

Markenname: Habit, Kunstwort mit Assoziation zu Gewohnheit, Wohnen, Ausstattung

Gründer: Ulrich Lodholz, 1971

Markenregistrierung: Shaker Design Collection by habit, 24.01.1999, DPMA München

Auszeichnungen:
„Designpreis" für Rolf Heide Küche, Landesgewerbeamt Stuttgart (2006)
„Designpreis" für plug-table von M. Demacker, Messe Köln (2007)

UNTERNEHMEN

Habit Wohnformen Ulrich Lodholz GmbH

Hauptsitz: Kürten, Deutschland

Geschäftsführer: Ulrich Lodholz

Gesamtumsatz: 2,1 Mio. Euro (2006)

Vertrieb: Deutschland, Benelux, Schweiz, Italien

KONTAKT

Habit Ulrich Lodholz GmbH
Im Heider Feld 2
51515 Kürten
✆ (0 22 07) 8 11 34
🖷 (0 22 07) 8 13 36
💻 www.habit.de

SCHON GEWUSST?

▮ Die Shaker sind eine christliche Glaubensgemeinschaft, die sich 1774 an der Ostküste der USA ansiedelten. Ihre Lebensform und ihre Produktionsweisen beruhen auf den Prinzipien ihres Glaubens. Reinheit und Einfachheit gelten als die höchsten Tugenden. Diese manifestieren sich in allem, was sie tun und schaffen und finden ihren Ausdruck auch in den Möbeln, die sie benutzen. Habit verfügt über die Exlusivrechte, Shaker-Möbel in Europa zu vertreiben.

HABITAT

habitat

Habitat wurde 1964 von Terence Conran in London gegründet.

Habitat steht für hochwertige designorientierte Möbel und Accessoires. Mit dem Begriff Habitat, der vom lat. habitare (dt. wohnen) abgeleitet ist, werden in der Anthropologie die Lebensräume von Menschen bezeichnet. Der Möbeldesigner und Restaurator Terence Conran gründete die Marke 1964 in London, um jungen und modernen Menschen zeitgenössisches Design zu günstigen Preisen anzubieten. An diesen Vorgaben hat sich bei Habitat bis heute nichts geändert. Beeinflusst durch Stilrichtungen und Kulturen aus aller Welt wird der Großteil der Möbel und Wohnaccessories von hauseigenen Designern entworfen. Die wechselnden Kollektionen spiegeln den Lifestyle und das Trendbewusstsein der designaffinen Käufer, die in der Regel zwischen 20 und 60 Jahre alt sind, wider. Spezielle VIP-Kollektionen wie beispielsweise Aufbewahrungen von Marcel Wanders oder Stofftiere von Modeschöpfer Christian Lacroix runden das Portfolio ab. Das aktuelle Markenlogo, das 2002 entwickelt wurde, zeigt neben dem Namenszug in schwarzen Minuskeln ein stilisiertes Haus, das ein Herz in sich birgt. Damit bringt Habitat den Appell

Die Schokoladenprodukte von Hachez werden seit 1890 in eigener Produktion am Standort in Bremen hergestellt.

Lebkuchen der Traditionsmarke Haeberlein-Metzger werden in Schmuckdosen vertrieben.

„Love your home" (dt. „liebe Dein Zuhause") bildlich zum Ausdruck. Das Unternehmen vertreibt seine Produkte über eigene Habitat-Geschäfte in Deutschland, Großbritannien, Frankreich und Spanien. Hinzu kommen Partner im Einzelhandel in 13 weiteren Ländern weltweit. Für das Deutschlandgeschäft mit den Filialen in Düsseldorf, Hamburg, Köln und Stuttgart ist die Habitat Deutschland GmbH mit ihren 147 Mitarbeitern zuständig. Habitat ist heute im Besitz der Ikano S. A. Luxembourg. Hauptanteilseigner ist die Kamprad Familie, die Gründer des schwed. Möbelhauses → IKEA.

UNTERNEHMEN

Habitat Deutschland GmbH
Berliner Allee 15
40212 Düsseldorf
✆ (02 11) 8 66 34–0
🖷 (02 11) 8 66 34–34
🖳 www.habitat.de

HACHEZ

Die Lebensmittelmarke Hachez steht für Chocoladen und Pralinen aus dem Premiumbereich. Das gleichnamige Unternehmen produziert und vertreibt seit 1890 kakaobetonte Spezialitäten aus Schokolade. Ein Großteil der Produktion wird auch heute noch per Handarbeit erledigt, hohe Qualitätsmaßstäbe bestimmen die Auswahl der Zutaten. Alle Produktionsschritte erfolgen am Unternehmenssitz in Bremen, der seit der Gründung beibehalten wurde. Mit seinen Schokoladespezialitäten positioniert sich Hachez im Premiumsegment. Zu den bekanntesten Produktvarianten von Hachez zählen die *Braunen Blätter*, die an Herbstlaub erinnern sollen. Saisonale Spezialitäten zu Ostern oder Weihnachten ergänzen das Produktsortiment alljährlich. Das aktuelle Logo zeigt den Markennamen Hachez, gekrönt vom Schriftzug Chocolatier und einem Wappen, das an das Symbol der Stadt Bremen angelehnt ist. Auf diese Weise möchte das Unternehmen seine Verbundenheit zu der Hansestadt betonen. Heute vertreibt Hachez unter seiner Unternehmensmarke etwa 120 verschiedene Schokoladen- und Pralinenartikel, wobei rund 40 % des Umsatzes mit Produkten gemacht werden, die innerhalb der vergangenen fünf Jahre entwickelt worden sind. Der Markenname leitet sich vom Familiennamen des Unternehmensgründers Joseph Emile Hachez ab. Die heutigen Geschäftsführer, Hasso Nauck und Wolf Kropp-Büttner, führen das Unternehmen als Inhaber und beschäftigen zzt. 425 Angestellte am Standort Bremen. In Zukunft will Hachez seine Marke weiter als exkl. Produkt platzieren. Auch der Vertrieb richtet sich an dieser Maßgabe aus: Der Produzent verkauft seine Produkte ausschließlich ohne Zwischenhändler an ausgewählte Endverkäufer und betreibt ein eigenes Ladenlokal in Bremen.

DATEN UND FAKTEN

Markenname: Hachez, abgeleitet vom Familiennamen des Gründers, Joseph Emile Hachez

Slogan: „Chocolade Manufaktur seit 1890"

Erfinder: Joseph Emile Hachez, 1890, Bremen

Markenregistrierung: 12.06.1911 (14.08.1954, DPMA München)

UNTERNEHMEN

Bremer Hachez Chocolade GmbH & Co. KG
Westerstr. 32
28199 Bremen
✆ (04 21) 50 90–00
🖷 (04 21) 50 90–0 20
✉ info@hachez.de
🖳 www.hachez.de

HAEBERLEIN-METZGER

Die Marke Haeberlein-Metzger steht für qualitativ hochwertige Lebkuchengebäcke in aufwendigen Schmuck- und Geschenkdosen. Die Oblaten- und Elisen-Lebkuchen haben eine lange Tradition. Die Geschichte der Marke lässt sich bis 1492 zurückverfolgen: Aus Kirchenbüchern geht hervor, dass ein Lebküchner namens Junkmann von der Äußeren Laufer Gasse als der erste nachweisbare Vorgänger der späteren Firma Heinrich Haeberlein gelten muss. Nur zwölf Meister durften im alten Nürnberg Lebkuchen herstellen. 1864 ging die Lebkuchenbäckerei in der Laufer Gasse an Heinrich Haeberlein über. Die Linie Metzger wurde erstmals im Jahre 1586 erwähnt. Ein Geselle namens Hans Baum ließ sich in dieser Zeit in Nürnberg nieder und bekam das Recht zur Ausübung des Lebküchnergewerbes. Ein Inserat aus dem Jahre 1816 dokumentiert erstmals das Bestehen der Firma Metzger. 1920 schlossen sich die Firmen zusammen und brachten nach den überlieferten Rezepten „Feinste Haeberlein-Metzger Lebkuchen" auf den Markt. An der Markenphilosophie von Qualität und Tradition hat sich bis heute nichts geändert. Kennzeichnend für Haeberlein-Metzger sind die aufwendigen Truhen und Schmuckdosen, welche größtenteils mit hist. und nostalgischen Motiven gestaltet und mit Lebkuchenspezialitäten gefüllt sind. 1999 wurde Haeberlein-Metzger von der Lambertz-Gruppe (→ Henry Lambertz GmbH) übernommen. Die Produkte der Marke vertreibt schon seit 1998 die Firma → Weiss, die ebenfalls zur Lambertz-Gruppe gehört. Gemeinsam produzieren beide Firmen 100.000 t Backwaren jährlich.

DATEN UND FAKTEN

Markenname: Haeberlein-Metzger, geht auf den Zusammenschluss der Firmen Haeberlein und Metzger zurück, deren Namen wiederum aus Familiennamen abgeleitet sind.

Gründung: Zusammenschluss der Firmen Haeberlein (1864) und Metzger (1816), 1920, Nürnberg

Markenregistrierung: 07. 06. 1957, DPMA München

Jahresumsatz: 12,4 Mio. Euro (2005/06)

UNTERNEHMEN

Haeberlein-Metzger
Kilianstr. 96
90425 Nürnberg
✆ (09 11) 93 52 9-50
🖷 (09 11) 93 52 9-54
💻 www.haeberlein-metzger.de

HAG

→ Kaffee HAG

HAGENBECK

Der Hamburger Tierpark Hagenbeck gilt als Wegbereiter des modernen Erlebnis-Zoos. Der Vorläufer des heutigen Tierparks wurde 1874 von Carl Hagenbeck gegründet, seit 1907 befindet er sich in Hamburg-Stellingen. 1896 entwickelte Carl Hagenbeck die später patentierten Panoramabauten, die heutige Zoos in ihrer Gestaltung maßgeblich beeinflussen. In diesen Freisichtanlagen leben die Tiere in gitterlosen Gehegen, die ihrem natürlichen Lebensraum nachempfunden sind. Für den Besucher entsteht der Eindruck einer zusammenhängenden Landschaft, z. B. einer afrikanischen Steppe. Als Signet dient der Namenszug Hagenbeck in einer roten Kunstschrift, je nach Geschäftsbereich ergänzt durch einen grünen Zusatz und eine der Funktion entsprechende Tierdarstellung (drei Elefanten für den Tierpark, ein Krokodil für Aquarium etc.). Das Logo mit den drei Elefanten wurde 1999 von der Agentur McCann Erickson gestaltet und 2006 zuletzt aktualisiert. Es soll an Hagenbeck als Familienunternehmen und als Besuchsziel für Familien erinnern und steht zugleich für Jungtiere, exotische Tiere und Tierzucht. Der Tierpark Hagenbeck, seit 1997 unter Denkmalschutz,

Der Tierpark und das Tropen-Aquarium Hagenbeck verzeichnen jährlich mehr als 1,5 Mio. Besucher.

befindet sich in sechster Generation in Besitz der Familie und wird heute von Joachim Weinling Hagenbeck und Dr. Stephan Hering-Hagenbeck geleitet. Im Gegensatz zu anderen zoologischen Gärten in Deutschland erhält der Privat-Zoo keine regelmäßigen staatlichen Zuschüsse, um die Betriebskosten zu decken. Seit 1998 gibt es einen Verein und eine Stiftung, die den Zoo durch Spenden unterstützen. Hagenbeck hat jährlich rund 1,5 Mio. Besucher, erzielt einen Umsatz von 20 Mio. Euro (2006) und beschäftigt 300 Mitarbeiter in Hamburg (2007). Ein zusätzliches Standbein schaffte sich das Unternehmen 2007 mit der Eröffnung des wetterunabhängigen Tropen-Aquariums und der Gründung der Firma Hagenbeck Events, die Veranstaltungen im Tropen-Aquarium und im Tierpark organisiert. In Zukunft will Hagenbeck verstärkt Zoos im Ausland gestalten. Für 2009 ist außerdem die Eröffnung des Park-Hotel Hagenbeck in unmittelbarer Nähe des Tierparks geplant.

DATEN UND FAKTEN

Markenname: Hagenbeck, Familienname des Tierparkgründers

Slogan: „Tiere. Park. Kultur."

Gründer: Carl Hagenbeck, 1874, Hamburg

TIERPARK
Hagenbeck

Die Panoramabauten (Mitte) sind eine Erfindung des Tierparkgründers Carl Hagenbeck (unten).

Das Markenzeichen von Hahn ist das gleichnamige Tier.

Hailo gilt als der Erfinder der Aluminiumleiter (Mitte), Inhaber Joachim Loh (unten)

Innovationen: Tropen-Aquarium Hagenbeck (2007), Hagenbeck Events (2007)

Werbespendings: 1 Mio. Euro (2006)

Literatur:
M. Gretzschel u. a.: Hagenbeck – Ein zoologisches Paradies (2007)

UNTERNEHMEN

Carl Hagenbeck GmbH

Hauptsitz: Hamburg, Deutschland

Geschäftsführer: Joachim Weinlig-Hagenbeck, Dr. Stephan Hering-Hagenbeck

Gesamtumsatz: 20 Mio. Euro (2006)

Vertrieb: Gestaltung von Zoos internat.

KONTAKT

Carl Hagenbeck GmbH
Lokstedter Grenzstr. 2
22527 Hamburg
✆ (0 40) 53 00 33-0
🖷 (0 40) 53 00 33-3 41
💻 www.hagenbeck.de

MEILENSTEINE

1848 Fischhändler Gottfried Claes Carl Hagenbeck stellt in Hamburg sechs Seehunde aus.

1874 Sohn Carl Hagenbeck eröffnet „Hagenbeck's Thierpark".

1896 Carl Hagenbeck entwickelt die gitterlosen Panoramabauten.

1907 Hagenbecks Tierpark eröffnet in Hamburg-Stellingen

ab 1945 Der im 2. Weltkrieg fast vollständig zerstörte Zoo wird wieder aufgebaut.

2003 Großer Umbau: Hagenbeck bekommt einen neuen Haupteingang mit einem nepalesischen Tempel

2007 Eröffnung des Tropen-Aquariums

HAHN

Die Marke Hahn steht für Glasbau-Produkte, insbesondere Museums-Vitrinen und Lamellenfenster. Die Glasvitrinen schützen Kunstobjekte in berühmten Museen genauso wie in kleinen privaten Sammlungen. Durch die Zusammenarbeit mit Museumsexperten, Architekten und Wissenschaftlern kann die Glasbau Hahn GmbH & Co. KG individuelle Lösungen anbieten, die gleichzeitig Designansprüche und konservatorische Anforderungen berücksichtigen. Die Lamellenfenster, deren strukturelles Prinzip aus der Natur entliehen ist, gewährleisten eine fein regulierbare Be- und Entlüftung von Gebäuden. Den Grundstein zu dem heutigen Unternehmen legte Jan Heinrich Hahn, der 1836 eine Glaserei und Glashandelsgesellschaft gründete. Ein Meilenstein in der Firmengeschichte war die Entwicklung der weltweit ersten rahmenlosen Ganzglasvitrine im Jahr 1935. Das Markenlogo wurde 1930 von Otto Hahn, einem Enkel des Unternehmensgründers, entwickelt. Das Markenzeichen von Hahn ist das gleichnamige Tier, das fallweise in Rot auf weißem Hintergrund bzw. umgekehrt dargestellt wird. Jährlich investiert Glasbau Hahn rund 100.000 Euro in Werbemaßnahmen. Während die Vitrinen und Lamellenfenster weltweit vertrieben werden, bietet das Unternehmen im Rhein-Main-Gebiet durch die dort ansässige Glaserei zusätzliche Produkte und Dienstleistungen, wie z. B. Glasreparaturen und Verglasungsarbeiten im Innenausbau, an. Das von Thomas und Till Hahn geleitete Familienunternehmen beschäftigt 130 Mitarbeiter und erwirtschaftet jährlich einen Umsatz von etwa 20 Mio. Euro.

UNTERNEHMEN

Glasbau Hahn GmbH & Co. KG
Hanauer Landstr. 211
60314 Frankfurt/Main
✆ (0 69) 9 44 17-0
🖷 (0 69) 9 44 17-61
💻 www.glasbau-hahn.de

HAILO

Die Marke Hailo steht für Haushaltsprodukte in den Bereichen Steigen, Abfallsammeln, Ordnen und Lagern sowie Dampfbügeln. Das Akronym ist aus dem Städtenamen Haiger und dem Familiennamen des Gründers Rudolf Loh zusammengesetzt. Der Jungunternehmer Loh erfand die Marke im Jahr 1947 und produzierte zunächst benötigte Haushaltswaren der Nachkriegszeit wie z. B. Sanitätsmöbel, Metallbetten und Bettwärmflaschen. Neben zahlreichen anderen Gerätschaften, welche die Hausarbeiten erleichtern sollten, brachte Hailo 1960 eine Aluminiumleiter auf den Markt. Das auch heute noch populäre Erfolgsmodell bot neben der nötigen Standfestigkeit ein leichtes Gewicht, was die Leiter letztlich für den Haushaltsgebrauch prädestinierte. Neben den Steiglösungen, die sich sowohl an professionelle Nutzer z. B. für Schacht- und Windkraftanlagen als auch an gewöhnliche Haushalte richten, umfasst die Produktpalette heute eine Reihe von Dampfbügel-Systemen und -Tischen, Aufräumsysteme für die Wand und Abfallsammler für Bad und Büro sowie Einbau-Abfallsammler und gewerbliche Abfallsysteme. Das schlichte, kreisrunde Logo

Das Hailo-Werk in Haiger

enthält den Markennamen in weißer, kursiver Schrift auf rotem Grund. Während das Markenlogo im Laufe der Jahre mehrmals verändert wurde, blieb der charakteristische rote Punkt als Gelenkschutz der Leitern ein stets konstantes Produktmerkmal. Fast vergleichbar mit einem Qualitätssiegel wurde er 1961 schließlich in das Logo integriert. Seine Farbe bestimmt gemeinsam mit der Schrift Futura das heutige Corporate Design. Werbemaßnahmen der Vergangenheit bestanden aus TV-Spots und Anzeigenkampagnen. Das Unternehmen bestreitet in den Bereichen Steigen, Abfallsammeln und Dampfbügeln eine marktführende Position. Hailo ist Mitglied der Joachim Loh Unternehmensgruppe und beschäftigt 350 Mitarbeiter bei einem erwirtschafteten Umsatz von 70 Mio. Euro im Jahr 2006. Der Vertrieb erfolgt weltweit in über 60 Ländern.

DATEN UND FAKTEN

Markenname: Hailo, Akronym, zusammengesetzt aus dem Städtenamen Haiger und dem Familiennamen des Gründers

Slogan: „Clever gedacht. Sicher gemacht. / 60 Jahre Markenkompetenz"

Erfinder: Rudolf Loh, 1947, Haiger

Markenregistrierung: 1961, DPMA München

Innovationen: erste Aluminium-Haushaltsleiter (1960)

Markenbekanntheit: 60 % gest. (Schmitter Media Agentur Frankfurt, 2001)

Auszeichnungen:
„iF product design award" für *Design-Abfallsammler*
„PlusX-Award", Media Society Networks für Dampfbügel-Produkte

UNTERNEHMEN

Hailo-Werk – Rudolf Loh GmbH & Co. KG

Hauptsitz: Haiger, Deutschland

Geschäftsführer: Winfried Czilwa, Rainer Haupt, Joachim Loh

Gesamtumsatz: 70 Mio. Euro (2006)

Vertrieb: in über 60 Länder weltweit

KONTAKT

Hailo-Werk – Rudolf Loh GmbH & Co. KG
Daimlerstr. 8
35708 Haiger
✆ (0 27 73) 82–0
🖷 (0 27 73) 82–2 39
🖳 www.hailo.de

Ansprechpartner Presse & Marketing:
Kay Maluche
✆ (0 27 73) 82–3 02
🖷 (0 27 73) 82–7 77
✉ kmaluche@jlu.de

MEILENSTEINE

1950 Erster Metall-Tret-Abfallsammler

1953 Erster Einbau-Abfallsammler für Einbauküchen

1960 Erste Aluminium-Haushaltsleiter. Erster Ausziehtisch für die Einbauküche

1983 Erster Bügeltisch mit integrierter Steckdose, Kabelhalter und Parkmulde für Bügeleisen

1998 Erstes Ordnungs- und Abfalltrennsystem für Eckspülenschränke

2003 Ausstattung aller Maut-Schilderbrücken in Deutschland und Österreich mit Hailo-Leitern

HAKLE

Hakle ist eine Marke im Bereich der Hygieneartikel mit Schwerpunkt auf Toilettenpapier. Sie gehört zum Unternehmen Hakle-Kimberly Deutschland GmbH mit Hauptsitz in Mainz. Hakle ist ein Akronym des Namens von Hans Klenk, der die Marke 1928 in Lud-

Seit 2004 wirbt ein Labrador-Hundewelpe für die Marke, der auch als Markensymbol fungiert.

wigsburg erfand. In den Anfängen stellte Hans Klenk morgens die Papierrollen her, die er am Nachmittag verkaufte. Eine seiner ersten Neuerungen war die „garantierte Blattzahl" seiner hergestellten Rollen. 1934 zog er mit seiner Firma nach Mainz um und errichtete dort ein Papierverarbeitungswerk, um näher an den Rohstoffen zu sein. 1972 übergab er das Unternehmen an seinen Sohn Hans Dieter Klenk, der es bis 1984 in Familienbesitz hielt. Das Firmenlogo besteht aus dem Namenszug zwischen zwei konkaven Linien. Seit der Hakle Puppy-Kampagne aus dem Jahr 2004 wird der Markenschriftzug durch einen Labrador-Hundewelpen ergänzt, der in der Unternehmenskommunikation als Markensymbol fungiert. Die Marke Hakle hat den Anspruch, sich auf eine „einfühlsame, liebenswerte, aber auch freche Art" um die tägliche Körperpflege und -hygiene zu kümmern. Zum Hakle-Sortiment gehören neben unterschiedlichen trockenen Toilettenpapierqualitäten seit 1977 auch feuchte Toilettenpapiere. Unter dem Motto „erst trocken, dann feucht" steht Hakle damit in Abgrenzung zum Wettbewerb seit 30 Jahren für einen ganzheitlichen Systempflegeansatz. Zielgruppe der Produkte sind alle Personen, die großen Wert auf ihre persönliche Körperhygiene legen. Hakle ist lt. Herstellerangaben Marktführer bei trockenem und feuchtem Toilettenpapier in Deutschland. Nach der Übernahme durch die Schweizer Attisholzgruppe ging Hakle 1999 an den Kimberly-Clark Konzern, zu dem auch Marken wie Servus, → Kleenex und → Camelia gehören. Der Hygienehersteller Kimberly-Clark beschäftigt weltweit ca. 60.000 Mitarbeiter, Hakle-Kimberly Deutschland ca. 650. Der Umsatz des Gesamtkonzerns liegt weltweit bei 16,7 Mrd. USD.

DATEN UND FAKTEN

Markenname: Hakle, Akronym aus den Anfangsbuchstaben des Erfinders Hans Klenk

Slogan: „Hakle - Ihrem Po zuliebe"

Erfinder: Hans Klenk, 1928, Ludwigsburg

Innovationen: erste Rolle mit garantierter Blattzahl (1928), feuchtes Toilettenpapier (1977), vierlagiges Toilettenpapier (1979)

Jahresumsatz: ca. 96 Mio. Euro (Hakle-Kimberly Toilettenpapier lt. AC Nielsen, 2006)

Markenwebsite: www.hakle.de

UNTERNEHMEN

Hakle-Kimberley Deutschland GmbH
Rheinstr. 4N
55116 Mainz
✆ (0 61 31) 6 07-0
🖷 (0 61 31) 6 07-2 28
💻 www.kimberly-clark.com

HAKO

Die Industriegütermarke Hako steht für ein breites Produktportfolio im Bereich Bodenreinigung und Grundstückspflege. Die Produktpalette umfasst Maschinen in abgestuften Größen- und Leistungsklassen in praktisch allen sauberkeitsrelevanten Bereichen. Dazu gehören u.a. Kehrmaschinen für die Innen- und Außenreinigung, Scheuersaugmaschinen für die Nassreinigung, Staub- und Wassersauger, Poliermaschinen, Kompaktschlepper und Mehrzweckmaschinen. Ergänzt wird das Angebot durch Reinigungs- und Pflegemittel für die professionelle Gebäudereinigung. Die Ursprünge der Hako-Werke GmbH gehen bis auf das Jahr 1924 zurück, als Hans Koch in Mecklenburg die sog. *Di-Mo-Ha* erfand. „Die motorisierte Hand" war die erste Kleinmotorhacke der Welt. 1948 gründete die Familie Koch in Pinneberg in Schleswig-Holstein, wohin sie 1945 geflüchtet war, die Firma Hans Koch & Sohn und begann mit der Montage und Serienfertigung von Motorhacken. Die Produkte trugen den Namen Hako, abgeleitet aus dem Namen des Firmengründers Hans Koch. 1956 kam die Motorhacke *Hakorette* auf den Markt, ein Exemplar des vielseitigen Einachsers steht heute im Deutschen Museum in München. Ab den 1960er-Jahren bildeten Innen- und Außenreinigungsmaschinen neue Schwerpunkte und das Unternehmen begann mit der Erschließung von Auslandsmärkten. Heute wird Hako in 60 Ländern vertrieben und ist eine der weltweit führenden

Hako-Gründer Hans Koch erfand 1924 die erste Kleinmotorhacke der Welt.

Eine Hako-Reinigungsmaschine im Einsatz (Mitte), die Hako-Werke in Bad Oldesloe (unten)

Marken im Bereich professioneller Reinigungsmaschinen. In Deutschland verfügt Hako über ein Netz von ca. 25 Vertriebs- und Servicezentren sowie Vertrags- und Fachhändlern. Die Hako-Werke GmbH mit Sitz in Bad Oldesloe ist organisatorisch in die Hako Holding eingegliedert, deren Gesellschaften 2006 mit weltweit 2.298 Mitarbeitern einen Umsatz in Höhe von 396 Mio. Euro erzielten. Weitere Marken der Unternehmensgruppe sind in Deutschland Multicar sowie in den USA Minuteman, PowerBoss und Multi-Clean.

DATEN UND FAKTEN

Markenname: Hako, aus dem Namen des Firmengründers **Ha**ns **Ko**ch

Slogan: „Spitzentechnik für eine saubere und schönere Umwelt"

Gründer: Hans Koch, 1948, Pinneberg

Markenregistrierung: 31. 07. 1953, DPMA München

Innovationen: *Hakorette* (1954), *Hako-Hamster* (1961), *Hako-Citymaster 1200* (2006)

UNTERNEHMEN

Hako-Werke GmbH

Hauptsitz: Bad Oldesloe, Deutschland

Geschäftsführung: Dr. Harald Gosebruch, Ernst-Jürgen Gehrke, Bernd Heilmann

Weitere Marken: Multicar, Minuteman, Powerboss, Multiclean

Gesamtumsatz: 396 Mio. Euro (Hako-Gruppe, 2006)

Vertrieb: die Marke Hako wird über Servicepartner in 60 Ländern vertrieben

KONTAKT

Hako-Werke GmbH
Hamburger Str. 209–239
23843 Bad Oldesloe
✆ (0 45 31) 8 06–0
🖷 (0 45 31) 8 06–3 38
💻 www.hako.com

Ansprechpartner Presse:
Michael Bentin
✆ (0 45 31) 8 06–3 21
✉ mbentin@hako.com

Ansprechpartner Marketing:
Ralf-Hendrik Steinkühler
✆ (0 45 31) 8 06–3 93
✉ rhsteinkuehler@hako.com

Lead-Agentur:
Werbeagentur von Oertzen & Partner
💻 www.vonoertzenwa.de

MEILENSTEINE

1924 Hans Koch erfindet die erste Kleinmotorhacke *DI-MO-HA* („die motorisierte Hand").

1948 Gründung der „Hans Koch & Sohn" in Pinneberg bei Hamburg

1956 Die Hakorette kommt auf den Markt.

1961 Einführung der ersten selbstaufnehmenden Kehrsaugmaschine Hako-Hamster

1994 Hako präsentiert den Prototyp eines autonom navigierenden Reinigungsroboters.

1995 Einstieg in die kommunale Außenreinigung mit dem *Hako-Citymaster*

HALBERSTÄDTER

Die nat. Konsumgütermarke Halberstädter steht in erster Linie für Fleisch- und Wurstwaren. Der Name ist von dem Ort Halberstadt in Sachsen-Anhalt abgeleitet, in dem Friedrich Heine 1883 erstmals Würstchen produzierte. Als besondere Innovation gilt die Erfindung der Würstchenkonservierung, die Heine im Jahr 1896 gelang. Die Produktpalette umfasst heute Würstchenkonserven, Suppen/Eintöpfe, Fleisch- und Wurstkonserven, Fertiggerichte, frische Wurstwaren sowie mikrowellenfähige Convenience-Produkte. Durch den aufwendigen Produktionsprozess, der nach der Räucherung der Würstchen im Kamin eine Reifephase von 24 bis 36 Stunden vorsieht, soll eine Abgrenzung von Konkurrenzprodukten gewährleistet werden. Das Markenlogo wurde im Jahr 1990 gemeinsam von dem Geschäftsführer und einem Berater entworfen, als das Unternehmen in eine GmbH umfirmierte und den Schritt in die Marktwirtschaft tätigte. Die Form des Logos ist einem Würstchen nachempfunden, in der oberen Auswölbung sind in stilisierter Form der Betrieb und die Kirchentürme von Halberstadt abgebildet. Das Logo erhielt später den Zusatz „seit 1883", der sich um die Kirchtürme rankt, sowie den unter dem Logo in ei-

Halberstädter
Der Genuss auf beste Art

Die Halberstädter Würstchen- und Konservenfabrik beschäftigt ca. 270 Mitarbeiter (Mitte). Nach der Räucherung werden die Würstchen zur Reife gelagert (unten).

ner roten, wehenden Fahne positionierten Claim „Der Genuss auf beste Art". Die Hausfarben Blau und Rot bestimmen nicht nur das Logo, sondern das gesamte Corporate Design.

Die Produktpalette der Marke Halberstädter

Die Marke wird deutschlandweit über den Lebensmitteleinzelhandel sowie in ausgewählten Exportmärkten, wie z.B. Spanien, Irland und Russland vertrieben. Die Halberstädter Würstchen- und Konservenfabrik GmbH & Co.KG beschäftigt ca. 270 Mitarbeiter. Das Unternehmen, das seit 1992 der Unternehmerfamilie Nitsch gehört, betreibt auch Produktionsbetriebe in Lehrte bei Hannover und in Veltheim bei Braunschweig. Für die Zukunft sind der Ausbau des Convenience-Sortimentes und ein Relaunch des Frische-Sortimentes geplant.

DATEN UND FAKTEN

Markenname: Halberstädter, abgeleitet vom Gründungsort Halberstadt

Slogan: „Halberstädter ... mehr als ein Würstchen"

Gründer: Friedrich Heine, 1883, Halberstadt

Markeneinführung: 1990, Deutschland

Markenbekanntheit: 50 % gest. in den alten Bundesländern, 95 % gest. in den neuen Bundesländern (IFM)

Auszeichnungen:
Auszeichnung der Deutschen Landwirtschafts-Gesellschaft (DLG) für Heines Delikatess-Würstchen in Dosen (1913)
„Preis der Besten in Gold", Deutsche Landwirtschafts-Gesellschaft (DLG) (2003)

UNTERNEHMEN

Halberstädter Würstchen- und Konservenfabrik GmbH & Co.KG

Hauptsitz: Halberstadt, Deutschland

Geschäftsführung: Ulrich Nitsch, Silke Erdmann-Nitsch, Stefan Nitsch

Mitarbeiter: 270 in Deutschland (2006)

Vertrieb: deutschlandweit, Export u.a. nach Irland, Spanien, Russland

KONTAKT

Halberstädter Würstchen- und Konservenfabrik GmbH & Co.KG
Große Ringstr.
38820 Halberstadt
✆ (0 39 41) 3 11 00
🖷 (0 39 41) 3 11 11
💻 www.halberstaedter.de

Ansprechpartner Presse:
Silke Erdmann-Nitsch
✆ (0 39 41) 3 11 00
🖷 (0 39 41) 3 11 11
✉ sekretariat@halberstaedter.de

Ansprechpartner Marketing:
Sebastian Kruse
✆ (0 39 41) 3 13 90
🖷 (0 39 41) 3 13 90
✉ marketing@halberstaedter.de

MEILENSTEINE

1883 Friedrich Heine produziert die ersten Würstchen als selbstständiger Unternehmer.

1896 Heine erfindet die Konservierung von Würstchen in Dosen als Weltneuheit.

1913 Einzug in Europas größte Würstchenfabrik. 1. Preis der DLG für Heines Delikatess-Würstchen in Dosen.

1948 Enteignung: Übergang in Volkseigentum unter der Bezeichnung VENAG

1954 Umbenennung in VEB Halberstädter Fleischwaren

1990 Einstieg in die Marktwirtschaft als GmbH

2008 Jubiläum: 125 Jahre Halberstädter Würstchen

HALLOREN

Die Original Halloren Kugel zählt zu den bekanntesten Süßwaren aus dem Hause Halloren.

Halloren ist eine Süßwarenmarke, die für hochwertige und traditionsreiche dt. Schokoladenwaren und Confiserie im Premiumsegment steht. Der Markenname Halloren ist angelehnt an die hallesche Salzwirker-Brüderschaft, wobei *Hall* ein Sprachrelikt der keltischen Urbevölkerung ist und Salz bedeutet. Zu den bekanntesten Produkten aus dem Hause Halloren zählt die Original Halloren Kugel, eine Pralinenspezialität, die in den Nachkriegsjahren erfunden wurde. Ihre Form verdankt sie den Silberknöpfen auf den Trachten der Halloren Brüderschaft. Das Produktportfolio umfasst Confiserieartikel wie Baumkuchen Kugeln, Mozart Kugeln und Trüffel sowie andere Schokoladenartikel wie z. B. Katzenzungen. Produziert wird das Halloren Sortiment ausschließlich in Deutschlands ältester Schokoladenfabrik in Halle an der Saale. Mit einem Schokoladenmuseum, eigenen Cafés und medienwirksamen Rekorden, wie der Fertigung der weltgrößten Katzenzunge (2004) betreibt Halloren intensive Markenpflege. Tradition und Herkunft spiegeln sich auch in der Gestaltung des Halloren Markenzeichens wider. Es zeigt den dunkelblauen, geschwungenen Halloren Schriftzug auf einem hellen Banner und ein rundes Siegel mit einer stilisierten Halloren Figur in roter Farbe. Mit dem Zusatz „Aus Deutschlands ältester Schokoladenfabrik" betont das Unternehmen die lange Markentradition. Halloren ist sowohl beim Umsatz als auch beim Absatz einer der stärksten Schokoladenproduzenten in den neuen Bundesländern. Die Marke wird in Deutschland im Eigenvertrieb, in Europa und den USA über Vertriebspartner distribuiert. Gegründet wurde die Halloren Schokoladenfabrik 1804 von F. A. Miethe. Stammsitz ist seit der Gründung Halle/Saale. Das Unternehmen beschäftigt 330 Mitarbeiter und erwirtschaftete 2006 einen Umsatz von 25,86 Mio. Euro. Vorstandsvorsitzender der Halloren Schokoladenfabrik AG ist Klaus Lellé.

DATEN UND FAKTEN

Markenname: Halloren, angelehnt an die hallesche Salzwirker-Brüderschaft, *Hall* ist ein Sprachrelikt der keltischen Urbevölkerung und bedeutet Salz

Slogan: „Aus Deutschlands ältester Schokoladenfabrik"

Gründer: F. A. Miethe, 1804, Halle/Saale

Markenregistrierung: 02. 04. 1955, DPMA München

Markenbekanntheit: 94 % in den neuen Bundesländern (GfK, 2007)

Auszeichnungen:
„Oskar für den Mittelstand" für die Halloren Schokoladenfabrik (2002)
„Ort im Land der Ideen" für Halloren (2006)

UNTERNEHMEN

Halloren Schokoladenfabrik AG
Delitzscher Str. 70
06112 Halle/Saale
✆ (03 45) 56 42-0
🖷 (03 45) 56 42-2 82
🖳 www.halloren.de

HAMBURG-MANNHEIMER

Günter Kaiser, der fiktive Versicherungsexperte der Hamburg-Mannheimer, ist die effizienteste Werbefigur der Branche.

Die Hamburg-Mannheimer Versicherung ging im Jahr 1912 aus der 1899 in Mannheim gegründeten Vita Versicherungs-Actien-Gesellschaft und der Versicherungsgesellschaft Hamburg hervor. Im gleichen Jahr wurde der Firmensitz in die Hansestadt verlegt. Das Logo ist in dunkel-, mittel-, und hellblauen Tönen gehalten. Diese Farbkodierung steht für Finanzkraft und Solidität. Der Bogen über den Initialen H und M steht für Schutz und Absicherung. Mit einer der ältesten, ununterbrochen eingesetzten dt. Werbefiguren, Herrn Kaiser, kommuniziert das Unternehmen seit mehr als 35 Jahren seine Marke. Seit dem 5. September 1972 ist Herr Kaiser, der 1979 den Vornamen Günter erhielt, auf den TV-Bildschirmen präsent. Der fiktive Versicherungsexperte verfügt über einen Bekanntheitsgrad von gest. 78 % (Icon Werbetracking, 6/2007). Von 1970 bis zum Ende der 1980er-Jahre trat Herr Kaiser zunächst als Berater auf, Ende der 1990er-Jahre wandelte er sich zum teilnehmenden Beobachter. Heute ist er als Botschafter und Verkäufer der Hamburg-Mannheimer in Personalunion tätig. Unternehmensangaben zufolge ist er die effizienteste Werbefigur der Branche. Die Hamburg-Mannheimer gehört zur ERGO Versicherungsgruppe und wurde in den Jahren 2005 und 2007 von einer unabhängigen Jury aus Wirtschafts- und Kommunikationsexperten unter die Top100 Marken Deutschlands zur „Superbrand" gewählt. Im Jahr 2006 verzeichnete die Hamburg-Mannheimer rund 4,1 Mrd. Euro Beitragseinnahmen und beschäftigte 25.500 haupt- und nebenberufliche Mitarbeiter im Innen- und Außendienst. Die Produktpalette reicht von Versicherungen zur privaten und betrieblichen Altersvorsorge über Risikolebens-, Unfall- sowie Kranken- und Berufsunfähigkeitsversicherungen. Zum Portfolio zählen zudem Hausrat-, Kfz-, Rechtsschutz- und Haftpflichtversicherungen sowie Bausparverträge.

DATEN UND FAKTEN

Markenname: Hamburg-Mannheimer, abgeleitet aus den beiden Firmensitzen vor der Fusionierung im Jahre 1912

Slogan: „Hamburg-Mannheimer – Kaiserlich versichert" (seit 2004)

Frühere Slogans: „Hamburg-Mannheimer – Man kennt uns" (1975–1981), „Hamburg-Mannheimer – Mehr vom Leben" (1982–1996), „Mehr Beratung. Mehr vom Leben" (1997–2000), „Glück ist planbar" (2000–2003)

Markenregistrierung: 02.04.1979, DPMA München

Markenbekanntheit: 19 % ungest., 80 % gest. (Finanzmarkt Daten Service FMDS, 6/2007)

Beitragseinnahmen: 4,098 Mrd. Euro (2006)

UNTERNEHMEN

Hamburg-Mannheimer
Überseering 45
22297 Hamburg
(0 40) 63 76-0
(0 40) 63 76-33 02
www.hamburg-mannheimer.de

HAMMERITE

Die Metallschutz-Lacke der Marke HAMMERITE sind TÜV-geprüft.

Mit Produkten rund um Pflege, Schutz und Gestaltung von Metallobjekten hat sich die Marke HAMMERITE auf dem Markt etabliert. Der „Sieger gegen Rost" wurde 1978 in England entwickelt, um dem hohen volkswirtschaftlichen Schaden durch Rost mit einem wirksamen Produkt zu begegnen. Die Premiummarke ist aufgrund ihrer Eigenschaften zum Synonym für ein ganzes Segment geworden. So umfasst das erfolgreiche HAMMERITE Metallschutz-System Produkte zum Lackieren, Grundieren, Reinigen und Verdünnen. Das Portfolio für den dt. DIY-Markt wird stetig weiter entwickelt: Aktuelle Innovationen sind u.a. Produkte zur Rostvorbeugung bei Pkws und ein Metallschutz-Lack, der direkt ohne Grundierung auf Zink und anderen Nichteisenmetallen haftet. Alle Lacke garantieren ihren vorwiegend männlichen Käufern Schutz, Langlebigkeit und Stabilität. Um dies gewährleisten zu können, sind die HAMMERITE Metallschutz-Lacke TÜV-geprüft. Sie wurden außerdem Testsieger unter 26 Produkten in einem Härte- und Gebrauchstest, durchgeführt vom Prüfinstitut VPA (Remscheid, 2005). Nachzulesen ist dies auch in der DIY-Zeitschrift *Selbst ist der Mann* (Ausgabe 06/2005). Studien zufolge ist HAMMERITE in Deutschland mit einem Marktanteil von über 80 % Marktführer im Segment Metallschutz (Gfk, 2007). Umfragen in Fachkreisen ergaben eine gest. Markenbekanntheit von 90 %. Als Logo dient der Schriftzug des Namens, der lautmalerisch für engl. „hammer it" steht, in Anlehnung an einen der erhältlichen Glanzgrade genannt „Hammerschlag". HAMMERITE befindet sich zusammen mit den Marken →Consolan, →Dulux, →Molto und →Xyladecor im Programm der ICI Paints Deco GmbH, Hilden.

UNTERNEHMEN

ICI Paints Deco GmbH
Düsseldorfer Straße 96–100
40721 Hilden
(0 21 03) 2 05-8 00
(0 21 03) 2 05-8 63
www.hammerite.de

HANDELSBLATT

Der Slogan „Substanz entscheidet" ergänzt das Markenlogo (oben), der Titel der Ausgabe zum 60-jährigen Jubiläum des Handelsblatts im Jahr 2006 (unten)

Die Medienmarke Handelsblatt steht für hochwertige Wirtschafts- und Finanzpublikationen. Kern der Marke ist die gleichnamige Tageszeitung. Das Handelsblatt ist die größte Wirtschafts- und Finanzzeitung in dt. Sprache. Nach Erhebungen des Medienanalyseunternehmens Media Tenor ist das Handelsblatt die meistzitierte Wirtschaftszeitung in Deutschland. Lt. einer 2007 erstellten Umfrage der dt. Zeitungs- und Zeitschriftenverlage erreicht das Handelsblatt außerdem die meisten Entscheidungsträger in der Wirtschaft. Die Publikation richtet sich vor allem an Selbstständige, Unternehmer und leitende Angestellte. Die Verlagsgruppe Handelsblatt bringt außerdem Handelsblatt News am Abend heraus und betreibt das Online-Medium www.handelsblatt.com. Unter dem Markennamen Handelsblatt finden auch Veranstaltungen wie Podiumsdiskussionen statt. Zudem setzt der Verlag auf aktionsbetriebenes Marketing mit Produkten wie Audio-CDs, Hörbüchern und Buchreihen. Gründer der Zeitung ist der Journalist Dr. Herbert Gross. Nach dem Vorbild angelsächsischer Wirtschaftszeitungen wie The Wall Street Journal und Financial Times gab er die erste dt. Wirtschaftszeitung nach dem 2. Weltkrieg heraus. Die erste Ausgabe ist am 16. Mai 1946 in der brit. Besatzungszone unter strenger Zensur herausgebracht worden. 1999 wurden Corporate Design und Layout geändert sowie die redaktionellen Inhalte erweitert. Diesen Relaunch begleitete eine preisgekrönte Werbekampagne mit dem Slogan „Handelsblatt. Substanz entscheidet". Jüngste Änderung ist die Umstellung des Finanz- und Anlegerteils. Seit 2005 erscheint

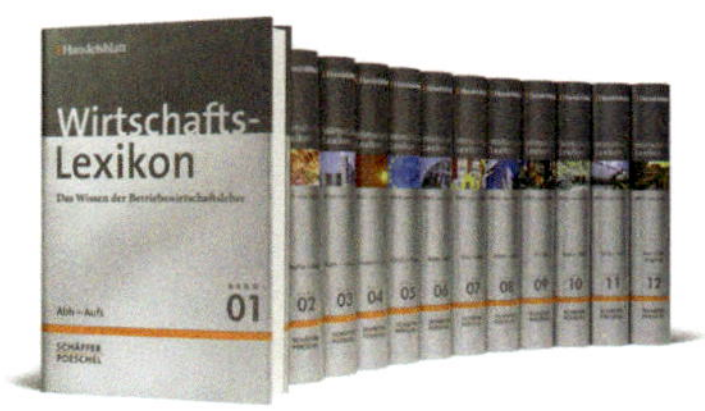

Das Wirschaftslexikon des Handelsblatts erläutert in zwölf Bänden alle wichtigen Stichwörter zum Thema.

dieser Teil nicht mehr in der klassischen Zeitungsgröße, sondern im kleineren Tabloid-Format. Das Handelsblatt ist im Abonnement und im Einzelverkauf erhältlich. Die Verlagsgruppe Handelsblatt, die seit 1986 zum Holtzbrinck-Verlag gehört, beschäftigt weltweit 1.800 Mitarbeiter, davon sind mehr als 500 Journalisten.

DATEN UND FAKTEN

Markenname: Handelsblatt, Kunstname, zusammengesetzt aus **Handel** und **Blatt**. **Handel** steht für die Ausrichtung auf Wirtschaftsnachrichten, **Blatt** als Synonym für Zeitung

Slogan: „Handelsblatt. Substanz entscheidet." (1999)

Erfinder: Dr. Herbert Gross, 1946, Düsseldorf

Markenregistrierung: 13. 07. 2000, DPMA München

Auflage: 145.748 Exemplare (IVW I/2007)

Auszeichnungen:
„Effie-Award", 1. Platz für Imagekampagne (2000)
„Meistzitierte Wirtschaftszeitung", Media Tenor (2004, 2005, 2006)
„Superbrands Germany" (2005)
„European Newspaper Award", Medium Magazin (2007)
„Lead Award 2007, 2. Platz" für Videoweblog „Elektrischer Reporter" (2007)
„Podcast Award, 1. Platz" für Videoweblog „Elektrischer Reporter" (2007)
„Grimme Online Award 2007" für Videoweblog „Elektrischer Reporter" (2007)

UNTERNEHMEN

Verlagsgruppe Handelsblatt GmbH

Hauptsitz: Düsseldorf, Deutschland

Vorstand: Laurence Mehl, Dr. Tobias Schulz-Isenbeck

Weitere Marken: WirtschaftsWoche, Junge Karriere, Fivetonine, New Investor

Vertrieb: Abonnements, Einzelverkauf, Bordexemplare, sonstige Verkäufe

KONTAKT

Verlagsgruppe Handelsblatt GmbH
Kasernenstr. 67
40213 Düsseldorf
✆ (02 11) 8 87-0
🖷 (02 11) 8 87-29 80
💻 www.handelsblatt.com

Ansprechpartner Marketing:
Susan Koll
✆ (02 11) 8 87-27 57
✉ s.koll@vhb.de

Lead-Agentur:
Grey Worldwide GmbH, Düsseldorf
www.grey.de

SCHON GEWUSST?

- Gegenseitige Liebe: Das Handelsblatt unterstützte nach dem 2. Weltkrieg den wirtschaftsliberalen Kurs von Ludwig Erhard. Dieser wiederum hatte das Handelsblatt über 20 Jahre lang abonniert.
- Mit dem Handelsblatt werden jährlich 35 t Papier bedruckt.

HÄNDLMAIER

Händlmaier ist eine Marke der Luise Händlmaier Senffabrikation GmbH & Co. KG und steht für Senfprodukte für End- und Großverbraucher, außerdem für Sahne- und Tafelmeerrettich sowie Feinkostsaucen für Endverbraucher. Das wichtigste mit dieser Konsumgütermarke verbundene Produkt ist Händlmaier's süßer Hausmachersenf, der seit 1914 nach derselben Rezeptur hergestellt wird. Entwickelt wurde diese von Johanna Händlmaier, Frau des Metzgermeisters Karl Händlmaier, auf die auch der Markenname zurückgeht. Das Logo zeigt den Namen in schwarzen, handschriftlich anmutenden Buchstaben unter einem gezeichneten Frauenoberkörper im Halbprofil. Namenszug und Zeichnung befinden sich in einem roten, von

Händlmaier's

Assoziiert traditionelle Hausmannskost: Das klassische Logo von Händlmaier's.

einem goldenen Rand eingefassten Oval. Ursprünglich stellten die Händlmaiers den Senf in einem großen Kochtopf in der Küche ihrer Metzgerei her. Die Senfproduktion blieb für lange Zeit nur ein Teil des Metzgereigeschäfts. Erst 1964 erfolgte die Gründung einer auf das Senfgeschäft konzentrierten Firma durch Luise Händlmaier, Johannas Schwiegertochter. Nach kontinuierlichem Wachstum nahm das Unternehmen 1992 neue Produktionsanlagen im Regensburger Industriegebiet Haslbach in Betrieb. 2000 wurde eine weitere Produktionshalle eingeweiht, 2006 konnten die Kapazitäten erneut um ein Drittel erweitert werden. Händlmaier's ist heute Marktführer im Bereich süßer Senf und mit fast 10 % Marktanteil nach Thomy und Löwensenf die drittstärkste Marke im dt. Senf-Gesamtmarkt (Nielsen, 2006). Mit der Sub-Marke *Wild African*, die scharfe Saucen mit afrikanischen Gewürzen umfasst, setzte das Unternehmen 2006 die Ausdifferenzierung seiner Produktpalette fort. Zum Gesamtumsatz der Firma, der 2006 bei etwa 9 Mio. Euro lag, trug der Export rund 10 % bei.

UNTERNEHMEN

Luise Händlmaier Senffabrikation GmbH & Co. KG
Eschenbacher Str. 2
93057 Regensburg
(09 41) 6 95 54–0
(09 41) 6 95 54–50
www.haendlmaier.de

HANHART

Der *Primus* Chronograph stammt aus den 1930er-Jahren und ist als Neuauflage der älteste Chronograph aus dem Hause Hanhart, der sich noch in Produktion befindet (Mitte). Hist. Aufnahme des Firmengebäudes in Gütenbach (unten)

Hanhart ist eine traditionsreiche Premiummarke der Uhrenindustrie. Zum 125-jährigen Firmenjubiläum umfasst das Portfolio zwölf Serien mit Chronographen und Armbanduhren sowie zahlreiche Serien mit Stoppuhren. Das Unternehmen wirbt mit der gelungenen Verbindung von Präzision, Tradition und modernen, zeitgemäßen Ansprüchen. 1882 gründete Johann A. Hanhart in Diesenhofen in der Schweiz einen Uhrmacherbetrieb. 1904 erfolgte der Umzug nach Schwenningen im Schwarzwald. Die bis heute tragende Idee für den weltweiten Erfolg des Unternehmens hatte Wilhelm Julius Hanhart, der jüngste Sohn des Unternehmensgründers im Jahre 1924: Ihm gelang es, die bis dato fast unerschwinglichen Stoppuhren für jedermann zugänglich zu machen. Im Jahr 1934 vergrößerte sich das Unternehmen mit einem zusätzlichen Betrieb in Gütenbach. 1938 lancierte Hanhart als Weltneuheit einen Eindrücker Chronographen mit dem Namen *Primus*. Der Fliegerchronograph *Tachy Tele* ging 1939 in Produktion. Nach dem 2. Weltkrieg nahm Hanhart nach der Aufhebung der Zwangsstilllegung im Jahre 1948 die Produktion wieder auf und konzentrierte sich zunächst auf die Produktion von Stoppuhren. Seit 1962 positioniert sich Hanhart lt. eigenen Angaben als Marktführer im Segment mechanische Stoppuhren. In Anlehnung an die 1930er-Jahre baut Hanhart heute wieder verstärkt die Produktion der Armbanduhren und Chronographen aus. So wurde 1997 das wohl bekannteste Hanhart-Produkt, der Fliegerchronograph von 1939, wiederaufgelegt. Die originalgetreue Re-Edition bildet zusammen mit weiteren Neuauflagen den Grundstein für eine neue Chronographen-Ära der Marke Hanhart. Eine Erweiterung der Chronographenlinie um die Modelle *RedX* und *RedXRed* sowie der Armbanduhrkollektion mit dem Modell *Poseidon* erfolgte 2006.

Die Jubiläums-Stoppuhr von Hanhart im Classic-Racing-Style

Pünktlich zum Jubiläumsjahr bietet Hanhart zwei weitere Sondereditionen: Ein Twinset bestehend aus einer Armbanduhr und einer Stoppuhr im Classic-Racing-Style, die speziell für Oldtimer-Rallyes entwickelt wurde. Der Platinchronograph *Opus 41*, der teuerste je von Hanhart hergestellte Chronograph, ist mit einem originalen Schaltradwerk aus den 1940er-Jahren ausgestattet und wird in einer limitierten Auflage von nur 39 Stück produziert.

DATEN UND FAKTEN

Markenname: Hanhart, Familienname der Gründerfamilie

Slogan: „Pioneer's Timing since 1882"

Gründer: Johann A. Hanhart, 1882

Markenregistrierung: 12.12.1963, DPMA München

Innovationen: Mechanische Stoppuhr (1924) Fliegerchronograph *Tachy Tele* (1939)

Jahresumsatz: 200.000 Stoppuhren und Chronographen (2006)

Vertrieb: weltweit über Vertriebspartner

UNTERNEHMEN

Adolf Hanhart GmbH & Co. KG

Hauptsitz: Gütenbach, Deutschland

Geschäftsführung: Klaus J. Eble (Geschäftsführender Gesellschafter)

KONTAKT

Adolf Hanhart GmbH & Co. KG
Hauptstr. 33
78148 Gütenbach
✆ (0 77 23) 93 44-0
🖷 (0 77 23) 93 44-40
💻 www.hanhart.de

Ansprechpartner Presse:
Klaus J. Eble
✆ (0 77 23) 93 44-30
✉ eble@hanhart.de

Lead-Agentur:
Von Schöning PR
✆ (0 40) 41 62 24 57
✉ schoening@vspr.de
💻 www.vspr.de

SCHON GEWUSST?

▌Die Hanhart Fabrikation ist seit 1934 in Gütenbach im Schwarzwald angesiedelt, einem Ort an der Deutschen Uhrenstraße.

HANIKA

Die Gitarrenmarke Hanika richtet sich mit ihrem Produktangebot sowohl an Konzertgitarristen als auch semiprofessionelle Musiker. Die Gitarrenmanufaktur wurde 1953 im fränkischen Baiersdorf von dem Gitarrenbauer Helmut Hanika gegründet. Anlass war das Bedürfnis der Kunden, und hier vor allem der US-amerikanischen Alliierten, nach modernen, wohlklingenden Instrumenten. Im Jahr 1980 trat der Sohn des Unternehmensgründers Armin Hanika als Gitarrenbauer in das Familienunternehmen ein und leitet seit

Der Bau einer Hanika Gitarre besteht zum größten Teil aus Handarbeit.

1994 die Manufaktur. Gemeinsam mit seinem Vater trug er dazu bei, Hanika-Gitarren in der ersten Garde ihrer Instrumentenklasse zu positionieren, indem er die Bauart der Gitarren konsequent weiterentwickelte. Heute ist Hanika nach eigenen Angaben Marktführer für hochwertige dt. Konzertgitarren. Bei einem Umsatz von rund 1,2 Mio. Euro (2006) werden von 14 Mitarbeitern jährlich ca. 1.800 Gitarren produziert. Es gibt vier Modellreihen: *Meisterklasse*, *Oberklasse*, *Mittelklasse* und *Basisklasse*. In allen Klassen werden Instrumente angeboten, die sich qualitativ und technisch auf hohem Niveau bewegen, sich gleichzeitig aber durch ein günstiges Preis-Leistungs-Verhältnis auszeichnen. Das Markenlogo nutzt die Schrift Garamond in Weiß und eine rote Sonderfarbe für die stilisierte Gitarre, die hinter dem Markennamen liegt. Zudem wirbt Hanika mit Flyern und Broschüren sowie über einen Internetauftritt um Kunden. Hier haben Hanika-Gitarrenbesitzer über einen sog. Ownersclub die Möglichkeit, sich zu registrieren und sich über aktuelle Entwicklungen informieren zu lassen. Hanika Gitarren werden weltweit über den Fachhandel vertrieben.

DATEN UND FAKTEN

Markenname: Hanika, abgeleitet vom Familiennamen des Gründers

Slogan: „perfect balance – great performance" (2005)

Gründer: Helmut Hanika, 1953, Baiersdorf

Innovationen: 1-A-Quartett (2006)

Jahresabsatz: ca 1.800 Konzertgitarren (2006)

Hanika Gitarren

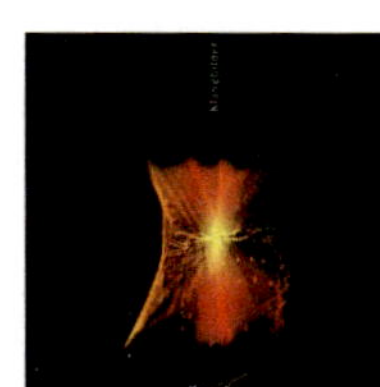

Ein Modell aus der klassischen Baureihe der Hanika Gitarren (Mitte), der Titel ist einer Broschüre über die Produktion und die besonderen Eigenschaften der Hanika Produkte entnommen (unten).

Die HANNOVER MESSE gilt als internat. Marktplatz wegweisender Technologien, Werkstoffe und Ideen.

Markenzeichen der Hannoversche Leben (oben), prominente Werbeträgerin Anke Engelke (Mitte), Firmenzentrale in Hannover (unten)

UNTERNEHMEN

Hanika Gitarrenbau

Hauptsitz: Baiersdorf, Deutschland

Geschäftsführer: Armin Hanika

Gesamtumsatz: 1,2 Mio. Euro

Mitarbeiter: 14

Vertrieb: weltweit

KONTAKT

Hanika Gitarrenbau
Egerstr. 12a
91083 Baiersdorf
✆ (0 91 33) 22 85
🖷 (0 91 33) 96 42
💻 www.hanika.de

Lead-Agentur:
Werbeagentur Roth GmbH
www.werbeagentur-roth.de

SCHON GEWUSST?

- Sämtliche Tonhölzer für Hanika-Gitarren lagern langjährig in der Manufaktur. Beim Bau einer Gitarre werden dann die passenden Hölzer ausgewählt und – größtenteils per Hand – zu einer Gitarre zusammengesetzt.
- Der eigentliche Ursprung der Hanika-Gitarrenbaukunst liegt im Sudetenland, dem heutigen Tschechien. Dort gründete der Großvater Helmut Hanikas einst eine Geigenbauwerkstatt. Nach der Vertreibung aus dem Egerland bildete er seinen Enkel zum Gitarrenbauer aus.

HANNOVER MESSE

Die HANNOVER MESSE hat ihren Ursprung in der dt. Nachkriegszeit. Sie wurde 1947 auf Initiative der Besatzungsbehörde in Absprache mit dem Oberbefehlshaber der amerikanischen Zone als Export-Messe Hannover gegründet. Ziel der ersten Export-Messe war es, Deutschland nach dem 2.Weltkrieg durch den Export eigener Erzeugnisse wirtschaftlich wieder zu stärken. Heute steht die Hannover Messe für einen Marktplatz wegweisender Technologien, Werkstoffe und Ideen und wird mit weltweiten Repräsentanzen vermarktet. Lt. →Deutsche Messe AG, der Veranstalterin der Messe, ist die HANNOVER MESSE das weltweit wichtigste Technologie-Ereignis und eine Plattform für die komplette industrielle Wertschöpfungskette. Mit ihren Angeboten richtet sie sich an Fachbesucher aus Maschinenbau, Energiewirtschaft, Elektrotechnik und Automotive. Paul Rademacher entwickelte 1947 das Logo und nutzte dafür die Figur des antiken Götterboten Hermes, gleichzeitig Gott des Handels. Später überarbeitete man das Logo mehrmals und stilisierte dabei das Profil der Gestalt mit Flügelhut und rufendem Mund. Die HANNOVER MESSE ist eine Marke der Deutschen Messe AG mit Hauptsitz in Hannover. Das Unternehmen wurde im August 1947 als Deutsche Messe- und Ausstellungs AG Hannover-Laatzen gegründet. Die Deutsche Messe AG bietet als Dienstleister im Messewesen internat. Messen mit dem Schwerpunkt Investitionsgüterindustrie und versammelt unter ihrem Dach internat. führende Weltleitmessen wie die →CeBIT, DOMOTEX oder IAA Nutzfahrzeuge. Mit rund 800 Mitarbeitern erwirtschaftet das Unternehmen durchschnittlich 250 Mio. Euro pro Jahr.

DATEN UND FAKTEN

Markenname: HANNOVER MESSE, zusammengesetzt aus Ortsangabe (Hannover) und Dienstleistung (Messe)

Slogan: „Get New Technology First" (seit 2006)

Markenregistrierung: 16.08.1947, Amtsgericht Hannover

Markenwebsite: www.hannovermesse.com

UNTERNEHMEN

Deutsche Messe AG
Messegelände
30521 Hannover
✆ (05 11) 89-0
🖷 (05 11) 89-3 26 26
💻 www.messe.de

HANNOVERSCHE LEBEN

Die Hannoversche Leben gilt als Deutschlands erfahrenster Direktversicherer. Bereits bei der Gründung im Jahr 1875 verschrieb sich die Versicherungsgesellschaft der Aufgabe, Lebensversicherungsschutz auf direktem Weg ohne Außendienst anzubieten. Das traditionsreiche Unternehmen wirbt mit dem Slogan „einfach-besser-direkt" und verweist damit auf besondere Kosteneffizienz. Nach Unternehmensangaben liegen die Kostenquoten in allen Bereichen deutlich unter Marktdurchschnitt. Kunden profitieren von den besonders günstigen Preisen für alle Vorsorgeprodukte des Unternehmens. Heute umfasst das Portfolio der hannoverschen Assekuranz vielfältige Produkte von der Hinterbliebenen- und Altersvorsorge bis hin zum Vermögensaufbau. Die Angebote erhielten zahlreiche Auszeichnungen. Seit Oktober 2007 bietet die Hannoversche Leben aufgrund von Kundennachfragen über die Hannoversche Direkt auch Kfz-Versicherungen an. 2003 schloss sich die Versicherungsgesellschaft mit den VHV Versicherungen zur VHV Vereinigte Hannoversche Versicherung a.G. zusammen. Innerhalb der VHV-Gruppe agiert sie als der Direktversicherer und wies im Geschäftsjahr 2006 ein Beitragsvolumen von über 800 Mio. Euro bei knapp 800.000 Verträgen aus. Der Markenauftritt der Hannoverschen Leben zielt auf die Wiedererkennbarkeit als etablierte Marke im Altersvorsorgebereich. Das Markenzeichen ist der zweizeilige Namenszug in blauen Versalien. Er wird von einem doppelten Schrägstrich in hellerem Blau akzentuiert, der als positives und modernes Zeichen effiziente und unkomplizierte Kommunikation ausdrückt. Mit der blauen Farbpalette der Hausfarben vermittelt das Unternehmen Seriosität und Zuverlässigkeit und sieht in der Klarheit und Prägnanz des Schriftzugs einen Ausdruck der Markenwerte der Hannoverschen Leben. Seit dem Jahr 2006 wirbt TV-Star und Sympathieträgerin Anke Engelke für die Assekuranz.

Vorstand der Hannoversche Lebensversicherung AG (von rechts): Frank Hilbert, Claus Blänkner, Dr. Christian Bielefeld

DATEN UND FAKTEN

Markenname: Hannoversche Leben

Slogan: „einfach-besser-direkt"

Auszeichnungen:
„A" (Ausblick stabil), Standard & Poor's (S&P) (2007)
„mm/sehr gut", „Aspirant" für den Aufstieg, map-report (2007)
„A+/sehr gut" in allen Teilqualitäten, Assekurata (2007)

UNTERNEHMEN

Hannoversche Lebensversicherung AG

Hauptsitz: Hannover, Deutschland

Vorstand: Frank Hilbert (Sprecher), Dr. Christian Bielefeld (Vertrieb), Claus Blänkner (Kapitalanlagen)

Vertrieb: deutschlandweit

Bruttobeiträge: 808 Mio. Euro (2006)

KONTAKT

Hannoversche Lebensversicherung AG
Karl-Wiechert-Allee 10
30622 Hannover
✆ (05 11) 95 65-0
(05 11) 95 65-6 66
www.hannoversche-leben.de

Ansprechpartner Presse:
Dr. Kerstin Bartels
✆ (05 11) 9 07-48 22
✉ kbartels@vhv.de

SCHON GEWUSST?
▌Die Verwaltungskostenquote liegt mit 1,3 % der Beitragseinnahmen deutlich unter Markt mit rund 5 % – ebenso wie die Stornoquote: Die Hannoversche Leben weist 2 % auf, der Markt über 5 %.

HANSAPLAST

Hansaplast ist eine Kernmarke der Beiersdorf AG. Das Sortiment von Hansaplast umfasst neben der Wundversorgung Fußpflegeprodukte, Bandagen, Lärmschutz sowie lokale Schmerz-Therapie-Produkte und Pads zur Narbenreduktion. 1922 gelangten die ersten Pflaster mit Wundauflage unter dem Namen Hansaplast in den Verkauf. Eine Verbesserung der Wundbehandlung durch die Beschichtung mit Feinsilber optimierte 1930 die antibakterielle Wirkung eines neuartigen Pflasters. 1931 entstand der Vorläufer der heutigen Strips in gebrauchsfertigen Abschnitten. Wasserfeste Fingerverbände ergänzten seit 1954 das Sortiment. 1968 kamen bunte Pflaster für Kinder und hypoallergene Pflaster auf den Markt, 1976 das erste Sprühpflaster. Die nur in Apotheken vertriebene Marke Hansamed spezialisierte sich seit 1978 auf empfindliche Haut. Der Ohrenstöpsel Hansaplast Lärmstop war ab 1980 erhältlich. Das duschtaugliche *Aqua Protect Pflaster* war die Innovation des Jahres 1996. Ende der

Hansaplast

Beispiele für eine aktuelle (Mitte) und eine hist. Hansaplast-Verpackung (unten)

1990er-Jahre ergänzte Hansaplast sein Angebot durch ein umfangreiches Fußpflege-Sortiment, Gelenkbandagen und die *Hansaplast-Strips Plus Desinfection*. Ab 2000 kamen als weitere Neuerungen Pflaster zur Narbenreduktion, farbige Pflaster mit Lizenzmotiven für Kinder sowie Wärme- und Aktiv Gel-Pflaster hinzu. Seit dem Jahr 2002 sind

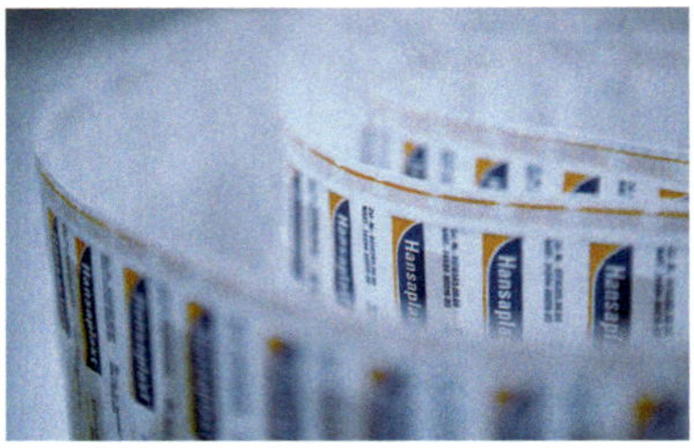

Ein Einblick in die Hansaplast-Produktion

durch die Marken-Ehe zwischen Hansaplast und ABC Lokale Schmerz-Therapie auch die bewährten Wärmepflaster unter Hansaplast erhältlich. 2007 führte Hansaplast mit Extreme ein besonders widerstandsfähiges Pflaster ein. Das Hansaplast-Logo hat einen hohen Wiedererkennungswert. Das Rechteck mit dem klaren weißen Schriftzug gibt die Form des Pflasterstreifens wieder. Die abgerundeten Ecken in Rot können als Symbol für die zu versorgende Wunde betrachtet werden, die durch das kühlende Blau des Pflasters bedeckt und geheilt wird. Die Ursprünge der Beiersdorf AG reichen bis in das Jahr 1882 zurück, als der Apotheker Paul C. Beiersdorf das Unternehmen gründete. Neben Hansaplast führt die Beiersdorf AG so bekannte Marken wie →8x4, →atrix, →Eucerin, →Hidrofugal, →Labello, →NIVEA und →tesa in ihrem Portfolio.

DATEN UND FAKTEN

Markenname: Hansaplast

Slogan: „Wir helfen heilen"

Erfinder: Paul C. Beiersdorf, 1882 (1. Patent für ein gestrichenes Pflaster)

Markenregistrierung: 12. 05. 1894, Kaiserliches Patentamt Berlin

Innovationen: Hansaplast Strips (1931), Hansaplast Trostpflaster für Kinder (1968), Hansaplast Lärmstop (1980), Hansaplast Aqua Protect (1996), Hansaplast-Strips Plus Desinfection (1999), Schnelle Heilung (2003), Extreme (2007)

Markenwebsite: www.hansaplast.de

UNTERNEHMEN

Beiersdorf AG

Hauptsitz: Hamburg, Deutschland

Vorstand: Thomas-B. Quaas

Weitere Marken: NIVEA, Eucerin, la prairie, 8x4, atrix, Hidrofugal, Labello, tesa

Gesamtumsatz: 5.120 Mio. Euro (2006)

KONTAKT

Beiersdorf AG
Unnastr. 48
20245 Hamburg
(0 40) 49 09–0
(0 40) 49 09–34 34
www.beiersdorf.de

Ansprechpartner Presse:
Claudia Fasse
(0 40) 49 09–0
info@beiersdorf.com

SCHON GEWUSST?

- Seit der Einführung von Hansaplast 1922 wurden ca. 16,5 Mrd. Pflaster produziert. Dies entspricht einer Länge, mit der sich die Erde mehr als 450 Mal umspannen ließe. Jeder Bundesbürger verbraucht durchschnittlich 50 cm Pflaster im Jahr.
- Der Text des ersten Hörfunk-Slogans lautete „Jederzeit hab' zur Hand: Hansaplast Schnellverband" und stammte von Elly Heuss-Knapp, der Ehefrau des späteren Bundespräsidenten.

HANSEMERKUR

Die HanseMerkur Versicherungsgruppe hat ihren Sitz in Hamburg.

Die HanseMerkur ist eine Versicherungsgruppe, die Kranken-, Lebens-, Reise-, Kfz- und Sachversicherungen anbietet. Sie ging 1969 aus der Fusion der bereits im Jahr 1875 gegründeten Hanseatischen Krankenversicherung VVaG und der Hanse-Krankenschutz VVaG aus dem Jahr 1936 hervor. Zunächst fungierte das Unternehmen ausschließlich als Krankenversicherung, konnte jedoch ab den 1970er-Jahren expandieren und zusätzliche Versicherungsleistungen anbieten. 2006 betrugen die Beitragseinnahmen insgesamt 770,7 Mio. Euro, 488,5 Mio. Euro davon aus dem Bereich Krankenversicherung. Als Markenlogo dient der grüne Namensschriftzug (Schrifttype ITC Quay T), der durch eine Bildmarke ergänzt wird. Das 1999 überarbeitete, zweifarbige grüne Logo zeigt stilisiert drei Menschen in einem Kreis, die sich umarmen und symbolisiert so die Eigenschaften Schutz, Zusammengehörigkeit und Verlässlichkeit. Die HanseMerkur hat ihren Sitz in Hamburg und beschäftigt im Innen- und Außendienst insgesamt 874 Mitarbeiter und 603 hauptberufliche Vermittler. Die Marke wird bundesweit und als Reiseversicherung auch internat. vertrieben. Als unabhängiger Versicherungsverein auf Gegenseitigkeit sind die Mitglieder der HanseMerkur zugleich Kunden und Träger. Das Unternehmen kooperiert mit den Ersatzkassen →DAK, Hamburg Münchener und HEK, der Hamburger Sparkasse, der Optikerkette Fielmann sowie der Drogeriekette Budnikowsky. Im Bereich Online-Riesterrente und bei der Erstattung naturheilkundlich-medizinischer Leistungen ist die HanseMerkur lt. eigenen Angaben Marktführer. So unterstützt das Unternehmen das erste dt. Institut für Traditionelle Chinesische Medizin (TCM) am Universitätsklinikum Eppendorf. Die Verleihung des *HanseMerkur Preises für Kinderschutz* hat seit 27 Jahren Tradition. Ausgezeichnet werden Personen, Initiativen und Gruppen, die sich für die Belange von Kindern und Jugendlichen in Deutschland engagieren.

DATEN UND FAKTEN

Markenname: HanseMerkur, Zusammensetzung aus den Firmennamen **Hanse**-Krankenschutz VVag und Lebensversicherung **Merkur** Nürnberg VVaG nach der Fusion 1969

Slogans: „Der Mensch im Mittelpunkt", „Profis mit Herz" (aktuell)

Markenregistrierung: 14. 12. 1979, DPMA München

Markenbekanntheit: 35 % gest. (Gruner und Jahr Markenprofile 11, 2005)

Jahresumsatz: 770,7 Mio. Euro (2006)

Werbespendings: 8,2 Mio. Euro (2007)

UNTERNEHMEN

HanseMerkur Versicherungsgruppe
Siegfried-Wedells-Platz 1
20352 Hamburg
(0 40) 41 19-0
(0 40) 41 19-32 57
www.hansemerkur.de
www.riestermeister.de
www.hmrv.de
www.diegesundheitsprofis.de

HANSGROHE

Die Kernkompetenz der Marke Hansgrohe liegt im Segment innovativer und designorientierter Produkte für den Sanitärbereich. Zum Portfolio zählen Armaturen für Bad und Küche, Brausen und Duschsysteme sowie Thermostat- und Ablauftechnik. Vor über 100 Jahren entdeckte der Unternehmer Hans Grohe seine Leidenschaft für das Element Wasser und spezialisierte sich auf Metallprodukte für den Sanitärbereich. Seitdem setzt das Unternehmen mit einer Reihe technischer Entwicklungen wie der Brausestange oder der ersten Handbrause mit verstellbaren Strahlarten Standards und konnte somit seinen Ruf als Pionier und Innovationsführer der Branche festigen. Zahlreiche Erfindungen wie die preisgekrönte Raindance AIR-Technologie oder vollautomatische Wasserrecycling-Systeme gehen auf das Konto des Familienunternehmens. Die Hansgrohe AG hat mehr als 2.000 Patente angemeldet und zeichnet sich durch die Kreativleistung ihrer Forscher und Entwickler aus. Kooperationen mit Designern wie Philippe Starck oder Antonio Citterio sind exemplarisch für die Innovationskraft der Marke und sorgen für ihre Popularität. Mehr als 240 internat. Designauszeichnungen seit 1974 bestätigen die Designkompetenz der Marke. Authentizität und Konsistenz spiegeln sich auch im Markenauftritt wider: Das seit 1995 bestehende Logo wurde von der Stuttgarter Agentur Werbung etc. von Dieter Brucklacher als Einwortmarke entworfen, um sich markant vom Konkurrenten *Grohe AG* abzusetzen. Der Markenname ist in der Schrift Futura gesetzt und erscheint in Weiß auf einem grünen Fond (HKS 53), der die Naturverbundenheit des im Schwarzwald beheimateten Unternehmens aufgreift. Seit der Firmengründung am Stammsitz Schiltach im Jahre 1901 ist aus

Die Hansgrohe AG verfügt über moderne Fertigungsanlagen mit Spezialwerkzeugen.

Raindance AIR Brausen der Marke Hansgrohe haben das Duschen revolutioniert (Mitte), Vorstandsvorsitzender der Hansgrohe AG Klaus Grohe (unten)

dem Drei-Mann-Betrieb von damals ein Global Player mit 25 Vertriebsniederlassungen in aller Welt, fünf Werken in Deutschland und Produktionsstandorten in Frankreich, den Niederlanden, USA und in China geworden. Die Hansgrohe AG beschäftigt insgesamt 3.216 Mitarbeiter, davon 2.070 in Deutschland (2007). Der Nettogesamtumsatz betrug im Jahre 2006 569 Mio. Euro.

DATEN UND FAKTEN

Markenname: Hansgrohe, Familienname des Firmengründers Hans Grohe

Slogan: „Produkte voller Ideen"

Gründer: Hans Grohe, 1901, Schiltach

Markenregistrierung: 27.05.1977, DPMA München

Innovationen: AIR-Technologie, Grauwasserrecycling-System, EcoSmart-Technologie etc.

Auszeichnungen:
„red dot award: best of the best" für diverse Produkte
„iF Gold Selection" für diverse Produkte
„Architektur und Technik", Innovationspreis der Fachzeitschrift AIT (2005, 2007) etc.

UNTERNEHMEN

Hansgrohe AG

Hauptsitz: Schiltach, Deutschland

Vorstandsvorsitz: Klaus Grohe

Weitere Marken: Axor, Pharo, Pontos

Gesamtumsatz: 569 Mio. Euro (2006)

Vertrieb: 25 Niederlassungen, weltweite Distribution über zusätzliche Vertriebspartner

KONTAKT

Hansgrohe AG
Auestr. 5–9
77761 Schiltach
✆ (0 78 36) 51–0
🖷 (0 78 36) 51–13 00
🖳 www.hansgrohe.com

Ansprechpartner Presse:
Dr. Carsten Tessmer
✆ (0 78 36) 51–30 09
✉ public.relations@hansgrohe.com

Ansprechpartner Marketing:
Joachim Huber
✆ (0 78 36) 51–12 85
✉ joachim.huber@hansgrohe.com

SCHON GEWUSST?

- In firmeneigenen Besucher- und Trainingszentren, den sog. „Aquademien", unterstützt die Hansgrohe AG ihre Kunden. Hier vermittelt das Unternehmen Installateuren, Badplanern und Architekten nicht nur technisches Wissen, sondern gibt zudem zahlreiche Anregungen für die Planung des Lebensraums Bad. Darüber hinaus können in den Hansgrohe *Showerworlds* verschiedene Brausen und Duschsysteme in Funktion getestet werden.
- Als einziges dt. Unternehmen unterhält Hansgrohe ein Bad-Museum. Die Ausstellung „Wasser-Bad-Design" zeigt Exponate aus 700 Jahren Badkultur.
- Mit dem *i-Club* bietet Hansgrohe eine Kommunikations-Plattform für Installateure, um den Dialog zwischen Handel und Handwerk zu unterstützen.

HAPAG-LLOYD

Hapag-Lloyd

Hapag-Lloyd ist ein internat. agierendes Logistik- und Touristikunternehmen.

Die Marke Hapag-Lloyd steht für die Dienstleistungen des Hamburger Logistikunternehmen Hapag-Lloyd AG. Hauptgeschäftsgebiet von Hapag-Lloyd ist der internat. Containerverkehr. Außerdem ist Hapag-Lloyd dt. Marktführer im Segment Premium- und Luxuskreuzfahrten. Der Markenname Hapag-Lloyd entstand durch die Fusion der Hamburg-Amerikanische-Packetfahrt Actiengesellschaft (kurz HAPAG) und des Norddeutschen Lloyd (kurz NDL) im Jahre 1970. Mit dem Zusammenschluss entstand auch das Markenlogo von Hapag-Lloyd, der nach links gerichtete Doppelpfeil, der aus einem stilisierten H und L besteht. Die Firmen wurden 1847 (HAPAG) und 1857 (NDL) gegründet und konnten auf über 100 Jahre Erfahrung in der Seeschifffahrt zurückblicken. Nach dem 2. Weltkrieg begannen die Unternehmen 1954 wieder mit ihrem Betrieb. Während sich die Hapag auf das Frachtgeschäft konzentrierte, nahm der NDL neben der Frachtschifffahrt auch den Passagier-Liniendienst wieder auf. Die beginnende Containerisierung führt 1970 zur Fusion mit dem Norddeutschen Lloyd zur Hapag-Lloyd AG. Die Liniendienste werden auf den pazifischen Raum erweitert, die touristischen Aktivitäten werden ausgebaut. 1997 wird die Hapag-Lloyd AG als Tochtergesellschaft in den Touristikkonzern TUI

AG eingegliedert. Im gleichen Jahr übernahm Hapag-Lloyd Hanseatic Tours und führte die Kreuzfahrtgeschäfte unter Hapag-Lloyd Kreuzfahrten fort. 2005 übernahm Hapag-Lloyd die brit. Reederei CP-Ships und wurde dadurch zur fünftgrößten Container-Reederei der Welt. 2006 erwirtschaftete die Hapag-Lloyd Gruppe einen Umsatz von 6,3 Mrd. Euro und beschäftigte weltweit rund 8.000 Mitarbeiter in über 100 Ländern.

UNTERNEHMEN

Hapag-Lloyd AG
Ballindamm 25
20095 Hamburg
✆ (0 40) 30 01-0
🖷 (0 40) 33 00 53
💻 www.hapag-lloyd.de

HARIBO

Haribo ist eine der bekanntesten dt. Süßwarenmarken. Bevorzugte Produkte sind die *Goldbären*, *Rotella*-Lakritzschnecken oder das Mischlakritz *Color-Rado*. Grundsätzlich werden unter dem Namen Haribo Beutelware für Endverbraucher und größere Gebinde mit Stückware für den Handel angeboten. Etabliert hat Hans Riegel, der Gründer des gleichnamigen Unternehmens, die Marke bereits im Jahr 1920 in Bonn. Aus den Anfangsbuchstaben seines Namens und der Stadt entwickelte Riegel den Markennamen Haribo. Der gelernte Bonbonkocher führte im Jahr 1922 den *Tanzbären* aus Fruchtgummi ein. Später sollte dieser als *Goldbär* Weltruhm erlangen. Nach eigenen Angaben ist Haribo heute Weltmarktführer im Fruchtgummi- und Lakritzgeschäft. In Deutschland hat die Marke eine gest. Bekanntheit von 98,9 %. Ihre Zielgruppen sind sowohl Kinder als auch Erwachsene, was ihr Slogan „Haribo macht Kinder froh und Erwachsene ebenso" unterstreicht. Ab 1930 wurde nur mit dem ersten Teil des Slogans geworben, die Erwachsenen als Zielgruppe rückten erst im Jahr 1960 ins Blickfeld der Marke. Deren Logo beschränkt sich auf den Namen in roten, fetten Buchstaben. Manchmal wird das Logo durch einen gelben Goldbären mit roter Fliege am Hals ergänzt. Besonders bekannte Testimonials waren Franz Beckenbauer, Sepp Meier und ist seit 1991 Thomas Gottschalk. Die Zusammenarbeit mit Gottschalk führte sogar zu einem Rekord, der offiziell von der Guiness World Records Ltd. bestätigt wurde. Denn die Werbepartnerschaft mit ihm ist mittlerweile die längste zwischen einem Unternehmen und einem

Die Zusammenarbeit von Haribo und Thomas Gottschalk (seit 1991) ist weltweit die längste zwischen einem Unternehmen und einem Testimonial.

Testimonial weltweit. Haribo beschäftigt rund 6.100 Mitarbeiter. Haribo produziert an 18 Standorten in Europa, davon allein fünf in Deutschland. Für die Zukunft will Haribo die Strategie beibehalten, besonders schnell auf Trends zu reagieren – wie etwa durch die Einführung des Produkts *Knuddel-Knut'sch* in Anlehnung an das berühmte Eisbärbaby.

DATEN UND FAKTEN

Markenname: Haribo, Akronym, zusammengesetzt aus dem Namen des Firmengründers **Ha**ns **Ri**egel und **Bo**nn, dem Sitz des Unternehmens

Slogan: „Haribo macht Kinder froh und Erwachsene ebenso"

Erfinder: Hans Riegel, 1920

Markenregistrierung: 16.05.1929, Reichspatentamt Berlin

Markenbekanntheit: 87,4 % ungest., 98,9 % gest. (Nielsen, 2006)

Auszeichnungen:
„CMA-Gütezeichen" (1990–2007)
„Marke des Jahrhunderts" (2003)
„best brands – das deutsche markenranking", Platz 1, GfK (2004)
„Reader's Digest European Trusted Brands", mehrfach in Folge Platz 1
„Gold", DLG-Prämierung (2007)

Literatur:
B. Grosse de Cosnac: „Die Riegels" (2006)

HARIBO

Die Haribo-Goldbären (Mitte) gehören zu den bekanntesten Süßwaren in Deutschland. Mitinhaber Dr. Hans Riegel (unten)

UNTERNEHMEN

Haribo GmbH & Co. KG

Hauptsitz: Bonn, Deutschland

Geschäftsführung: Dr. Hans und Paul Riegel

Weitere Marken: → Maoam, Bären-Schmidt, Dunhills, Vademecum

Vertrieb: in über 105 Länder weltweit

KONTAKT

Haribo GmbH & Co. KG
Hans-Riegel-Str. 1
53129 Bonn
(02 28) 5 37-0
(02 28) 5 37-2 89
www.haribo.com

Ansprechpartner Presse:
Marco Alfter
(02 28) 5 37-1 11
pr@haribo.com

MEILENSTEINE

1920 Hans Riegel macht sich selbstständig. Sein Startkapital ist ein Sack Zucker, seine Ausrüstung sind eine Marmorplatte, ein Hocker, ein gemauerter Herd, ein Kupferkessel und eine Walze.

1935 Erste Auslandsvertretung – die Haribo Lakrids A/S Kopenhagen – wird gegründet.

1962 Haribo wirbt erstmals im dt. Fernsehen.

1972 Beteiligung an Dunhills in England, die Firma geht 1994 zu 100 % an Haribo über.

1986 Übernahme der Firma Edmund Münster GmbH und der bekannten Marke Maoam.

1996 Haribo übernimmt die belg. Firma Dulcia.

2007 Der Goldbär wird 85 Jahre alt, täglich verlassen 100 Mio. Goldbären die Produktionsstätten weltweit.

Benannt nach seinen Gründern William Harley und Arthur und Walter Davidson

HARLEY-DAVIDSON

Die Dachmarke Harley-Davidson ist eine der weltweit bekanntesten Motorrad-Herstellermarken. Zu ihr gehören zahlreiche Baureihen, allen voran die Motorrad-Modellfamilien wie *Sportster, Dyna, Softail, VRSC* oder *Touring.* Außerdem steht Harley-Davidson für Motorradkleidung, Motorradtrainings und geführte Motorradtouren. Im Bereich Finanzdienstleistungen ermöglichen *Harley Loan* und *Harley Own* den Kredit- bzw. Leasingkauf von Harley-Davidson-Produkten. Mit der Harley Owners Group verfügt man über einen eigenen Motorradclub mit weltweit etwa 1 Mio. Mitgliedern. Der Markenname Harley-Davidson nimmt die Familiennamen der drei Gründer auf: William Harley bzw. Arthur und Walter Davidson. Das Logo der Marke besteht aus zwei Elementen. Auf einer Schildform präsentiert es vor schwarzem Hintergrund in Orange die Worte „Motor" und „Cycles", deren einzelne Buchstaben sich in der Höhe den Umrissen des Schildes anpassen. Quer über dieses ist ein vertikaler Balken platziert, der in weißen, gedrungenen Versalien auf ebenfalls schwarzem Grund den Namenszug „Harley-Davidson" wiedergibt. Die Gründer nahmen die Motorradproduktion 1903 auf – in einem Schuppen in Milwaukee, Wisconsin (USA). 1907 trat mit William der dritte Davidson ins Unternehmen ein, zusammen mit William Harley gründeten die Davidsons die Harley-Davidson Motor Company Inc. Heute firmiert das Unternehmen als Harley-Davidson, Inc., und ist eine börsennotierte Aktiengesellschaft mit der Harley-Davidson Motor Company als wichtigster Tochtergesellschaft. Ihre Tochter ist wiederum seit 1998 die Buell Motorcycle Company, die über ein eigenes Marken- und Produktportfolio verfügt. 2006 betrug der Umsatz der Harley-Davidson, Inc., 5,8 Mrd. Euro.

UNTERNEHMEN

Harley-Davidson GmbH
Starkenburgstr. 12
64546 Mörfelden
(0 61 05) 2 84-0
www.harley-davidson.de

harman/kardon
Designed to Entertain.

Harman Kardon steht für hochwertige Unterhaltungselektronik.

HARMAN KARDON

Unter der Marke Harman Kardon produziert und vertreibt das Unternehmen Harman International Industries hochwertige Unterhaltungselektronik. Zu den Produkten der Marke gehören Receiver, DVD- und CD-Spieler, Tuner, Verstärker, Heimkino- und Lautsprechersysteme, Multimediaprodukte sowie Zusatzgeräte wie Fernbedienungen. Außerdem führt Harman Kardon eine iPod-Docking-Station, womit auch mp3-Player umfänglich in die Heimanlage zu integrieren sind. Qualitativ hochwertige und hochmoderne Technik zu bieten, die gleichzeitig leicht zu bedienen ist und über ein ansprechendes Design verfügt – dieser Prämisse folgen Produktentwicklung und Angebotspolitik der Marke. Regelmäßig finden technologische Innovationen Eingang in die Produkte. So bietet Harman Kardon Verstärker mit der für den Klang wichtigen Hochstromlieferfähigkeit, und bei den AV-Receivern der Marke gehört das Klangaufbereitungsverfahren Logic 7 zur Standardausstattung. Die Produkte werden immer wieder ausgezeichnet, nicht zuletzt auch für ihr Design. Allein 2006 kam die Marke auf fünf Auszeichnungen, drei davon für das Design des HS 100 Home Theater System, das u.a. den iF Product Design Award 2006 Gold erhielt. Der Markenname besteht aus den Familiennamen der Unternehmensgründer Dr. Sidney Harman und seines Partners Bernard Kardon. Das Logo zeigt die beiden Namensteile, getrennt durch einen Schrägstrich und gesetzt in einer serifenlosen Schrift und in Kleinbuchstaben. Die Gründung des Unternehmens erfolgte 1953. Im gleichen Jahr präsentierte Harman Kardon sein erstes Produkt, einen UKW-Empfänger. Der erste hochstromfähige Endverstärker der Welt erblickte 1980 das Licht der Welt. 1999 brachte der Hersteller den weltweit ersten Standalone-CD-Recorder mit vierfacher Kopiergeschwindigkeit auf den Markt. Harman Deutschland ist ein Unternehmen der börsennotierten Harman International Industries, Inc. Zum Markenportfolio des Konzerns gehören u.a. JBL, Mark Levinson und Infinity. Das Unternehmen beschäftigt weltweit mehr als 10.000 Menschen, die im Geschäftsjahr 2006/2007 einen Umsatz von 3,55 Mrd. USD erzielten.

UNTERNEHMEN

Harman Deutschland GmbH & Co. KG
Hünderstr. 1
74080 Heilbronn
✆ (0 71 31) 4 80–0
Fax (0 71 31) 4 80–2 54
www.harman-kardon.de

HARO

Die im Segment der Holzindustrie tätige Hamberger Industriewerke GmbH produziert mit ihrer Bodenbelagsmarke Haro Parkett und andere Hartbodenbeläge. Das Angebot des Rosenheimer Unternehmens reicht von Parkett-, Laminat-, Kork- und Linolböden über Holzfliesen bis hin zu individuell gefertigten Bodenbelägen. Darüber hinaus gehören noch die Unternehmensbereiche *Sanitary* (WC-Sitze), *Sports Flooring* (Sportböden) sowie Land- und Forstwirtschaft zur Unternehmensgruppe. Franz Paul Hamberger gründete das traditionsreiche Familienunternehmen 1866 und stellte anfangs Zündhölzer und später Ziegel her. Dank einer generellen Modernisierung erfolgte um die Jahrhundertwende die Konzentration auf die Holzverarbeitung. Die Produkte des Parkettherstellers richten sich an Haus- und Wohnungsbesitzer weltweit. Inzwischen liegt der Exportanteil bei über 40 %. Das oberbayerische Unternehmen setzt in seiner Produktkommunikation

Einer der Schwerpunkte der Marke Haro ist die Herstellung von hochwertigen Parkettböden.

auf das erhöhte ökologische Bewusstsein der Verbraucher und auf hohe Qualität „Made in Germany". Entlang der gesamten Wertschöpfungskette achtet es auf umweltschonende Verfahren. Dies ist mit der Zertifikation nach DIN EN 14001 und PEFC belegbar. Als einer der ersten Anbieter schaltete Haro ganzseitige Anzeigen für Parkett in Wohnmagazinen wie Schöner Wohnen. Heute verfolgt man integrierte Marketingaktionen via TV-Spots, Anzeigen, Internet, PR, POS und im Handelsmarketing. Das Unternehmen wirbt mit dem Haro Logo in der Hausfarbe Rot und dem Claim „Endlich Zuhause". Die in Versalien gezeichnete Wortmarke soll für hohe Qualität und Dauerhaftigkeit stehen. Das internat. operierende Unternehmen beschäftigt 1.650 Mitarbeiter und wird in fünfter Generation von der Familie Hamberger geführt. Mit den Innovationen einer neuartigen Permadur Versiegelung, eines leimlosen Verlegesystems *ClicConnect*, der exkl. Holzfliese *Celenio* und eines selbstklebenden Parketts (Comfortec) folgt das Unternehmen dem Anspruch, der Branche zu neuen Impulsen zu verhelfen.

DATEN UND FAKTEN

Markenname: Haro, Akronym, zusammengesetzt aus den Anfangsbuchstaben der

HARO®
Endlich zuhause

Markenzeichen der Parkettmarke Haro (oben), Unternehmensleitung Peter Hamberger (Mitte) und Dr. Peter M. Hamberger (unten)

Begriffe **Ha**mberger (= Name des Gründers) und **Ro**senheim (= Gründungsort)

Slogan: „Endlich zuhause"

Gründer: Franz Paul Hamberger, 1866, Rosenheim

Markenregistrierung: 01.02.1950, DPMA München

Innovationen: Permadur Versiegelung, ClicConnect, Comfortec, Celenio Holzfliesen

Markenwebsite: www.haro.de

UNTERNEHMEN

Hamberger Industriewerke GmbH

Hauptsitz: Rosenheim, Deutschland

Gesellschafter: Peter Hamberger, Dr. Peter M. Hamberger

Gesamtumsatz: 280 Mio. Euro

Vertrieb: weltweit über Groß- und Einzelhandel

KONTAKT

Hamberger Industriewerke GmbH
Postfach 10 03 53
83003 Rosenheim
✆ (0 80 31) 7 00–0
℻ (0 80 31) 7 00–2 99
www.hamberger.de

Ansprechpartner Presse:
Petra Rößner
✆ (0 80 31) 7 00–1 76
✉ p.roessner@hamberger.de

Ansprechpartner Marketing:
Robert Fischbacher
✆ (0 80 31) 7 00–1 70
✉ r.fischbacher@hamberger.de

SCHON GEWUSST?

▌Der Unternehmensbereich *Hamberger Sanitary* ist gegenwärtig der größte WC-Sitz-Hersteller, der am Standort Deutschland produziert. Schon seit 1912 fertigen die Rosenheimer WC-Sitze aus Holz und Kunststoff.

HARRY

Unter der Dachmarke Harry vertreibt die Harry-Brot GmbH ein Sortiment von über 70 Brot- und Brötchensorten, u. a. die bekannten Produktmarken „Das volle Korn" für Vollkornbrote und „1688" für Mischbrote. Die Geschichte von Harry begann vor rund 320 Jahren. 1688 gründete Johan Hinrich Harry das Unternehmen in einer kleinen Backstube in Hamburg-Altona. Bis Anfang der 1960er-Jahre wurde Harry-Brot noch in eigenen Filialen verkauft, danach entwickelte sich Harry zur Brotmarke für den Lebensmittelhandel, der Brot und Backwaren fertig verpackt in Selbstbedienung anbietet. Mittlerweile betreibt die Harry-Brot GmbH acht Großbäckereien, in denen das Brot mit modernster Technik, jedoch nach den Regeln der

Das Steinofenbrot von Harry wurde nach dem Gründungsjahr „1688" benannt.

alten Backtradition hergestellt wird. Die bekannteste Produktinnovation ist Sammy's Super Sandwich aus dem Jahr 1993. Mit dem Weizenbrot in extra großen Scheiben und mit besonders weicher Struktur wurde eine vollkommen neue Brotsorte geschaffen. Jedes Jahr wird das Sortiment mit drei bis fünf neuen Produkten aktualisiert. Das heute bekannte Markenzeichen wurde 1983 von der Werbeagentur Wilkens in Hamburg entwickelt. Das rote Logo zeigt den Namen Harry in einem Oval, das an die typische Form eines Brot-Laibs erinnert. Mit dem Zusatz „Bäcker seit 1688" wird außerdem die über 300-jährige Tradition dokumentiert. Beworben wird Harry mit dem aktuellen Slogan „Mein Bäcker heißt Harry", mit dem die Nähe zum Verbraucher ausgedrückt werden soll. Heute ist Harry eines der führenden Unternehmen auf dem dt. Brotmarkt. 2007 erwirtschaftete die Harry-Brot GmbH einen Umsatz von 575 Mio. Euro und beschäftigte 3.200 Mitarbeiter.

DATEN UND FAKTEN

Markenname: Harry, Familienname des Gründers

Slogan: „Mein Bäcker heißt Harry"

Harry
Bäcker seit 1688

Das Sammy's Super Sandwich (Mitte) gehört zu den bekanntesten Produkten von Harry. Geschäftsführender Gesellschafter ist Hans-Jochen Holthausen (unten).

Gründer: Johan Hinrich Harry, 1688, Altona

Markenregistrierung: 12.07.1956, DPMA München

Innovationen: Sammy's Super Sandwich (1993), Harry-Prebake-Konzept: Halbgebackene Brote und Brötchen für Backstationen des Handels (1996)

Markenbekanntheit: 31 % ungest., 68 % gest. (Ipsos GmbH, 2007)

Auszeichnungen:
„Produkt des Jahres" für *Das volle Korn-Sonne*, Lebensmittel Praxis (2004)
„Produkt des Jahres" für Butter Croissant, Lebensmittel Praxis (2006)

Markenwebsite: www.harry-brot.de

Literatur:
S. Gräfin Schönfeldt: Die Harry-Bäcker, 300 Jahre Brotgeschichte 1688 bis 1988 (1988)

UNTERNEHMEN

Harry-Brot GmbH

Hauptsitz: Schenefeld, Deutschland

Geschäftsführer: Hans-Jochen Holthausen, Johann Berchtold, Rolf Martens

Gesamtumsatz: 575 Mio. Euro (2007)

Vertrieb: eigener Frischdienst mit 750 Touren täglich

MEILENSTEINE

1688 Johan Hinrich Harry wird in das Protokollbuch des Bäckeramtes Altona (heute Stadtteil von Hamburg) eingetragen.

1929 Übernahme Bäckerei Habag Werke AG, Hannover und Ausbau zur führenden Großbäckerei in Niedersachsen

1973 Erweiterung des Vertriebsgebiets nach Westdeutschland und Neubau der Großbäckerei in Ratingen (1980)

1990 Flächendeckende Distribution in den neuen Bundesländern mit Umbau einer Großbäckerei in Berlin-Marzahn und Neubau in Wiedemar/Leipzig (1993)

1996 Belieferung von Backstationen des Lebensmittelhandels nach dem Prebake-Konzept und Einstieg in die Tiefkühlproduktion von Backwaren mit Neubau der Großbäckerei in Magdeburg (1999)

KONTAKT

Harry-Brot GmbH
Kiebitzweg 15–19
22869 Schenefeld
(0 40) 8 30 35-0
www.harry-brot.de

Ansprechpartner Presse & Marketing:
Karina Alikhan
(0 40) 8 30 35-1 03 64
karina.alikhan@harry.de

HARTING

Der Name HARTING ist insbesondere Anwendern aus dem Bereich Elektronik und Elektrotechnik ein Begriff. Das nach seinen Gründern Wilhelm und Marie Harting benannte Familienunternehmen begann 1945, Dinge des täglichen Bedarfs wie Sparlampen, Kochplatten und Bügeleisen herzustellen und entwickelt und produziert anschließend Elektrogeräte und elektrotechnische Bauteile. Markenzeichen der Firma ist eine Norm für Industriestecker, die 1957 unter der Bezeichnung Han®, der Kurzform für HARTING-Norm, registriert wurde. Heute liegt der Produktionsschwerpunkt auf Steckverbindern und Systemkomponenten. HARTING ist nach eigenen Angaben eines der führenden Unternehmen im Bereich der elektrischen und elektronischen Verbindungstechnologie und betreibt konstante Innovationen im Bereich elektrotechnischer Komponenten. Die Innovationskraft des Unternehmens belegen auch die 626 Patente und Gebrauchsmuster sowie 232 Marken. Zu den Kunden von HARTING zählen u.a. Abnehmer in der Fertigungsautomatisierung, im Maschinenbau sowie in den Bereichen Transportation, Energie und Telekommunikation. Die HARTING Technologiegruppe sieht ihr Logo und dessen Wiedererkennbarkeit als wesentlichen Teil des Unternehmens. Sein Erscheinungsbild wurde im Wandel der Zeit mehrfach geändert. In seiner heutigen Form besteht es seit 1979 und wurde 2002 noch einmal modifiziert. In gelb gehalten, steht der Schriftzug der Firma in Großbuchstaben zwischen zwei linsenförmigen Bögen. Ziel der Marke ist es, den Abnehmern Verlässlichkeit, Qualität und Kundenorientierung zu vermitteln. Dieser Anspruch wir auch durch den Slogan „People Power Partnership/ HARTING" formuliert. Mit dem jüngeren, zusätzlichen Claim „HARTING Pushing Performance" soll zudem Dynamik und Innovationsfreude ausgedrückt werden. Mit einem Gesamtumsatz von mehr als 345 Mio. Euro im

HARTING

Pushing Performance

Zum Portfolio von Harting gehören z.B. auch elektromagnetische Komponenten für die Automobilindustrie (Mitte). Margrit Harting, generalbevollmächtigte Gesellschafterin, und Dietmar Harting, persönlich haftender Gesellschafter (unten)

HARTING steht für Steckverbindungen und Systemkomponenten in den Bereichen elektrische, elektronische und optische Verbindungs-, Übertragungs- und Netzwerktechnologie.

Geschäftsjahr 2006/2007 ist das Unternehmen auf Expansionskurs. Mit zukunftsweisender Technologie möchte sich die HARTING Gruppe auf dem Weltmarkt etablieren und dort „Werte für Menschen" schaffen. Ein wichtiges Mittel dazu sieht die Firma in der Kommunikation mit ihren Kunden: Seit 1998 informiert das Technologiemagazin *tec.News* über die neusten Entwicklungen in der Firma.

DATEN UND FAKTEN

Markenname: HARTING, Familienname der Firmengründer

Slogan: „People Power Partnership/ HARTING" (1998), „HARTING Pushing Performance" (2007)

Gründer: Wilhelm Harting und Marie Harting, 1945

Markenregistrierung: 15. 03. 1979, DPMA München

Innovationen: komplettes Infrastrukturangebot für Ethernet, Mikrotechnologie

Auszeichnungen: „Hermes Award", Hannover Messe für UHF-RFID Transponder (2006)

UNTERNEHMEN

HARTING KGaA

Hauptsitz: Espelkamp, Deutschland

Inhaber: Dietmar Harting und Margrit Harting

Weitere Marken: Zigarettenautomat Towerline, Smokythek

Gesamtumsatz: über 340 Mio. Euro (im Geschäftsjahr 2006/2007)

Vertrieb: weltweit

KONTAKT

HARTING KGaA
Marienwerderstr. 3
32339 Espelkamp
✆ (0 57 72) 47-0
🖷 (0 57 72) 47-4 00
💻 www.harting.com

Ansprechpartner Presse:
Anne Bentfeld
✆ (0 57 72) 47-2 44
✉ anne.bentfeld@harting.com

SCHON GEWUSST?

- In den Nachkriegsjahren fuhr die Gründerin Marie Harting mit dem Fahrrad über Land und tauschte Produkte der Firma wie Kochplatten und Bügeleisen gegen Brot, Hülsenfrüchte oder Fett ein.
- Die HARTING Gruppe expandiert nicht nur internat. Seit 2000 nahm sie in Deutschland ein neues Gebäude in Betrieb. Planer des neuen Sitzes der dt. Vertriebsgesellschaft in Minden: der renommierte Architekt Mario Botta.

HARTMANN

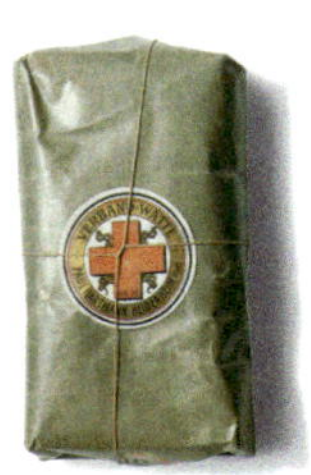

Hartmann-Verbandwatte, hist. Originalverpackung

Die Marke Hartmann steht als Dachmarke für internat. Medizin- und Hygieneprodukte. In 37 Ländern sind das Unternehmen und ihre Tochtergesellschaften vertreten, insbesondere in Europa. Der Markenname stammt vom Familiennamen des Gründers Paul Hartmann sen., der 1873 den Textilbetrieb seines Vaters Ludwig von Hartmann übernahm. Als erste Verbandstofffabrik in Deutschland begann Hartmann 1873 die industrielle Produktion von Verbandwatte. Die Lister'sche Carbolgaze (1874), entwickelt von Sir Joseph Lister, war der Durchbruch in der antiseptischen Wundbehandlung. Die Produkte sollen vor allem professionelle Anwender in Medizin und Pflege ansprechen. Die Marke umfasst Produkte aus den Bereichen Wundbehandlung, Inkontinenzhygiene und OP-Risikoschutz. Im Laufe der Zeit wurde das Angebot erweitert durch Innovationen wie die Mulltupfer mit Röntgenkontrastfaden *Telatrast* (1965), die Mullkompresse mit eingeschlagenen Schnittkanten, *ES-Kompresse* (1976), sowie *Atrauman Ag* (2004), eine silberhaltige Salbenkompresse. Das ursprüngliche Hartmann-Logo zeigte ein rotes Kreuz auf weißem Fond (1883), das schon damals für Hilfe, Rettung und Gesundheit stand. Die aktuelle Fassung gibt es seit 1968: ein blaues Oval als Symbol für Qualität und Zuverlässigkeit, der Hartmann-Schriftzug und ein Achteck mit „H" und Kreuz. Unter diesem Markenzeichen finden sich heute auch Blutdruckmessgeräte, Fieberthermometer, Erste-Hilfe-Produkte und medizinische Hautpflegeartikel wieder. Das Unternehmen beschäftigt weltweit rund 9.000 Mitarbeiter. Die Marke trägt 83 % zum Jahresumsatz des Unternehmens bei. Durch professionelle Systemlösungen, Ergänzungsprodukte und unterstützende Dienstleistungen will die Marke einen Status als bevorzugter Solution-Partner in der Zielgruppe erreichen.

DATEN UND FAKTEN

Markenname: Hartmann, Familienname des Gründers

Slogan: „Hartmann hilft heilen"

Gründer: Paul Hartmann sen., 1873, Heidenheim

Markenregistrierung: 17.05.1976, DPMA München

Innovationen: Pur-Zellin (1960), Telatrast (1965), ES-Kompresse (1967), Molinea Plus D (1974), Folioplast (1976), TenderWet, Sorbalgon, Hydrosorb (1997), PermaFoam (2003), MoliCare, Atrauman Ag (2004)

Jahresumsatz: ca. 1 Mrd. Euro mit der Marke Hartmann (83 % des Gesamtumsatzes)

UNTERNEHMEN

PAUL HARTMANN AG
Paul-Hartmann-Str. 12
89522 Heidenheim
(0 73 21) 36-0
(0 73 21) 36-36 36
www.hartmann.info

HASBRO

Making The World Smile

Die Hasbro-Welle symbolisiert Bewegung, Dynamik, Harmonie und Aufwärtstrend.

Unter dem Motto „Making the world smile" entwickelt und verkauft das Unternehmen Hasbro Spielwaren. 1923 gründeten die Brüder Henry und Helal Hassenfeld in Rhode Island in den USA ein Unternehmen, das zunächst nur Schulmaterialien produzierte. Der Markenname Hasbro setzt sich aus dem Namen Hassenfeld Brothers zusammen. 20 Jahre später wurde das Sortiment um Spielwaren erweitert. Die erfolgreichsten ursprünglichen Kreationen waren die Aktionsfigur *G. I. Joe* und *Mr. Potato Head*, das erste Spielzeug überhaupt, das in einem TV-Spot beworben wurde. Geprägt vom Erfolg entwickelte sich aus dem Familienbetrieb die Hasbro Industries Inc., die ihr Produktportfolio im Bereich Spiele, Spielzeug und elektronische Unterhaltung internat. stetig erweiterte. 1984 übernahm das Unternehmen mit der Firma Milton Bradley (*MB*) einen der weltweit ältesten Hersteller von Puzzles und Spielen. Mit der Eingliederung von *MB* wurde Hasbro zu einem Global Player. In den 1990er-Jahren akquirierte Hasbro u.a. das weltweit etablierte Spiele-Label *Parker*. Mit der Übernahme von *Parker* kamen internat. sehr erfolgreiche Brettspielthemen wie *Monopoly*, *Risiko*, *Trivial Pursuit* und *Cluedo* zu Hasbro. In Anlehnung an den Spaß- und Spielfaktor steht der weiße, handschriftähnliche, speziell für Hasbro entwickelte Schriftzug in einem grünen Quadrat und vermittelt Ungezwungenheit und Natürlichkeit. Der Schriftzug wird von einem stilisierten lachenden Mund und dem Slogan unterstützt. Die Sonderfarbe Pantone 327 repräsentiert das Firmenlogo und die charakteristische Hasbro-Welle. Genau wie Hasbro soll sie symbolisch für Bewegung, Dynamik, Harmonie und Aufwärtstrend stehen. Bekannte Produktinnovationen sind DVD-Brettspiele und Furby, der als intelligentes Funktionsplüschtier mit einem hochsensiblen Spracherkennungssystem und Licht-, Geräusch-, und Bewegungssensoren 1999 den Spielzeugmarkt revolutionierte. Hasbro ist heute einer der weltweit führenden Spielwarenkonzerne und produziert und vermarktet seine Produkte in mittlerweile 75 Ländern der Welt.

UNTERNEHMEN

Hasbro Deutschland GmbH
Dreieich Plaza 2a
63303 Dreieich
(0 61 03) 30 11-0
(0 61 03) 30 11-1 99
www.hasbro.de

HASSERÖDER

Die Brauerei Hasseröder zählt zu den modernsten Produktionsstätten ihrer Art in Europa.

1872 wurde die Bierbrauerei „Zum Auerhahn" im Wernigeröder Ortsteil Hasserode gegründet. Bis heute symbolisiert der Auerhahn die Verbundenheit der Marke mit ihrer Heimatregion. 1882 übernahm Ernst Schreyer die Brauerei. 1896 erfolgte die Umfirmierung zur Aktiengesellschaft, zur Jahrhundertwende wurden bereits 25.000 hl Bier

Mit dem Slogan „El Culto a la Vida" wird Havana Club als Synonym für kubanische Lebensfreude vermarktet.

gebraut. 1972 wurde die Brauerei verstaatlicht und in den VEB „Hasseröder Bierbrauerei" umgewandelt. Gleich nach der Wende übernahm die damalige Gilde-Brauerei AG mit Sitz in Hannover das Unternehmen. 2003 wurde Hasseröder gemeinsam mit der Gilde-Brauerei vom belgischen Interbrew-Konzern gekauft. Für Bierkenner aus den neuen Bundesländern steht Hasseröder auf der Beliebtheitsskala der Premium Pilsbiere ganz oben. Hasseröder hat durch sein großes Engagement im Sport eine hohe Markenbekanntschaft im Osten wie im Westen erzielt. Die Brauerei schafft sich Präsenz durch Aktivitäten wie Trikotsponsoring und Bandenwerbung in männeraffinen Sportarten wie Fußball und Handball. Die 1996 neu errichtete Braustätte zählt zu den modernsten ihrer Art in Europa. Täglich werden hier von rund 370 Mitarbeitern bis zu 2,7 Mio. Mehrweg-Flaschen abgefüllt. Über Jahre konnte der Absatz stetig gesteigert werden. Dazu tragen vor allem das Erkennen von Trends und Bedürfnissen der Verbraucher bei. So setzt Hasseröder mit den Neuprodukten Premium Export sowie den Biermixes *Premium Radler* und *Premium Diesel* auf Sortimentsvielfalt.

DATEN UND FAKTEN

Markenname: Hasseröder, Name des Wernigeröder Ortsteils Hasserode

Slogan: „Männer sind so!"

Früherer Slogan: „Harzhaft frischer Biergenuss"

Gründung: 1872, Wernigerode

Markenregistrierung: 12.01.1993, DPMA München

Innovationen: Hasseröder Premium Export (2005)

Produktionsmenge: 2,42 Mio. hl (2006)

Auszeichnungen:
9. „DLG-Goldmedaille für herausragende Qualität" (2007)

UNTERNEHMEN

Hasseröder Brauerei GmbH
Auerhahnring 1
38855 Wernigerode
✆ (0 39 43) 9 36-0
✉ info@hasseroeder.de
🖳 www.hasseroeder.de

HAVANA CLUB

Unter der Marke Havana Club vertreibt die franz. Groupe Pernod Ricard kubanischen Rum. Die Geschichte der Marke begann bereits Mitte des 19. Jh. auf Kuba. Der span. Konsul war mit der Qualität der als „Feuerwasser" verachteten damaligen Rumsorten nicht zufrieden und lobte einen Preis aus für „die Entwicklung eines erleseneren und leichteren Rums, der dem Geschmack des span. Königshofes eher entspricht". Es entstand eine mildere Rum Art, der „Ron Superior". Im Jahre 1878 war die Geburtsstunde von Havana Club. Der Bezug zu Kuba und dessen Hauptstadt Havanna wird im Markenauftritt mit dem Claim „El Culto a la Vida", der kubanische Lebensfreude assoziieren soll, betont. Kernzielgruppe der Marke sind Männer und Frauen im Alter von 25 bis 39 Jahren, die mit umfangreichen PR-Maßnahmen, Mediaaktivitäten und Aktionen in der Gastronomie und im LEH sowie bei Events umworben werden. Zusätzliche Bekanntheit erlangte die Marke durch einen Kinospot, der von Wim Wenders realisiert und im Jahre 2000 lanciert wurde. Das Markenlogo zeigt einen roten Kreis, der den Sonnenuntergang über Havannas Hafen symbolisiert. Auf dem Kreis thront Havannas inoffizielles Wahrzeichen, die bronzene Giraldilla, die für Treue und Hoffnung steht. Als Grundfarben für das Logo dienen Schwarz, Weiß, Rot und Gold. Havana Club wird weltweit vertrieben. Eine Ausnahme bilden embargobedingt die USA. Der dt. Unternehmensableger von Pernod Ricard wurde 1989 in Koblenz gegründet und firmiert seit 2002 als Pernod Ricard Deutschland GmbH mit Sitz in Köln. Im Geschäftsjahr 2005/2006 erwirtschaftete das Unternehmen mit 150 Mitarbeitern einen Nettoumsatz von 360 Mio. Euro. Für den Pariser Mutterkonzern arbeiten weltweit 17.600 Menschen.

DATEN UND FAKTEN

Markenname: Havana Club, abgeleitet von Kubas Hauptstadt Havanna

Slogan: „Cuba flüssig" (2000), „Havana Club, El Culto a la Vida" (2007)

Erfindung: 1878, Havanna/Kuba

Innovationen: Havana Club Cuban Barrel Proof (2005), Maximo (2005)

Markenbekanntheit: 4 % ungest., 63 % gest. (GfK, 2007)

Gesamtumsatz: 360 Mio. Euro (Pernod Ricard Deutschland 2005/2006)

Auszeichnungen:
„Gold Medal", The Beverage Testing Institute, Chicago (1995, 1997, 2004)
„Gold Medal", International Wine & Spirits Competition (2006)

Markenwebsite: www.havana-club.de

UNTERNEHMEN

Pernod Ricard Deutschland GmbH
Universitätsstr. 91
50931 Köln
☏ (02 21) 43 09 09-0
🖷 (02 21) 43 09 09-92
🖳 www.pernod-ricard-deutschland.de

HAWESTA

Die Marke Hawesta ist in Deutschland Marktführer im Segment Fischdauerkonserven (Quellen: AC Nielsen, GfK). Das Sortiment umfasst über 40 Geschmacksvarianten bei Herings- und Makrelenspezialitäten, Heringsröllchen, Muschelprodukten und Sardinen. Jährlich werden von den rund 300 Mitarbeitern der Hawesta Feinkost Hans Westphal GmbH & Co. KG ca. 35 Mio. Dosen der Marke Hawesta produziert. Damit steuern die Hawesta-Konserven rund 60 % zum Umsatz des Unternehmens bei. Die hohe Qualität der Produkte soll durch die Verwendung fangfrischer Rohware sowie eigener Rezepte sichergestellt werden. Das Sterilisationsverfahren ermöglicht eine lange Haltbarkeit ohne Kühlung und ohne den Einsatz von Konservierungsstoffen. Das Familienunternehmen wurde 1909 in Lübeck von Hans und Maria Westphal gegründet. Der Name Hawesta ist aus dem Vor- und Nachnamen des Firmengründers abgeleitet. Anfang der 1930er-Jahre gehörte das Unternehmen zu den ersten in Deutschland, die in die Massenherstellung und schonende Dosenkonservierung von Lebensmitteln einstiegen. In den 1950er-Jahren erreichte Hawesta die Position des Marktführers und erhielt zahlreiche Produktprämierungen. Das Logo und die Verpackungen der Produkte haben sich seit der Einführung der Fischkonserven kaum verändert. Der unterstrichene, geschwungene Schriftzug in der Signalfarbe Rot (HKS 13) soll Handarbeit assoziieren und Vertrauen erwecken. Die nat. Marke Hawesta erreicht nach einer Erhebung von AC Nielsen eine gest. Markenbekanntheit von 78 %. Für die Zukunft plant der Hersteller, das Sortiment zu straffen und um neue, moderne Produkte zu ergänzen.

UNTERNEHMEN

Hawesta Feinkost Hans Westphal GmbH & Co. KG
Mecklenburger Str. 140–142
23568 Lübeck
☏ (04 51) 69 35-0
🖷 (04 51) 69 35-1 55
🖳 www.hawesta.de

HEAD & SHOULDERS

Unter der Marke head & shoulders vertreibt der amerikanische Konsumgüterkonzern Procter & Gamble Anti-Schuppen-Shampoos. Die Marke verspricht eine effiziente Wirkung bereits ab der ersten Anwendung bei gleichzeitiger Pflege von Haaren und Kopfhaut. head & shoulders wurde in den 1950er-Jahren von Procter & Gamble in den USA entwickelt und im Jahr 1961 zunächst auf dem amerikanischen Markt eingeführt. Der engl. Markenname head & shoulders bezeichnet die Körperbereiche, die am stärksten von Schuppen betroffen sind: Kopf und Schultern. Die heute weltweit vertriebenen Shampoos werden seit der Markteinführung kontinuierlich weiterentwickelt und um neue Varianten ergänzt. 2004 wurde *head & shoulders sensitive* eingeführt, 2006 folgte *head & shoulders for men* und eine Umstellung der Wirkstoffformel auf HydraZinc mit zusätzlich Zinkcarbonat. Ein Verpackungsrelaunch im Jahr 2007 sorgte für einen moderneren und kosmetischeren Auftritt der Produkte. Die neue Flaschenform mit einer geraden und einer geschwungenen Seite soll die Kombination aus Effizienz und Pflege widerspiegeln. Die Farbwelt der Marke wird von Weiß und Blau dominiert. Von der Stiftung Warentest wurde *head & shoulders classic clean* bereits zweimal als bestes Anti-Schuppen-Shampoo ausgezeichnet. Nach Angaben von Procter & Gamble ist head & shoulders bei Anti-Schuppen-Shampoos mit einem wertmäßigen Marktanteil von rund 50 % in Deutschland Marktführer. Insgesamt erwirtschaftete The Procter & Gamble Company im Geschäftsjahr 2006/2007 einen Umsatz von 76,5 Mrd. USD. Zu dem Unternehmen gehören ca. 300 Marken, die in 160 Ländern vertrieben werden. Von den 138.000 Mitarbeitern des Konzerns sind 15.000 in Deutschland beschäftigt. Für das Deutschlandgeschäft ist

Hawesta

Hawesta ist in Deutschland Marktführer bei Fischdauerkonserven.

head & shoulders

Die neue Verpackung von head & shoulders 2007 soll den Produkten einen moderneren und kosmetischeren Auftritt geben.

die Procter & Gamble GmbH mit Sitz in Schwalbach am Taunus zuständig.

Alle Produkte von head & shoulders enthalten seit 2006 die Wirkstoffformel auf Basis von HydraZinc mit zusätzlich Zinkcarbonat.

DATEN UND FAKTEN

Markenname: head & shoulders, USA, aus den engl. Wörtern für Kopf & Schultern

Slogan: „Für mehr Nähe. Gegen Schuppen."

Markeneinführung: 1961, USA

Innovationen: head & shoulders sensitive (2004), head & shoulders for men (2006), Einführung der patentierten HydraZinc Formel in allen Varianten (2006), head & shoulders colour care (2007)

Auszeichnungen:
„gut", Stiftung Warentest für *head & shoulders classic clean* (Heft 06/2002 und 09/2007)

Markenwebsite: www.headandshoulders.de

UNTERNEHMEN

The Procter & Gamble Company

Hauptsitz: Cincinnati, USA

Geschäftsführer: Alan George Lafley

Weitere Marken: →Olaz, →Gillette, →Max Factor, →Pantene Pro-V

Gesamtumsatz: 76,5 Mrd. USD (weltweit, 2006/2007)

Mitarbeiter: 138.000 in ca. 80 Ländern, 15.000 in Deutschland (2006)

KONTAKT

Procter & Gamble GmbH
Sulzbacher Str. 40
65823 Schwalbach am Taunus
✆ (0 61 96) 89-01
Fax (0 61 96) 89-47 08
www.de.pg.com

Ansprechpartner Presse:
Susanne Lux
✆ (0 61 96) 89-14 57
✉ lux.s@pg.com

MEILENSTEINE

1961 Einführung der Marke head & shoulders in den USA durch Procter & Gamble

1964 Einführung des neuen Produktes *head & shoulders lotion*

1988 Entwicklung von Produkten speziell für trockene Kopfhaut

2004 Produktvarianten *lemongrass* und *sensitive*

2006 Neue Variante *for men*, Einführung der HydraZinc Formel in allen Produkten

2007 Einführung der Variante *colour care* und Relaunch der Marke head & shoulders

HEBEL

Unter der Marke Hebel vertreibt →Xella großformatige Montage-Bauteile und Panels aus Porenbeton für den massiven Wirtschaftsbau. Neben →Ytong steht Hebel als Industriegütermarke im Portfolio der Xella-Gruppe für ein modulares Produktsortiment zur Realisierung von Logistikzentren, Lagerhallen oder Produktionsgebäuden. Komplette Hüllkonstruktionen aus Hebel Porenbeton bieten eine effiziente und wirtschaftliche Kombination von vorbeugendem Brand- und Explosionsschutz. Brandversuche nach den neuesten Normen haben bewiesen, dass Hebel Montagebauteile einem Feuer länger standhalten als die meisten anderen Materialien – in der Regel länger als sechs Stunden. In Nord- und Südamerika wird Hebel Porenbeton auch im Wohnungsbau eingesetzt. Der Markenname geht auf den Firmengründer und Bautechniker Josef Hebel zurück, der 1920 ein Bauunternehmen in Memmingen gründete. 1943 wurde das erste Hebel-Werk eröffnet und Bauteile für Wand, Dach und Decke industriell vorgefertigt. Die Idee Josef Hebels, komplette Bauteile zu produzieren und auf der Baustelle fertig zu montieren, findet sich im Logo wieder: Es zeigt den sog. „Hebel-Mann", der ein groß-

hebel

Markenlogo von Hebel (oben), in Bronze gegossener „Hebel-Mann" (Mitte), Einsatz von Hebel-Bauelementen (unten)

formatiges Bauteil alleine aufrichtet. Das Motiv blieb bis auf Variationen hinsichtlich der Farbgebung und des Slogans über die Jahre hinweg erhalten. Bis heute ist die Hausfarbe der Marke Hebel Orange. Nach der Eingliederung der Marke Hebel in die Xella-Gruppe unterliegt das Hebel-Logo den Richtlinien der Dachmarke Xella im einheitlichen Corporate Design. Daher basieren die verwendeten Schriften auf der Schrifttype FF DIN. Der Vertrieb an Architekten, Bauplaner

Aufbau des Ikea Logistiklagers mit Bauelementen der Marke Hebel in Salzgitter

und Projektentwickler im Wirtschaftsbau erfolgt weltweit. Die Xella International GmbH mit Stammsitz in Duisburg beschäftigt weltweit 7.400 Mitarbeiter in über 30 Ländern. Der Gesamtumsatz der Xella-Gruppe lag im Geschäftsjahr 2006 bei rund 1,2 Mrd. Euro. Unter der Dachmarke Xella stehen die Produktmarken Ytong und Hebel im Geschäftsbereich Baustoffe für Porenbetonprodukte. →Fermacell deckt das Segment der Trockenbau-Systeme ab.

DATEN UND FAKTEN

Markenname: Hebel, Familienname des Firmengründers

Erfinder: Josef Hebel, 1920, Memmingen

Markenregistrierung: 26. 10. 1954, DPMA München

Markenbekanntheit: 98 % gest. (facit Marktforschung, München 2004)

Auszeichnungen:
„Baustoffmarkt-Oskar" für die beste praktizierte Marktpartnerschaft zwischen Baustoff-Fachhandel und Vertriebspartnern (1995)

Markenwebsite: www.hebel.de

Literatur:
Hebel Handbuch Wirtschaftsbau

UNTERNEHMEN

Xella International GmbH

Hauptsitz: Duisburg, Deutschland

Geschäftsleitung: Jan Buck-Emden, Hans Joachim Koch, Dr. Matthias Stein

Weitere Marken: →Fermacell, →Ytong, →Xella

Gesamtumsatz: 1,2 Mrd. Euro (2006)

Vertrieb: weltweit in über 30 Ländern

KONTAKT

Xella International GmbH
Franz-Haniel-Platz 6–8
47119 Duisburg
✆ (02 03) 8 06-90 02
🖷 (02 03) 8 06-95 40
🖳 www.xella.com

Ansprechpartner Presse:
Ernst Arelmann
✆ (02 03) 8 06-96 25
✉ ernst.arelmann@xella.com

SCHON GEWUSST?

- Die von Josef Hebel in das Logo der Marke übernommene Idee des „Hebel-Manns", der ein großformatiges Bauteil aufrichtet, wurde von einem russ. Künstler und Bildhauer in Bronze gegossen. Damit war die Urform des späteren Markenzeichens geprägt.
- Als Beitrag zur Wiedervereinigung organisierte Hebel zwischen den Jahren 1990 und 1996 insgesamt fünf internat. Architekturforen. Ziel der Foren war es, die zeitgenössische Architekturentwicklung in West und Ost zu vergleichen und voneinander zu lernen. Als prominente Mitstreiter standen führende Architekten wie Daniel Liebeskind und Sir Norman Foster auf dem Podium.
- Die jährlich durch Hebel ausgelobten Studentenwettbewerbe werden heute unter dem Dach der Xella-Gruppe weitergeführt. Die anspruchsvollen Aufgaben begründen das hohe Ansehen dieser Auslobung, die jährlich von immer mehr Studenten als Sprungbrett in eine erfolgreiche Architektenkarriere genutzt wird.

HECHTER

→Daniel Hechter

HECTAS ist eine Dienstleistungsmarke mit dem Schwerpunkt Gebäudemanagement.

HECTAS GEBÄUDEDIENSTE

Die internat. Dienstleistungsmarke HECTAS steht für infrastrukturelles Gebäudemanagement. Herzstück des Dienstleistungsportfolios sind die Gebäudereinigung, die Gebäudedienste und die Sicherheitsdienste. Neben der Kernkompetenz von HECTAS werden noch Beratungsleistungen rund um das infrastrukturelle Gebäudemanagement und ein Add-On Produkt zum Thema „Arbeitsplatzzufriedenheit" angeboten. Mit seinen Dienstleistungen will das Unternehmen HECTAS Gebäudedienste Stiftung & Co. KG besonders mittelständische Unternehmen und Großkunden ansprechen. Das zur →Vorwerk-Gruppe gehörende Unternehmen wurde 1974 unter dem Namen *Hygienic Service* gegründet. 1997 folgte im Rahmen einer organisatorischen Umgestaltung die Umbenennung in HECTAS. Der Markenname steht für das Flächenmaß Hektar und erinnert mit dem Anfangsbuchstaben „H" und dem Endbuchstaben „S" an die ursprüngliche Marke Hygienic Service. Das aktuelle Logo wurde 2006 von der FGK Agentur für Markenführung entworfen. Es zeigt neben dem Schriftzug HECTAS Gebäudedienste drei blaue Pinguine, die ein Team, Verlässlichkeit, Kompetenz und Verantwortlichkeit symbolisieren. Der Slogan „Alles in Ordnung" auf dem blauen Balken hat eine Doppelbedeutung und steht sowohl für Reinigung als auch für Qualität. 2006 erzielte die HECTAS Gebäudedienste Stiftung & Co. KG mit 11.653 Mitarbeitern einen Umsatz in Höhe von 188 Mio. Euro. Das sind etwa 8 % des Gesamtumsatzes der Vorwerk-Gruppe. Neben Deutschland sind die Niederlande der wichtigste Absatzmarkt für HECTAS. Außerdem wird die Marke in Belgien, Polen, Tschechien, Ungarn, Österreich und Frankreich vertrieben. Weitere Markteintritte sind in Planung.

UNTERNEHMEN

HECTAS Gebäudedienste Stiftung & Co. KG
Am Diek 52
42277 Wuppertal
(02 02) 5 64 43-00
(02 02) 5 64 43-50
www.hectas.com

Hedelix ist ein pflanzliches Arzneimittel gegen Husten aus dem Hause Krewel Meuselbach.

HEDELIX

Unter der Marke Hedelix vertreibt die Krewel Meuselbach GmbH pflanzliche Hustenmittel, die insbesondere für die Behandlung von Husten bei Kindern geeignet sind. Der Markenname setzt sich aus dem botanischen Namen des Wirkstoffs Efeu, Hedera Helix zusammen. Die Blätter und Treibspitzen des Efeus enthalten wirksame Bestandteile, die schleim- und krampflösend, hustenlindernd sowie entzündungshemmend wirken. Angemeldet wurde die Marke 1972 von dem sächsischen Pharmahersteller AWD Dresden. Hedelix wird in Form von Saft, Tropfen und Brausetabletten angeboten. Die Verpackungen sind in den Farben Weiß und Grün (HKS 60) gestaltet. Seit 1997 wird der natürliche Wirkstoff zusätzlich durch die Abbildung von Efeublättern auf den Packungen hervorgehoben. Auch der aktuelle Slogan „Hedelix – Heilkraft aus Efeu" verweist auf die Pflanzenkraft der apothekenpflichtigen Produkte. Zum Portfolio des Pharmaherstellers Krewel Meuselbach GmbH gehören neben Hedelix u.a. auch die Arzneimittel →Aspecton, →Mallebrin und →Regulax. Das internat. agierende Unternehmen ist mit seinen Produkten in über 20 Ländern präsent und besitzt in fünf europäischen Ländern Vertretungen mit eigenem Vertrieb und Außendienst. Der Schwerpunkt der Exportaktivitäten liegt auf den osteuropäischen Staaten. Die Krewel Meuselbach GmbH beschäftigt ca. 320 Mitarbeiter und verfügt über Produktionsstätten in Gehren (Thüringen) und Eitorf (Nordrhein-Westfalen).

DATEN UND FAKTEN

Markenname: Hedelix, Kunstwort, zusammengesetzt aus **Hede**ra He**lix**, dem botanischen Namen des Efeus

Slogan: „Stark gegen Husten. Hedelix – Heilkraft aus Efeu."

Erfinder: AWD Dresden (sächsisches Pharmaunternehmen), 1972

Markenregistrierung: 13.09.1972, AfEP Berlin (DDR)

UNTERNEHMEN

Krewel Meuselbach GmbH
Krewelstr. 2
53783 Eitorf
(0 22 43) 87-0
(0 22 43) 87-3 33
www.krewel-meuselbach.de

Heineken ist eines der verbreitesten Biere der Welt.

HEINEKEN

Heineken Bier ist in 170 Ländern erhältlich und damit das weltweit verbreitetste Bier. Europas größter Bierproduzent hat seinen

Ursprung in den Niederlanden. Am 16. Dezember 1863 kaufte Gerard Adriaan Heineken die 1592 gegründete Brauerei „De Hooiberg". Als einzige Brauerei unterhielt Heineken schon in den Anfangsjahren ein eigenes Labor. 1886 entwickelte Dr. Elion die Heineken A-Hefe, die ein Hauptbestandteil des heutigen Produkts ist. Anfang des 20. Jh. zogen die Exportmaßnahmen immer weiter an. Als erster offizieller Bierimport in den USA nach der Prohibition 1933 ist Heineken in Amerika das meistverkaufte Importbier. Die Fusion mit Amstel 1968 stärkte die internat. Position des niederl. Unternehmens. Intensive Ankäufe tätigte man auch in Südamerika. Das Geschäft ist weiterhin durch Akquisitionen und Joint-Ventures geprägt. In Deutschland wird Heineken seit 1993 vertrieben. Die Heineken Deutschland GmbH hat ihren Sitz in Berlin. Unter der Dachmarke werden neben Heineken auch die Subbrands *Sol, Climax, Murphy's Irish Red und Murphy's Irish Stout* angeboten. Als internat. Marke findet Heineken seine Kernzielgruppe in aufgeschlossenen und kosmopolitischen jungen Menschen zwischen 18 und 35 Jahren. Zu Beginn wurde die Marke den Gewohnheiten dieser Zielgruppe entsprechend ausschließlich über die Trend- und Szenegastronomie vertrieben. Seit 2005 ist Heineken aber auch in Getränkeabholmarkt und im Convenience-Kanal erhältlich. Das Markenimage von Heineken steht für Internationalität, Musik, Spaß und Nightlife. Die Marke wird daher nicht mit einer breiten Werbekampagne, sondern mit einer Szene-Strategie präsentiert: Ziel ist es, gemeinsam mit Heineken-Partnern kreative und besondere Markenerlebnisse zu schaffen. Hierfür stehen z. B. die Heineken UEFA Champions League-Aktionen, die im Rahmen des UEFA Champions League Sponsoring von Heineken inszeniert werden und den Konsumenten einmalige Fußball-Momente bescheren.

UNTERNEHMEN

Heineken Deutschland GmbH
Alt Moabit 101b
10559 Berlin
✆ (0 30) 39 04 15-0
🖷 (0 30) 39 04 15-13
💻 www.heineken.de

HEINZ

Unter der Marke Heinz vertreibt die H. J. Heinz Company u. a. Ketchup, Feinkost- und Würzsaucen auf dem internat. Markt. Besondere Bekanntheit erlangte der Heinz Tomato Ketchup. Insgesamt verkauft die Firma Heinz ca. 650 Mio. Flaschen Ketchup pro Jahr und ist damit weltweiter Marktführer. Entwickelt wurde Heinz Ketchup von Henry John Heinz im Jahre 1876. Inspiriert von der asiatischen Fischsauce ketsiap entwickelte er aus Tomaten und verschiedenen Gewürzen den Heinz Tomato Ketchup, dessen Rezeptur bis heute einer strengen Geheimhaltung unterliegt.

Heinz Ketchup ist ein Traditionsprodukt seit über 130 Jahren.

Seit seiner Markteinführung wird Heinz Ketchup in einer durchsichtigen Verpackung angeboten, die die Reinheit des Produktes unterstreichen soll. Außerdem befindet sich seit 1896 auf jeder Heinz Ketchup-Flasche der Werbeslogan „57 Varieties". Tatsächlich gab es schon damals mehr Produktvarianten. Heinz wählte dennoch die Zahl 57, einfach weil sie ihn faszinierte. Das Markenlogo besteht aus dem Heinz-Keystone, dem sog. Schlüsselstein (mittlerer Abschlussstein von Torbögen oder Brücken), der symbolisch für den Staat Pennsylvania steht, in dem das Unternehmen gegründet wurde. Dieser wird wegen seiner Lage im Zentrum der USA auch Keystone-Staat genannt. Bereits 1869 gründete Henry John Heinz zusammen mit einem Freund die Heinz & Noble Company, deren Hauptprodukt Meerrettich war. 1875 musste die Firma Bankrott anmelden, aber schon ein Jahr später gründete Heinz gemeinsam mit seinem Bruder und einem Cousin die F. & J. Heinz Company, zu deren Produktpalette noch im gleichen Jahr Tomatenketchup zählte. Heinz übernahm 1888 die Anteile seiner Geschäftspartner, strukturierte die Firma um und nannte sie H. J. Heinz Company. Heute ist das Unternehmen mit einem weltweiten Umsatz von ca. 9 Mrd. USD (Ge-

Heinz Ketchup (Mitte) gehört zu den bekanntesten Lebensmittelmarken, seit 2002 gibt es ihn auch in der Kopfsteherflasche (unten).

schäftsbericht 2007) einer der führenden Nahrungsmittelproduzenten auf der Welt. Mit einem globalen Marktanteil von 33 % ist somit jede dritte verkaufte Ketchup-Flasche von Heinz. Das Unternehmen beschäftigt rund 33.000 Mitarbeiter und ist in 140 Ländern vertreten.

DATEN UND FAKTEN

Markenname: Heinz, Familienname des Firmengründers

Slogan: „57 Varieties"

Erfinder: Henry John Heinz, 1876

Markenregistrierung: 17.10.1955, DPMA München (in Deutschland)

Innovationen: Kopfsteherflasche (2002), Kids Ketchup (2005), Tomato Ketchup light (2006)

Markenwebsite: www.heinz-ketchup.de

UNTERNEHMEN

H. J. Heinz Company

Hauptsitz: Pittsburgh, Pennsylvania, USA

Vorstand: William R. Johnson

Weitere Marken: → Sonnen Bassermann, Lea&Perrins, HP, Weight Watchers (in Lizenz)

Gesamtumsatz: ca. 9 Mrd. USD (weltweit, Gesamtumsatz), ca. 3,7 Mrd. USD (weltweit, Ketchup & Saucen, Geschäftsbericht 2007)

Vertrieb: weltweit, Retail und Foodservice

KONTAKT

H. J. Heinz GmbH
Rather Str. 23b
40476 Düsseldorf

SCHON GEWUSST?

▮ Im Lauf der 125-jährigen Geschichte des Ketchups gibt es die unterschiedlichsten Schreibweisen. Auf dem ersten Heinz Ketchup-Etikett von 1876 stand die exotische Schreibweise „catsup".

▮ Weltweit kennen nur etwa acht Menschen das genaue Rezept für Heinz Ketchup und hüten es wie ein Staatsgeheimnis.

▮ Die größte Ketchupflasche der Welt: Ein Wasserturm in Collinsville, Illinois hat die Form einer Ketchupflasche und misst imposante 56,6 m.

✆ (02 11) 96 07 66-00
🖷 (02 11) 96 07 66-01
🖳 www.hjheinz.de

Ansprechpartner Marketing:
Dr. Dorothea Varlam
✆ (02 11) 96 07 66-00

Presse-Agentur:
Edelman GmbH
🖳 www.edelman.de

HEISSE TASSE

→ Erasco Heisse Tasse

HEISSNER

Germany

Neben Produkten zum Thema Garten und Teich ist die Produktion von Gartenzwergen (unten) die Kernkompetenz von Heissner.

Die Marke Heissner steht für eine umfangreiche Auswahl an Produkten im Bereich Garten sowie Dekoration rund um das häusliche Ambiente. Zum Sortiment des stärksten Segments gehören Teichfolie, -pumpen, -filter und -dekoration. Einen weiteren wichtigen Teil des Portfolios machen Außen- und Zimmerbrunnen aus. Bekannt wurde die Marke Heissner vor allem mit der Produktion von Gartenzwergen, die schon im 19. Jh. begann. Markengründer August Heissner baute 1872 in Gräfenroda, die nach Firmenangaben weltweit erste Keramikmanufaktur für Gartenzwerge und legte damit den Grundstein für das späteren weltweiten Erfolg des Unternehmens. Mit einem internat. vertriebenen Angebot richtet sich Heissner heute an Menschen, die sich ihr häusliches Umfeld individuell gestalten möchten. Seit 1960 ist die Marke Heissner im Marktsegment Wassergarten etabliert. Inzwischen bietet das Unternehmen das nach eigenen Angaben umfassendste Produktsortiment in diesem Bereich und gehört zu den führenden Herstellern und Vermarktern moderner Gartenausstattung. Heute exportiert Heissner seine Produkte in mehr als 30 Länder, mit Fokus auf die EU-Staaten. Die Heissner GmbH hat eigene Gesellschaften und Vertriebsbüros in Großbritannien, Österreich, Polen, Tschechien und den Benelux-Ländern. Neu wurden im Herbst 2007 LED-Gartenbeleuchtungssysteme mit individuellen Lichtgestaltungsmöglichkeiten und geringem Stromverbrauch in das Sortiment integriert. Innovativ ist dabei vor allem die Einfachheit der Installation. Das Prinzip „Plug and Play" stand bei der Entwicklung der LED-Beleuchtungssysteme Pate, damit jeder Gartenbesitzer in der Lage ist, die Systeme schnell und dennoch individuell angepasst zu installieren. Die Markenpflege erfolgt bei

Heissner durch kontinuierliche Präsenz in der Fach- und Publikumspresse. Die Heissner GmbH hat ihren Stammsitz im hessischen Lauterbach und beschäftigt 75 Mitarbeiter. Geschäftsführer des Unternehmens sind Ewald Kullmann und Rolf E. Papenheim.

DATEN UND FAKTEN

Markenname: Heissner, Familienname des Gründers

Slogan: „Alles Gute für Ihr Paradies"

Gründer: August Heissner, 1872, Gräfenroda

Markenregistrierung: 23. 10. 1959, DPMA München

Innovationen: Druckfilter *EASY CLEAN Vario* (2008)

UNTERNEHMEN

Heissner GmbH
Schlitzerstr. 24
36341 Lauterbach
✆ (0 66 41) 86–0
🖷 (0 66 41) 86–2 99
🖳 www.heissner.de

HELA

Die Marke Hela steht für ein umfangreiches Angebot an Saucen und Ketchupprodukten. Hela vertreibt Gewürzketchup, Gewürzsaucen, Marinaden und Gewürzmischungen. Neueste Produktinnovationen des gleichnamigen Unternehmens sind der *Hela Curry Gewürz-Ketchup delikat Light* und *Hela Dressings Light*. Der Markenname der mehr als 100 Jahre alten Firma geht zurück auf den Unternehmensgründer Hermann Laue. Das Akronym Hela setzt sich aus den beiden Anfangsbuchstaben seines Vor- und Nachnamens zusammen. Das Hela-Logo zeigt eine rot-weiße, in die Breite gezogene Weltkugel, in deren Mitte der Markenname in roter Schrift auf weißem Grund erscheint. Heute ist das Logo, das Hermann Laue 1905 entwickelte, dreidimensional. Die waagerechten Linien im Logo sollen als Breitengrade verstanden werden und die globale Ausrichtung des Unternehmens symbolisieren. Hela-Produkte sind an der roten Tube mit Rillen und den je nach Geschmacksrichtung verschiedenfarbigen Verschlusskappen zu erkennen. Der Vertrieb erfolgt über den Lebensmitteleinzelhandel, die Gastronomie sowie die Fleisch-, Wurst-, Fisch- und Feinkostbranche. Hela beschäftigt weltweit 550 Mitarbeiter. Das Unternehmen unterhält Niederlassungen in Österreich, der Schweiz, in China, Singapur, Kanada und Frankreich und hat Joint-Ventures in Chile und Australien. Mit *Hela-Gewürz-Ketchup*, den Gründersohn Kurt Laue 1963 erfand, ist die Firma nach eigenen Angaben Marktführer im Segment Ketchup.

Das internat. Logo von Hela

UNTERNEHMEN

Hela Gewürzwerk Hermann Laue GmbH und Co. KG
Beimoorweg 11
22926 Ahrensburg
✆ (0 41 02) 4 96–0
🖷 (0 41 02) 49 61 04
🖳 www.hela.eu

HELLA

Die Autozulieferermarke Hella steht für Komponenten und Systeme der Lichttechnik und Elektronik für die Automobilindustrie. Dazu gehören Scheinwerfer, Sensoren und elektronische Fahrpedalgeber. Firmengründer Sally Windmüller schuf 1925 den Markennamen Hella und setzte mit dieser Vornamen-Kurzform seiner Ehefrau Helene ein Andenken. Außerdem gefiel dem Gründer die klangliche Assoziation mit dem Wort „heller". Das herstellende Unternehmen Hella KGaA Hueck & Co mit Sitz in Lippstadt ist einziger Scheinwerferhersteller in Deutschland. Mit den Produkten sollen Automobilhersteller, Kfz-Teilhändler und technikbegeisterte Autofahrer angesprochen werden. Das Markenlogo stellt einen stilisierten Scheinwerfer mit einem sich nach vorn öffnenden Lichtaustritt dar. Der Schriftzug Hella erscheint in Blau auf gelbem Grund. Anfang der 1990er-Jahre änderte das Unternehmen seinen Slogan „Ideen für die Zukunft des Autos" zu „Ideen für das Auto der Zukunft". 2006 brachte Hella das weltweit erste intelligente Scheinwerfersystem auf den Markt. Als wichtige Innovation gilt auch die Entwicklung von Tagfahrleuchten für Autos, mit denen man vorausschauend auf zukünftige, europaweit geplante Regelungen zu diesem Thema reagieren will. Zzt. forscht die Firma an verschiedenen kamerabasierten und elektronischen Fahrerassistenzsystemen. Lt. eigenen Angaben ist Hella Technologie-Führer bei Xenon- und intelligenten Scheinwerfern. Die Marke wird weltweit über eigene Niederlassungen vertrieben und erbrachte im Geschäftsjahr 2005/2006 einen Umsatz von 3,4 Mrd. Euro. Hella beschäftigt weltweit mehr als 24.000 Mitarbei-

Ideen für das Auto der Zukunft

Hella Autoscheinwerfer werden für unterschiedliche Fahrzeugklassen entsprechend neuester Forschungsergebnisse in Lippstadt entwickelt.

ter und will in Zukunft seinen Leistungsumfang weiter ausbauen.

DATEN UND FAKTEN

Markenname: Hella, abgeleitet von der Vornamen-Kurzform der Gründer-Ehefrau Helene

Slogan: „Ideen für das Auto der Zukunft" (1994)

Markenregistrierung: 1926, Reichspatentamt Berlin

Jahresumsatz: 3,4 Mrd. Euro (2006)

Literatur:
Hella KG (Hg.): 100 Jahre Hella. Von der Lampenmanufaktur zum globalen Automobilzulieferer (Lippstadt, 1999)

UNTERNEHMEN

Hella KGaA Hueck & Co.
Rixbecker Str. 75
59552 Lippstadt
✆ (0 29 41) 38-0
🖷 (0 29 41) 38 71-33
💻 www.hella.de / www.hella.com

HENGSTENBERG

Seit 1926 wurde die Typographie des Hengstenberg-Logos nur wenig verändert (oben). Das Hengstenberg-Portfolio wird seit 2006 durch ein Bio-Sortiment ergänzt (Mitte). Der Gründer Richard Alfried Hengstenberg (unten)

Die Marke Hengstenberg steht für ein umfangreiches Angebot an feinsauren Lebensmitteln wie Sauerkraut, Rotkohl, Gurken und Gemüsekonserven sowie für Essig, Senf und Tomatenprodukte. Der Markenname geht auf den Firmengründer Richard Alfried Hengstenberg zurück, der 1876 den Grundstein für das Unternehmen in Esslingen legte. Er nahm die schlechte Qualität der damals erhältlichen Essigprodukte zum Anlass, ein Reinheitsgebot zu formulieren und eigene Essigprodukte zu entwickeln. Heute werden die Produkte mit dem Slogan „Hengstenberg ... macht Gutes zum Genuss" beworben, der den Slogan „Schmeckt so gut wie selbstgemacht" aus den 1990er-Jahren ablöste. Das Firmenlogo wurde 1926 von Carl Hengstenberg modernisiert. Dabei wurde das Hengstenberg'sche Familienwappen durch einen moderner wirkenden Schriftzug ersetzt. Die geschwungene Typographie wurde seitdem nur leicht verändert. Heute wird das Logo in weißer Schrift auf einem in Grün und Weiß umrandeten, roten Banner verwendet. Die Marke soll Tradition, Vertrauen, Qualität und Genuss assoziieren und vorwiegend qualitätsbewusste, haushaltsführende Personen ab 35 Jahren ansprechen. Hengstenberg ist Marktführer in den sog. sauren Märkten (Definition: Gurkenkonserven, Essigkonserven, Sauerkraut, Rotkohl, Essig) sowie in der Warengruppe Sauerkraut und Essig. Dies bestätigt das GfK Haushaltspanel 2007. Die wichtigsten Produktinnovationen von Hengstenberg waren 1876 das Reinheitsgebot für Essig, 1932 das weltweit erste pasteurisierte Sauerkraut und 2006 die Einführung eines umfangreichen Bio-Sortiments. Das Familienunternehmen in fünfter Generation hat seinen Sitz nach wie vor im baden-württembergischen Esslingen und beschäftigt deutschlandweit 550 Mitarbeiter. Die Rohware für die Produkte stammt ebenfalls überwiegend aus Deutschland. Die Nähe der Produktionsstätten zu den Anbaugebieten sichert kurze Transportwege und eine schnelle Weiterverarbeitung. Vertrieben werden Hengstenberg-Produkte über eigene Niederlassungen in Deutschland und Österreich sowie weltweit in mehr als 40 Ländern über Vertriebspartner.

Das Hengstenberg'sche Familienwappen mit dem Hengst, der über den Berg springt, gehörte bis1926 zum Markenlogo.

DATEN UND FAKTEN

Markenname: Hengstenberg, Nachname des Firmengründers Richard Alfried Hengstenberg

Slogan: „Hengstenberg ... macht Gutes zum Genuss"

Erfinder: Richard Alfried Hengstenberg, 1876, Esslingen

Markenregistrierung: 18. 05. 1899, Kaiserliches Patentamt Berlin

Innovationen: Reinheitsgebot für Essig (1876), pasteurisiertes Sauerkraut (1932), Gurkenviertel Sticksi (1972), Mildessa 3 Minuten Fertigsauerkraut (2002), Bio-Sortiment (2006)

Markenbekanntheit: 44 % ungest., 83 % gest. (GfK, 2007)

UNTERNEHMEN

Rich. Hengstenberg GmbH & Co. KG

Hauptsitz: Esslingen, Deutschland

Vorstand: Dietmar Wöhrmann, Joachim Ebert

Vertrieb: in Deutschland und Österreich mit eigener Niederlassung, in 40 Ländern weltweit über Vertriebspartner

KONTAKT

Rich. Hengstenberg GmbH & Co. KG
Mettinger Str. 109
73728 Esslingen
✆ (07 11) 3 92 90
🖷 (07 11) 39 29 12 61
💻 www.hengstenberg.de

Ansprechpartner Presse:
Katja Bauer
✆ (07 11) 39 29 12 79
✉ katja.bauer@hengstenberg.de

MEILENSTEINE

1876 Richard Alfried Hengstenberg unterzeichnet die Teilhaberschaft an einer kleinen Essigfabrik in Esslingen. Mit seinem Reinheitsgebot für Essig gestaltet er das dt. Lebensmittelgesetz mit.

1932 Das Unternehmen bringt das weltweit erste pasteurisierte Sauerkraut auf den Markt.

2006 Hengstenberg bietet ein eigenes Bio-Sortiment an.

HENKEL

Die Henkel KGaA gehört mit ihren Tochtergesellschaften zu den weltweit führenden Unternehmen in den drei Geschäftsfeldern Wasch- und Reinigungsmittel, Kosmetik und Körperpflege sowie Klebstoffe, Dichtstoffe und Oberflächentechnik unter dem Namen Adhesives Technologies (Klebstoff Technologien). Erstes Produkt war 1876 ein von Unternehmensgründer Fritz Henkel entwickeltes Universalwaschmittel aus Wasserglas und kalziniertem Soda. Der internat. Durchbruch gelang 1907 mit →Persil, dem ersten „selbsttätigen" Waschmittel der Welt, dessen Erfolg den Ruf des Unternehmens als Markenartikelhersteller begründete. Nach dem 1. Weltkrieg konsolidierte Henkel diesen Ruf mit weiteren Markenartikeln im Haushaltsbereich: „Henkel's Bleich-Soda" wurde in *Henko* umbenannt und avancierte mit Persil und →Sil zum „Triumvirat der Wäschepflege", 1920 kam das Scheuerpulver →Ata hinzu, 1929 der Allzweckreiniger *Imi*. Ab 1922 nahm das Unternehmen die Eigenherstellung von Klebstoffen auf. Nach einem mühsamen Aufbau nach dem 2. Weltkrieg setzte ab 1950 auch bei Henkel das „Wirtschaftswunder" ein.

Die Verwaltung und das Werk von Henkel in Düsseldorf

Bereits 1949 war das Feinwaschmittel →Perwoll auf den Markt gekommen, im gleichen Jahr brachte die spätere Tochterfirma →Schwarzkopf das Produkt →Schauma auf den Markt. Henkel festigte nicht nur mit Marken wie →Weißer Riese, →Somat, →Pril und →Der General seine herausragende Position im Wasch- und Reinigungsmittelmarkt, sondern setzte mit →Pattex (1955) und →Pritt (1969) auch auf dem Klebstoffmarkt bis heute gültige Standards. Das Unternehmen betrieb eine konsequente Akquisitions- und Beteiligungspolitik sowie fortschreitende Diversifizierung und konnte so in den 1970er-Jahren mit Marken wie *Creme 21* oder →Fa (1977) auch den anspruchsvollen Kosmetik- und Körperpflegemarkt erobern. Mit dem Erwerb von →Aok (1983) und Schwarzkopf (1995) rundete Henkel das Produktportfolio in diesem Bereich ab. Gleichzeitig entwickelte man sich zu einem bedeutenden Hersteller im Bereich Oberflächentechnik und Chemieprodukte. 2002 präsentierte sich Henkel in neuer weltweit einheitlicher Corporate Identity. Kern der Umstrukturierung war eine Branded House of Brands-Strategie. Die Produktmarken behalten ihr Markendesign und tragen zugleich das einheitliche Firmenlogo, den Namenszug Henkel in rot umrahmtem Oval. Der Claim „Henkel – A Brand like a Friend." gibt den Grundton für die Imagekampagnen des Konzerns und unterstreicht den Anspruch, mit führenden Marken und Technologien das Leben der Menschen leichter, besser und schöner zu machen. Im Jahr 2007 arbeiteten weltweit rund 53.000 Mitarbeiter für den Kon-

Henkel
A Brand like a Friend

Prof. Dr. Ulrich Lehner (Mitte) ist Vorsitzender der Henkel-Geschäftsführung. Kasper Rorsted (unten) übernimmt am 14. April 2008 den Vorsitz der Henkel-Geschäftsführung.

zern, der einen Jahresumsatz von 12,740 Mrd. Euro verzeichnete. Für die Zukunft plant das Unternehmen weiteren Ausbau seiner Präsenz vor allem in Nordamerika sowie den Wachstumsmärkten Asien/Pazifik, Afrika/ Mittlerer Osten, Lateinamerika und Osteuropa.

Die „Weiße Dame" von Persil ziert eine Uhr auf dem Düsseldorfer Werkgelände.

UNTERNEHMENSBEREICHE UND MARKEN

Wasch- und Reinigungsmittel:
(Anteil am Unternehmensumsatz: 32 %)
→Ata, →Biff, →Bref, →Dato, Dor, →Der General, →Persil, →Perwoll, →Pril, →Sidolin, →Sil, →Sofix, →Somat, →Spee, →Vernel, →WC Ente, →WC Frisch, →Weißer Riese

Kosmetik und Körperpflege:
(Anteil am Unternehmensumsatz: 22 %)
→Aok, →bac, →Brillance, Clynol Viton, Country Colors, →Diadem, →Diadermine, →Drei Wetter Taft, →Fa, →Gliss Kur, got2b, Hattric, Igora, Indola, Live, Natural & Easy, →Poly Blonde, →Poly Color, Poly Kur, →Poly Palette, Poly Swing, →Re-Nature, →Schauma, →Schwarzkopf, →Seborin, →Theramed

Adhesives Technologies (Klebstoff Technologien):
(Anteil am Unternehmensumsatz: 44 %)
→Adhesin, →Bonderite, →Ceresit, Dorus, →Elch Pro, Euromelt, →Hysol, →Liofol, →Loctite, →Metylan, Multan, Optal, →P3, →Pattex, →Ponal, →Pritt, Sanicare, →Sista, →Tangit, →Technomelt, →Teroson, →Thomsit, →Wolfin

DATEN UND FAKTEN

Henkel KGaA

Gründer: Fritz Henkel (1848–1930)

Unternehmensgründung: 1876 in Aachen

Mitarbeiter: rund 53.000 weltweit (2007)

MEILENSTEINE

1876 Gründung der Firma Henkel & Cie. am 26. September in Aachen

1878 „Henkel's Bleich-Soda" wird erster dt. Markenartikel bei Waschmitteln, 1896 wird die Marke in das Warenzeichenregister eingetragen.

1907 Persil ist da, das erste selbsttätige Waschmittel der Welt.

1949 Mit der Einführung von Schauma durch die Firma Schwarzkopf beginnt die Geschichte des erfolgreichsten dt. Shampoos.

1979 Die Zahncreme Theramed im Spender eröffnet den Zahnpflegemarkt für Henkel.

1985 Mit Henkel-Vorzugsaktien geht das Unternehmen an die Börse. In diesem Zusammenhang wird erstmals eine Weltbilanz veröffentlicht.

1995 Henkel erwirbt die Kosmetikfirma Hans Schwarzkopf GmbH.

1997 Nach schrittweiser Aufstockung der Beteiligung wird Loctite Corporation, Hartford, Connecticut/USA, weltweit führender Spezialist für Konstruktions-Klebstoffe, von Henkel übernommen.

2002 Henkel verwirklicht unter dem Claim „Henkel – A Brand like a Friend" und mit neuem Corporate Design erstmals einen weltweit einheitlichen Auftritt des Unternehmens.

2004 Henkel übernimmt The Dial Corporation in Scottsdale, Arizona/USA. Dial ist mit Körperpflegeprodukten, Lufterfrischern, Waschmitteln sowie Lebensmitteln (2006 verkauft) vor allem auf dem nordamerikanischem Markt erfolgreich.

Vorsitzender der Geschäftsführung: Prof. Dr. Ulrich Lehner

Umsatz: 12.740 Mio. Euro (2006)

Markenbekanntheit: 92 % (Henkel-Mafo)

Vertrieb: weltweit in über 125 Ländern

Literatur: W. Feldenkirchen u. S. Hilger: Menschen und Marken. 125 Jahre Henkel (2001)

KONTAKT

Henkel KGaA
Henkelstr. 67
40589 Düsseldorf
(02 11) 7 97–0
(02 11) 7 98–40 08
www.henkel.de

Ansprechpartner Presse:
Sabina Hampe
press@henkel.com

HENKELL TROCKEN

Die Sektkellerei Henkell & Co ist das große Traditionsunternehmen in der dt. Sektbranche. Der gute Name ziert außer den berühmten Henkell Trocken eine ganze Markenfamilie. So gehören Henkell Rosé, der junge, fruchtige Henkell Blanc de Blancs und Henkell Brut zum Sortiment. Die Geschichte der Marke beginnt 1832 mit der Eröffnung der Weinhandlung Henkell & Cie. durch Adam Henkell in Mainz. 25 Jahre später gründete er als einer der Ersten in Deutschland eine Sektkellerei. 1893 beschloss Otto Henkell, der Sohn des Firmengründers, einen einheitlichen Sekt zu entwickeln. Er erschien 1894 unter dem Namen Henkell Sect in der Dosage trocken. In der Folgezeit etablierte sich der neue Sekt durch intensive Werbemaßnahmen unter dem Markennamen Henkell Trocken auf dem internat. Markt. Als idealer Begleiter zu festlichen Anlässen zeichnet er sich durch seinen trockenen, ausgereiften Geschmack und ein weiniges Bukett aus. Erkennungszeichen ist das Markensignet auf dem Etikett der Sektflasche: Es zeigt eine stilisierte goldene Lilie im bourbonischen Stil auf einem schwarzen, ovalen Medaillon im Prägedruck. Das Emblem soll die Reinheit und Eleganz vermitteln, die den Henkell Trocken-Produkten zu eigen ist. Das 1949 von Douwe Hiemstra entwickelte Logo erfuhr im Jahr 1978 eine Neugestaltung durch Peter Zernisch. Die Formen der Henkell-Lilie wurden dabei kantiger und sollten dadurch männlicher und aggressiver wirken. In seiner heutigen Form besteht das Signet seit 1997. Es ist im Dialog mit der Wortmarke auf dem goldfarbenen Etikett des Flaschenhalses abgebildet und hat mit seiner edlen Optik einen hohen Wiedererkennungswert. Henkell Trocken ist Umfragen zufolge eine der bekanntesten Sektmarken und darüber hinaus die meistexportierte Sektmarke Deutschlands. Die Erzeugnisse der Henkell & Co Sektkellerei KG werden weltweit in über 70 Ländern vertrieben.

Der Erfolg des Klassikers Henkell Trocken beruht auf intensiver Markenpflege.

DATEN UND FAKTEN

Markenname: Henkell Trocken, abgeleitet vom Gründernamen Adam Henkell, Kurzform von **Henkell** Sect in der Dosage **trocken**

Slogan: „Auf das Leben! Henkell."

Gründer: Adam Henkell, 1832, Mainz

Markenregistrierung: 1898, Kaiserliches Patentamt Berlin

UNTERNEHMEN

Henkell & Co Sektkellerei KG

Hauptsitz: Wiesbaden, Deutschland

Geschäftsführung: Dr. Erlfried Baatz, Dr. Andreas Brokemper, Dr. Hans-Henning Wiegmann (Sprecher der Geschäftsführung)

Jahresabsatz: 15,8 Mio. 0,75 l-Flaschen (2006)

Vertrieb: weltweit

KONTAKT

Henkell & Co Sektkellerei KG
Biebricher Allee 142
65187 Wiesbaden
(06 11) 63–0

HENKELL
Prickelnd seit 1856

Sekt der Traditionsmarke Henkell Trocken (Mitte), Stammhaus der Sektkellerei in Wiesbaden (unten)

(06 11) 63-1 04
www.henkell.de

SCHON GEWUSST?

Der *Pikkolo*, ein Viertelchen Sekt, ist eine Erfindung von Henkell. 1925 entwickelt, bekam die kleine Portionsflasche erst 1935 dank der Trickfilm-Werbefigur von Fred Overbeck seinen Namen. In zahlreichen Werbeanzeigen der 1930er- und 1940er-Jahre warb der junge Lehrkellner Pikkolo für die Viertelliter-Ausgabe von Henkell. Bis heute ist der Begriff *Pikkolo* für Henkell geschützt.

Dr. Hermann Bühlbecker ist geschäftsführender Gesellschafter der Aachener Lambertz Gruppe.

HENRY LAMBERTZ GMBH

Die Aachener Printen- und Schokoladenfabrik Henry Lambertz GmbH ist nach eigenen Angaben Weltmarktführer für Weihnachtsgebäcke und eines der drei führenden Unternehmen für Dauerbackwaren in Deutschland. Zur Lambertz-Gruppe gehören etwa 25 Süßwarenfirmen. Zu den bekannten Marken zählen die Marken →Weiss, →Haeberlein-Metzger, →Kinkartz und →Lambertz. Das Produktportfolio reicht von Dominosteinen, Spekulatius und Spitzkuchen bis hin zu Gebäckmischungen und Pralinés. Lambertz hat den Anspruch, Tradition, Genuss, Qualität und Vielfalt in seiner Markenwelt zu vereinen. Die Geschichte des Unternehmens begann 1688. Damals gründete der Bäckermeister Henry Lambertz in Aachen ein Backhaus zur Herstellung von Printen. Seine Nachfahren variierten die ursprünglichen Printen und erschlossen mit der Erfindung der Kräuterprinte 1820, der Schokoladenprinte Ende des 19. Jh. und der Saftprinte 1938 neue Käuferschichten. In den 1990er-Jahren übernahm Lambertz die Lebkuchenhersteller *Weiss* und *Haeberlein-Metzger* sowie den Gebäckspezialisten *Kinkartz*. Der heutige Alleininhaber der Lambertz-Gruppe, Dr. Hermann Bühlbecker, hat das Unternehmen 1978 von seinem Onkel übernommen. Der mehrfach ausgezeichnete Firmeninhaber ist auch stellv. Vorsitzender des Bundesverbands der Deutschen Süßwarenindustrie. Er baute den Nischenanbieter zu einem Unternehmen aus, das heute mit über 3.450 Mitarbeitern einen Umsatz von über 460 Mio. Euro (2005/2006) erwirtschaftet. Die Gruppe verfügt über sechs Produktionsstätten, wovon eine in Polen ist. Diese produziert vorwiegend für den polnischen und osteuropäischen Markt. Bereits jetzt werden die Produkte in viele Länder Europas, nach Japan, China und Afrika exportiert. Im Januar 2007 wurde Lambertz USA gegründet, die Präsenz in Osteuropa und Asien soll ausgebaut werden. Das Unternehmen will in weitere Märkte expandieren.

Tradition seit 1688: Henry Lambertz gründete in Aachen ein Backhaus und setzte den Grundstein für ein weltmarktführendes Unternehmen.

UNTERNEHMENSBEREICHE UND MARKEN

Aachener Printen- und Schokoladenfabrik Henry Lambertz GmbH & Co. KG:
(Anteil am Unternehmensumsatz: 66 %)
→Lambertz

Wilhelm Kinkartz GmbH & Co. KG:
(Anteil am Unternehmensumsatz: 7 %)
→Kinkartz

Weiss Lebkuchenfabrik Neu-Ulm GmbH:
(Anteil am Unternehmensumsatz: 18 %)
→Weiss, Weissella

Haeberlein-Metzger:
(Anteil am Unternehmensumsatz: 3 %)
→Haeberlein-Metzger

DATEN UND FAKTEN

Henry Lambertz GmbH

Gründer: Henry Lambertz

Unternehmensgründung: 1688 in Aachen

Mitarbeiter: über 3.450 weltweit (2006)

Inhaber: Dr. Hermann Bühlbecker

Umsatz: 463 Mio. Euro (2005/06)

KONTAKT

Lambertz-Gruppe
Borcherstr. 18
52072 Aachen

Ansprechpartner Kommunikation:
Frank Bojack
Alpha Pool GmbH

☏ (0 30) 88 71 28-80
🖷 (0 30) 88 71 28-88
✉ lambertz@alpha-pool.com

MEILENSTEINE

1688 Henry Lambertz bekommt die Genehmigung, am Markt in Aachen ein Backhaus zu errichten.

1820 Henry Lambertz IV entwickelt eine Kräuterprinte.

1938 Entwicklung der Saftprinte, die Grundstein für den raschen Wiederaufstieg des Unternehmens nach dem 2. Weltkrieg bildet.

1978 Mit der Produktion von Dominosteinen endet die Spezialisierung auf Printen.

1994 Das Unternehmen Henry Lambertz übernimmt die süddt. Lebkuchengruppe Max Weiss GmbH & Co.

1999 Übernahme der Traditionsmarken Kinkartz und Haeberlein Metzger

HERAEUS

Die Industriemarke Heraeus prägt die Geschichte der Edelmetallverarbeitung seit mehr als 150 Jahren. Sie hat ihren Ursprung in der Platinschmelze W. C. Heraeus. Dem Gründer Wilhelm Carl Heraeus gelang es 1856 in der väterlichen Einhorn Apotheke in Hanau, Platin im industriellen Maßstab zu schmelzen. Er begann mit der Verarbeitung und dem Vertrieb des Edelmetalls. Seine Söhne Heinrich und Dr. Wilhelm Heraeus übernahmen das Unternehmen 1889. Der Physiker und Chemiker Dr. Richard Küch entwickelte weitere Innovationen, die sich bis heute in den Kernbereichen des Heraeus Konzerns widerspiegeln: Küch entwickelte u.a. eine Methode, hochreines Quarzglas herzustellen, entwickelte die Hanauer Höhensonne und konstruierte Thermoelemente mit Messdrähten aus Platin. Mit der Entwicklung des Zahnersatzmaterials Alba® in den 1930er-Jahren erschloss Heraeus auch das Segment der Zahntechnik. Ab 1925 trat die dritte Generation der Familie in das Unternehmen ein. Dr. Wilhelm Heinrich Heraeus konzentrierte sich auf die technische Weiterentwicklung und Innovation, Dr. Reinhard Heraeus sorgte mit einer Multi-Produkt-Strategie für internat. Wachstum. Mit der Gründung von Tochtergesellschaften in Europa in den 1950er- und in den USA und Japan in den 1970er-Jahren machte er den Konzern zum Global Player. 1983 übernahm mit Dr. Jürgen Heraeus die vierte Generation der Familie das Unternehmen. Unter seiner Ägide wurde 1985 die Heraeus Holding GmbH gegründet. 1990 folgte eine umfassende Dezentralisierung, die zur Gründung von fünf eigenständigen Führungsgesellschaften in den Kernbereichen des Unternehmens führte. So beschäftigt sich W. C. Heraeus mit der Produktion und dem Handel von Edelmetallen, Heraeus Electro-Nite ist auf Sensoren spezialisiert, Heraeus Kulzer deckt den Bereich Dental- und Medizinprodukte ab, Heraeus Quarzglas ist Spezialist in der Herstellung und Verarbeitung von Quarzglas und Heraeus Noblelight produziert und vertreibt Spezialleuchten. Bis heute zählen Innovation und technischer Pioniergeist zum Erfolgsrezept des Unternehmens. Darüber hinaus setzt man auf verantwortungsvolle Mitarbeiterpolitik und Weiterbildung. Im Geschäftsjahr 2006 erzielte das Familienunternehmen einen Umsatz von über 10 Mio. Euro und beschäftigte über 11.000 Mitarbeiter weltweit.

Heraeus ist Spezialist in der Herstellung von Quarzglas und beschäftigt in diesem Unternehmensbereich über 1.500 Mitarbeiter.

UNTERNEHMENSBEREICHE UND MARKEN

Edelmetallhandel und -verarbeitung:
W. C. Heraeus
Edelmetall-Handelsumsatz: 9.390 Mio. Euro, Produktumsatz: 1.665 Mio. Euro (2006), Mitarbeiter: 3.916

Sensoren für die Stahlindustrie:
Heraeus Electro-Nite
Umsatz: 338 Mio. Euro (2006), Mitarbeiter: 3.163

Dentalwerkstoffe:
Heraeus Kulzer
Umsatz: 327 Mio. Euro (2006), Mitarbeiter: 1.538

Heraeus

Der Edelmetallhandel und die Veredelung (Mitte) ist Kerngeschäft von Heraeus. Die Hauptverwaltung in Hanau (unten)

Motiv aus der aktuellen Imagekampagne

Quarzglas:
Heraeus Quarzglas
Umsatz Quarzglas: 260 Mio. Euro (2006), Mitarbeiter: 1.504

Speziallichtquellen:
Heraeus Noblelight
Umsatz: 88 Mio. Euro (2006), Mitarbeiter: 651

DATEN UND FAKTEN

Heraeus Holding GmbH

Gründer: Wilhelm Carl Heraeus

Unternehmensgründung: 1851 in Hanau

Mitarbeiter: über 11.000 weltweit (2006)

Vorsitzender des Aufsichtsrats: Dr. Jürgen Heraeus

Umsatz: über 12 Mrd. Euro (2006)

Vertrieb: weltweit

KONTAKT

Heraeus Holding GmbH
Heraeusstr. 12–14
63450 Hanau
(0 61 81) 35-0
www.heraeus.de

MEILENSTEINE

1851 Wilhelm Carl Heraeus übernimmt die Leitung der elterlichen Apotheke in Hanau.

1856 W. C. Heraeus gelingt es, Platin in der Knallgasflamme zu schmelzen, Gründung der ersten dt. Platinschmelze.

1899 Gewinnung von Quarzglas durch den Chefentwickler Dr. Richard Küch

1904 Gemeinsam mit AEG gründet Heraeus die Quarzlampengesellschaft mbH.

1925 Die dritte Generation mit Wilhelm Heinrich Heraeus und Reinhard Heraeus (1930) tritt in das Unternehmen ein.

1979 Auslandumsatz übersteigt erstmals den Inlandsumsatz.

1985 Neue Organisationsstruktur durch die Gründung einer Holding

1990 Gründung von fünf operativen Führungsgesellschaften

2001 150-jähriges Firmenjubiläum

Ansprechpartner Kommunikation:
Martina Rauch
(0 61 81) 35-51 00
martina.rauch@heraeus.com

HERBOL

Unter der Marke Herbol vertreibt der internationale Konzern Akzo Nobel mit Sitz in den Niederlanden Fassaden- und Wandbeschichtungen, Lacke und Lasuren sowie Beschichtungssysteme für Renovierung, Instandsetzung und Neubau. Herbol wendet sich an anspruchsvolle Profis. Als Vollsortimenter bietet die Marke hochwertige Produkte, Systeme und Serviceleistungen. Mit Herbol-Symbiotec führte Akzo Nobel 2007 die erste Nano-Fassadenfarbe auf Basis des innovativen Bindemittels COL.9 von BASF ein mit dem Produktversprechen: Fassaden bleiben länger sauber und schön. Zu den Serviceleistungen zählt das Kundeninstrument Herbol-Fassaden-Schutzbrief, das Malerbetriebe und Auftraggeber mit praxisgerechten Ideen für die Fassadeninstandsetzung unterstützt. Hierzu gehören auch die Wartung von Fassaden und die Weiterbildung von Malern. Die Marke hat ihren Ursprung in einer 1844 von Robert Friedrich Haarhaus gegründeten Farbenhandlung. Das Corporate Design von Herbol basiert wesentlich auf der Farbkombination des Logos, weißer Namenszug auf cyanblauem Hintergrund, und zieht sich einheitlich durch alle Kommunikationselemente. Es zielt auf eine Wiedererkennung der Marke und soll Qualität, Kompetenz und Zuverlässigkeit signalisieren. Die Marke Herbol wird europaweit vertrieben. In Deutschland gehört Herbol zur Akzo Nobel Deco GmbH, in der die deutschen Aktivitäten von →Akzo Nobel im Bereich Bautenfarben und -lacke zusammengefasst sind. Zum Portfolio gehört in diesem Bereich u.a. auch die Marke →Sikkens. Außerdem umfasst die Produktpalette Autoreparaturlacke (u.a. →Lesonal), Flugzeug- und Schiffslacke sowie Pulverlacke. Der internat. agierende Konzern ist nicht nur im Bereich Coatings, sondern auch im Bereich Chemie tätig.

DATEN UND FAKTEN

Markenname: Herbol

Slogan: „Schnell. Sicher. Produktiv."

Innovationen: Herbol Symbiotec, Fassadenfarbe mit Nanotechnologie (2007)

Markenwebsite: www.herbol.de

UNTERNEHMEN

Akzo Nobel Deco GmbH
Vitalisstr. 198–226
50827 Köln
(02 21) 58 81-6 16
(02 21) 58 81-6 28
www.akzonobel.de

HERCULES

Die Konsumgütermarke Hercules steht für familien- und alltagstaugliche Fahrräder. Erfinder Carl Marschütz gründete das Unternehmen 1886 in Nürnberg. Unter dem Dach der internat. vertriebenen Marke befinden sich City-, Trekking-, Junior- und Fitness-Räder sowie E-Bikes, Sport- und Spezial-Räder. Viele Modelle sind mit innovativen 2-Komponenten-Griffen ausgestattet. Gefederte Sattelstützen und Nabendynamos gehören zur Grundausstattung. Im Fokus des Zielgruppenprofils steht deutlich die Familie, im weiteren Sinne bewegungsbewusste, soziale und aktive Menschen. In der Außendarstellung werden somit Alltagstauglichkeit und Sportlichkeit betont. Mit dem preisgekrönten Elektrofahrrad *Emove* wurden 2006 erfolgreich motorisierte Fahrräder wieder ins Markenportfolio aufgenommen. Die Bezeichnung Hercules, angelehnt an den Helden der griech. Mythologie, geht zurück auf die liebevolle Bezeichnung für die stabilen und robusten Fahrräder der Marschütz-Werke. Der Markenname findet seinen kraftvollen Ausdruck in dem Firmenlogo. Die dunkelblaue, kursiv gezeichnete, fette Versalschrift soll Dauerhaftigkeit und Stärke kommunizieren. Eine graue elliptische Bildmarke ergänzt den Schriftzug. Drei waagerechte Streifen durchziehen darin den Buchstaben „H" und symbolisieren Fahrtwinde und damit Dynamik und Fortschritt. Das erste Hercules-Tretkurbelrad wurde 1891 produziert. Nach den Zerstörungen während des 2. Weltkriegs wurde die Produktion erst 1949/50 wieder aufgenommen. Gerade durch die Verzahnungen mit motorisierten Kraftfahrzeugen entwickelte sich eine enge Zusammenarbeit mit Fichtel & Sachs, die das Unternehmen 1963 übernahm. 1995 integrierte der Accell-Konzern den Betrieb. Neben den vertriebenen Fahrradmarken *Sparta* und *Batavus* soll Hercules sein individuelles Image wieder beleben und vor allem die Attribute Qualitätsbewusstsein, Erfindergeist und Familienfreundlichkeit weiter tragen. Nach einer unabhängigen Zufriedenheitsumfrage der ADFC-Zeitschrift Radwelt, sind 94 % der Befragten mit der Marke Hercules zufrieden bis sehr zufrieden.

Hercules Elektrofahrrad Emove

DATEN UND FAKTEN

Markenname: Hercules, abgeleitet vom gleichnamigen Helden der griech. Mythologie

Erfinder: Carl Marschütz, 1886, Nürnberg

Innovationen: Hercules Emove, Fahrrad mit Tretunterstützung (2005/06)

UNTERNEHMEN

HERCULES Fahrrad GmbH & Co. KG

Hauptsitz: Schweinfurt, Deutschland

Vorstand: René Takens, Accell Group

MEILENSTEINE

1886 Gründung durch Carl Marschütz, Bau von Hochrädern

1891 Das erste Hercules-Tretkurbelrad wird gebaut.

1938 Carl Marschütz flieht aus Deutschland, die Hercules-Werke werden ausgebombt.

1945 Nach dem 2. Weltkrieg wird die Zusammenarbeit mit Fichtel & Sachs immer enger.

1949/50 Wiederaufnahme der Fahrrad- und Motorradproduktion nach dem 2. Weltkrieg

1963 Übernahme durch Fichtel & Sachs

1986 100 Jahre Hercules

1987 Übernahme durch Mannesmann

1995 Integration in den niederl. Accell Konzern

Markenzeichen der Fahrradmarke Hercules (oben), Citybike Leonardo (Mitte), hist. Schnappschuss eines Hercules-Kunden (unten)

KONTAKT

HERCULES Fahrrad GmbH & Co. KG
Max-Planck-Str. 4
97526 Schweinfurt
✆ (0 97 21) 67 51 6-0
Fax (0 97 21) 67 51 6-99
www.hercules-bikes.de

HERLITZ

Unter der Marke Herlitz werden Büroartikel und Schulranzen vertrieben.

Herlitz ist eine Marke der PBS-Branche (Papier-, Büro- und Schreibwaren). Die Produkte der Herlitz PBS AG richten sich an private und gewerbliche Endverbraucher jeder Altersgruppe. Der Markenname leitet sich aus dem Familiennamen des Unternehmensgründers Carl Herlitz ab. Dieser baute 1904 in Berlin-Schöneberg eine Großhandlung für Papier- und Schreibwaren auf. In den 1980er- und den 1990er-Jahren erweiterte das 1972 in eine AG umgewandelte Unternehmen sein Programm kontinuierlich. Heute umfasst das Portfolio über 10.000 Artikel. Eine wichtige Stellung haben dabei neben den Ordnern die Schulhefte: Jedes dritte in Deutschland verwendete Heft stammt Unternehmensangaben zufolge von Herlitz. Zu den jüngeren Innovationen gehört der Schulranzen *Masters*SL, der u. a. über höhenverstellbare Rückengurte verfügt und damit einzigartig ist. 2007 brachte Herlitz mit dem *sky.pen* den ersten mit Standardpatronen befüllbaren Tintenroller auf den Markt. Das aktuelle Markenlogo wurde von der Hamburger Agentur Enterprise IG GmbH entwickelt. Der weiße, geschwungene Herlitz-Schriftzug und das weiße Bildzeichen stehen auf rotem Hintergrund (Pantone 485). Im Zuge der Designänderung wurde im Jahr 2007 auch die Verpackungsgestaltung überarbeitet. Bei Werbekampagnen setzt das Unternehmen auf eine sog. Leuchtturmstrategie, nach der sich die Werbung für einzelne Produkte positiv auf das Gesamtsortiment auswirken soll. In den 1990-Jahren wurde die Marke mit Claims wie „Herlitz – Eine Idee voraus" und „Herlitz – Ehrlich unentbehrlich" beworben. Zzt. wird ein neuer Claim entwickelt, der die aktuelle Positionierung von Herlitz ausdrücken soll. Herlitz-Produkte sind weltweit erhältlich, wobei dem dt. sowie dem mittel- und osteuropäischen Markt die größte Bedeutung zukommt. Das Unternehmen besitzt Vertriebs- bzw. Produktionsgesellschaften in elf europäischen Ländern. Die Herlitz PBS AG beschäftigt weltweit über 2.400 Mitarbeiter. Der Gesamtumsatz betrug im Jahr 2006 rund 309 Mio. Euro, wobei der Umsatzanteil der Marke Herlitz mit 107 Mio. Euro im selben Jahr bei rund 35 % lag. Weitere Marken des Unternehmens sind Falken, → Susy Card sowie → BOON AND BANE.

Jedes dritte in Deutschland verwendete Schulheft stammt von Herlitz.

DATEN UND FAKTEN

Markenname: Herlitz, abgeleitet vom Familiennamen des Gründers

Gründer: Carl Herlitz, 1904

Markenregistrierung: 25. 02. 1982, DPMA München

Innovationen: sky.pen (2007), MastersSL (2007)

Markenbekanntheit: 38 % ungest., 95 % gest. (Dialego AG, 2006)

Jahresumsatz: 107 Mio. Euro (Marke Herlitz, 2006)

UNTERNEHMEN

Herlitz PBS AG

Hauptsitz: Berlin, Deutschland

Vorstand: Jan von Schuckmann (Vorsitz), Martin Hoffmann, Thomas Hübner

Weitere Marken: Falken, → Susy Card, → BOON AND BANE

Gesamtumsatz: 309 Mio. Euro (Unternehmen, 2006)

Vertrieb: weltweit, Schwerpunkt Deutschland sowie Mittel- und Osteuropa

KONTAKT

Herlitz PBS AG
Am Borsigturm 100
13507 Berlin
✆ (0 30) 43 93-0

🖷 (0 30) 43 93–32 62
💻 www.herlitz.de

SCHON GEWUSST?

- Würde man alle jährlich von Herlitz produzierten Ordner aneinanderreihen, könnte man die Strecke von Berlin nach New York abbilden.
- Jedes dritte in Deutschland verwendete Schulheft und jeder sechste Briefumschlag stammt von Herlitz.

HERMES PAKET SHOP

Hermes PaketShop ist die Vertriebsmarke der Hermes Logistik Gruppe. Die bundesweit mehr als 13.000 PaketShops befinden sich überwiegend in Bäckereien, Zeitschriftenläden, Tankstellen und Wäschereien. Dort können Versandhandels- und Privatkunden Pakete abgeben, abholen und retournieren. Wichtige Partner sind der Otto Versand und andere Unternehmen der Otto Gruppe, zu der die Hermes Logistik Gruppe gehört. Bereits Anfang der 1970er-Jahre entstand beim Versandhändler Otto die Idee, durch eine postunabhängige, eigene Vertriebseinheit Pakete

Die Hermes PaketShops befinden sich überwiegend in Bäckereien, Zeitschriftenläden, Tankstellen und Wäschereien.

kostengünstiger und produktschonender zuzustellen. 1972 wurde die Hermes Paket-Schnelldienst GmbH & Co. KG in Hamburg gegründet. Der erste Hermes PaketShop eröffnete am 1. Februar 1999, seit 2003 können Privatkunden in den Shops ihre Pakete abgeben. Die Hermes PaketShops versprechen Kundenorientierung, Zuverlässigkeit und Schnelligkeit bei der Paketzustellung. Markenzeichen ist eine Schwinge, die einen Flügel des griech. Götterboten Hermes darstellt. Die Hermes Logistik Gruppe transportierte im Geschäftsjahr 2006 rund 235 Mio. Sendungen in Form von Briefen, Paketen bis hin zu Möbeln und Großelektrogeräten. Der Schwerpunkt des Dienstleisters liegt auf der Zustellung an Privatpersonen (B2C- und C2C-Sektor). Das Unternehmen verfügt über sechs Hauptumschlagsbasen, 61 Niederlassungen und 600 Stützpunkte. Mit 13.000 Mitarbeitern erwirtschaftete Hermes im Geschäftsjahr 2006 einen Bruttoumsatz von über 1 Mrd. Euro. Im Juli 2007 begann die Hermes Logistik Gruppe mit der Paketzustellung in Österreich, wo rund 1.200 PaketShops entstanden sind. Seit Oktober 2007 ist die Hermes Logistik Gruppe über eine Beteiligung am Logistikdienstleister Porta a Porta auch in Italien aktiv.

DATEN UND FAKTEN

Markenname: Hermes Paket Shop, nach dem Götterboten Hermes aus der griech. Mythologie

Slogan: „Weil's gut ankommt!"

Gründer: Otto Gruppe, 1999, Hamburg

Markenregistrierung: 10. 12. 1999, DPMA München

Markenwebsite: www.hermespaketshop.de

UNTERNEHMEN

Hermes Logistik GmbH & Co. KG

Hauptsitz: Hamburg, Deutschland

Geschäftsführer: Hanjo Schneider

Gesamtumsatz: ca. 1 Mrd. Euro (2006)

Mitarbeiter: 13.000 (2006)

Vertrieb: Deutschland und Österreich

KONTAKT

Hermes Logistik GmbH & Co. KG
Essener Straße 89
22419 Hamburg
✆ (0 40) 5 37 55–0
🖷 (0 40) 5 37 55–48 70
💻 www.hlg.de

Ansprechpartner Presse:
Martin Frommhold
✆ (0 40) 5 37 55–0
✉ martin.frommhold@hlg.de

Lead-Agentur:
Santamaria Werbeagentur
💻 www.santamaria.cc

Die Schwinge im Hermes Logo (oben) geht auf den griech. Götterboten Hermes zurück. Werbeträger Lauda und Mika Häkkinen (unten).

HERRENKNECHT

Die Industriemarke Herrenknecht umfasst projektspezifische Systemlösungen im ma-

Markenzeichen der Herrenknecht AG (oben), Firmenzentrale in Schwanau (Mitte), Gründer und Vorstandsvorsitzender Dr. Martin Herrenknecht (unten)

schinellen Tunnelbau. Im Jahr 1977 gründete der Ingenieur Martin Herrenknecht die nach seinem Familiennamen benannte Herrenknecht GmbH mit dem Ziel, die damals spärlich verfügbaren Maschinen für den Tunnelbau zu verbessern. Die ersten Maschinen der jungen Firma waren hydraulische Exkavatoren, die europaweit beim Bau von Kanalsystemen Verwendung fanden. Schnell expandierte das Unternehmen in den internat. Markt. Zielgruppe der Marke sind sowohl Bau ausführende Unternehmen, Bauherren und beratende Ingenieurbüros als auch Institute der Forschung und Lehre, mit denen Herrenknecht einen intensiven Austausch pflegt.

Herrenknecht liefert Tunnelbohranlagen mit Durchmessern bis über 16 m.

Die Produktpalette von Herrenknecht umfasst maßgeschneiderte Maschinen für Verkehrstunnel (Traffic Tunneling, ⌀ > 4,20 m) und Ver- sowie Entsorgungstunnel (Utility Tunnelling, ⌀ < 4,20 m). Einen Wettbewerbsvorteil in der Tunnelvortriebstechnik, die dem Sonderanlagenbau zuzuordnen ist, verschafft sich das Unternehmen insbesondere durch das Angebot von Lösungen für alle Geologien und Durchmesserbereiche. Das Logo der Marke greift das Betätigungsfeld der Tunnelvortriebstechnik auf mit einer Bildmarke, die die Initiale von Herrenknecht in Form einer stilisierten Tunnelbohrmaschine zeigt. Es wurde von M. Herrenknecht 1985 entworfen und blieb seither unverändert. Nach eigenen Angaben hält das Unternehmen in seinem Segment die Technologie- und Marktführerschaft. Inzwischen gehören zum weltweit agierenden Konzern 30 Tochter- und sieben Beteiligungsgesellschaften im In- und Ausland. Über die Herrenknecht Vertical GmbH erfolgt die Entwicklung und Fertigung von Tiefbohranlagen zum Abteufen von Bohrlöchern bis in eine Tiefe von 6.000 m. Das Tochterunternehmen Bohrtec Vertical GmbH entwickelte darüber hinaus ein spezielles Bohrgerät zur Nutzung der oberflächennahen Erdwärme. Herrenknecht beschäftigt derzeit mehr als 2.000 Mitarbeiter und erwirtschaftete im Jahr 2006 einen Gesamtumsatz von 646 Mio. Euro.

DATEN UND FAKTEN

Markenname: Herrenknecht, Familienname des Gründers

Slogan: „Solutions. Everywhere."

Gründer: Dr. Martin Herrenknecht, 1977, Schwanau

Markenregistrierung: 01. 12. 1986, DPMA München

Innovationen: Kontinuierliche Forschungs- und Entwicklungsarbeit führt zu vielen Neuentwicklungen von speziellen Maschinenfunktionen und Komponenten (z. B. begehbares Schneidrad zum Werkzeugwechsel unter atmosphärischem Druck)

UNTERNEHMEN

Herrenknecht AG

Hauptsitz: Schwanau, Deutschland

Vorstand: Dr. Martin Herrenknecht

Gesamtumsatz: 646 Mio. Euro (2006)

Vertrieb: weltweit mit eigenem Niederlassungs- und Vertreternetz

SCHON GEWUSST?

- Herrenknecht liefert Tunnelbohranlagen für alle Baugründe und in allen Durchmessern – von 0,10 bis über 16,0 m. Die Produktpalette umfasst maßgefertigte Maschinen für Verkehrstunnel (Traffic Tunnelling, ⌀ > 4,2 m) und Ver- und Entsorgungstunnel (Utility Tunnelling, ⌀ < 4,2 m).
- 2001/02 erhielt Herrenknecht Aufträge zur Herstellung, Lieferung und Montage von Tunnelbohrmaschinen zum Bau des Gotthard-Basistunnels, der mit zweimal 57 km der längste Verkehrstunnel der Welt sein wird.
- In der chin. Metropole Shanghai werden zwei Tunnel mit dem bis dato weltweit größten Durchmesser aufgefahren: 15,43 m messen die beiden Bohrköpfe aus Schwanau. Sie unterqueren den Yangtze-River und werden die Flussinsel Changxing mit zwei 7,47 km langen, dreispurigen Autotunneln für den Straßenverkehr erschließen.

KONTAKT

Herrenknecht AG
Schlehenweg 2
77963 Schwanau
(0 78 24) 3 02-0
marketing@herrenknecht.de
www.herrenknecht.de

Ansprechpartner Presse & Marketing:
Achim Kühn
(0 78 24) 30 25 40
kuehn.achim@herrenknecht.de

HERTA

Die Fleisch- und Wurstwaren der Konsumgütermarke Herta sind seit den 1960er-Jahren in ganz Europa erhältlich. Die Anfänge machte 1897 eine kleine Ladenmetzgerei, die Ludwig und Wilhelmine Schweisfurth in Herten eröffneten. Mit der Inbetriebnahme einer Fabrik und der Gründung mehrerer Filialen wuchs das Unternehmen stetig. Der Firmen- und Markenname Herta entstand zum 50. Geschäftsjubiläum als 2.000 Frauen mit dem Vornamen Herta ihre Geburtsurkunde nach Herten schickten. Karl Schweisfurth, Sohn des Firmengründers, wählte daraufhin auch in Anlehnung an den Firmensitz in Herten den Namen Herta für das Unternehmen. Herta wurde zugleich als Dachmarke für die Fleisch- und Wurstwaren etabliert. 1953 war das erste frischeverpackte Herta-Wurstsortiment zur Selbstbedienung im Handel erhältlich. Seit 1986 gehört Herta zur Nestlé-Gruppe. Die Marke richtet sich mit spezifischen Konzepten an moderne trendbewusste (Finesse-Range) und gesundheitsbewusste Verbraucher, die das Besondere suchen (Genießer-Freuden) sowie an Familien (Saftiger Genuss). Gemessen an der Menge ist Herta Marktführer im Selbstbedienungs-Segment (IRI, 2006) und erreicht eine gest. Markenbekanntheit von 84,1 % (GfK, 2006). Das breit gefächerte Sortiment umfasst Schinken, Fleisch- und Leberwurst, Salami und Frankfurter Würstchen. Bacon, Bratwurst und Snacks runden das Sortiment ab. Die drei grünen Blätter im Markenlogo sollen die Frische der Produkte symbolisieren. Die Nestlé-Gruppe erwirtschaftete im Jahr 2006 mit weltweit 265.000 Mitarbeitern einen Umsatz von 58,7 Mrd. Euro und gilt als größter Nahrungsmittelkonzern der Welt (BIC - Business Information Center, 4/2006).

UNTERNEHMEN

Nestlé Deutschland AG
Lyoner Str. 23
60528 Frankfurt/Main
(0 69) 66 71-1
www.nestle.de

Herta gehört seit 1986 zur Nestlé-Gruppe.

HERTZ

Die Dienstleistungsmarke Hertz bezeichnet eine internat. agierende Autovermietung. Der Name ist vom Familiennamen des Gründers John D. Hertz abgeleitet, der 1923 eine fünf Jahre zuvor von Walter L. Jacobs eröffnete Autovermietung in Chicago erwarb. Hertz besaß das nötige Kapital, um durch expansive Schritte das Unternehmen weiter auszubauen. Heute ist Hertz eine der bekanntesten Autovermietungen der Welt und bietet neben der Vermietung von Pkw und Nutzfahrzeugen zahlreiche ergänzende Serviceleistungen an. Als erster Anbieter unterhält Hertz mit der Green Collection eine Spezialflotte, die ausschließlich aus abgasarmen und Kraftstoff sparenden Mietwagen besteht. Hertz #1 Club Gold Kunden gelangen mit dem Exklusiv-Service ohne Wartezeit und Formalitäten vom Flugzeug direkt zu ihrem Mietwagen, der mit geöffnetem Kofferraum und Schlüssel im Zündschloss zur Abfahrt bereitsteht. Dieser Service wird an über 40 Flughäfen weltweit angeboten. Die Angebote von Hertz richten sich hauptsächlich an Männer und Frauen von 35–55 Jahren, die über ein mittleres oder gehobenes Einkommen verfügen. Das Logo zeigt den kursiv gedruckten Markennamen, der einen schwarzen Schatten wirft. Als Farbe dient der Gelbton HKS 4, der gemeinsam mit den Schriften Caslon 540, Caslon 224 Bold, Futura Bold und Futura Condensed und Futura Condensed Bold das Corporate Design bestimmt. Als einzige Marke aus der Tourismusbranche ist Hertz unter den Top 100 Marken der Welt vertreten (Interbrand). Das Unternehmen bietet mit über 7.800 Stationen in mehr als 150 Ländern ein umfassendes Netz an. Allein in Deutschland gibt es mehr als 300 Stationen. Weltweit beschäftigt Hertz 55.000 Mitarbeiter, davon 1.000 in Deutschland.

UNTERNEHMEN

Hertz Autovermietung GmbH
Ginnheimer Str. 4
65760 Eschborn
(0 61 96) 9 37-0
(0 61 96) 9 37-1 53
webmaster_de@hertz.com
www.hertz.de

Love the road

Hertz gehört lt. Interbrand zu den Top-100-Marken der Welt.

HEWI

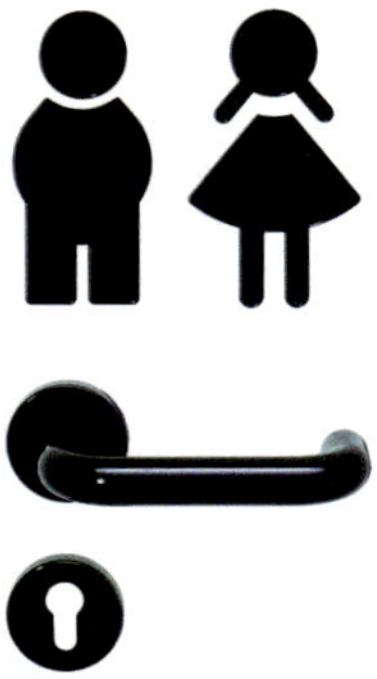

Die Piktogramme von HEWI stehen stellv. für den Produktbereich Sanitär (Mitte). Der Türdrücker 111 ist das bekannteste Produkt des Unternehmens aus Bad Arolsen.

HEWI

Der Bauausstatter HEWI bietet ein umfangreiches Produktsortiment in den Bereichen Baubeschläge, Sanitär, Barrierefrei, Elektronische Schließsysteme, Handläufe und Beschilderungen. HEWI richtet sich an Architekten, Sanitärplaner und Bauherren und ist Marktführer bei barrierefreien Produkten. Artikel der Premiummarke HEWI werden weltweit vertrieben. Initiator der Marke ist Heinrich Wilke, der 1929 seine Firma gründete. Aus seinen Initialen setzt sich der Markenname zusammen. Anfangs entwickelte Wilke Metallgeräte, 1934 begann die Kunststoffverarbeitung im Betrieb. Der Türdrücker 111 aus Nylon ist das bekannteste Produkt der Marke HEWI. 1970 kam der Klassiker auf den Markt und wird bis heute aufgrund seiner harmonischen Formgebung und der zahlreichen Farbvariationen verkauft. Statt einzelner Komponenten entwickelt das Unternehmen seitdem Produktserien. „Das konsequente Programm" hieß der passende Slogan. Das Unternehmen entwickelte ab 1979 Produkte für ältere und behinderte Menschen, heute machen diese barrierefreien Artikel eine ganze Sparte aus. Die Marke hat das Ziel, Mensch und Architektur zu verbinden. HEWI setzt dabei auf innovative Produktdesigns und hohe Qualität. 1999 und 2006 kam es zur Neuausrichtung der renommierten Marke.

Die Marke HEWI existiert seit 1929.

Das schlichte Markenlogo haben Rudolf Wilke, Sohn des Firmengründers und Architekt Winfried Scholl entworfen. Die schwarzen geraden Großbuchstaben auf weißem Grund sollen Klarheit, Reduktion und Konsequenz ausstrahlen. Auch die Hausfarben sind Schwarz und Weiß. Seit 1999 hat die HEWI Heinrich Wilke GmbH mit Hauptsitz in Bad Arolsen eine Tochter: ENTRO, Systeme für den Bau GmbH. Sie vertreibt Handläufe und Wandschutz. Insgesamt hat das Unternehmen 550 Beschäftigte, Geschäftsführer sind Reinhard Fenski und Thorsten Stute. HEWI sieht zukünftige Marktchancen im Segment der elektronischen Schließsysteme sowie in der permanenten Entwicklung neuer Baubeschlagformen und innovativer Produktdesigns in Kunststoff, Aluminium und Edelstahl.

DATEN UND FAKTEN

Markenname: HEWI, Name des Erfinders: Heinrich Wilke

Slogan: „Systemkompetenz Architekten"

Gründer: Heinrich Wilke, 1929

Markenregistrierung: 10. 03. 1972, DPMA München

Innovationen: Elektronisches Schließsystem eLock (2007), Türdrücker 111 Soft Touch (2007), Panikstange nach DIN EN 1125 (2007), Türdrücker 185 (2007), Serie 805 Edelstahl Sanitäraccessoires (2007), erstes Komplettsystem im Sanitärbereich S 01 (2008)

UNTERNEHMEN

HEWI Heinrich Wilke GmbH

Hauptsitz: Bad Arolsen, Deutschland

Geschäftsführung: Reinhard Fenski, Thorsten Stute

KONTAKT

HEWI Heinrich Wilke GmbH
Prof.-Bier-Str. 1–5
34454 Bad Arolsen
✆ (0 56 91) 82–0
Fax (0 56 91) 82–3 19
www.hewi.de

Ansprechpartner Presse:
Christina Heine
✆ (0 56 91) 82–1 06
✉ cheine@hewi.de

Ansprechpartner Marketing:
Hans-Jörg Müller

SCHON GEWUSST?

- Schlagkräftige Argumente: Bis 1979 gehörte zur Standard-Ausrüstung der HEWI Messestände ein Hammer. Mit diesem konnten die Kunden die neuen Kunststoffprodukte selbst auf Haltbarkeit und Festigkeit prüfen.
- „Wir machen die Produkte – die Zeit macht daraus Klassiker" ist ein Zitat von Rudolf Wilke, Sohn des Firmengründers und Entwickler des Türdrückers 111.

✆ (0 56 91) 82-4 95
✉ hjmueller@hewi.de

HEWLETT-PACKARD

Die Marke Hewlett-Packard (Kurzform: hp) steht für Konsum- und Industriegüter sowie für Dienstleistungen im IT-Bereich. Zu den Produkten der Marke zählen u.a. Personal Computer für den privaten und den geschäftlichen Einsatz, mobile Endgeräte und Workstations, Drucklösungen und Druckerzubehör, Produkte aus den Bereichen Digitalfotografie und Digital Entertainment, IT-Lösungen für Unternehmen, Outsourcing Services und Software. Allein 2003 brachte das Unternehmen 665 neue Produkte auf den Markt. Der Markenname leitet sich aus den Namen der Firmengründer Bill Hewlett und Dave Packard ab. Die beiden Stanford-Studenten Hewlett und Packard gründeten ihre Firma 1939 im kalifornischen Palo Alto, wo sich noch heute der Hauptsitz des Unternehmens befindet. Das Markenlogo zeigt die Buchstabenfolge „hp" in schwarzen serifenlosen Kleinbuchstaben in einem weißen Kreis auf einem schwarzen Rechteck. In der Markenkommunikation wird das Logo auch mit anderen Farbgebungen eingesetzt. Seine ersten Aktivitäten in Übersee startete Hewlett-Packard 1959 in Deutschland: In Böblingen errichtete man eine Produktionsanlage. Heute agiert das Unternehmen mit 156.000 Mitarbeitern weltweit in 170 Ländern. Es erwirtschaftete 2006 einen Umsatz von 94,1 Mrd. USD. Hewlett-Packard gehört in zahlreichen Segmenten zu den führenden Anbietern, etwa bei Tintenstrahl-, Standard-, Laser- und Großformatdruckern, Kombigeräten, Scannern, Servern unterschiedlichster Kategorien, Notebook-PCs, Pocket-PCs und Workstations. Seine Zukunft sieht HP u.a. bei Rechenzentren der nächsten Generation sowie bei mobilen Anwendungen.

Hewlett-Packard wurde 1939 in Palo Alto in Kalifornien gegründet.

UNTERNEHMEN

Hewlett Packard GmbH
Herrenberger Str. 140
71034 Böblingen
✆ (0 70 31) 1 40
🖷 (0 70 31) 14 29 99
www.hp.com/de

HIDROFUGAL

Hidrofugal ist eine Marke der Beiersdorf AG im Segment Körperpflege. Das Anti-Transpirant wurde 1926 von Dr. Kurt Bode in seiner Produktionsstätte in Hamburg-Stellingen entwickelt und hergestellt. Das kosmetische Mittel gegen übermäßigen Schweißfluss erhielt 1930 auch die kassenärztliche Zulassung als medizinisches Mittel „zur Bekämpfung übermäßiger lokaler Schweißabsonderung". Die Marke mit dem weißen Namenszug auf rotem Grund erscheint seither in vielen neuen Verpackungen und Darreichungsformen. 1950 kam die Hidrofugal Creme auf den Markt. Das erste Hidrofugal Spray in einer Zerstäuberflasche folgte 1958. Die nächste Innovation war das 1966 lancierte Fußspray in einer Aerosoldose. 1981 ergänzte das Produkt Hidrofugal mit dem Zusatz „forte" das Sortiment. Weitere Neuerungen waren Fußcreme und Pumpspray. Seit 1983 produziert Hidrofugal den Roll-on. Die neue Pflege-Balsam-Serie für empfindliche Haut kam 1996 auf den Markt und wurde 2000 komplettiert.

Hidrofugal umfasst eine Klassik-Serie, eine Sensitiv-Serie und eine Fuß-Serie.

2001 folgten Anti-Transpirant Tücher. Ab 2002 wurde die bis dato duftneutrale Pflege-Balsam-Serie mit dezentem Duft versehen - in den Noten Lavendel, Mandarine, Rose, Jasmin und Maiglöckchen. Die Hidrofugal Creme wird seit 2003 im Dosierspender angeboten. Die Kernfunktion des Anti-Transpirants ist nach wie vor dieselbe und findet ihren Ausdruck in dem Slogan „Damit Sie nicht ins Schwitzen kommen". Nachdem zunächst nur eine weibliche Zielgruppe werblich angesprochen war, wandte man sich ab 1972 auch offensiv an männliche Käufer. Ab 1980 beteiligte sich die Beiersdorf AG an der Bode-Chemie und hält heute einen Firmenanteil von 100 %. Die Produkte von Hidrofugal sind in Deutschland und darüber hinaus in Österreich und in Südamerika erhältlich.

Hidrofugal Sensitiv als Roll-on (Mitte) und Hidrofugal Forte im Zerstäuber (unten)

DATEN UND FAKTEN

Markenname: hidro, abgeleitet von Idranis (griech. = Schweiß) und fugere (lat. = entfliehen)

Slogan: „Sicher vor Schweiß." (1991), „Medizinisch sanft und sicher." (1993), „Damit Sie nicht ins Schwitzen kommen." (2004)

Erfinder: Dr. Kurt Bode, 1926, Hamburg

Markenregistrierung: 18.01.1923, Reichspatentamt Berlin

Innovationen: Hidrofugal Creme (1950), Pump Spray (1958), Roll-on (1983), Hidrofugal Waschlotion (1985), Pflege-Balsam-Serie (ab 1996), Anti-Transpirant Tücher (2001), Pflege-Balsam Stick (2004), Design-Relaunch Klassik-Serie (2006)

Markenwebsite: www.hidrofugal.de

UNTERNEHMEN

Beiersdorf AG

Hauptsitz: Hamburg, Deutschland

Vorstand: Thomas-B. Quaas

Weitere Marken: →NIVEA, →Hansaplast, →Eucerin, →8x4, →atrix, →Labello

Gesamtumsatz: 5.120 Mio. Euro (Beiersdorf AG, 2006)

KONTAKT

Beiersdorf AG
Unnastr. 48
20245 Hamburg
✆ (0 40) 49 09-0
🖷 (0 40) 49 09-34 34
💻 www.beiersdorf.de

Ansprechpartner Presse:
Claudia Fasse
✆ (0 40) 49 09-0
✉ info@beiersdorf.com

SCHON GEWUSST?

- Jeder Mensch besitzt ca. 3 Mio. Schweißdrüsen. Schweiß ist absolut geruchlos und besteht zu 99 % aus Wasser. Erst wenn Schweiß auf der Haut von Bakterien zersetzt wird, entsteht der individuell unangenehme Geruch.
- Das Wirkprinzip von Hidrofugal basiert auf reinen Aluminiumsalzen. Die Produkte sind besonders mild und hautverträglich.
- Hidrofugal wird regelmäßig dermatologisch getestet und ist frei von Farb- und Konservierungsstoffen.

HILFIGER

→Tommy Hilfiger

HILTON

Die Marke Hilton steht für Produkte und Dienstleistungen der weltweit agierenden Hilton Hotels Corporation, die in jedem Preissegment eine Hotelmarke anbietet. Zum Portfolio des Unternehmens gehören weiterhin die Marken *Conrad Hotels & Resorts*, *Doubletree*, *Embassy Suites Hotels*, *Hampton Inn* bzw. *Hampton Inn & Suites*, *Hilton Garden Inn*, *Hilton Grand Vacations*, *Homewood Suites by Hilton* sowie die Luxusmarke *The Waldorf=Astoria Collection*. Kriterien für ein Waldorf-Hotel sind vor allem architektonische Signifikanz, einzigartige Ausstattung und zeitgenössische Kunstwerke. Über 100.000 Mitarbeiter weltweit folgen der Unternehmensphilosophie des Unternehmensgründers Conrad N. Hilton: „Es lag schon immer in unserer Verantwortung, die Erde mit dem Licht und der Wärme der Gastfreundschaft zu erfüllen, und dies wird es auch immer bleiben." Das Markenlogo zeigt den Namen in blauer Schrift mit Serifen, darüber ein großes serifenloses „H", das von einem zu einer Wirbelform geöffneten blauen Kreis eingefasst ist. In der Markenkommunikation der Hilton Hotels Corporation wird auch das Logo der „Hilton Family" eingesetzt, das neben dem charakteristischen umkreisten „H" und dem Schriftzug „TheHiltonFamily" auch die Tagline „be hospitable" (dt. etwa: „Sei gastfreundlich!") umfasst. Sein erstes Hotel gründete Conrad Hilton 1919 im texanischen Cisco (USA). Heute verfügt das Unternehmen weltweit über mehr als 2.800 Hotels, davon in Deutschland über 14 Hotels der Marken Hilton und *Hilton Garden Inn*. Die Gruppe führt nach eigenen Angaben den Markt der Hotelindustrie in der Welt an. Mehr als 10 Mio. Gäste übernachten jährlich in ihren Häusern. Ihnen stehen 480.000 Zimmer in über 76 Ländern zur Verfügung. Die Häuser werden als Eigentums-, Management- oder Franchise-Hotels geführt. Sitz der Hilton Hotels Corporation ist Beverly Hills (USA).

UNTERNEHMEN

Hilton International (Germany) GmbH
Am Tucherpark 7
80538 München
✆ (0 89) 38 45-0
🖷 (0 89) 38 45-25 88
💻 www.hilton.de

HIPP

Hipp ist nach eigenen Angaben marktführender Hersteller von Babynahrung in Deutschland und weltweit der größte Verarbeiter von organisch-biologisch angebauten Rohstoffen. Georg Hipp verkaufte das 1899 entwickelte Zwiebackmehl seines Vaters in München von Tür zu Tür und gründete aufgrund des großen Ansturms 1932 seine eigene Firma in Pfaffenhofen. Dort wurde nach amerikanischem Vorbild neben Kinderzwiebackmehl auch industriell gefertigte Beikost in zwei Gemüse- und zwei Menü-Sorten abgefüllt. Schon bald wurde von der Dose als Verpackung auf die hygienischere Glasverpackung umgestellt. Das markentypische Hipp-Gläschen steht auch heute noch in den Regalen der Supermärkte. Zeitgleich begann Georg Hipp, beeinflusst von Dr. Hans Müller, der als Begründer des organisch-biologischen Landbaus gilt, mit dem Anbau von Obst und Gemüse auf naturbelassenen Böden. Claus Hipp übernahm 1960 das Unternehmen und überzeugte die Bauern der Umgebung, gemäß ökologischen Richtlinien anzubauen. Nach und nach entstand ein Netzwerk aus 6.000 Bio-Vertragsbauern. In mehreren Ländern werden heute auf einer Anbaufläche von 15.000 Hektar Bio-Obst, Bio-Gemüse und Bio-Fleisch für die Marke Hipp erzeugt.

Das Stammwerk des Unternehmens in Pfaffenhofen

Das umfasst etwa 230 verschiedene Produkte, die im Geschäftsjahr 2006 auf dem europäischen, skandinavischen und asiatischen Markt rund 400 Mio. Euro Jahresumsatz erwirtschaften. In Deutschland setzte die Hipp Werk Georg Hipp OHG im selben Jahr rund 260 Mio. Euro um. In Bezug auf die hochwertige Bio-Qualität wirbt das Unternehmen mit dem Slogan „Das Beste aus der Natur - das Beste für die Natur" sowie mit einem Bio-Gütesiegel auf jeder Verpackung. Mit dieser Präsenz schafft Hipp vor allem Vertrauen bei seiner Zielgruppe, die vorrangig aus Eltern sowie sportbegeisterten und ernährungsbewussten Erwachsenen besteht. Das „Wertvollste" steht in diesem Zusammenhang auch für die Kinder. Das Logo richtet sich mit emotionalen Elementen wie dem farbigen Markenschriftzug und Herzen als Stilelementen vor allem an Kinder und Eltern. Ökomanager des Jahres 1997, Prof. Dr. Claus Hipp, führt mit seinen Brüdern Georg und Paulus sowie seinen zwei Söhnen Stefan und Sebastian die Hipp Werk Georg Hipp OHG in Pfaffenhofen und beschäftigt rund 1.000 Mitarbeiter.

DATEN UND FAKTEN

Markenname: Hipp, Familienname des Gründers

Slogan: „Das Beste aus der Natur - das Beste für die Natur"

Gründer: Georg Hipp, 1932, Pfaffenhofen

Markenregistrierung: 26. 09. 1955, DPMA München

Markenbekanntheit: gest. 98 % (unter den dt. Müttern, Firmenangabe)

Jahresumsatz: 400 Mio. Euro

Auszeichnungen:
„Energy Globe Award"
„B. A. U. M. Umweltpreis" (2006)
„Deutscher Gründerpreis" (2005)
„N-24 Good News Award" (2005)
„B. A. U. M. Umweltpreis" (2006)

UNTERNEHMEN

Hipp Werk Georg Hipp OHG

Hauptsitz: Pfaffenhofen, Deutschland

Geschäftsführung: Prof. Dr. Claus Hipp (geschäftsführender Gesellschafter)

Gesamtumsatz: 400 Mio. Euro

Vertrieb: Europa, Skandinavien, Asien

KONTAKT

Hipp Werk Georg Hipp OHG
Georg-Hipp-Str. 7
85276 Pfaffenhofen
✆ (0 84 41) 75 7-0
Fax (0 84 41) 75 7-6 54
www.hipp.de

Ansprechpartner Presse:
Ariane Koch
✆ (0 84 41) 7 57-3 68
✉ ariane.koch@hipp.de

Bereits 1956 stellte Hipp auf biologischen Anbau um. Die typischen Hipp-Gläschen gibt es seit 1959 (Mitte), Prof. Dr. Claus Hipp (unten)

Hirschmann ist ein führendes Unternehmen im Bereich der Automatisierungstechnik.

Hochland gehört zu den bekanntesten Käsemarken in Deutschland.

Ansprechpartner Marketing:
Rainer Tafferner
✆ (0 84 41) 7 57-2 52
✉ rainer.tafferner@hipp.de

SCHON GEWUSST?

▌Joseph Hipp, der 1897 den Grundstein für das heutige Unternehmen legte, heiratete die Pfaffenhoferin Maria Ostermayer, mit der er eine Tochter und Zwillinge hatte. Da seine Frau Probleme beim Stillen hatte, stellte der ideenreiche Konditor Joseph Hipp sein eigenes Zwiebackmehl her, dass er mit Milch anreicherte und mit dem er seine Zwillinge sättigte. Die Kinder überlebten und gediehen gut, genauso wie die fünf nachfolgenden Kinder.

HIRSCHMANN

Unter der internat. Industriegütermarke Hirschmann entwickelt, fertigt und vertreibt die Hirschmann Automation and Control GmbH Systeme und Komponenten für die Automatisierungstechnik. Das Produktspektrum reicht von Netzwerkgeräten über Fiber-Interfaces für verschiedene Feldbussysteme bis hin zu Aktorik- und Sensoriksteckverbindern. Ergänzt wird das Leistungsspektrum durch Systeme zur Steuerung, Lasterfassung und Lastmomentbegrenzung von Kränen und Arbeitsmaschinen. Richard Hirschmann gründete sein Ingenieurbüro im Jahre 1924 und meldete bereits zwei Jahre später seinen „Eins-Zwei-Stecker" als Patent an. Der neuartige Stecker ersetzte bald störanfällige Klemm- oder Schraubverbindungen und wurde als „Bananenstecker" allgemein bekannt. Zur B2B-Zielgruppe gehören Anwender von innovativer Automatisierungstechnik sowie Hersteller von Automatisierungsanlagen weltweit. Durch Flexibilität und Service sowie das Konstruktionsprädikat „Made in Germany" grenzt sich das Unternehmen von den Mitbewerbern ab. Nach eigenen Angaben ist Hirschmann Weltmarktführer bei Industrial Ethernet und Steuerungssystemen für Kräne. Das 1926 entwickelte Logo zeigt in einen Kreis eingefasst die Initiale „h" als Minuskel. Am oberen Ende des Buchstaben geht die Serife in ein stilisiertes Geweih über, in der Gestalt, dass das abstrakte Bild eines Hirsches im Profil entsteht. Damit erzeugt die in blau gehaltene Wort-/Bildmarke eine klare Assoziation zum Markennamen. Weltweit beschäftigt die Hirschmann Automation and Control GmbH mit Stammsitz in Neckartenzlingen bei Stuttgart 780 Mitarbeiter. Über Niederlassungen und Vertriebspartner auf der ganzen Welt erwirtschaftete das Unternehmen, das zur US-amerikanischen Belden Inc. gehört, im Jahr 2006 einen Umsatz von 193 Mio. Euro.

DATEN UND FAKTEN

Markenname: Hirschmann, Familienname des Firmengründers

Slogan: „Simply a good Connection", „Hirschmann verbindet" (1990er-Jahre)

Gründer: Richard Hirschmann, 1924, Esslingen

Markenregistrierung: 10.01.1931, DPMA München

Jahresumsatz: 193 Mio. Euro (2006)

Werbespendings: ca. 2,2 Mio. Euro

Auszeichnungen:
„Best Innovator", A.T. Kearney u. Wirtschaftswoche, 1. Platz in den Kategorien Mittelstand und Organisation & Kultur (2005)
„Fraunhofer-Innovationspreis" (2005)

UNTERNEHMEN

Hirschmann Automation and Control GmbH
Stuttgarter Str. 45–51
72645 Neckartenzlingen
✆ (0 71 27) 14-0
🖷 (0 71 27) 14-12 14
💻 www.hirschmann.com

HOCHLAND

1927 gründeten Robert Reich und Georg Summer das Hochland-Käsewerk in Goßholz im Allgäu. Der Firmensitz ist seit 1931 im benachbarten Heimenkirch. Zunächst kam ein Emmentaler-Schmelzkäseblock auf den Markt. Das Portfolio umfasst heute Schmelzkäse, Hart- und Schnittkäse, Frischkäse, Weichkäse und Feta. Die Hochland-Gruppe beschäftigte 2006 ca. 3.700 Mitarbeiter in sieben Ländern, davon in Deutschland ca. 1.400. Der Gesamtumsatz lag bei ca. 900 Mio. Euro (2006). Mit den Marken Hochland, →Almette, →Patros und →Valbrie gehört Hochland zu den bekanntesten dt. Käseherstellern. Das erfolgreichste Produkt unter der Marke Hochland sind die 1998 eingeführten und patentierten *Hochland Sandwich Scheiben*, die sich auch durch die lt. Hersteller verbraucherfreundliche Verpackung auszeichnen. Das innovative Produkt *Hochland Streichfein* wurde 2006 von der Fachzeitschrift Milch-Marketing als *Produkt des Jahres* ausgezeichnet. Mit der Einführung der *Hochland-Ecken* im Oktober 2007 möchte das Unternehmen seine marktführende Stellung in seinem Segment weiter ausbauen. Hochland-Produkte zeichnen sich durch ihren milden und typischen Geschmack der beliebtesten Käsesorten aus. Sie stehen lt. Unternehmensangaben für höchste Qualität von der Rohware bis zum Herstellungsprozess. Hochland ist lt. AC Nielsen die zweitstärkste Marke im gesamten SB-Käsemarkt (2006). Das klar gegliederte Logo mit der Berg- und Wiesenwelt soll die Naturnähe der Produkte transportieren.

UNTERNEHMEN

Hochland Deutschland GmbH
Kemptener Str. 17
88178 Heimenkirch
(0 83 81) 5 02–0
(0 83 81) 5 02–1 07
www.hochland.de

HOCHLAND KAFFEE

Hochland Kaffee steht für hochklassigen, handwerklich gerösteten Kaffee in Manufakturqualität. Die Eheleute Gustav und Antonie Hunzelmann, die 1930 in Stuttgart die Hochland-Kaffee-Großrösterei gründeten, wählten den Markennamen mit Bezug auf die Herkunft der verwendeten Kaffeebohnen aus den Hochlagen Costa Ricas, Kenias und Südamerikas. Als Markenlogo dient seit der Gründung ein Kaffeebauer mit einem Maultier, das einen Kaffeesack über einen Berg trägt. Die Darstellung der Szene, die die Herkunft der Produkte und die handwerkliche Tradition in der Verarbeitung symbolisiert, wurde seit der Markengründung kaum verändert. Die Wortmarke wurde dagegen 2002 um den Familiennamen Hunzelmann ergänzt, da der Name Hochland als geografische Bezeichnung nicht geschützt werden konnte. Der Vertrieb von Hochland Kaffee erfolgt auch heute noch vorwiegend im Raum Baden-Württemberg. Die Kaffeespezialitäten sind in rund 550 Feinkostgeschäften, Confiserien und Bäckereien erhältlich. Daneben betreibt die Hochland Kaffee Hunzelmann GmbH & Co. KG im Großraum Stuttgart sechs eigene Filialen und Kaffeebars, in denen der Kaffee in den klassischen handbefüllten, gefalteten Papiertüten verkauft wird. Zweimal jährlich erscheint in der Stuttgarter Lokalpresse eine Kaffeezeitung, in welcher der Kaffeeröster über Neuigkeiten zum Thema Kaffee informiert. Das Familienunternehmen, das von Martina Hunzelmann in der dritten Generation geleitet wird, erzielte 2006 mit rund 100 Mitarbeitern einen Umsatz in Höhe von 11 Mio. Euro. Neben 13 Kaffeesorten werden unter dem Dach der Marke Hochland auch Tee, Confiserie-Spezialitäten sowie Geschenkartikel und Accessoires vermarktet.

Das Angebot von Hochland Kaffee umfasst sowohl Filter- als auch Vollautomaten-Kaffee.

Für ihre partnerschaftlichen Handelsbeziehungen, die die Hochland Kaffee Hunzelmann GmbH & Co. KG seit mehr als 45 Jahren mit den Kaffeebauern in Costa Rica pflegt, zeichnete der damalige Staatspräsident Miguel Angel Rodriguez Echeverria das Unternehmen im Jahr 2001 als einzige dt. Kaffeerösterei offiziell aus.

DATEN UND FAKTEN

Markenname: Hochland Kaffee, Kunstname, nimmt Bezug auf Herkunft des Produktes

Slogan: „Hochland – Das muss drin sein" (in Verbindung mit dem Tassenbild)

Gründer: Gustav Hunzelmann, Antonie Hunzelmann, 1930, Stuttgart

Markenregistrierung: 28. 08. 1930, Reichspatenamt Berlin

Jahresumsatz: 11 Mio. Euro (Unternehmen, 2006)

UNTERNEHMEN

Hochland Kaffee Hunzelmann GmbH & Co. KG
Chemnitzer Str. 13
70597 Stuttgart
(07 11) 72 20 80–0
(07 11) 72 20 80–88
www.hochland-kaffee.de

Hochland Kaffee-Manufaktur seit 1930

HOCO
Einbauen. Wohlfühlen.

Unter der Marke HOCOHOLZ werden Holzleisten und Parkette für den Profi aus eigener Produktion hergestellt.

HOCO
Einbauen. Wohlfühlen.

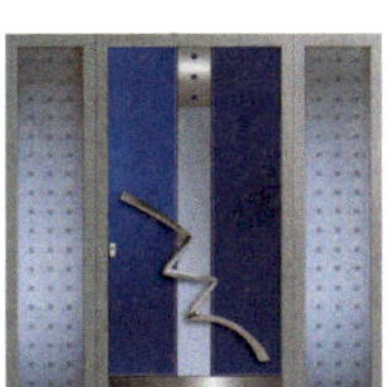

Türen, Fenster und Rollläden gehören zum Portfolio der Marke HOCOPLAST.

HOCOHOLZ

Unter dem Dach der Marke HOCOHOLZ stellt die Hofstetter & Co. Holzindustrie GmbH Holzleisten und Parkett her. Der Vertrieb der Produkte erfolgt unter dem Markennamen HOCO, unter dem das Schwesterunternehmen →HOCOPLAST BAUELEMENTE GmbH auch Fenster und Türen vermarktet. Das Akronym HOCO ist von dem Namen des 1954 in Eggenfelden gegründeten Unternehmens Hofstetter & Co. abgeleitet. Während der Schwerpunkt zunächst auf der Herstellung von Holzleisten lag, trat später mit der Fertigung von Parkett für den Profi ein weiterer Geschäftsbereich hinzu. Heute umfasst die Produktpalette qualitativ hochwertige Sockel-, Decken- und Türleisten, Handläufe sowie verschiedene Parkettausführungen und Zubehörleisten für Parkett. Für das vielfältige Angebot werden 40 verschiedene Holzarten in eigenem Haus verarbeitet. Das 1999 neu entwickelte Logo der Vertriebsmarke HOCO zeigt einen orangefarbenen Kreis und den darunter positionierten Slogan „Einbauen. Wohlfühlen." In dem Kreis steht in dunkelblauen Großbuchstaben der Markenname HOCO. Das Logo erinnert an die Sonne und weckt so Assoziationen an deren Wärme spendende Behaglichkeit vermittelnde Funktion. Im Bereich Holzleisten bestreitet HOCOHOLZ nach Angaben des Herstellers eine marktführende Position. Jährlich produziert die Hofstetter & Co. Holzindustrie GmbH mit 240 Mitarbeitern 30 Mio. m Leisten und 1 Mio. Quadratmeter Parkett. Für die Zukunft ist geplant, den Vertrieb über Europa hinaus auszudehnen. Im Jahr 1984 wurde das Unternehmen von der Firma HAAS FERTIGBAU übernommen und ist heute ein Mitglied der HAAS Group, einem der führenden Anbieter von Qualitätsprodukten rund um die Vielfalt des Bauens. Die Unternehmensgruppe vertreibt u. a. Fertighäuser (→HAAS FERTIGBAU) sowie Bauelemente unter den Marken →WO & WO, →BAYERWALD und →STABIL.

DATEN UND FAKTEN

Markenname: HOCOHOLZ, Akronym, zusammengesetzt aus dem Familiennamen **Hof**stetter und der Firmierung **Co.** sowie dem Material **Holz**

Slogan: „HOCOHOLZ: Einbauen. Wohlfühlen."

Gründer: Hofstetter, ca. 1970

Markenregistrierung: 13. 02. 1978, DPMA München

Produktionsmenge: 30 Mio. m Leisten, 1 Mio. Quadratmeter Parkett pro Jahr

Werbespendings: 400.000 Euro

Jahresumsatz: 35 Mio. Euro (2006)

Markenwebsite: www.hoco-parkett.de, www.hoco-leisten.de

UNTERNEHMEN

Hofstetter & Co. Holzindustrie GmbH
Landshuter Str. 91
84307 Eggenfelden
✆ (0 87 21) 7 02-0
🖷 (0 87 21) 7 02-3 76
💻 www.hocoholz.de

HOCOPLAST

Die HOCOPLAST BAUELEMENTE GmbH stellt Türen, Fenster und Rollläden her. Der Vertrieb der Produkte erfolgt unter dem Markennamen HOCO, unter dem das Schwesterunternehmen Hofstetter & Co. Holzindustrie GmbH →(HOCOHOLZ) auch massive und ummantelte Holzleisten und zweischichtiges Parkett vermarktet und hier lt. eigenen Angaben zu den führenden Anbietern in Europa zählt. Das Akronym HOCO ist von dem Namen des 1954 in Eggenfelden gegründeten Unternehmens Hofstetter & Co. abgeleitet. Das in der Kunststoffindustrie beliebte Suffix plast ergänzt den Namen. Als Komplett-Anbieter fertigt HOCOPLAST alle Bauteile von der Profilextrusion bis zur Isolierglasproduktion in eigener Produktion aus Holz, Kunststoff Aluminium oder einer Kombination daraus und grenzt sich dadurch von seinen Mitbewerbern ab. Das 1999 neu entwickelte Logo der Vertriebsmarke HOCO zeigt einen orangefarbenen Kreis und den darunter positionierten Slogan „Einbauen. Wohlfühlen." In dem Kreis steht in dunkelblauen Großbuchstaben der Markenname HOCO. Das Logo erinnert an die Sonne und weckt so Assoziationen an deren Wärme spendende, Behaglichkeit vermittelnde Funktion. Das Corporate Design von HOCOPLAST wird von den Farben Orange (HKS 8K) und Blau (HKS 38K) bestimmt. Als Hauptsponsor des Erstliga-Eishockeyvereins Augsburger Panther wirbt das Unternehmen für die Vertriebsmarke HOCO. Die Unternehmen HOCOPLAST BAUELEMENTE GmbH (HOCOPLAST) und Hofstetter & Co.

(HOCOHOLZ) beschäftigten im Jahr 2006 europaweit 1.000 Mitarbeiter. Eigene Vertriebs- und Produktionsniederlassungen organisieren den europaweiten Vertrieb über den Fachhandel. Seit 1986 gehört das Unternehmen zur HAAS Group, einem der führenden Anbieter von Qualitätsprodukten rund um die Vielfalt des Bauens. Die Unternehmensgruppe vertreibt u. a. Fertighäuser (→HAAS FERTIGBAU) sowie Bauelemente unter den Marken →WO & WO, →BAYERWALD und →STABIL.

DATEN UND FAKTEN

Markenname: HOCOPLAST, Akronym, Zusammensetzung aus dem Namen des ehemaligen Sägewerk **Ho**fstetter & **Co.** und **plast** (Suffix für Kunststoff)

Slogan: „HOCO – einbauen und wohlfühlen"

Gründer: Herbert Zerelles, 1960

Innovationen: Haustürtresorband (2007)

Produktionsmenge: 450.000 Fenstereinheiten, 20.000 Haustüren, 45.000 Rollladenbehänge pro Jahr

Jahresumsatz: ca. 45 Mio. Euro

Werbespendings: 700.000 Euro

UNTERNEHMEN

HOCOPLAST BAUELEMENTE GmbH
Landshuter Str. 91
84307 Eggenfelden
✆ (0 87 21) 7 02-0
🖷 (0 87 21) 7 02-3 76
💻 www.hoco.de

HOHNER

Mit der Entwicklung von qualitativ hochwertigen Mundharmonikas positionierte die Matth. Hohner AG eine der traditionsreichsten Konsumgütermarken in der Musikinstrumentbranche. Matthias Hohner entwickelte die erste Mundharmonika unter seinem Namen 1857. Durch die Auslagerung der Einzelteilherstellung erreichte er eine gleichbleibend hohe Qualität bei großer Stückzahl. Ab 1860 warb er mit dem Familiennamen Hohner als Qualitäts- und Markenzeichen. Die industrielle Fertigung von Handharmonikas und Akkordeons begann 1903. Zum Sortiment gehören darüber hinaus Melodicas, Gitarren, Blockflöten, Notenständer und die Kinderinstrumente der Reihe „Play & Learn". Die Marke wird weltweit über spezielle Distributionen vertrieben. Beschäftigt werden insgesamt rund 400 Mitarbeiter. Unter dem Vorstand von Dr. Horst Bräuning feiert das Unternehmen 2007 sein 150-jähriges Bestehen. In seiner Geschichte wurde dabei auf gezielte Markenpflege durch Publikationen und Endorsements geachtet. Künstler wie Steven Tyler, The Hooters, Annett Louisan und Die Prinzen gehören zu den zahlreichen Musikern, die mit den Produkten des Herstellers werben. Der Name Hohner ist ein Synonym für Mundharmonikas und Akkordeons weltweit und garantiert für das gesamte Portfolio Qualität, Service sowie nachhaltige Forschung und Entwicklung. Das Logo wurde im Laufe der Unternehmensgeschichte mehrmals dem Zeitgeist angepasst. Derzeit zeigt es ein stilisiertes, Akkordeon spielendes Männchen, das die Wortmarke in den Händen hält. Das universelle runde Signet in den Farben Grau und Weiß soll die globale Ausrichtung des Unternehmens kommunizieren und dem Verbraucher einen sympathischen Eindruck vermitteln, getreu dem Slogan „Enjoy music – play Hohner". Ergänzt wird es durch eine Wiederholung des Markennamens in roter Farbe und in senkrechter Textrichtung. Der Musikinstrumentenhersteller erweitert sein Sortiment kontinuierlich, jüngste Innovationen sind die Mundharmonikamodelle *Marine Band Deluxe* und *Highlander* sowie das Akkordeon *Genius* und die neue Gitarrenlinie *EGS*.

DATEN UND FAKTEN

Markenname: Hohner, Familienname des Gründers

Slogans: „Enjoy music – play Hohner", „Hohner – die ganze Welt der Musik" (1960–1979)

Erfinder: Matthias Hohner, 1857

Markenregistrierung: 28. 02. 1895, Kaiserliches Patentamt Berlin

Markenbekanntheit: 90 % ungest. (Firmenangaben)

Jahresumsatz: 61,2 Mio. Euro (Konzern, 2006)

Literatur:
H. Berghoff: Zwischen Kleinstadt und Weltmarkt: Hohner und die Harmonika 1857–1961 (1997)
H. Wenzel u. M. Häffner: Legende Hohner Harmonika (2006)

Hohner feierte 2007 sein 150-jähriges Bestehen.

UNTERNEHMEN

Hohner Musikinstrumente GmbH & Co. KG
Andreas-Koch-Str. 9
78647 Trossingen
(0 74 25) 20-0
(0 74 25) 20-2 49
www.hohner.eu

Das Logo der Feinkostmarke Homann erinnert ursprünglich an ein aufgeschlagenes Kochbuch.

HOMANN

Unter der Feinkostmarke Homann vertreibt die Homann Feinkost GmbH über den Lebensmittelhandel ein umfassendes Sortiment an Feinkostsalaten, Fischspezialitäten, Dressings, Mayonnaisen und Würzsaucen für Großverbraucher und Endkosumenten. Derzeit umfasst die Marke Homann mehr als 750 Produkte, die alle weitgehend frei von Konservierungsstoffen hergestellt werden. Das Homann-Logo trägt den Schriftzug Homann und erinnert in seiner Form an ein geöffnetes Kochbuch. Der Markenslogan lautet „Homann – so verführt man." Gegründet wurde die Firma 1876 von Fritz Homann als Fleisch- und Wurstwarenfabrik. Von seinem Familiennamen ist auch der noch heute gültige Markenname abgeleitet. 1961 eröffnete in Dissen am Teutoburger Wald das erste Feinkostwerk. 2004 wurde Homann Feinkost von der Henderson Private Capital übernommen. Rund 1.000 Mitarbeiter sorgen dafür, dass jährlich über 100.000 t Ware das Werk verlassen. Homann ist Marktführer im Bereich Feinkost und vertreibt die Produkte in einer Verpackung, die der Marke ein einheitliches Design verleiht. Eine zusätzliche Öffnungshilfe und eine blaue Ecke kennzeichnen die gesamte Produktpalette. Das Unternehmen Homann verfolgt eine Unternehmensmarken-Strategie mit vielfältigen Vertriebskanälen. Neben dem Lebensmitteleinzelhandel, dem Großverbraucher-Service und der Gastronomie verarbeiten Catering-Anbieter, Convenience-Stores, Bäckereien oder Metzgereien Produkte von Homann.

UNTERNEHMEN

Homann Feinkost GmbH
Bahnhofstr. 4
49197 Dissen
(0 54 21) 3 11
(0 54 21) 29 39
www.homann.de

Der ehemalige Rennfahrer Soichiro Honda gründetet das Unternehmen im Jahr 1948.

HONDA

Die Marke Honda steht für motorbetriebene Produkte aus den Bereichen Automobil, Motorrad, All-Terrain-Vehicle, Gartengeräte, Stromerzeugung und Wasserpumpen sowie Bootsmotoren. Verkaufsstärkstes Modell der Automobilsparte ist der Honda Civic, der 1972 erstmals vorgestellt und 2006 in der achten Generation ausgeliefert wurde. 2006 präsentierte Honda den HondaJet, ein Flugzeug für sechs bis sieben Passagiere. Weitere Produktinnovationen waren die Vierrad-Lenkung 1988 oder der kombinierte Elektro-Benzinmotor des Civic IMA, zahlreiche Motorradmodelle (darunter Klassiker wie die Honda CB 750 Four oder die Golden Wing) sowie 2003 der fortschrittliche humanoide Roboter ASIMO. Der Name der Marke geht auf den Unternehmensgründer Soichiro Honda zurück, der die Honda Motor Co. Ltd. 1948 gründete. Begonnen hatte er mit der Konstruktion von Motorrädern. Seine Karriere als Rennfahrer gab er infolge eines Unfalls auf. Das Markenlogo zeigt ein eingerahmtes „H" und darunter den ausgeschriebenen Markennamen in den roten Versalien einer Serifenschrift. Der Markenslogan lautet: „The Power of Dreams" (dt.: „Die Macht der Träume"). Die Bekanntheit der Marke ist eng mit dem Engagement Hondas im Motorsport verbunden. Dazu gehörte ein eigenes Formel-1-Team. 1988 wurde Honda zum Motoren-Partner von McLaren. Von 1988 bis 1991 gewann Honda ununterbrochen die Fahrer- und Konstrukteursmeisterschaften. Darüber hinaus nimmt Honda mit eigenen Teams an Motorradrennen unterschiedlicher Klassen teil. 1961 wurde die Honda Trading Company in Hamburg als erste Niederlassung eines jap. Fahrzeugherstellers in Europa gegründet. Muttergesellschaft ist die Honda Motor Co. Ltd. mit Sitz in Tokio.

UNTERNEHMEN

Honda Motor Europe (North) GmbH
Sprendlinger Landstr. 166
63069 Offenbach
(0 69) 83 09-0
(0 69) 83 20 20
www.honda.de

Ein Logo mit Kultstatus: Das Hornbach-Signet

HORNBACH

Die Hornbach-Gruppe ist ein führendes Unternehmen der europäischen Baumarktbranche. Einer der Pioniere der Baumarktentwicklung war Otmar Hornbach, der 1968 den ersten kombinierten Bau- und Gartenmarkt in Bornheim eröffnete. Zuvor legte bereits sein Großvater Michael Hornbach den Grundstein des heute 130 Jahre alten

Unternehmens mit der Gründung einer Bauwarenhandlung. Heute ist Hornbach mit 124 Filialen in neun Ländern vertreten und wendet sich an Heimwerker, die auf mehr als 10.000 Quadratmeter Produkte aus den Bereichen Tapeten, Farben, Bodenbeläge, Deko, Baustoffe, Holz, Baufertigteile, Fliesen, Sanitär sowie Garten finden können. Das Erkennungszeichen der Marke ist ein an die 1970er-Jahre erinnerndes Rot und Orange, das sich in Form von Streifen in einem Quadrat wiederfindet. Trotz der ungewöhnlichen und auffälligen Farbgebung für den Handwerkerbereich hat es einen Kultstatus erlangt. Daneben steht der Schriftzug Hornbach in weißen, fettgedruckten Versalien, der von einem orangefarbenen Hintergrund umgeben ist. Unterstützt wird das Logo durch den Slogan „Es gibt immer etwas zu tun", der auf die große Auswahl an Produkten hinweist. Den Erfolg des Unternehmens kann man nicht nur am Jahresumsatz von 2,54 Mrd. Euro (2006), sondern auch an zahlreichen Auszeichnungen festmachen. Dazu zählen der Siegerplatz im Kundenmonitor Deutschland für Kundenzufriedenheit sowie die Verleihung der „Goldenen Schraube" 2005 des WDR.

UNTERNEHMEN

Hornbach-Baumarkt-Aktiengesellschaft
Hornbachstraße
76878 Bornheim bei Landau/Pfalz
(0 63 48) 60-00
(0 63 48) 60-40 00
www.hornbach.de

HÖRZU

Unter der Marke HÖRZU veröffentlicht die Axel Springer AG Deutschlands größte wöchentliche Programmzeitschrift mit rund 5 Mio. Lesern pro Woche. Kernstück von HÖRZU ist der Programmteil, der durch aktuelle und übersichtliche Informationen eine klare Orientierung im Angebot von Radio und Fernsehen geben soll. Darüber hinaus bietet ein Magazinteil Hintergrundberichte zu Fernseh- und Kinoproduktionen, Nachrichten zu gesellschaftlichen Entwicklungen sowie Reportagen aus Wissenschaft, Natur, Reise, Umwelt und Technik. Erkennungsmerkmal der Zeitschrift ist das Markenlogo, das den thematischen Schwerpunkt visuell aufgreift: Es zeigt den in roten Versalien gezeichneten HÖRZU-Schriftzug, bei dem das Ö durch drei Punkte in Rot, Grün und Blau ersetzt wird. Sie symbolisieren den RGB-Farbraum, der insbesondere bei Fernsehbildschirmen und Monitoren für die Bild- und Farbwahrnehmung sorgt. Gegründet wurde die Zeitschrift von Axel Springer im Jahr 1946.

Anzeigenmotiv einer Werbekampagne für HÖRZU

Unter dem Namen *Radio Post* bot sie zunächst einen Überblick über das aktuelle Radioprogramm. Der erste Chefredakteur, Eduard Rhein, änderte den Markennamen schließlich in HÖRZU. Unter diesem Titel erschien die Zeitschrift erstmalig am 15. Dezember 1946 mit einer Auflage von knapp 250.000 Exemplaren und einem Umfang von zwölf Seiten. In den 1960er-Jahren verstand sich HÖRZU als unterhaltende Familienzeitschrift mit Programmteil. Durch die Veränderung des Marktes gab es immer wieder leichte Kurskorrekturen, bis Mitte der 1990er-Jahre ein rein familienorientiertes Selbstverständnis nicht mehr tragfähig war. Heute sieht sich HÖRZU als Programm-Magazin für die besser gebildete Erwachsenengeneration. Neben HÖRZU publiziert die Axel Springer AG noch über 170 weitere Zeitungen und Zeitschriften und ist damit der drittgrößte Zeitschriftenverlag in Deutschland. 2006 beschäftigte das Unternehmen über 9.700 Mitarbeiter und erwirtschaftete einen Gesamtumsatz von 2.376 Mio. Euro.

DATEN UND FAKTEN

Markenname: HÖRZU, der Name stammt aus der Zeit, als der Schwerpunkt der Zeitschrift ausschließlich auf dem Radioprogramm lag

Gründer: Axel Springer, 1946, Berlin

Film- und Fernsehpreis DIE GOLDENE KAMERA von HÖRZU (Mitte), Titel des Programm-Magazins HÖRZU (unten)

Markenregistrierung: 08.02.1955, DPMA München

Markenwebsite: www.hoerzu.de

UNTERNEHMEN

Axel Springer AG

Hauptsitz: Berlin, Deutschland

Vorstand: Dr. Mathias Döpfner

Weitere Marken: Bild, → Die Welt, → Welt am Sonntag

Gesamtumsatz: 2.376 Mio. Euro (2006)

Vertrieb: deutschsprachiger Raum

KONTAKT

Axel Springer AG
Axel-Springer-Str. 65
10888 Berlin
(0 30) 25 91-0
information@axelspringer.de
www.axelspringer.de

Ansprechpartner Presse:
Tobias Fröhlich
(0 30) 25 91-7 76 20
tobias.froehlich@axelspringer.de

SCHON GEWUSST?

- 1952 fand das wöchentliche Fernsehprogramm noch auf einer Seite Platz. Heute sind es 70 Seiten TV-Programm pro Woche, dazu kommt ein Radiobeihefter mit einem Umfang von 16 Seiten.
- 1965 erfand Chefredakteur Hans Bluhm den Fernsehpreis DIE GOLDENE KAMERA von HÖRZU, heute der begehrteste Film- und Fernsehpreis in Deutschland. Seit 1966 werden nat. und internat. Stars von HÖRZU für herausragende Leistungen ausgezeichnet.
- Seit es HÖRZU gibt, wurden rund 8,8 Mrd. Exemplare der Zeitschrift verkauft.

HOTEL ADLON

→ Adlon

HÖVELS ORIGINAL

Hövels ist eine Spezialität aus Dortmund.

Hövels ist eine traditionelle Dortmunder Brauerei, die der Namensgeber Wilhelm von Hövel 1893 gründete. Vier Edelmalze und qualitativ hochwertiger Hopfen werden seitdem in einem aufwendigen Brauprozess zu einem feinherb-würzigen Bier verarbeitet, das unter dem Markennamen Hövels Original vertrieben wird. Auch heute werden die altüberlieferten Maischverfahren angewendet, die Hövel und seine Braumeister konzeptionierten. Seit kurzem erscheint das Bier in einem neuen und hochwertigen Mehrwegkasten, der große Grifföffnungen, einen Mittelgriff und eine edle, matte, schwarze Oberfläche besitzt. Von der Seite gibt sich der Kasten in einer taillierten, eleganten Form und lässt das Bier als Premium-Produkt erscheinen. Auch das Flaschendesign ist an das Zeitalter des Jugendstils angelehnt und trägt den Keramik-Bügelverschluss als auffälliges Merkmal. Das Logo steht in enger Verbindung zu dieser Epoche und zeigt dekorativ geschwungene Linien sowie flächenhafte florale Ornamente. Der Markenname sowie der Zusatz „seit 1893" ist in Banderolen in den Farben Rot, Schwarz, Gold und Weiß dargestellt und vermittelt Beständigkeit und Tradition. Die Hövels Hausbrauerei GmbH gehört zu der → Radeberger Gruppe, die als Repräsentantin für dt. Bierkultur gilt.

UNTERNEHMEN

Hövels Hausbrauerei GmbH
Steigerstr. 20
44145 Dortmund
(02 31) 84 00-0
(02 31) 84 00-3 40
www.hoevels-original.de

HRS

HRS arbeitet mit weltweit über 225.000 Hotels zusammen.

HRS steht für die Angebote des gleichnamigen Unternehmens und seines elektronischen Hotel-Reservierungssystems (HRS), an das weltweit aktuell über 225.000 Hotels angeschlossen sind. Über die Internetplattformen von HRS können Geschäfts- und Privatreisende kostenlos und mit sofortiger Bestätigung Hotelleistungen zu den im System angezeigten und garantierten Preisen buchen. Mit zahlreichen Hotels hat HRS Sonderkonditionen vereinbart, die Buchungen zu HRS-Spezialpreisen ermöglichen. Unternehmen bietet HRS an, ihre Buchungen über einen gebührenfreien und codierten Internet-Partnerzugang und damit direkt über das HRS-System abzuwickeln. Über 12.000 Firmen machen bereits von diesem Angebot Gebrauch. Darüber hinaus offeriert das Unternehmen besondere Services u. a. in den Bereichen Messereservierungen und Tagungen. Jüngste unter den zahlreichen Auszeichnungen, die HRS erhalten hat, ist der 1. Platz beim Test „Hotels buchen im Internet", den die Zeitschrift Computer-Bild im Juli 2007 veröffentlichte. Das Logo enthält den Markennamen in kurzer („HRS") sowie daneben in seiner ausgeschriebenen Form („Hotel Reservation Service"). Die Kurzform ist in schwarzer Schrift gehalten und von einem weißen Kreis eingefasst. Als Hintergrund für diesen dienen ein roter und ein blauer Balken, die parallel in einer leichten Schräge von links unten nach rechts oben verlaufen. Die Gründung der Firma erfolgte 1972 zunächst als Einzelunternehmen, seit 1977 wird sie als GmbH von dem Gründer Robert Ragge als alleinigem Gesellschafter geführt. Die HRS-Zentrale befindet sich in Köln, Niederlassungen unterhält das Unternehmen in Paris, London, Warschau und Shanghai.

UNTERNEHMEN

HRS – Hotel Reservation Service
Robert Ragge GmbH
Blaubach 32
50676 Köln
✆ (02 21) 20 77-6 00
🖷 (02 21) 20 77-6 66
💻 www.hrs.de

HUGENDUBEL

Die Buchhandlung Heinrich Hugendubel betreibt in Deutschland 33 Filialen. Den Grundstein für den Aufbau seines Geschäfts legte Gründer Heinrich Carl Gustav Hugendubel mit der Eröffnung einer Buchhandlung 1893 in München. Für das erste dt. Buchkaufhaus am Münchner Marienplatz zeichnete sein Urenkel Heinrich Hugendubel 1979 verantwortlich. Mit einer Verkaufsfläche von über 2.400 Quadratmetern auf vier Etagen war das neuartige Konzept mit Rolltreppen, Leseinseln und einem ungehinderten Zugang zu allen Büchern für die gesamte Buchhandelsbranche wegweisend. Die erste Filiale außerhalb Münchens eröffnete Hugendubel 1985 in Nürnberg. Heute gibt es Hugendubel in 18 dt. Städten, vorwiegend in Bayern, im Rhein-Main-Gebiet sowie in Berlin und in den neuen Bundesländern. Auf einer Gesamtverkaufsfläche von 66.250 Quadratmetern werden neben Büchern auch Hörbücher, DVDs, Geschenkartikel, Spiele und Software angeboten. Darüber hinaus verfügt das Internetportal des Unternehmens über etwa 1,3 Mio. online bestellbare Titel. Einprägsames Merkmal der Hugendubel-Buchhandlungen ist das Markenzeichen. Es zeigt die Wortmarke in schwarzen Lettern, darunter ist der Slogan „Hugendubel - Die Welt der Bücher" in Weiß auf rotem Fond (HKS 14) platziert. Nach eigenen Angaben betreibt die Buchhandelskette die auflagenstärkste Werbung in ihrem Segment. 2006 erzielte Hugendubel mit 1.150 Mitarbeitern einen Umsatz von 250 Mio. Euro. Das Familienunternehmen, das in fünfter Generation von Nina und Maximilian Hugendubel gemeinsam mit Ekkehard Lux, Thomas Nitz und Torsten Brunn geführt wird, plant für 2008 mindestens vier weitere Eröffnungen.

DATEN UND FAKTEN

Markenname: Hugendubel, Familienname des Gründers

Slogan: „Hugendubel - Die Welt der Bücher"

Gründer: Heinrich Carl Gustav Hugendubel, 1893, München

Markenregistrierung: 15. 05. 1970, DPMA München

Jahresumsatz: 250 Mio. Euro (Unternehmen, 2006)

UNTERNEHMEN

Buchhandlung Heinrich Hugendubel
GmbH & Co. KG
Hilblestr. 54
80636 München
✆ (0 18 01) 48 44 84
🖷 (0 18 01) 48 45 85
💻 www.hugendubel.de

HÜLSTA

hülsta steht für hochwertige Markenmöbel „made in Germany". Das vielfältige Portfolio umfasst Kastenmöbel in den Segmenten Wohnen, Speisen, Schlafen, Arbeiten, Diele, Kind/Jugend sowie Schlafsysteme. Unter der Subbrand *now! by hülsta* bietet die hülsta-werke Hüls GmbH & Co. KG auch Mitnahmemöbel und Polstermöbel an. hülsta richtet sich vor allem an Kunden mit einer hohen Affinität zum Thema Wohnen/Einrichten, die sehr viel Wert auf Qualität und Funktionalität legen. Die Marke wurde 1961 von Karl Hüls entwickelt, der eine in Deutschland überregionale Möbelmarke etablieren wollte. So entwickelte sich aus der Schreinerei seines Vaters im westfälischen Stadtlohn ein modernes Möbelwerk. Der Name hülsta ist ein Akronym aus dem Familiennamen des Gründers und dem Stammsitz des Unternehmens. Das Design des Markenlogos, das

Hugendubel
Die Welt der Bücher

Die Buchhandlung Hugendubel ist in Deutschland mit 33 Filialen vertreten.

hülsta

Karl Hüls (unten) ließ 1961 den Namen hülsta als Marke eintragen.

grundsätzlich in Schwarz auf weißem Fond gestaltet ist, hat sich im Zeitverlauf nur leicht verändert. Der Wortmarke in fetten Minuskeln ist ein stilisiertes „H" beigestellt. 2003 wurde hülsta erstmals in TV-Spots beworben. Weitere wichtige Bestandteile des integrierten Marketing-Mix sind die weltweite Printwerbung, eine Internetplattform mit hoher Informationstiefe, Partner- und Händlerschulungen sowie ein 6.000 Quadratmeter großer Showroom am Unternehmenssitz. Nach Angaben des Herstellers erreicht hülsta in Deutschland eine Markenbekanntheit von 60 %. Lt. einer GfK-Studie aus dem Jahr 2007 ist hülsta außerdem Europas bekannteste Herstellermöbelmarke. Die hülsta-werke Hüls GmbH & Co. KG erzielten 2006 mit 1.470 Mitarbeitern einen Umsatz in Höhe von 297 Mio. Euro. Die Fertigung verteilt sich auf vier Produktionsstandorte im Münsterland.

hülsa produziert hochwertige Möbel für alle Wohnbereiche.

DATEN UND FAKTEN

Markenname: hülsta, Akronym, zusammengesetzt aus dem Familiennamen des Gründers Karl **Hüls** und dem Stammsitz **Sta**dtlohn

Slogan: „hülsta. Leben mit Werten"

Frühere Slogans: „hülsta. Der Maßstab für Ihre Quadratmeter" (1980er-Jahre), „hülsta. Die Möbelmarke" (1990er-Jahre)

Gründer: Karl Hüls, 1961, Stadtlohn

Markenregistrierung: 18. 09. 1961, DPMA München

Innovationen: Schlafzimmer-Hochschrank in Anbauweise (1964), Wohnmöbelprogramm in Endlosbauweise (1968), Wohnprogramm in Baukasten-Stapelsystem (1968), hülsta Homeoffice (2004)

Markenbekanntheit: 60 % in Deutschland (Herstellerangabe)

Werbespendings: 6,9 % des Jahresumsatzes

Auszeichnungen:
„Premium Qualität", Landesgewerbeanstalt Nürnberg für Produkte und Service (2004)
„sehr gut", Stiftung Warentest für Schülerschreibtisch *Xpert* (2006)
„Ausgewählter Ort 2007" der Initiative „Deutschland - Land der Ideen" (2007)

UNTERNEHMEN

hülsta werke Hüls GmbH & Co. KG

Hauptsitz: Stadtlohn, Deutschland

Geschäftsführung: Ludwig Hüls, Dr. Matthias Becker, Dr. Bernd Göbel

Weitere Marken: now! by hülsta

Gesamtumsatz: 297 Mio. Euro (2006)

Vertrieb: weltweit über Partner im Möbelfachhandel

KONTAKT

hülsta-werke Hüls GmbH & Co. KG
Karl-Hüls-Str. 1
48703 Stadtlohn
✆ (0 25 63) 86-0
🖷 (0 25 63) 86-14 17
🖳 www.huelsta.de

Ansprechpartner Presse & Marketing:
Michael Espenhahn
✆ (0 25 63) 86-12 25
✉ presse@huelsta.de

MEILENSTEINE

1940 Alois Hüls gründet eine Schreinerei in Stadtlohn.

1961 Sohn Karl Hüls lässt den Namen hülsta als Marke eintragen.

1968 Allwand, das weltweit erste Wohnmöbelprogramm in Endlosbauweise mit gerasterter Front, und Universa, das erste Wohnprogramm im Baukasten-Stapelsystem, kommen auf den Markt.

1985 hülsta avanciert zur bekanntesten Marke im Kastenmöbelbereich.

1994 Einführung der Mitnahme-Möbelmarke now! by hülsta

2003 hülsta wird erstmals mit einer breiten TV-Kampagne beworben.

HUMMEL KÜCHEN

Die Küchenmarke Hummel steht in Deutschland für Innovationen, neuartiges Design und hochwertige Materialien. Zielgruppe ist eine

HUMMEL
KÜCHENWERK

Unter dem Logo im typischen Hummel-Orange die Detailaufnahme einer Küche. Matthias Flick (unten) leitet das Familienunternehmen heute in vierter Generation.

Die Hummel-Küchen gibt es in verschiedenen Ausfertigungen, hier eine Küche in Eiche schwarz mit Arbeitsflächen aus Edelstahl.

Käuferschicht, die Wert auf Qualität und Einzigartigkeit legt und bereit ist, dafür entsprechend zu investieren. Seit über 90 Jahren werden Hummel-Küchen produziert. Der Tischlermeister Carl Flick gründete das Unternehmen 1917 in Hamburg. Mittlerweile hat mit Matthias Flick die vierte Generation die Geschäftsführung des Familienunternehmens übernommen. Zu den neusten Entwicklungen, die unter der Marke Hummel angeboten werden, zählt die Glasfront Vitro. Dabei handelt es sich um Sicherheitsglas, das von hinten vollständig farblich beschichtet und dauerhaft auf einem Aluminiumrahmen fixiert wird. Ebenfalls zum Einsatz kommen in Hummel-Küchen Schubladen mit sog. Airmatic. Das neuartige System nutzt Luftpolster, um Schubfächer sanft abzufedern und Anschlaggeräusche fast vollständig zu vermeiden. Typisch für das Markenzeichen Hummel ist der leuchtende Orangeton des Schriftzugs. Im Logo des Unternehmens werden die beiden Ms des Firmennamens zu einer Krone zusammengefasst. Jede Hummel-Küche ist ein Hamburger Original. Verkauft werden Hummel-Küchen heute über hochwertige Küchenstudios sowie in direkter Zusammenarbeit mit Bauträgern und Immobiliengesellschaften. Entsprechend begrenzt sich das Hummel-Portfolio nicht auf Einzelküchen, sondern auch Großprojekte werden von dem Unternehmen übernommen und betreut.

DATEN UND FAKTEN

Markenname: Hummel, abgeleitet von der Legende um den Wasserträger der Hamburger Neustadt Johann Wilhelm Bentz (1787–1854)

Gründer: Carl Flick, 1917, Hamburg

Innovationen: Hummel-Küchenfronten ohne PVC (seit 2005), Airmatic (2005)

Produktionskapazität: jede Minute ein Hummel-Küchenschrank

UNTERNEHMEN

Hummel Küchenwerk GmbH

Hauptsitz: Norderstedt, Deutschland

Geschäftsführer: Matthias Flick

Mitarbeiter: rund 100

SCHON GEWUSST?

Jeder Hamburger kennt die so charmante wie deftige Begrüßungsformel „Hummel, Hummel – Mors, Mors!" Sie geht der Legende nach auf einen Wasserträger zurück, der von 1787 bis 1854 in Hamburg lebte. Straßenjungen, die ihn mit dem Ruf „Hummel, Hummel" neckten – so lautete der Name seines beliebten Vormieters – rief er „Mors, Mors!" nach. Dies ist die Kurzform des plattdt. „Klei mi an Mors", was so viel heißt wie „Du kannst mich mal ..." Der Hamburger Wasserträger wurde in den 1940er-Jahren zum Namensgeber der berühmten Hummel Aufwaschtische aus Hamburg, der Firmenname Hummel Küchenwerk wurde später konsequenterweise angepasst

Produktionsfläche: ca. 8.000 Quadratmeter

Ausstellungsfläche: ca. 600 Quadratmeter

KONTAKT

Hummel Küchenwerk GmbH
Schweriner Str. 14
22844 Norderstedt
✆ (0 40) 52 60 90-0
🖷 (0 40) 52 60 90-10
💻 www.hummel.de

HUOBER BREZEL

Original schwäbische Knusperbrezeln der Marke Huober (Mitte), Produktionsstätte und Firmensitz von Huober in Erdmannhausen (unten)

Die Firma Huober ist aus der Idee des Bäckermeisters Emil Huober entstanden, aus rein natürlichen Zutaten durch gleichmäßiges Durchbacken eine Laugenbrezel herzustellen, die immer frisch und knusprig ist. An der Rezeptur hatte er bereits im Jahr 1939 getüftelt, aber erst 1950 konnte er in Erdmannhausen bei Marbach am Neckar Fabrikationsräume anmieten. Als feststand, dass Qualität und Idee bei den Kunden Anklang fanden, wurde das Stuttgarter Ladengeschäft verpachtet. Grete Huober übernahm den Vertrieb und entwickelte auch das Logo mit den gespiegelten Brezeln. Es symbolisiert die traditionelle Bäckerhandwerkskunst, auf der die Firma basiert. Im Laufe der Jahre wurde das Logo farblich verändert und dem Zeitgeschmack angepasst. Als Hausfarben verwendet das Unternehmen das typische Huober-Blau und reines Rot. Die Marke steht für diverse Salzgebäck-Spezialitäten und richtet sich an alle Altersgruppen, die in Bio-Qualität knabbern und genießen wollen. Das gesamte Sortiment umfasst neben Brezeln in vier verschiedenen Größen auch Salzsticks, helles Stangengebäck und Sortimentsmischungen. Bei der Herstellung orientiert sich Huober am handwerklichen Vorbild, d.h. Qualität steht vor Massenproduktion. Um die vielfach ausgezeichnete Huober Produktqualität zu gewährleisten, konzentriert sich das Unternehmen auf die drei Aufgabenfelder Ökonomie, Ökologie und Sozialkompetenz, die einander ergänzen und durchdringen wie die Felder einer Brezel. Der an die Brezelform anknüpfende Markenslogan fasst diesen Anspruch zusammen. Das Ur-Produkt, die Große Brezel, verfeinerte Huober 2006 und entwickelte damit die erste Brezel mit biologisch erzeugtem Bier. Weitere Innovationen der Brezelbäcker sind die Longsticks mit geröstetem Sesam oder Bärlauch, die Huober bisher als einziger Anbieter herstellt. Jährlich verlassen 4.500 t Gebäck das Werk in Erdmannhausen. Das Unternehmen unter der Leitung von Karl Huober beschäftigte 150 Mitarbeiter (2007). Mit der Marke Huober Brezel erwirtschaftet das Unternehmen 70 % des Gesamtumsatzes.

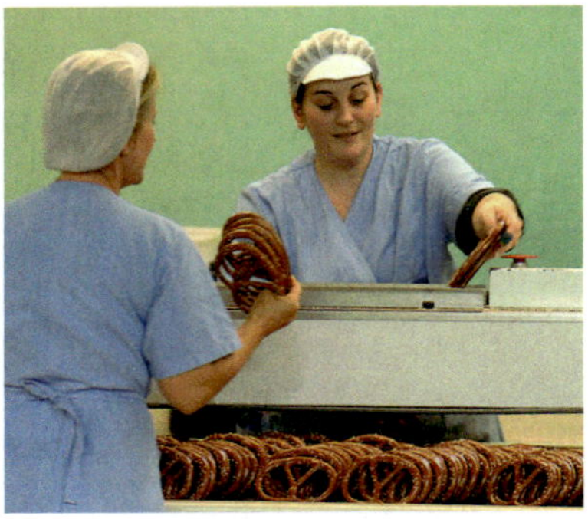

Seit 1950 werden die Huober Brezeln im Betrieb in Erdmannhausen hergestellt.

DATEN UND FAKTEN

Markenname: Huober, Familienname des Gründers

Slogan: „Die Marke durch die dreimal die Sonne scheint."

Gründer: Emil Huober, 1950, Erdmannhausen

Markenregistrierung: 10.01.1953, DPMA München

Jahresabsatz: ca. 4.500 t.

Werbespendings: ca. 1 % des Gesamtumsatzes

UNTERNEHMEN

Huober Brezel GmbH & Co. KG

Hauptsitz: Erdmannhausen, Deutschland

Geschäftsführer: Karl Huober, Assistenz Herbert Völkle

Mitarbeiter: 150 (2007)

Vertrieb: europaweit über Handel oder Vertriebspartner, weltweit über Importeure

KONTAKT

Huober Brezel GmbH & Co. KG
Riedstr. 1
71729 Erdmannhausen
✆ (0 71 44) 3 38-0
🖷 (0 71 44) 3 38-44
💻 www.huoberbrezel.de

Ansprechpartner Presse:
Julia Elke

(0 71 44) 3 38–66
julia.elke@huoberbrezel.de

Ansprechpartner Marketing:
Markus Mlodzian
(0 71 44) 3 38–27
markus.mlodzian@huoberbrezel.de

SCHON GEWUSST?

Die Brezel in ihrer symbolischen Form ist seit jeher eng mit der Firma Huober Brezel verbunden. Ihre hist. Bedeutung geht auf eine alte Sage zurück: Ein Hofbäcker wurde beschuldigt, schlecht gebacken zu haben. Dafür drohte ihm die öffentliche Hinrichtung. Sein Fürst stellte ihm eine Begnadigung in Aussicht, wenn er ein Brot schaffe, „durch das dreimal die Sonne scheint". Er erfand die Brezel und gewann sein Leben.

HÜPPE

Hüppe ist eine internat. Konsumgütermarke, die auf unterschiedliche Zielgruppen zugeschnittene Produkte für den Duschbereich spezialisiert ist. Der Name Hüppe geht auf den Familiennamen des Firmengründers Justin Hüppe zurück. Ursprünglich im Jahr 1889 als Zulieferbetrieb für Polstereien und Sattlereien gegründet, eröffnete Hüppe 1966 die Sparte Duschen und wurde erster Anbieter von Duschabtrennungen nach amerikanischem Vorbild in Deutschland. Heute umfasst das Markensortiment sowohl Duschabtrennungen als auch Duscheinheiten und -wannen sowie Duschaccessoires. Produktinnovationen bildeten eine halbrunde Duschabtrennung (1985), Anti-Plaque als pflegeleichte Oberfläche (1996) oder Komplettlösungen inkl. Wasserführung und Duschwanne (2001). Seit 1991 zeigt das zuvor viermal veränderte Logo den Markenschriftzug in Versalien. Die Typografie wird von einem Rahmen umfangen, an dessen oberen Rand drei stilisierte Wassertropfen wie eine Welle in den Schriftzug greifen. Der aktuelle Werbeslogan zu den Produkten lautet „Hüppe – mit dem größten Vergnügen". Als Testimonials warben für Hüppe der Entertainer Harry Wijnvoord sowie die Designerin Jette Joop, die auch eine der Hüppe-Produktlinien kreierte. Hauptsitz der Hüppe GmbH & Co. KG ist Bad Zwischenahn. Der Vertrieb der Produkte verläuft dreistufig über Großhändler über Fachhändler hin zum Endkunden. Das Unternehmen beschäftigt insgesamt 760 Mitarbeiter, davon 400 in Deutschland, 200 in der Türkei und 160 in Spanien. Dazu kommen internat. Tochtergesellschaften.

HÜPPE
Mit dem größten Vergnügen

Hüppe wurde im Jahr 1889 gegründet.

UNTERNEHMEN

Hüppe GmbH & Co. KG
Industriestr. 3
26160 Bad Zwischenahn
(0 44 03) 67–0
(0 44 03) 67–1 00
www.hueppe.com

HUSSEL

Unter der Marke Hussel vertreibt die Hussel Süßwaren Fachgeschäfte GmbH als Tochterunternehmen der DOUGLAS HOLDING AG hochwertige und originelle Confiserie in Deutschland, Portugal und Österreich. Allein in Deutschland ist Hussel mit 281 Filialen präsent. Rudolf Hussel gründete das Unternehmen 1949 in Hagen. Das ovale Logo der Marke zeigt den Namen des Firmengründers in goldenen Versalien auf grünem Fond. Die Wortmarke ist eine Eigenkreation des Unternehmens und wurde im Hause Hussel entworfen. Der Beisatz „Confiserie seit 1949" bezieht sich auf das Jahr der Firmengründung und greift die Stetigkeit und Tradition des Unternehmens auf. Dunkelgrün und Gold prägen nicht nur das Markenlogo, sondern dienen zusätzlich als Haus- und Grundfarben der Marke und finden sich in den Verpackungen des Süßwarenhändlers wieder. Zusätzlich zu seinem breiten Sortiment an Süßwaren bringt Hussel regelmäßig innovative Eigenmarkensortimente auf den Markt. Mit der prominenten Moderatorin Nina Ruge konnte der Hersteller zuletzt eine Produktlinie unter dem Namen *Celebrate your Life* auf den Süßwarenmarkt bringen. Auch der dt. Cartoonist Uli Stein und Gourmet Gerd Käfer sind im Sortiment mit eigenen Kreationen vertreten. Ein weiterer Neuzugang im Hussel-Sortiment ist die erste dt. *Grand Cru-Schokolade* in Bio-Qualität. Im Geschäftsjahr 2006 wurde das bestehende Filialnetz modernisiert und durch Neueröffnungen ausgebaut. Die Hussel Süßwaren Fachgeschäfte GmbH trug mit seiner Marke Hussel 2006/07 einen Netto-Umsatz von 100 Mio. Euro zum Gesamtumsatz der DOUGLAS HOLDING bei, was einem Anteil von 3 % des Gesamtumsatzes entspricht. Die DOUGLAS HOLDING vereint in ihrem Markenportfolio zahlreiche Konsumgütermarken wie → Christ, → Douglas oder → Thalia.

HUSSEL
Confiserie seit 1949

Hussel ist mit seinen Süßwaren in Deutschland, Portugal und Österreich präsent.

HYMER produziert Wohnmobile und Caravans (Mitte). Gründer und Aufsichtsratsvorsitzender Erwin Hymer (unten)

UNTERNEHMEN

DOUGLAS HOLDING AG
Kabeler Str. 4
58099 Hagen
(0 23 31) 6 90–0
(0 23 31) 690–2 71
www.douglas-holding.com

HYMER

Unter der Marke HYMER stellt die HYMER AG Reisemobile und Caravans her, derzeit in insgesamt 14 Baureihen. Alleinstellungsmerkmale der Fahrzeuge sind lt. Vollsortimenter HYMER die hochwertige Qualität und die Bauweise der Wände. Auf die Marke sind mehrere Patente eingetragen, darunter ein Radkastenkühlschrank, ein Hubbett und die PUAL-Bauweise. Die HYMER AG ist Europas führender Hersteller von Reisemobilen. Zielgruppen sind campinginteressierte Familien sowie Konsumenten über 55 Jahre. Mit einer Produktion von 5.000 Caravans und 6.200 Reisemobilen im Zeitraum 2005/2006 deckt die Marke HYMER 40–50 % des Umsatzes des Gesamtkonzerns ab. Anlass für die 1957 durch Erwin Hymer begründete Marke war die Auftragsanfertigung eines Caravans für den Konstrukteur und Flugzeugbauer Erich Bachem. In einem größeren Markt setzten sich die HYMER-Reisemobile mit der Markteinführung des *Hymermobils* Anfang der 1970er-Jahre durch. Das aktuelle Logo der Marke HYMER wurde im Jahre 1989 von der Mach Werbeagentur in Bad Waldsee entworfen. Drei blaue, untereinander angeordnete und schräg angeschnittene Streifen leiten den kursiv gehaltenen Markenschriftzug ein.

Rund 70 % der HYMER-Wohnmobile und Caravans werden im Ausland verkauft.

Die Streifen stehen für Qualität, Perfektion und Wertbeständigkeit der unter der Marke HYMER vertriebenen Fahrzeuge. Das Design basiert auf den Hausfarben HKS 42 (blau) und HKS 91 (grau). Zu den bekannten Kunden von HYMER zählen die Musiker Heino und Sänger Thomas D. Hauptsitz der HYMER AG ist in Bad Waldsee. Zum Konzern gehören neben der HYMER AG die Niesmann + Bischoff GmbH, die Bürstner GmbH und Laika S.p.A. Insgesamt beschäftigt die Konzerngruppe rund 3.000 Mitarbeiter, von denen ca. 1.200 für die Marke HYMER tätig sind. Der Gesamtumsatz des Konzerns lag 2005/2006 bei 762 Mio. Euro. Über Vertriebspartner werden die Produkte in Europa inkl. Russland, Asien und in Australien auf den Markt gebracht.

DATEN UND FAKTEN

Markenname: HYMER, Familienname des Firmengründers

Slogan: „HYMER – Zukunft erfahren" (aktuell), „Hymermobil – Ihre Freiheit ist am Ziel" (1978), „Die Zeit ist reif" (1991)

Gründer: Erwin Hymer, 1957, Bad Waldsee

Markenregistrierung: 19.06.1975, DPMA München

Auszeichnungen:
„Goldenes Lenkrad", 1. Platz, Bild am Sonntag (2004, 2006)
„Designpreis der Bundesrepublik Deutschland" für *Hymer Van* und *Eriba-Feeling* (2006)
„red dot award: product design" für *Eriba-Feeling* (2006)
„Reisemobil des Jahres", promobil-Leser für *B-Klasse* (20. Mal in Folge, 2007)

Literatur:
R. Unruh: HYMER Chronik (2000)
R. Unruh: 25 Jahre Hymermobil B-Klasse (2006)

UNTERNEHMEN

HYMER AG

Hauptsitz: Bad Waldsee, Deutschland

Vorstand: Hans-Jürgen Burkert (Vertrieb), Dr. Reinhard Knüppel (Technik)

Weitere Marken: Eriba

Gesamtumsatz: 762 Mio. Euro (Konzern, 2005/2006)

Vertrieb: Europa inkl. Russland, Asien und Australien (Vertriebspartner)

KONTAKT

HYMER AG
Holzstr. 19
88339 Bad Waldsee

(0 75 24) 9 99-0
www.hymer.com

Ansprechpartner Presse & Marketing:
Ralf Torresin
(0 75 24) 9 99-5 00
(0 75 24) 9 99-3 00
ralf.torresin@hymer.com

MEILENSTEINE

1957 Bau des ersten Caravan bei Hymer

1972 Start der Serienproduktion von HYMER-Reisemobilen

1974 Umstellung auf voll integrierte Bauweise bei Reisemobilen

1990/91 Aus Eriba-Hymer GmbH wird die HYMER AG.

1995 Zertifizierung DIN EN ISO 9001 als erstes Unternehmen der Branche

2000 HYMER-Gesamtproduktion bis dato: 200.000 Freizeitfahrzeuge

HYSOL

Unter der Marke Hysol vertreibt →Henkel Klebstoffe für die industrielle Produktion von elektronischen Bauteilen wie z. B. Halbleitern sowie für optoelektronische Anwendungen. Auch in der Luftfahrttechnik erlangen Hysol-Klebstoffe zunehmende Bedeutung. Typische Einsatzgebiete von Hysol sind u. a. das Umhüllen und Beschichten von Komponenten sowie das Erstellen von Verbundmaterialien. Der Markenname Hysol ist ein Kunstwort. Es leitet sich aus dem engl. Ausdruck high solid (hochsolide) ab, wobei high lautmalerisch in die Silbe Hy abgeändert wurde. Erfunden wurde Hysol von der Vilex Corporation, die 1948 durch den Chemiker Russell Haughton im US-amerikanischen Olean gegründet wurde. Das später in Haughton Laboratories umbenannte Unternehmen forschte speziell auf dem Gebiet der Plastisole. Das sind chemische Mischungen mit einem geringen Anteil an sog. Volatilen (flüchtige Verbindungen). In den folgenden Jahren entwickelte Vilex die Hysol-Klebstoffe laufend weiter und erweiterte die Produktpalette. Als erstes US-amerikanisches Unternehmen nutzte Vilex die in der Schweiz erfundenen Epoxidharze zur Herstellung von hochsoliden Industrieklebern für die Elektronikverarbeitung. Um die Markenbekanntheit von Hysol zu fördern, nannte sich das Unternehmen ab 1960 Hysol Corporation. 1965 wurden Hysol-Produkte mit der Gründung von Hysol International im brit. Chiswick erstmals internat. vertrieben.

Der technische Klebstoff Hysol von Henkel wird auch für den Bau und die Montage von Flugzeugen verwendet.

Zwei Jahre später erfolgte die Akquisition durch die Dexter Corporation, dem damals ältesten notierten Unternehmen der New Yorker Börse. Seit 2000 gehört die Dexter Corporation zu Henkel. Die wichtigsten Absatzmärkte für Hysol-Klebstoffe sind Nord- und Südamerika. Der Gesamtumsatz im Henkel-Unternehmensbereich Adhesives Technologies (Klebstoff Technologien) betrug im Jahr 2006 rund 5,5 Mrd. Euro. Henkel ist sowohl im Konsumenten- als auch im Profi- und Industriebereich einer der bedeutendsten Produzenten von Klebstoffen.

DATEN UND FAKTEN

Markenname: Hysol, Kunstwort, abgeleitet aus dem engl. high solid für hochsolide

Erfinder: Russell Haughton, 1948, Olean, USA

MEILENSTEINE

1948 Russell Haughton gründet die Vilex Corporation und beginnt mit der Produktion von hochsoliden Klebstoffen.

1950 Vilex beginnt mit der Herstellung von Produkten auf Epoxidharzbasis.

1960 Umbenennung in Hysol Corporation

1967 Die Dexter Corporation übernimmt Hysol.

2000 Henkel übernimmt Dexter. Sämtliche Epoxidharz-Produkte werden unter der Marke Hysol weitergeführt.

Hysol®

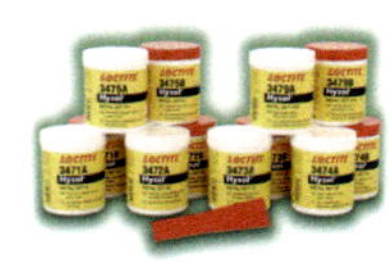

Die Produktlinien des technischen Klebstoffs Hysol (Mitte) werden für viele Einsatzgebiete gebraucht, so z. B. auch in der Luft- und Raumfahrtindustrie (unten).

Markenregistrierung: 16. 08. 2002, DPMA München (Eintrag durch Henkel KGaA)

UNTERNEHMEN

Henkel KGaA

Hauptsitz: Düsseldorf, Deutschland

Weitere Marken: s. → Henkel

Gesamtumsatz: 12,740 Mrd. Euro (2006)

Vertrieb: weltweit in über 125 Ländern

KONTAKT

Henkel KGaA
Henkelstr. 67
40589 Düsseldorf
(02 11) 7 97-0
(02 11) 7 98-40 08
www.henkel.de

Ansprechpartner Presse:
Peter Lienkamp
press@henkel.com

I

i BOND

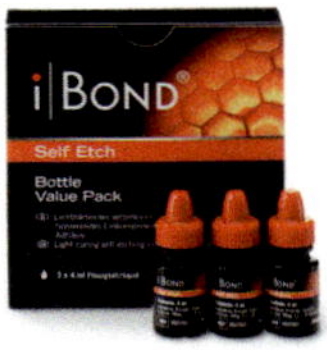

Unter der Marke i vertreibt Heraeus verschiedene Haftvermittler für den Dentalbereich.

I

Die Dentalmarke i ist ein Produkt des weltweit tätigen Edelmetall- und Technologiekonzerns →Heraeus. 1987 übernahm Heraeus die Degussa-Anteile an der Firma Kulzer, die 1939 zu gleichen Teilen in den Besitz der W. C. Heraeus GmbH und der Degussa AG gekommen war. Zusammen mit der Übernahme des Geschäftsbereichs Dental der Bayer AG und von ZL Microdent im Jahr 1995 erreichte der Dentalbereich eine führende Position auf dem Weltmarkt. Heute ist Heraeus Kulzer als Systemanbieter rund um den Globus mit ca. 1.500 Mitarbeitern und einem umfangreichen Programm von Dentalwerkstoffen und -geräten für Zahnärzte und Zahntechniker präsent. Unter der Marke i vertreibt das Unternehmen verschiedene Produktvarianten, die als Haftvermittler zur dauerhaften Verbindung von direkten und indirekten Restaurationen an die Zahnhartsubstanz eingesetzt werden. i steht für zuverlässige und effektive Befestigung mit hohen Haftwerten. iBOND steht für die adhäsive Befestigung von Composite Füllungsmaterialien an die Zahnhartsubstanz. Das zur Untermarke gehörige Produkt iBOND Self Etch ermöglicht für ätzen, primen, bonden und desensibilisieren in einem einzigen Schritt. *iBOND Self Etch* kombiniert hohe Haftfestigkeit, verbesserte Randqualität und nahezu keine postoperativen Überempfindlichkeiten mit einfacher, schneller und anwenderfreundlicher Applikation. Alle Produkte der Marke i ermöglichen das Erreichen von hohen Haftwerten für dauerhafte und erfolgreiche Restaurationen, sind klinisch geprüft und bieten eine anwenderfreundliche Anwendung. 2007 veränderte das Unternehmen das Verpackungsdesign der i-Produkte. Die diversen Artikel der Marke sind nun in einer schwarzen Verpackung mit Markenlogo und roter Wabe, die Stärke assoziieren soll, erhältlich. Die Zielgruppe für die Produkte der Marke i setzt sich weltweit aus Zahnärzten zusammen. Die Marke befindet sich noch im Aufbau und nimmt derzeit lt. GfK-Studie von 2007 den dritten Platz im Bereich Self Etching Bondings in Deutschland ein.

DATEN UND FAKTEN

Markenname: i, Kunstwort, Assoziation zu „auf den Punkt gebracht"

Slogan: Bewerbung der Subkategorien, z. B. „iBOND – Bonding auf den Punkt gebracht"

Innovationen: iBOND Self Etch (2007)

Markenbekanntheit: 14 % ungest., 55 % gest. für Subkategorie iBOND (TNS, 2006)

Werbespendings: 145.000 Euro (Deutschland)

Markenwebsite: www.ibond.de (Subkategorie)

UNTERNEHMEN

Heraeus Kulzer GmbH
Grüner Weg 11
63450 Hanau
(0 61 81) 35-0
www.heraeus-kulzer.com

IAA

Die Marke IAA (Internationale Automobil-Ausstellung) steht für Produkte und Dienstleistungen der Autoschauen des Verbands der Automobilindustrie (VDA). Unter dem Dach der Marke IAA versammeln sich die beiden Messen IAA PKW in Frankfurt/Main und IAA Nutzfahrzeuge in Hannover, die jährlich im Wechsel stattfinden. 2007 fand die 62. IAA PKW statt, 2008 gibt es die 62. Auflage der IAA Nutzfahrzeuge. Die IAA PKW stellt u. a. Personenkraftwagen, Tuning-Sonderfahrzeuge, Pkw-Anhänger und Werkstattausrüstung vor. Knapp 1 Mio. Besucher verzeichnete die IAA PKW zuletzt, davon 40 % Fachbesucher. Damit ist die IAA PKW zugleich Fach- und Publikumsmesse. 40 % der ca. 1.000 Aussteller sind ausländische Unternehmen und Institutionen. Etwa 500 Aussteller kommen aus der Zulieferindustrie und machen damit die IAA PKW zur größten Zulieferermesse der Automobilbranche weltweit. Das Markenlogo der IAA ist angelehnt an die Gestaltung des Logos des Veranstalters VDA. Die drei Buchstaben des Markennamens sind ebenfalls aus den serifenlosen Versalien mit dem charakteristischen A gesetzt, ergänzt um die jeweilige Ausstellungsbezeichnung, z. B. „62. Internationale Automobil-Ausstellung". Der Slogan der 62. IAA PKW lautete „Sehen, was morgen bewegt". Die erste IAA fand 1897 als eintägige Autoschau im Berliner Bristol Hotel Unter den Linden statt und zeigte acht Typen. Danach wurde sie in unregelmäßigen Abständen in Frankfurt/Main und Berlin durchgeführt. 1951 eröffnete die IAA in Frankfurt/Main mit 518 Austellern als erste dt. Nachkriegs-Automobilmesse. Der Veranstalter VDA ist die Interessenvertretung der dt. Automobilindustrie und ihrer Zulieferer.

UNTERNEHMEN

Verband der Automobilindustrie e.V. (VDA)
Westendstr. 61
60325 Frankfurt/Main
✆ (0 69) 9 75 07-0
🖷 (0 69) 9 75 07-2
💻 www.iaa.de

IBENA

Unter dem Dach der Marke Ibena produziert und vertreibt die Ibena Textilwerke GmbH Heimtextilien und technische Textilien. *Ibena Heimtex* richtet sich mit modernen Wohntextilien und Bettwaren an modisch orientierte Verbraucher. Zum Sortiment gehören u.a. Wohndecken, Tischdecken, Frottierwäsche, Matratzenauflagen und andere Objekttexilien. Des Weiteren produziert der Textilhersteller in Lizenz Designlinien von *s. Oliver, Bugatti, Elegance Paris* und *Rosamunde Pilcher.* Mit *Ibena Techtex* ist das Unternehmen ein hoch spezialisierter Hersteller von funktionalen Geweben für industrielle Anwendungen. Das Portfolio beinhaltet u.a. Textilien für den Arbeitsschutz und Gewebe für die Innenräume von Autos. Die Marke Ibena wurde 1959 vom damaligen Firmeneigentümer Josef Albert Beckmann eingeführt. Ibena ist eine internat. verständliche Kurzfassung des alten Firmennamens Josef Beckmann Nachfolger. Das Logo, das von der Münsteraner Werbeagentur Kleppe entwickelt wurde, erhielt später ein strengeres Design. Die mehrstufig aufgebauten Ibena Textilwerke GmbH hat ihren Hauptsitz in Bocholt. Webereien, Ausrüstungs- und Konfektionskapazitäten gibt es in Deutschland, Tschechien und China. Im Rahmen von Lizenzverträgen und Produktionsvereinbarungen kooperiert Ibena außerdem mit Firmen in der Türkei, Portugal, Pakistan, Polen und Indien. Die Textilgruppe erzielt mit über 300 Mitarbeitern einen Jahresumsatz in Höhe von 70 Mio. Euro, zu dem die Marke Ibena ca. 60 % beisteuert. Der 1826 von Josef-Philipp Beckmann gegründete Betrieb war über mehrere Generationen ausschließlich im Familienbesitz und gehört seit 2006 zur internat. Textilgruppe Daun AG.

DATEN UND FAKTEN

Markenname: Ibena, Kunstwort, abgeleitet aus früherer Unternehmensbezeichnung **J**osef **Be**ckmann **Na**chfolger

Erfinder: Josef Albert Beckmann, 1959, Bocholt

Markenregistrierung: 17.09.1959, DPMA München

Jahresumsatz: ca. 70 Mio. Euro

Werbespendings: ca. 2 % vom Jahresumsatz

Vertrieb: weltweit über Vertriebspartner und eigene Niederlassungen in USA und China

UNTERNEHMEN

Ibena Textilwerke GmbH
Industriestr. 7-13
46395 Bocholt
✆ (0 28 71) 2 87-0
🖷 (0 28 71) 2 87-3 09
💻 www.ibena.de

Zum Sortiment von Ibena gehören u.a. Wohndecken, Bettwäsche, Frottierwäsche, Objekttextilien und technische Textilien.

IBIS HOTEL

Die internat. Hotelkette Ibis gehört seit ihrer Einführung 1974 in Frankreich zum Markenportfolio der Accor Gruppe. Sie bietet Hotelzimmer in der Economyklasse für Geschäfts- und Freizeitreisende. Die Gründer Paul Dubrule und Gérard Pélisson füllten mit dem Aufbau einer Hotelkette im 2-Sterne Segment in Frankreich eine Marktlücke. Bei der Entwicklung der Marke fiel die Wahl wegen seiner Bekanntheit und der leichten Aussprache auf den Namen des leuchtend roten Wasservogels Ibis. Prägend für das Hotelkonzept von Ibis sind Innovation und standardisierter Fullservice sowie ein ausgewogenes Preis-Leistungs-Verhältnis. Dazu gehören solide Zimmer, ein 24-Stunden-Service am Empfang und Frühstück von 4:00 Uhr bis 12:00 Uhr. Ibis verspricht mit einer 15-Minuten Service Garantie, Probleme, für die das Hotel verantwortlich ist, innerhalb von 15 Minuten zu lösen oder den Gast einzuladen. Das Logo verbildlicht die auf Service ausgerichtete Unternehmensphilosophie: In einer tiefroten geschwungene Vignette steht der Schriftzug Ibis, der untere Teil der Vignette in dunklem Grün zeigt den das Wort „Hotel". Im oberen Teil geben zwei stilisierte Blüten dem Logo eine persönliche Note. Ergänzt wird das Logo durch den Slogan „Ibis. Hotels wie ich sie liebe." Die expandierende Hotelkette ist mit ca. 800 Hotels in rund 40 Ländern vertreten. Die Accor Gruppe mit Hauptsitz in Paris beschäftigt weltweit rund 170.000 Mitarbeiter

In 40 Ländern weltweit gibt es über 800 Hotels der Marke ibis.

ICON
von Dennert

Die ICON-Häuser können in unterschiedlichen Varianten bestellt werden (Mitte), die Endmontage der vorgefertigten Bauteile wird binnen eines Tages vor Ort erledigt (unten).

und erzielt einen Jahresumsatz von ca. 186 Mio. Euro (2006).

UNTERNEHMEN

Accor Hotellerie Deutschland GmbH
Hanns-Schwindt-Str. 2
81829 München
(0 89) 6 30 02-0
(0 89) 6 30 02-2 44
www.accorhotels.com

IBM

Die Marke IBM steht für Produkte und Dienstleistungen im Bereich Informationstechnologie. Diese reichen von Hard- und Software über spezifische Beratungsleistungen bis zu Weiterbildungsangeboten und der Implementierung von industriellen IT-Lösungen. Zu den innovativen Hardwareentwicklungen des Unternehmens zählten u.a. der erste Tischcomputer IBM 5100 (1976) sowie immer leistungsfähigere Speicherchips, Großrechner und Personalcomputer. Der Markenname IBM ist die Abkürzung der Firmenbezeichnung International Business Machines. Das Logo der Marke zeigt den Schriftzug IBM in horizontal schraffierten Versalien. 1994 wurde der von der Agentur Ogilvy & Mather kreierte Slogan „Solutions for a small planet" vorgestellt. IBM ist nach eigenen Angaben weltweit Marktführer im Bereich IT-Dienstleistungen, mit besonderem Schwerpunkt auf On-Demand-Lösungen. Im Softwaresegment sieht sich IBM als zweitgrößter Anbieter der Welt, bei Servern als Marktführer. Die IBM Deutschland GmbH hat ihre Wurzeln in der Dehomag (Deutsche Hollerith-Maschinen Gesellschaft mbH), die der Amerikaner Herman Hollerith 1910 in Berlin zum Vertrieb seiner Produkte gründen ließ. Hollerith zeichnete für die Erfindung der Lochkartenmaschine verantwortlich und baute das Unternehmen International Business Machines (IBM) zunächst unter dem Namen Tabulating Machine Company auf. IBM erzielte 2006 weltweit einen Umsatz von 91,4 Mrd. USD und beschäftigte 356.000 Mitarbeiter in 170 Ländern, davon 21.000 in Deutschland. In Böblingen befindet sich das größte Entwicklungszentrum außerhalb der USA.

UNTERNEHMEN

IBM Deutschland GmbH
Pascalstr. 100
70548 Stuttgart
(07 11) 7 85-0
(07 11) 7 85-35 11
www.ibm.de

ICON-HAUS

Massive Fertighäuser der Dennert Massivhaus GmbH aus dem bayerischen Schlüsselfeld werden unter der Marke ICON-Haus vertrieben. ICON-Haus trägt den Slogan „Mit Sicherheit das bessere Haus" und ist lt. Hersteller das einzige massive Fertighaus der Welt, das als vollmassiv gebautes Raummodul (Bodenplatte, Außenwände, Geschossdecke) inkl. Haustechnik, Bodenbelägen, Fenster, Türen, Vollwärmeschutz und einer Einbauküche auf Fertigungsstraßen im Werk entsteht. Auf dem Bauplatz erfolgt innerhalb nur eines Tages lediglich die Montage. Fertigungsprozess und Endabnahme jedes einzelnen Hauses lässt Dennert von unabhängigen Bausachverständigen der DEKRA kontrollieren bzw. zertifizieren. Das Logo, ein blaues Haus mit weißer Schrift, ist Teil der Logofamilie des Unternehmens und wurde im Jahr 1999 von der hauseigenen Werbeabteilung entwickelt.

Der Stammsitz des herstellenden Unternehmens Dennert Massivhaus GmbH in Schlüsselfeld

Der besondere Qualitäts- und Sicherheitsstandard für Bauherren soll sowohl im Slogan, wie auch im aktuellen Marketingkonzept über Abbildungen von Crashtest-Dummies unterstrichen werden. Das ICON-Konzept wurde von Heinz Dennert und seinen Söhnen entwickelt. Der Inhaber des dt. Baustoffproduzenten Veit Dennert KG, wollte ursprünglich ein hochwertiges aber kostengünstiges Haus für junge Familien mit knappem Baubudget entwickeln. Diese Idee wurde über mehrere Jahre zu einer eigenständigen Massivhaus-Marke ausgebaut. Das Unternehmen beschäftigt heute über 600 Mitarbeiter an neun Fertigungsstandorten im Bundesgebiet und erwirtschaftete im Jahr 2006 einen Jahresumsatz von rund 70 Mio. Euro. ICON-Haus wird bundesweit über freie Handelsvertretungen repräsentiert. Darüber hinaus ist das Vertriebsnetz in sechs europäischen Nachbarstaaten aktiv. Nach Österreich und Spanien konnte im Jahr 2006 ein Lizenzvertrag für die Produktion und den Vertrieb von ICON-Häusern mit einem der lt. eigenen Angaben größten Baustoffproduzenten der Ukraine unterzeichnet werden. Es ist geplant, weitere Markenlizenzen in Europa und den USA zu vergeben.

DATEN UND FAKTEN

Markenname: ICON-Haus, Kunstname

Slogan: „Mit Sicherheit das bessere Haus" (2006)

Erfinder: Heinz Dennert, Dr. Veit und Frank Dennert, 1998, Schlüsselfeld

Markenregistrierung: 01. 12. 1998, WIPO

Innovationen: ICON TRE (moderne Hausvariante mit Zwerchgiebel, 2007), ICON CITY (Stadtvilla, 2007)

Markenwebsite: www.icon-haus.de

UNTERNEHMEN

Dennert Massivhaus GmbH

Hauptsitz: Schlüsselfeld, Deutschland

Geschäftsführer: Dirk Denter

Gesamtumsatz: 70 Mio. Euro (2006)

Weitere Marken: ALFA-Haus

Vertrieb: in sechs Ländern Europas

KONTAKT

Dennert Massivhaus GmbH
Veit-Dennert-Str. 7
96132 Schlüsselfeld
✆ (0 95 52) 71-0
🖷 (0 95 52) 71-1 87
💻 www.dennert-massivhaus.de

Ansprechpartner Presse:
Brigitte Körber
✆ (0 91 91) 72 23-22
✉ koerber@werbeagentur-roth.de

Ansprechpartner Marketing:
Holger Kühne
✆ (0 95 52) 71-3 41
✉ holger.kuehne@dennert.de

Lead-Agentur:
Werbeagentur Roth GmbH
www.werbeagentur-roth.de.de

SCHON GEWUSST?

- Häuser der Marke ICON gibt es in drei Größen. Für Erd- und Dachgeschoss stehen jeweils mehrere hundert Grundrissvarianten zur Verfügung. Zusätzlich können Käufer mit verschiedenen Öko-Paketen beispielsweise mit Solarzellen etwas zum Umweltschutz beitragen. Entsprechend ist jedes Haus ob seiner individuellen Gestaltung trotz der Vorfertigung im Werk ein Unikat.
- Um die Qualität der ICON-Häuser zu unterstreichen, werden sie von einem DEKRA-Sachverständigen und dem zukünftigen Hausherrn vor der Übergabe auf Herz und Nieren geprüft und dann mit DEKRA-Siegel übergeben.

IDEAL STANDARD

Unter dem Dach der Marke Ideal Standard versammeln sich design-orientierte Lösungen für die Bereiche Bad und Küche. Nach eigenen Angaben ist Ideal Standard der einzige dt. Hersteller, der alle drei klassischen Produktbereiche für das Bad – Armaturen, Keramikprodukte und Acrylwannen – abdeckt. Ergänzt wird das Sortiment durch Badmöbel, Accessoires und Küchenarmaturen. Ideal Standard steht für zahlreiche Innovationen wie die Entwicklung des widerstandsfähigen Kristallporzellans und den Einhebelmischer mit keramischen Dichtscheiben (1969). Die schmutzabweisende Oberflächenbeschichtung *Ideal Plus* erhielt den Qualitätssiegel des TÜV. Die antibakterielle Beschichtung *Ideal Care* wurde speziell für WC-Sitze und -Deckel sowie Acrylwannen entwickelt. Ideal Standard arbeitet mit namhaften Designern wie Robin Levin oder Artefakt Industriekultur zusammen und die Kollektionen wurden vielfach mit Designpreisen ausgezeichnet (u.a. red dot award, iF product design award). Ideal Standard Deutschland wurde 1901 in Berlin als Nationale Radiator Gesellschaft gegründet - ein Tochterunternehmen der US-amerikanischen American Radiator Corporation, New York. Die Produktpalette umfasste damals gusseiserne Radiatoren sowie Gusskessel für den Wohnungsbau. Der Einstieg der Muttergesellschaft in die Sanitärbranche erfolgte 1929 durch eine Fusion. Auch in Deutschland wurden wenig später emaillierte Badewannen, Messingarmaturen und Sanitärkeramik aus Kristallporzellan produziert. 1950 firmierte das Unternehmen in Ideal Standard GmbH um, seit 1956 ist Bonn der Verwal-

Ein Mann, ein Spaten, eine Marke: IDEAL

tungssitz. Ideal Standard ist heute Teil der American Standard Companies Inc. Im Geschäftsbereich Bad & Küche verzeichnete die Muttergesellschaft 2006 weltweit mit 26.000 Mitarbeitern und 54 Produktionsstätten einen Umsatz von 2,4 Mrd. Euro. Gemessen am Jahresergebnis ist American Standard nach eigenen Angaben die weltweite Nr. 1 unter den Herstellern von Bad- und Küchenprodukten. Im Oktober 2007 erwarb die Investmentgesellschaft Bain Capital den Unternehmensbereich Bad und Küche.

UNTERNEHMEN

Ideal Standard GmbH
Euskirchener Str. 80
53121 Bonn
✆ (02 28) 5 21-0
🖷 (02 28) 5 21-2 41
🖳 www.idealstandard.de

IDEALSPATEN

Ideal ist eine Marke der Idealspaten-Bredt GmbH & Co.KG, einem Unternehmen der Thono Beteiligungsgesellschaft mbH. Die Marke steht für hochwertige Handwerkzeuge für Garten und Bau. Zu diesen zählen neben Spaten auch Schaufeln, Gabeln, Hacken, Rechen, Sensen, Hauen, Schneeräumgeräte und Bauwerkzeuge. Dienstleistungen wie Regalpflege und Informationslogistik gehören ebenfalls zum Portfolio von Idealspaten. Zielgruppen der Marke sind Hobbygärtner ebenso wie professionelle Anwender. Die Ideal-Produkte zeichnen sich durch hohe Qualität in Material und Verarbeitung aus. Charakteristisch für die Marke ist weiterhin der hohe Individualisierungsgrad der Produktpalette. Sie umfasst Lösungen für unterschiedliche Bodenverhältnisse ebenso wie für spezielle Anwendungen. Die Spatentypen etwa variieren nicht nur beim Spatenblatt, sondern auch in Bezug auf Griffe und Stiele sowie hinsichtlich der Farbgebung. Das Markenlogo zeigt in einem Rechteck mit feinem schwarzen Rahmen und abgerundeten Ecken auf rotem Grund eine stilisierte Figur, die einen Spaten hält. Darunter findet sich in weißen serifenlosen Versalien auf schwarzem Grund der Markenname. In der Markenkommunikation wird das Logo häufig in Verbindung mit dem Slogan „einfach ideal!" eingesetzt. Hervorgegangen ist das Unternehmen Idealspaten aus der Eckardt & Co. Herdecke Gesellschaft mit beschränkter Haftung, die 1899 gegründet wurde. Schon bald nahm die Firma ihr wichtigstes Produkt, den aus einem Stück gefertigten, konisch gewalzten Idealspaten, in ihren Namen. 1971 kam es zur Fusion mit der Firma A. Bredt & Co. Heute gehört die Idealspaten-Bredt GmbH & Co.KG dank des jährlichen Absatzes von ca. 1 Mio. Schaufeln und 400.000 Spaten in diesen Segmenten zu den europäischen Marktführern. In Zukunft will man die Entwicklung des Unternehmens zum industriellen Komplettdienstleister weiter vorantreiben.

UNTERNEHMEN

Idealspaten-Bredt GmbH & Co.KG
Goethestr. 27
58313 Herdecke
✆ (0 23 30) 6 01-0
🖷 (0 23 30) 6 01-1 42
🖳 www.idealspaten.de

IGLO

Seit 2004 ohne Dreizack: Das Markenlogo von iglo

Unter der Lebensmittelmarke iglo vertreibt die iglo GmbH Tiefkühlkost aus den Produktgruppen Fisch, Gemüse, Käpt'n iglo sowie Snacks und Bratfleisch. Unter dem Stichwort „Das Iglo Versprechen" wirbt der Hersteller damit, dass alle verwendeten Gemüse aus nachhaltiger Landwirtschaft und Fisch sowie Meeresfrüchte aus bestandserhaltender Fischerei stammen. Wichtige Werbefigur ist seit 1985 Käpt'n iglo, der bei iglo für die Ernährungsbedürfnisse von Kindern steht. Der Name der Marke geht auf das niederl. Wort für Iglu zurück, das der Unilever-Konzern als Name für die 1960 in den Niederlanden eingeführten Tiefkühlprodukte wählte. 1961 benannte Unilever seine 1939 gegründete Solo Feinfrost GmbH in Iglo Feinfrost GmbH um. Das Markenlogo wurde 2004 eingeführt und löste die bis dahin verwendete stilisierte dreizackige Gabel ab. Es zeigt den Namenszug in weißen, kursiv gesetzten Kleinbuchstaben auf rotem Grund in einer blattähnlichen, weiß umrandeten Form, die aus der linken oberen Ecke von einer Sonne beschienen wird. Im Sommer 2006 gliederte Unilever den Tiefkühlkostbereich in die neu gegründete iglo GmbH aus und verkaufte kurze Zeit später seine Marken iglo und Birds Eye für 1,73 Mrd. Euro an die brit. Investmentgesellschaft Permira. Anfang 2006 hatte iglo nach eigenen Angaben bei rund 770 Mio. Euro Umsatz einen Marktanteil von ca. 19 %, während die Discounter-Handelsmarken auf über 50 % kamen. Im August 2007 stieg iglo mit einem Rebranding von

Tiefkühlkost-Fertiggerichten von Knorr in diesem Segment ein.

UNTERNEHMEN

iglo GmbH
Valentinskamp 89–90
20354 Hamburg
(0 40) 18 02 49-0
(0 40) 18 02 49-1 30
www.iglo.de

IITTALA

Die Konsumgütermarke Iittala steht für Design-Objekte des täglichen Bedarfs, vor allem für die Küche. Ihren Ursprung hat die Marke, die nach ihrem finn. Gründungsort benannt ist, im Jahr 1881, als ebendort eine Glas-Fabrik errichtet wurde. Bis heute werden dort Iittala-Produkte hergestellt, die sich in erster Linie an gebildete, ästhetisch anspruchsvolle Kunden mittleren Alters wenden. Mit skandinavischem Design sollen funktionale Gegenstände aufgewertet werden, wobei die verschiedenen Produktlinien so ausgelegt sind, dass alle Teile miteinander kombiniert werden können. Durch die hohe Fertigungsqualität ihrer Kollektionen wendet sich die Marke explizit gegen eine Wegwerfmentalität. In Kooperation mit Designern wie Kaj Franck und Alvar Aalto entstanden internat. beachtete Produkte, so die bekannte Aalto-Vase. Bekanntheit erlangte die Marke lt. Firmenangaben in den 1920er- und 1930er-Jahren, als Modernismus und Funktionalismus aufkamen. Das Markenlogo besteht aus einem roten Kreis (pms 200) mit einem weißen I für den Anfangsbuchstaben, gefolgt vom Markennamen in Kleinbuchstaben. Entwickelt wurde es im Jahr 1957 von Timo Sarpaneva. Die Marke gehört zur Iittala Group, die wiederum seit Juni 2007 im Besitz der finn. Fiskars Corporation ist. In den kommenden Jahren will sich die Iittala Group auf die Stärkung der Marke und der zugehörigen Ladenkette konzentrieren. Weltweit beschäftigt das Unternehmen 1.360 Mitarbeiter, die 2006 einen Umsatz von 189,9 Mio. Euro erwirtschafteten.

UNTERNEHMEN

iittala b.v.
Hoevestein 19
Oosterhout
Niederlande
www.iittala.com

IKEA

Die Möbelmarke IKEA ist internat. in 29 Ländern vertreten. Der Name setzt sich aus den Initialen des Gründers, *I*ngvar *K*amprad, dessen Heimathof, *E*lmtaryd, und *A*gunnaryd, dem Ort seiner Kindheit zusammen. Der Gründer wollte für Jung und Alt Möbel produzieren, die preiswert und dennoch qualitativ hochwertig sind. Die Namensbezeichnungen der einzelnen Produkte entstammen dem skandinavischen Sprachgebrauch. Bücherregale oder Bücherregalserien, z.B. werden mit schwed. Ortsnamen oder Berufen bezeichnet. Das Bücherregal *Billy* ist das bekannteste Produkt der Marke IKEA und seit

Die Werbekampagnen von IKEA zeichnen sich stets durch selbstironische Anspielungen aus.

1975 Teil des Sortiments. *Billy* passt in jeden Raum und lässt sich für verschiedenste Zwecke einsetzten. IKEA Deutschland trägt 17 % zum Jahresumsatz des skandinavischen Unternehmens bei. Die in Schweden entworfene Produktpalette besteht aus 9.500 Möbelstücken und Accessoires für jeden Raum. Das IKEA Logo zeigt den IKEA Schriftzug in Versalien in einem gelben Oval auf blauem Viereck. Gelb und Blau sind die schwed. Nationalfarben. In seinem Heimatland Schweden gründete Ingvar Kamprad 1943 das Unternehmen. Fünf Jahre später wurde das erste

Die Marke Iittala ist nach dem finn. Gründungsort benannt.

Das Logo ist in den schwed. Nationalfarben gehalten (oben). Das rote Sofa trägt den Namen Klippan, eine Gemeinde in der schwed. Provinz Skåne län (Mitte). Petra Hesser, Geschäftsführerin von IKEA Deutschland (unten)

Möbelstück eingeführt, der Sessel *Rut*. Der IKEA Katalog wurde erstmals 1951 verteilt und hat heute eine der größten Auflagen weltweit, 175 Mio. Kataloge in 27 Sprachen und 55 verschiedenen Ausgaben waren es 2006. 1973 wurde das erste IKEA Einrichtungshaus außerhalb Skandinaviens in der Schweiz eröffnet. Deutschlandweit arbeiten über 13.000 Mitarbeiter für IKEA. Im Jahr 2006 hat IKEA weltweit insgesamt 17,3 Mrd. Euro umgesetzt. IKEA Produkte sind ausschließlich in den markeneigenen Einrichtungshäusern erhältlich. IKEA möchte auch in Zukunft die Strategie verfolgen, die Preise weiter zu reduzieren, die Qualität zu sichern sowie sich Themen im Bereich Umwelt und Gesellschaft zu widmen.

DATEN UND FAKTEN

Markenname: IKEA, Akronym aus den Initialen des Gründers sowie Hof und Ort der Kindheit: **I**ngvar **K**amprad **E**lmtaryd **A**gunnaryd

Slogan: „Wohnst Du noch oder lebst Du schon?"

Gründet: Ingvar Kamprad, 1943, Elmtaryd/ Schweden

Markenregistrierung: 1943 in Schweden

Innovationen: Rut (1948), Billy (1978)

Jahresumsatz: 2,95 Mrd. Euro (in Deutschland 2006)

Literatur:
B. Torekull: Das Geheimnis von IKEA (1998)
R. Jungbluth: Die 11 Geheimnisse des IKEA-Erfolges (2006)

UNTERNEHMEN

IKEA Deutschland GmbH& Co. KG

Hauptsitz: Hofheim-Wallau, Deutschland

Geschäftsführung: Petra Hesser

Gesamtumsatz: 17,3 Mrd. Euro (weltweit, 2006)

Vertrieb: internat. über eigene Möbelhäuser

KONTAKT

IKEA Deutschland GmbH& Co. KG
Am Wandersmann 2–4
65719 Hofheim- Wallau
www.ikea.de

Ansprechpartner Presse:
Sabine Nold
(0 61 22) 5 85 44 75
sabine.nold@memo.ikea.com

Ansprechpartner Marketing:
Claudia Willvonseder
(0 61 22) 5 85 44 10
claudia.willvonseder@memo.ikea.com

MEILENSTEINE

1943 IKEA wird gegründet; Ingvar Kamprad verkauft Kugelschreiber.

1948 Der Sessel Rut wird als erstes Möbelstück eingeführt.

1951 Der erste IKEA Katalog wird verteilt.

1958 Das erste IKEA Einrichtungshaus wird im schwed. Älmhult eröffnet.

1963 In Norwegen wird das erste Einrichtungshaus außerhalb Schwedens eröffnet.

1975 Das Regalsystem Billy kommt auf den Markt.

1978 IKEA eröffnet das erste Einrichtungshaus außerhalb Skandinaviens in der Schweiz.

2006 IKEA expandiert nach Japan.

ILLE

In den ersten Jahren nach der Firmengründung 1965 stand die Dienstleistungsmarke Ille noch für den Handel mit Aussteuerware. Helmtraud und Wilhelm Blatz benannten ihren Handel für Tisch- und Bettwäsche nach dem Mädchennamen der Gründerin. 1973 begann man mit dem Vertrieb von Handtuchautomaten und stieg etwa zehn Jahre später auf Spender von Papierhandtüchern um. Heute zählt die Firma internat. zu den Marktführern für die Vermietung von Spendersystemen und Waschraumhygiene. Nutzer finden die Produkte der Firma Ille auf Autobahnraststätten, in Restaurants und öffentlichen Einrichtungen. Seinen nachhaltigsten Werbe-Effekt erzielt das Unternehmen mit der Platzierung des Firmenlogos auf den Spendern, den Papierhandtüchern und Toilettenpapier. Auf diese Weise kommen monatlich über 15 Mio. Kunden mit dem Markenlogo der Firma in Kontakt. Das Logo besteht aus einem kursiven Schriftzug des Markennamens Ille in einem dunklen Blauton (Pantone Reflex Blue), eingefasst von einer hellblauen Ellipse (Pantone 277). Hinter dem

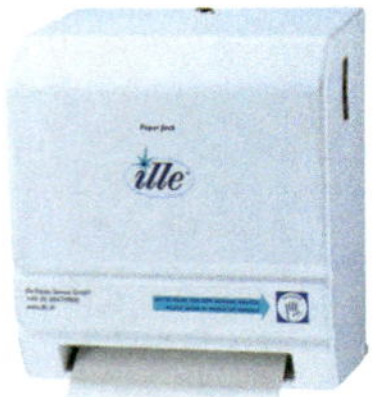

Wirksamste Werbemaßnahme von Ille ist die Platzierung des Logos auf seinen Produkten.

i-Punkt des Namens blitzt ein azurfarbener Stern (Pantone 333) auf als Symbol für Sauberkeit und Frische. Das Logo wurde 1965 von dem selbstständigen Werbegrafiker Grüner entwickelt und wiederholt geringfügig verändert. Gemäß dem Firmenslogan „Service für Sauberkeit und Hygiene" verspricht das Unternehmen innovativen Service im Bereich der Sanitärhygiene. Eine der ersten Produktinnovationen, der heute ein Klassiker im Sortiment der Firma ist, war der Großrollentoilettenspender *Big Willy*, der nach dem Gründer Wilhelm Blatz benannt wurde. In jüngerer Zeit wurde ein berührungsfreier Handtuchspender entwickelt. Weitere technische Neuerungen wie selbst desinfizierende Türgriffe sollen folgen. Mit seinen Tochtergesellschaften und Niederlassungen in Europa und im nordamerikanischen Raum baut das Unternehmen seine Marktposition weltweit aus.

DATEN UND FAKTEN

Markenname: ille, Mädchenname der Unternehmensgründerin

Slogan: „Service für Sauberkeit und Hygiene"

Erfinder: Helmtraud Blatz, Wilhelm Blatz, 1965, Altenstadt

Innovationen: Großrollentoilettenpapierspender Big Willy (1985)

Jahresumsatz: ca. 40 Mio. Euro

Werbespendings: ca. 40.000 Euro

UNTERNEHMEN

Ille Papier-Service GmbH
Industriestr. 28
63674 Altenstadt
☏ (0 60 47) 9 80-0
℻ (0 60 47) 9 80-70
www.ille.de

ILLY

Seine Begeisterung für die italienische Kaffeekultur bewegte Francesco Illy 1933 zur Gründung der Marke illy. Die Espressomischungen der Marke bestehen aus neun Arabica-Sorten mit Bohnen aus Süd- und Mittelamerika, Indien und Afrika. 1934 erfand Illy die „illetta", die erste Espressomaschine, die Wasserdruck nicht durch heißen Dampf, sondern durch Druckluft erzeugte. Zudem entwickelte er ein Überdruckverfahren für Kaffee in Dosen, das eine besonders lange Haltbarkeit gewährleistet und den Bohnen erlaubt, ihr Aroma während der Lagerung weiter zu entfalten. Kaffeegenuss ist für illy untrennbar mit ästhetischen Aspekten und Kunst verbunden: Der aktuelle Slogan „Schönheit hat einen Geschmack. illy." bringt dies zum Ausdruck. Darüber hinaus kooperiert das Unternehmen mit internat. Künstlern wie etwa Robert Rauschenberg oder dem Sänger David Byrne, der Espressotassen gestaltete. Das Logo, ein weißer handschriftlich gezeichneter illy-Schriftzug vor einem roten Quadrat, wurde 1992 vom Popart-Künstler James Rosenquist entwickelt und ziert als markantes Signet das visuelle Erscheinungsbild der Marke. In zwei Forschungslaboren in Triest und Sao Paulo arbeitet das Familienunternehmen an der Verbesserung seiner Kaffeeprodukte. Zudem widmet es sich der Verbreitung der Espressokultur und richtete eine Kaffeeakademie ein, die Kaffeebauern, Besitzern und Mitarbeitern von Restaurants und Kaffeebars sowie Kaffeeliebhabern und Connaisseuren Schulungen rund um das Thema Kaffee bietet. illy gilt internat. als führende Premiummarke im Warensegment Espresso und richtet sich sowohl an Endverbraucher als auch an gewerbliche Kunden wie gastronomische Betriebe und Unternehmen. Die illycaffè s.p.A. hat ihren Stammsitz im ital. Triest und zählt rund 700 Mitarbeiter weltweit. Andrea Illy, Enkel des Gründers, leitet das Unternehmen in dritter Generation. Im Geschäftsjahr 2006 hatte der Kaffeehersteller einen Gesamtumsatz von 246 Mio. Euro, wovon 90% allein mit der Marke illy erwirtschaftet wurden.

DATEN UND FAKTEN

Markenname: illy, abgeleitet vom Familiennamen des Gründers

Slogan: „Beauty has a taste. illy" (z. dt. „Schönheit hat einen Geschmack. illy„)

Früherer Slogan: Some things are just better (2005)

Gründer: Francesco Illy, 1933, Triest/Italien

Markeneinführung: 1974, Deutschland

Innovationen: illetta Espressomaschine mit Druckluftverfahren (1934), Überdruckverfahren, das lange Haltbarkeit des Kaffees garantiert (1935), vorportionierte Kaffeepads (1970er-Jahre)

Jahresumsatz: 221,4 Mio. Euro (Marke Illy, 2006)

Die Espressomischungen der Marke illy setzen sich aus neun Arabica-Sorten zusammen.

Die Brüder Dr.-Ing. E.h. Georg Schaeffler (Mitte) und Dr. Wilhelm Schaeffler (unten) und gründeten 1946 das Unternehmen INA.

UNTERNEHMEN

illycaffé s.p.A.
Niederlassung Deutschland
Staffelseestr. 4
81477 München
(0 89) 81 89 44–0
(0 89) 81 89 44–10
www.illy.com

INA

Unter der Industriegütermarke INA produziert die Schaeffler KG Wälzlager, Gleitlager und Linearsysteme für 60 Branchen und beliefert die Automobilindustrie mit Präzisionsbauteilen für Motoren und Getriebe. Die Geschichte von INA geht zurück bis in das Jahr 1946, als die Brüder Dr. Wilhelm und Dr.-Ing. E.h. Georg Schaeffler in Herzogenaurach die Firma Industrie-GmbH gründeten. In ihrem Unternehmen stellten sie zunächst Waren für den täglichen Bedarf wie Holzwagen, Leitern und Gürtelschnallen her. 1949 erfand Dr.-Ing. E.h. Georg Schaeffler den Nadelkäfig. Das neue käfiggeführte Nadellager war besonders kompakt und leicht, dabei aber präzise und belastbar. Ab 1952 kam die innovative Neuentwicklung in den Getrieben des VW Käfer zum Einsatz, der Durchbruch für das Unternehmen. Ab 1959 fertigt INA auch Motorenelemente. Der Markenname INA wurde 1951 eingeführt, um die eigenen Produkte zu schützen und von anderen abzuheben. Georg Schaeffler selbst entwickelte den Namen INA, ein Akronym aus den Begriffen Industrie und Nadellager, und das Markenlogo. Dieses wurde in Farbe und Schrift mehrfach verändert und zeigt heute den Markennamen in weißen Versalien kreuzförmig angeordnet auf einer grünen Raute. Die Kundennähe des Unternehmens führte schon früh zur Internationalisierung: INA folgte 1958 der VW-Produktion nach Brasilien und hatte bereits 1970 Auslandswerke in mehreren europäischen Ländern und den USA. Um nicht ausschließlich von der Fahrzeugindustrie abhängig zu sein, erschloss man weitere industrielle Absatzmärkte insbesondere in den Branchen Maschinenbau und Fördertechnik. INA ist heute Teil der →Schaeffler Gruppe, zu der auch die Marken →LuK und →FAG gehören. Zusammen sind INA und FAG nach Angaben der Schaeffler KG weltweit die Nummer zwei in der Wälzlagerbranche. Die Produkte der Schaeffler Gruppe werden weltweit über 100 eigene Büros vertrieben. Mit 63.000 Mitarbeitern an 180 Standorten erzielte das Unternehmen 2006 einen Umsatz von ca. 8,3 Mrd. Euro.

1949 erfand Dr.-Ing. E.h. Georg Schaeffler den Nadelkäfig und damit ein präzises, belastbares, käfiggeführtes Nadellager.

DATEN UND FAKTEN

Markenname: INA, Akronym aus **I**ndustrie **Na**dellager

Slogan: „Technik kreativ"

Gründer: Dr. Wilhelm Schaeffler und Dr.-Ing. E.h. Georg Schaeffler, 1946, Herzogenaurach

Markenregistrierung: 08.10.1953, DPMA München

Innovationen: INA Hülsenfreiläufe (1967), Automatische Riemenspannsysteme (1986), Profilschienenführung KUVE-B-HS (2007)

Auszeichnungen:
„Q Excellence Award", Chrysler Motors (1987)
„Umweltpreis", Ford AG (2000)
„Umweltpreis", EU EMAS-Award (2005)

Markenwebsite: www.ina.de

UNTERNEHMEN

Schaeffler KG

Hauptsitz: Herzogenaurach, Deutschland

Geschäftsleitung: Dr. Jürgen M. Geißinger (Vorsitz)

Weitere Marken: →LuK, →FAG, Barden, Lacey, ELGES, IDAM

Gesamtumsatz: 8,3 Mrd. Euro (Schaeffler Gruppe, 2006)

Vertrieb: weltweit in etwa 50 Ländern

KONTAKT

Schaeffler KG
Industriestr. 1–3
91074 Herzogenaurach
(0 91 32) 82–0
(0 91 32) 82–49 50
www.schaeffler.com

Ansprechpartner Presse:
Gerhard Zaiß
(0 91 32) 82–22 77
gerhard.zaiss@schaeffler.com

Ansprechpartner Marketing:
Dr. Christa Siefert
(0 91 32) 82–76 26
christa.siefert@schaeffler.com

SCHON GEWUSST?

- Bis 1989 gab es von INA auch industriell geknüpfte Teppiche. Auch hier stand INA für Innovation: Die Yemen-Line präsentierte Wollteppiche mit asymmetrisch aufgegliederten alt-orientalischen Motiven.
- INA entwickelt und baut nicht nur Lager, sondern auch Systeme mit integrierten Sensoren und Direktantrieben.
- Das Produktprogramm umfasst (mit der Marke FAG) 40.000 Katalogartikel für 60 Industriebranchen.

INSTYLE

InStyle ist ein monatlich erscheinendes Fashionmagazin. Die Marke gehört dem US-Medienkonzern Time Inc., der das Magazin 1994 zuerst in den USA veröffentlicht hat. Für den dt. Markt hält die BUNTE Entertainment Verlag GmbH in München seit 1999 die Lizenz. Als Zielgruppe spricht das Magazin modebewusste und moderne Frauen zwischen 20 und 39 Jahren an. InStyle versteht sich als eine Servicezeitschrift mit Authentizitätsanspruch. Abseits vom Laufsteg zeigt das Magazin, welche Mode Film- und TV-Stars tragen. Daher heißt der Claim von InStyle „Der Stil der Stars". Als innovativ und wegweisend für andere Formate bezeichnet die InStyle-Redaktion unter der Leitung der Chefredakteurinnen Patricia Riekel und Anette Weber die Präsentation von Mode und Accessoires auf einem puristisch weißen Hintergrund. Dazu kommt ein weitgehender Verzicht auf professionelle Models. Das Logo von InStyle besteht aus einem weißen Schriftzug auf rotem Grund, wobei das „I" und das „S" jeweils in Versalien gesetzt sind. Der aktuelle Werbe-Slogan der Marke lautet „Wie denn sonst". Die Zeitschrift erreicht durchschnittlich eine verkaufte Auflage von 494.802 Exemplaren pro Monat (IVW III/07). Die Reichweite liegt bei monatlich 890.000 Lesern (Quelle: Media-Analyse 2007/II). Der BUNTE Entertainment Verlag führt in seinem Portfolio Print- und Online-Medien, u. a. die Zeitschrift →BUNTE. Als erstes Spinoff vermarktet der Verlag die Zeitschrift *InStyle beauty*.

InStyle erscheint seit 1999 in Deutschland im BUNTE Entertainment Verlag.

UNTERNEHMEN

Bunte Entertainment Verlag GmbH
Arabellastr. 23
81925 München
(0 89) 92 50–0
(0 89) 92 50–25 83
www.instyle.de

INTEL

Intel steht für hochwertige Produkte im Bereich Computertechnologie. Seit der Neuausrichtung der Marke Anfang 2006 präsentiert sich Intel nicht mehr als reiner Chiphersteller, sondern als Anbieter von Plattformlösungen. Das Angebotsspektrum gliedert sich seitdem in die Segmente Mobility, Digital Home, Digital Enterprise und Digital Health. Schlüsseltechnologien sind dabei Mikroprozessoren, Chipsätze oder Motherboards aber auch Software. Intel-Produkte werden u. a. als Elemente von Desktop-PC-, Notebook-PC- und Server- bzw. Workstationlösungen präsentiert. Wesentlich für die Marktposition von Intel sind Prozessortechnologien wie Intel Centrino Duo, Intel vPro oder Intel Viiv. Der Markenname entstand durch Zusammenziehung der engl. Worte, die die ursprüngliche Firmenbezeichnung bildeten: „integrated" und „electronics". Zum Relaunch seiner Markenfamilie präsentierte Intel 2006 neu gestaltete Logos sowohl für einzelne Produkte als auch für die Dachmarke. Deren Logo stellt Bezüge zu den Vorgängern her: einerseits dem 1991 präsentierten Intel-Inside-Logo, andererseits dem 37 Jahre zuvor von den Unternehmensgründern Robert Noyce und Gordon Moore eingeführten ersten Intel-Logo. Das aktuelle Logo zeigt den Namen der Dachmarke in Blau, und zwar in der neuen serifenlosen Intel-Hausschrift, die auf den Schriften Neo Sans bzw. Neo Tech basiert. Der Schriftzug steht auf weißem Grund und ist eingefasst in eine ein Oval formende blaue Linie, die an zwei einander gegenüberliegen-

Den Wandel vom reinen Chiphersteller zum Anbieter von Plattformlösungen vollzog Intel im Jahr 2006.

den Stellen durchbrochen ist. Intel ist nach eigenen Angaben weltweit führend im Bereich Halbleiterinnovation. 2006 betrug der Jahresumsatz des Unternehmens 35,4 Mrd. USD, das operative Ergebnis lag bei 5,7 Mrd. USD.

UNTERNEHMEN

Intel GmbH
Dornacher Str. 1
85622 Feldkirchen
(0 89) 9 91 43-0
(0 89) 9 04 39 48
www.intel.de

INTERFLEX

interflex
Aus Daten werden Werte

Die Interflex Datensysteme GmbH ist in Stuttgart (unten) ansässig und produziert u.a Systeme zur Zeiterfassung (Mitte).

Die Interflex Datensysteme GmbH & Co. KG entwickelt und produziert kombinierte Soft- und Hardware-Lösungen. Zeitmanagement, Sicherheit mit Biometrie und Ausweiserstellung sowie Personaleinsatzplanung, Workforce Productivity (WFP) und Betriebsdatenerfassung (BDE) sind die Kerngeschäftsfelder. Mit dem Workforcemanagement von Interflex werden Arbeitszeiten erfasst und administriert, Zutrittskontrollen eingerichtet und Betriebsdaten verwaltet. Auch Sicherheitssysteme mit biometrischen Prüfverfahren und Ausweiserstellung gehören zum Portfolio. Mit weltweit 14.000 installierten Interflex-Systemen, über die rund 4,5 Mio. Mitarbeiter administriert sind, ist Interflex lt. eigenen Angaben Marktführer in Europa. Wilhelm Haller, der Gründer von Interflex, erkannte die Bedeutung des Arbeitszeitmanagements als wichtigen Wettbewerbsfaktor von Unternehmen. Dazu gehört auch die nachhaltige Koordinierung und Steuerung der Flexibilität auf Arbeitnehmer- und Effizienz auf Arbeitgeberseite. In den 1970er-Jahren entwickelte Haller die Gleitzeit und gilt damit als Vorreiter der Work-Life-Balance. 1974 ließ er den Markennamen Interflex, eine Verbindung aus internat. und flexibel, schützen. Interflex bietet heute komplette Systemlösungen einschließlich Vertrieb, Wartung und Beratung für mittlere und große Unternehmen aus allen Branchen. Seit 2000 ist die Firma mit Sitz in Stuttgart eine Tochter des amerikanischen Industriekonzerns Ingersoll-Rand Company Limited. Interflex blieb als eigenständige Marke bestehen und übernahm 2005 die Astrum-HR, einen Spezialisten im Bereich Personaleinsatzplanung. Damit wuchs die Mitarbeiterzahl des Unternehmens auf 535. Der Umsatz wurde 2006 mit 70,2 Mio. Euro beziffert. Für die Wort-Bild-Marke Interflex wird die Schriftart Foundry Form Sans in einem dunklen Grau (HKS 92) verwendet. Das Bildelement besteht aus einem hellblauen (Pantone 293), stilisierten Schmetterling. Er soll Sympathie, Flexibilität und Bewegungsfreiheit symbolisieren und unterstreicht die aktuellen Slogans: „Aus Daten werden Werte" sowie „Freiraum schaffen und gestalten".

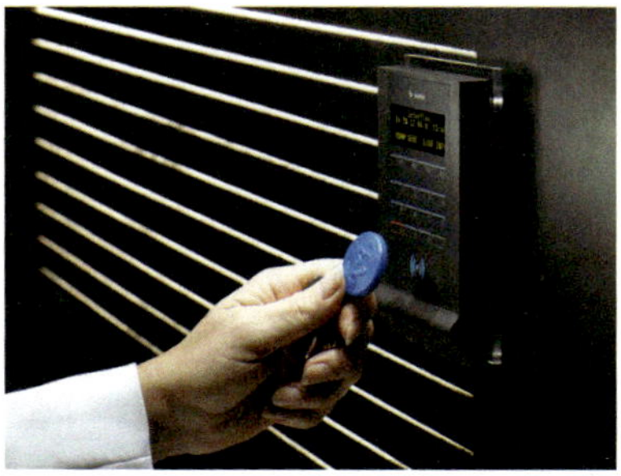

Die Interflex-Produkte zur Zeiterfassung und Sicherheitskontrolle haben zahlreiche Designpreise erhalten.

DATEN UND FAKTEN

Markenname: Interflex, Akronym, zusammengesetzt aus Anfangssilben der Worte **inter**national und **flex**ibel

Slogan: „Aus Daten werden Werte", „Freiraum schaffen und gestalten"

Erfinder: Wilhelm Haller, 1974, Stuttgart

Markenregistrierung: 05. 09. 1974, DPMA München

Innovationen: IF 6040 Software Plattform, Zutrittsleser im Lichtschalterformat IF 700 (2000), NetworkOnCard (2007)

Auszeichnungen:
„iF product design award" (1994 bis 2007)
„red dot award: product design" (2000, 2005)

UNTERNEHMEN

Interflex Datensysteme GmbH & Co. KG

Hauptsitz: Stuttgart, Deutschland

Geschäftsführer: Roman Steinhoff

Gesamtumsatz: 70,2 Mio. Euro (2006)

Vertrieb: weltweit

KONTAKT

Interflex Datensysteme GmbH & Co. KG
Zettachring 16

70567 Stuttgart
✆ (07 11) 13 22-0
🖷 (07 11) 13 22-1 11
💻 www.interflex.de

Ansprechpartner Presse:
Marcus Geigle
✆ (07 11) 13 22-1 08
✉ marcus_geigle@eu.irco.com

MEILENSTEINE

1974 Gründung der Interflex Datensysteme GmbH und erste Markenanmeldung

1976 Übernahme durch Peter Reisser. Später Umfirmierung zur GmbH & Co. KG. Auf- und Ausbau eines flächendeckenden Vertriebsnetzes im deutschsprachigen Raum und in Teilen Europas. Aufbau einer eigenen Entwicklung an den Standorten Karlsruhe und Durchhausen

2000 Verkauf des Unternehmens an den amerikanischen Mischkonzern Ingersoll-Rand. Interflex bleibt eigenständige Marke.

2005 Interflex übernimmt den Erlanger Spezialisten für Personaleinsatzplanung, die Astrum-HR GmbH. Damit wächst das Unternehmen auf 535 Mitarbeiter und macht einen Umsatz von 66 Mio. Euro.

INTERLÜBKE

Puristisches Design und hohe Qualität zeichnen die Möbel der Marke interlübke aus. Die Gebr. Lübke GmbH & Co. KG produziert unter dem Markennamen interlübke vorwiegend Schrank-, Regal- und Kommodensysteme. Seit 1963 gibt es die Marke interlübke. Sie richtet sich an design- und wertorientierte Möbelkäufer, die eine klare Formensprache bevorzugen. Zum Anspruch der Marke gehört, dass Design und Emotionalität bei höchster Qualität zusammen finden. Design wird im Hause interlübke als „Summe aus Innovation, Qualität und Haptik" definiert. Bekannt wurde interlübke durch das modular konzipierte Schrankwandsystem *S61* mit seiner speziellen Lackfarbe Weißgrau, die bis heute im Programm ist. Ungefähr jede dritte Kommission wird auch heute noch in diesem Farbton bestellt. Das über die Jahre kontinuierlich weiterentwickelte und an die technischen Möglichkeiten der heutigen Zeit angepasste Schranksystem wird seit 2007 unter dem Namen *S 07* hergestellt. Alle Möbel der Marke werden in Rheda-Wiedenbrück, dem Sitz des mittelständischen Familienunternehmens, gefertigt. Das Unternehmen entwickelt seine Produkte ausschließlich mit freien Designern. Dazu gehören z. B. Rolf Heide, Peter Maly, Werner Aisslinger und Peter Kräling. Das neueste Produkt der Marke ist ein Kleiderschranksystem, das man mit Leuchtböden sowie einem Belüftungs- und Beduftungssystem ausstatten kann. Das 1963 kreierte Logo wurde 1999 aktualisiert und präsentiert sich ebenso zeitlos wie die Möbel der Marke. Es zeigt den Schriftzug interlübke in schwarzer Schrift auf weißem Grund und wird von einem schwarzen, rechteckigen Rahmen eingefasst. Bekannte Gebäude wie das Kanzleramt und das Le Meridien Parkhotel in Frankfurt sind mit Möbeln von interlübke eingerichtet. Rund ein Zehntel des Umsatzes von rund 450 Mio. Euro jährlich wird in Messen und Werbung investiert. Anzeigen schaltet das Unternehmen nur in Wohnzeitschriften und in der gehobenen Tagespresse. Außerdem vertreibt interlübke die Möbel in ausgewählten Einzelhandelsgeschäften. Rund 43 % der in Rheda-Wiedenbrück produzierten Möbel gehen in den Export. Neben Österreich, Benelux und Großbritannien wird auch der russ. Markt fokussiert. Gegründet haben das Unternehmen die Brüder Hans und Leo Lübke im Jahr 1937. Heute arbeiten 330 Mitarbeiter für den Möbelhersteller.

Der *S 07* ist eine moderne Weiterentwicklung des Klassikers *S61* und wurde im Jahre 2007 neu eingeführt.

DATEN UND FAKTEN

Markenname: interlübke – **Lübke** ist der Familienname des Gründers Leo Lübke und **inter** steht für internat. und interior.

Gründer: Hans Lübke und Leo Lübke, 1963

Markenregistrierung: 15. 11. 1962

Innovationen: Schrankwandsystem *S61* (1961), Leuchtmöbel *eo* (2001)

Jahresumsatz: 45 Mio. Euro

interlübke

Der *S61* wurde 1961 entwickelt und war das erste modular konzipierte Schrankwandsystem von interlübke (Mitte). Leo Lübke, der Enkel des gleichnamigen Unternehmensgründers, ist Geschäftsführer der Interlübke GmbH & Co. KG.

Die iPod-Familie mit dem MP3-Player der fünften Generation

Werbespendings: ca. 4,5 Mio. Euro

Auszeichnungen:
„red dot award: product design" für *travo* (1998), *aparo* (2001), *eo* (2002), *cube* (2003) und *sipario*
„Designpreis der Bundesrepublik Deutschland" für *eo* (2002)

Literatur:
B. Polster: Möbeldesign Deutschland. Die Klassiker (2005)

UNTERNEHMEN

interlübke, Gebr. Lübke GmbH & Co. KG

Hauptsitz: Rheda-Wiedenbrück, Deutschland

Geschäftsführer: Leo Lübke

Gesamtumsatz: 45 Mio. Euro

Vertrieb: weltweit

KONTAKT

interlübke, Gebr. Lübke GmbH & Co. KG
Ringstr. 145
33378 Rheda-Wiedenbrück
✆ (0 52 42) 1 21
💻 www.interluebke.com

Ansprechpartner Presse:
Claudia Hielscher
✆ (0 52 42) 1 22 32
✉ chielscher@interluebke.de

Ansprechpartner Kommunikation & Marketing:
Daniela Kreykenbohm
✆ (0 52 42) 1 23 01
✉ dkreykenbohm@interluebke.de

SCHON GEWUSST?

▌Im Jahr 1963 flatterte Firmengründer Leo Lübke ein Vorschlag für einen Schrank von einem Innenarchitekten-Team um Walter Müller auf den Schreibtisch. Es war ein Konzept für einen Schrank, der mit wenigen Teilen gebaut und den man beliebig erweitern konnte - ein sog. Endlosschrank. Lübke fand die Idee großartig. Er und Müller waren sich schnell über die Zusammenarbeit einig. Der Vertreter Ulrich Kramer schlug für das neue System den Namen interlübke vor. Der Schrank und die entsprechenden Bett- und Beimöbel waren so erfolgreich, dass die anderen Produkte vom Markt genommen und die Firma von Gebrüder Lübke in interlübke umbenannt wurde.

IPOD

Unter dem Markennamen iPod brachte der US-Systemhersteller →Apple im Oktober 2001 einen MP3-Player auf den Markt, der sich seitdem millionenfach verkaufte. Allein im Jahr 2005 gingen 32 Mio. iPods über die Ladentheken. Damit ist der iPod der meistverkaufte MP3-Player der Welt. Der Name iPod setzt sich aus den engl. Begriffen „i" für interactive, intelligent, Internet und „Pod" für Schale, Hülse zusammen. Der iPod kann sowohl Musikdateien als auch Videos, Hörbücher, Spiele und Fotos abspielen. Je nach Modell beträgt die Speicherkapazität zwischen zwei und 80 Gigabyte. Das neueste Produkt aus der Reihe der iPods ist die mittlerweile fünfte Generation mit 80 Gigabyte Speicherkapazität, die Platz für bis zu 20.000 Musikstücke, 25.000 Fotos und 100 Stunden Video bietet. Charakteristisch ist das minimalistische Design des iPods, der klassisch mit weißer Hülle, in den neuesten Versionen auch in Schwarz oder Pink zu haben ist. Neben dem Apple Computer Mac soll der iPod ein Teil des Alltags der Kunden werden - „Digital Lifestyle" (Digitaler Lebensstil) nennt das Unternehmen Apple das Konzept. Erfunden hat den iPod Tony Fadell, der als Hardware-Entwickler bei Apple arbeitet. Der iPod nano und der iPod Shuffle sind kleinere Versionen des großen speicherstarken Geräts. Diese gibt es auch in farbigen Ausführungen. Alle Produkte vertreibt Apple in eigenen Läden, über den Apple Online-Shop, im Fachhandel sowie über den Retailkanal. Die Idee des iPods ist auch Grundlage für Apples Einstieg in den Mobilfunkmarkt: Im Januar 2006 stellte Apple-CEO Steve Jobs das iPhone vor, eine Mischung aus iPod, Telefon und Minicomputer. Begleitend zum iPod bietet Apple das Computer-Programm iTunes an, mit dem sich im Internet-Shop kopiergeschützte und auch nicht-geschützte Musikstücke herunterladen und auf den iPod übertragen lassen.

DATEN UND FAKTEN

Markenname: iPod, Akronym, abgeleitet aus **i** für interactive, intelligent, Internet und **Pod,** engl. für Schale, Hülse.

Slogan: „Think different"

Erfinder iPod: Tony Fadell, Hardware Entwickler bei Apple, 2001

Innovation: iPod 80 Gigabyte, fünfte Generation (2006)

Ausstattung: 30 Gigabyte – 80 Gigabyte Festplatte

Gewicht: 136 Gramm

Jahresabsatz: 32 Mio. Stück (Marke iPod, 2005)

UNTERNEHMEN

Apple Inc.

Hauptsitz: Cupertino, Kalifornien/USA

Geschäftsführer/Vorstand: Steve Jobs, Peter Oppenheimer, Tim Cook, Ronald B. Johnson, Philip Schiller

Mitarbeiter: 17.000 weltweit (2006)

Gesamtumsatz: 20,5 Mrd. USD (2006)

KONTAKT

Apple Deutschland GmbH
Arnulfstr. 19
80335 München
✆ (0 89) 9 96 40-0
🖳 www.apple.com/de

J

Seit 1866 eine der erfolgreichsten Spirituosen-Marke der Welt: Jack Daniel's

JACK DANIEL'S

Unter der Spirituosenmarke Jack Daniel's wird der gleichnamige Tennessee-Whiskey vertrieben. Die Markenfamilie umfasst *Jack Daniel's Old No. 7*, *Jack Daniel's Single Barrel*, *Jack Daniel's Gentleman Jack*, *Jack Daniel's & Cola* sowie *Jack Daniel's & Ginger*. Der Alkoholgehalt liegt in der Regel zwischen 40 % und 45 %, bei *Jack Daniel's & Cola* und *Jack Daniel's & Ginger* sind es 10 %. Die Whiskeys werden in Lynchburg, Tennessee, hergestellt. Die Spirituose enthält neben Quellwasser eine Mischung aus Gerste, Roggen und Mais, die fermentiert, destilliert und dann in Eichenfässern gelagert wird. Jack Daniel's Whiskeys werden mit Hilfe des Charcoal-Mellowing hergestellt. Auf dieses Holzkohlefilterverfahren gründet sich eine ganze Whiskey-Gattung: der Tennessee-Whiskey mit seinem charakteristischen, weichen Geschmack. Dieses Verfahren geht auf den Namensgeber der Marke zurück, Jasper Newton „Jack" Daniel. Primäre Zielgruppe sind unabhängige und selbstbewusste Männer zwischen 18 und 40 Jahren. Das Flaschenlabel enthält neben dem Markenamen auch die Gattungsbezeichnung Tennessee-Whiskey. Die Marke Jack Daniel's gehört der Brown-Forman Beverages Worldwide, Louisville, USA. 1866 begann die Herstellung von Jack Daniel's Tennessee-Whiskey in der ersten registrierten Destillerie Amerikas. Heute ist Jack Daniel's weltweit Markführer im Segment Whiskey. In Deutschland vertreibt die → Bacardi GmbH Jack Daniel's zusammen mit anderen bekannten Spirituosenmarken.

UNTERNEHMEN

Brown-Forman Beverages, Europe, Ltd.
Alte Rabenstr. 2
20148 Hamburg

JACK WOLFSKIN

Mit der Jack Wolfskin eigenen Membran *TEXAPORE* ausgestattet, ist die *Thin Air Jacket* aus der Sommerkollektion 2008 zu 100 % wasserdicht und hoch atmungsaktiv (Mitte). Geschäftsführer und Mitinhaber Manfred Hell (unten)

Die Marke Jack Wolfskin steht für ein Komplettangebot hochfunktioneller Outdoor-Ausrüstung. Die Produktpalette umfasst Bekleidung, vor allem Wetterschutzjacken, Berg- und Wanderschuhe, Zelte, Rucksäcke, Schlafsäcke und Reisegepäck. Wetterschutz, hohe Atmungsaktivität sowie Klima- und Tragekomfort stehen im Mittelpunkt der Produktentwicklung. Die Marke richtet sich an alle Altersgruppen und spricht Freizeisportler, ambitionierte Outdoorer und Profis gleichermaßen an. Das 1983 entwickelte und seitdem nicht veränderte Logo mit der Tatze nimmt einerseits Bezug auf das Thema Natur, andererseits auch auf den Markennamen, der nach Firmenangaben an einem kanadischen Lagerfeuer erfunden wurde. Die Jack Wolfskin GmbH & Co. KGaA ist Titelsponsor der Internationalen Jack Wolfskin Vierschanzentournee und der Skiflug-WM 2008 sowie Sponsor verschiedener Fußballvereine. In Europa gibt es mehr als 150 Marken-Stores, die Produkte sind jedoch auch im Outdoor- und Sportfachhandel erhältlich. Aktuell expandiert das Unternehmen sehr stark, vor allem in osteuropäischen Ländern und in Asien. Der Firmensitz in Idstein im Taunus wurde kürzlich um ein neu gestaltetes Entwicklungszentrum errichtet. Insgesamt beschäftigt Jack Wolfskin ca. 380 Mitarbeiter.

Ein Kampagnenmotiv aus der Winterkollektion 2007/ 2008 von Jack Wolfskin

DATEN UND FAKTEN

Markenname: Jack Wolfskin, Fantasiename mit Assoziationen zu Abenteuer und Natur

Slogan: „Draussen zu Hause"

Markenregistrierung: 08. 06. 1983, DPMA München

Innovationen: verschiedene Rucksacktragesysteme sowie Belüftungssysteme für Wetterschutzjacken, weltweit erstes frei stehendes Tunnelzelt *REAL TUNNEL TECHNOLOGY* (2001), *TEXAPORE* (wasserdichte und atmungsaktive Hochleistungs-Wetterschutzmembran) in verschiedenen Varianten

Markenbekanntheit: 59 % gest. (Spiegel Outfit Studie 6)

Jahresumsatz: 129,6 Mio. Euro (Nettowarenumsatz 2006)

Auszeichnungen: „red dot design award" für das weltweit erste freistehende Tunnelzelt *REAL TUNNEL TECHNOLOGY* (2004)
„red dot design award" für das bewegliche

Tragesystem *ENERGY BALANCE SYSTEM* (2004)
„OutDoor Industry Award" für Rucksacktragesystem *EXIT AIR TECHNOLOGY* mit besonderer Rückenbelüftung durch horizontalen Lüftungskanal (2006)

UNTERNEHMEN

JACK WOLFSKIN AUSRÜSTUNG FÜR DRAUSSEN GmbH & Co. KGaA

Hauptsitz: Idstein im Taunus, Deutschland

Geschäftsführer: Manfred Hell (Geschäftsführer und Mitinhaber)

Vertrieb: Deutschland, weitere europäische und asiatische Länder

KONTAKT

Jack Wolfskin GmbH & Co. KGaA
Limburger Str. 38–40
65510 Idstein im Taunus
✆ (0 61 26) 95 4–0
🖷 (0 61 26) 95 4–1 69
💻 www.jack-wolfskin.com

MEILENSTEINE

1983 Die Marke Jack Wolfskin wird gegründet. Der Markenname und der Schriftzug mit der Tatze werden eingetragen. Erster Claim: „Born to be wild"

1993 Eröffnung des ersten Jack Wolfskin Stores in Heidelberg

1995 Jack Wolfskin bietet unter der Linienbezeichnung *FAMILY* erstmals technisch anspruchsvolles Outdoor Equipment für Kinder und Familien an.

1999 Jack Wolfskin bringt die erste Schuh-Kollektion auf den Markt.

2001 Im Juni findet das erste „Wolfstock"-Festival am saarländischen Bostalsee anlässlich des 20-jährigen Firmenjubiläums statt. Das Festival begeistert ca. 15.000 Menschen.

2002 Neuer Claim „Draussen zu Hause" (internat.: „at home outdoors").

2007 Am Firmengelände in Idstein beginnen die Bauarbeiten für ein neu gestaltetes Entwicklungszentrum mit 3000 Quadratmeter Fläche. Innerhalb der nächsten beiden Jahre soll zudem die Lagerfläche in Hamburg auf 50.000 Quadratmeter ausgeweitet werden.

Ansprechpartner Presse:
Julia Haselmayr
✆ (0 61 26) 9 54–1 40
✉ julia_haselmayr@jack-wolfskin.com

JACOBI 1880 WEINBRAND

Jacobi 1880 reift zwölf Monate in Limousin-Eichenfässern.

Die Ursprünge der Spirituosenmarke Jacobi gehen auf das Jahr 1880 zurück, als Jacob Jacobi beim königlichen Gericht zu Stuttgart seine „Fabrikation von und den Handel mit Likören und Weinbrand-Spirituosen" registrieren ließ. Jacobi 1880 Weinbrand steht lt. Unternehmensangaben traditionell für Premiumqualität und ein besonderes Geschmackserlebnis. Die Destillate werden über mindestens zwölf Monate in kleinen Limousin-Eichenfässern ausgebaut. Damit erfüllt Jacobi 1880 Weinbrand die rechtlichen Voraussetzungen für den dt. Standard „Alter Weinbrand" und V. S. O. P. ***** Qualität. Der lange Reifeprozess verleiht dem Weinbrand seinen typisch milden Geschmack und die bernstein-goldene Farbe. Jede Flasche erhält eine individuelle Kontrollnummer. Zielgruppe sind hauptsächlich männliche Konsumenten mit hohem Qualitäts- und Traditionsbewusstsein. Mutterfirma von Jacobi 1880 Weinbrand ist die Beam Global Spirits & Wine Inc. mit Hauptsitz in den USA. Die dt. Dependance beherbergt neben vielen anderen Produkten auch die Marken Kuemmerling Kräuterlikör, Jim Beam Bourbon, → Fürst Bismarck Doppelkorn, Sauza Tequila und Harveys Bristol Cream. Beim Intern. Wine & Spirit Competition 2007 erhielt Jacobi 1880 Weinbrand die Auszeichnung „Silver best in class".

UNTERNEHMEN

Beam Global Spirits & Wine Deutschland GmbH
Lyoner Str. 15
60528 Frankfurt/Main
✆ (0 69) 6 60 58 89 60
🖷 (0 69) 6 60 58 89 90
💻 www.beamglobal.com

JACOBS KRÖNUNG

Das Logo der traditionsreichen Kaffee-Marke Jacobs

Die Konsumgütermarke Jacobs Krönung steht für eine Kaffee-Produktfamilie der Dachmarke Jacobs Kaffee. Jacobs Krönung wird als klassischer Filterkaffee (Jacobs Krönung), als Kaffee mit halbem Koffeingehalt (*Jacobs Krönung Balance*), ganz ohne Koffein (*Jacobs Krönung free*), als milde Sorte (*Jacobs Krönung mild*), als Löskaffee (*Jacobs*

Jafra Cosmetics steht für Wirkstoffkosmetik und individuelle Beratung.

Das Logo und die Flasche von Jägermeister gehören zu den bekanntesten Warenzeichen im Segment Spirituosen. Das Unternehmen setzt aufwendige Werbemaßnahmen (unten) ein, um die Marke bekannt zu halten.

Krönung Gold) und in Form von Kaffeepads angeboten. Der erste Teil des Markennamens geht auf den Bremer Kaffeehändler und -röster Johann Jacobs zurück, der 1895 mit dem Verkauf von Kaffee begann. Das erste eingetragene Jacobs-Warenzeichen zeigte einen auf Händen getragenen Kaffeesack (1913). 1954 entstand dann der Slogan, der 40 Jahre lang die Marke bewerben sollte: „Jacobs Kaffee ... wunderbar!" In abgewandelter Form findet er sich noch heute auf der Verpackung von Jacobs Krönung. Die Marke selbst wurde 1966 eingeführt, als die Kaffeesorte „Grün" in „Krönung" umbenannt wurde. Auf den Verpackungen ist eine Krone über dem Produktnamen sichtbar, den Markennamen ergänzt der Slogan „mit dem Verwöhnaroma". In den 1970er-Jahren wurde die Hausfrau Karin Sommer zur maßgeblichen Werbefigur, zum neuen Jahrtausend gab es einen Relaunch der Dachmarke Jacobs. Das Logo und die Produkte erhielten eine neue Gestaltung, das Model Claudia Schiffer warb in TV-Spots für Jacobs Krönung. Die Johann Jacobs & Co. fusionierte 1982 mit der Interfood AG und hieß später Jacobs Suchard. Das Unternehmen wurde 1990 vom Philip-Morris-Konzern gekauft. Nach dem Zusammenschluss mit Kraft General Foods wurde es in Kraft Jacobs Suchard umbenannt. Seit dem Jahr 2000 heißt der Gesamtkonzern Kraft Foods, in Deutschland vertreten als Kraft Foods Deutschland GmbH. Jacobs Krönung ist heute lt. Firmenangaben im Bereich Filterkaffee Marktführer im dt. Einzelhandel.

UNTERNEHMEN

Kraft Foods Deutschland GmbH
Langemarckstr. 4–20
28199 Bremen
(04 21) 5 99-01
(04 21) 5 99-36 75
www.jacobs.de

JAFRA COSMETICS

Die Kosmetikmarke Jafra Cosmetics steht für ein breites Sortiment an Gesichtspflege, dekorative Kosmetik, Körperpflege und Düften. Der Markenname setzt sich aus den Anfangsbuchstaben der Vornamen von Jan und Frank Day zusammen, die 1956 im kalifornischen Malibu das Kosmetikunternehmen Jafra gründeten. Der Vertrieb der Marke erfolgt durch selbstständige Kosmetik-Fachberaterinnen, die Kosmetikprodukte in Einzel- oder Gruppenberatungen vorstellen und direkt an ihre Kundinnen verkaufen. Mit Produktlinien wie *Jafra Dynamics* oder den Pflegeartikeln der *Royal Jelly* Serie spricht die Marke getreu dem Motto „Jafra – Wir wollen Frauen begeistern" ein anspruchsvolles und auf persönliche Beratung bedachtes Klientel an. Das visuelle Erscheinungsbild von Jafra wurde zuletzt 2007 vom Hamburger Designer Peter Schmidt geprägt. Das Markenlogo zeigt ein von einer Ellipse umschlossenes J über dem in Versalien gezeichneten Jafra-Schriftzug. Seit 2004 ist die Jafra Cosmetics Inc. mit Sitz in Westlake Village in den USA eine Tochtergesellschaft der →Vorwerk & Co. KG. CEO und President ist Frank P. Mineo. Jafra Cosmetics-Produkte werden in Mexiko, den USA, in Europa und in Russland verkauft. 2006 machte das Unternehmen Jafra Cosmetics, dessen dt. Dependance in München angesiedelt ist, einen Umsatz von 447 Mio. Euro und erwirtschaftete damit 19 % des Gesamtumsatzes der Vorwerk-Gruppe. Jafra Cosmetics beschäftigt 1.450 Mitarbeiter und bietet weltweit 480.000 Kosmetikberaterinnen eine Tätigkeit mit Karrieremöglichkeiten nach Maß.

UNTERNEHMEN

Jafra Cosmetics GmbH & Co. KG
Leonrodstr. 52
80636 München
(0 89) 1 49-9 30
(0 89) 1 49-60 48
www.jafra.de

JÄGERMEISTER

Die Spirituosenmarke Jägermeister steht für einen Kräuterlikör, der durch die Mast-Jägermeister AG auf dem internat. Markt vertrieben wird. Die Rezeptur des u. a. aus 56 Kräutern, Früchten und Wurzeln bestehenden Likörs wurde 1934 von Curt Mast erfunden. Der Sohn des Firmengründers Wilhelm Mast war begeisterter Jäger, was sich im Verpackungsdesign und dem Markennamen des Produkts widerspiegeln sollte. Der Hirschkopf verbunden mit dem Kreuz zwischen dem Geweih zeigt ein Element aus der Sage vom heiligen Hubertus, dem Schutzpatron der Jäger. Den Rand des Etiketts ziert ein Jägergedicht Oscar von Riesenthals. Die grüne Färbung der Flasche soll zusätzlich die Naturverbundenheit der Marke unterstreichen. Sowohl das Etikett als auch die Marke selbst sind seit der Produkteinführung im Jahr 1935 geschützt. Neben dem traditionellen Markenkern verdankt Jägermeister seine weltweite Bekanntheit vor allem einer kreativen Marketingstrategie. Als erster Trikotsponsor in der dt. Fuß-

Jägermeister setzt in seiner Marketingstrategie verstärkt auf eine breite Zielgruppe – auch im Internet.

ball Bundesliga unterstütze Jägermeister ab 1973 die Profi-Mannschaft von Eintracht Braunschweig. Bereits drei Jahre zuvor legte die Mast-Jägermeister AG die Weichen für eine weltweite Expansion mit Bandenwerbung während der Fußball-Weltmeisterschaft 1970 in Mexiko. Während zunächst nahe Märkte wie Dänemark und die Beneluxländer erschlossen wurden, wird Jägermeister zzt. in über 70 Ländern weltweit vertrieben. Mittlerweile werden mehr als 70 % der Produktion exportiert. Wichtigster ausländischer Absatzmarkt sind die USA, wo im Jahr 2003 zum ersten Mal mehr Jägermeister getrunken wurde als in Deutschland. Mit 76,5 Mio. verkauften Flaschen hat sich Jägermeister 2006 unter den zehn absatzstärksten Premium-Spirituosen weltweit etabliert. In Deutschland ist Jägermeister Marktführer. Am Heimatstandort im niedersächsischen Wolfenbüttel und in einer der modernsten Abfüllanlagen Europas im sächsischen Kamenz sind 500 Mitarbeiter beschäftigt.

DATEN UND FAKTEN

Markenname: Jägermeister, Berufsbezeichnung: Erfinder Carl Mast hatte eine hohe Affinität zur Jagd.

Slogan: „Achtung Wild!"

Erfinder: Curt Mast, 1934

Markenregistrierung: 09. 01. 1937, Reichspatentamt Berlin

Jahresumsatz: 306 Mio. Euro (2006)

Werbespendings: 50 Mio. Euro (weltweit, 2006)

UNTERNEHMEN

Mast-Jägermeister AG

Hauptsitz: Wolfenbüttel, Deutschland

Vorstand: Paolo Dell' Antonio, Jack Blecker

Weitere Marken: Schlehenfeuer

Vertrieb: weltweit

KONTAKT

Mast-Jägermeister AG
Jägermeisterstr. 7–15
38296 Wolfenbüttel
✆ (0 53 31) 8 10
🖷 (0 53 31) 8 14 56
💻 www.jaegermeister.de

Ansprechpartner Presse:
Astrid van Delden
✆ (0 53 31) 8 14 16
✉ astrid.vandelden@jaegermeister.de

SCHON GEWUSST?

▮ Einen Tag nach der Öffnung der innerdt. Grenze am 9. November 1989 begrüßte Günter Mast Besucher aus der DDR am nahen Grenzübergang Helmstedt mit einem Jägermeister Geschenkpaket und 20 DM.

▮ Mit der Bandenwerbung während der Fußball-Weltmeisterschaft 1970 in Mexiko war Jägermeister das erste europäische Unternehmen, das diese Form der Werbung nutzte.

JAGUAR

Die Jaguar Deutschland GmbH ist eine Tochtergesellschaft von Jaguar Cars Ltd., die seit 1989 Bestandteil der Ford Motor Company ist. Im Jahr 1922 gründete William Lyons gemeinsam mit William Walmsley im brit. Blackpool die Swallow Sidecars Ltd. Zunächst wurden ausschließlich Motorrad-Seitenwagen produziert. 1931 rollte das erste eigene Produkt, der Sportwagen SSI aus den Fabrikhallen. Das erste Automobil mit der Bezeichnung SS Jaguar wurde 1935 produziert. Man wählte den Namen Jaguar im Hinblick auf die Schnelligkeit und die Eleganz der gleichnamigen Raubkatze und mit Kriegsende 1945 wurde dieser Name auch als Firmenname übernommen, da er zu den Modellen passte, die Sir William Lyons entwarf. Das Logo der Marke, lange Zeit auch als markante Kühlerfigur genutzt, zeigt einen Jaguar im Sprung und wird durch den Namenszug in serifenlosen Versalien ergänzt. Durch die legendären Siege im Motorsport mit Fahrzeugen wie dem *XK120*, dem *C-Type* oder dem legendären *D-*

Der Automobil-Klassiker: der Jaguar E-Type (Mitte), Geschäftsführer von Jaguar Deutschland Jeffrey L. Scott (unten)

Type bei den 24 Stunden Rennen in Le Mans und anderen Sportwagen Weltmeisterschaften, erlangte das vergleichsweise kleine Unternehmen aus Coventry bei Birmingham schnell Weltruhm. Besonders in den USA erfreuten sich die Jaguar Sportwagen einer großen Nachfrage und einer prominenten Kundschaft. Mit der Einführung des *Mark II* Ende der 1950er-Jahre und des *Jaguar XJ6* Ende der 1960er-Jahre erweiterte Jaguar seine Produktpalette und stellte neben Sportwagen nun auch Limousinen her. Durch die Wirren der Übernahme von Jaguar Cars durch British Leyland 1968 und der Verstaatlichung des Automobilherstellers wurde das Unternehmen jedoch geschwächt und die Fahrzeugqualität entsprach nicht mehr den Anforderungen. Erst nach der Reprivatisierung 1981 und der Übernahme von Ford im Jahr 1989, konnte Jaguar Cars durch enorme Investitionen in Qualität, Produktionsstätten und neue Produkte wieder an seine früheren Erfolge anknüpfen. Fahrzeuge wie der *XJS* und der *XJ220*, der 1991 als schnellstes Serienfahrzeug der Welt eingeführt wurde leiteten die Wiederauferstehung der Marke ein. Auf dem dt. Markt ist Jaguar seit 1983 mit dem Generalimporteur Jaguar Deutschland GmbH vertreten, dessen Firmensitz sich seit 2003 in Schwalbach im Taunus befindet. Die Marke Jaguar hat sich innerhalb der vergangenen zehn Jahre weiterentwickelt. Nachdem das Unternehmen Ende der 1990er-Jahre nur im Luxus- und Sportwagensegment

Im März 2008 löst der neue Jaguar XF den Jaguar S-Type im Bereich der oberen Mittelklassewagen ab.

präsent war, wagte es 1999 mit dem *Jaguar S-Type* den Vorstoß in die obere Mitteklasse und 2001 mit dem *Jaguar X-Type* den Einstieg in die Mittelklasse. 2003 und 2004 führte Jaguar erstmals Dieselmotoren für die Limousinen ein, um der steigenden Nachfrage nach wirtschaftlichen und emissionsarmen Triebwerken nachzukommen. Jaguar sieht sich heute als Hersteller qualitativ hochwertiger, technisch innovativer und sehr luxuriöser Fahrzeuge. Eine neue Designära wurde mit der Einführung des Sportwagens *Jaguar XK* 2006 und der Vorstellung der Sportlimousine *Jaguar XF* 2007 eingeläutet.

DATEN UND FAKTEN

Markenname: Jaguar, Bezeichnung für eine Raubkatze, Anpassung des Firmennamens an die Modellbezeichnungen 1945

Slogan: „Beautiful, fast cars"

Gründer: Sir William Lyons und William Walmsley, 1922, Blackpool/GB

Markenregistrierung: 02. 02. 1951, DPMA München

Innovationen: erste Scheibenbremsen im Auto (1957), Jaguar E-Type (1961), Jaguar Voice Control (1999), Adaptive Cruise Control (2001), Jaguar Drive Control (2007)

Markenbekanntheit: 83 % gest. (Stern Markenprofile Heft 11, 2005)

Auszeichnungen:
„Die besten Autos", Zeitschrift Auto, Motor und Sport für *Jaguar S-Type* (1999 bis 2005)
„Beste Europäische Marke", JD Power Kundenzufriedenheitsstudie (2004)
„Schönstes Sportcoupé", Zeitschrift Auto Bild für *Jaguar XK* (2006)
„Marke mit der höchsten Qualität", Zeitschrift Autozeitung (2006)
„Schönste Oberklasse Limousine", Zeitschrift Auto Motor und Sport für Jaguar XJ (2007)

UNTERNEHMEN

Jaguar Deutschland GmbH

Hauptsitz: Schwalbach, Deutschland

Geschäftsführung: Jeffrey L. Scott

Weitere Marken: Daimler

Vertrieb: weltweit über Vertriebsnetz von ca. 300 Händlern, in Deutschland mit rund 70 Händlern

KONTAKT

Jaguar Deutschland GmbH
Am Kronberger Hang 2a
65824 Schwalbach
(0 61 91) 99 95-0
(0 61 91) 99 95-1 50
www.jaguar.de

Ansprechpartner Presse:
Andrea Leitner-Garnell

✆ (0 61 91) 99 95-1 62
✉ aleitner@jaguar.com

Ansprechpartner Marketing:
Henning Schindler
✆ (0 61 96) 99 95-3 40
✉ hscind1@jaguar.com

Lead-Agentur:
Euro RSCG Fuel
www.eurorscg.com

SCHON GEWUSST?

- Der Jaguar C-Type, der 1953 die 24 Stunden von Le Mans gewann, hatte als erstes Auto der Welt Scheibenbremsen.
- Der Jaguar *XJ220* war bei seiner Markeinführung 1991 das schnellste Serienfahrzeug der Welt.
- „Car of the Stars": Hollywood-Legenden wie Clark Gable, Tony Curtis und Frank Sinatra galten als bekennende Jaguar-Liebhaber.
- Jaguar ist engl. Hoflieferant und hat im Laufe der Jahre über 100 Limousinen an das engl. Königshaus geliefert.
- Der Jaguar *E-Type* wurde 1996 als drittes Automobil in die permanente Sammlung des Museum of Modern Art aufgenommen.

JAMBA

Die Marke Jamba steht für digitale Unterhaltungsprodukte und -dienste für das Mobiltelefon. Zum Angebot gehören Klingeltöne, Handyvideos und -spiele sowie Musikdownloads und Hintergrundbilder in 35 Ländern und 25 Sprachen. Jamba richtet sich an Konsumenten im Alter von 16 bis 34 Jahren, die eine hohe Affinität zum Thema Digital Entertainment haben. Durch die Verbreitung lizenzierter oder selbst erstellter Originalinhalte grenzt sich Jamba mit den jeweils neuesten Trends von den Mitbewerbern ab. Seit Sommer 2006 bietet Jamba ein eigenes Musik-Download-Portal unter dem Namen *Jamba Music* an, mit dem sich Musikstücke auf Handy und PC gleichzeitig herunterladen und abspielen lassen. Der Markenname Jamba hat seinen Ursprung im Afrikanischen und bedeutet „Hallo". Jamba-Dienste werden mit dem Slogan „Jamba - Have it or Hate it" beworben. Der TV-Spot zum Slogan wurde im Jahre 2006 beim ADC-Festival mit dem Bronze-Nagel ausgezeichnet. Die Jamba! GmbH wurde im Jahre 2000 durch die Brüder Marc, Oliver und Alexander Samwer in Berlin gegründet. Als Partner stiegen u.a. die →Metro Gruppe und der Telekommunikationsdienstleister debitel mit ein. Seit Anfang 2007 ist Jamba Teil eines Joint Ventures der Unternehmen News Corporation und VeriSign, Inc. An den Standorten Berlin und Beverly Hills, USA sind rund 700 Mitarbeiter beschäftigt. Tochtergesellschaften des Unternehmens betreiben u.a. das Dating-Portal *iLove.de* und sind in der Entwicklung mobiler Spiele tätig (Ojom).

Der Markenname Jamba hat seinen Ursprung im Afrikanischen und bedeutet „Hallo".

UNTERNEHMEN

Jamba! GmbH
Karl-Liebknecht-Str. 5
10178 Berlin
✆ (0 30) 6 95 38-1 20
(0 30) 6 95 38-5 99
www.jamba.de

JENOPTIK

Jenoptik ist Spezialist für photonische und mechatronische Technologien und gehört in ausgewählten Bereichen zu den Markt- und Technologieführern. Der internationale Konzern konzentriert sich auf die Kompetenzfelder Laser/Optik, Optoelektronik und Mechatronik. Die Unternehmen des Konzerns sind unter der Dachmarke Jenoptik zusammengefasst. Jenoptik entwickelt, fertigt und vertreibt optische, optoelektronische und mechatronische Systemlösungen und Anlagen sowie Komponenten und Module. Zu den Kunden weltweit gehören vor allem Unternehmen der globalen Halbleiter- und Halbleiterausrüstungsindustrie, der Automobil- und Automobilzulieferindustrie, der Medizintechnik, der Sicherheits- und Wehrtechnik, der Luft- und Raumfahrtindustrie sowie die öffentliche Hand. 1846 gründete Carl Zeiss eine feinmechanisch-optische Werkstatt in Jena. Nach dem 2. Weltkrieg und der Teilung Deutschlands wurde 1946 in Oberkochen eine neue Firma, die Opton Optische Werke Oberkochen GmbH (später Carl Zeiss) gegründet. Die Jenaer Zeiss-Werke wurden Volkseigener Betrieb (VEB). Nach langen Rechtsstreitigkeiten um Patent- und Markenrechte zwischen dem west- und dem ostdt. Zeiss-Unternehmen regelte das Londoner Abkommen 1971, dass – von wenigen Ausnahmen abgesehen – die Erzeugnisse aus Jena auf den westlichen Märkten unter dem Markennamen Jenoptik vertrieben werden. 1990 übernahm die Treuhand das Zeiss-Kombinat. Daraus ging 1991 die JENOPTIK GmbH hervor, deren Leitung der frühere baden-württembergische Minister-

Thermografiekamera *VarioCAM* von Jenoptik (Mitte), Vorstandsvorsitzender Michael Mertin (unten)

Das Ernst-Abbe-Hochhaus in Jena ist der Firmensitz der Jenoptik AG.

präsident Lothar Späth übernahm. Mit der Gründung wurde das Markenlogo JENOPTIK JENA für die Dach- und Untermarken eingeführt. Unter dem Logo stand jeweils der Name der Untermarke bzw. des Unternehmens. Das Logo wurde von dem Stuttgarter Grafiker hace gestaltet und 2006 im Zuge der strategischen Neuausrichtung in JENOPTIK GERMANY leicht modifiziert. Jenoptik beschäftigt weltweit ca. 3.400 Mitarbeiter und hatte 2006 einen Gesamtumsatz von 485 Mio. Euro. Der Markenwert der JENOPTIK AG lag 2007 bei 91 Mio. Euro und zählt damit zu den 50 wichtigsten dt. Marken (Quelle: Semion Brand Evaluation). Zu den bedeutenden Entwicklungen von Jenoptik gehören die präzise Erfassung von Entfernung und Geschwindigkeit durch Lasertechnik, Hochleistungs- und Mikrooptiken sowie Anlagen für die Lasermaterialbearbeitung zum Perforieren und Schneiden von Kunststoffen.

DATEN UND FAKTEN

Markenname: Jenoptik, Zusammensetzung aus dem Namen des Firmenstandorts und dem Begriff Optik

Slogan: „Technologiekonzern – Spezialist für photonische und mechatronische Technologien"

Markenregistrierung: 26.02.1957 als Warenzeichen für den Jenaer Betrieb

Innovationen: *TraffiTower* als Ersatz für die „Starenkästen" (2006), Optimierung der Lasertechnik und der Polymeroptik (2007)

Markenbekanntheit: Markenwert lag 2007 bei 91 Mio. Euro (Quelle: Semion Brand Evaluation)

UNTERNEHMEN

JENOPTIK AG

Hauptsitz: Jena, Deutschland

Vorstand: Dr.-Ing. Michael Mertin (Vorstandsvorsitzender), Frank Einhelliger (Vorstand Finanzen)

Gesamtumsatz: 485 Mio. Euro

Mitarbeiter: ca. 3.400 weltweit (2007)

KONTAKT

JENOPTIK AG
Carl-Zeiß-Str. 1
07743 Jena
(0 36 41) 65-0
(0 36 41) 42 45 14
www.jenoptik.com

Ansprechpartner Presse & Marketing:
Katrin Lauterbach
(0 36 41) 65-22 55
Katrin.Lauterbach@jenoptik.com

MEILENSTEINE

1846 Carl Zeiss gründet in Jena eine Werkstatt für Feinmechanik und Optik.

1891 Die Carl-Zeiss-Stiftung wird alleinige Eigentümerin der Zeiss Werke.

1948 In der DDR wird die Firma zum Volkseigenen Betrieb (VEB), eine zweite Firmengründung in Oberkochen führt zur Aufspaltung in zwei Unternehmen.

1990 Das ostdt. Unternehmen wird als Jenoptik Carl Zeiss JENA GmbH von der Treuhand übernommen, ein Jahr später entsteht daraus die JENOPTIK GmbH.

1998 Börsengang der JENOPTIK AG

2006 Nach einer strategischen Neuausrichtung bündelt Jenoptik ihre Konzerngesellschaften weltweit unter dem gemeinsamen Markendach JENOPTIK GERMANY.

JET

Unter der Marke JET vertreibt die ConocoPhillips Germany GmbH über ein eigenes Tankstellennetz Kraftstoffe. In den bundesweit 536 JET-Stationen (260 davon mit Waschstraße) werden die Kraftstoffe Normal Bleifrei, Euro Super, Super Plus und Diesel angeboten. Zusätzlich werden Güter des täglichen Bedarfs in den Tankstellen-Shops verkauft. Die JET-Produkte folgen der Markenstrategie, hohe Qualität mit günstigen Preisen zu verbinden. So hat JET als erste Marke im Tankstellensegment in Deutschland flächendeckend die Selbstbedienung eingeführt. JET hat heute pro Standort die meisten Kunden und das höchste Tankvolumen in Deutschland (Quelle: JET). Der Gründer der Marke, Bill Roberts, entnahm im Jahr 1953 die Buchstabenkombination dem Nummernschild seines ersten Tanklastzugs, das „JET 855" lautete. Das Logo wurde seit der Gründung der Marke mehrfach überarbeitet. Seit 2000 zeigt es, leicht schräg gestellt, in einem Blauton und in serifenlosen Versalien den Schriftzug JET auf einem gelben Oval, das im selben Blauton umrahmt ist. Mit dem Slogan: „Schlauer ist das" wirbt die Marke mit Zeichnungen und Filmen des Zeichners Rötger „Brösel" Feldmann, dem Erfinder der Comic-Figur Werner. Mit der Eröffnung seiner ersten Tankstelle in Rotherham, Yorkshire, Großbritannien, wollte Bill Roberts Autofahrern eine günstige Alternative zu den Tankstellennetzen der großen Ölkonzerne bieten. Das Unternehmen expandierte schnell, seit 1970 auch auf dem dt. Markt. Das nordamerikanische Mutterunternehmen ConocoPhillips ist auch in der Erschließung von Ölvorkommen, im Mineralölhandel sowie im Raffineriegeschäft tätig.

Die Buchstaben der Wortmarke von JET stammen vom Nummernschild des Firmengründers.

UNTERNEHMEN

ConocoPhillips Germany GmbH
Überseering 27
22 297 Hamburg
✆ (0 40) 6 38 01–0
🖷 (0 40) 6 38 01–4 54
💻 www.jet-tankstellen.de

JEVER

Die nat. Premium-Biermarke Jever ist ein gelungenes Beispiel für einen konsequent auf die Herkunftsregion ausgerichteten Markenkern. Das Bier ist benannt nach seiner Herkunftsstadt Jever in Friesland. Dort gründete 1848 Diedrich König das Friesische Brauhaus zu Jever. Seit 1867 im Besitz Theodor Fetköters expandierte das Unternehmen zusehends. Fetköter schaltete erstmals Printwerbung und verwendete auch eine eigene Bierflaschenform, die eine hohe Wiedererkennung sicherstellte. Als die Brauerei 1922 an die Bavaria-St-Pauli-Brauerei verkauft wurde, hatte sich die Marke im norddt. Raum bereits etabliert. Ab 1934 wurde das Bier unter dem Namen Jever Pilsener verkauft, das heute mit 75 % Anteil an der Gesamtproduktion die meistverkaufte Sorte im Portfolio darstellt. Darüber hinaus werden die Sorten *Jever Fun*, *Jever Light*, *Jever Dark*, *Jever Maibock* und *Jever Lime* vertrieben. Letztere wurde 2006 als bestes Biermixgetränk von der Zeitschrift „Lebensmittel Praxis" ausgezeichnet. Innerhalb des Marktes grenzt sich die Marke durch die Pflege ihres starken regionalen Bezuges zu Norddeutschland von anderen Bieren ab, den auch das Markenlogo selbst reflektiert. Die Bildmarke stellt das Schloss Jever dar, das von einer strahlenden Corona umgeben ist. Es krönt die Wortmarke Jever, deren Versalien im Zentrum gestreckt sind und den Eindruck eines Leuchtturmes evozieren sollen. Auch die markanten Landschaftsdarstellungen der TV-Kampagne und der Slogan des Unternehmens „Wie das Land, so das Jever: friesisch-herb." betonen konsequent die regionale Herkunft der Marke. Seit 2005 gehört das Friesische Brauhaus zu Jever zur Radeberger Gruppe KG – der größten Privat-Brauereigruppe in Deutschland. Das Unternehmen zählt ca. 250 Mitarbeiter.

Macht Lust auf den Norden, die Biermarke Jever.

UNTERNEHMEN

Friesisches Brauhaus zu Jever
Elisabethufer 18
26441 Jever
✆ (0 44 61) 13–0
🖷 (0 44 61) 13–1 01
💻 www.jever.de

JOBS IN TIME

Die Dienstleistungsmarke jobs in time steht für Personaldienstleistungen rund um die Themen Zeitarbeit, Jobvermittlung und Outsourcing. Der Name jobs in time entstand in Anlehnung an den engl. Ausdruck just in time, der so viel wie zeitoptimale bzw. bedarfsorientierte Fertigung bedeutet und die Attribute schnell, flexibel und kompetent symbolisieren soll. Das Unternehmen hat sich auf die Vermittlung von Fach- und Führungskräften spezialisiert. Unternehmensphilosophie ist es, freie Arbeitskräfte und Hand-

Frank Lambert ist Geschäftsführer der jobs in time holding GmbH.

lungsbedarf zu koordinieren. Arbeitssuchende sowie mittelständische Unternehmen und Großbetriebe mit Personalmangel sind die Hauptzielgruppen des Unternehmens. Gegründet wurde es am 1. Juli 2000 von Jürgen Uhlemann. Sein Ziel war es, einen durch flache Hierarchien schnell am Markt agierenden Dienstleister zu schaffen. Der Mensch sollte dabei stets im Mittelpunkt stehen. Als Innovationen führte jobs in time im Jahr 2000 ein Prämiensystem in der Zeitarbeit sowie 2007 den jobs in time Campus Award ein, der Diplomarbeiten zum Thema Arbeitswelt

Beratungsgespräche und persönliche Vorbereitung sind fester Bestandteil der Vermittlungsarbeit von jobs in time.

prämiert. Der jobs in time Young Professional Index aus dem gleichen Jahr ist eine aktuelle Marktanalyse für Studenten und Berufseinsteiger. Das Logo von jobs in time besteht aus dem Wort Jobs, das in Großbuchstaben und roter Signalfarbe gehalten ist und dem Zusatz „in time", der in Versalien gesetzt darunter steht. Im Jahr 2003 wurden dem Logo die drei Dienstleistungen Zeitarbeit, Jobvermittlung und Outsourcing zugestellt. Die Bildmarke wird von dem Slogan „Wir haben den Job, den Sie suchen" ergänzt. Als Werbestrategie setzt jobs in time vor allem auf zufriedene Kunden, die ihre positiven Erfahrungen weitervermitteln. Das Unternehmen mit Sitz in Hamburg erwirtschaftet einen Jahresumsatz von 60 Mio. Euro und beschäftigt 2.500 Mitarbeiter (2006). Der Vertrieb erfolgt über ein bundesweites Netz mit 20 Niederlassungen, die als eigenständige GmbHs organisiert sind.

DATEN UND FAKTEN

Markenname: jobs in time, engl. Kunstname, abgeleitet vom engl. just in time

Slogan: „Wir haben den Job, den Sie suchen" (2006)

Gründer: Jürgen Uhlemann, 2000, Hamburg

Markenregistrierung: 21. 11. 2000, DPMA München

Innovationen: Prämiensystem in der Zeitarbeit (2000), jobs in time Campus Award (2007), jobs in time Young Professional Index (2007)

Jahresumsatz: 60 Mio. Euro (2006)

UNTERNEHMEN

jobs in time holding GmbH

Hauptsitz: Hamburg, Deutschland

Geschäftsführer: Frank Lambert

Vertrieb: über 20 bundesweite Niederlassungen, die als eigenständige GmbHs organisiert sind

KONTAKT

jobs in time holding GmbH
Mattentwiete 5
20457 Hamburg
✆ (0 40) 68 87 56-0
Fax (0 40) 68 87 56-99
www.jobsintime.de

Ansprechpartner Presse & Marketing
Marcel Uhlemann
✆ (040) 68 87 56-59
✉ marcel.uhlemann@jobsintime.de

Lead-Agentur:
BCW-Agentur für Kommunikation GmbH
www.bcw.de

SCHON GEWUSST?

▮ Mit *jobs in time medical* unterhält das Unternehmen in Berlin ein Kompetenz-Center, das sich auf den boomenden Markt des medizinischen Sektors spezialisiert hat. Spezialisierte Personalberater vermitteln entsprechende Fachkräfte im Rahmen der Zeitarbeit und auch der Jobvermittlung an Krankenhäuser und Pflegeeinrichtungen.

JOHN DEERE

John Deere gehört zu den weltweit führenden Marken im Bereich Landtechnik. Sie ist im Besitz von Deere & Company, deren Hauptsitz sich in Moline, Illinois (USA), befindet. Die Marke steht traditionell für Landmaschinen wie Traktoren oder Mähdrescher, heute aber auch für Bau- und Forstmaschinen, Geräte zur Rasen-, Grundstücks- und

Golfplatzpflege sowie für Finanzdienstleistungen. Außerdem gehört eine eigene Gebrauchtmaschinenbörse zu den Angeboten des Unternehmens. Der Markenname geht auf den Namen des Gründers John Deere zurück, der 1837 den ersten wirtschaftlich erfolgreichen selbstreinigenden Stahlpflug erfand. Das Motiv des Logos, der springende Hirsch, wurde bereits 1876 als Markenzeichen registriert. Es nimmt die Bedeutung des engl. Wortes „deer" (dt. Hirsch, Reh) auf. Gleichzeitig symbolisiert es das Überwinden aller Hindernisse beim Umgang mit Geländen. Das Farbschema des Logos, bestehend aus John Deere Grün und John Deere Gelb, ist ebenfalls ein eingetragenes Markenzeichen von Deere & Company. Seit 1968 findet das Logo, das in seiner langen Geschichte nur siebenmal behutsam modernisiert wurde, Verwendung auf allen John-Deere-Produkten. Deere & Company wurde bereits 1868 als Aktiengesellschaft eingetragen. Der Einstieg ins Traktorengeschäft erfolgte 1918. Wichtige Konzernerweiterungen in Deutschland waren die Übernahmen der Firmen Heinrich Lanz, Maschinenfabrik Kemper und Sabo-Maschinenfabrik. Für Deere & Company arbeiten heute weltweit 47.000 Mitarbeiter. Das Vertriebsnetz umspannt mehr als 160 Länder. Zu den strategischen Zielen des Unternehmens gehört es, sich in den Wachstumsmärkten Russlands, Afrikas, Asiens und Lateinamerikas zu etablieren.

UNTERNEHMEN

John Deere Vertrieb
Zweigniederlassung der Deere & Company
John-Deere-Str. 8
76646 Bruchsal
(0 72 51) 9 24-84 01
(0 72 51) 9 24-84 09
www.deere.com/de_DE

JOHNSON & JOHNSON

Das Geschäft der Johnson & Johnson GmbH umfasst die Herstellung, den Vertrieb und die Beratung auf den Gebieten der Frauenhygiene, Körper-, Babypflege und Kosmetik sowie von Medizinprodukten und Arzneimitteln. Das Unternehmen wurde 1948 als Dr. Carl Hahn KG in Wuppertal gegründet. Im Jahre 1973 hat das amerikanische Unternehmen Johnson & Johnson, New Brunswick, N. J., die Dr. Carl Hahn GmbH erworben, die im Jahre 1983 ihre Firma in Johnson & Johnson GmbH geändert hat. Das Portfolio umfasst 14 Marken. Alle Produkte werden durch einen eigenen Außendienst an den Lebensmittel- und Fachhandel, und bestimmte Körperpflegemittel, Medizinprodukte und Arzneimittel in Apotheken vertrieben. Johnson & Johnson ist eines der weltweit größten Unternehmen auf dem Gebiet der Gesundheitsfürsorge und in den Geschäftsfeldern Pharma, Medizintechnik und Konsumgüter aktiv. Weltweit wurden 2006 über alle Geschäftsbereiche mit ca. 122.000 Mitarbeitern ca. 53,3 Mrd. USD umgesetzt. Die Johnson & Johnson GmbH ist die dt. Tochter und steht hier für den Bereich Konsumgüter. Johnson & Johnson wurde 1886 durch die Brüder James, Edward und Robert Johnson in New Jersey gegründet. Anfangs beschäftigte Johnson & Johnson 14 Mitarbeiter und produzierte medizinische Pflaster. Mit der Gründung einer Niederlassung in Großbritannien begann das Unternehmen 1924 die Expansion ins Ausland. Heute verfügt der seit 1944 börsennotierte Konzern über 54 Länderniederlassungen und zählt zu den umsatzstärksten Gesundheitskonzernen der Welt. 1973 übernahm Johnson & Johnson die Dr. Carl Hahn KG in Wuppertal und damit die Marke → o.b. 1983 entstand daraus die Tochter Johnson & Johnson GmbH mit Hauptsitz in Düsseldorf. In der Folge erweiterte das Unternehmen sein dt. Markenportfolio mit der Übernahme von *Penaten* (1986), *RoC* und *Neutrogena* (1996) sowie die Marke *Compeed* (1997). 2007 erfolgt die Integration der Marken *Regaine*, *Listerine* und *Visine*. Die Hausfarbe des Unternehmens ist Rot.

UNTERNEHMENSBEREICHE UND MARKEN

Unternehmensbereich: Frauenhygiene
→ o.b., → Carefree, K-Y

Unternehmensbereich: Gesichts- und Körperpflege
→ Neutrogena, → bebe Young Care, fenjal, RoC

Unternehmensbereich: Babypflege
→ Penaten, bebe Zartpflege

Unternehmensbereich: Mundhygiene
Rembrandt, Listerine

Unternehmensbereich: OTC
Visine, Regaine, Compeed

DATEN UND FAKTEN

Johnson & Johnson GmbH

Gründer: Brüder Robert Johnson, James Johnson, Edward Johnson

Das Firmenlogo von Johnson & Johnson

Jonas & Jonas DesignMöbel®

Das Logo von Jonas&Jonas DesignMöbel ist schlicht in der Schrift Rotis gehalten.

Unternehmensgründung: 1886 in New Brunswick, New Jersey/USA

Mitarbeiter: über 122.200 weltweit (2006)

Vorsitzender der Geschäftsführung: Peter Feld

Umsatz: 53,3 Mrd. USD (weltweit, 2006)

KONTAKT

Johnson & Johnson GmbH
Kaiserswerther Str. 270
40474 Düsseldorf
✆ (02 11) 43 05-0
🖷 (02 11) 43 05-3 52
🖳 www.jnjgermany.de

Ansprechpartner Kommunikation:
Pressebüro Johnson & Johnson GmbH
✆ (02 11) 95 41-21 20
✉ pressebuero-jnj@pleon.com

MEILENSTEINE

1886 Unternehmensgründung durch die Brüder James, Edward und Robert Johnson in New Jersey

1924 Johnson & Johnson gründet eine Niederlassung in Großbritannien.

1944 Johnson & Johnson geht an die Börse.

1973 Kauf der Dr. Carl Hahn KG in Wuppertal und deren Tamponmarke o.b.

1983 Gründung der Tochter Johnson & Johnson GmbH mit Hauptsitz in Düsseldorf

2006 Akquisition von Pfizer Consumer Healthcare, weltweit

JONAS & JONAS DESIGNMÖBEL

Die Marke Jonas & Jonas DesignMöbel steht für Möbel, die Design und Funktionalität kombinieren. Die Jonas & Jonas DesignMöbel GmbH richtet sich an einen Konsumentenkreis, der bei Designmöbeln nicht auf Alltagstauglichkeit verzichten will. Einsatzort sind der Wohn- und Bürobereich. Zu diesem Zweck arbeitet Jonas & Jonas nicht mit einem festen Designer zusammen, sondern kooperiert mit verschiedenen Partnern aus dem Gestaltungsbereich. Der Markenname geht zurück auf die Gründerin Ellen Jonas. Das Logo der Marke ist schlicht gehalten und besteht ausschließlich aus dem Firmennamen. Die Hausschrift ist Rotis Semisans von Otl Aicher. Durch die reduzierte Gestaltung mit einer Designschrift will das Unternehmen für einen hohen Wiedererkennungswert sorgen und gleichzeitig die Funktionalität seiner Produkte betonen. Die zzt. 14 Produktlinien, die unter dem Markennamen vertrieben werden, konzentrieren sich auf Marktnischen. Neuestes Produkt ist das „Play"-Regal, das der Kunde zu einem großen Teil selbst gestalten kann. Erstmals wurden bei der Produktion spezielle Leichtbauplatten mit Wabenkern verarbeitet, die das Gewicht erheblich reduzieren. Das relativ junge Unternehmen (Gründung 1997) hat sich als eine bekannte Designmarke etabliert und konzentriert sich auf Nischenmärkte. Der Vertrieb erfolgt im In- und Ausland über den Fachhhandel.

UNTERNEHMEN

Jonas & Jonas DesignMöbel GmbH
Am Sonnenhang 30
84137 Vilsbiburg
✆ (0 87 41) 96 95 12
🖷 (0 87 41) 96 95 94
🖳 www.jonasundjonas.de

JOOP!

JOOP!

JOOP! ist mehr als eine Modemarke.

Das Designerlabel JOOP! steht für anspruchsvolle Prêt-à-porter-Mode sowie Accessoires, Parfum und Living-Produkte. 1979 begann die Modekarriere von Wolfgang Joop. Die Firma, die seinen Namen trägt, die JOOP! GmbH, wurde 1987 gegründet. Noch im selben Jahr wurde die Basis dafür geschaffen, den Namen zu lizenzieren und so über den Modebereich hinaus zu wachsen. In der Zeit von 1989 bis 1994 etablierte sich JOOP! in den Bereichen Lederwaren, Schuhe, Schmuck, Brillen, Uhren und Wäsche. 1999 brachte die Modefirma die erste Living-Kollektion auf den Markt. Das Logo setzt sich aus dem Namen des Firmengründers in Versalien und einem Ausrufezeichen zusammen, assoziiert werden sollen sowohl die klare Linie als auch die schwungvolle Energie, die hinter dem „charaktervollen und unverwechselbaren" Design stehen. Ende 2001 schied Wolfgang Joop aus dem Unternehmen aus und die JOOP! GmbH wurde von den drei größten Lizenzpartnern (Strellson AG, EganaGoldpfeil Europe Holding GmbH, Coty Lancaster) zu gleichen Teilen übernommen. Für die JOOP!-Store-Designs engagierte das Modelabel das kanadische Designerduo Burdifilek mit dem

Ziel einen exkl. Rahmen für die JOOP!-Kollektionen zu schaffen. Seit Mai 2007 halten Strellson und EganaGoldpfeil jeweils einen Anteil von 50 % an der JOOP! GmbH. Coty Lancaster kaufte die Markenrechte für den Produktbereich Kosmetik/Fragrance. Als Creative Director ist der internat. Modedesigner Dirk Schönberger seit Januar 2007 für das Unternehmen in Hamburg tätig.

UNTERNEHMEN

JOOP! GmbH
Harvestehuder Weg 22
20149 Hamburg
✆ (0 40) 44 80 38-0
🖷 (0 40) 44 80 38-35
🖳 www.joop.com

JOSEF SEIBEL

Die Marke Josef Seibel steht für modisch-sportive Komfortschuhe. Die heutige Josef Seibel Schuhfabrik GmbH geht zurück auf Carl-August Seibel, der 1886 in Hauenstein eine der ersten Schuhfabriken Deutschlands eröffnete. 1907 entstand ein neues Firmengebäude, das auch heute noch als Produktionsstätte dient. In den 1950er- und 1960er-Jahren führte Josef Seibel neue Formen und Modelle ein und weitete die Produktion aus. Der Vater des derzeitigen Unternehmensleiters Carl-August Seibel stand auch Pate für den Markennamen. Grundgedanken der Unternehmensphilosophie sind damals wie heute die Qualität der Materialien, eine hochwertige Verarbeitung sowie Passform und Tragekomfort. Das Logo der Marke vermittelt solide Zuverlässigkeit. In ein dreigegliedertes Rechteck sind der Markenname Josef Seibel und der Slogan „The European Comfort Shoe" eingebettet. Zur Josef Seibel Gruppe gehören auch die Schuhmarken → Der kleine Muck → (seit 2001) und → Romika (seit 2005). Die Unternehmensgruppe produziert 75 % ihrer Schuhe in Ost- oder Westeuropa. In den Produktionsstätten werden jährlich 6 Mio. Paar Schuhe hergestellt. Der Schuhhersteller beschäftigt weltweit ca. 2.500 Mitarbeiter, davon 320 in Deutschland. Täglich versendet das in der vierten Generation familiengeführte Unternehmen 43.000 Paar Schuhe in 40 Staaten Europas, Nordamerikas und Asiens.

UNTERNEHMEN

Josef Seibel Schuhfabrik GmbH
Gebrüder-Seibel-Str. 7-9
76846 Hauenstein
✆ (0 63 92) 92 21-0
🖷 (0 63 92) 92 21-2 00
🖳 www.josef-seibel.de

Josef Seibel steht für modisch-sportive Komfortschuhe.

JUNGHANS

Der Markenname Junghans ist seit fast 150 Jahren ein Begriff für hochwertige Uhren und vereint die Technologien Mechanik, Funk und Quarz. Technische Präzision und zahlreiche Erfindungen bilden den Grundstein für den weltweiten Erfolg von Junghans Uhren. Junghans Zeitmesser waren bald nach der Unternehmensgründung im Jahre 1861 über die Region hinaus als zuverlässige und präzise Werke dt. Uhrmacherkunst bekannt. Die Entwicklungen des Gründersohns und Erfinders Arthur Junghans vereinten technischen Fortschritt und traditionelle uhrmacherische Werte. Die damals noch durchwegs mechanische Uhr wurde schließlich auch für breitere Bevölkerungsschichten erschwinglich, und das Unternehmen immer erfolgreicher: Im Jahre 1903 war Junghans die größte Uhrenfabrik der Welt. Nach 1965 wandte man sich bei Junghans der neuen, präziseren Zeitmessung zu. Die neu entdeckte Quartz-Technologie wurde von Junghans aufgenommen und weiterentwickelt. So entstand Ende der 1960er-Jahre die erste dt. Quartz-Großuhr und 1970 die erste dt. Quartz-Armbanduhr. Mit der Entwicklung der ersten Funktischuhr gelang Junghans 1985 erneut eine bahnbrechende Entwicklung auf dem Uhrenmarkt. Nach der ersten funkgesteuerten Solaruhr folgte 1990 die erste Funkarmbanduhr der Welt, die Mega 1. Schon nach einem Jahr wurde das millionste Exemplar verkauft. An diesen Erfolg erinnerte die 2005 herausgebrachte Mega 1000 mit einem aktualisierten Design und modernster Technik. Das Markenlogo -der achtstrahlige Stern- ist einem Zahnrad nachempfunden und findet sich seit 1890 auf jeder Uhr. Die Designs der Zeitmesser entwickeln Mitarbeiter am Unternehmenssitz in Schramberg. Seit dem Jahr 2000 gehört Junghans zur EganaGoldpfeilGruppe.

DATEN UND FAKTEN

Markenname: Junghans, abgeleitet aus dem Familiennamen des Unternehmensgründers Erhard Junghans

Slogan: „Aus der Tradition in die Zukunft." (2005)

Markenregistrierung: 1890, Kaiserliches Patentamt Berlin

JUNGHANS
GERMANY SINCE 1861

Der Worldtimer mit Multifrequenz-Funkwerk lässt nur eine Sekunde Abweichung in 100.000 Jahren zu und ist in der Optik mechanischer Uhren gestaltet.

Innovationen: erstes stoßsicheres Schaltrad-Chronographenwerk (1946), Funkarmbanduhr Mega 1 (1990), weltweit erstes Multifrequenz-Funkwerk für Armbanduhren (2004)

Auszeichnungen:
„European most Trusted Brands: Vertrauenswürdigste Uhrenmarke", Readers Digest (2003, 2004)

UNTERNEHMEN

Junghans Uhren GmbH
Geißhaldenstr. 49
78713 Schramberg
✆ (0 74 22) 18-0
🖷 (0 74 22) 18-4 03
💻 www.junghans.de

JUNGHEINRICH

JUNGHEINRICH

Gabelstapler der Firma Jungheinrich (Mitte), Hans-Georg Frey, Vorstandsvorsitzender der Jungheinrich AG (unten)

Jungheinrich ist eine Industriegütermarke und steht für Produkte der Intralogistik. Gabelstapler, Regalsysteme und Dienstleistungen zählen zu den Kernkompetenzen des Unternehmens. Dr. Friedrich Jungheinrich hat die Marke 1953 in Hamburg gegründet. Neben den hochwertigen technischen Stapler-Produkten bietet Jungheinrich den Kunden ein eigenes engmaschiges Servicenetz an. Die Marke richtet sich an alle, die Waren lagern und transportieren, also vornehmlich Unternehmen der Logistik- und Handelsbranche sowie der Industrie und des Handwerks. Die Jungheinrich-Produkte werden kontinuierlich weiterentwickelt und den gegebenen Anforderungen des Marktes angepasst. Eines der neuesten Produkte ist ein Stapler mit Drehkabine. Die knapp 9.300 Mitarbeiter sorgten im Jahr 2006 für rund 1,748 Mrd. Euro Umsatz. Durch eigene Markenbeauftragte in allen Landesgesellschaften des Unternehmens wird die Marke gepflegt. Registriert ist sie seit 1992. Der Schriftzug mit seiner fetten, kursiven Schrift signalisiert Kraft und Dynamik. Der rote, nach oben gerichtete Pfeil links des ersten Buchstabens soll einerseits mit dem Heben der Gabelstapler, andererseits mit einer aufstrebenden Firma assoziiert werden. Entwickelt wurde das Logo im Jahr 1987 hausintern und umfasste bis 2003 noch einen waagerechten, gelben Balken neben dem Schriftzug. Zu den einprägsamen Werbekampagnen der Marke trug auch das gelbe Sofa aus Printanzeigen bei. Es soll die Idee transportieren, dass Kunden sich entspannen können, während sich Jungheinrich um die Lösung der Logistikaufgaben kümmert. Lt. Fachzeitschriften zählt Jungheinrich weltweit zu den vier bedeutendsten Marken der Branche. Vertrieben wird sie in Europa, Asien und den USA direkt, in allen anderen Regionen über Händler.

Servicedienstleistung ist ein Schwerpunkt der Jungheinrich AG.

DATEN UND FAKTEN

Markenname: Jungheinrich, abgeleitet vom Familiennamen des Gründers

Slogan: „Jungheinrich – das lohnt sich"

Gründer: Dr. Friedrich Jungheinrich, 1953, Hamburg

Markenregistrierung: 30. 03. 1993, DPMA München

Innovationen: *Jetpilot* (2007), Drehkabinenstapler (2006), Finanzdienstleistungen *ComFLEET* u. *ComFOUR*

UNTERNEHMEN

Jungheinrich AG

Hauptsitz: Hamburg, Deutschland

MEILENSTEINE

1953 Gründung als H. Jungheinrich & Co. Maschinenfabrik.

1956 Erster Schubmaststapler wird gebaut, heute eines der Kernprodukte.

1956 Gründung der ersten Vertriebsgesellschaft außerhalb Deutschlands in Österreich. Heute gibt es 30 Auslandsgesellschaften.

1968 Erster Hochregalstapler wird eingeführt.

1990 Umwandlung in eine AG mit Börsengang.

1997 Serieneinführung von Drehstromtechnik. Damals wurde sie noch von Wettbewerbern abgelehnt, heute ist sie Standard der Branche.

Vorstand: Hans-Georg Frey

Gesamtumsatz: 1,748 Mrd. Euro

KONTAKT

Jungheinrich AG
Am Stadtrand 35
22047 Hamburg
✆ (0 40) 69 48-0
🖷 (0 40) 69 48-17 77
🖳 www.jungheinrich.de

Ansprechpartner Kommunikation:
Markus Piazza
✆ (0 40) 69 48-0
🖷 (0 40) 69 48-17 77

JUNKERS

Die Geschichte der Thermotechnik-Marke Junkers begann mit einem Patent. 1894 ließ sich der Unternehmensgründer Hugo Junkers einen „Flüssigkeitserhitzer" patentieren. In der Patentschrift wurde auch erstmals die Nutzung der Abgaswärme bei der Heizung beschrieben und damit der Grundstein für die moderne Brennwerttechnik gelegt. Ein Jahr später gründete Hugo Junkers die Firma Junkers & Co., die 1932 von →Bosch übernommen und 1995 Teil des Geschäftsbereichs Bosch Thermotechnik wurde. Seit 2004 ist Junkers eine Marke der BBT Thermotechnik GmbH (ab 1. Januar 2008 Bosch Thermotechnik GmbH), die im Geschäftsjahr 2006 mit knapp 12.900 Mitarbeitern einen Umsatz von 2,8 Mrd. Euro erzielte. Schon in den 1930er-Jahren wurde der Junkers-Schriftzug um das charakteristische Dreieck, den sog. Fahnenbrenner erweitert. Die Thermotechnik-Marke Junkers bietet heute eine Produktpalette von Gas-Heizgeräten, Solaranlagen, Wärmepumpen und Festbrennstoffkesseln über Warmwasserbereiter bis hin zu Heizkörpern an. Alle angebotenen Komponenten sind miteinander kompatibel. So können Heizungsfachleute individuelle Lösungen zusammenstellen, indem sie die einzelnen Komponenten je nach Bedarf miteinander kombinieren. Im Frühjahr 2007 brachte Junkers, gegenwärtig in rund 25 überwiegend europäischen Staaten vertreten, den neuen patentierten Regelalgorithmus *Solar inside* auf den Markt, der die Sonnenenergie für Heizung und Warmwasseraufbereitung effizienter nutzen und somit zusätzlich Energie einsparen soll. Dies soll nach Angaben des Unternehmens dadurch erreicht werden, dass das System Werte über die lokalen Wetterbedingungen sammelt und außerdem u.a. mittels Sensoren registriert, wenn Räume auf der Südseite eines Hauses durch Sonneneinstrahlung zusätzlich aufgeheizt werden. Das System wertet die Daten aus und soll daraufhin die Heizleistung optimiert steuern.

Junkers verspricht „Wärme fürs Leben".

DATEN UND FAKTEN

Markenname: Junkers, abgeleitet vom Familiennamen des Unternehmensgründers Hugo Junkers

Slogan: „Wärme fürs Leben"

Gründer: Hugo Junkers, 1895

UNTERNEHMEN

BBT Thermotechnik GmbH

Hauptsitz: Wetzlar, Deutschland

Geschäftsführung: Joachim Berner, Klaus Huttelmaier, Holger Jacoby, Andreas Nobis, Jürgen Sterlepper

Gesamtumsatz: 2,8 Mrd. Euro (2006)

KONTAKT

BBT Thermotechnik GmbH
Junkers Deutschland
Junkersstr. 20-24
73249 Wernau
✆ (0 18 03) 33 73-33
🖷 (0 18 03) 33 73-32
🖳 www.junkers.com

JURA

Bei den Kaffeevollautomaten der Konsumgütermarke Jura wird besonderer Wert auf Bedienkomfort, ein optimales Kaffeeresultat und anspruchsvolles Design gelegt. Ihren Namen erhielt die Marke von der gleichnamigen Bergkette in der Schweiz. An dessen südlichem Ausläufer wurde die Jura Elektroapparate AG im Jahr 1931 gegründet. Der Erfinder und Tüftler Leo Henzirohs gründete das Unternehmen und etablierte die Marke Jura, um elektrische Geräte zu entwickeln, welche die Hausarbeit erleichtern sollten. Anfangs hatte er Bügeleisen, Kochplatten, Toaster, Heizelemente und Backöfen in seinem Sortiment. 1937 kam die erste Kaffeemaschine hinzu. Er entwickelte ein Regelbügeleisen und später das erste Dampfbügeleisen Europas. Erst seit Anfang der 1990er-Jahre konzentrierte die Jura Elektroapparate GmbH ihre Produktion auf Espresso- und Kaffeevollautomaten. Das Jura-Logo besteht aus einem handschriftlich anmutenden Schriftzug des Markennamens

Kaffeevollautomat *IMPRESSA J5 platinpianowhite* der Marke Jura

in Rot (Pantone 032). Entworfen wurde es 1945 von der technischen Abteilung des Elektronikunternehmens. In der aktuellen Werbekampagne der Firma wirbt der Tennisspieler Roger Federer. Die Premiummarke wird weltweit in rund 50 Ländern vertrieben. Sie erhielt zahlreiche Designpreise für ihre Maschinen. Der Plus X Award prämierte die Impressa F70 im Jahr 2004, den red dot Designpreis erhielten 2004 die Impressa F90, ein Jahr darauf die Impressa Z5 alu und zuletzt 2006 die Impressa Z5 chrom. Jüngst wurde das Unternehmen mit dem GfM-Marketingpreis 2007 geehrt. Zu den aktuellsten Produktreihen gehört Ena, der schmalste Kaffeevollautomat der Welt. Neben Serien für den Privatgebrauch bietet Jura auch Produktlinien speziell für den gastronomischen Bereich. Pflegeprodukte und Zubehör sowie die Kaffeesorte Jura Kaffee komplettieren das Portfolio. Mit der Marke erzielt das Unternehmen einen Jahresumsatz (2006) in Höhe von 325 Mio. CHF.

DATEN UND FAKTEN

Markenname: Jura, Schweiz, nach der gleichnamigen Bergkette, an deren Südfuß das Unternehmen seinen Hauptsitz hat

Slogan: „if you love coffee" (für Untermarken *IMPRESSA, ENA, SUBITO*)

Erfinder: Leo Henzirohs, 1931, Niederbuchsiten/Schweiz

Markeneinführung: 1931, Schweiz

Innovationen: IMPRESSA Z-Linie (2005), IMPRESSA J-Linie (2006), Kaffeevollautomat ENA (2007)

Auszeichnungen:
„Plus X Award", Media Society Networks für Kaffeevollautomaten *IMPRESSA F70* (2004)
„red dot award: product design" für Kaffeevollautomat *IMPRESSA F90* (2004)
„red dot award: product design" für Kaffeevollautomat *IMPRESSA Z5 chrom* (2006)
„iF product design award", Kaffeevollautomat *IMPRESSA J5 platinpianowhite* (2006)
„GfM-Marketingpreis", schwz. Gesellschaft für Marketing (2007)

UNTERNEHMEN

Jura Elektroapparate AG
Kaffeeweltstr. 10
CH-4626 Niederbuchsiten
+41 6 23 89-81 81
+41 6 23 89-84 50
www.jura.com

JUVENA

Juvena steht für hochwertige und innovative Damen-Kosmetikprodukte. Die Juvena-Linien basieren auf dem Grundsatz, dass der Erfolg von Produkten und Wirkstoffen entscheidend davon abhängt, dass sie zum richtigen Zeitpunkt eingesetzt werden. So spricht Juvena Produktempfehlungen innerhalb eines Lebensphasenkonzepts aus, das die Hauttypen verschiedenen Alters berücksichtigt. Das umfangreiche Sortiment an Haut- und Gesichtspflegeartikeln umfasst Reinigungs- und Basispflege- ebenso wie Spezialprodukte, die sich z.B. den Bedürfnissen von Hautpartien im Gesicht oder am Körper anpassen. Die Juvena-Forschung arbeitet permanent an der Entwicklung von Produktinnovationen, basierend u.a. auf wissenschaftlichen Studien und Blindtests. Zu den jüngsten Entwicklungen zählen die Lifting-Produkte (Serum, Creme oder Gel) aus der Serie *Juvenance*. Und 2004 präsentierte man innerhalb der *Juvedical*-Linie mit der aus der Erste-Hilfe-Medizin stammenden Skin Nova Technology eine kosmetische Weltneuheit. Juvena verbürgt sich mit „The Beauty Guarantee of Juvena" für die Qualität der Produkte. Diese Garantie umfasst die Einhaltung sämtlicher Wirkungsversprechen ebenso wie ein Rückgaberecht. Das Logo zeigt den Markennamen in Versalien mit Serifen, darunter, kleiner und ebenfalls in Versalien, den Zusatz „of Switzerland". Das Unternehmen Juvena ging 1954 aus dem in Zürich ansässigen pharmazeutischen Labor Divapharma hervor und folge bereits damals dem heute noch gültigen Grundsatz „benefice over artifice" (dt. etwa: „lieber wohltuend als künstlich"), bevorzugte also den Einsatz natürlicher Wirkstoffe. Die Marke Juvena gehört heute zur Beiersdorf AG. Juvena-Produkte werden in 50 Ländern der Erde vor allem über Parfümerien und Warenhäuser vertrieben.

UNTERNEHMEN

Juvena Produits de Beauté GmbH
Blütenfeldplatz
76 532 Baden-Baden
(0 72 21) 6 83-3 18
(0 72 21) 6 83-3 51
www.juvena.de

K

Das Käfer Stammhaus in München (Mitte), Michael Käfer, Geschäftsführer und Nachkomme der Gründerfamilie (unten)

KÄFER

Die Feinkostmarke Käfer steht für die Verbindung von exkl. Lebensmittelhandel, hochwertiger Gastronomie und internat. Event-Catering. Ein „Kolonialwarengeschäft für Weine, Liköre und Flaschenbier", das Paul und Elsa Käfer1930 in München eröffneten, legte den Grundstein für die Marke. Drei Jahre später erfolgte der Umzug in das heutige Stammhaus in der Prinzregentenstraße. Nach dem 2.Weltkrieg übernahm das Ehepaar zusätzlich die Gastronomie in mehreren Münchner Theatern und Museen. In den 1960er-Jahren entwickelten die beiden Söhne der Gründer die Marke Käfer weiter. Gerd Käfer bot mit einem Party Service eine innovative Dienstleistung an, sein Bruder Helmut Käfer importierte als einer der Ersten in Deutschland bis dahin unbekannte Delikatessen aus Frankreich. Seit den 1980er-Jahren vergibt Käfer Lizenzen zum Gebrauch des Markennamens, zunächst für Produkte, später auch für Gastronomiebetriebe. Das von der Peter Schmidt Group, Hamburg, entworfene Logo zeigt den Markennamen in der Unternehmensfarbe Rot. 2001 wurde der ehemalige, verspieltere Schriftzug mit der

Eine hist. Aufnahme des Käfer-Stammhauses in der Münchner Prinzregentenstraße.

skizzierten Fassade des Stammhauses durch dieses Logo ersetzt. Es wirkt moderner und frischer, wobei die runden Formen, die für die liebenswerte Emotionalität und Opulenz der Marke stehen, erhalten geblieben sind. Seit 1999 wird die Gastronomie im Deutschen Bundestag von Käfer versorgt. 2004 wurde Käfer offizieller Caterer auf der Formel-1-Rennstrecke in Bahrain. Zur Fußball-Weltmeisterschaft 2006 betreute Käfer im Rahmen des exkl. Hospitality-Services 174.000 Gäste in allen zwölf Stadien. Im Catering großer prestigeträchtiger Sport-Ereignisse sieht Käfer auch in Zukunft Wachstumspotenzial. Das Markenimage soll durch Berichterstattung im Zusammenhang mit solchen Ereignissen und prominenten Personen gepflegt werden. Außerdem will das Unternehmen seine Käfer Delikatessenmärkte weiter ausbauen. Das Dachunternehmen Käfer GmbH & Co. Verwaltungs- und Beteiligungs KG setzte mit über 700 Mitarbeitern im Jahr 2006 124,5 Mio. Euro um.

DATEN UND FAKTEN

Markenname: Käfer, abgeleitet vom Namen der Gründer Paul und Elsa Käfer

Slogan: „Qualität aus Leidenschaft" (1998)

Erfinder: Paul und Elsa Käfer, 1930, München

Markenregistrierung: 10.01.1986 (Feinkost Käfer München), DPMA München

Innovationen: Export dt. Dienstleistung im Bereich Event Catering (2005)

Markenbekanntheit: 56,8 % gest. in Gesamtdeutschland, 65,8 % gest. in Westdeutschland (Infratest Studie, 2005)

UNTERNEHMEN

Käfer GmbH & Co. Verwaltungs- und Beteiligungs KG

Hauptsitz: München, Deutschland

Geschäftsführer: Michael Käfer

Weitere Marken: Feinkost Käfer GmbH, Käfer Service GmbH, Käfer Berlin GmbH, Käfer Lizenz GmbH, Käfer's Theatergastronomie GmbH, Käfer Deli-Markt GmbH

Gesamtumsatz: 124,5 Mio. Euro (2006)

KONTAKT

Feinkost Käfer GmbH
Prinzregentenstr. 73
81675 München

MEILENSTEINE

1933 Einzug in das Stammhaus auf der Münchner Prinzregentenstraße

1971 Käfer ist erstmals auf dem Münchner Oktoberfest präsent.

1999 Die Käfer Berlin GmbH übernimmt die Gastronomie im Deutschen Bundestag.

2006 Während der Fußball-Weltmeisterschaft in Deutschland betreut Käfer im Rahmen des exkl. Hospitality-Programms 174.000 Gäste in allen zwölf Stadien.

(0 89) 41 68-0
www.feinkost-kaefer.de

Ansprechpartner Presse:
Schoeller & von Rehlingen PR
Marion Weiss
(0 89) 99 84 27-11
m.weiss@svr-pr.de

KAFFEE HAG

Die Marke Kaffee HAG steht als Konsumgütermarke für entkoffeinierten Kaffee. Kaffee HAG wird in den Varianten „klassisch mild" und „herzhaft kräftig" als Filterkaffee angeboten sowie als Löskaffee („klassisch mild"). Das Koffein wird den Kaffeebohnen in einem patentierten Verfahren mit Hilfe natürlicher Quellenkohlensäure entzogen. Der Markenname Kaffee HAG leitet sich von dem 1906 gegründeten Unternehmen Kaffee-Handels-Aktien-Gesellschaft ab, das entkoffeinierten Kaffee herstellte und vertrieb. Eduard Scotland zeichnete für das erste Markenlogo verantwortlich, das einen roten Rettungsring zeigte (1907, eingetragenes Warenzeichen). Später wurde dieser von einem roten Herz begleitet (Slogan: „Kaffee HAG schont das Herz"). Der Rettungsring erscheint seit einem Relaunch des Corporate Designs von 1961 nicht mehr. Seit 1981 wird das heute gültige Logo, das neben dem Herzen ein weißes Oval - das „Kaffee HAG-Ei" - zeigt, als Symbol für einen bewussten Wohlfühlgenuss eingesetzt. Der Erfinder des Entkoffeinierungsverfahrens und Unternehmensgründer, der Bremer Kaffee-Kaufmann Ludwig Roselius, nutzte bereits zur Einführung der Marke Anzeigenkampagnen. Zu den Designern der Anzeigenentwürfe zählten u.a. Bernhard Hoetger und Alfred Runge. 2003 wurde das Design der Marke überarbeitet, und eine begleitende Werbekampagne zielte auf die Abgrenzung der Marke von modernen Coffeeshop-Erfindungen. Die zentrale Markenbotschaft lautet von je her: Geschmack braucht kein Koffein. Kaffee HAG wird von der →Kraft Foods Deutschland GmbH hergestellt und vertrieben.

UNTERNEHMEN

Kraft Foods Deutschland GmbH
Langemarckstr. 4-20
28199 Bremen
(04 21) 5 99-01
(04 21) 5 99-36 75
www.kraftfoods.de

KAISER'S TENGELMANN

Die Marke Kaiser's Tengelmann entstand aus der Fusion zweier traditionsreicher Einzelmarken im Lebensmittel-Einzelhandel. Qualitäts- und frischeorientierte Käufer aller Altersklassen sollen angesprochen werden. Außerdem wirbt das Unternehmen mit gutem Service. Die Marke entstand 2001 durch die Zusammenführung des 1880 in Viersen gegründeten Kaiser's Kaffee-Geschäfts und des 1893 in das Handelsregister Bochum eingetragenen Kaffee-Import-Geschäfts Emil Tengelmann, der späteren Emil Tengelmann GmbH. Die Kaiser's-Supermärkte sind im Gebiet Nordrhein und in Berlin vertreten. Tengelmann-Märkte gibt es im Rhein-Main-Neckar-Gebiet sowie in München und Oberbayern. In den vier Vertriebsregionen liegt die Bekanntheit der Marke lt. GfK bei 98-100 %. Das Unternehmen beschäftigt rund 17.300 Mitarbeiter und erzielt einen Jahresumsatz von 2,51 Mrd. Euro. Im Oktober 2006 wurde das neue Kommunikationskonzept „Hier und Herzlich" als Weiterentwicklung der Kampagne „Hier schlägt das Herz" ins Leben gerufen. Der Slogan steht u.a. für Kundenorientierung und Service. TV-Spots auf reichweitenstarken Sendern bildeten neben Rundfunkspots, Großflächenplakatierung und Printanzeigen den Schwerpunkt der Kampagne. Die Marke Kaiser's Tengelmann ist ungeschützt, nicht aber die beiden dazugehörigen Logos. Die vom Berliner Künstler Paul Böhm entworfene „lachende Kaiser's Kaffeekanne" erhielt ihren Eintrag 1904 beim kaiserlichen Patentamt, Berlin. Das vom ital. Designer Gianninoto 1965 entworfene Tengelmann T bekam im Folgejahr den Eintrag beim DPMA München, es ist einem stilisierten Springbrunnen nachempfunden.

UNTERNEHMEN

Kaiser's Tengelmann AG
Lichtenberg 44
41747 Viersen
(0 21 62) 1 05-0
(0 21 62) 3 34 99
www.kaisers.de

KALDEWEI

Für Dusch- und Badewannen in höchster Qualität und anspruchsvollem Design steht die Marke Kaldewei. Sie präsentiert sich als „Europas Nr. 1 in Badewannen". Das Portfolio mit rund 250 Produkten umfasst u.a. auch Whirl- und Montagesysteme, Wannenzube-

Kaffee-Handels-Aktiengesellschaft ergibt abgekürzt: Kaffee HAG.

Die Marke Kaiser's Tengelmann vereint zwei Traditionsmarken des Lebensmittelhandels unter einem Dach.

KALDEWEI
Europas Nr. 1 in Badewannen

Bade- und Duschwannen von Kaldewei werden weltweit vertrieben.

hör oder Elektro-Warmwasserspeicher. Angesprochen werden Verbraucher, Sanitärfachkunden und Architekten weltweit. Markenvater ist Franz Kaldewei, der die Franz Kaldewei GmbH & Co.KG 1918 gründete. Nach Bratpfannen und Milchkannen kam 1934 die erste Kaldewei-Badewanne auf den Markt. 1958 gelang es dem Familienunternehmen, eine Badewanne aus einem Stück herzustellen. Diese Innovation verdrängte die bis dahin üblichen Wannen mit Schweißnähten. Franz-Dieter Kaldewei leitet das Unternehmen in dritter Generation und baut es weiter kontinuierlich aus. Kern seiner Markenprodukte ist der Werkstoff Stahl-Email. Kaldewei gibt 30 Jahre Garantie auf die gleich bleibend hohe Qualität. Qualitätsgarant ist die hauseigene Email-Entwicklungsabteilung und -produktion. Mit den drei Segmenten *Avantgarde*, *Ambiente* und *Advantage* werden gezielt unterschiedliche Kundengruppen angesprochen. Um die Marke erlebbar zu machen, baute die Firma 2005 ein Ausstellungszentrum am Stammsitz in Ahlen. Der Markenname Kaldewei wird seit jeher als Logo verwendet. Schlichte dunkelblaue Großbuchstaben bilden den Namen, darunter steht der aktuelle Slogan. Seit 1963 ist die Marke geschützt. Mittlerweile kann sie zahlreiche Designpreise vorweisen. Die Arbeit mit diversen Designstudios sorgt in dem Traditionsunternehmen, das 700 Mitarbeiter beschäftigt, für immer neue Produktlinien.

DATEN UND FAKTEN

Markenname: Kaldewei, Nachname des Gründers

Slogan: „Europas Nr. 1 in Badewannen"

Erfinder: Franz Kaldewei, 1918

Markenregistrierung: 1963, DPMA München

Markenwebsite: www.kaldewei.de

UNTERNEHMEN

Franz Kaldewei GmbH & Co. KG
Beckumer Str. 33–35
59229 Ahlen
✆ (0 23 82) 7 85–0
🖷 (0 23 82) 7 85–2 00

KAMEI

Dachbox Corvara (Mitte) von Kamei, Firmengründer Karl Meier (unten)

KAMEI

Unter der Konsumgütermarke Kamei werden in Wolfsburg Autozubehörprodukte hergestellt. Dabei stehen eine hohe Qualität und ein hochwertiges Design im Fokus des Herstellers. Das Markenportfolio umfasst funktionale Dachboxensysteme, Car Styling Produkte, Komfort-Zubehör sowie Spezialkomponenten für Behörden- und Sonderfahrzeuge. In 40 Ländern werden die Zubehörteile von Kamei vertrieben, über Handelspartner, freie Importeure und Tochtergesellschaften des Volkswagen-Konzerns. 1952 erfand Karl Meier den Markennamen Kamei, für den er die Anfangsbuchstaben seines Vor- und Familiennamens als Bezeichnung der Markenprodukte nutzte. Meier begann mit der Herstellung und dem Vertrieb von Autozubehör, hauptsächlich für die Firma →Volkswagen. Bereits 1953 stellte er sein Tiefensteuer vor, eine aerodynamische Unterstützung für sicheres Fahren, das gleichzeitig der erste Spoiler der Tuning-Geschichte war. Die Palette an Kamei-Produkten wuchs stetig. 1964 kam die *Avus-Lenkradhülle* auf den Markt. Wichtige Testimonials waren damals Rennfahrer Hans Herrmann und Prinz Leopold von Bayern. 1988 startete die Marke mit ihrem Dachboxen-Programm.

Das Werk in der Autostadt Wolfsburg ist zugleich Hauptsitz der Firma Kamei.

Zu den neuesten Innovationen gehört die Kamei Corvara, ein Dachboxen-System, das beidseitig zu öffnen und mit einer Schnell-Befestigungsmechanik ausgestattet ist. Bei diversen Dachboxentests schneidet Kamei regelmäßig gut ab (ADAC Dachboxentest 2006). Besonders sportlich-aktive Familien mit einer Affinität zum Automobil will die Marke mit ihrem Sortiment ansprechen. Unter dem Slogan „Mobilität in Bestform" wird die Marke derzeit beworben. Die Firma wird in der dritten Generation von den Enkeln des Firmengründers geleitet. Das Kamei-Logo besteht aus dem Namensschriftzug und einer vorangestellten Schwinge. Zusammen mit dem i-Punkt des letzten Buchstabens soll so der Eindruck einer aerodynamischen Fahrzeugsilhouette entstehen. Der sportliche Anspruch der Marke wird durch den kräftigen Rot-Ton unterstrichen.

DATEN UND FAKTEN

Markenname: Kamei, zusammengesetzt aus den Anfangsbuchstaben des Erfindernamens **KA**rl **MEI**er

Slogan: „Mobilität in Bestform"

Erfinder: Karl Meier, 1952, Wolfsburg

Markenregistrierung: 28. 10. 1965, DPMA München

Innovationen: Frontspoiler (1952), Sicherheitskopfstütze (1971), Traveller Box (1988)

Auszeichnungen:
„gut", Stiftung Warentest für *Grizzly Box L* (2002)
„Testsieger", ADAC Motorwelt mit *Corvara 310* (Heft 12/06)

UNTERNEHMEN

Kamei GmbH & Co. KG

Hauptsitz: Wolfsburg, Deutschland

Geschäftsführer: Thomas Meier, Marian Meier-Andrae

Mitarbeiter: 77 (2006)

Vertrieb: weltweit

KONTAKT

Kamei GmbH & Co. KG
Heinrichswinkel 2
38448 Wolfsburg
✆ (0 53 63) 8 04-0
🖷 (0 53 63) 8 04-79
💻 www.kamei.de

Ansprechpartner Presse:
Marian Meier-Andrae
✆ (0 53 63) 8 04-64
✉ m.meier-andrae@kamei.de

SCHON GEWUSST?

▌Bei Volkswagen war Karl Meier auch mit dem Flugzeugbau in Berührung gekommen. Hierbei beschäftigte sich Meier auch mit dem Thema Aerodynamik, was sich später von Vorteil erwies. Meier, der sich über die Hecklastigkeit des VW-Käfers und das unruhige Fahrverhalten bei Geschwindigkeiten um 100 km/h ärgerte, sorgte für Abhilfe: Er konstruierte ein Tiefensteuer. Dieses aerodynamische Hilfsmittel nennt man heute Spoiler.

KAMPS

Unter der Marke Kamps vertreibt die Kamps Bakeries GmbH ein breites Sortiment an Backwaren mit stark regionaler Prägung. In knapp 1.000 Bäckereien bietet Kamps jeden Monat neue Backprodukte an, die auf die lokalen Kundenbedürfnisse abgestimmt sind. Bei seinen Neuprodukten geht das Unternehmen auch Kooperationen mit externen Lebensmittelherstellern ein. Seit 1982 befindet sich das Unternehmen auf Expansionskurs und unterhält heute fast 1.000 Bäckereien in Deutschland. Jedes Jahr kommen 30 weitere Bäckereien hinzu. Die Brot- und Backwaren werden in jeder Nacht in eigenen Handwerksbäckereien frisch zubereitet. Alle Kamps Bäckereien sind am charakteristischen Markenlogo von Kamps zu erkennen. Das Logo zeigt neben dem Markennamen eine stilisierte, ockerfarbene Brezel. Der Bildteil des Logos steht dabei für traditionelle Handwerksbäckerei. Der Kontrast zwischen dem kantigen, kraftvollen Schriftzug und der runden, weichen Brezelform bildet

Die Kamps Bakeries GmbH verkauft ihre Backwaren in über 1.000 Bäckereien in insgesamt neun Bundesländern.

die semantische Brücke zwischen dem traditionellen Handwerk und der Modernität der Produkte. Kamps bedient keine spezifische Zielgruppe, sondern versteht sich als Lieferant von Grundnahrungsmitteln für jedermann. Zu den Produktinnovationen unter der Marke Kamps zählen z. B. das *Kamps Eck* als erstes Dreiecksbrot in Deutschland oder das *Rübchen* als erstes Karottenbrötchen. Kamps führte zudem das klassisch süddt. Backprodukt *Seele* erfolgreich auch in anderen Bundesländern ein. Das Unternehmen betreibt in einigen Regionen Sportsponsoring und hat u. a. mit dem Kapitän der dt. Fußballnationalelf Michael Ballack als Wer-

Neben zahlreichen anderen Brotspezialitäten (Mitte) stellt Kamps auch das original Hamburger Holzofenbrot (unten) her.

beträger für die Marke zusammengearbeitet. Kamps unterstützt zudem die Aktion „Laib und Seele" der Berliner Tafel e.V., welche sich um die Versorgung Berliner Bedürftiger kümmert. In 42 Ausgabestellen werden monatlich ca. 34.000 Bedürftige von 600 ehrenamtlichen Mitarbeitern versorgt. Kamps stellt dabei die Versorgung mit dem Grundnahrungsmittel Brot sicher. Die Kamps Bakeries GmbH mit Sitz im nordrhein-westfälischen Schwalmtal beschäftigte 2006 rund 1.600 Mitarbeiter. Hinzu kommen die ca. 730 Franchise-Partner und deren Mitarbeiter. Das Unternehmen gehört zur Kamps AG, die noch weitere Brot- und Bäckereimarken führt. Seit 2002 gehört die Kamps-Gruppe zum ital. Lebensmittelkonzern Barilla.

DATEN UND FAKTEN

Markenname: Kamps, Nachname des Firmengründers

Slogan: „Jeden Tag neu genießen"

Gründer: Heiner Kamps, 1982, Düsseldorf

Markenregistrierung: 03. 08. 1999, DPMA München

Markenbekanntheit: 44 % gest. (Icon Added Value, 2006)

Jahresumsatz: über 300 Mio. Euro (Shop-Umsatz, 2006)

UNTERNEHMEN

Kamps Bakeries GmbH

Hauptsitz: Schwalmtal, Deutschland

Geschäftsführer: Jaap Schalken

Gesamtumsatz: ca. 300 Mio. Euro

Vertrieb: über eigene Kamps Bäckereien und Franchise-Partner

SCHON GEWUSST?

- Kamps betreibt in Hamburg die größte und älteste Holzofenbäckerei. Seit 1932 werden in 16 gemauerten Steinöfen in Handarbeit die rustikalen Hamburger Holzofenbrote gebacken.
- Der beliebte *Wuppi* aus dem Sortiment der Kamps Backshops ist nach der Stadt seiner Entdeckung benannt. Es war ein Kamps Bäcker aus Wuppertal, der das süße Rührgebäck erfand.

Mitarbeiter: 1.600 sowie 730 Franchise-Partner und deren Mitarbeiter (Deutschland, 2006)

KONTAKT

Kamps Bakeries GmbH
Auf dem Mutzer 11
41366 Schwalmtal
✆ (0 21 63) 9 47-7 00
🖷 (0 18 05) 67 37 17-47 01
💻 www.kamps-baeckerei.de

Ansprechpartner Presse:
Christina Stylianou
✉ pressestelle@kamps.de

Das Logo von Kärcher mit dem markanten Schriftzug und der typisch gelben Farbe, die auch für sämtliche Produkte und Verpackungen verwendet wird.

KÄRCHER

Die Marke Kärcher steht für Hochdruckreiniger für den betrieblichen und privaten Gebrauch. Der Name leitet sich von Alfred Kärcher ab, der das Unternehmen 1935 in Stuttgart Bad-Cannstatt gründete. 1950 entwickelte er den ersten Heißwasser-Hochdruckreiniger für den Einsatz in Gewerbe, Industrie und Landwirtschaft, 1984 erfand das Unternehmen den ersten tragbaren Hochdruckreiniger für Haus und Garten. Kärcher schuf damit einen eigenen Markt, in dem das Familienunternehmen heute weltweit führend ist. Der Begriff „kärchern" steht im Volksmund für das Hochdruckreinigen von Terrassen, Hofeinfahrten oder Gartenmöbeln. Im Jahr 2006 setzte die Firma 6,07 Mio. Geräte ab und machte einen Umsatz von 1,254 Mrd. Euro. Kärcher verkauft seine Produkte über den Fachhandel, über Bau- und Heimwerkermärkte, Teleshopping und über Direktvertrieb. Mit Saugern und Dampfreinigern, Kehr- und Scheuersaugmaschinen, Trockeneis-Strahlgeräten, Kfz-Waschanlagen, Trink- und Abwasseraufbereitungsanlagen sowie Reinigungsmitteln bietet Kärcher neben Hochdruckreinigern Komplettlösungen für viele Reinigungsaufgaben an. Das Unternehmen verfolgt eine Dachmarkenstrategie, d. h. sämtliche Produkte in ihren Varianten werden unter der Marke Kärcher angeboten. Das Firmenlogo trägt in schwarzer, in Versalien gedruckter Schrift den Markennamen, der gelb unterstrichen ist. Das Signet vor dem Namen ist eine Entwicklung des Firmengründers Alfred Kärcher aus dem Buchstaben „K" heraus. Die Produkte von Kärcher sind ebenfalls gelb, sodass ein einheitliches Markenerscheinungsbild gewährleistet wird. Kärcher setzt auf Wachstum durch Innovation. 2006 hielt das Unternehmen 347 Patente. Zu den jüngsten Innovationen gehört u.a. ein automatisches Filterabreinigungssystem für Nass-/Trockensauger.

UNTERNEHMEN

Alfred Kärcher GmbH & Co. KG
Alfred-Kärcher-Str. 28–40
71364 Winnenden
✆ (0 71 95) 14–0
Fax (0 71 95) 14–22 12
www.kaercher.com

KARSTADT

Die Dachmarke Karstadt steht für Produkte und Dienstleistungen der Karstadt Warenhaus GmbH, einem Unternehmen der Arcandor AG. Zur Karstadt Warenhaus GmbH gehören vier Vertriebseinheiten. Dies sind die Karstadt-Warenhäuser, *Karstadt sports*, das Online-Warenhaus *karstadt.de* sowie die Häuser der Premium Group, zu der das *KaDeWE* (Berlin), das *Alsterhaus* (Hamburg) und Karstadt *Oberpollinger* (München) zählen. Leitidee für alle Einheiten ist „der moderne Marktplatz", in dem Einkaufen zum Erlebnis wird. Im Sinne dieses Konzepts werden seit 2007 in den Warenhäusern Aktionen zu wechselnden Themenschwerpunkten gestartet. Die Häuser befinden sich in erstklassigen Innenstadtlagen. Das Logo der Dachmarke zeigt den Namen in serifenlosen Versalien in Weiß auf blauem Grund, darunter als Tagline „Schöner shoppen in der Stadt". Der Markenname geht auf den Gründer Rudolph Karstadt zurück, der 1881 im mecklenburgischen Wismar sein erstes Geschäft eröffnete. Zum Zeitpunkt des 50-jährigen Firmenjubiläums betrieb die damalige Karstadt AG bereits 89 Filialen. Nach dem 2. Weltkrieg wuchs das Unternehmen und übernahm u. a. 17 ehemalige Neckermann-Warenhäuser sowie 80 Hertie-Filialen. 1999 verschmolz die Karstadt AG mit der Schickedanz Handelswerte GmbH & Co. KG, Fürth, zur KarstadtQuelle AG. 2007 folgte die Umbenennung des Unternehmens in Arcandor AG mit den drei Kernbereichen stationärer Handel, Versandhandel und Tourismus. Die Holding führt neben Karstadt u. a. auch den Reiseveranstalter → Thomas Cook und unter dem Namen *Primondo* das Versandhandelsgeschäft mit *Quelle* und zahlreichen Spezialversandhändlern. Mit 90 Warenhäusern sowie 28 Sporthäusern ist Karstadt heute in vielen Innenstädten Deutschlands vertreten. Die Karstadt Warenhaus GmbH erzielte 2006 mit rund 36.000 Mitarbeitern einen Umsatz von 4,9 Mrd. Euro.

UNTERNEHMEN

Karstadt Warenhaus GmbH
Theodor-Althoff-Str. 2
45133 Essen
✆ (0 18 05) 11 44 14
www.karstadt.de

KÄTHE KRUSE

Unter der Marke Käthe Kruse werden Spielzeug und Kindermode hergestellt und vertrieben. Wichtigstes Produkt der Marke sind die Käthe-Kruse-Puppen, deren Reparatur und Restauration ebenfalls zu den angebotenen Leistungen gehören. Naturmaterialien und Handarbeit sind die Qualitätsmerkmale der im oberen Preissegment angesiedelten Erzeugnisse. Jedes Modell hat einen eigenen Namen und wird in den Größen 28, 40 und 52 cm angeboten. Körper und Köpfe entstehen größtenteils in Handarbeit, dadurch wird jede Puppe zum Unikat. Das Markenlogo zeigt im Stil einer Unterschrift den Namen „Käthe Kruse" sowie den Slogan: „weckt Gefühle". Käthe Kruse fertigte 1905 ihre erste Puppe für ihre dreijährige Tochter an: aus einer Kartoffel und einem mit Sand gefüllten Tuch. In den Folgejahren entwickelte sie ihre Puppenmodelle weiter und nahm 1910 in Berlin an der Ausstellung „Spielzeug aus eigener Hand" teil. Nach der dortigen Präsentation ihrer Produkte erhielt Käthe Kruse zahlreiche Aufträge und gründete in Bad Kösen eine Puppenmanufaktur. 1925 verteidigte Käthe Kruse in einem Gerichtsprozess erfolgreich die Urheberrechte an ihren Puppenmodellen. Nach dem 2. Weltkrieg gründeten zwei Söhne von Käthe und Max Kruse in Westdeutschland neue Puppen-Manufakturen. Heute werden die Produkte der Käthe Kruse Puppen GmbH in Donauwörth hergestellt.

UNTERNEHMEN

Käthe Kruse Puppen GmbH
Alte Augsburger Str. 9
86609 Donauwörth
✆ (09 06) 70 67 8–0
Fax (09 06) 70 67 8–70
www.kaethe-kruse.de

KATJES

Unter dem Dach der Konsumgütermarke Katjes werden Zuckerwaren unterschiedlichster Art vertrieben. Bekannteste Produkte sind Lakritze und Fruchtgummis. Der Name Katjes ist

KARSTADT
SEIT 1881

Karstadt ist heute ein Unternehmen der Arcandor AG.

Käthe Kruse „weckt Gefühle".

Klaus Fassin (unten) gründete 1950 seinen Betrieb in Emmerich. Das bekannteste Produkt, die Lakritz-Katzen (Mitte), sind verantwortlich für den Namen der Marke.

niederl. und bedeutet kleine Kätzchen. Namensgeber war das erste Produkt des 1950 von Klaus Fassin im dt. Emmerich gegründeten Unternehmen: kleine Lakritzkatzen. Zielgruppe der Marke sind insbesondere junge Frauen und Mütter, die Wert auf Qualitätsprodukte legen. Seit 2007 werden alle Katjes-Produkte ausschließlich mit natürlichen Farben und Aromen hergestellt. 55.000 t Zuckerwaren produziert Katjes aktuell pro Jahr. Die Marke hat mit 120 Mio. Euro Umsatz einen Anteil am Gesamtumsatz des Unternehmens von 60 %. Das Markenlogo besteht aus dem gefetteten Namenszug Katjes, darüber ist eine kleine gelbe Katze abgebildet. Beides wird von einem farbigen Strahlenkranz eingefasst. Das Logo soll Katjes als die Marke mit der Katze bestätigen und das Hauptprodukt, die Lakritzkatzen, assoziieren. Form, Farbe und Größe der Katze wurde über die Jahre verändert. Seit 1957 werden Katjes-Produkte in den farbig bedruckten Beuteln verpackt.

Katjes Fassin beschäftigt 500 Mitarbeiter und vertreibt seine Produkte in weiten Teilen Europas.

Der aktuelle Werbeslogan der Marke lautet „Weil's natürlich besser schmeckt!". Bekanntester Werbeträger ist seit 2001 Heidi Klum, die zunächst mit dem Slogan: „Katjes-jes-jes-jes!" warb. Katjes ist heute lt. eigenen Angaben die Nummer drei im dt. Zuckerwarenmarkt hinter Haribo und Storck. Vertrieben werden Produkte der Marke in Deutschland und Europa. Die Katjes Fassin GmbH & Co. KG wurde 1950 von Klaus Fassin in Emmerich am Niederrhein gegründet. Seit Ende der 1990er-Jahre expandiert der Familienbetrieb und besitzt u.a. bekannte Marken wie →Ahoj-Brause, *Gletscher Eis* und *Granini-Fruchtbonbons* (Lizenz). Das Unternehmen beschäftigt 500 Mitarbeiter und erwirtschaftet einen Jahresumsatz von 200 Mio. Euro (2006).

DATEN UND FAKTEN

Markenname: Katjes, niederl. für kleine Kätzchen

Slogan: „Weil's natürlich besser schmeckt"

Gründer: Klaus Fassin, 1950, Emmerich

Markenregistrierung: 14.06.1951, DPMA München

Innovationen: Verzicht auf künstliche Farben (1987), alle Produkte mit natürlichen Farben und Aromen (2007)

Jahresumsatz: 120 Mio. Euro (Marke Katjes, 2006)

Werbespendings: 5 bis 10 Mio. Euro

UNTERNEHMEN

Katjes Fassin GmbH & Co. KG

Hauptsitz: Emmerich, Deutschland

Geschäftsführung: Tobias Bachmüller, Bastian Fassin

Weitere Marken: →Ahoj-Brause, Sallos, Hustelinchen, Gletscher Eis, Granini Bonbons

Gesamtumsatz: 200 Mio. Euro (2006)

Vertrieb: Deutschland, Europa, Asien

KONTAKT

Katjes Fassin GmbH & Co. KG
Dechant-Sprünken-Str. 53–57
46446 Emmerich
(0 28 22) 6 01–0
(0 28 22) 6 01–2 14
www.katjes.de

Ansprechpartner Presse:
Heiner Wolters

MEILENSTEINE

1910 Xaver Fassin bringt ein Lakritz-Rezept aus Sizilien mit.

1950 Klaus Fassin stellt nach diesem Rezept erfolgreich kleine Lakritzkatzen her und gründet das Unternehmen Katjes Fassin GmbH & Co. KG.

1971 Mit den Yoghurt-Gums steigt Katjes in den Fruchtgummi-Markt ein.

1987 Alle Produkte werden ohne künstliche Farbstoffe hergestellt.

2002 Katjes übernimmt Frigeo mit der Traditionsmarke Ahoj-Brause.

2007 Alle Fruchtgummiprodukte werden nur noch mit natürlichen Aromen und Farben hergestellt.

📞 (0 28 22) 6 01–2 89
✉ heinerwolters@katjes.de

Ansprechpartner Marketing:
Alexandra Pfeiffer
📞 (0 28 22) 6 01–2 60
✉ alexandrapfeiffer@katjes.de

KATTUS

Die Premiummarke Kattus steht für Feinkostprodukte mit dem Schwerpunkt mediterrane Küche. Zum Angebot zählen u.a. Antipasti, Oliven, Pesto, Essige und Öle, Pasta, Früchte, Snacks, Gemüse, Reis, Würzmittel und Würzsaucen. Produkte wie Antipasti, Sauerfeinkost und Essig sind auch in Großverbraucherpackungen erhältlich. Auch Vollkorn- und Bioprodukte gehören zum Kattus-Sortiment. Die Produkte werden rohstoffnah hergestellt, um größtmögliche Frische zu erreichen, und durch eine mehrstufige Qualitätssicherung geprüft. Insgesamt werden die Artikel der Theodor Kattus GmbH an über 10.000 Verkaufsstellen angeboten, darunter die Supermarktketten → REWE, Metro, Edeka, Tengelmann und Spar sowie Warenhäuser. Das Logo zeigt den Markennamen in hellgrünen serifenlosen Lettern auf weißem Grund, eingefasst von einem dunkelgrünen Rahmen. Der Slogan der Marke lautet „Das Feine vom Süden". Er wird in der Markenkommunikation u.a. durch saisonale Slogans wie „Sommer der Sinne" ergänzt. Die Theodor Kattus GmbH führt neben Kattus auch die Marken Fuego, Bamboo Garden, Bamboo Garden Sushi Bar, Bamboo Garden Thai, Bamboo Garden India, Jadira und Milerb. Die Firma führt insgesamt etwa 600 Produkte in seinem Sortiment und ist eine der stärksten Marken im Bereich internat. Spezialitäten in Deutschland.

UNTERNEHMEN

Theodor Kattus GmbH
Frauenstr. 31
82216 Maisach
📞 (0 81 41) 9 39–0
📠 (0 81 41) 9 59–05
💻 www.kattus.de

KAWASAKI

Seit 1906 stellt Kawasaki Automobile her.

Die Marke Kawasaki steht für die umfangreiche Produktpalette des jap. Mischkonzerns, zu der Containerschiffe, Hochgeschwindigkeitszüge, Flugzeuge, Hubschrauber sowie Industrieanlagen wie Kraftwerke, Gasturbinen oder Müllverbrennungsanlagen gehören. In Deutschland angeboten werden vor allem Motorräder, Gelände- und Nutzfahrzeuge, Jet Skis, elektrische Gartengeräte und Ausrüstungsartikel. Der Markenname geht auf den Gründer Shozo Kawasaki zurück, der 1878 zunächst eine Werft für Seeschiffe gründete. Das Produktportfolio erweiterte sich schnell, sodass 1906 auch Lokomotiven, Pkws und Lkws hergestellt wurden, 1918 kam eine Luftfahrtsparte hinzu. 1952 wurde die Produktion von Motorrädern aufgenommen. 1972 setzte Kawasaki mit der Z1, dem damals leistungsstärksten Zweirad mit einem Vierzylinder-Motor, einen Meilenstein in der Motorradgeschichte. Weitere Innovationen wie die GPZ 900R, ZZ-R 1100 oder die Ninja ZX-12R folgten. 2008 wird die Ninja ZX-10R die Supersportklasse von Kawasaki prägen. Die Bekanntheit der Marke wird durch die Teilnahme der Kawasaki Racing Teams an Rennsportveranstaltungen verschiedener Klassen gestärkt. Dazu gehören die Racing Teams „Kawasaki-sP", „BMR Team", „Schnock-Shell Advance", „Elf Team Pfeil" und „EBS". Daneben werden weitere Motorradsportler unterstützt. Das Logo präsentiert den Markennamen in roter Schrift. In der Markenkommunikation wird es häufig mit dem Slogan „Let the good times roll" verbunden.

UNTERNEHMEN

Kawasaki Motors Europe N. V.
Niederlassung Deutschland
Max-Planck-Str. 26
61381 Friedrichsdorf
📞 (0 61 72) 7 34–0
📠 (0 61 72) 7 34–1 60
💻 www.kawasaki.de

KBA

Die Druckmaschinen der Marke KBA werden in vielen Marktsegmenten des Printbereichs eingesetzt.

Die Industriegütermarke KBA steht weltweit für Druckmaschinen. Ihre Wurzeln reichen bis in die Anfangsjahre des 19. Jh. zurück: 1812 bauten die beiden Deutschen Friedrich Koenig und Andreas Bauer in London die erste Zylinderdruckmaschine der Welt. Zwei Jahre später druckte die dampfgetriebene Maschine zum ersten Mal die Londoner Tageszeitung *The Times* und löste damit die 360 Jahre dominierende Gutenberg'sche Handpresse ab. 1817 gründeten die beiden Erfinder die Schnellpressenfabrik Koenig & Bauer im Kloster Oberzell bei Würzburg und legten damit den Grundstein der heutigen Koenig & Bauer AG. Sechs Jahre später wurde auch auf dem europäischen Festland erstmals eine Zeitung mit einer Zylinderdruckmaschine von Koenig & Bauer hergestellt. Heute beinhaltet das Produktportfolio des Unternehmens u. a. Maschinen für den Bogen- und Rollenoffsetdruck sowie Blech- und Wertpapierdruckmaschinen. Das 1937 entwickelte Logo stellt einen durch zwei Zylinder laufenden Papierbogen dar. 1990 wurde es um die Initialen KBA erweitert. Das Corporate Design ist von der Hausfarbe Blau (Pantone 287) und einer vom Unternehmen selbst entwickelten Typografie bestimmt. Die Koenig & Bauer AG ist nach eigenen Angaben der weltweit drittgrößte Druckmaschinenhersteller. In einigen Segmenten, z. B. im Banknotendruck, hält das Unternehmen die Marktführerschaft. In den letzten Jahren ist die Koenig & Bauer AG auch durch die Übernahme mehrerer Unternehmen aus der Branche stark gewachsen. Im Jahr 2006 setzte der Druckmaschinenhersteller mit weltweit 8.300 Mitarbeitern 1,74 Mrd. Euro um. Der Vertrieb der Marke KBA, die 90 % des Konzernumsatzes ausmacht, erfolgt über die Hauptwerke in Würzburg, Frankenthal und Radebeul sowie weltweit über Tochtergesellschaften und Vertretungen.

DATEN UND FAKTEN

Markenname: KBA, Abkürzung des Firmennamens **K**oenig & **B**auer **A**G

Slogan: „People & Print" (2004), „Innovation is timeless" (1995)

Gründer: Friedrich Koenig, Andreas Bauer, 1817, Würzburg

Markenregistrierung: 15. 07. 1999, DPMA München

Innovationen: KBA Cortina (2000), KBA Rapida 105 (2004), KBA Commander CT (2007)

Jahresumsatz: 1,74 Mrd. Euro (KBA-Konzern, 2006)

Werbespendings: ca. 1,2–1,5 % des Umsatzes

Literatur:

M. Roessler: Friedrich Koenig. Der Erfinder der Schnellpresse (1982)

UNTERNEHMEN

Koenig & Bauer AG
Friedrich-Koenig-Str. 4
97080 Würzburg
(09 31) 9 09–0
(09 31) 9 09–41 01
www.kba-print.de

KELLOGG'S

Kellogg's Corn Flakes in der typischen Karton-Verpackung (Mitte), William Keith Kellogg gründete das Unternehmen 1906 in den USA.

Unter der US-amerikanischen Lebensmittelmarke Kellogg's werden seit über 100 Jahren Corn Flakes und andere Cerealien produziert und vertrieben. Das herstellende Unternehmen, die Kellogg Company, wurde 1906 von William Keith Kellogg gegründet. Bereits 1894 hatten er und sein Bruder in einem Sanatorium Weizenflocken hergestellt, um den Gästen leicht bekömmliche Frühstückskost

Eine Anzeige aus dem Jahr 1906 für Corn Flakes von Kellogg's

anbieten zu können. Heute richten sich Kellogg's Produkte an die ganze Familie. Der Konzern ist nach eigenen Angaben Marktführer. Im Jahr 2006 machte er mit rund 26.000 Mitarbeitern weltweit rund 11 Mrd. USD Umsatz. Neueste Produkte der Dachmarke Kellogg's sind ballaststoffreiche Cerealien unter der Subbrand *DayVita*. Das Kellogg's Logo besteht aus dem in Rot gehaltenen und Weiß eingefassten Schriftzug des Markennamens. Es handelt sich um die Originalsignatur des Firmengründers. Geworben wurde in den 1970er-Jahren mit dem Slogan „Kellogg's – Das Sonnenscheinfrühstück". Der aktuell genutzte Claim lautet „Kellogg's – Das Beste jeden Morgen". Als Testimonials warben in Deutschland u. a. Tommy Ohrner (1970er-Jahre), Thomas Gottschalk (1980er-Jahre) und zu Beginn des neuen Jahrtausends die Klitschko-Brüder. Typisch für Kellogg's-Produkte ist die Zweifach-Verpackung: Der Innenbeutel stellt die Frische des Produkts sicher, die Außenbox soll die Cerealien vor Stößen schützen. Kellogg's nutzt für die kindgerechte Ansprache ein Verpackungsdesign mit verschiedenen Tier-Comicfiguren. Bekannt ist in Deutschland vor allem der Tiger „Tony" mit dem roten Halstuch. In Deutschland werden Corn Flakes und andere Cerealien seit 1964 in einem eigenen Werk in Bremen produziert, zuvor wurden die Produkte aus den USA importiert. Vertrieben werden die Kellogg's Produkte über den Lebensmitteleinzelhandel weltweit in mehr als 180 Ländern.

DATEN UND FAKTEN

Markenname: Kellogg's, abgeleitet vom Nachnamen des Gründers, engl. Genitiv-Form

Slogan: „Kellogg's – Das Beste jeden Morgen" (1995)

Gründer: William Keith Kellogg, 1906, Battle Creek, Michigan/USA

Markenregistrierung: 21.09.1951, DPMA München

Innovationen: DayVita – Ballaststoffreiche Cerealien (2005)

UNTERNEHMEN

Kellogg Company

Hauptsitz: Battle Creek, Michigan/USA

Vorstand: David Mackay (Vorsitzender)

Gesamtumsatz: 11 Mrd. USD (in 2006)

Mitarbeiter: 26.000 weltweit (2006)

Vertrieb: weltweit in über 180 Ländern über LEH

SCHON GEWUSST?

- 1907 erklärte Kellogg in einer Zeitungsanzeige im „Ladies' Home Journal", dass die Corn Flakes ausverkauft und keine neuen Bestellungen möglich wären. Ein Trick, mit dem er erfolgreich den Umsatz ankurbelte.
- Corn Flakes stehen schon seit 1928 auf dt. Frühstückstischen.
- 1912 ließ der Kellogg-Gründer die bis dahin größte Leuchtreklame auf dem Mecca-Gebäude am Times Square in New York aufbauen. Sie hatte eine Fläche von 790 Quadratmetern.

KONTAKT

Kellogg (Deutschland) GmbH
Auf der Muggenburg 30
28217 Bremen
(04 21) 39 99-0
(04 21) 39 10 67
www.kelloggs.de

Ansprechpartner Presse:
:relations Gesellschaft für Kommunikation mbH
(0 69) 96 36 52 24

KENNGOTT

Unter der Marke Kenngott produziert die Kenngott International GmbH & Co. KG Treppensysteme aus Holz, Metall, Stein, Glas und „Longlife", einem patentierten hochwertigen Laminatmaterial. Das Familienunternehmen in vierter Generation wurde 1895 gegründet. In den 1950er-Jahren meldete der damalige Geschäftsführer Hans-Dieter Kenngott die freitragende Treppe zum Patent an. Heute ist das Unternehmen einer der führenden Treppenhersteller in Europa. Das Markenzeichen besteht aus einem blauen Quadrat, auf dem oben und unten der serifenlose, weiße Versalienschriftzug „Kenngott Treppen" angeordnet ist. Zwischen den beiden Wörtern sind drei Treppenstufen im Profil zu sehen. Die klassische Kenngott-Treppe ist eine selbsttragende, wandorientierte Treppenkonstruktion, die ohne Wangen, ohne Stahlunterkonstruktion und ohne voluminöse Handlaufholme auskommt. Dadurch bleibt das Treppenauge frei und transparent. So wirkt diese Treppe auch in engen Treppenhäusern fast schwebend. Die Treppensysteme kommen hauptsächlich im Wohnungsbau, aber auch als Großtreppen in Geschäftshäusern, Banken oder Büros zum Einsatz. Zielgruppen sind damit vor allem Bauherren, Architekten und Bauträger. Das Treppenprogramm bietet Lösungen für alle architektonischen Ansprüche, die Funktionalität und Sicherheit mit Ästhetik verbinden. Dabei bestimmen Kundenwünsche die Weiterentwicklung der Produkte von Kenngott. Im Jahr 2006 wurden 35 % des Umsatzes mit Produkten erwirtschaftet, die jünger als vier Jahre waren. Neueste Produktinnovation ist die patentierte Kenngott-Treppe *Longlife*. Sie zeichnet sich durch besonders robuste, abriebfeste Stufen sowie durch abgerundete Vorderkanten aus. Zudem ist sie lichtunempfindlich und säure-/laugenbeständig. Ein Schwerpunkt zukünftiger Marketing-Aktivitäten zielt auf den Ausbau

Jörg Kenngott (Mitte) verantwortet die Geschäfte des Heilbronner Treppenherstellers Kenngott (Zentrale unten).

Kenngott gehört zu den führenden Treppenherstellern in Europa.

des Exports. Heute erfolgt der Vertrieb direkt (Deutschland) und über Vertriebsgesellschaften (Ausland) sowie qualifizierte Vertriebspartner. Die Kenngott-Gruppe mit Sitz in Heilbronn beschäftigt rund 400 Mitarbeiter.

DATEN UND FAKTEN

Markenname: Kenngott, Familienname des Firmengründers

Slogan: „Einer für alle, alle für den Erfolg"

Erfinder: Hans Kenngott, Heilbronn

Markenregistrierung: 13. 05. 1964, DPMA München

Innovationen: Geländersystem VERDI (2002), Kenngott-Laserstufenschutz (2004), Metallwangentreppe ATHEN (2004), Geländersystem TRITON (2005), Kenngott-Longlife (2007), Kenngott-Schieferline (strukturierte Oberfläche, 2007), Kenngott-Faltwerk-Treppe TOKIO (2007), Kenngott-Metalltreppen TESSIN (2007)

UNTERNEHMEN

Kenngott International GmbH & Co. KG

Hauptsitz: Heilbronn, Deutschland

Geschäftsführer: Jörg Kenngott

Gesamtumsatz: 52 Mio. Euro (2006)

Vertrieb: Direktvertrieb, Vertriebsgesellschaften in der Schweiz, Tschechien, England, Frankreich, Spanien und Rumänien, ca. 200 Vertriebspartner im In- und Ausland

SCHON GEWUSST?

▌Die Jahresproduktion von mehr als 20.000 Stock Systemtreppen entspricht einem Höhenunterschied von über 55 km oder mehr als sechs Aufstiegen auf den Mount Everest (8.848 m).

KONTAKT

Kenngott International GmbH & Co. KG
Albertistr. 22
74076 Heilbronn
☏ (0 71 31) 1 88-0
🖷 (0 71 31) 1 88-2 76
💻 www.kenngott.de

Ansprechpartner Presse & Marketing:
Elfriede Horstmann
☏ (0 71 31) 1 88-2 20
✉ Elfriede.Horstmann@kenngott.de

KERAMAG

KERAMAG
Part of the Sanitec Group

Klarheit und Eleganz soll das Keramag-Logo transportieren.

Keramag ist ein Hersteller von sanitärkeramischen Produkten. Die Keramag AG mit Sitz in Ratingen unterhält Werke in Wesel und Haldensleben. Die Produktpalette umfasst neben Sanitärkeramik Wannen, Whirlpools, Duschsysteme, Urinale und Badmöbel, Waschplatz- und Wellnesskonzepte sowie Sanitärobjekte aus dem Mineralwerkstoff Varicor. Die Reihe Generationenbäder ist auf die Bedürfnisse von Babies, Kleinkindern und Senioren abgestimmt. Keramag wirbt mit hoher Qualität, Langlebigkeit und Perfektion. Außerdem bietet das Unternehmen einen Kundendienst an. Zur Zielgruppe zählen Sanitärgroßhandel und -handwerk, Architekten, Investoren, Bauherren und Modernisierer aus dem privaten und öffentlich-gewerblichen Bereich. Keramag gehört mehrheitlich zum Sanitec-Konzern, der mit ca. 7.000 Mitarbeitern und 27 Produktionsstätten Marktführer in Europa im Bereich Sanitärkeramik, Wannen und Duschen ist. Keramag wurde 1903 gegründet. Die Firma ist Marktführer auf dem dt. Sanitärkeramikmarkt (BRG Consult 2007). Seit 1989 werden neue Produktlinien in einem eigenen Designstudio in Kooperation mit externen Designern entwickelt. Mit innovativen Technologien zur Wassereinsparnis gelang Keramag ein Beitrag zum Ressourcenschutz. Die erste schmutzabweisende Keramikglasur mit 30-jähriger Garantie zählt zu den weiteren Innovationen des Unternehmens. Der Slogan „Ich freue mich aufs Bad." wurde 1999 durch „Wir schaffen bleibende Werte." abgelöst. Der Markenname setzt sich aus dem Produkt Keramik und dem Zusatz AG zusammen. Die blaue Schrift des Logos zeichnet sich durch Klarheit und Eleganz aus.

UNTERNEHMEN

Keramag Keramische Werke Aktiengesellschaft
Kreuzerkamp 11

40878 Ratingen
✆ (0 21 02) 9 16-0
🖷 (0 21 02) 9 16-2 45
💻 www.keramag.de

KERRYGOLD

Kerrygold ist eine vom Irish Dairy Board (IDB) in Irland in den 1960er-Jahren entwickelte Marke, die den Export und die Vermarktung von irischen Molkereiprodukten im Ausland ermöglichte. Die Marke Kerrygold steht somit für irische Molkereiprodukte wie Butter und Käse und verspricht lt. Unternehmen Premiumqualität in Form von purem Geschmack, natürlich goldener Farbe und bester Streichfähigkeit. Das IDB wurde 1961 im Auftrag der irischen Molkereien als Marketing-Organisation gegründet. Mit dem Eintritt Irlands in die Europäischen Gemeinschaft 1973 testete das IDB die Chancen irischer Butter auf dem dt. Markt. Speziell für diesen Markt wurde die Goldfolienverpackung entwickelt. Das Markenlogo ist in Grün (Pantone 354) und gemalter Schrift gehalten und stellt eine auf einer grünen Wiese weidende Kuh dar. Assoziiert werden sollen die Weidehaltung und die Ursprünglichkeit des Produkts. Seit der Einführung von Kerrygold in Deutschland wird die Vermarktung von konstanter TV- und Print-Werbung unterstützt, die wie das Logo von irischer Landwirtschaft und Tradition geprägt ist. Käuferzielgruppe sind insbesondere Frauen zwischen 35 und 59 Jahren. Kerrygold wird internat. in ca. 60 Ländern vertrieben und macht 75 % des Gesamtumsatzes des IDB aus. Das IDB beschäftigt weltweit 3.800 Mitarbeiter und erzielt nach eigenen Angaben einen Jahresumsatz von 2,1 Mrd. Euro (2006), wobei 140 Mio. Euro mit Kerrygold in Deutschland erwirtschaftet werden.

Das Markenlogo steht für die Ursprünglichkeit der Kerrygold Molkereiprodukte.

UNTERNEHMEN

IDB Deutschland GmbH
Kerrygoldstr. 1
47506 Neukirchen-Vluyn
✆ (0 28 41) 88 80-0
🖷 (0 28 41) 88 80-3 19
💻 www.kerrygold.com

KETTLER

Unter der Marke KETTLER werden unterschiedliche Produkte für die Freizeit vertrieben. Im Jahr 1949 gründete Heinz Kettler die nach ihm benannte Metallwarenfabrik. Zum Portfolio der Marke gehören Heimfitnessgeräte, Tischtennisplatten, Freizeitmöbel, Fahrräder sowie Spielwaren. Eines der bekanntesten Produkte ist das Kinderfahrzeug namens *Kettcar*. Zur Zielgruppe gehören freizeitorientierte, markenbewusste Kunden sowie Familien. Die Wortmarke KETTLER ließ sich Heinz Kettler 1966 sichern. Das Logo besteht aus einem vielfarbigen „K". Es soll die bunte Welt der KETTLER-Freizeitprodukte symbolisieren. Es ist seit der Firmengründung das fünfte Logo und wurde im Jahre 1981 eingeführt. Zahlreiche prominente Personen, vornehmlich Sportler und Schauspieler wie z. B. Frank Busemann, Udo Lattek und Siegfried Rauch haben bereits für KETTLER geworben. Nach eigenen Angaben hat KETTLER die Marktführerschaft im Bereich Freizeitmöbel in Deutschland, im Bereich Sport neben der dt. auch die europäische Marktführerschaft inne. Mit stetigen Innovationen hat KETTLER seine Marktposition in der Vergangenheit gefestigt. So wurde im Jahr 2007 eine mit dem „FIBO Innovation Award" ausgezeichnete GPS-gestützte Fitnesssoftware auf den Markt gebracht, bereits 1974 der weltweit erste wetterfeste Tischtennistisch und 1977 das erste Aluminium-Fahrrad der Welt. KETTLER-Produkte werden in mehr als 70 Ländern vertrieben. In acht Ländern besitzt KETTLER eigene Niederlassungen, in den anderen Ländern wird mit Distributoren zusammengearbeitet. Im Rahmen der Internationalisierungsstrategie des Unternehmens soll das Portfolio weiter ausgebaut und angepasst werden.

KETTLER brachte 1977 das erste Aluminium-Fahrrad auf den Markt.

Heinz Kettler (unten) gründete 1949 in Ense-Parsit eine Metallwarenfabrik. Im Werk (Mitte) werden heute Freizeitprodukte vom Fahrrad bis hin zur Tischtennisplatte produziert.

DATEN UND FAKTEN

Markenname: KETTLER, Nachname des Firmengründers

Gründer: Heinz Kettler, 1949, Ense-Parsit

Markenregistrierung: 12. 02. 1966, DPMA München

UNTERNEHMEN

HEINZ KETTLER GmbH & Co. KG

Hauptsitz: Ense-Parsit, Deutschland

Geschäftsführer: Dr. Karin Kettler, Hans-Hermann Deters

Mitarbeiter: ca. 3.000 weltweit

Weitere Marken: Herlag, MWH, Sonntex, Royal Garden

Vertrieb: In über 70 Ländern, acht eigene Niederlassungen, ansonsten Vertrieb über Distributoren

KONTAKT

HEINZ KETTLER GmbH & Co. KG
Hauptstr. 28
59469 Ense-Parsit
✆ (0 29 38) 81-0
🖷 (0 29 38) 20 22
💻 www.kettler.net

SCHON GEWUSST?

▌Als Heinz Kettler im Anschluss an seine Lehrzeit eine Gehaltserhöhung von 50 Pfennig pro Monat forderte, verweigerte ihm der Chef dies mit der Begründung: „Wenn du selbstständig wärst, wüsstest du, wie schwer es für ein Unternehmen ist, Geld zu verdienen." Das ließ sich Heinz Kettler nicht zweimal sagen und machte sich selbstständig.

▌Aluminium, das KETTLER für seine Produkte verwendet, ist das häufigste Metall der Erdkruste. Es hat dort einen Anteil von 7,6 %, gewonnen wird es aus dem sog. Bauxit. Es bietet sich für Fahrräder und vieles andere an, weil es so fest wie andere Metalle, aber wesentlich leichter ist.

Mit dem Plakat lud die Kieler Woche zu ihrer 125-jährigen Jubiläumsveranstaltung im Jahr 2007 ein (oben). Die Gäste können über 1.500 Veranstaltungen besuchen (Mitte). Angelika Volquartz, Oberbürgermeisterin der Landeshauptstadt Kiel (unten)

KIELER WOCHE

Die Event-Marke Kieler Woche steht für das größte Segelsportereignis der Welt und für das größte Sommerfest im Norden Europas. Das Megaevent findet alljährlich in der letzten kompletten Juniwoche statt. Neun Tage lang treffen sich etwa 3,5 Mio. Besucher aus aller Welt, um mehr als 1.500 verschiedene Veranstaltungen im Rahmen der Kieler Woche zu besuchen. Es gibt 420 Starts auf den zehn Regattabahnen. An den Wettbewerben nehmen über 5.000 Segler aus 50 Nationen in den 39 verschiedenen Bootsklassen teil. Ein besonders beliebtes Ereignis ist die internat. bekannte Windjammerparade. An dieser Veranstaltung nehmen über 100 Groß- und Traditionssegler sowie hist. Motor- und Dampfschiffe teil. Zusätzlich zu den Sportwettbewerben wird in der Kieler Innenstadt ein großes Sommerfest ausgerichtet. Die Besucher können zwischen 500 Konzerten aller Musikgenres wählen, die auf einer der 18 Bühnen in der Stadt aufgeführt werden. Ihren Ursprung hat die Kieler Woche in einer Segelregatta mit 20 Jachten auf der Kieler Förde, die erstmals im Jahr 1882 ausgerichtet wurde. In jenem Jahr wurde von einer örtlichen Zeitung der Name Kieler Woche geprägt, der sich bis heute bewährt hat. Damals war das Sportereignis noch eine Wettfahrt von Marineoffizieren und Kaufleuten. Doch schon bald segelten auch Kaiser, Könige und Industrielle mit. Die Kieler Woche wurde zur internat. Großveranstaltung. Seit 1948 gibt es ein jährlich wechselndes Erscheinungsbild der Kieler Woche. Seit 1959 wird zu diesem Zweck ein Wettbewerb unter ausgewählten, professionellen Plakatgestaltern ausgelobt, die um den besten Entwurf konkurrieren. Zur Markenkommunikation der Kieler Woche zählen neben Plakaten auch die Einladungen, das Programmheft, Fahnen, Souvenirs sowie die Homepage zum Event. Organisatorin und Koordinationsstelle des Großereignisses ist die Landeshauptstadt Kiel, im Jahr 2007 mit Oberbürgermeisterin Angelika Volquartz und Stadtpräsident Rainer Tschorn. Hauptsponsoren der Veranstaltung sind BMW, HSH Nordbank und freenet.

DATEN UND FAKTEN

Markenname: Der Begriff Kieler Woche wurde durch eine örtliche Zeitung im Jahr 1882 anlässlich einer Segelregatta geprägt und setzte sich anschließend als Markenname durch.

Gründung: 1882, Kiel

Besucher: 3,5 Mio. aus aller Welt (2007)

Angebot: 1.500 verschiedene Veranstaltungen

Teilnehmer Regatten: 5.000 Segler aus 50 Nationen mit 2.000 Booten aus 30 Bootsklassen

Besonderes Ereignis: Windjammerparade mit über 100 Groß- und Traditionsseglern, hist. Motor- und Dampfschiffen

Markenbekanntheit: größtes Segelsportereignis der Welt und größtes Sommerfest im Norden Europas

Markenwebsite: www.kieler-woche.de

Literatur:
W. Istel u. A. Rost: Die Kieler Woche – Das größte Segelfest der Welt seit 1882. (1996)
J. Danker: Kieler Woche im Wandel – die Neugründung der Kieler Woche nach dem Zweiten Weltkrieg. (1990)
A. Rost: 100 Jahre Kieler Woche: eine Segelzeitgeschichte (1982)
O. Franke u. U. Bähr: Kieler Woche = Kiel Week. (2002)
K. Kroll: Kieler Woche. (2007)

UNTERNEHMEN

Landeshauptstadt Kiel

Hauptsitz: Kiel, Deutschland

Oberbürgermeisterin: Angelika Volquartz

KONTAKT

Landeshauptstadt Kiel
Fleethörn 9–17
24103 Kiel
(04 31) 9 01–24 00
www.kiel.de

Ansprechpartner Presse:
Christian Riediger
(04 31) 9 01–24 00
christian.riediger@kiel.de

SCHON GEWUSST?

- Zur Finanzierung des großen Abschlussfeuerwerks wurden im Jahr 1975 Aktien zu Stückpreisen von 5 DM, 10 DM und 20 DM verkauft.
- Im Jahr 2007 feierte Kiel 125 Jahre Kieler Woche. Im Wettbewerb zum 60. Kieler-Woche-Plakat, das thematisch von diesem Jubiläum geprägt ist, standen der Jury aus Fach- und Sachjuroren 13 Konzeptionen, präsentiert auf 79 Tafeln zur Auswahl – ein Rekord in der Geschichte des Einladungswettbewerbs zum Kieler-Woche-Design.

KIEPENKERL

Die Konsumgütermarke Kiepenkerl bietet mit ihrem Sortiment an Jungpflanzen, Blumen- und Gemüsesamen, Blumenzwiebeln und Rasensamen zahlreiche Qualitätsprodukte für den Erwerbsgartenbau und den Gartenfachhandel. Unter der Marke Kiepenkerl werden außerdem Gemüse und Blumen vorgezogen, die den Kunden lange Kulturzeiten ersparen. Neuzüchtungen entstehen dabei ohne Gentechnik und ausschließlich durch die Einkreuzung natürlicher Resistenzen. Die Gartenprodukte werden in Europa und den USA vertrieben. Der Markenname Kiepenkerl setzt sich aus den Worten Kiepe für Korb und Kerl für Mann zusammen und geht auf die Tradition der Handelsreisenden zurück. Diese zogen mit ihren Tragekörben durch das Land

Das Pflanzenzucht- und Informationszentrum Kaldenhof von Kiepenkerl in Münster

und verkauften daraus viele Güter, die für Haushalt, Garten und Landwirtschaft von Nutzen waren. Bruno Nebelung und Franz Volmary sen. gründeten 1925 die Bruno Nebelung GmbH & Co. KG. Volmary war selbst Handelsreisender in Westfalen und den Niederlanden und hatte 1952 die Idee, den Kiepenkerl zur Identifikationsfigur des Unternehmens zu machen. Das Sortiment der Dachmarke gliedert sich in die Produktbereiche Saatgut, Rasensamen, Blumenzwiebeln und Profi-Line Pflanzen. Neu in der Produktpalette ist ein Bio-Saatgut-Programm. Kiepenkerl-Produkte sollen mit hoher Ertragskraft, gutem Geschmack, Blütenfülle und ihrer Resistenz gegen Krankheiten überzeugen. Vorrangig garten- und gesundheitsbegeisterte Menschen will die Marke mit ihren innovativen Produkten begeistern. Der Kiepenkerl als Markenzeichen des Pflanzenzüchtungs- und Handelunternehmens soll die Geschichte und Leitsätze der Firma besonders unterstreichen. Gelb auf blauem Fond ist die Figur im Markenlogo dargestellt. Abgesehen von kleinen modischen Anpassungen wurde die Wortbildmarke seit 1952 kaum verändert, der Entwurf geht auf Franz Volmary sen. zurück.

DATEN UND FAKTEN

Markenname: Kiepenkerl, Zusammensetzung der Wörter Kiepe (Tragekorb) und Kerl (Mann)

Neuzüchtungen von Kiepenkerl entstehen ohne Gentechnik ausschließlich durch Einkreuzung natürlicher Resistenzen.

Das Kieser Training-Logo wird für sämtliche Betriebe verwendet, in denen ausgebildete Instruktoren (Mitte) Übungen und Bedienung der Maschinen erläutern. Der Schweizer Werner Kieser (unten), Erfinder der Trainingsmethode und Gründer von Kieser Training

Slogan: „Aus Freude am Gärtnern"

Erfinder: Franz Volmary sen., 1952, Münster

Markenregistrierung: 24. 07. 1952, DPMA München

UNTERNEHMEN

Bruno Nebelung GmbH & Co. KG

Hauptsitz: Everswinkel, Deutschland

Geschäftsführer: Heinrich Volmary, Hubertus Volmary, Nicolaus Volmary

Mitarbeiter: ca. 350 (2007)

Vertrieb: Europa und USA über eigene Niederlassungen und Vertriebspartner

KONTAKT

Bruno Nebelung GmbH & Co. KG
Freckenhorster Str. 32
48348 Everswinkel
✆ (0 25 82) 6 70-0
🖷 (0 25 82) 6 70-2 70
💻 www.kiepenkerl.com

Ansprechpartner Presse:
Ralf Rendels
✆ (0 25 82) 6 70-2 68
✉ rendels@nebelung.de

Ansprechpartner Marketing:
Raimund Schnecking
✆ (0 25 82) 6 70-2 09
✉ schnecking@nebelung.de

MEILENSTEINE

1925 Gründung der Firma Bruno Nebelung in Münster

1947 Gründung des Pflanzenzucht- und Informationszentrums Kaldenhof in Münster

1964 Gründung der niederl. Niederlassung De Kiepenkerl b.v. in Voorhout

1995 Umzug des Firmensitzes von Münster nach Everswinkel

1998 Gründung der Jungpflanzenproduktionsfirma *Fleuronova* in Senden

1999 Gründung der Niederlassung Bruno Nebelung Polska

2004 Marken- und Verpackungs-Relaunch der Marke Kiepenkerl u. a. für den Gartenfachhandel

KIESER TRAINING

Die Marke Kieser Training steht für präventives und therapeutisches Krafttraining. Dabei kommen eigens entwickelte Trainings- und Therapiemaschinen sowie eine selbst konzipierte Trainingsmethodik zum Einsatz. Insbesondere für den Nacken- und Rückenbereich können exakte Analysen der Beweglichkeit der Wirbelsäule und der Kraft der Rückenstrecker vorgenommen werden. Speziell ausgebildete Instruktoren, Therapeuten und Ärzte sorgen für ein individuelles Trainings- oder Therapieprogramm. Seit 2004 werden die Kieser Training-Betriebe durch den TÜV Rheinland zertifiziert. Zielgruppe sind Personen mittleren und fortgeschrittenen Alters, die keinen Wert auf Klubatmosphäre legen, sondern die Umsetzung ihrer gesundheitlichen Ziele in den Vordergrund stellen. Namensgeber des Unternehmens ist der Gründer und Geschäftsführer Werner Kieser. Das schlichte Logo des Unternehmens besteht aus dem Firmennamen, der zweizeilig angeordnet ist und durch einen blauen Balken getrennt wird. Werte der Marke, wie Reduktion auf das Wesentliche, Sachlichkeit und Stringenz in der Umsetzung, Effizienz und Wissenschaftlichkeit sollen dadurch widergespiegelt werden. Das Unternehmen verfolgt eine Einmarkenstrategie, neben Kieser Training gibt es keine weiteren Marken oder Subbrands. Grundlage des Erfolgs ist die Konzentration auf das Krafttraining selbst, weitere Leistungen, wie Saunen o. Ä., werden in den Betrieben nicht angeboten. Das von Werner Kieser 1967 in Zürich gegründete Kraftstudio hat sich in seiner 40-jährigen Geschichte zu einem Großunternehmen mit 2.000 Mitarbeitern entwickelt. Unter der Marke Kieser Training wird ein Jahresumsatz von 105 Mio. Euro generiert. Hauptsitz der Kieser Training AG ist Zürich, Schweiz. Im Wege eines Franchise-Konzeptes wird die Marke fortlaufend verbreitet. Standorte sind Deutschland, Großbritannien, Luxemburg, die Niederlande, Österreich und die Schweiz. Masterfranchiseverträge u. a. für Australien, Spanien, Polen und weitere sieben osteuropäische Ländern sichern die zukünftige Expansion.

DATEN UND FAKTEN

Markenname: Kieser Training, Wortfolge, abgeleitet vom Nachnamen des Gründers Werner Kieser und dem Substantiv Training

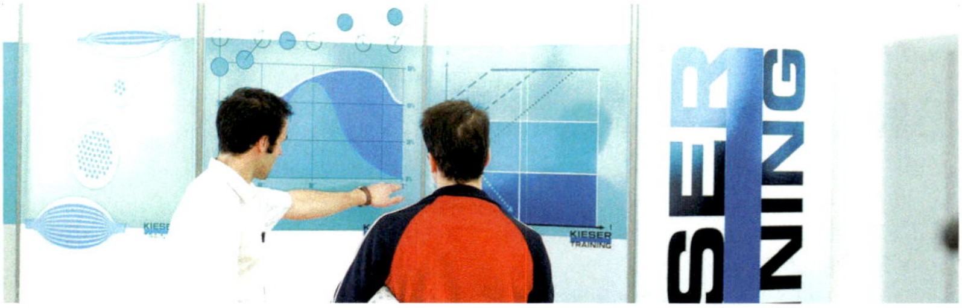

Jeder Kunde wird im Betrieb in die Trainingsgrundlagen eingeführt.

Slogan: „Ein starker Rücken kennt keine Schmerzen"

Erfinder der Trainingsmethodik: Werner Kieser, 1967, Zürich/Schweiz

Zertifizierung:
TÜV Rheinland 2004: Krafttraining geeignet, Rückentraining geeignet, gesundheitsorientiert

UNTERNEHMEN

Kieser Training AG

Hauptsitz: Zürich, Schweiz

Vorstand: Werner Kieser

Gesamtumsatz: 105 Mio. Euro (2006)

Vertrieb: Singlefranchise, Masterfranchise, Filialisierung

KONTAKT

Kieser Training AG
Kanzleistr. 126
Postfach, 8026 Zürich
✆ +41 4 42 96 17 17
🖷 +41 4 42 96 17 77
💻 www.kieser-training.com

Ansprechpartner Presse:
✉ info@kieser-training.com

SCHON GEWUSST?

- Werner Kieser ließ sich 1997 den Ausdruck „Ein starker Rücken kennt keine Schmerzen" schützen. Diese provokante Aussage trug maßgeblich zur starken Positionierung von Kieser Training als Problemlöser bei Rückenschmerzen bei.
- Die Neue Zürcher Zeitung publizierte in ihrer Ausgabe vom 20. September 1973 im Wissenschaftsteil den Artikel „Probleme des Krafttrainings". Werner Kieser erläuterte dort das Problem der „Kraftkurve" und der „Negativ-Trainingsmethode". In der Folge erfuhr das Sportstudio von Werner Kieser einen starken Zustrom von Leistungs- und Hochleistungssportlern.

KIK

Unter der Konsumgütermarke KiK vertreibt die KiK Textilien und Non-Food GmbH preisgünstige Kleidung. Das Unternehmen bietet Textilien für Kinder und Erwachsene an. Ergänzt wird das Sortiment durch Geschenkartikel, Spiel- und Bettwaren sowie Frottierwaren. Das Akronym des Markennamens steht für „Kunde ist König". Das Unternehmen verspricht, dass sich jeder Kunde für unter 30 Euro komplett einkleiden kann und wirbt mit dem Slogan „KiK – Kleidung clever kaufen". Stefan Heinig und die Tengelmann Unternehmensgruppe gründeten die KiK Textilien und Non-Food GmbH im Jahr 1994. Vier Jahre später expandierte der Textil-Discounter nach Österreich, danach auch nach Tschechien und Slowenien. Anfang 2006 eröffnete KiK die 2.000. Filiale. Das Unternehmen plant, die Zahl auf 3.000 zu erhöhen und weitere internat. Märkte zu erschließen. Das Markenlogo besteht aus dem weißen Schriftzug KiK mit einem Häkchen über dem „i" in einem roten Rechteck mit der in Versalien geschriebene Ergänzung „Textil-Diskont". Die Markenbekanntheit von KiK ist u.a. auf die 2002 gestarteten TV-Sports zurückzuführen. Seitdem dient eine animierte Figur in Form eines T-Shirts als Maskottchen der Marke. Als weitere Werbeform setzt KiK auf Sportsponsoring: Der VfL Bochum und der FC Hansa Rostock starteten mit dem Hauptsponsor KiK in die Bundesliga-Saison 2007/08. In früheren Spielzeiten war das Unternehmen bereits Hauptsponsor der Fußballvereine DSC Arminia Bielefeld und SV Werder Bremen.

kik TEXTIL-DISKONT

Der Textildiskont KiK betreibt über 2.500 Filialen.

UNTERNEHMEN

KiK Textilien und Non-Food GmbH
Siemensstr. 21
59199 Bönen
✆ (0 23 83) 95 41 01

Kimberly Clark bietet neben Reinigungsprodukten auch Schutzkleidung und komplette Sicherheitslösungen an.

Kinkartz wurde als Bäckerei 1872 in Aachen gegründet und gehört heute zur Lambertz-Gruppe.

Die Bergsauna des Tschuggen Grand Hotel in Arosa/Schweiz (Mitte). Stefan Schöllhammer ist Geschäftsführer der Klafs GmbH & Co. KG (unten).

🖷 (0 23 83) 95 58 54 51
🖳 www.kik-textilien.com

KIMBERLY CLARK

Kimberly Clark ist eine Marke der Hygienebranche. Kimberly Clark bietet neben Reinigungsprodukten Schutzkleidung und komplette Sicherheitslösungen für Kunden aus der Hotelbranche, der Gastronomie, der Lebensmittelverarbeitung, für herstellende und verarbeitende Betriebe sowie für Bürogebäude an. Im Sortiment für die Waschraumhygiene finden sich Spender für Reinigungsmittel, Handtücher, Toilet Tissues, Handpflege und Lufterfrischung. Im Bereich Wischtücher splittet sich die Produktpalette in Wegwerftücher, robuste und reißfeste Nonwoven-Tücher zur Wiederverwendung und Spezialtücher für anspruchsvolle Reinigungsaufgaben und sensible Einsatzgebiete. Durch den Zusammenschluss von Kimberly-Clark Professional Protective Clothing und Kimberly- Clark Healthcare Scientific & Industrial zum neuen Geschäftsbereich Safety Business möchte das Unternehmen den Bereich Sicherheitskleidung kundengerecht ausweiten. Zum Portfolio gehören hier u. a. Schutzanzüge, Schutzhandschuhe, diverse Schutzmasken, Schutzbrillen, Schürzen, Ärmelschoner und Überschuhe. Kimberly-Clark arbeitet mit einem Netz von Großhändlern zusammen. Der amerikanische Mutterkonzern mit Hauptsitz in Dallas, Texas fungiert unter dem Namen Kimberly Clark Worldwide, Inc. und wurde 1860 in Wisconsin von Thomas Seymor Scott und Otis H. Ballou gegründet. Das Unternehmen beschäftigt weltweit ca. 55.000 Mitarbeiter und ist in 37 Ländern vertreten. Kimberly-Clark wirbt mit der europäischen Marktführerschaft und der langjährigen Erfahrung. Das Bildsignet des Logos spiegelt die Anfangsbuchstaben des Konzerns. Das klare Schriftbild steht für Seriosität und Sicherheit.

UNTERNEHMEN

Kimberly-Clark Professional
Carl-Spaeter-Str. 17
56070 Koblenz-Rheinhafen
✆ (02 61) 92 27-0
🖷 (02 61) 92 27-4 88
🖳 www.kcprofessional.com/de

KINKARTZ

Die Süßwarenmarke Kinkartz steht für ein Produktportfolio aus Printen, Dominosteinen und Lebkuchen. Die Produkte sind reine Saisonartikel, die nur im Herbst und in den Vorweihnachtsmonaten erhältlich sind. Das Logo der Marke besteht aus dem Namensschriftzug, dem eine goldene Krone aufsitzt. Gegründet wurde das Unternehmen 1872 von Bäckermeister Kinkartz in Aachen. Er eröffnete eine Bäckerei an der Hotmannsspief. 1905 wurde der Betrieb zu einer Dauerbackwaren-Fabrik erweitert. Mit dem ersten Kettenbackofen begann die industrielle Produktion von Backwaren. Nach dem 2. Weltkrieg produzierte und verkaufte die Firma erfolgreich die traditionelle Produktpalette der Aachener Lebkuchenspezialitäten. Zur Saisonzeit arbeiteten 150 bis 200 Mitarbeiter für den Gebäckspezialisten. Seit 1960 gehören Backwaren aller Art zum ganzjährigen Standardprogramm. Kinkartz gehört seit 1999 zur Lambertz-Gruppe → (Henry Lambertz GmbH) und erwirtschaftet dort etwa 7 % des Gesamtumsatzes.

DATEN UND FAKTEN

Markenname: Kinkartz, abgeleitet aus dem Familiennamen des Gründers

Gründer: Wilhelm Kinkartz, 1872, Aachen

Markenregistrierung: 22. 10. 1973, DPMA München

Jahresumsatz: 33,3 Mio. Euro (2005/06)

UNTERNEHMEN

Wilhelm Kinkartz GmbH & Co. KG
Nassauer Str. 31–33
52146 Würselen
✆ (0 24 05) 7 09-0
🖳 www.lambertz.de

KLAFS

Klafs ist der führende Hersteller von Sauna- und Spa-Anlagen in Europa. Unter der Marke Klafs werden Saunen in Massiv- und Elementbauweise, Dampfbäder, Infrarotkabinen, Solarien, Pools, gewerbliche und private Wellnessanlagen sowie Zubehör und entsprechende Kosmetik vertrieben. Das Unternehmen Klafs wurde 1928 von Erich Klafs in Stettin gegründet und im Jahr 1945 in Schwäbisch Hall neu aufgebaut. Anfangs lag der Schwerpunkt auf medizinischen Bäderanlagen, später erlebte Klafs mit privaten Saunen ein solides Wachstum. Vertriebsniederlassungen wurden in ganz Deutschland, Tochtergesellschaften in Österreich und der Schweiz eröffnet. Klafs hatte wesentlichen

Die Klafs Saunakreation Ventano überzeugt durch modernes Design.

Einfluss auf Einführung, Etablierung und Gestaltung der Sauna. Heute beschäftigt die Klafs Gruppe über 600 Mitarbeiter und verfügt über ein flächendeckendes Vertriebsnetz mit 30 Vertriebszentren und -büros allein in Deutschland. Die Umsatzzahlen wuchsen von 1 Mio. Euro im Jahre 1964 auf ca. 74 Mio. Euro im Geschäftsjahr 2006. Damit ist Klafs lt. eigenen Angaben weltweit umsatzstärkstes Unternehmen im Saunabereich. Mit zahlreichen Patenten, wie der Sauna-Zusatzausstattung *Sanarium* mit *SaunaPUR®* für fünf unterschiedliche Badeformen, unterstreicht Klafs seine Innovationskraft in diesem Segment. Das Unternehmen achtet bei seinen Produkten besonders auf harmonische Gestaltung und Individualität. Aus diesem Grunde hat sich Klafs auch im gewerblichen Bereich, z. B. bei Luxushotels, eine starke Position erarbeitet.

DATEN UND FAKTEN

Markenname: Klafs, Familienname des Gründers

Slogan: „My Sauna and Spa"

Erfinder: Erich Klafs, 1928, Stettin

Markenregistrierung: 24. 01. 1968, DPMA München

Auszeichnungen:
„red dot award: product design" für Saunamodell *Proteo* (2005)
„Designpreis der Bundesrepublik Deutschland", Nominierung (2005)

Markenwebsite: www.klafs.com

UNTERNEHMEN

Klafs GmbH & Co. KG

Geschäftsführung: Dipl.-Wirtsch.-Ing. Stefan Schöllhammer

Gesamtumsatz: 74 Mio. Euro (2006)

Vertrieb: weltweit

KONTAKT

Klafs GmbH & Co. KG
Erich-Klafs-Str. 1–3
74523 Schwäbisch Hall
(07 91) 50 10
(07 91) 50 12 48
www.klafs.com

Ansprechpartner Presse:
Sage & Schreibe Public Relations GmbH
Christoph Jutz
(0 89) 2 38 88 98 10
c.jutz@sage-schreibe.de

Lead-Agentur:
BBDO Stuttgart
www.bbdo.de

SCHON GEWUSST?

Erich Klafs hat sich schon 1926 mit der Entwicklung eines tragbaren Röntgenapparates befasst. Damit hat Klafs zwar längst nichts mehr zu tun, aber es folgte schon ca. 1950 die Entwicklung eines elektrischen Saunaofens mit keramischer Außenverkleidung und einer industriell herstellbaren Saunakabine. Ohne diese Erfindungen wäre die Entwicklung des Saunamarktes nicht möglich gewesen.

KLASMANN

Die Marke Klasmann steht für hochwertige Substrate für den Erwerbsgartenbau. Substrate sind speziell hergestellte, sog. Medien, in denen Pflanzen außerhalb ihres natürlichen Lebensraumes kultiviert werden können. Klasmann nutzt dazu Hochmoortorfe, die mit Dünger, Kalk und Zuschlagstoffen, wie beispielsweise Holzfasern oder Kompost, gemischt werden. Die 1913 gegründete Klasmann Werke GmbH und die Torfsparte der C. Deilmann AG fusionierten 1990. Seither firmieren sie unter dem Namen Klasmann-Deilmann GmbH. Firmensitz ist Geeste. Bis in die 1960er-Jahre hatten beide Firmen Torfe zur Bodenverbesserung und zur Energiegewinnung in Torfkraftwerken abgebaut. Dann stellten sie auf die Herstellung von Substraten um. Heute ist das Unternehmen nach eigenen Angaben Weltmarktführer auf diesem

KLASMANN

Dr. Norbert Siebels und Dr. Hans-Georg Belka, Geschäftsführer der Klasmann-Deilmann GmbH

Gebiet. Das Markenlogo besteht aus dem Namen Klasmann, ergänzt durch ein grünes, in organischen Formen gehaltenes K, das Assoziationen zu Pflanzen und Wachstum hervorruft. 2006 stellte die Klasmann-Deilmann-Gruppe 3,5 Mio. Kubikmeter Substrate, Erden und Kompost her. Mit 1.000 Mitarbeitern weltweit erwirtschaftete sie 2006 einen Umsatz von 130 Mio. Euro. Das Unternehmen bietet unter der Marke Klasmann mehr als 1.000 unterschiedliche Rezepturen von Substraten und Erden an. Unter der Marke Florabella vertreibt das Unternehmen auch Blumen- und Pflanzerden für den Endverbraucher. Ein Großteil der Klasmann-Produkte stammt aus eigenen Rohstoffvorräten in Deutschland, Irland und dem Baltikum. Das Unternehmen beteiligt sich an der praxisorientierten Forschung zum langfristigen Erhalt von Mooren. Es schafft neue Feuchtbiotope und renaturiert mehrere 1.000 Hektar ehemals torfwirtschaftlich genutzter Flächen. Der wichtigste Absatzmarkt von Klasmann-Deilmann ist Westeuropa. In Zukunft will man weiterhin weltweit, vor allem aber in Osteuropa und Asien, expandieren und die Marke Klasmann mit exkl. Vertriebspartnern vor Ort aufbauen.

Für Klasmann-Substrate werden Hochmoortorfe mit Dünger, Kalk und beispielsweise mit Holzfasern oder Kompost veredelt.

DATEN UND FAKTEN

Markenname: Klasmann, abgeleitet vom Familiennamen des Unternehmensgründers Georg Klasmann

Gründer: Georg Klasmann, 1913, Hesepe

Markenregistrierung: 05. 03. 1998, DPMA München

Innovationen: Substratkompost (2000), Kompostkultursubstrate (2001), Substrate mit Holzfasern (2002), Easy Fix (2005), Pflanzliche Dünger für Biosubstrate (2006), Containersubstrat mit Pinienrinde (2007)

Markenbekanntheit: im Erwerbsgartenbau 97 % gest. (in Deutschland, Firmenangabe, 2007), 70 % gest. (in Europa, Firmenangabe, 2007)

Jahresproduktion: 3,5 Mio. Kubikmeter (Klasmann-Deilmann-Gruppe, 2006)

Auszeichnungen:
„R. H. P.-Gütesiegel" für Kettenkontrolle der gesamten Wertschöpfungskette von Rohstoffen bis zu fertigen Produkten (2004)

UNTERNEHMEN

Klasmann-Deilmann GmbH

Hauptsitz: Geeste – Groß Hesepe, Deutschland

Geschäftsführung: Dr. Norbert Siebels, Dr. Hans-Georg Belka

Weitere Marken: Florabella Blumen- und Pflanzenerde (Konsumentenbereich)

Gesamtumsatz: 130 Mio. Euro (2006)

Mitarbeiter: 1.000 (2006, weltweit)

Vertrieb: in über 60 Ländern

KONTAKT

Klasmann-Deilmann GmbH
Georg-Klasmann-Str. 2–10
49744 Geeste – Groß Hesepe
✆ (0 59 37) 31–0
🖷 (0 59 37) 31–2 79
💻 www.klasmann-deilmann.com

Ansprechpartner Presse:
Dirk Röse
✆ (0 59 37) 31–1 62
✉ roese@klasmann-deilmann.de

Lead-Agentur:
prahl_recke
Gesellschaft für Marken- und Firmen-Profile mbH
💻 www.prahl-recke.de

SCHON GEWUSST?

- Das Grün auf nahezu allen Golfplätzen in Singapur wie auch auf Fußballplätzen im heißen Syrien grünt so grün, weil es in Klasmann-Substraten wurzelt.
- Klasmann-Produkte werden jährlich mit 29.000 Lkws, 4.000 Güterwaggons, 100 Schiffen und 6.200 Containern aus den europäischen Produktionsstätten in alle Welt versandt.

KLEENEX

Unter dem Namen Kleenex werden Kosmetik- und Taschentücher vertrieben. 1914 entwickelte Kimberly-Clark eine innovative Zellstoffwatte. Das Produkt unter dem Namen „Cellucotton" nutzte man als Verbandsstoff im Ersten Weltkrieg. Ab 1924 wurde das Material in weiterentwickelter Form als „Kleenex Kosmetiktuch" in den USA eingeführt und somit allen Konsumenten zur Verfügung gestellt. Dank einer neuen, patentierten Faltmethode konnten im Jahr 1929 Kosmetiktücher in der innovativen *Pop-up-Box* der Kleenex Produktpalette hinzugefügt werden. Als Markenlogo dient der Kleenex-Schriftzug in einer schwungvollen, leicht verspielten Schreibschrift. Besonders charakteristisch ist das nach unten auslaufende „x". Zielgruppe sind in erster Linie Familien mit Kindern, aber auch designorientierte junge Erwachsene. Die Marke gehört der Hakle-Kimberly Deutschland GmbH mit Hauptsitz in Mainz an und steht lt. Hersteller für hochwertige, weiche und gleichzeitig reißfeste Kosmetik- und Taschentücher in attraktivem Design. Die 1997 eingeführten Kleenex *Balsam* Taschentücher waren die ersten Taschentücher auf dem Markt mit dem Zusatz eines Pflegebalsams. Die Einführung des Kleenex *Anti-Viral* Taschentuchs gilt nach Aussage des Herstellers als erstes und einziges Produkt in Deutschland mit anti-viralem Effekt. Der Produktname Kleenex ist bis heute ein Synonym für die praktischen Tücher aus der Box, die weltweit vertrieben werden. Im Jahr 1957 wurde die dt. Tochter der Kimberly-Clark Cooperation gegründet. Nach mehreren Akquisitionen wie der Scott Paper GmbH (1996) und der Hakle Werke entstand 1999 die Hakle-Kimberly Deutschland GmbH. Weitere Marken des Unternehmens sind u. a. → Hakle und → Camelia. Kimberly-Clark beschäftigt weltweit ca. 60.000 Mitarbeiter, Hakle-Kimberly Deutschland ca. 650. Der Umsatz des Gesamtkonzerns liegt weltweit bei 16,7 Mrd. USD.

DATEN UND FAKTEN

Markenname: Kleenex, Kunstname mit Assoziation zum engl. clean (dt. sauber), der Buchstabe K und die Endung ex stammen wahrscheinlich von *Kotex*, einem weiteren Produkt von Kimberly-Clark

Slogan: „Kleenex – Ein Tuch für alle Fälle"

Markeneinführung: 1924, USA

Innovationen: Pop-Up-Box (1929), Kleenex Balsam (1997), Kleenex Anti Viral (2006)

Markenwebsite: www.kleenex.com

UNTERNEHMEN

Hakle-Kimberly Deutschland GmbH
Rheinstr. 4N
55116 Mainz
(0 61 31) 6 07–0
(0 61 31) 6 07–2 28
www.kimberly-clark.com

Der Produktname Kleenex ist bis heute ein Synonym für die praktischen Tücher aus der Box.

KLEINE WOLKE

Die Konsumgütermarke Kleine Wolke gehört zum Geschäftssegment Bad der → Leifheit AG. Zum Produktportfolio der Textilmarke zählen neben Bad-Textilien wie Handtücher und Duschvorhänge auch Stellaccessoires und Bad-Zubehör sowie seit Kurzem auch Bettwäsche und Spannbetttücher. Das Unternehmen wurde unter dem Namen Bremer Tauwerkfabrik Fritz Tecklenburg 1793 in Bremen gegründet und begann nach dem 2. Weltkrieg mit der Produktion von Webteppichen und Vorlegern aus Sisal und Wolle. 1968 brachte man unter dem neuen Markennamen Kleine Wolke getuftete Badteppiche auf den Markt. Der zusammen mit der Werbeagentur Wächter entwickelte Kunstname soll Leichtigkeit und Weichheit assoziieren. Die Produkte der Firma werden mit dem Slogan „für Bad & Bett" beworben. Das Logo zeigt den schwarzen Markennamen in einer weißen, gelb umrandeten Wolke. Unter dem Schriftzug liegt ein Mädchen, eingewickelt in ein rosa Handtuch, auf einem rosa Badteppich. Zielgruppe der Kleinen Wolke sind vorwiegend Frauen ab 30 Jahren mit mittlerem bis gehobenem Einkommen und Markenbewusstsein. Kleine Wolke-Produkte werden in Deutschland, der Schweiz, Österreich, Belgien, den Niederlanden und Luxemburg vertrieben. Nach eigenen Angaben ist das Unternehmen Marktführer im Segment Badteppiche. Die Kleine Wolke Textilgesellschaft mbH und Co. KG gehört seit 1990 zur Leifheit AG, zu der neben Kleine Wolke im Bad-Bereich noch die Marken → Meusch → und Spirella gehören. Die Leifheit AG erwirtschaftete 2006 einen Umsatz von 277 Mio. Euro. Davon entfielen 71 Mio. Euro auf die Badmarken.

UNTERNEHMEN

Kleine Wolke Textilgesellschaft mbH und Co. KG

Produkte „für Bad & Bett"

Fritz-Tecklenborg-Str. 3
28759 Bremen
(04 21) 62 61 - 0
(04 21) 62 61 - 3 92
www.kleine-wolke.de

KLEPPER
FALTBOOTE

Fahr fröhlich in die weite Welt mit Klepperboot u. Klepperzelt!

Der Name Johann Klepper und die von ihm entwickelten Faltboote stehen in einer langen Tradition.

KLEPPER

Die Traditionsmarke Klepper ist seit mehr als 100 Jahren gleichbedeutend mit dem „Boot aus der Tasche". Gegründet wurde sie 1907 von Johann Klepper. Er verwirklichte die Idee, Boote problemlos mitnehmen zu können. Damit legte er den Grundstein für ein Konzept, das der Marke Klepper nach eigenen Angaben einen weltweiten Marktanteil von rund 68 % sichert. Immer wieder bringt das Unternehmen innovative Faltboote auf den Markt, die in ein bis drei Taschen verstaut und in weniger als 15 Minuten aufgebaut werden können. Zum 100. Geburtstag der Marke wurde 2007 ein Faltboot mit Carbongerüst vorgestellt. Generell setzt die Marke auf strapazierfähige Materialien wie Hypalon und Aluminium. Auf ihre Faltboote gibt sie fünf Jahre Garantie und sichert den Käufern zu, zehn Jahre lang Ersatzteile

Eine Innovation aus dem Jahr 2007 - Das Carbongerüst

nachkaufen zu können. Klepper-Boote finden besonders bei Extremsportlern und Expeditionen häufig Verwendung. So transportierten sie schon Forscher zum Nord- und Südpol, entlang des Nils oder um Kap Horn. Pro Jahr werden heute zwischen 700 und 1.000 Boote ausschließlich am Stammsitz in Rosenheim produziert. Die Schwerpunkte des Verkaufs liegen in Europa und den USA. Das erste Logo für die Traditionsmarke wurde noch von Johann Klepper selbst entwickelt, danach aber immer wieder verändert. Das heutige besteht aus dem grünblauen Namen in Großbuchstaben über einer grauen Linie, unter der „Faltboote" steht. Ihre Bekanntheit steigert die Marke u.a. anhand eines Museums, das der Verein Klepper Museum e.V. betreibt sowie verschiedener Veranstaltungen. In naher Zukunft soll die Produktpalette um ein Zweimannzelt und eine Sportkosmetiklinie erweitert werden. Mit dem eigenen Onlineshop will man neue Zielgruppen erschließen, obwohl das Unternehmen lt. Eigenauskunft schon jetzt an der Kapazitätsgrenze produziert, um der Nachfrage gerecht zu werden.

DATEN UND FAKTEN

Markenname: Klepper, Nachname des Firmengründers

Slogan: „Fahr fröhlich in die weite Welt mit Klepperboot und Klepperzelt"

Erfinder: Johann Klepper, 1907

Markenregistrierung: 1923, DPMA München

Innovationen: Faltboot mit Carbongerüst in 2007

Markenwebsite: www.klepper.de

UNTERNEHMEN

Klepper Faltbootwerft AG

Hauptsitz: Rosenheim, Deutschland

Vorstand: Ursula Isbruch

Gesamtumsatz: 1,850 Mio. Euro in 2006

Mitarbeiter: 20

Vertrieb: weltweit, 15 % davon an militärische Einrichtungen

KONTAKT

Klepper Faltbootwerft AG
Klepperstr. 18 M

MEILENSTEINE

1907 Beginn der Produktion von Klepper Faltbooten

1909 C. E. Layton überquert den Ärmelkanal in einem Faltboot.

1929 Roald Amundsen unternimmt seine Nordpol-Expedition mit einem Klepper-Boot im Gepäck.

1936 Klepper Faltboote starten bei den Olympischen Spielen in Berlin.

1956 Hannes Lindemann überquert den Atlantik. Sein Faltboot steht bis heute im Dt. Museum in München.

1984 Arved Fuchs umrundet das Kap Horn im Klepper-Boot.

2001 Amazonas-Expedition von Brümmer & Glöckner

83026 Rosenheim
✆ (0 80 31) 21 67–0
🖷 (0 80 31) 21 67–77

KLINIKUM INGOLSTADT

Das Klinikum Ingolstadt ist ein Krankenhaus der Maximalversorgung, das 19 Kliniken und Institute unter einem Dach beherbergt. Der Stadtrat des namensgebenden bayerischen Orts Ingolstadt gründete es im Jahr 1982, da die Kapazitäten des alten Städtischen Krankenhauses nicht mehr ausreichten. Seit 2004 lautet die Firmierung Klinikum Ingolstadt GmbH. Die umfassenden Versorgungsbereiche des Krankenhauses, in denen praktisch die ganze Palette der Schulmedizin abgedeckt wird, richten sich an Patienten jeden Alters. Das Klinikum ist insbesondere darum bemüht, nat. und internat. anerkannte Mediziner sowie eine hochmoderne Ausstattung

Der Versorgungsbereich des Klinikum Ingolstadt deckt die ganze Palette der Schulmedizin ab.

anbieten zu können. Im gleichen Zug soll die Aktualität der Behandlungs- und Operationstechniken stets gewahrt bleiben. Ein aktuelles Beispiel für diese Richtlinie ist das neu aufgebaute Ambulante Operationszentrum, in dem chirurgische Eingriffe bei einem hohen Maß an Sicherheit durchgeführt werden können. Das im Jahr 2003 entwickelte Logo der Dienstleistungsmarke zeigt einen blauen Ring mit drei äußeren Kerben in verschiedenen Größen, an denen die Verbindung von passenden grauen Punkten angedeutet wird. Rechts daneben steht der Markenname in Großbuchstaben. Das Ringsymbol soll das Klinikum als offene Institution darstellen, in der Besucher, Kooperationspartner, Mitarbeiter und Patienten, welche durch die grauen Punkte skizziert werden, die richtige Andockstelle finden. Die Farben des Logos bestimmen als Hausfarben gemeinsam mit der Schrift DIN das Corporate Design des Unternehmens. In der bayerischen Region 10 hat sich das Klinikum Ingolstadt als Gesundheitskompetenzzentrum etabliert. Das Krankenhaus beschäftigt 3.300 Mitarbeiter und erzielte im Jahr 2006 einen Umsatz von 130 Mio. Euro. Neben dem weiteren Ausbau verschiedener Tätigkeitsfelder ist für die nähere Zukunft der Neubau eines Ärztehauses geplant.

DATEN UND FAKTEN

Markenname: Klinikum Ingolstadt, zusammengesetzt aus dem Begriff Klinikum und dem Standort Ingolstadt in Bayern

Slogan: „In guten Händen"

Gründer: Stadtrat von Ingolstadt, 1982

Markenbekanntheit: 56 % ungest. in der Region 10, Bayern (miba, 2006)

Werbespendings: 100.000 Euro

Auszeichnungen:
„Marketingpreis" der Fachhochschule Ingolstadt (2005)
„Innovationspreis" des Wirtschaft10Plus-Business-Clubs (2006)

UNTERNEHMEN

Klinikum Ingolstadt GmbH

Hauptsitz: Ingolstadt, Deutschland

Geschäftsführer: Heribert Fastenmeier

Gesamtumsatz: 130 Mio. Euro (2006)

KONTAKT

Klinikum Ingolstadt GmbH
Krumenauerstr. 25
85049 Ingolstadt
✆ (08 41) 8 80–0
🖷 (08 41) 8 80–10 80
🖳 www.klinikum-ingolstadt.de

MEILENSTEINE

2002 Tagesklinik des Zentrums für Psychiatrie und Psychotherapie eröffnet

2003 neue Untersuchung des Magen-Darm-Trakts ohne Strahlenbelastung eingeführt

2004 erster Spatenstich für das Geriatrie- und Rehazentrum

2005 einmillionster ambulanter Patient im Klinikum, neue Methode bei Gehirntumoren eingeführt

2007 Neurologie ist anerkanntes MS-Zentrum.

Logo Klinikum Ingolstadt (oben), Luftaufnahme des gesamten Areals (Mitte), Geschäftsführer Heribert Fastenmeier (unten)

KLOSTERFRAU

Klosterfrau ist seit 1923 eine Traditionsmarke für Pflanzenheilmittel. Die Rezeptur des Klosterfrau Melissengeists ist seit 1826 unverändert.

Ansprechpartner Presse & Marketing:
Joschi Haunsperger
✆ (08 41) 8 80-10 60
🖷 (08 41) 8 80-66 10 60
✉ joschi.haunsperger@klinikum-ingolstadt.de

KLOSTERFRAU

Die Marke Klosterfrau steht bis heute in enger Beziehung mit dem Original-Melissengeist, mit dem die Geschichte des Unternehmens vor rund 180 Jahren begann. Hierbei handelt es sich um ein Heilpflanzenkonzentrat mit den ätherischen Ölen der Kloster-Melisse und zwölf weiteren Heilpflanzen. Medizinische Studien bescheinigen dem Universalheilmittel ein breites Wirkspektrum. So hilft es u.a. bei Einschlafstörungen, innerer Unruhe, Magen-Darmbeschwerden und Erkältungen. Die Rezeptur ist seit 1826 unverändert, wobei das genaue Herstellungsverfahren bis heute strenger Geheimhaltung unterliegt. Das Produkt und die Unternehmensgründung gehen zurück auf die Nonne Maria Clementine Martin, die sich in einem Kloster umfangreiches Wissen in der Pflanzenheilkunde aneignete. Dieses nutzte sie für die Herstellung eines eigenen „ächten Carmeliter- oder Melissenwassers". 1826 gründete sie am Fuße des Kölner Doms einen eigenen Herstellungsbetrieb und legte den Grundstein für die Marke Klosterfrau. Die Initialen der Gründerin führt das Unternehmen noch heute im Namen: MCM Klosterfrau Vertriebsgesellschaft mbH. In den 1920er-Jahren des vergangenen Jh. wurde das bekannte Logo der Marke entwickelt. Die drei Nonnen im gotischen Spitzbogen stehen als Synonym für Vertrauen, Geborgenheit und Sicherheit. Seitdem gab es fortlaufend sanfte Modifizierungen am Logo und der Verpackung, zuletzt im Herbst 2007. Vertrieben wird Klosterfrau Melissengeist über die Apotheke, Drogeriemärkte und Fachabteilungen im Lebensmitteleinzelhandel. Jährlich werden in Deutschland über 4 Mio. Packungen produziert. Unter dem Dachmarkennamen Klosterfrau vertreibt das Unternehmen weitere Produktlinien zur Selbstmedikation, z.B. Klosterfrau Nervenruh, Klosterfrau Mobilind, Klosterfrau Broncholind und Klosterfrau Allergin. Weitere Marken des Unternehmens sind etwa →Nasic, →Neo-Angin, →Taxofit und →Tiger Balm. Zudem ist Klosterfrau für Unternehmen wie Ricola, Reckitt Benckiser und Condomi Vertriebspartner. Für das Unternehmen arbeiten 530 Mitarbeiter in Köln und 190 in Berlin.

Die Klosterfrau Maria Clementine Martin gründete 1826 am Fuße des Kölner Doms ein Unternehmen zur Produktion von Pflanzenheilmitteln.

DATEN UND FAKTEN

Markenname: Klosterfrau Melissengeist, Wortfolge, abgeleitet aus der Tätigkeit der Gründerin als Nonne und dem Inhaltsstoff Melisse

Slogan: „Wir helfen Ihnen. Seit 1826." und „Nie war er so wertvoll wie heute" (wird derzeit nicht verwendet)

Markenregistrierung: 09. 02. 1923, Reichspatentamt Berlin

Markenbekanntheit: 94 % gest. (GfK)

Markenwebsite: www.klosterfrau-naturarznei.de

UNTERNEHMEN

MCM Klosterfrau Vertriebsgesellschaft mbH
(Unternehmen der Klosterfrau Healthcare Group)

Hauptsitz: Köln, Deutschland

Gründerin: Maria Clementine Martin, 1826, Köln

Geschäftsführer: Friedrich Neukirch (Vorsitz), Wolfgang Beger, Hans-Georg Hoffmann, Guido Zaß

Weitere Marken: →Nasic, →Neo-Angin, →Taxofit, →Tiger Balm

Vertrieb: Apotheken, Drogeriemärkte und Fachabteilungen des Lebensmitteleinzelhandels

KONTAKT

MCM Klosterfrau Vertriebsgesellschaft mbH
Gereonsmühlengasse 1–11
50670 Köln
(02 21) 16 52–0
(02 21) 16 52–4 30
www.klosterfrau.de

MEILENSTEINE

1792 Die gebürtige Brüsselerin Maria Clementine Martin tritt in das Kloster St. Anna in Coesfeld ein. Sie setzt sich intensiv mit Pflanzenheilkunde auseinander und entwickelt neue Arzneimittel.

1826 Maria Clementine Martin gründet am Fuße des Kölner Doms ein eigenes Unternehmen.

1829 Der preußische König Friedrich Wilhelm III gestattet der Unternehmerin, das preußische Wappen zur Abgrenzung von Nachahmerprodukten auf ihren Waren zu führen. Das Warenzeichen wird 1831 beim Rat der Gewerbeverständigen der Stadt Köln eingetragen und findet sich bis heute auf jedem Etikett der Natur-Arznei.

1929 Konsul Wilhelm Doerenkamp wird neuer Firmeninhaber und führt das Unternehmen bis zu seinem Tod 1972.

1971 Aufbau der Produktionsstätte in Berlin

2006 Übernahme der Produkte der Lichtwer Healthcare (u. a. Hepar SL, Kwai, Jarsin, Bedan)

KNACK & BACK

Die Lebensmittelmarke Knack & Back steht für Frischteig aus der Dose. Die Verpackung öffnet mit einem lauten Knacken. Der Teig darin kann vom Kunden selbst portioniert und in 10 bis 20 Minuten, je nach Produkt, gebacken werden. Knack & Back gibt es in elf verschiedenen Sorten. Der Klassiker sind die Sonntags-Brötchen. Die neuesten Innovationen waren 2006 Mehrkorn-Brötchen und Mini-Croissants. Das Konzept wurde in den 1970er-Jahren von der Firma *Kraft* in Deutschland eingeführt. Seit 1992 gehört Knack & Back zur US-amerikanischen Marke *Pillsbury.* Seither gehört zum Markenauftritt der Doughboy – ein weißes Teigmännchen –, der auf fast jeder Verpackung und in jeder Werbekampagne der Marke zu sehen ist. Die Verpackungsfarbe ist Blau mit weißen Punkten. Ursprünglich ließ sich die Dose durch einen Schlag an die Tischkante öffnen. 2002 wurde sie so erneuert, dass das bloße Abziehen des Etiketts genügt. Das Knacken wurde aber als wichtiges Markenzeichen beibehalten. Auch der Duft des frisch zubereiteten Teigs soll als Markenzeichen charakteristisch sein. Da die Produkte ständig gekühlt werden müssen, kommen fast alle Teige ohne Konservierungsstoffe aus. Die Marke soll über das Backerlebnis und eine Vielzahl von Rezeptideen vor allem Familien mit Kindern ansprechen. Der Vertrieb läuft weltweit über eigene Niederlassungen. Im Jahr 2001 wurde das Unternehmen Pillsbury vom US-Lebensmittelkonzern General Mills übernommen. Zum dt. Markenportfolio gehören außerdem →Häagen-Dazs und *Old El Paso.*

DATEN UND FAKTEN

Markenname: Knack & Back, setzt sich zusammen aus dem lautmalerischen Begriff, der das Geräusch beim Öffnen der Produktverpackung wiedergibt, und Backen, dem Vorgang zur weiteren Zubereitung des Teigs.

Slogan: „Mmmhh ... ofenfrischer Genuss!"

Gründer: Charles A. Pillsbury, 1869, Minneapolis/USA

Markenregistrierung: 08. 04. 1975, DPMA München

Jahresumsatz: 12,4 Mrd. USD (General Mills, weltweit, 2007)

Markenwebsite: www.knackundback.de

UNTERNEHMEN

General Mills GmbH
Osterbekstr. 90c
22083 Hamburg
(0 40) 68 94 14–0
(0 40) 68 94 14–95 00
www.generalmills.de

Die Knack & Back-Brötchen auf frischem Teig zum Aufbacken wurden in den 1970er Jahren in Deutschland eingeführt.

KNAUF

Die Knauf Gips KG ist einer der weltweit größten Hersteller von Baustoffen und Bausystemen. Die Marke Knauf Gips steht primär für Gips und Gipsprodukte, umfasst aber auch zahlreiche weitere Angebote aus den Bereichen Putz-, Boden- und Trockenbausysteme sowie Baulogistik. Gips ist ein vielseitig einsetzbarer mineralischer Baustoff, der vor allem beim Innenausbau Verwendung findet. Chemisch wird er als Calciumsulfat mit der

Formel $CaSO_4 \times 2H_2O$ bezeichnet. Gips kommt zum einen als weißes Naturgestein vor, das vor 100 bis 200 Mio. Jahren entstanden ist. Weiterhin wird in der Baustoffindustrie auch Rauchgasentschwefelungsanlagen-Gips (REA-Gips) eingesetzt. Dieser entsteht als Endprodukt bei der Entschwefelung in Kraftwerken. Knauf hatte wesentlichen Anteil an der Entwicklung der bei diesem Vorgang eingesetzten Technologie. Der Markenname ergibt sich aus dem Familiennamen der Unternehmensgründer. Die Brüder Dr. Alfons N. Knauf und Karl Knauf gründeten 1932 die Gebr. Knauf Rheinische Gipsindustrie. Das Logo enthält den Eigennamen in der Unternehmensfarbe Blau sowie in kursiver serifenloser Schrift. Die Knauf Gips KG wird bis heute als Familiengesellschaft geführt. Anspruch des Unternehmens ist es, dass seine Produkte das Bauen und Planen vereinfachen, Komplettlösungen bieten und hohen Qualitätsansprüchen genügen. Für 2007 erwartet die Unternehmensgruppe einen Umsatz von über 5 Mrd. Euro. Dieser wird aktuell von mehr als 20.000 Mitarbeitern an über 150 Standorten erwirtschaftet. Die Knauf Gips KG hat ihren Hauptsitz im bayerischen Iphofen.

UNTERNEHMEN

Knauf Gips KG
Am Bahnhof 7
97346 Iphofen
✆ (0 93 23) 31-0
🖷 (0 93 23) 31-2 77
💻 www.knauf.de

KNAUS

Knaus zählt zu den führenden Komplett-Anbietern von Freizeitfahrzeugen am europäischen Caravaning Markt.

Ein umfassendes Angebot an Freizeitfahrzeugen verbirgt sich hinter der Marke Knaus. Sie ist Teil des Markenportfolios der →Knaus Tabbert Group, die im Jahr 2002 aus dem Zusammenschluss der Knaus AG mit der Tabbert Industrie AG entstand. Der Firmengründer Helmut Knaus gab der Marke seinen Namen. Der Architekt etablierte die Knaus KG 1960 zunächst mit dem Ziel, einen „käferfähigen" Wohnwagen zu entwickeln. Das erste Modell war 1961 ein Wohnwagen mit Namen Schwalbennest, der im neu errichteten Produktionswerk in Marktbreit gebaut wurde. 1970 entstand ein zweites Werk am heutigen Firmensitz in Jandelsbrunn. Schwalben kennzeichnen auch den Markenauftritt von Knaus. Über dem Namensschriftzug in hellblauen Versalien schwingen sich, leicht abstrahiert, zwei der Zugvögel auf. Sie sollen sinnbildlich für Freiheit, Mobilität und Zielstrebigkeit stehen, aber auch ein Gemeinschaftsgefühl vermitteln. Knaus ist einer der führenden Komplett-Anbieter von Freizeitfahrzeugen am europäischen Caravaning-Markt. Schwerpunkt der Markenzielgruppe liegt bei Menschen, die auf innovatives Design bei gleichzeitiger Funktionalität und Qualität Wert legen. Das Markenkonzept setzt mit seinen Modellreihen jedoch insbesondere auf „Milieuwelten", mit denen unterschiedliche Käufergruppen angesprochen werden sollen. Zu den Modellen der Marke Knaus zählen die Wohnwagen *Südwind*, *Sport*, *Azur* und *Eurostar*, die Alkoven-Wohnmobile *Sport Traveller*, *Sun-Traveller*, die Teilintegrierten *Sport Ti* und *Sun Ti* sowie *Trailer*, Kastenwagen und die Vollintegrierten *V Liner* und *S Liner*. Sie erhielten mehrfach Auszeichnungen, zu den jüngsten zählen zwei Caravaning Design Awards in den Jahren 2004 und 2006. Neben Knaus führt die Knaus Tabbert Group auch Produkte der Marken →Tabbert, →T@B, →Wilk, →Weinsberg und →Eifelland.

DATEN UND FAKTEN

Markenname: Knaus, Firmenname des Gründers Helmut Knaus

Slogans: „Die klare Linie" (1965), „Der Weg in die Ferienfreiheit" (1975), „Weit voraus mit Knaus" (1975), „Und Freizeit wird Erlebnis!" (1996), „Freiheit, die bewegt" (seit 2006)

Erfinder: Helmut Knaus, 1960

Markenregistrierung: 23.08.2005, HABM Alicante/Spanien

Innovationen: *Sun Ti* Teilintegriertes Wohnmobil mit Glasdach im Hutzenbereich, *YAT Young Activity Trailer* Multifunktionstrailer mit Heckflügeltüren (2004), *YAMC Young Active Motorcar*, Multifunktionsreisemobil (2006)

Auszeichnungen:
„red dot award: product design" für *YAT Young Active Trailer* (2004)
„Caravaning Design Award", Messe Düsseldorf für *YAT* und *SUN TI* (2004)
„Caravaning Design Award", Messe Düsseldorf für *C-Liner* (2006)
„Caravan Design-Award" des National Caravan Council (England) für Knaus Wohnwagen (2006)
„if product design award", if International Forum Design GmbH für *SUN TI* (2006)

Markenwebsite: www.knaus.de

UNTERNEHMEN

Knaus Tabbert Group GmbH
Helmut Knaus Str. 1
94118 Jandelsbrunn
(0 85 83) 21-1
(0 85 83) 21-3 87
www.knaus-tabbert-group.de

KNAUS TABBERT GROUP

Die Knaus Tabbert Group GmbH firmiert seit 2002 als internat. Dachunternehmen mit Firmensitz in Jandelsbrunn. Sie ging aus dem Zusammenschluss der beiden großen Wohnwagenhersteller →Tabbert Industrie AG (TIAG) und →Knaus AG hervor. Tabbert existiert seit 1934, zunächst als Karosseriewerkstatt des Firmengründers Alfred Tabbert. 1937 stieg der gelernte Karosseriebauer mit dem ersten 14 m langen Wohnwagen für das „fahrende Volk" ins Wohnwagengeschäft ein. Knaus wurde 1960 von Helmut Knaus gegründet, der seine Erfahrung als Architekt und Baumeister in die

Die Knaus Tabbert Group bietet mit den Marken Knaus, Tabbert, T@B, Wilk, Weinsberg und Eifelland ein breites Portfolio in einem vielschichtigen Markt.

Wohnwagenkonzeption einbrachte. Das Logo der Knaus Tabbert Group betont den Dachmarkencharakter. Der blaue Namenszug Knaus Tabbert in der Hausschrift Flama light wird von einem flach geschwungenen Bogen überspannt, der die beiden Namen überdacht und miteinander verbindet. Darunter steht in kleineren Versalien das Wort Group. Die Knaus Tabbert Group ist das Ergebnis kontinuierlicher Expansion der beiden firmierenden Unternehmen. So führte Knaus die Marke →Eifelland im Portfolio, während sich unter dem Dach der TIAG auch die Marken →Wilk und →Weinsberg befanden. Mit der Gründung der Knaus AG begann 1996 eine enge Kooperation zwischen den beiden Unternehmen, die 2001 zu einer Umstrukturierung und 2002 zur Umfirmierung führte. Firmenpolitisch will sich der Konzern weiter strukturieren und Kräfte bündeln. Marktbezogen sind „Differenzierung und Innovationswerte" die ausschlaggebenden Faktoren. Werbestrategie im Wettbewerb mit anderen Urlaubsformen ist es, Camping als den Natururlaub schlechthin darzustellen. 1.570 Mitarbeiter an drei Standorten in Deutschland und Ungarn produzieren die Wohnwagen und Reisemobile. Mit dem Label „Made in Germany" werden die häufig mehrfach mit internat. Preisen ausgezeichneten Marken vorwiegend von europäischen Kunden gekauft, finden aber auch Absatz auf dem nordamerikanischen und australischen Markt sowie in Japan und Korea. Unter dem Vorstandsvorsitz von Thomas Dickenberger erzielte das Unternehmen im Jahr 2006/07 ca. 330 Mio. Euro Umsatz.

UNTERNEHMENSBEREICHE UND MARKEN

Knaus Tabbert Group
→Knaus, →Tabbert, →T@B, →Wilk, →Weinsberg, →Eifelland

DATEN UND FAKTEN

Knaus Tabbert Group

Gründer: Helmut Knaus sen., 1960, Alfred Tabbert, 1934

Unternehmensgründung: 1934 (Tabbert), 1960 (Knaus), 2002 (Knaus Tabbert Group)

Mitarbeiter: 1.570

Geschäftsführer: Thomas Dickenberger

Umsatz: 330 Mio. Euro (2006/07)

KONTAKT

Knaus Tabbert Group GmbH
Helmut Knaus Str. 1
94118 Jandelsbrunn
(08 58 83) 21-1
(08 58 83) 21-3 80
www.knaus-tabbert-group.de

Ansprechpartner Presse & Kommunikation:
Thomas Breinfalk
(08 58 83) 21-2 25
presse@knaus-tabbert-group.de

SCHON GEWUSST?

- 1948 war der Bedarf an Wohnungseinrichtungen aufgrund der vielen Kriegsschäden so gewaltig, dass Tabbert seine Produktion auf Möbel erweiterte. Als Ersatz für fehlende Furnierhölzer malte man die Holzmaserungen kunstvoll auf.
- Der erste Wohnwagen aus dem Hause Knaus trug den Namen *Schwalbennest*. Helmut Knaus sen. setzte damit seine Vision aus den Kriegsjahren vom kleinen „VW-Käfer-fähigen" Wohnwagen in die Tat um.

Die Knaus-Tabbert Group setzt sich unter dem Vorsitz von Thomas Dickenberger mit modernem Design für einen grundlegenden Image-Wandel des Caravanings ein und wurde dafür mehrfach ausgezeichnet.

Wirkt. Seit 1891

Das Kneipp-Logo zeigt den Gesundheitspionier Sebastian Kneipp.

KNEIPP

Unter dem Dach der internat. Konsumgütermarke Kneipp versammeln sich Badeöle und Badesalze, pflanzliche Arzneimittel, Tees, Nahrungsergänzungsmittel sowie Körperpflegeprodukte im Premiumbereich. Den Grundstein für die Entstehung der heutigen Kneipp-Werke GmbH & Co. KG legten die naturheilkundlichen Studien des Gesundheitspioniers Sebastian Kneipp. Als Priester und Hydrotherapeut stand er für ein ganzheitliches Gesundheitskonzept. Kneipp übertrug die Namensrechte 1891 an den Apotheker Leonhard Oberhäußer. Mit der Einführung der Marke Kneipp, die 1895 registriert wurde, wollte Sebastian Kneipp die eigenen Qualitätsansprüche sicherstellen und Missbrauch mit seinem Namen verhindern. Die ursprünglichen Rezepturen stellen noch heute die Grundlage der Produkte dar, was auch mit dem Slogan „Kneipp wirkt. Seit 1891" verdeutlicht wird. 2007 brachten die Kneipp-Werke GmbH 19 naturbasierte Produktinnovationen auf den Markt, vorwiegend in den Segmenten Baden und Nahrungsergänzung. Im gleichen Jahr werden erstmals Mitarbeiter des Unternehmens als Kampagnenmotive eingesetzt. Das dunkelgrüne Kneipp-Logo (Pantone 3292) zeigt Sebastian Kneipp und verweist damit auf das ganzheitliche Gesundheitskonzept des Gründers. Nach Angaben des Unternehmens ist Kneipp Marktführer u.a. in den Bereichen Hautschutzbäder, Entwässerung und mit der Arnika Salbe S bei der äußerlichen Anwendung zur Behandlung von Rheuma-, Muskel- und Gelenkerkrankungen. Die Produkte werden über Apotheken, Drogeriemärkte und den Lebensmitteleinzelhandel vertrieben. Das gesamte Sortiment ist seit 2006 auch auf der Internetseite von Kneipp bestellbar. Die Kneipp-Werke, die als eigenständiges Unternehmen zur Hartmann-Gruppe gehören, beschäftigen weltweit mehr als 400 Mitarbeiter.

UNTERNEHMEN

Kneipp-Werke GmbH & Co. KG
Steinbachtal 43
97082 Würzburg
(09 31) 80 02-1 07
(09 31) 80 02-1 97
www.kneipp.de

Knipex stellt Zangen für den professionellen Gebrauch her (Mitte). Geschäftsführer Ralf Putsch (unten)

KNIPEX

Zangen der Marke Knipex kommen vor allem bei Fachleuten zum Einsatz. Carl Gustav Putsch gründete im Jahr 1882 eine Schmiede in Cronenberg und spezialisierte sich auf die Herstellung der traditionsreichen Werkzeuge, deren Ursprung im zweiten vorchristlichen Jahrtausend liegt. Den Namen Knipex erfand sein Sohn Carl 1942 als Ersatz für die bis dahin verwendete Abkürzung des Gründernamens CGP, um eine unterscheidungskräftigere Marke zu haben und um einen Bezug zu dem damals wichtigsten Produkt Kneifzangen herzustellen. Heute umfasst die Produktpalette über 1.000 Artikel für die unterschiedlichsten Einsatzzwecke. Darunter befinden sich bekannte Modelle wie Seitenschneider und Kombizangen ebenso wie Spezialzangen für die Elektrotechnik und Elektronik. Die Produkte wenden sich hauptsächlich an professionelle Anwender in Handwerk und Industrie. Zu den aktuellen Produktneuheiten zählen die selbsteinstellende Wasserpumpenzange *SmartGrip* und eine Serie von Präzisions-Elektronikzangen aus Kugellagerstahl. Ein hoher Qualitätsanspruch an die in Deutschland hergestellten Waren soll den Unternehmenserfolg sichern. Das rautenförmige Logo birgt in seinem Inneren den in weißen Versalien geschriebenen Markennamen. Die vier Keil-Winkel der Raute erinnern dabei an die Keilform von Zangenschneiden. Im Laufe der Jahre wurde der ehemals orangefarbene Hintergrund durch die Farbe Rot (HKS 14) ersetzt, die nun gemeinsam mit der Hausfarbe Blau (HKS 42) und der Hausschrift Rotis das Corporate Design bestimmt. Knipex nimmt eine weltweit führende Position im Bereich der Zangenherstellung ein. Unter der Leitung von Ralf Putsch befindet sich das Familienunternehmen mittlerweile in den Händen der vierten Familiengeneration. Es beschäftigt 800 Mitarbeiter und produziert jährlich über 10 Mio. Zangen. Der Vertrieb erfolgt sowohl durch eigene Niederlassungen als auch durch Vertriebspartner in über 100 Ländern weltweit.

Die 2007 verbesserte Wasserpumpenzange *Cobra* bietet den Anwendern wesentlich bessere Verstellmöglichkeiten als das Vorgängermodell.

DATEN UND FAKTEN

Markenname: Knipex, Kunstname, der eine Assoziation zum Verb kneifen herstellen soll

Slogan: „Die Zangenmarke."

Erfinder: Carl Putsch, 1942, Wuppertal

Markenregistrierung: 18. 05. 1942, Reichspatentamt Berlin

Innovationen: selbsteinstellende Wasserpumpenzange *SmartGrip* (2006), verbesserte Neuauflage des Zangenmodells *Cobra* (2007)

Produktionsmenge: jährlich über 10 Mio. Zangen

Auszeichnungen:
„Marke des Jahres", Werkzeugfachhandel (2004)
„Unternehmen des Jahres", Wuppertaler Wirtschaftspreis (2005)
„Werkzeug des Jahres", Leserwahl Heimwerker Praxis (2006)

UNTERNEHMEN

KNIPEX-Werk C. Gustav Putsch KG

Hauptsitz: Wuppertal, Deutschland

Geschäftsführer: Ralf Putsch

MEILENSTEINE

1882 Carl Gustav Putsch gründet mit einem Gesellen und zwei Lehrlingen eine kleine Schmiede und beginnt mit der Zangenproduktion.

1922 Carl Putsch übernimmt die Leitung. Die Firma entwickelt sich zum Industriebetrieb.

1942 Die Marke Knipex entsteht. Das neue Warenzeichen, ein orangefarbener Rhombus, wird amtlich eingetragen.

1954 Karl Putsch, der Enkel des Firmengründers übernimmt die Führung des Familienunternehmens. Neue und ständig verbesserte Produkte sowie moderne Fertigungstechnik prägen die weitere Entwicklung.

1987 Ralf Putsch tritt ins Unternehmen ein. Der internat. Vertrieb wird stark ausgebaut und weitere Werkzeughersteller werden Teil der Knipex-Gruppe.

2007 Knipex feiert 125-jähriges Firmenjubiläum. Die Umsätze konnten in den letzten zehn Jahren verdoppelt werden.

Mitarbeiter: ca. 800 Knipex, 1.200 Knipex-Gruppe (2007)

Vertrieb: weltweit in über 100 Ländern

KONTAKT

KNIPEX-Werk
C. Gustav Putsch KG
Oberkamper Str. 13
42349 Wuppertal
✆ (02 02) 47 94-0
🖷 (02 02) 47 50 58
🖳 www.knipex.de

Ansprechpartner Presse:
Katrin Adam
✆ (02 02) 47 94-3 22
✉ k.adam@knipex.de

Ansprechpartner Marketing:
Thomas Piorko
✆ (02 02) 47 94-3 04
✉ t.piorko@knipex.de

KNIRPS

Knirps®.
The Original.

Jedes Jahr werden weltweit rund 1 Mio. Regenschirme der Marke Knirps verkauft. Der teleskopierbare Taschenschirm wurde 1928 von dem Bergassessor Hans Haupt erfunden. Aufgrund einer Gehbehinderung benötigte er einen Stock und konnte zusätzlich nicht auch noch den gesellschaftlich vorgeschriebenen Schirm tragen. Darum entwickelte er einen kleinen, ausziehbaren Schirm, der sich leicht verstauen ließ. Heute werden Schirme der Marke Knirps von Lizenznehmern in 13 europäischen Ländern sowie in Japan, Südkorea und Kanada vertrieben. Ca. 80 % der Knirps-Käufer sind weiblich. Neben modebewussten Frauen, die Wert auf aktuelle Trendaccessoires legen, kaufen vor allem qualitätsbewusste Kundinnen Schirme der Marke Knirps. Aktuell gibt es von Knirps vier Produktlinien. Der bisher kleinste und leichteste Knirps, der *X1*, wurde 2003 eingeführt, um junge, sportliche Käufer zu bedienen, für die die Funktionalität eines Schirms im Vordergrund steht. Für sein außergewöhnliches Design erhielt der *X1* mehrere Preise. Bedeutende Innovationen früherer Jahre waren u.a. der 1977 eingeführte Jumbo-Knirps und der Knirps Sonnenschirm für die Tasche, der 1995 zum Schutz vor UV-Strahlung auf den Markt kam und 2007 in neuem Design wieder aufgelegt wurde. Seit den 1950er-Jahren tragen alle Knirps-Produkte ein einheitliches Logo. Der charakteristische rote

Knirps Schirmmodell T2 (Mitte) und Modell Y2 (unten)

Hist. Markenkampagne von Knirps, die den Schirm nicht nur als nutzbringenden Regenschutz, sondern auch als modisches Accessoire zeigt.

Punkt wurde 1969 als Warenzeichen eingetragen. Er ist ein Qualitätsversprechen und fungiert als Garantiezeichen mit internat. Erkennungswert. Das Logo wurde mehrmals dem Zeitgeist angepasst. Dabei blieb der rote Punkt in seiner Farbe (Pantone Red 032) unverändert. Als CI-Schrift wird aktuell die Linotype Univers Light und Regular verwendet. Knirps war 1968 die erste Schirmmarke, die im dt. Fernsehen beworben wurde. Auch heute spielt die Markenpflege eine wichtige Rolle: Die Knirps Licence Corporation GmbH & Co. KG investiert jährlich bis zu 10 % des Umsatzes in Werbekampagnen.

DATEN UND FAKTEN

Markenname: Knirps, Substantiv, in Assoziation zu einem besonders kleinen, handlichen Produkt

Slogan: „Knirps. The Original."

Erfinder: Hans Haupt, 1928, Solingen

Markenregistrierung: 15.06.1932, Reichspatentamt Berlin

Innovationen: Jumbo-Knirps (1977), Knirps Minimatic (1990), Knirps Topomatic SL (1990), Knirps Sonnenschirm (1995), Knirps Duomatic (1997), Knirps Fiber T1 (2002), Knirps X1 (2003)

Werbespendings: 5–10 % des Jahresumsatzes

Auszeichnungen:
„red dot award: product design" für *Knirps Fiber T1* (2003)
„Best Design award" für *Knirps X1* (Neuseeland, 2003)
„IDSA" für *Knirps X1* (USA, 2004)
„Good Design Award" für *Knirps X1* (Japan, 2005)

UNTERNEHMEN

Knirps Licence Corporation GmbH & Co. KG

Hauptsitz: Pfarrkirchen, Deutschland

Geschäftsführer: Michael Lackner

Jahresabsatz: ca. 1 Mio. Stück

Vertrieb: über Lizenznehmer in 16 Ländern

KONTAKT

Knirps Licence Corporation GmbH & Co. KG
Lindnerstr. 19
84347 Pfarrkirchen
☏ (0 85 71) 91 22-3 38
Fax (0 85 71) 91 22-93 38
www.knirps.de

Ansprechpartner Presse:
Anja Sziele
☏ (01 71) 2 75 07 24
✉ info@knirps.de

Ansprechpartner Marketing:
Michael Lackner
☏ (0 85 71) 91 22-3 38
✉ info@knirps.de

SCHON GEWUSST?

- Bekannte Persönlichkeiten wie John Steed aus der Fernsehserie „Mit Schirm, Charme und Melone", die Kessler-Zwillinge und Chris Howland waren Werbeträger für die Marke Knirps.
- Prinzessin Beatrix der Niederlande erhielt 1966 eine Knirps-Sonderanfertigung zu ihrer Hochzeit: ein Autoset mit Damen- und Herrenmodell in einem Etui aus Krokodilleder.
- John F. Kennedy und seine First Lady gehörten auch zu den Nutzern von Knirps-Schirmen. Die Bodyguards konnten die Schirme unsichtbar verstauen, so dass sie bei Regen sofort parat waren.

KNORR

Knorr ist die erfolgreichste Marke von Unilever und ist in über 100 Ländern vertreten.

Die Traditionsmarke Knorr ist als größte Marke des brit.-niederl. Konzerns → Unilever weltweit in mehr als 100 Ländern vertreten. 1838 gründete Carl Heinrich Knorr eine „Spezereiwarenhandlung" in Heilbronn und legte damit den Grundstein für die heute zu den weltweit erfolgreichsten Konsumgütern zählende Marke. Ab 1875 begannen Knorrs Söhne, das Unternehmen zu einer Suppenfabrik auszubauen. Fünf Jahre später erschien die *Patentsparsuppe Victoria* auf dem Markt. 1889 startete die Produktion der *Erbswurst*, die auch heute noch produziert wird. 1900 erfolgte die Umfirmierung zur Aktiengesellschaft. Ende der 1950er-Jahre fusionierte Knorr mit der Maizena Gesellschaft mbH, die 1998 in den Bestfoods Konzern umfirmierte. 2000 wurde Bestfoods von Unilever übernommen. Unternehmensaussagen zufolge kaufen ca. 80 % aller Deutschen pro Jahr mindestens ein Knorr-Produkt. Daraus resultiert, dass mehr als 1 Mrd. Knorr-Produkte jährlich in Deutschland verkauft werden. Zum Portfolio gehören u. a. die Sparten *Knorr Fix, Knorr Vie, Knorr Suppen, Knorr Salatkrönung* und *Knorr Feinschmecker Saucen*. Als Erfolgsrezept gibt Knorr die Kombination von Tradition und Innovation mit der Liebe zu gutem Essen an. In der Heilbronner Knorr-Entwicklung arbeiten ausschließlich Spitzenköche für die Marke. Das Unternehmen ist stets bedacht, die Produktpalette mit Innovationen zu erweitern, wie z. B. 2007 mit *Knorr Vie* geschehen. Nicht zuletzt durch seine umfangreiche Homepage will Knorr die Identifikation des Endverbrauchers durch zahlreiche Angebote wie z. B. den *Knorr Shop*, die *Knorr family oder* den *Knorr Treff* stärken. Viele Rezeptideen, Gewinnspiele und Wettbewerbe wie *Knorr sucht das Superrezept* mit dem dt. Spitzenkoch Ralf Zacherl als Juror runden die Service-Leistungen für Knorr-Kunden ab.

UNTERNEHMEN

Unilever Deutschland GmbH
Dammtorwall 15
20355 Hamburg
✆ (0 40) 34 93-0
🖷 (0 40) 34 47 42
🖳 www.unilever.de
🖳 www.knorr.de

KODAK

Die Marke Kodak steht für eine breite Palette von Produkten und Dienstleistungen im Bereich Fotografie. Sie umfasst z. B. Digitalkameras für Amateur- und Berufsfotografen, Zubehör, Drucker, Software und digitale Bilderrahmen. Unternehmen bietet Kodak u. a. Druckvorstufen-, Druck- und Scan-Lösungen. Darüber hinaus gehören zum Portfolio von Kodak spezielle Produkte für die Unterhaltungsbranche sowie für die Bilderstellung im medizinischen bzw. wissenschaftlichen Bereich. Außerdem bietet Kodak seinen Kunden verschiedene Bilder-Services. In der jüngsten Zeit bilden dabei Verfahren einen Schwerpunkt, in denen Bilder als Informationsträger Verwendung finden z. B. im Dokumentenmanagement. 1880 begann George Eastman in einem gemieteten Trockenspeicher in Rochester, New York, mit der kommerziellen Herstellung von Trockenplatten. 1888 entwickelte er die erste Box-Kamera und ließ die Marke Kodak registrieren. Bereits um 1900 gab es Vertriebsstellen in Deutschland, Frankreich und Italien. Im Jahr 1901 wurde die Eastman Kodak Company of New Jersey gegründet, die noch heute Eigentümerin der Marke ist. Gefertigt werden Kodak Erzeugnisse in Nord- und Südamerika, Europa und Asien. Das Logo wurde im Laufe der Zeit mehrfach verändert. Mit dem 2006 eingeführten Design ist das rechteckige Design mit Schriftzug weggefallen. Die Schrift wurde runder, der Buchstabe „a" wird nun betont. Das Motto der Marke lautet „You press the button, we do the rest" (dt. etwa: „Sie drücken auf den Knopf, wir kümmern uns um den Rest").

UNTERNEHMEN

Kodak GmbH
Hedelfinger Str. 60
70327 Stuttgart
✆ (07 11) 4 06-0
🖷 (07 11) 4 06-54 34
🖳 www.kodak.de

KOELNMESSE

Die Ursprünge der Dienstleistungsmarke Koelnmesse gehen auf das Jahr 1922 zurück, als sich die Stadt Köln auf Initiative ihres Oberbürgermeisters Konrad Adenauer für die Gründung der Kölner Messegesellschaft entschied. Die erste Frühjahrsmesse auf dem neuen Messegelände in Köln-Deutz eröffnete am 11. Mai 1924. Für die weltweit beachtete Presseausstellung Pressa wurden die Messehallen 1928 auf 66.000 Quadratmeter erweitert. Nachdem das Messegelände im 2. Weltkrieg weitgehend zerstört wurde, expandierte die Messe u. a. durch die Veranstaltung von Fachmessen wie der 1949 erstmals veranstalteten Fachmesse für Möbel. 2006 entstanden vier neue Messehallen mit einem neuen Eingangsbereich und einem Kongresszentrum. Im Zuge einer strategischen Neuausrichtung mit dem Ziel der Internationalisierung erhielt die damalige KölnMesse 2002 den neuen Markennamen Koelnmesse und ein neues Corporate Design, das von der internat. Agentur Interbrand, Zintzmeyer & Lux

Kodak

„You press the button, we do the rest" lautet das Motto von Kodak.

koelnmesse
we energize your business

Das Logo der Koelnmesse steht für die Impulse, die das Unternehmen seinen Kunden geben will.

KOINOR

Koinor ist einer der wenigen unabhängigen Möbelhersteller mit ausschließlicher Produktion in Deutschland.

entwickelt wurde. Das grüne Logo mit den im Halbkreis angeordneten Punkten und dem Untertitel „we energize your business" steht für die Impulse, die die Koelnmesse ihren Kunden und deren Branchen geben will. Die Koelnmesse ist heute mit 284.000 Quadratmetern das viertgrößte Messegelände der Welt. Regelmäßig führt die Koelnmesse GmbH 70 Fachmessen und Fachausstellungen durch, die für 25 Branchen die weltweiten Leitmessen darstellen. Als standortunabhängiger Messedienstleister führen die Koelnmesse-Gruppe und ihre Tochtergesellschaften das Angebot von 44.600 ausstellenden Unternehmen aus 127 Ländern mit der Nachfrage von 2,5 Mio. Besuchern zusammen.

UNTERNEHMEN

Koelnmesse GmbH
Messeplatz 1
50679 Köln
✆ (02 21) 8 21-0
🖷 (02 21) 8 21-25 74
💻 www.koelnmesse.de

KOINOR

Die Marke Koinor steht für Designerpolstermöbel im mittleren bis gehobenen Preissegment mit dem Schwerpunkt auf Leder. Die Funktionssessel und -sofas sollen Konsumenten ab 35 Jahren ansprechen. Koinor-Möbel zeichnen sich durch ihre Multifunktionalität aus, so können häufig Rücken- und Seitenlehnen verstellt werden. Als Dinnersofas bezeichnet das Unternehmen Möbelstücke, die einer gepolsterten Bank ähneln. Gegründet wurde Koinor von Horst Müller im Jahr 1953 in Michelau. Bis heute liegt der Firmensitz in der oberfränkischen Stadt. Der Name Koinor leitet sich ab von dem 108,93-Karat-Diamanten Koh-i-Noor, der in der Krone der engl. Queen Victoria verarbeitet ist. Das Logo war bis in die 1990er-Jahre durch ein stilisiertes „K" geprägt und wurde danach durch Hervorhebung des ganzen Namens verändert. Zu den ersten Produkten von Koinor gehörten verwandelbare Schlafsofas und die nach dem Krieg begehrten Cocktailsessel. In den 1960er-Jahren wurde Koinor vor allem durch seinen Fernsehsessel mit Wipp-Funktion bekannt. Die Idee war aus den USA importiert worden. Die Firma verbucht jährlich 45.000 Aufträge und macht einen Umsatz von 80 Mio. Euro. Sie produziert über 200 Garnituren am Tag. Der Vertrieb läuft ausschließlich über den Fachhandel, in über 30 Ländern weltweit. Stolz ist das inhabergeführte Unternehmen auf seine Unabhängigkeit von großen Möbelkonzernen.

DATEN UND FAKTEN

Markenname: Koinor heißt so viel wie Berg des Lichtes. Name des Diamanten, der die Krone der engl. Queen Victoria ziert

Slogan: „Sofas for Friends"

Gründer: Horst Müller, 1953, Michelau

Jahresumsatz: 80 Mio. Euro (2006)

Auszeichnungen:
„red dot award: product design" (2004)

UNTERNEHMEN

Koinor Polstermöbel GmbH & Co. KG
Landwehrstr. 14
96247 Michelau
✆ (0 95 71) 8 92-0
🖷 (0 95 71) 8 33-10
💻 www.koinor.com

Kölln

Kölln gehört zu den bekanntesten Marken für Haferflocken und Getreideprodukte in Deutschland.

KÖLLN

Unter dem Markennamen Kölln werden seit 1937 Haferflocken und Getreidespezialitäten in verbraucherfreundlichen Verpackungen vertrieben. Kölln steht für abwechslungsreiche und natürliche Ernährung für Säuglinge, Kinder, Jugendliche und anspruchsvolle Verbraucher jeden Alters. Mit der Marke Kölln hat das Unternehmen Peter Kölln KGaA den zweiten Platz auf dem dt. Müslimarkt inne und produziert ausschließlich in Deutschland. Das Anfang der 1970er-Jahre entwickelte Markenlogo ist in der Schriftart ITC Clearface LT gesetzt. Das Markenzeichen nimmt mit der Abbildung des Kachelmusters Bezug auf die norddt. Wurzeln des Unternehmens in Elmshorn, Schleswig-Holstein. Für die Gestaltung des Logos und der doppelt gefalzten Verpackungen werden Hellblau im Farbton Pantone 288 und Dunkelblau im Farbton 298 als Hausfarben verwendet. Als prominente Werbefiguren in Funk und Fernsehen sowie in Printkampagnen standen Rudi Carrell und Michael Stich Pate für Kölln-Produkte. Die Markenbekanntheit der Produkte liegt lt. der Brigitte Kommunikationsanalyse aus dem Jahre 2006 bei 68 %. Der Vertrieb erfolgt in Europa und weltweit über Importeure. Die Peter Kölln KGaA wurde bereits im Jahre 1795 von Hans Hinrich Kölln gegründet. Heute produziert das Unternehmen mit rund 300 Mitarbeitern Nährmittel und Speiseöle für den Konsumgütermarkt. Neben der Marke Kölln sorgten weitere bekannte Marken wie →Livio, →Palmin und →Biskin im Jahr 2006 für einen Gesamtumsatz von 75 Mio. Euro.

DATEN UND FAKTEN

Markenname: Kölln, Familienname des Firmengründers

Slogan: „Bestes aus Hafer"

Markenregistrierung: 14. 06. 1933, Reichspatentamt Berlin

Markenbekanntheit: 68 % gest. (Brigitte Kommunikationsanalyse, 2006)

Markenwebsite: www.koelln.de

UNTERNEHMEN

Peter Kölln KGaA
Westerstr. 22–24
25336 Elmshorn
(0 41 21) 64 80
(0 41 21) 66 39
www.koelln.com

KÖNECKE

Die Marke Könecke steht für ein umfangreiches Wurstwaren-Sortiment und ist nach Karl Könecke benannt, der 1929 in Bremen eine Schlachterei eröffnete. 1963 übernahm sein Sohn die Leitung des Unternehmens und baute es zu einer der bedeutendsten Fleischwarenfabriken in Deutschland aus. Mit dem Zukauf der Marke →Redlefsen (1999) und Werken in Delmenhorst (1990) und dem polnischen Slubice (2001) konnten die Produktionskapazitäten erheblich gesteigert und neue Absatzmärkte erschlossen werden. Könecke produziert in seinen Werken vornehmlich Aufschnittpackungen aller Art und Würstchen im Glas sowie in der Dose. Für Könecke besonders bedeutsam ist die Produktion von Minisalami. Für diese beim dt. Verbraucher beliebten Produkte ist Könecke mengenmäßig lt. Herstellerangaben der bedeutendste Hersteller auf dem Markt. Für die spezialisierte Herstellung der Minisalami im Brotmantel gibt es neben Könecke derzeit nur einen weiteren Marktteilnehmer. Gekühlte Convenience-Artikel wie Fertiggerichte und Snacks sowie Produkte für die Bedientheke vervollständigen die Produktpalette. Könecke ist seit 2006 ein Unternehmen der zur Mühlen-Gruppe, die zu den größten der europäischen Fleisch- und Wurstwarenbranche zählt und pro Jahr über 230.000 t Wurstwaren verkauft (gesamte Gruppe.) Unter dem Dach der zur Mühlen-Gruppe werden Produkte der Marken →Böklunder, Plumrose, →Redlefsen, Heine's, Jensen's, →Schulte, Zerbster und Naumburger verkauft. Der Markenauftritt wurde zuletzt im Jahr 2000 umfassend überarbeitet. Die komplett neu gestalteten Verpackungen sind einheitlich in grünen Farbtönen gehalten und wecken damit Assoziationen an Frische und Natürlichkeit der Produkte. Könecke erhielt als eines der ersten dt. Unternehmen in 2003 die Zertifizierung nach dem International Food Standard (IFS). Außerdem sind die Könecke-Produkte nach den qualitätssichernden Normen ISO 9001–2000, Qualität & Sicherheit (QS) und British Retail Consortium (BRC) zertifiziert. Des Weiteren bietet Könecke Artikel mit dem Bio-Siegel gemäß der EG-Öko-Verordnung (EG 2092/1991) an. Auf dem Gebiet der vorverpackten SB-Wurst hält Könecke eine führende Position im dt. Markt.

DATEN UND FAKTEN

Markenname: Könecke, Familienname des Gründers

Slogan: „Prima Wurst"

Gründer: Karl Könecke, 1929

Markenregistrierung: 17. 02. 1986, DPMA München

Produktionsmenge: ca. 2 Mrd. Würstchen/Wurstportionen, entspricht über 230.000 t pro Jahr (gesamte Gruppe)

Auszeichnungen:
„sehr gut", Öko-Test für die Könecke Delikatess Mortadella (2006)
„gut", Öko-Test für die Könecke Brotzeit Land Mortadella (2006)

UNTERNEHMEN

Karl Könecke Fleischwarenfabrik GmbH & Co. KG
Zum Sebaldsbrücker Bahnhof 1
28309 Bremen
(04 21) 45 87–0
(04 21) 45 87–2 41
www.koenecke.de

KONICA MINOLTA

Konica Minolta steht für multifunktionale Druck- und Kopiersysteme. Die Softwarelösungen von Konica Minolta unterstützen

Könecke Prima Wurst.

Könecke hat den Verpackungsauftritt im Jahr 2000 umfassend überarbeitet.

KONICA MINOLTA

Die Ellipse im Logo von Konica Minolta symbolisiert den Globus. Fünf Lichtstrahlen stehen für die Expertise des Unternehmens.

König Pilsener wirbt mit dem Slogan „Das König der Biere".

sämtliche Prozesse der Dokumentenerstellung und des Dokumentenmanagements. Mit ihren Produkten richtet sich die Konica Minolta Business Solutions Deutschland GmbH an Unternehmen aller Größen. Konica, 1873 in Tokio gegründet, erreichte in Deutschland durch die offensive Werbung für die Fotofilmprodukte einen hohen Bekanntheitsgrad in der Fotowirtschaft. So warb man in den 1980er-Jahren mit dem Slogan „Kuck mal Konica" und dem Tennisspieler Michael Stich als Testimonial. „Alles wird gut" hieß in den 1990er-Jahren das Motto für den Kamerabereich des Traditionsunternehmens Minolta, das 1928 gegründet wurde. Mit der Fusion der beiden jap. Unternehmen im Jahr 2003 entstand die neue Muttergesellschaft Konica Minolta Holdings, Inc. 2006 stieg Konica Minolta aus dem Fotogeschäft aus und konzentriert sich seitdem auf Bürokommunikationssysteme. Diese Verschiebung wird auch in dem aktuellen Slogan „The essentials of imaging" und dem Firmenlogo aufgenommen. Das sog. „Symbol Logo" entwickelte der Gründer von Minolta. Eine blaue Ellipse wird horizontal von fünf weißen Strahlen durchzogen. Sie steht für die Erdkugel, die fünf Streifen symbolisieren Lichtstrahlen und sollen die technologische Expertise im Bereich Bildverarbeitung widerspiegeln. Das Konica Minolta Blau (Pantone 333c) soll Kreativität und Innovation ausdrücken. Der Konzern Konica Minolta mit Sitz in Tokio wird von Yoshikatsu Ota geleitet und beschäftigt weltweit 34.710 Mitarbeiter.

UNTERNEHMEN

Konica Minolta Business Solutions Deutschland GmbH
Europaallee 17
30855 Langenhagen
(05 11) 74 04-0
(05 11) 74 10 50
www.konicaminolta.de

KÖNIG PILSENER

König Pilsener steht für Brauereiprodukte der Pilsener Brauart, zu denen das Premium-Pilsener König Pilsener, König Pilsener Alkoholfrei sowie König Pilsener Lemon (ein Biermischgetränk mit Zitronengeschmack) gehören. Derzeit werden jährlich 1,8 Mio. hl Bier in der König-Brauerei produziert. Der Markenname leitet sich von Theodor König ab, der 1858 eine Brauerei in der Landgemeinde Beeck am Niederrhein gründete. Der Markenname wurde erstmals im Jahr 1911 dokumentiert. Das Logo zeigt den Namen in silbern glänzender Schrift und darüber eine rot eingefasste Krone. 1990 wurde die Marke mit dem „Heute ein König" beworben. 1993 folgte der Slogan „Das König der Biere", der noch immer Teil des Markenauftritts ist. Werbekampagnen wurden u.a. mit Boris Becker und Til Schweiger realisiert. Die Bekanntheit der Marke wird durch zahlreiche Sponsoringaktivitäten gesteigert, dazu zählt die Unterstützung der König-Pilsener-Arena Oberhausen und der Fußballvereine MSV Duisburg und Alemannia Aachen. Darüber hinaus engagiert sich das Unternehmen für die Stiftung „Tribute to Bambi", die Kinder in sozialen Notlagen unterstützt. Die König-Brauerei vertrieb ihre Produkte in den ersten Jahren nach Gründung zunächst nur lokal im Raum Duisburg. Bereits ab den 1920er-Jahren wurden die Produkte bundesweit vertrieben. Seit 2004 ist die König-Brauerei, für die 350 Mitarbeiter tätig sind, vollständig im Besitz der → Bitburger Braugruppe GmbH, Bitburg.

UNTERNEHMEN

König-Brauerei GmbH
Friedrich-Ebert-Str. 255–263
47139 Duisburg
(02 03) 9 33-30
(02 03) 9 33-3 45 15
www.koenig.de

KPM

Die Luxusgütermarke KPM steht für klassische Porzellanprodukte. Zum Produktportfolio gehören neben eleganten Servicen Geschenkartikel, Figuren und Sammlerobjekte. Das Sortiment des Unternehmens spricht insbesondere kaufkräftige und markenaffine Menschen an, die Wert auf kultivierten Luxus und Design legen. Die Marke geht zurück auf den preußischen König Friedrich den Großen. Er kaufte 1763 eine Porzellan-Manufaktur, die der Wollzeugfabrikant Wilhelm C. Wegely zwölf Jahre zuvor gegründet hatte. Für den königlichen Hof wurden 21 Service gefertigt. Die Staatsnähe von KPM zeigte sich auch in späteren Epochen, als Staatsgeschenke gefertigt und dt. Botschaften mit Berliner Porzellan ausgestattet wurden. KPM kooperierte stets mit renommierten Künstlern und Designern, wie etwa Friedrich Elias Meyer (1723–1785), Karl-Friedrich Schinkel (1781–1841), Trude Petri (1906), Gerhard Gollwitzer (1906–1973) und Enzo Mari (1932). KPM ist nach eigenen An-

Klassische Porzellanservice der Marke KPM: *Berlin* (Mitte), *Urbino* (unten)

1790 entstand das klassizistische Service *Kurland*.

gaben die einzige Manufaktur, die nicht nur sämtliche Produkte in reinem Weiß verkauft, sondern auch eine lebenslange Nachkaufgarantie verspricht. Im Logo, das immer wieder leicht verändert worden ist, findet sich das königsblaue Zepter aus dem kurbrandenburgischen Wappen wieder. Das königliche Zeichen soll die hohen Qualitätsansprüche der Porzellanmanufaktur widerspiegeln. In den 1990er-Jahren wurde die Marke mit dem Slogan „Die Klassiker des Porzellans" beworben. Aktueller Werbespruch ist „Die Kunst, durch Können zu begeistern". 2007 präsentiert sich KPM mit neuem Corporate Design in den Farben Weiß und Dunkelblau. Dazu gehören neue POS Möbel, eine neue Website, Anzeigenkampagnen, weltweite Messeauftritte und neue Verpackungen. Letztere greifen spielerisch die Form des Quadrats auf und enthalten Sammelmotive aus dem Archiv der Manufaktur. KPM vertreibt seine Erzeugnisse über sechs eigene Galerien in Deutschland und beliefert weltweit Fachhändler und Geschäftspartner. Das Unternehmen beschäftigt rund 170 Mitarbeiter (weltweit, 2007).

DATEN UND FAKTEN

Markenname: KPM, Abkürzung für Königliche Porzellan-Manufaktur Berlin

Gründer: Wilhelm Caspar Wegely, 1751, Berlin

Markenregistrierung: 02.01.1955, DPMA München

Innovationen: Kurland (1790), Urbino (1931), Urania (1938), Arkadia (1938), Berlin (1997)

Auszeichnungen:
„Goldmedaille", Triennale Mailand, für Krokusservice von Hubert Griemert (1936)
„Grand Prix", Weltausstellung Paris, für *Urbino* von Trude Petri (1937)
„iF design award" für *Berlin* (1998)

Literatur:
M. Jarchow: Berliner Porzellan im Zwanzigsten Jahrhundert. Die KPM (1997)
H. Engel: Baudenkmal Königliche Porzellan-Manufaktur Berlin (2004)
V. Koop: Königliche Porzellan-Manufaktur Berlin - Eine Kulturgeschichte (2008)

UNTERNEHMEN

KPM Königliche Porzellan-Manufaktur Berlin GmbH

Hauptsitz: Berlin, Deutschland

Geschäftsführer/CEO: Dr. Winfried Vogler

Vertrieb: sechs eigene Galerien, rund 220 Fachhändler und Geschäftspartner weltweit

MEILENSTEINE

1751 Der Wollzeugfabrikant Wilhelm Caspar Wegely gründet eine Porzellanmanufaktur.

1761 Der Berliner Kaufmann Johann Ernst Grotzkowsky übernimmt die Produktionsstätte.

1763 Der preußische König Friedrich der Große kauft die Manufaktur für 225.000 Reichstaler.

1780–1820 In der Zeit des Klassizismus dient die Antike als Vorbild für Services, Vasen, Körbe und Figuren.

1895–1912 Der Ornamentstil findet im Jugendstil-Zeitalter Eingang in die Produktgestaltung.

1920–1930 Die Neue Sachlichkeit stellt Funktion und Form statt Dekoration in den Vordergrund.

1990–1998 Klassische Formen werden mit neuen Akzenten verbunden. Tradition und Innovation verbinden sich zu neuen Formen mit konvex-konkavem Wechselspiel.

1998–2003 Generalsanierung des Manufakturgeländes. Damit wird die KPM zur modernsten Manufaktur Deutschlands.

Ab 2006 Erfolgreiche Privatisierung: Jörg Woltmann, Berliner Privatbankier, wird Alleingesellschafter. Positionierung von KPM als Luxusmarke, weltweite Expansion

KONTAKT

KPM Königliche Porzellan-Manufaktur
Berlin GmbH
Wegelystr. 1
10623 Berlin
✆ (0 30) 3 90 09-0
🖷 (0 30) 3 90 09-1 11
💻 www.kpm-berlin.de

Ansprechpartner Presse:
Blume Public Relations
Monika Brune
✆ (0 40) 8 70 89 33
✉ monika.brune@blume-pr.de

KRAFT

Die Kraft Foods Deutschland GmbH ist ein Unternehmen der Kraft Foods Inc. In den Produktbereichen Nahrungs- und Genussmittel gehören zu Kraft Foods Deutschland Marken wie →Philadelphia, →Miracel Whip, →Mirácoli, Tassimo, →Jacobs, →Kaffee HAG, Suchard Express, →Milka und →Toblerone. Kraft Foods Deutschland engagiert sich darüber hinaus für eine ausgewogene Ernährung und gegen Übergewicht („Kraft Aktiv leben"), für Nachhaltigkeit beim Anbau von Kaffee und Kakao sowie in zahlreichen Sponsoringprojekten. Der Markenname Kraft geht auf den amerikanischen Unternehmer James Lewis Kraft zurück. Er begann 1903 in Chicago damit, Käse von einem Planwagen aus zu verkaufen und legte so den Grundstein für die weitere Entwicklung des amerikanischen Mutterkonzerns, der heute der zweitgrößte Nahrungsmittelkonzern weltweit ist. 1927 wurde unter der Führung von Edwin Kenworthy-Kolhaas mit der Kraft Cheese Company eine eigenständige Tochter von Kraft in Hamburg gegründet. Später wurden erfolgreiche US-Produkte wie Philadelphia und Miracle Whip (als „Miracel Whip") auf dem dt. Markt eingeführt. Andere Marken des heutigen Portfolios gehen auf Zukäufe und Fusionen zurück. So verschmolz Kraft General Foods Europe 1993 mit Jacobs Suchard, zu der auch die Marke Toblerone gehörte, zur Kraft Jacobs Suchard, die seit 2000 Kraft Foods heißt. Der Hauptsitz der Kraft Foods Deutschland GmbH befindet sich in Bremen, Produktionsstätten gibt es in Bremen, Elmshorn, Berlin, Fallingbostel und Lörrach.

UNTERNEHMENSBEREICHE UND MARKEN

Lebensmittel:
→Philadelphia, →Miracel Whip, →Mirácoli, Kraft Ketchup, Kraft Feinkostsaucen, Kraft Dressings

Getränke:
→Jacobs, Tassimo, →Kaffee HAG, Onko, Maxwell House, Kaba, Suchard Express, Milka Schoko Drink

Süßwaren:
→Milka, →Toblerone, Marabou, Daim

DATEN UND FAKTEN

Kraft Foods Deutschland GmbH

Gründer: James Lewis Kraft (1874–1953), Johann Jacobs (1869–1958), Dr. Ludwig Roselius (1874–1943), Philippe Suchard (1797–1884), Theodor Tobler (1876–1941)

Unternehmensgründung: 2000 (Kraft Foods)

Mitarbeiter: ca. 3.600 in Deutschland

Vorsitzender der Geschäftsführung: Gerald Neumair (Vorsitzender), Rainer Claußen, Gerhard Götte, Anne Lang, Rudi Madel, Christian Reuver, Uwe Riehs, Stephan Schmidt

Umsatz: ca. 2 Mrd. Euro

KONTAKT

Kraft Foods Deutschland GmbH
Langemarckstr. 4–20
28199 Bremen
✆ (04 21) 5 99-01
🖷 (04 21) 5 99-36 75
💻 www.kraftfoods.de

Ansprechpartner Kommunikation:
Silke Trösch
✆ (04 21) 5 99-38 63
✉ stroesch@krafteurope.com

Der Krimsekt Krimskoye wurde erstmals 1799 hergestellt.

KRIMSKOYE

Unter der Marke Krimskoye vertreibt die Simex Vertrieb GmbH & Co. KG Krimsekt. Krimskoye bedeutet „von der Krim kommend". Nur auf der ukrainischen Schwarzmeerhalbinsel wachsen die Rebsorten Sabernet, Saperawi und Matrassa, aus denen der rote Krimkoye hergestellt wird. Krimsekt wurde erstmals 1799 in den klimatisch günstig gelegenen Städten Sudak und Aluschta für die Mitglieder des Zarenhofes hergestellt. Internat. bekannt wurde Krimsekt im Jahr 1900, als Graf Lev Golizyn das Getränk mit zur Weltausstellung nach Paris nahm und dort den Grand Prix gewann. Bis heute wird der Krimsekt nach der klassischen Methode hergestellt. Bei der Flaschengärung reift Krimskoye bis drei Jahre lang – erst mit Hefezusatz, dann ohne - und wird auch heute noch handgeschüttelt. Dabei bleibt der Krimsekt von der ersten Gärung bist zum Öffnen in derselben Flasche. Neben dem klassischen rot-milden Krimskoye gibt es heute auch die weißen Sorten Krimskoye *Halbtrocken* und Krimskoye *Fürst Golizyn Brut*. Das Logo der Marke wurde 1962 von Simex entwickelt. Der Markenname erscheint in goldgelben Großbuchstaben, über ihn wurde mittig der Zusatz Krimsekt in kursiver Schrift gesetzt. Aktuell macht Simex mit der Marke Krimskoye in Deutschland, Österreich und der Schweiz einen Umsatz von rund 8 Mio. Euro pro Jahr. Damit trägt die Marke rund 15 % zum Gesamtumsatz des Unternehmens bei. Simex, das 1962 von Leo Savelsberg in Jülich gegründet wurde, vertreibt neben Krimskoye auch noch weitere alkoholische Getränke aus Russland und der Ukraine. Zum Produktportfolio gehören u. a. die russ. Wodkas → Moskovskaya und Stolichnaya.

UNTERNEHMEN

Simex Vertrieb GmbH & Co. KG
Wiesenstr. 5
52428 Jülich
✆ (0 24 61) 6 87–7 00
🖷 (0 24 61) 6 87–7 73
💻 www.krimskoye.de

KROMBACHER

Im Portfolio der Dachmarke Krombacher befinden sich neben dem Flaggschiff Krombacher Pils noch zahlreiche andere Produkte wie Krombacher Alkoholfrei, Krombacher Radler, Krombacher Extra Mild, Krombacher Weizen, Cab Cola & Beer, Cab Lemon & Beer, Cab Energy & Beer, Rhenania Alt und Eichener Pilsener. Im heutigen Kreuztal-Krombach wurde 1890 erstmals ein „Pils mit Felsquellwasser" gebraut, ein stehender Begriff, den die 1803 gegründete Brauerei bis in die 1990er-Jahre kommunizierte. Mit einem Gesamtausstoß von rund 6 Mio. hl nimmt das Unternehmen einen Spitzenplatz in der dt. Brauwirtschaft ein. Es erreicht eine gest. Markenbekanntheit von 98 % (GfK 2006). Integrale Bestandteile des Marketingkonzepts sind die Nähe zur Natur und die Betonung von Frische, Reinheit und Qualität. Das Logo ist in charakteristischer Biertypik gehalten, die Wortmarke Krombacher ist einem Emblem unterstellt. Im Innenoval ist der Kindelsbergturm, Wahrzeichen der Krombacher Brauerei, dargestellt, im unteren Bereich die Littfe, ein Fluss bei Krombach. Turm und Fluss betonen die Herkunftsverbundenheit, während stilisierte Bierzutaten das Zeichen umrahmen. Für seine diversen Kampagnen erhielt Krombacher Auszeichnungen wie den GFWA Effi in Gold 2003 und den Deutschen Medienpreis 2004. Das Familienunternehmen gehört zu den modernsten Brauerei-Betrieben Europas. Unter der Geschäftsführung von Friedrich Schadeberg, Bernhard Schadeberg, Hans-Jürgen Grabias, Helmut Schaller und Dr. Rolf Dörendahl erwirtschaftet es einen Umsatz von 540,3 Mio. Euro und beschäftigt rund 850 Mitarbeiter.

Das „Pils mit Felsquellwasser" wird in Kreuztal-Krombach produziert.

UNTERNEHMEN

Krombacher Brauerei Bernhard Schadeberg GmbH & Co. KG
Hagener Str. 261
57223 Kreuztal
✆ (0 27 32) 8 80–0
🖷 (0 27 32) 8 80–2 54
💻 www.krombacher.de

KRONE FISCH

Unter der Marke KRONE Fisch vertreibt die Steinbacher KRONE GMBH hochwertige Fisch- und Feinkostprodukte auf dem dt. Markt. Dazu gehören u. a. Rauchlachs- und Heringsvariationen, Krabbenspezialitäten und Meeresfrüchte. KRONE Fisch-Produkte werden im Lebensmitteleinzelhandel und in Feinkostgeschäften verkauft. Um die Frische der Produkte zu garantieren, verwendet KRONE technisch hochwertige Verpackungen, die neueste Hygienestandards erfüllen. Die KRONE GMBH wurde 1972 von Gerrit Niehaus in Frankfurt/Main gegründet. Der Name KRONE wurde als Symbol für beste Qualität gewählt. Eine goldene Krone mit drei Zacken ist auch Bestandteil des von der Agentur Intergraphic Design entwickelten Markenlogos. Es zeigt außerdem in Versalien den goldenen KRONE-Schriftzug, bei dem das K und das E leicht erhöht sind. Darunter steht in rot der Zusatz Fisch. Die Hausschrift für Produktbeschreibungen ist Meta bzw. Medici. In den ersten Jahren wurde das Kerngeschäft des Unternehmens ausschließlich mit Fisch- und Feinkostprodukten unter der Marke KRONE Fisch abgedeckt. Später erschloss die KRONE GMBH mit der Einstiegspreismarke *TopMare*, den Gewürzmarken *Bueno* und *KRONE Gewürze* sowie dem Biogewürzsortiment *Natur Garten* weitere Ge-

KRONE Fisch verwendet technisch hochwertige Verpackungen, die neueste Hygienestandards erfüllen (Mitte). Einblick in eine Produktion von *KRONE Fisch Räucherlachs* (unten)

Auch irischer Bio-Räucherlachs gehört zum Portfolio von KRONE Fisch.

schäftsfelder. Zudem produziert KRONE verschiedene Eigenmarken des Einzelhandels. Das Unternehmen beschäftigte 2006 90 Mitarbeiter. Rund 50 % des Umsatzes werden mit der Marke KRONE Fisch erwirtschaftet, deren Portfolio laufend um neue Produkte und Geschmacksrichtungen erweitert wird. Zum dritten Mal in Folge erzielte KRONE 2008 einen Spitzenplatz bei der Wahl zum „Produkt des Jahres" durch die Zeitschrift Lebensmittelpraxis. So wurde *KRONE Fisch Marinierter Grill-Lachs* im Jahre 2007 zum Sieger in der Warengruppe Fisch und Fischerzeugnisse gekürt. Bereits 2006 gewann das Unternehmen die Wahl mit *KRONE Fisch Lachs-Carpaccio.* Für das Jahr 2008 ging Pangasius (geräuchertes Welsfilet) als Testsieger aus der Wahl hervor.

DATEN UND FAKTEN

Markenname: KRONE Fisch, die Krone steht als Begriff für höchste Qualität bei Fischprodukten

Gründer: Gerrit Niehaus, 1972, Frankfurt/Main

Markenregistrierung: 21.02.1994, DPMA München

Innovationen: Scampis in Knoblauchöl (1993), Lachs-Carpaccio (2006), Grill-Lachs (2007), Pangasius (2008)

Auszeichnungen:
„Produkt des Jahres", Zeitschrift Lebensmittelpraxis in der Warengruppe Fisch für *KRONE Fisch Lachs-Carpaccio* (2006), *KRONE Fisch Marinierter Grill-Lachs* (2007) und Pangasius (2008)

Markenwebsite: www.krone-fisch.de

UNTERNEHMEN

KRONE GMBH

Hauptsitz: Steinbach, Deutschland

Geschäftsführung: Ralph Ziegelmeier, Lars Knobloch

Weitere Marken: TopMare, Bueno, KRONE Gewürze, Natur Garten

Vertrieb: deutschlandweit über den Lebensmitteleinzelhandel

KONTAKT

KRONE GMBH
Daimlerstr. 3
61449 Steinbach
✆ (0 61 71) 6 35–0
🖷 (0 61 71) 6 35–2 00
🖳 www.krone-gmbh.com

Ansprechpartner Presse & Marketing:
Silke Willschewski
✆ (0 61 71) 6 35–2 12
🖷 (0 61 71) 6 35–2 00
✉ info@krone-gmbh.com

SCHON GEWUSST?

Stremellachs ist eine Lachsspezialität, die nach einem alten ostpreußischen Rezept hergestellt wird. Feiner skandinavischer Lachs wird hierzu filetiert, in Streifen (Stremel) geschnitten und bei 70 Grad Celsius geräuchert. *KRONE-Fisch Stremellach*s gibt es in den Geschmacksrichtungen Natur, Pfeffer, Mexico und Dill.

KRONENBROT

Über 200 verschiedene Brote und Backwaren tragen den Namen Kronenbrot. Roggen- und Weizenmischbrote bilden eine Hauptsäule des Sortiments, das auch Vollkornbrote, Toasts und andere Spezialitäten umfasst. Seit 2006 gehören auch Bio-Brote zum Angebot. Die Marke Kronenbrot wurde 1915 von Franz Mainz eingeführt, dessen Großvater Franz Josef Mainz bereits 1865 in Würselen bei Aachen eine kleine Bäckerei gegründet hatte. Die Tradition der Marke spiegelt sich heute in dem in roter Frakturschrift (HKS 14) gestalteten Namenszug wider. Eine Krone als Bildmarke unterstreicht den Markennamen und veranschaulicht den Qualitätsanspruch. Mit dem Slogan „Natürlich täglich frisch!" garantiert die Kronenbrot KG Franz Mainz die Natürlichkeit und Frische ihrer Produkte, die täglich in den frühen Morgenstunden an rund 3.000 Lebensmittelhändler und Großverbraucher in Nordrhein-Westfalen, Rheinland-Pfalz, Belgien und den Niederlanden ausgeliefert werden. Auf den Einsatz von Konservierungsstoffen verzichtet man bei Kronenbrot bereits seit mehr als zehn Jahren. Für die hervorragende Qualität ihrer Produkte erhielt die Kronenbrot KG im Jahr 2007 den Bundesehrenpreis in Gold vom Bundesminister für Ernährung, Landwirtschaft und Verbraucherschutz. Die in der fünften Generation familiengeführte Großbäckerei beschäftigt über 1.000 Mitarbeiter und produziert neben der Marke Kronenbrot auch Eigenmarken des Handels. Nach eigenen Angaben zählt das Unternehmen zu den fünf größten Bäckereien Deutschlands und ist führender Anbieter für Brot- und Backwaren im nordrhein-westfälischen Lebensmittelhandel.

UNTERNEHMEN

Kronenbrot KG Franz Mainz
Fronhofstr. 30
52146 Würselen
✆ (0 24 05) 48 44–0
🖷 (0 24 05) 48 44–1 17
💻 www.kronenbrot.de

KRÖNUNG

→Jacobs Krönung

KRUPS

Nach der Einführung der internat. Marke Krups 1866 widmete sich Namensgeber Robert Krups zunächst der Herstellung von Waagen und wurde schnell zu Deutschlands führenden Produzenten in diesem Segment. Fast 100 Jahre später führte das Unternehmen den berühmten automatischen „3Mix" Handrührer ein, der zum Inbegriff der modernen Küchengeräte wurde. Arbeiten, die vorher nur mühevoll zu bewältigen waren, gingen nun einfach von der Hand. Der „3Mix" stellte nur den Anfang der Automatisierung der Haushaltsgeräte dar: Zwei Jahre später brachte Krups einen elektrischen Kaffeeautomaten auf den Markt und schaffte somit die Grundlage für einen der heute größten Hersteller für Kaffee- und Espressomaschinen. Die durchdachte, innovative Technik und das elegante, klare Design der Produkte finden sich auch im Logo wieder. Es zeigt den puren Schriftzug Krups, der durch ein Rechteck eingesäumt wird. In direktem Anschluss daran befindet sich ein zweites Rechteck mit dem Claim „Perfektion mit Leidenschaft", der die Maxime des Unternehmens wiedergibt. Mit Hilfe von Testimonials, wie Star-Koch Johann Lafer, oder Kooperationen mit →Nescafé, wird die Marke erfolgreich in Szene gesetzt. Das Unternehmen – das mit den Marken →Rowenta, →Tefal, Lagostina und All-Clad in Deutschland vertreten ist – ist in die SEB-Gruppe eingebunden, die weltweit mit über 13.000 Mitarbeitern zu den größten der Branche zählt. Weltweit ist es führend in den Produktkategorien, wie beispielsweise Kochgeschirr, Wasserkocher, Toaster und Espresso- und Kaffeemaschinen, Bügeleisen, Friteusen und Partygeräte.

UNTERNEHMEN

Krups GmbH
Herrnrainweg 5
63067 Offenbach/Main
✆ (0 69) 85 04–0
🖷 (0 69) 85 04–5 30
💻 www.krups.de

KSB

Die Industriemarke KSB steht für einen der weltweit größten Produzenten von Pumpen, Armaturen und zugehörigen Systemen. Zu den Kunden der KSB AG gehören Anlagenbauer, Industrieunternehmen, Kommunen, Bergbauunternehmen und Kraftwerksbetreiber. Die Produktion reicht von der kleinen Regenwasserpumpe bis hin zu riesigen Kraftwerkspumpen, womit KSB das breiteste Produktspektrum der Branche anbietet. Zu den neuesten Entwicklungen gehört der Drucktauscher SalTec, der in Meerwasser-Entsalzungsanlagen eingesetzt wird. Das KSB-Logo besteht aus dem Unternehmensnamen und einem stilisierten, quadratischen Pumpensystem. Es soll gleichzeitig eine Aufwärtsbewegung und einen Kreislauf symbolisieren. Seine führende Position auf dem Weltmarkt hat die KSB AG durch eine frühe internat. Ausrichtung und die Positionierung von KSB als Dachmarke erreicht. Unter diesem Namen vermarktet das Unternehmen Produkte und Dienstleistungen mit innovativen Eigenentwicklungen, hoher Servicequalität und hohen Sicherheitsstandards auf der ganzen Welt. Nach seiner Gründung im Jahr 1871 durch Johannes Klein, Friedrich Schanzlin und Jakob Becker, denen das Unternehmen auch seinen Namen verdankt, setzte KSB schnell auf Expansion. Schon 1887 folgte die

KRUPS

...steht für Produkte mit höchster Qualität und Leistung.

Dr. Wolfgang Schmidt, Vorstandssprecher der KSB AG

KSB gehört weltweit zu den größten Pumpenherstellern.

Umwandlung in eine Aktiengesellschaft, 1898 eröffnete mit der „Klein Engineering Company Limited" bereits die erste Auslandsgesellschaft in Großbritannien, 1941 folgte Südamerika. In der zweiten Hälfte des 20. Jh. expandierte das Unternehmen durch Übernahmen und Neueröffnungen weltweit bis nach Australien, China und Indien. Inzwischen fertigt es an 32 Standorten und hat in mehr als 100 Ländern eigene Gesellschaften und Vertretungen. Der Jahresumsatz lag 2006 bei 1,6 Mrd. Euro, die Mitarbeiterzahl bei über 13.000 weltweit.

DATEN UND FAKTEN

Markenname: KSB, Abkürzung, zusammengesetzt aus den Anfangsbuchstaben der Namen der drei Gründer Klein, Schanzlin und Becker

Slogan: „Wir bringen Ihre Welt in Fluss"

Erstes Patent: 1871

Innovationen: Drehzahlregelsystem „PumpDrive" (2005), intelligente Niveauregelung „LevelControl" (2006), Druckerhöhungsanlage „Hyamat VP PumpDrive" (2007)

Literatur:
O. H. Schiele: Die Goldene Mitte II (1996)

UNTERNEHMEN

KSB AG

Gründer: Johannes Klein, Friedrich Schanzlin, Jakob Becker, 1871

Vorstandssprecher: Dr. Wolfgang Schmitt

Weitere Marken: amri (Absperrklappen), SISTO (Membranventile), GIW (Feststoffpumpen)

Gesamtumsatz: 1,6 Mrd. Euro (2006)

Vertrieb: 32 Produktionsstandorte in über 100 Ländern

KONTAKT

KSB AG
Johann-Klein-Str. 9
67225 Frankenthal (Pfalz)
✆ (0 62 33) 86-0
✉ info@ksb.com
🖳 www.ksb.com

Ansprechpartner Presse:
Ullrich Bingenheimer
✆ (0 62 33) 86-21 38
✉ ullrich.bingenheimer@ksb.com

Ansprechpartner Marketing:
Nicole Schmidt-Seitz
✆ (0 62 33) 86-22 21
✉ nicole.schmidt-seitz@ksb.com

MEILENSTEINE

1871 Gründung der Frankenthaler Maschinen- & Armatur-Fabrik Klein, Schanzlin & Becker

1887 Umwandlung des Unternehmens in eine Aktiengesellschaft

1896 Gründung der ersten KSB-Auslandsgesellschaft in Großbritannien

1989 KSB erwirbt den zweitgrößten Klappenhersteller weltweit, Amri S. A., Paris

2001 Im Braunkohlekraftwerk Niederaußem bei Köln nimmt die bis dato größte KSB-Kesselspeisepumpe ihren Betrieb auf. Ihre Antriebsleistung: 40 Megawatt

2007 Hochdruckgliederpumpen für eine zypriotische Meerwasser-Entsalzungsanlage erzielen den besten Wirkungsgrad, der je bei KSB für mehrstufige Hochdruckpumpen mit kaltem Wasser ermittelt wurde.

KUEMMERLING

Die Spirituosenmarke Kuemmerling blickt auf eine traditionsreiche Unternehmensgeschichte zurück. Der Firmengründer Hugo Kümmerling folgte der Tradition der sog. Buckelapotheker, die ihre Heilmittel seit dem 16. Jh. innerhalb Europas auslieferten. Kümmerling experimentierte mit einheimischen Kräutern auf der Suche nach einem Rezept für Kräuterlikör, bis er schließlich 1921 in Deesbach mit der Produktion begann. 1938 entstand die noch heute verwendete, geheime Rezeptur von Kuemmerling. Das Pro-

Kuemmerling produziert täglich ca. 1 Mio. der charakteristischen Kleinflaschen. Jede Flasche enthält 0,02 l Füllmenge.

dukt ist ein Kräuterlikör mit einem Alkoholgehalt von 35 % und gehört zur Gruppe der Halbbitter. 2001 übernahm der brit. Spirituosenkonzern Allied Domecq die Kuemmerling GmbH. Heute wird die Marke von der Beam Global Spirits & Wine Deutschland GmbH geführt, der dt. Niederlassung des US-Konzerns

Seit 2007 präsentiert sich Kuemmerling mit einem neuen Markenauftritt.

Beam Global Spirits & Wine, Inc. Der US-amerikanische Konzern rangiert mit seinem Flaggschiff *Jim Beam* und Produkten wie *De Kuyper* und *Canadian Club* an vierter Stelle im Ranking der internat. Spirituosenhersteller. Kuemmerling wird seit 1963 in Bodenheim bei Mainz produziert und in einer speziell für Kuemmerling entwickelten computergesteuerten Anlage abgefüllt, die lt. Unternehmen auch heute noch zu den modernsten Produktionsanlagen Europas gehört. Täglich werden ca. 1 Mio. der konischen Kleinflaschen mit 0,02 l Füllmenge produziert. Die Zielgruppe des Unternehmens rekrutierte sich bislang aus Männern ab 35 Jahren. Inzwischen spricht der Hersteller zudem ein jüngeres Kundensegment ab 25 Jahren an. Bereits 2004 kreierte das Unternehmen deshalb neben dem traditionellen *Kuemmerling Classic* eine neue Geschmacksrichtung *Kuemmerling Orange*, mit der die neue Zielgruppe gewonnen werden soll. Das Unternehmen gab sich im Jahr 2007 einen neuen Markenauftritt, der u.a. auch in einer Neuüberarbeitung von Logo und Etikett mündete. Die Kuemmerling Hausfarbe ist ein Grünverlauf, der von einem Orange- und Goldton akzentuiert wird. Beim neuen Design rückt das Grün im Vergleich zum Orange stärker in den Vordergrund.

DATEN UND FAKTEN

Markenname: Kuemmerling, Familienname des Gründers

Erfinder: Hugo Kümmerling, 1921, Deesbach

Innovationen: Kuemmerling Orange (2004)

Markenbekanntheit: 86,4 % gest. (Emnid, 2006)

Markenwebsite: www.kuemmerling.de

Auszeichnungen:
„Silber/Best in Class", International Wine & Spirit Competition für *Kuemmerling Classic* (2007)
„Silber", Deutsche Landwirtschafts-Gesellschaft (DLG) für *Kuemmerling Classic* (2007)

UNTERNEHMEN

Beam Global Spirits & Wine Deutschland GmbH

Hauptsitz: Frankfurt/Main, Deutschland

Weitere Marken: → Jacobi 1880 Weinbrand, → Fürst Bismarck Doppelkorn, Jim Beam Bourbon, Sauza Tequila, Canadian Club, Teachers, Laphroig,

KONTAKT

Beam Global Spirits & Wine Deutschland GmbH
Lyoner Str. 15
60528 Frankfurt/Main
(0 69) 6 60 58-89 60
(0 69) 6 60 58-59 90
www.beamglobal.com

MEILENSTEINE

1921 Geburtsstunde des Kuemmerling: Hugo Kümmerling unternimmt in Deesbach/Thüringen erste Schritte in der Produktion von Kräuterlikör.

1938 Die noch heute verwendete, geheime Rezeptur des Kuemmerling Kräuterlikör wird entwickelt.

1949 Übersiedlung von Thüringen nach Coburg in Bayern

1963 Die Produktion findet ihr endgültiges Zuhause im rheinhessischen Bodenheim bei Mainz.

2001 Der brit. Spirituosenkonzern Allied Domecq übernimmt die Kuemmerling GmbH.

2004 Kuemmerling bringt mit *Kuemmerling Orange* erstmals in der über 80-jährigen Markengeschichte ein neues Produkt auf den Markt.

Von Familie zu Familie.

Der Markenschriftzug entspricht einer Originalunterschrift Carl Kühnes (oben). Fast alle Kühne Produkte enthalten Essig als wichtigste, geschmacksgebende Zutat (Mitte). Andreas Schubert, Vorsitzender der Geschäftsleitung der Carl Kühne KG (GmbH & Co.)

Ansprechpartner Presse:
Saskia Hohbein
✆ (0 69) 1 54 02-3 64
✉ saskia.hohbein@publicis-consultants.de

KÜHNE

Die internat. Konsumgütermarke Kühne ist einer der ältesten Markenartikler der Welt und gehört in Deutschland zu den bekanntesten Marken überhaupt. Kühne produziert und vertreibt Essig-, Senf-, Feinkost- und feinsaure Produkte für das Premiumsegment. Der Name Kühne ist der Familienname des Firmengründers Carl Ernst Wilhelm Kühne. Bereits 1832 betrieb Kühne in Berlin eine Essig-Fabrik. Heute stellt Kühne u. a. auch Senf, Dressings, Kohl und Kraut, Würzsaucen und Gurken her. Zielgruppe der Traditionsmarke sind insbesondere aktive und anspruchsvolle Frauen. Jüngste Produktentwicklungen unter dem Namen Kühne sind Convenience-Saucen für Salate und Fasskraut (2007). Das Kühne-Logo ist im Sinne einer stringenten Markenführung auf allen Subbrands zu finden. Es besteht aus dem gelben Schriftzug nach einer Originalunterschrift Carl Kühnes und einem darüber platzierten gelben Ritterhelm. Beides steht in einer stilisierten, dreidimensional wirkenden grünen Wolke. Die originalgetreue Unterschrift betont den Anspruch des Unternehmens an Sorgfalt und Tradition. Der Ritterhelm symbolisiert zum einen die Familie Kühne, zum anderen sollen aber auch ritterliche Tugenden wie Ehrlichkeit und Verlässlichkeit assoziiert werden. Während die Hausfarbe Grün für Natürlichkeit und Gesundheit steht, soll Gelb Eindrücke wie Sonne, Frische und Qualität vermitteln. Kühne ist in den Warengruppen Essig, Gurken, Rotkohl und Salatdressings Marktführer (IRI Handelspanel, 2007) und einer der größten Essigproduzenten Europas. Lt. einer Studie der GfK gehört Kühne zu den Top Ten im dt. Lebensmittelhandel (GfK, 2004). Zwei Drittel der Bundesbürger kaufen mindestens einmal im Jahr ein Produkt der Marke Kühne. Über die Zusammenarbeit mit nat. Importeuren und Distributeuren sowie eigenen Auslandsgesellschaften exportiert Kühne in über 50 Länder weltweit. Das Unternehmen Carl Kühne KG (GmbH & Co.) wurde ursprünglich 1722 von Johann Daniel Epinius als Essigbrauerei in Berlin gegründet. Rund 40 Jahre später ging das Unternehmen in den Besitz der Familie Kühne über. 1832 übernahm Carl Ernst Wilhelm Kühne die Leitung und änderte den Namen. Unter der Subbrand →Surol wurde im Jahre 1906 der erste Markenessig eingeführt. Heute wird das Familienunternehmen von Andreas F. Schubert geführt. Hauptsitz ist seit 1945 Hamburg. Die Firma beschäftigt rund 1.600 Mitarbeiter europaweit.

Das Werk Hagenow der Carl Kühne KG (GmbH & Co.) gilt als Europas modernste Essigfabrik.

DATEN UND FAKTEN

Markenname: Kühne

Slogan: „Von Familie zu Familie"

Gründer: Johann Daniel Epinius, 1722 Berlin, Carl Ernst Wilhelm Kühne, 1832, Berlin

SCHON GEWUSST?

- Schon früh hat Kühne Wert auf Natürlichkeit gelegt. Deshalb gärte schon zu Carl Wilhelm Kühnes Zeiten der Essig in riesigen Essigbildnern aus Eiche oder Pitchpine. Das Ergebnis kam gut an – sogar beim preußischen Königshof: 1876 ernennt König Wilhelm I Kühne zum königlichen Hoflieferanten.
- Essig wird in einem rein biologischen Gärungsvorgang hergestellt. Im traditionellen Verfahren rieselt dabei Alkohol in großen Bottichen ständig über Buchenholzspäne, auf denen sich Essigsäurebakterien (Acetobacter) ansiedeln, die mit Hilfe von Luft den Alkohol in Essig umwandeln. In Laufe der Zeit ist dieses Verfahren von dem sog. Submers-Verfahren abgelöst worden, bei dem die Essigsäurebakterien in einem Essig-Alkohol-Gemisch schwimmen, das von außen belüftet wird. Nach Umwandlung des Alkohols in Essig wird der Behälter zur Hälfte entleert und dann wieder mit einem alkoholischen Gemisch, wie z. B. Wein aufgefüllt. Der Vorgang beginnt von Neuem. Moderne Essigwerke können mehr als 50 Mio. l pro Jahr produzieren.

Innovationen: Surol (1906), Rotkohl (1957), Dressings (1973), Würzsaucen (1981), Rotkohl fix & fertig (2003), Fasskraut (2007)

UNTERNEHMEN

Carl Kühne KG (GmbH & Co.)

Hauptsitz: Hamburg, Deutschland

Vorstand: Andreas F. Schubert, Vorsitzender der Geschäftsleitung

Weitere Marken: Salatfix, Surol

Vertrieb: weltweit über Vertriebspartner und eigene Auslandsgesellschaften

KONTAKT

Carl Kühne KG (GmbH & Co.)
Kühnehöfe 11
22761 Hamburg
✆ (0 40) 8 53 05–0
🖷 (0 40) 8 53 05–2 35
💻 www.kuehne.de

Ansprechpartner Presse:
Irmy Wottawah
✆ (0 40) 8 53 05–2 01
🖷 (0 40) 85 30 53 76
✉ irmy.wottawah@kuehne.de

KÜHNE+NAGEL

Das Logisitik- und Transportunternehmen Kühne + Nagel bietet Lösungen im Bereich See- und Luftfracht, im europaweiten Straßen- und Bahnverkehr sowie in der Kontraktlogistik. Spezialtransporte gehören ebenso zum Portfolio wie integrierte Logistiklösungen, Haus-zu-Haus-Service und Sendungsverfolgung. Kühne + Nagel hat den Hauptsitz für die Region Central Europe in Hamburg und ist deutschlandweit an 93 Standorten vertreten. Im Bereich globale Seefracht ist Kühne + Nagel Marktführer. Weltweite Büros garantieren die reibungslose Abwicklung. Vor- und Nachläufe zu dt. Seehäfen werden zunehmend umweltfreundlich per Bahn oder auf Binnenschiffen durchgeführt. Im Luftfrachtverkehr zählt Kühne + Nagel mit jährlich 720.000 t Frachtabwicklung nach eigenen Angaben zu den Top 4 weltweit. Der Umschlag im eigenen Terminal im Frankfurter Flughafen ermöglicht eine zeitnahe Auslieferung, hohe Sicherheit und eine Minimierung der Schäden. Das Netzwerk im Straßenverkehr besteht aus 36 nat. Standorten und über 150 Logistik- und Distributionsterminals an allen strategisch wichtigen Zentren Europas. Der Bahnverkehr wird durch 40 operative Kühne + Nagel Büros und Agenturen in 24 Ländern abgewickelt. Seit 2006 ist Kühne + Nagel nach eigenen Angaben weltweit der drittgrößte Anbieter für Kontraktlogistik. Das Netzwerk umfasst 400 Standorte mit über 6 Mio. Quadratmeter Lagerfläche. 2005 erhielt Kühne + Nagel den Deutschen Logistik-Preis der Bundesvereinigung Logistik (BVL) für sein integriertes Luftfracht- und Kontraktlogistikangebot.

Ist nach eigenen Angaben weltweit der drittgrößte Anbieter für Kontraktlogistik.

UNTERNEHMEN

Kühne + Nagel (AG & Co) KG
Großer Grasbrook 11–13
20457 Hamburg
✆ (0 40) 3 03 33–0
🖷 (0 40) 3 03 33–20 00
💻 www.kn-portal.com

KUKA

Die Ursprünge der heute internat. agierenden KUKA AG liegen in dem 1898 in Augsburg gegründeten Unternehmen Keller und Knappich Augsburg (KUKA). In seiner Geschichte hat die KUKA schon viele unterschiedliche Produkte hergestellt. Die Bandbreite reicht von Acetylenscheinwerfern und Schweißgeräten bis zur Herstellung von Kommunalfahrzeugen. Das Unternehmen stellt seit seiner Gründung bei allen Produkten Qualität und Zuverlässigkeit in den Mittelpunkt. Seit den 1970er-Jahren hat sich KUKA auf die Automatisierung von Produktionsprozessen spezialisiert. 1971 baute KUKA Europas erste Schweißtransferstraße mit Robotern für Daimler Benz und wurde zum Robotik-Pionier mit Schwerpunkten in der Automobilindustrie und der Allgemeinen Industrie. Heute basiert die KUKA AG auf zwei Säulen, der KUKA Roboter GmbH und der KUKA Systems GmbH. Beide Gesellschaften gehören zu den weltweit führenden Herstellern im Bereich Industrierobotik und Anlagenbau. Die Kernkompetenzen liegen im Engineering und in der Entwicklung und Produktion sowie im Vertrieb von Industrierobotern, Steuerungen, Software und Lineareinheiten. Im Juli 2007 wurde das Erscheinungsbild der KUKA überarbeitet. So treten jetzt alle Bereiche unter einem einheitlichen Corporate Design auf. Das technisch und solide wirkende visuelle Erscheinungsbild zeigt die Wortmarke KUKA in breiten orangefarbenen Versalien. Dem Unternehmen zufolge steht die Marke KUKA für German Engineering, kundenindividuelle

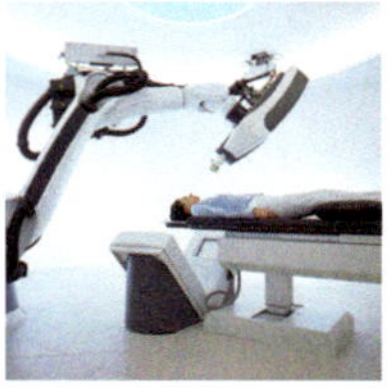

Roboter KR 1000 titan der Marke KUKA (Mitte), robotergesteuertes Radiochirurgiesystem Cyberknife zur Behandlung von Tumoren (unten)

Lösungen und Innovationsführerschaft. Zu den neuesten Produkten der KUKA gehört der KR 1000 titan, der stärkste Industrieroboter der Welt mit einer Traglast von 1.000 Kilogramm. Das Unternehmen wird von Gerhard Wiedemann, Dr. Jürgen Koch und Bernd Liepert geleitet. 5.000 Mitarbeiter in 70 konsolidierten Gesellschaften erzielen mit Ideen, Konzepten und Lösungen zur Automation industrieller Produktionsprozesse auf fünf Kontinenten ein Geschäftsvolumen von rund 1,2 Mrd. Euro.

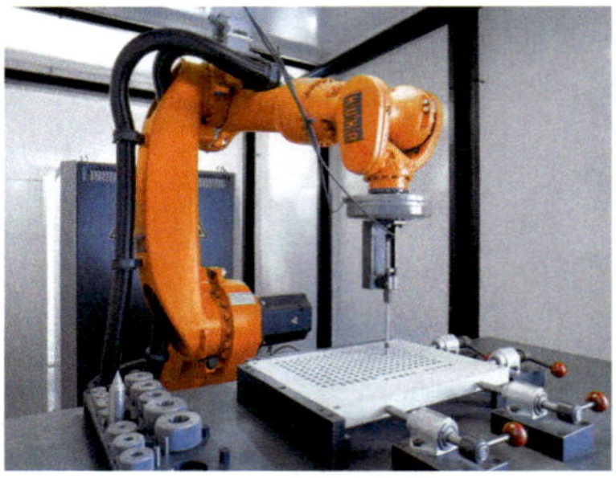

Innovativ: Roboterzellen von KUKA

DATEN UND FAKTEN

Markenname: KUKA, Abkürzung von **K**eller **u**nd **K**nappich (Gründernamen) **A**ugsburg (Gründungsort)

Gründer: Johann Josef Keller, Jakob Knappich, 1898, Augsburg

Markenregistrierung: 11. 08. 1971, DPMA München

Innovationen: Erste PC-basierte Steuerung, KUKA Robocoaster (Erster Passagierroboter der Welt), Palettierroboter KR 40 PA mit Karbonfaserarm, KR 1000 titan (einziger Industrieroboter mit 1.000 Kilogramm Traglast)

Auszeichnungen:
„red dot award: product design" für Industrie- und Konsolroboter der KR Serie sowie für Palettierroboter KR 180 PA (2002)
„iF product design award" für KR 60/100 P (1998)

UNTERNEHMEN

KUKA AG

Hauptsitz: Augsburg, Deutschland

Vorstand: Gerhard Wiedemann, Dr. Jürgen Koch, Bernd Liepert

Vertrieb: weltweit

KONTAKT

KUKA AG
Zugspitzstr. 140
86165 Augsburg
✆ (08 21) 7 97–0

MEILENSTEINE

1898 Johann Josef Keller und Jakob Knappich gründen in Augsburg ein Werk zur Produktion des Gases Acetylen für Haus- und Stadtbeleuchtung. Da konkurrierende Lichtquellen wirtschaftlicher werden, wird die Produktion bald ausgeweitet – auf Autogen- und Widerstandsschweißen.

1966 Die Expertise im Schweißen ermöglicht KUKA, Fahrzeugaufbauten zu fertigen. Die Firma wird zum Marktführer für Kommunalfahrzeuge in Europa.

1971 KUKA baut für Daimler Benz die erste Schweißtransferstraße Europas.

1973 Das Unternehmen bringt *Famulus*, den ersten Industrieroboter mit sechs elektromechanisch angetriebenen Achsen, auf den Markt.

1996 KUKA bringt die erste PC-Steuerung auf den Markt und setzt neue Maßstäbe in der Robotertechnik.

2002 KUKA erobert neue Märkte außerhalb der Automobilindustrie mit innovativen Produkten und Systemen. Zahlreiche Lösungen für unterschiedlichste Branchen wie die Lebensmittel-, Kunststoff- oder die Holz- und Steinindustrie demonstrieren das weite Einsatzfeld der KUKA Roboter.

2002 Einstieg in das Entertainmentgeschäft: Im KUKA *Robocoaster* werden Passagiere mit dem Roboter durch die Luft gewirbelt - ein Entertainment-Fahrgeschäft der außergewöhnlichen Art für Vergnügungsparks und Events.

2006 Produktionsbeginn des ersten Betreiberkonzepts für die Karosseriefertigung in Nordamerika

2007 Mit 1.000 Kilogramm Traglast und einer Reichweite von 3.200 mm ist der *KR 1000 titan* der größte und stärkste 6-Achs-Industrieroboter weltweit. Für diese Innovation erhält KUKA einen Eintrag in das Guinness Buch der Rekorde. Im selben Jahr erfolgt die Umfirmierung der Muttergesellschaft IWKA AG in KUKA AG.

(08 21) 7 97-53 33
www.kuka.com

Ansprechpartner Presse:
Dr. Gert Butter
(08 21) 7 97-52 51
pr@kuka.com

Ansprechpartner Marketing:
Michael Otto
(08 21) 45 33-0
michaelotto@kuka-roboter.de

KUKIDENT

Die umfangreiche Produktpalette der Marke Kukident bietet Prothesenträgern Zahnersatz-Reinigungsmittel, Haftcremes, Haftpulver sowie Pflege-Zubehör. Die Marke für die dritten Zähne wird von dem Unternehmen Reckitt Benckiser vertrieben, das aus der Fusion der brit. Reckitt & Colman Plc mit der Benckiser NV Gruppe hervorgegangen ist. Mit diesem Zusammenschluss entstand eines der größten Unternehmen für Reinigungsmittel und Haushaltswaren. Spezielles Augenmerk der Hersteller gilt der Entwicklung von Produkten, die zudem Zahnfleischentzündungen und Zahnsteinbildung vorbeugen. Zielgruppe sind insbesondere Rentner, von denen jeder dritte heutzutage eine Zahnprothese trägt. Neueste Innovation ist das Kukident Reinigungsmittel mit Korrosionsschutz, das Metallteile gegen Anlaufen und Korrodieren schützt und gleichzeitig für einen anhaltenden Glanz sorgt. Die Marke Kukident verfügt in Deutschland über eine Markenbekanntheit von gest. 100 % (Quelle: Research International) und blickt im Jahr 2007 auf 70 Jahre Erfahrung mit Mundhygiene-Produkten zurück. Weitere bekannte Marken des internat. agierenden Unternehmens sind →Cillit Bang, →Calgon, →Sagrotan, →Clearasil und →Veet. Die Artikel werden in 180 Ländern über 60 Niederlassungen vertrieben, die den internat. Vertrieb koordinieren.

UNTERNEHMEN

Reckitt Benckiser Deutschland GmbH
Theodor-Heuss Anlage 12
68165 Mannheim
(06 21) 32 46-0
(06 21) 32 56-5 00
www.kukident.de

KUNERT

Die Modemarke Kunert umfasst hochwertige Beinbekleidungskollektionen für Männer und Frauen. Der Markenname Kunert leitet sich vom Nachnamen der Firmengründerin Maria Kunert ab. Diese gründete 1907 im böhmischen Warnsdorf eine Strickerei. Heute werden unter dem Namen der Marke anspruchsvolle Damen- und Herrenbeinbekleidungen im Premiumsegment hergestellt. Zielgruppe der Marke sind modebewusste Männer und Frauen mit gehobenem Einkommen, die Wert auf klassische Eleganz legen und ein bewusstes Stilempfinden pflegen. Neuere Produktentwicklungen von Kunert stellen *Kunert Warm Up*, *Kunert Fresh Up* oder auch *Kunert Fly&Care* dar. Der Anteil der Marke am Gesamtumsatz des Unternehmens beträgt 20 Mio. Euro und beläuft sich damit auf 21 %. Das Markenlogo wurde im Laufe der Jahre mehrmals verändert und besteht gegenwärtig aus dem Namenszug Kunert. Wesentlicher Bestandteil der Corporate Identity des Unternehmens ist die Farbe Kupfer. 2006 wurde der Verpackungsauftritt von Kunert vereinheitlicht. Eine bekannte Werbeträgerin der Marke war 1956 die ehemalige Kaiserin Soraya. Vertrieben wird Kunert weltweit über Vertriebspartner und eigene Niederlassungen. Zur Kunert AG gehören - neben der Marke Hudson mit Beinbekleidung - auch das Beinbekleidungs- und Fashion-Label →*Burlington*. Das Unternehmen beschäftigt weltweit mehr als 1.140 Mitarbeiter und erzielt einen Jahresumsatz von 94 Mio. Euro.

DATEN UND FAKTEN

Markenname: Kunert, Familienname, Nachname der Unternehmensgründerin

Gründerin: Maria Kunert, 1907, Warnsdorf/ Böhmen

Innovationen: Kunert Fly&Care

Jahresumsatz: 20 Mio. Euro (Marke Kunert)

UNTERNEHMEN

Kunert AG
Julius-Kunert-Str. 49
87509 Immenstadt
(0 83 23) 12-0
(0 83 23) 12-3 89
www.kunert-group.de

KURTZ

Die Kurtz Gruppe bietet unter der Industriegütermarke Kurtz Lösungen im Sondermaschinenbau und ein Zulieferspektrum von Guss- und Blechteilen. Das Sortiment umfasst neben Maschinen und Gesamtanlagen

Kukident

Kukident bietet alles für die Dritten.

KUNERT

Kunert steht für klassische Eleganz und Stilempfinden.

KURTZ®

Die drei Kreise im Logo von Kurtz verweisen auf die rationelle Professionalität in der Verarbeitung der Werkstoffe.

auch das komplette Engineering zur Verarbeitung von Parikelschaumstoffen, Gießereimaschinen, Gussteilen und Feinblechtechnologien. Ein umfassender Service rundet das Angebot ab. Gegründet wurde das Unternehmen bereits 1779. Heute ist Kurtz in den Händen der Brüder Rainer, Bernhard und Walter Kurtz. Am Hauptsitz in Bayern und weiteren Standorten in Baden-Württemberg, sowie Niederlassungen in den USA und Asien sorgen aktuell 900 Miterbeiter für einen Markenumsatz von 120 Mio. Euro pro Jahr. Die Produkte wenden sich weltweit an Maschinenbauunternehmen und Verarbeiter von Schaumstoffen in der Verpackungs- und Bauindustrie. Die Marktführerschaft in der Herstellung von Maschinen zur Verarbeitung von Partikelschaumstoffen begründet den hohen Bekanntheitsgrad in der Branche. Die hohe Reputation pflegt man in der Produktkommunikation durch Auftritte auf diversen Messen im In- und Ausland und auf eigenen Hausmessen. Unter dem Slogan „Kurtz – Wir bringen Ideen in Form" greift man die Produktionstätigkeiten direkt auf. Das Markenzeichen besteht aus drei Kreisen unterlegt von einem Unterstrich und der Wortmarke in schlichten Majuskeln. Die geometrischen Formen sind in den gedeckten Farben Grau, Dunkelblau und Hellblau gehalten und verweisen auf die rationelle Professionalität in der Verarbeitung der Werkstoffe.

UNTERNEHMEN

Kurtz Holding GmbH & Co.
Frankenstr. 2
97892 Kreuzwertheim
✆ (0 93 42) 8 07-0
🖷 (0 93 42) 8 07-4 04
🖳 www.kurtz.de

KUSCH+CO

kusch+co

Neuauflage der Liege *TV-relax* (Mitte), Designer Luigi Colani im Kreise der Familie Kusch (unten)

Die Industriegütermarke Kusch+Co steht für designorientierte, hochwertige Sitzmöbel und Tische für Objekteinrichtungen im Premiumsegment. Der Markenname setzt sich zusammen aus dem Familiennamen des Gründers Ernst Kusch sowie der Abkürzung „Co" für die Gemeinschaft aller, die zum Unternehmenserfolg beitragen, wie z. B. Geschäftspartner, Mitarbeiter und Designer. Das Produktportfolio des Unternehmens deckt Bereiche wie Warten und Empfang, Büro oder Wohnen und Pflegen ab. Zielgruppe sind Architekten, Planer und Bauherren von Objektbauten sowie Einkäufer. Die Marke zeichnet sich durch einen hohen Gebrauchsnutzen aus. Kusch+Co fertigt ausschließlich in Deutschland, Holzmöbel werden aus heimischen Hölzern hergestellt. Aktuell produziert Kusch+Co etwa 250.000 Sitzmöbel und Tische pro Jahr. Das Unternehmen legt großen Wert auf die Zusammenarbeit mit renommierten Gestaltern, wie z. B. Jorge Pensi, Justus Kolberg oder Prof. Jorgen Kastholm. Unterstrichen wird dies durch das 1998 von Prof. Uwe Loesch entworfene Logo. Es besteht aus dem Firmennamen in schlichten roten Minuskeln der Schrift *Univers*, wobei das Pluszeichen stark herausgehoben ist. Dieses grafische Markenzeichen ist seitdem ein entscheidendes Merkmal des Corporate Designs. Mit einer Neuauflage der von Prof. Luigi Colani 1968 für Kusch+Co entworfenen Liege *TV-relax* wurde der Designer im Jahr 2006 erneut zum prominenten Aushängeschild des Unternehmens. Kusch+Co gehört zur Führungsgruppe der Objektsitzmöbelhersteller und hält internat. eine Spitzenposition bei der Einrichtung von Wartezonen für Flughäfen. Das Unternehmen Kusch+Co Sitzmöbelwerke GmbH & Co KG wurde 1939 von Ernst Kusch, damals noch unter dem Namen *Sauerland Stabil*, gegründet. Sitz des Familienbetriebs ist Hallenberg. Der Möbelhersteller beschäftigt heute 400 Mitarbeiter und macht einen Jahresumsatz von ca. 45 Mio. Euro.

Kusch+Co steht für qualitativ hochwertige Einrichtungskonzepte in Büro und Objekt.

DATEN UND FAKTEN

Markenname: Kusch+Co, Familienname des Gründers Ernst **Kusch** und **Co** für den Beitrag von Geschäftspartnern, Mitarbeitern, Designern etc.

Gründer: Ernst Kusch, 1939, Hallenberg

Markenregistrierung: 30. 07. 1999, DPMA München

Innovationen: Liege *TV-relax* (1968), *kuschmed ® Hygienic-Line* (2007)

Werbespendings: ca. 1,2 Mio. Euro

Auszeichnungen:
„red dot award: product design"
Bundespreis „Gute Form"

„iF product design award"
„Internationaler Designpreis" des Landes Baden-Württemberg

UNTERNEHMEN

Kusch+Co Sitzmöbelwerke GmbH & Co KG

Hauptsitz: Hallenberg, Deutschland

Geschäftsführung: Ricarda Kusch, Dieter Kusch, Michael Knipschild

Gesamtumsatz: ca. 45 Mio. Euro

Vertrieb: weltweit über Vertriebspartner, Lizenzpartner sowie eigene Standorte

KONTAKT

Kusch+Co Sitzmöbelwerke GmbH & Co KG
Grundringhausen 5
59969 Hallenberg
✆ (0 29 84) 3 00-0
🖷 (0 29 84) 3 00-41 00
💻 www.kusch.com

Ansprechpartner Presse & Marketing:
Tommy Rube
✆ (0 29 84) 3 00-3 89
✉ t.rube@kusch.de

Lead-Agentur:
Filusch & Fiore Werbeagentur GmbH
www.filusch-fiore.de

MEILENSTEINE

1939 Gründung des Unternehmens Sauerland Stabil durch Ernst Kusch, Fertigung erster Holzstühle

1968 Entwicklung verschiedener Modelle durch Luigi Colani, u. a. die Liege *TV-relax*

1984 Prämierung des *Soley 2750* (Design Valdimar Hardarson) zum Möbel des Jahres

1989 Entscheidung des Deutschen Bundestags für das Programm *7300* (Design Prof. Jorgen Kastholm)

2002 Auch unter der Kuppel des neuen Reichstags sitzen die Parlamentarier an Tischen von Kusch+Co.

2006 Übernahme der Geschäftsführung in der dritten Generation durch Ricarda Kusch

L

LA PERLA

Defilee beim La Perla Prêt-à-porter Herbst/Winter 2007 – Moda Milano Februar 2007 (Mitte), *La Perla Limited Edition* Herbst/Winter 2007 (unten).

LA PERLA

Die internat. aufgestellte Luxusmarke La Perla steht für exkl. Dessous und Beachwear aus Italien. Das gleichnamige Unternehmen wurde 1954 in Bologna von Ada Masotti gegründet. Ihr Sohn Alberto machte La Perla zu einem weltweit führenden Brand. Der Name La Perla (dt. die Perle) wurde unter Bezugnahme auf die Perle als Schmuckstück und die Muschel als ein Symbol für Perfektion, Eleganz und Natürlichkeit gewählt. Unter Berücksichtigung dieser Werte kreiert das Unternehmen heute nicht nur Dessous und Beachwear, sondern auch Damen- und Herrenoberbekleidung, Legwear, Schuhe, Accessoires und Parfüms. Die Vision der Firmengründerin, Dessous in der Welt der luxuriösen Fashion-Accessoires zu sehen, ist bis heute die Grundlage einer Mission, bei der die Entwicklung optimaler Passformen eine ebenso wichtige Rolle spielt wie die Ästhetik. Der 1984 eingeführte BH *Sculpture* hat aufgrund seiner Passform Geschichte geschrieben und erschien 2007 anlässlich des 100-jährigen Jubiläums des BHs als Neuauflage. La Perla richtet sich insbesondere mit Printkampagnen an modebewusste und selbstsichere Frauen zwischen 25 und 50 Jahren, für die der Kauf ästhetischer Wäsche Understatement bedeutet.

Das aktuelle La Perla Kampagnenmotiv des Modefotografen Vincent Peters zeigt die *La Perla Corsetteria H/W 07*.

Verwendet werden ausschließlich exkl. Materialien wie hochwertige Seiden, Spitzen und Mikrofasern. Das aktuelle Markenlogo wurde in den 1980er-Jahren von einem Designer aus Mailand entworfen. Der geradlinige und elegante Schriftzug sorgt für eine klare Lesbarkeit und sofortige Erkennbarkeit der Marke. Der Anspruch an Hochwertigkeit und Exklusivität spiegelt sich auch im Verpackungsdesign von La Perla wider. Unterschiedlich große Schachteln, Shopper und Beutel aus verschiedenen Materialien bieten den Produkten Schutz und machen auf einen kostbaren Inhalt aufmerksam. In der weltweit geschalteten Printwerbung setzt La Perla auf Fotokampagnen mit internat. renommierten Fotografen und Models, die die Aspekte Verführung und Luxus optisch und emotional interpretieren. 2001 eröffnete das Unternehmen La Perla, dessen Stammsitz nach wie vor Bologna ist, in Mailand einen Showroom. Für den Vertrieb seiner Marken hat La Perla eine Kette sowohl eigener als auch im Franchising geführter Boutiquen in den wichtigsten Metropolen der Welt gegründet. Zudem arbeitet La Perla weltweit mit Tochterfilialen und Alleinimporteuren zusammen und ist in ausgewählten Boutiquen und Luxuskaufhäusern vertreten.

DATEN UND FAKTEN

Markenname: La Perla, ital. für die Perle

Slogan: „Die Berufung, Schönheit zu kreieren" (2004)

Gründer: Ada Masotti, 1954, Bologna/Italien

Innovationen: BH *Sculpture* (1984), Neuedition *Sculpture* (2007)

UNTERNEHMEN

Gruppo La Perla Deutschland GmbH

Hauptsitz: Bologna, Italien

Geschäftsführer: Henry Schmidt

Weitere Marken: Malizia by La Perla, Joelle, Anna Club, Oceano, Grigio Perla Wäsche & Haka, La Perla Baby

Vertrieb: internat. über eigene Boutiquen und Alleinimporteure

KONTAKT

Gruppo La Perla Deutschland GmbH
Cecilienallee 68
40474 Düsseldorf

SCHON GEWUSST?

La Perla zeigt seit jeher ein besonderes Interesse an kulturellen Initiativen zur Erkundung des weiblichen Universums. Deshalb initiiert und beteiligt sich das Unternehmen an zahlreichen Kulturevents in aller Welt zu verschiedenen frauenbezogenen Themen. Die Palette reicht vom Sponsoring des New York Film Festival über Theaterkooperationen bis hin zu Kunstausstellungen.

✆ (02 11) 5 83 45-0
🖷 (02 11) 5 83 45-1 99
💻 www.laperla.com

Ansprechpartner Presse & Kommunikation:
Anna Platz
✉ a.platz@laperla.de

Ansprechpartner Marketing:
Henry Schmidt
✆ (02 11) 5 83 45-0
🖷 (02 11) 5 83 45-1 99
✉ h.schmidt@laperla.de

LA PRAIRIE

Die Kosmetikmarke La Prairie steht für hohen Anspruch an Qualität, Luxus und Wissenschaft in der Hautpflege. Die Marke und das zugehörige Unternehmen, die Laboratoires La Prairie, gingen im Jahr 1982 aus der gleichnamigen Klinik in Montreux, Schweiz, hervor. Das Produktportfolio von La Prairie richtet sich an alle, die etwas gegen den vorzeitigen Alterungsprozess ihrer Haut unternehmen und sich vor negativen Umwelteinflüssen schützen möchten. Basis der Hautpflege ist der exkl. Cellular Complex – ein biotechnologischer Zellkomplex, der ausschließlich in den La Prairie Produkten eingesetzt wird. Er entspricht dem natürlichen Aufbau der Haut, aktiviert die natürlichen Hautfunktionen und setzt neue Energien frei. Neueste Entwicklung von La Prairie ist das *Cellular Radiance Concentrate Pure Gold*. Die neue Dimension der Anti-Aging Hautpflege macht sich die Ausstrahlung von 24 karätigem Gold zunutze. Neben einem persönlichen Beratungsservice bietet La Prairie seinen Kunden unter dem Titel *The Art of Beauty* Schönheitsbehandlungen in 5-Sterne-Hotels, Kosmetikinstituten und Parfümerien an. Die Behandlungen werden auf den Hautzustand und Bedürfnisse der Kunden abgestimmt. Der Anspruch des Unternehmens spiegelt sich in der Optik der Produkte wider. Die Marke präsentiert sich in edlem Silber. Das Markenzeichen zeigt den La Prairie Schriftzug mit dem Zusatz „Switzerland" in Großbuchstaben unter dem hinteren Teil des Markennamens. La Prairie Produkte werden als selektive Depotkosmetik im High-Class-Segment in ausgewählten Fachhandelsparfümerien und Kosmetikinstituten vertrieben. *The Art of Beauty* Behandlungen kann man weltweit buchen. Seit 1991 ist La Prairie eine 100 %ige Tochtergesellschaft des Beiersdorf-Konzerns.

UNTERNEHMEN

La Prairie GmbH
Blütenfeldplatz
76532 Baden-Baden
✆ (0 72 21) 6 83-0
🖷 (0 72 21) 6 83-4 40
💻 www.laprairie.com

Die Anti-Aging-Produkte von La Prairie helfen, dem vorzeitigen Hautalterungsprozess entgegenzuwirken.

LABELLO

Labello ist eine Kernmarke der Beiersdorf AG. Der Lippenpflegestift wurde 1907 unter dem Namen Lippenpomade erstmalig verkauft. Vorläufer waren dermatologische Salbenstifte mit Arzneimitteln und einer fetthaltigen Grundmasse. 1909 erhielt der Lippenpflegestift den bis heute beibehaltenen Namen Labello. Die damals neuartige Schiebehülse aus Zinn wurde 1907 als gängige Verpackung eingeführt und in den 1920er-Jahren durch das preisgünstigere Aluminium ersetzt. 1954 kam die Kunststoffschiebehülse auf. Eine weitere Verbesserung war die 1963 erfundene Drehhülse aus Kunststoff. Als Reaktion auf steigende Verbraucheransprüche brachte Beiersdorf 1971 die Zweitmarke Liposan heraus, die neben Vitaminen entzündungshemmendes Panthenol und Lichtschutzmittel enthielt. Die charakteristische blaue Labello-Verpackung erschien 1973. Lichtschutzfilter und entzündungshemmende Wirkstoffe als Zusatz kamen 1978 mit dem *Labello Med* auf den Markt. Der *Labello Sonne* (1979) hatte bereits einen UV-Filter, der ab 1982 mit dem Lichtschutzfaktor 12 ausgestattet war. Die Produktpalette erweiterte sich 1984 um den *Labello Kamille*, 1985 um den *Labello rosé* und 1989 um den *Labello Sport*. Dieser enthielt eine neue Wachs-Öl-Kombination für eine sportliche und aktive Zielgruppe. Ab 1992 optimierten neue Wirkstoffe wie Jojoba-Öl, Vitamine, Lipid-Wirkkomplexe und unterschiedliche, dem Zeitgeist angepasste Geschmacks- und Farbrichtungen das kontinuierlich erweiterte Angebot von Labello. Jüngste Innovation ist der *Labello Lip Effect Q 10 Plus*: Dieser Pflegestift reduziert feine Linien bzw. erste Zeichen der Hautalterung und unterstützt das natürliche Volumen der Lippen. Das Firmenlogo und der Schriftzug veränderten sich bis 1973 mehrmals. Der 1973 eingeführte blaue Klassiker mit der abgerundeten weißen Schrift konnte sein Erscheinungsbild bis heute erhalten und sich durchsetzen. Die Ursprünge der Beiersdorf AG reichen bis in das Jahr 1882 zurück, als der Apotheker Paul C. Beiersdorf das Un-

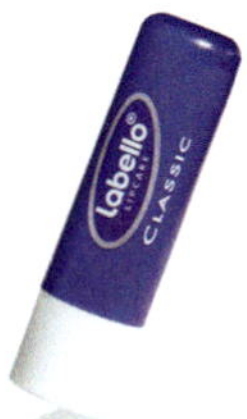

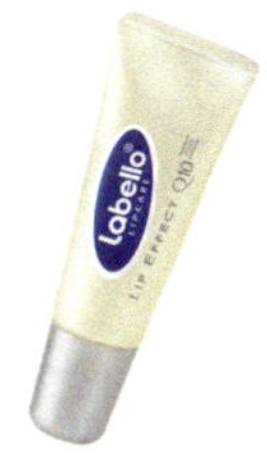

Labello Classic (Mitte) und *Labello Lip Effect Q 10 Plus* (unten)

ternehmen gründete. Neben Labello führt die Beiersdorf AG bekannte Marken wie →8x4, →atrix, →Eucerin, →Hansaplast, →Hidrofugal, →NIVEA und →tesa in ihrem Portfolio.

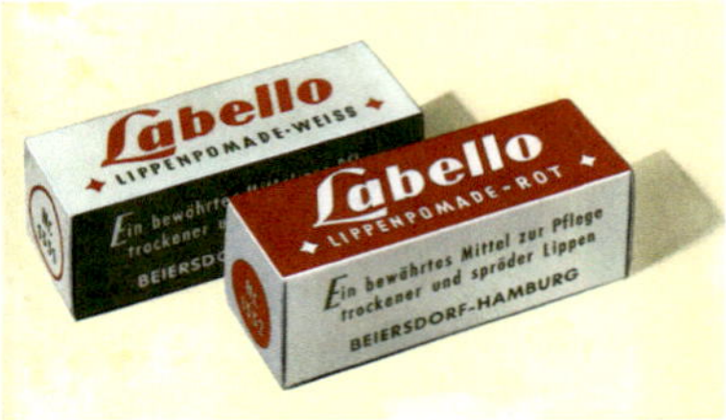

Seit 1909 wird der Markenname Labello verwendet. Hier eine hist. Verpackung für die *Labello Lippenpomade*

DATEN UND FAKTEN

Markenname: Labello, Kunstwort, abgeleitet von lat. labium (= Lippe) und bellus (= schön)

Slogan: „Keiner küsst besser"

Erfinder: Dr. Oscar Troplowitz, 1909

Markenregistrierung: 1909, Kaiserliches Patentamt Berlin

Innovationen: Liposan (1971), *Labello Med* (1978), *Labello Sonne* (1979), *Labello Kamille* (1984), *Labello rosé* (1985), *Labello Sport* (1989), *Labello Lip Effect Q 10 Plus* (2006)

Markenbekanntheit: 75,2 % gest. (Stern Markenprofile 11 Intermedia, 2005)

Auszeichnungen:
„Beauty Preis BRAVO GIRL" für *Labello CareGloss & Shine* (2006)
„Produkt des Jahres Lebensmittel Praxis" für *Labello SOS Lip Balm* (2006) und für *Labello Lip Effect Q 10 Plus* (2007)

Markenwebsite: www.labello.de

UNTERNEHMEN

Beiersdorf AG

Hauptsitz: Hamburg, Deutschland

Vorstand: Thomas-B. Quaas

Weitere Marken: NIVEA, 8x4, Eucerin, Hansaplast, atrix

Gesamtumsatz: 5.120 Mio. Euro (2006)

Vertrieb: weltweit

SCHON GEWUSST?

- Bereits 1886 entwickelte Paul C. Beiersdorf auf Anraten des Dermatologen Prof. Paul Gerson Unna Salben- und Pastenstifte zur Lippenpflege.
- Die fortschrittliche Schiebehülse zur Verpackung der Lippenpflege wurde seit 1907 von Beiersdorf angeboten.

KONTAKT

Beiersdorf AG
Unnastr. 48
20245 Hamburg
(0 40) 49 09-0
(0 40) 49 09-34 34
www.beiersdorf.de

Ansprechpartner Presse:
Claudia Fasse
(0 40) 49 09-0
info@beiersdorf.com

Dr. Peter Theiss, Geschäftsführer der Dr. Theiss Naturwaren GmbH

LACALUT

Die medizinischen Zahnpflegeprodukte der Marke Lacalut sorgen für festes und straffes Zahnfleisch. Entwickelt wurde Lacalut im Jahr 1925 von dem Arzneimittelhersteller C. H. Boehringer Sohn in Ingelheim, mittlerweile wird Lacalut von der Dr. Theiss Naturwaren GmbH vertrieben. Die Marke richtet sich an zahnpflegebewusste Menschen ab 40 Jahren. Ab diesem Alter lässt die Spannkraft des Zahnfleisches nach. Die Wirksamkeit der Wirkstoffkombination von Lacalut wurde durch verschiedene medizinische Studien belegt. Als Innovator zeigte sich das Unternehmen, als es mit *Lacalut Zahnpflegekaudragees* erstmals Kaugummis auf dem dt. Markt einführte, die eine positive Wirkung auf Zähne und Zahnfleisch entfalten. Der Markenname Lacalut ist ein Kunstwort, das sich aus Aluminiumlactat ableitet, einem Hauptwirkstoffe der medizinischen Zahncreme. Das Logo besteht aus dem in rot gehaltenen Versalien gesetzten Markennamen, ein hellroter Balken sorgt als Unterstrich für zusätzliche Aufmerksamkeit. Geworben wird aktuell mit dem Slogan „Lacalut aktiv – Wirkung, die man sofort spürt!" Frühere Slogans lauteten im Jahr 1962 „Schützt Zahnfleisch und Zähne vor dem Zahn der Zeit" oder 1965 „Tut den Zähnen gut – tut dem Zahnfleisch gut – Lacalut!" Bekanntestes Testimonial der Marke war der Schauspieler Klausjürgen Wussow, der dazu beitrug, in der Außenkommunikation den Ruf von Lacalut als Premium-Produkt zu festigen. Seit den 1980er-Jahren befindet sich die Marke auf Expansionskurs. Heute sorgen 30 Gesellschaften auf fünf Kontinenten für die weltweite Distribution von Lacalut, das in über 50 Ländern markenrechtlich geschützt ist. Jährlich werden rund 50 Mio. Packungen der medizinischen Zahnpflege verkauft. Das herstellende Unternehmen Dr. Theiss Naturwaren GmbH überwacht die Lacalut-Produkte ständig und passt sie neuesten Entwicklungen und Forschungsergebnissen an.

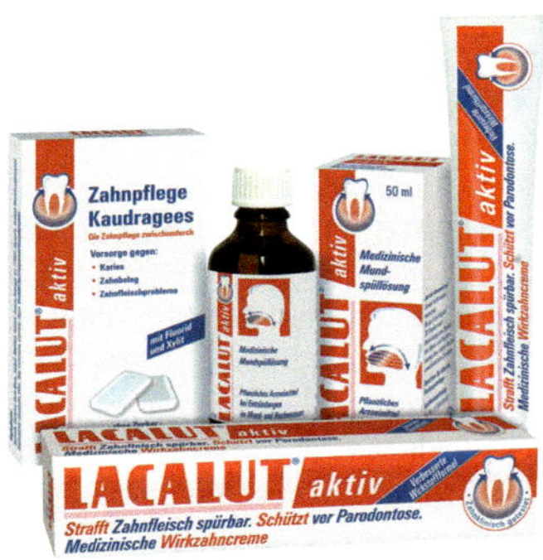

Das Produktsortiment von Lacalut dient der medizinischen Zahnpflege mit besonderem Schwerpunkt auf der Stärkung und Straffung des Zahnfleisches.

DATEN UND FAKTEN

Markenname: Lacalut, Kunstwort, abgeleitet von Aluminiumlactat, einer der Hauptwirkstoffe

Slogan: „Lacalut aktiv – Wirkung, die man sofort spürt!" (2006)

Erfinder: C. H. Boehringer Sohn, Ingelheim, 1925

Markenregistrierung: 1928, Reichspatentamt Berlin

Jahresabsatz: ca. 50 Mio. Packungen

Markenwebsite: www.lacalut.de

UNTERNEHMEN

Dr. Theiss Naturwaren GmbH

Hauptsitz: Homburg, Deutschland

Geschäftsführung: Dr. Peter Theiss, Giuseppe Nardi

Weitere Marken: → Allgäuer Latschenkiefer, Medipharma Cosmetics

Mitarbeiter: 1.000 weltweit, 230 am Standort Homburg

Vertrieb: weltweit über 30 Gesellschaften

KONTAKT

Dr. Theiss Naturwaren GmbH
Michelinstr. 10
66424 Homburg
✆ (0 68 41) 7 09–0
🖷 (0 68 41) 7 09–2 65
www.naturwaren-theiss.de

Ansprechpartner Marketing:
Jens Friedrich
✆ (0 68 41) 7 09–5 61
✉ friedrich.j@naturwaren-theiss.de

MEILENSTEINE

1974 Dr. Peter Theiss wird Herstellungsleiter bei der Firma Jakunda in Planegg.

1976 Von seinem Vater übernimmt Theiss die Markt-Apotheke in Homburg. Er widmet sich intensiv den Studien alternativer Heilmethoden.

1978 Die Dr. Theiss Naturwaren GmbH wird gegründet, der Namensgeber wird Geschäftsführer.

1980 Fokussierung auf osteuropäische Länder. Über den Vertriebskanal Apotheke ist Lacalut in Russland heute mit einem Marktanteil von 53 % Marktführer (lt. eigenen Angaben).

LACOSTE

LACOSTE

Eines der bekanntesten Logos der Welt: das Krokodil von Lacoste

Der franz. Tennischampion René Lacoste revolutionierte 1927 die Kleiderordnung der damaligen Tenniswelt, indem er ein Tennishemd aus speziell entwickeltem Rippenstoff zu seinem Markenzeichen machte. Gemeinsam mit André Giller, Eigentümer und Geschäftsführer des damals größten franz. Wirk- und Strickwarenherstellers, gründete er 1933 in Frankreich das Bekleidungsunternehmen Lacoste zur Massenproduktion des sog. Polohemdes. Markenzeichen der Hemden von Lacoste war von Beginn an ein grünes Krokodil. Die früher in Dunkelgrün gestaltete Wortmarke wird heute in schwarzen Versalien dargestellt. Robert George, ein Freund von René Lacoste, hatte das charakteristische Krokodil bereits im Jahr 1927 für den Tennisspieler gezeichnet. René Lacoste hatte eine Wette mit dem Kapitän der franz.

Mannschaft im Davis Cup abgeschlossen und gewann durch seinen Sieg einen Koffer aus Krokodilleder. Daraufhin gab ihm die amerikanische Presse den Spitznamen „Das Krokodil". Bis heute werden alle Produkte von Lacoste, u.a. Kleidung, Schuhe, Parfüm, Lederwaren, Brillen und Accessoires, mit dem Zeichen versehen, um sie vor Nachahmungen zu schützen. Lacoste hat sich inzwischen zu einer gern kopierten Premiummarke entwickelt und wird in rund 110 Ländern verkauft. Sie wirbt mit dem aktuellen Slogan „Un peu d'air terre". Geschäftsführer der Lacoste S. A. mit Stammsitz in Paris ist Michel Lacoste, der auch heute noch die Werte und Visionen seines Vaters vertritt. Die Lifestylemarke wird weltweit über Vertriebspartner verkauft und verzeichnete 2007 einen Umsatz von ca. 1,475 Mrd. Euro.

UNTERNEHMEN

Lacoste S. A.
8 rue de Castiglione
F-75001 Paris
Frankreich
+33 1 44 58 12 12
www.lacoste.com

LADIVAL

Ladival
Dermatologischer Sonnenschutz für jede Haut

Sonnenschutzmittel von Ladival gibt es auch speziell für die empfindliche Kinderhaut.

Die Konsumgütermarke Ladival bietet individuellen Sonnenschutz für verschiedene Hauttypen. Ursprünglich wurde die Marke entwickelt, um Sonnenschutz für allergische Haut anzubieten. Heute umfasst das Portfolio Produkte für alle Hauttypen sowie eine eigene Produktlinie für Kinder. Ladival wird in Deutschland ausschließlich in Apotheken verkauft und ist in diesem Vertriebskanal nach Angaben des Herstellers STADA GmbH marktführend. 2006 erzielte STADA mit Ladival einen Umsatz in Höhe von 17,8 Mio. Euro. Durch kontinuierliche Innovationen und Rezepturverbesserungen soll sich die Marke vom Wettbewerb abheben. Neuste Produkte sind Cremes und Sprays mit einem Infrarot-A Schutzkomplex gegen Hautalterung und die Produktlinie Ladival Regeneration mit dem Algenenzym Photolyase, das die Hautregeneration fördert. Das Ladival-Logo besteht aus dem Markennamen in Blau (Pantone Reflexblue) und einem nach rechts schmaler werdenden Unterstrich in Gelb (Pantone 116). Im Jahr 2006 führte das Produktmanagement von STADA einen Verpackungsrelaunch durch, bei dem die Etiketten neu gestaltet wurden. Seit jeher gleich und charakteristisch für Ladival-Sonnenschutz-

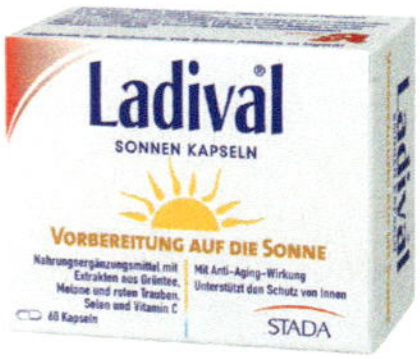

Zum Portfolio von Ladival gehören auch die „Sonnen Kapseln".

mittel sind hingegen die Flaschen in Weiß mit gelbem Deckel. In Abgrenzung dazu sind die Produkte für die Hautpflege nach dem Sonnenbad in den Farben Weiß und Blau gehalten. Aktuell wird die Marke Ladival mit dem Slogan „Dermatologischer Sonnenschutz für jede Haut aus Ihrer Apotheke" beworben. Die STADA GmbH ist eine Tochtergesellschaft der STADA AG, einem der führenden dt. Generika-Hersteller. Weitere Markenprodukte im Portfolio des Arzneimittelherstellers sind u.a. Grippostad und Mobilat. Die STADA AG erzielte 2006 mit weltweit knapp 5.500 Mitarbeitern einen Umsatz in Höhe von rund 1,25 Mrd. Euro.

DATEN UND FAKTEN

Markenname: Ladival, Kunstname

Slogan: „Dermatologischer Sonnenschutz für jede Haut"

Markenregistrierung: 13.09.1955, DPMA München

Innovationen: Infrarot-A Schutz und Regeneration mit dem Algenenzym Photolyase

Markenwebsite: www.ladival.de

UNTERNEHMEN

STADA GmbH

Hauptsitz: Bad Vilbel, Deutschland

Geschäftsführung: Peter Majer, Dr. Hans-Martin Schwarm

Weitere Marken: → Mobilat, → Grippostad, Magnetrans, Curazink, Hoggar, Multilind, Kamistad

Gesamtumsatz: 1,245 Mrd. Euro (Stada AG, 2006)

Vertrieb: in Deutschland ausschließlich über Apotheken und pharmazeutischer Großhandel

KONTAKT

STADA GmbH
Stadastr. 2–18
61118 Bad Vilbel
✆ (0 61 01) 6 03–0
Fax (0 61 01) 6 03–3 16
www.stada.de

Ansprechpartner Presse:
Hannes Fischer
✆ (0 61 01) 6 03–2 06
✉ hannes.fischer@stada.de

Ansprechpartner Marketing:
Nicole Claßen
✆ (0 61 01) 6 03–59 81
✉ nicole.classen@stada.de

SCHON GEWUSST?

- Hautalterung wird nach Erkenntnissen der Heinrich-Heine-Universität in Düsseldorf auch durch Infrarot-A-Strahlung ausgelöst. Vor ihr schützen sog. Antioxidantien wie Karotinoide und Vitamine, die in den neuen Ladival-Produkten kombiniert wurden.
- Blaualgen, die dicht unter der Wasseroberfläche zu finden sind, produzieren zum Schutz vor der Sonneneinstrahlung das Enzym Photolyase. Von STADA wird das Enzym so aufbereitet, dass es von der menschlichen Haut aufgenommen werden kann. Zur Anwendung kommt es in der Produktlinie *Ladival Regeneration*.

LAMBERTZ

Die Süßwarenmarke Lambertz steht für eine große Auswahl an qualitativ hochwertigen Gebäcken. Sie zählt zu den ältesten Marken der dt. Wirtschaftsgeschichte. Die Produktpalette reicht von Printen, Spekulatius und Dominosteinen über Jahresartikel wie Gebäckmischungen und Kleinkuchen bis hin zum Vital-Gebäck. Viele Mischungen sind auch in wieder verwertbaren Metalldosen mit Sammlercharakter erhältlich. Gegründet hat Henry Lambertz die Marke vor weit über 300 Jahren: Er eröffnete ein Gebäckhaus am Aachener Markt. Der Bäckermeister spezialisierte sich auf Printen. Ursprünglich verstand man darunter kunstvolle Gebäckformen, bei denen es mehr um ihre Gestalt als ihren Geschmack ging. Die Erfindung der Kräuterprinte durch Henry Lambertz IV änderte das grundlegend. Später entstanden Schokoladenprinten, die dazu beitrugen, dass Lambertz zum Hoflieferanten der Könige von Preußen und Belgien wurde. Eine weitere Innovation der Familie war die Erfindung der Saftprinte. Die Bezeichnung ist patentrechtlich geschützt. Das Warenzeichen des Hauses Lambertz ist die Sonne. Sie erinnert an das 1688 von Lambertz bezogene Gebäude, das Haus der Sonne genannt wurde. Vertrieben werden die Produkte von der →Henry Lambertz GmbH & Co. KG. Die Marke Lambertz ist das Herz der Lambertz Gruppe und hat mit 307,2 Mio. Euro den größten Umsatzanteil im Bereich der Unternehmensgruppe. Tochterunternehmen des Stammhauses sind der Kuchen- und Schokoladenhersteller Heemann in Ladbergen sowie die Feinbäckerei Otten in Erkelenz. Bekannter Inhaber der Lambertz-Gruppe ist Dr. Hermann Bühlbecker.

Lambertz: Eines der ältesten Warenzeichen in Deutschland.

DATEN UND FAKTEN

Markenname: Lambertz, abgeleitet vom Familiennamen des Gründers

Slogan: „Traditionen pflegen – Innovation leben!"

Gründer: Henry Lambertz, 1688, Aachen

Markenregistrierung: 15. 12. 1896, Kaiserliches Patentamt Berlin

Innovationen: kalorienreduzierte Gebäckmischung

Jahresumsatz: 307,2 Mio. Euro (2005/06)

UNTERNEHMEN

Aachener Printen- und Schokoladenfabrik Henry Lambertz GmbH & Co. KG
Borcherstr. 18
52072 Aachen
✆ (02 41) 89 05–0
✉ info@lambertz.de
www.lambertz.de

LAMISIL

„Lamisil – macht dem Fußpilz Beine" – mit diesem Slogan wirbt der Pharmakonzern Novartis für seine Marke Lamisil gegen Fußpilzerkrankungen. Aktuell hat der Konzern den Werbeauftritt auf das neueste Produkt zugeschnitten: „Lamisil *Once* – und schon bald sind Sie wieder hautnah dabei." Lamisil Once verspricht Patienten, dass sie das Produkt nur einmal anwenden müssen, um eine Fußpilzerkrankung zu behandeln. Das Lamisil-Portfolio von Novartis Consumer Health richtet sich hauptsächlich an Männer und Frauen ab 18 Jahren, die unter Fußpilz leiden. Es besteht neben *Once* aus der Lamisil *Creme*,

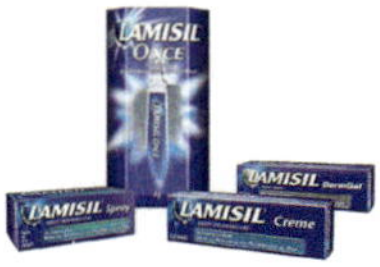

Lamisil bietet verschiedene Produkte zur Behandlung von Fußpilz an, die in Deutschland rezeptfrei in Apotheken erhältlich sind.

dem *Spray* und dem *DermGel*, das pflegt wie eine Creme und kühlt wie ein Gel. Die Marke Lamisil und der zu Grunde liegende Wirkstoff Terbinafin wurden von den Novartis Institutes for BioMedical Research in Österreich entwickelt. Im Jahr 2006 machte der Pharmakonzern Novartis mit Lamisil einen Umsatz von 16,7 Mio. Euro. In Deutschland hat die Marke einen Anteil von ca. 6% am Gesamtumsatz der Novartis Consumer Health GmbH. Lamisil ist lt. Marktforschungsinstitut IMS Health Marktführer im Segment topischer Antimykotika, also äußerlich anwendbarer Pilzmittel (August 2007). Der Markenname ist ein Kunstwort. Das Logo nutzt eine dunkelblaue Sonderfarbe auf der der Markenname in weißen Versalien gesetzt ist. Hinter dem ersten Buchstaben des Markennamens ist ein stilisiertes, von gleißendem Licht umgebenes blaues Schild zu sehen. Lamisil wird weltweit in 140 Ländern von der Pharmaunternehmensgruppe Novartis über eigene Niederlassungen vertrieben.

DATEN UND FAKTEN

Markenname: Lamisil, Kunstwort

Slogan: „Lamisil Once – und Sie sind wieder hautnah dabei" (2007)

Markenregistrierung: 30. 11. 1962, DPMA München

Innovationen: Lamisil *Once (*2006)

Werbespendings: 6,4 Mio. Euro (GPI OTC Mix, 2006)

Markenwebsite: www.lamisil.de

UNTERNEHMEN

Novartis Consumer Health GmbH
Zielstattstr. 40
81379 München
(0 89) 78 77-0
(0 89) 78 77-3 70
www.novartis.de

LAMY

Benannt nach dem Firmengründer C. Josef Lamy

1930 gründete C. Josef Lamy in Heidelberg das gleichnamige Familienunternehmen. Seit 1952 gibt es die Marke Lamy, die sich zu Innovation, Qualität und modernem Design bekennt. Dies bringt das Unternehmen anhand seines Markenversprechens „Kein Design schreibt besser" deutlich zum Ausdruck. Die Technik-, Gestaltungs- und Gebrauchsqualität der Schreibgeräte macht sie zu begehrten Designobjekten. 1966 entwickelte man mit dem Bauhaus-Designer Gerd A. Müller das Schreibgeräteprogramm LAMY 2000. Diese ersten Produkte der Lamy Design-Ära stellten den Durchbruch für das Unternehmen dar. Die Entwicklung war ein maßgeblicher Schritt zu einem eigenständigen Produktprofil, das sich auch im gesamtheitlichen Unternehmensauftritt widerspiegelt. Eine Vielzahl von weiteren Produktlinien mit jeweils individueller Charakteristik, die von internat. tätigen Designern kreiert werden, erweitert die Angebotspalette. Lamy-Produkte erhielten zahlreiche Design-Auszeichnungen, darunter den „Good Design Award" (The Chicago Athenaeum), „red dot award" (Essen), „DesignPlus" (Frankfurt/Main), „iF„ (Hannover) sowie den „Designpreis der Bundesrepublik". Heute ist Lamy mit einer Jahresproduktion von ca. 6 Mio. Schreibgeräten und einem Umsatz von 50 Mio. Euro nach eigenen Angaben führend auf dem Schreibgerätemarkt in Deutschland. Außerdem ist das Unternehmen weltweit in über 60 Ländern vertreten. Mit knapp 400 Mitarbeitern entwickelt und produziert das Familienunternehmen alle seine Produkte im eigenen Werk in Heidelberg.

UNTERNEHMEN

C. Josef Lamy GmbH
Grenzhöfer Weg 32
69123 Heidelberg
(0 62 21) 8 43-0
(0 62 21) 8 43-1 32
www.lamy.de

LANCIA

Lancia-Automobile stehen für ital. Eleganz und Kultur. Das Unternehmen wirbt damit, starke, komfortable und kultivierte Autos zu bauen, die höchste Sicherheit und ein besonderes Fahrerlebnis jenseits vom Zeitgeist versprechen. Die Symbiose von Innovation und Tradition führt lt. Hersteller zum unverwechselbaren Lancia-Image. Vincenco Lancia gründete das Unternehmen 1906 in Turin. Der Firmengründung ging der Zusammenschluss von Turiner Geschäftsleuten zur Fabbrica Italiana Automobili Torino (→ FIAT) voraus, in der Vincenzo Lancia als Testfahrer und Chefinspektor arbeitete. 1922 wurde in dem Unternehmen das erste Auto mit selbsttragender Karosserie und Einzelradaufhängung entwickelt. 1950 gelang das Debüt des ersten Leichtmetall-V6-Motors. 1951 war der B 20 GT als erster Gran Turismo auch im Motorsport erfolgreich. Das Oberklassen-Modell Flaminia zählte zu den Design-Innovationen der 1950er-Jahre. Der Stratos dominierte als Ralleyfahrzeug die Wettbewerbe in den 1970er- und 1980er-Jahren. Bis zur Gegenwart verschreibt sich Lancia technischer Avantgarde. Neben Kompaktlimousinen gibt es seit 1985 das neue Segment des luxuriös-eleganten Sub-Kompaktwagens. Zzt. bietet Lancia die Modelle Ypsilon, Musa, Thesis und Phedra in unterschiedlichen Ausführungen an. Lancia gehört zur Fiat Group Automobiles Germany AG, die die Marken Alfa Romeo, Fiat, Lancia und Fiat Professional importiert. Der Nettoumsatz des Unternehmens liegt mit einem Marktanteil von 2,8 % bei ca. 1,5 Mrd. Euro jährlich.

UNTERNEHMEN

Fiat Group Automobiles Germany AG
Lancia
Hanauer Landstr. 174–176
60314 Frankfurt/Main
www.lancia.de

Lancia steht für ital. Eleganz.

LAND ROVER

Die internat. Automobilmarke Land Rover steht für Geländefahrzeuge brit. Herkunft und Stils. Der erste Land Rover, entwickelt von Ingenieur Maurice Fernand Cary Wilkins, kam im Jahr 1948 auf den Markt und war als landwirtschaftliches Nutzfahrzeug konzipiert. Neben Farmern wurden mit dem Produkt Behörden und Militäreinrichtungen angesprochen. Ziel war die Erlangung dringend benötigter Ausfuhrgewinne für den Automobilkonzern, da die brit. Regierung der Industrie nach dem 2. Weltkrieg wertvolle Rohstoffe nach der Höhe der Exporterlöse zuteilte. Durch eine erweiterte Produktpalette vergrößerte sich im Laufe der Jahre auch die Zielgruppe. Der 1970 erschienene Range Rover vereinte erstmals weltweit die Eigenschaften eines Geländewagens mit denen einer komfortablen Luxuskarosse. Seit 2005 wird mit der gleichnamigen Range Rover Sport-Variante ein noch dynamischeres Modell vertrieben. Mit dem Discovery (1986) und dem Freelander (1997) kamen schließlich zwei weitere Modelle auf den Markt, welche die Lücke zwischen spartanischer Rustikalität und Luxus schließen sollten. Land Rover-Automobile werden in mehr als 140 Ländern vertrieben (Exportquote: rund 77 %). Im Jahr 2006 verkaufte Land Rover 192.500 Fahrzeuge. Neben den Offroad-Fähigkeiten bieten die inzwischen zu Kultobjekten avancierten Allrad-Fahrzeuge ein modernes Design. Die Präsentation der Marke zielt wie ihr Claim „Go Beyond – Neue Horizonte entdecken" auf die Vermittlung von Begriffen wie Freiheit und Abenteuer. Das ovale, schnörkellose Logo zeigt auf dunkelgrünem Grund den zweizeilig angeordneten Markennamen. Es steht für robuste Stabilität und stellt durch die Farbe Grün und den damit assoziierten Naturgedanken eine Verbindung zum ursprünglichen Anwendungsbereich her. Seit 2000 gehört Land Rover zusammen mit den Marken Aston Martin (bis 2007), Jaguar und Volvo zur Premier Automotive Group (PAG) der Ford Motor Company. Das Unternehmen beschäftigt weltweit 12.500 Mitarbeiter, davon 11.000 in Großbritannien und 54 bei der dt. Land Rover-Tochter in Schwalbach im Taunus.

Land Rover produziert eine breite Palette an Nutz- und Luxusfahrzeugen.

DATEN UND FAKTEN

Markenname: Land Rover, engl., Land und Geländewagen

Slogan: „Go Beyond – Neue Horizonte entdecken"

Erfinder: Maurice Fernand Cary Wilks, 1948

Markenregistrierung: 14.02.1992, DPMA München

Innovationen: Hill Descent Control (HDC, 1997), Terrain Response™ (2004)

Auszeichnungen:
„1. Platz, Die Besten Autos", auto, motor & sport in der Kategorie Geländewagen (Importwertung) für *Range Rover/Range Rover Sport* (2007)

Literatur:
M. Pfannmüller u. Boris Schmidt: 1948 bis heute (2007)

UNTERNEHMEN

Land Rover

Hauptsitz: Gaydon, England

Jeffrey L. Scott (unten) verantwortet die Geschäfte von Land Rover in Deutschland.

MEILENSTEINE

1948 Der Land Rover Serie I erscheint.

1970 Debüt des Range Rover Serie I

1990 Der Land Rover wurde umbenannt in Defender. Land Rover wird zum Markennamen.

2000 Land Rover wurde von der Ford Motor Company übernommen und der Premier Automotive Group eingegliedert.

2001 Der dreimillionste Land Rover lief vom Band.

2006 Erfolgreichstes Verkaufsjahr der Unternehmensgeschichte

Geschäftsführer: Jeffrey L. Scott (Deutschland)

Weitere Marken: Range Rover, Range Rover Sport, Land Rover Discovery, Land Rover Freelander, Land Rover Defender

Vertrieb: in 140 Ländern (Exportquote: 77 %)

KONTAKT

Land Rover Deutschland GmbH
Am Kronberger Hang 2a
65824 Schwalbach/Ts.
✆ (0 61 96) 9 52 10
🖷 (0 61 96) 9 52 11 50
💻 www.landrover.de

Ansprechpartner Presse:
Andrea Leitner-Garnell
✆ (0 61 96) 95 21-1 62
🖷 (0 61 96) 95 21-1 46

Ansprechpartner Marketing:
Christian Uhrig
✆ (0 61 96) 95 21-3 07
🖷 (0 61 96) 95 21-4 33

Lead-Agentur:
Gramm Werbeagentur GmbH
💻 www.gramm.de

LANGE

A. LANGE & SÖHNE
GLASHÜTTE I/SA

Die Lange-Uhren der Neuzeit verbinden die Tradition der alten Lange-Taschenuhren mit höchsten uhrmacherischen Ansprüchen der Gegenwart.

Die Luxusuhrenmarke A. Lange & Söhne steht für klassisch-elegante, mechanische Armbanduhren. Die exkl. Zeitmesser, die nur in sehr geringen Stückzahlen produziert werden, sind im Preissegment oberhalb 10.000 Euro angesiedelt und sollen vor allem technikinteressierte Menschen und Liebhaber feinster Handwerkskunst ansprechen. Die Herstellung einer Lange-Uhr nimmt mindestens ein halbes Jahr in Anspruch. Die 1990 gegründete Lange Uhren GmbH steht in der Tradition der Uhrenfabrik von Ferdinand Adolph Lange, der nach seiner Ausbildung zum Uhrmacher und der Arbeit bei einem franz. Chronometermacher 1845 eine Uhrenfabrikation im sächsischen Glashütte aufbaute. Die Uhrenmarke A. Lange & Söhne gehörte schnell zu den renommiertesten und begehrtesten der Welt. Nach der dt. Wiedervereinigung meldete Walter Lange, der Urenkel des Firmengründers, das nach dem 2. Weltkrieg enteignete Unternehmen als Lange Uhren GmbH wieder an. Das war am 7. Dezember 1990 - genau 145 Jahre nach der ersten Gründung. 1994 gab es erstmals wieder eine Kollektion von Lange, seither werden mindestens einmal pro Jahr neue Modelle vorgestellt. Das Markenlogo wurde dagegen seit den 1860er-Jahren kaum verändert. Die Uhren der Marke Lange haben weltweit über 80 Auszeichnungen und Preise erhalten. Vor allem das Modell Lange 1 steht in der Gunst der Kritiker. Die Lange Uhren GmbH vertreibt ihre exkl. Produkte über sorgfältig ausgewählte Konzessionäre mit weltweit etwa 200 Verkaufsstellen. In Dresden gibt es zudem eine eigene Lange-Boutique. Die Lange Uhren GmbH beschäftigt über 450 Mitarbeiter, von denen knapp die Hälfte Uhrmacher sind. Das Unternehmen gehört zur schwz. Richemont AG.

DATEN UND FAKTEN

Markenname: A. Lange & Söhne, abgeleitet vom Namen des Firmengründers

Claim: „Tradition neuester Stand"

Gründer: Ferdinand Adolph Lange, 1845, Glashütte

Markenregistrierung: 07. 12. 1990, DPMA München

Literatur:
R. Meis: A. Lange und Söhne. Eine Uhrmacher-Dynastie aus Dresden (2006)

UNTERNEHMEN

Lange Uhren GmbH
Altenberger Str. 15
01768 Glashütte
✆ (03 50 53) 44-0
🖷 (03 50 53) 44-1 00
💻 www.lange-soehne.de

LANGENSCHEIDT

Die Marke Langenscheidt steht internat. für innovative Sprachverständigung. Der aktuelle Slogan „Langenscheidt ... weil Sprachen verbinden" erinnert an die Ursprungsidee des Gründers Gustav Langenscheidt. Motiviert durch Kommunikationsschwierigkeiten während einer Europareise entwickelte er 1854 zusammen mit Charles Toussaint eine Lernmethode für Französisch mit eigener Lautschrift. Zwei Jahre später veröffentlichte er in seinem neu gegründeten Verlag den ersten Sprachkurs. Mit der ersten Teillieferung des „Sachs-Villatte", eines enzyklopädischen Wörterbuchs der dt. und franz. Sprache, erweiterte er 1869 sein Verlagsprogramm. Heute ist die Langenscheidt KG mit einem Marktanteil von ca. 60 % in Deutschland und Österreich Marktführerin im Segment der zweisprachigen Wörterbücher (lt. media control). Die Initiale des Unternehmens bildet das markante Logo. Ornamental

Der Sitz der Langenscheidt Verlagsgruppe in München

geschwungen zierte sie bereits 1903 den Einband des ersten Langenscheidt-Taschenwörterbuchs. 1952 erwies sich die Verwendung einer Banderole in Gelb bei einer Neuauflage als verkaufssteigernd. Vier Jahre später entwickelte Professor Richard Blank ein neues Corporate Design. Bis heute ist die von ihm gestaltete Langenscheidt-Initiale, eine schlichte Majuskel in Türkisblau auf gelbem Grund (HKS 5, HKS 48), wesentliches Erkennungsmerkmal der Marke. Innovative Gestaltung spielt für Langenscheidt auch eine wesentliche funktionale Rolle. Ganz im Sinne des Firmengründers, der 1861 für die von ihm erfundene Lautschrift spezielle Druckzeichen anfertigen ließ, wurde 2006 für das Explorer Wörterbuch eine neue Optik in Anlehnung an den Windows Explorer entwickelt. Sie erspart Schülern beim Probe-Nachschlagen 40 % ihrer Zeit. Auf dem Non-Book-Sektor reicht die Produktpalette vom Sprachkurs für Grammofon (1905) über das elektronische Wörterbuch (1983) bis zur Übersetzungssoftware „Langenscheidt T1" (1996). Das Geschäftsmodell des Familienunternehmens in der vierten Generation beruht auf drei Säulen: Fremdsprachen, Reise/Kartografie und Wissen/Deutsche Sprache. Unter der Leitung von Andreas Langenscheidt vereint die Langenscheidt-Gruppe führende Einzelmarken aller drei Sparten unter seinem Dach, darunter →Brockhaus, →Duden und Meyer, Hexaglot, APA und Berlitz sowie eine Reihe führender Kartenverlage in den USA (u.a. American Map). Rund 1.400 Mitarbeiter weltweit erzielen einen Jahresumsatz von 263 Mio. Euro (2006).

DATEN UND FAKTEN

Markenname: Langenscheidt, Familienname des Gründers

Slogan: „Ohn' Fleiß kein Preis" (ca. 1882), „Langenscheidt ... weil Sprachen verbinden" (aktuell)

Erfinder: Gustav Langenscheidt, 1856

Markenregistrierung: 1882, Eintragung des Warenzeichens (04. 10. 1956, DPMA München)

Innovationen: erster Selbstlernkurs (1856), Lautschrift (1856), erster Sprachkurs für Grammofon (1905), erstes elektronisches Wörterbuch (1983), Wörterbuch für das Handy (2000), Explorer-Wörterbuch (2006)

Markenbekanntheit: ca. 85 % gest. (Innofact-Studie unter Buchkäufern, 2005)

Werbespendings: 8–10 % des Jahresumsatzes

Auszeichnungen:
„Höchster Preis", Weltausstellung in Chicago (1893)
„Goldene Medaille", Weltausstellung in Paris (1900)
„Produkt des Jahres", Wirtschaftsmagazin DM für das elektronische Wörterbuch *apha40* (1989)
„GIGA-Maus" (Bildungssoftware-Preis) in der Kategorie Sekundarstufe für das *Langenscheidt Collins e-Großwörterbuch Englisch* (2005)

Literatur:
M. Ebert: 150 Jahre Langenscheidt (2006)

Der Klassiker: das Taschenwörterbuch Englisch-Deutsch (Mitte), Gründer Gustav Langenscheidt (unten)

SCHON GEWUSST?

- „Es ist ein wahrhaft peinliches Gefühl, unter Menschen nicht Mensch sein und seine Gedanken austauschen zu können." Diese Erfahrung aus seiner Europareise motivierte Gustav Langenscheidt dazu, sein Lebenswerk der Sprach- bzw. Völkerverständigung zu widmen.
- Auf die politischen Wirren der dt. Geschichte reagierte das Verlagshaus mehrfach mit mehreren Standorten. Während der Berlin-Blockade 1948 entstand eine Dependance bei Berchtesgaden. Der Mauerbau 1961 führte zur Gründung eines zweiten Verlagshauses in München.
- Langenscheidt hat nicht nur Übersetzungssoftware für Laien und Fachübersetzer im Programm, sondern bietet über das Internet auch Übersetzungsleistungen, Sprachberatung und Fremdsprachenkorrektur.

UNTERNEHMEN

Langenscheidt KG

Hauptsitz: München und Berlin, Deutschland

Geschäftsführung: Andreas Langenscheidt

Weitere Marken: → Brockhaus, → Duden, APA, Meyers, Hexaglot, Berlitz, Polyglott, mentor, American Map, Hagstrom, ADC – The Map People, Arrow, Hammond, Blay Foldex, Harenberg Kalenderverlag, Kalenderverlag Weingarten

Gesamtumsatz: 263 Mio. Euro (weltweit, 2006)

Vertrieb: weltweit

KONTAKT

Langenscheidt KG
Mies-van-der-Rohe-Str. 1
80807 München
✆ (0 89) 3 60 96–0
Fax (0 89) 3 60 96–2 22
www.langenscheidt.de

Ansprechpartner Presse:
Bernhard Kellner
✆ (0 89) 3 60 96–2 91
✉ b.kellner@langenscheidt.de

LANGNESE (EIS)

Seit 1998 hat das Logo von Langnese die charakteristische Herzform.

Der Name der Marke Langnese geht auf den Fabrikanten Viktor Emil Heinrich Langnese zurück, der 1888 mit der Produktion von Keksen begann. 1927 sicherte sich der Hamburger Kaufmann Karl Seyferth für 300 Reichsmark und eine Einladung zum Essen die Markenrechte an Langnese und startete zunächst mit der Produktion von Bienenhonig. 1935 brachte er das erste Eis am Stiel auf den Markt. Ein Jahr darauf übernahm der Nahrungsmittelkonzern Unilever unter der Firmierung Langnese Eiskrem GmbH die Geschäfte. Nachdem der 2. Weltkrieg die Produktion zum Stillstand gebracht hatte, startete das Unternehmen zu Beginn der 1950er-Jahre mit einer Innovation: Neben Eis am Stiel war nun der *Happen* erhältlich, ein Milchspeiseeis umhüllt von einer Waffel. Weitere Sorten wie *Capri*, *Nogger* und *Cornetto* sorgten in den 1950er- und den 1960er-Jahren für eine Verzehnfachung der Verkaufszahlen. Heute firmiert das Unternehmen als Unilever Deutschland GmbH in Hamburg und ist dem niederländ.-brit. Mutterkonzern Unilever zugehörig. Das Unternehmen mit Sitz in Rotterdam und London ist einer der größten Nahrungsmittelhersteller weltweit, beschäftigt ca. 180.000 Mitarbeiter in 150 Ländern und produziert neben Eis eine Vielzahl von Markenartikeln aus den Bereichen Nahrungsmittel, Körperpflege sowie Wasch- und Reinigungsmittel. Die zahlreichen Unilever Ice Cream Tochterfirmen wie Frigo (Spanien), Algida (Italien) oder Ola (Niederlande) sind in den einzelnen Kulturkreisen und Märkten verwurzelt. Daher sind manche Eis-Sorten nur in einzelnen Ländern erhältlich, wie es z. B. das *Capri* nur in Deutschland gibt. Das Logo der Firma ist mehrfach überarbeitet und dem Zeitgeschmack angepasst worden. Zu Beginn wurde ein Junge dargestellt, der „eine lange Nase macht". Von den 1950er-Jahren bis 1998 stand das rot-weiße Markisen-Logo für die Marke, bis es 1998 im Zuge einer europäischen Vereinheitlichung durch das bis heute gültige Logo in Herzform ersetzt wurde, das der Hersteller 2003 noch einmal marginal veränderte.

UNTERNEHMEN

Unilever Deutschland GmbH
Dammtorwall 15
20355 Hamburg
✆ (0 40) 34 93–11 62
Fax (0 40) 34 93–35 20
www.langnese.de

LANGNESE (HONIG)

Die Langnese Honig GmbH & Co. KG, die sich in der Nahrungsmittelbranche auf die Abfüllung von verschiedenen Sorten Honig spezialisiert hat, verkörpert seit nunmehr 80 Jahren den harmonischen Gleichklang von Produkt und Marke. Zu seinem „Meisterstück der Natur" fand Firmengründer Karl Rolf Seyferth an der Börse, als er im Jahr 1925 in Hamburg aus einer Laune heraus mit 5 t kalifornischen Honigs handelte. Im Jahr 1927, als der Vertrieb des „flüssigen Golds" florierte, traf sich Seyferth nach einem Inserat im „Hamburger Fremdenblatt" mit dem Exportkaufmann Viktor Emil Heinrich Langnese. Bei Kaviar, Hummer und Bordeaux im Schlemmer-Restaurant „Ehmke" erstand Seyferth die Marke V. E. H. Langnese für 300 Reichsmark. Die Marke war im Jahr 1888 gegründet worden und war bekannt für gute Biskuits. In den 1930er-Jahren entwickelte der künstlerisch begabte Firmenchef Seyferth das typische Langnese-Glas mit sechs Ecken, welches einer Honigwabe gleicht, mit. Von Seyferth stammt auch die Idee des schräg gestellten Schriftzuges, der von unten links nach oben rechts aufsteigt und mit der Farbe Gold kombiniert ist. Seit 2001 ist auch das Logo über dem Langnese-Schriftzug, das einen Bienenstock umrankt von Blumen zeigt, in den Farben Gold und Rot gehalten. Die gezeichnete Honigbiene „Sabienchen" wurde zum Jahrtausendwechsel zur Botschafterin der Marke erkoren. Auch heute noch steht Langnese Honig für Innovation: Das Unternehmen entwickelte z. B. die *Flotte Biene* (1997), den ersten nicht tropfenden Honigspender, der auf dem Kopf steht. Mit Marken wie *Feine Auslese* vertreibt Langnese Honig seine Produkte in über 50 Ländern. Das Unternehmen beschäftigt ca. 80 Mitarbeiter.

DATEN UND FAKTEN

Markenname: Langnese, Nachname des Unternehmers Viktor Emil Heinrich Langnese

Slogan: „Ein Meisterstück der Natur" (seit 2001)

Erfinder: Karl Rolf Seyferth, 1927

Innovationen: Flotte Biene (1997)

Markenbekanntheit: 67 % ungest., 95,5 %, gest. (GfK, 2007)

UNTERNEHMEN

Langnese Honig GmbH & Co. KG
Hammoorer Weg 25
22941 Bargteheide
(0 45 32) 4 09–0
(0 45 32) 4 09–1 25
www.langnese-honig.de

Das charakteristische Langnese Glas wurde vom Unternehmensgründer erfunden.

LÄTTA

Die Marke Lätta steht für Margarineprodukte, speziell für Halbfettmargarine. Neben Lätta Classic finden sich im Markenportfolio Lätta Extrafit und Lätta mit Joghurt. Lätta im Frischeduo gehört zu den jüngsten Erweiterungen der Produktpalette. Der Markenname leitet sich aus dem schwed. Wort für „leicht" ab. Das Markenlogo ist in fetten, serifenlosen Versalien gesetzt. Jeder Buchstabe hat eine eigene Farbe (in der Reihenfolge Blau, Grün, Gelb, Orange und Rot), die Punkte auf dem (grünen) „Ä" sind blau. Logo, Verpackungsdesign und Werbung sollen Frische, Leichtigkeit und Lebensfreude kommunizieren. Seit 2007 wirbt der TV-Spot „Jump" für Lätta Extrafit und Lätta im Frischeduo. Er ist der jüngste in einer Reihe von Werbeschaltungen, die 1989 mit dem Clip „Schuft" begann. Die Ansprache zielt auf eine junge, aktive Käuferschaft. Lätta wurde 1984 in Schweden eingeführt. Dort ist die Marke heute führend im Segment der Butter und Margarinen. Seit 1987 ist Lätta auch im dt. Markt vertreten. Produziert wird in Europas größter Margarinefabrik in Wittenberg. Sie ist Teil des Unilever-Konzerns, zu dessen Brandportfolio Lätta gehört. In Pratau lässt Unilever auch Markenprodukte wie →Rama und →Becel herstellen. Unilever ist eines der größten Konsumgüterunternehmen weltweit. Die Marke Lätta hat sich in Deutschland zur erfolgreichsten Halbfettmargarine entwickelt.

UNTERNEHMEN

Unilever Deutschland GmbH
Dammtorwall 15
20355 Hamburg
(0 40) 3 49 30
(0 40) 35 47 42
www.laetta.de

LÄUFER & GUTENBERG

Läufer & Gutenberg umfasst als Dachmarke verschiedene Produkte in den Segmenten Schreibwaren und Büroartikel. Die Läufer & Gutenberg GmbH entstand 2004 aus dem

Die Dachmarke Läufer & Gutenberg umfasst eine breite Produktpalette in den Segmenten Schreibwaren und Büro.

Zusammenschluss der bis dahin eigenständigen Unternehmen Läufer und Gutenberg. Beide verbindet eine lange Tradition als Anbieter in der Schreibwarenbranche. Einen Meilenstein in der Unternehmensgeschichte von Läufer markierte das Jahr 1922 mit der Entwicklung des ersten Läufer-Radiergummis auf der Basis von Naturkautschuk. Für die Marke Gutenberg spielen Siegellacke seit 200 Jahren und Klebstoffe seit über 70 Jahren eine wichtige Rolle. Neben den Produkten der Einzelmarken Läufer und Gutenberg vertreibt die Läufer & Gutenberg GmbH weitere Marken wie *Rillstab*, *Saunders* und *Southworth*. Zwei grafische Elemente, die den Logos der Einzelmarken Läufer und Gutenberg entnommen sind, bilden das Logo der Dachmarke: die Figur eines Läufers in einem roten, auf der Spitze stehenden Dreieck sowie ein in ein blaues Quadrat eingebettetes stilisiertes „G". Die Produktpalette des Unternehmens umfasst Artikel für Schule, Hobby, Büro, Organisation und Präsentation sowie Werbemittel. Hinzu kommen Sonderanfertigungen und Produkte für die Industrie. Neben Klassikern wie dem Läufer-Radiergummi und den Gutenberg-Klebstoffen führt man Schreibtischserien aus Leder (*Läufer Ambiente*), Präsentations-Alben und Aktenkoffer. Im Bereich Werbemittel fertigt das Unternehmen u. a. Radierer und Schreibunterlagen in individueller Gestaltung.

UNTERNEHMEN

Läufer & Gutenberg GmbH
Läuferweg 1
31303 Burgdorf
✆ (0 51 36) 80 01-0
Fax (0 51 36) 80 01-1 40
www.laeufer-gutenberg.de

LAVAZZA

LAVAZZA
ITALY'S FAVOURITE COFFEE

Das1895 gegründete Geschäft von Luigi Lavazza ist heute ein internat. aufgestelltes Unternehmen mit rund 1.700 Mitarbeitern und wird in vierter Generation von der Familie Lavazza geleitet.

Lavazza steht seit über 100 Jahren für ital. Kaffeetradition im Premiumsegment. Luigi Lavazza, der 1895 in Turin ein Lebensmittelgeschäft eröffnet hatte, begann bereits 1897 mit der Kaffeeröstung. Später wurde der Verkauf von Espresso zum Kerngeschäft des Unternehmens. In Deutschland umfasst das Sortiment von Lavazza heute die vier Produktlinien *zu Hause* für den Vertrieb im Einzelhandel, *Außer Haus* mit Produkten für die Gastronomie, *vending* mit Kaffee, Tee und Kakao für Lavazza Espresso Point Kaffeeautomaten und *Lavazza Blue*, ein neues Automatensystem für Haushalte und Unternehmen. Während Lavazza in Italien alle Käuferschichten anspricht, richtet sich die Marke im Ausland in erster Linie an Kunden mit mittleren bis hohen Einkommen in der Altersgruppe 25 bis 45, die bevorzugt Premium-Produkte kaufen. Lavazza wurde erstmals 1923 in Italien als Marke registriert. Das erste Lavazza-Logo entwickelte 1946 das Aerostudio Borghi aus Mailand. Es zeigte in Rot den Markennamen Lavazza in Versalien, über einer Art Wappen, in dem eine dampfende Tasse und Kaffeebohnen abgebildet waren. Schon damals neigten sich die Buchstaben des Schriftzuges zum größer geschriebenen mittleren „A" hin. Das Logo wurde im Laufe der Zeit mehrmals verändert, den charakteristischen Schriftzug hat die Marke jedoch bis heute beibehalten. Das aktuelle Logo, das von der Agentur Armando Testa entwickelt wurde, zeigt den Markennamen erstmals in Blau. Während die Marke im Heimatmarkt u. a. von ital. Prominenten beworben wird, sind im Ausland vor allem die Bilder aus den

Ein Motiv aus der „the most majestic"-Kampagne von Lavazza

Lavazza-Kalendern bekannt. Nach eigenen Angaben ist Lavazza in Europa mit einem Marktanteil von 40,7 % Marktführer bei Espresso. Das Unternehmen erzielte 2006 mit 1.700 Mitarbeitern einen Umsatz in Höhe von 867 Mio. Euro. Zum Lavazza-Konzern, der heute in der vierten Generation von der Familie Lavazza geführt wird, gehören sechs ital. und acht weitere Tochtergesellschaften in Europa und den USA. Für das Deutschlandgeschäft ist die Luigi Lavazza Deutschland GmbH in Frankfurt/Main verantwortlich.

DATEN UND FAKTEN

Markenname: Lavazza, Familienname des Markengründers

Slogan: „espress yourself"

Gründer: Luigi Lavazza, 1895, Turin, Italien

Markenregistrierung: 02. 09. 1986, DPMA München

MEILENSTEINE

1895 Luigi Lavazza eröffnet in Turin ein kleines Lebensmittelgeschäft.

1897 Einstieg ins Kaffeegeschäft: Luigi Lavazza röstet erstmals Kaffee.

1927 Das Unternehmen Lavazza wird als Aktiengesellschaft registriert.

1949 Luigi Lavazza stirbt.

1957 Für eine nat. Werbeplakat-Kampagne spricht Lavazza die Turiner Werbeagentur Armando Testa an. Es beginnt eine langjährige Zusammenarbeit.

2005 Lavazza und die Werbeagentur Armando Testa präsentieren „Carmencita", das bis dato größte Brand-Entertainment-Projekt in Italien.

Auszeichnungen:
„sehr gut", Öko-Test für *Lavazza Caffè Espresso*, 100 % Arabica gemahlen (1/2007)
„Bestseller 2007", 2. Platz, Rundschau für den Lebensmittelhandel für *Lavazza Caffè Crema Dolce* (2007)

UNTERNEHMEN

Luigi Lavazza Deutschland GmbH

Hauptsitz: Frankfurt/Main, Deutschland

Geschäftsführer: Gerd Bringewatt

Gesamtumsatz: 72,6 Mio. Euro

Vertrieb: weltweit

KONTAKT

Luigi Lavazza Deutschland GmbH
Ziegelhüttenweg 43
60598 Frankfurt/Main
(0 69) 63 15 51-0
(0 69) 63 15 51-99
www.lavazza.de

Ansprechpartner Kommunikation:
Manuela Hambloch-Petrich
(0 69) 63 15 51-0
(0 69) 63 15 51-99

Lead-Agentur:
Armando Testa

LBS

LBS steht für die Finanzdienstleistungen und Produkte der LBS-Gruppe, insbesondere im Bereich Bau- und Wohnungsfinanzierung. „LBS" ist die Abkürzung für Landesbausparkassen. Die dazugehörigen Immobiliengesellschaften vertreiben Gebäude und Grundstücke. Durch das Kernprodukt, den Bausparvertrag, erwirbt der Kunde einen Anspruch auf ein Wohnungsbaudarlehen. Das LBS-Logo zeigt den Schriftzug in roten, fett gedruckten Versalien. Darüber finden sich zwei miteinander verbundene Bögen, ebenfalls in Rot. Werbeaussage der LBS ist seit Jahren „Wir geben Ihrer Zukunft ein Zuhause". Die LBS-Gruppe wirbt aktuell mit einem TV-Spot zum Thema „Altersvorsorge". Die Landesbausparkassen gehören zur Sparkassen-Finanzgruppe, mit einem Geschäftsvolumen von 3.400 Mrd. Euro (2006) die größte Finanzdienstleistungsgruppe weltweit. Die ersten Bausparkassen der Sparkassen wurden zwischen 1929 und 1947 gegründet. Heute gibt es zehn Landesbausparkassen, von denen sechs den Landesbanken angeschlossen sind und vier rechtlich selbstständig agieren. Für die Gruppe sind im Innen- und Außendienst etwa 9.000 Mitarbeiter tätig. Es gibt mehr als 820 Beratungsstellen. Betreut werden mehr als 9 Mio. Kunden. 2006 belief sich die Bilanzsumme auf etwa 52 Mrd. Euro. Damit sind die LBS Marktführer in Deutschland, mit einem Anteil von über einem Drittel. Die Immobiliengesellschaften haben 2006 Immobilien in einem Wert von 3,5 Mrd. Euro vermittelt. Die Landesbausparkassen sind regional, teils bundesländerübergreifend, organisiert. Die Bundesgeschäftsstelle hat ihren Sitz in Berlin.

LBS steht für Landesbausparkasse.

UNTERNEHMEN

Bundesgeschäftsstelle Landesbausparkassen im Deutschen Sparkassen- und Giroverband
Friedrichstr. 83
10117 Berlin
(0 30) 2 02 25 53 81
(0 30) 2 02 25 53 85
www.lbs.de

LEFAX

Mit dem Slogan „Nimmt den Druck. Entspannt den Bauch." macht die Bayer Vital GmbH auf die Markenfamilie Lefax aufmerksam. Die Präparate helfen bei Blähungen und Verdauungsbeschwerden. Ihr Wirkstoff Simeticon ist sehr gut verträglich, sogar Säuglingen kann Lefax gegeben werden. Lefax *Pump Liquid* in flüssiger Form erhielt für die Verträglichkeit 2007 von Öko-Test das Prädi-

Die Präparate von Lefax versprechen Hilfe bei Blähungen und Verdauungsbeschwerden.

LEGO steht für „leg" und „godt", was dt. etwa „spiel gut" bedeutet.

kat „sehr gut". Lt. eigenen Angaben ist Lefax Markt- und Innovationsführer im Segment der Antiflatulentia. Das Angebot der Marke umfasst die Lefax Kautabletten, Lefax Extra Kautabletten, Lefax Extra Flüssigkapseln und Lefax Pump Liquid gegen Blähungen, sowie Enzym Lefax Kautabletten und Enzym Lefax forte Pankreatin Kapseln bei Verdauungsbeschwerden. Somit bietet die Marke für die gesamte Familie das passende Produkt mit der richtigen Dosierung an. Lefax ist seit 1962 auf dem dt. Markt. Entwickelt wurde das Präparat bei der Asche AG. Im Jahr 2000 wurde es durch die Bayer AG übernommen. Seit September 2007 erscheint das Sortiment im neuen Design. Neben dem Faktor Emotionalität soll damit die Modernität des Produkts hervorgehoben werden. Die Kombination der Farben Weiß und Grün ist für die Marke charakteristisch und wurde beibehalten. Das Verpackungsdesign zeigt die in Grün gezeichnete Wortmarke neben einem ausstrahlenden weißen Punkt auf grünem Fond. Es soll beim Verbraucher medizinische Kompetenz und die Einfachheit der Wirkung assoziieren. Lefax befindet sich ebenso wie die Marken →Aspirin, →Bepanthen, →Bepanthol, →Canesten, →Priorin und →Talcid im Vertrieb der Bayer Vital GmbH.

UNTERNEHMEN

Bayer Vital GmbH
Welserstr. 5–7
51149 Köln
(0 22 03) 5 68–0
www.lefax.de

LEGO

Markenzeichen des traditionellen Spielwarenherstellers LEGO ist der LEGO Stein, der durch sein außergewöhnliches Steckprinzip unendlich viele Kombinationsmöglichkeiten für Kinder und Jugendliche zwischen eineinhalb und 16 Jahren bietet. Er ist die Grundlage für die unterschiedlichen LEGO Serien wie z.B. das realitätsnahe LEGO DUPLO für Kleinkinder, LEGO City für die Fünf- bis Zwölfjährigen und LEGO Technic für erfahrene Bauer bis 16 Jahre. Fantasiespielthemen wie BIONICLE von LEGO, LEGO Mars Mission und LEGO Castle gehören ebenfalls zum Sortiment. Das kombinatorische Stecksystem soll motorische Fähigkeiten, Kreativität und strukturiertes Problemlösevermögen ab dem Kleinkindalter fördern. Gegründet wurde das Unternehmen 1932 von Ole Kirk Christiansen in Billund, Dänemark, wobei sich die ursprüngliche Produktion auf Holzspielzeug beschränkte. Mit dem Kauf der ersten Spritzgussmaschine folgte die Erfindung des LEGO Steins, der in seiner heutigen Form seit 1958 auf dem Markt ist. Das erste Markenlogo wurde vom Firmengründer selbst entworfen und seither ständig weiterentwickelt. Das heutige Logo zeigt einen weißen Schriftzug mit schwarz-gelber Umrandung auf rotem Grund. LEGO setzt sich aus den dän. Wörtern „leg" und „godt" zusammen, was seine dt. Entsprechung in „spiel gut" findet und Qualität sowie Spaß am kreativen Spiel assoziieren soll. LEGO wird in über 130 Ländern verkauft, der LEGO Club umfasst weltweit 2,5 Mio. Mitglieder. In Deutschland wurde die Marke zusätzlich von Testimonials wie Kai Pflaume und den No Angels unterstützt. Kurz vor dem Jahrtausendwechsel wählten das US Fortune Magazine und der Britische Verband des Spielzeugfachhandels den LEGO Stein zum „Spielzeug des Jahrhunderts". 2008 feiert der LEGO Stein sein 50-jähriges Jubiläum. Der Umsatz der LEGO Gruppe belief sich 2006 auf 1 Mrd. Euro. Insgesamt beschäftigt das Unternehmen rund 4.500 Mitarbeiter.

UNTERNEHMEN

LEGO GmbH
Martin-Kollar-Str. 17
81829 München
(08 00) 53 46 55 55
www.lego.de

LEIBNIZ

Der *Original Leibniz Butterkeks* (Mitte) ist die bekannteste Variation aus dem Sortiment von Leibniz. Der *Erdnuss Spaß* ist die Leibniz-Innovation 2007 (unten).

Mit der Marke Leibniz wird vor allem ein Konsumgut assoziiert: der Butterkeks. Allerdings wurde das Leibniz-Produktportfolio von der →Bahlsen GmbH & Co. KG stetig ausgeweitet. So bilden die *Original Leibniz Butterkekse* zwar noch immer die Grundlage, doch gibt es sie heute in verschiedenen Geschmacksrichtungen und Größen sowie mit Schokoladenüberzug und Milchfüllung. Das jüngste Produkt ist der *Leibniz Erdnuss Spaß* aus dem Jahr 2007. Auch im Bereich der Verpackungen will die Bahlsen GmbH & Co. KG durch innovative Ideen Käufer für sich gewinnen: Die erste staub- und feuchtigkeitsfeste TET-Verpackung sowie Dosen, Wellpappe, Trays und Beutel wurden früh genutzt. Der Name der Dachmarke stammt vom Philosophen Gottfried Wilhelm Leibniz, der von 1646 bis 1716 lebte und einer der bekanntesten Einwohner Hannovers war. Firmengründer Hermann Bahlsen produzierte seinen Original Butterkeks seit dem Jahr 1891 in der niedersächsischen Hauptstadt und gab ihm deshalb den Namen der lokalen Berühmtheit. Mittlerweile ist das Leibniz-Markenlogo auf den Namensschriftzug reduziert worden. In blauen und an den Ecken abgerundeten Großbuchstaben steht der Name mit weißem Rand auf den leuchtend gelben Verpackungen. Charakteristisch ist, dass das „L" größer als die anderen Buchstaben ist und so unter den zweiten Buchstaben ragt. Aktuell wirbt Bahlsen für seine Leibniz-Produkte mit „Alles knackfrisch". Immer wieder wird z.B. in Fernsehspots der Slogan „Nur echt mit 52 Zähnen" verwendet. Er wurde bereits im Jahr 1950 für eine Anzeigenkampagne genutzt, u.a. um den Unterschied zu Nachahmern herauszustellen. Der Butterkeks-Klassiker, mit dem Hermann Bahlsen bei mehreren Weltausstellungen Preise gewinnen konnte, wird in 80 Ländern der Erde angeboten. Alle Leibniz-Produkte werden internat. vertrieben, der Schwerpunkt liegt aber in Deutschland.

DATEN UND FAKTEN

Markenname: Leibniz, abgeleitet vom Philosophen Gottfried Wilhelm Leibniz, einem der bekanntesten Bürger Hannovers

Slogan: „Alles knackfrisch." (2003)

Erfinder: Hermann Bahlsen, 1891, Hannover

Markenregistrierung: 15. 10. 1897, Kaiserliches Patentamt Berlin

Innovationen: *Leibniz Erdnuss Spaß* (2007)

Markenbekanntheit: fast 100 % gest. (Werbemonitor, 2007)

Werbespendings: 14 Mio. Euro für Deutschland

Auszeichnungen:
„Großer Preis" bei den Weltausstellungen Chicago (1893), Paris (1900), St. Louis (1904), Brüssel (1910), Turin (1911), Gent (1913)

Markenwebsite: www.leibniz.de

Literatur:
C. Boss-Teichmann u. C. Seifert: Das knackfrische Butterkeksbuch (2003)

UNTERNEHMEN

Bahlsen GmbH & Co. KG
Podbielskistr. 11
30163 Hannover
✆ (05 11) 9 60–0
🖷 (05 11) 9 60–27 49
💻 www.bahlsen.com

LEICA

In der Entwicklungsabteilung der Optischen Werke Ernst Leitz in Solms bei Wetzlar fand 1905 eine Entwicklung statt, die die Produktpalette des bis dahin ausschließlich Optiken und Mikroskope produzierenden Unternehmens nachhaltig verändern sollte. Der Mitarbeiter Oskar Barnack suchte nach einer neuen Technik des Fotografierens und hatte dabei den Einfall, das Negativ-Format zu verkleinern, um die Fotografien nachträglich zu vergrößern. Er entwickelte aus einem Gerät zum Einsatz bei Belichtungsproben für Kinofilmaufnahmen eine handliche Kamera. Dabei zeigte sich, dass der damals schon recht feinkörnige Kinofilm brauchbare Postkarten-Vergrößerungen vom Kinoformat 18 x 24 mm ergab. Da der Filmstreifen nun in seiner Länge unbeschränkt nutzbar war, verdoppelte Barnack das Filmfenster auf 24 x 36 mm, das bis heute gängige Kleinbildformat. Die ersten Fotos entstanden 1914 in für damalige Verhältnisse hervorragender Qualität. Allerdings wurde durch den Ausbruch des 1. Weltkriegs die serienmäßige Produktion von Kleinbildkameras verzögert. Es sollte bis 1925 dauern, bis das erste Serienmodell der Leica auf der Leipziger Frühjahrsmesse der Öffentlichkeit vorgestellt wurde. Schon bald war die Leica Ausrüstungsgegenstand bei Expeditionen, Forschungsreisen und vor allem bei der Presseberichterstattung. 1932 waren weltweit bereits rund 90.000 Kameras in Gebrauch, 1961 steigerte sich die Anzahl verkaufter Exemplare auf 1 Mio. Das Unternehmen berücksichtigte bei der Entwicklung neuer Kamera-Modelle technische Innovationen und die Bedürfnisse der Anwender. Daraus resultierend erschien 1989 die erste Kompaktkamera, auf die 1998 die erste kompakte Digitalkamera folgte.

DATEN UND FAKTEN

Markenname: Leica, Akronym, zusammengesetzt aus dem Firmennamen **Lei**tz und dem Wort **Ca**mera

Gründer: Carl Kellner, 1849, Wetzlar

Erfinder: Oskar Barnack, 1913

UNTERNEHMEN

Leica Camera AG

Hauptsitz: Solms, Deutschland

1914 konstruierte Oskar Barnack die Ur-Leica.

Leicht & Cross sind Knusperbrotscheiben, die in verschiedenen Geschmacksrichtungen erhältlich sind.

Leifheit-Produkte erleichtern die Hausarbeiten erheblich.

Vorstand: Steven K. Lee (Vorstandsvorsitzender), Andreas Lobejäger (Vorstand Finanzen)

KONTAKT

Leica Camera AG
Oskar-Barnack-Str. 11
35606 Solms
✆ (0 64 42) 20 80
🖷 (0 64 42) 20 83 33
💻 www.leica-camera.com

MEILENSTEINE

1849 Gründung des Optischen Instituts durch Carl Kellner in Wetzlar

1914 Oskar Barnack konstruiert die Ur-Leica.

1925 Die Leica I wird auf der Leipziger Frühjahrsmesse präsentiert.

1954 Das Modell M3 verfügt als erste Leica Messsuchkamera über die Eigenschaften des Leica M-Systems.

1965 Die erste Leica-Spiegelreflexkamera geht in Serie.

1989 Die erste Kompaktkamera wird produziert.

1996 Mit der Leica S1 bringt das Unternehmen seine erste Hochleistungsdigitalkamera auf den Markt.

2006 Leica stellt die digitale Kamera Leica M8 vor.

LEICHT & CROSS

Leicht & Cross ist eine Marke, die internat. von der Griesson – de Beukelaer GmbH & Co. KG vertrieben wird. Sie steht für flache Knusperbrotscheiben in den Varianten *Weizen, Roggen, Vital* und *BIO*. Die franz. Firma Diepal von der Handelsgruppe BSN führte die knusprigen Brote unter dem Namen *Cracottes* erstmals auf dem franz. Markt ein. Erfolgreiche Tests in Deutschland im Jahr 1979 brachten Diepal dazu, ein Jahr später eine Produktionsstätte im süddt. Kitzingen zu errichten und die leichten Knusperbrote unter dem Namen Leicht & Cross auf dem von Knäckebrot-Herstellern dominierten Markt zu etablieren. 1999 übernahm Griesson – de Beukelaer die Rechte der Marke. Im gleichen Jahr wurde die Produktion von Leicht & Cross im Rahmen der Fusion des Familienunternehmens nach Polch verlegt. Das Marketingkonzept basiert auf der Koppelung der drei Komponenten „Genuss, Abwechslung und Gesundheit". Die Zusammensetzung des Markennamens trägt diesem Konzept Rechnung: Ernährungsbewusstsein (=Leicht) und Genuss (=Cross) gehen hier eine prägnante Verbindung ein. Optisches Hauptmerkmal von Verpackung und Wortmarke ist ein durchgängiges Farbschema aus den Farben Orange (Pantone 172) und Weiß. Der Markenschriftzug steht hierbei in weißen, schwarz konturierten Blockbuchstaben in einem orangefarbenen Feld, das wie ein geschwungenes Blatt Papier wirkt. Die Wellenform verweist auf Leichtigkeit und das dynamische Lebensgefühl, das mit der Marke assoziiert wird. Für die →Griesson – de Beukelaer GmbH & Co. KG mit Stammsitz in Polch arbeiten 1.800 Beschäftigte. Das Unternehmen vertreibt u. a. auch die Marken →TUC, →Prinzen, →Griesson, →DeBeukelaer und →Tekrum.

DATEN UND FAKTEN

Markenname: Leicht & Cross, abgeleitet von den Haupteigenschaften des Produktes

Slogan: „Nimm's Leicht & Cross"

Markenregistrierung: 05. 11. 1996, DPMA München

Innovationen: Knusperbrot BIO (2007)

Markenwebsite: www.leichtundcross.de

UNTERNEHMEN

Griesson – de Beukelaer GmbH & Co. KG
August-Horch-Str. 23
56751 Polch
✆ (0 26 54) 4 01-0
🖷 (0 26 54) 4 01-10 00
💻 www.griesson-debeukelaer.de

LEIFHEIT

Mit dem Slogan „Immer eine Idee besser" wird für die Marke Leifheit geworben. Die Produkte richten sich an Frauen und Männer, die qualitativ hochwertige nichtelektrische Haushaltshelfer suchen. Leifheit gehört zur gleichnamigen Aktiengesellschaft, die u. a. die Marken →Kleine Wolke, →Soehnle und →Meusch im Portfolio hat. Der Markenname resultiert aus den Namen von Ingeborg Leifheit und Günter Leifheit, die 1959 in Nassau die Günter Leifheit KG gründeten. Seither wurden immer wieder Produkte vorgestellt, durch die Hausarbeiten erheblich erleichtert werden sollen. Zu den bekanntesten Leifheit-Produkten gehört bis heute der ausziehbare Wäscheschirm *Linomatic*. Seit Kurzem werden Leifheit-Putzhilfen zusammen mit dem Reinigungsmittel General von →Henkel vermarktet. Zu den neuesten Produkten zählt das *Twist System*, ein innovatives Bodenwischsystem, welches den Wischbezug sauber und trocken ausschleudert. Ebenfalls neu platziert wurde *Power Februs*, der lt. Unternehmen erste handbetriebene Kehrstaubsauger. Weiter befinden sich innovative Küchenhelfer, Bügeltische und Backformen unter der Lizenzmarke →Dr. Oetker *Backgeräte* im Produktprogramm. Das Leifheit-Markenlogo ist gleichzeitig auch das Logo des Konzerns: rote, fette Großbuchstaben auf weißem Grund, umrahmt von einem roten Rechteck mit abgerundeten Kanten. Für den Leifheit-Konzern arbeiteten im Jahr 2006 ca. 1.400 Beschäftigte, die im Unternehmensbereich Haushalt ca. 206 Mio. Euro Umsatz erwirtschafteten. Größter Absatzmarkt für Leifheit-Produkte war im Jahr 2006 Deutschland mit ca. 42 % des Umsatzes. Der Großteil der Verkäufe wurde im europäischen Ausland getätigt.

UNTERNEHMEN

LEIFHEIT AG
Leifheitstr. 1
56377 Nassau
✆ (0 26 04) 9 77–0
🖷 (0 26 04) 9 77–4 02
💻 www.leifheit.com

LEITNER

Leitner ist eine Industriegütermarke und gehört im Segment Messebauunternehmen zu den Systemherstellern. Zielgruppe von Leitner sind Unternehmen mit eigenem Messeauftritt, Messebauer, Agenturen, Architekten- und Designbüros. Leitner Systeme werden lt. Hersteller unterschiedlichsten Anforderungen, vom kleinen selbst montierbaren Wandsystem bis zum Doppelstocksystem, gerecht und dienen der Präsentation von Firmen, Produkten und Projekten. Die Systeme sind als Wand-, Struktur- und Rahmensysteme erhältlich. Das Unternehmen wirbt mit Funktionalität, Variabilität, Rationalität, ökonomischer Effizienz und individuellen, auf den Kunden abgestimmten Konzepten und Lösungen. Außerdem wird Wert auf Langlebigkeit und schlichtes, zeitloses Design gelegt. Das Unternehmen wurde 1963 in Stuttgart von Martha und Burkhardt Leitner gegründet. Heute liegt der Hauptsitz von Leitner in Waiblingen. Die Patentierung des Leitner_Knotens vor über 40 Jahren legte den Grundstein für die weitere Entwicklung des Unternehmens. Leitner beschäftigt 40 Mitarbeiter in der BRD. Es gibt weltweite Vertriebspartner. Das Logo spiegelt die klare, elegante Ausstrahlung und Funktionalität der Leitner Systeme wider. Hausfarbe ist HKS 14, Hausschrift Helvetica Neue. Als wiederkehrendes, verbindendes Element setzt ein schlichter roter Unterstrich beim Logo wie auch bei den Produktbezeichnungen deutliche Akzente. Leitner erhielt zahlreiche namhafte Designpreise und investiert in die Nachwuchsförderung im Bereich Industriedesign. Die bestehenden Systeme werden weiterentwickelt, Neuentwicklungen sind ebenfalls geplant. Eine Weiterentwicklung des L_10 ist das 2005 eingeführte L_12 Großraum-/ Doppelstocksystem. Neuartige Verbindungselemente ermöglichen eine einfache und schnelle Montage der Struktur mit wenigen Werkzeugen. Im Januar 2008 wird unter der Bezeichnung L_+ Präsentation ein neues Warenpräsentationssystem eingeführt.

DATEN UND FAKTEN

Markenname: Leitner, Familienname des Gründerehepaars

Slogan: „Aus Prinzip einfach"

Erfinder: Martha Leitner-Schönherr, 1963

Markenregistrierung: 1985, BPA München

Innovationen: Leitner_Knoten (1966), L_12 Doppelstocksystem (2005), L_+ Präsentation (2008)

Auszeichnungen:
„Best of Category", Industrie Forum Design Hannover iF, Design Award für Leitner_22 (2000)
„hamburgerdesignpreis 2003" für L+Tisch (2003)
„Internat. Design Preis des Landes Baden Württemberg" in Silber für L_12 System Fokus Know How (2005)

UNTERNEHMEN

Leitner GmbH Ausstellungssysteme
Düsseldorfer Str. 14
71332 Waiblingen
✆ (0 71 51) 17 06–0
🖷 (0 71 51) 17 06–76
✉ system@leitner.de
💻 www.leitner.de

Ausstellungssysteme von Leitner wurden allein zwischen 1997 und 2005 mit zehn renommierten Designpreisen ausgezeichnet.

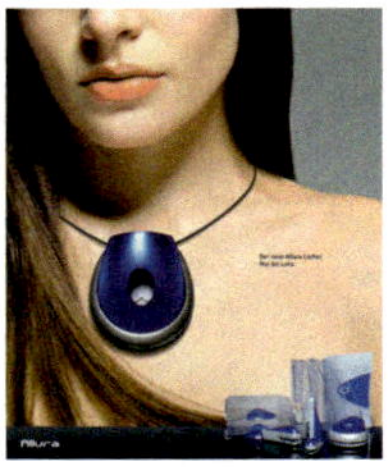

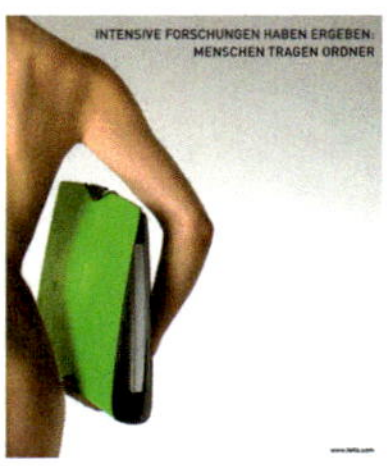

Leitz produziert neben Ordnern (unten) auch andere Büromaterialien und setzt in der Werbung verstärkt auf emotionale Motive (Mitte).

LEITZ

Unter der internat. Büroartikelmarke Leitz vertreibt die Esselte Leitz GmbH & Co KG hochwertige und innovative Ordnungssysteme und steht als Synonym für Büroorganisation. Im Zuge der stark zunehmenden Industrialisierung und Bürokratisierung Ende des 19. Jh. entwickelte Louis Leitz 1896 den ersten Ordner und revolutionierte damit die dt. Bürowelt. Basis dafür war die 1893 von Leitz erfundene Ordnermechanik mit Umlegehebel. Bis heute gehört die Ablage mit Leitz Ordnern zu den am häufigsten genutzten Registraturarten im beruflichen und privaten Zusammenhang. Jährlich verkauft Esselte Leitz in Deutschland rund 25 Mio. Ordner. 2005 ermöglichte die Weiterentwicklung der Ordnermechanik zudem, Blätter erstmals auch auf der linken Seite eines Ordners abzulegen. Mit der Marke Leitz verbinden sich daneben Innovationen wie verschiedene Sicht- und Prospekthüllen, Register u. Ä. Die Esselte Leitz GmbH erwirtschaftet mit Leitz Produkten durchschnittlich 40 % ihres Umsatzes. Das Logo wurde um 1900 als Werksentwurf konzipiert und 1999 und 2004 jeweils verändert. Heute zeigt es neben dem Schriftzug in Versalien drei stilisierte aufgeblätterte Seiten in einem Kreis. Damit soll das Logo als Erkennungscode für innovative Ordnungslösungen im Büroalltag stehen. Nach GfK-Erhebungen ist Leitz Marktführer, und die Marke wird kontinuierlich durch Werbung, Innovation und Qualitätssicherung gepflegt. Seit Kurzem setzt das Unternehmen bei der Kommunikation stärker auf den Faktor Emotion: Models in unüblichen Settings ersetzen die reine Produktabbildung. Die 1871 gegründete Esselte Leitz GmbH mit Sitz in Stuttgart ist Teil der Muttergesellschaft Esselte Corporation in Connecticut (USA). Das Firmenportfolio umfasst über 30.000 Produkte rund um den Arbeitsplatz. Neben Leitz gehören die Marken *Esselte* und *Xyron* zum Unternehmen. Weltweit erwirtschaftete der Konzern 1,2 Mrd. USD mit rund 6.000 Mitarbeitern im Jahr 2006.

Bei einem Rekordversuch wurde ein Automobil an einer Ordner-Mechanik von Leitz in die Luft gehoben.

MEILENSTEINE

1871 Louis Leitz gründete in Stuttgart das Unternehmen Leitz. Infolge der Industrialisierung und Bürokratisierung war er auf der Suche nach einer Ablagemöglichkeit für den zunehmenden Schriftverkehr und entwickelt 25 Jahre später den Leitz Ordner.

1901 Leitz entwickelte den ersten tragbaren Locher „Phoenix“, drei Jahre später folgt der „Dokumentenlocher für Behörden“.

1950 Neue Produkte wie Register oder Prospekthüllen wurden Teil des Produktionsplans.

1952 Leitz produzierte die ersten Modelle der „Alpha“ Hängemappe. Dokumente konnten jetzt noch leichter gefunden werden.

1998 Das Unternehmen Louis Leitz wurde von der Esselte Corporation übernommen und zu einem internat. Konzern.

2002 Esselte wurde von der US-amerikanischen Investmentgesellschaft J. W. Childs übernommen.

DATEN UND FAKTEN

Markenname: Leitz, abgeleitet vom Familiennamen des Unternehmensgründers

Slogan: „Ordne und Finde mit Leitz“(1930), „Leitz Ordnung von A-Z“ (1950er-Jahre), „Leitz – alles im Griff“ (aktuell)

Erfinder: Louis Leitz, 1896

Markenregistrierung: 17. 11. 1917, Kaiserliches Patentamt Berlin

Innovationen: 180 Grad Ordnermechanik (2005), Active Pro/Plus Ordner

Markenbekanntheit:. 43,5 % ungest., 80,4 % gest. (GfK Omnibus)

Jahresumsatz: 40 % des Gesamtumsatzes mit der Marke Leitz

Auszeichnungen:
„Ei des Columbus“, Stiftung Innovation für *180-Grad-Ordner-Mechanik* (2006)

„red dot award: product design" für *Heavy Duty* Locher und Heftgeräte (2006)

Markenwebsite: www.leitz.com

UNTERNEHMEN

Esselte Leitz GmbH & Co KG

Hauptsitz: Stuttgart, Deutschland

Vorstand: Thomas Heine, Jim McIlroy

Weitere Marken: Esselte, Xyron

Gesamtumsatz: 1,2 Mrd. USD (2006)

Vertrieb: ganz Europa, daneben Export nach Asien, Mittelost, Afrika, Südamerika und USA

KONTAKT

Esselte Leitz GmbH & Co KG
Siemensstr. 64
70469 Stuttgart
(07 11) 81 03-0
(07 11) 81 03-4 86
www.esselte.com

LEJABY

Das Label Lejaby steht für sinnliche Dessous getreu dem Motto „Für die Liebe, für das Leben". Das Portfolio umfasst BHs, Slips, Hemdchen, Taillenkorsetts, Bustiers und Hüftgürtel in franz. Design. Lejaby wird weltweit über den Fachhandel vertrieben, Schwerpunkt ist Europa. Die Wurzeln der Marke liegen in Bellegarde, Frankreich. In einem Hinterzimmer von Marcel und Maguerite Blanchards Stummfilmtheater „Varietés" schneiderte Maguerites Schwester Gabrielle 1930 ihre ersten Lingerie-Stücke. Aus ihrem Kosenamen „Le Gaby" entstand die Marke Lejaby, die seit den 1960er-Jahren in Deutschland vertreten ist. Sie gehört seit 1996 der amerikanischen Bekleidungsgruppe Warnaco. Die Tochtergesellschaft Lejaby S. A. S. wird von Jack McLaughlin geführt und hat ihren Sitz im franz. Rillieux-La-Pape. Sie beschäftigt heute 1.500 Mitarbeiter. Um den Markenauftritt weiter zu stärken, präsentiert Lejaby ihre Dessous seit 2007 in zwei Serien. *Nuage by Lejaby* vereint die Produkte, die sich wie eine zweite Haut anschmiegen. Mit der fashionorientierten Linie *Envies by Lejaby* werden besonders trendbewusste Kundinnen angesprochen. Für Frauen mit großen Cups bietet Lejaby unter der Eigenmarke *Elixir de Lingerie* spezielle Kollektionen an. Die Zielgruppe sind selbstbewusste Frauen, die Wert auf Details und Qualität legen. Weiblichkeit und Sinnlichkeit spiegeln sich auch im Markenzeichen von Lejaby wider: Es zeigt die in runden Minuskeln gezeichnete Wortmarke. Die Lettern „a" und „b" verbindet hierbei ein stilisiertes Yin & Yang-Zeichen, das in der chin. Philosophie ein Symbol für den Einklang vom männlichen und weiblichen Prinzip ist. Bei Lejaby repräsentiert es das Zusammenspiel der Markenwerte Schönheit und Funktionalität.

Die Marke Lejaby steht für sinnliche Dessous.

DATEN UND FAKTEN

Markenname: Lejaby, Kunstwort, entstanden aus „Le Gaby", dem Spitznamen der Erfinderin Gabrielle (Gaby) Viannay, Frankreich

Slogan: „remember me ... Lejaby" (2004), „à l'amour, á la vie." (2007)

Gründer: Maguerite Blanchard, Marcel Blanchard, 1930, Bellegarde/Frankreich

Innovationen: Nuage, Invisible, Elixir de Lingerie

Jahresumsatz: 75 Mio. Euro (Gesamtumsatz Unternehmen)

UNTERNEHMEN

Eratex GmbH
Rommerskircher Str. 17
50739 Köln
(02 21) 9 79 40 00
(02 21) 7 90 23 11
www.lejaby.com

LEMKEN

Die Industriegütermarke Lemken bietet Landwirten eine breite Palette an Landmaschinentechnik für den Pflanzenbau. Zum Sortiment gehören u. a. Pflüge, Eggen, Sämaschinen und Feldspritzen. Der Schmied Wilhelmus Lemken, der 1780 mit einer Schmiede im niederrheinischen Birten den Grundstein für das Unternehmen legte, gab der Marke sowie dem Unternehmen Lemken GmbH & Co. KG seinen Namen. Die Firma zog 1936 in das nahe gelegene Alpen, bis heute Hauptsitz und Produktionsstandort. Das Markenlogo wurde 1951 von Viktor Lemken sen. entworfen. Es stellt einen „stilisierten Pflug auf weltumspannendem Acker" dar. Die Firmenfarbe Himmelblau prägt nicht nur den Unternehmensauftritt - alle Produkte werden in dieser Farbe lackiert. Die Modellreihen werden stets nach Edelsteinen benannt. So gibt

Lemken wurde 1780 als Schmiede im niederrheinischen Birten gegründet.

es die Pflugreihen *Diamant* und *Opal* oder das Bodenbearbeitungssystem *Smaragd*. Aktuell wirbt Lemken mit dem Beisatz „The Agrovision Company". Jährlich produziert das Unternehmen mit seinen 800 Mitarbeitern ca. 10.000 Maschinen, die weltweit über eigene Niederlassungen oder Vertriebspartner und über den Landmaschinenfachhandel vertrieben werden. Durch Weiterentwicklung, Forschung und konsequenten Fokus auf Landmaschinentechnik hat sich Lemken als ein Marktführer in Europa etabliert. Zwischen 2003 und 2007 erhöhte die Firma ihren weltweiten Umsatz von 79 Mio. auf 175 Mio. Euro. Die Wachstumsschwerpunkte liegen in West- und Osteuropa. Lemken ist noch immer in Familienbesitz, Geschäftsführer ist Dr. Franz-Georg von Busse.

UNTERNEHMEN

Lemken GmbH & Co. KG
Weseler Str. 5
46519 Alpen
(0 28 02) 81-3 00
(0 28 02) 81-3 94
www.lemken.com

LEONARDO

LEONARDO vertreibt neben Lifestyle-Produkten aus Glas (Mitte) auch Echtschmuck-Kollektionen unter dem Namen JEWELS by LEONARDO (unten).

LEONARDO ist eine Marke der Glas-, Porzellan- und Keramikbranche im Konsumgüterbereich. Das Unternehmen glaskoch B. Koch jr. GmbH + Co. KG wurde 1859 von Benedikt Koch in Bad Driburg in Nordrhein-Westfalen gegründet. Das ital. Flair und die Schönheit der Landschaft um die Stadt Vinci herum inspirierte Franz Josef Kleine 1972 in Italien zu dem Markennamen LEONARDO, dessen Markenwerte Inspiration, Emotion und Qualität sind. Das Sortiment von LEONARDO umfasst u. a. Vasen, Schalen, Trinkglasserien, Wind- und Tischlichter sowie Tableware. Außerdem sind LED-Leuchten Bestandteil des Portfolios. Die Produktpalette wurde 2005 durch die Echtschmuck-Kollektionen JEWELS by LEONARDO und 2006 durch Raumparfums, die sog. HOME FRAGRANCES, erweitert. Das LEONARDO Logo zeigt den Markennamen in weißer Schrift auf einem dunkelblauen Quadrat. Unter dem Schriftzug sind zwei weiße Wolken abgebildet. „Menschen zu begeistern" ist das Ziel der Marke. „inspiration for modern living" lautet der Slogan, der den Wandel der Lebensgewohnheiten der Menschen und die Unternehmensevolution verdeutlichen soll. Die glaskoch B. Koch jr. GmbH + Co. KG ist nach eigenen Angaben in Deutschland Marktführer im Segment Glas und Geschenkartikel. Seit 2007 können Produkte auch über das Internet bestellt werden. Das Unternehmen wird gegenwärtig von Geschäftsführer Oliver Kleine in fünfter Generation geleitet und ist am Standort Bad Driburg mit ca. 360 Mitarbeitern vertreten. Weltweit sind etwa 480 Mitarbeiter für das Unternehmen tätig. 2007 wurde in Bad Driburg der LEONARDO glass cube eröffnet, ein multifunktionaler Neubau, der auf einer Innenfläche von 2.800 Quadratmetern eine Brandworld, einen Academy Bereich sowie ein Design-Labor vereint. Die Außenfläche beträgt 5.600 Quadratmeter. Der LEONARDO glass cube soll der Glasmarke ein architektonisches Gesicht geben und steht auch externen Firmen für Veranstaltungen offen.

In Bad Driburg wurde 2007 der LEONARDO glass cube eröffnet.

DATEN UND FAKTEN

Markenname: LEONARDO

Slogan: „inspiration for modern living"

Erfinder: Franz Josef Kleine, 1972, Italien

Markenregistrierung: 09. 05. 1980, DPMA München

Auszeichnungen:
„red dot award: Wettbewerb Design Innovation" für u. a. Wasserset LAS VEGAS (1999)
„red dot award: product design" für u. a. Decanter CIRCOLO (2000)
„DP3D - Goldene Flamme" für LEONARDO glass cube (2007)

UNTERNEHMEN

glaskoch B. Koch jr. GmbH + Co. KG

Hauptsitz: Bad Driburg, Deutschland

Geschäftsführung: Oliver Kleine

Weitere Marken: montana

Gesamtumsatz: 106 Mio. Euro

Vertrieb: weltweit über 4.800 Verkaufsstellen für LEONARDO

KONTAKT

glaskoch B. Koch jr. GmbH + Co. KG
Industriestr. 23
33014 Bad Driburg
✆ (0 52 53) 86-0
🖷 (0 52 53) 86-2 70
💻 www.leonardo.de
💻 www.glass-cube.de

MEILENSTEINE

1859 Unternehmensgründung durch Benedikt Koch

1920 Aus der Telegrammadresse glaskoch entsteht der neue Firmenname.

1972 Vom Importeur zum Markenanbieter unter dem Namen LEONARDO

1982 Einführung der Marke montana für den SB-Bereich

1984 LEONARDO startet europaweit.

2001 Vertrieb der Produkte von LEONARDO weltweit

2007 Eröffnung des LEONARDO glass cube

LESONAL

Unter der Marke Lesonal vertreibt der niederl. Konzern →Akzo Nobel weltweit Autoreparaturlacke. Reinigungsmittel, Spachtelmasse, Arbeitsmittel zur Farbtonbestimmung und weiteres Zubehör komplettieren das Sortiment. Die Produkte richten sich an Reparaturlackierer in Autowerkstätten, für die Akzo Nobel auch technische Trainings für die korrekte Anwendung der Produkte anbietet. Ein kompaktes Produktprogramm soll den Werkstätten helfen, die Lagerbestände und -kosten zu reduzieren. Der Ursprung der Marke geht auf eine 1858 von Christian Lechler gegründete Fabrik für Anstrichfarben zurück. Der Markenname Lesonal wurde in den 1960er-Jahren eingeführt. In den 1970er-Jahren erwarb das niederl. Unternehmen Akzo die Marke. Seit 1995 bedient die Firma Akzo Nobel mit Produkten der Marke Lesonal auch England, Frankreich, Italien, Belgien, Spanien und Portugal. 1998 folgte die Expansion nach Osteuropa, China, Australien und Neuseeland. Seit dem Eintritt in den afrikanischen Markt im Jahr 2003 ist Lesonal weltweit präsent. Nach eigenen Angaben ist Akzo Nobel der weltweit größte Hersteller von Farben und Lacken. Autoreparaturlacke vertreibt das Unternehmen auch unter der Marke →Sikkens und über Mason CT wird das Nutzfahrzeug-Segment mit dessen speziellen Anforderungen bedient. Zum Portfolio von Akzo Nobel Coatings gehören außerdem Flugzeug- und Schiffslacke, Pulverlacke sowie Bautenlacke und -farben. Der internat. agierende Konzern ist auch in den Bereichen Chemie und Pharma tätig. 2006 erzielte das Unternehmen mit weltweit rund 62.000 Mitarbeitern einen konsolidierten Umsatz von 13,7 Mrd. Euro.

Unter der Marke Lesonal werden weltweit Autoreparaturlacke vertrieben.

UNTERNEHMEN

Akzo Nobel GmbH
Vitalisstr. 198–226
50827 Köln
✆ (02 21) 58 81-6 16
🖷 (02 21) 58 81-6 28
💻 www.akzonobel.de

LEUCHTTURM

Der Leuchtturm Albenverlag produziert Sammelalben für Münzen und Briefmarken, daneben aber auch allgemeine Mappen, Ordner und Archivierungssysteme. Das Familienunternehmen, 1917 von Paul Koch in Aschersleben (Sachsen-Anhalt) als KABE-Verlag gegründet, wird heute von Kurt Stürken und seinen Söhnen Axel und Max geführt. Das grafische Element des Logos – eine Briefmarke, in der ein Leuchtturm abgebildet ist - geht auf ein Konzept des Gründers Koch zurück. Demzufolge versinnbildlicht der Leuchtturm die Internationalität, die dem Sammeln von zumeist weit gereisten Münzen und Briefmarken innewohnt (Slogan 1960: „Durch die Welt mit Leuchtturm"). Die aktuelle, 1975 eingeführte Form des Logos ist in Cyan und Gelb gehalten, um die Leuchtkraft zu verstärken. Das Traditionsunternehmen, dessen Marketingaktivitäten sich hauptsächlich auf Fachzeitschriften konzentrieren, unterhält Geschäftsbeziehungen in etwa 80 Länder und führt Tochtergesellschaften in Kanada und den USA. Das Sortiment umfasst heute über 15.000 Artikel und wird ständig erweitert, Kernzielgruppe sind Männer im Alter bis 14 und ab 50 Jahren. Die bekannteste und älteste Marke des Hauses ist der *Peka-Klemmbinder* (1917), der in unterschiedlichen Formaten neben Sammelalben auch andere, beliebige Konvolute einfassen kann. Die internat. Dachmarke Leuchtturm, die 1948 in Hamburg eingetragen wurde, steuert ca. 80 % des Verlagsumsatzes bei. Für diesen

Die Traditionsmarke Leuchtturm besteht seit 1917.

Frank Winter, General Manager von Lexus

sorgen in Geesthacht bei Hamburg 185 Mitarbeiter, hinzukommen etwa 80 externe Kräfte.

UNTERNEHMEN

Leuchtturm Albenverlag GmbH & Co. KG
Spakenberg 42
21502 Geesthacht
(0 41 52) 8 01-0
(0 41 52) 8 01-2 22
www.leuchtturm.de

LEVI'S

Im Segment Bekleidungsindustrie steht der amerikanische Produzent Levi's für Jeansmode aus Denimprodukten. Zu der Gruppe Levi Strauss & Co. gehören neben Levi's die Marken Dockers und Levi Strauss Signature. Die Levi's Kollektionen sind unterteilt in die Reihen *red tab*, *blue*, *engineered* und *vintage*. Jede Reihe umfasst ein Angebot für weibliche und für männliche Konsumenten. Hergestellt werden nicht mehr nur Hosen aus Denim, sondern auch Jacken, T-Shirts, Sweatshirts, Hemden, Pullover, Röcke, Caprihosen, Shorts, Schuhe, Gürtel, Kopfbedeckungen, Schals und Handschuhe aus unterschiedlichen Materialien. Levi's Jeans werden in diversen Schnitten, Farben und Waschschattierungen angeboten. Der Klassiker 501 ist inzwischen ebenfalls in Varianten erhältlich. Zielgruppe sind jugendliche Käufer mit Markenbewusstsein sowie Menschen mit jugendlichem Lebensgefühl. Der bayerische Einwanderer Levi Strauss gründete 1853 das Unternehmen in San Francisco. 1872 machte ihn der Schneider Jacob Davis auf die von ihm erfundene Methode aufmerksam, Hosen mit Nieten zu verstärken. Die gemeinsame Patentierung wurde beschlossen und 1873 umgesetzt, das Patentrecht auf Nietenhosen ging 1890 jedoch verloren. Bereits seit 1886 existiert das immer noch aktuelle Logo, dessen Bildsignet die Strapazierfähigkeit der Jeans demonstrieren soll: zwei auseinanderstrebenden Pferden gelingt es nicht, die Hose in der Mitte zu zerreißen. Seit 1936 werden Levi's Produkte mit „red tab" verkauft und erreichen damit einen hohen Wiedererkennungswert.

UNTERNEHMEN

Levi Strauss Germany GmbH
(0 61 04) 60 10
www.eu.levi.com

LEXUS

Unter dem Namen Lexus vertreibt der jap. Automobilhersteller Toyota eine eigenständige Automobilmarke im Premiumsegment. Zur Kernzielgruppe zählen Automobilliebhaber mit gehobenem und hohem Einkommen. Im Jahr 2006 wurden 5.112 Lexus Neuzulassungen in Deutschland registriert. Die Idee der zweiten Marke entwickelte Eiji Toyoda 1983. Der Name Lexus wurde 1986 erfunden und 1987 patentiert. Das von den amerikanischen Agenturen Molly Designs und Hunter Communications entwickelte Logo stilisiert den Anfangsbuchstaben der Marke in einem vom Markenschriftzug separierten Kreis. Sein Debüt gab Lexus 1989 in Detroit mit dem Oberklassemodell LS 400 und einem über 250 PS starken V8-Motor. Anfang der 1990er-Jahre kamen weitere Baureihen wie die Limousine GS oder der SUV RX hinzu. Aufgrund der langjährigen Erfahrung mit der Hybridtechnologie im Toyotakonzern konnte Lexus 2005 als erste und bisher einzige Marke den Hybridantrieb in der Premiumklasse etablieren. Der innovative Antrieb sorgt im Lexus RX 400h, Lexus GS 450h sowie dem Lexus LS 600h für mehr Leistung bei weniger Verbrauch. Der im Jahr 2007 vorgestellte Lexus LS 600h ist mit einer Systemleistung von 445 PS das stärkste Hybridfahrzeug der Welt und verfügt als weitere Weltneuheiten über ein Fahrlicht mit LED-Technologie, Radartechnologie, Gesichtsfeldmonitor und ein 8-Stufen Automatikgetriebe. Zusammen haben Toyota und Lexus bereits über 1 Mio. Fahrzeuge mit Hybridantrieb verkauft. Neben Technologie stellt auch Design bei Lexus eine Säule der Marken-Identität dar. Die sog. „L-Finesse Philosophie" ist eine Wortschöpfung aus den Begriffen *Leading Edge* und *Finesse*, wodurch die Spitzentechnologien und der Feinschliff jedes Details betont werden sollen. Eigenen Angaben zufolge ist Toyota/Lexus im Premiumbereich nicht nur Deutschlands erfolgreichster Autoimporteur, sondern auch marktführend in den USA. Seit ihrer Markteinführung 1990 wird die Marke in Deutschland durch die Toyota Deutschland GmbH in Köln vertreten. Der Automobilhersteller verzeichnete im Geschäftsjahr 2006/07 einen Gesamtumsatz von 2,58 Mrd. Euro. Weltweit beschäftigt Toyota 300.000 Mitarbeiter. Das Unternehmen plant zukünftig den weltweiten Ausbau des Vertriebsnetzes sowie die Entwicklung neuer Modelle und Modellreihen.

Lexus Modellreihe

DATEN UND FAKTEN

Markenname: Lexus, Kunstwort, weckt Assoziation zu den engl. Attributen luxury (= Luxus) und elegance (= Eleganz)

Slogan: „Streben nach Vollendung" („The Pursuit of Perfection")

Frühere Slogans: „The relentless Pursuit of Perfection"

Markeneinführung: 1989

Markenregistrierung: 28.08.1987, DPMA München

Innovationen: Einführung des Hybridmotors (2005), Pre-Crash Safety System (2005), Clean-Diesel Technologie (erster Selbstzünder in einem Lexus, 2006)

Markenbekanntheit: 22 % ungest., 87 % gest. (Brand Control, 06/2007)

Auszeichnungen:
„Gewinner JD Power" (2006)
„Goldenes Lenkrad" für den IS 250 (2006)
„iF product design award" für den GS 450h (2007)

Markenwebsite: www.lexus.de

SCHON GEWUSST?

- Für den Spielfilm „Minority Report" (2002), dessen Handlung im Jahr 2054 stattfindet, ließ Regisseur Steven Spielberg einen zweisitzigen Lexus mit Fertigungsanlage entwickeln.
- Lexus ist die erste Automarke im Premiumsegment, die nicht aus einem westlichen Kulturkreis stammt.
- Toyota/Lexus ist seit Anfang 2007 der größte Automobilhersteller der Welt. Im ersten Halbjahr 2007 entstanden 4,7 Mio. Fahrzeuge.

Literatur:
T. Lang: Lexus - Streben nach Vollendung (2007)
T. Lang: Hybrid – Zukunft, die heute schon fährt (2007)

UNTERNEHMEN

Toyota Motor Corporation

Hauptsitz: Toyota-City, Japan

Vorstand: Fuijo Oho

Gesamtumsatz: 212,39 Mrd. USD (Geschäftsjahr 2006/2007)

Vertrieb: weltweit über Vertriebspartner, in Deutschland über 40 von freien Händlern betriebene Lexus-Foren

KONTAKT

Toyota Deutschland GmbH
Toyota-Allee 2
50420 Köln
(0 22 34) 1 02-0
(0 22 34) 1 02-72 00
www.toyota.de

Ansprechpartner Presse:
Karsten Rehmann
(0 22 34) 1 02-0

Ansprechpartner Marketing:
Georg Esterhues
(0 22 34) 1 02-0

Lead-Agentur:
BMZ+more GmbH & Co. KG
www.bmzundmore.de

LEYSIEFFER

Die Marke Leysieffer steht für ein großes Angebot an Confiserie- und Konditoreispezialitäten. Zur Produktpalette gehören u.a. Pralinen, zahlreiche Schokoladenvariationen,

Leysieffer wurde 1909 in Osnabrück gegründet.

Marzipan, Kaffee, Tee, Gebäck und Fruchtaufstriche. Die zentralen Herstellungsprozesse erfolgen in Handarbeit auf der Basis hochwertiger Rohstoffe. So werden Schokoladen z.B. nur mit Kakaobutter und ohne Fremdfette zubereitet. Das Portfolio umfasst auch spezielle Angebote für Diabetiker. Zu den bekanntesten Produkten zählen die „Himmlischen", eine Vollmich-Schokoladen-Praline mit schmelziger Füllung und einer Zuckerkruste. Bereits 1950 entwickelt, ist das Produkt seit 1972 wegen der hohen Zahl an Nachahmerwaren weltweit markenrechtlich geschützt. Der Markenname leitet sich vom Namen des Firmengründers Ulrich Leysieffer und seiner Frau Emily ab. Das Markenlogo mit dem grüßenden Mann, der ein Paket in der Hand hält, zeigt außerdem den Markennamen sowie den Schriftzug „Chocolaterie seit 1909" – das Familienunternehmen wurde 1909 als Konditorei-Café in Osnabrück gegründet. 1936 begann die Herstellung von Pralinen. Der Vertrieb des Sortiments erfolgt über mittlerweile 24 Filialen sowie über Feinkost- und Einzelhandelsgeschäfte, Warenhäuser und Hotels. Die Firma nutzt den Versandhandel seit 1964 als Vertriebsweg, einen Online-Shop gibt es seit 1999. Neben den Leysieffer-Filialen betreibt das Unternehmen auch sechs Bistros und Cafés. Mit Jan Leysieffer ist heute die vierte Generation der Gründerfamilie im Unternehmen vertreten.

UNTERNEHMEN

Leysieffer Konditorei- und Cafe-Betriebe GmbH & Co. KG
Benzstr. 9
49076 Osnabrück/Atter
✆ (05 41) 91 42-0
🖷 (05 41) 91 42-1 11
💻 www.leysieffer.de

LG

Im Logo von LG bilden die Buchstaben „L" und „G" ein stilisiertes Gesicht.

Die Konsumgütermarke LG steht weltweit für Produkte aus den Bereichen Unterhaltungselektronik, Telekommunikation, Informationstechnologie sowie Haushalts- und Klimagerätetechnik. Zu den jüngsten Innovationen gehört der weltweit erste *Super Multi Blue Player*, der in der Lage ist, sowohl Inhalte von Blu-ray Discs als auch von HD DVDs wiederzugeben. Das Markenlogo besteht aus einem roten Kreis mit den ausgesparten Buchstaben „L" und „G", die ein stilisiertes Gesicht bilden, sowie dem Markennamen in grauen Versalien. Lt. Unternehmen soll es u.a. für die Welt und für Freundlichkeit stehen. Der Identitätsslogan „Delightfully Smart" soll die Begeisterung der Kunden für die Marke ausdrücken, die sich über die Ausrichtung auf Innovation und Design positioniert. 2006 erhielt LG die Auszeichnung Designteam des Jahres 2006 des angesehenen red dot award: product design. Der Mutterkonzern LG Electronics Inc. betreibt weltweit 35 Forschungs- und Entwicklungs- sowie fünf Designzentren mit insgesamt 15.000 Mitarbeitern. Seit 2005 ist LG Premium-Partner der dt. Fußballnationalmannschaft und des DFB. Weltweit ist das 1958 gegründete Unternehmen nach eigenen Angaben die Nummer 1 bei CDMA-Mobiltelefonen sowie DVD-Spielern, Klimageräten und optischen Laufwerken. Die LG Electronics Deutschland GmbH mit Sitz im niederrheinischen Willich, eine Tochter der in Seoul ansässigen LG Electronics Inc., erwirtschaftete 2006 mit rund 260 Mitarbeitern einen Umsatz von ca. 661 Mio. Euro. Bis 2010 will der Konzern zu den Top 3 der Branche gehören.

UNTERNEHMEN

LG Electronics Deutschland GmbH
Jakob-Kaiser-Str. 12
47877 Willich
✆ (0 21 54) 4 92-0
🖷 (0 21 54) 4 92-1 11
💻 www.lge.de

LIDL

Lidl ist ein dt. Lebensmittel-Discounter und zählt mit 2.700 Standorten zu Deutschlands größten Handelsketten. Des Weiteren besitzt Lidl das größte Netz an Discountern in Europa. Mit der Gründung der „Lidl & Schwarz Lebensmittel-Sortimentsgroßhandlung" 1930 trat Josef Schwarz als Gesellschafter in die Südfrüchte Großhandlung Lidl & Co ein. Durch den Ausbau zu einer Lebensmittel-Sortimentsgroßhandlung wurde die Firma in Lidl & Schwarz KG umbenannt. Bei der Namensgebung für die Discountmärkte wählte das Unternehmen den Namen Lidl. Heute ist Lidl nach eigenen Angaben unter den Top 10 des dt. Lebensmittel-Einzelhandels. Neben Nahrungsartikeln bietet Lidl wöchentlich wechselnde preiswerte Aktionsartikel, wie beispielsweise Textilien, Elektroartikel, Haushaltsartikel sowie Spiel- und Freizeitartikel. Getreu der Philosophie „Wir machen die billigen Preise" verkauft das Unternehmen die Artikel des täglichen Bedarfs in guter Qualität zu einem günstigen Preis. Das Wiedererkennungsmerkmal erscheint als Wortmarke „Lidl" in einem gelben Kreis, der rot umrandet ist. Der Schriftzug ist blau, wobei der Buchstabe „i" schräg dargestellt und rot ist. Den Hintergrund bildet ein ebenso blaues Quadrat. Lidl gehört zu der Schwarz-Unternehmensgruppe und hat seinen Stammsitz in Neckarsulm. Neben Markenartikeln besitzt das Unternehmen Eigenmarken, wie Bioness und Fairglobe.

UNTERNEHMEN

Lidl Dienstleistung GmbH & Co. KG
Rötelstr. 30
74166 Neckarsulm
✆ (08 00) 43 53-3 61
💻 www.lidl.de

LIEKEN URKORN

Lieken Urkorn steht für ein breites Produktangebot im Brot- und Backwarensegment, insbesondere im Schnittbrotbereich. 1922 brachte Fritz Lieken, leidenschaftlicher Bäckermeister, als Erster ofenfrisch verpacktes Schnittbrot ins dt. Brotregal. Durch behutsame Erhitzung (Pasteurisierung) nach dem Verpacken gelang es ihm, das Brot schonend haltbar zu machen. So wurde es für viele Verbraucher praktischer in der Verwendung und Lagerung. Sowohl die Pasteurisierung als auch die Entwicklung des Durchlaufofens waren Innovationen, die Lieken durch einen USA-Aufenthalt kennenlernte und auf dem dt. Markt einführte. Erstmals konnte Brot in größeren Mengen bei gleichzeitig hoher Qualität gebacken werden. Die Schnittbrote vereinfachten die Zubereitung von Brotmahlzeiten, zumal das besonders in Norddeutschland beliebte Vollkornbrot schlecht von Hand zu schneiden war. Heute umfasst das Sortiment von Lieken Urkorn u.a. Schnitt- und Ganzbrote, Sandwiches, Toastbrot und diverse Kuchen- und Stollenspezialitäten, die täglich in eigenen Großbäckereien gebacken werden. Rund 1.000 Lastwagen liefern die Brot- und Backwaren täglich frisch an etwa 23.500 Lebensmittelmärkte aus. Zielgruppe von Lieken Urkorn sind Konsumenten, die praktisch verpackte Brot- und Backwaren von hoher Qualität bevorzugen. Lieken Urkorn verwendet für seine Brote ausschließlich traditionellen Natur-Sauerteig und verzichtet auf Konservierungsstoffe. Daneben zielt die Marke zunehmend auf gesundheitsbewusste Verbraucher und bietet dazu seit 2006 eine eigene Produktlinie *Fit & Vital* an. Das Markenlogo stammt aus dem Gründungsjahr 1922 und wurde seitdem wiederholt modifiziert. Nach der letzten Über-

Lieken Urkorn verwendet für seine frisch gebackenen und verpackten Brote ausschließlich traditionellen Natur-Sauerteig und verzichtet auf den Zusatz von Konservierungsstoffen.

arbeitung im Jahr 2006, die sich auch in den Verpackungen zeigt, besteht das Logo aus einer Kombination aus dem zweizeilig gesetzten Namenszug und einer abstrahierten Kornähre. Zu dem dunkelroten Untergrund kontrastieren die kräftigen Buchstaben in Weiß sowie die Ähre in Gelborange. Das Logo soll den Anspruch des Unternehmens transportieren, dass Lieken Urkorn für ursprüngliches Getreide, sorgfältig ausgewählte Zutaten und traditionelles Bäckerwissen steht. Lieken Urkorn ist eine Marke der Kamps Brot- und Backwaren GmbH.

DATEN UND FAKTEN

Markenname: Lieken Urkorn, aus dem Nachnamen des Firmengründers und dem Wort Urkorn als Symbol für das volle Korn

Slogan: „Lebenskraft aus vollem Korn."

Erfinder: Fritz Lieken, 1922, Achim

Markenregistrierung: 29. 10. 1975, DPMA München

Innovationen: erstes ofenfrisch verpacktes Schnittbrot in Deutschland (1922)

Markenwebsite: www.liekenurkorn.de

UNTERNEHMEN

Kamps Brot- und Backwaren GmbH

Hauptsitz: Garrel, Deutschland

Vorstand: Stefan von Klebelsberg (Vertrieb), Cristiano Alocci (Marketing)

Weitere Marken: → Golden Toast

Vertrieb: klassischer dt. Lebensmittelhandel und z. T. Softdiscounter

Mitarbeiter: 3.700 (Deutschland, 2006)

KONTAKT

Kamps Brot- und Backwaren GmbH
Auf'm Halskamp 11

Seit 2006 bietet Lieken Urkorn auch die Produktlinie *Fit & Vital* an, u. a. mit Vitaminbrot (Mitte) und Dinkel-Vollkorn Brot (unten).

Gibt es seit 1969 in Deutschland: Lift

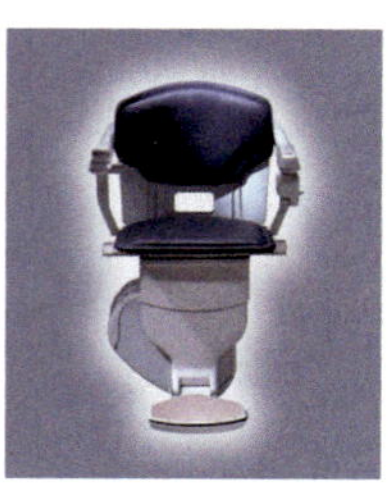

Der aufwärtsfliegende Vogel im Lifta-Logo symbolisiert Bewegung und Leichtigkeit (oben). Die Geschäftsführer (unten): Harald Seick, Axel Jaschek, Hartmut Bulling, Thomas Seick (v. l. n. r.)

49681 Garrel
✆ (0 44 74) 8 91-0
🖷 (0 44 74) 8 91-1 26
💻 www.kamps.de

Ansprechpartner Presse:
Christina Stylianou
✉ pressestelle@kamps.de

SCHON GEWUSST?

- Bäckermeister Fritz Lieken revolutionierte den Brotmarkt in Deutschland, indem er als Erster ofenfrisch geschnittenes Brot verpackte und durch Erhitzung haltbar machte.
- Fritz Lieken brachte von einer Amerika-Reise die Idee einer neuartigen Produktionsweise mit: Als erster dt. Bäcker ließ er einen Durchlaufofen bauen. Die Vollkorn-Brotstraße war 2,50 m breit und 25 m lang.

LIFT

Die Limonadenmarke Lift steht für eine erfrischende Schorle aus Fruchtsaft und Tafelwasser. Nur mit der Süße aus Früchten soll das Getränk eine Alternative zu herkömmlichen Limonaden darstellen. Lift Apfel-Schorle und Lift Apfel-Grapefruit sollen Schwung in den aktiven Tag bringen. Die Marke Lift wurde bereits 1969 beim DPMA angemeldet. Von 1973 bis Mitte der 1980er-Jahre war unter diesem Namen eine Zitronenlimonade erhältlich, 1982 gab es Lift kurzzeitig als Apfel- und Kräuterlimonade. 1996 wurde sie mit neuem Konzept als erste nat. vertriebene und trinkfertige Apfelsaftschorle auf den Markt gebracht. Den Ansatz zu dieser Markenstrategie gab die Überlegung, dass gerade die Deutschen gerne Schorle zu sich nehmen und man mit Lift ein entsprechendes Produkt am Markt platzieren konnte. Im Jahr 2005 wurden 79 Mio. l des Erfrischungsgetränks deutschlandweit verkauft. Am Gesamtumsatz der dt. Coca-Cola Organisation macht das einen Anteil von etwa 3 % aus. Die Marke richtet sich an Menschen mit einem aktiven Lebensstil im Alter von 20 bis 39 Jahren. Beim Markendesign kommt deshalb besonders der spritzig-fruchtige Gedanke zur Geltung. Das Logo greift die Apfelform auf, ist grün und wird vom modernen Schriftzug überlagert. Dieser ist gelb, wie auch der Hintergrund des Apfels, der an Sonnenstrahlen erinnert. Im vorderen Teil des Logos triff eine Abbildung eines echten Apfels auf eine Welle aus Wasser. Auch diese Bildkombination schafft eine direkte Verbindung zum Produkt selbst. Lift-Schorle ist in verschiedenen Größen von 0,25 l bis 1,5 l erhältlich. Die Coca-Cola GmbH ist eine Tochter der amerikanischen The Coca-Cola Company. Coca-Cola beschäftigt an über 80 Standorten in Deutschland mehr als 12.000 Mitarbeiter. Weitere Marken der Coca-Cola GmbH mit Sitz in Berlin sind →Coca-Cola, → Fanta, →Sprite, →mezzo mix und Bonaqa.

UNTERNEHMEN

Coca-Cola GmbH
Quartier 205, Friedrichstr. 68
10117 Berlin
✆ (0 30) 2 26 06-90 00
🖷 (0 30) 2 26 06-95 10
💻 www.lift-apfelschorle.de

LIFTA

Mit dem Werbeslogan „Lifta – der meistgekaufte Treppenlift" betont die Lifta Lift und Antrieb GmbH die Marktführerschaft ihrer Industriegütermarke Lifta in Deutschland. Bereits seit 1977 verkauft Lifta strombetriebene Treppenlifte, die Menschen, die in ihrer Beweglichkeit eingeschränkt sind, zu mehr Mobilität im Alltag verhelfen. Wurden im ersten Jahr neun Treppenlifte verkauft, sind es heute rund 6.000 Lifte pro Jahr. Mehr als 60.000 Treppenlifte sind bislang in Deutschland, Österreich und Südafrika ausgeliefert worden. Schon 1930 baute ein Kanadier seinem Nachbarn ein entsprechendes, strombetriebenes Gerät. In Deutschland waren Treppenlifte aber bislang unbekannt. Das Kölner Aufzugbau-Unternehmen L. Hopmann erkannte die Marktlücke und gründete 1977 die Lifta Lift und Antrieb GmbH als Schwesterfirma. Heute ist Lifta in Deutschland Synonym für Treppenlifte und richtet sich vor allem an die Generation über 50, die aktiv und mobil bleiben will. Für jede Art von Treppe bietet das Unternehmen passende Lift-Konzepte (Treppenlifte, Plattformlifte oder Hublifte). Der entsprechende Lift wird durch das Unternehmen bei den Kunden in weniger als einem Tag eingebaut. Seit dem Jahr 2006 gibt es die Produktlinie *Lifta-Avantgarde*. Sie umfasst technisch und optisch innovative Lifte, die von der renommierten Design-Agentur Seymourpowell gestaltet wurden. Das Markenlogo zeigt einen stilisierten Vogel, der nach oben fliegt und unter dessen Flügel der Name in kursiven Buchstaben steht. Es symbolisiert Bewegung und Leichtigkeit. Zum

Das Konzept der Lifta-Treppenlifte erlaubt den Einbau des Liftsystems in nahezu jeder Treppenkonstruktion.

Corporate Design gehören außerdem die Farben Blau und Cremeweiß. Lt. einer Zufriedenheitsstudie des TÜV-SÜD (2006) würden 98,8 % der Lifta-Käufer die Marke weiterempfehlen, 76 % haben es bereits getan.

DATEN UND FAKTEN

Markenname: Lifta, Kunstwort, abgeleitet von Lift

Slogan: „Lifta – der meistgekaufte Treppenlift"

Innovationen: Lifta-Avantgarde als Design-Offensive (2006)

Markenbekanntheit: 80 % ungest. (Generation 50+, eigene Erhebung)

Jahresabsatz: rund 6.000 Lifte

Auszeichnungen:
„Top 100 - die 100 innovativsten Unternehmen im Mittelstand", Compamedia GmbH (2001–2006)
„Top Job – die 100 besten Arbeitgeber im Mittelstand", Compamedia GmbH (2006, 2007)

MEILENSTEINE

1883 In Köln wird das Aufzugunternehmen Maschinenfabrik L. Hopmann gegründet.

1977 Der Aufzugbauer L. Hopmann gründet das Schwesterunternehmen Lifta, um Treppenlifte ins Portfolio aufzunehmen und eine Marktlücke zu schließen.

2002 Seit 2002 regelmäßige Zertifizierung durch TÜV-SÜD für Servicequalität und Kundenzufriedenheit

2006 Erstmals können Liftas auch gemietet werden.

UNTERNEHMEN

Lifta Lift und Antrieb GmbH

Gründung: 1977, Köln

Geschäftsführung: Harald Seick, Thomas Seick, Hartmut Bulling, Axel Jaschek

Mitarbeiter: rund 200

Vertrieb: Deutschland, Österreich, Südafrika

KONTAKT

Lifta Lift und Antrieb GmbH
Horbeller Str. 33
50858 Köln
(08 00) 2 24 46 61
(0 22 34) 50 45 03
www.lifta.de

LINDE

Die Industriemarke Linde steht heute für umfassende Produkte und Dienstleistungen im Bereich Gase für den industriellen Sektor. Die gesamte Wertschöpfungskette stammt aus einer Hand, vom Anlagenbau über die Herstellung der Industriegase bis hin zu deren Anwendung. Seit die Linde AG im Jahr 2006 das brit. Unternehmen BOC übernommen hat, lautet die Firmierung The Linde Group. Mit mehr als 51.000 Mitarbeitern weltweit und einem Umsatz von 12,4 Mrd. Euro (2006) gehört sie zu den führenden Unternehmen im Bereich Industriegase und Engineering. Die Division Gas bedient vornehmlich Geschäftskunden mit Druck- und Flüssiggasen sowie den dazugehörigen Ausrüstungen. Einsatzgebiete liegen in nahezu allen Branchen von der Stahlproduktion über die Chemieverarbeitung bis hin zur Lebensmittelverarbeitung. Die Division Engineering baut Anlagen, die u.a. in der Petrochemie, bei der Herstellung von Düngemitteln oder der Erzeugung von Wasserstoff verwendet werden. 1879 hatte Carl von Linde in Wiesbaden die „Gesellschaft für Linde's Eismaschinen AG" gegründet. 1895 gelangen mit der Erfindung der Luftverflüssigung und 1902 mit der Entwicklung von Verfahren zur Luftzerlegung zwei bedeutende Innovationen. Mit dem Zusammenschluss von Linde und BOC wurde die Unternehmensmarke The Linde Group geschaffen und der Markenauftritt grundlegend modernisiert. Das neue Logo basiert auf dem „L" in der Unterschrift Carl von Lindes. Die Vision „LeadIng.", die gleichzeitig auch als Claim genutzt wird, drückt aus, dass sich die Linde AG als zukunftsweisendes Technologieunterneh-

THE LINDE GROUP

Im Bild unter dem Logo ist das Wasserstoffzentrum in Unterschleißheim-Lohhof bei München zu sehen. Das Porträt zeigt Prof. Dr. Wolfgang Reitzle, den Vorstandsvorsitzenden der Linde Group.

Für Großabnehmer verschiedener Branchen plant, baut und betreibt die Linde Group Anlagen für seine Kunden wie diese Produktionsanlage in Dormagen.

men das Ziel gesetzt hat, die Wettbewerbsfähigkeit kontinuierlich auszubauen und ein in jeder Hinsicht führendes Unternehmen zu sein. Die im Unternehmen verankerte Unternehmensstrategie basiert auf drei Grundwerten der Linde AG: Zukunftskompetenz, Engagement und Verantwortung. Der Name Linde steht weltweit für herausragende Qualität, Kundenorientierung, Leistung und Innovation. Die Forschung des Unternehmens konzentriert sich derzeit u. a. auf den Bereich medizinische Gase und Wasserstoff. Das „Linde Hydrogen Center" in Unterschleißheim-Lohhof bei München wurde von der Standortinitiative „Deutschland – Land der Ideen" ausgezeichnet.

DATEN UND FAKTEN

Markenname: Linde, Familienname des Unternehmensgründers Carl von Linde

Claim: „LeadIng."

Gründer: Carl von Linde, 1879, Wiesbaden

Markenregistrierung: The Linde Group, 07. 02. 2007, DPMA München

Bedeutende Entwicklungsverfahren: Luftverflüssigung (1895), Luftzerlegung (1902)

Auszeichnungen:
„IF Communication Award" (2006)
Auszeichnung durch Standortinitiative „Deutschland – Land der Ideen" für Wasserstoffzentrum bei München (2007)

Literatur:
H.-L. Dienel: Die Linde AG – Geschichte eines Technologie-Konzerns 1879–2004. (2004)

UNTERNEHMEN

Linde AG

Hauptsitz: München, Deutschland

Vorstandsvorsitzender: Prof. Dr. Wolfgang Reitzle

Gesamtumsatz: 12,4 Mrd. Euro (2006)

Vertrieb: über eigene Vertriebspartner in über 70 Ländern

KONTAKT

Linde AG
Leopoldstr. 252
80807 München
✆ (0 89) 3 57 57-01
🖷 (0 89) 3 57 57-13 98
✉ info@linde.com
💻 www.linde.com

Ansprechpartner Presse:
Uwe Wolfinger
✆ (0 89) 3 57 57-13 20
✉ uwe.wolfinger@linde.com

SCHON GEWUSST?

▌Das Linde-Wasserstoffzentrum in Unterschleißheim-Lohhof bei München wurde im Jahr 2007 als einer der „365 Orte im Land der Ideen" von der Standortinitiative „Deutschland – Land der Ideen" ausgezeichnet. Das „Linde Hydrogen Center" vereint die Funktionen einer Wasserstofftankstelle mit denen eines Technologie-Testzentrums, einer Ausbildungsstätte und einer Präsentationsplattform. Herzstück der Anlage ist die Tankstelle, die eine Testflotte von wasserstoffgetriebenen Pkws und Bussen mit flüssigem Wasserstoff und mit komprimiertem, gasförmigem Wasserstoff versorgt.

LINDT

Lindt steht seit 1879 für Feines aus Schokolade.

Schokoladen hoher Qualität erwarten die Käufer der Konsumgütermarke Lindt. Am dt. Markt spezialisierte sich das Unternehmen Lindt & Sprüngli GmbH auf Pralinés, Tafelschokolade sowie Confiserie- und Saisonartikel nach Schweizer Tradition. Berühmt wurde die Lindt Schokolade mit ihrem zarten Schmelz. Er ist auf ein spezielles Herstellungsverfahren zurückzuführen, das Rodolphe Lindt 1879 entwickelte. Beim Experimentieren mit der Konsistenz von Schokoladenmasse vergaß er angeblich, die Reibemaschine, die sog. Conche, über Nacht auszuschalten. Nach 72 Stunden ununterbrochenen Rührens und Reibens fand er eine cremige Masse vor – die „chocolat fondant". Bis heute setzt der Prozess des „Conchierens" den qualitativen Maßstab für die Marke. Alle Schokoladen der Marke Lindt werden mit einem aufwendigen Conchierverfahren veredelt. Von der Rohstofferzeugung bis in den Handel hat Lindt darüber hinaus ein lückenloses Qualitätsmanagement aufgebaut. Außerdem bringt das Unternehmen regelmäßig Innovationen auf den Markt, wie z. B. die *Excellence 70 %*, die erste Bitterschokolade mit 70 % Kakaoanteil auf dem dt. Markt. Das goldene Logo als handschriftlicher Namenszug entstammt der Unterschrift von Rodolphe Lindt. Ergänzt wird die Wortmarke durch ein goldenes Drachenemblem. Alle Verpackungen sind mit dem Logo in heißgesiegeltem Gold versehen. Aufwendige manuelle Arbeitsschritte und die Liebe zum Detail, wie z. B. das per Hand umgelegte Glöckchen des Goldhasen, unterstreichen die Premium-Positionierung der Marke. Das internat. tätige Unternehmen beschäftigt heute ca. 7.000 Mitarbeiter, davon ca. 1.700 in Deutschland.

DATEN UND FAKTEN

Markenname: Lindt, Familienname des Firmengründers

Slogan: „Schweizer Chocolade-Kultur seit 1845"

Frühere Slogans: „Es ist Ihr Recht, von Lindt Besonderes zu erwarten." (1970er-Jahre), „Schön, dass es noch das Besondere gibt. Seit 1845." (1980er-Jahre), „Was ist schon wie Lindt?" (1990er-Jahre), „Ein kleines Stück vom großen Glück." (bis 1997)

Erfinder: Rodolphe Lindt, 1879

Markenregistrierung: 27. 09. 1906, Kaiserliches Patentamt Berlin

Innovationen: Conche (1879)

Markenbekanntheit: ungest. 68 %, gest. 97 % (GfK, 2007)

Jahresumsatz: 301,4 Mio. Euro (in Deutschland, 2006)

Werbespendings: 34 Mio. Euro (brutto, in Deutschland)

UNTERNEHMEN

Chocoladefabriken
Lindt & Sprüngli GmbH
Süsterfeldstr. 130
52072 Aachen
(02 41) 88 81-0
(02 41) 88 89-3 13
www.lindt.de

LIOFOL

Unter der Marke Liofol fasst Henkel die Klebstoffe und Beschichtungen für die Herstellung flexibler Verpackungsmaterialien zusammen. Die Liofol-Produkte richten sich an Firmen, die mehrlagige Verpackungsmaterialien aus Kunststoff oder Aluminium herstellen, wie sie beispielsweise zur Herstellung von Chipstüten oder Kaffeeverpackungen eingesetzt werden. Dabei dient Liofol dazu, unterschiedliche Materialien vollflächig und unsichtbar miteinander zu verkleben, um die Eigenschaften der Filme und Folien (z. B. Reißfestigkeit, Licht- und Aromabarriere) mehrlagig optimal zu kombinieren. Auf Kaschieranlagen werden bei Geschwindigkeiten bis zu 600 m/min die Folien mit Liofol beschichtet, anschließend gegen eine weitere Folie kaschiert und wieder aufgewickelt. Die Klebstoffe sind sowohl lösungsmittelhaltig als auch lösungsmittelfrei erhältlich. Weitere Produkte der Liofol-Palette sind Heißsiegel-Beschichtungen (z. B. für die Versiegelung von Joghurtdeckeln auf Bechern), Kaltsiegelbeschichtungen (z. B. für den Verschluss der Verpackung wärmeempfindlicher Produkte wie Schokoriegel oder Eis) und Klebstoffe für die Herstellung besonders hitzebeständiger mehrlagiger Verbundmaterialien für die Elektroindustrie. Die Marke Liofol wurde 1963 durch die Hannoveraner Sichel-Werke geschützt, die im gleichen Jahr durch Henkel gekauft wurden. Henkel hat Kaschierklebstoffe seit 1966 auf dem Markt. Entscheidende Innovationen des Konzerns unter der Dachmarke Liofol waren der erste lösungsmittelfreie Polyurethan-Kaschierklebstoff (1975), der erste migrationsarme Kaschierklebstoff (1989) sowie die erste synthetische, allergiefreie Kaltsiegelbeschichtung (2006). Das Markenlogo verwendet die Farben Rot,

Im Liofol-Technikum in Düsseldorf-Holthausen stehen Hochleistungs-Coater für Anwendungstests zur Verfügung.

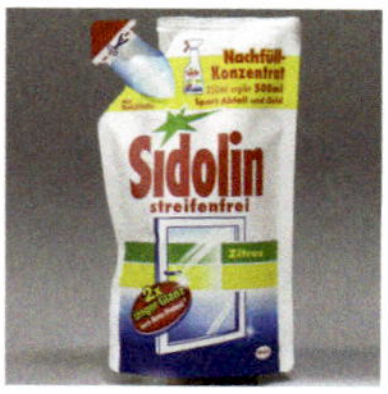

Liofol wird bevorzugt zum Verkleben von Verpackungen verwendet (Mitte). Folienkaschierung mit Liofol (unten)

Blau und Grün (Pantone 485, 2395, 361). In einem blau umgrenzten Oval steht auf weißem Grund der blaue Markenname mit rotem i-Punkt. Er ist grün unterstrichen und unter dem Unterstrich befindet sich der Slogan „Always one step ahead". Henkel ist sowohl im Konsumenten- als auch im Profi- und Industriebereich einer der bedeutendsten Produzenten von Klebstoffen. Der Gesamtumsatz im Unternehmensbereich Adhesives Technologies (Klebstoff Technologien) betrug 2006 rund 5,5 Mrd. Euro.

DATEN UND FAKTEN

Markenname: Liofol, Kunstname

Slogan: „Always one step ahead"

Erfinder: Klebstoffwerk Henkel, 1966 (seit 1971 unter dem Markennamen Liofol)

Markenregistrierung: 04. 12. 1963, DPMA München

Innovationen: Lösungsmittelfreier Polyurethan-Kaschierklebstoff (1975), migrationsarmer Kaschierklebstoff (1989), synthetische, allergiefreie Kaltsiegelbeschichtung (2006)

Markenwebsite: www.liofol.de

UNTERNEHMEN

Henkel KGaA

Hauptsitz: Düsseldorf, Deutschland

Weitere Marken: s. → Henkel

Gesamtumsatz: 12,740 Mrd. Euro (2006)

Vertrieb: weltweit in über 125 Ländern

MEILENSTEINE

1966 Henkel bringt Polyurethan-Klebstoffe für die Folienkaschierung auf den Markt.

1971 Start der Vermarktung von Liofol Kaschierklebstoffen durch Henkel

1975 Die erste Generation lösungsmittelfreier Polyurethan-Klebstoffe kommt auf den Markt.

1993 Joint Venture mit der Lord Corporation und Gründung der Liofol Corporation in den USA

2001 Henkel übernimmt alle Anteile an der Liofol Corporation in den USA.

KONTAKT

Henkel KGaA
Henkelstr. 67
40589 Düsseldorf
✆ (02 11) 7 97-0
🖷 (02 11) 7 98-40 08
🖳 www.henkel.de

Ansprechpartner Presse:
Peter Lienkamp
✉ press@henkel.com

LIPTON ICE TEA

In Deutschland verkauft der Unilever-Konzern unter der Dachmarke Lipton mit den Sub-Marken *Lipton Ice Tea* und *Lipton Green* auf PET-Flaschen abgefüllte Eis- und Grüntee-Getränke. Sie enthalten bis zu 65 % weniger Zucker als andere mit Zucker gesüßte Softdrinks. Die aktuell sechs Eistee-Produkte in den Sorten Peach, Lemon, Apple, Mango, Cranberry und Sparkling sowie die drei grünen Eistee-Getränke *Grüner Tee Limone*, *Grüner Tee Orange* und *Grüner Tee Naturell* richten sich an gesundheitsbewusste und aktive Verbraucher. Der Markenname geht zurück auf Sir Thomas Lipton, der ab 1890 das damalige Luxusprodukt Tee für breite Schichten der Bevölkerung erschwinglich machte. Das Markenlogo zeigt den Namenszug in weißen Lettern auf einem weiß umrandeten, leicht schräg gestellten roten Etikett, umgeben von einem Kranz aus Teeblättern und von hinten von einer Sonne beschienen. In der Markenkommunikation wird das Logo in der Wortmarke „Lipton can do that" eingesetzt. 1973 wurde Liptonice als erster Eistee in Deutschland eingeführt. In der Zielgruppenansprache hat sich der Sport als für die Marke wichtiges Thema etabliert. So rückte man 2007 die Sportart Speedminton (Speed Badminton) in den Mittelpunkt des eigenen Internetauftritts. Die Marke plant den Aufbau einer Lipton-Speedminton-Community und initiierte eine Unterschriftenaktion, um die Zulassung der Sportart zu den Olympischen Spielen in London im Jahr 2012 zu unterstützen. Weltweit wird Lipton-Eistee über → Unilever bzw. im Rahmen eines Joint Ventures mit PepsiCo in mehr als 50 Ländern vertrieben.

UNTERNEHMEN

Unilever Deutschland GmbH
Dammtorwall 15
20355 Hamburg
✆ (0 40) 3 49 30

(0 40) 35 47 42
www.lipton.de

LIVING AT HOME

Die nat. Konsumgütermarke LIVING AT HOME steht für ein Lifestylemagazin des Verlagshauses Gruner + Jahr AG & Co. KG. Der Markenname bedeutet übersetzt so viel wie „Zu Hause leben". Der Verlag plante in den 1990er-Jahren, seine Wohn-, Food- und Gartentitel in einer multimedialen Plattform zu bündeln. Dabei fiel auf, dass es bislang kein multithematisches Magazin gab, das diese Themen in einem gemeinsamen Kontext behandelte. Um diese Lücke zu schließen, erfolgte 2000 die Markteinführung von LIVING AT HOME. Das Konzept stammt von der Verlegerin Angelika Jahr-Stilcken. Das Magazin erscheint monatlich zu einem Bezugspreis von 3,50 Euro. Zielgruppe sind hauptsächlich Frauen, die urban, modebewusst und gebildet sind sowie über ein stark überdurchschnittliches Einkommen verfügen. Das Logo besteht aus einem Quadrat in der Hausfarbe rot-orange. Darüber liegt der Schriftzug LIVING AT HOME, wobei sowohl „LIVING" als auch „HOME" in Versalien gehalten sind und rechts über den Rand des Quadrats hinauslaufen. Die Schrift des Wortes „LIVING" ist grau und serifenlos, die der Wörter „AT" und „HOME" dagegen hellorange und mit Serifen. Entwickelt wurde das Logo im Jahr 2000 von dem renommierten Hamburger Designer Peter Schmidt. Der aktuelle Slogan des Lifestylemagazins lautet „Einfach schön. Schön einfach". LIVING AT HOME verkauft konstant über 200.000 Exemplare und gehört damit lt. IVW zu den führenden Magazinen im Segment. Das 1965 gegründete Verlagshaus Gruner + Jahr AG & Co. KG hat seinen Hauptsitz in Hamburg. Vorstandsvorsitzender ist Dr. Bernd Kundrun. Das Medienhaus beschäftigt 14.500 Mitarbeiter weltweit und erzielte im Jahr 2006 einen Umsatz von 2,86 Mrd. Euro. Weitere Titel des Verlags sind → art, → ESSEN&TRINKEN, → GEO, → SCHÖNER WOHNEN sowie → stern.

UNTERNEHMEN

Gruner + Jahr AG & Co. KG
Am Baumwall 11
20459 Hamburg
(0 40) 37 03-0
(0 40) 37 03-60 00
www.guj.de
www.livingathome.de

Das Logo von Living at Home wurde von der Peter Schmidt Group entwickelt.

LIVIO

Livio wurde im Zuge der Gründung der Union Deutsche Lebensmittelwerke GmbH 1958 in Deutschland erfunden. Grund für die Etablierung der Marke in der Nährmittelbranche war das Marktbedürfnis nach einem neutralen, hellen sowie ergiebigen Speiseöl. In den 1990er-Jahren wurden die Produkte unter den Slogans „Livio - Das Vitaminplus" sowie „Gesund und munter" in der Zielgruppe der „kleinen und großen Salatfans" beworben. Das Logo in den Farben Grün (Pantone 3425) und Gelb (Pantone 123) soll Leichtigkeit und Frische assoziieren. Der Markenname Livio, ein reines Fantasiewort mit assoziativ-klanglicher Nähe zu „Olive", wird im Logo in der Hausschrift Myriad auf den seit 1958 verwendeten Weißblechdosen gesetzt. Die Marke wurde 1957 beim DPMA in München eingetragen. Als Innovation konnte Livio im Jahre 2006 ein Rapsöl mit Orangenöl-Zusatz auf den Markt bringen und sich damit von den Mitbewerbern abgrenzen. Alle Produkte werden nat. durch die Peter Kölln KGaA vertrieben. Die Peter Kölln KGaA wurde bereits im Jahre 1795 von Hans Hinrich Kölln gegründet. Heute produziert das Unternehmen mit Stammsitz in Elmshorn und rund 300 Mitarbeitern Nährmittel und Speiseöle für den Konsumgütermarkt. Neben der Marke Livio sorgten weitere bekannte Marken wie → Kölln, → Palmin und → Biskin im Jahr 2006 für einen Gesamtumsatz von 75 Mio. Euro.

DATEN UND FAKTEN

Markenname: Livio, Kunstname mit Nähe zum Wort Olive

Slogan: „So wird Salat zum Genuss"

Erfinder: Union Deutsche Lebensmittelwerke GmbH, 1958

Markenregistrierung: 06. 09. 1957, DPMA München

Markenwebsite: www.livio.de

UNTERNEHMEN

Peter Kölln KGaA
Westerstr. 22–24
25336 Elmshorn
(0 41 21) 64 80
(0 41 21) 66 39
www.koelln.com

Das Speiseöl Livio in seiner charakteristischen Verpackung

Die Schuhmarke Lloyd steht für klassische und zugleich modische Schuhe für Frauen und Männer.

LLOYD

Lloyd ist eine traditionsreiche Schuhmarke aus dem niedersächsischen Sulingen. Die Lloyd Shoes GmbH & Co. KG richtet sich mit ihren Produkten an modebewusste und businessorientierte Männer und Frauen ab 30 Jahren mit mittleren bis gehobenen Einkommen. Neben klassischen und zugleich modischen Schuhen vermarktet das Unternehmen unter der Marke Lloyd über einen Lizenznehmer auch Accessoires. Den Markennamen Lloyd führte das 1888 in Bremen gegründete Unternehmen 1905 ein. Er erschien ungewöhnlich und konnte auch internat. erfolgreich verwendet werden. Das Markenlogo wurde 1927 entwickelt und seitdem immer wieder leicht modifiziert. Es zeigt in roten Versalien den Schriftzug Lloyd, der mit einem etwas helleren roten Streifen hinterlegt ist. Dieser wurde 1968 eingeführt und wird seitdem immer auch in den Absatz der Schuhe eingefügt. Für Werbung gibt Lloyd jährlich ca. 4 Mio. Euro aus. Der Claim der Marke lautet schlicht „Lloyd Germany". Nach Angaben des Unternehmens ist die Marke Lloyd im Segment der gehobenen Preisklasse Marktführer bei den Herrenschuhen in ihrer Zielgruppe. Eine Spiegel-Outfit-Studie bestätigte der Marke einen Bekanntheitsgrad von 37 %. Die Lloyd Shoes GmbH & Co. KG erzielte 2006 einen Umsatz in Höhe von 83,7 Mio. Euro. Das Unternehmen hat 1.208 Mitarbeiter, von denen 356 in Deutschland beschäftigt sind. Die Schuhe werden z. T. in Rumänien gefertigt, die Montage erfolgt vor allem im Werk in Sulingen. Für die Zukunft plant Lloyd die Eröffnung weiterer eigener Lloyd-Shops.

UNTERNEHMEN

Lloyd Shoes GmbH & CO. KG
Hans-Hermann-Meyer-Str. 1
27232 Sulingen
(0 42 71) 9 40-0
(0 42 71) 16 80
www.lloyd.de

Ein Teil der Produktpalette von Loctite (Mitte) und eine frühe Werbeanzeige aus den USA (unten)

LOCTITE

Die Produktfamilie der Marke Loctite von Henkel bietet Hochleistungskleb- und Dichtstoffe sowie chemische Hilfsmittel für die Automobiltechnik, industrielle Produktion, Gerätetechnik, Elektronik, Luft- und Raumfahrt, Medizintechnik sowie für Vakuum-Imprägnation und Gewindevorbeschichtung. Der Name ist ein Wortspiel aus dem engl. Begriff „lock tight", dt. „fest verschließen". Der Markenname Loctite wird heute in Fachkreisen als Begriffsmonopol für den Bereich der Schraubensicherung durch Klebstoffe genutzt. Im Jahr 1953 entstand Loctite im Labor des Chemieprofessors Vernon Krieble im Keller des Trinitiy College Hartford in Connecticut, USA. Zusammen mit seinem Sohn Robert, ebenfalls promovierter Chemiker, entwickelte Krieble ein Aushärteverzögerungsverfahren für einen einzigartigen Flüssigkunststoff, der unter Sauerstoffabschluss abhärtete – ein anaerobes Dichtungsmaterial. Am 26. Juli 1956 hatte Loctite schließlich seinen ersten öffentlichen Auftritt im University Club in New York. Kriebles Versprechen, das alte Problem mit losen Muttern und Schrauben in Maschinen und Geräten lösen zu können, führte rasch zu einem großen Strom von Anfragen. Daraus ergibt sich die spätere Markenphilosophie, nämlich für scheinbar unlösbare Probleme die passende Lösung bereitzuhalten. Inzwischen haben mehr als 50 Jahre Markengeschichte Loctite zum Marktführer bei Hochleistungskleb- und Dichtstoffen sowie chemischen Hilfsmitteln werden lassen. Loctite wird in mehr als 80 Ländern weltweit vertrieben und gehört seit 1997 zu Henkel. Der Gesamtumsatz im Henkel-Unternehmensbereich Adhesives Technologies (Klebstoff Technologien) betrug im Jahr 2006 rund 5,5 Mrd. Euro. Henkel ist sowohl im Konsumenten- als auch im Profi- und Industriebereich einer der bedeutendsten Produzenten von Klebstoffen.

Dr. Vernon Krieble, Chemieprofessor am Trinity College in den USA, erfindet 1953 den anaeroben Klebstoff, der ab 1956 unter der Marke Loctite vertrieben wird.

DATEN UND FAKTEN

Markenname: Loctite, Kunstwort, aus engl. lock tight (fest verschließen), erdacht von Nancy Krieble

Erfinder: Prof. Vernon Krieble, Dr. Robert Krieble, 1953

Markenregistrierung: 08. 05. 1956, USA (28. 09. 1962, DPMA München)

Markenwebsite: www.loctite.de

Literatur:
E. S. Grant: Drop by Drop. The Loctite Story (1983)

UNTERNEHMEN

Henkel KGaA

Hauptsitz: Düsseldorf, Deutschland

Weitere Marken: s. →Henkel

Gesamtumsatz: 12,740 Mrd. Euro (2006)

Vertrieb: weltweit in über 125 Ländern

KONTAKT

Henkel KGaA
Henkelstr. 67
40589 Düsseldorf
(02 11) 7 97–0
(02 11) 7 98–40 08
www.henkel.de

Ansprechpartner Presse:
Peter Lienkamp
press@henkel.com

MEILENSTEINE

1953 Erfindung des anaeroben Klebstoffes durch Prof. Vernon Krieble und seinen Sohn Dr. Robert Krieble

1956 Loctite wird in den USA als gesetzlich geschütztes Warenzeichen eingetragen.

1964 Erste Produktion von Cyanacrylatklebstoff

1965 Einführung von Konstruktionsklebstoffen

1980 Einführung von löslichen Klebstoffen in Gelform

1997 Henkel übernimmt die Loctite Corporation.

LOEWE

Unter der Marke Loewe vertreibt die Loewe AG Fernsehgeräte und Heimkino-Anlagen im Premiumsegment. Loewe gilt als klassische Konsumgütermarke und hält nach eigenen Angaben die europäische Marktführerschaft bei Premiumgeräten. Der Name Loewe geht

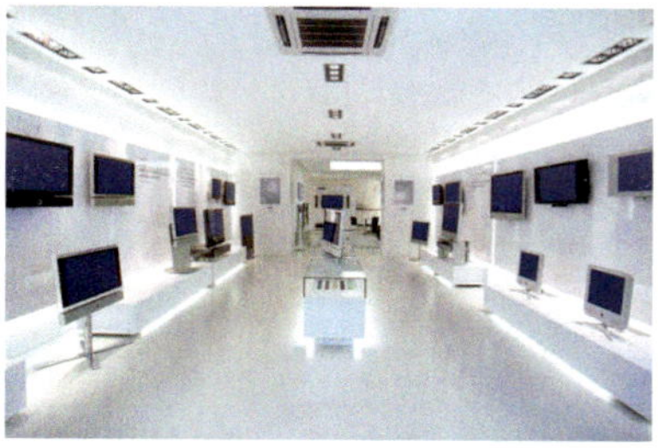

Loewe platziert sich mit seinen Produkten im Premiumsegment.

auf den Familiennamen der Firmengründer zurück. Die Brüder Dr. Siegmund und David Ludwig Loewe gründeten das Unternehmen 1923 in der Entstehungszeit der Rundfunk- und Fernsehtechnik unter dem Namen Radio AG D. S. Loewe. Nach der Machtergreifung der Nationalsozialisten wurde die Familie enteignet und ihre Firma in Opta Radio AG umbenannt. 1949 erhielt Dr. Siegmund Loewe sein Unternehmen zurück und benannte es in Loewe Opta Radio AG um. Im Werk Kronach wurde mit der Serienfertigung von Fernsehgeräten begonnen und das Portfolio in den folgenden Jahren stetig um innovative Produkte erweitert. So konzipierte die Firma im Jahr 1961 das Optacord 500, den ersten für den Heimgebrauch ausgelegten Videorecorder in Deutschland. 1972 ließ die Loewe AG ihr Logo registrieren und schützen. Als Wort-/Bildmarke zeigt es den Namen des Firmengründers in schwarzer Versal-Schrift vor weißem Hintergrund. In seiner Klarheit soll das Logo die Wertbeständigkeit und Qualität der Loewe Geräte repräsentieren. Neben der technischen Weiterentwicklung setzte die Loewe AG auch auf zeitgemäße Designlösungen und präsentierte 1985 Art 1, eine design- und technikorientierte Produktlinie mit Fernsehern. Loewe Produkte erhielten bisher über 200 internat. Design-Auszeichnungen. Die Marke Loewe hat in Deutschland eine gest. Markenbekanntheit von 64 % (GfK, 2006) und wird hauptsächlich in Europa vertrieben. Die Loewe AG beschäftigt weltweit 1.000 Mitarbeiter, die neben Fernsehgeräten auch DVD-Rekorder und Audioanlagen produzieren. Der Gesamtumsatz des Unternehmens lag 2006 bei 342 Mio. Euro. Für die Zukunft setzt das Unternehmen mit Stammsitz in Kronach verstärkt auf eine Premium-Strategie.

DATEN UND FAKTEN

Markenname: Loewe, Nachname des Firmengründers

LOEWE.

Loewe bietet seinen Kunden sowohl einzelne Komponenten wie Fernseher (Mitte) als auch komplette multimediale Designlösungen (unten).

LONGCHAMP
PARIS

Der Name Longchamp erinnert an die berühmte Rennbahn bei Paris.

Gründer: Dr. Siegmund Loewe, David Ludwig Loewe, 1923, Berlin

Markenregistrierung: 22. 12. 1972, DPMA München

Innovationen: Dreifachröhre (1926), erster elektronischer Fernseher (1931), erstes Cassetten-Tonbandgerät (1951)

Markenbekanntheit: 18 % ungest., 64 % gest. (GfK, 2006)

Auszeichnungen:
„red dot award: product design", für Fernsehgeräte *Individual Compose 46*, *Modus L-37* und die Fernbedienung *Assist 1* (2007)

Literatur:
K. Steiner: 75 Jahre Loewe – Und die Zukunft geht weiter (1998)
K. Steiner: Ortsempfänger, Volksfernseher und Optaphon – Die Entwicklung der deutschen Radio- und Fernsehindustrie und das Unternehmen 1923–1962 (2005)

UNTERNEHMEN

Loewe AG

Hauptsitz: Kronach, Deutschland

Vorstand: Dr. Rainer Hecker (Vorsitzender), Gerhard Schaas, Oliver Seidl

Gesamtumsatz: 342 Mio. Euro (2006)

Vertrieb: in Deutschland und Europa

KONTAKT

Loewe AG
Industriestr. 11
96317 Kronach
✆ (0 92 61) 99-0
🖷 (0 92 61) 9 54 11
🖳 www.loewe.de

Ansprechpartner Presse:
Dr. Roland Raithel
✆ (0 92 61) 99-2 17
✉ roland.raithel@loewe.de

Ansprechpartner Marketing:
Henrik Rutenbeck
✆ (0 92 61) 99-2 54
✉ henrik.rutenbeck@loewe.de

SCHON GEWUSST?

- Loewe entwickelte mit Manfred von Ardenne im Jahr 1931 den ersten elektronischen Fernseher auf der Basis der Braun'schen Röhre, der zwei Jahre später als serienreifes Gerät auf der Funkausstellung in Berlin vorgestellt wurde.
- Zur Verbesserung des Klangs von Schallplatten und Radiogeräten wurde 1928 die Schalldose LR 92 nach elektromagnetischem Prinzip entwickelt. Dieser Lautsprecher verbesserte besonders den Klang von Schallplatten, die bis dato nur aus Trichter-Grammophonen zu hören waren.

LONGCHAMP

Die Erfolgsgeschichte der internat. Marke Longchamp ist auf Ende der 1940er-Jahre zurück zu führen, als Jean Cassegrain Tabakpfeifen mit Leder bezieht und angeknüpft daran weitere Raucheraccessoires wie Humidors, Pfeifenhalter, Aschenbecher sowie Kleinlederwaren herstellt. Erst 1980 mit der Übernahme des Unternehmens durch seinen Sohn Philippe, begann dieser aufgrund seiner Kreativität und internat. Erfahrungen, die Damenhandtasche aus gewalktem Leder einzuführen. Dabei handelt es sich um ein natürlich genarbtes Leder, das exkl. von Longchamp hergestellt wird. Der Bestseller der Marke ist die Serie *Le Pliage*, die 1993 auf den Markt kam. Seit kurzem haben modeorientierte Kundinnen, die Wert auf Individualität legen, die Möglichkeit das berühmte Modell selbst zu gestalten. Die Marke ist benannt nach der wichtigsten Pferderennbahn in Paris. Im Hinblick auf diese Herleitung wird das Logo mit einem Pferd in Verbindung gebracht, das seit 2006 separat erscheint. Die Wortmarke besteht aus dem Schriftzug Longchamp in Versalien und wird von der Subline Paris untermalt. Dieser visualisierte Purismus spiegelt sich in den zeitlosen und modischen Kollektionen der Marke wider. Berühmtheiten wie Kate Moss, Uma Thurman oder Claudia Schiffer sind Anhänger der Kultobjekte und begeistern sich für die Lederwaren und Accessoires. Das Unternehmen Longchamp SAS hat seinen Stammsitz in Paris und beschäftigt 1.200 Mitarbeiter. Mit dem Verkauf in internat. Niederlassungen und über Vertriebspartner erzielte es 2006 einen Jahresumsatz von 200 Mio. Euro.

UNTERNEHMEN

Longchamp GmbH
Württembergerstr. 33
76646 Bruchsal
✆ (0 72 51) 17 28-1

(0 72 51) 17 29-1
www.longchamp.com

L'ORÉAL PARIS

Die internat. Konsumgütermarke L'Oréal Paris steht für ein breit gefächertes Sortiment von Pflege- und Kosmetikprodukten. Die Produktpalette von L'Oréal Paris umfasst viele unterschiedliche Produkte in den Bereichen Hautpflege, Make-up, Colorationen, Haarpflege und Haarstyling und Marken wie Dermo Expertise, Elvital oder Studio Line. Seit vielen Jahren präsentiert das Unternehmen diese Vielfalt konsequent unter dem gemeinsamen Markendach L'Oréal Paris mit dem Claim „L'Oréal - weil Sie es sich wert sind". Die Marke steht mit ihren Produkten für Forschungskompetenz auf hohem Niveau. Gleichzeitig sollen die internat. bekannten Botschafter der Marke eine Welt voller Glanz und Glamour verkörpern: Persönlichkeiten wie Penélope Cruz, Andie MacDowell, Jane Fonda und Claudia Schiffer sprechen dabei unterschiedliche Zielgruppen der Marke an. Sie sollen die Werte von L'Oréal Paris und der modernen Frau - selbstbewusst, engagiert und feminin zugleich zu sein - präsentieren. Das schlichte Markenlogo besteht aus dem Namenszug in serifenfreien Versalien, wobei das O als erster Vokal einen größeren Schriftgrad aufweist als die restlichen Buchstaben. L'Oréal Paris ist eigenständiger Geschäftsbereich und Kernmarke innerhalb der L'Oréal Gruppe, dem nach eigenen Angaben weltgrößten Kosmetikhersteller.

UNTERNEHMEN

L'Oréal Paris – ein Geschäftsbereich der L'Oréal Haarkosmetik und Parfümerie GmbH & Co. KG
Georg-Glock-Str. 18
40474 Düsseldorf
(02 11) 43 78-01
(02 11) 43 78-2 66
www.lorealparis.de

LORENZ VON EHREN

Die Baumschule Lorenz von Ehren steht für die Kultivierung hochwertiger Bäume und Gehölze jeder Größe und jeden Alters. Zum Sortiment des Unternehmens zählen Sträucher, Rhododendron, Rosen, Stauden, Solitärpflanzen bis hin zu 60-jährigen Großbäumen und Formgehölzen. Das Angebot richtet sich sowohl an Garten- und Landschaftsbau-Unternehmen, Landschaftsarchitekten und Architekten als auch an Endverbraucher. Der Schwerpunkt liegt auf der Produktion von qualitativ hochwertigen Pflanzen, die umweltfreundlich in Ballentuch aus Jute und Draht verpackt werden. Der Name der 1865 gegründeten Baumschule leitet sich aus dem Familiennamen des Gründers Johannes von Ehren und dem Vornamen seines Sohnes Lorenz ab. Das in Hamburg ansässige, familiengeführte Unternehmen betont neben der langjährigen Erfahrung und Tradition der Kultivierung von Bäumen seinen Produktionsstandort im Norden Deutschlands. Auch das Logo greift diese beiden Aspekte auf. Es zeigt ineinander geblendete Symbole eines Laub- und eines Nadelbaums, die in ein Emblem eingefasst sind, das an das Wappen der Stadt Hamburg erinnern soll. Der darunter platzierte Zusatz „Baumschulen seit 1865" unterstreicht die lange Tradition und Beständigkeit der Marke. Farblich dominieren der dunkle Grünton „British Racing Green" sowie ein neutrales Weiß. Über den Hamburger Hauptsitz vertreibt die Baumschule Lorenz von Ehren GmbH & Co. KG ihre Produkte in West- und Osteuropa. Nach eigenen Angaben ist das Unternehmen einer der Marktführer in der europäischen Baumschulbranche. Die GmbH beschäftigt derzeit 140 Mitarbeiter und erzielte 2006 einen Jahresumsatz von 20,5 Mio. Euro. Inzwischen erfolgt die Übergabe des traditionsreichen, familiengeführten Unternehmens in die Hände der fünften Generation.

DATEN UND FAKTEN

Markenname: Baumschule Lorenz von Ehren, leitet sich aus dem Familiennamen des Gründers und dem Vornamen seines Sohnes Lorenz von Ehren ab

Slogan: „Bäume für's Leben"

Gründer: Johannes von Ehren, 1865, Hamburg

Markenregistrierung: 01. 12. 1998, DPMA München

Jahresumsatz: 20,5 Mio. Euro

Werbespendings: 2 % vom Gesamtumsatz

Auszeichnungen:
Diverse Goldmedaillen auf Bundes- und Landesgartenschauen

UNTERNEHMEN

Baumschule Lorenz von Ehren GmbH & Co. KG

LORENZ VON EHREN
BAUMSCHULEN SEIT 1865

Die Baumschule Lorenz von Ehren wird als Familienunternehmen bereits in fünfter Generation geführt.

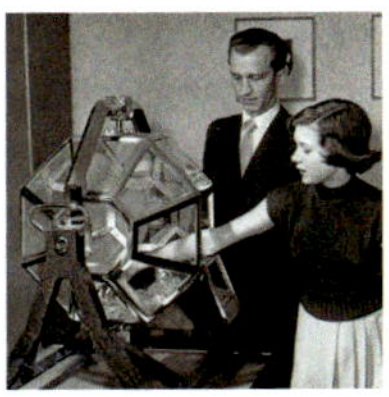

LOTTO-Schein für LOTTO 6aus49 (Mitte), Elvira Hahn bei der ersten Ziehung der LOTTO-Zahlen (unten)

Malfeldstr. 4
21077 Hamburg
☏ (0 40) 7 61 08-0
℻ (0 40) 7 61 08-1 00
www.lve.de

LOTTO

Die Dachmarke LOTTO steht für sicheres und seriöses Glücksspiel in Deutschland. Der Begriff LOTTO kommt aus dem Italienischen und bedeutet Auslosung. Das Spielprinzip des modernen Zahlenlottos geht zurück auf das Lotto di Genova, einem Nebenprodukt der genuesischen Senatorenwahl. Ausgehend von der ursprünglichen Spielformel 5aus90 etablierte sich in den 1950er-Jahren das Spiel LOTTO 6aus49. Es ist mit einem Anteil von über 60 % des Gesamtumsatzes heute der gewichtigste Umsatzträger der Marke LOTTO, unter deren Dach die Lotterieunternehmen aus den 16 Bundesländern agieren. Für die staatlichen Lotterieunternehmen stehen Spielsuchtprävention, Jugendschutz und Gemeinwohlorientierung an oberster Stelle. Sie übernehmen die gesellschaftliche Verantwortung für ein sicheres und seriöses Glücksspiel mit dem vorrangigen Ziel, das Spiel mit dem Glück zu ermöglichen, gleichzeitig aber präventiv die Entstehung von Spielsucht zu verhindern. Ein großer Teil der Einnahmen fließt über Lotteriesteuern und Konzessionsabgaben in den Sport, die Kultur und in soziale Projekte. LOTTO richtet sich mit seinen Produkten an alle Glücksspielinteressierten ab 18 Jahren und ist Studien zufolge bei über 90 % der Deutschen bekannt. Das Markenzeichen des Deutschen Lotto- und Toto-Blocks zeigt ein anerkanntes Symbol für Glück: ein rotes Kleeblatt mit dem Schriftzug LOTTO auf gelbem Grund. Alle LOTTO-Gesellschaften treten mit diesem gemeinsamen Branding auf. Der Deutsche Lotto- und Toto-Block erzielt pro Jahr einen Umsatz von rund 7,9 Mrd. Euro. In den 16 Lotterieunternehmen arbeiten rund 70.000 Mitarbeiter in 16 Landeszentralen und ca. 25.000 Annahmestellen. In seiner über 50-jährigen Geschichte hat LOTTO 6aus49 rund 1.500 Euro-Millionäre hervorgebracht. Der höchste Einzelgewinn gelang 2006 einem LOTTO-Spieler aus Nordrhein-Westfalen. Er knackte den Jackpot von 37,6 Mio. Euro, den bisher größten Jackpot in der dt. LOTTO-Geschichte. Glücksfee bei der ersten LOTTO-Ziehung in Deutschland nach dem 2. Weltkrieg war Elvira Hahn, ein zwölfjähriges Waisenmädchen. Bei der ersten Ziehung hatten sich rund 260.000 Menschen beteiligt, innerhalb weniger Wochen verzehnfachte sich die Beteiligung. Seit dem Jahr 1965 werden die LOTTO-Zahlen live im Fernsehen gezogen.

Logos der wichtigsten Produkte des dt. Lotto- und Totoblocks

DATEN UND FAKTEN

Markenname: LOTTO, ital. für Auslosung

Innovationen: LOTTO 6aus49 (1955), Ziehung der Zahlen live im Fernsehen (1965), Einführung des Jackpots (1985)

Markenregistrierung: 11. 10. 2006, DPMA München

Jahresumsatz: 7,9 Mrd. Euro

UNTERNEHMEN

Deutscher Lotto- und Totoblock
Der Deutsche Lotto- und Totoblock ist die Gemeinschaft der 16 selbstständigen Lotteriegesellschaften in den Bundesländern.

MEILENSTEINE

1643 Erstes LOTTO entsteht als 5aus90 in Anlehnung an die Senatorenwahl in Genua.

1763 Friedrich der Große führt LOTTO nach ital. Vorbild in Preußen ein.

1948 Die Sportwette Toto wird in Deutschland als Vorlauf zum klassischen LOTTO eingeführt.

1955 Geburtsjahr des LOTTO 6aus49 und Durchführung der ersten Ziehung am 9. Oktober 1955 in Hamburg

1994 Aufnahme der neuen Bundesländer in den Deutschen Lotto- und Totoblock

Geschäftsführung: jeweilige Geschäftsführungen der Lotteriegesellschaften in den 16 Bundesländern

Vertrieb: knapp 25.000 Annahmestellen in Deutschland

KONTAKT

Deutscher Lotto- und Totoblock
c/o Toto-Lotto Niedersachsen GmbH
Am TÜV 2+4
30159 Hannover
✆ (05 11) 84 02-0
🖷 (05 11) 84 02-3 41

LOUIS VUITTON

Louis Vuitton ist eine exkl. Modemarke des franz. Luxusgüterkonzerns Louis Vuitton Moët Hennessy (LVMH), die derzeit weltweit in 384 eigenen Filialen vertrieben wird. Neben Koffern und Reisetaschen umfasst das Produktportfolio auch Accessoires, Schmuck und Uhren sowie Modekollektionen für Damen und Herren. Die Wurzeln des Unternehmens liegen in Paris, wo der gelernte Koffermacher Louis Vuitton 1854 sein erstes Ladengeschäft eröffnete. Weil mit der Industrialisierung und der Erfindung von Dampfmaschine und Eisenbahn auch der Tourismus voranschritt, benötigte die feine Gesellschaft für ihre Reisen praktisches Reisegepäck. Louis Vuitton reagierte auf diesen Trend und präsentierte 1858 eine Truhe, die mit grauem Trianon-Canvas bespannt und geklebt und damit wasserdicht war. Der Innenraum war in Fächer und Schubfächer aufgeteilt und ermöglichte so den komfortablen Transport von Kleidung und Accessoires. Dieses Modell war so erfolgreich, dass es viele Nachahmer fand. Um sich von diesen abzusetzen, kreierte Louis Vuitton 1872 ein rot und beige gestreiftes Motiv. Sein Sohn Georges brachte 1888 ein aufwendiges Schachbrettmuster in braunen und beigen Tönen heraus. 1896 führte er zusätzlich das Monogram Canvas ein, das bis heute Erkennungszeichen vieler Produkte von Louis Vuitton ist. 1998 expandierte die Marke in Richtung Prêt-à-porter-Mode, wofür LVMH Marc Jacobs als Creative Director verpflichtete. In der Werbung setzt Louis Vuitton auf Testimonials wie Scarlett Johansson, Uma Thurman und Pharrell Williams. Zudem war LVMH mit Louis Vuitton Hauptsponsor des 32. America's Cup und war seit 1983 Namensgeber der zugehörigen Qualifikationsrennen, dem Louis Vuitton Cup. Die letztgenannte Bezeichnung entfiel, als LVMH im Jahr 2007 die Partnerschaft mit dem America's Cup beendete.

UNTERNEHMEN

Louis Vuitton Deutschland GmbH
Königsallee 62
40212 Düsseldorf
✆ (02 11) 8 64 70-0
💻 www.louisvuitton.com

LOWA

Die Marke LOWA steht für Outdoor-, Berg-, Ski- und Kinderschuhe. Der Ursprung der Marke geht auf die 1920er-Jahre zurück, als die Brüder Lorenz, Hans und Adolf Wagner im bayerischen Jetzendorf damit begannen, am elterlichen Hof vermehrt Schuhe zu fertigen. Später wurden die Brüder mit eigenen Schuhmachereien zu Konkurrenten. Aus diesem Wettbewerb gingen die Schuhmarken LOWA (aus den Anfangsbuchstaben von Lorenz Wagner), Hanwag und Hochland hervor. LOWA spezialisierte sich in den 1950er-Jahren zunehmend auf die Entwicklung und Herstellung von Berg- und Skischuhen. 1967 begann das Unternehmen als erster bayerischer Hersteller mit der Produktion von Skischuhen aus Kunststoff, bis dahin wurden diese noch aus Leder hergestellt. Das Unternehmen rüstete zahlreiche Expeditionen aus und holte sich u. a. bei dem Himalajaspezialisten Dr. Karl Herrligkoffer wichtige Anregungen für die Weiterentwicklung seiner Produkte. Auch heute arbeitet LOWA mit professionellen Bergsteigern und Kletterern wie Hans Kammerlander, Stefan Glowacz, Robert Jasper oder Ines Papert zusammen und rüstet diese aus. Als Zielgruppen nennt LOWA „outdoor-, bergsport- und skibegeisterte Menschen" sowie „junge lifestyleorientierte Personen". Mit einem breiten Sortiment an hochwertigen Schuhen, die ausschließlich in Europa produziert werden, ist die LOWA Sportschuhe GmbH nach eigenen Angaben im deutschsprachigen Raum Marktführer im Bereich Outdoorschuhe. Das Unternehmen, dessen Hauptsitz nach wie vor in Jetzdendorf bei München ist, erzielte 2006 mit ca. 220 Mitarbeitern einen Umsatz in Höhe von 108 Mio. Euro. Der Vertrieb der Marke LOWA erfolgt weltweit über Vertriebspartner. Seit 1993 gehört das Unternehmen zur ital. Tecnica-Gruppe.

DATEN UND FAKTEN

Markenname: LOWA, Akronym, Abkürzung des Gründernamens **Lo**renz **Wa**gner

LOUIS VUITTON

Louis Vuitton ist eine exkl. Modemarke des franz. Luxusgüterkonzerns Louis Vuitton Moët Hennessy (LVMH).

LOWA
Outdoor- & Skiboots

Mit dem Slogan „LOWA simply more" richtet sich LOWA insbesondere an outdoorbegeisterte und junge, lifestyleorientierte Menschen.

Slogan: „LOWA simply more", „LOWA Outdoor- & Skiboots"

Erfinder: Lorenz Wagner, 1923

Innovationen: Plastikhartschalenskischuh (1967), *LOWA Air System* (1972)

Jahresumsatz: 108 Mio. Euro (Unternehmen, 2006)

UNTERNEHMEN

LOWA Sportschuhe GmbH
Hauptstr. 19
85305 Jetzendorf
(0 81 37) 9 99–0
www.lowa.de

LÖWENSENF

Löwensenf erhielt seinen Namen aufgrund seines kräftigen und scharfen Geschmacks.

Die Düsseldorfer Löwensenf GmbH ist nat. Marktführer im Segment der scharfen Senfe (AC Nielsen, 2006). Gegründet wurde das Unternehmen 1903 von Otto und Frieda Frenzel als „erste lothringische Essig- und Senffabrik" in Metz. Nach dem verlorenen 1. Weltkrieg mussten die Deutschen die franz. Stadt verlassen und entschieden sich als neuen Standort für Düsseldorf, das schon damals die führende Senfstadt des Landes war. Mit der Entwicklung des scharfen Löwensenfs *Extra* im Jahr 1920 gelang es dem Gründerehepaar erstmals, einen dt. Senf nach dem Dijon-Verfahren herzustellen, der im Gegensatz zur Konkurrenz als einziger eine helle Farbe hatte. Seine Schärfe und Würze machten ihn schnell berühmt, passend zu seinem geschmacklichen Charakter erhielt er den Namen „Löwensenf". Das Produktsortiment des Unternehmens passte sich im Laufe der Zeit den immer individuelleren Nachfragen der Konsumenten an. Heute werden neben den Klassikern Löwensenf Extra und Medium die Varianten Bayerisch Süß, Pfeffermix, Honig-Dill, Weißwein, Altbier, Bärlauch und Bio-Mittelscharf angeboten. Produkte wie Rouladenfüllung oder Senfcremes für Sandwiches und Gegrilltes runden das Portfolio ab. In Anlehnung an den Namen visualisiert das Logo einen stilisierten Löwenkopf in einem weißen Kreis, der von der geschwungenen Wortmarke ergänzt wird. Der rote Fond (Pantone 485c) vermittelt die Stärke und den kräftigen Geschmack des Senfes. Hergestellt ohne Konservierungsstoffe, wird der Senf Aroma schonend und luftdicht vakuumverpackt. Die Verpackung, das charakteristische 250 ml „Glastönnchen", ist mittlerweile zum Markenzeichen des Unternehmens geworden. Die Printkampagne „Sie müssen jetzt stark sein" und auch der Slogan „Löwensenf – 100 % Geschmack" spielen auf die kräftige Rezeptur an. Das Traditionsunternehmen hat seinen Stammsitz bis heute in Düsseldorf und beschäftigt rund 50 Mitarbeiter. Das Hauptabsatzgebiet der Marke ist Deutschland, darüber hinaus wird der Senf weltweit exportiert.

DATEN UND FAKTEN

Markenname: Löwensenf, abgeleitet vom Löwen als Symbol für Stärke

Slogan: „Löwensenf – 100 % Geschmack"

Erfinder: Otto Frenzel, Frieda Frenzel, 1920, Metz/Frankreich

Markenregistrierung: 04. 04. 1960, DPMA München

Markenbekanntheit: 85 % gest. (Brigitte KA, 2006)

UNTERNEHMEN

Düsseldorfer Löwensenf GmbH

Hauptsitz: Düsseldorf, Deutschland

Die Form des Löwensenf „Tönnchens" wurde im Laufe der Jahre modernisiert.

Geschäftsleitung: Michael Durach, Alfred Reicherzer, Stefan Durach

Vertrieb: Hauptabsatzgebiet Deutschland mit Exporten in die ganze Welt

KONTAKT

Düsseldorfer Löwensenf GmbH
Kieshecker Weg 240
40468 Düsseldorf
(02 11) 41 59-0
(02 11) 41 59-2 85
www.loewensenf.de

Ansprechpartner Presse:
Engel & Zimmermann AG
Uta Heselhaus
(0 89) 35 63-3
u.heselhaus@engel-zimmermann.de

Ansprechpartner Marketing:
Volker Leonhardi
(0 89) 6 11 02-2 39
public.relations@develey.de

Lead-Agentur:
Heye & Partner
www.heye.de

SCHON GEWUSST?

Die Senfhauptstadt Düsseldorf bietet in einem eigenen Senfladen in der Altstadt die Möglichkeit an, die Vielzahl der Sorten direkt vor Ort zu testen. Neben den Löwensenf Produkten können hier auch weitere populäre Düsseldorfer Senfspezialitäten verkostet werden.

L'TUR

Die Dienstleistungsmarke L'TUR steht seit mehr als 20 Jahren für Last-Minute-Reisen. Täglich stehen bei L'TUR über 2 Mio. Angebote zur Auswahl. Zum Leistungsportfolio zählen Pauschalreisen, Hotels und Nurflug-Angebote. Das Spektrum reicht von Familien- und Singlereisen über Wellnesstrips, Cluburlaub oder Kreuzfahrten bis hin zu Mietwagen, Bahn- und Eventtickets. Die L'TUR Tourismus AG kooperiert mit mehr als 130 Fluggesellschaften und 10.000 Hotels, die über das Internet laufend ihre freien Kapazitäten an die Einkaufszentrale von L'TUR übermitteln. Dort werden Flüge und Hotels zu neuen Reiseangeboten kombiniert, deren Preise bis zu 50 % unter den regulären Katalogpreisen liegen. Die Kunden können die Last-Minute-Angebote von L'TUR maximal vier Wochen vor Abreise in über 160 Shops in sechs europäischen Ländern via Callcenter und über die Internetseite www.ltur.com buchen. Mit dem Konzept des Last-Minute-Urlaubs betrat der Unternehmensgründer Karlheinz Kögel im September 1987 Neuland, am ersten Tag wurden gerade einmal 17 Tickets abgesetzt. Heute verzeichnet L'TUR bis zu 5.000 Buchungen am Tag und ist damit nach eigenen Angaben das achtgrößte Tourismusunternehmen in Deutschland. Magenta dominiert das Corporate Design von L'TUR und sorgt für eine hohe Wiedererkennung der Marke. Auch das Markenlogo, das fallweise um den Claim „Nix wie weg" erweitert wird, ist in der auffälligen Farbe gestaltet. Die in Baden-Baden ansässige L'TUR Tourismus AG setzte 2006 mit 771.000 Reisenden 372 Mio. Euro um. Hauptaktionär des Unternehmens ist die TUI AG, die 46 % der Anteile hält. 44 % der Aktien sind im Besitz des Unternehmensgründers Karlheinz Kogel, die Thomas Cook AG hält 10 %.

Die L'TUR Tourismus AG setzte 2006 mit 771.000 Reisenden 372 Mio. Euro um.

UNTERNEHMEN

L'Tur Tourismus AG
Augustaplatz 8
76530 Baden-Baden
(0 72 21) 3 66-01
(0 72 21) 3 66-7 99
www.ltur.com

LUDWIG REITER

Die Ludwig Reiter Schuhmanufaktur vertreibt unter ihrem Namen rahmengenähte Schuhe im klassischen Wiener Stil. Ihr Sortiment enthält Sportschuhe, Damenschuhe und Accessoires. Darüber hinaus steht die Marke insbesondere für maßangefertigtes Schuhwerk. Aus bis zu 100.000 Kombinationen von verschiedenen Modellen, Leisten, Ledersorten und Bodenausführungen kann sich der Kunde seinen individuellen Schuh anfertigen lassen. Namensgeber Ludwig Reiter gründete die Schuhmanufaktur 1885 als Handwerksbetrieb. Das Unternehmen mit Sitz in Wien ist seitdem im Besitz der Familie. Das historisierende Markenlogo zeigt einen Fahnenträger auf einem Pferd unter dem der Schriftzug der Marke in röm. Versalien steht. Der Markenslogan lautet „Die Zukunft der Tradition". Das Familienunternehmen in vierter Generation ist nach eigenen Angaben die einzige Fabrik in Österreich, die noch rahmengenähte Schuhe nach dem Goodyear-Verfahren produziert. Dabei wird rings um den Schuh ein schmaler Lederstreifen ange-

LUDWIG REITER

Die Wiener Schuhmanufaktur Ludwig Reiter besteht seit 1885.

bracht, der Schaft und Sohle zusammenhält. 40 Mitarbeiter fertigen im von Richard Till Reiter Produktionsbetrieb in Wiener Neudorf jährlich etwa 30.000 Paar Schuhe, hauptsächlich in Handarbeit. Bekannte Modelle der Marke sind *Trainer*, *Bowling* oder *Maronibrater*. Die Schuhe werden in über 16 eigenen Geschäften in Österreich, Deutschland und in der Schweiz vertrieben. Darüber hinaus führen etwa 200 Fachgeschäfte und Boutiquen in Europa, Japan und den USA die Produkte der Marke.

UNTERNEHMEN

Ludwig Reiter Schuhmanufaktur GmbH
Mölkersteig 1
A-1010 Wien
✆ +43 1 53 34 20 40
🖷 +43 15 33 42 04 20
💻 www.ludwig-reiter.com

LUDWIG SCHOKOLADE

Die Ludwig Schokolade GmbH & Co.KG gehört zu den 20 größten europäischen Schokoladenwarenherstellern. Das Unternehmen mit Hauptsitz in Bergisch Gladbach gehört zur Krüger-Gruppe und ist die Mutter der Marken →Trumpf, Novesia, Regent, →Mauxion und →Fritt. Die Marken Trumpf, Mauxion und Fritt werden internat. vertrieben. Die Tradition von Ludwig Schokolade beginnt 1857 in Aachen mit der von Leonard Monheim hergestellten „Gesundheitsschokolade". Die erste Schokoladenfabrik entstand 1903 in Süsterfeld. Pralinen ergänzten das Sortiment und Trumpf wurde als Markenname eingeführt. Nach dem 2.Weltkrieg übernahm die Leonhard Monheim AG einen Teil der Mauxion Schokoladenfabrik. 1958 kam es zur vollständigen Übernahme. Seit 1986 firmiert die Leonhard Monheim AG als Ludwig Schokolade GmbH & Co KG. Die Eingliederung in die Krüger-Gruppe fand 1998 statt und soll die Wettbewerbsfähigkeit auf nat. und internat. Ebene stärken. Als wesentliche Bestandteile des Markenwertes sieht das Unternehmen die über 150-jährige handwerkliche Tradition in der Schokoladen- und Pralinenherstellung, modernste Fertigungsanlagen und umfassende, strenge Qualitätskontrollen. So hat sich Ludwig Schokolade dem Qualitätsmanagementsystem nach ISO 9000 verpflichtet, erfüllt die strengen Anforderungen der Britischen Händlervereinigung BRC und die Vorgaben des Handels IFS. Ludwig Schokolade produziert heute mit modernsten Fertigungsanlagen rund 100.000 t Schokoladenwaren.

Ludwig-Schokolade wurde 1998 in die Krüger-Gruppe eingegliedert. Zum Portfolio gehören u. a. Trumpf, Mauxion und Fritt.

DATEN UND FAKTEN

Markenname: Ludwig Schokolade

Erfinder: Leonard Monheim, 1857, Aachen

Weitere Marken: Trumpf, Novesia, Regent, Mauxion, Fritt

UNTERNEHMEN

Ludwig Schokolade GmbH & Co. KG
Senefelder Str. 44
51469 Bergisch Gladbach
✆ (0 22 02) 1 05-5 00
🖷 (0 22 02) 1 05-5 01
💻 www.ludwig-schokolade.de

LUFTHANSA

Die Deutsche Lufthansa AG ist ein weltweit tätiger Luftfahrtkonzern mit rund 400 Konzern- und Beteiligungsgesellschaften. Das Unternehmen ist in fünf Geschäftsfeldern aktiv: Logistik, Technik, IT Services und Catering. Die Lufthansa Passage Airlines sind der Nukleus des Konzerns. Die Geschichte der Marke Lufthansa beginnt 1926 mit dem Zusammenschluss der Deutschen Aero Lloyd AG mit der Junkers Luftverkehr AG zur Deutschen Luft Hansa AG. Schon damals diente ein stilisierter Kranich in einem Kreis als Markensymbol. Der Grafiker Otto Firle entwarf das Logo 1918 für die dt. Luft Reederei. 1933 wurde das Unternehmen in Lufthansa umbenannt. Die Lufthansa-Unternehmensfarben Gelb und Blau stammen noch von Junkers. Nach dem 2.Weltkrieg wurde die Deutsche Lufthansa 1953 neu gegründet und nahm 1955 den Flugbetrieb wieder auf. Der Lufthansa-Kranich wurde dabei optisch leicht überarbeitet und der Schriftzug in Antiqua-Schadow gesetzt. Durch die einheitliche Corporate Identity sollte die Marke Lufthansa Stabilität und Sicherheit suggerieren. Eine weitere Modernisierung des Markenauftritts erfolgte 1962 durch den Gestalter Otl Aicher. Dabei wurde der Lufthansa-Schriftzug in die Helvetica-Schriftart gesetzt, die bis heute nur leicht verändert verwendet wird. Auch der Einsatz der Firmenfarben wurde klarer strukturiert. In den kommenden Jahrzehnten wurde die Corporate Identity von Lufthansa weiter modifiziert, um den geänderten Geschäftsfeldern der Marke Rechnung zu tragen. In ihrer heutigen Form besteht sie seit 1996. Die Farbe Gelb ist dabei mehr in den

Erster Flugplan der neuen Lufthansa, die am 1.April 1955 den planmäßigen Linienluftverkehr aufnahm (Mitte). Wolfgang Mayrhuber (unten) steuert seit 2003 als Vorstandsvorsitzender die Geschäfte von Lufthansa.

Lufthansa ist eine der ersten Fluggesellschaften, die den A380 – das größte Passagierflugzeug der Welt – auf Linienstrecken einsetzen wird.

Vordergrund getreten, um die Kundenorientierung und Assoziationen von Wärme und Freundlichkeit zu betonen. Da Gelb kommunikativ wirkungsvoller einsetzbar ist als Blau, dient der verstärkte Gelbeinsatz auch der gesteigerten Unverwechselbarkeit des Erscheinungsbildes. Im dreidimensionalen Bereich wurde 1996 das Produktdesign von der Agentur frogdesign im Sinne eines „Retro-Futurismus" erarbeitet. Die Marke Lufthansa steht für technische und fliegerische Kompetenz, Innovations- und Dienstleistungsbereitschaft. Heute gehört die Lufthansa AG zu den größten Fluggesellschaften der Welt und ist Gründungsmitglied des multilateralen Airline-Verbunds *Star Alliance*, dem ersten und erfolgreichsten seiner Art auf der Welt. Lufthansa ist europäischer Marktführer im Bereich Business-Airlines und konzentriert sein globales Marketingmanagement vor allem auf diese Zielgruppe. Das Lufthansa Bonusprogramm *Miles & More* hat zahlreiche Partner weltweit. 2006 beförderte der Lufthansa-Konzern rund 53,4 Mio. Fluggäste, transportierte 1.76 Tsd. t Fracht sowie Post und erwirtschaftete einen Umsatz von rund 19,85 Mrd. Euro. Das Unternehmen beschäftigt weltweit rund 94.000 Mitarbeiter.

DATEN UND FAKTEN

Markenname: Lufthansa, der Name wurde nach dem Zusammenschluss der Deutschen Aero Lloyd AG mit der Junkers Luftverkehr AG gewählt

Slogan: „There's no better way to fly"

Gründer: Hans Bongers, 1955, Gründung der heutigen Lufthansa

Markenregistrierung: 1933, Reichspatentamt Berlin

Markenbekanntheit: 96 % ungest., 100 % gest. (GfK Brand Positioning, 2005)

Jahresumsatz: 19,85 Mrd. Euro (2006)

Auszeichnungen:
„Award für Mediastrategie" für betterFly Kampagne, Fachverband Außenwerbung (2006)
„Best Practice Award" für Lufthansa First Class Terminal,Travel Industry Club (2006)
„Aviation Excellence Award", Fachzeitung Flight International (2006)

Literatur:
H. W. Eisenächer: Lufthansa – Excellence in Branding, in H. Meffert et al. (Hg.): Markenmanagement. Identitätsorientierte Markenführung und praktische Umsetzung (2005)
V. Fischer: Die Schwingen des Kranichs. 50 Jahre Lufthansa Design. (2005)
K.-J. Rieger: 50 Jahre Lufthansa. Eine Erfolgsgeschichte (2005)

UNTERNEHMEN

Deutsche Lufthansa Aktiengesellschaft

Hauptsitz: Köln, Deutschland

Vorstand: Wolfgang Mayrhuber

Weitere Marken: Lufthansa Technik AG, Lufthansa Systems AG, Lufthansa Caro AG, LSG Sky Chefs, Lufthansa CityLine, Air Dolomiti, SWISS, Miles & More

Gesamtumsatz: 19,85 Mrd. Euro (2006)

Vertrieb: 192 Zielorte in 78 Ländern (Q3/2007)

KONTAKT

Deutsche Lufthansa Aktiengesellschaft
60546 Frankfurt/Main
(0 69) 69 60
www.lufthansa.com

Ansprechpartner Presse:
Amelie Lorenz
(0 69) 6 96–9 28 53
amelie.lorenz@dlh.de

SCHON GEWUSST?

- Ein ganz normaler Tag bei Lufthansa ...
- Lufthansa startet und landet 1.760 Mal.
- Lufthansa begrüßt 138.000 Fluggäste an Bord und befördert 4.800 t Fracht.
- Lufthansa beantwortet 27.400 Telefonanrufe.
- Lufthansa versorgt die Kunden mit 992.000 Essen.
- Lufthansa wartet 1.700 Flugzeuge.

Eine Doppelkupplung (Mitte) aus dem Hause LuK, die LuK-Firmenzentrale in Bühl (unten)

Lead-Agentur:
Peter Schmidt Group
www.peter-schmidt-group.com

LUK

Unter der Industriegütermarke LuK produziert die LuK GmbH & Co. oHG Kupplungssysteme und Getriebekomponenten für die Automobilindustrie. Der Markenname ist eine Abkürzung des Namens der ursprünglichen Firma Lamellen- und Kupplungsbau August Häussermann, die 1927 in Stuttgart gegründet wurde. Der Unternehmensgründer August Häussermann ließ LuK 1955 als Marke registrieren. 1965 gründeten die Brüder Dr.-Ing. E.h. Georg Schaeffler und Dr. Wilhelm Schaeffler das stark wachsende Unternehmen in Bühl neu und brachten Kapital aus der eigenen Firma →INA ein. Im gleichen Jahr kamen unter dem Namen LuK die ersten europäischen Tellerfederkupplungen auf den Markt, ein Jahr später eine Doppelkupplung für Traktoren – noch heute ist das Unternehmen Marktführer bei Kupplungen und Dämpfer für die Landtechnik. Forschung und Entwicklung spielen bei LuK eine wichtige Rolle und führen regelmäßig zu Innovationen im Bereich Fahrzeugantrieb, darunter Komponenten für das stufenlose CVT-Getriebe (1999) und das automatisierte Schaltgetriebe (2000). Der Getriebehersteller legt außerdem großes Gewicht auf kundenspezifische und serviceorientierte Lösungen und

Ein Teil aus einer hist. Anzeige für LuK

informiert seine Kunden in sog. „LuK Kolloquien" regelmäßig über neue Marktentwicklungen und Technologien. Für das weltweite automobile Ersatzteilegeschäft der Schaeffler Gruppe ist der Automotive Aftermarket zuständig, der von der LuK-Aftermarket Service oHG in Langen geführt wird. Das heutige Markenlogo von LuK zeigt den Namenszug in Schwarz auf gelbem Grund in einem rechteckigen Rahmen. Das Unternehmen passt den Markenauftritt an seine internat. Standorte an, achtet aber z. B. auf eindeutig festgelegte chin. Schriftzeichenfolgen zur durchgängigen Bezeichnung des Unternehmens. LuK gilt heute als Synonym für Kupplungen, nach Angaben des Herstellers fährt jedes vierte Auto weltweit mit einer Kupplung der Marke LuK. Seit 2003 ist LuK Teil der →Schaeffler Gruppe, zu der auch die Marken →INA und →FAG gehören. Die Produkte der Schaeffler Gruppe werden weltweit über 100 eigene Büros vertrieben. Mit 63.000 Mitarbeitern an 180 Standorten erzielte die Schaeffler Gruppe 2006 einen Umsatz von ca. 8,3 Mrd. Euro.

DATEN UND FAKTEN

Markenname: LuK, Akronym, zusammengesetzt aus dem ursprünglichen Firmennamen Lamellen- und Kupplungsbau August Häussermann

Slogan: „Gearing up for tomorrow"

Gründer: August Häussermann, 1927, Stuttgart; Neugründung durch Dr.-Ing. E.h. Georg Schaeffler und Dr. Wilhelm Schaeffler, 1965, Bühl

Markenregistrierung: 25. 02. 1955, DPMA München

Innovationen: Zweimassenschwungrad (1985), selbstnachstellende Kupplungen (1996), CVT-Getriebe (1999), Doppelkupplung (2007)

Auszeichnungen:
„Supplier of the Year", General Motors (neunfach)
„Innovation Award", EquipAuto in Paris

Markenwebsite: www.luk.com

UNTERNEHMEN

LuK GmbH & Co. oHG

Hauptsitz: Bühl, Deutschland

Geschäftsleitung: Norbert Indlekofer (Vorsitz)

Weitere Marken: RepXpert, RUVILLE

Gesamtumsatz: 8,3 Mrd. Euro (Schaeffler Gruppe, 2006)

Vertrieb: weltweit direkt

KONTAKT

LuK GmbH & Co.oHG
Industriestr. 3
77815 Bühl/Baden

(0 72 23) 9 41 -0
(0 72 23) 2 69 50
www.luk.com

Ansprechpartner Presse & Marketing:
Dr. Gabriele Freitag
(0 72 23) 9 41-4 88
gabriele.freitag@schaeffler.com

SCHON GEWUSST?

- Nach nur sechs Monaten Bauzeit konnte im April 1965 ein neues Werk eröffnet werden. Firmenchef Dr.-Ing. E.h. Georg Schaeffler zeigte sich erleichtert: „Wir verpflichteten uns gegenüber VW, ab dem 17. Mai 1965 mit der Serienfertigung zu beginnen, das waren 25.000 Kupplungen je Monat. Diese Entscheidung fiel im Herbst 1964, und so standen wir da mit einer großen Herausforderung, die nicht schiefgehen durfte. Und sie ging nicht schief."
- 1997 führte LuK die „LuKiade" durch, ein dreitägiges Sportfest mit Mitarbeitern aus allen LuK-Niederlassungen weltweit. Beim abschließenden „Abend der Nationen" übernahmen die Mitarbeiter die Abendgestaltung und präsentierten sich mit landestypischen Programmpunkten.
- 2005 fand der Mitarbeitertag mit 17.000 Besuchern anlässlich des 40-jährigen Firmenjubiläums statt.

LUVOS

Die Marke Luvos® steht für Heilerde zur innerlichen, äußerlichen und kosmetischen Anwendung. Verwendet werden ausschließlich reine Naturprodukte ohne chemische oder sonstige Zusätze. Luvos® ist ein Kunstname und leitet sich ab von Diluvium, einer Bezeichnung für das letzte Eiszeitalter, das vor 11.500 Jahren endete und heute besser als Pleistozän bekannt ist. Erfinder ist Adolf Just, der als Wiederentdecker der Heilerde für die Naturheilkunde Ende des 19. Jh. gilt. Heute sind die Anwendungsschwerpunkte von Luvos® Heilerde Sodbrennen bei der innerlichen und Akne bei der äußerlichen Anwendung des Produktes. Luvos® Heilerde ist das einzige Arzneimittel in Deutschland, das mit dem Wirkstoff Heilerde gegen Sodbrennen, säurebedingte Magenbeschwerden und Durchfall zugelassen ist. Neueste Entwicklungen sind die Luvos® Heilerde Kapseln und Naturkosmetik mit Heilerde. Das Markenlogo besteht seit 1918 aus dem Schriftzug Adolf

Luvos® Heilerde kann sowohl innerlich als auch äußerlich angewendet werden und hilft vor allem bei Magen-Darm-Beschwerden sowie bei Hautproblemen.

Justs Luvos® Heilerde, wobei der Name Luvos stark herausgehoben ist, darüber steht ein Kranz aus Apfel- und Haselnusszweigen mit einem männlichen Profil darin. Äpfel und Haselnüsse spielten für Adolf Just eine große Rolle in der gesunden Ernährung. Der Schriftzug Luvos® wurde im Laufe der Jahre mehrmals angepasst, zuletzt beim Relaunch 2006. Beworben werden die Produkte mit dem Slogan „Kehrt zur Natur zurück". Das Unternehmen Heilerde Gesellschaft Luvos Just GmbH & Co. KG wurde 1918 in Blankenburg im Harz von Adolf Just gegründet. Heute ist der Firmensitz in Friedrichsdorf. Das Unternehmen beschäftigt 15 Mitarbeiter. Luvos® ist lt. Firmenangaben Marktführer in Deutschland für Heilerde. Die Produkte werden über Apotheken, Reformhäuser und Drogerie-Fachabteilungen vertrieben. Für die Zukunft plant das Unternehmen Line Extensions im Bereich Naturkosmetik und Körperpflege mit Heilerde.

DATEN UND FAKTEN

Markenname: Luvos®, abgeleitet vom letzten Eiszeitalter Diluvium, heute auch Pleistozän genannt

Slogan: „Kehrt zur Natur zurück"

Erfinder: Adolf Just, 1918

Markenregistrierung: 23. 05. 1939, Reichspatentamt Berlin

Literatur:
A. Just: „Kehrt zur Natur zurück" (1895)

UNTERNEHMEN

Heilerde Gesellschaft Luvos Just GmbH & Co. KG

Hauptsitz: Friedrichsdorf, Deutschland

Geschäftsführung: Ariane Kaestner

ADOLF JUSTS Luvos® HEILERDE

Bereits seit Anfang des 20. Jh. ein bewährtes Heilmittel: Luvos® Heilerde aus Friedrichsdorf

Vertrieb: Deutschland, Europa und Teile Asiens und Amerikas

Mitarbeiter: 15 (2007)

KONTAKT

Heilerde Gesellschaft Luvos Just GmbH & Co. KG
Otto-Hahn-Str. 23
61381 Friedrichsdorf
(0 61 75) 93 23-0
(0 61 75) 93 23-20
www.luvos.de

Ansprechpartner Presse:
Ariane Kaestner
(0 61 75) 93 23-0
kaestner@luvos.de

SCHON GEWUSST?

- Anlass für die Erfindung der Luvos® Heilerde war die eigene Krankheitsgeschichte Adolf Justs: Er litt an einer in der Schulmedizin als unheilbar geltenden Nervenkrankheit, die er nach dem Studium von Prießnitz und Kneipp selbst mit naturheilkundlichen Verfahren heilen konnte.
- Luvos® Heilerde besteht aus naturreinem Löss. Dieser entstand aus verwittertem Gesteinspulver, das aus der letzten Eiszeit, dem Diluvium, stammt.

LUXHAUS

Mit dem Markennamen Luxhaus sind moderne und innovative Holz-Fertighäuser verbunden. Das Produktportfolio reicht vom kleinen Einzelhaus über Designhäuser und Bungalows bis hin zu Doppelhäusern. Die Luxhaus GmbH & Co. KG ist führend in der sog. Climatic-Wand-Technologie, was auch der Werbeslogan aufgreift. Das besondere Wandsystem hat sehr gute Isoliereigenschaften und zeichnet sich durch einen ökologischen Aufbau aus. Diese Technologie wurde zusammen mit dem Fraunhofer-Institut für Holzforschung entwickelt. Eine weitere wichtige Innovation des Unternehmens war das in den 1970er-Jahren patentierte Massiv-Verleimungs-Verfahren. Den Grundstein für das Unternehmen legte Jakob Lux 1928 mit einem Sägewerk in Greding. Sein Sohn Oswald Lux machte daraus in den 1950er-Jahren ein mittelständisches Fertighaus-Unternehmen. Der bundesweite Vertrieb startete 1982. Heute sind die Fertighäuser der Marke außerdem in Österreich, Luxemburg, Tschechien, Slowenien und Dänemark erhältlich. Die Marke wurde 1994 beim DPMA in München eingetragen. Das rein typografische Logo hat die Agentur Roth und Bähr entwickelt. Hausfarben von Luxhaus sind HKS 41 und HKS 15. Das Familienunternehmen mit Hauptsitz im mittelfränkischen Georgensgmünd beschäftigt 380 Mitarbeiter und erwirtschaftet jährlich einen Umsatz von ca. 50 Mio. Euro. Für Werbemaßnahmen stehen etwa 1 Mio. Euro zur Verfügung.

UNTERNEHMEN

Luxhaus GmbH & Co. KG
Pleinfelder Str. 64
91166 Georgensgmünd
(0 91 72) 6 92-0
(0 91 72) 6 92-1 03
www.luxhaus.de

LVM VERSICHERUNGEN

Hauptsitz der LVM Versicherung in Münster (Mitte), Detailansicht der Skulptur „Zwei Pferde für Münster" (unten)

Unter dem Dach der Marke LVM bieten der Landwirtschaftliche Versicherungsverein Münster a. G. und seine Tochtergesellschaften ein umfangreiches Portfolio an Versicherungen und Finanzdienstleistungen an. Der Ursprung des LVM geht auf die Gründung des Versicherungsvereins gegen Haftpflicht für Landwirte der Provinz Westfalen zurück. Bereits in den 1920er-Jahren wurden auch Kraftfahrthaftpflichtversicherungen angeboten und der Kreis der versicherbaren Personen wurde erweitert. 1955 erhielt der Verein seinen heutigen Namen. Ab 1964 expandierte der LVM und entwickelte sich zu einer Unternehmensgruppe mit Tochtergesellschaften für die Bereiche Lebens-, Rechtsschutz-, Krankenversicherung und Pensionsfonds. Seit dem Jahr 2000 vermittelt der LVM unter der Marke LVM-Fonds-Familie Investmentfonds. Diese werden zusammen mit einem der großen US-amerikanischen Vermögensverwalter, Federated Investors, entwickelt. Die 2002 integrierte Augsburger Aktienbank unterstützt die Ausrichtung als Versicherer und Finanzdienstleister. Das LVM-Logo verweist noch heute auf die Ursprünge der Marke: Grün ist die Farbe der Landwirtschaft, das Pferd im Logo eine Anspielung auf das hist. Westfalenross. Die Unternehmensgruppe erzielte 2006 mit rund 3 Mio. Kunden und 8 Mio. Verträgen Beitragseinnahmen in Höhe von 2,2 Mrd. Euro. Der Vertrieb erfolgt ausschließlich über die bundesweit rund 2.100 selbstständigen Agenturen. Insgesamt arbeiten ca. 10.000 Menschen für den

Der aktuelle Slogan „In guten Händen" spiegelt die Unternehmensphilosophie wider.

LVM. Annähernd 700 Mitarbeiter nutzen dabei einen außerbetrieblichen Arbeitsplatz. Mit dem Modell der alternierenden Telearbeit ist der LVM Vorreiter in der Branche. Aber auch im Bereich der Fahrzeugwerbung beweist das Unternehmen als einer der großen deutschen Kfz-Versicherer Innovationskraft: 2.000 Fahrzeuge im LVM-Design sind bundesweit im Werbeeinsatz.

DATEN UND FAKTEN

Markenname: LVM Versicherungen, Abkürzung für **L**andwirtschaftlicher **V**ersicherungsverein **M**ünster a.G.

Slogan: „In guten Händen. LVM"

Gründer: Versicherungsverein gegen Haftpflicht für Landwirte der Provinz Westfalen, 1896, Münster

Markenregistrierung: 27.07.1979, DPMA München

Auszeichnungen:
„A+, sehr gut", Assekurata für LVM a. G. (2007)
„A+, sehr gut", Assekurata für LVM Lebensversicherungs-AG (2007)
„A+, sehr gut", Assekurata für LVM Rechtsschutzversicherungs-AG (2007)
„A++, exzellent", Assekurata für LVM Krankenversicherungs-AG (2007)
„Sehr Gut" in der Kategorie Gesamtzufriedenheit, KUBUS (2007)

Literatur:
A. Surminski: 100 Jahre LVM-Versicherungen. 1896–1996. Vom Bauernverein zum Versicherungskonzern (1996)

UNTERNEHMEN

Landwirtschaftlicher Versicherungsverein Münster a. G.

Hauptsitz: Münster, Deutschland

Vorstandsvorsitzender: Robert Baresel

Beitragseinnahmen: 2,2 Mrd. Euro (2006)

Vertrieb: deutschlandweit über 2.100 selbstständige Agenturen

KONTAKT

LVM Versicherungen
Kolde-Ring 21
48126 Münster
✆ (02 51) 7 02-0
🖷 (02 51) 7 02-10 99
🖳 www.lvm.de

Ansprechpartner Marketing:
Thomas Büchel
✆ (02 51) 7 02-21 37
✉ t.buechel@lvm.de

SCHON GEWUSST?

▌Als Antwort auf die Inflation führte der Verein 1923 die legendäre Roggenwährung ein. Versicherungsbeiträge wurden pfundweise in Roggen bezahlt, auch die Schadenzahlungen erfolgten in der Naturalwährung. Als 1924 mit der Rentenmark eine solide Währung eingeführt wurde, verkaufte man die eingelagerten Roggenbestände mit Gewinn. So konnte der Verein die Inflationszeit unbeschadet überstehen.

LYTTRON

Unter der Marke LYTTRON entwickelt, produziert und vermarktet die Firma LYTTRON Technology GmbH elektrolumineszente Leuchtfolien, die durch Anlegen einer elektrischen Spannung leuchten. Die Folien erzeugen eine flächige und homogene Ambiente-Beleuchtung, blendfrei und ohne Wärme abzugeben. Diese sog. LYTTRON Smart Films unterscheiden sich von herkömmlichen Elektrolumineszenz-Folien dadurch, dass sie dreidimensional frei verformbar sind. Damit erhalten Premium-Hersteller von Industrie- und Konsumgütern neue Design-Spielräume bei der Gestaltung und Akzentuierung ihrer Produktwelten. Zu den zahlreichen Anwendungsmöglichkeiten von LYTTRON gehören u. a. die Bereiche Lifestyle, exkl. Wohnkonzepte und klassisches Automobilinterieur. Die LYTTRON Technology GmbH ist eine 100%ige Tochter der Bayer MaterialScience AG und wurde im Februar

LYTTRON simply science

Die elektrolumineszenten Folien von LYTTRON kommen z. B. bei Leuchtobjekten (Mitte) und beim Automobilinterieur (unten) zum Einsatz.

2006 gegründet. Bis 2010 werden rund 150 Mitarbeiter am Standort Köln beschäftigt sein. Der Name LYTTRON ist ein Kunstname, der Assoziationen zu den Wörtern light und electronic verbinden soll. Das Markenlogo mit dem Claim „simply science" soll lt. Unternehmensangaben vermitteln, dass LYTTRON eine technologisch innovative und zukunftsgerichtete Marke ist.

DATEN UND FAKTEN

Markenname: LYTTRON, Kunstname mit Assoziation zu light und electronic

Slogan: „simply science"

Gründung: 2006, Leverkusen (als 100%ige Tochter der Bayer MaterialScience AG)

Markenregistrierung: 24.01.2006, DPMA München

Mitarbeiter: 49 (2007)

UNTERNEHMEN

LYTTRON Technology GmbH
Düsseldorfer Str. 601
51061 Köln
(02 14) 30-4 62 74
(02 14) 30-3 65 49
www.lyttron.com

M

MAC

Die Marke MAC verspricht eine perfekte Passform, ausgezeichnete Qualität und ein optimales Preis-Leistungs-Verhältnis.

MAC

Die Marke MAC Mode steht für modische Bekleidung mit einem besonderen Augenmerk auf Passform, Qualität und gutem Preis-Leistungs-Verhältnis. Das gleichnamige Unternehmen wurde 1973 in Wald/Roßbach in der Nähe von Regensburg gegründet und konzentrierte sich von Beginn an auf die Herstellung und den Vertrieb von modischen Hosen. Mittlerweile gehören auch Röcke zu der erweiterten Produktpalette, die insgesamt sechs Damenkollektionen und fünf Herrenkollektionen umfasst. Die produzierten Waren sollen modisch bewusste Frauen und Männer ansprechen, die vor allem eine sportlich-elegante Linie bevorzugen. Zu den wichtigsten Unternehmensgrundsätzen gehören Service-Leistungen wie z.B. schnelle Lieferung, die durch eine hohe Frequenz von Lieferterminen sowie ein aufwändiges Depot-System garantiert werden. Als Logo dient der Schriftzug des Markennamens, der im modisch ausgerichteten Corporate Design gesetzt ist, bestimmt durch den Farbton Orange (Pantone 1375) und die Schrift Interstate Light. Die Pflege der Marke geschieht durch eigene Merchandiser, die bei Warenpräsentationen, Geschäftseröffnungen sowie Promotion- und Verkaufsförderungsaktionen im Einsatz sind. Das internat. agierende Unternehmen beschäftigt ca. 300 Mitarbeiter und vertreibt jährlich über 5 Mio. Hosen. 68 % des Absatzes verteilen sich auf Damen- und 32 % auf Herrenhosen. Der Vertrieb erfolgt europaweit sowie in Kanada über den Facheinzelhandel. Momentan existieren ca. 470 MAC-Shops in Europa. Für die Zukunft ist eine Erweiterung des Portfolios um Oberteile geplant. Während die Damenkollektion bereits 2007 diese Ergänzung erfährt, wird die Herrenkollektion voraussichtlich 2008 entsprechend vervollständigt.

DATEN UND FAKTEN

Markenname: MAC, Kunstwort

Gründung: 1973, Wald/Roßbach

Markeneinführung: 1973, Deutschland

Absatzmenge: 5,6 Mio. Hosen (2006)

Mitarbeiter: ca. 300 (2006)

UNTERNEHMEN

MAC Mode GmbH & Co. KGaA
Industriestr. 2
93192 Wald/Roßbach
(0 94 63) 8 55-0
(0 94 63) 8 55-1 99
www.mac-mode.com

MACHALKE
Polsterwerkstätten

Hochwertige Polstermöbel wie Sessel (Mitte) und Sofas (unten) sind die Kernkompetenz von Machalke.

MACHALKE

Polstermöbel in Leder und Stoff im gehobenen mittleren bis Premiumsegment repräsentieren die Konsumgütermarke Machalke. Der Markenname geht zurück auf den Familiennamen der Firmengründer. Das Portfolio umfasst sowohl Polstermöbel als auch Stühle, Bänke und Betten. Machalke-Möbel werden handgefertigt und ausschließlich in Deutschland hergestellt. Alleinstellungsmerkmal ist vor allem das variationsreiche Ledersortiment mit einer Vielfalt an Qualitäten und Farben. Zentralen Stellenwert haben dabei insbesondere die naturbelassenen Leder, deren unverwechselbare Echtheitsmerkmale bei der Herstellung erhalten bleiben. Neben der Verwendung von ausschließlich hochwertigem Rindsleder sind es die Details der Verarbeitung, welche die alte handwerkliche Tradition der Fertigung auch heute noch erkennen lassen. Eines der bekanntesten Produkte des Sortiments ist das Modell *Black Jack*, dessen versetzbare Rückenpolster mit Magneten gehalten werden und das im Jahr 2005 den „red dot award: product design" gewann. Das Logo besteht aus dem Markennamen in grauen Versalien. Das M am Anfang, das sog. Machalke M, ist rot hervorgehoben. Darunter steht wesentlich kleiner der kursive Schriftzug Polsterwerkstätten. Der Slogan „Handarbeit aus Deutschland" soll beim Kunden Qualität ebenso wie Tradition mit Zukunft assoziieren. Zur Zielgruppe gehören anspruchsvolle Privathaushalte sowie Objekteinrichter. Unter der Unternehmensmarke Machalke werden die Subbrands *M&M* für moderne Klassiker und *Crack* für moderne design- und trendorientierte Polstermöbel geführt. In Deutschland erfolgt der Vertrieb selektiv über den Möbelfachhandel, internat. über einen eigenen Außendienst oder Handelsvertreter. In den Niederlanden verfügt

Das Machalke Stammhaus im bayerischen Hochstadt am Main

Machalke über eine eigene Tochterfirma. Das Unternehmen Machalke Polsterwerkstätten wurde 1976 von Christoph Machalke in Hochstadt am Main gegründet. 2001 wurde das bis dahin inhabergeführte Unternehmen verkauft. Machalke gehört nach eigenen Angaben zu den größten mittelständischen Polstermöbelherstellern in Deutschland.

SCHON GEWUSST?

▌Auf einer Couch, einem Sofa oder einer Chaiselongue zu sitzen, galt einst als zweifelhaft. Das Handbuch des guten Tons mahnte 1919: „Auf dem Sofa sind ausschließlich ältere Damen zu platzieren. Ein Herr nimmt überhaupt nie auf dem Sofa Platz; denn das ist unpassend und geschmacklos."

DATEN UND FAKTEN

Markenname: Machalke, Familienname der Firmengründer

Slogan: „Handarbeit aus Deutschland"

Gründer: Christoph Machalke, 1976, Hochstadt am Main

Markenregistrierung: 22. 10. 2003, DPMA München

Innovationen: polsterfähiges Sattelleder (1997), magnetisch verstellbare Rückenpolster (2004), waschbares Nubuk Leder (2007)

Werbespendings: 3 Mio. Euro (2006)

Auszeichnungen:
„red dot award: product design", für Black Jack Polstermöbel und Pinto Sessel (2005/07)

UNTERNEHMEN

Machalke Polsterwerkstätten GmbH

Hauptsitz: Hochstadt am Main, Deutschland

Geschäftsführer: Johannes Bernhard Fuhler

Vertrieb: in Deutschland selektiv über den Möbelfachhandel, internat. über eigenen Außendienst, Handelsvertreter bzw. in den Niederlanden über eigene Tochterfirma

KONTAKT

Machalke Polsterwerkstätten GmbH
Burkheimer Str. 20
96272 Hochstadt
✆ (0 95 74) 8 20
🖷 (0 95 74) 8 22 22
💻 www.machalke.com

Ansprechpartner Marketing:
Thomas C. Schlosser
✉ t.schlosser@machalke.de

MADELEINE

Die Modemarke Madeleine hat ihren Ursprung in einem Spezialkatalog des Versandhauses → Quelle. Die Gründer Grete und Gustav Schickedanz benannten im Jahr 1977 eine Spezialkollektion im Quelle-Katalog nach ihrer Tochter Madeleine. In diesem Jahr stellte ein dreiköpfiges Team erstmals im Hause Quelle eine Kollektion zusammen. Im folgenden Jahr wurde die erste Frühjahrs- und Sommerkollektion unter dem Namen Madeleine vorgestellt. 1989 entwickelte sich daraus das rechtlich eigenständige Unternehmen - die Madeleine Mode GmbH. Das Sortiment richtet sich an mode- und qualitätsbewusste Frauen zwischen 40 und 65 Jahren mit gehobenem Anspruch. Madeleine versteht sich als Modelabel, deren exkl. Damenmode sich nicht nur durch Qualität, sondern auch durch eine starke Kundenorientierung auszeichnet. Durch zielgruppengerechte Schnitte und Dessins wird den Kundinnen tragbare Mode angeboten. Die Wortmarke Madeleine trägt diesem Anspruch Rechnung und präsentiert sich in einer eleganten Serifenschrift in Versalien. Neben Damenbekleidung führt das Label ebenfalls Wäsche, Accessoires und Schuhe in seinem Sortiment. Der Hauptkatalog *Feeling* gibt mit einem hohen Anteil an hochwertiger Mode den Auftakt in die Saison und wird im Laufe der Saison durch weitere Kataloge mit der jeweils aktuellen Kollektion ergänzt. Das Sortiment wird über den Versandhandel, im Einzelhandel und auch im Internet nicht nur in Deutschland, sondern in insgesamt sieben europäischen Ländern vertrieben. Rund 26 Mio. Kataloge verschickt die Madeleine Mode GmbH jährlich insgesamt. Auf das dt. Online-Angebot greifen ca. 2 Mio. Besucher pro Jahr zurück. Im Jahr 2006 erwirtschaftete das Unternehmen einen Umsatz von 132 Mio. Euro. Insgesamt beschäftigt Madeleine ca. 170 Mitarbeiter.

DATEN UND FAKTEN

Markenname: Madeleine, Vorname der Tochter von Grete und Gustav Schickedanz (Gründer der Quelle GmbH)

Slogan: „Leidenschaft für Mode"

MADELEINE
www.madeleine.de

Das Modelabel Madeleine lebt das Motto „Leidenschaft für Mode".

Erfunden von Julius Maggi, der 1900 den ersten Suppenwürfel auf den Markt brachte.

Gründer: Grete und Gustav Schickedanz, 1978, Zirndorf

Markenregistrierung: 03. 10. 1980, DPMA München

Markenbekanntheit: 3 % ungest., 34 % gest. (Barometerbefragung Quelle, 2007)

Geschäftsführer: Christoph Willmes

Jahresumsatz: 132 Mio. Euro (2006)

UNTERNEHMEN

Madeleine Mode GmbH
Im Pinderpark 7
90513 Zirndorf
✆ (09 11) 14 27-6 53
🖷 (09 11) 14 23-1 48
💻 www.madeleine.eu

MAGGI

Die Marke Maggi wurde von ihrem Namensgeber Julius Maggi eingeführt und ist vor allem für Instantsuppen, Brühwürfel, Flüssigwürze sowie Fertigsaucen und -gerichte bekannt. Julius Maggi übernahm 1869 die väterliche Mühle. Ab 1882 beschäftigte er sich mit der Herstellung von Würzen und Fertigsuppen, die den Kochsektor revolutionierten. 1900 brachte das Unternehmen Julius Maggi & Co. den ersten Suppenwürfel auf den Markt. Der Firmengründer legte von Beginn an Wert auf Werbung für seine Marke. Die Flasche für die Maggiwürze entwarf er persönlich. Auch das Logo in rot-gelber Farbgebung, das heute noch die Hausfarben des Unternehmens prägt, stammt von ihm. Der gelbe serifenlose Namenszug steht in einem roten stilisierten Tropfen. 1886 engagierte Julius Maggi als Leiter seines „Reclame- und Pressebureaus" Frank Wedekind, der mit eigenwilligen Texten die frühe Maggiwerbung prägte. Um die Jahrhundertwende wurden insbesondere Blechschilder als Werbeträger eingesetzt, die inzwischen hohen Sammlerwert haben. Zu den aktuellen Produktneuheiten zählen Maggi Würzwürfel oder die fettarmen *fix und frisch* Produkte und die fettarmen Soßen. Seit 1947 gehört die Marke Maggi zur heutigen →Nestlé AG, einem der weltweit führenden Nahrungsmittelhersteller mit allein 13.000 Mitarbeitern in Deutschland. Maggi wird in Deutschland von der Maggi GmbH mit Singen vertrieben, zu deren Portfolio auch die Marken →Thomy, →Buitoni und Libby's→ gehören.

UNTERNEHMEN

Maggi GmbH
Lyoner Str. 23
60523 Frankfurt/Main
✆ (0 69) 66 71-22 93
🖷 (0 69) 66 71-43 24
💻 www.maggi.de

MAINCONCEPT

Die Marke MainConcept bietet Videocodecs für die marktgängigen Plattformen und Betriebssysteme, Windows, Mac, Linux, FPGA und DSP. Mit diesen Codecs lassen sich Videodaten in die unterschiedlichsten Formate umwandeln. Gegründet wurde MainConcept 1993 von Markus Mönig in Aachen, damals gerade 22 Jahre alt. Zunächst konzentrierte er sich auf die Entwicklung von Videosoftware für namhafte Hersteller von Computer-Hardware. Das Programm MainActor Broadcast wurde 1995 vom Amiga Magazin zum Produkt des Jahres gewählt. In den folgenden Jahren spezialisierte sich die Firma auf die Entwicklung effizienter Videocodecs, z. B. Motion JPEG, DV, MPEG und H.264. Der technologische Vorsprung brachte Lizenzverträge mit internat. Kunden. 2001 vermarktete die Firma Adobe einen MainConcept-Codec mit ihrer Software Adobe Premiere und machte das Unternehmen so in der Industrie weltweit bekannt. Es folgten strategische Partnerschaften mit →Sony, Panasonic, →Intel und vielen namhaften Herstellern aus dem Broadcast-, Multimedia- und Filmsektor. Die Positionierung als Lizenzmarke ist heute das wichtigste Standbein. In Folge dessen hat das

Das Logo (oben) und das Codec by-Logo von MainConcept (Mitte), Gründer und CEO Markus Mönig (unten)

MainConcept Reference steht für High End Video Encoding im professionellen Broadcast-Markt.

SCHON GEWUSST?

- 2001 setzt die Firma Adobe einen MainConcept Codec in ihre Software Adobe Premiere ein. Das Programm verkaufte sich weltweit millionenfach und machte die Marke MainConcept internat. bekannt.
- 2007 lizensiert die Firma Adobe den MainConcept-Codec H. 264 Decoder für Adobe Flash Player und erreicht damit weltweit 750 Mio. PCs.

Unternehmen ein Zertifizierungsprogramm „Codec by MainConcept" aufgesetzt. Der damit verbundene Qualitäts- und Technologievorsprung wird von MainConcept-Kunden über das eigens entwickelte Codec by-Logo, das von seinen Kunden als Qualitätssiegel eingesetzt wird, kommuniziert. MainConcepts weltweiter Erfolg wurde ohne jegliches Werbebudget geschrieben. Neue Kunden konnten ausschließlich über Empfehlungen gewonnen werden. Lt. Aussage des Unternehmens ist es der einzige Anbieter, der Videocodecs industrieweit für alle Formate, Betriebssysteme und Plattformen als Software Development Kits bereit stellt. Auch Anwendungssoftware gehört zum Portfolio. Das Unternehmen unterhält Niederlassungen in den USA, Japan und Russland, Vertriebsbüros befinden sich in Hongkong, Korea, Taiwan und China. 80 Mitarbeiter weltweit erwirtschaften einen Umsatz von 9 Mio. Euro.

DATEN UND FAKTEN

Markenname: MainConcept

Slogan: „Every Codec. Every Platform." (2006)

Gründer: Markus Mönig, 1993, Aachen

Markenregistrierung: 13.06.2002, DPMA München

Markenwebsite: www.codecby.com, www.mainconcept.com

UNTERNEHMEN

MainConcept AG

Hauptsitz: Aachen, Deutschland

Vorstand: Markus Mönig

Gesamtumsatz: 9 Mio. Euro (2006)

Vertrieb: weltweit mit Niederlassungen in den USA, Japan und Russland und über Vertriebsbüros in Hongkong, Korea, Taiwan und China

KONTAKT

MainConcept AG
Elisabethenstr. 1
52062 Aachen
✆ (02 41) 4 01 08-0
Fax (02 41) 4 01 08-10
www.mainconcept.de

Ansprechpartner Presse:
Guido Müller
✆ (02 41) 4 01 08-60
✉ guido.mueller@mainconcept.de

MAKROLON

Das Polycarbonat Makrolon wurde von dem Bayer-Chemiker Dr. Hermann Schnell entwickelt und am 17. 11. 1953 patentiert. Dr. Schnell schuf damit einen Kunststoff, der für die weiterverarbeitende Industrie interessante Eigenschaften aufweist. Makrolon besitzt eine hohe Bruchfestigkeit, ist sehr leicht und behält auch bei extremen Temperaturen ein hohes Maß an Formstabilität. Zudem ist das Material transparent, wobei vielfältige Einfärbungen möglich sind. Diese Erfindung hat bis heute großen Einfluss auf viele Produkte unseres täglichen Lebens - zudem werden hier ständig neue Anwendungsfelder erschlossen. So wird Makrolon zunehmend anstelle von Glas in Dachkonstruktionen von Automobilen eingebaut, da es leichter und bruchsicherer ist und eine weitaus flexiblere Designfreiheit bietet. Einige geläufige Produkte, die aus Makrolon hergestellt werden, sind sogenannte optische Datenträger für Musik, Daten und Filme, d. h. die bekannten CDs und DVDs sowie die neue „Blaue Laser"-Generation der HD-DVDs und Blu-Ray Discs. Ein weiterer Einsatzbereich ist das Sport- bzw. Freizeitsegment. Außenschalen von Fahrrad- und Skihelmen, Visiere von Motor-

Makrolon® - für viele Bereiche das Material der Wahl: leichtes Dachmodul beim smart fortwo (Mitte), Visiere von Motorradhelmen der Firma UVEX (unten)

Hochbiegfeste Makrolon® Platten für das transparente Dach des Olympiastadions in Shenyang/China.

radhelmen oder die Verscheibungen von Ski- bzw. Sportbrillen werden aus Makrolon hergestellt. Auch bei den Olympischen Spielen in China im Jahr 2008 kommt Makrolon wieder zum Einsatz. Für die riesige Dachkonstruktion des Stadions in Shenyang wurde eine ganz spezielle Makrolon Platte entwickelt. 20.000 m^2 Stadionfläche werden so eingedeckt. Egal ob für Sportler bei ihrer Betätigung, für Daten, die sicher gespeichert werden sollen, oder für Zuschauer unter dem Stadiondach - für sie alle bietet Makrolon Schutz und „macht das Leben angenehmer".

DATEN UND FAKTEN

Markenname: Makrolon®, Akronym, aus **makro**molekulare Chemie und der damals für chemische Produkte gebräuchlichen Endung **-lon**

Slogan: „the high-tech material"

Erfinder: Dr. Hermann Schnell, 1953, Uerdingen

Markenregistrierung: 02. 04. 1955, DPMA München

Innovationen: die erste Pop-Musik-CD wurde aus Makrolon® hergestellt (1982)

Auszeichnungen:
„Global Innovation Leader", Optical Media Global Industry Awards für Makrolon® (2007)

Markenwebsite: www.makrolon.de

UNTERNEHMEN

Bayer MaterialScience AG

Hauptsitz: Leverkusen, Deutschland

Vorstand: Patrick W. Thomas (Vorsitzender)

Weitere Marken: → Bayblend®, Makroblend®, Apec®, Makrofol®, Bayfol®, Vivak®, Marnot®, Axpet®, Bayloy®

Gesamtumsatz: ca. 10,2 Mrd. Euro (2006)

Mitarbeiter: 14.900 weltweit (2006)

Vertrieb: weltweit

KONTAKT

Bayer MaterialScience AG
Gebäude B 207
51368 Leverkusen
✆ (02 14) 30-3 16 73
Fax (02 14) 30-5 35 97
www.bayermaterialscience.de

Ansprechpartner Marketing:
Jürgen Hohmann
✆ (02 14) 30-3 16 73
✉ juergen.hohmann@bayerbms.com

Ansprechpartner Presse:
Andrea Huber
✆ (02 14) 30-7 25 36
✉ andrea.huber@bayerbms.com

SCHON GEWUSST?

- Die erste Pop-CD der Geschichte wurde 1982 aus dem Werkstoff Makrolon® hergestellt. Auf der CD war das ABBA Album *The Visitors* zu hören.
- Viele Stadiondächer wie z. B. der Stadien in Köln, Athen oder Cardiff sind aus Makrolon® angefertigt. Beim Bau der olympischen Arenen für die Olympischen Spiele in Peking 2008 wurden ebenfalls Platten aus dem Bayer Kunststoff verwendet.

Mallebrin®

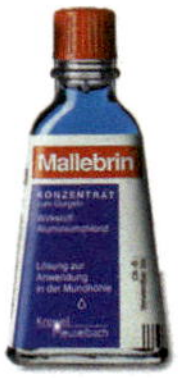

Die Triangelflasche von Mallebrin in den Farben Blau und Rot

MALLEBRIN

Unter der Marke Mallebrin vertreibt die Krewel Meuselbach GmbH Arzneimittel gegen Halsschmerzen. Der Markenname geht auf den Erfinder Dr. Mallebrein zurück, der 1911 ein Halsschmerzmittel zum Gurgeln entwickelte. Aus Mallebrein wurde 1934 Mallebrin. Das apothekenpflichtige Arzneimittel *Mallebrin Konzentrat zum Gurgeln* wird bei Entzündungen in der Mundhöhle, wie z. B. Entzündungen des Zahnfleisches und der Mundschleimhaut, angewendet. Der Wirkstoff Aluminiumchlorid löst entzündetes Gewebe ab und fördert so den Heilungsprozess. Zudem lindert das Präparat Schmerzen und Schwellungen, indem es die oberen Schichten der Schleimhäute reinigt, strafft und schützt. Für einen hohen Wiedererkennungswert sorgt die triangelförmige Flasche, die auch auf der in den Farben Rot (HKS 14) und Blau (HKS 44) gestalteten Kartonverpackung abgebildet ist. Der Slogan „Mallebrin gegen Halsschmerzen. Wirkt vermalledeit gut" soll Vertrauen schaffen und von der schnellen Wirkungsweise des Präparates überzeugen. Zur Mallebrin-Markenfamilie gehören auch *Mallebrin® Halstabletten*. Die Lutschtabletten, die den Wirkstoff Aluminium-Kaliumsulfat enthalten, wurden für die einfache Einnahme unterwegs entwickelt. Zum Portfolio des Pharmaherstellers Krewel Meuselbach GmbH gehören neben Mallebrin u. a. auch die Arzneimittel → Aspecton, → Hedelix und → Regulax.

Das internat. agierende Unternehmen ist mit seinen Produkten in über 20 Ländern präsent und besitzt in fünf europäischen Ländern Vertretungen mit eigenem Vertrieb und Außendienst. Der Schwerpunkt der Exportaktivitäten liegt auf den osteuropäischen Staaten. Die Krewel Meuselbach GmbH beschäftigt ca. 320 Mitarbeiter und verfügt über Produktionsstätten in Gehren (Thüringen) und Eitorf (Nordrhein-Westfalen).

DATEN UND FAKTEN

Markenname: Mallebrin, abgeleitet von dem Familiennamen des Erfinders Dr. Mallebrein

Slogan: „Mallebrin gegen Halsschmerzen. Wirkt vermalledeit gut."

Erfinder: Dr. Mallebrin, 1911

Markenregistrierung: 07. 02. 1935, Reichspatentamt Berlin

UNTERNEHMEN

Krewel Meuselbach GmbH
Krewelstr. 2
53783 Eitorf
✆ (0 22 43) 87–0
🖷 (0 22 43) 87–3 33
💻 www.krewel-meuselbach.de

MAN ROLAND

MAN Roland ist lt. eigenen Angaben der weltweit zweitgrößte Hersteller von Drucksystemen und Weltmarktführer im Rollenoffset. Das Unternehmen mit den Hauptstandorten Offenbach und Mainhausen sowie Augsburg und Plauen beschäftigt ca. 9.000 Mitarbeiter. Rollen- und Bogenoffsetmaschinen sowie digitale Offsetdrucksysteme sorgen für maßgeschneiderte Lösungen im Werbe-, Verlags- und Verpackungsdruck – vom Prospekt bis zur Zeitung in Millionenauflage. Das internat. Vertriebs- und Servicenetz mit etwa 100 Gesellschaften vermarktet neben den eigenen Produkten auch die den Druckprozess begleitenden Geräte und verfahrenstechnischen Systemkomponenten. Am Standort Augsburg werden Rollenoffsetmaschinen für den Zeitungs- und den Illustrationsdruck von Prospekten, Katalogen, Magazinen, Beilagen und Büchern gebaut. In Plauen ist MAN Roland ein Begriff für Zeitungsdruckanlagen und die zugehörigen Papierversorgungssysteme sowie für digitale Offsetdrucksysteme. Das Produktprogramm Bogenoffsetmaschinen aus Offenbach und Mainhausen umfasst System-

Zahnriemengetriebe: Das Falzwerk arbeitet Zahn in Zahn.

familien im Klein-, Mittel-, Groß- und Supergroßformat für Werbe- und Geschäftsdrucksachen, Poster, Plakate, Bücher und Verpackungen, u. a. mit dem innovativen Direktantrieb DirectDrive. MAN Roland sorgt mit PRINTVALUE für Mehrwert und ist lt. eigenen Angaben internat. Marktführer für Konzeption, Planung, Projektierung, Ausrüstung, Bau und Inbetriebnahme von Druckereien im Bogen- und Rollenmaschinenbereich von der Vorstufe über die Drucktechnik bis zur Weiterverarbeitung. Das Unternehmen berät in allen Fragen rund um Investitions- und Gebäudeplanung, Organisation, Management, Systemgestaltung und Prozessoptimierung (printadvice). Zum Portfolio gehören Softwareprodukte und Workflow-Management-systeme (printnet) sowie ein zertifiziertes Angebot verfahrenstechnischer Systemkomponenten (printcom). MAN Roland ist Anbieter individueller Instandhaltungs- und (Fern-) Wartungspakete im 24-Stunden-Service sowie integrierter Dienstleistungen und Trainingsmaßnahmen (printservices). Heute firmiert MAN Roland unter dem in Silber und mit metallisch-dreidimensionalem Effekt ausgeführten Kürzel MAN unter einem halbkreisförmigen Bogen. MAN Roland setzt auf kundenorientierte Innovation und veröffentlichte 2006 die meisten Patentanmeldungen der dt. Druckbranche.

DATEN UND FAKTEN

Markenname: MAN Roland, Kombination aus den Namen der fusionierten Firmen

MAN

WE ARE PRINT.™

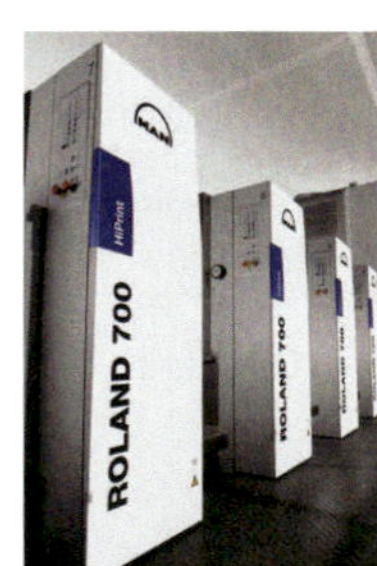

Logo (oben) und Anzeigenmotiv (Mitte) von MAN Roland, dem Spezialisten für Druckmaschinen. Bogendruckmaschine ROLAND 700 HiPrint (unten)

Maschinenfabrik Augsburg Nürnberg und Roland Offsetmaschinen Faber & Schleicher GmbH

Slogan: „WE ARE PRINT.™"

Gründer: Ludwig Sander, 1840 (Gründer der Sander'schen Maschinenfabrik als Vorläufer von MAN)

Markenregistrierung: 26. 03. 1987, DPMA München

Innovationen: ROLAND InlineFoiler Prindor zur Kaltfolienveredelung (2002), DirectDrive Direktantrieb bei Bogenmaschinen (2004), Vollautomatischer Plattenwechsel (APL) mit Roboterarm bei Rollenmaschinen (2007)

Auszeichnungen:
„Innovationspreis der Deutschen Druckindustrie" für ROLAND 700 DirectDrive (2007)
„InterTech™ Technology Award der PIA/GATF" für MAN Roland DICOweb (2001), für ROLAND InlineFoiler Prindor (2006) und für ROLAND 700 DirectDrive (2007)

UNTERNEHMEN

MAN Roland Druckmaschinen AG

Hauptsitz: Offenbach/Main, Deutschland

Vorstand: Prof. Gerd Finkbeiner (Vorsitzender), Dr. Ingo Koch, Dr. Markus Rall, Paul Steidle

Gesamtumsatz: 2.052 Mio. Euro (2006)

Vertrieb: zentraler Vertrieb, weltweite Tochtergesellschaften, Vertriebs- und Servicepartner

SCHON GEWUSST?

- Die großformatige Bogendruckanlage ROLAND 900, XXL kann in 15 Minuten eine Fläche von der Größe eines Fußballfeldes bedrucken.
- Eine Bogenmaschine besteht aus bis zu 50.000 Teilen. Mit einer Druckgenauigkeit von einem 1.000stel mm ist sie mit einem Schweizer Präzisionsuhrwerk vergleichbar.
- Die längste GEOMAN-Anlage von MAN Roland druckt bei O Globo in Rio de Janeiro/Brasilien: Drei baugleiche Anlagen wurden in einer 240 m langen Drucklinie – das entspricht zweieinhalb Fußballfeldern – in dem Druckzentrum installiert.

KONTAKT

MAN Roland Druckmaschinen AG
Mühlheimer Str. 341
63075 Offenbach/Main
(0 69) 83 05-0
(0 69) 83 05-14 40
www.man-roland.com

Ansprechpartner Presse:
Eva Doppler
(08 21) 4 24-38 95
eva.doppler@mra.man.de

Ansprechpartner Marketing:
Thomas Hauser
(08 21) 4 24-26 82
thomas.hauser@mra.man.de

MANAGER MAGAZIN

manager magazin
Wirtschaft aus erster Hand

Das manager magazin erscheint seit 1971, Dr. Arno Balzer (unten) ist Chefredakteur des manager magazins und Hg. des Harvard Businessmanagers (Mitte).

Unter der Marke manager magazin erscheint monatlich ein Wirtschaftsmagazin für Entscheider und Führungskräfte. Das Magazin positioniert sich durch analytische und kritische Berichterstattung mit Hintergrundberichten aus allen Unternehmens- und Wirtschaftsbereichen und richtet sich an Entscheider der Wirtschaft. Im November 1971 erschien die erste Ausgabe des Magazins in einer vom SPIEGEL-Verlag und McGraw-Hill gegründeten Verlagsgesellschaft. McGraw-Hill reduzierte jedoch im Folgejahr seine Anteile, und nach dem vollständigen Rückzug des Unternehmens wurde 1973 die manager magazin Verlagsgesellschaft mbH gegründet, an der der SPIEGEL-Verlag mit 75,1 % beteiligt ist. 24,9 % hält Gruner + Jahr. Seit 1998 ergänzt das Online-Portal manager-magazin.de durch Premium-Inhalte aus den Bereichen Unternehmen, Börse oder Karriere das Print-Angebot. Im Jahr 2006 konnte manager magazin mit einer verkauften Auflage von durchschnittlich 130.653 Exemplaren ein Rekordergebnis erzielen. Mit 279.000 Lesern bestätigte die Leseranalyse Entscheidungsträger (LAE) 2007 dem manager magazin eine Reichweite von 12,4 % und damit die führende Position als Entscheidermagazin im deutschsprachigen Raum. Insgesamt wird das Magazin in 74 Ländern gelesen. Das Markenlogo wurde über die Jahre nur geringfügig angepasst und ist seit 1983 unverändert im blauen Farbton (Pantone 282) und dem Schrifttyp Scotch gehalten. Das klare, gut lesbare Schriftbild soll den Anspruch seriöser, schnörkelloser und geradliniger Berichterstattung widerspiegeln. Die manager magazin Verlagsgesellschaft mit Sitz in Hamburg veröffentlicht als weitere Publikationen manager magazin Sonderhefte und den Harvard Businessmanager. Mit der Marke manager magazin erwirtschaftet der Verlag rund 85 % seines Gesamtumsatzes in Höhe von 24 Mio. Euro (2006). Er beschäftigt 54 Mitarbeiter.

manager magazin 8/2007

DATEN UND FAKTEN

Markenname: manager magazin

Slogan: „Wirtschaft aus erster Hand"

Ideengeber: Hans Detlev Becker, 1971, Hamburg

Markenregistrierung: 02. 10. 1979, DPMA München

Innovationen: Harvard Businessmanager (seit 1979), manager-magazin.de (seit 1998)

Jahresumsatz: 20 Mio. Euro (Marke manager magazin, 2006)

Werbespendings: 6 Mio. Euro (brutto, Nielsen Media Research, 2006)

Markenwebsite: www.manager-magazin.de

UNTERNEHMEN

manager magazin Verlagsgesellschaft mbH

Hauptsitz: Hamburg, Deutschland

Geschäftsführer: Dr. Mario Frank

Weitere Marken: manager magazin Sonderhefte, manager-lounge leaders network, Harvard Businessmanager, Harvard Businessmanager Edition

Gesamtumsatz: 24 Mio. Euro (Verlag, 2006)

Vertrieb: Deutschland (96 %) und weitere 73 Länder (4 %)

KONTAKT

manager magazin Verlagsgesellschaft mbH
Dovenfleet 5
20457 Hamburg
✆ (0 40) 30 80 05-0
🖷 (0 40) 30 80 05-49
💻 www.spiegelgruppe.de

Ansprechpartner Presse:
Maria-Julia Gröhn
✆ (0 40) 30 07-30 36
✉ maria_groehn@spiegel.de

Ansprechpartner Marketing:
Christoph Hellerung
✆ (0 40) 30 07-23 12
✉ christoph_hellerung@spiegel.de

MEILENSTEINE

1971 Die erste Ausgabe des manager magazins erscheint in der Management und Marketing Verlagsgesellschaft (jeweils 50 % Anteile SPIEGEL-Verlag/McGraw-Hill).

1973 Gründung der manager magazin Verlagsgesellschaft mbH

1979 Der erste Harvard Businessmanager erscheint zunächst vierteljährlich.

1998 Das Wirtschaftsportal manager-magazin.de geht online. Der Harvard Businessmanager erscheint sechsmal jährlich.

2003 Der Harvard Businessmanager erscheint mit neuer Heftstruktur und neuem Layout monatlich. In Ungarn kommt das erste manager magazin auf den Markt.

2004 Im Oktober präsentiert das manager magazin ein neues Layout. Seit November erscheint das Heft in Polen.

2007 manager magazin erwirbt 50 % der Anteile an der manager-lounge leaders network GmbH.

Die Logos von MANHATTAN und MANHATTAN CLEARFACE mit dem charakteristisch geschwungenen M (oben und Mitte), das Portfolio von Manhattan am POS (unten)

MANHATTAN

Mit der Marke MANHATTAN gehört die Dr. Scheller Cosmetics AG zu den führenden Anbietern für dekorative Kosmetik in Deutschland und Europa. Der Hersteller führte die Marke 1964 für den internat. Markt ein. Den Namen MANHATTAN wählte man mit Blick auf das pulsierende Leben im gleichnamigen New Yorker Trend-Viertel. Das Markenlogo wurde 1991 von der Agentur Bäuerle & Partner entwickelt. Es besteht aus der geschwungenen Initiale M, unter der prominent der Markenname MANHATTAN steht. Mit seiner geschwungenen Charakteristik soll es Emotionalität und Feminität signalisieren. MANHATTAN richtet sich an Frauen im Alter zwischen 19 und 49 Jahren. Der neue Slogan „Express your own beauty" betont den Wert von Authentizität und individueller Schönheit in Abgrenzung zu allgemein üblichen Schönheitsidealen. Unterstrichen wurde die Botschaft 2007 durch eine Print-Kampagne mit Porträtfotografien des renommierten Fotokünstlers Martin Schoeller. Die Marke MANHATTAN steht gemessen am Mengenabsatz in Deutschland an dritter Stelle (nach A. C Nielsen, 2007). 1983 brachte Dr. Scheller Cosmetics mit der Untermarke MANHATTAN CLEARFACE eine Pflegeserie auf den Markt. Die Produktreihe richtet sich an Jugendliche zwischen 13 und 16 Jahren mit Problemhaut und umfasst neben antibakteriellen CLEAN und CARE Produkten eine große Auswahl an COVER Produkten. Mit einem Marktanteil von über 50 % ist MANAHATTAN CLEARFACE Marktführer im Bereich antibakterielle Coverprodukte (in Volume nach A. C Nielsen, 2007). Die Dr. Scheller Cosmetics AG erwirtschaftete 2006 mit 404 Mitarbeitern einen Umsatz von 76,6 Mio. Euro. Neben der Markenfamilie MANHATTAN, die mehr als 50 % zum Umsatz beisteuert, hat das Unternehmen Markenprodukte im Bereich Gesichts-, Körper- und Zahnpflege sowie eigene Handelsmarken im Portfolio. Die Aktiengesellschaft mit Stammsitz im schwäbischen Eislingen, 1944 als Württembergische Parfümeriefabrik GmbH gegründet, gehört mehrheitlich dem Kosmetikkonzern Kalina International S. A. mit Sitz in Lausanne/Schweiz.

DATEN UND FAKTEN

Markenname: MANHATTAN, Ortsname, Stadtteil von New York

Slogan: „Express your own beauty"

Gründer: Dr. Karl-Heinz Scheller, 1964

Markenregistrierung: 20. 11. 1998, DPMA München

Innovationen: Untermarke *MANHATTAN CLEARFACE* (1983), MANHATTAN: patentierte Make up Box mit Schublade für Schwämmchen (2007), *MANHATTAN CLEARFACE SOS Pickel Stopp* mit PinPoint™ Spitze (2007)

Markenbekanntheit: 71 % gest. (Brigitte Kommunikationsanalyse, 2006)

Jahresumsatz: MANHATTAN ca. 34,7 Mio. Euro (2006), *MANHATTAN CLEARFACE* ca. 5,6 Mio. Euro (2006)

Werbespendings: MANHATTAN ca. 1,3 Mio. Euro, *MANHATTAN CLEARFACE* ca. 0,5 Mio. Euro

Markenwebsite: www.manhattan-cosmetics.com, www.clearface-people.com

UNTERNEHMEN

Dr. Scheller Cosmetics AG
Schillerstr. 21–27
73054 Eislingen
(0 71 61) 8 03-2 77
(0 71 61) 8 03-2 89
www.dr-scheller-cosmetics.com

MANUFACTUM

Unter der internat. Marke Manufactum werden Produkte für den alltäglichen Bedarf in hoher handwerklicher Qualität angeboten. Zum Sortiment zählen vor allem Gegenstände für den Haushalt, aber auch Möbel, Bekleidung, Bürobedarf, Lebensmittel, Bücher und Saatgut. Der Markenname erschließt sich aus den lat. Vokabeln *manu* und *factum*, die für *Hand* und *gemacht* stehen. Unter dem Namen *brot&butter* werden zudem Lebensmittel aus landwirtschaftlicher, regionaler Produktion angeboten. Gründer Thomas Hoof vertreibt ausschließlich Gebrauchsgüter, die lt. Unternehmensangaben den Anspruch an eine materialgerechte, langlebige und solide Herstellung erfüllen. Zielgruppe von Manufactum sind Verbraucher, die viel Wert auf Qualität und Funktionalität legen. Neben zahlreichen Produktinnovationen bietet Manufactum auch neu aufgelegte traditionelle Produkte an. Gegenüber der Konkurrenz will sich die Marke durch Authentizität und Glaubwürdigkeit abheben, gepaart mit einer hochwertig-

Seit neun Jahren befindet sich der Hauptsitz der Firma Manufactum in der Alten Zeche im nordrhein-westfälischen Waltrop.

handwerklichen Produktherstellung jenseits des Mainstreams. Dies spiegelt sich auch im Markenlogo wider, das aus dem schlichten Schriftzug Manufactum besteht. Angelehnt an die Bedeutung und Übersetzung des Markennamens erfolgt die Darstellung der Wortteile *Manu* in einer handgeschriebenen und *Factum* in einer serifenlosen Typographie. Die Farben Grün und Grau prägen das visuelle Erscheinungsbild. Mit dem Zusatz „Es gibt sie noch, die guten Dinge." nimmt man Bezug auf das Produktsortiment und grenzt sich von anderen Handelsunternehmen ab. Der erstmals 1988 erschienene Manufactum-Versandkatalog hat sich als zentrales Verkaufsmedium der Marke etabliert und ihr deutschlandweit zu Kultstatus verholfen. Zusätzlich zum Versand werden die Produkte über Warenhäuser und das Internet vertrieben. Thomas Hoof gründete 1987 die Manufactum Hoof und Partner KG in Bochum. Das Unternehmen beschäftigt rund 300 Mitarbeiter (2007). Zum Jahreswechsel 2007/08 zieht sich der Gründer Thomas Hoof zurück und gibt seine Anteile an den bisherigen Mitgesellschafter, die Heinrich Heine GmbH ab.

DATEN UND FAKTEN

Markenname: Manufactum, Kunstwort, aus dem lat. **manu** (dt. für Hand) und **factum** (dt. für gemacht)

Slogan: „Es gibt sie noch, die guten Dinge" (2002)

Gründer: Thomas Hoof, 1987

Markenregistrierung: 10. 07. 1993, DPMA München

UNTERNEHMEN

Manufactum Hoof & Partner KG

Hauptsitz: Waltrop, Deutschland

Geschäftsleitung: Thomas Hoof (bis 31. 12. 2007)

Weitere Marken: brot & butter, Gutes aus Klöstern

Vertrieb: in Deutschland über Katalog, Warenhäuser, Internet, in Österreich und der Schweiz über Katalog, weltweit über Internet

KONTAKT

Manufactum Hoof & Partner KG
Hiberniastr. 5
45731 Waltrop
✆ (0 23 09) 9 39-00
🖷 (0 23 09) 9 39-8 00
💻 www.manufactum.de

Ansprechpartner Presse & Marketing:
Andrea Humke
✆ (0 23 09) 9 39-0 10
✉ ahumke@manufactum.de

SCHON GEWUSST?

▌Die Idee für die Marke Manufactum entwickelte Firmengründer Thomas Hoof, nachdem er erfolglos nach funktionstüchtigen Messern und Scheren gesucht hatte, da diese nirgends zu finden waren. Erst bei Anbietern für den gewerblichen Bedarf entdeckte er die gewünschten Artikel. Das veranlasste ihn, solche Produkte auch für den privaten Bereich anzubieten.

MAOAM

Der Markenname Maoam steht für das beliebteste Kaubonbon Deutschlands (KidsVerbraucheranalyse, 2006). Bereits im Jahr 1930 hatte Edmund Münster, seit 1900 Besitzer des produzierenden Düsseldorfer Lakritzwerks, die Lizenz für Maoam aus dem Ausland übernommen. Im August des Jahres beantragte er Musterschutz für das Kaubonbon, zu Ostern 1931 brachte er die ersten Päckchen mit fünf Bonbons auf den Markt. Bis heute gehören zur Maoam-Zielgruppe vornehmlich Kinder und junge Erwachsene. Anfangs wurde für die Marke mit dem Slogan „Am liebsten Münsters Maoam" geworben. Aktuell steht das Frage-Antwort-Spiel „Was wollt ihr denn? Maoam" bei der Werbung im Mittelpunkt. Werbekampagnen für Maoam gab es u. a. mit der Schiedsrichterlegende Walter Eschweiler, Rennfahrer Mika

Zum Sortiment von Manufactum zählen vor allem Gegenstände für den Haushalt.

Das Kaubonbon Maoam eroberte 1931 den dt. Markt.

Häkkinen und Boxer Vitali Klitschko. Der Markenname ist ein Kunstwort, entstanden aus der Lautmalerei. Das Logo ist der Name in weißen, fetten Großbuchstaben in einem mit Weiß umrandeten Kasten auf blauem Grund. Entwickelt wurde das Logo, das sich zur Mitte hin verengt, von Edmund Münster persönlich, seither wurde es immer wieder modernisiert. Seit dem Jahr 2002 hat die Marke eine personifizierte Comicfigur in Form eines grünen Knetmännchens als Maskottchen. Jährlich gibt es neue Produkte, die den Namen Maoam tragen und den neuen Anforderungen des Marktes Rechnung tragen. So gibt es mittlerweile neben den Maoam-Würfel auch Stückartikel und Beutel mit Produkten wie den *Happy Fruttis* oder die *Kracher.* Das ursprüngliche Unternehmen – die Edmund Münster GmbH & Co. KG – wurde im Jahr 1986 vom Bonner Süßwarenhersteller → Haribo übernommen, der so sein Markenportfolio entsprechend ausweiten konnte.

DATEN UND FAKTEN

Markenname: Maoam, Kunstwort, lautmalerisch für guten Geschmack

Slogan: „Maoam – das fröhlich-freche Kaubonbon"

Gründer: Edmund Münster, 1900, Düsseldorf

Markenregistrierung: 26. 06. 1930, DPMA München

Markenwebsite: www.maoam.com

UNTERNEHMEN

Edmund Münster GmbH & Co. KG

Hauptsitz: Neuss, Deutschland

Geschäftsführung: Dr. Hans und Paul Riegel

Mitarbeiter: ca. 320

SCHON GEWUSST?

▮ Schon 1973 wurde im Fernsehen mit dem Frage-Antwort-Spiel „Was wollt ihr denn? – Maoam" geworben. Die Kölnische Rundschau berichtete bald darauf von besorgten Eltern, deren Kinder aus dem Kindergarten mit „Maoam, Maoam"-Sprechgesängen heimgekehrt waren. Die Eltern dachten, die Erzieher seien Linksradikale und der Sprechgesang wäre zu Ehren des chin. Revolutionsführer Mao Tse Tung mit ihren Kindern eingeübt worden.

Vertrieb: weltweit

KONTAKT

Haribo GmbH & Co. KG
Hans-Riegel-Str. 1
53129 Bonn
✆ (02 28) 5 37-0
🖷 (02 28) 5 37-2 89
💻 www.haribo.com

Ansprechpartner Presse:
Marco Alfter
✆ (02 28) 5 37-1 11
✉ pr@haribo.com

Ansprechpartner Marketing:
Andreas Nickenig
✆ (02 28) 5 37-0
✉ info@haribo.com

MARBERT

MARBERT

Die Marbert Produktlinien konzentrieren sich auf die Bereiche Anti-Aging, Gesichts- und Körperpflege (Mitte). Geschäftsführer Deutschland und Österreich: Otto Robert Fuchs (unten)

Die Kosmetikmarke Marbert steht für hochwertige Kosmetikprodukte mit den Schwerpunkten Anti-Aging-, Gesichts- und Körperpflege. Marbert wurde 1936 von der Kosmetikerin Margarethe Ingrid Sendler und der Ärztin Bertha Roeber gegründet, mit dem Ziel, das Wissen über die spezifischen Eigenschaften der Haut mit kosmetischem Know-how zu verbinden. Marbert war das erste Kosmetikunternehmen in Deutschland, das Kosmetikberatungen, -schulungen und Pflegevorführungen organisierte. Über die Jahre hat sich Marbert durch zahlreiche patentierte Innovationen als einer der führenden Anbieter von Anti-Aging-Produkten etabliert. Alle Kosmetika zeichnen sich lt. Unternehmensangaben neben kosmetischen Eigenschaften auch durch pflegende und hochwirksame Formeln mit patentierten Inhaltsstoffen wie z. B. Nanoparts aus. Mit diesen Merkmalen sollen die Produkte anspruchsvolle Käuferschichten durch ein angemessenes Preis-Leistungs-Verhältnis ansprechen. Im Juni 2007 wurde die globale Anti-Aging-Pflegeserie Splendissima Premium Ca + Mg mit einem Komplex aus Calcium und Magnesium auf dem Markt eingeführt. Marbert entwickelt seine Produkte lt. eigenen Angaben gemäß dem neuesten Stand der Forschung und verzichtet aus ethischen Gründen auf Tierversuche. Das Markenlogo besteht aus dem dunkelblauen Marbert-Schriftzug und wurde seit 1976 nicht verändert. Die Verpackungen wurden 2005 zuletzt neu gestaltet und unterscheiden sich seitdem durch Farbcodierungen, welche die

Die Splendissima Premium Ca + Mg von Marbert

unterschiedlichen Produktlinien kennzeichnen. Seit 2003 sind sämtliche Markenrechte im Besitz der Pariser Selective Beauty SA, in Deutschland vertreten als Selective Beauty GmbH. Marbert-Produkte machten im Geschäftsjahr 2005/2006 ca. 36 % des Umsatzes der Selective Beauty GmbH aus. Marbert ist eine der erfolgreichsten Kosmetikmarken Europas. Selective Beauty will den Vertrieb der Marke sukzessive weltweit ausbauen, in naher Zukunft soll zunächst das Engagement in Osteuropa und Asien verstärkt werden.

DATEN UND FAKTEN

Markenname: Marbert, Akronym aus den Vornamen der Gründerinnen, **Mar**garethe und **Bert**ha

Slogan: "DIE Pflege für mich"

Gründerinnen: Margarethe Ingrid Sendler, Bertha Roeber, 1936, Düsseldorf

Markenregistrierung: 24. 03. 1971, DPMA München

Innovationen: Spuramenta Anti-Aging-Serie (1960), Profutura mit Nanoparts (1990)

Jahresumsatz: rund 20 Mio. Euro (2006)

Werbespendings: 4,6 Mio. Euro (2006)

Anteil am Unternehmensumsatz: ca. 36 % (Marke Marbert)

Auszeichnungen:
„Führende deutsche Kosmetikmarke" Weltausstellung Brüssel (1958)

Markenwebsite: www.marbert.de

UNTERNEHMEN

Selective Beauty GmbH

Hauptsitz: Baden-Baden, Deutschland

Vorstand: Otto-Robert Fuchs

Gesamtumsatz: 55 Mio. Euro (Deutschland, 2006), rund 400 Mio. Euro (weltweit, 2006)

Vertrieb: 120 Länder weltweit

KONTAKT

Selective Beauty GmbH
Lichtentaler Str. 13
76530 Baden-Baden
✆ (0 72 21) 3 02 00-43
🖷 (0 72 21) 3 02 00-11
💻 www.selective-beauty.com

Ansprechpartner Presse:
Concept & Communication
💻 www.concept-communication.org

Ansprechpartner Marketing:
Laure Vergeade
✆ (0 72 21) 3 02 00-34
✉ laure.vergeade@selective-beauty.com

MEILENSTEINE

1936 Gründung des Unternehmens Marbert in Düsseldorf

1958 Auszeichnung als führende dt. Experten-Kosmetikmarke auf der Weltausstellung in Brüssel

1968 Übernahme durch Hoechst, Beginn des internat. Ausbaus der Marke

1990 Einführung von Profutura mit dem Nanoparts-System

2003 Verkauf der Marbert-Lizenz an Selective Beauty SA, Paris

MARC AUREL

Die Marke Marc Aurel steht für gehobene Damenoberbekleidung und wird vom gleichnamigen Unternehmen mit Sitz in Gütersloh geführt. Marc Aurel spricht das Modegefühl der modernen, aktiven Frau an. Der Hersteller legt lt. Firmenaussage Wert auf Design, Stoffqualität, hochwertige Verarbeitung und exzellente Passform. Pro Saison erscheinen jeweils drei neue Kombi-Kollektionen. Produkte der Marke werden sowohl in Deutschland, als auch in Europa, den USA und Kanada vertrieben. Der Bekanntheitsgrad der Marke liegt ungest. bei ca. 38 %. Reinhold Richter gründete 1972 Marc Aurel. Ende der 1970er-

MARC AUREL

Die Marke Marc Aurel erinnert an den röm. Kaiser und Philosophen.

Jahre wurde der Markenname registriert, der an den röm. Kaiser und stoischen Philosophen erinnert (161–180 n. Chr. röm. Kaiser). Das Unternehmen beschäftigt ca. 130 Mitarbeiter. Das Logo bestand anfangs aus einem Schriftzug mit einem Adler. Nachdem der Adler einige Jahre eliminiert war, ist er seit 2006 im Zuge eines Relaunches des Markenauftritts wieder wichtiges Bestandteil des Signets. Die neuen Hausfarben sind Silber und Schwarz, getragen von Weiß als Grundfarbe. Silber möchte Coolness, Luxus und Beständigkeit evozieren, Schwarz Ewigkeit, Eleganz und Zeitlosigkeit. Der unveränderte Schriftzug wird mit den Schwingen des majestätischen Adlers kombiniert zu einer harmonischen, femininen Wort-/Bildmarke. Das Signet kommt sowohl als Prägung in Leder, als gedrucktes Rapport und in Metall gestanzt zum Einsatz. Die Firmenaussage, starke Mode für selbstbewusste Frauen zu machen, soll durch die Analogie des überlegenen und kraftvollen Tieres unterstützt werden.

UNTERNEHMEN

Marc Aurel Textil GmbH
Wilhelmstr. 9
33332 Gütersloh
✆ (0 52 41) 9 45-0
🖷 (0 52 41) 9 45-1 01
💻 www.marc-aurel.com

Marc O'Polo

Marc O'Polo steht für sportlich-legere Mode aus überwiegend natürlichen Materialien.

MARC O'POLO

Mit der Gründung des Modelabels Marc O'Polo verwirklichten die Schweden Rolf Lind und Göte Huss zusammen mit dem Amerikaner Jerry O'Sheets 1967 ihre Vision von Kleidung aus natürlichen Materialien. Die Verarbeitung von Naturfasern, wie Baumwolle, Wolle, Leinen und Seide wirkte dem damaligen Trend der Synthetikmaterialien entgegen und machte Marc O'Polo in Europa zur führenden Marke im Segment der Casual Mode. Getreu dem Motto „Nature's materials" produziert Marc O'Polo leger-sportliche Kleidung, deren Stil durch klare Linien, fühlbare Qualität und Zeitlosigkeit definiert ist. Die Kernwerte *Natural, Quality, Innovation, Personality* und *Simplicity* spiegeln sich im Unternehmen und in der Kollektion wider. Mit dem Segment *Organic Cotton* unterstreichen die Macher des Modelabels ihre Grundwerte und setzen ein Zeichen für ethisches Handeln und mehr Umweltbewusstsein. Das in einer klassischen Serifentypografie gezeichnete Logo wurde 2004 überarbeitet und verweist mit einer stilisierten schwed. Nationalflagge

Marc O'Polo zählt in Europa zu den führenden Marken im Segment der Premium Casual Mode.

auf die Herkunft der Marke. Mit den Kollektionen *Modern Casual, CAMPUS by Marc O'Polo* und *Shoes* sowie den Lizenzen *Junior, Underwear* (Unterwäsche), *Beachwear* (Badebekleidung), *Eyewear* (Brillen), *Time* (Uhren), *Accessories, Silver & Gold* (Schmuck), *Legwear* (Socken) und *Fragrance* (Duft) erwirtschaftete das Modeunternehmen im Geschäftsjahr 06/2006 - 05/2007 einen Umsatz von 240 Mio. Euro. Dabei teilt sich der Gesamtumsatz auf in 22 % Retail, 9 % Franchise, 25 % eigene Stores und 44 % Shop-in-Stores. Der Exportanteil liegt bei 35 % und erstreckt sich auf den gesamten europäischen Raum. Die Unternehmensgruppe beschäftigt weltweit ca. 900 Mitarbeiter (2007), die Marc O'Polo International GmbH in Stephanskirchen, Deutschland, ist das strategische und operative Zentrum.

DATEN UND FAKTEN

Markenname: Marc O'Polo, abgeleitet vom venezianischen Weltreisenden **Marc**o **Polo**, das apostrophierte O stammt vom Gründernamen Jerry **O'**Sheets

Gründer: Rolf Lind, Göte Huss, Jerry O'Sheets, Stockholm/Schweden

Markenregistrierung: 27. 08. 1970, DPMA München

UNTERNEHMEN

Marc O'Polo International GmbH

Hauptsitz: Stephanskirchen, Deutschland

Vorstand: Werner Böck (Vorstandsvorsitzender), Alexander Gedat (Vorstand Vertrieb & Finanzen), Andreas Baumgärtner (Vorstand Design, Produktion/Einkauf, Marketing und Lizenzen)

Weitere Marken: CAMPUS by Marc O'Polo

Gesamtumsatz: 240 Mio. Euro (Geschäftsjahr 01. 06. 2006 – 31. 05. 2007)

Vertrieb: 22 % Retail, 9 % Franchise, 25 % eigene Stores, 44 % Shop-in-Stores

KONTAKT

Marc O'Polo International GmbH
Hofgartenstr. 1
80371 Stephanskirchen
(0 80 36) 90–0
(0 80 36) 90–18 90
www.marc-o-polo.de
www.campus72.de

Ansprechpartner Kommunikation:
Renate Reiner

MEILENSTEINE

1967 Gründung des Modelabels Marc O'Polo in Stockholm

2007 Mit der von David Sims fotografierten Kampagne für die Herbst/Winter Kollektion 2007/08 positioniert sich Marc O'Polo im oberen Segment des Premium Casual Lifestyle.

2007 Kooperation mit der Hilfsorganisation UNICEF: Mit vier Euro pro verkauftem Kleidungsstück aus der Kollektion *since 67* unterstützt Marc O'Polo den Bau von Schulen in Afrika.

2007 Einführung der Konfektionslinie Marc O'Polo *Modern Casual Grey*: Kern der Kollektion bilden Anzüge

MARITIM

Die Touristikmarke Maritim steht für die Angebote der unter dem gleichen Namen firmierenden Hotels. Es handelt sich dabei um Ferien-, Kur- und Stadt-Hotels mit Angebotsschwerpunkten in den Bereichen Tagungen und Kongresse sowie gehobene Gastronomie. Ein Novum für die Marke ist das in Planung befindliche Patientenhotel in Lübeck, das, angebunden an eine Klinik, ambulanten Patienten und ihren Angehörigen Hotelkomfort bieten möchte. Die Marke ist vor allem in den großen dt. Städten vertreten sowie in zahlreichen Ferienregionen im Ausland. Der Markenname ist abgeleitet vom ersten, der Marke zuzuordnenden Hotel, dem Maritim Seehotel Timmendorfer Strand (1969). Das bis heute unveränderte Logo entstand im Unternehmen selbst mit Unterstützung durch eine Agentur. Es bezieht sich, wie der Markenname, auf das Umfeld des ersten Hotels und zeigt drei stilisierte blaue Segel über dem Schriftzug „Maritim", der durch den Zusatz „Hotels" ergänzt wird. Der Slogan lautet „Tagen und Wohnen unter einem Dach." Maritim verfügt über 52 Hotels (Stand 2007). Davon gehören dem Unternehmen 19, 20 weitere sind Pacht-, zwei Management- und elf Franchisebetriebe. Maritim zählt damit zu den führenden dt. Hotelgesellschaften. Die 7.580 Mitarbeiter erwirtschafteten 2006 einen Umsatz von 378 Mio. Euro. Zu dem Konzern gehören auch ein eigener Reiseveranstalter sowie ein eigenes Architektur- und Ingenieurbüro. Eine strategische Verkaufs- und Marketingallianz besteht mit den Millennium & Copthorne Hotels.

MARITIM HOTELS

Die drei stilisierten Segel im Maritim-Logo verweisen auf das erste Hotel der Kette am Timmendorfer Strand.

UNTERNEHMEN

Maritim Hotelgesellschaft mbH
Herforder Str. 2
32105 Bad Salzuflen
(0 52 22) 9 53–0
(0 52 22) 9 53–2 77
www.maritim.de

MARKENMUSEUM

Das erste virtuelle Markenmuseum präsentiert im Internet über 300 Marken und deren Geschichte. Die Idee zu einem virtuellen Markenmuseum hatte der Marketing- und Werbefachmann Michael Paul, Inhaber der Agentur marketing pilots. Paul störte sich daran, dass die geschichtliche Entwicklung einer Marke bei der Markenführung oftmals wenig Beachtung findet. Am 14. Juni 2004 ging das erste virtuelle Markenmuseum online und dient seitdem als kostenlose Informations- und Inspirationsquelle zur hist. Entwicklung von Markenprodukten. Seit der Eröffnung kommen kontinuierlich technische und inhaltliche Neuerungen hinzu, zuletzt z. B. 3D-Animationen, Sonderausstellungen und eine Liste mit wichtigen Markengeburtstagen. Das aktuelle Markenlogo wurde im Zuge der Professionalisierung des Markenmuseums 2005 von der Branding Agentur Braue entwickelt und soll einerseits eine museale Anmutung, andererseits Frische und Zukunftsorientierung reflektieren. Statt klassischer Werbung setzt marketing pilots auf virales Marketing und enge Kooperationen mit Medienpartnern wie →absatzwirtschaft, →manager-magazin.de und →Focus. Bei der Markenpflege spielen die kontinuierliche Aufnahme interessanter neuer

DAS ERSTE VIRTUELLE MARKENMUSEUM®

Michael Paul, Gründer des ersten virtuellen Markenmuseums, in einer Ausstellungssituation des virtuellen Markenmuseums

Marken und die Erweiterung des Content-Bereichs die tragenden Rollen. Nach Angaben des Unternehmens ist das Markenmuseum mit seinem Angebot weltweit einzigartig. Die Einnahmen generieren sich aus Jahresbeiträgen, die die Unternehmen für die Präsentation ihrer Marken entrichten. Der Umsatz des Markenmuseums belief sich 2006 auf ca. 100.000 Euro und steuerte damit ca. 40 % zum Umsatz von marketing pilots bei. Das Unternehmen bietet außerdem noch ein klassisches Dienstleistungsportfolio im Bereich Markenberatung an. Für die Zukunft ist die Eröffnung eines physischen Markenmuseums geplant.

DATEN UND FAKTEN

Markenname: Das erste virtuelle Markenmuseum

Slogan: „Wir schreiben Markengeschichte(n)..."

Erfinder: Michael Paul, 2004, Lamstedt

Markenregistrierung: 07.06.2005, DPMA München

Innovationen: Sonderausstellungen mit 360 Grad Real-Life 3-D Rendering (2007), 3-D Animationen (2007), 3-D Kino (2007), Ranking „Top 50" (2007)

Jahresumsatz: ca. 100.000 Euro (2006)

Markenwebsite: www.markenmuseum.com

UNTERNEHMEN

Marketing Pilots
Michael Paul
Berliner Str. 15
21769 Lamstedt
✆ (0 47 73) 88 84 09
🖷 (0 47 73) 88 84 12
💻 www.marketing-pilots.de

MÄRKLIN

märklin

Seit 1891 ist Märklin mit seinen Modellbahnen auf den weltweit größten Spielwarenmessen präsent.

Das zur Spielwaren-Branche gehörende Unternehmen Gebr. Märklin & Cie GmbH kann bereits auf eine 140-jährige Tradition als Hersteller von Metallspielwaren zurückblicken. 1859, das Jahr in dem Flaschnermeister Theodor Friedrich Wilhelm Märklin sich selbstständig machte, um Teile für Puppenküchen herzustellen, gilt als Gründungsjahr der Firma Märklin. Nur wenige Jahre nach Aufnahme der Spielzeugherstellung mussten bereits neue Räume erworben werden. 1866 stirbt Märklin an den Folgen eines Unfalls. Seine Frau führte fortan das Unternehmen und konnte es ca. 20 Jahre später an ihre Söhne Eugen und Karl Märklin übergeben. Seit 1888 firmiert das Unternehmen als Gebr. Märklin & Cie GmbH. Die Produktpalette umfasste anfangs Puppenküchen und Kinderkochherde, Karren jeglicher Art, Schiffe, Karussells und Kreisel. 1891 fand eine entscheidende Innovation statt: Das Unternehmen präsentierte auf der Leipziger Ostermesse die erste genormte Uhrwerkbahn in Form einer 8. Damit begann die Entwicklung von Modelleisenbahnen mit durch Spiritus beheizten Echtdampflokomotiven, setzte sich über elektrisch betriebene Bahnen fort und fand ihre Fortsetzung in digitalen Modelleisenbahnen, die seit 1984 produziert und kontinuierlich durch technische Neuerungen erweitert wurden. 1995 schloss sich für das Unternehmen der Kreis, indem wie in den Gründerzeiten Erlebnisspielzeug aus Blech wie Puppenwagen und ein Kinderkochherd in das Portfolio aufgenommen wurden. Das Märklin Logo wurde 1919 als Wortmarke konzipiert und im Laufe der weiteren Unternehmenshistorie mehrfach bis zur heutigen Version in Rot (HKS 14) und Kleinbuchstaben verändert. Die Märklin Erlebniswelt am Unternehmenssitz in Göppingen zeigt auf einer Ausstellungsfläche von rund 1.000 Quadratmetern mehr als 1.000 Produkte und zieht jährlich rund 200.000 Besucher an. Das Unternehmen, vertreten durch Geschäftsführer Axel Dietz, ist weltweit mit ca. 1.100 Mitarbeitern in rund 30 Ländern präsent.

DATEN UND FAKTEN

Markenname: Märklin, Familienname des Gründers

Slogan: „Tradition – Qualität – Emotion – Innovation"

Gründer: Theodor Friedrich Wilhelm Märklin, 1859

Markenregistrierung: 02.08.1919, Reichspatentamt

Innovationen: *Märklin Digitalsystem* (1984), *Märklin Systems* (2004)

Markenbekanntheit: 97 % gest. in den Kernmärkten (Firmenangabe)

Jahresumsatz: ca. 125 Mio. Euro

Auszeichnungen:
„spiel-gut-Gütesiegel" (2005)

Literatur:

G. Adriani u. R. Gaugele: Dem Spiel auf der Spur. Mythos Modelleisenbahn (2003)

UNTERNEHMEN

Gebr. Märklin & Cie GmbH
Stuttgarter Str. 55–57
73033 Göppingen
✆ (0 71 61) 6 08–0
🖷 (0 71 61) 6 98 20
💻 www.maerklin.com

MARLIES MÖLLER

Marlies Möller aus Hamburg ist nicht nur eine der führenden Hairstylistinnen Deutschlands sondern gilt auch als Erfinderin des Trockenhaarschnittes. Im Jahr 1988 entwickelte sie unter ihrem Namen eine eigene Linie für Haarpflegeprodukte. Diese erweiterte sie 1996 um ein Bürstensortiment. Für die Entwicklung ihrer Produkte nutzte sie ihre langjährige Erfahrung als Hairstylistin und Inhaberin von mittlerweile fünf Friseursalons in Deutschland und Spanien. Bis heute spiegelt sich der Leitgedanke Marlies Möllers in der Philosophie der Marke Marlies Möller Beauty Hair Care wider: „Schönes Haar ist ein Geschenk. Es schön zu erhalten, eine Herausforderung". Seit 2002 gehört die Marke Marlies Möller Beauty Hair Care zur →Juvena AG mit Hauptsitz in der Schweiz und wird in elf Ländern im selektiven Markt vertrieben. Die professionellen, aufeinander abgestimmten Produkte und Bürsten bieten ein kompetentes 3-Schritt-System von der Reinigung über die Pflege bis zum Styling. Das Sortiment umfasst drei Linien: *Pashmisilk* – die Luxuspflege für höchste Ansprüche, *Colourlux* – die innovative und exkl. Premium-Haarpflegelinie für koloriertes Haar und *Essential* – das hocheffektive Haarpflegeprogramm mit Soforteffekt. Mehrere unabhängige Auszeichnungen bestätigen die hochwertige Qualität und den Innovationsgrad der Produkte. 1993 erhielten *Shiny Cream* und *Daily Smooth* den Prix de Beaute der Zeitschrift Cosmopolitan, 2005 wurde *PASHMISILK Repair* mit diesem Preis ausgezeichnet.

UNTERNEHMEN

Marlies Möller Beauty Hair Care
Blütenfeldplatz
76532 Baden-Baden
✆ (0 72 21) 6 83–0
🖷 (0 72 21) 6 83–5 06
💻 www.marliesmoeller.com

MARS

Das Unternehmen Mars produziert und vertreibt eine breite Produktpalette: von Süßwaren über Heimtiernahrung bis hin zu Mitteln der Pflanzenpflege. Zu den bekanntesten Markenerzeugnissen zählen Schokoladenriegel wie Mars, →Snickers und Bounty sowie Pralinen-, Keks- und Eisprodukte. Eine der jüngsten Innovationen der Marke sind Riegel im Zweierpack, die beim Öffnen einen Knall erzeugen. Die Unternehmensmarke ist nach dem Erfinder des gleichnamigen Schokoriegels, Frank C. Mars benannt, der 1922 das Unternehmen Mars Incorporated in Minnesota in den USA gründete. Das Logo der Dachmarke zeigt den Namen Mars in blauen Versalien, das Logo des gleichnamigen Produkts präsentiert den roten Schriftzug Mars auf schwarzem Grund. Mars Deutschland wurde 2006 und 2007 als Fair Company und Top-Arbeitgeber ausgezeichnet. Nach eigenen Angaben ist Mars in Deutschland Marktführer in der Kategorie Schokoladenriegel und mit seinen Eiskremriegeln drittgrößter Anbieter von Marken-Eiskrem-Multipackungen. Mit Marken wie →Whiskas, →Pedigree und Chappie ist Mars Marktführer in Deutschland im Bereich der Heimtierfertignahrung. Zudem nimmt die Marke →Uncle Ben´s (Reis) im Lebensmittelmarkt eine führende Position ein. Das Pflanzenpflegesystem Seramis, das ebenfalls zur Mars-Markenfamilie gehört, genießt nach Angaben des Unternehmens eine Alleinstellung in seinem Marktsegment. Insgesamt 1.900 Mitarbeiter sind in Viersen, Verden, Minden und Mogendorf tätig. Der Konzern Mars Incorporated hat derzeit etwa 40.000 Beschäftigte in 65 Ländern. Der weltweite Jahresumsatz lag 2006 bei 20 Mrd. USD.

UNTERNEHMEN

Mars GmbH
Industriering 17
41751 Viersen
✆ (0 21 62) 50 00
💻 www.mars. de

MARTINI

Unter der Marke Martini Vermouth vertreibt die →Bacardi GmbH, eine Tochtergesellschaft der Bacardi & Company Ltd., Bermudas, Premium-Spirituosen der Kategorie Vermouth/Weinaperitif. Die Produktpalette umfasst *Martini Bianco, Martini Rosso, Martini Rosato, Martini Extra Dry, Martini D'Oro* und

MARLIES MÖLLER BEAUTY HAIR CARE

Marlies Möller brachte 1988 ihre erste Haarpflegelinie auf den Markt.

Mars

Den Schokoladenriegel Mars erfand Unternehmensgründer Frank C. Mars.

MARTINI

Die weltberühmte, klassische Vignette von Martini.

Martini Prosecco. Vermouth setzt sich aus mindestens drei Teilen einer Cuvée ausgewählter Weine zusammen sowie aus Kräuterextrakten, Zucker, Wasser und Alkoholdestillaten. Die Martini-Produkte verfügen über einen Alkoholgehalt zwischen 9 % und 15 % und werden in Abfüllungen von 0,75 l, 1,0 l und 1,5 l angeboten. Getrunken wird Martini pur auf Eis oder als Bestandteil von Longdrinks oder Cocktails. Die Marke ist nach Alessandro Martini benannt, der zusammen mit Luigi Rossi und Teofilo Sola im Jahr 1863 den Drink-Klassiker in Pessione bei Turin entwickelte. Hier kreierten sie die Rezeptur des Martini sowie das spezielle Herstellungsverfahren, das mehrere Lagerungsphasen und Filtrationen umfasst. Heute vertreibt Bacardi Deutschland Martini Vermouth zusammen mit Marken wie Bacardi Rum oder → Jack Daniel's. Die Firma mit Sitz in Hamburg unterhält Kooperationen mit Unternehmen wie Molinari und → Osborne und hat sich im speziellen „Bacardi Kodex" zu einer verantwortungsvollen Vermarktung seiner Produkte verpflichtet.

UNTERNEHMEN

Bacardi GmbH
Hindenburgstr. 49
22297 Hamburg
(0 40) 3 39 50-0
(0 40) 3 39 50-2 14
www.martini.de

MÄRZ

Thea und Wolfgang März gründeten das Unternehmen 1920.

MÄRZ ist eine Marke der Textilbranche und steht für qualitativ hochwertige Strick- und Wirkwaren. Zielgruppe sind Damen und Herren ab 40 mit klassischem Geschmack und höherem Einkommen. MÄRZ wirbt mit Modernität, Liebe zum Detail, Tradition und Kompetenz sowie höchstem Service und Zuverlässigkeit. Der Markenname beruht auf dem Familiennamen der Erfinder, dem Ehepaar Thea und Wolfgang März, die das Unternehmen 1920 gründeten. 1954 entwickelte die Firma Pullover für eine Himalaya-Expedition zum Nanga Parbat. Zwei Jahre später stattete man erstmalig die dt. Ski-Nationalmannschaft aus. MÄRZ entwickelt seine Fertigungsverfahren permanent weiter und erarbeitet auch Spezialverarbeitungsmethoden für innovative Garne wie z. B. Merinowolle mit Nano-Tech Ausrüstung. Im Jahr 2007 erfolgte im Zuge einer emotional angelegten Marketing- und Werbekampagne eine Neupositionierung mit dem Ziel, sich als Lifestylemarke neu zu etablieren. Die Kollektionen wurden modernisiert, das Corporate Design erneuert und ein Online-Shop eingeführt. Das Logo der Marke besteht aus der weißen Initiale M, unter der in klassischen Versalien der Markenname steht (Times Roman). Der Schriftzug änderte sich im Lauf der Firmengeschichte mehrmals, die Farbe des Logos wechselte von Chamois zur aktuellen Hausfarbe „Mika-Braun". Lt. GfK und HML bestreitet MÄRZ die Technologieführerschaft im Bereich Herrenbekleidung. Die Marke wird europaweit vertrieben.

UNTERNEHMEN

MÄRZ München AG
Bayerwaldstr. 7
81737 München
(0 89) 62 72 70
(0 89) 62 72 71 09
www.maerz.de

MASTERCARD

Die Marke MasterCard steht weltweit für Kreditkarten und damit verbundene Dienstleistungen. Zielgruppen der Marke sind Privat- wie Firmenkunden. Ausgehend von der Basisdienstleistung, dem Ermöglichen eines bargeldlosen Zahlungsverkehrs, hat sich das Leistungsspektrum der MasterCard kontinuierlich vergrößert und differenziert. Insbesondere Geschäftskunden können aus einer Vielzahl von Produkten wählen. So wenden sich etwa MasterCard *BusinessCard* und MasterCard *Executive BusinessCard* an kleine und mittelständische Unternehmer, während MasterCard *Corporate Card T&E* oder MasterCard *Corporate Purchasing Card* Angehörige größerer Unternehmen unterstützen, z. B. auf Geschäftsreisen oder beim Materialeinkauf. Zum Leistungsspektrum gehören neben verlängerten Zahlungszielen und individualisierten Abrechnungen auch Versicherungen und Einkaufsvorteile bei Partnerunternehmen. Das Unternehmen MasterCard tritt dabei als Franchisegeber auf. Die meisten Leistungen legen die Finanzdienstleister als Kartenherausgeber fest. Die Karteninhaber sind Kunden der Kartenherausgeber (vor allem Banken), die z. B. auch die Jahresgebühren festlegen. Der Name MasterCard wurde 1951 von der Franklin Bank in New York für ihr Kreditkartenprodukt eingeführt. Das Markenlogo zeigt zwei ineinandergeschobene rot- bzw. orangefarbene Kreise, die jeweils einen Teil des in serifenloser Schrift präsentierten Markennamens enthalten.

Beim Sponsoring setzt MasterCard Schwerpunkte im Bereich Sport. Die Marke präsentiert sich bei großen Fußball- und Golfevents, etwa bei Spielen der UEFA Champions League (Fußball) oder Turnieren der PGA Tour (Golf). Mastercard Europe, das in Deutschland eine Repräsentanz unterhält, ist ein Tochterunternehmen von MasterCard Incorporated. Diese Holding-Gesellschaft von MasterCard Worldwide firmiert als nach US-amerikanischem Recht zugelassene private Aktiengesellschaft. Weltweit beschäftigt das Unternehmen ca. 5.000 Mitarbeiter. Aktuell (Stand April 2007) gibt es 25 Mio. MasterCard-Akzeptanzstellen in 210 Ländern. Zum Portfolio des Unternehmens MasterCard gehören auch die Debitmarke *Maestro* und *Cirrus*.

UNTERNEHMEN

Mastercard Europe
Representative Office Germany
Bockenheimer Anlage 15
60322 Frankfurt/Main
✆ (0 69) 97 12 10-0
🖷 (0 69) 97 12 10-10
🖳 www.mastercard.com/de

MATTEL

Die Dachmarke Mattel steht für Produkte des gleichnamigen Spielwarenkonzerns. Sie versammelt einige der erfolgreichsten Marken in diesem Segment unter sich wie z. B. Barbie. Unter den verschiedenen Marken richtet Mattel sein Angebot an Mädchen und Jungen im Vorschul- und Schulalter sowie an Babys und deren Eltern. Der Firmenname setzt sich zusammen aus der Kombination von Namensteilen zweier der Firmengründer, „Matt" (Harold Matson) und El(liott Elliott Handler). Das Markenlogo besteht aus einem roten gezackten Kreis und dem in weißen Versalien gehaltenen Schriftzug „Mattel", der diagonal nach rechts oben ausgerichtet ist. Das Unternehmen wurde 1945 in Südkalifornien in den USA gegründet. 1959 kam die erste Barbie auf den Markt, eine dreidimensionale Ankleidepuppe, benannt nach der Tochter der Mitgründerin der Firma Ruth Handler. Zwei Jahre später kam die männliche Puppe Ken hinzu. Sie trug den Namen des Sohnes von Ruth und Elliott Handler. 1966 wurde eine Niederlassung in Deutschland gegründet. Produkte wie Hot Wheels kamen auf den Markt, später folgten He-Man oder Masters of the Universe. Mattel kaufte schließlich den Hersteller Fisher-Price und ging Kooperationen mit →Disney sowie dem Fernsehsender „Nickelodeon" ein. Seit 2000 hält Mattel die Hauptlizenz für Harry-Potter-Spielzeug. Der Konzern ist in über 140 Ländern mit Niederlassungen vertreten. Rund 32.000 Mitarbeiter weltweit erwirtschafteten 2006 einen Gesamtumsatz von ca. 5,7 Mrd. USD. Damit ist Mattel das weltweit größte Spielwarenunternehmen.

UNTERNEHMEN

Mattel GmbH
An der Trift 75
63303 Dreieich
✆ (0 61 03) 8 91-0
🖷 (0 61 03) 8 91-3 00
🖳 www.mattel.de

MAUXION

Die Historie von Mauxion geht auf das Jahr 1855 zurück.

Mauxion kann auf eine über 150-jährige Tradition zurückblicken. Sie gehört wie die Marken →Trumpf, Regent, Novesia und →Fritt zum Portfolio der →Ludwig Schokolade GmbH & Co. KG. Seit 1998 ist Ludwig Schokolade Teil der Krüger Gruppe. Mauxion Produkte werden mit einer offensiven Exportpolitik internat. vertrieben und besetzen nach Unternehmensangaben weltweit zentrale Positionen des Marktspektrums im Süßwarenbereich. 1855 gründete der Franzose Andre Mauxion in Berlin eine Confiserie und legte damit den Grundstein für die Firma. Die eigene Schokoladenproduktion wurde 1872 aufgenommen. Alfred und Felix Mauxion übernahmen 1895 den väterlichen Betrieb und eröffnen im thüringischen Saalfeld eine neue Fabrik. 1911 trat mit Ernst Hüther der spätere Alleininhaber in die Geschäftsführung ein. In den 1920er- und 1930er-Jahren produzierte Mauxion hauptsächlich Kakaopulver und Schokoladentafeln. Nebenprodukte waren Pralinen, Desserts Schokoladenmilch. Im 2. Weltkrieg musste die Schokoladenproduktion eingestellt werden. Mit dem Tod von Ernst Hüther 1944 erfolgte die Umwandlung der Firma in eine KG. Der Betrieb wurde enteignet und in den VEB Mauxion umgewandelt. Die Namensrechte an Mauxion fielen den Erben von Ernst Hüther zu. Im Westen ließ die Familie Hüther Mauxion Produkte zunächst von Schoko Buck in Stuttgart herstellen. 1958 erfolgte der Verkauf an die Leonhard Monheim AG, die seit 1986 unter dem Namen Ludwig Schokolade firmierte. Das Mauxion Logo mit dem rotgrundigen, schattierten Bildsignet symbolisiert eine Tafel Schokolade. Der weiße, kantige Schriftzug wird durch den zweifarbigen, zu einem langgezogenen Schweif stilisierten „i"-Tupfer ergänzt, der für die Zutaten Kakao und Schokolade steht.

UNTERNEHMEN

Ludwig Schokolade GmbH & Co. KG
Senefelder Str. 44
51469 Bergisch Gladbach
✆ (0 22 02) 1 05-5 00
🖷 (0 22 02) 1 05-5 01
🖳 www.mauxion.com

MAX FACTOR

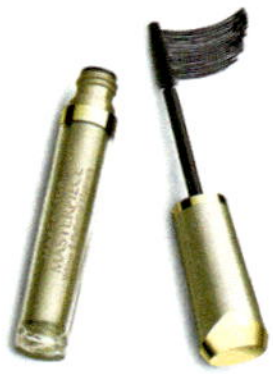

Masterpiece Mascara aus der aktuellen Produktserie von Max Factor (Mitte), Firmengründer Max Factor (unten)

Unter dem Dach der Marke Max Factor versammeln sich Make-ups und andere Kosmetikartikel wie Puder, Rouge, Mascara, Lidschatten, Lippenstifte und Nagellacke. Namensgeber der Marke war der russ. Emigrant und Visagist Max Factor, der 1914 in Hollywood das erste flüssige und damit filmtaugliche Make-up entwickelte. Existierende Produkte waren für die Filmproduktion nicht geeignet, da sie in der Konsistenz zu starr waren und die Schauspieler maskenhaft und steif aussehen ließen. Dem *Flexible Greasepaint*, wie Factor seine neue Grundierung nannte, folgten zahlreiche Innovationen, die bis heute auf der Basis langjährigen Expertenwissens weiterentwickelt werden. Seit 1991 gehört Max Factor zum amerikanischen Konsumgüterkonzern Procter & Gamble. Dieser leitete 2001 eine Kooperation von Max Factor mit der dt. Kosmetikmarke Ellen Betrix ein, die ebenfalls zu Procter & Gamble gehört. 2003 wurden die beiden Kosmetiklinien zusammengelegt und werden seitdem unter dem gemeinsamen Namen *Max Factor by Ellen Betrix* vermarktet. Im Jahr 2007 wurde der gesamte Markenauftritt von Max Factor erneuert. Der serifenlose Namenszug macht seitdem mit einem großen X auf sich aufmerksam. Bei der Vermarktung seiner Produkte setzt Max Factor auf Tipps von internat. renommierten Make-up Artists. Einige berühmte Persönlichkeiten haben schon für Max Factor geworben. In den Jahren 1999 und 2000 wurde mit Pop-Star Madonna die Gold-Serie der Marke eingeführt. Procter & Gamble vertreibt Max Factor in Europa und Amerika. Insgesamt erwirtschaftete die Procter & Gamble GmbH im Geschäftsjahr 2006/2007 einen Gesamtumsatz von 76,5 Mrd. USD. Zu dem Unternehmen gehören nahezu 300 Marken, die in 160 Ländern vertrieben werden. Von den 138.000 Mitarbeitern des Konzerns sind 15.000 in Deutschland beschäftigt. Für das Deutschlandgeschäft ist die Procter & Gamble GmbH mit Sitz in Schwalbach am Taunus zuständig.

Im Jahr 1914 entwickelte der russ. Emigrant und Visagist Max Factor das erste flüssige und damit filmtaugliche Make-up.

DATEN UND FAKTEN

Markenname: Max Factor, USA, Name des Erfinders des ersten flüssigen Make-ups

Slogan: „The Make-up of Make-up Artists."

Erfinder: Max Factor, 1914, Hollywood/USA

Markenregistrierung: 26. 10. 1964, DPMA München

Innovationen: Miracle Touch Liquid Illusion Foundation (2007)

Markenwebsite: www.maxfactor.de

UNTERNEHMEN

The Procter & Gamble Company

Hauptsitz: Cincinnati, USA

Geschäftsführer: Alan G. Lafley

Weitere Marken: → Olaz, → Gillette, → Max Factor, → head & shoulders

MEILENSTEINE

1914 Max Factor entwickelt in Hollywood das erste filmtaugliche Make-Up.

1938 Tod von Max Factor

1991 The Procter & Gamble Company übernimmt Max Factor.

2001 Kooperation von Max Factor und der dt. Marke Ellen Betrix

2003 Gemeinsamer Markenname Max Factor by Ellen Betrix

2007 Neuer Markenauftritt von Max Factor mit neuem Logo

Gesamtumsatz: 76,5 Mrd. USD (weltweit, 2006/2007)

Mitarbeiter: 138.000 in ca. 80 Ländern, 15.000 in Deutschland (2007)

KONTAKT

Procter & Gamble GmbH
Sulzbacher Str.40
65823 Schwalbach am Taunus
✆ (0 61 96) 89-01
🖷 (0 61 96) 89-47 08
💻 www.de.pg.com

Ansprechpartner Presse:
Melanie Schnitzler
✆ (0 61 96) 89-41 57
✉ schnitzler.m@pg.com

Ute Glaser
✆ (0 61 96) 89-33 31
✉ glaser.u.1@pg.com

MAXDATA

Unter der Marke MAXDATA vertreibt die MAXDATA AG IT-Produkte auf dem europäischen Markt. Zum Portfolio von MAXDATA gehören PCs, Notebooks sowie Server- und Storagesysteme. MAXDATA Produkte werden nach Kundenangaben individuell angefertigt. Hauptzielgruppe sind professionelle IT-Anwender sowie mittelständige und große Unternehmen. Der Markenname Maxdata ist ein Akronym aus den Worten maximal und Data. Er soll suggerieren, dass Maxdata die bestmögliche Ausstattung für die Datenverarbeitung bietet. Das Markenlogo unterstreicht diese Absicht. Es besteht aus einem weißen MAXDATA-Schriftzug in Versalien vor schwarzem Hintergrund. Die Silbe „MAX" ist dabei fett gedruckt. MAXDATA wurde 1987 von Holger Lampatz in Gladbeck gegründet und hat sich seitdem zu einem der größten IT-Hersteller Europas entwickelt. Anfänglich beschränkte sich das Geschäftsfeld von MAXDATA auf den Vertrieb von Grafikkarten und Monitoren an den Fachhandel. Erst 1990 begann MAXDATA die Produktion von eigenen PCs, zwei Jahre später wurden die ersten MAXDATA-Notebooks gebaut. 1995 erweiterte das Unternehmen seinen Geschäftsbereich mit einer Vertriebsgesellschaft in Österreich erstmals auf den europäischen Markt. 1999 übernahm MAXDATA den PC-Hersteller VOBIS Microcomputer und wurde in der Folge zur MAXDATA AG umfirmiert. Am ehemaligen Vobis-Hauptsitz im nordrhein-westfälischen Würselen steht die Produktionsstätte, die unter dem Namen MANULOGS Manufacturing and Logistic Services GmbH sowohl für MAXDATA als auch für andere Unternehmen Hardware herstellt. Die IT-Lösungen von MAXDATA werden in 27 europäischen Ländern angeboten. Der Vertrieb erfolgt indirekt über den IT-Fachhandel, den Einzelhandel, Systemhäuser sowie über neun eigene Landesgesellschaften. Darüber hinaus bietet MAXDATA über die Zweitmarke →Belinea drei spezialisierte Produktlinien in verschiedenen Ausstattungs-Leveln an. Das Unternehmen beschäftigt weltweit 1.178 Mitarbeiter und erwirtschaftete 2006 einen Umsatz von 525 Mio. Euro, davon entfielen 230 Mio. Euro auf die Marke Maxdata.

Ein Blick in die Fertigung in Würselen, wo die MAXDATA-Produkte hergestellt werden.

DATEN UND FAKTEN

Markenname: MAXDATA, Akronym aus **max**imal und **Data**

Slogan: „Individual Technology" (2005)

Gründer: Holger Lampatz, 1987, Gladbeck

Markenregistrierung: 21. 09. 1994, DPMA München

Innovationen: MAXDATA-PCs (1990), MAXDATA-Notebooks (1992), MAXDATA-PLATINUM Server (1997)

Markenbekanntheit: 65 % ungest., 25 % gest. (interne Erhebung, 2007)

Jahresumsatz: 230 Mio. Euro (2006)

Werbespendings: 8,5 Mio. Euro (2006)

Auszeichnungen:
„Channel Champion", als bester Monitorhersteller, Channel Partner (2007)
„PC-Hersteller 2007", Händlerbefragung Computer Reseller News (2007)

UNTERNEHMEN

Maxdata AG

Hauptsitz: Marl, Deutschland

MAXDATA
INDIVIDUALTECHNOLOGY

MAXDATA bietet unter der Zweitmarke Belinea maßgeschneiderte Produktlinien für verschiedene Zielgruppen wie b.line für Geschäftskunden (Mitte) oder o.line für designorientierte, jüngere Käufer (unten).

Vorstand: Thomas Stiegler, Siegfried Kaske

Weitere Marken: → Belinea

Gesamtumsatz: 525 Mio. Euro (2006)

Vertrieb: indirekt über Fachhändler, Systemhäuser, Einzelhandel und Vertriebsgesellschaften, Vertrieb in 27 europäischen Ländern

KONTAKT

Maxdata AG
Elbestr. 16
45768 Marl
✆ (0 23 65) 9 52-0
🖷 (0 23 65) 20 05
🖳 www.maxdata.de

Ansprechpartner Presse:
Claudia Krettler, Communication Manager
✆ (0 23 65) 9 52-22 34
✉ presse@maxdata.de

Ansprechpartner Kommunikation:
Markus Ernesti, Managing Director
✆ (0 23 65) 9 52-0

SCHON GEWUSST?

- In Kooperation mit dem Softwarehersteller Microsoft startete MAXDATA 2006 das Projekt IT-Brücke. Dabei werden kulturelle und soziale Einrichtungen in Deutschland mit Soft- und Hardware unterstützt.
- Die Fertigungsanlage in Würselen produziert stündlich 600 MAXDATA-PCs.
- Zu den wichtigsten Werbeaktivitäten von MAXDATA zählt das Sportsponsoring. So war die MAXDATA AG bis 2002 Trikotsponsor beim Fußballverein Borussia Mönchengladbach. In der Saison 2006/07 sponserte MAXDATA die dt. Rennfahrerin Ellen Lohr bei der Rallye Dakar.

MAYBACH

Die Marke Maybach steht für Highend-Luxusautomobile der → Daimler AG. Mit dem Maybach 62 und dem Maybach 57 sowie den sportlichen Varianten Maybach 62 S und 57 S sind vier Modelle im Angebot. Interieur und Exterieur werden nach Kundenwünschen individuell gestaltet. Maybach 62 und 57 verfügen über einen Motor Typ 12 mit den Leistungsmerkmalen 550 PS/405 kW, 5,5 l Hubraum und 900 Newtonmetern. Charakteristisch für die Maybachs ist ihre zweifarbige Lackierung. Der Maybach 62 steht in der Tradition des hist. *Maybach Zeppelin* (1930) und misst 6,17 m Länge, der Maybach 57 ist 5,73 m lang. Alle Automobile werden in der Maybach-Manufaktur in Sindelfingen hergestellt. Das Markenlogo zeigt, ineinander verschränkt, zweifach den Buchstaben M, der für die Maybach Manufaktur und damit für „erlesene Qualität und höchsten Luxus" steht (Quelle: Daimler AG). Der Name Maybach geht auf Wilhelm Maybach und seinen Sohn Karl Maybach zurück. Wilhelm Maybach zeichnete u.a. verantwortlich für die Entwicklung des ersten Motors mit stehendem Zylinder, des Spritzdüsenvergasers, des Bienenwabenkühlers und des ersten Straßenfahrzeugs mit Vierzylindermotor. Er war somit auch Konstrukteur der ersten Modelle der Marke Mercedes. Sein Sohn konstruierte seit den 1920er-Jahren Luxuslimousinen. 2002 wurde die Marke Maybach revitalisiert und gehört heute zum Markenportfolio der Daimler AG, zu der auch die Marken → Mercedes-Benz, → Smart und AMG gehören.

UNTERNEHMEN

Daimler AG
Epplestr. 225
70567 Stuttgart
✆ (07 11) 17-0
🖷 (07 11) 17-2 22 44
🖳 www.maybach-manufaktur.com

MAZDA

Die Automarke Mazda gehört in Deutschland seit den 1970er-Jahren zu den asiatischen Hauptvertretern in der Pkw-Branche. Der Name des jap. Automobilherstellers ist der höchsten zoroastrischen Gottheit entlehnt, die Mensch, Natur und alle Götter in sich vereint. Zudem ähnelt die Aussprache dem Nachnahmen des Unternehmensgründers Jujiro Matsuda, der 1920 in Hiroshima ein Unternehmen für die Herstellung von Werkzeugmaschinen gründete. Bereits neun Jahre später setzte das Unternehmen bereits auf industrielle Fertigung. 1960 lief das erste Automobil vom Band. Durch die Kooperationen mit NSU/Wankel und die Partnerschaft mit → Ford konnte man frühzeitig erfolgreiche Symbiosen in Forschung und Entwicklung nutzen. 1973 eröffnete die erste dt. Filiale in Hilden. Im Produktportfolio befinden sich verschiedene Modelle mit Wankelmotor- und Hubkolbentechnologie. Angefangen im Kleinwagensegment bis hin zum offenen Sportwagen mit dem Roadster MX-5 deckt

Der Name Mazda wurde der höchsten zoroastrischen Gottheit entlehnt.

das Sortiment den Automobilmarkt in weiten Teilen ab. Das Corporate Design wurde bis heute stark verändert, was der Durchsetzung eines klaren Unternehmensprofils erschwerte. Das aktuelle Logo besteht aus Wortmarke und Signet. Der Name ist in der blauen Hausschrift gesetzt, die seit 1975 Verwendung findet. Die Bildmarke ist ein metallenes Oval, das in der Mitte den stilisierten Anfangsbuchstaben des Unternehmens formt. Zudem erinnert die Gestalt absichtlich an ausgebreitete Flügel, die Dynamik und Zielstrebigkeit symbolisieren. Das Logo soll Kraft, Kreativität, Geschmeidigkeit und Flexibilität ausdrücken, aber auch Fahrspaß und Frische. Letzteres soll auch mit der Zoom-zoom-Kampagne im Marketing-Mix ausgedrückt werden.

UNTERNEHMEN

Mazda Motors (Deutschland) GmbH
Hitdorfer Str. 73
51371 Leverkusen-Hitdorf
(0 21 73) 9 43–0
www.mazda.de

MCCAIN

Unter der Marke McCain produziert und vertreibt der kanadische Nahrungsmittelspezialist McCain weltweit Tiefkühlprodukte und Gebäck. Das wichtigste Produkt der Marke sind Pommes frites (u.a. die „1-2-3-Frites"). Das Angebot wird ergänzt durch Fertiggerichte, Snacks, Desserts, Gemüse und Fingerfood. Direkte Abnehmer der McCain-Produkte sind primär Handel und Gastronomie. Während des Herstellungsprozesses werden die Pommes frites immer aus der ganzen Kartoffel geschnitten. Ein heißes Wasserbad zerstört Keime und reduziert den Zuckergehalt der Stäbchen. Nach dem Vorfrittieren werden diese bei minus 35 Grad Celsius schockgefroren. Ausgangspunkt für die Herstellung der Tiefkühlprodukte war die Idee, Gastronomie und Endverbrauchern zu helfen, Zeit und Ressourcen bei der Essenszubereitung einzusparen. Das Logo zeigt den Markennamen als weißen Schriftzug auf einem schwarzen Rechteck, das mit einem gelben Rand versehen ist. Das Familienunternehmen McCain Foods Ltd. wurde 1957 in Florenceville, Kanada, gegründet. McCain-Produkte werden seit 1973 an die dt. Gastronomie ausgeliefert, die „1-2-3-Frites" findet man seit 1978 auch im dt. Einzelhandel. Derzeit arbeiten 20.000 Menschen in 110 Ländern für das Unternehmen. Es ist nach eigenen Angaben weltweit Marktführer bei tiefgekühlten Kartoffelprodukten. Die Produktionsstätten und Niederlassungen in Kanada und den USA, in Europa, Japan, Taiwan, Australien, Neuseeland, Argentinien und Südafrika erwirtschaften einen jährlichen Umsatz von rund 4 Mrd. Euro. Aktuell produziert das Unternehmen jede Stunde Waren in der Größenordnung von 500.000 Kilogramm.

UNTERNEHMEN

McCain GmbH
Kölner Str. 10 b
65760 Eschborn/Taunus
(0 61 96) 9 02–0
(0 61 96) 9 02–47
www.mccain.de

MCDONALD'S

Die Marke McDonald's steht für Produkte und Dienstleistungen im Bereich Systemgastronomie. Sandwiches, Pommes frites und Salate gehören ebenso zum Angebot wie Kaffeespezialitäten in den über 300 McCafés. McDonald's legt in allen Bereichen großen Wert auf die Qualität der Rohwaren und Produkte. Seit 1987 ist zudem ein eigenes und seitdem ständig weiterentwickeltes Umweltprogramm mit dem Ziel in Kraft, die Abläufe bei Herstellung und Verpackung der Produkte sowie beim Restaurantbetrieb umweltschonend zu gestalten. Das Logo des dt. Markenauftritts besteht aus dem als goldenen Doppelbogen geschwungenen „M" und der Tagline „Ich liebe es". Prominente Werbeträger in der Markenkommunikation sind das Topmodel Heidi Klum und der Fernsehmoderator Kai Pflaume. Der Markenname nimmt Bezug auf Richard und Maurice McDonald. Sie eröffneten 1948 ihr umgestaltetes Schnellrestaurant in San Bernadino, Kalifornien (USA). 1955 übernahm Ray Kroc das Konzept der McDonald-Brüder und eröffnete sein erstes McDonald's-Restaurant in Des Plaines, Illinois (USA). Deutschland-Premiere war 1971 mit der Eröffnung des ersten Restaurants in München. Heute ist McDonald's in Deutschland nach eigenen Angaben Marktführer in der Gastronomie mit 891 Mio. Gästen (2006). Für das Geschäftsjahr 2006 stehen in Deutschland 2,57 Mrd. Euro Nettoumsatz zu Buche, den 52.000 Mitarbeiter in 1.276 Restaurants erwirtschafteten. Im Unternehmen ist das Franchising-System stark ausgeprägt. So führen 29-Franchise-Nehmer in Deutschland ihre Restaurants bereits in der zweiten Generation. McDonald's unterhält weltweit

Der goldene Doppelbogen ist das unverwechselbare Kennzeichen der McDonald's-Restaurants.

„To help our clients make distinctive, lasting, and substantial improvements in their performance and to build a great firm that attracts, develops, excites, and retains exceptional people."

McKinsey & Company: Mission-Statement

derzeit über 30.000 Standorte, Stammsitz ist Oak Brook im US-Bundesstaat Illinois.

UNTERNEHMEN

McDonald's Deutschland Inc.
Zweigniederlassung München
Drygalski-Allee 51
81477 München
(0 89) 78 59 44 13
(0 89) 78 59 44 79
www.mcdonalds.de

MCKINSEY & COMPANY

McKinsey & Company ist ein weltweit agierendes Beratungsunternehmen. Seine Berater unterstützen die Klienten bei der Entwicklung und Umsetzung substanzieller und nachhaltiger Verbesserungen von Unternehmensstrategien. Die Firma versteht sich als Generalist unter den Beratern und offeriert ihre Leistungen Entscheidern in vor allem großen, internat. operierenden Unternehmen. James O. McKinsey gründete 1926 in Chicago ein Beratungsunternehmen. Es sollte nicht nur abgegrenztes Expertenwissen vermitteln, sondern auch bei der Lösung vielfältiger Managementprobleme helfen. Der studierte Pädagoge, Philosoph und Jurist McKinsey holte 1933 den Wirtschaftsanwalt Marvin Bower in das Unternehmen, der nach dem frühen Tod McKinseys vier Jahre später die Führungsrolle übernahm. Bower erarbeitete in der Folge Leitsätze, die noch heute für die Arbeit von McKinsey gelten, z. B. die Beratung des Top-Managements, das Modell der Partnerschaft und die *obligation to dissent* (engl.: die Verpflichtung zum Widerspruch). Das erste Büro in Deutschland wurde 1964 gegründet und beschäftigte zunächst vier Berater. Bis 1998 stieg ihre Zahl auf 700 Berater und liegt heute bei 1.100 Consultants. McKinsey gliedert sich ähnlich wie andere Beratungsunternehmen in verschiedene Industriesektoren und funktionale Kompetenzzentren. McKinsey berät nach eigenen Angaben in Deutschland die Mehrzahl der im DAX vertretenen Unternehmen sowie private und öffentliche Institutionen. Lt. einer Untersuchung des Marktforschungsunternehmens Lünendonk ist McKinsey in Deutschland mit großem Abstand der Marktführer (Lünendonk, 2006). Die Wortmarke McKinsey besteht aus einem im McKinsey-Blau (Pantone 534) gehaltenen Schriftzug in einer eigens entwickelten Serifenschrift. McKinsey & Company beschäftigt in Deutschland insgesamt über 1.900 und weltweit 14.000 Mitarbeiter. In den rund 90 Büros in mehr als 50 Ländern arbeiten Menschen aus über 100 Nationen, die insgesamt rund 120 Sprachen beherrschen. Lt. Unternehmensangaben zählt McKinsey mehr als 300 Unternehmen aus den Global 500 zu seinen Klienten.

McKinsey&Company

Die Wortmarke von McKinsey & Company besteht aus dem schlichten Namenszug in einer eigens entwickelten Serifenschrift.

DATEN UND FAKTEN

Markenname: McKinsey, Familienname des Firmengründers

Gründer: James O. McKinsey, 1926, Chicago/USA

Markenregistrierung: 03. 05. 1996, DPMA München

Jahresumsatz: 600 Mio. Euro (Deutschland)

UNTERNEHMEN

McKinsey & Company, Inc.

Hauptsitz: New York, USA

Geschäftsführer: Ian Davis (weltweit), Frank Mattern (Deutschland)

Mitarbeiter: ca. 1.900 (Deutschland), ca. 14.000 (weltweit)

Standorte: mehr als 90 Büros in über 50 Ländern

KONTAKT

McKinsey & Company, Inc.
Königsallee 60C
40027 Düsseldorf
(02 11) 1 36-40
(02 11) 1 36-47 00
www.mckinsey.de

SCHON GEWUSST?

- Nur jeder zweite Berater von McKinsey ist Wirtschaftswissenschaftler. Ingenieure, Natur- und Geisteswissenschaftler, Mathematiker, Juristen und Mediziner stellen die andere Hälfte.
- Rund 5 % ihrer Arbeitszeit können die Berater von McKinsey Pro-bono-Aktivitäten widmen. In diesen Projekten arbeiten die Berater unentgeltlich für soziale Projekte und Institutionen.
- Mehr als 20 % der Neueinstellungen bei McKinsey sind Frauen.

MEDIA MARKT

Media Markt gehört zu den führenden Elektrofachmärkten Europas. Die Marke steht für ein umfassendes Sortiment in Bereichen wie Telekommunikation, Computer, Foto, HiFi und Elektrogeräte. Der erste Media Markt eröffnete 1979 in einem Münchener Gewerbegebiet. Zu dieser Zeit war das großflächige Elektrofachmarkt-Konzept ein Novum. Die Gründer Helga und Erich Kellerhals, Leopold Stiefel und Walter Gunz wählten den Namen bewusst, weil das Wort Markt ein großes und preiswertes Angebot impliziert. Der Wirbel im Logo zwischen Media und Markt sollte sichtbares Zeichen dafür sein, dass man die Branche mit einem neuen Konzept aufwirbeln wollte. Der aktuelle Slogan „Media Markt. Ich bin doch nicht blöd." will auffallen, bewegen und polarisieren. Diese Eigenschaften treffen auf die gesamte Media Markt-Werbung zu, die Auswahl, Marke und Preis in den Vordergrund stellt. Mit Testimonials wie bisher beispielsweise Christel Peters oder Oliver Pocher soll das Image der Marke gestärkt werden, die für eine große Auswahl an Markenprodukten, dauerhaft tiefe Preise sowie kompetente Beratung und guten Service steht. Mit über 220 Märkten in Deutschland verfügt das Unternehmen über ein weit verzweigtes Ladennetz. Media Markt ist aktuell mit mehr als 480 Fachmärkten in 15 europäischen Ländern vertreten (Stand 10/2007). Die Media Markt-Gruppe gehört zur Media-Saturn-Unternehmensgruppe und wird unter dem Dach der Media-Saturn-Holding GmbH geführt, die auch die Handelskette →Saturn in einer Zwei-Marken-Strategie betreibt und zur →Metro Group gehört. Die operative Führung der Media Märkte in Deutschland liegt bei der Media Markt Management GmbH. Jeder Media Markt ist eine eigenständige Gesellschaft mit Minderheitsbeteiligung des jeweiligen lokalen Geschäftsführers. Vorsitzender der Geschäftsführung ist Michael Rook. Im Jahr 2006 erwirtschaftete das Unternehmen hierzulande einen Nettoumsatz von rund 5 Mrd. Euro und beschäftigte 13.290 Mitarbeiter.

DATEN UND FAKTEN

Markenname: Media Markt, der Name soll Art des Handels (Media) und ein großes Angebot (Markt) implizieren

Slogan: „Media Markt. Ich bin doch nicht blöd."

Gründer: Helga Kellerhals, Erich Kellerhals, Leopold Stiefel, Walter Gunz

Markenregistrierung: 10.03.1986, DPMA München

Jahresumsatz: 5,032 Mrd. Euro (2006)

UNTERNEHMEN

Media Markt Management GmbH
Wankelstr. 5
85046 Ingolstadt
✆ (08 41) 6 34-0
www.mediamarkt.de

Media Markt ist mit über 480 Fachmärkten in 15 europäischen Ländern vertreten (Stand 10/2007).

MEGGLE

Unter der Lebensmittelmarke Meggle vertreibt die Molkerei Meggle Wasserburg GmbH & Co. KG in Deutschland Butterspezialitäten und gekühlte Backwaren. Die Marke steht internat. für ein breites Angebot an Milchprodukten wie Käse, Milch und Drinks. Der Markenname geht zurück auf den Firmengründer Josef Anton Meggle, der 1887 in Wasserburg begann, Milchprodukte mit Hilfe einer elektrischen Zentrifuge herzustellen. Bereits in den 1930er-Jahren nahm das Unternehmen ein Kleeblatt in sein Logo auf, seit 1951 ist die Bildmarke als Markensymbol angemeldet. Heute steht das charakteristische Meggle-Kleeblatt zusammen mit dem blauen Namensschriftzug in einem grünen Oval. In den 1990er-Jahren bewarb Meggle seine Produkte mit dem Slogan „Ich bin ein Gour-Meggle". Dazu bekannte sich Marylin Monroe gegenüber dem Vorsitzenden des Aufsichtsrats, Toni Meggle, in einem Werbespot. Der aktuelle Slogan der Meggle-Produkte lautet „Genießen macht glücklich." Meggle setzt bei der Produktion auf natürliche Zutaten. Ein wichtiges Vertriebskonzept der Marke sind die innovativen Verpackungsformen für Meggle-Produkte. Für die erste Kräuterbutter in der Tube erhielt das Unternehmen im Jahr 2006 den Verpackungspreis des Deutschen Verpackungsinstituts e.V. Seit kurzem bietet Meggle auch fettreduzierte Produkte wie eine leichte Kräuterbutter an. Das Mittelstandsunternehmen vertreibt die Marke über eigene Niederlassungen hauptsächlich in West- und Osteuropa. Nach eigenen Angaben ist der Hersteller in Deutschland Marktführer bei Butterzubereitungen und gekühlten Backwaren. Das Unternehmen, das weltweit 1.520 Mitarbeiter beschäftigt, setzte 2006 rund 559 Mio. Euro um und wurde für sein Engagement in den Balkanländern mit

Die Marke Meggle steht für Butterspezialitäten, wie z. B. Kräuterbutter in der Tube.

dem MOE Award (Mittelstandspreis für Mittel- und Osteuropa) ausgezeichnet.

DATEN UND FAKTEN

Markenname: Meggle, abgeleitet vom Familiennamen des Gründers Josef Anton Meggle

Slogan: „Genießen macht glücklich."

Gründer: Josef Anton Meggle, 1887, Wasserburg

Markenregistrierung: 23. 12. 1971, DPMA München

Innovationen: Portionsbutter (1960), Kräuterbutter (1968), Kräuterbutter-Baguette (1995), Joghurt-Butter (1999), Kräuterbutter in der Tube (2006), leichtes Baguette mit 50 % weniger Fett (2007), leichte Rolle mit 33 % weniger Fett (2007)

Markenbekanntheit: 95 % gest. (unabh. Mafo-Institut, 2006)

Jahresumsatz: 559 Mio. Euro (Unternehmensgruppe, 2006)

Auszeichnungen:
„Deutscher Verpackungspreis", Deutsches Verpackungsinstitut e. V. für die Tubenbutter (2006)
„MOE Award", Mittelstandspreis für Mittel- und Osteuropa für das Engagement des Unternehmens in dieser Region (2006)
„sehr gut", Öko-Test für die Alpenbutter und die Steak & Grill-Tube (2007)

UNTERNEHMEN

Molkerei MEGGLE Wasserburg GmbH & CO KG
Megglestr. 6–12
83512 Wasserburg
(0 80 71) 73–0
(0 80 71) 73–4 44
www.meggle.de

MEICA

Das Meica-Logo existiert seit 1950.

„Meica macht das Würstchen" – Dieser Slogan verdeutlicht nicht nur den besonderen Schwerpunkt des Lebensmittelherstellers Meica auf Wurstwaren, sprich Würstchen, sondern veranschaulicht auch die Marktführerschaft der Meica Ammerländische Fleischwaren Fritz Meinen GmbH & Co. KG. Gegründet wurde das Unternehmen bereits 1908 vom Landwirt und Metzgermeister Fritz Meinen. Seitdem entwickelte sich das Unternehmen lt. eigenen Angaben von einer kleinen Metzgerei zum dt. Marktführer im Bereich Wurstwaren. Die Marke Meica mit dem prägnanten Logo wurde 1950 eingeführt. Der weiße Schriftzug auf rotem Grund wird bis heute beinahe unverändert eingesetzt und ist auf allen Meica Produkten zu sehen. Das Angebot umfasst heutzutage weit mehr als nur Würstchen. Eintöpfe, Suppen, regionale Mahlzeiten und andere Convenience-Produkte vereinen sich unter dem Meica Logo. Je nach Produktart werden die Nahrungsmittel hauptsächlich in Gläsern und Konservendosen vertrieben, aber auch immer mehr Fix-und-Fertig-Angebote für die Mikrowelle sind im Kühlregal erhältlich. Zu den bekanntesten Monomarken gehören →Deutschländer-Würstchen, →Mini Wini und →Curry King. Zu den neuesten Entwicklungen gehört ein Sortiment an Bioprodukten. Aufgrund der gleich bleibend hohen Produktqualität wurden die Produkte aus dem Hause Meica wiederholt mit den Höchstauszeichnungen der CMA und der DLG gewürdigt. Die Produkte von Meica werden im In- und Ausland angeboten.

Meica umfasst ein breites Sortiment an Wurstspezialitäten.

DATEN UND FAKTEN

Markenname: Meica

Slogan: „Meica macht das Würstchen"

Markenbekanntheit: gest. 85 % (IPSOS, 2007)

Auszeichnungen:
regelmäßige Auszeichnungen bei den Wettbewerben der CMA und DLG

UNTERNEHMEN

Meica Ammerländische Fleischwarenfabrik Fritz Meinen GmbH & Co. KG

Hauptsitz: Edewecht, Deutschland

Gründer: Fritz Meinen, 1908, Edewecht

Weitere Marken: → Bratmaxe, → Curry King, → Deutschländer, → Mini Wini

Vertrieb: Europa, USA, Brasilien

KONTAKT

Meica Ammerländische Fleischwarenfabrik
Fritz Meinen GmbH & Co KG
Meicastr. 6
26188 Edewecht
✆ (0 44 05) 9 99–0
🖷 (0 44 05) 9 99–1 00
💻 www.meica.de

MEILENSTEINE

1908 Gründung des Unternehmens durch den Metzgermeister und Landwirt Fritz Meinen

1949 Einführung der ersten Schwarzblechdose für Würstchen

1950 Die Marke Meica wird erfunden.

1964 Meica führt die erste lithographierte Dose ein.

1993 Einführung der Marke Deutschländer

2005 Erstmals verkauft Meica Bio-Wiener und Bio-Saftbockwürste.

MEINDL

Meindl ist eine traditionsreiche Schuhmarke aus Bayern und entwickelte sich vom einfachen Schusterbetrieb zu einer weltweit bekannten Marke. Sie ist nach Lukas Meindl sen. benannt, der sich nach dem 1. Weltkrieg in Kirchanschöring selbstständig machte und damit die seit 1683 bestehende, über 300-jährige Schuhmacher-Tradition der Familie fortführte. 1948 kam in der zehnten Generation mit Alfons Meindl ein weiterer innovativer Schuster in den Familienbetrieb. Nach dem Krieg begann alles mit zehn Beschäftigten, 1980 waren es bereits über 200 Mitarbeiter. Aus dem kleinen Schusterbetrieb war ein großer, regionaler Arbeitgeber geworden. Dafür wurde Alfons Meindl mit dem Bundesverdienstkreuz ausgezeichnet. Heute ist das Unternehmen Meindl auf Sport- und Outdoorschuhe für Frauen und Männer aller Altersgruppen spezialisiert und verkauft weit über 1 Mio. Paar Schuhe im Jahr. Im Programm finden sich neben Berg- und Wanderschuhen, Sportschuhen, Winterstiefel, Jagdstiefel auch noch traditionelles bayerisches Schuhwerk wie z. B. Haferlschuhe. Der Schwerpunkt in der Modellentwicklung liegt auf der Verbindung von Handwerk und Innovation. So war Meindl eine der ersten Schuhfabriken, die GORE-TEX als Futter in ihren Schuhen verarbeitete. Für seine zahlreichen Neuentwicklungen wurde das Unternehmen vielfach ausgezeichnet. Schon 1976 erhielt Alfons Meindl für seine Outdoorfibel eine Urkunde für ein „Musterbeispiel für Werbung mit Gebrauchswert". Seine damals entwickelte Kategorisierung der Schuhe von A-D ist heute ein System, an dem sich sowohl Handel als auch Industrie orientieren. Neben weiteren zahlreichen Preisen, positiven Leserbeurteilungen und guten Ergebnissen bei Vergleichen der Stiftung Warentest erhielt Meindl 1992 auch den ASU-Preis für vorbildliche Unternehmensökologie. Das Markenlogo wurde 1930 von Lukas Meindl sen. entwickelt und im Laufe der Zeit mehrfach überarbeitet. Heute präsentiert es sich als schwarzer, konkaver Schriftzug des Firmennamens, dessen Blockbuchstaben von einer schwarzen Linie eingefasst werden. Unter dem Namenszug steht der Claim „Shoes For Actives". Meindl zählt nach eigenen Angaben zu den fünf führenden Herstellern von Berg- und Wanderschuhen in Europa. Heute wird das Familienunternehmen von den Brüdern Lars und Lukas Meindl in der elften Generation geführt. Der Vertrieb erfolgt weltweit über Importeure.

MEINDL
Shoes For Actives

Der Name Meindl steht für Schuhmachertradition in der elften Generation.

DATEN UND FAKTEN

Markenname: Meindl, Familienname des Gründers

Slogans: „Die standfesten aus Bayern" (1965), „Tradition aus Leder" (1970), „Meindl – Shoes For Actives" (seit 1980)

Gründer: Lukas Meindl sen.

Innovationen: Meindl Air Active® Technologie (1981), Relaxed-Fit-System® (2001), MFS Vakuum (2006), Light-Hiker (2006)

Jahresumsatz: ca. 60 Mio. Euro (2006)

Auszeichnungen:
„European Outdoor Award" (2001)
„Bayerische Staatsmedaille für Verdienste um Umwelt und Gesundheit" (2006)

UNTERNEHMEN

L. Meindl GmbH & Co. KG
Lukas-Meindl-Str. 5–9

83417 Kirchanschöring
✆ (0 86 85) 77 09-3 32
🖷 (0 86 85) 74 78
💻 www.meindl.de

Meissen

Rund 400 Porzellanmaler und -gestalter sorgen für eine kontinuierliche Bereicherung des Sortiments (Mitte), der sog. Markenzeichenwürfel von Meissen® mit den kobaltblauen „Gekreuzten Schwertern" (unten)

MEISSEN

Meissen® ist das erste europäische Porzellan und wurde vor fast 300 Jahren von Johann Friedrich Böttger, Ehrenfried Walther von Tschirnhaus und Gottfried Papst von Ohain im Auftrag des damaligen sächsischen Kurfürsten August des Starken erfunden. Nach umfangreichen Forschungen gelang es ihnen 1708 unter Führung von Böttger erstmals Porzellan herzustellen. Im Jahre 1710 wurde die Porzellan-Manufaktur Meissen mit der Albrechtsburg als erstem Fabrikationsort gegründet. Kurz darauf wurden bereits die ersten Markenzeichen verwendet, um sich vor Nachahmern und Imitationen zu schützen. Im Jahre 1722 führte man, neben der blauen Unterglasurfarbe, die gekreuzten Sächsischen Kur-Schwerter als unverwechselbares Markenerkennungszeichen ein, das bis heute kaum verändert wurde. Damit gilt die Meissener Porzellan-Manufaktur als einer der ersten Markenartikelhersteller überhaupt. Der Schriftzug Meissen® ergänzt seit 1972 die Schwertermarke. Die Bestandteile des Porzellans, damals auch Weißes Gold genannt, sind Quarz, Feldspat und Kaolin, das in einem eigenen Bergwerk abgebaut wird. Die Porzellan-Manufaktur, die seit 1710 besteht, ist heute nach eigenen Angaben Marktführer im Segment Luxusporzellan. Der Slogan „Europas Erstes Porzellan" steht für die Innovationskraft und Beständigkeit des Unternehmens. Luxusaffine Käufer und Sammler können aus einem Sortiment mit rund 180.000 Artikeln wählen oder Nachbildungen aus dem 200.000 Modelle umfassenden Formenarchiv in Auftrag geben. Rund 400 Porzellanmaler und -gestalter sorgen in reiner Handarbeit für eine kontinuierliche Bereicherung des Sortiments. Die „Meissen® Welten" gliedern sich in Tisch und Tafel, Accessoires, Figuren, Interieur, Editionen, Architektur und Moderne Kunst. Sie sind sowohl in eigenen Filialen als auch bei Fachhändlern weltweit erhältlich. Zur Manufaktur gehören auch eine Schauwerkstatt und ein Fachgeschäft für Meissener Porzellan®. Neben Meissen® werden auch Meissener Porzellan® und Boettgersteinzeug® als eigene Marken geführt. Das Unternehmen erwirtschaftete am Stammsitz in Meißen mit 812 Mitarbeitern einen Umsatz von 35 Mio. Euro (2006).

Das Schwanenservice wurde um 1740 für den Grafen Brühl gefertigt und umfasst weit mehr als 1.000 Teile.

DATEN UND FAKTEN

Markenname: Meissen, abgeleitet von der Stadt Meissen

Slogan: „Europas Erstes Porzellan"

Gründer: Kurfürst von Sachsen und König von Polen „August der Starke", 1710

Markenregistrierung: 20. 05. 1875, Königlich-Sächsisches Amtsgericht Meissen

Innovationen: Ziffernblätter für hochwertige Uhren, Kappenbehälter für hochwertige Schreibgeräte

Markenbekanntheit: 82,9 % ungest., 96,5 % gest. (IPSOS, 2003)

Jahresumsatz: 35 Mio. Euro (2006)

Auszeichnungen:
Weltausstellungen: London (1851, 1862), Paris (1867, 1900), Wien (1873), Chicago (1893)

Literatur:
H. Sonntag: Meissener Porzellan Bibliographie der deutschsprachigen Literatur (1994)
Ders.: Die Botschaft des Drachens (1999)
Ders.: Meissen in Meissen (2000)

UNTERNEHMEN

Staatliche Porzellan-Manufaktur Meissen GmbH

Hauptsitz: Meißen, Deutschland

Geschäftsführung: Dr. Hannes Walter, Dr. Dieter Gerhardt

Weitere Marken: Gekreuzte Schwerter, Meissener Porzellan®, Meissen®, Boettgersteinzeug®

Gesamtumsatz: 35 Mio. Euro (2006)

Vertrieb: weltweit

KONTAKT

Staatliche Porzellan-Manufaktur Meissen GmbH
Talstr. 9
01662 Meißen
✆ (0 35 21) 4 68-6 00
Fax (0 35 21) 4 68-7 76
www.meissen.com

Ansprechpartner Presse:
Gundela Corso
✆ (0 35 21) 4 68-2 14
✉ gundela.corso@meissen.com

Ansprechpartner Marketing:
Wolfgang Kolitsch
✆ (0 35 21) 4 68-2 06
✉ wolfgang.kolitsch@meissen.com

Lead-Agentur:
Scholz & Friends GmbH
www.s-f.com

MEILENSTEINE

1710 Öffentliche Bekanntgabe der Gründung der Porzellan-Manufaktur Meissen als Königlich-Polnische und Kurfürstlich-Sächsische Porzellan-Manufaktur am 23. Januar

nach 1722 Verwendung der Marke „Gekreuzte Schwerter"

1739 Das berühmte Zwiebelmuster ist im Sortiment.

1865 Bezug der heutigen Gebäude im Meißner Triebischtal

1991 Staatliche Porzellan-Manufaktur Meissen GmbH mit dem Freistaat Sachsen als Gesellschafter

2005 Eröffnung Erweiterungsbau Porzellan-Museum

2010 300-jähriges Unternehmensjubiläum

MEISTER PROPER

Die Produktpalette der Meister Proper Reinigungsmittel reicht vom klassischen Allzweckreiniger über Expressreiniger bis hin zum Badreiniger und einem Schmutzradierer. Bei den Waschmitteln werden verschiedene Vollwasch- und Color-Vollwaschmittel in Pulverform oder flüssig, in Karton oder Flasche und z. T. mit einer besonderen Duftnote angeboten. Zu den jüngsten Innovationen der Marke gehört Meister Proper Magic Protect. Die Reinigungsprodukte dieser Linie überziehen bei der Anwendung die Flächen mit einer transparenten Schicht, die sie vor Fett und Schmutz schützt und so die nächste Reinigung erleichtert. Der Markenname ist eine deutschsprachige Adaption des Namens „Mr. Clean", der 1958 auf dem US-amerikanischen Markt zusammen mit der gleichnamigen Figur eingeführt wurde. Das Logo präsentiert die Werbefigur, den muskulösen glatzköpfigen Flaschengeist mit seinem hautengen T-Shirt und dem goldenen Ring im linken Ohr, zusammen mit dem in roter Schrift unterhalb der Figur platzierten Namen, bei dem der Namensteil „Proper" deutlich größer ist als das Wort „Meister". Der bekannteste Markenslogan lautete „Meister Proper putzt so sauber, dass man sich drin spiegeln kann." In Deutschland ist die von dem amerikanischen Maler und Illustrator Richard Black entworfene Figur seit 1967 präsent. Es ging auch auf Blacks Initiative zurück, dass anstelle der ursprünglich gewünschten Nasenringe der Ohrring Verwendung fand. In anderen Ländern passt sich der Markenname der jeweiligen Sprache an, etwa bei Mr. Propre (Frankreich) oder Don Limpio (Spanien). Meister Proper gehört heute zur Markenfamilie von Procter & Gamble und ist Deutschlands beliebtester Marken-Haushaltsreiniger (Quelle: Nielsen Data 2006).

UNTERNEHMEN

Procter & Gamble Service GmbH
Sulzbacher Str. 40–50
65824 Schwalbach am Taunus
✆ (0 61 96) 89 01
Fax (0 61 96) 89 47 08
www.meisterproper.de

MELITTA

Melitta steht für Filtertüten, Kaffee und Kaffeeautomaten. Der Ursprung der Marke geht auf das Jahr 1908 zurück, als die Dresdner Hausfrau Melitta Bentz beim Experimentieren mit Löschpapier aus einem Schulheft und einem durchlöcherten Messingtopf den Kaffeefilter erfand. Noch im selben Jahr ließ sie sich ihre Erfindung patentieren und gründete die Firma M. Bentz. 1911 meldete sie schließlich die Marke Melitta an. 1936 änderte sich die Form des Kaffeefilters und passend dazu entwickelte das Unternehmen die noch heute übliche Form der Filtertüten. Seit 1962 gibt

Melitta®

Melitta Kaffeepads Latte Macchiato (Mitte), Kaffeeautomat Look Deluxe (unten)

Melitta Gastro-Kaffeevollautomat Cafina ALPHA

es unter der Marke Melitta auch Röstkaffee, 1965 folgten elektrische Kaffeemaschinen. Heute bietet die Melitta Gruppe unter der Marke Melitta neben verschiedenen Filtertüten ein umfangreiches Sortiment an Kaffeespezialitäten und -automaten an. Bereits seit 1925 sind die Filterpapierpackungen von Melitta in den Farben Rot und Grün gehalten, der charakteristische Melitta-Schriftzug besteht in seiner heutigen Form schon seit 1937. In der Werbung setzt Melitta seit jeher auf die Familie: von E. O. Plauens *Vater und Sohn-Geschichten* in den 1930er-Jahren über die Kampagne mit dem „Melitta-Mann" bis hin zur heutigen „Melitta-Familie" steht sie stets im Mittelpunkt der Markenkommunikation. Die Unternehmensgruppe Melitta Bentz KG mit Sitz in Minden erzielte 2006 einen Gesamtumsatz von mehr als 1,2 Mrd. Euro. Das Geschäftsfeld Kaffee- und Teegenuss, zu dem neben Melitta auch die Teefiltermarke Cilia gehört, steuerte 61 % zum Gruppenumsatz bei. Weitere Geschäftsfelder des Konzerns sind die Bereiche Frische und Geschmack (→Toppits) und praktische Sauberkeit (→Swirl). Aktivitäten im Ausland hatten 2006 einen Anteil von 45 % am Gruppenumsatz. Wichtige Auslandsmärkte sind neben Europa vor allem Nordamerika und Brasilien.

DATEN UND FAKTEN

Markenname: Melitta, Vorname der Erfinderin

Slogan: „Melitta macht Kaffee zum Genuss"

Erfinderin: Melitta Bentz (1873–1950), 1908, Dresden

Markenregistrierung: 20. 06. 1908 Gebrauchsmusterschutz, 08. 07. 1908 Patent für Kaffeefilter beim Kaiserlichen Patentamt Berlin

Innovationen: Gastro-Kaffeevollautomaten Melitta cup (2002), Melitta BellaCrema (2004), Melitta CAFFEO (2005), Cafina ALPHA (2006), Melitta bar (2007), Melitta Kaffeepads (2007), Melitta Optima, Melitta Optima Therm (2007), etc.

Auszeichnungen:
„IF product design award" für Cafina ALPHA (2007)
„red dot award: product design" für Cafina ALPHA (2007)
„Plus X Award" für den Bedienkomfort der Melitta Optima (2007), etc.

UNTERNEHMEN

Melitta Gruppe

Hauptsitz: Minden, Deutschland

Gesellschafter: Dr. Thomas Bentz, Dr. Stephan Bentz

Weitere Marken: →Toppits, →Swirl, Cilia, u. a.

Gesamtumsatz: 1,209 Mrd. Euro (2006)

MEILENSTEINE

1908 Melitta Bentz, eine Dresdner Hausfrau, erfindet den ersten brauchbaren Kaffeefilter.

1925 Die bis heute für Melitta typische rot-grüne Verpackung wird kreiert, um die Filter als Markenartikel von den Mitbewerbern abzugrenzen.

1929 Um der großen Nachfrage gerecht zu werden, wird die Firma von Dresden in ein größeres Werk in Minden verlagert, das bis heute Hauptsitz des Unternehmens ist.

1962 Nach Jahren als Kaffeefiltermarke steigt Melitta selbst in den Kaffeemarkt ein.

2005 Melitta schreibt erstmals einen internen Innovationspreis aus.

2008 Melitta feiert 100-jähriges Firmenjubiläum.

Vertrieb: Marke Melitta weltweit über eigene Niederlassungen und Vertriebspartner

KONTAKT

Melitta Beratungs- und Verwaltungs GmbH & Co. KG
Marienstr. 88
32 425 Minden
✆ (05 71) 40 46-0
🖷 (05 71) 40 46-82 31
💻 www.melitta.de

Ansprechpartner Presse:
Dr. Annette Kahre
✆ (05 71) 40 46-2 70
✉ annette.kahre@mbv.melita.de

MENERGA

Menerga ist ein Unternehmen für Klimatechnologie, das sich auf die Entwicklung, Herstellung und den Vertrieb von multifunktionalen Lüftungs- und Klimatisierungsgeräten spezialisiert hat. Die Geräte der Marke werden insbesondere an Orten eingesetzt, die eine anspruchsvolle Klimatechnik erforderlich machen. Dazu gehören hist. Gebäude ebenso wie Niedrigenergiehäuser, Büro- und Geschäftshäuser, Einkaufszentren, öffentliche Gebäude wie Schulen, Kliniken, Hotels, Museen oder Theater und die industrielle Fertigung. Ein speziell anvisierter Einsatzbereich sind Sportstätten, insbesondere Hallenbäder und private Schwimmhallen. Schwerpunkt des Unternehmens sind „steckerfertige" Einheiten und Systemlösungen, die energieeffizient arbeiten. Menerga wirbt mit der Effizienz und dem geringen Raumbedarf seiner Geräte und der Bündelung von Kälte-, Klima-, Steuerungs- und Regelungstechnik. Die Anlagenkonzepte und Technologien des Unternehmens berücksichtigen die Schonung von Umwelt und Ressourcen u.a. durch eine möglichst weitgehende Reduzierung des CO_2-Ausstoßes und die Verwendung von besonders effizienten Energierückgewinnern mit hohen Wirkungsgraden. Die Wortmarke stellt sich als Minuskelschriftzug in dezentem und klarem Blau dar. Ergänzt wird sie durch ein Bildsignet, das an das technisch-planerische Symbol für einen Verdichter in Kombination mit einem Wärmeüberträger angelehnt ist. Für Planung, Produktion und Nutzung bietet das Unternehmen einen umfassenden Service an. Daneben arbeitet man an der Weiterentwicklung der eigenen Produkte. Am Fertigungsstandort in Mülheim a.d. Ruhr beschäftigt Menerga 300 Mitarbeiter, 250 weitere in Vertrieb und Service. Die Produkte werden europaweit vertrieben, der Auslandsanteil des Gesamtumsatzes liegt bei 60 %. Die Schwimmhallenklimatisierung nimmt ca. 30 % des Geschäftsvolumens ein, Luft- und Klimatechnik die restlichen 70 %.

MEILENSTEINE

1980 energiesparende Schwimmhallenklimatisierung

1985 regenerative Wärmerückgewinnung mit über 90 % Wirkungsgrad

1991 Adiabatik - Kühlen ohne Strom

1994 Einsatz energieeffizienter drehzahlgeregelter Ventilatoren

1999 hybrider Kompakt-Kaltwassersatz mit integriertem Rückkühlwerk

2003 Sorption – thermisch angetriebene Klimatisierung - z.B. Solarenergie

2004 energieeffizienter Verdichter mit integrierter Leistungsregelung

2007 webfähige Steuerung und Regelung von Lüftungs- und Klimasystemen

DATEN UND FAKTEN

Markenname: Menerga, Kunstwort, Abwandlung **M**inimale **Energ**ie**a**nwendung

Claim: „Wir schaffen gutes Klima"

Gründung: 1980

Markenregistrierung: 31.07.1984, DPMA München

Innovationen: Kühlen ohne Strom, hocheffiziente Wärmerückgewinnung, Hybride Kälteerzeugung, Klimatisierung mit Niedertemperaturwärme

Jahresumsatz: ca. 45 Mio. Euro (2006)

UNTERNEHMEN

Menerga Apparatebau GmbH
Gutenbergstr. 51
45473 Mülheim a.d. Ruhr
✆ (02 08) 99 81-0
🖷 (02 08) 99 81-1 10
💻 www.menerga.com

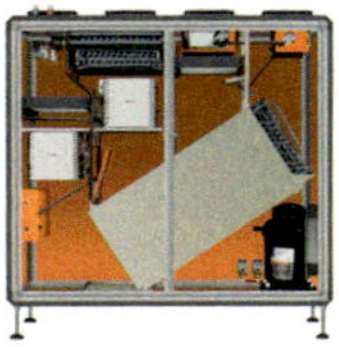

menerga produziert multifunktionale Lüftungs- und Klimatisierungsgeräte.

mentos®

Mentos zählt zu den führenden Bonbonmarken der Welt.

MENTOS

Mentos zählt zu den führenden Bonbonmarken der Welt. In mehr als 100 Ländern weltweit können Konsumenten das runde Dragee mit knackiger Hülle und weichem Kern in unterschiedlichen Geschmacksrichtungen genießen. Begonnen hat alles 1932, als die Brüder Michael und Pierre van Melle während einer Polenreise die Idee zu dem Kaubonbon hatten. Ab 1950 kamen immer mehr internat. Aufträge aus Frankreich, Deutschland und Großbritannien und markierten den Beginn des weltweiten Vertriebes. Diverse TV-Kampagnen verhalfen ab den 1970er-Jahren Mentos dazu, in der jungen Zielgruppe zum Kultbonbon zu werden. Auch in Deutschland etablierte sich Mentos und behauptet derzeit die Marktführerschaft in der Produktkategorie Kaubonbons (AC Nielsen, 2007). Die Bekanntheit der Marke liegt in Deutschland bei 98 % (Research International, 2007). Erhältlich ist Mentos u.a. im Lebensmitteleinzelhandel, in Drogeriemärkten und Apotheken. Unter der Dachmarke Mentos wurden in den vergangenen Jahren auch neue Submarken (Mentos *Zuckerfrei*, *Mini* Mentos, Mentos *Kidz*) lanciert. 2007 eröffnete Mentos eine neue Produktkategorie mit der Einführung von Mentos als Kaugummi. Die Marke Mentos gehört zum ital.-niederl. Unternehmen Perfetti Van Melle und wird in Deutschland durch das Unternehmen CFP Brands Süßwarenhandels GmbH & Co. KG vertrieben.

UNTERNEHMEN

CFP Brands Süßwarenhandels GmbH & Co. KG
Mildred-Scheel-Str. 1
53175 Bonn
✆ (02 28) 9 23 62 98
🖷 (02 28) 9 23 62 49
💻 www.mentos.de

MERCEDES-BENZ

Mercedes-Benz ist der älteste Automobilhersteller der Welt und die Kernmarke der Mercedes-Benz Cars. Mercedes-Benz steht für elegante, innovative Automobile mit einem hohen Anspruch an Qualität, Sicherheit, Design und Komfort. Vor allem im Bereich Sicherheitstechnik steht die Marke für zahlreiche technische Innovationen, die die gesamte Automobilentwicklung geprägt haben. U.a. gingen die Knautschzone (1959), ABS (1978), Airbag (1980) und ESP (1995) erstmals in einem Pkw von Mercedes-Benz in Serie. Mit der Erfindung des schnelllaufenden Motors und des Automobils legten Gottlieb Daimler und Karl Benz in den 1980er-Jahren des 19. Jh. unabhängig voneinander den Grundstein für den motorisierten Individualverkehr. Beide brachten ihre Entwicklungsarbeiten in eigene Unternehmen ein: In Mannheim gründete Benz 1883 die Firma Benz & Co., in Cannstatt entstand im November 1890 die Daimler-Motoren-Gesellschaft (DMG). Während sich die Schutzmarke Benz namentlich nicht veränderte, tauchte für die Fabrikate der DMG nach der Jahrhundertwende der neue Markenname Mercedes auf. Mercedes war der Name der Tochter des österreichischen Geschäftsmanns Emil Jellinek, der früh von den Daimler-Wagen überzeugt war und die Fahrzeuge auch zu Rennveranstaltungen anmeldete. Das Pseudonym Mercedes - ein span. Name, der „Gnade" bedeutet – benutzte er zunächst nur als Teamnamen. 1900 ließ Jellinek dann von der DMG einen neuen Motor mit der Bezeichnung Daimler-Mercedes entwickeln. So wurde Mercedes zur Produktbezeichnung und schließlich 1902 als Warenzeichen gesetzlich geschützt. 1926 kam es zur Fusion der Konkurrenten Benz & Cie. und DMG. Alle nach dem Zusammenschluss entwickelten Produkte trugen den neuen Markennamen Mercedes-Benz. Der Stern war bereits seit 1909 das Markenzeichen der Automobile der DMG. Das Logo entstand auf Anregung von Gottlieb Daimlers Söhnen. Sie erinnerten sich daran, dass ihr Vater einst einen Stern als Symbol verwendet hatte und seiner Familie prophezeit hatte, das dieser Stern einmal segensreich über seinem Werk aufgehen werde. Der Dreizackstern sollte auch ein Symbol für Daimlers Bemühen um die universelle Motorisierung „zu Wasser, zu Lande und in der Luft" sein. Im Laufe der Jahre wurde er um verschiedene Zusätze ergänzt, 1923 wurde der plastische Dreickzackstern im Ring als Warenzeichen eingetragen. 2006 wurden weltweit rund 1,15 Mio. Fahrzeuge der Marke Mercedes-Benz abgesetzt. Das Geschäftsfeld Mercedes-Benz Cars der Daimler AG, das auch die Marken →Smart, →Maybach und AMG umfasst, erzielte 2006 mit rund 99.000 Beschäftigten einen Umsatz von 54,6 Mrd. Euro.

UNTERNEHMEN

Daimler AG
70546 Stuttgart
✆ (07 11) 17-0
🖷 (07 11) 17-2 22 44
💻 www.daimler.com

MERCURE

Unter dem Markennamen Mercure betreibt die franz. Unternehmensgruppe Accor S. A. weltweit 760 Hotels, davon 140 in Deutschland. Das erste Mercure Hotel eröffnete 1973 in Saint-Witz in Frankreich. Mercure Hotels sind in der gehobenen Mittelklasse angesiedelt und werben mit lokalem Flair und persönlichem Ambiente. Zielgruppe sind anspruchsvolle Gäste, die mit Komfort, gutem Service und Gastfreundschaft angesprochen werden wollen. Lt. Firmenphilosophie gleicht kein Mercure Hotel dem Anderen, Individualität ist hier Markenzeichen. Gleichzeitig werden Qualität und Sicherheit einer großen internat. Marke gewährleistet. Die Hausfarben Bordeaux (Pantone 222) und Magenta (Pantone 214) prägen auch das Mercure-Logo mit dem geschwungenen M. Mit einer im Herbst 2007 gestarteten Kampagne soll der Bekanntheitsgrad in Deutschland gesteigert werden. Im Mittelpunkt stehen dabei die Kernthemen Generation, Events und Kultur sowie Weinspezialitäten. Der Fokus der rund 1,2 Mio. Euro teuren Kampagne liegt auf der Außenwerbung. Die Werbebotschaften sind in Großstädten auf Infoscreens, Plakaten und Riesenpostern zu sehen. Im Zuge des neuen Markenauftritts löste der Claim „Meet the Mercures" im Oktober 2007 den alten Slogan „Mercure Hotels. Genießen Sie die Region" ab. Zur Accor Gruppe mit insgesamt 4.000 Hotels und 500.000 Zimmern in ca. 100 Ländern zählen neben Mercure die Marken *Sofitel, Pullmann, Novotel, Mercure, Suitehotel,* →Ibis, *All Seasons, Etap Hotels, Formule 1* und *Motel 6*. Im Jahr 2006 erzielte die Hotelgruppe, die weltweit 170.000 Mitarbeiter beschäftigt, einen Umsatz von 7,607 Mrd. Euro.

Weltweit werden 760 Hotels unter dem Namen Mercure geführt.

UNTERNEHMEN

Mercure Hotels Deutschland
Hanns-Schwindt-Str. 2
81829 München
✆ (0 89) 6 30 02-0
🖳 www.mercure.com

MERIDOL

Die Gaba Gruppe ist Marktführer in Deutschland und der Schweiz und stellt unter der Marke Meridol Zahn- und Mundpflegeprodukte her. 1963 entwickelte man im Unternehmen Aminfluoride, die der Kariesprophylaxe dienen. Diese lagern sich durch ihre chemische Struktur schnell und gut an den Zähnen an und sorgen für einen effektiven Kariesschutz. Seit dieser Einführung entstanden zahlreiche weitere Produktinnovationen, darunter auch die Meridol Mundspülung, die mit einer neuen Wirkstoffkombination 1986 auf den Markt kam. Hierbei handelt es sich um Aminfluorid/Zinnfluorid, das eine natürliche und schonende Regeneration von entzündetem Zahnfleisch fördert. Weitere Wirkungsweisen sind die Hemmung der Plaqueneubildung, Verringerung von akuten oder chronischen Entzündungen und Vorbeugung von Karies. Die Meridol-Produkte sind als Zahnpasta, Zahnbürste sowie Zahnseide (special-floss) erhältlich. Das Logo besteht aus einem in Hellblau gehaltenen Schriftzug, der Frische und Reinheit assoziiert. Des Weiteren zeigt sich die Bildmarke als Dreieck mit abgerundeten Ecken, das einen stilisierten Zahn in sich birgt. Dieser steckt mit der Wurzel in einem roten Bereich, der eine Entzündung bzw. Krankheit symbolisiert. Der Schmelz ist wieder von der hellblauen Farbe umgeben und stellt die Heilung und Linderung der Beschwerden dar. Die Gaba Gruppe mit Hauptsitz in Münchenstein bei Basel hat Niederlassungen in der Schweiz, Deutschland, Frankreich, Belgien, Italien und in den Niederlanden. Seit 2004 gehört das Unternehmen mit den Marken →Elmex, Aronal und Meridol zur →Colgate-Palmolive Gruppe.

UNTERNEHMEN

Gaba GmbH
Berner Weg 7
79515 Lörrach
✆ (0 76 21) 9 07-0
🖷 (0 76 21) 9 07-4 99
🖳 www.gaba-dent.de

MERZ SPEZIAL

Die Marke Merz Spezial bezeichnet Kosmetikartikel für Haut, Haare und Fingernägel. Ausgehend von der Idee, dass die Haut des Menschen auch durch eine Behandlung von innen beeinflussbar sei, initiierte der Gründer Friedrich Merz im Jahr 1964 die Entwicklung der oral einzunehmenden Merz Spezial Dragees. Der damalige Forschungsleiter Dr. Schern kreierte die Rezeptur der Dragees als Kombination aus 18 verschiedenen Wirkstoffen. Sie unterliegt in Deutschland dem Arzneimittelstatus. Neben dem Ursprungsprodukt umfasst die Marke heute zusätzlich das Spezialprodukt für Haar - *Haar-Activ Dragees*, Schaum-Masken und Portionsmasken. Die Produkte richten sich in erster Linie

Produkte der Marke Merz Spezial sind Kosmetikartikel für Haut, Haar und Fingernägel.

Das Meßmer-Logo kann durch den Slogan „Tee macht den Moment“ ergänzt werden.

Pumpernickel (Mitte) ist der Klassiker aus dem Hause Mestemacher. Prof. Dr. Ulrike Detmers (unten) ist Gesellschafterin der Mestemacher GmbH.

an Frauen ab 35 Jahren, die Wert auf Schönheit und ein gepflegtes Aussehen legen. Bereits zur Produkteinführung versprach der Slogan „Schönheit von innen“, der bis heute die Kernaussage der Werbemaßnahmen bildet. Logo und Packaging wurden zuletzt im Jahr 2005 überarbeitet. Das modernisierte Markenlogo zeigt den Namen „Merz Spezial“ in weißer Schrift auf orangenem, quadratischem Grund, umrandet durch eine silberne Linie. Die auffällige Farbe Orange im Ton Pantone 021 soll dabei das Spezielle der Wirkstoffkombination unterstreichen. Der Vertrieb der Marke erfolgt in Deutschland und 26 weiteren Ländern, wobei der internat. Fokus auf Russland, Polen und dem Baltikum liegt. Im Segment der Haut/Haar/Nägel-Kombis sind die Merz Spezial Dragees mits einem wertmäßigen Marktanteil von 78 % Marktführer in Deutschland (AC Nielsen, MAT Juni 2007). Die Marke wird von der Merz Consumer Care GmbH vertrieben, deren Portfolio außerdem die Marken → tetesept, Pantovigar, Passin, Dismenol, Pantentex und Sensoderm beinhaltet.

DATEN UND FAKTEN

Markenname: Merz Spezial, Familienname des Unternehmensgründers mit dem Produktzusatz „Spezial“

Slogan: „Merz Spezial. Natürliche Schönheit von innen.“

Erfinder: Friedrich Merz, 1964

Markenregistrierung: 20. 09. 1919 Reichspatentamt Berlin (Merz), 06. 05. 1999 DPMA München (Merz Spezial)

Markenbekanntheit: 54,3 % ungest., 88,3 % gest. (tns-infratest, 2006)

Markenwebsite: www.merz-spezial.de

UNTERNEHMEN

Merz Consumer Care GmbH
Eckenheimer Landstr. 100–104
60318 Frankfurt/Main
✆ (0 69) 15 03-1
🖷 (0 69) 15 03-2 00
💻 www.merz.de

MEßMER

Die Herstellermarke Meßmer steht unter dem Dach der Ostfriesischen Tee Gesellschaft für ein großes Sortiment verschiedener Teesorten. Die deutschlandweit bekannteste und meistverkaufte Produktvariante ist der Meßmer *Schwarztee Klassik*. Andere Sorten sind die Meßmer *Ayurveda-Tees* oder die Meßmer *Quelle-Wellnesstees*. Als Zielgruppe will Meßmer die sog. bewussten Genießer ansprechen, Begriffe wie „Entspannung“, „Wohlbefinden“ und „Lebensqualität“ prägen die Markenkommunikation. Die neueste Produktentwicklung, der *Caiapó-Tee*, ist ein koffeinhaltiger Mate-Tee aus Brasilien und soll dem Teegenuss eine exotische Note verleihen. Das Logo des Unternehmens besteht aus einem stilisierten T und M, die in ihrer Anordnung an ein chin. Schriftzeichen erinnern. Damit stehen die beiden Buchstaben für den Markennamen Meßmer Tee und erinnern zugleich an das ursprüngliche Heimatland des Tees. Das rote Band ist im Laufe der Geschichte aus einer Fahne entstanden, die über dem Markennamen wehte. Das Logo soll einerseits Werte wie Qualität, Tradition und innovative Grundhaltung transportieren. Andererseits soll es ein Bekenntnis zu dem im Ausland schwer zu lesenden Namen sein. Die Bildmarke wird durch den Slogan „Meßmer macht den Moment“ ergänzt. Die Marke Meßmer ist Imageführer in der Kategorie Tee und Marktführer im Segment Schwarztee. 1852 eröffnete Eduard Meßmer in Baden-Baden ein Geschäft mit Schwarztee im Angebot. 1895 ließ Otto Meßmer „Thee Messmer“ als Warenzeichen eintragen. Seit 1990 gehört Meßmer zum Markenportfolio der Ostfriesischen Teegesellschaft (OTG) mit Sitz in Seevetal bei Hamburg. Die OTG erzielte 2005 mit ca. 270 Mitarbeitern einen Umsatz von 267 Mio. Euro. Sie vertreibt außer Meßmer noch die Marken *Milford*, *OnnO Behrends* und *Marco Polo*.

UNTERNEHMEN

Ostfriesische Tee Gesellschaft
Laurens Spethmann GmbH & Co. KG
Am Bauhof 13–15
21218 Seevetal
✆ (0 41 05) 5 04-3 00
🖷 (0 41 05) 6 24-3 00
💻 www.messmer.de

MESTEMACHER

Die Marke Mestemacher steht für vollwertige Brot- und Backwaren. Die Bezeichnung leitet sich vom Familiennamen des Bäckermeisters Wilhelm Mestemacher ab, der das produzierende Unternehmen im Jahr 1871 gründete. Aus dem kleinen Handwerksbetrieb entwickelte sich eine moderne Großbäckerei. Neben dem „Pumpernickel“, der tra-

Gesundes Schulbrot: Das Bio-Schulbrot von Mestemacher

ditionellen westfälischen Spezialität, umfasst die Produktpalette der heutigen Mestemacher GmbH sowohl Vollkornbrote und Bioprodukte als auch internat. Brotspezialitäten. Die ballaststoffreichen Backwaren richten sich vor allem an gesundheitsorientierte Konsumenten und sog. Best Ager. Eine Besonderheit der Waren liegt in ihrer durch natürliche Pasteurisation erzeugten langen Haltbarkeit. Im Sortiment der klassischen Vollwertprodukte wie auch bei Ethnic-Food (z. B. Pita-Taschen) und Convenience-Produkten (z. B. Fitness-Toast-Brötchen) verfolgt die Mestemacher GmbH eine konsequente Ausrichtung an modernen Ernährungs- und Gesundheitstrends. Das aktuelle Logo wurde 2001 entworfen und zeigt die Wortmarke in grüner Schrift auf weißem Grund. Darüber befindet sich eine Krone aus Roggenähren. Ergänzend zum Logo steht der in verspielter Schreibschrift gehaltene Claim „the lifestyle bakery". Im Rahmen der Markenpflege spielen vor allem Aktivitäten im Bereich des Social Marketing eine große Rolle. Dazu zählt die Aktion „Panem et Artes", hinter der sich eine Brot-Schmuckdosen-Edition verbirgt, die jedes Jahr von einem anderen Künstler gestaltet wird. Daneben verleiht Mestemacher Preise an Managerinnen, Kindertagesstätten oder den „Spitzenvater des Jahres". Das Familienunternehmen nimmt regelmäßig an DLG-Qualitätswettbewerben teil und gewann Auszeichnungen wie den „Preis der Besten" in den Jahren 2006 und 2007. Derzeit beschäftigt Mestemacher 520 Mitarbeiter und erwartet für 2007 einen Umsatz von über 100 Mio. Euro. In der Zukunft ist eine Line Extension für Bioprodukte und eine Erweiterung im Bereich Ethnic Food geplant.

DATEN UND FAKTEN

Markenname: Mestemacher

Slogan: „Mestemacher - the lifestyle bakery"

Gründer: Wilhelm Mestemacher, 1871, Gütersloh

Markenregistrierung: 19.03.1986, DPMA München

Auszeichnungen:
„Preis der Besten 2007 in Gold", DLG

Literatur:
H. Eiselen: Die Neuzeit der Bäckerei. Ein Streifzug durch ihre Geschichte von 1860 bis 2005 (2006)
A. Lehr: WE Women + Economy. Frauen der deutschen Wirtschaft. Motivation. Erfolge. Visionen. (2006)

UNTERNEHMEN

Mestemacher GmbH

Hauptsitz: Gütersloh, Deutschland

Geschäftsführung: Albert Detmers, Fritz Detmers, Prof. Dr. Ulrike Detmers

Gesamtumsatz: über 100 Mio. Euro (2007)

Vertrieb: in über 80 Ländern

KONTAKT

Mestemacher GmbH
Am Anger 16
33332 Gütersloh
✆ (0 52 41) 87 09-0
🖷 (0 52 41) 87 09-89
🖳 www.mestemacher.de

Ansprechpartner Kommunikation:
Prof. Dr. Ulrike Detmers
✆ (0 52 41) 87 09-68
✉ ulrike.detmers@mestemacher.de

SCHON GEWUSST?

▌Schwarzbrot im Weltraum: Das weltweit verbreitete Pumpernickel wurde 2006 sogar ins Weltall geliefert. Für den ersten dt. Astronauten Thomas Reiter in der International Space Station (ISS) lieferte Mestemacher die Brotspezialität und ein Brotkörbchen mit einzeln verpackten Vollkornbroten ins All.

▌Im Jahr 2006 zeichnet Mestemacher zum ersten Mal zwei Väter mit dem Mestemacher Preis „Spitzenvater des Jahres" aus. Die gewürdigten Spitzenväter erhalten jährlich zweimal 5.000 Euro.

Metabo ist lt. eigenen Angaben zweitgrößter Hersteller handgeführter Elektrowerkzeuge in Deutschland. Die Firmenzentrale im baden-württembergischen Nürtingen (unten)

METABO

Metabo produziert und vertreibt Maschinen für professionelle Hand- und ambitionierte Heimwerker. Das Marken-Portfolio besteht hauptsächlich aus handgeführten Elektrowerkzeugen wie Bohrmaschinen, Winkelschleifern oder Sägen. Aber auch stationäre Geräte zur Holzbearbeitung und zum Schweißen sowie Pumpen und Kompressoren zählen zum Programm. 1924 wurde die Firma gegründet, die sich damals auf die Produktion von Metallbohrdrehern spezialisierte. Bis heute hat Metabo weit über 500 Patente und Gebrauchsmuster angemeldet, darunter den ersten Elektrohandschleifer (1950), die erste seriell gefertigte Schlagbohrmaschine (1957) und den ersten Kompakt-Akku-Schrauber (2001). Der Name der Unternehmensmarke Metabo ist ein Akronym, das sich aus dem ursprünglichen Firmenprodukt Metallbohrer ableitet. Metabo hat schon mit einer Reihe markanter Sprüche für seine Produkte geworben, darunter „Männer haben metabo." In den 1970er- und 1980er-Jahren oder heute „Beton braucht Gegner. Keine Opfer". Der aktuelle Markenclaim aus dem Jahr 2004 „work. don't play." soll den Anspruch betonen, vor allem professionelle Handwerker ansprechen zu wollen. Der Vertrieb läuft vorrangig über den Fachhandel, um den Kontakt zu den professionellen Anwendern zu halten und die Premium-Produkte zu einem angemessenen Preis anbieten zu können. Lt. eigenen Angaben ist Metabo zweitgrößter Hersteller handgeführter Elektrowerkzeuge in Deutschland und bei stationären Holzverarbeitungsmaschinen europäischer Marktführer. Mit weltweit 2.400 Mitarbeitern erwirtschaftete die Metabo Gruppe 2006 einen Umsatz von 392 Mio. Euro.

DATEN UND FAKTEN

Markenname: Metabo, Akronym, abgeleitet von **Meta**ll**bo**hrdreher

Die Winkelschleifer von Metabo werden auch von der Baubranche genutzt.

SCHON GEWUSST?

▮ Jede Metabo kann zur Drei-Jahres XXL-Garantie angemeldet werden, die bei Mängeln, die auf Material- oder Herstellungsfehler zurückzuführen sind, greift. Das Reparatursystem garantiert jedem Handwerker, dass seine Maschine binnen 24 Stunden repariert das Servicezentrum verlässt und Ersatzteile sind auch noch acht Jahre nach Produktionsablauf eines Gerätetyps lieferbar. Metabo erzielt im Übrigen 80 % seines Umsatzes im Ausland.

Slogan: „Metabo - work. don't play." (2004)

Erfinder: Albrecht Schnizler, 1924, Nürtingen

Markenregistrierung: 30. 11. 1955, DPMA München

Innovationen: Multihammer *P'7911* im Porsche Design (2006), *PowerMaxx Li* (2007)

Auszeichnungen:
„Energy Star" für Akku-Schrauber *PowerMaxx Li* (2007)
„red dot award: product design" für Bohrhammer *BHE 20* (2007)
„red dot award: product design" für Heckenschere *HS 85* (2007)
„Superbrand" (2007)
„Top 100" in der Kategorie: Innovatoren im Mittelstand (2007)

UNTERNEHMEN

Metabowerke GmbH

Hauptsitz: Nürtingen, Deutschland

Vorstand: Dr. Johannes Haupt, Siegbert Hummel, Erhard Krauß

Gesamtumsatz: 392 Mio. Euro (2006)

Vertrieb: in über 120 Ländern, davon 24 eigene Vertriebsniederlassungen

KONTAKT

Metabowerke GmbH
Metabo-Allee 1
72622 Nürtingen
☏ (0 70 22) 72-0
🖷 (0 70 22) 72-25 95
💻 www.metabo.de

Ansprechpartner Marketing:
Peter Hartung
☏ (0 70 22) 72-22 66
✉ phartung@metabo.de

METRO CASH & CARRY

METRO Cash & Carry ist eine Vertriebslinie der → METRO Group, eines der bedeutendsten Handelsunternehmen der Welt. Die METRO Group mit Sitz in Düsseldorf gehört zu den größten börsennotierten Unternehmen in Deutschland. Der Konzern erwirtschaftete im Jahr 2006 einen Umsatz von rund 60 Mrd. Euro und beschäftigt rund 270.000 Mitarbeiter in 30 Ländern. Die Geschichte von METRO Cash & Carry begann 1964 mit der Eröffnung des ersten Großhandelsmarktes in

Einblick in einen METRO Cash & Carry Markt

Mülheim a.d. Ruhr. Heute ist das Unternehmen mit den Markennamen METRO und MAKRO Cash & Carry an mehr als 600 Standorten in 29 Ländern vertreten. Im Geschäftsjahr 2006 erzielte METRO Cash & Carry mit 97.779 Mitarbeitern einen Umsatz von 29,9 Mrd. Euro. Als eines der bedeutendsten internat. Unternehmen des Selbstbedienungsgroßhandels orientiert sich METRO Cash & Carry konsequent an den Bedürfnissen seiner Kunden, die vorwiegend im Hotel- und Gaststättengewerbe, im Catering sowie im Lebensmittelhandel tätig sind. Unter dem Motto „Von Profis für Profis" bietet das Unternehmen eine große Auswahl an Food- und Nonfood-Produkten zu Großhandelspreisen. Je nach Größe und Typ bieten die Märkte bis zu 20.000 verschiedene Lebensmittel und bis zu 30.000 Nonfood-Produkte unter einem Dach. Ein besonderes Merkmal des Vertriebskonzeptes von METRO Cash & Carry ist das auf die Bedürfnisse des lokalen Kundenkreises zugeschnittene Warenangebot. Was in den Regalen und Kühlräumen für die Kunden bereitsteht, ist auf die jeweiligen regionalen Konsumgewohnheiten abgestimmt. Ob am Ärmelkanal, der Moskwa oder dem Gelben Meer, METRO Cash & Carry kauft bis zu 90 % der Waren in den jeweiligen Ländern bei lokalen Herstellern und Lieferanten ein. Durch den regionalen Einkauf unterstützt METRO Cash & Carry die einheimische Wirtschaft und hilft Lieferanten, moderne Anbau-, Produktions- und Distributionsmethoden zu entwickeln.

DATEN UND FAKTEN

Markenname: METRO Cash & Carry

Slogan: „Von Profis für Profis"

Gründer: Otto Beisheim, 1964

Jahresumsatz: 29,9 Mrd. Euro (2006)

UNTERNEHMEN

METRO Cash & Carry International

Hauptsitz: Düsseldorf, Deutschland

CEO: Thomas M. Hübner

Vertriebsmarken: METRO, MAKRO, Schaper

Gesamtumsatz: 29,9 Mrd. Euro (2006)

KONTAKT

METRO Cash & Carry International
Metro-Str. 1
40235 Düsseldorf
✆ (02 11) 9 69-0
www.metro-cc.com

MEILENSTEINE

1964 Der erste METRO Selbstbedienungsgroßmarkt öffnet in Mülheim a.d. Ruhr.

1968 Der erste Schritt ins Ausland. Eröffnung des ersten Großmarkts unter dem Markennamen MAKRO in den Niederlanden

1991 METRO Cash & Carry gelingt mit einem ersten Großmarkt in Marokko der Sprung nach Nordafrika.

1994 METRO Cash & Carry fasst als eines der ersten internat. Handelsunternehmen in Osteuropa (Ungarn und Polen) Fuß.

1996 Markteintritt in China

2001 In Russland werden die ersten METRO Cash & Carry Großmärkte eröffnet.

2003 METRO Cash & Carry eröffnet die ersten Großhandelsmärkte in Indien.

2007 Mit der Eröffnung des ersten Großhandelsmarkts in Pakistan ist METRO Cash & Carry nun in 29 Ländern und auf drei Kontinenten aktiv.

METRO
Cash & Carry

Das Logo von METRO Cash & Carry (oben), Mitarbeiterin eines METRO Cash & Carry Markts in Indien (Mitte), übersichtliche Warenpräsentation (unten)

METRO Group
The Spirit of Commerce

Das Logo der METRO Group mit dem Claim „The Spirit of Commerce" (oben), die Vertriebsmarken der METRO Group (Mitte), Joachim Löw als Testimonial für die bundesweite Initiative „Gut für Dich" (unten)

Ansprechpartner Kommunikation:
Peter Wübben
✆ (02 11) 68 86–13 92
✉ wuebben@metro.de

METRO GROUP

Die METRO Group ist mit rund 270.000 Mitarbeitern aus 150 Nationen und 2.400 Standorten in 31 Ländern Europas, Afrikas und Asiens eines der größten und internationalsten Handelsunternehmen weltweit. An der Spitze der METRO Group steht die METRO AG als strategische Management-Holding. Das operative Geschäft umfasst die Geschäftsfelder Großhandel, Lebensmitteleinzelhandel, Nonfood-Fachmärkte und Warenhäuser. Zu den Vertriebsmarken der METRO Group gehören →Metro Cash & Carry, der Verbraucher- und SB-Warenhausbetreiber Real, die Extra Verbrauchermärkte, die Elektrofachmärkte →Media Markt und →Saturn sowie →Galeria Kaufhof. Sämtliche Vertriebsmarken belegen nach Angaben des Unternehmens führende Marktpositionen in ihrem jeweiligen Segment. Zudem vereinigt die METRO Group über zehn Querschnittsgesellschaften wie z. B. die METRO Group Information Technology GmbH, METRO Group Logistics GmbH und METRO Group Buying GmbH unter ihrem Dach. Diese Gesellschaften übernehmen konzernweit übergreifende Dienstleistungen wie Beschaffung, Informatik, Werbung und Gastronomie. Den Grundstein für die METRO Group legten die 1964 in Mülheim a.d. Ruhr gegründeten Selbstbedienungs-Großmärkte mit dem Namen Metro. Die Gründung erfolgte durch die Fusion der Metro Cash & Carry Märkte und der Handelsunternehmen Asko Deutsche Kaufhaus AG einschließlich Deutsche SB-Kauf AG und der Kaufhof Holding AG mit dem Börsengang am 25. Juli 1996. Im Rahmen dieser Fusion wurde der Name Metro zunächst für die Holding und später für den gesamten Konzern übernommen. Den Namen ließ der Konzern 2002 beim DPMA in München schützen. Die METRO Group mit Sitz in Düsseldorf beschäftigt in Deutschland über 140.000 Menschen. Das Unternehmen, das seit dem 1. November 2007 unter der Leitung von Dr. Eckhard Cordes steht, hat über die verschiedenen Geschäftsfelder hinweg eine identitätsstiftende Unternehmenskultur entwickelt. Zu den Eckpfeilern gehören profitables Wachstum und das Streben nach Marktführerschaft im jeweiligen Segment, die internat. Ausrichtung

Die METRO Group zählt zu den größten und internationalsten Handelsunternehmen der Welt.

und die Innovationsbereitschaft als tragende Säulen des wirtschaftlichen Erfolgs. Mit dem Erfolgstrainer Joachim Löw als Testimonial wurde die bundesweite Initiative „Gut für Dich" zur Förderung eines aktiven und gesunden Lebensstils ins Leben gerufen.

UNTERNEHMENSBEREICHE UND MARKEN

Selbstbedienungs-Großhandel:
(Anteil am Unternehmensumsatz: 49,9 %)
Metro Cash & Carry

Lebensmitteleinzelhandel:
(Anteil am Unternehmensumsatz: 7,3 %)
Real, Extra

Elektrofachmärkte:
(Anteil am Unternehmensumsatz: 25,3 %)
Media Markt, Saturn

Warenhausgeschäft:
(Anteil am Unternehmensumsatz: 6 %)
Galeria Kaufhof

DATEN UND FAKTEN

METRO Group

Unternehmensgründung: Fusion mehrerer bedeutender Handelsunternehmen zur METRO AG und Börsengang (1996)

Mitarbeiter: über 270.000 weltweit (2006)

Vorstand:
Dr. Eckhard Cordes (Vorsitzender), Zygmunt Mierdorf, Frans W. H. Muller, Thomas Unger

Nettoumsatz: rund 60 Mrd. Euro (2006 im Gesamtkonzern)

Auszeichnungen:
„Goldener Zuckerhut", Stiftung goldener Zuckerhut (2002)
„Deutscher Logistik-Preis", Bundesvereinigung Logistik (BVL) e.V. (2002)
„Internationaler Einzelhändler des Jahres" (2003)
„European Retail Solutions Award" (2004)
„Fils d'Or", Zeitschrift La Vie Financiére für die Kategorie Finanzkommunikation (2005)
„BCP Best of Corporate Publishing Award" (2007)

KONTAKT

METRO AG
Schlüterstr. 1
40235 Düsseldorf
(02 11) 68 86-0
(02 11) 68 86-20 00
www.metrogroup.de

MEILENSTEINE

1964 Gründung der ersten Selbstbedienungs-Großmärkte mit dem Namen Metro durch Otto Beisheim als Keimzelle des späteren Konzerns

1996 Gründung der METRO AG als Management-Holding mit dem Börsengang am 25. Juli

1997/1998 Bereinigung des Portfolios der Vertriebslinien; vier Geschäftsfelder und vertriebslinienübergreifend arbeitende Querschnittsgesellschaften; Forcierung der Auslandsexpansion

1999/2000 Anschluss an das Kundenbindungsprogramm → Payback, erstmalige Anwendung der International Accounting Standards (IAS), Einführung des Steuerungs- und Managementsystems EVA (Economic Value Added)

2002 weltweiter Auftritt als METRO Group mit der Markenbotschaft „The Spirit of Commerce"

2003/2004 Gründung der METRO Group Future Store Initiative, Eröffnung des RFID Innovation Centers in Neuss

2005/2006 METRO Group mit Präsenz in 30 Ländern – internationalstes Handelsunternehmen, zehnjähriges Jubiläum

Ansprechpartner Kommunikation:
Dr. Wolfgang Griepentrog
(02 11) 68 86-25 48
griepentrog@metro.de

METTEN

Die Lebensmittelmarke Metten gehört zur Metten-Group. Das Unternehmen stellt seit 1902 Fleisch- und Wurstwaren her. Ein Sortiment von mehr als 80 Produkten wird über Fachgroßhandel und Lebensmitteleinzelhandel in Bedienungstheken vertrieben. Die Marke steht nach Firmenangabe für Bodenständigkeit, gleich bleibenden Geschmack und beste Optik. Dabei sieht sich das Unternehmen der handwerklichen Tradition verpflichtet, legt Wert auf in langer Erfahrung erworbene Kompetenz und lässt diese in den Verarbeitungsprozess einfließen. Die Qualität der Rohstoffe wird durch Transparenz sowie langfristige und persönliche Lieferantenbeziehungen garantiert. Zusätzlich werden Rohstoffe und Endprodukte mit einem nach ISO und IFS zertifizierten Eigenkontrollsystem gesichert. Das Logo der Marke besteht aus einem goldgerahmten Dreieck mit abgerundeten Ecken; darin ist weiß auf blau-rotem Grund der handschriftliche Namenszug Metten zu lesen, gekrönt von drei Sternen. Mit dem Slogan „Metten - Bestes aus Fleisch" unterstreicht Metten seinen Qualitätsanspruch in Bezug auf Frische und Geschmack. Das Familienunternehmen wurde 1902 durch Wilhelm Metten im sauerländischen Finnentrop gegründet. Peter und Ulrich Metten leiten es heute in der dritten Generation. Zur Unternehmensgruppe Metten, die ca. 300 Mitarbeiter beschäftigt, gehört neben der Produktionsstätte am Stammsitz Finnentrop auch das Tochterunternehmen *Biggetaler* in Frielentrop, das abgepackte Fleisch- und Wurstwaren für den Selbstbedienungsmarkt produziert.

UNTERNEHMEN

Metten Fleischwaren GmbH & Co. KG
Bamenohler Str. 244
57413 Finnentrop
(0 27 21) 5 15-0
(0 27 21) 7 00 13
www.metten.net

METYLAN

Unter der Marke Metylan werden unterschiedliche Kleister, Untergrundvorbereitun-

Metten steht für Fleisch- und Wurstwaren seit 1902.

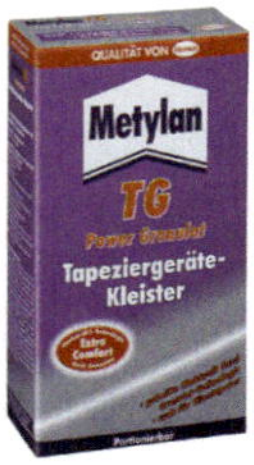

Metylan Power Granulat (Mitte), die erste Metylan-Packung (unten) aus dem Jahr 1953

Unter der Marke werden Spezialkleister für unterschiedliche Tapeten angeboten.

gen und spezielle Wandbelagkleber für Konsumenten und Heimwerker rund um das Tapezieren vertrieben. Die Marke der →Henkel KGaA steht seit Jahrzehnten synonym für Tapetenkleister. Das Pulver muss nur mit kaltem Wasser angerührt werden und kann dann auf die Wand und Tapete aufgetragen werden. 1953 brachte das Klebstoffwerk Henkel den ersten Tapetenkleister unter dem Namen Metylan Leim auf den Markt. Er basierte auf reiner Methylzellulose, die bei Henkel bereits seit 1936 hergestellt wurde. Als die Tapeten schwerer wurden, reagierte Henkel mit dem verbesserten *Metylan spezial*. Die Marke konnte sich internat. etablieren und gilt heute als Innovationsführer in der Branche. In der eigenen Forschungs- und Entwicklungsabteilung entstehen immer wieder neue Rezepturen wie etwa die Henkel-MCX-Technologie, die für bessere Klebbarkeit wie Korrigierbarkeit steht. Das Kernprodukt *Metylan spezial* kann viele unterschiedliche Tapetenarten wie Struktur-, Präge-, schwere Papier- und Vinyltapeten oder auch Raufaser verkleben. 2005 brachte das Unternehmen mit *Metylan secura* erstmals ein Produkt auf den Markt, das Grundierung und Kleister in einem ist und diese beiden Arbeitsgänge so zeitsparend vereint. Die Markenbekanntheit liegt nach Angaben des Unternehmens in Deutschland bei 59 %, unter Heimwerkern bei 73 % und unter Malern sogar bei 92 %. Das Logo mit dem Pfeil nach oben im Hintergrund ist stark an das Logo anderer Henkel-Klebstoffmarken, wie →Pattex angelehnt. Die Markenfarben von Metylan sind Lila und Violett. Der Gesamtumsatz im Henkel-Unternehmensbereich Adhesives Technologies (Klebstoff Technologien) betrug im Jahr 2006 rund 5,5 Mrd. Euro. Henkel ist sowohl im Konsumenten- als auch im Profi- und Industriebereich einer der bedeutendsten Produzenten von Klebstoffen.

DATEN UND FAKTEN

Markenname: Metylan, abgeleitet von dem Grundstoff Methylzellulose

Slogan: „Make up your walls", „Garantiert gut tapeziert"

Erfinder: Henkel Klebstoffwerk Düsseldorf, 1953

Markenregistrierung: 23.02.1955, DPMA Berlin

Innovationen: Metylan direct (2001), Metylan TG Power Granulat (2001), Metylan NP Power Granulat plus (2006)

Markenbekanntheit: 59 % Gesamtbevölkerung, 92 % bei Malern

Markenwebsite: www.metylan.de

UNTERNEHMEN

Henkel KGaA

Hauptsitz: Düsseldorf, Deutschland

Weitere Marken: s. →Henkel

Gesamtumsatz: 12,740 Mrd. Euro (2006)

Vertrieb: weltweit in über 125 Ländern

KONTAKT

Henkel KGaA
Henkelstr. 67
40589 Düsseldorf
✆ (02 11) 7 97–0

MEILENSTEINE

1953 Henkel bringt mit *Metylan Leim* erstmals einen Tapetenkleister auf den Markt, der auf reiner Methylzellulose basiert.

2001 *Metylan direct* kommt auf den Markt. Es ist speziell auf die Verklebung von Vliestapeten abgestimmt und ermöglicht den spritzarmen einfachen Auftrag auf die Wand sowie die trockene Wiederabziehbarkeit von Qualitätsvliestapeten.

2005 *Metylan secura*, die erste Grundierung, die zugleich als Kleister verwendet werden kann, wird entwickelt.

2007 Für die besonderen Ansprüche des Malerhandwerks entwickelt Henkel eine neue Granulat-Generation: *Metylan NP Power Granulat plus*

🖷 (02 11) 7 98-40 08
🖳 www.henkel.de

Ansprechpartner Presse:
Peter Lienkamp
✉ press@henkel.com

MEUSCH

Die Konsumgütermarke Meusch gehört zum Geschäftssegment Bad der Leifheit AG. Sie steht für eine große Auswahl an Badtextilien, Stellaccessoires und Badzubehör. Der Markenname geht zurück auf den Familiennamen des Unternehmensgründers Willi Meusch, der die Badmarke 1979 auf den Markt brachte. Das Logo zeigt den Markennamen in roten, abgerundeten Versalien überwölbt von einem wolkenartig geschwungenen schwarzen Bogen. Darunter steht der Slogan der Firma „Schönes Bad. Schöner Tag." Die Marke platziert sich im mittleren Qualitätssegment. Sie setzt auf „frech modisches Design" in der Einstiegspreislage und wendet sich an Frauen ab 25 Jahren und Familien mit mittlerem Einkommen. Bei Material- und Fabrikationsfehlern bietet das Unternehmen den Kunden eine dreijährige Qualitätsgarantie. Produkte der Marke Meusch werden in Deutschland, der Schweiz, Österreich, Belgien, den Niederlanden und Luxemburg vertrieben. Die in Bremen ansässige Meusch Wohnen-Bad und Freizeit GmbH wird von Ernst Kraft und Peter-Michael Kressmann geführt und gehört seit 1999 zur Leifheit AG. Das Unternehmen mit Hauptsitz in Nassau verfügt über ein umfangreiches Markenportfolio in den Segmenten Haushalt und Bad. Zum Badsegment gehören neben Meusch auch die Marken →Kleine Wolke und *Spirella.* Die Leifheit AG erwirtschaftete 2006 einen Umsatz von 277 Mio. Euro. Davon entfielen 71 Mio. Euro auf die Badmarken.

UNTERNEHMEN

Meusch Wohnen-Bad und Freizeit GmbH
Fritz-Tecklenborg-Str. 5
28759 Bremen
✆ (04 21) 62 61-0
🖷 (04 21) 62 61-3 92
🖳 www.meusch.de

Schönes Bad. Schöner Tag.

Meusch gehört heute zur Leifheit AG.

MEWA

Die Marke MEWA steht für umfassende Textil-Dienstleistungen. Die MEWA Textil-Service AG & Co. Management OHG betreut über 115.900 Kunden aus verschiedenen Bereichen. Neben industriellen Mehrwegputztüchern bietet MEWA Berufsbekleidung und textile Lösungen für fast alle Branchen an. Die Dienstleistung umfasst das Bereitstellen, Bringen und Holen der Textilien. Bei Verschleiß werden sie ersetzt. Die Marke geht auf Hermann Gebauer zurück, der 1908 im sächsischen Görlitz die Mechanische Weberei Altstadt GmbH gründete. Der Markenname setzt sich aus den Anfangsbuchstaben der damaligen Firmierung zusammen. Die Firma produzierte und wusch Putztücher aus saugfähiger Baumwolle für die Reinigung von Maschinen und Anlagen. Bereits im Jahr 1938 gab es 15 MEWA Putztuchbetriebe, die mit dem Slogan „Textilien weben, waschen und ersetzen" warben. Heute

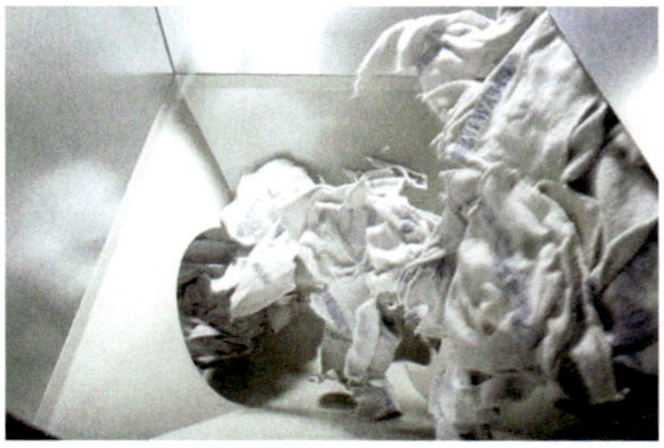
Im Full-Service für wieder verwendbare Putztücher gilt MEWA als Marktführer – und das seit 1908.

befindet sich der Hauptsitz in Wiesbaden. Von dort aus koordiniert die Firmenzentrale 41 Service- und Produktionsbetriebe in Deutschland und Europa. Der aktuelle Slogan der Marke abstrahiert das Produktangebot unter dem Motto „Die textile Idee". Das Markenlogo zeigt den roten MEWA Schriftzug in Versalien. Vorangestellt ist eine blaue Blüte, die als Symbol für Sauberkeit und Frische steht. Das Unternehmen beschäftigt europaweit 4.000 Mitarbeiter und erwirtschaftete 2006 einen Umsatz von 372 Mio. Euro. Im gleichen Jahr investierte MEWA rund 44 Mio. Euro in Sachanlagen und 18,8 Mio. Euro in Umweltschutzmaßnahmen. Das Unternehmen erreicht nach eigenen Angaben in der Abwasseraufbereitung einen Reinigungsgrad von 99,8 %. An der Spitze des Unternehmens steht Gabriele Gebauer, die Enkelin des Gründers, mit ihrem Mann Rolf Beisse.

DATEN UND FAKTEN

Markenname: MEWA, Akronym, zusammengesetzt aus den Anfangsbuchstaben der ursprünglichen Firmierung **Me**chanische **We**berei **A**ltstadt GmbH

Der Schwerpunkt der Marke MEWA liegt im Bereich Textil-Dienstleistung.

Slogan: „Die textile Idee"

Gründer: Hermann Gebauer, 1908, Görlitz

Markenregistrierung: 1912, Kaiserliches Patentamt Berlin

Innovationen: MEWA Active, Berufskleidung, MEWA Exclusive, Schutzkleidung, MEWATEX, Putztuch

UNTERNEHMEN

MEWA Textil-Service AG & Co. Management OHG

Hauptsitz: Wiesbaden, Deutschland

Vorstand: Gabriele Gebauer und Rolf Beisse

Gesamtumsatz: 372 Mio. Euro

Vertrieb: 41 Standorte in Deutschland und elf europäischen Ländern

KONTAKT

MEWA Textil-Service AG & Co.
Management OHG
John-F.-Kennedy-Str. 4
65189 Wiesbaden
✆ (06 11) 76 01-0
🖷 (06 11) 76 01-1 00
💻 www.mewa.de

Ansprechpartnerin Presse:
Simone Herold
✆ (06 11) 76 01-2 44
✉ simone.herold@mewa.de

Ansprechpartner Marketing:
Oliver Gerrits
✆ (06 11) 76 01-2 58
✉ oliver.gerrits@mewa.de

SCHON GEWUSST?

- MEWA liefert für 720.000 Beschäftigte Berufsbekleidung und wäscht jährlich 2,75 Mio. Fußmatten und 1 Mio. Handtuchrollen.
- Das Unternehmen wäscht etwa 714 Mio. Putztücher jährlich. Dabei konnte der Wasserverbrauch in den vergangenen zehn Jahren um 46 % gesenkt werden.

MEY

Mey umfasst als Dachmarke ein komplettes Sortiment an Bodywear.

Die Marke Mey steht für die Entwicklung eines Familienunternehmens zu einem der führenden Hersteller hochwertiger Damen- und Herren- Tag- und Nachtwäsche in Deutschland. Die Geschichte von Mey begann 1928. Wie damals üblich wurden die verschiedensten Artikel für Damen, Herren und Kinder hergestellt. 1959 entschied das Unternehmen, sich ausschließlich auf qualitativ hochwertige Damenwäsche zu spezialisieren. 1984 wurde Mey Herrenwäsche in das Angebot aufgenommen. Mit der Einführung von Mey Night (2002) unternahm Mey einen weiteren Schritt in der Expansion und untermauert die Position als erfolgreiche europäische Komplettmarke für den Bereich Bodywear. In drei dt. (Albstadt-Lautlingen, Bitz, Dormettingen) und zwei ausländischen Produktionsstätten (Celorico da Beira, Veresegyház) arbeiten insgesamt 840 Menschen an der Entwicklung, Herstellung und Vertrieb der Wäsche. Die Gruppe Mey erwirtschaftete 2006 einen Umsatz von 68 Mio. Euro. „Erfahrung, Innovationskraft und die kompromisslose Verpflichtung zu Qualität" benennt Mey als Eckpfeiler des Unternehmenserfolges. Hinzu kommt der kommunikative Auftritt: Mit einer preisgekrönten Werbekampagne gelang es, die Marke Mey zu einer starken Marktposition im Bereich moderner Wäsche zu führen. In der Studie „Best Brands 2006" der GfK erreichte Mey bodywear in der Kategorie „Wachstumsstärkste Produktmarke" nach Motorola den 2. Platz. Die Marken wurden sowohl nach ihrem wirtschaftlichen Erfolg, als auch nach ihrer psychologischen Attraktivität für die Verbraucher bewertet.

UNTERNEHMEN

Gebrüder Mey GmbH & Co. KG
Auf Steingen 6
72459 Albstadt
✆ (0 74 31) 7 06-0
🖷 (0 74 31) 7 06-1 00
💻 www.mey.de

MEYER WERFT

Die Meyer Werft ist ein traditionsreicher Schiffbauer in Papenburg im Emsland. Das Unternehmen befindet sich seit 1795 im Besitz der Familie Meyer und wird heute in sechster Generation von Bernard Meyer geführt. Seit den 1980er-Jahren etablierte sich die Meyer Werft insbesondere im Bereich der Luxusschiffe. Mit der *Homeric* gelang 1985 der erfolgreiche Einsteig in das Kreuzfahrtgeschäft. Derzeit baut das Unternehmen Luxusliner für die Reederei NCL in Florida und Clubschiffe für AIDA Cruises. Zum Bauprogramm gehören außerdem Passagierschiffe, Fähren, Gastanker, Tiertransporter und Containerschiffe. Von nat. Bekanntheit sind die langen Transfers zur Nordsee, die durch die Inlandslage der Werft erschwert werden. Traditionspflege, Solidarität und Bodenständigkeit gehören ebenso zum Unternehmensbild wie der Anspruch auf Perfektion und Weiterentwicklung. Diese Werte kommen auch in der Wort-/Bildmarke der Meyer Werft zum Ausdruck, die mit ihren 2.450 Mitarbeitern und tausenden von Lieferanten ein wichtiger Wirtschaftsfaktor für die Region Emsland ist. Der modern gestaltete Namenszug in Versalien ist mit dem Zusatz Papenburg 1795 versehen. Die Tradition und Ortsverbundenheit des Schiffbauers werden auch in der Flagge veranschaulicht, die sowohl die Farben als auch das Wappen des Produktionsstandortes aufgreift. Die Initialen M und P stehen dabei für Meyer bzw. Papenburg. Die Standorttreue wird auch in der Außendarstellung des Unternehmens deutlich: „Schiffe & mehr – Schiffbau in Papenburg" lautet der aktuelle Slogan der Meyer Werft.

Über die Ems auf die Ozeane der Welt: Die Schiffe der Meyer Werft

UNTERNEHMEN

Meyer Werft GmbH
Industriegebiet Süd
26871 Papenburg
✆ (0 40 61) 81-45 19
🖷 (0 40 61) 81-43 73
💻 www.meyerwerft.de

MEZZO MIX

Das Erfrischungsgetränk mezzo mix gehört zu den mehr als 50 Markenprodukten, die die The Coca-Cola Company allein in Deutschland vertreibt. Im dt. Tochterunternehmen Coca-Cola GmbH wurde das Mixgetränk aus Orangenlimonade und Cola 1973 als antialkoholisches Gegenstück zum Radler entwickelt. Die Marke wird selbstbewusst, dynamisch und lebensfroh präsentiert. Das zeigt sich besonders im Markendesign. Der Markenauftritt zeichnet sich durch einen Stilmix aus, in dem die Farben aus der Zeit der Markenerfindung mit modernen Elementen kombiniert werden. Orange und Braun sind die Farbtöne der 1970er-Jahre und repräsentieren gleichzeitig die Inhaltstoffe Orangenlimonade und Coca-Cola. Die schwungvolle Ellipse im Hintergrund gehört von Anfang an zum Design der Marke. Der Orangenanteil wird durch die Abbildung der Südfrucht im Vordergrund symbolisiert. 2007 wurde zudem das Produkt mezzo mix Zero eingeführt, eine kalorienarme Sorte des Mixgetränks, bei der auf den Zusatz von Zucker verzichtet wird. Auch im Design spiegelt sich der gesundheitsbewusste Gedanke dieser Variante wider. Ein heller Verschluss und eine transparentere Erscheinung durch den Einsatz von Silber und Weiß unterstreichen die Leichtigkeit, die das Getränk ausstrahlen soll. Ein moderneres Aussehen beider Varianten soll durch die neue Flaschenform erreicht werden. Beibehalten wurde die markante Schriftart des Markennamens (Neue Helvetica Condensed). Unkonventionell zeigt sich die Marke im Marketing. Zum 30. Geburtstag von mezzo mix startete 2003 die „Cola küsst Orange"-Kampagne. Im Werbespot küsst sich ein junges Paar leidenschaftlich, um dem Verkäufer zu signalisieren, dass es mezzo mix kaufen will. Am Gesamtumsatz der dt. Coca-Cola Organisation hat die Marke einen Anteil von 6 %. Weitere Marken der Coca-Cola GmbH mit Sitz in Berlin sind → Coca-Cola, → Fanta, → Sprite und → Lift.

UNTERNEHMEN

Coca-Cola GmbH
Quartier 205, Friedrichstr. 68
10117 Berlin
✆ (0 30) 2 26 06-90 00
🖷 (0 30) 2 26 06-95 10
💻 www.mezzomix.de

MICHELIN

Die Marke Michelin steht im Bereich Autozubehör für Reifenprodukte. Darüber hinaus vertreibt der Michelin Reiseverlag unter der Marke Bücher und Straßenkarten. Hergestellt und weltweit vertrieben werden von Michelin Reifen für Fahrräder, Autos, Motorräder, Bau-, Landwirtschafts- und Industriefahrzeuge sowie für U-Bahnen und Flugzeuge. Michelin brachte als erstes Unternehmen einen Luftschlauch für Fahrrad und Automobil auf den Markt und erfand Reifen mit Lamellenprofil oder den Radialreifen. Darüber hinaus werden in den Gourmet-Führern „Guide Michelin" seit 1926 besondere Restaurants mit Sternen bewertet. Die Brüder Édouard und André Michelin gaben der Marke ihren Namen. Sie gründeten die Manufacture Française des Pneumatiques Michelin im Jahr 1889. Und sie entwickelten auch die Idee zum Markensymbol, dem Reifenmännchen Bibendum. Auf der Weltausstellung 1894 in Lyon erkannte André Michelin in einem Stapel Reifen Ähnlichkeit mit einem Männchen. Wenig später sah er eine Bierwerbung, die mit dem Trinkspruch „Nunc est bibendum" (dt.: „Lasst uns nun trinken") warb. Da die Michelin-Luftreifen „Hindernisse schlucken",

Wurde in Deutschland erfunden: mezzo mix

Dr. Markus Miele (oben) und Dr. Reinhard Zinkann vertreten die Familien Miele und Zinkann in der 4. Generation in der Geschäftsführung der Miele & Cie. KG (Gütersloh).

wie André Michelin es formulierte, wurde ein Plakat in Auftrag gegeben, auf dem das Reifenmännchen einen Pokal mit Scherben und Nägeln in der Hand hält. Bibendum ist, heute noch mit 26 statt der zunächst 40 Reifen, zur weltweiten Werbeikone geworden. Das Logo mit dem Reifenmännchen wird aktuell durch den Slogan „Wir bringen Sie weiter" ergänzt. Michelin produziert täglich 900.000 Reifen und beschäftigt weltweit 129.000 Mitarbeiter, davon 8.500 in Deutschland. 1906 wurde die dt. Niederlassung als Michelin Pneumatik-Aktiengesellschaft gegründet, heute firmierend als Michelin Reifenwerke AG & Co. KGaA.

UNTERNEHMEN

Michelin Reifenwerke AG & Co. KGaA
Michelinstr. 4
76185 Karlsruhe
(07 21) 5 30-0
(07 21) 5 30-12 90
www.michelin.de

MICROSOFT

Die Dachmarke Microsoft steht für die Produkte und Dienstleistungen im Bereich Computer und Computeranwendungen, die vom gleichnamigen Konzern produziert und vertrieben werden. Zur Produktpalette gehören u. a. Betriebssysteme wie Windows Vista oder Windows XP, mobile Endgeräte und Multimedia-Anwendungen. Das heutige Logo zeigt den Markennamen fett und kursiv gesetzt in einer Serifenschrift. Das erste „O" ist geöffnet und verbindet sich mit dem darauf folgenden „S". Das Unternehmen Microsoft wurde 1975 von Bill Gates und Paul Allen gegründet. Es beschäftigt heute weltweit ca. 71.000 Mitarbeiter, davon ca. 2.200 in Deutschland. Microsoft verfügt über mehr als 100 Niederlassungen auf der ganzen Welt. Im Geschäftsjahr 2006/2007 erwirtschaftete der Konzern einen Umsatz von über 51,1 Mrd. USD. Damit ist Microsoft in seinem Marksegment weltweit führend. Lt. einer Studie zu den „Best Global Brands 2007" gebührt Microsoft Rang 2 der wichtigsten Marken weltweit, bei einem Markenwert von 58,7 Mrd. USD. Unter dem Dach von Microsoft sind zahlreiche weitere Marken wie Windows Mobile oder Microsoft Office versammelt. Auch die Spielkonsole Xbox gehört zum Markenportfolio von Microsoft. Die dt. Tochter des in Redmond, USA, ansässigen Konzerns existiert seit 1983 und ist heute die drittgrößte Auslandsniederlassung weltweit.

UNTERNEHMEN

Microsoft Deutschland GmbH
Konrad-Zuse-Str. 1
85716 Unterschleißheim
(0 89) 31 76-0
(0 89) 31 76-10 00
www.microsoft.de

MIELE

Miele ist eine internat. Gebrauchsgütermarke der Miele & Cie. KG. Sie trägt den Familiennamen eines ihrer Gründer, Carl Miele, der 1899 gemeinsam mit Reinhard Zinkann die Zentrifugenfabrik Miele & Cie. gründete. Die auf allen fünf Kontinenten etablierte Marke Miele steht für Qualität, Lebensdauer, Innovation und Tradition. Miele ist lt. eigenen Angaben die einzige Premium-Marke der Hausgeräteindustrie, die auf allen fünf Kontinenten vertreten ist. Die umfangreiche Produktpalette des Unternehmens umfasst Haushaltsgroßgeräte wie Waschmaschinen, Trockner, Geschirrspüler, Herde, Backöfen, Kochfelder, Dampfgarer und Dunstabzugshauben sowie Staubsauger ebenso wie Geräte für Kliniken, Arztpraxen und Gewerbe. Das Miele Logo besteht in seiner heutigen Form als Wort-/Bildmarke mit dem charakteristischen „i" mit dem kleinen nach links geneigten Schrägstrich anstelle eines Punktes bereits seit 1910. Der Namenszug erfuhr im Laufe der Zeit gelegentliche Veränderungen, wurde jedoch gleichzeitig immer in seiner Grundform beibehalten. Heute gibt es nur noch einen einzigen Schriftzug, in der Hauptform mit Negativschrift im roten Rechteck. Gleichzeitig genutzt werden seit den Gründungstagen die beiden Slogans „semper melior" und die dt. Übersetzung „Immer besser". Bereits auf Miele-Waschmaschinen von 1900 findet sich als Fabrikzeichen das westfälische Wappentier - das Ross, flankiert von der Devise der Gründer „Immer besser". Das Unternehmen erbrachte zahlreiche Pionierleistungen. Aus der Buttermaschine entwickelte der westfälische Hersteller 1900 die erste Waschmaschine, in der die Wäsche noch manuell mit einem Drehkreuz bewegt wurde. 1927 baute Miele den ersten elektrischen Staubsauger, 1929 den ersten elektrischen Geschirrspüler Europas, 1956 den ersten Waschvollautomat, 1958 den ersten Trockner für den Haushalt. Miele brachte weltweit die ersten Haushaltsgeräte mit Mikrocomputer und Sensorelektronik in Großserie 1978 heraus. Nach Spezialprogrammen für Wolle und

Ein Modell aus der aktuellen Waschmaschinen-Baureihe von Miele.

Seide wurde 2001 die patentierte Miele-Schontrommel eingeführt. Das Unternehmen ist seit 1899 im Besitz der Gründerfamilien Miele und Zinkann und beschäftigt internat. fast 16.000 Mitarbeiter. Das Design der Miele-Geräte hat der Marke einen hohen Imagefaktor verschafft. Beleg dafür sind nat. und internat. Design-Preise. Für den Miele-Staubsauger 1000 S vergab das Design Center Stuttgart bereits im Jahr 1965 eine erste Auszeichnung, danach folgten regelmäßige Prämierungen durch die Gute Industrieform (Hannover), das Haus Industrieform (Essen) und den Rat für Formgebung (Frankfurt/Main). Die renommierten Design-Preise iF (Hannover) und red dot (Essen) erhielten nicht nur Miele-Geräte zur Boden- und Wäschepflege mehrfach, sondern auch alle Miele-Einbaugeräte vom Kaffeevollautomaten bis zum Dampfgarer. Das am häufigsten internat. ausgezeichnete Miele-Gerät ist der 30 Zoll große Backofen Miele MasterChef Oven, prämiert u.a. im Jahr 2003 vom Museum of Architecture and Design The Chicago Athenaeum mit dem Good Design Award. Die im Jahr 2006 eingeführten neuen Miele-Wäschegeräte erhielten sowohl den iF product design award 2007 als auch den internat. Designpreis Baden-Württemberg.

DATEN UND FAKTEN

Markenname: Miele, Familienname, Nachname eines Gründers

Slogan: „Immer besser" (1900)

Gründung: 01.07.1899, Herzebrock bei Gütersloh

Markenregistrierung: 28.09.1927, Reichspatentamt Berlin

Markenbekanntheit: 92 % ungest. (Deutsches Markenbarometer, 2005), 95 % bei Frauen in Deutschland, 14–64 Jahre (Brigitte-Studie, 2006)

Auszeichnungen:
„Deutscher Marketing-Preis" (2000), „Most Trusted Brand", Readers Digest für die Marke Miele (2001–2007)

Literatur:
M. Steinhart: Carl Miele (2002)

UNTERNEHMEN

Miele & Cie. KG

Hauptsitz: Gütersloh, Deutschland

Geschäftsführer: Horst Schübel, Dr. Eduard Sailer, Dr. Reto Bazzi, Dr. Markus Miele, Dr. Reinhard Zinkann

Gesamtumsatz: 2,74 Mrd. Euro (2005/06)

Standorte:
elf Werke, davon acht in Deutschland, und 38 eigene Vertriebsgesellschaften sowie Importeure in weiteren 120 Ländern

KONTAKT

Miele & Cie. KG
Carl-Miele-Str. 29
33332 Gütersloh
✉ info@miele.de
www.miele.de

SCHON GEWUSST?

Von 1912 bis 1914 stelle Miele auch Autos her. Eines der 125 Fahrzeuge steht heute im Miele-Museum in Gütersloh. Zwischen 1924 und 1960 war Miele außerdem ein bedeutender Hersteller von Fahrrädern und Motorrädern.

MILKA

Setzt sich aus den Worten Milch und Kakao zusammen: Der Markenname Milka.

Die Süßwarenmarke Milka steht für Schokoladenprodukte mit Alpenmilch. Wesentliche Bestandteile der Milka-Schokolade sind Kakaobutter, Kakaomasse, Milch und Zucker. Milka *Tafel*, Milka *für zwischendurch und unterwegs*, Milka *für Freunde und Gäste*, *I love* Milka und Milka *Diät* heißen die Produktlinien der Marke. Die Schokolade wird in Form von Tafeln, Riegeln, Pralinen und Saisonartikeln in unterschiedlichen Geschmacksrichtungen angeboten. Die jährliche Tafelproduktion beträgt etwa 400 Mio. Stück. 1901 ließ das Unternehmen Suchard den Markennamen Milka, der als Abkürzung für Milch und Kakao steht, in die Warenzeichenrolle des Kaiserlichen Patentamts in Berlin eintragen. Der Name Suchard stand zunächst prominent auf der Verpackung, ab 1908 ergänzte er nur noch den Markennamen Milka. Ein wichtiges Element der Markenkommunikation ist die lila Milka-Kuh. Sie steht für Alpenwelt und Alpenmilch sowie für die Emotionen Sanftheit und Zärtlichkeit. Die lila Milka-Kuh wurde von der Agentur Young & Rubicam 1972 entwickelt. Seit den 1990er-Jahren präsentiert sich die Kuh in einem einheitlichen Erscheinungsbild: als Exemplar der Simmenthaler-Rasse mit genau festgelegtem Fleckenmuster. 1825 gründete Philippe Suchard eine Confiserie in Neuenburg. Aus ihr ging der Süßwarenhersteller Suchard hervor. 1970 fusionierten Suchard und Tobler zur Firma Interfood, 1982 erfolgte der Zusammenschluss mit dem Kaffeeröster Jacobs zu Jacobs Suchard. Unter dem Namen Kraft Jacobs Suchard wurde das Unternehmen mit Kraft General Foods Europe 1993 zusammengeführt. Die heutige Kraft Foods Deutschland GmbH ist ein Unternehmen der weltweit agierenden Kraft Foods Inc.

UNTERNEHMEN

Kraft Foods Deutschland GmbH
Langemarckstr. 4–20
28199 Bremen
✆ (04 21) 5 99-01
🖷 (04 21) 5 99-36 75
💻 www.milka.de

MILRAM

Das Schönste, was der Milch passieren kann.

Der MILRAM Frühlings-Quark (unten) ist das prominenteste Produkt der NORDMILCH AG (Mitte).

Die Marke MILRAM fungiert als europäische Dachmarke für die Molkereiprodukte der Bremer NORDMILCH AG. Zum Markensortiment gehören u. a. die *MILRAM Frühlings-* und *GewürzQuarks*, Käse, Buttermilch- und Molkegetränke sowie Milchprodukte für den täglichen Einsatz. Der Markenauftritt von MILRAM soll Frische und Natürlichkeit assoziieren. Das spiegelt sich auch im Markenlogo wider. Es zeigt den weißen MILRAM-Schriftzug in Versalien in einem cyanfarbenen Rahmen. Links und oberhalb ist der Schriftzug von einer weißen Linie umrandet. Das Weiß soll an die Farbe von Milch erinnern. Die letzte Überarbeitung des Logos erfolgte 2004. Die Geschichte der Marke MILRAM beginnt 1954. Unter der Leitung von Fritz Pahlke übernahm der 1947 in

Das Sortiment von MILRAM umfasst neben dem berühmten FrühlingsQuark auch Käse und andere Milchprodukte.

Zeven gegründete NORDMILCH Dauermilchbetrieb eine Kondensmilchfabrik und legte so den Grundstein für die Marke MILRAM. Der Name setzt sich zusammen aus den Bestandteilen MIL für Milch und RAM für Rahm. 1963 brachte die Firma erstmals den *MILRAM Speisequark* in die Regale, ein Jahr später kam mit dem *Kirschquark* die erste Geschmacksvariation auf den Markt. 1967 folgte der mit einem speziellen Schnittlauch verfeinerte *MILRAM FrühlingsQuark*, der nach Unternehmensangaben in der Folge zum beliebtesten Kräuterquark Deutschlands und zum Aushängeschild der NORDMILCH avancierte. Das Markensortiment von MILRAM wurde seitdem kontinuierlich erweitert. Die Marke wird aktuell mit dem Slogan „Das Schönste, was der Milch passieren kann" beworben. Die Werbeaktivitäten umfassen dabei neben Fernseh-, Radio- und Print-Werbung auch Sportsponsoring. So ist die Marke mit dem *Team MILRAM* aktiv im Radsport vertreten. Nach Angaben der NORDMILCH ist der *MILRAM FrühlingsQuark* dt. Marktführer im Segment Gewürzquarks und die *MILRAM Frucht Buttermilch* Markführer im Segment Fruchtbuttermilch. Für die Jahre 2007 und 2008 ist eine Überarbeitung der Produktpalette geplant. Das Unternehmen firmiert seit 2006 als Aktiengesellschaft und beschäftigt rund 2.600 Mitarbeiter.

DATEN UND FAKTEN

Markenname: MILRAM, zusammengesetzt aus MIL für Milch und RAM für Rahm

Slogan: „Das Schönste, was der Milch passieren kann"

Erfinder: Fritz Pahlke, 1963

Markenregistrierung: 16. 03. 1973, DPMA München

Innovationen: MILRAM Kräuterquark (1967)

Markenbekanntheit: 45 % ungest., 95 % gest. (Research International, 2006)

Markenwebsite: www.milram.de

UNTERNEHMEN

NORDMILCH AG

Hauptsitz: Bremen, Deutschland

Vorstand: Dr. Josef Schwaiger

Weitere Marken: Oldenburger

Gesamtumsatz: ca. 2 Mrd. Euro

Vertrieb: MILRAM Produkte europaweit über Lebensmitteleinzel- und Großhandel

KONTAKT

NORDMILCH AG
Flughafenallee 17
28199 Bremen
✆ (04 21) 2 43-0
🖷 (04 21) 2 43-88 88
💻 www.nordmilch.de

Ansprechpartner Presse:
Godja Sönnichsen
✆ (04 21) 2 43-22 83
✉ godja.soennichsen@nordmilch.de

Ansprechpartner Marketing:
Annemarie Leniger
✆ (04 21) 2 43-21 80
✉ annemarie.leniger@nordmilch.de

Lead-Agentur:
Scholz & Friends
💻 www.s-f.com

SCHON GEWUSST?

▮ Die Idee für den MILRAM Frühlings-Quark hatte Fritz Pahlke im Urlaub. Bei einer Reise nach Bornholm 1964 überlegte sich der damalige NORDMILCH Chef, wie der Speisequark verbessert werden konnte. Er beauftragte seinen Laborleiter mit der Kreation von innovativen Quarkmischungen. Das Ergebnis kam 1967 auf den Markt und wurde ein Erfolg – obwohl Fachleute Pahlke vor der „deckelsprengenden Zeitbombe" gewarnt hatten.

MILUPA

Seit mehr als 80 Jahren steht die Marke Milupa für gesunde Säuglings- und Kleinkinderernährung. Zum Portfolio der Milupa GmbH gehören neben Milupa auch die Untermarken *Milumil* und *Milupino*. Seit 1968 wird eine Milchnahrung unter dem Namen →Aptamil angeboten, die der Muttermilch besonders nahe kommt. Das Sortiment des Unternehmens umfasst insgesamt rund 130 Produkte, von Säuglingsnahrungen und Milchbreien über Tees bis hin zu speziellen Produkten für Schwangere und Stillende. Darüber hinaus bietet Milupa auch Produkte für schwer stoffwechselerkrankte Kinder an. Insgesamt werden pro Jahr knapp 30 Mio. Produkte, überwiegend unter dem Namen Milupa, vor allem in Drogeriemärkten, aber auch im Lebensmittel-Einzelhandel und in Apotheken verkauft. Als Markenzeichen dient seit 1994 der Namenszug in weißen abgerundeten Minuskeln auf einer roten Raute. Milupa ist in Deutschland Marktführer im Bereich Milchnahrungen und Milchbreie (lt. Nielsen, 07/2007). Forschung und Entwicklung bilden einen wichtigen Bestandteil der Unternehmensstrategie. Den letzten Meilenstein setzte die Milupa-Forschung 2002. Durch die Zugabe von Prebiotics unterstützen die Säuglingsnahrungen von Milupa lt. aktueller Studien die Darmflora und stärken die Abwehrkräfte der Babys. Die heutige Milupa GmbH hat ihren Ursprung in der im Jahre 1921 gegründeten „Friedrichsdorfer Zwieback und Nährmittelfabrik Pauly". Aus den Buchstaben seines Namens entwickelte der Firmengründer Emil Pauly den Namen Milupa, den das Unternehmen seit 1930 trägt. Der Einstieg in die Kindernahrung erfolgte im Jahr 1932 mit der Einführung von

Ein Lachwichtel: Milupa setzt sich durch Aktionen zum Wohl der Kinder ein.

Milupa ist ein marktführender Anbieter im Bereich Kleinkindernährung.

Seit 2007 ist der MINI Clubman (unten) auf dem Markt.

„Pauly's Nährspeise". 1995 übernahm die Nutricia – später Royal Numico – das Unternehmen. Im Jahr 2007 übernahm Danone International die Milupa GmbH, die heute an den Standorten Friedrichsdorf, Fulda und Ettingshausen rund 480 Mitarbeiter beschäftigt. Zusammen mit den Schwestergesellschaften ist der Konzern nach eigenen Angaben der führende Anbieter für Babynahrung in Europa.

DATEN UND FAKTEN

Markenname: Milupa, Neuschöpfung aus dem Namen des Firmengründers

Slogan: „Weil Glück gesunde Ernährung braucht"

Gründer: Emil Pauly, 1921, Friedrichsdorf

Markenregistrierung: 25. 10. 1922, Reichspatentamt Berlin

Markenwebsite: www.milupa.de

UNTERNEHMEN

Milupa GmbH

Hauptsitz: Friedrichsdorf, Deutschland

Geschäftsführung: Susanne Luick-Nijboer (Vorsitzende), Celine Levointurier, Dieter Ohler

Weitere Marken: Milumil, →Aptamil, Milupino

Gesamtumsatz: ca. 150 Mio. Euro (2006)

Vertrieb: in vielen Ländern Europas

KONTAKT

Milupa GmbH
Bahnstr. 14–30
61381 Friedrichsdorf

SCHON GEWUSST?

▌Die erste Kindernahrung zu Anfang der 1930er-Jahre bestand aus nicht viel mehr als zerkleinertem Zwieback und Milch. Die Idee dafür hatte Emil Pauly von den Arbeiterinnen seiner Fabrik, die den Zwiebackbruch mit nach Hause nahmen, ihn mit Milch aufweichten und ihren Kindern gaben.

▌Milupa forscht auch nach Ernährungsmöglichkeiten für stoffwechselkranke Kinder. In enger Zusammenarbeit mit den Ärzten werden so maßgeschneiderte Lösungen entwickelt – mitunter auch für nur ein betroffenes Kind.

℡ (0 61 72) 99-0
🖷 (0 61 72) 99-15 95
💻 www.milupa-gmbh.de

Ansprechpartner Presse:
Stefan Stohl
℡ (0 61 72) 99-0
🖷 (0 61 72) 99-17 28

MINI

MINI deckt im Portfolio der →BMW Group, zu der MINI seit 1994 gehört, das Premiumkleinwagensegment ab. Mit der Marke werden seit jeher Eigenschaften wie Unkonventionalität und Extrovertiertheit verbunden. Charakteristisch für MINI sind aber auch das besondere Design, das Go-Kart-Handling, zahlreiche Individualisierungsmöglichkeiten und die optimierte Raumausnutzung. Der Markenname MINI erschien erstmals 1957 im Umfeld der Suez-Krise, als Treibstoffengpässe eine automobile Neuorientierung erforderten. Der Chefkonstrukteur der British Motor Corporation (BMC), Alec Issigonis, entwickelte daraufhin eine Miniaturausführung des erfolgreichen Morris Minor. „Mini" stand dabei für „miniature version". Bis 1969 wurde der klassische Mini durch die Marken Austin und Morris vermarktet. Im Zuge einer Umstrukturierung des brit. Mutterkonzerns wurde MINI 1969 dann zu einer eigenen Marke. Der Mini Classic besaß in Serienausstattung eine Länge von nur 3,05 m und wog 600 Kilogramm, bot aber vier Personen ausreichend Platz. Eine führende US-Fachzeitschrift urteilte 1960: „Der Austin ist das wohl kleinste vollwertige Automobil der Welt". Die im Vergleich zum geringen Gewicht relativ starke Motorisierung ließ den Mini auch auf dem Gebiet des Motorsports erfolgreich sein. Der MINI gewann alleine dreimal die Rallye Monte Carlo, u. a. 1967 durch Rauno Aaltonen, einen der legendärsten Rallyepiloten der 1960er-Jahre. Auch Niki Lauda begann seine Rennsportkarriere mit einem Mini Cooper S. Die Attribute Authentizität und Sportlichkeit flossen mit in die Neuauflage des MINI Cooper ein und somit auch in die Gestaltung des aktuellen Logos. Es zeigt ein in Chrom gehaltenes Rad mit stilisierten Flügeln, in dessen Mitte vor schwarzem Hintergrund die Aufschrift MINI steht. Die Marke, der aufgrund ihrer Geschichte und ihrer Aura ein sog. „Kultcharakter" zugeschrieben wird, richtet sich an eine moderne, urban geprägte Zielgruppe mit individuellem Lebensstil. Zur MINI-Markenfamilie gehören inzwischen

Der brit. Ingenieur Alec Issigonis gilt als der Erfinder des Mini.

auch das MINI Cabrio und der MINI Clubman. 2006 wurden 188.077 der erfolgreichen Kleinwagen verkauft.

DATEN UND FAKTEN

Markenname: MINI, von „miniature version"

Slogan: nicht die Marke, nur einzelne Konzepte werden mit Slogans beworben (z. B. MINI Clubman: The other MINI)

Erfinder: Alec Issigonis, 1957 (u. a.)

Markenregistrierung: 1971, engl. Patentamt

Markenwebsite: www.mini.de

Literatur:
BMW AG (Hg.): MINI. The book (2006)

UNTERNEHMEN

BMW Group

Hauptsitz: München, Deutschland

MEILENSTEINE

1956 Alec Issigonis erhält von Leonard Lord, Chef der British Motor Corporation (BMC), den Auftrag, einen „richtigen Kleinwagen" zu bauen.

1959 Premiere des Mini Classic

1960 Erster Start bei der Rallye Monte Carlo

1972 3 Mio. verkaufte Mini Classic

1990 Rückkehr des MINI Cooper

1994 MINI gehört nun zur BMW Group.

2001 Einführung des neuen MINI

2007 Erwerb der Marke John Cooper Works

Vorstand: Dr. Norbert Reithofer (Vorsitz)

Weitere Marken: → BMW, → Rolls-Royce Motor Cars

Gesamtumsatz: 48,999 Mrd. Euro (2006)

Vertrieb: MINI Niederlassungen und Vertragshändler in über 70 Märkten

KONTAKT

BMW Group
Petuelring 130
80788 München
(0 89) 3 82-0
www.bmwgroup.com

MINI WINI

Eine der bekanntesten Marken des Würstchenherstellers → Meica ist Mini Wini. Mini Wini steht für besonders kleine Bockwürstchen, die als *Würstchenkette* und als einzelne *Würstchensingles* im Konservenglas erhältlich sind und bevorzugt als Snack, kleine Zwischenmahlzeit oder auf Partys konsumiert werden. Durch die Produktform sollen lt. Hersteller bevorzugt kleine Kinder, Mütter und Familien angesprochen werden. Mit der Einführung im Jahre 1992 bringt Meica mit Mini Wini ein Produkt auf den Markt, dessen Darreichungsform das Mittag- oder Abendessen vor allem für Kinder interessanter und abwechslungsreicher gestalten soll. Diese Verbindung von Spaß und Essen verbindet Meica auch in der begleitenden TV-Kampagne. Mit dem Slogan „Für Riesenspaß bei jedem Essen – Mini Wini nicht vergessen!" und einer gezeichneten Figur, die ebenfalls den Produktnamen trägt, werden Kinder als Zielgruppe direkt angesprochen. Im Gegensatz zu anderen Meica Marken ist auch das Logo von Mini Wini im Hinblick auf die junge Zielgruppe nicht zweifarbig, sondern bunt gestaltet und besitzt eine fröhliche, kindliche Anmutung. Gegründet wurde das Unternehmen Meica bereits 1908 vom Fritz Meinen als einfache Metzgerei in Edewecht. Die Marke Meica wurde 1950 eingeführt. Heute ist das Familienunternehmen nach eigenen Angaben Marktführer im Bereich Wurstwaren und vertreibt seine Produkte im In- und Ausland.

Das bunte Produktdesign von Mini Wini spricht eine junge Zielgruppe an

UNTERNEHMEN

Meica Ammerländische Fleischwarenfabrik Fritz Meinen GmbH & Co KG
Meicastr. 6
26188 Edewecht

Wortmarke von Miracel Whip in roter Serife, die Dachmarke als Vignette integriert

Ital. Lebensart und das „Wunder" der schnellen Küche verbinden sich im Mirácoli-Logo.

Der berühmte „Fred" lädt zum Sofort-Service ein.

(0 44 05) 9 99-0
(0 44 05) 9 99-1 00
www.meica.de

MIRACEL WHIP

Die Salatcreme Miracel Whip steht für verschiedene Lebensmittelprodukte mit cremeartiger Konsistenz, die zur Verfeinerung von Speisen dienen. Sie werden unter der Dachmarke →Kraft geführt. Miracel-Whip-Produkte kommen bei der Zubereitung von Salaten ebenso zum Einsatz wie bei Kartoffelgerichten, Gratins und Aufläufen oder als Dips und Saucen. Im Angebot sind die Varianten Miracel Whip (Fettanteil 32 %), Miracel Whip Balance (15 %) und „so leicht" (4,9 %), z.T. in unterschiedlichen Verpackungen. Wesentliche Bestandteile der Produkte sind Eigelb, pflanzliches Öl, Essig, Zitronensaft, Zucker und Speisesalz. Der Markenname bezieht sich einerseits auf eine spezielle Aufschlagtechnik, das „Whippen". Durch diese Methode erhalten die Produkte ihren charakteristischen locker-würzigen Geschmack. Der erste Teil des Markennamens ist eine Variation des engl. Wortes „miracle" (dt.: Wunder). Das Wort ist seit der Erfindung des Produktes 1933 in den USA im englischsprachigen Markt Bestandteil des Markennamens „Miracle Whip". Das heutige Markenlogo von Miracel Whip enthält neben dem Markennamen in roter Serifenschrift in einem Blau eingefassten Oval auch das Logo der Dachmarke Kraft. Die Einführung der Marke Miracel Whip auf dem dt. Markt 1972 wurde von dem Slogan „Whippen statt Rühren - das ist das Geheimnis!" begleitet. Ein „Ideencenter" der Kraft Foods entwickelt und testet für seine Kunden immer neue Rezeptideen, die auf die Miracel-Whip-Produkte abgestimmt sind. Kraft Foods lässt Miracel Whip für den europäischen Markt in Fallingborstel herstellen.

UNTERNEHMEN

Kraft Foods Deutschland GmbH
Langemarckstr. 4–20
28199 Bremen
(04 21) 5 99-01
(04 21) 5 99-36 75
www.kraft.de

MIRÁCOLI

Unter der Convenience-Marke Mirácoli bietet →Kraft Foods Deutschland Nudelfertiggerichte und Pastasaucen an. Hartweizennudeln, eine Saucenbasis, die original Mirácoli-Gewürzmischung und Hartkäse sind die Komponenten für Spaghetti in Tomatensauce, das Gericht also, das seit 1961 nach unveränderter Rezeptur hergestellt und in einer Packung geliefert wird. Inzwischen finden sich in der Produktfamilie auch Maccaroni mit Tomatensauce, Spaghetti Tomate Basilikum, Cravattini Käse Kräuter, Spaghetti Bolognese, Tortellini Tomate Sahne, Spaghettini Arrabbiata, Spaghetti Carbonara und Spaghettini Pesto alla Genovese. Mirácoli-Produkte gibt es in Packungen für zwei bis drei bzw. vier bis fünf Personen. Zusätzlich gehören Pastasaucen verschiedener Geschmacksrichtungen im Glas oder im Portionsbeutel zur Mirácoli-Produktpalette. Der Markenname entspricht dem ital. Wort für „Wunder". Die Marke wurde 1961 in Deutschland eingeführt und sollte das wachsende Bedürfnis nach ital. Küche befriedigen, nachdem Italien zum beliebten Urlaubsziel der Deutschen geworden war. Das Logo zeigt ein geschwungenes Banner mit dem Markennamen auf einem rot-weiß-grünen Fond. Darüber ist auf allen Verpackungen das Logo der Dachmarke Kraft platziert. Zielgruppe der Marke Mirácoli sind junge Familien, die mit wenig Aufwand ein typisches Essen im Familienkreis zubereiten möchten. In TV-Kampagnen wurde u.a. mit dem Slogan geworben „Heute ist Mirácoli-Tag!". Mirácoli wird europaweit von der Kraft Foods vertrieben.

UNTERNEHMEN

Kraft Foods Deutschland GmbH
Langemarckstr. 4–20
28199 Bremen
(04 21) 5 99-01
(04 21) 5 99-36 75
www.kraft.de

MISTER MINIT

Mister Minit ist eine weltweit verbreitete Dienstleistungsmarke. Zu ihren wichtigsten Leistungen gehören Schlüsselservices und Schuhreparaturen als Sofortdienst. Darüber hinaus werden u.a. die individuelle Anfertigung von Gravuren, Stickereien, Schleifarbeiten und Druckerzeugnissen, ein Fotoservice, der Austausch von Uhren-Batterien und -Armbändern sowie Produkte aus dem Bereich Sicherheitstechnik angeboten. Das Konzept hinter den Serviceleistungen der Marke ist, den jeweiligen Auftrag so auszuführen, dass den Kunden keine längeren Wartezeiten entstehen. Der Markenname Mister

Minit ist seit 1965 markenrechtlich geschützt und ersetzte den Namen *Service Minute*. Das modernisierte Logo zeigt ein blaues Rechteck in das die serifenlose Wortmarke mit dem berühmten „Fred" eingefügt ist. In einer anderen Variante wird ein Ausschnitt dieses Kreises - mit Punkt, aber ohne Text - mit dem in serifenlosen Versalien gesetzten Schriftzug Mister Minit kombiniert. Die Idee eines Sofortservice geht auf Donald Hillsdon Ryan zurück, der sich über die langen Reparaturzeiten speziell für die Pfennigabsätze seiner Frau ärgerte. 1957 eröffnete er in einem Brüsseler Kaufhaus eine „Schuhabsatzbar", an der die Damen direkt auf die reparierten Schuhe warten konnten. Weltweit wird der Service in 2.100 Geschäften angeboten, in Deutschland sind es ca. 200 plus 60 Franchise-Shops. Sie befinden sich vor allem als Shop-in-Shop in Warenhäusern und Supermärkten sowie in Einkaufszentren. Die Minit-Gruppe ist seit 1959 in Deutschland aktiv. Das Unternehmen beschäftigt in Deutschland 450 Mitarbeiter und strebt eine weitere Expansion in den osteuropäischen Ländern sowie in der Türkei an.

UNTERNEHMEN

Minit Deutschland GmbH & Co. KG
Krischerstr. 100
40789 Monheim
(0 21 73) 39 98-0
(0 21 73) 39 98-2 97
www.minit.de

MOBIL

Unter der Marke Mobil vertreibt die ExxonMobil Corporation synthetische Schmierstoffe für Kraftfahrzeuge und Industriemaschinen auf dem internat. Markt. Auch Fahrzeugpflegeprodukte gehören zum Portfolio von Mobil. Vollsynthetische Mobil-Schmieröle setzen auf hochwertige Rohöle, die mit chemischen Additiven angereichert werden. Mobil definiert die Zielgruppe seiner Motoröle als Autofahrer mit gehobenen Ansprüchen an Qualität. Der Vertrieb der Schmierstoffe erfolgt hauptsächlich über Tankstellen, Werkstätten und Autohöfe. Das Mobil-Logo existiert in seiner heutigen Form seit 1966. Das rote „o" soll die Assoziation zu Rädern und Mobilität herstellen und für Kundennähe stehen. Die blauen Buchstaben sollen technische Kompetenz signalisieren. Die Farben gehen zudem auf die ursprüngliche Muttergesellschaft von Mobil zurück, den 1911 zerschlagenen Mineralölkonzern Standard Oil des amerikanischen Milliardärs J. D. Rockefeller. Als Wahrzeichen von Mobil steht seit 1911 das geflügelte Pferd Pegasus. Die Gestalt aus der griech. Mythologie soll Gewandtheit und Stärke symbolisieren. 1966 überarbeitete Mobil seine Corporate Identity. Der Pegasus und der Mobil-Schriftzug wurden getrennt, was bis heute beibehalten wird. Mobil ging aus der Deutsche Vacuum Oil Company hervor, die 1899 von dem US-Amerikaner E. O. Wader in Hamburg gegründet wurde. Die Deutsche Vacuum sollte den Import von amerikanischem Rohöl zur Schmierölproduktion überflüssig machen, indem das in Deutschland gewonnene Rohöl vermarktet wurde. 1999 fusionierte der Mobil-Mutterkonzern Mobil Corporation (hervorgegangen aus der Standard Oil Company of New New York) mit der Exxon Corporation zur heutigen ExxonMobil Corporation. Mit einem Börsenwert von 439 Mrd. USD ist die Corporation heute das größte Unternehmen der Welt. ExxonMobil beschäftigt weltweit rund 82.100 Mitarbeiter und erwirtschaftete 2006 einen Umsatz von 366 Mrd. USD.

UNTERNEHMEN

ExxonMobil Central Europe Holding GmbH
Esso Deutschland GmbH
Kapstadtring 2
22297 Hamburg
(0 40) 63 93-0
(0 40) 63 93 - 33 68
www.mobiloil.de

MOBILAT

Die Arzneimittelmarke Mobilat richtet sich an Menschen, die Probleme mit dem Bewegungsapparat haben. Der Markenname ist von dem Wort Mobilität abgeleitet. Die Produkte der Marke Mobilat enthalten medizinische Wirkstoffe gegen verschiedene Arten von Schmerzen bei Bewegung. Seit 2006 gehört Mobilat zur STADA GmbH. Im Zuge des Eigentümerwechsels wurde die klassische Mobilat Schmerzsalbe, die Hilfe bei stumpfen Verletzungen - wie Verstauchungen, Zerrungen und Prellungen - bietet, in *Mobilat DuoAktiv* umbenannt. Der neue Namenszusatz betont die zweifache Wirkungsweise der Salbe: Während der Wirkstoff Salicylsäure den Schmerz lindert und Entzündungen hemmt, fördert das Chondroitinpolysulfat die Rückbildung von Schwellungen und Blutergüssen und unterstützt die Regeneration. Neu auf den Markt kam 2006 *Mobilat DuoAktiv Schmerzgel*, das zusätzlich einen Kühl-

Logo der Marke Mobil

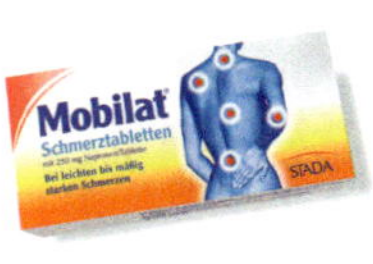

Mobilat gibt es sowohl als Salbe (Mitte) als auch als Tabletten (unten).

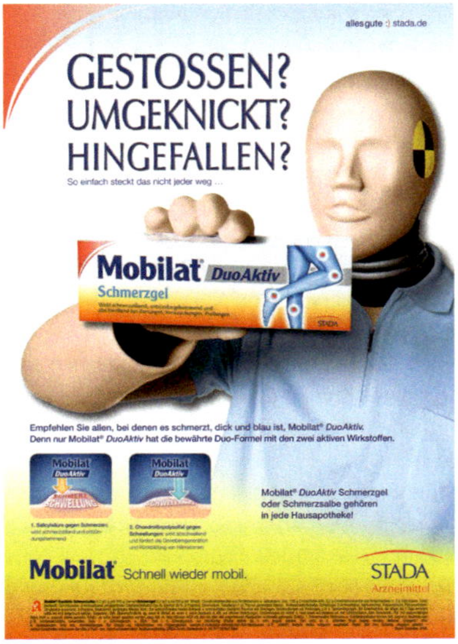

Eine Anzeige für das Mobilat DuoAktiv Schmerzgel.

effekt hat. Zur Mobilat Markenfamilie gehören außerdem *Mobilat Intens* zur Behandlung von Muskel- und Gelenkschmerzen, sowie Kältepacks, Kompressen, Schmerzsprays und -tabletten. Neustes Produkt ist *Mobilat Glucosamin 625 mg* speziell gegen Kniegelenk-Arthrose bei Bewegungsschmerzen. Es lindert die Schmerzen und verbessert die Beweglichkeit. Nach dem Erwerb von Mobilat durch STADA wurden die Verpackungen neu gestaltet. Eine klare Farbgebung in Rot und Gelb zusammen mit selbsterklärenden Zeichnungen möglicher Schmerzstellen sollen für einen hohen Wiedererkennungseffekt sorgen. Der Produktname Mobilat ist in der Farbe Blau (Pantone 287c) gehalten. Mobilat wird mit Anzeigen und TV-Spots beworben, bekannt sind vor allem die Crashtest-Dummies als Protagonisten der Fernsehwerbung. Die STADA GmbH ist eine Tochtergesellschaft der STADA AG. Der Vertrieb erfolgt ausschließlich über den pharmazeutischen Großhandel und Apotheken. Die STADA AG, einer der führenden dt. Generika-Hersteller, erzielte 2006 mit weltweit knapp 5.500 Mitarbeitern einen Umsatz in Höhe von rund 1,25 Mrd. Euro.

DATEN UND FAKTEN

Markenname: Mobilat, abgeleitet von Mobilität

Slogan: „Mobilat – Schnell wieder mobil"

Markenregistrierung: 15. 10. 1952, DPMA München

Innovationen: Mobilat Glucosamin 625 mg

Markenwebsite: www.mobilat.de

UNTERNEHMEN

STADA GmbH

Hauptsitz: Bad Vilbel, Deutschland

Geschäftsführung: Peter Majer, Dr. Hans-Martin Schwarm

Weitere Marken: → Ladival, → Grippostad, Magnetrans, Curazink, Hoggar, Multilind, Kamistad

Gesamtumsatz: 1,245 Mrd. Euro (STADA AG in 2006)

Vertrieb: Apotheken und pharmazeutischer Großhandel

KONTAKT

STADA GmbH
Stadastr. 2–18
61118 Bad Vilbel
✆ (0 61 01) 6 03–0
Fax (0 61 01) 6 03–3 16
www.stada.de

Ansprechpartner Presse:
Hannes Fischer
✆ (0 61 01) 6 03–2 06
✉ hannes.fischer@stada.de

Ansprechpartner Marketing:
Nicole Claßen
✆ (0 61 01) 6 03–59 81
✉ nicole.classen@stada.de

SCHON GEWUSST?

▌Die heutige Stada-Marke Mobilat gehörte ursprünglich den Münchner Luitpold-Werken, die Anfang der 1990er-Jahre von dem Pharmakonzern Sankyo übernommen wurden. Sukzessive überließ Sankyo die Luitpold-Marken dem Stada-Konzern und konzentriert sich mittlerweile auf Medikamente zur Bekämpfung großer Volkskrankheiten wie Diabetes.

MOECK

MOECK

Die Marke Moeck steht seit 1930 für hochwertige Blockflöten.

Sorgfältig verarbeitete Holzblasinstrumente von hoher Klangqualität sind Kern der Marke Moeck. Die 1979 beim DPMA in München eingetragene Marke geht auf Hermann Johannes Moeck sen. zurück: Er gründete 1930 in Celle einen Versandhandel für Blockflöten aus dem sächsischen Vogtland. Nach dem 2. Weltkrieg begann man mit der hauseigenen Produktion von Blockflöten und erweiterte das Sortiment in den 1960er-Jahren um Nachbauten originaler Holzblasinstrumente der Renaissance- und Barockzeit. Instrumentenrekonstruktion im wissenschaftlichen Rahmen ist bis heute ein Bestandteil des Geschäfts. Jüngste Innovation sind hier Blockflöten der sog. Ehlert-Bauweise. Das Markenlogo entwickelte der Sohn des Gründers, Dr. Hermann Moeck, in den 1970er-Jahren. Der Firmenschriftzug in abgerundeten Versalien präsentiert sich heute in zunehmend heller werdendem rotem Farbverlauf. Das Unternehmen ist auch als Musikverlag tätig, mit besonderem Schwerpunkt auf Schulwerken, Alter Musik und zeitgenössischer Blockflötenmusik. Der Moeck-Verlag bringt außerdem seit 1976 die Fachzeitschrift *TIBIA* heraus. Im Segment hochwertiger Blockflöten ist die Moeck Musikinstrumente + Verlag e. K. mit einer Jahresproduktion von 180.000 Stück nach eigenen Angaben Marktführer. Während die Produktion nur in Deutschland stattfindet, ist der Vertrieb internat. ausgerichtet. Das in dritter Generation geführte Familienunternehmen beschäftigt 70 Mitarbeiter.

UNTERNEHMEN

Moeck Musikinstrumente + Verlag e. K.
Lückenweg 4
29227 Celle
✆ (0 51 41) 88 53-0
🖷 (0 51 41) 88 53-42
💻 www.moeck.com

MOËT & CHANDON

Mit der Marke Moët & Chandon verkauft das Unternehmen Moët Hennessy Deutschland GmbH die weltweit meistgetrunkene Champagnermarke (Quelle: Champagnerverband CIVC). Die Bekanntheit der Marke liegt in Deutschland bei 33 % (gest., MH Markforschung, 2006). Zur Zielgruppe zählt das Unternehmen Erwachsene ab 25 Jahren mit einer Vorliebe zu zeitgemäßem Luxus. Dem trägt der prägnante Slogan „Be Fabulous" Rechnung, mit dem das Unternehmen seine Kunden anspricht. Moët & Chandon pflegt sein Image durch klassische Werbemaßnahmen, Markeninszenierungen sowie Aktionen zur Markenpflege in der gehobenen Gastronomie und im Fachhandel. Seinen Ursprung hat die Marke im Jahr 1743, als Claude Moët in Epernay in der Champagne die Herstellung von Champagner aufnahm. Sein Sohn Jean-Rémy erweiterte das Geschäft und wurde Lieferant der Königshäuser Europas. Im Jahre 1832 übergab Jean-Rémy die Geschäftsleitung an seinen Sohn Victor Moët und seinen Schwiegersohn Pierre-Gabriel Chandon de Briailles. Fortan firmiert das Unternehmen unter dem Namen Moët & Chandon. Heute leitet Frédéric Cuménal das Unternehmen, zu dessen Produktportfolio weitere Champagnersorten zählen wie z. B. *Moët & Chandon Grand Vintage* und *Moët & Chandon Rosé Imperial*. Das Markenlogo sowie das Flaschenetikett von Moët & Chandon wurden im Laufe der Jahrhunderte regelmäßig aktualisiert. Dennoch ist aus dem Logo die lange Tradition des Hauses herauszulesen: Unter dem Gründungsjahr 1743 erinnert eine Krone an die ehemalige königliche Kundschaft. Neben der Marke Moët & Chandon gehören noch weitere Marken zur Moët Hennessy Deutschland GmbH, wie z. B. →Veuve Clicquot, Hennessy Cognac, Krug, Glenmorangie Whisky, Belvedere Vodka und Dom Pérignon.

UNTERNEHMEN

Moët Hennessy Deutschland GmbH
Seidlstr. 23
80335 München
✆ (0 89) 9 94 21-0
💻 www.moet.com

Moët & Chandon ist die meistgetrunkene Champagnermarke weltweit.

MOIZI

Unter der Marke Moizi werden ergonomische Sitz- und Arbeitsplatzlösungen angeboten. Die Produktpalette umfasst Sitzmöbel, Stehhilfen, Tische und Rollcontainer, darunter mitwachsende und höhenverstellbare Kinderstühle, Bewegungsstühle, Freischwinger, modulare Tischsysteme und Entspannungssessel. Die Möbel werden aus Buchenformholz gearbeitet, das aus nachhaltig und ökologisch bewirtschafteten Wäldern stammt. Sie sind in verschiedenen Beiztönen und Polsterstoffen erhältlich und ermöglichen „dynamisches Sitzen", das den Bewegungsapparat mobilisiert und so Rückenbeschwerden vorbeugt. Drei der Produkte (Moizi 5–7) wurden von der Aktion gesunder Rücken e. V. ausgezeichnet, in dem u. a. medizinische Fach- und Rückenschulverbände organisiert sind. Das Unternehmen wurde 1994 in Brakel, Weserbergland, gegründet, wo sich bis heute sein Sitz befindet. Die Firma begann zunächst mit der Produktion von zwei Kinderhochstuhlmodellen. Heute führen über 700 Fach-

Der Designer Peter Moizi gab der Marke seinen Namen.

händler europaweit die Moizi-Produkte. Der Markenname nimmt den Namen des Möbel-Designers Peter Moizi auf. Er wird von dem Slogan „Möbel die bewegen" begleitet. Die Moizi Möbel GmbH setzt im Bereich der Produktpolitik auf hohe Qualität, Langlebigkeit und intensiven Kundenservice.

UNTERNEHMEN

Moizi Möbel GmbH
Warburger Str. 37
33034 Brakel
(0 52 72) 37 15-0
(0 52 72) 37 15-23
www.moizi.de

MOLESKINE

MOLESKINE®

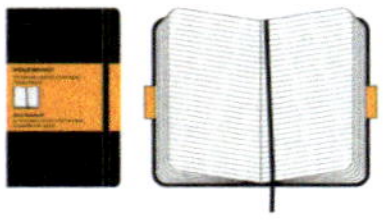

Viele Künstler nutzten und nutzen die Notizbücher von Moleskine.

Unter der Marke Moleskine werden Notizbücher vertrieben, die eine lange Tradition im Schreibartikelbedarf der Kreativen und Kultivierten aufweisen. Große Popularität erhielt das Produkt durch eine Erzählung des brit. Schriftstellers Bruce Chatwin im Buch „The Songlines". Ursprünglich wurden die kleinen schwarzen Notizbücher mit dem Spitznamen „Moleskines" von einem kleinen franz. Buchbinder hergestellt, der die Schreibwarenläden in Paris belieferte, die über mehr als 1 Jh. von der internat. Künstler- und Literatenszene frequentiert wurden. Seit Mitte der 1980er-Jahre waren die Notizbücher jedoch nicht mehr erhältlich. Die Firma Modo&Modo, heute Moleskine srl, erweckte das legendäre Notizbuch 1998 unter dem literarischen Namen „Moleskine" wieder zum Leben, registrierte die Marke und brachte auf Basis der Beschreibungen von Chatwin eine Neuauflage des Produkts heraus. Alle charakteristischen Eigenschaften wie abgerundete Ecken, ein elastisches Verschlussband und eine innen angebrachte Einstecktasche blieben erhalten. Die erweiterte Produktpalette umfasst neuerdings mit dem *City Notebook* einen persönlichen Städteführer zum Ausfüllen. Heute wie damals werden insbesondere Kreative angesprochen, das Produkt hat sich zu einem internat. Symbol des modernen Nomadentums entwickelt. Die Moleskine-Produktfamilie ist durch ein weitläufiges Netzwerk von Webseiten, Blogs, Online-Groups und virtuellen Archiven mit der digitalen Welt verbunden. Das Logo aus dem Jahr 1996 stammt von dem Architekten Guido Morozzi und zeigt mit einem eigens entworfenen Schrifttyp in schwarzer Farbe den Markennamen. Das Corporate Design beschränkt sich ausschließlich auf schwarze, matte Farben und spiegelt damit die funktionale Schlichtheit der Produkte wider sowie deren Verbindung mit der mobilen Technologie. Die Marke soll nachhaltig mit kulturellen Werten und Reisen assoziiert werden. Das Unternehmen tritt z. B. als Sponsor kultureller und künstlerischer Veranstaltungen in Erscheinung und wirbt mit berühmten Künstlern und Schriftstellern wie Hemingway, Picasso und Chatwin. Die Moleskine srl erzielt mit 30 Mitarbeitern einen Umsatz von ca. 120 Mio. Euro (2006).

Seit 2006 werden von Moleskine die City Notebooks angeboten.

DATEN UND FAKTEN

Markenname: Moleskine, poetischer Name von Bruce Chatwins „The Songlines"

Slogan: „Moleskine. The legendary notebook of Hemingway, Picasso, Chatwin."

Gründer: Modo&Modo SpA, 1998

Markenregistrierung: 08. 06. 1999, HABM Alicante/Spanien

Innovationen: Kalender (1999), City Notebook (2006)

Literatur:
B. Chatwin: The Songlines (London, 1987)
L. Sepúlveda: Patagonia Express (Barcelona, 1995)
L. Sepúlveda: Moleskine. Apuntes y reflexiones (Barcelona, 2004)
Phaidon Design Classics (New York, 2006)

UNTERNEHMEN

Moleskine srl

Hauptsitz: Mailand, Italien

Vorstand: Dott. Arrigo Berni

Gesamtumsatz: ca. 120 Mio. Euro (2006)

Vertrieb: weltweit

KONTAKT

Moleskine srl
Viale di Porta Vercellina 10
Mailand (Milano)/Italien
✆ +39 02 43 44 98-1
🖷 +39 02 43 44 98-41
✉ info@moleskine.com
💻 www.moleskine.de

Ansprechpartner Presse:
Silvia Trenta
✆ +39 02 43 44 98-30
✉ silvia.trenta@moleskine.com

SCHON GEWUSST?

- Der brit. Autor Bruce Chatwin orderte 100 Moleskine-Notizbücher, um über einen lebenslangen Vorrat zu verfügen.
- Neben Chatwin sollen u.a. Ernest Hemingway, Oscar Wilde, Pablo Picasso, Vincent van Gogh und Henry Matisse das Notizbuch verwendet haben.
- Eine Folge des „Tatorts" machte sich die Bekanntheit des Moleskines zu Nutze, um eine Figur durch dessen Besitz als Künstler zu charakterisieren.

MOLL FUNKTIONSMÖBEL

Die moll Funktionsmöbel GmbH stellt Schreibmöbel für Kinder, Jugendliche und Erwachsene her. Das Produktspektrum umfasst darüber hinaus spezielle Organisationsmöbel für Gewerbe, Verwaltung und Industrie. Die Schreibtische setzen sich vor allem durch die Möglichkeit zur Höhenverstellung und der Vielfalt an Ergänzungsmodulen von den Angeboten anderer Hersteller ab. So entwickelte das Unternehmen bereits 1974 die erste Tischplattenschrägstellung. Zielsetzung ist es, Möbel zu schaffen, die durch ein modulares System mit dem Kind und dessen Ansprüchen mitwachsen können. Grundlage des Unternehmenserfolges sind vor allem die stetige Innovationsbereitschaft sowie eine Konzentration auf die Qualitätssicherung der Produkte. Neuste Produktentwicklung ist eine Express-Höhenverstellung im Rahmen des Möbelsystems *science 21* im Jahr 2006, welche zum Patent angemeldet wurde. Der visuelle Auftritt und das moll-Logo wurden zuletzt 2006 überarbeitet. Der Markenname moll setzt als Familienname auf Vertrauen in Funktionalität und Qualität der Produkte. Die moll Funktionsmöbel GmbH verfolgt eine Differenzierungsstrategie. So werden unter der Dachmarke Schreibmöbel für Kinder und Jugendliche die Subbrands *basic*, *nature* und für Erwachsene *science 21* vertrieben. *Rotafile* steht für das Drehsäulen-, *Lockfile* für das Organisationsmöbelprogramm. Vertrieben werden die Produkte über den Wohnmöbel- und Bürofachhandel sowie über Büroversender.

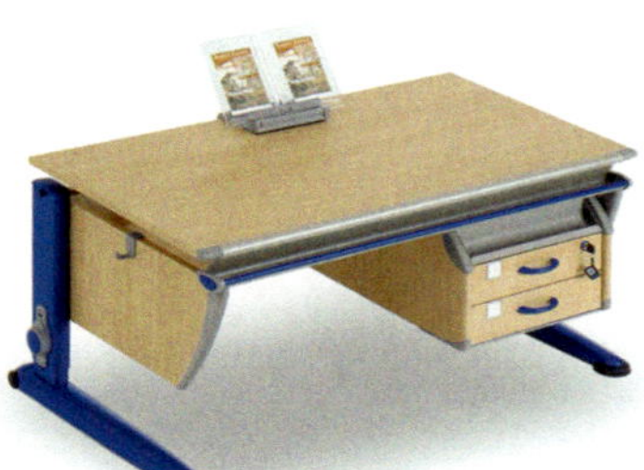

moll-Schreibtisch Booster, aus dem Produktprogramm basic

DATEN UND FAKTEN

Markenname: moll, abgeleitet vom Familiennamen des Gründers

Slogan: „Schreibmöbel, die mitwachsen" (Produktlinie basic)

Gründer: Andreas Moll, 1925, Gruibingen

Geschäftsführer: Martin Moll, Willi Münch

Markenregistrierung: 29. 03. 1969, DPMA München

Mitarbeiter: 70

UNTERNEHMEN

moll Funktionsmöbel GmbH
Rechbergstr. 7
73344 Gruibingen
✆ (0 73 35) 1 81-1 80
💻 www.moll-system.de

Martin Moll ist geschäftsführender Gesellschafter der moll Funktionsmöbel GmbH in der dritten Generation.

MOLTO

Ende der 1950er-Jahre entwickelten Forscher der brit. Reeds-Gruppe die Spachtelmasse Moltofill. Bis zu diesem Zeitpunkt gab es weltweit kein Produkt, das für Wohnungsverschönerungen einen optimalen Untergrund garantieren konnte. So wurde das Synonym für Spachtelmassen geboren. Was ursprünglich mit „Moltofill, dem Original für

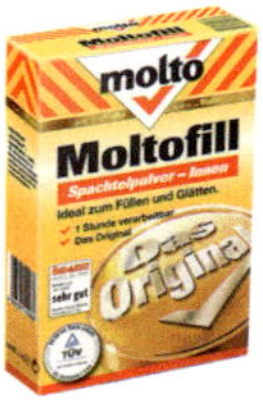

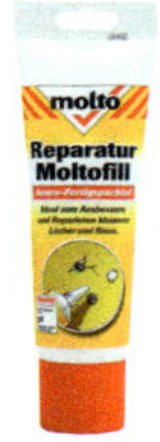

Seit fast fünf Jahrzehnten sind die Produkte der Premiummarke Molto Problemlöser für die unterschiedlichen Bereiche im DIY-Segment.

Das Produktsortiment der Premiummarke Molto bietet rund 60 Produkte zur Renovierung und Verschönerung von Räumen.

Spachtelmassen" begann, wurde bald unter Molto zum Markennamen vieler DIY-Produkte. In den 1980er-Jahren umfasste das Portfolio von Molto fast 40 Produkte zur Anwendung in Haus und Wohnung. Seitdem ist das gesamte Produktspektrum auf über 60 Problemlöser angewachsen. Molto steht für Qualitätsprodukte der Bereiche Spachteln, Holz-Reparatur, Abbeizen bzw. Farbenentfernung, Grundieren, Kleben, Tapetenzubehör und Sanitär. Viele Erzeugnisse der Molto-Range sind Marktführer in ihren Segmenten. Aktuelle Neuheiten sind die Fliesen-Lackiersysteme *Perfect* für weiße und *Creativ* für farbige Fliesen. Ebenfalls neu in den Regalen der Baumärkte sind *3 in 1 Fliesen-Fix* sowie der *Universal-Abbeizer*. Moltofill ist mit einem Marktanteil von fast 60 % (GfK, 2007) Marktführer im Segment mineralischer Spachtelmassen. Die Marke erfreut sich eines hohen Bekanntheitsgrades, der nicht nur in ihrer Innovationskraft, sondern auch durch die aufmerksamkeitsstarke Markenpflege begründet ist. Das Molto-Logo zeigt die Wortmarke im weißen Dreieck mit rotem Häkchen vor gelbem Grund. Der markentypische Look aus rotem Streifen vor gelbem Grund hat einen hohen Wiedererkennungswert, da die roten Streifen an eine Baustelle bzw. an Bauen und Renovieren erinnern. Während das Logo kontinuierlich dem Zeitgeist angepasst wurde, blieb die Farbkombination aus Rot und Gelb seit der Produkteinführung 1958 immer dieselbe. Molto gehört zusammen mit →Consolan, →Dulux, →Hammerite und →Xyladecor zur ICI Paints Deco GmbH, Hilden, der dt. Vertretung der internat. tätigen ICI Paints in Slough, Großbritannien. Das Unternehmen zählt zu den weltweit führenden Herstellern von Lacken und Farben. ICI Paints beschäftigte im Jahr 2006 ca. 32.000 Mitarbeiter und hatte einen Jahresumsatz von 7,2 Mrd. Euro.

DATEN UND FAKTEN

Markenname: Moltofill, Kunstwort aus **molto**, ital. für *viel* und **fill**, engl. für *füllen*

Slogan: „Von Grund auf gut." (2007)

Frühere Slogans: „Wie von Meisterhand" (Ende der 1980er-Jahre), „Damit es leichter geht und besser wird." (1970er-Jahre)

Entwicklung: Reeds-Gruppe, Großbritannien (Ende der 1950er-Jahre)

Markenregistrierung: 1957, Produkteinführung 1958

Innovationen: Fliesen-Lackiersysteme *Perfect* und *Creativ* (2006), 3 in 1 Fliesen-Fix (2007), Universal-Abbeizer (2007)

Marktanteil: 58,1 % im Segment mineralischer Spachtelmassen (GfK, 2007)

Markenwebsite: www.molto.de

UNTERNEHMEN

ICI Paints

Hauptsitz: Slough, Großbritannien

Vorstand: David Hamill

Gesamtumsatz: 7,2 Mrd. Euro (2006)

KONTAKT

ICI Paints Deco GmbH
Düsseldorfer Str. 96–100
40721 Hilden
✆ (0 21 03) 2 05-8 00
🖷 (0 21 03) 2 05-8 63
🖳 www.ici-paints.de

Ansprechpartner Marketing:
Ulrike Jankowsky
Brand Manager PreDeco DACHS

SCHON GEWUSST?

- Bei der Restaurierung antiker Vasen wird in vielen Museen weltweit Moltofill, das Original, verwendet. Die Restauratoren des Alten Museums auf der Berliner Museumsinsel z. B. schätzen die beliebte Spachtelmasse u. a. wegen ihrer chemischen Neutralität.
- Das kreative Arbeiten mit Moltofill nennt man in Künstlerkreisen „Moltolieren". Viele Künstler benutzen diese Spachtelmasse z. B. für Skulpturen, strukturierte Gemälde, Reliefs oder auch Design-Entwicklungen.

(0 21 03) 2 05–9 32
ulrike_jankowsky@ici.com

Ansprechpartner Presse:
G. Ulrich Rohrbach
PR-Berater (DPRG)
(0 69) 72 33 76
ulirohrbach@web.de

Werbeagentur:
L&K integrated communications GmbH
(02 21) 28 20 60
mailbox@lk-integrated.de

MONDAMIN

Mondamin *Feine Speisestärke* wurde 1896 auf dem dt. Markt eingeführt. Bereits 40 Jahre vorher hatte John Polsen jun. eine Möglichkeit gefunden, aus Mais Stärke zu gewinnen, und damit die Grundlage für Mondamin geschaffen. Mon-da-min ist der Name eines indianischen Gottes und bedeutet „Freund des Menschen". In der indianischen Mythologie gilt die Maispflanze als Geschenk dieses Gottes. Zunächst wurde die Stärke ausschließlich in reiner Form vertrieben, das erste Verarbeitungsprodukt war Mondamin *Fix-Soßenbinder*. Heute enthält das Produktsortiment von Mondamin sowohl Klassiker wie Mehlschwitze, Soßenbinder und Speisestärke als auch Desserts und süße Gerichte. Zu den neuesten Produkten zählen Milchreis, Grießbrei, Kaiserschmarrn und Pfannkuchen sowie Muffinteig aus der Flasche, der Backvorbereitungen auf ein Minimum reduziert. Das Markenzeichen besteht aus dem dunkelbraunen bogenförmigen Mondamin-Schriftzug über einem gewölbten Strich in Rot, Weiß und Braun. Der Namenszug wird von einer wappenähnlichen Bildmarke gekrönt, die dauerhafte Werte wie Kochtradition und Beständigkeit verspricht. Zielgruppe der Marke sind haushaltsführende Personen mit Sinn für Qualität, die eine einfache und gelingsichere Zubereitung schätzen. Die Mondamin GmbH wurde 1913 gegründet und ging nach dem 1. Weltkrieg zunächst an Knorr über. 1959 übernahm die Maizena GmbH die Mehrheit an Knorr, ging jedoch selbst um das Jahr 2000 in den Besitz der Unilever GmbH mit Sitz in Hamburg über. Mondamin wird in Deutschland über Warenhäuser, Supermärkte sowie Discounter vertrieben.

UNTERNEHMEN

Unilever Deutschland GmbH
Dammtorwall 15
20355 Hamburg
(0 40) 34 93–0
(0 40) 35 47–42
www.mondamin.de

In der indianischen Mythologie gilt die Maispflanze als Geschenk des Gottes Mon-da-min.

MONO

Die Marke mono steht für Designprodukte im Bereich Haushaltswaren. Der Name ist von dem Begriff „monoblock" abgeleitet, mit dem früher in der Messerherstellung die Fertigung aus einem Stück bezeichnet wurde. Herbert Seibel schuf die Marke Anfang der 1960er-Jahre, nachdem der Designer Professor Peter Raacke im Jahr 1958 das mono-a Besteck entworfen hatte. Es gilt heute als das meistverkaufte dt. Designbesteck der Nachkriegszeit und ist immer noch fester Bestandteil des Portfolios. Neben einer umfangreichen Besteck-Kollektion umfasst die Produktpalette der Marke weitere preisgekrönte Designprodukte und Accessoires für den Haushalt. Besonderen Wert legt das in Deutschland produzierende Unternehmen auf Manufakturarbeit in hoher Qualität und ein klares funktionales Design. Vor 1999 war ein Logo in Gebrauch, das in Verbindung mit Produktskizzen stand. Seitdem wird das neue, minimalistisch gehaltene Markenlogo verwendet, das von der Agentur Buttgereit und Heidenreich entwickelt wurde. Es zeigt ein in der Mitte horizontal geteiltes Quadrat in den Hausfarben Blau (HKS 42) und Schwarz, über dessen Mittellinie der Markenname in weißen Minuskeln fixiert ist. Das Corporate Design von mono wird neben den Farbtönen des Logos durch die Hausschrift Futura bestimmt. Den Grundstein für das hinter der Marke stehende Familienunternehmen, die Seibel Designpartner GmbH, legte Wilhelm Seidel mit der Britanniawarenfabrik Seibel im Jahr 1895. 16 Jahre später wurde das Zweitwerk, die Hessischen Metallwerke Gebr. Seibel, gegründet. Weltweite Bekanntheit erlangte das Unternehmen mit dem Olympia Besteck zur Ausstattung des Olympischen Dorfes in Berlin im Jahr 1936. Die Entscheidung durch Herbert Seibel, Design-Produkte herzustellen, fiel in den 1950er-Jahren und trug maßgeblich zum Erfolg des Unternehmens bei, das derzeit 50 Mitarbeiter beschäftigt.

DATEN UND FAKTEN

Markenname: mono, abgeleitet aus der früheren Messerherstellung (von monoblock = aus einem Stück)

Neben einer Besteck-Kollektion zählen Designprodukte und Accessoires für den Haushalt zum Angebot der Marke mono.

Erfinder: Herbert Seibel, 1960er-Jahre, Ziegenhain

Markenregistrierung: 17.05.1966, DPMA München

Auszeichnungen:
„Gute Form", Bundespreis für mono-a (1973)
„IF Ecology Design Award" für mono-a (1997)
„I. D. Design Award" für pico Walnußöffner (2000)

Markenwebsite: www.mono.de

UNTERNEHMEN

Seibel Designpartner GmbH
Industriestr. 5
40822 Mettmann
✆ (0 21 04) 91 98-0
🖷 (0 21 04) 91 98-19
🖳 www.seibel-designpartner.de

MONTBLANC

Unter der Luxusmarke Montblanc werden hochwertige Schreibgeräte, Uhren, Leder, Schmuck, Brillen und Düfte hergestellt und vertrieben sowie dazugehörige Dienstleistungen angeboten. Im Segment Schreibgeräte werden Füllfederhalter aktuell in den Kollektionen Meisterstück, Bohème, Starwalker, Greta Garbo und Marlene Dietrich sowie in limitierten Sondereditionen offeriert. Das Montblanc Meisterstück 149 wurde 1924 entwickelt und wird seitdem in fast unveränderter Form mit der 18-Karat-Goldfeder und Platinintarsien hergestellt. Zu den von Montblanc angebotenen Dienstleistungen gehört neben dem Produktservice auch die individuelle Herstellung von Gravuren und Prägungen. Zum Signet der Marke ist der weiße Stern geworden, der auf jedem Montblanc-Produkt sichtbar ist und den schneebedeckten Gipfel des Bergmassivs Mont Blanc symbolisiert. Er soll den Anspruch der Marke versinnbildlichen, Produkte in höchster Qualität zu fertigen. Der Montblanc-Stern wurde 1913 als einheitliches Erkennungszeichen für die Schreibwaren der Firma Simplo Filler Pen Company eingeführt. Bereits 1909 ließ man den Namen Montblanc als Warenzeichen eintragen. Schon in den 1920er-Jahren wurden für Marketingmaßnahmen Autos mit überdimensionalen Füllfederhaltern bestückt oder Flugzeuge für Werbung mit dem weißen Stern eingesetzt. Den Grundstein zum Unternehmen legten der Hamburger Schreibwarenhändler Claus-Johannes Voss, der Hamburger Bankier Alfred Nehemias und der Berliner Ingenieur August Eberstein, die 1908 die Simplo Filler Pen Company gründeten. Der Vertrieb erfolgt heute über weltweit 360 Montblanc-Boutiquen sowie über autorisierte Händler. Das Unternehmen beschäftigt weltweit 3.000 Mitarbeiter, 950 davon in Deutschland.

UNTERNEHMEN

Montblanc International GmbH
Hellgrundweg 100
22525 Hamburg
✆ (0 40) 8 40 01-0
🖷 (0 40) 8 40 01-3 20
🖳 www.montblanc.de

MOSKOVSKAYA

Moskovskaya®
RUSSISCHER WODKA

Moskovskaya steht für hochwertigen russ. Wodka.

Unter der Marke Moskovskaya vertreibt die Simex Vertrieb GmbH & Co. KG deutschlandweit russ. Wodka. Die Marke wurde in den 1960er-Jahren in Deutschland von Simex entwickelt. Das russ. Wort Moskovskaya bedeutet „von Moskau kommend". Moskovskaya steht für hochwertigen Wodka aus ausgesuchtem Getreide, der durch ein spezielles Filterungsverfahren einen milden und reinen Geschmack bekommt. Mit der Marke Moskovskaya *Cristall* bedient Simex das Premiumsegment. Der besonders weiche und bekömmliche Moskovskaya *Cristall* wird nach dem Destillationsverfahren über Aktivkohlefilter geleitet. Im Gegensatz zu den meisten anderen handelsüblichen Wodkamarken wird Moskovskaya standardmäßig in 0,5 L-Flaschen angeboten. Für Werbekampagnen, zu denen auch Moskovskaya-Spots gehören, wendet Simex jährlich ca. 2,5 Mio. Euro auf. Aktuell macht Simex mit der Marke Moskovskaya einen Umsatz von rund 45 Mio. Euro pro Jahr. Damit trägt die Marke über 70 % zum Gesamtumsatz des Unternehmens bei. Simex, das 1962 von Leo Savelsberg in Jülich gegründet wurde, vertreibt neben Moskovskaya auch noch weitere alkoholische Getränke aus Russland und der Ukraine. Zum Produktportfolio gehören u. a. → Krimskoye (Krimsekt) und der russ. Wodka Stolichnaya.

UNTERNEHMEN

Simex Vertrieb GmbH & Co. KG
Wiesenstr. 5
52428 Jülich
✆ (0 24 61) 6 87-7 00
🖷 (0 24 61) 6 87-7 73
🖳 www.moskovskaya.de

MOTOROLA

Die Marke Motorola steht für Konsum- und Industriegüter sowie für Dienstleistungen in den Segmenten mobile Kommunikation, Halbleiter, Computersysteme, Breitbandkommunikation, Telematik und eingebettete Systeme. Anspruch der US-amerikanischen Motorola Inc. ist es, dass die Produkte drahtlose Kommunikation, Breitbandtechnik, Internet und Multimedia verbinden und das Leben zu Hause, in der Arbeitswelt und in der Freizeit sowie im Auto erleichtern. Bekannteste Produktgruppe der Marke sind Handys für den privaten Gebrauch. Innovationen im Mobilfunk haben wesentlich zur Unternehmensentwicklung beigetragen. So brachte Motorola 1983 das erste Mobiltelefon auf den Markt, 1992 das erste GSM-fähige Handy oder im Februar 2002 das erste UMTS-Handy. Nach eigenen Angaben ist Motorola weltweit die Nummer 2 im Mobilfunkmarkt. Der Markenname ist ein Kunstwort und bezeichnete ursprünglich Autoradios, bevor er 1947 zum Firmennamen des 1928 gegründeten Herstellers wurde. Das Logo zeigt ein stilisiertes, ausgeschnittenes M in einem Kreis. Die Motorola GmbH mit Sitz im hessischen Taunusstein ist eine Tochter der amerikanischen Motorola Inc. Im Jahr 2006 erwirtschaftete sie mit rund 2.500 Mitarbeitern einen Umsatz von ca. 5,9 Mrd. Euro in den Bereichen Mobiltelefone, Regierungs- und Geschäftskunden sowie Breitband. Weltweit lag der Motorola-Umsatz 2006 bei 42,9 Mrd. USD.

UNTERNEHMEN

Motorola GmbH
Heinrich-Hertz-Str. 1
65232 Taunusstein
✆ (0 61 28) 70-0
🖷 (0 61 28) 70-49 00
💻 www.motorola.de

MÖVE

möve produziert seit 1927 qualitativ hochwertige Frottierprodukte „Made in Germany". Nach einem bewussten Richtungswechsel Ende der 1990er-Jahre ist aus der Traditionsmarke für Frottier eine internat. und anspruchsvolle Lifestyle-Marke entstanden, die heute Qualitätsprodukte rund um das Thema Wohnen & Wohlbefinden anbietet. Besonderes Augenmerk wird bei möve auf produktübergreifende, zeitgemäße und innovative Kollektionen gelegt - Qualität, Design und Funktionalität stehen dabei im Vordergrund. Das textile Sortiment umfasst hochwertige Frottiertücher, Badteppiche, Bademäntel, Bettwäsche und Homewear. Zeitgenössische und zugleich praktische Accessoires aus Holz, Glas, Porzellan und Kunststoff runden das Programm ab. Zweimal pro Jahr werden in Zusammenarbeit mit internat. Designern neue Kollektionen in den fünf textilen Linien *fashion*, *premium*, *nature*, *active* und *basic* lanciert - dies betrifft ebenso die eigenständige Accessoires-Linie *möve+*. In der Herbst/Winter-Kollektion 2007 ist außerdem erstmals die Linie *Hotel Suite* zu sehen, mit der möve auf den sich abzeichnenden starken Trend zu zurückhaltendem, maskulinen jedoch nicht kühl-minimalistischen Design reagiert. Das visuelle Erscheinungsbild von möve wird dominiert von einem kräftigen Blauton und einem Signet, das – in Anlehnung an den Markennamen – eine stilisierte Möve zeigt. Die Lifestyle-Marke beliefert den gehobenen Fachhandel in Deutschland, Europa und Asien. Hinzu kommen eine Reihe eigener Stores in Deutschland, Österreich, Spanien, Belgien, Holland, der Schweiz und Ungarn. Neben der konsequenten und zügigen Weiterentwicklung der Marke hat in der Zukunft die Eröffnung weiterer Lifestyle-Stores ebenso Priorität wie die Internationalisierung mit Schwerpunkt Europa und Asien.

DATEN UND FAKTEN

Markenname: möve, abgeleitet vom gleichnamigen Vogel, geht auf die Ostsee-Begeisterung des Markengründers zurück

Markeneinführung: 1927

Innovationen: möve+ Accessoires

Vertrieb: weltweit über eigene Shops und exkl. Vertriebspartner

Auszeichnungen:
„Sehr gut", Öko-Test für Möve Wellness-Handtücher (05/2006)

UNTERNEHMEN

möve frottana
Textil GmbH & Co. KG
Waltersdorfer Str. 54
02779 Großschönau
✆ (03 58 41) 80
🖷 (03 58 41) 82 62
💻 www.moeve.com

Tücher *Empire* aus der möve Premium Linie (unten)

Die Möwen aus der Müritz-Region standen Pate für die Logogestaltung der Marke Möwe.

MÖWE

Die Teigwarenfabrik Möwe stand Pate für die gleichnamige Konsumgütermarke, die zum Portfolio der → Birkel Teigwaren GmbH gehört. Als VEB begann Möwe 1952 in Waren an der Müritz mit der Produktion, bevor sie 1990 als GmbH neu gegründet und im Jahr darauf vom niederl. Konzern CSM übernommen wurde. Nach einem Management-Buy-Out 1999 stieß Möwe 2001 zur Birkel Teigwaren GmbH, die sich damit ein ostdt. Standbein verschaffte. Der Name der Nudelmarke geht auf die Möwen zurück, die an der Müritz leben. Das Logo in den Hausfarben Weiß und Blau greift die Möwe, die über dem in kursiven Versalien gesetzten Namenszug gleitet, als stilisierte Bildmarke auf. Bereits bei der Gründung 1952 wurde das Logo entworfen, wohingegen das Packaging zuletzt 1998 neu gestaltet wurde. Der Slogan „Himmlische Qualität – hergestellt im Herzen von Mecklenburg-Vorpommern" weist ausdrücklich auf den Standort in einem der neuen Bundesländer hin. Unter dem Namen Möwe werden zwei Produktlinien vertrieben (*Meine Liebsten* und *Meine Himmlischen*). Käufer der regionalen Marke sind Nudelliebhaber in Mecklenburg-Vorpommern und Brandenburg, die lt. Hersteller „gute Markenqualität aus den und für die neuen Bundesländer" suchen. Mit der Übernahme der Marke Möwe konnte die Birkel Teigwaren GmbH ihre starke Position im dt. Nudelmarkt weiter ausbauen. Zum Portfolio des Unternehmens, das insgesamt jährlich rund 90 Mio. Euro umsetzt, zählen außerdem auch die Marken → 3 Glocken und → Schüle.

UNTERNEHMEN

Birkel Teigwaren GmbH
Schüttelgrabenring 3b
71332 Waiblingen
(0 71 51) 6 01–0
(0 71 51) 6 01–2 85
www.birkel.de

Mucosolvan®

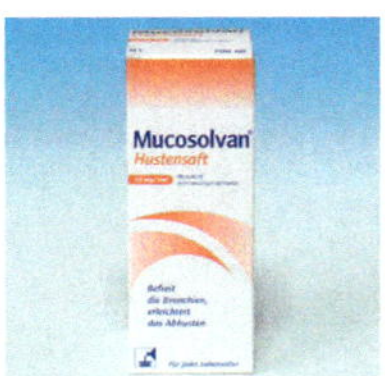

Mucosolvan basiert auf dem Wirkstoff Ambroxol und unterstützt die Selbstreinigung der Atemwege.

MUCOSOLVAN

Mucosolvan ist ein Hustenlöser, der zuverlässige Hilfe bei Husten verspricht. Das von dem Pharmakonzern → Boehringer Ingelheim hergestellte und weltweit vertriebene Medikament ist in Deutschland apothekenpflichtig. Mucosolvan ist vor allem als Saft für Erwachsene und Kinder bekannt, aber auch in Form von Lutschpastillen, Retardkapseln, Tabletten, Tropfen und Brausetabletten erhältlich. Das 1979 von Boehringer Ingelheim eingeführte Arzneimittel basiert auf Erkenntnissen aus der Naturheilkunde. Eine aus dem Ayurveda stammende bekannte Droge diente als Anregung für die Entwicklung von Mucosolvan. Der Markenname ist von den lat. Wörtern mucus (dt. Schleim) und solvere (dt. lösen) abgeleitet. Mucosolvan ist als Hustenlöser für die ganze Familie positioniert. Das Familienmotiv wird auch in der Print- und TV-Werbung aufgegriffen, für die Boehringer Ingelheim jährlich rund 6 Mio. Euro aufwendet. Mit Mucosolvan erzielte die Boehringer Ingelheim Pharma GmbH & Co. KG 2006 in Deutschland einen Umsatz von 50 Mio. Euro zu Endverbraucherpreisen und ist damit nach eigenen Angaben die Nummer zwei im Markt. Zu dem Unternehmen gehören u. a. auch die Marken → Thomapyrin und → Dulcolax. Der global agierende Pharmakonzern Boehringer Ingelheim erzielte 2006 mit weltweit rd. 38.000 Mitarbeitern einen Umsatz von mehr als 10 Mrd. Euro. Damit ist das 1885 von Albert Boehringer in Ingelheim gegründete Unternehmen der weltweit größte Arzneimittelhersteller in Familienbesitz.

DATEN UND FAKTEN

Markenname: Mucosolvan, Kunstwort, abgeleitet von den lat. Wörtern **muc**us (dt. Schleim) und **solv**ere (dt. lösen)

Slogan: „Mucosolvan – beruhigt den Hustenreiz im Hals und löst den Schleim"

Erfinder: Boehringer Ingelheim, 1979, Ingelheim

Markenregistrierung: 27. 02. 1975, DPMA München

Werbespendings: 6 Mio. Euro (GfK, 2006)

Markenwebsite: www.mucosolvan.de

UNTERNEHMEN

Boehringer Ingelheim Pharma GmbH & Co. KG
Binger Str. 173
55216 Ingelheim
(0 61 32) 77–0
(0 61 32) 77–30 00
www.boehringer-ingelheim.de

Milch-Union Hocheifel eG

MUH ist einer der größten Hersteller von H-Milch und haltbaren Milchprodukten.

MUH

Die Milch-Union Hocheifel ist einer der größten Hersteller von H-Milch und haltbaren Milchprodukten. Das Fundament des jetzigen Unternehmens bildeten die vormals selbstständigen Eifel-Molkereigenossenschaften in Üttfeld, Schönecken und Bleialf, die 1966 fusionierten und sich auf die Produktion von haltbaren Milcherzeugnissen spezialisierten. Seit 1984 werden Produkte wie H-Milch, Kondensmilch, Milch-Mischgetränke, Schlagsahne, Dessertsaucen und Schmand unter dem Markennamen MUH verkauft. Die Namenswahl war vom Telex-Kürzel des Unternehmens inspiriert. Wesentlich für den Erfolg von MUH war die Einführung der Kartonverpackung für Kondensmilch als Ersatz für die Blechdose. Verpackungen spielen bei allen Produkten der Marke eine große Rolle und verhalfen dem Unternehmen zu Vertriebserfolgen insbesondere auch bei Discount-Anbietern. Auch im Produktbereich entwickelte man Innovationen, beispielsweise die *Fitmilch Beneo*, die Knochenaufbau und Zahngesundheit unterstützt, sowie die erste haltbare Bio-Milch. Der Schriftzug MUH in Rot (Pantone 288), der an eine stilisierte Kuh erinnert, stellt die Verbindung zum Produkt ebenso her wie zum Herkunftsort Hocheifel. 2002 wurde dem Markenzeichen ein geschwungener Bogen hinzugefügt. Der Slogan „Nichts lieber als MUH" verspricht besondere geschmackliche Qualität. Die Milch-Union Hocheifel setzte im Jahr 2006 am Standort Pronsfeld, einem der modernsten Betriebsstätten Europas, 462 Mio. Euro um, der Anteil der Marke MUH betrug rund 70 Mio. Euro. 670 Mitarbeiter stehen unter der Leitung ihres Geschäftsführers Rainer Sievers und des Vorstandsvorsitzenden Manfred Graff. Die Produkte werden in eigenen Niederlassungen in Deutschland und Frankreich und über Vertriebspartner weltweit verkauft.

DATEN UND FAKTEN

Markenname: MUH, Akronym für Milch-Union-Hocheifel

Slogan: „Nichts lieber als MUH"

Markenregistrierung: 29.07.1993, DPMA München

Innovationen: haltbare Bio-Milch (2002), Fitmilch mit Milchcalcium Beneo (2007)

Jahresumsatz: 70 Mio. Euro

Werbespendings: ca. 1 Mio. Euro

UNTERNEHMEN

Milch-Union Hocheifel eG
Im Scheid
54597 Pronsfeld
(0 65 56) 79-0
(0 65 56) 79-1 30
www.muh.de

MÜLLERMILCH

Die Molkerei Alois Müller GmbH & Co. hat seit 1983 die erfolgreiche Marke „Müllermilch" als Milchmischprodukt in ihrem Portfolio. Müllermilch wird im 500-Gramm-Becher und seit 2005 auch in der PET-Flasche verkauft. Zusätzlich bietet Müller seit 1996 mit der Linie *Müllermilch 0,1 % Fett* (bis 2005 *Müllermilch leicht und fit*) das Milchmischgetränk für figurbewusste Konsumenten an. Die Markteinführung von Müllermilch erfolgte mit den Geschmacksrichtungen Schoko, Banane und Erdbeere. Die gekühlten Milchprodukte im Becher waren eine Innovation auf dem Markt und wurden zum Verkaufserfolg. In den folgenden Jahren wurde das Sortiment laufend um neue Sorten erweitert. Der Fettanteil der Müllermilch liegt bei 1,5 % und aktuell gibt es sie in sieben Geschmacksrichtungen. Der Markenname geht zurück auf Alois Müller, der 1938 die Aretsrieder Molkerei von seinem Vater Ludwig übernahm und über drei Jahrzehnte führte. 1971 übernahm Theo Müller in dritter Generation die Führung der Molkerei und baute diese von einem kleinen Betrieb zu einem internat. agierenden Unternehmen aus. Müller war die erste dt. Molkerei mit einem nat. Distributionsnetz. 1987 begann der Verkauf der Müller-Produkte auf dem brit. Markt, wo das Unternehmen binnen sechs Jahren zum Marktführer im Joghurtbereich wurde. Neben Müllermilch umfasst das Angebot des Unternehmens u. a. die Marken *Müller Milchreis*, *Reine Buttermilch*, *Froop* und *Joghurt mit der Ecke*. Alle Produkte der Molkerei tragen das Markenlogo von Müller. Es zeigt den prägnanten weißen Müllerschriftzug mit den breiten, eng zusammenstehenden Buchstaben auf rotem Grund. Die Marke Müllermilch hat sich zum Syno-

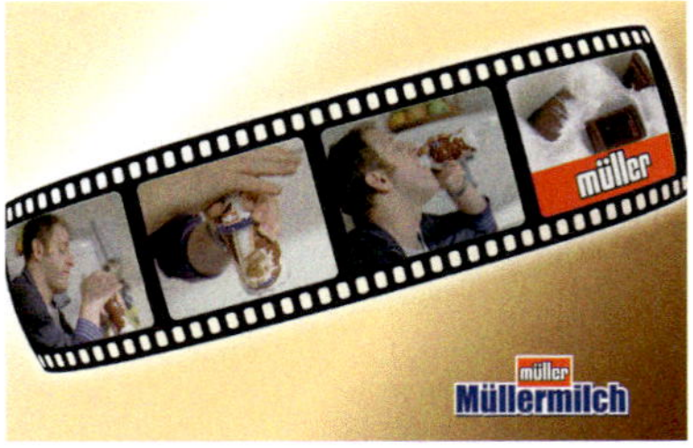

Die charakteristische TV-Werbung von Müller sorgt für eine hohe Markenbekanntheit.

Müllermilch gehört zu den bekanntesten Milchmischgetränken.

nym für die Produkte der Alois Müller GmbH entwickelt. Mit einer Produktionsmenge von 35.200 t und einem Marktanteil von ca. 18 % (nach AC Nielsen, 2006) ist Müllermilch Marktführer im Segment Milchmischgetränke. Die Bekanntheit der Marke lag lt. einer Studie von icon added value aus dem Jahr 2006 bei 94 %. Im gleichen Jahr erwirtschaftete die Unternehmensgruppe Müller einen Umsatz von rund 2,1 Mrd. Euro.

DATEN UND FAKTEN

Markenname: Müllermilch

Slogan: „Müllermilch – Die schmeckt und weckt was in dir steckt"

Erfinder: Alois Müller, 1983

Markenregistrierung: 19. 07. 1983, DPMA München

Markenbekanntheit: 94 % gest. (icon added value, 2006)

Jahresabsatz: 35.200 t (2006)

Auszeichnungen:
„DLG-Medaille" für herausragende Produktqualität (1983 bis 2006)

Markenwebsite: www.muellermilch.de

UNTERNEHMEN

Alois Müller GmbH & Co. KG

Hauptsitz: Fischach-Aretsried, Deutschland

Geschäftsführer: Theo Müller

Weitere Marken: Froop, Müller Milchreis, Joghurt mit der Ecke, Reine Buttermilch, Müller Doppel Decker, Müller DRiNKs

SCHON GEWUSST?

- Seit den 1980er-Jahren zieht sich das Thema Fußball wie ein roter Faden durch die Werbestrategie von Müllermilch. Damals warb die Nationalelf mit Franz Beckenbauer für die Produkte und sie sangen das Müllermilch-Lied. Im Vorfeld der Fußball WM 2006 engagierte sich Müllermilch für den Jugendfußball, was in Werbespots mit den Bundestrainern Jürgen Klinsmann, Jogi Löw und Andreas Köpke aufgegriffen wurde.
- Seit der Markeinführung wurde Müllermilch jährlich mit der Medaille für herausragende Qualität der Deutschen Landwirtschafts-Gesellschaft (DLG) ausgezeichnet.

Gesamtumsatz: 2,1 Mrd. Euro (Unternehmensgruppe Müller, 2006)

Vertrieb: primär über den Lebensmitteleinzelhandel

KONTAKT

Molkerei Alois Müller GmbH & Co. KG
Zollerstr. 7
86850 Fischach-Aretsried
✆ (0 82 36) 9 99-0
🖷 (0 82 36) 9 99-6 50
🖳 www.muellergroup.com

Ansprechpartner Presse:
Dr. Katja Lepthien
✆ (0 82 36) 9 99-4 81
✉ Katja.Lepthien@mueller-milch.de

MUMM

So wie Sekt den Gedanken an einen besonderen Anlass weckt, soll auch die Marke Mumm diese Assoziation transportieren. Der Name ist von dem Familiennamen der Brüder Gottlieb, Jacobus und Philipp Mumm abgeleitet, die im Jahr 1827 die Champagnerkellerei „P. A. Mumm" gründeten. Godefroy H. von Mumm ließ die Tradition des Familienunternehmens im Jahr 1922 wieder aufleben und prägte die Sektkellerei, in welcher der Qualitäts-Schaumwein heute hergestellt wird. Das Sortiment besteht aus den zwei Produkten *Dry* und *Extra Dry*. Bei letzterem besteht das Cuvée aus einer Komposition von Riesling Weinen aus dem Rheingau, einem der wichtigsten Anbaugebiete für Qualitätswein in Deutschland. Die Produkte sprechen vor allem Personengruppen und Festgemeinschaften an, die einen gehobenen Lebensstil vertreten. Das Logo besteht aus dem kursiven, in geschwungener Schreibschrift gesetzten Markennamen, der in manchen Werbesituationen von dem darunter stehenden Claim „ist, wenn man's macht" begleitet wird. Das Unternehmen baut gezielt ein Markenimage auf, das sich mit den Schlagwörtern Lifestyle und Genuss zusammenfassen lässt. Die Produkte sollen nicht nur bei klassischen festlichen Anlässen wie z. B. Hochzeiten Verwendung finden, sondern auch ein Dinner oder eine Party zum stilvollen Erlebnis machen. Im Vordergrund der Markenstrategie steht demnach die Besonderheit eines Augenblicks. Dies unterstreicht vor allem der Slogan „Manchmal muss es eben Mumm sein."

UNTERNEHMEN

Rotkäppchen Mumm Sektkellereien GmbH
Sektkellereistr. 5
06632 Freyburg/Unstrut
(03 44 64) 34-0
www.mumm-sekt.de

MUNDORGEL

→ Die Mundorgel

MUSTANG

Die MUSTANG-Bekleidungswerke GmbH. + Co. KG sind der älteste europäische Jeanshersteller. Nach der Unternehmensgründung im Jahr 1932 erstellte Albert Sefranek 1948 im süddt. Künzelsau das Schnittmuster für die erste dt. Jeans. Schon ein Jahr später ging sie in Produktion. Der Markenname MUSTANG JEANS wurde 1958 eingeführt, als für die Herstellung der Hosen erstmals echter Denim aus den USA verwendet wurde.

MUSTANG-PR-Image aus dem Jahr 2007

Mit dem Namen des Wildpferdes aus dem amerikanischen Westen, das zugleich auch die Bildmarke ist, sollen Komponenten wie Natur, Wildheit und Freiheit, Sex-Appeal aber auch Bodenständigkeit assoziiert werden. Die Hausfarbe des Unternehmens ist Mustang-Rot (Pantone 187C), als Hausschrift dient Universe Condensed Light. Heute ist MUSTANG eine Dachmarke für Damen- und Herrenbekleidung, das Produktportfolio beinhaltet neben MUSTANG JEANS auch Röcke, Oberteile und Jackets sowie passende Lizenzprodukte wie Lederbekleidung, Schuhe, Uhren, Gürtel und andere Accessoires. Produktinnovationen spielen eine wichtige Rolle bei der Markenentwicklung, aktuell bietet MUSTANG z. B. Jeans aus Organic Cotton, einer Baumwolle, die zu 100 % pestizidfrei angebaut wurde. Im Mittelpunkt der Markenpositionierung steht seit 2005 das Kernwort „true", das die Authentizität der Marke MUSTANG betonen soll und – wie das Wildpferd – für Unverfälschtheit, Ehrlichkeit und Geradlinigkeit steht. Mit einem Umsatz in Höhe von 107 Mio. Euro (2006) zählen die MUSTANG-Bekleidungswerke GmbH. + Co. KG zu den führenden dt. Jeansherstellern. Das Familienunternehmen beschäftigt 420 Mitarbeiter und wird in der dritten Generation von Heiner Sefranek geführt. Neben der Marke MUSTANG gehört auch die Lizenzmarke BOGNER JEANS zur MUSTANG-Gruppe. MUSTANG hat sich in den letzten Jahren durch die Eröffnung zahlreicher eigener Stores und Shop-in-Stores zu einem vertikal operierenden Unternehmen entwickelt. In Zukunft sollen die Flächen- und Franchisepartnerschaften in Deutschland und im Ausland weiter ausgebaut werden.

DATEN UND FAKTEN

Markenname: MUSTANG, nach dem amerikanischen Wildpferd

Markenkernwort: „true" (2006)

Gründer: Luise Hermann, 1932, Künzelsau

Markenregistrierung: 02. 03. 1959, DPMA München

Meilensteine: erste europäische Jeans (1948), erste europäische Damenjeans (1953), erste europäische Cordjeans (1955), erste europäische Stretchjeans (1961)

Jahresumsatz: 98,6 Mio. Euro (Marke MUSTANG, 2006)

Museum:
„MUSTANG MUSEUM für die Zukunft". Interaktiv und multimedial inszeniert.
www.mustang-museum.com

UNTERNEHMEN

MUSTANG – Bekleidungswerke GmbH. + Co. KG

Hauptsitz: Künzelsau, Deutschland

Geschäftsführer: Heiner Sefranek, Wulf Hermann, Jacqueline Sefranek

Weitere Marken: Lizenzmarke BOGNER JEANS

Gesamtumsatz: ca. 107 Mio. Euro (Unternehmen, 2006)

Vertrieb: Europa, Asien, mittlerer Osten, Nordafrika

Albert und Heiner Sefranek (unten) machten MUSTANG zu einer internat. Dachmarke für Bekleidung und dazu passende Ergänzungsartikel.

KONTAKT

MUSTANG – Bekleidungswerke GmbH. + Co. KG
Austr. 10
74653 Künzelsau
✆ (0 79 40) 1 25–0
Fax (0 79 40) 1 25–1 02
www.mustang-jeans.com

Ansprechpartner Presse:
Yasmin Schwenke
✆ (0 79 40) 1 25–5 20
✉ yasmin.schwenke@mustang.de

Ansprechpartner Marketing:
Jörg Weiser
✆ (0 79 40) 1 25–1 70
✉ joerg.weiser@mustang.de

SCHON GEWUSST?

▮ Im Zuge der Weltwirtschaftskrise tauscht Albert Sefranek 1948 in Frankfurt/Main mit einem GI sechs Flaschen Hohenloher Schnaps gegen sechs „Amihosen" unterschiedlicher Größe und hat damit die ersten Schnittmuster für seine Jeansproduktion.

Das neue (oben) und das alte (Mitte) Logo von musterhaus küchen. Hans Strothoff (unten), Erfinder der Marke

MUSTERHAUS KÜCHEN

musterhaus küchen Fachgeschäft ist die Dachmarke qualifizierter Küchenfachgeschäfte und eine Vermarktungskonzeption der MHK Group AG. Über 2.100 europäische Partner des Küchen- und Möbelhandels nutzen die Dienstleistungen der MHK Group. Rund 800 Küchenfachgeschäfte treten im dt. Markt als musterhaus küchen Fachgeschäft in Erscheinung und vertreiben Kücheneinrichtungen und -zubehör im mittleren und gehobenen Preissegment. Die Marke musterhaus küchen wurde 1980 von Hans Strothoff, dem heutigen Vorstandsvorsitzenden der MHK Group AG, erfunden. Sein Ziel war es, mittelständische inhabergeführte Küchenfachgeschäfte durch eine gemeinsame Marke im Wettbewerb zu stärken. Außerdem wollte er ein Netzwerk zwischen Industrie, Konsumenten und Handel aufbauen. Das Markenlogo – ein rotes Dreieck – entwickelte ursprünglich die Agentur Grey. Seitdem wurde es mehrmals überarbeitet. Mit Beginn des Jahres 2008 treten die musterhaus küchen Fachgeschäfte mit einer komplett neuen Marketingkonzeption im Markt in Erscheinung, das Logo ist in wertiger Metalloptik - kreiert von der Agentur JWT. Nach

Ein musterhaus küchen Fachgeschäft.

einer GfK-Studie aus dem Jahr 2007 erreichte die Marke in Deutschland einen Bekanntheitsgrad von 78,2 %. Dies ist u. a. auf umfangreiche Werbemaßnahmen für die Marke zurückzuführen. Jährlich investiert die MHK Group etwa 10 Mio. Euro für das Marketing. Seit 1991 bewirbt das Unternehmen die Marke mit überregionaler Radiowerbung, 2001 wurden die Marketingmaßnahmen auf das Fernsehen ausgeweitet. Zwischen 1988 und 1999 machte jedes Jahr ein anderer Prominenter als Küchenfrau bzw. -mann Werbung für die Marke, u. a. dienten Manfred Krug, Alfred Biolek, Norbert Blüm und Manfred Kürten als Werbepartner. Seit 2005 prämiert die MHK Group die fünf schönsten dt. Küchen mit einem „Goldenen Dreieck". In der Jury sitzen Prominente wie 2-Sterne-Koch Juan Amador, TV-Wohnraumdesigner Rick Mulligan oder TV-Moderatorin Carola Ferstl. In den Fachgeschäften der europaweit agierende MHK Group, die im Jahr 2007 einen Umsatz von ca. 2,9 Mrd. Euro erwirtschaftete, arbeiten ca. 21.000 Menschen. Zu ihren Geschäftsbereichen gehören neben Verbänden wie musterhaus küchen, WK WOHNEN oder DESIGNO auch Dienstleistungsunternehmen wie der Internetdienstleister *macrocom* oder die *Cronbank AG*, die u. a. Finanzierungen beim Möbelkauf abwickelt.

DATEN UND FAKTEN

Markenname: musterhaus küchen Fachgeschäft

Slogan: „Wir richten Küchen mustergültig ein" (bis Ende 2007) „Küchen ganz persönlich" (ab 2008)

Erfinder: Hans Strothoff, 1980

Markenregistrierung: 19. 03. 1985, DPMA München

Markenbekanntheit: 78,2 % gest. (GfK, 2007)

Werbespendings: ca. 10 Mio. Euro pro Jahr

Markenwebsite:
www.musterhauskuechen.de

UNTERNEHMEN

MHK Group AG

Hauptsitz: Dreieich, Deutschland

Vorstand: Hans Strothoff, Werner Heilos, Wolfgang Becker, Frank Bermbach, Dr. Daniel C. Schmid, Markus Speller

Weitere Marken: →WK Wohnen, DESIGNO, REDDY

Gesamtumsatz: 2,8 Mrd. Euro (2006)

Vertrieb: Deutschland, Österreich, Schweiz, Belgien, Niederlande, Spanien

KONTAKT

MHK Group AG
Im Gefierth 9a
63303 Dreieich
✆ (0 61 03) 3 91-0
🖷 (0 61 03) 3 91-4 99
💻 www.mhk.de

Ansprechpartner Presse & Marketing:
Dr. Daniel C. Schmid
✆ (0 61 03) 3 91-2 64
✉ d.schmid@mhk.de

Lead-Agentur:
info-text Werbeagentur, Dreieich

MEILENSTEINE

1980 Gründung des Serviceverbandes musterhaus Küchen durch Hans Strothoff

1988 Günther Strack wird erster Küchenmann des Jahres. Bis 1999 kürte musterhaus küchen jährlich eine Person, die sich für das Kochen und das Thema Küche verdient gemacht hat.

1991 Start der Rundfunkwerbung

2001 Erste Fernsehwerbung für musterhaus küchen

2005 „Das Goldene Dreieck" für die fünf schönsten Küchen des Jahres wird erstmals verliehen.

MUSTERRING

Musterring ist eine internat. Möbelmarke mit hoher Sortimentsbreite und -tiefe. Mit diesem sog. Vollsortiment unter dem Dach einer etablierten Marke will Musterring vor allem Zweit- und Dritteinrichter, also die gehobene Mittelschicht ansprechen. Erfunden wurde die Marke 1938 von Josef Höner. Der Möbelarchitekt und -designer verfolgte schon damals die Idee, die Leistungen von Möbeldesignern, -herstellern und -händlern unter dem Dach einer gemeinsamen Marke zu vereinen. Seit den 1990er-Jahren setzt man auf Kooperationen, um die Entwicklung innovativer Produkte voranzutreiben. So wird gemeinsam mit Sharp das „Home Theatre" angeboten – Flachbildschirme, die in Möbelsysteme passgenau eingebaut sind. Der Name Musterring leitet sich ab vom „Ring der mustergültigen Zusammenarbeit", bezieht sich

Musterring hat in Deutschland rund 200 Handelspartner.

also auf die einstige Grundidee Höners einer vertikalen Kooperation. Das Logo von Musterring ist ein stilisiertes M, welches drei miteinander verbundene Säulen zeigt. Es soll für Arbeitsteilung und Verbundenheit zugleich stehen. Letztmalig aktualisiert wurde es im Jahr 1989. In verschiedenen asiatischen Ländern bietet Musterring spezielle Kollektionen unter der Bezeichnung „Gallery M by Musterring" an. Generell erfolgt der Vertrieb über den Einrichtungsfachhandel auf Grundlage von Lizenzverträgen. In Deutschland gibt es rund 200 Handelspartner mit 240 Verkaufsstandorten. Produziert wird in 43 verschiedenen Fabriken, vertrieben werden die Kollektionen mittlerweile in 23 Ländern. In Deutschland gehört Musterring nach eigenen Angaben zu den drei bekanntesten Einrichtungsmarken neben →Ikea und →Hülsta.

Musterring

Oliver Höner ist Geschäftsführer von Musterring International.

DATEN UND FAKTEN

Markenname: Musterring, Akronym, abgeleitet von „**Ring** der **muster**gültigen Zusammenarbeit"

Slogan: „So macht Wohnen Spaß"

Gründer: Josef Höner, 1938, Wiedenbrück

Markenregistrierung: 13.08.1956, DPMA München

Innovationen: Home Theatre (in Kooperation mit Sharp)

Markenbekanntheit: 50,4 % (Markenprofile 8, Gruner + Jahr, 2003)

Auszeichnungen:
„Grand Prix" auf der Ausstellung „Alle sollen besser leben" in Düsseldorf (1953)

UNTERNEHMEN

Musterring International Josef Höner GmbH & Co. KG

Geschäftsführer: Oliver Höner, Alexander Höner

Mitarbeiter: ca. 65 in der Zentralverwaltung

Vertrieb: ca. 200 Handelspartner in Deutschland, weiterhin in 23 Ländern auf vier Kontinenten

KONTAKT

Musterring International Josef Höner GmbH & Co. KG
Hauptstr. 134–140
33378 Rheda-Wiedenbrück
✆ (0 52 42) 5 92-01
🖷 (0 52 42) 5 92-1 49
💻 www.musterring.de

Ansprechpartner Presse:
Renate Berkemeier
✆ (0 52 42) 5 92-1 53
✉ r.berkemeier@musterring.de

Ansprechpartner Marketing:
Stefan Hein
✆ (0 52 42) 5 92-1 31
✉ s.hein@musterring.de

Lead-Agentur:
Koch Essen Kommunikation+Design GmbH
💻 www.koch-essen.de

MEILENSTEINE

1953 Für das Schlafzimmer M49 (250.000 verkaufte Einheiten) erhält Musterring den Grand Prix aus der Hand von Ludwig Erhard.

1958 Beginn der Internationalisierung der Markenidee in Österreich

1973 Aktivitäten in Kanada und Japan

1993 Beginn der Zusammenarbeit mit Hwa Tat Lee in Singapur; intensivierte Bearbeitung des asiatischen Marktes

2002 Bruno Höner übergibt die Geschäftsführung an seine Söhne Oliver, Hendrik und Alexander Höner. Damit leitet die dritte Generation das Unternehmen.

N

Die Marke Naber steht für Küchenzubehör.

Nadler ist Spezialist für Feinkostprodukte.

Nasic ist einer der Hauptumsatzträger der Klosterfrau Healthcare Group.

NABER

Die Marke Naber steht für Küchenzubehör. Das Unternehmen fungiert als Zulieferer für die Küchenmöbelindustrie und den Küchenmöbel-Fachhandel. Das Unternehmen wirbt mit hoher Produktqualität sowie ausgezeichneten Serviceleistungen, insbesondere Liefergenauigkeit durch optimierte Logistik. Die Produktpalette umfasst die Einbauspülen *Naber-Contura*, die Armaturen *Armate*, die Trag-/Stützelemente *Tradur*, die Luftkanalsysteme *Compair*, die Abfallsammelsysteme *SelectaKit*, das Montagematerial *Montec*, die Lichttechnik *Lumica*, die Relingsysteme *Relista*, die Profile *Accenta*, die Accessoires *Storex*, die Stühle und Tische *Tablon* sowie die Sockelheizung *Kickspace*. Das Programm umfasst insgesamt ca. 6.500 Artikel. Hermann Naber gründete das Familienunternehmen 1948 in Nordhorn. Die Marke ist seit 1998 beim DPMA München eingetragen. In Nordhorn befindet sich der Hauptsitz der Firma, die in der BRD über einen fest angestellten Außendienst verfügt. Europa- und weltweit wird der Vertrieb über einen fest angestellten Außendienst und Handelsvertreter abgewickelt. Naber beschäftigt 140 Mitarbeiter. Der Jahresumsatz lag 2006 bei 40 Mio. Euro. Das Logo entwickelte 1979 die Werbeagentur Berger Perk & Partner. Hausfarben sind Pantone 335 U sowie C/M/Y/K 25/0/40/0, Schrifttypo ist Futura. Naber erhielt u. a. 1998 den red dot award: product design für eine Abfallsammelsystemserie, 2003 den if award und den red dot award: product design für eine Außenjalousieserie und 2006 den BMK Innovationspreis für ein Luftkanalsystem. Der aktuelle Slogan lautet „Naber...inspiriert!".

UNTERNEHMEN

Naber GmbH
Enschedestr. 30
49808 Nordhorn
(0 59 21) 7 04-0
(0 59 21) 7 04-1 40
www.naber.de

NADLER

Die Marke Nadler hat sich mit der Herstellung von Feinkostprodukten auf dem Markt etabliert. Das Markenportfolio umfasst Salate, Fischspezialitäten, Vorspeisen und regionale Spezialitäten, Brotaufstriche und Dips. Zu finden sind Nadler-Produkte im Lebensmitteleinzelhandel, wo sie eine Zielgruppe ansprechen, die Wert auf besonderen Genuss und Frische legt. 1926 stand die Marke zunächst für die Herstellung verschiedener Mayonnaisesorten. Bereits in den 1950er-Jahren machte Nadler mit Produktinnovationen wie der Tubenmayonnaise mit Garnieröffnung von sich reden. 2005 bereicherte Nadler sein Produktangebot um cholesterin- und fettreduzierte Feinkostsalate. Mit dem Ausbau der Marke unterlag auch das Markenlogo während der mehr als 80-jährigen Geschichte des Unternehmens Modifizierungen. In den 1960er-Jahren folgte erstmals die Hervorhebung des Buchstabens „N" für Nadler. Dieser Idee blieb man treu und modernisierte im Laufe der Jahre Typografie und Form. Zum 75. Jubiläum 2001 startete Nadler einen Verpackungs-Relaunch, der eine verbraucherfreundlichere Farbkodierung mit sich brachte. 1926 gründete Paul Nadler das Unternehmen in Berlin, mittlerweile ist der Hauptsitz in Bottrop. Zur Nadler Feinkost GmbH gehören auch *Pfennigs Feinkost* mit Stammsitz in Sarstedt, Niedersachsen, und *Hopf* aus Floh-Seligenthal in Thüringen. An der Herstellung der Produkte sind rund 800 Mitarbeiter an vier Standorten beteiligt.

UNTERNEHMEN

Nadler Feinkost GmbH
Scharnhölzstr. 330
46240 Bottrop
(0 20 41) 9 94-0
(0 20 41) 9 94-1 00
www.nadler.de

NASIC

Die Marke Nasic steht für ein Schnupfenspray. Das Produkt basiert auf einer patentierten Wirkstoffkombination: Xylometazolin sorgt dafür, dass die Nasenschleimhaut abschwillt und die Nase frei wird. Das Hautschutzvitamin Dexpanthenol soll die bereits angegriffene Nasenschleimhaut heilen und so vor Austrocknung schützen. In der Vermarktung wird der hohe Dexpanthenol-Anteil des Medikaments betont. Das reduziere die Anwendungsdauer und mache das Spray sehr verträglich. Kernzielgruppe des Produkts sind 25- bis 49-Jährige, wobei der Anteil weiblicher Käufer leicht überwiegt. Für Kinder zwischen zwei und sechs Jahren gibt es *Nasic für Kinder*, das mit einer geringeren Konzentration des Wirkstoffs Xylometazolin auskommt. Der Markenname Nasic ist ein Kunstwort, das phonetisch an den Begriff Nase angelehnt ist. In den Werbespots wird das Motiv eines halbierten Regenschirms verwendet und der Slogan „Bei Schnupfen brauchen Sie mehr" eingeblendet. Logo und Verpackung wurden zuletzt 2003 aktualisiert. Nasic wird in Deutschland und der Schweiz vertrieben. Das Medikament ist apothekenpflichtig. Erstmals erhältlich war Nasic im November 1999. Erfinder sind Dr. Rainer Greve und Dr. Harald Greve. Dr. Harald Greve ist zusammen mit Wolfgang Beger gleichzeitig Geschäftsführer der produzierenden Firma Cassella-med, die seit 1998 eine Tochtergesellschaft der Kölner Klosterfrau-Gruppe ist. Nasic ist nach Angaben von Klosterfrau die wachstumsstärkste Marke der Gruppe und einer der Hauptumsatzträger. Weitere wichtige Marken der Klosterfrau-Gruppe sind →Klosterfrau Melissengeist, →Neo-Angin, →Taxofit und Soledum.

UNTERNEHMEN

Klosterfrau Healthcare Group
Gereonsmühlengasse 1–11
50670 Köln
✆ (02 21) 16 52–0
🖷 (02 21) 16 52–4 30
💻 www.klosterfrau.de

NATREEN

Bereits seit über 40 Jahren gibt es die *natreen Feine Süsse* in der Bundesrepublik. Ihre Geschichte geht jedoch zurück bis ins Jahr 1897, als die Friedrich Bayer & Co. Farbenfabrik in Leverkusen begann, den Süßstoff Saccharin herzustellen. Nachdem 1963 in Deutschland das Süßungsmittel Cyclamat zugelassen wurde, eroberte die Bayer-Tochter Drugofa mit dem Produkt *natreen Feine Süsse* den dt. Markt. Zunächst galt die Mischung aus Saccharin und Cyclamat als „Problemlöser" für Diabetiker und Übergewichtige. Sie löste jedoch einen grundlegenden Wandel im Konsumverhalten der Bevölkerung aus. In den 1950er- und frühen 1960er-Jahren galt das Süßen mit Süßstoff noch als Verzicht. Heute gilt es als kalorienbewusst. natreen umfasst rund 80 Produkte, die gegenüber herkömmlichen bis zu 50 % weniger Kalorien haben, darunter Obst im Glas, Fruchtaufstriche, Joghurtschnitten und Desserts. Charakteristisch für den Markenauftritt ist der rote Namenszug, der aktuell in einer geschwungenen weiß-blauen Vignette erscheint, ergänzt durch das Emblem eines springenden Menschen in einer gelben Sonne. Seit dem Marken-Relaunch im Jahr 2003 haben alle Produkte ein einheitliches, modernes Packungsdesign. Das blaue Bullaugenfenster und die Schiefertafel mit Kalorienangaben sind feste Bestandteile des Corporate Designs. Der aktuelle Slogan lautet „natreen – clever genießen". Die Marke natreen gehört heute zu Sara Lee Household & Body Care, einer Zweigniederlassung der Sara Lee Deutschland GmbH. Weitere Marken von Sara Lee sind →duschdas, badedas, Fissan, Ambi Pur, Senseo und Satina.

natreen ist mit rund 80 Produkten, die bis zu 50 % kalorienreduziert sind, die Dachmarke für kalorienreduzierte Lebensmittel.

UNTERNEHMEN

Sara Lee Household & Body Care
ZN der Sara Lee Deutschland GmbH
Edmund-Rumpler-Str. 6
51149 Köln
✆ (0 22 03) 97 98–0
🖷 (0 22 03) 97 98–2 23
💻 www.natreen.de

NATURENERGIE

Die NaturEnergie AG ging am 1. Oktober 1998 als erster Ökostrom-Anbieter in Deutschland ans Netz. Das Unternehmen fördert und vertreibt 100 % emissionsfreien und regenerativ erzeugten Ökostrom aus Wasserkraft unter den Produktnamen NaturEnergie *Silber* und NaturEnergie *Gold*. NaturEnergie *Silber* steht für ausschließlich aus Wasserkraft gewonnene Energie. Mit NaturEnergie *Gold* leistet der Verbraucher einen Beitrag zum Ausbau der regenerativen Energieerzeugung. Der Kunde unterstützt mit einem Aufpreis von 2,5 Cent je Kilowattstunde die Förderung neuer Anlagen für Wasser-, Solar- und Windenergie. Die Energie beider Produkte stammt überwiegend aus den eigenen und teileigenen Wasserkraftwerken der Energiedienst-Gruppe in Grenzach-Wyhlen, Rheinfelden, Schwörstadt, Bad Säckingen, Laufenburg und Albbruck. NaturEnergie *Silber* ist vom TÜV Nord in Hamburg zertifiziert, NaturEnergie *Gold* wurde mit dem Gütesiegel „ok-power" von Energievision e.V. ausgezeichnet. Beide Produkte werden bundesweit direkt und über EVU-Partner vertrieben. Das 1997 von der Agentur Ogilvy & Mather entwickelte und 2002 durch Schindler & Parent überarbeitete Markenlogo bildet über der in Schwarz gezeichneten Wortmarke mit dem Claim „Strom aus Wasser und Sonne" eine stilisierte Sonne (Pantone 1235) mit einer blauen Welle (Pantone 285) ab. Das Bildelement symbolisiert die natürlichen Ressourcen des Öko-Stroms. Zum CI gehört außerdem die Hausschrift Rotis. Die NaturEnergie AG ist eine 100 %ige Tochter der Energie-

NaturEnergie
Strom aus Wasser und Sonne

Die NaturEnergie AG fördert und vertreibt 100 % emissionsfreien und regenerativ erzeugten Ökostrom.

dienst Holding AG, deren Wurzeln mehr als 100 Jahre zurückreichen. Vertriebsleiter der Holding ist Jochen Fischer, der in Personalunion auch als Vorstand der NaturEnergie AG fungiert. Das Unternehmen mit Sitz in Grenzach-Wyhlen gilt mit rund 300.000 Kundenverträgen, u.a. aus den Bereichen Touristik, Bio-Lebensmittel, Gesundheit sowie Bauen und Wohnen, als einer der Marktführer im Ökostrombereich. Mit mehr als 1,2 Mrd. Kilowattstunden natürlichem Strom erwirtschaftete der Ökostrom-Anbieter 2006 einen Gesamtumsatz von 67,9 Mio. Euro. Das Mutterunternehmen Energiedienst Holding AG baut derzeit ein neues Wasserkraftwerk in Rheinfelden. NaturEnergie investiert auch aktiv in die Zukunft der Wasserkraft. Mit der Unterstützung des größten Bauvorhabens im Bereich der regenerativen Energien in Deutschland nimmt NaturEnergie eine Vorreiterrolle ein.

DATEN UND FAKTEN

Markenname: NaturEnergie, Kompositum aus Natur und Energie, den Hauptaspekten des Unternehmens

Slogan: „Strom aus Wasser und Sonne"

Gründung: durch die Energiedienst Holding AG, 1998, Grenzach-Wyhlen

Markenregistrierung: 28.01.1999, WIPO Genf (Wort-/Bildmarke)

Jahresumsatz: 67,9 Mio. Euro (NaturEnergie AG, 2006)

UNTERNEHMEN

NaturEnergie AG
Am Wasserkraftwerk 49
79639 Grenzach-Wyhlen
✆ (01 80) 1 90 80–70
🖷 (0 76 24) 90 80–33 22
💻 www.naturenergie.de

Naturin

Naturin liefert u.a. groß- und kleinkalibrige Wursthüllen aus Collagen.

NATURIN

Unter der Industriemarke Naturin vertreibt das gleichnamige Unternehmen Collagenprodukte, die in der fleischverarbeitenden Industrie z.B. als Wursthüllen verwendet werden. Der Diplom-Chemiker Walter Becker reagierte auf die zunehmende Naturdarmknappheit seiner Zeit, indem er 1924 in Hamburg ein Unternehmen zur Herstellung von künstlichen Wursthüllen aus Collagen gründete. Das neue Produkt war nicht nur eine gleichwertige Alternative zum Naturdarm, sondern bot sogar bessere Verarbeitungsmöglichkeiten im Rahmen der industriellen Fertigung. Die Erzeugung der ersten Wursthülle aus Collagen stellte 1925 ein Novum dar. Bis heute hat die Naturin GmbH & Co. KG weitere Innovationen hervorgebracht: 1962 vertrieb sie mit einem Natur-Eiweiß-Saitling die erste Collagen-Wursthülle, die auch essbar war. 1970 kam u.a. die Erfindung des ersten verstreckten Kunststoffdarms hinzu, 1983 folgte die Collagenfolie *Coffi*. Mittlerweile gilt der Markenname Naturin auf dem internat. Markt als Inbegriff für hochwertige Collagenhüllen. Mit seiner Marke Naturin erwirtschaftet das Unternehmen etwa 90 % des Umsatzes. Seit einem neu entwickelten Corporate Design im Jahr 2007 zeigt das Markenlogo den Naturin-Schriftzug in roten serifenlosen Lettern. Lt. Firmenangaben war Naturin in der Vergangenheit in allen Sparten Vorreiter und erster Anbieter von Collagendarmprodukten. Im Jahr 1990 erfolgte die Integration der Naturin GmbH & Co. KG in den span. Konzern Viscofan S. A. und damit der Schritt vom Familienunternehmen zum Bestandteil eines weltweit agierenden Konzerns. An ihrem Standort Weinheim beschäftigt die Firma Naturin rund 650 Mitarbeiter. Seit 2006 konzentriert das Unternehmen seine Firmenaktivitäten zunehmend auf Collagen als langjährige Kernkompetenz.

DATEN UND FAKTEN

Markenname: Naturin, Akronym, zusammengesetzt aus **Natur**(produkt) und **in**(dustrielle Fertigung)

Slogan: „Naturin – Qualität in Hülle und Fülle"

Erfinder: Walter Becker, 1924, Hamburg

Markenregistrierung: 28.02.1951, DPMA München

Innovationen: Wursthüllenproduktion auf Polyamidbasis (1970)

UNTERNEHMEN

Naturin GmbH & Co. KG
Badeniastr. 13
69469 Weinheim
✆ (0 62 01) 86–0
🖷 (0 62 01) 86–4 85
💻 www.naturin.de

NEFF

Der Hausgerätehersteller Neff blickt auf eine 130-jährige Unternehmensgeschichte zurück. 1877 gründete Carl Andreas Neff mit sechs Gesellen die Carl Neff Herd- und Ofenfabrik in Bretten, die zunächst Kohleherde und etwas später Bäckerei- und Kohlebacköfen herstellte. Im Jahr 1910 beschäftigte die Produktionsstätte bereits 40 Betriebsangehörige, 1931 waren es schon 100 Angestellte. Das Werk in Bruchsal produzierte 1953 mit 300 Beschäftigten Geräte für Großküchen. Neff sorgte 1957 mit der Produktion des ersten Mikrowellenherds in Europa für Aufsehen und stieg 1961 zu Europas größtem Elektroherdhersteller auf. Drei Jahre später wurden bereits in ca. 50 Ländern der Welt Neff-Erzeugnisse vertrieben. 1982 übernahm die Bosch-Siemens Hausgeräte GmbH, die heute als BSH Bosch und Siemens Hausgeräte GmbH firmiert, die Marke Neff und gründete die Neff GmbH. 1993 wurde der zehnmillionste Herd in Bretten gefertigt. Die enge Verbundenheit der Produkte des Unternehmens mit der Elektrizität ist bis heute im Logo festgehalten: Der in der Schriftfarbe HKS 13 und in Versalien verfasste Firmenname wird durch den griech. Buchstaben Omega ergänzt, der den Anfangsbuchstaben N umschließt. Omega soll sinnbildlich für die elektrische Einheit Ohm stehen. Neff lieferte in seiner Unternehmenshistorie eine Vielzahl innovativer, patentierter Neuerungen im Bereich hochwertiger Einbaugeräte, wie z. B. Elektro-Einbaubacköfen, Dunstabzüge, Mikrowellengeräte, Induktionskochfelder, Kältegeräte und Geschirrspülmaschinen. So stellt das Unternehmen laut eigenen Angaben den einzigen Backofen mit versenkbarer Tür her: Mit Hilfe des Türgriffs SLIDE® lässt sich die Backofentür HIDE® komplett versenken und gewährleistet so optimierten Bedienkomfort. Eine Fülle von Neff Entwicklungen wurden als Alleinstellungen zum eingetragenen Warenzeichen, wie beispielsweise das Heißluftsystem CircoTherm® oder die CLOU® Teleskopauszüge. Eine weitere aktuelle Innovation ist das Thema Dampfgaren, weswegen das Unternehmen sein Portfolio um Dampfgarbacköfen erweiterte. Die Neff GmbH gilt im Gründungsort Bretten, wo im 105.000 Quadratmeter großen Stammwerk von knapp 1.200 Mitarbeitern rund 1,4 Mio. Geräte pro Jahr produziert werden, als größter Arbeitgeber der Region.

Die aktuellste Entwicklung von Neff: Die neue Neff Coolinaro®-Reihe

DATEN UND FAKTEN

Markenname: Neff, Familienname des Firmengründers

Slogan: „Ein Stück Zuhause. Neff."

Gründer: Carl Andreas Neff, 1877, Bretten

Markenregistrierung: 30. 03. 1959, DPMA München

Innovationen: temperaturgeregelter Backofen (1950), Mikrowellenherd (1957), Induktionskochfeld (1958), Heißluftsystem CircoTherm® (1973), Backofen-Etagenauszug CLOU® (1988), Einknopfbedienung TwistPad (1997), HIDE® & SLIDE® (versenkbare Backofentür, 2002), Dampfgarbackofen (2007)

Auszeichnungen:
„red dot award: product design" für *Elektro-Kochfeld TP 1649* (2004)
„iF product design award" für *Einbau-Kaffeevollautomat CompactCafé 7660* (2005)
„iF product design award" für *Elektro-Kochfeld TP 1649* und *Backofen Mega SL 4889 A* (2005)
„iF product design award" für *Backofen Mega SH 4664 A* mit HIDE & SLIDE® und *Wandesse DKG 59* (2006)
„red dot award: product design" für *Wandesse DWT 69* mit EasyCover (winner, 2007)

UNTERNEHMEN

NEFF GmbH

Das Gründungsgebäude 1877 (Mitte), ein hist. Neff Motiv (unten)

Hauptsitz: München und Bretten, Deutschland

Geschäftsführung: Albin A. Finck, Stefan Kinkel, Ditmar Krusenbaum, Dr. techn., Dr. h.c. Robert Kugler

KONTAKT

NEFF GmbH
Carl-Wery- Str. 34
81739 München
(0 89) 45 90-04
(0 89) 45 90-35 31
www.neff.de

Ansprechpartner Presse:
Monica Krenz
(0 89) 45 90-29 02
presse.neff@bsgh.com

MEILENSTEINE

1877 Unternehmensgründung in Bretten

1914 Beginn der Produktion von Gasöfen

1930 Fertigung der ersten elektrischen Backöfen mit Heizung

1950 Serienmäßige Ausstattung von Neff Backöfen mit Thermostat

1957 Neff produziert den ersten Mikrowellenherd in Europa, den sog. *Elektronenherd.*

1958 Eine weitere Innovation von Neff stellt sich vor: Das „Kochen auf der kalten Platte". Das Induktionskochen im ersten gebrauchsfähigen Gerät in Europa feiert Premiere.

1970 Das flexible Kochmuldenprogramm DOMINO kommt auf den Markt.

1987/88 Der Backofen-Etagenauszug CLOU® sorgt für eine Innovation im Backofensegment.

2007 Neff präsentiert Dampfgarbacköfen, die die Vorteile der beiden Garmethoden Heißluft und Dämpfen kombinieren.

NEO-ANGIN

Neo-Angin ist eine der umsatzstärksten Marken der Klosterfrau Gruppe.

Neo-Angin ist ein Medikament gegen Halsschmerzen. Die Halstabletten lindern nicht nur die Symptome, sondern bekämpfen gleichzeitig die Krankheitserreger. Dadurch soll Folgeinfektionen, z. B. einer Angina, vorgebeugt und die sonst notwendige Einnahme eines Antibiotikums verhindert werden. Neo-Angin ist nach Erhebungen von IMS Pharmatrend mit einem Jahresabsatz von 3,8 Mio. Packungen (2006) die meistverkaufte Halsschmerztablette Deutschlands. Der Markenname ist eine Wortschöpfung, die sich an den Begriff Angina anlehnt. Angina ist die medizinische Bezeichnung für Enge oder Beklemmung und wird im Alltagsgebrauch mit einer Entzündung im Mund- und Rachenbereich gleichgesetzt. Die Vorsilbe Neo soll eine Verbesserung symbolisieren. Neo-Angin ist seit 1955 in Deutschland erhältlich. Eine zuckerfreie Variante kam 1986 dazu. Hersteller ist die Divapharma GmbH, die zur Klosterfrau-Gruppe gehört. Das Unternehmen vermarktet das Medikament seit Herbst 2002 unter dem Slogan „Rot, rund, halsgesund". Wichtigstes Erkennungszeichen für den Verbraucher sind die beiden roten Tabletten auf der Packung. Sie symbolisieren den sog. Doppeleffekt von Neo-Angin, die Schmerzlinderung und die Erregerbekämpfung. Neo-Angin ist nur in Apotheken erhältlich. Klosterfrau vertreibt die Tabletten außer in Deutschland in elf weiteren europäischen Ländern. Innerhalb der Unternehmensgruppe ist Neo-Angin eine der umsatzstärksten Marken. Weitere wichtige Marken der Klosterfrau-Gruppe sind →Klosterfrau, →Nasic, →Taxofit und →Tiger Balm.

UNTERNEHMEN

MCM Klosterfrau Vertriebsgesellschaft mbH
Gereonsmühlengasse 1-11
50670 Köln
(02 21) 16 52-0
(02 21) 16 52-4 30
www.klosterfrau.de

NEOPLAN

Die NEOPLAN Bus GmbH ist ein dt. Omnibushersteller. Als Marke wurde der Name NEOPLAN 1953 lanciert. Er kommt aus dem Griechischen und bedeutet übersetzt „Modernes Menschenbeförderungsmittel". Gottlob Auwärter legte 1935 mit der Gründung der Gottlob Auwärter GmbH & Co. KG in Stuttgart-Möhringen den Grundstein für das Unternehmen, das seitdem Busse in über 150 Länder der Erde geliefert hat. Es gehört zu 100 % der NEOMAN Bus Gruppe, einem Geschäftsbereich der MAN Nutzfahrzeuge Gruppe, der sich der Entwicklung, Produktion und Vermarktung der Omnibusse der Marken MAN und NEOPLAN widmet. Das Unternehmen betreibt eine Zwei-Markenstrategie. Die Fahrzeuge der Marke NEOPLAN, wie Reise-, Überland-, Stadt- und Flughafenvorfeldbusse sowie umweltfreundliche Trolleybusse des Typs Electroliner, werden mit dem Claim „VIP Class" beworben. Das Logo zeigt die fett gedruckte und massive Wortmarke in Cyanblau. Das darin vergrößerte, mit einer Schwinge versehene A steht für die Gründerfamilie Auwärter. Der Markenname assoziiert zusätzlich die Begriffe „Neu" und „Innovativ" - sie sollen mit den modernen, sicheren und designorientierten Bussen in Verbindung gebracht werden. Die Hausfarbe Cyan bildet den Grundton für die Innenausstattung der Fahrzeuge. Das Unternehmen nutzt Sponsoring als Werbemittel und fördert so z. B. das Werksteam „Panasonic Racing" des Automobilherstellers →Toyota, das bis 2007 mit Profi-Rennfahrer Ralf Schumacher zusammenarbeitete. Im Jahr werden ca. 1.200 Busse gefertigt, die vor allem in Mitteleuropa, aber auch in der Türkei, in Dubai und über den eigenen Vertrieb verkauft werden. Im Geschäftsjahr 2006 erzielte die gesamte NEOMAN Busgruppe mit rund 8.900 Mitarbeitern einen Umsatz von 1,5 Mrd. Euro.

DATEN UND FAKTEN

Markenname: Neoplan, abgeleitet vom Griechischen „Modernes/neues Menschenbeförderungsmittel"

Slogan: „VIP Class"

Gründer: Gottlob Auwärter,1935, Stuttgart

Markeneinführung: 1953

Markenregistrierung: 18. 11. 1963, DPMA München

Innovationen: erster Reisedoppeldecker (1967), erster Stadtbus mit Carbonkarosserie (1988), Kurvenlicht (2004), aktives Fahrwerk CDS (2005)

Auszeichnungen:
„Coach of the year" für Reisebus Superhochdecker Starliner (2000/2006)
„red dot design award: best of the best / product design" für Cityliner Reisebushochdecker (2007)

Literatur:
D. Hanke: NEOPLAN Meilensteine (2000)

UNTERNEHMEN

NEOPLAN Bus GmbH
Gottlob-Auwärter Str. 1–3
94431 Pilsting
✆ (0 99 53) 9 20–0
Fax (0 99 53) 9 20–10 09
www.neoplan.de

In über 70 Jahren hat NEOPLAN mehr als 30.000 Omnibusse produziert.

NESCAFÉ

Die Konsumgütermarke NESCAFÉ gehört zur Nestlé-Gruppe und ist lt. Interbrand/Business Week 2006 die viertstärkste Marke der Welt. Sie steht internat. für Kaffeespezialitäten, die leicht zuzubereiten und abwechslungsreich sind. Erfunden wurde der lösliche Kaffee aufgrund einer Anfrage der brasil. Regierung im Jahre 1930. Dabei wollte sie vom Nestlé-Konzern wissen, wie die Haltbarkeit von Kaffee verlängert werden kann. Darauf hin entwickelte Nestlé 1938 den ersten haltbaren und sofort löslichen Kaffee der Welt. Zunächst wurde das Produkt nur in Großbritannien und Amerika eingeführt, die Produktion in Deutschland begann 1950. 15 Jahre darauf bildete die Gefriertrocknung den wichtigsten technologischen Meilenstein für die Kaffeemarke. Mit zahlreichen Innovationen bietet NESCAFÉ seither den Konsumenten eine stetig wachsende Auswahl an Kaffeespezialitäten. In den 1980er-Jahren kamen zum ersten Mal ein löslicher Espresso, ein Kaffee-Kaltgetränk und ein tassenfertiger Cappuccino auf den Markt. 2004 folgten Cappuccino und Latte Macchiato mit Löffelschaum. Ein Kaffeeautomat der Marke NESCAFÉ Dolce Gusto wird seit 2006 mit passendem Kapselsystem vermarktet. Seit Mitte 2007 werden auch Capuccino Pads mit extra viel Löffelschaum angeboten. Aktuell setzt die Marke auf neue Geschmacksrichtungen und bietet mit *Latte Macchiato Vanille* und *Caramel* zwei neue Varianten. Fast 10.000 t Kaffee werden pro Jahr zu NESCAFÉ-Produkten verarbeitet. Zur wichtigsten Nestlé-Werbefigur der 1990er-Jahre wurde Angelo, der mit seinem Satz: „Ich habe gar kein Auto, Signorina", berühmt wurde. Fast zehn Jahre lang stellte er den dt. Konsumenten die neuesten Produkte der Marke vor. 2002 warb Moderator Harald Schmidt für NESCAFÉ. Die Nestlé-Gruppe erwirtschaftete im Jahr 2006 mit weltweit 265.000 Mitarbeitern einen Umsatz von 58,7 Mrd. Euro und gilt als größter Nahrungsmittelkonzern der Welt (BIC - Business Information Center, 4/2006).

NESCAFÉ gehört zum Portfolio der Nestlé-Gruppe und ist die viertstärkste Marke der Welt (Interbrand/Business Week 2006).

Der Markenauftritt von NESPRESSO richtet sich mit designorientierten Produktpräsentationen insbesondere an luxusaffine Frauen und Männer ab 25 Jahren.

Mit dem Slogan „Mama weiß warum" signalisiert das Nestlé Alete Logo Ernährungskompetenz im Bereich Babynahrung.

Frühstücks Cerealien mit einem hohen Vollkornanteil: Nestlé Fitness

UNTERNEHMEN

Nestlé Deutschland AG
Lyoner Str. 23
60528 Frankfurt/Main
✆ (0 69) 66 71-1
💻 www.nestle.de

NESPRESSO

Die Konsumgütermarke NESPRESSO steht in mehr als 50 Ländern für ein hochwertiges Kaffeesortiment. Das Unternehmen ist in zwei Marktsegmenten tätig, dem In Home Bereich, der Privatkunden anspricht sowie dem Außer Haus Bereich mit der NESPRESSO Business Solutions. Das Konzept basiert auf der NESPRESSO Trilogie von hermetisch versiegelten, einzeln portionierten Kaffeekapseln, speziell designten Espressomaschinen und einem persönlichen Kundenservice. Der Nestlé-Konzern entwickelte die Marke in den 1970er-Jahren. Espresso sollte zu Hause in der gleichen Qualität wie in ital. Café-Bars zubereitet werden können. 1986 wurden die ersten NESPRESSO Maschinen eingeführt. Ab 1987 folgte die Expansion, u.a. auch nach Deutschland. Heute arbeitet die Nestlé Nespresso SA, eine 1986 gegründete Tochter der Nestlé-Gruppe, mit neun renommierten Maschinenherstellern zusammen. Fünf unterschiedliche Maschinenreihen - Essenza, Le Cube, Concept, Lattissima und Top Line - sollen jedem Anspruch an Funktionalität und Design gerecht werden. Zudem bietet die Premiummarke ein Sortiment aus zwölf Grand Cru Kaffees für den individuellen Geschmack. NESPRESSO richtet sich mit diesem Sortiment an luxusaffine Frauen und Männer. Beim Werbeauftritt spielen Eleganz und Design der Produkte eine übergeordnete Rolle. Mit einem Umsatz von 1,16 Mrd. CHF im Jahr 2006 ist die Nestlé Nespresso SA eine der am schnellsten wachsenden Geschäftszweige der Nestlé Gruppe.

UNTERNEHMEN

Nespresso Deutschland GmbH
Zollhof 8
40221 Düsseldorf
✆ (02 11) 9 65 06-0
🖷 (02 11) 9 65 06-80
💻 www.nespresso.com

NESTLÉ ALETE

Seit mehr als 70 Jahren steht die Marke Nestlé Alete für Babynahrung, die auf die jeweilige Entwicklungsstufe des Kindes abgestimmt ist. Über den Lebensmitteleinzelhandel und Drogeriemärkte ist das umfangreiche Sortiment der Marke in Deutschland und Österreich erhältlich. Der Markenname setzt sich aus dem Unternehmensnamen Nestlé und dem lat. Alete für „gedeihet" zusammen. Der dt. Kinderarzt Prof. Dr. Günther Malyoth entwickelte mit der Allgäuer Alpenmilch AG 1934 einen neuartigen Säuglingsnährzucker, den er Alete nannte. Kurz darauf kam die erste gebrauchsfertige Säuglings-Vollmilch auf den Markt. In den 1950er-Jahren führte die Alete GmbH das Zweistufen-System für Säuglingsnahrung ein, die Ausweitung auf Gemüse-Beikost und Säfte ohne Zuckerzusatz folgte. 1971 fusionierte die Allgäuer Alpenmilch AG mit der Nestlé AG. Henri Nestlé verkaufte bereits seit 1867 „Nestlé's Kindermehl" in der Schweiz. Der Bereich Babynahrung wurde als Nestlé Alete AG weiter ausgebaut. Heute heißt das Unternehmen Nestlé Nutrition GmbH, Firmensitz ist Frankfurt/Main. Durch den Ausbau der Forschungs- und Entwicklungskapazitäten entstand in Zusammenarbeit mit Ernährungswissenschaftlern ein umfassendes Ernährungssortiment für Kinder von der Geburt an bis zu drei Jahren. Kontinuierliche Innovationen wie z. B. der Zusatz von probiotischen Bifiduskulturen in der Säuglingsmilch halten das Portfolio auf dem neuesten ernährungswissenschaftlichen Stand. Inzwischen umfasst das Sortiment neben Früchten, Breien, Gemüsen und Menüs auch z. B. Getränke, Früchteriegel und Desserts sowie Produkte für Schwangere und Stillende. Die Nestlé-Gruppe erwirtschaftete im Jahr 2006 mit weltweit 265.000 Mitarbeitern einen Umsatz von 58,7 Mrd. Euro und gilt als größter Nahrungsmittelkonzern der Welt (BIC - Business Information Center, 4/2006).

UNTERNEHMEN

Nestlé Nutrition GmbH
Lyoner Str. 23
60528 Frankfurt/Main
✆ (0 69) 66 71-1
💻 www.nestle.de

NESTLÉ FITNESS

Unter der internat. Marke Nestlé Fitness werden Frühstücks Cerealien mit einem hohen Vollkornanteil angeboten. Das Unternehmen Cereal Partners Worldwide, das seit Anfang der 1990er-Jahre unter der Firmierung Cereal Partners Deutschland auch in Deutschland tätig ist, wurde 1989 von General Mills und Nestlé gegründet. Die Marke Nestlé Fitness wurde 2001 von Cereal Partners Worldwide entwickelt und soll mit ihren Produkten vornehmlich Frauen zwischen 20 und 49 Jahren ansprechen, die Wert auf eine fettarme und ausgewogene Ernährung legen. Das Produkt Nestlé Fitness enthält einen Vollkornanteil von 46 % und deckt einen hohen Anteil des Bedarfs an Ballaststoffen, Mineralstoffen und Spurenelementen. Dass fettarme Ernährung für die Premiummarke eine wichtige Rolle spielt, soll auch der Slogan „Nestlé Fitness – Die Wunschfigur bleibt" betonen. Dieser Slogan wird durch das Logo, bestehend aus einer stilisierten schlanken, sportlichen und dynamischen Frau untermalt und soll den Fokus auf das Erreichen und Behalten der Wunsch- bzw. Wohlfühlfigur legen. Mit regelmäßigen TV-Spots, Promotions und Kooperationen wie beispielsweise mit der Frauenlifestyle-Zeitschrift → Brigitte will das Unternehmen verdeutlichen, dass Nestlé Fitness Bestandteil einer gesunden und ausgewogenen Ernährung sein kann. Weitere Produktentwicklungen unter der Dachmarke Nestlé Fitness sind Nestlé *Fitness & Fruits*, Nestlé Fitness *Chocolat* und Nestlé *Fitness & Joghurt*, die in Europa über den Lebensmitteleinzelhandel vertrieben werden. Geschäftsführer der Cereal Partners Deutschland mit Stammsitz in Frankfurt/Main ist Thomas Göbel.

UNTERNEHMEN

Cereal Partners Deutschland
Lyoner Str. 23
60523 Frankfurt/Main
(0 69) 66 71-0
(0 69) 66 71-39 90
www.nestle-fitness.de

NEUTROGENA

Die Marke Neutrogena der → Johnson & Johnson GmbH steht für hochwertige Gesichts- und Körperpflegeprodukte. Zum Produktportfolio gehören u. a. Hand-, Fuß-, Lippen-, Gesichts- und Körperpflegeprodukte sowie Produkte zur Gesichtsreinigung und Shampoos. Die Geschichte des Markennamens geht zurück auf den amerikanischen Unternehmer Emanuel Stolaroff, der in den 1930er-Jahren einen Kosmetikvertrieb in Los Angeles gründete. In den 1950er-Jahren entdeckte Stolaroff auf einer Europareise eine Seife, die nahezu alkalifrei war und den pH-Wert der Haut nicht veränderte. Die Seife wurde vom belg. Chemiker Edmont Fromant entwickelt und patentiert. Stolaroff entschied sich dafür, die Seife unter dem Markennamen Neutrogena in den USA zu vertreiben. Die Bezeichnung steht für die milden, hautneutralen Eigenschaften der Seife. 1959 begann die amerikanische Produktion von Neutrogena, drei Jahre später nannte

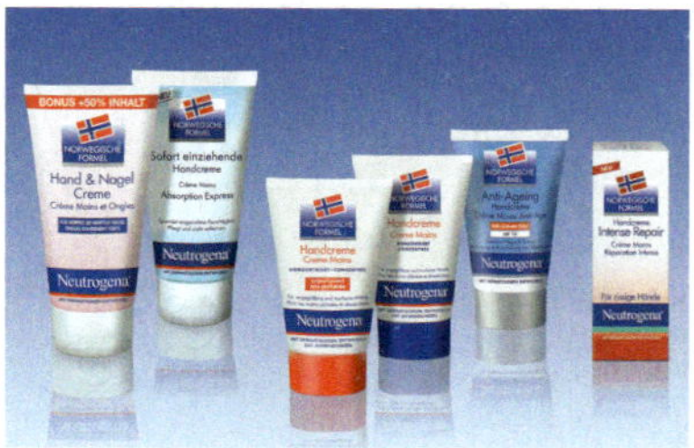

Die Handpflege-Range von Neutrogena mit der Norwegischen Formel hält für jeden Pflegebedarf ein entsprechendes Produkt bereit.

Stolaroff seinen Vertrieb in Neutrogena um. Seit den 1970er-Jahren entwickelt Neutrogena in Zusammenarbeit mit Dermatologen Produkte zur schonenden Hautpflege, wie z. B. Cremes auf Basis der Norwegischen Formel (1972) oder Produkte gegen Hautunreinheiten (1974). Mitte der 1980er-Jahre begann der dt. Vertrieb von Neutrogena über Apotheken, 2001 wurde der Verkauf auf den Einzelhandel sowie auf Drogerien ausgeweitet. Heute werden Neutrogena-Produkte weltweit in über 40 Ländern vertrieben. Das Markenlogo zeigt den Schriftzug Neutrogena in Weiß mit dem Zusatz „Mit Dermatologen entwickelt". Durch seine einfache Gestaltung soll das Logo Klarheit, Reinheit und Purismus vermitteln. Das Markensortiment von Neutrogena (in Deutschland) gliedert sich in drei Produktlinien: Norwegische Formel, Visibly Clear und Pure Glow. Jede Linie richtet sich an einen bestimmten Hauttyp und wird unterschiedlich beworben. Seit 1994 gehört Neutrogena zu Johnson & Johnson. Das Unternehmen ist eines der weltweit größten Unternehmen auf dem Gebiet der Gesundheitsfürsorge und erwirtschaftete 2006 einen Umsatz von 53,5 Mrd. USD in den Geschäftsfeldern Pharma, Medizintechnik und Konsumgüter. Die Johnson & Johnson GmbH ist die dt. Tochter im Geschäftsfeld Konsumgüter und mit 14 Marken im Markt vertreten. Nach Firmenangaben ist Neutrogena im Bereich Handpflege mit einem Marktanteil von 14 % (2006) die Nummer 2 im dt. Markt und liegt mit der Produktlinie Visibly Clear auf Platz 3 im Bereich der jungen Hautpflege.

Neutrogena®

Neutrogena ist der Experte für die Pflege trockener und unreiner Haut.

DATEN UND FAKTEN

Markenname: Neutrogena, USA, abgeleitet vom Begriff neutral

Slogan: „Gesunde Schönheit für die Haut"

Erfinder: Emanuel Stolaroff

Markenregistrierung: 12.07.1973, DPMA München

Innovationen: Neutrogena Visibly Clear Reinigungskissen (2006)

Markenbekanntheit: 87 % gest. (Brigitte KA, 2006)

Markenwebsite: www.neutrogena.de

UNTERNEHMEN

Johnson & Johnson GmbH

Hauptsitz: Düsseldorf, Deutschland

Geschäftsführer: Peter Feld

Weitere Marken: s. → Johnson & Johnson

Gesamtumsatz: 53,3 Mrd. USD (Johnson & Johnson, weltweit, 2006)

Vertrieb: weltweit

KONTAKT

Johnson & Johnson GmbH
Kaiserswerther Str. 270
40474 Düsseldorf
✆ (02 11) 43 05-0
🖷 (02 11) 43 05-3 52
💻 www.jnjgermany.de

Ansprechpartner Presse:
Pressebüro Johnson & Johnson GmbH
✆ (02 11) 95 41 21 20
✉ pressebuero-jnj@pleon.com

Lead-Agentur:
Heye & Partner, Hamburg
💻 www.heye.de

SCHON GEWUSST?
▌1973 flog Neutrogena-Seife mit dem Skylab I aus Amerika ins Weltall. Die Nasa hatte sich für das Produkt entschieden, weil es frei von Zusatzstoffen war und sich mit wenig Wasser vollständig von der Haut entfernen ließ.

NIEDEREGGER

NIEDEREGGER LÜBECK

Seit 1806 ist Niederegger für seine Marzipanspezialitäten bekannt.

Die Traditionsmarke Niederegger steht seit 1806 für traditionelle Marzipanherstellung. Der Konditor Johann Georg Niederegger entwickelte die Rezeptur des Niederegger Marzipans, nachdem er aufgrund des Ablebens seines Lehrherren die Lübecker Konditorei Maret auf eigene Rechnung übernommen hatte. Der Standort Lübeck begünstigte die Produktion, denn in der Hansestadt stand Niederegger eine große Auswahl an Rohstoffen aus aller Welt zur Verfügung. 1822 gründete Niederegger sein eigenes Haus in der Breiten Straße, das sich bis heute dort befindet. Die Produktion des Niederegger Marzipans erfolgt in traditioneller Herstellung nach geheimem Familienrezept. Die Marke Niederegger will vor allem Genussmenschen mit hohem Qualitätsanspruch ansprechen. Das Markenlogo spiegelt die enge Verbundenheit mit der Stadt Lübeck wider. Als Bildelement dient das stilisierte Lübecker Holstentor, das auf die Herkunft der Produkte des Unternehmens verweist. Darin eingefasst sind die Initialen des Gründers: J. G. N. Durch zwei gekreuzte Linien getrennt befindet sich darunter der Markenname und der Herkunftsort. Das Logo wurde1920 vom dt. Grafiker Alfred Mahlau entwickelt, der auch Einfluss auf weitere Bereiche des Corporate Designs nahm. Die Farbgebung des Logos in Weiß, Rot und Gold findet sich auch in den Verpackungen der Firma wieder. Die Hausschrift ist eine Eigenentwicklung, die ebenfalls auf Alfred Mahlau zurückgeht. Seit Einführung des Logos wurde die Wort-/Bildmarke nur marginal verändert; lediglich das Größenverhältnis der Elemente verschob sich zugunsten der Schrift. Die J. G. Niederegger GmbH & Co. KG stellt heute rund 300 verschiedene Marzipanprodukte her, darunter auch Marzipanlikör und Marzipanheißgetränke. Zudem produziert das Lübecker Unternehmen noch andere Süßwaren wie Nougat oder Gebäck. Der Vertrieb erfolgt in Deutschland über einen eigenen Außendienst. Für den Export in 32 weitere Länder arbeitet Niederegger mit externen Vertriebspartnern zusammen.

DATEN UND FAKTEN

Markenname: Niederegger, Familienname des Firmengründers

Slogan: „Marzipan aus Liebe. Seit 1806."

Gründer: Johann Georg Niederegger, 1806, Lübeck

Markenregistrierung: 12.03.1901, Kaiserliches Patentamt Berlin

Geschäftsführer: Holger Strait, Angelika Strait-Binder

Mitarbeiter: 500, sowie 250 saisonal

UNTERNEHMEN

J. G. Niederegger GmbH & Co. KG
Zeißstr. 1–7
23560 Lübeck
✆ (04 51) 53 01–0
🖷 (04 51) 53 01–1 11
🖳 www.niederegger.de

NIKE

Als weltweit erfolgreichster Sportartikelhersteller steht Nike nicht nur als Beispiel für einen bedeutenden Global Player sondern auch für eine der bekanntesten Marken überhaupt. Benannt nach der griech. Göttin des Sieges richtete sich das Unternehmen 1972 neu aus, nachdem es 1964 zunächst als Blue Ribbon Sports in Beaverton, Oregon von Bill Bowerman und Phil Knight gegründet wurde. Der Sport- und Fitness-Artikelhersteller erreicht heute eine Umsatzstärke von 10 Mrd. USD und beschäftigt 22.000 Mitarbeiter in fast allen Regionen der Welt. Auf dem europäischen Markt ist man seit 1978 tätig. Die dt. Niederlassung befindet sich seit 1982 in Frankfurt/Main. Am 3. April 1999 wurde die erste europäische Niketown in Berlin Charlottenburg eröffnet. Die Dachmarke umfasst nach zahlreichen Fusionen und Übernahmen auch die Subbrands *Cole Haan*, *Bauer*, *Hurley* und den ehemaligen Hauptkonkurrenten *Converse*. Der Erfolg der Marke ist nicht zuletzt durch geschicktes Sponsoring erreicht worden. Mit dem erfolgreichen Werbeträger Michael Jordan erzielte man einen internat. Bekanntheitsgrad. Das Sponsoring von Weltklasseathleten zählt noch immer zu den hauptsächlichen Kommunikationsmaßnahmen. Den Nike-Haken (Swoosh) entwarf die Grafikdesign-Studentin Carolyn Davidson 1971. Er wurde kurz nach dem neuen Firmennamen als Logo etabliert. Der Haken erreichte weltweite Bekanntheit und zählt zu den bedeutendsten Logos in der Markenbranche. Es gilt als Synonym für geschwungene geometrische Formen. Ergänzt wird die Produktkommunikation durch aufwendige Medieninszenierungen und Kampagnen, die nicht zuletzt dem eigenen Image zu Gute kommen.

UNTERNEHMEN

Nike Deutschland GmbH
Otto-Fleck-Schneise 7
60528 Frankfurt/Main
✆ (0 69) 68 97 89–0
🖳 www.nike.com

NIKON

Die Marke Nikon steht in erster Linie für hohe Qualität im Bereich analoger und digitaler Kameras. Weitere Unternehmensbereiche der Nikon Corporation sind optische Messgeräte, Hochleistungsmikroskope und industrielle Anlagen für die Halbleiterproduktion. Das Unternehmen wurde 1917 als Zusammenschluss dreier führender optischer Hersteller in Tokio gegründet. Von Beginn an spezialisierte sich Nikon auf optische Erzeugnisse wie Mikroskope, Teleskope und andere Messinstrumente. Neben der Entwicklung von optischen Präzisionsgeräten trat vor allem die Produktion von Fotoobjektiven in den Vordergrund. Im Jahr 2007 durchbrachen die Produktionszahlen der *Nikkor*-Wechselobjektive für Spiegelreflexkameras weltweit die 40 Mio.-Marke. Die ersten Fotoobjektive unter dem Markennamen *Nikkor* wurden bereits in den 1930er-Jahren eingeführt. Heute werden 62 Objektive dieser Marke exkl. für Spiegelreflexkameras von Nikon angeboten. Die erste Spiegelreflexkamera von Nikon war im Jahr 1959 unter dem Namen *Nikon F* vorgestellt worden. Heute gehören zur Produktpalette von Nikon neben analogen und digitalen Kameras auch Blitzgeräte, Software, Filmscanner und Zubehör. Neben Profis werden auch Hobbyfotografen als Zielgruppe anvisiert. Das quadratische Logo zeigt den Markennamen in kursiver Schrift in schwarzer Farbe. Der gelbe Grund wird von weißen Strahlen durchbrochen. Getreu dem Grundsatz „Transforming imagination into creativity" soll das Logo die Anstrengungen des Unternehmens, die Herausforderungen einer unbegrenzten Zukunft zu meistern, symbolisieren.

UNTERNEHMEN

Nikon GmbH
Tiefenbroicher Weg 25
40472 Düsseldorf
✆ (02 11) 94 14–0
🖷 (02 11) 94 14–3 11
🖳 www.nikon.de

Die Heimkonsole Wii von Nintendo verkaufte sich kurz nach Markteinführung 2006 in Europa über 1,3 Mio. Mal.

NINTENDO

Unter der Marke Nintendo vertreibt die jap. Nintendo Corporation tragbare TV-gebundene und tragbare Videospielkonsolen sowie Spielsoftware auf dem internat. Markt. Zu den bekanntesten Produkten gehören die tragbaren Konsolen *Game Boy* und *Nintendo DS* sowie die jüngste Heimkonsolen-Entwicklung *Wii*. Die Videospiele richten sich an alle Altersgruppen. Gegründet wurde das Unternehmen 1889 von Fosajiro Yamauchi. Er stellte damals traditionelle jap. Hanafuda-Spielkarten her. 1977 steigt Nintendo in das Geschäft der Unterhaltungselektronik ein. Vier Jahre später war *Donkey Kong* der erste Videospiel-Erfolg, in dem erstmals der Charakter *Super Mario* auftauchte. 1983 erschien mit dem *Nintendo Entertainment System (NES)* die erste Nintendo-Heimkonsole. 1989 folgte mit dem *Game Boy* eines der ersten tragbaren Videospielsysteme der Welt. In seinem ersten Geschäftsjahr in Deutschland verkaufte Nintendo 1991 insgesamt 1,7 Mio. Gameboys. *Super Mario*, der als Hauptfigur in vielen Spielen der Firma auftaucht, wurde zu einer der bekanntesten Videospielfiguren aller Zeiten. Bis heute hält das Unternehmen die weltweite Marktführerschaft im Bereich Handhelds. Allein der *Nintendo DS* verkaufte sich nach dem Marktstart 2005 in drei Monaten über 1 Mio. Mal in Europa. Im Heimkonsolensegment verkaufte sich die *Wii* nach dem Marktstart im Dezember 2006 europaweit über 1,3 Mio. Mal (Q1/2007). Hauptsitz der Nintendo Co. Ltd. ist die jap. Stadt Kyoto. Geschäftsführer ist Satoru Iwata. Der europäische Zentrale Nintendo of Europe sitzt seit 1990 im bayerischen Großostheim. Weltweit beschäftigte Nintendo 2006 rund 3.000 Mitarbeiter und erwirtschaftete einen Umsatz von rund 4,349 Mrd. USD.

DATEN UND FAKTEN

Markenname: Nintendo, der jap. Firmenname lautet sinngemäß: Arbeite hart, doch letztlich liegt alles in der Hand des Himmels

Gründer: Fosajiro Yamauchi, 1889, Kyoto

Markenregistrierung: 15. 09. 1981, DPMA München

Jahresumsatz: 4,349 Mrd. USD (weltweit, 2006)

Mitarbeiter: 3.000 (weltweit)

UNTERNEHMEN

Nintendo of Europe GmbH
Nintendo-Center
63760 Großostheim
(0 60 26) 95-00
www.nintendo.de

ThyssenKrupp Nirosta

Jährlich werden über 1 Mio. t NIROSTA®-Stahl hergestellt.

NIROSTA

Die Marke NIROSTA® steht für rostfreien Edelstahl aus Deutschland. Die internat. Industriemarke gehört zum Portfolio der ThyssenKrupp Nirosta GmbH mit Stammsitz in Krefeld. Sie stellt sog. nichtrostende Flachprodukte mit unterschiedlichen Güten, Abmessungen und Oberflächen her und vertreibt sie an die weiterverarbeitende Industrie. Die Erfindung des rostfreien Stahls datiert aus dem Jahr 1912. Die Fried. Krupp AG entwickelte damals eine besondere Legierung, die Stahl korrosionsbeständig machte. Zehn Jahre später meldete sie Markenschutz für ihr Produkt an. NIROSTA®, ein Kunstwort gebildet aus NIchtROstender STAhl, wurde 1922 als Markenzeichen eingetragen. Den endgültigen Durchbruch für die Massenverarbeitung des rostfreien Edelstahls brachte in den 1950er-Jahren die Vielwalzentechnik. Die ThyssenKrupp Nirosta GmbH entstand 1995, als die damaligen Konzerne Krupp und Thyssen ihre Rostfrei-Flach Aktivitäten zusammenlegten. Beworben wird das Produkt mit der Wortmarke NIROSTA® als Schriftzug in der Hausschrift TK Type. Zusammen mit den verbundenen Unternehmen ThyssenKrupp Acciai Speciali Terni, ThyssenKrupp Mexinox und Shanghai Krupp Stainless zählt das Unternehmen zu den weltweit führenden Herstellern von nichtrostenden Flacherzeugnissen. Pro Jahr werden rund 1 Mio. t NIROSTA® Stahl produziert. Das Unternehmen beschäftigt rund 4.200 Mitarbeiter und erwirtschaftet einen Umsatz von 2,5 Mrd. Euro (2006) pro Jahr. Vorstandsvorsitzender ist Dr. Jörg Beindorf.

DATEN UND FAKTEN

Markenname: NIROSTA®, Akronym, zusammengesetzt aus der Produkteigenschaft: **ni**cht **ro**stender **Sta**hl

Slogan: „NIROSTA® – die richtige Wahl"

Erfinder: Krupp, 1912

Markenregistrierung: 14. 03. 1922, Reichspatentamt Berlin

UNTERNEHMEN

ThyssenKrupp Nirosta GmbH

Hauptsitz: Krefeld, Deutschland

Vorstand: Dr. Jörg Beindorf

Weitere Marken: Thermax

Gesamtumsatz: 2.500 Mio. Euro (2006)

Jahresabsatz: über 1 Mio. t (2006)

Vertrieb: weltweit

KONTAKT

ThyssenKrupp Nirosta GmbH
Oberschlesienstr. 16
47807 Krefeld
(0 21 51) 83-01
(0 21 51) 83-20 22
www.nirosta.de

SCHON GEWUSST?

▮ Anlässlich der Zusammenlegung der Konzerne Thyssen und Krupp wurde ein neues Markenlogo gesucht. Als die Mitarbeiter beider Konzerne dazu aufgerufen wurden, Ideen zu entwickeln, reichten sie rund 5.000 Vorschläge ein. Die endgültige Gestaltung übernahmen Kommunikationsfachleute.

Die klassische NIVEA-Dose ist in verschiedenen Größen erhältlich und wird jährlich rund 153 Mio. Mal in 170 Ländern verkauft. NIVEA umfasst heute eine Range von rund 500 Kosmetikprodukten.

NIVEA

NIVEA ist die größte Kernmarke der Beiersdorf AG. Ausgehend von der Universal Hautcreme existiert heute eine große NIVEA-Markenfamilie mit ca. 500 Hautpflege-, Körperreinigungs- und Kosmetikprodukten. Der Klassiker NIVEA Creme ist eine Allzweckcreme und eignet sich nicht nur als Tages- und Nachtcreme, sondern ist lt. Unternehmensangaben u. a. auch als Kälteschutz und zum Abschminken geeignet. 1911 entwickelten der Besitzer des pharmazeutischen Labors Beiersdorf, Dr. Oscar Troplowitz, und der Chemiker Dr. Isaac Lifschütz die erste stabile Fett- und Feuchtigkeitscreme der Welt mit der charakteristischen weißen Farbe. NIVEA Creme wird noch heute in nahezu unveränderter Rezeptur hergestellt und verkauft. Die Creme ähnelt in ihrer Struktur der Oberfläche der menschlichen Haut und kann deshalb gut absorbiert werden. Die Verbindung von Wasser und Öl wird durch den Emulgator Eucerit gewährleistet. Jedes einzelne Wasserpartikelchen wird dabei von einem festen Ölmantel umschlossen, der keine Angriffsfläche für Mikroorganismen und Bakterien bietet und den Einsatz von Konservierungsmitteln hinfällig macht. 486.000 NIVEA-Dosen werden in der firmeneigenen Blechdruckerei der Hamburger Beiersdorf AG täglich hergestellt. Produktionsstandorte für die Creme gibt es außer in Hamburg in Polen, Chile, Thailand und Mexiko. Jährlich werden weltweit ca. 153 Mio. Dosen NIVEA Creme in 170 Ländern verkauft. Die blaue Aluminiumdose mit der weißen Schrift präsentiert sich seit mehr als 80 Jahren in nur geringfügig abgewandelter Gestalt. Das tiefe Blau sowie das Reinheit repräsentierende Weiß der Creme und des geschützten Schriftzugs sollen aus wahrnehmungspsychologischer Sicht Klugheit symbolisieren und sind die Farben der Konzentration und der Wissenschaft. Die neue Generation der NIVEA-Dosen zeichnet sich durch den leicht erhabenen Schriftzug aus, der durch eine minimale Prägung entsteht. Mit einem Umsatz von 3,1 Mrd. Euro (2006, Gesamtumsatz NIVEA) ist NIVEA Unternehmensangaben zufolge die größte Körperpflegemarke der Welt. Die Ursprünge der Beiersdorf AG reichen bis in das Jahr 1882 zurück, als der Apotheker Paul C. Beiersdorf das Unternehmen gründete. Neben NIVEA führt die Beiersdorf AG so bekannte Marken wie →8x4, →atrix, →Eucerin, →Hansaplast, →Hidrofugal, →Labello und →tesa in ihrem Portfolio.

NIVEA

Die markentypische blaue Aluminiumdose mit der weißen Schrift wurde kaum verändert (Mitte). Die ersten NIVEA-Dosen waren dagegen noch gänzlich ohne die Hausfarben Blau und Weiß gestaltet (unten).

DATEN UND FAKTEN

Markenname: NIVEA von lat. niveus (=schneeweiß) bedeutet „die Schneeweiße"

Slogan: „Schönheit ist Pflege"

Erfinder: Dr. Oscar Troplowitz, Prof. Paul Gerson Unna, Dr. Isaac Lifschütz, 1911

Markenregistrierung: 09. 11. 1905, Kaiserliches Patentamt Berlin

Innovationen: Entwicklung der speziellen Emulgatorformel, die ohne Konservierungsstoffe auskommt (1911), *NIVEA Body* (1963), *NIVEA Visage* (1982), *NIVEA For Men* (1986), *NIVEA Hair Care* (1991), *NIVEA Deodorant* (1991), *NIVEA Sun* (1993), *NIVEA Soft* (1994), *NIVEA Visage Vital* (1994), *NIVEA Bath Care* (1996), *NIVEA Hand* (1998), *NIVEA Beauté* (1998)

Markenbekanntheit: 88,2 % gest. (Stern Markenprofile 11 Intermedia, 2005)

Jahresumsatz: 3,1 Mrd. Euro (weltweit, 2006)

Auszeichnungen:
„Reader's Digest Most Trusted Brands", 1. Platz in der Kategorie Hautpflege (2001 - 2006)

Markenwebsite: www.nivea.de

Literatur:
Beiersdorf AG, C. Hansen: NIVEA - Entwicklung einer Weltmarke (2001)

UNTERNEHMEN

Beiersdorf AG

Hauptsitz: Hamburg, Deutschland

Vorstand: Thomas-B. Quaas

Weitere Marken: → Hansaplast, → Eucerin, → 8x4, → la prairie, → atrix, → Labello

Gesamtumsatz: 5.120 Mio. Euro (2006)

SCHON GEWUSST?

- Der charakteristische NIVEA-Duft setzt sich aus Rosen-, Maiglöckchen- und Fliederdüften zusammen und wurde in 50 Jahren Produktgeschichte nur leicht modernisiert.
- In Mexiko ist die NIVEA-Familienpackung mit 500 Gramm Verkaufsschlager. In Indonesien ist dagegen das 8 ml Töpfchen besonders erfolgreich.

Vertrieb: weltweit

KONTAKT

Beiersdorf AG
Unnastr. 48
20245 Hamburg
✆ (0 40) 49 09-0
Fax (0 40) 49 09-34 34
www.beiersdorf.de

Ansprechpartner Presse:
Claudia Fasse
✆ (0 40) 49 09-0
✉ info@beiersdorf.com

NIXDORF

→ Wincor Nixdorf

NKL

Slogan der NKL: „Wir machen Millionäre"

Die Marke NKL Nordwestdeutsche Klassenlotterie steht für die Staatslotterie der Bundesländer Berlin, Brandenburg, Freie Hansestadt Bremen, Freie Hansestadt Hamburg, Mecklenburg-Vorpommern, Niedersachsen, Nordrhein-Westfalen, Saarland, Sachsen-Anhalt und Schleswig-Holstein. Eine Lotterie ist ein Gewinnspiel, das sich über sechs Monate erstreckt (Beginn jeweils zum 1. April und 1. Oktober) und in monatliche Klassen unterteilt ist. Teilnehmer erwerben ganze, halbe, Viertel-, Achtel- oder Sechzehntel-Lose für die gesamte Lotterie. Täglich werden bei der NKL 1 Mio. Euro bzw. 100 mal 10.000 Euro ausgespielt. Darüber hinaus gibt es wöchentliche Hauptziehungen sowie eine monatliche Jackpot-Ziehung, Sachpreise und Sonderziehungen. Die Gesamtgewinnsumme beläuft sich auf ca. 1,2 Mrd. Euro. Die Lotterieerlöse kommen den Haushalten der zehn Bundesländer zu. Der Markenname ist eine Abkürzung des Namens der Lotterie, die hist. die nordwestlichen Länder der Bundesrepublik Deutschland umfasste. Das Markenlogo zeigt die drei Buchstaben des Markenkürzels in grüner Schrift. Teil des Logos ist auch der Slogan der Marke, „Wir machen Millionäre". Die NKL Nordwestdeutsche Klassenlotterie ist ein gemeinschaftlicher Eigenbetrieb öffentlichen Rechts und wurde 1947 in Hamburg gegründet, damals noch ohne Mecklenburg-Vorpommern, Saarland, Sachsen-Anhalt, Berlin und Brandenburg. Ihre Wurzeln reichen bis 1612 zurück, als im Stadtstaat Hamburg die erste staatliche Lotterie Deutschlands ausgespielt wurde.

UNTERNEHMEN

NKL Nordwestdeutsche Klassenlotterie
Überseering 4
22297 Hamburg
(0 40) 63 29 10-0
(0 40) 63 29 10-44
www.nkl.de

NORAMENT

Der Name norament steht seit dem Jahr 1967 für hochwertige Bodenbeläge aus Kautschuk. Beläge von norament wurden bereits im Disneyland Los Angeles und im Frankfurter Flughafen verbaut. Die Marke richtet sich an Architekten, Planer und Bauherren. norament ist eine Marke der nora systems GmbH, die in den 1930er-Jahren aus der Schuhsohlenproduktion hervorgegangen ist. Der Chemiker Dr. Nürnberger war dabei für die Entwicklung der Kautschukmischungen verantwortlich. Sein Name bedeutet auf Lateinisch Norimbergensis, woraus der Markenname nora entstand. Die Bodenplatten, die die nora systems GmbH heute aus Kautschuk produziert, wurden früher noch in Zement verlegt. Die Schlusssilbe im Markennamen soll dies signalisieren. Das Unternehmen ließ die Marke norament 1980 schützen. Nach Firmenangaben beträgt der Marktanteil internat. mehr als 50 %, in Deutschland sogar 80 %. In 120 Ländern der Erde wird norament durch eigene Vertriebsorganisationen oder -partner verkauft. Aktuell setzt das Unternehmen rund 2 Mio. Quadratmeter pro Jahr ab. Das sind etwa 35 % des Umsatzes der nora systems GmbH, zu der u. a. auch die noraplan-Produkte gehören. Das Logo präsentiert den Markennamen in fetten, anthrazitfarbenen Kleinbuchstaben. Für das Jahr 2009 ist ein Sortimentswechsel geplant, bei dem sowohl die Farben als auch die Designs der Bodenplatten überarbeitet und aktualisiert werden sollen. Die Firma hat mehr als 900 Mitarbeiter und machte im Jahr 2006 über 158 Mio. Euro Umsatz.

DATEN UND FAKTEN

Markenname: Norament, Dr. Nürnberger war Entwickler der Kautschukmischungen. Im Lateinischen lautet sein Nachname Norimbergensis, in Kurzform wurde daraus nora.

Slogan: „norament – Bodenbeläge aus Kautschuk"

Markenregistrierung: 17. 11. 1980, DPMA München

Jahresabsatz: 2 Mio. Quadratmeter

UNTERNEHMEN

nora systems GmbH
Höhnerweg 2–4
69469 Weinheim
(0 62 01) 80 56 66
(0 62 01) 88 30 19
www.nora.de

NORD LB

Nord LB ist eine Dienstleistungsmarke im Finanzsektor. Das Unternehmen Norddeutsche Landesbank bezeichnet sich als führende Universalbank im Norden Deutschlands. Die Nord LB ist als Landesbank für Niedersachsen und Sachsen-Anhalt tätig und übernimmt in den Bundesländern Niedersachsen, Sachsen-Anhalt und Mecklenburg-Vorpommern die Aufgabe einer Sparkassenzentralbank für 65 Sparkassen. Ihre Hauptsitze liegen in Hannover, Braunschweig und Magdeburg. Niederlassungen unterhält die Bank in Hamburg und Schwerin, Immobilienbüros in Hamburg, Magdeburg, Frankfurt/Main und München. Im Bereich nat. und internat. Anleiheemissionen gehört die Nord LB lt. eigenen Angaben zu den wichtigsten dt. Banken. Zielgruppe sind Privat-, Firmen- und institutionelle Kunden sowie die öffentliche Hand. Schwerpunkte der angebotenen Dienstleistungen liegen im Bereich Investment-, Agrar- und Immobilienbanking, Corporate Finance, in der Schiffs- und Flugzeugfinanzierung und dem Privatkundengeschäft. Internat. Niederlassungen besitzt die Nord LB in London, New York, Shanghai und Singapur; weitere Repräsentanzen und Service-Büros weltweit. Zum Nord LB Konzern gehören die Bremer Landesbank und die Norddeutsche Landesbank Luxemburg S. A. Außerdem besitzt der Konzern zahlreiche Tochterunternehmen und Beteiligungen, darunter u. a. die Bank DnB Nord A/S, die Berenberg Bank, die → LBS und die Deka Investmentgruppe. Ende 2006 lag die Zahl der Beschäftigten bei 5.560 und die Bilanzsumme bei 203,1 Mrd. Euro. Das Betriebsergebnis vor Risikovorsorge und Bewertung betrug 771,1 Mio. Euro. Das Schriftbild des Logos mit dem signifikanten Schrägstrich strahlt Präzision und Klarheit aus und transportiert in Kombination mit dem hellblauen Hintergrund norddt. Werte.

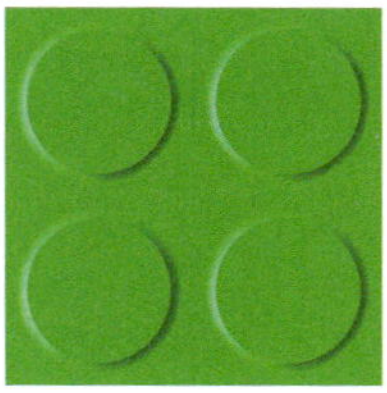

norament Kautschuk-Bodenbeläge gehören zum Kernportfolio der nora systems GmbH.

Das architektonisch bemerkenswerte Verwaltungsgebäude der Nord LB in Hannover

DATEN UND FAKTEN

Markenname: Nord LB, Verkürzung von Norddeutsche Landesbank

Slogan: „Nord/LB. Die norddeutsche Art"

Markenregistrierung: 10. 01. 1997, DPMA München

Betriebsergebnis: 771,1 Mio. Euro (2006)

Bilanzsumme: 203,1 Mrd. Euro (2006)

UNTERNEHMEN

Nord/LB Norddeutsche Landesbank Girozentrale
Friedrichswall 10
30159 Hannover
(05 11) 3 61-0
(05 11) 3 61-25 02
www.nordlb.de

Die Gastronomie-Marke Nordsee betreibt bundesweit mehr als 360 Filialen.

NORDSEE

Unter der Gastronomiemarke Nordsee betreibt die „Nordsee" Fisch-Spezialitäten GmbH ein Netzwerk aus europaweit 419 Ladengeschäften. Grundidee der Unternehmensgründung war die schnelle Versorgung des dt. Binnenlandes mit frischen Fischprodukten. Nachdem die Erfolgsgeschichte von Nordsee im Frühjahr 1896 mit einer Fangflotte von lediglich sieben Schiffen ihren Anfang nahm, war das Unternehmen im Jahr 1930 bereits im Besitz der Hälfte aller dt. Fischereifahrzeuge. Eine Produktinnovation aus dem Jahr 1964 ebnete dann den Weg in ein Geschäftsfeld abseits des Fischgroß- und einzelhandels: Nach dem damals noch neuen Konzept der System-Gastronomie verkaufte Nordsee ein standardisiertes Angebot an frisch zubereiteten Fischspezialitäten in firmeneigenen Schnellrestaurants. Bereits zehn Jahre nach der Eröffnung des ersten sog. *Nordsee Quick* - Restaurants in Darmstadt gab es 100 weitere Restaurants unter der Marke Nordsee. Heute betreibt Nordsee bundesweit mehr als 360 Filialen. Mit der Aufnahme von Sushi in das Menüangebot im Jahr 2006 wurde Nordsee gleichzeitig zum größten nat. Anbieter der jap. Fischspezialität. Nach mehreren Fusionen und Eignerwechseln seit der Unternehmensgründung ist Nordsee heute im Besitz von Heiner Kamps. Sitz des Unternehmens ist Bremerhaven. Die knapp 6.000 Mitarbeiter des Unternehmens haben im Jahr 2006 mehr als 20 Mio. Gäste bedient und damit einen Jahresumsatz von 369 Mio. Euro erwirtschaftet.

DATEN UND FAKTEN

Markenname: Nordsee, abgeleitet vom dt. Seegebiet

Slogan: „Fisch verliebt!"

Gründer: Adolf Vinnen, 1896, Bremen

Markenregistrierung: 20. 03. 1958, DPMA München

Innovationen: Nordsee Quick (1964)

Jahresumsatz: 369 Mio. Euro (2006)

Auszeichnungen:
„Clio Award" für die Werbekampagne „Fit ist, wer Fisch isst" (1992)

UNTERNEHMEN

"Nordsee" Fisch-Spezialitäten GmbH
Klußmannstr. 3
27570 Bremerhaven
(04 71) 13-02
(04 71) 13-17 00
www.nordsee.com

In der von Novoferm initiierten Werbeaktion wurde ein Stahltor von Novoferm zu einem „Kunsttor"(Mitte). Ein Garagentor von Novoferm (unten)

NOVOFERM

Unter der Industriemarke Novoferm produziert das gleichnamige Unternehmen Türen, Tore und entsprechende Automatisierungssysteme. Als Lieferant für Endkunden und die Industrie positioniert sich Novoferm als Systemanbieter, der zu seinen Produkten Zusatzleistungen wie elektrische Antriebssysteme oder abgestimmte Zargen anbietet. Zu den neuesten Produkten zählt *NovoPort*, ein System aus Garagentor und Antrieb, der besonders platzsparend in der Torlaufschiene untergebracht ist. 2006 erwirtschaftete die Marke Novoferm 87 % des Unternehmensumsatzes. Seit 2002 besteht das Markenzeichen aus dem weißen Schriftzug Novoferm auf blauem, in elliptischer Form gehaltenem Untergrund. Mit der Farbgebung soll das Verarbeitungsmaterial Stahl assoziiert werden. Zu den Werbeauftritten von Novoferm zählte u. a. das Sponsoring der Sportnachrichten des Fernsehsenders n-tv. In diesem Rahmen wurde auch der Slogan „Wir machen das Tor" eingeführt. Novoferm soll als eine Marke kommuniziert werden, die für Kompetenz, Zuverlässigkeit und Innovationskraft steht. Das Unternehmen positioniert Novoferm als Dachmarke für alle Produkte rund um Türen, Tore und Zargen und ist in diesem Bereich der zweitgrößte Anbieter in Deutschland. Gegründet wurde das Unternehmen 1955 unter dem Namen Isselwerk Werth GmbH in Issel-

Der Antrieb des Garagentors *NovoPort* von Novoferm ist besonders platzsparend in der Torlaufschiene untergebracht – eine für die Branche bislang einmalige Innovation.

burg. Die Marke Novoferm wurde bereits ein Jahr später eingetragen und wird seit Anfang der 1990er-Jahre verwendet. Seit 1992 gibt Novoferm auch dem Unternehmen hinter der Marke seinen Namen. Die Produkte werden internat. über den Baustoff-/Fachhandel vertrieben. In den 1990er-Jahren expandierte Novoferm erstmals in andere Länder, 2003 übernahm die jap. Sanwa Shutter Corp. das Unternehmen.

DATEN UND FAKTEN

Markenname: Novoferm, Kunstname, abgeleitet aus **Novo** für neu, **ferm**er (franz.) für schließen

Slogan: „Wir machen das Tor" (seit Anfang der 1990er-Jahre)

Gründer: Bernhard Sandscheper und Peter Josef Hoffmann, 1955, Isselburg

Markenregistrierung: 23.03.1956, DPMA München

Innovationen: Antriebssysteme *NovoPort* & *VivoPort* (2001, überarbeitet 2006), Design-Sicherheitstüren *NovoSecur* (2007), Rauch- und Feuerschutztüren *NovoFire Glass Aluminium* (2007), *NovoPortal* Haustürenprogramm (2007)

Markenbekanntheit: 43 % gest. bei Endkunden (TNS Emnid), 93,3 % gest. bei Baustoffhändlern (MaFo, 2006)

UNTERNEHMEN

Novoferm GmbH

Hauptsitz: Isselburg (Werth), Deutschland

Geschäftsführer: Rainer Schackmann (CEO) und Heinz Jammers

Weitere Marken: Riexinger, Siebau

Gesamtumsatz: 390 Mio. Euro (2006)

Vertrieb: internat. über den Baustoff-/Fachhandel

KONTAKT

Novoferm GmbH
Isselburger Str. 31
46459 Rees (Haldern)
✆ (0 28 50) 9 10-0
🖷 (0 28 50) 9 10-6 46
✉ vertrieb@novoferm.de
💻 www.novoferm.de

Ansprechpartner Presse:
Eckhard Martin, PR Agentur
💻 www.martin-marketing.de

Ansprechpartner Marketing:
Andreas Amft
✉ amft@novoferm.de

Lead-Agentur:
BMZ + more, Düsseldorf
💻 www.bmzundmore.de

MEILENSTEINE

1955 Gründung der Isselwerk Werth GmbH (später Isselwerke) in Isselburg-Werth

1956 Anmeldung Novoferm als Marke

1990 Die Hoesch AG übernimmt die Isselwerke.

1992 Das Unternehmen wird umbenannt in Novoferm GmbH.

2003 Verkauf an die jap. Sanwa Shutter Corp

NOVOTEL

Novotel ist eine Hotelmarke unter dem Dach der Accor-Hotelgruppe. Novotel steht lt. Firmenangaben für innovative upper-midscale Hotels mit standardisierten Serviceleistungen und neuem Designkonzept zum Wohlfühlen. Als Zielgruppe gelten Businessreisende, Städtereisende von 25 bis 45 Jahren sowie Familien. Paul Dubrule und Gérard Pélisson, Gründer der Accor Gruppe, eröffneten 1967 in Lille Lesquin das erste Novotel. Die damals innovative Idee, ein modernes und komfortables Übernachtungsangebot zu standardisieren, wurde ausgeweitet. Geräumige Zimmer, funktionelle Bäder, einfache und großzügige Restauration, Bar, Tagungs-

Mit 26 Hotels in Deutschland und 400 weltweit positioniert sich Novotel als internat. Marke.

räume, Swimming Pool und Parkplatz sollen an allen Standorten qualitativ hochwertige Dienstleistung garantieren. Seit 2006 gelang der Marke eine Positionierung in der Kategorie 4*. Anpassung an die moderne Lebensweise ist Ziel des kontinuierlich weiterentwickelten Hotelkonzeptes. Das Logo wurde in der Firmengeschichte mehrmals leicht verändert. Das beruhigende Novotel-Blau symbolisiert Nacht und Traum. Der gelbe, scheinbar lächelnde Halbmond legt die Assoziation von Lebensfreude nahe und heißt den Gast willkommen. Die Corporate Identity-Schrift ist in DIN gesetzt. Die Accor Gruppe ist weltweit in 54 Ländern vertreten und beschäftigt 170.000 Mitarbeiter. Im Jahr 2006 belief sich der Gesamtumsatz des Unternehmens auf 7.607 Mio. Euro. Zur Accor Gruppe gehören neben Novotel Sofitel, →Mercure, Suite Hotel, →Ibis, *Etap*, *Formule1*, *Motel6* und *All Seasons*. 2006 setzte Novotel Deutschland 215,6 Mio. Euro um und erreichte damit 21,6 % des Gesamtumsatzes der Accor Hotellerie Deutschland GmbH.

UNTERNEHMEN

Accor Hotellerie Deutschland GmbH
Hanns-Schwindt-Str. 2
81829 München
✆ (0 89) 6 30 02-0
🖷 (0 89) 6 30 02-6 22
💻 www.novotel.com

NOVUS

Der Tischhefter Novus B 6, ehemals Novus 53, kam 1953 auf den Markt (Mitte). Firmengründer Erwin Müller (unten)

Unter dem Dach der Marke Novus versammeln sich Produkte aus den Bereichen Büro- und Befestigungstechnik. Novus Bürotechnik richtet sich mit Heftgeräten, Lochern, Bildschirm-Tragarmen, Schreibtischleuchten und weiteren Mehrplatzsystemen an Büroarbeiter im gewerblichen und privaten Bereich. Die Produktpalette im Bereich Novus Befestigungstechnik wendet sich mit verschiedenen Tackern, Nietzangen und Heftmitteln an Heim- und Handwerker. Entwickelt wurde die Marke Novus 1949 von dem Oberingenieur Erwin Müller, der 1945 einen Betrieb zur Fertigung von Bürogeräten gründete. Das lat. Wort novus (dt. neu) wählte Müller als Markenname, um die Innovationskraft seiner Produkte hervorzuheben. Ein Meilenstein in der Entwicklung war der per Knopfdruck bedienbare Tischhefter Novus 53, der 1953 auf den Markt kam. Bis heute wurden von dem Hefter mit der patentierten Springfachlademechanik, mittlerweile unter der Bezeichnung Novus B6 erhältlich, weit über 6 Mio. Stück verkauft. Mit einem umfassenden Sortiment ist Novus im Bereich Heftgeräte in Deutschland Marktführer (Quelle: GfK). Organisatorisch ist die Novus GmbH & Co. KG als eigenständiges Unternehmen unter dem Dach der Erwin Müller Gruppe, zu der auch die Marken →Emco und →Dahle gehören, angesiedelt. Die Verbundenheit der Marken Novus und →Emco wird nach außen durch ähnlich gestaltete Logos sichtbar. Das 1980

Hauptsitz und Produktion der Novus GmbH & Co. KG befinden sich bis heute im niedersächsischen Lingen.

von der Agentur Frese & Wolf entworfene Markenzeichen zeigt den Namenszug in weißen, von der Signalfarbe Rot (HKS 14) umflossenen Buchstaben und soll eine Assoziation zur Metallverarbeitung herstellen. Die Novus GmbH & Co. KG, die ihren Sitz ebenso wie die Muttergesellschaft in Lingen hat, beschäftigte 2006 über 360 Mitarbeiter. Weltweit wird die Marke Novus über Tochtergesellschaften und Partner vertrieben.

DATEN UND FAKTEN

Markenname: Novus, lat. Begriff für neu

Frühere Slogans: „Der Tackerspezialist" (1980er-Jahre), „Novus... im Büro in guter Form" (1990er-Jahre)

Erfinder: Erwin Müller, 1949, Lingen

Innovationen: Springfachlademechanik (1952), Automatikhefter (1992), Flat-Clinch Tischhefter mit drei Heftarten (1998)

Werbespendings: 5 % vom Jahresumsatz

Auszeichnungen:
„Produkt des Jahres", PBS-Industrie-Verband für *TSS 445* (2003)
„Best of Show Awards", NeoCon Messe für *TSS-System* (2004)

UNTERNEHMEN

Novus GmbH & Co. KG

Hauptsitz: Lingen, Deutschland

Geschäftsführer: Harald Müller, Bruno Ghibely, Armin Rutenberg

Mitarbeiter: über 360 bei Novus, ca. 1.100 für Erwin Müller Gruppe (2006)

Vertrieb: weltweit über Tochtergesellschaften und Vertriebspartner

KONTAKT

Novus GmbH & Co. KG
Breslauer Str. 34–38
49808 Lingen
✆ (05 91) 91 40–0
🖷 (05 91) 91 40–8 41
💻 www.novus.de

Ansprechpartner Markenkommunikation:
Kay-Uwe von Hebel
✆ (05 91) 91 40–1 92
✉ k.u.vonhebel@novus.de

Ansprechpartner Marketing & Vertrieb:
Bruno Ghibely
✆ (05 91) 91 40–4 00
✉ b.ghibely@novus.de

Lead-Agentur:
pro-art werbeagentur
💻 www.pro-art.to

SCHON GEWUSST?

- Die ersten Heftgeräte wurden aus Restblechen der nahegelegenen Käfer-Produktion von Karmann gefertigt.
- Der *Novus 53* wurde von Erwin Müller in einem abgelegenen Hotel bei Münster innerhalb von zwei Wochen am Reißbrett konstruiert. Wenig später startete die Produktion. Auf der Frühjahrsmesse 1953 in Hannover wurde der mit dem Slogan „Druck aufs Knöpfchen" beworbene *Novus 53* zum Verkaufsschlager.

NUK

Die Marke NUK führt rund 200 Babyprodukte im Sortiment. Dazu gehören Trinksauger, Beruhigungssauger, Flaschen, Spielzeug, Lerngeschirr sowie Artikel für Schwangere und Mütter. NUK ist deutschlandweit marktführend im Segment Babyflaschen und Sauger (Nielsen-Studie) und wird in über 90 Ländern vertrieben. Den Grundstein für die Entwicklung der NUK Saugerform legten 1949 der Zahnarzt Dr. med. dent. Müller und der Kieferorthopäde Prof. Dr. Dr. Balters. Ihre Forschungen ergaben, dass ein der Mutterbrust nachempfundener und kiefergerechter Sauger die gesunde Kieferentwicklung von Babys unterstützt. Das Ergebnis ihrer Studien war der NUK Sauger. Der Name entstand aus der Abkürzung für „natürlich und kiefergerecht". 1956 brachte die Hanseatische Gummiwarenfabrik GmbH den NUK Sauger auf den Markt. Seitdem wurde das Produktsortiment systematisch optimiert. Zum Schnuller wurden bald darauf auch passende Flaschen angeboten. Eine Innovation ist das Mund- und Zahnpflegeprogramm NUK Oral Care. „Das Leben verstehen", so lautet das Credo, mit dem für die Marke geworben wird. Das Logo unterstreicht die weiche Materialität vieler NUK-Artikel und zeigt den roten NUK-Schriftzug in Versalien mit weichen, abgerundeten Ecken. Seit dem 50. Markengeburtstag erscheint die NUK-Welt in warmen, sonnengelben Farben. 1969 erfolgt die Umfirmierung zur MAPA GmbH, die vier Jahre später von der franz. Hutchinson Gruppe, einem der führenden Kautschuk- und Kunststoffkonzerne, übernommen wurde. Nachdem zuvor schon die Rimbacher Gummiwaren Vertriebsgesellschaft in die MAPA GmbH aufgegangen war, erfolgte 2002 die Verschmelzung der SPONTEX Deutschland GmbH mit der MAPA GmbH zur MAPA GmbH, Gummi- und Plastikwerke, Zeven. Weitere Marken des Herstellers sind u.a. →Fromms, →Billy Boy und →Blausiegel. Das Unternehmen MAPA beschäftigt heute ca. 620 Mitarbeiter. Mit der Marke NUK macht es 80 Mio. Euro Umsatz pro Jahr. Geschäftsführer sind Günter Marr und Michael Frankenstein.

UNTERNEHMEN

MAPA GmbH
Industriestr. 21–25
27404 Zeven
✆ (0 42 81) 73–0
🖷 (0 42 81) 73–2 41
💻 www.nuk.de

Die Babyartikel der Marke NUK werden in 90 Ländern vertrieben.

00 NULL NULL

Unter der Marke 00 null null bietet die SC Johnson GmbH ein breites Sortiment an Reinigungsmitteln für Bad und WC an. 00 null null kam 1955 in Deutschland als WC-Reinigungspulver auf den Markt. Das selbsttätig reinigende Pulver brachte eine wesentliche Innovation im Bereich der WC-Reinigung. Ursprünglich zierten das Etikett nur zwei Nullen, das bekannte Symbol von Toi-

Seit 2007 gibt es die 00 null null Zauberpads (Mitte) auf dem Markt. Die SC Johnson Konzernzentrale in Racine, Wisconsin/USA (unten)

lettentüren. Um jedoch der missverständlichen Bezeichnung „Oh Oh" zu entgehen, wurden die Verpackungen bald um den Zusatz null null in Buchstaben erweitert. Heute umfasst das Portfolio neben dem klassischen Pulver flüssige Produkte für die Toilettenreinigung, unterschiedliche WC-Einhänger sowie Bad-Reiniger-Produkte. Neu auf dem

Ein Emailleschild zum 50-jährigen Markenjubiläum von 00 null null.

Markt sind seit 2007 die *00 null null Zauberpads* zur Beseitigung von Seifenrändern, Wasserflecken und Schmutz. Sie bestehen aus einem Reinigungspad mit konzentriertem Kraftreiniger, der durch die Zugabe von Wasser aktiviert wird. Das 00 null null Markenlogo wurde 2006 mit einer neuen Schriftart und einer Schattierung hinter dem charakteristischen roten Dreieck modernisiert. Für eine hohe Wiedererkennbarkeit sorgen außerdem die markanten blauen Verpackungen. Der amerikanische Konzern S. C. Johnson & Son Inc. übernahm die Marke 00 null null 1999 von dem damaligen Hersteller Yankee Polish. SC Johnson ist weltweit auf Reinigungs-, Pflege- und Insektenschutzmittel spezialisiert und erzielte 2007 einen Umsatz von 7,0 Mrd. USD. Während die Marke 00 null null nur in Deutschland erhältlich ist, werden teilweise identische Reinigungsmittel weltweit unter anderen Namen (z. B. *Toilet Duck* in Großbritannien, *Canard WC* in Frankreich) vermarktet. Von den ca. 12.000 Mitarbeitern des Konzerns sind rund 100 in Deutschland und Österreich beschäftigt. Die SC Johnson GmbH mit Sitz in Erkrath bei Düsseldorf vertreibt neben 00 null null u. a. auch die Marken → Pronto, → Brise, → Paral Raid, → Autan, → Drano, → Oust und → Stahl-Fix.

DATEN UND FAKTEN

Markenname: 00 null null, abgeleitet von der Doppelnull (00) als Toilettenkennzeichnung

Slogan: „00 – und in Bad und WC ist alles o.k.!", „Glanz wie von Zauberhand!" (00 null null Zauberpads, 2007)

Erfinder: Yankee Polish, 1955

Markenregistrierung: 04. 08. 1956, DPMA München

Innovationen: 00 null null Zauberpads (2007)

Markenbekanntheit: 82 % ungest. (Firmenangaben)

Markenwebsite: www.nullnull.de

UNTERNEHMEN

S. C. Johnson & Son Inc.

Hauptsitz: Racine, Wisconsin/USA

Vorstandsvorsitzender: Fisk Johnson

Weitere Marken: weltweit zahlreiche Marken, in Deutschland u. a. → Autan, → Brise, → Oust, → Paral Raid, → Pronto, → Drano, → Stahl-Fix

Gesamtumsatz: 7,0 Mrd. USD (2007)

Vertrieb: in über 100 Ländern weltweit

SCHON GEWUSST?

Wofür steht eigentlich die Doppelnull auf Toilettentüren? Mit dieser Frage haben sich schon viele Experten und Laien auseinandergesetzt und dabei die unterschiedlichsten Antworten gefunden. Bei SC Johnson glaubt man, dass die Bezeichnung 00 aus dem Hotelgewerbe kommt, und zwar aus einer Zeit, in der nicht jedes Zimmer mit einer Toilette ausgestattet war. Da die Gemeinschaftstoilette mit in die Zimmernummerierung einbezogen wurde, bekam sie die 00 als Kennung.

KONTAKT

SC Johnson GmbH
Mettmanner Str. 25
40699 Erkrath
(02 11) 3 02 34-0
(02 11) 3 02 34-2 47
www.scjohnson.de

NUTELLA

nutella ist die bekannteste Nuss-Nougat-Creme Deutschlands. Entwickelt wurde der Brotaufstrich von dem ital. Konditor Pietro Ferrero in den 1940er-Jahren aus Haselnüssen und Kakao. Zunächst firmierte das Produkt unter dem Namen *Pasta Gianduja*, später wurde es als *Supercrema* vertrieben. Das Produkt war auf Anhieb erfolgreich und Pietro Ferrero verfeinerte die Rezeptur kontinuierlich. 1964 wurde das Produkt erneut umbenannt und erhielt den Namen, unter dem es seither weltweit bekannt ist: nutella. Seit 1965 ist der Nuss-Nougat-Aufstrich, der im typischen bauchigen Glas abgefüllt wird,

Prominente Werbeträger: die Fußball-Nationalspieler Marcell Jansen, Tim Borowski, Kevin Kuranyi und Arne Friedrich (v. l.)

auch in Deutschland erhältlich. Wer heute an süße Brotaufstriche denkt, denkt an nutella. Eine Untersuchung der GfK von 2007 belegt dies eindrucksvoll mit einer gest. Markenbekanntheit von 99 %. Vor allem von Familien mit Kindern und jungen Erwachsenen wird nutella gekauft. Das Markenlogo besteht aus dem der Futura ähnlichen Schriftzug nutella in Minuskeln, wobei der Anfangsbuchstabe in Schwarz, der Rest des Namens in Rot (HKS 13) gehalten ist. Mit der Marke nutella engagiert sich das Unternehmen Ferrero u. a. im Sport. Seit vielen Jahren unterstützt nutella den DFB und die dt. Fußball-Nationalmannschaft. Daneben sind bereits viele bekannte Sportler wie z. B. Boris Becker in Werbespots für nutella aufgetreten. Aktuell werben die vier Fußball-Nationalspieler Kevin Kuranyi, Arne Friedrich, Tim Borowski und Marcell Jansen mit dem Slogan „nutella - Hast Du's drauf?". Die Marke ist in Europa, den USA, Hongkong, Japan, Australien, Südafrika und Südamerika präsent. Für den dt. Markt wird nutella von Ferrero in Stadtallendorf hergestellt. Die Vertriebsgesellschaft, die Ferrero Deutschland GmbH, hat ihren Sitz in Frankfurt/Main und schrieb 2006 allein mit nutella Umsatzzahlen von ca. 184 Mio. Euro (lt. AC Nielsen Market Track). Weitere Produkte von Ferrero sind u. a. *Mon Chéri*, *Kinder Schokolade* und *Milch-Schnitte*. Die internat. Ferrero Gruppe erwirtschaftet derzeit einen Umsatz von mehr als 4,5 Mrd. Euro. In Deutschland werden ca. 3.600 Mitarbeiter beschäftigt.

DATEN UND FAKTEN

Markenname: nutella, Kunstwort, zusammengesetzt aus dem engl. **nut** (dt. Nuss) und der ital. Verkleinerungsform **ella**

Slogan: „nutella – Hast Du´s drauf?"

Erfinder: Pietro Ferrero, 1940er-Jahre, Alba/Italien

Markenregistrierung: 1976, DPMA München

Innovationen: nutella & go (2008)

Markenbekanntheit: 99 % gest. (GfK, 2007)

Jahresumsatz: 184 Mio. Euro (2006, lt. AC Nielsen Market Track)

Markenwebsite: www.nutella.de

SCHON GEWUSST?

- Konditor Pietro Ferrero suchte während des 2. Weltkriegs nach einer Alternative zu Kakao, der damals nur schwer zu bekommen war. Er fand diese in Form von Haselnüssen, die er 1940 zu seinem Produkt *Pasta Gianduja* verarbeitete.
- 1951 benannte er sein Produkt in *Supercrema* um. Ein ital. Gesetz verbot jedoch den Gebrauch des Wortes „super" in Markennamen und so erhielt der Brotaufstrich den Namen nutella, unter dem er heute in der ganzen Welt bekannt ist.

nutella

nutella im typischen bauchigen Glas (Mitte), die moderne Produktionsstätte am Ferrero-Standort Stadtallendorf (unten)

UNTERNEHMEN

Ferrero Deutschland GmbH

Hauptsitz: Frankfurt/Main, Deutschland

Geschäftsführung: Dr. Dietmar Kendziur, Ludwig Koll, Natale Moncada

Weitere Marken: *Mon Chéri, Rocher, Ferrero Küsschen, Raffaello, Giotto, Ferrero Garden, Die Besten, Pocket Coffee, duplo, hanuta, tic tac, Yogurette, Milch-Schnitte, Kinder Schokolade* und zahlreiche *Kinder*-Subbrands

Gesamtumsatz: 4,5 Mrd. Euro (Ferrero Gruppe)

Vertrieb: weltweit in eigenen Niederlassungen

KONTAKT

Ferrero Deutschland GmbH
60624 Frankfurt/Main
✆ (0 69) 68 05-0
🖷 (0 69) 68 05-2 88
🖳 www.ferrero.de

0

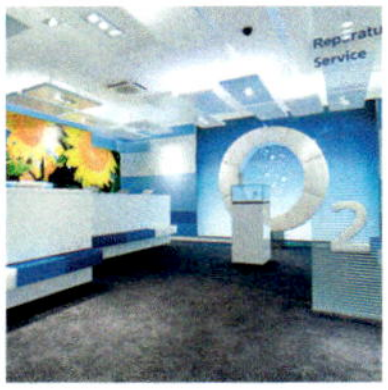

O_2 bietet seine Produkte in 560 eigenen Geschäften an, die z. T. durch eine aufwendige Innenraumgestaltung auffallen.

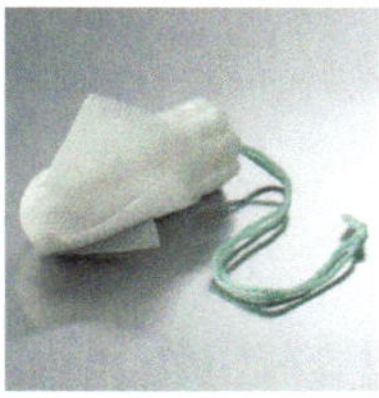

Der neue o.b. Flexia mit SoftFolds™ Flügeln (Mitte), eine o.b. Packung aus den 1950er Jahren (unten).

O_2

Die O_2 (Germany) GmbH & Co. OHG vertreibt unter der Marke O_2 Mobilfunk-Produkte und -Services sowie IP-basierte Kommunikationslösungen. Das Unternehmen ist aus der dt. VIAG Interkom hervorgegangen und ist heute ein Tochterunternehmen der Telefónica O_2 Europe plc und Teil des span. Telekommunikationskonzerns Telefónica S. A. Aus der Umfirmierung in O_2 im Jahr 2002 entstand eine Dienstleistungsmarke mit einem neuen Markenauftritt, der sich von seinen Mitbewerbern absetzen sollte. O_2 ist das chemische Zeichen für Sauerstoff, dem biologischen Grundbaustein des Lebens. Der Markenname soll ausdrücken, dass Kommunikation heute so wichtig ist wie die Luft zum Atmen. Das Logo der Marke zeigt den Schriftzug O_2 im firmentypischen Indigoblau. Die Farbe wurde aufgrund ihrer positiven Konnotationen gewählt und soll Leichtigkeit und Frische vermitteln. Das Corporate Design sorgt zudem für eine Differenzierung von den Wettbewerbern. Zum Markennamen entstand eine Bilderwelt, die in Wasser aufsteigende Luftblasen zeigt und sich durch alle Bereiche der Firmenkommunikation zieht. Als Hausschrift dient die Schrift Frutiger, eine moderne Grotesk-Schrift vom gleichnamigen Schriftengestalter Adrian Frutiger. Logo und Markenauftritt wurden seit ihrer Einführung nicht wesentlich verändert im Sinne einer konsequenten und nachhaltigen Markenführung von O_2. Eine Innovation von O_2 war die Homezone, in der das Mobiltelefon zu Hause wie ein Festnetzanschluss zu den gleichen Kosten benutzt werden kann. Der Zusammenschluss mit Telefónica sorgte für eine Weiterentwicklung der Dienstleistungen des Unternehmens. Seit 2007 bietet O_2 neben Mobilfunk auch Highspeed-Internet und DSL-Festnetztelefonie an. Das Unternehmen vertreibt seine Produkte in 560 eigenen O_2 Shops und Partnershops sowie derzeit über 11.000 Fachhändler, Großmärkte und weitere etablierte Vertriebskanäle. Über das Joint Venture mit Tchibo und Kooperationen mit Serviceprovidern wie mobilcom, debitel, Talkline, Telco und Victorvox wurde das Vertriebsnetz zusätzlich erweitert.

DATEN UND FAKTEN

Markenname: O_2, chemisches Zeichen für Sauerstoff

Slogan: „O_2 can do."

Erfinder: Agentur Lambie-Nairn (GB), zusammen mit dem Brand Management aus Großbritannien, Irland und Deutschland, 2002

Innovationen: erster Einsatz der Homezone, in der das Mobiltelefon wie ein Festnetzanschluss genutzt wird (1999)

Markenbekanntheit: 67 % ungest., 98 % gest. (Ad Trek, Private Customers, 2007)

Vorstandsvorsitzender: Jaime Smith Basterra (CEO)

Mitarbeiter: ca. 4.000 (Deutschland, 2007)

Auszeichnungen:
„ADC Nagel Bronze", ADC Deutschland für O_2 DSL Daumenkino (2007)
„iF communication design award", für O_2 Messestand auf der CeBIT (2006)
„Beste Neue Marke", Marken-Award für neue Marke O_2 (2005)

UNTERNEHMEN

O_2 (Germany) GmbH & Co. OHG
Georg Brauchle-Ring 50
80992 München
(0 89) 24 42-12 01
(0 89) 24 42-12 01
www.o2.com/de

O.B.

Die Marke o.b. der →Johnson & Johnson GmbH steht für Tampons in verschiedenen Größen und Formen. Den Grundstein für die Marke legten der Ingenieur Carl Hahn und der Jurist Heinz Mittag bereits in der Nachkriegszeit. Sie entdeckten in einer amerikanischen Zeitschrift eine Werbeanzeige für Tampons und wollten diesen Hygieneartikel auch am dt. Markt platzieren. Gemeinsam mit der Gynäkologin Dr. Judith Esser entwickelten sie den ersten o.b. Tampon. Hahn und Mittag beauftragten einen Konstrukteur für Zigarettenautomaten, eine Maschine zum Rollen von Tampons zu bauen und gründeten kurz darauf die Tamponfabrik Dr. Carl Hahn KG. 1950 gab es die ersten o.b. Tampons in den Apotheken zu kaufen. Seit der Markteinführung wurde das Portfolio von o.b. laufend erweitert. 1964 kam die Größe Super Plus, 1972 der o.b. mini, 1985 der o.b. mit Einführhilfe und 1998 der o.b. comfort für die leichten Tage auf den Markt. Seit 2002 gibt es den o.b. ProComfort, der geschwungene Rillen und eine besonders glatte SilkTouch™-Oberfläche hat. Außerdem bietet o.b. Beratung und Informationsmaterial besonders für junge Anfängerinnen und für den Aufklärungsunterricht in der Schule an. Der Markenname o.b. ist die Abkürzung für *ohne Binde*. Die Abkürzung sollte es Frauen ersparen, vor männlichen Apothekern den ganzen Namen aussprechen zu müssen. Der Grundgedanke der Diskretion zeigt sich auch im Markenlogo von o.b. Es zeigt den in Arial gesetzten türkisen Markennamen in kleinen Buchstaben auf weißem Hintergrund. Entwickelt wurde das Logo 1950 vom Werbeberater Baron Ludwig von Holzschuher. Seit 1974 gehört die Dr. Carl Hahn KG zu Johnson & Johnson, einem der weltweit größten Unternehmen auf dem Gebiet der Gesundheitsfürsorge, das 2006 einen Umsatz von 53,5 Mrd. USD in den Geschäftsfeldern Pharma, Medizintechnik und Konsumgüter erwirtschaftete. Die Johnson & Johnson GmbH ist die deutsche Tochter im Geschäftsfeld Konsumgüter und mit 14 Marken am Markt vertreten. Das o.b.-Werk in Wuppertal produziert Tampons nicht nur für Deutschland, sondern auch für Australien, Neuseeland, Österreich und die Schweiz.

o.b. gibt es in unterschiedlichen Varianten und Größen.

DATEN UND FAKTEN

Markenname: o.b., Abkürzung für ohne Binde, um Frauen das Aussprechen des ganzen Namens zu ersparen

Slogan: „o.b. – Von einer Frauenärztin entwickelt"

Erfinder: Carl Hahn (Ingenieur), Heinz Mittag (Jurist), Dr. Judith Esser (Gynäkologin), Ende der 1940er-Jahre

Markenregistrierung: 30. 09. 1950, DPMA München

Innovationen: o.b. Super Plus (1964), o.b. mini (1972), o.b. mit Einführhilfe (1985), o.b. comfort für die leichten Tage (1998), o.b. ProComfort mit SilkTouch™-Oberfläche (2002), o.b. Flexia mit SoftFolds™ Flügeln (2007)

Markenbekanntheit: 92 % ungest. (unabhängiges Marktforschungsinstitut, 2006)

Auszeichnungen:
„Comenius-Edu-Media-Siegel", Gesellschaft für Pädagogik und Information GPI für *o.b. Schulpaket*, (2006)

Markenwebsite: www.ob-online.de

UNTERNEHMEN

Johnson & Johnson GmbH

Hauptsitz: Düsseldorf, Deutschland

Geschäftsführer: Peter Feld

Weitere Marken: s. → Johnson & Johnson

Gesamtumsatz: 53,3 Mrd. USD (Johnson & Johnson, weltweit, 2006)

Vertrieb: weltweit

KONTAKT

Johnson & Johnson GmbH
Kaiserswerther Str. 270
40474 Düsseldorf
✆ (02 11) 43 05-0
Fax (02 11) 43 05-3 52
www.jnjgermany.de

Ansprechpartner Presse:
Pressebüro Johnson & Johnson GmbH
✆ (02 11) 95 41-21 20
✉ pressebuero-jnj@pleon.com

Lead-Agentur:
Lowe Stratéus Paris
www.lowestrateus.com

SCHON GEWUSST?

- In den ersten Jahren nach der Produkteinführung 1950 gab es o.b.-Displays, sog. „stumme Verkäufer", die den Frauen ersparen sollten, nach dem Produkt fragen zu müssen.
- Würde man den Jahresbedarf des Wuppertaler o.b.-Werkes am türkisfarbenen Tampon-Rückholbändchen aneinander legen, könnte man damit 20 Mal die Erde umwickeln.

ODOL

Der Markenname Odol bezeichnet eine der bekanntesten Produktserien zur Mundhygiene. Die Bezeichnung leitet sich aus dem Griechischen (Odous, Zahn) und dem Latei-

Die Odol-Flasche mit dem charakteristischen Hals (Mitte), Karl-August Lingner (unten) hat Odol entwickelt.

nischen (Oleum, Öl) ab. Das antiseptisch wirkende Mundwasser Odol wurde 1893 auf Grundlage neuester Erkenntnisse aus der Bakteriologie von Karl August Lingner und dem Naturwissenschaftler Prof. Richard Seifert entwickelt. Da man erkannt hatte, dass Bakterien eine entscheidende Rolle in der Mundhygiene spielen und Krankheiten verursachen können, wollte man eine bessere Mundhygiene etablieren. Zur Markteinführung in Dresden kreierte Lingner Markenlogo und Design und setzte damit auch im Bezug auf Markentechnik und Produktpräsenz Maßstäbe. Noch heute gilt die Odol-Flasche mit dem Schwanenhals als eine der bedeutendsten Design-Schöpfungen der Markenartikelindustrie. Die Flasche in Verbindung mit dem charakteristischen Markenschriftzug und der Hausfarbe Blau (Pantone 28) soll Reinheit und Frische assoziieren. In den ersten 20 Jahren nach Markteinführung führte er eine Unicat-Kampagne durch. Jede der rund 600 aufwendigen ganzseitigen Anzeigen erschien nur ein einziges Mal. Für die Gestaltung der Werbeplakate beauftragte Lingner prominente zeitgenössische Künstler wie den Maler Franz Stuck. Die Markenpflege passt sich bis heute an den aktuellen Zeitgeschmack an, wobei der Markenkern stets im Zentrum der Kommunikationsstrategie steht.

Eine hist. Anzeige für Odol.

Bekannte Persönlichkeiten wie der Tenor Richard Rauber und der junge Schauspieler Ronald Reagan wurden als Testimonials gewonnen. Odol richtet sich an Menschen, die Wert auf ein gepflegtes Äußeres und Sicherheit im Umgang mit anderen legen. Das Portfolio der Dachmarke beinhaltet neben dem originalen Mundwasser zahlreiche weitere Produkte zur Mundhygiene, darunter die *Odol-med3* Zahncreme-Serie (seit 1989), Zahnpflege-Kaugummis und -Pastillen sowie Zahnseide. Odol, heute unter dem Dach der Firma → GlaxoSmithKline Consumer Healthcare, ist mit einem Marktanteil von 70 % nach Wert die größte Mundpflegemarke in Deutschland.

DATEN UND FAKTEN

Markenname: Odol, Wortschöpfung aus **Od**ontus (griech.: Zahn) und **Ol**eum (lat.: Öl)

Slogan: „Odol gibt sympathischen Atem" (aktuell), „Absolut bestes Mundwasser der Welt" (1906), „Täglich wie neugeboren" (1960er-Jahre)

Erfinder: Karl August Lingner, 1893

Markenregistrierung: Name: 05. 03. 1895, Kaiserliches Patentamt Berlin, Design: 03. 07. 1906, Kaiserliches Patentamt Berlin

Innovationen: Odol Extrafrisch (1986), Odol Plus (1996)

Markenbekanntheit: 98 % gest. (GfK, 2007)

Auszeichnungen:
„Most Trusted brand", Reader's Digest (2006)

Markenwebsite: www.odol.de

Literatur:
M. Roth et al.: In aller Munde – Einhundert Jahre Odol (1983)
H. Väth-Hinz: Odol-Reklame-Kunst um 1900 (1985)
W. A. Büchi: Karl August Lingner – Das große Leben des Odolkönigs (2006)

UNTERNEHMEN

GlaxoSmithKline Consumer Healthcare GmbH & Co. KG

Hauptsitz: London, Großbritannien

Vorstand: Sir Christopher Gent (Chairman), JP Garnier

Weitere Marken: → Sensodyne, → Dr. Best, → Abtei, → Granu Fink

Vertrieb: weltweit

KONTAKT

GlaxoSmithKline Consumer Healthcare
GmbH & Co. KG
Bußmatten 1

77815 Bühl
✆ (0 72 23) 76-0
🖷 (0 72 23) 76-40 00
🖳 www.gsk-consumer.de

SCHON GEWUSST?

- „Tinte, Rotwein und Odol / sind drei Flüssigkeiten wohl / Damit kann der Mensch schon leben" (aus „Sauflied" von Kurt Tucholsky, 1930).
- Zur Markteinführung lancierte Lingner eine besonders raffinierte Werbekampagne: Zunächst ließ er in den Zeitungen und Wochenblättern nur den Begriff Odol drucken. Die Neugierde der Leserschaft geweckt, ließ er Anzeigen mit dem Titel „Odol, absolut bestes Mundwasser der Welt" folgen.
- Während der Olympischen Spiele in Berlin leuchtete der Odol-Schriftzug als höchste Neonreklame vom Europa-Haus.

ÖGER TOURS

Für Reisen in die Türkei steht die Marke ÖGER TOURS des gleichnamigen Reiseveranstalters. ÖGER TOURS gehört zur ÖGER GROUP. Die Geschäftsidee des Gründers und Geschäftsführers Vural Öger war es, den in Deutschland lebenden türkischen Gastarbeitern einen reinen Flugverkehr in ihre Heimat zu organisieren. Deshalb gründete er 1969 die ÖGER TÜRK TUR, den Grundstein der ÖGER GROUP. Zielgruppe der Marke sind Familien, Singles, Städte- und Kulturreisende sowie Personen, die einen Wellness oder Aktivurlaub verbringen möchten. ÖGER TOURS steht nach eigenen Angaben europaweit als Marke für das größte Flug- und Hotelprogramm in die Türkei. Das Unternehmen will seine Position weiter ausbauen, z. B. durch die Aufnahme neuer Regionen in der Türkei. Das Logo von ÖGER TOURS wurde 2003 von der Werbeagentur clint23 entwickelt. Es ist rechteckig und zeigt links ein weißes, großes „Ö" auf einem roten Hintergrund. Ein feiner Strich teilt das „Ö" vom Rest des Logos. In der rechten unteren Ecke steht in Weiß der Schriftzug ÖGER TOURS. Zum aktuellen Corporate Design der Marke gehören verschiedene Scherenschnitte, die, in der Markenfarbe Rot gehalten, verschiedene Urlaubsarten, wie Familienurlaub oder Städtereisen visualisieren. Die minimalistische, aber dennoch stilvolle und moderne Darstellung soll unterstreichen, dass die Marke für Qualität zu fairen Preisen steht. Außer der Türkei fliegt ÖGER TOURS noch 13 weitere Länder an, darunter sind Thailand und Kuba. Der Gesamtumsatz des Unternehmens betrug im Geschäftsjahr 2005/2006 639 Mio. Euro. In Deutschland arbeiten etwa 300 Mitarbeiter für ÖGER TOURS.

ÖGER TOURS hat sich als Spezialist für Türkeireisen etabliert.

UNTERNEHMEN

ÖGER TOURS GmbH
Sportallee 4
22335 Hamburg
✆ (0 18 05) 24 25 58
🖳 www.oeger.de

OHROPAX

Mit der Markenfamilie Ohropax bedient die gleichnamige GmbH das Spezialsegment der Gehörschutzprodukte. Der Markenname setzt sich aus dem Wort *Ohr*(o) und dem lat. Wort für Frieden *pax*, zusammen und wurde in den Jahren 1907/08 von Maximilian Negwer entwickelt. Auslöser für die Erfindung war der zunehmende Lärmpegel im Industriezeitalter. Ihre Wirkung beschreibt der aktuelle Werbeslogan als „Luxus für die Ohren". Als Markenlogo dient ein stilisiertes Ohr neben dem Schriftzug Ohropax in dunkelblauen abgerundeten Versalien. Traditionell wurde Wachs für die Ohrstöpsel verwendet, aber das Unternehmen entwickelte seine Produkte laufend weiter. Heute gibt es Wollstöpsel, die das Wasser abhalten, 1993 kamen Schaumstoffstöpsel auf den Markt. Seit 1999 gibt es Stöpsel aus Kunststofflamellen und seit 2004 auch Ohrstöpsel aus Silikon. Mit diesem Sortiment entspricht Ohropax unterschiedlichen Anforderungen an Tragekomfort und variierenden Lärmverhältnisse. Darüber hinaus bietet die Marke ein farbiges und variationsreiches Produktdesign. Nach Unternehmensangaben ist sie die bekannteste Marke für Gehörschutz im deutschsprachigen Raum und in Holland. Jährlich produziert die Ohropax GmbH rund 30 Mio. Wachskugeln und erwirtschaftete 2006 einen Umsatz von über 4 Mio. Euro. Vertrieben werden die Gehörschutzprodukte internat. über verschiedene Vertriebspartner. Der Betrieb mit Sitz im hessischen Wehrheim ist heute in dritter Generation in den Händen der Familie Negwer. Unter der Führung Michael Negwers arbeiten ca. 40 Mitarbeiter.

Gehörschutzprodukte der Marke Ohropax gibt es seit 1907.

UNTERNEHMEN

Ohropax GmbH
Am Kappengraben 18a
61273 Wehheim
✆ (0 60 81) 95 30-60

Das Logo stellt den Bezug zum Fertighausanbieter Okal her, in dem es seinen Namen zusammen mit einem stilisierten Dach zeigt.

🖷 (0 60 81) 95 30-69
🖳 www.ohropax.de

OKAL

Unter der Marke Okal bietet das gleichnamige Unternehmen eine breite Palette an Hausentwürfen an. Zum Portfolio zählen sowohl Mehr- als auch Einfamilienhäuser. Der Name Okal setzt sich aus den Initialen des Firmengründers Otto Kreibaum aus Lauenstein zusammen. Das Logo besteht aus dem Markennamen und einem stilisiertem Dach in einem orangefarbenen Quadrat. „Der Weg zum eigenen Haus" lautet der Slogan mit dem die Unternehmensmarke Okal beworben wird. 1928 gründete Kreibaum im Zuge der Knappheit an Wohnraum nach dem 1. Weltkrieg den Fertighausanbieter Okal Haus GmbH. Bis heute sind über 85.000 Okal-Häuser in verschiedenen Varianten gebaut worden. Damit ist Okal führend in der Branche der Fertighausanbieter. Mit seinen Hausentwürfen richtet sich das Unternehmen an die Zielgruppen Familie, Singles und Senioren über 50 Jahre, die in der Unternehmenskommunikation als Generation „Fifty & More" bezeichnet werden. Im Angebot sind neben Ein- und Mehrfamilienhäusern auch exkl. Bungalows. Die Häuser von Okal wurden mit verschiedenen Preisen ausgezeichnet. So wählten die Leser der Zeitschrift Family Home anlässlich der Wahl zum Leserhaus des Jahres 2006 den Okal-Bungalow *Fifty & More* auf den dritten Platz. Das Haus *Family Classic* schaffte es bei der Wahl zum Traumhaus 2006 des Immobilien-Magazins Bellevue auf den ersten Platz. Der Vertrieb erfolgt deutschlandweit über mehr als 50 Musterhauszentren und Beratungsbüros. Der Stammsitz des Unternehmens befindet sich im rheinland-pfälzischen Simmern im Hunsrück. In Zukunft will Okal seine Aktivitäten im Bereich Energieeffizienz verstärken und seine Entwürfe um entsprechend ausgerüstete Häuser erweitern.

UNTERNEHMEN

Okal Haus GmbH
Argenthaler Str. 7
55469 Simmern
✆ (67 61) 96 73-0
🖷 (67 61) 96 73-7 50
🖳 www.okal.de

OLAZ

Auf Basis des klassischen *Beautyfluids* (Mitte, hist. Produktbild) hat Olaz zahlreiche Produkte für unterschiedliche Hautpartien und -typen (unten) entwickelt.

Unter dem Dach der Marke Olaz bietet der amerikanische Konsumgüterkonzern Procter & Gamble vier Pflegeserien für die Haut an. Neben der Basispflegeserie mit dem Klassiker *Beautyfluid* gibt es drei Hauptlinien, die sich an unterschiedliche Zielgruppen richten. Während *Complete* eine Feuchtigkeitspflege für Frauen von 25 bis 45 bietet, richten sich die Anti-Ageing-Serien *Total Effects* und *Regenerist* an Frauen ab 35 bzw. 40 Jahren. Zum Portfolio der Marke Olaz gehören Fluids und Cremes, sowie Pflegeprodukte speziell für die Augenpartie. Die Marke geht zurück auf die Arbeiten des Chemikers Graham Wulff, der in den frühen 1950er-Jahren in Südafrika mit dem bekannten *Beautyfluid* eine leichte Gesichtspflege für seine Ehefrau entwickelte.

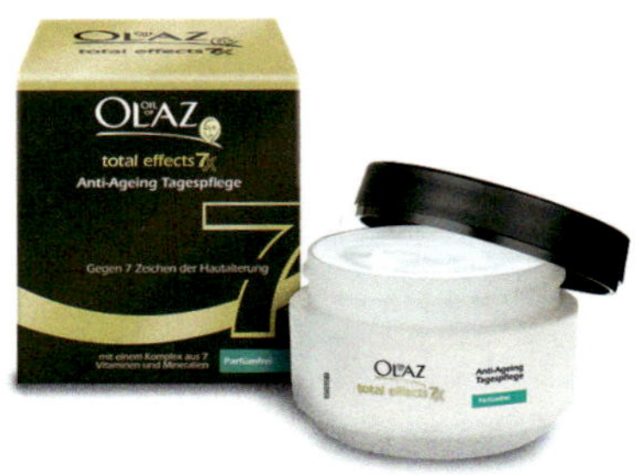

Die Anti-Ageing Cremes von *Olaz Total Effects* versprechen Wirksamkeit gegen sieben Zeichen der Hautalterung.

Bis dahin waren nur fettige, dickflüssige Hautcremes erhältlich, die im heißen Klima Südafrikas kein angenehmes Hautgefühl hinterließen. Mit dem Beginn der Vermarktung des Produktes wurde der Markenname Oil of Olaz gewählt. Die Bezeichnung sollte die Assoziationen zu einer imaginären Pflanze und ihren wertvollen Ölen als Inhaltsstoff wecken. 1985 übernahm das amerikanische Unternehmen Procter & Gamble die Marke Oil of Olaz. Im Jahr 2007 verkürzte sich der Markenname auf Olaz, um die Marke moderner erscheinen zu lassen. Im Zuge des Relaunches wurde auch das Bild der stilisierten Madonna im Logo eine weniger prominente Position gegeben. Olaz wird in Europa, Amerika, Asien und Australien vertrieben. Insgesamt erwirtschaftete The Procter & Gamble Company im Geschäftsjahr 2006/2007 einen Umsatz von 76,5 Mrd. USD. Zu dem Unternehmen gehören ca. 300 Marken, die in 160 Ländern vertrieben werden. Von den 138.000 Mitarbeitern des Konzerns sind 15.000 in Deutschland beschäftigt. Für das Deutschlandgeschäft ist die Procter & Gamble GmbH mit Sitz in Schwalbach am Taunus zuständig.

DATEN UND FAKTEN

Markenname: Olaz, Südafrika, Kunstwort, ursprünglich Oil of Olaz mit Assoziation zu einer imaginären Pflanze und ihren Ölen als Inhaltsstoff

Slogan: „Sie werden Ihre Haut lieben."

Erfinder: Graham Wulff, 1950er-Jahre

Markenregistrierung: 05.01.1965, DPMA München

Innovationen: Total Effects 7x Touch of Sunshine (2007), Total Effects 7x Vlies-Maske (2007)

Markenwebsite: www.olaz.de

UNTERNEHMEN

The Procter & Gamble Company

Hauptsitz: Cincinnati, USA

Geschäftsführer: Alan G. Lafley

Weitere Marken: → Gillette, → Max Factor, → head & shoulders, → Pantene Pro-V

Gesamtumsatz: 76,5 Mrd. USD (weltweit, 2006/2007)

Mitarbeiter: 138.000 in ca. 80 Ländern, 15.000 in Deutschland (2007)

KONTAKT

Procter & Gamble GmbH
Sulzbacher Str.40
65823 Schwalbach am Taunus
(0 61 96) 89-01
(0 61 96) 89-47 08
www.de.pg.com

MEILENSTEINE

1957 Einführung der Oil of Olaz Produkte in Australien

1959 Erste Markeneinführung in Europa, Vertrieb zunächst in Großbritannien

1963 Expansion in die USA, wenig später in den Niederlanden und Kanada

1966 Einführung der Pflegeprodukte in Deutschland

1985 The Procter & Gamble Company erwirbt die Marke Oil of Olaz.

2007 Reduzierung des Markennamens auf Olaz, Neugestaltung des Markenlogos

Ansprechpartner Presse:
Melanie Schnitzler
(0 61 96) 89-41 57
schnitzler.m@pg.com

Ute Glaser
(0 61 96) 89-33 31
glaser.u.1@pg.com

OLSEN

Die Marke Olsen geht auf das Jahr 1901 zurück, als Alfred L. Wolff eine Handelsgesellschaft gründete, aus des sich die heutige Holding Wolff & Olsen GmbH & Co. KG entwickelte. Die Holding ist bis heute im Familienbesitz und umfasst drei Unternehmensbereiche: Fashion (Olsen GmbH & Co KG), Food (Alfred Wolff GmbH) und Non-Food (British Continental Trading GmbH). Mit dem Import der ersten Pullover aus Fernost in den 1950er-Jahren wurde der Grundstein für das Modegeschäft gelegt und ab 1959 präsentierte das Unternehmen eine umfassende Kollektion. Im Jahr 1997 entstand aus der Firmenbezeichnung ein eigenes Modelabel. Unter dem Markennamen Olsen Collection wurden vier Kollektionen im Jahr präsentiert. Seit 1997 verfolgt die Marke das Konzept, mit drei Frauen als Werbeträgerinnen die Firmenphilosophie von „Freundschaft und emotionaler Stärke" auszudrücken. Im Jahr 2001 wurde der Markenname von Olsen Collection auf Olsen reduziert und die Modelinie wurde von nun an auch in eigenen Geschäften in Hamburg, Moskau, Riga, Wien und Dubai vertrieben. Mit der Umbenennung wurde auch das Logo der Marke zusammen mit der Agentur Fashion & Friends neu entwickelt. Seitdem steht der Markenname in weißen Lettern auf einem Quadrat in der Hausfarbe Rot (HKS 16 bzw. Pantone 1807). Das Markenzeichen soll in seiner Schlichtheit einen hohen Wiedererkennungswert besitzen und durch das Rot eine Signalwirkung entfalten. Seit 2003 bringt das Unternehmen sechs statt vier Kollektionen pro Jahr heraus. Jede Kollektion umfasst ein komplettes Warensortiment mit den Produktgruppen Strick, T-Shirts, Blazer, Blusen, Hosen, Röcke, Jacken, Mäntel und Kleider. Ergänzend kommen Accessoires in Form von Taschen, Schals und Gürteln hinzu. Für diese vergibt Olsen seit 2004 Lizenzen an andere Hersteller. Zielgruppe der Marke sind lt. Hersteller moderne, qualitätsbewusste Frauen ab 39 mit mittlerem bis hohem Einkommen. Inzwischen hat das Unternehmen weitere Tochterfirmen u. a. in Frankreich, Ka-

Olsen Geschäftsführer Carl Michael Wolff (Mitte) und Andrea Wolff (unten)

Der Hauptsitz der Olsen GmbH & Co. KG befindet sich seit Firmengründung in Hamburg.

nada, Großbritannien, den USA und Polen eröffnet.

DATEN UND FAKTEN

Markenname: Olsen, abgeleitet aus dem Familiennamen eines Firmengründers

Slogan: „olsen. fashion. worldwide."

Gründer: Manfred A. Wolff, 1959, Hamburg

Markenregistrierung: 03. 11. 1979, DPMA München

Markenbekanntheit: 35 % gest. bei Frauen im Alter von 14–64 (Brigitte Kommunikationsanalyse, 2006)

Auszeichnungen:
„Brand of the Year", Fashion Retail Award der engl. Zeitschrift Drapers Record (1997)
„Best woman's suit", Goldmedaille internat. Modemesse Polen (1998)

UNTERNEHMEN

Olsen GmbH & Co. KG

Hauptsitz: Hamburg, Deutschland

Geschäftsführer: Manfred A. Wolff, Carl Michael Wolff, Andrea Wolff, Anja Schübeler

Mitarbeiter: 180 in Deutschland (2006)

Gesamtumsatz: ca. 125 Mio. Euro (2006)

KONTAKT

Olsen GmbH & Co. KG
Schnackenburgallee 50
22525 Hamburg
(0 40) 8 55 60–0
(0 40) 8 55 60–4 90
www.olsen.de

Ansprechpartner Presse & Marketing:
Dorothee Ingwersen
(0 40) 8 55 60–3 45
dingwersen@olsen.de

Lead-Agentur:
Metaforms Design
www.metaforms.com

SCHON GEWUSST?

- Für Olsen standen die Schwestern Anja und Grit Kling, Sonja Kirchberger, Andrea Lüdke, Susan Atwell und Christina Plate als Werbeträger vor der Kamera.
- Olsen vertreibt seine Produkte an 1.400 nat. und 1.650 internat. Kunden in 50 Ländern. Tochterfirmen gibt es in Frankreich, Großbritannien, Kanada, Schweiz, USA und Polen.

OLYMP

Das Familienunternehmen Olymp produziert hochwertige Herrenoberbekleidung.

Olymp ist eine Konsumgütermarke im Bekleidungssektor und steht für hochwertige Herrenoberhemden. Das Unternehmen Olymp Bezner GmbH & Co KG stellt pflegeleichte Business- und Freizeithemden her, außerdem Poloshirts und Krawatten. Olymp wirbt mit hervorragenden Trage- und Pflegeeigenschaften, einer eigenständigen Kollektionshandschrift und dem ausgewogenen Preis-/Leistungsverhältnis seiner Produkte. Als Zielgruppe wird der modebewusste und qualitätsorientierte Geschäftsmann zwischen 30 und 59 Jahren mit mittlerem bis gehobenem Einkommen anvisiert. Eugen Bezner gründete das Familienunternehmen 1951 in Großingersheim, Kreis Ludwigsburg in der Wirtschaftsregion Stuttgart. Mit dem Markennamen wollte er eine Assoziation des Exklusiven hervorrufen. Der in Schwarzweiß gehaltene Versalienschriftzug des Logos steht für „Modernität und Dynamik". Mit der Einführung der bügel- und knitterfreien Hemdenlinie *Olymp Luxor* gelang dem Unternehmen 1996 eine bedeutende Innovation. Bis 2005 warb man mit dem Slogan „Weg mit der Bügelstrafe". Heute lautet er „Männer im Olymp". Olymp Produkte werden in Europa, in Asien und im Nahen Osten in insgesamt 40 Ländern vertrieben. In Deutschland beschäftigt Olymp ca. 300 Mitarbeiter, weltweit sind es etwa 3.000. Mit ca. 5 Mio. verkauften Artikeln lag der Jahresumsatz 2006 bei ca. 84 Mio. Euro. Im Juli 2007 ermittelte der Brancheninformationsdienst „markt intern" Olymp zum elften Mal in Folge als „Bestverkaufte Hemdenmarke des dt. Fachhandels". Auch innerhalb Europas gehört Olymp zu den führenden Herstellern.

UNTERNEHMEN

Olymp Bezner GmbH & Co KG
Höpfigheimer Str. 19
74321 Bietigheim-Bissingen
(0 71 42) 5 92-0
(0 71 42) 5 92-19
www.olymp.com

OLYMPUS

Olympus steht für opto-digitale Technologien. Das Produktportfolio umfasst Digitalkameras, Diktiergeräte, Ferngläser, medizinische und industrielle Endoskope sowie Mikroskope und diagnostische Analysesysteme. Die Marke Olympus wurde 1921 von dem jap. Unternehmen Takachiho Seisakusho eingeführt. Takeshi Yamashita und Shintaro Terada hatten den Betrieb 1919 mit dem Ziel gegründet, mikroskopische Anwendungen für den Haushalt einzuführen. Für den Markennamen Olympus stand der Götterberg aus der griech. Mythologie Pate. Er symbolisiert den Wunsch des Unternehmens, das Leben der Menschen durch die Herstellung optischer Geräte „aufzuhellen". Die Geschichte der Marke Olympus ist gekennzeichnet von zahlreichen Innovationen in den Bereichen Kameras, Endoskopie, Mikroskopie und Diagnostik. Eine wichtige Rolle bei der Markenentwicklung spielte der Designer Yoshihisa Maitani, der u.a. 1959 die erste Halbformatkamera, die Olympus Pen, entwickelte. Auch heute hat das Design bei Olympus einen hohen Stellenwert, was zahlreiche Auszeichnungen in den letzten Jahren belegen. Als Markenlogo verwendet das Unternehmen, das seit 2003 unter dem Namen Olympus Corporation firmiert, den Markennamen in blauen Blockbuchstaben. 2001 bekam der Schriftzug als zusätzliches Element einen gelben Unterstrich. Dieses opto-digitale Element soll die grenzlosen Möglichkeiten der digitalen Technologie und die Dynamik und Innovationskraft des Unternehmens symbolisieren. In Europa erzielte Olympus im Geschäftsjahr 2006/2007 einen konsolidierten Umsatz in Höhe von 1.707.2 Mio. Euro. Von den europaweit 4.800 Mitarbeitern sind 1.850 in Deutschland beschäftigt. Sitz der europäischen Dachorganisation Olympus Europa Holding GmbH ist Hamburg.

DATEN UND FAKTEN

Markenname: Olympus, abgeleitet aus der griech. Mythologie, der Berg Olympus ist dort Sitz der zwölf wichtigsten Götter

Slogan: „Your Vision, Our Future"

Gründer: Takeshi Yamahita und Shintaro Terada, 1921, Tokio/Japan

Markenregistrierung: 19.03.1974, DPMA München

Innovationen: erste Gastrokamera (1950), erste Halbformatkamera Olympus Pen (1959), HDTV Endoskopie (2006)

Jahresumsatz: 1.707,2 Mio. Euro (Europa, Geschäftsjahr 2006/07)

Auszeichnungen (Auswahl):
„red dot award: product design", für digitales Mikroskop MIC-D (2003)
„DIWA Platinum: Best Advanced Digital Camera", für Digitalkamera Camedia-8080 (2005)
„TIPA Best Innovative Design Award" für Digitalkamera μ 770 SW (2007)

UNTERNEHMEN

Olympus Europa GmbH
Wendenstr. 14–18
20097 Hamburg
(0 40) 2 37 73-0
(0 40) 2 37 73-46 54
www.olympus-europa.com

ONE DROP ONLY

Unter der Marke One Drop Only vertreibt das gleichnamige Unternehmen Produkte zur Reinigung und Pflege von Zähnen, Zunge und Zahnfleisch. Das Sortiment umfasst u.a. Mundspülungen, Zahncreme, Zungenreiniger und Mundspray. Den Grundstein für das Unternehmen legten 1949 der Kaufmann Otto Müller, der bereits seit 1927 in Berlin-Charlottenburg eine chemische Fabrik betrieb, und sein schottischer Schwiegersohn John Rorison. Mit der Idee, ein Mundwasser zu vertreiben, das schon in kleinsten Mengen optimal wirken sollte, gründeten sie die One Drop Only chemisch-pharmazeutische Vertriebs GmbH in Berlin. Der Unternehmensname geht auf einen Vorschlag des damaligen amerikanischen Stadtkommandanten zurück und sollte die sparsame Dosierung des neuen Mundwassers kommunizieren. Nach Abschluss umfangreicher Forschungsarbeiten brachte das Unternehmen 1950 das medizinische *Mundwasser Konzentrat Nur 1 Tropfen* auf den Markt, abgefüllt in Flaschen, deren Form und Inhalt bis heute nahezu unverändert geblieben sind. 1988 wuchs das

OLYMPUS

Preisgekrönte Digitalkamera Modell μ 770 SW der Marke Olympus

One Drop Only®

Nostalgieplakat zum 50-jährigen Firmenjubiläum, *Nur 1 Tropfen* (Mitte), Geschäftsführer Andreas Ehm (unten)

Sortiment um ein *Nur 1 Tropfen Mundspray*, 1997 führte One Drop Only mit *Nur 1 Tropfen Chlorhexidin* die erste chlorhexidinhaltige Mundspüllösung ohne Alkohol auf dem dt. Markt ein. Mit *Nur 1 Tropfen Zungenreiniger* (1998) sowie *Nur 1 Tropfen medizinisches Zahncreme Konzentrat* (2001) avancierte One Drop Only in den Folgejahren zum Systemanbieter für Mund- und Zahnhygiene.

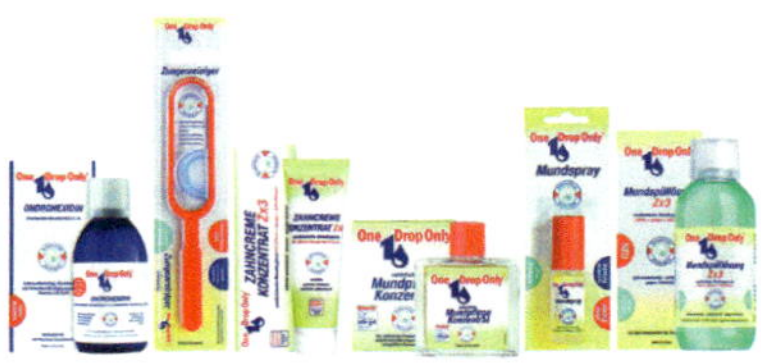

One Drop Only hat sich seit seiner Gründung 1950 zum Systemanbieter für Mund- und Zahnhygiene entwickelt.

Anfangs firmierten die Produkte aus dem Hause One Drop Only in Deutschland unter dem Markennamen *Nur 1 Tropfen,* bis das Unternehmen 2005 die Bezeichnung zugunsten der globalen Markentransparenz vereinheitlichte. Die Produkte werden weitgehend mit natürlichen Inhaltsstoffen hergestellt und in Deutschland und einigen europäischen Ländern sowie in Russland, Hongkong, Taiwan, Israel und der Türkei vertrieben. Das heutige Markenlogo ist in den Hausfarben Rot und Blau gehalten. Der Schriftzug One Drop Only wird ergänzt durch eine deutlich vergrößerte Eins in Kombination mit dem charakteristischen Tropfen: Dies soll die sparsame Verwendung der Produkte aus dem Hause One Drop Only illustrieren.

DATEN UND FAKTEN

Markenname: One Drop Only, soll die sparsame Dosierung des Mundwassers verdeutlichen

Slogan: „One Drop Only. Und der Mund atmet auf"

Erfinder: Otto Müller und John Rorison, 1949

Markenregistrierung: 31. 07. 1957, DPMA München

Innovationen: One Drop Only Zungenreiniger (1998)

UNTERNEHMEN

One Drop Only chemische-pharmazeutische Vertriebs GmbH

Hauptsitz: Berlin, Deutschland

Geschäftsführer: Andreas Ehm

Vertrieb: Deutschland, Italien, Österreich, Russland, Türkei, Hongkong, Taiwan, Israel

KONTAKT

One Drop Only chemisch-pharmazeutische Vertriebs GmbH
Stieffring 14
13627 Berlin
✆ (0 30) 3 46 70 90–0
🖷 (0 30) 3 46 70 90–40
💻 www.onedroponly.de

Ansprechpartner Presse:
Pronomen GmbH
Nanett Dietz
✆ (02 21) 94 08 12–0
nanett.dietz@pronomen.de

Lead-Agentur:
Pronomen GmbH
💻 www.pronomen.de

MEILENSTEINE

1949 Gründung der One Drop Only chemisch-pharmazeutischen Vertriebs GmbH durch Otto Müller und John Rorison

1950 *Nur 1 Tropfen medizinisches Mundwasser Konzentrat*

1971 Umzug des Unternehmens an den heutigen Standort am Stieffring in Berlin-Charlottenburg

1988 *One Drop Only Mundspray* kommt auf den Markt.

1998 Der *Nur 1 Tropfen Zungenreiniger* hat seinen ersten öffentlichen Auftritt.

2001 Mit dem größten Werbeetat in der Unternehmensgeschichte beginnt die Markteinführung von *Nur 1 Tropfen medizinisches Zahncreme Konzentrat*

2005 Die Unterscheidung zwischen Unternehmensmarke One Drop Only und Produktmarke *Nur 1 Tropfen* wird zugunsten der einheitlichen Markenbezeichnung One Drop Only aufgegeben.

OPEL

OPEL

Opel Corsa aus dem Jahr 2006 (Mitte), Vorsitzender der Geschäftsführung Hans H. Demant (unten)

In Deutschland ist General Motors (GM), der größte Automobilhersteller der Welt, vertreten durch die Marken Opel, Saab, Chevrolet,

Cadillac und Corvette, die über ein großes Netz von Händlern und Servicepartnern vertrieben werden. Opel ist die Kernmarke von GM in Deutschland mit einer langjährigen Tradition. Das Unternehmen entstand 1862 in Rüsselsheim und wurde 1929 Teil der GM-Markenfamilie. Adam Opel gründete zunächst eine Firma zum Bau von Nähmaschinen und war dank guter Qualität schnell erfolgreich. Schon bald begann das Unternehmen mit der Produktion von Fahrrädern und

Im Sportwagensegment ist der Automobilhersteller Opel mit dem Modell Opel GT vertreten.

entwickelte sich im Laufe der Jahre zu einem der weltgrößten Fahrzeugproduzenten. Seit Beginn der Automobilherstellung im Jahr 1899 wurden lt. Unternehmensangaben mehr als 60 Mio. Einheiten produziert. Das Leitmotiv des Autobauers blieb dabei konstant: moderne Technologie für einen breiten Käuferkreis erschwinglich zu machen. Im Opel Produktportfolio findet sich ein breites Angebot an Fahrzeugen: vom Kleinwagen *Agila* bis hin zum Oberklasse Fahrzeug *Signum*. Zudem produziert Opel eine Reihe leichter Nutzfahrzeuge für gewerbliche Kunden. Der erste Vorläufer des Markensignets entstand 1937. Heute präsentiert es sich als ein von einem horizontalen Blitz geteiltes Rad, dessen silbrig-dreidimensionales Design auf die Autoplakette verweist. Während das Rad Mobilität verspricht, steht der Blitz als Sinnbild für menschliche Innovationskraft. In Deutschland ist Opel heute durch rund 1.500 Händler- und fast 2.000 Servicebetriebe vertreten. 2006 erzielte das Unternehmen nach eigenen Aussagen mit dem neuen Opel *Corsa* die erfolgreichste Neueinführung in der Unternehmensgeschichte. Nachdem Opel bereits 1989 mit der serienmäßigen Einführung des geregelten Katalysators umweltfreundliche Technologien beworben hatte, spielt das Thema Umwelt auch in der aktuellen Kommunikation mit der sog. „ecoFlex"-Initiative wieder eine wichtige Rolle. Opel verkaufte 2006 auf dem dt. Markt rund 350.000 Personenwagen und leichte Nutzfahrzeuge und erreichte damit einen Marktanteil von über 9 %. GM Europe beschäftigt rund 27.000 Mitarbeiter in Deutschland.

DATEN UND FAKTEN

Markenname: Opel, Familienname des Gründers

Gründer: Adam Opel, 1862, Rüsselsheim

Innovationen: Flex7-Sitzsystem im *Opel Zafira* (1999), FlexFix Fahrradträgersystem im *Opel Corsa* (2006)

Auszeichnungen:
„Goldenes Lenkrad", Bild am Sonntag für Kompaktvan *Opel Zafira* (2005)

Literatur:
M. Bolsinger et al.: Opel – Mobilität mit Tradition (2000)
A. Lengert et al.: Opel – Motorsport mit Tradition (2002)

UNTERNEHMEN

Adam Opel GmbH

Hauptsitz: Rüsselsheim, Deutschland

Geschäftsführung: Hans H. Demant (Vorsitzender), Eric Alstrom, Reinald Hoben, Holger Kimmes, Marco Molinari, Thomas Owsianski, Alain Visser

KONTAKT

Adam Opel GmbH
65423 Rüsselsheim
(0 61 42) 7-70
(0 61 42) 7-7 88 00
www.opel.de

Lead-Agentur für Deutschland:
McCann Erickson BCA
www.mccann.de

SCHON GEWUSST?

Im Jahre 1928 erreichte der Autoentwickler Fritz von Opel auf der Berliner Rennbahn AVUS mit seinem raketengetriebenen Modell RAK 2 die damalige Rekordgeschwindigkeit von 220 km/h.

OPTIBELT

1872 gründete Emil Arntz die Höxtersche Gummifädenfabrik, die neben ihrem Kernprodukt in den folgenden Jahren auch Formartikel, gummierte Stoffe und Zahnkaut-

optibelt
Power Transmission

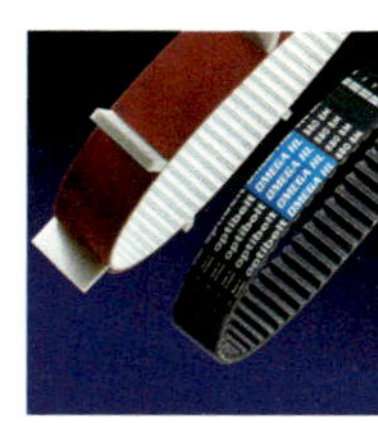

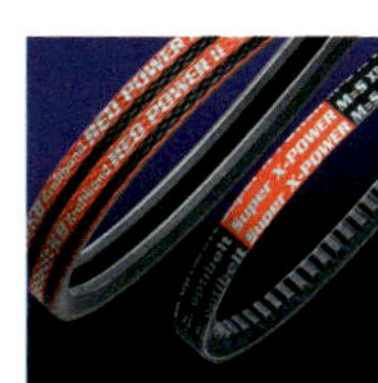

Das Kerngeschäfts von Optibelt liegt in der Produktion von Antriebsriemen für Maschinen und Automobile.

1872 gründete Emil Arntz eine Gummifädenfabrik im ostwestfälischen Höxter, wo bis heute das Unternehmen Optibelt seinen Hauptsitz hat.

schuk in ihr Sortiment aufnahm. Den Anlass für das heutige Kerngeschäft, die Produktion von Antriebsriemen, lieferte schließlich die Neuorientierung und Erweiterung des Produktportfolios nach dem 2. Weltkrieg: 1948 begann die Keilriemenproduktion unter dem Namen Optibelt. Heute umfasst das Firmensortiment ummantelte und flankenoffene Keilriemen und Kraftbänder, Zahnriemen aus Gummi und Polyurethan sowie Rippenbänder in insgesamt über 9.000 Abmessungen und Ausführungen. Die Erzeugnisse von Optibelt werden im Maschinenbau, in der Zement- und Textilindustrie sowie u. a. in Landmaschinen, Haushaltsgeräten, Kompressoren und Automobilen eingesetzt. Das Markenlogo stellt einen Querschnitt durch einen Keilriemen dar und wurde in Farbe und Schrift stets dem Zeitgeist angepasst. Als Hausfarbe dient Optibelt ein sattes Rot (HKS 14 bzw. RAL 3020), Hausschrift ist die Helvetica, in der auch der aktuelle Slogan „Optibelt - starker Antrieb" erscheint. Der Kautschukverarbeiter verortet sich im oberen Qualitätssegment und pflegt seine Marke durch umfangreiche Presse- und Öffentlichkeitsarbeit durch Kundenzeitschriften, Teilnahme an dt. wie internat. Messen und Ausrichtung von Fachseminaren. Das Unternehmen ist lt. Eigenauskunft europäischer Marktführer im industriellen Bereich. 1999 entwickelte Optibelt den weltweit ersten wartungsfreien ummantelten Keilriemen *Red Power*. Eine weitere Marktneuheit des Unternehmens ist *S=C Plus*, ein ummantelter Keilriemen, der ungemessen satzverwendbar ist. Weiterhin gehören zur Markenfamilie die Produkte *Optibelt Super X-Power*, *Optibelt Omega* und *Optibelt Alpha*. Das Sortiment wird weltweit über eigene Vertriebsgesellschaften und Vertriebspartner verkauft. Das derzeit von Heinz Wilkening, Konrad Ummen und Dr. Arnd Mathias geleitete Unternehmen beschäftigte im Jahr 2007 weltweit ca. 1.400 Mitarbeiter.

DATEN UND FAKTEN

Markenname: Optibelt, Akronym zusammengesetzt aus **opt**imal und **belt** (engl. Bezeichnung für Riemen)

Slogan: „Optibelt - starker Antrieb"

Gründer: Emil Arntz, 1872, Höxter

Markenregistrierung: 23.09.1953, DPMA München

Innovationen: wartungsfreie Keilriemen *Optibelt Red Power II*

Auszeichnungen:
„Top-Partner", VTH Verband Technischer Handel (1999, 2004)
„Prefered Supplier", Class Mähdrescher (2006)

UNTERNEHMEN

Optibelt GmbH

Hauptsitz: Höxter, Deutschland

Vorstand: Heinz Wilkening, Konrad Ummen, Dr. Arnd Mathias

Vertrieb: weltweit über eigene Vertriebsgesellschaften und Vertriebspartner

Mitarbeiter: ca. 1.400 (weltweit, 2007)

KONTAKT

Optibelt GmbH
Corveyer Alle 15
37671 Höxter
✆ (0 52 71) 62-1
🖷 (0 52 61) 97 62 00
💻 www.optibelt.com

Ansprechpartner Presse & Marketing:
Wolfgang Kosubek
✆ (0 52 71) 62-3 92
✉ w.kosubek@optibelt.com

MEILENSTEINE

1872 Emil Arntz gründet die Höxtersche Gummifädenfabrik.

1948 Beginn der Keilriemenproduktion unter dem Namen Optibelt

1960–1975 Gründung der ersten Optibelt-Vertriebsgesellschaften in Europa

1999 Optibelt fertigt den weltweit einzigen wartungsfreien ummantelten Keilriemen *Optibelt Red Power.*

2007 Aufbau einer Produktion in China

ORACLE

Die Oracle Corporation, 1977 von Lawrence J. Ellison, Bob Miner und Ed Oates gegründet, ist ein global operierender Anbieter von Unternehmenssoftware. Vor knapp 30 Jahren begannen die Firmengründer damit, die Technologie von relationalen Datenbänken zu vermarkten, die bis zu diesem Zeitpunkt nicht kommerziell genutzt wurde. Ist eine Datenbank relational konstruiert, lassen sich Datenbestände durch logische Beziehungen verknüpfen. Das in Redwood Shores (Kalifornien, USA) ansässige Unternehmen beschäftigt heute weltweit ca. 74.000 Mitarbeiter, die im Fiskaljahr 2007 einen Umsatz von 18 Mrd. USD erwirtschafteten. Das IT-Unternehmen entwickelt Software und Services für Unternehmen und staatliche Organisationen. Neben Datenbanken, Tools und Anwendungslösungen bietet das Unternehmen auch Dienstleistungen wie Beratung, Training und Support an. Drei Maximen stehen bei der Entwicklung der Software im Vordergrund: Vereinfachung, Standardisierung und Automatisierung. Die Berücksichtigung dieser Vorgehensweisen soll den Kunden die Nutzung ihrer jeweiligen IT-Infrastruktur, die in ihrem Unternehmen verwendet wird, erleichtern. Ein weiteres Augenmerk liegt bei Oracle auf der Kompatibilität der einzelnen Produkte. Software wird im sog. „Suit-Ansatz" so entwickelt, dass sie mit anderen Software-Programmen von Oracle verbunden und damit gemeinsam zur Anwendung genutzt werden kann. Zudem ist die Produktlinie vollständig internetfähig. Die ORACLE Deutschland GmbH ist in Deutschland mit zehn Niederlassungen mit Hauptsitz in München vertreten.

UNTERNEHMEN

ORACLE Deutschland GmbH
Riesstr. 25
80999 München
✆ (01 80) 2 67-22 53
🖷 (01 80) 2 67-23 29
🖳 www.oracle.com/de

ORAL-B

Die Marke Oral-B steht für Mund- und Zahnpflegeprodukte. Zu ihnen zählen Handzahnbürsten, Interdentalpflegeprodukte wie Zahnseide sowie Zahncremes und Mundwasser. Elektrische Zahnbürsten, Mundduschen und Mundpflege-Center werden über die Marke Braun Oral-B angeboten, die mit der Marktreife der Braun Oral-B Plaque Remover 1991 eingeführt wurde und Synergien der Firmen Oral-B und Braun bündelt. Der Markenname Oral-B wurde von Gründer Dr. Hutson entwickelt. Das Logo zeigt den Markennamen in weißer Schrift vor blauem Grund in einem Viereck mit abgerundeten Ecken. 2006 lautete der Slogan der Marke in Deutschland „Die Zahnbürstenmarke, die Zahnärzte am häufigsten empfehlen". Entwickelt und patentiert wurde die erste Oral-B-Zahnbürste mit den charakteristischen weichen Nylonborsten von dem kalifornischen Zahnarzt Dr. Robert Hutson im Jahr 1950. Das erste Produkt nannte sich Oral-B 60, da es sich aus insgesamt 60 Borstenbüscheln zusammensetzte. Seitdem folgten zahlreiche Produktinnovationen. Im Bereich Handzahnbürsten ist Oral-B in den USA Marktführer. Im Segment Kinderhandzahnbürsten konnte Oral-B durch Lizenzen, die den Aufdruck z.B. von Disney-Figuren erlaubten, stark wachsen. Als „Garagenfirma" gegründet, expandierte das Unternehmen in den 1960er- und 1970er-Jahren nicht zuletzt deshalb, weil seine Produkte von vielen Zahnärzten empfohlen wurden. In dieser Zeit wurden auch neue Märkte in Europa, Südamerika und Fernost erschlossen. 1984 wurde die Firma von The Gillette Company übernommen, die seit dem 1. Januar 2007 zum Konzern Procter & Gamble gehört.

UNTERNEHMEN

Procter & Gamble Service GmbH
Sulzbacher Str. 40–50
65824 Schwalbach am Taunus
✆ (0 61 96) 89-01
🖷 (0 61 96) 89-47 08
🖳 www.oralb.com

ORANGINA

Die Marke Orangina steht für kohlensäurearme Erfrischungsgetränke auf der Basis von Fruchtsaftkonzentrat. Durch Schütteln der Flasche vermischt sich das Fruchtfleisch des Konzentrats mit dem Saft. Die Rezeptur geht auf den span. Wissenschaftler Dr. Trigo zurück, der in den 1930er-Jahren ein Verfahren zur Herstellung von Saftkonzentrat entwickelte und Säfte unter der Marke *Naranjina* auf den Markt gebracht hatte. In den 1940er-Jahren erwarb die algerisch-franz. Familie Beton das Rezept und benannte die Marke in Orangina um. Orangina ist seit 2003 auch in Deutschland flächendeckend erhältlich. Zum Sortiment zählen Orangina *classic*

ORACLE

Oracle ist ein global operierender Anbieter von Unternehmenssoftware.

in der charakteristischen bauchigen Gastronomieflasche (0,25 l) oder PET-Flasche (0,5 l und 1 l) sowie Orangina *rouge* in der Gastronomieflasche. Im Zentrum des Markenauftritts steht der sog. Orangen-Wirbel, eine mit einer Orangenschale angedeutete Spiralform. Er wurde 1953 von Bernard Villemont für eine Plakatkampagne entworfen. Anfang 2006 wurden das Logo und der gesamte Markenauftritt neu gestaltet. Das Marketing von Orangina setzte früh auf Anzeigen, Radio-Spots, Gewinnspiele und seit den 1970er-Jahren auch auf Fernsehwerbung. Der erste TV-Spot („The Barnman's Tick", Regie: Jean-Jacques Annault) gewann 1974 den Goldenen Löwen in Venedig. Die Markenbekanntheit konnte 1989 weiter gesteigert werden, als der Lambada-Song aus einem Orangina-Spot zum Sommerhit in vielen Ländern wurde. Die Marke Orangina gehörte bis 2006 zum Cadbury-Schweppes-Konzern und wurde dann von der Investorengruppe Lion Capital und The Blackstone Group gekauft. In Deutschland hält seit 2006 die Krombacher Brauerei die Orangina-Vertriebsrechte. Der Exklusiv-Vertrieb für die Gastronomie erfolgt durch die MBG International Premium Brands, Paderborn.

UNTERNEHMEN

MBG International Premium Brands GmbH
Kasseler Mauer 11
33098 Paderborn
✆ (0 52 51) 29 03 20
www.mbg-online.net

ORIGINAL WAGNER

Die Marke Original Wagner steht für Steinofen-Pizza nach handwerklicher Backtradition. Der Bäcker Ernst Wagner gründete das Unternehmen 1952 zunächst als Bäckerei. 1958 begann er mit dem Vertrieb von Tiefkühlprodukten. Die ersten tiefgefrorenen Pizzen kamen 1973 auf den Markt, gefolgt von der Original Wagner *Steinofen-Pizza* im Jahr 1985. Seitdem grenzt sich die Wagner Tiefkühlprodukte GmbH von ihren Mitbewerbern in ihrem Segment dadurch ab, dass sie ihre Produkte nach einem eigens entwickelten Backverfahren im Steinofen bäckt. Neben den verschiedenen Varianten der Original Wagner *Steinofen-Pizza* bietet Wagner seit 1996 kleine Pizza-Häppchen Original *Piccolinis*, und seit 2005 mit Original *Balance* eine Wellness-Pizza an. Eine Tiefkühlpizza in Bio-Qualität rundet das Angebot seit 2007 ab.

Markenzeichen von Original Wagner (oben), Original Wagner Steinofen-Pizza (Mitte), Einblick in die Produktion (unten)

Prägnantes Markenzeichen ist die Wagner-Wortmarke auf weißer Tortenspitze vor blauem Fond. Das Logo nimmt Bezug auf die handwerkliche Backtradition und den Ursprung des Unternehmens. Die Hausschriften Americana und Optima sowie der Farbcode aus Rot (Pantone 1795) und Blau (Pantone 2747) bilden wichtige Merkmale des Corporate Designs. Seit einer Modifikation 2007 ist das Logo auf der Faltschachtel in 3D-Optik abgebildet. Unter der Dachmarke Original Wagner Steinofen vertreibt Wagner seine Produkte auf den Kernmärkten Deutschland, Österreich und in den Benelux-Staaten. Zudem exportiert das Unternehmen seine Erzeugnisse nach Skandinavien, Süd- und Osteuropa.

Hist. Schnappschuss von Ernst Wagner in seiner Bäckerei im saarländischen Nonnweiler-Braunshausen

DATEN UND FAKTEN

Markenname: Original Wagner, Bezug zum Familiennamen des Gründers Ernst Wagner und auf die Backweise

Slogan: „Einmal Wagner – immer Wagner"

Gründer: Ernst Wagner, 1968, Braunshausen

Markenregistrierung: 06. 02. 1997, DPMA München

Innovationen: Die Original Wagner Steinofen-Pizza (1985), Big Pizza nach Amerikanischer Art (1995), Original Piccolinis (1996), Herzhafter Flammkuchen (1999), Original Balance (2005), NaturLust (2007)

UNTERNEHMEN

Wagner Tiefkühlprodukte GmbH

Hauptsitz: Nonnweiler, Deutschland

Geschäftsführung: Anette Hares, Gottfried Hares, Günter Wagner

Mitarbeiter: 1.171 (2006)

Vertrieb: europaweit

KONTAKT

Wagner Tiefkühlprodukte GmbH
Ernst-Wagner-Str. 48
66620 Nonnweiler-Braunshausen
(0 68 73) 6 65-0
(0 68 73) 6 65-32 95 09
www.wagner-pizza.de

Ansprechpartner Presse:
Anke Barge
anke.barge@wagner-pizza.de

Ansprechpartner Marketing:
Hans-Joachim Schuhmacher
hans-joachim.schuhmacher@wagner-pizza.de

Lead-Agentur:
Heye & Partner GmbH
www.heye.de

MEILENSTEINE

1952 Eröffnung einer Bäckerei in Nonnweiler-Braunshausen durch Ernst Wagner

1958 Ernst Wagner übernimmt die Gaststätte der Eltern und beliefert mit Schwenkbraten als erstem Tiefkühlprodukt Handels- und Gastronomiebetriebe im Saarland und in Rheinland-Pfalz.

1968 Herstellung von Tiefkühlprodukten in eigener Großbraterei und Auslieferung im Kochbeutel

1973 Erste Schritte in der Herstellung von Pizza als Tiefkühlprodukt

1985 Einführung der Original Wagner *Steinofen-Pizza*, hergestellt im Wagner Backverfahren als Novum auf der Anuga

1995 Vorstellung der Innovation *Big Pizza nach Amerikanischer Art* als Erweiterung der Produktpalette

2005 Nestlé wird als internat. Kooperationspartner gewonnen und erhält eine Minderheitsbeteiligung.

ORION

Die Vertriebsmarke Orion steht für den Versand von Produkten aus dem Erotikbereich für Erwachsene ab 18 Jahren. Der Name der Marke ist abgeleitet vom Sternbild des Orion. Lt. einer Sage aus der griech. Mythologie war die unsterbliche Liebe zwischen der Göttin der Jagd Diana und dem Jäger Orion für das Sternbild namensgebend. Angelehnt daran soll die Marke Orion als ein Synonym für Partnerschaft und softe Erotik stehen. Diese Botschaft unterstreicht auch der Slogan des Unternehmens: „Mehr Spaß zu zweit". Das Logo der Orion-Gruppe wurde 1986 im Hause Orion entwickelt und seitdem mehrmals optisch aktualisiert. Gegründet wurde die Orion-Gruppe 1981. Die Anfänge des Unternehmens gehen in die 1940er-Jahre zurück. Damals eröffnete das Ehepaar Rotermund einen Kondomversand in Flensburg. In den 1960er-Jahren wurde der hauseigene Carl Stephenson Verlag gegründet und eine eigene Film- bzw. Video-Produktion kam hinzu. Inzwischen führt das Unternehmen ein Erotik-Vollsortiment mit Mode, Wäsche, Sex-Spielzeug und Kondomen. 2007 gehören zur internat. agierenden Unternehmensgruppe Orion sechs Versandhäuser und 170 Orion-Fachgeschäfte in Deutschland, Dänemark, Norwegen, Schweden, Österreich, der Schweiz und Spanien. Insgesamt sind 900 Mitarbeiter für das Unternehmen tätig, davon 300 im Firmensitz in Flensburg. Die Produkte der Orion-Gruppe werden über den Versandhandel, Großhandel und die Orion-Fachgeschäfte vertrieben.

DATEN UND FAKTEN

Markenname: Orion, abgeleitet vom Namen des Sternbildes Orion

Slogan: „Mehr Spaß zu zweit"

Gründer: Dirk Rotermund & Klaus Uhse, 1981, Flensburg

Mitarbeiter: 900 (2007)

Vertrieb: weltweit

Auszeichnungen:
„Venus Award", diverse u. a. Dirk Rotermund für sein Lebenswerk (2001)
„red dot award: communications design" für den Image-Spot „Handtuch/Towel" (2004)
„Best-New 18/1" für den Plakatentwurf „Echt scharf!" (2005)

UNTERNEHMEN

ORION Versand GmbH & Co. KG
Schäferweg 14
24941 Flensburg
(04 61) 50 40-0
www.orion.de

Die Orion-Gruppe beschäftigt an ihrem Firmensitz in Flensburg über 300 Mitarbeiter.

ORYZA seit 1976

iss anders!

ORYZA steht für besondere Qualitätsreissorten.

OSBORNE

Der berühmte „El Toro" im Osborne-Logo steht für Kraft und Stolz.

ÖRTLICHE

→ DasÖrtliche

ORYZA

Die Marke ORYZA der Euryza GmbH steht für das Segment „loser Reis". Der Markenname ORYZA ist die botanische Bezeichnung für Reis. Von zwei Sorten beim Start der Marke im Jahr 1976 wuchs das ORYZA-Sortiment auf vier Basis-Reissorten (z.B. Natur-Reis oder Milch-Reis) und acht Reisspezialitäten (z.B. Risotto und Paella-Reis, Sushi-Reis oder Wildreis) an. Mit dieser Variationsbreite wendet sich die Marke insbesondere an Käufer, die lt. Hersteller „auf anspruchsvollen Genuss setzen" und gerne kreativ und abwechslungsreich kochen. Bekannt wurde die Marke in den 1990er-Jahren mit dem Claim „Sind Sie reif für diesen Reis?". Seit 2004 wird die Marke ORYZA wieder im TV beworben. Das Motto der TV-Kampagne lautet „Raus aus der Reisroutine". Der Claim „ORYZA – iss anders" untermauert die Aufforderung zu mehr kreativer Kochkunst. Das ORYZA Logo zeigt den Markennamen in weißen Versalien auf einem schwarzen Oval. Jede Reissorte hat ihre eigene Verpackungsfarbe. Logo und Verpackungs-Relaunch im Jahr 2007 hat die Designer-Agentur Lothar Böhm entwickelt. Neueste Produktinnovationen waren ORYZA Trigrano-Reis und ORYZA Sushi-Reis. Mit ORYZA ist die Euryza GmbH Marktführer im Segment loser Reis im dt. Lebensmitteleinzelhandel (Firmenangaben). Vertrieben wird die Marke in Deutschland und Österreich. Das Unternehmen verarbeitet jährlich über 70.000 t Reis und ist nach eigenen Angaben der größte Reisexporteur Deutschlands. In Deutschland selbst setzt Euryza unter der Marke ORYZA bis zu 8.000 t Reis im Jahr ab. Beliefert werden der Lebensmittel-Einzelhandel, der Großhandel, die Tiefkühl- und Convenience-Industrie sowie Großverbraucher und Schiffsausrüster. Neben ORYZA gehört auch die Marke → reis-fit zum Portfolio des Unternehmens. Die Euryza GmbH gehört zur belg. Firma Boost Nutrition, die ihrerseits unter dem Dach des span. Nährmittelkonzerns Ebro Puleva beheimatet ist.

DATEN UND FAKTEN

Markenname: ORYZA

Slogan: „ORYZA – iss anders!"

Erfinder: Euryza GmbH, 1976

Markenregistrierung: 01.07.1997, DPMA München

Innovationen: Natur-Reis (1978), Basmati-Reis (1991), Wildreis (1992), Trigrano-Reis (2006), Sushi-Reis (2006)

Markenwebsite: www.oryza.de

UNTERNEHMEN

Euryza GmbH
Oberwerder Damm 11–21
20539 Hamburg
✆ (0 40) 7 81 06–0
🖷 (0 40) 78 72 45
🖳 www.euryza.de

OSBORNE

Die Marke Osborne steht als Spirituosenmarke für Sherrys, Ports, Weine und Brandys. Über die → Bacardi GmbH werden in Deutschland die Brandys der Marke vertrieben. Brandys gehören zu den sog. braunen Spirituosen und werden aus Weindestillaten gewonnen. Zur Produktpalette zählen *Osborne 103*, *Osborne Veterano*, *Osborne Reserva del Toro* und *Conde de Osborne*. Diese Brandys reifen ein bis zehn Jahre lang in Eichenfässern und werden nach einem bestimmten Lagerungssystem, dem Solera-Verfahren, hergestellt. Der Alkoholgehalt liegt bei 36 % (Conde de Osborne: 40,5 %). Konsumiert wird Osborne pur, pur auf Eis, als Longdrink oder in Cocktails. Produziert werden die Brandys in Puerto de Santa Maria in der Nähe der span. Stadt Jerez und in den Abfüllmengen 0,7 l und 1,0 l angeboten. Zielgruppe der Marke sind vor allem Männer zwischen 25 und 49 Jahren. Der Markenname leitet sich von dem engl. Unternehmer Thomas Osborne ab, der 1772 in Südspanien mit der Herstellung von Brandy begann. Das Logo zeigt „El Toro", einen schwarzen Stier, der für Kraft, Temperament, Charakter, Stolz und das Ursprungsland Spanien steht. 1957 wurde er zum ersten Mal als 12 m hohe Silhouette in der Nähe von Autobahnen aufgestellt. Heute stehen 90 Stiere in Spaniens Straßen und die ursprüngliche Werbefläche ist längst zur Ikone geworden. Markeneigentümer ist die Grupo Osborne, S. A., Spanien. Der dt. Distributeur, die Bacardi GmbH, hat seinen Geschäftssitz in Hamburg.

UNTERNEHMEN

Bacardi GmbH
Hindenburgstr. 49

22297 Hamburg
(0 40) 3 39 50-0
(0 40) 3 39 50-2 14
www.osborne.de

OSPA

Die Marke Ospa steht für Schwimmbadtechnik „made in Germany", und dabei speziell für Aufbereitungsverfahren für maximal natürliches Schwimmbadwasser ohne Chlorgeruch, auf der Basis von Aktivkohle und Kochsalz. Seit mehr als 50 Jahren liefert die Ospa Apparatebau Pauser GmbH in Mutlangen alles, was Planer und Ausführende zum Bau und Betrieb von Schwimmbädern oder Whirlpools benötigen, wie z.B. Filter-, Desinfektions- und Dosieranlagen sowie Einbauteile, Überlauftechnik, Oberflächenreiniger und Beckensauger. Massagestationen, Wildquell, Luftstrudel, Gegenstromanlage, Nackenschwall und Wasserfall sowie Unterwasserscheinwerfer ergänzen die Produktpalette. Eine Produktinnovation der Marke ist *Ospa-BlueControl*, ein Regel- und Steuercomputer mit multifunktionalem Touchscreen für die gesamte Schwimmbad-, Lüftungs- und Lichttechnik. Die Produkte der Marke richten sich an private Bauherren, gehobene Hotels und öffentliche Bäderbetriebe. Produkte von Ospa werden europaweit vertrieben. Der Service des Unternehmens ist flächendeckend, in Deutschland durch einen Werkskundendienst, vertreten. Der Markenname Ospa setzt sich zusammen aus den Anfangsbuchstaben des Namens Oscar Pauser, der 1929 das Unternehmen gründete. Die Marke ist beim DPMA München eingetragen. Das Logo der Marke zeigt den Schriftzug Ospa in blauer Farbe. Die kursiv gehaltenen Buchstaben mit abgerundeten Ecken sollen in Kombination mit dem Blau einen Bezug zu Wasser herstellen. Darunter steht in Schwarz „das Schwimmbadwasser".

UNTERNEHMEN

Ospa-Apparatebau Pauser GmbH & Co. KG
Goethestr. 5
73557 Mutlangen
(0 71 71) 7 05-0
(0 71 71) 7 05-1 99
www.ospa.info

Ospa steht für Schwimmbadtechnik „Made in Germany".

OSTMANN

Ostmann ist eine der führenden dt. Gewürzmarken. Der Drogist Karl Ostmann gab ihr seinen Namen, als er seine Idee umsetzte, portionierte und preisgünstige Beutelverpackungen anzubieten. Zunächst packte er diese in der eigenen Drogerie ab. 1902 gründete er in Bielefeld die Gewürzfabrik Ostmann, in der Mitarbeiter mit Hilfe von geeichten Dosier-Instrumenten die Gewürze von Hand abfüllten. Ostmann gelang es, seine Produkte auch im Kolonialwarenhandel zu platzieren. 1928 ließ er sich den ersten Gewürzverkaufsschrank patentieren. Unter dem Namen „Ostmann-Gewürze – von der Mühle bis zur Küche" entwickelte sich ein Markenbegriff, der sich in den 1930er-Jahren in Deutschland durchsetzte. Ostmann führte als erstes Unternehmen industriell bearbeitete und abgefüllte Gewürze, Kräuter und Mischungen in verbrauchergerechten Verpackungen in den Lebensmittelhandel ein. Das Logo des Unternehmens besteht aus dem Namenszug in einer halbkreisförmigen roten Vignette, die an den wieder verschließbaren Deckel eines Gewürzglases erinnert. Nach Angaben der Ostmann Gewürze GmbH kennen mehr als 75 % der Deutschen die Marke Ostmann, die mit einem Marktanteil von über 30 % den Markt anführt. Neben Gewürzen, Kräutern und Mischungen in Gewürzstreuern und Beuteln verschiedener Größe umfasst das Sortiment auch Aromen. Das Unternehmen Ostmann blieb bis 1994 in Familienbesitz. Heute gehört Ostmann zur FUCHS-Gruppe, dem nach eigenen Angaben größten Gewürzanbieter in Europa und zweitgrößten Hersteller weltweit. Die FUCHS-Gruppe, die Gewürze unter der Marke → FUCHS vertreibt, produziert auch geschmacksbildende Hilfs- und Grundstoffe sowie Geschmacksverstärker, Aromen und Extrakte für Großverbraucher, das Ernährungshandwerk und die Lebensmittelindustrie. Das Sortiment umfasst insgesamt über 7.000 Produkte.

DATEN UND FAKTEN

Markenname: Ostmann, Familienname des Gründers

Slogan: „Das Geheimnis guter Gewürze"

Gründer: Karl Ostmann, 1902, Bielefeld

Markenregistrierung: 21. 03. 1930, Reichspatentamt Berlin

Innovationen: Ostmann Backstube (2006)

UNTERNEHMEN

Ostmann Gewürze GmbH
Westring 15–17
49201 Dissen a.T.W.

Die Gewürzmarke Ostmann gehört zur FUCHS-Gruppe.

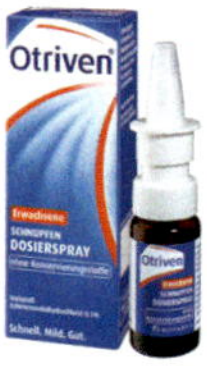

Auf den Otriven-Verpackungen findet sich auch der Hinweis, ob das Produkt für die Behandlung Erwachsener oder von Säuglingen geeignet ist.

Titel der Herbst/Winter 2007-Ausgabe des OTTO-Katalogs (Mitte), Vorstandsvorsitzender der Otto Group Hans-Otto Schrader (unten)

(0 54 21) 3 09-0
(0 54 21) 3 09-1 11
www.ostmann.de

OTRIVEN

Die Marke Otriven steht für ein Schnupfenspray, das in Deutschland rezeptfrei in Apotheken erhältlich ist. Es richtet sich an Patienten, die an einer verstopften Nase, z.B. aufgrund eines akuten Schnupfens, leiden. Entwickelt wurden Otriven und der zugrunde liegende Wirkstoff Xylometazolin 1959 in der Schweiz. Zur Markenfamilie von Otriven zählen verschiedene Produkte und Darreichungsformen, so u.a. die Untermarke *Otriven Pflege* aus dem Jahr 2001. Sie enthält den Wirkstoff Dexpanthenol, der die Heilung der gereizten und wunden Nasenschleimhaut fördert. Das Produkt kann auch eingesetzt werden, wenn kein akuter Schnupfen behandelt werden muss. Eine speziell konstruierte Pumpe, die das Eindringen von Keimen verhindert, ermöglicht Otriven bei den Dosiersprays den Verzicht auf Konservierungsstoffe, denn diese könnten die Nasenschleimhaut unnötig reizen. Seit dem Jahr 2003 ist mit *Otriven Baby* auch ein Produkt ohne Konservierungsstoffe speziell für die Behandlung von Säuglingen auf dem Markt. Das Otriven Logo besteht aus dem Schriftzug in blau, der von einem roten Bogen überspannt wird. Das angedeutete Segel auf der Packung soll freies Atmen dank Otriven symbolisieren. Das neue Packungsdesign wurde im Jahr 2007 eingeführt. Der Slogan von Otriven lautet „Otriven und der Schnupfen muss gehen". Im Jahr 2006 setzte der herstellende und vertreibende Pharmakonzern Novartis mit der Marke bei einem Absatz von 7,5 Mio. Packungen rund 24 Mio. Euro um.

DATEN UND FAKTEN

Markenname: Otriven, Kunstwort

Slogan: „Otriven und der Schnupfen muss gehen" (2003)

Innovationen: Otriven Pflege (2001), Otriven Baby (2003)

Werbespendings: 846.000 Euro (2006)

Markenwebsite: www.otriven.de

UNTERNEHMEN

Novartis Consumer Health GmbH
Zielstattstr. 40
81379 München
www.novartis.de

OTTO

Das Angebot des Multichannel Einzelhändlers OTTO umfasst Produkte aus den Bereichen Mode, Wohnen und Einrichten sowie moderne Technik. OTTO wird in Deutschland und im europäischen Ausland vertrieben und spricht als Zielgruppe vor allem moderne und aktive Frauen zwischen 25 und 44 an. Dem Kunden stehen für seine Bestellung verschiedene Vertriebskanäle zur Wahl. Wichtigstes Schaufenster von OTTO ist der dreimal jährlich erscheinende Hauptkatalog. Die Auflage umfasst pro Jahr ca. 20 Mio. Exemplare, telefonische Bestellungen werden an 365 Tagen im Jahr entgegengenommen. Rund 60 Spezialkataloge komplettieren das Bestellangebot. Bereits 1995 hat OTTO das Internet als Vertriebsmedium erkannt und hat sich seitdem zum bedeutendsten Online-Händler für Mode und Marken entwickelt. Mit der Innovationsoffensive *e-Shopping 2.0* wird das Internetangebot kontinuierlich ausgebaut, um den Online-Einkauf durch neue Darstellungsformen und mehr Kundenpartizipation noch emotionaler und attraktiver zu gestalten Gegründet wurde OTTO 1949 von Werner Otto zunächst als Schuhversandhandel. Dem Gründer gelang es, unterstützt vom wirtschaftlichen Aufschwung der 1950er-Jahre, innerhalb von zehn Jahren ein Universal-Versandhandelsunternehmen mit ca. 1.000 Mitarbeitern aufzubauen. Seit der Entstehung des ersten Firmenlogos 1950 wurde die Marke kontinuierlich weiterentwickelt, das heutige Logo ist seit 2005 im Einsatz. Es zeigt den in fetten, weiß konturierten Versalien OTTO-Schriftzug und soll Modernität und Dynamik sowie Tradition und Größe assoziieren. In der Markenkommunikation zählt OTTO vor allem auf prominente Werbeträger wie Heidi Klum, Eva Padberg, Giselle Bündchen oder Sylvie van der Vaart. Darüber hinaus wirbt der eingängige Slogan „Otto...find' ich gut." für den Multichannel-Einzelhändler. Die Einzelgesellschaft OTTO beschäftigte im Geschäftsjahr 2006/2007 4.100 Mitarbeiter und erzielte einen Umsatz von 1.814 Mio. Euro. OTTO ist Teil der Otto Group, die in 19 Ländern Europas, Asiens und Nordamerikas agiert und ca. 53.000 Mitarbeiter beschäftigt. Die Otto Group ist heute die größte Versandhandelsgruppe der Welt. Im Onlinehandel mit dem Endverbraucher (B2C) be-

Mit dem Online-Shop bietet OTTO zeitgemäßes Einkaufen im Internet.

legt die Otto Group weltweit Platz 2 hinter Amazon.

DATEN UND FAKTEN

Markenname: OTTO, abgeleitet vom Nachnamen des Firmengründers Werner Otto

Slogan: „Otto ...find' ich gut."

Gründer: Werner Otto, 1949, Hamburg

Markenregistrierung: 23. 10. 1952, DPMA München

Markenbekanntheit: 76,2 % ungest., 96,7 % gest. (Marplan, 2006)

Jahresumsatz: 1.814 Mio. Euro (Einzelgesellschaft OTTO, Geschäftsjahr 2006/07)

Auszeichnungen:
„Gold" (Publikumsjury)/„Silber" (Fachjury), Spotlight 2007 für den Spot „Textblindheit" (2006)
„Bronze", ADC für D2-Promotion-Aktion „Schieß dir deine Waschmaschine" (2006)
„Beliebteste Website", „Online Star" (2006)

Markenwebsite: www.otto.de

UNTERNEHMEN

Otto Group

Hauptsitz: Hamburg, Deutschland

Vorstand: Hans-Otto Schrader (Vorstandsvorsitz der Otto Group)

Gesamtumsatz: 15,251 Mrd. Euro

Vertrieb: Europa, Asien, Nordamerika

KONTAKT

Otto (GmbH und Co KG)
Wandsbeker Str. 3–7
22172 Hamburg
(0 40) 64 61–0
(0 40) 64 61–85 71
www.ottogroup.com

Ansprechpartner Presse:
Thomas Voigt
(0 40) 64 61–4 01
thomas.voigt@ottogroup.com

Ansprechpartner Marketing:
Thorsten Stradt
(0 40) 64 61–83 11
thorsten.stradt@otto.de

MEILENSTEINE

1949 Im Alter von 40 Jahren gründet Werner Otto die Firma Werner Otto Versandhandel.

1950 Der erste Katalog erscheint in 300 handgebundenen Exemplaren mit eingeklebten Fotos.

1972 Der Otto Versand gründet einen eigenen Zustelldienst mit dem Hermes Versand Service.

1986 Umweltschutz wird ausdrückliches Unternehmensziel.

1997 Der komplette Otto-Katalog erscheint nun im Internet. E-Commerce gewinnt immer mehr an Bedeutung.

2007 Otto führt mit dem OTTO-Store dreidimensionales E-Shopping ein.

OTTO BOCK

Das Medizintechnik-Unternehmen Otto Bock HealthCare ist Weltmarktführer im Bereich Prothetik. Neben modernen Arm- und Beinprothesen gehören auch Orthesen (funktionssichernde, entlastende und unterstützende Hilfsmittel) sowie Rollstühle und Neuroimplantate zum Produktportfolio. Die Otto Bock HealthCare hat ihre Produkte unter das Motto „Quality for Life" gestellt. Ziel ist es, Menschen mit Handicap zu mehr Mobilität und Lebensqualität zu verhelfen. So verbessert das Neuroimplantat ActiGait® das Gangbild von Schlaganfallpatienten mit Fußheberschwäche. Und das Outdoor-Mobil SuperFour® ermöglicht Ausflüge in unebenem Gelände und meistert Steigungen bis zu 40 %. Bei der Entwicklung neuer Technologien dienen der menschliche Körper und die natürlichen Bewegungsabläufe als Vorbild. So wurde für das C-Leg®, das weltweit erste mikroprozessor-gesteuerte Beinprothesensys-

Otto Bock®
QUALITY FOR LIFE

Otto Bock entwickelte im Jahr 2006 das Outdoor-Mobil SuperFour® (Mitte). Prof. Hans Georg Näder, CEO Otto Bock HealthCare GmbH (unten)

Auf den zweiten Blick: Das neue C-Leg® auf der Chinesischen Mauer

tem, das natürliche Gangbild exakt analysiert. Den Grundstein für den Erfolg legte der Orthopädiemechaniker Otto Bock, der das Unternehmen 1919 in Berlin gründete. Seine stilisierte Unterschrift war Vorlage für das Logo von Otto Bock. Heute befindet sich der Hauptsitz des Unternehmens im südniedersächsischen Duderstadt. Von dort aus werden die Aktivitäten der Service- und Vertriebsgesellschaften in 40 Ländern der Erde koordiniert. Seit 1990 führt Prof. Hans Georg Näder, der Enkel des Firmengründers, das Familienunternehmen in dritter Generation. Weltweit arbeiten mehr als 4.000 Mitarbeiter für die Firmengruppe Otto Bock, zu der auch die Otto Bock Kunststoff, ein führender Anbieter von Vorprodukten für die Automobilindustrie sowie der IT-Dienstleister Sycor gehören. Der Gesamtumsatz der Firmengruppe beträgt 541,5 Mio. Euro (2006), an dem die Otto Bock HealthCare mit 447,6 Mio. Euro den größten Anteil hat.

DATEN UND FAKTEN

Markenname: Otto Bock, nach dem Firmengründer benannt

Slogan: „Quality for Life"

Markenregistrierung: 04. 02. 1965, DPMA München

Innovationen: Zweite Generation des Beinprothesensystems C-Leg® (2006), Neuroimplantat ActiGait® (2006), Outdoor-Mobil SuperFour® (2006)

Auszeichnungen:
„Silber", Designpreis der BRD für Aktivrollstuhl Avantgarde Ti Ultra (2006)
„red dot: best of the best" (2007) und „Da Vinci Award" (2006) für das C-Leg®
„red dot: best of the best" für Rückenorthese Lumbo TriStep und Prothesenfuß Trias (2007)

UNTERNEHMEN

Otto Bock HealthCare GmbH

Hauptsitz: Duderstadt, Deutschland

Gründer: Otto Bock, 1919, Berlin

Vorstand: Prof. Hans Georg Näder, CEO

Jahresumsatz: 447,6 Mio. Euro (2006)

Mitarbeiter: 3.700 (weltweit, 2007)

KONTAKT

Otto Bock HealthCare GmbH
Max-Näder-Str. 15
37115 Duderstadt
✆ (0 55 27) 8 48-0
🖷 (0 55 27) 8 48-14 41
🖳 www.ottobock.com

Ansprechpartner Presse:
Joachim F. Hamacher
✆ (0 55 27) 8 48-12 39
✉ joachim.hamacher@ottobock.de

Ansprechpartner Marketing:
Dr. Helmut Pfuhl
✆ (0 55 27) 8 48–16 45
✉ pfuhl@ottobock.de

SCHON GEWUSST?

▪ Zum gesellschaftlichen Engagement der Otto Bock HealthCare zählt neben der regionalen Standortförderung und dem Umweltschutz auch die internat. Sportförderung. Seit den Paralympics 1988 in Seoul unterstützt das MedTech-Unternehmen als Service-Provider alle Paralympischen Sommer- und Winterspiele.

▪ Hans Georg Näder wurde 2004 als World Entrepreneur nominiert und in die Hall of Fame der besten Unternehmer der Welt aufgenommen. 2003 wurde er als Entrepreneur des Jahres in der Kategorie Industrie ausgezeichnet.

OUI

Die Marke Oui gehört zur Oui Gruppe, einem Hersteller von Damenoberbekleidung. Als Dachmarke umfasst sie Oui *Essentials* mit der luxuriösen Strick- und Shirt-Kollektion, Oui *Set* als progressive Design-Kollektion, Oui *Moments* als „Modern Women Lifestyle Kollektion" und *Oui & Co.* als „Premium Modern Classic Kollektion". Anfang der 1950er-Jahre gründeten Paula und Michael Gottesdiener das Unternehmen in München. In den 1970er-Jahren übernahm Sohn Nathan den Familienbetrieb. Nathan Gottesdiener führte Oui als Markennamen ein, seine Frau Yael fungierte als Designerin. Die beiden übergaben die Firmenleitung in den 1990er-Jahren an ihre Kinder Daniel Gottesdiener und Maya Junger sowie deren Ehemann Alon Junger. Der Markenname, das franz. Wort für „ja", möchte eine lebensbejahende und positive Grundstimmung vermitteln. Als schlanker Namenszug mit apostrophiertem i wirkt das Logo elegant und luxuriös. Für die einzelnen Kollektionen wird es jeweils individuell ergänzt. Jede Subbrand verfügt über einen eigenen Slogan: Oui *Essentials* wirbt mit „all you ever want to wear", Oui *Set* mit „authentic styles designed for urban individuals", Oui *Moments* mit „love is all you need" und *Oui & Co.* mit „timeless classics". Zielgruppe der Marke sind selbst- und qualitätsbewusste Frauen. Die Oui Gruppe zählt mit rund 150 Mitarbeitern und zweistelligen Wachstumsraten lt. eigenen Angaben zu den erfolgreichsten Unternehmen der Modeindustrie. Die Produkte können an über 3.000 Verkaufspunkten in 42 Ländern erworben werden. 50 davon sind reine Oui-Shops, außerdem gibt es 350 Shop-in-Shops.

Das elegant und luxuriös wirkende Logo der Modemarke Oui.

UNTERNEHMEN

Oui Gruppe GmbH & Co. KG
Moosacherstr. 26a
80809 München
✆ (0 89) 3 54 81–0
🖷 (0 89) 3 51 60 59
🖳 www.oui.com

OUST

Mit der Marke Oust wurde das US-amerikanische Unternehmen S. C. Johnson & Son Inc. auf dem Markt für Geruchsneutralisierer aktiv. Oust wurde zunächst 2003 in den USA und ein Jahr später auch in Europa eingeführt. Im Gegensatz zu herkömmlichen Lufterfrischern, die schlechte Gerüche häufig nur überdecken, neutralisiert Oust lt. Herstellerangaben schlechte Gerüche. Der Markenname ist von dem engl. Verb to oust (dt. ausschließen, austreiben) abgeleitet und spiegelt damit die Wirkungsweise der Produkte wider. Unter der Marke Oust werden weltweit unterschiedliche Produktformate (z. B. Sprays, Minisprays) angeboten. Seit 2007 wird in Deutschland zusätzlich Oust 3in1 vertrieben. Das Spray kombiniert Geruchsneutralisierung mit antibakterieller Wirkung auf verschiedenen Oberflächen. Die weißen Verpackungen mit dem blauen Oust-Schriftzug sollen die Effizienz hervorheben. Die bunte Darstellung stilisierter Landschaften soll Frische symbolisieren. Der familiengeführte Konzern S. C. Johnson & Son Inc. ist weltweit auf Reinigungs-, Pflege- und Insektenschutzmittel spezialisiert und erzielte 2007 einen Umsatz von 7,0 Mrd. USD. Von den ca. 12.000 Mitarbeitern des Unternehmens sind rund 100 in Deutschland und Österreich beschäftigt. Die SC Johnson GmbH mit Sitz in Erkrath bei Düsseldorf vertreibt neben Oust u. a. auch die Marken →00 null null, →Pronto, →Brise, →Paral Raid, →Autan, →Drano und →Stahl-Fix.

Oust aus dem Hause SC Johnson steht für ein breites Sortiment an Geruchsneutralisierern.

UNTERNEHMEN

SC Johnson GmbH
Mettmanner Str. 25
40699 Erkrath
✆ (02 11) 3 02 34–0
🖷 (02 11) 3 02 34–2 47
🖳 www.scjohnson.de

PQ

In den 1930er-Jahren wurden die Produkte P3 asepto (Mitte links) und P3 zinnfest (unten) zur Reinigung und Desinfektion von Melkmaschinen und Milchkannen angeboten.

P3

Seit 1919 verkauft Henkel unter dem Markennamen Pedrei Tiernahrung. Erst seit dem Jahr 1929 steht die Marke P3 für Reiniger von Oberflächen und Industriegeräten, besonders im Bereich der automatisierten Produktion. P3 ist eine Abkürzung für Trinatriumphosphat, einen chemischen Stoff, der hervorragende Reinigungsqualitäten besitzt. Auf Anregung von Dr. Hugo Henkel wurde er ausgiebig erforscht und für Reinigungszwecke nutzbar gemacht. Noch heute gehört die Marke P3 zu →Henkel. Ihr Portfolio umfasst wässrige alkalische, neutrale und saure Reinigungsmittel für die industrielle Anwendung. P3 ist mittlerweile Teil des Unternehmensbereichs Adhesives Technologies, der im Jahr 2006 rund 44 % des Henkel-Umsatzes ausmachte. P3 steht als Dachmarke u.a. für die Reinigungsmittel *Parco*, *Neutracare* und *Prevox*. Eines der neusten P3-Produkte ist die *Neutracare 3000*-Serie. Dabei handelt es sich um einen Neutralreiniger, der länger genutzt werden kann und dadurch den Chemikalienverbrauch und die Prozesskosten insgesamt reduziert. Bereits seit dem Jahr 1959 ist Henkel bemüht, umweltschonende Reinigungsmittel zur Marktreife zu bringen – damals führte das Unternehmen den ersten Neutralreiniger für die Automobilindustrie ein. Bereits vorher hatte Henkel verschiedene Reinigungssubstanzen für besondere Metallarten wie etwa Aluminium im Jahr 1935 vorgestellt. Das Logo der Marke P3 hat sich im Lauf der Jahre kaum verändert. Charakteristisch ist ein weißer Kreis auf blauem Grund (Pantone Blue C bzw. U), in dem ein großes P und eine kleine Drei in Weiß stehen. P3 wird weltweit vertrieben. Der Henkel-Gesamtumsatz im Bereich Adhesives Technologies (Klebstoff Technologien) betrug im Jahr 2006 rund 5,5 Mrd. Euro. Henkel ist sowohl im Konsumenten- als auch im Profibereich einer der bedeutendsten Produzenten von Klebstoffen.

DATEN UND FAKTEN

Markenname: P3, Abkürzung von Trinatriumphosphat

Erfinder: Dr. Hugo Henkel und fünf weitere Mitarbeiter, 1928/29

Markenregistrierung: 13.01.1910 als Pedrei, 15.11.1932 als Pe 3, 19.05.1939 als P3, Kaiserliches Patentamt bzw. Reichspatentamt Berlin

Eine Anzeige aus dem Jahr 1929 kündigt P3 als Marke für wasserlösliche Industriereiniger an.

Innovationen: Neutracare 3000, selbstdemulgierender Neutralreiniger

Literatur:
M. Schöne: Aus der Geschichte von P3, Schriften des Henkel-Archivs, Bd. 2, Düsseldorf (1970)

MEILENSTEINE

1910 Die Marke Pedrei wird registriert.

1919 Die Marke Pedrei wird bis Mitte der 1920er-Jahre genutzt, um Tiernahrung zu verkaufen.

1929 P3 wird zur Marke für Henkels wasserlösliche Industriereiniger.

1935 Die ersten P3-Reinigungsmittel für Aluminium werden auf den Markt gebracht.

1951 Die Marke P3 wird erstmals außerhalb Europas vertrieben.

1959 Henkel bringt in der P3-Reihe den ersten Neutralreiniger für die Automobilindustrie auf den Markt.

1971 Die Marke wird in die Bereiche P3-Technik sowie P3-Ernährungswirtschaft aufgespalten. Letzterer wird im Jahr 2001 verkauft.

2002 Erweiterung des Sortiments um Produkte für die Elektronikindustrie

UNTERNEHMEN

Henkel KGaA

Hauptsitz: Düsseldorf, Deutschland

Weitere Marken: s. →Henkel

Gesamtumsatz: 12,740 Mrd. Euro (2006)

Vertrieb: weltweit in mehr 125 Ländern

KONTAKT

Henkel KGaA
Henkelstr. 67
40589 Düsseldorf
✆ (02 11) 7 97-0
🖷 (02 11) 7 98-40 08
💻 www.henkel.de

Ansprechpartner Presse:
Peter Lienkamp
✉ press@henkel.com

PAIDI

Die Möbelmarke Paidi steht für Möbel und Möbelaccessoires für Babys, Kinder und Jugendliche bis 16 Jahre. Der Name Paidi stammt aus dem Griechischen und bedeutet: dem Kinde. 1935 von Dr. Heinrich Renkl im fränkischen Hafenlohr gegründet, stellte Paidi zunächst Kinderbetten her. Heute bietet das Unternehmen ganze Wohnwelten für Kinder und Jugendliche, mit Schränken, Schreibtischen, Liegen, Spiel-, Hoch- und Etagenbetten mit oder ohne Rutsche und Kletterwand. Unter den Namen *Kinderwelten, Schlummerland, Claire, Varietta, Fleximo, Büffelland* oder *Wohnwolke* können Eltern komplette Einrichtungen für Kinderzimmer erwerben. Das Unternehmen setzt dabei auf Naturhölzer und Stoffe, die dem Öko-Tex-Standard 100 entsprechen. Die Marke Paidi besitzt eine gest. Markenbekanntheit von 29,4 % und hat eine führende Position in dem Segment Baby-, Kinder- und Jugendmöbel inne. Das Logo der Firma besteht aus einem dunkelblauen Kreis mit einem weißen Buchstaben „p" darin, in dem wiederum der Name Paidi steht. Seit 72 Jahren gibt es das Logo bereits und es wurde über die Jahre mehrmals leicht modifiziert. So wurde es etwa um den Schriftzug Kinderwelten in einem separaten Balken erweitert. Das Unternehmen erwirtschaftet einen Gesamtumsatz von 50 Mio. Euro und investiert 1 Mio. Euro pro Jahr für das Marketing. Das Paidiwerk im Ortskern Hafenlohrs wurde 1953 durch ein Sägewerk am Ortsrand erweitert. 1993 erwarb das Unternehmen zusätzlich eine Möbelfabrik im polnischen Kolbuszowa. Heute beschäftigt Paidi insgesamt etwa 490 Mitarbeiter. Der Absatz der Kinder- und Babymöbel erfolgt über den Babyfachhandel und Möbelhändler in ganz Europa.

Paidi produziert seit 1935 ein umfangreiches Sortiment an Möbeln für das Baby- und Kinderzimmer.

DATEN UND FAKTEN

Markenname: Paidi, griech. dem Kinde

Slogan: „Kinderwelten"

Gründer: Dr. Heinrich Renkl, 1935

Markenregistrierung: 31.05.1978, DPMA München

Markenbekanntheit: ungest. 4,1 %, gest. 29,4 % (Wickert Institut, 2003)

Jahresumsatz : ca. 42 Mio. Euro (Marke Paidi)

Werbespendings: über 1 Mio. Euro

UNTERNEHMEN

Paidi Möbel GmbH

Hauptsitz: Hafenlohr, Deutschland

Geschäftsführung: Udo Groene, Peter Beyer

Gesamtumsatz: 50 Mio. Euro (2006)

Vertrieb: Europa

KONTAKT

Paidi Möbel GmbH
Hauptstr. 87
97840 Hafenlohr
✆ (0 93 91) 50 10
💻 www.paidi.de

Ansprechpartner Presse:
Udo Groene
✆ (0 93 91) 50 11 25
✉ groene@paidi.de

Udo Groene ist Geschäftsführer der Paidi Möbel GmbH

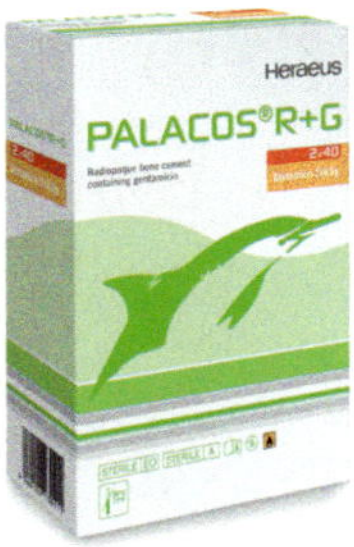

Palacos wird weltweit (außer USA) einheitlich in der gleichen Verpackung vertrieben.

PALMERS

Mit der Modernisierung des Markenauftritts wurde 2005 auch das Palmers-Logo überarbeitet.

Lead-Agentur:
Weigang Pro
www.weigang-pro.de

MEILENSTEINE

1935 Gründung in Hafenlohr

1953 Umfangreiche Vergrößerung des Werksgeländes

1993 Erwerb einer Möbelfabrik im polnischen Kolbuszowa

1997 Neuausrichtung des Unternehmens unter neuer Geschäftsführung

PALACOS

Unter dem Namen Palacos aus dem Bereich der Medizinprodukte vertreibt der weltweit tätige Edelmetall- und Technologiekonzerns → Heraeus einen Knochenzement. Knochenzement wird überwiegend zur Verankerung von Endoprothesen im Knochen verwendet. Der Unternehmensbereich Heraeus Kulzer GmbH ist mit seinem Tochterunternehmen Heraeus Medical für das Produkt verantwortlich. Die Heraeus Medical GmbH wurde 2004 als Tochterunternehmen der Heraeus Kulzer GmbH gegründet. Seitdem sind dort die Bereiche Forschung und Entwicklung, Produktion, Vertrieb und Kundenservice für die Knochenzemente aus dem Hause Heraeus zusammengeführt. Als Logo wurde ein Delfin gewählt, der die Assoziation von Mobilität und Wendigkeit, aber auch die Eigenschaften eines freundschaftlichen Partners transportieren soll. Die Marke Palacos wurde in den Jahren zuvor von verschiedenen Vertriebspartnern vermarktet, die jeweils leicht abweichende Namen und andere Verpackungen benutzten. Wegen einer Änderung der Rechtslage in Europa wechselte Heraeus seine Vertriebsstrategie. In Europa und Australien vermarktet das Unternehmen das Produkt nun im Direktvertrieb. In weiteren Ländern wird mit Distributoren kooperiert. Kernprodukte von Heraeus Medical sind neben dem Knochenzement Palacos weitere Produkte und Lösungen für die moderne Zementiertechnik in der Orthopädie und Unfallchirurgie. Palacos ist ohne Zusatz als Palacos R (seit 1959) und mit antibiotischem Zusatz von Gentamicin als Palacos R + G (seit 1972) erhältlich. Lt. Unternehmen ist das Produkt gemäß einer Langzeitstudie des Swedish Hip Arthroplasty Register der einzige Knochenzement, der über einen Zeitraum von mehr als 30 Jahren auf ausführlich dokumentierte Langzeitergebnisse mit positiven Inhalten zurückgreifen kann. Die Zielgruppe von Palacos rekrutiert sich vornehmlich aus Orthopäden, OP-Personal, Klinik-Apothekern, Unfallchirurgen und Einkäufern. 2008 ist die Einführung zahlreicher Neuprodukte geplant, die das Portfolio ergänzen sollen.

DATEN UND FAKTEN

Markenname: Palacos, Kunstname

Slogan: „Es gibt nur einen Palacos!"

Geschäftsführer: Dr. André Kobelt

Markenregistrierung: 26. 03. 1957, DPMA München

Innovationen: Palacos R + G (1972)

Markenbekanntheit: 100 % gest. (Psychonomics AG)

Jahresumsatz: 31,3 Mio. Euro (2006), entspricht 93,81 % des Gesamtumsatzes des Unternehmens

Werbespendings: europaweit 500.000 Euro

UNTERNEHMEN

Heraeus Medical GmbH
Philip-Reis-Str. 8/13
61273 Wehrheim (Taunus)
(0 61 81) 35 29 25
(0 61 81) 35 29 47
www.palacos.org

PALMERS

Die Marke Palmers steht für modische und qualitativ hochwertige Dessous-, Bademoden-, Night- und Beachwear- sowie Strumpfkollektionen. Das Sortiment gliedert sich in drei Designlinien Palmers, Palmers Paradise und Palmers Selezione, die unterschiedliche optische und preisliche Ansprüche befriedigen. Für Männer bietet Palmers sportliche und elegante Wäsche-, Night- und Homewear- sowie Strumpfkollektionen. Den Grundstein für das Unternehmen hat Ludwig Palmer bereits im Jahr 1914 gelegt. Eine umfassende Modernisierung mit neuem Markenauftritt wurde 2005 gestartet. Dazu gehörte neben der Neugestaltung der Shops u. a. eine zeitgemäße Überarbeitung des Logos, das den Schriftzug mit Krone in einem warmen Farbton zeigt. Der Markenslogan „Close to Your Desires" soll den Charakter von Palmers als nahbare Marke, die die Träume der Kundin erfüllen kann, betonen. Internat. bekannt ist Palmers für seine legendären, fast schon „kultigen" Plakatkampagnen. Derzeit ist das Unternehmen in über 21 Ländern mit rund 300 Shops, die sowohl in Eigenregie als auch von Franchisepartnern betrieben werden, vertreten. Bereits 1936 eröffnete Palmers zusammen mit Partnern Franchise-Shops. Im Bereich Damen- und Herrenwäsche ist Palmers Marktführer in Österreich. Das Unternehmen mit Sitz im Wiener Neudorf beschäftigt 900 Mitarbeiter. Zur Palmers Textil AG gehört auch die Marke *p2*, die speziell die Zielgruppe der 14- bis 29-Jährigen fokussiert. Seit 2004 ist das Unternehmen im Besitz zweier institutioneller Investorengruppen.

UNTERNEHMEN

Palmers Textil AG
Palmersstr. 6–8
A-2351 Wiener Neudorf
✆ +43 22 36-6 35 00-0
🖷 +43 22 36-6 35 00-3 66
💻 www.palmers.at

PALMIN

Palmin wurde als Konsumgütermarke bereits im Jahre 1897 durch ihren Erfinder Dr. Heinrich Franz Schlinck geschützt und im Folgenden durch die H. Schlinck & Co Mannheim, später dann durch die Union Deutsche Lebensmittelwerke GmbH in Deutschland vertrieben. Die Übernahme der Marke durch die Peter Kölln KGaA erfolgte im Jahr 2004. Der Name Palmin wurde erfunden, um das Produkt aus Kokosfett als Butterersatz klar bei den Verbrauchern zu positionieren. Heute steht Palmin für ein geschmacksneutrales und hoch erhitzbares Kokosfett. In der modernen Küche finden Palmin-Produkte Kunden, die Spaß am Kochen haben oder gerne mit dem Wok arbeiten. Neben →Biskin ist Palmin die zweite, führende Marke auf dem Pflanzen- und Speisefettmarkt aus dem Hause Peter Kölln. Das Logo greift die hist. Wurzeln der Firmengeschichte auf. Es zeigt die Wolfsangel aus dem Mannheimer Stadtwappen in der Hausfarbe Rot (Pantone 485). Als Hausschrift wird neben der Bernhard Modern Std die Gill Sans verwendet. Auf den Verpackungen werden beide Schriften und die weitere Hausfarbe Blau (Pantone 274) zur Gestaltung genutzt. Das Logo wurde von einem Mannheimer Künstler für die H. Schlinck & Co Mannheim entworfen. In der Fernsehwerbung nahm der sog. Palmin-Song starken Bezug auf die einfache Portionierung durch das Knick-Prinzip und steigerte die Bekanntheit der Marke. Alle Palmin-Produkte werden nat. durch die Peter Kölln KGaA vertrieben. Die Peter Kölln KGaA wurde bereits im Jahre 1795 von Hans Hinrich Kölln gegründet. Heute produziert das Unternehmen mit Stammsitz in Elmshorn und rund 300 Mitarbeitern Nährmittel und Speiseöle für den Konsumgütermarkt. Neben der Marke Palmin sorgten weitere bekannte Marken wie →Kölln, →Livio und →Biskin im Jahr 2006 für einen Gesamtumsatz von 75 Mio. Euro.

Palmin gibt es als Fetterzeugnis bereits seit über 100 Jahren.

DATEN UND FAKTEN

Markenname: Palmin, abgeleitet von Kokospalme

Slogan: „Das reinste Bratvergnügen"

Erfinder: Dr. Heinrich Franz Schlinck

Markenregistrierung: 09. 01. 1896, Kaiserliches Patentamt Berlin

Markenwebsite: www.palmin.de

UNTERNEHMEN

Peter Kölln KGaA
Westerstr. 22–24
25336 Elmshorn
✆ (0 41 21) 64 80
🖷 (0 41 21) 66 39
💻 www.koelln.com

PALMOLIVE

Unter der Marke Palmolive produziert und vertreibt die US-amerikanische →Colgate-Palmolive Company Produkte für die Haushaltsreinigung. Besondere Bekanntheit genießt das Palmolive Geschirrspülmittel. Seit seiner Markteinführung in den 1960er-Jahren wurde es vielfach weiterentwickelt, es entstanden u. a. die Varianten *Palmolive Oxygen*, *Limonenfrisch* oder *Palmolive Balsam*. Das erfolgreichste Palmolive Geschirrspülmittel ist jedoch bis heute *Palmolive Original* mit der typischen grünen Farbe. Das Grün findet sich auch im Markenlogo wieder. Es zeigt den Palmolive-Schriftzug vor einem geschwungenen Hintergrund. Darüber ist eine gepflegte und manikürte Hand abgebildet, die ein glänzendes Weinglas hält. Den Schwerpunkt setzt das Unternehmen neben dem reinigenden auf den pflegenden Aspekt der Geschirrspülmittel von Palmolive. Dies unterstreichen auch Werbeslogans wie „Zärtlich zu Ihren Händen, gründlich mit Ihrem

Mit Palmolive brachte das Unternehmen erstmals ein Geschirrspülmittel auf den Markt, das nicht nur das Geschirr reinigt, sondern auch die spülenden Hände pflegt (unten).

Geschirr" oder „Pflegt die Hände schon beim Spülen", der bis heute angewendet wird. Von 1966 bis 1992 setzte Palmolive auf die Werbefigur Tilly. Tilly ist Nagelpflegerin in einem Schönheitssalon, wo sie heimlich die abwaschgeplagten Hände ihrer Kundinnen in Palmolive Spülmittel badet und ihnen damit

Eine hist. Anzeige mit der Nagelpflegerin Tilly für das pflegende Spülmittel Palmolive.

Gutes tut. 1864 gründete B. J. Johnson die Wasch- und Teerseifenfabrik B. J. Johnson Soap Company im US-amerikanischen Milwaukee. 1898 kreierte Caleb Johnson, der Sohn des Firmengründers, eine schwimmende grüne Seife aus Palmen- und Olivenöl. Aus diesen Bestandteilen setzt sich der Markenname Palmolive zusammen. 1916 wurde die B. J. Johnson Soap Company in Palmolive Company umbenannt. 1927 fusionierte das Unternehmen mit der Seifenfabrik Peet Brothers zur Palmolive Peet Company. Ein Jahr später folgte der Zusammenschluss mit der New Yorker Seifenfabrik Colgate&Company. Heute gehört Colgate-Palmolive zu den weltweit führenden Konsumgüterherstellern. 2006 erwirtschaftete die Colgate-Palmolive Company weltweit einen Umsatz von über 12 Mrd. USD.

DATEN UND FAKTEN

Markenname: Palmolive, Akronym, zusammengesetzt aus den Bestandteilen **Pal**men- und **Olive**nöl

Slogan: „Pflegt die Hände schon beim Spülen." (1981)

Gründer: B. J. Johnson, 1864, Milwaukee/USA

Markenregistrierung: 08.02.1955, DPMA München

Innovationen: Palmolive Geschirrspülmittel, 1966

Auszeichnungen: „Superbrand" (2005)

UNTERNEHMEN

Colgate-Palmolive Company

Hauptsitz: New York, USA

Vorstand: Ian Cook

Weitere Marken: → Ajax, → Colgate, → Dentagard

Gesamtumsatz: über 12 Mrd. USD weltweit (2006)

Vertrieb: weltweit in mehr als 200 Ländern über den Einzelhandel

KONTAKT

Colgate-Palmolive GmbH
Lübecker Str. 128
22087 Hamburg
(0 40) 7 31 90
www.colgate.de

SCHON GEWUSST?

- Die Palmolive-Werbefigur Tilly wurde weltweit unter verschiedenen Namen bekannt: In Amerika hieß sie Madge, in Frankreich Francoise und in Finnland Marissa. Im wirklichen Leben hieß Tilly Jan Miner und spielte u. a. in Broadway-Produktionen und auf Shakespeare-Festivals.

PAMPERS

Weil ihn die Stoffwindeln seines Enkels nervten, erfand der Großvater die Wegwerfwindel. Für die Verbreitung dieser Geschichte sorgte Procter & Gamble anlässlich des 30. Geburtstags seiner Marke Pampers, obwohl die Idee der Einwegwindel ursprünglich auf die Amerikanerin Marion Donovan zurückgeht. Ihr gelingt es jedoch nicht, diese Idee an ein Unternehmen zu verkaufen. Erst als 1957 Procter & Gamble Victor Mills damit beauftragt, neue Produkte für den Papiermarkt zu entwickeln, kommt in der Folge 1961 die erste Wegwerfwindel auf den amerikanischen Markt. In Deutschland dauert die

Einführung noch bis 1973. Wegen der stetig wachsenden Nachfrage nimmt zwei Jahre später das erste Procter & Gamble Windelwerk in Deutschland seinen Betrieb in Euskirchen auf. Dies ist heute die größte Produktionsstätte außerhalb Nordamerikas. Hier werden für über 30 Länder weltweit Pampers-Windeln hergestellt. Aus der ehemals rechteckigen, hauptsächlich aus Krepppapier bestehenden Höschenwindel, die mit Sicherheitsnadeln befestigt wurde, ist ein Hightech-Produkt geworden. Der Saugkern besteht aus Polyacrylat-Kügelchen, die etwa das 500fache ihres Eigengewichts an Flüssigkeit aufnehmen können. Heute ist Pampers Marktführer im Bereich der Höschenwindeln: Der Marktanteil von Pampers betrug in den letzten Jahren konstant einen Anteil von 60 %. Aufgrund der Markenbekanntheit wird Pampers umgangssprachlich als Synonym für Höschenwindeln verwendet, selbst wenn es sich um Fabrikate anderer Hersteller handelt. Procter & Gamble wird von Dr. Klaus Schumann, Otmar W. Debald, Thomas Pfeffer und Willi Schwerdtle geleitet. Das Unternehmen beschäftigt etwa 18.000 Mitarbeiter an 22 Standorten in Deutschland, der Gesamtumsatz 2006/2007 betrug 76,5 Mrd. USD.

UNTERNEHMEN

Procter & Gamble Service GmbH
Sulzbacher Str. 40–50
65824 Schwalbach am Taunus
✆ (0 61 96) 89-01
🖷 (0 61 96) 89-47 08
💻 www.pampers.de

PANASONIC

Panasonic steht weltweit für Elektronikprodukte sowie darüber hinaus für speziell auf den jap. Markt zugeschnittene Produkte und Dienstleistungen. Sie gehört zum Markenportfolio von Matsushita Electric Industrial, das u.a. auch die Marken Technics und National umfasst. Zur Panasonic-Produktpalette zählen z.B. Fernsehgeräte, Kopierer, Drucker, Digitalkameras, Laptops sowie professionelle Videotechnologien für Fernsehsender. Für den industriellen Einsatz sind darüber hinaus u.a. Montageroboter, Bestückungsmaschinen für Chips, Halbleiter und Fahrzeugelektronik im Angebot. Konusuke Matsushita hatte 1918 in der Stadt Osaka (Japan) mit der Herstellung einer Fassung für Glühlampen begonnen, die als Novum einen zusätzlichen Geräteanschluss hatte. Der heutige Markenname ist aus dem zusammengesetzten Wort PanaSonic entstanden, das griech. und lat. Wortstämme mit den Bedeutungen „alles" und „Klang" in sich vereint. Er entstand 1955 und bezog sich anfangs nur auf Lautsprecher. Seit 2003 wird der Name weltweit für die Dachmarke eingesetzt. Das Logo präsentiert den Markennamen in blauer serifenloser Schrift. Darunter befindet sich in Grau der Untertitel „ideas for life". Je nach Einsatzgebiet wird das Logo durch einen Zusatz ergänzt, also „Global" für die Konzernkommunikation bzw. hierzulande „Deutschland". Neben Vertriebs- und Supportfirmen unterhält Matsushita in Deutschland Produktions- und Forschungsstätten. Hauptsitz von Matsushita Electric Industrial Co., Ltd. (MEI) ist ebenfalls Osaka. Der Konzern beschäftigt weltweit 328.645 Mitarbeiter und erzielte 2006 einen Gesamtumsatz von 77,19 Mrd. USD. Das Unternehmen fühlt sich den 1929 vom Gründer formulierten Zielen verpflichtet, sich mit ganzer Kraft für den Fortschritt sowie für das Wohlergehen der Menschheit einzusetzen.

UNTERNEHMEN

Panasonic Marketing Europe GmbH
Hagenauer Str. 43
65203 Wiesbaden
✆ (06 11) 2 35-0
🖷 (06 11) 2 35-2 12
💻 www.panasonic.net

PANTENE PRO-V

Die Konsumgütermarke Pantene Pro-V steht mit seinen weltweit vertriebenen Pflegeprodukten für gesundes glänzendes Haar. Der Schweizer Forscher Gustav Erlemann entdeckte 1947 das Vitamin Panthenol, das pflegend und regenerierend auf Haut und Haare wirkt. Er destillierte daraus einen Wirkstoff, den er B-Pantene nannte und in einem Haarpflegewasser mit dem Namen *Haartonic* einsetzte. In den 1960er-Jahren wurde der Wirkstoff B-Pantene zu einer Pro-Vitamin B5 Formel weiterentwickelt. Es folgte die Einführung von Shampoos mit dem neuen Wirkstoff, in den 1970er-Jahren die Pflegespülungen und später Schaumfestiger und Haarsprays. In Deutschland wird die Marke Pantene Pro-V seit über 60 Jahren vertrieben. Seit 1989 gehört Pantene Pro-V zum amerikanischen Konzern Procter & Gamble. Zur Zielgruppe gehören Frauen zwischen 25 und 54 Jahren, die auch in die Markenkommunikation eingebunden werden. In den Jahren 2003 und 2005 wurde der Wettbewerb *Pan-*

Neu gestaltete Verpackung von Pantene Pro-V 2007 (Mitte), früherer Auftritt der Marke (unten)

tene Pro-V Haar veranstaltet, dessen Gewinnerinnen in einem Werbespot der Marke auftreten durften. Seit 2006 arbeitet Pantene Pro-V mit dem Düsseldorfer Starfriseur Andreas Kohlhoff zusammen, der u.a. in der Werbung auftritt. Im Herbst 2007 wurde der Markenauftritt insgesamt neu gestaltet. Dabei wurden Produktformulierungen überarbeitet, das Verpackungsdesign modernisiert

In Deutschland gibt es von Pantene Pro-V ein umfangreiches Sortiment von zwölf Pflege- und Stylingserien mit Shampoos, Pflegespülungen, Kuren, Schaumfestiger und Haarspray.

und das Sortiment neu aufgestellt. Das neue Pantene Pro-V Shirra-Logo ist nach dem afrikanischen Wind Shirokko benannt und soll die Transformation, Energie und das Selbstbewusstsein der Benutzerinnen der Marke symbolisieren. Pantene Pro-V ist nach Umsatz Nr. 2 in Deutschland im Segment Pflegespülungen und Haarkuren und Nr. 3 bei Shampoos (AC Nielsen, 2007). Im Procter & Gamble-Konzern gehört Pantene Pro-V zu den insgesamt 22 Marken, die jeweils mehr als 1 Mrd. USD pro Jahr umsetzen. Insgesamt erwirtschaftete Procter & Gamble im Geschäftsjahr 2005/2006 einen Umsatz von 68,2 Mrd. USD. Zu Procter & Gamble gehören fast 300 Einzelmarken, die in 160 Ländern vertrieben werden. Von den 138.000 Mitarbeitern des Konzerns sind 15.000 in Deutschland beschäftigt.

DATEN UND FAKTEN

Markenname: Pantene Pro-V, Schweiz, Kunstname abgeleitet vom Wirkstoff B-Pantene, der aus dem Vitamin Pantenol entwickelt wurde

Slogan: „Sind Sie bereit zu glänzen?"

Erfinder: Gustav Erlemann, 1947, Schweiz

Markenregistrierung: 19.09.1994, DPMA München

Markenbekanntheit: 25 %. ungest., 96 % gest. (AC Nielsen, 2007)

Markenwebsite: www.pantene.de

UNTERNEHMEN

Procter & Gamble GmbH

Hauptsitz: Cincinnati, USA

Geschäftsführer: Alan G. Lafley

Weitere Marken: ca. 300, darunter → Gillette, → Olaz, → Max Factor, → head & shoulders

Gesamtumsatz: 76,5 Mrd. USD (weltweit, 2006/2007)

Mitarbeiter: 138.000 in ca. 80 Ländern, 15.000 in Deutschland (2006)

KONTAKT

Procter & Gamble GmbH
Sulzbacher Str.40
65823 Schwalbach am Taunus
✆ (0 61 96) 89-01
🖷 (0 61 96) 89-47 08
🖳 www.de.pg.com

Ansprechpartner Presse:
Heike Rübeling
✆ (0 61 96) 89-44 31
✉ ruebeling@pg.com

MEILENSTEINE

1970er-Jahre Pantene Pro-V ist eine der ersten Pflegespülungen auf dem dt. Markt.

1980er-Jahre Pantene Pro-V nimmt 2in1 Produkte in sein Sortiment auf.

1990er-Jahre Einführung der patentierten Pro-Vitamin Formel in allen Produkten

2000 Einführung von Produkten für den spezifischen End-Look

2006/2007 Einführung von Pflegeserien für individuelle Haarbedürfnisse wie *Colour Expressions* oder *Restorativ Time Therapy*

PARADIES

Paradies

„Mein Bett mein Paradies!" – Der Slogan begleitete 1903 den erfolgreichen Werbeauftritt.

Paradies zählt zu den ältesten dt. Markenzeichen. Die Marke umfasst hochwertige Bettdecken, Unterbetten, Kissen, Matratzen, Federholzrahmen und weitere Produkte. Den Markennamen hat die Bettenfabrik M. Steiner und Sohn 1903 in das Markenregister

Berlin eingetragen. Anlass war eine Erfindung Ottomar Steiners: die erste mit Schafschurwolle gefüllte Trikot-Einziehdecke als Alternative zum Federbett. In den 1960er-Jahren erlebte die Marke einen Relaunch. 1965 kauften Werner und Dieter Kremers die Paradiesbettenfirma und damit den Markennamen. Die Familie Kremers führte selbst ein auf dem Bettenmarkt aktives Unternehmen.

Paradies produziert hochwertige Bettwaren und verkauft diese in über 40 Ländern weltweit.

Dessen Ursprung legte 1854 Wilhelm Kremers, der Ur-Ur-Großvater der heutigen geschäftsführenden Gesellschafter, mit einer Watte- und Steppdeckenfabrik am Niederrhein. Schon früh im 20. Jh. verstand es der Enkel des Gründers, Kunden in großen Städten Deutschlands sowie in Belgien und den Niederlanden zu gewinnen. Nach dem 2. Weltkrieg gelang erneut die Internationalisierung des Vertriebs. Seit 1949 galt die Firma Gebr. Kremers als Vorreiter in der Verarbeitung synthetischer Füllfasern für Bettwaren und Schlafsäcke. Nach dem Kauf der Paradiesbettenfirma begann 1969 eine Werbekampagne in Fernsehen, Rundfunk und Printmedien. Als Slogan diente „Die Marke mit Herz!" Seit dieser Zeit firmiert das Familienunternehmen als Paradies GmbH Gebr. Kremers und seit 1996 als Paradies GmbH. Vertrieben werden die Produkte über Fachgeschäfte, Waren- und Möbelhäuser sowie über den Versandhandel. Wesentliche weitere Innovationen des Unternehmens waren industriell gefertigte Daunendecken, die Entwicklung von mit Polyesterfasern gefüllten Bettwaren und die Paradies High-Loft-Technologie, welche Faserfüllungen mit sehr hohem Bauschvolumen ermöglicht. Nach Unternehmensangaben ist Paradies die bekannteste dt. Bettwarenmarke und im Premiumsegment eines der marktführenden Unternehmen in Europa. Das Familienunternehmen wird heute in fünfter Generation geführt.

DATEN UND FAKTEN

Markenname: Paradies, dt. Substantiv

Slogan: „Mein Bett, mein Paradies!" und „Die Marke mit Herz!"

Markenregistrierung: 08.05.1903, Kaiserliches Patentamt Berlin

Innovationen: erste mit Schafschurwolle gefüllte Trikot-Einziehdecke, Entwicklung der ersten industriell gefertigten Daunendecke, mit Polyesterfasern gefüllte Bettwaren

UNTERNEHMEN

Paradies GmbH

Hauptsitz: Neukirchen-Vluyn, Deutschland

Gründer: Wilhelm Kremers, 1854, Neukirchen-Vluyn

Geschäftsführende Gesellschafter: Rolf W. J. Kremers, Klaus D. Kremers

Vertrieb: internat. Vertrieb in mehr als 40 Länder unter der Marke Paradies

KONTAKT

Paradies GmbH
Rayener Str. 14
47506 Neukirchen-Vluyn
✆ (0 28 45) 2 03-0
Fax (0 28 45) 2 03-1 50
www.paradies.de

Ansprechpartner Marketing:
Martina Enke
✆ (0 28 45) 2 03-3 10
✉ martina.enke@paradies.de

SCHON GEWUSST?

- 1954 hat die Firma Gebr. Kremers eine der ersten Himalajaexpeditionen von Dr. Karl M. Herrligkoffer mit Schlafsäcken ausgerüstet. Gefüllt waren sie mit synthetischen Fasern.
- Erfolg in höchsten Kreisen hatte auch die alte Paradiesbettenfabrik: 1909 verkündete das Unternehmen, Sultan Abdul schlafe seit Jahren im Paradies-Bett.

PARADOR

Die klare Wortmarke von Parador

Paral soll bald nur noch Raid heißen. Eine hist. Paral-Verpackung (Mitte), die Konzernzentrale von SC Johnson in Racine, Wisconsin/USA.

PARADOR

Die Parador GmbH & Co. KG wurde im Jahr 1977 als Spezialist für Paneele und Möbeloberflächen gegründet. Im Jahr 1996 hat das Unternehmen das Angebortsspektrum unter der gleichnamigen Dachmarke um das Geschäftsfeld Fußböden erweitert. Der Premiumanbieter Parador definiert seine Ziele in der Design- und Innovationsführerschaft und entwickelt in regelmäßigen Abständen Produktinnovationen. 2007 brachte das Unternehmen ProAir auf den Markt, ein neuartiges System zur Luftreinigung, das in Laminat- und Parkettböden zum Einsatz kommt. Markenlogo ist der Namenszug in schwarzen serifenlosen Versalien. Die einzelnen Buchstaben sind durch dünne Linien voneinander getrennt und ergeben eine klare Grafik. 2001 startete Parador als erstes Unternehmen der Branche eine breit angelegte Endverbraucherkampagne einschließlich TV-Werbung. Im Rahmen von Marketing-Kooperationen arbeitet Parador mit anderen Marken, wie z. B. Swiffer, zusammen. Die gest. Markenbekanntheit liegt bei 34 % (Quelle: GfK). Zum dritten Mal wurde Parador 2007 als „Top 100"-Unternehmen der innovativsten Mittelstandsunternehmen in Deutschland ausgezeichnet. Parador erwirtschaftete 2006 mit knapp 700 Mitarbeitern einen Umsatz von 167 Mio. Euro. Seit 2004 setzt das in Coesfeld ansässige Unternehmen verstärkt auf die Internationalisierung und investiert in den Markenaufbau in den Niederlanden und in Großbritannien. 2007 liegt die Exportquote bei 48 % und für die Zukunft ist ein weiterer Ausbau der Exportaktivitäten geplant.

UNTERNEHMEN

Parador GmbH & Co. KG
Millenkamp 7–8
48653 Coesfeld
✆ (0 25 41) 7 36–0
www.parador.de

PARAL RAID

Die Marken Paral und Raid stehen für Insektenschutzmittel im Haushaltsbereich. Paral wurde in den 1950er-Jahren von der Firma Böhme Fettchemie in Deutschland eingeführt. Der Markenname leitet sich vom griech.-neulat. „paralysieren" ab, was im medizinischen Sinn „lähmen" oder „schwächen" bedeutet. 1993 übernahm der US-amerikanische Konzern S. C. Johnson & Son Inc. die Marke Paral von der Thompson Gruppe. SC Johnson integrierte Paral sukzessive unter das Dach seiner

Das aktuelle Produktdesign des Insektensprays von Paral Raid.

Marke Raid, unter der das Unternehmen weltweit Insektenschutzmittel vermarktet. Während zunächst noch der alte Name Paral mit einem stilisierten, insektenfressenden Vogel als Markenzeichen im Vordergrund stand, dominiert heute der Raid-Schriftzug die Verpackungen. In Zukunft sollen die Insektenschutzmittel nur noch den Namen Raid tragen. Die verschiedenen Produktlinien unterscheiden sich durch die Farbgebung der Verpackungen. Produkte gegen fliegende Insekten (z. B. Fliegen, Mücken, Wespen) sind in Blau gehalten, Mittel gegen kriechende Insekten (z. B. Ameisen) in Rot. Produkte gegen Motten erkennt man an der grünen Verpackung. Zum Sortiment gehören z. B. Ameisenspray, Fliegenköder, Mückenstecker und die insektizidfreie Lebensmittel-Mottenfalle. Mit dem klassischen Paral Raid *Insektenspray* ist SC Johnson nach eigenen Angaben im Segment der Haushaltsinsektizide führend. Der familiengeführte Konzern S. C. Johnson & Son Inc. ist weltweit auf Reinigungs-, Pflege- und Insektenschutzmittel spezialisiert und erzielte 2007 einen Umsatz von 7,0 Mrd. USD. Von den weltweit ca. 12.000 Mitarbeitern des Unternehmens sind rund 100 in Deutschland und Österreich beschäftigt. Die SC Johnson GmbH mit Sitz in Erkrath bei Düsseldorf vertreibt neben Paral Raid u. a. auch die Marken → 00 null null, → Pronto, → Brise, → Autan, → Drano, → Oust und → Stahl-Fix.

DATEN UND FAKTEN

Markenname: Paral Raid, das Kunstwort Paral ist abgeleitet vom griech.-neulat. Wort paralysieren (dt. lähmen, schwächen)

Slogan: „Aus Paral wird Raid. Raid macht Schluss mit Insekten."

Früherer Slogan: „Paral stoppt Insekten. Mit Sicherheit."

Erfinder: Böhme Fettchemie, 1950er-Jahre, Düsseldorf (Marke Paral)

Markenregistrierung: Paral: 09.09.1910, Kaiserliches Patentamt Berlin; Raid: 11.08.1975, DPMA München

Innovationen: Mücken-Stecker Night & Day (2007)

Markenbekanntheit: 26 % ungest., 88 % gesamt (IPSOS, 2004)

UNTERNEHMEN

S. C. Johnson & Son Inc.

Hauptsitz: Racine, Wisconsin/USA

Vorstandsvorsitzender: Fisk Johnson

Weitere Marken: weltweit zahlreiche Marken, in Deutschland u. a. →00 null null, →Autan, →Brise, →Oust, →Pronto, →Drano, →Stahl-Fix

Gesamtumsatz: 7,0 Mrd. USD (2007)

Vertrieb: in über 100 Ländern weltweit

KONTAKT

SC Johnson GmbH
Mettmanner Str. 25
40699 Erkrath
✆ (02 11) 3 02 34-0
Fax (02 11) 3 02 34-2 47
www.scjohnson.de

SCHON GEWUSST?

Insekten leben bereits seit fast 400 Mio. Jahren auf der Erde und haben seither fast alle Lebensräume erobert. Während sie in ihrer natürlichen Umgebung nützlich und wichtig für das ökologische Gleichgewicht sind, können einige Insektenarten im häuslichen Umfeld erhebliche Schäden bei Mensch und Tier, aber auch an Lebensmitteln und Materialien anrichten.

PARSHIP

PARSHIP steht als Marke für Dienstleistungen im Bereich seriöse Partneragenturen, die das gleichnamige Unternehmen vor allem über seine Online-Plattform erbringt. Zielgruppe sind Menschen, die eine Partnerin oder einen Partner für eine langfristige Bindung suchen. Die Kernzielgruppe von PARSHIP ist zwischen 28 und 55 Jahren alt und verfügt über gehobenes Einkommen und überdurchschnittliche Bildung. Mit Hilfe der Internetplattformen von PARSHIP - neben Parship.de und Parship.com aktuell zwölf weiteren Länderdomains in Europa und in Mexico - haben die Teilnehmer die Möglichkeit, über ein auf wissenschaftlichen Grundlagen beruhendes Verfahren, ein Persönlichkeitsprofil zu generieren. Dieses lässt sich dann mit den Profilen anderer PARSHIP-Teilnehmer abgleichen, um zu ermitteln, wie gut die potenziellen Partner miteinander harmonieren. Der Leistungsumfang unterscheidet sich je nach dem, ob eine kostenlose oder eine Premium-Mitgliedschaft gewählt wird. Zu den zielgruppenspezifischen Angeboten der Marke gehören Gay-Parship (für Männer und Frauen auf je eigenen Plattformen) sowie seit kurzem PARSHIP Classic, das sich an Suchende wendet, die eine zusätzliche persönliche Beratung wünschen. Fester Bestandteil des Markenlogos sind der in serifenlosen Versalien gehaltene Schriftzug „PARSHIP" sowie das vor diesen gesetzte Symbol eines in sich geschwungenen Bandes. Je nach Kontext wird es um Landeskennungen wie .de oder .com ergänzt oder um Zusätze wie „classic" oder „gay". Gegründet wurde PARSHIP im Jahr 2000, am Valentinstag 2001 fand der Launch des Angebots statt. Die Erfolgsquote liegt gemäß einer 2006 bei Premium-Mitgliedern durchgeführten Umfrage bei 38 %. 2006 erwirtschaftete die PARSHIP GmbH einen Umsatz von über 25 Mio. Euro. Sie ist zu 85 % eine Tochter der Verlagsgruppe Georg von Holtzbrinck. PARSHIP-Angebote sind auch über die Internetseiten von rund 200 Medienpartnern zu erreichen. Heute ist PARSHIP nach eigenen Angaben bei den Online-Partneragenturen in Deutschland und Europa die Nummer 1.

UNTERNEHMEN

PARSHIP GmbH
Brandstwiete 1
20457 Hamburg
✆ (0 40) 46 00 26-0
Fax (0 40) 46 00 26-5 90
www.parship.de

PASCHEN

Paschen ist die nat. Konsumgütermarke des Möbelherstellers Paschen & Companie

PARSHIP.de Die Online-Partneragentur

Parship steht für seriöse Partnervermittlung.

PASCHEN BIBLIOTHEKEN AUS LIEBE ZU IHREN BÜCHERN

Carl Paschen (unten) gründete das Unternehmen Paschen im Jahr 1883.

GmbH & Co. KG. Als Nischenmarke steht sie für Regalsysteme zur Aufbewahrung von Büchern und anderen Sammlungen. Markenname ist der Familienname des Erfinders Günter Paschen, der mit der Möbelfabrik einen Kindheitstraum realisierte. Die Marke Paschen ist das Herzstück des Familienunternehmens und „die Familie lebt dafür". Das Markenlogo in den Hausfarben besteht als Wortlogo aus einem dreizeiligen Schriftzug in serifenlosen Versalien mit abnehmender Schriftgröße. Klar und einfach vermittelt es den Anspruch und Stil der Marke. Name und Tätigkeitsfeld stehen in Schwarz und Grau untereinander: „Paschen Bibliotheken". Unterhalb des zweizeiligen Schriftzuges und abgetrennt durch eine dünne schwarze Linie ist in Rot der aktuelle Slogan „Aus Liebe zu Ihren Büchern" zu lesen. Entwickelt wurde das Emblem 2005 in Zusammenarbeit mit der Agentur Bischof & Dörrwand aus Lage.

Paschen ist seit 1990 auf die Herstellung von Bibliotheken spezialisiert.

Ältere Slogans sind „Möbel für Individualisten" (1992) oder „Für Menschen mit Büchern und mehr" (1997). Carl Paschen gründete die Paschen Companie bereits 1883 als Fabrik für edle gesägte Furniere. Die Firma mit Sitz in Wadersloh liegt seit fünf Generationen in den Händen der Familie. Seit den 1970er-Jahren produziert sie Regalsysteme, die Spezialisierung auf Bibliotheken erfolgte jedoch erst 1990. Inzwischen umfasst das Sortiment acht verschiedene Bibliothek-Programme, die sich durch ihre flexiblen Kombinationsmöglichkeiten, ihre Individualität bis hin zur Spezialanfertigung von anderen Marken abgrenzen. Die Produktion erfolgt ausschließlich am Standort in Wadersloh. Zielgruppe der Premiummarke Paschen sind Menschen mit vielen Büchern bzw. Sammler. Für ihre hochwertigen Produkte konnte die Firma den bekannten Hamburger Architekten Horst von Bassewitz als Testimonial gewinnen. Die Bibliotheken sind mittlerweile weltweit erhältlich und werden über Handelspartner vertrieben. Der Möbelfabrikant beschäftigt rund 200 Mitarbeiter und erwirtschaftet einen Jahresumsatz von 45 Mio. Euro (2007).

DATEN UND FAKTEN

Markenname: Paschen, Familienname des Erfinders

Slogan: „Aus Liebe zu Ihren Büchern" (seit 1999)

Erfinder: Günter Paschen, 1990

Markenregistrierung: 02. 03. 2006, DPMA München

Innovationen: Paschen Excellence Bibliothek und Paschen Evolution Bibliothek (2007)

Werbespendings: 1 Mio. Euro

Literatur:
K. M. Smith u. J. A. Flannery: Library Design (2007)

UNTERNEHMEN

Paschen & Companie GmbH & Co. KG

Hauptsitz: Wadersloh, Deutschland

Geschäftsführer: Johann Paschen, Christian Paschen

Weitere Marken: Original Paschen Bibliothek, Paschen Medien Bibliothek, Paschen Excellence Bibliothek, Bibliothek No5 u. a.

Gesamtumsatz: 45 Mio. Euro (2007)

Vertrieb: weltweit über Handelspartner

MEILENSTEINE

1883 Carl Paschen gründet in Hamburg eine Fabrik für edle gesägte Furniere. Spezialität sind feine Zigarrenkisten.

1949 Nach dem 2. Weltkrieg zieht das Unternehmen nach Wadersloh und stellt die Produktion auf Nachkriegsbedarf wie Kombi-Schränke um.

1960 Günter Passchen wird Geschäftsführer; erste elegante Systemmöbel

1970 Erste Regalsystemmöbel unter dem Namen Palette

1990 Die erste „Original Paschen Bibliothek" wird hergestellt und bildet fortan den Produktionsschwerpunkt der Firma.

KONTAKT

Paschen & Companie GmbH & Co. KG
Stromberger Str. 27
59329 Wadersloh
✆ (0 25 23) 2 80
🖷 (0 25 23) 10 91
✉ info@paschen.de
💻 www.paschen.de

Ansprechpartner Presse & Marketing:
Vanessa Paschen
✆ (0 25 23) 2 80
✉ presse@paschen.de

PASSIONATA

Die Lingeriemarke Passionata aus dem Hause der franz. Groupe Chantelle SA besteht seit 1988. Die Marke umfasst Dessous und Loungewear für drinnen und draußen. Ihr Sortiment beinhaltet ca. 13 verschiedene Modellinien, deren Design mit Kategorien von romantisch bis leidenschaftlich spielt und besonderes Augenmerk auf feminine Eleganz und Formschönheit legt. Das Logo der Marke besteht aus dem Namensschriftzug in fließenden Versalien, ergänzt durch das Wort Lingerie. Die Marke wirbt mit dem Slogan „Passionata – Ausgesprochen weiblich" und tritt seit 1998 mit TV-Kampagnen an die Öffentlichkeit. Die Chantelle Group SA blickt auf eine lange Firmengeschichte zurück. 1876 begann der Gründer Monsieur Gamichon, im franz. Romilly elastische Strickwaren herzustellen und nahm bald seinen Neffen aus der Familie Kretz ins Geschäft. Mit der Herstellung erster Korsetts aus elastischen Stoffen initiierte man 1902 eine Wende in der Korsettherstellung. 1949 etablierte das Unternehmen die Wäschemarke Chantelle. Die dt. Niederlassung Chantelle Lingerie GmbH wurde 1962 als Vertriebstochter gegründet. Der Vertrieb der Produkte erfolgt weltweit. Neben *Chantelle* und Passionata führt die Groupe Chantelle SA auch die Marke *Darjeeling*, die nur in eigenen Markengeschäften vertrieben wird. Das Unternehmen, bis heute im Besitz der Familie Kretz, beschäftigte 2006 weltweit 5.500 Mitarbeiter und erwirtschaftete im gleichen Zeitraum einen Umsatz von 370 Mio. Euro.

UNTERNEHMEN

Chantelle Lingerie GmbH
Geschäftsbereich Passionata
Hans-Böckler-Str. 1
40476 Düsseldorf
✆ (02 11) 17 14 85-0
🖷 (02 11) 17 14 85-10
💻 www.passionata.de

PATROS

Die zur → Hochland AG gehörende Marke Patros steht für Käsegenuss auf mediterrane Art. Die Marke wurde 1990 erfunden. Ziel war es, dem Konsumenten über Produkt und Markennamen südländisches Lebensgefühl zu vermitteln. Der Hersteller wirbt mit Cremigkeit, ursprünglichem Geschmack und einer speziell entwickelten Kulturenformel. Seit 1992 sind Produkte unter der Marke Patros auf dem Markt und werden europaweit vertrieben. Hauptprodukt von Patros ist die Sorte *natur am Stück*. *Patros am Stück* ist auch mit Hirtenkräutern und fettreduziert als Leicht-Variante erhältlich. Zum Sortiment gehören außerdem Patros-Würfel im Glas in den Sorten in Öl und mit Paprika und Oliven. Ein original griech. Schafmilchfeta rundet das Patros-Sortiment ab. Das Logo der Marke wurde im Lauf der Jahre modernisiert. Aktuell ist der rote Schriftzug blau schattiert. Ein Hirte ist oberhalb des Schriftzugs abgebildet. In dieser Kombination steht das Logo für Authentizität, Qualität und Tradition. Der aktuelle Slogan der Marke lautet „Patros. So schmeckt der Süden." Der Schauspieler Helmut Fischer warb 1995 in TV-Spots für Patros. Die ungest. Bekanntheit der Marke liegt in Deutschland bei 43 % (Quelle: IMAS, 04/2007). Lt. AC Nielsen ist Patros im Feta-Segment über Jahre hinweg Marktführer. Patros-Produkte erhielten zahlreiche Auszeichnungen, u. a. die DLG-Prämierung in Gold (2007) für verschiedene Produktvarianten.

UNTERNEHMEN

Hochland Deutschland GmbH
Kemptener Str. 17
88178 Heimenkirch
✆ (0 83 81) 5 02-0
🖷 (0 83 81) 5 02-1 07
💻 www.patros.de

PATTEX

Produkte der Klebstoffmarke Pattex aus dem Hause → Henkel eignen sich für Kombinationsverklebungen verschiedenster Materialien. Pattex-Artikel sind für den privaten und den handwerklichen Gebrauch zum Kleben, Fixieren, Montieren, Reparieren und Rekonstruieren konzipiert. Dazu gehören Kontaktkleber, Montagekleber, Sekundenkleber, Heißkleber, Spezialkleber, Sprühkleber und

Passionata steht seit 1988 für betont weibliche Lingerie.

Patros hat eine marktführende Position im Segment Feta.

Der Pattex Repair Extreme Power-Kleber (Mitte) wurde 2003 auf den Markt gebracht. Das erste Pattex-Produkt von 1955 war der Spezial-Leim (unten).

Klebebänder. Zu den bekanntesten Pattex-Produkten gehört der Sekundenkleber auf Cyanacrylatbasis, der seit 1982 auf dem Markt ist. Für Handwerksbetriebe werden viele der Produkte in entsprechenden Gebindegrößen konfektioniert. Das Anwendungsspektrum reicht hier vom Möbelbau bis zur Treppenmontage. Henkel brachte als erstes Produkt 1955 den *Pattex Spezial-Leim* in Gläsern, Dosen und Eimern auf den Markt.

Der klassische Pattex Kontaktkleber eignet sich für Kombinationsverklebungen unterschiedlicher Materialien.

1964 wird der Klebstoff erstmals in einer 125-Gramm-Tube für den Privatgebrauch und 1973 unter dem Namen *Pattex Compact* als nicht-tropfender Kraftkleber vermarktet. Seit 1981 bietet Pattex auch Heißkleber (Pistolen und Sticks) für Hand- und Heimwerker. 2006 erweiterte Henkel sein Montagekleber-Sortiment um den ersten wiederablösbaren Montagekleber sowie die wiederablösbaren Montagekleber-Strips. Zum Markenauftritt gehören der charakteristische rote Pattex-Schriftzug und die schwarz-gelbe Verpackung. Die Klebstoffe wurden immer wieder mit spektakulären TV-Werbespots angepriesen, die mehrfach Medienpreise erhielten. Bei der aktuellen „Hanging Man"-Kampagne wird ein Mann mit Sekundenkleber kopfüber an den Schuhsohlen unter die Zimmerdecke geklebt. 1975 hob ein Lastenhubschrauber ein 5 t schweres Fertighaus an einer Eichenplatte hoch, die nur mit Pattex mit dem Haus verklebt war. Drei Jahre später entstand der Slogan „Nur Pattex klebt wie Pattex", mit dem die Firma bis heute wirbt. Dies stellte 1984 ein Marketingmanager von Henkel mit einer ungewöhnlichen Flugeinlage unter Beweis, bei dem er sich auf die Tragflächen eines Doppeldeckers kleben ließ. Der Henkel-Gesamtumsatz im Bereich Adhesives Technologies (Klebstoff Technologien) betrug im Jahr 2006 über 5,5 Mrd. Euro. Henkel ist sowohl im Konsumenten- als auch im Profi- und Industriebereich einer der bedeutendsten Produzenten von Klebstoffen.

DATEN UND FAKTEN

Markenname: Pattex, Kunstname

Slogan: „Profi-Power kommt von Pattex", „Nur Pattex klebt wie Pattex" (seit 1978)

Erfinder: Degussa

Markenregistrierung: 28. 05. 1925, Reichspatentamt Berlin

Innovationen: Pattex Sekundenkleber (1982), Flextec® basierter Montagekleber wieder ablösbar (2006), Flextec® basierter Repair Extreme Power-Kleber (2007)

Auszeichnungen:
„Silberner Löwe", Cannes Werbefestival (1985, 1988, 1989)
„Effie" in Gold für die *Pattex-Kampagne* (1987)
„Goldmedaille", International Film & Television Festival, New York (1987)

Markenwebsite: www.pattex.de

UNTERNEHMEN

Henkel KGaA

Hauptsitz: Düsseldorf, Deutschland

Weitere Marken: s. →Henkel

Gesamtumsatz: 12,740 Mrd. Euro (2006)

Vertrieb: weltweit in über 125 Ländern

KONTAKT

Henkel KGaA
Henkelstr. 67
40589 Düsseldorf

SCHON GEWUSST?

- Bereits 1947 wurde ein Lederkleber für Schuhsohlen unter dem Markennamen Pattex vermarktet, der aus alten Filmen hergestellt wurde.
- Friedensreich Hundertwasser beschreibt die Mischtechnik für sein Werk „Gesang der Wale – the Song of the Whales" folgendermaßen: „Aquarell, Eitempera, Öl, Lackfarbe, Stanniolfolie geklebt mit Pattex auf Kreide – Zinkweiß – Polyvinyl grundierte Hartfaserplatte, in drei Teilen".
- An einem Berliner Bastelgeschäft hing 1965 ein Pattex-Automat, damit Kunden auch an arbeitsfreien Tagen Pattex-Tuben für Handwerk oder Hobby kaufen konnten.

✆ (02 11) 7 97–0
🖷 (02 11) 7 98–40 08
💻 www.henkel.de

Ansprechpartner Presse:
Peter Lienkamp
✉ press@henkel.com

PAYBACK

Payback ist eine Marke im Sektor Kundenmanagement. Das erste und zugleich größte branchenübergreifende Bonusprogramm Deutschlands wird vom Unternehmen Loyalty Partner GmbH mit Sitz in München betrieben. Payback-Karten als Kundenkarten gibt es seit März 2000. Konsumenten legen die registrierte Payback-Karte beim Bezahlen an der Kasse vor, wenn sie bei einem Payback-Partner einkaufen. Payback bietet dem Endverbraucher dafür Einkaufsvorteile in Form von Rabatten (Punkten), Coupons und zusätzlichen Exklusivangeboten. Zielgruppe sind Konsumenten von 25–49 Jahren mit einem Nettoeinkommen von über 2.000 Euro monatlich. Die Marke grenzt sich als First Mover und durch die Wahl ihrer Partner vom Markt ab. Lt. GfK (2007) besitzen 61 % der dt. Haushalte eine Payback-Karte, und in dt. Geldbörsen rangiert die Karte nach der EC- und Krankenversicherungskarte an dritter Stelle. Zu den Partnern von Payback zählen →Aral, Alice, →Apollo-Optik, →Europcar, dm-drogerie markt, →Galeria Kaufhof, NH Hoteles, real, →WMF, →Vodafone u.a. Weitere Kooperationen sowie eine Regionalisierung und Internationalisierung sind angestrebt. Die Payback-Partner können lt. Unternehmen ihre Umsätze durch dieses Bonusprogramm steigern und die Kundenbindung stärken. Das mit Payback gewonnene Know-how stellt Loyalty Partner anderen Unternehmen als Dienstleister im Kundenmanagement zur Verfügung, z.B. betreibt Loyalty Partner das Bonusprogramm der Deutschen Bahn AG. Das bisher unveränderte Logo entwickelte 1999 die Münchner Agentur Cream 01. Das Bildelement stellt ausgefüllte und somit gesammelte Punkte sowie leere und somit noch nicht gesammelte Punkte dar. Hausfarbe ist Blau (Pantone 293), die Hausschrift ist die Interstate.

DATEN UND FAKTEN

Markenname: Payback, engl. „zurückzahlen"

Slogan: „Deutschlands größtes Bonusprogramm"

Erfinder: Alexander Rittweger, 1999

Markenregistrierung: 14.01.1999, DPMA München

Innovationen: Payback Plus Karte mit Zahlungsfunktion, Payback Visa Karte (Kreditkarte), Payback Punktomaten zur Einlösung der Punkte am PoS

Markenbekanntheit: 50 %, ungest. (Payback Programm tracking, 2007)

Jahresumsatz: 159 Mio. Euro (2006)

Markenwebsite: www.payback.de

UNTERNEHMEN

Loyalty Partner GmbH
Theresienhöhe 12
80339 München
✆ (0 89) 99 74–15 10
🖷 (0 89) 99 74–19 05 10
💻 www.loyaltypartner.com

Payback ist das größte Bonusprogramm in Deutschland.

PEDIGREE

Die Tiernahrung Pedigree steht für Produkte aus dem Bereich Hundenahrung. Die Produktpalette gliedert sich in die Segmente Feuchtnahrung, Trockennahrung und Snacks und bietet in verschiedenen Zusammensetzungen Artikel für Welpen ebenso wie für ausgewachsene bzw. speziell ältere Hunde. Feuchtnahrung in Dosen wird seit den 1960er-Jahren vertrieben. Spezielle Produkte richten sich zudem an ausgewachsene Hunde kleiner bzw. großer Rassen. Zusätzlich wird mit der Denta-Serie ein Snack zur Prophylaxe von Zahnkrankheiten angeboten. Die Produkte werden in einem eigenen Forschungszentrum in Waltham (England) entwickelt mit dem Ziel, eine artgerechte, ausgewogene sowie auf verschiedene Lebensalter und Lebenssituationen (z.B. Stillzeit) abgestimmte Ernährung zu ermöglichen. Die Marke Pedigree war zunächst als Pal und später als Pedigree Pal auf dem dt. Markt präsent. Das heutige Markenlogo zeigt den Schriftzug „Pedigree" in einer Serifenschrift vor einer roten Schleife. Die Marke Pedigree wird in Deutschland von der Mars GmbH, einem Unternehmen der Mars, Inc. geführt, zu der im Segment Heimtiernahrung auch die Marken →Whiskas, Chappi, Kitekat, Cesar, Sheba, →Frolic und →Trill gehören. Der weltweite Jahresumsatz des Mars-Konzerns lag 2006 bei 21 Mrd. USD. Aktuell verfügt er über 219 Standorte und 98 Produktionsstätten. In

Seit den 1960er-Jahren wird Pedigree als Feuchtnahrung in Dosen vertrieben.

Deutschland sind an den Standorten Viersen, Verden, Minden und Mogendorf insgesamt 1.800 Mitarbeiter tätig.

UNTERNEHMEN

Mars GmbH
Eitzer Str. 215
27 283 Verden (Aller)
(0 42 31) 94-0
(0 42 31) 94-43 26
www.pedigree.de

PEEK & CLOPPENBURG

Die Gründer Johann Theodor Peek und Heinrich Anton Adolph Cloppenburg (Mitte), das Stammhaus von Peek & Cloppenburg in Düsseldorf (unten)

Unter dem Dach der Peek & Cloppenburg KG Düsseldorf präsentiert das Unternehmen eine Vielfalt von Stilwelten mit über 400 internat. Modemarken. Das Bekleidungshaus wurde 1869 in Rotterdam von den Textilkaufleuten Johann Theodor Peek und Heinrich Anton Adolph Cloppenburg gegründet. Mit der Gründung einer Peek & Cloppenburg Gesellschaft 1901 in Düsseldorf wird der dt. Markt erobert. Gründungsidee war die Anfertigung von Maßkonfektion, was damals eine Revolution auf diesem Gebiet darstellte. Dazu führte P&C als erster Anbieter in Deutschland ein einheitliches Größensystem ein und übertrug das Prinzip der Serienfertigung auf den Bekleidungssektor. An den ersten beiden Standorten Düsseldorf und Berlin entstanden zwei prachtvolle Kaufhäuser im Belle-Époque-Stil. 1911 wurde in Hamburg ein weiteres Unternehmen Peek & Cloppenburg gegründet, das jedoch seine Geschäfte rechtlich und wirtschaftlich unabhängig führt. 1926 entstand das bis heute gültige hauseigene Wappen, in dem die Initialen des Firmennamens auf blau-rotem Grund stehen. In den folgenden Jahren wurden weitere Standorte in Deutschland errichtet. Das Wachstum des Unternehmens wurde durch den 2. Weltkrieg jäh unterbrochen, kein einziges P&C-Haus überstand den Krieg. Seit der ersten Wiedereröffnung des traditionsreichen Hauses in Düsseldorf 1948 setzt sich die Evolution jedoch kontinuierlich fort, 1969 beginnt die große Expansionsphase. Zu Beginn des 21. Jh. hat sich P&C schließlich in ein modernes Lifestyle-Unternehmen verwandelt. Für seine Werbekampagnen setzt das Modehaus auf namhafte Topmodels und Prominente, die als Stilbotschafter agieren. In den Häusern laden Shops im Shop zum Flanieren durch die Marken- und Modewelten ein. Neben den internat. Designermarken bietet P&C eigene Marken an, die seit einigen Jahren auch an Drittkunden im In- und Ausland verkauft werden.

Der Anspruch an hochwertige Architektur und die anspruchsvolle Präsentation der Waren zeigt sich heute vor allem in den P&C-Weltstadthäusern. Zu den Planern dieser lichten und offenen Häuser zählen namhafte Architekten wie Richard Meier (Düsseldorf und Mannheim) und Renzo Piano, der in Köln das architektonische Aushängeschild des Modeunternehmens errichtete. Mit derzeit 69 Häusern in Deutschland sowie 27 im europäischen Ausland hat sich die Peek & Cloppenburg KG Düsseldorf als eines der führenden Bekleidungsunternehmen etabliert.

Das „Weltstadthaus" in Köln ist ein architektonisches Meisterwerk von Renzo Piano – gestaltet nach dem P&C-Credo „Anspruchsvolle Architektur für anspruchsvolle Mode".

DATEN UND FAKTEN

Markenname: Peek & Cloppenburg

Produkte: breites Markensortiment an hochwertiger Damen-, Herren- und Kinderbekleidung

Gründer: Johann Theodor Peek, Heinrich Anton Adolph Cloppenburg, 1901, Düsseldorf

UNTERNEHMEN

Peek & Cloppenburg KG Düsseldorf

Hauptsitz: Düsseldorf, Deutschland

Mitarbeiter: 10.855 (Deutschland)

Gesamtumsatz: 1.315 Mio. Euro (Deutschland, 2006)

Aktivitäten: in Deutschland sowie in weiteren zehn europäischen Ländern

KONTAKT

Peek & Cloppenburg KG Düsseldorf
Berliner Allee 2
40212 Düsseldorf
(0 18 03) 21 19 00
www.peek-cloppenburg.de

Ansprechpartner Marketing:
Dr. Adrian Kiehn
Unternehmensleitung Marketing & Kreativ
(02 11) 36 62-5 28
adrian.kiehn@peek-cloppenburg.de

Ansprechpartner Kommunikation:
Kerstin Pooth
PR-Director
(02 11) 36 62-9 82
kerstin.pooth@peek-cloppenburg.de

SCHON GEWUSST?

- Zunächst führte Peek & Cloppenburg nur Herrenbekleidung. 1936 nahm man auch Damenmode und Kinderkleidung ins Sortiment auf und wurde so zum ersten Bekleidungshaus für die ganze Familie.
- Architekten von internat. Rang haben für P&C entworfen: Neben Renzo Piano (Köln) und Richard Meier (Mannheim und Düsseldorf) errichteten auch RKW (Frankfurt/Main), Moore, Ruble, Yudell (Leipzig), Prof. Gottfried Böhm (Berlin) und Prof. Kleihues (Stuttgart) Modehäuser für P&C.

PELIKAN

Seit über 125 Jahren ist die Marke Pelikan weltweit federführend im Bereich qualitativ hochwertiger Schreibgeräte, Schul- und Büroartikel made in Germany. 1832 von Carl Hornemann als Farben- und Tintenfabrik in Hannover gegründet, gilt als offizielles Gründungsdatum jedoch das erste erhaltene Preisblatt vom 28. April 1838. Günther Wagner, der 1863 als Werksleiter eingestellt wird, übernimmt 1871 das Unternehmen und hinterlegt 1878 den Pelikan aus seinem Familienwappen als eines der ersten Warenzeichen überhaupt in Deutschland beim Amtsgericht Hannover. Mit dem Zeitgeist werden auch die Stilformen der Wort- und Bildmarke behutsam angepasst, um den hohen Wiedererkennungswert der Marke zu erhalten. Die letzte Veränderung erfolgt 2003: Zum 165-jährigen Firmenjubiläum erhält Pelikan eine neue Corporate Identity und ein neues Corporate Design. Mit Produkten, wie dem ersten Deckfarbkasten für die Schule (1931) und dem Schulfüllhalter Pelikano (1960) ist das Unternehmen seit Jahrzehnten Marktführer. Außerdem ist Pelikan verantwortlich für viele Innovationen wie z. B. den Pelikan Füllhalter von 1929, dessen Kolbenfüllmechanik mit Differenzialgetriebe bis heute Stand der Technik im Füllhalterbau ist. Die neue Schreibgeräte-Serie *Epoch* von Pelikan wurde 2007 mit dem red dot award im Bereich *Product Design* ausgezeichnet. Im Jahr 2006 erwirtschaftete Pelikan einen Nettoumsatz von 68,05 Mio. Euro und beschäftigte 963 Mitarbeiter. Nach dem Erwerb der Pelikan Hardcopy Holding AG und der German Hardcopy AG (beide 2007) konzentriert sich die Pelikan Holding AG Gruppe gegenwärtig auf post merger Aktivitäten.

Ein Vogel im Familienwappen diente vor über 125 Jahren als Inspirationsquelle für den Markennamen Pelikan.

UNTERNEHMEN

Pelikan Vertriebsgesellschaft mbH & Co. KG
Werftstr. 9
30163 Hannover
(05 11) 69 69-0
(05 11) 69 69-2 12
www.pelikan.com

PEMA

Unter dem Markennamen PEMA vertreibt die Heinrich Leupoldt KG Vollkornbrote. Zu dem umfassenden Sortiment gehören klassische Sorten wie Pumpernickel, Spezialitäten wie Kürbiskernbrot sowie Bio-Produktlinien und glutenfreie Vollkornbrote. Die Produkte richten sich an alle gesundheitsorientierten Konsumenten. Im Jahr 1950 vertrieb der Konditor Heinrich Leupoldt erstmals Vollkornbrot und Pumpernickel unter der Marke PEMA. Den Markennamen, eine Abkürzung der lat. Wendung „panem excellens maxima arte", hatte er zusammen mit der Einrichtung eines Produktionsbetriebs erworben. Einen Meilenstein in der Markenentwicklung markierte 1952 die Einführung des ersten Weizenkeimbrots auf dem dt. Markt. Das Logo der Marke PEMA wurde im Laufe der Jahre mehrfach überarbeitet. Das aktuelle, von der Peter Schmidt Group entwickelte Markenzeichen wurde 2003 eingeführt. Der rote Kreis, der von einer quer liegenden Ähre ergänzt wird, soll mit Korn bewachsene Hügel und eine dahinter aufgehende Sonne symbolisieren. Neben dem Logo schreibt das detaillierte Corporate Design die Primärfarben Rot (Pantone 1795) und Gelb (Pantone 130), sowie die Hausschrift Trade Gothic vor. Der gesamte Markenauftritt wird mit den Stichworten „ursprünglich, authentisch, erfahren und essenziell" charakterisiert. Die Heinrich Leupoldt KG mit Sitz in Weißenstadt im Fichtelgebirge hat ihren Ursprung in einer 1905 von Adam Leupoldt, dem Vater von Heinrich Leupoldt, gegründeten Konditorei und Lebküch-

Lust auf Vollkorn

PEMA vertreibt seine Vollkornbrot-Spezialitäten in weltweit über 80 Ländern.

nerei. Der Familientradition folgend, wird dieses Produktsegment auch heute noch bedient, obwohl andere Bereiche der Firma weit erfolgreicher sind. Neben PEMA vermarktet das Familienunternehmen unter der Marke Leupoldt auch Lebkuchen und Soßenkuchen. Mit 120 Mitarbeitern produziert die Bäckerei täglich zwischen 36 und 40 t Vollkornbrot. Der Vertrieb der Marke erfolgt über den Lebensmittelhandel in über 80 Ländern weltweit.

DATEN UND FAKTEN

Markenname: PEMA

Slogan: „Lust auf Vollkorn"

Gründer: Adam Leupoldt, 1905, Weißenstadt

Markenregistrierung: 1952, DPMA München

Auszeichnungen:
20-facher Preisträger „Preis der Besten Gold", DLG

Literatur:
Leupoldt KG (Hg.): Rezepte mit Vollkornbrot (2005)

UNTERNEHMEN

Heinrich Leupoldt KG
Goethestr. 23
95163 Weißenstadt
✆ (0 92 53) 89-0
🖷 (0 92 53) 89 40
💻 www.pema.de

PENATEN

Unter der Marke Penaten vertreibt die →Johnson & Johnson GmbH verschiedene Babypflegeprodukte mit einem Portfolio von 46 Produkten. Dazu gehören u.a. Puder, Seife, Babyöl und Pflegetücher. Ursprung ist die klassische Penaten Creme. Um wunder Babyhaut vorzubeugen, die besonders im Windelbereich vorkommen kann, entwickelte der Drogist Max Riese aus Rhöndorf Anfang des 20. Jh. einen milden Hautschutz für Säuglinge. Dafür kochte er Schafwolle aus und machte das so gewonnene Wollfett zur Grundlage für eine Creme. 1904 meldete Riese das Patent für seine Creme an. Den Markennamen Penaten hat das Produkt von Max Rieses Ehefrau. Der Name stammt aus der röm. Mythologie, in der die Penaten die Götter des häuslichen Glücks und der Familie darstellten. Aufgrund des Erfolges seiner Babycreme wurde die Hinterstube der Drogerie schnell zu klein und Riese gründete in Rhöndorf bei Bonn die Firma Penaten. 1951 wurde aus Penaten ein Sortiment: Puder, Seife und Babyöl kamen auf den dt. Markt. Das Markenlogo zeigt eine gelbe Sonne auf blauem Untergrund, die den Beginn eines neuen Tages und eines neuen Lebens symbolisiert. Über dem dunkelblauen Markennamen in Versalien ist eine hellblaue Schäfer-Figur platziert. Sie weist auf das Schafwollfett in der Penaten-Creme hin. Die oberhalb des Namens platzierte Signatur Max Rieses verdeutlicht die persönliche Bürgschaft des Begründers. Das klassische Babyblau, in dem seit 2007 wieder alle Flaschen und Tiegel der Marke gehalten sind, assoziiert Vertrauen,

Das Produktportfolio umfasst nahezu 50 Produkte für Wundschutz, Bad- und Hautpflege speziell für Babys.

Sanftheit und Harmonie. Die Produkte werden mit dem Slogan „Schutz und Geborgenheit für ein ganzes Leben" beworben. Zielgruppe sind Eltern mit Kindern zwischen null und 36 Monaten. Verwendet werden die Produkte von jeder Altersgruppe. Johnson & Johnson ist eines der weltweit größten Unternehmen auf dem Gebiet der Gesundheitsfürsorge und in den Geschäftsfeldern Pharma, Medizintechnik und Konsumgüter aktiv. Seit 1986 gehört die Marke Penaten zu Johnson & Johnson. Die Johnson & Johnson GmbH ist die dt. Tochter im Geschäftsfeld Konsumgüter und mit 14 Marken im Markt vertreten. Jüngste Produktinnovation ist die Reihe Penaten Soothing Naturals mit Olivenblatt-Extrakten, Mineralien und Vitaminen.

DATEN UND FAKTEN

Markenname: Penaten, benannt nach den röm. Göttern des häuslichen Glücks und der Familie

Slogan: „Schutz und Geborgenheit für ein ganzes Leben"

Erfinder: Max Riese, 1904

Die blaue Penaten-Dose (Mitte) mit dem markanten Logo genießt eine hohe Bekanntheit. Die erste Drogerie des Erfinders Max Riese in Rhöndorf (unten).

Markenregistrierung: 17.09.1904, Kaiserliches Patentamt Berlin

Innovationen: Babypflege-Serie (1951), Öl-Pflegetücher (1978), Produktlinie Soothing Naturals (2006)

Markenbekanntheit: 88 % ungest., 98 % gest. (Millward Brown, 2007)

Markenwebsite: www.penaten.de

UNTERNEHMEN

Johnson & Johnson GmbH

Hauptsitz: Düsseldorf, Deutschland

Geschäftsführer: Peter Feld

Weitere Marken: s. → Johnson & Johnson

Gesamtumsatz: 53,3 Mrd. USD (Johnson & Johnson, weltweit, 2006)

Vertrieb: Deutschland, Schweiz, Österreich, u. a.

KONTAKT

Johnson & Johnson GmbH
Kaiserswerther Str. 270
40474 Düsseldorf
✆ (02 11) 43 05–0
🖷 (02 11) 43 05–3 52
💻 www.jnjgermany.de

Ansprechpartner Presse:
Pressebüro Johnson & Johnson GmbH
✆ (02 11) 95 41–21 20
✉ pressebuero-jnj@pleon.com

Lead-Agentur:
Change Communication GmbH
💻 www.change.de

SCHON GEWUSST?

▌Seit 1994 arbeitet Penaten in der Produktentwicklung mit einem unabhängigen wissenschaftlichen Beirat aus Professoren für Kinderheilkunde, Dermatologie und Allergologie, Hebammen und Krankenschwestern zusammen.

▌Lt. Johnson & Johnson geben 90 % aller Geburtskliniken in Deutschland den Müttern Penaten-Pflegeprodukte zur Säuglingspflege.

PENNY

Die Einzelhandelskette Penny ist die Discounter-Marke der REWE Group. Im Selbstbedienungssortiment der Märkte finden sich ca. 1.400 Artikel. Das Angebot umfasst neben einer breiten Auswahl an Eigenmarken auch ausgewählte Markenartikel. Neben Lebensmitteln werden Zeitungen und Zeitschriften sowie saisonale Non-Food-Artikel angeboten, etwa in den Bereichen Garten, Heimwerken oder Fitness. Brot und Brötchen werden laufend frisch aufgebacken, Milchprodukte werben mit einer „Frische-Garantie", die dafür bürgt, dass jedes Produkt mindestens fünf weitere Tage haltbar ist. Das Markenlogo zeigt den Namen in gelber Schrift auf rotem Grund vor einer gelben Ellipse, die von dem Zusatz „Markt" durchbrochen wird. Penny wird als Geschäftsfeld Discount National innerhalb der REWE Group geführt, ist aber auch Teil der Expansionsstrategie der Unternehmensgruppe vor allem nach Osteuropa (als Penny *Market*). Die REWE Group betreibt insgesamt 11.948 Märkte (Stand: 2006), davon 8.939 in Deutschland. Weitere Handelsmarken sind → REWE, toom, ProMarkt, toomBM oder Nahkauf. Zusammen mit der Touristiksparte der Gruppe (→ Dertour, Meier's Weltreisen, ITS, Jahn Reisen, Tjaereborg, ADAC Reisen, Atlasreisen u. a.) wurden 2006 mit 268.907 Beschäftigten Netto-Erlöse von 43,45 Mrd. Euro erzielt.

Penny ist die Discounter-Marke der REWE Group.

UNTERNEHMEN

REWE Group
Domstr. 20
50668 Köln
🖷 (02 21) 1 49–90 00
💻 www.penny.de

PEPSI-COLA

Pepsi-Cola ist die zweitgrößte Cola-Marke in Deutschland und als „die jüngere Cola" positioniert. Hauptzielgruppe sind Teenager und junge Erwachsene im Alter von 16 bis 29 Jahren. 1898 erfand der Apotheker Caleb Bradham in North Carolina ein kohlesäurehaltiges Getränk, das aus Wasser, Zucker, Vanille, Kolanüssen und Ölen bestand. Der Name Pepsi-Cola lässt sich auf die ursprünglichen Inhaltsstoffe Pepsin und Kolanüsse zurückführen. Die Rezeptur ist lt. Herstellerangaben eines der bestgehüteten Geheimnisse der Welt. Das Logo wurde im Lauf der Markengeschichte mehrmals abgeändert. Seit 1962 präsentiert der Globus in den US-amerikanischen Nationalfarben Blau, Weiß und Rot mit den weißen Druckbuchstaben die Marke Pepsi. Der aktuelle Slogan lautet schlicht „more". Stars wie Tina Turner, Mi-

Die Marke Pepsi-Cola wird in mehr als 200 Ländern über eigene Niederlassungen und über Partner vertrieben.

chael Jackson und die Spice Girls wirkten bereits als Werbeträger für Pepsi-Cola. Die Getränke sind primär in PET-Einweg-Gebinden erhältlich, werden aber auch in PET-Mehrweg-, Glasflaschen und Dosen abgefüllt. In Deutschland gehören die Markenrechte an Pepsi der PepsiCo Deutschland GmbH, die u.a. auch die Marken *7Up*, *Mirinda* und *Schwip Schwap* im Portfolio führt. Ursprünglich erwarb 1951 das Unternehmen Hessische Getränkeindustrie die Lizenz für die Abfüllung und den Verkauf von Pepsi-Cola in Deutschland von der Pepsi-Cola Company in New York. Die Marke Pepsi-Cola wird in mehr als 200 Ländern über eigene Niederlassungen und über Partner vertrieben. Das Unternehmen PepsiCo beschäftigt weltweit ca. 168.000 Mitarbeiter, davon 350 in Deutschland. 2006 lag der Jahresumsatz bei 35 Mrd. USD.

UNTERNEHMEN

PepsiCo Deutschland GmbH
Frankfurter Str. 190a
63263 Neu-Isenburg
✆ (0 61 02) 7 49-0
🖷 (0 61 02) 7 49-2 00
🖳 www.pepsi.de

PERNOD

Mit dem Slogan „Pernod. Die beste Zeit meines Lebens. Mit Cola, Mit O-Saft, Mit meinem Mix." wird Pernod insbesondere als unviversell einsetzbares Mixgetränk beworben.

Die Marke Pernod ist eine traditionsreiche franz. Spirituose auf Anis-Basis und gehört zur Groupe Pernod Ricard. Das Originalrezept für Pernod Absinthe stammt aus dem 18. Jh. und wurde vom franz. Mediziner Dr. Pierre Ordinaire als Arzneimittel in der Schweiz entwickelt. 1797 verkaufte er das Rezept an Major Dubied, der mit seinem Schwiegersohn Henri-Louis Pernod im schwz. Couvet die erste Absinth-Distillerie eröffnete. Im Jahr 1805 errichtete Pernod bereits eine zweite Fabrikation in Pontarlier (Frankreich). Mit einem Alkoholgehalt von 75 % wurde Pernod Absinthe aufgrund seiner inspirierenden Wirkung vor allem in Künstlerkreisen berühmt und war auch unter der Bezeichnung grüne Fee bekannt. Im Jahre 1915 wurde Absinthe aufgrund seiner berauschenden Wirkung verboten. Mit der Aufhebung des Produktionsverbotes für Anisspirituosen im Jahre 1920 wurde aus *Pernod Absinthe* die Anisspirituose Pernod mit einem Alkoholgehalt von 40 %. Hauptzielgruppe der heute in 110 Ländern bekannten Marke sind männliche Verbraucher zwischen 22 und 30 Jahren. Pernod wird insbesondere auch als universell einsetzbarer Bestandteil von Mixgetränken beworben. Das Markenlogo wurde 1888 im Maison Pernod Fils entworfen und erstmals als Wort-/Bildmarke in Pontarlier registriert. Die aktuelle, seit 2000 verwendete Version zeigt den Namen des Firmengründers auf rotem Fond. Der Vertrieb wird durch umfangreiche PR-Aktivitäten, Aktionen in Handel und Gastronomie sowie durch ein Promotion-Team unterstützt. Der dt. Unternehmensableger von Pernod-Ricard wurde 1989 in Koblenz gegründet und firmiert seit 2002 als Pernod Ricard Deutschland GmbH mit Sitz in Köln. Im Geschäftsjahr 2005/2006 erwirtschaftete das Unternehmen mit 150 Mitarbeitern einen Nettoumsatz von 360 Mio. Euro. Für den Pariser Mutterkonzern arbeiten weltweit 17.600 Menschen.

DATEN UND FAKTEN

Markenname: Pernod, Familienname des franz. Gründers Henri-Louis Pernod

Slogan: „Pernod macht den Unterschied. Mit Cola, Mit O-Saft, Mit Deinem Mix." (2001), „Pernod. Die beste Zeit meines Lebens. Mit Cola, Mit O-Saft, Mit meinem Mix." (2007)

Erfinder: Henri-Louis Pernod, um 1797, Schweiz

Markenregistrierung: 03. 03. 1966, WIPO, Genf

Innovationen: Pernod Absinthe (2001)

Markenbekanntheit: 4,1 % ungest., 56 % gest. (GfK, 2006)

Gesamtumsatz: 360 Mio. Euro (Pernod Ricard Deutschland, 2005/2006)

Markenwebsite: www.pernod.de

Literatur:
M.-C. Delahaye: Pernod 200 years. 1805–2005, Auvers-sur-Oise/ Frankreich (2005)

UNTERNEHMEN

Pernod Ricard Deutschland GmbH
Universitätsstr. 91
50931 Köln
✆ (02 21) 43 09 09-0
🖷 (02 21) 43 09 09-92
🖳 www.pernod-ricard-deutschland.de

PERSIL

Die Weiße Dame auf dem Plakat ist fast so berühmt wie das Waschmittel Persil, für das sie bis in die 1960er-Jahre hinein geworben hat (Mitte). Die Verpackungen von Persil dargestellt im Laufe ihrer gut 100-jährigen Geschichte (unten).

Persil zählt zu den populärsten Marken Deutschlands und führend im Waschmittel-

Bereich. Die gest. Bekanntheit beträgt 100 %. Persil wird in über 60 Ländern vertrieben. Dazu kommen weitere Länder, in denen die von Persil bekannte Premium-Qualität unter anderen, lokalen Markennamen vertrieben

Die Megaperls sind eine der innovativen Produktentwicklungen des bekannten Waschmittels von Henkel.

wird, wie z.B. „Le Chat" in Frankreich. Der Name Persil setzt sich aus den Hauptbestandteilen des ursprünglichen Produktes, *Per*borat und *Sil*ikat, zusammen. 1907 entwickelten der Chemiker Dr. Hugo Henkel und sein Studienkollege Dr. Hermann Weber das weltweit erste selbsttätige Waschmittel, das ohne Chlor bleicht und wäscht. Der Firmengründer Fritz Henkel sen. trug entscheidend zum Markterfolg von Persil bei, da er von Anfang an auf eine Premium-Markenstrategie setzte und zu weiteren Forschungen ansporntе. Die Produktgeschichte von Persil ist durch zahlreiche Innovationen geprägt: 1965 wurde mit Persil *65* ein Waschmittel entwickelt, das sich sowohl für die Hand- als auch die Maschinenwäsche eignet, 1986 folgte Persil *Phosphatfrei*, 1991 Persil Color, das erste Universal-Waschmittel für farbige Textilien und 1994 brachte → Henkel Persil *Megaperls* auf den Markt. Persil als Gel (1997) oder Tabs (1998) sind weitere Produktentwicklungen der Waschmittelmarke. Heute ist Persil in den Varianten *Universal*, *Color*, *Sensitive* oder *mit einem Hauch Vernel* in Deutschland erhältlich. Eine Mischung aus Innovation und Tradition bildet den Erfolg der Marke Persil. Darauf basiert auch die Werbestrategie. Kinowerbung und ein Stummfilm gehörten zu Beginn des 20. Jh. zu den ungewöhnlichen Werbeaktionen. Ein traditionelles Element der Persil-Werbung ist die Weiße Dame. Sie wurde 1922 erstmals auf Plakaten gezeigt und war bis in die 1960er-Jahre eine bestimmende Figur der Persil-Werbung. Außerdem warb Persil 1956 mit dem ersten TV-Spot, der in Deutschland gezeigt wurde. Der Werbeslogan „Persil – da weiß man, was man hat" oder die Aktion „Unser Bestes" begleiten das Waschmittel seit den 1970er-Jahren. Im Jubiläumsjahr 2007 lautet das Motto „Persil 100 Jahre – Rein in die Zukunft" und die Marke macht anlässlich ihres 100. Geburtstags u. a. mit einem umfassenden Markenrelaunch auf sich aufmerksam. Persil zählt zu den Top 3 der Fast Moving Consumer Goods sowie seit 2001 ununterbrochen zu den „Most Trusted Brands" der Verbraucherstudie von Reader's Digest.

DATEN UND FAKTEN

Markenname: Persil, Akronym, abgeleitet von **Per**borat und **Sil**ikat, Hauptbestandteile der Erstentwicklung 1907

Slogan: „Persil bleibt Persil" (1913), „Unser Bestes" (1970), „Da weiß man, was man hat" (1975), „Persil – Reinheit, die man sehen, fühlen und riechen kann." (2006)

Erfinder: Dr. Hugo Henkel, Dr. Hermann Weber, 1907, Düsseldorf

Markenregistrierung: „Persil-Henkel" 15. 12. 1908, Kaiserliches Patentamt Berlin

Innovationen: Persil 65 (1965), Persil Phosphatfrei (1986), Persil Color (1991), Persil Megaperls (1994), Persil Gel (1997), Persil Tabs (1998), Persil 100 (2007)

Markenbekanntheit: 83 % ungest., 100 % gest. (unabhängiges Marktforschungs-Institut 2006, lt. Firmenangaben)

Auszeichnungen:
„Most Trusted Brands", 1. Platz, Readers Digest (2001–2007)
„Best Brands", 3. Platz, Top Ten Studie GfK Marktforschung (2005)

Markenwebsite: www.persil.de

Literatur:
E. Bornhofen u. P. Hämmerlein: 90 Jahre Persil. Rechtsprobleme einer großen Marke. (1997)
K. Morwind et al.: Markenführung im Spannungsfeld zwischen Tradition und

Innovation: Persil - Da weiß man, was man hat, in: H. Meffert et al.: Markenmanagement (2005)
Henkel KGaA (Hg.): 100 Jahre Persil. (2007)

UNTERNEHMEN

Henkel KGaA

Hauptsitz: Düsseldorf, Deutschland

Weitere Marken: s. →Henkel

Gesamtumsatz: 12,740 Mrd. Euro (2006)

Vertrieb: weltweit in über 125 Ländern

KONTAKT

Henkel KGaA
Henkelstr. 67
40589 Düsseldorf
(02 11) 7 97-0
(02 11) 7 98-40 08
www.henkel.de

Ansprechpartner Presse:
Marion Schwenker
press@henkel.com

SCHON GEWUSST?

- Deutschlands erster TV-Spot von 1956 warb für Persil – mit den beliebten Volksschauspielern Beppo Brehm und Lisl Karlstadt.
- Jährlich werden 1,3 Mrd. Waschladungen mit Persil gewaschen. Gefüllt in Körbe von einem Meter Länge ließe sich daraus eine Reihe bilden, die rund 32 Mal um den Äquator reichen würde.
- Die berühmte Dame ganz in Weiß, die ab 1922 über viele Jahrzehnte hinweg die Persil-Werbung bestimmte, wurde 1922 von dem Künstler Kurt Heiligenstaedt in seinem Berliner Atelier entworfen. Bei der bekannten Figur handelt es sich aber keineswegs um eine Fantasiegestalt, sondern um die 18-jährige Freundin des Künstlers, Erna Muchow, die er mit Florentiner-Hut und Produktpackung Modell stehen ließ.
- Bis heute gibt es die Persil-Uhren mit der Weißen Dame in vielen dt. Städten.

PERWOLL

Die Henkel-Marke Perwoll steht für ein breit gefächertes Angebot an Feinwaschmitteln, das jeden schwierig zu reinigenden Wäschetyp pflegen und schützen soll. Der Markenname ist an das ebenfalls vom Unternehmen →Henkel hergestellte Waschmittel →Persil angelehnt. Er ist ein Akronym, das aus „Persil für Wolle" abgeleitet wird. Henkel brachte das Produkt 1949 als sein erstes synthetisches Waschmittel neben Lasil auf den

Ein Wollknäuel war zu Beginn bei der Markteinführung Bestandteil der Werbung für Perwoll, wie in dieser Anzeige aus dem Jahr 1962.

Markt. Anfänglich wurde das Produkt auch als Geschirrspülmittel, schonender Haushaltsreiniger und Mittel für die Hundewäsche vermarktet. Es soll empfindliche Textilien gegen die Belastungen während des Waschens schützen, indem es die Fasern mit einem Pflegemittel umhüllt. Im Jahr 1977 kam das erste flüssige Perwoll auf den Markt. Ab 1979 waren auf den Verpackungen der Perwoll-Produkte im Hintergrund bunte Wollknäuel zu sehen. Der Markenname steht in dunkelblauer Schrift auf hellem Grund. Perwoll wird seit 1985 mit dem Slogan „Neu? – Nein, mit Perwoll gewaschen" beworben. Er löste nach zehn Jahren den Slogan „Macht aus Wolle Schmusewolle" ab. Nach dem flüssigen Perwoll gab es im Laufe der Zeit zahlreiche Produktneuerungen: 1992 folgte das Waschmittel-Konzentrat *Perwoll Supra.* 2005 erhielt Henkel den Marken-Award der Zeitschrift für Marketing und des Deutschen Marketing-Verbandes für die Beste Marken-Dehnung nach dem Launch von *Perwoll Fresh, Color* und *Black* für dunkle Wäsche im Jahre 2004. Mit der aktuellen Produktinnovation *Perwoll Sport* mit Deo-Effekt für Sport- und Funktionsbekleidung führt Henkel die Strategie fort, Perwoll als Spezialwaschmittel für alle Textilien zu etablieren. Vertrieben werden die Produkte in über 20 Ländern weltweit, jedoch z. T. unter anderem Markennamen.

Perwoll

Die Farben Rot und Blau bestimmen auch das Werbeplakat aus dem Jahr 1955 (Mitte), zur aktuellen Produktpalette zählt auch das Color-Waschmittel Perwoll Color (unten).

DATEN UND FAKTEN

Markenname: Perwoll, Akronym von „**Per**sil für **Woll**e"

Slogan: „Ist der neu? – Nein, mit Perwoll gewaschen" (seit 1985)

Erfinder: Henkel & Cie, 1949

Markenregistrierung: 29.03.1933, Reichspatentamt Berlin

Innovationen: Perwoll Flüssig (1977), Perwoll Supra (Konzentrat, 1992), Perwoll Color, Fresh und Black (alle 2004), Perwoll Sport (2006)

Auszeichnungen:
„Marken-Award 2005" für die beste Marken-Dehnung nach dem Launch von *Perwoll Fresh, Color* und *Black*, Zeitschrift für Marketing und des Deutschen Marketing-Verbandes (2005)

Markenwebsite: www.perwoll.de

UNTERNEHMEN

Henkel KGaA

Hauptsitz: Düsseldorf, Deutschland

Weitere Marken: s. → Henkel

Gesamtumsatz: 12,740 Mrd. Euro (2006)

Vertrieb: weltweit in über 125 Ländern

KONTAKT

Henkel KGaA
Henkelstr. 67
40589 Düsseldorf
✆ (02 11) 7 97–0
🖷 (02 11) 7 98–40 08
💻 www.henkel.de

Ansprechpartner Presse:
Marion Schwenker
✉ press@henkel.com

SCHON GEWUSST?

▮ Mit den Luftbrückentransporten während der Berlin-Blockade nach dem 2. Weltkrieg wurde ab Februar 1949 auch Perwoll nach West-Berlin eingeflogen.

PETRA-ELECTRIC

petra-electric ist eine Konsumgütermarke. Die Firma mit Sitz in Burgau produziert Elektrokleingeräte. Die Zielgruppe rekrutiert sich lt. eigener Aussage aus qualitäts- und zugleich preisbewussten Konsumenten mit Sinn für in Deutschland hergestellte Produkte. Außerdem wirbt das Unternehmen mit seiner 40-jährigen Tradition und gleichzeitiger Innovationskraft. Im Sortiment befinden sich diverse Kaffeepadautomaten mit Zubehör, Kaffeemaschinen, Wasserkocher, Mixer, Waffel-, Einkoch-, Folienschweiß- und Eierkochautomaten, Joghurt-Bereiter sowie Elektro-Alles-Schärfer, Wärme-Speicher-Platten, Raclette, Haartrockner, Haar-Glätter, Curler, Manicure-, Pedicure- und Desinfektionsgeräte, Luftbefeuchter, diverse Babyelektrogeräte und Medizinprodukte vom Dampftherapiegerät bis zum Softlaser. Die Produkte werden weltweit über petra-electric und über Partner vertrieben. Das 1968 gegründete Unternehmen hat ca. 200 Mitarbeiter. Seit 2007 ist die F. M. Zumtobel-Gruppe Haupteigentümer. Als geschäftsführender Gesellschafter fungiert Felix Rippe. Die Zumtobel-Gruppe hält u.a. die Mehrheit der Anteile an der Eldom Rothrist AG in der Schweiz, die auf die Entwicklung von Kaffee- und Espressomaschinen fokussiert ist. Das erste Logo stammte vom Designbüro Wolfgang Bauer, Neu-Ulm. 1997 erfolgte ein Re-Design vom Büro Bauer & Partner. Das aktuelle Logo von 2007 entwarf Bene Forstenhäusler von der transfair Werbeagentur in Dornbirn, Österreich. Es soll Einfachheit, Klarheit, Präzision und technische Ausreifung vermitteln.

DATEN UND FAKTEN

Markenname: Petra, Vorname der Erstgeborenen des Firmengründers Peter Hohlfeldt

Slogan: „petra ...(tut etwas.)"

Frühere Slogans: „Elektrogeräte im Stil unserer Zeit" (1989 – 2004), „petra-electric immer eine gute Idee..." (2004 – 2007)

Gründer: Peter Hohlfeldt, 1968, Burgau

Markeneintragung: 31.01.1976, DPMA München

Innovationen: Aircurl AC 3 Lockenstab (1984), Kaffeepadautomat Artenso Latte mit Milchschaumdüse (2007)

UNTERNEHMEN

petra-electric GmbH & Co. KG
Greisbacher Str. 6
89331 Burgau
✆ (0 82 22) 40 04–0
🖷 (0 82 22) 40 04–1 00
💻 www.petra-electric.de

petra® electric

Die Marke petra-electric steht für praktische, kompakte Elektrogeräte für Küche und Körperpflege aus Deutschland.

Der Löwe ziert seit 1850 das Logo des franz. Automobilherstellers Peugeot.

PEUGEOT

Peugeot ist eine Automobilmarke des franz. PSA-Konzerns. Im Mittelpunkt des Generalisten steht ein vielfältiges Kleinwagenangebot mit vier Baureihen und sechs Karosserievarianten. Größere Pkws und leichte Nutzfahrzeuge komplettieren die Produktpalette. Mit Peugeot sollen die Markenwerte Ästhetik, Innovation, Dynamik und sicherer Wert assoziiert werden. PSA will Peugeot von anderen Automobilmarken durch ein ansprechendes Design, umweltschonende Motoren und innovative Dieseltechnologien abgrenzen. Die mit Rußpartikelfiltern ausgestatteten Dieseltriebwerke von Peugeot zählen lt. Hersteller zu den umweltfreundlichsten und wirtschaftlichsten ihrer Art. Die effiziente Diesel-Hybridmotorisierung soll bis 2010 zur Serienreife gebracht werden. Der Ursprung der Marke geht auf das Jahr 1812 zurück, als die Brüder Jean-Frédéric und Jean-Pierre Peugeot im franz. Montbéliard mit der Herstellung von Stahlfedern für die lokale Uhrenindustrie begannen. Später folgten Kaffeemühlen und Fahrräder. Die Initiative zum Bau eines Automobils kam 1895 von Armand Peugeot. Seit Beginn der Serienproduktion im Jahr 1891 hat Peugeot über 40 Mio. Fahrzeuge hergestellt. Das seit 1850 verwendete, bis heute vielfach veränderte Löwen-Logo war ursprünglich das Markenzeichen der Produktion von Kaltwalzstahl. Die Zähne des Löwen sollten an die Zähne einer Säge erinnern, der Löwe zudem Härte, Biegsamkeit und Geschwindigkeit einer Säge assoziieren. In Deutschland ist die Marke Peugeot seit 1936 vertreten. Bei Peugeot Deutschland sind heute rund 2.000 Mitarbeiter beschäftigt, bundesweit gibt es ca. 850. Peugeot Neuwagen-, Service- und Teile-Vertragspartner. Der PSA-Konzern, zu dem u.a. auch die Automobilmarke → Citroën gehört, ist das größte Privatunternehmen Frankreichs.

UNTERNEHMEN

Peugeot Deutschland GmbH
Armand-Peugeot-Str. 1
66119 Saarbrücken
✆ (06 81) 8 79-0
www.peugeot.de

PFIZER

Die Marke Pfizer steht für verschreibungspflichtige Humanarzneimittel und für Produkte im Bereich Tiergesundheit. Arzneimittel von Pfizer wurden u.a. entwickelt zur Bekämpfung von Krebs, Osteoporose, Schlaganfall, Erkrankungen des zentralen Nervensystems, Diabetes oder Schmerz. Der Fokus der aktuellen Forschung liegt auf den Krankheiten HIV/Aids, Alzheimer und Krebs. Zentrales Anliegen ist eine bessere Gesundheit bzw. die Steigerung der Lebensqualität der Patienten. Das Logo zeigt den Markennamen in weißer Schrift vor einem blauen Oval. Die Marke ist nach Charles Pfizer benannt. Der Apothekergehilfe aus Ludwigsburg gründete 1849 zusammen mit dem schwäbischen Lebensmittelhändler Charles Erhart in Brooklyn/New York die Firma Charles Pfizer & Co. Das Unternehmen war zunächst als Industriegüterlieferant im Bereich Rohchemikalien (z.B. Wein- und Zitronensäure) tätig, es wurde aber auch an Präparaten etwa zur Bekämpfung von Spulwürmern geforscht. Mit der Entwicklung des Penicillins richtete sich die Firma strategisch neu aus und wurde vom Chemie- zum Pharmaunternehmen. Pfizer Deutschland wurde 1958 gegründet und erreichte 2006 mit 5.200 Mitarbeitern einen Umsatz von 1,6 Mrd. Euro. In Deutschland werden pro Jahr ca. 9 Mio. Patienten mit Pfizer-Medikamenten behandelt. Weltweit setzte die Pfizer-Gruppe 2006 mit ca. 100.000 Mitarbeitern 48,4 Mrd. USD um. Im Bereich Forschung arbeiten 12.000 Beschäftigte, die über ein Budget von 7,6 Mrd. USD verfügen (2006).

UNTERNEHMEN

Pfizer Pharma GmbH
Pfizerstr. 1
76139 Karlsruhe
✆ (07 21) 61 01-01
Fax (07 21) 62 03-01
www.pfizer.de

Erinnert wegen ihrer Sauberkeit und Natürlichkeit an die Stadt an der amerikanischen Ostküste: Philadelphia

PHILADELPHIA

Unter der Lebensmittelmarke Philadelphia werden Frischkäseprodukte und Frischkäsezubereitungen der Dachmarke → Kraft geführt. Die Herstellung von Frischkäse erfolgt mit Frischmilch und einem Anteil Sahne. Die Produkte finden als Brotaufstrich sowie zum Backen, Kochen und Dippen Verwendung. Unter der Marke Philadelphia werden heute Philadelphia Doppelrahmstufe, Philadelphia Balance, Philadelphia so leicht sowie Philadelphia in Scheiben geführt. Zusätzlich werden Saisonvarianten in verschiedenen Portionierungen angeboten. 1880 wurde Philadelphia von dem Ladenbesitzer Reynolds entwickelt und nach der Stadt an der amerikanischen Ostküste benannt, die damals für Sauberkeit und Natürlichkeit stand. Das Logo zeigt den Markennamen in einem blauen Oval, in das der Name der Dachmarke Kraft integriert ist. 1928 übernahm das Unternehmen Kraft die Phenix Cheese Corp., die Philadelphia zu diesem Zeitpunkt produzierte. Breit angelegte Marketingmaßnahmen machten die so entstandene Firma Kraft-Phenix Philadelphia zum amerikanischen Marktführer im Bereich Frischkäse. 1961 wurde Philadelphia auf dem dt. Markt eingeführt. Es war zu dieser Zeit das einzige Milchprodukt, das mit einer „Frischegarantie" auftrat: In Werbekampagnen verbürgte sich das Unternehmen Kraft dafür, Ware, die nicht innerhalb von 21 Tagen verkauft wurde, zurückzunehmen. Philadelphia wird in Deutschland von der Kraft Foods Deutschland hergestellt und vertrieben.

UNTERNEHMEN

Kraft Foods Deutschland GmbH
Langemarckstr. 4–20
28199 Bremen
✆ (04 21) 5 99-01
🖷 (04 21) 5 99-36 75
💻 www.kraft.de

PHILIPS

Die internat. Dachmarke Philips wurde 1891 im niederl. Eindhoven von dem Maschinenbauingenieur Gerard Philips mit der Absicht, Glühlampen herzustellen, gegründet. 1895 trat Gerards Bruder Anton in die Firma ein. Heute teilt sich das Unternehmen in die drei großen Bereiche *Philips Healthcare, Philips Lighting* und *Philips Consumer Lifestyle*. Das Portfolio umfasst u. a. Geräte für die medizinische Bildgebung und Patientenüberwachung, Leuchtmittel sowie Elektrogeräte für Endverbraucher. Die Zielgruppe variiert in Abhängigkeit des Produktbereichs. Die Produkte bzw. Dienstleistungen versprechen nach eigenen Angaben im Sinne des aktuellen Slogans „sense and simplicity" technologischen Fortschritt und einfache Bedienung. Zu den neuesten Innovationen zählen das *Wake Up Light, Portable Media Devices* sowie *Aurea-HD Flat TV*. Das heute bekannte Design des Markenlogos mit vier Sternen, drei Wellen und dem Kreis wurde ab 1926 zunächst auf Radios und Grammophonen verwendet. Nach und nach integrierte man es dann in die Werbung und andere Produkte. Die abstrahierten Linien sollen elektromagnetische Wellen von Audiotechnologien assoziieren, die Sterne repräsentieren das Licht. Dabei handelt es sich um die wesentlichen Unternehmensaktivitäten jener Zeit. Philips wird weltweit vertrieben und verzeichnet nach eigenen Angaben einen Jahresumsatz von ca. 27 Mrd. Euro (2006). Das Unternehmen beschäftigt internat. 128.119 Mitarbeiter (Stand: Oktober 2007).

UNTERNEHMEN

Philips GmbH
Lübeckertordamm 5
20099 Hamburg
✆ (0 40) 28 99-0
🖷 (0 40) 28 99-28 29
💻 www.philips.de

Einer der größten Elektronikkonzerne der Welt wurde 1891 von Gerard Philips in Eindhoven gegründet.

PHOENIX CONTACT

Unter der Industriemarke Phoenix Contact vertreibt das gleichnamige Unternehmen Produkte für die elektrische Verbindungs- und elektronische Interfacetechnik. Zum Portfolio gehören auch Produkte zum Überspannungsschutz und für die industrielle Automatisierungstechnik. Produkte von Phoenix Contact kommen u. a. im Maschinen- und Anlagenbau, der Energieversorgung und sowie der industriellen Automation zum Einsatz. Unter der Dachmarke Phoenix Contact werden sechs Produktlinien vertrieben. Phoenix Contact wurde 1923 als Phönix Elektrizitätsgesellschaft von Hugo Knümann in Essen gegründet. Knümann wählte die Sagengestalt des Phönix, um seiner Firma einen symbolträchtigen und klangvollen Namen zu geben. Im Zuge der Internationalisierung des Unternehmens wurde der Name 1982 in Phoenix Contact geändert. Der Zusatz „Contact" soll die Kernkompetenz des Unternehmens verdeutlichen - die Entwicklung und Produktion elektronischer und elektrischer Verbindungstechnik. Das Markenlogo zeigt ein P, gefolgt von dem Schriftzug Phoenix Contact in moderner Type sowie lang- und kreisrunden Emblemen, die elektrische Signale symbolisieren. Das Logo ist neben der schwarzen Schrift in den Farben Grün und Blau gehalten, die in der Corporate Identity (CI) des Unternehmens eine Ton angebende Rolle spielen. Diese konsequent durchgeführte CI reicht vom Markenauftritt auf Messen bis hin zu den Verpackungen der Produkte. Das Unternehmen unterhält eine eigene Presseabteilung, einen Bereich Marketingkommunikation sowie eine Stabsstelle Corporate Marketing. Insgesamt sorgen mehr als 100 Mitarbeiter dafür, dass die Marke Phoenix Contact konsequent den

Das durchgängige Reihenklemmsystem *Clipline Complete* zählt zu den Kernprodukten von Phoenix Contact (Mitte), Klaus Eisert, geschäftsführender Gesellschafter der Phoenix Contact GmbH & Co. KG (unten).

Das Phoenix Logo, so wie es auf dem Dach des Stammsitzes im westfälischen Blomberg zu sehen ist.

CI- und Corporate Design-Richtlinien gemäß kommuniziert wird. Das Kernprodukt ist die modulare Reihenklemme, die 1928 für RWE entwickelt wurde und bis heute zum Kerngeschäft des Unternehmens zählt. Weitere Meilensteine sind das 1987 auf den Markt gebrachte Feldbus-System Interbus und die 2004 eingeführten Wireless-Produkte. Heute ist das Unternehmen in seiner Branche Markt- und Technologieführer. Phoenix Contact unterhält vier dt. und fünf internat. Produktionsstandorte sowie mehr als 40 internat. Vertriebsgesellschaften. Weltweit beschäftigt das Unternehmen ca. 8.400 Mitarbeiter, davon rund 3.600 am heutigen Stammsitz in Blomberg. 2006 erwirtschaftete Phoenix Contact einen Gesamtumsatz von 941 Mio. Euro.

DATEN UND FAKTEN

Markenname: Phoenix Contact, Kunstname, abgeleitet von mythologischer Figur des Phönix und engl. Substantiv „Contact" für Kontakt

Slogan: „Inspiring Innovations"

Gründer: Hugo Knümann, 1923, Essen

Patent: schienenmontable Reihenklemme, Reichspatentamt Berlin 1928

Innovationen: Reihenklemme (1928), Printklemmen und Steckverbinder (1982), Feldbussystem (1987), Wireless-Produkte (2004)

UNTERNEHMEN

Phoenix Contact GmbH & Co. KG

Hauptsitz: Blomberg, Deutschland

Geschäftsführender Gesellschafter: Klaus Eisert

Gesamtumsatz: 941 Mio. Euro (2006)

Vertrieb: nat. durch mehr als 80 Vertriebsingenieure und internat. durch mehr als 40 eigene Vertriebsgesellschaften

MEILENSTEINE

1923 Hugo Knümann gründet die Phönix Elektrizitätsgesellschaft in Essen.

1928 Die erste Reihenklemme wird patentiert.

1966 Der Firmensitz wird nach Blomberg verlegt.

1982 Die Phönix Elektrizitätsgesellschaft wird in Phoenix Contact umbenannt.

1985 Erste Auslandsniederlassungen in den USA, der Schweiz und Schweden

2001 Phoenix Contact erwirtschaftet erstmals über 1 Mrd. DM Gesamtumsatz.

KONTAKT

Phoenix Contact GmbH & Co. KG
Flachsmarktstr. 8
32823 Blomberg
✆ (0 52 35) 3 00
🖷 (0 52 35) 34 12 00
🖳 www.phoenixcontact.de

Ansprechpartner Presse:
Angela Josephs
✆ (0 52 35) 34 15 12
✉ ajosephs@phoenixcontact.com

PHONAK

Innovative Lösungen für natürliches Hören repräsentiert Phonak, eine Konsumgütermarke im Bereich Medizintechik. Der Namen des schwz. Unternehmens setzt sich aus den Teilen Phon (Maßeinheit für Lautstärke) und Akustik (Lehre vom Schall) zusammen. Der Hörgerätehersteller entwickelt, produziert und vertreibt digitale Hör- und Funkkommunikationssysteme. 1965 gründete der Schweizer Ernst Rihs die Firma in Stäfa, gefolgt von Beda Diethelm und Andy Rihs. Die erste Niederlassung der Phonak-Gruppe in Deutschland wurde 1978 als Phonak GmbH aufgebaut. Heute leitet Wolfgang Bennedik die dt. Vertriebsgesellschaft. Dr. Valentin Chapero Rueda ist internat. Geschäftsführer und führt die 2.500 Mitarbeiter des Unternehmens. Phonak bietet eine vollständige Produktpalette an digitalen Hör- und ergänzenden Funklösungen. Phonak treibt nach eigenen Angaben Innovationen voran und setzt neue Maßstäbe in Miniaturisierung und Leistung. Zahlreiche technische Innovationen wie Audio-Zoom und der weltweit kleinste Funkempfänger stammen von Phonak. Das Sortiment umfasst verschiedene Hörsystem-Produktfamilien, darunter *Audéo*, *Savia Art* und *Exélia*. Von einem Jahresumsatz von knapp 1,1 Mrd. CHF wurden im letzten Geschäftsjahr 26 % des Umsatzes für Marketing- und Vertriebszwecke eingesetzt. Imagewerbung, Öffentlichkeitsarbeit und Sponsoring gehören zum Marketingkonzept. Das Logo in der Corporate Identity-Schrift Rotis durchlief verschiedene Re-Designs. Das halb geöffnete „o" in der Wortmarke ist mit einem Kreis in der Hausfarbe Grün versetzt und soll ein Ohr symbolisieren. Der Claim „Phonak. Life is on" wird seit Oktober 2007 verwendet und ersetzte den Markenzusatz „Hearing Systems". Neben den Musikern Plácido Domingo, den Wiener Philharmonikern, Joss Stone und Harry Belafonte gehört Franka Potente zu den bekannten Botschaftern der von Phonak lancierten Aufklärungsinitiative *Hear the World*.

Der Claim „Life is on" wird seit Oktober 2007 verwendet und ist fester Bestandteil des Markenzeichens von Phonak.

UNTERNEHMEN

Phonak GmbH
Max-Eyth-Str. 20
70736 Fellbach-Oefflingen
✆ (07 11) 5 10 70–0
🖷 (07 11) 5 10 70–1 51
🖳 www.phonak.de

PICARD

Unter der Marke Picard stellt die Picard Lederwaren GmbH & Co. KG Taschen her. Martin Picard und seine beiden Söhne Edmund und Alois gründeten das Unternehmen 1928 in Obertshausen. Seitdem werden dort hochwertige Ledertaschen und Kleinlederwaren für Männer und Frauen mit gehobenem Einkommen hergestellt, Anfang 2007 kam eine innovative Business-Serie zur Produktpalette hinzu. Die neue Laptop-kompatible Serie zeichnet sich durch ein integriertes Solar-Panel aus, das elektronische Kleingeräte mit Hilfe von Sonnenenergie wieder auflädt. Picard gehört nach eigenen Angaben in den Segmenten „Modern Woman" und „Business Man" zu Deutschlands führenden Marken in der Lederwarebranche. 1983 baute Thomas Picard als Geschäftsführer in dritter Generation eine konsequente Markenkommunikation auf. Das Logo, der Markenschriftzug in silbernen oder schwarzen Versalien vor einem weißen oder roten Hintergrund, kommt heute in der Werbung, am PoS und auf den Produkten selbst zum Einsatz. Die Werbeaufwendungen für die Marke Picard liegen jährlich bei 1,5 Mio. Euro. Die Picard Lederwaren GmbH & Co. KG verfolgt mit Picard eine Einmarkenstrategie und erwirtschaftet weltweit mit ca. 1.000 Mitarbeitern jährlich etwa 30 Mio. Euro Umsatz. Dabei wird Wert auf eine umweltfreundliche Produktion gelegt. Die Produkte werden im Facheinzelhandel und in Warenhäusern unter dem seit 2003 gültigen Slogan „Wear ever Picard" vertrieben. Das Unternehmen verfolgt nach eigenen Angaben mit Erfolg den Weg der Internationalisierung.

Picard steht seit 1928 für hochwertige Ledertaschen.

UNTERNEHMEN

Picard Lederwaren GmbH & Co. KG
Friedensstr. 22
63179 Obertshausen
✆ (0 61 04) 7 04–0
🖷 (0 61 04) 7 48 61
🖳 www.picard-lederwaren.de

more than automation
safe automation

Unter dem Logo ein Not-Aus-Taster von Pilz als Repräsentant für sichere Automatisierungstechnik. Renate Pilz (unten) ist geschäftsführende Gesellschafterin der PILZ GmbH & Co. KG.

PILZ

Die Industriemarke Pilz ist mit einer breiten Palette von Produkten für Überwachungstechnik, sichere Steuerung- und Visualisierungstechnik sowie Sensorik und Aktorik weltweit aufgestellt. Das Überwachen, Steuern und Bedienen von Anlagen und Maschinen steht im Mittelpunkt der Produktentwicklung. Sicherheits- und Steuerungstechnik der Marke Pilz kommt in allen Bereichen des Maschinen- und Anlagenbaus wie z. B. der Automobil-, der Lebensmittel- und der Holzindustrie zum Einsatz. Seilbahnhersteller, Flughäfen und Vergnügungsparks zählen ebenfalls zu den Kunden des Unternehmens. Eine der jüngsten Produktinnovationen ist *SafetyEye*, das erste sichere Kamerasystem zur dreidimensionalen Raumüberwachung. Die Pilz GmbH & Co. KG wurde 1948 von Hermann Pilz in Esslingen gegründet. Seit den 1960er-Jahren erweiterte sein Sohn Peter das Portfolio der einstigen Glasbläserei kontinuierlich um elektronische Kontroll- und Überwachungsgeräte sowie speicherprogrammierbare Steuerungsgeräte. Der erste große Erfolg der Unternehmensmarke Pilz ist ein normiertes Reihenbefestigungsmaß für Schaltgeräte, das sich später als DIN-Standard für die Industrieelektronik durchsetzte. Der Durchbruch zum europäischen Marktführer gelang dem Unternehmen 1987 mit dem im eigenen Haus entwickelten Not-Aus-Schaltgerät PNOZ®. Der sog. „Pilztaster", mit dem Maschinen blitzschnell gestoppt werden können, erinnert in seiner Form an einen Pilz und gehört ebenfalls zum Produktspektrum. Heute gilt die Marke Pilz als technologie- und weltmarktführend im Bereich der Automatisierungstechnik. Zur PNOZ®-Produktreihe zählt u. a. das modulare Sicherheitssystem PNOZmulti® mit frei konfigurierbaren Sicherheitsfunktionen. Darüber hinaus bietet Pilz ein weltweites Servicenetz. Neben der Erweiterung des Automationsangebotes mit sicherer Sensorik und Aktorik gehört die kontinuierliche Weiterentwicklung der Sicherheitstechnik und der Ausbau der Steuerungstechnik zu den strategischen Zielen des Unternehmens.

Der PNOZmulti® von Pilz ist das erste Sicherheitssystem, dessen Funktionen nicht mehr über Verdrahtung realisiert, sondern am Computer einfach und bequem konfiguriert werden.

DATEN UND FAKTEN

Markenname: Pilz, abgeleitet vom Familiennamen des Unternehmensgründers Hermann Pilz

Slogan: „more than automation - safe automation"

Gründer: Hermann Pilz, 1948, Esslingen

Markenregistrierung: 25. 05. 1979, DPMA München

Innovationen: SafetyEYE® (2006)

Markenbekanntheit: 98 % gest. im Bereich sichere Automation

Auszeichnungen:
„AUTOMATION Award" für PNOZmulti® (2002)
„AUTOMATION Award" für SafetyEYE® (2006)
„HERMES Award", Top 5 Produkt" für SafetyEYE® (2007)

UNTERNEHMEN

Pilz GmbH & Co. KG

Hauptsitz: Ostfildern, Deutschland

Geschäftsführung: Renate Pilz, Susanne Kunschert, Thomas Pilz, Hans-Axel Gielow

Weitere Subbrands: PNOZ®, PSS®, SafetyBUS p®, SafetyNET p®, PMI®, SafetyEYE®, InduraNET p®, PIT®

Gesamtumsatz: 134 Mio. Euro (2006)

Vertriebsnetz: 24 Tochtergesellschaften weltweit

KONTAKT

Pilz GmbH & Co. KG
Felix-Wankel-Str. 2
73760 Ostfildern
✆ (07 11) 34 09–0
🖷 (07 11) 34 09–1 33
🖳 www.pilz.com

Ansprechpartner Presse & Öffentlichkeitsarbeit:
Nicole Oberender

✆ (07 11) 34 09–1 58
✉ n.oberender@pilz.de

MEILENSTEINE

1964 Erstes Quecksilberzeitrelais

1969 EUROPILZ SYSTEM, eine der ersten dt. speicherprogrammierbaren Steuerungen

1974 PC4K, erste frei programmierbare Steuerung

1987 PNOZ®, erstes Not-Aus-Schaltgerät

1995 PSS3000®, erste programmierbare Sicherheitssteuerung

1999 SafetyBUS p®, erstes sicheres und offenes Feldbussystem

2002 PNOZmulti, erstes multifunktionales und konfigurierbares Sicherheitsschaltgerät

2006 SafetyEYE®, erstes sicheres Kamerasystem zur dreidimensionalen Raumüberwachung

PIRELLI

1872 von Giovanni Battista Pirelli als kautschukverarbeitendes Unternehmen gegründet beginnt Pirelli im späten 19. Jh. mit der Reifenproduktion. Der erste Autoreifen, *Ercole* genannt, wird 1901 eingeführt, mit ihm werden einige der ersten Automobile ausgestattet. Mit dem ersten Sieg von Pirelli bei der Rallye Paris-Peking 1907 beginnt die Tradition sportlicher Erfolge des Unternehmens, das heute u.a. den ital. Fußballclub Inter Mailand sponsert und die Einheitsreifen für die FIM World Superbike Rennserie liefert. Nach Umsatz gemessen ist Pirelli der fünftgrößte Reifenhersteller der Welt und erwirtschaftet im Jahr 2005 einen Gesamtumsatz von ca. 3,63 Mrd. Euro. Die Produktpalette umfasst Reifen für Leicht-Lkws, Busse, landwirtschaftliche Maschinen sowie die Produktion und Vermarktung von Stahlcord. Dabei teilen sich die Aktivitäten der Pirelli Reifen Gruppe auf die Geschäftsbereiche Consumer-Markt und Industrie-/Nutzfahrzeugmarkt auf. Innerhalb des Marktes konzentriert sich Pirelli auf das High-End-Segment. In dieser Sparte, die sich durch hohe technologische Anforderungen auszeichnet, ist Pirelli Marktführer sowohl im Auto- als auch im Motorradreifensektor. Das wichtigste Forschungs- und Entwicklungszentrum befindet sich in Mailand und koordiniert auch die regionalen F&E-Zentren in Deutschland, GB, Brasilien und den USA. Pirelli besitzt 24 Produktionsstätten u.a. in Italien, Brasilien, Deutschland, Ägypten, Spanien, China und den USA. Seit 1964 gibt das Unternehmen jedes Jahr den Pirelli-Kalender heraus, der nur an Freunde und Kunden verschenkt wird und aufgrund der begrenzten Auflage sehr begehrt ist.

UNTERNEHMEN

Pirelli Deutschland GmbH
Höchster Str. 48–60
64747 Breuburg
✆ (0 61 63) 71–0
(0 61 63) 71–25 54
www.pirelli.de

PISTENBULLY

PistenBully sind nicht nur in Skigebieten, sondern auch am Südpol im Einsatz.

PistenBully ist eine Industriegütermarke der Kässbohrer Geländefahrzeug AG. Die Fahrzeuge sorgen für die Präparierung von Pisten, Loipen und Fun Parks in Skigebieten. Der Markenname und der Schriftzug des Logos legen die Assoziation von Kraft und Schwung nahe. Lt. Hersteller zeichnet sich das Hochpreis-Produkt durch Qualität, Zuverlässigkeit, innovative Technologie und schnellen Service weltweit aus. Zielgruppe sind Betreiber von Skigebieten inkl. Betriebsleiter, Pistenchefs und Fahrer der Pistenraupen. Karl Kässbohrer hatte 1967 die Idee, ein Pistenfahrzeug mit einer neuen Technik zu entwickeln. 1969 gingen die ersten PistenBully in Serie. Bei den XIwww Olympischen Winterspielen in Sapporo 1972 gelang dem Unternehmen der internat. Marktdurchbruch. 1984 brachte Kässbohrer als erster Hersteller ein Windenfahrzeug auf den Markt. Zur Loipenpräparierung eignete sich ab 1999 das neue Modell PistenBully 100. In der Antarktis sind PistenBully bereits seit 1981 unterwegs. Heute sind bei über zehn Forschungsstationen am Südpol mehr als 80 PistenBully im Einsatz. Neue, noch leistungsstärkere Fahrzeuge mit hochkomplexer Elektronik entwickelte das Unternehmen von 2004 bis 2007. Die Lebensdauer eines Fahrzeugs beträgt durchschnittlich 15 Jahre. Ersatzteile sind auch für ältere PistenBullys erhältlich. Im Dezember 2006 wurde der 15.000ste PistenBully gebaut. PistenBully betreibt Niederlassungen in der Schweiz, in Österreich und in Italien. In Frankreich und den USA wird der Vertrieb über Tochtergesellschaften abgewickelt, in allen übrigen

Das Logo entstand in Anlehnung an das charakteristische rote Dach der Pizza Hut Restaurants.

Ländern über ein Händlernetz. Nach Angaben des Herstellers kommt PistenBully weltweit auf einen Marktanteil von über 60 %. Die Kässbohrer Geländefahrzeug AG, die seit 1998 an der Börse notiert ist, hat weltweit ca. 450 Mitarbeiter und setzte im Geschäftsjahr 2005/2006 ca. 190.000 Euro um.

UNTERNEHMEN

Kässbohrer Geländefahrzeug AG
Kässbohrerstr. 11
88471 Laupheim
(0 73 92) 9 00–0
(0 73 92) 9 00–1 00
www.pistenbully.com

PIZZA HUT

Die Systemgastronomie-Marke Pizza Hut steht weltweit für amerikanische Pizzas. Pizza Hut wurde 1958 in Wichita im US-Bundesstaat Kansas von den Brüdern Frank und Dan Carney ins Leben gerufen. Der Markenname ist auf ihr erstes Pizza-Restaurant zurückzuführen, das sie aufgrund der unscheinbaren Bauweise Pizza Hut (dt. etwa „Pizza Hütte"), nannten. Das Gespür der Geschwister für ein bis dahin unbekanntes Gastronomiekonzept machte sich schnell bezahlt. Mittlerweile existieren über 10.000 Restaurants weltweit, die nicht nur Pizza, sondern auch Pasta, Salate, Vorspeisen und Desserts anbieten. Die amerikanische Servicekultur und Zubereitungsweise findet vor allem bei jungen Erwachsenen und Familien Zuspruch. Die beliebtesten Teigsorten sind die Pan Pizza und Cheezy Crust. Die Speisekarte wird laufend mit Variationen aktualisiert, wie etwa der *Cheezy Crust Fun Pizza*, deren Rand aus mit Käse gefüllten Teigröllchen besteht. Das Logo entstand in Anlehnung an das charakteristische rote Dach der Pizza Hut Restaurants und dient heute als Wiedererkennungsmerkmal. Der aktuelle Slogan lautet „The American Way of Pizza". Pizza Hut gehört zu Yum! Brands Inc. und erwirtschaftet ca. 63 Mio. Euro Umsatz pro Jahr. Das Unternehmen Yum! Brands, das u.a. auch die Marken *Kentucky Fried Chicken* und *Taco Bell* führt, beschäftigt ca. 725.000 Mitarbeiter, davon 2.600 in Deutschland und schrieb 2005 einen Jahresumsatz von 29,8 Mrd. USD. Das von Jens-Christian Johannsen geleitete Unternehmen hat in Deutschland seinen Sitz in Düsseldorf.

UNTERNEHMEN

YUM! International Ltd. & Co. KG
Wanheimer Str. 49
40472 Düsseldorf
(02 11) 42 22–0
(02 11) 42 22–10 84
www.pizzahut.de

PLAYBOY

Die Marke Playboy steht für Erotik- und Lifestyle-Produkte des US-amerikanischen Konzerns Playboy Enterprises. Das bekannteste Playboy-Produkt ist das monatlich erscheinende Männermagazin gleichen Namens. Zielgruppe des Heftes sind Männer zwischen 18 und 80 Jahren. Der Schwerpunkt des Playboys liegt auf der erotischen Fotografie bekannter und unbekannter Frauen. Jede Ausgabe bietet in der Mitte des Heftes ein großes Foto der „Playmate des Monats", das auf drei ausklappbaren Seiten, dem sog. „Centerfold", abgebildet ist. Neben Erotikinhalten bietet das Playboy-Magazin Artikel und Reportagen über Trends, Mode und das aktuelle Zeitgeschehen sowie ausführliche Interviews mit Personen des öffentlichen Interesses. Die erste Ausgabe des Playboys erschien 1953 in den USA. Hg. Hugh M. Hefner wollte ein Magazin erschaffen, das sich vollständig auf die erotischen Interessen von Männern spezialisiert. Als Centerfold verwendete Hefner ein Kalenderfoto der damals noch relativ unbekannten Schauspielerin

Der berühmte Bunny mit Fliege ist das unverwechselbare Markenkennzeichen des Playboy.

PLAYBOY

Das Logo des Playboy mit dem berühmten Bunny (oben). Die Jubiläumsedition der 100. Ausgabe des dt. Playboy (Mitte). Ein Porträt des US-amerikanischen Erfinders Hugh M. Hefner (unten)

Marilyn Monroe. Ursprünglich sollte das Heft unter dem Titel „Stag Party" (Junggesellenabschied) erscheinen. Um rechtliche Auseinandersetzungen mit dem Outdoor-Magazin „Stag" zu vermeiden, entschied Hefner sich kurzfristig für den Kunstnamen Playboy. Das Markenzeichen des Playboys, der stilisierte Hase mit Fliege, wurde erstmals in der zweiten Ausgabe des Heftes verwendet und hat sich seitdem zu einem der berühmtesten Markenzeichen der Welt entwickelt. Es wurde von Arthur Paul entworfen und soll Lebenslust und Verspieltheit mit sexueller Konnotation sowie Stil und Eleganz symbolisieren. Der Playboy etablierte sich schnell auf dem US-amerikanischen Markt und wurde in den kommenden Jahrzehnten in 18 Länder exportiert und an die jeweilige Landeskultur angepasst. Playboy Enterprises wurde bis 1988 von Hugh M. Hefner geleitet. Danach übernahm seine Tochter Christie den Konzern, wobei Hefner Chefredakteur des Magazins blieb. Die erste dt. Playboy-Ausgabe erschien 1971 beim Bauer-Verlag. 2003 übernahm Hubert Burda Media die dt. Lizenz. Im vierten Quartal 2006 erreichte der Playboy lt. IVW eine verkaufte Auflage von rund 290.000 Heften und erreichte pro Ausgabe 1,41 Mio. männliche Leser. Damit ist der Playboy das erfolgreichste Männermagazin Deutschlands.

DATEN UND FAKTEN

Markenname: Playboy, engl. Kunstname

Slogan: „Alles, was Männern Spaß macht", „Entertainment for Men" (in den USA)

Erfinder: Hugh M. Hefner, 1953, USA

Markenbekanntheit: 53,6 Mio. Menschen kennen die Marke in Deutschland (AWA 2006)

Auflage: 432.088 (IVW IV/2006)

Gesellschafter: Tomorrow Focus AG mit 50,4 % und Focus Magazin Verlag GmbH mit 49,6 % in Deutschland (Hubert Burda Media)

UNTERNEHMEN

Playboy Deutschland Publishing GmbH (Lizenznehmer für Deutschland)

Hauptsitz: München, Deutschland

Geschäftsführer: Jürgen Feldmann

Anzahl Mitarbeiter: ca. 38

Vertrieb: dt. Ausgabe in neun andere EU-Länder, vor allem Einzelverkauf und Abo, auch On-Board-Auflage für Airlines

KONTAKT

Playboy Deutschland Publishing GmbH
Arabellastr. 21
81925 München
✆ (0 89) 92 50-0
✉ team@playboy.de
🖳 www.playboy.de

Ansprechpartner Presse & Marketing:
Carina Rey
✆ (0 89) 92 50-13 16
✉ rey@playboy.de

SCHON GEWUSST?

- Die erste Playboy-Ausgabe trug weder Hugh Hefners Namen noch ein Datum. Wegen seiner Finanzknappheit war sich der Hg. nicht sicher, ob es je zu einer zweiten Ausgabe kommen würde. Hefner blieb anonym, um seinen Ruf bei einem Scheitern des Playboys nicht zu schädigen.
- Das Design des Playboy-Hasens entstand in nur 30 Minuten. Ursprünglich sollte ein röhrender Hirsch zum Symbol des Playboys werden. Die Entscheidung für den Hasen fällte Hefner spontan.
- Hugh Hefner, Jahrgang 1926, trifft auch heute noch alle wichtigen Entscheidungen rund um den US-amerikanischen Playboy.

PLAYMOBIL

Unter der Marke Playmobil produziert die Geobra Brandstätter GmbH & Co. KG Rollenspielzeug für Kinder. Das Produktportfolio ist in zahlreiche Spielwelten gegliedert, in denen Kinder ihre Fantasie frei entfalten können. Der aktuelle Playmobil-Katalog umfasst mehr als 20 Themengebiete, u. a. einen Reiterhof, einen Flughafen sowie Piraten, Ritter und Römer. Neben den kleinen Kunststoff-Figuren gibt es jeweils passende Fahrzeuge, Gebäude und das entsprechende Zubehör. Zusätzlich zu den klassischen Playmobil-Welten für Kinder von drei bis zehn Jahren gibt es auch eine Produktlinie für Kleinkinder ab dem zweiten Lebensjahr. Das Systemspielzeug wurde Anfang der 1970er-Jahre von Hans Beck, Entwickler bei Geobra Brandstätter, erfunden. In Zeiten der Kunststoffkrise hatte er nach einem Spielzeug mit einem relativ geringen Materialbedarf ge-

Die Playmobil-Ritter sind über die Jahrzehnte detaillierter geworden (Mitte), das Playmobil-Piratentarnschiff, ein Klassiker in neuem Design (unten)

sucht. 1974 kam erstmals Spielzeug der Marke Playmobil auf den Markt. Der Name Playmobil ist ein Kunstwort und soll die Beweglichkeit der Spielfiguren betonen. Die Wortmarke enthielt in den Anfangsjahren noch den Zusatz „System". Als Bildmarke wird aktuell ein stilisierter Kopf einer Playmobil-Figur eingesetzt. Der Markenschriftzug besteht aus abgerundeten Minuskeln in einer markenspezifischen Schriftart. Das restliche Corporate Design ist in den Farben Blau (100 % Cyan) und in der Schrift ITC Officina Sans Book gestaltet. Playmobil wurde im In- und Ausland vielfach mit Preisen geehrt,

Die dt. Produktionsstätte in Dietenhofen

2007 wurde das Thema *Hafenwelt* mit dem Designpreis der Bundesrepublik Deutschland ausgezeichnet. Playmobil erreicht einen Anteil von 9,3 % im Markt für traditionelle Spielwaren und ist damit die drittgrößte Spielzeugmarke in Deutschland (Quelle: Eurotoys, 2006). Geobra Brandstätter ist nach eigenen Angaben der größte dt. Spielwarenhersteller und erzielte 2006 mit der Marke Playmobil einen Umsatz in Höhe von 379 Mio. Euro. Damit steuerte die Marke rund 90 % zum Gesamtumsatz des Unternehmens bei, das unter der Marke *Lechuza* auch Pflanzenbehälter aus Kunststoff herstellt. Der weltweite Vertrieb der Marke Playmobil erfolgt über Tochtergesellschaften in elf europäischen Ländern sowie über Vertriebspartner in 50 weiteren Ländern. Produziert wird in Europa, mit Schwerpunkt in Deutschland.

DATEN UND FAKTEN

Markenname: Playmobil, Kunstwort, aus dem engl. Wort **play** für spielen und **mobil** für beweglich

Markenregistrierung: 09. 12. 1975, DPMA München

Markenbekanntheit: 95 % gest. (Familienanalyse, 2005)

Jahresumsatz: 379 Mio. Euro (2006)

Auszeichnungen:
„Designpreis der Bundesrepublik Deutschland" für *Hafenwelt* (2007)
„ToyAward", Internationale Spielwarenmesse (2006)

Literatur:
F. Bachmann: Dreißig Jahre Playmobil (2004)

UNTERNEHMEN

Geobra Brandstätter GmbH & Co. KG

Hauptsitz: Zirndorf, Deutschland

Geschäftsführer: Horst Brandstätter, Andrea Schauer, Franz-Rainer Höhe

Weitere Marken: Lechuza

Gesamtumsatz: 402 Mio. Euro (weltweit, 2006)

Vertrieb: weltweit über Tochtergesellschaften und Vertriebspartner

KONTAKT

Geobra Brandstätter GmbH & Co. KG
Brandstätterstr. 2–10
90513 Zirndorf
✆ (09 11) 96 66–0
🖷 (09 11) 96 66–11 20
🖳 www.playmobil.de

Ansprechpartner Presse:
Gisela Kupiak
✆ (09 11) 96 66–11 44
🖷 (09 11) 96 66–11 20
✉ gisela_kupiak@playmobil.de

SCHON GEWUSST?

▮ Seit der Markeneinführung von Playmobil 1974 wurden etwa 2 Mrd. Figuren hergestellt. Die Playmobil-Spritzerei am Standort Dietenhofen ist mit über 330 modernsten Spritzmaschinen eine der größten in Europa. Täglich werden ca. 6 Mio. Einzelteile gefertigt. Der jährliche Rohmaterialbedarf beträgt ca. 17.000 t.

PLAYSTATION

Die Marke PlayStation steht für Spielkonsolen und die dazugehörigen Spiele. Neben den aktuell erhältlichen Modellen PlayStation 2 und 3 gibt es noch ein portables Gerät sowie das PlayStation *Network*, über das die Spiele per Internet zugänglich sind. Das Markenlogo besteht aus einer dreidimensional anmutenden Verbindung der Großbuchstaben „P" und

„S". Das rote „P" steht aufrecht, das liegende „S" ist gelb, blau und grün gestreift. Die Marke gehört zur Sony Computer Entertainment Inc., die sich mit Entwicklung, Produktion und Verkauf von PlayStation Hard- und Software befasst. In Deutschland wurde die erste PlayStation-Generation 1995 eingeführt. Die Ende 2006 in Japan und Nordamerika eingeführte und seit Anfang 2007 auch in Europa lieferbare PlayStation 3 wurde 2006 knapp 3,6 Mio. Mal verkauft. Die PlayStation 2 erreichte im selben Jahr Verkaufszahlen von über 14,9 Mio. Stück. *PSP*, die portable Variante, ging weltweit knapp 9,8 Mio. Mal über die Ladentische. Die Sony Computer Entertainment Inc., eine Tochter der → Sony Corporation, erwirtschaftete mit 1.200 Mitarbeitern im Fiskaljahr 2006/2007 weltweit einen Umsatz von über 1.000 Mrd. Yen. Die Sony Corporation insgesamt kam im Fiskaljahr, das im März 2007 endete, auf knapp 8.300 Mrd. Yen. 163.000 Mitarbeiter sind weltweit für den Gesamtkonzern tätig. Die Konzernmutter wurde 1946 in Tokio gegründet, seit 1970 vertritt die Sony GmbH das Unternehmen in Deutschland. Sitz der dt. Tochter der Sony Computer Entertainment Inc. ist Neu-Isenburg.

UNTERNEHMEN

Sony Computer Entertainment Deutschland GmbH
Frankfurter Str. 233
Triforum, Haus C
63263 Neu-Isenburg
✆ (0 61 02) 4 33-0
🖷 (0 61 02) 4 33-5 55
💻 de.playstation.com

PLAYTEX

Mit dem Anspruch, Frauen zu verschönern, hat sich die Dessousmarke Playtex auf dem Markt etabliert. Die Markenwäsche soll der weiblichen Figur schmeicheln und sie betonen. Gleichzeitig setzt Playtex auf das Wohlbefinden der Kundinnen: vorrangig Frauen ab 40 Jahren, die sich gute Qualität zu einem erschwinglichen Preis wünschen. Das Sortiment beinhaltet die Bereiche *Klassik*, *große Größen*, *figurformende Dessous* und *komfortable Slips* für jeden Tag. Die Textilmarke wird weltweit vertrieben. Erfinder von Playtex ist Abram Nathaniel Spanel. Er gründete 1932 in den USA die International Latex Company und produzierte anfangs Badekappen, Slipper und Schürzen. 1947 kamen die ersten Playtex-Miederwaren auf den Markt. In den 1960er-Jahren entwickelte das Unternehmen das Cup-Größen-System, nach dem Büstenhalter noch heute ausgezeichnet werden. Spätestens durch die Erfindung des sog. *Zauberkreuz*-BHs hat sich die Marke weltweit einen Namen machen können. Es handelt sich hierbei um eine Schnittform, die für einen perfekten Halt bei BHs ohne Bügel sorgt.

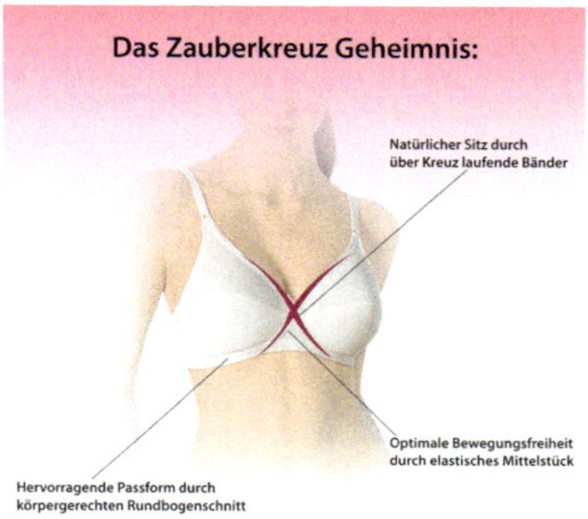

Dank der Erfindung des Zauberkreuzschnitts hat Playtex einen hohen Bekanntheitsgrad.

Eine weitere Innovation ist die Verwendung von *Tweave*, einem besonders leichten Material. Der Markenname Playtex ist ein Kunstwort, das sich zusammensetzt aus dem Englischen *play* für Spiel und dem Wortfragment *tex*, das die Verbindung zum Textilbereich herstellt. Chic und Sinnlichkeit der Playtex-Wäsche spiegeln sich auch im schwungvollen Markenlogo wider. Der weiße Schriftzug erinnert an eine handgeschriebene Signatur und ziert ein pflaumenfarbenes Rechteck mit einer abgerundeten Ecke. Im Jahr 2005 machte Playtex mit einer Werbekampagne in Kooperation mit der Kosmetikmarke → Dove von sich reden. Die Kampagnenmotive zeigten statt Models Frauen, die in Fußgängerzonen und Einkaufszentren gecastet wurden. In Deutschland wird die Marke über den Lizenznehmer Playtex GmbH mit Sitz in Rheine vertrieben. Die Firma hat europaweit 2.800 Mitarbeiter, Geschäftsführer sind Bernd Brasch und Thomas Scheuermann. Zum Produktportfolio des Unternehmens gehören auch → Wonderbra und → Shock Absorber.

DATEN UND FAKTEN

Markenname: Playtex, Kunstwort aus **Play**, engl. für spielen und **tex** für Textil

Slogan: „Playtex – Meine Linie"

Erfinder: Abram Nathaniel Spanel, 1932, USA

Zauberkreuz BH der Marke Playtex (Mitte), aus dem leichten Material *Tweave* gefertigtes Korsett aus der Serie *Kaum zu Glauben* (unten)

Markenregistrierung: 09. 10. 1969, DPMA München

Innovationen: mit Gel gefüllte BH-Träger *Ultra Comfort Soft Gel System*, Zauberkreuz-Schnittform, Einsatz vom elastischen Material *Tweave*

UNTERNEHMEN

Playtex GmbH Deutschland

Hauptsitz: Rheine, Deutschland

Geschäftsführer: Bernd Brasch, Thomas Scheuermann

Weitere Marken: Wonderbra, Shock Absorber

Vertrieb: weltweit

KONTAKT

Playtex GmbH Deutschland
Birkenallee 110–134
48432 Rheine
✆ (0 59 71) 9 93–0
🖷 (0 59 71) 9 93–2 93
🖳 www.playtex.de

MEILENSTEINE

1932 Abram Nathaniel Spanel gründet die International Latex Company.

1940 Der erste Playtex Hüftgürtel wird in der New York Times beworben. Er kostet 2 USD.

1941 Die Verkäufe gehen erstmals zurück. Grund: Wegen des Angriffs auf Pearl Harbour wird Latex zu einem sehr knappen Rohstoff.

1947 Einstieg in das Segment Miederwaren

1960er-Jahre: Die ersten TV-Spots für Playtex-Produkte werden ausgestrahlt. Playtex ist die erste Marke, die echte Dessous-Models zeigt.

1994 Playtext entwickelt mit einem besonderen Schmelzverfahren ein Material für den „Slip, der einen flachen Bauch macht".

PLEXIGLAS

PLEXIGLAS®
original von Röhm

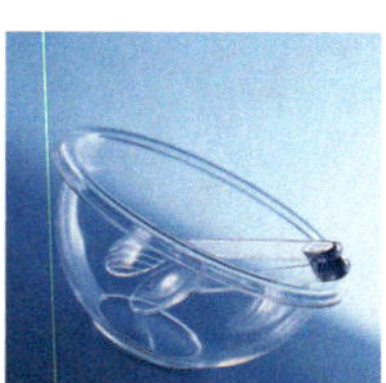

PLEXIGLAS (Mitte) ist aufgrund seiner besonderen Eigenschaften vielseitig einsetzbar und wird nicht nur in der industriellen Produktion, sondern auch bei der Herstellung von Konsumgütern (unten) verwendet.

Unter der Marke PLEXIGLAS vertreibt die Evonik Röhm GmbH hochtransparente, witterungsbeständige Kunststoffe für die industrielle Verarbeitung. PLEXIGLAS ist vielseitig verwendbar. Es kommt u. a. in der Optik, dem Bauwesen, der Automobilherstellung sowie für Schutzverglasungen zum Einsatz.

Die Aufsehen erregende Dachkonstruktion des Münchner Olympiastadions besteht aus einer Stahlnetzkonstruktion und PLEXIGLAS.

PLEXIGLAS bietet einen hohen Gestaltungsfreiraum, denn es lässt sich beliebig einfärben und formen. So kann PLEXIGLAS als Formmasse mit allen thermoplastischen Verfahren verarbeitet und als Platte bei Temperaturen von 150–180 Grad Celsius nahezu beliebig thermogeformt werden. Trotz seiner fast 75-jährigen Geschichte ist PLEXIGLAS nach wie vor in hochmodernen Anwendungen vertreten: beispielsweise als transparente Lärmschutzwände, als farbige Karosserieanbauteile oder auch in funktionalen Lichtsystemen. Als Erfinder von PLEXIGLAS gilt der Chemiker Otto Röhm mit seinem Team. Röhm gründete 1907 zusammen mit Otto Haas die Firma Röhm & Haas, die zunächst Enzyme für die Ledergerberei erforschte und herstellte. In den Folgejahren weitete Röhm & Haas sein Forschungsgebiet auf die Kunststoffe und deren Verarbeitung aus. 1933 erlangte PLEXIGLAS Marktreife und wurde vier Jahre später auf der Weltausstellung in Paris mit der Goldmedaille ausgezeichnet. PLEXIGLAS entwickelte sich aufgrund seiner vielfältigen Eigenschaften in den kommenden Jahrzehnten zur wichtigsten Marke von Röhm & Haas. 1971 schied die Familie Haas aus dem Gesellschafterkreis aus, das Unternehmen firmierte nun unter Röhm GmbH. 1989 trennte sich auch die Familie Röhm von ihren Anteilen und das Unternehmen wurde von der Hüls AG übernommen. Zehn Jahre später schloss sich Hüls mit Degussa zur Degussa-Hüls AG zusammen. Seit 2001 trat das Unternehmen dann unter dem Namen Degussa auf, die heute als Evonik Degussa GmbH die Chemiesparte der → Evonik Industries AG, Essen repräsentiert. Heute ist PLEXIGLAS weltweit vertreten, wobei das Produkt aus markenrechtlichen Gründen auf dem amerikanischen Kontinent unter der Marke ACRYLITE verkauft wird. Der Vertrieb erfolgt direkt an die Verarbeiter oder über den Handel.

DATEN UND FAKTEN

Markenname: PLEXIGLAS, Kunstwort, möglicherweise abgeleitet von „perplex" (Erstaunen im Augenblick der Erfindung)

Erfinder: Dr. Otto Röhm und Dr. Walter Bauer mit Team, 1933, Darmstadt

Markenregistrierung: 1933, Eintragung des Warenzeichens PLEXIGLAS

Innovationen: PLEXIGLAS POQ (Spezial-Formmassen für die Herstellung von Lichtleitern in Backlight Units für TFT-LCD Displays, 2007), PLEXIGLAS HEATSTOP (Platten mit Hitze reduzierenden und damit Energie sparenden Eigenschaften für Verglasungen klimatisierter Räume)

Markenwebsite: www.plexiglas.net

UNTERNEHMEN

Evonik Degussa GmbH

Hauptsitz: Düsseldorf, Deutschland

Vorsitzender der Geschäftsführung: Dr. Klaus Engel

Weitere Marken: PLEXICOR, PLEXALLOY, → EUDRAGIT, VISCOPLEX, ROHACELL

SCHON GEWUSST?

▌PLEXIGLAS spielt im Baugewerbe eine wichtige Rolle. Zu den berühmtesten PLEXIGLAS Anwendungen gehört die Dachkonstruktion des 1972 erbauten Münchner Olympiastadions. Das Dach gilt als Meisterwerk moderner Architektur. Für den Bau wurden mehr als 80.000 Quadratmeter PLEXIGLAS Platten verwendet.
▌Eine mögliche Erklärung für die Entstehung des Namens PLEXIGLAS ist folgende: Als Otto Röhm zum ersten Mal eine PLEXIGLAS Platte in der Hand hielt, soll er erstaunt gesagt haben: „Jetzt bin ich aber perplex".
▌Eine alternative, jedoch ebenfalls nicht hist. belegte Erklärung für den Markennamen geht davon aus, dass die Silbe PLEXI im Markennamen auf das lat. Wort plectere für flechten zurück geht, da PLEXIGLAS chemisch auf der Verflechtung von Polymerketten basiert.

Gesamtumsatz: 10,9 Mrd. Euro (2006)

Vertrieb: weltweit

KONTAKT

Evonik Industries AG
Rellinghauser Str. 1–11
45128 Essen
✆ (02 01) 1 77-01
🖷 (02 01) 1 77-34 75
💻 www.evonik.de

POGGENPOHL

Die Küchenmarke Poggenpohl steht für hochwertige Küchenmöbel im Luxussegment. Qualität, Exklusivität und innovative Entwicklungen zeichnen die Marke aus und haben sie weltberühmt gemacht. Modernes Design und hochaktuelle Technologie stehen bei der Gestaltung der beiden Designlinien *Moderne Klassik* und *Moderner Purismus* im Vordergrund. Poggenpohl setzt bei seinen Küchen auf hohe Funktionalität und klar strukturierte Formen. Besondere Materialien, wie der Acrylwerkstoff Parapan und expressive Edelholzfurniere (+INTEGRATION®), ausziehbare Trays (PLUSMODO) und grifflose Schrankvarianten (+SEGMENTO®) setzen Highlights im anspruchsvollen Poggenpohl-Programm. Die Öffnung zum Wohnraum und intelligente Vernetzungen durch Hightech machen die Küche zum Lebensmittelpunkt und kommunikativen Treffpunkt für Familie und Freunde. Die Zusammenarbeit mit namhaften Designern wie Luigi Colani oder Jorge Pensi und Kooperationen mit dem 3-Sterne-Koch Dieter Müller sowie der Porsche Design Group garantieren die Aktualität und Modernität der Poggenpohl-Entwürfe. Der Markenname geht auf den Tischlermeister Friedemir Poggenpohl zurück, der das Unternehmen 1892 in Bielefeld gründete. Poggenpohl ist die erste dt. Küchenmarke und eine der ältesten Möbelmarken Deutschlands. Der Leitspruch von Poggenpohl lautet seit den Anfängen „Wir wollen die Küche besser machen". 1897 wurde der Firmensitz nach Herford verlegt. 1928 präsentierte Poggenpohl die erste Reformküche, die erstmals Buffet, Geschirr- und Vorratsschrank miteinander verband und als Vorläufer der modernen Einbauküche gilt. Mit der *form 2000* brachte Poggenpohl 1962 die weltweit erste Einbauküche auf den Markt. Heute exportiert das Unternehmen mehr als 75 % in über 60 Länder. Wichtigste Absatzmärkte sind die USA, Großbritannien, Hong Kong und die Verei-

Unter dem Markenlogo sind ein Tray der Küchenarchitektur PLUSMODO und das Porträt von Poggenpohl-Geschäftsführer Elmar Duffner abgebildet.

Blick in die Poggenpohl-Küche PLUSMODO

nigten Emirate. Poggenpohl gehört seit 2000 zum schwed. Konzern Nobia und beschäftigt weltweit 550 Mitarbeiter, davon 391 in Herford. 2006 erwirtschaftete das Unternehmen einen Gesamtumsatz von 124 Mio. Euro.

DATEN UND FAKTEN

Markenname: Poggenpohl, abgeleitet vom Familiennamen des Unternehmensgründers Friedemir Poggenpohl

Slogan: „Wissen, was zählt"

Gründer: Friedemir Poggenpohl, 1892

Markenregistrierung: 16. 12. 1988, DPMA München

Innovationen: Reformküche (1928), Anbauküche „form 1000" (1950), Einbauküche „form 2000" (1962)

Markenbekanntheit: bekannteste Küchenmarke der Welt (Schöner wohnen/essen & trinken 1999 und 2003)

Auszeichnungen:
„Good Design Award" für +INTEGRATION®
(2004)
„Good Design Award" für PLUSMODO (2005)
„red dot award: product design" für
+INTEGRATION® (2005)
„red dot award: product design" für
PLUSMODO (2006)
„iF product design award" für PLUSMODO
(2006)
„iF product design award China" für
PLUSMODO (2006)

UNTERNEHMEN

Poggenpohl Möbelwerke GmbH

Hauptsitz: Herford, Deutschland

Vorstand: Elmar Duffner

Gesamtumsatz: 124 Mio. Euro (2006)

Vertrieb: 160 Verkaufspunkte in Deutschland, weltweit rund 450, davon 130 Exklusiv-Studios

KONTAKT

Poggenpohl Möbelwerke GmbH
Poggenpohlstr. 1
32051 Herford
✆ (0 52 21) 3 81-0
🖷 (0 52 21) 3 81-3 21
✉ info@poggenpohl.de
💻 www.poggenpohl.de

SCHON GEWUSST?

▮ Alle 53 Appartements in der 515 Park Avenue New York sind mit Poggenpohl-Küchen ausgestattet. Die Wohnflächen des Gebäudes gelten als die teuersten in der Geschichte Manhattans: Ein Quadratmeter wird für 30.000 USD verkauft.

▮ Walter Ludewig, der als Vater der modernen Einbauküche gilt, war 52 Jahre lang Firmenchef bei Poggenpohl. Er machte die ersten Schritte in Richtung Export und sorgte so dafür, dass Poggenpohl sich zur globalen Marke entwickelte. „Es gibt – abgesehen von dem Firmengründer Friedemir Poggenpohl – in der 115-jährigen Geschichte des Unternehmens nur einen Mr. Poggenpohl, und das ist Walter Ludewig!", würdigt Geschäftsführer Elmar Duffner den Küchenpionier.

POLAR

LISTEN TO YOUR BODY

Polar ist Marktführer im Segment Herzfrequenz-Messgeräte.

Der Schwerpunkt von Polar liegt im Bereich funktioneller Sportuhren und Herzfrequenz-Messgeräte. Die Idee zur Entwicklung der Marke kam dem finn. Professor Seppo Säynäjäkangas im Jahr 1977 nach einer Unterhaltung mit einem Skilanglauftrainer, der den Wunsch hatte, die Herzfrequenzen seiner Schützlinge während des Trainings zu überwachen. Mittlerweile ist Polar Marktführer in seinem Segment (Quelle: GfK). Neben einer Vielzahl von Uhren mit besonderen Messfunktionen umfasst das Portfolio auch verschiedene Fitnesscomputer. Mit den Polar *Own*-Features werden den Kunden Möglichkeiten geboten, ihr eigenes Training zu optimieren. Seit kurzem gibt es in Kooperation mit →Adidas ein erstes integriertes Trainingssystem. Die Zielgruppe für Polar Produkte ist groß: vom körperbewussten Sportanfänger bis hin zum Profi. Zielgruppenspezifisch wird durch verschiedene Produkt- und Markenkampagnen etwa in Fitnessstudios mit dem aktuellen Claim „Listen to your body" geworben. In früheren Jahren warb die

Marke mit „Polar. Alles unter Kontrolle" und „Polar. Listen to your heart". Das dynamische Logo zeigt den Polar Schriftzug mit Claim in kursiv gesetzten Versalien. Optischer Mittelpunkt des Markenzeichens ist das in rot hervorgehobene O und eine weiße Linie, die den Schriftzug horizontal durchläuft. Mittlerweile arbeiten weltweit rund 1.500 Mitarbeiter in insgesamt 21 Tochterunternehmen wie die Polar Electro GmbH Deutschland für die Marke. Verkauft werden Polar Produkte in 80 Ländern der Erde in rund 35.000 Fachgeschäften.

UNTERNEHMEN

Polar Electro GmbH Deutschland
Hessenring 2
64572 Büttelborn
(0 61 52) 92 36–0
(0 61 52) 92 36–9 05
www.polar-deutschland.de

POLAROID

Der Markenname Polaroid leitet sich aus den Begriffen Polarisierung und Zelluloid ab. Vor der Neuausrichtung der Marke auf Unterhaltungselektronik war das Kerngeschäft des gleichnamigen Unternehmens die Sofortbild-Fotografie. Polaroid ist eine Erfindung des Amerikaners Edwin H. Land. Schon als Student begann er 1932 mit dem Harvard-Physiker George Wheelwright ein Labor für polarisierte Folien und Linsen zu entwickeln. Die Spezialfilter setzten die Forscher in Sonnenbrillen, Autoscheinwerfern und Lampen ein. 1937 firmierten sie unter dem Namen Polaroid Corporation. Die erste Minutenkamera mit dem Namen Apparate Polaroid Land Camera stellte Edwin H. Land zehn Jahre später vor. Die Schwarz-Weiß-Fotos waren bis zu 50 x 60 cm groß. 1957 brachte Polaroid ein Dia-System auf den Markt, 1963 stellte Land den ersten farbigen Sofort-Film vor. Der Erfinder war es auch, der das Markenlogo entwickelte. Bis 1955 bestand dieses aus zwei überschneidenden Polarisationslinsen. Später wurde das Logo von einem Regenbogen, der das Farbspektrum des Films widerspiegeln sollte, abgelöst. In den 1990er-Jahren wurde der Regenbogen durch einen digitalen Farbpixel ersetzt. Die Verpackungen, die erstmals 1957 eingesetzt wurden, zeichnen sich durch ihre Schlichtheit und Eleganz aus. Prominente Werbeträger für Polaroid waren u. a. die Schauspieler Sir Laurence Olivier und Ali McGraw. Professionelle Fotografen und Künstler nutzten das

Edwin Land demonstriert Polaroid-Sofortbild-Technik

Angebot, von Polaroid kostenlose Filme gegen ein Exemplar ihres Werkes zu bekommen. Daraus ist die Polaroid-Sammlung aus über 22.000 Bildern von mehr als 1.000 Fotografen entstanden. Im Jahr 2001 meldete das vom zunehmenden Boom der Digitalfotografie bedrängte Unternehmen in den USA Vergleich an. Seit April 2005 gehört die Polaroid Corporation zur Petters Group Worldwide. Die Polaroid Corporation beschäftigt heute weltweit etwa 1.000 Mitarbeiter, und entwickelt sich zu einem Anbieter von Unterhaltungselektronik, wie u. a. Flachbildfernseher.

DATEN UND FAKTEN

Markenname: Polaroid, Kunstname, zusammengesetzt aus dem in der Physik verwandten Begriff **Polar**isierung und dem Begriff Zellu**loid**, der für die Art des Filmmaterials der Sofortbildkameras steht

Slogan: „the clear choice" und „Polaroid – Live for the moment"

Erfinder: Edwin Herbert Land, 1935, Delaware/USA

Markenregistrierung: 28. 02. 1953, DPMA München

Innovationen: Sofortbildentwicklung (1947), Polarisationsfilter (1935), Miniporträt-Kamera zur Erstellung von Passbildern (1971)

Literatur:
S. Crist u. B. Hitchcock: The Polaroid Book, Taschen Verlag (2005)

Polaroid

Polaroid Sofortbildkamera SX–70 (Mitte), Polaroid-Gründer Wheelright demonstriert das Funktionsprinzip der Polaroid-Polarisationsfilter-Technik (unten).

UNTERNEHMEN

Polaroid Corporation

Hauptsitz: Waltham, Massachusetts/USA

Vorstand: Tom Petters

Vertrieb: weltweit mit eigenen Niederlassungen und Vertriebspartnern

KONTAKT

Polaroid GmbH
Robert-Bosch-Str. 32
63303 Dreieich
✆ (0 61 03) 30 00-0
🖷 (0 61 03) 30 00-1 00
💻 www.polaroid.de

SCHON GEWUSST?

▮ Der Legende nach bewegte seine kleine Tochter den Polaroid-Erfinder Edwin H. Land eine Sofortbildkamera zu entwickeln: Das Mädchen fragte ihren Vater, warum es keine Kamera gebe, bei der man das Bild sofort sehen könne. Daraufhin machte sich Land ans Werk.

▮ Edwin H. Land hat bis zu seinem Tod 1991 fast so viele Patente in den USA eingetragen wie Thomas Edison.

POLIBOY

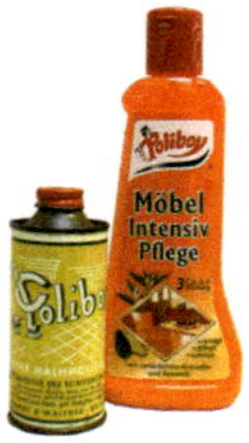

Die Produktpalette der Marke Poliboy umfasst Reinigungs- und Pflegemittel für Möbel, Leder, Böden und Metalle.

Unter der Marke Poliboy vertreibt die Poliboy Brandt & Walther GmbH Reinigungs- und Pflegemittel für Möbel, Leder, Böden, Silber und Metall. Alle Poliboy-Produkte werden ausschließlich in Deutschland hergestellt und beinhalten nach Möglichkeit nur reinste Rohstoffe, die biologisch abbaubar sind. Gegründet wurde das Unternehmen durch Adolf Brandt und Otto Walther 1930 in Bremen. Unter dem Firmennamen Brandt & Walther GmbH stand es ursprünglich für Getreidehandel und Importe. 1935 wurde eine chemische Abteilung angegliedert in der zunächst Schädlingsbekämpfungs- und Desinfektionsmittel hergestellt wurden. Später folgten Putz- und Reinigungsmittel, die vorerst unter dem Namen Polirol (gebildet aus den Begriffen Polieren und Öl) vertrieben wurden. Die ölbasierte Möbelpflege hat bis heute den Vorteil, dass die Öle das Holz pflegen und einziehen, während wachshaltige Produkte Schichten auf behandeltem Holz hinterlassen. 1951 wurde der Markenname in Poliboy geändert. Die neue Endung *boy* ist eine Anlehnung an den Hotelpagen (engl. bellboy) und soll die Dienstleistung des Produktes assoziieren. Das Markenlogo greift dieses Sinnbild auf, das P des Poliboy-Schriftzuges zeigt einen stilisierten Pagen mit Putztuch. Die dynamische, glänzende Welle unter dem Schriftzug steht zum einen für die schnelle und einfache Anwendung und zum anderen für das Ergebnis der Produktanwendung. Neben der Fortführung tradierter Produkte bilden vor allem erfolgreiche Produktneuentwicklungen einen wichtigen Teil der Markenpflege. Die Innovationsrate beträgt rund 20 % des Umsatzes. Ein Novum sind z. B. die Poliboy *Parkett Laminat Feuchttücher*. Poliboy ist bis heute ein familiengeführtes, mittelständisches Unternehmen mit ca. 70 Mitarbeitern. Mit der Marke Poliboy erwirtschaftet das Unternehmen 95 % des Gesamtumsatzes. Weitere Marken der Poliboy-Range sind *Staubmeister*, *Putzboy*, *Polifee* und *Schraders*.

DATEN UND FAKTEN

Markenname: Poliboy, zusammengesetzt aus den Begriffen *Poli* (Kurzform für polieren) und *boy*, abgeleitet vom engl. bellboy für Hotelpage

Slogan: „Poliboy pflegt wie neu"

Markenregistrierung: 01.08.1951, DPMA München

Innovationen: Poliboy Parkett Laminat Feuchttücher

Markenbekanntheit: 40 % gest. (Studie der Universität Bremen, 2005)

Auszeichnungen:
„empfehlenswert", Öko-Test für Poliboy *Möbel-Intensiv-Pflege*, *Möbel-Pflege sensitiv* und *Politur dunkel* (1999)

UNTERNEHMEN

Poliboy Brandt & Walther GmbH
Tornéestr. 5
28865 Lilienthal
✆ (0 42 98) 46 62-0
🖷 (0 42 98) 46 62-11
💻 www.poliboy.de

POLY BLONDE

Die Haarcolorationsmarke Poly Blonde von →Schwarzkopf ist innerhalb des Colorationsmarkenportfolios als Spezialist für strahlende Blondtöne und lebendige Strähncheneffekte positioniert. Zusätzlich steht die Marke für optimale Haarschonung, die durch Pflegesubstanzen in den Formeln bereits während der Aufhellung geboten wird. Die Nachbehandlung mit der pflegenden Feuchtigkeitsmaske mit Kamille baut das Haar auf und bietet zusätzlich lang anhaltenden Schutz. Der Markenname ist ein Kunstwort und betont die vielfältigen Aufhellmöglichkeiten für das Haar. Durch die Gestaltung des Logos wird verdeutlicht, dass sich die Marke eher auf helle, sommerliche Haarfarben konzentriert. In Deutschland wurde die Marke 1967 eingeführt. Das Produktportfolio wurde seitdem um zahlreiche Innovationen ergänzt.

1967 wurde Poly Blonde mit zwei Produktvarianten am dt. Markt eingeführt: dem Creme-Aufheller und den Shampoo-Zarttönungen.

Dabei wird die Entwicklung stets in zwei Richtungen vorangetrieben: Neue Rezepturen, die bisher nicht erzielte Produktleistungen ermöglichen, und neue Anwendungsformen, die die Applikation vereinfachen. Zu den neuesten Entwicklungen zählen ein Aufheller speziell für dunkles Haar sowie das erste Ansatzset zur Behandlung des nachwachsenden Ansatzes bei blondiertem Haar. 2006 wurde der Duo-Color-Applikator eingeführt, mit dessen Hilfe die Konsumenten in einem Anwendungsschritt zweifarbige Strähnen auf ihr Haar aufbringen können. Mit dem Slogan „Besser blond. Poly Blonde" positioniert das Unternehmen seine Marke als qualitativ hochwertige Lösung für eine aufgeschlossene, moderne Zielgruppe mit großer Lebensfreude. Das Unternehmen Schwarzkopf wurde 1898 in Berlin von dem Apotheker Hans Schwarzkopf gegründet. Aufgestiegen zu einem der größten Haarkosmetikhersteller Europas wurde Schwarzkopf 1995 von der → Henkel KGaA übernommen. Mit ihrem Kosmetik- und Körperpflegebereich setzte die Henkel KGaA im Jahr 2006 2,864 Mrd. Euro in mehr als 125 Ländern um und zählt zu den weltweit führende Herstellern von Markenprodukten in diesem Bereich.

DATEN UND FAKTEN

Markenname: Poly Blonde, Kunstname, abgeleitet aus griech. poly für viel, und franz. blonde für blond

Slogan: „Besser blond. Poly Blonde" (2004)

Markteinführung: 1967

Markenregistrierung: 01. 03. 1994, DPMA München

Innovationen: Duo-Color-Applikator (2006), Aufheller für dunkles Haar (2007)

Markenwebsite: www.polyblonde.de

Literatur:
Henkel KGaA (Hg.): Chronik 130 Jahre Henkel. (2006)

UNTERNEHMEN

Henkel KGaA

Hauptsitz: Düsseldorf, Deutschland

Weitere Marken: s. → Henkel

Gesamtumsatz: 12,740 Mrd. Euro (2006)

Vertrieb: weltweit in mehr als 125 Ländern

KONTAKT

Henkel KGaA
Henkelstr. 67
40589 Düsseldorf

MEILENSTEINE

1967 Markteinführung von Poly Blonde

1974 Ergänzung des Produkts durch Protein-Pflege

1980–92 Ergänzung des Sortiments um weitere Strähnchenprodukte sowie Aufwertung durch das Pflege-Balsam

2000 Einführung des patentierten Easy Strähnchen-Applikators

2006 Einführung des Duo-Color-Applikators

2007 Einführung des Aufhellers für dunkles Haar und des Ansatzsets zur Ansatzbehandlung bei blondiertem Haar

Mit den Aufhellprodukten von Poly Blonde lassen sich sowohl das Haar im Ganzen aufhellen (Mitte) als auch einzelne Strähnen akzentuieren (unten).

Die Creme Haarfarbe (Mitte) zeichnet sich durch eine 100 %ige Abdeckkraft aus. Die Tönungs-Wäsche (unten) verspricht, genau den gewünschten Farbton zu erzielen.

✆ (02 11) 7 97–0
🖷 (02 11) 7 98–40 08
🖳 www.henkel.de

Ansprechpartner Presse:
Marion Schwenker
✉ presse@henkel.com

POLY COLOR

Die Marke Poly Color von →Schwarzkopf ist mit der Markteinführung der Creme Haarfarbe im Jahre 1947 die älteste Colorationsmarke Deutschlands für die Heimanwendung. Sie garantiert seit 60 Jahren eine tiefe, natürliche Haarfarbe und perfekte Deckkraft. Poly Color ist ein Kunstname, der sich aus den Begriffen poly, griech. für viel, und color, lat. für Farbe, zusammensetzt und weist somit auf das umfassende Nuancenangebot hin. Das Bild der Venus des Künstlers Botticelli zierte die erste Verpackung aus den 1940er-Jahren. Seit 1972 zeigt die zu diesem Zeitpunkt innovative Verpackung Models, die die gewünschte Haarfarbe tragen. Im Jahr 1953 wurde die Produktpalette um die auswaschbare Tönung Poly Color *Tönungs-Wäsche* ausgebaut. Heute umfasst das Sortiment von Poly Color nach wie vor die dauerhaft haltbare *Creme Haarfarbe* und die bis zu 24 Haarwäschen haltende *Tönungs-Wäsche*. Dank hochkonzentrierter Farbpigmente deckt die Poly Color *Creme Haarfarbe* mit „Abdeckkraft 100“ selbst komplett weißes Haar zuverlässig ab und sorgt für tiefe, natürliche Farben. Die Poly Color *Tönungs-Wäsche* mit spezieller „Farb-Genau-Formel“ trifft den natürlichen Wunschton und ist dabei aufgrund des Verzichts auf Ammoniak besonders mild zum Haar. Poly Color gehört zur Dachmarke Schwarzkopf. Das Unternehmen Schwarzkopf wurde 1898 in Berlin von dem Apotheker Hans Schwarzkopf gegründet. Aufgestiegen zu einem der größten Haarkosmetikhersteller Europas wurde Schwarzkopf 1995 von der →Henkel KGaA übernommen. Mit ihrem Kosmetik- und Körperpflegebereich setzte die Henkel KGaA im Jahr 2006 2,864 Mrd. Euro in mehr als 125 Ländern um und zählt zu den weltweit führende Herstellern von Markenprodukten in diesem Bereich.

DATEN UND FAKTEN

Markenname: Poly Color, poly griech. für viel, color lat. für Farbe

Slogan: „Meine persönliche Art, attraktiv zu sein“ (1947)

Die Venus des Künstlers Botticelli schmückte die erste Verpackung der Poly Color Creme Haarfarbe von 1947.

Markteinführung: 1947 in Deutschland

Markenregistrierung: 22. 03. 1954, DPMA München

Innovationen: die erste Heimcoloration Poly Color Creme Haarfarbe (1947), Poly Color Tönungs-Wäsche (1956)

Markenwebsite: www.polycolor.schwarzkopf.de

Literatur:
Henkel KGaA (Hg.): Chronik 130 Jahre Henkel. (2006)

UNTERNEHMEN

Henkel KGaA

Hauptsitz: Düsseldorf, Deutschland

Weitere Marken: s. →Henkel

MEILENSTEINE

1947 Einführung der ersten Heimcoloration, der Poly Color Creme Haarfarbe

1956 Poly Color Tönungs-Wäsche kommt auf den Markt.

1995 Henkel verspricht 100 % Grauabdeckung mit Poly Color.

1999 Poly Color entwickelt eine Formel mit Aufbauproteinen für kraftvolles Haar.

2006 Relaunch der Poly Color Tönungs-Wäsche mit „Farb-Genau-Formel“

2007 Relaunch der Poly Color Creme Haarfarbe mit „Abdeckkraft 100“

Gesamtumsatz: 12,740 Mrd. Euro (2006)

Vertrieb: weltweit in mehr als 125 Ländern

KONTAKT

Henkel KGaA
Henkelstr. 67
40589 Düsseldorf
✆ (02 11) 7 97-0
🖷 (02 11) 7 98-40 08
🖳 www.henkel.de

Ansprechpartner Presse:
Marion Schwenker
✉ press@henkel.com

POLY PALETTE

Poly Palette ist eine Intensiv-Creme-Coloration, die im Preiseinstiegssegment positioniert ist. Die Marke Palette wurde 1954 von der damaligen Hans Schwarzkopf GmbH in Deutschland registriert. Die Einführung in den dt. Markt erfolgte jedoch sehr viel später. Zunächst wurde Palette im Jahre 1967 in Osteuropa und Lateinamerika eingeführt. 2003 bot Poly das Markendach für die Lancierung der Marke als Preiseinstiegs-Angebot im dt. Colorationsmarkt. Die Coloration läuft seither unter dem Slogan „die smarte Art zu färben". Der Markenname ist ein Kunstname, der mit den Begriffen poly, griech. für viel, und Palette an eine so große wie vielfältige Farbauswahl erinnern soll. In Deutschland bietet das Sortiment von Palette die bekannte Qualität von Poly zum günstigen Preis. Poly Palette steht für perfekte Grauabdeckung sowie intensive Pflege dank einer reichhaltigen Haarpflegemaske. 2005 wurde die Formulierung überarbeitet und mit Aprikosenöl angereichert. Heute wird Palette internat. vertrieben, hauptsächlich in Osteuropa und Russland. Dort stellt Palette die Dachmarke für eine Vielzahl an Produktlinien dar. In manchen Ländern werden bis zu neun Sublinien, die alle Haltbarkeitsstufen sowie besondere Produkteigenschaften abdecken, angeboten. Poly ist eine Dachmarke aus dem Kosmetik- und Körperpflegebereich der →Henkel KGaA. Dieser Bereich setzte im Jahr 2006 2,864 Mrd. Euro in mehr als 125 Ländern um und zählt zu den weltweit führenden Herstellern von Markenprodukten in diesem Bereich.

DATEN UND FAKTEN

Markenname: Poly Palette, Kunstname, abgeleitet aus griech. poly für viel und dem Substantiv Palette für eine Vielfalt an Farben

Slogan: „Die smarte Art zu färben" (2003)

Markteinführung: 1967 (Osteuropa), 2003 (Deutschland)

Markenregistrierung: Palette 01. 10. 1954, Poly 14. 05. 1974, DPMA München

Markenwebsite: www.palette.schwarzkopf.com

Literatur:
Henkel KGaA (Hg.): Chronik 130 Jahre Henkel. (2006)

UNTERNEHMEN

Henkel KGaA

Hauptsitz: Düsseldorf, Deutschland

Weitere Marken: s. →Henkel

Gesamtumsatz: 12,740 Mrd. Euro (2006)

Vertrieb: weltweit in mehr als 125 Ländern

KONTAKT

Henkel KGaA
Henkelstr. 67
40589 Düsseldorf
✆ (02 11) 7 97-0
🖷 (02 11) 7 98-40 08
🖳 www.henkel.de

Ansprechpartner Presse:
Marion Schwenker
✉ presse@henkel.com

MEILENSTEINE

1954 Palette wird in Deutschland registriert.

1967 Palette wird in Osteuropa und in Mittelamerika eingeführt.

1974 Poly wird als Marke registriert.

2003 Poly Palette wird in Deutschland und Österreich eingeführt.

2005 Poly Palette wird im Design überarbeitet.

POM-BÄR

Unter der Dachmarke Pom-Bär vertreibt die Intersnack Vertriebs GmbH salzige Snacks in verschiedenen Geschmacksrichtungen. 1987 wurde der Pom-Bär Original als salziger Kar-

Im Markenlogo wird grafisch auf den Begriff Palette Bezug genommen (oben). 2005 wurde das Design der Faltschachtel überarbeitet und die Formel mit Aprikosenöl angereichert (unten).

Der orangegelbe Bärenkopf ziert alle Produkte aus dem Sortiment von Pom-Bär.

Die Marke Pommery steht für Luxusgetränke wie Champagner.

toffelsnack in Bärenform auf dem dt. Markt eingeführt. Deshalb ist der Markenname zusammengesetzt aus Pom (franz. pomme de terre, dt. Kartoffel) und Bär (Tierform). Die Snacks der Marke sind mild gewürzt, damit sie in der Zielgruppe – hauptsächlich Kinder im Grundschulalter – eine hohe Akzeptanz finden. Alle Produkte der Dachmarke Pom-Bär enthalten keine künstlichen Geschmacksverstärker, und werden ohne künstliche Farbstoffe oder Aromen hergestellt. Entsprechend der Zielgruppe tritt die Lebensmittelmarke sehr kindgerecht auf. Die Erzeugnisse sind am einprägsamen Markenlogo zu erkennen, das die Figur des Bären aufgreift: Ein orangegelber Bärenkopf (Pantone 123) auf rotem Grund (Pantone 485) ziert alle Verpackungen des Sortiments. Der Pom-Bär und seine Freunde treten in animierten Werbespots und anderen Werbemedien auf und sind auch auf den Verpackungen der Produktreihe präsent. Neben dem Pom-Bär gibt es als weitere Figuren ein Krokodil namens Criss-Cross und die Füchsin Lilly, die zusammen mit Pom-Bär im Pom-Bär-Land als Freunde leben. Getreu dem Slogan „Knabberlecker für Spassentdecker" erhöht das Unternehmen den Kaufanreiz seiner Produkte durch zielgruppenspezifische Packungsbeigaben wie Aufkleber und Tatoos. Pom-Bär wird in Deutschland, Österreich, England, Ost-Europa und der Schweiz vertrieben. Erfunden wurde die Marke im Jahr 1987 vom Unternehmen Wolf Bergstraße, das seit 1995 durch einen Zusammenschluss mit der Convent-Gruppe zur Intersnack Vertriebs GmbH mit Hauptsitz in Köln gehört. Neben Pom-Bär führt das Kölner Unternehmen weitere Marken aus dem Snack-Bereich wie → Chio, → funny-frisch und → goldfischli.

DATEN UND FAKTEN

Markenname: Pom-Bär, **Pom** steht für das Ausgangsprodukt Kartoffeln, **Bär** bezeichnet die Tierform des Snacks

Slogan: „Knabberlecker für Spassentdecker"

Erfinder: Firma Wolf Bergstraße, 1987, Köln

weitere Marken: → Chio, → funny-frisch, → goldfischli

Markenregistrierung: 21.06.1990, DPMA München

Markenwebsite: www.pom-baer.de

UNTERNEHMEN

Intersnack Vertriebs GmbH
Aachener Str.1042
50858 Köln
✆ (02 21) 48 94–0
Fax (02 21) 48 94–1 80
www.intersnack.de

POMMERY

Pommery ist eine Luxusgetränkemarke und steht für Champagnerprodukte. „Springtime", ein trockener Rosé-Champagner, und „Falltime", ein extratrockener „Blanc de Blancs", gehören zu den jüngsten Innovationen des Produktportfolios und komplettieren die Saisonangebote der Marke. Pommery-Produkte machen gut 30 % des Umsatzes des Champagner-Hauses Vranken-Pommery Monopole aus, zu dem die Marke seit 2002 gehört. Der Markenname leitet sich vom Namen des Gründers Louis-Alexandre Pommery ab. 1836 wurde der Grundstein für das Champagner-Haus gelegt. 1857 übernahm Louise Pommery nach dem Tod ihres Mannes die Unternehmensleitung. Sie begründete den nachhaltigen Erfolg der Luxusmarke mit innovativen Konzepten für Produktentwicklung, Marketing und Vertrieb. Das Etikett zeigt ein goldenes Wappen, darunter befindet sich, ebenfalls goldfarben, das Wort „Champagne". Es folgt der Schriftzug „Pommery", in Weiß gehalten. Wiederum in Gold und wie alle Schriftzüge in Versalien erscheint der Hinweis auf die Herkunft, „Reims – France". Pommery ist heute die absatzstärkste Marke der Firma Vranken-Pommery Monopole, die 2006 einen Gesamtumsatz von über 268 Mio. Euro verzeichnete. Damit hat das Champagner-Haus mit all seinen Marken einen Marktanteil von 9 %. Für das Unternehmen sind insgesamt 500 Mitarbeiter tätig. Neben Pommery gehören weitere bekannte Marken wie Charles Lafitte und Heidsieck & Co. Monopole zum Portfolio. Stammsitz von Pommery ist ein Schloss in der franz. Stadt Reims, das Louise Pommery errichten ließ.

UNTERNEHMEN

VRANKEN-POMMERY MONOPOLE
5, place du Général Gouraud, Bb 1049
F-51689 Reims Cedex 2
✆ +33 3 26 61 62 63
Fax +33 3 26 61 63 88
www.pommery.fr

PONAL

Die Marke Ponal steht für Holzleime und Produkte für die Klebearbeiten mit Holz. Lt. Hersteller →Henkel ist Ponal im Bereich Holzleime Marktführer. Das Ponal-Sortiment richtet sich sowohl an Heimwerker als auch an professionelle Anwender. Für kleinflächiges Holzbasteln hat die Marke passende Produkte ebenso im Portfolio wie für groß angelegte Parkett- oder Korkbodenverlegungen. Eine entscheidende Innovation der Marke war *Ponal Express* aus dem Jahr 1977. Die neue Zu-

Eine Anzeige aus dem Jahr 1962 wirbt für die Henkel-klebstoffe Pattex und Ponal.

sammensetzung des Leims bindet schneller als die früherer Holzleime. Produkte wie *Ponal X-Pert* sind Hochleistungsklebstoffe für komplexe Holz- und Holzkombinationsverklebungen, die erst durch jahrzehntelange Forschung möglich wurden. Bereits im Jahr 1959 brachte das Klebstoffwerk Henkel den ersten Ponal-Kleber auf den Markt. Heute sind die mit dem einprägsamen Claim „So stark wie Holz!" beworbenen Ponal-Produkte in drei Kategorien aufgeteilt: Holzkleber, Parkettkleber und Korkkleber. Im Handwerkerbereich werden zudem Härter zur Montageverleimung in der Innen- und Außenanwendung, z. B. für Fenster und Türen, vertrieben. Die vorherrschenden Verpackungsfarben sind Schwarz und Weiß. Am bekanntesten ist die weiße Leimflasche mit schwarzem Deckel. Die neuere Verpackungsvariante des *Ponal Rapido* erhielt 2001 und 2002 Auszeichnungen beim 24. Deutschen Verpackungswettbewerb und durch die World Packaging Organisation. Die Farben Schwarz und Weiß beherrschen auch das Ponal-Logo: Der weiße Schriftzug steht auf schwarzem Grund, dessen Umrisse analog zu anderen Henkel-Logos aus dem gleichen Bereich wie denen von →Metylan oder →Pattex einen aufwärts gerichteten Pfeil bilden. Ponal gehört im Henkel-Konzern heute zum Bereich Adhesives Technologies (Klebstoff Technologien). Der Gesamtumsatz dieses Unternehmensbereichs betrug im Jahr 2006 rund 5,5 Mrd. Euro. Henkel ist sowohl im Konsumenten- als auch im Profi- und Industriebereich einer der bedeutendsten Produzenten von Klebstoffen.

DATEN UND FAKTEN

Markenname: Ponal

Slogan: „So stark wie Holz!"

Erfinder: Klebstoffwerk Henkel, 1959, Düsseldorf

Markenregistrierung: 08. 09. 1955, DPMA München

Innovationen: Ponal Express (1977)

Auszeichnungen:
„Deutscher Verpackungspreis", Dt. Verpackungsinstitut für *Ponal Rapido* (2001)
„Worldstar", World Packaging Organisation für *Ponal Rapido* (2002)

Markenwebsite: www.ponal.de

UNTERNEHMEN

Henkel KGaA

Hauptsitz: Düsseldorf, Deutschland

Weitere Marken: s. →Henkel

Gesamtumsatz: 12,740 Mrd. Euro (2006)

Vertrieb: weltweit in über 125 Ländern

KONTAKT

Henkel KGaA
Henkelstr. 67
40589 Düsseldorf

SCHON GEWUSST?

- Mit Ponal lassen sich auch poröse Walknochen verfestigen: So geschehen z. B. in den Jahren 1982/83, als ein Walskelett für das Löbbecke-Museum in Düsseldorf präpariert wurde.
- Die Ponal-Flasche wurde nicht immer nur für Leim genutzt. Im Jahr 2003 verwendete sie Schwarzkopf & Henkel für das Taft Xpress Spiky Look Glue Gel.

Ponal gibt es für den Heimgebrauch als klassischen Holzleim (Mitte) und z. B. als Fugenleim für Holzfußböden (unten).

✆ (02 11) 7 97–0
🖷 (02 11) 7 98–40 08
💻 www.henkel.de

Ansprechpartner Presse:
Peter Lienkamp
✉ press@henkel.com

PORAVER

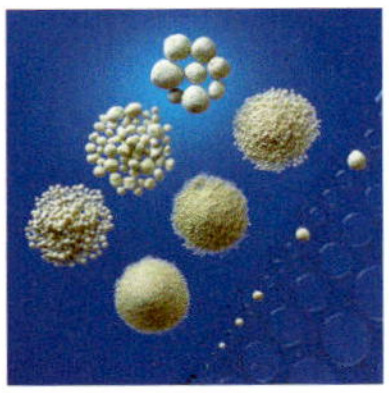

Das Poraver®-Granulat wird in verschiedenen Körnungen (Mitte) hergestellt. Eine Produktionsstätte befindet sich im bayerischen Postbauer-Heng (unten).

„Die Kugel, die alles kann" steht als Slogan der Marke Poraver®, einem kugelförmigen, cremeweißen Blähglasrundgranulat der Dennert Poraver GmbH, welches als sog. Leichtzuschlag vorwiegend in Produkten der Baustoff-, Platten-, Leichtbau- und Kunststoffindustrie Verwendung findet. Poraver® besteht zu 100 % aus Recyclingglas, weshalb der Marke u.a. der „Blaue Engel" und das Öko-Test Urteil „sehr gut" verliehen wurde. Aufgrund der vollständig integrierten Vorteilskette von Glas und einer bei vergleichbaren Schüttgewichten deutlich höheren Festigkeit als herkömmliche Zuschlagstoffe, konnte Poraver® seine Marktanteile kontinuierlich steigern. Heute enthalten über 80 % der in Deutschland produzierten Putze Poraver®. Mit einem Jahresumsatz in 2006 von rund 13 Mio. Euro besetzt das 55 Mitarbeiter starke Unternehmen lt. eigenen Angaben die Weltmarktführerschaft bei Blähglasgranulat. Über freie Handelsvertretungen in mehr als 20 Ländern beliefert das bayerische Poraver®-Werk in Postbauer-Heng Kunden auf allen fünf Kontinenten. Im Jahr 2007 wurde über eine Lizenzpartnerschaft mit dem kanadischen Finanzinvestor Richardson Kapital Ltd. der Neubau eines weiteren Werkes in Innisfil/Ontario realisiert. Damit konnte der weitere Ausbau des amerikanischen Marktes vorangetrieben werden. Die Poraver®-Geschichte beginnt im Jahr 1983. Damals gründeten Heinz und Hans Veit Dennert die Dennert Schaumstoff GmbH und im Jahr 1988 die spätere Dennert Poraver GmbH. Hans Veit Dennert, heute Alleininhaber der Firma Poraver, entwickelte zusammen mit dem ehemaligen Nasa-Techniker Alois Seidel, seinem Produktentwickler, die Alternative zu Blähton. Schon 1984 konnte Blähglasgranulat produziert werden und 1988 wurde die Markenregistrierung von Poraver® vollzogen. Das Markenlogo, Poraver® in Outlineschrift mit schwarzen Schatten sowie einem kugelsymbolisierenden roten O, wurde 1988 in der firmeneigenen Werbeabteilung entwickelt und 1998 von der Werbeagentur Roth um den Namenszusatz by Dennert sowie den Slogan „Die Kugel, die alles kann" erweitert. Mit dem Zusatz North America wird das Logo auch über den Unternehmungen der neuen Lizenzgesellschaft in Kanada verwendet. Weitere weltweite Lizenzpartnerschaften sind geplant.

Poraver®-Werk in Barrie, Ontario, Kanada

DATEN UND FAKTEN

Markenname: Poraver®, Kunstname

Slogan: „Die Kugel, die alles kann" (1998)

Erfinder: Hans Veit Dennert, Alois Seidel, 1984, Schlüsselfeld

Markenregistrierung: 05.04.1988, DPMA München

Innovationen: Körnung mit 0,04mm (2007), Brandschutzplatten (2007), Metapor Wandspachtelmasse (2006)

Auszeichnung:
AUB-Zertifikat (2001)
„Blauer Engel" (2003)
„sehr gut", Öko-Test (2004)

UNTERNEHMEN

Dennert Poraver GmbH

Hauptsitz: Schlüsselfeld, Deutschland

Geschäftsführer: Guido Runkel

Gesamtumsatz: 13 Mio. Euro (2006)

Vertrieb: in 20 Ländern weltweit auf fünf Kontinenten

KONTAKT

Dennert Poraver GmbH
Mozartweg 1
96132 Schlüsselfeld
✆ (0 95 52) 9 29 77–0
🖷 (0 95 52) 9 29 77–26
💻 www.poraver.de

Ansprechpartner Presse:
Dietmar Haucke

✆ (02 61) 3 40 66
✉ info@publicrelation-special.de

Ansprechpartner Marketing:
Philip Brdlik
✆ (0 95 52) 9 29 77-11
✉ brdlik@poraver.de

Lead-Agentur:
Werbeagentur Roth GmbH
www.werbeagentur-roth.de

SCHON GEWUSST?

- Pro Jahr werden mehr als 150.000 Kubikmeter Poraver® produziert. Ein Gebäude mit einer Grundfläche von 10 mal 10 m würde mit Poraver® gefüllt also 1,5 km in die Höhe ragen.
- Das Poraver®-Fertigungsverfahren wurde immer weiterentwickelt. Mittlerweile können Körner mit Durchmessern von 0,04 mm bis 16 mm produziert werden.

PORSCHE

Der Name Porsche steht für zukunftsweisende Automobiltechnologie, zeitloses Design, Sportlichkeit und Exklusivität. Diese wenigen Attribute genügen, um das Prinzip zu beschreiben, von dem sich die Marke Porsche leiten lässt. Die Dr. Ing. h.c. F. Porsche AG profitiert heute nicht nur von effizienten Produktionsmethoden und einer klaren Markenführung, sondern vor allem auch von jahrzehntelangen Entwicklungserfahrungen, die weit über den Renn- und Sportwagenbau hinausreichen. So gehört das Unternehmen weltweit zu den renommiertesten und vielseitigsten Ingenieurdienstleistern. 1948 baute Ferry Porsche das erste eigene Automobil nach seinen ganz speziellen Wünschen: Ein leichtes Sportfahrzeug mit attraktivem Design, das auch für Rennen eingesetzt werden konnte. Dieser Typ *356* ist wegen seiner unzähligen Erfolge für Sportwagen-Enthusiasten zum festen Begriff geworden. Um den *356* für den amerikanischen Markt noch attraktiver zu machen, kreierte das junge Unternehmen 1952 ein eigenes Wappen, das bis heute jeden Porsche ziert und zum unverwechselbaren Markenzeichen geworden ist. Nicht nur die Farbwahl – Schwarz, Rot, Gold – macht die Verbundenheit zum Standort deutlich. Darüber hinaus vereint sich das Stuttgarter Stadtemblem mit dem württembergisch-hohenzollerischen Landeswappen. Gekrönt wird dieses Konglomerat schließlich vom Porsche-

Seit über 40 Jahren begeistert der *Porsche 911* durch Kraft, Dynamik und Design.

Schriftzug. Vom Typ *356* baute Porsche über 78.000 Exemplare. Nie zuvor hatte ein Sportcoupé einen solchen Verkaufserfolg erzielt. Zahlreiche Modelle – von reinen Rennfahrzeugen bis hin zum alltagstauglichen Sportwagen – sollten dem ersten Porsche folgen, bis heute rund 1,6 Mio. Fahrzeuge. Aktuell repräsentieren die drei Baureihen *911*, *Boxster/Cayman* und *Cayenne* mit verschiedensten Modellvarianten das Prinzip Porsche und geben der Marke ihr unverwechselbares Gesicht.

DATEN UND FAKTEN

Markenname: Porsche, Familienname des Gründers

Gründer: Dr. Ing. h.c. Ferdinand Porsche, 1931, Stuttgart

MEILENSTEINE

1931 Ferdinand Porsche gründet sein eigenes Büro zur „Konstruktion und Beratung für Motoren- und Fahrzeugbau".

1947 Im österreichischen Gmünd wird die Porsche Konstruktionen GmbH ins Handelsregister eingetragen.

1948 Der erste Sportwagen mit dem Namen Porsche, der *356* „Nr. 1", wird gebaut.

1963 Auf der IAA in Frankfurt/Main präsentiert Porsche den ersten Prototypen des *911 Carrera*.

1993 Das Unternehmen stellt die Studie *Boxster* vor. Der Roadster läuft ab 1996 in Serie vom Band.

2002 Das sportliche Geländefahrzeug *Cayenne* erweitert als dritte Baureihe die Porsche-Modellpalette.

2007 Porsche stockt seine Beteiligung an Volkswagen auf und hält seit März 31 % der VW-Aktien.

Der *Porsche 356* begründete 1948 die Erfolgsgeschichte des Stuttgarter Automobilherstellers. Dr. Wendelin Wiedeking ist seit 1993 Vorstandsvorsitzender der Dr. Ing. h.c. F. Porsche AG.

Markenregistrierung: 26.08.1952, DPMA München

Jahresumsatz: 7,4 Mrd. Euro (2006/07)

UNTERNEHMEN

Dr. Ing. h.c. F. Porsche AG

Hauptsitz: Stuttgart, Deutschland

Vorstand: Dr. Wendelin Wiedeking

Vertrieb: weltweit

KONTAKT

Dr. Ing. h.c. F. Porsche AG
Porscheplatz 1
70435 Stuttgart
(07 11) 91 10
www.porsche.com

PORTAS®
Europas Renovierer Nr. 1

Der „Portas-Mann" als bekannte Werbefigur – gezeichnet und real

PORTAS

Die Dienstleistungsmarke Portas steht für individuelle Renovierungs-Dienstleistungen, etwa die Renovierung und Modernisierung von Türen und Küchen. Das gleichnamige Unternehmen ist nach eigenen Angaben in seinem Geschäftsfeld europäischer Marktführer. Darauf weist auch der Slogan „Europas Renovierer Nr. 1" hin. Kernzielgruppe der Marke sind Wohneigentümer ab 45 Jahren. Die Marke wird im Franchise-Verfahren vertrieben. Portas-Dienstleistungen bieten 500 Fachbetriebe in 14 europäischen Ländern an. Renoviert werden Türen, Haustüren, Küchen, Möbel, Schrankmöbel, Gleittüren, Badmöbel, Spanndecken, Treppen und Fenster. Außerdem bieten die Betriebe Garagentore, Heizkörperverkleidungen und Insektenschutzgitter nach Maß an. Den Grundstein für das Unternehmen legte Horst R. Jung 1974 mit einer Türen-Renovierung in Frankfurt/Main. Schon im folgenden Jahr eröffneten zahlreiche Fachbetriebe in Deutschland, bald expandierte das Unternehmen nach Österreich, Italien, Belgien und in die Niederlande. Weitere fünf Länder kamen 1980 hinzu. Parallel zur räumlichen Expansion baute Jung konstant die Tätigkeitsbereiche von Portas aus. Die Maßanfertigungs-Methoden und Renovierungslösungen entwickelt eine eigene Abteilung am Unternehmenssitz in Dietzenbach bei Frankfurt/Main. Dort steht auch das Portas-Zentrallager, von wo aus die Fachbetriebe über Nacht mit Maschinen und Materialien versorgt werden. Im Lager ist Platz für 5.400 Europaletten, auf denen vom Türgriff über Echtholz-Treppenstufen bis zu Fenster-Aluminiumprofilen 7.500 Artikel auf Abruf bereit gehalten werden. Als Logo dient der Schriftzug des Markennamens. Die Werbeaufwendungen des Unternehmens liegen bei 26 Mio. Euro jährlich. Berühmte Werbeträger waren Fritz Walter, Uwe Seeler und Franz Beckenbauer sowie Fußballtrainer Otto Rehagel in seiner Zeit bei Werder Bremen, einem Sponsorpartner von Portas. Für Portas arbeiten etwa 5.100 Mitarbeiter, die einen Verkaufsumsatz von 296 Mio. Euro (2006) erwirtschaften.

Horst Jung legte 1974 den Grundstein für das Unternehmen Portas.

DATEN UND FAKTEN

Markenname: Portas, abgeleitet vom lat. Wort für Tür

Slogan: „Europas Renovierer Nr. 1"

Erfinder: Horst R. Jung, 1974

Markenregistrierung: 1980, DPMA München

Innovationen: Echtholztüren (2004), Aluminium-Haustüren (2004), Insektenschutzgitter (2004), Gleittürsysteme (2005), Spanndecken (2005), CPL-Türen (2006)

Jahresumsatz: 296 Mio. Euro (2006)

Werbespendings: 26 Mio. Euro (2006)

UNTERNEHMEN

Portas Deutschland Folien GmbH & Co. Fabrikations KG

Hauptsitz: Dietzenbach, Deutschland

Vorstand: Horst R. Jung

Weitere Marken: Portanova, Mister Portas, Portas – Die Meistermarke, etc.

Gesamtumsatz: 296 Mio. Euro (2006)

Vertrieb: Franchise, 500 Fachbetriebe in 14 europäischen Ländern

KONTAKT

Portas Deutschland GmbH & Co. KG
Dieselstr. 1–3
63128 Dietzenbach
✆ (0 60 74) 4 04–0
🖷 (0 60 74) 4 04–1 90
🖳 www.portas.de

Ansprechpartner Presse & Marketing:
Dieter Gaebel
✆ (0 60 74) 4 04–2 32
✉ gaebel@portas.de

Lead-Agentur:
Synerga GmbH
🖳 www.synerga.de

MEILENSTEINE

1974 Portas startet mit einem Renovierungssystem für Türen.

1980 Nach Deutschland, Österreich, Italien, Belgien und den Niederlanden gibt es Portas nun auch in Frankreich, der Schweiz, Dänemark, Luxemburg und Großbritannien.

1981 Portas startet ein Programm zur Renovierung von Küchen und Möbeln.

1986 Neu im Portfolio ist ein Renovierungssystem für Haustüren.

1994 Die Portas-Betriebe renovieren auch Treppen mit Echtholz oder Laminat.

1995 Portas entwickelt ein Renovierungssystem für Fenster und Wintergärten.

1996 Portas expandiert in die Slowakei und nach Tschechien.

2007 In Ungarn und Polen starten die ersten Portas-Fachbetriebe.

POSTBANK

Die nat. Dienstleistungsmarke Postbank ist 1990 aus der Postsparkasse der Deutschen Bundespost hervorgegangen. Anlass für die Gründung des Unternehmens Postbank war

Die Postbank Zentrale in Bonn

die Teilung der Deutschen Bundespost in die Unternehmen Post, Telekom und Postbank, die durch das im Juli 1989 in Kraft getretene Poststrukturgesetz geregelt wurde. Das Kerngeschäft der Postbank ist das standardisierte Geschäft mit Privatkunden. Der typische Postbank Kunde ist zwischen 20 und 50 Jahre alt, besitzt ein mittleres Einkommen und einen mittleren Bildungsstand. Bei der Umgestaltung der Postbank von der Behörde zu einem modernen Dienstleistungsunternehmen spielte das Corporate Design eine große Rolle. Ein umfassendes Corporate Design Programm wurde 1990 entwickelt. Das Logo der Postbank enthielt zunächst noch den Zusatz Deutsche Bundespost, ab 1991 verwies nur noch das Posthorn auf die Herkunft der Marke. Im Zuge der Umwandlung des Unternehmens zur Aktiengesellschaft wurde 1995 das Corporate Design angepasst und das Postbank Logo mit den stilisierten Segeln entwickelt. 1999 wurde das Logo nach der Übernahme der Postbank durch die → Deutsche Post noch einmal überarbeitet. In den Farben Postbank Blau, Postgelb und -rot soll es Eigenständigkeit, Dynamik, Solidität und Sympathie signalisieren. Nach eigenen Angaben ist die Postbank mit 14,6 Mio. Kunden im Jahr 2006 die kundenstärkste Bank in Deutschland und verfügt über das dichteste Filialnetz. Die Bilanzsumme der Deutschen Postbank AG, die über 22.000 Mitarbeiter und 4.000 mobile Berater beschäftigt, belief sich 2006 auf 185 Mrd. Euro. Zur Postbank gehört seit 2006 auch die Marke BHW, die mit dem Zusatz „Der Baufinanzierer der Postbank" vermarktet wird und ein Postbank ähnliches Corporate Design nutzt. Die Postbank wickelt außerdem Geschäftsprozesse für andere Kreditinstitute ab (sog. Transaction Banking). Dieses Geschäftsfeld will die Deutsche Postbank AG nach Europa ausdehnen, sobald der europäische Zahlungsverkehr vereinheitlicht ist.

Postbank

Postbank Kunden können auf ein deutschlandweites Netz von 850 Finanzcentern zurückgreifen (Mitte). Der Vorstandsvorsitzende der Deutschen Postbank AG, Dr. Wolfgang Klein (unten)

DATEN UND FAKTEN

Markenname: Postbank, der Name ist eine Erweiterung innerhalb der Post-Familie und verweist durch den Zusatz Bank auf das spezifische Angebotsspektrum.

Frühere Slogans: „Die clevere Alternative" (1990), „Die Bank fürs Wesentliche" (1992), „Schließlich ist es Ihr Geld", „Leistung ohne Umwege"

Markenregistrierung: 18.09.1992, DPMA München

UNTERNEHMEN

Deutsche Postbank AG

Hauptsitz: Bonn, Deutschland

Vorstandsvorsitzender: Dr. Wolfgang Klein

Weitere Marken: BHW, DSL Bank, BCB

Bilanzsumme: 185 Mrd. Euro (2006)

Vertrieb: Die Marke Postbank wird in Deutschland über 850 Postbank Finanzcenter, 4.000 mobile Berater, Internet und Telefon vertrieben

KONTAKT

Deutsche Postbank AG
Friedrich-Ebert-Allee 114–126
53113 Bonn
✆ (02 28) 9 20–0
🖷 (02 28) 9 20–3 51 51
🖳 www.postbank.de

MEILENSTEINE

1990 Gründung der Postbank infolge der Aufspaltung der Deutschen Bundespost in Post, Telekom und Postbank

1995 Umwandlung des Unternehmens in eine Aktiengesellschaft. Die Deutsche Postbank AG darf ihre Geschäftsfelder ausbauen und vergibt vier Monate später erstmals Kredite.

1999 Die Deutsche Post wird Eigentümerin der Postbank.

2004 Die Deutsche Postbank AG geht an die Börse.

2006 Die Postbank übernimmt den Baufinanzierer BHW, die Marke erhält den Zusatz „der Baufinanzierer der Postbank".

Ansprechpartner Marken- & Produktkommunikation:
Margret Dreyer
✆ (02 28) 9 20–1 22 00
✉ margret.dreyer@postbank.de

Ansprechpartner Corporate Design:
Angela Eckert
✆ (02 28) 9 20–1 21 01
✉ angela.eckert@postbank.de

Neben den klassisch-gelben Haftzetteln werden Post-its® heute in zahlreichen Formen und Farben angeboten.

POST-IT

Die Geschichte der Haftnotizen, bekannt unter dem Namen Post-it®, begann im Jahre 1974. Der Chemiker und Forscher Art Fry ärgerte sich als Mitglied des Kirchenchors darüber, dass seine Lesezeichen immer wieder aus den Notenbüchern fielen. 1974 hatte der Amerikaner die rettende Idee: Sein Kollege Dr. Spencer Silver, der als Wissenschaftler bei der Minnesota Mining and Manufacturing Company (3M) arbeitete, hatte gerade einen sehr schwach haftenden Kleber erfunden, der leicht und spurlos wieder abzulösen war. Art Fry bestrich damit seine Notizzettel - die erste Post-it® Haftnotiz war geboren! Weltweit werden in jeder Sekunde 15 Post-it® Haftnotizen verwendet. Das ergibt eine Gesamtsumme von mehr als 1,2 Mio. Post-it® Haftnotizen pro Tag, was einer Fläche von ca. 7.000 Quadratmetern entspricht. Neben dem Original in kanariengelb, werden die Kommunikationsmittel heute in zahlreichen Farben und Formen angeboten. Zusätzlich gibt es heute auch die *Post-it® Super Sticky Haftnotizen*, welche dank einer neuen, patentierten Klebstofftechnologie optimal an vertikalen Oberflächen wie z.B. Armaturenbrett, Wände oder Ordner haften. Die Post-it® Marke umfasst heute ein umfangreiches Sortiment. *Post-it® Index Streifen*, selbstklebende beschriftbare Markierungsfähnchen, helfen den Überblick über Dokumente und Unterlagen zu bewahren und sind heute auf fast jedem Schreibtisch zu finden. Mit dem neuen *Post-it® Photo Paper* können Photos überall aufgeklebt und rückstandsfrei abgelöst werden. In Anlehnung an das Produkt zeigt das Logo stilisierte *Post-it® Haftnotizen* in verschiedenen Gelbtönen, die den fett gedruckten Schriftzug Post-it® tragen. Zu den bekanntesten Marken von 3M gehören Scotch, Post-it®, Scotchgard, Thinsulate, Scotch-Brite, Filtrete, Command und Vikuiti. Weltweit nimmt 3M durch seine globale Stärke, durch die Vielzahl an verfügbaren Technologien und durch umfassendes Know-how führende Positionen in wichtigen Märkten ein. Hierzu zählen z. B. Industrie, Verkehr, Büro, Elektronik, Telekommunikation, Haushalt, Gesundheit, Werbung und Freizeit.

DATEN UND FAKTEN

Markenname: Post-it®, abgeleitet vom engl. Verb to post im Sinne von ankleben, anheften

Slogan: *Post-it® Notes* : „Man kann sich nicht alles merken." (2007), *Post-it® Index*: „Schneller finden, was wichtig ist" (2007)

Erfinder: Art Fry, Dr. Spencer Silver, 1974

Markenregistrierung: 17. 06. 1993, DPMA München

Innovationen: *Post-it® Photo Paper* (2005)

Jahresumsatz: 22,9 Mrd. USD (Unternehmen, 2006)

Auszeichnungen:
„Innovationspreis", PBS-Industrie für *Post-it® Meeting Notes* (2007)

UNTERNEHMEN

3M Deutschland GmbH
Carl-Schurz-Str. 1
41453 Neuss
✆ (0 21 31) 14–0
🖷 (0 21 31) 14–26 49
💻 www.post-it.de

POTT

Die Marke Pott umfasst ein umfangreiches Sortiment an Bestecken aus Sterlingsilber und Edelstahl. Erfinder und Namensgeber Carl Hugo Pott gründete im Jahr 1904 eine Werkstätte zum Damaszieren von Schneidwaren. Nach dem Einstieg in den väterlichen Betrieb initiierte sein Sohn Carl Pott ab 1932 die Fabrikation von Bestecken. Sein schlichtes, glattes Modell 2716 gewann in Paris 1937 die Auszeichnung „Diplôme d'honneur" und bildete den Ausgangspunkt für weitere Arbeiten. C. Pott setzte auf klare, sachliche Gestaltung, deren ästhetischer Reiz in der durchgestalteten formalen Qualität liegt und prägte damit den Pott-Stil, der auch heute noch das Produktdesign bestimmt. Seine Werke wurden weltweit ausgezeichnet und in mehr als 30 Museen und Design-Ausstellungen aufgenommen (u. a. Museum of Modern Art, New York). Nach wie vor werden die in Deutschland hergestellten Produkte in Handarbeit gefertigt. Damit erschließen sie insbesondere einen Kundenkreis von Menschen mit hohem Qualitätsbewusstsein. Auch Sammler sind an den Bestecken mit traditionsreichem Renommee interessiert. Als charakteristische Innovation der Marke Pott gilt die Entwicklung einer fünfzinkigen Gabel, die das Aufnehmen von Soße und Gemüse erleichtert. Das Markenlogo wurde im Jahr 1948 von Fritz Helmut Ehmcke entworfen. In einer ovalen Vignette sind Messer, Gabel und Löffel zu einer Besteckblume arrangiert. Dem Oval folgend steht darüber der Markenname in schlichten Majuskeln. Der Vergleich mit einer Blume suggeriert die Schönheit und Natürlichkeit der Produkte. Von 1985 bis 2001 wurde der Familienbetrieb in dritter Generation von Hannspeter Pott geführt. Inzwischen zählt Pott gemeinsam mit der Marke →mono zu dem Unternehmen Seibel Designpartner GmbH.

POTT

Die Bestecke von Pott zeichnen sich durch ihre klare und sachliche Gestaltung aus.

DATEN UND FAKTEN

Markenname: Pott, Familienname des Gründers

Slogan: „Pott - Tradition. Perfektion. Faszination."

Erfinder: Carl Hugo Pott, 1904, Solingen

Markenregistrierung: 21. 04. 1939, DPMA München

Auszeichnungen:
„Form 2005", Bundesverband Kunsthandwerk Frankfurt/Main (2005)
„Design Innovation 2003", Design Zentrum NRW (2003)

Markenwebsite: www.pott-bestecke.de

Literatur:
A. Lepper-Binnewerg: Carl Pott - Das Nützliche vollkommen gestalten (1993)

UNTERNEHMEN

Seibel Designpartner GmbH
Industriestr. 5
40822 Mettmann
✆ (0 21 04) 91 98–0
🖷 (0 21 04) 91 98–19
💻 www.seibel-designpartner.de

PREMIERE

Der Medienunternehmer Leo Kirch führte 1988 mit dem Teleclub das erste Abo-TV Programm in Deutschland ein, aus dem zwei Jahre später aus der „KirchGruppe", „UFA" und „Canal Plus" der Abo-Sender Premiere

PREMIERE

Eine schlichte, edle Gestaltung verbunden mit einer gewissen Exklusivität: das Premiere Logo

hervorging. Das Sendekonzept sieht vor, Fernseh-Erlebnisse im Abonnement zu bieten, die es im herkömmlichen TV nicht gibt. Im Jahr 2000 wurden z. B. von Premiere das erste Mal in der dt. Sportgeschichte ab der Saison 2000/2001 alle 306 Spiele der Fußball-Bundesliga live übertragen. Neben dem Sportangebot, dem der Sender allein 15 Kanäle widmet, liegen die Programmschwerpunkte auf Spielfilmen und neuen Serien. Neben 27 Themenkanälen ergänzen sieben digitale Radiosender das Angebot. In der Nutzung neuer Technologien spielt Premiere eine Vorreiterrolle. Seit Februar 2003 sendet das Unternehmen sein Programm ausschließlich digital und bietet heute bereits zwei spezielle Angebote im neuen hochauflösenden Fernsehformat HDTV. Das aktuelle Logo zeigt den in eng aneinander gereihten Großbuchstaben gesetzten Markennamen in roter Farbe auf weißem Grund. So wie die inhaltliche Bedeutung des Namens soll auch die schlichte, edle Gestaltung eine gewisse Exklusivität vermitteln. Im Bereich des Pay-TV bestreitet Premiere eine marktführende Position. Nach dem Gang an die Börse in 2005 erzielte das Unternehmen 2006 vor Steuerabzug einen Gewinn von 47,9 Mio. Euro. Die Veränderung der Medienlandschaft verlangt nach einer Anpassung der Angebote, welcher Premiere durch Internet-TV gerecht werden möchte.

UNTERNEHMEN

Premiere AG
Medienallee 4
85774 Unterföhring
✆ (0 89) 99 58-02
🖷 (0 89) 99 58-63 58
🖳 www.premiere.de

PRIL

Pril Kraft-Gel (Mitte) löst hartnäckige Fettverschmutzungen. 1952 wurde die Pril-Ente „geboren" (unten, aus dem Jahre 1962).

Pril ist eine Marke von →Henkel und steht für Handgeschirrspülmittel. Entwickelt wurde Pril 1951 von der Böhme Fettchemie GmbH. Das Produkt kam in Pulverform auf den Markt und bot dem Verbraucher im Gegensatz zu den bisher erhältlichen Spülmitteln mehr Reinigungsleistung. Seit 1959 ist Pril in flüssiger Form erhältlich. Pril Markenprodukte zeichnen sich durch hohe Fettlösekraft und hohe Reinigungswirkung aus. Bei der Vermarktung setzte man von Anfang an auf innovative Werbeformen. So entwarf 1952 der Schweizer Grafiker Herbert Leupin die Pril-Ente als Werbefigur für die Marke. Was Pril und Federvieh miteinander zu tun haben, zeigte sich in den 1960er-Jahren in einer Tierrettungsaktion: 800 Schwäne waren in der Themse in eine Öllache geraten. Pril mit der höchsten Fettlösekraft und warmes Wasser machten es den Tierschützern möglich, den Ölfilm vom Gefieder zu entfernen. Pril wurde somit zum Retter in der Not. In den 1970er-Jahren waren auf den Pril-Produkten im Rahmen der Aktion „Fröhliche Küche" knallig-bunte Prilblumen-Aufkleber angebracht. Für den Fernsehspot schrieb der Komponist und Musiker Klaus Doldinger sogar einen eigenen Song „Hol' Dir die fröhlichen Blumen, hol' Dir das fröhliche Pril".

Die Pril-Blumen sind seit 1972 ein bekanntes Erkennungszeichen der Geschirrspülmittels und haben Werbegeschichte geschrieben.

Mit dieser Aktion hat Henkel Werbegeschichte geschrieben: die Pril-Blumen sind bis heute unverwechselbares Markenzeichen des Geschirrspülmittels und tauchten letztmalig 2002 als abziehbare Aufkleber auf den Verpackungen wieder auf. Die Pril-Blume erlebt ein regelrechtes Kult-Revival und findet sich z. B. auch auf T-Shirts und Taschen wieder. Erfolgreich verkauften sich 2006 auch die ersten Design-Spülmittelflaschen, bei der die Pril-Flaschen zu einem „Spülmännchen", dem „Prilino" geformt waren. Das im Jahr 2003 zuletzt modifizierte Markenlogo besteht aus dem weißen Pril-Schriftzug vor rotem Hintergrund. Das Produktportfolio besteht 2007 neben *Pril Original* auch aus dem konzentrierten *Pril Kraft-Gel* und dem besonders hautverträglichen *Pril Sensitive*. Zudem werden verschiedene Duftvarianten angeboten. Lt. GfK ist Pril das mit Abstand meistverkaufte Handgeschirrspülmittel Deutschlands und wird europaweit vertrieben. Basierend auf einer repräsentativen Verbraucherbefragung der Zeitschrift Lebensmittel Praxis wurde *Pril Kraft-Gel mit Soda-Effekt* als „Produkt des Jahres 2006" ausgezeichnet.

DATEN UND FAKTEN

Markenname: Pril, Kunstname

Slogan: „Pril entspannt das Wasser" (1955), „Hol dir die fröhlichen Blumen, hol dir das fröhliche Pril" (1972), „Willst Du viel – spül' mit Pril" (seit 1984)

Entwickler: Böhme Fettchemie GmbH, 1951

Markenregistrierung: 05. 06. 1914, Kaiserliches Patentamt Berlin

Innovationen: Pril als Pulver (1951), Pril Flüssig (1959), Pril Supra (Konzentrat, 1992), Pril Balsam (1993), Pril Lemon Fresh als erste Duftvariante (1997)

Markenbekanntheit: 86,7 % ungest., 98 % gest. (jew. International Market Research, Henkel KGaA, 3/2007)

Auszeichnungen:
„Effie" für den TV-Spot „Pril-Baby" zu *Pril Balsam* (1994)
„Produkt des Jahres 2006", Lebensmittel Praxis für *Pril Kraft-Gel mit Soda-Effekt* (2005)

Markenwebsite: www.pril.de

UNTERNEHMEN

Henkel KGaA

Hauptsitz: Düsseldorf, Deutschland

Weitere Marken: s. → Henkel

Gesamtumsatz: 12,740 Mrd. Euro (2006)

Vertrieb: weltweit in über 125 Ländern

KONTAKT

Henkel KGaA
Henkelstr. 67
40589 Düsseldorf
✆ (02 11) 7 97-0
🖷 (02 11) 7 98-40 08
💻 www.henkel.de

SCHON GEWUSST?

▌1956 wurden ölverschmutzte Schwäne auf der Themse mit Pril gereinigt. Die hohe Fettlösekraft von Pril machen sich auch heute noch Tierschützer nach kleineren Ölverschmutzungen zunutze.
▌Pril gab es in den 1960er-Jahren nicht nur als Geschirrspülmittel: 1966 kam die Seife Pril Goldstück auf den Markt, ein Jahr später folgten Küchentücher.
▌1972 werden in der Aktion „Fröhliche Küche" erstmals Pril-Blumen vermarktet.
▌Das „Spülmännchen" Prilino von 2006 stellte eine besonders emotional ansprechende Verpackung dar und sorgte für eine „fröhliche Küche".

Ansprechpartner Presse:
Marion Schwenker
✉ press@henkel.com

PRINTEX

Die Industriemarke PRINTEX steht für Carbon Black Pigmente, d. h. großtechnisch hergestellte schwarze Pigmente, die insbesondere für Coatings, Druckfarben, Toner und zum Einfärben von Kunststoffen eingesetzt werden. Zur PRINTEX-Markenfamilie zählen weltweit mehr als 44 Markenanmeldungen, die jeweils für spezielle Einsätze entwickelt wurden, etwa als Pigment für Inkjet-Tinten, als Druckerschwärze für den Zeitungsdruck oder für elektroleitfähige und UV-resistente Beschichtungen. Nach eigener Marktanalyse gilt PRINTEX weltweit als führend im Bereich schwarzer Pigmente. Diese Marktführerschaft soll durch kundenorientierte Innovationen und flexible Anpassung an die Erfordernisse des Marktes weiter ausgebaut werden. Angemeldet wurde die internat. Marke im Jahr 1957 von der Degussa GmbH, einem Unternehmen für Spezial-Chemie, das seit 2007 als Evonik Degussa GmbH firmiert. Zu einem der Produktschwerpunkte des Konzerns zählen insbesondere Pigmente und Pigmentzubereitungen sowie Silica u. a. zur Rheologieverbesserung. Im Jahr 2006 erzielte das Unternehmen mit PRINTEX rund 70 Mio. Euro Umsatz weltweit. Unter dem Vorsitz von Dr. Klaus Engel setzte der Konzern 2006 rund 11 Mrd. Euro um und beschäftigt weltweit rund 35.000 Mitarbeiter. Seit September 2007 gehört die Degussa GmbH als Geschäftsfeld Chemie zur Evonik Industries AG Gruppe in Essen. Unter dem Dach der Evonik Industries AG sind weiterhin die Bereiche *Energie* und *Immobilien* zusammengefasst.

PRINTEX®

PRINTEX steht für schwarze Pigmente, die für Coatings, Druckfarben und das Einfärben von Kunststoffen eingesetzt werden.

DATEN UND FAKTEN

Markenname: PRINTEX, abgeleitet von engl. print für drucken

Erfinder: Degussa, 1957, Düsseldorf

Markenregistrierung: 30. 09. 1957, DPMA München

Jahresumsatz: 70 Mio. Euro

Markenwebsite: www.printex.eu

UNTERNEHMEN

Evonik Industries AG
Rellinghauser Str. 1–11

Die Kekse der Marke Prinzen sind seit über 50 Jahren in ihrer typischen Rollenverpackung auf dem dt. Markt.

PRIORIN®

Priorin hilft Frauen mit hormonell erblich bedingtem Haarausfall.

45128 Essen
(02 01) 1 77-01
(02 01) 1 77-34 75
www.evonik.de

PRINZEN

Unter der Gebäckmarke Prinzen produziert die →Griesson - de Beukelaer GmbH & Co. KG einen mit Kakaocreme gefüllten Doppelkeks. Die Prinzen Rolle in ihrer charakteristischen Verpackung hat ihren Ursprung in Antwerpen. 1870 produzierte der Belgier Edouard de Beukelaer die ersten Prinzen-Kekse. Rund und mit einer Wappenprägung auf ihrer Oberseite erhielten sie damals den Namen „le petit prince fourré". 1955 kamen die ersten gefüllten Doppelkekse unter diesem Namen auf den dt. Markt. Schon damals waren sie in Rollen verpackt, doch den Namen Prinzen Rolle erhielten sie erst 1964. Heute gehören auch Prinzen *Taler*, Prinzen Rolle *Minis* und Prinzen Rolle *Pocket* zur Markenfamilie. „Das Original unter den Doppelkeksen" ist der meist verkaufte Keks Deutschlands (Nielsen, 2007) und hat den Anspruch, für seine Käufer ein „Lebensbegleiter" zu sein. Dem Wandel der Zeit unterliegt auch die kontinuierliche Weiterentwicklung von Logo und Prinzenfigur: Seit 2007 gibt es eine modernisierte Bildmarke. Der Prinzen-Schriftzug steht in abgerundeten weißen Buchstaben auf changierend blauem Fond. Über der Wortmarke ist eine Krone positioniert, die eine märchenhafte Assoziation weckt und auf die Kernfigur der Marke, den Prinzen, verweist. Darüber ist das Logo der Dachmarke DeBeukelaer abgebildet. Die Verpackung ziert die Illustration eines Prinzen, der in den Hausfarben Blau und Rot gekleidet ist. Im Rahmen einer neuen Werbekampagne konnte man den Fußballer Lukas Podolski 2007 erstmals als Darsteller für einen TV-Spot gewinnen. Das Familienunternehmen mit Sitz in Polch versammelt unter seinem Dach noch die Marken →Griesson, →DeBeukelaer, →TUC, →Leicht & Cross und →Tekrum.

DATEN UND FAKTEN

Markenname: Prinzen, abgeleitet vom ursprünglichen Produktnamen „le petit prince fourré"

Slogan: „Prinzen kommen weiter"

Erfinder: Edouard de Beukelaer, 1870, Belgien

Markenregistrierung: 09. 12. 1963, DPMA München

Innovationen: Prinzen Rolle Mehrkorn (2004), Prinzen Rolle Choco Duo (2006), Prinzen Rolle 30 % weniger Zucker (2007)

Jahresumsatz: Anteil von 10 % am Gesamtumsatz des Unternehmens

Markenwebsite: www.prinzen.de

UNTERNEHMEN

Griesson - de Beukelaer GmbH & Co. KG
August-Horch-Str. 23
56751 Polch
(0 26 54) 4 01-0
(0 26 54) 4 01-10 00
www.griesson-debeukelaer.de

PRIORIN

Die Kapseln der Marke Priorin sind in der Apotheke erhältlich und versprechen natürliche Hilfe bei hormonell erblich bedingtem Haarausfall bei Frauen. Ein Gynäkologe namens Bösch und ein Apotheker namens Stehle entwickelten die Priorin-Kapseln 1959. Bestandteil sind natürliche Inhaltsstoffe auf Basis eines speziellen Hirseextraktes. Ihren Namen bekam die Marke von Entwickler und Arzt Bösch. Das Projekt gegen Haarausfall hatte bei ihm höchste Priorität, also nannte er das Mittel Priorin. Priorin enthält einen natürlichen Mikronährstoffkomplex, der die Haarwurzel von innen mit Nährstoffen versorgt und somit die Haarwurzel stärkt. Im Logo der Priorin-Produktlinie wird dieses Thema des Haarwachstums aufgegriffen. Ein einzelnes Haar mit gesunder, kräftiger Wurzel ist auf den Verpackungen abgebildet. Die Bayer Vital GmbH vertreibt im Bereich Selbstmedikation zahlreiche weitere Marken wie →Aspirin, →Bepanthen, →Bepanthol, →Canesten, →Lefax und →Talcid.

UNTERNEHMEN

Bayer Vital GmbH
Welserstr. 5-7
51149 Köln
(0 22 03) 5 68-0
www.priorin.de

PRITT

Unter dem Markennamen Pritt produziert Henkel den bekanntesten Klebestift der Welt. Zur Dachmarke Pritt gehören zusätzlich weitere Klebe- und Korrekturprodukte sowie

Bastelmaterialien für Kinder. Mit mehr als 1 Mrd. verkaufter Klebestifte seit Markteinführung 1969 ist Pritt in diesem Segment führend. Bereits zwei Jahre später, 1971, konnte der Pritt-Stift in 38 Ländern erworben werden, inzwischen exportiert Henkel sein Produkt weltweit in mehr als 120 Länder. Erfunden wurde der Pritt-Stift 1968 von Dr. Wolfgang Gierichs und Dr. Janos Arpad Muszik als weltweit erster Klebestift. Er kopierte die Funktionsweise eines Lippenstiftes. Der Name Pritt ist ein Kunstwort, das in allen Ländern der Welt neutral ist. Vermarktet als einfach zu benutzendes und sauberes Hilfsmittel beim Kleben, gewann der Stift schnell an Popularität. Die Bekanntheit der Marke nutzend, entwickelte Henkel in der Folgezeit viele verschiedene Kleber und Klebetechniken unter dem Namen Pritt. Dazu gehören diverse Alleskleber, Klebebänder und Nachfüllstifte. Im Jahr 1991 begann Henkel mit dem Umstieg von erdölbasierten PVP-Klebestiften auf stärkebasierte Lösungen. Seit 2000 verzichtet Henkel zugunsten von Stärkeether komplett auf PVP und ist bis heute der weltweit einzige Anbieter, der diese umweltgerechte Lösung einsetzt. Auch enthält der Stift weder Lösungsmittel noch PVC-Kunststoffe und erfüllt damit die Europäische Spielzeugrichtlinie. Die Pritt-Produkte werden weltweit im Einzelhandel vertrieben. Die Zielgruppe ist weit gefasst, Pritt soll professionelle Nutzer ebenso ansprechen wie Privatleute. Mit 130 Mio. produzierten Exemplaren pro Jahr ist der Pritt-Stift eindeutig das Schwergewicht der Pritt-Familie. Der Gesamtumsatz im Henkel-Unternehmensbereich Adhesives Technologies (Klebstoff Technologien) betrug im Jahr 2006 rund 5,5 Mrd. Euro. Henkel ist sowohl im Konsumenten- als auch im Profi- und Industriebereich einer der bedeutendsten Produzenten von Klebstoffen.

DATEN UND FAKTEN

Markenname: Pritt, Kunstwort

Slogan: „Klebt Papier und nicht die Hände" (1968), „Pritten – schneller als Kleben" (1970)

Erfinder: Dr. Wolfgang Gierichs, Dr. Janos Arpad Muszik, 1969

Markenregistrierung: 27. 08. 1926, Reichspatentamt Berlin

Innovationen: Pritt Alleskleber (1972), Pritt Roller (1989), Nachfüllstift (1995), Pritt Klebebänder (2002), Power Pritt Alleskleber (2003), Pritt Power Gel (2004)

Jahresabsatz: 130 Mio. Prittstifte (Durchschnitt, weltweit)

Auszeichnungen:
„Space Proof Quality" für *Pritt Klebestifte, Korrektur- und Kleberoller* (2001)
„FVKK Produkt des Jahres" für *Pritt Compact Roller Kleben* (2005)

Pritt gibt es heute, neben dem typischen Pritt-Kleber als Stift zum Herausdrehen, auch als Gel in der Tube (unten).

Der Prittstift von 1969 bis heute: stets unverkennbar

„red dot award: product design" für *Pritt Comfort Roller Korrigieren* (2005)
„iF product design award" für *Pritt Pen Roller Korrektur* (2006)
„iF product design award" für *Pritt Pocket Pen Korrektur* (2007)

Markenwebsite: www.pritt.de

UNTERNEHMEN

Henkel KGaA

Hauptsitz: Düsseldorf, Deutschland

Weitere Marken: s. → Henkel

Gesamtumsatz: 12,740 Mrd. Euro (2006)

Vertrieb: weltweit in über 125 Ländern

KONTAKT

Henkel KGaA
Henkelstr. 67
40589 Düsseldorf
(02 11) 7 97-0
(02 11) 7 98-40 08
www.henkel.de

Ansprechpartner Presse:
Peter Lienkamp
press@henkel.com

SCHON GEWUSST?

- 1997 wurden „Prittfaßsäulen" für die Werbung genutzt.
- Bis heute wurden mehr als 1 Mrd. Pritt-Stifte in mehr als 120 Ländern verkauft. Jedes Jahr kommen 130 Mio. neue dazu.
- 2001 erhielt Pritt als erste Marke das Qualitätssiegel für Weltraumtauglichkeit nach einem Einsatz in der International Space Station (ISS).
- Der „größte Pritt-Stift der Welt" hing 1999 an einem Schornstein von Henkel in Düsseldorf-Holthausen.

Per Katalog informiert der Versandspezialist seine Kunden regelmäßig über originelle, ausgefallene Qualitätsprodukte aus aller Welt.

PRO-IDEE

Unter der Marke Pro-Idee hat sich das mittelständische Familienunternehmen Pro-Idee GmbH & Co. KG als eines der führenden Versandhäuser für exkl. und originelle, wenig verbreitete Produkte auf dem dt. Markt etabliert. Die Produkte aus dem breiten Sortiment an Elektrogeräten, Haushaltsutensilien, Reisegepäck, Mode und Accessoires zeichnen sich immer durch technische bzw. gestalterische Besonderheiten aus. Zielgruppe sind qualitätsbewusste und kaufkräftige Privatkunden. Der Spezialversender ging aus dem von Erhard Junghans 1954 etablierten Wollversandhandel hervor und wurde 1985 von Sohn Lothar und Enkel Dieter Junghans gegründet. Die Motivation lag in der Diversifikation der Produktpalette und in der Risikostreuung zur Erschließung neuer Märkte. Die Firmengründer wollten sich nicht länger auf das Geschäft mit Handarbeitsmaterialien allein verlassen. Seit 1998 wird das Sortiment auch zum Direktkauf in Geschäftsfilialen in Aachen und Düsseldorf angeboten. Deutliche Umsatzsteigerungen konnten mit dem Eintritt in den Internet-Versandhandel seit dem Jahre 2000 erzielt werden. Um konstant neue Produktinnovationen anbieten zu können, beschäftigt das Versandhaus ein spezialisiertes Team von Einkäufern, Produkt- und Trendscouts, welches auf unterschiedlichen Messen weltweit agiert. Neben der Qualität sollen vor allem die Originalität und die Funktionalität der Produkte eine Abgrenzung zu den Universalversendern gewährleisten. Dieser Anspruch wird durch das Markenlogo unterstrichen, das sich aus dem Firmennamen in einer hellgrauen Schrift, einem roten Punkt und einem alles verbindenden Bogen zusammensetzt. 2003 wurde Junghans Wolle/Pro-Idee im Rahmen des Deutschen Versandhandelskongresses als Versender des Jahres ausgezeichnet. Das Unternehmen vertreibt Pro-Idee-Produkte in sechs europäischen Ländern per Katalog und Webshop und beschäftigt rund 600 Mitarbeiter.

DATEN UND FAKTEN

Markenname: Pro-Idee, Anspielung auf den Anspruch des Unternehmens, mit ungewöhnlichen Produkten zu überraschen

Slogan: „Neue Ideen aus aller Welt"

Gründer: Lothar Jungahns, Dieter Junghans, 1985

Auszeichnungen:
„Versender des Jahres", Deutscher Versandhandelskongress (2003)
„Entrepreneur des Jahres", Ernst & Young in der Kategorie Handel, Verleiher 2004)

UNTERNEHMEN

Pro-Idee GmbH & Co. KG
Gut-Dämme-Str. 4
52070 Aachen
(02 41) 1 09-21
(02 41) 1 09-1 20
www.proidee.de

PROMINENT

Die internat. Industriegütermarke ProMinent steht für Dosierpumpen, Wasseraufbereitungsanlagen sowie Mess- und Regeltechnik. Die Marke richtet sich an Branchen, die Flüssigkeiten lagern, fördern und dosieren müssen, wie z.B. die Chemie- und Mineralölindustrie. Ursprünglich war ProMinent der Name einer erfolgreichen Pumpenbaureihe der 1960 von Viktor Dulger in Heidelberg gegründeten Chemie & Filter GmbH. Später wurde ProMinent als Dachmarke und Unternehmensname übernommen und 1986 beim DPMA in München registriert. Das Markenlogo entwickelte das Unternehmen intern. Es reduziert sich auf den Namen in der Schrift Franklin Gothic Condensed in Blau (HKS 41), wobei das „O" in Orange (HKS 7) hervorgehoben ist. ProMinent setzt auf umfangreiche Werbemaßnahmen durch Anzeigenkampagnen und Aufsätze in Fachmagazinen. Nach eigenen Angaben ist ProMinent heute im Bereich der Dosierpumpen bis 1.000 l pro Stunde Weltmarktführer. Im Jahr 2006 machte das Unternehmen weltweit einen Umsatz von 267,4 Mio. Euro und beschäftigte 1.774 Mitarbeiter, davon 515 am Stammsitz Heidelberg. Aktuell hat die ProMinent Dosiertechnik GmbH weltweit 46 eigene Niederlassungen und 60 autorisierte Vertretungen. In Zukunft möchte das Unternehmen vor allem im Bereich der Erdöl- und Erdgasgewinnung sowie in der chemischen und petrochemischen Industrie Marktanteile hinzugewinnen. Dafür ging ProMinent ein Joint Venture mit dem Handelshaus Juffali in den Vereinigten Arabischen Emiraten ein.

Kunden von ProMinent sind Branchen, die Flüssigkeiten lagern, fördern und dosieren müssen.

UNTERNEHMEN

ProMinent Dosiertechnik GmbH
Im Schuhmachergewann 5-11
69123 Heidelberg
✆ (0 62 21) 8 42-0
Fax (0 62 21) 8 42-6 17
www.prominent.com

PRONTO

Pronto ist die Möbelpflegemarke der SC Johnson GmbH. Der Schwerpunkt des Produktportfolios liegt auf Produkten zur schützenden Reinigung und Pflege von Möbeln und Holzoberflächen. In der Holzpflege liegen auch die Wurzeln des amerikanischen Mutterkonzerns S. C. Johnson & Son Inc. Firmengründer Samuel Curtis Johnson begann 1886 im US-Bundesstaat Wisconsin mit der Herstellung von Parkettbodenpflege und Bohnerwachs. Später spezialisierte er sich erfolgreich auf die Produktion von Holzpflegeprodukten. Das expandierende Unternehmen kam 1953 nach Deutschland und führte hier 1958 das erste Möbelpflegespray zunächst unter der Marke *Pledge*, dann unter der Marke Pronto ein. Seit den 1980er-Jahren wurde das Sortiment kontinuierlich ausgebaut. Der Pronto *StaubXpress* ermöglicht mit einem Teleskopgriff und austauschbaren Faserköpfen das einfache Entstauben von Möbeln und schwer zugänglichen Oberflächen.

Die derzeitige Produktrange von Pronto

Seit 2007 gibt es außerdem Pronto *Multi-Flächen* zur Reinigung aller modernen Oberflächen. Das Markenlogo wurde 2006 modernisiert. Der früher in Braun gehaltene Pronto-Schriftzug erscheint jetzt in Weiß auf einem blauen Kreis. Seine nach eigenen Angaben führende Position auf dem dt. Möbelpflegemarkt sieht SC Johnson in der hohen Qualität der Produkte und der langjährigen Erfahrung in der Holzpflege begründet. Der noch heute familiengeführte Konzern S. C. Johnson & Son Inc. ist weltweit auf Reinigungs-, Pflege- und Insektenschutzmittel spezialisiert und erzielte 2007 einen Umsatz von 7,0 Mrd. USD. Während die Marke Pronto in Deutschland, Österreich, der Schweiz, Italien und Osteuropa erhältlich ist, werden teilweise identische Möbelpflegeprodukte weltweit unter anderen Namen (z.B. *Pledge* in Großbritannien, *Pliz* in Frankreich) vermarktet. Von den weltweit ca. 12.000 Mitarbeitern des Unternehmens sind rund 100 in Deutschland und Österreich beschäftigt. Die SC Johnson GmbH mit Sitz in Erkrath bei Düsseldorf vertreibt neben Pronto u.a. auch die Marken →00 null null, →Brise, →Paral Raid, →Autan, →Drano, →Oust und →Stahl-Fix.

Eine hist. Verpackung von Pronto, die SC Johnson Konzernzentrale in Racine, Wisconsin/USA

DATEN UND FAKTEN

Markenname: Pronto

Slogan: „Pronto. Vielmehr als Holzpflege" (2007)

Geschäftsführer Andreas Bartl verantwortet die Geschäfte des privaten Fernsehsenders ProSieben.

Früherer Slogan: „Möbelpflege einfach beim Staubwischen" (1960er-Jahre)

Erfinder: SC Johnson Wax, 1962

Markenregistrierung: 30. 05. 1961, DPMA München

Innovationen: Pronto Multi-Flächen (2007)

Markenbekanntheit: 56 % ungest., 90 % gest. (Ipsos, 2007)

Markenwebsite: www.pronto.de

UNTERNEHMEN

S. C. Johnson & Son Inc.

Hauptsitz: Racine, Wisconsin/USA

Vorstandsvorsitzender: Fisk Johnson

Weitere Marken: weltweit zahlreiche Marken, in Deutschland u. a. → 00 null null, → Autan, → Brise, → Oust, → Paral Raid, → Drano, → Stahl-Fix

Gesamtumsatz: 7,0 Mrd. USD (2007)

Vertrieb: in über 100 Ländern weltweit

KONTAKT

SC Johnson GmbH
Mettmanner Str. 25
40699 Erkrath
✆ (02 11) 3 02 34–0
Fax (02 11) 3 02 34–2 47
www.scjohnson.de

SCHON GEWUSST?

Schon in den 1970er-Jahren berücksichtigte man bei SC Johnson ökologische Aspekte. So wurde bereits 1976, als das Thema Umweltschutz noch kaum öffentlich diskutiert wurde, die Verwendung von FCKW vollkommen eingestellt. Pronto war damit das erste FCKW-freie Möbelspray. 1994 löste bei diesem Produkt eine neuartige Aerosoltechnologie auf der Basis von komprimierter Luft die Kohlenwasserstoffe als Treibmittel ab.

PROSIEBEN

Das „glasklare Bekenntnis zu jungem und hochwertigem Entertainment" prägt die Medienmarke ProSieben. Kernmarke ist der gleichnamige private Fernsehsender, der seit 1989 im Free-TV läuft. Die Markenpflege wird als Mittel angesehen, um sich von der Konkurrenz abzusetzen. Der Sender wird von der ProSieben-Ikone repräsentiert. Die Agentur Pittard Sullivan Fitzgerald entwickelte die rote Bildmarke 1994 als geometrische Interpretation der Zahl Sieben in der Farben Pantone 185. Für die Wortmarke verwendet man die Type Neue Helvetica 85 Heavy. Der Sender sieht sein On-Air-Design als charakteristische Verpackung des Programms. Seit 2001 werden beispielsweise Werbepausen mit einem dynamischen Floating Menu eingeleitet. Im Jahr 2007 wurde das CI einem umfangreichen Redesign unterzogen. 20,4 % der Teilnehmer einer forsa-Zuschauerbefragung würden ProSieben als „einzigen Sender auf einer einsamen Insel" wählen. Das Programm des Senders setzt vornehmlich auf Hollywood- und Eigenproduktionen und wendet sich vorwiegend an Zuschauer zwischen 14 und 49 Jahren. ProSieben erhebt den Anspruch, ein „Must-See-TV für die junge Mediengeneration" zu sein, und wirbt aktuell mit dem Slogan „We love to entertain you". Begleitet wird der Slogan seit 2005 von der ProSieben Starforce-Kampagne: Für die kurzen Werbespots standen u. a. der Showmaster Stefan Raab und der Schauspieler Christoph Maria Herbst vor der Kamera. Die ProSieben Television GmbH ist Teil der ProSiebenSat.1 Media AG, zu der auch die Sender Sat.1 und N24 gehören. Im Juni 2007 übernahm die SBS Broadcasting Group die Aktiengesellschaft vollständig. Das Unternehmen mit Sitz in Unterföhring beschäftigt 266 Mitarbeiter (Q1/2007) und erwirtschaftete 2006 einen Umsatz von 736,8 Mio. Euro.

DATEN UND FAKTEN

Markenname: ProSieben, zusammengesetzt aus **Pro** wie Programm und der Zahl **Sieben**, die als Glückszahl gilt

Slogan: „We love to entertain you"

Gründer: Dr. Georg Kofler, 1989

Markenregistrierung: 29. 06. 1998, DPMA München

Markenbekanntheit: 98 % in der Gruppe der 14- bis 49-Jährigen

Jahresumsatz: 736,8 Mio. Euro (2006)

Werbespendings: zweistelliger Mio.-Betrag (für Werbung ohne On-Air-Promotion auf dem eigenen Sender)

UNTERNEHMEN

ProSieben Television GmbH
Medienallee 7
84774 Unterföhring
✆ (0 89) 95 07–77 00
🖷 (0 89) 95 07–77 10
🖳 www.prosieben.de

PROSPAN

Unter dem Namen Prospan vertreibt die Firma Engelhard Arzneimittel GmbH & Co. KG apothekenpflichtige Arzneimittel gegen Husten. Prospan ist nach Angabe des Herstellers das führende pflanzliche Hustenmittel in Deutschland, das durch seine verschiedenen Darreichungsformen (Tabletten, Tropfen, Zäpfchen und Saft) sowohl für Kinder als auch für Erwachsene geeignet ist. Karl Philipp Engelhard erfand das Produkt auf Efeubasis, nachdem er davon erfahren hatte, dass Kinder, die aus Efeuholzschüsseln getrunken hatten, seltener an Husten litten. Engelhard begann mit systematischen Untersuchungen und schuf die Grundlagen für Prospan. Inzwischen ist das Mittel lt. Hersteller eines der best untersuchten Phythopharmaka mit Wirkungsnachweis. 2005 kam das Prospan Hustenliquid und damit der erste Hustensaft in Portionsbeuteln auf den Markt. Engelhard verkauft jährlich rund 25 Mio. Packungen des Hustenmittels und erwirtschaftet mit der Marke 55 % des Gesamtumsatzes. Künftig plant das Unternehmen weitere Innovationen durch moderne Darreichungsformen. Das Logo der Marke wurde bei Markteinführung 1950 von der Werbeabteilung der Firma K. Engelhard entworfen. Bezug nehmend auf die Hauptzutat des Hustenmittels stellte es ein Efeublatt auf gelb-weißem Grund dar. Seit 1997 bildet der Prospan-Schriftzug das Logo. Nach wie vor erscheint ein großes grünes Efeublatt auf den Verpackungen – allerdings in modernem Design. Die Engelhard Arzneimittel GmbH & Co. KG hat ihren Ursprung in der 1872 gegründeten „Fabrik pharmazeutische Präparate Karl Engelhard Frankfurt am Main". Heute beschäftigt das Unternehmen mit Sitz in Niederdorfelden 200 Mitarbeiter und erwirtschaftete im Jahr 2006 rund 55 Mio. Euro. Mithilfe von Vertriebspartnern wird die Marke weltweit vertrieben.

DATEN UND FAKTEN

Markenname: Prospan, hergeleitet aus dem Lat. **pro spa**smus **n**imetas, bedeutet zum Wohle bei zu vielen (Bronchial)-Krämpfen

Slogan: „Dreifach gegen Husten – einfach überall"

Erfinder: Karl Philipp Engelhard, ca. 1915

Markenregistrierung: 06. 11. 1920, Reichspatentamt Berlin

Innovationen: Prospan Hustenliquid, (2005)

Jahresumsatz: ca. 55 Mio. Euro (2006)

Werbespendings: ca. 6,5 Mio. Euro

Markenwebsite: www.prospan.de

UNTERNEHMEN

Engelhard Arzneimittel GmbH & Co. KG
Herzbergstr. 3
61138 Niederdorfelden
✆ (0 61 01) 5 39–3 00
🖷 (0 61 01) 5 39–3 15
🖳 www.engelhard-am.de

PRYM

Die internat. aufgestellte Industriemarke Prym gehört zum ältesten Familienunternehmen Deutschlands, der William Prym GmbH & Co. KG. Neben Näh- und Handarbeitsartikeln werden am Firmensitz im rheinischen Stolberg auch Verschlüsse für die Bekleidungs- und Textilindustrie sowie mechatronische Kontaktbauteile und mechanische Verbindungselemente hergestellt. Bereits 1530 machte sich der Gründer Wilhelm Prym im Bereich Metallverarbeitung selbstständig. Der Durchbruch erfolgte im 19. Jh. unter der Marke Hirsch. Nachdem Hans Prym 1903 den 1885 erfundenen Druckknopf von Heribert Bauer modifizierte, schuf er ein weltweit erfolgreiches Unternehmen. Mit ihren bis heute gültigen Qualitätsstandards richtet sich die Marke an mode- und qualitätsbewusste Hersteller, die auch die dekorative Funktion des Druckknopfes schätzen. Ein Netzwerk mit insgesamt 40 internat. Produktions- und Vertriebsstandorten gewährleistet Flexibilität und Geschwindigkeit bei individuellen Kundenwünschen. Die Beständigkeit des Unternehmens spiegelt neben dem Wappen das 1951 entwickelte Logo mit dem weißen Namenszug auf rotem Hintergrund wider. Das Unternehmen entwickelte nicht nur innovative Produkte, sondern auch neue, werbewirksame Verpackungen. Seine hist. Druckknopfkarten erfreuen sich großer Beliebtheit und besitzen heute noch hohen Sammlerwert. Seit 1993/94 firmiert das Unternehmen als Holding mit drei Geschäftsbe-

PROSPAN®

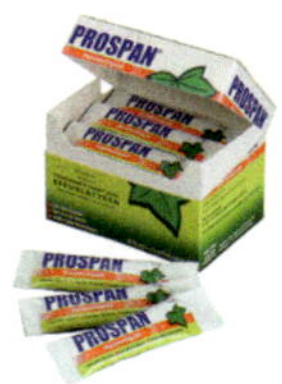

Das pflanzliche Hustenmittel Prospan wird seit 2005 auch als Liquid angeboten.

Prym

Hans Prym (unten) perfektionierte mit der Erfindung der Doppel-S-Feder im Jahre 1903 den Druckknopf und prägte das Unternehmen für mehr als ein halbes Jh.

Kontakt- und Elektronikbauteile für industrielle Anwendungen gehören ebenfalls zum Portfolio der William Prym Gmbh & Co. KG.

reichen. So liefert die Prym Fashion Verschlüsse für Bekleidung und Textilien aller Art, die Prym Consumer ist mit den Marken Prym, Gold-Zack und Dritz Weltmarktführer im Bereich Näh- und Handarbeitszubehör und INOVAN tritt als innovativer Problemlöser in den Bereichen Werkstoff-, Oberflächentechnik, Kontakttechnologie sowie Laserschweißen und Sonderdrehteile auf. Der Slogan „Jeder braucht jeden Tag etwas von Prym" vermittelt die Vielfältigkeit des Produktangebotes. Die William Prym GmbH & Co. KG ist ein Familienunternehmen der 19. Generation. Mit einem Gesamtumsatz von 356 Mio. Euro im Jahre 2006 beschäftigt das Unternehmen heute weltweit rund 3.800 Mitarbeiter.

DATEN UND FAKTEN

Markenname: Prym, abgleitet vom Familiennamen des Unternehmensgründers

Slogan: „Jeder braucht jeden Tag etwas von Prym / I need you"

Gründer: Wilhelm Prym, 1530, Aachen

Markenregistrierung: 05. 03. 1885, Kaiserliches Patentamt Berlin

Innovationen: Druckknopf mit Doppel-S-Feder (1903), elektro-mechanische Bauteile

Literatur:
F. Willems: Prym, Geschichte und Genealogie (1968)

UNTERNEHMEN

William Prym GmbH & Co. KG

Hauptsitz: seit 1642 Stolberg, Deutschland

Geschäftsführung: Andreas Engelhardt (Vorsitzender)

Weitere Marken: Gold-Zack, Dritz, Fiocchi, EP, 555

Gesamtumsatz: 356 Mio. Euro (2006)

Vertrieb: weltweit

KONTAKT

William Prym GmbH & Co. KG
Zweifaller Str. 130
52224 Stolberg
✆ (0 24 02) 14 01
🖷 (0 24 02) 14 29 39
🖳 www.prym.com

Ansprechpartner Presse & Kommunikation:
Andrea Prym-Bruck
Markus Herbst
✆ (0 24 02) 14 22-24
🖷 (0 24 02) 14 22-29 39
✉ andrea.prym-bruck@prym.com

SCHON GEWUSST?

▌Bei der Firma Steiff - Knopf im Ohr - bewährt sich der Knopf aus dem Hause Prym seit vielen Jahren.

PUKY

Nur vier Jahre nach Ende des 2. Weltkriegs gründeten Heinz Kuchenbecker und Siegfried Neeff im Jahr 1949 eine Rollerschmiede unter dem Namen Puck. Aufgrund wachsender Umsatzzahlen zeigte die Steyr Daimler Puch AG, ein bedeutendes Unternehmen der eisenverarbeitenden Industrie Österreichs, Interesse am Geschäft. Folglich entschied man sich, der Firma den Namen Puky zu geben. Heute steht die Marke für Kinderfahrzeuge, die sicher und auf die anatomischen Anforderungen von Kindern abgestimmt sind. Neben Puky-Rutschern, entwickelt und verkauft das Unternehmen Laufräder, Dreiräder, Go-Carts, Roller, Spielfahrräder, Fahrräder sowie Handwagen. Puky hat einen hohen Qualitätsstandard in Konstruktion und Produktion und hilft Kindern Eigenschaften, wie Kraft, Ausdauer, Gleichgewichtssinn, Koordination und Konzentration zu trainieren. Dies spiegelt sich auch in den Produktionszahlen wider: 1.000 Fahrzeuge verlassen täglich das Werk an der Fortunastraße. Das Logo zeigt ein lang gezogenes Achteck, dass den schwarzen Schriftzug „Puky" in Versalien in sich birgt. Die rot, schwarz und weiße Farbgebung gehört ebenfalls zum Markenzeichen des Traditionsunternehmens. Des Weiteren wurde es bereits zum fünften Mal mit der Urkunde des Magazins „Markt Intern" für den Gesamtsieg im Bereich „System-Spielzeug/ Plastik-Spielzeug/Fahrzeuge/Importeure" ausgezeichnet. Kernabsatzgebiete des Marktführers im mittleren und hohen Qualitätssegment sind Deutschland, die Beneluxländer, Österreich und Schweiz. Die Kinderspaßprodukte werden in 33 Ländern über Spielwarenhändler oder Fahrradfachhändler verkauft.

UNTERNEHMEN

Puky GmbH & Co. KG
Fortunastr. 11
42489 Wülfrath
✆ (0 20 58) 7 73-0
🖷 (0 20 58) 7 73-77
💻 www.puky.de

PUMA

Die Raubkatze ist das unverkennbare Markenkennzeichen einer der drei weltweit größten Sportartikelunternehmen. Die „PUMA Schuhfabrik Rudolf Dassler" wurde 1948 in Herzogenaurach gegründet und geht aus der „Gebrüder Dassler Schuhfabrik" hervor, die Rudolf Dassler 1924 mit seinem Bruder Adolf gründete. Nachdem die Brüder ihre Firma 1948 aufteilten, führte Rudolf Dassler seine Firma unter dem Namen PUMA weiter und wählte die Raubkatze als Logo. In seiner Jugend wurde er aufgrund seiner Sportlichkeit sogar PUMA gerufen. Die Raubkatze verkörpert Ausdauer, Kraft, Wendigkeit und Eleganz – Eigenschaften, die jeder Sportler, der PUMA-Schuhe trug, besitzen sollte und noch heute für die Marke stehen. Entworfen hat das Logo der dt. Karikaturist Lutz Backes im Jahr 1967. Das Signet ist bis heute mit dem Schriftzug PUMA verbunden. Nach strukturellen Problemen Anfang der 1990er-Jahre richtete sich das Unternehmen unter seinem neuen Vorstandsvorsitzenden Jochen Zeitz neu aus. Zeitz wurde 1993 mit 30 Jahren an die Spitze der PUMA AG berufen - als jüngster Vorstandsvorsitzender eines dt. börsennotierten Unternehmens - und führte PUMA seitdem durch einen umfassenden Restrukturierungs- und Repositionierungsprozess. PUMA ist heute das globale Sportlifestyle-Unternehmen, das Einflüsse aus der Welt des Sports, des Lifestyles und der Mode vereint. So war PUMA das erste Sportartikelunternehmen, das mit einem Modelabel kooperierte: 1998 ging das Unternehmen eine Partnerschaft mit Jil Sander ein. Durch Kooperationen mit externen Designern wie Philippe Starck oder Alexander McQueen wird der Bereich Mode weiter ausgebaut. Durch technische Innovationen, modernes Design und kreatives Marketing erreichte man eine neue, jüngere Zielgruppe. Die Expansion des Unternehmens erstreckt sich auf die Bereiche Produkt, Regionen sowie das Wachstum mit Nicht-PUMA-Marken. So stieg das Unternehmen in den Segelsport ein und nimmt nicht nur mit einem eigenen Boot am Segelyacht-Rennen Volvo Ocean Race 2008/2009 teil, sondern ist auch offizieller Ausrüster dieses härtesten Segelrennens der Welt. Auch das Sponsoring in den Kernkategorien Fußball, Running und Motorsport nimmt einen wichtigen Bestandteil ein. Mit dem Sieg der ital. Fußball-Nationalmannschaft bei der Weltmeisterschaft 2006 gewann PUMA als Ausrüster erstmals den WM-Titel. Mit der Unterstützung der Peace One Day Kampagne durch eine eigens entwickelte und in Afrika produzierte Fußball-Kollektion engagiert sich das Unternehmen auch im sozialen Bereich.

UNTERNEHMEN

Puma AG Rudolf Dassler Sport
Puma-Way 1
91074 Herzogenaurach
✆ (0 91 32) 81-0
🖷 (0 91 32) 81-22 46
💻 www.puma.com

Die springende Raubkatze als weltberühmtes Signet von Puma

PUSCHKIN

Die Spirituosenmarke Puschkin steht für Wodka und wodkahaltige Mixgetränke. Hauptprodukt ist Puschkin *Vodka* mit 37,5 %Vol. Alkohol, der bereits seit 1929 nach kaum verändertem Rezept gebrannt wird. Die Rezeptur wurde ursprünglich von einer russ. Flüchtlingsfamilie 1917 in Deutschland eingeführt, der Markenname Puschkin ist aller Wahrscheinlichkeit dem Namen dieser Familie entlehnt. 1959 hat die Schinkenhäger Brennerei GmbH Puschkin als Marke registrieren lassen. 1990 übernahm die Berentzen-Gruppe AG die Marke. 2005 entwickelte das Unternehmen für seine Familienmarke Puschkin eine neue Qualitätsstufe, die sog. Eisfiltration, die das Produkt noch reiner machen soll. Das Puschkin-Markenlogo zeigt den schwarzen Namenszug in weißem Rechteck, dahinter steht aufrecht ein Bär. Dazu wirbt Puschkin mit dem Slogan „Der Bär im Mann". Bereits in den 1960er-Jahren versuchte die Marke mit dem an James Bond erinnernden Lebemann Frank S. Thorn und seinem Freund, dem Bären, die männliche Zielgruppe anzusprechen. Der Slogan „Puschkin – Für harte Männer" unterstützte diese Intention. Nach jahrzehntelanger Werbepause besann sich Puschkin nach der Übernahme durch die Berentzen-

Der Bär im Logo (oben) steht seit den 1960er-Jahren für das männliche Image der Marke Puschkin und wird auch in Werbekampagnen eingesetzt (unten). Puschkin Wodka wird in kegelförmigen Flaschen vertrieben (Mitte).

Die Entwicklung der Puschkin-Flaschen von der Markteinführung in Deutschland bis heute

Gruppe 1990 wieder auf die alten Werte Kraft und Männlichkeit und ab 1994 wurde der Bär zum Key Visual. Beim letzten Relaunch der Marke Puschkin im Jahr 2005 wurde u.a. die kegelförmige Flaschenform weiterentwickelt. Puschkin *Red*, eine fruchtige Softspirituose auf Wodkabasis mit 17,5 %Vol. Alkohol war 1994 der erste fruchtige Wodka als Convenience-Angebot. Das Getränk erhielt 1995 zahlreiche Preise, darunter einen „ICWSC Gold Award" als beste internat. Fruchtspirituose. Als Markteinführungen folgen die Wodka-Mixgetränke *Black Sun*, *Time Warp*, *White Planet* und *Pink Star*. 1994 ging die Berentzen-Gruppe an die Börse und beschäftigt heute rund 700 Mitarbeiter. Stammsitz ist seit fast 250 Jahren das emsländische Haselünne.

DATEN UND FAKTEN

Markenname: Puschkin, vermutlich Familienname russ. Immigranten

Slogan: „Puschkin – Der Bär im Mann" (1994)

Erfinder: traditionelle russ. Rezeptur (1929)

Markenregistrierung: 1959, DPMA München

Innovationen: Puschkin Red (1994), Verfahren der Eisfiltration (2005)

Markenwebsite: www.puschkin.com

UNTERNEHMEN

Berentzen-Gruppe AG

Hauptsitz: Haselünne, Deutschland

Vorstandsvorsitzender: Axel Dahm

Weitere Marken: → Berentzen, Polar, Strothmann, Bommerlunder, Doornkaat, Linie Aquavit, Licor 43, Vecchia Romagna, Vivaris

Gesamtumsatz: 180 Mio. Euro (2006, exkl. Branntweinsteuer)

Vertrieb: nat. über eigenes Vertriebsnetz, internat. über Vertriebspartner

KONTAKT

Berentzen-Gruppe AG
Ritterstr. 7
49740 Haselünne
✆ (0 59 61) 5 02–0
Fax (0 59 61) 5 02–2 68
www.berentzen-gruppe.de

Ansprechpartner Kommunikation:
Oliver Bartelt
✆ (0 59 61) 5 02–3 86
✉ oliver.bartelt@berentzen.de

Ansprechpartner Marketing:
Dietmar Spille
✆ (0 59 61) 5 02–2 95
✉ dietmar.spille@berentzen.de

MEILENSTEINE

1929 Die Rezeptur für Puschkin Vodka wird festgelegt und seitdem kaum verändert.

1960er Puschkin gewinnt durch die Werbekampagne mit Frank S. Thorn und dem Bären an Popularität („Puschkin – Für harte Männer").

1990 Übernahme der Marke Puschkin durch die Berentzen-Gruppe

1994 Einführung von Puschkin Red, dem ersten Convenience-Wodkamix, Gründung der Markenfamilie Puschkin

2005 Entwicklung der Eisfiltration, einer neuen Qualitätsstufe für mehr Reinheit

PUSTEFIX

Das Pustefix-Signet weckt Kindheitserinnerungen.

Die Marke Pustefix steht für Seifenblasen-Spiele. Das klassische Pustefix ist die blaue Kunststoffdose mit der Seifenblasenflüssigkeit, der Deckel der Dose hat einen Stab mit ovalem Ende zum Pusten der Seifenblasen. Neben diesem klassischen Pustefix für Kinder ab vier Jahren wurde eine breite Produktpalette an Pustefix-Spielen entwickelt. Dazu zählen die Puste-Schlange, Puste-Pipe, der Puste-Schnabel, der Pustefix-Zauberbär und eine Seifenblasenmaschine. Alle Produkte werden gebrauchsfertig angeboten. Pustefix geht auf den dt. Chemiker Rolf Hein zurück, der 1948 die Pustefix-Flüssigkeit entwickelte. Neben der Entdeckung einer bestens geeigneten Rezeptur für Seifenblasen hat der Firmengründer die zusätzlich entscheidende Idee gehabt, ein spielbereites Seifenblasen-Spiel mit Behälter, Flüssigkeit und Pustevorrichtung zu entwickeln. Also ein Spiel zum fixen Pusten, daher auch der Name Pustefix. Dieses grundsätzliche Prinzip gilt auch heute nach 60 Jahren noch für alle Pustefix-Spiele. Das Pustefix-Logo ist weltweit urheberrechtlich geschützt und zeigt auf blauem Grund den hellbraunen Pustefix-Bären, für den die Teddybären von Rolf Heins Kindern Vorbild waren. Das Unternehmen gliedert sich heute in die Dr. Rolf Hein GmbH & Co. KG und die Frank W. Hein GmbH & Co. KG. Das Unternehmen Dr. Rolf Hein ist zuständig für alle Seifenblasen-Spiele in original Pustefix-Markenaufmachung, die über den Spielwarengroß- und Einzelhandel vertrieben werden, und seit 1993 für Success, die Seifenblasen-Spiele in kundenindividueller (werblicher) Aufmachung verkauft. Das Unternehmen Frank W. Hein verantwortet den Fan-Shop mit Merchandising-Artikeln und Pustefix-Spielen, die direkt u. a. an Endverbraucher, Künstler oder Universitäten geliefert werden, und die BubbleVents (Seifenblasen-Events). War der Vertrieb der Marke zunächst auf Deutschland begrenzt, erfolgte 1973 der Eintritt in den US-amerikanischen und den jap. Markt. In den 1980er-Jahren begann der Verkauf nach Russland, Ostasien und Südafrika. Das Unternehmen wird derzeit von der dritten Generation der Gründerfamilie Hein geführt.

UNTERNEHMEN

Dr. Rolf Hein GmbH & Co. KG
Bahnhofstr. 29
72072 Tübingen
✆ (0 70 71) 79 10-05
🖷 (0 70 71) 79 10-07
💻 www.pustefix.de

QUELLE

Mit einem Bekanntheitsgrad von annähernd 100 % (lt. Unternehmen) zählt Quelle zu den großen Traditionsmarken in Deutschland. Als offizielle Geburtsstunde des Versandhandelsunternehmens gilt der 26. Oktober 1927. An diesem Tag erfolgte der Eintrag in das Handelsregister am Amtsgericht Fürth. Gründer des „Versandhauses für Textilien und Haushaltsartikel" war der gelernte Exportkaufmann Gustav Schickedanz. Gemeinsam mit seiner Ehefrau Grete schuf er ein Handelsunternehmen mit Weltgeltung. Im Mittelpunkt der Unternehmenspolitik stand der Beitrag von Quelle zur „Demokratisierung des Luxus". Mit ihrem Angebot von Gebrauchsgütern zu besonders günstigen Preisen wurde Quelle auch zu einem Symbol des dt. Wirtschaftswunders. Im Jahr 2006 startete ein grundsätzlicher Umbau des Fürther Unternehmens. Seitdem wandelt sich Quelle von einem traditionellen Universalsender zu einem modernen Multi-Channel-Anbieter mit Haupt-, Monats- und Spezialkatalogen, dem Internet-Auftritt, mit Teleshopping und einem vernetzten Stationärvertrieb mit rund 4.000 Filialen. Eigenständig positionierte Quelle-Marken, innovative Produktideen, ein ausgeprägtes Qualitätsmanagement sowie die erfolgreiche Markenkampagne sorgen lt. Aussage des Unternehmens für eine unverändert hohe Qualität der Traditionsmarke. Neue Kunden gewinnt das Unternehmen vor allem auch über das Internet: Mit Innovationen und kundenfreundlichen Services will quelle.de Maßstäbe im E-Commerce setzen. Die Verkaufsplattform zählt im Monat über 30 Mio. Besucher und ist damit 2007 zu einem der drei reichweitenstärksten Online-Shops im deutschsprachigen Internet aufgestiegen (Unternehmensangabe). Neben Deutschland ist Quelle in 14 weiteren europäischen Ländern mit eigenen Versandunternehmen vertreten. Hohe Zuwachsraten und jeweils führende Marktpositionen verzeichnet Quelle nach eigenen Angaben insbesondere in den Ländern Mittel-Ost-Europas und in Russland. In zahlreichen Warengruppen – wie z. B. bei Küchen, Waschmaschinen oder Gefriergeräten – sieht sich Quelle als Marktführer in Deutschland. Seit 1999 ist Quelle eine 100 %ige Tochtergesellschaft der Arcandor AG (vormals KarstadtQuelle AG) in Essen.

UNTERNEHMEN

Quelle GmbH
Nürnberger Str. 91–95
90762 Fürth
✆ (09 11) 14-0
💻 www.quelle.de

QVC

QVC ist ein internat. agierender Teleshoppingsender, der über 18.000 Produkte aus den Bereichen Home, Schmuck, Lifestyle & Beauty und Mode anbietet. Nach eigenen Angaben ist das Unternehmen, das täglich 24 Stunden live sendet, mit einem Marktanteil von 60 % der erfolgreichste dt. Teleshoppinganbieter. 2006 gingen über 27 Mio. Bestell-

QVC

Am Standort Düsseldorf stehen auch die Rhein Studios, in denen die TV-Sendungen von QVC produziert werden (Mitte), Geschäftsführer Dr. Ulrich Flatten (unten)

anrufe bei QVC ein, im gleichen Jahr wurden über 14,3 Mio. Pakete an Kunden verschickt. 1986 gründete der amerikanische Unternehmer Joseph Segel in den USA den Mutterkonzern QVC. Anstoß für sein neues Konzept war die bis dahin unausgereifte Produktpräsentation in TV-Verkaufsshows. Segel hatte das Potenzial des Formates erkannt, das sich damals noch in den Anfängen befand. Der Markengründer setzte mit dem neuen Sender auf Kundenorientierung und hochwertige Qualität. Nach dieser Maxime wählte er auch den Markennamen QVC aus, eine Abkürzung für Quality, Value und Convenience (dt. Qualität, Werthaftigkeit, Bequemlichkeit). Am 1. Dezember 1996 ging QVC in Deutschland auf Sendung und hat sich seitdem als neue Art des Einkaufens und feste Größe im Einzelhandel etabliert. Über Kabel und Satellit erreicht QVC vom Sendezentrum Düsseldorf aus 38 Mio. Haushalte. 21 Moderatoren präsentieren durchschnittlich zehn Produkte während der Sendungen, in denen auch schon bekannte Persönlichkeiten wie Fußballstar Pelé, Schlagersänger Heino und Verona Feldbusch auftraten. Das Unternehmen QVC Deutschland liefert alle Leistungen von der TV-Produktion bis zur Logistik aus einer Hand. Das Distributionszentrum ist in Hückelhoven angesiedelt, die Call-Center befinden sich in Bochum und Kassel. QVC plant für die nächsten Jahre rund 20 Mio. Euro in den Neubau des Kasseler Call-Centers zu investieren und den bereits modernisierten Standort Hückelhoven weiter auszubauen. 2006 erzielte QVC Deutschland mit 3.669 Mitarbeitern einen Umsatz in Höhe von 674 Mio. Euro.

deutschlands **kunden**orientierteste dienstleister
1. Preis

QVC wurde vom Handelsblatt und der Universität St. Gallen aus einem Kreis der größten Dienstleistungsunternehmen als „Deutschlands kundenorientiertester Dienstleister 2007" ausgezeichnet.

DATEN UND FAKTEN

Markenname: QVC, Abkürzung für Quality, Value, Convenience (engl. für Qualität, Werthaftigkeit, Bequemlichkeit)

Slogan: „QVC – die neue Art einzukaufen" (Deutschland)

Gründer: Joseph Segel, 1986, West Chester/USA

Markenregistrierung: 19.01.1998, DPMA München

Auszeichnungen:
„Deutschlands kundenorientiertester Dienstleister", Handelsblatt u. a. (2007)
„TÜV service tested: sehr gut", TÜV (2006)
„1. Platz", GfK für Kundenservice, Erreichbarkeit und ansprechende Kommunikation (2006)

UNTERNEHMEN

QVC Inc. & Co. KG

Hauptsitz: Düsseldorf, Deutschland; Sitz des Mutterkonzerns in den USA

Geschäftsführer: Dr. Ulrich Flatten (QVC Deutschland)

Gesamtumsatz: 674 Mio. Euro (QVC Deutschland, 2006)

Mitarbeiter: 3.669 (QVC Deutschland, 2006)

Vertrieb: USA, Großbritannien, Japan, Deutschland, Österreich

KONTAKT

QVC Deutschland Inc. & Co. KG
Plockstr. 30
40221 Düsseldorf
✆ (02 11) 30 07-0
🖷 (02 11) 30 07-51 00
🖳 www.qvc.de

Ansprechpartner Presse & Kommunikation:
Verena Fink
✆ (02 11) 30 07-51 23
✉ verena_fink@qvc.com

Ansprechpartner Marketing:
Florian Hoffmeister
✆ (02 11) 30 07-52 82
✉ florian_hoffmeister@qvc.com

SCHON GEWUSST?

▌Joseph Segel, der Gründer von QVC, wird auch „the quintessential entrepreneur" genannt. In 50 Jahren Geschäftsleben gründete er mehr als 20 Unternehmen, das erste bereits 1947 als 16-Jähriger. Dabei war der Werbe- und Marketingprofi in so unterschiedlichen Branchen wie Münzprägung, Fotografie, Luftfahrt, Software und Hotellerie aktiv.

R

R1

R1 ist eine 1984 eingeführte und weltweit vertriebene Zigarettenmarke aus dem Hause Reemtsma. R1 grenzt sich lt. Hersteller durch hochwertige Tabake, geschmacksintensive Orange-Leaf-Blätter und das R1-Flavor-System von anderen Marken ab. Kernzielgruppe sind erwachsene Raucherinnen der Altersklasse 30–50, die leichte Zigaretten bevorzugen. Im Ultraleicht-Segment ist R1 lt. eigenen Angaben Marktführer. Zu den Packungsmerkmalen gehört das Tabakblatt, das Logo, der fehlende Deskriptor und das Logo für das R1-Flavor-System. Im Januar 2000 erfolgte ein Logo-Wechsel. Das aktuelle Logo der R1-Familie ist minimalistisch und weiß, bei R1 Red auf rotem Grund, bei R1 Blue auf blauem Grund und bei R1 Slimline auf goldenem Grund. Die verwandte Schrifttype ist Century-Gothic. Der Absatz lag 2006 bei 1.651,345 Mio. Sticks. Aufgrund des Online-Werbeverbotes gibt es zzt. keine eigene Website und keine Werbeaufwendungen. Die Kampagne „ich rauche gern" trug von 1985 bis 1998 zum Erfolg der R1 bei. Zum Portfolio von Reemtsma gehören u. a. *JPS*, →West, *Davidoff*, *Peter Stuyvesant*, *Ernte 23*, *Route 66*, *Cabinet*, *Drum*, *VanNelle* und *Rizla*. Das Unternehmen beschäftigt weltweit ca. 14.500 Mitarbeiter, davon 2.200 in Deutschland. 1910 übernahm Bernhard Reemtsma in Erfurt eine Zigarettenfabrik. Die ersten echten Eigenmarken wie Ernte 23 und R6 führte Reemtsma um 1921 ein. Seit 1923 produzierte die Firma in Hamburg Altona. 1980 ging das Unternehmen in den Mehrheitsbesitz der Tchibo AG über. Seit 2002 gehört Reemtsma der Imperial Tobacco Group, dem viertgrößten Tabakunternehmen der Welt mit Hauptsitz in Bristol, Großbritannien.

UNTERNEHMEN

Reemtsma Cigarettenfabriken GmbH
Max-Born-Str. 4
22761 Hamburg
✆ (0 40) 82 20 14 65
🖷 (0 40) 82 20 11 13
💻 www.reemtsma.de

RADEBERGER

Radeberger ist eine der bekanntesten Biermarken Deutschlands. Die in Sachsen ansässige Radeberger Exportbierbrauerei wurde 1872 als Aktienbrauerei Zum Bergkeller gegründet und war die erste Brauerei in Deutschland, die Bier nach Pilsener Art braute. 1885 erhielt die Brauerei ihren heutigen Namen, da schon damals über die Landesgrenzen hinaus geliefert wurde. Radeberger Pilsner ist ein untergäriges Vollbier mit einem Alkoholgehalt von 4,8 % und einer Stammwürze von 11,6 %. Charakteristisch für das Bier sind die helle Goldfarbe, der vorherrschende Hopfengeschmack und der sahnige Schaum. Das Markenlogo zeichnet sich durch den schwungvoll verlängerten Zug des Buchstabens R und die goldfarbene Schrift aus. Die Einführung neuer Markenkästen und Flaschen mit einer Reliefprägung im Jahr 2007 stellte eine der größten Einzelinvestitionen in der Geschichte der Brauerei dar. In der Markenkommunikation setzt Radeberger auf vielfältige Engagements im Kultur- und Klassikbereich. Das Schlüsselbild der Marke ist die Dresdner Semperoper, mit der seit 1992 eine Kooperation besteht. Mit der Positionierung von Radeberger Pilsner als Monomarke schließt die Brauerei die Herstellung von ergänzenden Biermischgetränken oder anderen Sortimentserweiterungen aus. Radeberger gehört zu den Top Ten der Premiumbiere in Deutschland und wird auch ins Ausland exportiert. Die Platzierung als nat. Marke erfolgt vorrangig über die gehobene Gastronomie und die Konzern- und Kettenhotellerie. Die Radeberger Exportbierbrauerei ist Teil der Radeberger Gruppe, der nach eigenen Angaben größten privaten Brauereigruppe in Deutschland. Das Unternehmen, das zur Dr. August Oetker KG gehört, braut deutschlandweit an 14 Standorten Bier. Zum Portfolio gehören u. a. →Jever und zahlreiche regionale Biermarken.

Radeberger Pilsner wirbt mit dem Slogan „Schon immer besonders."

UNTERNEHMEN

Radeberger Gruppe KG
c/o Radeberger Exportbierbrauerei
Dresdner Str. 2
01454 Radeberg
✆ (0 35 28) 4 54–0
🖷 (0 35 28) 4 54–3 21
💻 www.radeberger.de

RAIFFEISENBANKEN

→Volksbanken Raiffeisenbanken

RAMA

Unter dem Markennamen Rama werden pflanzliche Produkte für die kalte und warme Küche vertrieben, die einen Beitrag zu einer ausgewogenen Ernährung leisten sollen. Wichtigste Produktlinie dieser Konsumgütermarke sind die Margarinevarianten *Rama Original*, *Rama balance* (Halbfett-Margarine mit Joghurt), *Guten Morgen Rama* (fettreduzierter, praktisch cholesterinfreier Brotaufstrich, auch zum Kochen und Backen geeignet), die Halbfettmargarine *Rama fein gesalzen* sowie *Rama Idee!*, eine Halbfettmargarine mit Docosahexaensäure und Alpha-Linolensäure sowie Vitaminen der B-Gruppe. Alle Rama-Margarineprodukte zeichnen sich durch eine ernährungsphysiologisch sinnvolle Kombination von Raps-, Maiskeim- und Sonnenblumenöl aus. Zur Produktpalette gehören darüber hinaus die Pflanzencreme *Rama Culinesse* zum Kochen, Backen und Braten sowie *Rama Cremefine* als fettreduzierte Alternative zu Sahne oder Crème fraîche. Der ursprüngliche Name der 1924 deutschlandweit eingeführten und mit „buttergleich" beworbenen Marke war Rahma. Das „h" wurde später weggelassen, um Verwechslungen mit Milchprodukten auszuschließen. Das Markenlogo zeigt neben dem Rama-Schriftzug in Blau das ebenfalls 1924 eingeführte „Rama-Mädchen" mit Strohhut und flatterndem Hutband, das wichtiger Bestandteil der Wort-Bild-Marke ist. Rama Original wurde 2005 wegen des ausgewogenen Verhältnisses von gesättigten, einfach und mehrfach ungesättigten Fettsäuren sowie Transfettsäuren von Ökotest mit „sehr gut" bewertet. Mit einer Markenbekanntheit von annähernd 100 % (Quelle: Unilever) ist Rama-Margarine Marktführer in Deutschland.

UNTERNEHMEN

Unilever Deutschland GmbH
Dammtorwall 15
20355 Hamburg
✆ (0 40) 3 49 30
🖷 (0 40) 35 47 42
🖳 www.rama.de

RAMAZOTTI

→ Amaro Ramazotti

RANDSTAD

Randstad steht weltweit für Personaldienstleistungen. Neben der Vermittlung von Zeitarbeitskräften gehören spezialisierte Angebote wie die Bereitstellung von IT-Spezialisten und die Personalberatung zum Dienstleistungsportfolio der Randstad Deutschland GmbH & Co. KG. Im Rahmen der klassischen Zeitarbeit, dem Kerngeschäft von Randstad, gliedert sich das Angebot in die Bereiche kaufmännisches Personal, Facharbeiter und gewerbliche Hilfskräfte. Das Unternehmen zeichnet sich durch die Funktion des Vertriebsdisponenten in den Niederlassungen aus, bei dem Personal- und Kundenbetreuung in einer Hand liegen. Der Name Randstad geht auf das gleichnamige Ballungsgebiet im Westen der Niederlande rund um Amsterdam zurück, wo das Unternehmen 1960 durch Frits Goldschmeding gegründet wurde. Dieser entwarf auch das Markenlogo. Es zeigt zwei anliegende Winkel, die die beiden Pole „arbeitssuchend und -bietend" verdeutlichen und zu einem zusammenhängenden Signet werden. Mit der blauen Wortmarke in klaren Minuskeln der Randstad CI-Schrift wird der Eindruck von Vertrauen, Struktur und Erfolg vermittelt. Ergänzt wird das Markenzeichen

Randstad hat in Deutschland 420 Niederlassungen.

durch den aktuellen Claim „flexible work solutions". Ausdruck der Markenpflege ist eine integrierte Kommunikation. 2005 und 2006 machte man darüber hinaus mit einer Job-Truck-Tour durch Deutschland auf sich aufmerksam. Die erste Niederlassung der Randstad Holding in Deutschland eröffnete 1968 in Düsseldorf. Die heutige Randstad Deutschland GmbH & Co. KG mit Sitz in Eschborn ist das Ergebnis der Zusammenlegung von Randstad Zeit-Arbeit und time power im Jahr 2000. Das Unternehmen, das nach eigenen Angaben mit seinen 420 Niederlassungen in Deutschland Marktführer ist, verzeichnete 2006 durch die Übernahme des Bremer Zeitarbeitsunternehmens Bindan GmbH & Co. KG weiteres Wachstum. Von den weltweit 300.000 Randstad-Mitarbeitern sind 44.000 in Deutschland beschäftigt. Weltweit ist das Unternehmen in 20 Ländern mit insgesamt 1.800 Niederlassungen vertreten.

DATEN UND FAKTEN

Markenname: Randstad, Region in Holland

randstad
flexible work solutions

Über 44.000 Mitarbeiter setzt die Zeitarbeitsfirma Randstad ein.

Slogans: „Randstad: Flexible work solutions", „good to know you", „...immer das Gleiche bringt dich nicht weiter..." (bis 2002)

Erfinder: Frits Goldschmeding, 1960

Markenregistrierung: 13.01.1981, DPMA München

Auszeichnungen:
„Deutschlands beste Arbeitgeber", Capital (2007)

UNTERNEHMEN

Randstad Deutschland GmbH & Co. KG

Hauptsitz: Amsterdam, Niederlande

Vorstand: Eckard Gatzke (Deutschland)

Weitere Marken: Bindan, Teccon, BS Team

Gesamtumsatz: 1,3 Mrd. Euro (Deutschland, 2006), 8,2 Mrd. Euro (weltweit, 2006)

Vertrieb: 420 Niederlassungen in Deutschland, 1.800 Niederlassungen weltweit

KONTAKT

Randstad Deutschland GmbH & Co. KG
Helfmann-Park 8
65760 Eschborn
✆ (0 61 96) 4 08-0
🖷 (0 61 96) 4 08-17 75
💻 www.randstad.de

Ansprechpartner Kommunikation:
Petra Timm
✆ (0 61 96) 4 08-17 70
✉ petra.timm@de.randstad.com

Ansprechpartner Marketing:
Christine Uphoff

MEILENSTEINE

1960 Frits J. D. Goldschmeding gründet Randstad in den Niederlanden.

1968 In Düsseldorf wird das erste Randstad-Büro in Deutschland eröffnet.

1970 Erstmals werden bei Randstad Zeit-Arbeit Betriebsräte gewählt.

2001 Randstad Deutschland und ver.di einigen sich auf einen bundesweiten Tarifvertrag

2006 Übernahme der Bindan-Gruppe, dem ältesten dt. Zeitarbeitsunternehmen

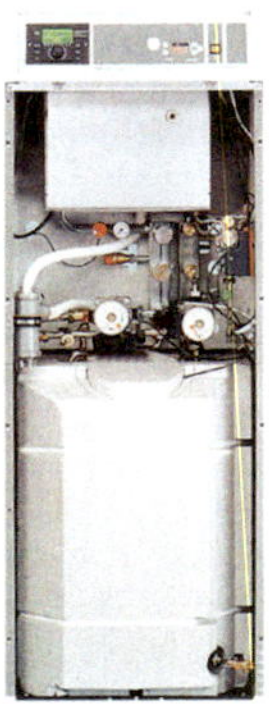

Modernes Heizen mit Systemtechnik von RAPIDO: Gas-Brennwertkessel aus Viersen

RAPIDO

Unter der Marke RAPIDO produziert und vertreibt die in Viersen ansässige GF Wärmetechnik GmbH moderne Heiztechniksysteme im Leistungsbereich von 3,5 bis 1.000 Kilowatt. Der Grundstein für die Marke und das Unternehmen wurde bereits 1896 durch Wilhelm Pfahl gelegt, der in Dülken eine Gießerei für Maschinenteile aufbaute. Der zunehmenden Nachfrage nach Lösungen zur Raumheizung für Privathaushalte, Gewerbe und Industrie folgend, konzentrierte sich das Unternehmen mehr und mehr auf die Herstellung von Heiztechnik. Im Jahre 1910 verließ der erste Heizkessel die Werkshallen. Der Schnellheizkessel für Kohle und Koks trug den Namen RAPID, was seine Funktionsweise treffend beschrieb. Der Name dieses Kessels stand Pate für die Marke RAPIDO. 1950 meldete das Unternehmen eine weitere Entwicklung der Ingenieurkunst aus Viersen zum Patent an: den „Heizungskessel mit Vorsprüngen in den Feuerzügen". Die spezielle Konstruktion der Brennkammer der Gussheizkessel ermöglichte einen höheren Energiegewinn aus den eingesetzten Brennstoffen. Parallel zur Marktentwicklung veränderte sich in den nachfolgenden Jahren das Produktportfolio der Marke. Heute gehören zum Produktprogramm von RAPIDO komplette Heiztechniksysteme. Neben den konventionellen und den Brennwertkesseln für Öl- und Gasfeuerung bietet der niederrheinische Wärmetechnikhersteller eine breite Palette an Wärmeerzeugern zur Nutzung von regenerativen Energien (solarthermische Anlagen, Biomassekessel, Wärmepumpen) an. Der Absatz der Produkte erfolgt über den dreistufigen Vertriebsweg: vom Heizungs-Fachgroßhändler über den installierenden Heizungsbaubetrieb an den privaten Endverbraucher und Bauherren. Die Rapido-Produkte werden deutschlandweit und internat. vertrieben. Das Markenlogo zeigt einen orangefarbenen (HKS 6), galoppierenden Elefanten neben dem in schwarzen Versalien in der Schriftart FF DIN gesetzten Markennamen RAPIDO. Das Symbol spielt zunächst auf die Beständigkeit und Langlebigkeit des Kesselmaterials Guss an. Daneben aber auch auf die Eigenschaften Stärke und Intelligenz, die dem Tier zugeschrieben werden und die der Kunde auch mit den Rapido-Erzeugnissen assoziieren soll. Der Galopp schließlich steht für Innovationskraft und den Blick nach vorn. Flankiert wird das Logo zudem vom aktuellen Slogan „Clevere Wärme.", in dem sich die intelligente Systemtechniklösung wiederfindet. Die GF Wärmetechnik gehört zur Ferroli Gruppe. Die Gruppe erwirtschaftete 2006 mit ca. 3.100 Mitarbeitern einen Jahresumsatz

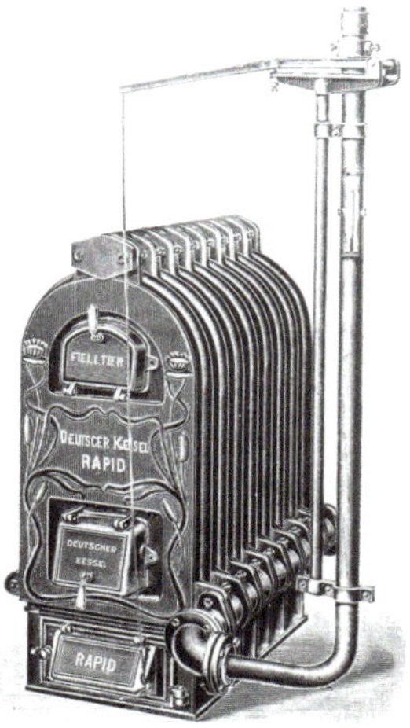

Der Ursprung der Marke RAPIDO: Schnellheizkessel RAPID von 1910

von 622 Mio. Euro. Damit gehört sie weltweit zu den zehn größten Heiztechnikherstellern.

DATEN UND FAKTEN

Markenname: Rapido, benannt nach „Rapid" - dem ersten produzierten Schnellheizkessel für Koks und Kohle

Slogan: „Clevere Wärme."

Erfinder: Wilhelm Pfahl, 1896, Dülken am Niederrhein

Markenregistrierung: 09. 10. 1978, DPMA München

Jahresumsatz: ca. 15 Mio. Euro (RAPIDO), ca. 622 Mio. Euro (Gruppenumsatz)

UNTERNEHMEN

GF Wärmetechnik GmbH

Hauptsitz: Viersen, Deutschland

Geschäftsführung: Michael Maas, Dante Ferroli

Weitere Marken: Ferroli, Anselmo Cola

Vertrieb: nat. (dreistufig) und internat.

KONTAKT

GF Wärmetechnik GmbH
Rahserfeld 12
41748 Viersen
✆ (0 21 62) 37 09-0
🖷 (0 21 62) 37 09-67
🖳 www.rapido.de
✉ information@rapido.de

Ansprechpartner Presse & Marketing:
Karl Kroll
✆ (0 21 62) 37 09-57
✉ kroll@rapido.de

MEILENSTEINE

1896 Wilhelm Pfahl gründet einen Gießereibetrieb für die Herstellung von Maschinenteilen und legt damit den Grundstein für das heute internat. agierende Unternehmen.

1910 Produktion des ersten Schnellheizkessels mit dem Namen Rapid, der später Namensgeber der Marke wurde

1950 ließ das Unternehmen seine spezielle Konstruktion der Brennkammer eines Gussheizkessels patentieren.

1997 Zum 100. Geburtstag der Marke wird das Auslandsgeschäft der Marke RAPIDO erheblich ausgeweitet.

2001 RAPIDO wird Teil der weltweit erfolgreich agierenden Ferroli Gruppe.

2007 Intelligente Systemlösungen komplettieren das Heiztechnikangebot der Marke aus Viersen.

RAPUNZEL

In etwas mehr als drei Jahrzehnten hat sich die Rapunzel Naturkost AG von einem kleinen Naturkostladen zu einem der führenden Erzeuger, Hersteller und Vertreiber von biologischen Lebensmitteln in Europa entwickelt. Die Marke Rapunzel umfasst heute über 450 Produkte. Dazu gehören u. a. Brotaufstriche, Cerealien, Trockenfrüchte, Teigwaren, Speiseöle, Tomatenprodukte, Käse, Kaffee, Antipasti und Wein. Joseph Wilhelm und Jennifer Vermeulen gründeten 1974 die Firma. Ihr Ziel war es, gesunde Lebensmittel aus kontrolliert biologischem Anbau zu verkaufen. Die Marke steht aber nicht nur für hochwertige Bio-Lebensmittel, sondern auch für hohe soziale Standards. So kreierte das Unternehmen 1990 das hauseigene Hand in Hand-Siegel, das Rapunzel-Produkte aus fair gehandelten Zutaten kennzeichnet. 74 Lebensmittel konnten bisher mit dem Siegel versehen werden. Zu diesen gehören etwa die

Die Firmengründer beim Brotverkauf in den Gründungsjahren (Mitte), Joseph Wilhelm (unten) ist Vorstandsvorsitzender der Rapunzel Naturkost AG.

Schokoladensorten Zartbitter und Ingwer, der Kaffee *Gusto Arabica* und *Gusto Espresso* sowie Cashewkerne und Paranusskerne. Der Anspruch des Unternehmens an hohe soziale Verantwortlichkeit, an der weltweiten Förderung der biologischen Landwirtschaft und am unternehmerischen Erfolg soll sich auch im Slogan „Wir machen Bio aus Liebe" widerspiegeln. Das Logo von Rapunzel

Eine Werbeanzeige der Rapunzel Naturkost AG

zeigt den Schriftzug in Grün vor einem gelben, rechteckigen Hintergrund. Grün steht hierbei für die belebte Natur und Gelb für die Kraft der Sonne. Früher trug das Logo noch den Zusatz „Naturkost". Dieser fiel weg als die Marke den internat. Markt betrat. Rapunzel-Verpackungen sind ausschließlich mit Illustrationen gestaltet. Das Unternehmen bezieht Rohstoffe aus über 30 Ländern. In Deutschland gibt es etwa 6.000 Naturkostläden, Bio-Supermärkte und Reformhäuser, in denen man die Marke kaufen kann. Im Bereich Bio-Trockensortiment ist Rapunzel lt. eigenen Angaben Marktführer in Deutschland. Außerhalb Deutschlands gibt es Rapunzel-Produkte in 32 Ländern. Rapunzel-Rohwaren werden auch von anderen bekannten Bio-Herstellern eingekauft. Das Unternehmen mit seinen 300 Mitarbeitern wird auch heute noch von Joseph Wilhelm geführt.

DATEN UND FAKTEN

Markenname: Rapunzel ist der schwäbische Name für Feldsalat und steht gleichzeitig für ein Märchen.

Slogan: „Rapunzel – Wir machen Bio aus Liebe"

Gründer: Joseph Wilhelm und Jennifer Vermeulen, 1974, Augsburg

Markenregistrierung: 30. 01. 1987, DPMA München

Innovationen: erste Bio-Schokolade, erste Bio-Nuss-Nougat-Creme, Oxyguard Öle

Markenbekanntheit: 98 % gest. (Markt- und Mediaservice, 2006)

Jahresumsatz: 56,9 Mio. Euro (Marke Rapunzel, 2006)

Markenwebsite: www.rapunzel.de

UNTERNEHMEN

Rapunzel Naturkost AG

Hauptsitz: Legau, Deutschland

Vorstand: Joseph Wilhelm

Gesamtumsatz: 90 Mio. Euro (AG, 2006)

Vertrieb: weltweit

KONTAKT

Rapunzel Naturkost AG
Rapunzelstraße 1
87764 Legau
✆ (0 83 30) 5 29–0
Fax (0 83 30) 5 29–11 88
www.rapunzel.de

MEILENSTEINE

1974 Joseph Wilhelm und Jennifer Vermeulen gründen ein Einzelunternehmen. Sie wollen gesunde Lebensmittel aus kontrolliert biologischem Anbau verkaufen.

1975 Eröffnung des Naturkostladens „Rapunzel" in Augsburg

1980 Erste Anfragen aus dem Ausland erreichen das Unternehmen. Heute liefert die Rapunzel AG ihre Produkte in 32 Länder.

1990 Die Firma wird in eine Aktiengesellschaft umgewandelt und heißt seitdem Rapunzel AG.

1997 Gründung der Tochterfirma Rapunzel Türkei

2005 Das Unternehmen feiert sein 30-jähriges Jubiläum.

Ansprechpartner Marketing:
Heike Kirsten
✆ (0 83 30) 5 29–11 34
✉ heike.kirsten@rapunzel.de

RASCH

Seit über 100 Jahren steht die Marke Rasch für eine vielfältige Auswahl hochwertiger Tapeten. Die künstlerische Gestaltung war schon früh ein Kennzeichen der Produkte des Familienunternehmens Rasch aus Bramsche. Die ersten Künstlerkollektionen kamen in den 1920er Jahren auf den Markt. Das Ansinnen der Gebrüder Rasch, das Dessauer Bauhaus für eine Kooperation zu gewinnen, wurde zunächst abgelehnt. Erst als die industrielle Vervielfältigung von künstlerischen Entwürfen in den Vordergrund der Bauhauslehre rückte, veranstaltete man zur Entwicklung der Bauhaus-Tapeten unter den Studenten einen Wettbewerb, deren Ergebnis 1929 dem Handel präsentiert wurde. Nach der Auflösung des Bauhauses erwarb Rasch 1933 vom letzten Direktor Mies van der Rohe die Rechte an dem Markennamen und führt die Kollektionen bis heute fort. Damit ist die Bauhaus-Tapete das einzige vom Bauhaus entwickelte industrielle Produkt, das bis heute auf dem Markt ist. Ab 1950 brachte die Tapetenfabrik die erfolgreichen Rasch KÜNSTLER-Kollektionen heraus. Die von renommierten Designern und Architekten entworfene Kollektion rasch ZEITWÄNDE erhielt 1992 viele Auszeichnungen und wurde in den führenden Museen und Sammlungen aufgenommen. Das heutige Rasch-Markenlogo aus serifenlosen Kleinbuchstaben wurde 1968 vom Köhler-Studio in Hamburg entwickelt. Rasch ist die bekannteste Tapetenmarke in Deutschland und erreicht eine gest. Markenbekanntheit von 22,7 % (lt. GfK, 2005). Unter der Marke Rasch werden heute neben Tapeten auch Borten, dekorative Wandbeläge, Dekorationstextilien und Accessoires verkauft. Das 1897 gegründete Familienunternehmen Rasch erzielte 2006 mit 450 Mitarbeitern einen Umsatz von 133 Mio. Euro. Das konsolidierte Umsatzwachstum betrug ca. 15 %. Mit rund 5.700 Artikeln zählt Rasch zu den führenden europäischen Tapetenanbietern. Zur Rasch-Gruppe gehören heute die Firmen Tapetenfabrik Rasch, Rasch Textil, Kupferoth, Elbersdrucke und Rasch Druckerei und Verlag. Rasch hat Vertriebsgesellschaften und -repräsentanzen in Frankreich, Belgien, den Niederlanden, England, Kanada, Russland, der Ukraine und China. Neben dem Werk am Stammsitz Bramsche hat das Unternehmen Produktionsstätten in der Ukraine und in Polen.

DATEN UND FAKTEN

Markenname: Rasch, Familienname der Gründerfamilie

Slogan: „rasch – Harmonie von Tapete und Stoff" (1970er-Jahre), „Was fehlt ist die Tapete von rasch" (1889/1990), „rasch – verwandelt Wände" (seit 2001)

Gründer: Hugo Rasch, Emil Rasch, Guido Wiecking, 1897, Bramsche

Markenregistrierung: 25.09.1974, DPMA München

Markenbekanntheit: 6,2 % ungest., 22,7 % gest. (GfK, 2005)

Jahresumsatz: 133 Mio. Euro (Gruppenumsatz, 2006)

Literatur:
B. Kieselbach et al.: Bauhaustapete. Reklame und Erfolg einer Marke. (1995)
Rasch Buch/book 1897–1997 (1997)

UNTERNEHMEN

Tapetenfabrik Gebr. Rasch GmbH & Co. KG
Raschplatz 1
49565 Bramsche
✆ (0 54 61) 8 11-0
🖷 (0 54 61) 8 11-1 15
💻 www.rasch.de

Die künstlerische Gestaltung war schon früh ein Kennzeichen der Tapeten des Familienunternehmens Rasch.

RASTAL

Die Marke Rastal steht für kreativ dekorierte Trinkgefäße. Den Kern des Produktportfolios der Rastal GmbH & Co. KG bilden dekorierte Biergläser. Das Unternehmen mit Sitz in Höhr-Grenzhausen wurde 1919 von Eugen Sahm mit der Firmenbezeichnung Sahm-Merkelbach gegründet. Der Firmen- und Markenname Rastal wurde 1959 von den geschäftsführenden Gesellschaftern der 2. Generation entwickelt. Rastal ist ein Kunstwort, das sich aus den Wörtern Rastertechnik, einem Begriff aus dem Siebdruck, und Kristall zusammensetzt. Rastal gilt als Erfinder des bedruckten Exklusivglases, das 1964 erstmals für die Brauerei Bitburger produziert wurde. Die Entwicklung markenindividueller Gläser prägte das Marketing in der Getränkeindustrie maßgeblich. Heute produziert Rastal u. a.

www.rastal.com

RASTAL unterstützt mit Exklusivgläsern internat. den Markenauftritt von Getränkemarken wie Bitburger, Warsteiner und Linie Aquavit (Mitte). Das innovative RASTAL-Design spiegelt sich auch in den Kaffee- und Tee-Sortimenten wider (unten).

Trinkgläser für die Marken → Warsteiner und → Mumm. Pro Jahr stellt das Unternehmen ca. 110 Mio. dekorierte Trinkgefäße aus Glas und Porzellan für alle Arten von Kalt- und Heißgetränken her. Über die Glasherstellung hinaus ergänzen eine umfassende Beratung, ein vollständiges Designkonzept, Dekorationen sowie Service- und Logistik-Konzepte das Leistungsportfolio der Rastal GmbH & Co.KG. Das in Rot gestaltete Markenlogo wurde 1959 vom Chefdesigner des Unternehmens Hermann Hofmann entwickelt und später mehrmals dem Zeitgeist angepasst. Als Hausschrift dienen die Caecilia und die Frutiger. Für sein innovatives Trinkglasdesign wurde das Unternehmen mehr als 150 Mal ausgezeichnet. 2007 erhielten gleich drei Gläser von Rastal den iF product design award. Das Familienunternehmen, das heute von den Enkeln des Firmengründers Raymond

RASTAL steht für innovatives Design in Glas und Porzellan. Ein Anspruch, der sich in mehr als 150 Designauszeichnungen weltweit bestätigt.

und Stefan Sahm-Rastal geleitet wird, beschäftigt 550 Mitarbeiter an den Produktionsstätten in Höhr-Grenzhausen, Ransbach-Baumbach, Chur und Gleiwitz. Der Umsatz belief sich 2006 auf 100 Mio. Euro. Der weltweite Vertrieb erfolgt über Schwester- und Tochterunternehmen und über Vertriebspartner. Insbesondere durch Investitionen in die internat. Produktionskapazitäten und durch die Komplettierung der Sortimente in den Bereichen Kaffee und Tee will sich das Unternehmen in den nächsten Jahren weiterentwickeln.

DATEN UND FAKTEN

Markenname: Rastal, Kunstwort, zusammengesetzt aus **Rast**ertechnik und Krist**all**

Slogan: „Das Glas. Und mehr."

Gründer: Eugen Sahm, 1959, Höhr-Grenzhausen

Markenregistrierung: 03.07.1967, DPMA München

Innovationen: erstes Exklusivglas für eine Brauerei (1964)

Auszeichnungen:
„red dot award: product design" (1983, 1985, 1987, 1988, 1990, 2006)
„iF product design award" (1980–1983, 1986, 1988, 1989, 2002, 2005, 2007)
„Good Design", The Chicago Athenaeum (2005)
„Designpreis der Bundesrepublik Deutschland" (Nominierung 1997, 2000, 2004, 2006–2008)
„Designpreis Rheinland-Pfalz" (1994, 1997, 1999)
New Glass Review, Corning Museum of Glass, New York (1979, 1985, 1989, 1993)

UNTERNEHMEN

Rastal GmbH & Co.KG

Hauptsitz: Höhr-Grenzhausen, Deutschland

Vorstand: Raymond Sahm-Rastal, Stefan Sahm-Rastal

Produktionsmenge: ca. 112 Mio. dekorierte Trinkgefäße pro Jahr

Gesamtumsatz: ca. 100 Mio. Euro (2006)

Vertrieb: weltweit über Schwester- und Tochterunternehmen sowie Vertriebspartner

KONTAKT

Rastal GmbH & Co.KG
Rastal-Str. 1
56203 Höhr-Grenzhausen
☏ (0 26 24) 16-0
🖷 (0 26 24) 16-103
💻 www.rastal.com

Ansprechpartner Kommunikation:
Sabine Sahm
☏ (0 26 24) 16-2 17

MEILENSTEINE

1919 Gründung des Unternehmens durch Eugen Sahm in Höhr-Grenzhausen

1959 Die Bezeichnung Rastal wird als Firmenname eingeführt.

1964 Produktion des ersten Exklusivglases für die Brauerei Bitburger

1992 In der dritten Generation übernehmen Raymond und Stefan Sahm-Rastal die Leitung des Unternehmens.

2003 Neustrukturierungen der Produktionslinien

🖷 (0 26 24) 16-2 15
✉ sabine.sahm@rastal.com

Lead-Agentur:
Headmark Marketing & Kommunikation
💻 www.headmark.de

RATIONAL

1963 gegründet, bietet rational als einer der führenden Hersteller hochwertige Einbauküchen für jeden Einrichtungs- und Lebensstil. Von puristisch und designorientiert über zeitlos modern bis zu stilvoll elegant: rational verfolgt das Ziel, mit Gespür für internat. bedeutsame Trends und für die Wünsche der entscheidenden Zielgruppen, Maßstäbe zu setzen und somit selbst, Trendsetter und Vorbild im Küchen-Segment zu sein. Zur Produktphilosophie von rational gehört neben den hohen Ansprüchen an Design, Technik, Funktionalität und Qualität auch der Anspruch, mit einem typischen, unverwechselbaren Charakter präsent zu sein, der Freiraum für persönliche Gestaltungen und maßgeschneiderte Lösungen ermöglicht. Zu den Besonderheiten der Küchen zählt TopTec. Diese spezielle Oberflächenversiegelung wird exkl. von rational angeboten. Wie bei einem Lotosblatt perlt alles ab und lässt sich mühelos entfernen. Eine weitere Spezialität sind Küchen in perfektem Lack, ob hochglänzend oder samtig schimmernd. Zudem gehören viele Extras zur Grundausstattung der Küchen, die alle mit dem „Goldenen M" der Deutschen Gütegemeinschaft Möbel ausgezeichnet sind. Deshalb werden weltweit mehr und mehr anspruchsvolle Projekte wie z.B. die Luxusferienanlagen „The Palm Jumeirah" in Dubai und „The Pearl" in Qatar komplett mit Küchen von rational ausgestattet. Die Marke rational ist heute in über 45 Ländern der Erde vertreten. Der Vertrieb erfolgt ausschließlich über den qualifizierten Fachhandel. Zunehmend sind die Küchen auch in speziellen Concept-Stores erhältlich, wo sie optimal präsentiert werden. rational ist Mitglied der Deutschen Gütegemeinschaft Möbel sowie seit 1993 zusammen mit anderen namhaften europäischen Küchenherstellern Teil der Snaidero-Gruppe.

DATEN UND FAKTEN

Markenname: rational, abgeleitet von lat. für vernünftig

Slogan: „by people – for people"

Gründer: Walter Fischer, 1963, Waldmünchen

Markenregistrierung: 01. 10. 1963, DPMA München

Innovationen: TopTec Oberflächenschutz (2006)

Gesamtumsatz: 60 Mio. Euro (2006)

UNTERNEHMEN

Rational Einbauküchen GmbH
Rationalstr. 4
49328 Melle
✆ (0 52 26) 58-0
💻 www.rational.de

RATIOPHARM

Die Marke Ratiopharm steht für Arzneimittelprodukte. Die Produktpalette umfasst aktuell etwa 750 verschreibungspflichtige und nicht verschreibungspflichtige Arzneimittel in mehr als 1.400 Packungsgrößen. Alle Produkte sind Generika. Diese werden auf der Grundlage einer sog. Zweitanmeldung hergestellt. Sie wird möglich, sobald der Verwertungsschutz für ein Arzneimittel abgelaufen ist, der dem Erstanmelder eines Wirkstoffes bzw. Originalpräparats eingeräumt wird. Generikahersteller können somit ein im Vergleich zum Original qualitativ gleichwertiges Produkt herstellen, es aber zu deutlich günstigeren Preisen vertreiben. Das Ratiopharm-Logo zeigt den Markennamen in schwarzen Kleinbuchstaben mit Serifen. Oben und unten wird der Schriftzug von horizontalen, orangefarbenen Linien begrenzt, wobei das „P" auf der unteren Linie aufsetzt. Die Wurzeln des Familienunternehmens reichen bis ins Jahr 1881 zurück, in dem Adolf Merckle mit dem Großhandel von chemischen und pharmazeutischen Stoffen begann. Die Ratiopharm GmbH wurde als erste dt. Generikafirma 1974 gegründet. Heute beschäftigt die Ratiopharm-Gruppe knapp 5.400 Mitarbeiter weltweit und erwirtschaftete 2006 einen Gesamtumsatz von gut 1,7 Mrd. Euro, knapp die Hälfte davon auf dem dt. Markt. Ratiopharm unterhält 25 Niederlassungen in der ganzen Welt und verkauft in 36 Ländern. Die Markenstrategie ist darauf ausgerichtet, qualitativ hochwertige Produkte zu günstigen Preisen anzubieten. Sie werden ausschließlich über Apotheken vertrieben. Ratiopharm reagiert auch auf den größer werdenden Markt für Generika und engagiert sich, die Akzeptanz bei Ärzten, Apothekern und in der Öffentlichkeit zu erhöhen. Zur Zukunftsstrategie des Unternehmens gehört

rational®

Als Neuinterpretation der grifflosen Küche basiert die neos auf einem speziellen Korpuskonzept.

ratiopharm

Das Logo des Ulmer Generika-Herstellers Ratiopharm

Seit 1974 besteht das blau-weiße Dreieck mit der Wort-Marke „Ravensburger" als Logo in seiner Grundform.

Das prominenteste Produkt der Firma Reber sind *Die echten Reber Mozart-Kugeln.*

Recaro bietet ganzheitliche Lösungen für Sitzausstattungen in Automobilen der Premiumklasse (Mitte). Darüber hinaus werden Recaro Sitze auch im Nachrüstmarkt vertrieben. Recaro Vorsitzender der Geschäftsführung Horst Kespohl (unten)

weiterhin die Herstellung biopharmazeutischer Wirkstoffe und Endprodukte. Mit der 2006 gegründeten Stiftung „World in Balance" widmet sich die Ratiopharm-Gruppe auch gesellschaftlichen Belangen und unterstützt z.B. Hilfsprojekte in Afrika.

UNTERNEHMEN

Ratiopharm GmbH
Graf-Arco-Str. 3
89079 Ulm
(07 31) 4 02-2
(07 31) 4 02-78 32
www.ratiopharm.de

RAVENSBURGER

Die Konsumgütermarke Ravensburger steht für Spiele, Puzzles, Kinder- und Jugendbücher sowie Mal- und Bastelbedarf. Die Marke ist nach dem Gründungsort und Stammsitz der heutigen Ravensburger AG benannt. Das Markenlogo gibt es in der heutigen Form seit 1974, als Bildmarke wurde es 1995 registriert. Es besteht aus einem blauen Dreieck, in dem in weißer Helvetica-Schrift der Markenname steht. Mit diesem Entwurf, der einen internat. einheitlichen Auftritt sichern sollte, war der damalige Chief Consultant Design bei IBM Deutschland, Prof. Hans Köhler, beauftragt worden. Aufgrund seines hohen Bekanntheitsgrads avancierte der Markenname Anfang der 1990er-Jahre zum Firmennamen. Zuvor hatte das Unternehmen verschiedene andere Logos, vornehmlich mit den Initialen des Gründers Otto Maier. Der Buchhändler unterschrieb 1883 seinen ersten Autorenvertrag. Heute arbeiten für das Unternehmen 1.400 Mitarbeiter, die 2006 einen Umsatz von über 280 Mio. Euro erwirtschafteten. Im westeuropäischen Markt belegt Ravensburger nach eigenen Angaben Platz eins bei Puzzles und bei Beschäftigungsprodukten sowie Platz drei bei Spielen. Im Segment Kinder- und Jugendbücher sieht sich das Unternehmen als Marktführer im deutschsprachigen Raum. Die Ravensburger AG steuert zahlreiche weitere Produktmarken, z.B. Ravensburger *Puzzle* oder *memory* (durchschnittliche Absatzzahlen pro Jahr: 1,6 bzw. 1,2 Mio. Stück). Die Produkte von Ravensburger werden heute in 90 Ländern verkauft.

UNTERNEHMEN

Ravensburger AG
Robert-Bosch-Str. 1
88214 Ravensburg
(07 51) 8 60
(07 51) 86 13 11
www.ravensburger.de

REBER

Die Marke Reber steht für feine Confiserien und Schokolade-Spezialitäten. Das bei weitem prominenteste Produkt des Familienunternehmens sind *Die echten Reber Mozart-Kugeln.* Der Konditormeister Peter Reber eröffnete im Jahr 1865 in München ein nach seinem Namen benanntes Konditorei-Café, das zu einem beliebten Treffpunkt der Oberschicht avancierte. Im Jahr 1938 verlegte sich das Unternehmen nach Bad Reichenhall, wo es heute in der sechsten Generation geführt wird. Der Kurort in der Nähe von Salzburg legte vermutlich die Produktion von Mozart-Kugeln nahe, welche nach der Jahrhundertwende Popularität erlangten. Heute ist die Produktpalette konsequent nach dem traditionellen Erfolgsprodukt ausgerichtet. So befinden sich neben den Kugeln außerdem z.B. *Mozart-Schokis* und *Amadeus Trüffel* im Sortiment. Die Kernzielgruppe bilden Männer und Frauen ab 35 Jahren aufwärts, die über ein mittleres Einkommen verfügen. Das ovale Logo zeigt den Markennamen in weißer Schrift auf rotem Grund in einer verzierten Umrahmung. Das Corporate Design des Unternehmens schlägt sich vor allem in einer farblichen Konsistenz mit der Hausfarbe Rot und den Sekundärfarben Hellrot, Weiß und Gold nieder. Darüber hinaus fungiert W. A. Mozart als Werbefigur und Wiedererkennungsmerkmal. Er inspirierte nicht nur die Namensgebung der Produktgruppen, sondern ist darüber hinaus auf den meisten Verpackungen, die seit den frühen 1970er-Jahren nahezu unverändert geblieben sind, in einem eingerahmten Porträt abgebildet. Die Produkte werden in über 40 Ländern der Welt vertrieben.

UNTERNEHMEN

Paul Reber GmbH & Co. KG
Ludwigstr. 10–12
83435 Bad Reichenhall
(86 51) 60 03-0
(86 51) 60 03-73
www.reber.com

RECARO

Unter der Marke Recaro produziert die gleichnamige GmbH & Co. KG als Teil der Keiper Recaro Gruppe mobile Sitze für Automobile und Kinder. Im Jahr 1906 von Wilhelm

Reutter in Stuttgart als „Reutter, Wilhelm, Sattler. Spezialität: Luxus- und Motorwagen" gegründet, ist das Unternehmen bis heute auf das Premiumsegment spezialisiert. Frühe Meilensteine der Unternehmenshistorie umfassten allerdings zunächst den Karosseriebau. Die im Jahr 1912 entwickelte und patentierte Reutter's Reform-Karosserie gilt als einer der Vorgänger der heutigen Cabriolet-Bauform. In Kooperation mit Ferdinand Porsche entwickelte Recaro 1935 zudem den Prototypen des Volkswagens und ab 1949 die Karosserie des Porsche 356. Der Grundstein für die heutige Bekanntheit der Marke Recaro wurde schließlich im Jahr 1963 gelegt.

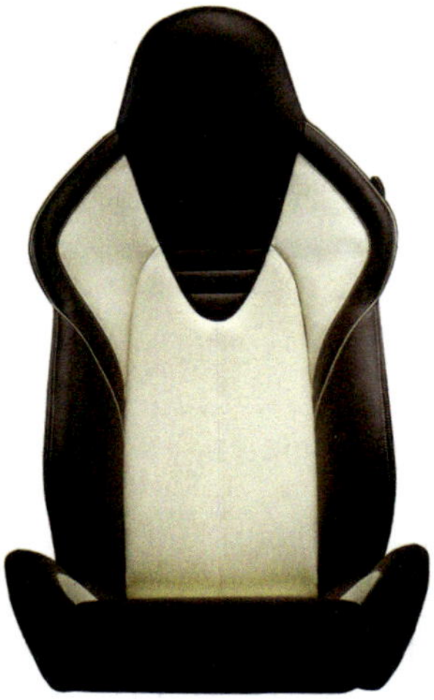

Hohe Verarbeitungsqualität ist eine Kerneigenschaft der Marke Recaro.

Nachdem Porsche die Karosseriefertigung von Reutter in eigener Regie übernommen hatte, firmierte das Unternehmen um zu Recaro, ein Akronym aus den traditionellen Unternehmensbegriffen Reutter und Carosserien. In allen Bereichen soll die Marke für hochwertige Qualität, erstklassige Ergonomie und unverwechselbares Design stehen. Recaro produziert vorwiegend für Premium-Fahrzeuge großer Automobilhersteller und für Luxusmarken wie Aston Martin, Ferrari und Lamborghini. Nach eigenen Angaben ist das Unternehmen Weltmarktführer im Bereich Motorsport und Tuning. Seit 1964 produziert das Unternehmen unter der Schwesterfirma Recaro Aircraft Seating GmbH & Co. KG neben Auto- auch Flugzeugsitze. Autositze für Kinder gehören seit 1998 zum Portfolio von Recaro. Um die Marke weltweit bekannter zu machen, nehmen heute nicht nur Autofahrer und Fluggäste auf Sitzen von Recaro Platz: In einer Marketingkampagne hat das Unternehmen die Spieler- und Trainerbänke von 40 Fußballstadien mit ihren Sitzen ausgestattet. Das Logo von Recaro zeigt den Schriftzug der Marke in Blau (Pantone 287), gleichzeitig die Hausfarbe des Unternehmens. Weltweit beschäftigt Recaro etwa 700 Mitarbeiter.

DATEN UND FAKTEN

Markenname: Recaro, zusammengesetzt aus **Re**utter, Nachname des Markengründers, und **Caro**sserien

Frühere Slogans: „Was wir machen sitzt" (1984 bis 1992), „Sitzen 1. Klasse" (1992 bis 1999)

Gründer: Wilhelm Reutter, 1906, Stuttgart

Markenregistrierung: 29. 01. 1971, DPMA München

Innovationen: Pro Racer (Erste Rennschale mit Kopfschutz, 1996), ModuLine (System zur Aufwertung von Seriensitzen, 1999), Incase (Gewichts- und Positionserkennungssystem, 2002), Erster Nachrüstsitz mit eingebautem Universal-Seitenairbag weltweit (2004), erster Seriensitz mit tragenden Kunststoffstrukturen (2007)

MEILENSTEINE

1906 Wilhelm Reutter gründet am 1. Oktober seine Karosseriefirma für Automobile.

1935 Reutter erhält von Porsche den Auftrag zur Produktion des Volkswagen Prototyps (später „Käfer").

1963 Porsche übernimmt das komplette Werk mit seinen 1.000 Mitarbeitern. Aus „Reutter Karosserien" wird der Name Recaro.

1971 Recaro stellt mit dem Modell 2020 den ersten selbst produzierten Flugzeugsitz vor.

1983 Keiper übernimmt alle Recaro-Anteile. Es entsteht die Keiper Recaro GmbH & Co. KG.

1997 Recaro wird wieder zu einem eigenständigen Unternehmen unter dem Dach der Keiper Recaro Gruppe.

2004 Gründung Kompetenzcenter Child Safety

UNTERNEHMEN

Recaro GmbH & Co. KG

Hauptsitz: Kirchheim/Teck, Deutschland

Geschäftsführer: Horst Kespohl (Vorsitzender)

Vertrieb: weltweit

KONTAKT

Recaro GmbH & Co. KG
Stuttgarter Straße 73
73230 Kirchheim/Teck
☏ (0 70 21) 93 50 00
🖷 (0 70 21) 93 53 39
🖳 www.recaro.com

Ansprechpartner Presse:
Frank Christian Essig
☏ (0 70 21) 93 51 66
✉ frank.essig@recaro.com

Lead-Agentur:
Fact GmbH
🖳 www.factnet.de

Seit 1970 erscheinen die Reclambände im typischen Gelb.

RECLAM

Reclams Universal-Bibliothek umfasst Textausgaben sowie Sachbücher im Kleinformat. Der Begriff Reclamband wird besonders im Bildungsbereich synonym für diese Publikationen benutzt. Bereits im Jahr 1926 war der Werbeslogan dazu „In jeder Hand der Reclamband". Unter dem Markennamen sind gegenwärtig über 2.500 Titel lieferbar, darunter philosophische Werke, Sachbücher, dt. Übersetzungen sowie zweisprachige Ausgaben anderer Nationalliteraturen und dt. Literatur vom Mittelalter bis zur Gegenwart. Ihren Namen haben die Bände von Anton Philipp Reclam, der 1828 in Leipzig den „Verlag des literarischen Museums" gründete, den er 1837 in Philipp Reclam jun. umänderte. 1867 wurde für alle dt. Autoren die Schutzfrist für eine Veröffentlichung auf 30 Jahre nach deren Tod festgelegt. Die Werke der wichtigsten dt. Schriftsteller waren damit frei zur Veröffentlichung und der Verleger Reclam brachte mit Goethes *Faust* die ersten Reclambände auf den Markt. Damals wie heute ist der Preis niedrig, der programmatische Anspruch und die editorische Sorgfalt hingegen hoch. Über den Buchhandel sind die Hefte weltweit erhältlich. Reclam spricht Schüler, Lehrer, Studenten, Dozenten und Bildungsbürger gleichermaßen an. Nach Verlagsangaben ist Reclam Marktführer bei Schullektüre. Für den hohen Bekanntheitsgrad der Marke ist die einheitliche Gestaltung der Universal-Bibliothek und hier vor allem der typisch gelbe Einband mitverantwortlich. Seit 1970 erscheint die Hauptreihe der Universal-Bibliothek im typischen Reclam-Gelb, zweisprachige Ausgaben in Orange. Die strahlenden Farben sind inzwischen festes Markenzeichen des Verlags, der im Jahr 2006 11,5 Mio. Euro Umsatz erwirtschaftete. Seit 1988 erscheinen die Bände in der Gestaltung von Hans Peter Willberg. Dabei steht ein schwarzer Balken über dem in der Schriftart Garamond gesetzten schwarzen Verlagsnamen. Die Philipp Reclam jun. Verlag GmbH mit Hauptsitz in Stuttgart beschäftigt 65 Mitarbeiter. Geschäftsführer sind Dr. Frank R. Max und Franz Schäfer.

DATEN UND FAKTEN

Markenname: Reclam, Familienname des Gründers

Slogan: „Viel mehr als Klassiker in Gelb"

Gründer: Anton Philipp Reclam, 1828, Leipzig

Markenregistrierung: 09. 12. 1963, DPMA München

Markenbekanntheit: 74 % gest. (Innofact Verlagsranking, 2004)

Jahresumsatz: 11,5 Mio. Euro (2006)

Werbespendings: ca. 0,5 Mio. Euro

Literatur:
D. Bode: Reclam. Daten, Bilder und Dokumente zur Verlagsgeschichte 1828–2003 (2003)

UNTERNEHMEN

Philipp Reclam jun. Verlag GmbH
Siemensstr. 32
71254 Ditzingen
☏ (0 71 56) 1 63-0
🖷 (0 71 56) 1 63-1 97
🖳 www.reclam.de

Red Bull, der Energy Drink, ist in über 120 Ländern der Erde erhältlich.

RED BULL

Red Bull Energy Drink ist eine Konsumgütermarke im Getränkesegment. Sie steht für das gleichnamige Getränkeprodukt, das u. a. die Aminosäure Taurin, Koffein und Vitamine enthält. Der Österreicher Dietrich Mateschitz gründete das Unternehmen 1984. Die Idee für das Getränk stammte aus Asien, die Rezeptur wurde entsprechend angepasst. Nach einer Entwicklungsphase von drei Jahren kam die erste Getränkedose mit Red Bull auf den Markt. Im österreichischen Markt erlebte die Firma anfangs jährliche Zuwächse von 200 %. Einen großen Schub erhielt das Unternehmenswachstum schließlich durch die Expansion ins Ausland. Seit 1994 ist das Getränk auf dem dt. Markt zugelassen. Heute ist das Unternehmen in über 120 Ländern der Erde vertreten. Dabei verfolgt Red Bull eine Premium-Preis-Politik. Für Wertschöpfung sogt das Marketing nach eigenen Angaben mit einer Mischung aus rationellem Produktnutzen und emotionalem Mehrwert. In Deutschland wird das Unternehmen durch die Red Bull Deutschland GmbH mit Sitz in München vertreten.

UNTERNEHMEN

Red Bull Deutschland GmbH
Osterwaldstr. 10
80805 München
✆ (0 89) 20 60 35-0
🖷 (0 89) 20 60 35-1 00
💻 www.redbull.de

REDLEFSEN

Die Marke Redlefsen steht für ein umfassendes Sortiment an Fleisch- und Wurstwaren. Die Produktpalette umfasst vor allem Rohwurst, frische Würstchen und Convenience-Artikel jeglicher Art. Besondere Bekanntheit erreichte Redlefsen durch die Einführung des Artikels *2 X 2*, „Das Würstchen mit dem Reißverschluss". Dies sind jeweils zwei separat verpackte Würstchen in einer trennbaren Packung. *2 X 2* war der erste herzhafte Convenience-Artikel im Markt überhaupt und wurde bereits in den 1970er-Jahren mit umfangreichen Kampagnen beworben. Innovative Vermarktungswege wurden mit dem Verkauf der *Meister-Bockwurst* an Tankstellen, Bäckereien usw. beschritten. Neu eingeführt hat die H. Redlefsen GmbH & Co. KG die Produktlinie *Bratmeister*, unter der 16 Sorten Grillwürste vermarktet werden. Der Ursprung der Marke geht auf Hans Redlefsen zurück, der 1865 in der Provinz Angeln im Nordosten von Schleswig-Holstein eine Fabrik für Fleisch- und Wurstwaren gründete. Indem er Eisschollen zur Kühlung verwendete, gelang Hans Redlefsen als erstem die Herstellung von Mettwurst im Sommer. Die nachfolgenden Generationen führten das Familienunternehmen bis zur Übernahme 1999 durch die Karl Könecke Fleischwarenfabrik fort. Redlefsen ist seit 2006 ein Unternehmen der zur Mühlen-Gruppe, die zu den größten der europäischen Fleisch- und Wurstwarenbranche zählt und pro Jahr über 230.000 t Wurstwaren verkauft (gesamte Gruppe). Unter dem Dach der zur Mühlen-Gruppe werden Produkte der Marken →Böklunder, Plumrose, →Könecke, Heine's, Jensen's, →Schulte, Zerbster und Naumburger verkauft. Eine Verknüpfung zu den nordischen Wurzeln der Marke wird durch die Farbwahl der Verpackung hergestellt: Blau für die Meere und Grün für die Wiesen Schleswig-Holsteins. Zum Markenportfolio gehören neben Redlefsen seit 1980 auch die Feinschmeckermarken *Jensen's* und *Heine's*. Redlefsen erhielt als eines der ersten dt. Unternehmen die Zertifizierung nach dem International Food Standard (IFS). Außerdem sind die Redlefsen-Produkte nach den qualitätssichernden Normen ISO 9001-2000, Qualität & Sicherheit (QS) und British Retail Consortium (BRC) zertifiziert. Des Weiteren bietet Redlefsen Artikel mit dem Bio-Siegel gemäß der EG-Öko-Verordnung (EG 2092/1991) an.

2 × 2 (Mitte) aus dem Hause Redlefsen war einer der ersten herzhaften Snacks auf dem Markt.

DATEN UND FAKTEN

Markenname: Redlefsen, Familienname des Gründers

Slogan: „Das Würstchen mit dem Reißverschluss"

Gründer: Hans Redlefsen, 1865, Satrup

Markenregistrierung: 15.06.1964, DPMA München

Markenbekanntheit: 35 % gest. (Quelle: Brigitte Kommunikationsanalyse, 2004)

Produktionsmenge: ca. 2 Mrd. Würstchen / Wurstportionen, entspricht über 230.000 t pro Jahr (gesamte Gruppe)

UNTERNEHMEN

H. Redlefsen GmbH & Co. KG
Hans-Redlefsen-Str. 1
24984 Satrup
✆ (04 21) 45 87-0
🖷 (04 21) 45 87-2 41
💻 www.redlefsen.de

REEBOK

Die Marke Reebok steht für die Produkte des gleichnamigen US-amerikanischen Sportartikelherstellers. Das Portfolio von Reebok ist in drei Bereiche eingeteilt. Die Kernmarke Reebok steht dabei für Sport- und Lifestyle-

Architektur, die dem Sport verpflichtet ist: Die Reebok-Firmenzentrale in Canton, Massachusetts

Produkte. *Reebok-CCM* Hockey ist der weltgrößte Hersteller und Vermarkter von Hockey-Ausrüstung und Bekleidung. Die Marke *Rockport* bietet Schuhe und Mode für Freizeit- und Outdooraktivitäten und richtet sich an stilbewusste Käufer. Die Geschichte von Reebok beginnt 1895 mit der Gründung der Rennschuh-Firma J. W. Foster and Sons im engl. Bolton. 1958 gründeten Jeffrey und Joseph Foster, zwei Enkel von Joseph William

Die Schauspielerin Scarlett Johansson wirbt für Reebok.

Foster, die Firma Reebok. Der Markenname stammt aus der südafrikanischen Sprache Afrikaans und bedeutet Rehantilope. Dadurch sollte die sportliche Dynamik von Reebok-Schuhen betont werden. 1979 lizenzierte ein amerikanischer Unternehmer den Vertrieb von Reebok-Schuhen für den US-Markt. Den Durchbruch schaffte das Unternehmen in den frühen 1980er-Jahren mit dem Damensportschuh Freestyle, der in der aufkommenden Aerobic-Welle zu einem großen Verkaufserfolg wurde. In den Folgejahren etablierte sich Reebok als Sport- und Lifestylemarke. Das erste Reebok-Markenlogo war der Reebok-Schriftzug neben dem Union Jack, der brit. Nationalflagge. Heute steht dieses Logo für die Klassik-Produktlinie von Reebok. In den späten 1980er-Jahren wurde das Reebok-Logo durch den sog. Vektor ergänzt. Er zeigt zwei nach rechts oben aufstrebende blaue Linien, durchkreuzt durch ein rotes Dreieck, genannt „Side Stripe – Cross Check". Der Vektor ist seitdem das wichtigste Markenzeichen von Reebok und auf allen Produkten des Unternehmens zu finden. Um größeren Einfluss bei jungen Zielgruppen zu gewinnen, wurde das Reebok-Logo 2001 modernisiert. Es besteht aus den drei Buchstaben Rbk neben dem Reebok-Vektor. Seit 2006 gehört Reebok zur →adidas Gruppe. Mit einem Umsatz von 2,473 Mrd. Euro erwirtschaftete Reebok 2006 25 % des Gesamtumsatzes der adidas Gruppe. Reebok-Produkte werden weltweit in eigenen Reebok-Shops sowie im Einzelhandel vertrieben.

DATEN UND FAKTEN

Markenname: Reebok, Afrikaans, bedeutet Rehantilope

Slogan: „I am what I am"

Gründer: Jeffrey Foster, 1958 (Reebok)

Innovationen: Damensportschuh Freestyle, 1982

Jahresumsatz: 2,473 Mrd. Euro (2006, Marke Reebok)

Markenwebsite: www.rbk.com

UNTERNEHMEN

adidas AG

Hauptsitz: Herzogenaurach, Deutschland

Vorstand: Herbert Hainer

Weitere Marken: →adidas, →TaylorMade

Gesamtumsatz: 10,084 Mrd. Euro (2006)

Vertrieb: weltweit über eigene Reebok-Shops sowie den Einzelhandel

KONTAKT

adidas AG
Adi-Dassler-Str. 1

SCHON GEWUSST?

- Reebok hat als einzige größere Marke offizielle Partnerschaften mit den nordamerikanischen Profiligen NFL, NHL und MLB und genießt dadurch eine einzigartige Position in den Bereichen Sports Licensing und amerikanische Sportarten.
- Bei den olympischen Sommerspielen 1924 trugen die brit. Goldmedaillengewinner Harold Abrahams und Eric Liddell Laufschuhe aus der Produktion von J. W. Foster, dem Schuhfabrikanten und Großvater der Gründer von Reebok. Die Geschichte der Athleten wurde 1981 unter dem Titel „Chariots of Fire" („Die Stunde des Siegers") verfilmt und mit vier Oscars ausgezeichnet.

91074 Herzogenaurach
✆ (0 91 32) 84–0
💻 www.adidas-group.de

Ansprechpartner Presse
Anne Putz
Team Leader Corporate PR
✆ (0 91 32) 84–29 64
✉ anne.putz@adidas-group.com

REGULAX

Unter der Marke Regulax vertreibt die Krewel Meuselbach GmbH Abführmittel zur Behandlung von Verstopfung und Darmträgheit. Der Markenname ist ein Kunstwort, das sich aus den Wörtern regulieren und Laxans, dem Fachbegriff für Abführmittel, zusammensetzt. Die Marke wurde 1959 in der DDR von dem Pharmazeutischen Werk Meuselbach angemeldet. Ursprünglich war auf den Verpackungen ein Baum abgebildet, der auf Feigen als wichtigen Inhaltsstoff verwies. Heute steht die Abbildung des in Alufolie verpackten Würfels als Arzneiform im Mittelpunkt. Der Markenname Regulax erscheint in grüner Schrift. Das thüringische Pharmaunternehmen Meuselbach wurde 1991 von den der Krewel Werke GmbH übernommen. Meuselbach ist einer der ältesten dt. Pharmahersteller und wurde bereits 1745 erstmals als Gewerbebetrieb urkundlich erwähnt. Nach der organisatorischen Zusammenführung wurden die beiden Unternehmen 1996 zur Krewel Meuselbach GmbH vereint. Zum Portfolio gehören neben Regulax u.a. auch die Arzneimittel →Aspecton, →Mallebrin und →Hedelix. Das internat. agierende Unternehmen ist mit seinen Produkten in über 20 Ländern präsent und besitzt in fünf europäischen Ländern Vertretungen mit eigenem Vertrieb und Außendienst. Der Schwerpunkt der Exportaktivitäten liegt auf den osteuropäischen Staaten. Die Krewel Meuselbach GmbH beschäftigt ca. 320 Mitarbeiter und verfügt über Produktionsstätten in Gehren (Thüringen) und Eitorf (Nordrhein-Westfalen).

DATEN UND FAKTEN

Markenname: Regulax, Kunstwort, zusammengesetzt aus den Wörtern **regu**lieren und **Lax**ans, dem Fachbegriff für Abführmittel

Slogan: „Bei Verstopfung und Darmträgheit"

Erfinder: Pharmazeutisches Werk Meuselbach, 1959

Markenregistrierung: 01. 10. 1059, AfEP Berlin (DDR)

UNTERNEHMEN

Krewel Meuselbach GmbH
Krewelstr. 2
53783 Eitorf
✆ (0 22 43) 87–0
🖷 (0 22 43) 87–3 33
💻 www.krewel-meuselbach.de

REINERT

Die Konsumgütermarke Reinert ist eine eingetragene Marke der H. & E. Reinert Unternehmensgruppe aus Westfalen, die europaweit Wurst- und Schinkenprodukte vertreibt. Der Name ist an die Gründer des Familienunternehmens, die Gebrüder Hermann und Ewald Reinert, angelehnt, die 1931 in Versmold mit der Herstellung von Fleisch- und Wurstwaren begannen. Reinert steht für die Kontinuität des Familienunternehmens, hohe Qualitätsansprüche und Innovationsfreude bei der Produktentwicklung. Die Tradition des Fleischerhandwerks, verknüpft mit der Premiumqualität der Produkte, spielt bei der Kommunikation der Marke Reinert eine große Rolle. Die Schinken- und Wurstspezialitäten wurden anfangs nur für die Theken in Lebensmittel- und Fachgeschäften produziert. Seit 1997 stellt das Unternehmen zusätzlich vorverpackte Produkte für den Selbstbedienungsbereich her. Heute wird unter dem Markennamen Reinert ein stetig wachsendes Produktsortiment zusammengefasst. Zum Portfolio zählen die Marken *Bärchen-Familie, Sommerwurst, Chambelle* und *Familien-Wurst*. Mit spezifischen Angeboten richtet sich die Dachmarke gezielt an Gourmets, Familien mit Kindern oder besonders ernährungsbewusste Verbraucher. Das Markenlogo, das auf jedem Produkt zu finden ist, zeigt ein stilisiertes Haus mit dem Wappen der Familie Reinert als Symbol für die Tradition des Unternehmens. Die H. & E. Reinert Westfälische Privat-Fleischerei GmbH & Co.KG hat ihren Sitz in Versmold und wird von Gesellschafter Hans-Ewald Reinert im Sinne eines Familienunternehmens geführt. Von 1998 bis 2003 waren die Geschäfte vor allem von zahlreichen Firmenzukäufen geprägt, darunter die Betriebe Schinken Einhaus, die H. + C. Schröder Schinkenveredelungs GmbH, die WUFA Schwarzwälder Schinken Spezialitäten und die Sickendiek Fleischwarenfabrik. An fünf dt. Standorten beschäftigt die Reinert-Gruppe

Regulax®

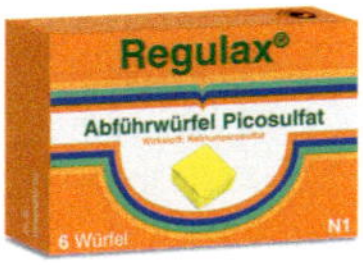

Regulax ist ein Abführmittel aus dem Hause Krewel Meuselbach.

Reinert®
Die Privat-Fleischerei

Logo der Privat-Fleischerei Reinert (oben), die *Gourmet-Salami* aus dem *Chambelle*-Sortiment (Mitte), Firmengründer Hermann und Ewald Reinert (unten)

Mit der beliebten *Bärchen-Familie* avancierte Reinert zum Marktführer im Segment Kinderwurstwaren.

1.300 Mitarbeiter (2007). Der Gesamtumsatz lag im Jahr 2006 bei 320 Mio. Euro. Seit 2007 produziert Reinert auch in Rumänien.

DATEN UND FAKTEN

Markenname: Reinert, Familienname der Eigentümerfamilie

Slogan: „Wir in Versmold ..." (2007)

Gründer: Hermann Reinert und Ewald Reinert, 1931, Versmold

Markenregistrierung: 13.09.1994, DPMA München

Innovationen: Reinert Sommerwurst (1969), Chambelle (1993), Bärchen-Familie (1998), FamilienWurst (2007)

Markenbekanntheit: 16,3 % ungest., 45,6 % gest. (TNS Emnid Medien- und Sozialforschung, 2007)

Werbespendings: 6 bis 8 Mio. Euro pro Jahr

Literatur:
H. Reinert: Erinnerungen. 75 Jahre Unternehmensgeschichte (Versmold, 2006)

UNTERNEHMEN

H. & E. Reinert Westfälische Privat-Fleischerei GmbH & Co. KG

Hauptsitz: Versmold, Deutschland

Geschäftsführender Gesellschafter: Hans-Ewald Reinert

Weitere Marken: Aktifit, Schinken Nuggetz

Gesamtumsatz: 320 Mio. Euro (2006)

Vertrieb: europaweit

KONTAKT

H. & E. Reinert Westfälische
Privat-Fleischerei GmbH & Co. KG
Mittel-Loxten 37
33775 Versmold
✆ (0 54 23) 9 66-0
🖷 (0 54 23) 9 66-1 30
💻 www.reinert.de

Ansprechpartner Marketing:
Hans-Ewald Reinert
✆ (0 54 23) 9 66-0
✉ reinert@reinert.de

PR-Agentur:
impact Agentur für Kommunikation GmbH
✆ (0 69) 95 52 64-0
✉ agentur@impact.ag
💻 www.impact.ag

SCHON GEWUSST?

- Die „im Tuche gereifte" *Reinert Sommerwurst* wurde 1969 von Hans Reinert erfunden. Ihre Rezeptur basiert auf der traditionellen westfälischen Dauerwurst, die Hans Reinerts Großeltern in den Sommermonaten herstellten. Sechs Wochen feilte der Wurstwarenhersteller an der Rezeptur der *Sommerwurst* im noch heute charakteristischen Tuch.
- Fast drei Jahre lang stellte Reinert ausschließlich vegetarischen Brotaufstrich her. In den Nachkriegsjahren war Improvisation gefragt – und so wurde die Fleischwarenfabrik in den Jahren 1946 bis 1948 zu einer kleinen Fabrik für Rübenkraut umfunktioniert.

REIS-FIT

Die Marke reis-fit gehört seit 2003 zur Euryza GmbH.

Unter der Marke reis-fit vertreibt die Euryza GmbH Reis im Kochbeutel, Mikrowellen-Reis und Reis-Cracker. Neben fünf Basissorten wie Natur-Reis oder Spitzen-Langkornreis gehören vier Reisspezialitäten wie Basmati-Reis oder „Natur & Wildreis" zum Sortiment. 1959 wurde unter der Marke reis-fit in Deutschland zum ersten Mal Reis im Kochbeutel verkauft. Mit dem Slogan „Lecker, locker, reis-fit" brachte reis-fit 1996 den 8-Minuten-Reis auf den Markt. 2003 erwarb die Euryza GmbH die Marke von Kraft Foods. 2004 folgten die Produkte 1-2-reis für die Mikrowelle und die Risbellis Reis-Cracker. Der aktuelle Slogan lautet „reis-fit - geniess dich fit." Das Logo zeigt den Markennamen in grünen Minuskeln auf weißem Grund, geschwungen umrahmt von einer roten Linie mit 3-D-Effekt und Schatten. Das Logo und den Verpackungs-Relaunch im Jahr 2007 hat die Design-Agentur Lothar Böhm entwickelt. reis-fit ist offizieller Lieferant der dt. Nationalmannschaft und Partner im Ernährungspool des Dt. Fußballbundes (DFB). Zielgruppe der Marke sind Männer und Frauen zwischen 25 und 49 Jahren in Deutschland und Österreich. Seit 2004 wird die Marke wieder mit TV-Werbung unterstützt. Umgesetzt wurden die Spots mit der reis-fit Familie von Scholz&Friends Brand Affairs. Abgerundet wird die Kommunikation für reis-fit durch einen benutzerorientierten Internetauftritt. Unter der Marke reis-fit setzt die Euryza GmbH in Deutschland 6.500 t Reis im Jahr ab. Das Unternehmen, das außerdem noch die Marke → ORYZA im Portfolio hat, verarbeitet jährlich über 70.000 t Reis und ist nach eigenen Angaben der größte Reisexporteur Deutschlands. Beliefert werden der Lebensmittel-Einzelhandel, der Großhandel, die Tiefkühl- und Convenience-Industrie sowie Großverbraucher und Schiffsausrüster. Die Euryza GmbH gehört zur belg. Firma Boost Nutrition, die ihrerseits unter dem Dach des span. Nährmittelkonzerns Ebro Puleva beheimatet ist.

DATEN UND FAKTEN

Markenname: reis-fit

Slogan: „reis-fit - geniess dich fit."

Aufkauf: Euryza GmbH, 2003

Markenregistrierung: 16. 12. 1963, DPMA München

Innovationen: reis-fit 8 Minuten Natur-Reis (1996), reis-fit 1-2-reis für die Mikrowelle (2004), reis-fit Risbellis (2004)

Markenwebsite: www.reis-fit.de

UNTERNEHMEN

Euryza GmbH
Oberwerder Damm 11–21
20539 Hamburg
(0 40) 7 81 06–0
(0 40) 78 72 45
www.euryza.de

REMEMBER PRODUCTS

Mit zehn Jahren ist Remember Products eine junge Marke im Marktsegment der Lifestyle-Produkte und Spiele. Die Marke wurde 1996 von Stefanie Keppler gegründet und gehört seit 2000 zur Keppler & Fremer GmbH. Anlass der Firmengründung war die Entwicklung des Gedächtnisspiels *Signale*. Mittlerweile umfasst die Dachmarke 16 Produktgruppen mit über 200 Designs, darunter eine Serie von aufklappbaren Papphockern, Küchen- und Käsebrettchen, Tassen, sog. Biboxen, die der Aufbewahrung dienen und als Wandschmuck verwendbar sind, Wolldecken und Mousepads in jeweils unterschiedlichen Designs sowie Spiele, Bücher, Grußkarten, Kalender, Uhren, Schokolade und Konfitüren. Remember Products stechen durch ein prägnantes und farbenfrohes, grafisch orientiertes Design hervor. Unternehmensphilosophie ist es, neue Produkte zu entwickeln oder bekannte Gegenstände in etwas Neues zu verwandeln.

Remember Products stechen durch ein prägnantes und farbenfrohes, grafisch orientiertes Design hervor.

Alle Teile des Sortiments werden im eigenen Unternehmen entworfen und gestaltet. Ein populäres Produktsegment sind z. B. die Stadtplanmotive verschiedener Großstädte auf Brettchen und Servietten. Im Gegensatz zur farbintensiven Wirkung der Produktpalette erscheint das ebenfalls von der Keppler & Fremer GmbH gestaltete Markenlogo als weißer Versalienschriftzug auf schwarzem Grund klassisch und zurückhaltend. Zielgruppe sind designorientierte Käufer mittleren Einkommens ab 20 Jahren. Die Marke wurde zunächst ausschließlich im Direktversand an Privatkunden verkauft, die über kostenlose Bestellkataloge in Wohn- und Lifestyle-Magazinen geworben wurden. Aufgrund von Nachfragen aus dem Einzelhandel entstand ein duales Vertriebssystem als Kombination aus Direktvertrieb und der Zusammenarbeit mit dem Facheinzelhandel. Es werden sowohl nat. als auch internat. Fachhändler beliefert. Der Jahresumsatz liegt bei ca. 5 Mio. Euro. Verschiedene Produkte von Remember Products wurden mit namhaften Designpreisen ausgezeichnet und werden aufgrund ihrer Beliebtheit häufig Opfer von Produktpiraterie.

DATEN UND FAKTEN

Markenname: Remember Products

REMEMBER®
PRODUCTS

Geschäftsführer von Remember-Products sind Ingo Fremer (Mitte) und Stefanie Keppler (unten).

Gründer: Stefanie Keppler, 1996, Krefeld

Markeneinführung: 1996, Deutschland

Auszeichnungen:
„red dot award: product design" für Gedächtnisspiel *Signale* (1999)
„red dot award: product design" für die Uhr *time for two* und für das Spiel *eckolo* (2001)

Literatur:
Prof. Dr. Zec: Good Design (2000)
Prof. Dr. Zec: Design Innovationen (2001)

UNTERNEHMEN

Keppler & Fremer GmbH

Hauptsitz: Krefeld, Deutschland

Gesellschafter: Stefanie Keppler, Ingo Fremer

Gesamtumsatz: ca. 5 Mio. Euro (2007)

Vertrieb: weltweit über Direktversand, Facheinzelhandel

KONTAKT

Keppler & Fremer GmbH
Weggenhofstr. 27
47798 Krefeld
(0 21 51) 6 23 39-0
(0 21 51) 6 23 39-11
www.remember.de

SCHON GEWUSST?

- Das Gedächtnisspiel *Signale* umfasst 44 farbenfrohe Kartenpaare mit klaren geometrischen Formen wie Kreisen, Quadraten und Dreiecken. Über die Spielregeln hinaus lassen sich die Karten spielerisch zu neuen Mustern kombinieren.
- Remember Products bietet eine farbenfrohe Variante des populären Spiels Sudoku in einer magnetischen Klappbox aus Holz und Pappe an.

REMINGTON
Aufs Äussere kommt's an

Der Haarglätter S 2003 ist Teil des breit gefächerten Sortiments von Remington.

REMINGTON

Unter dem Dach der internat. Konsumgütermarke Remington versammeln sich Rasierapparate, Haarschneider, Epilierer sowie Haarglätter, Haartrockner, Lockenstäbe und weitere Geräte für das Haarstyling. Die Marke ist nach Eliphalet Remington benannt, der 1816 in Ilion im US-Bundesstaat New York eine Waffenmanufaktur gründete. Durch Übernahmen und Fusionen veränderten sich die Firmenstrukturen und das Produktangebot kontinuierlich. In den1930er-Jahren wurden unter der Marke Remington erstmals Rasierapparate angeboten. 1937 kam der erste Trockenrasierer *Close Shaver* des Hauses auf den Markt. 1979 kaufte der Unternehmen Victor Kiam aus persönlicher Überzeugung vom Nutzen des Produkts die Marke von der damaligen Sperry Cooperation und gründete die Remington Products Company, LLC. Die Erläuterung seiner Überzeugung: „I liked the shaver so much, I bought the company." wurde weltberühmt und später in der Werbekampagne als Slogan eingesetzt. Heute gehört Remington zum amerikanischen Konsumgüterkonzern Spectrum Brands. Mit der Neugestaltung des Logos im Jahr 2003 entfiel der Hinweis auf das Herkunftsland USA. Die Marktpositionierung von Remington als Lifestyle-Marke wird durch den Einsatz prominenter Werbeträger wie Cindy Crawford unterstrichen. Das Unternehmen entwickelt regelmäßig Produktneuheiten wie zuletzt 2007 Haarglätter und Lockenstäbe mit Dampf-Hydrationssystem und ist zugleich Marktführer (GfK, 2007, 1. Halbjahr) in diesen Segmenten. Der weltweite Vertrieb erfolgt größtenteils über Niederlassungen der Spectrum Brands Coorporation sowie über externe Vertriebspartner. Weltweit erwirtschaftete die Marke Remington 2006 einen Umsatz von 410 Mio. USD und steuerte damit 16 % zum Konzernumsatz bei. In Deutschland wird Remington von der VARTA Consumer Batteries GmbH & Co. KgaA, einer Tochtergesellschaft von Spectrum Brands, vertrieben.

DATEN UND FAKTEN

Markenname: Remington, Familienname des Gründers

Slogan: „Remington – Aufs Äussere kommt's an" (seit 2006)

Frühere Slogans: „I liked the shaver so much, I bought the company" (Victor Kiam, 1980er-Jahre)

Erfinder: Eliphalet Remington, 1816, Ilion/USA

Markenregistrierung: 22. 04. 1959, DPMA München

Innovationen: Haarglätter zur Anwendung auf feuchtem Haar (2004), Body-Hair-Trimmer (2005), Stylingplatten mit Teflon-Gewebefaser (2006), Dreitagebartschneider (2007), Haarglätter und Lockenstäbe mit Dampf-Hydrationssystem (2007)

Jahresumsatz: 410 Mio. USD (weltweit, 2006)

UNTERNEHMEN

VARTA Consumer Batteries GmbH & Co. KGaA
Alfred-Krupp-Str. 9
73479 Ellwangen a.d. Jagst
✆ (0 79 61) 8 37 70
🖷 (0 08 00) 8 27 82 74
💻 www.remington.de

RE-NATURE

Re-Nature von →Schwarzkopf ist eine Re-Pigmentierungs-Creme, die graues Haar zu seiner ursprünglichen Haarfarbe hinführt, ohne dass das Haar coloriert werden muss. Wenn im Laufe der Zeit die Melaninproduktion innerhalb der Haarwurzeln nachlässt, wird das Haar langsam weiß, da die Farbpigmente im Haar fehlen. Re-Nature füllt die freigewordene Pigmentstruktur Schritt für Schritt wieder mit naturähnlichen Pigmenten auf. Durch individuelle Anwendung kann das Farbergebnis gesteuert werden. Mit jeder Benutzung wird das Haar dunkler. Ist das gewünschte Ergebnis erzielt, beendet man die Anwendung. Re-Nature wirkt nicht nur unmittelbar bei der Benutzung der Creme, sondern auch nach dem Auftragen mit dem Luftsauerstoff weiter nach. Durch die Kombination dieser Nachwirkung und der Wiederholung der Anwendung nimmt das Haar schrittweise wieder eine natürliche Haarfarbe an. Diese neuartige Repigmentierungstechnologie unterscheidet Re-Nature von klassischen Haar-Colorationen. Eingeführt wurde Re-Nature im Jahr 1998 als Innovation von Schwarzkopf zur Re-Pigmentierung stark ergrauten Haares in je einer Variante für Männer und Frauen. Die Technik der Re-Pigmentierung war bis zu diesem Zeitpunkt ein unbekanntes Produktfeld und wurde erstmals von der →Henkel KGaA eingesetzt. 2003 wurde die Formel überarbeitet und zwei neue Varianten für dunklere Ausgangshaarfarben wie dunkelbraunes bis schwarzes Haar auf den Markt gebracht. Seit 2007 gibt es neben der Klassik-Produktlinie mit Re-Nature *1st Grey* zwei Varianten, je eine für Männer und Frauen, speziell zur Kaschierung erster grauer Haare. Re-Nature *1st Grey* unterscheidet sich zusätzlich von der Klassik-Linie durch eine besonders kurze Einwirkzeit von nur 3 Minuten. Geworben wird für die Produkte mit dem Slogan „Re-Nature. Denn

Print-Werbekampagne für Re-Nature aus dem Jahr 2003

nichts ist natürlicher als die eigene Haarfarbe". Das Unternehmen Schwarzkopf wurde 1898 in Berlin von dem Apotheker Hans Schwarzkopf gegründet. Aufgestiegen zu einem der größten Haarkosmetikhersteller Europas, wurde Schwarzkopf 1995 von der Henkel KGaA übernommen. Mit ihrem Kosmetik- und Körperpflegebereich setzte die Henkel KGaA im Jahr 2006 2,864 Mrd. Euro in mehr als 125 Ländern um und zählt zu den weltweit führenden Herstellern von Markenprodukten in diesem Bereich.

DATEN UND FAKTEN

Markenname: Re-Nature, Kunstwort, aus engl. und lat., im Sinne von Rückkehr zur Natur

Slogan: „Re-Nature. Denn nichts ist natürlicher als die eigene Haarfarbe."

Markteinführung: 1998 in Deutschland

Markenregistrierung: 30. 07. 1998, DPMA München

Innovation: Re-Nature 1st Grey (2007)

Website: www.renature.de

Literatur:
Henkel KGaA (Hg.): Chronik 130 Jahre Henkel. (2006)

UNTERNEHMEN

Henkel KGaA

Schwarzkopf
RE-NATURE
RE-PIGMENTIERUNG

Henkel erfand 1998 die Technik der Re-Pigmentierung. Heute gibt es Produkte speziell für stark ergrautes Haar (Mitte) und für erste graue Haare (unten) jeweils für Männer und Frauen.

Hauptsitz: Düsseldorf, Deutschland

Weitere Marken: s. → Henkel

Gesamtumsatz: 12,740 Mrd. Euro (2006)

Vertrieb: weltweit in mehr als 125 Ländern

KONTAKT

Henkel KGaA
Henkelstr. 67
40589 Düsseldorf
✆ (02 11) 7 97-0
🖷 (02 11) 7 98-40 08
🖳 www.henkel.de

Ansprechpartner Presse:
Marion Schwenker
✉ press@henkel.com

MEILENSTEINE

1998 Mit Re-Nature startet bei Schwarzkopf die neue Produktkategorie der Re-Pigmentierung.

2003 Die überarbeitete Formel für mittelblondes bis mittelbraunes Haar kommt auf den Markt. Eine neue Variante für dunkelbraunes bis schwarzes Haar wird gelauncht.

2007 Einführung von 1st Grey zur Kaschierung erster grauer Haare

RENAULT

Seit 1925 wurde der Diamant von Renault ständig modernisiert.

174.190 zugelassene Renault-Fahrzeuge im Jahr 2006 bezeugen den Hersteller als erfolgreichsten ausländischen Automobilkonzern in Deutschland. Das franz. Unternehmen ist benannt nach seinem Gründer Louis Renault, der zusammen mit seinen Brüdern 1898 den ersten Renault Typ A im franz. Boulogne-Billancourt produzierte. In Deutschland wurde die Marke als Renault Frères-Automobil Aktiengesellschaft in Berlin am 17. Oktober 1907 ins Handelsregister eingetragen. Zahlreiche Innovationen prägten die internat. Expansion des Autobauers. Kardanwelle, Trommelbremse und Turbokompressor gehören z. B. zu den Neuerungen. Seit 1991 ist Renault in Deutschland stärkster ausländischer Anbieter. Von den zugelassenen Fahrzeugen entfallen 96,36 % auf Renault und der Rest auf die Tochtermarke *Dacia*. Mit acht 5-Sterne-Fahrzeugen bietet Renault die sicherste Modellpalette und gehört zu den Top 3 unter den Automobilherstellern in Europa mit dem geringsten CO_2-Ausstoß. Umweltfreundlichkeit, Qualität und Fahrsicherheit sind die wichtigsten Säulen der Produktkommunikation. Der Konzern bietet mit Modellen wie dem *Clio*, *Laguna*, *Scenic*, *Kangoo* Produkte in allen Fahrzeugklassen. Die Marke soll Begeisterung, Zuverlässigkeit und menschliche Nähe ausstrahlen. Das heutige Logo besteht in seiner Form seit 1992. Das kreisförmige Gitteremblem von 1923 entwickelte sich bis hin zum dreidimensionalen Rhombus. Der Diamant findet seinen Ursprung 1925 und gewann in der Folgezeit zunehmend an Plastizität. Er soll Modernität, Kreativität und Wertigkeit repräsentieren. Die Schwerpunkte Sicherheit und Fahrspaß drücken sich auch in den Werbekampagnen aus. Der Renault-Konzern erwirtschaftete 2006 unter dem CEO Carlos Ghosn einen Gesamtumsatz von 41,5 Mrd. Euro und beschäftigt weltweit 128.892 Mitarbeiter (in Deutschland 843). Bis 2009 plant man bei Renault die Einführung von 26 neuen Modellen auf dem dt. Markt.

UNTERNEHMEN

Renault Deutschland AG
Renault-Nissan-Str. 6–10
50321 Brühl
✆ (0 22 32) 73 90
🖷 (0 22 32) 73 98 46
🖳 www.renault.de

RENÉ LEZARD

Eine dt. Modemarke: RENÉ LEZARD

RENÉ LEZARD ist eine Modemarke im Premiumsegment. RENÉ LEZARD steht für Individualität, unverwechselbares Design und hohe Qualität bei Material und Verarbeitung. Mode von RENÉ LEZARD richtet sich nach Angaben des Unternehmens an modisch interessierte Frauen und Männer, die ihre Individualität selbstbewusst und extrovertiert leben. RENÉ LEZARD sieht seine Kollektionen „im Spannungsfeld von *relaxed businesswear* und einer modernen Auffassung von *casual dressing*". Sie umfassen u. a. auch Parfüms, Accessoires, Schuhe, Taschen, Schals und Gürtel. Das Logo zeigt den Markennamen in grauen Versalien einer Serifenschrift. Gründer der RENÉ LEZARD Mode GmbH ist Thomas Schaefer. Er ist, gemeinsam mit der Mariella Burani Fashion Group, Gesellschafter des Unternehmens. RENÉ LEZARD wurde 1978 etabliert. Das Unternehmen hat knapp 300 Mitarbeiter und produziert in eigenen und in Fremdbetrieben in Deutschland sowie im Ausland. Vertrieben wird die Mode in eigenen Läden und über den Fachhandel. Sog.

Monostores betreibt das Unternehmen u.a. in Berlin, Kairo, Kiew und Wien sowie in Hamburg, München und Stuttgart. Darüber hinaus gibt es Showrooms in wichtigen Modestädten wie z.B. Amsterdam, Kopenhagen und New York. Hauptsitz der RENÉ LEZARD Mode GmbH ist Schwarzach am Main.

UNTERNEHMEN

RENÉ LEZARD Mode GmbH
Industriestr. 2
97359 Schwarzach
✆ (0 93 24) 3 02-0
🖷 (0 93 24) 3 02-24 49
💻 www.rene-lezard.com

REVELL

Die Marke Revell steht für Plastikmodellbausätze. Lewis H. Glaser gründete das amerikanische Unternehmen im Jahr 1943 in der Stadt Venice, Kalifornien. Bevor ab 1947 mit dem Plastikmodellbau das Kerngeschäft von Revell errichtet wurde, produzierte das Unternehmen Kunststoff-Spielzeug, Zubehör für Puppenstuben und Spielzeug-Waschmaschinen. Erwähnenswert ist der Ursprung des Unternehmensnamens: Er entsprang der Fantasie einer 17-jährigen Mitarbeiterin aus der Produktion des Unternehmens und setzte sich als Firmierung durch. Im Jahr 1956 gründete Revell ein Tochterunternehmen in Deutschland, das seit Mitte der 1980er Jahre über eine eigene Entwicklungsabteilung verfügt. Seit dem Jahr 2006 ist die Revell GmbH & Co.KG mit Sitz in Bünde ein völlig eigenständiges Unternehmen. Das heutige Modellbau-Sortiment umfasst hauptsächlich hist. und zeitgenössische Fahrzeuge aus dem militärischen und zivilen Bereich. Jährlich werden bis zu 100 Neuheiten der Produktpalette hinzugefügt. Der erfolgreichste Plastikmodellbausatz ist die Titanic mit über zwei Mio. verkauften Exemplaren. Die primäre Zielgruppe bilden Männer, wobei das Einstiegsalter auf ca. acht Jahre angesetzt wird. Das fahnenartige Logo wurde im Laufe der Jahre lediglich durch marginale Anpassungen geändert. Rechts neben dem gelb geschriebenen Markennamen auf dunkelblauem Grund bilden rot-weiße Streifen einen rechteckigen Block. Der Slogan „Revell – Build your dream" soll eine Verknüpfung der Bauaktivitäten mit Fantasie und Kreativität herstellen. Das Portfolio von Revell umfasst neben den Modellbau-Produkten eine Serie von Fertigmodellen aus Metall sowie die Mädchen-Kreativmarke *MagCliks*, Fußballfiguren der Eigenmarke *Kick-O-Mania*, das *epixx*-Figurenprogramm und eine Spielewelt um das Thema Pferde namens *GeeGee Friends*. Der Vertrieb erfolgt weltweit generell über Vertriebspartner, partiell (in Deutschland, Frankreich, Großbritannien) aber auch über eigene Niederlassungen.

Erfunden von einer Mitarbeiterin der Produktion: der Markenname Revell.

UNTERNEHMEN

Revell GmbH & Co.KG
Henschelstr. 20-30
32257 Bünde
✆ (0 52 23) 9 65-0
🖷 (0 52 23) 9 65-4 88
✉ contact_d@revell.de
💻 www.revell.de

REWE

Die Marke REWE steht für einen der größten Supermarktbetreiber in Deutschland. Der Name leitet sich von der Vereinigung „Revisionsverband der Westkauf-Genossenschaften" ab, die 1927 von 17 Einkaufsgenossenschaften in Köln gegründet wurde. Bereits fünf Jahre später erließ die REWE-Organisation Richtlinien zur Verwendung und Gestaltung eines einheitlichen Schriftzuges. Nach zahlreichen Expansionen kam es im Jahr 2006 zu einem Relaunch. Deutschlandweit erhielten über 3.000 Supermärkte, die zuvor miniMAL, HL, Stüssgen oder Otto Mess hießen, den gemeinsamen Namen REWE. Der aktuelle Schriftzug präsentiert sich plakativ, um im Straßenumfeld eine schnelle Wahrnehmung zu erzielen. Das prägnante Logo zeigt den Markennamen in weißen, fett gesetzten Versalien auf rotem Grund (Pantone 186c). Die Versalien sind leicht abgerundet und sprechen damit insbesondere eine weibliche Zielgruppe an, die den größten Kundenanteil darstellt. Der dazugehörige Slogan „Jeden Tag ein bisschen besser." spricht das Bestreben der Märkte an, sich im Hinblick auf die Qualität und das Preis-Leistungs-Verhältnis der Sortimente immer weiter zu verbessern. Neben den bereits etablierten Eigenmarken „ja!" für Qualitätsprodukte zu Discounter-Preisen, der Metzgerei W. Brandenburg und der Bio-Produktlinie erfolgt derzeit ein Ausbau des Portfolios um die REWE-Produktmarke. Seit Juni 2007 unterstützt das Unternehmen als Hauptsponsor den 1.FC Köln, dessen traditionelle Vereinsfarben dem des REWE-Logos entsprechen. Die Vertriebslinie REWE ist ein Kernelement des internat. agierenden Konzerns REWE Group im Geschäftsfeld Lebensmittelhandel. Weitere Bereiche im

REWE gehört zu den größten Supermarktbetreibern Deutschlands.

In Deutschland gibt es 3.000 REWE Supermärkte (2007).

Einzelhandel werden durch die Fachmärkte toom BauMarkt und ProMarkt abgedeckt. Neben dem Handel besitzt das Unternehmen mit dem Segment Touristik ein zweites Hauptgeschäftsfeld. Der Konzern ist in 14 Ländern Europas mit rund 270.000 Mitarbeiter/innen aktiv und erwirtschaftet jährlich einen Umsatz von rund 44 Mrd. Euro.

DATEN UND FAKTEN

Markenname: REWE, Akronym, zusammengesetzt aus den Anfangssilben von „**Re**visionsverband der **We**stkauf-Genossenschaften"

Slogan: „REWE Jeden Tag ein bisschen besser."

Frühere Slogans: „Wir kaufen gut ein, damit Sie gut einkaufen."

Gründer:17 Einkaufsgenossenschaften, 1927, Köln

Innovationen: Ökohandelsmarke Füllhorn (1988)

Markenbekanntheit: gest. 96 %, ungest. 49 % (Förster + Thelen, 2007)

Jahresumsatz: 12 Mrd. Euro

UNTERNEHMEN

REWE Group / REWE-Zentral AG

Hauptsitz: Köln, Deutschland

Vorstand: Alain Caparros, Norbert Fiebig, Josef Sanktjohanser

Weitere Marken: toom, Penny, toom BauMarkt, ProMarkt, Billa, Standa, GVS, Fegro/Selgros, ITS, Tjaereborg, Jahn, Meier's Weltreisen, FCm-DER, etc.

Gesamtumsatz: 43,5 Mrd. Euro (2006)

Vertrieb: in rund 3.000 dtsch. REWE Märkten und in 14 Ländern Europas

KONTAKT

REWE Group / REWE-Zentral-Aktiengesellschaft
Domstr. 20
50668 Köln
(02 21) 1 49-0
(02 21) 1 49-90 00
www.rewe-group.com

Ansprechpartner Unternehmenskommunikation & Presse:
Astrid Ohletz
(02 21) 1 49-10 50
presse@rewe-group.com

Lead-Agentur
Agentur Gramm, Düsseldorf
www.gramm.de

MEILENSTEINE

1927 Der „Revisionsverband der Westkauf-Genossenschaften", abgekürzt REWE, wird von 17 Einkaufsgenossenschaften gegründet.

1932 Ein einheitlicher Schriftzug dokumentiert den Zusammenhalt der REWE-Organisation.

1972 Die REWE-Zentralimporte GmbH wird in die heutige REWE-Zentral AG umgewandelt.

1974 Die REWE-Zentrale beteiligt sich zu 50 % an der Leibbrand-Gruppe, welche die HL- und miniMAL-Supermärkte sowie Penny-Discountmärkte, toom-SB-Warenhäuser und idea-Drogerien umfasst. 1989 geht Leibbrand in den Besitz der REWE über.

2001 Die Übernahme der LTU-Reiseveranstalter Jahn Reisen, Tjaereborg und Meier's Weltreisen untermauert eine führende Position in der Touristikbranche.

2006 Am 25. September erhalten deutschlandweit 3.000 Supermärkte wie miniMAL, HL, Stüssgen oder Otto Mess den einheitlichen Namen REWE.

REXONA

Rexona

Rexona ist lt. Unilever Weltmarktführer bei Deodorants.

Unter der Konsumgütermarke Rexona vertreibt der Unilever-Konzern desodorierende Produkte in Form von Sprays, Roll-ons, Pump-Sprays, Sticks und Cremes. Eine Besonderheit der Rexona-Produkte ist die sog. Body-Response-Technologie: Von einer Stärkehülle umgebene Mikrokapseln im Deo werden erst dann aktiviert, wenn sie, z.B. in Stresssituationen, mit Schweiß zusammentreffen. Die Stärkehülle löst sich dann auf und setzt die Inhaltsstoffe frei. Diese Sicherheitsreserve nimmt der Slogan „Lässt dich nicht im Stich" auf, der das Markenlogo ergänzt. Das Logo selbst zeigt den in schlanken Buchstaben gesetzten Rexona-Namenszug mit schwungvoller Ligatur zwischen dem „e" und dem „x" sowie ein von einem Kreis umgebenes Häkchen, wie man es etwa hinter einen erledigten Punkt einer Checkliste setzen würde. Die Stiftung Warentest erklärte den Deo-Stick *Rexona Women Cotton Dry* im Mai 2007 zum Sieger ihres Deo- und Antitranspirant-Tests und verlieh ihm aufgrund seiner lang anhaltenden Wirkung und seiner guten Hautverträglichkeit das Prädikat „sehr gut" (1,4). Entsprechend der Neuaufstellung der Marke Rexona, die nun konsequent auf die unterschiedlichen Bedürfnisse von Männern und Frauen bzw. Mädchen eingeht, sind in den letzten Jahren die Sub-Marken *Rexona MEN*, *Rexona Women* und *Rexona girl* aufgebaut worden und verfügen u.a. über eigenständige Internetpräsenzen. Zur Werbestrategie von Rexona gehören zielgruppenspezifische Aktionen und Events. Rexona ist nach Angaben des Herstellers Weltmarktführer bei Deodorants und war 2006 die Nummer eins bei den Aerosolen und bei den Frauen-Deos in Deutschland.

UNTERNEHMEN

Unilever Deutschland GmbH
Dammtorwall 15
20355 Hamburg
✆ (0 40) 3 49 30
🖷 (0 40) 35 47 42
💻 www.rexona.de

REXROTH

Die Bosch Rexroth AG ist einer der weltweit führenden Spezialisten von Antriebs- und Steuerungstechnologien. Für über 500.000 Kunden entstehen unter der Marke Rexroth individuelle Lösungen zum Antreiben, Steuern und Bewegen von Maschinen und Anlagen. Sie kommen in der Industrie- und Fabrikautomation sowie in mobilen Anwendungen zum Einsatz. Die Marke Rexroth vereint in allen wesentlichen Antriebs- und Steuerungstechnologien ein breites Produktportfolio von der Einzelkomponente bis zur Systemlösung. Rexroth bietet als alleiniger Anbieter sämtliche Antriebs- und Steuerungstechnologien von Elektrischen Antrieben und Steuerungen über Industrie- und Mobilhydraulik bis hin zu Linear- und Montagetechnik und Pneumatik. Sowohl in diesen einzelnen Technologien als auch bei technologieübergreifenden Lösungen verspricht Rexroth Best-in-Class-Produkte und ausgeprägte Beratungskompetenz. Rexroth sieht sich als Technologieführer in Sachen

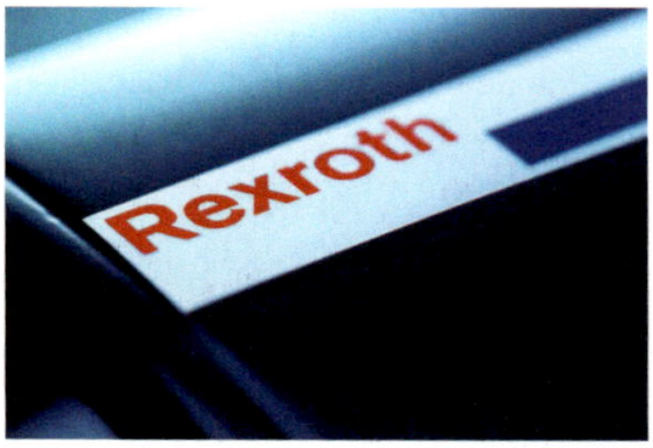

Rexroth umfasst von der Einzelkomponente bis zur Systemlösung ein breites Produktportfolio in allen wesentlichen Antriebs- und Steuerungstechnologien.

Antreiben, Steuern und Bewegen. Zusätzlich zum technologischen Nutzen will Rexroth seinen Kunden auch einen betriebswirtschaftlichen Mehrwert bieten: Das Angebot aus einer Hand soll den Schnittstellenaufwand reduzieren und beim Kunden die Prozesse von der Projektierung über Einkauf, Logistik und Inbetriebnahme bis hin zum Service vereinfachen. Damit können die Kosten über den gesamten Lebenszyklus gesenkt werden. Als wesentlichen Bestandteil des Markenwertes sieht Rexroth die Aspekte Partnerschaft und Nähe zum Kunden. Dem entspricht eine Infrastruktur mit Entwicklungs-, Produktions- und Vertriebsstandorten in über 80 Ländern. 2006 setzte das Unternehmen mit mehr als 29.800 Mitarbeitern rund 4,9 Mrd. Euro um. Das Unternehmen Bosch Rexroth kann auf eine über 200-jährige Tradition zurückblicken. Als hundertprozentige Tochter der Robert Bosch GmbH ist das Unternehmen Teil eines weltumspannenden Technologiekonzerns.

DATEN UND FAKTEN

Markenname: Rexroth, Familienname der Gründerfamilie

Slogan: „The Drive and Control Company"

Erfinder: Familie Rexroth, 1795, Lohr/Main

Markenregistrierung: 22. 09. 1964, DPMA München

Rexroth
Bosch Group

Die Steuerungs- und Antriebslösung für das in Beijing geplante, über 200 m hohe Aussichtsrad projektiert und liefert Rexroth (Mitte). Montage der Planetenstufe des Generatorgetriebes REDULUS GPV für Windenergieanlagen (unten)

Innovationen: rund 3.400 Patente und Patentanmeldungen im In- und Ausland (2006)

UNTERNEHMEN

Bosch Rexroth AG

Hauptsitz: Lohr/Main

Vorstand: Manfred Grundke (Vorsitzender), Dr. Georg Hanen, Reiner Leipold-Büttner

Gesamtumsatz: 4,9 Mrd. Euro (2006)

Vertrieb: in über 80 Ländern

KONTAKT

Bosch Rexroth AG
Maria-Theresien-Str. 23
97816 Lohr/Main
✆ (09 352) 18-0
🖳 www.boschrexroth.de

SCHON GEWUSST?

▮ ... dass Rexroth Ihnen tagtäglich begegnet? Versteckt im Innern von Industrieanlagen sorgt Rexroth-Technik für reibungslose Abläufe. Einige Beispiele: Die Frühstücksbrötchen werden in der Großbäckerei auf ein Kettenfördersystem von Rexroth transportiert. Die Zeitung druckt eine Maschine mit Rexroth-Antriebs- und Steuerungstechnik. Unser Gemüse wird mit Traktoren, ausgestattet mit Rexroth-Komponenten, geerntet. Der Käse, den wir essen, hat vielleicht ein Käsewenderoboter mit Rexroth-Technik gewendet und den Müsliriegel hat die Maschine mit Rexroth-Technik verpackt.

RICARDA M.

Accessoires aus der Serie *Designer World* (oben), Parfum aus der Serie *Secrets of Beauty* (Mitte), Ring aus der Kollektion *Paradise Jewelry* (unten)

Unter dem Label Ricarda M. vertreibt die gleichnamige Designerin und Beauty-Expertin Kosmetik-, Mode- und Lifestyleprodukte. Der Vertrieb erfolgt über Teleshopping-Sender und das Internet. 1998 gründete Ricarda M. Hofmann in München die Ricarda M. Vertriebs GmbH und legte mit der Nagelpflegeserie *Ruby Crystal* den Grundstein für den Aufbau ihres Produktsortiments. In den darauf folgenden Jahren entwickelte Ricarda M. in Zusammenarbeit mit ihrem Team ein breit gefächertes Markenspektrum, das neben der Kosmetiklinie *Secrets of Beauty*, Parfüms, Designerschmuck- und Mode, Lingerie sowie Accessoires und Schuhe umfasst.

Gründerin und Chefdesignerin Ricarda M. Hofmann

Im März 2007 rundete Ricarda M. mit der Wohnkollektion *Royal Living* ihr Produktportfolio ab. Mit der *2in1-Mascara* folgte die Unternehmerin ihrem Gespür für Trends und etablierte das neuartige Produkt auf dem europäischen Markt. Den Vertriebsweg über Teleshopping und Internet hat das Unternehmen gewählt, um Luxus und Qualität zu bezahlbaren Preisen anbieten zu können. Die Gestaltung des Markensignets soll dies unterstreichen und mit Farben wie Mitternachtsblau, Silber und Gold die Assoziationen Extravaganz und Einzigartigkeit wecken. Das Logo adaptiert das Familienwappen der Designerin und zeigt ihre Initialen in geschwungenen Lettern. Umrahmt werden sie von einem Mäander-Kranz, der sich aus der gleichen Buchstabenkombination zusammensetzt. „Designed in Heaven – Made in Paradise" lautet das Credo, mit dem die vielseitige Unternehmerin sich und ihre Kreationen medienwirksam in Szene setzt. Ab 1998 warb Ricarda M. persönlich beim Sender HSE24 für ihre Produkte. Mit der Gründung der Ricarda M. Designer World zu Beginn des Jahres 2006 endete die Kooperation mit HSE24. Im Mai 2006 gab die Designerin ihre Medienpartnerschaft mit QVC, einem der führenden Teleshopping-Sender Deutschlands, bekannt. Dort avancierte sie Medienstimmen zufolge aufgrund ihres Verkaufstalents und hohen Entertainmentgehalts ihrer Sendung zur Kultfigur.

DATEN UND FAKTEN

Markenname: Ricarda M., Vorname der Gründerin **Ricarda** Manuela Hofmann

Slogan: „Designed in Heaven – Made in Paradise"

Gründer: Ricarda Manuela Hofmann, 1998, München

Markenregistrierung: 29.03.2000, DPMA München

Produktlinien: *Secrets of Beauty, Juwel DeLux, Paradise Juwelry, Royal Living*

UNTERNEHMEN

Ricarda M. Designer World

Hauptsitz: München, Deutschland

Geschäftsführung: Ricarda M. Hofmann

Gesamtumsatz: 11 Mio. Euro (2005 Vertriebs GmbH)

Vertrieb: Direktvertrieb, Teleshopping, Onlineshopping

KONTAKT

Ricarda M. Designer World
Menzingerstr. 1
80638 München
(0 89) 12 11 33-0
(0 89) 12 11 33-33
www.ricardam.com

MEILENSTEINE

1998 Gründung der Ricarda M. Vertriebs-GmbH, Einführung der Nagelpflegeserie *Ruby Crystal*

1998 Einstieg beim Teleshoppingsender HSE24

2000 Die Marke Ricarda M. kommt auf den Markt.

2006 Wechsel zum Sender QVC

2007 Einführung der Wohnkollektion *Royal Living*

RICHARTZ

1900 wurde das Unternehmen RICHARTZ als Spezialfabrik für die Fertigung von Taschenmessern gegründet. Heute produziert und vertreibt RICHARTZ weltweit hochwertige und aufwändig gestaltete Taschenmesser, Weinmesser, Manicure-Etuis und Lederaccessoires als exkl. Markenartikel. Um eine gleichbleibend hohe Qualität zu sichern, spielt für RICHARTZ auch heute noch neben innovativer maschineller Fertigung der Einsatz handwerklicher Arbeit eine wichtige Rolle. Dazu stellen erfahrene Mitarbeiter jedes Produkt von RICHARTZ in einem Produktionsverfahren aus Stanzen, Schleifen, Polieren und Montieren her. Mehr als 65 nat. und internat. Auszeichnungen sowie die Aufnahme vieler RICHARTZ Produkte in Sammlungen und Museen zeigen die Bedeutung des RICHARTZ Designs für den Markt und den Verbraucher. So wurden RICHARTZ Produkte u.a. mit dem

Vielfach ausgezeichnetes Design: ein Messer der RICHARTZ Linie Struktura

„red dot award", dem „iF product design award", dem „Good Design Award", der Auszeichnung „Design Plus" ausgezeichnet und für den „Designpreis 2008 der Bundesrepublik Deutschland" nominiert. Das RICHARTZ Markenzeichen, der Wal, wurde bereits 1724 in die sog. Messermacherrolle eingetragen. Seit 1911 ist der Wal für RICHARTZ das Symbol für Kraft, Stärke und Zuverlässigkeit. Das heutige Markenbild im klaren, eleganten und modernen Design symbolisiert in Verbindung mit dem Namen RICHARTZ das Leitbild des Unternehmens: Tradition, Innovation und Design. Dieses Konzept prägt die gesamte Firmenkultur vom Firmensitz bis hin zu den ausgezeichneten RICHARTZ Produkten. Einige RICHARTZ Produkte sind zudem seit 2007 mit Swarovski Kristallen aus Österreich versehen. Für die Linie RICHARTZ „Crystallized with Swarovski" werden z.B. bis zu 136 Kristalle mit Lupe und Pinzette durch einen versierten Goldschmied und seine Mitarbeiter in ein kleines Taschenmesser eingesetzt. Das Unternehmen mit Sitz in Solingen wird heute in vierter Generation von Stefan Richartz geleitet.

DATEN UND FAKTEN

Markenname: Familienname der Gründer

Slogan: „Richartz - Klassiker von Morgen"

RICHARTZ

Die Familie Richartz (unten) führt das Familienunternehmen in Solingen (Mitte) in der vierten Generation.

Früherer Slogan: „Der Wal aus Stahl" (1984)

Gründer: Heinrich Richartz, Johann Richartz, 1900

Markenregistrierung: 07.05.1997, DPMA München

Innovationen: Patentierte Technik des Fügens und Verbindens der Edelstahl-Gummi-Kombinationen bei Produktgriffen

Auszeichnungen:
„red dot award: product design"
„iF product design award"
„Design Plus"
„Good Design Award"
Nominierung für den „Designpreis der Bundesrepublik Deutschland" (2008)

Literatur:
P. Zec: German Design Standards (1997)
G. Breuer et al. (Hg.): Stadt Land Form. Junges Design im Bergischen Land (1999)
design.net AG (Hg.): Ranking: Design 2001/2002 (2001)
iF International Forum Design (Hg.): iF Yearbook Design 2007 (2007)

UNTERNEHMEN

Richartz GmbH

Hauptsitz: Solingen, Deutschland

Geschäftsführer: Stefan Richartz

Weitere Marken: Klassiker von Morgen, Ricardo by Richartz

Vertrieb: weltweit

KONTAKT

Richartz GmbH
Merscheider Str. 94
42699 Solingen

MEILENSTEINE

1900 Firmengründung durch Johann und Heinrich Richartz

1911 Bildmarke „Wal" wird als Zeichen für Kraft, Stärke und Leistungsfähigkeit eingeführt

1997 Markenregistrierung beim DPMA in München

2000 Verkauf von mehr als 5 Mio. Taschenmessern der RICHARTZ Linie „Klassiker von Morgen" bereits sechs Jahre nach Einführung

(02 12) 2 32 31-0
(02 12) 2 32 31-99
www.richartz.com

Ansprechpartner Presse:
Stefan Richartz
Geschäftsführender Gesellschafter
(02 12) 2 32 31-0
stefanrichartz@richartz.com

RIEDEL GLAS

Unter der Marke Riedel Glas werden hochwertige Trinkgläser angeboten, darunter Weingläser, Gläser für Spirituosen und andere alkoholische Getränke sowie Wassergläser. Derzeit stellt die Riedel Tiroler Glashütte Ges.m.b.H. die Serien Sommeliers, Vitis, Tyrol, Vinum Extreme, Vinum, Wine, Ouverture, Restaurant, O-Riedel und Grape her. Die Gläser werden teils handgeblasen, teils maschinell gefertigt und in verschiedenen Preisklassen offeriert. Die Weingläser sollen den individuellen Stil eines Weines widerspiegeln. Daher setzt sich jede Riedel-Glasserie aus besonders vielen verschieden gestalteten Gläsern zusammen. Ein „Wine & Glass Guide" im Internet hilft bei der Suche nach dem richtigen Glas für einen bestimmten Wein. Der Name der Marke bezieht sich auf die Glasmacherfamilie Riedel, die in der zehnten und elften Generation Glas herstellt bzw. vertreibt. Der Slogan „The Wine Glass Company" bildet zusammen mit dem Markennamen und der Silhouette eines Weinglases das Markenlogo. Das Traditionsunternehmen geht auf den Glashändler Johann Christoph Riedel zurück, dessen Enkel Johann Leopold Riedel 1756 eine Glashütte im nördlichen Böhmen gründete. 1946 konnte Claus Riedel mit Hilfe des Glasindustriellen Swarovski, der in der Riedel-Glashütte in Böhmen ausgebildet wurde, die insolvente Tiroler Glashütte erwerben. Die folgenden Generationen formten aus dem Werk ein internat. tätiges Unternehmen. 2004 übernahm die Riedel Tiroler Glashütte den dt. Glashersteller F. X. Nachtmann und Spiegelau.

UNTERNEHMEN

Riedel Tiroler Glashütte Ges.m.b.H.
Weissachstr. 28–32
A-6330 Kufstein
Österreich
+43 05 37 26 48 96
+43 05 37 26 32 25
www.riedel.com

RIEGELE

Die Biermarke Riegele steht für Getränke aus einer der ältesten Brauereien der Welt. Die Geschichte der Augsburger Braustätte „Zum Goldenen Roß" reicht zurück bis ins Jahr 1386. 1884 wurde sie von Sebastian Riegele senior gekauft, der von nun an das Bier unter seinem Namen verkaufte. Das bekannteste Bier der Brauerei ist das *Commerzienrat Riegele Privat*. Der Name geht zurück auf den Sohn des Firmengründers. Er hatte bereits 1911 die Produktionsstätten erweitert. Durch den Zukauf einiger Gaststätten sicherte er den Absatz der Getränke. Heute läuft der Vertrieb über Gastronomie, Handel und Export. Als Logo fungiert das Wappen des Brauhauses Riegele. Zentrum ist ein goldenes Ross, das spätestens seit 1641 mit der Geschichte des Brauhauses verbunden ist. Darunter findet sich das Augsburger Wappenzeichen, die Zirbelnuss. Die Hintergrundfarben Rot, Grün und Weiß sind die Stadtfarben von Augsburg. Umrahmt wird das Wappen von den Brauereisymbolen Hopfen, Malz mit Maischscheit und Schöpfschaffel. Das Brauhaus Riegele befindet sich noch immer vollständig in Familienbesitz, inzwischen in der fünften Generation. Geschäftsführer sind Dr. Sebastian Priller und Sebastian B. Priller. Das Unternehmen fährt einerseits eine Dachmarkenstrategie, möchte aber durch Innovationen wachsen. Insgesamt zwölf Bierspezialitäten zählen zum Produktportfolio, aber auch Mineralwasser und andere alkoholfreie Getränke. Weitere bekannte Marken der Firma Riegele sind →Spezi und →Chabeso.

DATEN UND FAKTEN

Markenname: Riegele, Deutschland, abgeleitet vom Namen des Firmengründers

Slogan: „... schönes Leben hier!"

Gründer: Sebastian Riegele sen., 1884, Augsburg

Markenregistrierung: 26. 11. 1973, DPMA München

Jahresumsatz: 19 Mio. Euro (2006)

Auszeichnungen:
„Bier des Jahres", 5 European Beer Star (2006–7)
„silber", international brewing award (2005)
insg. 15 DLG-Goldmedaillen

UNTERNEHMEN

Brauhaus Riegele Augsburg KG
Frölichstr. 26
86150 Augsburg
(08 21) 32 09–0
(08 21) 32 09–80
www.riegele.de

Die Brauerei Riegele ist ein Traditionshaus in Augsburg und besitzt weitere Getränkemarken wie Spezi und Chabeso.

RIETHMÜLLER

Die Konsumgütermarke Riethmüller steht für Dekorationsmaterial, Partybedarf und Spiele. Laternen, Girlanden, Luftballons und Luftschlangen, Silvester- und Karnevalsartikel, Hüte, Perücken, Make-up, Spiele und ein umfangreiches Zubehör sind Elemente der Produktpalette der C. Riethmüller GmbH. Party-Dekorationen werden zu ganzjährigen und saisonalen Themen wie Cinderella, Mickey Mouse, Power Rangers, Barbie oder Fluch der Karibik angeboten und enthalten u.a. Servietten, Becher, Girlanden und Luftballons. Im Segment Spiele werden u.a. Bastel- und Handarbeitsartikel sowie Modellier-, Mal- und Lernspiele angeboten. Der Markenslogan „The Party Company" ist Teil des Markenlogos, das darüber hinaus den Namenszug in weißer, serifenloser Schrift zeigt. Riethmüller ist in Deutschland, Österreich und der Schweiz nach Angaben des Herstellers die bekannteste Marke im Party- und Karnevalsegment. Im Segment Luftballons ist Riethmüller Marktführer in Europa. Der Name der Marke geht auf den Buchbinder und Erfinder Carl Riethmüller (1827–1898) zurück, der das Unternehmen C. Riethmüller 1855 in Kirchheim/Teck gründete. Die Firmengeschichte begann mit der Herstellung von Lampions, die auch an den Hof des Königs von Württemberg geliefert wurden. Das Unternehmen produziert seine Waren heute vorrangig in Deutschland, Polen und Malaysia und verfügt über mehrere Vertriebsniederlassungen im Ausland. Der Stammsitz befindet sich auch heute noch in Kirchheim/Teck.

UNTERNEHMEN

C. Riethmüller GmbH
Dettinger Str. 148
73223 Kirchheim/Teck
(0 70 21) 9 26–0
(0 70 21) 9 26–1 08
www.riethmueller.de

Riethmüller® THE PARTY COMPANY

Die Geschichte von Riethmüller begann 1855 mit der Herstellung von Lampions.

RIGIDUR

Der Hersteller des Baustoffs Rigidur, die Saint-Gobain Rigips GmbH, ist vornehmlich

Rigidur-Platten werden im Gegensatz zu „normalen" Rigips-Platten gepresst und sind mit Papierfasern versetzt.

Die Bauplatten von Rigips werden vor allem von professionellen Handwerkern verwendet.

für seine Gipskartonplatten mit dem Namen → Rigips bekannt. Daraus leitet sich auch der Name der Produktserie Rigidur ab: Die Silben *Rigi* sollen die Zugehörigkeit sowohl zum Unternehmen als auch zur Marke Rigips verdeutlichen, während der Wortbestandteil *Dur* die hohe Belastbarkeit dieser Bauplatten signalisiert. Anders als die klassischen Rigips-Platten werden Rigidur-Platten mit Faserarmierung hergestellt und haben eine besonders glatte und harte Oberfläche. Durch ihre besondere Härte können sie auch - als sog. homogene (einschichtige) Platten - statisch wirksam zur Aussteifung eingesetzt werden. Die Produktlinie wurde insbesondere für Profianwender entwickelt, wie Holzrahmenbauer, Zimmerer und Planer. Die Verpackungen von Rigidur besitzen einen charakteristischen Gelbton, um sich von den anderen Produkten des Unternehmens visuell abzuheben. Weiteres Kennzeichen der Firmenzugehörigkeit ist der charakteristische blaue Namensschriftzug in der klassischen Schriftart Frutiger. Die Rigidur-Produktfamilie gehört seit 1997 zum Portfolio von Rigips, die Marke wurde am 27. Mai 1997 registriert. Heute umfasst das Sortiment komplette Lösungen für den Holzrahmenbau, für den Innenausbau sowie Trockenstriche und Dämmlösungen zur Energieeinsparung. Seit 2005 gehört Rigips zum franz. Konzern Saint-Gobain und ist konzernweit der einzige Hersteller der Rigidur-Gipsfaserplatten-Produkte. Rund 800 Mitarbeiter der Rigips GmbH sind deutschlandweit auf elf Standorte verteilt, zudem gibt es Schwestergesellschaften in weiteren europäischen Staaten.

UNTERNEHMEN

Saint-Gobain Rigips GmbH
Schanzenstr. 84
40549 Düsseldorf
✆ (02 11) 55 03-0
🖷 (02 11) 55 03-2 08
💻 www.rigips.de

RIGIPS

Der Rigaer Baustofffabrikant Max Braun-Wogau hatte 1937 die Idee, einen neuen Baustoff für den trockenen Innenausbau anzubieten. Die Rigips-Platte, damals als Rigaer Bauplatten bezeichnet, ist ein Baustoff mit einem festen Gipskern und einer Kartonummantelung, der in variablen Dicken hergestellt werden kann. Zuvor war es üblich, Holzbretter mit aufgetragenem Gips zu verwenden. Seinen Ursprung fand das Baumaterial bereits 40 Jahre zuvor in den USA. Sein Erfinder Augustine Sackett ließ sich 1894 ein Patent für ein „Instant Wall Covering" erteilen. Braun-Wolgau importierte dieses Prinzip der leichten, stabilen und schalldämmenden Platten aus Gipskarton und startete 1938 mit der eigenen Produktion. Nach dem 2. Weltkrieg firmierte Max Braun-Wolgau 1945 neu unter Vereinigte Baustoffe Bodenwerder GmbH in Niedersachsen und produzierte ab 1948 wieder serienmäßig Rigips-Platten. Bedingt durch die hohe Nachfrage von Baustoffen nach Kriegsende florierte das Unternehmen, da die Bauweise mit Gipsplatten zudem eine Alternative zu den traditionellen Bauweisen bot. 1961 benannte sich das Unternehmen nach ihrem populärsten Produkt in Rigips GmbH um. Seit 1987 Teil der BPB-Gruppe (British Plasterboard), ist es heute in den franz. Konzern Saint-Gobain eingebunden. Zur Vereinheitlichung der Corporate Identity der zur Saint-Gobain-Gruppe gehörenden Gesellschaften wurde 2007 ein neues Logo für Rigips entwickelt. Als Weltkugel vor drei parallelen grauen Balken symbolisiert es Internationalität und den Grundaufbau einer Rigips-Platte und wird jeweils durch den unternehmenseigenen Markenschriftzug in hellem Blau (Pantone 300) ergänzt. Durch eine neue Werbekampagne bleibt die Marke dem Zeitgeist auf der Spur und unterstreicht so ihre innovative Kraft. Die rund 800 Mitarbeiter der Saint-Gobain Rigips GmbH an deutschlandweit elf Stand-

Heute produziert und liefert das Unternehmen Produkte und komplette Systeme für den modernen, trockenen und designorientierten Innenausbau.

orten erwirtschafteten 2006 einen Umsatz von 230 Mio. Euro. Schwestergesellschaften gibt es in Polen, der Schweiz, der Türkei und weiteren europäischen Staaten. Die Zielgruppe des Unternehmens rekrutiert sich vorwiegend aus Profianwendern wie Fachhändlern, Planern und Architekten sowie Fachhandwerkern. Aufgrund ihrer besonderen Bedeutung wurde die Marke Rigips 2007 in den Kreis der „Marken des Jahrhunderts" aufgenommen.

DATEN UND FAKTEN

Markenname: Rigips, Akronym, abgeleitet von **Ri**ga (Gründungsort) und **Gips**

Slogan: „Der Ausbau-Profi"

Gründer: Max Braun-Wogau, 1938, Riga/Lettland

Markenregistrierung: 15.06.1961, DPMA München

Auszeichnungen:
„Prüfsiegel", Institut für Baubiologie Rosenheim (IBR) für *Rigips-Platte, VARIO Fugenspachtel, Rigidur-Gipsfaserplatten* (2007)

UNTERNEHMEN

Saint-Gobain Rigips GmbH

Hauptsitz: Düsseldorf, Deutschland

Geschäftsführung: Thomas Pfützenreuter (Vorsitzender), Dirk Borgmann, Christian Grimm

Weitere Marken: → Climafit, → Rigidur, → VARIO

Gesamtumsatz: ca. 230 Mio. Euro (2006)

Mitarbeiter: ca. 800

KONTAKT

Saint-Gobain Rigips GmbH
Schanzenstr. 84
40549 Düsseldorf
(02 11) 55 03-0
(02 11) 55 03-2 08
www.rigips.de

Ansprechpartner Presse:
Martin Büsch
(02 11) 55 03-2 34
presse@rigips.de

Ansprechpartner Marketing:
Joachim Kartaun
(02 11) 55 02-2 34
marketing-kommunikation@rigips.de

Presse-Agentur:
baumarketing.com GmbH
www.baumarketing.com

SCHON GEWUSST?

- Dem Unternehmen gelang mit Rigips ein Eintrag in den Duden. Die oberste Autorität für dt. Sprachgebrauch listet es als „Rigipsplatte (Gipskartonplatte zur Verkleidung von Innenwänden)".
- Aus der einfachen Rigips-Platte ist ein umfassendes Sortiment geworden: Heute gibt es über 5.000 unterschiedliche Varianten von Rigips-Platten für vielfältigste Anwendungen, z.B. für Brandschutz, zum Einsatz in Feuchträumen, zum Schallschutz etc.

RIMMEL

Die Kosmetikmarke RIMMEL ist in mehr als 40 Ländern erhältlich und lt. Herstellerangaben die führende Kosmetikmarke auf dem brit. Markt. Den Kern der Marke bilden erschwingliche Kosmetikprodukte für eine junge, trendaffine weibliche Zielgruppe. Als Inspirationsquelle wird das Leben auf Londons Straßen gesehen. Dies macht auch der Claim „Get the London Look" deutlich. Das Portfolio umfasst Augen-, Gesichts-, Nagel- und Lippenserien und greift mit einer breiten Farbpalette die jeweils aktuellen Trends auf. Die Ursprünge der Marke reichen bis in das Jahr 1820 zurück. Ein franz. Parfümeur eröffnete mit seinem erst 14-jährigen Sohn und Lehrling Eugene Rimmel eine Parfümerie in Londons Bond Street. Eugene Rimmel verstand es mit aufwendig gestalteten Werbekampagnen, auf seine Produkte aufmerksam zu machen. Nach seinem Tod 1887 übernahmen seine Söhne das Unternehmen und entwickelten eine breite Farbpalette mit dem Fokus auf Augen betonende Produkte. Der Name RIMMEL wurde bald in vielen Ländern zum Synonym für Mascara. Nach dem 2. Weltkrieg erwarben Robert und Rose Caplin die Firma. Sie erweiterten das Portfolio, modernisierten die Verpackung und lancierten das erste Selbstbedienungsdisplay. In den 1970er- und 1980er-Jahren wechselte die Firma mehrmals den Besitzer. Seit 1996 gehört RIMMEL zur Coty Inc. Im September 2001 unterzeichnete RIMMEL London einen exkl. Vertrag mit dem brit. Supermodel Kate Moss.

RIMMEL LONDON

Die Kosmetikmarke RIMMEL wirbt mit dem Slogan „Get the London Look" und ist in über 40 Ländern erhältlich.

UNTERNEHMEN

Coty Deutschland GmbH
Fort Malakoff Park
Rheinstraße 4e
55116 Mainz
✆ (0 61 31) 3 06-0
🖷 (0 61 31) 3 06-7 45
💻 www.rimmellondon.com

RIMOWA

Unter der Marke Rimowa vertreibt die Rimowa GmbH Koffer aus Aluminium und Polycarbonat auf dem internat. Markt. Zum Markenportfolio gehören u.a. Reise-, Business- und Aktenkoffer sowie Kosmetik- und wasserdichte Fotokoffer. Alle Rimowa-Produkte bestehen aus recyclebaren Materialien und zeichnen sich durch ihr geringes Gewicht und eine hohe Stabilität aus. Die Koffer der Marke Rimowa richten sich an Kunden mit gehobenen Qualitätsansprüchen und sind bewusst im oberen Preissegment angesiedelt. Seit 1950 haben alle Rimowa-Koffer die typische Rillenstruktur, die seither die gesamte Corporate Identity des Unternehmens bestimmt. Die Rillen sollen den Koffer nicht nur vor Kratzern schützen, sondern gleichzeitig auch die Stabilität erhöhen. Das Markenlogo wurde 1983 entwickelt und ist seitdem auf jedem Rimowa-Koffer zu finden. Es zeigt den blauen Rimowa-Schriftzug, der von einer blauen Kontur eingerahmt ist. Die Kontur hat abgerundete Ecken und greift optisch die Form der Koffer auf. Gegründet wurde das Unternehmen 1898 als Manufaktur für Reisekoffer in Köln unter dem Namen „Kofferfabrik Paul Morszeck". Die erste Kofferserie wurde noch traditionell aus Holz gefertigt, aber bereits 1937 bringt Richard Morszeck, der Sohn des Firmengründers Paul, den ersten Überseekoffer aus Aluminium auf den Markt. 1941 lässt Richard Morszeck den Markennamen Rimowa ins Handelsregister eintragen. Rimowa setzt sich aus den jeweils ersten beiden Buchstaben der Wortkombination „Richard Morszeck Warenzeichen" zusammen. Mit der Übernahme des Unternehmens im Jahr 1981 führt Dieter Morszeck die Kofferfabrik nun in dritter Generation der Familie. Mit einer jährlichen Produktion von über 150.000 Koffern ist die Rimowa GmbH weltweit einer der führenden Hersteller von Aluminiumkoffern. Rimowa kooperiert außerdem mit → Lufthansa und → Porsche. Regelmäßig werden für diese Unternehmen Sonderserien von Rimowa-Koffern produziert, die ebenfalls das typische Rillendesign aufweisen. Alle Rimowa-Koffer werden ausschließlich in Deutschland hergestellt. 2006 erwirtschaftete das Unternehmen einen Umsatz von 57 Mio. Euro.

„Tango" ist eine preisgekrönte Neuinterpretation des Schrankkoffers aus dem Hause Rimowa.

DATEN UND FAKTEN

Markenname: Rimowa, zusammengesetzt aus den jeweils ersten beiden Buchstaben von „**Ri**chard **Mo**rszeck **Wa**renzeichen"

Slogan: „Rimowa – every case tells a story"

Erfinder: Richard Morszeck, 1941, Köln

Markenregistrierung: 12. 12. 1931, DPMA München

Innovationen: *Tango – der Schrank im Koffer* (2005)

Werbespendings: 10–15 %

Auszeichnungen:
„Produkt des Jahres", Pro-K für *Tango – der Schrank im Koffer* (2007)

UNTERNEHMEN

Rimowa GmbH

Hauptsitz: Köln, Deutschland

Vorstand: Dieter Morszeck

Gesamtumsatz: 57 Mio. Euro (2006)

Vertrieb: weltweit über Vertriebspartner und eigene Shops

EVERY CASE TELLS A STORY.

Aluminiumkoffer von Rimowa (Mitte); Firmensitz des Unternehmens in Köln mit markanter Aluminiumfassade (unten)

KONTAKT

Rimowa GmbH
Matthias-Brüggen-Str. 118
50829 Köln
✆ (02 21) 95 64 17-0
🖷 (02 21) 95 64 17-4
🖳 www.rimowa.de

Ansprechpartner Presse & Marketing:
Gerda Holz
✆ (02 21) 95 64 17-15
✉ gholz@rimowa.de

Lead-Agentur:
Coffein Agentur für Markenkommunikation GmbH
🖳 www.coffein.com

SCHON GEWUSST?

- Durch einen Fliegerangriff im 2. Weltkrieg brannten große Teile der Produktionsanlagen nieder, darunter auch die Hallen, in denen Leder, Holz und Stoffe lagerten. Nur die Aluminiumvorräte überstanden den Brand. So entstand die Idee für Koffer aus Aluminium.
- „Den größten Koffer der Welt" hat Rimowa für sich selbst gebaut. Seit 1986 befindet sich die Firma in einem mattsilbrigen Gebäude mit dem typischen Rillendesign. Die Fassade besteht ganz aus Aluminium.

RINGELSPITZ

Unter der Marke Ringelspitz vertreibt die Barthels-Feldhoff GmbH & Co. KG Produkte für die Schuhreparatur. Kernkompetenz sind Schnürsenkel aus Baumwolle mit hoher Scheuer- und Reißfestigkeit. Daraus leitet sich auch der Markenname ab: Ringelspitz war eine Bezeichnung für den goldenen Ring an der Spitze des Schnürsenkels. Die Marke ist nach Angaben des Unternehmens marktführend in ihrer Branche und erwirtschaftet derzeit einen Umsatz von ca. 40 Mio. Euro. Ins Leben gerufen wurde Ringelspitz zu Beginn der 1950er Jahre von Udo Colsman, die Registrierung beim DPMA in München erfolgte 1956. Das aktuelle Markenlogo besteht seit den 1980er Jahren und zeigt ein orangefarbenes Trapez mit weißem Ringelspitz-Schriftzug. Aktuell werden die Schnürsenkel mit dem Slogan „Wenn wir fehlen, fehlt Ihnen was" beworben. Ältere Werbeaussagen sind u. a. „Mode vergeht – der Senkel besteht" oder „Damit läuft's wie geschnürt". Der Vertrieb läuft über den Fachgroßhandel. Die Schuhsenkel sind in drei Verpackungen erhältlich: In einzelverpackten Klarpacks, in platzsparenden Blisterverpackungen und in Profiboxen für den Schuheinzelhandel. Die internat. Marke für die gleichen Produkte heißt *Ringpoint*. Die Barthels-Feldhoff GmbH & Co. KG Textilwerke wurden 1829 von Philipp Barthels sen. in Wuppertal gegründet. Die Geschäftsführer sind Wolfgang Budweg und Christoph Rickerl. Das Unternehmen beschäftigt insgesamt 220 Mitarbeiter, davon arbeiten 90 am Hauptsitz in Wuppertal.

Ringelspitz produziert seit den 1950er Jahren Schnürsenkel und Einlegesohlen.

UNTERNEHMEN

Barthels-Feldhoff GmbH & Co. KG Textilwerke
Brändströmstr. 9–11
42289 Wuppertal
✆ (02 02) 64 79 5-0
🖷 (02 02) 66 19 72
🖳 www.barthels-feldhoff.de

RITTER

Die Konsumgütermarke ritter steht für Elektro-Allesschneider in Tisch- und Einbauvarianten. Das Unternehmen ritterwerk GmbH ist nach eigenen Angaben Marktführer im Bereich der Einbau-Allesschneider. Das Sortiment umfasst neben Schneidemaschinen auch Einbau-Waagen, Brottöpfe und Allesschneider mit integrierter Waage. Hinzu kommen kleine Küchenhelfer wie Sparschäler usw. Die Marke ist nach Franz Ritter benannt, der 1905 die Firma F. Ritter & Sohn gründete. Die erste Erfindung des gelernten Maschinenbauers war eine Messerputzmaschine. 30 Jahre später entwickelte sich daraus eine handbetriebene Brotschneidemaschine. Es folgten kleine Küchenhelfer wie Rettichschneider, Sparschäler und Zitronenschnitzelpresse. Heute kann ritter nach eigenen Angaben das größte Sortiment an Haushaltsschneidemaschinen vorweisen. Jedes Jahrzehnt prägte das Design der ritter-Geräte auf eigene Weise: eine Art Design-Chronik des 20. Jh. Der aktuelle Slogan lautet „Schneiden ist unsere Profession". Dieses Motto greift auch das Logo auf: Es zeigt ein quer gelegtes Schwert, über dem der Schriftzug der Marke steht. Darunter signalisiert der Zusatz „made in Germany" die Standorttreue und den Anspruch auf Wertarbeit. Das Markenzeichen hat der Grafiker J. Batscheider 2002 entwickelt. Im gleichen Jahr gestaltete ritterwerk auch die Verpackungen der Produkte um. Das Unternehmen wirbt mit dem

ritter
made in Germany

ritter baut seit über 70 Jahren Schneidgeräte, hier die contura³ aus dem aktuellen Portfolio

Alfred Ritter und Marli Hoppe-Ritter sind Gesellschafter der Alfred Ritter GmbH. Neben ihrem erfolgreichen Unternehmertum setzen beide sich für gesellschaftliche und umweltpolitische Belange ein.

hohen Anspruch an Qualität und Design und einer fairen Preispolitik. Im Jubiläumsjahr 2005 erhielt ritter das Gütesiegel TOP 100 und zählt damit zu den 100 innovativsten Unternehmen im dt. Mittelstand. Die ritterwerk GmbH mit Sitz in Gröbenzell vertreibt ihre Produkte weltweit über Vertriebspartner. Die Marke ritter erwirtschafte im Geschäftsjahr 2006 einen Umsatz von 7 Mio. Euro und hatte einen Anteil von 70 % am Gesamtumsatz des Unternehmens. Die ritterwerk GmbH beschäftigt 77 Mitarbeiter.

DATEN UND FAKTEN

Markenname: ritter, abgeleitet vom Familiennamen des Gründers Franz Ritter

Slogan: „Schneiden ist unsere Profession"

Gründer: Franz Ritter, 1905

Markenregistrierung: 1914, Kaiserliches Patentamt Berlin

Innovationen: *scalea 7*, Allesschneider mit integrierter Waage (2005)

Jahresumsatz: 10 Mio. Euro (2006)

UNTERNEHMEN

ritterwerk GmbH
Industriestr. 13
82194 Gröbenzell
(0 81 42) 44 016-0
(0 81 42) 44 016-71
www.ritterwerk.de

RITTER SPORT

Unter der Süßwarenmarke Ritter Sport werden Schokoladentafeln im Quadratformat angeboten. Das Produktsortiment umfasst 22 verschiedene Sorten wie Alpenmilch, Joghurt, Nugat oder Voll-Nuss. Hinzu kommen saisonale Sorten. Kennzeichnend für die Marke sind außerdem die Dicke der Tafel sowie die hohe Qualität und Festigkeit der Schokolade. Einzelne Sorten sind außer in 100 Gramm- auch in 250 Grammtafeln sowie Miniformaten erhältlich. Zum Sortiment gehören auch die Pralinen *Ritter Sport Schokowürfel* und die Riegel *Ritter Sport Rum*. Die Marke ist zudem in Co-Branding-Produkten, u. a. mit *Smarties* und *Baileys*, zu finden. Den Einfall, Schokolade im quadratischen Format herzustellen, hatte Clara Ritter 1932. In der Quadratform, so glaubte sie, würde man die Schokolade ohne Bruchgefahr in der Jackentasche mitnehmen können. Zunächst vermarktete sie gemeinsam mit ihrem Mann Alfred Ritter die Tafeln unter dem Namen *Ritter Sportschokolade*. Der Markenname sollte an die Modernität des Produkts erinnern und hatte auch einen praktischen Hintergrund:

Die quadratische Form der Ritter Sport Schokolade gibt es seit 1932.

Das Format war ideal, um die Schokolade in der Jackentasche beim Besuch von Sporterеignissen mitzunehmen. Nach dem 2. Weltkrieg verkürzte das Familienunternehmen den Markennamen zu Ritter Sport. Flugzeugwerbung machte den damaligen Slogan „Mit Ritter Sport kann ich das auch" ähnlich bekannt wie den seit 1969 verwendeten Werbespruch „Quadratisch. Praktisch. Gut.". Ursprünglich war Ritter Sport nur in vier klassischen Sorten erhältlich. Die rasch gewachsene Vielfalt sollte sich auch im Verpackungsdesign widerspiegeln: Seit 1974 hat jede Sorte eine eigene, spezifische Farbe. Das Logo der Marke wurde schrittweise aus der Ursprungsversion von 1920 entwickelt und erinnert mit seinem gelben Rahmen an die Quadrat-Form. Das in dritter Generation geführte Familienunternehmen mit Sitz in Waldenbuch bei Stuttgart stellt täglich mehr als zweieinhalb Mio. Schokoladentafeln her. Vertrieben werden sie in über 70 Ländern. Die Alfred Ritter GmbH & Co. KG erwirtschaftete 2006 einen Jahresumsatz von 280 Mio. Euro und beschäftigt ca. 800 Mitarbeiter.

DATEN UND FAKTEN

Markenname: Ritter Sport, abgeleitet vom Familiennamen des Gründerpaars Alfred und Clara Ritter. Der Namensteil Sport soll auf die Modernität des Produkts anspielen und für einen aktiven Lebensstil stehen.

Slogan: „Quadratisch. Praktisch. Gut."

Erfinder: Clara Ritter, 1932

Markenregistrierung: 05. 11. 1954, DPMA München

Jahresumsatz: 280 Mio. Euro (2006)

Werbespendings: 10–15 % des Jahresumsatzes

UNTERNEHMEN

Alfred Ritter GmbH & Co. KG

Hauptsitz: Waldenbuch, Deutschland

Geschäftsführer: Alfred Theodor Ritter

Gesamtumsatz: 280 Mio. Euro (2006)

Vertrieb: Eigener Vertrieb in Deutschland, Österreich und Russland. Über 70 weitere Länder werden mit Vertriebspartnern beliefert.

KONTAKT

Alfred Ritter GmbH & Co. KG
Alfred-Ritter-Str. 25
71111 Waldenbuch
(0 71 57) 97-0
(0 71 57) 97-3 99
www.ritter-sport.de

Ansprechpartner Presse:
Thomas Seeger
(0 71 57) 97-3 14
t.seeger@ritter-sport.de

Ansprechpartner Marketing:
Jürgen Herrmann
(0 71 57) 97-3 05
j.herrmann@ritter-sport.de

MEILENSTEINE

1912 Der Konditor Alfred Ritter und die Süßwarenhändlerin Clara Ritter gründen einen gemeinsamen Betrieb.

1932 Clara Ritter erfindet das quadratische Format für Schokoladentafeln.

1969 Erfindung des Slogans „Quadratisch. Praktisch. Gut."

1974 Jede Sorte bekommt eine eigene Verpackungsfarbe.

1976 Die Verpackungen bekommen einen „Knick".

2004 Aufnahme einer Schokoladenproduktion in Russland für den osteuropäischen Markt.

RITZENHOFF

Unter der Marke Ritzenhoff vertreibt das Unternehmen RC Ritzenhoff Cristal AG Produkte für den gedeckten Tisch. Die Grundmodelle sind vorwiegend aus Glas und Porzellan gefertigt. Designer und Künstler aus aller Welt gestalten daraus Kollektionen. Zum Produktportfolio des Unternehmens gehören neben den Designkollektionen hauptsächlich Gläser für die Getränkeindustrie, Glas für Beleuchtungs- und Sanitärprodukte sowie auf Kundenwunsch Sonderanfertigungen z. T. auch aus anderen Materialien. Ritzenhoff hat den Anspruch, aus alltäglichen Produkten Designobjekte zum Sammeln oder Verschenken zu machen. Die Produkte werden in einer hochwertigen Geschenkverpackung geliefert. Oft liegen passende Extras wie Bierdeckel oder Stoffservietten dabei. Zu den jüngsten Innovationen des Unternehmens zählt die Glaskollektion Navaja. Die Besonderheit ist, dass nicht der Kelch des Glases, sondern der Stiel dekoriert ist. Oft tragen die Produktfamilien Namen, die auf die Verwendung hindeuten: Die Champagnergläser etwa tragen den Namen *Champus*, während Wassergläser *Aqua* heißen. Aber auch kreative Namen wie Club Star für Biergläser findet man bei Ritzenhoff. Das Unternehmen wurde von Heinrich Ritzenhoff 1935 im sauerländischen Marsberg gegründet. Erst seit 1992 tritt Ritzenhoff als Designmarke auf. Auf der Herbstmesse in Frankfurt/Main wurden die ersten zehn Milchgläser der legendären Milchglaskollektion vorgestellt. So nahm die Geschichte der Designmarke ihren Lauf. Viele neue Kollektionen und Produkte folgten. Das Logo ist ein prägnanter Schriftzug, der bis heute unverändert die Designmarke repräsentiert. Ritzenhoff vertreibt seine Produkte über den Fachhandel, Einrichtungshäuser und Wohnstudios. Das Unternehmen ist nach eigenen Angaben Marktführer in der vollautomatischen Stielglasproduktion.

UNTERNEHMEN

RC Ritzenhoff Cristal AG
Sametwiesen 2
34431 Marsberg
(0 29 92) 9 81-0
www.ritzenhoff.de

RITZENHOFF

Ritzenhoff produziert seit 1935 im sauerländischen Marsberg.

ROBBE & BERKING

Die Marke Robbe & Berking steht für silberne und versilberte Bestecke, Tafelgeräte und Accessoires. Internat. setzt die Robert & Berking

ROBBE & BERKING
SILBER

Die traditionsreiche Silbermanufaktur hat ihren Stammsitz in Flensburg.

GmbH & Co. KG, die nur eine Marke führt, auf hohe Qualität und Formgebung. Der Name der 1874 gegründeten Silbermanufaktur geht auf die Unternehmensgründer Nicolaus C. Robbe und Schwiegersohn Robert Berking zurück. Die Bestecke und Tafelgeräte der Marke richten sich an design- und qualitätsorientierte Käufer. Robbe & Berking versteht sich als Premiummarke und verfährt nach dem Motto: „Andere mögen es billiger machen, aber keiner darf es besser machen als wir." Das Sortiment wird kontinuierlich erweitert. So umfasst das Angebot allein im Bereich Tafelsilber und Bestecke mehr als 30 Kollektionen. Die sog. Punzierung ist auf der Besteckrückseite zu finden und gilt als Erkennungszeichen. Dort stehen auch die verschlungenen Initialen R&B. Wie in der Punzierung wurde früher auch der Markenname Robbe & Berking zu R&B abgekürzt. Erst seit 1987 wird er ausgeschrieben. Das Logo wird seitdem in schlichtem Weiß gehalten und in Bordeaux-Rot unterlegt. Dieser Rot-Ton gehört mittlerweile zur Corporate Identity der Marke. Das Unternehmen bewirbt sein Sortiment mit dem Slogan „Meisterwerke der Silberschmiedekunst". Die Robbe & Berking Silbermanufaktur hat ihren Stammsitz in Flensburg und wird heute von Oliver Berking und Ulrich Ackermann geführt. Mit ihren 210 Mitarbeitern wollen die Geschäftsführer den Export stärker ausbauen.

UNTERNEHMEN

Robbe & Berking
Zur Bleiche 47
24941 Flensburg
✆ (04 61) 9 03 06-0
🖷 (04 61) 9 03 06-22
💻 www.robbeberking.de

WEINGUT ROBERT WEIL

Der Riesling von Robert Weil (Mitte) gilt als einer der besten dt. Weine, Gründer Dr. Robert Weil (unten).

ROBERT WEIL

Das Weingut Robert Weil in Kiedrich im Rheingau gilt nat. und internat. als ein Symbol dt. Riesling-Kultur und ist weltweit als Wein-Erzeuger bekannt. Auf einer Gesamtrebfläche von 70 ha werden zu 98 % Riesling und 2 % Spätburgunder angebaut. Zu den wichtigsten Lagen zählen Kiedrich Gräfenberg und Kiedrich Turmberg mit mittel- bis tiefgründigen, steinig-grusigen Böden aus Phylliten, teilweise mit Lösslehmbeimengungen. Der Name Robert Weil stammt vom Firmengründer, steht für hochwertige Rieslinge eines renommierten dt. Weinguts und wurde 1989 beim DPMA in München als Warenzeichen eingetragen. Im selben Jahr wird das Logo im Zuge der Neugestaltung des Etiketts entwickelt. Es nennt den Namen des Weinguts als Produzent und Garant für die Qualität. Die Farbe des Etiketts, das helle Weil-Blau, ist gleichzeitig Hausfarbe des Weinguts.

Kiedrich Gräfenberg (rechts) und Kiedrich Turmberg (links) sind die beiden Spitzenlagen des Weinguts Robert Weil.

Die Markenpflege geschieht mittels einer strengen Qualitätsphilosophie und Qualitätskontrolle. Damit will sich das Weingut mit einer Produktion von nur 500.000 Flaschen im Jahr deutlich von der industriell ausgerichteten Weinherstellung distanzieren. Stattdessen setzt man auf umweltschonenden Anbau und niedrigste Mengenerträge, traditionelle Handarbeit und späte, selektive Ernte, um eine möglichst lange Reifezeit der Trauben zu gewährleisten. Robert Weil erntet seit 1989 in einer bemerkenswerten Reihe von 18 Jahrgängen alle Qualitätsstufen bis zur Trockenbeerenauslese. Zudem erreichte das Weingut mit einer 1921er Kiedricher Berg Auslese Wachstum Dr. Weil auf Christie's Raritätenversteigerung 1999 mit 20.000 DM den weltweit höchsten Flaschenpreis für einen Weißwein des 20. Jh. Das Weingut wird heute in der vierten Generation von Wilhelm Weil, dem Urenkel des Firmengründers, geleitet. Im dt. Markt vertreibt das Unternehmen die Weine über Agenturen, weltweit über Vertriebspartner (Importeure). Das Unternehmen mit Sitz in Kiedrich im Rheingau beschäftigt 45 Mitarbeiter und erwirtschaftete im Jahr 2006 einen Gesamtumsatz von 7,8 Mio. Euro.

DATEN UND FAKTEN

Markenname: Robert Weil, Familienname des Gründers

Slogan: „Weil Weil-Wein Charakter hat"

Gründer: Dr. Robert Weil, 1875

Markenregistrierung: 1989, DPMA München

Jahresumsatz: 7,8 Mio. Euro

Auszeichnungen:
„Winzer des Jahres", Gault Millau WeinGuide für Wilhelm Weil (1997)
„Kollektion des Jahres", Gault Millau WeinGuide für den Jahrgang 2003 (2005)

Literatur:
M. Scheuermann: Die großen Weine des Jahrhunderts. (1999)
R. Parker, jun.: The World's Greatest Estates. A Modern Perspective. (2005)

UNTERNEHMEN

Weingut Robert Weil KG

Hauptsitz: Kiedrich im Rheingau, Deutschland

Geschäftsführung: Wilhelm Weil

Gesamtumsatz: 7,8 Mio. Euro (2006)

Vertrieb: weltweit in mehr als 30 Länder

KONTAKT

Weingut Robert Weil KG
Mühlberg 5
65399 Kiedrich
✆ (0 61 23) 23 08
🖷 (0 61 23) 15 46
💻 www.weingut-robert-weil.com

Ansprechpartner Marketing:
Jochen Becker-Köhn
stellv. Gutsdirektor
✆ (0 61 23) 23 08
✉ info@weingut-robert-weil.com

SCHON GEWUSST?

▮ Als am 23. Oktober 1907 Wilhelm II. „sein" Hotel Adlon eröffnete, war der Hoflieferant Dr. Robert Weil schon auf der ersten Weinkarte des Hauses vertreten. Diese Tradition wurde 1997 mit der Neueröffnung des Adlon wieder aufgenommen, und auch heute präsentiert das Adlon das himmelblaue Etikett des Weingutes auf seinen Wein- und Bankettkarten.

ROCHE

Der Markenname geht zurück auf den Schweizer Fritz Hoffmann-La Roche.

Die Marke Roche steht für ein umfangreiches Sortiment an Arzneimitteln sowie ein breites Angebot an Produkten und Dienstleistungen im Bereich Humandiagnostik. Der Markenname geht zurück auf den Schweizer Fritz Hoffmann-La Roche, der 1894 in Basel gemeinsam mit Max Carl Traub die Kommanditgesellschaft Hoffmann, Traub & Co. gegründet hatte. Nach dem Ausscheiden des Partners wurde das Unternehmen 1896 in F. Hoffmann-La Roche & Co. umbenannt. Bereits ein Jahr später gründete das Pharmaunternehmen Tochtergesellschaften in Deutschland und Italien. Heute fungiert die F. Hoffmann-La Roche AG, deren Hauptsitz noch immer Basel ist, als Muttergesellschaft des Konzerns. Zu den umsatzstärksten Produkten im Geschäftsbereich Pharma gehören die Medikamente MabThera, Heceptin, Avastin und das Grippemittel Tamiflu. Das Produktportfolio des Geschäftsbereichs Diagnostics reicht von Tests zur Selbstkontrolle des Blutzuckers für Menschen mit Diabetes über Systeme für die ambulante Testdurchführung in Arztpraxen bis hin zu hochmodernen Instrumenten für die Genforschung. Das aktuelle Logo der Marke Roche zeigt in Blau (Pantone 300) den Markennamen in einem Sechseck (Hexagon), das die Molekülstruktur des Stoffes Benzol symbolisiert. Beworben wird die Marke mit dem Slogan „Innovation für die Gesundheit". Nach eigenen Angaben ist Roche Weltmarktführer im Bereich Diagnostik. Der Bereich Pharma ist lt. IMS weltweit Nummer 1 im Krankenhausmarkt. Roche hat weltweit rund 74.000 Mitarbeiter und erzielte 2006 einen Umsatz von 42 Mrd. Schweizer Franken. Der Konzern ist in über 150 Ländern durch Tochtergesellschaften vertreten. In Deutschland beschäftigt Roche an vier Standorten rund 12.000 Mitarbeiter.

UNTERNEHMEN

Roche Pharma AG
Emil-Barell-Str. 1
79639 Grenzach-Wyhlen
✆ (0 76 24) 14–0
🖷 (0 76 24) 14–33 66
💻 www.roche.de

ROCKWOOL

Eine der bekanntesten Baustoffmarken: Rockwool

Die Marke Rockwool steht für Dämmstoffprodukte. Der Markenname bedeutet im Deutschen Steinwolle. Rockwool produziert Steinwolle als Dämmstoff zum Wärme-, Schall- und Brandschutz. Das Logo besteht aus einem roten, in Versalien gehaltenen Schriftzug (Hausfarbe: Pantone 485C) mit dem Zusatz „Dämmt perfekt und brennt nicht" in Schwarz. Die Geschichte des dän. Unternehmens begann mit dem Abbau von Kies. 1936 wurde ein Lizenzvertrag zur Herstellung von Steinwolle in Skandinavien und Deutschland abgeschlossen, 1937 begann die Produktion. 1951 wurde mit der Deutschen Rockwool Mineralwoll GmbH eine Auslandstochter gegründet. Hauptproduktionsstandort und heute auch Hauptsitz der dt. Organisation ist Gladbeck. 1996 ging Rockwool International an die Börse. Notiert ist das Unternehmen in Kopenhagen, in dessen Nähe auch der Stammsitz von Rockwool International zu finden ist. Heute hat der Konzern über 8.400 Mitarbeiter weltweit. Sie sorgten im Geschäftsjahr 2006 für einen Gesamtumsatz von 1,5 Mrd. Euro. Die dt. Tochter produziert an drei Standorten mit über 1.200 Mitarbeitern (Jahresumsatz: ca. 250 Mio. Euro). Der Konzern setzt Geschäftsschwerpunkte vor allem in Europa, produziert und vertreibt aber auch in Nordamerika und Asien. Im Segment Steinwolle ist Rockwool Weltmarktführer. Die Zukunftsstrategie des Unternehmens ist auf Expansion ausgerichtet, was sich sowohl auf eigenes Wachstum wie auch auf Akquisitionen bezieht. Dabei will das Unternehmen auf Marktentwicklungen reagieren und sich nicht ausschließlich auf das Dämmstoffsegment konzentrieren.

UNTERNEHMEN

Deutsche Rockwool Mineralwoll GmbH & Co. OHG
Rockwool Str. 37-41
45966 Gladbeck
(0 20 43) 4 08-0
(0 20 43) 4 08-4 44
www.rockwool.de

RODENSTOCK

RODENSTOCK

Rodenstock beschäftigt 1.700 seiner weltweit 4.600 Mitarbeiter in Deutschland.

Rodenstock steht als Marke für Produkte, Brillengläser und Brillenfassungen sowie Dienstleistungen im Bereich der Brillenoptik. Zu den neuesten Entwicklungen gehört „Impression FreeSign" - ein Gleitsichtglas, das auf die individuellen Bedürfnisse und Sehgewohnheiten von Brillenträgern abgestimmt ist. Eine Service Innovation der Marke ist der *ImpressionIST*, eine komplette, proprietär von Rodenstock entwickelte Verkaufsberatung für Brillengläser und -fassungen, die vom Augenoptiker für den Endkunden durchgeführt wird. Ein zweites, wesentliches Feld sind die Fassungskollektionen von Rodenstock und Porsche Design, die neben zeitgemäßen Korrektionsfassungen auch verglasbare Sonnen- und Sportbrillen beinhalten. Der Markenname geht auf den Nachnamen der Gründerfamilie zurück. Das Logo besteht aus einem stilisierten großen „R". Darunter findet sich der Markenname in Versalien. Die Schrift ist im Logo schwarz auf weißem Grund, kann aber auch negativ verwendet werden. Das 1877 gegründete Unternehmen mit Sitz in München beschäftigt weltweit 4.600 Mitarbeiter, davon 1.700 in Deutschland, und ist in mehr als 80 Ländern mit Vertriebsniederlassungen und Distributionspartnern vertreten. Rodenstock unterhält Produktionsstätten für Brillengläser an elf Standorten in zehn Ländern und erzielt dabei zwei Drittel seiner Wertschöpfung im Fertigungsprozess in Europa, davon 50 % in Deutschland. 2006 erwirtschaftete Rodenstock 371 Mio. Euro. Die Kompetenz sowohl im Bereich von Brillengläsern als auch bei Brillenfassungen macht lt. Unternehmen die Marke im Segment Augenoptik zum alleinigen Anbieter „für das Gesamtsystem Brille aus einer Hand".

UNTERNEHMEN

Rodenstock GmbH
Isartalstr. 43
80469 München
(0 89) 72 02-0
(0 89) 72 02-6 29
www.rodenstock.de

ROECKL

Roeckl®
HANDSCHUHE & ACCESSOIRES

Handschuhe im Premiumsegment (Mitte) sind seit 1839 das Markenzeichen des Familienunternehmens Roeckl, das in der sechsten Generation von Annette Roeckl (unten) geführt wird.

Handschuhe der Marke Roeckl stehen seit 1839 für Lederwaren im Premiumsegment. Grundlage des Erfolgs der Traditionsmarke aus Bayern bildete ein vom Unternehmensgründer Jakob Roeckl entwickeltes Gerbverfahren, mit dem ein sehr feines Leder hergestellt werden konnte. Die seit 1839 im Münchener Ladengeschäft verkauften Lederwaren überzeugten zudem mit einer hohen Verarbeitungsqualität und brachten Roeckl den Titel „Königlich Bayerischer Hoflieferant" ein. Sowohl König Ludwig II als auch die spätere Kaiserin Sissi trugen von ihm gefertigte Handschuhe. Heute umfasst die Angebotspalette von Roeckl zusätzlich hochwertige Strickaccessoires und Seidentücher. Produkte von Roeckl sollen stilbewusste Frauen und Männer jeden Alters ansprechen, die Wert auf Qualität und Individualität legen. Handschuhe von Roeckl werden daher weiterhin in Handarbeit gefertigt: Ein Handschuh besteht aus etwa 24 Einzelteilen, die per Hand mit über 2.000 Stichen genäht werden. Roeckl verkaufte seine Handschuhe früher in von Buchbindern aufwendig gefertigten Leder-

Das Handschuh-Model Venus.

schatullen. Heute werden hingegen limitierte Handschuh-Schatullen für die Aufbewahrung angeboten. Das Logo besteht aus dem Firmennamen und einer stilisierten Hand. Diese steht symbolisch für Handschuhe und Handarbeit. Nach Angaben des Unternehmens ist die Marke auf dem europäischen Markt für hochwertige Leder- und Strickhandschuhe Marktführer. Das Filialnetz umfasst 22 Fachgeschäfte in Deutschland und in Wien. Produkte von Roeckl sind außerdem im Lederwarenfachhandel, in gehobenen Modefachgeschäften und in den Accessoires-Abteilungen verschiedener Modehäuser zu erwerben. Das Unternehmen hat weltweit etwa 300 Mitarbeiter und wird in der sechsten Familiengeneration von Annette Roeckl geführt.

DATEN UND FAKTEN

Markenname: Roeckl, Familienname des Firmengründers

Gründer: Jakob Roeckl, 1839, München

Markenregistrierung: 17.01.1974, DPMA München

Werbespendings: 3–5 % des Gesamtumsatzes

UNTERNEHMEN

Roeckl Handschuhe & Accessoires GmbH & Co. KG

Hauptsitz: München, Deutschland

Geschäftsführerin: Annette Roeckl

Vertrieb: weltweit

KONTAKT

Roeckl Handschuhe & Accessoires
GmbH & Co. KG
Isartalstraße 49
80469 München
(0 89) 7 29 69-0
(0 89) 7 29 69-27
www.roeckl.com

Ansprechpartner Presse:
Natascha Kelpien
(0 89) 7 29 69-21
welcome@roeckl.com

Ansprechpartner Marketing:
Natascha Kelpien
(0 89) 7 29 69-21
natascha.kelpien@roeckl.com

SCHON GEWUSST?

Im Vergleich zu anderen Kleidungsstücken ist der Handschuh extrem aufwendig in der Herstellung. Aus bis zu 24 Teilen und mit über 2.000 Stichen werden die Handschuhe von Roeckl noch heute per Hand genäht.

ROLAND BERGER

Die Dienstleistungsmarke Roland Berger Strategy Consultants bezeichnet eine der größten Strategieberatungsfirmen weltweit. Sie ist die führende internat. tätige Managementberatung europäischen Ursprungs. Neben Managern berät das Unternehmen auch Entscheider aus Politik, Kultur und Gesellschaft. 1967 gründete Roland Berger die Firma in München. Aus einem seiner ersten Aufträge, der Lösung eines Marketingproblems beim Touristikunternehmen Touropa, ging die Fusion mehrerer Firmen zum Reisekonzern TUI hervor. Seither wuchs Roland Berger Strategy Consultants stetig und ist heute mit 33 Büros in 23 Ländern vertreten. Das ursprüngliche Firmenlogo hat der Gründer selbst entworfen. Anfangs standen vor allem die fett gedruckten, gegeneinander gestellten Initialen R und B als Bildmarke im Vordergrund. Sie wurden inzwischen durch den ausgeschriebenen Gründernamen ersetzt. Das Logo soll auf die als Partnerschaft organisierte Strategieberatung unter dem Namen von Roland Berger hinweisen. Die Hausfarben sind Key blue (RAL 2303 020) als Hauptfarbe; Warm Gray (RAL 0807 005), Cyan (2306 040) und Signal Orange (RAL 2007) fungieren als Akzentfarben. Die Hausschrif-

Roland Berger
Strategy Consultants

Dr. Burkhard Schwenker, Vorsitzender der Geschäftsführung von Roland Berger Strategy Consultants (Mitte), Prof. Dr. h.c. Roland Berger, Gründer und Aufsichtsratsvorsitzender der internat. Strategieberatung (unten)

ten sind RB Franklin Condensed und RB Weidemann. Roland Berger übernahm 2003 den Aufsichtsratsvorsitz und übergab die Geschäftsleitung an ein neues „Executive Committee" unter dem Vorsitz von Dr. Burkhard Schwenker. Das Unternehmen profiliert sich seitdem verstärkt als europäische Beratungsfirma. Im Rahmen des Wettbewerbs „Best of European Business" zeichnete die Firma in den vergangenen drei Jahren in den stärksten europäischen Volkswirtschaften die besten Unternehmen aus. Das Topklienten-Magazin von Roland Berger Strategy Consultants „think:act" ist das einzige Kundenmagazin, das in Deutsch, Englisch, Russisch, Polnisch und Chinesisch erscheint. Es wurde dreimal in Folge als bestes Beratungsmagazin Europas ausgezeichnet.

Die HighLight Towers in München: Hauptsitz von Roland Berger Strategy Consultants

DATEN UND FAKTEN

Markenname: Roland Berger Strategy Consultants, Name des Gründers kombiniert mit der Berufsbezeichnung der Mitarbeiter

Slogan: „It's character that creates impact" (2007), „Creative strategies that work" (2000)

Gründer: Prof. Dr. h.c. Roland Berger, 1967, München

Markenregistrierung: 15. 02. 2001, DPMA München

Innovationen: RB Profiler (1997)

Markenbekanntheit: 99 % in der Zielgruppe der Klienten (DGMF, 2006)

Literatur:
R. Berger u. U. Steger: Auf dem Weg zur Europäischen Unternehmensführung (1998)
A. Bauer et al.: Moment of Truth (2006)
B. Schwenker u. S. Bötzel: Auf Wachstumskurs. Erfolg durch Expansion und Effizienzsteigerung (2007)

UNTERNEHMEN

Roland Berger Strategy Consultants

Hauptsitz: München, Deutschland

Geschäftsleitung:
Dr. Burkhard Schwenker (Vorsitzender der Geschäftsführung), António Bernardo, Vincent Mercier, Dirk Reiter, Dr. Martin Wittig

Gesamtumsatz: 555 Mio. Euro (2006)

Vertrieb: weltweit

KONTAKT

Roland Berger Strategy Consultants GmbH
HighLight Towers
Mies-van-der-Rohe-Str. 6
80807 München
✆ (0 89) 92 30-0
🖷 (0 89) 92 30-82 02
💻 www.rolandberger.com

Ansprechpartner Presse:
Susanne Horstmann
✆ (0 89) 92 30-83 49
✉ press@de.rolandberger.com

SCHON GEWUSST?

▌Roland Berger Strategy Consultants ist die führende internat. tätige Strategieberatung europäischen Ursprungs. Das Unternehmen ist mit 1.700 Mitarbeitern an 33 Standorten in Europa, Asien, Nord- und Südamerika, Russland und dem Nahen Osten aktiv.

ROLF BENZ

ROLF BENZ

Rolf Benz gehört weltweit zu den bekanntesten Möbelmarken.

Unter der Möbelmarke Rolf Benz vertreibt das gleichnamige Unternehmen hochwertige Polstermöbel. Vor allem Sofas, Sessel und Stühle gehören zum Kerngeschäftsbereich. Das Portfolio wird ergänzt durch Esstische, Couchtische sowie Leuchten und Teppiche. Die Produkte von Rolf Benz werden den Endverbrauchern ausschließlich über den Möbel-Fachhandel angeboten. Mit dem Claim „Die Architektur des Sitzens" setzt das Unternehmen auf Sitzkomfort, beste Materialien und sorgfältige Verarbeitung. Der Markenname geht auf den Firmengründer Rolf Benz zurück, der sich 1964 nach jahrelanger Erfahrung als Polsterer in Nagold mit seinem eigenen Unternehmen bmp selbstständig macht. Seine Geschäftsidee wurde inspiriert von dem Bedürfnis der Konsumenten nach mehr Funktionalität im Wohnzimmer. Durch den zunehmenden Einzug des Fernsehers hatten sich die Sitzgewohnheiten geändert, worauf Benz mit dem ersten Anreih-Ecksofa „Addiform" reagiert. Das Stammwerk wuchs in kurzer Zeit von 35 Mitarbeitern auf mehrere hundert Beschäftigte. 1974 wurde im benachbarten Mötzingen ein neues Werk gebaut, in dem auch heute noch rund 400 Mitarbeiter Polstermöbel herstellen. 1987 erfolgt die Umfirmierung von bmp zu Rolf Benz GmbH. Seit 1998 gehört das Unternehmen zur Hülsta-Gruppe. Rolf Benz gehört mit einem Bekanntheitsgrad von 58 % (IfD Allensbach) zu den drei bekanntesten Möbelmarken im deutschsprachigen Raum und weltweit zu den Top 10 der Premium-Möbelmarken. Ausgewählte europäische Designer arbeiten für Rolf Benz. Deren Entwürfe erhielten zahlreiche Auszeichnungen, zuletzt den „red dot award: product design" 2006 für das Sofa Rolf Benz 370.

UNTERNEHMEN

Rolf Benz AG & Co. KG
Haiterbacher Str. 104
72202 Nagold
✆ (0 74 52) 60 10
🖷 (0 74 52) 60 12 82
🖳 www.rolf-benz.de

ROLLS-ROYCE

Seit über 100 Jahren wird der Name Rolls-Royce mit Automobilen aus dem obersten Luxussegment gleichgesetzt. Gegründet wurde die Firma Rolls-Royce Limited 1906 in Manchester durch Henry Royce und Charles Rolls. Die beiden Firmengründer wollten „the best cars in the world" entwickeln und produzieren, wobei die technische Kompetenz bei Royce, die ökonomische bei Rolls lag. Schon ihr erstes Modell, der Silver Ghost, begründete den bis heute bestehenden Ruf des Unternehmens, das 1931 den Konkurrenten Bentley übernahm. Seit 1911 ziert eine Kühlerfigur in Form einer geflügelten Frauengestalt, die „Spirit of Ecstasy", jedes der luxuriösen Automobile, die 2006 in einer Stückzahl von 847 produziert wurden. Neben der von Charles Sykes kreierten Skulptur ist die Bildmarke Rolls-Royce durch ein versetzt stehendes „RR" charakterisiert. Die Farbe des Logos ist schwarz.

Seit 1911 ziert eine Kühlerfigur in Form einer geflügelten Frauengestalt, die „Spirit of Ecstasy", jeden Rolls-Royce.

Seit 1914 baut Rolls-Royce auch Flugzeugmotoren, seit 1973 gehen der Automobilhersteller unter der Firmierung Rolls-Royce Motor Cars und der Triebwerkhersteller unter der Firmierung Rolls-Royce plc. getrennte Wege. 1998 erwarb die → BMW Group die Nutzungsrechte am Namen Rolls-Royce für Automobile und startete in der Folge einen kompletten Neubeginn. 2003 stellte die BMW Group mit dem Modell Phantom schließlich den ersten selbst entwickelten Rolls-Royce nach der Übernahme vor. Die traditionellen Achtzylindermotoren wurden dabei durch einen 6,75 l V12-Motor ersetzt, der am Standort München gefertigt wird. Die moderne Aluminiumkarosserie entsteht in Dingolfing, während die gesamte Montage im brit. Goodwood stattfindet. Die meisten Fahrzeuge verlassen das Werk in individueller Fertigung und Ausstattung. Dies entspricht der kaufkräftigen, qualitätsbewussten Zielgruppe, die vor allem auf die Verarbeitung edler Materialien und die Ausstrahlung des Automobils Wert legt. Zum Markenportfolio der BMW Group gehören weiterhin die Premiummarken → BMW und → MINI.

DATEN UND FAKTEN

Markenname: Rolls-Royce, Familiennamen der beiden Gründer

Gründer: Charles Rolls und Henry Royce, 1906

Der Rolls-Royce Phantom (Mitte). Rolls-Royce Automobile sind auch als Cabrio erhältlich: Drophead Coupé (unten).

Markenregistrierung: 09. 04. 1907, England

Markenwebsite: www.rolls-roycemotorcars.com

Jahresabsatz: ca. 850 (2006)

Literatur:
Rolls-Royce Group plc (Hg.): Rolls-Royce, 1904–2004 a century of innovation (2004)
M. Tucker: The Goodwood Phantom. Dawn of a New Era. (Suffolk, 2004)

UNTERNEHMEN

BMW Group

Hauptsitz: München, Deutschland

Vorstand: Dr. Norbert Reithofer (Vorsitz)

Weitere Marken: → BMW, → MINI

Gesamtumsatz: 48,999 Mrd. Euro (2006)

Vertrieb: weltweit über eigenständiges Händlernetz

KONTAKT

BMW Group
Petuelring 130
80788 München
(0 89) 3 82-0
www.bmwgroup.com

MEILENSTEINE

1906 Gründung der Firma Rolls-Royce Limited in Manchester

1911 Der Bildhauer Charles Sykes kreiert die Kühlerfigur „Spirit of Ecstasy".

1921 Erste US-Dependance in Springfield/Massachusetts

1931 Akquisition von Bentley Cars

1980 Kauf der Rolls-Royce Autosparte durch Vickers plc

1998 Rolls-Royce wird von der BMW Group gekauft.

2003 Launch des neuen Rolls-Royce Phantom

ROMA

Die Rollläden und Garagentore von Roma werden für verschiedenste Zwecke entwickelt und sowohl von Unternehmen als auch Endverbrauchern nachgefragt.

Die Marke Roma steht für Rollläden und Garagentore, die durch verschiedene Zusatzfunktionen gekennzeichnet sind. In Deutschland ist Roma nach Eigenauskunft Marktführer für Vorbaurollläden. Zielgruppe sind sowohl Endverbraucher als auch Handwerksbetriebe, Architekten und Gebäudeplaner. Vertrieben werden die Roma-Produkte ausschließlich über den Fachhandel. Am bekanntesten ist der Roma Rundrollladen *Rondo*. Das neueste Produkt der Marke ist *Werso*, ein Dachfensterrollladen mit Jalousiefunktion. Die Lamellen können um bis

Die Dachfensterrollladen von Roma sind mit einer Jalousiefunktion ausgestattet, um den Lichteinfall zu steuern.

zu 40 Grad gedreht werden, um den Lichteinfall zu regulieren. Im Jahr 1980 gründete Roland Thoma in Burtenbach die ROMA Rollladensysteme GmbH. Der Name von Marke und Unternehmen setzt sich aus den Anfangsbuchstaben für Rollladen und Markisen zusammen, die das ursprüngliche Produktportfolio darstellten. Das zugehörige Logo wurde im Jahr 1980 von der damaligen Hausdruckerei entwickelt. 1998 wurde der Schriftzug um eine Ellipse, die den Text einfasst, ergänzt. Roma setzt bei seinen Produkten auf innovative Neuerungen. Dazu zählen u. a. Rollläden mit Lichtsensoren, die Räume bei entsprechendem Sonneneinfall automatisch abdunkeln. Der Sicherheitsaspekt wird bei Roma-Rollläden ebenfalls berücksichtigt. So gibt es Produktreihen, bei denen die Führungsschienen verdeckt geschraubt sind oder die Rollläden mit einer Hochschiebesicherung versehen worden sind. Für die Zukunft will das Unternehmen seine Marke internat. etablieren und strebt die Marktführerschaft in Europa an. Mit speziellen Aktionen möchte man den Namen Roma bei Bauherren und Architekten fest verankern. So sind aktuell rund 30.000 Rollladen-Kompendien für Architekten im Umlauf, die von der ROMA Rollladensysteme GmbH herausgegeben und vertrieben werden.

DATEN UND FAKTEN

Markenname: Roma, Akronym aus **Ro**llladen und **Ma**rkisen

Erfinder: Roland Thoma, 1980, Burtenbach

Markenregistrierung: 28. 05. 1997, DPMA München

Innovationen: *Werso* Dachfensterrollladen (2006)

Markenbekanntheit: 36 %, ungest. bei Architekten und Planern (Heinze Mehrthemenumfrage, 2001), 25 %, ungest. bei Bauherren (Heinze Mehrthemenumfrage, 2000)

Produktionsmenge: über 400.000 Einheiten jährlich

Werbespendings: ca. 3 Mio. Euro (2006)

Auszeichnungen:
„Top 100 Unternehmen im deutschen Mittelstand" (2004)

UNTERNEHMEN

ROMA Rollladensysteme GmbH

Hauptsitz: Burgau, Deutschland

Geschäftsführung: Roland Thoma, Geschäftsführender Gesellschafter; Roland Uffinger, Kaufmännischer Geschäftsführer; Volker Pfaudler, Technischer Geschäftsführer

Mitarbeiter: 450 (2006)

Gesamtumsatz: über 100 Mio. Euro (2006)

Vertrieb: europaweit über Fach-Handwerk und Konfektionäre

KONTAKT

ROMA Rollladensystem GmbH
Ostpreußenstr. 9
89331 Burgau
(0 82 22) 40 00-0
(0 82 22) 40 00-50
www.roma.de

Ansprechpartner Marketing:
Oliver Wachsmann
(0 82 22) 40 00-77
oliver.wachsmann@roma.de

Lead-Agentur:
WachsmannDesign GmbH, Blaustein

SCHON GEWUSST?

- Als Roland Thoma im Jahr 1980 seinen Betrieb gründete, hatte er drei Mitarbeiter. Mittlerweile beschäftigt er 150-mal so viele.
- Bei geschlossenem Rollladen bildet sich ein isolierendes Luftpolster zwischen Scheibe und Rollladen, das den Dämmwert um bis zu 20 % verbessert und damit zur Energieeinsparung beiträgt.

RÖMER

Die bekanntesten Produkte, die unter der Marke Römer vertrieben werden, sind Pkw-Kindersitze. Der Name geht zurück auf die Familie Römer, die 1971 in Ulm die Römer Wingard Autogurte GmbH gründete. Von einem Hersteller für Gurte wandelte sich das Unternehmen schnell zum Produzenten von Kindersitzen für Pkw und Fahrrad. Die heutige Britax Römer Kindersicherheit GmbH verkauft pro Jahr etwa eine Mio. Sitze, hauptsächlich in Mitteleuropa. Zu den neuesten Produkten zählen die *Isofix-Kindersitze* und ein speziell entwickeltes Autogurt-Spannsystem. Das Römer-Logo ist schlicht gehalten und besteht aus dem weißen Markennamen auf einem ovalen, grauen Hintergrund. Seit 2006 lockert eine weiße, geschwungene Linie das Logo auf. Mit dieser Darstellung möchte das Unternehmen Werte wie Stabilität, Qualität, Sicherheit und Komfort betonen. Es positioniert Römer als ein Markenprodukt, das hochwertige Materialien und ausgereifte Techniken zum Schutz von Kindern im Straßenverkehr einsetzt. Im April 2007 zeichnete die Stiftung Warentest die Römer-Fahrradkindersitze *Jockey Comfort* und *Jockey Relax* als einzige von 15 getesteten Sitzen mit dem Urteil „gut" aus. Seit ihrer Gründung 1971 in Ulm ist die heutige Britax Römer Kindersicherheit GmbH zum bekanntesten Hersteller von Kindersitzen im deutschsprachigen Raum aufgestiegen. Im Bereich Pkw-Kindersitze ist Römer Marktführer im deutschsprachigen Raum und zählt in Mitteleuropa zu den größten Herstellern. Alle Produkte werden unter der Unternehmensmarke Römer vertrieben. Heute beschäftigt das Unternehmen ca. 400 Mitarbeiter und setzte im Jahr 2006 insgesamt 80 Mio Euro um. Eine eigene Vertriebsorganisation sorgt dafür, dass die Produkte über den Fachhandel, Kaufhäuser und den Automobilhandel verkauft werden.

DATEN UND FAKTEN

Markenname: Römer, Familienname der Gründer

Die Römer Auto-Kindersitze gibt es in verschiedenen Variationen, hier im Bild das Modell KING plus, ein Schalensitz für 9–18 Kg Körpergewicht.

Seit 2005 ist die Schuhmarke Romika Teil der Josef Seibel Gruppe.

Der Name rororo ist ein Akronym aus der Bezeichnung Rowohlts Rotations-Romane.

Das Service MARIA ist seit 91 Jahren Bestandteil der Kollektion Rosenthal *classic* (Mitte). SUOMI wurde 1976 von Timo Sarpaneva entworfen und gehört seitdem zu den Klassikern der Rosenthal *studio-line* (unten).

Slogan: „Wir nehmen die Kleinen in Schutz"

Gründer: Familie Römer, 1971 Ulm

Markenregistrierung: 3. 11. 1982, DPM München

Innovationen: *Isofix*-Kindersitze, Autogurt-Spannsystem (1999)

UNTERNEHMEN

Britax Römer Kindersicherheit GmbH
Blaubeurerstr. 71
89077 Ulm
✆ (07 31) 93 45-0
🖷 (07 31) 93 45-2 10
🖳 www.roemer.eu

ROMIKA

Der Name der Schuhmarke Romika setzt sich aus den Anfangsbuchstaben der Nachnamen ihrer Erfinder zusammen. 1922 gründeten die Kaufleute Rollman, Michael und Kaufmann die Romika Schuhfabrik AG. Nach Konkurs übernahm 1936 Hellmuth Lemm das Unternehmen, eröffnete in Trier die „Schuhfabrik Romika" und begann mit der Herstellung von Stiefeln mit vulkanisierter Gummisohle. Bis heute werden in Trier Schuhe für Beruf und Freizeit produziert. Im Jahr 2005 übernahm die Josef Seibel Gruppe die Marke Romika. Die Unternehmensgruppe steht unter der Geschäftsleitung von Carl-August Seibel und Andreas Garnier und hat auch die Schuhmarken →Josef Seibel, →Der kleine Muck und *Westland* im Portfolio. Die Marke Romika richtet sich an eine Kundschaft, die das Unternehmen als „komfortorientiert und qualitätsbewusst" beschreibt. Das Romika-Logo wurde im Laufe der Zeit mehrfach abgeändert. In seiner ursprünglichen Form bildete der Namenszug Romika in schwarzen Blockbuchstaben die Form eines Halbschuhs und wurde von einer Linie in Schuhsohlenform unterstrichen. Das aktuelle Logo ist in den Hausfarben Rot und Blau gehalten (HKS41 und HKS16). Der nun einheitliche Namenszug wird vom stilisierten Doppel-R abgeschlossen, der den Schwung des Anfangsbuchstabens aufgreift.

UNTERNEHMEN

Romika Shoes GmbH
Metternichstr. 35
54292 Trier
✆ (06 51) 2 04-0
🖷 (06 51) 2 04-67 5
🖳 www.romika.de

RORORO

rororo ist Deutschlands älteste Taschenbuchreihe. Seit 1950 sind unter der Marke rororo im Rowohlt Taschenbuch Verlag rund 16.000 Bände erschienen. Der Name rororo ist ein Akronym aus der Bezeichnung Rowohlts Rotations-Romane. Die Anregung zur Herstellung preiswerter Taschenbücher brachte Heinrich Maria Ledig-Rowohlt aus den USA mit. Damit konnten erstmals breite Käuferschichten in den Genuss erschwinglicher Bücher kommen. Bereits nach einem Jahr waren mehr als 1 Mio. rororo-Taschenbücher gedruckt. In der Bundesrepublik der 1950er-Jahre galt rororo als Synonym für Taschenbücher schlechthin. Auch heute setzt man bei rororo auf eine größtmögliche Programmvielfalt. Die Backlist des Rowohlt Taschenbuch Verlags gehört zu den umfangreichsten in der dt. Verlagsbranche. Einen Schwerpunkt im Portfolio bildet die angloamerikanische Literatur. Das Markenlogo wurde 1950 von Werner Rebhuhn entwickelt, der bei Rowohlt auch für die Gestaltung der Einbände verantwortlich war. Im Laufe der Jahre erfuhr die Gestaltung der Wortmarke mehrere typografische Veränderungen. Als Hausschrift wird derzeit Franklin Gothic BQ verwendet. Der Rowohlt Taschenbuch Verlag ist neben dem Buchverlag die zweite zentrale Säule der Rowohlt Verlage, zu denen u.a. auch die Imprint-Verlage Kindler und Wunderlich gehören. Unter dem Dach der Muttergesellschaft Rowohlt Verlag GmbH mit Sitz in Reinbek bei Hamburg erzielten die Verlage im Jahr 2006 mit 140 Mitarbeitern einen Umsatz von 65 Mio. Euro. Seit 1982 gehört das Unternehmen, das 1908 von Ernst Rowohlt in Leipzig gegründet wurde, zur Verlagsgruppe *Georg von Holtzbrinck*.

UNTERNEHMEN

Rowohlt Verlag GmbH
Hamburger Str. 17
21465 Reinbek
✆ (0 40) 72 72-0
🖷 (0 40) 72 72-3 19
🖳 www.rowohlt.de

ROSENTHAL

Die Unternehmensmarke Rosenthal steht für Design-Produkte in den Bereichen Tisch- und Wohnkultur sowie Geschenkartikel. Zu dem gleichnamigen Unternehmen gehören sechs Untermarken: Die *Rosenthal studio-line* beinhaltet designorientierte, avantgardistische Service und Kunstobjekte aus Porzellan und Glas. *Rosenthal classic* steht für zeitlos elegante Porzellankollektionen und *Rosenthal Home Designs* für dekorative Wohnaccessoires. Unter der Marke *Thomas* vertreibt das Unternehmen Gebrauchsporzellan. *Rosenthal meets Versace* ergänzt die Produktpalette durch luxuriöse Service und exkl. Geschenkideen. Porzellan- und Glaskollektionen verbergen sich hinter der im Jahr 2000 akquirierten Marke *Hutschenreuther*.

Das Teeservice TAC 01 wurde 1969 von Walter Gropius in Zusammenarbeit mit „The Architects' Collaborative" (TAC) entworfen und ist seitdem der Designklassiker der Rosenthal *studio-line*.

Rosenthal setzt für alle Marken auf hohe Produktqualität sowie auf vollendetes Design und hat schon über 400 Designpreise für seine Produkte erhalten. Den Grundstein legte 1879 Geheimrat Dr. h. c. Philipp Rosenthal mit einer Porzellanfabrik im oberfränkischen Erkersreuth bei Selb. Nach seinem Familiennamen ist auch das Unternehmen benannt worden. 1907 schuf Rosenthal als erste Porzellanmanufaktur überhaupt mit dem vollständigen Namenszug Rosenthal auf der Unterseite eines jeden Produkts eine eigenständige Marke. In der Bildmarke wird der Schriftzug durch zwei gekreuzte Stangen sowie eine darüber schwebende Fürstenhut-Krone ergänzt. Das Geschäftsmodell bestand zunächst darin, zugekaufte Weißware zu dekorieren. Erster Verkaufsschlager war ein Aschenbecher. Nach dem 2. Weltkrieg wandelte der Sohn des Gründers, Philip Rosenthal, die Porzellanfabrik zu einer Manufaktur für die gehobene Tisch- und Wohnkultur. Er setzte konsequent auf die Zusammenarbeit mit namhaften Designern und Künstlern, zu deren bekanntesten Vertretern Henry Moore, Salvador Dali, Raymond Loewy sowie der Bauhaus-Architekt Walter Gropius zählen. Damit schuf Rosenthal die Voraussetzungen für die heutige Strategie, sich als Premium-Luxus-Lifestyle-Marke für Interieurdesign und Dekorationsartikel zu etablieren. Die Rosenthal AG gehört seit 1997 mehrheitlich zur Waterford Wedgwood pcl.

DATEN UND FAKTEN

Markenname: Rosenthal, abgeleitet vom Familiennamen des Gründers P. Rosenthal

Gründer: Geheimrat Dr. h. c. Philipp Rosenthal, 1879 Erkersreuth bei Selb

Slogan: „Rosenthal – A Design Nation"

Markenregistrierung: 1907, Kaiserliches Patentamt Berlin

Innovationen: Porcelain noire, Entwicklung der keramischen Masse Inovan (2004)

Auszeichnungen:
mehr als 400 nat. und internat. Designpreise

UNTERNEHMEN

Rosenthal AG

Hauptsitz: Selb, Deutschland

Vorstand: Ottmar C. Küsel (Vorsitzender), Ralf Kuhn

Weitere Marken: Rosenthal studio-line, Rosenthal classic, Rosenthal meets Versace, Rosenthal Home Designs, Hutschenreuther, Thomas, Rosenthal Einrichtung

Gesamtumsatz: 184,8 Mio. Euro (2006)

MEILENSTEINE

1879 Geheimrat Dr. h. c. Philipp Rosenthal gründet die Porzellanfabrik Rosenthal & Co.

1891 Start der eigenen Porzellanproduktion

1897 Umwandlung des Unternehmens in eine Aktiengesellschaft

1958 Philip Rosenthal, der Sohn des Gründers, wird Vorstandsvorsitzender. In diesem Amt bleibt er bis 1981.

1961 Gründung von Rosenthal studio-line als eigene Designmarke

1972 Beginn der Möbelfertigung

1997 Die Rosenthal AG gehört mehrheitlich zur Waterford Wedgwood pcl.

Die RÖSLE-Elemente der Offenen Küche (Mitte) sind modular verwendbar. Die Firma produziert seit 120 Jahren in Markoberdorf (unten).

Vertrieb: über Fachhandel für Glas, Porzellan und Keramik, Hauptabsatzmärkte Zentraleuropa, Nordamerika, Südostasien

KONTAKT

Rosenthal AG
Philip-Rosenthal-Platz 1
95100 Selb
✆ (0 92 87) 72-0
✉ info@rosenthal.de
💻 www.rosenthal.de

RÖSLE

Die Konsumgütermarke RÖSLE steht für professionelle Küchenwerkzeuge, die Funktion und Qualität mit mehrfach ausgezeichnetem Design verbinden. 1888 als Spenglerbetrieb in Marktoberdorf gegründet, erschloss sich Karl Theodor Rösle 1903 mit der Herstellung von Küchengeräten ein zweites Standbein. Dies erwies sich als erfolgreiche Geschäftsidee: Das erste Kochgeschirr, damals noch in Emaille, ging in Produktion. Nach dem Tod des Gründers 1907 übernahmen seine Söhne Karl und Georg den Betrieb und sorgten für eine kontinuierliche Expansion. Durch den 1. Weltkrieg verzögert, beschleunigte sich die Entwicklung des Unternehmens in den 1920er-Jahren – bereits 1918/19 entstand eine größere Fabrikhalle außerhalb der zu eng gewordenen Innenstadt. Das Sortiment wuchs stetig, Stahlpfannen und verzinnten Geräten folgten verchromte Küchenartikel aus Messing und in den 1930er-Jahren fertigte RÖSLE die ersten rostfreien Küchengeräte. Meilensteine der Produkthistorie sind u.a. der Einsatz von rostfreiem Edelstahl 18/10 und die Einführung des revolutionären Ordnungssystems Offene Küche 1990. Im Jahr 1995 folgte die Markteinführung der RÖSLE-Schüssel, die sich zu einem Benchmark in diesem Produktsegment entwickelt hat. Mit der Einführung der Sortimente Bar im Jahr 2003, das hochwertiges Material mit edlem Design verbindet, und *dialogue* im Jahr 2004, dessen Besonderheit ein in die Serviceelemente integriertes Kühlsystem ist, besetzte Rösle zwei neue Geschäftsfelder. Der Vertrieb des Unternehmens ist seit 1997 internat. ausgerichtet und ist in Deutschland seit 2005 auf den Markenshop zur Präsentation der Produkte ausgerichtet. Bis heute in Familienbesitz, blickt RÖSLE auf eine 120-jährige Geschichte zurück, in der sich das Unternehmen ein unverwechselbares Profil im Segment der hochwertigen Küchenwerkzeuge erarbeitet hat.

Die Offene Küche von RÖSLE wurde 1990 präsentiert.

DATEN UND FAKTEN

Markenname: RÖSLE, Familienname des Gründers

Gründer: Karl Theodor Rösle, 1888

Innovationen: Offene Küche (1990), RÖSLE Schüssel (1995), Erster Kochlöffel aus Edelstahl (1997), Reiben und Hobel mit Laserschweißung (2000), dialogue-Servier-

MEILENSTEINE

1888 Firmengründung durch Karl Theodor Rösle

1920–1950 Edelstahl rostfrei 18/10 - erste rostfreie Küchengeräte und Bestecke aus Edelstahl 18/10 werden in den Markt eingeführt.

1990 Markteinführung des revolutionären Küchenordnungs-Systems Offene Küche

1995 Markteinführung der RÖSLE-Schüssel, die sich in diesem Produktsegment zu einem Benchmark etabliert hat.

Seit 1997 Internat. Ausrichtung - Rösle ist heute in über 50 Ländern weltweit tätig.

2000 Markteinführung der Knoblauchpresse, die sich schnell zu einem der beliebtesten Küchenwerkzeuge entwickelt hat.

2003–2004 Sortimentserweiterung - durch die Einführung der Sortimente Bar und *dialogue* besetzt Rösle zwei neue Geschäftsfelder.

2006 RÖSLE holt den Guinness Weltrekord für den größten Kochlöffel der Welt.

system (2004), Clevere Löffel (2005), VERSALID-Schüssel-Set (2007)

Auszeichnungen:
„red dot award: product design" für *Foodcup* (2007)
„iF product design award" für *konische Vorlege-Löffel, Nussknacker* (2007)
„Kücheninnovationspreis" der Initiative Besser Leben für das *VERSALID-Schüssel-Set* (2007)

UNTERNEHMEN

RÖSLE GmbH & Co. KG

Hauptsitz: Marktoberdorf

Vertrieb: in über 50 Ländern weltweit

KONTAKT

RÖSLE GmbH & Co. KG
Johann-Georg-Fendt-Str. 38
87616 Marktoberdorf
✆ (0 83 42) 9 12-0
🖷 (0 83 42) 9 12-1 90
🖳 www.roesle.de
✉ info@roesle.de

ROSSMANN

Unter der Marke Rossmann betreibt die Dirk Rossmann GmbH eine Drogeriemarktkette mit Hauptsitz in Burgwedel. Die Produktpalette umfasst rund 17.000 Artikel, wobei das Kernsortiment Parfüm, Kosmetik und Pflegeprodukte führender Hersteller umfasst. Weitere Schwerpunkte sind Bioprodukte, Wein, Tee sowie Media- und Aktionsware in der Rossmann Ideenwelt. Zudem bietet Rossmann einen Fotoservice sowie eine breite Palette an hausinternen Marken an. Die Produkte und aktuelle Angebote werden regelmäßig über Beilagen in Zeitungen und Anzeigenblättern beworben. Das Unternehmen präsentiert sich in den Farben Weiß und Rot. Im O des roten Rossmann-Schriftzuges ist das griech. Fabelwesen Zentaur abgebildet. Es ist halb Ross, halb Mann und soll den Markennamen Rossmann visualisieren. Dieser geht zurück auf den Firmengründer Dirk Roßmann, der 1972 seinen ersten „Markt für Drogeriewaren" in Hannover eröffnete. Anlass war die Aufhebung der Preisbindung für Drogeriewaren, die ab den 1970er-Jahren Discount in diesem Bereich ermöglichte. Die Dirk Rossmann GmbH ist ein inhabergeführtes Unternehmen und befindet sich auch heute noch mehrheitlich im Besitz der Familie. Daneben ist die weltweit tätige A. S. Watson Gruppe mit 40 % am Unternehmen beteiligt. Rossmann hat sich in den letzten Jahren stetig vergrößert. Im Mai 2000 kaufte das Unternehmen von der →REWE Handelsgruppe 90 Idea-Drogeriemärkte. Von 2003 bis 2005 kamen 372 kd-Märkte der Tengelmann-Gruppe hinzu. Damit verfügt Rossmann über 1.280 Verkaufsstellen in Deutschland und 500 in Osteuropa (Polen, Tschechien und Ungarn). Außerdem realisierte Rossmann 1999 den ersten Online-Shop für Drogeriewaren. Mit rund 15.000 Mitarbeitern ist Rossmann hinter →Schlecker und dm die Nummer drei der großen Drogerieketten in Deutschland. Mit einem Gesamtumsatz von 2,22 Mrd. Euro im Jahr 2006, der zu einem großen Teil durch 41 Eigenmarken generiert wird, gehört Rossmann zu den Top 16 des dt. Lebensmittelhandels.

Die Rossmann-Gruppe verfügt über 1.280 Verkaufsstellen in Deutschland und 500 in Osteuropa.

DATEN UND FAKTEN

Markenname: Rossmann, abgeleitet vom Namen des Firmengründers

Slogan: „Rossmann – Der starke Drogeriemarkt – Über 1200-mal in Deutschland"

Gründer: Dirk Roßmann, 1972, Hannover

Markenregistrierung: 27. 11. 1997, DPMA München

Innovationen: erster Online-Shop für Drogeriewaren (1999)

Jahresumsatz: 2,22 Mrd. Euro (2006, Deutschland), 2,76 Mrd. Euro (2006, gesamt)

UNTERNEHMEN

Dirk Rossmann GmbH
Isernhägener Str. 16
30938 Burgwedel
✆ (0 51 39) 8 98-0
🖷 (0 51 39) 8 98-49 99
🖳 www.rossmann.de

ROTES KREUZ

→Deutsches Rotes Kreuz

ROTKÄPPCHEN

Die Geschichte der Sektmarke Rotkäppchen geht auf das Jahr 1856 zurück, als die Brüder Moritz und Julius Kloss zusammen mit Carl Foerster im sächsischen Freyburg ein Weingeschäft gründeten. Fünf Jahre später stellte die Firma Kloss & Foerster erstmals auf der thüringischen Gewerbeausstellung eigenen Sekt unter franz. anmutenden Namen wie

Monopol, *Crèmant Rosé* und *Lemartin Frères* vor. Nach einem Namensrecht-Prozess wurde die Marke *Monopol* durch Rotkäppchen ersetzt. Der neue Markenname rührte von den roten Aluminiumhauben auf den Flaschen her. Unter der Marke Rotkäppchen bietet die Rotkäppchen Sektkellerei zehn Sektsorten, die teilweise neun Monate in Gewölben heranreifen, und seit 2006 vier verschiedene Weine an. Um die Exklusivität und Hochwertigkeit der Produkte zu unterstreichen, werden alle Flaschen traditionell mit einem Siegel, das eine geflügelte Sektflasche zeigt, versehen. Der Schriftzug Rotkäppchen erscheint in einer schreibschriftartigen Typografie und wird von dem Wort Sekt in Gold unterstützt. Die Gestaltung des Logos und der Slogan „Phantasie aus tausend Perlen" sollen die Marke emotionalisieren. Nach der Übernahme der Marken →Mumm, *Jules Mumm*, *MM Extra* und *Geldermann* ist das Unternehmen an den vier Standorten Freyburg an der Unstrut, Hochheim, Eltville und Breisach tätig. Auch die ursprüngliche Marke Kloss & Foerster, die nach der Enteignung 1948 nach Rüdesheim gezogen war, gehört seit 2006 wieder zur Rotkäppchen Sektkellerei. Das Unternehmen beschäftigt insgesamt rund 300 Mitarbeiter.

UNTERNEHMEN

Rotkäppchen-Mumm Sektkellereien GmbH
Sektkellereistr. 5
06632 Freyburg/Unstrut
✆ (03 44 64) 34-0
🖷 (03 44 64) 34-2 72 37
💻 www.rotkaeppchen.de

ROTKÄPPCHEN MARKENKÄSE

Das Logo von Rotkäppchen Markenkäse ist seit den 1920er-Jahren kaum verändert.

Rotkäppchen Markenkäse steht für Camembert und andere Spezialitäten aus Milch, wie Rotkäppchen *Frischer Landrahm*. Die heutige Rotkäppchen Peter Jülich GmbH & Co. KG wurde 1926 von Peter Jülich sen. in Köln als Großhandel für Käse gegründet. Zum Portfolio gehörte auch die aus Schlesien stammende Marke Rotkäppchen. Nach dem 2. Weltkrieg spezialisierte sich das Unternehmen auf die Herstellung von dt. Camembert. Der Markenname Rotkäppchen ist auf das Märchen der Gebrüder Grimm zurückzuführen und soll heute gemäß dem Slogan „Weil ich ein Märchen bin" für Produkte, die mit Liebe und Sorgfalt hergestellt sind, stehen. Alle Käsesorten werden ohne künstliche Zusatzstoffe, Farb- und Konservierungsstoffe und künstliche Aromen erzeugt. 2004 wurde das Sortiment mit der Produktlinie Rotkäppchen *Mein Bio* um dt. Bio-Schnittkäse erweitert. Auch regelmäßige saisonale Neuheiten, wie z. B. der mit Walnüssen verfeinerte Rotkäppchen *Wintergenuss*, gehören zur Innovationsstrategie des Unternehmens. Das seit den 1920er-Jahren kaum veränderte Rotkäppchen-Logo zeigt in Bezugnahme auf den Markennamen die Märchenfigur Rotkäppchen. Mit dem Logo soll märchenhafter Genuss assoziiert werden. Im Zuge einer Neupositionierung der Marke erfuhren die Produkte 2006 einen umfassenden Verpackungsrelaunch. Die neue Verpackung des klassischen Camemberts ähnelt dabei noch immer stark dem Original aus den 1920er-Jahren. Zur Rotkäppchen Peter Jülich GmbH & Co. KG gehören neben der ausschließlich in Deutschland vertriebenen Marke Rotkäppchen auch die Weichkäsemarken *Rügener Badejunge*, *Der Grüne Altenburger* und *Domédictin*. Nach eigenen Angaben belegt das Familienunternehmen in Deutschland im Segment Camembert marktführende Positionen. Die rund 200 Mitarbeiter erwirtschaften jährlich einen Unternehmensumsatz von ca. 50 Mio. Euro.

UNTERNEHMEN

Rotkäppchen Peter Jülich GmbH & Co. KG
Planetenfeldstr. 116
44379 Dortmund
✆ (02 31) 96 10 06-26
🖷 (02 31) 96 10 06-23
💻 www.rotkaeppchen.com

ROTRING

Rotring ist eine Konsumgütermarke im Segment Schreibwaren. Sie steht für Tuschefüller, technische Schreibgeräte, Zirkel, Zeichenhilfsmittel, Zeichenplatten sowie für Schrift- und Zeichenschablonen. Neueste Rotring-Entwicklung ist der *TIKKY-Feinminenstift* mit einer innovativen Griffzone, bei der harte und weiche Materialien gemischt wurden. Das Rotring-Logo zeigt den Markennamen in kleinen, roten Buchstaben. Dabei hat das mit roter Farbe ausgefüllte O einen roten Ring. Seit 1965 ist der rote Ring das offizielle Markenzeichen von Rotring. Die Anfänge der Marke reichen bis ins Jahr 1928 zurück. Damals kam ein neuartiger Tintenschreiber auf den Markt, der statt mit einer Feder mit einer Röhrchenspitze ausgestattet war. Bereits vier Jahre später wurde das Produkt in über 30 Länder exportiert. 1935 folgte ein Stift, der in einem Gehäuse eine Bleistift- und zwei farbige Minen vereinte. Ab 1940 war der rote Ring auf Kleintransportern zu sehen. Durch Akquisitionen und Beteiligungen kamen in den 1970er-Jahren u. a. Zeichenplatten ins Angebot. Seit 1998 gehört Rotring zur Newell Rubbermaid Inc., die diverse Marken wie *Dymo*, *Parker* und *Rolodex* unter ihrem Dach vereint. Die Aktiengesellschaft hat ihren Stammsitz in Atlanta, Georgia/USA und erzielte 2006 mit etwa 26.500 Mitarbeitern weltweit einen Umsatz von rund 6,2 Mrd. USD. Rotring wird heute von der Unternehmenstochter Sanford, einer Spezialistin für Schreibinstrumente und Künstlerbedarf, gesteuert. Die dt. Sanford GmbH hat ihren Sitz in Hamburg.

UNTERNEHMEN

Sanford GmbH
Schnackenburgallee 45
22 525 Hamburg
(0 40) 85 55-0
08 00 8 50 05 00
www.rotring.com/de

ROWENTA

Die Haushaltsgeräte der 1909 eingeführten Marke Rowenta verkörpern modernes Design sowie technische und qualitative Kompetenz. Der Schwerpunkt des Portfolios liegt dabei auf den Bereichen Wäsche-, Boden- und Körperpflege sowie Produkten rund um den Frühstückstisch. Der Markenname ist aus dem Namen des Gründers Robert Weintraud abgeleitet. Eine bedeutende Produktinnovation war das 1957 entwickelte Dampfbügeleisen, das maßgeblich zum Erfolg des 1884 unter dem Namen Weintraud & Comp gegründeten Unternehmens beitrug. Die puristische Darstellungsweise repräsentiert die innovativen, qualitativen und designorientierten Produkte der Marke. Im Bereich Hairstyling-Produkte ist Rowenta eine Kooperation mit der bekannten Model-Agentur Elite Models eingegangen und bietet Produkte wie Haarglätter, Frisierstäbe und Ladyshaver an. Das Unternehmen – das mit den Marken →Krups, *Moulinex*, →Tefal, *Lagostina* und *All-Clad* in Deutschland vertreten ist – ist in die Groupe SEB eingebunden, die mit über 13.000 Mitarbeitern zu den größten der Branche zählt.

UNTERNEHMEN

Groupe SEB Deutschland GmbH
Herrnrainweg 5
63067 Offenbach am Main
(0 69) 85 04-0
(0 69) 85 04-5 30
www.groupeseb.com
www.rowenta.de

Rowenta steht für hochwertige Ausstattung für designbewusste Konsumenten.

ROY ROBSON

1922 von Bruno Kirches in der damaligen Modemetropole Berlin gegründet, bietet das traditionelle Modelabel ROY ROBSON für Herren umfassende Kollektionen, die grundsätzlich Anzüge, Sakkos, Hemden, Krawatten, Hosen, Outdoor, Jersey, Strick, Leder und Mäntel beinhalten. Neben modischen Akzenten setzt ROY ROBSON auf ein 365-Tage-Programm bestehend aus Basisartikeln, die stets lieferbar sind. Das Logo des Unternehmens soll Dynamik signalisieren, die auch durch die Verwendung der Verdana als Hausschrift gestützt wird. Die Marke soll zugleich für Seriosität und Lifestyle bei hoher Verarbeitungsqualität stehen. ROY ROBSON ist ein Kunstname, der 1984 eingeführt wurde, um die Internationalisierung der Konsumgütermarke vorantreiben. Seit 1995 bietet das Unternehmen komplette Herren-Austattungen an. Zur Expansion trugen auch kontinuierlich in Europa eröffnete Showrooms bei, die ersten Monolabel-Stores in München und Hannover starteten 1998. Das Unternehmen beschäftigt ca. 1.000 Mitarbeiter weltweit, davon 200 am heutigen Firmensitz in Lüneburg, wohin das Unternehmen bereits 1944 umzog. Nachdem die Modemarke 1970 in den Familienbesitz von Wilhelm Westermann überging, wird es seit 1983 von Heiko Westermann geführt. Im Jahr 2006 betrug der Gesamtumsatz des Textilunternehmens, das offizieller Herrenausstatter der Bundesliga-Fußballer von Werder Bremen, Hannover 96 und Hansa Rostock ist, 50 Mio. Euro. ROY ROBSON-Produkte werden europaweit vertrieben.

UNTERNEHMEN

ROY ROBSON Fashion GmbH & Co. KG
Bleckeder Landstraße 18–20
21337 Lüneburg
(0 41 31) 8 87-0
www.royrobson.de

Die Modemarke ROY ROBSON gibt es seit 1922.

RTL TELEVISION

RTL Television ist gemessen an den Zuschauerzahlen der erfolgreichste private Fernsehsender in Deutschland. Mit seinem Vollprogramm richtet sich RTL an eine breite Gruppe

„Deutschland sucht den Superstar" (Logo Mitte) sowie „Wer wird Millionär?" mit Günter Jauch (unten) gehören zu den erfolgreichsten Sendungen des Fernsehsenders RTL.

von Zuschauern, in deren Mittelpunkt junge und moderne Familien stehen. Die Nähe zu den Zuschauern durch Themen, die die Lebenswirklichkeit betreffen, prägt die Marke RTL. Zu den bekanntesten Formaten zählen *Wer wird Millionär?*, *Deutschland sucht den Superstar*, *RTL Aktuell* oder *Gute Zeiten, schlechte Zeiten*. Mit einer Mischung aus bewährtem Mainstream und Formatinnovationen ist RTL seit September 1992 ununterbrochen Marktführer bei den 14- bis 49-jährigen Zuschauern (GfK). Der von Helmut Thoma gegründete Sender ging am 2. Januar 1984 von Luxemburg aus als *RTLplus* auf Sendung und erreichte in seiner Anfangszeit 200.000 Haushalte. 1988 folgte der Umzug nach Köln.

Peter Kloeppel moderiert die Nachrichtensendung „RTL Aktuell".

Das Land Nordrhein-Westfalen hatte eine sog. Erstfrequenz genehmigt, mit der *RTLplus* fortan 6,5 Mio. Zuschauer erreichen konnte. 1992 wurde *RTLplus* in RTL umbenannt, da die begriffliche Abgrenzung vom Radio nicht mehr notwendig war. Das RTL-Logo wurde im Laufe der Jahre behutsam dem Zeitgeschmack angepasst. Gestaltet in den drei Primärfarben Rot (Pantone 485), Gelb (Pantone 130) und Blau (Pantone 287) soll das Logo für Beständigkeit und Programmvielfalt stehen und eine hohe Wiedererkennbarkeit garantieren. Während in den Anfangsjahren noch provokativ mit dem Slogan „erfrischend anders" geworben wurde, soll der aktuelle Claim „Mein RTL" die emotionale Nähe zu den Zuschauern hervorheben. Die RTL Television GmbH ist eine Tochtergesellschaft der börsennotierten RTL Group, Europas führendem Unterhaltungskonzern, der wiederum zur Bertelsmann AG gehört. Zur dt. RTL Gruppe gehören auch die Fernsehsender → VOX, *n-tv*, *RTL 2* und → Super RTL. Bereits seit mehreren Jahren verfolgt das Unternehmen eine gezielte Diversifikationsstrategie. Unter dem Dach der RTL interactive GmbH bündelt RTL Television alle interaktiven und transaktionsbasierten Geschäftsfelder jenseits des klassischen, werbefinanzierten Free-TVs. Dazu zählen u.a. Teleshopping (*RTL Shop*), der DVD-Vertrieb (*Universum Film*) und Merchandising (*RTL Enterprises*).

DATEN UND FAKTEN

Markenname: RTL Television, RTL ist die Abkürzung von **R**adio **T**élévision **L**uxembourg

Slogan: „Erfrischend anders" (1980er-Jahre), „Wir zeigen's Ihnen" (1997), „Das haben Sie noch nie gesehen" (1999), „Mein RTL" (seit 2005)

Gründer: Helmut Thoma, 1984

Markenregistrierung: 17. 07. 1982, DPMA München

Auszeichnungen:
„Beste Informationssendung", Deutscher Fernsehpreis für *RTL Aktuell* (2007)
„Bester TV-Berater", Deutscher Fernsehpreis für Katharina Saalfrank, *Die Super Nanny* (2007)
„Bayerischer Fernsehpreis" für die Reportage *Ein Deutscher im All - Thomas Reiters Weltraum-Abenteuer* von Ralf Benkö (2007)
„Robert Geisendörfer Preis" für die Reportage *Feuertod* von Antonia Rados (2007)

Markenwebsite: www.rtl.de

UNTERNEHMEN

RTL Television GmbH

Hauptsitz: Köln, Deutschland

Geschäftsführerin: Anke Schäferkordt

Weitere Marken: → VOX, RTL 2, → Super RTL, n-tv

Vertrieb: deutschlandweit

KONTAKT

RTL Television GmbH
Aachener Str. 1044
50858 Köln
(02 21) 4 56-0
www.rtl-television.de

Ansprechpartner Presse:
Christian Körner
(02 21) 4 56-43 01
christian.koerner@rtl.de

Ansprechpartner Marketing:
Michael Hajek
(02 21) 4 56-72 00
michael.hajek@rtlcreation.de

Lead-Agentur:
RTL Creation
www.rtl-creation.de

MEILENSTEINE

1984 Am 2. Januar geht RTLplus auf Kanal 7 in Dudelange in Luxemburg auf Sendung. Damit sind ca. 200.000 Haushalte technisch erreichbar.

1988 Standortwechsel von Luxemburg nach Köln: Das Land Nordrhein-Westfalen genehmigt eine sog. Erstfrequenz, mit der RTLplus fortan 6,5 Mio. Zuschauer erreichen kann.

1992 Aus RTLplus wird RTL. Die begriffliche Abgrenzung vom Radio ist nicht mehr notwendig.

1993 RTL führt als erster dt. Sender das sog. „Programm-Stripping" ein: Ab sofort gibt es möglichst an jedem Werktag zur selben Zeit dasselbe Programmformat.

1994 RTL startet eine aufwendige „Informationsoffensive". Neue Formate wie das „RTL Nachtjournal" oder „Exclusiv" mit Frauke Ludowig gehen zum ersten Mal auf Sendung und laufen bis heute mit Erfolg.

2000 RTL bündelt die Internet- und Digitalaktivitäten in der neuen Tochter RTL NEWMEDIA (heute: RTL interactive). Das Infotainment-Portal www.RTL.de wird zum meistgenutzten Internet-TV-Angebot in Deutschland.

2006 Der elfte RTL-Spendenmarathon endet mit 5.154.760 Euro. Das sind rund 500.000 Euro mehr als beim Spendenmarathon 2005 und erhöht die Gesamtspendensumme auf 56,54 Mio. Euro in elf Jahren.

RUF-BETTEN

Die Marke Ruf-Betten steht für individuelle Schlafraum-Möbel und Accessoires. Das gleichnamige Unternehmen besetzt das mittlere bis gehobene Preissegment und ist mit seiner Produktpalette ausschließlich im Möbeleinzelhandel vertreten. Zielgruppe sind insbesondere Frauen zwischen 30 und 60 Jahren mit hohen Komforterwartungen. Ruf wurde 1926 von Albin Ruf in Rastatt gegründet und entwickelte sich in den 1960er-Jahren schnell zu einem marktführenden Unternehmen im Bereich der textilen Betten. Seit 1973 firmiert es unter seinem heutigen Namen Ruf-Bett International, der sich aus der zunehmenden Internationalisierung des Unternehmens ergab. 1997 wurde Ruf von der → Rolf Benz AG übernommen, ein Jahr später übernahm die Hülsta-Gruppe die Mehrheitsanteile an beiden Unternehmen. 2003 führte Ruf ein Schranksystem ein und erweiterte sein Produkt-Portfolio auf den gesamten Schlafzimmerbereich. Neueste Innovation des Unternehmens sind die „Oasen der Ruhe", ein auf die unterschiedlichsten Schlafgewohnheiten abgestimmtes System aus Matratzen und Unterpolsterungen. Das Logo, bestehend aus dem schwarzen Schriftzug ruf Betten auf weißem Grund, soll Klarheit, Zeitlosigkeit sowie formschönes, schnörkelloses Design widerspiegeln. Der neue Markenclaim „Perfektion der Sinne" soll dem Unternehmen als Zielsetzung für die nächsten Jahre dienen und gleichzeitig ein Versprechen an die Kunden sein, auch in Zukunft individuelle und hochwertige Produkte herzustellen. Der Marktanteil von Ruf im Möbel-Facheinzelhandel liegt lt. Firmenangaben bei über 35 %. Rund 16 % der Produkte werden ins Ausland exportiert, vor allem nach Russland, in die Ukraine, nach Asien und in die USA. Mit einem Bekanntheitsgrad von 18 % lt. letzten stat. Erhebungen gehört das Unternehmen zu den zehn bekanntesten Wohnmöbelherstellern in Deutschland.

Die Marke Ruf-Betten steht für anspruchsvolle Schlafraummöbel.

DATEN UND FAKTEN

Markenname: RUF-Betten, abgeleitet vom Namen des Firmengründers

Gründer: Albin Ruf, 1926, Rastatt

Markenregistrierung: 14. 11. 1985, DPMA, München

ruf | BETTEN

Das Rastatter Unternehmen RUF-Betten wird von Heiner Goosens geführt.

Rügenwalder Teewurst (Mitte), Geschäftsführer der Rügenwalder Mühle Christian Rauffus (unten)

Markenbekanntheit: 18 % gest. (FMM Markt- und Meinungsforschung, 2004)

Werbespendings: 1,65 Mio. Euro (2006)

Auszeichnungen:
„red dot award: product design" (2006)

UNTERNEHMEN

Ruf-Bett International GmbH & Co. KG

Hauptsitz: Rastatt, Deutschland

Geschäftsführer: Dr. Matthias Becker, Heiner Goossens

Gesamtumsatz: ca. 35 Mio. Euro (2006)

Vertrieb: weltweit über autorisierte Möbelfachhändler

KONTAKT

RUF-Bett International GmbH & Co. KG
Im Wöhr 1
76437 Rastatt
✆ (0 72 22) 5 07-0
🖷 (0 72 22) 5 07-2 07
💻 www.ruf-betten.de

Lead-Agentur:
trio-group communication&marketing gmbh
💻 www.trio-group.de

MEILENSTEINE

1926 Gründung durch Albin Ruf, Produktion von Patentrosten und Schonerdecken

1966 Ruf steigt in die Betten-Produktion ein und beginnt mit sog. „französischen Betten".

1985 Neuausrichtung des Unternehmens hinsichtlich seiner Produkt- und Sortimentspolitik

1997 Übernahme von Ruf-Bett International durch die Rolf Benz AG

1998 Die Hülsta-Gruppe erwirbt im November die Mehrheitsanteile an der Rolf Benz AG und damit gleichzeitig an deren Tochter Ruf-Bett International.

2003/04 Mit der Neueinführung eines Schranksystems erweitert das Unternehmen sein Produkt-Portfolio auf den gesamten Schlafzimmerbereich.

2006 Neueinführung des Schlafsystems „Oasen der Ruhe"

RÜGENWALDER TEEWURST

Die Konsumgütermarke Rügenwalder Teewurst mit der roten Mühle steht seit über 100 Jahren für eine traditionelle Wurstspezialität aus Pommern. Die Marke entstand, als der Metzgermeister Carl Müller 1903 in Rügenwalde (Pommern) eine geräucherte feine Mettwurst kreierte und feststellte, dass sie besonders gut zum Nachmittagstee passte. Die seit ihrer Erfindung im klassischen Wurstdarm produzierte Spezialität gibt es seit 2005 auch in einem wieder verschließbaren Frische-Becher. Seit 2006 gibt es Rügenwalder Teewurst außer in den klassischen Sorten grob und fein auch als fettreduzierte Variante. Visuelles Erkennungszeichen der Rügenwalder Teewurst war von Anfang an die rote Mühle, die heute an die Herkunft und Tradition der Wurstspezialität erinnern soll. 2001 reagierte das Unternehmen auf den Trend hin zu Selbstbedienungsregalen und stärkte sein SB-Sortiment mit der grundlegenden Überarbeitung des Corporate Designs und der Verpackungen. Gleichzeitig wechselte das Unternehmen die Markenstrategie und integrierte seine Einzelmarken unter der Dachmarke Rügenwalder Mühle. Neben der Rügenwalder Teewurst zählen dazu die Produktlinien *Pommersche Gutsleberwurst, Schinkenspicker* und *Pommern Spiess*. Werbung ist bei der Rügenwalder Mühle ein wichtiges Instrument der Markenpflege. Bekannt sind vor allem die ab 1996 im Fernsehen ausgestrahlten Werbespots, in denen ein Mann zur Metzgerei reitet und alle Rügenwalder Teewürste verlangt. Die Rügenwalder Teewurst ist in Deutschland sowohl im Kühlregal als auch in der Bedientheke Marktführer (GfK Handelspanel, 2006). Das Familienunternehmen Rügenwalder Mühle Carl Müller GmbH & Co. KG mit Sitz in Bad Zwischenahn hat knapp 400 Mitarbeiter und wird in fünfter Generation von Christian Rauffus geführt. Der Jahresumsatz, von dem 42 % auf die Rügenwalder Teewurst entfallen, liegt bei rund 138 Mio. Euro (2006).

DATEN UND FAKTEN

Markenname: Rügenwalder Teewurst, abgeleitet vom ursprünglichen Unternehmenssitz im pommerschen Rügenwalde

Slogan: „Echt mit der Rügenwalder Mühle", „Ob grob oder fein, die mit der Mühle muss es sein"

Gründer: Carl Müller, 1834, Rügenwalde

Seit 2005 gibt es die Rügenwalder Teewurst auch im Frische-Becher.

Markenregistrierung Mühlensiegel: 1950, DPMA München

Innovationen: Frische-Becher (2005), Rügenwalder Teewurst Aktiv (2006), Rügenwalder Teewurst mit grünem Pfeffer (2007)

Markenbekanntheit: 94 % gest. (Icon Added Value, 2006)

Auszeichnungen:
„Beste Neueinführung 2006", Zeitschrift Lebensmittel Praxis für die *Rügenwalder Teewurst im Frische-Becher* (2006)
„Bestseller des Jahres", Zeitschrift Rundschau für den Lebensmittelhandel (2006)
„Marketingpreis 2007", Zeitschrift Lebensmittel Praxis für die *Rügenwalder Teewurst im Frische-Becher* (2007)

UNTERNEHMEN

Rügenwalder Mühle
Carl Müller GmbH & Co. KG

Hauptsitz: Bad Zwischenahn

Geschäftsführer: Christian Rauffus

Weitere Marken: Pommersche Gutsleberwurst, Schinkenspicker, Pommern Spiess

Gesamtumsatz: 138 Mio. Euro (2006)

Vertrieb: Lebensmitteleinzelhandel und Cash-and-Carry-Märkte in Deutschland, Export nach Österreich

KONTAKT

Rügenwalder Mühle
Carl Müller GmbH & Co. KG
Industriestr. 5
26160 Bad Zwischenahn
✆ (0 44 03) 66-0
Fax (0 44 03) 66-3 00
www.ruegenwalder.de

Ansprechpartner Presse:
Engel & Zimmermann AG
Agentur für Wirtschaftskommunikation
✆ (0 89) 89 35 63-3
✉ info@engel-zimmermann.de

Ansprechpartner Produkt-PR:
The Food Professionals Köhnen AG
✆ (0 23 39) 91 85-0
✉ pressedienst@food-professionals.de

Ansprechpartner Marketing:
Godo Röben
✆ (0 44 03) 66-1 60
✉ groeben@ruegenwalder.de

Lead-Agentur
grey & wolff Werbeagentur GmbH
www.greyundwolff.de

MEILENSTEINE

1834 Unternehmensgründung in Rügenwalde

1946 Neubeginn in Westerstede

1956 Umzug nach Bad Zwischenahn

1996 Relaunch der Marke Rügenwalder Teewurst

1998 Erweiterung des Sortiments um die *Pommersche Gutsleberwurst*

2000 Die *Schinkenspicker* Schinkenwurst kommt auf den Markt.

2004 Einführung des Kochschinkens *Pommern Spiess*

RUNNERS POINT

Runners Point ist ein Filialfachhändler für Sportschuhe, Funktionstextilien und Zubehör. Auch Lifestyle-Schuhe und Freizeitmode gehören zur Produktpalette. Den Angebotsschwerpunkt setzten die Geschäfte in den Bereichen Running und (Nordic) Walking. Neben zahlreichen Marken der großen Sportartikelhersteller bietet Runners Point auch ein umfangreiches Angebot an Produkten der eigenen Marke *RP*. Die Verwendung hochwertiger Materialien, eine zeitgemäße Optik und ein überzeugendes Preis-Leistungs-Verhältnis sind hier die Leitlinien der Produktpolitik. Die fachkundige Beratung in den Filialen ist ein weiterer wesentlicher Aspekt der Markenphilosophie. Unterstützt werden die Fachverkäufer in den Filialen durch modernste Technik (Footprint, Videoanalyse, Laufband), die die Analyse von Fußmaßen und Laufbewegungen ermöglicht. Regelmä-

RWE wurde 1898 unter dem Namen Rheinisch-Westfälisches Elektrizitätswerk AG gegründet.

ßig erzielt die Marke Testsiege bei Laufschuhkauftests, so etwa bei *Men's Health* und *Fit for Fun*. Das Logo präsentiert die beiden Teile des Markennamens übereinander in grünen serifenlosen Versalien. Links davon bilden die ineinander übergehenden und z.T. nur angedeuteten Buchstaben R und P eine Form, die durch einen Punkt am Fuße des P ergänzt wird. Gegründet wurde die heutige Runners Point Warenhandelsgesellschaft mbH 1984 als Tochter des heutigen Karstadt-Quelle-Konzerns. Seit 2005 ist die Hannover Finanz Gruppe neue Haupteigentümerin. Das Runners-Point-Netz bilden 120 Filialen mit insgesamt rund 1.000 Mitarbeitern in Deutschland, Österreich und den Niederlanden. Weitere Vertriebswege sind Online-Shops und ein Bestellmagazin. 2002 startete unter dem Namen *Sidestep* ein neues Vertriebskonzept für Lifestyleschuhe und Accessoires. *Sidestep*-Filialen gibt es in fünf dt. Großstädten sowie in Amsterdam.

UNTERNEHMEN

Runners Point Warenhandelsgesellschaft mbH
Tiroler Str. 26
45659 Recklinghausen
✆ (0 23 61) 30 03-0
Fax (0 23 61) 30 03-55
www.runnerspoint.de

RWE AG

RWE ist eines der führenden Strom- und Gasunternehmen in Europa. RWE beliefert Privatkunden sowie Kommunen und Unternehmen u.a. mit Strom, Gas und Wasser. Der Name RWE ging hervor aus dem Gründungsnamen des Unternehmens, Rheinisch-Westfälisches Elektrizitätswerk AG. Die Aktiengesellschaft entstand 1898 im Zusammenhang mit der Gründung eines Elektrizitätswerks in Essen. Dessen Versorgungsgebiet vergrößerte sich bereits Anfang des 20. Jh. durch Zukäufe. 1960 war RWE an der Errichtung des ersten industriellen Kernreaktors beteiligt. Die letzte RWE-Zeche zur Kohleförderung wurde 1965 stillgelegt. 1990 wurden die vielfältigen Aktivitäten neu geordnet und die Konzernstruktur grundlegend verändert, die Rheinisch-Westfälische Elektrizitätswerk AG hieß nun RWE AG. 2003 übernahm die RWE AG Thyssengas und stärkte damit das Gasgeschäft. Heute ist die Aktiengesellschaft in sieben Konzernbereiche gegliedert: RWE Power, RWE Dea, RWE Gas Midstream, RWE Trading, RWE Energy, RWE npower und RWE Systems. Das Logo der Dachmarke RWE zeigt die drei Buchstaben in grauen serifenlosen Versalien. Rechts oberhalb des E findet sich eine geöffnete Hand mit gespreizten Fingern, weiß in einem blauen Oval. Der Jahresumsatz der RWE AG liegt bei über 44 Mrd. Euro. Das Unternehmen, das seinen Stammsitz nach wie vor in Essen hat, hat mehr als 68.500 Beschäftigte (in Mitarbeiteräquivalenten).

UNTERNEHMEN

RWE AG
Opernplatz 1
45128 Essen
✆ (02 01) 12-00
www.rwe.com

S

Die Modemarke s.Oliver wurde 1969 ins Leben gerufen.

S.OLIVER

s.Oliver ist eine Marke der Bekleidungsindustrie mit Sitz in Rottendorf, Deutschland. Bernd Freier erfand die Marke 1969 und gab ihr nach dem Romanhelden Oliver Twist den Namen Sir Oliver, der später in s.Oliver abgeändert wurde. Im selben Jahr eröffnete das erste Einzelhandelsfachgeschäft. 1971 entwarf der Art Director des Hauses das bis heute aktuelle Logo, den Namenszug in charakteristischer Schreibschrift, der Persönlichkeit und Handwerk assoziieren soll. s.Oliver liefert Mode für jeden Anlass und möchte vor allem Menschen ansprechen, die „modisch" und „zeitgeistorientiert" interessiert sind. Zur s.Oliver Group gehören die Segmente s.Oliver *Casual* women/men, s.Oliver *Selection* women/men, *QS by* s.Oliver female/male, s.Oliver *Bodywear*, s.Oliver *Junior* und s.Oliver *Accessories*. Bei der Markenpflege macht der Modehersteller mit teils preisgekrönten Werbekampagnen von sich reden. So konnten bereits prominente Werbeträger wie die Sängerin Anastacia (Anastacia by s.Oliver) oder Ralf Schumacher (Selection men & Casual men, 1997) gewonnen werden. Der erste s.Oliver Store eröffnete 1992. Seit 1997 vergibt s.Oliver Lizenzen für Schuhe, Socken, Brillen, Uhren, Schmuck, Parfüm, Heimtextilien, Sitzauflagen und Sonnenschirme für den Garten, Kinderwagen und Regenschirme. Die Märkte in Österreich, der Schweiz und den Beneluxstaaten wurden 2003 als eigene Töchter übernommen, ein Jahr später eröffnete der Modehersteller den Online-Shop. Das Unternehmen verfügt weltweit über 80 eigene Stores, 330 Stores mit Partnern, 2.600 Shops und 1.700 Verkaufsflächen. In Deutschland belegt s.Oliver Platz fünf der größten Bekleidungsunternehmen (Textil-Wirtschaft Umsatzrangliste, 2006). Das Unternehmen beschäftigt insges. 2.750 Mitarbeiter, davon 1.750 weltweit und 1.000 im Headquarter in Rottendorf. Produktionsstandorte befinden sich primär in Asien, West- und Osteuropa. Unter der Führung von Gründer Bernd Freier erwirtschaftete das Unternehmen im Geschäftsjahr 2006 904 Mio. Euro.

DATEN UND FAKTEN

Markenname: s.Oliver, Kunstname, inspiriert vom Romanhelden Oliver Twist

Slogan: „real fashion for real people"

Gründer: Bernd Freier, 1969, Rottendorf

Markenregistrierung: 27.04.1979, DPMA München

Markenbekanntheit: 80 % gest. (Stern Markenprofile 12, 2007)

Jahresumsatz: 904 Mio Euro (2006)

Auszeichnungen:
„Otto", BRAVO für Kampagne des Monats (1995)
„Petra Fashion Award", Kategorie „Die schönste Anzeige" für Anastacia by s.Oliver (2007)
„Joy Trend Award", Kategorie „Lifestyle" für Anastacia by s.Oliver (2007)

UNTERNEHMEN

s.Oliver
Bernd Freier GmbH & Co. KG
Ostring
97228 Rottendorf
(0 93 02) 3 09-0
(0 93 02) 3 09-94 26
www.soliver.com

S.PELLEGRINO

S.Pellegrino steht als Marke für Mineralwasser im Premiumbereich. Das einer ital. Quelle entstammende Wasser wurde im Jahr 2006 in über 110 Länder exportiert. Im Jahr 2006 wurden rund 500 Mio. Flaschen verkauft. Seit seiner Markteinführung im Jahr 1899 wird das Wasser in der gehobenen Gastronomie angeboten, der Vertrieb wird über den Getränkefachgroßhandel gesteuert. Im Lebensmitteleinzelhandel wird S.Pellegrino seit dem Jahr 2007 für den privaten Konsum in PET-Flaschen vertrieben. Zur Hauptzielgruppe des ital. Mineralwassers zählen jedoch nach wie vor Feinschmecker, die S.Pellegrino als Menübegleitung im Restaurant bestellen. Entsprechend wird die Marke auch beworben. So etwa durch den „S.Pellegrino Sterne-Cup der Köche" in Ischgl. Alljährlich wird hier unter der Marke S.Pellegrino ein Wettbewerb ausgerichtet, an dem Köche bekannter Feinschmeckerrestaurants teilnehmen, um ihr kulinarisches Können unter Beweis zu stellen. Außerdem gibt S.Pellegrino gemeinsam mit der aus dem gleichen Hause stammenden Wassermarke *Acqua Panna* seit 2000 die „Kulinarische Auslese" heraus, einen Führer zu den besten Restaurants Österreichs und Deutschlands. Das S.Pellegrino Mineralwasser unterscheidet sich von anderen durch seinen natürlichen, feinperligen Kohlensäureanteil

S.Pellegrino wird als Mineralwassermarke im gehobenen Segment positioniert und begleitet u.a. die Menüfolgen eines eleganten Diners.

und ist dadurch nach Angaben des Unternehmens besonders bekömmlich. Schon seit über 700 Jahren ist die Quelle aus der Stadt San Pellegrino Terme in den lombardischen Alpen bekannt, Leonardo da Vinci gehörte zu den ersten Anhängern. Bereits im Jahr 1782 wurden 14 wichtige Mineralstoffe und Spurenelemente in dem Quellwasser nachgewiesen, 1899 wurde das Unternehmen Sanpellegrino S.p.A. gegründet. Die bekannteste Flasche der Marke ist aus grünem Glas und fasst 0,75 l Inhalt. Das Logo ist durch einen roten, fünfzackigen Stern mit weißer Outline geprägt, darunter steht der Markenname. In Deutschland wird S.Pellegrino durch die Nestlé Waters Deutschland AG vertrieben. Für die Zukunft will der ital. Mutterkonzern Sanpellegrino S.p.A. die Positionierung als internat. Premiummineralwasser aus Italien weltweit ausbauen.

DATEN UND FAKTEN

Markenname: S.Pellegrino, geografische Bezeichnung der Quelle: San Pellegrino Terme, Italien

Slogan: „Live in Italian"

Jahresabsatz: 500 Mio. Flaschen (2006)

Markenwebsite: www.sanpellegrino.de; www.kulinarischeauslese.de

Literatur: M. Del Monego: „Mineralwasser für Genießer" (2000)

UNTERNEHMEN

Sanpellegrino S.p.A.

Hauptsitz: Mailand, Italien

Weitere Marken: Acqua Panna, S. Bernardo, Lora Recoaro, Acqua Vera, Aranciata, Limonata, Chinotto, Sanbitter

Vertrieb: in Deutschland über Nestlé Waters Deutschland

KONTAKT

Nestlé Waters Deutschland AG
Wilhelm-Theodor-Römheld-Str. 22
55130 Mainz
www.nestle-waters.de

Ansprechpartner Presse:
Thomas Schreiner
(0 61 31) 25 00-5 31
thomas.schreiner@waters.nestle.com
Simone Müggenburg
(0 61 31) 25 00-5 34
simone.mueggenburg@waters.nestle.com

SCHON GEWUSST?

Am 16. April 2007 feierte der S.Pellegrino Sterne-Cup der Köche im österreichischen Ischgl sein zehnjähriges Bestehen. 70 der besten Köche Deutschlands und Österreichs waren der Einladung von S.Pellegrino gefolgt, in Ischgl ihr Können unter Beweis zu stellen. Die Herausforderung war eine doppelte: Die Teilnehmer sollten auf 2.300 m Höhe nicht nur den Riesenslalom bestehen, sondern auch bei der anschließenden kulinarischen Prüfung ihr gastronomisches Geschick beweisen – was ihnen wie jedes Jahr bestens gelang.

SAAB

Die Automobil-Marke Saab steht für Design, Innovation und Understatement. Klare Linien und skandinavische Nüchternheit zeichnen die Fahrzeuge der Marke aus. Der Markenname ist eine Abkürzung für Svenska Aeroplan Aktiebolaget (dt.: Schwedische Flugzeug-Aktiengesellschaft). Dieses Unternehmen wurde 1937 gegründet und lieferte zunächst Flugzeuge für die schwed. Luftwaffe. 1947 stellte die Svenska Aeroplan Aktiebolaget das erste Automobil vor, den Saab 92001. 1949 folgte mit dem Saab 92 das erste Serienmodell. Das Logo der Saab-Automobile entstand durch die Fusionierung mit dem Fahrzeug-Hersteller →Scania (Lkw, Busse u.a.) im Jahr 1969. Seither zieren Fahrzeuge

Die klassische S.Pellegrino-Flasche fasst 0,75 l Wasser und ist aus grünem Glas (Mitte). Die u.a. von S.Pellegrino herausgegebene „Kulinarische Auslese" ist ein Führer zu den besten Restaurants Österreichs und Deutschlands (unten).

Nach dem Relaunch 2007 präsentiert sich das Logo von Sachsenmilch jünger und moderner.

der Marke Saab ein roter Greifenkopf in einem dunkelblauen Kreis. Ab 1990 wurde die Automobilsparte von Saab als eigenständiges Unternehmen Saab Automobile AB geführt. Im Jahr 2000 übernahm General Motors sämtliche Anteile an der Saab Automobile AB. In Deutschland ist der Automobilbereich durch die Saab Deutschland GmbH vertreten, die in Rüsselsheim ansässig ist. Weltweit sind für das Unternehmen mehr als 4.700 Mitarbeiter tätig. 2006 wurden in über 60 Ländern der Erde mehr als 133.000 Autos der Marke Saab verkauft. Das Unternehmen gilt außerdem als führender Hersteller im Bereich von Flexfuel-Antrieben, die mit Ethanol-Gemischen *E85* betrieben werden.

UNTERNEHMEN

Saab Deutschland GmbH
Fritz-Lutzmann-Ring
65 423 Rüsselsheim
✆ (0 18 02) 24 95-95
🖷 (0 18 02) 24 95-55
💻 www.saab.de

SACHSENMILCH

Die Sachsenmilch AG mit Sitz in Leppersdorf bei Dresden bietet unter der gleichnamigen regionalen Marke Molkereierzeugnisse wie Butter, H-Milch, Fruchtjoghurt, Fruchtquark und Trinkjoghurt an. Der durch die dt. Wiedervereinigung entstandene Markt verlangte nach einem heimatverbundenen Produkt im Bundesland Sachsen, woraufhin 1996 die Marke Sachsenmilch eingeführt wurde. Getreu dem Leitsatz „So schmeckt mein Tag" greifen nach Angaben des Unternehmens insbesondere jene Verbraucher zu den Produkten, die sie emotional mit ihrer Herkunft verbinden. Das Erscheinungsbild hat 2007 einen Relaunch erfahren und präsentiert sich hochwertig, modern und frisch. Die ellipsenförmige Bildmarke ist in zwei Hälften in den Farben Pink und Grün unterteilt. Im oberen Bereich findet sich der Schriftzug Sachsen in abgerundeten Versalien wieder, der den regionalen Aspekt jünger und zeitgemäß erscheinen lässt. Der untere Bereich mit dem Wort Milch in Schreibschrift symbolisiert die Frische und die Natürlichkeit des Produkts. Durch die Überarbeitung der Corporate Identity und Innovationen wie der H-Milch in der PET-Flasche hat die Marke ein Absatzplus von 6 % erreicht und verzeichnet 100 Mio. verkaufte Einheiten pro Jahr. Die Sachsenmilch AG gehört zur →Müller Gruppe, einem internat. agierenden Molkereiunternehmen. Die Sachsenmilch AG beschäftigt in Leppersdorf rund 1.400 Mitarbeiter.

UNTERNEHMEN

Sachsenmilch AG
An den Breiten
01454 Leppersdorf
✆ (0 35 28) 4 34–2 54
🖷 (0 35 28) 4 34–7 34
💻 www.sachsenmilch.de

SAECO

Kaffeevollautomat Primea Cappuccino Touch Plus der Marke Saeco

Die Marke Saeco steht weltweit für Kaffeevollautomaten und Espressomaschinen aus Italien. Saeco ist ein Akronym, abgeleitet vom Namen des Unternehmens Sergio, Arthur e Compagnia, das Sergio Zappella und Arthur Schmed 1981 in Gaggio Montano in der Nähe von Bologna gründeten. Die für den Vertrieb in Deutschland zuständige Saeco GmbH mit Sitz in Eigeltingen am Bodensee wurde 1987 gegründet. Das umfangreiche Saeco-Haushaltssortiment reicht von manuell bedienbaren Siebträgergeräten bis hin zu Kaffeevollautomaten. Des Weiteren bietet Saeco Accessoires rund um das Thema Kaffee an, wie z. B. Espressotassen, Cappuccinotassen und Latte-Macchiato-Gläser. Auch Kaffeebohnen, Zucker und Reinigungs- und Pflegeprodukte gehören zum Angebot. Über den Geschäftsbereich *Vending & Professional* vertreibt Saeco Kaffeevollautomaten an Gastronomiebetriebe, Hotels, Kanzleien, Praxen und auch Friseure. Darüber hinaus gehören Vending-Geräte für Heiß- und Kaltgetränke sowie Snackautomaten zum Portfolio. Neuheiten wie der mit dem „red dot award: product design" ausgezeichnete Kaffeevollautomat *Talea Touch* mit Milk Island verbinden Form und Funktionalität. Erkennungszeichen der Marke Saeco ist der Namensschriftzug in Rot (Pantone 185), der durch ein stilisiertes S unterstützt wird. Der Slogan „Ideen aus Leidenschaft" bestärkt die emotionale Bindung zu den Produkten und verweist zugleich auf die Innovationskraft des Unternehmens. Die Saeco Deutschland GmbH, die von Norbert Kornettka und Peter Eberle geleitet wird, erzielt mit der Marke Saeco jährlich einen Umsatz von rund 100 Mio. Euro. Weltweit ist die Saeco-Gruppe mit 17 Tochtergesellschaften präsent.

DATEN UND FAKTEN

Markenname: Saeco, Akronym zusammengesetzt aus dem Unternehmensnamen **S**ergio, **A**rthur **e** **Co**mpagnia

Slogan: „Ideen aus Leidenschaft"

Gründer: Sergio Zappella, Arthuro Schmed, 1981, Gaggio Montano/Italien

Markeneinführung: 1987, Deutschland

Innovationen: Herausnehmbare Brühgruppe (1985), Twin Kaffeevollautomat für zwei Tassen (1990), Cappuccinatore (1996), Saeco Brewing Systems SBS (2003), Keramikmahlwerk (2004)

Jahresumsatz: 100 Mio. Euro (in Deutschland)

Werbespendings: 7 % vom Umsatz

Auszeichnungen:
„red dot award: product design" für *Talea Touch* (2007)
„Plus X Award" für Primea Cappuccino Touch Plus (2006), für Talea Touch mit Milk Island, Odea Giro und Odea Giro Exklusiv (2007)

UNTERNEHMEN

Saeco GmbH
Hermann-Laur-Str. 4
78253 Eigeltingen
(0 77 74) 5 05–1 00
(0 77 74) 5 05–2 97
www.saeco.de

SAGROTAN

Sagrotan steht als Konsumgütermarke für Reinigungs- und Desinfektionsmittel. Zur Produktpalette gehören neben einem Universaldesinfektionsmittel auch Allzweckreiniger, Badreiniger, Hautdesinfektionsmittel, Hygienespülungen für Wäsche oder Tücher für unterwegs. Wichtige Bestandteile der Präparate sind 2-Propanol, Ethanol quaternäre Ammoniumverbindungen. Sagrotan tötet Bakterien und Pilze sowie bestimmte Viren ab. Fand Sagrotan zunächst nur Anwendung in medizinischen Einrichtungen, ist es seit 1951 auch im Einzelhandel erhältlich. Entwickelt wurde das Desinfektionsmittel maßgeblich von Arnold Groethuysen Anfang des 19. Jh. Der Markenname, ein Kunstwort, enthält die ersten beiden Buchstaben des lat. Wortes „sanus" (dt.: „gesund") sowie die ersten drei Buchstaben des Namens Groethuysen. Hygieia, die als Tochter des Äskulap für die Quelle der Gesundheit steht, ist seit Anbeginn Bestandteil der Bildmarke. 2003, als der Markenauftritt überarbeitet wurde, rückte sie als Figur noch deutlicher ins Zentrum des Markenlogos, das darüber hinaus den Markennamen in blauen, serifenlosen Versalien präsentiert. 1889 gründeten die Hamburger Kaufleute Rudolf Schülke und H. Julius Mayr ein Unternehmen zur Herstellung von Desinfektionsmitteln, insbesondere „Lysol". Sagrotan wird heute von dem brit. Unternehmen Reckitt Benckiser produziert und vertrieben, das auch Marken wie →Calgon, Calgonit, →Clearasil, Hoffmanns, →Woolite, →Kukident oder Dobendan führt. Reckitt Benckiser ist Weltmarktführer im Bereich Haushaltsreiniger, in Deutschland ist das Unternehmen durch mehrere Tochterfirmen vertreten.

UNTERNEHMEN

Reckitt Benckiser Deutschland GmbH
Theodor-Heuss-Anlage 12
68165 Mannheim
(06 21) 32 46–0
(06 21) 32 46–5 00
www.sagrotan.de

Seit Anbeginn der Marke Sagrotan steht Hygieia, die 2003 in der Mitte des Logos rückte, für das Reinigungs- und Desinfektionsmittel.

SAINT-GOBAIN SEKURIT

Sekurit Sicherheitsglas ist eine Marke der Saint-Gobain Sekurit, einem Unternehmen der franz. Saint-Gobain-Gruppe. Die Marke im Segment der Fahrzeugverglasung wurde 1930 lanciert. Grundlage waren mehrere Verfahren zur Herstellung von Sicherheitsgläsern. Dazu gehörte die 1909 entwickelte Glaslaminierung ebenso wie ein 1929 patentiertes Verfahren für die Herstellung von gehärtetem Glas, bei der Glastafeln in einem Glühraum erwärmt und unmittelbar danach wieder abgekühlt werden. Ein anderer franz. Glashersteller entwickelte zeitgleich ein ähnliches Patent; Handelsvereinbarungen räumten Saint-Gobain jedoch die Rechte für den dt. Markt ein. Seitdem entwickelte Saint-Gobain Sekurit zahlreiche neue Verfahren für Sicherheitsgläser, darunter die komplexe Heckscheibe (1955), ein getöntes Glas mit Wärmeabsorption (1990er-Jahre), elektrochromes Glas (2000) und Kunststoffglas (2002). Das Unternehmen sieht sich als Technologieführer im Bereich Automobilverglasung. Schwerpunkte der Forschung und Entwicklung sind der Umweltschutz sowie die Entwicklung neuer Materialien, Funktionen und Formen. Mit dem in Grau gehaltenen Markenlogo wurde der Name Saint-Gobain im Jahr 2000 als Dachmarke der Unternehmensgruppe eingeführt. Es besteht aus dem Namen in serifenlosen Großbuchstaben, gekrönt durch eine von acht Pfeilern getragene Brücke. Für das Geschäftsfeld Sekurit wird

Markenzeichen von Saint-Gobain Sekurit (oben), Autoglas der Marke (Mitte), Geschäftsführer Norbert Bützler

das Logo um den blauen Schriftzug Sekurit ergänzt. Die Wurzeln der Saint-Gobain-Gruppe reichen bis ins 17. Jh. zum Sonnenkönig Ludwig XIV zurück, der damals maßgeblich zur Entstehung der Spiegelglasmanufaktur beitrug. Die Unternehmensgruppe

Saint-Gobain Sekurit gilt als Technologieführer im Bereich Automobilverglasung.

mit Geschäftszentrale in Paris führt neben den traditionellen Geschäftsfeldern Flachglas, Verpackung und Bauprodukte auch die Sparten Baufachhandel und Hochleistungswerkstoffe. Saint-Gobain Sekurit beschäftigt in Deutschland 1.554 und weltweit 13.800 Mitarbeiter und ist in den Geschäftsfeldern Automobilverglasung für Erstausrüster und den Ersatzteilmarkt sowie Nutzfahrzeugverglasungen tätig. Im Oktober 2007 erwarb Saint-Gobain Sekurit die freeglass Gmbh & Co. KG, durch die das Portfolio um Autoscheiben aus Kunststoff ergänzt werden konnte. Bekannt wurde freeglass durch die Neuentwicklung einer feststehenden Kunststoffscheibe aus kratzfestbeschichtetem Polycarbonat für den *smart ForTwo.*

DATEN UND FAKTEN

Markenname: Saint-Gobain Sekurit, Saint-Gobain = Gründungsort in der Picardie in Nordfrankreich, Sekurit abgeleitet von lat. *Securitas* für Sicherheit

Slogan: „Ihr Partner in Automobilverglasung"

Gründer: Colbert, 1665, Paris/Frankreich

Markenregistrierung: 22. 08. 1938, Reichspatentamt Berlin

Innovationen: SGS ICECONTROL® (heizbares Verbundsicherheitsglas), SGS THERMOCONTROL® (wärmereflektierende Verglasung), SGS LIGHTUNING® (elektrochrome, lichtregulierende Verglasung)

Jahresumsatz: 1,845 Mrd. Euro (weltweit)

UNTERNEHMEN

Saint-Gobain Sekurit Deutschland GmbH & Co. KG

Hauptsitz: Aachen, Deutschland

Geschäftsführer: Norbert Bützler

Weitere Marken: freeglass

Gesamtumsatz: 280 Mio. Euro (Deutschland)

Vertrieb: weltweit

KONTAKT

Saint-Gobain Sekurit
Deutschland GmbH & Co. KG
Viktoriaallee 3–5
52066 Aachen
✆ (0 24 06) 82-0
🖷 (0 24 06) 82-23 30
🖳 www.saint-gobain-sekurit.com

Ansprechpartner Presse:
Sandra Thomassen
✆ (0 24 02) 9 60-2 01
✉ sandra.thomassen@saint-gobain.com

Ansprechpartner Marketing:
Birgit Heindel
✆ (0 24 06) 82-20 19
✉ Birgit.Heindel@saint-gobain.com

MEILENSTEINE

1929 Saint-Gobain meldet am 21. September in Frankreich ein Patent für die Herstellung von Sicherheitsglas an.

1933 Das Herstellungsverfahren wird unter dem Namen Sekurit patentiert und bald darauf internat. als Warenzeichen geschützt.

1936 Die erste konvexe und vorgespannte Verglasung kommt auf den Markt.

1955 Entwicklung der ersten komplexen Heckscheibe

1990 Einführung eines heizbaren Glases mit Metallbeschichtung

2002 Dank eines Joint Ventures mit freeglass kann Saint-Gobain Sekurit Kunststoffglas für die Autoherstellung anbieten.

SAL. OPPENHEIM

Sal. Oppenheim ist die größte unabhängige Privatbankgruppe in Europa und steht im Bereich Finanzdienstleistungen für Integrierte Vermögensverwaltung und Investment Banking. Das Bankhaus ist in der siebten Generation im Familienbesitz und zählt vermögende Privatiers, Institutionen, Unternehmen des gehobenen Mittelstandes sowie die öffentliche Hand zu seinen Kunden. Das Unternehmens-Logo besteht in seiner aktuellen Form seit April 2007 und ist Teil eines neuen CDs, das den gesamten Geschäftsauftritt umfasst. Der Namenszug Sal. Oppenheim in Majuskeln wird durch den Zusatz „Privatbankiers seit 1789" ergänzt. In seiner klassischen Form

Salomon Oppenheim jr. machte sich in Bonn 1789 mit der Gründung eines „Commisions- und Wechselhauses" selbstständig.

vermittelt der Schriftzug Tradition, Langfristigkeit und Kontinuität. Im Jahr 1789 gründete der damals 17-jährige Salomon Oppenheim jr. in Bonn das Bankhaus als Commissions- und Wechselhaus. Neun Jahre später erfolgte der Umzug nach Köln, und bereits 1810 fand das Unternehmen als zweitgrößtes Geldinstitut der Stadt Erwähnung. Mit der Finanzierung hoher Investitionen in den Eisenbahnbau verhalf es Köln zu einer Schlüsselstellung im europäischen Verkehrsnetz. Während des Nationalsozialismus entging Sal. Oppenheim nur knapp der Liquidation. Nach dem Krieg erhielt das Bankhaus als eine der ersten Banken die Genehmigung für Auslandsgeschäfte und wickelte Wiedergutmachungszahlungen der BRD an Israel ab. Matthias Graf von Krockow, seit seiner Heirat mit Ilona Baronesse von Ullmann Mitglied der Oppenheim-Familie, wurde 1986 persönlich haftender Gesellschafter und 1998 Sprecher der Partnerschaft. Die Privatbankgruppe beschäftigt ca. 3.800 Mitarbeiter und verzeichnete im Geschäftsjahr 2006 eine Steigerung der erwirtschafteten Erträge auf 1.093 Mio. Euro. Eine weitere Internationalisierung des Geschäfts mit einem Auslandsertragsanteil von 50 % ist angestrebt. Im Jahr 2007 verlegte Sal. Oppenheim den Hauptsitz in das Großherzogtum Luxemburg.

DATEN UND FAKTEN

Markenname: Sal. Oppenheim, Abkürzung des Vornamens und der Familienname des Gründers

Logo-Zusatz: „Privatbankiers seit 1789"

Gründer: Salomon Oppenheim jr.

Markenregistrierung: 02. 03. 2007, DPMA München (neues Logo)

Auszeichnungen:
„Best of Corporate Publishing Award" für das Kundenmagazin (2006)

Literatur:
M. Stürmer et al.: Wägen und Wagen: Sal. Oppenheim jr. & Cie. Geschichte einer Bank und einer Familie (2006)

UNTERNEHMEN

Sal. Oppenheim jr. & Cie. KGaA

Stammhaus: Köln

Hauptsitz der Sal. Oppenheim Gruppe: Luxemburg

Persönlich haftende Gesellschafter: Matthias Graf von Krockow (Sprecher), Dieter Pfundt, Detlef Bierbaum, Friedrich Carl Janssen, Christopher Freiherr von Oppenheim

Bilanzsumme: 35.347 Mio. Euro (2006)

Vertrieb: über 32 Vertretungen in Deutschland, Europa und weltweit

KONTAKT

Sal. Oppenheim jr. & Cie. KGaA
Unter Sachsenhausen 4
50667 Köln
(02 21) 1 45-01
www.oppenheim.de

Ansprechpartner Presse:
Dirk Manikowsky
(02 21) 1 45-9 28 00
dirk.manikowsky@oppenheim.de

SAL. OPPENHEIM
Privatbankiers seit 1789

Matthias Graf von Krockow, Sprecher der persönlich haftenden Gesellschafter, Eingang des Bankgebäudes in Köln (unten).

Ansprechpartner Marketing:
Bernd Bauer
✆ (02 21) 1 45-9 28 00
✉ bernd.bauer@oppenheim.de

MEILENSTEINE

1789 Der Kaufmann Salomon Oppenheim jr. macht sich in Bonn mit der Gründung eines „Commisions- und Wechselhauses" selbstständig.

1852 Beteiligung an der Gründung mehrerer Großbanken, darunter Crédit Mobilier, der ersten modernen Aktienbank in Europa

1931 Dr. h.c. Robert Pferdemenges tritt als Teilhaber in das Bankhaus ein und gibt der Bank seinen Namen.

1947 Das Bankhaus nimmt seinen ursprünglichen Namen Sal. Oppenheim jr. & Cie. wieder an.

1989 Bildung des bis heute gültigen Geschäftsmodells der integrierten Vermögensverwaltungs- und Investmentbank

2005 Erwerb der BHF-BANK AG

2007 Gründung der Konzernobergesellschaft in Luxemburg

SALAMANDER®

Die Schuhmarke Salamander hat in Deutschland rund 60 Filialen.

SALAMANDER

Salamander ist sowohl eine Schuhmarke als auch eine internat. tätige Schuhhandelskette. Die Salamander GmbH vertreibt ihre Produkte ausschließlich über das eigene Filialnetz. Das Unternehmen stellt neben der Marke Salamander auch die Kinderschuhmarke *Lurchi* her. Den Grundstein für den Aufbau der Marke Salamander legte der Schuhmacher Jakob Sigle, als er 1891 den Lederreisenden Max Levi in sein Unternehmen aufnahm. Als *J. Sigle & Cie* gewannen die beiden Partner 1904 eine Ausschreibung des Schuhhändlers Rudolf Moos, der Herrenschuhe zu einem Einheitspreis von 12,50 Mark verkaufen wollte. Moos gab den Schuhen den Namen Salamander. Wenig später wurde mit dem Aufbau eines eigenen Filialsystems begonnen. 1937 erschien das erste Lurchi-Heft, mit dem sich die Kinder während des elterlichen Schuhkaufs beschäftigen konnten. Bis heute sind 140 Ausgaben mit Geschichten rund um den Feuersalamander Lurchi erschienen. Schuhe der Marke sprechen insbesondere markenbewusste Frauen und Männer zwischen 25 und 50 Jahren an, die Wert auf Mode und ein gutes Preis-Leistungs-Verhältnis legen. In Deutschland erreicht Salamander lt. der Spiegel-Studie Outfit 6 einen Bekanntheitsgrad von 91 %. Neben den rund 60 Filialen in Deutschland betreibt die Salamander GmbH knapp 200 Geschäfte in Frankreich, Österreich, Polen, Ungarn, Tschechien und Russland. Weltweit sind 1.700 Mitarbeiter für das Unternehmen tätig. Seit 2005 gehört Salamander zur EganaGoldpfeil-Gruppe. Der Konzern mit Sitz in Hongkong integrierte die konzerneigenen Leder-Luxusmarken Goldpfeil, Comtesse, →Joop! und die Schuhmarke Sioux in das Warensortiment von Salamander. Zusammen mit der Neupositionierung des Schuhhändlers wurde ein neues Ladenbaukonzept eingeführt.

DATEN UND FAKTEN

Markenname: Salamander, abgeleitet von der gleichnamigen Lurchart

Gründer: Rudolf Moos, 1904, Berlin

Markenregistrierung: 18. 06. 1904, Kaiserliches Patentamt Berlin

Markenbekanntheit: 91 % gest. (Outfit 6, Spiegel, 2007)

UNTERNEHMEN

Salamander GmbH
Stammheimer Str. 10
70806 Kornwestheim
✆ (0 71 54) 15 26-16
🖷 (0 71 54) 15 26-77
💻 www.salamander.de

SALEM

→Schule Schloss Salem

SALITOS

SALITOS, eine Getränkemarke der SALITOS Brewing Company, wird in Deutschland durch die Firma MBG International Premium Brands GmbH mit Sitz in Paderborn vertrieben. Die Biermarke möchte Freiheit und die Lebenslust Lateinamerikas vermitteln und südamerikanischen Charme versprühen. Die Kernzielgruppe der Marke ist zwischen 18 und 35 Jahre alt. SALITOS gibt es in vier verschiedenen Sorten: Das untergärige Lagerbier SALITOS CERVEZA, SALITOS TEQUILA mit Limetten-Zitronen-Tequila-Geschmack, SALITOS ICE, der fruchtweinhaltige Cocktail mit dem Geschmack von frischen Limonen, und SALITOS MOJITO, ein Biercocktail mit dem Geschmack von hellem Rum, frischer Minze und fruchtiger Limette. Die Marke ist auf ihre lateinamerikanische Herkunft ausgerichtet. Entsprechend sind Markenauftritt und Marketingstrategie gestaltet. Die Farbgebung wird von der Markenfarbe Grün dominiert, je nach Sorte werden unterschiedliche Farbgebungen in der Sortenschleife des Bauchetiketts gewählt. Die Rautenform des Logos und der Etiketten auf den Flaschen sowie der folkloristische Ausdruck des mäanderähnlichen Bildsignets wirken authentisch lateinamerikanisch. Die Kommunikation setzt sich aus Printwerbung in Fachzeitschriften und Szenemagazinen, Veranstaltungssponsoring und Promotions zusammen. Die Marke wird in ca. 40 Ländern weltweit vertrieben. Weitere Produktneuheiten und -erweiterungen sind geplant. 1993 gründete sich die p.o.s. marketing + Vertrieb GmbH in Paderborn und wurde 1995 exklusiver Partner der Brauerei SAB Miller. 1998 kam es zur Umfirmierung in die Miller Brands Germany GmbH. 2003 kam die Krombacher Brauerei Bernhard Schadeberg GmbH & co. KG als Partnerunternehmen hinzu. 2004 erfolgte die Neufirmierung unter dem jetzigen Namen MBG International Premium Brands GmbH u.a. mit den Marken →SCAVI & RAY, →effect, →Orangina, THREE SIXTY VODKA, Angel d'Or, Cab und Snapple.

DATEN UND FAKTEN

Markenname: SALITOS, Name der Bar, in der die Idee zum Produkt entstand

Slogan: „El Original"

Markenregistrierung: 08.11.2000, DPMA München

Innovationen: SALITOS MOJITO (2007)

Markenwebsite: www.salitos.com

UNTERNEHMEN

MBG International Premium Brands GmbH
Kasseler Mauer 11
33098 Paderborn
(0 52 51) 2 90 32-0
(0 52 51) 2 90 32-69
www.mbg-online.net

Der Markenauftritt von SALITOS betont die lateinamerikanische Herkunft der Produkte.

SALZGITTER MANNESMANN

Die Industriegütermarke Mannesmann steht weltweit für geschweißte und nahtlose Stahlrohre. Namensgeber der Marke waren Reinhard und Max Mannesmann, die 1885 das Verfahren zur Herstellung nahtloser Stahlrohre erfanden und damit die industrielle Entwicklung entscheidend beeinflussten. Viele technische Prozesse und Produkte wurden erst durch das nahtlose Stahlrohr ermöglicht oder wirtschaftlich realisierbar. Mit ihrer Erfindung als Einlage gründeten die Brüder bis 1889 mit verschiedenen Partnern Röhrenwerke in Bous a.d. Saar, Komotau (Böhmen), Landore (Großbritannien) und im heimischen Remscheid. Die Wortmarke Mannesmannrohr wurde 1899 als Warenzeichen geschützt, 1919 folgte die Eintragung der Marke Mannesmann. Das bis heute kaum veränderte Markenzeichen, die Buchstaben M und W im geteilten Kreis, entwickelte der renommierte Architekt und Formgestalter

Eine Anzeige der Mannesmannröhren-Werke.

Peter Behrens im Jahr 1912. In den 1960er-Jahren wurde der Slogan „Man fragt den Mann von Mannesmann" zum geflügelten Wort. Das Mannesmann-Stahlrohr steht auch heute noch für Tradition, einen hohen globalen Bekanntheitsgrad und überzeugende Produktqualität. Die Markenpflege spielt weiterhin eine bedeutende Rolle. Seit dem Jahr 2000 gehören die Mannesmannröhren-Werke zur Salzgitter AG. Heute führen sie als GmbH den Unternehmensbereich Röhren, mit zahlreichen Tochter- und Beteiligungsgesellschaften, die geschweißte und

SALZGITTER MANNESMANN
Ein Unternehmen der Salzgitter Gruppe

Seit dem Jahr 2000 gehören die Mannesmannröhren-Werke zur Salzgitter AG.

nahtlose Stahlrohre aller Art herstellen und/oder weiterverarbeiten. 2006 waren im Salzgitter-Konzern 4.339 Mitarbeiter für den Bereich Röhren tätig, der einen Umsatz von 2.060 Mio. Euro erwirtschaftete.

DATEN UND FAKTEN

Markenname: Mannesmann, Familienname der Erfinder

Slogan: „Man fragt den Mann von Mannesmann" (1960er- und 1970er-Jahre)

Erfinder: Reinhard Mannesmann, Max Mannesmann, 1886

Markenregistrierung: 05. 12. 1919, Reichspatentamt Berlin

Innovationen: Herstellung nahtloser Stahlrohre

Literatur:
A. Wessel: Kontinuität im Wandel – 100 Jahre Mannesmann 1890–1990 (1990)
A. Wessel: Mit Engagement und Kompetenz für eine runde Sache, Mannesmannröhren-Werke GmbH 1946 – 2005 (2006)

UNTERNEHMEN

Mannesmannröhren-Werke GmbH

Hauptsitz: Mülheim/Ruhr, Deutschland

Vorstand: Wolfgang Eging, Dr. Michael Blank, Georg Michels

Gesamtumsatz: 2.060 Mio. Euro (Unternehmensbereich Röhren im Salzgitter-Konzern, 2006)

Vertrieb: weltweit

KONTAKT

Mannesmannröhren-Werke GmbH
Wiesenstraße 36
45473 Mülheim an der Ruhr
✆ (02 08) 4 58–0
🖷 (02 08) 4 58–18 08
www.mannesmann.de

Ansprechpartner Presse:
Norbert Fischer
✆ (02 08) 4 58–11 94
✉ norbert.fischer@mrw.de

Ansprechpartner Kommunikation:
Prof. Dr. Horst A. Wessel
Salzgitter Mannesmann Archiv
✆ (02 08) 4 58–16 66
✉ horst.a.wessel@mrw.de

SCHON GEWUSST?

Als der berühmte amerikanische Erfinder Thomas Alva Edison 1893 die Weltausstellung in Chicago besucht hatte, wurde er von Reportern gefragt, was ihn am meisten beeindruckt habe. Er antwortete: „Nun, es ist eine Weltausstellung. Da gibt es viel Herausragendes zu sehen. Allerdings hat mich am meisten das Mannesmannrohr begeistert – a masterpiece of MAN AS MAN should be!"

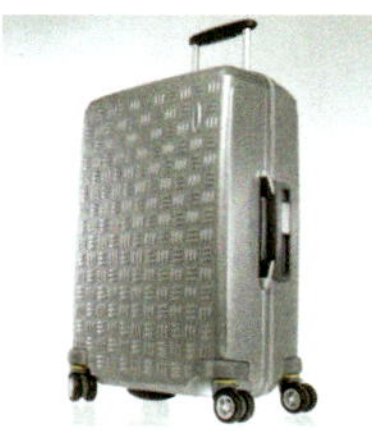

Seit 1910 werden unter der Marke Samsonite Koffer und Reisegepäck hergestellt.

SAMSONITE

Das Unternehmen wurde 1910 in Denver/USA von Jesse Shwayder gegründet und konzentrierte sich zunächst auf die Produktion zuverlässiger Reisetruhen. Samsonite war eine der ersten Handelsmarken in der Reisebranche. Der Name ist abgeleitet vom alttestamentarischen Helden Samson, der für seine Stärke und Treue bekannt war. Seine Tugenden sollen sich in den produzierten Reiselösungen widerspiegeln. Im Laufe der Jahrzehnte wurde die Produktpalette ständig erweitert und umfasst heute neben Reisegepäck auch Laptoptaschen, Freizeittaschen und Rucksäcke, Handtaschen, Schuhe und Accessoires. Zahlreiche wegweisende Innovationen wie z. B. die Konstruktion des ersten Koffers auf Rollen im Jahr 1974 oder die Verwendung des Verbundmaterials CURV® für luxuriöses, leichtes Gepäck im Jahr 2005 sichern den Unternehmenserfolg. Die Produkte zielen auf Menschen mit einem gehobenen Einkommen im Alter von 20 bis 60 Jahren. Neben Funktionalität sollen die heutigen Artikel den Gedanken an einen mobilen Lifestyle vermitteln, der durch das Design und die Markenpflege nahegelegt wird. So lautet der aktuelle Slogan „Life's a Journey." Das Logo wurde 1973 von dem für Design zuständigen Tochterunternehmen Design West Inc. entworfen. Es zeigt die visuelle Kombination zweier stilisierter, ineinander verwundener Darstellungen des Buchstabens „S", als Symbol für Samsonite und Stärke. Inzwischen ist das runde Logo anstelle des „o" in den Markennamen integriert. Corporate Design und Communication unterliegen strengen globalen Richtlinien. In die Werbung werden prominente Persönlichkeiten eingebunden, wie Jean Reno für die Serie *Graviton G-Lux* im Jahr 2007. Das Unternehmen agiert in mehr als 110 Ländern der Welt, beschäftigte 2006 weltweit 4.845 Mitarbeiter und erzielte einen

Umsatz von 1.070,4 Mio. USD. Die dt. Vertriebsniederlassung ist in Köln ansässig.

DATEN UND FAKTEN

Markenname: Samsonite, USA, inspiriert von der biblischen Gestalt Samson, dessen zugeschriebene Tugenden wie Kraft und Verlässlichkeit die Markenwerte repräsentieren sollen

Slogan: „Samsonite. Life's a Journey."

Erfinder: Jesse Shwayder, 1910, Denver/USA

Markenregistrierung: 17.08.1953, US trade marks register (17.09.1963, DPMA München)

Innovationen: Streamlite (1941), erster ABS-Aktenkoffer (1962), erster Koffer mit Dreipunkt-Verschlusssystem (1986), erster Koffer mit ‚Huckepack-System' (1990), erster Samsonite-Koffer aus dem Verbundmaterial CURV® (2005)

Markenbekanntheit: 60 % (Research International Study, 2003)

Jahresumsatz: 1.070,4 Mio. USD (weltweit, 2006)

UNTERNEHMEN

Samsonite GmbH
Subbelrather Str. 15b
50823 Köln
(02 21) 9 21 64 10
www.samsonite.com

SANOFI-AVENTIS

Unter der Pharma-Marke sanofi-aventis entwickelt und vertreibt das gleichnamige Unternehmen verschreibungspflichtige Originalmedikamente zur Behandlung und Vorsorge schwerwiegender, weit verbreiteter Krankheiten. Im Bereich Impfstoffe ist sanofi-aventis weltweit führend. Am Standort Frankfurt/Main zählen die therapeutischen Kernbereiche Herz-Kreislauf, Thrombose und Diabetes/Metabolismus zu den wichtigsten Aufgaben der Forschung. Zu den bekanntesten Produkten gehören *Lantus*, *Insuman* und *Amaryl* zur Behandlung von Diabetes. Das Logo von sanofi-aventis zeigt drei stilisierte blaue Figuren, die durch einen herzförmig geschwungenen Bogen verbunden sind. Es spiegelt den Leitspruch des Unternehmens „Das Wichtigste ist die Gesundheit" grafisch wider und nimmt den Leitgedanken gegenseitiger Hilfe und Solidarität auf. Der geschwungene Bogen unterhalb des Firmenschriftzugs symbolisiert den Zusammenschluss von Sanofi-Synthélabo und Aventis. Die beiden Unternehmen sind im Jahr 2004 fusioniert. Die franz. Firma Sanofi ist 1973 gegründet worden. Der Name ist eine klangliche Zusammenziehung des ursprünglichen Namens La Sociéte Omnium Financier Aquitaine pour L'Hygiene et la Santé. Aventis ist ein Kunstname, der 1999 entwickelt wurde, als sich die Pharmaunternehmen Hoechst Marion Roussel und Rhône Poulenc zusammenschlossen. Sanofi-aventis beschäftigt in Deutschland 10.000 Mitarbeiter, wovon 1.900 in der Forschung und Entwicklung im Industriepark Höchst beschäftigt sind. Im Jahr 2006 gab sanofi-aventis in Deutschland 470 Mio. Euro für Forschung und Entwicklung aus. Gemessen am Jahresumsatz von 4,1 Mrd. Euro (2006) ist sanofi-aventis das zweitgrößte Pharmaunternehmen des Landes.

DATEN UND FAKTEN

Markenname: sanofi-aventis, Kunstname, abgeleitet aus den Namen der beiden Vorgänger-Unternehmen Sanofi und Aventis

Slogan: „Das Wichtigste ist die Gesundheit." (2004)

Markenregistrierung: 11.03.2005, DPMA München

Innovationen: weltweit 125 Wirkstoffe in der Entwicklung (2007)

Gesamtumsatz: 4,1 Mrd. Euro (2006)

UNTERNEHMEN

Sanofi-Aventis Deutschland GmbH
Industriepark Höchst
65926 Frankfurt/Main
(0 69) 30 58 07 10
(0 69) 30 51 68 83
www.sanofi-aventis.de

Mitarbeiter in der Lantus-Anlage von Sanofi-aventis in Frankfurt-Höchst (unten)

SANTANDER

Die internat. Dienstleistungsmarke Santander steht für eine der größten Banken in Europa. Die dt. Tochtergesellschaft Santander Consumer Bank AG mit Sitz in Mönchengladbach ist auf Finanzdienstleistungen im Privatkundengeschäft spezialisiert. Ihre Ursprünge liegen in dem 1957 gegründeten Unternehmen Curt Briechle KG Absatzfinanzierung, mit dem der Kaufmann Curt Briechle die Autofinanzierung in Deutschland einführte. Mit der Umwandlung in eine Aktien-

Die Santander Consumer Bank tritt seit 2006 unter der Marke auf.

gesellschaft wurde das Unternehmen 1968 in Bankhaus Centrale Credit AG umbenannt. Gleichzeitig wandte sich die Bank auch dem stark wachsenden Konsumgütermarkt zu. 1987 wurde das nun als CC-Bank AG firmierende Unternehmen von der damaligen Santander Central Hispano, der größten Bank Spaniens, übernommen. 2006 folgte die Umbenennung in Santander Consumer Bank AG. Der neue Name soll die Verbundenheit mit dem span. Mutterkonzern zum Ausdruck bringen. In den 50 Jahren seit ihrer Gründung hat sich die Bank von einem Absatzfinanzierer zu einem Allfinanz-Anbieter mit einem umfassenden Produktportfolio entwickelt. Das Logo von Santander besteht aus dem Schriftzug des Markennamens in Weiß auf rotem Grund neben einem flammenartig aufsteigenden Symbol. Die Santander Consumer Bank AG ist ein wichtiger Stützpfeiler des Konsumentenkreditgeschäfts der Muttergesellschaft, das unter der Dachmarke Santander Consumer zusammengefasst wird. Seit der Fusion mit der AKB Privat- und Handelsbank im Jahr 2002 ist die Santander Consumer Bank AG nach eigenen Angaben der größte herstellerunabhängige Fahrzeugfinanzierer in Deutschland.

UNTERNEHMEN

Santander Consumer Bank AG
Santander-Platz 1
41061 Mönchengladbach
✆ (0 21 61) 6 90–0
🖷 (0 21 61) 6 90–53 70
💻 www.santander.de

SAP

Systeme, Anwendungen, Produkte: SAP.

Die Marke SAP steht für Softwarelösungen und Serviceangebote im IT-Bereich. Hauptabnehmer der SAP-Software sind große und mittelständische Unternehmen. Der Markenname SAP ist aus dem ursprünglichen Firmennamen „Systeme, Anwendungen und Produkte in der Datenverarbeitung" entstanden. Das Logo zeigt die Initialbuchstaben des Namens in weißen, serifenlosen Versalien, wobei die horizontale Linie des „A" nach unten gebogen ist. Der Schriftzug ist dunkelblau unterlegt, mit einer aufsteigenden Linie am rechten Rand. Gegründet wurde die heutige SAP AG 1972 von fünf ehemaligen IBM-Mitarbeitern, zunächst als GbR. 1977 folgte der Umzug nach Walldorf, wo auch heute noch der Hauptsitz ist. 1982 verwendeten bereits 250 Unternehmen im deutschsprachigen Raum SAP-Software. 1985 startete SAP die Expansion auch außerhalb Deutschlands, Österreichs und der Schweiz. 1988 folgte die Umwandlung in eine Aktiengesellschaft. Fünf Jahre später begann die Zusammenarbeit mit Microsoft, der Betrieb der Software R/3 auf Windows NT wurde damit möglich. 1998 wurde SAP an der New Yorker Börse notiert. Der Gesamtumsatz lag 2006 bei rund 9,4 Mrd. Euro. Den größten Anteil am Umsatz haben die Bereiche Wartung, Software und Beratung. Für das Unternehmen sind knapp 42.000 Mitarbeiter tätig. SAP betreut in mehr als 120 Ländern rund 44.000 Kunden aus mehr als 25 Branchen. Damit ist SAP der größte Anbieter von Unternehmenssoftware weltweit. Gemessen an ihrem Börsenwert rangiert die SAP AG auf Platz drei der größten unabhängigen Softwarefirmen. Die Marketingstrategie der SAP AG setzt verstärkt auf die Ansprache kleiner und mittelgroßer Unternehmen.

UNTERNEHMEN

SAP AG
Dietmar-Hoppe-Allee 16
69190 Walldorf
✆ (0 62 27) 7–4 74 74
🖷 (0 62 27) 7–5 75 75
💻 www.sap.com/germany

SAROTTI

Das erste Markenzeichen mit dem Sarotti-Mohren wurde erstmals 1918 vom Hersteller verwendet.

Sarotti ist eine traditionelle Schokoladenmarke mit langer Historie. Heinrich Ludwig Neumann eröffnete 1852 in Berlin die Confiseur-Waaren-Handlung Felix und Sarotti. Dort bot er ein vornehmlich aus Paris importiertes Sortiment feiner Confiserie-Produkte an. 1881 kaufte Hugo Hoffmann das Süßwarengeschäft und vertrieb seine Produkte seitdem unter dem Namen Sarotti. Das erste Mohrenzeichen, drei Mohren mit Tablett, wurde 1918 als Marke angemeldet. Der Grafiker Prof. Julius Gipkens gab dem Mohren mit zwei- und dreidimensionalen Ausfertigungen seine Erscheinungsform. 1922 wurde der Sarotti-Mohr als neues Markenzeichen in das Markenregister eingetragen. 1929 erwarb die Schweizer Aktiengesellschaft für Nestlé-Produkte die Aktienmehrheit an der Sarotti AG. Die Stollwerck AG übernahm 1998 die Marke Sarotti von Nestlé und stärkte damit ihre Position auf dem Pralinen- und Tafelschokoladenmarkt. Im Sinne politischer Korrektheit wurde der schwarze Sarotti-Mohr im Jahr 2004 zu einem „Magier der Sinne" umgestaltet. Er hat nun eine goldene Hautfarbe, steht auf einem Halbmond und jongliert mit Sternen. Die Bekanntheit des Markenzeichen mit dem Sarotti Mohren liegt in Deutschland bei 94 %, d. h. neun von zehn Personen kennen den Sarotti-Mohren (Quelle: NFO, 2003). Zu den Maßnahmen der Markenpflege zählen Werbung im Fernsehen, am POS sowie deutschlandweite Promotions-Kampagnen mit einem Schokoladenbrunnen und dem Sarotti Magier als Werbefigur. Zudem existiert zum Zwecke engerer Kundenbindung ein Sarotti Freundeskreis, welcher von Konsumenten geschriebene Bilder, Gedichte und Texte rund um die Sarotti Schokoladenwelt sammelt und veröffentlicht. Die Stollwerck GmbH mit Sitz in Köln vertreibt die Marke Sarotti weltweit. Das Produktportfolio umfasst die Segmente Premium, Bio, Basis sowie ein Nostalgie-Sortiment. Weitere Marken des Unternehmens sind →Alpia, Karina, Reichert, Alprose und Jaques.

DATEN UND FAKTEN

Markenname: Sarotti, abgeleitet von der Confiseur-Waaren-Handlung Felix und Sarotti, 1852 von Heinrich Ludwig Neumann in Berlin eröffnet

Slogan: „Lust auf Schokolade"

Gründer: Heinrich Ludwig Neumann, 1852, Berlin

Markenregistrierung: 06. 12. 1894, DPMA München

Markenwebsite: www.sarotti.de

Literatur:
R. Gundermann, B. Wulff: Der Sarotti Mohr – Die bewegte Geschichte einer Werbefigur (2004)

UNTERNEHMEN

Stollwerck GmbH
Stollwerckstr. 27–31
51149 Köln
✆ (0 22 03) 43–0
🖷 (0 22 03) 43–3 19
🖳 www.stollwerck.de

SAT.1

Unter der Dachmarke Sat.1 werden Medieninhalte und damit verbundene Produkte und Dienstleistungen angeboten. Im Mittelpunkt steht dabei der Fersensehsender Sat.1. Der Sender bietet ein unverschlüsseltes Fernsehprogramm an, das ausschließlich werbefinanziert ist. Er ging als erster dt. Privatsender im Januar 1984 an den Start. Seit Anfang1985 trägt er offiziell den Namen Sat.1 und präsentiert heute u. a. selbstproduzierte und eingekaufte Filme und Serien, Magazin- und Ratgeber-Formate, Comedy-Sendungen und Sportberichterstattung. Seit Juni 2006 gehört zum Markenportfolio auch der Pay-TV-Sender Sat.1 *Comedy*, der im Rahmen eines 24-Stunden-Programms u. a. Spielfilmkomödien sowie dt. und internat. Comedy-Serien und -Shows präsentiert. Der Markenname Sat.1 gibt wieder, dass es sich bei Sat.1 um den ersten in Deutschland per Satellit übertragenen Fernsehsender handelt. Das Markenlogo zeigt den Namenszug sowie einen markanten Ball, der an Stelle des im Markennamen enthaltenen Punktes steht. Das Logo wird während den laufenden Sendungen in der oberen rechten Ecke des Bildschirms dargestellt. Die Sat.1 GmbH erreichte im Jahr 2006 einen Umsatz von 855,5 Mio. Euro, im selben Geschäftsjahr hatte Sat.1 rund 250 Mitarbeiter. Das Unternehmen ist Teil der ProSiebenSat.1-Gruppe, zu der 24 Free-TV-Sender, 24 Pay-TV-Sender und 22 Radionetzwerke gehören, darunter auch die Marken →ProSieben, *Kabel Eins* und *N24*.

Unter der Dachmarke Sat.1 werden Medieninhalte und damit verbundene Produkte und Dienstleistungen angeboten.

UNTERNEHMEN

Sat.1 GmbH
Oberwallstr. 6
10 117 Berlin
✆ (0 30) 20 90–0
🖷 (0 30) 20 90–20 90
🖳 www.sat1.de

SATURN

Saturn ist nach →Media Markt Deutschlands zweitgrößte Elektrofachmarktkette. Saturn bietet seinen Kunden ein breites Sortiment von ca. 45.000 Artikeln aus den Bereichen Unterhaltungselektronik, Neue Medien, Haushaltsgeräte, Telekommunikation, Computer und Foto. In den Flagship-Stores werden bis zu 100.000 Artikel angeboten, wobei vor allem das umfangreiche CD- und DVD-Angebot mit ca. 60.000 Titeln hervorsticht. Mit über 300.000 unterschiedlichen lieferbaren Titeln befindet sich im Kölner Stammhaus, welches 1961 am Hansaring eröffnet wurde, eines der größten CD-Angebote Europas. Neben der Produktvielfalt legt Saturn viel Wert auf die Aktualität der Produkte. So soll der Name Saturn als Synonym für zukunftsorientierte Elektronik wahrgenommen werden und Modernität und Science-Fiction signalisieren. Die Bekanntheit

In Europa gibt es über 185 Elektrofachmärkte der Marke Saturn (Stand 10/2007).

Saturns wurde auch durch den Claim „Geiz ist geil!" gesteigert, der in der Öffentlichkeit kontrovers aufgenommen und diskutiert wurde. Mit der aktuellen Kampagne wurde der Claim verabschiedet und erfährt seine logische Weiterentwicklung. Im Zentrum stehen Markenqualität zu tiefen Preisen sowie eine große Auswahl und hohe Service- und Beratungsqualität. Intern setzt das Unternehmen mit seiner dezentralen Struktur auf die Verantwortung jedes Einzelnen: Der Geschäftsführer eines Hauses ist gleichzeitig dessen Miteigentümer, und die gewerblichen Steuern werden direkt vor Ort des jeweiligen Standortes bezahlt. Neben Deutschland mit über 125 Märkten (Stand Oktober 2007) ist Saturn in Österreich, Frankreich, Italien, Ungarn, Polen, Spanien, den Niederlanden und Belgien vertreten. Insgesamt stehen europaweit mehr als 185 Elektrofachmärkte (Stand 10/2007) zu Buche. Die Media-Saturn-Holding GmbH, zu der auch die Saturn Management Gesellschaft sowie die Media Markt Management Gesellschaft gehört, hat ihren Sitz in Ingolstadt. Die Holding ist wiederum mehrheitlich im Besitz der → METRO Group. Im Geschäftsjahr 2006 erwirtschaftete die Saturn Management Gesellschaft hierzulande unter der Leitung von Ralf Laffert einen Nettoumsatz von rund 2,6 Mrd. Euro und beschäftigte mehr als 6.800 Mitarbeiter.

DATEN UND FAKTEN

Markenname: Saturn, Name des sechsten Planeten unseres Sonnensystems, besitzt einen futuristischen Anklang und wird weltweit verstanden

Gründer: Anni Waffenschmidt, Friedrich Waffenschmidt, 1961

Jahresumsatz: 2,617 Mrd. Euro (2006)

UNTERNEHMEN

Saturn Management Gesellschaft
Wankelstraße 5
85046 Ingolstadt
✆ (08 41) 6 34-0
💻 www.saturn.de

SCA

Innerhalb des SCA Konzerns gibt es vier unterschiedliche Unternehmensbereiche.

SCA ist ein internat. Konzern für Konsumgüter und Papierprodukte. Das Unternehmen entwickelt, produziert und vermarktet absorbierende Hygieneprodukte, Verpackungslösungen, Druckpapiere und Holzmaterialien. Die Abkürzung SCA steht für Svenska Cellulosa Aktiebolaget. Unter dem Namen SCA vereinte der Finanzier Ivar Kreuger 1929 etwa zehn schwed. Holzunternehmen. Seit 1950 wird SCA an der Stockholmer Börse gehandelt. 1975 übernahm SCA die Firma Mölnlycke AB, einen europaweit führenden Anbieter von Hygieneprodukten, und stieg damit erstmals in den Bereich Konsumgüter ein. Mit der Übernahme stiegen die Umsätze von SCA um 40 %. Weitere Firmenübernahmen im Hygiene- und Verpackungssektor folgten. 1995 erwarb SCA die Mehrheit an den Papierwerken Waldhof Aschaffenburg (PWA), einem Nachfolgeunternehmen der 1884 in Mannheim gegründeten Zellstofffabrik Waldhof. Dadurch wurde die Aktiengesellschaft Europas größtes Unternehmen für Hygieneprodukte. Sie vertreibt ihre Produkte weltweit in über 90 Ländern. Heute gliedert sich das Unternehmen in die Bereiche Verpackungen (→ SCA Packaging), Tissue, Personal Care und Forest Products. Die SCA Hygiene Products AG in München ist für die Geschäftsbereiche Tissue und Personal Care zuständig, die zusammen über 50 % des Umsatzes von SCA ausmachen. In Deutschland ist SCA hier mit den Hygienemarken → Zewa, → Danke und → Tempo marktführend. Produkte für Großverbraucher werden unter der internat. Marke Tork vertrieben. Die global führende Marke → Tena ist in Deutschland Nummer eins bei Inkontinenzprodukten. Daneben produziert SCA verschiedene Eigenmarken für den Einzelhandel. 2006 erwirtschaftete das Unternehmen einen Nettoumsatz von ca. 11 Mrd. Euro und beschäftigte rund 51.000 Mitarbeiter. SCA Aktien werden an den Börsen in Stockholm, London und New York gehandelt.

UNTERNEHMENSBEREICHE UND MARKEN

Tissue:
(Anteil am Unternehmensumsatz: 31 %)
→ Zewa, → DANKE, TORK, Velvet, Edet, → Tempo

Personal Care:
(Anteil am Unternehmensumsatz: 21 %)
→ Tena, Serenity, Libresse, Libero

Packaging:
(Anteil am Unternehmensumsatz: 32 %)
→ SCA Packaging

Forest Products:
(Anteil am Unternehmensumsatz: 16 %)
SCA Forest Products

MEILENSTEINE

1929 Gründung von SCA durch Ivar Kreuger als Dachgesellschaft von ca. zehn schwed. Firmen aus der Holzindustrie

1975 Kauf der Firma Mölnlycke, einem der führenden europäischen Anbieter von Hygieneprodukten

1995 Durch den Erwerb der Mehrheit an den Papierwerken Waldhof wird SCA Europas größtes Unternehmen für Hygieneprodukte.

2003 Aufnahme von SCA in den Natur-Aktien-Index (NAI)

2007 SCA wird von der brit. Zeitung „The Independent" und dem Institut Eiris als Nummer zwei der umweltfreundlichsten Unternehmen weltweit ausgezeichnet.

2007 Akquisition des europäischen Tissuegeschäftes von Procter & Gamble mit einer Anzahl von zusätzlichen Marken.

DATEN UND FAKTEN

Svenska Cellulosa Aktiebolaget SCA

Gründer: Ivar Kreuger (1880–1932)

Unternehmensgründung: 1929 in Schweden

Mitarbeiter: 51.000 (2006)

Vorsitzender der Geschäftsführung: Jan Johansson

Umsatz: 11 Mrd. Euro (2006)

KONTAKT

SCA Hygiene Products GmbH
Sandhofer Str. 176
68305 Mannheim
✆ (06 21) 7 78-0
🖷 (06 21) 7 78-31 46
💻 www.sca.com

Ansprechpartner Presse:
Jeschenko MedienAgentur Köln GmbH
✆ (02 21) 30 99-0
✉ info@jeschenko.de

Ansprechpartner Marketing:
Jochen Sendelbach
✆ (06 21) 7 99-24 74
✉ jochen.sendelbach@sca.com

SCA PACKAGING

Die internat. Industriegütermarke SCA Packaging deckt für die schwed. →SCA-Gruppe den Geschäftsbereich Verpackungen und Displays ab. SCA Packaging produziert Verpackungen für Konsum und Industrie, sowie Verpackungs- und Displaylösungen aus hochveredelter Wellpappe. Weiterhin sind Dienstleistungen wie die Entwicklung und Umsetzung von Abpackkonzepten wichtige Bestandteile des Leistungsportfolios. Ein dichtes Netzwerk von Design Centern in Europa, Asien und ein Innovation Centre in Brüssel gestalten Produktpräsentationen für Markenhersteller. SCA Packaging sieht sich als Marketing-Partner dieser Unternehmen und ist daher seit 2003 offizieller Sponsoring-Partner des Marken-Awards der Zeitschrift *absatzwirtschaft*. SCA Packaging wurde 1990 offiziell ein eigener Geschäftsbereich von SCA, 1992 wurde die europäische Vertriebsorganisation gegründet. SCA Packaging ist einer der führenden Anbieter kundenspezifischer Verpackungslösungen und einer der größten Hersteller von Wellpappe in Europa. Das Unternehmen erzielte 2006 mit weltweit 24.600 Mitarbeitern an mehr als 240 Standorten in 30 Ländern einen Umsatz von 3,6 Mrd. Euro. Damit steuerte SCA Packaging 32 % zum Gesamtumsatz der SCA-Gruppe bei, die neben Verpackungslösungen auch absorbierende Hygieneprodukte, Druckpapiere und Holzmaterialien produziert und vermarktet. Ursprünglich stand en Sägeblatt als Logo für das Unternehmen, es wurde jedoch 1990 ersetzt, da es die Tätigkeitsfelder von SCA nicht mehr ausreichend widerspiegelte. Das neue Logo mit den drei sich überschneidenden Dreiecken symbolisiert die drei

SCA Packaging entwickelt für viele Marken Kreativkonzepte für den POS.

Phil Almond ACA, Vorstand und Managing Director SCA Packaging Middle Europe (Mitte)
Getränkeverpackung, in der die Getränke durch die Zugabe von Eis und Wasser kühl bleiben (unten)

Geschäftsbereiche *Forest Products*, *Packaging* und *Hygiene Products* und deren Integration. In Zukunft möchte SCA Packaging seine Präsenz in Europa und Asien weiter ausbauen und plant zusätzliche Investitionen in Designkapazitäten.

DATEN UND FAKTEN

Markenname: SCA Packaging, Abkürzung für das Unternehmen **S**venska **C**ellulosa **A**ktiebolaget, Packaging, engl. für Verpackung

Slogan: „more than a box" (bis 2002), „Wir packen Markterfolge" (bis 2005), „be seen - be moved - be secure" (ab 2006)

Gründer: Colin J. Williams, 1990, Belgien

UNTERNEHMEN

SCA Packaging

Headquarters:
Brüssel, Belgien (SCA Packaging Europa)
Vorstand: John D. Williams

Headquarters:
Nürnberg (SCA Packaging Middle Europe)
Managing Director: Phil Almond

Gesamtumsatz: 3,6 Mrd. Euro (2006)

Vertrieb: Europa, Asien

KONTAKT

SCA Packaging Deutschland
Bellingerstr. 7–9
36043 Fulda

(06 61) 88-2 17
(06 61) 88-2 25
www.scapackaging.de

Ansprechpartner Presse & Marketing:
Marc Stabernack
(06 61) 88-3 50
marc.stabernack@sca.com

PR-Agentur:
G. Ulrich Rohrbach
PR-Berater (DPRG)
(0 69) 72 33 76
ulirohrbach@web.de

SCHON GEWUSST?

- Das größte je im dt. Lebensmitteleinzelhandel verwendete Aktionsdisplay war 10,00 m lang, 2,40 m breit und 3,40 m hoch und wurde für einen Kunden von SCA Packaging anlässlich der Fußball-WM 2006 produziert.
- SCA „verpackt" sogar Hummeln, die in Großgärtnereien für die Bestäubung zuständig sind, und bietet diesen in Hummelstöcken aus Wellpappe ein dauerhaftes Zuhause.
- Mehr als nur ein Partygag sind Getränkeverpackungen (s. Foto) aus Wellpappe, in denen Getränke mit Hilfe von Eis und Wasser gekühlt werden können. Das Geheimnis ist eine wasserdichte Folienbeschichtung.

SCANIA

Kern des Scania-Logos ist ein Greifenkopf mit einer Krone.

Die Marke Scania steht für Produkte und Dienstleistungen im Kraftfahrzeugsegment. Neben Lastkraftwagen und Bussen gehören auch Motoren und Serviceangebote zum Portfolio. Jüngste Innovation ist die Euro-5-Motorenplattform für Lkw, mit der das Unternehmen Scania auf die im Oktober 2009 in Kraft tretende Abgasnorm Euro 5 reagiert. Kern des Markenlogos auf dunkelblauem Fond ist ein roter Greifenkopf mit einer goldenen Krone. Scania steht als Schriftzug in dunkelblauen serifenlosen Versalien rechts neben dem Logo. Die Firma Vabis aus dem schwed. Södertalje hatte bereits 1902 den ersten Lkw hergestellt. 1911 wurden die Lkw-Hersteller Scania und Vabis zusammengeführt. Zu dieser Zeit hatten beide Unternehmen bereits mit der Serienproduktion von Lastkraftwagen begonnen. In den folgenden Jahrzehnten gab es kontinuierlich Innovationen in diesem Segment. Hinzu kamen die Produktion von Reise- und Linienbussen sowie die Herstellung von Industrie- und Schiffsmotoren. Ende 2006 hatte das Unternehmen Scania rund 33.000 Mitarbeiter. Es ist mit über 1.000 Vertretungen in etwa 100 Ländern der Erde präsent. Produktionsstätten unterhält Scania in Schweden sowie in Argentinien, Brasilien, Frankreich, den Niederlanden, Polen und Russland. 2006 lieferte die seit 1996 börsennotierte Scania AB knapp 60.000 Lkw aus. Der Gesamtumsatz lag bei über 70 Mrd. Schwed. Kronen. Deutschland war mit über 4.200 ausgelieferten Lkw der viertwichtigste nat. Markt in diesem Segment. Hierzulande ist das Unternehmen seit 1968 vertreten. Die Scania Deutschland GmbH hat ihren Sitz in Koblenz. Der Hauptsitz der Muttergesellschaft befindet sich in Södertalje in Schweden.

UNTERNEHMEN

Scania Deutschland GmbH
August-Horch-Str. 10
56070 Koblenz
(02 61) 8 97-0
(02 61) 8 97-2 03
www.scania.de

SCAVI & RAY WINERY

SCAVI & RAY WINERY heißt die Dachmarke ital. Premium-Weine aus dem Norden von Venetien. Die Marke zeichnet sich lt. Hersteller durch ein einzigartiges Portfolio aus, welches die Top-Szene-Gastronomie und gleichfalls den Handel fokussiert, sowie durch die exzellente Qualität der verwendeten Rebsorten und das edle Design. Dieses Kompetenzfeld wird mit dem internat. renommierten Weingut LA MARCA, welches vom Wine Spectator im Jahr 2007 mit „Gold" prämiert wurde, manifestiert. Die große Gebindevielfalt ermöglicht passende Produkte für alle Absatzkanäle. Das Portfolio reicht vom fruchtig prickelnden Prosecco Frizzante über eine exkl. Designer Piccolo Edition bis hin zu den Prestige-Gebinden Magnum und Jeroboam (mit 1,5 l bzw. 3,0 l Volumen). Die Flaschen sind sehr aufwendig gestaltet, u.a. mit geprägten Bleiplomben am Flaschenhals. Der Markenauftritt ist durch den Farbcode Schwarz und Silber klar definiert und wird konsequent über die gesamte Produktrange umgesetzt. Zur Markenpflege betreibt SCAVI & RAY Printwerbung in Fachzeitschriften und Consumer Magazinen sowie Event-Sponsoring (z.B. ECHO-Verleihung, Deutscher Filmpreis, etc.). Zur Handelsoffensive 2007 verpflichtete SCAVI & RAY die Moderatorin Sonya Kraus als Testimonial. Neu in der Produktrange von SCAVI & RAY sind seit Oktober 2007 auch zwei Weine, ein Pinot Grigio und ein Cabernet. SCAVI & RAY gehört als Eigenmarke zur MBG International Premium Brands GmbH aus Paderborn, die zahlreiche andere Getränkemarken vertreiben wie →effect, →SALITOS, →Orangina, THREE SIXTY VODKA, Angel d'Or und Cab.

DATEN UND FAKTEN

Markenname: SCAVI & RAY WINERY

Slogan: „Finest Wines – Made in Italy"

Erfinder: Joe Scavi, Carluccio Ray

Innovationen: SCAVI & RAY Rosato

Auszeichnungen: „Bester Prosecco Deutschlands", Beverage Award (2006)

Markenwebsite: www.scavi-ray.it

UNTERNEHMEN

MBG International Premium Brands GmbH
Kasseler Mauer 11
33098 Paderborn
(0 52 51) 2 90 32-0
(0 52 51) 2 90 32-69
www.mbg-online.net

SCHAEFFLER GRUPPE

Die Schaeffler Gruppe ist ein weltweit tätiger Zulieferer der Automobilindustrie sowie ein führender Anbieter von Wälz- und Gleitlagern, Linearführungen und Direktantriebstechnik für die Industrie und die Luft- und Raumfahrt. Das Kernstück des Portfolios bilden die drei Marken →INA, →LuK und →FAG. Die Geschichte der Schaeffler Gruppe geht zurück bis in das Jahr 1946, als die Brüder Dr. Wilhelm und Dr.-Ing. E.h. Georg Schaeffler in Herzogenaurach die Firma Industrie-GmbH gründeten. In ihrem Unternehmen, aus dem später INA wurde, stellten sie zunächst Waren des täglichen Bedarfs wie Leiterwagen und Güterschnallen her. Die Entwicklung des käfiggeführten Nadellagers begründete 1949 den Erfolg des Unternehmens. 1965 beteiligte sich INA an der Gründung der LuK Lamellen und Kupplungsbau GmbH in Bühl. In den 1970er- und 1980er-Jahren beteiligte sich INA an weiteren Unternehmen und baute die Produktpalette kontinuierlich aus. 1999 ging LuK ganz in den Besitz von INA über, 2001 kam die FAG Kugelfischer Georg Schäfer AG aus Schweinfurt als weitere Tochtergesellschaft hinzu. Daraufhin wurde 2003 die Schaeffler Gruppe als Dachmarke ins Leben gerufen, um den Kunden ein einheitliches Bild von den Leistungen des Unternehmens zu vermitteln. 2006 wurden INA und FAG auch formal in der neu gegründeten Schaeffler KG zusammengefasst. Das Markenzeichen der Schaeffler Gruppe ist die Wortmarke in grünen Versalien, das auch durch die drei Logos der Hauptmarken INA, FAG und LuK ergänzt werden kann. Der Slogan „Gemeinsam bewegen wir die Welt" verweist auf das globale Engagement des Unternehmens sowie auf seine Produkte, die für reibungsarme Bewegung sorgen. Die Produkte der Schaeffler Gruppe werden welt-

SCAVI & RAY
WINERY

Der Farbcode Schwarz und Silber definiert den Markenauftritt von SCAVI & RAY.

LuK INA FAG
SCHAEFFLER GRUPPE

Maria-Elisabeth Schaeffler und ihr Sohn Georg (Mitte) sind Gesellschafter der Schaeffler Gruppe in Herzogenaurach (Zentrale, unten).

Die Schaeffler Gruppe hat auf internat. Messen einen gemeinsamen Auftritt von LuK, INA und FAG.

weit über 100 eigene Büros vertrieben. Mit 63.000 Mitarbeitern an 180 Standorten erzielte die Schaeffler Gruppe 2006 einen Umsatz von ca. 8,3 Mrd. Euro. Das Familienunternehmen ist heute im Besitz von Maria-Elisabeth Schaeffler und ihrem Sohn Georg.

UNTERNEHMENSBEREICHE UND MARKEN

INA:
Wälzlager, Gleitlager und Linearsysteme für 60 Branchen, Präzisionsbauteile für Motoren und Getriebe

FAG:
Wälzlager für die Industrie, Radmodule und Getriebelager für die Automobiltechnik sowie Hochgenauigkeits- und Sonderwälzlager für die Luft- und Raumfahrt sowie die Medizintechnik

LuK:
Kupplungssysteme und Getriebekomponenten für den Antriebsstrang von Fahrzeugen

MEILENSTEINE

1949 Entwicklung des käfiggeführten Nadellagers

1956 Produktion von Wälzlagern im ersten Auslandswerk in Haguenau, Frankreich

1965 Gründung der LuK in Bühl

1990 Das Forschungs- und Entwicklungszentrum „Denkfabrik" entsteht in Herzogenaurach

2001 Übernahme der FAG Kugelfischer Georg Schäfer AG

2003 Auftritt als Schaeffler Gruppe mit den Marken INA, FAG und LuK

2007 Bau neuer Werke in China, Indien, Vietnam, Mexiko, Ungarn

DATEN UND FAKTEN

Firmenname: INA-Holding Schaeffler KG

Gründer: Dr. Wilhelm Schaeffler, Dr.-Ing. E.h. Georg Schaeffler

Unternehmensgründung: als „Industrie-GmbH" 1946 in Herzogenaurach

Mitarbeiter: über 63.000 weltweit

Vorsitzender der Geschäftsleitung: Dr. Jürgen M. Geißinger

Umsatz: 8,3 Mrd. Euro (2006)

KONTAKT

INA-Holding Schaeffler KG
Industriestr. 1–3
91074 Herzogenaurach
✆ (0 91 32) 82–0
Fax (0 91 32) 82–49 50
www.schaeffler-gruppe.de

Ansprechpartner Kommunikation:
Gerhard Zaiß
✆ (0 91 32) 82–22 77
✉ gerhard.zaiss@schaeffler.com

SCHAMEL MEERRETTICH

Schamel Meerrettich ist eine Traditionsmarke aus dem Feinkostbereich und steht für Meerrettich-Feinkostprodukte. Der Name Schamel ist der Familienname des Unternehmensgründers Johann Wilhelm Schamel, der 1846 einen Meerrettich-Großhandel gründete. Die Idee, Meerrettich genussfertig in Gläsern herzustellen, hatte 1912 sein Enkel Johann Jakob Schamel. Zielgruppe von Schamel sind alle Menschen, die gerne pikant und gesund essen. Neueste Produktentwicklung sind verschiedene Feinkostsaucen mit Meerrettichanteil unter der Serie *Scharfer Max & Co.* Schamel stellt über 150.000 Gläser seiner Meerrettich-Produkte pro Tag her. Die Marke hat einen Anteil von 80 % am Gesamtumsatz des Unternehmens. Das Markenlogo zeigt ein grünes Medaillon mit dem stilisierten Bild einer Meerrettich reibenden Frau, dazu den weißen Namenszug Schamel. Beides steht auf einem roten Rechteck. Die Meerrettich reibende Frau wurde bereits um 1912 von Johann Jakob Schamel entwickelt. Das Logo konzentriert sich auf die Kernkompetenz der Marke und soll die „Qualität wie selbstgerieben" assoziieren. Das Logo wurde 1999 leicht modernisiert. Der aktuelle Slogan lautet „Schamel Meerrettich verzaubert jede Speise". Bekannte Werbesprüche aus frühe-

Das Schamel-Logo mit der Meerrettich reibenden Frau wurde bereits 1912 entwickelt.

ren Jahren sind „Beliebt, bekannt, bekömmlich" von 1950 und „Die Krönung aller Speisen" von 1960. Der Familienbetrieb wird heute in 5. Generation geführt. Er beschäftigt ca. 50 Mitarbeiter, mit dem Außendienst sind es ca. 150. Das Unternehmen produziert ausschließlich am Standort in Baiersdorf, mitten im traditionsreichsten Kren-Anbaugebiet der Welt, und hat langjährige Anbauverträge mit über 100 bayerischen Bauern abgeschlossen. Schamel ist seit Jahrzehnten Marktführer in Deutschland im Bereich Meerrettich (lt. GfK und Nielsen) und ist lt. eigenen Angaben älteste Meerrettich-Marke der Welt. Das Portfolio des Unternehmens beinhaltet ausschließlich Meerrettich, neben Schamel umfasst es noch Zweit- und Handelsmarken.

DATEN UND FAKTEN

Markenname: Schamel Meerrettich, ausgehend vom Familiennamen des Unternehmensgründers

Slogan: „Schamel Meerrettich verzaubert jede Speise"

Gründer: Johann Wilhelm Schamel, 1846, Baiersdorf

Markenregistrierung: 1912, Kaiserliches Patentamt Berlin

Innovationen: Scharfer Max & Co. (pikante Feinkost mit Meerrettich)

Marktanteil: 31 % (in Deutschland, GfK 2005)

Auszeichnungen:
seit Jahrzehnten jährliche DLG-Prämierungen

UNTERNEHMEN

Schamel Meerrettich GmbH & Co. KG

Hauptsitz: Baiersdorf, Deutschland

Geschäftsführer: Hanns-Thomas Schamel, Hartmut Schamel

Vertrieb: weltweit

KONTAKT

Schamel Meerrettich GmbH & Co. KG
Industriestr. 24–34
91083 Baiersdorf
✆ (0 91 33) 77 60–0
Fax (0 91 33) 77 60–77
www.schamel.de

Ansprechpartner Presse & Marketing:
Hanns-Thomas Schamel
✆ (0 91 33) 77 60–14
✉ hts@schamel.de

Lead-Agentur:
Roth Werbeagentur, Forchheim
www.roth-baehr.de

MEILENSTEINE

1846 Johann Wilhelm Schamel gründet das Unternehmen Schamel Meerrettich GmbH als Kren-Großhandel. Er beginnt, Rezepte und Kenntnisse um den Meerrettich zu sammeln und gibt sie als Familiengeheimnis weiter.

1912 Schamel ist als Marke für genussfertigen Meerrettich am Markt, mit der Bezeichnung „erste Bayerische Meerrettichfabrik" lässt Johann Jakob Schamel den Namen Schamel registrieren.

1994 In Baiersdorf beginnt der Bau der modernsten Meerrettich-Spezialfabrik Europas.

SCHAUMA

Die Marke Schauma steht für Haarpflegeprodukte, die von der → Henkel KGaA unter der Dachmarke → Schwarzkopf vertrieben werden. Schauma ist die bekannteste und beliebteste Haarpflegemarke Deutschlands

Schamel-Meerrettich ist die älteste Meerrettich-Marke der Welt. Der Familienbetrieb besteht seit 1846.

Das Schauma Shampoo in der typischen, tropfenähnlich geformten Flasche, so auch die Neuentwicklung *Kiwi-Glanz* aus dem Jahr 2007.

(Brigitte Kommunikationsanalyse 2006). Mit ihrem vielfältigen Produktangebot ist Schauma als die Haarpflegemarke für die ganze Familie positioniert. Die Marke bietet für Frauen und Männer aller Altersklassen und jeden Haartyps die passende Haarpflege. Speziell für Kinder wurde 1997 die Line Extension *Schauma Kids* mit besonders milden Shampoos eingeführt. Insgesamt besteht das Schauma-Portfolio derzeit aus 16 Produktlinien, die neben Shampoos auch Spülungen, Kuren und Stylingprodukte umfassen. 2006 führte Schauma die neue Pflege-Linie *Repair & Pflege* ein. Die Rezeptur mit Sheabutter und Kokos-Extrakt repariert und regeneriert selbst stark strapaziertes Haar im Inneren und glättet die Haarstruktur von außen. Jüngste Innovation des Jahres 2007 ist Schauma *Kiwi-Glanz*. Diese Pflegelinie mit Kiwi-Extrakt und Anti-Kalk-Effekt macht hartes Wasser weich und sorgt selbst bei kalkhaltigem, hartem Wasser für ein zuverlässiges Pflegeergebnis und Glanz. Die Geschichte der Haarpflegeprodukte von Schwarzkopf reicht zurück bis ins Jahr 1903. Der Chemiker und Apotheker Hans Schwarzkopf brachte damals das erste Pulvershampoo auf den Markt. Vorher war es üblich, sich die Haare mit Seifenlauge zu waschen und mit Hausmitteln wie Milch oder Bier zu spülen. Ab 1949 vertrieb Schwarzkopf unter dem Markennamen Schauma das erste Creme-Shampoo in der Tube in Deutschland, eine revolutionäre Produktinnovation, die den Massenmarkt für Shampoo in Deutschland einleitete. Schon in den 1970er-Jahren wurde Schauma in der berühmten tropfenähnlich geformten Flasche zum beliebtesten Haarshampoo Deutschlands. 2006 hat Schauma die Boxer Wladimir und Vitali Klitschko für eine Wohltätigkeitsaktion gewonnen. Das Unternehmen Schwarzkopf wurde 1898 in Berlin von Hans Schwarzkopf gegründet. Aufgestiegen zu einem der größten Haarkosmetikhersteller Europas, wurde Schwarzkopf 1995 von der Henkel KGaA übernommen. Mit ihrem Kosmetik- und Körperpflegebereich setzte die Henkel KGaA im Jahr 2006 2,864 Mrd. Euro in mehr als 125 Ländern um und zählt zu den weltweit führenden Herstellern von Markenprodukten in diesem Bereich.

Hist. Werbeanzeige aus den frühen 1960er-Jahren: Schauma, das Shampoo für die ganze Familie, damals noch in der Tube.

DATEN UND FAKTEN

Markenname: Schauma, Kunstwort, abgeleitet von Shampoo bzw. Schaumpon

Slogan: „Schauma pflegt und kräftigt das Haar – bis in die Spitzen!" (1996)

Erfinder: Hans Schwarzkopf, 1903, Berlin

Markteinführung: Schwarzkopf Schauma Shampoo, 1949, Hamburg

Markenregistrierung: 26. 10. 1925, Reichspatentamt Berlin

Markenbekanntheit: 95 % gest. (Omnibusstudie, 2006)

Innovationen: Schauma Repair & Pflege (2006), Schauma 1 Minute Kompakt Kur (2006), Schauma Joghurt & Aloe (2006), Schauma Kiwi-Glanz (2007)

Auszeichnungen:
„Most Trusted Brand", Reader's Digest, sieben Mal in Folge unter den Top 4 (2001–2007)
„Preis-Leistungs-Sieger", Stiftung Warentest für *Feuchtigkeitspflege Shampoo* (2006)
„Produkt des Jahres", 3. Platz, Lebensmittelpraxis für *Schauma Repair & Pflege Shampoo* (2007)

Markenwebsite: www.schauma.de

Literatur:
Henkel KGaA (Hg.): Chronik 130 Jahre Henkel (2006)

UNTERNEHMEN

Henkel KGaA

Hauptsitz: Düsseldorf, Deutschland

Weitere Marken: s. →Henkel

Gesamtumsatz: 12,740 Mrd. Euro (2006)

Vertrieb: weltweit in mehr als 125 Ländern

KONTAKT

Henkel KGaA
Henkelstr. 67
40589 Düsseldorf
(02 11) 7 97-0
(02 11) 7 98-40 08
www.henkel.de

Ansprechpartner Presse:
Marion Schwenker
press@henkel.com

SCHON GEWUSST?

- Auf jedem Kopf befinden sich im Durchschnitt 85.000 bis 140.000 einzelne Haare. Normalerweise verliert ein Mensch jeden Tag 100 bis 150 Haare.
- Mindestens einmal im Jahr spendet Schauma Geld für benachteiligte Kinder. Aus dem Verkauf der eigens hierfür aufgelegten Doppelpacks fließen je 10 Cent in die jeweilige Hilfsaktion. So kamen Ende 2006 über 200.000 Euro für ein Schulprojekt in Namibia zusammen.

SCHENCK PROCESS

Der Hauptsitz von Schenck Process in Darmstadt

Die Marke Schenck Process steht für Lösungen im Bereich der industriellen Mess- und Verfahrenstechnik. Carl Schenck gründete im Jahr 1881 eine Eisengießerei und Waagenfabrik in Darmstadt und legte damit den Grundstein für die nach ihm benannte Marke. Im Jahr 1960 erfolgte die Fokussierung auf elektronische Wägesysteme, die das Unternehmen maßgebend prägen sollte. Heute bietet Schenck Process eine breite Palette prozesstechnischer Lösungen in den Bereichen Wägen, Dosieren, Sieben und Automatisieren an. Die Produkte sind in fünf Internationale Business Segmente (IBS) unterteilt, die jeweils zielgerichtet bestimmte Branchen ansprechen. *IBS Heavy* bedient u. a. die Bau- und Grundstoffindustrie sowie die Stahl- und NE-Metallindustrie. *IBS Light* umfasst Produkte im Bereich Chemie, Kunststoffe und Nahrungsmittel. *IBS Mining* konzentriert sich auf den Kohlebergbau. *IBS Power* konzipiert Lösungen für Kohlekraftwerke, und die Produkte des *IBS Transport Automation* werden in allen Branchen appliziert, in denen es um Logistikprozesse, Bahnen und Straßen geht. Auf die Markenpräsentation legt Schenck Process großen Wert, was sich u. a. in einem sehr stringenten Corporate Design äußert. Dessen zentraler Ausgangspunkt ist das Firmenzeichen, bestehend aus einer Wort-/Bildmarke. Im Wortteil steht die Herkunftsbezeichnung „Schenck" für beständige Qualität, der Begriff „Process" wird addiert: Schenck Process gestaltet Prozesse und eröffnet damit neue Perspektiven. Das Bildelement mit seinen vier ineinandergreifenden Kreisen geht auf die Initialen CSD für Carl Schenck Darmstadt zurück. Die ursprüngliche Version wurde kontinuierlich weiterentwickelt, das heutige Logo ist Ausdruck gewachsener Flexibilität und Dynamik. Die Schenck Process Group ist heute einer der Weltmarktführer in ihrem Segment. In Anerkennung seiner herausragenden Produkt- und Servicequalität erhielt das Unternehmen im Jahr 2006 die Auszeichnung „Product Line Leadership" von Frost & Sullivan. 2006 beschäftigte das Unternehmen über 1.800 Mitarbeiter und erwirtschaftete einen Umsatz von mehr als 300 Mio. Euro. 25 Niederlassungen, 14 Fertigungsstätten und mehr als 130 Vertretungen sorgen für weltweite Präsenz. Zur Schenck Process Group gehören neben der Schenck Process GmbH auch die Unternehmen Schenck AccuRate, Stock Equipment Company, Stock Redler und Stock Fairfield.

DATEN UND FAKTEN

Markenname: Schenck; Familienname des Gründers

Slogan: „we make processes work"

schenck process

Die Geschäftsführung der Schenck Process GmbH: Dr. Jochen Weyrauch (Mitte) und Norbert Gellen (unten)

Weltweit arbeiten über 54.000 Mitarbeiter für Schenker.

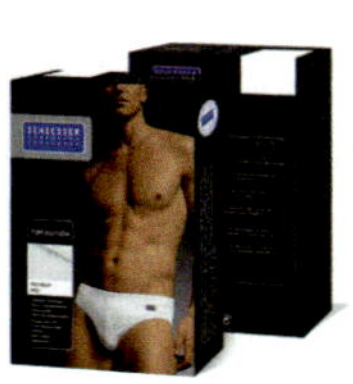

Schiesser wurde 1875 in Radolfzell am Bodensee gegründet.

Erfinder: Carl Schenck, 1881, Darmstadt

Markeneinführung: 1881, Deutschland

Markenregistrierung: 26. 07. 1977, DPMA München

UNTERNEHMEN

Schenck Process GmbH

Hauptsitz: Darmstadt, Deutschland

Vorstand: Dr. Jochen Weyrauch, Norbert Geilen

Gesamtumsatz: über 300 Mio. Euro (2006)

Mitarbeiter: über 1.800 weltweit (2006)

KONTAKT

Schenck Process GmbH
Pallaswiesenstr. 100
64293 Darmstadt
(0 61 51) 15 31-0
(0 61 51) 15 31-11 72
info@schenckprocess.com
www.schenckprocess.com

Ansprechpartner Marketing Communication:
Heike Trautmann
(0 61 51) 15 31-29 87
h.trautmann@schenckprocess.com

MEILENSTEINE

1881 Carl Schenck eröffnet eine Eisengießerei und Waagenfabrik in Darmstadt.

1950 Das Unternehmen expandiert durch eine Reihe von Übernahmen.

1960 Die Unternehmenstätigkeit orientiert sich in Richtung elektronischer Wägesysteme.

1970 Beginn der internat. Expansion

2004 Einführung einer neuen Struktur in Schenck Process, die verschiedene Internat. Business Segmente (IBS) vorsieht.

2006 Schenck Process Group entsteht durch die Übernahme von Stock Equipment Company und Redler.

SCHENKER

Schenker steht für Logistikdienstleistungen. Dazu gehören die Beförderung von Waren zu Land, zu Wasser und in der Luft sowie die Übernahme von Spezialtransporten, Umzügen oder Kunsttransporten. Das Markenlogo zeigt ein S in einem weißen Kreis und ein unterbrochenes rotes Rechteck. Dahinter steht der Schriftzug Schenker in dunkelblauen, leicht kursiv gesetzten Versalien. Rechts unterhalb des Schriftzugs findet sich der Zusatz DB Logistics in Rot. Die Firma Schenker & Co. wurde 1872 in Wien gegründet. Ein Jahr später wurde der erste sog. Bahnsammelgutverkehr von Paris nach Wien organisiert. Das Unternehmen baute Filialen in Europa auf und beteiligte sich auch an Schifffahrtsgesellschaften. 1922 erledigte Schenker erste Transporte per Luftfracht. 1931 übernahm die Deutsche Reichsbahn Schenker. 1947 wurde ein Tochterunternehmen in den USA gegründet. Die Stinnes AG, die 1991 Schenker übernommen hatte, gelangte 2002 in den mehrheitlichen Besitz der Deutsche Bahn AG. 2006 kam Schenker unter das Dach der neuen DB Logistics, zu der neben Schenker die Schienengüterverkehr-Anbieter Railion und Intermodal gehören. Die Schenker Deutschland AG ist die dt. Organisation der Schenker AG. Über 12.000 Mitarbeiter an gut 100 Standorten erwirtschaften jährlich einen Umsatz von etwa 2,9 Mrd. Euro. Der Gesamtumsatz der Schenker AG lag 2006 bei über 13,2 Mrd. Euro. Für das Unternehmen sind über 54.900 Mitarbeiter tätig. In 150 Ländern verfügt Schenker über 1.500 Standorte.

UNTERNEHMEN

Schenker Deutschland AG
Langer Kornweg 34 E
65451 Kelsterbach
(0 61 07) 74-00
service.line@schenker.com
www.schenker.de

SCHIESSER

Die Schiesser AG wurde 1875 von Jacques Schiesser gegründet. Der Schweizer Textilfabrikant startete mit der Entwicklung und Produktion einer neuen Trikotwäsche, die das Qualitätsbewusstsein der Verbraucher in diesem Bereich nachhaltig veränderte. Bereits wenige Jahre nach Gründung hat das Unternehmen eine große internat. Bekanntheit erreicht. Anlässlich der Pariser Weltausstellung im Jahr 1900 konnte Jacques Schiesser den Grand Prix für Innovation entgegennehmen. Das Unternehmen hat in seiner Geschichte stets auf Innovation gesetzt und die Marke einem permanenten Prozess der Weiterentwicklung unterzogen. Den sich ständig wandelnden Bedürfnissen des Marktes begegnet

Schiesser mit zeitgemäßen Produktkonzepten, die im Einklang mit den Eigenschaften der Marke stehen. Dieser Grundsatz der Unternehmensphilosophie bündelt sich in den vier zentralen Markenwerten Qualität, Aktualität, Ästhetik und Natürlichkeit. Heute gehört das Unternehmen mit Stammsitz in Radolfzell am Bodensee zur HestaTex Gruppe, eine der führenden Unternehmensgruppen Europas. Schiesser entwickelt, produziert und vermarktet Tag- und Nachtwäsche für Damen, Herren und Kinder, Bademoden sowie funktionale Sportwäsche. Die Schiesser Gruppe erzielt einen Umsatz von ca. 200 Mio. Euro mit ca. 3.300 Mitarbeitern weltweit (2006). Im September 2007 startete eine vielschichtige Kommunikationskampagne rund um den zentralen Markenwert Qualität. Die in sich geschlossene und über alle relevanten Bereiche der Kommunikation abgestimmte Kampagne sorgt für die entsprechende Sensibilisierung der Schiesser Markenkompetenz. Das markante Qualitätszeichen kombiniert das blaue Logo, das weltweit als Symbol für Wäschequalität in Verbindung gebracht wird, mit dem Claim „Schiesser ist Qualität" und unterstreicht als visuelles Gütemerkmal sämtliche Werbemittel und Printmedien sowie die Produktausstattung und konsequenterweise die Wäscheteile selbst.

DATEN UND FAKTEN

Markenname: Schiesser, Familienname des Unternehmensgründers

Slogan: „Schiesser ist Qualität"

Erfinder: Jacques Schiesser, 1875, Radolfzell

Markenbekanntheit: 38 % ungest., 91 % gest. (Psychonomics, 2006)

Jahresumsatz: ca. 200 Mio. Euro (2006)

UNTERNEHMEN

Schiesser AG
Schützenstr. 18
78315 Radolfzell
✆ (0 77 32) 90-0
🖷 (0 77 32) 90-54 91
💻 www.schiesser.com

SCHILDKRÖT

1889 gründeten der Kaufmann Friedrich Bensinger und die Bankiers Hohenemser und Gebrüder Lenel die „Rheinische Gummi und Celloloid Fabrik" in Mannheim-Neckarau. Sie entwickelten die Blas-Press-Methode, mit deren Hilfe Puppenköpfe und später Tischtennisbälle aus Celluloid gefertigt wurden. Die Schildkröte wurde 1899 rückwirkend bis 1889 als gesetzliches Warenzeichen geschützt. Ihr Panzer erinnert an die Tönung und Musterung der Celluloid-Erzeugnisse und wird deshalb damals wie heute als Unternehmenslogo eingesetzt. Sie verkörpert Unverwüstlichkeit, Dauerhaftigkeit und Widerstandsfähigkeit. Bis heute wird Celluloid für die Produktion von Tischtennisbällen verwendet. Die MTS Sportartikel Vertriebs GmbH wurde 1992 gegründet und vertreibt neben Schildkröt die Marken *Donic-Schildkröt*, Schildkröt *FunSports*, *Talbot-Torro*, *Unsquashable*, *Speedminton*, *Tecnifibre*, *Flingo* sowie *Hi-Tec*. Mit einer Produktionsmenge von 2,5 Mio. Tischtennisschlägern ist das Unternehmen nach eigenen Angaben Marktführer im Bereich Freizeit-Tischtennis in Europa. Zu finden sind die Artikel der internat. Konsumgütermarke im Sport- und Spielwarenhandel. Die Vertriebsgesellschaft wird geleitet von Jean-Marc von Keller und hat ihren Stammsitz in Wolfratshausen. Es werden rund 20 Mitarbeiter beschäftigt.

UNTERNEHMEN

MTS Sportartikel Vertriebs GmbH
Hans-Urmiller-Ring 11
82515 Wolfratshausen
✆ (0 81 71) 43 18-0
🖷 (0 81 71) 43 18-40
💻 www.mts-sport.de

SCHLADERER

Die Spirituosenmarke Schladerer steht für ein umfangreiches Angebot an hochwertigen Obstbränden und Obstbrandlikören wie Himbeergeist, Williams-Birne, Kirsch- oder Zwetschgenwasser. Der Markenname geht zurück auf den Gründer Alfred Schladerer. 1919 hatte er das 1844 gegründete Gasthaus seiner Eltern in Staufen im Breisgau übernommen und die dazugehörige Hausbrennerei ausgebaut, um sich fortan der Herstellung und Veredelung von Obstbränden zu widmen. Für den Verkauf seiner Spirituosen entwickelte er eine Vierkantflasche mit Relief, Wachssiegel und Garantieschein. Die Banderole trägt den bordeauxroten Schladerer-Schriftzug. Mit der Aufmachung der Flaschen und dem Claim „Die geistvolle Art, Früchte zu genießen" sollen vor allem Genießer angesprochen werden, die Wert auf Qualität und Tradition legen. Alle Erzeugnisse aus dem Hause Schladerer sind nach den aktuellen

Schildkröt

Eine klassische, dt. Marke: Schildkröt

SCHLADERER
Die geistvollste Art, Früchte zu genießen.

Die Spirituosen der Marke Schladerer werden in über 40 Ländern weltweit vertrieben.

Anforderungen der International Food Standards (IFS) zertifiziert. Nach eigenen Angaben konnte sich das Unternehmen mit rund 1,5 Mio. verkauften Flaschen im Jahr und Marktanteilen von etwa 55 % in Deutschland eine Spitzenstellung im Segment hochwertiger Edelobstbrände sichern. Heute vertreibt Schladerer seine Produkte in über 40 Ländern weltweit. Die Erzeugnisse werden durch ein nat. Vertriebsnetz von Handelsvertretungen betreut, die den Einzel- und Großhandel und die Gastronomie beliefern. Das mittelständische Familienunternehmen wird von Heinrich Ulmann geführt und beschäftigt 55 Mitarbeiter.

UNTERNEHMEN

Alfred Schladerer – Alte Schwarzwälder Hausbrennerei GmbH
Alfred-Schladerer-Platz 1
79219 Staufen im Breisgau
(0 76 33) 8 32–0
(0 76 33) 8 32–88
www.schladerer.de

SCHLARAFFIA

Caroline Deschaumes ist Geschäftsführerin der RECTICEL SCHLAFKOMFORT GmbH (unten). Schlaraffia entwickelt neben Matratzen auch technisch innovative Unterfederungen (Mitte).

SCHLARAFFIA

Unter der Marke Schlaraffia vertreibt die RECTICEL SCHLAFKOMFORT GmbH individuelle Bettsysteme in Europa und Asien. Zum Markenportfolio gehören neben Matratzen auch Unterfederungen, Kissen und Decken. Eine innovative und patentierte Matratzen-Kerntechnologie von Schlaraffia ist der Taschenfederkern, bei dem die Federreihen nicht durch Klammern oder Kleber fest miteinander verbunden, sondern flexibel ineinandergesteckt werden. Diese Technologie basiert auf der ursprünglichen Federkern-Technologie, mit der Gustav Hüser 1909 die Firma gründete. Sie soll den Körper bei allen Liegebewegungen stabilisieren und die Matratze auf Dauer elastisch halten. Heute produziert SCHLARAFFIA eine Vielzahl innovativer Technologien wie z. B. Matratzen BULTEX und Sensipur. Um die Widerstandsfähigkeit und die lange Lebensdauer von Schlaraffia-Matratzen zu beweisen, ließ der damalige Inhaber der Schlaraffia-Werke, Alfred Boerner, 1932 seine Matratze von einer Dampfwalze überfahren. Nachdem die Matratze diesen Qualitätstest unbeschadet überstand, wurde die Dampfwalze 1934 in das Markenlogo integriert. Dieses zeigt die Dampfwalze umgeben von einem Ring, der den Firmennamen Schlaraffia beinhaltet. Bis zur Umstellung auf das Markenlogo mit der Dampfwalze benutzten die Schlaraffia-Werke ein verschlungenes Initial SW als sinnbildliche Darstellung der ineinandergedrehten Federn. Der Markenname ist ein Kunstwort in Gedankenverbindung an das Schlaraffenland. Dadurch soll der Genuss eines tiefen Schlafes betont werden. Gegründet wurde die Matratzen-Firma 1909 von Gustav Hüser und Alfred Wolff unter dem Namen Gustav Hüser jr & Cie. 1926 wurde die Firma in Schlaraffia-Werke Hüser & Co umbenannt. Bis 1990 blieben die Schlaraffia-Werke in Familienbesitz und wurden dann von dem europaweit aktiven RECTICEL-Konzern übernommen. Mit einer Produktionsmenge von jährlich ca. 1 Mio. Matratzen ist RECTICEL SCHLAFKOMFORT GmbH nach eigenen Angaben heute Marktführer bei der Herstellung von Matratzen und Lattenrosten. Das Unternehmen beschäftigt 550 Mitarbeiter in Deutschland und erwirtschaftete 2006 einen Umsatz von 120 Mio. Euro. Die Hauptmarke Schlaraffia hatte daran einen Anteil von rund 50 %.

Die Schlaraffia-Matratzen überstanden 1932 den Belastungstest mit einer Dampfwalze. Das schwere Gerät wurde deshalb in das Logo integriert.

DATEN UND FAKTEN

Markenname: Kunstwort, Gedankenverbindung an das Schlaraffenland

Erfinder: Gustav Hüser, 1909

Markenregistrierung: 26. 07. 1910, Kaiserliches Patentamt Berlin

Innovationen: Taschenfederkern, Matratzen BULTEX, Sensipur

Jahresumsatz: 60 Mio. Euro (Marke Schlaraffia, 2006)

UNTERNEHMEN

RECTICEL SCHLAFKOMFORT GmbH

Hauptsitz: Bochum, Deutschland

Geschäftsführerin: Caroline Deschaumes

Weitere Marken: Sembella, Dormilux, Rokado

Gesamtumsatz: 120 Mio. Euro (2006)

Vertrieb: Europa und Asien

KONTAKT

RECTICEL SCHLAFKOMFORT GmbH
Schlaraffiastr. 1–10
44867 Bochum
(0 23 27) 3 25-0
(0 23 27) 3 25-2 09
www.schlaraffia.de

Ansprechpartner Presse:
Burkhard Prätzel
(0 23 27) 3 25-2 70
praetzel.burkhard@schlaraffia.de

Ansprechpartner Marketing:
Markus Veutgen
(0 23 27) 3 25-2 53
markus.veutgen@schlaraffia.de

Lead-Agentur:
CREATIV-WERBUNG GMBH
www.creative-energie.de

SCHON GEWUSST?

- Neben dem Dampfwalzen-Test überstand die Schlaraffia-Matratze noch weitere Härteproben unbeschadet: Der Hubbolzen einer Excenterpresse sauste 20 Stunden lang 150-Mal in der Minute auf die Matratze nieder. Außerdem lief ein 80 Zentner schweres Elefantenweibchen über die Schlaraffia-Matratze.
- Schon die ersten Matratzen waren Markenartikel. Sie wurden unter dem Namen „Patent-Metall-Polster-Einlage" verkauft. Damit man sich den Namen besser merken konnte, wurde er auf Morpheus (Traumgott) geändert. Da dieser zu unbekannt war, entschied man sich schließlich für Schlaraffia.

SCHLECKER

Der Drogeriediscounter Schlecker gehört zu den größten Handelsunternehmen in Europa. Schlecker unterhält mehr als 14.000 Märkte in 13 europäischen Ländern und beschäftigt über 52.000 Mitarbeiter. Das Angebot der Schlecker-Märkte reicht von Hygieneartikeln und Kosmetika bis zu Pflegeprodukten und Tiernahrung. In einer eigenen Bio-Sparte werden zudem Lebensmittel für den täglichen Bedarf verkauft. Das Logo der Konsumgütermarke präsentiert den Familiennamen des Gründers Anton Schlecker in der klassischen Schrifttype Helvetica Inserat im firmentypischen Schlecker-Blau. Der Farbton findet sich auch in der Verpackungsgestaltung der hauseigenen Handelsmarken wieder. Die Firmengeschichte von Schlecker begann ursprünglich im Jahr 1965, als Anton Schlecker im Alter von 21 Jahren in den Betrieb seines Vaters einstieg. Das Unternehmen bestand damals aus einer Fleischwarenfabrik in Ehingen und 17 angeschlossenen Metzgereien. Noch im gleichen Jahr gründete Anton Schlecker das erste von insgesamt fünf SB-Warenhäusern am Stadtrand von Ehingen, wo das Unternehmen bis heute seinen Hauptsitz hat. Nach dem Wegfall der Preisbindung für Drogerie-Artikel im Jahr 1974 erkannte Schlecker das Potenzial dieses Marktsegments und eröffnete ein Jahr später seinen ersten Drogeriemarkt. Zwei Jahre später existierten bereits 100 Schlecker-Märkte, nach weiteren zehn Jahre waren es 1.000. Heute ist die Handelskette europaweit aktiv und bietet seine Waren seit dem Jahr 2000 zusätzlich über das firmeneigene Internetportal an. Das Unternehmen erwirtschaftete 2006 einen Gesamtumsatz von 6,9 Mrd. Euro. Davon entfielen ca. 15 % auf die eigenen Handelsmarken wie *AS* oder *Babysmile*. Auch in Zukunft setzt das Unternehmen darauf, seine Handelskette in Familienhand weiterzuführen. Meike und Lars Schlecker werden die Geschäfte weiterführen; beide werden von ihren Eltern in die Geschäftsabläufe integriert und in die Firmenleitung eingebunden.

Seit Firmengründung blieb Schlecker dem Standort Ehingen treu. Bis heute hat das Unternehmen in der oberschwäbischen Kleinstadt seinen Hauptsitz.

DATEN UND FAKTEN

Markenname: Schlecker, Familienname des Firmengründers

Slogan: „Schlecker für Ihre Drogerieartikel in Europa"

SCHLECKER

Firmengründer Anton Schlecker mit seiner Ehefrau Christa (Mitte), Produkt der Handelsmarke AS von Schlecker (unten)

Die Künstlerfarben der Marke Schmincke werden auf Basis traditioneller Rezepturen hergestellt.

Schneekoppe steht seit 1927 für ausgewogene und diätische Lebensmittel.

Gründer: Anton Schlecker, 1975, Kirchheim/Teck

Markenregistrierung: 13. 09. 2002, DPMA München

Markenbekanntheit: gest. 96 % (Brigitte Kommunikationsanalyse, 2006)

UNTERNEHMEN

Schlecker

Hauptsitz: Ehingen, Deutschland

Geschäftsführer: Anton Schlecker

Weitere Marken: AS, Babysmile, Rilanja

Gesamtumsatz: 6,9 Mrd. Euro (2006)

Mitarbeiter: ca. 52.000 weltweit (2006)

KONTAKT

Schlecker
Talstr. 12–14
89579 Ehingen
(0 73 91) 5 84-12 22
(0 73 91) 5 84-18 55
www.schlecker.com

Ansprechpartner Kommunikation:
Uwe Blank
(0 73 91) 5 84-13 59
(0 73 91) 5 84-12 56
u.blank@de.schlecker.net

SCHON GEWUSST?

- Die Warenhäuser, die von 1972 bis 1976 von Anton Schlecker gegründet wurden und Grundlage des Unternehmens bildeten, sind bis heute Teil des Familienunternehmens. Das gleiche gilt für die Metzgereien seines Vaters, die bis heute an ihren ursprünglichen Standorten existieren.
- In Deutschland herrscht die höchste Dichte an Schlecker-Märkten. Bereits alle 3 km finden Kunden heute einen Schlecker-Markt.

SCHMINCKE

Die Farben der Manufaktur H. Schmincke & Co. sprechen sowohl professionelle Künstler als auch ambitionierte Freizeitmaler an. Künstler wie Otto Dix, Emil Nolde, Friedensreich Hundertwasser oder Oskar Kokoschka benutzten für ihre Gemälde die auf Basis traditioneller Rezepturen hergestellten Farben des Traditionsunternehmens. Die Dachmarke Schmincke umfasst zahlreiche Produktlinien, u. a. HORADAM®, MUSSINI®, Norma®, PRIM-Acryl® und AKADEMIE®. Neben Künstlerfarben wie Öl-, Aquarell- und Gouachefarben gehören auch gefüllte Malkästen zum Portfolio. Die Marke ist nach Hermann Schmincke benannt, der 1881 zusammen mit seinem Schwager Josef Horadam die Firma H. Schmincke & Co. gründete. Die beiden Farbchemiker wählten als Bildmarke für ihre Künstlerfarben eine stilisierte Eule als Symbol für Weisheit. Die Eule wird von einer Banderole umrahmt, die den lat. Spruch „Meliora Cogito!" (dt. „Ich trachte nach dem Besseren") trägt. Auf den Farbtuben ist die Wortmarke in Weiß auf einem rautenförmigen Fond in Dunkelblau (HKS 38) abgebildet. Im Premiumsegment sieht sich die H. Schmincke & Co. GmbH & Co. KG als Marktführer im deutschsprachigen Raum. Die ausschließlich in Deutschland hergestellten Produkte werden weltweit in 40 Länder exportiert und über Fachhändler vertrieben. Außerdem werden die Produkte weltweit über Fachhändler in 40 Länder exportiert. Das Unternehmen mit Sitz in Erkrath erzielte 2006 mit 80 Mitarbeitern einen Umsatz in Höhe von 14 Mio. Euro. 1996 wurde mit Nils Knappe, der das Unternehmen noch heute leitet, erstmals ein familienfremder Geschäftsführer eingesetzt.

DATEN UND FAKTEN

Markenname: Schmincke, abgeleitet vom Familiennamen des Gründers Hermann Schmincke

Slogan: „Meliora Cogito – Ich trachte nach dem Besseren"

Gründer: Josef Horadam, Hermann Schmincke, 1881, Düsseldorf

Markenregistrierung: 27. 10. 1933, Reichspatentamt Berlin

Jahresumsatz: 14 Mio. Euro

UNTERNEHMEN

H. Schmincke & Co. GmbH & Co. KG
Otto-Hahn-Straße 2
40699 Erkrath
(02 11) 2 50 9-0
(02 11) 2 50 9-4 61
www.schmincke.de

SCHNEEKOPPE

Die Lebensmittelmarke Schneekoppe wendet sich an Menschen, die sich gesund ernähren wollen oder sollen. Fritz Klein taufte sein 1953 gegründetes Unternehmen Schneekoppe aus Faszination für diesen höchsten Berg des Riesengebirges. Er begann bereits 1927 Leinsamen und Leinöl, das in der schlesischen Region hergestellt wurde, abzupacken und an Händler in ganz Deutschland zu verkaufen. Heute umfasst die Marke eine Vielfalt an ernährungsphysiologisch ausgewogenen Produkten. Unter der Marke Schneekoppe wird sowohl ein breites Sortiment an Müeslis, Sojaprodukten und vegetarischen Pasteten als auch an speziellen Diabetikerprodukten wie Süßungsmittel, Diät-Brotaufstriche oder Diät-Gebäck angeboten. Das Logo steht im engen Bezug zum Unternehmensnamen und zeigt einen stilisierten weißen Gipfel mit dem Schriftzug „Schneekoppe" in Weiß. Die Wort-/Bildmarke steht vor einem grünen Rechteck (Pantone 349). Mit der Bildmarke, einem weiß stilisierten, schneebedeckten Berg, sollen die Käufer Natur und Reinheit assoziieren. Die Erzeugnisse der internat. Dachmarke werden sowohl in Deutschland als auch in Österreich, der EU und Osteuropa im Lebensmitteleinzelhandel sowie in Drogeriemärkten und Apotheken vertrieben. Seit 2007 gehört das Unternehmen Gerald Wagener und wird vom Vorsitzenden Berndt Sanio sowie von Carsten Nicolaisen und Claudia Stenske geleitet. Der Hauptsitz befindet sich südlich von Hamburg in Seevetal. Die Schneekoppe GmbH & Co. KG beschäftigt 42 Mitarbeiter.

UNTERNEHMEN

Schneekoppe GmbH & Co. KG
Postfach 1153
21218 Seevetal
✆ (0 41 05) 6 75–73 30
🖷 (0 41 05) 6 24–73 30
💻 www.schneekoppe.de

SCHNEIDER

Die Marke SCHNEIDER umfasst Schreibgeräte wie Kugelschreiber, Füller, Fineliner und Marker. Auch Minen, Patronenroller, Gelschreiber und Druckbleistifte gehören zum Portfolio der in Tennenbronn im Schwarzwald ansässigen SCHNEIDER Schreibgeräte GmbH. Angesprochen werden gewerbliche und private Anwender, die Wert auf Schreibkomfort, Qualität, Design und Langlebigkeit legen, sowie trendbewusste Kinder und Jugendliche. Begonnen hat die Unternehmensgeschichte 1938 mit der Firma Gebrüder Schneider, die zur Herstellung von Schrauben und Drehteilen gegründet wurde. Angeregt durch eine Idee aus Amerika investierte der Mitbegründer Christian Schneider nach Ende des 2. Weltkrieges viel Energie in die Weiterentwicklung von schmierfreien Kugelschreiberminen. Der Durchbruch gelang 1950, als erstmals auswechselbare Minen angeboten werden konnten. Unter dem Leitspruch „Für jeden Kugelschreiber die passende Mine" vertrieb das Unternehmen bald mehr als 100 verschiedene Minentypen. 1958 initiierte SCHNEIDER die Normierung von Minenformaten, die eine rationellere Fertigung ermöglichte. Der seit ca. 1963 als Markenzeichen verwendete SCHNEIDER-Schriftzug in Schreibschrift wurde 1990 durch ein modernes Logo in Versalien ersetzt. Das Corporate Design sieht die Hausfarbe Blau (Pantone 2935) und die serifenlosen Schriftart Neue Helvetica vor. Lt. eigenen Angaben ist die SCHNEIDER Schreibgeräte GmbH Marktführer im Segment der Kugelschreiber bis fünf Euro (Stand: Ende 2006). Das Familienunternehmen, das insgesamt 380 Mitarbeiter beschäftigt, entwickelt und produziert ausschließlich in Deutschland. Mit Wernigerode in Sachsen-Anhalt kam 1991 neben Tennenbronn ein zweiter Standort hinzu. Nachhaltiges ökologisches Engagement gehört bei SCHNEIDER zum Selbstverständnis. Bereits seit zehn Jahren ist das Unternehmen als einziges seiner Branche nach dem strengen Umwelt-Management-System EMAS zertifiziert.

Kugelschreiber Sharky der Marke SCHNEIDER

DATEN UND FAKTEN

Markenname: SCHNEIDER, Familienname des Gründers

Slogan: „Die gute SCHNEIDER Mine mit der weißen Weste" (1970), „SCHNEIDER für gute Schrift" (1982)

Neues und altes SCHNEIDER Markenzeichen (oben), Schreiblernfüller BASE KID (Mitte) und Kugelschreiber Loox mit Minen des Plug&Play Systems (unten).

Erfinder: Christian Schneider, 1938, Tennenbronn

Markenregistrierung: 15.01.1953, DPMA München

Innovationen: Kunststoffrollerspitze (1975), Tintenroller mit AT-Spitze (1990), Liquid Ink Roller (1992), Plug&Play Minensystem (2001), Slider Kugelschreiber (2005), BASE KID Schreiblernfüller (2006)

Auszeichnungen:
„red dot award: product design" (2006), „1st Prize", ISPA Innovation Award (2006), „Silber", Focus Energy (2006) und Nominierung Deutscher Designpreis für BASE KID (2007)
„Promotional Gift Award" für Sharky (2007)

UNTERNEHMEN

SCHNEIDER Schreibgeräte GmbH

Hauptsitz: Tennenbronn, Deutschland

Geschäftsführer: Roland Schneider

Vertrieb: weltweit über Vertriebspartner

KONTAKT

SCHNEIDER Schreibgeräte GmbH
Schwarzenbach 9
78144 Tennenbronn
(0 77 29) 8 88–0
(0 77 29) 8 88–5 18
www.schneiderpen.de

Ansprechpartner Presse & Marketing:
Claudia Züfle
(0 77 29) 8 88–1 91
claudia.zuefle@schneidermail.de

MEILENSTEINE

1948 Auslieferung der ersten 200 Minen an Schreibgeräte-Hersteller

1950 Erstmals werden auswechselbare Kugelschreiberminen angeboten

1951 Gründung der SCHNEIDER Vertriebsorganisation

1957 Beginn der Produktion von kompletten Kugelschreibern

1958 DIN-Norm für Minen und Reduktion auf neun Minen-Typen

1991 Übernahme der VEB Heiko in Wernigerode, Erweiterung des Sortiments um Füller und Tintenreglerstifte

1998 Erstmalige EMAS-Validierung

1998 Entwicklung und Produktion von Markern

2007 Der Standort Wernigerode wird im Juni als „Unternehmen des Monats" in Sachsen-Anhalt ausgezeichnet.

SCHOELLER+STAHL

Mit einem Jahresabsatz von über 1 Mio. kg Handstrickgarnen gehört Schoeller+ Stahl zu den weltweit führenden Textilhersteller.

Die Marke Schoeller+ Stahl steht für ein breit gefächertes Portfolio an Handstrickgarnen. Die Marke wurde nach der Fusion der Schoeller Eitorf AG und der Kammgarnspinnerei Süssen Gebr. Stahl GmbH & Co. zur Schoeller+ Stahl GmbH im Jahr 1997 entwickelt. Seit 2003 firmiert das Unternehmen als Schoeller Süssen GmbH. Der Ursprung der Marke geht auf das Jahr 1849 zurück, als Leopold Schoeller in Breslau eine Kammgarnspinnerei kaufte. 1884 wurde erstmals Handstrickgarn unter dem Namen *Schoeller Wolle* angeboten. Heute umfasst die Produktpalette der Marke Schoeller+ Stahl Handstrickgarn, Häkelgarne, Stricknadeln und Handarbeitszubehör. Zu den Kunden zählen vorwiegend qualitätsbewusste Strickerinnen und Stricker mit mittlerem Einkommen. Das Unternehmen erhebt den Anspruch, seinen Kunden hochwertige Qualität bei ausgesuchter Farbigkeit sowie innovative Produkte zu bieten. Ein Beispiel dafür ist Sockengarn, das mit dem Venenmittel Rosskastanie behandelt wird und so für ein gutes Hautgefühl beim Verarbeiten der Wolle sorgt. Das Logo der Marke besteht aus einem Rechteck, dessen unregelmäßig gezeichneter Rahmen leicht geneigt ist. Dadurch wirkt es wie ein Textiletikett, in das der Markenname Schoeller+ Stahl und der Slogan „Ganz schön kreativ" eingewoben sind. Das Logo ist in den Farben Rot (Pantone 193), Schwarz und Weiß gehalten. Zum Markenportfolio der Schoeller Süssen GmbH zählen neben Schoeller+Stahl die Marken →Austermann, Alwo und Schaffhauser Wolle. Mit einem Jahresabsatz von über 1 Mio. kg Handstrickgarnen und einem Umsatz von über 17 Mio. Euro ist das Unternehmen einer der weltweit führenden Anbieter in der Textilbranche. Die Produkte aus dem Schoeller Konzern kommen nicht nur bei der Herstellung von Modewaren zum Einsatz, sondern werden u.a. auch für Fahrzeugtextilien verwendet.

DATEN UND FAKTEN

Markenname: Schoeller + Stahl, Familiennamen der Gründer der Vorgängerunternehmen

Markeneinführung: 1884, erstmals Handstrickgarn unter dem Namen *Schoeller Wolle* angeboten

Slogan: „Schoeller + Stahl. Ganz schön kreativ"

Gründer: Leopold Schoeller, 1849, Breslau

Innovationen: Sockengarn mit Hightechfaser Polycolon (2004), Sockengarn mit Rosskastanien-Behandlung (2005)

UNTERNEHMEN

Schoeller Süssen GmbH
Bühlstr. 14
73079 Süssen
(0 71 62) 9 30 50-0
(0 71 62) 9 30 50-10
www.schoeller-und-stahl.de

SCHOLL

Die Marke Scholl vereint Fußpflegeprodukte und Komfort-Schuhe unter ihrem Dach. Das Produktportfolio reicht von Fuß-Deos und Druckstellen-Pflastern über Sandalen und Halbschuhe bis hin zu apothekenpflichtigen Hautpflegeprodukten. Die Marke ist nach ihrem Gründer Dr. William M. Scholl benannt. Noch während seines Medizinstudiums erfand er in Chicago den *Foot-Eazer*, ein Produkt zur Korrektur der Schwäche des Fußgewölbes. 1904 gründete er sein eigenes Geschäft und brachte seine Erfindung auf den Markt. In den 1920er-Jahren entwickelte Scholl erstmals Komfort-Schuhe, in den 1930er-Jahren weitete die Firma ihr Sortiment auf den Bereich „Gesundheit und Komfort für die Beine" aus und brachte eine Kollektion von Kompressionsstrumpfwaren gegen geschwollene Knöchel und Krampfadern auf den Markt. An diese knüpften die 2001 auf den Markt gebrachten *Scholl Travel Socks* an, die Venenthrombosen im Zusammenhang mit Flugreisen vorbeugen sollen. Weitere wichtige Innovationen jüngeren Datums waren die Scholl *Pescura-Holzsandale*, das *Party Feet Gelpolster* und der *Excellence Sicherheitshobel*. Die Marke Scholl gehört zu dem Unternehmen SSL International Plc, das 1999 aus dem Zusammenschluss von Seton Scholl Healthcare mit dem Kondomhersteller London International Group hervorgegangen ist. Die Abkürzung SSL steht für Seton Scholl London. Die SSL International Plc vertreibt Produkte der Marke Scholl in über 70 Ländern mit eigenen Niederlassungen und Vertriebspartnern. Angaben des Unternehmens zufolge ist Scholl die weltweit führende Marke in der Fußpflege. Der Führungsanspruch wird auch im aktuellen Slogan „Scholl. Weltweit die Nr. 1 in der Fusspflege" vermittelt. Markenzeichen ist die in weiß gezeichnete Wortmarke auf einer elliptischen Vignette, die mit einem Blauverlauf gefüllt und mit Gelb konturiert ist. SSL beschäftigt weltweit etwa 4.500 Mitarbeiter, davon 80 in Deutschland. Weitere Marken im Portfolio sind → Durex, Sports Life und ProSport.

Die Produkte der Serie Party Feet sind eine Innovation aus dem Hause SSL.

DATEN UND FAKTEN

Markenname: Scholl, Familienname des Gründers

Slogan: „Scholl. Weltweit die Nr. 1 in der Fußpflege"

Gründer: Dr. William M. Scholl, 1904, Chicago/USA

Markenregistrierung: 1920, Großbritannien/02. 12. 1953, DPMA München

Innovationen: Scholl Pescura Fußgymnastik-Sandale (1960), Scholl Travel Socks (2001), Party Feet Produktserie (2006)

Markenwebsites:
www.scholl-fusspflege.de
www.scholl-schuhe.de
www.scholl-professional.de

UNTERNEHMEN

SSL International Plc

Hauptsitz: London, Großbritannien

Zum Angebot der Marke Scholl zählen u. a. der Freeze Warzenentferner (Mitte) und die Feuchtigkeitscreme für Fuß und Nagel (unten).

Vorstand: Garry Watts

Weitere Marken: → Durex, ProSport, Sauber, Mister Baby, Meltus, Syndol.

Gesamtumsatz: 480,2 Mio. GBP (2006)

Vertrieb: in über 70 Ländern mit eigenen Niederlassungen und Vertriebspartnern

KONTAKT

SSL Healthcare Deutschland GmbH & Co. KG
Edisonstr. 5
63477 Maintal
(0 61 81) 4 08-0
(0 61 81) 4 08-2 50
www.ssl-international.com

Ansprechpartner Presse:
Scholl Pressestelle
(0 40) 42 32 40 83
(0 40) 42 32 40 81

Ansprechpartner Marketing:
Cornelia Schaeffer
(0 61 81) 4 08-2 05
cornelia.schaeffer@ssl-international.com

SCHON GEWUSST?

- Die Karriere des Firmengründers Dr. William M. Scholl begann als Verkäufer in einem kleinen Schuhgeschäft in Chicago. Die Gespräche mit Kunden, die mit schmerzhaften Fußleiden ins Geschäft kamen, halfen Scholl später bei der Produktentwicklung.
- Mit einer außergewöhnlichen Produktvorstellung sollte das Image der Marke Scholl in den 1960er-Jahren aufgebessert werden: Die Scholl Fußgymnastik-Sandale aus Buchenholz, genannt Pescura, zierte die Füße von prominenten Models wie Twiggy und Jean Shrimpton.

SCHOLPP

Geschäftsführende Gesellschafter Martin Scholpp (Mitte) und Wolfgang E. Müller (unten)

Das Unternehmen SCHOLPP ist ein internat. Systemdienstleister für die Verlagerung und Montage von Maschinen und Industrieanlagen sowie für Transporte schwerer und sensibler Güter. Es wurde 1956 vom Namensgeber Alfred Scholpp gegründet, der nach seinen Handskizzen in Zusammenarbeit mit dem Baumaschinenhersteller Kässbohrer den ersten SCHOLPP Autokran KS 36 gebaut hat. Damit begründete Scholpp die Idee des Krandienstleisters. Als in den 1960er-Jahren die Nachfrage nach Spezialtransporten, speziell Transporte von Fertigbau-Elementen, stark zunahm, erweiterte SCHOLPP sein Leistungsspektrum um Transportdienstleistungen. Der Slogan „Maßarbeit mit schwerster Last" wurde zum Begriff für das Bewegen von Lasten durch die Stuttgarter Firma. Ab 1970 wurde bei SCHOLPP zusätzlich der Montagebereich entwickelt, um den Anforderungen durch die immer schwerer werdenden Maschinen (z. B. in der Druckindustrie) gerecht zu werden. Heute bietet SCHOLPP Industriemontagen weltweit an. Das Unternehmen spricht mit seinen Produkten und Innovationen Kunden aus den Bereichen Bau- und Ausbaugewerbe, Automobil- und Zulieferindustrie, Energieversorgung, Anlagen- und Maschinenbau, Chemie, Druckmaschinen- und Verpackungsindustrie sowie Unternehmen aus der Luft- und Raumfahrtindustrie an. SCHOLPP wirbt mit dem Claim „SCHOLPP - Der Systemdienstleister" für seine Leistungen. Umfangreiches Equipment, führende Technologien und der Einsatz von erfahrenen Projektingenieuren sollen die Verlagerung und Montage von Maschinen und Anlagen auf einem hohen Qualitäts- und Sicherheitsniveau gewährleisten. Das Logo veranschaulicht dieses Ineinandergreifen von Know-how, Equipment und qualifizierten Mitarbeitern, indem eine dynamisch wirkende, stilisierte Figur einen Kreis vervollständigt. Zudem assoziiert es die technische Bewegung der Industriegüter durch den Menschen. Die SCHOLPP Dienstleistungsgruppe mit Stammsitz in Stuttgart ist sowohl in Deutschland mit insgesamt elf Standorten als auch internat. mit vier weiteren Standorten aktiv und beschäftigt weltweit rund 1.000 Mitarbeiter. 2007 erwirtschaftete das Unternehmen unter der Leitung von Martin Scholpp, dem Sohn des Unternehmensgründers, und Wolfgang E. Müller als geschäftsführenden Gesellschaftern einen Gesamtumsatz von über 100 Mio. Euro.

Die SCHOLPP Dienstleistungsgruppe aus Stuttgart ist weltweit an 15 Standorten aktiv und beschäftigt rund 1.000 Mitarbeiter.

DATEN UND FAKTEN

Markenname: SCHOLPP, abgeleitet vom Familiennamen des Gründers

Slogan: „SCHOLPP – Der Systemdienstleister"

Erfinder: Alfred Scholpp, 1956, Stuttgart

Markenregistrierung: 01. 09. 1982, DPMA München

Innovationen: erster Autokran (1956), mechanisches Hubgerüst für die Druckindustrie (1970), Einführung von hydraulischen Hubgerüsten für die Maschinenmontage (1985), Systemdienstleistung

Auszeichnungen:
„Job of the Year", Specialized Carriers and Rigging Association in USA für Transport einer 240 t.-Presse (2001), für Synchron-Einsatz von drei Kranen (2004)
„Innovationspreis", Initiative Mittelstand für Dienstleistung *Cleanroom Move-In®* (2007)

UNTERNEHMEN

Alfred Scholpp GmbH & Co. KG

Hauptsitz: Stuttgart, Deutschland

Vorstand: Martin Scholpp, Wolfgang E. Müller

Gesamtumsatz: über 100 Mio. Euro (2007)

Vertrieb: Deutschland: elf Standorte, internat.: vier Standorte

KONTAKT

Alfred Scholpp GmbH & Co. KG
Am Mittelkai 20
70327 Stuttgart
(07 11) 9 32 82–0
(07 11) 9 32 82–1 33
www.scholpp.de

Ansprechpartner Marketing:
Nanette Westermann
(07 11) 9 32 82–2 34
n.westermann@scholpp.de

Lead-Agentur
Hans Ulrich Scholpp GmbH – Kommunikation und Gestaltung
www.ulrichscholpp.de

SCHON GEWUSST?

- Alfred Scholpp kaufte 1965 den ersten Teleskopkran, der nach Europa geliefert wurde: ein Grove TM 225. Mit diesem wurde 1965 der erste Crashtest von Porsche „vertikal" durchgeführt. Man wollte feststellen, ob der Tank einem Frontaufprall standhalten würde.
- SCHOLPP hat alle 160 Exponate in das 2006 eröffnete Mercedes-Benz Museum in Stuttgart unter schwierigsten Bedingungen eingebracht. Der Schwerpunkt lag dabei in der Ausarbeitung der einzelnen notwendigen Prozesse, um Fahrzeuge unterschiedlicher Größenordnungen in ein nicht einfach zu bestückendes Gebäude einzubringen.

SCHÖNER WOHNEN

SCHÖNER WOHNEN

Das Magazin Schöner Wohnen gibt es seit 1960.

Das Lifestylemagazin SCHÖNER WOHNEN aus dem Hause Gruner + Jahr weist bereits mit seinem Titel darauf hin, dass die Themen Wohnen und Einrichten die Kernkompetenzen der Zeitschrift sind sowie Tipps und Trends für einen modernen Wohn- und Lebensstil veranschaulicht werden. SCHÖNER WOHNEN entstand 1960 aus einem Sonderheft des Frauenmagazins *Constanze*. Das Heft erscheint monatlich und ist für 4 Euro erhältlich. Zielgruppe von SCHÖNER WOHNEN sind hauptsächlich gut situierte Menschen, die sich kreativ und tatkräftig mit ihrer Lebenswelt auseinandersetzen und Affinität zu einem modernen und aktuellen Wohnstil besitzen. Unter dem Markennamen erscheinen auch Merchandising-Artikel wie Farben, Fliesen und Bad-Accessoires. Das 1960 kreierte Logo besteht aus dem zweizeiligen Namenszug in Versalien, wobei die beiden Wörter „SCHÖNER" und „WOHNEN" exakt übereinanderstehen und so einen Block bilden. Schrift und Farbe sind austauschbar und wechseln regelmäßig. Mit dem schlichten Wortlogo soll der Themenschwerpunkt direkt transportiert werden. Der aktuelle Markenslogan lautet: „SCHÖNER WOHNEN. Wie es mir gefällt." Das Magazin hatte lt. Media-Analyse 2007/2 etwa 1,9 Mio. Leser und ist damit sowohl in Deutschland als auch europaweit die größte monatlich erscheinende Wohn- und Lifestylezeitschrift. SCHÖNER WOHNEN erscheint im Verlag Gruner + Jahr AG & Co KG. Das 1965 gegründete Verlagshaus hat seinen Hauptsitz in Hamburg. Vorstandsvorsitzender ist Dr. Bernd Kundrun. Gruner + Jahr beschäftigt 14.500 Mitarbeiter weltweit und erzielte im Jahr 2006 einen Umsatz von 2,86 Mrd. Euro. Weitere Titel des Verlags sind →Art, →ESSEN&TRINKEN, →GEO, →LIVING AT HOME sowie →stern.

SCHÖNOX steht für bauchemische Erzeugnisse rund um die Verklebung von Keramik und Bodenbelägen.

SCHOTT
glass made of ideas

Das „O" des Logos erinnert an eine optische Glaslinse und greift eine Kernkompetenz von Schott auf.

UNTERNEHMEN

Gruner + Jahr AG & Co. KG
Am Baumwall 11
20459 Hamburg
(0 40) 37 03-0
(0 40) 37 03-60 00
www.guj.de
www.schoener-wohnen.de

SCHÖNOX

Die SCHÖNOX GmbH ist eine Tochter der Akzo-Nobel-Gruppe und Teil der Geschäftseinheit Bauklebstoffe. Das Unternehmen entwickelt und produziert bauchemische Erzeugnisse rund um die Verklebung von Keramik und Bodenbelägen für professionelle Verarbeiter wie Fliesenleger, Bodenleger, Parkettleger, Maler und Raumausstatter. Das Sortiment umfasst Fliesenkleber, Fußbodenklebstoffe, Fugenmassen, Spachtelmassen, Schnellestriche, Grundierungen und Abdichtungen. SCHÖNOX-Produkte werden in 23 europäischen Ländern vertrieben. Das Logo der Marke setzt sich aus vier in der Horizontale miteinander verbundenen Wabenformen zusammen. In der ersten Wabe befindet sich eine grüne geschwungene Form auf weißem Grund. In den anderen drei Waben findet sich auf rotem Grund der Schriftzug SCHÖNOX in weißen, serifenlosen Versalien. 1891 wurde die Firma Wilhelm Schön im sächsischen Werdau gegründet. 1932 kam mit Witox Planierpulver die erste Ausgleichsmasse aus industrieller Fertigung auf den Markt. 1949 wurde das Unternehmen Wilhelm Schön im westfälischen Darfeld neu gegründet. Seit 1994 gehört SCHÖNOX zu dem Chemiekonzern →Akzo Nobel, einem weltweit tätigen Fortune-500-Unternehmen, das sowohl an der Euronext Amsterdam als auch an der NASDAQ notiert ist. Akzo Nobel beschäftigt derzeit rund 62.000 Mitarbeiter und ist mit Beteiligungsgesellschaften in über 80 Ländern tätig. SCHÖNOX ist bei Akzo Nobel dem Bereich Coatings (dt. etwa: Anstriche/Lacke) zugeordnet. In diesem Sektor ist der Konzern mit Stammsitz in Amsterdam nach eigenen Angaben Weltmarktführer. Die Produkte von SCHÖNOX werden über den Fachgroß- und -einzelhandel vertrieben. Die SCHÖNOX GmbH hat ihren Sitz in der Gemeinde Rosendahl im Münsterland. Zur Zukunftsstrategie des Unternehmens gehört es, die Marktposition insbesondere in Europa weiter auszubauen.

UNTERNEHMEN

Schönox GmbH
Alfred-Nobel-Str. 6
48720 Rosendahl
(0 25 47) 9 10-0
(0 25 47) 9 10-1 01
www.schoenox.de

SCHOTT

Die Industriegütermarke SCHOTT vereint unter ihrem Dach eine Vielzahl von Leistungen rund um Spezialglas und Spezialwerkstoffe. Zu den bekanntesten Entwicklungen zählt SCHOTT *Ceran*. Die Glaskeramik-Kochflächen von Schott werden seit 1972 weltweit in Elektroherden verbaut. Weitere Schwerpunkte bilden Produkte für die Branchen Optik, Elektronik, Pharmazie, Automotive und Solarenergie. Zur Zielgruppe der Schott AG gehören in erster Linie Industriekunden sowie vereinzelt auch Endkunden. Der Markenname geht auf den Firmengründer zurück: Otto Schott entwickelte ab 1884 in Jena neuartige optische Gläser und stellte die Glasproduktion auf wissenschaftliche Grundlagen. Im gleichen Jahr gründete er zusammen mit Ernst Abbe, Roderich Zeiss und Carl Zeiss das *Glastechnische Laboratorium Schott & Genossen* in Jena. Seit den Gründertagen sieht sich die Marke SCHOTT als Garant für Qualität und technologische Kompetenz. Der Slogan „SCHOTT – glass made of ideas" unterstreicht seit Mitte der 1990er-Jahre die Bedeutung innovativer Ideen für das Unternehmen. Zentrales Element des Logos ist der Buchstabe „O", dessen ineinandergeschlungene Flächen an eine optische Linse erinnern und damit eine der Kernkompetenzen des Konzerns aufgreifen. Das Logo wurde 1996 vom Hamburger Designstudio der Peter Schmidt Group entworfen und zeigt den Markennamen in der Schrift Stone Sans auf blauem Grund (Pantone 2935). Seit 2004 firmiert das Unternehmen mit Hauptsitz in Mainz als Schott AG, deren alleinige Aktionärin die Carl-Zeiss-Stiftung ist. An der Spitze der AG steht als Vorstandsvorsitzender Prof. Dr. Udo Ungeheuer. Die Schott-Produkte werden weltweit über eigene Niederlassungen vertrieben. Im Jahr 2006 machte der Konzern mit 17.000 Mitarbeitern einen Umsatz von 2,23 Mrd. Euro.

UNTERNEHMEN

Schott AG
Hattenbergstr. 10

55122 Mainz
✆ (0 61 31) 66-0
🖷 (0 61 31) 66-20 00
💻 www.schott.com

SCHOTT ZWIESEL

Die internat. Kosumgütermarke Schott Zwiesel steht für ein umfangreiches Sortiment an hochwertigen Trinkgläsern. Der Ursprung der Marke geht auf das Jahr 1872 zurück, als Anton Müller aus Zwiesel eine Tafelglashütte übernahm, die später von Glaspionier Dr. Otto →Schott aufgekauft wurde. Seit 1927 wird vom bayerischen Produktionsstandort der Markt mit Kristallglas beliefert. Der Markenname setzt sich so aus dem Familiennamen des Gründers und dem Ortsnamen Zwiesel zusammen. Zu den Abnehmern gehören Kunden aus der internat. Spitzen-Hotellerie und Gastronomie, Airlines sowie private Endverbraucher, die Wert auf hohe Qualität, Funktionalität und zeitloses Design legen. Ein wesentlicher USP ist die internat. patentierte *Tritan* Technologie, die für Kristallglas von besonderer Bruchfestigkeit, Spülmaschinenfestigkeit und hoher Brillanz steht. Mit dem Logo verbindet sich der Ausdruck von Know-how, Kompetenz und Tradition. In serifenlosen Versalien steht der Markenname zweizeilig in einem blau-grauen Kasten. Als CI-Schriften stehen TheSans Light Caps und Arial MT für die Marke. Insgesamt wirkt der Auftritt puristisch und die Typografie filigran und transportieren damit die Klarheit des Werkstoffes Glas. Als Testimonials für Schott Zwiesel traten bisher u.a. Drei-Sterne-Koch Dieter Müller und der Sommelierweltmeister Enrico Bernardo auf. Schott Zwiesel ist nach eigenen Angaben Weltmarktführer für Kristallglas in der Spitzen-Hotellerie und -Gastronomie mit Schwerpunkt getränkegerechte Spezialglasserien. Im Markenportfolio der Zwiesel Kristallglas AG befinden sich neben Schott Zwiesel auch die Marken *Zwiesel 1872* und *Jenaer Glas*. Das Sortiment wird internat. vertrieben. Weltweit beschäftigt das heute wieder im Familienbesitz befindliche Unternehmen rund 750 Mitarbeiter. Am Gesamtumsatz von 75 Mio. Euro hielt die Marke Schott Zwiesel 2006 einen Anteil von über 70 % (55 Mio. Euro).

DATEN UND FAKTEN

Markenname: Schott Zwiesel, abgeleitet vom Familiennamen des Gründers und vom Stammsitz Zwiesel, Deutschland

Slogan: „Glas der Profis“

Gründer: Dr. Otto Schott, 1927

Markenregistrierung: 13. 03. 1998, DPMA München

Innovationen: erstes maschinell gefertigtes Kristallkelchglas (1961), Tritan Glas (2002)

Markenbekanntheit: 20 % ungest., 48 % gest. (Emnid, 2001)

Jahresumsatz: 55 Mio. Euro (2006)

Werbespendings: 3 Mio. Euro

Auszeichnungen:
„Turnarounder des Jahres“, Impulse/BDO (2006)
„red dot award: product design“ für die Serie *Gentle* (2007)
„Großer Preis des Mittelstandes“, Oskar-Patzelt-Stiftung (2007)
„Top 100“, compamedia GmbH (2007)

Markenwebsite: www.schott-zwiesel.com

UNTERNEHMEN

Zwiesel Kristallglas AG
Dr.-Schott-Str. 35
94227 Zwiesel
✆ (0 99 22) 98-0
🖷 (0 99 22) 98-3 00
💻 www.zwiesel-kristallglas.com

Eine Pyramide aus Weingläsern imponiert vor der Zentrale von Schott Zwiesel.

SCHRAMM

Die Schramm Werkstätten GmbH produziert seit Mitte der 1970er-Jahre Matratzen, Betten und Beistellmöbel für das Hochpreissegment der Möbelbranche. Im Jahr 2006 verkaufte das Unternehmen etwa 2.500 Betten und 7.500 Matratzen im Premium-Segment. Gegründet wurde die Firma im Jahr 1923 von Karl Schramm sen. als Polsterei und Sattlerei. Auf ihn geht auch der Markenname zurück. 1959 übernahm sein Sohn Karl Schramm jun. das damalige Kleinunternehmen, richtete es neu aus auf die Herstellung hochwertiger Matratzen und Betten und führte es zu überregionaler Bedeutung. Das Logo besteht aus dem Markennamen und einer Krone, mit der die Firma auf die Exklusivität ihrer Produkte hinweisen möchte. Die erreicht Schramm durch Handarbeit, individuelle Herstellung und besonders veredelte Komponenten, wie z. B. ofenvergütete Federn. Das Unternehmen platziert auf diese Weise seine Marke bewusst als Nischenprodukt. Inzwischen führt Axel Schramm das Familienunternehmen in

Axel Schramm, geschäftsführender Gesellschaft der Schramm Werkstätten GmbH

Schramm-Betten überzeugen durch Tradition und Handwerkskunst.

dritter Generation. Die Produktionstechnik von Schramm ist zu Gunsten der Funktion sehr handwerklich ausgerichtet. Sie setzt auf das sog. Zwei-Matratzen-System – auch Boxspring genannt: Jedes Bett besteht aus einer Kombination aus einer gefederten Untermatratze und einer Federkern- oder Taschenfederkernmatratze. Zur Unternehmensstrategie gehört die permanente Weiterentwicklung dieses Systems. Eine der bekanntesten Innovation ist beispielsweise die 2003 eingeführte Secundäre Contur-Anpassung (SCA), eine spezielle Konstruktion in der Untermatratze, die sich individuell an Körperbau und Schlafposition anpassen lässt. Schramm verfolgt eine Einmarken-Strategie. Vertriebskanäle sind ausschließlich der exkl. Betten- und Einrichtungsfachhandel.

DATEN UND FAKTEN

Markenname: Schramm leitet sich ab vom Familiennamen des Gründers Karl Schramm.

Slogan: „Carpe Noctem“

Gründer: Karl Schramm sen., 1923

Innovationen: Schulteraufnahme für Seitenschläfer, Secundäre Contur-Anpassung (SCA, 2003)

Produktionsmenge: 7.500 Matratzen, 2.500 Betten (jährlich)

UNTERNEHMEN

Schramm Werkstätten GmbH

Hauptsitz: Winnweiler, Deutschland

Geschäftsführender Gesellschafter: Axel Schramm

Mitarbeiter: 90

Gesamtumsatz: 13,4 Mio. Euro

Vertrieb: Europa, beginnende Aktivitäten in den USA und Asien

KONTAKT

Schramm Werkstätten GmbH
Industriepark Langmeil
67722 Winnweiler
✆ (0 63 02) 92 36-0
Fax (0 63 02) 92 36-99
www.schramm.ag

MEILENSTEINE

1923 Gründung durch Karl Schramm sen. als Polsterei und Sattlerei

1959 Übernahme durch Karl Schramm jun. und Neuausrichtung

1965 Spezialisierung auf die Fertigung hochwertiger Matratzen

1999 Umzug in die neuen Firmengebäude in Winnweiler

2003 Einführung des SCA-Systems

SCHUCO

Die Marke Schuco steht für hochwertige Miniatur-Modelle.

Zur Produktpalette des Modellherstellers Schuco gehören Modelle von Fahrzeugen aller Art wie Autos, Motorräder und Militärfahrzeuge in unterschiedlichen Maßstäben. Im Programm sind darüber hinaus Metallsoldaten hist. Armeen sowie Flugzeugmodelle. Das Unternehmen wurde unter dem Firmennamen Schreyer & Co. von Heinrich Müller und Heinrich Schreyer 1912 gegründet. In den 1930er-Jahren begann das Unternehmen, Spielzeugautos herzustellen. Anfang der 1950er-Jahre produzierte Schuco in der größten Spielwarenfabrik Nürnbergs. Nachdem man 1976 Konkurs anmelden und den Namen verkaufen musste, erlebte die Marke 1993 eine Wiedergeburt, 1996 war Schuco wieder eigenständig. Seit 1999 gehört Schuco zur →Simba-Dickie-Group, einem der größten Unternehmen in der Spielwarenbranche mit einem durchschnittlichen Jahresumsatz von 340 Mio. Euro. Unter der Dachmarke Schuco *Aviation* steuert Schuco z.B. die Marke *Schabak*. Markenbindung betreibt das Unternehmen u.a. mit dem Schuco-Collectors-Club, dessen Mitglieder z.B. bevorzugten Zugriff auf besonders beliebte Modelle haben. Im Vertrieb setzt Schuco auf Fachhändler. Die Marke Schuco wird heute von der Dickie-Schuco GmbH & Co. KG geführt. Sie hat ihren Sitz in Fürth, dem Stammsitz der Simba-Dickie-Group.

UNTERNEHMEN

Dickie-Schuco GmbH & Co. KG
Werkstr. 1
90765 Fürth
(09 11) 97 65-04
(09 11) 97 65-4 15
www.schuco.de

SCHÜCO

Die Marke Schüco steht für hochwertige Systemlösungen rund um die Gebäudehülle. Das Portfolio umfasst neben Komponenten für Fenster, Türen, Wintergärten und Fassaden auch Systeme aus den Bereichen Solarthermie und Photovoltaik. 4.700 Mitarbeiter weltweit erwirtschaften einen Jahresumsatz von 1,6 Mrd. Euro (2006). Das 1951 gegründete Unternehmen ist heute mit seinen 12.000 Partnern in 77 Ländern global präsent. Das Thema Energie hat in der Markenkommunikation von Schüco neben Aspekten wie Design, Sicherheit und Komfort in den vergangenen Jahren an Bedeutung gewonnen. Schüco positioniert sich als „Die Adresse für Fenster und Solar" und engagiert sich seit langem für einen wirksamen Klimaschutz – u. a. durch das Sponsoring des Films „Eine unbequeme Wahrheit" von Al Gore. Mit dem Leitbild Energy² und der darauf abgestimmten Produkt- und Kommunikationsstrategie setzt Schüco zwei Schwerpunkte: zum einen das Energiesparen, etwa mit wärmegedämmten Fenstern, und zum anderen die Energiegewinnung durch individuell angepasste Solarsysteme. Die Kommunikation von Schüco richtet sich sowohl an Zielgruppen aus dem Business-to-Business-Bereich (Architekten, Verarbeiter, gewerbliche Bauherren) als auch aus dem Business-to-Consumer-Bereich (private Bauherren). Der integrierte Kommunikationsauftritt baut auf einem klaren Corporate Design und einem prägnanten Markenzeichen auf.

Dieses ungewöhnliche Gebäude wurde mit Fenster- und Fassadensystemen von Schüco ausgestattet.

DATEN UND FAKTEN

Markenname: Schüco, Akronym, zusammengesetzt aus dem Unternehmensnamen **Schü**rmann und **Co**.

Slogan: „Die Adresse für Fenster und Solar" (2005)

Gründer: Heinz Schürmann, 1951, Bielefeld

Markenregistrierung: 11. 03. 1981, DPMA München

Innovationen: TipTronic Schüco Zutrittskontrolle (2006), Avantec (2007)

Markenbekanntheit: 29,6 % ungest., 73,6 % gest. (United Research, 2006)

UNTERNEHMEN

Schüco International KG

Hauptsitz: Bielefeld, Deutschland

Mitarbeiter: 4.700 weltweit (2007)

MEILENSTEINE

1951 Beginn mit dem Bau von Schaufenstern aus Aluminium.

1960–1970 Entwicklung des Geschäftssystems als Systemlieferant für Fenster in Deutschland

1970–1980 Expansion zum nat. Anbieter und Spezialisten für Aluminium- und Fenstersysteme

1980–1990 Erste Internationalisierung durch Lizenznehmer in Europa und die Aufnahme von Kunststoff-Fenstern in das Sortiment

1990–1998 Internationalisierung über eigene Gesellschaften, Einstieg in das Großprojektgeschäft und konsequente Ausdehnung auf passende Produkte der Gebäudehülle: Großfassade, Brandschutz, Balkone etc.

1998 Konsequenter Aufbau des Geschäftsbereichs Solar

2003 Entwicklung eines neuen Markenauftritts

2006 „Vision 2012": Entwicklung vom Systemhaus zum besten Network der Gebäudehülle

Fassaden auf der ganzen Welt werden mit Systemen von Schüco ausgestattet, wie z. B. das Jumeirah Beach Hotel in Dubai (Mitte) und das Shanghai Tobacco Building (unten).

Die Marke Schüle Gold steht für gehobene Nudelspezialitäten.

Geschäftsführender Gesellschafter: Dirk U. Hindrichs

Gesamtumsatz: 1,6 Mrd. Euro (2006)

Vertrieb: in mehr als 77 Ländern weltweit

KONTAKT

Schüco International KG
Karolinenstr. 1–15
33609 Bielefeld
(05 21) 7 83-0
(05 21) 7 83-4 51
www.schueco.com

Ansprechpartner Marketing: Jochen Wilms

SCHÜLE

Schüle ist eine regionale Konsumgütermarke aus dem Portfolio der →Birkel Teigwaren GmbH und trägt den Namen des Firmengründers Friedrich Schüle, der 1853 in Plüdershausen in Baden-Württemberg eine Eierteigwarenfabrik errichtete, die spätere „Schüle-Hohenlohe AG". 1954 wechselte das Unternehmen in den Besitz der Firma Birkel und Söhne aus Endersbach. Schüle ist heute „die Traditionsmarke für gehobene Ansprüche" im Sortiment des Hauses Birkel. Das schwungvoll gezeichnete Markensignet in den Hausfarben Rot und Dunkelgrün bildet die entsprechende Visualisierung dieser Markenphilosophie. Der aktuelle Slogan „Schüle Gold ... kernig zart" geht zurück auf eine Version von 1984: „Schüle Gold nach Schwaben Art. Dotterfrisch und kernig zart." Spezialität der Marke sind Bandnudeln und Spätzle, die als „wie vom Bäckermeister selbst gemacht" vermarktet werden. Unter dem Namen *Schüle Gold* finden sich die Produkte – lt. Firmenangaben marktführend im Premium-Bereich - in nordrhein-westfälischen und norddt. Verkaufsregalen. Die avisierte Käuferschaft bilden Feinschmecker zwischen 30 und 65 Jahre. 1998 wurde die Marke überarbeitet und neu auf den Markt gebracht. Die Birkel Teigwaren GmbH rechnet neben Schüle auch die Marken →Möwe und →3 Glocken zu ihrem Portfolio. Mit insgesamt 370 Mitarbeitern setzt Birkel ca. 90 Mio. Euro im Jahr um und ist damit lt. Eigenangaben Deutschlands führender Teigwarenhersteller.

UNTERNEHMEN

Birkel Teigwaren GmbH
Schüttelgrabenring 3b
71332 Waiblingen
(0 71 51) 6 01-0
(0 71 51) 6 01-2 85
www.birkel.de

Für den Namen der Schule Schloss Salem stand der Ort Pate, an dem das Internat gegründet wurde.

SCHULE SCHLOSS SALEM

Die Schule Schloss Salem ist ein Internat für Jungen und Mädchen, das als staatlich anerkanntes Gymnasium fungiert. Für den Namen der traditionsreichen Bildungseinrichtung stand das Schloss Pate, in dem das Internat gegründet wurde. Der letzte dt. Reichskanzler Prinz Max von Baden und der Reformpädagoge Kurt Hahn gründeten das Internat im Jahr 1920 mit dem Ziel, eine Erziehung zur Verantwortung für das Gemeinwesen voranzutreiben. Diesem Kredo ist die Schule treu geblieben, indem sie sich auch heute um eine ganzheitliche Förderung bemüht und die Schüler neben dem Unterricht in soziale Projekte integriert. Als Zielgruppe werden begabte und engagierte Schüler sowie deren Eltern angesprochen. Um den Zugang auch Schülern aus einkommensschwächeren Milieus zu ermöglichen, werden an etwa ein Drittel der Schüler Stipendien vergeben. Die Schule Schloss Salem bietet als einziges Internat in Deutschland das International Baccalaureate an, einen internat. anerkannten Schulabschluss, der die Hochschulzugangsberechtigung gewährt. Die angestrebte Internationalität schlägt sich statistisch auch in der Herkunft der Schüler nieder: 20 % der Jungen und Mädchen kommen aus dem Ausland. Organisatorisch ist das Internat in drei Stufen gegliedert, die sich sowohl durch die jeweiligen Schülergruppen als auch durch ihren Standort voneinander unterscheiden: die Unterstufe auf Burg Hohenfels, die Mittelstufe in Schloss Salem und die Oberstufe am Salem International College. Einprägsames Markenzeichen der Schule ist ein traditionelles Wappenzeichen, in dessen Mittelpunkt die Initiale S in blauer Farbe auf weißem Grund platziert ist.

DATEN UND FAKTEN

Markenname: Schule Schloss Salem, abgeleitet vom Namen des Ortes, an dem das Internat gegründet wurde.

Gründer: Prinz Max von Baden, Kurt Hahn, 1920, Salem

Markenregistrierung: 16. 12. 1988, DPMA München

Mitarbeiter: ca. 300

Schüler: ca. 700 (Schuljahr 2006/2007)

UNTERNEHMEN

Schule Schloss Salem
88682 Salem
✆ (0 75 53) 9 19–0
🖷 (0 75 53) 9 19–3 80
💻 www.salemcollege.de

SCHÜLERHILFE

Die Schülerhilfe ist einer der führenden Nachhilfe-Anbieter in Deutschland und Österreich und verfügt über eine gest. Markenbekanntheit von 93 %. Seit mehr als 30 Jahren beschäftigt sie sich als privatwirtschaftliches Unternehmen mit der individuellen Förderung von Schülerinnen und Schülern

Typische Lernsituation in der Schülerhilfe

und arbeitet mit Kindern, Jugendlichen, Eltern und öffentlichen Schulen zusammen. Ziel der Arbeit des Unternehmens ist die dauerhafte Verbesserung der schulischen Leistungen durch individuelle Förderung. Neben Fach- und Methodenkompetenzen sollen auch soziale Kompetenzen vermittelt werden. Die Organisation vergibt Stipendien für Kinder aus sozial schwachen Familien (500 Lernstipendien im Jahr). Außerdem kooperiert die Schülerhilfe mit Partnern aus Wissenschaft, Bildung und Wirtschaft. Dazu zählen z. B. das Zentrum für empirische pädagogische Forschung der Universität Koblenz-Landau, Focus Schule oder der Dudenverlag. Die Schülerhilfe engagiert sich in Modellprojekten und Initiativen zur Weiterentwicklung und Qualitätsverbesserung von ergänzenden Bildungsangeboten. Dazu schreibt sie den Dt. Innovationspreis für nachhaltige Bildung aus. Um ein Höchstmaß an Qualität zu gewährleisten, hat die Schülerhilfe ein Qualitätsmanagementsystem eingeführt, das nach der internat. gültigen Norm ISO 9001 vom TÜV Nord zertifiziert ist. Standards, die sich die Schülerhilfe selbst gegeben hat, sind u. a. die fachliche und pädagogische Eignung der Nachhilfelehrer, die sinnvolle Zusammensetzung und Größe der Lerngruppen sowie die Orientierung des Unterrichts an den individuellen Anforderungen der Schüler. Seit 1998 ist die Schülerhilfe Teil des internat. Netzwerks Educate, Inc. aus Baltimore und nutzt die internat. Wissensressourcen dieses pädagogischen Netzwerks. Die Schülerhilfe ist die größte Franchiseorganisation ihrer Branche. 2005 wurde die 750ste Franchise-Schülerhilfe eröffnet. Derzeit arbeiten rund 10.000 Nachhilfelehrer in über 1.000 Schülerhilfen in Deutschland und Österreich. Der Stammsitz des Nachhilfe-Anbieters ist in Gelsenkirchen.

DATEN UND FAKTEN

Markenname: Schülerhilfe

Gründet: 1974 in Gelsenkirchen

Markenbekanntheit: 93 % gest. (forsa, 3/2006)

Auszeichnungen:
„Excellence Award", Magazin Impulse und des Dt. Franchise-Verbandes (2005)

UNTERNEHMEN

ZGS Schülerhilfe GmbH

Hauptsitz: Gelsenkirchen, Deutschland

Geschäftsführung: Norbert Milte, Kevin Shaffer

Vertrieb: 280 eigene Schülerhilfen, 800 Franchise-Schülerhilfen

Anzahl geförderter Schüler: 70.000 Schülerinnen und Schüler pro Jahr

KONTAKT

ZGS Schülerhilfe GmbH
De-la-Chevallerie-Str. 42

SCHON GEWUSST?

▌Vor Aufnahme des Nachhilfeunterrichts wird im Rahmen einer intensiven Beratung der Lernstand des Schülers bestimmt, um den Schüler optimal zu fördern. Die fachlich qualifizierten und motivierten Nachhilfelehrer gehen individuell auf die Bedürfnisse jedes Schülers ein. Durch regelmäßige Gespräche sind die Eltern immer über die Entwicklungen ihres Kindes informiert.

Anzeigenmotiv der ZGS Schülerhilfe GmbH, Norbert Milte, einer der Geschäftsführer

Salamis, vor allem die „Halbrunde" (Mitte), gehören zu den Spezialitäten der Firma Schulte.

45894 Gelsenkirchen
(02 09) 36 06-0
(02 09) 36 06-1 00
www.schuelerhilfe.de

Ansprechpartner Marketing:
Roland Küppers
(02 09) 36 06-2 31
roland.kueppers@schuelerhilfe.de

SCHULTE

Die Marke Schulte steht für Rohwurst-Spezialitäten in der Bedienungstheke. Der Ursprung der Marke geht auf die Brüder Ludwig, August und Willi Schulte zurück, die im Jahr 1893 das Unternehmen gründeten. 1903 eröffneten sie in Dissen am Teutoburger Wald die erste Produktionsstätte. Heute produziert die Schulte Fleisch- und Wurstwaren GmbH unter der Marke Schulte Salami, Cervelatwurst und Rohwurst-Spezialitäten. Garschinken und Aspik-Spezialitäten ergänzen das Sortiment. Eine der bekanntesten Spezialitäten ist „Die Halbrunde - Das Original", eine Rohwurst in brotähnlicher Form, die es nur von Schulte gibt. 2003 wurde ein neues Markenlogo in den Farben Blau, Rot und Weiß entwickelt, das Sympathie und Frische-Kompetenz vermitteln soll. Ergänzt wird der Markenauftritt von dem Claim „Schulte - Die Wurst". Die Marke Schulte nimmt im Segment der Fleisch- und Wurst-Bedienungstheke eine führende Position ein. Schulte ist seit 2002 ein Unternehmen der zur Mühlen-Gruppe, die zu den Größten der europäischen Fleisch- und Wurstwaren-Branche zählt und pro Jahr über 230.000 t Wurstwaren verkauft (gesamte Gruppe). Unter dem Dach der zur Mühlen-Gruppe werden neben Schulte auch Produkte der Marken →Böklunder, Plumrose, →Könecke, →Redlefsen, *Heine's*, *Jensen's*, *Zerbster* und *Naumburger* verkauft. Für ihre hohe Qualität wurden zahlreiche Produkte der Marke Schulte vielfach prämiert, u. a. von der CMA. Schulte erhielt als eines der ersten Unternehmen in Deutschland die Zertifizierung nach dem International Food Standard (IFS). Außerdem sind die Schulte-Produkte nach den europäischen Normen ISO 9001-2000, Qualität & Sicherheit (QS) und British Retail Consortium (BRC) zertifiziert. Des Weiteren bietet Schulte Artikel mit dem Biosiegel gemäß der EG-Öko-Verordnung (EG 2092/1991) an. Unter der Marke Plumrose produziert Schulte in großem Umfang für den Export in die ganze Welt.

DATEN UND FAKTEN

Markenname: Schulte, Familienname der Gründer

Slogan: „Schulte - Die Wurst"

Gründer: Gebrüder Ludwig, August und Willi Schulte, 1893

Markenregistrierung: 19. 02. 1974, DPMA München

Produktionsmenge: ca. 2 Mrd. Würstchen/Wurstportionen, entspricht über 230.000 t pro Jahr (gesamte Gruppe)

Auszeichnungen:
„Goldenes CMA-Gütezeichenband" (2001-2007)

UNTERNEHMEN

Schulte Fleisch- und Wurstwaren GmbH
Westendarpstr. 9-13
49201 Dissen a. T. W.
(0 54 21) 33-0
(0 54 21) 33-3 13
www.schulte-die-wurst.de

SCHULTE-UFER

Die Dachmarke Schulte-Ufer steht für hochwertige, langlebige und funktionale Küchen- und Haushaltswaren. Neben elf Kochgeschirr-Serien gehören, Pfannen, Woks, Fondues, Flötenkessel und zahlreiche Spezialprodukte wie z. B. Bräter, Entsafter und Küchenhelfer zum Angebot. Die jüngste Produktlinie *Outdoor* umfasst u. a. Grills. Seit Ende der 1960er-Jahre bietet die Schulte-Ufer KG Kochgeschirr mit dem von ihr entwickelten protherm-Kupferboden, der sich durch eine besonders gute Wärmeleitfähigkeit auszeichnet. Die Kochgeschirrserie *Profi-Line* wurde von der Stiftung Warentest 2003 zum Testsieger erklärt, Öko-Test bewertete 2005 die Pfanne *GO!* mit einer speziellen Antihaft-Versiegelung mit „gut". Der Name der Dachmarke geht auf den Firmengründer Josef Schulte zurück. Das in Rot und Weiß gehaltene Logo zeigt die Buchstaben SUS (für Schulte-Ufer Sundern) in einem stilisierten Kleeblatt sowie den Markennamen in Versalien, ergänzt um den Zusatz „since 1886". Seit 2005 wendet sich die Schulte-Ufer KG unter der Marke *Gastro SUS* auch an Nutzer in Großküchen, Gastronomie und Hotellerie. Ebenfalls seit 2005 gehört die Marke *Rohe* Germany zum Portfolio. Die Schulte-Ufer KG rangiert nach eigenen Angaben in Deutschland unter den

Top 5 in ihrem Segment. Die Produkte der Marke Schulte-Ufer werden über den Fachhandel, über Fachabteilungen von Waren- und Möbelhäusern sowie über Online-Versandhäuser vertrieben. Seit einiger Zeit verfügt die Firma darüber hinaus mit der Donna Cooperation Ltd. in Hongkong auch über ein Vertriebsbüro in Asien. Stammsitz der Schulte-Ufer KG ist Sundern im Sauerland.

UNTERNEHMEN

Schulte-Ufer KG
Hauptstr. 56
59846 Sundern
✆ (0 29 33) 9 81-0
🖷 (0 29 33) 71 50
💻 www.schulte-ufer-kg.de

SCHWÄBISCH HALL

Schwäbisch Hall versteht sich als kundenorientierte Bausparkasse mit Vorsorge- und Finanzierungsangeboten zu Erwerb und Modernisierung von Wohneigentum bzw. zur privaten Altersvorsorge. Der Unternehmensname ist identisch mit dem Städtenamen des Unternehmenssitzes in Baden-Württemberg. Die Bausparkasse Schwäbisch Hall AG richtet sich an Sparer, potenzielle Bauherren, Wohnungseigentümer sowie an Immobilienbesitzer. Nach eigenen Angaben ist sie mit 6,6 Mio. Kunden und einem Marktanteil von mehr als 28 % im Neugeschäft Marktführerin unter den Bausparkassen. In Deutschland vertreiben knapp 14.000 Bankstellen der Kreditgenossenschaften und 4.000 eigene Außendienstmitarbeiter Finanzprodukte von Schwäbisch Hall. Seit 1962 wirbt Schwäbisch Hall durchgehend mit dem Slogan „Auf diese Steine können Sie bauen". Bereits 1956 wurde das Logo mit dem heutigen Motiv konzipiert. Es zeigt vier stilisierte rote Klinker auf gelbem Grund, die in drei Reihen übereinander angeordnet sind. Die vier Steine symbolisieren Sicherheit, Vertrauen, Kompetenz und Zuverlässigkeit. Zuvor bestand das Logo aus einem aus Steinen geformten „B" bzw. aus einem Stein als Spardose (1931). Im Jahr 1975 tauchte erstmals in der TV-Werbung der Bausparfuchs auf. Schwäbisch Hall unterhält im Rahmen der Marketingstrategie enge Kooperationen mit den genossenschaftlichen Banken in Deutschland. Die Bausparkasse Schwäbisch Hall AG – Bausparkasse der Volksbanken und Raiffeisenbanken geht zurück auf das Jahr 1931, in dem sie von Kölner Handwerkern gegründet wurde. Im Jahr 2006 lag die Gesamtvertriebsleistung des Unternehmens bei rund 45 Mrd. Euro. In Deutschland beschäftigt Schwäbisch Hall 7.230 Mitarbeiter, weltweit sind es 14.270.

DATEN UND FAKTEN

Markenname: Schwäbisch Hall steht für eine Stadt in Baden-Württemberg, Deutschland, und ist Sitz des Unternehmens

Slogan: „Auf diese Steine können Sie bauen" (seit 1962, als Jingle seit 1984)

Gründung: von Kölner Handwerkern als Deutsche Bausparer AG, 1931, Köln

Markenregistrierung: 1979 (Slogan) und 1981 (Backsteine-Logo), DPMA München

Markenbekanntheit: 49 % ungest., 84 % gest. (TNS Infratest FMDS, 2006)

Jahresumsatz: 45 Mrd. Euro (Gesamtvertriebsleistung 2006)

Werbespendings: 26 Mio. Euro (Nielsen Media Research, 2006)

UNTERNEHMEN

Bausparkasse Schwäbisch Hall AG
Crailsheimer Str. 52
74523 Schwäbisch Hall
✆ (07 91) 46-46 46
🖷 (07 91) 46-42 74
💻 www.schwaebisch-hall.de

Der Bausparfuchs von Schwäbisch Hall gehört seit vielen Jahrzehnten zu den bekanntesten Werbefiguren in Deutschland.

SCHWARTAU EXTRA

„Das erste Extra des Tages" sollen die Brotaufstriche der Konsumgütermarke Schwartau Extra sein. Konfitüren, Gelees, Diät-Konfitüren und Pflaumenmus der Marke werden deutschlandweit vertrieben. Das Produktangebot von Schwartau Extra umfasst 50 Sorten. Ihren Namen hat die Marke ihrer Produktionsstätte in Bad Schwartau nahe Lübeck zu verdanken. Dort erfand die Schwartauer Werke GmbH & Co. KGaA 1961 die Konfitürenmarke. Der Namenszusatz Extra soll auf die hohe Qualität dieser Produkte hinweisen. Bei der Herstellung von Marmeladen, Konfitüren und Fruchtaufstrichen legt das Unternehmen Wert auf besonders schonende Verarbeitung ausgesuchter Zutaten. Schwartau Extra steht für Vertrauen, Qualität und Tradition und richtet sich an haushaltsführende Frauen. Neu im Sortiment ist die Konfitüre *Schwartau Extra Samt* mit einer sehr cremigen und feinen Konsistenz. Besonderes Merkmal dieser Sorte ist die taillierte Form der Konfitürengläser. Das Markenlogo entwickelte 1924 der

Das Produktsortiment von Schwartau Extra umfasst 50 Sorten.

Künstler Alfred Mahlau. Es zeigt einen roten Kreis inmitten eines schwarzen Rechtecks. Der Markenname zieht sich über das Bild und wird von weißen Türmen gekrönt. Sie wecken Assoziationen zur Silhouette der Hansestadt Lübeck. Das Logo ziert u. a. die Snacks *Corny* und *fruity, Fruit2day* („die tägliche Portion Obst in einer Flasche") sowie Schwartaus ersten Fruchtsmoothie *PurPur*. Für den Markenhersteller haben bereits Claudia Schiffer und Franziska van Almsick geworben. Heute ist Schwartau Extra nach Angaben des Unternehmens Marktführer, der Gesamtumsatz beträgt mehr als 300 Mio. Euro pro Jahr. Die Schwartauer Werke beschäftigen rund 820 Mitarbeiter (2007). Seit 2002 gehört das Unternehmen dem schwz. Nahrungsmittelkonzern Hero an.

DATEN UND FAKTEN

Markenname: Schwartau Extra, abgeleitet von Bad Schwartau, Sitz und Produktionsstätte des Unternehmens, Extra steht für hohe Qualität

Slogan: „Schwartau Extra – das erste Extra des Tages"

Markenregistrierung: 18. 11. 2003, DPMA München

Innovationen: Schwartau Extra Samt (2005), Schwartau Fruit2day (2005), Schwartau PurPur (2007), Schwartau Fruttissima (2007)

Markenwebsite: www.schwartau-extra.de

UNTERNEHMEN

Schwartauer Werke GmbH & Co. KGaA
Lübecker Straße 49–55
23611 Bad Schwartau
☏ (04 51) 2 04-0
Fax (04 51) 2 04-3 85
www.schwartauer-werke.de

SCHWARZKOPF

Schwarzkopf ist eine der wichtigsten Dachmarken der →Henkel KGaA. Im Unternehmensbereich Kosmetik und Körperpflege sind sämtliche Haarkosmetikprodukte unter der Marke Schwarzkopf zusammengefasst. Das Unternehmen wurde 1898 in Berlin von dem Apotheker Hans Schwarzkopf gegründet. Aus dieser Firma entstand eines der bedeutendsten Haarkosmetik-Unternehmen der Welt. Der einem Lockenkopf nachempfundene Scherenschnitt im Profil ist seit jeher markantes Zeichen des Schwarzkopf-Logos. Bereits im Jahr 1904 ging Schwarzkopf erste Vertriebskontakte in Holland und Russland ein. Aufgestiegen zu einem der größten Haarkosmetikhersteller Europas, wurde Schwarzkopf 1995 von der Henkel KGaA übernommen. Mit ihrem Kosmetik- und Körperpflegebereich setzte die Henkel KGaA im Jahre 2006 2,864 Mrd. Euro in mehr als 125 Ländern um und zählt zu den weltweit führenden Herstellern von Markenprodukten in diesem Bereich. Das Unternehmen legt einen Schwerpunkt auf die Entwicklung neuer Produkttechnologien, bis zum Jahr 2006 wurden bereits 7.600 Patente angemeldet. Hans Schwarzkopf selbst hat im Jahr 1903 das erste Pulvershampoo zum Auflösen in Wasser auf den Markt gebracht, eine Alternative zu groben Seifen und teuren Ölen. 1927 entwickelte das Unternehmen das erste flüssige Shampoo. 1933 folgte *Onalkali*, das erste alkalifreie Shampoo der Welt. Seit 1949 gibt es →Schauma, ein Markenname, der sich in Deutschland schnell zum Synonym für das Wort Shampoo entwickelte. Neben Shampoos nehmen auch Dauerwellen-Produkte eine bedeutende Stellung im Produktportfolio von Schwarzkopf ein: Die erste kalte Dauerwelle wurde 1947 eingeführt, 1972 wurde die Schwarzkopf-Methode entwickelt. Dabei handelt es sich um ein systematisches Dauerwellen-Konzept, das aus Beratung, Produkten und Training besteht. Mit verschiedenen Färbungstechnologien nimmt Schwarzkopf eine führende Position auf dem Markt ein,

JUGEND

Dieser schwarze Kopf

auf jeder **Originalpackung** des bekannten Haarwaschpulvers **„Shampoon mit dem schwarzen Kopf"** kennzeichnet am besten die **Echtheit** des Fabrikates. **„Shampoon mit dem schwarzen Kopf"** ist ein millionenfach bewährtes Haarpflegemittel von besonderer Güte und Wirkung, macht das Haar schuppenfrei, voll und glänzend, beseitigt übermässige Fettbildung der Haare, reinigt die Kopfhaut und gibt spärlichem Haar ein volles Aussehen.

Man verlange beim Einkauf ausdrücklich „Shampoon mit dem schwarzen Kopf", und weise alle Fabrikate **ohne diese Schutzmarke** energisch zurück. Ein Paket mit Veilchengeruch kostet 20 Pf. und ist in Apotheken, Drogen- und Parfümeriegeschäften käuflich. – Alleiniger Fabrikant

Hans Schwarzkopf, Berlin-Charlottenburg, Hardenbergstrasse 18.

Eine Anzeige aus dem Jahr 1907 weist den Käufer besonders auf die Schutzmarke Schwarzkopf hin.

Schwarzkopf
Professional HairCare ***for you.***

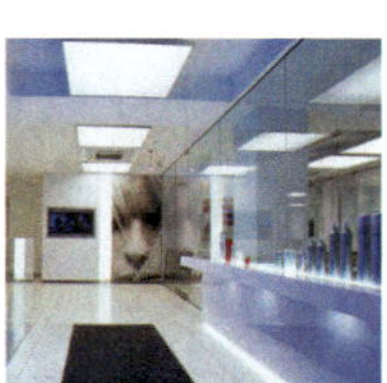

Schwarzkopf brachte das erste alkalifreie Shampoo (1933, Mitte) auf den Markt. In Schwarzkopf Akademien (unten) werden angehende Fachkräfte ausgebildet

bekannteste Marke in diesem Segment ist →Brillance. Die Hans Schwarzkopf GmbH brachte außerdem das erste Haarspray auf den dt. Markt. Bis heute werden diverse Haarstylingprodukte unter dem Namen →Drei Wetter Taft vermarktet. Zur Zielgruppe der Marke gehören nicht nur Endverbraucher. Auch für Professionals (Stylisten und Friseure) werden entsprechende Produkte angeboten. Schwarzkopf Akademien bilden zudem angehende Fachkräfte aus.

DATEN UND FAKTEN

Markenname: Schwarzkopf, abgeleitet vom Familiennamen des Gründers Hans Schwarzkopf

Slogan: Retail-Bereich: „Schwarzkopf Professional HairCare for you"; Professional-Bereich: „Schwarzkopf Professional Together. A passion for hair"

Erfinder: Hans Schwarzkopf, 1898, Berlin

Markteinführung: 1898 (Deutschland)

Markenregistrierung: 26.02.1906, Kaiserliches Patentamt Berlin

Innovationen: Re-Nature, die erste Re-Pigmentierungs-Creme (1998), Total Repair 19 von Gliss Kur (2006)

Markenwebsite: www.schwarzkopf.de

UNTERNEHMEN

Henkel KGaA

MEILENSTEINE

1898 Hans Schwarzkopf eröffnet eine Drogerie in Berlin.

1903 Pulvershampoo kommt auf den Markt. Es wird in Wasser aufgelöst und ist in der Anwendung besser als Öle und grobe Seifen.

1927 Die Hans Schwarzkopf GmbH bringt das erste flüssige Shampoo auf den europäischen Markt.

1987 Schwarzkopf verbannt vor allen anderen Firmen FCKW aus seinen Sprays.

1995 Die Henkel KGaA übernimmt die Hans Schwarzkopf GmbH.

1998 Schwarzkopf feiert seinen 100. Geburtstag und führt Re-Nature ein, die erste Re-Pigmentierungs-Creme.

Hauptsitz: Düsseldorf, Deutschland

Weitere Marken: s. →Henkel

Gesamtumsatz: 12,740 Mrd. Euro (2006)

Vertrieb: weltweit in mehr als 125 Ländern

KONTAKT

Henkel KGaA
Henkelstr. 67
40589 Düsseldorf
☏ (02 11) 7 97–0
🖷 (02 11) 7 98–40 08
💻 www.henkel.de

Ansprechpartner Presse:
Marion Schwenker
✉ press@henkel.com

SCHWEPPES

Unter der Marke Schweppes vertreibt die Schweppes Deutschland GmbH alkoholfreie Erfrischungsgetränke in Deutschland und Österreich. 1783 gelang es dem dt. Uhrmacher und Juwelier Johann Jacob Schweppe, Mineralwasser mit Kohlensäure zu versetzen, um nach Angaben des Unternehmens den ersten Softdrink der Welt zu kreieren. Er begann mit dem Vertrieb des sprudelnden Getränkes und gab ihm seinen Namen. Die hohe Nachfrage führte zur Errichtung einer ersten Fabrik, in der das noch geschmacksneutrale Erfrischungsgetränk in drei Varianten produziert wurde. In den 1870er-Jahren entwickelte man *Indian Tonic Water* und *American Ginger Ale*. 1957 wurde *Original Bitter Lemon* eingeführt. Aktuell werden sechs unterschiedliche Geschmacksrichtungen angeboten. Jüngstes Produkt ist *Californian Citrus Summer*, das seit 2005 in der Gastronomie und seit 2006 im Handel erhältlich ist. 2008 folgt die Einführung der Geschmacksrichtung *Russian Wild Berry*. Das aktuelle Logo existiert seit 2002. Für die gestalterische Umsetzung des Logos wurde in Deutschland die Agentur Mutter betraut. Es besteht aus dem Markennamen als Serifenschriftzug, der auf dem Etikett in Schwarz auf einem gelben Band präsentiert wird. Oben zeigt ein rot gefülltes Oval mit grauem Rand die sog. Schweppes-Fontäne sowie das Erfindungsjahr 1783. Die Fontäne ließ das Unternehmen 1851 zur Weltausstellung im Londoner Hyde Park installieren. Charakteristisch ist die bauchige Schweppes-Flasche, die der hist. „Egg Soda Flasche" nachempfunden ist, in der J. Schweppe seinen Softdrink im 18. Jh. ver-

TU, WAS DIR SCHWEPPT.

Die alkoholfreien Erfrischungsgetränke von Schweppes werden bereits seit 1783 auf dem dt. und österreichischen Markt vertrieben.

Schweppes Erfrischungsgetränke sind in verschiedenen Geschmacksrichtungen erhältlich.

kaufte. 1969 verschmolz Schweppes mit Cadbury zur Cadbury Schweppes plc. Seit 2006 ist die Krombacher Gruppe Inhaber der Schweppes Marken- und Vertriebsrechte für Deutschland und Österreich. Sitz der Schweppes Deutschland GmbH ist Krombach im Siegerland. Abgefüllt wird in Bad Neuenahr. Mit einem Ausstoß von 600.000 hl und einem Marktanteil von 60,9 % (Nielsen, 1. HJ 2007) ist Schweppes Marktführer im Segment der Bittergetränke (Umsatz).

DATEN UND FAKTEN

Markenname: Schweppes, abgeleitet vom Familiennamen des Erfinders Johann Jacob Schweppe

Slogan: „Tu, was dir schweppt" (seit 2006)

Erfinder: Johann Jacob Schweppe, 1783, Witzenhausen/Hessen

Markenregistrierung: 26. 11. 1932, DPMA München

Innovationen: American Ginger Ale, Indian Tonic Water (1870), Original Bitter Lemon (1950)

Markenbekanntheit: 30 % ungest., 87 % gest. (GFK Werbeindikator Nullwelle, 08/2007)

Werbespendings: 7 Mio. Euro

Auszeichnungen:
„Royal Warrant", königliche Empfehlung und Ernennung zum Hoflieferant des brit. Königshauses (1936)

UNTERNEHMEN

Schweppes Deutschland GmbH

Hauptsitz: Kreuztal, Deutschland

Geschäftsführer: Bernhard Schadeberg

Vertrieb: in Deutschland und Österreich über Gastronomie und Lebensmitteleinzelhandel

KONTAKT

Schweppes Deutschland GmbH
Hagener Str. 261
57223 Kreuztal
(0 27 32) 8 80–9 11
(0 27 32) 8 80–1 19 11
www.schweppes.de

Ansprechpartner Marketing:
Hartmut Wunram
(0 27 32) 8 80–2 45
h.wunram@schweppes.de

MEILENSTEINE

1783 Johann Jacob Schweppe versetzt Wasser mit Kohlensäure und erfindet den ersten Softdrink der Welt.

1790 Schweppe führt sein Getränk unter dem Namen Soda Water auf dem brit. Markt ein.

1851 Einweihung der Schweppes-Fontäne zur Weltausstellung im Londoner Hyde Park

1870 Markteinführung von American Ginger Ale und Indian Tonic Water

1950 Markteinführung von Original Bitter Lemon

2006 Die Krombacher Gruppe übernimmt die Vertriebsrechte an Schweppes für Deutschland und Österreich.

SCOTCH

Scotch Magic Tape ist ein fast unsichtbares Klebeband und eines der jüngsten Produkte von Scotch

Mit der Erfindung des ersten transparenten Klebebandes präsentierte 3M im Jahre 1930 zugleich eine Weltneuheit. Gedacht war es anfänglich für Bäcker, Fleischverarbeiter und Lebensmittelhändler, die auf der Suche nach einem Verschluss für ihre Cellophan-Verpackungen waren. Der 3M Erfinder Richard G. Drew erhielt am 27. Mai 1930 das Patent für das transparente Klebeband, und dreieinhalb Monate später waren die ersten

Klebebänder mit dem Markennamen Scotch auf dem Markt. Im Jahr 1932 wurde der erste Abroller mit Schneidemesser entwickelt, der die Anwendung des Produktes weiter vereinfachte. 1945 waren zehn verschiedene Klebebänder mit dem farbigen Schottenmuster als Markenzeichen auf dem Markt. Heute ist das Scotch Klebeband eines der meistverkauften Klebebänder der Welt mit rund 400 verschiedenen Varianten in unterschiedlichen Breiten, Längen und Farben. Ob transparent oder matt, ein- oder doppelseitig klebend, dehnbar oder reißfest, wasserfest oder resistent gegen Öl und Säure, hitze- oder kältebeständig, wieder ablösbar oder permanent – die breite Produktpalette bietet Klebelösungen für zu Hause, für kreatives Gestalten, für das Verpacken von Geschenken und für das Büro. Zum Portfolio gehören Subbrands wie *Scotch® Crystal Clear* und *Scotch® Magic™*. Mit diesem fast unsichtbaren Klebeband können z. B. Risse in Dokumenten leicht zugeklebt werden. Zu den bekanntesten Marken von 3M gehören neben Scotch die Marken →Post-it, →Scotchgard, →Thinsulate, Scotch-Brite, Filtrete, Command und Vikuiti. Weltweit nimmt 3M durch seine globale Stärke, durch die Vielzahl an verfügbaren Technologien und durch umfassendes Know-how führende Positionen in wichtigen Märkten ein. Hierzu zählen z. B. Industrie, Verkehr, Büro, Elektronik, Telekommunikation, Haushalt, Gesundheit, Werbung, Freizeit und Design.

DATEN UND FAKTEN

Markenname: Scotch

Erfinder: Richard G. Drew, 1930

Markenregistrierung: 27. 05. 1930, USA

Innovationen: Scotch® Paper Cutter (2006), Scotch® StretchyTape (2006), Scotch Scrabbooking-Klebesortiment (2006)

Jahresumsatz: 22,9 Mrd. USD (Unternehmen, 2006)

Auszeichnungen:
„Landmark Award", ACS (American Chemical Society) (2007)

UNTERNEHMEN

3M Deutschland GmbH
Carl-Schurz-Str. 1
41453 Neuss
(0 2131) 14-0
(0 21 31) 14-26 49
www.3m.com/de

SCOTCHGARD

Unter der in vielen Ländern weltweit registrierten Marke Scotchgard™ vertreibt das amerikanische Unternehmen 3M ein umfangreiches Produktsortiment zum Schutz von Oberflächen. Diese Produkte bieten Schutz vor öligen und wässerigen Substanzen sowie Schmutzabweisung in den Anwendungsbereichen Oberbekleidung, Automobilpflege, Teppichböden, Heimtextilien und Polsterstoffe, Holz- und Laminatfußböden, Leder und Anstrichfarben. Scotchgard Produkte finden sich in Teppichen, Lederwaren und Textilien sowie in Pflegeprodukten. Die amerikanische Chemikerin Patsy Sherman erfand die Textilimprägnierung in den 1950er-Jahren eher zufällig bei Experimenten mit Latexmischungen im Labor des Chemieunternehmens 3M. Nach intensiven Forschungen kam 1956 ihre Imprägnierung unter dem Namen „Scotchgard Fabric Protector™" auf den Markt. Die Marke Scotchgard steht für Schutz vor Schmutz und für Pflegeleichtigkeit. Heute nimmt Scotchgard mit vielen verschiedenen Produkten und neuesten Technologien eine marktführende Stellung ein (lt. Burke Research, 2006). Die Produkte werden global produziert und in mehr als 60 Ländern vertrieben. Das Technologieunternehmen 3M erzielte 2006 mit weltweit ca. 75.000 Mitarbeitern einen Umsatz von 22,9 Mrd. USD, davon 61 % außerhalb der USA. In Deutschland ist 3M mit mehreren Tochtergesellschaften und ca. 1.000 Mitarbeitern an neun Standorten vertreten. Der Umsatz von 3M in Deutschland belief sich 2005 auf 1,2 Mrd. Euro.

DATEN UND FAKTEN

Markenname: Scotchgard, USA, Kunstwort, abgeleitet vom engl. guard für Schutz

Slogan: „Scotchgard lässt Dinge länger gut aussehen"

Erfinder: Patsy Sherman, 1956, USA

Markenregistrierung: in vielen Ländern weltweit, u. a. 08. 09. 1959, DPMA München

Jahresumsatz: 22,9 Mrd. USD (Unternehmen, 2006)

Markenwebsite: www.scotchgard.com

Scotchgard™ Produkte werden als Schutz für unterschiedliche Oberflächen vor allem in der Bekleidungsindustrie angewendet.

Beispiel für eine Folienbeklebung von Scotchprint Graphics an einer Hochhausfassade

Der Schulranzen von Scout bietet eine umfassende Sicherheitsausstattung für Schulkinder.

UNTERNEHMEN

3M Deutschland GmbH
Carl-Schurz-Str. 1
41453 Neuss
✆ (0 21 31) 14-0
Fax (0 21 31) 14-26 49
www.3m.com

SCOTCHPRINT GRAPHICS

Die internat. Marke Scotchprint Graphics ist eine strategische Marke des amerikanischen Multi-Technologie-Unternehmens 3M und kennzeichnet weltweit Folienlösungen für Markeninszenierungen und Werbeauftritte. Dabei handelt es sich sowohl um Komplettlösungen z.B. für Fassadenverklebungen, Fahrzeug- oder POS-Werbung als auch um Teillösungen wie z.B. Foliensandwiches für Verkehrsmittelwerbung, Fußbodenwerbung, Signing, Events und Messen. Bedruckt werden die Folien digital oder im Siebdruckverfahren, ebenso sind Dekor- oder Plotfolien im Scotchprint Graphics Portfolio. Der Einsatzbereich der Folien liegt sowohl im Innen- wie im Außenbereich. Die Produkte werden auf Wunsch mit einem umfassenden Gewährleistungsprogramm angeboten. Das Unternehmen wirbt mit präziser und farbgenauer Umsetzung der Vorlagen und Bilder, der Qualität der Folien, der außergewöhnlichen Haltbarkeit und dem Know-how der Mitarbeiter. Scotchprint® Graphics grenzt sich u.a. durch ein eigenes, globales Zertifizierungsprogramm für ausgewählte Grafikdienstleister vom Wettbewerbsumfeld ab. Mit diesem Netzwerk von Scotchprint Graphics Centern und qualifizierten Verklebern verbindet 3M das Leistungsversprechen, Werbetreibenden größtmögliche Sicherheit und höchste Qualität bei der Umsetzung von Kampagnen und bei der „Markeninszenierung mit Folien" zu bieten. Scotchprint Graphics ist lt. Unternehmensangaben die einzige globale Marke für grafische Endprodukte und nicht zuletzt auch aufgrund dieser internat. Aufstellung und Vernetzung in der Lage, gleichbleibende Spitzenqualität auch bei globalen Kampagnen zu erfüllen. 3M erzielte 2006 mit weltweit ca. 75.000 Mitarbeitern einen Umsatz von 22,9 Mrd. USD, davon 61 % außerhalb der USA. In Deutschland ist 3M mit mehreren Tochtergesellschaften und ca. 4.430 Mitarbeitern an neun Standorten vertreten. Der Umsatz der 3M Gesellschaften in Deutschland belief sich 2006 auf 1,9 Mrd. Euro.

DATEN UND FAKTEN

Markenname: Scotchprint Graphics, USA, Kunstwort, verbindet den 3M typischen Markenbestandteil **Scotch** mit Druck (**print**) und Grafik (**graphics**)

Gründer: Minnesota Mining and Manufacturing Company 1902, Two Harbors/ Minnesota, USA

Markenregistrierung: 10.03.1993, DPMA München

Innovationen: Retroreflektierende Scotch-Lite™ Folie (1976), Transluzente Scotchcal™ Folien (1983), Scotchprint® Digitaldrucksystem für Folien (1991), Fußbodengrafiken (1995), Comply™ Klebstoff für blasenfreies Verkleben (1998), PVC-freie Folie mit B1-Zertifizierung (2006)

Jahresumsatz: 22,9 Mrd. USD (Unternehmen, 2006)

Markenwebsite: www.scotchprint.de

UNTERNEHMEN

3M Deutschland GmbH
Commercial Graphics
Carl-Schurz-Str. 1
41453 Neuss
✆ (0 21 31) 14 20 90
Fax (0 21 31) 14 23 69
www.3m.com

SCOUT

Der Schwerpunkt der Konsumgütermarke Scout liegt in der Produktion und dem Vertrieb von Schulranzen. Der Markenname Scout kommt aus dem Englischen und bedeutet Pfadfinder. Für die typisch kantige Form des Scout-Ranzens stand der Tornister Pate. Anlass für die Erfindung war für Alfred Sternjakob die Tatsache, dass bisherige Lederranzen zu schwer waren und Kindern keine Sicherheitsausstattung boten. Die ersten Modelle der Marke waren leichter, hatten mehr Volumen und verfügten neben einem besseren Tragekomfort über fluoreszierendes Gewebe und Verschlüsse mit Katzenaugen. Seit seiner Markteinführung 1975 wurde der Scout stetig weiterentwickelt und erfüllt heute insbesondere im Bereich Sicherheit alle strengen Anforderungen der DIN-Norm für Schulranzen. Produktinnovationen waren 1997 der Scout Maxi Ranzen und der Scout Easy Ranzen von 2001 sowie der Scout Mega Ranzen (2006). Alle Modelle verfügen über eine umfangreiche Sicherheitsausstattung und kindgerechtes Design. Mit dem Slogan „Aber ganz sicher" wird der Scout in Form von Printkampagnen und TV-Spots beworben. Das schildförmige Markenlogo wurde von der Frankfurter Agentur Young & Rubicam entworfen und zeigt den Schriftzug *Der echte Scout*. Das Logo konzentriert sich hierbei auf den Namen Scout und soll so Sicherheit, insbesondere einen sicheren Schulweg, assoziieren. In der Zeit von 1975 bis 2006 wurden ca. 10 Mio. Exemplare des Scout-Ranzens verkauft. Nach eigenen Angaben ist Sternjakob führender Hersteller von Schulranzen. Die Marke Scout macht 50 % des Gesamtumsatzes des Unternehmens aus, das 1934 von Alfred Sternjakob in Pirmasens gegründet wurde. Heute ist der Hauptsitz Frankenthal. Geschäftsführer sind Fritz Steinmann und Dieter Liebler. Die Alfred Sternjakob GmbH & Co. KG beschäftigt 150 Mitarbeiter und macht einen Umsatz von 38 Mio. Euro (2006).

DATEN UND FAKTEN

Markenname: Scout, engl. für Pfadfinder

Slogan: „Aber ganz sicher"

Gründer: Alfred Sternjakob, 1934, Pirmasens

Markenregistrierung: 10. 11. 1976, DPMA München

Jahresumsatz: 20 Mio. Euro (2006)

Auszeichnungen:
„red dot award: product design" für Scout Maxi (1998)
„Testsieger" bei Stiftung Warentest für Scout Easy II und Scout Maxi (04/2006)
„red dot award: product design" für Scout Mega (2006)

Markenwebsite:
www.scout-ranzen.de

UNTERNEHMEN

Alfred Sternjakob GmbH & Co. KG
Frankenstr. 47–55
67227 Frankenthal
(0 62 33) 49 01–0
(0 62 33) 49 01–66
www.sternjakob.de

SCOUT24

Scout24 vereint als Dachmarke sieben themenspezifische Online-Marktplätze wie z. B. *AutoScout24*, *ImmobilienScout24*, *JobScout24*, *FinanceScout24* oder *FriendScout24*. Mit Hilfe der Scout24-Marktplätze, die in zehn europäischen Ländern vertreten sind, können User kostengünstig und schnell Angebote und Dienstleistungen in das Internet einstellen. Ein Vertriebsteam ergänzt die Online-Aktivitäten im Offline-Bereich. Rund 6 Mio. Nutzer allein in Deutschland greifen pro Monat auf die verschiedenen Marktplätze zu. Scout24 ist nach Aussage der Scout24 Holding GmbH in Europa eine der führenden Gruppen spezialisierter Internet-Marktplätze. Das Logo zeigt den blauen Schriftzug Scout24 (Pantone 1505) auf orangefarbenem Hintergrund (Pantone 282). Das Dachmarkenmotiv findet sich im unteren Bereich der Logos der einzelnen Marktplätze wieder, während in der oberen Hälfte die Themenbezeichnungen (z. B. Immobilien, Finanzen, etc.) in weißer Schrift vor blauem Hintergrund erscheinen. Die als 3D-Marke geschützte animierte Kunstfigur „Der Scout" erschien als Werbeträger erstmals im Rahmen der Scouty-Kampagne im Jahr 2001. Zwischen 2001 und 2004 lautete der Slogan „Ein Scout für alle Fälle". Aktuell werden die Marktplätze mit „Wer scoutet, der findet" beworben. Die 1997 gegründete Scout24-Gruppe plant für die Zukunft eine weitergehende Internationalisierung und Investitionen in neue Geschäftsfelder. Die Scout24 Holding GmbH ist eine Tochtergesellschaft der Deutschen Telekom AG und als Obergesellschaft der Scout24-Gruppe insbesondere für die strategische Steuerung zuständig. Europaweit sind ca. 800 Mitarbeiter für Scout24 tätig.

UNTERNEHMEN

Scout24 Holding GmbH
Rosenheimer Str. 143b
81971 München
(0 89) 490 267–0
(0 89) 490 267–11
www.scout24.com

SEAT

In Deutschland werden aktuell acht Modelle der Automarke Seat angeboten: Ibiza, Leon, Cordoba, Alhambra, Toledo sowie Altea, Altea XL und Altea Freetrack. Der Name des Unternehmens ist eine Abkürzung der Ursprungsfirma Sociedad Española de Automóviles de Turismo, S. A. Das Logo zeigt ein rot umrandetes, stilisiertes silbernes S auf rotem Grund sowie den Schriftzug Seat in roten serifen-

Unter dem Dach von Scout24 versammeln sich sieben themenspezifische Online-Marktplätze.

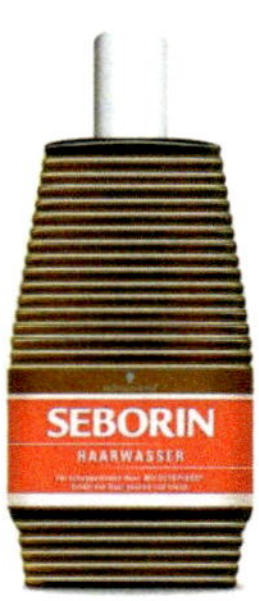

Das Seborin Haarwasser (Mitte) wurde 1934 eingeführt. Das Anti-Schuppen-Shampoo wurde eigens für die Pflege männlichen Kopfhaares entwickelt.

losen Versalien. Dieses Logo wurde zusammen mit einem neuen Corporate Design 1999 vorgestellt. Seit 2000 arbeitet Seat an einem sportlichen Image. Der damalige Seat-Präsident Bernd Pischetsrieder entwickelte den Slogan „auto emoción". 2005 erhielt der Seat Altea den Designpreis „red dot" für seine Gestaltung. 2006 wurde auch der Seat Leon mit diesem Preis ausgezeichnet. Mehrheitseigner der 1950 gegründeten Sociedad Española de Automóviles de Turismo, S. A. war zunächst der span. Staat. 1981 ging Seat nach dem Rückzug von →Fiat fast ganz in staatlichen Besitz über. 1986 übernahm →Volkswagen 75 % der Unternehmensanteile. Beim Modell Toledo wurde 1991 erstmals Volkswagen-Technik eingesetzt. 1992 war Seat Sponsor der Olympischen Spiele. 1998 gelang mit dem Seat Arosa die Vorstellung des sparsamsten Serienautos der Welt. 2006 erwirtschaftete die Seat S. A. einen Gesamtumsatz von ca. 5,6 Mrd. Euro. In Deutschland wurden 2006 ca. 61.000 Seat-Modelle neu zugelassen.

UNTERNEHMEN

Seat Deutschland GmbH
Starkenburgstr. 10
64546 Mörfelden-Walldorf
(0 61 05) 2 08–0
(0 61 05) 2 08–1 13
www.seat.de

SEBAMED

Sebamed ist eine Konsumgütermarke im Bereich Körperpflegeprodukte. Sebamed steht für medizinische Körperpflege mit dem körpereigenen pH-Wert 5,5. Die Wirksamkeit und gute Hautverträglichkeit der Produkte bestätigen lt. Hersteller über 120 wissenschaftliche Studien. Die Produktpalette von Sebamed umfasst Reihen für empfindliche, problematische, trockene bis sehr trockene oder unreine Haut sowie speziell für Männer und speziell für Babys. Innerhalb der Reihen bietet der Hersteller Waschstücke, Lotionen, Badezusätze, Duschgels und Öle, Schaum und Gesichtswasser zur Reinigung, Massage und/oder Pflege an. Dr. med. Heinz Maurer entwickelte 1953 seine Versuche mit sauren Tensiden zur Hautreinigung in der Dermatologie weiter. 1957 gab es erste Erfolge mit dem seifenfreien Waschstück *Rie*, 1967 folgte die Gründung der Sebamat GmbH und die Einführung des Sebamed Compact Stückes. Die Aufhebung des bis dahin eingehaltenen Waschverbotes in der Dermatologie schloss sich an. Dr. Maurer gründete 1983 die Sebapharma GmbH & Co. KG als eigene Vertriebsgesellschaft. In ihr zusammengefasst sind die Tochterfirmen Herzpunkt Pharma, Maurer Pharma und Sebamat Chemie GmbH. Sebamed beschäftigt 197 Mitarbeiter und setzte 87,6 Mio. Euro im Jahr 2006 um. Die Marktanteile im Bereich der med. Haut- und Körperpflege liegen lt. IRI Information Resources, Inc. bei 34,5 %. Sebamed wird in über 70 Ländern vertrieben. Das Unternehmen war bereits als Finalist für den „Innovationspreis der deutschen Wirtschaft" und den Titel „Entrepreneur des Jahres 2005" nominiert. Unternehmensgründer Dr. Maurer erhielt neben weiteren bedeutenden Auszeichnungen 1992 das Bundesverdienstkreuz.

UNTERNEHMEN

Sebapharma GmbH & Co KG
Binger Str. 80
56154 Boppard
(0 67 42) 90 00
(0 67 42) 90 00–1 75
www.sebamed.de

SEBORIN

Seborin ist die Haarpflegemarke für Anti-Schuppen und Anti-Haarausfall-Produkte von →Schwarzkopf. Der Markenname Seborin leitet sich aus den zwei Begriffen Seborrhoe, einer Talgdrüsenerkrankung, und Medizin ab. Er soll dem Kunden vermitteln, dass er seine Schuppen schnell beseitigen kann. Zielgruppe der Marke sind Männer, deren Kopfhaut zu Schuppen neigt oder deren Haare dünner werden bzw. ausfallen. Der Klassiker der Marke ist das Seborin Haarwasser. Es wurde 1934 eingeführt und enthält heute den Wirkstoff Climbazol, der gegen Schuppen hilft. 2006 führte Schwarzkopf zwei neue Produkte ein, die beide das aktivierende Koffein enthalten: *Seborin Anti-Haarausfall-Energie-Tonic* soll bereits begonnenen Haarausfall reduzieren und *Seborin Koffein-Energie Shampoo* soll die Haarwurzel aktivieren und das Haar gesund aussehen lassen. Seborin wird unter dem Slogan „Kennt Männer, löst ihre Probleme" vertrieben. Auch die neueste Werbekampagne für das Energie-Shampoo soll vermitteln, dass Seborin-Produkte auf die spezifischen Ansprüche männlichen Kopfhaars abgestimmt sind. So wird das neue Shampoo als schnell wirksam, unkompliziert in der Anwendung und sensibel für die Kopfhaut beworben. Seborin-Produkte werden in blauen, geriffelten

Kunststoffflaschen mit einem roten Etikett und weißer Schrift angeboten. Das war nicht immer so: Bei der Markteinführung 1934 bekam man das Haarwasser ausschließlich beim Friseur und in einer braunen Glasflasche. Da diese jedoch sehr zerbrechlich war, wurde die Verpackung einige Jahre später in die heutige

Das Shampoo mit Koffein-Extrakt wurde im Jahr 2006 neu auf dem Markt eingeführt.

Kunststoffflasche geändert. Form und Griffigkeit der Flasche blieben dabei jedoch erhalten. Auch der Schriftzug der Marke und das Etikett änderten sich kaum. Damit zeichnet sich Seborin durch einen hohen Wiedererkennungswert aus, der das Vertrauen in die Qualität des mittlerweile mehr als 70 Jahre alten Produkts stärken soll. Seborin ist eine der ältesten dt. Haarpflegemarken überhaupt. Das Unternehmen Schwarzkopf wurde 1898 in Berlin von dem Apotheker Hans Schwarzkopf gegründet. Aufgestiegen zu einem der größten Haarkosmetikhersteller Europas, wurde Schwarzkopf 1995 von der Henkel KGaA übernommen. Mit ihrem Kosmetik- und Körperpflegebereich setzte die Henkel KGaA im Jahr 2006 2,864 Mrd. Euro in mehr als 125 Ländern um und zählt zu den weltweit führenden Herstellern von Markenprodukten in diesem Bereich.

DATEN UND FAKTEN

Markenname: Seborin, Akronym, zusammengesetzt aus den Begriffen **Sebor**rhoe (Talgdrüsenerkrankung) und Mediz**in**

Slogan: „Kennt Männer, löst ihre Probleme"

Markteinführung: 1934, Deutschland

Markenregistrierung: 31. 03. 1952, DPMA München

Innovationen: Seborin Aktiv Haarwasser (1996), Seborin Koffein-Energie Shampoo und Tonic (2006)

Markenwebsite: www.seborin.de

Literatur:
Henkel KGaA (Hg.): Chronik 130 Jahre Henkel. (2006)

UNTERNEHMEN

Henkel KGaA

Hauptsitz: Düsseldorf, Deutschland

Weitere Marken: s. →Henkel

Gesamtumsatz: 12,740 Mrd. Euro (2006)

Vertrieb: weltweit in mehr als 125 Ländern

KONTAKT

Henkel KGaA
Henkelstr. 67
40589 Düsseldorf
✆ (02 11) 7 97–0
🖷 (02 11) 7 98–40 08
💻 www.henkel.de

Ansprechpartner Presse:
Marion Schwenker
✉ press@henkel.com

SCHON GEWUSST?

▮ Auf www.seborin.de kann man mit dem Glatz-O-Mat Bilder von sich oder seinen Freunden hochladen und ihnen durch verschiedene Lochmasken eine Glatze verpassen. Die Bilder kann man dann speichern oder als witzige E-Card verschicken.

SECA

Die Industriegütermarke seca steht für medizinische Waagen und Messsysteme. Der Markenname leitet sich von secare, dem lat. Wort für schneiden, ab. Der Name verweist auf ein Markenversprechen, das die Präzision der Markenprodukte betont, denn bei mechanischen Waagen entscheidet die Schneide über die Messgenauigkeit. Das Unternehmen wurde 1840 von dem Hamburger Schlosser A. C. C. Joachims gegründet. Die Kenntnisse und technischen Voraussetzungen für die Gründung einer Waagenfabrik erwarb Joachims bei dem Erfinder der Dezimalwaage, dem Straßburger Mönch Quintenz. Nach dem Tod des Gründers erwarb Frederik Vogel das Unternehmen und ließ seca 1897 in Hamburg als geschützte Marke eintragen. Markenlogo ist der Namensschriftzug, der ursprünglich handschriftlich in ein Dreieck

seca
Präzision für die Gesundheit

Das nostalgische Kampagnen-Motiv zeigt eine hist. *seca Personenwaage*

eingeschrieben war. Heute erscheint der rote Namenszug (Pantone super warm red, HKS13) in Minuskeln, ergänzt durch den Slogan „Präzision für die Gesundheit". Zum Sortiment von seca gehören neben Säulen- und Flachwaagen auch Säuglings-, Stuhl-, Rollstuhl-, Bett- und Multifunktionswaagen sowie Längenmessgeräte zur Ermittlung der Körpergröße. Nutzer der Produkte sind z. B. medizinische Einrichtungen wie Arztpraxen, Krankenhäuser, Dialysezentren und Rehabilitationskliniken sowie Fitness-Studios und private Anwender. Schon in der ersten Hälfte des 20. Jh. nutzten Ärzte die mechanischen Waagen mit dem roten Markenschriftzug. seca Waagen kommen zudem bei Sportarten wie Boxen und Judo zum Einsatz, wenn das Kampfgewicht exakt ermittelt werden muss. seca Waagen wurden mit zahlreichen nat. und internat. Industriedesign-Preisen ausgezeichnet. Produziert werden die Präzisionsgeräte am Hauptsitz in Hamburg sowie in unternehmenseigenen Werken in China und Tschechien. Das Unternehmen ist nach eigenen Angaben Weltmarktführer in seinem Segment. Die Produkte werden über den Fachgroßhandel vertrieben. Für seine Handelspartner bietet die seca gmbh & co. kg. eigene Produktschulungen und ein weltweites Service-Netz an. Das Familienunternehmen beschäftigt 110 Mitarbeiter am Hauptsitz in Hamburg und weitere Mitarbeiter in acht internat. Niederlassungen.

DATEN UND FAKTEN

Markenname: seca, Akronym, abgeleitet vom lat. Wort secare für schneiden.

Slogan: „seca – Präzision für die Gesundheit"

Gründer: A. C. C. Joachims, 1840

Markenregistrierung: 1897, Hamburg

Innovationen: *seca 764*: Wiege- und Längenmessstation ermittelt Gewicht, Größe und Body-Mass-Index in einem Arbeitsgang (2005), *seca 959*: Stuhlwaage mit schwenkbaren Arm- und Fußstützen (1997), *seca 242*: Längenmessgerät übermittelt die Messergebnisse millimetergenau per Funk auf ein kabelloses Display (1999), *seca 985*: Bettwaage mit integrierten Bettenhebern für Wiegen ohne Kraftaufwand (2000)

Auszeichnungen:
„red dot award: intelligent design" für *seca 376, seca 709, seca 711* und *seca 755* (2006)
„iF product design award", Industrieforum Design für *seca 376, seca 709, seca 711, seca 755* und *seca 764* (2006)

UNTERNEHMEN

seca gmbh & co. kg.
Hammer Steindamm 9–25
22089 Hamburg
☏ (0 40) 20 00 00-0
🖷 (0 40) 20 00 00-50
🖳 www.seca.com

SEDUS

Das Logo der Möbelmarke Sedus

Unter der Möbelmarke Sedus werden hochwertige Einrichtungen für Büro-, Konferenz- und Empfangsräume vertrieben. Albert Stoll rief in Waldshut 1871 eine Möbelmanufaktur ins Leben, mit der er den Grundstein für die Sedus Stoll AG legte. Der Markenname Sedus leitet sich von dem lat. Wort „sedere" für „sitzen" ab. Das Logo präsentiert die Wortmarke Sedus in einem grauen Feld und soll mit seinem schlichten Design Seriosität und Wertigkeit ausstrahlen. Die Sedus Stoll AG entwickelte 1925 den ersten gefederten Drehstuhl in Europa. Fünf Jahre später stattete das Unternehmen seine Stühle erstmals mit schwenkbaren Rollen aus. Seit 1971 werden die Produkte der Marke Sedus in der eigenen Forschungs- und Entwicklungsabteilung hergestellt. Hier entstand das Prinzip des Dynamischen Sitzens, u. a. als patentierte Dorsokinetik. Dabei handelt es sich um ein Konzept, das Sitzmöbel mit beweglicher Rückenlehne ausstattet, die größtmögliche Bewegungsfreiheit und dynamisches Sitzen ermöglicht. Die Sedus-Möbel wurden mit zahlreichen Designpreisen ausgezeichnet, so z. B. im Jahr 2000 mit dem „red dot award: product design" des Design Zentrums Nordrhein-Westfalen und im Jahr 2003 mit dem iF Design Award. Sedus-Möbel werden über den Fachhandel und acht europäische Tochtergesellschaften vertrieben und weltweit in 40 Ländern verkauft. Im Jahr 2002 schloss sich die Sedus Stoll AG mit der Gesika Büromöbelwerk GmbH zum Sedus Stoll Konzern zusammen. Innerhalb des Konzerns nimmt die Marke Sedus eine führende Stellung ein, die Marken *Gesika* Büroeinrichtungen und *Klöber* Bürositzmöbel sind als Subbrands positioniert. Die enger zusammenwachsenden Märkte in Europa sowie die Globalisierung will das Unternehmen als Chance nutzen, über die Akquisition weiterer Marken auch in Zukunft zu wachsen.

UNTERNEHMEN

Sedus Stoll AG
Brückenstr. 15
79761 Waldshut
✆ (0 77 51) 84–0
🖷 (0 77 51) 84–3 10
💻 www.sedus.de

SEGAFREDO

Hochwertiger ital. Espresso wird unter der Marke Segafredo vertrieben. Markeninhaber Segafredo Zanetti ist nach eigenen Angaben die einzige Firma im Kaffeesektor, die vom Anbau bis zur Tasse alle Produktionsstufen zum perfekten Espresso abdeckt: Zum Unternehmen gehören eine eigene Kaffeeplantage in Brasilien, eine Rohkaffeefirma in Genf, zehn Röstereien und ein Espressomaschinen-Hersteller. Die Marke richtet sich an anspruchsvolle Kaffeetrinker. Zu ihr gehören drei Produktlinien: Die *Linea Bar* ist für die Gastronomie bestimmt und beinhaltet auch Service und Qualitätsarbeiten wie das Warten der Maschinen und die Anlieferung von Espresso und Zusatzprodukten (Zucker, Schokolade, Kaffeesahne, etc.). Unternehmensangaben zufolge ist Segafredo in Europa der größte Espresso-Lieferant in der Gastronomie. Espresso-Produkte für den Lebensmittelhandel umfasst die *Linea Alimentari.* Jüngste Innovation hier sind die *Segafredo Coffee Pads.* Dagegen steht *Segafredo Extra Nero* für das Produkt, das es nur im Franchise-System gibt. Das Franchise-Konzept von Segafredo wurde weltweit bereits über 400 Mal umgesetzt, davon etwa 90 Mal in Deutschland. Weitere Segafredo Espresso Bars sind geplant. Gründer der Firma ist Massimo Zanetti. Er kaufte 1973 die Rösterei Segafredo und legte damit in Bologna den Grundstein für einen internat. Kaffeekonzern. In der Werbung setzt Segafredo auf Schwarz-Weiß Fotografien, die typische Szenen und Bilder aus original ital. Espressobars zeigen. Die dt. Segafredo-Niederlassung gibt es seit 1990. Sie hat ihren Sitz in München und beschäftigt 50 Mitarbeiter. Insgesamt hat Segafredo weltweit 37 Tochtergesellschaften mit über 2.000 Mitarbeitern. Das Unternehmen verkauft rund 120.000 t Kaffee weltweit (2007) – mit dieser Menge lassen sich 50 Mio. Tassen Espresso am Tag zubereiten.

DATEN UND FAKTEN

Markenname: Segafredo, abgleitet vom Namen der Rösterei, die Unternehmensgründer Massimo Zanetti 1973 gekauft hat

Slogan: „Il vero espresso italiano"

Gründer: Massimo Zanetti, 1973, Bologna/Italien

Innovationen: Segafredo Coffee Pads

Markenbekanntheit: 29,7 % ungest. (GfK)

UNTERNEHMEN

Segafredo Zanetti Deutschland GmbH
Fürstenrieder Str. 61
80686 München
✆ (0 89) 8 29 92 50
💻 www.segafredo.de

SEIDEL

Die Marke Seidel steht für innovative Aluminiumdesignartikel insbesondere im Kosmetiksektor. So entwickelte und fertigt die Seidel GmbH + Co. die Aluminium-Kugel für den Herrenduft *Boss in Motion*, eine außergewöhnliche Umhüllung für ein Parfüm. Mit Produkten aus Aluminium und Kunststoff bedient Seidel auch Hersteller von Schreibgeräten sowie die Pharma- und Automobilindustrie. So fertigt das Unternehmen beispielsweise Füllerhüllen und Druckknopftasten für den Autoinnenraum. Die Marke Seidel, die ihren Ursprung in einer 1831 von Louis Seidel in Marburg gegründeten Zinngießerei hat, wurde 1932 erstmals registriert. 2005 entwickelte der geschäftsführende Gesellschafter, Dr. Andreas Ritzenhoff, gemeinsam mit Sepp Landsbek, einem früheren Mitarbeiter des bekannten Grafikers und Typographen Otl Aicher, ein neues Markenlogo. Dessen schnörkellose, elegante Optik dokumentiert gemeinsam mit dem Slogan „living design" das neue Geschäftsmodell des Unternehmens: von der ausschließlichen Industrialisierung von Kundendesigns hin zum aktiven Entwickeln eigener Designs. Das Seidel-S auf der abstrahierten Weltkugel neben dem Schriftzug soll die konsequente Ausrichtung auf globale Aktivitäten symbolisieren. Investitionen in Forschung und Entwicklung nehmen innerhalb des Unternehmens einen besonders hohen Stellenwert ein. Seidel entwickelt aktuell Nanotechnologien für innovative Oberflächen und ressourcenschonende Verfahren zur Oberflächenbehandlung. Zu diesem Zweck eröffnete Seidel 2007 ein eigenes Forschungszentrum, in dem Mitarbeiter gemeinsam mit Wissenschaftlern kooperierender Universitäten forschen. In seinem Kernmarkt – Aluminiumdesignartikel für

il vero espresso italiano

Kaffeespezialitäten von Segafredo werden auf der ganzen Welt vertrieben.

seidel
living design

Seidel entwickelt und produziert Aluminiumartikel vor allem für den Kosmetiksektor, zum Beispiel einen kompletten Creme-Tiegel für Estée Lauder (Mitte). Inhaber Dr. Andreas Ritzenhoff (unten)

Seidel entwickelte und fertigt die Aluminium-Kugel für den Herrenduft *Boss in Motion*, eine außergewöhnliche Umhüllung für ein Parfüm.

Kosmetikprodukte – sieht sich Seidel als weltweiter Technologie- und Innovationsführer. Die Seidel GmbH + Co.KG erzielt mit 620 Mitarbeitern einen Jahresumsatz von rund 70 Mio. Euro. Der Vertrieb erfolgt weltweit und wird durch Kundenberatungsbüros in Paris und New York unterstützt.

DATEN UND FAKTEN

Markenname: Seidel, Familienname des Unternehmensgründers

Slogan: „living design" (seit 2005)

Gründer: Louis Seidel, 1831, Marburg a.d. Lahn

Markeneinführung: 1932, Deutschland

Produktionsmenge: 350 Mio. Stück (2006)

Auszeichnungen:
„Umweltpreis", Bundesland Hessen für schwermetallfreies Eloxalverfahren (1986)
„Hidden Champion, 2. Platz", Ministerium für Wirtschaft, Verkehr und Landesentwicklung Hessen (2002/2003)

UNTERNEHMEN

Seidel GmbH + Co.KG

Hauptsitz: Marburg a.d. Lahn, Deutschland

Geschäftsführer: Dr. Andreas Ritzenhoff

Gesamtumsatz: 70 Mio. Euro (2007)

Vertrieb: weltweit, Kundenberatungsbüros in Paris und New York

KONTAKT

Seidel GmbH + Co.KG
Rosenstr. 8
35037 Marburg
✆ (0 64 21) 6 04-0
Fax (0 64 21) 6 04-60 00
www.seidel.de

Ansprechpartner Presse:
Frank Beinborn
✆ (0 64 21) 6 04-2 79
✉ frank.beinborn@seidel.de

Ansprechpartner Marketing:
Susanne Schmidt
✆ (0 64 21) 6 04-2 71
✉ susanne.schmidt@seidel.de

MEILENSTEINE

1831 Firmengründung durch Louis Seidel als Zinngießerei in Marburg

1952 Beginn der Partnerschaft mit der Kosmetikindustrie

1999 Inbetriebnahme Werk II: Spritzguss, Montage und Dekoration am zweiten Standort in der Nähe von Marburg

2004 Neubau Werk III in der Nähe von Marburg und damit Bekenntnis zum Standort Deutschland

2005 Neues Geschäftsmodell: Aus „high class packaging" wird „living design", die Entwicklung eigener Produkte beginnt.

2007 Eröffnung eines Forschungs- und Entwicklungszentrums für innovative Oberflächen und ressourcenschonende Verfahren

SEIDENSTICKER

seidensticker

Keyvisual Seidensticker Men und Women

Unter der Traditionsmarke Seidensticker werden Businesshemden, -blusen und Nachtwäsche vertrieben. Die Zielgruppe für Hemden von Seidensticker sind modebewusste Männer und Frauen ab 30 Jahren, die Wert auf Qualität legen. Die Marke geht zurück auf das Jahr 1919, als das zugehörige Unternehmen von Walter Seidensticker in Bielefeld gegründet wurde. Mittlerweile hat die Marke nach Angaben des Unternehmens eine gest. Bekanntheit von 82 % und ist damit so bekannt wie keine andere Hemdenmarke. Als größter Hemdenhersteller Europas entwickelt Seidensticker permanent Produktinnovationen, wie z.B. das *Splendesto Comfort 24*, das Hemd, das sowohl bügelfrei als auch atmungsaktiv ist. Schon 1957 führte Seidensticker mit dem Hemd „Toplin mit dem blauen Punkt" das erste bügelfreie Baumwollhemd auf dem dt. Markt ein. Im gleichen Jahr begann auch die konsequente Werbung für die

Seidensticker ist ein in dritter Generation geführtes Familienunternehmen. Die aktuelle Kampagne zeigt Familienporträts: Francesca, Frank-Walter und Walter Seidensticker; Louis, Gerd Oliver und Gerd Seidensticker (v. l. n. r.)

Marke Seidensticker. Der in schwarzen Futura-Lettern gesetzte und mit optisch verlängerten Oberlängen versehene Seidensticker Schriftzug stellt das aktuelle Markenzeichen dar. Das Corporate Design sieht außerdem Orange als Akzentfarbe vor. Als Teil des Seidensticker Portfolios gibt es das Premiumsegment *Schwarze Rose*. Die ehemalige Kultmarke aus den Nachkriegsjahren wurde Ende 2003 wieder aktiviert. Die Produkte zeichnen sich durch moderne Stoffe und schmalen Schnitt aus. Die schwarze Rose ist als einzigartiges Erkennungsmerkmal aufgestickt. Mittlerweile werden Seidensticker Produkte neben dem Einzel- und Großhandel auch in markeneigenen Läden vertrieben. Dabei hat Seidensticker eine Exportquote von 45 %. In Europa und Amerika wird über eigene Niederlassungen und Vertriebspartner verkauft, in Asien gibt es Lizenznehmer. Mittlerweile wurden weit über 700 Mio. Hemden produziert. Seidensticker wird derzeit zur Outfitmarke ausgebaut: Neben Hemden, Blusen und Nachtwäsche gibt es aktuell noch Krawatten, Wirk und Strick, Tagwäsche, Manschettenknöpfe sowie Socken im Portfolio. Für die Zukunft plant Seidensticker den Einstieg in die Leichtkonfektion für Damen und Herren sowie die Einführung der Produktlinie *Schwarze Rose Women*.

DATEN UND FAKTEN

Markenname: Seidensticker, Familienname des Gründers

Gründer: Walter Seidensticker, 1919, Bielefeld

Markenregistrierung: 16. 12. 1936, Reichspatentamt Berlin

Innovationen: erstes bügelfreies Baumwollhemd (1957), erstes bügelfreies und atmungsaktives Hemd *Splendesto Comfort 24* (2006)

Markenbekanntheit in Deutschland: 82 % gest. (Hommerich, 2006), Top-20-Marke i. Markenbesitz-Ranking (Der Spiegel, Outfitstudie 6, 2006–2007)

UNTERNEHMEN

Seidensticker GmbH

Hauptsitz: Bielefeld, Deutschland

Geschäftsführung: Frank-Walter Seidensticker, Gerd Oliver Seidensticker, Detlef Adler, Frank Lars Ibounig

Vertrieb: in 78 Ländern in Europa, Amerika und Asien

KONTAKT

Seidensticker GmbH
Herforder Straße 182–194
33609 Bielefeld
(05 21) 3 06-0
(05 21) 3 06-1 11
www.seidensticker.com

SCHON GEWUSST?

- ..., dass man zum Nähen eines Seidensticker Hemds 24.500 Stiche, 120 m Garn und rund 80 Arbeitsschritte braucht?
- ..., dass es in Bielefeld seit 1993 eine Seidensticker Halle gibt, in der Sport- und Musikveranstaltungen stattfinden?
- ..., dass die Familie Seidensticker ursprünglich mal Glasbläser waren und der Name nur zufällig zur Branche passt?

SEKURIT

→ Saint-Gobain Sekurit

SELTERS

Die Premium-Mineralwassermarke Selters zählt zu den ältesten Markenartikeln der Welt. Vor bereits mehr als 1.000 Jahren wurde die

Original Selters gehört zu den ältesten Markenartikeln in Deutschland.

Selters Mineralwasser gibt es in unterschiedlichen Ausführungen und Gebinden.

Quelle des hochwertigen, mineralhaltigen Wassers am nördlichen Hang des Taunus entdeckt, das lt. einer Umfrage von TNS Infratest aus dem Jahr 2006 heute eine Markenbekanntheit von 99 % erreicht. Neben *Selters Classic* mit dem höchsten Kohlensäuregehalt wird Selters auch mit weniger Kohlensäure (*Selters Leicht*), still (*Selters Naturell*) und als *Selters Apfelschorle* angeboten. Bereits die Kelten tranken das Mineralwasser aus dem Ort, den sie „Saltarissa" nannten. Im Laufe der Jahrhunderte entwickelte sich daraus der Name „Selters". Anfang des 19. Jh. versiegte die Selters-Quelle, wurde bei einer Bohrung im Jahre 1896 jedoch wieder erschlossen. Der neue Brunnen wurde zu Ehren der letzten dt. Kaiserin „Selters-Sprudel-Augusta-Victoria" genannt. Das Mineralwasser aus dem Brunnen, das bereits seit dem ausgehenden 19. Jh. auch ins Ausland exportiert wurde, erlangte schnell einen sehr hohen Bekanntheitsgrad. In Deutschland wurde Selters gar zum Synonym für Mineralwasser. Die Abfüllung erfolgte anfangs in Tongefäßen. Heute ist Selters in exkl., blauen Flaschen in den Größen 0,75 l, 0,5 l und 0,25 l erhältlich, deren Form den originalen Tongefäßen nachempfunden ist. Das Relief auf der Flasche symbolisiert den Ursprung von Selters vor 8.000 bis 12.000 Jahren. Durch tiefe Gesteinsschichten legt das Wasser seither seinen Weg bis zur Quelle zurück. Diese einzelnen Gesteinsformationen sorgen nicht nur für die ursprüngliche Reinheit, sondern auch für die Mineralien und Spurenelemente in Selters, die dem Wasser seinen Geschmack verleihen. Über die Selters Mineralquelle Augusta Victoria GmbH, einer 100%igen Tochter der Radeberger Gruppe, wird Selters bis heute weltweit vertrieben.

SCHON GEWUSST?

- Vor dem Versiegen der Quelle im 19. Jh. wurde Selters an den vornehmsten Tafeln Europas getrunken. Es war exkl. mit dem Nassauer Brunnensiegel ausgezeichnet.
- Weltruhm erlangte die Marke Selters vor allem durch die hohe Exportquote. Schon zum Ende des 19. Jh. wurden über 1,5 Mio. Selters-Tonkrüge vom Abfüllort in alle Welt verkauft.

DATEN UND FAKTEN

Markenname: Selters, abgeleitet vom Namen des hessischen Quellortes des Mineralwassers

Slogan: „Selters - Das Original. Inbegriff reinsten Mineralwassers aus Deutschlands legendärer Quelle"

Innovationen: Selters Leicht, Selters Naturell, Selters Apfelschorle, Selters Wellness

Markenbekanntheit: 99 % gest. (TNS Infratest, 04/2006)

UNTERNEHMEN

Selters Mineralquelle Augusta Victoria GmbH

Hauptsitz: Löhnberg-Selters, Deutschland

Geschäftsführung: Jörn Winkelmann

Weitere Marken: Augusta Victoria Quelle, Sparkler

Vertrieb: weltweit über Lebensmitteleinzel- und Großhandel, Gastronomie, Brauereien

KONTAKT

Selters Mineralquelle Augusta Victoria GmbH
Seltersweg
35792 Löhnberg-Selters
✆ (0 64 71) 6 09-0
🖷 (0 64 71) 6 09-49
💻 www.selters.de

Seltmann Weiden

Das dezente Logo der Porzellanmarke Seltmann

SELTMANN WEIDEN

Die Marke Seltmann Weiden steht für Porzellanwaren. Der Name ist abgeleitet vom Familiennamen des Gründers Christian Wilhelm Seltmann und dem Gründungsort Weiden in der Oberpfalz. Im Jahr 1910 rief C. W. Seltmann eine Porzellanfabrik für Gebrauchs- und Luxusporzellan ins Leben. Wilhelm Seltmann trat in die Fußstapfen seines Vaters und vergrößerte das Unternehmen durch die Angliederung der Porzellanfabriken Krummennaab (1939) und Erbendorf (1940). Im Jahr

1957 erwarb das Unternehmen die Mehrheit der Porzellanfabrik Königlich Tettau. Anfang der 1990er-Jahre erfolgte eine weitere Expansion durch die Übernahme von vier Thüringer Porzellanmanufakturen: die „Aelteste Volkstedter Porzellanmanufaktur" (gegr. 1760), die „Unterweissbacher Werkstätten für Porzellankunst" (gegr. 1882), die „Porzellanmanufaktur Scheibe Alsbach" (gegr. 1835) und die „Porzellanmanufactur Plaue" (gegr. 1817). Heute umfasst die Produktpalette der Unternehmensgruppe Seltmann Weiden ein breites Spektrum an Porzellanwaren wie Tassen, Kannen, Teller und Accessoires. Neben klassischen Haushaltswaren für den Endverbraucher vertreibt das Unternehmen Produktlinien, die sich gezielt an größere Abnehmer wie Hotels und Fluglinien richten. Werbeartikel wie z. B. ein Firmengeschirr runden das Portfolio ab. Das schlicht gehaltene Logo zeigt den Markennamen in weißer Schrift auf blauem, rechteckigem Grund. Über dem Schriftzug befindet sich eine Krone, welche der Marke einen edlen Status verleihen soll. Die Produktpräsentation geschieht unter den Schlagwörtern „Genuss – Leidenschaft – Freude" und betont damit vor allem Eigenschaften, die über den rein funktionalen Gebrauch hinausgehen. Seltmann Weiden unterhält Filialen in Spiegelau, Würzburg, Ingolstadt und Schweinfurt.

UNTERNEHMEN

Porzellanfabriken Christian Seltmann GmbH
Chr.-Seltmann-Str. 59–67
92637 Weiden i. d. OPf.
✆ (09 61) 2 04–0
🖷 (09 61) 2 04–1 16
💻 www.seltmann-weiden.com

SENNHEISER

Unter der Dachmarke Sennheiser produziert und vertreibt die Sennheiser electronic GmbH & Co. KG Mikrofone, Kopfhörer und Audiosysteme. Firmengründer und Namensgeber Dr. Fritz Sennheiser begann 1945 im niedersächsischen Wennebostel mit der Herstellung von akustischen Messinstrumenten. Wenig später entwickelten die Ingenieure seines - aus einem Universitätsinstitut hervorgegangenen - „Labor W" die ersten Mikrofone und näherten sich auch anderen Bereichen der Audiotechnik. 1958 wurde das Labor W in Sennheiser electronic umbenannt. Ein zweites Werk wurde 1977 in Burgdorf eröffnet. Im irischen Tullamore entstand im

Das Stammwerk von Sennheiser in Wennebostel mit dem im Jahre 2000 gegründeten Technologie-Fertigungszentrum.

Jahre 1990 eine Produktionsstätte für Kopfhörer und seit 2000 werden im US-amerikanischen Albuquerque Drahtlos-Systeme für den amerikanischen Markt hergestellt. Das Sennheiser-Logo, in der Hausfarbe Blau (Pantone 2925) gehalten, besteht aus dem Firmennamen in eckigen Versalien, ergänzt durch eine Bildmarke, die den stilisierten Anfangsbuchstaben S in einem blauen Quadrat zeigt und durch die damit verbundene Aufwärtsbewegung Fortschritt symbolisieren soll. Eine wichtige Grundlage für den geschäftlichen Erfolg des Unternehmens bildet der Bereich Forschung und Entwicklung. Sennheiser electronics machte sich mit zahlreichen Innovationen einen Namen. Dazu zählen u. a. die Erfindung des offenen Kopfhörers, die Infrarotübertragungstechnik und Surroundsysteme. Aktuell liegt der Forschungsschwerpunkt der Entwicklungsabteilungen in Wennebostel und Kalifornien auf dem Design intelligenter Audioinformationssysteme. Audiotechnik der Marke Sennheiser wurde vielfach ausgezeichnet, u. a. mit dem „Innovationspreis der deutschen Wirtschaft" für das optische Mikrofon (1998) und für den Audiobeam (1999). Sennheiser electronics wird seit 1982 vom Sohn des Firmengründers Dr. Jörg Sennheiser geleitet. 2006 erwirtschafteten weltweit rund 1.850 Mitarbeiter einen Umsatz von 356,5 Mio. Euro.

DATEN UND FAKTEN

Markenname: Sennheiser, Familienname des Gründers

Gründer: Dr. Fritz Sennheiser, 1958

Innovationen: Mikrofon *MD 21* (1953), Babyphon *Babysitter* (1963), Kinnbügelhörer mit Funkübertragung *RS 2400* (1998)

Werbespendings: 5 % des Jahresumsatzes

Auszeichnungen:
„Innovationspreis der deutschen Wirtschaft",

Der *HD 650* Kopfhörer von Sennheiser wiegt nur 250 g. Firmengründer Dr. Fritz Sennheiser und sein Sohn Jörg

Das Logo von Sensodyne symbolisiert den spiralförmigen Weg des Strontium-Atoms, das ein Bestandteil der klassischen Original-Formel der Zahncreme bildet.

Die Marke Serways steht für Service, Qualität, Frische und Sauberkeit auf dt. Autobahnen.

Wirtschaftsclub Rhein-Main e.V. für das optische Mikrofon (1998)
„Innovationspreis der deutschen Wirtschaft", Wirtschaftsclub Rhein-Main e.V. für Audiobeam - Gerichtete Beschallung (1999)

UNTERNEHMEN

Sennheiser electronics GmbH & Co. KG

Hauptsitz: Wennebostel, Deutschland

Vorstandssprecher: Dr. Jörg Sennheiser

Gesamtumsatz: 356,5 Mio. Euro (2006, davon 92 % im Ausland)

Vertrieb: weltweit über Vertragspartner und Tochtergesellschaften

KONTAKT

Sennheiser electronics GmbH & Co. KG
Am Labor 1
30900 Wedemark
✆ (0 51 30) 6 00–0
🖷 (0 51 30) 6 00–4 36
💻 www.sennheiser.com

Ansprechpartner Presse:
Edelgard Marquardt
✆ (0 51 30) 6 00–3 29
✉ edelgard.marquardt@sennheiser.com

SCHON GEWUSST?

- „Ideen brauchen Freiraum. Und so habe ich immer den Standpunkt vertreten, dass man den Entwicklern eine Spielwiese erlauben soll." (Firmengründer Prof. Dr. Fritz Sennheiser)
- Zu den neusten Entwicklungen des Unternehmens zählt das Besucherführungssystem guidePORT, das in Museen und Ausstellungen individuelle Führungen für bis zu 31 Gruppen gleichzeitig ermöglicht.

SENSODYNE

Im Produktportfolio des Pharmaunternehmens GlaxoSmithKline vertritt die Marke Sensodyne eine Mundpflegeserie für schmerzempfindliche Zähne. Die ursprüngliche Formel entwickelte M. Rosenthal, Leiter der Block Drug Company in den USA. Block Drug vertrieb in den 1960er-Jahren mehrere Mundpflegeprodukte mit der Endung „dyne". Das Suffix verweist auf den Begriff Dynamik und soll eine kraftvolle Wirkung der Produkte versprechen. Der vordere Teil des Namens „Senso" steht für Schmerz. Als zuverlässige Hilfe gegen schmerzempfindliche Zähne wurde die Zahncreme Sensodyne 1968 auf den amerikanischen und europäischen Markt gebracht. Der Claim „von Zahnärzten empfohlen" dient bis heute als Verweis auf den medizinischen Aspekt der Marke. Das Sortiment reicht von Zahncreme über Zahnbürsten und Zahnspül-Lösungen bis hin zu Zahnseide und wendet sich an Frauen und Männer, die unter schmerzempfindlichen Zähnen leiden. In der Kategorie der Sensitiv-Zahncremes ist das Unternehmen Marktführer (Nielsen). In Deutschland zugelassen wurde die Marke erstmals 1986. Das bis 2000 mehrfach modifizierte Markenlogo besteht aus dem blauen Namenszug (Hausfarbe 280) in Versalien der Schriftart Flux, hinterlegt mit einer Kreisspirale. Das Design aus den 1960er-Jahren verweist auf den spiralförmigen Weg des Strontium-Atoms, das mit dem Wirkstoff Strontiumchlorid einen Bestandteil der klassischen Original-Formel bildet. Zugleich soll es die Schutzwirkung des Produkts symbolisieren. Werbemaßnahmen via Fernsehen waren schon immer fester Bestandteil der Produktkommunikation. Seit 1981 unterstreicht eine Experten-Kampagne mit dem Slogan „Fragen Sie Ihren Zahnarzt" den medizinischen Aspekt der Zahnpflegeserie. Als Vorreiter in der Bandenwerbung setzte man früh rotierende Printwerbung ein, etwa beim ATP Tennis-Turnier und im dt. Bundesligafußball.

UNTERNEHMEN

GlaxoSmithKline Consumer Healthcare GmbH & Co. KG
Bußmatten 1
77815 Bühl
✆ (0 72 23) 76–0
🖷 (0 72 23) 76–40 00
💻 www.gsk-consumer.de

SERWAYS

Serways ist eine Dienstleistungsmarke von Autobahn Tank & Rast. Sie steht für den umfassenden und einheitlichen Service, den das Unternehmen auf seinen Autobahnrastanlagen anbietet. Der Name Serways leitet sich aus den Worten *Service* und *ways*, engl. für Wege, her. Diese Elemente prägen auch das Logo der Marke. Vor einer roten Ellipse in der Hausfarbe der Firma (Pantone 1805) schwingt sich in Gelb (Pantone 109) ein Bogen, der von einem Punkt gekrönt wird. Das Symbol stilisiert eine Autobahn, an deren Rand sich eine Raststätte befindet. Es assoziiert jedoch auch eine Person, die mit einladender Geste den Slogan der Firma auszudrücken scheint: „Serways. Willkommen zur Pause". Dem Logo ist der Markenname „Serways" unterstellt. Autobahn Tank & Rast betreibt deutschlandweit 340 Tankstellen und 370 Raststätten. Zu ihrem Portfolio zählen neben Serways die eigene Gastronomiemarke Gusticus und die selbst entwickelte Sanitäranlagenmarke SANIFAIR. Zusätzlich arbeitet sie mit Markenpartnern wie →Burger King, →McDonalds, →Nordsee, →Barilla, →Segafredo und →Lavazza zusammen. Neben Gastronomie, Einkaufsmöglichkeiten, Kraftstoff und sanitären Anlagen bietet das Unternehmen auch Unterkünfte und Konferenzräume an. Ein besonders umfassendes Serviceangebot gibt es für Familien mit Kindern und für Geschäftsreisende. Das Corporate Design umfasst die einheitliche Gestaltung der Raststätten und Bekleidung der Servicekräfte und wird durch regelmäßige Schulungen und Qualitätskontrollen ergänzt. Mit Ohligser Heide Ost (A3) wurde 2004 der Prototyp einer Serways Rastanlage eröffnet. Auf Grundlage der dortigen Erfahrungen wurden bis Sommer 2007 80 Rastanlagen der Tank & Rast auf Serways umgerüstet. Eine weitere Ausweitung ist geplant. Rund 500 Mio. Reisende besuchen jedes Jahr die Servicebetriebe von Autobahn Tank & Rast.

DATEN UND FAKTEN

Markenname: Serways, abgeleitet von **Serv**ice und **ways**, engl. für Wege

Slogan: „Serways. Willkommen zur Pause" (2007)

Erfinder : Autobahn Tank & Rast GmbH, Bonn

Markenwebsite: www.serways.de

UNTERNEHMEN

Autobahn Tank & Rast GmbH

Hauptsitz: Bonn, Deutschland

Geschäftsführung: Dr. Karl-H. Rolfes (Vorsitzender), Michel Marlière, Bernhard Spetsmann

KONTAKT

Autobahn Tank & Rast GmbH
Andreas-Hermes-Str. 7–9
53175 Bonn
✆ (02 28) 9 22–0
🖷 (02 28) 9 22–42 30
💻 www.tank.rast.de

SEVERIN

Mit seiner umfangreichen Auswahl an Elektrokleingeräten für den Haushalt spricht die Marke Severin ein breit gefächertes Konsumentenspektrum an. Das Portfolio umfasst Produkte wie Toaster, Wasserkocher, Staubsauger, Barbecue-Grills, Kaffeeautomaten oder Haartrockner, die zu einem attraktiven Preis-Leistungs-Verhältnis auf dem Markt erhältlich sind. Der Markenname geht auf den Familiennamen des Gründers, Anton Severin, zurück. Dieser hatte das Unternehmen 1892 als eine kleine Schmiede gegründet. Mit dem Eintritt des Gründersohnes Anton Severin jun. wurde der Betrieb 1921 zur Fertigung von Gardinenstangen umgebaut. Seit den 1950er-Jahren produziert Severin Elektrogeräte. Die Produkte werden heute mit dem Slogan „Für alle Disziplinen im Haushalt" beworben. Das Logo der Marke zeigt den Unternehmensnamen in blau mit rotem Unterstrich. Über 85 % des Gesamtumsatzes werden mit der Marke Severin erwirtschaftet. Sie ist nach eigenen Angaben Marktführer in den Segmenten Filterkaffeeautomaten und elektrische Barbecue-Grills. Wichtigste Produktinnovation der Firma ist das 1992 entwickelte *Vapotronik-Brühsystem* mit Dampfstopp, das z. B. in Kaffeeautomaten verwendet wird. Severin beschäftigt weltweit 1.400 Mitarbeiter und erzielte im Jahr 2006 rund 145 Mio. Euro Jahresumsatz. Severin-Produkte werden weltweit in mehr als 80 Ländern vertrieben. Das Unternehmen hat Niederlassungen in Frankreich, Italien, Schweden, den Niederlanden, Spanien und Polen. 1997 eröffnete Severin ein neues Produktionswerk in Shenzhen, China.

UNTERNEHMEN

Severin Elektrogeräte GmbH
Röhre 27
59846 Sundern
✆ (0 29 33) 9 82–0
🖷 (0 29 33) 9 82–3 33
💻 www.severin.de

SEW-EURODRIVE

Unter der Marke SEW-EURODRIVE stellt die SEW-EURODRIVE GmbH & Co. KG Getriebemotoren, Frequenzumrichter und Servotechnik her. Die Industriegütermarke zählt zu den Weltmarktführern im Bereich Antriebs-

SEVERIN

Seit den 1950er-Jahren produziert Severin Elektrogeräte.

SEW EURODRIVE

DR-Motorbaukasten von SEW-Eurodrive (Mitte), Geschäftsführer Rainer Blickle (unten)

Im Jahr 2003 wurde das Ernst-Blickle-Innovation-Center als Forschungs- und Entwicklungszentrum von SEW-EURODRIVE in Bruchsal eröffnet.

technik. Bis ins Jahr 1971 stand die Abkürzung SEW im Markennamen für die Süddeutschen Elektromotorenwerke, die am 13. Juni 1931 durch den Bankkaufmann Christian Pähr gegründet wurde. 1971 wurde der Name um den Zusatz EURODRIVE erweitert, um auch auf den internat. Märkten wahrgenommen zu werden. Die Kunden von SEW-EURODRIVE sind in der Industrie zu finden, wo sich das von Ernst Blickle entwickelte innovative Getriebe-Baukastensystem u.a. in Getränkeabfüllanlagen und Montagelinien wiederfindet. SEW-EURODRIVE ist einer der Marktführer im Segment Antriebsautomatisierung und hat sich durch individuelle Lösungen in der Branche Maschinenbau/Elektroindustrie etabliert. Das Unternehmen erzielte im Jahr 2006/2007 einen Gesamtumsatz von rund 1,5 Mrd. Euro und hat mit dem Qualitätsprädikat „engineered and made by SEW" ein internat. Gütesiegel entwickelt. Der aktuelle Slogan „Driving the World" knüpft daran an. Das Logo der Marke zeigt die drei Anfangsbuchstaben des ursprünglichen Firmennamens, Süddeutsche Elektromotoren-Werke, in Helvetica-Versalien und dem Farbton Pantone Warm Red. Das klar und einfach definierte Logo soll ein einheitliches Bild bei Kunden und Mitarbeitern des Unternehmens verankern und immer gut zu erkennen sein. Deswegen stehen die roten Versalien auf dunkel- oder hellgrauem bzw. weißem Hintergrund. Nach der Gründung der SEW im Jahre 1931 hat sich SEW EURODRIVE im Zuge der Unternehmensstrukturierung mit weltweit 12.000 Mitarbeitern zu einem global operierenden Familienunternehmen entwickelt. Die Geschäftsführer Rainer und Jürgen Blickle führen die Geschäfte in zweiter Generation vom Stammsitz des Unternehmens im badischen Bruchsal bzw. Lyman South Carolina/USA. Weltweit ist die SEW-EURODRIVE mit zwölf Fertigungs- und 63 Montagewerken in insgesamt 46 Ländern präsent.

DATEN UND FAKTEN

Markenname: SEW, Akronym, stand bis 1971 für Süddeutsche Elektromotorenwerke, danach Erweiterung zu SEW-EURODRIVE (EURO für Europa und DRIVE für die Angebotspalette)

Slogan: „Driving the World"

Gründer: Christian Pähr, 1931, Bruchsal

Markenregistrierung: 01.07.1971, DPMA München

Jahresumsatz: 1,5 Mrd. Euro

UNTERNEHMEN

SEW-EURODRIVE GmbH & Co KG

Hauptsitz: Bruchsal, Deutschland

Geschäftsführer: Jürgen Blickle, Rainer Blickle

Gesamtumsatz: 1,5 Mrd. Euro

Mitarbeiter: ca. 12.000 (2007)

Vertrieb: weltweit

MEILENSTEINE

1931 Der badische Bankkaufmann Christian Pähr gründet die Süddeutsche Elektromotoren-Werke (SEW).

1945 Ernst Blickle, der Schwiegersohn von Christian Pähr, übernimmt die Geschäftsführung des Unternehmens.

1965 SEW entwickelt das Baukastensystem für Getriebemotoren. Aus wenigen Teilen können auf den Kunden zugeschnittene Produkte hergestellt werden.

1968 Die ersten ausländischen Montagewerke werden gegründet.

1987–1989 Rainer und Jürgen Blickle übernehmen die SEW-EURODRIVE Gruppe als geschäftsführende Gesellschafter.

2003 Das Ernst-Blickle-Innovation-Center wird als Forschungs- und Entwicklungszentrum in Bruchsal fertiggestellt.

2006 SEW-EURODRIVE feiert 75-jähriges Firmenjubiläum. Das Bildungs-Centrum *DriveAcademy* wird in Bruchsal eröffnet.

KONTAKT

SEW-EURODRIVE GmbH & Co KG
Ernst-Blickle-Str. 42
76646 Bruchsal
(0 72 51) 75-0
(0 72 51) 75-19 70
www.sew-eurodrive.de

Ansprechpartner Presse:
Stefan Brill
(07 25 1) 75-25 25
stefan.brill@sew-eurodrive.de

Ansprechpartner Kommunikation:
René Will
(07 25 1) 75-50 25 00
rene.will@sew-eurodrive.de

SHELL

Unter der Marke Shell offeriert die Royal Dutch Shell plc weltweit Produkte und Dienstleistungen im Bereich Energie. U.a. erkundet und fördert das Unternehmen Erdöl und Erdgas, verarbeitet bzw. vertreibt Mineralöl, Erdgas, Strom und Chemieprodukte. Darüber hinaus engagiert sich das Unternehmen auch im Bereich erneuerbare Energien, etwa bei Solar- und Windenergie oder bei der Entwicklung von Kraftstoff aus Biomasse. Auch in der Wasserstoffwirtschaft ist Shell aktiv. Der Markenname Shell steht im Englischen für Muschel. Mit dieser Namensgebung erinnerte Unternehmensgründer Marcus Samuel an seinen Vater, der mit Kamm-Muscheln aus Fernost gehandelt hatte. Eine Kamm-Muschel ist auch bereits seit 1904 das Markenlogo von Shell. Die Shell-Muschel ist heute in 160 Ländern registriert. Das Muschel-Symbol in seiner derzeitigen Form entwickelte 1971 der amerikanische Industriedesigner Raymond Loewy. Die Farben des aktuellen Logos, Rot und Gelb, kennzeichnen auch die Gestaltung der Shell-Tankstellen. Die heutige Royal Dutch Shell plc hat ihren Ursprung im Jahr 2007, als sich die beiden Unternehmen Royal Dutch Petroleum Company, Den Haag, und The Shell Transport and Trading Company p.l.c., London, zusammenschlossen. Bereits 1902 hatte Royal Dutch eine dt. Tochtergesellschaft unter dem Namen Benzinwerke Rhenania GmbH in Düsseldorf gegründet. In Deutschland sind für Shell und die Tochtergesellschaften aktuell 6.200 Mitarbeiter tätig. 2.254 Tankstellen sichern eine flächendeckende Versorgung mit Kraftstoffen der Marke Shell. Unter den Tankstellenbetreibern steht Shell nach eigenen Angaben in Deutschland auf dem zweiten Platz. Mit drei eigenen und der Beteiligung an zwei weiteren Raffinerien ist Shell außerdem der führende Raffineriebetreiber in Deutschland. Shell erwirtschaftete 2006 hierzulande einen Umsatz von etwa 36,7 Mrd. Euro (inkl. Mineralölsteuer). Die Royal Dutch Shell plc hat weltweit etwa 109.000 Mitarbeiter in 130 Ländern, ihr Hauptquartier befindet sich in Den Haag in den Niederlanden.

UNTERNEHMEN

Deutsche Shell Holding GmbH
Suhrenkamp 71–77
22335 Hamburg
(040) 6 32 40
www.shell.de

SHOCK ABSORBER

Zur Zielgruppe der Marke Shock Absorber zählen sportliche, körperbewusste Frauen, die beim Kauf eines Sport-BHs Wert auf attraktives Design und hochwertige Materialien legen. Der Begriff Shock Absorber kommt aus dem Englischen und bedeutet Stoßdämpfer. 1995 entwickelte der brit. Wäschehersteller Berlei die erste Kollektion unter diesem Namen, nachdem die Universität Edinburgh eine Studie veröffentlicht hatte. Sie zeigte, dass die Bewegungen der weiblichen Brust durch das Tragen eines Sport-BHs beim Sport um bis zu 50 % reduziert werden. Der Shock Absorber erschien zunächst unter der Dachmarke Berlei auf dem Markt, im Jahr 2000 wurde sie zur eigenständigen Marke. 1997 übernahm Shock Absorber das Sponsoring für die Tennisspielerin Anna Kournikova. Leitspruch der Kampagne lautete: „Nur der Ball sollte hüpfen". Eine weitere Studie in Kooperation mit der Universität Portsmouth im Jahr 2004 ergab, dass durch verbesserte Schnittformen und Techniken des Shock Absorbers die Bewegung der Brust um bis zu 74 % reduziert wird. Bei den Materialien setzt der Hersteller auf Fasern (z.B. *Coolmax*, *X-Static* oder *Meryl Activ System*), die sich durch einen hohen Feuchtigkeitstransport auszeichnen und Wärmeregulierend wirken. Shock Absorber-BHs berücksichtigen neben der Körbchengröße und dem Unterbrustumfang auch die Intensität unterschiedlicher Sportarten. Die sog. Support Levels teilen diese nach dem Belastungsgrad der Brust ein. Ihr persönliches Support Level finden die Kundinnen seit 2006 auf den Verpackungen der gesamten Kollektion. Das Markenlogo greift die stoßdämpfende Funktion der BHs

Sport-BHs der Marke Shock Absorber sorgen bei allen sportlichen Aktivitäten für Halt und hohen Tragekomfort.

visuell auf und zeigt den zweizeiligen Schriftzug in Weiß mit einer silbergrauen Korona. Der Begriff *Absorber* hat hierbei auch im typografischen Sinn eine tragende und stützende Form. In Deutschland wird die Marke, wie auch →Playtex und →Wonderbra, über die Playtex GmbH in Rheine vertrieben. Die Markenprodukte werden weltweit verkauft und liegen im mittleren bis oberen Preissegment.

DATEN UND FAKTEN

Markenname: Shock Absorber, engl. für Stoßdämpfer

Slogan: „Shock Absorber - Love the look. Love the feel."

Erfinder: Wäschehersteller Berlei, 1995, Großbritannien

Markenregistrierung: 29. 09. 1995, DPMA München

Auszeichnungen:
„Lingerie-Award", Kategorie *Sport* für Shock Absorber (GB, 2003)

UNTERNEHMEN

Playtex GmbH Deutschland

Hauptsitz: Rheine, Deutschland

Geschäftsführer: Bernd Brasch, Thomas Scheuermann

Weitere Marken: Wonderbra, Playtex

Vertrieb: weltweit

Mithilfe einer Tabelle auf den Verpackungen des Shock Absorbers können Kundinnen ihr persönliches Support-Level ermitteln.

KONTAKT

Playtex GmbH Deutschland
Birkenallee 110–134
48432 Rheine
(0 59 71) 9 93–0
(0 59 71) 9 93–2 93
www.shock-absorber.de

SCHON GEWUSST?

- Studien zufolge tragen 73 % aller dt. Frauen, die regelmäßig Sport treiben, beim Sport keinen Sport-BH.
- Gut sitzende Sport-BHs verhindern ein frühzeitiges Erschlaffen der weiblichen Brust und reduzieren deutlich die bisweilen schmerzhaften Auf- und Abbewegungen.

SI 69

Das Organosilan Si 69 wurde 1971 durch die Degussa entwickelt.

Si 69 ist eine internat. Industriegütermarke aus dem Portfolio der Evonik Degussa GmbH. Die Marke steht für ein schwefelfunktionelles Organosilan, einen Haftvermittler, der die beiden wichtigen Komponenten im Gummi, den Verstärkerfüllstoff Kieselsäure und das Polymer, fest und dauerhaft aneinander bindet. Dies führt zu höherer Festigkeit, weniger Verschleiß und besserer Elastizität des Gummis. Si 69 kommt insbesondere in Kombination mit Silica wie z. B. →ULTRASIL bei der Silica-Silantechnologie in der Reifenherstellung zum Einsatz. Der Rollwiderstand und das Nassrutschverhalten von Reifen konnte gegenüber früheren Reifentypen deutlich verbessert werden, was auch zur Verringerung des Benzinbedarfs führte. Das Organosilan wurde 1971 durch die Degussa GmbH entwickelt. Das Unternehmen mit Schwerpunkt auf Spezial-Chemie beschäftigt sich seit den 1970er-Jahren mit der Herstellung von Silanen, Silica und anderen Produkten aus Industrieruß. Neben der Gummiindustrie beliefert das Unternehmen z. B. auch Farb- und Kunststoffhersteller. Spezialchemikalien des Unternehmens finden vielfältigen Einsatz, und so lautete denn ein Slogan der Firma: „Jedem Menschen nützt ein Evonik Produkt – jeden Tag und überall." Zu den Marken aus dem Hause Evonik Degussa zählen auch →AEROSIL, →PRINTEX oder →ACEMATT. Im Jahr 2006 erzielte das Unternehmen mit rund 35.000 Mitarbeitern weltweit insgesamt ca. 11 Mrd. Euro Umsatz. Seit 2007 bildet es das Geschäftsfeld *Chemie* der →Evonik Industries AG, die weiterhin die

Bereiche *Energie* und *Immobilien* unter ihrem Dach vereint.

DATEN UND FAKTEN

Markenname: Si 69, **Si** als Abkürzung für Silan, **69** steht für den 69. Versuch

Erfinder: Degussa, 1971

Markenregistrierung Wortmarke: 13.01.1997, DPMA München

Markenwebsite: www.si69.com

UNTERNEHMEN

Evonik Industries AG
Rellinghauser Str. 1–11
45128 Essen
☏ (02 01) 1 77-01
🖷 (02 01) 1 77-34 75
💻 www.evonik.de

Eine Anzeige für Sidol aus den 1950er-Jahren.

SIDOL

→ Henkel vertreibt unter der Marke Sidol verschiedene Spezial-Reinigungsmittel. Insbesondere für jeden Problembereich in der Küche hat das Unternehmen spezielle Reiniger mit einer schnellen und einfachen Anwendung entwickelt. Zum Portfolio gehören: *Sidol Küchenkraft, Sidol Backofen & Grill, Sidol Ceran® & Stahl, Sidol Kunststoff, Sidol Metallpolitur* und *Sidol Universal-Entkalker.* Dabei ist *Sidol Küchenkraft* ein universeller Küchenreiniger, der mit Aktiv-Fettlösern selbst eingetrocknetes Fett entfernt und für mühelose Sauberkeit auf allen Küchenoberflächen sorgt. Der Reiniger ist lebensmittelsauber und kann daher auch dort eingesetzt werden, wo Lebensmittel verarbeitet werden. Das Produkt kam 1995 auf den Markt, ebenso wie der Universal Kalklöser sowie der Backofen & Grill-Reiniger. Letzterer war Testsieger der Stiftung Warentest im Jahr 2004 im Segment Backofen- und Grillreiniger. Er soll besonders verkrustete Verschmutzungen entfernen, ist lebensmittelsauber und kann auf Backöfen, Kuchenplatten, Herdplatten, Grills, Töpfen und Pfannen aus Edelstahl sowie feuerfestem Glas oder Keramik angewendet werden. Der *Universal-Entkalker* ist zur Anwendung in Kaffee- und Espressomaschinen sowie bei Koch- und Heißwassergeräten geeignet. *Sidol Ceran® & Stahl* und den *Sidol Kunststoffreiniger für Außenflächen* etablierte Henkel im Jahre 1997. Als limitierte Auflage wurden 2007 speziell für die Sommerzeit *Sidol Kraftreiniger für Grill* sowie für Zweirad & Felgen als auch gegen Insekten auf Automobilen angeboten. Die Marke Sidol ist bereits 1903 von der Firma Siegel & Co. Fabrik Chemisch-technischer Präparate in Köln etabliert worden. Die Gründer Oskar Siegel und Eugen Wolff entwickelten das Putzmittel für alle leicht anlaufenden (oxidierenden) metallischen Oberflächen, um diese zu reinigen und gleichzeitig zum Glänzen zu bringen. Das erste Sidol kam 1903 in einer braunen Steingutflasche mit Korkverschluss auf den Markt. Henkel kaufte die Sidol-Werke im Jahr 1971 und entwickelte die Marke stetig weiter: Bereits ein Jahr später wurde der *Sidol Edelstahlreiniger* angeboten. Die leuchtenden Farben und das schlichte Design des Sidol-Logos sollen die Leistungsstärke, die Effektivität und die einfache Anwendung des Reinigungsmittels symbolisieren. In der Schweiz wird Sidol unter dem Namen Sigolin vertrieben.

DATEN UND FAKTEN

Markenname: Sidol, Kunstname

Slogan: „Speziell für jede Küche." (2004), „Sidol – der Spezialist für jede Küche" (2007)

Erfinder: Oskar Siegel und Eugen Wolff, 1903, Köln

Markenregistrierung: 26.02.1906, Kaiserliches Patentamt Berlin

Innovationen: Sidol Edelstahlreiniger (1972), Sidol Backofen & Grill Reiniger, Sidol Küchenkraft sowie Universal Kalklöser

SIDOL

Die Reiniger von Sidol sind Spezialisten für die Küche z. B. als Spray für alle Küchenoberflächen (Mitte) oder als Spray für Backofen & Grill (unten).

Sidolin war der erste Glasreiniger mit Sprühpistole in Deutschland, hier in einer Variante aus dem Jahr 2007 (Mitte). Werbung für Sidolin aus den 1960er-Jahren (unten).

(1995), Sidol Ceran® & Stahl sowie Sidol Kunststoffreiniger für Außenflächen (1997)

Auszeichnungen:
„gut" (Testsieger), Stiftung Warentest für *Sidol Backofen & Grill* (5/2004)

Markenwebsite: www.sidol.de

UNTERNEHMEN

Henkel KGaA

Hauptsitz: Düsseldorf, Deutschland

Weitere Marken: s. → Henkel

Gesamtumsatz: 12,740 Mrd. Euro (2006)

Vertrieb: weltweit in über 125 Ländern

KONTAKT

Henkel KGaA
Henkelstr. 67
40589 Düsseldorf
(02 11) 7 97–0
(02 11) 7 98–40 08
www.henkel.de

Ansprechpartner Presse:
Marion Schwenker
press@henkel.com

SCHON GEWUSST?
▮ Das fleißige Kölner Heinzelmännchen war seit Mitte der 1930er-Jahre die Fabrikmarke für die Produkte von Siegel & Co und tauchte somit auch auf den Sidol-Flaschen auf.

SIDOLIN

Glasreiniger vertreibt → Henkel unter der Marke Sidolin. Sidolin ist außer für Glas auch für die Reinigung anderer glatter Oberflächen geeignet und lässt diese streifenfrei glänzen. Zur Produktfamilie von Sidolin gehören: *Sidolin streifenfrei Cristal Reiniger*, *Sidolin streifenfrei Zitrus*, *Sidolin streifenfrei Glas & Böden* und *Sidolin streifenfrei Brillenputztücher*. Sidolin ist heute eine Marke von Henkel, ursprünglich haben die Kölner Sidol-Werke Sidolin 1955 auf den Markt gebracht. Bei Markteinführung wurde Sidolin zunächst in Glasflaschen vertrieben, seit 1957 ist es in Kunststoffflaschen erhältlich. Der Hersteller hat die chemische Zusammensetzung des Reinigungsmittels ständig angepasst. 1967 enthielt die Rezeptur Salmiak, das auch als Lötstein bekannt ist.

In diesen Flaschen wurde Sidolin 1957 auf dem dt. Markt vertrieben, begleitet von dem Slogan: „Sidolin hilft täglich im Hause!"

1978 wurde Sidolin in einer Flasche mit Sprühpistole auf den Markt gebracht und war somit der erste Glasreiniger mit dieser Applikationsform in Deutschland. Mittlerweile verfügt die Marke Sidolin über ein weiteres Alleinstellungsmerkmal im Glasreinigermarkt, denn die Sprühpistole kann sowohl in der Sprüh-Funktion wie auch in der Schaum-Funktion genutzt werden. Die Reinigungskraft von Sidolin wurde ab 1985 in Werbespots anhand eines auf Glas aufgemalten Filzstiftmännchens demonstriert, das sich mit Sidolin problemlos entfernen ließ. Auch das Markenlogo weckt Assoziationen an strahlenden Glanz: Der i-Punkt im Schriftzug Sidolin ähnelt einem Stern, der an die Lichtreflexe erinnert, wie sie von spiegelglatten, blitzsauberen Flächen hervorgerufen werden. Im Jahr 1991 wurde die Wirkstoffformel von Sidolin durch eine Rezeptur ersetzt, die Tenside auf Basis nachwachsender Rohstoffe enthielt – für eine Reinigung, die „natürlich streifenfrei" ist. Um Verpackungsmüll zu vermeiden, sind Nachfüllpackungen von Sidolin bereits seit 1992 erhältlich. Eine erste Duft-Edition wurde 1998 entwickelt. Vertrieben wird die Marke Sidolin nur in Deutschland, im Ausland wird der Glasreiniger von Henkel unter anderen Namen geführt. In Österreich z. B. heißen die Produkte *Clin* und in Belgien sowie den Niederlanden *Instanet*.

DATEN UND FAKTEN

Markenname: Sidolin, abgeleitet aus dem Namen der Sidol-Werke, die Sidolin auf den Markt gebracht haben.

Slogan: „Sidolin hilft täglich im Hause"(1957), „Reinigt Glas und alle glatten Flächen" (1980), „Natürlich streifenfrei" (1991), „Für glasklare Sauberkeit" (2007)

Erfinder: Sidol-Werke, 1955, Köln

Markenregistrierung: 09. 12. 1905, Kaiserliches Patentamt Berlin

Innovationen: Erster Glasreiniger mit Sprühpistole in Deutschland (1978), erste Duft-Edition von Sidolin (1998), Sidolin Feuchte Reinigungstücher (2001), Sidolin streifenfrei Glas & Böden (2004)

UNTERNEHMEN

Henkel KGaA

Hauptsitz: Düsseldorf, Deutschland

Weitere Marken: s. → Henkel

Gesamtumsatz: 12,740 Mrd. Euro (2006)

Vertrieb: weltweit in über 125 Ländern

KONTAKT

Henkel KGaA
Henkelstr. 67
40589 Düsseldorf
✆ (02 11) 7 97–0
🖷 (02 11) 7 98–40 08
💻 www.henkel.de

Ansprechpartner Presse:
Marion Schwenker
✉ press@henkel.com

MEILENSTEINE

1955 Die Kölner Sidol-Werke bringen Fensterreinigungsmittel in Glasflaschen unter dem Namen Sidolin auf den Markt.

1978 Sidolin mit Sprühpistole ist der erste Glasreiniger in Deutschland mit dieser Applikationsform.

1988 Brillenputztücher ergänzen das Sortiment.

1991 Die Rezeptur wird auf Tenside auf Basis nachwachsender Rohstoffe umgestellt.

1994 Der Universalreiniger Sidolin Supra kommt auf den Markt.

1998 Erstmals ist Sidolin in einer Duft-Edition erhältlich.

2000 Sidolin Zwei-Phasen Aktiv kommt auf den Markt.

2002 Start von Sidolin Aktiv-Schaum

SIEDLE

Die Marke Siedle steht für Tür- und Hauskommunikationssysteme, u.a. Sprechanlagen, Beleuchtungs- oder Orientierungssysteme. Mit diesem Angebot richtet sich das Traditionsunternehmen S. Siedle & Söhne Telefon- und Telegrafenwerke OHG an Bauherren, Architekten und Planer. Der Markenname geht auf den Firmengründer Matthäus Siedle zurück. Um 1750 auf einem Schwarzwaldhof als Gießerei für die Uhrenmanufaktur bei Furtwangen gegründet, ist Siedle heute in siebter Generation in Familieneigentum. Die Marke ist seit 1954 beim DPMA München registriert. Im Jahr 1975 entwickelte der heutige Geschäftsleiter Design bei Siedle, Eberhard Meurer, das Logo. Es setzt sich aus der Abkürzung der vollständigen Unternehmensfirmierung (SSS) und dem Markennamen Siedle zusammen. Dabei folgt das Logo denselben Prinzipien wie das gesamte Siedle-Design: Einfachheit, Zeitlosigkeit, Eleganz und Reduktion. Das Unternehmen grenzt sich durch seine Markenstrategie bewusst von Billig- und Discountmarken ab und positioniert sich als Premiummarke. Siedle wurde mit rund 60 nat. und internat. Designpreisen ausgezeichnet, darunter u.a. der „red dot award: product design" und der Designpreis der Bundesrepublik Deutschland. Nach eigenen Angaben ist das Unternehmen Markt- und Technologieführer in Deutschland und Teilen Europas. Siedle-Produkte werden ausschließlich über den Elektrofachvertrieb angeboten, internat. z.T. über eigene Niederlassungen. Siedle beschäftigt 550 Mitarbeiter und erwirtschaftete 2006 einen Gesamtumsatz von 77 Mio. Euro.

UNTERNEHMEN

S. Siedle & Söhne Telefon- und Telegrafenwerke OHG
Bregstr. 1
78120 Furtwangen
✆ (0 77 23) 63–0
🖷 (0 77 23) 63–3 00
💻 www.siedle.de

SSS SIEDLE

Die drei S im Logo stehen für Salomon Siedle & Söhne.

SIEGER

1896 unter dem Namen Siegerländer Herdfabrik GmbH gegründet zeigte sich früh die Innovationsfreude des Unternehmens: 1923 baute Sieger bereits den ersten Stahl-Zentralheizkessel. Heizungsherde und emaillierte Speicher für die Warmwasserbereitung rundeten in dieser Zeit die Produktpalette ab.

Sieger

Sieger ist eine Marke der Bosch Thermotechnik.

Heute bietet Sieger seinen Kunden ein umfassendes Programm an Heiztechnikprodukten und unterstützenden Leistungen. Das Produktportfolio reicht von Gas- und Öl-Brennwerttechnik über Gasthermen, Festbrennstoffkessel, Warmwasserspeicher, Kessel- und Heizkreisregelungen bis zu Solaranlagen, Wärmepumpen, Kaminöfen und Abgassystemen. Sieger ist eine Marke der →Bosch Thermotechnik, dem führenden Hersteller von Heiztechniksystemen und Warmwasserlösungen in Europa. Die Wortmarke Sieger ist das zentrale Element des Markenauftritts, sie steht für Vorsprung durch Innovation und Kompetenz. Sieger verwendet die ITC Franklin Gothic als Hausschrift. Sie steht in vier verschiedenen Schnitten zur Verfügung und ist ein weiterer Baustein für den Wiedererkennungswert der Marke. Als Primärfarbe verwendet Sieger die Pantone 287 C, als Ergänzungen stehen Pantone 116 C und Pantone 431 C zur Verfügung. Der Slogan des Unternehmens „Wärme, die von innen kommt" ist zugleich Ausdruck der Sieger-Kultur: Teamarbeit, Respekt voreinander, im Umgang mit Partnern aus Handel und Handwerk sowie mit den Endkunden sind fester Bestandteil der Firmenphilosophie. Sieger feierte 2007 sein 111-jähriges Firmenjubiläum.

UNTERNEHMEN

Sieger Heizsysteme GmbH
Eiserfelder Straße 98
57072 Siegen
✆ (02 71) 23 43-0
Fax (02 71) 23 43-2 22
www.sieger.net

SIEMATIC

SieMatic

August Siekmann (1894–1955) legte den Grundstein für die Marke SieMatic in Löhne/ Westfalen (Mitte). August-Wilhelm Siekmann (1923 - 2004) entwickelte den Familienbetrieb zur international erfolgreichen Premiummarke (unten).

SieMatic, eine der lt. Unternehmensangaben bedeutendsten und erfolgreichsten internationalen Küchenmarken, entwickelt und produziert hochwertige Einbauküchen für das Premium- und Luxussegment. Gegründet wurde das Unternehmen 1929 von August Siekmann als „August Siekmann Möbelwerke". Zu Beginn wurden vor allem Küchenbuffets und Anrichten hergestellt, die nicht nur von außen, sondern auch von innen hochglänzend lackiert wurden. Bereits in den 1930er Jahren wurden die Küchenbuffets mit einst so beliebten Namen wie „Erna", „Hannelore" oder „Ruth" mit Hochschränken kombiniert und mit praktischen Einbauten wie Stehleitern und Putzmittelfächern ausgerüstet. 1953 zeigte man unter dem eingetragenen Markennamen „Sie" auf der Internationalen Möbelmesse in Köln Mut zu Reformen, mit einem unter der Federführung von August-Wilhelm Siekmann neu konzipierten Reformküchen-Programm in Sen-Esche. Nach dem Tod des Vaters übernahm er 1955 mit 32 Jahren das Geschäft. Er widmete sich völlig neuen Küchenmodellen und konzipierte 1960 die Sie-Matic 60, die erste Griffleisten-Küche der Welt, die dank des Verzichts auf Griffe und eines ausgefeilten Systems neu entwickelter Elemente den Küchenmarkt revolutionierte. Zu den Innovationen dieses Küchenprogramms zählen z. B. das selbst schließende Federbandscharnier, die Lochleiste für höhenverstellbare Einlegeböden, die Lochplatte zur Aufhängung von Küchenutensilien an der Türinnenseite und ein ergonomisch hoch eingebauter Backofen. Motiviert durch den Erfolg wurde noch im selben Jahr die Marke SieMatic offiziell eingeführt. Mit den heutigen Premium-Küchen spricht das Unternehmen vor allem Design- und Kochbegeisterte mit überdurchschnittlichem Einkommen an. Das Logo besteht aus dem puristischen SieMatic-Schriftzug, der schlichte Eleganz und Funktionalität vermittelt. Im Mittelpunkt der Werbepräsentationen stehen immer die Einbauküchen selbst, die gemäß des aktuellen Slogans „Am liebsten das Beste" von namhaften Architekten, Fotografen und Stylisten in Szene gesetzt werden. SieMatic zählt zu den zehn renommiertesten dt. Luxusmarken (Brand Rating/ Wirtschaftswoche, 2007) und vertreibt seine Küchen heute über qualifizierte Fachhändler sowie ausgewählte Möbelhäuser in ca. 60 Ländern. Annähernd 100 Fachhändler arbeiten weltweit als Exklusivpartner ausschließlich mit SieMatic zusammen. Unter der Leitung von Ulrich W. Siekmann und Stefan Albrink beschäftigt die SieMatic Möbelwerke GmbH & Co. KG mit Stammsitz im westfäli-

SieMatic entwickelt und produziert Einbauküchen für das Premium- und Luxussegment.

schen Löhne ca. 600 Mitarbeiter. Das Familienunternehmen in dritter Generation erzielte 2006 einen Umsatz von ca. 150 Mio. Euro.

DATEN UND FAKTEN

Markenname: SieMatic

Slogan: „Am liebsten das Beste"

Frühere Slogans: „Sie-Matic 60 – Die Küche der Zukunft!" (1960), „Es lebe die Gemütlichkeit." (1976), „Qualität in ihrer schönsten Form" (1980)

Gründer: August Siekmann, 1929, Löhne

Innovationen: erste Griffleistenküche ohne störende Griffe, selbst schließendes Federbandscharnier, Rundumdämpfungsprofil, Innenausstattungssystem MulitMatic, hochglänzend lackierte Küchen, SieMatic SL, die vollständig auf Griffe verzichtet, SieMatic 7007, die erstmals professionelle Elemente und Materialien integriert, SieMatic Painters' Collection, die mit handgewischten Oberflächen das Segment der Landhausküchen aktivierte

Markenbekanntheit: 63 % gest. in der Top25 der deutschen Bevölkerung (IFD-Allensbach, TOPLevel - Aus Freude am Luxus 2006)

Jahresumsatz: ca. 150 Mio. Euro

Auszeichnungen:
für verschiedene Küchenprogramme und Ausstattungen
„iF product design award"
„Good design award" des Chicago Athenaeum Museum of Architecture and Design
„red dot award: product design"

UNTERNEHMEN

SieMatic Möbelwerke GmbH & Co. KG

Hauptsitz: Löhne, Deutschland

Geschäftsführender Gesellschafter: Ulrich W. Siekmann

Vertrieb: mehr als 60 Länder über Partnerunternehmen und eigene Tochtergesellschaften, 800 Geschäfte weltweit, davon 100 Exklusivpartner

KONTAKT

SieMatic Möbelwerke GmbH & Co. KG
August-Siekmann-Str. 1–5
32548 Löhne
(0 57 32) 67–0
(0 57 32) 67–2 97
www.siematic.com

Ansprechpartner Presse:
Katina Schmeißer
(0 57 32) 67–2 14
k.schmeisser@siematic.de

Ansprechpartner Marketing:
Jörg Overlack
(0 57 32) 67–3 09
j.overlack@siematic.de

SCHON GEWUSST?

In den 1930er-Jahren wurden die Küchenmöbel in den August Siekmann Möbelwerken nicht nur außen, sondern auch auf den Innenflächen hochglänzend lackiert. Die Warenausgangskontrolle übernahm August Siekmann häufig selbst. Seine Visiten waren bei den Arbeitern nicht sehr beliebt, denn er prüfte gründlich. Fand er im Lack ein Korn, durchkreuzte er die gesamte Fläche mit einem Nagel.

SIEMENS

SIEMENS

Weltweit hat Siemens 475.000 Mitarbeiter.

Siemens steht als Dachmarke für die Produkte und Dienstleistungen der Siemens AG. Das diversifizierte Portfolio umfasst neben vielen anderen Produkten und Dienstleistungen z. B. Parkleitsysteme, Computer, medizinische Geräte, Finanzdienstleistungen, Kraftwerke und Straßenbahnen. Privatkunden können von Siemens u. a. Computer- und Telekommunikationstechnik und Hausgeräte erwerben. Der Unternehmensname geht zurück auf den Gründer Werner Siemens, später Werner von Siemens. Dieser gründete zusammen mit Johann Georg Halske 1847 eine sog. Telegraphen-Bauanstalt. Schon Anfang der 1850er-Jahre expandierte die Firma ins Ausland, u. a. nach Russland und England. Bereits um 1913 zählte das Unternehmen zu den bedeutendsten Elektrofirmen der Welt. 1966 wurden die Siemens & Halske AG, die Siemens-Schuckertwerke AG und die Siemens-Reiniger-Werke AG zur Siemens AG zusammengeführt. 1989 wurde der Konzern neu strukturiert und dezentralisiert: Die Siemens AG führt ihre Geschäfte nun in 15 operativen Einheiten. Das Logo der Dachmarke Siemens zeigt den Namenszug in petrolfarbenen Versalien. Der Konzern beschäftigt heute rund 475.000 Mitarbeiter weltweit und ist in 190 Ländern der Erde vertreten. Im Geschäftsjahr

Werner von Siemens (Mitte) gründete 1847 das Unternehmen. Eine hist. Anzeige für einen Herd (unten)

2006 erzielte die Aktiengesellschaft mit Hauptsitz in München bei einem Gesamtumsatz von über 87,3 Mrd. Euro einen Gewinn nach Steuern von über 3 Mrd. Euro. Anlässlich des 160-jährigen Bestehens des Unternehmens wird die Markenstrategie durch eine neue Imagekampagne unterstützt. Sie soll die Lösungskompetenz des Konzerns illustrieren und wirbt u. a. mit dem Konterfei des Firmengründers Werner von Siemens.

UNTERNEHMEN

Siemens Aktiengesellschaft
Wittelsbacherplatz 2
80333 München
✆ (0 89) 6 36-00
🖷 (0 89) 6 36-5 20 00
💻 www.siemens.de

SIEMENS HAUSGERÄTE

Die Siemens-Electrogeräte GmbH ist eine Vertriebsgesellschaft der weltweit tätigen BSH Bosch und Siemens Hausgeräte GmbH, die mit internat. Fertigungsstandorten in Europa, Asien, Nord- und Südamerika vertreten ist. Siemens ist seit über 150 Jahren eine der größten dt. Industrie- und Technologiemarken. „Fortschritt im Dienste des Menschen" war die Vision, die Firmengründer Werner von Siemens seinem Unternehmen mit auf den Weg gab. Siemens gehört heute in Deutschland und Europa zu den führenden Anbietern von Hausgeräten. Das umfangreiche Portfolio beinhaltet Sologeräte wie Waschvollautomaten, Wäschetrockner, Kühl-/Gefriergeräte und Einbaugeräte wie Backöfen und Herde für die moderne Küche. Kleine Hausgeräte wie Wasserkocher, Bügeleisen, Kaffeevollautomaten und Toaster ergänzen das Programm. Design- und Produktlinien der Siemens Electrogeräte GmbH sind zum Beispiel compact45, s-line, modul-line, Porsche Design und surpresso. Das Markenleitbild des Unternehmens definiert sich durch die Werte Faszination, Expressivität, Intelligenz und Performance. Die internat. Kernzielgruppe von Siemens Hausgeräten ist der Expressor. Dabei handelt es sich demografisch betrachtet primär um Personen mit gehobenem Einkommen und Bildungsstand im Alter von über 25 Jahren, die sich durch eine professionelle, leistungsorientierte Lebenseinstellung und einen modernen Lebensanspruch auszeichnen. Das Unternehmen präsentiert seiner Zielgruppe richtungweisende, innovative und zukunftsorientierte Technologien, die sich durch Multi-

Siemens erhält für das Design seiner Hausgeräte regelmäßig zahlreiche Auszeichnungen.

Optionalität und modernes Design hervorheben. Das Logo des Unternehmens wurde während der Unternehmenshistorie mehrfach verändert und zeigt aktuell den Namenszug Siemens in petrolfarbenen Versalien. Der Bekanntheitsgrad der Marke wird auch durch Kooperationen mit starken Partnern wie SportScheck, Schöffel, Triumph, WMF oder Henkel unterstützt. Umweltschutz ist ein selbstverständlicher Bestandteil des Leitbilds. Dies äußert sich beispielsweise in einem extern begutachteten Umweltmanagementsystem gemäß der EU-Öko-Audit-Verordnung.

DATEN UND FAKTEN

Markenname: Siemens, Familienname des Firmengründers

Slogan: „Die Zukunft zieht ein"

Gründer: Werner von Siemens, 1847

Markenregistrierung: 02. 10. 1936, Reichspatentamt Berlin

Innovationen: Backwagen, Induktionskochfelder, Wandbackofen liftMatic, Energieeffizienz in allen Produktbereichen

Auszeichnungen:
„red dot award: product design" für *Espresso-Maschine TK 911N2DE* im Porsche-Design, *Induktions-Einbaukochstelle ET 78S002* mit touchSlider-Bedienung
„iF product design award" für *Waschmaschine WM 16S740* und *Kühl-Gefrierkombination KG 39NA90* etc.

UNTERNEHMEN

Siemens-Electrogeräte GmbH

Hauptsitz: München, Deutschland

Geschäftsführung: Roland Hagenbucher, Ditmar Krusenbaum

KONTAKT

Siemens-Electrogeräte GmbH
Carl-Wery-Str. 34
81739 München
✆ (0 89) 45 90-09
💻 www.siemens.de/hausgeraete

Ansprechpartner Presse:
Monica Krenz
✆ (0 89) 45 90-29 02
✉ presse.siemens@bshg.com

Ansprechpartner Marketing:
Ulrich Twiehaus
✆ (0 89) 45 90-09

SCHON GEWUSST?

▌Sport in der freien Natur ist beliebter denn je. Gemäß diesem Trend bietet Siemens spezielle Outdoor-Waschmaschinen und -Trockner an: Das Outdoor-/Imprägnierprogramm ermöglicht das Waschen und Imprägnieren der Kleidung in einem Arbeitsgang. Das Trockenprogramm behandelt Funktionstextilien anschließend behutsam bei gleichmäßiger, leichter Wärme. So wird sichergestellt, dass z. B. geklebte Nähte nicht punktuell zu stark erhitzt werden.

▌Ihre Outdoor-Kompetenz untermauert die Marke Siemens durch Kooperationen, etwa mit SportScheck als Partner im Sportfachhandel und Schöffel als Experten für Funktionsbekleidung.

SIGIKID

Der Markenname sigikid steht für hochwertige Spielwaren, Spieluhren, Stoffpuppen sowie Baby- und Kinderbekleidung für Kinder im Alter von 0 bis acht Jahren. 1968 übernahmen Sigrid und Josef Gottstein das 1856 in Bayreuth gegründete Familienunternehmen von ihrem Großvater Theo Köhler. Mit dem Generationswechsel wird eine neue Produktlinie und ein neuer Markenname eingeführt: Die weichen und waschbaren Qualitätsprodukte im kindgerechten Design werden nun unter dem Namen sigikid vertrieben. Der Markenname ist zusammengesetzt aus dem Vornamen der Inhaberin Sigrid und kid, dem engl. Wort für Kind. In den 1980er-Jahren erweiterte sigikid die Zielgruppe und die Produktpalette. Über 4.000 Artikel waren im Sortiment. Ende der 1990er-Jahre fand mit dem dritten Generationswechsel in der Führung der Firma die Rückbesinnung auf die eigentliche Zielgruppen Baby und Kleinkind bis acht Jahren statt. Das Markenlogo soll eine glückliche Kindheit symbolisieren: Ein kindlicher, roter Schriftzug mit Klecksen, 1968 von Ada Hildebrandt entworfen und später durch einen Rahmen ergänzt. Die Produkte des Unternehmens sind mehrfach ausgezeichnet, z. B. kürte die Zeitschrift Familie & Co 2002 in der Kategorie „Alles fürs Kinderherz" Flip-Flap Frog von sigikid als Spielzeug des Jahres und der Sitzsack erhielt von Öko-Test ein „sehr gut". Das Motto von sigikid „First Class for Kids - Innovationen im kindgerechten Design" spiegelt sich in der interaktiven Spieluhr *iBedoo* wider, die sigikid 2007 auf den Markt brachte.

Die Marke sigikid steht seit 1968 für hochwertige Spielwaren.

DATEN UND FAKTEN

Markenname: sigikid, Kunstname, zusammengesetzt aus dem Vornamen der Gesellschafterin **Sig**rid Gottstein und **kid,** engl. Kind

Slogan: „First Class for Kids"

Erfinder der Marke: Sigrid und Josef Gottstein, 1968

Markenregistrierung: 15. 11. 1972, DPMA München

Innovationen: iBedoo (2007)

Auszeichnungen:
„Spielzeug des Jahres" für Flip-Flap Frog (2002)
„sehr gut", Öko-Test für Sitzsack (12/2006)

UNTERNEHMEN

Sigikid, H. Scharrer & Koch GmbH & Co. KG
Am Wolfsgarten 8
95511 Mistelbach
✆ (0 92 01) 70-0
🖷 (0 92 01) 70-20
💻 www.sigikid.de

SIGNUM (HERAEUS)

Das in der Dental-Branche beheimatete Unternehmen Heraeus Kulzer GmbH repräsentiert einen Geschäftsbereich des weltweit tätigen Edelmetall- und Technologiekonzerns →Heraeus. 1990 erfolgte eine umfassende Dezentralisierung innerhalb des Konzerns, die zur Gründung von fünf eigenständigen Führungsgesellschaften in den Kernbereichen des Unternehmens führte. Dabei deckt die Heraeus Kulzer GmbH den Bereich Dental- und Medizinprodukte ab. Mit dem Zahn-

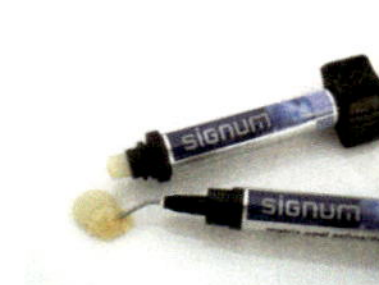

Signum ist eine Marke aus dem Heraeus Unternehmensbereich Zahntechnik.

material Alba, einer Legierung aus Silber, Palladium und Gold, konnte Heraeus bereits in den 1930er-Jahren eine führende Position auf dem Markt der Zahntechnik einnehmen und ausbauen. In der Folgezeit entwickelte das Unternehmen hochkarätige Goldguss- und Keramikaufbrennlegierungen. 1987 übernahm Heraeus die Degussa-Anteile an der Firma Kulzer, die 1939 zu gleichen Teilen in den Besitz der W. C. Heraeus GmbH und der Degussa AG gekommen war. Zusammen mit der Übernahme des Geschäftsbereichs Dental der Bayer AG und von ZL Microdent im Jahr 1995 erreichte der Dentalbereich eine führende Position auf dem Weltmarkt. Heute ist Heraeus Kulzer als Systemanbieter rund um den Globus mit über 1.600 Mitarbeitern und einem umfangreichen Programm von Dentalwerkstoffen und -geräten für Zahnärzte und Zahntechniker präsent. Signum repräsentiert im Portfolio des Unternehmens ein modular aufgebautes Sortiment von Verblendkompositen und Zubehörmaterialien für die Kronen- und Brückentechnik. Die Zielgruppe der Marke Signum rekrutiert sich hauptsächlich aus Zahntechnikern, die ihr Hauptaugenmerk auf den Einsatz von langlebigen und qualitativen Dentalwerkstoffen und -geräten legen.

DATEN UND FAKTEN

Markenname: Signum, gewählt ohne Bedeutungshintergrund

Slogan: „Signum. Aus Liebe zur Perfektion."

Erfinder: Produktmanager und Entwicklungsabteilung von Heraeus

Markenregistrierung: 17. 11. 1998, DPMA München

Markenbekanntheit:. 30 % ungest., 71 % gest. (TNS 2006)

Jahresumsatz: 2 % des Gesamtumsatzes des Unternehmens

UNTERNEHMEN

Heraeus Kulzer GmbH
Grüner Weg 11
63450 Hanau
(0 61 81) 35-0
www.heraeus-kulzer.com

SIKKENS

Unter der Marke Sikkens sind Farben, Lacke und Lasuren für diverse Anwendungsbereiche erhältlich.

Unter dem Dach der Marke Sikkens vertreibt der internat. Konzern →Akzo Nobel mit Sitz in den Niederlanden weltweit Farben, Lacke, Lasuren und Bodenbeschichtungen für den Außen- und Innenbereich von Gebäuden. Zum Produktportfolio gehören außerdem Lacke und Lasuren für die industrielle Holzbeschichtung, Bootslacke, Autoreparaturlacke und Fahrzeugbeschichtungen. Die Marke geht zurück auf den Maler und Dekorateur Wiert Willem Sikkens, der 1792 in Groningen in Holland mit der Produktion von Lacken begann. Das in den 1970er-Jahren für die Sikkens-Kollektionen entwickelte Farbcodierungssystem ACC wird heute weltweit von Architekten angewandt. Mit Blick auf das Jahr 2000 und die zukünftige Rolle der Farbe in der modernen Gestaltung war 1997 die Initiative *Colours for a new Century* gestartet worden. Bis 2005 stellten berühmte Architekten wie Alessandro Mendini und Sir Norman Foster in diesem Rahmen für Sikkens ihre persönlichen Farbkollektionen vor. Im Corporate Design von Sikkens dominieren die Farben Schwarz und Silber, in denen seit 2003 auch alle Verpackungen gestaltet sind. Die Marke Sikkens wird weltweit über Vertriebsorganisationen in 13 Ländern vertrieben. In Deutschland gehört Sikkens zur Akzo Nobel Deco GmbH, in der die dt. Aktivitäten von Akzo Nobel im Bereich Bautenfarben und -lacke zusammengefasst sind. Zum Portfolio gehört in diesem Bereich u. a. auch die Marke →Herbol. Außerdem umfasst die Produktpalette Autoreparaturlacke (u. a. →Lesonal), Flugzeug- und Schiffslacke sowie Pulverlacke. Der internat. agierende Konzern ist nicht nur im Bereich Coatings, sondern auch im Bereich Chemie tätig.

DATEN UND FAKTEN

Markenname: Sikkens, Niederlande, Familienname des Gründers

Slogan: „The Right Color"

Gründer: Wiert Willem Sikkens, 1792, Groningen/Niederlande

Markenregistrierung: 20. 02. 1984, DPMA München

Innovationen: Zellulose Lack (1928), Rubbol A-Z, erster synthetischer Lack (1934), umweltschonende BL Zukunftslacke (2002)

Markenwebsite: www.sikkens.de

UNTERNEHMEN

Akzo Nobel Deco GmbH
Vitalisstr. 198–226
50827 Köln

(02 21) 58 81-6 16
(02 21) 58 81-6 28
www.akzonobel.de

SIKU

Die Spielwarenmarke Siku steht für eine breite Palette von Spielzeugmodellen aus Metall. Das Akronym ist abgeleitet aus dem Unternehmensnamen „Sieper" und dem Substantiv „Kunststoffe". Der Name geht auf die ursprünglichen Produkte der Sieper GmbH zurück, die ab 1950 unter der Marke Siku Spielwaren aus Kunststoff vertrieb und 1963 auf Spielzeugmodelle aus Metall umschwenkte. Die heutige Produktpalette umfasst neben einer Reihe von Fahrzeug-Modellen wie Pkw, Lkw und Hubschraubern auch die Nachbauten landwirtschaftlicher Geräte. Darüber hinaus bietet der im Jahr 2004 entstandene Produktbereich Siku-Control eine Auswahl ferngesteuerter Modelle an. Ein Lkw aus dieser Serie erhielt 2007 den Preis „Top 10 Spielzeug" des Bundesverbands des Spielwaren-Einzelhandels. Die Produkte richten sich an alle Generationen, wobei vor allem Kinder und Sammler anvisiert werden. Einen Wettbewerbsvorteil zieht das Unternehmen aus der über 50-jährigen Erfahrung im Bau robuster, detailgetreuer Modelle, die jeweils über individuelle Funktionen verfügen. Die Marke wird unter dem Slogan „Siku – Spielzeugmodelle von heute für Autofahrer von morgen" beworben. Das schlichte Logo besteht aus einem roten Kreis, in dessen Mitte in weißer Schrift der Markenname geschrieben steht. Neben den Logofarben ergänzt die Hintergrundfarbe blau Pantone 286C das Corporate Design. Das Unternehmen mit Sitz in Lüdenscheid beschäftigt unter der Leitung von Volker Sieper und Ulrich Urban ca. 350 Mitarbeiter. Der Vertrieb der Waren erfolgt weltweit.

UNTERNEHMEN

Sieper GmbH
Schlittenbacher Str. 60
58511 Lüdenscheid
(0 23 51) 8 76-0
(0 23 51) 8 76-1 66
www.siku.de

SIL

Die Reinigungsmittelmarke Sil verspricht die restlose Entfernung von Flecken. Jede Art von Textilien soll schonend gereinigt werden, denn Sil – so der Slogan aus dem Jahr 1987 – „Nimmt Flecken den Schrecken". Unter der Marke Sil präsentiert →Henkel eine breite Produktpalette, die den passenden Fleckenentferner für jede Verschmutzung bietet. Henkel brachte 1918 das Wasch- und Bleichmittel Sil auf den dt. Markt. Das neue Produkt bot eine besonders starke Waschkraft und als sog. Wäschenachspülmittel verminderte es Kalkablagerungen auf der Wäsche. 1958 brachte Henkel *Sil mit Duft* neu auf den Markt. Henkel positionierte Sil 1987 neu: als Fleckenspezialist. Inzwischen präsentiert sich die Marke mit verschiedenen Mitteln, die auf besonders starke und hartnäckige Verschmutzungen spezialisiert sind. Sil hilft dem Verbraucher seit 2006 außerdem bei der Wahl des richtigen Fleckenentferners. Auf den Vorderseiten der Produkte zeigen Abbildungen und Text, für welche Anwendungsgebiete das Produkt geeignet ist. So erfährt der Konsument beispielsweise, ob sich der Artikel für die Entfernung von Rotwein- oder Kaffeeflecken eignet. Die neueste Produktinnovation der Marke ist *Sil OXI Flecken-Perls* mit Kaltwaschformel. Dieser Fleckenentferner eignet sich für Wäsche und Haushalt, besonders bei niedrigen Temperaturen. Zur Sil-Produktfamilie gehören außerdem Sil *OXI Flecken-Spray* sowie *-Gel, Sil Flecken-Salz, Sil Saptil* und das *Sil Spezial Flecken-Spray.* Seit der Markeneinführung hat sich das Produktdesign einige Male geändert. Das aktuelle Logo zeigt in roten Druckbuchstaben den Markennamen. Über dem „S" beginnt ein

Im Jahr 1987 wirbt Henkel für Sil mit dem Slogan „Nimmt Flecken den Schrecken".

Spielzeugmodelle von Siku werden weltweit vertrieben.

Im Jahr 1987 brachte Henkel das *Sil Flecken-Salz* auf den Markt (Mitte, hier eine Variante aus dem Jahr 2007), im Jahr 1918 das ursprüngliche Wasch- und Bleichmittel unter der Marke Sil (unten).

Das Familienunternehmen Silhouette wird geführt von den Brüdern Arnold Schmied jun. (Mitte) und Klaus Schmied (unten).

schmaler Regenbogenschweif, der sich bis hinter das kleine „I" zieht. Alle Sil-Produkte sind auch im Verpackungsdesign in Rot und Blau gehalten.

DATEN UND FAKTEN

Markenname: Sil, Kunstname, ursprünglich Defensiv-Marke zu Persil

Slogan: „Nimmt Flecken den Schrecken" (1987), „Sil. Verlass Dich drauf" (2007)

Markenregistrierung: 11. 05. 1914, Kaiserliches Patentamt Berlin

Innovationen: Relaunch Sil mit 2fachem Weißverstärker (1966), Saptil bekommt die Bürste (1988), Relaunch Sil Flecken-Salz mit Aktiv-Soda (2001), Launch Sil OXI Perfect Range als Pulver, Gel & Spray (2004), Relaunch OXI Pulver als Flecken-Perls mit Kaltwasch-Formel (2006), Relaunch Sil Spezial Flecken-Spray mit Zitrus-Fettlöser für Fett-, Öl- und Kosmetikflecken (2007)

Markenwebsite: www.sil.de

UNTERNEHMEN

Henkel KGaA

Hauptsitz: Düsseldorf, Deutschland

Weitere Marken: s. → Henkel

Gesamtumsatz: 12,740 Mrd. Euro (2006)

Vertrieb: weltweit in über 125 Ländern

MEILENSTEINE

1918 Markteinführung von Sil als Wäsche-Nachspülmittel

1926 Die Packung erhält den roten Sil-Schriftzug.

1931 Sil ist „Henkel's Bleich- und Spülmittel für die Wäsche".

1987 Neupositionierung der Marke durch Einführung von *Sil Flecken-Salz*

1989 Der flüssige *Sil Fleckenlöser* kommt auf den Markt.

2003 Start von *Sil OXI* mit einem Waschkraft-Booster

2005 *Saptil*, ebenfalls von Henkel, wird als *Sil Saptil* in die Sil-Range integriert.

2006 Relaunch mit einheitlichem Markenbild

KONTAKT

Henkel KGaA
Henkelstr. 67
40589 Düsseldorf
(02 11) 7 97–0
(02 11) 7 98–40 08
www.henkel.de

Ansprechpartner Presse:
Marion Schwenker
press@henkel.com

SILHOUETTE

„Eine Brille soll die Ausdruckskraft eines Gesichtes unterstreichen und dieses nicht verändern." Gemäß diesem Kredo stellt Silhouette Korrektions- und Sonnenbrillen her, die sich durch zeitlose Ästhetik, Leichtigkeit und hohen Tragekomfort auszeichnen. Den Grundstein für den Aufbau des Familienunternehmens Silhouette legten Anneliese und Arnold Schmied, die 1964 im oberösterreichischen Linz ihr Unternehmen mit der Vision gründeten, aus einer Brille mehr als nur eine funktionale Sehhilfe zu machen. Mit einem Produktspektrum, das neben Brillen der eigenen Marke Silhouette auch die der Lizenzmarken *adidas eyewear* und *Daniel Swarovski crystal eyewear* umfasst, möchte das Unternehmen vor allem Menschen ansprechen, die Wert auf Qualität und Design legen. Mit der Titan Minimal Art revolutionierte Silhouette den internat. Markt: Es handelt sich um eine vorzugsweise randlose Brille ohne Scharniere und Schrauben, die mit nur 1,8 Gramm Eigengewicht die leichteste Brille der Welt ist. Außerdem ist sie mit mehr als 7 Mio. verkauften Stück bis heute die erfolgreichste Brille von Silhouette. Eine weitere Innovation des Hauses sind Brillengestelle aus der eigens entwickelten Polyamidlegierung *SPX*. Prominente Silhouette-Träger wie Tom Cruise, Cameron Diaz, Robin Williams oder David Caruso und ein Corporate Design mit hohem Wiedererkennungswert sorgen für die Popularität der Marke. Die Silhouette International Schmied AG stellt pro Jahr rund 3 Mio. Brillen her, die weltweit über Tochtergesellschaften und Vertriebspartner vermarktet werden. Mit 210 Mio. Euro Umsatz pro Jahr gehört das Familienunternehmen zu den Marktführern der Brillenindustrie. Es beschäftigt 1.630 Mitarbeiter und hat seinen Stammsitz in Linz. Die Geschäftsführung liegt bei Arnold Schmied jun. und seinem Bruder Klaus Schmied.

Die Brillenserie Titan Minimal Art gehört zu den erfolgreichsten Innovationen aus dem Hause Silhouette.

DATEN UND FAKTEN

Markenname: Silhouette

Gründer: Anneliese Schmied, Arnold Schmied, 1964, Linz/Österreich

Innovationen: Brille Titan Minimal Art (1992), Werkstoff SPX

Auszeichnungen:
„Prix Silmo d´or" für Titan Minimal Art Serie (2003)
„iF product design award" für Titan Minimal Art Serie (2001 – 2006)
„red dot product design award" für Titan Minimal Art Serie (1999, 2001 – 2006)

UNTERNEHMEN

Silhouette International Schmied AG

Hauptsitz: Linz, Österreich

Vorstand: Arnold Schmied jr., Klaus Schmied

Weitere Lizenzmarken: adidas eyewear, Daniel Swarovski crystal eyewear

Gesamtumsatz: 210 Mio. Euro (2006/07)

Vertrieb: weltweit

SCHON GEWUSST?

- Wenn NASA-Astronauten ins All fliegen, haben sie immer Silhouette-Brillen mit an Bord. Die US-Raumfahrtbehörde meint, die Brillen aus Österreich sind die einzigen, die den hohen Anforderungen der Raumfahrt entsprechen. Bei mehr als 20 Missionen ins All war die Titan Minimal Art als Standardbrille der NASA mit an Bord.
- Silhouette Brillen werden in Österreich gefertigt, durchlaufen rund 140 Arbeitsschritte und sind bis zu 80 % Handarbeit.

KONTAKT

Silhouette International Schmied AG
Ellbognerstr. 24
4021 Linz
✆ + 43 7 32 38 48-0
🖷 + 43 7 32 38 55-00
🖳 www.silhouette.com

SILIT

Die Marke Silit steht für ein umfangreiches Sortiment an Kochgeschirren. Die Wurzeln der Marke reichen in das Jahr 1920 zurück, als die ersten Universalkochgeschirre der Marke *Silitstahl* produziert wurden. Sieben Jahre später erschien der erfolgreiche Schnellkochtopf namens *Sicomatic*. Im Jahr 1998 wurden die Silit-Werke mit Sitz in Riedlingen ein Teil der Württembergischen Metallwarenfabrik (WMF). Die Produktpalette umfasst Kochsysteme, Kochgeschirrserien, Schnellkochtöpfe, Pfannen und Spezialgeschirr sowie kleinere Küchenwerkzeuge und -helfer. Neben einem ansprechenden Design versprechen die Produkte durch den Einsatz innovativer Materialien wie dem nickelfreien und antibakteriellen Silargan oder e30, einer schneid- und kratzfesten Synthese aus Stahl und Keramik, einen hohen Gebrauchsnutzen. Der schlichte Silit-Schriftzug in der Signalfarbe Rot hebt den alleine stehenden Anfangsbuchstaben S hervor, während der Rest des Markennamens durch eine horizontale Grundlinie miteinander verbunden ist. Durch Kooperationen mit renommierten Designbüros soll sichergestellt werden, dass die Produkte mit einem modernen, außergewöhnlichen Design aufwarten. In Zusammenarbeit mit dem Starkoch Ralf Zacherl erschien von Silit eine Sonderedition. So wie Zacherls Kochkünste mehr als nur die rein funktionale Essenszubereitung bieten, sollen auch die Produkte der Marke Silit die Werte Erlebnis, Lebensqualität, Gesundheit und Genuss transportieren.

Silit

Silit kooperiert bei der Entwicklung seiner Kochgeschirre mit renommierten Designbüros.

UNTERNEHMEN

Silit-Werke GmbH & Co. KG
Neufraer Str. 6
88499 Riedlingen
✆ (0 73 71) 1 89-0

Eine stilisierte Stimmgabel im modernen Logo von simyo

🖷 (0 73 71) 1 89-50 60
✉ post@silit.de
🖳 www.silit.de

SIMBA

Unter dem Dach der Marke Simba versammelt sich ein vielfältiges Spielwarenangebot. Aktuell gibt es u. a. unter den Kollektionen *Chi Chi Love* und *Filly* Stoffpferde zum Sammeln. Simba *Microstars* sind Sammelfiguren von bekannten Fußballspielern. Zur Produktlinie Simba *Baby* gehören z. B. Rasseln, Beißringe und Kuscheltiere. Das Simba-Logo zeigt den Markennamen in roten, fetterten Buchstaben. Auf den Schriftzug hat ein Elefant, der eine bunte Decke auf dem Rücken trägt, seine Vorderfüße aufgestützt. Die Simba Toys GmbH & Co. KG wurde 1982 von Fritz Sieber zusammen mit seinem Sohn Michael gegründet. Das Unternehmen begann mit fünf Mitarbeitern und wuchs in der Folge rasch. In den 1990er-Jahren integrierte Simba Toys die Firmen Dickie Spielzeug, Eichhorn und Schuco, Anfang dieses Jahrzehnts folgten Noris Spiele, Big und Nicotoy. Auf diese Weise entstand die Simba-Dickie-Group, die heute zu den weltweit größten Herstellern in ihrem Segment zählt. Sie unterhält knapp 30 Niederlassungen und Vertretungen, darunter in Hongkong den zweiten Hauptsitz neben Fürth. Mehr als 20 Dependancen finden sich in Europa, weitere sind in Asien und Nordamerika ansässig. Die Simba-Dickie-Group beschäftigt über 1.000 Mitarbeiter. Das Gesamtangebot umfasst mehr als 3.000 Produkte. Unter dem Dach der Gruppe werden zahlreiche Marken vertrieben, darunter *Dickie* Spielzeug mit ferngesteuerten Autos, *Eichhorn* mit Spielzeugeisenbahnen oder *Big* mit dem Kinderfahrzeug *Bobby-Car*. Die Simba-Dickie-Group entwickelt alle Produkte selbst, lässt sie in Fachbetrieben fertigen und übernimmt den weltweiten Vertrieb.

UNTERNEHMEN

Simba Toys GmbH & Co. KG
Werkstr. 1
90765 Fürth
✆ (09 11) 97 65-01
🖳 www.simbatoys.de

SIMYO

Die simyo GmbH mit Sitz in Düsseldorf zählt zu den ersten Mobilfunk-Discountern Deutschlands. Der Markenname simyo ist ein Kunstname und setzt sich aus „sim" für Sim-Karte und „yo", jugendsprachlich für „ja", zusammen. Im Hinblick auf komplizierte Tarifgestaltungen der anderen Mobilfunkanbieter steht die Marke für Vereinfachung und Vergünstigung im Bereich der mobilen Kommunikation und bringt dies durch den Slogan „Weil einfach einfach einfach ist" zum Ausdruck. Die Mobilfunknutzer zwischen 14 und 64 Jahren haben die Möglichkeit, via Internet eine Sim-Karte mit Wunschrufnummer (sofern diese noch nicht belegt ist) zu erwerben. Durch diesen Vertriebsweg entfallen Vertriebskosten. Zudem kann der Nutzer frei entscheiden, ob er sein Guthaben manuell, automatisch, per SMS, Banküberweisung, Kreditkarte, Lastschrift oder Dauerauftrag aufladen möchte. Gründer und Geschäftsführer Rolf Hansen ist überzeugt von dem „No frills" (dt. ohne Schnickschnack) Konzept, das bereits seit Jahren auf dem skandinavischen Markt erfolgreich eingesetzt wird. Aus diesem Grund entwickelte er zusammen mit dem Gründerteam und → E-Plus als Partner die Marke simyo und revolutionierte den drittgrößten Mobilfunkmarkt der Welt, Deutschland. Das „y" im Logo visualisiert eine stilisierte Stimmgabel, die den Kammerton A vorgibt. Dieser findet sich auch als Freizeichen in der Telefonie wieder und steht im direkten Zusammenhang mit dem Produkt. Die CI-Schriften sind Arial und Futura BT, die in der Farbgebung Pantone 1505 C erscheinen. Die Dienstleistungsmarke simyo wurde Ende Mai 2005 gegründet. Das Unternehmen unter der Leitung von Gründer Rolf Hansen beschäftigt 30 Mitarbeiter und vermarktet seine Produkte wie simyo Basic und simyo Flat derzeit vor allem in Deutschland.

UNTERNEHMEN

simyo GmbH
Ernst-Gnoss-Str. 24
40219 Düsseldorf
✆ (02 11) 88 25 05-0
🖷 (02 11) 88 25 05-55
🖳 www.simyo.de

SINALCO

Die Getränkemarke Sinalco, die lt. Hersteller älteste Softdrinkmarke des europäischen Kontinents, ist seit über 100 Jahren als alkoholfreies Erfrischungsgetränk bekannt und geht zurück auf den Naturheilkundler Friedrich Eduard Bilz. Aus verschiedenen Früchten stellte er eine Essenz her, die sich in Wasser auflösen ließ und zunächst als Bilz-Brause

Die 0,2 l Sinalco-Flasche wurde, analog des Designs aus den 1950er-Jahren, im Jahr 2000 im Markt wieder eingeführt.

auf den Markt kam. 1905 entstand der Markenname Sinalco im Rahmen eines Preisausschreibens. Der Detmolder Fabrikant Franz Hartmann übernahm den internat. Vertrieb und die Herstellung von Sinalco. Das Logo, ein roter Punkt mit schräg gestelltem Sinalco-Schriftzug, entwickelte 1937 der damalige Sinalco-Direktor Gustav G. Hardorp. In den 1950er-Jahren erweiterte Sinalco die Produktpalette zunächst mit der Sinalco Cola. Heute gibt es Sinalco in Deutschland in elf verschiedenen Geschmacksrichtungen. Alle Sinalco-Produkte werden mit natürlichem Mineralwasser hergestellt. Seit 2003 gehört auch die Mineralwassermarke *Aquintéll* mit zum Portfolio. Ein Alleinstellungsmerkmal von Sinalco ist die eigene, weltweit geschützte Formflasche. Der Jingle „Die Sinalco schmeckt", nach der Melodie des Flohwalzers, stammt bereits aus den 1960er-Jahren. Nach einer Phase wechselnder Anteilseigner startete 1994 die Duisburger Getränkegruppe H. Hövelmann mit der Gründung der Deutsche Sinalco GmbH Markengetränke & Co. KG den Relaunch der Kultmarke – zunächst in Deutschland, bald darauf auch in Österreich und Luxemburg. Heute liegen die Anteile der Deutschen Sinalco zu gleichen Teilen bei Sinalco International und bei den RheinfelsQuellen H. Hövelmann. Im Jahr 2000 führte Sinalco die Formflasche wieder neu in der Gastronomie ein, im Handel werden die Softdrinks seit 2002 in PET-Individualflaschen im eigenen Markenmehrwegkasten angeboten. Sinalco wird in über 50 Ländern vertrieben.

DATEN UND FAKTEN

Markenname: Sinalco, Kunstname, abgeleitet aus lat. „sine alcohole" für „ohne Alkohol"

Slogan: „Die Sinalco schmeckt." (1960er-Jahre)

Markenregistrierung: 1905, Kaiserliches Patentamt Berlin

Markenbekanntheit: 91 % gest. (IfD, 2006)

Auszeichnungen:
„Sachon Webby" für Internetauftritt (2005)

UNTERNEHMEN

Deutsche Sinalco GmbH Markengetränke & Co. KG
Römerstr. 109
47179 Duisburg
✆ (02 03) 99 19-0
🖷 (02 03) 99 19-1 60
🖳 www.sinalco.de

SIPERNAT

Die Industriemarke SIPERNAT zählt zu den Silica-Marken der Evonik Degussa GmbH. Es handelt sich um eine Produktlinie von synthetischen Specialty Silicas, die u. a. zur Verbesserung des Fließverhaltens oder zur besseren Dosierbarkeit von Lebens- und Futtermitteln eingesetzt wird. Als weißes Pulver ist Silica auf der Grundlage von Silicon Dioxid vielfältig verwendbar. Es wird in seiner Rezeptur an spezielle technische Erfordernisse angepasst oder maßgeschneidert. Silica kommt in so unterschiedlichen Bereichen wie zur Verbesserung des Fließverhaltens, für Anticaking in der Lebensmittelindustrie (SIPERNAT 22 S, SIPERNAT 50 S), in der Futtermittelindustrie zur Umwandlung von Vitamin-E-Acetat in Pulverform (SIPERNAT 2200, SIPERNAT 22) oder zur Herstellung von Entschäumern (SIPERNAT D 10) zum Einsatz. Die Evonik Degussa GmbH verfügt über mehr als 50 Jahre Erfahrung in der Erforschung und Herstellung von Silica und ist nach eigenen Angaben der weltweit größte Hersteller von Specialty Silicas. Sie verfügt über zehn Standorte in drei Erdteilen, wo neben der Produktlinie SIPERNAT u. a. auch die Silica-Marke →ULTRASIL produziert wird. Zu weiteren Produktlinien des Spezialchemie-Unternehmens zählen das Silan →Si 69 oder das Mattierungsmittel →ACEMATT. Im Jahr 2006 erzielte das Unternehmen unter dem Vorstand von Dr. Klaus Engel mit rund 35.000 Mitarbeitern weltweit insgesamt ca. 11 Mrd. Euro Umsatz. Seit 2007 bildet sie den Geschäftsbereich *Chemie* der Evonik Industries AG, die weiterhin die Geschäftsfelder *Energie* und *Immobilien* führt.

Die Marke SIPERNAT steht für synthetische Silica, die vielseitig einsetzbar sind.

DATEN UND FAKTEN

Markenname: SIPERNAT, Kunstname

Erfinder: Degussa, 1968

Markenregistrierung: 24. 09. 1968, DPMA München

Markenwebsite: www.sipernat.com

UNTERNEHMEN

Evonik Industries AG
Rellinghauser Str. 1–11
45128 Essen
✆ (02 01) 1 77-01

In der Heimanwendung werden Sista-Produkte mit einem Spender für Küche (Mitte) und speziell für Dusche & Bad (unten) angeboten.

🖷 (02 01) 1 77-34 75
💻 www.evonik.de

SISTA

Mit dem Slogan „Ganz schön dicht" wird für die Dichtstoffmarke Sista von →Henkel geworben. Sie richtet sich gleichermaßen an Do-it-yourself-Anwender und an Handwerker. Zum Portfolio gehören verschiedene Fugendichtmassen und Schäume auf Silikon-, Acrylat-, Polymer- und PU-Basis. Henkel vertreibt Sista seit 1972, allerdings wurde die Marke bereits 1953 registriert. Die ersten Produkte entwickelte die Abteilung Bauwerkstoffe des Klebstoffwerks Henkel. Aktuell gibt es in Deutschland 22 Sista-Artikel für Handwerker, zum Schutz und Abdichten von Fassaden und Flächen sowie im Bereich der Installations- und Holztechnik. Für die Heimanwendung werden 17 Produkte für das Abdichten von Fugen und Montieren von Türen und Fenstern angeboten. Das neueste Sista-Produkt ist Einfach Silicon. Der Fugendichtstoff ist wasserbasiert und lässt sich mit bloßen Fingern und klarem Wasser glätten, korrigieren und reinigen. Die Silikonmasse ist absolut geruchslos, pilzhemmend sowie UV- und witterungsbeständig. Das Sista-Markenlogo ist dem anderer Henkel-Produkte der Sparte Adhesives Technologies (Klebstoff Technologien) ähnlich. Wie bei →Metylan, →Ponal oder →Pattex steht der Markenname in einem Fond, dessen Umrisse einen nach oben gerichteten Pfeil darstellen. Unterschiede sind in der Farbgebung zu finden: Bei Sista ist der Schriftzug und der quadratische Hintergrund um den weißen Pfeil in Pastellgrün gehalten. Die dominante Verpackung für Sista-Fugenmaterial ist die an einen überdimensionierten Stift erinnernde Kartusche, die mit entsprechenden Kartuschenpistolen genutzt werden kann. Sista gehört zum Henkel-Unternehmensbereich Adhesives Technologies (Klebstoff Technologien). Der Gesamtumsatz in diesem Bereich betrug im Jahr 2006 rund 5,5 Mrd. Euro. Henkel ist sowohl im Konsumenten- als auch im Profi- und Industriebereich einer der bedeutendsten Produzenten von Klebstoffen.

DATEN UND FAKTEN

Markenname: Sista, Kunstname

Slogan: „Ganz schön dicht"

Erfinder: Klebstoffwerk Henkel, Abteilung Bauwerkstoffe

Sista-Produkte gibt es auch zum Abdichten von Flächen und Fassaden.

Markenregistrierung: 21. 07. 1953, DPMA München

Innovationen: Einfach Silicon, lässt sich mit Wasser und Fingern glätten und korrigieren

Markenwebsite: www.sista.de

UNTERNEHMEN

Henkel KGaA

Hauptsitz: Düsseldorf, Deutschland

Weitere Marken: s. →Henkel

Gesamtumsatz: 12,740 Mrd. Euro (2006)

Vertrieb: weltweit in mehr 125 Ländern

KONTAKT

Henkel KGaA
Henkelstr. 67
40589 Düsseldorf
✆ (02 11) 7 97-0
🖷 (02 11) 7 98-40 08
💻 www.henkel.de

MEILENSTEINE

1972 Sista-Produkte werden erstmals verkauft. Das Portfolio umfasst auch Fugendichtmassen, die von den Firmen Sichel und Orba übernommen wurden.

1997 Die Markenprodukte werden nur noch für Handwerker angeboten.

2004 Henkel entschließt sich, Sista wieder für den „Do it yourself"-Markt anzubieten.

Ansprechpartner Presse:
Peter Lienkamp
✉ press@henkel.com

SIXT

Die Marke Sixt steht für eine umfangreiche Auswahl an weltweiten Mobilitätsdienstleistungen wie Autovermietung, Chauffeurservice, Fuhrparkmanagement, Flottenconsulting und Fahrzeugleasing. Der Markenname geht zurück auf Martin Sixt, der 1912 eine der ersten Autovermietungen Deutschlands mit sieben Fahrzeugen gründete. Nach dem 2. Weltkrieg übernahm Gründersohn Hans Sixt die Unternehmensgeschäfte. Schwerpunkt in den ersten Nachkriegsjahren war die Vermietung von Export-Taxis an Angehörige der US-Armee. 1967 startete Sixt in Deutschland mit einem eigenen Leasingprogramm.

Sixt gilt als eine der bekanntesten Dienstleistungsmarken Deutschlands.

Ende der 1980er-Jahre ging das Unternehmen mit der Sixt Aktiengesellschaft an die Börse. Zahlreiche neue Services wie der Car Express Automat machten Sixt seither zum Innovationsführer der Branche. In den 1990er-Jahren baute das Unternehmen seine internat. Präsenz systematisch aus. Sixt ist heute in über 85 Ländern mit rund 150.000 Fahrzeugen, 3.500 Vermietstationen und über 3.000 Mitarbeitern vertreten. In erster Linie nehmen Geschäftsreisende und Firmenkunden die Dienste des Unternehmens in Anspruch. Aber auch Privatpersonen, die die Angebote von Sixt *holiday cars* in ihrem Urlaub nutzen, bilden eine wichtige Kundengruppe. Der ADAC, die → Deutsche Bahn, Airlines wie die → Deutsche Lufthansa und große Hotelketten wie die Hilton-Hotels sind Kooperationspartner von Sixt. Studien ergaben, dass Sixt eine der bekanntesten Dienstleistungsmarken in Deutschland ist. Gemessen am Umsatz ist Sixt Deutschlands Nummer 1 der Autovermietungen.

DATEN UND FAKTEN

Markenname: Sixt, Deutschland, abgeleitet vom Namen des Gründers, Martin Sixt

Slogan: „The Spirit of Mobility"

Gründer: Martin Sixt, 1912

Markenregistrierung: 27.03.1987, DPMA München

Innovationen: e-Commerce-Plattform für Autos u. Reisen

Auszeichnungen:
„Business Traveller Award" als bester Autovermieter Europas (2006)

UNTERNEHMEN

Sixt AG

Hauptsitz: Pullach, Deutschland

Vorstandsvorsitzender: Erich Sixt

Konzernumsatz: 1,4 Mrd. Euro (2006)

KONTAKT

Sixt AG
Zugspitzstr. 1
82049 Pullach
☏ (0 89) 7 44 44-0
🖷 (0 89) 7 44 44-8 66 66
💻 www.sixt.de

Ansprechpartner Presse:
Frank Elsner Kommunikation
☏ (0 54 04) 91 92 0
✉ office@elsner-kommunikation.de

MEILENSTEINE

1912 Martin Sixt gründet eine der ersten Autovermietungen Deutschlands mit sieben Fahrzeugen.

1967 Auto Sixt startet mit einem Leasingprogramm.

1986 Die Sixt Aktiengesellschaft wird an der Börse eingeführt.

2006 Sixt erreicht eine weltweite Präsenz in über 85 Ländern.

Anzeigenkampagne des Mobilitätsdienstleisters Sixt (Mitte), Regine Sixt (unten)

Ansprechpartner Marketing:
Regine Sixt
✉ rs@sixt.de

Lead-Agentur:
Jung von Matt
www.jvm.de

Als Synonym für Kunstleder wurde skai sogar in den Duden aufgenommen.

SKAI

Die Konrad Hornschuch AG führte 1958 die Marke skai für Folien und Synthetics ein, die vormals ohne Markenbezeichnung unter dem Namen „Kunstleder" vertrieben wurden. Ziel dabei war es, hochwertigem Kunstleder, das Ende der 1950er-Jahre bereits in zahlreichen Produkten Verwendung fand, einen griffigen Markennamen zu geben und die Botschaft zu vermitteln: „Es gibt gewöhnliches Kunstleder; und es gibt skai." Die Marke war so erfolgreich, dass skai als Synonym für Kunstleder in den Duden aufgenommen wurde und in den 1970er-Jahren Taschen, Koffer und Mäntel das skai-Logo sichtbar als Qualitätsnachweis trugen. Mittlerweile produziert Hornschuch auch Folien, Schaumfolien und beschichtete Trägermaterialien für den Industriebereich unter der Marke skai. Der Markenname ist ein Kunstname mit internat. eingängigem Wortklang. Er wurde von der Agentur Dorland im Jahr 1958 entwickelt. Das aktuelle Markenlogo hat die Agentur slogan entwickelt. Es zeigt den Markennamen in roten Minuskeln in einer rechteckigen schattierten Vignette. Es verweist gemäß dem Slogan „The skin of your product" auf die besondere Optik und Haptik der Produkte. Blindversuche belegen nach Angaben des Herstellers, dass die Oberfläche der Produkte nicht vom jeweiligen Naturprodukt, z. B. Holz oder Leder, zu unterscheiden ist. Die Konrad Hornschuch AG beschäftigte 2006 weltweit 850 Mitarbeiter und erzielte einen Gesamtumsatz von 150 Mio. Euro. Der Anteil von skai lag bei ca. 65 % des Unternehmensumsatzes. Aktuell konzentriert man sich bei Innovationen auf die Weiterentwicklung funktionaler Oberflächenlösungen.

UNTERNEHMEN

Konrad Hornschuch AG
Salinenstr. 1
74679 Weißbach
✆ (0 79 47) 81-0
Fax (0 79 47) 81-3 00
www.skai.de

Skil ist eine Marke von Bosch.

SKIL

Skil steht für Werkzeugprodukte wie Schlagbohrmaschinen, Schleifgeräte, Kreissägen oder Elektrohobel. Zu den Produktneuheiten der Marke zählt der Multi Cutter, Modell 2900, ein akkubetriebenes Werkzeug zum Schneiden unterschiedlicher Materialien. Das Logo zeigt den Markennamen in dunkelroten, kursiv gesetzten Versalien. Die Marke sponsert ein Profiradsportteam, Skil-Shimano, das an der „Europe Tour" des internat. Radsportverbands UCI teilnimmt. 1923 entwickelte der Amerikaner Edmond Michel die erste Handkreissäge, die elektrisch betrieben wurde. Zunächst als Michel Electric Hand Saw Company gegründet (1924), wurde das Unternehmen schon ein Jahr später in Skilsaw Inc. umbenannt. Die elektrische Handkreissäge wurde vor allen Dingen von Bauarbeitern eingesetzt. In den 1950er-Jahren – die Firma hieß nun Skil Corporation – war Kanada erstes Exportland, europäische Länder folgten. Am Ende der Dekade gab es eine umfangreiche Produktpalette, mit der nicht nur professionelle Nutzer angesprochen wurden. Das ist auch heute noch so: Heimwerker und „kostenbewusste Profis" sind die wichtigsten Zielgruppen. Anfang der 1960er-Jahre wurde die erste europäische Produktionsstätte in den Niederlanden eröffnet. 1996 übernahm → Bosch die Skil Corporation. Die Marke wird heute – neben Bosch selbst und → Dremel – im Geschäftsbereich „Power Tools" geführt. Skil ist heute in über 20 Ländern in Nordamerika und Europa vertreten. In Deutschland ist Skil über ein Servicezentrum der Robert Bosch GmbH in Kalefeld-Willershausen und die Vertriebszentrale für Skil Deutschland in Leinfelden-Echterdingen zu erreichen.

UNTERNEHMEN

Robert Bosch GmbH – Vertrieb SKIL Deutschland
Postfach 10 01 56
70745 Leinfelden-Echterdingen
✆ (0 18 01) 50 50 10
Fax (0 18 01) 50 50 11
www.skil.de

Das Škoda-Logo mit dem geflügelten Pfeil wurde in seiner ursprünglichen Form bereits 1923 entwickelt (oben). Auszug aus der Modellpalette: Škoda Octavia RS (Mitte) und der 2006 eingeführte Škoda Roomster (unten).

ŠKODA AUTO

Das tschechische Unternehmen Škoda Auto a.s. kann als einer der ältesten Automobilhersteller der Welt auf eine lange Tradition zurückblicken. Vaclav Laurin und Vaclav Klement begannen 1895 zunächst mit der Herstellung von Fahrrädern. Das erste Automobil

Der Škoda Fabia Combi ist das neueste Modell des tschechischen Traditionsherstellers.

aus dem Hause Laurin & Klement kam 1905 auf den Markt. 1925 fusionierte das Unternehmen mit den Škoda Werken Pilsen. Nach dem Zusammenschluss entstanden Automobile mit 4, 6 und 8 Zylindern, die unter dem neuen Namen Škoda vermarktet wurden. Heute sieht sich der Autobauer Škoda als Garant für hochwertige Qualität und ein ansprechendes Design zu einem attraktiven Preis-Wert-Verhältnis. Zur Zielgruppe gehören insbesondere Familien und Mehrwagenhaushalte. 2006 wurden insgesamt rund 550.000 Fahrzeuge der Modellreihen *Fabia*, *Octavia*, *Roomster* und *Superb* produziert, die über Vertriebspartner in weltweit 100 Ländern verkauft werden. Das Logo mit dem geflügelten Pfeil wurde in seiner ursprünglichen Form bereits 1923 von den Škoda Werken entwickelt. Es soll technischen Fortschritt und moderne Produktionsmethoden assoziieren. Das integrierte stilisierte Auge in Grün (Pantone 3425) und der äußere Kreis sollen Präzision, Weitblick und die Globalisierung veranschaulichen. Seit 1993 erscheint der geflügelte Pfeil in Grün. Die neue Farbgebung soll die Eigenständigkeit der Marke zum Ausdruck bringen. Als Hausschrift dient eine Eigenentwicklung mit dem Namen Škoda Sans. Die Marketingstrategie des Unternehmens verfolgt das Ziel, die Marke Škoda sukzessive zu emotionalisieren. Mittelfristig soll die Emotion als weitere Säule das Image der Marke bestimmen. 2006 erzielte Škoda Auto a.s. mit 27.000 Mitarbeitern einen Umsatz von 7,4 Mrd. Euro. Das Unternehmen steht seit 1. Oktober 2007 unter der Leitung von Reinhard Jung. Seit 1991 ist Škoda Auto a.s. Teil des →Volkswagen Konzerns.

DATEN UND FAKTEN

Markenname: Škoda, Tschechien, abgeleitet vom Familiennamen des Unternehmers Emil Škoda

Slogan: „Škoda. Simply clever" (seit Ende 2003), „Škoda. Sieh mal an!" (bis 2003), „Škoda. Ganz schön clever." (bis Ende 2003)

Erfinder: Vaclav Laurin und Vaclav Klement, 1895, Mladá Boleslav/Tschechien

Markeneinführung: 1925, Tschechien

Innovationen: Škoda Roomster (2006), Škoda Fabia II (2007), Škoda Superb II (2008)

Auszeichnungen:
„Goldenes Lenkrad" Bild am Sonntag für *Škoda Fabia* (1999, 2007)
„Goldenes Lenkrad" Bild am Sonntag für *Škoda Octavia* (2004)
„red dot award: product design" für *Škoda Octavia Combi* (2006)
„red dot award: product design" für *Škoda Roomster* (2007)
„Auto-Umwelt-Zertifikat" Öko-Trend für *Škoda Fabia Combi* (2007)

UNTERNEHMEN

Škoda Auto a.s.

Hauptsitz: Mladá Boleslav, Tschechien

Geschäftsführer: Reinhard Jung, Škoda Auto Deutschland: Alfred E. Rieck (Sprecher der Geschäftsführung)

Gesamtumsatz: 7,4 Mrd. Euro (2006), Škoda Auto Deutschland: 1,602 Mrd. Euro (2006)

MEILENSTEINE

1905 Erstes Automobil von Laurin & Klement ist die Voiturette Typ A.

1925 Zusammenschluss von Laurin & Klement mit den Škoda Werken Pilsen. Produktion unter der Marke Škoda

1934 Einführung des ersten Kompaktwagens Škoda Popular und des Luxusmodells Škoda Superb.

1959 Der Škoda Octavia kommt auf den Markt.

1987 Umstellung auf Frontmotor und Vorderradantrieb (Škoda Favorit)

1991 Aufnahme in den Volkswagen Konzern

1996 Beginn der neuen Ära mit der Vorstellung des Škoda Octavia

2006 Einführung des Škoda Roomster

Vertrieb: in 100 Ländern über Vertriebspartner

KONTAKT

Škoda Auto Deutschland GmbH
Brunnenweg 15
64331 Weiterstadt
✆ (0 61 50) 1 33-1 24
🖷 (0 61 50) 1 33-1 29
💻 www.skoda-auto.de

Ansprechpartner Presse:
Nikolaus Reichert
✆ (0 61 50) 1 33-1 20
✉ nikolaus.reichert@skoda-auto.de

Ansprechpartner Marketing:
Uwe Ungeheuer
✆ (0 61 50) 1 33-3 61
🖷 (0 61 50) 1 33-3 59

Lead-Agentur
Leagas Delaney Hamburg
💻 www.leagasdelaney.de

SMA

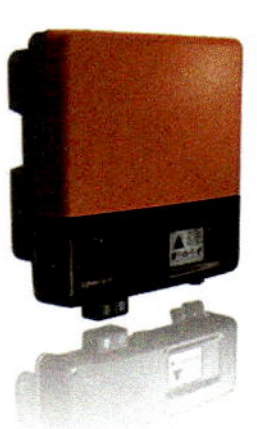

Solarwechselrichter von SMA kommen nach Unternehmensangaben in jeder zweiten Solarstromanlage weltweit zum Einsatz.

Die SMA Technologie AG, 1981 von den heutigen Vorständen Günther Cramer, Peter Drews und Reiner Wettlaufer als SMA Regelsysteme GmbH gegründet, entwickelt und produziert Solarwechselrichter für Photovoltaikanlagen in allen Leistungsgrößen sowie Überwachungskomponenten für Solarstromanlagen. Die Produktpalette reicht vom *Sunny Boy* für Kleinanlagen über den *Sunny Central* für den Einsatz in Solarkraftwerken im Megawattbereich bis zum *Sunny Island*, einem Inselstrom-System zur autarken Stromversorgung netzferner Gebiete. Der Kundenstamm rekrutiert sich vornehmlich aus Solar-Fachinstallateuren, Investoren und Großhändlern der Solarbranche. Den Markennamen SMA, die Abkürzung für System-, Mess- und Anlagentechnik, wählten die Gründer, um die komplexe und hochtechnologische Kernkompetenz des Unternehmens in leicht verständlicher Form zu transportieren. Das Markenlogo wurde in seiner Grundform 1988 entworfen und 1990 überarbeitet. Die Farbe Blau steht dabei für Verlässlichkeit und Technik, die Farbe Rot soll Energie und Innovation symbolisieren. SMA ist eine dt. Marke, die weltweit eingesetzt und verstanden wird. Das Unternehmen besitzt Niederlassungen in ganz Europa, den USA sowie in China und Südkorea und ist damit in wichtigen Wachstumsmärkten vertreten. Mit einer installierten Gesamtleistung von ca. drei Gigawatt und einem Innovationszyklus von nur 18 Monaten ist die SMA Technologie AG einer der weltweit führenden Solartechnikanbieter. Das Unternehmen, das derzeit ca. 1.750 Mitarbeiter beschäftigt, erzielte 2006 einen Umsatz in Höhe von ca. 200 Mio. Euro. Im selben Jahr wurde der Vorstand um Pierre-Pascal Urbon als viertes Mitglied erweitert. Die SMA Technologie AG steht auch für Mitarbeiterbeteiligung und kooperative Unternehmensführung. Eine hohe Qualifikation und die Beteiligung der Mitarbeiter an Entscheidungsprozessen und am Gewinn spielen dabei eine wichtige Rolle. Die Aktien der Gesellschaft befinden sich bis heute ausschließlich in den Händen von Mitarbeitern.

DATEN UND FAKTEN

Markenname: SMA, Abkürzung für **S**ystem-, **M**ess- und **A**nlagentechnik

Slogan: „Innovation in Systemtechnik für den Erfolg der Photovoltaik"
(seit 1981)

Gründer: Günther Cramer, Peter Drews, Reiner Wettlaufer, 1981, Niestetal

Markenregistrierung: 14.02.1995, DPMA München

Innovationen: Stringtechnologie zur Vereinfachung der Anlagenmontage, Schaltungskonzept H5-Topologie, Kühlkonzept OptiTrac, erster Solarwechselrichter mit 98 % Spitzenwirkungsgrad

Jahresumsatz: 200 Mio. Euro (2006)

Auszeichnungen:
„Innovationspreis" der SPD (2005)
„Testsieger", Stiftung Warentest für *Sunny Boy 3300* (1999+2006)
„Entrepreneur 2006" Wirtschaftsprüfungsgesellschaft Ernst & Young in der Kategorie Industrie (2006)
„Great Place to Work", Top 5 bei „Europas beste Arbeitgeber" (2006)

UNTERNEHMEN

SMA Technologie AG
Hannoversche Str. 1-5
34266 Niestetal
✆ (05 61) 95 22-0
🖷 (05 61) 95 22-1 00
💻 www.sma.de

SMART

Unter der Marke smart vertreibt die Daimler AG kompakte Automobile vornehmlich für den Stadtverkehr. smart entstand 1994 mit einem Jointventure von Mercedes-Benz und Swatch, die der Marke auch ihren Namen gaben: smart ist ein Akronym aus den Elementen Swatch und Mercedes Art. Das gemeinsame Unternehmen wurde ursprünglich als Micro Compact Car AG in Biel in der Schweiz gegründet. Mit der Markteinführung des smart *city coupé* 1998 übernahm die DaimlerChrysler AG das Unternehmen zu 100 %. Die Einführung des smart erfolgte zu einer Zeit, in der sich ein Bewusstseinswandel in der Automobilnutzung in Gang setzte und die Innenstädte häufig verstopft waren. Mit dem smart kam ein neues Auto für mobile, umweltbewusste Stadtmenschen auf den Markt. Das Konzept des kompakten Zweisitzers ist auch heute noch einzigartig. Durch die Entwicklung intelligenter alternativer Antriebe wie dem Micro-Hybrid-Drive behauptet sich smart in der Automobilbranche. Bis zum Wechsel des Slogans zu „open your mind" wurden die Fahrzeuge mit dem Slogan „reduce to the max" beworben. Das aktuelle Logo wurde 2001 im Unternehmen entwickelt. Es zeigt ein silbernes Rad mit einer nach rechts auf den in Smart Courier gesetzten Markennamen. Das silberne Rad symbolisiert Bewegung und der orange Pfeil Dynamik. Silber soll dabei für Innovation und Funktionalität, Orange für Lebensfreude stehen. Neun Jahre nach der Markteinführung des smart *city coupé* wurde 2007 der neue smart *fortwo* vorgestellt. Die Fahrzeuge werden in mittlerweile 38 Ländern vertrieben. Ab 2008 soll auch der US-amerikanische Markt bedient werden.

„Open your mind": smart.

UNTERNEHMEN

Daimler AG
smart
Epplestr. 137
70567 Stuttgart
www.smart.com

SMINT

Seit über zehn Jahren gehört die Marke SMINT zu den beliebtesten Zahnpflegebonbons in Deutschland. Diese Positionierung unterstreicht auch der aktuelle Slogan: „SMINT – Frische und Zahnpflege für die ganze Familie". Die zuckerfreien SMINT Pastillen sorgen in sieben verschiedenen minzigen und fruchtigen Geschmacksrichtungen für frischen Atem nach dem Essen, Rauchen oder Kaffee. Darüber hinaus leistet SMINT einen Beitrag zur täglichen Zahnpflege: Die Pastillen beinhalten den hochwertigen Zuckeraustauschstoff Xylit, der die Speichelproduktion anregt und kariesverursachenden Zahnbelag reduziert. 1994 wurde die Marke SMINT mit dem bekannten Slogan „No SMINT – No Kiss" von der Familie Bernat, den Gründern des Lutscherunternehmens Chupa Chups, in den dt. Markt eingeführt. 2005 folgte die erfolgreiche Einführung der Tochtermarke White by SMINT. Mittlerweile hat sich SMINT als Zahnpflegebonbon etabliert und wirbt 2007 mit Fußball-Profi Torsten Frings für Frische und Zahnpflege. Markenzeichen von SMINT ist der patentierte Dispenser, der seit der Einführung des Produktes 1994 nicht verändert wurde. Er ist hygienisch und handlich und garantiert für die Frische der Pastillen. Unverkennbar am Dispenser ist ebenfalls die vertikale Position des SMINT Logos, welches 2007 erstmalig modernisiert wurde. Die Marke SMINT gehört seit 2006 zum ital.-niederl. Unternehmen Perfetti van Melle mit Hauptsitz in Lainate, Italien. Für den Vertrieb in Deutschland über den Lebensmitteleinzelhandel, Drogeriemärkte und den Convenience-Bereich (Kioske, Tankstellen) ist die CFP Brands Süßwarenhandels GmbH & Co. KG in Bonn verantwortlich.

Das SMINT-Logo steht für Frische und Zahnpflege.

UNTERNEHMEN

CFP Brands Süßwarenhandels GmbH & Co. KG
Mildred-Scheel-Str. 1
53175 Bonn
(02 28) 9 23 62-0
(02 28) 9 23 62-49
www.smint.de

SNICKERS

Die Marke Snickers steht für Schokoladenriegel. Das klassische Snickers besteht aus Erdnüssen und weißem Nougat mit einer Schicht Karamell und ist von Milchschokolade umhüllt. Neben Snickers in verschiedenen Größen und Verpackungsformen ist in Deutschland auch Snickers *Cruncher* mit Knusperreis im Angebot. Der Markenname Snickers geht auf eines der Lieblingspferde der Familie Mars zurück. Frank und Ethel Mars hatten den Riegel 1929 entwickelt. Das Logo zeigt den Markennamen in dunkelblauen, kursiv gesetzten Versalien auf weißem Grund, versehen mit einem roten Rah-

Nach Angaben des Herstellers der meistverkaufte Schokoriegel weltweit

SÖBBEKE
Die Bio-Molkerei!

Die Molkerei Söbbeke verwendet ausschließlich Bio-Milch.

SOEHNLE

Soehnle gehört seit 2001 zur Leifheit AG.

men. Seit 2005 heißt der Slogan, der für die Marke wirbt: „SNICKERS. Und weiter geht's." Snickers ist Teil der großen Konsumgütermarken-Familie der Mars Inc. Frank und Ethel Mars hatten 1911 damit begonnen, in der heimischen Küche Bonbons herzustellen. 1930 erlebte Snickers die Markteinführung – zum Preis von fünf Cent pro Riegel. Snickers war Sponsor wichtiger Sportereignisse, wie z.B. der Olympischen Spiele 1984 und der Fußball-WM 1994. Der Gesamtumsatz der Marke liegt bei 2 Mrd. USD pro Jahr. Snickers ist nach Angaben des Herstellers der meistverkaufte Schokoriegel weltweit. Weitere wichtige Marken der Mars Inc. sind im selben Segment →Mars, Bounty und Milky Way, bei Heimtiernahrung →Whiskas und →Pedigree. Mars Inc. ist mit 215 Standorten in 65 Ländern und 38.000 Mitarbeitern eines der weltweit führenden Unternehmen der Konsumgüterindustrie. In Deutschland wird der Konzern durch die Mars GmbH vertreten. Sie hat 1.900 Mitarbeiter.

UNTERNEHMEN

Mars GmbH
Eitzer Str. 215
27283 Verden
✆ (0 42 31) 94-0
🖷 (0 42 31) 94-43 26
💻 www.snickers.de

SÖBBEKE

Söbbeke ist eine Marke der Konsumgüterindustrie und steht innerhalb der Lebensmittelbranche für Bio-Milchprodukte. Das Unternehmen ist eigener Aussage zufolge die einzige Bio-Molkerei Deutschlands, die ausschließlich Bio-Milch verwendet. Das Sortiment umfasst neben Flaschenmilch und Joghurt in unterschiedlichen Geschmacksrichtungen auch Butter, Buttermilchspezialitäten, Desserts, Molkedrinks, Quark und Käseprodukte. Söbbeke wird von ca. 160 Bauern beliefert und verarbeitet jährlich ca. 42 Mio. l Milch in der Molkerei in Gronau und in der Käserei in Rosendahl. Produkte von Söbbeke werden überwiegend nach Demeter-, Naturland- und Biolandstandards hergestellt, deren Einhaltung lt. Hersteller in einem betriebseigenen Labor ständig kontrolliert wird. Zielgruppe sind ernährungs- und umweltbewusste Verbraucher. 1929 kauften die Gebrüder Heinrich und Franz Rogge die 1900 gegründete Molkerei in Gronau, 1968 entstand ein Neubau in Gronau-Epe. Paul Söbbeke übernahm 1988 den Betrieb seines Großvaters Heinrich. Seit 1988 wurde Joghurt produziert und abgefüllt, 1989 begann die Flaschenabfüllung von Milch. 1996 erfolgte die Einrichtung der Käserei in Rosendahl-Holtwick, die 2000 erweitert wurde. Ab 2002 ergänzte Joghurt auf Frucht das Sortiment, seit 2003 wird auf die Verarbeitung konventioneller Milch komplett verzichtet und seit 2005 auch auf die Verwendung zusätzlicher Aromastoffe. Mehrere Produkte der Marke sind preisgekrönt. Söbbeke-Erzeugnisse werden nat. und innerhalb der EG vertrieben. Der Slogan der Firma lautet: „Söbbeke – Die Bio-Molkerei!".

UNTERNEHMEN

Molkerei Söbbeke GmbH
Amelandsbrückenweg 131
48599 Gronau-Epe
✆ (0 25 65) 93 03-0
🖷 (0 25 65) 93 03-60
💻 www.soebbeke.de

SOEHNLE

Unter der Marke Soehnle vertreibt die →Leifheit AG weltweit ein umfangreiches Angebot an Personen-, Küchen-, Haushalts- und Briefwaagen. Dabei setzt sie auf die Verbindung von Präzision und hochwertigem Design. Die Marke Soehnle führt schlichte analoge und digitale Geräte, aber auch Körper-Analysewaagen mit Handlungsempfehlung für den Verbraucher sowie auch Ernährungscomputer. Mehr als 4000 unterschiedliche Waagentypen hat Soehnle bis heute produziert. Zurück geht dieser Erfolg auf Schlosser und Mechaniker Wilhelm Soehnle, der 1868 seine erste Produktionsstätte kaufte, in der auch Waagen gebaut wurden. Bereits 13 Jahre später wurden Soehnles Brückenwaagen für ihren damals sehr hohen technischen Standard prämiert. Nach seinem Tod übernahmen die Söhne Ernst und Heinrich Soehnle das Unternehmen ihres Vaters. Ihnen gelang die Weiterentwicklung von den einstigen Dezimalwaagen für Gewerbe und Landwirtschaft zur ersten Soehnle Personenwaage im Jahr 1956. Digitale Geräte brachten die Brüder ab den 1970er-Jahre in die Haushalte. Zehn Jahre später folgt die elektronische Küchenwaage und 1987 der erste Diätcomputer der Welt. 2007 kam es zum umfassenden Markenrelaunch mit Neupositionierung von Soehnle als Premiummarke, die speziell eine körperbewusste Zielgruppe erreichen möchte. Mit dem Namenszusatz „Life in Balance" soll Soehnle nicht nur als

Produkt, sondern als Lebensstil greifbar werden. Die Soehnle-Gruppe gehört seit 2001 zur Leifheit AG mit Sitz in Nassau und ergänzt das Produktsegment Haushalt und Bad. Das Unternehmen beschäftigt 1.400 Mitarbeiter und erwirtschaftete im Jahr 2006 einen Umsatz von 277 Mio. Euro.

UNTERNEHMEN

LEIFHEIT AG
Leifheitstr. 1
56377 Nassau
(0 26 04) 9 77-0
(0 26 04) 9 77-4 02
www.soehnle.de

SOFIX

Die Marke Sofix gehört zum Unternehmen →Henkel. Sofix-Reiniger säubern verschiedene Bodenbeläge auch bei besonders hartnäckigem Schmutz gründlich und schonend. Deutschlandweit sind die Reiniger der Marke Sofix die Experten, wenn es um hochwertige Böden, geht und die Marke besetzt eine führende Position in ihrem Segment. Für Sofix wird mit besonderen Inhaltsstoffen geworben, die Pflege und Schutz für hochwertige Fußböden wie Parkett, Laminat, Fliesen und Naturstein versprechen. Der Kunstname Sofix soll an die Begriffe „So fix" erinnern und eine einfache und schnelle Reinigung garantieren. Die Wortmarke Sofix ließen die Düsseldorfer Thompson-Werke bereits 1913 markenrechtlich schützen. Aber erst 51 Jahre später brachten sie das erste Sofix Wischpflegemittel auf den Markt. Die Rezepturen und Verpackungen der Produkte wurden ständig weiterentwickelt. Seit 1991 haben die Reiniger waschaktive Substanzen, die auf Basis nachwachsender Rohstoffe hergestellt werden. Mit speziell abgestimmten Pflegeprodukten für jeden Bodenbelag möchte sich Sofix von Wettbewerbern abheben und bietet z. B. mit den Varianten *Sofix Parkett* und *Sofix Laminat* zwei Spezialreiniger für die gründliche Reinigung und Pflege dieser Böden an. Damit passt sich die Marke der gestiegenen Nachfrage nach Pflegemitteln für Holzfußböden an. Zur Produktfamilie gehören außerdem *Sofix Stein, Vollglanz, Pflege-Reiniger* und *Kraft-Reiniger*. Alle Produkte der Marke sind an ihrem einheitlichen Design zu erkennen. Das Markenlogo besteht schlicht aus dem weißen Sofix-Schriftzug. Die eng geschriebenen Großbuchstaben sind blau umrandet. 2001 wurde nach der Fusion von Thompson-Siegel in die Henkel Wasch- und Reinigungsmittel GmbH das Thompson-Logo auf den Verpackungen durch das Henkel-Logo ersetzt. Seit 2007 wird mit dem Slogan „Beste Pflege für Ihren Boden" für die Marke geworben.

Als Reinigungsmittel für alle Böden und jede Gelegenheit wird Sofix beworben. Hier eine Anzeige aus dem Jahr 1991/92, die noch das Thompson-Logo trägt.

DATEN UND FAKTEN

Markenname: Sofix, Kunstname

Slogan: „Beste Pflege für Ihren Boden" (2007)

MEILENSTEINE

1964 Sofix *Wischpflegemittel* von Thompson kommt bundesweit auf den Markt.

1975 Relaunch von *Sofix mit der Schmutzbremse*

1985 *Sofix Schutzreiniger*: Die Rezeptur wird von Seife auf eine synthetische Tensid-Kombination umgestellt.

1988 Relaunch als Boden-Aktivpflege

1990 Sofix wird Dachmarke für Bodenpflegeprodukte von Thompson-Siegel: Integration von Thompson Steinpflege und Speziallöser

1991 Neue Rezepturen mit Tensiden auf Basis nachwachsender Rohstoffe. Die neue Leichtflasche spart 60 % Kunststoff ein.

1993 Das neue *Sofix Supra* ist eine hoch konzentrierte Wischpflege.

2000 Start von *Sofix Feuchte Bodentücher Universal*

2003 *Sofix EasyClean* ist ein neues Wischsystem mit integriertem Reiniger.

Sofix Bodenpflege gibt es auch als Variante speziell für Parkettböden (Mitte) und als Variante zur Pflege und gründlichen Reinigung aller Laminatböden (unten).

Das Solitaire-Logo mit Tänzerin aus den 1930er-Jahren (oben) und das aktuelle Logo (Mitte), *Solitaire Nässe Stop* ermöglicht die sprühnebelfreie Imprägnierung von Leder und Textilien (unten).

Erfinder: Thompson-Werke Düsseldorf, 1964

Markenregistrierung: 24. 06. 1913, Reichspatentamt Berlin

Innovationen: Sofix Feuchte Bodentücher Universal (2000), Sofix EasyClean (2003)

Markenwebsite: www.sofix.de

UNTERNEHMEN

Henkel KGaA

Hauptsitz: Düsseldorf, Deutschland

Weitere Marken: s. → Henkel

Gesamtumsatz: 12,740 Mrd. Euro (2006)

Vertrieb: weltweit in über 125 Ländern

KONTAKT

Henkel KGaA
Henkelstr. 67
40589 Düsseldorf
✆ (02 11) 7 97–0
🖷 (02 11) 7 98–40 08
💻 www.henkel.de

Ansprechpartner Presse:
Marion Schwenker
✉ press@henkel.com

SOLITAIRE

Die Konsumgütermarke Solitaire wird von der Bergal, Nico & Solitaire (BNS) Vertriebsgesellschaft mbH vertrieben. Sie steht für ein umfangreiches Sortiment an Schuhpflegemitteln mit etwa 70 Produkten und 160 Varianten. Das Unternehmen wurde 1926 unter einem anderen Namen gegründet und kurz darauf in Solitaire GmbH umbenannt. 1929 ging es auf die Mainzer Firma Werner & Mertz über. Der Markenname Solitaire steht als Begriff für einen einzeln gefassten, besonders großen Diamanten. Das erste Logo der Marke zeigte eine Tänzerin, die einen Diamanten über sich hält. Im nachfolgenden Logo, einer Abstraktion der Initiale S in Brauntönen, bildete das Ursprungslogo den I-Punkt. Seit einem Markenrelaunch in Zusammenarbeit mit den Agenturen Q-Design und 99 Grad im Jahr 2002 dient ein goldener Schwan als Bildmarke, dessen Körper aus der Initiale S geformt ist. Darunter ist in klassizistischen Lettern der Markenname zu lesen. Das Logo soll für gepflegte Eleganz, Ehrlichkeit und hohen Anspruch stehen. Der Claim „Die feine Art zu Schuhen" weist darauf hin,

Das Produktportfolio von Solitaire umfasst 160 Artikel.

dass Schuhpflege eine Stilfrage ist und wendet sich an eine Kernzielgruppe aus dem Schuhfachhandel. Das Sortiment umfasst neben Pflegemitteln u. a. auch Produkte für den Fußkomfort und Schuhaccessoires. Zu den Innovationen des Unternehmens zählt ein Imprägnierschaum für Schuhe und ein Imprägnierkonzentrat mit Auftragsschwamm. Jüngste Neuentwicklung ist die Pflegelotion *Nano Balm*, die Textilien-Membrane und Leder vor Wasser und Schmutz schützen soll, ohne die Atmungsaktivität zu reduzieren. Vertrieben werden die Produkte über den Schuhfachhandel. Internat. arbeitet die BNS Vertriebsgesellschaft mit Distributoren in 70 Ländern zusammen. Die 31 Mitarbeiter des Unternehmens erwirtschaften einen Umsatz von jährlich rund 22 Mio. Euro. Das von Marc Christian Bals und Frank Sauter geführte Unternehmen entstand aus einem Zusammenschluss der drei Muttergesellschaften Bergal, Nico und Solitaire im Jahr 1999. Zum Portfolio gehören auch die Schuhpflegemarken *Búfalo* und *Shoeboy's* sowie die Fußkosmetik-Marke *Saicara*.

DATEN UND FAKTEN

Markenname: Solitaire, franz. abgeleitet von Solitär

Slogan: „Die feine Art zu Schuhen." (2002)

Markenregistrierung: 24. 06. 2002, DPMA München

Innovationen: *Solitaire Shoe Clean* (2000), Solitaire *3fach Imprägnier Schaum* (2000), *Solitaire Nano Balm* (2006)

Jahresumsatz: 8 Mio. Euro (2006)

Produktionsmenge: 3 Mio. Artikel jährlich

Auszeichnungen:
„Award of Distinction", für das Solitaire-Logo, Creativity 32 (2003)

Markenwebsite: www.solitaire-schuh.de

UNTERNEHMEN

Bergal, Nico & Solitaire Vertriebsgesellschaft mbH

Hauptsitz: Mainz, Deutschland

Geschäftsführer: Marc Christian Bals, Frank Sauter

Weitere Marken: Búfalo, Bergal, Nico, Saicara, Shoeboy's

Gesamtumsatz: 22 Mio. Euro (2006)

Vertrieb: Schuhfachhandel, Kaufhäuser, Großhandel, Orthopädie-Schuhmacher, Podologie- und Fußpflege-Praxen. Das Exportgeschäft wird über Agenten und Distributoren abgewickelt.

KONTAKT

Bergal, Nico & Solitaire
Vertriebsgesellschaft mbH
Rheinallee 96
55120 Mainz
✆ (0 61 31) 9 64-0
🖷 (0 61 31) 9 64-25 15
💻 www.bns-furnituren.de

Ansprechpartner Presse & Marketing:
Birgit Rohnstock
✆ (0 61 31) 9 64-25 05
🖷 (0 61 31) 9 64-25 15
✉ brohnstock@bns-furnituren.com

Lead-Agentur:
99 Grad Grafikdesign
💻 www.99grad.de

SCHON GEWUSST?

- Über den Fuß verliert der Mensch bis zu 200 ml Feuchtigkeit am Tag. Für Schuhe ist das eine echte Belastung – Tipp: Die Schuhe lange auslüften lassen, am besten mit Schuhspanner.
- Schuh-Deos helfen, riechenden Schuhen vorzubeugen – etwa das antibakterielle *Solitaire Shoe Fresh Deo* mit zartem Zitronenduft.

SOMAT

Somat ist ein Geschirrspülmittel, das lt. Markenversprechen zuverlässig für sauberes und strahlendes Geschirr sorgt. Der erste Somat-Reiniger ist 1962 als Marke der damaligen → Henkel-Tochtergesellschaft Böhme Fettchemie auf den Markt gekommen. Anlass der Entwicklung war die zunehmende Verbreitung von Geschirrspülmaschinen, in denen die bisherigen Geschirrspülmittel zu stark schäumten. Geeignet für den Einsatz in allen haushaltsüblichen Spülautomaten bietet Somat heute eine breite Produktpalette an Reinigern und Zusatzprodukten an. So umfasst das Somat-Portfolio neben Reinigungsmitteln in Pulver- und Tablettenform auch Ergänzungsprodukte wie Salz, Klarspüler, Maschinenpfleger und Spülmaschinen-Deos. Die Reiniger wirken durch neue Inhaltsstoffe auch bei hartnäckigen Verschmutzungen (z. B. bei Stärkeresten wie Nudeln, Reis oder Kartoffeln) und sollen dabei energiesparend sein. Spezielle Inhaltsstoffe verhindern Kalkablagerungen und beugen Glaskorrosion vor. Besonderen Wert legt Henkel auf den Austausch mit Verbrauchern, um deren Wünsche und Bedürfnisse zu identifizieren. Grundlage für den Erfolg der Produktfamilie sind stetige Weiterentwicklungen und Verbesserungen. Jüngste Innovation aus dem Jahr 2007 ist *Somat 7*. Diese Tabs sind für niedrige Spültemperaturen ab 40 Grad Celsius geeignet und sorgen mit Hilfe eines „Niedrigtemperatur-Aktivators" für glänzend sauberes Geschirr. Sie enthalten neben Reiniger auch Klarspüler, Salz-Ersatzstoffe und spezielle Inhaltsstoffe für Geschirrteile aus Edelstahl und Glas und sollen somit die Reinigung verstärken und für Edelstahlglanz sowie Langzeitschutz sorgen. In Tablettenform (kurz: Tab) wurde Somat erstmals 1989 auf den dt. Markt gebracht und war zu diesem Zeitpunkt als Innovationsführer das erste Maschinengeschirrspülmittel in Tablettenform in Deutschland überhaupt. Der Klarspüler wurde zehn Jahre später erstmals in einem Tab integriert – *Somat 2in1* kam auf den Markt. Als Logo von Somat dient der blaue Namensschriftzug auf rotem Untergrund. Im Verpackungsdesign findet sich bei den Reinigungsprodukten stets ein strahlendes Trinkglas wieder, das perfekte Sauberkeit und Glanz symbolisieren soll. Vertrieben werden die Somat-Produkte über den Lebensmitteleinzelhandel in Deutschland, Österreich und weiteren europäischen Ländern. In Frankreich sind die Geschirrspülmittel unter

Somat

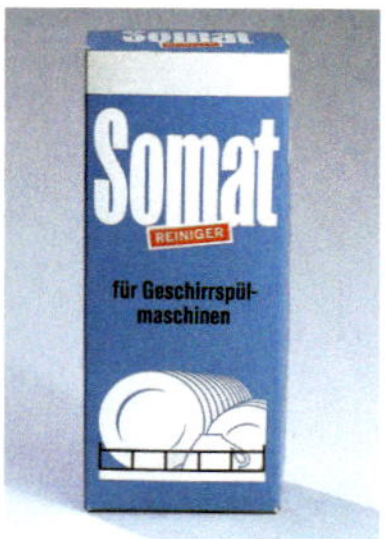

Der erste Somat-Reiniger wurde 1962 von der damaligen Henkel-Tochter Böhme Fettchemie auf den Markt gebracht (unten).

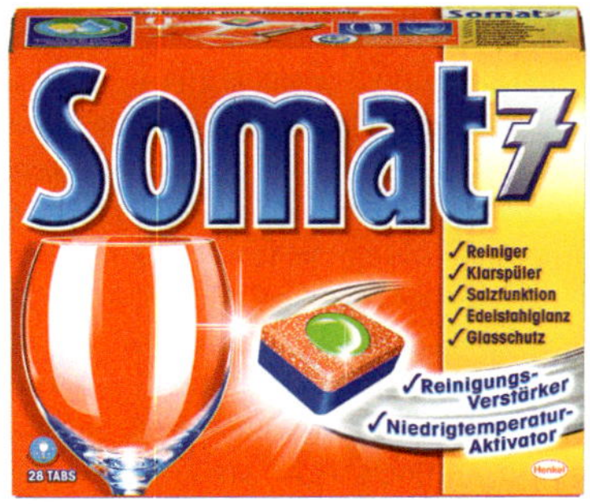

Somat 7 wurde im Jahr 2007 auf den Markt gebracht und sorgt für glänzend sauberes Geschirr bereits ab 40 Grad Celsius.

dem Namen *Mir* erhältlich, in Italien und in der Türkei unter der Marke →Pril.

DATEN UND FAKTEN

Markenname: Somat, Kunstname, zusammengesetzt aus **So**da (Bestandteil) und Auto**mat**, als Bezug zum Geschirrspüler

Slogan: „Somat – für perfekte Sauberkeit und strahlenden Glanz" (2006)

Markenregistrierung: 06. 11. 1932, Reichspatentamt Berlin

Innovationen: Erstes Geschirrspülmittel in Tablettenform in Deutschland (1989), Somat 2in1 (1999), Somat 3in1 (2001), Somat 5 (2005), Somat 7 (2007)

Auszeichnungen:
„Produkt des Jahres 2004", Lebensmittel Praxis für *Somat 3in1 Plus* (2003)
„Hit 2006 des Lebensmitteleinzelhandels", 2. Platz, Lebensmittel Praxis für *Somat 5* (2006)
„Bestseller 2006 - erfolgreichste Produktneuheit", Rundschau für den Lebensmittelhandel für *Somat 5 Perfect* (2006)
„Hit 2007 des Lebensmitteleinzelhandels", 1. Platz, Lebensmittel Praxis für *Somat 7* (2007)
„Produkt des Jahres 2007", Lebensmittel Praxis für *Somat 5 Perfect mit Kraft-Effekt von Pril* (2006)

Markenbekanntheit: 77 % ungest., 100 % gest., lt. Angabe Henkel KGaA (2006)

Markenwebsite: www.somat.de

UNTERNEHMEN

Henkel KGaA

Hauptsitz: Düsseldorf, Deutschland

Weitere Marken: s. →Henkel

Gesamtumsatz: 12,740 Mrd. Euro (2006)

Vertrieb: weltweit in über 125 Ländern

KONTAKT

Henkel KGaA
Henkelstr. 67
40589 Düsseldorf
✆ (02 11) 7 97–0
📠 (02 11) 7 98–40 08
💻 www.henkel.de

Ansprechpartner Presse:
Marion Schwenker
✉ press@henkel.com

SCHON GEWUSST?

- Bei der Markteinführung von Somat 1962 gab es etwa 20.000 Geschirrspülmaschinen in dt. Haushalten – heute sind es über 20 Mio. Geräte.
- Jährlich werden in Deutschland über 665 Mio. Somat-Tabs verwendet.

SONNEN BASSERMANN

Unter der Marke Sonnen Bassermann werden Konserven (Mitte) und Fertiggerichte als Schalenmenüs (unten) vertrieben.

Die Konsumgütermarken Sonne und Bassermann gab es schon vor der Gründung des Kaiserlichen Patentamts im Jahr 1896 in Berlin. Die beiden Konservenmarken zählten dort zu den ersten Schutz-Eintragungen; „Sonne" als Marke der Firma Sieburg & Co. in Seesen und „Bassermann" unter dem Familiennamen des Gründers der Konservenfabrik M. Bassermann in Schwetzingen. 1931 übernahm das Seesener Unternehmen die Firma Bassermann, doch die Zusammenlegung der beiden Markennamen erfolgte erst 1967/68. Heute steht Sonnen Bassermann für „langjährige Erfahrung im Bereich Suppen, Eintöpfe und Fertigmenüs". 1999 ging die Marke in den Besitz der dt. Niederlassung der H. J. Heinz Company über. Das Markenzeichen der Firma wurde mehrfach überarbeitet. Der kursive Schriftzug des Markennamens steht weiß vor einer zweiteiligen Form in den Farben Rot und Schwarz, die vom Umriss her einen gefüllten Teller darstellen könnte, zugleich aber an einen roten Sonnenuntergang erinnert. Die beiden Namensbestandteile sind farblich voneinander abgesetzt; „Sonnen" steht vor rotem, „Bassermann" vor schwarzem Grund. Als die H. J. Heinz Company unter der Geschäftsführung von William R. John-

Ein Konservenprodukt der Firma Sonnen aus den 1950er-Jahren.

son die Premiummarke Sonnen Bassermann übernahm, behielt der Lebensmittelkonzern den bekannten Markenauftritt bei. Seit 2002 wirbt die Marke explizit damit, dass ihre Produkte auf den Geschmacksverstärker Glutamat verzichten. Die Produkte richten sich vor allem an Männer und Frauen ab 45 Jahren. Ein spezieller Entwicklungsbereich, in dem Sonnen Bassermann die klare Marktführerschaft beansprucht, sind Fertiggerichte als Schalenmenüs. Bei Suppen und Eintöpfen ist die Marke lt. eigenen Angaben der zweitgrößte Anbieter in Deutschland. Auch die H. J. Heinz Company ist eine Konservenproduktion mit langer Tradition. Als Sohn dt. Einwanderer begann Henry John Heinz 1856 in Pennsylvania, eingemachtes Gemüse zu verkaufen. 1876 legte er mit der Entwicklung des → Heinz Tomato Ketchup den Grundstein für den internat. Erfolg des Unternehmens.

DATEN UND FAKTEN

Markenname: Sonnen: Sonne als Symbol für das „Das Beste vom Guten" aus der Natur; Bassermann: Familienname des Gründers

Slogan: „Ohne Zugabe von Geschmacksverstärker Glutamat"

Erfinder: Heinrich Sieburg, 1884

Markenregistrierung: 18. 07. 1896 (Bassermann); 12. 08. 1896 (Sonne), Kaiserliches Patentamt, Berlin

Markenwebsite: www.sonnen-bassermann.de

UNTERNEHMEN

H. J. Heinz Company

Hauptsitz: Pittsburg, Pennsylvania/USA

Vorstand: William R. Johnson

Weitere Marken: → Heinz Tomato Ketchup

Gesamtumsatz: rund 9 Mrd. USD (Gesamtumsatz, weltweit, 2007)

Vertrieb: weltweit

KONTAKT

H. J. Heinz GmbH
Rather Str. 23b
40476 Düsseldorf
✆ (02 11) 96 07 66–00
🖷 (02 11) 96 07 66–01
🖳 www.hjheinz.de

Ansprechpartner Presse:
Julia Golsong
✆ (02 11) 96 07 66–4 34
✉ julia.golsong@de.hjheinz.com

MEILENSTEINE

1896 Das Kaiserliche Patentamt wird in Berlin gegründet. Die Marken Bassermann und Sonne gehören zu den ersten eingetragenen Schutzmarken.

1968 Neuer nat. Markenauftritt unter dem Namen „Sonnen Bassermann", nachdem die Marken 1967 verschmolzen wurden

1971 Die ersten Eintopf-Gerichte haben ihren Marktauftritt.

1986 Sonnen Bassermann erringt die Marktführerschaft bei Menüschalen im Lebensmitteleinzelhandel. Jährlich werden neue Rezepte entwickelt.

1999 Marke und Werk werden von der H. J. Heinz GmbH übernommen.

2007 Seit 111 Jahren ist das Warenzeichen beim Patentamt eingetragen.

SONY

Zur Produktpalette des jap. Konzerns Sony gehören u. a. Fernseher, Notebooks, Digitalkameras, MP3-Player, Mobiltelefone (→ Sony Ericsson) sowie Hard- und Software der Sony *PlayStation*. Der Firmenname ist eine Kombination aus dem lat. „sonus", das den Wortstamm bildet für Worte wie „sound" und „sonic" (dt.: „akustisch", „Schall-"), und dem

SONY

Das Sony-Logo wurde seit 1955 kaum verändert.

Sony Ericsson

Entwickelt aus den Anfangsbuchstaben S und E: das moderne Logo von Sony Ericsson.

Ausdruck „sonny boy", zu Gründerzeiten des Unternehmens in Japan eine Umschreibung für einen jungen Mann mit unabhängigem und innovativem Geist. 1946 gründeten der Ingenieur Masaru Ibuka und der Physiker Akio Morita das Unternehmen. Erst 1955 entschieden die Gründer, das Sony-Logo zu verwenden, das sich über die letzten Jahrzehnte kaum verändert hat: Es zeigt den Schriftzug in den Versalien einer Serifenschrift. Zur Markenstrategie gehört, dass das Logo auf allen Produkten und Sony-Materialien erscheint. Seit 1958 heißt das Unternehmen Sony Corporation. Sony entwickelte u. a. das erste Volltransistorradio (1955) der Welt, den ersten „Walkman" (1979) und den CD-Player (1982). Begonnen hatte die Firma mit 20 Mitarbeitern. Heute arbeiten ca. 163.000 Menschen weltweit für Sony. Der Gesamtumsatz im Geschäftsjahr 2006/2007 belief sich auf ca. 55,83 Mrd. EUR. Seit 1970 vertritt Sony Deutschland GmbH das Unternehmen in Deutschland. Heute arbeiten für das Tochterunternehmen, das 2006 von Köln nach Berlin umzog, ca. 500 Mitarbeiter. Hier präsentiert sich die Marke u. a. im Sony Style Store, dem ersten seiner Art in Europa.

UNTERNEHMEN

Sony Deutschland GmbH
Kemperplatz 1
10785 Berlin
(0 18 05) 25 25 86
(0 18 05) 25 25 87
www.sony.de

SONY ERICSSON

Die Telekommunikationsmarke Sony Ericsson entstand 2001 aus dem Joint Venture von Sony, Hersteller von Unterhaltungselektronik, und dem Telekommunikationsanbieter Ericsson. Die Marke steht für multimediale Kommunikationsgeräte für Menschen aller Altersklassen. Die Produktpalette umfasst neben Mobiltelefonen das entsprechende Zubehör sowie PC-Karten und speziell für Geschäftskunden entwickelte Businesslösungen im Bereich der mobilen Kommunikation. Die Produkte vereinen nach eigenen Angaben Unterhaltungstechnologie und Kommunikationslösungen und versprechen Design, Qualität und Alltagsfunktionalität. Das ikonische Logo in den Farben grün und silber entwickelte sich aus den Anfangsbuchstaben S und E und soll im Sinne einer „liquid identity" das Organische, Pulsierende und Erlebbare assoziieren. Im Rahmen verschiedener Werbekampagnen wird das Logo mit wechselnden, in American Typewriter SE gestalteten Schriftzügen kombiniert. Zu den Innovationen des Unternehmens zählen das erste Handy mit integrierter Kamera und die Einführung einer klaren Kategorisierung durch die Walkman-Handys und die Cyber-Shot-Handys. Als nahes Zukunftsziel hat sich das Unternehmen einen kontinuierlichen Ausbau des Portfolios gesetzt. Der Mobilfunkgerätehersteller hat seinen Hauptsitz in London sowie weltweite Vertriebsniederlassungen und Forschungs- und Entwicklungsabteilungen in Europa, Japan, China und Amerika. Sony Ericsson beschäftigt weltweit 8.000 Mitarbeiter (2007) und verzeichnet nach eigenen Angaben einen Jahresumsatz von ca. 11 Mrd. Euro (2006).

UNTERNEHMEN

Sony Ericsson Mobile Communications International AB
Fritz-Vomfelde-Str. 26
40547 Düsseldorf
(02 11) 5 22 86–0
(02 11) 5 22 86–3 71
www.sonyericsson.de

SPALT

Spalt®

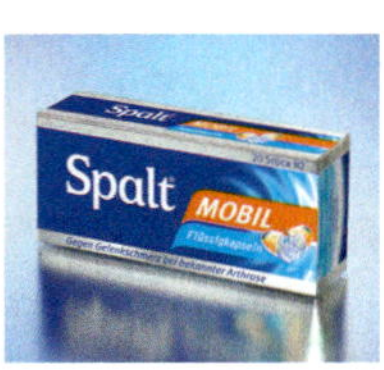

Spalt zwischen Tradition und Innovation: hist. Tablettenröhrchen (Mitte) und Spalt Mobil (unten), das 2006 als Line Extender eingeführt wurde.

Die Markenfamilie Spalt steht für rezeptfreie Schmerzmittel. Die Medikamente der Markenfamilie Spalt enthalten verschiedene Wirkstoffe in unterschiedlichen Darreichungsformen wie Tabletten, Flüssigkapseln oder ein Schmerzgel zum Auftragen auf die Haut. Besonderes Merkmal der Marke ist die hohe Markenbekanntheit und die Verbindung von Tradition und Innovationen. Die jüngste Neuentwicklung ist *Spalt Mobil*, eine Gelkapsel mit flüssigem Ibuprofen zur Behandlung von Gelenkschmerzen bei bekannter Arthrose. Der in einem aufwendigen und patentierten Verfahren vollständig gelöste Wirkstoff sichert eine besonders schnelle Schmerzlinderung. Diese Darreichungsform ist einzigartig im dt. Markt und nur von Spalt erhältlich. Erfinder der Marke Spalt ist Maximilian Baginski. Baginski versah schon 1932 die ersten Tabletten unter dem Markennamen Spalt mit einer charakteristischen Kerbe, um ein eindeutiges Unterscheidungsmerkmal einzuführen. Bis heute sind Schmerztabletten der Marke Spalt an der Kerbe erkennbar. Nach dem Verkauf des von Baginski gegründeten Familienunternehmens an den amerikanischen Pharmakonzern American Home Products (heute Wyeth) An-

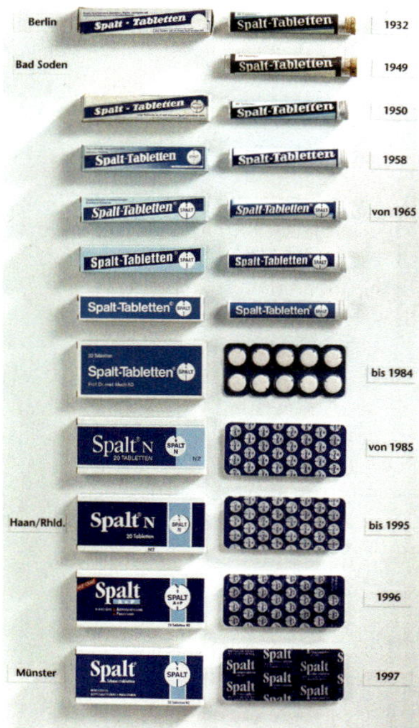

Seit 1932 ist die Spalt-Tablette durch ihre charakteristische Einkerbung gut zu erkennen.

fang der 1970er-Jahre feierte die dt. Traditionsmarke im Jahr 2007 ihr 75-jähriges Bestehen und wird auch in Zukunft im dt. Markt aktiv sein.

DATEN UND FAKTEN

Markenname: Spalt, eine Erfindung des Firmengründers

Slogan: „Spalt – schaltet den Schmerz ab, schnell"

Erfinder: Maximilian Baginski, 1932

Innovationen: Spalt Mobil, Flüssigkapsel, enthält Ibuprofen

Markenbekanntheit: 95 % gest. (GfK, 2007)

Markenwebsite: www.spalt.com

UNTERNEHMEN

Whitehall-Much GmbH

Hauptsitz: Münster, Deutschland

Geschäftsführer: Frank D. Kube

Weitere Marken: → Baldriparan, → Caltrate, → Centrum, → Vitasprint

KONTAKT

Whitehall-Much GmbH
Regina-Protmann-Straße 16
48159 Münster
(02 51) 92 71-8
(02 51) 92 71-30 99
www.whitehall-much.de

Ansprechpartner Presse
Daniela Kleiböhmer
(02 51) 92 71-30 47
kleibod@wyeth.com

Lead-Agentur
Grey Worldwide
www.grey.de

MEILENSTEINE

1932 Erfindung der Spalt-Tablette

1934 Gründung der Professor Much AG in Berlin

1972 Übernahme durch die US-Firma American Home Products

1997 Einführung des Spalt Schmerz-Gels

2000 Einführung von Spalt Flüssigkapseln

2006 Einführung von Spalt Mobil

SPARKASSE

Die Marke Sparkasse ist die stärkste Marke in der dt. Kreditwirtschaft. Sie ist ein Teil der Sparkassen-Finanzgruppe und umfasst ca. 460 rechtlich selbstständige Sparkassen. In der Regel sind sie Anstalten des öffentlichen Rechts. Ihr Anspruch besteht darin, allen Bürgern und Unternehmen überall in Deutschland eine breite Palette moderner Finanzdienstleistungen anbieten zu können. Die Markenbekanntheit der Sparkasse stützt sich besonders auf ihren visuellen Auftritt. 1938 schuf der Grafiker Lois Gaigg das erste Sparkassen-S. Es zeigt eine Sparbüchse mit Einwurftülle. Der Punkt auf dem Sparkassen-S symbolisiert ein Geldstück, das in eine Spardose geworfen wird. Im Laufe der Jahre wurde das Markenzeichen mehrfach überarbeitet, ohne seinen Wiedererkennungswert zu verlieren: 1972 durch den Designer Otl Aicher und 2002 durch die Agentur Interbrand, Zintzmeyer & Lux. Neben Vertrauenswürdigkeit und Sicherheit transportiert das Logo auch emotionale Qualitäten wie „Nähe" oder „Dynamik". Die erste dt. Sparkasse wurde

Die erfolgreiche Helikopter-Kampagner der Sparkassen wurde 2005 gestartet (Mitte). Heinrich Haasis ist Präsident des DSGV (unten).

1938 1972 2002

Das Sparkassen-Logo wurde 1938 entworfen und 1972 zunächst von Otl Aicher modernisiert.

1778 zur Bekämpfung des Armutsproblems gegründet. 1884 gründete sich der Deutsche Sparkassenverband als erster zentraler Spitzenverband der Sparkassen. Heute ist die Sparkassen-Finanzgruppe mit einem Geschäftsvolumen von 3.400 Mrd. Euro (2006) der größte Finanzdienstleister weltweit. Sparkassen und Landesbanken sind in Deutschland Marktführer mit einem Marktanteil von ca. 44 %. Für den Vertrieb der diversen Finanzprodukte sind ca. 16.000 Sparkassen-Geschäftsstellen, aber auch das Internet und mobile Berater verantwortlich. Ziel der Sparkassen ist eine Steigerung des Produktabsatzes um 15 % in den nächsten Jahren sowie Zuwächse bei der Wohnungsbaufinanzierung und dem Konsumentenkreditgeschäft.

DATEN UND FAKTEN

Markenname: Sparkasse, seit Ende des 18. Jh. Bezeichnung für Einrichtungen mit gemeinnütz. Zielsetzung, die Spareinlagen entgegennehmen

Slogan: „Wenn's um Geld geht – Sparkasse." (seit 1963)

Erfinder Markenzeichen: Lois Gaigg, 1938

Markenbekanntheit: 91,7 % ungest., 98,6 % gest. (TNS Infratest)

Bilanzsumme: 1.027 Mrd. Euro (Sparkassen, 2006)

Werbespendings: 153 Mio. Euro (2006)

Auszeichnungen:
„Most Trusted Brand", Reader's Digest (2001–2007)
„Effie" (2003)

Website: www.sparkasse.de

Literatur:
J. E. Cramer et al.: Knapps Enzyklopädisches Lexikon des Geld-, Bank- und Börsenwesens (2007)
T. Fischer u. C. Pape: Handbuch der dt. Sparkassen (2005)
M. Lüppens: Der Markendiamant (2006)

UNTERNEHMEN

457 (2006) rechtlich selbstständige Sparkassen, **Dt. Sparkassen- und Giroverband (DSGV)** als Dachverband

Hauptsitz: Berlin, Deutschland (des DSGV)

Präsident: Heinrich Haasis

Mitarbeiter: 371.000 (Gruppe, weltweit, 2006)

Bilanzsumme: 3.400 Mrd. Euro (Finanzgruppe, 2006)

Vertrieb: 16.052 Sparkassen-Geschäftsstellen (2006)

KONTAKT

Deutscher Sparkassen- und Giroverband (DSGV)
Charlottenstraße 47
10117 Berlin
(0 30) 2 02 25-0
(0 30) 2 02 25-2 50
www.dsgv.de

Ansprechpartner Presse:
Stefan Marotzke

✆ (0 30) 2 02 25-51 10
✉ stefan.marotzke@dsgv.de

Ansprechpartner Marketing:
Dr. Lothar Weissenberger
✆ (0 30) 2 02 25-51 20
✉ lothar.weissenberger@dsgv.de

Lead-Agentur:
Jung von Matt
www.jvm.de

MEILENSTEINE

1778 Gründung der ersten dt. Sparkasse

1924 Fusion zum Dt. Sparkassen- und Giroverband

1938 Erster Logo-Entwurf mit Sparkassen-S, entworfen von Lois Gaigg

1963 Einführung des Slogans „Wenn's um Geld geht – Sparkasse"

1989/90 Ostdt. Sparkassen übernehmen den Markenauftritt der westdt. Sparkassen

2003/04 Neuer Markenauftritt der Sparkassen-Finanzgruppe

2004 Start der Kampagne „Sparkassen. Gut für Deutschland."

2005 Start der erfolgreichen Helikopter-Kampagne

SPAX

Unter der Marke SPAX bietet das Unternehmen ABC Verbindungstechnik GmbH & Co. KG seit 1967 selbstbohrende Universalschrauben an und folgt damit einer langen Unternehmenstradition. Bereits im Jahr 1823 wurden unter dem Firmennamen Altenloh, Brinck & Co. in Milpse die ersten industriell produzierten Schrauben in Deutschland gefertigt. Heute produziert das Unternehmen in Ennepetal mit rund 1.400 Mitarbeiter 50 Mio. Schrauben täglich und ist damit Weltmarktführer. Über den Vertrieb in mehr als 12 Ländern werden Abnehmer aus Industrie, Handwerk und dem Heimwerkerbereich beliefert. Der Markenname SPAX setzt sich aus den Anfangsbuchstaben für Spanplattenschraube und dem X als Symbol für das Kreuzschlitzprofil des Schraubenkopfes zusammen. Spanplatten waren zur Markteinführung der SPAX-Schrauben ein neuer Werkstoff, der sich mit konventionellen Schrauben nur schlecht verarbeiten ließ. Nachdem 1985 mit der SPAX-S eine neue Entwicklungsstufe der SPAX eingeführt wurde, ist die Schraube seit 2005 in der dritten Generation verfügbar. Neben eigenen Produktinnovationen, wie einer speziellen Schraubenspitze, die ein Spleißen des Materials verhindern soll, setzt ABC Verbindungstechnik dabei auf eine konsequente Pflege der Wiedererkennbarkeit der Marke. Seit Markteinführung wird SPAX unter dem gleichen Logo und stets in grünen Verpackungen angeboten. Für die Etablierung des Standardprodukts Schraube als eine Weltmarke wurde das Unternehmen ABC Verbindungstechnik im Jahr 2007 mit dem 15. Marketingpreis Südwestfalen ausgezeichnet.

Eine selbstbohrende Schraube der Marke SPAX, produziert und vertrieben von dem Unternehmen ABC Verbindungstechnik GmbH & Co. KG.

DATEN UND FAKTEN

Markenname: SPAX, Kunstwort, aus **Spa**nplatte und der Prägung **×** einer Kreuzschlitzschraube

Slogan: „Einfach besser schrauben"

Erfinder: Robert Dicke, 1967

Markenregistrierung: 7. 06. 1968, DPMA München

Innovationen: 3. Generation SPAX, 2005

Auszeichnungen:
15. Marketingpreis SIHK (2007)
Heimliche Weltmeister NRW (2006)

UNTERNEHMEN

ABC Verbindungstechnik GmbH & Co. KG
Hauptsitz: Ennepetal, Deutschland

Vorstand: Michael A. Thomas

Weitere Marken: FEX, GIX, ABC

Gesamtumsatz: 265 Mio. Euro

KONTAKT

ABC Verbindungstechnik GmbH & Co. KG
Kölner Str. 71–77
58256 Ennepetal
✆ (0 23 33) / 7 99-0
(0 23 33) / 7 99-1 99
www.spax.com

Dipl.-Kfm. Michael A. Thomas, Geschäftsführer der ABC Verbindungstechnik GmbH & Co. KG, darüber die typisch grüne Verpackung der Schraube und das SPAX -Logo.

Spee, „das Waschmittel für schlaue Füchse" (unten: Anzeige aus 1997), gibt es in verschiedenen Produktvarianten, so auch als flüssiges Waschmittel (Mitte).

Ansprechpartner Presse/Marketing
Ralf Mittmann
✆ (0 23 33) 7 99–1 80
✉ ralf.mittmann@spax.com

Lead-Agentur
Sander Werbung GmbH
💻 www.sanderwerbung.de

MEILENSTEINE

1967 Robert Dicke, ehemaliger geschäftsführender Gesellschafter der ABC Verbindungstechnik GmbH, erfindet die Universalschraube SPAX, die nicht vorgebohrt werden muss.

1985 Nach der SPAX permanent führt das Unternehmen die SPAX-S ein, eine selbstbohrende Holzschraube, die sich ohne Vorbohren eindrehen lässt.

2005 Die neueste Version der SPAX wird am Markt eingeführt. Sie zeichnet sich durch einen Multi-Kopf mit Fräs- und Bremsrippen aus, sodass die Schraube sowohl für Holz als auch für Metall verwendet werden kann.

SPEE

Die Universalwaschmittelmarke Spee steht für moderne Waschmitteltechnologie zu einem günstigen Preis. Die Marke, die 96 % gest. Markenbekanntheit unter dt. Verbrauchern genießt, ist insbesondere für ihr gutes Preis-Leistungs-Verhältnis bekannt. Der Name Spee ist ein Akronym, das sich aus dem Wort *Spe*zial-*E*ntwicklung ableitet. Die Marke gehört zum Unternehmen →Henkel, das im Waschmittelbereich auch die Marken →Persil und →Weißer Riese anbietet. Die Produkte von Spee werden ausschließlich in Deutschland vertrieben. Das erste Waschmittel Spee kam 1968 in der DDR auf den Markt. Es wurde beim VEB Waschmittelwerk Genthin im Auftrag des Ministeriums für chemische Industrie der DDR entwickelt. Das Werk in Genthin ist 1921 von Henkel gegründet worden. Es wurde 1945 enteignet und 1949 in den volkseigenen Betrieb Waschmittelwerk Genthin umgewandelt. 1990 erwarb Henkel das Werk von der Treuhand zurück. Im gleichen Jahr kamen *das neue Spee Vollwaschmittel* und *das neue Spee Color* als gemeinsame Entwicklung von Henkel Düsseldorf und Genthin auf den Markt. Spee wird seit 1996 auch in den alten Bundesländern vertrieben. Unter dem Markennamen Spee werden heute die Produkte *Spee Megaperls*, *Spee Megaperls Color*, *Spee Megaperls Apfelfrische*, *Spee Gel*, Spee *Gel Apfelfrische*, *Spee Vollwaschmittel*, *Spee Tabs* und *Spee Feinwäsche* vertrieben. Außerdem werden unter der Marke Spee regelmäßig limitierte Duft-Editionen angeboten. Von den anderen Waschmittelmarken Henkels grenzt sich Spee durch sein Profil als moderne Marke zum günstigen Preis ab. Im Mittelpunkt der Markenkommunikation steht die Aussage, dass trotz des günstigen Preises nicht auf moderne Waschmitteltechnologie verzichtet werden muss. Seit 1996 ist der Spee-Fuchs als Werbefigur in den Fernsehspots zu sehen. „Die schlaue Art zu waschen", lautet der Slogan, mit dem für Spee-Markenartikel geworben wird.

Der schlaue, weil clever sparende Fuchs ist die Werbefigur des Universalwaschmittels Spee.

DATEN UND FAKTEN

Markenname: Spee, Akronym, abgeleitet aus **Spe**zial-**E**ntwicklung.

Slogan: „Das gute Spee – alles o.k." (1993), „Die schlaue Art zu waschen" (seit 1996)

Erfinder: VEB Waschmittelwerk Genthin, 1968

Markenregistrierung: 1966, Ostberlin, DDR (22. 12. 1966, DPMA München)

Innovationen: Spee Megaperls® (1996), Spee Gel (2000)

Markenbekanntheit: 96 % gest. (Ad-Tracking, 2005)

Auszeichnungen:
„Hit 1997 des Lebensmitteleinzelhandels", Lebensmittel Praxis für *Spee Megaperls* (1997)
„Effie", Bronze für Spee-Werbung (1998)
„Produkt des Jahres 2006", Auszeichnung in Gold, Lebensmittel Praxis für *Spee Apfelfrische* (2005)

Markenwebsite: www.spee.com

UNTERNEHMEN

Henkel KGaA

Hauptsitz: Düsseldorf, Deutschland

Weitere Marken: s. → Henkel

Gesamtumsatz: 12,740 Mrd. Euro (2006)

Vertrieb: weltweit in über 125 Ländern

KONTAKT

Henkel KGaA
Henkelstr. 67
40589 Düsseldorf
(02 11) 7 97–0
(02 11) 7 98–40 08
www.henkel.de

Ansprechpartner Presse:
Marion Schwenker
press@henkel.com

SCHON GEWUSST?

- Der Spee-Fuchs ist auch internat. – in 50 Ländern – bei Henkel die Werbefigur für günstige Marken mit großer Leistung.
- In der DDR war jedes vierte von fünf verkauften Waschmitteln eine Spee-Packung.

SPEICK NATURKOSMETIK

Unter der Dachmarke Speick vertreibt das Unternehmen Walter Rau Speickwerk Naturkosmetik. Speick ist die alte Schreibweise der Heilpflanze Speik, die als Grundsubstanz der Pflegeprodukte der Marke dient. Die Marke Speick wurde von Walter Rau entwickelt, der aus der Haushaltsseifen-Industrie kam und aufgrund seiner anthroposophischen Ausrichtung von der Idee geleitet wurde, der Haut durch Seife Pflanzenextrakte zuzuführen. Er gründete 1928 in Stuttgart-Möhringen das Unternehmen Walter Rau Speickwerk und brachte im gleichen Jahr das erste Speick-Produkt auf den Markt. Speick ist bis heute weltweit die einzige Kosmetikmarke, die das Extrakt der Speik-Pflanze enthält. Die Pflanze, die unter Naturschutz steht, wird in Österreich von Bergbauern mit einer Sondergenehmigung exkl. für Walter Rau Speickwerk geerntet. Das Speick-Sortiment umfasst neben der Seife zahlreiche Kosmetika. Neben den klassischen Speick-Produkten gibt es die Produktlinien *Speick Woman* und *Speick*

2007 wurde die Serie *Speick Thermal* eingeführt, die nebem dem Speik-Extrakt auch Kieselsäure, Thermalwasser und Auszüge der Spirulina-Alge enthält.

Men. Neu eingeführt wurde 2007 die Serie *Speick Thermal*, deren Produkte neben dem Extrakt der Speik-Pflanze auch Kieselsäure, Thermalwasser und ein Extrakt der Spirulina-Alge enthalten. Zur vielschichtigen Zielgruppe von Speick gehören neben der Generation 50+ auch junge umweltbewusste Familien und naturbewusste Menschen ab 35. Das Logo von Speick ist traditionell der weiße Speick-Schriftzug in Versalien auf rotem Grund. Es soll Qualität und Vertrauen assoziieren. Bei der klassischen Hausfarbe nutzt das Unternehmen das gesamte Rotspektrum. Die Hausschrift ist die Thesis. Logo und Verpackungen werden ca. alle zehn Jahre dezent modifiziert. Der nächste Relaunch ist für 2008, das Jahr des 80-jährigen Firmenjubiläums, vorgesehen. Das Speick-Sortiment wird mit einer einheitlichen Preisstrategie über alle Märkte vertrieben, die Kosmetik verkaufen, mit Ausnahme der Discounter. Speick exportiert seine Produkte weltweit, u.a. nach Nordamerika und Japan. Das Unternehmen Walter Rau Speickwerk, das vom Enkel des Firmengründers Wikhart Teuffel geführt wird, beschäftigt insgesamt 45 Mitarbeiter.

DATEN UND FAKTEN

Markenname: Speick, alte Schreibweise der Pflanze Speik (Valeriana celtica)

Slogan: „Innovation in Tradition"

Gründer: Walter Rau, 1928, Stuttgart

Markenregistrierung: 26. 10. 1934, DPMA München

Innovationen: Speick Thermal (2007)

UNTERNEHMEN

Walter Rau Speickwerk GmbH & Co. KG

SPEICK
Naturkosmetik

Speick Massageöl (Mitte), die klassische Speick-Seife (unten)

Spezi ist seit über 50 Jahren eine bekannte Marke für ein Mixgetränk.

Die Dachmarke mit Herkunft (oben), Spreelinge im Glas sind die Lead-Produkte der Marke SPREEWALDHOF (Mitte), innovativ ist die „Get One!" Snack-Gurke aus der Slimline-Dose (unten).

Hauptsitz: Stuttgart, Deutschland

Geschäftsführer: Wikhart Teuffel

Mitarbeiter: 45 in Deutschland (2007)

Vertrieb: weltweit

KONTAKT

Walter Rau Speickwerk GmbH & Co. KG
Sigmaringer Str. 31–33
70567 Stuttgart
(07 11) 16 13-0
(07 11) 16 13-1 00
www.speick.de

Ansprechpartner Presse & Marketing:
Gudrun Leibbrand
(07 11) 16 13-1 29
gudrun.leibbrand@speick.de

Lead-Agentur:
Wahrheitdesign
www.wahrheitdesign.de

SCHON GEWUSST?

- Die Legende sagt, dass Jesus von Nazareth von Maria Magdalena mit Speick gesalbt wurde. Deshalb nennt man den Speick auch Maria-Magdalena-Blume.
- Der Speick-Pflanze wird eine aphrodisierende Wirkung nachgesagt. So wurden im Orient Bräute und Haremsdamen mit Speick-Öl parfümiert.

SPEZI

Die Getränkemarke Spezi steht für ein Erfrischungsgetränk, welches aus Cola und Orangen- sowie Zitronensaft hergestellt wird. Zusätzlich beinhaltet das Mischgetränk noch Mandarinenöl und Orangenblütenextrakt. In den 1950er-Jahren war Spezi erst als Bier des Augsburger Brauhauses →Riegele gestartet. Braumeister und Verkauf entwickelten es dann weiter zum Cola-Mischgetränk. Einige Gastronomen hatten den Anlass dafür gegeben, weil ihnen beim herkömmlichen Mischen von Cola und Orangenlimonade Reste übrig blieben. Das Logo, zwei orangefarbene Halbkreise, steht seit fast 50 Jahren für das Getränk. Anfang der 1970er-Jahre und zuletzt im Jahr 2000 wurde der visuelle Auftritt aktualisiert. Heute setzt Spezi ausdrücklich auf den Kultfaktor, der durch die Gestaltungsmerkmale aus den 1950er-Jahren entstanden ist. Haupterkennungszeichen in der Markenkommunikation ist die Flasche vor einer Orangenscheibe mit Splash, also aufsprudelnder Limonade. Der Farbcode ist rot-orange-blau. 1977 gründete die Brauerei Riegele den Spezi Markengetränkeverband Deutschland e.V. Dieser hat von Riegele die Markenrechte in Deutschland übertragen bekommen und ist für deren Durchsetzung im Markt verantwortlich. In Deutschland dürfen nur die 14 Lizenznehmer des Spezi Markengetränkeverbands mit dem Namen werben. Im Ausland läuft die Lizenzvergabe durch das Brauhaus Riegele Augsburg. 2005 brachte das Unternehmen neben *Spezi light* sein *Spezi e:nergy* auf den Markt. Das Getränk ist mit Koffein, Taurin sowie den Vitaminen B2 und B6 angereichert. Es wird in Longneck-Flaschen zu 0,33 l verkauft.

DATEN UND FAKTEN

Markenname: Spezi, abgeleitet vom bayerischen Ausdruck für guter Freund

Slogan: „... trink das Original!", ab 2000: „... da ist Saft drin!"

Markenregistrierung: 11. 12. 1956, DPMA München

Innovationen: Spezi light (1987), Spezi e:nergy (2005)

Markenbindung: 49,1 % (Markenkauffaktor, GfK, 2006)

UNTERNEHMEN

Spezi Markengetränkeverband Deutschland e.V.
Frölichstr. 26
86150 Augsburg
(08 21) 32 09-88
(08 21) 32 09-87
www.spezi.com

SPIEGEL

→Der Spiegel

SPIEGELBURG

→Die Spiegelburg

SPREEWALDHOF

1990 entwickelte die Obst- und Gemüseverarbeitung Spreewaldkonserve Golßen GmbH die Konsumgütermarke SPREEWALDHOF. Das Unternehmen mit Sitz in Brandenburg hält an der Spreewälder Gurkentradition fest und gibt der Dachmarke den herkunftsbezogenen

Das Unternehmen hält an der Spreewälder Gurkentradition fest und gibt der Marke in Anlehnung an die Herkunft den Namen Spreewaldhof.

Namen SPREEWALDHOF. Das Unternehmen ging aus einem VEB-Kombinat (Rechtsform der Industrie- und Dienstleistungsgewerbe in der DDR) hervor, das seit 1946 seinen Standort in Golßen hatte. Die Kernzielgruppe für die Produkte bilden Männer und Frauen zwischen 25 und 59 Jahren, die Wert auf traditionelle, hohe Qualität und einen kontrollierten, integrierten Anbau legen. Eine innovative, eigenständige Produktentwicklung ist die „Get One!" Snack-Gurke aus der Slimline-Dose, die durch ihr modernes Erscheinungsbild eine jüngere Zielgruppe ansprechen soll. Die neuartige Ringpull-Weißblech-Dose wurde auf der Expo in Hannover mit dem Verpackungspreis ausgezeichnet. Auch das Logo geht auf den Ursprung des Produktes im Spreewaldgebiet ein und zeigt einen stilisierten Bauernhof mit dem hellgrünen Schriftzug Spreewaldhof in Versalien. Diese Art der Gestaltung vermittelt dem Käufer Tradition, Beständigkeit sowie Natürlichkeit und schafft einen engen Bezug zu der Landschaft und dem typischen Spreewaldhaus. Der Slogan „Der Heimathof für Gurkenfans" verdeutlicht noch einmal die Herkunft des Produkts und erzeugt Vertrauen. Mit 20 verschiedenen Geschmacksrichtungen und Größen und einem Umsatzanteil von fast 60 % ist die Gurke das wichtigste Produkt des Spreewaldhofs. Außerdem produziert das Unternehmen verschiedene Salate und Obstkonserven wie Apfelmus, Himbeeren oder Preiselbeeren. Die Vermarktung der Obst-, Gemüse- und Gurkenkonserven erfolgt europaweit. Im Geschäftsjahr 2006/07 erzielte das Unternehmen einen Gesamtumsatz von 80 Mio. Euro und beschäftigte rund 160 Mitarbeiter und 250 Saisonkräfte. Zusätzlich beherbergt das Unternehmen die Marke *Diätini*, unter der kalorienreduzierte Produkte ohne Zucker für Diabetiker geeignet angeboten werden.

DATEN UND FAKTEN

Markenname: Spreewaldhof, abgeleitet von der Herkunft des Produkts im Spreewaldgebiet

Slogan: „Der Heimathof für Gurkenfans"

Erfinder: Das Unternehmen Obst- und Gemüseverarbeitung Spreewaldkonserve Golßen GmbH, 1990, Golßen

Markenregistrierung: 12. 11. 1990, DPMA München

Innovationen: „Get one!", der erste Gurkensnack aus der Dose (2000)

Auszeichnungen:
„Verpackungspreis", Dt. Verpackungsinstitut e.V. (2000)

UNTERNEHMEN

Obst- und Gemüseverarbeitung Spreewaldkonserve Golßen GmbH

Hauptsitz: Golßen, Deutschland

Geschäftsführer: Dipl. Ing. Konrad Linkenheil (geschäftsführender Gesellschafter), Karin Seidel (Gesellschafter, Leitung Marketing & Vertrieb)

Weitere Marken: Diätini

Gesamtumsatz: 80 Mio. Euro (2006/07)

Vertrieb: europaweit

KONTAKT

Obst- und Gemüseverarbeitung Spreewaldkonserve Golßen GmbH
Bahnhofstr. 1
15938 Golßen
✆ (03 54 52) 3 89–0
🖷 (03 54 52) 70–7
💻 www.spreewaldhof.de
✉ info@spreewaldhof.de

SCHON GEWUSST?

▌In der preisgekrönten Tragikomödie *Good Bye, Lenin* gaukelt Schauspieler Daniel Brühl seiner kranken Mutter das Fortbestehen der DDR vor, die für sie eine heile Welt darstellt. Dabei hat er große Schwierigkeiten, die von seiner Mutter heiß geliebten Spreewaldgurken aufzutreiben. Mit diesem Film von Wolfgang Becker erlangte die Marke im Jahr 2003 auch im Westen Deutschlands weitere Berühmtheit.

Sprite ist eine Erfrischungsgetränkmarke des Coca-Cola-Konzerns.

Lead-Agentur
MO&O Werbeagentur GmbH
www.moo.de

SPRITE

Die Konsumgütermarke Sprite gehört zu den bekanntesten Getränkemarken des Coca-Cola Konzerns. Mit dem Slogan „Was wirklich zählt ist klar" wird das Erfrischungsgetränk mit Zitronengeschmack als unangepasstes, individuelles Produkt beworben. Im Jahr 1966 entstand das Getränk ursprünglich als Geschmacksrichtung „klare Zitrone" der Orangenlimonade Fanta. Zwei Jahre später wurde daraus die eigenständige Marke Sprite. Der Name setzt sich aus den engl. Wörtern sprinkle für spritzen und light für leicht zusammen. Als die klare Zitronenlimonade erfunden wurde, schien der Name passend für das frische Getränk. Von jeher soll die Marke Unabhängigkeit und Spontaneität vermitteln. Sie richtet sich v.a. an junge Menschen im Alter von 14 bis 29 Jahren. Der Markenauftritt unterstützt dieses Ziel durch einen modernen Online-Auftritt, der Informationen und Spiele zu Freizeitaktivitäten aus dem Bereich des Urban Lifestyle wie Parkour, Graffiti und Beatboxing bietet. Als Testimonial warb der dt. Profi-Basketballer Dirk Nowitzki bereits 2003 und 2004 für das Erfrischungsgetränk. Das Produktdesign der Marken Sprite und Sprite Zero, dem Nachfolger von Sprite light, orientiert sich stark am Lebensgefühl der Zielgruppe. Das Sprite-Logo besteht im Kern aus einem weißen, leicht erhaben wirkenden Schriftzug auf blau-grünem Fond. Verschiedene Dekorations- und Bildelemente sind um den Schriftzug angeordnet, welche die Dynamik und Spritzigkeit des Getränkes ausdrücken sollen. Stilisierte Zitronen und Limetten bilden den I-Punkt im Markentitel und sollen an den frischen, fruchtigen Geschmack des Getränks erinnern. Zahleiche Luftblasen symbolisieren die Positionierung als Erfrischungsgetränk. Das gesamte Bild wird dabei von einer Welle getragen, was den Schriftzug diagonal tanzen lässt. Sprite gehört neben →Fanta und Coke zu den drei großen →Coca-Cola-Marken und wird in Deutschland von der dt. Coca-Cola Organisation mit Hauptsitz in Berlin vertrieben.

UNTERNEHMEN

Coca-Cola GmbH
Quartier 205, Friedrichstr. 68
10117 Berlin
(0 30) 2 26 06-90 00
(0 30) 2 26 06-95 10
www.sprite.de

STAATL. FACHINGEN

Unter der Marke Staatl. Fachingen wird Mineral- und Heilwasser mit einer hohen Mineralisation vertrieben. Die gesundheitsfördernde Wirkung des Wassers aus dem Lahntal wurde erstmals im Jahr 1742 dokumentiert. Staatl. Fachingen *Still* ist nach Angaben der Fachingen Heil- & Mineralbrunnen GmbH Marktführer im Segment Heilwasser. Mit dem Mineralwasser Staatl. Fachingen *Medium* erweiterte das Unternehmen 2003 sein Portfolio. Beide Produkte werden in charakteristischen Facettenflaschen abgefüllt. Mit der Produktlinie *Minalance* brachte das Unternehmen 2007 erstmals zwei Near-Water-Getränke auf den Markt. *Minalance* ist in den Geschmacksrichtungen Orange-Ingwer und Erdbeere-Aloe Vera erhältlich. Das Logo der Marke Staatl. Fachingen zeigt in konkaver Form den Markennamen in Großbuchstaben. Es soll Schutz und Balance symbolisieren. Beworben wird die Marke mit dem Slogan „Denken Sie an sich", ein früherer Werbespruch lautete „Wasser in seiner schönsten Form". Staatl. Fachingen, das über den Handel und die Gastronomie vertrieben wird, erreicht in Deutschland eine Markenbekanntheit von 63 % (Ipsos, Juni 2007). Die gewichtete Distribution im Lebensmitteleinzelhandel und in Getränkeabholmärkten liegt nach Angaben des Herstellers bei 80 %. Die FACHINGEN Heil- & Mineralbrunnen GmbH beschäftigt rund 80 Mitarbeiter. Sie ist seit 1990 eine 100 %ige Tochter der Mineralbrunnen Überkingen Teinach AG.

UNTERNEHMEN

FACHINGEN Heil- & Mineralbrunnen GmbH
Brunnenstr. 11
65626 Fachingen/Birlenbach
(0 64 32) 98 34-0
(0 64 32) 98 34-99
www.fachingen.de

STABIL

Die österreichische Marke STABIL gehört zur HAAS-Gruppe.

Unter dem Dach der österreichischen Marke STABIL versammeln sich Wohnraum- bzw. Kellerfenster aus Kunststoff, Holz und Aluminium sowie Türen und Produkte für den Sonnenschutz. Die Bauelemente richten sich an Hausbauer, Bauträger und Renovierer. Dabei werden sowohl Großprojekte als auch der Bau von Einfamilienhäusern anvisiert. Innovationen wie z. B. das 6-Kammern-Profil und Passivhaus-Fenster bieten energiesparende Lösungen. Die Marke STABIL wurde 1978 von Kommerzialrat Herbert Schmidt mit der Gründung der STABIL BAUELEMENTE GmbH in Gabersdorf bei Graz eingeführt. Der Name STABIL soll den Wiedererkennungswert der Produkte steigern und für die Qualität der Produkte stehen. Das vom Firmengründer entwickelte Logo blieb bis heute unverändert. Es zeigt ein gleichseitiges Dreieck in Rot, in dessen unterem Segment der Markenname in markanten weißen Kleinbuchstaben steht. Unter dem Dreieck steht der produktbezogene Zusatz „Fenster und Türen". Ebenso wie der Markenname soll das Logo Robustheit und Zuverlässigkeit vermitteln. In der Werbung setzt das Unternehmen u. a. auf Sportsponsoring. Von 1998 bis 2002 warb der österreichische Fußballstar Anton „Toni" Polster für STABIL. Eigenen Angaben zufolge ist die STABIL BAUELEMENTE GmbH einer der führenden Fensterhersteller Österreichs. Der Vertrieb erfolgt über Fachhandelspartner in Österreich, Deutschland, Italien, Slowenien und Kroatien. Das Unternehmen gehört mit seinen 375 Mitarbeitern zur dt. HAAS Group, einem der führenden Anbieter von Qualitätsprodukten rund um die Vielfalt des Bauens. Die Unternehmensgruppe vertreibt u. a. Fertighäuser (→ HAAS FERTIGBAU) sowie Bauelemente unter den Marken HOCO (→ HOCOHOLZ, → HOCOPLAST), → WO & WO und → BAYERWALD.

DATEN UND FAKTEN

Markenname: STABIL, Österreich, Adjektiv

Slogan: „STABIL – Das ist ein Fenster"

Gründer: Herbert Schmidt, 1978, Gabersdorf/Österreich

Markenbekanntheit: 56 % gest. (Dr. Karmasin Marktforschung, 2006)

Markenregistrierung: 1978, Österreich

UNTERNEHMEN

STABIL BAUELEMENTE GmbH
Landscha an der Mur 70
A-8424 Gabersdorf
✆ +43 34 52 90 03-0
🖷 +43 34 52 90 03-30 15
💻 www.stabil.at

STABILO

Unter dem Markennamen Stabilo vertreibt die Stabilo International GmbH & Co. Produkte zum Markieren, Schreiben und Malen. Sie geht zurück auf die Gründerfamilie Schwanhäußer, die 1865 die Nürnberger Bleistiftfabrik übernahm und das Unternehmen inzwischen in der fünften Generation leitet. Die Marke wendet sich mit auffälligen Designs vorrangig an kaufkräftige junge Konsumenten und Schüler. Der Markenname entstand 1925, als August Schwanhäußer seine Erfindung, den Stabilo-Dünnkernfarbstift und seine „ganz dünne, aber sehr feste Mine von samtweicher, zartester Farbabgabe" auf den Markt brachte. Bis heute symbolisiert der Name Stabilo die hohe Haltbarkeit und Bruchsicherheit aller Stifte. Ein stilisierter Schwan in einem Kreis illustriert seit 1875 nicht nur den Namen der Gründerfamilie als geschützte Bildmarke, sondern soll mit den Attributen Reinheit und Schönheit auch die Produkte aufwerten. Als Markenzeichen findet er sich bis heute auf allen Stabilo-Stiften. Zu den bekanntesten Produkten zählt der Textmarker *Boss*, den Stabilo 1971 als ersten Textmarker lancierte: ein „Stift zum Lesen" mit breiter Filzmine in fluoreszierenden, transparenten Farben, mit dem Textauszüge durch Überstreichen markiert werden können. Aktuell umfasst die Highlighter-Range über 10 verschiedene Modelle. Der *Point 88*, ein Schreibstift mit sehr feiner Mine, ist mit ca. 1,6 Mrd. Stück in fast 30 Jahren mit das meistverkaufte Produkt des Konzerns. Seit den 1990er-Jahren gibt es mit der Grundsatz-Entscheidung „Trends statt Tintenmenge" eine entscheidende Veränderung in der Vermarktungsstrategie. Marktforschungen hatten ergeben, dass nicht allein die technologischen Features, sondern auch das Aussehen der Stifte kaufentscheidend ist. Ziel des Unternehmens ist es, innovative, hochwertige Produkte zu entwickeln, die bestens in die Lebenswelt ihrer vornehmlich jungen Zielgruppe passen. Zu den ersten und erfolgreichsten Innovationen gehört der 2004 eingeführte *Stabilo's move easy*, eine Kombination aus Füller und Kugelschreiber, der nach Unternehmensangaben bereits kurz nach der Einführung zum Marktführer im Schulsegment wurde. Für die Vielzahl innovativer Produkte und ungewöhnlicher Verpackungskonzepte erhielt das Unternehmen zahlreiche Branchen- und Designpreise. Die Stabilo International GmbH & Co. ist zusammen mit

Die Boss Textmarker von Stabilo sind mittlerweile zu einem Klassiker geworden (Mitte). Der *Stabilo's move easy* änderte das Schulfüllerbild (unten).

den Geschäftsbereichen Kosmetik und Outdoor Teilkonzern der Schwanhäußer Industrie Holding.

Der aufblasbare Riesenstift *Stabilo's move elastic writer*, bei Jugendlichen auch als Basketball-Stift bekannt, fuhr im Rahmen einer Werbekampagne die Donau hinunter.

DATEN UND FAKTEN

Markenname: Stabilo, Kunstwort, aus dem Adjektiv „stabil" abgeleitet

Gründung: 1865 in Nürnberg

Markenregistrierung: 08.02.1895, Reichspatentamt Berlin

Innovationen: ca. 15 neue Produkte jährlich

Markenbekanntheit: stärkste Einzelmarke der Branche aus Konsumentensicht (GFK 2006)

Jahresumsatz: 132 Mio. Euro (2006/2007)

Jahresproduktion: 500 Mio. Schreibutensilien (2006)

Mitarbeiter: 1.200, davon 400 in Deutschland (2006)

Auszeichnungen:
„ISPA Award" für *Stabilo's move easy* in Kategorie Schreibgeräte (2004)
„OPI Award" als innovativstes Unternehmen des Jahres (2004)
„IF product design award" für Stabilo swing click, Stabilo pointVisco und Stabilo point 88 Mini Xtreme/ Pen 68 Mini Xtreme (2007)
„Produkt des Jahres", Deutscher Kunststoff-Verband für Stabilo swing click (2007)

Literatur:
M. Hempe:150 years of Schwan-STABILO. Eine Unternehmensgeschichte im Zeichen des Schwans. (2005)

UNTERNEHMEN

STABILO International GmbH & Co.

Hauptsitz: Heroldsberg, Deutschland

Geschäftsführer: Sebastian Schwanhäußer

Gesamtumsatz: 132 Mio. Euro (2006/2007)

Vertrieb: weltweit in mehr als 100 Ländern

KONTAKT

STABILO International GmbH
Schwanweg 1
90562 Heroldsberg
✆ (09 11) 5 67-0
www.stabilo.com

Ansprechpartner Presse:
Marion Korbel
✉ marion.korbel@stabilo.com

SCHON GEWUSST?

- Der Textmarker *Boss* erhielt seine flache Form durch einen Zufall: Weil er wegen fehlender Ideen verärgert war, schlug der Designer mit der flachen Hand auf sein Knetmasse-Modell des Stiftes – und befand das Ergebnis nach einer kleinen Beruhigungspause für gut.
- In den 1990er-Jahren startete Stabilo eine Werbekampagne mit einem aufblasbaren Riesen-Stift, der u.a. auf der Donau schwamm.

STABILUS

Die Industriegütermarke Stabilus wurde 1963 patentiert.

STABILUS

Stabilus gehört zu den bekannten Industriegütermarken in Deutschland. Im Segment der Automobil- und Industriezulieferer stellt das Unternehmen Gasfedern, Dämpfer, Klappenantriebe und Arretierelemente her. Zielgruppe sind Konstrukteure, Entscheidungsträger und Geschäftsführer u.a. der Automobil- und Möbelindustrie, der Medizintechnik und Drehstuhlhersteller. Im Automobilbereich ist das Unternehmen lt. eigenen Angaben Marktführer und behauptet mit dem Patent zugleich die Technologieführerschaft im Bereich stufenloser Türfeststeller. Stabilus produziert auf selbst entwickelten Maschinen und wirbt mit gleichbleibend hohen Qualitätsstandards. Das Unternehmen mit Hauptsitz in Koblenz ging aus der Firma Hanko hervor und wurde 1934 gegründet. Es hat weltweit 11 Produktionsstandorte, ebenso ein weltweites Vertriebsnetz. Von den ca. 3.300 Mitarbeitern sind etwa 1.650 in Koblenz beschäftigt. Der Jahresumsatz im Geschäftsjahr 2006/2007 belief sich auf ca. 400 Mio. Euro. Die einzelnen Produkte werden unter patentierten Produktnamen angeboten, so heißen die Gasfedern LIFT-O-MAT, die blockierbaren Gasfedern BLOC-O-LIFT, die stabilen Dämpfer STAB-O-SHOC, die Gasfedern in Drehstuhlsäulen STAB-O-MAT, der stufenlose Türfeststeller DORSTOP für Autotüren und das automatische Öffnungs- und Schließsystem POWERISE. Die Marke Stabilus ist seit 1963 geschützt. Das Logo veränderte sich im Lauf der Firmengeschichte. Das große S und der Kreis verschwanden zu Gunsten der serifenlosen, in blauen Versalien gesetzten Wortmarke (RAL 5010).

UNTERNEHMEN

Stabilus GmbH
Wallersheimer Weg 100
56070 Koblenz
(02 61) 89 00-0
(02 61) 89 00-2 04
www.stabilus.de

STAEDTLER

Lange bevor Johann Sebastian Staedtler 1835 mit der Gründung seiner Fabrik J. S. Staedtler zur Herstellung von Bleistiften den Grundstein für die weltweit operierende Unternehmensgruppe STAEDTLER legte, war schon einer seiner Vorfahren, Friedrich Staedtler, als „Bleiweißsteftmacher" tätig. Bereits 1662 wurde dieser in den Büchern der Stadt Nürnberg urkundlich erwähnt. 1840 produzierte J. S. Staedtler bereits 63 verschiedene Bleistiftsorten. Der Name „Mars", der als Warenzeichen 1900 beim Kaiserlichen Patentamt angemeldet wurde, steht heute als Marke des Unternehmens STAEDTLER weltweit für „Präzision, Zuverlässigkeit, hohen Schreibkomfort und Innovation". So gilt das Unternehmen als erster Hersteller von Faserschreibern für Overhead-Projektoren. Weitere Innovationen von STAEDTLER sind u.a. der Lumocolor, die Produktreihe STAEDTLER ergosoft und die Dry Safe-Tintentechnologie. 1999 ließ die Firma die preisgekrönte STAEDTLER-Box patentieren, die als Verpackung sowie als Stiftständer fungiert. Im Jahr 2005 wurde als weitere Innovation die STAEDTLER Mantelmine vorgestellt. Durch eine neue Produktionstechnologie erhält die Mine einen schützenden weißen Mantel, der die Bruchfestigkeit des Stiftes erhöht. In den Bereichen Folienstifte, Radierer, holzgefasste Stifte und Feinminen gilt das Unternehmen eigenen Angaben zufolge als größter Hersteller Europas. Es setzt dabei auf das Qualitätsmerkmal „Made in Germany" und produziert fast 80 % seiner Produkte in Deutschland. Ein weiteres Bekenntnis zum Produktionsstandort Deutschland war der Neubau des Eurologistik-Zentrums am Hauptsitz Nürnberg. Die STAEDTLER Mars GmbH & Co. KG vertreibt ihre Produkte weltweit in mehr als 150 Ländern. Vom dt. Stammsitz aus wird die Distribution durch 24 internat. Niederlassungen organisiert. Das stiftungsgeführte Unternehmen beschäftigt weltweit knapp 3.000 Mitarbeiter (2007). Geschäftsführer ist Axel Marx.

Das Traditionsunternehmen STAEDTLER begann 1835 mit der industriellen Fertigung von Bleistiften.

DATEN UND FAKTEN

Markenname: STAEDTLER, Familienname des Gründers

Slogan: „STAEDTLER – Eine Marke mit Tradition gestaltet ihre Zukunft"

Erfinder: Johann Sebastian Staedtler, 1835, Nürnberg

Markenregistrierung: 1894, Kaiserliches Patentamt Berlin (für die Fabrikmarke Halbmond), 1900, Kaiserliches Patentamt Berlin (für das Wortzeichen Mars)

Auszeichnungen:
„iF product design award" für STAEDTLER triplus Konzept (2004)
„Internationaler Designpreis Baden-Württemberg" für Staedtler Metallspitzer (2005)
„red dot award: product design" für STAEDTLER triplus und STAEDTLER Box Konzept (2003)
„packaging excellence", Worldstar Award für STAEDTLER Feinminendose (2006)

UNTERNEHMEN

STAEDTLER Mars GmbH & Co. KG
Moosäckerstr. 3
90427 Nürnberg
(09 11) 93 65-0
(09 11) 93 65-4 00
www.staedtler.de

STAHL-FIX

Unter der Marke Stahl-Fix bietet die SC Johnson GmbH Spezialprodukte für die Reinigung und Pflege von Oberflächen aus Edelstahl und Chrom an. Stahl-Fix wurde um 1960 von der Firma Yankee Polish entwickelt, zu einer Zeit, in der in Deutschland immer mehr Haushalte über Edelstahlspülen verfügten. 1999 erwarb der US-amerikanische Konzern S. C. Johnson & Son Inc. die Marke Stahl-Fix, die weiterhin ausschließlich in Deutschland und Österreich vertrieben wird. Stahl-Fix gibt es in den Varianten *Classic* für hochglänzenden Edelstahl und Chrom sowie *Matt* für mattier-

Unter der Marke Stahl-Fix werden Reinigungsprodukte für Oberflächen aus Stahl und Chrom angeboten.

ten und gebürsteten Edelstahl. Das Markenlogo wurde bereits von dem früheren Hersteller Yankee Polish entwickelt. Wie alle Markenzeichen des Unternehmens wurde es mit dem roten Dreieck an das Logo der Marke Null Null angelehnt. Die Gestaltung der silberfarbenen Stahl-Fix-Flaschen wurde seit den 1970er-Jahren kaum verändert. Als eines von wenigen Markenprodukten in seiner Kategorie ist Stahl-Fix Marktführer im Bereich Edelstahlreiniger (Quelle: IRI). Der familiengeführte Konzern S. C. Johnson & Son Inc. ist weltweit auf Reinigungs-, Pflege- und Insektenschutzmittel spezialisiert und erzielte 2007 einen Umsatz von 7,0 Mrd. USD. Von den ca. 12.000 Mitarbeitern des Unternehmens sind rund 100 in Deutschland und Österreich beschäftigt. Die SC Johnson GmbH mit Sitz in Erkrath bei Düsseldorf vertreibt neben Stahl-Fix u.a. auch die Marken →00 null null, →Pronto, →Brise, →Paral Raid, →Autan, →Drano und →Oust.

UNTERNEHMEN

SC Johnson GmbH
Mettmanner Str. 25
40699 Erkrath
✆ (02 11) 3 02 34–0
🖷 (02 11) 3 02 34–2 47
🖳 www.scjohnson.de

STARBUCKS

Die Starbucks Corporation ist ein auf Kaffeeprodukte spezialisiertes internat. Unternehmen, welches Kaffebohnen kauft, röstet und über konzerneigene oder lizenzierte Kaffeehäuser vertreibt. Neben verschiedenen Kaffeespezialitäten wie z.B. Caramel Macchiato, White Coffé Mocha und eisgekühlten Kaffeegetränken bietet Starbucks verschiedene Teesorten, kleinere Snacks und Kuchen sowie Musik-CDs unter eigenem Label an. Das Markenlogo in den Farben Grün, Schwarz und Weiß zeigt eine von einem Kreis eingerahmte Meerjungfrau und wurde im Laufe der Zeit mehrfach modifiziert. Starbucks wurde 1971 von Gerald Baldwin, Gordon Bowker und Zev Siegl in Seattle als *Starbucks Coffee, Tea and Spice* gegründet. Inspiration für die Namensgebung war der Steuermann *Starbuck* aus Hermann Melvilles Roman *Moby Dick*. 1984 führte der Marketing- und Einzelhandelsleiter Howard Schultz das Kaffeebarprinzip ein, indem er kleine Espressobars in den Läden einrichtete. 1987 kaufte Schultz Starbucks auf und eine rasche Expansion im In- und Ausland folgte. Weltweit besitzt Starbucks nach eigenen Angaben 12.400 Kaffeehäuser in 37 Ländern (2007), wobei soziale Verantwortung und Umweltschutz nach eigenen Angaben schwerpunktmäßig in die Firmenpolitik miteinbezogen werden. Im Mai 2002 eröffneten die ersten beiden dt. Starbucksfilialen in Berlin. In Deutschland werden alle Starbucks-Kaffeehäuser von der dt. Starbucks Coffee GmbH selbst als Filialen betrieben. Diese beschäftigt nach eigenen Angaben 1.200 Mitarbeiter in über 90 Kaffeehäusern in 24 dt. Städten (2007).

UNTERNEHMEN

Starbucks Coffee Deutschland GmbH
Dorotheenstr. 1
45130 Essen
✆ (02 01) 87 07–9 00
🖷 (02 01) 87 07–9 03
🖳 www.starbucks.de

STEIFF

Die Plüschtiere von Steiff werden seit 1904 mit dem „Knopf im Ohr" versehen.

Neben vielen anderen Plüschtieren ist vor allem der Teddybär untrennbar mit der Marke Steiff verbunden. Der erste Spielbär mit beweglichen Armen und Beinen wurde 1902 von Richard Steiff entwickelt und 1903 auf der Leipziger Spielwarenmesse präsentiert, wo ein New Yorker Einkäufer 3.000 Exemplare bestellte. Namensgeber des in Amerika schnell beliebt werdenden Bären wurde der amerikanische Präsident Theodore „Teddy" Roosevelt, dessen Vorliebe für die Bärenjagd bekannt war. Den Grundstein zu einem erfolgreichen Unternehmen hatte Margarete Steiff, die Tante von Richard Steiff, bereits 1880 gelegt, als sie ein Nadelkissen in Form eines Elefanten entwickelte und in ihrem Filzkonfektionsgeschäft verkaufte. Das „Elefäntle" entwickelte sich rasch zu einem beliebten Kinderspielzeug. 1904 wurden die Plüschtiere aus dem Hause Steiff zum Schutz vor Nachahmern mit dem „Knopf im Ohr" versehen. Ein Kinderspielzeug mit einer Schutzmarke zu versehen, die direkt am Produkt angebracht ist, war zu dieser Zeit vollkommen neuartig. Das Warenzeichen dient bis heute als Gütesiegel für hohe Qualität und damit nicht zuletzt als Garant für Kindersicherheit. Zunächst noch mit einem Elefanten versehen, zeigte es wenig später nur noch den Markenschriftzug. Heute vermarktet die Margarete Steiff GmbH unter dem Dach der Marke Steiff nicht nur Kuscheltiere, sondern auch Kleidung, Accessoires und sogar Möbel. Zur Zielgruppe des Unternehmens gehören neben Kindern und deren Eltern auch Sammler und Liebhaber von Kuscheltieren. Die Traditionspflege gehört zum Imagekonzept des schwäbischen Spielzeugherstellers: Im Erlebnismuseum „Die Welt von Steiff" in Giengen wird die Geschichte der Steiff Tiere transparent und unterhaltsam aufbereitet. Seit November 2007 präsentiert sich Steiff mit einem neuen Markenauftritt, in dessen Mittelpunkt bleibende Werte wie Poesie, Individualität, Vertrauen und Ästhetik stehen.

UNTERNEHMEN

Margarete Steiff GmbH
Richard-Steiff-Str. 4
89537 Giengen
(0 73 22) 1 31-1
www.steiff.de

STEINWAY & SONS

Steinway & Sons steht für Produkte und Dienstleistungen im Bereich Musik, insbesondere für Flügel und Klaviere. Der Markename, der im Logo in goldenen, serifenlosen Versalien erscheint, nimmt auf den Unternehmensgründer und seine Söhne Bezug. 1836 baute Heinrich Engelhard Steinweg, Tischler und Klavierbauer, seinen ersten Flügel – in der heimischen Küche in Seesen. 14 Jahre später wanderten er und seine Familie in die USA aus. 1853 folgte die Gründung der Firma Steinway & Sons, zusammen mit den Söhnen, nachdem Steinweg seinen Namen zuvor in Henry Engelhard Steinway geändert hatte. 1875 eröffnete Steinway & Sons ein Geschäft in London, die Steinway Hall. 1880 folgte der Bau der ersten Steinway-Fabrik in Hamburg, um der steigenden Nachfrage in Europa gerecht werden zu können. Während die New Yorker Fabrik den amerikanischen Markt beliefert, ist Hamburg heute noch für alle anderen Märkte zuständig. 1989 entschied das Unternehmen, aus Gründen des Tierschutzes auf Elfenbeinbeläge bei den Klaviaturen zu verzichten. 1992 ging der 500.000. Flügel auf Welttournee. Ende der 1990er-Jahre wurden in Japan eine Tochtergesellschaft und in China ein Büro gegründet. Seit 1996 wird das Mutterunternehmen, das nach mehrfachen Besitzerwechseln nun Steinway Musical Instruments, Inc., heißt, an der New Yorker Börse unter dem Kürzel „LVB" (Ludwig van Beethoven) gehandelt. Die Markenstrategie von Steinway & Sons ist vielfältig: Neben den Steinway-Modellen, die um die Crown Jewels-Serie und Limited Editions ergänzt wurden, bietet Steinway & Sons seit 1992 mit *Boston* und seit 2006 mit *Essex* Flügel und Klaviere „designed by Steinway & Sons" an, die im mittleren bzw. unteren Preisniveau angesiedelt sind. Mehr als 1.400 weltweit konzertierende Pianistinnen und Pianisten bekennen sich zu Steinway, die Konzertflügel haben ihren festen Platz auf den großen Bühnen der Welt.

UNTERNEHMEN

Steinway & Sons
Rondenbarg 10
22525 Hamburg
(0 40) 8 53 91-0
(0 40) 8 53 91-1 99
www.steinway.de

STERN

Die mediale Dachmarke stern steht für hochwertige journalistische Produkte mit aufwendigen Bildstrecken. Kern der Marke ist das gleichnamige Wochenmagazin, das sich an Leser zwischen 20 und 49 Jahren richtet. Unter der Dachmarke stern bringt der Verlag Gruner + Jahr außerdem die Magazine *Neon*, *View*, *stern Gesund Leben* und *stern Fotografie* heraus. Unter stern.de befindet sich das Internet-Portal. Die Marke geht auf Henri Nannen zurück, der im Nachkriegs-Deutschland die Jugendzeitschrift *Zick Zack* gründete. Ab dem 1. August 1948 nannte er sie stern, in Anlehnung an den Ausdruck „Stern der Hoffnung". Das von der damaligen Redaktion entwickelte Logo setzt den Markennamen bildlich um. Für den Schriftzug wurde eine eigene Type entwickelt, die wie der weiße Stern auf rotem Grund bis heute ohne wesentliche Veränderungen verwendet wird. Den ursprünglichen Zusatz „Illustrierte Zeitschrift für junge Menschen" ließ Nannen ab dem sechsten Heft weg. Fortan setzte der stern vor allem auf erwachsene Leser. In den 1960er-Jahren entwickelte Nannen das bis dahin mehr auf Unterhaltung setzende Magazin zu einer politischen Illustrierten weiter. Die Auflage liegt heute bei rund einer Mio. pro Ausgabe. Nach Angaben des Verlags ist stern mit einer Reichweite von über sechs Mio. Lesern marktführend im Segment der Wochenzeitschriften. Das IfD hat für das Wochenmagazin eine Bekanntheit von 96,4 % und eine Sympathie von 96 % ermittelt. Die Magazine werden in Deutschland und im deutschsprachigen Ausland vertrieben. Der jährliche Werbeetat der Marke beträgt 15 Mio. Euro. Gruner + Jahr plant, den Internetauftritt *stern.de* zum führenden Online-Ma-

Aus dem dt. Namen der Gründerfamilie Steinweg wurde nach dem Umzug in die USA Steinway.

Das Wochenmagazin stern informiert seit fast 60 Jahren seine Leser.

gazin auszubauen. Die Verlagsgruppe beschäftigt über 14.500 Mitarbeiter weltweit. Der Gesamtumsatz lag im Jahr 2006 bei 2,86 Mrd. Euro. Weitere Markenprodukte von Gruner + Jahr sind das Kunstmagazin → ART und die Reportagezeitschrift → GEO.

DATEN UND FAKTEN

Markenname: stern, abgeleitet vom Ausdruck „Stern der Hoffnung"

Slogan: „Behalten Sie den Überblick" (bis 2007)

Gründer: Henri Nannen, 1948, Hamburg

Innovationen: Neon (2004), View (2005)

Markenbekanntheit: 96,4 % Markenbekanntheit, 96 % Sympathie (AWA, 2007)

Werbespendings: 15 Mio. Euro

Markenwebsite: www.stern.de

Literatur:
H. Gebhardt, N. Kleiner u. W. Funk: 50 Jahre das Beste vom stern (1998)
Das Medium – 50 Jahre Werbung im stern (2002)

UNTERNEHMEN

Gruner + Jahr AG & Co KG
Am Baumwall 11
20459 Hamburg
✆ (0 40) 37 03-0
🖷 (0 40) 37 03-60 00
💻 www.guj.de

STIEBEL ELTRON

STIEBEL ELTRON
Technik zum Wohlfühlen

Stiebel Eltron vertreibt ein breites Sortiment an Wärmepumpen (Mitte), die Söhne des Gründers und Eigentümer Frank und Dr. Ulrich Stiebel (unten).

Seit der Gründung im Jahr 1924 hat sich Stiebel Eltron von einem Anbieter für Haustechnik zu einem der führenden Hersteller im Bereich erneuerbare Energien entwickelt. Ursprünglich produzierte das von Dr. Theodor Stiebel in Berlin gegründete Unternehmen Tauchsieder und andere Warmwasserbereiter. Seither haben Innovationen wie der Kleindurchlauferhitzer, Wärmepumpen oder der erste vollelektronische Durchlauferhitzer der Welt den Haus- und Systemtechnikmarkt geprägt. Das Leistungsspektrum der Stiebel Eltron GmbH & Co. KG umfasst heute die Bereiche Warmwasser, Raumheizung, Klima und erneuerbare Energien. Dem Anspruch des Firmengründers, in allen Produkten Sicherheit, Komfort und einen geringen Energieverbrauch zu vereinen, sieht sich das Unternehmen auch heute noch verpflichtet. Mit der Produktion moderner Wärmepumpen, Lüftungssysteme, Lösungen zur Wärmerückgewinnung und Solaranlagen macht die Firma erneuerbare Energien auch für den Privathaushalt lukrativ. Die Nutzung der in der Umwelt vorhandenen Energieträger für Heizung und Warmwasserbereitung bietet für die Verbraucher vielfältige Möglichkeiten, ihre Energiekosten zu reduzieren. Das Markenlogo von Stiebel Eltron zeigt den Firmennamen in Versalien, eingefasst von zwei roten Linien. Unter dem Logo steht der aktuelle Claim der Marke „Technik zum Wohlfühlen", der dem Kunden eine angenehme Atmosphäre in den eigenen vier Wänden verspricht. Für die Luft/Wasser-Wärmepumpe *WPL 10 IK* erhielt Stiebel Eltron 2007 den Design-Plus Preis. Die Stiebel Eltron GmbH & Co. KG ist heute im Besitz von den Söhnen des Gründers, Frank Stiebel und Dr. Ulrich Stiebel. Das Unternehmen mit Sitz in Holzminden erzielte 2006 einen Umsatz in Höhe von 417 Mio. Euro. Von den rund 3.000 Mitarbeitern sind ca. 2.000 in Deutschland beschäftigt. Neben den zwei Werken in Holzminden und Eschwege besitzt Stiebel Eltron drei Fertigungsstätten in der Slowakei, Thailand und China. Der Vertrieb in weltweit mehr als 120 Länder erfolgt über die 14 Tochtergesellschaften oder 20 Handelsvertretungen.

Holzminden ist Hauptsitz der Firmengruppe Stiebel Eltron. Hier befindet sich neben der Produktionsstätte auch die weltweite Verwaltungs- und Vertriebsorganisation der Firma.

DATEN UND FAKTEN

Markenname: Stiebel Eltron, Familienname des Unternehmensgründers und Ableitung von Elektron

Slogan: „Technik zum Wohlfühlen"

Gründer: Dr. Theodor Stiebel, 1924, Berlin

Markenregistrierung: 14. 02. 1952, DPMA München

Innovationen: Ringtauchsieder (1924), vollelektronischer Durchlauferhitzer *DHE*

(1987), System-Control-Technology *SCOT* zur Gas-Erkennung (1997)

Auszeichnungen:
„Design-Plus Preis" Messe Frankfurt für Luft/Wasser-Wärmepumpe *WPL 10 IK* (2007)

UNTERNEHMEN

Stiebel Eltron GmbH & Co. KG

Hauptsitz: Holzminden, Deutschland

Geschäftsführer: Rudolf Sonnemann (Vorsitzender), Dietrich Leisner (Finanzen), Karlheinz Reitze (Vertrieb), Dr. Kai Schiefelbein (Technik)

Gesamtumsatz: 417 Mio. Euro (2006)

Vertrieb: weltweit über Tochtergesellschaften und Handelsvertretungen

Mitarbeiter: 2.000 Deutschland, 3.000 weltweit

KONTAKT

Stiebel Eltron GmbH & Co. KG
Dr.-Stiebel-Straße
37671 Holzminden
(0 18 03) 70 20 03
www.stiebel-eltron.de

Ansprechpartner Presse:
Michael Birke
(0 55 31) 7 02 95-6 84
michael.birke@stiebel-eltron.de

MEILENSTEINE

1924 Dr. Theodor Stiebel entwickelt den Ringtauchsieder und gründet in Berlin die Firma Eltron Dr. Theodor Stiebel.

1927 Der weltweit erste Kleindurchlauferhitzer wird produziert.

1976 Als einer der ersten Hersteller beginnt Stiebel Eltron mit der Entwicklung und Produktion von Wärmepumpen.

1987 Die Fima entwickelt mit dem *DHE* den ersten vollelektronischen Durchlauferhitzer der Welt.

2000 Mit der Niedrigenergiehaus-Siedlung „Hofanlage Brombeerweg" nimmt Stiebel Eltron an der Expo 2000 teil.

2007 Am Standort Holzminden entsteht eines der modernsten und größten Wärmepumpen-Werke Europas.

STIEGELMEYER

Die Marke Stiegelmeyer steht für ein umfangreiches Angebot an Krankenhaus- und Pflegemobiliar. Die Produktpalette umfasst Betten, Nachttische, Sitzmöbel, Tische und Hilfsmittel für Krankenhäuser, Senioren- und Behindertenheime sowie die häusliche Pflege. Neben der Produktion betreibt das Unternehmen Stiegelmeyer auch eine eigene Entwicklungsabteilung. Das Logo von Stiegelmeyer ist ein blaues Dreieck, gemeint als schützendes Dach, das in den vergangenen 20 Jahren immer wieder leicht verändert wurde. Neben der Marke Stiegelmeyer vertreibt das Unternehmen Betten für den ambulanten Pflegebereich unter der Marke *Burmeier.* 1989 hatte Stiegelmeyer die gleichnamige Möbelfabrik aufgekauft. Die Krankenhaus- und Pflegemöbel werden überwiegend im Direktvertrieb vermarktet. *Burmeier*-Pflegebetten gibt es ausschließlich im Sanitätsfachhandel. Der Markenname Stiegelmeyer geht zurück auf den Familiennamen von Johann Stiegelmeyer, der das Unternehmen 1900 im westfälischen Herford gründete. Die Stiegelmeyer Unternehmensgruppe, die ihre Produkte auch im Ausland vertreibt, gehört lt. eigenen Angaben zu den führenden Herstellern in ihrem Marktsegment in Europa. Ca. 900 Mitarbeiter sind in Verwaltung, Vertrieb und Produktion beschäftigt. Stiegelmeyer hat Produktionsstandorte in Herford, Lage, Nordhausen und in Polen. Tochterfirmen gibt es in Frankreich, Finnland, Belgien und den Niederlanden. Das Unternehmen bezeichnet sich als größten dt. Hersteller in seiner Branche mit einer jährlichen Produktion von mehr als 65.000 Betten. Der Exportanteil liegt je nach Gesellschaft zwischen 15 und 40 % und soll in den nächsten Jahren besonders innerhalb Europas weiter erhöht werden.

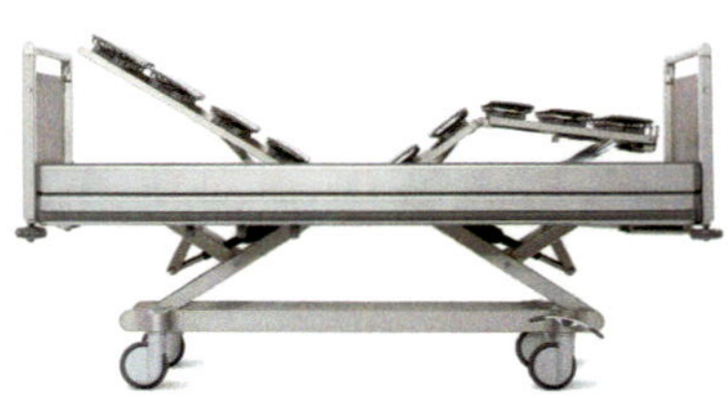

Hightech zum Wohle des Menschen: Stiegelmeyer ist einer der führenden Betten-Hersteller in seinem Segment in Europa.

DATEN UND FAKTEN

Markenname: Stiegelmeyer, Familienname des Firmengründers

STIEGELMEYER

Das Herforder Unternehmen Stiegelmeyer produziert seit hundert Jahren Krankenhausbetten: In der Mitte ist ein Bett aus dem Jahre 1910 zu sehen.

Gründer: Johann Stiegelmeyer, 1900, Herford

Markenregistrierung: 03. 09. 1997, DPMA München

Innovationen: Krankenhausbett Seta, Pflegebett Elvido, Pflegebett Dali

Jährliche Produktionsmenge: mehr als 65.000 Betten (2006)

UNTERNEHMEN

Joh. Stiegelmeyer & Co. GmbH (Holding)

Geschäftsführer/ Vorstand: Mathias Holz / Stefan Pott

Weitere Marken: Burmeier für den ambulanten Pflegebereich

Gesamtumsatz: 80 Mio. Euro (Unternehmensgruppe, 2006)

Vertrieb: weltweit über Partner-Unternehmen

MEILENSTEINE

1910 Stiegelmeyer produziert erstmals Krankenhausbetten.

1936/1972 Für die Olympischen Spiele in Berlin und München lieferte Stiegelmeyer über 10.000 Doppelbetten.

1960 Stiegelmeyer erreicht als Möbelhersteller eine führende Marktposition. In privaten Haushalten sind besonders Raumsparmöbel, Schrankbetten, Couchliegen und Sessel gefragt.

1970 Neben der Ausstattung von Krankenhäusern konzentriert sich Stiegelmeyer nun auch auf Senioren- und Pflegeheime.

1995 Mit dem Vitano stellt das Unternehmen ein vollautomatisches Bett vor.

2001 Dali, das seither meistverkaufte Pflegebett für den ambulanten Bereich, wird von der Stiegelmeyer-Tochter Burmeier eingeführt.

2005/2006 Mit den Plattformbaureihen Seta und Elvido verstärkt Stiegelmeyer sehr erfolgreich seine Aktivitäten im stationären Bereich.

KONTAKT

Joh. Stiegelmeyer & Co. GmbH
Ackerstr. 42
32051 Herford
(0 52 21) 1 85-0
(0 52 21) 1 85-2 52
www.stiegelmeyer.com

STIHL

Bekanntestes Produkt der Marke Stihl ist die Motorsäge 044 C (Mitte). Andreas Stihl entwickelte das erste Motorsägenmodell 1926 (unten).

Die Marke Stihl ist in über 160 Ländern für innovative und leistungsstarke Motorsägen in hoher Qualität bekannt. Darüber hinaus runden Motorsensen, Trennschleifer, Bohrgeräte, Heckenscheren, Blasgeräte und entsprechendes Zubehör das Produktangebot ab. Einen Meilenstein markiert die Motorsäge 044C, die im Jahr 1988 entwickelt wurde. Sie kam weltweit als erstes Modell mit einem Abgaskatalysator auf den Markt, der den umweltschädlichen Kohlenwasserstoffausstoß um bis zu 80 % reduzierte. Heute erfüllt die Nachfolgerin MS 441 alle Anforderungen der professionellen Waldarbeit. Die erste Motorsäge mit Elektromotor entwickelte der Maschinenbauingenieur Andreas Stihl 1926. Sie begründete seinen Ruf als „Vater der Motorsäge" und war die Grundlage für weitere Entwicklungen, die die zum damaligen Zeitpunkt sehr beschwerliche Forstarbeit wesentlich erleichterten. Durch kontinuierliche Weiterentwicklung von Konstruktion und Technik konnte Stihl die Sicherheit und Handhabung der Maschine immer mehr optimieren. Von den Produkten der Marke Stihl fühlen sich Kunden mit großen Gartengrundstücken gleichermaßen angesprochen wie Waldarbeiter, Landwirte und Fachpersonal aus der Bauwirtschaft. Zum Erfolg der Marke tragen nicht nur kompromissloser Qualitätsanspruch und optimaler Service im Fachhandel bei, sondern auch ein visuelles Erscheinungsbild mit hohem Wiedererkennungsfaktor. Markenzeichen ist ein kräftiger Orangeton, der das Design vieler Stihl-Maschinen prägt. Der Stihl-Schriftzug assoziiert mit kursiv gezeichneter Typografie die Dynamik und Form eines Motorsägeblatts. Das Logo wurde 1974 vom Stuttgarter Grafikbüro Renz entworfen und ist bis heute unverändert. Als einer der führenden Motorgerätehersteller machte die Andreas Stihl AG & Co. KG 2006 erstmals einen Umsatz von mehr als 2 Mrd. Euro. Die Marke Stihl hat daran einen Anteil von mehr als 95 %. Inzwischen beschäftigt das Unternehmen mit Hauptsitz in Waiblingen welt-

Im Stihl Entwicklungszentrum: Hier werden Schwingungsmessungen im Sägebetrieb durchgeführt.

weit rund 9.500 Mitarbeiter. Vorstandsvorsitzender ist Dr. Bertram Kandziora.

DATEN UND FAKTEN

Markenname: Stihl, abgel. vom Familiennamen des Gründers Andreas Stihl

Erfinder: Andreas Stihl, 1926, Waiblingen

Markenregistrierung: 01. 10. 1948, DPMA München

Innovationen: Elektromotorsäge (1926), Einmann-Benzinmotorsäge (1950), Katalysator für 2-Takt-Motorsäge (1989)

Auszeichnungen:
„Busse Longlife Design Award" für die Säge MS 440 C (2002)

Literatur:
W. Schäfer: STIHL. Von der Idee zur Weltmarke (Stuttgart 2006)

UNTERNEHMEN

STIHL Vertriebszentrale AG & Co. KG

Hauptsitz: Waiblingen, Deutschland

Vorstand: Dr. Bertram Kandziora (Vorsitzender), Dr. Peter Dürolf, Jürgen Steinhauser, Wolfgang Zahn

Weitere Marken: Viking Gartengeräte

Gesamtumsatz: 2 Mrd. Euro (2006)

Vertrieb: grundsätzlich über Fachhandel

KONTAKT

STIHL Vertriebszentrale AG & Co. KG
Robert-Bosch-Str. 13
64807 Dieburg
✆ (0 60 71) 2 04–0
🖷 (0 60 71) 2 04–1 29
🖳 www.stihl.de

Ansprechpartner Presse:
Dr. Stefan Caspari
✆ (0 71 51) 26–14 02
✉ stefan.caspari@stihl.de

Ansprechpartner Marketing:
Jürgen Fitting
✆ (0 71 51) 26–17 64
✉ juergen.fitting@stihl.de

SCHON GEWUSST?

▌Andreas Stihl konstruierte 1926 die erste Säge mit Elektromotor. Sie wog 46 Kilogramm. Die kontinuierliche Weiterentwicklung seiner Maschinen trug dazu bei, dass ein vergleichbares modernes Gerät nur noch 6 Kilo auf die Waage bringt, umweltfreundlicher, leistungsfähiger und vor allem sicherer ist.

STILWERK

Unter der Marke stilwerk vereinen sich Lifestyle-, Einrichtungs- und Designprodukte verschiedener Hersteller unter einem Dach. stilwerk präsentiert sich als exkl. Marktplatz mit der Philosophie „Kooperation statt Konkurrenz". Das Portfolio der Themencenter umfasst Artikel namhafter Hersteller wie z. B. →Alessi, →Cor, →Thonet, →vitra oder →Wilkhahn. Speziell auf den Standort zugeschnittene Gastronomie, ein umfangreiches Kulturangebot und Events runden das Angebot ab. Initiator des deutschlandweit einzigartigen Konzepts ist Bernhard Garbe, der zusammen mit Wolfgang Schenk und Alexander Raab das erste Themencenter 1996 am Hamburger Hafen mit 28 Einzelhändlern und einer Gesamtverkaufsfläche von 11.000 Quadratmetern eröffnete. Drei Jahre später folgte der Standort Berlin. Inzwischen gibt es Häuser in Düsseldorf und Stuttgart, weitere Standorte sind in Frankfurt/Main und München geplant. Vom Warenangebot fühlen sich insbesondere design- und qualitätsbewusste Kunden angesprochen. Die stilwerk-Filialen werden den Standorten entsprechend architektonisch angepasst. Die Hamburger Dependance befindet sich beispielsweise in einem hist. Backsteinbau von 1910 in der Nähe des Fischmarktes. Das Innere der Gebäude folgt einer einheitlichen Struktur: Die Geschäfte sind kreisförmig um einen überdachten Innenhof angeordnet und mittels gläserner Fahrstühle auf mehreren Etagen zu erreichen. Die Wertigkeit des Gesamt-

Die stilwerk-Kaufhäuser sind den Standorten entsprechend architektonisch angepasst, wie z. B. die Filiale am Hamburger Hafen.

konzepts spiegelt sich in der Markenpflege wider: Ein eigenes stilwerk-Magazin sowie Print- und Radiowerbung bilden hierbei die entscheidenden Kommunikationsmittel. Das Markenzeichen wurde 1996 vom Hamburger Büro für Gebrauchsgrafik entworfen und zeigt den weinroten, serifenlosen stilwerk-Schriftzug mit markanten Ligaturen. Die stilwerk GmbH hat ihren Hauptsitz in Hamburg und wird von Alexander Garbe, Thomas Kubicki und F.-M. Bohne geführt.

DATEN UND FAKTEN

Markenname: stilwerk, Kompositum

Slogans: „stilwerk - schönes Leben" (2006), „Richten Sie sich Ihr Leben schön ein" (2002), „Institut für guten Geschmack" (1996)

Gründer: Bernhard Garbe, 1996, Hamburg

Markenregistrierung: 16.08.1996, DPMA München

Auszeichnungen:
„Forum-Preis" Zeitschrift TextilWirtschaft für stilwerk (2001)

UNTERNEHMEN

stilwerk Center-Management GmbH
Große Elbstr. 68
22767 Hamburg
(0 40) 28 80 94–0
(0 40) 28 80 94–94
www.stilwerk.de

STORCHENMÜHLE

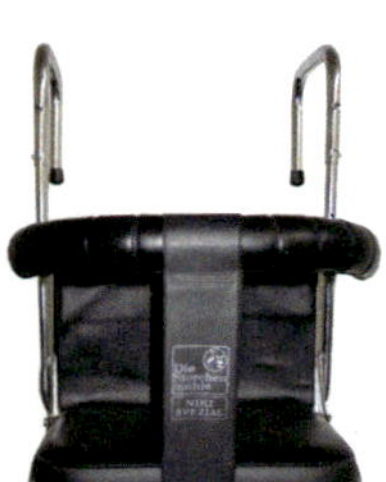

Der Kindersitz Nicki war 1963 der erste Kindersitz weltweit (unten). Die mitwachsende Babyschale Storchenmühle Twin 0+ plus (Mitte).

Unter der Marke Storchenmühle werden verschiedene Sitzsysteme für Kinder vertrieben. Die Eheleute Irmgard und Hans-Joachim Kauffmann gründeten das Unternehmen Storchenmühle im Jahr 1949. Benannt wurde es nach dem Namen des Gasthauses, in dem ihnen die Idee kam, in Zukunft Kinderwagen zu fertigen. Zunächst noch im Keller des Wohnhauses untergebracht, expandierte die junge Manufaktur bereits 1950 in ein eigenes Firmengebäude, das Produktsortiment wurde um hochwertige Kinderbekleidung erweitert. Im Jahr 1979 startete Storchenmühle zudem die Produktion von Holz-Hochstühlen und Laufgittern in einem eigens dafür errichteten Holzwerk. Seine heutige Bekanntheit verdankt Storchenmühle allerdings einer langen Tradition als Hersteller von Autokindersitzen. Den eigenen Anspruch als Vorreiter in diesem Geschäftsbereich begründete im Jahr 1963 das Model *Nicki*, der weltweit erste Autokindersitz. 1984 folgt das 4-Punkt-Gurtsystem für Kindersitze. Das erste Reboardsystem auf dem dt. Markt, bei dem der Kindersitz entgegen der Fahrtrichtung positioniert ist, wurde 1989 vorgestellt. Produkte der Marke richten sich an Eltern und Großeltern, denen Sicherheit, Design, Qualität und Komfort für ihre Kinder wichtig sind. Im Gemeinschaftstest des ADAC und der Stiftung Warentest (Juni 2007) wurde die Babyschale Storchenmühle *Twin 0+* auf der Isofix-Basis im Bereich Unfallsicherheit als Testsieger ausgezeichnet. Das Logo der Marke zeigte früher einen Storch mit einer Mühle. Diese Bildmarke änderte das Unternehmen 2006 zu einer Wortmarke. Heute zeigt das Logo den Schriftzug Storchenmühle in blauer Schrift vor einem weißen Hintergrund. Neben Blau und Orange ist auch Grün eine Hausfarbe der Marke.

Sitzsysteme für Kinder sind der Hauptgeschäftsbereich von Storchenmühle

DATEN UND FAKTEN

Markenname: Storchenmühle ist der Name des Gasthauses, in dem die Unternehmensgründer die Idee hatten, Kinderartikel zu produzieren.

Slogan: „Qualität, der Sie einfach vertrauen können"

Gründer: Irmgard und Hans-Joachim Kauffmann, 1949, Marktleugast

Markenregistrierung: 27.07.1976, DPMA München

Innovationen: weltweit erster Autokindersitz (1963), 4-Punkt-Gurtsystem für Kindersitze (1984), mitwachsende Kinderschale (2006)

Markenbekanntheit: 67,2 % gest. (G&J Familienanalyse, 2005)

Auszeichnungen:
„Testsieger", für die Babyschale Storchenmühle *Twin 0+*, Gemeinschaftstest des ADAC und der Stiftung Warentest im Bereich Unfallsicherheit (2007)

Markenwebsite: www.storchenmuehle.de

UNTERNEHMEN

Recaro GmbH & Co. KG – Competence Center Child Safety

Hauptsitz: Kirchheim/Teck, Deutschland

Geschäftsführer: Horst Kespohl (Vorsitzender)

Vertrieb: weltweit

KONTAKT

Recaro GmbH & Co. KG – Competence Center Child Safety
Guttenbergstr. 2
95352 Marktleugast
✆ (0 92 55) 77-0
🖷 (0 92 55) 77-13
💻 www.storchenmuehle.de

Ansprechpartner Presse:
Bianca Langheinrich
✆ (0 92 55) 77-27
✉ blangheinrich@storchenmuehle.de

Ansprechpartner Marketing:
Oliver Mecky
✆ (0 92 55) 77-20
✉ omecky@storchenmuehle.de

Lead-Agentur:
Fact GmbH
💻 www.factnet.de

SCHON GEWUSST?

- Storchenmühle brachte 1963 den weltweit ersten Autositz für Kinder auf den Markt.
- Die gesamte Produktpalette an Holzprodukten von Storchenmühle wird ausschließlich aus dt. Buche gefertigt.
- Das Storchenmühle Isofix-Befestigungssystem verbindet den Kindersitz über zwei Zanken an der Sitzrückseite direkt mit den Metallbolzenhalterungen in der Fahrzeugrückbank.

STORCK

Storck steht als Dachmarke für die Produkte der August Storck KG, einem der größten dt. Süßwarenhersteller. Storck produziert und vertreibt Süßwaren unter den Konsumgütermarken *Werther's Orginal*, *Toffifee*, *merci*, *nimm2*, *Chocolat Pavot*, *Campino*, *Knoppers*, *Riesen*, *Super Dickmann's*, *Mamba* und *Bendick's*. Darüber hinaus bietet das Unternehmen einige Bonbonsorten direkt unter der Marke Storck an, z. B. Durchbeißer Karamell oder Schokolinchen. Insgesamt umfasst die Produktpalette klassische Süßigkeiten wie Sahne- (Werther's) oder Mentholbonbons (Euka Menthol) und Neukreationen wie Toffifee, bei der eine ganze Haselnuss von Karamell mit Nougatcreme umfasst und mit einem Klecks dunkler Schokolade garniert wird. Der Markenname geht auf den Familiennamen des Gründers August Storck zurück. Das Logo des Unternehmens besteht aus dem in schwarzen Versalien gesetzten Namen sowie einem über diesem platzierten, stilisierten und in Rot und Orange gehaltenen Paar Flügel. Das Logo wurde 2004 zusammen mit dem Slogan „Part of Your World" anlässlich des 100-jährigen Firmenjubiläums entwickelt und befindet sich seitdem auf allen Verpackungen der Storck-Produkte. Hervorgegangen ist der heutige Konzern aus der 1903 von August Storck gegründeten Firma Werther'sche Zuckerwarenfabrik. 1934 präsentierte das Unternehmen die *Storck 1 Pfennig Riesen*, Deutschlands erstes Markenbonbon. 1992 wurde die Stiftung The Stork Foundation ins Leben gerufen. Sie soll dazu beitragen, dass der Lebensraum der Weiß-Störche erhalten bleibt. Seit 1998 sitzen Geschäftsführung, Marketing und Vertrieb des in über 90 Ländern aktiven Konzerns in Berlin. Weltweit sind über 4.000 Mitarbeiter für Storck tätig.

UNTERNEHMEN

August Storck KG
Waldstr. 27
13403 Berlin
✆ (0 30) 4 17 73-03
🖷 (0 30) 4 17 73-73 71
💻 www.storck.com

STRATIC

Stratic ist eine Marke für Reisegepäck. Der Markenname leitet sich von Stratosphäre ab und möchte die Assoziation zu Fluggepäck herstellen. Das Markenlogo, der Namenszug

Die Marke Stratic steht für hochwertig gefertigte Gepäckstücke.

in einem rechteckigen Rahmen, in dem der I-Punkt als Einbuchtung ausgeführt ist, entwickelte Mechthild Welsch ca. 1992. Die Produktpalette umfasst Taschen, Koffer und Trolleys aus unterschiedlichen Materialien, u.a. Stoff-, Hartschalen- und Ledergepäck. Die Stratic Lederwaren Jacob Bonifer GmbH wirbt mit hohen Qualitätsstandards, Langlebigkeit und Gewichtsersparnis bei den Produkten sowie dem Schutz z.B. von Laptops durch patentierte Sicherheitsgriffe und Sicherheitsschlösser. Das Unternehmen bietet eine dreijährige Garantie für seine Produkte an und möchte Geschäftsreisende, Familien und Konsumenten ab 35 Jahren ansprechen. Die Gepäckstücke werden über den Lederwarenfachhandel und in verschiedenen Warenhäusern, dort in Shops, vertrieben. Stratic stellt zahlreiche verschiedene Gepäckreihen her, darunter Aero II, Air, Allegro, Topas und Trophy. Zum Portfolio gehört außerdem die Handelsmarke für Verbrauchermärkte *Sky Flight by Stratic*. Lt. Hersteller gehört Stratic zu den drei führenden Unternehmen im Reisegepäckmarkt und beschäftigt ca. 1.500 Mitarbeiter europaweit. Die in Rodgau ansässige Firma wurde 1946 als Jacob Bonifer KG gegründet. Zu den Produktinnovationen gehören das 6-Rollen-System, die gefederte Rolle mit Fahrwerkdämpfung 3L und der Koffer mit doppeltem Aluminiumrahmen auf Trolleybasis Vertical. 1996 erhielt Stratic den Dt. Lederwarenpreis für eine Serie aus schwarzem Leder.

UNTERNEHMEN

Stratic Lederwaren Jacob Bonifer GmbH
Kasseler Str. 14
63110 Rodgau
(0 61 06) 84 93–0
(0 61 06) 84 93–50
www.stratic.de

STRENESSE

Der Erfolg der Modemarke Strenesse basiert auf einem stilsicheren und innovativen Design.

STRENESSE

Das im südдt. Nördlingen gegründete Designerlabel Strenesse bedient eine anspruchsvolle und modebewusste Klientel, die vor allem viel Wert auf hohe Qualität, Komfort und zeitlose Eleganz legt. Die Marke wurde in den 1970er-Jahren von Gerd Strehle ins Leben gerufen. Der Name Strenesse setzt sich zusammen aus dem Gründernamen Strehle und dem Begriff *Jeunesse* (franz. für Jugend). Kreativer Kopf ist Gabriele Strehle. Sie beschreibt den Charakter ihrer Mode mit den Attributen „Authentizität und Sensitivität". Darüber hinaus prägte sie den Begriff der „Hautigkeit". Gemeint ist Mode, die „wie eine zweite Haut" ist. Die Lebenshaltung von Strenesse drückt sich auch in der Markenpflege und im visuellen Erscheinungsbild aus: Das in serifenlosen Versalien gezeichnete Logo untermalt den puren und geradlinigen Stil der Mode. Bei Kampagnen arbeitet Strenesse mit namhaften Fotografen und starken Charakteren. Prominente Werbeträger sind u.a. Alexandra Maria Lara, Christiane Paul, Claudia Schiffer und Boris Becker. Der Verkauf der Mode erfolgt in Monostores, die basierend auf durchdachten Design- und Architekturkonzepten die Bandbreite der Kollektion in einer einheitlichen Darstellung präsentieren. Zudem erfolgt der Vertrieb über den hochwertigen Einzelhandel und über die Vergabe von Lizenzen. Unter der Dachmarke Strenesse werden sowohl die Damen- und Herrenkollektionen von Strenesse Gabriele Strehle als auch die Damenkollektion Strenesse *Blue* geführt. Neben Accessoires umfasst das Produktspektrum des Labels auch eine Brillenkollektion. Die 1949 von den Eltern Gerd Strehles gegründete Strehle GmbH & Co. KG firmiert seit dem Jahr 2000 unter dem Namen Strenesse AG. Unter der Leitung von Gerd Strehle beschäftigt das Unternehmen rund 450 Mitarbeiter und macht exkl. der Lizenzgeschäfte einen Umsatz von 82,2 Mio. Euro (2005/06).

DATEN UND FAKTEN

Markenname: Strenesse, Akronym aus dem Gründernamen **Stre**hle und dem Begriff jeu**nesse**, franz. für Jugend

Slogan: „Authentizität und Sensitivität"

Gründer: Gerd Strehle, 1970er-Jahre, Nördlingen

Markenregistrierung: 24.08.1979, DPMA München

Auszeichnungen:
„Bundesverdienstkreuz" für Gabriele Strehle (1998)
„Bambi" in der Kategorie Mode für Gabriele Strehle (2004)
„Petra Fashion Award" für Damen Business Mode (2006)
„Bayerischer Verdienstorden" für Gabriele Strehle (2007), etc.

UNTERNEHMEN

Strenesse AG
Eichendorffplatz 3
86720 Nördlingen

(0 90 81) 80 70
(0 90 81) 64 48
www.strenesse.com

STRÖER

Die Dienstleistungsmarke Ströer steht für Außenwerbung und Stadtmöblierung. Allein in Deutschland vermarkten die Tochtergesellschaften der Ströer Out-of-Home Media AG ca. 225.000 Werbeflächen auf rund 150 verschiedenen Arten von Werbeträgern vom klassischen Billboard über Transportmedien bis hin zu elektronischen Medien. Ströer richtet sich an die Entscheidungsträger in Agenturen und Unternehmen, die mobile Zielgruppen im Blick haben. Die Kunden werden von der Konzernzentrale in Köln sowie 38 Niederlassungen und Geschäftsstellen betreut. Das Unternehmen wurde 1990 von Heinz W. Ströer und Udo Müller als Ströer

Außenwerbung und Stadtmöblierung sind die Geschäftsfelder von Ströer.

City Marketing GmbH gegründet. Mit dem Ziel, das Profil der Außenwerbung als Medium zu schärfen, wurde im Jahr 2000 der Claim „out of home media" als Namensbestandteil eingeführt. Gleichzeitig wurde das Corporate Design von der Düsseldorfer Kommunikationsagentur Plan C überarbeitet und erweitert. In der Außendarstellung sollen die komplementären, kräftigen Hausfarben Blau und Orange deutliche Signale setzen. Farbige Flächen als zentrales Gestaltungselement verweisen auf das Kerngeschäft mit Werbeflächen. In der Produktentwicklung arbeitet Ströer mit internat. renommierten Designern zusammen. Die Designlinien wurden bereits mehrfach mit dem iF product design award und dem red dot award: product design ausgezeichnet. In Deutschland ist Ströer nach eigenen Angaben in der Vermarktung von Außenwerbung führend. Mit der Übernahme der DSM Deutsche Städte Medien GmbH Anfang 2004 und der Deutschen Eisenbahn-Reklame GmbH (DERG) 2005 baute das Unternehmen sein Portfolio weiter aus. International ist Ströer über Tochtergesellschaften und Partner in zwölf Ländern mit Werbeflächen vertreten, u. a. Großbritannien, Spanien, Türkei, Polen und die Benelux-Länder. Insgesamt beschäftigten die Unternehmen der Ströer Out-of-Home Media AG im Jahr 2006 1.200 Mitarbeiter, 900 davon in Deutschland. Der Konzernumsatz belief sich auf 439,8 Mio. Euro.

DATEN UND FAKTEN

Markenname: Ströer, Familienname des Gründers

Slogan: „media for mobile people" (seit 2005)

Gründer: Heinz W. Ströer, Udo Müller, 1990

Markenregistrierung: 25. 08. 2006, DPMA München

Innovationen: City Guide (2005), WC Tronic (2006)

Auszeichnungen:
„iF product design award" in der Kategorie Public Design für Haltestellensystem (2002)
„iF product design award" in der Kategorie Public Design für modulare Wartehalle (2003)
„Vision Award", Messe Stuttgart in der Kategorie Konvergenz (2007)
„Award for Typographic Excellence", Type Directors Club of New York (2003)

UNTERNEHMEN

Ströer Out-of-Home Media AG

Hauptsitz: Köln

Vorstand: Udo Müller, Alfried Bürdel

Weitere Marken: BlowUp media, Infoscreen

Gesamtumsatz: 439,8 Mio. Euro (2006)

Vertrieb: in Deutschland über 38 Niederlassungen und Geschäftsstellen, Tochtergesellschaften u. a. Großbritannien, Spanien, Türkei, Polen und die Niederlande

KONTAKT

Ströer Out-of-Home Media AG
Ströer Allee 1
50999 Köln
(0 22 36) 96 45-0
(0 22 36) 96 45-2 99
www.stroeer.de

Ansprechpartner Presse:
Jörg Lammers

Udo Müller (Mitte) verantwortet die Geschäfte der Ströer Out-of-Home Media AG, Konzernzentrale in Köln (unten).

Alles drin, näher dran
STUTTGARTER NACHRICHTEN

Die Stuttgarter Nachrichten zählen zu den bedeutenden Großstadt- und Regionalzeitungen in Deutschland.

✆ (0 22 36) 96 45-2 46
✉ jlammers@stroeer.de

Ansprechpartner Marketing:
Jan Hardorp
✆ (0 22 36) 96 45-3 85
✉ jhardorp@stroeer.de

Lead-Agentur
plan c
www.plan-c-online.de

MEILENSTEINE

1990 Gründung der Ströer City Marketing GmbH. Aufbau eines Produkt- und Serviceprogramms für Stadtmöblierung in den neuen Bundesländern

1996 Die ersten Mega-Lights, hinterleuchtete Vitrinen mit Plakatwechsler, entstehen auf privatem Grund.

1998 Beginn der Auslandsexpansion: Eintritt in den türkischen Markt

2000 Neuer Gesamtauftritt unter der Marke Ströer Out-of-Home Media

2004 Übernahme der Deutschen Städte Medien GmbH

2005 Übernahme der Deutschen Eisenbahn-Reklame GmbH

2007 Gründung der Ströer Media International GmbH für die weitere Expansion nach Asien und Osteuropa

STUTTGARTER NACHRICHTEN

Die Marke Stuttgarter Nachrichten steht für eine Tageszeitung, die in Stuttgart und im Mittleren Neckarraum gelesen wird. Am 12. November 1946 erschien die erste Ausgabe. Die Stuttgarter Nachrichten wurden von H. Bernhard, O. Färber und E. Schoettle gegründet. Sie zählt zu den bedeutenden Großstadt- und Regionalzeitungen in Deutschland. Sie versteht sich als unabhängige und lesernahe Qualitätszeitung, die umfassende Information, sachkundige Analysen, meinungsfreudige Kommentare „mit Rückgrat" und unbestechliche Recherchen bietet. Sie zeichnet sich überdies durch ein internat. Korrespondentennetz aus. Durch die vielen Exklusivmeldungen waren die Stuttgarter Nachrichten im Jahr 2006 zum wiederholten Mal die meistzitierte Tageszeitung in Baden-Württemberg. Die Stuttgarter Nachrichten haben als eine der ersten Tageszeitungen in

Anzeigenkampagne der Stuttgarter Nachrichten

Deutschland täglich Extraseiten zu Themen wie Medizin, Recht, Verbrauchertipps und Freizeit angeboten. Lebendigkeit und Lesefreundlichkeit spiegeln sich ebenso im Layout wider. Als Grundschrift dient bei den Stuttgarter Nachrichten die serifenbetonte Linear-Antiqua *Excelsior*. Für Überschriften wird die serifenlose *Helvetica* verwendet. 1959 wurde als farbliches Erkennungszeichen der Stuttgarter Nachrichten der blaue Balken oberhalb des Logos eingeführt, um neutral und seriös zu erscheinen und sich besser von den Mitbewerbern unterscheiden zu können. Bis heute ist blau (HKS 39) das farbliche Leitmotiv der Zeitung. Für 18 Lokalzeitungen in Baden-Württemberg fungieren die Stuttgarter Nachrichten als Informationsdienstleister. Sie liefert ihnen den sog. Mantel, der alle wichtigen Themen des Tages enthält. Die Lokalseiten stellen die Partnerzeitungen selbst her. Sie können auf diese Weise ihren Lesern eine große Informationsvielfalt und eine hohe Qualität bieten. Zwischenzeitlich führen die Stuttgarter Nachrichten den größten redaktionellen Kooperationsverbund im dt. Südwesten. Die Zeitung wird hauptsächlich in Baden-Württemberg im Abonnement und im Einzelverkauf vertrieben.

DATEN UND FAKTEN

Markenname: Stuttgarter Nachrichten, abgeleitet vom Redaktionssitz und der Beschreibung des Inhalts

Slogan: „Alles drin, näher dran."

Gründer: Henry Bernhard, Erwin Schoettle, Otto Färber, Stuttgart

Markenregistrierung: 12. 11. 1946, Lizenz Military Government Germany, Stuttgart

Auszeichnungen:
„Beste Sportredaktion des Jahres unter den deutschen Regionalzeitungen" (2002, 2003, 2004, 2005)

„Wächterpreis" (1999)
„European Newspaper Award" für das Layout der Stuttgarter Nachrichten (2005), u. a.

UNTERNEHMEN

Stuttgarter Nachrichten Verlagsgesellschaft mbH

Hauptsitz: Stuttgart, Deutschland

Geschäftsführer: Jürgen Dannenmann

Mitarbeiter: 1.100 (Zeitungsgruppe Stuttgart, 2007)

Vertrieb: Abonnement und Einzelverkauf in Baden-Württemberg und Bayern

KONTAKT

Stuttgarter Nachrichten
Verlagsgesellschaft mbH
Plieninger Str. 150
70567 Stuttgart
(07 11) 72 05-0
(07 11) 72 05-10 09
www.stuttgarter-nachrichten.de

SCHON GEWUSST?

- Die Stuttgarter Nachrichten enthüllten 1983 den vermutlich spektakulärsten Medienskandal der Nachkriegszeit, indem sie Konrad Kujau als Fälscher der im *Stern* veröffentlichten *Hitler-Tagebücher* entlarvten.
- Seit 1970 veranstalten die Stuttgarter Nachrichten regelmäßig Podiumsrunden unter dem Namen *Treffpunkt Foyer*. Die Leser erlebten seitdem 140 Größen aus Politik, Wirtschaft, Sport und Kultur.

STUTTGARTER ZEITUNG

Die Marke Stuttgarter Zeitung bezeichnet eine Tageszeitung, deren Hauptverbreitungsgebiet in der Region Stuttgart sowie in Baden-Württemberg liegt. Die erste Ausgabe erschien am 18. Sept. 1945 und markierte so den Neuanfang der Presse in Württemberg. Die Stuttgarter Zeitung wurde von Dr. K. Ackermann, H. Bernhard und Dr. J. Eberle gegründet. Sie versteht sich als unabhängige, überparteiliche und demokratische Tageszeitung und berichtet regelmäßig als einzige Tageszeitung aus allen Landesteilen Baden-Württembergs. Der publizistische Qualitätsanspruch ist überregional, was sich in der Informationsbreite und -tiefe sowie im großen internat. Korrespondentennetz ausdrückt,

Motiv aus der Werbekampagne der Stuttgarter Zeitung.

und besteht in einer möglichst klaren, präzisen und aktuellen Informationsaufbereitung. Dabei sieht sich die Stuttgarter Zeitung als Autorenzeitung, die eine unaufgeregte Tonlage bevorzugt und „Aufklärung ohne erhobenen Zeigefinger" betreiben will. Sie möchte meinungsbildend sein, skeptisch gegenüber Ideologien, Dogmen und Doktrinen und vertraut auf die Urteilskraft ihrer Leserschaft. Seit Gründung der Zeitung ist das Seitenlayout linear und schnörkellos gehalten, um Übersichtlichkeit und Klarheit herzustellen. Die neben *Gulliver* verwendete Schriftart *DTLArgoT* geht auf den niederl. Schriftenerfinder Gerard Unger zurück. Der Marken-Schriftzug ist versal in einer klassischen Serifenschrift gezeichnet. Das Erscheinungsbild der Zeitung wurde 1948, 1978 und 1998 behutsam modernisiert. Es soll Seriosität, Liberalität und Offenheit vermitteln und damit dem überregionalen Charakter der Zeitung entsprechen. Als Basiswerbeträger im Ballungsraum Stuttgart ist die Stuttgarter Zeitung Anzeigengemeinschaft auch der führende Anzeigenmarkt in Baden-Württemberg. 1979 brachte die Stuttgarter Zeitung zusammen mit anderen Tageszeitungen als sog. „siebte Ausgabe" die *Sonntag Aktuell* heraus, die mittlerweile die zweitgrößte Sonntagszeitung Deutschlands ist. Die Zeitungsgruppe Stuttgart beschäftigt rund 1.100 Mitarbeiter (2007). Die Zeitung wird vor allem bundesweit im Abonnement und im Einzelverkauf vertrieben.

DATEN UND FAKTEN

Markenname: Stuttgarter Zeitung, abgel. vom Redaktionssitz und der Bezeichnung des Mediums

Slogan: „Zu denken geben."

Gründer: Dr. Karl Ackermann, Henry Bernhard, Dr. Josef Eberle, Stuttgart

STUTTGARTER ZEITUNG
ZU DENKEN GEBEN.

Titelblatt der Stuttgarter Zeitung (Mitte), Geschäftsführer Jürgen Dannenmann (unten)

Markenregistrierung: 17. 9. 1945 Lizenz Military Government Germany, Stuttgart

Auszeichnungen:
„Wächterpreis" (2000, 2006)
„Theodor-Wolff-Preis" (2001, 2003, 2006, 2007)
„Kulturpreis Deutsche Sprache" (2004)
„European Newspaper Award" für das Layout der Stuttgarter Zeitung (2003, 2004, 2005, 2006)
„Award of Excellence" der Society for News Design (2006) u. a.

UNTERNEHMEN

Stuttgarter Zeitung Verlagsgesellschaft mbH

Hauptsitz: Stuttgart, Deutschland

Geschäftsführer: Jürgen Dannenmann

Mitarbeiter: 1.100 (Zeitungsgruppe Stuttgart, 2007)

Vertrieb: Abonnement und Einzelverkauf in Deutschland und im europäischen Ausland

KONTAKT

Stuttgarter Zeitung
Verlagsgesellschaft mbH
Plieninger Str. 150
70567 Stuttgart
✆ (07 11) 72 05–0
🖷 (07 11) 72 05–10 09
💻 www.stuttgarter-zeitung.de

SCHON GEWUSST?

▌ Die Stuttgarter Zeitung hat das bedeutende Cotta-Archiv erworben und dem Schiller-Nationalmuseum gestiftet. Es enthält Handschriften u. a. von Goethe und Schiller und gab den Anstoß zur Gründung des Deutschen Literaturarchivs.
▌ Im Jahr 1999 veröffentlichte die Stuttgarter Zeitung die Inhalte des Nachlasses von Oskar Schindler. Anschließend wurde der Nachlass vollständig der Holocaust-Gedenkstätte Yad Vashem in Israel übergeben.

Styropor®

Styropor wurde erstmals 1952 auf der Kunststoffmesse in Düsseldorf präsentiert.

STYROPOR

Styropor bezeichnet ein Material aus geschäumtem Polystyrol, das vorwiegend als Dämmstoff und Verpackungsmaterial eingesetzt wird. Als Marke gehört es zum Portfolio der →BASF AG. Der BASF-Chemiker Fritz Stastny entwickelte es ab 1949 bei der Suche nach einem Isoliermaterial für Telefonkabel. Die erste Registrierung der Marke erfolgte im Jahr 1953 in Deutschland. Zu den hervorstechenden Eigenschaften von Styropor zählen hohe Stabilität und Haltbarkeit, eine Dichte, die geringer ist als die von Kork, sowie niedrige Wärmeleitfähigkeit. 1952 wurde Styropor auf der Kunststoffmesse Düsseldorf präsentiert; man verteilte ausgeschäumte Spielzeugboote an die Messebesucher. In einem ersten Großauftrag stellte die BASF Rettungsringe für ein schwed. Unternehmen her. Seither haben sich die Anwendungsmöglichkeiten vervielfacht. Styropor dient als Dämmstoff, ggf. sogar mit Feuerwiderstandsklasse, es wird als leichter Zuschlagsstoff für Porenziegel und Leichtputze eingesetzt und findet in der Verpackungsindustrie Verwendung. Weiterentwicklungen sind die Marken *Peripor* und *Neopor*. *Peripor* zeichnet sich durch eine besonders hohe Druckfestigkeit aus. Durch die Zugabe von Grafit erzielte die BASF bei *Neopor* einen deutlich höheren Dämmwert und entwickelte damit eine neue Generation von Dämmstoffen. Aufgrund der hohen Nachfrage nach *Neopor* plant die BASF, die Produktionskapazitäten auszubauen. Der Vertrieb der Marken erfolgt weltweit. Die BASF ist das führende Chemie-Unternehmen der Welt. Ihr Portfolio umfasst Chemikalien, Kunststoffe, Veredlungsprodukte, Pflanzenschutzmittel und Feinchemikalien sowie Erdöl und Erdgas. Unter der Leitung von Dr. Jürgen Hambrecht erzielte die BASF im Jahr 2006 einen Umsatz von 52,6 Mrd. Euro. Das Unternehmen beschäftigt rund 95.000 Mitarbeiter.

UNTERNEHMEN

BASF AG
67056 Ludwigshafen
✆ (06 21) 60–0
🖷 (06 21) 60–4 25 25
💻 www.basf.com

SUBSTRAL

Die Marke Substral steht für Universal- und Spezialdünger sowie Erden für Zimmer-, Balkon- und Gartenpflanzen. Zielgruppe der von der Scotts Celaflor GmbH & Co. KG hergestellten Produkte sind private Anwender. Mit der aus der Agrarindustrie stammenden Osmocote-Technologie, einer Harzumhüllung zur bedarfsgerechten Langzeit-Nährstofffreisetzung in Abhängigkeit von Temperatur und Wasserversorgung, verfügt der Hersteller nach eigenen Angaben über die modernste Veredelungsmethode für Düngemittel. Jüngste Innovation ist die sog. Kipp&GO-Verpackung für Flüssigdünger, eine Henkelflasche mit integriertem Dosiersystem. Großen Wert legt das Unternehmen auf Fachberatung für Handelspersonal und Verbraucher. Ein weiteres wichtiges Anliegen ist der Umweltschutz. So wird Substral-Erde seit Jahren ohne Torf vertrieben. Außerdem besteht eine Kooperation des Unternehmens mit dem WWF. Das Substral-Logo zeigt den Markennamen in roten Versalien sowie ein von zwei stilisierten grünen Blättern eingefasstes Herz. In der Markenkommunikation wird der Slogan „Pflanzen brauchen Liebe. Und Substral" eingesetzt. Mit den weiteren Marken *Celaflor* und *Roundup* (Pflanzenschutz) sowie *Nexa Lotte* (Schädlingsbekämpfung) ist die Scotts Celaflor GmbH & Co. KG nach eigenen Angaben Marktführer in Deutschland. Das Unternehmen mit Sitz in Mainz ist eine Tochter der US-amerikanischen The Scotts Miracle-Gro Company und beschäftigt etwa 100 Mitarbeiter. In den nächsten Jahren will die Gruppe ihre Geschäftsbereiche vor allem durch Technologie- und Know-how-Transfer aus dem Profi- in den Hobbygärtnerbereich weiterentwickeln.

UNTERNEHMEN

Scotts Celaflor GmbH & Co. KG
Wilhelm-Theodor-Römheld-Str. 28
55130 Mainz
(0 61 31) 21 06-0
(0 61 31) 21 06-3 84
www.substral.de

SÜDZUCKER

Die Marke Südzucker steht für Zuckerprodukte des gleichnamigen Lebensmittel-Konzerns, zu dem im selben Bereich auch weitere Unternehmen wie Agrana oder Saint Louis Sucre gehören. Als Dachmarke steht Südzucker im Konsumgüterbereich u. a. für Back-, Gelier-, Einmach- und Getränkezuckerprodukte sowie für spezielle Zuckersorten, die z. T. auch unter eigenen Marken wie *Arometti* und *Demerara* geführt werden. Zu den darüber hinausgehenden Angeboten für Weiterverarbeiter zählen u. a. Raffinade, Sirupe, Fondant, Glasuren und Bienenfutter. Der Markenname verbindet die Bezeichnung des Basisprodukts mit der geografischen Angabe, die auf die Anfänge des Unternehmens in Süddeutschland verweist. Das Logo zeigt eine stilisierte Zuckerrübe in Rot und Blau. Darunter findet sich in Blau auf weißem Fond der Markenname in blauen Versalien mit Serifen. Die Wurzeln der heutigen Südzucker-Gruppe reichen bis ins Jahr 1837 zurück, als in Waghäusel die erste Zuckergesellschaft gegründet wurde. 1926 wurde dann aus einem Zusammenschluss von fünf Zuckergesellschaften die Süddeutsche Zucker-AG gegründet, der eigentliche Vorläufer des heutigen Unternehmens. Diese schloss sich 1988 mit der Zuckerfabrik Franken GmbH zur Südzucker AG Mannheim/Ochsenfurt zusammen. Durch Neugründungen, Beteiligungen und Akquisitionen wuchs der Konzern sukzessive weiter, zuletzt engagierte man sich u. a. verstärkt in Polen, Brasilien und China. Mit ca. 20.000 Mitarbeitern weltweit erwirtschaftete er durch die Verarbeitung und Vermarktung landwirtschaftlicher Rohstoffe im Geschäftsjahr 2006/07 einen Umsatz von 5,7 Mrd. Euro. Der Südzucker-Konzern ist mit einer Erzeugungsleistung von 4,6 Mio. t und einem Anteil von 24,6 % an der Gesamtproduktion europäischer Marktführer im Zuckerbereich (Quelle: Südzucker). Hauptgesellschafter der Südzucker sind mit 55 % die Rübenanbauer in Gestalt der Süddeutschen Zuckerrübenverwertungs-Genossenschaft eG.

Das Südzucker-Logo zeigt eine stilisierte Zuckerrübe.

UNTERNEHMEN

Südzucker AG
Maximilianstr. 10
68165 Mannheim
(06 21) 4 21-0
(06 21) 4 21-4 25
www.suedzucker.de

SUHRKAMP

Der Suhrkamp Verlag ist einer der bedeutendsten dt. Buchverlage. Der Verlag publiziert herausragende deutschsprachige und internat. Literatur des 20. Jh. Weiterhin verlegt er Werke der Geisteswissenschaften, die den aktuellen Stand menschlicher Erkenntnis in theoretischer und ästhetischer Hinsicht abbilden. Den Schwerpunkt bildet die zeitgenössische deutschsprachige Literatur aus Deutschland, der Schweiz und Österreich. Der Verlag wurde am 1. Juli 1950 gegründet. Zu seinen ersten Autoren zählen Bertolt Brecht und Hermann Hesse. Das Angebot gliedert sich in sieben Buch- bzw. Taschenbuchreihen. In der *Bibliothek Suhrkamp* mit ca. 1.400 Titeln sind seit 1951 die wichtigsten Autoren des 20. Jh. vertreten. Die *edition suhrkamp* erscheint seit 1963 als Avantgarde-Programm und zählt ca. 2.400 Titel. Jährlich erscheinen vier Erstausgaben mit Literatur und

Der Suhrkamp Verlag wurde 1950 gegründet.

Essays zur Lage des zeitgenössischen Bewusstseins und der politischen Situation. 1971 wurde die Reihe *suhrkamp taschenbücher* mit bisher 3.100 Titeln und teilweise bis zu 3 Mio. verkauften Exemplaren pro Titel gegründet. Die Reihe *suhrkamp taschenbuch wissenschaft* mit 1.400 Titeln hat als tragende Säule Philosophie und Geisteswissenschaften, aber u.a. auch Ökonomie und Rechtswissenschaften. 1998 startete die Reihe *Suhrkamp BasisBibliothek.* Sie bietet für Schüler und Studenten kommentierte Werke klassischer und moderner Autoren und umfasst inzwischen 100 Bände. 2005 erschienen die ersten Bände der *Suhrkamp BasisBiographien*, 2007 die erste Serie der *Suhrkamp Studienbibliothek*, die klassische Werke mit umfangreichen Kommentaren präsentiert. Die Förderung „junger" Autoren gehört ebenfalls zu den Zielsetzungen des Verlags. Verlagstöchter von Suhrkamp und dem angegliederten Insel Verlag sind der 1981 gegründete Deutsche Klassiker Verlag mit bislang 190 Bänden, der Jüdische Verlag und der neu gegründete Verlag der Weltreligionen. Peter Suhrkamp war von 1936 bis 1945 Leiter des S. Fischer Verlags. Suhrkamp wurde 1942 von der Gestapo verhaftet und überlebte die KZ-Haft. Zu den Autoren der ersten Stunde gehörten neben Hermann Hesse und Bertolt Brecht T. S. Eliot, Bernard Shaw, Rudolf Alexander Schröder und Hermann Kasack. 1952 trat Siegfried Unseld in den Verlag ein. Er fungierte seit 1957 als Gesellschafter und übernahm nach dem Tod Suhrkamps im Jahr 1959 dessen Nachfolge als alleiniger Verleger.

DATEN UND FAKTEN

Markenname: Suhrkamp, Nachname des Gründers

Gründer: Peter Suhrkamp, 1950, Frankfurt/Main

Innovationen: Gründung des Deutschen Klassiker Verlag (1981); Gründung des Verlag der Weltreligionen (2007)

UNTERNEHMEN

Suhrkamp Verlag GmbH und Co. KG

Hauptsitz: Frankfurt/Main, Deutschland

Geschäftsführung: Ulla Unseld-Berkéwicz, Philip Roeder

Weitere Marken: Insel Verlag, Jüdischer Verlag, Deutscher Klassiker Verlag, Verlag der Weltreligionen im Insel Verlag

KONTAKT

Suhrkamp Verlag GmbH und Co. KG
Lindenstr. 29–35
60325 Frankfurt/Main
✆ (0 69) 7 56 01-0
Fax (0 69) 7 56 01-3 14
www.suhrkamp.de

Ansprechpartner Presse:
Petra Büscher
✆ (0 69) 7 56 01-2 90
✉ buescher@suhrkamp.de

Ansprechpartner Kommunikation:
Dr. Thomas Sparr
✆ (0 69) 7 56 01-2 81
✉ sparr@suhrkamp.de

Ansprechpartner Marketing:
Cerstin Gerecht
✆ (0 69) 1 56 01-2 74
✉ gerecht@suhrkamp.de

SCHON GEWUSST?

- Bei der Verlagsgründung entschieden sich 33 von 48 Autoren des S. Fischer Verlags für den Neustart bei Suhrkamp. Bertolt Brecht schrieb an Peter Suhrkamp: „...Natürlich möchte ich unter allen Umständen in dem Verlag sein, den Sie leiten."
- Zu den neu aufgelegten Klassikern des Verlags zählen Hermann Broch, Marieluise Fleißer, Ludwig Hohl, Ödön von Horváth, Karl Kraus, Robert Walser und Ernst Weiß.

SUNIL

Unter dem Markennamen Sunil vertreibt die Unilever Deutschland GmbH Waschmittel für Privathaushalte. Das Sortiment umfasst die Produktbereiche *Sunil flüssig*, *Sunil Konzentratpulver* und *Sunil Standardpulver*. Die Sunil-Flüssigwaschmittel bieten aktive Fleckenlösekraft ab 20 Grad Celsius, ohne dabei weiße Waschmittelrückstände auf der Kleidung zu verursachen. Nach Angaben des Herstellers sind sie außerdem besonders schonend zu Fasern und Farben, gut löslich und hinterlassen keine Rückstände in der Einspülkammer. Erhältlich sind sie in den Sorten aktiv (Vollwaschmittel mit optischen Aufhellern, insbesondere für weiße und helle Kleidung), color (farbschonendes Mittel für Buntwäsche), aloe vera (mit Aloe-vera-Extrakt) und fresh color (Saisonware, z.B. in einer türkisblauen Variante für den Sommer). Die Konzentratpulver sind in den Sorten Power aktiv, color und aloe vera im Handel, die Standardpulver in Großpackungen als Sunil, Sunil color und Sunil citrus frisch. Das ursprüngliche Logo präsentierte den Markennamen in schwarzen, extra starken und serifenlosen Versalien in einem weißen Strahlenkranz vor blau-rotem Hintergrund. Heute zeigt das Logo den Namenszug in dunkelblauer und aufgrund von angedeuteten Lichtreflexen plastisch wirkender serifenloser Schrift. Auf den Produktverpackungen wird es in einem weißen, sternförmigen Feld zusammen mit dem Slogan „das gute Sunil" verwendet. Eingeführt wurde die Marke 1955 mit dem Sunil-Universalwaschmittel. 1992 folgte Sunil color. Seit 2002 gibt es Sunil als Flüssigwaschmittel, 2005 präsentierte man zum 50. Geburtstag der Marke u.a. ein neues Flaschendesign für Sunil flüssig. Auf dem dt. Waschmittelmarkt nehmen Sunil-Produkte einen der vorderen Plätze im Mittelpreissegment ein.

UNTERNEHMEN

Unilever Deutschland GmbH
Dammtorwall 15
20355 Hamburg
(0 40) 3 49 30
(0 40) 35 47 42
www.sunil.de

SUNPOINT

Die Sonnenstudiomarke SUNPOINT steht seit 1986 für professionelle Solarienbräune. Durch eine umfassende Beratung und spezielle Hightech-Sonnenbänke verspricht SUNPOINT seinen Kunden eine hauttypengerechte und auf ihre individuellen Bedürfnisse abgestimmte Besonnung. Die hauseigene Geräteserie SUNSELECT und die Sunsotronic-Sonnenbänke, die sich automatisch auf den Hauttyp des Besuchers einstellen, gewährleisten individuelle Bräune. Die SUNSELECT-Sonnenbänke lassen sich per Knopfdruck auf den jeweiligen Hauttyp und die gewünschte Bräunungsintensität einstellen. Die Sunsotronic-Sonnenbänke stellen sich mittels eines Sensors vollautomatisch auf den Hauttyp ein. Als einzige Sonnenstudiokette ist SUNPOINT vom TÜV-Rheinland nach ISO-Richtlinien zertifiziert und hebt sich so von seinen Wettbewerbern ab. Durch die Zertifizierung werden hohe Standards, beispielsweise bei der Beratung, der Wartung der Geräte oder den Hygienevorschriften festgelegt. Die Marke SUNPOINT kommuniziert mit einer positiv aufgeladenen Bildsprache und der Farbe Gelb, die die Außendarstellung der Marke auch in den Sonnenstudios mitbestimmt. Das Logo erhält seinen Wiedererkennungswert durch eine lachende Sonne, die in den Buchstaben „o" integriert und mit einer aufgesetzten Sonnenbrille versehen ist, die ihr menschliche Züge verleiht. Zur Kernzielgruppe von SUNPOINT zählen Frauen im Alter von 18 bis 39 Jahren. Grundlage des unternehmerischen Erfolges ist neben den hohen Qualitätsstandards die erfolgreiche Vermarktung des Markennamens SUNPOINT, unter dem alle Produkte und Dienstleistungen angeboten werden. Seit 1979 gelang es dem Gründer der SUNPOINT SP GmbH & Co. KG, Wolfgang Müller, die Marke SUNPOINT als europaweiten Marktführer zu etablieren und die Anzahl der Studios, die in ein Franchise-Konzept eingebunden sind, auf heute 524 Filialen zu erhöhen. Das Unternehmen beschäftigt inkl. der Franchisestudios ca. 4.000 Mitarbeiter und hat einen jährlichen Gesamtumsatz von 205 Mio. Euro. Als Wachstumsziel für die nahe Zukunft hat sich die SUNPOINT Systemzentrale die Eröffnung von 10 bis 20 SUNPOINT-Studios jährlich gesetzt, gleichzeitig soll die Expansion ins benachbarte Ausland forciert werden.

DATEN UND FAKTEN

Markenname: Sunpoint, engl. Substantiv, in etwa: „Sonnentreff"

Slogan: „SUNPOINT: Die Nr. 1 für Dich!"

SUNPOINT ist als einzige Sonnenstudiokette TÜV-zertifiziert.

Wolfgang Müller, Gründer und Geschäftsführer der Sunpoint SP-GmbH & Co. KG, darüber im Bild eine Sunsotronic Sonnenbank

Geschäftsführer: Wolfgang Müller, 1979 als UVA Solar KG, seit 1986 Sunpoint Franchise-Zentrale, Pulheim

Markenregistrierung: 04.08.1988, DPMA München

Marktanteil: 20 – 50 % (je nach Region)

Anzahl Sonnenbänke in Betrieb: 4.100 (2006)

Kundenfrequenz: 30.000 – 50.000 Kunden (jährlich pro Studio)

Jahresumsatz: bis zu 500.000 Euro (pro Studio, variiert mit Größe, Lage, Alter)

Werbespendings: ca. 4 Mio. Euro

UNTERNEHMEN

Sunpoint SP-GmbH & Co. KG

Hauptsitz: Pulheim, Deutschland

Geschäftsführer: Wolfgang Müller, Martin Paffenholz, Uwe Dietmannsperger

Gesamtumsatz: 205 Mio. Euro (2006)

Vertrieb: 524 Sunpoint-Studios, 474 Partnerbetriebe, 50 Filialbetriebe (D, A, CH, L, Stand 2006)

KONTAKT

SUNPOINT SP-GmbH & Co. KG
Carl-Friedrich-Gauß-Str. 11
50259 Pulheim
(0 18 05) 78 67 64 68
info@sunpoint.de
www.sunpoint.de

Ansprechpartner Presse:
Advisa Wirtschaftskommunikation
(0 21 73) 9 66 55
contact@advisa-gruppe.de

Ansprechpartner Marketing:
H & P Publicis GmbH
(0 22 34) 4 03 00
info@hp-koeln.de

Lead-Agentur:
H & P Publicis GmbH
www.hp-koeln.de

SCHON GEWUSST?

Viele Millionen Mal jährlich wird bei SUNPOINT gesonnt! In der Regel für 20 Minuten. Dies ist nach medizinischen Untersuchungen auch die beste Zeitspanne für eine Erholung vom Alltagsstress. Nachgewiesen ist auch die unterstützende Wirkung des Sonnenlichts beispielsweise bei Heilung von Depressionen und verschiedenen Hautkrankheiten wie Neurodermitis. Durch Sonnenlicht wird im Körper das lebenswichtige Vitamin D gebildet und nebenbei beeinflusst die Sonne auch die Bildung von Glückshormonen.

SUPER RTL

Der Privatsender Super RTL mit Sitz in Köln richtet sich mit seinem Tagesprogramm an Kinder zwischen 3 und 13 Jahren. Im Abendprogramm wird insbesondere die Zielgruppe der 14- bis 49-Jährigen angesprochen. Claude Schmit ist Geschäftsführer der RTL DISNEY Fernsehen GmbH & Co. KG.

Der dt. Privatsender Super RTL richtet sich im Tagesprogramm mit einem speziellen Angebot an Kinder im Alter von 3 bis 13 Jahren und im Abendprogramm insbesondere an Erwachsene zwischen 14 und 49 Jahren sowie an Familien mit Kindern. Im Kinderprogramm ist der Sender mit einem Marktanteil von knapp 24 % (AGF/GfK, Mai 2007) führend. Super RTL wurde 1995 von den Gesellschaftern RTL Group und Walt Disney Company gegründet. Der Sender zeigt tagsüber unter den Labels →TOGGO und →TOGGOLINO Programme für Kinder. Zu den Sendungen am Vormittag gehören z. B. *Bob der Baumeister*, *Caillou* und *Thomas und seine Freunde*. Das Nachmittagsprogramm gestaltet der Sender mit Serien wie Disneys *Kim Possible*, *SpongeBob – Schwammkopf* und Eigenproduktionen wie *Wow Die Entdeckerzone*. Das Abendprogramm ab 20:15 Uhr wiederum richtet sich an Erwachsene. Dazu gehören Serien wie *Columbo* und Comedy-Formate wie *Mr. Bean*. Hinzu kommen Eigenproduktionen wie die Comedy-Sendung *Uups! – Die Pannenshow* und *Alle Hits*. Mit dem neuen Claim „Schön, dich zu sehen." richtet sich Super RTL in der Primetime an die erwachsenen Zuschauer. Frühere Slogans waren „Fernsehen mit Happy End" und „Für die ganze Familie". Als Senderlogo dient der Schriftzug Super RTL in den Farben Rot und Weiß. Die gemeinsame CI-Schrift ist Supralux. Super RTL wird in Deutschland, der Schweiz, Österreich und Liechtenstein durch die IP Network vermarktet. Neben dem Ausbau der TV-Marktanteile ist Super RTL mit seinen Marken TOGGO, TOGGOLINO, elementgirls und toni.de auch im Non-TV-Bereich erfolgreich aktiv. Die RTL DISNEY Fernsehen GmbH & Co. KG mit Hauptsitz in Köln beschäftigt unter der Geschäftsführung von Claude Schmit etwa 130 festangestellte Mitarbeiter.

DATEN UND FAKTEN

Markenname: Super RTL

Claim: „Schön, dich zu sehen."

Gründer: Super RTL, 1995, Köln

Markenregistrierung: 27.01.1995, WIPO/OMPI

Innovationen: elementgirls, *TOGGO mobile*

UNTERNEHMEN

RTL DISNEY Fernsehen GmbH & Co. KG
Richard-Byrd-Str. 6
50829 Köln
✆ (02 21) 91 55-0
🖷 (02 21) 91 55-10 19
🖳 www.superrtl.de

SUROL

Surol ist eine Subbrand von →Kühne und steht für hochwertigen Kräuteressig. Die Bezeichnung Surol ist eine Abkürzung des Wortes Sauerkohl unter Auslassung jedes zweiten Buchstabens. Surol-Essig enthält Auszüge aus sieben verschiedenen Kräutern und wird ohne Konservierungsstoffe hergestellt. Zielgruppe der Marke sind aktive, lebensbejahende und anspruchsvolle Frauen bzw. Mütter. Jährlich werden mehr als fünf Mio. Flaschen Surol-Essig produziert. Jüngste Innovation ist der Essig „Alleskönner" (2007). Ein eigenes Logo hat die Marke Surol nicht. Zwar findet sich der Namenszug Surol auf den Produkten der Marke, das aufgedruckte Logo jedoch ist das der Dachmarke Kühne. Dieses Logo besteht aus der gelben Signatur, die der Originalunterschrift des Markenbegründers Carl Kühne entspricht, sowie einem gelben Ritterhelm in einer stilisierten, dreidimensional wirkenden grünen Wolke. Damit sollen Aspekte wie Frische, Natürlichkeit, Ehrlichkeit, Treue und Fürsorge symbolisiert werden. Surol wurde bereits 1906 beim Kaiserlichen Patentamt als Warenzeichen eingetragen und ist damit einer der ältesten dt. Markenartikel. 2006 wurde zum 100-jährigen Jubiläum von Surol der Slogan „Genuss mit Geschichte" eingeführt. Ein Slogan aus früheren Jahren lautet „Wenn ick for Mutter Essig hol, denn kof ick immer nur Surol". Von Anfang an wird Surol in grünen Glasflaschen verkauft, die im Laufe der Zeit bauchiger geworden sind. Surol ist lt. IRI Handelspanel 2007 Marktführer im Segment der Kräuteressige. Vertrieben wird Surol vor allem im nat. Lebensmitteleinzelhandel. Die Anfänge der Carl Kühne KG (GmbH & Co.) gehen bis auf das Jahr 1722 zurück. Johann Daniel Epinius gründete damals eine Essigbrauerei in Berlin. Knapp 40 Jahre später ging das Unternehmen

Die bauchige Glasflasche wurde im Laufe der Zeit immer wieder leicht variiert.

in den Besitz der Familie Kühne über. 1832 gelang Carl Ernst Wilhelm Kühne die industrielle Herstellung von Essig. Heute gehören zum Portfolio auch Feinkost, Gurken, Kohl und Kraut, Senf und Dressings. Das Unternehmen mit Stammsitz in Hamburg beschäftigt europaweit 1.600 Mitarbeiter. Surol stellt 30 % des Essigflaschengeschäftes von Kühne im 0,75-l-Gebinde dar.

DATEN UND FAKTEN

Markenname: Surol, eine Ableitung von **S**a**u**e**r**k**o**h**l**, wobei jeder zweite Buchstabe ausgelassen wird.

Slogan: „Genuss mit Geschichte" (2006)

Markenregistrierung: 29.08.1906, Kaiserliches Patentamt Berlin

Innovationen: ALLESKÖNNER (2007)

Jahresabsatz: ca.5 Mio. Flaschen (2005)

UNTERNEHMEN

Carl Kühne KG (GmbH & Co.)

Hauptsitz: Hamburg, Deutschland

Geschäftsführer: Andreas F. Schubert, Vorsitzender der Geschäftsleitung

Weitere Marken: Kühne (Dachmarke), Salatfix (Subbrand)

Vertrieb: eigene Vertriebsorganisationen in Deutschland, Frankreich, Benelux, Skandinavien und in der Türkei; Export in mehr als 50 Länder der Welt

KONTAKT

Carl Kühne KG (GmbH & Co.)
Kühnehöfe 11
22761 Hamburg
✆ (0 40) 8 53 05-0
🖷 (0 40) 8 53 05-2 35
🖳 www.kuehne.de

Kühne
Von Familie zu Familie.

Das Logo der Dachmarke Kühne findet sich auch auf den Surol-Flaschen (oben). Der Surol Alleskönner eignet sich für Salate, zum Kochen und zum Marinieren (Mitte). Hist. Rückblick in die Werbung von Surol mit dem alten Slogan „Wenn ick for Mutter Essig hol, denn kof ick immer nur Surol" (unten).

Ansprechpartner Presse:
Irmy Wottawah
✆ (0 40) 8 53 05-2 01
🖷 (0 40) 8 53 05-3 76
✉ irmy.wottawah@kuehne.de

SCHON GEWUSST?

▌Schon früh hat Kühne Wert auf Natürlichkeit gelegt. Deshalb gärte schon zu Carl Wilhelm Kühnes Zeiten der Essig in riesigen Essigbildnern aus Eiche oder Pitchpine. Das Ergebnis kam gut an – sogar beim preußischen Königshof: 1876 ernennt König Wilhelm I. Kühne zum königlichen Hoflieferanten.

▌Essig wird in einem rein biologischen Gärungsvorgang hergestellt. Im traditionellen Verfahren rieselt dabei Alkohol in großen Bottichen ständig über Buchenholzspäne, auf denen sich Essigsäurebakterien (Acetobacter) ansiedeln, die mit Hilfe von Luft den Alkohol in Essig umwandeln. In Laufe der Zeit ist dieses Verfahren von dem sog. Submers-Verfahren abgelöst worden, bei dem die Essigsäurebakterien in einem Essig-Alkohol-Gemisch schwimmen, das von außen belüftet wird. Nach Umwandlung des Alkohols in Essig wird der Behälter zur Hälfte entleert und dann wieder mit einem alkoholischen Gemisch wie z. B. Wein aufgefüllt. Der Vorgang beginnt von Neuem. Moderne Essigwerke können mehr als 50 Mio. l pro Jahr produzieren.

SUSY CARD

Susy Card umfasst neben der bekannten Grußkarte auch andere Papeterieartikel.

Susy Card entwickelte sich in den letzten vier Jahrzehnten zu einer der bekanntesten Grußkartenmarken in Deutschland und war viele Jahre ein Synonym für Humorkarten. Die Marke gehört der Herlitz PBS AG und umfasst heute im Papeterie-Bereich Artikel zum Grüßen, Schenken und Schmücken für jeden Anlass. Der Markenname ist eine Kombination aus dem Vornamen der Erfinderin Susanne Borowski-Forster und dem engl. Wort für (Glückwunsch-)Karte. Das Logo hat sich seit der Markteinführung 1957 mehrmals geändert. Aktuell steht zwischen den beiden Wörtern des Markennamens ein rotes Herz. Ergänzend zum Kartensortiment werden Geschenkpapiere, Zierbänder, Tüten, Schachteln, Servietten, sonstige Tischdekorationen sowie Party- und Picknickartikel angeboten. Die Neuheitenquote, also der Anteil der Produktneuheiten am Markenumsatz, liegt bei über 30 %. Alle Artikel erfüllen hohe Qualitätsansprüche. So setzt das Unternehmen exkl. Eigendesigns und spezielle Materialien bei der Produktion seiner Artikel ein. Erhältlich sind die Produkte in Deutschland und einigen europäischen Ländern. Mit einem Umsatz von 29 Mio. Euro (2006) trägt die Marke 9 % zum Gesamtumsatz der Herlitz PBS AG bei. Susy Card ist in einzelnen Produkt- und Vertriebssegmenten in Deutschland Marktführer. Die Marke hat sich mit einem gest. Bekanntheitsgrad von 46 % zur bekanntesten Papeteriemarke in Deutschland entwickelt. Zur Herlitz PBS AG gehören außerdem die Marken → Herlitz, → BOON AND BANE und Falken. Das Unternehmen beschäftigt weltweit über 2.400 Mitarbeiter und erwirtschaftete im Jahr 2006 rund 309 Mio. Euro Umsatz.

DATEN UND FAKTEN

Markenname: Susy Card, abgleitet aus dem Vornamen der Erfinderin Susanne Borowski-Forster und dem engl. Wort für (Glückwunsch-)Karte.

Slogan: „Susy Card von Herzen"

Erfinder: Susanne Borowski-Forster, 1957

Markenregistrierung: 06. 02. 1991, DPMA München

Jahresumsatz: 29 Mio. Euro (Marke Susy Card, 2006)

Markenwebsite: www.susy-card.de

UNTERNEHMEN

Herlitz PBS AG
Am Borsigturm 100
13507 Berlin
✆ (0 30) 43 93-0
🖷 (0 30) 43 93-32 62
🖳 www.herlitz.de

SCHON GEWUSST?

▌Mit den jährlich produzierten Grußkarten von Susy Card ließen sich 1.000 Fußballfelder auslegen.

▌Mit der Jahresproduktionsmenge von Susy Card Geschenkpapier ließe sich der Äquator dreimal umspannen.

▌Statistisch gesehen besitzen zwei von drei Haushalten in Deutschland Servietten der Marke Susy Card.

SUZUKI

Suzuki steht weltweit für sportliche Automobile, Motorräder und Außenbordmotoren. Die Marke hat ihren Ursprung in einem 1909 von Michio Suzuki gegründeten Unternehmen, das anfangs Webstühle herstellte. Im Jahr 1955 stieg die Suzuki Motor Corporation in die Serienproduktion von Autos ein, seit 1980 verkauft das jap. Unternehmen in Deutschland Automobile, ab 1984 auch Motorräder. Die Marke soll Begeisterung, Bodenständigkeit, Sportlichkeit und Teamgeist transportieren. Strategisches Ziel des Unternehmens ist es, durch Engagements in Extrem- und Funsport, Musik und Entertainment vermehrt jüngere Zielgruppen anzusprechen. Suzuki präsentiert sich regelmäßig als Sponsor von Veranstaltungen wie den BMX Masters, dem Kitesurf World Cup und dem Musikfestival Rock am Ring. Das Durchschnittsalter der Neuwagenkäufer konnte in Deutschland so innerhalb von drei Jahren gesenkt werden. Zudem wirbt die Marke mit hoher Qualität zu einem guten Preis-Leistungs-Verhältnis. Das Suzuki-Logo entstand im Rahmen eines Designwettbewerbs. Der Entwurf des schlichten, jap. anmutenden großen S gewann und ist seit 1961 offizielles Markenlogo von Suzuki. Das neue weltweit einheitliche Corporate Design wurde 2006 von dem Berliner Grafikdesigner Sven Voelker entwickelt. Die Hausfarbe, ein leuchtendes Dunkelblau, heißt Takumi. Für Werbemaßnahmen wendet das Unternehmen allein in Deutschland jährlich einen zweistelligen Millionenbetrag auf. Die Markenbekanntheit von Suzuki liegt hierzulande bei 80 % (Quelle: Stern-Markenprofile 11/2005). Das Unternehmen will bis 2010 jedes Jahr mindestens ein komplett neu entwickeltes Modell auf den Markt bringen.

Das Suzuki-Logo ging 1961 aus einem Designwettbewerb hervor.

UNTERNEHMEN

Suzuki International Europe GmbH
Suzuki-Allee 7
64625 Bensheim
✆ (0 62 51) 57 00-0
🖷 (0 62 51) 57 00-2 00
🖳 www.suzuki.de

SWAROVSKI

Swarovski steht weltweit für Kristallkomponenten. Die österreichische Marke geht zurück auf den aus Böhmen stammenden Unternehmer Daniel Swarovski. Inspiriert durch die neuen Techniken von Siemens und Edison, die er 1883 auf der „1. Elektrischen Ausstellung" in Wien gesehen hatte, entwickelte Swarovski in neunjähriger Arbeit eine Maschine zum Kristallschleifen. Diese meldete er 1892 zum Patent an. Drei Jahre später gründete er gemeinsam mit Franz Weis und Armand Kosmann in Wattens in Tirol ein Unternehmen. Heute produziert und verkauft das Unternehmen Swarovski Kristallkomponenten unter den beiden Produktmarken *Crystallized – Swarovski Elements* für Mode und Design und *Strass Swarovski Crystal* für die Bereiche Architektur und Licht. Während Swarovski Kristall Teil der Kreationen vieler internat. Designer ist, werden die Schmuck- und Home-Decor-Kollektionen über mehr als 1.150 eigene Geschäfte und über Vertragspartner in den großen Metropolen vertrieben. Die Daniel Swarovski Kollektion ist als Couture Linie das Aushängeschild des Unternehmens. Swarovski blickt auf eine Vielzahl bedeutender Innovationen zurück. So entwickelte das Unternehmen 1955 in Zusammenarbeit mit Christian Dior einen Kristall, der durch eine spezielle Oberflächenbeschichtung in allen Farben des Regenbogens leuchtet. Der nach dem Nordlicht Aurora Borealis benannte Stein wird bis heute von Designern verwendet. Zur Swarovski Gruppe gehören auch die vier eigenständigen Bereiche Tyrolit (Schleifwerkzeuge), Swareflex (Reflektorensysteme für den Straßenverkehr), Swarovski Optik (hochpräzise optische Geräte) und Signity als Marke für einzigartige Edelsteine. Der Umsatz der Unternehmensgruppe mit 20.000 Beschäftigten belief sich 2006 auf 2,37 Mrd. Euro.

Der Schwan als Symbol der Schönheit im Swarovski-Logo.

UNTERNEHMEN

Swarovski (Deutschland) GmbH
Hüttenstr. 27
87600 Kaufbeuren
✆ (0 83 41) 9 70-0
🖷 (0 83 41) 9 70-1 55
🖳 www.swarovski.com

SWATCH

Die Konsumgütermarke Swatch steht für Produkte aus den Segmenten Uhren und Schmuck. Swatch ist die weltweit meistverkaufte Armbanduhr. Die klassische Swatch ist eine Plastikuhr mit geringem Gewicht. Sie besteht aus lediglich 51 anstatt der sonst üblichen 91 oder mehr Komponenten und wird zu einem für Markenuhren günstigen Preis angeboten. Ihr erster Marktauftritt war 1983. Daneben wurden u. a. die Irony Swatch (limitierte Edition aus Aluminium, Stahl oder Pla-

Swatch kann gleichermaßen gelesen werden als Verkürzung der Bezeichnungen „Swiss Watch" und „Second Watch".

Das Produktspektrum der Marke Swirl umfasst Artikel rund um das Thema praktische Sauberkeit.

Dipl.-Ing. Josef Glöckl, Geschäftsführer aeris-Impulsmöbel GmbH & Co. KG (unten) ist auch der Erfinder des swoppers (Mitte).

tin), die Swatch Skin Chrono mit Zeitmessung (der weltweit flachste Chronograph) sowie Uhren mit integriertem elektronischen Skipass oder weltweit einheitlicher „Internet-Zeit" entwickelt. Swatch-Uhren werden in zahlreichen modischen Kollektionen angeboten. Sie finden auch bei Sportwettkämpfen sowie in Forschung und Wissenschaft Anwendung. Im Bereich Schmuck bietet Swatch Armbänder, Ohrringe, Halsketten und Ringe. Der Markenname kann gleichermaßen gelesen werden als Verkürzung der Bezeichnungen „Swiss Watch" und „Second Watch" (Zweituhr). Das Logo zeigt neben dem kleingeschriebenen Markennamen ein für die Schweiz stehendes weißes Kreuz auf rotem Grund. Die Marke Swatch ist Teil der Swatch Group, zu der u.a. auch die Uhren-Marken *Breguet*, *Blancpain*, *Glashütte Original*, *Jaquet Droz*, *Léon Hatot*, *Omega*, *Longines*, *Rado*, *Union*, *Tissot*, *ck watch & jewelry*, *Balmain*, *Hamilton*, *Certina*, *Mido* und *Flik Flak* gehören. Uhrwerke und Komponenten werden auch an andere Schweizer Uhrenhersteller geliefert. Die Unternehmensgruppe - bis 1998 firmierend als Société Suisse de Microélectronique et d'Horlogerie (SMH) – entstand 1983 aus einer Fusion der Asuag (Allgemeine Gesellschaft der Schweizer Uhrenindustrie AG) mit der SSIH (Société Suisse pour l'Industrie Horlogére). Die Swatch Group ist der größte Uhrenkonzern der Welt. Chairman und Delegate of the Board of Directors ist Nicolas G. Hayek, Mitbegründer des Unternehmens. Er wird als „Mr. Swatch" bezeichnet.

UNTERNEHMEN

Swatch AG
Jakob-Stämpfli-Str. 94
CH-2904 Biel/Bienne
✆ +41 3 23 43–95 80
📠 +41 3 23 43–95 81
💻 www.swatch.com

SWIRL

Unter dem Dach der Marke Swirl versammelt sich eine Vielzahl an praktischen Haushaltshelfern. Das Angebotsspektrum reicht von Staubsaugerbeuteln, -filtern und -zubehör über ein umfangreiches Sortiment von Abfallbeuteln und-säcken bis hin zu verschiedenen Entkalker-Produkten. Die Marke Swirl wurde 1987 von der Melitta-Gruppe entwickelt. Den Anlass dazu gab eine neue Markenstrategie des Unternehmens, das bis dahin alle Produkte unter der Dachmarke →Melitta vertrieben hatte. Um eine klare Trennung der Produktbereiche zu schaffen, wurde für alle Produkte aus dem Bereich Sauberkeit und Hygiene im Haushalt die Marke Swirl eingeführt. Sie richtet sich in erster Linie an haushaltführende Konsumenten ab 35 Jahren. 2002 kam mit Swirl *MicroPor* eine neue Generation von Staubfilterbeuteln auf den Markt, die sich durch eine besonders hohe Filterleistung auszeichnen. Ein System aus zwei Filterschichten hält auch feinste Partikel fest und sorgt so für eine saubere Abluft des Staubsaugers. Die 2005 entwickelten Swirl *MicroPor Power Filter* sorgen durch den Einsatz von Aktiv-Fasern dafür, dass beim Staubsaugen keine unangenehmen Gerüche mehr entstehen. Die neuen Staubsaugerfilter sind TÜV-geprüft und erreichen die HEPA-Norm, die maximale Werte in der Feinstaubfilterung garantiert. Im Mittelpunkt der Markenkommunikation steht die Figur „Swirli", die nicht nur auf allen Verpackungen abgebildet ist, sondern auch in der Fernsehwerbung zum Einsatz kommt. Wiedererkennbares Markenzeichen ist das Logo mit dem weißen Swirl-Schriftzug auf einer halbkreisförmigen blauen Vignette. Die Unternehmensgruppe Melitta Bentz KG mit Sitz in Minden erzielte 2006 einen Gesamtumsatz von mehr als 1,2 Mrd. Euro. Neben Swirl und Melitta gehört auch die Marke →Toppits zum Portfolio des Unternehmens.

DATEN UND FAKTEN

Markenname: Swirl, Kunstname

Slogan: „Wer swirlt hat's leichter"

Markeneinführung: 1987

Markenregistrierung: 21.08.1988, DPMA München

Innovationen: MicroPor (2002), MicroPor Power Filter (2005)

UNTERNEHMEN

Melitta Haushaltsprodukte GmbH & Co. KG
Ringstr. 99
32427 Minden
✆ (05 71) 86-0
📠 (07 71) 86-18 10
💻 www.swirl.de

SWOPPER

Unter der Möbelmarke swopper produziert die Firma aeris-Impulsmöbel GmbH & Co KG seit 1997 einen hockerähnlichen Bürostuhl. Der

Name swopper leitet sich von den beiden engl. Verben „to sway" für schwingen und „to hop" für hüpfen ab. Der Hocker ist so konstruiert, dass er ein besonders rückenschonendes Sitzen ermöglicht. Mit dieser Art von Sitzmöbeln ist es dem Unternehmen gelungen, Pionierarbeit zu leisten und sich als Innovationsführer zu behaupten. Der swopper besteht aus einem runden Fuß und einer Sitzfläche, die drehbar und federnd gelagert ist. So sollen die natürlichen Bewegungsabläufe des Menschen auch im Sitzen gefördert werden, um auf diese Weise die Rückenmuskulatur zu stärken und Rückenbeschwerden vorzubeugen. Das Design des swoppers soll diese Absicht widerspiegeln, weshalb die Feder nicht versteckt wurde, sondern deutlich sichtbar die Beweglichkeit des Bürostuhls signalisieren soll. Das Unternehmen platziert sein Produkt im hochpreisigen Premium-Segment und bewirbt es als besonders innovativ und technisch ausgereift. Die swopper werden über den Fach-Einzelhandel und über verschiedene Spezial-Versender vertrieben. Als Zielgruppe werden Menschen angesprochen, die während ihrer Arbeit viel sitzen müssen. So konzentriert sich das Marketing für den swopper auf den Einsatz im Büro und zu Hause. Schwerpunkt der Kommunikationsstrategie sind die gesundheitsfördernden Eigenschaften des swoppers. Anstoß für seine Erfindung waren lt. Entwickler Josef Glöckl seine eigenen Rückenprobleme, die ihn zwangen, sich eine rückenschonende Sitzgelegenheit zu suchen, die sich auch in Alltags- und Bürosituationen einsetzen lässt. Dank eines durchschnittlichen Umsatzwachstums von jährlich etwa 20 % konnte aeris-Impulsmöbel im Jahr 2006 etwa 30.000 Sitzmöbel verkaufen. Neben neueren Produkten wie dem Sitz *muvman* bleibt der swopper das Kernprodukt des Unternehmens und wird regelmäßig durch Zubehör und überarbeitetes Design neu aufgelegt.

DATEN UND FAKTEN

Markenname: swopper, Kunstwort, von engl. „to sway" (schwingen) und „to hop" (hüpfen)

Slogan: „Ihrem Rücken zuliebe"

Erfinder: Josef Glöckl, 1995

Markenregistrierung: fünf nat. und neun internat. Patente

Innovationen: „swopper" CARE (2006)

Produktionsmenge (jährlich): 30.000 Sitzmöbel

Die rückenschonenden Sitzmöbel der Marke „swopper" eignen sich für die Büro- und Heimarbeit.

Auszeichnungen:
„Bundesinnovationspreis für das Handwerk" (1997)
„AGR-Zertifikat für rückengerechte Produkte" (1999)
„NEOCON most innovative award" (2001)
„NEOCON gold award" (2001)
„ADEX Design-Award" (2002)
„gut", Öko-Test (2003)
„sehr gut", FACTS (2005)
„sehr gut", MACWELT (2006)

Markenwebsite: www.swopper.de

UNTERNEHMEN

aeris-Impulsmöbel GmbH & Co KG

Hauptsitz: Haar bei München, Deutschland

Vorstand: Josef Glöckl

Mitarbeiter: 27

Weitere Marken: aeris, Nick, muvman, flexzone, VarioSitz

Vertrieb: in ca. 20 Ländern

KONTAKT

aeris-Impulsmöbel GmbH & Co KG
Ahrntaler Platz 2–6
85540 Haar bei München
(0 89) 90 05 06-0
(0 89) 90 39 39-1
info@aeris.de
www.aeris.de

Ansprechpartner Presse:
Sabine Krietemeyer
(0 89) 90 05 06-34
presse@aeris.de

Sympatex steht für Funktionskleidung.

Ansprechpartner Marketing:
Susanna Kindler
Leitung Marketing/Vertrieb & Personal
✆ (0 89) 90 05 06-0
✉ info@aeris.de

MEILENSTEINE

1996 Die Firma aeris-Impulsmöbel GmbH wird gegründet.

1997 Bundesinnovationspreis für den Aktiv-Sitz swopper

1999 Der swopper erhält das Gütesiegel der „Aktion Gesunder Rücken e.V.".

2000 Ausstellung des swoppers im Museum of Modern Art, New York

2001 Aufnahme der eigenen Produktion

2007 Markteinführung des neuen Vario-Sitzes *muvman*

SYMANTEC

Die Marke Symantec steht für Produkte und Dienstleistungen im Bereich Software. Das Angebot zur Sicherung von Computerdaten richtet sich an private Computernutzer ebenso wie an Unternehmen. Symantec fungiert dabei u.a. als Dachmarke für die Antivirensoftware der Marke *Norton*, die sich vor allem an Privatanwender richtet. Das Symantec-Logo besteht aus einem kugelförmigen Symbol in den Hauptfarben Gelb und Schwarz und dem Namenszug in Minuskeln in einer Serifenschrift. Die heutige Symantec Corporation wurde 1982 in den USA gegründet. Sieben Jahre später folgte der Gang an die Börse. 1990 fusionierte Symantec mit der Peter Norton Computing, Inc. Hauptsitz des Unternehmens ist das kalifornische Cupertino. Zur Einführung des Betriebssystems Windows 95 reagierte Symantec als eines der ersten Softwareunternehmen und bot z.B. *Norton AntiVirus* kompatibel an. 1996 wurden erste strategische Partnerschaften mit →Microsoft, HP und Netscape geschlossen. Daneben ist die Firmengeschichte durch eine Reihe von Akquisitionen geprägt. Derzeit sind für Symantec rund 17.500 Mitarbeiter weltweit tätig. Vertrieben werden die Produkte in über 40 Länder der Erde. In Deutschland verfügt Symantec über drei Niederlassungen. Der Gesamtumsatz der Symantec Corporation lag im Geschäftsjahr 2007 bei 5,2 Mrd. USD. Größter Wachstumsmarkt für das Unternehmen sind aktuell die Regionen Europa, Mittlerer Osten und Afrika. Für die Entwicklung der Marke setzt das Unternehmen auch weiterhin auf Zukäufe und Allianzen.

UNTERNEHMEN

Symantec Deutschland GmbH
Humboldtstr. 6
85609 Aschheim
✆ (0 89) 9 43 02-0
🖷 (0 89) 9 43 02-9 50
💻 www.symantec.de

SYMPATEX

Das Unternehmen Sympatex aus Unterföhring ist seit Jahrzehnten Inbegriff für Hightech-Funktionssysteme im Bereich Sport- und Freizeitbekleidung. Die Membrane von Sympatex ist ein geschlossenes hydrophiles System, das 100 % wasserdicht, 100 % winddicht und optimal atmungsaktiv ist. Dieses patentierte System wird individuellen Anforderungen des Verbrauchers nach Klimaregulierung, Wärmedämmung, Schutz vor Auskühlung und Strahlenabsorbierung gerecht und erhält die Leistungsfähigkeit bei starker körperlicher Belastung. Hohe Qualitätsanforderungen der Sympatex Technologies GmbH verlangen eine genaue Kontrolle und strenge Prüfungen, die im Zuge der Produktionsphase durchgeführt werden. Dies gilt auch für die Forschung und Entwicklung von Innovationen. Produktneuheiten wie *Sympatex Airflow*, Sympatex *High2out* oder auch *Sympatex Reflexion* gewährleisten einen angenehmen Tragekomfort und vereinen Komfort und Technologie. Erkennungszeichen der Marke ist ein blaues Dreieck, das den Schriftzug Sympatex in Versalien in sich trägt. Seit 1986 werden unter der Marke Sympatex hautfreundliche, antiallergene und mit dem Umweltsiegel „Öko-Tex-Standard-100" versehene Funktionskleidung, Schuhe und Accessoires vertrieben. Absatzwege sind die 20 Verkaufsbüros, Niederlassungen und eine GmbH innerhalb der Ploucquet Unternehmensgruppe (operierender Konzern für Membransysteme, Laminate, Beschichtung und Veredelungstechnik).

UNTERNEHMEN

Sympatex Technologies GmbH
Feringastr. 7a
85774 Unterföhring
✆ (0 89) 94 00 58-0
🖷 (0 89) 94 00 58-2 97
💻 www.sympatex.com

T

T@B ist die jüngste Marke im Portfolio der Knaus-Tabbert-Goup und richtet sich mit einem modern interpretierten Retrostil an eine junge Zielgruppe.

TAB

T@B ist die jüngste Marke im Portfolio des Caravanherstellers →Knaus Tabbert Group. Sie wurde 2001/2002 von Tabbert entwickelt und steht für eine Wohnwagenserie, die insbesondere Menschen mit Sinn für Retrostil in moderner Interpretation ansprechen soll. Konzept und Design der T@B Serie sind moderne Interpretationen der Vorbilder aus den 1950er-Jahren. Urmodell ist der *Ideal*, der erste Wohnwagen von Tabbert, der 1953 in Serie ging. Die Idee, das alte Konzept neu aufzulegen, stammte von Thomas Dickenberger, dem Vorstandsvorsitzenden der Knaus Tabbert Group. Design und Markenauftritt nutzen den Zeichensatz moderner Medien. Der Markenname T@B, abgeleitet vom Firmennamen Tabbert, erinnert an den gleichnamigen Steuerungsbefehl des Computers. Auch das Zeichen @, das den Buchstaben a ersetzt, verweist auf schnelle Kommunikation und technischen Fortschritt. Das dreidimensional gestaltete, silberne Wortlogo in der ovalen Vignette wurde von der Werbeagentur Uniq entwickelt. Seit dem Entwicklungsjahr 2001 wurde die Caravan-Serie mit dem Slogan „tab out of line" um mehrere Modelle erweitert. Heute gibt es die sog. „Knutschkugel" auch als *T@B Offroad* und in einer größeren Variante als *T@B L*, die mit ihrem Sky View (elektrisches Dachpanoramafenster) für eine Neuheit auf dem Caravanmarkt sorgte. Eine XL-Version ist in der Entwicklung. Der Werbeauftritt der Marke setzt auf „Leidenschaft, Fun und Sympathie". Testimonials waren u.a. Guildo Horn, King Kong und Stefan Raab. Im Jahr 2004 erreichte ein Gespann aus T@B und Porsche Cayenne Turbo von TechArt mit einer Höchstgeschwindigkeit von 231 km/h den Weltrekord im Gespannfahren. 2002 schloss sich die TIAG mit der Knaus AG zur Knaus Tabbert Group zusammen. Neben T@B führt die Unternehmensgruppe auch die Marken →Knaus, →Tabbert, →Wilk, →Weinsberg, und →Eifelland im Portfolio.

DATEN UND FAKTEN

Markenname: T@B, Kunstname in Ableitung des Markennamens Tabbert

Slogan: „tabme"

Erfinder: Thomas Dickenberger, 2000

Innovationen: Wohnwagen für junge Zielgruppen (2001), *T@B XL* mit Dachpanoramafenster Skyview (2007), Elektrokamin im Caravan (2007)

Auszeichnungen:
„Innovationspreis", Schweizerischer Caravangewerbeverband für *T@B 320 RS* (2001/CH)
„Caravan des Jahres", Fachzeitschrift Campeer en Caravaning Kampioen (KCK) für *T@B 320 RS* (2002/NL)
Weltrekord mit 230,97 (2004)

Markenwebsite: www.tabme.de

UNTERNEHMEN

Tabbert Caravan GmbH
Markenmanagement Tabbert
Sandweg
36391 Sinntal-Mottgers
(0 66 64) 89–0
(0 66 64) 61 98
www.tabbert.de

Das After Shave von Tabac Original ist mit Abstand das erfolgreichste Produkt aus der Duft- und Pflegeserie.

TABAC ORIGINAL

Die Marke Tabac Original steht für eine Duft- und Pflegeserie für den Mann. Das Traditionsunternehmen MÄURER & WIRTZ brachte 1951 erstmals die Seife Tabac explizit für männliche Kunden auf den Markt. Ein Novum in der Parfum- und Kosmetikindustrie, die bis dahin den Mann noch nicht als Konsumenten entdeckt hatte. Der Luxusartikel entwickelte sich dank der günstigen Wirtschaftslage zu einer Erfolgsserie und fand schnell Nachahmer. Mit dem Zusatz „Original" reagierte MÄURER & WIRTZ 1952 auf die zahlreichen Nachahmerprodukte und etablierte den Markennamen in dieser Form. 1959 wurde das Sortiment zu einer kompletten Duft- und Pflegeserie ausgeweitet. Der Name Tabac Original prägte das maskuline Image der Marke. Die Wortmarke in brauner Kistenschrift mit rotem Unterstrich war dem eingebrannten Aufdruck einer Überseekiste nachempfunden und weckte Assoziationen mit Ferne, Abenteuer und Männlichkeit. An dem Erscheinungsbild wurde stetig gearbeitet, um am Puls der Zeit zu bleiben. Das Produktportfolio der Herrenkosmetikserie umfasst rund 25 Produktvarianten in verschiedenen Größen. Tabac Original ist im mittleren Preissegment nach wie vor einer der erfolgreichsten Herrendüfte in Deutschland. Der Flakon aus Opalglas ist einer antiken Amphorenform nachempfunden und wird in einer Faltschachtel mit brauner Hintergrundstruktur und weißem Etikett verkauft. Insgesamt wird die Marke in 135 Ländern durch Parfü-

Das Portfolio von Tabac Original umfasst 25 Produktvarianten mit dem typischen herb-würzigen Duft.

merien, Kauf- und Warenhäuser, Drogeriemärkte und Verbrauchermärkte vertrieben. Im Segment After Shave Lotion ist Tabac Original bis heute Marktführer in Deutschland (lt. GfK Abverkaufszahlen Herrendüfte). Die Firma MÄURER & WIRTZ ist seit 1990 ein eigenständiges Tochterunternehmen der Dalli-Gruppe und wird in der fünften Generation durch die Familie Wirtz geführt.

DATEN UND FAKTEN

Markenname: Tabac Original

Slogan: „Tabac Original. Ein Mann. Ein Wort. Vertrauen"

Markenregistrierung: 02. 02. 1954, DPMA München

Markenbekanntheit: 80 % gest. (bei 14–64-Jährigen, Outfit 5, 2001)

Auszeichnungen:
„Beste Online Kommunikation", Dt. Preis für Wirtschaftskommunikation (DPWK) für Webauftritt (2007)

Markenwebsite: www.tabac-original.de

UNTERNEHMEN

MÄURER & WIRTZ GmbH & Co. KG

Gründer: Michael Mäurer und Andreas Wirtz, 1845, Stolberg

Hauptsitz: Stolberg (Rheinland), Deutschland

Geschäftsführung: Dr. Hermann Wirtz (geschäftsführender Gesellschafter), Bert Lehnen

Weitere Marken: → 4711, Sir Irish Moos, Tosca, Nonchalance, Betty Barclay, s. Oliver

Gesamtumsatz: 125 Mio. Euro (2007, geplant)

Vertrieb: weltweit über Vertriebspartner

Mitarbeiter: ca. 350

KONTAKT

MÄURER & WIRTZ GmbH & Co. KG
Zweifaller Str. 120
52220 Stolberg
✆ (0 24 02) 89-01
🖷 (0 24 02) 89-26 99
💻 www.m-w.de

SCHON GEWUSST?

▌ Der Erfolg von Tabac Original ist auf eine besondere Form amerikanischer Entwicklungshilfe zurückzuführen: Vor 1950 galt der Gebrauch von Duftwässern bei dt. Männern als weibisch. Die in Deutschland stationierten amerikanischen Soldaten waren da wesentlich aufgeschlossener und verwendeten gerne After Shave. Eine Angewohnheit, die sich auf die dt. Bevölkerung übertrug und die Nachfrage nach Pflegeprodukten für den Mann steigerte.

TABBERT

Die internat. Marke Tabbert gehört zum Portfolio der → Knaus Tabbert Group. Sie zählt zu den führenden Anbietern im Bereich Wohnwagenbau. Erfinder der Marke war Alfred Tabbert, der 1934 nach einer Ausbildung bei Siemens seine eigene Karosseriewerkstatt gründete. 1937 baute er den ersten Wohnwagen von 14 m Länge für einen Kunden aus dem „fahrenden Volk". Nachdem seine Werkstatt im 2. Weltkrieg zerstört wurde, verlegte er den Firmensitz nach Bad Kissingen und begann dort mit der Herstellung von Plateauwagen und landwirtschaftlichen Anhängern. Ab 1953 nahm er den Wohnwagenbau wieder auf und ging drei Jahre später mit dem *Ideal*, einem Wohnwagen der „Schnapsglasklasse", zum ersten Mal in Serienproduktion. Mit zunehmendem Reisebedürfnis der Deutschen expandierte das Sortiment des Unternehmens, das 1971 zum führenden Wohnwagenhersteller Deutschlands avancierte. Im Zuge ihres Expansionskurses fügte die Tabbert Industrie GmbH ihrem Portfolio die Marken → Weinsberg und → Wilk hinzu und ging 1987 an die Börse. 2002 fusionierte sie als TIAG mit der Knaus AG zur Knaus Tabbert Group, die auch die Marken → Knaus, → Eifelland und → T@B vertreibt. Logo der Marke ist der Namensschriftzug in silbernen Versa-

TABBERT
Bewegende Momente

Ob Kompaktklasse, Einsteigerklasse, Freizeitklasse oder Luxusklasse: Tabbert bietet Caravans für jeden Anspruch.

lien in Kombination mit einem Wappen in den Hausfarben Bordeaux (Pantone 1807), Silber (Pantone 877C) und Schwarz. Darunter steht kursiv der Claim „Bewegende Momente". Von der Kompaktklasse bis zum Luxusmodell führt die Marke derzeit sechs Modellreihen in ihrem Portfolio; die Modelle *Rossini* (Kompaktklasse), *DaVinci* (Einsteigerklasse, Familiengrundrisse), *Vivaldi* (Freizeitklasse) und *Puccini* (Luxusklasse) sowie die Modelle der Extraklasse *Baronesse* und *Grande Jeunesse*. Speziellen Kundenwünschen und unterschiedlichen Lebensstilen begegnet man mit „ausgereiftem Markenmanagement". Die Produkte der Marke werden häufig ausgezeichnet, zuletzt mit dem Sicherheitspreis des DCC, und belegen in den Tests einschlägiger Wohnwagenmagazine mehrfach Platz 1.

DATEN UND FAKTEN

Markenname: Tabbert, Familienname des Firmengründers Alfred Tabbert

Slogan: „Bewegende Momente"

Gründer: Alfred Tabbert, 1934

Innovationen: hinterlüftetes Tabbert-Dach, patentierte Winkelküche

Auszeichnungen:
„Innovationspreis", Schweizerischer Caravangewerbe-Verband (2001/CH)
„Caravan des Jahres" (2002/NL, 2003/NL, 2007)
„Lupo", Deutscher Caravaning Handelsverband e. V. in der Kategorie Hersteller für herausragende Leistungen (2002, 2005)
„Nr. 1" Leserwahl Zeitschrift Caravaning in der Oberklasse für *Tabbert Puccini*, in der Einsteigerklasse für *Tabbert DaVinci*, in der Mittelklasse für Tabbert Vivaldi (2006),
„Nr. 1" Profitest, Zeitschrift Caravaning in der Oberklasse für *Tabbert Puccini* (2006)
„Sicherheitspreis", Deutscher Campingclub für *Tabbert Puccini 560 E* (2007)

Literatur:
Tabbert Chronik, 1992

UNTERNEHMEN

Tabbert Caravan GmbH
Markenmanagement Tabbert
Sandweg 1
36391 Sinntal-Mottgers
✆ (0 66 64) 89-0
🖷 (0 66 64) 61 98
💻 www.tabbert.de

Talcid®

Bei Sodbrennen und säurebedingten Magenbeschwerden hilft der Spezialist Talcid.

TALCID

Talcid hilft schnell und zuverlässig bei Sodbrennen und säurebedingten Magenbeschwerden und wird von der Bayer Vital GmbH in Deutschland vermarktet. Der Wirkstoff Hydrotalcit wurde1842 von dem Geologen Carl Hochstetter entdeckt. 1972 gelang es jap. Wissenschaftlern den Wirkstoff synthetisch herzustellen. Somit war der Weg zu einem breit einsetzbaren Antazidum (griech. „gegen die Säure") geebnet. 1977 wurde Talcid als rezeptfreies Arzneimittel in Deutschland eingeführt. Es zeichnet sich dadurch aus, dass es nicht nur schnell und zuverlässig von Sodbrennen und säurebedingten Magenbeschwerden befreit, sondern zusätzlich auch den körpereigenen Schutz des Magens unterstützt. Talcid, seit 2001 Marktführer im Segment der Antazida, wird in zwei Darreichungsformen angeboten: als Kautabletten, die ohne Wasser eingenommen werden können, und flüssig als Talcid Liquid. Die Talcid-Packung ist weiß mit einem grafischen Kernelement: ein dynamisch geschwungener Farbverlauf in Regenbogenfarben. Der Slogan von Talcid lautet „Talcid. Hilft dem Magen. Schützt den Magen." Er verdeutlicht, dass das Produkt mehr bietet als die reine Säureneutralisation. Neben Talcid vermarktet die Bayer Vital GmbH, eine Vertriebsgesellschaft der Bayer HealthCare AG, auch Produkte wie →Aspirin, →Bepanthen, →Bepanthol, →Canesten, →Lefax und →Priorin.

UNTERNEHMEN

Bayer Vital GmbH
Welserstr. 5–7
51149 Köln
✆ (0 22 03) 5 68–0
💻 www.talcid.de

Tangit

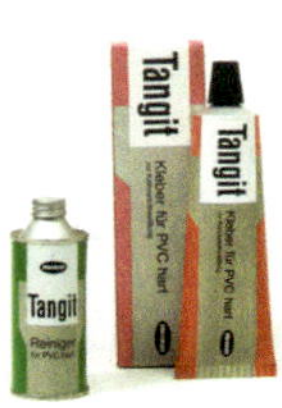

Tangit Reiniger für Klebeverbindungen aus PVC-U, PVC-C und ABS (Mitte), Produktdesign aus dem Einführungsjahr 1964 (unten)

TANGIT

Produkte der Marke Tangit aus dem Hause →Henkel bieten professionelle Lösungen rund um die Verbindung und Befestigung von Rohrsystemen sowie bei Abschottungen im Bereich des Brandschutzes. Tangit-Produkte kommen bei Installationen überall dort zum Einsatz, wo Rohre oder Kabelkanäle aus PVC oder Metall verklebt werden müssen. Zum Sortiment gehören neben Rohrabdichtungen auch Rohrklebstoffe und -reiniger sowie Brandschutz-Bänder, -Manschetten und -Anstriche. Ein in der Branche häufig verwendetes Produkt ist z. B. *Tangit M 3000*, das zur Befestigung und Abdichtung von

Der Tangit Uni-LOCK Gewindedichtfaden bietet eine universell einsetzbare Rohrgewindedichtung. Bei Tangit Uni-LOCK ist die gedichtete Verbindung nachjustierbar.

Gas- und Wasser-Hauseinführungen und bei Abwasser- und Kabel-Wanddurchführungen eingesetzt wird. Das schnell härtende Expansionsharz wird mittels Kartuschenpistole in den Ringspalt zwischen dem Bohrloch und der Einführung, dem Rohr oder dem Kabel eingebracht. Es verhindert das Eindringen von Feuchtigkeit in die Wanddurchführung. Weitere Produkte eignen sich zum Zusammenkleben von Rohren, wobei auch Versorgungsleitungen, die unter Druck stehen, etwa Gas- oder Wasserleitungen, mit Tangit-Produkten verbunden werden können. Die Marke wurde von Henkel 1964 eingeführt. Das Logo mit nach oben zeigendem Pfeil erinnert in Form und Schriftzug an das anderer Klebstoffmarken aus dem Hause Henkel wie etwa →Pattex oder →Metylan, ist allerdings in Schwarz-Weiß gehalten. In der Forschungsabteilung des Konzerns werden die Tangit-Produkte permanent weiterentwickelt. So brachte Henkel mit dem Tangit Rohr-Dicht-System und dem Tangit Rohr-Reparatur-System im Jahr 1999 zwei Weltneuheiten auf den Markt. Der Gesamtumsatz im Henkel-Bereich Adhesives Technologies (Klebstoff Technologien) betrug im Jahr 2006 rund 5,5 Mrd. Euro. Henkel ist sowohl im Konsumenten- als auch im Profi- und Industriebereich einer der bedeutendsten Produzenten von Klebstoffen.

DATEN UND FAKTEN

Markenname: Tangit, Kunstname

Markenregistrierung: 07. 02. 1963, DPMA München

Innovationen: Tangit Rohr-Dicht-System, Tangit Rohr-Reparatur-System (1999)

UNTERNEHMEN

Henkel KGaA

Hauptsitz: Düsseldorf, Deutschland

Weitere Marken: s. →Henkel

Gesamtumsatz: 12,740 Mrd. Euro (2006)

Vertrieb: weltweit in über 125 Ländern

KONTAKT

Henkel KGaA
Henkelstr. 67
40589 Düsseldorf
(02 11) 7 97–0
(02 11) 7 98–40 08
www.henkel.de

Ansprechpartner Presse:
Peter Lienkamp
press@henkel.com

MEILENSTEINE

1964 Markteinführung von Tangit

1965 Im Juni bringt Henkel Tangit Transparent auf den Markt.

1998 Tangit Spezial-Reiniger KS ist geeignet für Kunststoff-Schweißverbindungen aus PE, PP, PB und PVDF.

1999 Henkel beginnt mit der Vermarktung von zwei Weltneuheiten: Tangit Rohr-Dicht-System und Tangit Rohr-Reparatur-System.

TAUBE

In Deutschland gefertigte Kinder- und Jugendmöbel in unterschiedlichem Design werden unter der Konsumgütermarke Taube angeboten. Der Gründer Helmut Taube des produzierenden Unternehmens gab der Marke ihren Namen. Gegründet wurde die Firma in den 1950-Jahren, eingetragen wurde die Marke 1975. Die Helmut Taube GmbH produziert Möbelserien zur Einrichtung von Kinderzimmern und Etagenbetten. Dabei folgen die verschiedenen Serien unterschiedlichen Gestaltungskonzepten. „Fantasia“ beispielsweise setzt auf runde und asymmetrische Formen, die Möbelserie „Oliver“ legt großen Wert auf ökologische Wertschöpfung und ist aus Massivholz, während den Möbeln der Reihe Siesta ein mediterraner Charakter zugeschrieben wird. Das Markenlogo spielt mit dem Markennamen und wurde von Helmut Taube selbst entwickelt. Es zeigt den Namenszug in Minuskeln eingeschrieben in ein

taube ...von Anfang an

Taube stellt Kinder- und Jugendmöbel her.

orangefarbenes Oval, aus dem eine blaue Taube aufsteigt. Unter dem Oval steht „...von Anfang an" – eine Anspielung darauf, dass die Möbel des Unternehmens die ersten sind, die Kinder in ihrem Leben benutzen. Der aktuelle Slogan heißt: „Qualität hat ein Zuhause". Das Produktportfolio von Taube reicht von Kleiderschränken über Kommoden und Regalen bis hin zu Spielzeugkisten. Hinzu kommen Etagenbetten, zu denen je nach Modell auch Bettkästen oder Sitzgarnituren lieferbar sind. Bei den Möbelstücken kommen verschiedene Holz-Töne wie Buche, Ahorn, Fichte, Buche und Birke zum Einsatz. Die meisten Produkte sind außerdem in bunten Lackfarben erhältlich. Das Unternehmen berücksichtigt bei der Anfertigung auf Wunsch individuelle Kundenwünsche. Die Helmut Taube GmbH produziert nur in Deutschland, der Vertrieb ist jedoch internat. ausgerichtet. Das in zweiter Generation geführte Familienunternehmen mit Sitz im mittelfränkischen Ipsheim beschäftigt 20 Mitarbeiter.

DATEN UND FAKTEN

Markenname: Taube, Familienname des Firmengründers

Slogan: „Qualität hat ein Zuhause"

Erfinder: Helmut Taube

Markenregistrierung: 15.04.1975, DPMA München

UNTERNEHMEN

Helmut Taube GmbH
Hoheneckerstr. 11
91472 Ipsheim
(0 98 46) 2 38
(0 98 46) 14 38
www.taube-jugendmoebel.de

TAXOFIT

Die Marke Taxofit existiert seit 1973 und gehört seit 1989 zu MCM Klosterfrau.

Die Familienmarke taxofit steht für Vitamine, Mineralien und Vitalstoffe für hohe Ansprüche. Das Sortiment besteht aus Mono-Präparaten und optimal abgestimmten Kombinationen. Die Produkte sind als Tabletten, Kapseln oder Brausetabletten erhältlich. Zu den Anwendungsgebieten gehören etwa Immunsystem, Herz-Kreislauf-System, Nerven, Muskeln, Knochen und Gelenke. Die Marke gibt es seit 1973 und gehörte ursprünglich zum Unternehmen Boehringer Ingelheim. 1989 kaufte das Unternehmen MCM Klosterfrau die Markenrechte. Jüngste Innovation des Unternehmens ist die sog. Chrono-Depot-Technologie, welche die Freisetzung von Vitalstoffen in zeitlich getrennten Phasen ermöglicht. Das Unternehmen definiert als Markenkern die stetige Produktinnovation nach neuen wissenschaftlichen und technologischen Erkenntnissen sowie die Kommunikation von aussagekräftigen Studienergebnissen zur Wirksamkeit der Präparate. Das Logo der Marke, das aus einem grünen Schriftzug besteht, wurde Anfang der 1970er-Jahre entwickelt. taxofit tritt verstärkt im Sportsponsoring auf, wodurch die Marke mit Fitness assoziiert wird. Das Markendesign hat die Hamburger Agentur Dragon Rouge im Jahr 2003 modernisiert. Die Produkte werden mit dem Slogan „Im Sport getestet – im Alltag bewährt" beworben. Vertrieben werden sie über Apotheken, Verbrauchermärkte des Lebensmitteleinzelhandels und Drogeriemärkte. Weitere bedeutende Dachmarken der Unternehmensgruppe Klosterfrau sind →Klosterfrau →Nasic, →Neo-Angin und →Tiger Balm.

UNTERNEHMEN

MCM Klosterfrau Vertriebsgesellschaft mbH
Gereonsmühlengasse 1–11
50670 Köln
(02 21) 16 52–0
(02 21) 16 52–4 30
www.klosterfrau.de

TAYLORMADE

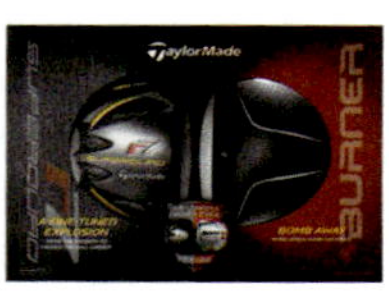

Die Firmenzentrale der adidas Gruppen-Tochter TaylorMade befindet sich im kalifornischen Carlsbad.

TaylorMade-adidas Golf ist das Segment der von der →adidas Gruppe vertriebenen Produkte für den Golfsport. Die Kernmarke TaylorMade steht dabei für hochwertige Metallhölzer und Golfbälle im Premium-Segment. TaylorMade ist weltweit führend bei der Produktion von Drivern (die längsten Golfschläger). adidas Golf ist die weltweit am schnellsten wachsende Marke für Golfschuhe und -bekleidung und in diesen Bereichen Technologieführer. Zum Portfolio von TaylorMade-adidas Golf gehört weiterhin die Marke *Maxfli*, die für Golfbälle im Einsteigerbereich steht. TaylorMade wurde 1979 von Gary Adams im kalifornischen Carlsbad gegründet. Das Ziel der Firma war es, Metallhölzer im Golfsport zu etablieren. Das Markenlogo bestand ursprünglich aus einem leicht schräg gestellten TaylorMade-Schriftzug. Das stilisierte weiße T vor schwarzen Hintergrund, das an die Form eines Golfschlägerkopfes erinnern soll, wurde in den

Der r7 SuperQuad Driver gehört zu den Produktinnovationen von TaylorMade.

1980er-Jahren eingeführt und 1985 als Markenzeichen geschützt. Die heutige Form des TaylorMade-Logos besteht seit dem Jahr 2000. Die Kernmarke TaylorMade wird über den Einzelhandel durch Golffachgeschäfte und Pro-Shops auf Golfplätzen vertrieben. Kleidung und Schuhe von adidas Golf werden in erster Linie über Pro-Shops, zunehmend aber auch über Sportfachgeschäfte verkauft. *Maxfli*-Golfbälle werden in sämtlichen golfbezogenen Einzelhandelskanälen vertrieben. TaylorMade gehörte zur Salomon Gruppe, die 1997 durch die adidas AG übernommen wurde. 1998 wurde TaylorMade bei Salomon ausgegliedert und legte seine Aktivitäten mit adidas Golf zusammen. 2005 trennte sich die adidas Gruppe von Salomon, das bestehende Segment TaylorMade-adidas Golf wurde fortgeführt. Im Jahr 2006 erwirtschaftete TaylorMade-adidas Golf einen Umsatz von 856 Mio. Euro, was 8 % des Gesamtumsatzes der adidas Gruppe ausmacht.

DATEN UND FAKTEN

Markenname: TaylorMade-adidas Golf, zusammengesetzt aus der ursprünglichen Firma TaylorMade und der adidas Golf Sparte

Slogan: "I am a golfer"

Gründer: Gary Adams, 1979 (TaylorMade)

Innovationen: Metallhölzer, 1979

Jahresumsatz: 856 Mio. Euro (2006, Marke TaylorMade)

Markenwebsites: www.taylormadegolf.com, www.adidasgolf.com, www.maxfli.com

UNTERNEHMEN

adidas AG

Hauptsitz: Herzogenaurach, Deutschland

Vorstand: Herbert Hainer

Weitere Marken: → adidas, → Reebok

Gesamtumsatz: 10,084 Mrd. Euro (2006)

Vertrieb: Golfshops, Sportfachgeschäfte

KONTAKT

adidas AG
Adi-Dassler-Str. 1
91074 Herzogenaurach
✆ (0 91 32) 84–0
🖳 www.adidas-group.de

Ansprechpartner Presse
Anne Putz
Team Leader Corporate PR
✆ (0 91 32) 84–29 64
✉ anne.putz@adidas-group.com

SCHON GEWUSST?

- Der Großteil der Golfer in der amerikanischen PGA-Tour setzt auf Golfequipment von TaylorMade.
- Der Spanier Sergio Garcia verwendet Ausrüstung von TaylorMade. Zuletzt gewann er den prestigeträchtigen Ryder Cup 2006 mit dem Team Europa.

TCHIBO

Tchibo steht für ein einzigartiges Geschäftsmodell, das den Verkauf von Röstkaffee mit einem wechselnden Angebot an Gebrauchsartikeln verbindet. Die heutige Tchibo GmbH wurde 1949 von Max Herz und Carl Tchilling-Hiryan gegründet. In der Nachkriegszeit war Kaffee noch ein rares Produkt und die Gründer hatten als erste die Idee, Kaffee im Postversand anzubieten. Der Markenname Tchibo ist ein Akronym aus dem Gründernamen Tchilling und dem Wort Bohnen. Als 1955 die erste Tchibo-Filiale eröffnet wurde, hatten die Kunden die Möglichkeit, den Kaffee vor dem Kauf direkt vor Ort zu verkosten. Neben dem Kerngeschäft hat sich mit den Jahren ein großer Non Food Bereich entwickelt. Dazu gehören Gebrauchsartikel, Textilien und Dienstleistungen aus den Bereichen Reisen, Finanzen, Versicherungen, Mobilfunk sowie günstige Serviceleistungen. Die wöchentlich wechselnden Sortimente werden mit dem Slogan „Jede Woche eine neue Welt" in verschiedenen Medien beworben. Nach eigenen Angaben gehört Tchibo heute zu den Top 10 der dt. Textilanbieter. Das Tchibo-Logo zeigt in Anlehnung an das Hauptprodukt eine sti-

Das einzigartige Geschäftsmodell von Tchibo verbindet Röstkaffee und Gebrauchsartikel.

lisierte goldene Kaffeebohne auf blauem Untergrund. Auch der letzte Buchstabe des geschwungenen Namenszuges symbolisiert eine Kaffeebohne. Das Unternehmen bietet Kaffee seiner Marken Tchibo, →Gala von Eduscho und *Davidoff Café* sowie das Non Food Sortiment über ein Mulitchannel-Vertriebssystem mit eigenen Filialen, starkem Internetvertrieb und flächendeckender Präsenz im Handel an. Eigene Filialen besitzt das Unternehmen im deutschsprachigen Raum und in Zentral- und Osteuropa. Weltweit beschäftigt Tchibo mehr als 12.500 Mitarbeiter und erzielte 2006 einen Umsatz von 3,9 Mrd. Euro. Nach eigenen Angaben ist das Unternehmen der viertgrößte Röstkaffeeproduzent der Welt.

UNTERNEHMEN

Tchibo GmbH
Überseering 18
22297 Hamburg
(0 40) 63 87–0
(0 40) 63 87–26 00
www.tchibo.de

TECHNIKER KRANKENKASSE-TK

Techniker Krankenkasse
Gesund in die Zukunft.

Die Techniker Krankenkasse setzt seit 1993 die Versichertenkarte ein (Mitte). Prof. Dr. Norbert Klusen (unten), Vorstandsvorsitzender

Die Techniker Krankenkasse, kurz TK, ist eine bundesweite gesetzliche Krankenversicherung. Ihre Wurzeln liegen im Jahr 1884, als der Deutsche Technikerverband in Leipzig die „Eingeschriebene Hilfskasse für Architekten, Ingenieure und Techniker Deutschlands" gründete. Sie erhielt ihren jetzigen Namen im Jahr 1964 in einem Wettbewerb zur Neugestaltung des Markenzeichens, der auf Initiative der Selbstverwaltung ausgeschrieben war. Seit 1997 ist die TK als gesetzliche Krankenversicherung für alle Berufsgruppen geöffnet und spricht gezielt Berufstätige, Familien, Studenten und Auszubildende an. Mit 4,2 Mio. Mitgliedern und insgesamt 6,2 Mio. Versicherten ist die TK die zweitgrößte Krankenkasse Deutschlands. Als erste Kasse übernahm sie die Kosten für Impfungen gegen den Erreger des Gebärmutterhalskrebses und ist außerdem Vorreiter mit der Kostenübernahme von Reiseimpfungen und dem Modellvorhaben Akupunktur, in dem die Wirksamkeit dieser Therapie nachgewiesen wurde. Ursprünglich zierte ein Zahnrad das Logo, um die Verbundenheit mit den Technikern zu symbolisieren. 1964 wurde erstmals das Kürzel TK in das Logo integriert, das seit dem Wegfall des Zahnrads im Jahr 1987 das Kernelement bildet. Das aktuelle Logo wurde 1987 von der Greuel Designbüro GmbH entworfen. Es besteht aus den stilisierten Buchstaben T und K in der Farbe 100 % Cyan, wobei das K mit Hilfe des T-Stamms konstruiert wird. Die schlichte Form soll Geradlinigkeit und die Konzentration auf das Wesentliche assoziieren. Das Corporate Design wird durch die in allen Printelementen eingesetzte Hausfarbe Dunkelblau und eine eigens für die TK entwickelte Variante der Schrift Avant-Garde komplettiert. Die Techniker Krankenkasse verfügt im Jahr 2007 über ein Haushaltsvolumen von 16,9 Mrd. Euro. Sie betreibt 216 Geschäftsstellen und beschäftigt bundesweit ca. 10.500 Mitarbeiter.

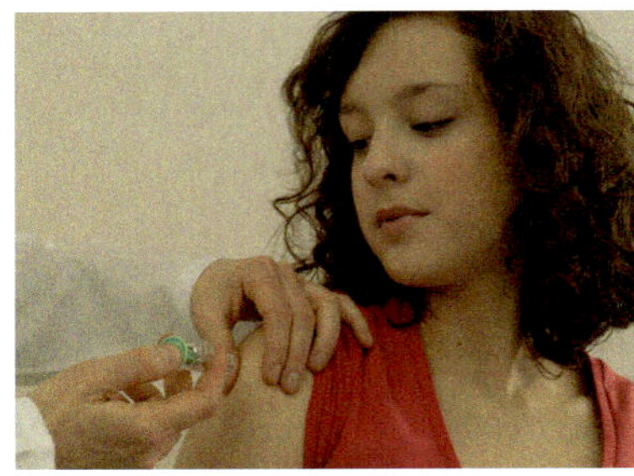

Als erste Kasse übernahm die TK die Kosten für Impfungen gegen den Erreger des Gebärmutterhalskrebses.

DATEN UND FAKTEN

Markenname: TK, Abkürzung für Techniker Krankenkasse

Slogan: „Gesund in die Zukunft"

Gründer: Deutscher Technikerverband, 27. 10. 1884

Markenregistrierung: 16. 01. 2001, DPMA München (aktuelles Logo)

Markenbekanntheit: 31 % ungest., 68 % gest. (TNS Infratest, 2007)

Auszeichnungen:
„Deutschlands beste Krankenkasse", Focus-Money (50/2006)
„gut (2,5)", Stiftung Warentest – Service und Beratung von 20 Krankenkassen (2007)

UNTERNEHMEN

Techniker Krankenkasse

Hauptsitz: Hamburg, Deutschland

Vorstand: Prof. Dr. Norbert Klusen (Vorsitzender)

Haushaltsvolumen: 16,9 Mrd. Euro (2007)

Vertrieb: 216 Geschäftsstellen in Deutschland

KONTAKT

Techniker Krankenkasse
Bramfelder Str. 140
22305 Hamburg
✆ (0 40) 69 09-0
🖷 (0 40) 69 09-20 55
✉ service@tk-online.de
💻 www.tk-online.de

Ansprechpartner Presse:
Dorothee Meusch
✆ (0 40) 69 09-17 83
🖷 (0 40) 69 09-13 53
✉ pressestelle@tk-online.de

Ansprechpartner Marketing:
Wilfried Ziemer
✆ (0 40) 69 09-13 66
🖷 (0 40) 69 09-21 98

Lead-Agentur:
McCann Erickson Hamburg GmbH
💻 www.mccann.de

MEILENSTEINE

1883 Kaiser Wilhelm I. verkündet durch Fürst Bismarck das „Gesetz betreffend die Krankenversicherung der Arbeiter", eine Versicherungspflicht zu Gunsten der Arbeiter.

1884 Der Deutsche Technikerverband gründet am 27. Oktober nach dem Selbstverwaltungsprinzip eine eigene Krankenkasse für Architekten, Ingenieure und Techniker.

1927 Am 17. Oktober erfolgt mit Hilfe des Gewerkschaftsbundes BUTAB die Umwandlung in die „Berufskrankenkasse deutscher Techniker, Ersatzkasse". Viele ehemalige und neue Mitglieder treten bei.

1964 Ein Wettbewerb zur Neugestaltung des Markenzeichens wird auf Initiative der Selbstverwaltung ausgeschrieben. Aus den über 1.000 Vorschlägen geht der neue Name Techniker Krankenkasse, kurz „TK", hervor.

1993 Krankenscheine werden durch die Versichertenkarte ersetzt.

2000 Am 1. Januar erfolgt der Zusammenschluss der TK mit der Gärtner-Krankenkasse (GKK).

TECHNOMELT

Unter der Dachmarke Technomelt vertreibt →Henkel Schmelzklebstoffe für unterschiedliche Industriezweige und Anwendungsfelder. Technomelt-Klebstoffe kommen u. a. bei der Produktion von Papierschachteln, Briefhüllen, maschinellen Filtern und in der grafischen Industrie zum Einsatz. Henkel bietet verschiedene Technomelt-Produkte für unterschiedliche Aufgaben an. Die neueste Entwicklung im Markenportfolio, Technomelt Supra, zeichnet sich durch hohe thermische Stabilität, verringertes Gewicht und flexible Anwendungsmöglichkeiten aus. Durch die Farb- und Geruchlosigkeit ist Technomelt Supra z. B. gut für die Verpackung von Lebensmitteln und Süßwaren geeignet. Der Markenname setzt sich aus den engl. Bestandteilen Techno für Technologie und melt für schmelzen zusammen und soll den modernen Charakter von Technomelt-Klebstoffen betonen. Das Markenlogo besteht aus dem fettgedruckten, leicht nach rechts gebeugten Schriftzug Technomelt, der in Blau und in Rot gehalten ist. 1965 setzte Henkel erstmals Schmelzklebstoffe auf Basis von Ethyl-Vinylacetat-(EVA-)Polymeren für die Buchbindung und Verpackungsindustrie ein. Die Marke Technomelt wurde erstmals 1975 für Heißklebstoffe für den industriellen Einsatz verwendet. 1995 übernahm Henkel die Firmen Laesser, PKL und Dr. Rudolf Schieber Chem. Fabrik und führte die Marken *Lessoflex, Smeltan* und *Dorus* unter der Dachmarke Techomelt fort, 2004 wurde das Portfolio um die *Primamelt*-Produkte der Firma Sovereign erweitert. Der Gesamtumsatz im Bereich Adhesives Technologies (Klebstoff Technologien) betrug im Jahr 2006 rund 5,5 Mrd. Euro. Henkel ist sowohl im Konsumenten- als auch im Profi- und Industriebereich einer der bedeutendsten Produzenten von Klebstoffen.

DATEN UND FAKTEN

Markenname: Technomelt, Akronym, zusammengesetzt aus den engl. Begriffen **techno**logy (Technologie) und **melt** (schmelzen)

Erfinder: Klebstoffwerk Henkel, 1965 (EVA-Schmelzklebstoffe)

Markenregistrierung: 08. 04. 1975, DPMA München

Innovationen: Technomelt Supra (2000)

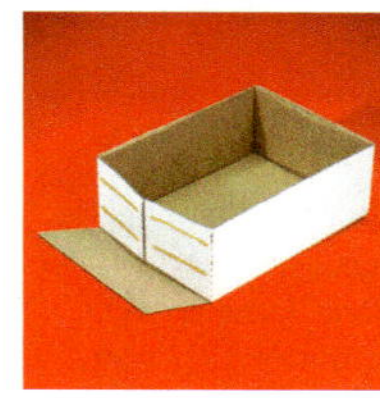

Technomelt - hier im Einsatz beim Verschluss der Metylan-Kartons - lässt sich auf Hochgeschwindigkeitsmaschinen verarbeiten (Mitte). Generell müssen Klebstoffe für den Kartonverschluss schnell abbinden und auf lackierten und unlackierten Oberflächen haften (unten).

TECNOLUMEN®

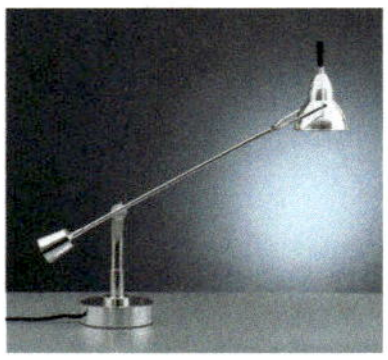

Komplett versilberte und handgefertigte Schreibtischleuchte EB28 der Marke Tecnolumen, entworfen 1927 vom Belgier Eduard-Wilfrid Buquet.

Technomelt ist vielseitig in der Anwendung und eignet sich vor allem für das Verkleben von Verpackungen, auch die von Lebensmitteln und Süßwaren.

Markenwebsite: www.technomelt-value.com

UNTERNEHMEN

Henkel KGaA

Hauptsitz: Düsseldorf, Deutschland

Weitere Marken: s. → Henkel

Gesamtumsatz: 12,740 Mrd. Euro (2006)

Vertrieb: weltweit in über 125 Ländern

KONTAKT

Henkel KGaA
Henkelstr. 67
40589 Düsseldorf
✆ (02 11) 7 97-0
🖷 (02 11) 7 98-40 08
🖳 www.henkel.de

MEILENSTEINE

1965 Verwendung von EVA-Schmelzklebstoffen für die Buchbindung und Verpackungsindustrie

1975 Einführung der Marke Technomelt

1995 Übernahme von Dr. Rudolf Schieber Chem. Fabrik, PKL und Laesser, Zusammenführung der Marken Dorus, Smeltan, Lessoflex unter dem Dach von Technomelt

2000 Markteinführung von Technomelt Supra

2003 Markteinführung von Technomelt Extra

2004 Übernahme von Sovereign Specialty Chemicals, deren Primamelt-Produkte unter der Marke Technomelt weitergeführt werden

Ansprechpartner Presse:
Peter Lienkamp
✉ press@henkel.com

TECNOLUMEN

Unter dem Markennamen Tecnolumen stellt die Tecnolumen GmbH & Co.KG exkl. Design-Wohnraumleuchten und andere Gegenstände zur Haus- und Wohnraumgestaltung her. Das Unternehmen mit Sitz in Bremen wurde 1979 von Walter Schnepel gegründet und produzierte zunächst nur eine Leuchte: Die urheberrechtlich geschützte Wagenfeld-Leuchte, eine Tischleuchte aus der Bauhaus-Ära, zu deren Herstellung der Designer Prof. Wilhelm Wagenfeld das Unternehmen als einzigen Hersteller weltweit persönlich autorisierte. Bald vergrößerte sich die Produktpalette um Re-Editionen originaler Entwürfe aus der Zeit des Bauhaus und des Art Déco, darunter Leuchten und Ausstattungsgegenstände u.a. von Walter Gropius, Marianne Brandt, Hans Przyrembel oder Gyula Pap. Nach und nach kamen Türbeschläge und kleinere Einrichtungsgegenstände hinzu. Tecnolumen begann, zeitgenössische Designer ins Programm aufzunehmen. Dazu zählen z.B. Dieter Rams, der jap. Designer Toshiyuki Kita, der sich insbesondere mit Recyclingkonzepten auseinander setzt, und Firmengründer Walter Schnepel selbst. Organisatorische und vertriebstechnische Gründe führten 2002 zu einer Umstrukturierung des Unternehmens und einer Aufteilung der verschiedenen Produktionsbereiche in eigenständige Gesellschaften. Die Tecnolumen GmbH & Co.KG produziert und vertreibt Wohnraumleuchten, Accessoires und Kleinmöbel, während das Segment der Türbeschläge und Schalter an die Tecnoline GmbH übertragen wurde. CD und Auftritt der beiden Marken sind immer noch eng miteinander verbunden. Das Logo der Marke Tecnolumen besteht aus dem Namenszug in klaren, weißen Versalien auf schwarzem Grund, wobei der Wortteil Tecno in fetten Buchstaben erscheint. Für die Marke Tecnoline wurde diese Gestaltung übernommen, der Wortteil line ist zusätzlich unterstrichen. Auf Messen und Ausstellungen präsentieren sich die beiden Marken möglichst im Zusammenhang, um gemeinsame Synergien zu nutzen. Tecnolumen behauptet im gehobenen Einrichtungsmarkt einen hohen Bekanntheitsgrad. Die Produkte werden zu einem großen Teil in Handarbeit

Tecnolumen ist weltweit der einzige autorisierte Hersteller der Wagenfeld-Leuchte.

hergestellt und sind fortlaufend nummeriert. Der Vertrieb erfolgt weltweit über Wiederverkäufer.

DATEN UND FAKTEN

Markenname: Tecnolumen, Kunstwort, zusammengesetzt aus *tecno* in Anlehnung an den Begriff Technik und *lumen*, lat. für Licht

Gründer: Walter Schnepel, 1979, Bremen

Markenregistrierung: 15.01.1981, DPMA München

Literatur:
D. Dobke: Fluxus und Freunde: Die Sammlung Maria und Walter Schnepel (2002)

SCHON GEWUSST?

▮ Die Wagenfeld-Leuchte mit ihrem weltbekannten, zeitlosen Design ist ein Lieblingsobjekt von Produktfälschern. Die einzigen autorisierten Originale kommen aus dem Hause Tecnolumen. Die Original-Leuchten erkennt man an ihrer speziell angefertigten detailgetreuen Fassung. Sie sind vernickelt, Schaft und Fuß bestehen aus Glas, und das Lampenkabel ist mit schwarzem Stoff umwickelt. Als Einzelstücke werden sie nummeriert und tragen den Tecnolumen/Bauhaus-Stempel.

UNTERNEHMEN

TECNOLUMEN GmbH & Co. KG

Hauptsitz: Bremen, Deutschland

Geschäftsführung: Walter Schnepel, Carsten Hotzan, Maria Fazekas-Schnepel

Vertrieb: weltweit an Wiederverkäufer

KONTAKT

TECNOLUMEN GmbH & Co. KG
Lötzener Str. 2–4
28207 Bremen
✆ (04 21) 43 04 17–0
🖷 (04 21) 4 98 66 85
💻 www.tecnolumen.de

TEEFIX

Die Marke Teefix wurde 1913 eingetragen und besteht unter der Teemarke → Teekanne. Mit den Produkten der Marke Teefix werden vor allem Kunden angesprochen, die convenient hochwertigen, geschmackvollen schwarzen Tee zubereiten wollen. Seit Jahrzehnten füllt das Unternehmen Teekanne die Teemischungen der Marke Teefix in Doppelkammerbeutel ab, die Genuss und eine einfache, hygienische und *fixe* Zubereitung versprechen. Die schnelle und bequeme Zubereitung des Tees wird durch das Logo, bestehend aus dem dynamischen und handschriftähnlichen Schriftzug Teefix, assoziiert. Wie auch bei der Dachmarke Teekanne wird Teefix regelmäßig mit Kampagnen beworben. Eine der bekanntesten Werbefiguren für Teekanne war der Schauspieler Sean Connery. Die Marke Teefix bietet Teeliebhabern klassischen schwarzen Tee mit fein-aromatischem Geschmack (Indien-Ceylon-Mischung). Zudem offeriert Teekanne weitere Produkte wie *Gold Teefix* und *Ostfriesen-Teefix*. Der Tee ist in Teebeuteln oder Kannenbeuteln erhältlich. Das Unternehmen Teekanne GmbH & Co. KG mit Stammsitz in Düsseldorf beschäftigt weltweit rund 1.500 Mitarbeiter und ist in acht Ländern mit Niederlassungen und in vielen weiteren Ländern durch Vertriebspartner vertreten.

TeeFix

Die Marke Teefix aus dem Hause Teekanne besteht seit 1913.

UNTERNEHMEN

Teekanne GmbH & Co. KG
Kevelaerer Str. 21–23
40549 Düsseldorf
✆ (02 11) 50 85–3 11
🖷 (02 11) 50 85–4 93
💻 www.teekanne.de

Teekanne ist eines der ältesten dt. Warenzeichen.

Tefal steht für Produkte, die eine breite Zielgruppe ansprechen, einfach zu handhaben sind und das tägliche Leben erleichtern.

Die Gebäckmarke Tekrum verdankt ihren Namen dem Konditormeister Theodor Krumm aus Ravensburg.

TEEKANNE

Teekanne ist eines der ältesten dt. Warenzeichen. Die internat. Dachmarke Teekanne wurde 1888 als „Theekanne" eingetragen, später erfolgte die Eintragung von Teekanne ohne h. Grundstein für das heutige Unternehmen war die innovative Idee der Gründungsväter Eugen Nisslé und Rudolf Anders, um 1890 Tee als Markenartikel anzubieten. Zum Sortiment gehören heute neben klassischen Schwarzteemischungen wie Ceylon oder Earl Grey auch Kräuter- oder Früchtetees. Neben Saisonware werden zudem Kindertees und Spezialitäten angeboten. Die meisten Produkte werden als Beuteltees verkauft, Teekanne bietet aber auch lose Tees an. Die in sattem Rot gehaltene bauchige Teekanne mit der Inschrift *Tee* soll den Teegenuss assoziieren und gleichzeitig ein Gefühl von Wohlbefinden und Behaglichkeit vermitteln. Der Zusatz „seit 1882" weist den Käufer auf die Beständigkeit und den Erfolg des traditionsreichen Familienunternehmens hin. Unterschiedliche Werbekampagnen unterstützen den Verkauf von der Entstehung an und propagieren zudem Verpackungsinnovationen wie beispielsweise den 1949 patentierten Doppelkammerteebeutel. Bei diesem Teebeutel ist der Tee in zwei Kammern abgefüllt und entwickelt so ein besseres Aroma. Begleitet wurde die Werbebotschaft von Testimonials wie Uschi Glas, Sean Connery und Steffi Graf. Der Premiummarke Teekanne sind noch weitere Marken wie →Teefix, die bereits 1913 als Marke eingetragen wurde, sowie *Teehaus, Sir Winston Tea* und *Friesensonne* untergeordnet. Das Familienunternehmen Teekanne GmbH & Co. KG mit Stammsitz in Düsseldorf beschäftigt weltweit rund 1.500 Mitarbeiter und ist in acht Ländern mit Niederlassungen und in vielen weiteren Ländern durch Vertriebspartner vertreten.

UNTERNEHMEN

Teekanne GmbH & Co. KG
Kevelaerer Str. 21–23
40549 Düsseldorf
☏ (02 11) 50 85–3 11
🖷 (02 11) 50 85–4 93
💻 www.teekanne.de

TEFAL

Der Markenname Tefal setzt sich aus dem Kunststoff Teflon und dem chemischen Element Aluminium zusammen und wurde 1956 von Marc Grégoire in Frankreich gegründet. Tefal bietet vor allem jungen, trendbewussten Menschen arbeitserleichternde Produkte für die Bereiche Küche, Wäsche und Babypflege an. Auch Aushängeschild und Star-Koch Jamie Oliver verlässt sich auf die Tefal-Qualität und schenkt Pfannen und Töpfen seinen Namen. Des Weiteren hat das Unternehmen die Thermo-Spot-Pfanne entwickelt, in der ein Temperaturanzeiger integriert ist. Dieser gibt durch eine Dunkelrot-Färbung an, wann die optimale Brattemperatur erreicht ist. Tefal hat mit seinen innovativen Produkten viele neue Märkte geschaffen, wie z. B mit dem elektrischen Raclette-Grill, dem kabellosen Wasserkocher, Toast'n'Grill und dem elektrischen Babecue-Grill. Ein weiteres innovatives Produkt von Tefal ist der Quick'n' Hot Heißwasserspender, der auf Knopfdruck die gewünschte Wassermenge in einem Durchgang in drei Sekunden filtert und erhitzt. In Anlehnung an die Produktrange zeigt sich das Logo in dem leuchtend roten Schriftzug Tefal, der Wärme bzw. Hitze in Bezug auf das Kochen sowie Zuverlässigkeit transportiert. Der Slogan „Ohne Tefal. Ohne Mich" verdeutlicht im Sinne des Unternehmens die Unabdinglichkeit der Tefal-Geräte im Haushalt. Das Unternehmen, das mit den Marken →Krups, →Rowenta, Lagostina und All-Clad in Deutschland vertreten ist, ist in die SEB-Gruppe eingebunden, die weltweit mit über 13.000 Mitarbeitern zu den Größten der Branche zählt.

UNTERNEHMEN

Groupe SEB Deutschland GmbH/Krups GmbH
Herrnrainweg 5
63067 Offenbach a.M.
☏ (0 69) 85 04–3 85
🖷 (0 69) 85 04–13 85
💻 www.groupeseb.com
💻 www.tefal.de

TEKRUM

Die Marke Tekrum steht für feinste Konditoren-Gebäckspezialitäten und gehört als internat. Konsumgütermarke zur →Griesson – de Beukelaer GmbH & Co. KG. Zu den bekanntesten Produkten gehören u. a. Florentiner, Mandelhörnchen und Baumkuchen-Spitzen. Seinen Namen hat das Markengebäck dem Konditormeister Theodor Krumm zu verdanken. 1897 eröffnete dieser in Ravensburg eine kleine Konditorei mit Namen Café Krumm. Nachdem er in seiner Backstube die Mandel-Makrone kreierte, wurde er zum königlichen Hoflieferanten des Grafen von Württemberg ernannt. Dieser Verbindung entstammt der heutige Markenname: aus Krumm wurde Tekrum. Seit 1925 gehören außerdem Eiswaffel-Spezialitäten zum Produktportfolio der Marke, sie werden noch heute nach bewährtem Rezept hergestellt. Mit einem ausgewählten Sortiment an Konditorenfeingebäck spricht Tekrum vor allem die wachsende ältere Zielgruppe an. Qualität, überlieferte Rezepturen und handwerkliche Tradition sind die Werte, die die Marke vermitteln will. Ihr Logo besteht aus einem golden umrahmten roten Oval mit dem kursiv geschriebenen Markentitel. Am oberen Rand zeigt es das Wappen des Grafen von Württemberg von 1473 und verweist damit auf die Geschichte und Herkunft der Marke. Zur Markenpflege gehört seit 2006 auch TV-Werbung. Schauplatz der Spots ist die „Kleine Konditorei", die in Anlehnung an das Café Krumm inszeniert wird. Tekrum gehört zur Griesson - de Beukelaer GmbH & Co. KG, die unter ihrem Dach noch die Marken →Prinzen, →Griesson, →DeBeukelaer, →Leicht & Cross und →TUC vereint. Das Familienunternehmen hat seinen Hauptsitz in Polch und beschäftigt 1.800 Mitarbeiter (2006).

DATEN UND FAKTEN

Markenname: Tekrum, Akronym, zusammengesetzt aus dem Namen des Erfinders **T**heodor **Krum**m

Slogan: „Tekrum – Konditorenkunst vom Feinsten"

Erfinder: Theodor Krumm, 1912, Ravensburg

Markenregistrierung: 17. 07. 1911, Kaiserliches Patentamt Berlin

Innovationen: Tekrum Dessertgebäck Tiramisu und Crème Brûlée (2007)

UNTERNEHMEN

Griesson – de Beukelaer GmbH & Co. KG
August-Horch-Str. 23
56751 Polch
✆ (0 26 54) 4 01-0
🖷 (0 26 54) 4 01-10 00
💻 www.griesson-debeukelaer.de

TELEFONBUCH

→DasTelefonbuch

TELEKOM

→Deutsche Telekom

TEMPO

1929 wurde Tempo als Marke für das erste dt. Papiertaschentuch beim Reichspatentamt in Berlin angemeldet. Vermutlich hatte der damalige Mitinhaber der Vereinigten Papierwerke, Oskar Rosenfelder, die Idee zum Tempo-Taschentuch. Seinen Namen verdankt das Papiertaschentuch dem Zeitgeist der 1920er-Jahre, die bis zur Weltwirtschaftskrise eine Zeit der Superlative waren. Alles schien möglich, das gesellschaftliche Leben pulsierte und Zeit war ein knappes Gut- alles geschah mit „Tempo". Das Einmaltaschentuch aus Zellstoff stellte eine dankbare Alternative zum bis dahin gängigen Stofftaschentuch dar, sodass sich das Papiertaschentuch seitdem immer mehr durchsetzte. Bereits 1933, nur vier Jahre nach der Markteinführung, wurden bereits 35 Mio. Tempo Taschentücher produziert. 2004 erreichten weltweit etwa 20 Mrd. Tempos den Verbraucher. Ein signifikantes Merkmal von Tempo ist die stetige Weiterentwicklung in Herstellung, Design und Verpackung mit dem Ziel, das Produkt an die Anforderungen der Verbraucher anzupassen. Der Klassiker Tempo blieb nicht lange alleine, denn das Sortiment wurde durch weitere Tempo-Produkte stetig erweitert. So kam 1971 Tempo mit zugesetztem Menthol auf den Markt. Mittlerweile erstreckt sich das Portfolio von den klassischen Tempo Papiertaschentüchern über die *Tempo Kids* und *Tempo Aromathera* bis hin zu dem extra-soften *Tempo Plus* und der *Tempo Box*. Bei all der Abwechslung blieb Tempo dank des nahezu unverändert gebliebenen typischen Schriftzuges immer unverkennbar. Das Werbezeitalter begann für Tempo bereits im Jahr 1929 mit einer Anzeige in der Berliner Illustrierten und wurde kontinuierlich ausgebaut. So warben 2003 Vitali und Wladimir Klitschko für Tempo und demonstrierten in einem Spot die Durchschnupfsicherheit von Tempo. Tempo wurde 2007 von der SCA Hygiene Products gekauft und wird weiterhin weltweit vertrieben.

DATEN UND FAKTEN

Markenname: Tempo, Bezug auf den Zeitgeist der 1920er-Jahre

Slogan: „Mit dir fühl ich mich stark." (2006)

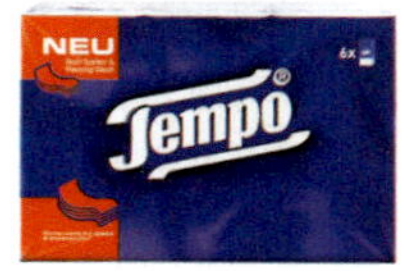

Tempo ist ein Synonym für Papiertaschentücher geworden.

Die Produktpalette von Tena umfasst Hygieneprodukte bei Inkontinenz und Blasenschwäche.

teNeues

Sebastian (Mitte) und Hendrik teNeues (unten), Geschäftsführer der teNeues Verlag GmbH & Co. KG

Erfinder: Vereinigte Papierwerke Nürnberg, 1929

Markenregistrierung: 1929, Reichspatentamt Berlin

Innovationen: Z-Faltung (1975), Duo-Faser-System (1988), Micro-Brücken (1998)

Markenbekanntheit: 100 % gest. (GfK, 2007)

Markenwebsite: www.tempo-web.de

UNTERNEHMEN

SCA Hygiene Products GmbH
Sandhofer Str. 176
68305 Mannheim
(06 21) 7 78-0
(06 21) 7 78-31 46
www.sca.com

TENA

Unter der Marke Tena sind weltweit Hygieneprodukte bei Inkontinenz und Blasenschwäche erhältlich. Die erste anatomisch geformte Inkontinenzwindel wurde 1978 vom schwed. Unternehmen SCA Mölnlycke auf den Markt gebracht. Wegen ihrer T-Form wurde sie auch T-Windel genannt. Aus dem gesprochenen *Te* und aus *Na* vom schwed. Wort *natt* (Nacht) entwickelte sich später der Markenname Tena. Zunächst gab es noch keine einheitliche Markenstrategie, und Inkontinenzprodukte von SCA waren unter verschiedenen Namen auf dem Markt. Der heutige gemeinsame Name für alle Produkte der Markenfamilie wurde 1992 etabliert. Das aktuelle Logo zeigt den Namenszug in dunkelblauen Versalien, eingefasst von einem dynamisch gezeichneten Kreis in Grün und Blau, der am Ende des Namens schwungvoll ausläuft. Zu den Kunden gehören neben Einzelhandel und Apotheken Heimpflegedienste und medizinische Pflegeeinrichtungen. Mit Tena *Services* bietet SCA im Bereich Inkontinenzpflege auch Serviceleistungen für Pflegeeinrichtungen an. Die Produktpalette von Tena wurde im Lauf der Zeit kontinuierlich erweitert. 1994 kam mit TENA *Lady* ein Produkt für leichte Inkontinenz auf den Markt, seit 2000 gibt es TENA *for Men*. 2006 entwickelte SCA mit TENA *Lady* Mini Magic eine besonders dünne und unauffällige Einlage. Tabubrechende Maßnahmen und kontinuierliche Investitionen in Werbung sind wichtige Bestandteile der Markenpflege. Die aktuelle Silhouetten-Werbekampagne soll für ein jüngeres Image der Premiummarke sorgen. Tena gehört heute zum Geschäftsbereich Personal Care der schwed. →SCA-Gruppe. Weltweit ist die Hygienemarke in mehr als 95 Ländern präsent und nach Angaben des Unternehmens Marktführer. Der Marktanteil in Europa beträgt 40 %, weltweit kommt die Marke auf einen Marktanteil von 26 %.

DATEN UND FAKTEN

Markenname: Tena, Kunstwort, zusammengesetzt aus Te für die T-Form des Produktes und Na vom schwed. Wort natt (Nacht)

Slogan: „Millionen von Frauen vertrauen Tena"

Erfinder: SCA Mölnlycke, 1960, Schweden

Markeneinführung: 1992

Innovationen: TENA *Lady* (1994), TENA *for Men* (2003), TENA *Lady* Mini Magic (2006), TENA *Lady* Ultra Mini Plus (2007)

Markenbekanntheit: 37 % ungest., 70 % gest. (TNS, 2007)

Markenwebsite: www.tena.de

UNTERNEHMEN

SCA Hygiene Products GmbH
Sandhofer Str. 176
68305 Mannheim
(06 21) 7 78-0
(06 21) 7 78-26 14
www.sca.com

TENEUES

Unter der Marke teNeues vetreibt die gleichnamige Verlagsgruppe Kalender und Bücher weltweit. Darüber hinaus werden Papeterieartikel wie Poster, Leinwände und Notizbücher angeboten. Namensgeber der Marke ist Firmengründer Dr. Manfred teNeues. Grundlage des unternehmerischen Erfolgs der teNeues Produkte ist die stetige Erweiterung des Produktportfolios. Aktuell zählen ca. 500 Kalendertitel u.a. aus den Bereichen Kunst, Fotografie und Lifestyle dazu. Hinzu kommen ca. 300 lieferbare Buchtitel sowie verschiedene Papeterieartikel. Der Familienname ist gleichzeitig Markenname und das teNeues-Logo beschränkt sich auf den Schriftzug des Markennamens. Das markante Logo soll einen hohen Wiedererkennungswert sichern und mit dem Familiennamen für die Qualität des Produktes bürgen. 2001 konnte die Marke teNeues mit dem Kodak Fotokalender-

Für 2008 vertreibt teNeues u.a. einen Jahreskalender mit Motiven von Andy Warhol (™/R/© 2006 The Andy Warhol Foundation).

preis wiederholt Erfolge auf der Kalenderschau Stuttgart verbuchen. Das Unternehmen ist u.a. Verlagspartner der Andy Warhol Foundation und Lizenzpartner der FC Bayern München AG. Zahlreiche Arbeiten prominenter Persönlichkeiten wie z.B. die Fotografien von Robert Mapplethorpe oder Bilder Keith Harings werden unter der Marke veröffentlicht. Die teNeues Verlagsgruppe verfolgt eine Dachmarkenstrategie. Unter der Marke teNeues werden nahezu alle Produktlinien vertrieben. Einzige Ausnahme bildet die Marke *Art & Image*, unter der ein preiswertes Kalenderprogramm angesiedelt ist, das in einem eigenen Katalog angeboten wird. 1977 wurde die Verlagsabteilung aus der von Dr. Heinz teNeues im Jahr 1931 gegründeten ursprünglichen Offsetdruckerei ausgegliedert. Daraus entstand die heutige teNeues Verlag GmbH & Co.KG. Diese setzt aktuell jährlichen rund 45 Mio. Euro um und beschäftigt ca. 160 Mitarbeiter. Geschäftsführer des Familienunternehmens sind Hendrik und Sebastian teNeues. Sitz des Unternehmens ist Kempen. Der Vertrieb erfolgt weltweit in über 70 Ländern, teilweise durch Tochterfirmen und Niederlassungen u.a. in London, Mailand, Madrid, New York und Paris.

DATEN UND FAKTEN

Markenname: teNeues, Familienname des Firmengründers

Slogan: „Neues von teNeues"

Gründer: Dr. Manfred teNeues, 1951, Krefeld

Markenregistrierung: Magneto Diary, 01.06.2005, Magneto Blank Book, 01.06.2005, Art & Image, 01.12.2006, DPMA München

Innovationen: Leinwandbilder (2004), Der größte Kalender der Welt (2006), Magneto Diary und Magneto Blank Book, Luxury Stationery Collection (2006)

Produktionsmenge: ca. 8,5 Mio. Kalender, 800.000 Bücher jährlich

Auszeichnungen:
„Kodak Fotokalenderpreis" (1994, 1997, 1998, 2001)

UNTERNEHMEN

teNeues Verlag GmbH & Co.KG

Hauptsitz: Kempen, Deutschland

Vorstand: Hendrik teNeues, Sebastian teNeues

Weitere Marken: Art & Image

Gesamtumsatz: 45 Mio. Euro 2006

Vertrieb: weltweit in über 70 Länder

MEILENSTEINE

1931 Dr. Heinz teNeues gründet die erste Offsetdruckerei „Dr. teNeues & Co." in Krefeld, die 1943 während des 2. Weltkriegs durch einen Bombenangriff vollständig zerstört wird.

1951 Nach dem Wiederaufbau der Druckerei entwickeln Dr. Heinz teNeues und sein Sohn Manfred das erste Verlagsprogramm. Die ersten Kunstdrucke erscheinen.

1977 Aus einer Zusammenlegung des 1964 gekauften Orania Verlag Bonn und der Verlagsabteilung der Druckerei resultiert die Gründung der teNeues Verlag GmbH & Co.KG.

1999 Dr. Manfred teNeues wechselt in den Beirat des Unternehmens. Geschäftsführende Gesellschafter sind Hendrik teNeues und Sebastian teNeues.

2008 Der teNeues Kalender feiert sein 50-jähriges Jubiläum.

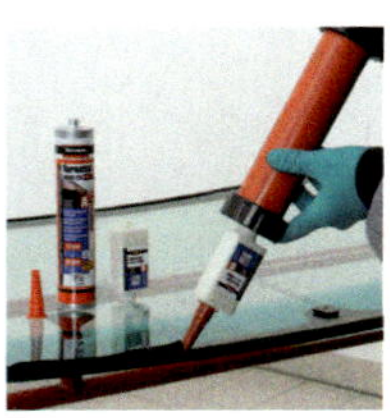

Terostat Direct Glazing eignet sich zum Einkleben von großen Windschutzscheiben.

KONTAKT

teNeues Verlag GmbH & Co. KG
Am Selder 37
47906 Kempen
(0 21 52) 9 16-0
(0 21 52) 9 16-1 11
www.teneues.com

Ansprechpartner Presse:
Claudia Starke
(0 21 52) 9 16-2 86
cstarke@teneues.de

Ansprechpartner Marketing:
Dr. Johannes Eue
(0 21 52) 9 16-2 30
jeue@teneues.de

TENGELMANN

→ Kaiser's Tengelmann

TEROSON

Das Portfolio der Marke Teroson umfasst elastische Kleb- und Dichtstoffe sowie multifunktionale Beschichtungsmassen für Industrie und Handel. Den Schwerpunkt bilden hierbei die Automobilindustrie, der Kfz-Handel und die allgemeine Industrie. In der Automobilindustrie werden sie auch beim Unterbodenschutz und als sog. Akustikteile genutzt, mit denen die Geräuschkulisse in Autos vermindert werden soll. Heute gehört die Marke Teroson zu → Henkel. Gegründet hat das zugehörige Unternehmen Theodor Ross im Jahr 1898 in Mannheim. Ursprünglich stellte Ross Produkte für den Haushalt wie Bohnerwachs oder Schuhcreme her, erkannte aber bereits 1924 – die Firma war unterdessen nach Heidelberg umgesiedelt –, welches Wachstumspotenzial im Automobilsektor lag. Im Jahr 1926 ließ er das Warenzeichen Teroson MK26 für einen Motorgehäusekitt eintragen. Heute gehören zur Dachmarke Teroson verschiedene Produktlinien von Henkel – u. a. *Terostat*, *Terolan*, *Terotex* und *Terophon*. Sie basieren zum Großteil auf den chemischen Stoffen Epoxid, Elastomer, Polyurethan und PVC. Genutzt werden sie beispielsweise, um die Nähte von Autotüren und Motorhauben abzudichten, aber auch, um Dächer zu versiegeln. Zu den neusten Produkten der Dachmarke gehören *Terostat 158*, ein Spezialverglasungsdichtstoff für selbstreinigendes Glas, *Terofol dampfoffen sd3*, ein Dichtfolien-System, sowie *Terostat Direct Glazing*, ein Klebstoff für große Windschutzscheiben. Neben Langlebigkeit – es gibt objektbezogene Leistungsgarantien mit einer Laufzeit von zehn Jahren – setzt Henkel auch auf die Umweltverträglichkeit der Produkte: Die Herstellung ist nach DIN EN ISO 14001 (Öko-Audit) zertifiziert. Teroson wird vom Düsseldorfer Unternehmen weltweit vertrieben. Das charakteristische Markenlogo besteht aus fetten, weißen Buchstaben auf einem schwarzen, rechteckigen Untergrund, der wiederum in ein rotes Rechteck eingebettet ist. Der Henkel-Gesamtumsatz im Bereich Adhesives Technologies (Klebstoff Technologien) betrug im Jahr 2006 rund 5,5 Mrd. Euro. Henkel ist sowohl im Konsumenten- als auch im Profi- und Industriebereich einer der bedeutendsten Produzenten von Klebstoffen.

Dichtstoffe der Dachmarke Teroson werden auch im Autobau eingesetzt, um die Geräuschkulisse beim Fahren zu vermindern.

DATEN UND FAKTEN

Markenname: Teroson, abgeleitet vom ursprünglichen Firmennamen Theodor Ross & Sohn

Slogan: „Teroson – Qualität hat einen Namen"

Erfinder: Theodor Ross, 1898, Mannheim

Markenregistrierung: 21. 10. 1932, Reichspatentamt Berlin

Innovationen: Terostat Direct Glazing – verkürzt die Verarbeitungszeit beim Einkleben von großflächigen Windschutzscheiben (z. B. Lkw)

Markenwebsite: www.teroson.de

UNTERNEHMEN

Henkel KGaA

Hauptsitz: Düsseldorf, Deutschland

Weitere Marken: s. →Henkel

Gesamtumsatz: 12,740 Mrd. Euro (2006)

Vertrieb: weltweit in über 125 Ländern

KONTAKT

Henkel KGaA
Henkelstr. 67
40589 Düsseldorf
✆ (02 11) 7 97-0
🖷 (02 11) 7 98-40 08
🖳 www.henkel.de

Ansprechpartner Presse:
Peter Lienkamp
✉ press@henkel.com

MEILENSTEINE

1898 In Mannheim beginnt Theodor Ross damit, chemisch-technische Produkte für den Haushalt herzustellen.

1926 Die Firma zieht von Mannheim nach Heidelberg und produziert die erste Dichtmasse für Autos - den Motorraumkitt MK 26.

1954 Das Portfolio wird um Korrosionsschutz und akustische Isolation für Autos erweitert.

1965 Die Firma Teroson wird Teil der US-amerikanischen W. R. Grace Group.

1991 Teroson wird von der Henkel KGaA übernommen.

TERRAPLAN

Die vom Diplomkaufmann Volker Rossnagel 1971 in Nürnberg entwickelte Marke Terraplan spricht vor allem Kapitalanleger zwischen 25 und 55 Jahren an, die in unterscheidbare Markenimmobilien investieren und stabile Mieterträge erzielen möchten. Der Name Terraplan setzt sich aus dem lat. Wort *terra* für Erde und *plan* als Kurzform für Planen zusammen. Mit dem Namen unterstreicht das Unternehmen seinen Anspruch, die Erde positiv gestalten zu wollen. Terraplan entwickelt und saniert Wohnhäuser, die ihre jeweilige Umgebung prägen wollen. Terraplan Markenimmobilien erhalten ein eigenes Profil und eine Kommunikationsplattform mittels eines Projektnamens, der als Markenname beim Bundespatentamt geschützt wird. Beispiel dafür ist das *Quartier Orangerie®* in Potsdam, ein Architekturkonzept mit mediterranem Charakter. Sichtbares Merkmal dieser Wohnanlagen ist die eigene Orangerie im Garten. Terraplan hat das Prinzip des Brandings in der Immobilienbranche eingeführt und hebt sich dadurch von den Mitbewerbern ab. Die Markenpflege ist ein zentraler Aspekt: Die Werbeaufwendungen belaufen sich jedes Jahr auf 300.000 bis 500.000 Euro. Das von Terraplan intern entwickelte Markenlogo zeigt den rot unterstrichenen Markennamen, der von einem stilisierten roten Dach überspannt ist. Es soll Schutz und Sicherheit assoziieren. Parallel zu Investitionen in Immobilien auf dem dt. Markt können Investoren über Terraplan auch Anteile an *Regal Car Wash*, der siebtgrößten Autowaschanlagenkette der USA, erwerben. Mit dem Deutschlandgeschäft werden rund 25 Mio. Euro pro Jahr umgesetzt, was etwa 50 % des Gesamtumsatzes ausmacht. Lt. eigenen Angaben gehört Terraplan zu den zehn wichtigsten Immobilienfirmen für Kapitalanleger und hat in Fachkreisen auf dem dt. Wohnungsmarkt eine Bekanntheit von 80–90 %.

Das Markenlogo von Terraplan vermittelt Schutz und Sicherheit.

UNTERNEHMEN

Terraplan
Parsifalstr. 66
90461 Nürnberg
✆ (09 11) 9 35 76-0
🖷 (09 11) 9 35 76-99
www.terraplan.info

TESA

Unter dem Markennamen tesa vertreibt die tesa AG professionelle selbstklebende Lösungen für Industriekunden und Endverbraucher. Der Name tesa geht auf die ehemalige Sekretärin Elsa Tesmer der Firma Beiersdorf zurück, aus deren Namen der Apotheker Oskar Troplowitz das Akronym tesa entwickelte, mit dem er zunächst verschiedene technische Produktentwicklungen seines Unternehmens betitelte. Bekannt wurde der Name tesa, als der Kaufmann Hugo Kirchberg das 1935 als Beiersdorf Kautschuk Klebefilm auf den Markt gebrachte transparente Klebeband in tesa-Klebefilm umbenannte. Heute finden sich unter der Dachmarke tesa mehr als 300 professionelle Produkte für Haus und Büro, u. a. aus dem Foto-Sortiment oder als *tesa Powerstrips* zur Befestigung. Im industriellen Bereich finden mehr als 6.000 tesa-Produkte Verwendung z. B. bei der Verklebung elektronischer Bauteile in Mobiltelefonen oder Di-

Prominentestes Produkt der tesa AG ist der tesafilm. (Mitte), Vorstandsvorsitzender Dieter Steinmeyer (unten)

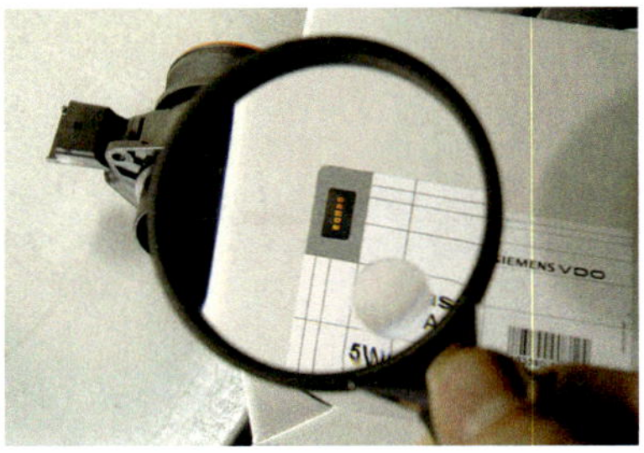

Mit der Holospot-Technologie von tesa lassen sich Anwendungen zum Fälschungsschutz und zur Produktrückverfolgung verwirklichen.

gitalkameras. Ebenso werden selbstklebende Systemlösungen in der Automobil- sowie der Druck- und Papierindustrie eingesetzt. Ausgehend von der Datenspeicher-Fähigkeit des tesafilms wurde Ende der 1990er-Jahre die Holospot-Technologie zu Fälschungsschutz und Produktrückverfolgung entwickelt. Das aktuelle Logo hat seinen Ursprung in den 1960er-Jahren: Dargestellt ist ein Stück roter Klebefilm, der wahlweise auf einen blauen Untergrund mit gleichen Maßen aufgeklebt bzw. davon abgezogen wird. Der Markenname erscheint in weißer Typo auf dem roten Klebefilm-Symbol. Das Design des tesa-Tischabrollers ist ein Beispiel für die Kontinuität der Marke hinsichtlich Verpackung und Gestaltung: Das Produkt blieb seit seiner Einführung in den 1930er-Jahren nahezu unverändert. Die Markenbekanntheit von tesa liegt in Deutschland bei 96 % (International Research, 2004). Die tesa AG wurde 2001 gegründet. Insgesamt umfasst ihr Portfolio über 6.500 Produkte. Die Innovationsrate beläuft sich auf jährlich 45 %. In 51 Tochtergesellschaften weltweit beschäftigt der Konzern ca. 3.700 Mitarbeiter.

DATEN UND FAKTEN

Markenname: tesa, Akronym aus dem Namen El**sa Te**smer, Kontoristin und Leiterin der Schreibstube der Firma Beiersdorf

Slogan: „tesa – keine halben Sachen" (seit 2005), „tesafilm ...eine glasklare Sache" (1974), „Mit tesa (k)lebt´s sich leichter" (60er-Jahre)

Erfinder: Hugo Kirchberg, 1936, Hamburg

Markenregistrierung: 24.04.1940, Reichspatentamt Berlin

Innovationen: tesa TACK (2007), tesa Easy Splice Filmline (2007), UV-Strips (2007)

Markenbekanntheit: 96 % gest. in Deutschland (International Research, 2004)

UNTERNEHMEN

tesa AG

Hauptsitz: Hamburg, Deutschland

Vorstand: Dieter Steinmeyer (Vorsitzender), Dr. Robert Gereke, Jan Christoph Teetz (Vorstand)

Gesamtumsatz: 805 Mio. Euro (weltweit, 2006)

Vertrieb: in über 100 Ländern

Mitarbeiter: 3.700 in 51 Tochtergesellschaften weltweit (2006)

KONTAKT

tesa AG
Quickbornstr. 24
20253 Hamburg
✆ (0 40) 49 09-1 01
🖷 (0 40) 49 09-60 60
💻 www.tesa.de

Ansprechpartner Presse:
Reinhart Martin
✆ (0 40) 49 09-44 48
✉ reinhart.martin@tesa.com

SCHON GEWUSST?

- Mehr als 50 verschiedene tesa-Produkte können in einem modernen Automobil verarbeitet sein.
- Albatrosse fliegen und Pinguine tauchen mit tesa – Biologen haben herausgefunden, dass sich Peilsender zu Forschungszwecken mit tesa-Gewebeband besonders schonend am Gefieder von Seevögeln befestigen lassen.

tetesept®

Das Erkältungs Bad N ist das bekannteste Produkt der Marke tetesept.

TETESEPT

Friedrich Merz, der Begründer des Unternehmens Merz, erfand die Marke tetesept im Jahr 1950 und stellte den Namen vermutlich aus den beiden Wörtern „tête" (franz. für Kopf, im weitesten Sinne auch Hals) und „sept" für septisch zusammen. tetesept steht für eine Vielfalt von rezeptfreien Gesundheitsprodukten. Das Sortiment umfasst Gesundheits- und Wellnessbäder, Duschprodukte, Selbstmedikationspräparate sowie Vitamine und Mineralstoffe. An der Spitze der Produktpalette steht das tetesept *Erkältungs*

Bad N, ein medizinischer Badezusatz zur Linderung von Erkältungsbeschwerden. Kernzielgruppe der Marke sind gesundheitsbewusste Frauen im Alter von 30 bis 59 Jahren. Patentierte Rezepturen und besondere Wirkstoffkombinationen machen die Produkte von tetesept einzigartig. So wirken z. B. die tetesept Bäder durch patentierte Badeliposome, zudem enthält das tetesept *Erkältungs Bad N* eine einzigartige Kombination von vier ätherischen Ölen. Der aktuelle Markenclaim „tetesept. Das tut mir gut." unterstreicht den Anspruch der Marke, wirksame Gesundheitsprodukte zur Verbesserung des Wohlbefindens zu bieten. Die Marke wird durch TV-Werbung, TV-Sponsoring, Printanzeigen und Werbemaßnahmen kommunikativ unterstützt. Das kontinuierlich beworbene Produkt *Erkältungs Bad N* hat die Marktführerschaft im Markt für Badezusätze (AC Nielsen Markettrack MAT, 09/2007). Darüber hinaus verbucht tetesept mit einem wertmäßigen Marktanteil von 18 % auch die führende Stellung im Segment Erkältungsmittel. Der Vertrieb der Marke erfolgt schwerpunktmäßig in Deutschland, Österreich sowie in der Schweiz und Luxemburg. Das Portfolio des Unternehmens umfasst außerdem die Marken → Merz Spezial, Sensoderm, Pantovigar, Pantostin, Passin und Dismenol.

DATEN UND FAKTEN

Markenname: tetesept, vermutlich abgeleitet aus „tête" (franz. für „Kopf", im weitesten Sinne auch „Hals") und „sept" von „septisch"

Slogan: „tetesept. Das tut mir gut."

Erfinder: Friedrich Merz, ca. 1950

Markenregistrierung: 31. 10. 1955, DPMA München

Markenbekanntheit: 51 % unter Frauen von 16–64 im Bereich Bäder/Duschzusätze (Brigitte KA 2006)

Auszeichnungen:
„Produkt des Jahres", Zeitschrift Lebensmittel Praxis für *tetesept Gelenkkomplex* in der Kategorie freiverkäufliche Arzneimittel/Nahrungsergänzungsmittel (2007)

Markenwebsite: www.tetesept.de

UNTERNEHMEN

Merz Consumer Care GmbH
Eckenheimer Landstr. 100–104
60318 Frankfurt/Main
☏ (0 69) 15 03-1
🖷 (0 69) 15 03-2 00
🖳 www.merz.de

TETRA PAK

Im Jahr 1943 hatte der schwed. Ingenieur Dr. Ruben Rausing die Idee, eine Verpackung für Milch und andere flüssige Lebensmittel zu konstruieren, die ein Maximum an Hygiene mit möglichst geringem Materialverbrauch kombinieren sollte. Heraus kam ein Getränkekarton in Form eines Tetraeders mit einer bis dahin neuartigen Kunststoffbeschichtung. Rausing ging mit seiner Erfindung in Produktion und gründete 1951 ein Unternehmen, dessen Name und Markenlogo von der Form der neuen Verpackung inspiriert sind: Tetra Pak. „Eine Verpackung soll mehr sparen, als sie kostet", lautete der Leitspruch Rausings. Heute ist Tetra Pak lt. eigenen Angaben der weltweit führende Hersteller von Verpackungssystemen für flüssige und pastose Nahrungsmittel und die internat. bekannteste Verpackungsmarke. Allein 2006 wurden weltweit 130 Mrd. Tetra Pak-Getränkekartons verkauft. Aktuell ist Tetra Pak mit 20.250 Mitarbeitern in 165 Ländern vertreten. Zum Anspruch des Unternehmens gehören neben Wirtschaftlichkeit auch ökoeffiziente Produkte und Verfahren sowie soziale Verantwortung. So wird z. B. der hohe Produktschutz bei einem besonders niedrigen Einsatz von Energie und Material erreicht – ein wirtschaftliches und umweltschonendes Verfahren zugleich. Das gilt auch für das Recycling: Getrennt gesammelt, können die Ge-

Eine hist. Anzeige für Milch im Tetra Pak, hier in der typisch viereckigen Form

Tetra Pak
schützt, was gut ist™

Unter den Verpackungen (Mitte) ist zu sehen, wie ein Tetra Pak-Karton hergestellt wird (unten). Ganz oben das internat. Logo mit dem dt. Claim

Der Wasserfloh gehört, neben der Wort-Marke „Tetra", zum Logo von TetraMin (oben). Eine TetraMin-Dose mit neuem Design, verbesserter Rezeptur und praktischer Dosierkappe (Mitte), der Unternehmenssitz in Melle (unten)

tränkekartons restlos wiederverwertet werden. Gegenüber herkömmlichen Verpackungen aus Glas, Kunststoff oder Metall können die Verbundverpackungen von Tetra Pak aufgrund ihres geringen Gewichts und ihrer Raum sparenden Stapelbarkeit umweltfreundlicher transportiert werden. Der Slogan von Tetra Pak in Deutschland lautet: „Schützt, was gut ist". Den Verbrauchern soll damit vermittelt werden, dass sie ein hochwertig verpacktes Produkt in den Händen halten, das sowohl Inhalt als auch Umwelt schützt.

DATEN UND FAKTEN

Markenname: Tetra Pak, Kompositum, zusammengesetzt aus dem griech. Begriff für vier **(tetra)** und Verpackung **(pak)**

Slogan: „Tetra Pak schützt, was gut ist"

Erfinder: Dr. Ruben Rausing, 1943, Schweden

Markenregistrierung: 14. 11. 1957, DPMA München

Innovationen: Tetra Recart (2006)

Markenbekanntheit: 96 % gest. (Deutschland)

UNTERNEHMEN

Tetra Pak GmbH & Co KG

SCHON GEWUSST?

- Tetra Pak-Getränkekartons sind Kreislaufverpackungen. Sie bestehen zu 75 bis 80 % aus Zellstofffasern, die aus Holz gewonnen werden und in der Papierindustrie mehrfach recycelt werden können. Das spart natürliche Ressourcen und vermeidet Abfall.
- Das Holz für Tetra Pak-Verpackungen stammt zu 100 % aus nachhaltig bewirtschafteten Wäldern. D. h.: Es wird nur soviel Holz entnommen, wie nachwächst. Junge Bäume binden in der Wachstumsphase CO_2 und geben Sauerstoff ab. Dadurch tragen sie aktiv zum Klimaausgleich und zur Verminderung der Treibhausgase bei.
- In einem LKW können 9.000 l Getränke im Karton transportiert werden. Für den Transport der gleichen Menge in Flaschen sind zwei LKW nötig. Tetra Pak-Kartons sparen somit Energie und verringern den Schadstoffausstoß.

Sitz: Frankfurt/Main, Deutschland

Vorsitzender der Geschäftsführung: Dr. Alfred Zopf

Gesamtumsatz: 8,5 Mrd. Euro weltweit, davon 662 Mio. Euro in Deutschland (2006)

KONTAKT

Tetra Pak GmbH & Co KG
Frankfurter Str. 79–81
65239 Frankfurt/Main
(0 61 46) 59–0
(0 61 46) 59–2 32
www.tetrapak.de

Ansprechpartner Presse:
Simone Seidel
(0 61 46) 59–2 09
simone.seidel@tetrapak.com

TETRAMIN

Die Marke TetraMin steht für ein breites Sortiment an Zierfischfutter. Unter der Dachmarke Tetra verkauft das gleichnamige Unternehmen ein Komplettsortiment an Aquaristik- und Gartenteichprodukten wie Aquarienzubehör und Medikamente. Anfangs bestand das Produkt aus vier verschiedenen Flockensorten mit Vitaminzugaben. Diese gaben dem Produkt ihren Namen, der sich aus dem griech. Wort für vier (Tetra) und der zweiten Silbe des Wortes Vitamin zusammensetzt. Entwickelt wurde die Marke vom Naturwissenschaftler Ulrich Baensch, der TetraMin-Produkte ab 1955 in Deutschland vermarktete. Er wollte Aquariumbesitzern ersparen, täglich Lebendfutter zu kaufen oder zu fangen. Heute wird die Marke u. a. mit dem Slogan „TetraMin. Das gute Gefühl, Bestes zu füttern" beworben. Das blaue Logo des Unternehmens Tetra GmbH zeigt den Produktnamen und einen Wasserfloh, der gesundes Naturfutter symbolisieren sowie Reinheit und Qualität assoziieren soll. Seit Beginn werden TetraMin-Produkte in gelben Dosen mit braunem Deckel verkauft. Eine der wichtigsten Produktinnovationen des Unternehmens ist die *Crisp-Flocke*, die mit einem patentierten Niedrigtemperatur-Verfahren hergestellt wird. Nach eigenen Angaben ist das Unternehmen weltweit mit TetraMin Marktführer im Segment Zierfischfutter. Mit hochwertigen Produkten und einer jüngst weiterentwickelten Formel soll die Marke von Wettbewerbern abgegrenzt werden. Die Tetra GmbH hat in Deutschland ca. 420 und welt-

Einblick in die Produktion (Abfülllinie) von TetraMin

weit rund 850 Mitarbeiter. Neben dem europäischen Hauptsitz in Deutschland gibt es weitere Hauptquartiere in den USA, Japan und Singapur. Eigene europäische Niederlassungen befinden sich in Großbritannien, Frankreich, Italien und Polen. Darüber hinaus wird TetraMin in über 90 Ländern vertrieben. Seit April 2005 gehört das Unternehmen zu Spectrum Brands und somit auch zur United Pet Group.

DATEN UND FAKTEN

Markenname: TetraMin, zusammengesetzt aus dem griech. Wort für vier (**Tetra**) und der zweiten Silbe des Wortes Vita**min**.

Slogan: „TetraMin. Das gute Gefühl, Bestes zu füttern"

Erfinder: Dr. rer. nat Ulrich Baensch, 1955

Markenregistrierung: 29. 09. 1962, DPMA München

Innovationen: *Crisp-Flocken* , Dispenser

Markenbekanntheit: 78 % ungest., 96 % gest. (Confield, 2005)

Literatur:
H. Simon: Hidden Champions (1996, 1. Nachdr. 2007)

UNTERNEHMEN

Tetra GmbH

Hauptsitz: Melle, Deutschland

Geschäftsführer: Wolfgang Mollenhauer, Detlef Thoben

Weitere Marken: Tetra, 8in1

Vertrieb: über acht eigene weltweite Stützpunkte und in über 90 Distributionsländern

KONTAKT

Tetra GmbH
Herrenteich 78
49324 Melle
(0 54 22) 1 05-0
(0 54 22) 1 05-4 29 85
www.tetra.net

Ansprechpartner Presse:
Daniel Hopkins
(0 54 22) 1 05-3 22
daniel.hopkins@tetra.net

Ansprechpartner Kommunikation & Marketing:
Kai Leciejewski
(0 54 22) 1 05-51 21
kai.leciejewski@tetra.net

SCHON GEWUSST?

- Die TetraMin Fischfutterdose taucht in diversen Serien und Spielfilmen auf. Im bekannten Film „Ein Fisch namens Wanda" wurde die Dose als Versteck für einen Safeschlüssel verwendet, bevor er seinen Platz in der Schatztruhe des Aquariums fand.
- Einer der ältesten Goldfische der Welt soll mithilfe von Tetra-Produkten ein Alter von 41 Jahren erreicht haben.

TEUTONIA

Teutonia: „Von Ihnen designed, von uns entwickelt."

Teutonia bezeichnet einen Hersteller von Kinderwagen, Buggys und Zubehör. Der dt. Marktführer hat als Zielgruppe anspruchsvolle werdende Mütter bzw. Väter. Im Sortiment sind elf unterschiedliche Kinderwagenmodelle und ein Buggy. Alle Kinderwagen sind für Neugeborene geeignet und können später als Sportwagen für größere Kinder genutzt werden. Die Kinderwagen sollen durch die hochwertige Qualität, lange Lebensdauer, Waschbarkeit der Materialien, Höhenverstellbarkeit und zahlreiche Extras, aber auch ein modernes Design Spaß, Komfort und Sicherheit für Eltern und Kind gewährleisten. Das Unternehmen wurde 1947 von Gustav und August Lüdeking in Südlengern gegründet. Die erste europäische Markenregistrierung erfolgte 1996. Das Produkt Quadro war der erste Kombikinderwagen auf dem Markt, der als Sportwagen konzipiert wurde. Außerdem verwendete Teutonia als erster Hersteller Lufträder anstelle von Vollgummireifen und entwickelte textile Innenausstattung inkl. Bettwäsche und Accessoires. Zu den aktuellen Innovationen gehört ein Kinderautositz für die Altersgruppe 0+. Die Marke wird hauptsächlich in Zentral- und Nordeuropa vertrieben, Expansion nach Osteuropa und USA findet statt. Die Bekanntheit liegt lt. Liebermann Research Worldwide im März 2007 bei 16 % ungest. und bei 58 % gest. Der Jahresumsatz beträgt ca. 30 Mio. Euro. Teutonia beschäftigt ca. 90 Mitarbeiter. 2007 fand ein Markenrelaunch statt. Das Logo und das aktuelle Erscheinungsbild (Corporate Design) entwickelte die Londoner Agentur Carré Noir. Es soll Sympathie, große Auswahl, Offenheit und Freundlichkeit vermitteln. Der aktuelle dt. Slogan lautet: „Von Ihnen designed, von uns entwickelt." Der Markenname selbst nimmt Bezug auf den Hersteller-Standort Teutoburger Wald.

UNTERNEHMEN

Teutonia Kinderwagenfabrik GmbH
Siemensstr. 35
32120 Hiddenhausen
(0 52 23) 87 98–0
(0 52 23) 87 98–70
www.teutonia.de

Thalia ist der gr. Mythologie entlehnt und steht für die Muse der Dichtkunst und des Lustspiels.

THALIA

Thalia unterhält insgesamt 267 Buchhandlungen - davon 52 in Österreich und der Schweiz. Der erste Thalia Buchladen entstand 1919 als kleiner Eckladen im Haus des Hamburger Thalia-Theaters. Der Begriff Thalia ist der gr. Mythologie (dt. die Blühende) entlehnt und steht für die Muse der Dichtkunst und des Lustspiels. Ein passender Name für eine Buchhandlung, so dass der Name erhalten blieb, als 1931 Erich Könnecke den Hamburger Laden übernahm. Wenige Jahre später bezog der Buchhändler größere Geschäftsräume in Hamburg, die in den Kriegsjahren jedoch komplett zerstört wurden. Nach dem Wiederaufbau avancierte die Buchhandlung zu einem Treffpunkt der literarischen Prominenz und literarische Veranstaltungen wurden zur Firmentradition. Durch Übernahmen und Fusionen entstand im Laufe der Jahre einer der führenden Buchhändler im deutschsprachigen Raum. Heute verstehen sich die Thalia-Buchhandlungen als Orte der Inspiration, Information und Faszination und wenden sich an alle Buchleser und Interessierte. Das seit 2005 eingesetzte Logo nimmt Bezug auf den Ursprung des Markennamens und zeigt die Muse der Dichtkunst in stilisierter Form im firmeneigenen Grün auf weißem Grund. Der markante Schriftzug neben dem Bildsignet ist ebenfalls in den Hausfarben Grün und Blau gesetzt. Die Thalia-Gruppe will auch in Zukunft durch weitere Übernahmen und Neueröffnungen ihre Position im dt. Buchmarkt festigen. Die Thalia Holding ist Teil der Douglas Holding AG, zu der weitere Marken wie → Douglas, → Christ und → Hussel gehören. Die Marke Thalia erwirtschaftete im Geschäftsjahr 2006/07 mit 695 Mio. Euro ca. 22 % des Gesamtumsatzes der Douglas Holding.

UNTERNEHMEN

Douglas Holding AG
Kabeler Str. 4
58099 Hagen
(0 23 31) 6 90–0
(0 23 31) 6 90–2 71
www.douglas-holding.com

Dr. Hans-Paul Bürkner, CEO von BCG (oben), Dr. Christian Veith, Senior Partner und Managing Director, Deutschland-Chef von BCG (Mitte), Prof. Dr. Bolko v. Oetinger, Gründer von BCG Deutschland (unten)

THE BOSTON CONSULTING GROUP

The Boston Consulting Group (BCG) ist eine internat. Managementberatung und gilt als Pionier auf dem Gebiet der Unternehmensstrategie. Das Unternehmen ist an 66 Standorten in 38 Ländern vertreten und berät Kunden aus allen Industriezweigen. Die dt. Geschäftseinheit erzielte in Deutschland und Österreich im Jahr 2006 mit 677 Beraterinnen und Beratern einen Umsatz von 305 Mio. Euro. In den vom Bonner Institute for Management and Consulting Sciences seit 2001 für das Manager Magazin durchgeführten drei Rankings zur Management-Beratung in Deutschland belegte BCG 2001, 2004 und 2007 den Spitzenplatz in der Gesamtwertung. BCG befindet sich als Partnerschaft im alleinigen Besitz seiner aktiven Geschäftsführer. Seit 2004 leitet – erstmals – ein Europäer, Dr. Hans-Paul Bürkner, die weltweiten Geschäfte. Die Führung der dt. BCG-Büros liegt seit 2007 bei Dr. Christian Veith. Der Name des Unternehmens verweist auf seine Gründungsgeschichte: Der Ingenieur Bruce D. Henderson gründete 1963 die Beratungsgesellschaft als Tochter der Boston Safe Deposit and Trust Company. Zu dieser Zeit konzentrierte sich die Unternehmensberatung v. a. auf die Optimierung von unternehmensinternen Prozessen. Aus Hendersons Sicht griff dies jedoch zu kurz: Entscheidend für den Markterfolg sei die relative Position im Wettbewerb, die sich aus der Differenzierung ergibt – „Strategie" als Unternehmensdisziplin war geboren. 1975 schenkte Henderson das Unternehmen seinen Mitarbeitern. Bis heute ist BCG branchenweit das einzige Unternehmen, das als Partnerschaft nach dem „One Person, One Vote"-Prinzip organisiert

Engagement für Bildung: business@school

ist. Die weltweite Expansion begann Anfang der 1970er-Jahre. Dem Wunsch des ersten dt. Kunden Siemens entsprechend gründete Bolko von Oetinger 1975 in München das erste deutsche BCG-Büro. Das rasche Wachstum der BCG ist der Entwicklung originärer Beratungskonzepte wie der „Erfahrungskurve" oder der „Portfoliomatrix" zu verdanken. Im Mai 1998 wurde das BCG Strategy Institute von Prof. Dr. Bolko von Oetinger als firmeneigene Forschungseinrichtung gegründet, um den Strategiebegriff aus Sicht verschiedener Disziplinen – von Anthropologie bis Soziologie – zu bereichern. Das Beratungsverständnis der BCG ist geprägt von einer Kombination aus Analytik, Kreativität und sozialer Kompetenz, mit dem Ziel, nachhaltige Veränderungen zu erwirken („Enabling" des Unternehmens). Ein Wirkungskreis von Analyse, Ergebnisverbesserung und dem Aufbau von Vertrauensbeziehungen („Insight, Impact, Trust") beschreibt das Geschäftsmodell. Auch über ihre aktive Zeit hinaus bleiben die über 1.200 dt. Alumni in engem Dialog mit ihrer beruflichen Alma Mater und treffen sich zweimal jährlich zu industriespezifischen Veranstaltungen. Aus den Reihen ehemaliger BCG-Berater sind zahlreiche Führungspersönlichkeiten hervorgegangen, darunter die CEO von Pepsi, Indra Nooyi, die vom US-Magazin Fortune zur „Most Powerful Woman in Business 2006" gekürt wurde.

DATEN UND FAKTEN

Markenname: The Boston Consulting Group, Ableitung aus dem Namen des ehemaligen Mutterkonzerns Boston Safe Deposit and Trust Company

Gründer: Bruce D. Henderson, 1963, Boston

Markenregistrierung: 08.08.1995, DPMA München

UNTERNEHMEN

The Boston Consulting Group GmbH

Geschäftsführung: Dr. Hans-Paul Bürkner

Weitere Marken: → Brand Club

Gesamtumsatz: 305 Mio. Euro Deutschland, 1,8 Mrd. USD weltweit (2006)

MEILENSTEINE

1963 Bruce Henderson gründet das Beratungsunternehmen The Boston Consulting Group (BCG).

1965–1968 BCG expandiert und eröffnet Büros in Mailand und London.

1966 BCG eröffnet als erstes westliches Beratungsunternehmen ein Büro in Tokio; Henderson stellt die „Erfahrungskurve" vor.

1972–1975 Mit der Eröffnung der Dependancen in Paris und München beginnt eine europaweite Expansion.

1975 Bruce Henderson übergibt die Firma BCG an seine Mitarbeiter.

1980 Erstmals werden College-Absolventen als „Associates" eingestellt; zur Unterstützung des CEO (Alan Zakon) wird das „Executive Committee" gegründet; Henderson wird Chairman of the Board.

1980–1985 BCG initiiert eigene Studien und Forschungsprojekte, die den Grundstein für die späteren Praxisgruppen legen.

1982 Die Zahl der Berater hat sich innerhalb von sieben Jahren auf 311 fast verdoppelt.

1990–2004 BCG expandiert von 14 auf 60 Büros, davon 14 in Asien.

1992 Bruce Henderson stirbt mit 77 Jahren: "Few people have had as much impact on international business in the second half of the twentieth century as the founder of the Boston Consulting Group„, stellt die Financial Times fest.

1998 Das BCG Strategy Institute wird gegründet. Die Social-Impact-Initiative business@school wird ins Leben gerufen.

2004 Mit Dr. Hans-Paul Bürkner wird erstmals ein Europäer CEO.

Mitarbeiter: 677 Deutschland, 3.300 weltweit (2006)

KONTAKT

The Boston Consulting Group GmbH
Ludwigstraße 21
80539 München
(0 89) 23 17-40
(0 89) 2 60 66 98
www.bcg.de

Ansprechpartner Presse:
Heidi Polke
(0 89) 23 17-45 94
polke.heidi@bcg.com

Ansprechpartner Marketing:
Dr. Kerstin Zwernemann
(0 89) 23 17-42 80
zwernemann.kerstin@bcg.com

THERAMED

Das Lead Product Theramed mit Spender (Mitte, Produkt aus 2007) kam 1978 auf den Markt, die Junior-Linie für Kinder (unten, Produkt aus 2007) 1992.

Seit 1978 bietet die →Henkel KGaA unter dem Markennamen Theramed Zahnpflegeprodukte und Mundspülungen an. Durch innovative Verpackungen und Wirkformeln grenzt sich Theramed seit Markteinführung von der Konkurrenz ab. So kamen der erste Zahncreme-Spender (1978), die erste 2in1-Anwendung als Kombination von Zahncreme und Mundwasser (1992), als auch eine innovative Verpackung zur sauberen und präzisen Dosierung mit der *Perfect Standtube* (2002) unter der Marke Theramed auf den Markt. Das Portfolio wird stetig erweitert und umfasst sechs Produktlinien für die unterschiedlichen Bedürfnisse der Zielgruppen aus den Bereichen Whitening (*Theramed Perfect*), Familie (*Theramed Spender*), Frische (*Theramed 2in1*), intensive Frische (Theramed *3D Clean Mundspülung*), sensible Zähne (*Theramed S. O.S Sensitiv*) und Kinder (*Theramed Junior*). Die einzelnen Produkte gibt es je nach Bereich als Spender, 2in1-Gelflaschen und Standtuben zu kaufen. Der Markenauftritt wurde bei einem vollständigen Relaunch 1997 aktualisiert und überarbeitet. Das Logo besteht aus dem Markennamen in kursiven Buchstaben, wobei der erste Teil des Namens in Rot, der zweite in Blau geschrieben ist. Über dem zweiten Namensteil befindet sich ein angedeuteter, in sich gewundener Halbkreis, der das Logo dynamisch wirken lässt und für die medizinische Kompetenz sowie Sympathie steht. Produkte der Marke Theramed sind in verschiedenen europäischen Ländern erhältlich. Mit ihrem Kosmetik- und Körperpflegebereich setzte die Henkel KGaA im Jahr 2006 in mehr als 125 Ländern 2,864 Mrd. Euro um und zählt zu den weltweit führende Herstellern von Markenprodukten in diesem Bereich.

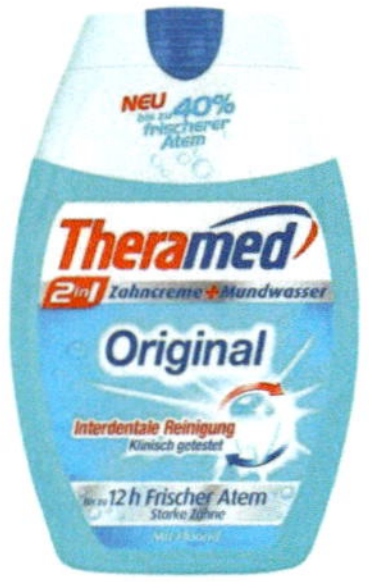

Theramed 2in1 ist eine Kombination aus Zahncreme und Mundwasser.

DATEN UND FAKTEN

Markenname: Theramed, Akronym, zusammengesetzt aus **Thera**pie und **Med**izin

Slogan: „Die clevere Zahnpflege"

Markteinführung: 1978 (Deutschland)

Markenregistrierung: 19. 11. 1982, DPMA München

Innovationen: erste Zahnpasta mit Spender in Deutschland (1978), 2in1: erste Anwendung als Kombination von Zahncreme + Mundwasser (1992), Pro-Natur (2008)

Markenbekanntheit: 12,1 % ungest., 66,6 % gest. (Omnibus Test, 2003)

Auszeichnungen:
„Produkt des Jahres", Lebensmittel Praxis für *2in1 3D Clean* (2007)
„sehr gut" (Kariesprophylaxe), Stiftung Warentest für *2in1 3D Clean* und *2in1 Original* (11/2006)

Markenwebsite: www.theramed.de

Literatur:
Henkel KGaA (Hg.): Chronik 130 Jahre Henkel. (2006)

UNTERNEHMEN

Henkel KGaA

Hauptsitz: Düsseldorf, Deutschland

Weitere Marken: s. →Henkel

Gesamtumsatz: 12,740 Mrd. Euro (2006)

Vertrieb: weltweit in mehr als 125 Ländern

KONTAKT

Henkel KGaA
Henkelstr. 67
40589 Düsseldorf
✆ (02 11) 7 97–0
🖷 (02 11) 7 98–40 08
🖳 www.henkel.de

Ansprechpartner Presse:
Marion Schwenker
✉ press@henkel.com

MEILENSTEINE

1978 Bei der Markteinführung von Theramed hebt sich die Marke durch einen Zahncreme-Spender von der Konkurrenz ab.

1987 Theramed gibt es auch in Tubenform zu kaufen.

1992 Markteinführung von Theramed 2in1. Das Produktportfolio wird um *Theramed Junior* erweitert.

1997 Henkel relauncht die komplette Marke Theramed.

2002 Markteinführung von Theramed Perfect Standtuben

2006 S. O. S. Sensitiv mit Denti-Repair-Technologie für schmerzempfindliche Zähne und Reparatur sensibler Stellen

THOMAPYRIN

Thomapyrin ist ein apothekenpflichtiges Kopfschmerzmedikament der Boehringer Ingelheim Pharma GmbH & Co. KG. 2006 setzte das Pharmaunternehmen 14,4 Mio. Packungen des in Deutschland und Österreich vertriebenen Arzneimittels ab. Thomapyrin Schmerztabletten enthalten Acetylsalicylsäure, Paracetamol und Coffein. Diese Wirkstoffkombination verspricht im Vergleich zu den Monosubstanzen ein erheblich verbreitertes Wirkungsspektrum und somit eine rasche und zuverlässige Wirkung bei Kopfschmerzen unterschiedlichen Ursprungs. Als *Thomapyrin Intensiv* gibt es die Wirkstoffkombination auch in einer höheren Dosierung. Komplettiert wird das Produktportfolio mit den Thomapyrin Brausetabletten. Thomapyrin wurde 1946 von Boehringer Ingelheim und der damaligen Unternehmenstochter Dr. Karl Thomae GmbH als universell einsetzbares Schmerzmittel auf den Markt gebracht. Der Name Thomapyrin wurde gewählt, um auf die fiebersenkende (antipyretische) Wirkung des neuen Medikaments zu verweisen. Das Markenzeichen des Schmerzmittels ist seine blau-weiße Verpackung. Der medizinisch klare Namenschriftzug soll die Zuverlässigkeit und Wirksamkeit von Thomapyrin hervorheben. Anfangs wurden die Tabletten in Röhrchen an die Verbraucher abgegeben, die heute verwendete Faltschachtel hat diese Form mit dem Einstreifenblister aufgegriffen. Mit Thomapyrin erzielte die Boehringer Ingelheim Pharma GmbH & Co. KG 2006 einen Umsatz von 66 Mio. Euro zu Endverbraucherpreisen. Die Marke hat damit einen Anteil von ca. 20 % am Gesamtumsatz des Unternehmens, zu dem u. a. auch die Marken →Dulcolax und →Mucosolvan gehören. Der global agierende Pharmakonzern →Boehringer Ingelheim erzielte 2006 mit weltweit rund 38.000 Mitarbeitern einen Umsatz von mehr als 10 Mrd. Euro. Damit ist das 1885 von Albert Boehringer in Ingelheim gegründete Unternehmen der weltweit größte Arzneimittelhersteller in Familienbesitz.

DATEN UND FAKTEN

Markenname: Thomapyrin, Kunstwort, abgeleitet von der Dr. Karl **Thoma**e GmbH, einem früheren Unternehmen von Boehringer Ingelheim, und der anti**pyr**etischen Wirkung

Slogan: „Thomapyrin – Der Kopfschmerz-Experte"

Markenregistrierung: 21. 11. 1950, DPMA München

Markenbekanntheit: 80 % gest. (INRA, 2006)

Werbespendings: 15 Mio. Euro (GfK, 2006)

Markenwebsite: www.thomapyrin.de

UNTERNEHMEN

Boehringer Ingelheim Pharma GmbH & Co. KG
Binger Str. 173
55216 Ingelheim
✆ (0 61 32) 77–0
🖷 (0 61 32) 77–30 00
🖳 www.boehringer-ingelheim.de

Thomapyrin® Schmerztabletten

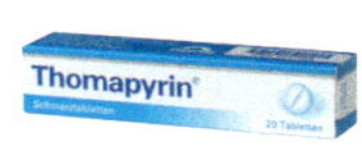

Thomapyrin Schmerztabletten enthalten eine Wirkstoffkombination aus Acetylsalicylsäure, Paracetamol und Coffein.

Thomsit Elast Universal P685 mit neuer SICURE Technologie (Mitte) zum Verkleben von Parkettböden (unten)

THOMSIT

Thomsit ist die Marke für Fußbodentechnik von → Henkel. Unter dem Markennamen vertreibt das Unternehmen Produkte für Untergrundtechnik, Renoviertechnik und Klebtechnik für Fußbodenbeläge. Die Produkte von Thomsit richten sich an Handwerker, wobei alle Produkte aufeinander abgestimmt sind und ein komplexes Produktsystem bilden. Zum Portfolio gehören etwa der *Thomsit R 766 Multi-Vorstrich*, der *Thomsit XXL Premium-Ausgleich*, der *Thomsit L 290 EasyLino* und der *Thomsit P 685 Sicure Elast*. Zu den Innovationen der Marke Thomsit zählen der fasermodifizierte K 150 Kautschuk- und PVC-Belag-Kleber und der DS 40 Dickschicht-Ausgleich, eine selbstverlaufende Ausgleichsmasse, die pump- und rakelfähig ist. Mit ihr kann man Schichtdicken von bis zu 40 mm aufbauen und diese nach dem Aushärten direkt belegen. Nach eigenen Angaben ist Henkel mit der Marke Thomsit nach nunmehr über 60 Jahren Markt- und Technologieführer für Verlegewerkstoffe und Fußbodentechnik in Deutschland und über Europas Grenzen hinaus. Umwelt- und Verbraucherschutz sind wichtige Ziele von Henkel. So war das Unternehmen Mitbegründer der „Gemeinschaft Emissions-kontrollierte Verlegerwerkstoffe e.V." (GEV) und leitete bereits 1984 die schrittweise Umstellung von lösemittelhaltigen zu wasserbasierten Produkten ein. Heute sind die Produkte der Marke als umweltverträglich anerkannt. Das Logo der Marke zeigt den weißen Schriftzug Thomsit vor einem schwarzen, rechteckigen Hintergrund. Der erste Teil des Markennamens geht auf die Thompson-Werke aus Düsseldorf zurück, die 1946 zunächst den Fußbodenklebstoff Thomsit A für Linoleum vertrieben haben. Heute gehört Thomsit zur Henkel Bautechnik, die in 23 europäischen Ländern eigene Thomsit-Niederlassungen betreibt. Der Gesamtumsatz im Henkel-Unternehmensbereich Adhesives Technologies (Klebstoff Technologien) betrug im Jahr 2006 rund 5,5 Mrd. Euro. Henkel ist sowohl im Konsumenten- als auch im Profi- und Industriebereich einer der bedeutendsten Produzenten von Klebstoffen.

DATEN UND FAKTEN

Markenname: Thomsit, Kunstname, der erste Teil leitet sich von den Thompson-Werken ab, die Thomsit auf den Markt brachten

Von der Estricherstellung über die Verklebung bis hin zur Bodenpflege – Thomsit hat eine breite Produktpalette.

Erfinder: Thompson-Werke Düsseldorf, 1946

Markenregistrierung: 14.01.1943, Reichspatentamt Berlin

Innovationen: Thomsit P 660 Flüster Kleber für Laminat (2001), Thomsit Easy-Technology (2004), Parkettkleber Thomsit P 685 Sicure Elast Universal (2006)

Markenwebsite: www.thomsit.de

UNTERNEHMEN

Henkel KGaA

Hauptsitz: Düsseldorf, Deutschland

Weitere Marken: s. → Henkel

Gesamtumsatz: 12,740 Mrd. Euro (2006)

Vertrieb: weltweit in über 125 Ländern

KONTAKT

Henkel KGaA
Henkelstr. 67
40589 Düsseldorf
✆ (02 11) 7 97-0
🖷 (02 11) 7 98-40 08
💻 www.henkel.de

Ansprechpartner Presse:
Peter Lienkamp
✉ press@henkel.com

SCHON GEWUSST?

- Der Teppich auf der Aussichtsplattform der Zugspitze wurde 1972 mit dem Outdoor-Kleber Thomsit T 407 festgeklebt.
- Im Elefantenhaus des Tierparks Hagenbeck in Hamburg stehen die Tiere seit 1996 auf einem Noppenbelag, der mit dem PUR-Klebstoff R 710 festgeklebt ist. Der Boden, auf dem er liegt, wurde mit Thomsit R 717 vorgestrichen und mit der PUR-Spachtelmasse S 810 ausgeglichen.

THOMY

Die Konsumgütermarke Thomy gehört mit einer gest. Markenbekanntheit von 93 % (IPSOS, 2007) zu den bekanntesten Marken im dt. Feinkostsegment. Auch in der Schweiz wird das umfassende Sortiment an Saucen der Marke zum Kochen und Verfeinern vertrieben. Die Marke Thomy geht auf den Namen des Firmengründers Fritz Thomi-Schaad zurück. Er brachte 1907 den ersten Senf auf den schwz. Markt. 1930 kam dem Unternehmer die Idee, eine bis dahin auf dem Lebensmittelmarkt völlig unbekannte Verpackung für seinen Senf zu verwenden. Die Tube lag von nun an auch auf dem Esstisch und der Markenname wurde in Thomy geändert. Für andere Lebensmittel hielt der Markenerfinder die Tube ebenfalls geeignet: 1951 begann er mit der Abfüllung von Mayonnaise in Tuben. Auf dem dt. Markt wurde die Kreation drei Jahre später eingeführt. Die Premiummarke hat ihr Sortiment seitdem kontinuierlich erweitert und ist lt. eigenen Angaben Marktführer in den Produktbereichen Senf, Mayonnaise, Remoulade, Sonnenblumenöl und den Nass-Sauces von *Les*-Sauces. Neueste Produktinnovation ist die leichte Mayonnaise *Thomy Légère*. Der schwarze Namensschriftzug des markanten Markenlogos steht auf einem rechteckigen, gelben Fond. In Werbespots wird der Slogan „Thomy...hier kommt der Genuss!" mit einer stilisierten Kochmütze unterstrichen. Die Nestlé-Gruppe erwirtschaftete im Jahr 2006 mit weltweit 265.000 Mitarbeitern einen Umsatz von 58,7 Mrd. Euro und gilt als größter Nahrungsmittelkonzern der Welt (BIC - Business Information Center, 4/2006).

In den 1950er-Jahren waren Senf und Mayonnaise vonThomy die ersten Produkte, die in Tuben verpackt wurden.

UNTERNEHMEN

Nestlé Deutschland AG
Lyoner Str. 23
60528 Frankfurt/Main
(0 69) 66 71-1
www.nestle.de

THONET

Die Industriegütermarke Thonet steht seit 1819 internat. für moderne und langlebige Stühle und Tische für den Wohn- und Objektbereich. Mit ihrer über 180-jährigen Geschichte ist sie die älteste Möbelmarke der Welt. Der Gründer Michael Thonet gilt als Pionier des Industriedesigns. Auf Grundlage seiner Entwicklungen führen seine Nachfahren die Thonet GmbH bis heute als Familienunternehmen weiter. Viele Produkte des Unternehmens erhielten Auszeichnungen und wurden in Publikationen vorgestellt. Der Name Thonet steht für Innovationen in der Möbelproduktion und auf dem Gebiet des funktionalen Designs. So entwickelte Michael Thonet um 1830 das erste Verfahren zur Verarbeitung von gebogenem Holz. Zu den Stuhlklassikern aus gebogenem Holz zählt der *Sessel Nr. 14*, der sog. *Wiener Kaffeehausstuhl* und meistverkaufte Stuhl der Welt. Aus der Zusammenarbeit mit Designern der Bauhausbewegung entstanden in

Die Nachfahren des Industriedesign-Pioniers Michael Thonet führen die Thonet GmbH bis heute als Familienunternehmen weiter.

den 1920er-Jahren die berühmten Stahlrohrfreischwinger *B 33* von Mart Stam und *MR 533* von Mies van der Rohe. 1976 kombinierte Gerd Lange bei seinem Entwurf für den Stuhl *Flex* erstmals Holz und Kunststoff. Neben den Klassikern produziert Thonet auch Entwürfe zeitgenössischer Designer wie Sir Norman Foster, James Irvine, Delphin Design, LepperSchmidtSommerlade, Peter Maly, Glen Oliver Löw, Jehs & Laub. Das Logo der Firma Thonet ist ein Schriftzug in serifenlosen Großbuchstaben, bei dem das N und E des Namens in Ligatur stehen. Es basiert auf einem Entwurf aus den 1960er-Jahren und wurde ca. 1970 von der Werbeagentur Bachmann ausgestaltet. In schwarzer, silberner oder weißer Farbe vermittelt es Funktionalität und Modernität, wie sie den Produkten des Unternehmens zu eigen ist. Zu den Kunden zählen vor allem Architekten und designorientierte Käufer. Wichtige Exportmärkte liegen in den europäischen Ländern, Nordamerika und Asien sowie im nahen Osten. Werbung betreibt das Unternehmen vorwiegend über die Präsenz auf Messen und Fachhändler. Im Luxusmarkenran-

Weltbekannte Stühle der Marke Thonet: Bugholzstuhl 214 (Mitte) von Michael Thonet (1859), Freischwinger S 32 (unten) von Marcel Breuer (1929/1930)

king der Wirtschaftswoche lag Thonet im Jahr 2007 auf Platz 18.

DATEN UND FAKTEN

Markenname: Thonet, abgeleitet vom Familiennamen des Gründers Michael Thonet

Slogan: „Steh im Leben – Sitz auf Thonet" (1960), „Die Orginale heißen Thonet" (um 1980), „Besonderes besitzen" (1990)

Erfinder: Michael Thonet, 1819, Boppard am Rhein

Markenregistrierung: 23.02.1922, Reichspatentamt Berlin

Innovationen: Herstellung von Möbeln aus gebogenem Holz (1830), Wiener Kaffeehausstuhl *Sessel Nr. 14* (1859)

Werbespendings: 5 % des Jahresumsatzes

Auszeichnungen:
„Goldmedaille" auf der Weltausstellung Paris (1867)
„Silbermedaille",10. Triennale Mailand für „Wannenstuhl" ST 662 von Günter Eberle (1953)
„Hohe Designqualität" Design Zentrum NRW für die Modellreihe 737/1737 (1995)
„iF gold award" für Programm A 660 von James Irvine (2006)

Literatur:
A. von Vegesack: Das Thonet Buch (1987)
O. Macel u. W. Möller: Ein Stuhl macht Geschichte (1992)
A. Bangert u. P. Ellenberg: Thonet Möbel (1997)

UNTERNEHMEN

Thonet GmbH

Hauptsitz: Frankenberg, Deutschland

Geschäftsführer: Claus M. Thonet

Vertrieb: weltweit über Vertriebspartner

KONTAKT

Thonet GmbH
Michael-Thonet-Str. 1
35066 Frankenberg
✆ (0 64 51) 5 08-0
🖷 (0 64 51) 5 81 08
✉ info@thonet.eu
💻 www.thonet.eu

Ansprechpartner Presse:
Vivie Thonet
✆ (0 64 51) 5 08-1 26
✉ vivie.thonet@thonet.eu

Ansprechpartner Marketing:
Peter Thonet
✆ (0 64 51) 5 08-1 21
✉ peter.thonet@thonet.eu

SCHON GEWUSST?

▮ Von Beginn an versuchten andere Möbelwerkstätten die Technologie und Gestaltung der Thonet-Möbel zu kopieren. Echte Thonet-Stühle tragen daher einen Prägestempel auf der Unterseite im Sitzrahmen.

▮ Die Bauteile des ersten Schichtholzstuhls, „Sessel Nr. 1", den Thonet 1849 für den Fürsten Schwarzenberg baute, konnten schon mit anderen Modellen kombiniert werden – Vorarbeit für die spätere Industrieproduktion.

ThyssenKrupp

ThyssenKrupp entstand im Jahr 1999 als neue Marke aus den beiden Traditionsunternehmen Thyssen und Krupp.

THYSSENKRUPP

ThyssenKrupp ist einer der größten Technologiekonzerne der Welt. Die Schwerpunkte liegen auf den Bereichen Stahl, Industriegüter und Dienstleistungen. Neben Stahl versammeln sich unter dem Dach der Marke ThyssenKrupp auch andere innovative Werkstoffe wie Nickellegierungen und Titan. ThyssenKrupp ist außerdem Maschinen- und Anlagenbauer sowie Automobilzulieferer. U.a. entwickelte ThyssenKrupp zusammen mit →Siemens den Transrapid. Die Konzerntochter ThyssenKrupp Elevator ist eines der größten Aufzugsunternehmen der Welt. Als Dienstleistungsmarke steht ThyssenKrupp insbesondere für Prozess- und Versorgungsdienstleistungen für die produzierende und verarbeitende Industrie. Die ThyssenKrupp AG entstand durch die Fusion der Thyssen AG mit der Fried. Krupp AG Hoesch-Krupp. Die beiden Traditionsunternehmen gehen zurück auf August Thyssen und Friedrich Krupp. August Thyssen legte mit dem Erwerb des Steinkohlebergwerks Gewerkschaft Deutscher Kaiser 1891 den Grundstein des Thyssen-Konzerns. Friedrich Krupp gründete 1811 mit zwei Teilhabern eine Fabrik zur Herstellung von Gussstahl, woraus der spätere Krupp-Konzern entstand. Bereits in den 1980er-Jahren wurden Verhandlungen über einen Zusammenschluss der beiden Unternehmen aufgenommen. Eingeleitet wurde die Fusion schließlich durch die Zusammenführung der Flachstahlbereiche beider Konzerne 1997.

Mit dem endgültigen Zusammenschluss der zwei Unternehmen im Jahr 1999 entstand auch die neue Marke ThyssenKrupp. Die zusammengesetzte Schreibweise der Wortmarke soll das Zusammenwachsen zweier gleichberechtigter Partner symbolisieren, die ihre Stärken vereinigt haben. In der Bildmarke bleiben die beiden alten Markenzeichen – der Bogen bei Thyssen und die drei Ringe bei Krupp – erkennbar. Die eigens entwickelte Hausschrift TK Type soll durch ihren technischen Charakter, eine gute Lesbarkeit und eine besondere Klarheit in den jeweiligen Schnitten dem Schriftbild von ThyssenKrupp eine hohe Eigenständigkeit verleihen. Die Farbwelt von ThyssenKrupp setzt sich aus Blau, Grau, Silber, Schwarz und Weiß zusammen. Diese Farbkombination soll für eine hohe Wertigkeit stehen und die technologische Kompetenz des Konzerns vermitteln. Die Thyssen Krupp AG erzielte im Geschäftsjahr 2005/2006 mit weltweit 188.000 Mitarbeitern einen Umsatz von rund 47 Mrd. Euro. Das Unternehmen mit Sitz in Düsseldorf ist nach eigenen Angaben der größte Stahlproduzent Deutschlands und rangiert unter den zehn größten Stahlherstellern weltweit.

UNTERNEHMEN

ThyssenKrupp AG
August-Thyssen-Str. 1
40211 Düsseldorf
(02 11) 8 24-0
(02 11) 8 24-3 60 00
www.thyssenkrupp.com

TIGER BALM

Die Marke Tiger Balm steht für den weltweit bekannten pflanzlichen Balsam aus Asien. Tiger Balm ist in Deutschland in zwei Varianten erhältlich: *Tiger Balm weiß* wird in erster Linie bei Schnupfen, Husten, Halsweh und Bronchialbeschwerden angewandt. *Tiger Balm rot N* hilft unterstützend bei Schmerzzuständen in Muskeln und Gelenken sowie rheumatischen Erkrankungen. Bestandteile der Tiger Balm-Produkte sind verschiedene pflanzliche Wirkstoffe wie Kampfer, Menthol, Nelken-, Pfefferminz- und Cajeputöl. Aus der Wirkung der Pflanzen erklärt sich das breite Anwendungsspektrum: So wird Kampfer beispielsweise sowohl eine schleimlösende als auch eine durchblutungsfördernde Wirkung zugeschrieben. Erfinder von Tiger Balm ist der chin. Pflanzengelehrte Aw Chu Kin. Er entwickelte die Rezeptur und verkaufte diese in seinem 1870 im birmanischen Rangun gegründeten Geschäft für chin. Medizin. Weltweit bekannt machten das Produkt seine beiden Söhne Aw Boon Haw und Aw Boon Par. Auf sie ist auch der Name Tiger Balm zurückzuführen: Der Vorname Haw heißt übersetzt Tiger, Par bedeutet Leopard. Gleichzeitig steht er für die Kraft und Wirksamkeit des Balsams. Heute ist Tiger Balm in mehr als 100 Ländern erhältlich. Hergestellt wird das Heilmittel unter Beachtung dt. Arzneimittel-Richtlinien vom Unternehmen Haw Par in Singapur. Seit 1989 vertreibt die Kölner Klosterfrau-Gruppe die Produkte in Deutschland. Erhältlich ist Tiger Balm in Apotheken, Drogerie- und Verbrauchermärkten. Der aktuelle Werbeslogan lautet „Balsam gegen den Schmerz". Auf jeder Packung ist das Markenzeichen – ein springender Tiger - zu finden. Weitere Marken der Klosterfrau-Gruppe sind →Klosterfrau, →Nasic, →Neo-Angin und →Taxofit.

Tiger Balm wird seit 1989 in Deutschland über MCM Klosterfrau vertrieben.

UNTERNEHMEN

MCM Klosterfrau Vertriebsgesellschaft mbH
Gereonsmühlengasse 1–11
50670 Köln
(02 21) 16 52–0
(02 21) 16 52–4 30
www.klosterfrau.de

TIMBERLAND

Die Marke Timberland bietet qualitativ hochwertige Schuhe und Bekleidung für Outdoor-Liebhaber. Kernzielgruppe bilden trend- und umweltbewusste Männer zwischen 30 und 35 Jahren der oberen Einkommensklasse, die gerne in der Natur sind. Ausschlaggebend für die Markengeschichte war die Entwicklung des Yellow Boot, eines wasserdichten Stiefels aus robustem Leder. Nathan Swartz entwarf den Prototyp 1956 für seinen Hausmeister, der ständig über nasse Füße klagte. Mit dem neuen Produktionsverfahren Injection Molding gelang es Swartz, die Sohle direkt an das Leder zu schweißen, anstatt beide Teile miteinander zu vernähen und damit den ersten wasserdichten Stiefel herzustellen. 1973 brachte die Abington Shoe Company mit Swartz als Eigentümer den Timberland Yellow Boot auf den Markt. Das Produkt war so erfolgreich, dass sich das Unternehmen 1978 in „The Timberland Company" umbenannte. Die Wortmarke ist in der Hausfarbe Orange gehalten (Pantone 138). Gemäß der Firmenphilosophie legt der Hersteller großen Wert auf die Verwendung ökologischer Materialien.

Timberland Yellow Boots sind weltweit bekannt durch ihre charakteristische Farbe.

Seit 2006 sind daher z.B. die Schuhkartons des Unternehmens mit „Our Footprint"-Tabellen versehen. Sie informieren den Käufer u.a. über die Anzahl von Kilowattstunden, die die Herstellung der Schuhe verbraucht hat. 2007 wurde die Kampagne um den Green Index™ erweitert, der eine produktspezifische Bewertung von ausgewählten Umwelteinflüssen aufzeigt. Den Vorstandsvorsitz des Unternehmens mit Hauptsitz in Stratham, New Hampshire/USA hält Jeffrey Swartz, Enkel des Gründers. Der Vertrieb läuft weltweit über eigene Stores und Franchising, Kauf- und Warenhäuser, den Fachhandel und unabhängige Läden. In Zukunft sind weitere Eröffnungen eigener Stores sowie der Ausbau der Shop-in-Shop- und Franchise-Systeme geplant. Weltweit arbeiten ca. 6.000 Beschäftigte für Timberland.

DATEN UND FAKTEN

Markenname: Timberland, engl. Timber ist der Ausruf amerikanischer Waldarbeiter bevor ein Baum zu Boden fällt, Land synonym im Dt.

Slogan: „Timberland® Make it better." (aktuell), „Timberland® Seek out„ (2001–2005), „Timberland® boots, shoes, clothing, wind, water, earth & sky" (1992–1995)

Erfinder: Nathan Swartz, 1965

Markenregistrierung: 05.06.1978, DPMA München

Innovationen: Injection Molding (1965), Smart Comfort® System (2002), Timberland® Agile IQ System (2004), Comforia™ Technologie für Damenschuhe (2005), Precise Fit™ System (2006)

Markenbekanntheit: 51 % gest. bei Bekleidung, 45 % bei Schuhen (Spiegel Studie Outfit, 2007)

Jahresumsatz: 1,6 Mrd. USD (weltweit, 2006)

Auszeichnungen:
„IDEA Silver Award" für Precise Fit™ System (2006)
„Ei des Columbus" (Innovationspreis) für Precise Fit™ System (2006)
„Backpacker Editor's Choice Award" für Green Index™-Kampagne (2007)
„100 Best Companies to Work for" zum zehnten Mal in Folge (US-Wirtschaftsmagazin Fortune, 2007)

UNTERNEHMEN

The Timberland World Trading GmbH
Boschetsriederstr. 67
81379 München
☏ (0 89) 74 88 38-0
Fax (0 89) 74 88 38-88
www.timberland.com

TIMEX

Das Timex-Logo und die Timex Herrenuhr *SL Series Automatik* mit Edelstahlgehäuse und weißem Lederarmband

Timex ist eine internat. aufgestellte Uhrenmarke und bietet Modelle für alle Käufergruppen an. Die gleichnamige familiengeführte Unternehmensgruppe wurde bereits im Jahre 1854 gegründet, ist heute mit Produktions- und Verkaufsstätten in über 80 Ländern vertreten und einer der größten Uhrenhersteller der Welt. Hauptsitz von Timex ist Middlebury, USA, als Vorstand fungiert Mike Starshak. In den 1850er-Jahren stellte die Waterbury Clock Company zunächst Kamin- und Tischuhren her. Rund 20 Jahre später wurden preiswerte Messing-Werke für den Uhrenbau verwendet. Dadurch waren exakte Zeitmessgeräte kein Luxusgut mehr, sondern einer breiteren Bevölkerungsschicht zugänglich. Anfang des 20. Jh. wurde die für 1 USD erhältliche Yankee-Taschenuhr mit über 40 Mio. verkauften Exemplaren zum Verkaufsschlager. In den 1930er-Jahren gewann die von Disney lizenzierte Mickey-Mouse-Uhr Millionen jugendlicher Konsumenten. 1950 erschienen Modelle der Marke Timex erstmals mit einem massenproduzierten, mechanischen Uhrwerk auf dem Markt. Ende der 1950er-Jahre war lt. Unternehmen jede dritte verkaufte Uhr eine Timex. Seit den 1960er-Jahren ist Timex auch mit modischen Damenkollektionen präsent. Mit technischen und modischen Innovationen wurde und wird das Portfolio kontinuierlich aktualisiert. Timex versteht sich als „innovativste Sportuhrenmarke für Profis". So wurde in den 1980er-Jahren eine Uhr für Leistungssportler entwickelt. Sportuhren und Uhren mit Organizer folgten. Seit 2000 sind Timex Uhren mit GPS oder Herzfrequenzmessung erhältlich. Zum Portfolio der Timex Group gehören zudem die Unternehmen Sequel, Callanen, Opex und Vertime sowie die Marken TX, Ironman, Guess, Gc, Nautica, Versace, Ferragamo, Valentino und Vincent Bérard. Neben den Investitionen in Distribution und Markenauftritt sorgten Werbekampagnen wie der Torture Test mit Accapulco Cliffspringern und Uhren am Propeller eines Außenborders für weltweites Aufsehen.

DATEN UND FAKTEN

Markenname: Timex, Verkürzung der Firmenbezeichnung U. S. Time; Interpretationen in Richtung: Time plus X added value

Slogan: „keep on ..." + Verb in der Verlaufsform (...pushing, shining, etc.)

Gründer: Waterbury Clock Company, 1854

Markenregistrierung: 13. 11. 1955, DPMA München

Innovationen: *Indiglo* (Zifferblatt-Beleuchtungssystem, 1992), *Easy Set Alarm* (analoge elektronische Weckfunktion, 1994), *Data Link* (Organizer MS Outlook kompatibel, 1996)

Markenbekanntheit: 55 % gest. (Schmiedl Markforschung, 2005)

Literatur:
K. McDermott: Timex – A Company and its Community 1854–1998 (1998)

UNTERNEHMEN

Timex + TX Deutschland/Österreich
Magazinstr. 4
A-5030 Salzburg
✆ +43 6 62 88 92 14 15
🖷 +43 66 28 89 21 94 15
🖳 www.timex.de

TIMKID

Kindermöbel der Marke Timkid sind so konzipiert, dass sie ergonomisch und Rücken schonend für die Erwachsenen sind, während sie dem (Klein-)Kind Geborgenheit und optimale Sicherheit bieten. Alle Entwürfe und Ideen haben Sabine und Tim Schinkel an den eigenen Kindern getestet und als Prototyp selbst gefertigt. Ihre Basicprodukte für Babys und Kinder zeichnen sich aus durch Funktionalität und ein ansprechendes Design, durch Langlebigkeit und eine ökologische Materialauswahl. Den Grundstein für die Marke Timkid legte 2000 ein aufklappbarer Wickelwandtisch. Wie alle Timkid-Produkte hat er einen eingängigen, kindgerechten Namen: *Owo*. Zum Markenportfolio gehört neben Tischen, Betten und Schränken auch *Mobo*, der einzige werkzeuglos verstellbare Kinderhochstuhl. Zu 100 % werden die Produkte von Timkid in Deutschland produziert. Kindermöbel der Marke sind für Endverbraucher über den Handel zu beziehen, finden sich aber auch in vielen öffentlichen Einrichtungen wie Kindergärten, Krankenhäusern, Hotels oder Verwaltungsstellen. Die Möbel von Timkid werden in Deutschland und Teilen Europas vertrieben, seit 2004 auch in Japan. Lt. Firmenangaben wurde der Kinderstuhl *Mobo* dort bereits mehr als 10.000 Mal verkauft. Der Markenname setzt sich aus dem Vornamen des Erfinders und der Zielgruppe der Produkte zusammen. Das Logo wurde gemeinsam mit Julia da Franca entwickelt und bedient sich der serifenlosen Bauhaus-Schrift, wobei der Name in Kleinbuchstaben geschrieben ist. Die Verwendung dieser Schrifttype liefert einen weiteren Hinweis auf die Funktionalität der entworfenen Kindermöbel.

Der Kinderstuhl Mobo von Timkid kann ohne Werkzeuge in unterschiedliche Sitzpositionen gebracht werden und passt sich somit dem Wachstum des Kindes an.

DATEN UND FAKTEN

Markenname: Timkid, Akronym, zusammengesetzt aus dem Vornamen des Erfinders und dem engl. Wort kid für Kind

Erfinder: Tim Schinkel, 1999

Markenregistrierung: 07. 11. 2000, DPMA München

Innovationen: werkzeuglos verstellbare Kinderstühle

UNTERNEHMEN

Timkid GmbH

SCHON GEWUSST?

- Etwa 3.650 Mal wechseln Eltern einem Kind in den ersten drei Lebensjahren die Windeln. Entsprechend sollte der Wickeltisch Rücken schonend für die Erwachsenen und sicher für das Kind sein. Beides erfüllt der Wickeltisch Owo – und kann nach der Windelzeit als Kindertisch weiterbenutzt werden.
- Auch im Zentrum der Macht findet sich ein Timkid-Wickeltisch: Im Berliner Bundestag wird auf einem Owo gewindelt.

timkid®

Timkid produziert seit 2000 den OWO-Wandwickeltisch.

Hauptsitz: Dömitz, Deutschland

Geschäftsführer: Tim Schinkel

Vertrieb: Europa und Japan mit Vertriebspartnern

KONTAKT

Timkid GmbH
Mühlendeich 15
19303 Dömitz
(03 87 58) 3 69–33
(03 87 58) 3 69–36
www.timkid.de

TIPP-EX

Das klassische Fluid von Tipp-Ex (Mitte) wurde 1965 am dt. Markt eingeführt, die Korrekturhilfe gibt es in verschiedenen Ausführungen, so auch als Stift (unten).

Die Marke Tipp-Ex® ist seit ihrer Erfindung 1959 ein Synonym für Korrekturprodukte im Bürobereich und hat sich in Deutschland als Gattungsbegriff etabliert. Als Otto Wilhelm Carls die Tipp-Ex GmbH gründete, wählte er für das Unternehmen und sein Markenprodukt einen aussagekräftigen Namen: Der Name der Marke Tipp-Ex setzt sich zusammen aus Tipp, abgeleitet von der Tätigkeit des „Tippens" und Ex, aus dem Lat. für aus bzw. ehemalig. Das Logo von Tipp-Ex®, weiße Schrift auf rotem Hintergrund, greift den Korrekturvorgang grafisch auf: Die Farbgebung soll mit der Farbe Rot Schreibfehler assoziieren, während das Weiß die Korrektur symbolisiert: Der Einsatz von Tipp-Ex® erlaubt Fehler. Das bringt auch der Markenslogan, leicht ironisch gewendet, auf den Punkt: „Tipp-Ex® - man kann seine Meinung immer noch ändern". Die Produktpalette der Familienmarke Tipp-Ex® hat sich im Laufe der Jahre beständig erweitert. Die erste Korrekturhilfe von 1959 war ein Korrekturblättchen. Es bestand aus einem mit weißer Masse beschichteten Papierstreifen, mit dessen Hilfe falsch getippte Buchstaben durch nochmaliges Anschlagen korrigiert werden konnten. 1965 folgte das flüssige Korrekturmittel *Tipp-Ex® Fluid*, das heute als *Tipp-Ex® Rapid* vertrieben wird. Mit dieser flüssigen Korrekturhilfe lassen sich auch Fehler auf anderen Schriftstücken als Maschinegeschriebenem beseitigen. Mit der Erfindung des Korrektur-Rollers *Tipp-Ex® Pocket Mouse* gelang dem Unternehmen 1990 die bislang erfolgreichste Produktneueinführung. Tipp-Ex®-Produkte können in Deutschland und Österreich über den Bürofachhandel, Versandkataloge, den Großhandel sowie Drogerie- und Supermärkte bezogen werden. In Nord-, Mittelamerika und Ozeanien ist die Marke, die

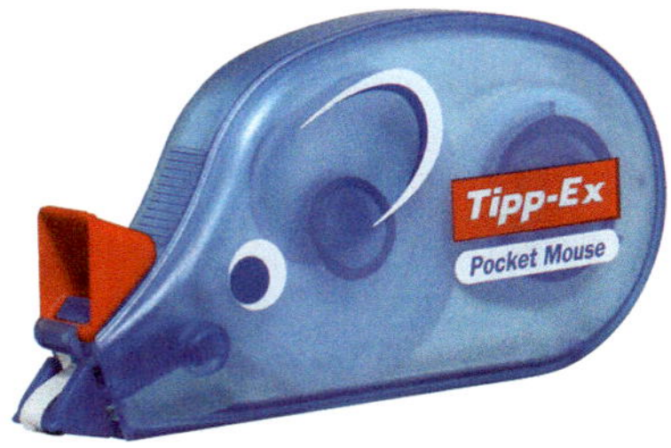

Zu den erfolgreichsten Produkteinführungen unter der Marke Tipp-Ex gehört die *Pocket Mouse* von 1990.

seit 1997 zur BIC-Unternehmensgruppe gehört, unter dem Namen *Wite-Out®*, engl. „ausradieren" bekannt. Die franz. BIC-Gruppe stellt neben Bürobedarf auch Feuerzeuge und Malutensilien für Kinder her und vertreibt ihre Produkte weltweit.

DATEN UND FAKTEN

Markenname: Tipp-Ex, Kunstname, zusammengesetzt aus **Tipp**en und lat. **Ex** für aus, ehemalig

Slogan: „Tipp-Ex® - man kann seine Meinung immer noch ändern" (1999)

Gründer: Otto Wilhelm Carls, 1959, Frankfurt/Main

Markenregistrierung: 06. 07. 1962, DPMA München

Innovationen: Tipp-Ex® Fluid (1965), Korrektur-Roller Tipp-Ex® Pocket Mouse (1990)

UNTERNEHMEN

BIC Deutschland GmbH & Co. OHG

Hauptsitz: Eschborn, Deutschland

Geschäftsführer: Nicolas Paillot

Weitere Marken: → BIC® Cristal Kugelschreiber, → BIC® Feuerzeuge, → BIC® Kids

Gesamtumsatz: 170 Mio. Euro (2006)

Vertrieb: in über 160 Ländern

KONTAKT

BIC Deutschland GmbH & Co. OHG
Ginnheimer Str. 4
65760 Eschborn
(0 61 96) 50 60–5
(0 61 96) 50 60–9 99
www.bicworld.com

Ansprechpartner Marketing:
Susanne Franken
(0 61 96) 50 60-7 04
susanne.franken@bicworld.com

SCHON GEWUSST

▌Die erste funktionsfähige Schreibmaschine wurde 1866 von ihrem Erfinder Peter Mitterhofer am Kaiserhof in Wien vorgestellt. Die Präsentation der ersten elektrischen Schreibmaschine folgte 1957 in Hannover - und schon zwei Jahre später kam Tipp-Ex® auf den Markt.

TIPP-KICK

Seit über 80 Jahren ist die Marke Tipp-Kick bekannt für Tischfußballspiele. Die Spielidee kam Edwin Mieg und Carl Mayer im Jahr 1924 in Stuttgart als Reaktion darauf, dass Fußball in Deutschland immer mehr in Mode kam. Die Bestandteile eines klassischen Tipp-Kick-Spiels sind ein zusammenrollbares Vlies als Fußballfeld, zwei Tore aus Kunststoff, Spielfiguren und ein Ball. Der Spielname beschreibt das, was beim Tipp-Kick geschieht: Mit dem Finger wird das Knöpfchen auf dem Kopf der Miniatur-Fußballspieler gedrückt, die daraufhin den Ball mit ihrem Bein kicken. Aktuell werden zwischen 60.000 und 80.000 der Spiele pro Jahr abgesetzt. Einen Absatzrekord erzielte das Unternehmen 1954 anlässlich des dt. WM-Titelgewinns mit 180.000 verkauften Spielen. Das Angebot wird kontinuierlich erweitert durch neue Spielvarianten und Sondereditionen. Etwa 30 % des Umsatzes kommen zusätzlich durch Zubehör zustande. Das Markenlogo wurde 1924 von Edwin Mieg entworfen und zeigte den Tipp-Kick-Schriftzug in weißen Lettern und einen gezeichneten Fußballspieler in Aktion. Heute besteht das Markenzeichen aus dem kursiv gesetzten Schriftzug in prägnantem Rot. Besonderer Werbepate für die Tipp-Kick-Spiele war im Jahr 1968 Fußballer Gerd Müller. Mit Tipp-Kick-Turnieren, Vereinen im zugehörigen Verband und der umfangreichen Website betreibt das Unternehmen intensive Markenpflege. Für Werbeaufwendungen werden pro Jahr rund 100.000 Euro investiert. Die Edwin Mieg OHG, die ihren gesamten Umsatz mit Tipp-Kick erwirtschaftet und in dritter Generation in Familienbesitz ist, beschäftigt aktuell 45 Mitarbeiter. In Deutschland, der Schweiz und Österreich setzt sie 80 % ihrer Tipp-Kick-Spiele ab.

UNTERNEHMEN

Edwin Mieg OHG
Dickenhardtstr. 55
78054 Villingen-Schwenningen
(0 77 20) 85 58-80
(0 77 20) 85 58-88
www.tipp-kick.de

TITAN

Die Konsumgütermarke TITAN steht seit über 20 Jahren für leichtes und funktionales Reisegepäck. Der Firmengründer Thomas Wagner entwickelte 1983 das Konzept für die Marke und setzte mit seiner farbenfrohen

TITAN verwendet bei der Verarbeitung innovative Rohstoffe, die einen Mittelweg zwischen Haltbarkeit und Handhabbarkeit gewährleisten.

Produktpalette einen klaren Gegentrend zur damals herrschenden Koffermode in Deutschland, die von konservativen und dunklen Farben geprägt war. Die Wortmarke TITAN steht - in Anlehnung an das griech. Göttergeschlecht der Titanen und das nach diesem benannte chemische Element - für Größe, Volumen und Festigkeit. Das Unternehmen verwendet bei der Verarbeitung innovative Rohstoffe wie z. B. Polycarbonat, ein besonders leichter und elastischer Kunststoff, der einen Mittelweg zwischen Haltbarkeit und Handhabbarkeit der Produkte gewährleistet. Das Logo der Marke TITAN ist eine Eigenentwicklung des Firmengründers und soll Dynamik, Leichtigkeit und Stärke symbolisieren. Mit einer Überarbeitung des Markenzeichens wurde eine neu entwickelte Schrift und Farbgebung eingeführt. Seitdem erscheint es in der Farbe Titan-Grau. Bei der Herstellung seiner Produkte kooperiert das Unternehmen mit spezialisierten Zulieferern. Diese ermöglichen maßgeschneiderte Lösungen, die z.T. weltweit patentiert sind. Z. B. werden in einigen Produktlinien gefederte Rollen eingesetzt, die für eine bessere Handhabung der Gepäckstücke sorgen. Die Marke spricht Reisende jeder Altersgruppe mit so-

Das Tischfußballspiel Tipp-Kick gibt es bereits seit über 80 Jahren.

Das Markenlogo von TITAN (oben), Modell der Produktserie X2 (Mitte), Firmengründer und Geschäftsführer Thomas Wagner (unten)

Packaging-Formate im Corporate Design von TNT (Mitte), Thomas Kraus, Geschäftsführer der TNT Express GmbH (unten)

wohl klassischen als auch modischen Gestaltungsansprüchen an. Im gehobenen Bereich ergänzt die Lizenzmarke *Lufthansa travel goods by TITAN* das Produktportfolio des Herstellers. Die Thomas Wagner GmbH mit Stammsitz im bayerischen Penzberg erzielte 2006 mit 40 Mitarbeitern einen Umsatz von 20 Mio. Euro, davon entfielen 90 % auf die Marke TITAN. Das Unternehmen vertreibt seine Produkte über ein weltweites Netz von Vertriebspartnern.

DATEN UND FAKTEN

Markenname: TITAN, Göttergeschlecht aus der griech. Mythologie und chemisches Element

Slogan: „Designed for Tomorrow" (seit 2003)

Gründer: Thomas Wagner, 1983, Penzberg

Markenregistrierung: 04.08.1997, DPMA München

Innovationen: TITAN X2 Serie (2006)

Jahresumsatz: 18 Mio. Euro (2006)

Werbespendings: 1,5 Mio. Euro (2006)

Auszeichnungen:
„gut 1,7", Stiftung Warentest für Produktserie *TITAN Xenon* (2004)
„I. L. M. Award", Messe Offenbach für Produktserie *TITAN Venus* (2004)

UNTERNEHMEN

Thomas Wagner GmbH

Hauptsitz: Penzberg, Deutschland

Geschäftsführer: Thomas Wagner

Weitere Marken: Lufthansa travel goods by TITAN

Gesamtumsatz: 20 Mio. Euro (2006)

Vertrieb: weltweit über Vertriebspartner

SCHON GEWUSST?

▌Die Firma TITAN ist vielfach Ausrüster im Sport- und TV-Bereich. So waren die Produkte von TITAN in einer bekannten dt. Model-Casting-Show im Jahr 2007 zu sehen. Berühmt wurde das Zitat eines der jungen Nachwuchsmodels: „Keine Tasche, keine Competition." Die Kandidatin hatte Ihr grünes Beautycase auf dem Laufsteg vergessen und schied aufgrund dieses Fauxpas enttäuscht aus dem Wettbewerb aus.

KONTAKT

Thomas Wagner GmbH
Grube 27
82377 Penzberg
☏ (0 88 56) 92 92-0
🖷 (0 88 56) 8 31 19
💻 www.titan-bags.com

Ansprechpartner Presse & Kommunikation:
Dirk Schmidinger
☏ (0 88 56) 92 92-30
✉ dirk.schmidinger@titan-bags.com

TNT EXPRESS

TNT Express ist einer der weltweit führenden Expressdienstleister für Geschäftskunden. Das Unternehmen TNT wurde 1946 in Sydney als Thomas Nationwide Transport gegründet. Seit 1996 gehörte es der ehemaligen niederl. Staatspost Koninklijke Post Nederland (KPN) an, später der hiervon abgespaltenen TPG, die selbst seit 2006 offiziell den Namen TNT trägt. Seit 1998 wird das Unternehmen an der Börse in Amsterdam notiert. Zudem führte TNT im selben Jahr weltweit eine neue, einheitliche Corporate Identity ein. Die Holding TNT N. V. gliedert sich in zwei Geschäftsbereiche: TNT Post und TNT Express. Ein dritter Geschäftsbereich, TNT Logistics, wurde 2006 verkauft und firmiert seither als Ceva Logistics. Der Hauptsitz der TNT Express GmbH Deutschland, die bundesweit mit 31 Niederlassungen und 4.400 Mitarbeitern vertreten ist, befindet sich in Troisdorf bei Bonn. TNT Express ist eine internat. Marke der Kurier-Express-Paketdienst-Branche. TNT Express beschäftigt weltweit 54.000 Mitarbeiter, die TNT Group ist weltweit mit 159.000 Mitarbeitern aufgestellt. Wöchentlich werden durchschnittlich 4,1 Mio. Pakete, Dokumente und Frachtstücke in über 200 Länder geliefert. TNT Express verfügt lt. eigenen Angaben mit 23.400 Fahrzeugen, 44 Flugzeugen und mit über 1.200 Depots, Hubs und Sortierzentren über die ausgedehnteste Infrastruktur für die Expresszustellung. Zielgruppe sind alle Institutionen, die einen Bedarf an Haus-zu-Haus-Zustellungen im KEP-Bereich mit tag- und zeitgenauer Auslieferung haben. Das Logo mit den drei eingekreisten Buchstaben in der Farbe Orange soll Sympathie, Dynamik und Vertrauenswürdigkeit signalisieren. Als zentrale Bestandteile des Markenwertes nennt das Unternehmen Aspekte wie Geschwindigkeit, Innovation, Zukunftsorientierung, kunden- und lösungsorientiertes Handeln, individuel-

Neben den bestehenden internat. Produkten *9:00 Express* und *12:00 Express* bietet TNT Express seit 2007 auch die internat. Expressdienste *10:00 Express* und *12:00 Economy Express* an.

len Service und den verantwortungsvollen Umgang mit der Gesellschaft. Zu den erklärten Zukunftsstrategien gehört der Ausbau der internat. Wachstumsmärkte sowie die Expansion auf dem dt. Briefsektor mit TNT Post. Lt. einer Imagestudie von TNS Emnid im Auftrag von LOGISTIK inside erreicht TNT Express einen gest. Bekanntheitsgrad von 99 % (2007). Befragt wurden 300 Logistikentscheider in dt. Industrie- und Handelsunternehmen. In der Kategorie KEP-Dienste belegte TNT Express in derselben Befragung Platz 1.

DATEN UND FAKTEN

Markenname: TNT, Australien, Abkürzung von **T**homas **N**ationwide **T**ransport

Slogan: „It's our Business to deliver yours"

Gründer: Ken Thomas, 1946 Sydney/ Australien

Innovationen: *10:00 Express* und *12:00 Economy Express* (2007)

Markenbekanntheit: 99 % gest. (LOGISTIK inside, 2007)

Jahresumsatz: 6 Mrd. Euro (2006)

Auszeichnungen:
„Platz 1", LOGISTIK inside-Image Ranking 2007 in der Kategorie Kurier-Express-Paket-Dienste (2007)
„Bosch Supplier Award", Robert Bosch GmbH (2007)
„EFQM Excellence Award", European Foundation for Quality Management (EFQM) (2006)
„Ludwig-Erhard-Preis", Initiative Ludwig-Erhard-Preis (2003)

UNTERNEHMEN

TNT Express GmbH

Hauptsitz: Troisdorf, Deutschland

Geschäftsführung: Thomas Kraus

Weitere Marken: TNT Post, TNT Mehrwertlogistik, TNT Innight, TNT Akademie

Gesamtumsatz: 10,1 Mrd. Euro (Konzernumsatz, 2006)

Vertrieb: 31 Niederlassungen in Deutschland, 63 Niederlassungen weltweit, aktiv in 200 Ländern

KONTAKT

TNT Express GmbH
Head Office Germany
Haberstr. 2
53842 Troisdorf
✆ (0 22 41) 4 97–0
www.tnt.de

Ansprechpartner Presse:
Markus Wohler
✆ (0 22 41) 4 97–13 00
✉ Markus.Wohler@tnt.de

Ansprechpartner Marketing:
Lutz Blankenfeldt
✆ (0 22 41) 4 97–35 00
✉ Lutz.Blankenfeldt@tnt.de

MEILENSTEINE

1946 Der Transportunternehmer Ken Thomas gründet in Sydney/Australien die Thomas Nationwide Transport (TNT).

1969 TNT wird in Europa aktiv.

1991 Gemeinsam mit Postorganisationen aus fünf Ländern wird die GD Express Worldwide als Joint Venture gegründet.

1998 TNT führt weltweit eine neue, einheitliche CI ein.

1999 Gründung der eigenen Frachtfluggesellschaft TNT Airways in Lüttich.

2006 Im jährlichen Ranking der Wirtschafts- und Finanzzeitung → Handelsblatt belegt TNT Express Rang 1 unter 180 untersuchten Unternehmen im Bereich der kundenorientiertesten Dienstleister.

TOBLERONE

Toblerone ist eine Marke der Kraft Foods Schweiz AG und steht für Schokoladenprodukte, die auf einer speziellen Rezeptur aus

Die Inspiration zur markentypischen Dreiecksform von Toblerone gab möglicherweise das Schweizer Alpenpanorama.

Zum Angebot von Togal gehören z. B. Schmerztabletten, Fußpflegeprodukte und Nahrungsergänzungsmittel.

Mit einem crossmedialen Angebot und Lizenzprodukten richtet sich die Marke TOGGO an Kinder zwischen sechs und 13 Jahren.

Milchschokolade und weißem Honig-Mandel-Nougat basieren. Sie werden in der für die Marke charakteristischen Dreiecksform angeboten, die sowohl die Schokolade selbst als auch ihre Verpackung kennzeichnet. Toblerone-Schokolade ist heute in verschiedenen Größen und Geschmacksrichtungen erhältlich. Der Markenname bezieht sich einerseits auf den Namen des früheren Herstellers, der Tobler AG, andererseits auf das Wort Torrone, die ital. Bezeichnung für Nougat. Seit 2000 findet sich nicht mehr das herkömmliche Logo mit dem blau-weißen Matterhorn und dem darüber liegenden Schriftzug "Toblerone" auf der Produkt-Verpackung, sondern ein stilisiertes, golden schimmerndes Bergmassiv. 1906 meldete die Tobler AG in Bern ein Patent auf die Herstellung von Toblerone an. 1908 brachten der Schweizer Schokoladenfabrikant Theodor Tobler und dessen Cousin und Produktionsleiter Emil Baumann Toblerone auf den Markt. 1909 wurde auch der Name Toblerone in der Schweiz rechtlich geschützt. Es gibt zwei Erklärungsansätze zum Ursprung der markentypischen Dreiecksform. Dem einen zufolge soll das Schweizer Alpenpanorama Theodor Tobler inspiriert haben. Nach der anderen Erklärung brachte eine pyramidenförmige Tanzformation, die Tobler in einem Pariser Varieté sah, den Gründer auf die Idee, eine Schokolade in ähnlicher Form zu produzieren. Seit 1994 stehen der Name, die Verpackung und die Dreiecksform in zahlreichen Ländern unter Markenschutz. Toblerone ist heute Teil der Kraft Foods Schweiz AG und wird exkl. in Bern produziert.

UNTERNEHMEN

Kraft Foods Schweiz AG
Bellerivestr. 203
CH-8032 Zürich
☏ +41 44 38 78 82
🖷 +41 4 43 87 81 30
💻 www.toblerone.ch

TOGAL

Togal steht für Arzneimittel und Pflegeprodukte. Das Angebot ist in die Bereiche Health- und Medical-Pharm sowie Consumer Products untergliedert. Zur Produktpalette gehören z. B. Schmerztabletten, Fußpflegeprodukte und Nahrungsergänzungsmittel. Die Togal-Werk AG betreibt eine eigene Forschungs- und Entwicklungsabteilung, in der es keine Tierversuche gibt. Jüngste Innovation ist ein Aroma-Pflaster, das ein Heilpflanzenextrakt enthält. Auf den Produkten ist das Logo der Marke, der Schriftzug Togal auf rotem Grund mit einem weißen Rahmen, zu finden. Das Unternehmenslogo der Togal-Werk AG präsentiert die Unternehmensbezeichnung in serifenlosen Versalien, versehen mit dem Zusatz „Munich - Vienna - Lugano", kleiner und in derselben Typografie. Gegründet wurde das Unternehmen 1914 von Gerhard F. Schmidt, dessen Sohn Günther J. Schmidt die Firmenleitung seit 1960 innehat. Das erste Produkt war ein Schmerzmittel, das schon 1920 in über 30 Länder exportiert wurde. 1925 folgte die Gründung eines Schwesterunternehmens im schwz. Lugano. 1938 wurde mit *Efasit-Fußpflege* ein Produktsortiment eingeführt, das bis heute vertrieben wird und nach Angaben des Herstellers seit 1980 Marktführer im Bereich Fußpflege ist. Der Vertrieb der Togal-Produkte erfolgt über Apotheken, den Großhandel, Drogerien, Warenhäuser und Verbrauchermärkte. Auch Telefonmarketing und Internet werden im Vertrieb genutzt. Die Produkte werden in zahlreichen europäischen Ländern sowie u. a. in Kanada, Taiwan und im Libanon vertrieben. Zur Zukunftsstrategie gehört es, die zunehmende Bedeutung osteuropäischer, lateinamerikanischer und asiatischer Märkte zu würdigen. Der Alleinaktionär Günther J. Schmidt hat veranlasst, dass die Togal-Werke in München und Lugano nach seinem Tod in die von ihm gegründete Stiftung eingehen werden.

UNTERNEHMEN

Togal-Werk München
Ismaninger Str. 105
81675 München
☏ (0 89) 92 59-0
🖷 (0 89) 92 59-95
💻 www.togal.de

TOGGO

Unter dem Markennamen TOGGO produziert und vermarktet der private Fernsehsender →Super RTL sein Kinderprogramm in der Daytime. Die Marke richtet sich an Schulkinder. Hier ist Super RTL Marktführer in Deutschland (Mai 2007, AGF/GfK). Der Sender setzt TOGGO als Lizenzmarke ein. Sie wird crossmedial sowohl für das Fernsehprogramm, den Online-Auftritt als auch für Events und Printmedien verwendet. Unter dem Namen TOGGO sind außerdem Produkte wie beispielsweise *Flic'n'Lic* mit insgesamt 75 Mio. verkauften Produkteinheiten seit 2002, verschiedene Spiele und der Mobil-

TOGGO gehört zum privaten Fernsehsender Super RTL und ist nach eigenen Angaben Marktführer bei den Sechs- bis 13-Jährigen.

funktarif *TOGGO mobile* erhältlich. Bei Super RTL trägt ein eigenproduziertes Mitmachmagazin für Kinder ab sechs Jahren den Namen *TOGGO TV*. Das Onlineportal www.toggo.de ist an den Seitenabrufen gemessen die beliebteste Internetseite für Kinder. Im angeschlossenen *TOGGO Treff* kann sich jedes Kind kostenlos eine eigene E-Mail-Adresse anlegen und eine eigene Homepage gestalten. Im Friendfinder haben Kinder die Möglichkeit, ein Profil anzulegen. Zudem gibt es einen Internet-Chat, der von Redakteuren moderiert wird. Der *TOGGO CleverClub* ist ein kostenpflichtiges Internetangebot für Grundschulkinder. In über 70 Lernspielen werden die Fähigkeiten in schulrelevanten Themen wie Deutsch, Mathematik, Englisch und Sachkunde gefördert. Zudem wird interessierten Kindern die Teilnahme an Events wie *TOGGO Sommercamps*, *TOGGO SpaßTag* und *TOGGO Tour* angeboten. Seit 2005 gibt es die Untermarken *TOGGO SPORTS*, *TOGGO MUSIC* und *TOGGO CLEVER*. Für jüngere Kinder gibt es mit →TOGGOLINO ein ähnliches Angebot. Den Markennamen TOGGO hat die Endmark GmbH, ein Unternehmen für Benennungs-Marketing, im Jahr 2001 entwickelt. Das Logo stammt aus der Grafikabteilung von Super RTL. Es zeigt den orangefarbenen Schriftzug des Markennamens in Versalien, der von einer roten Ellipse eingerahmt wird. TOGGO wird mit dem Slogan „TOGGO – weil's Spaß macht." beworben. Mit dem Kampagnen-Claim „Wir sind voll TOGGO – und wie TOGGO bist du?" richtet sich der Sender insbesondere an Jungen und Mädchen im Alter von neun bis 13 Jahren. Zur Einführung im Jahr 2001 lautete der Slogan „100 % TOGGO".

DATEN UND FAKTEN

Markenname: TOGGO, Kunstwort

Claim: „TOGGO – weil's Spaß macht."

Gründer: RTL Group und DISNEY (Unternehmen), 1999, Köln

Markenregistrierung: 06.07.1999, DPMA München

Innovationen: *TOGGO Sommercamps*, *TOGGO SpaßTag*, *TOGGO Games* (für Nintendo)

Markenbekanntheit: 92 % gest. in der Gruppe der Sechs- bis Zwölfjährigen (KinderBus-Befragung im Auftrag von Super RTL, 2005)

Markenwebsite: www.toggo.de; www.toggocleverclub.de

UNTERNEHMEN

RTL DISNEY Fernsehen GmbH & Co. KG

Hauptsitz: Köln, Deutschland

Geschäftsführung: Claude Schmit

Weitere Marken: TOGGOLINO, Super RTL, elementgirls, toni.de

Vertrieb: Deutschland, Österreich, Schweiz, Lichtenstein

KONTAKT

RTL DISNEY Fernsehen GmbH & Co. KG
Richard-Byrd-Str. 6
50829 Köln
☏ (02 21) 91 55-0
🖷 (02 21) 91 55-10 19
🖳 www.superrtl.de

Ansprechpartner Presse:
Sabine Kreft
☏ (02 21) 91 55-10 10
✉ sabine.kreft@superrtl.de

Ansprechpartner Marketing:
Thomas Engelmann
☏ (02 21) 91 55-13 11
✉ thomas.engelmann@superrtl.de

Lead-Agentur:
castenow. communications GmbH
🖳 www.castenow.de

SCHON GEWUSST?

▮ Das Mobilfunkangebot *TOGGO mobile* ist speziell auf Kinder zugeschnitten. Besonders attraktiv für besorgte Eltern ist die Ortungsfunktion: Über die Internetseite von *TOGGO mobile* lässt sich feststellen, wo sich das registrierte Handy (und damit das Kind) aufhält. In dem Mobilfunktarif sind acht Ortungen im Monat kostenlos.

Zum Markenleitbild von TOGGOLINO gehören die zentralen Elemente Freundschaft, Hilfsbereitschaft, Spiel und Spaß sowie pädagogisch wertvolle Lernangebote.

TOGGOLINO

Die Marke TOGGOLINO steht für mediale Unterhaltungsinhalte und Produkte für Vorschulkinder. Kernzielgruppe sind Kinder zwischen drei und sechs Jahren. Der Markenname ist eine Verniedlichung von →TOGGO. TOGGOLINO soll Eltern auf spielerische Art und Weise bei der Förderung ihres Kindes unterstützen. Die Marke gehört zur RTL DISNEY Fernsehen GmbH & Co. KG, kurz Super RTL. Der Name wurde von der Endmark GmbH entwickelt. Der Markenauftritt ist durch die Farben Orange und Grün gekennzeichnet. Das Logo zeigt den Namenspatron und Hauptcharakter der Marke: ein Kuhkälbchen namens Toggolino. Die Marke stellt crossmedial die Verbindung zu Programminhalten von →Super RTL her: Bei TOGGOLINO treffen Kinder ihre Stars wie Bob der Baumeister und Feuerwehrmann Sam. Wesentlich ist dabei das Internetportal toggolino.de. Im TOGGOLINO Club stehen über 100 werbefreie Lernspiele zur Verfügung. Dieser kostenpflichtige Online-Club hat lt. Unternehmensangaben seit Oktober 2002 über 70.000 Abonnenten gewonnen. Seit Oktober 2006 gibt es das Radio-Format TOGGOLINO Kinderzeit. Seit Juni 2007 sind erste Clips vom Kälbchen Toggolino und seinen Freunden im Vorschulprogramm von Super RTL zu sehen. Die Marke verspricht Mutter und Kind einen Schutzraum mit ersten pädagogisch wertvollen Lernangeboten. Der Sender Super RTL setzt die Marke TOGGOLINO als Lizenzmarke ein. Unter dem Markennamen sind außerdem Produkte wie Lernspiele, Kinderspiele, Plüschfiguren oder Kindereis erhältlich. Auf dem Fernsehmarkt ist TOGGOLINO in der Gruppe der Vorschulkinder nach Angaben des Unternehmens Marktführer. Die Marke wird in Deutschland, Österreich, der Schweiz und Lichtenstein vertrieben.

DATEN UND FAKTEN

Markenname: TOGGOLINO, Kunstname, Verniedlichung der Schwestermarke TOGGO

Claim: „Lernen, Lachen, Späße machen"

Gründer: Super RTL, 2001, Köln

Markenregistrierung: 23.05.2000, DPMA München

Innovationen: *TOGGOLINO Leckerschmeckerbox*, Kindereis (2007)

Markenbekanntheit: 68 % gest. bei Eltern mit Kindern im Alter von zwei bis sieben Jahren (T. I. P. Biehl & Wagner, 11/2006)

Markenwebsite: www.toggolino.de

UNTERNEHMEN

RTL DISNEY Fernsehen GmbH & Co. KG
Richard-Byrd-Str. 6
50829 Köln
☏ (02 21) 91 55-0
Fax (02 21) 91 55-10 19
www.superrtl.de

Tom Tailor wird über Franchise-Stores, Shop-in-Shops und eigene Läden in Deutschland, Österreich, der Schweiz und den Benelux-Ländern sowie über Vertriebspartner im weiteren Ausland vertrieben.

TOM TAILOR

Tom Tailor ist eine internat. aufgestellte Modemarke. Entwickelt wurde Tom Tailor in den 1970er-Jahren von den Eigentümern der Firma Henke & Co, die 1962 in Hamburg von Hans-Heinrich Pünjer als Importunternehmen von Herrenhemden gegründet worden war. Anlässlich der ersten Modekollektion mit internat. Anspruch führte das Unternehmen 1979 die Konsumgütermarke Tom Tailor ein. Der Markenname ist ein Kunstwort, das Internationalität signalisiert. Das Produktportfolio der Tom Tailor GmbH gliedert sich in mehrere Divisionen mit unterschiedlichen Zielgruppen. So richten sich die Kollektionen aus dem Bereich Denim female und male an 15- bis 25-Jährige, während die Linien Women und Men für Kunden im Alter zwischen 20 und 39 Jahren stehen. Hinzu kommen die Divisionen Kids Boys und Girls für Kinder zwischen sieben und 14 Jahren und Mini Boys bzw. Mini Girls für Kinder ab eineinhalb Jahren. Erweitert wird das Produktportfolio zudem über elf Lizenzen für Accessoires wie z. B. Taschen, Gürtel, Schuhe, Schmuck und Uhren. Als Markenlogo dient der Buchstabe T in einem Oval, zusammen mit dem Schriftzug Tom Tailor. Als Hausschrift verwendet das Unternehmen Helvetica 75 Bold, Hausfarbe ist Pantone 296 C. Tom Tailor ist weltweit in über 80 Ländern aufgestellt. Dazu gehören eigene Läden in Deutschland und Österreich, Tochterfirmen mit Franchisepartnern in der Schweiz und den Benelux-Ländern sowie über 50.000 POS weltweit. Der erste Flagship-Store in Deutschland eröffnete 2006 auf der Königsallee in Düsseldorf. Tom Tailor erreicht lt. der Spiegel Outfit 6 Studie aus dem Jahr 2007 eine gest. Markenbekanntheit von 71,2 %. Das Unternehmen wird von Dieter Holzer geleitet und beschäftigt weltweit ca. 600 Mitarbeiter.

DATEN UND FAKTEN

Markenname: Tom Tailor, Kunstname, der Internationalität signalisiert.

Slogan: „We dress people" (bis 2003)

Gründer: Hans-Heinrich Pünjer, 1979

Markenregistrierung: 1977

Innovationen: Tom Tailor Denim Cashmere Jeans (2007)

Markenbekanntheit: 71,2 % gest. (Spiegel Outfit 6 Studie, 2007)

UNTERNEHMEN

Tom Tailor GmbH
Garstedter Weg 14
22453 Hamburg
(0 40) 5 89 56-0
(0 40) 5 89 56-3 98
www.tom-tailor.com

TOMMY HILFIGER

Grundlage des weltweiten Erfolges von Tommy Hilfiger ist die Vision, mit seinen Kreationen die Vielfalt Amerikas widerzuspiegeln. Zum breit gefächerten Portfolio gehört der Bereich Sportswear für Männer und Frauen, die Jeans Linie Hilfiger Denim sowie Kinderkleidung, Unterwäsche und Schuhe. Hinzu kommen die technisch abgestimmten Kollektionen für die Sportarten Golf, Segeln, Ski und Schwimmen. Darüber hinaus kooperiert Tommy Hilfiger mit verschiedenen Lizenzpartnern, u.a. in den Bereichen Uhren, Taschen, Brillen und Parfums. Mit diesem Sortiment richtet sich das Label vor allem an Frauen und Männer zwischen 28 und 45 Jahren. Mit Hilfiger Denim werden zudem 16- bis 28-Jährige angesprochen. Zu den jüngsten Produkten aus dem Hause Tommy Hilfiger gehört die von Karl Lagerfeld entworfene Linie K. Das Logo der Marke steht als Symbol für den amerikanischen Lebensstil. Zwischen den beiden Namensteilen zeigt es die typische Flagge in den Farben Blau, Weiß und Rot. Der Slogan von Tommy Hilfiger beschreibt den Stil seiner Mode: „classic, american, cool" – sie ist klassisch und sportlich, kombiniert mit raffinierten Details und eleganten Extras. Tommy Hilfiger Mode und das rot-weiß-blaue Logo sind damit zu Symbolen des All-American-Spirit geworden. Für die Mode aus dem Hause Tommy Hilfiger warben schon prominente Personen wie die Sängerin Beyonce Knowles oder der franz. Fußballspieler Thierry Henry. Außerdem ist Tommy Hilfiger der Ausstatter des Profi-Golfers Nick Doherty. Die erste Kollektion unter dem eigenen Namen präsentierte Tommy Hilfiger bereits 1985. Das eigentliche Unternehmen Tommy Hilfiger USA wurde schließlich 1989 gegründet und ist im Highfashion-Segment positioniert. In Europa ist seine Mode seit 1997 käuflich zu erwerben. Die Geschäfte in Deutschland, Polen, Österreich und in der Schweiz werden von Oliver Timm geführt. In diesen Ländern hat das Unternehmen 650 Mitarbeiter. Die Europazentrale von Tommy Hilfiger hat ihren Sitz in Amsterdam.

DATEN UND FAKTEN

Markenname: Tommy Hilfiger, Name des Designers und Gründers des Modekonzerns

Slogan: „classic, american, cool"

Gründer: Tommy Hilfiger, 1989

Markenregistrierung: 31.07.1987, DPMA München

Auszeichnungen:
„Herrenmode-Designer des Jahres", Council of Fashion Designers (1995)
„VH1-Award From the Catwalk to the Sidewalk", VH1 (1995)
„Designer des Jahres", Parson School of Design (1998)
„GQ-Designer of the Year" (1998)

UNTERNEHMEN

T. H. Deutschland GmbH
Kaiser-Friedrich-Ring 1
40545 Düsseldorf
(02 11) 55 98 70
(02 11) 55 98 71 11
www.tommy.com

TÖPFER

Die Naturheilmittelmarke Töpfer steht für Pflegeprodukte auf der Basis von Weizenkleie. Bekanntestes Produkt ist das *Kinder Kleiebad*. Erstmals stellte die Töpfer GmbH das Bad für Kinder 1936 her. Der Kinderarzt Prof. Dr. Wilhelm Stoeltzner vom Universitäts-Kinderklinikum in Königsberg hatte seine Idee damals dem Unternehmen vorgestellt. Er hatte aus bewährten Hausmitteln wie Kleie- und Molkebädern eine neue Komposition entwickelt, die für jene Kinder geeignet war, die einfache Wasser-Seife-Bäder aufgrund von Hautkrankheiten nicht vertrugen. Als Weizenkleie bezeichnet man die Kör-

TOMMY HILFIGER

Das Logo von Tommy Hilfiger symbolisiert den amerikanischen Lebensstil (oben). Tommy Hilfiger, Gründer des gleichnamigen Modelabels und einer der bekanntesten Modedesigner der Welt (unten)

Das Kinder Kleiebad von Töpfer ist das bekannteste und älteste Produkt des Unternehmens.

Eine Innovation der Marke Toppits sind Dampf-Gar-Beutel, die das Kochen in der Mikrowelle erleichtern.

nerschalen, die beim Mahlen des Getreides übrigbleiben. Hauptbestandteile sind Zellulose, Hemizellulose und Lignin. Der Kleie werden drei Wirkungsweisen zugeschrieben, die auch mit der Marke Töpfer betont werden: Schutz vor UV-Strahlen und vor dem Austrocknen der Haut sowie die Linderung von Entzündungen. 1911 wurde die M. Töpfer Trockenmilchwerke GmbH durch den Zusammenschluss zweier Vorgängerunternehmen in Böhlen bei Leipzig gegründet. Säuglingsheilnahrung und Trockenmilch waren die Hauptprodukte. 1923 zog die Töpfer GmbH nach Dietmannsried im Allgäu, dem heutigen Stammsitz des Unternehmens. Heute gehören zum Produktportfolio Säuglingsnahrung, diätetische Lebensmittel und Naturkosmetik. Das oval geformte Logo zeigt auf hellrotem Grund in weißer Type den Markennamen Töpfer sowie den Schriftzug Allgäu, um die regionale Verbundenheit der Marke zu betonen. Der Vertrieb erfolgt über Apotheken, den Lebensmittelhandel, Drogeriemärkte und den Direktverkauf im Internet. 2003 stellte das Unternehmen seine Weizenkleie-Pflegeserie *Vival* vor. Sie richtet sich an Erwachsene und soll Juckreiz und Rötungen bei empfindlicher Haut lindern. Durch die Ausweitung des Produktportfolios möchte sich das Unternehmen als Markenanbieter für die ganze Familie etablieren und die Kleieserie der Marke Töpfer weiter ausbauen.

DATEN UND FAKTEN

Markenname: Töpfer, Familienname des Unternehmensgründers Max Töpfer

Slogan: „Das Beste fürs Baby, Töpfer Kinderbad"

Erfinder: Prof. Dr. Wilhelm Stoeltzner, 1936, Königsberg

Gründer: Max Töpfer, 1911, Böhlen

Markenregistrierung: 14.09.1937, Reichspatentamt Berlin

Gesamtumsatz: 28 Mio. Euro (2006)

Auszeichnungen:
Prüfsiegel „Kontrollierte Natur-Kosmetik" für die Töpfer GmbH (2005)
„Sehr gut" für Hautverträglichkeit des Kinder Kleiebads, Institut Dermatest (2006)

UNTERNEHMEN

Töpfer GmbH
Heisinger Str. 6
87463 Dietmannsried
☏ (0 83 74) 9 34 0
🖷 (0 83 74) 9 34 11
💻 www.toepfer-gmbh.de

TOPPITS

Unter der Marke Toppits stellt die Cofresco Frischhalteprodukte GmbH & Co.KG, die mehrheitlich zur Melitta-Gruppe gehört, Lebensmittelfolien und andere Haushaltshelfer her. Das Produktspektrum reicht von Alu- und Frischhaltefolien über Gefrierbeutel und Backpapier bis hin zu Bratschläuchen. Zubehör wie Gefrieretiketten, Spritzbeutel und Grillpfannen runden das Sortiment ab. Außerdem gibt es von Toppits ein breites Angebot an Aufbewahrungsboxen für Lebensmittel. Die Marke wurde 1985 zunächst unter dem Namen *Melitta Toppits* eingeführt. Der Markenname ist ein Kunstwort, das „Top-Qualität" assoziieren soll. Eine neue Strategie der Melitta-Gruppe sorgte für eine sukzessive Emanzipation der Marke Toppits von → Melitta. Um eine klare Trennung der einzelnen Produktbereiche zu schaffen, wurde schließlich 1988 bei allen Produkten aus dem Geschäftsbereich Frische und Geschmack der Namenszusatz *Melitta* entfernt. Das heutige Markenlogo ist in den Farben Blau (Pantone 2935), Rot (Pantone 485) und Weiß gestaltet. Regelmäßige Produktinnovationen sind ein wesentlicher Bestandteil der Markenstrategie. So kamen 2007 Toppits *Dampf-Gar-Beutel*, die das Kochen in der Mikrowelle erleichtern, auf den Markt. Während ein Zip-Verschluss das Austrocknen von Gemüse, Fleisch und Fisch verhindert, kann überschüssige Luft durch das Dampf-Ventil entweichen. Die Marke Toppits ist lt. Angaben des Herstellers deutschlandweit führend in ihrem Segment. Das Unternehmen Cofresco, an dem neben der Melitta-Gruppe auch noch S. C. Johnson beteiligt ist, erwirtschaftete 2006 mit 282 Mitarbeitern in Europa einen Außenumsatz von 46 Mio. Euro. Zum Portfolio von Cofresco gehören neben Toppits die Marken *Albal*, *Glad*, *Handy Bag* und *Ziploc*. Neben Deutschland sind Frankreich, Skandinavien, Österreich, Spanien, Italien und die Schweiz die Hauptabsatzmärkte von Cofresco.

DATEN UND FAKTEN

Markenname: Toppits, Kunstname, Assoziation zu „Top-Qualität"

Slogan: „Außen Toppits, innen Geschmack!"

Markeneinführung: 1985

Markenregistrierung: 16. 08. 1985, DPMA München

Innovationen: Quick-Tops (2005), Zipper Air (2006), BOXN (2006), Back-Bögen (2007), Ziploc Minis + Maxi (2007), Dampf-Gar-Beutel (2007)

Jahresumsatz: 46 Mio. Euro (Unternehmen, 2006)

UNTERNEHMEN

Cofresco Frischhalteprodukte GmbH & Co. KG
Melittastr. 17
32427 Minden
(05 71) 83 96-6
(05 71) 86 18 10
www.toppits.de

TOSHIBA

Toshiba ist einer der größten Elektronikkonzerne weltweit. Das Portofolio umfasst u. a. Computersysteme, Speichermedien, Projektoren, medizinische Geräte, Kassensysteme sowie Unterhaltungselektronik für Endverbraucher. Die Produkte versprechen lt. Unternehmensangaben technische Innovation und Qualität sowie Verlässlichkeit, wobei die Zielgruppe in Abhängigkeit des jeweiligen Produktbereichs variiert. Gegründet wurde Toshiba in Japan 1875 von Hisashige Tanaka. Der heutige Markenname ergab sich aus dem Zusammenschluss des jap. Konsumgüterherstellers Tokyo Denki mit dem von Tanaka gegründeten Unternehmen Shibaura Seisaku-sho. Das Logo besteht aus der in Rot gehaltenen Wortmarke in Helvetica-Schrift. Ergänzt wird das firmeneigene Farbspektrum durch ein Grau. In Europa ist Toshiba mit Hauptsitz in London seit über 30 Jahren tätig. Die Toshiba Europe GmbH in Neuss repräsentiert die europäische Zentrale für Produkte aus den Bereichen Computer-Systeme, Projektoren, Speichermedien sowie Unterhaltungselektronik und beschäftigt inkl. der Produktionsstätte in Regensburg mehr als 900 Mitarbeiter. 2003/2004 verzeichnete die Toshiba Europe GmbH nach eigenen Angaben einen Umsatz von 1,955 Mrd. Euro. Ebenfalls ansässig in Neuss ist die Toshiba TEC Imaging Systems, welche Kopierer, Faxgeräte und Dokument-Managment-Lösungen vertreibt. Toshiba zählt weltweit 161.000 Mitarbeiter und erzielt einen Jahresumsatz von ca. 53 Mrd. USD.

UNTERNEHMEN

Toshiba Europe GmbH
Hammfelddamm 8
41460 Neuss
(0 21 31) 1 58-10
(0 21 31) 1 58-3 41
www.toshiba.de

TOTAL

Die Konsum- und Industriegütermarke TOTAL steht für Mineralöl- und Gasprodukte sowie chemische Spezialerzeugnisse. Wichtigste mit der Marke verbundene Produkte sind Kraft- und Schmierstoffe, neu im Portfolio ist flüssiger Wasserstoff. Weitere wichtige unter der Marke vertriebene Produkte sind Heizöl, Flüssiggas und Erdgas, Flugbenzin sowie Bitumen. Die aktuelle Wort-/Bildmarke wurde 2003 von dem franz. Designer Laurent Vincenti entwickelt. Das Logo trägt den Namen „Les courants d'énergie“ (dt. „die Energieströme“) und soll durch seine Kugelform Energie und Bewegung symbolisieren und zugleich die Welt und die internat. Ausrichtung von TOTAL repräsentieren. Die Verflechtung der farbigen Bänder soll die verschiedenen Energien sowie die Vielfalt und Komplexität der Welt widerspiegeln. Das Wort TOTAL soll in seinen verschiedenen Bedeutungen für die Globalität und Vielfalt des Unternehmens sowie für das umfassende Engagement über alle Geschäftsbereiche stehen. Für die Wortmarke TOTAL entwickelte Laurent Vincenti eigens eine neue Typographie, welche durch die runde, weiche und flüssige Form der Buchstaben die Unternehmenswerte Mobilität, Dynamik und Menschlichkeit zum Ausdruck bringen soll. Die TOTAL Deutschland GmbH ist nach eigenen Angaben mit etwa 1.100 Tankstellen Nummer drei im dt. Mineralölmarkt und spielt mit ihrer Raffinerie in Leuna und einer 16 %igen Beteiligung an der Raffinerie in Schwedt eine führende Rolle in der Mineralölverarbeitung in Ostdeutschland. Die TOTAL Deutschland GmbH geht zurück auf die 1955 gegründete und 1963 in Deutsche FINA umbenannte Deutsche Purfina GmbH und entstand durch den Zusammenschluss der Konzerne FINA, TOTAL sowie Elf Aquitaine, der seinerseits die ostdt. MINOL Mineralölhandel AG übernommen hatte. Die TOTAL Deutschland GmbH, eine Tochter der Pariser TOTAL-Gruppe, hat ihren Sitz in Berlin und erzielte 2006 mit etwa 4.000 Mitarbeitern einen Umsatz von rund 14,7 Mrd. Euro. Für die Zukunft setzt der

Toshiba gehört zu den weltweit größten Elektronikkonzernen.

Das Logo von TOTAL symbolisiert Globalität und Dynamik.

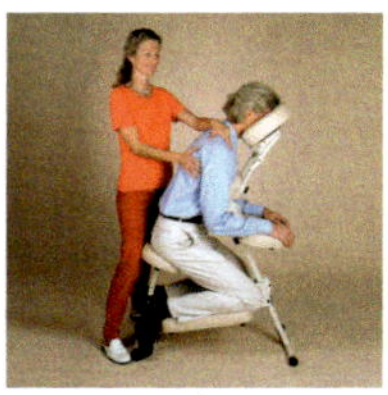

TouchLife Massage und TouchLife-mobil, die Massage am Arbeitsplatz (Mitte) wurden von F. B. Leder und S. Gräfin von Kalckreuth (unten) entwickelt.

Konzern auf die Entwicklung neuer Energieträger, insbesondere der Solarenergie.

UNTERNEHMEN

TOTAL Deutschland GmbH
Schützenstr. 25
10117 Berlin
✆ (0 30) 20 27-60
(0 30) 20 27-88 33
www.total.de

TOUCHLIFE

Hinter TouchLife steht das Konzept einer Wohlbefindensmassage, die das traditionelle Massagehandwerk als einzige dt. Methode mit vier weiteren Pfeilern verknüpft: Gespräch, Energieausgleich, Atem und Achtsamkeit. Die Begründer von TouchLife entwickelten die Marke, um sich mit der eigenen Herangehensweise von weniger qualifizierten Anwendungen abzugrenzen und den Absolventen ihrer Schulung eine klare Position im Gesundheitsmarkt zu ermöglichen. Gesundheitsbewussten Menschen verschafft die ganzheitliche Massagetechnik Entspannung und ist daneben lt. Angaben der Entwickler eine Maßnahme zur gesundheitlichen Vorbeugung. Dabei bietet die TouchLife-Methode nicht nur für den Rücken, sondern für alle Körpersegmente wirksame Massageabläufe. Unter dem Namen *TouchLife-mobil* können auch Massagen am Arbeitsplatz gebucht werden. Die Basis für das Logo der Marke lieferte die Fotografin Tita Bayer im Jahr 1990: Ein Foto zeigt je eine Hand der Begründer von TouchLife, die Handflächen sind einander zugewandt. Das Bild steht für eine Fließbewegung, die Mitgefühl, Präsenz und Hilfsbereitschaft symbolisieren soll. Über die Methode wurde in der Vergangenheit in Fernsehbeiträgen sowie in der Tages- und Fachpresse und in Zeitschriften berichtet. Daneben unterstützen die Markeninhaber die Bekanntheit von TouchLife durch Anzeigen, Broschüren oder eine Kundenzeitschrift. TouchLife betreibt außerdem aktives Sponsoring, etwa durch Massageeinsätze auf Gesundheitsmessen, bei Großveranstaltungen wie dem Frankfurter Wolkenkratzerfest oder bei Marathonläufen. TouchLife Praktiker engagieren sich auch mit ehrenamtlicher Massagearbeit für Kriegstraumatisierte in Sarajevo. Die TouchLife-Schule bietet die Möglichkeit der Ausbildung, die sich an Personen mit Vorerfahrung in der Massagepraxis wie auch an interessierte Laien wendet. F. B. Leder und S. Gräfin von

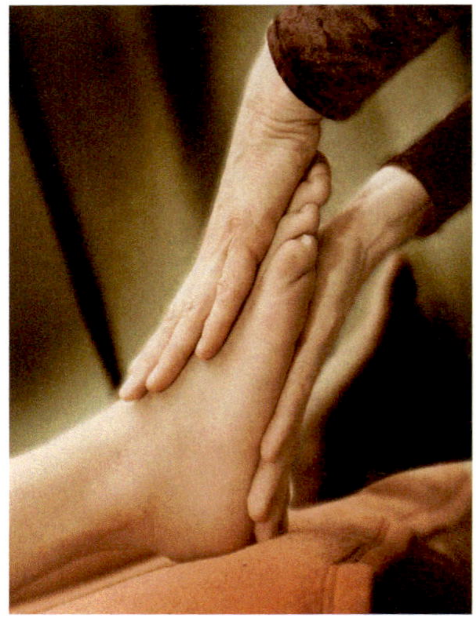

Mit „echten Glücksgriffen von Kopf bis Fuß" verschafft die ganzheitliche TouchLife Massage gesundheitsbewussten Menschen Entspannung und Wohlbefinden.

Kalckreuth lehren die von ihnen begründete Methode seit 1989, sodass sich heute ein Massagenetzwerk entwickelt hat, das sich außer in Deutschland auch nach Österreich, in die Schweiz und in die USA ausweitet. Nach Angaben der Schule handelt es sich bei der TouchLife-Ausbildung um die längste und fundierteste Massageausbildung im Wellness-Bereich. Jährlich werden rund 150.000 Anwendungen durchgeführt. Im Jahr 2006 beschäftigte die TouchLife-Schule ca. 20 Dozenten.

DATEN UND FAKTEN

Markenname: TouchLife, engl., bedeutet Berühre das Leben oder Berührung des Lebens

Slogan: „Bewusstheit für Körper und Geist" (seit ca. 1995), „Wir berühren Menschen" (seit ca. 2004), „In der Ruhe liegt die Kraft" (seit 2005)

Begründer: Frank B. Leder, Sylvia K. Gräfin von Kalckreuth, 1989

Markenregistrierung: 03.03.1995, DPMA München

Werbespendings: 150.000 Euro

Markenwebsite: www.touchlife.de, www.touchlife-mobil.de

Literatur:
F. B. Leder u. S. K. Gräfin von Kalckreuth:

Touchlife. Massage, die schön macht - Natürliches Lifting für Körper und Geist (1999)

UNTERNEHMEN

TouchLife-Schule Leder & von Kalckreuth

Hauptsitz: Hofheim am Taunus, Deutschland

Geschäftsführung: Frank B. Leder, Sylvia K. Gräfin von Kalckreuth

Weitere Marken: TouchLife-mobil, Massage am Arbeitsplatz

Vertrieb: Deutschland, Österreich, Schweiz, erweitertes europäisches Ausland, USA

KONTAKT

TouchLife-Schule Leder & von Kalckreuth
Breckenheimer Str. 26a
65719 Hofheim
✆ (0 61 92) 2 45–13
🖷 (0 61 92) 2 45–44
💻 www.touchlife.de

Ansprechpartner Presse & Marketing:
Frank B. Leder
✆ (0 61 92) 2 45–13
✉ team@touchlife.de

SCHON GEWUSST?

- TouchLife ist im Massagebereich offizieller Kooperationspartner mehrerer Betriebskrankenkassen, darunter auch eine der größten Deutschlands (Bahn BKK), für Gesundheits- und Präventionsprogramme in Unternehmen.
- Als „qualitativ hochwertig" eingestuft trägt die TouchLife-Schulung seit August 2006 das Qualitätssiegel der DGGTP Deutschen Gesellschaft für Ganzheitliche Therapie, Beratung, Prävention.
- Die Wortkreation „TouchLife" beinhaltet in der gewählten Zusammenschreibweise buchstäblich die Kernaussage der Methode: Berührung und Leben sind ein Ganzes.

TOYOTA

Die internat. Marke Toyota der jap. Toyota Motor Corporation ist eine der erfolgreichsten Automarken der Welt. Trotz der Ausweitung der Geschäftstätigkeiten auf andere Bereiche dominiert das lukrative Feld des Automarktes. In Deutschland umfasst das derzeitige Angebot elf Pkw-Modellreihen der Marke Toyota und sechs der Marke →Lexus. Nach einer Umfrage des Nürnberger Marktforschungsinstituts Puls im Auftrag der Süddeutschen Zeitung genießt Toyota unter den Deutschen die Position als umweltfreundlichste Automarke. Der Slogan „Nichts ist unmöglich." hilft dabei, dieses Bild des technisch überlegenen Herstellers zu formen. Das Logo besteht aus drei miteinander verbundenen Ellipsen. Die inneren beiden bilden dabei ein „T" und verweisen auf den Markennamen. Im Geschäftsjahr 2006/2007 zählte die Toyota Motor Corporation weltweit ca. 300.000 Mitarbeiter und erzielte einen Nettogewinn von rund 11 Mrd. Euro. In Deutschland wurde 1971 die Deutsche Toyota-Vertrieb GmbH gegründet, die fünf Jahre später in die heutige Toyota Deutschland GmbH umbenannt wurde. Insgesamt beschäftigt das Unternehmen in Köln ca. 1.500 Mitarbeiter, von denen 337 in der Vertriebszentrale tätig sind. Neben der Automobilherstellung erschloss sich Toyota durch die Produktion von Naturschutzanlagen, Booten, Fertighäusern und den Einstieg in Bereiche wie Biotechnologie und Aufforstung, Finanzdienstleistungen und Informationstechnologie zahlreiche weitere Geschäftsfelder.

UNTERNEHMEN

Toyota Deutschland GmbH
Toyota-Allee 2
50420 Köln
✆ (0 22 34) 1 02–0
🖷 (0 22 34) 1 02 – 72 00
✉ mail@toyota.de
💻 www.toyota.de

TOYS'R'US

In den Märkten der Handelskette Toys'R'Us werden Spielwaren, Sportartikel, Games, Fahrräder, Kinder- und Jugendmöbel sowie Babyausstattung angeboten. Gleichzeitig vereinigt Toys'R'Us als Dachmarke zahlreiche Marken unter sich, unter deren Namen Produkte speziell für die Toys'R'Us-Märkte produziert werden: *Bruin, Fun Years, Pavilion, You & Me, Just Like Home, Animal Alley, Fast Lane, Wheelworx* und *Stats.* Darüber hinaus führen die Spielwarenmärkte alle wichtigen Spielzeugmarken anderer Hersteller, darunter *Barbie,* →Brio, *Fisher Price,* →Lego, *Matchbox, Nintendo* und →Ravensburger. Zielgruppe sind Kinder und Jugendliche jeden Alters sowie deren Eltern. Das engl. Wort toys im Markennamen bedeutet auf Dt. Spielsachen. Das Logo zeigt den Namen in

Toyota genießt unter den Deutschen die Position als umweltfreundlichste Automarke.

verschiedenfarbigen Buchstaben mit einem gespiegelten und in Anführungszeichen gesetzten R. Dieses wird zusätzlich durch einen Stern hervorgehoben. Toys'R'Us, die nach Angaben des Unternehmens weltweit größte Spielwarenfachmarktkette, wurde 1948 von Charles Lazarus in den USA gegründet. Heute gibt es weltweit 1.472 Geschäfte. Über das Produktangebot informiert Toys'R'Us umfassend auch auf seinen Internetseiten. Seit 1986, mit der Eröffnung des ersten Marktes in Koblenz, ist Toys'R'Us als Einzelhändler in Deutschland tätig und unterhält heute 56 Märkte. Das Unternehmen plant eine Reihe weiterer Märkte in Städten mit mindestens 100.000 Einwohnern.

UNTERNEHMEN

Toys'R'Us GmbH Zentraleuropa
Köhlstr. 8
50827 Köln
✆ (02 21) 59 72–0
🖷 (02 21) 59 72–1 50
💻 www.toysrus.de

Das Logo zeigt über dem Schriftzug Trevira ein stilisiertes Gewebe und nimmt damit auch grafisch Bezug zum Kerngeschäftsbereich des Unternehmens.

TREVIRA

Die Marke Trevira steht für funktionale Spezialfasern, die in den Bereichen Bekleidung, Heimtextilien, Innenausstattungen für Automobile und technische Anwendungen eingesetzt werden. Die weltweit vertriebenen Fasern bescherten dem gleichnamigen Unternehmen im Jahr 2006 einen Gesamtumsatz von 329 Mio. Euro. Die ursprünglich von Hoechst entwickelte Polyesterfaser trägt seit 1956 den Namen Trevira. Sie zeichnet sich durch vielfältige Verwendungsmöglichkeiten aus, da sie sich zu praktisch jeder Stoffart verarbeiten lässt: von leichten Lingerieartikeln aus Microfasern bis hin zu schweren Möbelstoffen. Dabei zeichnen sich sämtliche Stoffe durch die Eigenschaften knitterfrei und pflegeleicht aus. Zu den wichtigsten Produktinnovationen zählt die 1980 entwickelte schwer entflammbare Faser Trevira CS, mit der das Unternehmen heute ein Premiumprodukt im Objektbereich anbietet. Der Name Trevira beruht auf einem Irrtum: Der damalige Werksleiter der Kunstseidenfabrik mit Sitz in Bobingen bei Augsburg wollte das Warenzeichen von der lat. Bezeichnung für Augsburg ableiten. Augusta Treverorum war der Name, den er sich zum Vorbild nahm. Das war aber die lat. Bezeichnung für die Stadt Trier. Trotz dieses Irrtums setzte sich der 1932 als Warenzeichen eingetragene Markenname Trevira durch. 2005 entwickelten die Agenturen McCann-Erickson/Frankfurt und FutureBrand/Hamburg das Marken- und Designkonzept „Trevira inside". Es assoziiert High-Tech und Funktionalität und verschafft der Dachmarke Trevira eine einheitliche Visualisierung: Über dem in moderner Typo gehaltenen Schriftzug Trevira befindet sich ein stilisiertes Gewebe. Diese beiden Elemente finden sich auch in den Logos der neun Submarken wieder. Seit 2004 gehört Trevira zur indischen Reliance Group und firmiert in Deutschland als GmbH. 1.900 Mitarbeiter sorgten 2006 für eine Produktionsmenge von 120.000 t Fasern. Zu den Haupteinsatzgebieten der Marke Trevira zählen die Automobilindustrie mit 30 % und der Heimtextilbereich mit 29 % Anteil am Gesamtumsatz.

UNTERNEHMEN

Trevira GmbH
Max-Fischer-Str. 11
86397 Bobingen
✉ trevira.info@trevira.com
💻 www.trevira.com

Seit 1980 ist das Logo von Trigema in der Kastenform als Marke registriert.

TRIGEMA

Die Trigema GmbH & Co.KG produziert Sport- und Freizeitkleidung sowie Funktionswäsche. Das Unternehmen wurde 1919 von Josef Mayer und Eugen Mayer in Burladingen gegründet, wo auch heute noch produziert wird. Josef Mayer führte ab 1922 die Geschäfte alleine weiter, 17 Jahre später trat Josef Mayers Schwiegersohn Franz Grupp in die Geschäftsführung ein. 1969 übernahm dessen Sohn Wolfgang Grupp die Geschäftsleitung und setzte verstärkt auf die Produktion von T-Shirts und Tennisbekleidung unter dem Markennamen Trigema. Der Name steht für Trikotwarenfabriken Gebrüder Mayer und nimmt damit Bezug auf die beiden Firmengründer. Das Logo von Trigema zeigt eine dreifarbige Schwinge, die über dem Markennamen schwebt und den sportiven Charakter der Marke unterstreichen soll. Zunächst standen Schwinge und Name nebeneinander, doch seit 1980 ist das Logo in der geschlossenen Form beim DPMA registriert. Eine bekannte Werbefigur des Unternehmens ist der Trigema-Affe, der in einer fiktiven Nachrichtensendung im Fernsehen für die Bekleidungsmarke wirbt. Der Affe erfreut sich so großer Beliebtheit, dass der Textilhersteller eine Fanartikel-Reihe mit dem Konterfei des Schimpansen herausgibt. Heute tritt auch der Geschäftsführer Wolfgang Grupp persönlich in dieser TV-Werbung und in diversen Talkshows auf. Dabei steht die Aussage im Mittelpunkt, dass Trigema als letzter Hersteller in Deutschland den gesamten Produktionsprozess im eigenen Hause bewahrt und so 1.200 Arbeitsplätze (2006) am Wirtschaftsstandort Deutschland sichert. Trigema vertreibt seine Produkte nat. u.a. in 44 eigenen Fachgeschäften und internat. über das Internet und erzielte im Jahr 2006 einen Umsatz von 82,8 Mio. Euro. Das Werbeaufkommen beläuft sich konstant auf um die 2,9 Mio. Euro (2006).

UNTERNEHMEN

Trigema GmbH & Co. KG
Josef-Mayer-Str. 31–35
72393 Burladingen
(0 74 75) 88–0
(0 74 75) 88–2 28
www.trigema.de

TRILL

Die Marke Trill steht für Vogelnahrung. Im Angebot ist Futter für Sittiche, Großsittiche, Kanarienvögel, Papageien und Finken. Neben Saaten, wie z.B. Hirse, und Knabbersnacks wird auch Mineralsand vertrieben. Anspruch der Marke ist es, mit den Produkten eine gesunde, ausgewogene und abwechslungsreiche Vogelernährung zu ermöglichen. Das Logo zeigt den Markennamen in weißer Serifenschrift, die blau umrandet ist. Slogans der Marke lauten „für ein glückliches und gesundes Vogelleben" bzw. „für ein munteres Vogelleben". Trill wurde u.a. über Fernsehwerbung bekannt gemacht. Die Marke gehört zur Mars, Inc., die neben Süßwaren wie →Mars und →Snickers und Nahrungsmitteln (u.a. →Uncle Ben's) seit 1935 auch Tiernahrung vermarktet. Weitere Marken im Bereich der Heimtiernahrung sind →Whiskas und Sheba für Katzen sowie Cesar, →Pedigree, →Frolic und Royal Canin für Hunde. Vogelfutter wird seit mehr als 40 Jahren angeboten. Gegründet wurde die Firma von Frank und Ethel Mars, die 1911 begannen, Bonbons herzustellen. Das Unternehmen ist heute einer der weltweit größten Anbieter in der Konsumgüterindustrie. Mars, Inc. ist in mehr als 65 Ländern der Erde vertreten und beschäftigt weltweit über 38.000 Mitarbeiter. Der Umsatz liegt bei etwa 21 Mrd. USD jährlich. Stammsitz der Mars, Inc. ist McLean in Virginia/USA. Die dt. Vertretung des Konzerns ist die Mars GmbH.

UNTERNEHMEN

Mars GmbH
Eitzer Str. 215
27283 Verden (Aller)
(0 42 31) 94–0
www.trill.de

Seit über 40 Jahren steht Trill für Vogelfutter.

TRIUMPH

Von der Korsettwaren-Manufaktur zum multinat. Unternehmen, so entwickelt sich Triumph in über 100 Jahren: 1886 nehmen die Firmengründer den Betrieb als Miederwarenhersteller in einer Scheune in Heubach (Württemberg) auf. 1902 wird der Name Triumph offiziell als Warenzeichen eingetragen und nach mehr als vier Jahrzehnten wird 1933 der Grundstein für die internat. Expansion gelegt, als Triumph im schwz. Zurzach, dem heutigen Sitz der Holding, die erste Auslandsniederlassung einrichtet. In den 1930er-Jahren avanciert Triumph zum größten Miederhersteller Europas. In den 1950er-Jahren erobert sich Triumph diese Position zurück, ändert den Firmennamen in Triumph International und eröffnet mehrere Niederlassungen in Nordeuropa, darunter in Belgien, Großbritannien, Schweden und Finnland. Asien und Südeuropa folgen in den 1960er-Jahren, zeitgleich fällt die Entscheidung für eine dezentrale Firmenstruktur, die es ermöglicht, regionale Modetrends und kulturelle Eigenheiten durch ortsansässige Designer und Geschäftspartner aufzugreifen. Heute gilt Triumph aufgrund innovativer Techniken wie dem Molding, einem Wärmeverfahren zur Verschmelzung von Polyesterfasern, das Nähte überflüssig macht, als Hightech-Modeunternehmen. Zum Konzern gehören neben den Hauptmarken Triumph und *sloggi* auch die Marken *Valisère* und *HOM*, in Deutschland außerdem *BeeDees* und die Sportmarke *triaction*. Im Geschäftsjahr 2006 erwirtschaftete Triumph einen Gesamtumsatz von 2,46 Mrd. CHF und beschäftigte mehr als 42.000 Mitarbeiter. Die Produktpalette umfasst Unterwäsche, Nachtwäsche, Jugend- und Hausbekleidung, Bademoden und Sportbekleidung.

UNTERNEHMEN

Triumph International Vertriebsgesellschaft AG
Triumphweg 6
CH – 5330 Bad Zurzach
+41 5 62 69 91 91
www.triumph.com

Die klassische Wort-/Bildmarke Triumph steht für einen der größten Hersteller von Wäsche weltweit.

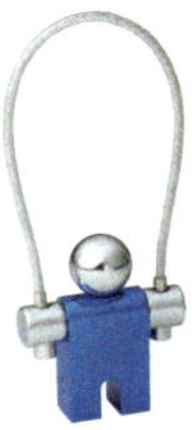

Troika hat für seine Produkte bereits über 60 Designpreise erhalten.

TROIKA

Unter der Marke Troika vertreibt die Troika domovari GmbH Männergeschenke für Reise und Schreibtisch. Zum Sortiment hochwertiger Design-Accessoires gehören u. a. Tischuhren, Kartenetuis und Trinkflaschen. Ausgefallene Artikel wie ein Bar-Set für die Reise und Parkscheinhalter für das Auto ergänzen das Angebot. Die Produkte in den schwarzen Geschenkkartons mit Artikelbild sollen designorientierte, vorwiegend männliche Kunden zwischen 20 und 50 Jahren ansprechen. Jährlich bringt das Unternehmen über 100 detailgenaue Produkte auf den Markt. Die Marke Troika wurde 1972 von Peter Osborne in Stratford/England erfunden. 1992 brachte Liudger Böll Troika nach Deutschland. Der Markenname Troika bedeutet aus dem Russischen übersetzt „Dreigespann" und steht für den Dreiklang der Komponenten Form, Funktion und Mensch. Das aktuelle Logo wurde 1985 vom Markengründer Peter Osborne entwickelt. Das Corporate Design des Unternehmens ist in den Farben Blau (Pantone 288) und Orange (Pantone 144) und in der Schrift Neutraface gestaltet. Für ihr innovatives Design erhielt die Marke Troika in den letzten zehn Jahren über 60 Designpreise. Zuletzt wurde 2007 der Schlüsselanhänger *Twister* mit dem „red dot award: product design" ausgezeichnet. Mit ihren Produkten sieht sich die Troika domovari GmbH in Deutschland als Marktführer in den Segmenten Schlüsselanhänger, Kartenetuis und Schreibtisch-Spielzeug. Das Unternehmen, das 2003 aus der Fusion mit der domovari GmbH hervorgegangen ist, beschäftigt in Müschenbach im Westerwald 42 Mitarbeiter und erwartet für 2007 einen Umsatz in Höhe von 10,5 Mio. Euro. Die Marke Troika wird in Europa, Japan und Kolumbien sowie 30 weiteren Ländern weltweit vertrieben. Seit 2007 ist das Unternehmen Mitglied der Initiative „Deutschland - Land der Ideen".

DATEN UND FAKTEN

Markenname: Troika, russ. für Dreigespann

Slogan: „Männersachen!"

Gründer: Peter Osborne, 1972, Stratford/ England

Markenregistrierung: 12. 06. 1991, DPMA München

Jahresumsatz: 10,5 Mio. Euro (2007, erwartet)

Werbespendings: 600.000 Euro

Auszeichnungen:
„red dot award: product design" für *Twister* (2007)

UNTERNEHMEN

TROIKA domovari GmbH
Nisterfeld 11
57629 Müschenbach
✆ (0 26 62) 95 11-0
🖷 (0 26 62) 95 11-92
💻 www.troika.de

TRUMPF

Die Schokoladenmarke Trumpf wurde bereits im Jahre 1900 als Warenzeichen geschützt und zählt damit zu den ältesten Markenartikeln auf dem dt. Markt. Sie gehört wie die Marken Regent, Novesia und →Fritt zum Portfolio der →Ludwig Schokolade GmbH & Co. KG. Seit 1998 ist Ludwig Schokolade Teil der Krüger Gruppe. Zu den Untermarken von Trumpf gehören *Schogetten* in den Varianten *Classic* und *Chocolateria*, die Luftschokolade *Aero*, *Goldnuss* und die Pralinenmarken *Edle Tropfen in Nuss*, *Gianna*, *Wappenklasse*, *Feinschmecker*, *Fine Pralines*. Zudem werden Saisonartikel wie gefüllte Schokoladenostereier und Weihnachtspralinen mit diversen Füllungen angeboten. Trumpf beruft sich auf die über 150-jährige handwerkliche Tradition, auf die Liebe zum Detail sowie auf die Verwendung ausgesuchter Rohstoffe und sorgfältige Verarbeitungsprozesse. Das Unternehmen wirbt mit der großen Vielfalt des Sortiments und ausgefeilten Geschmackserlebnissen. Seit 1857 stellte der Apotheker Leonard Monheim in Aachen Schokolade in Tafelform her. Die Zusammenarbeit mit einem ital. Chocolatier führte zur Zubereitung der „Gesundheitsschokolade", von der bis zu 400 Tafeln täglich in Handarbeit produziert wurden. Seit 1865 setzte Monheim Maschinen ein. Die erste Schokoladenfabrik entstand 1903 in Süsterfeld. Das Trumpf Logo hat als Bildsignet eine dreidimensional anmutende rote Raute, die auf die Pralinenform anspielt. Der kursive, in Weiß abgesetzte Schriftzug des Markennamens wirkt dynamisch, der Ausläufer des Buchstabens R fungiert als großzügiger, einbindender Unterstrich. Sky du Mont wirbt als Testimonial in einer TV-Kampagne für die Marke. Der Trumpf Slogan lautet: „Trumpf...einfach unwiderstehlich".

Trumpf Schokolade zählt zu den ältesten Markenartikeln auf dem dt. Markt.

UNTERNEHMEN

Ludwig Schokolade GmbH & Co. KG
Senefelder Str. 44
51469 Bergisch Gladbach
✆ (0 22 02) 1 05-5 00
🖷 (0 22 02) 1 05-5 01
💻 www.trumpf.eu

TUC

Mit der Gebäckmarke TUC hat sich die Griesson – de Beukelaer GmbH & Co. KG. im Segment Salzgebäck/Cracker positioniert. Die Produkte der Marke TUC zeichnen sich dadurch aus, dass sie im Ofen gebacken und nicht frittiert werden. Die salzigen Spezialitäten stammen ursprünglich aus dem Hause von Edouard de Beukelaer II, Sohn und Nachfolger des belg. Firmengründers Edouard de Beukelaer. Die Inspiration, die zur Erfindung der Marke TUC führte, fand der Fabrikant 1960 auf einer Reise nach London. Auf zahlreichen Plakaten warb dort der engl. Dachverband der Gewerkschaften Trade Union Congress für seine Veranstaltungen. Edouard de Beukelaer übernahm die Abkürzung dieses Namens und nannte seine Cracker TUC. Der aktuelle Slogan „TUC mal wieder" wendet sich an eine breite Käuferschicht. Die Snacks im markanten „Flow Pack" sind lt. Griesson – de Beukelaer für alle, die gern knabbern und es locker mögen. Das Markenlogo auf dt. Verpackungen entwickelte die Agentur Dragon Rouge aus Frankreich. In einer blauen, rot umrahmten Vignette auf gelbem Grund steht der Namenszug in weißen Majuskeln. Um potenziellen Käufern mehr Abwechslung zu bieten, entwickelt die → Griesson – de Beukelaer GmbH & Co. KG mit Stammsitz in Polch immer neue Produktvariationen. Nach Geschmacksrichtungen wie etwa Mohn und Basilikum in früheren Jahren waren 2006 saisonal TUC *Paprika* und *Salt ,n' Pepper* im Handel erhältlich. Für den Backwarenhersteller, der u. a. auch die Marken → Prinzen oder → Leicht & Cross im Programm hat, arbeiten 1.800 Beschäftigte.

DATEN UND FAKTEN

Markenname: TUC

Slogan: „TUC mal wieder" (2006)

Gründer: Edouard de Beukelaer II, 1960, Belgien

Markenregistrierung: 15. 04. 1971, DPMA München

Innovationen: TUC Sesam (2000), TUC Leichte Cracker Classic (2007)

UNTERNEHMEN

Griesson – de Beukelaer GmbH & Co. KG
August-Horch-Str. 23
56751 Polch
✆ (0 26 54) 4 01-0
🖷 (0 26 54) 4 01-10 00
💻 www.griesson-debeukelaer.de

TUI

→ World of TUI

TUMI

Tumi, die am amerikanischen Markt führende Marke für exkl. Reise- und Businessgepäck sowie Accessoires, wurde 1975 gegründet und steht für technische Innovation und anspruchsvolles Design in hoher Qualität. In den 1980er-Jahren führte Tumi *Ballistic Nylon*, die in weichen und funktionellen Reisentaschen in den Farben Schwarz auf Schwarz verarbeitetet werden, ein. Insgesamt hält Tumi 25 Patente in den Bereichen Design und technische Innovation. Die Produkte sind in insgesamt 32 Kollektionen zusammengefasst und werden mit einer Garantie zwischen zwei und fünf Jahren angeboten. Der Markenname bezieht sich auf die peruanische Gottheit Tumi. Im Logo werden die serifenlosen Versalien des Markennamens z. T. durch eine unterbrochene rote Linie gebildet, die das Logo auch nach oben hin einrahmt. Die Firmenzentrale befindet sich in South Plainfield, New Jersey (USA). Über ein Vertriebsnetz von weltweit ca. 1.000 Händlern und über 80 eigene Geschäfte, die seit 1997 gegründet wurden, bietet Tumi seine Produkte an. Vertriebspartner sind vor allem exkl. Warenhäuser und Spezialgeschäfte. Die Niederlassung in Neuenrade führt die Geschäfte des Unternehmens für die gesamte EMEA-Region.

UNTERNEHMEN

Tumi, Inc.
Boner Mühle 8
58809 Neuenrade
✆ (0 23 94) 91 98-0
🖷 (0 23 94) 91 98-11
💻 www.tumi.de

TUC Cracker sind im Ofen gebacken und nicht frittiert.

Die Marke Tumi steht für exkl. Accessoires und Lifestyle-Produkte.

Die weltberühmte Wortmarke des amerikanischen Klassikers Tupperware

TUPPERWARE

Die Konsumgütermarke Tupperware steht für innovative Haushaltsprodukte aus Kunststoff. Sie gehört zum Markenportfolio der Tupperware Brands Corporation, einem internat. Direktvertriebsunternehmen mit Sitz in Orlando, Florida (USA). Die bekanntesten Tupperware-Artikel sind Kunststoffbehälter, die Aufbewahrung, Frischhaltung und Gefrieren von Lebensmitteln erleichtern. Der Klassiker ist hier die „Wunderschüssel": ein luft- und wasserdicht verschließbarer Behälter aus Polypropylen, in dem Lebensmittel geruchsneutral gekühlt und transportiert werden können. Darüber hinaus umfasst das Tupperware-Angebot Artikel, die bei der Zubereitung, beim Servieren oder beim Einkauf von Lebensmitteln eingesetzt werden. Bei der Herstellung finden nur die reinsten und hochwertigsten Polyethylen-, Polypropylen- und Polykarbonat-Granulate Verwendung. Tupperware-Artikel werden regelmäßig für ihr außergewöhnliches Design ausgezeichnet. Der Markenname nimmt den Familiennamen des Gründers Earl S. Tupper auf. Der amerikanische Chemiker war es auch, der 1946 als eines der ersten Produkte seiner Tupper Plastic Company die von ihm erfundene Wunderschüssel vorstellte. Das Marken-Logo präsentiert den Firmennamen magentafarben in serifenloser Schrift. Einer GfK-Studie zufolge verfügen mehr als 80 % der dt. Haushalte über Tupperware-Produkte, gut 90 % kennen die Marke. Eng verbunden mit Tupperware ist eine weitere Marke, die für ein einzigartiges Heimvorführ- und Vertriebssystem steht: die *Tupperparty*. Zu dieser laden Gastgeber ihre Freunde und Bekannten ein. Hinzu kommt dann eine Tupperware-Beraterin, die die Produkte erklärt, die dann bestellt werden können. Statistisch betrachtet, beginnt alle 2,5 Sekunden irgendwo auf der Welt eine Tupperparty. Die Tupperware Brands Corporation, zu der auch Kosmetik- und Körperpflegemarken gehören, erwirtschaftete 2006 einen Umsatz von 1,74 Mrd. USD.

UNTERNEHMEN

Tupperware Deutschland GmbH
Praunheimer Landstr. 70
60488 Frankfurt/Main
(0 69) 7 68 02-0
(0 69) 7 68 02-2 99
www.tupperware.de

Mit dem Solgan „Raider heißt jetzt Twix, ... sonst ändert sich nix" wurde der neue Markenname 1991 in Deutschland eingeführt.

TWIX

Die Marke Twix steht weltweit für Schokoriegel aus Keks, Karamell und Milchschokolade. Die Riegel sind in verschiedenen Packungsgrößen und auch als *Twix Ice Cream*, einer Kombination von Vanilleeis, Keks, Karamell und Schokolade, erhältlich. Für Abwechslung soll regelmäßig die mit weißer Schokolade überzogene limitierte Sonderedition *Twix White* sorgen, die immer nur für kurze Zeit auf den Markt kommt. Zur Winter- und Ostersaison gibt es die *Minis* von Twix in festlich bunten Verpackungen. Der Markenname entstand durch das Zusammenziehen der engl. Worte twin und biscuits (dt. etwa: „Zwillingskekse"). Das Logo zeigt den Namen in weiß umrandeter, roter Schrift. Die Schokoriegel hießen in Deutschland und einigen anderen europäischen Ländern zunächst Raider. Im Zuge einer globalen Markenstrategie wurde 1991 auch in Europa einheitlich der Name Twix eingeführt, der den Verbrauchern in den USA bereits seit 1979 ein Begriff ist. In Deutschland wurde der neue Markenname mit einer groß angelegten Werbekampagne und dem noch heute bekannten Slogan „Raider heißt jetzt Twix, ... sonst ändert sich nix" etabliert. Lt. Herstellerangaben zählt Twix zu den Top-10-Riegelmarken in Deutschland. Der Schokoriegel ist eine Marke der →Mars GmbH Deutschland, einer Tochter der amerikanischen Mars Incorporated. Zu den Geschäftsfeldern des Konzerns gehören neben Süßwaren auch Heimtiernahrung und Lebensmittel. Das Unternehmen entstand 1911 in den USA und wurde nach seinem Gründer und dem Erfinder des gleichnamigen Schokoriegels, Frank C. Mars, benannt.

UNTERNEHMEN

Mars GmbH
Industriering 17
41751 Viersen
(0 21 62) 50 00
contact@mars.de

U

UFA

UFA-Logo im Wandel: Das neue Logo (oben) wurde von Neville Brody entworfen und löste das alte (unten) 1991 ab.

August Fischer, Erfinder von *UHU – Der Alleskleber*

UFA

Die UFA ist eine der ältesten und profiliertesten dt. Unterhaltungsmarken. Das gleichnamige Unternehmen ist sowohl am Umsatz- als auch am Produktionsvolumen gemessen der führende Film- und Fernsehproduzent in Deutschland. Die UFA weist mit ihren Tochtergesellschaften Grundy UFA, GRUNDY Light Entertainment, UFA Entertainment, UFA Fernsehproduktion, teamWorx und Phoenix-Film eine große Genre- und Kundenvielfalt auf. Dazu gehören Serien („SOKO Leipzig", „Unser Charly"), Daily Soaps („Gute Zeiten – Schlechte Zeiten", „Verbotene Liebe"), Show- und Entertainmentformate („Deutschland sucht den Superstar"), TV-Movies („Die Flucht", „Die Frau vom Checkpoint Charlie") und Infotainment („Wissenshunger"), die für alle großen Fernsehsender in Deutschland produziert werden. Hinzu kommen Programminnovationen wie Telenovelas, Industrial Drama, Casting Shows und TV-Movie Events. Als Teil eines weltweit tätigen Medien- und Entertainmentunternehmens ist die UFA in Deutschland Dachgesellschaft aller Produktionsunternehmen der FremantleMedia. FremantleMedia wiederum betreibt das weltweite Produktionsgeschäft der zur Bertelsmann gehörenden RTL Group. Die Geschichte der UFA reicht bis in das Jahr 1917 zurück. Die als Universum-Film AG gegründete Gesellschaft realisierte Großprojekte wie „Metropolis", „Dr. Mabuse", „Die Nibelungen", „Faust" und „Der blaue Engel". Nach dem 2. Weltkrieg wandelte sich das 1964 von Bertelsmann erworbene Unternehmen nach und nach von einem Kinofilm- zu einem Fernsehproduzenten. So gab Bertelsmann die UFA-Kinos 1972 an die Riech-Gruppe ab. Ein neues Logo sollte diesen Wandel auch optisch symbolisieren: 1991 entwickelte Neville Brody das Logo mit dem in Versalien geschriebenen Schriftzug UFA und der blauen Raute, die an Frequenzwellen erinnert.

DATEN UND FAKTEN

Markenname: UFA, ursprüngliche Abkürzung für **U**niversum-**F**ilm **A**G

Slogan: „UFA. Inspiring People"

Markenregistrierung: 20. 10. 1924, Reichspatentamt Berlin

Markenbekanntheit: 78 % gest. (Forsa, 2001)

Literatur:

H.-M. Bock u. M. Töteberg: Das Ufa-Buch. (1992)
K. Kreimeier: Die Ufa-Story. Geschichte eines Film-Konzerns. (1992)
A. Rohloff: UFA – Eine starke Marke im Wandel der Zeiten (2003)
Nicolai Verlag (o.A.): Träume, Bilder – Bilder, Träume. Die Geschichte der UFA von 1917 bis heute (2007)

UNTERNEHMEN

UFA Film & TV Produktion GmbH
Dianastr. 21
14482 Potsdam
(03 31) 70 60–0
(03 31) 70 60–1 49
www.ufa.de

UHU

Unter dem Markenzeichen UHU vertreibt das gleichnamige Unternehmen ein umfangreiches Sortiment an Klebstoffen für alle klebbaren Materialien. Mit dem Vorsatz, einen Kleber zu erfinden, der besser haftet als naturbasierte Klebstoffe und Leime, entwickelte – nach Firmenangabe – der Apotheker August Fischer 1932 den ersten gebrauchsfertigen Kunstharz-Klebstoff der Welt. Dem mit *UHU – Der Alleskleber* betitelten Produkt folgten eine Vielzahl weiterer Klebstoffe wie Kunststoffkleber, 2-Komponenten-Kleber, Sekundenkleber und Papierkleber. Kontaktkleber, Montagekleber und Holzleime runden das Spektrum des Klebstoffherstellers ab. Seit den 1950er-Jahren bewirbt UHU seine Erzeugnisse mit dem Slogan „Im Falle eines Falles klebt UHU wirklich alles". Für den Markennamen stand der heimische Vogel Uhu Pate. Das in fetten schwarzen Buchstaben der Schriftart Futura geschriebene Logo hat sich im Laufe der Jahre kaum verändert und ist stets auf gelbem Fond abgebildet. UHU-Erfinder August Fischer hatte 1905 das als Chemische Fabrik Ludwig Hörth in Bühl gegründete Unternehmen gekauft. 1971 ging UHU in den Besitz der engl. Beecham Group über. Heute ist Werner Panter Geschäftsführer der UHU GmbH & Co. KG, die mittlerweile als Tochterunternehmen der Bolton Group weltweit 480 Mitarbeiter beschäftigt. UHU erwirtschaftet einen Gesamtumsatz von ca. 120 Mio. Euro und ist nach eigenen Angaben Marktführer bei den Alleskleber mit 85 % Marktanteil. Die Marke wird in mehr als 120 Ländern, vorwiegend aber in Europa, vertrie-

Bis heute verwendeter Werbeslogan

ben. Neben neun europäischen Niederlassungen hat das Unternehmen eigene Niederlassungen in den USA, Kanada, Mexiko und Australien. Ca. 60 % des Umsatzes werden im Exportgeschäft erzielt. Neueste Produktinnovation ist das seit 2006 erhältliche lösungsmittelhaltige Alleskleber *Flex & Clean* Kunststofftuben-Sortiment.

DATEN UND FAKTEN

Markenname: UHU, abgeleitet von der Vogelart Uhu

Slogan: „Im Falle eines Falles klebt UHU wirklich alles"

Erfinder: August Fischer, 1932, Bühl/Baden

Markenregistrierung: 01. 10. 1948, DPMA München

Innovationen: *UHU hart* – der erste Modellbaukleber (1938), *UHU plast* – der erste Kunststoffkleber (1963), *UHU Alleskleber ExtraKraft* – der erste feste Kraftkleber (1995), *UHU - Der Alleskleber* – der erste lösungsmittelhaltige Kleber in einer Kunststofftube (2004), *UHU Flex & Clean* Kunststofftuben-Sortiment (2006)

UNTERNEHMEN

UHU GmbH & Co. KG

Hauptsitz: Bühl/Baden, Deutschland

Geschäftsführer: Werner Panter

Gesamtumsatz: ca. 120 Mio. Euro

Vertrieb: weltweit in mehr als 120 Ländern

KONTAKT

UHU GmbH & Co. KG
Herrmannstr. 7
77815 Bühl/Baden
(0 72 23) 2 84–0
(0 72 23) 2 84–2 40
www.uhu.de

Ansprechpartner Presse:
Hans-Jürgen Schmeitz
(0 72 23) 2 84–3 45
hschmeitz@uhu.boltongroup.de

Ansprechpartner Marketing:
Ralf Schniedenharn
(0 72 23) 2 84–2 60
rschniedenharn@uhu.boltongroup.de

SCHON GEWUSST?

Früher war es in der Papier-, Büro- und Schreibwarenbranche üblich, Vogelnamen als Marken zu verwenden (s. *Pelikan, Adler, Schwan*). Der Erfinder von *UHU - Der Alleskleber*, August Fischer, soll sich bei einem Spaziergang durch den Schwarzwald beim Ruf eines Uhus gedacht haben: Wenn die anderen schon einen großen Vogel haben, warum nicht auch wir?

ULLA POPKEN

Unter der Konsumgütermarke Ulla Popken wird modische Damenbekleidung in Übergrößen vertrieben. Im Angebot sind darüber hinaus Accessoires wie Schals, Gürtel, Handschuhe und Mützen oder Schmuck. Jüngster Produktbereich ist die Kategorie Strumpfwaren. Der Markenname leitet sich von Ursula Popken ab, der Ehefrau des Firmengründers Friedrich Popken. Das Label gliedert sich in die Kollektionen selection (elegant), City (Businesskleidung), Sportswear sowie Homewear & Dessous. Das Unternehmenslogo besteht aus dem Namenszug „Ulla Popken" in weißer Schreibschrift vor türkisgrünem Hintergrund und wird in der Markenkommunikation mit dem Zusatz „Junge Mode ab Größe 42" verbunden. Die Marke steht für modisch aktuelle Kleidung für Frauen mit großen Größen, die sich durch vorteilhafte Optik und bequeme Passform auszeichnet; die in der Werbung eingesetzten Models kommen selbst aus der Zielgruppe. Die 1987 ins Handelsregister eingetragene GmbH mit Sitz im niedersächsischen Rastede ist Ableger einer seit 1977 von Friedrich Popken aufgebauten Filialkette von Umstandsmodegeschäften. Die über 2.000 Mitarbeiter erzielten 2006 einen Umsatz von ca. 171 Mio. Euro, womit das Unternehmen zu den 40 größten Textileinzelhändlern in Deutschland gehört. Der Vertrieb erfolgt über europaweit ca. 300 Filialen – davon etwa 170 in Deutschland –, außerhalb Europas über Franchise-Partner sowie über den Katalog- und Online-Versandhandel

Junge Mode ab Größe 42

Ulla Popken steht für Mode in Übergrößen.

Die Marke ULTRASIL steht für eine Produktfamilie, die ihren Einsatz bei der Herstellung von Gummiartikeln hat.

(jährlich werden mehr als 10 Mio. Kataloge gedruckt). In der Rasteder Zentrale stehen Büro- und Lagerflächen von mehr als 50.000 Quadratmetern zur Verfügung.

UNTERNEHMEN

Ulla Popken Junge Mode ab Größe 42 GmbH
Am Waldrand 19
26180 Rastede
(0 44 02) 7 99-0
(0 44 02) 7 99-2 11
www.ullapopken.de

ÜLTJE

Das dt. Unternehmen ültje gehört seit 2000 zu der Unternehmensgruppe The Nut Company und stellt unter der gleichnamigen Marke verschiedenste Snacks aus Nüssen her. Den Grundstein legte Firmengründer Alfred Russel bereits 1867 als er das Unternehmen Russel KG gründete, das zunächst als Import- und Großhandelsagentur fungierte. Erst 1949 entstand die Erdnussrösterei unter der Marke ültje, die von 1985 bis 1997 zur Oetker-Gruppe gehörte. Angelehnt an den Gründungsort Emden ist der Markenname von dem ostfriesischen Wort für Erdnuss abgeleitet. Das ültje-Sortiment wird ständig erweitert und reicht von salzigen, scharfen, fruchtigen bis hin zu süßen Nuss-Variationen. Trendbewusst gibt sich ültje seit 2005, als das Erscheinungsbild jünger und moderner gestaltet wurde. Die Faktoren Natürlichkeit, Hochwertigkeit und Gesundheit/Wellness werden in dem neuen Claim „Natürlich von ültje" vereint. Das Logo steht in engem Bezug zu dem Produkt und zeigt eine stilisierte Erdnuss in Rot, die den weißen Schriftzug ültje in sich trägt. Auch der altbekannte Blechdeckel mit Aufreißring musste aufgrund der überhöhten Verletzungsgefahr weichen und wurde von einer verschweißten Abdeckfolie und einem wieder verschließbaren Plastikdeckel abgelöst. Neben der internat. Marke ültje gehören die Marken *Felix* (Zentraleuropa), *Jack Benoit* (Südeuropa) und *Jack Klijn* (Benelux) zur TNC-Unternehmensgruppe.

UNTERNEHMEN

ültje GmbH
Binnerheide 28
58239 Schwerte
(0 23 04) 4 72-9 00
(0 23 04) 4 72-9 01
www.ueltje.de

ULTRASIL

Die Marke ULTRASIL ist eine Industriegütermarke aus dem Markenportfolio der Evonik Degussa GmbH, die im Segment der Spezial-Chemie tätig ist. ULTRASIL steht für hochwertige synthetische Kieselsäure. Das sog. Silica ist als Verstärkerfüllstoff in fast allen Gummiartikeln enthalten, von farbigen Schuhsohlen und Schläuchen bis hin zu Autoreifen. Hinter dem Namen ULTRASIL steht eine ganze Produktfamilie. Je nach Einsatzgebiet erfüllen unterschiedliche Silicas die entsprechenden Anforderungen. So wird zur Reifenherstellung mit der sog. Silica-/Silantechnologie das Silica ULTRASIL *7000 GR* verwendet. In Kombination mit einem Silan wie →Si 69 trägt es dazu bei, das Nassrutschverhalten und den Rollwiderstand von Reifen zu verbessern. ULTRASIL *VN3* sorgt für eine hohe Abriebfestigkeit etwa bei Schuhsohlen, während ULTRASIL *AS7* die gute Verarbeitbarkeit von technischen Gummiwaren erhöht. Die Evonik Degussa GmbH entwickelte die synthetisch gefällte Kieselsäure, die auch als *weißer Ruß* bezeichnet wird, vor über fünfzig Jahren. Auf der Suche nach einem Industrieruß, der nicht aus fossilen Brennstoffen hergestellt werden muss, entwickelte man im Hause Degussa bereits 1941 das erste Silica, das heute unter dem Namen →AEROSIL vertrieben wird. Die Evonik Degussa GmbH produziert ihre Silicas an zehn Standorten in drei Erdteilen und vertreibt sie weltweit. Neben Silicas und Silanen führt sie u.a. auch Produkte zur Lackveredelung wie →ACEMATT oder aus Industrie-Ruß gewonnene Pigmente wie →PRINTEX. Im Jahr 2006 erzielte das Unternehmen mit rund 35.000 Mitarbeitern weltweit insgesamt ca. 11 Mrd. Euro Umsatz. Seit 2007 bildet sie das Geschäftsfeld *Chemie* der →Evonik Industries AG, zu der auch die Bereiche *Energie* und *Immobilien* gehören.

DATEN UND FAKTEN

Markenname: ULTRASIL, abgeleitet von **Ultra** (lat. für außerordentlich) und Sil als Abkürzung für **Sil**ica

Erfinder: Degussa, 1971

Markenregistrierung: 30. 06. 1971, DPMA München

Markenwebsite: www.ultrasil.eu

UNTERNEHMEN

Evonik Industries AG
Rellinghauser Str. 1–11

45128 Essen
✆ (02 01) 1 77-01
🖷 (02 01) 1 77-34 75
💻 www.evonik.de

UNCLE BEN'S

Uncle Ben's steht als Lebensmittelmarke für Reisprodukte und Saucen im Convenience-Bereich. Zur Produktpalette gehören Langkornreis (im Kochbeutel und lose für verschiedene Garzeiten), Naturreis, Reisspezialitäten wie Basmati-Sorten oder Risotto-Reis, Express-Reis (mit einer Zubereitungszeit von 2–3 Minuten) sowie Saucen und Reiswaffeln. Die Produkte werden ausschließlich aus Spitzenreis hergestellt, d. h. mit einem Bruchreisanteil von weniger als 5 %. Uncle Ben's verwendet bei der Herstellung ein Paraboiled-Verfahren, das Vitamine und Mineralstoffe weitgehend bewahrt. Durch die Härtung der an der Kornoberfläche liegenden Stärke wird der Reis körnig und klebt nicht. Die Produkte durchlaufen insgesamt 200 Qualitätskontrollen, ehe sie in den Verkauf kommen. Die zentrale Idee hinter den Produkten ist, das Kochen mit Reis einfacher, sicherer und schneller zu machen. Der Markenname bezieht sich auf einen afroamerikanischen Reisbauern aus Texas, der für die besondere Qualität seines Reis' bekannt und zum Maßstab für alle anderen Reisproduzenten wurde. Der Name wurde von Gordon L. Harwell, dem Direktor der Converted Rice Inc., und seinem Partner in den 1940er-Jahren entwickelt. Das Unternehmen belieferte bis dato ausschließlich die US-Armee und suchte nach einer Marke, um seine Reisprodukte allen Konsumenten zugänglich zu machen. Das Logo zeigt neben dem Markennamen auch das oval gerahmte Porträt eines älteren afroamerikanischen Mannes. 2006 wurde der Slogan „Gelingt immer" von der Agentur BBDO entwickelt. Die Marke Uncle Ben's ist im Besitz der → Mars, Incorporated.

UNTERNEHMEN

Mars GmbH
Eitzer Str. 215
27283 Verden (Aller)
✆ (0 42 31) 94-0
🖷 (0 42 31) 94-43 26
💻 www.unclebens.de

UNDERBERG

Underberg steht für einen Klassiker unter den dt. Markenartikeln und zählt zu den bekanntesten Marken in Deutschland. Der Markenname geht auf Hubert Underberg zurück, der den Digestif mit Kräutern aus 43 Ländern erfand. Underberg kannte bereits aus seiner Ausbildungszeit in den Niederlanden und in Belgien ein beliebtes Mischgetränk aus Genever und Kräutern. Damals waren ihm große Qualitäts- und Geschmacksschwankungen aufgefallen. Am Tag seiner Eheschließung, dem 17. 06. 1846, gründete er zusammen mit seiner Frau Catharina Albrecht die Firma H. Underberg-Albrecht mit dem Ziel, einen Magenbitter von unveränderlich hoher Qualität herzustellen. Der Familien-Leitspruch „Semper idem" – immer gleich – steht daher auch für die gleich bleibende Qualität und Wirkung des Rheinberger Kräuters. Der Fabrikant nannte das alkoholische Getränk „Underberg – Boonekamp of Maagbitter".

Die 4 × 20 ml Packung mit dem Underberg im Hintergrund

Zum Schutz gegen Nachahmer deponierte der Gründer am 25. August 1851 die äußere Ausstattung seines Produktes – das Design – beim Handelsgericht in Krefeld. Nach der Einführung des Markengesetzes 1894 ließ er auch den Markennamen registrieren. Seit 1949 ist der Kräuter-Digestif ausschließlich in der charakteristischen 20 ml Portionsflasche erhältlich, eingewickelt in strohfarbenes Papier und mit der Originalunterschrift des Erfinders versehen. Markenlogo ist seit gut 100 Jahren der traditionelle Namenszug auf Underberg-grünem Untergrund. Durch sein geschwungenes Layout wird der Underberg symbolisiert. Auf dem Etikett der Flaschen wird er von den Claims „Er tut einfach gut" und „Besonders nach dem Essen" eingerahmt.

Uncle Ben's ... gelingt immer

Slogan von Uncle Ben's: „Gelingt immer"

Underberg

Die markentypische 20 ml Portionsflasche (Mitte), Unternehmensgründer Hubert Underberg auf einem hist. Plakat

Der Werbesong „Komm doch mit auf den Underberg" aus der „Über den Berg"-Kampagne war lange Zeit ein Ohrwurm. Die Semper Idem Underberg AG in Rheinberg am Niederrhein ist seit ihrer Gründung ein Familienunternehmen. Unter der Marke Underberg vertreibt sie ihren Digestif in verbrauchergerechten Packungsgrößen sowie in limitierter Auflage auch als Jahrgangsschmuckdose mit zwölf Flaschen Underberg. Underberg ist mit 89 % gest. Bekanntheit die bekannteste Kräuterbitter-Spirituose in Deutschland (Icon, 2007). Mit ca. 1.000 Mitarbeitern weltweit erwirtschaftet das Haus Underberg ca. 500 Mio. Euro Umsatz. Das Unternehmen führt weitere bekannte Marken wie die Rüdesheimer Spezialität Asbach, die im März 2002 ganz übernommen wurde.

DATEN UND FAKTEN

Markenname: Underberg, Nachname des Firmengründers Hubert Underberg

Slogan: „Underberg – er tut einfach gut"

Gründer: Hubert Underberg (1817–1891) 1846

Markenregistrierung: 1851, Handelsregister Krefeld

Innovationen: Original Stilglas (1867), Portionsflasche (1949)

Markenbekanntheit: 89 % gest. (Icon, 2007)

Auszeichnungen:
„Superbrands Germany" (2007/08)

UNTERNEHMEN

Semper Idem Underberg AG

Hauptsitz: Rheinberg, Deutschland

Vorstand: Wilfried Mocken, Jürgen Breitbach, Rüdiger Franzky

Weitere Marken: Asbach, Pitú, Xuxu, Grasovka

Gesamtumsatz: 500 Mio. Euro (2006)

Vertrieb: weltweit

KONTAKT

Semper Idem Underberg AG
Hubert-Underberg-Allee 1
47493 Rheinberg
(0 28 43) 9 20–0
(0 28 43) 9 20–3 13
www.underberg.com

Ansprechpartner Presse:
Rainer Bentele
+41 4 48 05 18 19
rainer.bentele@underberg.com

Ansprechpartner Marketing:
Tim Nentwig
(0 28 43) 9 20–0
tim.nentwig@underberg.com

SCHON GEWUSST?

- Bis 1894 gab es keinen Markenschutz auf Namen oder innovative Produkte. Deshalb deponierte Hubert Underberg 1851 eine Flasche seines Digestifs beim Handelsregister in Krefeld, um sich vor Nachahmern zu schützen.
- 1949 entwickelte Emil Underberg, der Enkel des Firmengründers, die typische Underberg-Portionsflasche. Die 20 ml Flasche enthält genau die richtige Menge Digestif für „ein gutes Wohlbefinden" der Konsumenten.
- Für den Kräuter-Digestif werden Kräuter aus 43 Ländern und frisches Brunnenwasser mit hochwertigem Alkohol gemischt und im Semper idem Geheimverfahren extrahiert. Anschließend reift der Rheinberger Kräuter in Fässern aus slowenischer Eiche.

UNICEF

UNICEF engagiert sich weltweit für Kinder; ob es sich um den Kampf gegen Kinderarbeit (Mitte) oder um den Zugang zu sauberem Trinkwasser handelt (unten).

UNICEF ist das Kinderhilfswerk der Vereinten Nationen. Es wurde 1946 von der Generalversammlung der Vereinten Nationen gegründet, um hungernden und kranken Kindern nach dem 2. Weltkrieg im zerstörten Europa, in Palästina und Asien zu helfen. Später wurden die Aktivitäten auf die Entwicklungsländer verlagert mit dem Schwerpunkt auf Afrika, Asien und Lateinamerika. Heute ist UNICEF in mehr als 150 Ländern vertreten. Im Jahr 2005 entfielen 54 % der Gesamtausgaben auf Afrika und den Nahen Osten. Ziel der Arbeit von UNICEF ist, allen Kindern den Schulbesuch zu ermöglichen und Zugang zu medizinischer Versorgung, Nahrung und sauberem Trinkwasser zu verschaffen. Im Fokus steht zudem der Schutz der Kinder vor Ausbeutung. Im Gegensatz zu anderen Kinderhilfswerken, die regional eingeschränkt arbeiten oder auf die Förderung einzelner Kinder ausgerichtet sind (z. B. Patenschaften), hat UNICEF den Anspruch, für die Rechte aller Kinder weltweit einzutreten. Das Kinderhilfswerk finanziert seine Arbeit über Spenden und den Verkauf von Grußkarten. Daher hat die Presse- und Öffentlichkeitsarbeit einen hohen Stellenwert. Im Online-Bereich nimmt UNICEF dabei eine Vorreiterrolle

Das Kinderhilfswerk UNICEF finanziert seine Arbeit ausschließlich über Spenden und den Verkauf von Grußkarten.

durch die Entwicklung von innovativen Formaten wie Weblogs oder interaktive Spendenmechaniken ein. Die Kampagnen von UNICEF richten sich an die Gesamtbevölkerung und arbeiten z.T. auf die Durchsetzung politischer Forderungen hin. Das Deutsche Komitee für UNICEF besteht seit dem Jahr 1953. Nach eigenen Angaben ist die Institution 94 % der dt. Bürger bekannt (gest.). Das Logo von UNICEF ist eine Ableitung des Signets der Vereinten Nationen in New York. Es zeigt den Namen der Einrichtung neben einer von Zweigen eingefassten Weltkugel. Im Zentrum der Kugel sieht man das stilisierte Profil einer Frau, die ein Kind emporhebt. Das Logo ist in der Hausfarbe Cyan auf weißem Grund gehalten. 2003 wurde das Wortbildzeichen überarbeitet, wobei nur die Typografie aktualisiert wurde. Zahlreiche nat. und internat. bekannte Botschafter sind für UNICEF aktiv, aus Deutschland u.a. die TV-Moderatorin Sabine Christiansen und der Schauspieler Blacky Fuchsberger. UNICEF gibt kein Geld für Werbung aus. Anzeigen, Plakate und TV-Werbung werden ausschließlich auf Pro Bono Basis von Verlagen und Vermarktern durchgeführt.

DATEN UND FAKTEN

Markenname: UNICEF, Akronym aus **U**nited **N**ations **I**nternational **C**hildren's **E**mergency **F**unds

Erfinder: Gründung im Rahmen der Vollversammlung der Vereinten Nationen, 1946, New York

Jahresumsatz: 97,3 Mio. Euro Einnahmen aus Spenden und Grußkartenverkäufen (Deutschland, 2006)

Auszeichnungen:
„GWA Effie", für UNICEF-Kampagne *Schulen für Afrika* (2006)

UNTERNEHMEN

Deutsches Komitee für UNICEF e.V.

Hauptsitz: Köln, Deutschland

Geschäftsführer: Dr. Dietrich Garlichs

Mitarbeiter: 80 in Bundesgeschäftstelle, 8.000 ehrenamtliche Helfer in 130 lokalen Arbeitsgruppen in Deutschland, 7.000 Mitarbeiter internat.

KONTAKT

Deutsches Komitee für UNICEF e.V.
Höninger Weg 104
50969 Köln
(02 21) 9 36 50-0
(02 21) 9 36 50-2 79
www.unicef.de

SCHON GEWUSST?

- Nach dem 2. Weltkrieg importierte UNICEF als erste Hilfslieferung 516 t Lebertran nach Deutschland. Bis 1950 entstanden aus von UNICEF gelieferten Rohstoffen u.a. 350.000 Paar Schuhe, 500.000 Paar Strümpfe und 300.000 Wintermäntel für bedürftige Kinder in Deutschland.
- Internat. lenken zahlreiche Persönlichkeiten die Aufmerksamkeit auf die Bedürftigkeit der Kinder. Schauspieler Roger Moore brachte seine Tätigkeit für UNICEF auf den Punkt: „Ich bin eine Nervensäge zum Wohle der Kinder."

UNILEVER

Unilever ist einer der weltweit größten Anbieter von Konsumgütern für den täglichen Bedarf. Der brit.-niederl. Konzern ist mit seinen Marken in über 150 Ländern weltweit vertreten. 2006 erzielte Unilever mit rund 179.000 Mitarbeitern einen Umsatz von 39,6 Mrd. Euro. In Deutschland beschäftigt Unilever 6.100 Mitarbeiter (Stand 08/2007), die

Unilever

Logo von Unilever (oben), Konzernzentrale in Hamburg (Mitte), hist. Reklametafel der Unilever Marke Rama

sich auf den Hauptsitz in Hamburg sowie auf neun weitere Werksstandorte verteilen. Mit den Geschäftsfeldern Nahrungs-, Wasch-, Reinigungs- und Körperpflegemittel ist Unilever in vielen Segmenten weltweit führend.

Unilever ist mit seinen Marken in über 150 Ländern weltweit vertreten.

Ein Dutzend Marken steuern jeweils mehr als 1 Mrd. Euro zum Konzernumsatz bei, darunter auch die in Deutschland bekannten Marken →Dove, →Knorr, →Lipton, →Becel und →Rexona. Unilever entstand 1930 durch den Zusammenschluss der Margarine Unie, Niederland und Lever Brothers, Großbritannien. Noch heute gibt es zwei Hauptverwaltungen an den Standorten Rotterdam und London. Das in den 1960er-Jahren entwickelte „U" als Logo für Unilever stellte symbolisch die beiden Stränge des Unternehmens dar, die sich in der Mitte treffen. Mit der neuen Unternehmensfarbe Blau fügte man dem Logo auch das Wort Unilever hinzu, um es eindeutig kenntlich zu machen. 2004 stellte Unilever seinen neuen Markenauftritt vor, dessen zentraler Baustein die „Vitality-Mission" ist. Aufbauend auf dem bekannten Unilever-„U" ist das aktuelle von Wolff Olins (London) entworfene Logo die bildliche Umsetzung dieser neuen Unternehmensphilosophie. Es besteht aus 25 verschiedenen Symbolen, die die Lebenswelten der Marken und Produkte versinnbildlichen. Seit der Einführung ist das neue Logo auf allen Produkten zu finden – mit dem Ziel, die Lebensqualität der Menschen zu steigern und die täglichen Bedürfnisse nach Ernährung, Hygiene und Körperpflege mit Marken zu erfüllen, die den Menschen dabei helfen, sich gut zu fühlen, gut auszusehen und mehr vom Leben zu haben. Seit den 1980er-Jahren konzentriert sich Unilever verstärkt auf sein Kerngeschäft und trennte sich im Zuge dessen von diversen Marken und Firmenteilen. Das Kerngeschäft stärkte Unilever im Jahr 2000 mit dem Kauf des weltweit operierenden Mitbewerbers Bestfoods. Damit kamen große Marken wie →Knorr, Pfanni und →Mondamin zu Unilever.

UNTERNEHMENSBEREICHE UND MARKEN

Nahrungsmittel:
Anteil am Unternehmensumsatz: 54 % (2006)
u. a. →Rama, →Knorr, →Lipton, →Du darfst, →BiFi, Pfanni, →Mondamin, →Langnese, →Becel, →Bertolli, Brunch, →Lätta, Sanella

Haushalts- und Textilpflege:
Anteil am Unternehmensumsatz:18 % (2006)
u. a. →Coral, →Domestos, →Sunil, Kuschelweich, Viss

Körperpflege:
Anteil am Unternehmensumsatz: 28 % (2006)
u. a. →Axe, →Dove, →Rexona

DATEN UND FAKTEN

Unilever

Gründer: Zusammenschluss der Unternehmen Margarine Unie und Lever Brothers

MEILENSTEINE

1930 Unternehmensgründung durch Zusammenschluss von Margarine Unie, Niederlande und Lever Brothers, Großbritannien. Es ist der bis dato größte Firmenzusammenschluss der Welt.

1963 Unilever Deutschland zieht mit 1.500 Angestellten in das neu erbaute Unilever-Hochhaus, das erste Hochhaus Hamburgs.

1971 Gründung der Deutschen Unilever GmbH als Holding des dt. Teilkonzerns.

1981 Unilever leitet die Konzentration auf das Kerngeschäft mit den Feldern Nahrungs-, Wasch-, Reinigungs- und Körperpflegemittel sowie Spezialchemikalien ein. Zahlreiche Firmen werden verkauft.

1997 Trennung von den internat. Firmen für Spezial-Chemikalien.

2000 Unilever stärkt mit dem Kauf verschiedener Marken und Unternehmen das Kerngeschäft. Unter den Neuzugängen ist der Wettbewerber Bestfoods mit der Marke Knorr.

2004 Vorstellung eines neuen Markenauftritts und der Vitality-Strategie.

Unternehmensgründung: 1930 in Rotterdam, Niederlande und London, Großbritannien

Mitarbeiter: ca. 179.000 weltweit

Vorstandsvorsitzender: Patrick Cesau

Umsatz: 39,6 Mrd. Euro (2006)

KONTAKT

Unilever Deutschland GmbH
Dammtorwall 15
20355 Hamburg
(0 40) 34 90-0
(0 40) 34 41 99
www.unilever.de

Ansprechpartner Presse:
Katja Praefke
(0 40) 34 90-11 64
(0 40) 34 90 35 20

UNILUX

Das Unternehmen Unilux produziert und vertreibt maßgefertigte Fenster und Haustüren aus Holz, Kunststoff und Holz-Metall Verbundkonstruktionen. Der Firmen- und Markenname setzt sich aus den lat. Begriffen „uni" (ein, einziger) und „lux" (Licht) zusammen. Die Firmenhistorie geht zurück auf eine 1955 von Nikolaus Meeth gegründete Schreinerei, die sich alsbald auf die Herstellung von Fenstern und Türen konzentrierte und damit seit 1972 auch den Fachhandel belieferte. 1979 ging daraus die Unilux GmbH hervor, die 1995 in eine AG umgewandelt wurde. Das Unternehmen sieht sich als einen Kompetenzführer für Holz-Aluminium-Fenster und Spezialist für Haustüren und Fassadensysteme, weiterhin umfasst das Produktprogramm die Bereiche Sicherheit, Glas, Fenster- und Rollläden. Der Vertrieb der Industriegüter-Dachmarke ist deutschlandweit vor allem über Fachhandelspartner organisiert. Neben der Bundesrepublik gehören das angrenzende Ausland, Nordamerika und die Vereinigten Arabischen Emirate zu den Absatzmärkten. Internat. Bekanntheit wurde u.a. durch Innovationen wie das *UltraTherm*-Warmfenster erreicht. Die Konzentration auf stetige Forschung und Entwicklung soll der Slogan „Marke für Fensterfortschritt" zum Ausdruck bringen, der das Logo ergänzt. Zu sehen ist ein rotes Karree, in dem die Wortmarke Unilux beginnt und an der rechten Seite heraustritt. Der Markenname ist in schlichten, serifenlosen Majuskeln gesetzt, womit technische Professionalität, Kompetenz und Präzision assoziiert werden sollen. Den Vorstand des Familienunternehmens, das mit 420 Beschäftigten einen Jahresumsatz von etwa 54 Mio. Euro erzielt, führt Alfred Meeth.

UNTERNEHMEN

Unilux AG
Nikolaus-Meeth-Str. 1
54528 Salmtal
(0 65 78) 1 89-0
(0 65 78) 18 80
www.unilux.de

Der Ursprung der Unilux AG geht auf eine 1955 gegründete Schreinerei zurück.

UNIMOG

Unter dem Markennamen Unimog vertreibt → Mercedes-Benz ein weltweit einzigartiges Fahrzeugkonzept. Die Unimog-Baureihen zeichnen sich durch Professionalität im Gerätebetrieb sowie Robustheit, Zuverlässigkeit und Langlebigkeit im Geländeeinsatz aus. Die Fahrzeuge sind in erster Linie im öffentlichen Dienst, in der Energiewirtschaft, bei der Waldbrandbekämpfung in mediterranen Ländern sowie im Dienste der internat. Sicherheit z.B. bei UN-Missionen anzutreffen. Der Mercedes-Benz Unimog wurde nach dem 2.Weltkrieg als landwirtschaftliches Fahrzeug von Albert Friedrich entwickelt, der zuvor bei Daimler-Benz als Leiter der Flugmotorenkonstruktion gearbeitet hatte. 1948 begann beim Maschinenbauunternehmen Gebrüder Boehringer in Schwäbisch Gmünd die Serienfertigung. Da für die notwendigen Stückzahlen hohe Investitionen erforderlich waren, übernahm Daimler-Benz die Fertigung und startete 1951 mit der Produktion im badischen Werk Gaggenau. 1955 kam der Unimog S auf den Markt. Zunächst für den militärischen Einsatz bestimmt, wurde er später auch zivil genutzt und bis zum Jahre 1980 produziert. Damit ist er das meistverkaufte Fahrzeug der Marke Unimog. 1985 begann Daimler-Benz mit der Rundumerneuerung des Unimog-Programms und entwickelte neue leichte, mittelschwere und schwere Baureihen. Das ursprüngliche Logo des Unimog war ein stilisierter Ochsenkopf als Symbol für Zugkraft. Mit der Produktionsübernahme durch Daimler-Benz wurde das Logo um den klassischen Mercedes-Stern ergänzt. Seit 1956 ziert der Mercedes-Stern als alleiniges Markenzeichen alle Unimog-Typen. Zusätzlich zum Stern tragen die Fahr-

Unimog-Fahrzeuge zeichnen sich durch Robustheit, Zuverlässigkeit und Langlebigkeit im Geländeeinsatz aus.

Das Signet von Universal Music

UPS ist eines der weltweit führenden Logistikunternehmen.

zeuge heute einen dreidimensionalen Unimog-Schriftzug in den Farben Grau und Silber. Als Hausschrift dient die Schriftart Corpo S von Kurt Weidemann. Auch sonst entspricht die Außendarstellung des Unimog dem Corporate Design von Mercedes-Benz. Seit 2002 läuft der Unimog im Mercedes-Benz Werk Wörth, dem größten Lkw-Werk Europas, vom Band. Der Absatz der Marke Unimog, die weltweit über autorisierte Partner vertrieben wird, lag 2006 bei 2.200 Einheiten. 2008 kommt der Unimog U 20 auf den Markt, ein kompakter Geräteträger, der speziell für kleine und mittlere Kommunen sowie Garten- und Landschaftsbaubetriebe konzipiert wurde.

DATEN UND FAKTEN

Markenname: Unimog, Akronym zusammengesetzt aus den Worten **Uni**versal-**Mo**tor-**G**erät

Slogan: „Mehr bewegen. Unimog."

Erfinder: Albert Friedrich, 1948, Schwäbisch Gmünd

Markenregistrierung: 21. 11. 1948, DPMA München

Innovationen: Baureihe U 300 bis U 500 (2000), Baureihe U 3000 bis U 5000 (2002), Baureihe U 20 (2008)

Literatur:
L. Döhmann und J. Niemeier: Das große Unimog-Buch (2001)
M. Röcke: Unimog in Aktion (2004)
R. Maile: Unimog – Muster der Vielseitigkeit (2004)
R. Maile: Das große Buch vom Unimog (2006)

UNTERNEHMEN

Daimler AG
Produktbereich Sonderfahrzeuge
Daimlerstr. 1
76742 Wörth am Rhein
(0 72 71) 71-83 61
(0 72 71) 71-83 63
www.mercedes.benz.de/unimog

UNIVERSAL MUSIC

Die Dachmarke Universal Music steht für Herstellung und Vertrieb von Musikprodukten sowie die Verwertung der entsprechenden Rechte. Rock, Pop, Dance, Jazz, Schlager, Klassik und Volksmusik sind die wichtigsten Genres, in denen das Unternehmen Musik auf unterschiedlichen Trägern sowie in digitaler Form vertreibt bzw. als Musikverlag tätig ist (Universal Music Publishing). Der Markenname geht zurück auf die Wurzeln des Konzerns in den Universal (Film-)Studios, Kalifornien (USA). So präsentieren die Logos von Universal Music und Universal Pictures gleichermaßen eine stilisierte Weltkugel sowie den Schriftzug „Universal". Ergänzt wird das Logo der Marke Universal Music durch den Zusatz „Universal Music Group". Zur Marke gehören u. a. die Labels A&M, Decca, Urban, Def Jam, Deutsche Grammophon, Geffen, Interscope, Karussell, MCA, Island Mercury, Motown, Polydor, Polystar und Verve. Universal Deutschland ist eine Tochter der Universal Music International Group, dem größten Musikkonzern weltweit. Dieser ging aus der MCA Music Entertainment Group hervor und ist Teil des Vivendi-Konzerns, der größten Mediengruppe der Welt. Strukturiert ist Universal Music Deutschland u. a. in Abteilungen mit Zuständigkeiten für dt. Produktionen (Domestic Divison), internat. Künstler (International Division), Schlager und Volksmusik (Koch Universal Music), Klassik und Jazz (Universal Music Classics & Jazz). Die Rechteverwertung wird von einem eigenen Unternehmensbereich durchgeführt.

UNTERNEHMEN

Universal Music Entertainment GmbH
Stralauer Allee 1
10245 Berlin
(0 30) 5 20 07-01
(0 30) 5 20 07-09
www.universal-music.de

UPS

UPS ist der weltgrößte Paketdienst und ein weltweit führender Anbieter von Supply-Chain-Dienstleistungen mit einer umfassenden Auswahl an Lösungen für die Synchronisierung des Waren-, Informations- und Kapitaltransfers. Technische Innovationen helfen UPS Kunden, ihre logistischen Aufgaben effizienter zu lösen. Die UPS Lösungen sind bei vielen Kunden bereits fester Bestandteil ihrer Unternehmenslogistik. Über den Geschäftsbereich UPS Supply Chain Solutions bietet das Unternehmen auch Dienstleistungen in den Bereichen der Gestaltung und der Planung von Lieferketten, der Logistik und der Distribution, des Transportes und der Fracht sowie des Internationalen Handelsmanagements und der Verzollung an. 1907 lieh sich James E. Casey 100 Dollar, um den Kurierdienst American Messenger Company in Seattle (USA) zu gründen. Bereits 1919 expandierte das Unternehmen nach Oakland (Kalifornien) und änderte seinen Namen in United Parcel Service. Die Ausdehnung bis zur Ostküste erfolgte ab den 1930er-Jahren.

Seit den 1970er-Jahren hat sich UPS auch in Europa etabliert.

Im Jahre 1976 richtete UPS in Deutschland seine erste Paketoperation außerhalb Nordamerikas ein und wagte damit den ersten Schritt zur weltweiten Expansion. Heute bedient UPS mehr als 200 Länder und Gebiete und verfügt über ein weltweites, leistungsstarkes Netzwerk. 2006 beförderte das Unternehmen 3,9 Mrd. Pakete und Dokumente. Die Entwicklung des Unternehmens zu einem globalen Logistikdienstleister spiegelt sich auch in der Änderung des Logos wider. Das 1961 von Paul Rand entworfene Design wurde 2003 durch ein dreidimensionales Schild ersetzt und das verschnürte Paket entfernt. Das neue Logo repräsentiert die erweiterten Fähigkeiten des Unternehmens, seinen Kunden Lösungen anzubieten, die komplexe logistische Herausforderungen meistern. Das an der New Yorker Börse (NYSE) unter dem Kürzel UPS gelistete Unternehmen beschäftigt weltweit 425.300 Mitarbeiter und erwirtschaftete 2006 einen Gesamtumsatz von 47,5 Mrd. USD.

DATEN UND FAKTEN

Markenname: UPS, Abkürzung, steht für **U**nited **P**arcel **S**ervice

Slogan: „UPS. Mehr erreichen." („Deliver More")

Frühere Slogans: „Consider it done.", „Synchronizing the World of Commerce"

Gründer: James E. Casey, 1907, Seattle/USA

Markenregistrierung: 22. 09. 1977, DPMA München

Auszeichnungen:
„Image Award", Logistik inside für Logistikdienstleistungen (2005/2006)
„100 Best Places to Work in IT", Computerworld (2006)
„Premier 100 IT Leader", Computerworld (2007)

Literatur:
M. Brewster u. F. Dalzell: Driving Change. The UPS Approach to Business (New York 2007)

UNTERNEHMEN

United Parcel Service of America Inc.

Hauptsitz: Atlanta, USA

Vorstand: Mike Eskew

Gesamtumsatz: 47,5 Mrd. USD

Vertrieb: weltweit

MEILENSTEINE

1907 Jim Casey gründet die American Messenger Company in Seattle (USA).

1919 Das Unternehmen expandiert über Seattle hinaus nach Kalifornien. Der Firmenname wird in United Parcel Service umgeändert.

1930 UPS expandiert bis zur Ostküste.

1976 Markteintritt in Europa: UPS baut in Deutschland ein Netzwerk für die Zustellung innerhalb der Landesgrenzen auf.

1988 UPS erhält die Genehmigung der FAA, eigene Flugzeuge zu betreiben.

1993 Die UPS Logistics Group (heute UPS Supply Chain Solution) wird gegründet, um Lösungen für globale Lieferketten bereitzustellen.

1996 Die UPS Software zur Online-Sendungsverfolgung ermöglicht Kunden die Verfolgung von bis zu 100 Paketen gleichzeitig.

1999 UPS geht in New York an die Börse

2006 Erweiterung der europäischen Luftfrachtdrehscheibe Köln/Bonn. Mit 135 Mio. USD die größte Investition von UPS außerhalb der USA.

USM
Möbelbausysteme

„Form folgt Funktion" lautet das Credo der Möbelmarke USM.

KONTAKT

UPS Deutschland Inc. & Co OHG
Görlitzer Str. 1
41460 Neuss
(08 00) 88 26 63-0
www.ups.com

Ansprechpartner Presse & Kommunikation:
Georg Leusch
(0 21 31) 9 47-26 25
georg.leusch@europe.ups.com

USM

Unter dem Dach der Möbelmarke USM versammeln sich Schränke, Tische, Präsentations- und Raumtrennungssysteme sowie mobile Arbeitsplatzsysteme. Die Elemente der USM Möbelbausysteme können miteinander kombiniert werden. Die Systeme sollen einfache, klare Lösungen in einer dauerhaften, klassischen Ästhetik bieten. Die Leitidee für das Konzept und Design lautet „Form folgt Funktion". Das USM Möbelbausystem *Haller* bildet den Kern des Angebots. Daneben gibt es das Tischsystem USM *Kitos*, USM *Display* und USM *eleven22* mit Arbeitsinseln und individuellen Arbeitsstationen. Zum Logo gehören der Markenname in kursiven Versalien einer serifenlosen Schrift sowie darunter der Zusatz Möbelbausysteme. Ulrich Schärer gründete das Schweizer Unternehmen 1885 als Eisenwarenhandlung und Schlosserei in Münsingen bei Bern. Um 1920 begann die Firma mit der Herstellung von Fensterverschlüssen. Ab Ende der 1920er-Jahre hieß das Unternehmen U. Schärer Söhne. Nach dem 2. Weltkrieg widmete man sich auch dem Metallbau und der Blechbearbeitung. 1961 wurde der Architekt Fritz Haller beauftragt, ein neues Fabrik- und Verwaltungsgebäude zu entwerfen. Zwei Jahre später wurde in Zusammenarbeit mit Haller das USM Möbelbausystem *Haller* entwickelt, das 2001 in die permanente Sammlung des Museum of Modern Art in New York aufgenommen wurde. Die Produktion von Fensterverschlüssen gab man 1992 zugunsten der Möbelbausysteme auf. Die Möbel der Marke USM werden weltweit über spezialisierte Händler vertrieben. USM hat darüber hinaus Showrooms in Bern, Berlin, Hamburg, Mailand, New York und Paris. In Deutschland ist der Möbelhersteller durch die USM U. Schärer Söhne GmbH in Bühl vertreten.

UNTERNEHMEN

USM U. Schärer Söhne GmbH
Siemensstr. 4 A
77815 Bühl
(0 72 23) 8 09 40
(0 72 23) 8 09 41 99
www.usm.com

UVEX

Die Marke Uvex steht für ein umfangreiches Programm an Sicherheitskonzepten und -produkten, die den Schutz des Menschen in Beruf, Sport und Freizeit garantieren sollen. Die Uvex Winter Holding GmbH gliedert sich seit 1994 in vier Geschäftsbereiche. Die Uvex Saftey Group bietet Augen-, Kopf-, Gehör- und Handschutz, Sicherheitsschuhe und Berufsbekleidung. Der überwiegende Teil der Arbeitsschutzprodukte wird in europäischen Produktionsstätten gefertigt. Das Portfolio von Uvex Sports umfasst Produkte für den Motor-, Rad- und Skisport wie z. B. Helme, Sportbrillen und Motorrad-Textilbekleidung. Uvex Sports verfügt über Tochtergesellschaften in der Schweiz, Österreich, den Niederlanden, den USA und Japan. Alpina vertreibt moderne Rad- und Skihelme sowie Sportbrillen in weltweit 65 Ländern. Die Filtral GmbH ist eine internat. tätige Vertriebsgesellschaft für Sonnenbrillen und Lesehilfen. 1926 gründete Philipp M. Winter die Optische Industrieanstalt Philipp M. Winter in Fürth mit dem Ziel, Brillen aller Art zum Schutz des menschlichen Auges herzustellen. 1938 begann die professionelle Brillenfertigung, 1959 trat Philipp Winters Sohn Rainer in die Firma ein. Um das Produkt besser vermarkten zu können, entwickelte dieser für das bislang namenlose Vertriebsprogramm den Markennamen Uvex, die Kurzform von UltraViolet Excluded. Grundlage des unternehmerischen Erfolgs sind die konstante Weiterentwicklung der bestehenden Produkte und technische Innovationen wie z. B. die Uvex superhelix mit sphärischer Doppelscheibe und Litemirror.

UNTERNEHMEN

Uvex Winter Holding GmbH und Co. KG
Würzburger Str. 181
90766 Würzburg
(09 11) 97 36-0
(09 11) 97 36-3 75
www.uvex.de

V

Uhrenmodell aus der Kollektion „Aqua Diver" von Vagary

VAGARY

Vagary ist eine Uhrenmarke der →Citizen Watch Co., Ltd., Japan. Sie richtet sich im Preissegment von 50 bis 100 Euro an junge und modebewusste Menschen im Alter von 18 bis 35 Jahren. Die Markenstrategie von Vagary ist darauf ausgelegt, die Qualität von Citizen-Uhren zu erschwinglichem Preis zu garantieren. Die Gehäuse von Vagary-Uhren sind aus Edelstahl gefertigt und bis 100 m wasserdicht. Pro Jahr kommen lt. Firmenangaben vier bis fünf neue Kollektionen auf den Markt. Sie spiegeln aktuelle Modetrends wieder und tragen dem technischen Fortschritt Rechnung. Dabei werden neue Stilrichtungen sowie Farben genutzt und ungewohnte Designelemente, wie z. B. das pfeilförmige V aus dem Markenlogo verwendet. Ursprünglich gehörte Vagary dem ital. Unternehmen Veglia, einem 1894 gegründeten Hersteller von Zeitmessgeräten und Geschwindigkeitsanzeigen für Autos. Veglia belieferte u. a. die Automarken Ferrari, Alfa Romeo und Fiat. 1997 erwarb Citizen die Marke und startete noch im gleichen Jahr den Verkauf der neuen Uhren mit dem Markenzeichen „Vagary by Citizen" in Italien. Als dort bis 2004 rund 1,4 Mio. Uhren abgesetzt werden konnten, wurde der Verkauf auf Deutschland und Spanien ausgeweitet. Im Oktober 2004 wurde die Marke in Australien und 2005 auf dem Citizen-Heimatmarkt Japan eingeführt. Aktuell wird die Expansion auf dem asiatischen Markt vorangetrieben.

DATEN UND FAKTEN

Markenname: Vagary, engl. für Einfall, Idee

Slogan: „I play my way"

Geschäftsführer: Dante Grossi

Innovationen: Aqua 39, Aqua Diver-Modelle

Markenwebsite: www.vagary.de

UNTERNEHMEN

Citizen Watch Europe GmbH
Hans-Duncker-Str. 8
21035 Hamburg
✆ (0 40) 7 34 62-0
℻ (0 40) 7 34 62-87
www.citizenwatch.de

VAILLANT

Wärmepumpe geoTHERM (oben), Gründer Johann Vaillant (unten)

Die Konsumgütermarke Vaillant steht für ein umfassendes Sortiment zur Nutzung verschiedener Energieträger für die Wärmegewinnung. Das gleichnamige Unternehmen ist nach eigenen Angaben Weltmarktführer bei wandhängenden Gas-Umlaufwasserheizern zur Warmwasserbereitung und zur Beheizung der Wohnung. Das Kerngeschäft des Unternehmens besteht aus Produkten, die mit Gas, Öl und zunehmend mit regenerativen Energien betrieben werden, z. B. Solar-Systeme und Wärmepumpen. Das Produktportfolio umfasst darüber hinaus Warmwasserspeicher, Geräte der Elektro-Wärmetechnik sowie Lüftungs-, Klima- und Regelungs-Systeme. Das Angebot wird durch Systemkomponenten, Software und Serviceleistungen ergänzt. Die Geschichte von Vaillant geht bis ins Jahr 1874 auf den eigenen Meisterbetrieb des Installateurs Johann Vaillant in Remscheid zurück. Den Durchbruch brachte ein 1894 patentierter Gasbadeofen, mit dem erstmals die Wassertemperatur reguliert werden konnte. Weitere Innovationen waren ein wandhängendes Gas-Heizgerät (1960) und Gas-Kompaktgeräte (2001). Alle Produkte aus dem Hause Vaillant zeichnen sich durch ein durchdachtes, teils preisgekröntes Design aus. Die Entwicklungsgeschichte des Markenzeichens verdeutlicht den Anspruch des Unternehmens an sein visuelles Erscheinungsbild: Das Markenlogo, das einen aus dem Ei schlüpfenden Osterhasen zeigt, ließ Johann Vaillant bereits 1899 als Schutzmarke eintragen. 1930 sorgte der erste Werbeleiter des Unternehmens für ein Re-Design des Logos: Seitdem erscheint der Hase in stilisierter Form und der Schriftzug des Markennamens

1899 1930 1979

1993

2005

Entwicklungsgeschichte des Vaillant-Markenzeichens von 1899 – 2005

wurde hinzugefügt. Seit 1959 hat das Ei einen Rahmen, der später in der grünen Unternehmensfarbe (Pantone 327 CU) eingefärbt wurde. Seit 1993 bilden der Vaillant-Schriftzug und das Bildlogo eine Wort-/Bildmarke. Zuletzt wurde das Warenzeichen 2005 modifiziert. Vaillant ist die umsatzstärkste Marke des internat. tätigen Heiz-, Lüftungs- und Klimatechnikkonzerns Vaillant Group. Der Konzern beschäftigt weltweit über 10.000 Mitarbeiter (2006). Das Unternehmen ist in nahezu allen europäischen Ländern sowie im asiatischen Raum mit Produktionsstandorten, Vertriebsgesellschaften und Repräsentanzen vertreten. Die Marke Vaillant hat einen Anteil von 61 % am Gesamtumsatz des Unternehmens von 1,991 Mrd. Euro.

DATEN UND FAKTEN

Markenname: Vaillant, Name des Gründers

Gründer: Johann Vaillant, 1874, Remscheid

Markenregistrierung: 18. 02. 1907, Reichspatentamt Berlin

Innovationen: Internetbasiertes Kommunikationssystem, das eine Online-Überwachung und -Einstellung der Heizgeräte ermöglicht (vrnetDIALOG)

Markenbekanntheit: ungest. 47 %, gest. 74 % (Deutschland, Brand Awareness Studie, Ipsos, 2006)

Jahresumsatz: 927 Mio. Euro (Marke Vaillant, 2006)

Auszeichnungen:
Testsieger bei Stiftung Warentest für die Wärmepumpe geoTHERM plus (2007)
„iF product design award" für verschiedene Produkte von Vaillant (2002, 2005)
„red dot award: product design" für auroMATIC 560 (2005)
„Design Plus Award" für die Warmwasserspeicher uniSTOR, auroSTOR (2005) und actoSTOR (2007)

UNTERNEHMEN

Vaillant GmbH

Hauptsitz: Remscheid, Deutschland

Geschäftsführer: Claes Göransson, Dieter Müller

Gesamtumsatz: 1,991 Mrd. Euro (2006)

Vertrieb: überwiegend indirekter dreistufiger Vertrieb (Großhandel, Fachhandwerker, Endverbraucher) in über 80 Ländern

KONTAKT

Vaillant GmbH
Berghauser Str. 40
42859 Remscheid
✆ (0 21 91) 18–0
🖷 (0 21 91) 18–28 10
💻 www.vaillant.de

Ansprechpartner Presse:
Julia Narwark
✆ (0 21 91) 18–37 47
✉ julia.narwark@vaillant.de

Ansprechpartner Kommunikation:
Dr. Jens Wichtermann
✆ (0 21 91) 18–27 54
✉ jens.wichtermann@vaillant.de

Ansprechpartner Marketing:
Robert Benda
✆ (0 21 91) 18–28 91
✉ robert.benda@vaillant.de

SCHON GEWUSST?

▮ Der Hase als Markenzeichen von Vaillant geht auf den Gründer zurück: Johann Vaillant fiel am Ostersonntag 1899 in einer Zeitung das Bild von einem aus dem Ei schlüpfenden Hasen auf. Fasziniert erwarb er die Bildrechte und ließ den Hasen im Ei als Schutzmarke eintragen.

▮ Die von Vaillant genutzte Schriftart Interstate wurde in den 1970er-Jahren ursprünglich für die Schilder der amerikanischen Highways entwickelt. Erst 1994 digitalisierte der New Yorker Schriftenentwerfer Tobias Frere-Jones die Interstate und baute sie zu einer Textschrift aus.

VALBRIE

Der Weichkäse Valbrie aus dem Hause Hochland ist seit 1985 auf dem dt. Markt.

Unter der zur → Hochland AG gehörenden Marke Valbrie wird ein franz. Brie verkauft. Der Weichkäse bietet lt. Hersteller ein unverfälschtes, besonders mildes und cremiges Geschmackserlebnis und soll das franz. Lebensgefühl der Käufer ansprechen. 1985 erfolgte die Einführung der Marke in Deutschland. Die original franz. Weichkäsespezialitäten werden nach Originalrezepten in der Weichkäse-Fromagerie Henri Hutin in der Lorraine/Frankreich hergestellt. Die aus der Brie-Torte geschnittene Valbrie Spitze in der klassischen Dreiecksform kam 1985 zunächst in der Sorte *Tradition* auf den Markt. Die dreieckigen Varianten *mit feinen Kräutern* und *léger & bon* sowie die ovale Variante *Royal* gibt es seit

Das Markenlogo von Valensina steht für ausschließlich 100 % Säfte mit extra lang sonnengereiften Früchten.

1993. Der Schauspieler Pierre Brice warb über mehrere Jahre in unterschiedlichen TV-Spots für die Marke und vermittelte auf humorvolle Art franz. Lebensgefühl. Die Marke Valbrie wird überwiegend in Deutschland vertrieben. Der Weichkäse ist DLG-ausgezeichnet und lt. AC Nielsen Marktführer im dt. Brie-Segment (2007). Die Bekanntheit der Marke liegt lt. IMAS gest. bei 50 % (2007). Valbrie ist ein Kunstwort, in dem der Name der originalen Käsesorte Brie enthalten und wiedererkennbar ist. Das Logo verweist mit seinen franz. Namensbestandteilen und der konservativ anmutenden Schrifttype auf die traditionelle Herkunft der Marke. Bekannte Slogans waren ab 1992 „Es gibt viele Bries, aber nur einen Valbrie.", ab 1998 „Valbrie. Es lohnt sich, Kenner zu sein." Der aktuelle Slogan lautet „Oui, c'est Valbrie."

UNTERNEHMEN

Hochland Deutschland GmbH
Kemptener Str. 17
88178 Heimenkirch
(0 83 81) 5 02–0
(0 83 81) 5 02–1 07
www.valbrie.de

VALENSINA

Das Unternehmen Valensina GmbH mit Hauptsitz in Rheinberg produziert und vertreibt ein breites Sortiment alkoholfreier Getränke, das alle Segmente dieses Marktes abdeckt. 2002 wurde die Marke mit über 90 % Markenbekanntheit in die Sportfit-Gruppe integriert und die Valensina GmbH als Holding etabliert. Unter Leitung des Gründers der vormaligen Markeninhaberin Dittmeyer GmbH, Rolf H. Dittmeyer, wurde 1967 erstmals frischer Orangensaft abgefüllt und unter dem Markennamen vertrieben. Die nat. Marke wird bis heute mit dem Slogan „Frisch gepresst oder Valensina!" beworben und steht für 100 % Säfte mit extra lang sonnengereiften Früchten. Der Markenname ist eine Wortneuschöpfung und fügt Teile aus den Worten Valencia Orange und Apfelsine zu einem Akronym zusammen. Seit 2006 bietet Valensina neben 100 % Fruchtsäften aus Konzentrat auch kühlfrische Direktsäfte an, die nach der Ernte zu reinem Fruchtsaft verarbeitet und vor der Abfüllung besonders schonend pasteurisiert werden. Mit dieser Innovation ist es Valensina gelungen, den konsequenten Weg zu maximaler Frische und Qualität zu gehen. Das Markenlogo besteht aus dem Schriftzug Dittmeyer's Valensina, der durch eine Fruchtkette von Orangen grafisch unterstützt wird. Nach den erfolgreichen TV-Kampagnen der 1980er und 1990er Jahre, in denen der Firmengründer Rolf H. Dittmeyer als Testimonial persönlich auftrat und Kindern die Qualität von Valensina Säften mit extra lang sonnengereiften Früchten erklärte, baut der heutige Inhaber wieder verstärkt auf die Wirksamkeit klassischer TV-Spots. Das Markenportfolio des Unternehmens umfasst neben Valensina u. a. auch die Marken *Hitchcock*, *Dreh + Trink* sowie die Marke *Donath*.

UNTERNEHMEN

Valensina GmbH
Hubert-Underberg-Allee 1
47495 Rheinberg
(0 28 43) 92 78–0
(0 28 43) 92 78–3 40
www.valensina.de

van Laack stellt hochwertige Hemden her (Mitte), Christian von Daniels (unten) ist Besitzer der van Laack GmbH.

VAN LAACK

Dem Wunsch, ein elitäres Hemd für den stilbewussten Herren zu entwickeln, folgend gründete Heinrich van Laack im Jahr 1881 die Firma van Laack. Er wollte Hemden jenseits der Massenproduktion herstellen, mit denen die Attribute Perfektion und Hochwertigkeit nach außen getragen werden können. So brachte das Unternehmen die ersten Hemden mit eingesticktem Markenlogo auf den Markt. Eine Krone, die von zwei Löwen getragen wird, symbolisierte zunächst die Qualität und Verarbeitung der Hemden. Heute dient der elegant geschwungene Namenszug als Erkennungszeichen der Marke. Nach dem 2. Weltkrieg wurde die Firma 1953 vom Hemdenfabrikanten Heinrich Hoffmann aufgekauft und es erfolgte ein Wechsel des Produktionsstandortes nach Mönchengladbach. Das Sortiment wurde in diesem Zug erweitert. Heute bietet van Laack neben Hemden und Blusen auch Jeans, Strickwaren, Wäsche, Bademode, Krawatten und Accessoires an. Zu den aktuellen Innovationen zählen Hemden und Blusen aus 240/Two-Ply-Baumwollstoffen, einem besonders hochwertigen Vollzwirn-Gewebe. Eine weitere Eigenentwicklung und Erkennungsmerkmal der Marke ist der patentierte Drei-Loch-Knopf. Stil- und qualitätsbewusste Frauen und Männer jeder Altersklasse haben die Möglichkeit, die Mode in Europa, Russland, Asien und USA in Flagship- und Partnerstores, Corners sowie über den gehobenen Fachhandel zu erwerben. 1,5 Mio. Kleidungsstücke werden im Jahr von rund 1.650 Mitarbeitern in Deutschland,

Der van Laack-Flagship-Store in München

Tunesien, Vietnam und Indonesien gefertigt. Im Geschäftsjahr 2007/08 erwirtschaftete die van Laack GmbH einen Jahresumsatz von 57 Mio. Euro. Sie hat ihren Stammsitz in Mönchengladbach und steht unter der Leitung von Christian von Daniels, der das Unternehmen 2002 übernahm, in Zusammenarbeit mit Dr. Sebastian Potyka und Rolf Getschmann.

DATEN UND FAKTEN

Markenname: van Laack, abgeleitet vom Familiennamen des Gründers

Frühere Slogans: „van Laack – das königliche Hemd" (1920); „I wear the crown" (2002)

Gründer: Heinrich van Laack, 1881, Berlin

Markenregistrierung: 14. 11. 1955, DPMA München

Markenbekanntheit: 24,4 % gest. (TOP Level Studie 2006, IfD)

UNTERNEHMEN

van Laack GmbH

Hauptsitz: Mönchengladbach, Deutschland

Vorstand: Christian von Daniels, Dr. Sebastian Potyka, Rolf Getschmann

Gesamtumsatz: 57 Mio. Euro (2007)

Vertrieb: Europa, Russland, Asien, USA über Flagship- und Partnerstores, Corners, gehobener Fachhandel

KONTAKT

van Laack GmbH
Hennes-Weisweiler-Allee 25
41179 Mönchengladbach
✆ (0 21 61) 3 57–0
🖷 (0 21 61) 3 57–3 89
🖳 www.vanlaack.com

Ansprechpartner Presse:
Timm Hartmann Communications
✆ (02 11) 3 10 25–20
✉ th@timmhartmann.com

Ansprechpartner Marketing:
Melanie Faßbender
✆ (0 21 61) 3 57–1 05
✉ mfassbender@vanlaack.de

MEILENSTEINE

1881 Gründung des Unternehmens in Berlin

1920 van Laack als erster Markenartikel im Bekleidungsbereich

1927 erste Damenkollektion

1970 internat. Expansion beginnt

1983 Einführung der Kollektionen Home- und Nightwear; Krawatten

1993 Einführung von van Laack Menwear

2002 Christian von Daniels kauft das Unternehmen.

VANISH

Vanish ist eine Konsumgütermarke, unter der Reinigungsprodukte zur Anwendung insbesondere bei Kleidern und Teppichen angeboten werden. Bei der Reinigung von Kleidungsstücken kommen Produkte zum Einsatz, die während des Waschvorgangs in der Maschine wirken, die zur Vorbehandlung als Spray aufgetragen werden oder in Form eines Tuchs unterwegs anwendbar sind. Zu der Produktfamilie der Teppichreiniger gehören Pulver und Shampoos zur großflächigen Anwendung, Schaum für mittelgroße Flächen sowie ein Fleckenspray zur punktuellen Fleckenbehandlung. Der Markenname verwendet den engl. Begriff für „verschwinden". Das Markenlogo zeigt den diagonal verlaufenden Markennamen in blauer, weiß abgesetzter Schrift und einen weißen, spitz zulaufenden Halbkreis. Vanish wird von dem brit. Unternehmen Reckitt Benckiser produziert und vertrieben, das auch Marken wie →Calgon, →Calgonit, →Sagrotan, →Clearasil, Hoffmanns, →Woolite, →Kukident oder Dobendan führt. Die Firma entstand aus zahlreichen Fusionen und Zukäufen und geht u. a. auf das 1823 von Johann Adam Benckiser gegründete chemische Unternehmen zurück. Reckitt Benckiser erzielte 2006 einen Umsatz von 4,9 Mrd. Euro und ist Weltmarktführer im Bereich Haushaltsreiniger. In Deutschland ist

„Verschwinden" sollen Flecken von Kleidern und Teppichen mit dem Reinigungsmittel Vanish.

VANITY FAIR

VANITY FAIR erscheint seit Februar 2007 auch in Deutschland.

Rigips

VARIO steht für vielseitige Einsatzgebiete und optimales Spachteln.

das Unternehmen durch mehrere Tochterfirmen vertreten.

UNTERNEHMEN

Reckitt Benckiser Deutschland GmbH
Theodor-Heuss-Anlage 12
68165 Mannheim
✆ (06 21) 32 46-0
(06 21) 32 46-5 00
www.vanish.de

VANITY FAIR

VANITY FAIR ist als Marke der Titel eines wöchentlich erscheinenden Gesellschaftsmagazins. Der Name geht zurück auf den gleichnamigen Gesellschaftsroman des brit. Schriftstellers William Makepeace Thackeray, der ein facettenreiches Bild der Londoner Gesellschaft zu Beginn des 19. Jh. zeichnet. Gelobt wurde das Buch (dt. Titel: Jahrmarkt der Eitelkeiten) besonders wegen seiner tiefgehenden Darstellung der Charaktere. Das Magazin VANITY FAIR mit Redaktionssitz in Berlin besteht aus den Ressorts Leute, Agenda, Kultur und Stil. Bewusst wird hierbei den Autoren großer Freiraum in der Gestaltung der Texte gelassen. Gegründet wurde die Zeitschrift 1914 in New York, seit Februar 2007 erscheint die dt. Ausgabe. Zielgruppe des Hefts sind Männer und Frauen mit überdurchschnittlichem Einkommen und gehobenem Informationsbedürfnis. Das Markenlogo besteht aus dem Namenszug in Versalien in einer eigens entwickelten, serifenlosen Schrift. Das Logo nimmt den gesamten Kopf des Titelblatts ein, reicht also vom linken bis zum rechten Rand. VANITY FAIR erscheint wöchentlich zu einem Preis von derzeit 2 Euro und ist im Zeitschriftenhandel und im Abonnement erhältlich. VANITY FAIR wird von der Condé Nast Verlag GmbH mit Sitz in München herausgegeben. Das Unternehmen ist eine 100%ige Tochtergesellschaft des internat. Medienkonzerns Advance Publications. Geschäftsführer sind Bernd Runge und Rainer Friemel. Das Verlagshaus beschäftigt rund 400 Mitarbeiter in Deutschland und erzielt einen Umsatz von rund 120 Mio. Euro. Zum Portfolio gehören neben VANITY FAIR u. a. →GQ Gentlemen's Quarterly, →Architectural Digest und →Vogue.

DATEN UND FAKTEN

Markenname: VANITY FAIR (dt. Jahrmarkt der Eitelkeit)

Markenregistrierung: 02. 03. 1982, DPMA München

Markenwebsite: www.vanityfair.de

UNTERNEHMEN

Condé Nast Verlag GmbH

Hauptsitz: München, Deutschland

Geschäftsführung: Bernd Runge, Rainer Friemel

Weitere Marken: →Vogue, →GQ, →Architectural Digest, Glamour, Myself, Lucky

Gesamtumsatz: ca. 120 Mio. Euro (Unternehmen, 2006)

Vertrieb: im Zeitschrifteneinzelhandel und über Abonnements

KONTAKT

Condé Nast Verlag GmbH
Ainmillerstr. 8
80801 München
✆ (0 89) 3 81 04-0
www.condenast.de

SCHON GEWUSST?

▌Die US-Ausgabe des Gesellschaftsmagazins VANITY FAIR wurde schon 1914 vom Verleger Condé Nast in New York entwickelt. Im Gegensatz zur dt. Ausgabe erscheint sie nur einmal im Monat. Das Magazin erscheint darüber hinaus auch in Italien wöchentlich, sowie monatlich in Großbritannien.

VARIO

Das VARIO-System ist eine Entwicklung der Saint-Gobain Rigips GmbH. Der Markenname leitet sich aus dem Begriff „variabel" ab und spielt auf eine besonders flexible Verarbeitungsweise an. Die beiden Komponenten des Systems bestehen aus den eigens entwickelten, halbrunden, abgeflachten Kanten der entsprechend produzierten Gipskartonplatten sowie der speziell entwickelten Spachtelmasse. Diese kann zwischen den besonders geformten Plattenkanten sehr effizient aufgetragen werden, was zu schadenfreien Fugen führt. Der VARIO Fugenspachtel kann darüber hinaus für alle Rigips-Plattenarten bzw. -kanten eingesetzt werden sowie um eine glatte und ebene Oberflächen auf Gipsplatten herzustellen. Kennzeichen des hochwertigen Spachtels ist eine blaue Verpackung, versehen mit dem Markennamen in der für alle Produkte aus dem Hause Rigips charakteristischen Schriftart Frutiger. Als vielseitig anwendbares System wendet es sich vorwiegend an professionelle Fachhandwerker. Die heutige Saint-Gobain Rigips GmbH hat ihren Ursprung 1938 im lettischen Riga. Nach dem 2. Weltkrieg etablierte Firmengründer Max Braun-Wolgau das Unternehmen unter der neuen Firmierung Vereinigte Baustoffe Bodenwerder GmbH in Niedersachsen. Bedingt durch die hohe Nachfrage von Baustoffen nach Kriegsende florierte das Unternehmen und wurde vornehmlich für seinen Baustoff → Rigips bekannt. Heute ist es in den franz. Konzern Saint-Gobain eingebunden. Rund 800 Mitarbeiter der Rigips GmbH an elf Standorten in Deutschland erwirtschafteten 2006 rund 230 Mio. Euro. Zudem gibt es Schwestergesellschaften in weiteren europäischen Staaten.

UNTERNEHMEN

Saint-Gobain Rigips GmbH
Schanzenstr. 84
40549 Düsseldorf
(02 11) 55 03-0
(02 11) 55 03-2 08
www.rigips.de

VARTA

Die Marke Varta steht primär für Batterien und Elektroprodukte, die in den Segmenten Varta Automotive Batteries, Varta Microbatteries und Varta Consumer Batteries angeboten werden. Die Marke wird hier jeweils von verschiedenen Unternehmen mit unterschiedlichen Eigentümern geführt. Darüber hinaus steht die Marke für die Geschäftstätigkeit der Varta AG, die sich nach dem Verkauf der operativen Geschäftsbereiche auf die Verwaltung eigenen Vermögens sowie von Verträgen, Verbindlichkeiten und Beteiligungen konzentriert, die sich aus der früheren operativen Tätigkeit ergeben. Der Varta-Führer, Deutschlands meistverkaufter unabhängiger Hotel- und Restaurantführer, erscheint heute im Verlag MairDumont. Im Zentrum des Segments Consumer Batteries stehen Batterien, Akkus und Ladegeräte für den Betrieb mobiler Geräte wie Digicam oder MP3-Player sowie Taschenlampen. In Tests werden Varta-Produkte regelmäßig ausgezeichnet. 2007 ging die Varta High Energy AA als Testsieger aus einem ComputerBild-Test von Einwegbatterien der Kategorie AA/Mignon hervor. Im Segment Automotive Batteries steht die Marke für Batterien für Fahrzeuge, die mobile Stromversorgung und Solaranlagen. Die Kategorie Varta Microbatteries umfasst Mirkobatterien u. a. für die mobile Kommunikation und medizinische Geräte. Das Varta-Logo besteht aus dem Markennamen in serifenlosen blauen Versalien und einem blauen Rechteck mit einer V-förmigen Aussparung in Gelb. Die Wurzeln von Varta reichen zurück bis ins Jahr 1887, als Adolf Müller die Firma Büsche & Müller in Hagen gründete. 1904 entstand eine Tochtergesellschaft, die sich mit Vertrieb, Aufladung, Reparatur transportabler Akkumulatoren befasste. Aus den Anfangsbuchstaben dieser Wortfolge entstand später die Abkürzung „Varta". 1923 begann eine die Firma mehrere Jahrzehnte prägende Ära Quandt, als Günther Quandt Aufsichtsratsvorsitzender des damals als „AFA" firmierenden Unternehmens wurde. 1962 wurde „Varta" zur offiziellen Unternehmensbezeichnung. Seit 2005 befindet sich das Segment Consumer Batteries zu 100 % im Besitz der US-amerikanischen Firma Spectrum Brands.

UNTERNEHMEN

VARTA AG
Am Leineufer 51
30419 Hannover
(05 11) 79 03-0
(05 11) 79 03-6 09
company.varta.com

VARTA Consumer Batteries GmbH & Co. KGaA
Innovapark A4, Am Limespark 2
65843 Sulzbach
(0 61 96) 90 24-00
(0 61 96) 90 24-4 00
www.varta-consumer.com

John Controls Power Solutions AG
Am Leineufer 51
30419 Hannover
(05 11) 9 75-01
(05 11) 9 75-10 10
www.varta-automotive.com

VARTA Microbattery GmbH
Daimlerstr. 1
73479 Ellwangen
(0 79 61) 9 21-0
(0 79 61) 9 21-5 53
www.varta-microbattery.com

VAUDE

Die Marke Vaude gehört als Bergsportmarke zum Portfolio der Vaude Sport GmbH &

Varta setzt sich aus den Anfangsbuchstaben von „Vertrieb, Aufladung, Reparatur transportabler Akkumulatoren" zusammen.

„The Spirit of Mountain Sports"

„Das VeetGefühl – einfach länger glatt"

Heftfix ist nur eines von zahlreichen Produkten von Veloflex (Mitte). Geschäftsführerin Monika Dormann (unten)

Co. KG. Sie steht für Outdoor- und Sportbekleidung sowie Zubehör wie Rucksäcke und Taschen, Zelte, Schlafsäcke, Trekkingschuhe und Kletterequipment. Der Markenname geht auf die Initialen des Geschäftsführers Albrecht von Dewitz zurück, der das Unternehmen 1974 gründete. Vaude-Produkte werden mit dem Slogan „The Spirit of Mountain Sports" beworben. Das Logo zeigt den Markennamen in schwarzen Versalien in einem Oval auf weißem Grund. Ein darüber stehendes dreiteiliges Symbol soll Berge assoziieren und wurde aus der ursprünglichen Bildmarke, einem dreiblättrigen Kleeblatt, entwickelt. Alle Verpackungen der Marke sind mit Beschreibungen über Material und Funktion der Produkte versehen. Vaude wendet sich an Männer und Frauen, die in der Natur Sport treiben und dabei Wert auf gute Ausrüstung legen. Vaude setzt auf Innovationen in der Produkt- und Materialentwicklung. 2004 brachte man ein neu entwickeltes Füllmaterial für Schlafsäcke unter dem Namen Sensofil auf den Markt. Für die Herstellung von Rucksäcken, Radtaschen und Bekleidung nutzt die Firma seit 2005 die nahtlose Verarbeitungstechnik Ultra Seam Tech. Die 2007 entwickelte Powerframe Technologie soll für eine höhere Windstabilität bei Zelten sorgen, ohne deren Gewicht zu erhöhen. Zur Saison 2008 kommen unter dem Namen Slight Jacket besonders leichte dreilagige Jacken in den Handel. Nach eigenen Angaben ist Vaude Marktführer im Bereich Zelte und gibt jährlich etwa 6 Mio. Euro für Werbung aus. Die Produkte werden weltweit über Vertriebspartner verkauft. Das Unternehmen Vaude beschäftigt in Deutschland zusammen mit der Tochterfirma Edelrid 320 Mitarbeiter, weltweit sind es rund 1.100. Ökologisches Engagement ist ein Kernelement der Unternehmensphilosophie.

UNTERNEHMEN

Vaude Sport GmbH & Co. KG
Vaude-Str. 2
88069 Tettnang
✆ (0 75 42) 53 06-1 30
🖷 (0 75 42) 53 06-51 30
🖳 www.vaude.com

VEET

Produkte im Bereich der Haarentfernung sind das Spezialgebiet der internat. Marke Veet. Sie gehört zum Unternehmen Reckitt Benckiser Deutschland. Bei der Entwicklung von Wachs und Cremes stehen vor allem pflegende Inhaltsstoffe sowie eine pflegende und angenehme Haarentfernung im Vordergrund. Mit Zusätzen von Shea-Butter, Aloe Vera, Lotusmilch, Vitamin E, Weizenkeimöl und Mandelöl soll auch sensible Haut von lästigen Haaren befreit werden. Neueste Innovation ist die „Veet Dusch Haarentfernungs-Creme" die sich aufgrund ihrer wasserabweisender Inhaltsstoffe nicht sofort auflöst und zusätzlich pflegend wirkt. Nach einer kurzen Einwirkzeit kann sie mit einem beiliegenden Peelingschwämmchen abgewaschen werden. Die Bildmarke des Logos zeigt in Anspielung auf die natürlichen Inhaltsstoffe stilisierte hellgrüne Blätter, die in einem dunkelblauen Quadrat angebildet sind. Darunter steht der geschwungene Schriftzug „Veet" im gleichen Blauton, eingerahmt von einem blauen Doppelbogen, der wie der Teil einer kreisförmigen Welle wirkt. Der Slogan „Das VeetGefühl – einfach länger glatt" beschreibt die Wirkungsweise der Produkte. Das Unternehmen Renckitt Benckiser ist aus einer Fusion von Reckitt &Colman mit der Benckiser Gruppe 1999 hervorgegangen und besteht aus mehreren Gesellschaften, die sich einerseits um Marketing und Vertrieb sowie um Produktion und Verbraucherberatung kümmern. Das Unternehmen verfügt weltweit über 60 Niederlassungen und vertreibt seine Artikel in 180 Ländern.

UNTERNEHMEN

Reckitt Benckiser Deutschland
Theodor-Heuss Anlage 12
68165 Mannheim
✆ (06 21) 32 46-0
🖷 (06 21) 32 56-5 00
🖳 www.veet.de

VELOFLEX

Die Veloflex Carsten Thormählen GmbH & Co. KG vertreibt Schul- und Bürobedarf unter der Dachmarke Veloflex und bietet zudem Lösungen für die Hobby- und Geschenksparte. Zum Produktportfolio gehören z. B. Ringbücher, Bewerbungsmappen, Sammelmappen, Lösungen zur CD-Archivierung, Schulhefthüllen und Fotoalben. Das Ringbuchprogramm besteht derzeit aus fünf Sortimenten in 20 verschiedenen Farben und Designs. Mit insgesamt 190 Modellen sieht sich Veloflex als Anbieter mit der größten Auswahl vergleichbarer Produkte am Markt. Damit zielt das Angebot – unabhängig von Alter und Beruf - auf Verbraucher mit Schreibtischarbeitsplätzen im privaten und gewerblichen Umfeld. 1955 gründete Carsten Thormählen das Unternehmen *Veloflex Carsten Thormählen GmbH & Co. KG* in Kölln-Reisiek bei Hamburg und rief damit die gleichnamige Marke ins Leben. Mit seinen „poppig" gestalteten Ringbüchern legte Veloflex in den 1970er-Jahren den Schwerpunkt auf die farbenfrohe Gestaltung seiner Artikel. Dem Anspruch, Funktionalität mit Design zu verbinden, folgt auch der Slogan „Veloflex – schöner ordnen". Das Logo von Veloflex zeigt ein stilisiertes aufgeschlagenes Ringbuch mit integriertem Markenschriftzug. Das bei Unternehmensgründung zunächst zweifarbig angelegte Logo wurde 1964 auf das prägnante Magenta reduziert.

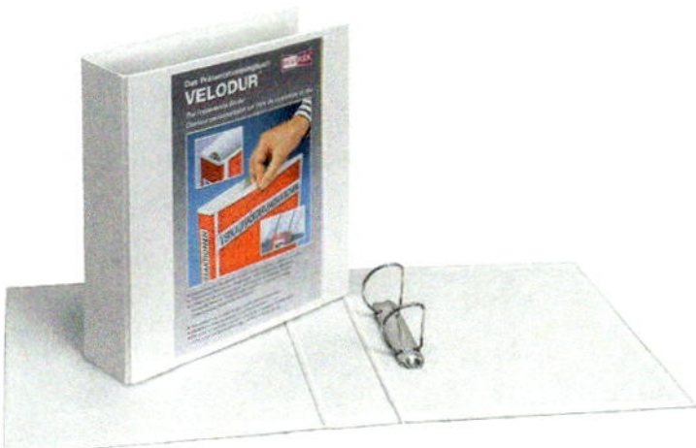

Veloflex produziert seine Produkte in Deutschland und mit Materialien aus Europa.

Typografie und Bildelement sind in Weiß und Magenta gehalten. Eine Besonderheit des Unternehmens stellt die Zugehörigkeit zur Arbeitsgemeinschaft „Standort Deutschland – Verantwortung für die Zukunft" dar. Damit signalisiert die Firma dem Konsumenten, dass die Produkte in Deutschland und mit Materialien aus Europa produziert werden. Unter die Dachmarke Veloflex fallen mehrere Produktmarken, u. a. *Velodur, Heftfix* oder *Veloclip*. Veloflex vertreibt seine jährlich um rund 30 % wachsende Produktpalette europaweit und unterstützt den Fachhandel mit gezielten Werbemaßnahmen. Geschäftsführer des Familienunternehmens sind Monika Dormann und Michael Dormann.

DATEN UND FAKTEN

Markenname: Veloflex, Zusammensetzung aus dem Firmennamen **Velo**x und dem Begriff **flex**ibel

Slogan: „Veloflex – schöner ordnen"

Erfinder: Carsten Thormählen, 1995, Kölln-Reisiek

Markenregistrierung: 17. 04. 1958, DPMA München

Innovationen: erste farbige Ringbücher (1974)

Auszeichnungen:
„Design Plus Award", Konsumgütermesse Ambiente für platzsparende CD-Hülle (2001)
„ISPA & Innovation Award", Wirtschaftswoche Magazin für Hänge-Register CD-Box (2006)

UNTERNEHMEN

Veloflex Carsten Thormählen GmbH & Co. KG

Hauptsitz: Kölln-Reisiek bei Hamburg, Deutschland

Geschäftsführung: Monika Dormann, Michael Dormann

Weitere Marken: Heftfix, Velodur, Velocolor, Velocoll, Velocard, Veloclip

Vertrieb: europaweit über Fachhandel

KONTAKT

Veloflex Carsten Thormählen GmbH & Co. KG
Heidkamp 1
25337 Kölln-Reisiek
(0 41 21) 4 74–3
(0 41 21) 4 74–5 00
www.veloflex.de

Ansprechpartner Kommunikation:
Monika Dormann
(0 41 21) 4 74–3
(0 41 21) 4 74–5 00
info@veloflex.de

SCHON GEWUSST?

▮ 1974 brachte Veloflex als erster ein Sortiment bunter Ringbücher heraus und mischte damit das als verstaubt geltende Marktsegment Büro-Organisation auf. Zum ersten Mal stand bei Ringordnern und Heftern nicht nur die Funktion an erster Stelle, sondern auch die Optik.

VELTINS

Die Biermarke Veltins steht für ein Bier Pilsener Brauart, das seit 1824 am Standort Meschede-Grevenstein gebraut wird. Der Markenname Veltins geht zurück auf den Namen des Firmengründers Clemens Veltins. Fester Bestandteil der Veltins-Bildmarke sind der Markenname und das Familienwappen. Der Slogan „Irgendwann erfrischt es jeden.

Das Logo der Privatbrauerei Veltins

Frisches Veltins." begleitet die Veltins-Werbung seit rund 20 Jahren. Neben den Biersorten *Veltins Pilsener, Veltins Alkoholfrei, Veltins Leicht, Veltins Radler* und *Veltins Malz,* bietet das Unternehmen seit 2001 die Biermix-Reihe *V+* als eigene Marke an. Zur Kommunikationsstrategie von Veltins gehört seit 1997 das Sponsoring des Bundesliga-Fußballvereins FC Schalke 04. Für den Werbespot mit Schalkes Ex-Manager Rudi Assauer und dessen Frau Simone Thomalla wurde Veltins 2006 mit der Goldenen Kamera für den besten Prominenten-Werbespot ausgezeichnet. Mittlerweile wird das Unternehmen in fünfter Generation von Susanne Veltins geführt. In der Brauerei sind 571 Mitarbeiter beschäftigt. 2006 erwirtschaftete die Brauerei einen Umsatz von 249 Mio. Euro. Der Gesamtausstoß an Bier betrug im gleichen Jahr 2,63 Mio. hl. Der Vertrieb erfolgt über den Lebensmittel und den Getränkefachhandel. Außerdem stehen zzt. etwa 16.500 Gastronomiepartner auf der Kundenliste der Privatbrauerei. Die Marke Veltins gibt es in 27 Ländern zu kaufen, hauptsächlich in Europa. Ein besonderes Augenmerk liegt auf den Märkten Spaniens, Italiens und der Niederlande, wo Veltins seine Markenpräsenz weiter ausbauen möchte.

UNTERNEHMEN

Brauerei C. & A. VELTINS GmbH & Co.
An der Streue
59872 Meschede-Grevenstein
(0 29 34) 9 59–0
(0 29 34) 9 59–4 93
www.veltins.de

VELUX

Villum Kann Rasmussen (Mitte) gründete 1942 VELUX, Andreas Kuipers (unten) ist Geschäftsführer der dt. Niederlassung.

Die Marke VELUX steht für innovative Dachfenster und Solarkollektoren sowie für ein vielseitiges Zubehörprogramm (u. a. Rollläden, Sonnenschutz). Nach Herstellerangaben ist VELUX der weltweit führende Hersteller für Dachfenster. Die gest. Markenbekanntheit von VELUX liegt bei ca. 80 % (GFK, 2007). Das Unternehmen setzt auf den mehrstufigen Vertrieb über Baustoff- und Bedachungsfachhändler. Bauunternehmen und Handwerker verkaufen die Produkte an den Endverbraucher und übernehmen den Einbau. Die Marke geht zurück auf den Dänen Villum Kann Rasmussen. Er erfand 1942 das erste Dachfenster und ließ die Innovation unter dem Namen VELUX (*Ve*ntilation (Belüftung)) und *lux* (Licht) als Warenzeichen eintragen. Durch diese Erfindung wurden aus dunklen Dachböden helle, nutzbare Wohnflächen. Es folgten mehrere weitere Neuentwicklungen unter der Marke VELUX. Eine Außen-Markise für Dachfenster wurde 1956 zum Patent angemeldet. Eine andere Innovation war ein 1990 vorgestelltes zweiflügeliges Fenster Cabrio™, das sich zu einem Dachaustritt öffnen lässt. Zu den jüngsten Produktentwicklungen gehören Tageslicht-Spots, die Sonnenlicht über ein reflektierendes Aluminiumrohr in innenliegende, unbelichtete Räume leiten. Mit der aktuellen Image-Printkampagne „Horizonterweiterung" zeigt VELUX Möglichkeiten, wie durch großzügige Fensterkombinationen lichtdurchflutete Dachwohnräume mit viel Tageslicht, Luft und Ausblick geschaffen werden

VELUX gehört weltweit zu den führenden Herstellern von Dachfenstern.

können. Um die Markenbekanntheit internat. zu erhöhen, sponsert das Unternehmen die Segelregatta VELUX 5 Oceans Race. Das dän. Unternehmen ist seit den 1950er-Jahren mit eigenen Vertriebsgesellschaften im Ausland vertreten, darunter seit 1952 in Deutschland durch die VELUX Deutschland GmbH mit Verwaltungssitz in Hamburg. Aktuell gehören Vertriebsgesellschaften in mehr als 40 Ländern zu der Gruppe. Die Produktion erfolgt an über 20 Standorten in mehr als zehn Ländern. VELUX A/S gehört zur VKR Holding A/S mit Hauptsitz im dän. Hørsholm. Weltweit beschäftigt VELUX mehr als 9.500 Mitarbeiter, davon über 1.000 in Deutschland.

DATEN UND FAKTEN

Markenname: VELUX, Akronym aus **Ve**ntilation und **lux** (lat. für Licht)

Slogan: „Bringt Licht ins Leben"

Gründer: Villum Kann Rasmussen, 1942

Markenregistrierung: 01. 04. 1953, DPMA München

Innovationen: VELUX Integra® (2002), Tageslicht-Spots (2006)

Markenbekanntheit: ca. 80 % gest. (GKF, 2007)

Auszeichnungen:
„red dot award: product design" für die VELUX Rollladen-Generation (2001)
„Awarded Superbrand Germany", als eine der stärksten Produkt- und Unternehmensmarken in Deutschland (2007)

UNTERNEHMEN

VELUX A/S

Hauptsitz: Hørsholm, Dänemark

Vorstand: Jørgen Tang-Jensen

Gesamtumsatz: 2,2 Mrd. Euro (VKR-Holding, 2006)

Dt. Vertriebsniederlassung:
VELUX Deutschland GmbH, Geschäftsführer: Andreas Kuipers

KONTAKT

VELUX Deutschland GmbH
Gazellenkamp 168
22527 Hamburg

MEILENSTEINE

1942 Der Däne Villum Kann Rasmussen entwickelt das erste Dachfenster.

1977 Markteinführung von Klapp-Schwing-Fenstern

1999 VELUX bringt die ersten Solarkollektoren auf den Markt, die sich mit Dachfenstern kombinieren lassen.

2002 Unter dem Namen VELUX Integra® bringt das Unternehmen die ersten komplett elektrisch bedienbaren Fenster mit integriertem Regensensor auf den Markt.

2006 Ein neues Flachdach-System ermöglicht den Einbau von Velux Fenstern in Flachdächern.

2006 VELUX Tageslicht-Spots bringen natürliches Licht in innen liegende, fensterlose Räume.

✆ (0 40) 5 47 07-0
🖳 www.velux.de

Ansprechpartner Presse:
Thomas Greiser
✆ (0 40) 5 47 07-7 47
✉ thomas.greiser@velux.com

VERNEL

Vernel ist die Weichspülermarke von → Henkel, die seit fast vier Jahrzehnten für weiche Wäsche mit angenehmem Duft steht. Gleichzeitig glättet der Weichspüler die Fasern, um das Bügeln zu erleichtern. Vernel verhindert außerdem, dass sich Synthetiktextilien im Wäschetrockner aufladen und Schmutz anziehen. Damit garantiert Vernel der Wäsche eine längere Lebensdauer. Der Weichspüler wird beim Waschen zur Pflege von Textilien wie Kleidung, Handtüchern oder Bettwäsche verwendet. Ursprünglich schrieb sich „Vernell" mit Doppelkonsonant am Schluss. Seit 1989 heißt die Marke Vernel. Die Flaschen und Produkte von Vernel waren bis 1973 in hellgrün gehalten, heute werden die Verpackungen farblich passend zur jeweiligen Variante vertrieben. Regelmäßig entwickelt Henkel neue Verpackungen wie 1988 den Nachfüllbeutel oder 2002 die geschwungene Kunststoffflasche für den umweltverträglicheren und leichteren Gebrauch. Unter der Marke Vernel brachte Henkel auch das *Vernel Pflegevlies* für Wäschepflege im Trockner, das *Vernel Duftkissen* für den Kleiderschrank und wenig später das *Vernel Bügelwasser* auf den Markt. Der Weichspüler und die anderen Vernel Produkte sollen dem erhöhten Pflegebedürfnis der Verbraucher Rechnung tragen. Dafür entwickelt Henkel immer wieder neue Düfte und Rezepturen. 2005 brachte Henkel die Serie *Vernel Aromatherapie* auf den Markt. Die Varianten Sensual, Relax und Energy wurden im Jahr 2006 durch Refresh,

Von Anfang an etablierte sich Vernel als „Familienweichspüler", welcher der Familie Wohlbefinden durch wohl duftende Wäsche schenken soll. Abgebildet ist ein Werbemotiv aus dem Jahr 1993.

Die Vernel-Produktlinie *Aromatherapie* wurde 2005 eingeführt und ist mit ätherischen Ölen versetzt (Mitte). Eine Anzeige für „Vernell" aus dem Jahr 1970 (unten).

Verpoorten gehört zu den bekanntesten Spirituosenmarken in Deutschland.

die erfrischende Variante der Vernel Aromatherapie, ergänzt. Sie enthalten ausgewählte ätherische Öle und versprechen ein „Verwöhnerlebnis für die Sinne". Vernel-Produkte werden in Deutschland und in 14 weiteren Ländern vertrieben. Die Weichspüler werden im Ausland auch unter anderen Markennamen angeboten, so als *Silan* in Österreich, Belgien und Polen oder als *Minidou* in Frankreich. 2006 wurde Vernel Aromatherapie als „Produkt des Jahres 2007" in Bronze durch die Zeitschrift Lebensmittel Praxis ausgezeichnet.

DATEN UND FAKTEN

Markenname: Vernel, Kunstname

Slogan: „Trockenstarre – Schluß damit in Ihrer Wäsche" (1969), „Macht Wäsche wunderbar duftig, weich und frisch" (1973), „So ein Weich erkennt man gleich!" (ab 1991), „Vernel. Den kleinen Luxus gönn ich mir." (seit 2006)

Markteinführung: bundesweite Vermarktung ab September 1969

Markenregistrierung: Vernell: 26.04.1961; Vernel: 06.03.1990, DPMA München

Innovationen: Vernell Pflegevlies für Wäschepflege im Trockner (1986), Vernel Balsam als besonders hautverträglicher Weichspüler (1996), Vernel Soft & Easy, später Vernel Bügelleicht für leichtes Bügeln (1999), Vernel Duftkissen für Duft im Kleiderschrank (2000), Vernel Bügelwasser (2002), Vernel Aromatherapie (2005)

Auszeichnungen:
„Fritz-Henkel-Preis für Innovation 2006" für *Vernel Aromatherapie* (2007)
„Produkt des Jahres" (Bronze), Lebensmittel Praxis für *Vernel Aromatherapie*, (2006)

Markenwebsite: www.vernel.de

UNTERNEHMEN

Henkel KGaA

Hauptsitz: Düsseldorf, Deutschland

Weitere Marken: s. →Henkel

Gesamtumsatz: 12,740 Mrd. Euro (2006)

Vertrieb: weltweit in über 125 Ländern

KONTAKT

Henkel KGaA
Henkelstr. 67
40589 Düsseldorf
✆ (02 11) 7 97-0
(02 11) 7 98-40 08
www.henkel.de

Ansprechpartner Presse:
Marion Schwenker
✉ press@henkel.com

SCHON GEWUSST?

- Bei ihrer Einführung 1969 hieß die Marke noch Vernell. 1989 änderte die Firma den Namen wegen der internat. Standardisierung zu Vernel.
- Henkel hatte bereits 1964 in Deutschland den Weichspüler Silan auf den Markt gebracht. 1986 wurde Silan ebenso wie das Weichspülkonzentrat Fasa zugunsten von Vernell vom Markt genommen, der Markenname Silan wurde allerdings im vorwiegend osteuropäischen Ausland beibehalten.
- 1973 gab es ein „Duft-Märchenbuch" als Anhänger an der 1- und 2 l-Flasche.

VERPOORTEN

Die Spirituosenmarke Verpoorten steht für Eierlikör im Premiumsegment. Eugen Verpoorten begann die Herstellung 1876 mit einer kleinen Destillerie in Heinsberg bei Aachen. Bis heute wird der Eierlikör nach dem Originalrezept hergestellt. Jedes Ei wird im eigenen Hause frisch aufgeschlagen und mit Alkohol landwirtschaftlichen Ursprungs und Kristallraffinade vermischt. Der Eierlikör hat seinen Ursprung in dem indianischen Getränk Aguacate, das aus Avocados hergestellt wird. Ein Holländer ersetzte das Fruchtfleisch durch Eidotter und mischte es mit Branntwein und Honig. Daher kommt auch der Begriff Advocaat. Die Verpoorten GmbH & Co.KG spricht mit seinen Werbekampagnen vor allem jüngere Konsumenten zwischen 25 und 39 Jahren an. So wurde das Design 2006 einem Relaunch unterzogen. Unter der Kampagne „Mischen? Possible!" schlägt Verpoorten unterschiedliche Cocktail-Ideen vor. Im Internet baut das Unternehmen eine Datenbank mit Rezepten zum Mixen, Kochen und für Desserts auf. Der Werbeslogan „Ei, Ei, Ei Verpoorten" hat der Marke nach Unternehmensangaben eine Bekanntheit von 92 % eingebracht. Der Marktanteil läge bei 85 %. Trotz der Einmarken-Strategie konnte sich um Verpoorten als Lizenzmarke in Zusammenarbeit mit anderen Lebensmittelherstellern eine Produktfamilie bilden. Dazu gehören u.a. Pralinen, Schokobecher, Tiefkühl-Torten und -Eis. Der Vertrieb läuft in Deutschland über den Lebensmitteleinzelhandel. In 30 weiteren Ländern beliefert Verpoorten Importeure und Distributeure. Verpoorten macht einen Jahresumsatz von 50 Mio. Euro (2006).

UNTERNEHMEN

Verpoorten GmbH & Co. KG
Potsdamer Platz 1
53119 Bonn
(02 28) 96 55-1 55
(02 28) 96 55-3 55
www.verpoorten.de

VEUVE CLICQUOT

Phillipe Clicquot gründete 1772 im franz. Reims das gleichnamige Champagnerhaus. Nach dem Tod seines Sohnes François Clicquot 1805 übernahm dessen Witwe, eine geborene Barbe-Nicole Ponsardin, das Geschäft. Seit 1810 trägt die Marke daher den vollen Namen Veuve Cliquot Ponsardin. Die Marke wurde 1877 in Reims geschützt, in Deutschland ist sie seit dem 26. 11. 1954 beim DPMA registriert. In den Anfangsjahren gab es nur ein weißes Etikett für den Demi-Sec Champagner. Dann wurde der Brut entwickelt, dessen Flaschen man mit einem gelben Etikett versah. Dieser Farbton bot Schutz vor Fälschungen, da nur ein einziger Drucker in Reims dieses spezielle Gelb erzeugen konnte. Der Farbton wurde umschrieben als „Gelb wie die Farbe eines Dotters eines Huhns, das mit Mais gefüttert wurde" und dient dem Unternehmen bis heute als Haus- und Etikett-Farbe (Pantone 137). Da das Haus Veuve Clicquot großen Wert auf Tradition legt, wurden am Markenzeichen nur behutsame Veränderungen vorgenommen. Das Logo wurde lediglich dem Zeitgeist angepasst und steht bis heute für den Anspruch des Hauses auf Tradition, Qualität und Luxus. Eine Innovation ist der *Clicquot Traveller*, eine Verpackung in Handtaschenform, die eine Flasche Champagner und zwei Gläser enthält. Über zwei Stunden bleibt der Champagner während des Transports gekühlt. Das Unternehmen wird von Cécile Bonnefond geleitet und vertreibt seine Erzeugnisse über das weltweite Moët Hennessy Netzwerk, zu dem die Marke gehört. Weitere Marken der Moët Hennessy Deutschland GmbH sind → Moët & Chandon, Hennessy Whiskey und Dom Pérignon.

UNTERNEHMEN

Moët Hennessy Deutschland GmbH
Seidlstr. 23
80335 München
(0 89) 99421-0
www.veuve-clicquot.com

Veuve Clicquot

Seit der Firmengründung 1772 stellt Veuve Clicquot seinen Champagner im franz. Reims her.

VICHY

Laboratoires Vichy ist eine Kosmetikmarke, deren hautschonendes Pflegeprogramm mit Thermalwasser aus der Lukasquelle in dem franz. Kurort Vichy hergestellt wird. Der Kosmetologe Georges Guerin entdeckte die dermatologische Wirkung des Wassers, als er 1931 auf Anraten seines Arztes eine Handverletzung damit behandelte. Seitdem wird das Quellwasser in seiner Wirkung erforscht und zur Herstellung von Hautpflegeprodukten eingesetzt. Mit 17 Mineralstoffen und 13 Spurenelementen hat es den höchsten Mineralstoffgehalt aller Quellen in Vichy. Es wirkt reizmildernd sowie beruhigend und stimuliert die Widerstandskraft der Haut. Zum Pflegeprogramm der Dachmarke Laboratoires Vichy gehören Feuchtigkeitspflegeprodukte, Sonnenschutzmittel, Make-up, Deos, Haarpflegeprodukte und Antifaltencremes. Der Markenauftritt ist zurückhaltend gestaltet und wird von einem klassischen weißen Schriftzug in serifenlosen Versalien auf blauem Grund geprägt. Unter dem Namenszug „Vichy" steht in kleiner Schrift „Laboratoires". Die Forschung über Alterungsverhalten und Austrocknung der Haut sowie Haarausfall spielte von Beginn an eine wesentliche Rolle für die Markenstrategie. Teil der Unternehmensphilosophie ist es außerdem, die Produkte der Marke nur über Apotheken zu vertreiben. Dadurch sehen die Hersteller gewährleistet, dass die Kunden umfassend beraten und über Innovationen informiert werden. Laboratoires Vichy ist ein Geschäftsbereich der Cosmétique Active Deutschland GmbH mit Sitz in Bruchsal.

UNTERNEHMEN

Laboratoires Vichy
Georg-Glock-Str. 18
40474 Düsseldorf
(02 11) 43 78-05
(02 11) 43 78-1 59
www.vichy.de

VICHY
LABORATOIRES

Thermalwasser aus der Lukasquelle in dem franz. Kurort Vichy ist die Basis der Produkte der gleichnamigen Kosmetikmarke.

VICTORIA

Als der Firmenname Victoria 1980 als Wortmarke registriert wurde, war er schon über

VICTORIA

Der Victoria-Turm in Düsseldorf (Mitte), Michael Rosenberg, Vorstandsvorsitzender der Victoria Versicherung AG (unten)

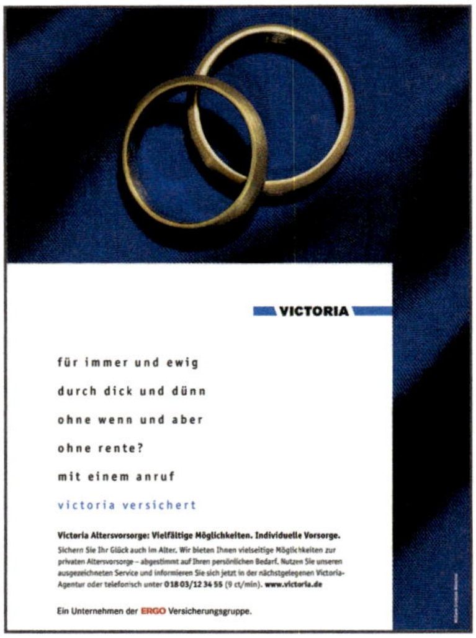

Die aktuelle Werbekampagne der Victoria Versicherung greift Motive aus dem Lebensalltag ihrer Kunden auf.

hundert Jahre alt. Denn schon in der Zeit nach dem Deutsch-Französischen Krieg erhielt die Dienstleistungsmarke Victoria ihren heutigen Namen, der an die röm. Siegesgöttin Victoria erinnert. 1875 beschloss die Generalversammlung der damaligen *Allgemeine Eisenbahn-Versicherungs-Gesellschaft*, das Unternehmen in „Victoria zu Berlin" umzubenennen, da der ursprüngliche Name zu sperrig für die geplante internat. Geschäftsausweitung war. Inzwischen gehört das Unternehmen zu den führenden Versicherungen in Deutschland. Ob klassischer Versicherungsschutz, private und betriebliche Altersvorsorge oder clevere Finanzierungs- und Geldanlagekonzepte: Als leistungsstarker Rundumversicherer mit mehrfach ausgezeichneten Produkten bietet die Victoria Schutz aus einer Hand für den privaten und gewerblichen Bereich. Besonderen Wert legt die Victoria auf die Nähe zu ihren Kunden. Dem Leitspruch Otto Gerstenbergs (Generaldirektor der Victoria von 1888 bis 1912) entsprechend, ist das „Prinzip Nähe" schon sehr früh zum Kern der Unternehmensphilosophie geworden. So garantiert heute ein dichtes Netz aus rund 10.000 Außen- und Innendienstmitarbeitern in Stadt und Land persönliche Betreuung vor Ort und TÜV-geprüften Service für derzeit über 2,5 Mio. Kunden. Alle Aspekte der Marke Victoria, von Corporate Identity über Corporate Design bis hin zum Corporate Wording, sind im Markenportal www.cd-victoria.de dokumentiert. Sie finden auch Ausdruck in einer originellen Werbekampagne, die seit 1999 mit Motiven aus dem Lebensalltag der Kunden für den Rundumversicherer wirbt. Einzelne Motive haben sogar Preise bei internat. Werbefestivals gewonnen. Seit 1997 ist die Victoria Teil der ERGO Versicherungsgruppe AG, zu der auch die Hamburg-Mannheimer AG, DKV, D. A. S., Karstadt Quelle und Vorsorge gehören.

DATEN UND FAKTEN

Markenname: Victoria, Name der röm. Siegesgöttin

Slogan: „victoria versichert"

Gründer: Otto Crelinger, 1853, Berlin

Markenregistrierung: 01.02.1980, DPMA München

Markeneinführung: 1875

UNTERNEHMEN

Victoria Versicherung AG
Victoria Krankenversicherung AG
Victoria Lebensversicherung AG

Hauptsitz: Düsseldorf, Deutschland

Vorstand: Michael Rosenberg (Victoria Versicherung AG)

Weitere Marken: ERGO, bestehend aus → D. A. S., → HM, → DKV, → Karstadt Quelle, Vorsorge Lebensvers. AG

Gesamtumsatz: 4,3 Mrd. Euro

MEILENSTEINE

1853 König Friedrich Wilhelm IV von Preußen erteilt der Allgemeine Eisenbahn-Versicherungs-Gesellschaft in Berlin die Konzession.

1875 Die Gesellschaft wird in Victoria zu Berlin Allgemeine Versicherungs-Actien-Gesellschaft umbenannt.

1986 Die Versicherung bezieht ihr neues Verwaltungsgebäude am Victoriaplatz 1 in Düsseldorf.

1989 Neuordnung des Victoria Konzerns unter der börsennotierten Victoria Holding AG

1997 Bekanntgabe der Verschmelzung der Victoria Holding AG mit der Hamburg-Mannheimer AG zur ERGO Versicherungsgruppe AG

Mitarbeiter: ca. 10.000 (Innen- und Außendienst)

KONTAKT

Victoria Versicherungen
Victoriaplatz 1
40198 Düsseldorf
✆ (02 11) 4 77-0
🖷 (0 18 03) 3 12 34 60
💻 www.victoria.de

Ansprechpartner Presse & Kommunikation:
Dr. Stephan Kronenberg
✆ (02 11) 4 77-30 03
🖷 (02 11) 4 77-31 13
✉ stephan.kronenberg@victoria.de

Ansprechpartner Marketing:
Hans Fabry
✆ (02 11) 4 77-22 33
🖷 (02 11) 4 77-24 56
✉ hans.fabry@victoria.de

VICTORINOX

Die legendäre Schweizer Marke Victorinox steht vor allem für hochwertige Taschenwerkzeuge aus rostfreiem Stahl. Das internat. bekannteste Victorinox-Produkt ist das 1897 patentierte Schweizer Offiziersmesser. Das Messer verbindet eine Klinge mit verschiedenen weiteren Funktionen, die über einen Federmechanismus ausgeklappt werden. Heute gibt es über 100 Varianten des Offiziersmessers mit bis zu 33 Funktionen. Neben Taschenmessern werden unter der Marke Victorinox u.a. Werkzeuge für Beruf und Heimarbeit sowie Uhren und Bekleidung vertrieben. Sämtliche Produkte werden mit dem Anspruch hergestellt, höchste Funktionalität und Qualität zu garantieren. Die Swiss Army-Uhr von Victorinox z.B. hat ähnlichen Kultstatus erreicht wie das Offiziersmesser, in den USA ist jede vierte verkaufte Uhr eine Victorinox. Geschütztes Markenzeichen für alle Victorinox-Produkte ist der Schild mit dem Schweizerkreuz, das sich auch farblich an das Nationalwappen der Schweiz anpasst. Victorinox wurde 1884 durch den Messerschmied Karl Elsener in Ibach im schwz. Kanton Schwyz gegründet. Elsener machte es sich zur Aufgabe, Messer für die Schweizer Armee zu produzieren. Seit 1891 gehört das Victorinox-Soldatenmesser zur festen Ausrüstung aller Schweizer Soldaten. Der wirtschaftliche Durchbruch gelang Elsener mit dem Offiziersmesser, welches allerdings nicht zur offiziellen Armeeausrüstung gehörte. Ab 1909 benannte Elsener seine Firma nach seiner verstorbenen Mutter Victoria. Seit 1921 wird für die Messerproduktion ausschließlich rostfreier Stahl verwendet. Im gleichen Jahr wurde der Firmenname um INOX erweitert, dem internat. Zeichen für rostfreien Stahl. Das Unternehmen wird in der vierten Generation von Carl Elsener geführt und beschäftigt rund 1.650 Mitarbeiter, davon 920 in Ibach. 2005 übernahm Victorinox mit Wenger das einzige Unternehmen, das ebenfalls Schweizer Offiziersmesser herstellen darf. Täglich werden rund 100.000 Victorinox-Produkte produziert, davon gut 25.000 Offiziersmesser. Die Exportquote liegt bei 90 %. 2006 erwirtschaftete die Victorinox-Gruppe einen Umsatz von 465 Mio. SFr.

DATEN UND FAKTEN

Markenname: Victorinox, Kunstwort aus **Victor**ia (Mutter des Gründers Karl Elsener) und **INOX** (Bezeichnung für rostfreien Stahl)

Slogan:
„Equipping People for Life's Adventures"

Erfinder: Karl Elsener, 1884, Ibach-Schwyz/ Schweiz

Markenregistrierung: 1897 als „Offiziers- und Sportmesser"

Das bekannte Victorinox-Logo, darunter das Offiziersmesser mit seinen zahlreichen Funktionen. Im Porträt der Enkel des Victorinox-Gründers, Carl Elsener, sen., mit einer Messerparade.

Die Feldwerbung von Victorinox wurde erstmals beim Münchner Flughafen realisiert.

Innovationen:
Victorinox Laserpointer (2007)
Victorinox Rescue Tool (2007)

Produktionsmenge: 22 Mio. Taschenmesser, MultiTools, Haushalt- und Berufsmesser (jährlich)

Modelle: 100 verschiedene Offiziersmesser-Modelle, 200 weitere Variationen von Taschenmessern und MulitTools, 400 verschiedene Haushalt- und Berufsmesser

Auszeichnungen:
„Knife of the Year 2007" IWA International Knife Award für Victorinox Rescue Tool (2007)
„Promotional Gift Award" für Victorinox Laserpointer (2007)

UNTERNEHMEN

Victorinox AG

Hauptsitz: Ibach-Schwyz, Schweiz

Vorstand: Carl Elsener

Gesamtumsatz: 465 Mio. SFr

Vertrieb: weltweit

KONTAKT

Victorinox AG
Schmiedgasse 57
CH-6438 Ibach-Schwyz
+41 41 81 81-2 11
+41 41 81 81-5 11
www.victorinox.ch

Ansprechpartner Medien:
Hans Schorno
+41 41 81 81-2 11
hans.schorno@victorinox.ch

SCHON GEWUSST?

- Seit Lyndon B. Johnson verschenken amerikanische Präsidenten Victorinox-Taschenmesser an ihre Gäste im Weißen Haus.
- Das Schweizer Offiziersmesser umkreist die Erde als offizielle Ausrüstung der US-Space-Shuttle Crew.
- 1976 wurde ein Victorinox-Taschenmesser auf einem Flug der Indian Airlines als behilfsmäßiges Operationsmesser für die Rettung eines Kindes eingesetzt. Das Kind überlebte und erlitt nicht einmal eine Infektion.
- Beim Münchner Flughafen zierte ein riesiges Victorinox-Taschenmesser, aufgetragen mithilfe umweltfreundlicher Pflanzenfarbe auf Milchbasis, eine Ackerfläche von 33.000 m². Das neuartige Feldwerbungskonzept für die Marke Victorinox wurde 2006 realisiert. Die Aktion wurde im Spätherbst 2006 beendet.

VIEBROCKHAUS

Das Markenlogo symbolisiert zwei Dächer und zugleich die Anfangsbuchstaben A und V des Vorstandsvorsitzenden Dipl.-Ing. Andreas Viebrock (unten; zusammen mit seinem Vater und Unternehmensgründer Gustav Viebrock). Das Bild in der Mitte zeigt ein Viebrockhaus der Edition 210.

Als „Zuhausehaus" bietet die Firma Viebrockhaus AG ihre in massiver Bauweise gefertigten Einfamilienhäuser an. Mit 1.323 verkauften Häusern im Jahre 2006 zählt das Unternehmen zu den Marktführern der Branche. Der seit 1999 geschützte Markenname Viebrockhaus geht auf den Firmengründer Gustav Viebrock zurück, der das Bauunternehmen 1954 in Harsefeld gründete. Seit 1998 firmiert der Familienbetrieb, dem Andreas Viebrock als Vorstand vorsteht, als Viebrockhaus AG und baut und vertreibt die Einfamilienhäuser über lizensierte Viebrockhaus-Partner und Niederlassungen im Franchise-System. Das 1999 von der Kölner Agentur Rendel & Spitz entworfene Logo symbolisiert zwei sich gegenüberliegende Hausdächer und assoziiert damit grafisch das Thema Einfamilienhaus. Gleichzeitig lesen sich die Dächer als die Buchstaben A und V, für Andreas Viebrock. Die Systemhäuser sind in den Serien *Classico*, *Maxime*, *Edition* und als *Jette Joop* Designhäuser erhältlich. Die schlüsselfertigen Wohnhäuser werden zweischalig, Stein auf Stein gemauert und innerhalb von drei Monaten, unabhängig von der Jahreszeit fertiggestellt. Rund 50 komplett eingerichtete Musterhäuser stehen den Besuchern in Deutschland offen. Sämtliche Viebrockhäuser tragen das Zertifizierungszeichen „DIN-geprüft", eine in der Branche bislang einmalige Qualitätsauszeichnung. Auch mit der 1999 erstmalig eingeführten 3 l-Technologie ist die Viebrockhaus AG Vorreiter. Seit April 2007 sind alle Viebrockhäuser Klimaschutzhäuser, ausgestattet mit einem Wärmepumpensystem. Diese Häuser stoßen im Vergleich mit einem per Öl oder Gas beheizten Haus bis zu 54 % weniger CO_2 aus und sparen 80 % Energie ein. Für die Zukunft verfolgt das Unternehmen die Strategie, die Marke Viebrockhaus zunehmend auszubauen, wobei neben der Erweiterung der Individualisierungsmöglichkeiten vor allem die weitere Entwicklung moderner energie- und CO_2-sparender Energiekonzepte im Vordergrund stehen soll.

Ein Motivbeispiel aus der aktuellen Anzeigenkampagne für die Marke Viebrockhaus

DATEN UND FAKTEN

Markenname: Viebrockhaus, Kunstname, abgeleitet vom Familiennamen des Gründers Gustav **Viebrock** und dem Substantiv **Haus**

Slogan: „Viebrockhaus – Das Zuhausehaus"

Erfinder Marke Viebrockhaus: Andreas Viebrock, 1998

Markenregistrierung: 01.09.1999, DPMA München

Produktionsmenge: 1.150 zu bauende Häuser (2006)

Markenwebsite: www.zuhausehaus.de

UNTERNEHMEN

Viebrockhaus AG

Hauptsitz: Harsefeld, Deutschland

Vorstandsvorsitzender: Dipl.-Ing. Andreas Viebrock

Mitarbeiter: über 800

Gesamtumsatz: 213,5 Mio. Euro (2006)

Vertrieb: deutschlandweit über Franchise-Partner und Niederlassungen

KONTAKT

Viebrockhaus AG
Grashofweg 11b
21698 Harsefeld
✆ (0 41 64) 8 99–10
🖷 (0 41 64) 8 99–18 50
✉ zentrale@viebrockhaus.de
🖳 www.viebrockhaus.de

Ansprechpartner Presse:
Smile GmbH
Petra Zink
✆ (0 40) 55 54 08 20
✉ presse@viebrockhaus.de

Ansprechpartner Marketing:
Kerstin Wilke, Marketingleitung
✆ (0 41 64) 8 99–10
✉ kerstin.wilke@viebrockhaus.de

Lead-Agentur:
Jung von Matt/Elbe GmbH
🖳 www.jvm.de

SCHON GEWUSST?

▮ In einem Viebrockhaus Zuhausehaus werden rund 6.650 Stück Verblendsteine verbaut, ca. 100 m Leitung für Wasser installiert, mit etwa 2.470 Stück Dachpfannen das Dach gedeckt, etwa 50 Kubikmeter Beton benötigt, gut 80 Quadratmeter Fliesen verlegt und 2,5 t Stahl eingesetzt.

VIESSMANN

Unter der Marke Viessmann stellt die Viessmann Werke GmbH & Co. KG hochwertige Heizsysteme her. Das Unternehmen besteht seit 1917, als Johann Viessmann in Hof an der Saale eine Schlosserei eröffnete. 1928 begann er mit der Fertigung von Heizkesseln. 1957 präsentierte Viessmann auf der Hannovermesse erstmals Stahlheizkessel mit integrierter Warmwasserbereitung und optimaler Brennraumgestaltung. Innovationen und Spitzentechnik sichern Viessmann auch heute die Technologieführerschaft bei Heizsystemen. Als erstes Unternehmen der Branche wurde Viessmann 1995 nach dem Öko-Audit zertifiziert. Das Unternehmen verfolgt seit den 1960er-Jahren eine einheitliche Linie bei seinem Markenauftritt. Der Grafik-Designer Anton Stankowski entwickelte 1965 das Markenlogo. Die Wortmarke Viessmann mit den charakteristischen „übereinander gestellten s" sorgt für eine hohe Wiedererkennung. 1969 wurden Heizkessel von Viessmann erstmals in der Farbe *Vitorange*, die Wärme symbolisieren soll, produziert. Die von Stankowski gestaltete visuelle Linie stellt in der dt. Wirtschaft ein beispielhaftes Gesamtkonzept dar. 1999 überarbeitete Stankowskis Partner Karl Duschek das Corporate Design.

Wortmarke von Viessmann mit charakteristischen „übereinander gestellten s" (oben), Heizkessel Vitoladens 300-T (Mitte), Gas-Brennwert-Wandgerät Vitodens 300-W (unten)

Eingangs- und Empfangsbereich der Viessmann Unternehmenszentrale in Allendorf (Eder)

Die Wortmarke wurde als Redesign kompakter und die Farbe *Vitorange* intensiver. Um die Wertigkeit der Produkte sichtbar zu machen, wurde der Korpus der Produkte auf die Farbe *Vitosilber* umgestellt. Für ihr klares, reduziertes und funktionsorientiertes Design wurden Viessmann-Produkte vielfach mit Preisen ausgezeichnet. Viessmann erzielte 2006 mit Heiztechnik-Systemen für Haushalte und die Industrie einen Umsatz von 1,4 Mrd. Euro. Das Unternehmen beschäftigt weltweit 7.400 Mitarbeiter in zwölf Werken und hat Vertriebsniederlassungen in mehr als 35 Ländern. 50 % des Umsatzes entfallen auf das Ausland.

DATEN UND FAKTEN

Markenname: Viessmann, Familienname des Gründers

Slogan: „climate of innovation"

Gründer: Johann Viessmann, 1917, Hof

Markenregistrierung: 21. 02. 1968, DPMA München

Innovationen: Stahlheizkessel (1957), Patentanmeldung „Heizkessel mit eingebauten, korrosionsfesten Brauchwasserbehältern" (1965), biferrale zweischalige Heizfläche (1982), Matrix-Gasbrenner (1992), Inox-Radial-Heizfläche (1999)

Auszeichnungen:
„iF product design award" für *Vitodens 100, Vitodens 343, Vitocell-H 300, Vitocell-W 100 CUG* (2006)
„iF product design award" für *Vitogas 100* (2007)
„red dot award: product design" für *Vitoladens 300-C, Vitoligno 300-P* (2007)

UNTERNEHMEN

Viessmann Werke GmbH & Co KG

Hauptsitz: Allendorf/Eder, Deutschland

Geschäftsführer: Dr. Martin Viessmann

Gesamtumsatz: 1,4 Mrd. Euro (Geschäftsjahr 2006)

Vertrieb: weltweit in über 35 Ländern mit eigenen Niederlassungen

KONTAKT

Viessmann Werke GmbH & Co. KG
Viessmannstr. 1
35107 Allendorf/Eder
(0 64 52) 70-0
(0 64 52) 70-27 80
www.viessmann.com

SCHON GEWUSST?

- Wärme und kreatives Schaffen stehen bei Viessmann in enger Beziehung zueinander. In den Ausstellungen im Viessmann Zentrum Allendorf zeigen Maler, Objektkünstler und Bildhauer, wie Technik zur Kunst wird.
- Die Förderung von kulturellen Veranstaltungen ist bei Viessmann fester Bestandteil der Unternehmenskultur.

VILEDA

vileda

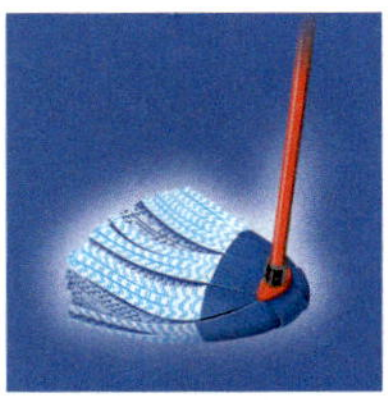

Der Wischmop gehört zu den Klassikern aus dem Sortiment der Marke Vileda.

Die Produkte der Marke Vileda werden im Segment der mechanischen Reinigung zusammengefasst. Der Name leitet sich aus der Bezeichnung „wie Leder" ab und beschreibt die Eigenschaften eines innovativen Fließstoffes, der den Grundstein zum Aufbau der Marke darstellt. 1849 übernahm Carl Johann Freudenberg eine Gerberei, aus der das heutige Unternehmen hervorging. 1935 trat der Chemiker Carl Ludwig Nottebom mit der Entdeckung eines Fensterledersatzstoffes aus Vlies an das Unternehmen heran und setzte dort seine Forschungen fort. 1948 wurde das erste Haushalts- und Fenstertuch auf den dt. Markt gebracht. 1962 wurde die Vileda GmbH in Weinheim gegründet. Im Produktspektrum des Unternehmens befindet sich neben Haushaltstüchern ein umfangreiches Sortiment an Haushalts- und Reinigungsartikeln, so z. B. Topfreiniger, Handschuhe, Bodenpflege, Badreinigung, Fensterreiniger und Wäschepflege. Der Vileda *Wischmop* entwickelte sich seit seiner Markteinführung 1985 zum Synonym für die Marke. Die Reinigungsmaterialien richteten sich vormals primär an Hausfrauen, heute an alle haushaltsführenden Personen. Im Fachhandel sind die Vileda-Produkte an ihrem roten Logo zu erkennen. Das Markenzeichen erfuhr im Wandel der Zeit eine Modernisierung, die der Wortmarke ein blau-grünes Icon in Form eines stilisierten Schmetterlings zur Seite stellte. Vileda ist die erfolgreichste Marke im Portfolio der Freudenberg Household Products. Unter der Geschäftsleitung von Marc A. Bajorat werden Produktinnovationen auch in Zukunft als wesentlicher Bestandteil der Markenstärke fokussiert.

DATEN UND FAKTEN

Markenname: Vileda, abgeleitet von der Materialeigenschaft „wie Leder"

Slogan: „Wie Leder" (1950er-Jahre), „Vileda – wisch und weg" (1980er-Jahre), „Vileda – Zuhause wohlfühlen" (2007)

Erfinder: Dr. Carl Ludwig Nottebom, 1935, Hamburg

Markenregistrierung: 04. 06. 1952, DPMA München

Innovationen: Vileda Fenstertuch (1948), Glitzi Topfreiniger (1965), Vileda Wischmop (1985), Vileda Klare Scheibe (1987), Vileda Wischmat (1993), Viva Wäschepflege (2004), Vileda Bad-Blitz (2006), Vileda Pur-Active für Ceran 2006), Vileda Tücher mit Pick-Up Poren (2006), Vileda Superfeger Antistaub Duo (2007)

Jahresumsatz: 627 Mio. Euro (2006)

Auszeichnungen:
„ECARF-Qualitätssiegel" für die Superfeger-Produkte *Antistaub Duo*, *Classic* und *Classic Kehrset* sowie für den Handschuh *Sanft & Schonend* (2007)

UNTERNEHMEN

Vileda GmbH
Leibnizstr. 2
69469 Weinheim
✆ (0 62 01) 80-77 66
🖷 (0 62 01) 1 29 91
💻 www.vileda.de

VILLEROY & BOCH

Eine Traditionsmarke mit 260-jähriger Geschichte

Villeroy & Boch, eine Traditionsmarke mit 260jähriger Geschichte, steht heute für anspruchsvolle Lifestyle-Produkte im Bereich Bad und Wellness, Fliesen und Tischkultur. Ein besonderes Profil erhält die in 125 Ländern vertretene Marke durch die Ganzheitlichkeit des Angebots. So werden im Badbereich über Sanitärkeramik, Badmöbel und Armaturen hinaus auch die passenden Fliesen, Badmöbel, Whirlpools, Dampfduschen und Accessoires bis hin zum Heizkörper angeboten. Mit diesem Angebot besitzt Villeroy & Boch nach eigenen Angaben eine Alleinstellung auf dem Sanitärmarkt. Im Bereich Tischkultur sind sämtliche Produkte einer Serie, von Geschirr, Glas und Besteck bis zu den Accessoires und Textilien, gestalterisch aufeinander abgestimmt, sodass die Konsumenten frei kombinieren und ihren persönlichen Stil realisieren können. Vier unterschiedliche Lifestyle-Serien, die sich an wichtigen internat. Trends des Interior Design orientieren, gliedern die gesamte Produktpalette, so dass verschiedene Geschmacksrichtungen bedient werden können. Seit dem 19. Jh. arbeiten neben den Hausdesignern auch internat. renommierte Designer für Villeroy & Boch, darunter van de Velde, Olbrich und Behrens. In den letzten Jahrzehnten prägten, neben vielen anderen, Luigi Colani, Paloma Picasso und Keith Haring die Handschrift der Produkte von Villeroy & Boch. Für seine Innovationsstärke wurde das Unternehmen 2005 mit dem „Innovationspreis der deutschen Wirtschaft" ausgezeichnet. Die Basis dafür bildete auch das im Jahr 2000 gegründete Innovationsmanagement. Weltweites Renommee besitzt die Marke auch im Objektsektor, wo Villeroy & Boch u. a. Hotels, Banken und Schwimmbäder der mittleren bis Luxuskategorie mit Bädern, Fliesen und Tischkultur-Produkten ausstattet. Das Unternehmen konnte seine Exportquote in den letzten zehn Jahren auf 75 % steigern. Zunehmende Bedeutung gewinnen die asiatischen, arabischen und amerikanischen Märkte.

UNTERNEHMEN

Villeroy & Boch AG
Saaruferstr.
66693 Mettlach
✆ (0 68 64) 8 10
💻 www.villeroy-boch.com

VISA

Die Visa-Kreditkarte (Mitte) kann auch für das automatische Bezahlen kleinerer Beträge verwendet werden (unten).

Die Dienstleistungsmarke Visa steht für Produkte zum einfachen, sicheren und bequemen Bezahlen von Einkäufen. Visa ist mit 1,2 Mrd. ausgegebenen Karten weltweit das größte Kartenzahlungssystem. In Deutschland sind zzt. etwa 11 Mio. Karten im Umlauf. Die Karten werden an über 24 Mio. Verkaufsstellen und 1 Mio. Geldautomaten akzeptiert. Neben der klassischen Kreditkarte gibt es Prepaid Karten und die europäische Debitkarte V PAY. Verified by Visa sorgt für sicheres Bezahlen mit Visa im Internet. Jüngste Innovationen aus dem Jahr 2007 ist *Visa payWave*, eine Chipkarte für kontaktloses Zahlen von Kleinbeträgen. Die Marke Visa geht auf die Bank of America zurück. 1958 gab das US-amerikanische Finanzinstitut erstmals die Kreditkarte Bank Americard aus.

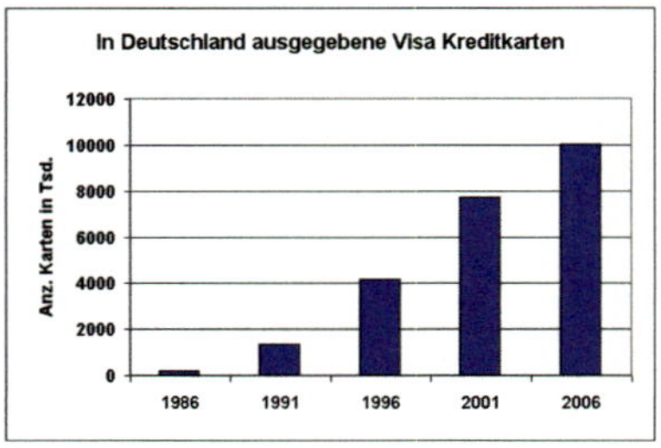

Anhand der Grafik lässt sich die erfolgreiche Einführung der Visakarte in Deutschland ablesen.

1976 wurde die Organisation in Visa umbenannt. Seit 2004 steuert die unabhängige Organisation Visa Europe, die aus 4.500 Mitgliedsbanken besteht, die Marken- und Produktentwicklung in Europa. Visa Europe ist wiederum Miteigentümerin der Dachorganisation Visa International, die globale Produktstandards festsetzt und für die Pflege der Marke Visa verantwortlich ist. Weltweit gehören über 20.000 Banken zu Visa. Diese Mitgliedsbanken dürfen Zahlungskarten der Lizenzmarke ausgeben. Das Markenlogo arbeitet mit den Farben Gold und Blau. Sie erinnern an den Himmel und die Hügel von Kalifornien, den Gründungsstaat der Bank of America. Seit einigen Jahren lassen sich die Karten bei vielen ausgebenden Banken mit individuellen Motiven wie etwa einem Urlaubsfoto gestalten. Visa wirbt seit 2006 mit dem Slogan „Liebe jeden Tag". Das einfache und bequeme Bezahlen der täglichen Dinge, die das Leben angenehm machen, ist auch das Thema der Werbespots. Bei Visa Europe sind etwa 900 Mitarbeiter beschäftigt. Die Mitgliedsorganisation arbeitet nicht profitorientiert. Der Umsatz, der mit Visa Debit-, Kredit- und Firmenkarten 2006 bei Bezahlvorgängen und Bargeldabhebungen getätigt wurde, belief sich auf über 1,2 Billionen Euro. Von neun in Europa für den privaten Konsum ausgegebenen Euro wird einer mit Visa bezahlt.

DATEN UND FAKTEN

Markenname: Visa, Akronym, zusammengesetzt aus **V**isa **I**nternational **S**ervice **A**ssociation

Slogan: „Visa – die Freiheit nehme ich mir" (1992), „Die Zukunft spricht Visa" (2000), „Liebe jeden Tag" (2006)

Gründungsinstitution: Bank of America, 1958, Kalifornien/USA

Markenregistrierung: 30. 12. 1985, DPMA München

Markenbekanntheit: 98 % gest. in Deutschland (lt. Unternehmensangabe)

Auszeichnungen:
„Most Trusted Brand", Reader's Digest (2005, 2006, 2007)

Innovationen: Debitkarte *V PAY* (2007), kontaktlose Zahlungsfunktion *Visa payWave* (2007)

Markenwebsite: www.visa.de
www.vpay.com / www.visaeurope.com

Literatur:
P. Chatkow: The Power of an Idea (Chicago, IL, 2001)

UNTERNEHMEN

Visa Europe Ltd.

Hauptsitz: London, Großbritannien

CEO/Präsident Visa Europe: Peter Ayliffe

Vertrieb: über 4.500 europäische Mitgliedsbanken

KONTAKT

Visa Europe Ltd.
Schillerstr. 19
60313 Frankfurt/Main
✉ anfragen.europa@visa.com
💻 www.visa.de

Ansprechpartner Presse:
Cohn & Wolfe Public Relations
GmbH & Co. KG

SCHON GEWUSST?

▌Visa unterstützt die Olympischen Spiele seit 1986 als Sponsor. Damit ist Visa exkl. Kreditkarte und offizielles Zahlungsmittel der Olympischen Winter- und Sommerspiele. Außerdem ist Visa einziger weltweiter Sponsor der Paralympischen Spiele.
▌Seit 2007 ist Visa auch Partner des Weltfußballverbands FIFA und wird die Fußballweltmeisterschaften 2010 und 2014 sowie zahlreiche weitere FIFA-Veranstaltungen begleiten.

(0 69) 75 06-12 99
visa@de.cohnwolfe.com

VITAKRAFT

Die Dachmarke Vitakraft steht für Food- und Nonfood-Produkte für Heimtiere. Über 2.000 Artikel finden sich im Produktportfolio des Vitakraft-Konzerns. Neben Hauptfuttern für Nager, Katzen, Hunde und Vögel sowie für den Einsatz in Aquarium und Gartenteich umfasst es auch gesunde Belohnungssnacks sowie zahlreiche Pflege-, Hygiene- und Zubehörartikel. Wissenschaftliche Studien über das natürliche Ernährungsverhalten der Tiere bilden die Grundlage der Produktentwicklung, die jährlich bis zu 200 Neuerungen für eine artgerechte Heimtierernährung hervorbringt. Ergebnis dieser Forschungen ist ein differenziertes Angebotsspektrum, das individuell auf die Bedürfnisse unterschiedlichster Tiere wie Hamster, Farbratten oder Sittichen eingeht. Das Logo zeigt den Markennamen in weißer, fett und kursiv gesetzter Schrift mit Serifen in einem blauen Rechteck mit abgerundeten Ecken. An dessen rechten unteren Rand schließt sich ein kleines, rotes Herz an, das in weißer Schrift den Slogan „Aus Liebe zum Tier" präsentiert. Ergänzt wird das Logo durch den Slogan „gibt Lebenskraft". Entstanden ist der Vitakraft-Konzern aus einer kleinen Futtermittelhandlung in Heiligenrode bei Bremen, eröffnet 1837 von der Familie Wührmann. 1929 übernahm Heino Wührmann in vierter Generation das Familienunternehmen. Er entwickelte die Dachmarke Vitakraft. 1937 folgte der Umzug nach Bremen. Heute erzielt Vitakraft einen Umsatz von 300 Mio. Euro, hat vierzehn Tochtergesellschaften weltweit und liefert seine Produkte in 35 Länder. Den Unternehmenserfolg sichern 2.100 Mitarbeiter. Ein wichtiges Element der Zukunftsstrategie von Vitakraft ist die weitere Expansion in Zentral- und Osteuropa.

UNTERNEHMEN

Vitakraft-Werke Wührmann & Sohn GmbH & Co. KG mit Sitz in Bremen
Mahndorfer Heerstr. 9
28307 Bremen
(04 21) 48 96-0
(04 21) 48 30 36
www.vitakraft.de

VITAMALZ

Die Getränkemarke Vitamalz steht für ein revitalisierendes Malzgetränk. Von der Marke sollen sich junge wie alte Menschen gleichermaßen angesprochen fühlen. Als Marktführer in Deutschland (lt. GfK/Nielsen) wird Vitamalz häufig als Synonym für Malzbier benutzt, obwohl es lt. Rechtssprechung ein Malzgetränk ist. 1920 erfanden die Wissenschaftler Fritz Lux und Ferdinand Glaab den Malztrunk. Die Brauerei Glaabsbräu kaufte

Die Werbung von Vitamalz assoziiert Vitalität, Kraft und Sportlichkeit.

1931 das in der Zwischenzeit patentierte Verfahren und taufte das neue Getränk auf den Namen Vitamalz. Die Marke wurde 1962 geschützt. 1970 gründete Lizenzgeber Glaabsbräu F. Glaabs & Co. den Vitamalz-Verbund, der heute elf Brauereien umfasst. Diese verpflichten sich, Vitamalz nach einheitlicher Grundrezeptur und in gleicher Produktausstattung herzustellen. So kann im Zusammenhang mit der Marke mit immer gleich bleibender Qualität geworben werden. Das Markenlogo besteht aus einem blauen Vitamalz-Schriftzug im Regenbogenhalbkreis. Die Farben sollen ansprechend und sympathisch wirken. Neben dem Grundstoff Malz besteht der Markenname außerdem aus dem ital. Wort Vita, welches auf Vitalität und Leben hindeutet. Seit Franz Beckenbauer 1974 Werbebotschafter des Malztrunks wurde, folgten weitere Prominente wie Heike Drechsler oder Harald Schmidt seinem Beispiel. 2006 überarbeitete Vitamalz seinen Werbeauftritt, jährlich werden dafür über 1 Mio. Euro investiert. Eine breit angelegte Kampagne mit Anzeigen, Plakaten, Gewinnspielen und neuem Internetauftritt präsentiert Vitamalz verstärkt als „Das Original". Auch auf Sponsoring setzt das Unternehmen

Vitamalz wird in der charakteristischen Flasche vertrieben (Mitte). Eine hist. Anzeige wirbt für das „Gesundheitsbier" (unten).

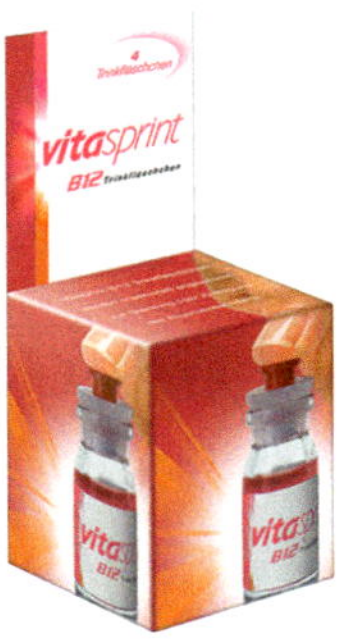

Das Tonikum Vitasprint stammt ursprünglich aus Italien.

und unterstützt im Namen von Vitamalz wohltätige Organisationen. Die Vitamalz GmbH & Co. KG mit Geschäftsführer Christian Möller hat ihren Stammsitz in Dortmund. Das Produkt wird außer in Deutschland auch noch in einigen weiteren EU-Ländern vertrieben und erreicht einen Jahresabsatz von 400.000 hl (2006).

DATEN UND FAKTEN

Markenname: Vitamalz, zusammengesetzt aus lat. **vita** = Leben, auch als Abkürzung für Vitalität, und dem Grundstoff **Malz**

Slogan: „Vitamalz - das Original"

Erfinder: Fritz Lux und Ferdinand Glaab, 1920

Markenregistrierung: 08.08.1962, DPMA München

Jahresabsatz: 400.000 hl (2006)

Werbespendings: 1 Mio. Euro (2006)

UNTERNEHMEN

Vitamalz GmbH & Co. KG

Hauptsitz: Dortmund, Deutschland

Geschäftsführer: Christian Möller

Vertrieb: Deutschland, einige weitere EU-Staaten

KONTAKT

Vitamalz GmbH & Co. KG
Ostwall 165
47798 Krefeld

(0 21 51) 64 91-21
(0 21 51) 64 91-23
www.vitamalz.de

Lead-Agentur:
Pepperzak
www.pepperzak.de

SCHON GEWUSST?

▮ Der Zank um den Trunk: 1960 beschäftigte der sog. Süßbierkrieg die Gerichte. Bayern wollte den Namen Malzbier für gezuckerte Malzgetränke verbieten lassen. Der Bundesgerichtshof entschied, dass tatsächlich zwischen echtem Malzbier und Malztrunk unterschieden werden müsse. Die Verbraucher stört das Urteil wenig: Sie kaufen beharrlich weiter den Trunk und nennen ihn Bier.

▮ In den ersten Jahren wurde Vitamalz unter folgendem Slogan vertrieben: „Für Frauen, Kinder, Kraftfahrer und Abstinente empfohlen". So wurde auf die gesunden Inhaltsstoffe des Getränks verwiesen. Denn in den entbehrungsreichen Kriegsjahren litten tatsächlich gerade Kinder und Frauen an Mangelernährung.

VITASPRINT

Vitasprint B12 ist schon seit 1975 als Tonikum auf dem dt. Markt erfolgreich. Das Produkt kann die körperliche und geistige Leistungsfähigkeit steigern und spricht hauptsächlich Menschen in der zweiten Lebenshälfte an. Die spezielle Formel von Vitasprint ist als Arzneimittel zugelassen, der Hauptwirkstoff ist Cyanocobalamin (Vitamin B12).

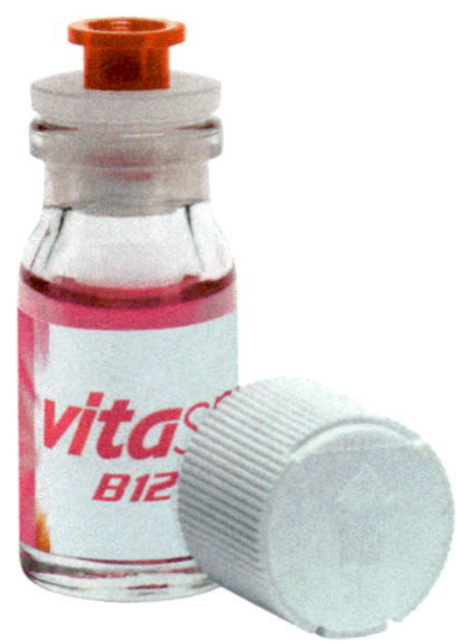

Über 22 Mio. Flaschen Vitasprint werden pro Jahr in Deutschland verkauft.

Vitamin B12 ist an vielen Stoffwechselleistungen des Körpers beteiligt und hat große Bedeutung für die Gedächtnisleistung. Zwei weitere Nährstoffe (Phosphonoserin und Glutamin) unterstützen die Funktion von Gehirn und Nerven. Die unverwechselbaren Trinkfläschchen werden ausschließlich in Apotheken vertrieben. Sie enthalten das charakteristisch pinkfarbige Vitamin in Lösung, im Stopfen befindet sich nur Glutamin. Frisch zur Anwendung werden die drei Inhaltsstoffe per Knopfdruck gemischt. Alternativ ist das Medikament auch in Form von Kapseln erhältlich. Vitasprint B12 wird vor allem bei Stress, Überlastung, während der Genesung oder im Leistungsport als Aufbau-Kur empfohlen. Darüber hinaus trägt es bei besonderen Zielgruppen zur Versorgung mit dem essentiellen Vitamin B12 bei, so beispielsweise bei Älteren, die das Vitamin aus der Nahrung oft nur noch schlecht aufnehmen können oder Menschen, die wenig tierische Lebensmittel zu sich nehmen. Schon Schulkinder ab 12 Jahren können Vitasprint B12 einnehmen, um dem Leistungsdruck besser gewachsen zu sein. Das Tonikum hat sich zur Stärkung von Nerven und Zellstoffwechsel und zur Verbesserung der Leistungsfähigkeit in mehr als drei Jahrzehnten bewährt. Gute Erfolge erzielt meist schon eine vier- bis sechswöchige Aufbau-Kur, die dem Körper ermöglicht, seine B12-Speicher wieder zu füllen. Vitasprint ist eine Marke der dt. Whitehall-Much GmbH aus Münster, einer Tochter des US-Pharma-Konzerns Wyeth. Weitere Marken des Unternehmens sind →Baldriparan, →Caltrate, →Centrum und →Spalt.

DATEN UND FAKTEN

Markenname: Vitasprint, Kunstname, zusammengesetzt aus **vita,** lat. Leben, und **Sprint,** Begriff aus dem Sport – innerhalb kurzer Zeit wird beim Sprint maximale Leistung abgerufen

Slogan: „Vitasprint B12 – die Aufbau-Kur"

Markenregistrierung: 1975, Pisa/Italien, die Markenrechte halten verschiedene Rechteinhaber

Markenbekanntheit: 65 % gest. (GfK, 06/2007)

Auszeichnungen:
„Roborans des Jahres", Bundesverband dt. Apotheker (2005, 2006, 2007)

Jahresabsatz: 22,2 Mio. Fläschchen (2006)

Markenwebsite: www.vitasprint.de

UNTERNEHMEN

Whitehall-Much GmbH

Hauptsitz: Münster, Deutschland

Geschäftsführer: Frank D. Kube

Weitere Marken: →Centrum, →Spalt, →Baldriparan, →Caltrate

KONTAKT

Whitehall-Much GmbH
Regina-Protmann-Straße 16
48159 Münster
(02 51) 92 71-8
(02 51) 92 71-30 99
www.whitehall-much.de

Ansprechpartner Presse:
Daniela Kleiböhmer
(02 51) 92 71-30 47
ukleibod@wyeth.com

Lead-Agentur:
Grey Worldwide
www.grey.de

SCHON GEWUSST?

- Vitamin B12 wurde als letztes der heute bekannten Vitamine im Jahr 1948 entdeckt.
- Für die Analyse der Struktur des Vitamins B12 bekam die engl. Biochemikerin Dorothy Mary Hodgkin 1964 den Nobelpreis.

VITRA

Der Name Vitra steht für designorientierte Möbelprodukte in den Bereichen Büro, Wohnen und Öffentliche Räume. Design wird im Hause Vitra als gelungene Verbindung von Funktion, Ergonomie, Technik, Qualität und Ästhetik definiert. Zur Philosophie des Hauses gehört, dass Möbel und Einrichtungssysteme als stimulierende und inspirierende Faktoren mit großer Bedeutung für die Leistungsfähigkeit und die Gesundheit des Menschen gesehen werden. Der Markenname leitet sich vom Begriff Vitrine ab und deutet auf die Anfänge von Vitra als Ladenbauunternehmen hin. Vitra wurde 1950 von Willi Fehlbaum in Weil am Rhein gegründet und 1954 beim DPMA registriert. Als Logo dient seit 1989 der von Pierre Mendell in der Berthold Futura gesetzte Schriftzug des Markennamens. Zu den bekanntesten Produkten von Vitra gehören die Klassiker von Charles & Ray Eames, George Nelson, Verner Panton, Jean Prouvé und Isamu Noguchi. Einige dieser von Vitra seit Jahrzehnten erfolgreich angebotenen Designklassiker, wie der von Charles & Ray Eames entworfene „Alu Chair" und der „Lounge Chair", aber auch der von Verner Panton gemeinsam mit Vitra entwickelte „Panton Chair", werden inzwischen schon für sich selbst als Markenzeichen wahrgenommen. Hinzu kommen zeitgenössische Entwürfe verschiedener Designer. Jüngste Innovation ist der Bürodrehstuhl *Worknest* von Ronan und Erwan Bouroullec. Zahlreiche Vitra-Produkte wurden mit internat. Preisen bedacht. Mehrfach ausgezeichnet wurde auch eine Testimonial-Kampagne, die von 1987 bis 1997 lief. Sie zeigte Menschen, die auf einem Stuhl von Vitra sitzen, darunter Marcel Reich-Ranicki, Jörg Immendorf und Wim Wenders. Einen herausragenden Aspekt der Markenpflege stellt die Zusammenarbeit

Vitra ist seit 1950 vor allem für seine Designerstühle bekannt.

mit der Stiftung Vitra Design Museum in Deutschland dar. Das 1989 eröffnete Museum fungiert als adäquater Präsentationsort für die Möbelsammlung des heutigen Firmeninhabers Rolf Fehlbaum. Die Vitra AG vertreibt ihre Produkte weltweit über Fachhandelspartner. Eine Ausnahme sind Produkte von Charles & Ray Eames und George Nelson. Diese sind nur in Europa und im Nahen Osten erhältlich. Das Familienunternehmen hat seinen Hauptsitz im schwz. Birsfelden. Die Deutsche Vertriebs- und Produktionsniederlassung Vitra GmbH hat ihren Sitz in Weil am Rhein.

DATEN UND FAKTEN

Markenname: Vitra, abgeleitet vom Begriff Vitrine, der auf die Anfänge von Vitra als Ladenbauunternehmen hindeutet

Gründer: Willi Fehlbaum,1950, Weil am Rhein

Markenregistrierung: 31. 03. 1954, DPMA München

Literatur:
W. Kalman: Chairman Rolf Fehlbaum (1997)
W. Scheppe: Growing a chair (2004)
R. Fehlbaum u. C. Windlin (Hg.): Projekt Vitra. Orte, Produkte, Autoren, Museum, Sammlung, Zeichen (2007)

UNTERNEHMEN

Vitra AG

Hauptsitz: Birsfelden, Schweiz

Vorstand: Rolf Fehlbaum

Vertrieb: weltweit über Fachhandelspartner

KONTAKT

Vitra GmbH
Charles-Eames-Str. 2
79576 Weil am Rhein
(08 00) 22 55 84 87
(0 76 21) 7 02 17 20
www.vitra.com

SCHON GEWUSST?

▮ Das Vitra Design Museum wurde vom bekannten Architekten Frank O. Gehry gebaut, der auch das Guggenheim-Museum in Bilbao und den Neuen Zollhof im Düsseldorfer Medienhafen entworfen hat.

VITTEL

Die Marke Vittel steht als Konsumgütermarke für Mineralwasser- und Mischgetränke. Vittel enthält als natürliches Mineralwasser bereits Calcium und Magnesium, die nicht nachträglich zugesetzt werden. Vittel-Produkte wurden seit 1969 in Kunststoffflaschen abgefüllt, heute wird Vittel Mineralwasser in verschiedenen Flaschengrößen und Gebinden angeboten. Zur Produktfamilie zählt neben Vittel Mineralwasser Vittel Fruchtgeschmack (in den Geschmacksrichtungen Apfel, Pfirsich, Erdbeere), Vittel Action Orange (mit dem Zusatz von Glucose, Saccharose und Maltose) sowie Vittel Gourmet in der Glasflasche. Der Markenname bezieht sich auf den Ort Vittel in den franz. Vogesen, wo sich die Quelle des Mineralwassers befindet. Das runde Markenlogo zeigt auf rotem Fond die übereinander gesetzten Buchstaben der Marke, dazu den Schriftzug „Vittel France" sowie die Jahreszahl 1854. 2006 wurde der Markenauftritt grundlegend überarbeitet und soll noch stärker die Markenbotschaft von Vitalität und Dynamik transportieren. Zu diesem Zweck wurden rundere Formen, eine 1,5 l-PET-Flasche und Etiketten mit einer modernern Anmutung eingeführt. Das franz. Marketing-Magazin „Stratégies" verlieh dem Unternehmen hierfür den Design-Award 2006. Die Unternehmensgründung geht auf Louis Bouloumié zurück, der die Quelle „Grande Source" im Jahr 1854 erwarb. 1882 folgte die Gründung der „Société Générale des Eaux Minérales de Vittel". Seit 1969 befindet sich das Unternehmen im Besitz des Nahrungsmittelkonzerns Nestlé.

UNTERNEHMEN

Nestlé Waters Deutschland AG
Wilhelm-Theodor-Römheld-Str. 22
55130 Mainz
(0 61 31) 25 00-0
(0 61 31) 25 00-4 35
www.vittel.de

VIVIL

Dr. Alexander Müller-Vivil (Mitte) ist Geschäftsführer des in Offenburg ansässigen Unternehmens Vivil (unten).

Vivil ist eine der ältesten dt. Konsumgütermarken und galt jahrzehntelang als Synonym für Pfefferminz und Erfrischung. Der Name stammt von dem Kaufmann August Müller-Vivil, der Anfang des 20. Jh. als Infanteriesoldat Dienst tat. Auf dem staubigen Exerzierplatz kam ihm die Idee, ein handliches Erfrischungsbonbon zu erfinden. Als Grundsubstanz dachte er an Pfefferminze, deren äthe-

Die Vivil-Rolle mit dem charakteristischen Design in den Farben Grün, Weiß und Gold.

rische Öle eine kühlende Wirkung haben. August Müller-Vivil gründete daraufhin in Straßburg die Firma Vivil und brachte 1903 als erstes Produkt das klassische Vivil-Bonbon mit reinem Pfefferminzöl in der handgepackte Stange auf den Markt. Heute ist Vivil die Dachmarke für eine breite Produktpalette, die von Fruchtbonbons über Pfefferminzpastillen bis hin zu gefüllten Kaugummis reicht. Das Sortiment wird laufend durch innovative Bonbons erneuert, zuletzt kamen 2007 mit *Vivil Soft & Juicy* die ersten zuckerreduzierten Kaubonbons auf den Markt. Das Vivil-Logo wurde 1907 in Bern geschützt und zeigt den Markennamen in weißen Versalien vor grünem Fond. Bereits in den 1930er-Jahren warb Vivil mit Plakaten in Bahnhofshallen, ein bekannter Slogan war „Atme frisch, atme frei - habe stets Vivil dabei". Aktuell setzt die Vivil A. Müller GmbH & Co.KG auf TV-Spots und Sportsponsoring. Das berühmteste Testimonial ist Michael Schumacher, der 1992 als Werbeträger für Vivil gewonnen werden konnte und den Markenschriftzug auf seinem Rennauto trug. Vivil ist nach Angaben des Unternehmens europaweit bei zuckerfreien Produkten marktführend. Täglich werden bei Vivil 40 bis 50 t Bonbons hergestellt. Das entspricht wöchentlich 80 Mio. Bonbons, von denen rund ein Drittel in weltweit mehr als 30 Länder exportiert werden. Vivil produziert mit ca. 300 Mitarbeitern ausschließlich am Stammsitz Offenburg.

DATEN UND FAKTEN

Markenname: Vivil, Familienname des Firmengründers

Slogan: „Get the Power"

Erfinder: August Müller-Vivil, 1903

Markenregistrierung: 1907, Bern (20.08.1935, Reichspatentamt Berlin)

MEILENSTEINE

1903 August Müller-Vivil gründet die Firma Vivil in Straßburg. Das erste Produkt ist die handverpackte Vivil-Stange.

1910 Durch Distribution über den Großhandel erfolgt die flächendeckende Belieferung nach Deutschland. Der Export nach Amerika, Frankreich und England belebt das Wachstum des Unternehmens, das mittlerweile bereits 100 Mitarbeiter beschäftigt.

1956 Mit antjes-Pfefferminz entwickelt Vivil eine neue Marke: ein Pfefferminzprodukt mit Traubenzuckerzusatz.

1962 Axel Michael Müller-Vivil steigt als aktives Mitglied in die Unternehmensführung ein.

1966 Kiviv wird als dritte Marke eingeführt. Es ist das erste Fruchtbonbon mit reinem Traubenzucker.

1970 Vivil-mint wird als erster Pfefferminz-Bonbon ohne Zucker auf Sorbit-Basis in der Branche eingeführt und ist bis heute im Markt führend.

1982 Vivil bringt den ersten Beutel ohne Zucker mit Euka-Menthol auf den Markt. Ausweitung des Ohne-Zucker-Sortiments auf Husten- und Multivitaminbonbons

1997 Unter dem Namen Vivil-life kommt das erste gefüllte zuckerfreie Bonbon auf den Markt.

2007 VIVIL soft & juicy: Einführung des ersten zuckerreduzierten Kaubonbons (30 % weniger Zucker) in den Geschmacksrichtungen Frucht und Cola-Mix.

Innovationen: erstes zuckerfreies Komprimat (1970), erstes zuckerfreies Kaugummi (1973), erste zuckerfreie Hartkaramelle in Deutschland (1982)

Markenbekanntheit: 80 % ungest., 90 % gest. (unabhängiges Marktforschungsinstitut, 2006)

UNTERNEHMEN

Vivil A. Müller GmbH & Co. KG

Hauptsitz: Offenburg, Deutschland

Vorstand: Axel Michael Müller-Vivil, Dr. Alexander Constantin Müller-Vivil

Vertrieb: in weltweit 30 Ländern

KONTAKT

Vivil A. Müller GmbH & Co. KG
Moltkestr. 33
77654 Offenburg
✆ (07 81) 4 78-0
🖷 (07 81) 4 78-1 75
🖳 www.vivil.de

VOBIS

Der Name signalisiert, dass Vobis der Volksanbieter für Mikrocomputer ist.

Die beiden Studenten Theo Lieven und Rainer Fraling gründeten 1975 die Vero GmbH in Aachen. Sie starteten mit dem Verkauf von Taschenrechnern an Kommilitonen. 1981 wurde die Firma in Vobis GmbH umfirmiert, der lat. Name bedeutet auf Dt. „Für Euch" und sollte den Kunden signalisieren, dass Vobis der Volksanbieter für Mikrocomputer ist. Mit diesem Namen begann die Expansion in Deutschland. 1991 wurde das Unternehmen in eine Aktiengesellschaft umgewandelt, es folgte die Expansion ins Ausland mit Filialen in Österreich, Polen und Frankreich. 1995 installierte Vobis statt Windows 95 das Konkurrenzprodukt OS/2 auf den PCs vor, um gegen die Vorherrschaft von Microsoft vorzugehen. Microsofts Versuch, Vobis daraufhin die Lizenz für Windows 95 zu entziehen, scheiterte jedoch. Zeitweise wies das Unternehmen, das in den 1990er-Jahren zur →Metro Group gehörte, die höchsten Verkaufszahlen in Deutschland auf. 2004 zog die Vobis-Zentrale von Aachen nach Potsdam, und nach einer erneuten Umstrukturierung im Jahr 2005, wurden die meisten Vobis-eigenen Filialen in Franchisefilialen umgewandelt. Heute ist Vobis eine deutschlandweite, filialisierte Fachhandelskette, spezialisiert auf den Handel von IT- und Telekommunikationsprodukten inkl. eines sehr großen kundenorientierten Serviceangebotes. Gleichzeitig verschob sich auch der Schwerpunkt der Geschäftstätigkeit vom Verkauf von Komplett-PCs auf das Komponentengeschäft und den damit verbundenen Service. So umfasst das Produktportfolio heute neben Desktop-PCs u. a. Drucker, digitale Kameras, Komponenten, Software und Telekommunikation.

UNTERNEHMEN

Vobis AG
Berliner Str. 140
14467 Potsdam
✆ (03 31) 20 13 63-00
🖷 (03 31) 20 13 63-10
🖳 www.vobis.com

VODAFONE

Vodafone steht für Produkte und Dienstleistungen rund um den Mobilfunk, aber auch für Festnetzanschlüsse sowie DSL-Internetzugänge für Privat- und Geschäftskunden. Der Name ist ein aus den engl. Wörtern „Voice", „Data" und „Telefone" gebildetes Kunstwort. Das Logo der Marke zeigt in einem weißen Kreis eine tropfenförmige rote Fläche, die durch Lichteffekte plastisch wirkt, sowie den Namenszug in Kleinbuchstaben in der exkl. für das Unternehmen entwickelten Hausschrift Vodafone. In der Markenkommunikation wird zudem seit 2006 der Slogan „Make the most of now" eingesetzt (dt. etwa: „Mach das Beste aus dem Augenblick"). Ein weiterer wichtiger Aspekt des Markenauftritts ist das Sportsponsoring. So ist Vodafone Sponsor des Formel-1-Teams von McLaren-Mercedes. Gegründet wurde das Unternehmen 1990 als Mannesmann Mobilfunk GmbH, den kommerziellen Betrieb nahm es 1992 auf. Im Jahr 2000 übernahm die brit. Vodafone-Gruppe die damalige →Mannesmann AG, 2002 wurde der Markenwechsel von Mannesmann D2 zu Vodafone vollzogen. Im September 2007 wurde Vodafone zum dritten Mal Sieger des Netztests der Mobilfunk-Fachzeitschrift Connect und ist mit über 31 Mio. Kunden und etwa 35 % Marktanteil in diesem Segment Marktführer in Deutschland. Vertrieben werden die Vodafone-Produkte und -Dienstleistungen über bundesweit ca. 1.600 eigene Shops und Partneragenturen. Im Geschäftsjahr 2006/2007 erzielte das Unternehmen mit Sitz in Düsseldorf, das auch die Mehrheitsbeteiligung am →Arcor-Konzern führt, mit etwa 9.000 Mitarbeitern einen Umsatz von ca. 8 Mrd. Euro.

UNTERNEHMEN

Vodafone D2 GmbH
Am Seestern 1
40457 Düsseldorf
✆ (02 11) 5 33-0
🖷 (02 11) 5 33-22 00
💻 www.vodafone.de

VOELKEL

Die Geschichte der Getränkemarke Voelkel begann in den 1920er-Jahren mit einer kleinen Lohnmosterei und dem „Mostmax", einer fahrbaren Saftpresse, mit der Margret und Karl Voelkel von Dorf zu Dorf zogen, um das Obst ihrer Kunden zu Saft zu verarbeiten. Den eigenen Obstgarten bewirtschaftete das Paar nach biologisch-dynamischen Gesichtspunkten, was im Jahr 1936 in Pevestorf an der Elbe zur Gründung einer Biomosterei führte. Heute leitet Stefan Voelkel das Unternehmen in dritter Generation. Das Portfolio des Getränkeherstellers umfasst rund 150 verschiedene Obst- und Gemüsesäfte, Erfrischungsgetränke, Wellness-Drinks und Bio-Sirupe aus kontrolliert-biologischem Anbau (2007). Zu den jüngsten Produkten gehören z. B. die Apfel-Rhabarber-Schorle, die Limonade *Bio-Zisch Rosenblüte* und die alkoholfreien Bio-Cocktails *Piña Colada*, *Red Orange* und *Caipirinha*. Gemäß dem Kredo „Natur gesund genießen" produziert die Voelkel GmbH ihre teils preisgekrönten Bioerzeugnisse in Demeter-Qualität und stets ohne den Zusatz von Zucker, Aroma-, Konservierungs- und Farbstoffen. Anstelle aufwändiger Werbekampagnen macht Voelkel mit Ökoprojekten und karitativen Aktionen von sich reden. Einen Wiedererkennungswert hat auch das visuelle Erscheinungsbild des Unternehmens: Die tropfenförmigen Hohlräume in der Typografie und die organische Gestaltung des roten Voelkel-Logos weisen auf die Erzeugnisse und deren biologisch-wertvollen Qualitätsanspruch hin. Die Produkte der Biokelterei werden in Deutschland über den Naturkost-Großhandel vertrieben und ins europäische und asiatische Ausland exportiert.

DATEN UND FAKTEN

Markenname: Voelkel, Familienname der Gründer

Slogan: „Natur gesund genießen"

Erfinder: Margret und Karl Voelkel, 1936, Pevestorf

Markenregistrierung: 17. 11. 1998, DPMA München

Auszeichnungen:
„Sehr gut", Öko-Test für Vital ACE in Demeter-Qualität (Ausgabe 1/2006)
„Best of Bio-Juice 2006" für Demeter Orangensaft, Bio Apfel-Mango-Saft und Bio Sirup Himbeere
„Gut", Öko-Test für Apfelschorle naturtrüb in Demeter-Qualität (Ausgabe 7/2007)

UNTERNEHMEN

Voelkel GmbH
Fährstr. 1
29478 Höhbeck/OT Pevestorf
✆ (0 58 46) 9 50-0
🖷 (0 58 46) 9 50-50
💻 www.voelkeljuice.de

Voelkel
Natur gesund genießen

Die Bio-Säfte der Marke Voelkel gibt es schon seit über 70 Jahren.

VOGUE

Vogue ist eine internat. Marke aus dem Condé Nast Verlag. Das franz. Wort für Mode und Publikumsgunst stand Pate für das Modemagazin im Premium-Segment. Vogue erschien ab 1892 als wöchentliches Gesellschaftsmagazin für die New Yorker Elite. 1909 übernahm sie der Verleger Condé Nast. Er beauftragte bekannte Künstler und Illustratoren mit der Gestaltung der Titelseiten, nutzte Fotografie für die Präsentation von Mode und gab der Zeitschrift so ihren eigenen, an ein exkl. Publikum gewandten Stil. Vogue gilt daher auch als eine Wegbereiterin der Modefotografie. Unter Führung von Nast entwickelte sich Vogue zu einer führenden Modezeitschrift, die heute weltweit in 17 Ländern erscheint. Die erste dt. Ausgabe kam 1979 im dt. Condé Nast Verlag auf den Markt. Charakteristisches Wortlogo bildet der in Versalien gesetzte Namenszug auf dem Titelblatt, der in der Farbigkeit an das jeweilige Titelmotiv angepasst wird. Der aktuelle Slogan „Before it's in fashion, it's in Vogue" spielt mit dem franz. Ausdruck en vogue (auf Dt. im Kommen) und unterstreicht den Anspruch, als „Modebibel" zuerst über neue Entwicklungen im Modebereich zu informieren. So veröffentlichte Vogue als eines der ersten Hochglanzmagazine 1992 eine Reportage über Schönheitsoperationen. Im selben Jahr erschien das erste „Vogue-Gespräch", ein Format, für das monatlich internat. Prominente zum Gedankenaustausch zusammentreffen. Eine Auswahl erschien 2004 als Buch unter dem Titel „VOGUE Gespräche". Die Zeitschrift berichtet darüber hinaus auch

VOGUE

Die dt. Ausgabe der Vogue erscheint seit 1979.

über anspruchsvolle kulturelle Themen wie Kunst oder Musik. Vogue wendet sich an selbstbewusste und modeinteressierte Frauen mit hohem Einkommen und verspricht ihnen „den Zugang zur internat. Stil- und Fashion Community". Das Magazin verfolgt eine Einmarkenstrategie mit Line Extensions zu Themenschwerpunkten. Die Condé Nast Verlag GmbH wurde 1978 in München gegründet und ist eine 100%ige Tochtergesellschaft des Medienunternehmens Advance Publications. Zum Portfolio des Verlags gehören auch die Zeitschriften →GQ Gentlemen's Quarterly, →Architectural Digest, Glamour und →Vanity Fair. Das Unternehmen erwirtschaftet einen Umsatz von ca. 120 Mio. Euro (2006) und beschäftigt derzeit rund 400 Mitarbeiter.

DATEN UND FAKTEN

Markenname: Vogue, franz. für Mode, Anlehnung an den franz. Ausdruck en vogue (auf Dt.: im Kommen)

Slogan: „Before it's in fashion, it's in Vogue"

Gründer: Condé Nast, 1909

Markenregistrierung: 13.07.1979, DPMA München

Gesamtumsatz: ca. 120 Mio. Euro (Unternehmen, 2006)

Markenwebsite: www.vogue.com

UNTERNEHMEN

Condé Nast Verlag GmbH
Ainmillerstr. 8
80801 München
✆ (0 89) 3 81 04-0
www.condenast.de

VOITH

Auf der Huatai PM 12 (China) wird hochwertiges Zeitungsdruckpapier für Vier-Farben-Offsetdruck produziert (Mitte), Dr. Hermut Kormann, Vorstandsvorsitzender der Voith AG (unten).

Die Industriegütermarke Voith steht für Produkte in den Bereichen Papier, Energie, Mobilität und Service. Gegründet wurde das Unternehmen im Jahr 1867 mit dem Verkauf der Schlosserei von Johann Matthäus Voith an seinen eigenen Sohn Friedrich, der das Familienunternehmen daraufhin konsequent ausbaute. Innovative Produkte und ein fairer sowie zuverlässiger Umgang mit den Kunden sollten das Selbstbild der Marke fortan bestimmen. Mit dem Patent für die Holzzerfaserungsmaschine *Raffineur* legte das noch junge Unternehmen im Jahr 1859 einen der Grundsteine für die industrielle Papierherstellung. Zum 50-jährigen Bestehen im Jahr 1917 hatte Voith u.a. bereits 200 Papiermaschinen und 6.000 Wasserturbinen ausgeliefert, darunter zwölf Anlagen für das Kraftwerk an den nordamerikanischen Niagarafällen. Unter dem Dach der Voith AG sind heute rund 34.000 Mitarbeiter an weltweit 250 Standorten beschäftigt, davon arbeiten 4.500 am Heimatstandort Heidenheim im östlichen Baden-Württemberg. Damit ist

Auf der schottischen Insel Islay betreibt Voith Siemens Hydro das erste Wellenkraftwerk der Welt, das Strom in ein Netz einspeist.

Voith mit einem Gesamtumsatz von rund 3,74 Mrd. Euro im Jahr 2006 eines der größten Familienunternehmen Europas. Das Logo besteht aus der Wortmarke Voith, gesetzt in Versalschrift und der Firmenfarbe blau, ergänzt durch den Slogan „Engineered reliability". Ein Drittel der weltweiten Produktion von Papier sowie ein Drittel der produzierten Energie aus Wasserkraft wird heute mit Maschinen der Marke Voith hergestellt. Die eigene Technologieführerschaft war dabei immer ein Kernelement des Unternehmenserfolges. Seit den Anfangstagen hat Voith mehr als 10.000 Patente erhalten, jährlich kommen knapp 400 neue hinzu. Mit dem Voith Paper Technology Center in Heidenheim besitzt Voith das weltweit modernste Institut für Papierforschung und unterhält an der schottischen Küste den Prototyp eines Wellenkraftwerks. Die 2006 erstmals der Öffentlichkeit vorgestellte Voith Maxima 40 CC Lokomotive ist nicht nur die stärkste ihrer Art, sondern hat 2007 als erste Lok überhaupt den internat. renommierten „red dot award: product design" erhalten.

DATEN UND FAKTEN

Markenname: Voith, Familienname des Firmengründers

Slogan: „Engineered reliability"

Gründer: Johann Matthäus Voith, 1867, Heidenheim

Markenregistrierung: 1952, DPMA München

Patentanmeldungen: insges. 10.000 Patente (2006) + jährlich rund 400 Patente

UNTERNEHMEN

Voith AG

Hauptsitz: Heidenheim, Deutschland

Vorstand: Dr. Hermut Kormann

Gesamtumsatz: 3,74 Mrd. Euro (2006)

Vertrieb: 250 Standorte weltweit

KONTAKT

Voith AG
Sankt Pöltener Str. 43
89522 Heidenheim
✆ (0 73 21) 37-0
✉ info@voith.de
💻 www.voith.de

Ansprechpartner Presse:
Friedrich-Karl Finck
✆ (0 73 21) 37-34 62
✉ friedrich-karl.finck@voith.com

SCHON GEWUSST?

- Alle chin. Geldscheine werden auf Voith Papiermaschinen hergestellt.
- Zwölf der 18 Turbinen des weltgrößten Wasserkraftwerks Itaipú wurden von Voith geliefert.

VÖLKL

Völkl ist ein bayerischer Sportartikelhersteller. Franz Völkl, der 1921 den Betrieb seines Vaters Georg übernommen hatte, begann 1923 mit der Herstellung von Skiern in Straubing. Mit der Einführung des ersten Alpinskis unter dem Namen Vöstra legte er den Grundstein für die Ski-Serienproduktion. Seit 1968 vertreibt das Unternehmen seine Produkte unter dem Markennamen Völkl. Sie gelten als innovativ und wegweisend in der Wintersportindustrie. So sorgte der *Zebra Ski* 1967 mit einem ausgefallenen Zebramuster-Design weltweit für Begeisterung bei den Kunden. Mit der Produktneuheit Völkl *TigerShark mit Power Switch* gilt das Unternehmen als Technologieführer. Hier handelt es sich um den ersten Ski mit Umschaltmechanismus, bei dem sich die Ski-Charakteristik mit einem Handgriff ändern und an individuelle Pistenverhältnisse anpassen lässt. Im Logo der internat. Dachmarke steht ein Doppel-V aus zwei einander gegenüberliegenden Winkeln für Völkl und assoziiert gleichzeitig Skispitzen. Dem Emblem ist die Wortmarke zur Seite gestellt. Die Logofarben sind Gelb und Schwarz. Das Markenversprechen soll potenzielle Kunden vor allem auf emotionale Weise ansprechen. Der Slogan „You can feel it" wurde von dem neuen Claim „Precision Drives Emotion" abgelöst und unterstreicht neben dem Hightech-Aspekt auch den hochwertigen Charakter der Produkte. Wintersportfreunde haben die Möglichkeit, ihre Sportausrüstungen über Fachhändler in mehr als 40 Ländern zu erwerben. Die internat. Präsenz ist vor allem durch Allianzen wie Tochterfirmen oder Kooperationen möglich (z. B. Marker Skibindungen und Tecnica Skischuhe). Durch den Zusammenschluss der Unternehmen Marker und Völkl zur Marker Völkl GmbH International unter dem gemeinsamen Dach der Jarden Corporation festigte das Unternehmen seine globale Position. Präsident und CEO Dr. Christoph Bronder leitet die Marker Völkl Gruppe, die am Standort Straubing 400 und weltweit 900 Mitarbeiter beschäftigt.

DATEN UND FAKTEN

Markenname: Völkl, abgeleitet von dem Familiennamen des Gründers

Slogan: „Precision Drives Emotion"

Früherer Slogan: „You Can Feel It"

Gründer: Franz Völkl, 1923, Straubing

Markeneinführung: 1968

Innovationen: integriertes Skibindungssystem Motion (2001), Tigershark mit Power Switch (2007), Magnet Ski Clip (2007)

Firmenzentrale des Sportartikelherstellers Völkl im bayerischen Straubing

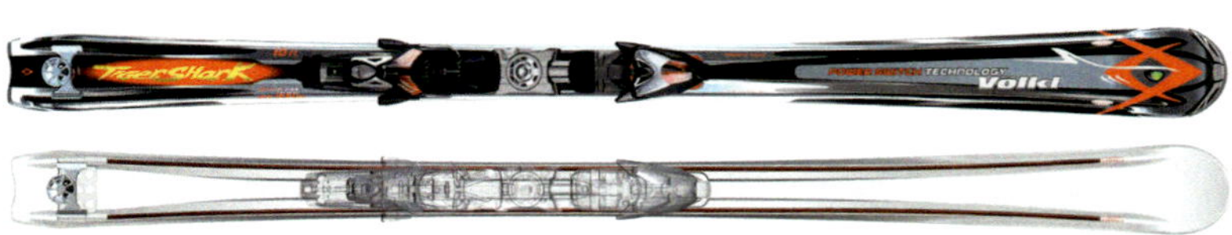

Völkl Innovation TigerShark mit Powerswitch

Das neue Logo der Volksbanken Raiffeisenbanken symbolisiert das Zusammenwachsen der Bankengruppen und wird seit 2002 verwendet.

UNTERNEHMEN

Marker Tecnica Völkl GmbH

Hauptsitz: Straubing, Deutschland

Geschäftsführer: Dr. Christoph Bronder

Weitere Marken: Marker

Vertrieb: weltweit über Vertriebspartner

KONTAKT

Völkl Sports GmbH & Co KG
Europaring 8
94315 Straubing
✆ (0 94 21) 3 20-0
Fax (0 94 21) 3 20-1 95
www.voelkl.com

MEILENSTEINE

1885 Georg Völkl wird 1883 als Wagnergehilfe im Adressbuch Straubing geführt. Zwei Jahre später, 1885, wird Völkl als selbstständiger Wagnermeister aufgeführt.

1923 Franz Völkl, der zweite Sohn von Georg Völkl, übernimmt den Betrieb 1921. Unter seiner Leitung beginnt das Unternehmen mit der Herstellung von Skiern. Am 01. 12. 1923 erfolgt der Eintrag „Herstellung von Skiern" in die Gewerbekartei von Straubing.

1967 Einführung des Zebra Skis, revolutionäres Zebra-Muster-Design

1970 Völkl engagiert sich erstmals im internat. alpinen Skirennsport.

1973 Einführung des „Renntigers", einem Ski aus reinem Metall mit Zusatz von Carbon

1994 Einführung des Carving-Skis. Heute besitzt Völkl die Rechte am Markennamen Carver für die europäischen Alpenländer.

1997 Die Einführung der Freeski-Modelle setzt Maßstäbe in der Szene der Freeskier und New-School-Fahrer.

2000 Performance Wear: Bekleidung mit Hightech-Funktionseigenschaften und modernen Designs

2007/2008 TigerShark mit Powerswitch Technologie: Mit einem Handgriff lässt sich die Fahreigenschaft des Skis verändern.

Ansprechpartner Presse:
Susanne Hertzner
✆ (0 89) 53 09 97-10
✉ mail@die-agentour.de

Ansprechpartner Marketing:
Fabienne Mehmann
✉ fabienne.mehmann@voelkl.com

VOLKSBANKEN RAIFFEISENBANKEN

Die Volksbanken Raiffeisenbanken sind mit einem Marktanteil von 20,5 % (Quelle: TNS Infratest) die zweitgrößte Bankengruppe in Deutschland. Ihre Wurzeln liegen in Raiffeisens „Weyerbuscher Brodverein" und Schulze-Delitzsch' „Eilenburger Vorschussverein". Sie wurden gegründet, um Hunger und Not im Zeitalter der Industrialisierung zu lindern und begründeten damit das dt. Genossenschaftswesen. Die rechtliche Basis wurde mit dem am 1. Mai 1889 verabschiedeten Genossenschaftsgesetz gelegt. Heute steht die Marke Volksbanken Raiffeisenbanken für finanzielle sowie persönliche Unabhängigkeit und besitzt den Anspruch, ihren Kunden und Mitgliedern bei der Verwirklichung ihrer Lebensziele zu helfen. Das erste gemeinsame Markenzeichen wurde nach der Neuordnung des Genossenschaftswesens entwickelt, als sich beide Bankengruppen 1972 zusammenschlossen. Das Logo vereinigt beide Einzellogos. Das geflügelte ‚V' symbolisiert die Volksbanken. Es wurde zusammen mit der ersten Gemeinschaftswerbung des Deutschen Genossenschaftsverbandes (Schultze-Delitzsch) e.V. zwischen 1939 und 1941 eingeführt. Das Giebelzeichen – zwei gekreuzte Pferdeköpfe – entstand 1939. Der Ursprung dieses Zeichens, ein sehr altes Symbol für den Schutz des Hauses vor bösen Geistern, liegt bei den landwirtschaftlichen Genossenschaften der Raiffeisenorganisation. Das 1980 eingeführte Doppelzeichen mit dem modernisierten ‚V' und dem blau-orangen Band als verbindendes Element entwickelte die Ernst Hiestand + Partner AG. Sie ist auch verantwortlich für das daraus entstandene heutige Logo, das das Zusammenwachsen der Bankengruppe symbolisiert und seit 2002 verwendet wird. Zentraler Fachverband für die gesamte genossenschaftliche Kreditwirtschaft ist der Bundesverband der Dt. Volksbanken und Raiffeisenbanken e.V. (BVR). Präsident des BVR ist Dr. Christopher Pleister. Im Dezember 2006 gab es 1.255 Volksbanken und Raiffeisenbanken mit

13.842 Geschäftsstellen und 161.200 Mitarbeitern. Die Bilanzsumme der Volksbanken Raiffeisenbanken belief sich im Dezember 2006 auf 595.576 Mio. Euro, die Mitgliederzahl lag bei 15.921.502. Zum Finanzverbund der Volksbanken gehören u.a die DZ BANK AG, WGZ BANK AG, Deutsche Genossenschafts-Hypothekenbank AG, Bausparkasse Schwäbisch Hall AG, Union Investment, R+V Versicherung, Münchener Hypothekenbank, die VR LEASING, die WL BANK und die Team Bank mit easy Credit.

DATEN UND FAKTEN

Markenname: Raiffeisen, Familienname des Mitgründers Friedrich Wilhelm Raiffeisen; Volksbank, Wortschöpfung, geprägt durch Hermann Schulze-Delitzsch

Slogan: „Wir machen den Weg frei" (seit 1988)

Früherer Slogan: „Wir bieten mehr als Geld und Zinsen" (1973–1987)

Gründer: Friedrich Wilhelm Raiffeisen, 1846 und Hermann Schultze-Delitzsch, 1849

Markenregistrierung: 01. 10. 2003, DPMA München (neues Logo)

Markenbekanntheit: 67,1 % ungest., 93,3 % gest. (TNS Infratest)

Bilanzsumme: 595.576 Mio. Euro (aller Kreditgenossenschaften per Dezember 2006)

Literatur:

H. Schulze-Delitzsch: Vorschussvereine als Volksbanken (1855)
W. Koch: Friedrich Wilhelm Raiffeisen (1988)
W. Koch: Der Genossenschaftsgedanke F. W. Raiffeisens als Kooperationsmodell in der modernen Industriegesellschaft (1991)

UNTERNEHMEN

Bundesverband der Dt. Volksbanken und Raiffeisenbanken BVR
Schellingstraße 4
10785 Berlin
(0 30) 20 21-0
(0 30) 20 21-19 00
www.bvr.de

VOLKSFÜRSORGE

Die Volksfürsorge ist mit einem Bestand von mehr als 9 Mio. Policen eines der größten Unternehmen der dt. Versicherungswirtschaft. Die Marke wurde 1912 als Volksversicherung zur Herstellung der sozialen Sicherheit von Adolph von Elm gegründet. Ziel der Gründung war die Herstellung sozialer Sicherheit für Arbeitnehmer in der schwierigen Wirtschaftslage nach der Jahrhundertwende. 1913 erfolgte die Geschäftsaufnahme. Der Hauptsitz der Versicherungsgruppe befindet sich in Hamburg. Die Volksfürsorge bietet alle Versicherungsleistungen aus einer Hand an. Lebens- und Rentenversicherungen, betriebliche Altersversorgung sowie Schaden- und Unfallversicherungen stehen dabei an erster Stelle. Zielgruppe innerhalb der sog. Bürgerlichen Mitte sind Familien und Menschen im aktiven Ruhestand. Die Einnahmen aus laufenden Jahresbeiträgen betrugen 2006 ca. 3 Mrd. Euro. Etwa 4.500 fest angestellte Mitarbeiter im Innen- und Außendienst werden von ca. 50.000 Mitarbeitern im Zweitberuf ergänzt. Seit 1993 gehört die Volksfürsorge-Gruppe mehrheitlich zum AMB Generali-Konzern. Die Volksfürsorge bietet flächendeckende Kundenbetreuung vor Ort mit umfassender persönlicher Beratung an. Der konstant gebliebene Slogan „Keine Sorge, Volksfürsorge" unterstützt durch seine hohe Einprägsamkeit die Glaubwürdigkeit der Marke, die u. a. für Fairness und Verlässlichkeit steht. Schrift- und Bildmarke des Logos wurden im Lauf der Jahre regelmäßig angepasst. Das Design des aktuellen Logos entwickelte Claus Koch im typischen Volksfürsorge-Gelb und den Schriften Charter und Frutiger. Es zeigt einen Strahlenkranz bestehend aus drei Vs, die links unterhalb vom Schriftzug Volksfürsorge angeordnet sind. Die drei Buchstaben stehen für Versicherung, Vorsorge und Vermögensaufbau.

DATEN UND FAKTEN

Volksfürsorge Versicherungsgruppe

Slogan: „Keine Sorge, Volksfürsorge"

Gründer: Adolph von Elm, 1912

Markenregistrierung: 30. 06. 1980, DPMA München

Markenbekanntheit: 8,3 % ungest., 92,5 % gest. (icon, 2007)

Umsatz: ca. 3 Mrd. Euro (Beitragseinnahmen p. a.)

UNTERNEHMEN

Volksfürsorge
Besenbinderhof 43
20097 Hamburg
www.volksfuersorge.de

Die drei Buchstaben im Logo der Volksfürsorge stehen für Versicherung, Vorsorge und Vermögensaufbau.

Der Golf (Mitte) ist das meistverkaufte Auto des Volkswagen Konzerns, der seinen Stammsitz in Wolfsburg (unten) hat.

VOLKSWAGEN

Die Produktionsgeschichte von Volkswagen begann 1938 mit dem Bau des Volkswagenwerkes in Wolfsburg. Ziel war eine Breitenmobilisierung in Deutschland und Europa. Als Vater des Volkswagens (VW) wird der dt. Ingenieur Ferdinand Porsche bezeichnet, der 1931 die ersten Skizzen für einen VW machte. Der später *Käfer* benannte VW wurde aufgrund seines erfolgreichen Absatzes im In- und Ausland zum Symbol des dt. Wirtschaftswunders. Das Markenlogo entwickelte Franz Xaver Reimspieß, Motoren-Konstrukteur der Porsche KG in Stuttgart im Jahr 1937. Im Sommer 1945 übernahmen die Briten treuhänderisch die Volkswagenwerk GmbH und beschlossen die ausschließliche Verwendung des VW-Zeichens im Kreis. Ende der 1960er-Jahre wurde das Zeichen blau auf weißem Grund gesetzt. Im Oktober 1996 veränderte man die Farbe in Dunkelblau mit Farbverlauf von links oben nach rechts unten. Im Jahr 2000 erhielt das Logo eine dreidimensionale Adaption. Zu den wichtigsten Modellen, die bisher unter der Dachmarke VW produziert wurden, zählen neben dem *Käfer* der *Golf*, *Passat* und *Polo*, im Luxussegment der *Phaeton* und *Touareg*. Mit über 21 Mio. produzierten Fahrzeugen löste der Golf im Juni 2002 den Käfer als meistgebautes Volkswagen-Modell ab, 2007 wurde der 25-millionste Golf gebaut. Heute zählt der Konzern mit Sitz in Wolfsburg, der 1985 zur heutigen Volkswagen AG umfirmierte, zu den führenden Automobilherstellern weltweit und ist der größte Automobilproduzent Europas. 2006 lieferte der Konzern 5,734 Mio. Fahrzeuge aus, das entspricht einem Pkw-Weltmarktanteil von 9,7 %. Der Umsatz stieg 2006 auf rund 104,9 Mrd. Euro. Im Zuge der Mehrmarkenstrategie werden die neun Automarkenmarken des Volkswagen Konzerns (→Audi, Bentley, Bugatti, Lamborghini, →Seat, →Skoda, Volkswagen und Volkswagen Nutzfahrzeuge) als eigenständige Marken mit getrenntem Marktauftritt geführt. Der Konzern betreibt in zwölf Ländern Europas und sechs Ländern Amerikas, Asiens und Afrikas 44 Fertigungsstätten, in denen rund 325.000 Beschäftigte pro Tag über 24.500 Fahrzeuge produzieren. Der Vertrieb erfolgt in mehr als 150 Ländern weltweit.

DATEN UND FAKTEN

Markenname: Volkswagen, als Name für einen Volumenhersteller von Automobilen

Der Prototyp des Volkswagen: der Käfer

Slogan: „Volkswagen – Das Auto"

Frühere Slogans: „Der VW läuft und läuft und läuft ..." (1963), „Da weiß man, was man hat." (1970)

Erfinder: Ferdinand Porsche, 1931

Markenregistrierung: 25. 11. 1953, DPMA München

Innovationen: erstes 3-Liter-Auto: Lupo 3L, TDI (1999), Doppelkupplungsgetriebe DSG (2002), Twincharger TSI (2006), erster Turbodiesel-Geländewagen mit Partikelfilter: Touareg (2006)

Markenbekanntheit: 73 % ungest. (BIC, 2006)

Auszeichnungen:
„red dot award: communications design" und „Designpreis der Bundesrepublik Deutschland" für die Volkswagen CD Essentials

Literatur:
H. Meffert u. J. Perrey: Mehrmarkenstrategien – identitätsorientierte Führung von Markenportfolios, in H. Meffert et al. (Hg.): Markenmanagement (2002)
P. Kurze: Es gibt Formen, die man nicht verbessern kann. 50 Jahre Volkswagen Werbung (2002)
VW AG (Hg.): Volkswagen Chronik (2005)

UNTERNEHMEN

Volkswagen AG

Hauptsitz: Wolfsburg, Deutschland

Vorstandsvorsitzender: Prof. Dr. rer. nat. Martin Winterkorn

Weitere Marken: →Audi, Bentley, Bugatti, Lamborghini, →Seat, →Skoda, Volkswagen Nutzfahrzeuge

Gesamtumsatz: rund 104,9 Mrd. Euro (2006)

Vertrieb: in mehr als 150 Ländern weltweit

KONTAKT

Volkswagen AG
Berliner Ring 2
38436 Wolfsburg
✆ (0 52 61) 9–0
🖷 (0 52 61) 9–2 82 82
💻 www.volkswagen.de

Ansprechpartner Presse:
Hans-Gerd Bode
Kommunikation Marke & Produkt
✆ (0 53 61) 9–2 69 22
✉ hans-gerd.bode@volkswagen.de

MEILENSTEINE

28. Mai 1937 Gründung der Gesellschaft zur Vorbereitung des Deutschen Volkswagens mbH, die am 16. September 1938 in Volkswagenwerk GmbH umbenannt wird.

1955 In Wolfsburg wird der einmillionste Volkswagen (Käfer) fertiggestellt.

1960 Die Volkswagenwerk GmbH wird zur Volkswagenwerk AG, das Volkswagen-Gesetz wird erlassen.

1965 Die Daimler-Benz-Tochter Auto Union GmbH geht in den Besitz von Volkswagen über.

1974 In Wolfsburg beginnt die Produktion des Golf.

1985 Die ehemalige Auto Union wird nach ihrer Verschmelzung mit der NSU Motorenwerke AG 1969 in Audi AG umbenannt.

1990 Volkswagen erhält den Zuschlag für die Übernahme von Skoda.

2000 Der Volkswagen-Konzern eröffnet die in Wolfsburg erbaute AutoStadt.

2001 Eröffnung der Gläsernen Manufaktur in Dresden

2005 Mit dem Erwerb von 18,5 % der Stammaktien der Volkswagen AG wird die Dr. Ing. h.c. F. Porsche AG im Oktober zum größten Anteilseigner.

2007 Am 23. März wurde in Wolfsburg der 25-millionste Golf produziert. Bei dem Jubiläumsfahrzeug handelte es sich um einen Golf Sportline 1,4 l TSI mit 103 kW (140 PS) und Doppelkupplungsgetriebe in der Farbe tornadorot.

VOLMETALER

Die Marke Volmetaler bezeichnet zwei Biersorten, die unter der speziell entwickelten Kategorie *Premium Brillant* vertrieben werden. Das Volmetaler Pilsener ist bisher ausschließlich in Nordrhein-Westfalen erhältlich, wo auch seine namensstiftende Heimat, das Volmetal in den Ausläufen des Ruhrgebiets, liegt. Das Pils wird als helles Bier unter dem Namen *Premium Gold Brillant*, in der dunklen Variante als *Premium Dark Brillant* verkauft. Die doppelte Qualitätsbezeichnung soll hochwertige Zutaten – Doldenhopfen und Quellwasser – sowie ein handwerklich hohes Niveau der Braukunst besonders unterstreichen. Erfunden hat die auf frischen Genuss positionierte Marke der Unternehmensberater Werner W. Jaing 2006 im Rahmen einer Konzeptentwicklung. Sein Ziel war es, mit einer Regionalmarke das Werbepotenzial des Volmetals auszuschöpfen. Die neue Marke wurde noch im selben Jahr beim DPMA in München angemeldet, neben Jaing auch auf Christian Vormann, den Inhaber der Privat-Brauerei Vormann. Diese produziert das Volmetaler Pils, während JaingConsult, der in Dortmund ansässigen Agentur des Markenerfinders, die Vermarktung obliegt. Das Volmetaler-Logo steht mit seinem größer werdenden Schriftzug und dem dynamischen Schwung des goldenen Streifens für Aufgeschlossenheit und positive Ausstrahlung. Durch die Regionalverankerung soll die Marke Volmetaler, die auch mit dem Slogan „Genieß mal wieder" wirbt, auf Anhieb sympathisch und heimatlich vertraut wirken.

Volmetaler ist eine regionale Biermarke aus Nordrhein-Westfalen.

UNTERNEHMEN

JaingConsult
Am Kuhlenweg 37
44227 Dortmund
✆ (02 31) 1 76 20–77
🖷 (02 31) 1 76 20–87
💻 www.jaingconsult.com

VOLTAREN

Unter der Marke Voltaren vertreibt der Pharmakonzern Novartis teilweise rezeptfreie Produkte gegen Rücken-, Muskel- und Gelenkschmerzen auf Basis des Wirkstoffes Diclofenac. Die Erfolgsgeschichte von Voltaren, das deutschlandweit eine Markenbekanntheit von 76 % verzeichnet, beginnt mit der Entwicklung des Wirkstoffes durch Dr. Alfred Sallmann im Jahr 1966. Die Besonderheit von Diclofenac ist seine Anreicherung im entzün-

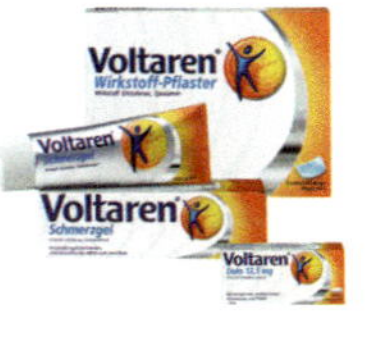

Die Produkte von Voltaren gibt es in verschiedenen Darreichungsformen (unten).

deten Gewebe und die damit verbundene gezielte Wirkung direkt am Schmerzort. Eingeführt wurde Voltaren 1974, mittlerweile ist es in mehr als 120 Ländern erhältlich. Neben dem ursprünglichen Voltaren wird heute eine Reihe von Produkten zur Selbstmedikation angeboten. 1999 wurde mit dem Voltaren Schmerzgel das erste rezeptfreie Voltaren-Produkt in Deutschland eingeführt. Das wichtigste und größte Produkt in der Produktpalette zeichnet sich durch seine schmerzstillenden und entzündungshemmenden Eigenschaften aus. Ein weiterer Vorteil ist die Darreichungsform, die Vorteile eines kühlenden Gels und einer pflegenden Creme miteinander vereint. Erweitert wird das Angebot zudem mit dem Voltaren Wirkstoff-Pflaster und der Schmerztablette Voltaren Dolo 12,5 mg, den nach eigenen Angaben ersten Produkten dieser Art in der Selbstmedikation mit dem Wirkstoff Diclofenac. Novartis beschreitet auch im Bereich der Verpackung für die Marke Voltaren innovative Wege. Mit der Kunststofftube des Voltaren Schmerzgels soll die Handhabung für den Verbraucher wesentlich erleichtert werden. Durch das im Vergleich zu herkömmlichen Aluminiumtuben weiche Material lässt sich das Gel mit weniger Kraftaufwand aus der Tube drücken. Das elastische Material verhindert außerdem ein Einreißen der Tube und damit das Auslaufen des Gels. Der Vertrieb der Produkte für die Selbstmedikation findet durch die Norvatis Consumer Health GmbH mit Sitz in München statt. Im Jahr 2006 wurde ein Jahresumsatz von ca. 116 Mio. Euro erzielt.

DATEN UND FAKTEN

Markenname: Voltaren, Kunstwort

Slogan: „Wieder Freude an Bewegung" (2006)

Markenregistrierung: 20. 12. 1958, DPMA München

Markenbekanntheit: 76 % gest. (Ifak Consumer Tracking, 2006)

Werbespendings: 18,7 Mio. Euro (2006)

UNTERNEHMEN

Novartis Consumer Health GmbH
Zielstattstr. 40
81379 München
✆ (0 89) 78 77-0
🖷 (0 89) 78 77-4 44
🖳 www.novartis.de

VOLVIC

Volvic ist ein natürliches Mineralwasser ohne Kohlensäure, dessen Quelle 1927 entdeckt wurde. Volvic durchfließt das Naturschutzgebiet der Auvergne in Frankreich, einen riesigen natürlichen Filter aus vulkanischen Gesteinsschichten. Auf diesem Weg reichert es sich mit Mineralien an und wird auf natürliche Weise gefiltert. Gemäß der strengen Herstellungsvorschriften für natürliches Mineralwasser wird Volvic naturbelassen und ohne künstliche Zusätze seit 1938 in Flaschen abgefüllt und erhielt 1965 die amtliche Anerkennung als Mineralwasser. Mit bis zu 800 Analysen täglich sichern hauseigene Labors unter staatlicher Aufsicht höchste Hygieneanforderungen und europäische Qualitätsnormen. 1994 erhielt Volvic als erster franz. Abfüllbetrieb das Qualitätszertifikat ISO 9002. Seit 1978 wird Volvic in Deutschland vermarktet, und nachdem es erfolgreich auf zahlreichen medizinischen Kongressen und Seminaren vorgestellt wurde, erreicht die Marke die erste Distribution über Reformhäuser, Bio- und Naturkostläden. Im Jahr 2003 war Volvic mit einem Marktanteil von 31,5 % Marktführer im Segment der stillen Wasser (Quelle: AC Nielsen) und belegte in der 1,5 l Mehrwegflasche aus PET im Markt der alkoholfreien Getränke den 2. Platz hinter →Coca Cola (Quelle: AC Nielsen). In Deutschland wird Volvic heute von der Danone Waters Deutschland GmbH mit Sitz in Mainz-Kastel vermarktet, die zu 100 % zur franz. Danone Gruppe gehört. Die Gruppe bündelt auf dem dt. Markt die Aktivitäten für die Marken →evian und Volvic. Danone Waters Deutschland erwirtschaftet einen Jahresumsatz von rund 150 Mio. Euro und ist Marktführer im Segment der Mineralwässer ohne Kohlensäure. Das Unternehmen beschäftigt 90 Mitarbeiter und wird seit März 2007 von Christine Siemssen geleitet. Volvic ist in 0,5 l, 1 l und 1,5 l PET Flaschen erhältlich, daneben enthält das Sortiment das Erfrischungsgetränk Volvic Frucht in drei und Volvic Tee création in vier Sorten.

UNTERNEHMEN

Danone Waters Deutschland GmbH
Peter-Sander-Str. 41a
55252 Mainz-Kastel
✆ (0 61 34) 180-70
🖳 www.volvic.de

VOLVO

Unter der Marke Volvo stellt der größte schwed. Automobilhersteller Personenfahrzeuge, aber auch LKW und Busse her. Ein hohes Sicherheitsniveau, Qualität und Zuverlässigkeit kombiniert mit skandinavisch inspiriertem Design platzieren die Marke weltweit in über 100 Märkten im Premiumsegment. Darüber hinaus produziert Volvo auch Motoren für Schiffe, Flugzeuge oder Raketenantriebe und Gas-Turbinen sowie Fahrzeuge für das Baugewerbe wie Bagger, Raupen oder Radlader. Der in Versalien geschriebene Name Volvo wurde von den Svenska Kugellagerfabriken im Jahr 1915 zum Patent angemeldet. Die Idee zu der lat. Bezeichnung für „ich rolle" hatte ein Mitarbeiter des Unternehmens. 1924 lernten sich Kaufmann Assar Gabrielsson und Ingenieur Gustav Larson kennen und tauschten sich über ihre Vorstellungen einer schwed. Automobilproduktion aus. 1927 rollte in Göteborg ihr erster Volvo vom Band, das Modell ÖV4. Im Jahr 2006 wurden knapp 428.000 Modelle der Marke Volvo verkauft, am erfolgreichsten war der SUV Volvo XC90 mit 85.000 Stück. Aktuell hat die Marke neun Typen im Programm, 2008 folgt der zehnte. Markenzeichen der schwed. Fahrzeuge ist das diagonal über den Kühlergrill verlaufende Band kombiniert mit dem Ironmark. Dieses zeigt einen Kreis mit einem abgehenden Pfeil nach rechts oben. Es symbolisiert das chemische Element Eisen und soll so die Verbindung zu den Attributen der Eisenindustrie schaffen: Stahl und Stärke. Ursprünglich ist dieses Symbol jedoch das Zeichen des Planeten Mars, und damit auch das des gleichnamigen Kriegsgottes. Seit drei Jahren wird dieses Ironmark in der gesamten Kommunikation verwendet, vorher war es nur der Namensschriftzug. Die Volvo Car Corporation hat weltweit 25.500 Mitarbeiter und wird in Deutschland von der Volvo Car Germany mit Sitz in Köln vertreten.

UNTERNEHMEN

Volvo Car Germany GmbH
Ringstr. 38–44
50996 Köln
✆ (02 21) 93 93-1 05
🖷 (02 21) 93 93-1 09
💻 www.volvocars.de

VORWERK

Das Kerngeschäft der Vorwerk-Gruppe ist der Direktvertrieb hochwertiger Produkte für den Haushalt. Zur Dachmarke Vorwerk gehören die Produktmarken Vorwerk *Kobold* (Staubsauger), Vorwerk *Thermomix* (Küchenmaschinen), Vorwerk Einbauküchen, Vorwerk *Feelina* (Bügelsysteme) und Vorwerk Teppich. Weitere eigenständig geführte Marken der Vorwerk-Gruppe sind im Direktvertrieb →Jafra Cosmetics und Lux Asia Pacific sowie im Dienstleistungsbereich →Hectas Gebäudedienste und akf bank. Der Markenname Vorwerk geht auf die Brüder Carl und Adolf Vorwerk zurück, die 1883 in Wuppertal-Barmen die Teppichfabrik Vorwerk und Co. gründeten. Nach der Jahrhundertwende übernahm das Unternehmen kleinere Firmen und erweiterte die Produktion um Möbelstoffe. In den 1920er-Jahren reichte das Herstellungsspektrum im Hauptwerk in Barmen

Die Vorwerk-Gruppe bietet im Direktvertrieb hochwertige Produkte für den Haushalt an: Kobold (Staubsauger), Thermomix (Küchenmaschinen) und Feelina (Bügelsysteme).

von Autoachsen bis zu Grammofonlaufwerken. Chefingenieur Engelbert Gorissen entwickelte 1929 aus dem Motor des Grammofonlaufwerks einen leistungsstarken Staubsauger, der viel kleiner war als die zu dieser Zeit verbreiteten Geräte. 1930 wurde der Staubsauger unter dem Namen *Kobold* patentiert, im gleichen Jahr begann Vorwerk mit dem Direktvertrieb seiner Produkte. Für die Vorwerk-Gruppe sind heute weltweit 533.000 selbstständige Berater im Direktvertrieb tätig. Vorwerk ist nach eigenen Angaben Marktführer im Direktvertrieb hochwertiger Produkte. Das Logo der Dachmarke Vorwerk wurde 1981 von der Agentur HDA International in London entworfen und 1986 weiterentwickelt. 2001 wurde es um den Claim „Unser Bestes für Ihre Familie" ergänzt. 2003 präsentierte sich das Unternehmen erstmals mit einem Aufsehen erregenden TV-Spot, in dessen Zentrum die Anerkennung von Familienarbeit steht. Die Vorwerk-Gruppe unterhält Produktionsstandorte in Deutschland, Frankreich, Italien, China und Mexiko. Der Staubsauger Kobold und alle Motoren für Vorwerk-Produkte werden in

Das Logo von Volvo symbolisiert Stahl und Stärke.

VORWERK
Our best for your family

Die Teppiche waren das erste Produkt von Vorwerk und gehören bis heute zum Produktportfolio der Vorwerk-Gruppe.

„Das perfekte Dinner" (Logo Mitte) ist eine der erfolgreichsten Sendung von VOX, Geschäftsführer Frank Hoffmann (unten).

Wuppertal hergestellt. Die Unternehmensgruppe, deren strategische Holding die Vorwerk & Co. KG ist, beschäftigt mehr als 22.000 Mitarbeiter und erwirtschaftete 2006 einen Umsatz in Höhe von 2,3 Mrd. Euro.

UNTERNEHMENSBEREICHE UND MARKEN

Vorwerk Kobold:
(Umsatzanteil Unternehmen: 747 Mio. Euro)

Vorwerk Thermomix:
(Umsatzanteil Unternehmen: 291 Mio. Euro)

Vorwerk Feelina:
(Umsatzanteil Unternehmen: 4 Mio. Euro)

Vorwerk Teppich:
(Umsatzanteil Unternehmen: 74 Mio. Euro)

Jafra Cosmetics:
(Umsatzanteil Unternehmen: 447 Mio. Euro)

Lux Asia Pacific:
(Umsatzanteil Unternehmen: 67 Mio. Euro)

DATEN UND FAKTEN

Vorwerk & Co. KG

Gründer: Carl und Adolf Vorwerk

Unternehmensgründung: 1883 in Wuppertal

Mitarbeiter: 22.628 weltweit und 533.697 selbstständige Berater

Persönlich haftende Gesellschafter: Markus von Blomberg, Peter R. Oberegger

Umsatz: 2,343 Mrd. Euro (2006)

MEILENSTEINE

1883 Gründung der Barmer Teppichfabrik Vorwerk & Co.

1929 Erfindung des Handstaubsaugers Kobold

1930 Beginn des Direktvertriebs

1938 Gründung der ersten Auslandsgesellschaft Vorwerk Foletto in Italien

1970 Erfindung des „Ur-Thermomix"

2001 Akquisition von Lux Asia Pacific

2003 Start der Imagekampagne „Vorwerk Familien-Managerin"

2004 Akquisition von Jafra Cosmetics

KONTAKT

Vorwerk & CO. KG
Mühlenweg 17–37
42270 Wuppertal

Ansprechpartner Kommunikation:
Jürgen Hardt
✆ (02 02) 5 64 12 08
✉ juergen.hardt@vorwerk.de

VOX

Die Westdeutsche Medienbeteiligungsgesellschaft GmbH, die Ufa Film- und Fernseh-GmbH und die Firma Warner Bros. Film gründeten 1991 einen Fernsehsender unter dem Firmennamen Westschienenkanal GmbH & Co. KG. Im Januar 1993 startete dann der private Free-TV-Sender unter dem Markennamen VOX, dem lat. Wort für Stimme, der sich journalistisch fundierte, eigenproduzierte Sendungen als Maxime gesetzt hatte. Das VOX-Markenlogo besteht aus dem Namenszug des Senders in breiten Majuskeln und wurde 2002 von einem eindimensionalen zu einem dreidimensionalen Schriftzug weiterentwickelt. Nach Startschwierigkeiten erfolgte Ende 1994 die Wende, nachdem die News Corporation des Medienunternehmers Rupert Murdoch die Hälfte der Anteile übernahm. VOX zeigte nun neben Eigenformaten und Informationsserien auch Spielfilme sowie erfolgreiche US-Serien wie „Ally McBeal". Der Sender gewann neue Zuschauer, insbesondere im werberelevanten Alterssegment von 14 bis 49 Jahren. Mit der Einbindung des Senders in den dt. Senderverbund der RTL Group im Jahr 2000 setzte sich die positive Entwicklung fort. Die VOX Film- & Fernseh-GmbH & Co. KG mit Sitz in Köln beschäftigt 115 fest angestellte und zahlreiche freie Mitarbeiter. Das Programm setzt auf die Ausstrahlung von hochwertigen US-Serien, Spielfilmen, Reportagen und Dokumentationen, beispielsweise von „Spiegel TV" und „BBC". Ein Hauptaugenmerk liegt auf sog. Dokusoaps, die sich in der relevanten Zielgruppe einer wachsenden Beliebtheit erfreuen. Dazu zählen Sendungen wie „auf und davon", ein Format über Jugendliche, die ein Jahr als Au-pair im Ausland verbringen, „Menschen, Tiere & Doktoren", eine Tierarzt-Doku, und „Goodbye Deutschland" mit Berichten über dt. Auswanderer. Zudem hat VOX mit Formaten wie „Schmeckt nicht, gibt's nicht" und „Das perfekte Dinner", einen Programmtrend zum Thema Kochen im dt. TV gesetzt, der 2007 mit dem „Deutschen Fernsehpreis" gewürdigt wurde. Der Bereich der Fernsehserien wird mit US-Serien wie „Boston Legal", „CSI:NY" und „Criminal Intent" konsequent ausgebaut. Seit Februar 2007 zeigt VOX als erster dt. Fernsehsender Nachrichten ohne Moderation. Stattdessen führt ein Off-Sprecher durch die Sendung.

Die rote Kugel ist das Key Visual des Kölner Fernsehsenders VOX.

DATEN UND FAKTEN

Markenname: VOX, abgeleitet vom lat. Wort für Stimme

Markenregistrierung: 15.05.2007, DPMA München (aktuelle Wort-/Bildmarke)

Auszeichnungen:
„Eyes & Ears of Europe Awards" (2004, 2006)
„Deutscher Mediapreis„ (2005)
„Hollywood Reporter Award" (2007)
„Deutscher Fernsehpreis" (2007)

UNTERNEHMEN

VOX Film- & Fernseh- GmbH & Co. KG

Hauptsitz: Köln, Deutschland

Geschäftsführer: Frank Hoffmann

Gesamtumsatz: 574,16 Mio. Euro Bruttoerwerbseinnahmen (2006)

Vertrieb: Deutschland, Österreich, Schweiz und europaweit über Satellit

KONTAKT

VOX Film- & Fernseh- GmbH & Co. KG
Richard-Byrd-Str. 6
50829 Köln
✆ (02 21) 95 34-0
www.vox.de

Ansprechpartner Presse:
Gabriela Leibl
✆ (02 21) 95 34-3 70
✉ gabriela.leibl@vox.de

Ansprechpartner Marketing:
Dirk Lüninghake
✆ (02 21) 95 34-3 76
✉ dirk.lueninghake@vox.de

Lead-Agentur:
Sixpack Werbeagentur GmbH
www.sixpack.de

SCHON GEWUSST?

- Bei der Gründung des Unternehmens 1991 hieß VOX Westschienenkanal GmbH & Co. KG. Hintergrund war der sog. Westschienen-Staatsvertrag, auf dessen Grundlage die Sendelizenz erteilt worden war.
- Neben VOX gehören die Fernsehsender RTL, RTL II, Super RTL und n-tv sowie der Werbezeitenvermarkter IP Deutschland und der technische Anbieter CBC zur Mediengruppe RTL.
- VOX verzeichnet seit 1999 ein permanentes Reichweiten- und Umsatzwachstum erzielt. Mit einem zu erwartenden Jahresmarktanteil für 2007 von 7,7 % ist der Sender gut aufgestellt.

W

W. I. S.

Die Marke W. I. S. steht bundesweit für Sicherheitsdienstleistungen. Zu den Kunden der W. I. S. Sicherheit+ Service GmbH & Co. KG gehören hauptsächlich große und mittelständische Unternehmen, aber auch öffentliche Auftraggeber und Privatpersonen. W. I. S. bietet u. a. Werkschutzfachkräfte, Empfangs- und Veranstaltungsdienste, Objekt- und Personenschutz sowie Revier- und Kontrolldienste. Die kontinuierliche Fortbildung der Mitarbeiter und deren Kontrolle soll einen hohen Standard gewährleisten und für das Vertrauen der Kunden sorgen. In den vom VdS (ehemaliger Verband der Schadenversicherer) anerkannten Notruf-Service-Leitstellen werden rund um die Uhr alle Notruf- und Störmeldungen koordiniert. Zusätzlich zur reinen Sicherheitsdienstleistung entwickelt die W. I. S.-Gruppe auf den Kunden zugeschnittene Sicherheitskonzepte mit der dazugehörigen Sicherheitstechnik. Von der Projektierung, Montage und Wartung der Sicherheitstechnik bis hin zu den Aufschaltungen erstreckt sich das Spektrum. Außerdem ist die Unternehmensgruppe auch in den Geschäftsfeldern Reinigungsservice und Arbeitnehmerüberlassung tätig. Der Grundstein der Unternehmensgruppe wurde 1901 mit der Gründung der Kölner Wach- und Schließgesellschaft gelegt. Der heutige Markenname W. I. S. steht für die Wörter wirtschaftlich, innovativ und sicher. Das blaue Logo der Marke wurde 1967 entwickelt. Seit 2001 wirbt das Unternehmen mit dem Slogan „Wir verbinden Menschen und Technik". Mit 4.200 Mitarbeitern an 27 Standorten gehört die W. I. S.-Gruppe nach eigenen Angaben zu den fünf größten dt. Anbietern im Bereich Sicherheitsdienstleistungen und zur Top 10 im Segment der Sicherheitstechnik. Der Gesamtumsatz des Unternehmens beläuft sich auf ca. 110 Mio. Euro pro Jahr.

W.I.S.

Grundstein der W. I. S. Holding war die Gründung der Kölner Wach- und Schließgesellschaft.

UNTERNEHMEN

W. I. S. Holding GmbH & Co. KG
Industriestr. 171
50999 Köln
✆ (0 22 36) 37-0
🖷 (0 22 36) 37-20 91
💻 www.wis-sicherheit.de

WALA ARZNEIMITTEL

WALA
Arzneimittel

Aus der Natur
für den Menschen

Unter der Marke WALA Arzneimittel vertreibt die WALA Heilmittel GmbH etwa 900 verschiedene homöopathisch-anthroposophische Arzneimittel für die Therapie akuter und chronischer Krankheiten sowie zur Aktivierung der Selbstheilung. Der Markenname steht für die Anfangsbuchstaben der Worte Wärme, Asche, Licht und Asche und bezeichnet Elemente des speziellen Herstellungsverfahrens. 1928 bekam Unternehmensgründer und Chemiker Rudolf Hauschka den Forschungsauftrag, alkoholfreie Konservierungsmethoden für Arzneimittel zu entwickeln. Ein Jahr später gelang ihm ein Verfahren, mit dem er wässrige Auszüge aus Heilpflanzen gewinnen konnte, die ohne Konservierungsstoffe haltbar bleiben. Bis heute zeichnen sich WALA Arzneimittel durch rhythmische Herstellungsverfahren aus, durch die Urtinkturen ohne Einsatz von Konservierungsstoffen oder Alkohol haltbar sind. Die Produkte richten sich an Kunden, die einen bewussten und nachhaltigen Lebensstil pflegen und Wert auf wirksame natürliche Arzneimittel legen. Das rot-weiße WALA-Logo zeigt über dem Markenschriftzug drei ineinandergefasste Runenzeichen, die jeweils für die Mineral-, Pflanzen- und Tierwelt stehen. Sie umschließen in der Mitte einen Punkt, der das menschliche Ich umfangen von der Natur symbolisieren soll. Das Bildlogo ist von einem von links unten nach rechts oben verlaufenden Bogen hinterfangen. Der Maler und Grafiker Eduard Steiner entwarf die Bildmarke 1948. Seit 2001 zeigen die bewusst schlicht in weiß gehaltenen Arzneimittel-Verpackungen neben Schriftzug und Symbol das Motiv des roten Bogens. Die WALA Heilmittel GmbH wurde 1935 in Ludwigsburg gegründet. Das Unternehmen produziert neben Arzneimitteln auch die Marken WalaVita im Bereich Gesundheitspflege und → Dr. Hauschka Kosmetik im Bereich Naturkosmetik. WALA Arzneimittel werden weltweit in 20 Ländern vertrieben. Mit ihren Arzneimitteln erwirtschaftete die WALA 2006 ein Drittel des Gesamtumsatzes des Unternehmens (86,5 Mio. Euro). Am heutigen Firmensitz in Eckwälden sind rund 600 Mitarbeiter beschäftigt.

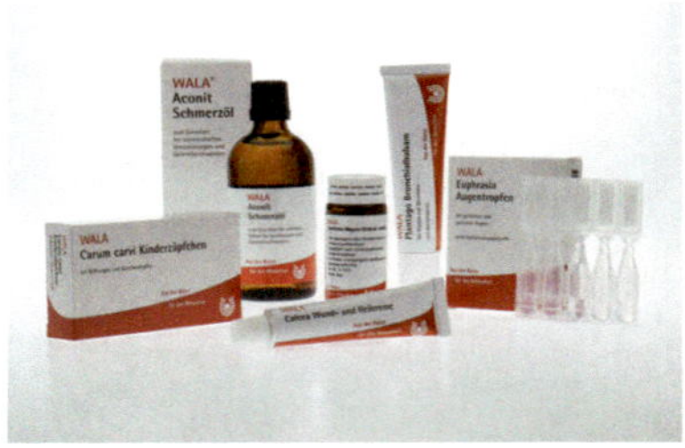

Das Kernsortiment der WALA Arzneimittel

Die Gründer der WALA Heilmittel GmbH (Mitte), das WALA-Hauptgebäude in Eckwälden (unten)

DATEN UND FAKTEN

Markenname: WALA Arzneimittel, steht für die Anfangsbuchstaben der Worte Wärme, Asche, Licht und Asche und bezeichnet Elemente des Herstellungsverfahrens der Arzneimittel

Slogan: „Aus der Natur für den Menschen"

Gründer: Dr. Rudolf Hauschka, 1935

Markenregistrierung: 25. 01. 1951, DPMA München

Innovationen: Entwicklung eines Verfahrens zur Herstellung wässriger Heilpflanzenauszüge, die ohne Konservierungsstoffe haltbar bleiben

Jahresumsatz: 29 Mio. Euro (Marke WALA Arzneimittel, 2006)

Markenwebsite: www.walaarzneimittel.de

Literatur:
R. Hauschka: Wetterleuchten einer Zeitwende (Autobiographie, 1966)

UNTERNEHMEN

WALA Heilmittel GmbH

Hauptsitz: Eckwälden, Deutschland

Geschäftsführer: Dr. Johannes Stellmann

Weitere Marken: → Dr. Hauschka, WalaVita

Gesamtumsatz: 86,5 Mio. Euro

Vertrieb: über Apotheken

MEILENSTEINE

1935 Firmengründung in Ludwigsburg

1940 Umzug nach Dresden

1941 Zwangsschließung durch das NS-Regime

1947 Wiedereröffnung der WALA Heilmittel GmbH in München

1950 Umzug nach Eckwälden

1967 Entwicklung der Naturkosmetikserie Dr. Hauschka Kosmetik

1986 Gründung der nichtgemeinnützigen WALA Stiftung als alleinige Besitzerin der WALA Heilmittel GmbH

2006 Gründung des Stiftungsunternehmens WALA North America

KONTAKT

WALA Heilmittel GmbH
Dorfstr. 1
73087 Bad Boll/Eckwälden
(0 71 64) 9 30-0
(0 71 64) 9 30-2 97
www.wala.de

Ansprechpartner Presse:
Antal Adam
(0 71 64) 9 30-13 89
antal.adam@wala.de

WALKÜRE

Walküre ist eine Konsumgütermarke, die für Porzellan mit klarem und zeitlosem Design steht. Das umfangreiche Sortiment der Marke umfasst Produkte aus Hartporzellan, die ausschließlich in Deutschland gefertigt werden und über Vertriebspartner weltweit ihren Absatz finden. Die Gründung der Marke geht zurück auf Siegmund Paul Meyer, der im Jahr 1899 eine Porzellanfabrik gründete und insbesondere koch- und backfestes Geschirr herstellte. Der Feuerzauber in Richard Wagners Oper „Die Walküre" inspirierte Meyer bei der Namensgebung für die Porzellan-Serie. Schon damals wurden 75 % der hergestellten Waren weltweit exportiert. In den 1950er-Jahren spezialisierte man sich auf das Marktsegment Gastronomie. Gastronomen, Hoteliers und Industriekunden zählen bis heute zur Hauptzielgruppe des Bayreuther Porzellanherstellers. 1999 gestaltete das grafische Atelier Stankowski & Duschek aus Stuttgart das aktuelle Markenlogo, einen modernen, geradlinigen Schriftzug mit dem Markennamen Walküre. Dabei ist der letzte Winkel des Anfangsbuchstabens überlang nach oben gezogen. Ein schlichtes Wappen zeigt die Initialen des Firmengründers. Walküre-Produkte sollen höchsten Ansprüchen an Funktionalität und Design gerecht werden, Markenqualität beweisen und den Wünschen der Kunden entsprechen. Die *Collezione ALTA*, gestaltet von Daniel Eltner, erhielt 1998 den red dot award des Designzentrums Nordrhein-Westfalen. Die Serie *NYNY* wurde im Jahr 2001, die Serien *VENTO* von Eltner und *Suppenkultur* von Thomas Kalz wurden 2007 bzw. 2004 ebenfalls mit dem renommierten Designpreis ausgezeichnet. Die Marke Walküre erwirtschaftet einen Anteil von 90 % am Gesamtumsatz des Unternehmens. Die Erste Bayreuther Porzellanfabrik Walküre Siegmund Paul Meyer GmbH ist heute am angestammten Firmensitz in dritter Generation

Walküre PORZELLANFABRIK MADE IN GERMANY

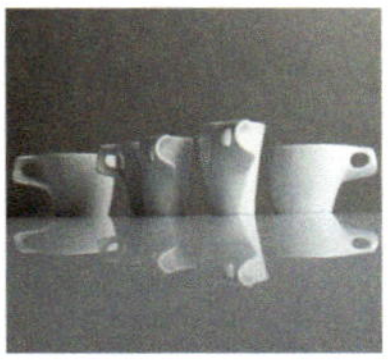

Die Porzellanserie VENTO von Walküre wurde 2007 mit dem red dot award ausgezeichnet.

in Familienbesitz. Geschäftsführer der Firma mit 120 Mitarbeitern sind Rudolf Meyer und Maria Meyer.

DATEN UND FAKTEN

Markenname: Walküre, zunächst Schutzmarke des seit 1901 produzierten Koch- und Backgeschirrs *Walküre* in Anlehnung an den Feuerzauber in Richard Wagners Oper „Die Walküre"

Erfinder: Siegmund Paul Meyer, 1899, Bayreuth

Markenregistrierung: 25.02.1988, DPMA München

Auszeichnungen:
„red dot award: product design" für die Serien: *Collezione ALTA* (1998), *NYNY* (2001), *Suppenkultur* (2004), *VENTO* (2007)

Literatur:
W. Siemen (Hg.): Mit der Zeit gehen – 100 Jahre Porzellanfabrik Walküre (1999)

UNTERNEHMEN

Erste Bayreuther Porzellanfabrik Walküre Siegmund Paul Meyer GmbH
Gravenreutherstr. 5
95445 Bayreuth
✆ (09 21) 7 89 30-0
🖷 (09 21) 7 89 30-8 80
💻 www.walkuere.de

WALL STREET INSTITUTE

WSI (Wall Street Institute) expandiert auf dem dt. Markt.

Wall Street Institute (WSI) bietet Englischkurse für Erwachsene an. Die patentierte Lernmethode *WSI Multimethod®* setzt sich aus einem Einstufungstest, dem Lernen in einem multimedialen Speaking Center, dem Sprachtraining in Kleingruppen mit einem Personal Trainer und Trainingsbüchern mit individuellen Aufgaben für zu Hause zusammen. In kleinen Lerngruppen mit muttersprachlichen Trainern sollen Grammatik- und Wortschatzkenntnisse erweitert werden. Kommunikationsrunden und gemeinsame Aktivitäten ergänzen das Basisangebot. Wall Street Institute wirbt damit, dass Lernstufen und Blöcke so gegliedert sind, dass persönliche Fähigkeiten genau berücksichtigt werden. Neben dem TOEIC- und dem TOEFL-Test können in den Weiterbildungseinrichtungen auch Cambridge-Certificate-Prüfungen abgelegt und BULATS-Tests durchgeführt werden. Wall Street Institue wurde 1972 in Italien von Luigi Peccenini gegründet, um dem wachsenden Bedarf an engl. Sprachkenntnissen und dem mangelnden Angebot an flexiblen Lernzeiten Rechnung zu tragen. In Deutschland gibt es zzt. 23 WSI Center mit 420 Mitarbeitern, weitere Eröffnungen sind geplant. Weltweit beschäftigt WSI unter der Führung von Curtis Uehlein ca. 3.600 Angestellte. Die Lernmethode WSI Multimethod® erhielt 2004 die Qualitäts-Zertifizierung ISO 9001. Das aktuelle Markenlogo mit dem Claim „School of English" löste 2002 das alte Motiv mit der Freiheitsstatue ab. In Deutschland wirbt WSI zzt. mit dem Slogan „Speak English! Und die Welt versteht Dich." Jährlich wechselnde Kampagnen und kontinuierliche Werbe- und PR-Maßnahmen sollen die Bekanntheit von Wall Street Institute steigern.

UNTERNEHMEN

WSI Education GmbH
Rosental 5
80331 München
✆ (0 89) 55 29 89-0
🖷 (0 89) 55 29 89-10
💻 www.wallstreetinstitute.de

WALT DISNEY

1923 gründeten die Brüder Walt Disney und Roy Disney die Disney Brothers Cartoon Studios, wenig später folgten die Walt Disney Productions. 1928 wurde der erste Mickey Mouse Cartoon aufgeführt. Walt Disney Pictures ist ein 1983 eingeführtes Filmstudio der Walt Disney Company, das als das wichtigste der Disney-Studios gilt. Unter seinem Namen erscheinen sowohl Spiel- als auch Trickfilme wie z.B. Atlantis – Geheimnis der verlorenen Stadt (2001). Vor der Einführung dieser Konzernabteilung wurden die Filme unter dem Namen der Walt Disney Productions produziert. Insbesondere durch die Einführung des Dornröschenschloss-Logos etablierten sich die Walt Disney Pictures zu einem eigenständigen Filmstudio. Das Logo erfuhr zahlreiche Modifikationen, zuletzt zur Premiere von Pirates of the Caribbean – Fluch der Karibik 2. Zur Walt Disney Company gehören der US-amerikanische Fernsehsender ABC, die Disneyland-Themenparks, drei Spartenkanäle sowie Beteiligungen an zahlreichen Fernsehsendern wie z.B. an dem dt. Sender Super RTL. Um ein erwachsenes Publikum zu erreichen, wurde in den 1980er-Jahren die Produktionsfirma Touchstone Pictures gegründet. Durch die Kooperation mit bzw. Übernahme von Pixar Animation Studios und Miramax Films sicherte sich das

Walter-Knoll-Ausstattungen finden sich in berühmten Gebäuden weltweit, u.a. im Berliner Reichstag.

Unternehmen zwei erfolgreiche Produktionsfirmen. Im November 2003 verließ Roy Disney, Neffe und Sohn der Gründer, aufgrund von Differenzen mit dem Firmenchef Michael Eisner das Unternehmen. Die derzeitige Konzernleitung liegt bei Robert A. Iger.

UNTERNEHMEN

The Walt Disney Company (Germany) GmbH
Kronstadterstr. 9
81677 München
✆ (0 89) 9 93 40-0
www.disney.de

WALTER KNOLL

Seit 1925 zeichnet sich die Möbelmarke Walter Knoll weltweit in der Polstermöbelherstellung durch konstante Qualität, Handwerk und besonderes Design aus. Die Marke Walter Knoll steht weiterhin für die Ausstattung von Chefzimmern, Konferenzanlagen, Wohnbereichen und Objekten. Möbelkreationen und -einrichtungen sind u.a. im Reichstag in Berlin, in der Tate Gallery in London oder in Bankgebäuden in Dubai zu finden. Der in den 1960er-Jahren entworfene Schreibtischsessel *FK* ist ein moderner Möbelklassiker und ein Aushängeschild Walter Knolls geworden. Das Unternehmen bezeichnet sich als „älteste Polstermöbelmarke Deutschlands". 1865 hatte Wilhelm Knoll, der Vater des Firmengründers, mit der Sitzmöbelproduktion in Stuttgart den Grundstein der heutigen Firma gelegt: Sein zweiter Sohn Walter Knoll gründete 1925 sein eigenes Unternehmen Walter Knoll. Die Möbelfamilie Rolf Benz kaufte 1993 Walter Knoll und Markus Benz übernahm die Geschäftsleitung. 2006 bezog Walter Knoll den Neubau am Firmensitz in Herrenberg, er soll die internat. Designkompetenz des Unternehmens unterstreichen. Das Logo der Möbelmarke mit dem schlichten Serifenschriftzug ist an den Stil der klassischen Moderne angelehnt. Namhafte Designer und Architekten arbeiten mit Walter Knoll zusammen, u.a. Norman Foster, EOOS und PearsonLloyd. In den letzten Jahren erhielt Walter Knoll rund 50 internat. Designpreise, z.B. 2007 den Designpreis der Bundesrepublik Deutschland für das Möbelstück *Circle* von Ben van Berkel. Im Geschäftsjahr 2006 erzielte Walter Knoll (inkl. der Lizenzpartner) einen Jahresumsatz von 57 Mio. Euro und verzeichnete ein Wachstum von 14 %. Der Exportanteil des Unternehmens lag bei 55 %. Walter Knoll beschäftigt rund 200 Mitarbeiter.

DATEN UND FAKTEN

Markenname: Walter Knoll, Name des Firmengründers

WALTER KNOLL

Preisgekrönt: das Modell Circle von Ben van Berkel (Mitte). Gesellschafter Markus Benz übernimmt 1993 die Geschäftsleitung von Walter Knoll (unten).

Entwicklung des WANKEL-Logos von damals (unten) bis heute (oben)

Erfinder der Marke Knoll: Wilhelm Knoll, 1865, Stuttgart

Markenregistrierung: 09.02.1922, Reichspatentamt Berlin

Auszeichnungen:
„red dot: best of the best" für *Circle* von Ben van Berkel (2006)
„Designpreis der Bundesrepublik Deutschland" für *Circle* (2007)

Literatur:
Walter Knoll AG & Co. KG: Walter Knoll. Design Reloaded (2006)

UNTERNEHMEN

Walter Knoll AG & Co. KG

Hauptsitz: Herrenberg, Deutschland

Gründer: Walter Knoll, 1925, Stuttgart

Vorstand: Markus Benz, Dr. Michael Blank

Gesamtumsatz: 57 Mio. Euro (inkl. Lizenzpartner, 2006)

Vertrieb: weltweit

KONTAKT

Walter Knoll AG & Co. KG
Bahnhofstr. 25
71083 Herrenberg
✆ (0 70 32) 2 08–0
🖷 (0 70 32) 2 08–2 50
💻 www.walterknoll.de

Ansprechpartner Presse:
Büro Blank Communication Services
✆ (0 70 31) 7 42 49 12
💻 www.bueroblank.de
✉ info@bueroblank.de

SCHON GEWUSST?

▮ Ende des 19. Jh. war Wilhelm Knoll Hoflieferant des Württembergischen Königs Wilhelm II, der die handwerkliche Stärke und die hochwertige Fertigung würdigte.
▮ Leichtmetallsessel der Reihe Antimott von Wilhelm Knoll wurden 1936 bei der Ausstattung des Luftschiffs Hindenburg LZ 129 verwendet.

WANKEL

WANKEL-Diesel-Flugmotor (single rotor, multi fuel)

Der WANKEL-Motor wurde von Felix Wankel als Verbrennungsmotor entwickelt, der Antriebskraft mittels ausschließlich rotierender Bauteile erzeugt. Der Erfinder beschäftigte sich ab den 1920er-Jahren mit der Entwicklung eines Drehkolbenmotors, eine erste Patentanmeldung erfolgte 1933. Seine Versuchswerkstatt erhielt Forschungsaufträge von Motorenherstellern und Behörden wie →BMW, Borsig, der Deutschen Versuchsanstalt für Luftfahrt und NSU. 1954 baute Wankel in Lindau am Bodensee einen viertaktenden Verbrennungsmotor, der ausnahmslos rotatorisch funktionierte. Bei dieser Anordnung waren sich auf- und abbewegende Kolben, Pleuel, aufwändige Konstruktionen von Zylinderköpfen, Kurbel- und Nockenwellen sowie Ventiltrieben nicht mehr erforderlich. Mit der Erfindung seines Drehkolbenmotors stellte der Motor-Reformator Wankel die bis dahin bestehende Vorherrschaft der Hubkolbenmotoren erstmals ernsthaft in Frage. Während der Zusammenarbeit mit NSU entstand in Neckarsulm aus dem Drehkolben- der Kreiskolbenmotor. Der NSU-Konstrukteur Dipl.-Ing. Hanns-Dieter Paschke realisierte durch die kinematische Umkehr der Bewegungsabläufe die fortan bevorzugte Bauart NSU/Wankel. In den NSU-Fahrzeugen Spider und Ro 80 kamen die Motoren in 1- bzw. 2-Läufer-Ausführung serienmäßig zum Einsatz. 1967 wird der Ro 80 von mehreren internationalen Fachzeitschriften zum „Auto des Jahres" gekürt. Aus dem Kreis der einstigen Lizenznehmer hält allein die japanische Firma →Mazda seit über 40 Jahren am WANKEL-Motor fest. In den Jahren 2003 und 2004 gewann das Unternehmen mit der aktuellsten Konstruktion den „Engine of the Year Award" und stellte 2007 den Mazda 5/Premacy Hydroden RE Hybrid vor - u. a. mit Wasserstoff betrieben. Heute setzt die WANKEL AG im sächsischen Kirchberg die Aktivitäten von Prof. Felix Wankel fort. 2002 erwarb Dipl.-Ing. Mario Häberer die Konkursmasse der Wankel Rotary GmbH und gründete eine kleine Aktiengesellschaft. In Zusammenarbeit mit seiner Hebezeug- und Kranfirma fertigt diese wieder in kleiner

Stückzahl Benzin-, Diesel- und Vielstoffmotoren für zivile und militärische Wasser-, Land- und Luftfahrzeuge. Das Logo der WANKEL AG zeigt den Firmennamen in blauen Minuskeln ergänzt durch die abstrakte Darstellung eines Motorquerschnitts.

DATEN UND FAKTEN

Markenname: Wankel, Familienname des Erfinders Prof. Felix Wankel

Erfinder: Prof. Felix Wankel, 1954, Lindau

Markenregistrierung: 12.01.1995, DPMA München

Literatur:
D. Korp: Der Wankelmotor - Protokoll einer Erfindung (1975)
A. Knie: Wankel-Mut in der Autoindustrie (1994)
P. Botzenhardt: Wankel im Blick (2003)
J. B. Hege: The Wankel Rotary Engine: A History (2007)

UNTERNEHMEN

WANKEL AG
Bahnhofstr. 79
08107 Kirchberg (Sachs.)
(03 76 02) 6 77 68-0
(03 76 02) 6 77 68-99
www.wankel-ag.de

WARSTEINER

Die Warsteiner Brauerei ist eine der größten dt. Privatbrauereien. Sie wird in der neunten Generation von der Inhaberfamilie Cramer geführt. Der erste urkundlich erwähnte Brauer der Familie war Antonius Cramer, der in dem Ort Warstein im Sauerland so viel Bier braute, dass er 1753 erstmals zur Steuerzahlung veranschlagt wurde. Heute ist die Warsteiner Gruppe mit ihren Produkten deutschlandweit in mehr als 55.000 Groß- und Einzelhandelsgeschäften sowie in über 25.000 Gastronomiebetrieben vertreten. Hinzu kommt der Export in weltweit mehr als 60 Länder. Wichtigstes Produkt der Unternehmensgruppe ist das Pils WARSTEINER *Premium Verum*, das sich vor allem an anspruchsvolle Genießer richtet. Verschiedene Biermischgetränke und seit 2007 ein alkoholfreies Pils mit 0,0 % Alkohol ergänzen das Produktportfolio. Bereits in den 1920er-Jahren lösten Flaschen mit einem aufgeklebten Etikett den Glasprägedruck ab. Seit den 1950er-Jahren ziert eine Krone das WARSTEINER Logo, später kam der Claim „Eine Königin unter den Bieren" hinzu. Dass die Marke diesem Anspruch gerecht wird, zeigt u. a. eine 2006 von Emnid durchgeführte Studie, aus der WARSTEINER als die beliebteste dt. Biermarke hervorging. WARSTEINER belegte die ersten Plätze in den Kategorien Qualität, Geschmack und Bekanntheit. Die Warsteiner Brauerei ist das wichtigste Unternehmen der Warsteiner Gruppe, die sich aus mehr als 110 Firmen zusammensetzt und hauptsächlich im Biermarkt aktiv ist. Zum Portfolio gehören u. a. die Regionalmarken →*Herforder Pils*, *Isenbeck*, *Weissenburg* und *Paderborner Gold* sowie die Marke *Frankenheim* der Privatbauerei Frankenheim in Düsseldorf und die Marke *König Ludwig* der Schloßbrauerei Kaltenberg. Die Warsteiner Gruppe erzielte 2006 einen Umsatz in Höhe von 535 Mio. Euro.

Gelände der Warsteiner Brauerei

DATEN UND FAKTEN

Markenname: WARSTEINER, nach dem Gründungsort Warstein

Slogan: „Für die goldenen Momente. Das einzig wahre WARSTEINER."

Gründer: Antonius Cramer, 1753, Warstein

Markenregistrierung: 27.04.1981, DPMA München (Markenzeichen)

Innovationen: 5 l-Dose mit integriertem Zapfhahn (1998), Piccola, 0,25 l-Flasche (2004), Warsteiner Premium Alkoholfrei 0,0 % (2007)

Markenbekanntheit: 98 % gest. (GfK ATS Tracking, 1. HJ 2007)

UNTERNEHMEN

Warsteiner Brauerei Haus Cramer KG

Hauptsitz: Warstein, Deutschland

Geschäftsführung: Albert Cramer, Catharina Cramer, Peter Himmelsbach, Stephan Fahrig

Weitere Marken: König Ludwig, Frankenheim, Herforder, Paderborner, Isenbeck, Weissenburg

Die Brauerei Warsteiner ist eine der größten dt. Privatbrauereien.

Gesamtumsatz: 535 Mio. Euro (Warsteiner Gruppe)

Export : Marke WARSTEINER in 60 Länder weltweit

KONTAKT

Warsteiner Brauerei Haus Cramer KG
Domring 4–10
59581 Warstein
✆ (0 29 02) 88–0
🖷 (0 29 02) 88–12 99
💻 www.warsteiner.com

Ansprechpartner Presse:
Christoph Hermes
✆ (0 29 02) 88–17 99
✉ presse@warsteiner.com

Ansprechpartner Marketing:
Kirsten Mißfeld
✆ (0 29 02) 88–13 06
✉ marketing@warsteiner.com

SCHON GEWUSST?

- Die Warsteiner Brauerei gehört mit insgesamt 123 Hüllen für Heißluftballone zu den größten Förderern des Ballonsports. Darüber hinaus ist das Unternehmen Hauptsponsor der dt. Nationalmannschaft im Heißluft- und Gasballonfahren. Immer im September präsentiert der Bierbrauer in Warstein das größte, jährlich stattfindende Ballonfestival Europas mit mehr als 250 Teilnehmern und über 200.000 Zuschauern.
- Seit 2005 verfügt das Unternehmen über einen neuen Gleisanschluss und verlagert dadurch jährlich mehr als 200.000 t Fracht von der Straße auf die Schiene. Damit kann die Warsteiner Brauerei die CO_2-Emissionen pro Jahr um 11.600 t verringern.
- Das Besucherzentrum „Unsere Warsteiner Welt" zeigt in einer unterhaltsamen Atmosphäre die traditionelle und moderne Art des Bierbrauens. Es gibt u. a. ein multimediales Rundtheater und einen Bierkutschen-Bahnhof.

WASA

Bekanntestes Produkt der Marke Wasa ist Knäckebrot. Unten: Wasa *Knäckis*, Innovation im Snackbereich

Produktinnovation *Sandwich* aus dem Hause Wasa

Unter der Marke Wasa werden verschiedene Produkte auf Getreidebasis in über 40 Länder vertrieben. Das bekannteste Wasa-Produkt ist das Knäckebrot, ein aus Roggen und Weizen hergestelltes Vollkornbrot, das nach schwed. Backtradition produziert wird. Die Wasa-Produktpalette umfasst darüber hinaus u. a. Extruderprodukte, *Schwedenbrödli* und das für Allergiker geeignete Knäckebrot *Gluten- och Laktosfritt.* Seit Mai 2006 wurde das Angebot um die Snackprodukte *Crack & Taste*, *Knäckis* und *Sandwich* erweitert. Der Markenname Wasa leitet sich vom altschwed. Wort *vase* ab, das übersetzt Getreideähre bedeutet. Der Name wurde auch vor dem Hintergrund des sog. „Roggenkönigs" Gustav Vasa gewählt, der Schweden im 15. Jh. regierte. Das in den schwed. Nationalfarben Blau und Gelb gehaltene Markenlogo bestand ursprünglich aus dem Wasa-Schriftzug mit einer stilisierten Krone über dem Buchstaben „*s*". Die Krone wurde später zu einer Ähre umgestaltet. Dadurch soll die hohe Qualität des Getreides veranschaulicht werden, das für die Herstellung von Wasa-Produkten verwendet wird. Den Grundstein für den Aufbau der Marke Wasa legte Karl Edvard Lundström 1919 mit der Gründung der Knäckebrotbäckerei im schwed. Skellefteå. 1931 erfolgte der Umzug des Unternehmens nach Filipstad, wo zwei Jahre später erstmals die mechanisierte Herstellung von Knäckebrot begann. Das Brot kam unter dem Namen Wasa Husman auf den Markt und gilt bis heute als das beliebteste Knäckebrot weltweit. Seit 1999 gehört Wasa zum ital. Familienunternehmen Barilla Alimentare S. p. A. Mit einem Absatz von durchschnittlich 60.000 t Knäckebrot pro Jahr ist Wasa heute internat. Marktführer im Knäckebrot-Segment. 2006 beschäftigte das Unternehmen rund 950 Mitarbeiter. Die Produktionsstandorte liegen in Filipstad (Schweden), Hamar (Norwegen), Celle (Deutschland). Der durchschnittliche Jahresumsatz von Wasa liegt bei ca. 160 Mio. Euro.

DATEN UND FAKTEN

Markenname: Wasa, abgeleitet vom altschwed. Wort *Vase* (Getreideähre)

Gründer: Karl Edvard Lundström, 1919, Schweden

Markenregistrierung Deutschland: 28. 10. 1964, DPMA München

Produktionsmenge: ca. 60.000 t pro Jahr

Gesamtumsatz: ca. 160 Mio. Euro pro Jahr

Vertrieb: in über 40 Länder weltweit

Innovationen: Wasa Crack & Taste (Mai 2006), Wasa Knäckis (Februar 2007), Wasa Sandwich (Februar 2007)

Lead-Agentur:
Forsman & Bodenfors, Schweden
www.fb.se

Slogan: „Reif für ein bisschen Schweden?" (2007)

KONTAKT

Barilla Wasa Deutschland GmbH
Ettore-Bugatti-Str. 6–14
51149 Köln
(0 22 03) 37 00–0
(0 22 03) 37 00–3 80
www.wasa.de

Ansprechpartner Presse:
Wolfgang Haack
(0 51 41) 3 04–1 80
wolfgang.haack@barilla-wasa.com

SCHON GEWUSST?

- Wasa verkauft allein in Deutschland rund 100 Mio. Packungen Knäckebrot pro Jahr. Würde man diese aneinanderreihen, entspräche das einer Strecke von Berlin nach New York.
- Lange Zeit wurde neben dem Wasa-Logo das Konterfei des Roggenkönigs Gustav Vasa auf der Verpackung der Knäckebrotsorte *Husman* abgebildet. Dazu kam es, weil Wasa bereits damals Hoflieferant des schwed. Königshauses war.
- Das 1931 gegründete Werk in Filipstad ist heute das größte Knäckebrotwerk der Welt.

WAZ MEDIENGRUPPE

Der Journalist Erich Brost erhielt 1948 von der brit. Militärregierung die Lizenz zur Gründung der Westdeutschen Allgemeinen Zeitung (WAZ), die am 3. April 1948 in Bochum mit einer Erstauflage von 312.000 Exemplaren erschien. Gemeinsam mit Mitbegründer und -herausgeber Jakob Funke gestaltete er nach dem engl. Vorbild der „popular paper" eine Zeitung mit regionalem Bezug zum Ruhrgebiet. Sitz des Verlags war Bochum, da dort die einzige unversehrt gebliebene Rotationsdruckmaschine stand, die die hohe Auflage bewältigen konnte. Heute erscheinen unter dem Dach der WAZ Mediengruppe u. a. 37 Tageszeitungen mit einer Auflage von insgesamt über 2,5 Mio. Exemplaren, 112 Publikums- und Fachzeitschriften, 133 Anzeigenblätter und ca. 250 Kundenzeitschriften. Das Flaggschiff des Medienunternehmens ist nach wie vor die Westdeutsche Allgemeine Zeitung (WAZ). Mit einer Samstagsauflage von ca. 580.000 Exemplaren nimmt die WAZ Platz 1 unter den Regionalzeitungen Deutschlands ein. In den meisten Städten des Ruhrgebiets betreibt die Gruppe Lokalredaktionen, die Ausgaben für einzelne Städte oder Regionen produzieren. Durch gezielte Investitionen in den 1980er-Jahren entwickelte sich die WAZ Mediengruppe zu einem der bedeutendsten europäischen Medienunternehmen. Ein Schwerpunkt ist Südosteuropa. Gegenwärtig erwirtschaftet die Gruppe einen Gesamtumsatz von ca. 1,74 Mrd. Euro und beschäftigt rund 16.000 Mitarbeiter (2006). Mit der sich anbahnenden Dynamik im Segment der elektronischen Medien hat die WAZ Mediengruppe frühzeitig ihre Aktivitäten dort forciert. So ist sie an den Betriebsgesellschaften von elf Lokalradios beteiligt. Service-Unternehmen gehören ebenfalls zum Portfolio des Unternehmens. Den Fall des Briefmonopols Ende 2007 berücksichtigend, gründete die Mediengruppe gemeinsam mit den Verlagen Axel Springer und Holtzbrinck Ende 2005 die Pin Group AG, ein Unternehmen für die bundesweite Postzustellung. Ziel dabei ist es, 2007 ca. 1 Mrd. Postzustellungen zu bewältigen und sich mittelfristig als klare Nummer 2 hinter der → Deutschen Post zu etablieren. Zum Jahres-

WESTDEUTSCHE ALLGEMEINE
WAZ
Nur Unsinn im Kopf?
Schlachtabfälle im Döner
Mafiamorde: Polizei sucht 28-jährigen Italiener
Tiefensee: Bis 2010 Bahnhöfe sanieren

Mit einer Samstagsauflage von 580.000 Exemplaren ist die WAZ die größte Regionalzeitung Deutschlands.

Die Essener WAZ Mediengruppe umfasst 37 Tageszeitungen, zahlreiche Anzeigenblätter und Online-Portale in Europa.

ende 2007 launchte die Mediengruppe das Online-Portal derwesten.de, das als Informations- und Nachrichtenwebsite für weite Teile Nordrhein-Westfalens konzipiert ist.

DATEN UND FAKTEN

Markenname: WAZ Mediengruppe, Akronym, zusammengesetzt aus **W**estdeutsche **A**llgemeine **Z**eitung und der Firmengattung

Slogan: „Medien für die Menschen in Europa"

Gründer: Erich Brost, Jakob Funke, 1948, Bochum

Markenregistrierung: 19.06.2000, DPMA München (aktuelle Bildmarke)

Innovationen: derwesten.de, Verhaltenskodex für Redakteure, WAZ-Modell (getrennt arbeitende Zeitungstitel, gemeinsame Verwaltung), Rheinskaja Gazeta (russischsprachige Tageszeitung)

Markenwebsite: www.derwesten.de

Literatur:
E. Brost: Man muß doch informiert sein, um leben zu können (1998)

UNTERNEHMEN

Westdeutsche Allgemeine Zeitungsverlagsgesellschaft E. Brost & J. Funke GmbH & Co. KG

Hauptsitz: Essen, Deutschland

Geschäftsführung: Bodo Hombach

Weitere Marken: 37 Tageszeitungen, u. a. WAZ, NRZ, WR, WP, TA, Kronen Zeitung, derwesten.de, immowelt.de und weitere Online-Marken, Westfunk

Gesamtumsatz: ca. 1,74 Mrd. Euro (2006)

Vertrieb: europaweit

KONTAKT

WAZ Mediengruppe
Friedrichstr. 34–38
45128 Essen
✆ (02 01) 8 04-88 60
🖷 (02 01) 8 04-88 62
🖳 www.waz-mediengruppe.de

Ansprechpartner Presse & Kommunikation:
Paul Binder
✆ (02 01) 8 04-88 60
✉ p.binder@waz.de

Ansprechpartner Marketing:
Stefan Zowislo
✆ (02 01) 8 04-16 21
✉ s.zowislo@waz.de

MEILENSTEINE

1948 Erstauflage der WAZ mit 312.000 Exemplaren

1973 Übernahme der Wesfalenpost (WP), zwei Jahre später der Westfälischen Rundschau (WR)

1976 Bildung der Zeitungsgruppe WAZ, Übernahme der Regionalzeitung Neue Ruhr/Neue Rhein Zeitung (NRZ)

1986 Die Zeitungsgruppe WAZ beteiligt sich mit 10 % am privaten Fernsehsender RTL plus und wird damit Partner der CLT / Ufa.

1990 Erwerb ostdt. Zeitungstitel, Bildung der Zeitungsgruppe Thüringen (ZGT) nach WAZ-Modell

1997 Die Zeitungsgruppe WAZ gibt sich, da sie in zahlreichen Mediensegmenten tätig ist, den neuen Namen WAZ Mediengruppe.

2006 In Kooperation mit dem Westdeutschen Rundfunk (WDR) wird die Mediathek „Wir in Nordrhein-Westfalen – Unsere gesammelten Werke" herausgegeben.

WC ENTE

Die WC Ente mit dem charakteristischen Entenhals ist in Deutschland als WC-Reiniger in den Varianten Aktiv-Gel und Citrus-Gel erhältlich.

Die Marke WC Ente steht für WC-Reiniger, die zuverlässig Schmutz, Kalk und Urinstein in Toiletten und Urinalen entfernen und neben hygienischer Sauberkeit einen angenehmen Duft verbreiten. Das Besondere an den Produkten der Marke WC Ente ist der charakteristisch geschwungene Hals der Flasche. Dieser erinnert an einen Entenhals und ermöglicht zusammen mit dem innenliegenden Steigröhrchen eine sparsame und gezielte Dosierung bis direkt unter den Rand des WCs. WC Ente gibt es in den Sorten Aktiv-Gel und Citrus-Gel. Kennzeichnend für die WC Ente ist die TV-Werbung mit der Comic-Ente, die unter den WC-Rand taucht. Erfunden hat die Marke der Schweizer Drogist und ehemalige Geschäftsführer der Düring AG, Walter Düring. Markeninhaber ist die Schweizer Düring

AG. Düring entwickelte den gebogenen Flaschenhals und den Markennamen, während seine Frau Vera Düring die Rezeptur des Reinigers auf der Basis von Ameisensäure erstellte. Kurz nach der Serienreife im Jahr 1980 schloss Walter Düring mit der US-Firma S. C. Johnson & Son einen Lizenzvertrag, um das Produkt auch in den USA und anderen Ländern verkaufen zu können. Heute werden WC Ente und andere Produkte in der charakteristischen Verpackungsform in 27 Ländern in Lizenz produziert und in mehr als 50 Ländern weltweit verkauft. Die → Henkel Wasch- und Reinigungsmittel GmbH ist für den Vertrieb in Deutschland zuständig.

DATEN UND FAKTEN

Markenname: WC Ente, Schweiz, geht auf den Einsatzbereich und die Flaschenform zurück, die an einen Entenhals erinnert.

Slogan: „Ente gut – alles gut." (seit 2004)

Erfinder: Walter Düring, 1980, Dällikon/ Schweiz

Markenregistrierung: Internat. Sammelmarke WC-Ente, Toilet Duck, Canard WC, WC Anitra, 28.04.1981 (19.07.1984, DPMA München)

Innovationen: WC Ente Aktiv-Gel und WC Ente Citrus-Gel mit dem charakteristischen Entenhals zur praktischen Dosierung

UNTERNEHMEN

Henkel KGaA

Hauptsitz: Düsseldorf, Deutschland

Weitere Marken: s. → Henkel

Gesamtumsatz: 12,740 Mrd. Euro (2006)

Vertrieb: weltweit in über 125 Ländern

KONTAKT

Henkel KGaA
Henkelstr. 67
40589 Düsseldorf
Tel. (02 11) 7 97-0
Fax (02 11) 7 98-40 08
www.henkel.de

Ansprechpartner Presse:
Marion Schwenker
press@henkel.com

SCHON GEWUSST?

Der Erfinder der WC Ente Walter Düring ließ sich den gebogenen Flaschenhals, der charakteristisch für die Marke ist, bereits 1980 nach einem Holzprototypen patentieren. Seine Frau Vera Düring entwickelte die erste Rezeptur des Reinigers.

WC FRISCH

Die Marke WC Frisch steht für WC-Pflegeprodukte, die Schmutz, Kalk, Urinstein und Bakterien in Toiletten und Urinalen entfernen. Neben hygienischer Sauberkeit erzeugen sie dabei einen frischen Duft. Entwickelt und auf den Markt gebracht wurde WC Frisch 1968 von der Siegel-Werke GmbH in Köln. WC Frisch ist heute eine Marke der → Henkel KGaA in Düsseldorf. Lt. Hersteller ist WC Frisch im Segment WC-Pflege klarer Marktführer. Zum Sortiment von WC Frisch gehören WC-Reiniger, Abfluss-Tabs, Duftspüler und Wasserkasten-Würfel. Ihre führende Stellung verdankt die Marke u. a. auch innovativen Anwendungs- und Verpackungsideen. So wurde mit *WC Frisch Fresh&Clean* der erste gelförmige Duftspüler (1997) und mit *WC Frisch Duo-Aktiv* der erste Zwei-Kammer-Duftspüler (2002) eingeführt. Für attraktives Design in der WC-Schüssel sorgt der *Duftspüler WC Frisch FreshSurfer*, der von der ital. Designfirma → Alessi gestaltet wurde. Zu den neueren Produktinnovationen unter der Marke gehört WC Frisch Complete, der erste WC-Reiniger für das ganze WC, der 2007 eingeführt wurde. Dank einer speziellen Rezeptur und der praktischen Über-Kopf-Sprühfunktion reinigt er sowohl das Innere als auch das Äußere des WCs. Das in seiner Form an ein WC-Becken erinnernde Markenlogo zeigt den WC Frisch-Schriftzug in weißen Druckbuchstaben auf blauem Hintergrund mit einer gelb-blauen Welle darunter. Farb- und Formgebung assoziieren Frische, Duft und Sauberkeit. Aktuell wird die Marke ausschließlich in Deutschland vertrieben. In vielen Teilen Europas wird WC Frisch überwiegend unter dem Markennamen → Bref vertrieben. In Portugal heißt das Henkel-Produkt *Sonasol* und in Österreich *Blue Star*.

DATEN UND FAKTEN

Markenname: WC Frisch

Slogan: „Frisch, frischer, WC Frisch!"

Erfinder: Siegel Werke GmbH, 1968, Köln

Markenregistrierung: 27.11.1978, DPMA München

Der Duftspüler WC Frisch FreshSurfer (Mitte) bietet exkl. Alessi-Design für das WC. Der Zwei-Kammer-Duftspüler WC Frisch Duo-Aktiv (unten) kombiniert die Leistung eines flüssigen WC-Reinigers mit der eines Duftspülers.

Die neueste Innovation aus dem Jahr 2007: Der Sprühreiniger WC Frisch Complete reinigt das WC innen und außen.

Innovationen: erster Duftspüler (Hygiene-Kegel, 1968), erster flüssiger Reiniger (1983), erster gel-förmiger Duftspüler (Fresh&Clean, 1997), erster Zwei-Kammer-Duftspüler (Duo-Aktiv, 2002), Zwei-Kammer-Flasche (Duo-Kraft Gel, 2003), erster Design-Duftspüler (Alessi FreshSurfer, 2005), erster WC-Reiniger für das ganze WC (Complete, 2007).

Auszeichnungen:
„Produkt des Jahres 2002", Emnid für *WC Frisch Aktiv-Schaum* (2002)
„Deutscher Verpackungspreis 2003", Deutsches Verpackungsinstitut e. V. für *WC Frisch Duo-Kraft Gel* (2003)
„Erfolgreichste Produktneuheit", 3. Platz, Rundschau für den Lebensmittelhandel für *WC Frisch Alessi FreshSurfer* (2006)

Markenwebsite: www.wc-frisch.de

UNTERNEHMEN

Henkel KGaA

Hauptsitz: Düsseldorf, Deutschland

Weitere Marken: s. → Henkel

Gesamtumsatz: 12,740 Mrd. Euro (2006)

Vertrieb: weltweit in über 125 Ländern

KONTAKT

Henkel KGaA
Henkelstr. 67
40589 Düsseldorf
✆ (02 11) 7 97-0
Fax (02 11) 7 98-40 08
www.henkel.de

Ansprechpartner Presse:
Marion Schwenker
✉ press@henkel.com

MEILENSTEINE

1968 Die Siegel-Werke GmbH bringt einen Duftspüler, den WC Frisch Hygiene-Kegel, auf den Markt.

1983 Ein flüssiger WC-Reiniger von WC Frisch kommt auf den Markt.

2002 Der erste Zwei-Kammer-Duftspüler WC Frisch Duo-Aktiv wird gelauncht.

2007 Der Reiniger WC Frisch Complete ist ein kraftvoller Reiniger für die Innen- und Außenreinigung des WCs und wird in einer Sprühflasche verkauft, die über Kopf sprühen kann.

WEBASTO

Webasto
Feel the drive

Webasto-Zentrale in Stockdorf bei München

Webasto ist ein global ausgerichteter Zulieferer der Automobilindustrie. Für Pkws stellt die Webasto AG Dach-, Karosserie- und Thermosysteme her. Zum Portfolio gehören in diesem Bereich Schiebedächer, Cabriodächer, Standheizungen und Zuheizer. Für Lkws, Busse, Reisemobile, Boote und Spezialfahrzeuge bietet das Unternehmen Heiz- und Klimasysteme an. Die Produkte versprechen dem Kunden einen hohen Komfort und ein angenehmes Klima im Fahrzeug. Das Unternehmen wurde 1901 als Esslinger Draht- und Eisenwarenfabrik Wilhelm Baier gegründet, siedelte aber schon 1908 nach Stockdorf bei München um und änderte seine Firmenbezeichnung in Webasto. Der Name ist ein Akronym und setzt sich aus den Initialen des Firmengründers Wilhelm Baier und dem Firmensitz Stockdorf zusammen. Die Firma begann zunächst mit der Entwicklung und Herstellung von Fahrradteilen und Haushaltsgeräten. In den 1930er-Jahren produzierte das Unternehmen die ersten Faltdächer für Pkws und entwickelte sich von da an kontinuierlich zum ausschließlichen Automobilzulieferer. Das Markenlogo des Herstellers hat sich im Laufe der Jahre stark gewandelt. Es besteht heute aus dem blauen Namensschriftzug, wobei der Anfangsbuchstabe durch eine rote Linie geprägt ist. Der Firmenname wird durch den aktuellen Slogan „Feel the Drive" ergänzt. Zur Markenpflege wurde zudem die Webasto Stiftung gegründet, die verschiedene Bildungsprojekte fördert. Webasto ist internat. an 56 Standorten in Deutschland, Europa, Asien, Australien und Afrika vertreten. Die Basis für den unternehmerischen Erfolg gründet u.a. auf einer überdurchschnittlich hohen Entwicklungsquote: Im Zeitraum zwischen 2004 und 2007 meldete Webasto über 900 Patente an. Zu den Innovationen zählen u.a. verschiedene Retractable-Hardtop-Varianten sowie das nach Herstellerangaben weltweit größte Polycarbonatdach im Automobilbereich. Das Familienunternehmen beschäftigt weltweit über 6.000 Mitarbeiter und verzeichnet einen Jahresumsatz von 1,6 Mrd. Euro (2006).

Seit 1961 produziert Webasto Stand- und Zuheizungen für unterschiedliche Fahrzeugklassen.

DATEN UND FAKTEN

Markenname: Webasto, Akronym, zusammengesetzt aus dem Namen des Firmengründers **W**ilhelm **Ba**ier und dem Unternehmenssitz **Sto**ckdorf

Slogan: „Webasto – Feel the Drive"

Erfinder: Wilhelm Baier, 1901, Esslingen

Markenregistrierung: 25.02.1924, DPMA München

Markenbekanntheit: 3,38 % ungest., 15,74 % gest. (GfK, Durchschnittswerte von 2002–2007, ausgenommen 2003)

Werbespendings: ca. 4 Mio. Euro

Innovationen: erstes Faltdach für Reisebusse (1932), erstes Faltdach für Pkws (1936), erste motorunabhängige Standheizung für Busse (1950), erstes Glasschiebedach (1979), größtes Polycarbonatdach im Automobilbereich (2007)

UNTERNEHMEN

Webasto AG

Hauptsitz: Stockdorf, Deutschland

Vorstand: Franz-Josef Kortüm (Vorsitzender), Dr. Helmut Leube, Phillip A. Thompson, Dr. Holger Engelmann

Gesamtumsatz: 1,6 Mrd. Euro (2006)

Mitarbeiter: über 6.000 (2006)

Vertrieb: weltweit

KONTAKT

Webasto AG
Kraillinger Str. 5
82131 Stockdorf
✆ (0 89) 8 57 94-0
🖷 (0 89) 8 57 94-4 48
💻 www.webasto.de

Ansprechpartner Presse:
Susanne Reich
✆ (0 89) 8 57 94-6 70
✉ sreich@webasto.de

Ansprechpartner Marketing:
Alexander Lang
✆ (0 89) 8 57 94-7 97
✉ alang@webasto.de

MEILENSTEINE

1901 Firmengründung durch Wilhelm Baier in Esslingen als Esslinger Draht- und Eisenwarenfabrik Wilhelm Baier

1908 Umzug der Firma nach Stockdorf bei München, Umbenennung des Unternehmens in Webasto

1955 Einstellung der Produktion von Fahrradzubehör, Konzentration auf Autoschiebedächer

1986 Umfirmierung der GmbH in eine AG, Werner Baier wird erster Vorstandsvorsitzender

1992 Verlagerung der gesamten Heizgeräte-Produktion nach Neubrandenburg

2007 Bau der GCS-Zentrale in Gilching, Expansion nach China und Rumänien

WEIHENSTEPHAN

Die Staatliche Molkerei Weihenstephan GmbH & Co. KG mit Sitz in Freising bei München bietet unter der Marke Weihenstephan ein breit gefächertes Sortiment an Milchprodukten an. Die Rohmilch wird von kleinen Bauernhöfen aus den Alpen und dem Alpenvorland geliefert und zu Frischmilch, haltba-

Das Logo der Weihenstephaner Biere mit dem Bayerischen Staatswappen von 1923

rer Milch, Butter, Sahne, Buttermilch und Joghurt-Produkten verarbeitet und veredelt. Die Weihenstephan-Erzeugnisse kommen fast ohne Zusatzstoffe aus und wurden bereits acht Mal von der Deutschen Landwirtschafts-Gesellschaft (DLG) mit der DLG-Medaille ausgezeichnet. Für das Unternehmen mit seiner fast 1.000-jährigen Tradition steht u.a. auch der Bereich Forschung im Vordergrund. Kontinuierliche Weiterentwicklungen und Produktneuheiten, wie z.B. die Sahne zum Kochen mit weniger als 50 % Fettgehalt, sollen die Bedürfnisse der Verbraucher befriedigen. Seit 2000 gehört Weihenstephan zur Unternehmensgruppe Theo Müller.

UNTERNEHMEN

Staatliche Molkerei Weihenstephan GmbH & Co. KG
Milchstr. 1
85354 Freising
✆ (0 81 61) 1 72–0
🖷 (0 81 61) 1 72–1 00
💻 www.molkerei-weihenstephan.de

WEIHENSTEPHANER BIERE

Die Weihenstephaner Biere kommen aus der ältesten noch bestehenden Brauerei der Welt. Bereits vor rund 1.000 Jahren brauten Benediktinermönche in Freising Bier. 1040 erhielt Abt Arnold das Brau- und Schankrecht von der Stadt. Dieses Jahr gilt als das offizielle Gründungsjahr der Brauerei. Die lange Bierbrautradition wird gezielt zum Marketing genutzt und auch im Werbeslogan „Ursprung des Bieres" verdeutlicht. Die Bayerische Staatsbrauerei Weihenstephan führt derzeit 12 sowohl ober- als auch untergärige Biere in ihrem Sortiment. Bekanntestes Produkt ist das Weihenstephaner *Weißbier.* Das Unternehmen hat seit 1888 die Erlaubnis, mit dem Großen Bayerischen Königswappen zu werben. Heute zeigt das Firmenzeichen das Große Bayerische Staatswappen, das der Freistaat Bayern von 1923 bis 1936 führte. Neben den weißblauen Rauten besteht es aus dem goldenen Löwen der Wittelsbacher, den drei schwarzen Löwen der Hohenstaufer und dem fränkischen Rechen. Umrahmt wird das Wappen von der Volkskrone und schildhaltenden Löwen. Als Testimonial in der Werbung tritt die Schauspielerin Christine Neubauer auf. Außerdem wird in verschiedenen Anzeigenkampagnen mit Bier trinkenden Nonnen und Mönchen geworben. Das Unternehmen braut 240.000 hl Bier pro Jahr und erzielt damit einen jährlichen Umsatz von 20 Mio. Euro. Die Brauerei ist ein Regiebetrieb des Freistaats Bayern und wird nach privatwirtschaftlichen Maßstäben geführt. Der Vertrieb läuft schwerpunktmäßig über die Gastronomie in über 30 Ländern. Die jüngsten Innovationen sind der *Vitus Weizenbock* aus dem Jahr 2007 und das 2006 auf den Markt gebrachte *Original Alkoholfrei.*

UNTERNEHMEN

Bayerische Staatsbrauerei Weihenstephan
Alte Akademie 2
85354 Freising
✆ (0 81 61) 5 36–0
🖷 (0 81 61) 5 36–2 00
💻 www.weihenstephaner.de

WEIL

→ Robert Weil

WEINSBERG

Unter der Marke Weinsberg bietet die → Knaus Tabbert Group Wohnmobile, Vans und Kastenwagen für Privatkunden und Vermieter von Reisemobilen an. Traditionelles Alleinstellungsmerkmal der Marke ist eine Positionierung in der Offroad-Schiene. Dies geschieht durch den Einsatz von Vierradantrieb, speziellen Outdoor-Ausstattungen und durch die Einhaltung besonderer Sicherheitsmaßstäbe. Weinsberg-Fahrer legen lt. Unternehmensangaben Wert auf Urlaub in der Natur und auf unbegrenzte Mobilität. Das Logo der Marke zeigt den Namenszug in grünen, abgerundeten Versalien mit dem Zusatz „Mobile mit Profil". Die Verbindung zum Offroad-Segment stellt eine Bildmarke her, die an die Gestaltung eines amerikanischen Straßenschildes erinnert: In einer gelben, rautenförmigen Vignette ist ein schwarzer Reifenabdruck zu sehen. Modellnamen wie *Orbiter* oder *Meteor* (Alkoven-Mobile), *Imperiale* (Teilintegrierte), *Cosmos* (Kastenwagen) und *X-Cursion* (Campingbusse) werden als Synonym für „Urlaub in der Natur und unbegrenzte Mobilität" verstanden. So bieten Karosserien der Hersteller Renault und Fiat den Unterbau für die meisten Modellreihen der Marke. Die neu entwickelte Modellreihe LEV – Light Expedition Vehicle entstand in Zusammenarbeit mit Mercedes-Benz auf Grundlage der Sprinter-Technologie. Die Fahrzeuge der LEV-Reihe haben zuschaltbaren Vierradantrieb und werden vorwiegend aus Glasfaserkunststoff hergestellt. Der Vertrieb der Marke Weinsberg erfolgt europaweit ausschließlich

Weinsberg grenzt sich von seinen Wettbewerbern durch die gezielte Positionierung im Offroad-Bereich ab.

über Handelspartner. Ihren Ursprung hat die Marke in der Firma Karosseriewerke Weinsberg GmbH, die 1992 in die Hände der Tabbert Industrie AG (TIAG) überging. Die TIAG wiederum schloss sich 2002 mit der Knaus AG zur Knaus Tabbert Group zusammen. Die Unternehmensgruppe führt neben Weinsberg auch die Marken →Knaus, →Tabbert, →T@B, →Wilk und →Eifelland im Portfolio.

DATEN UND FAKTEN

Markenname: Weinsberg, Name des Gründungsortes

Slogan: „Weinsberg – Mobile mit Profil"

Gründer: Karosseriewerke Weinsberg, Weinsberg (1969)

Innovationen: *LEV – Light Expedition Vehicle* (2007)

Markenwebsite: www.weinsberg.com

UNTERNEHMEN

Knaus Tabbert Group GmbH
Helmut Knaus Str. 1
94118 Jandelsbrunn
✆ (0 85 83) 21-1
🖷 (0 85 83) 21-3 87
💻 www.knaus-tabbert-group.de

WEISS

Die Süßwarenmarke Weiss steht für eine große Auswahl an Lebkuchen und Weihnachtsspezialitäten. Oblatenlebkuchen und Elisenlebkuchen werden seit 50 Jahren unter dem Namen *Weissella* vertrieben. Zum Produktportfolio von Weiss gehören außerdem Spezialitäten wie *Contrella* Lebkuchen und Schokoladenkuchen. Hinter *Ulmi* verbergen sich Lebkuchen, die nach einem traditionellen Ulmer Rezept hergestellt werden. Weitere Lebkuchen-Produkte von Weiss sind Hexenhäuschen und Magenbrot. Bei der Herstellung der Lebkuchen kommen erlesene Rohstoffe aus allen Teilen der Welt zum Einsatz, so z. B. Nüsse aus Kalifornien, Kokos aus Sri Lanka und Feigen aus der Türkei. Weitere Zutaten sind Orangeat und Zitronat, Honig, Mehl, Zucker, Eier, Marzipan sowie Gewürze. Die Zutaten werden nach überlieferten Rezepten verarbeitet. Die Marke gehört zur Max Weiss Lebkuchenfabrik Neu-Ulm GmbH, die 1925 gegründet wurde. Ein Meilenstein in der Firmengeschichte war die Entwicklung eines Streichautomaten zur Herstellung von weichen Oblatenlebkuchen in den 1960er-Jahren. 1965 übernahm Weiss die Firma Wolf in Nürnberg – und wird 1994 von der Lambertz-Gruppe (→Henry Lambertz GmbH) selbst übernommen. Seit 1998 vertreibt Weiss auch die Lambertz-Marke →Haeberlein-Metzger. Das Unternehmen beschäftigt für sich genommen 600 Mitarbeiter und trägt etwa 18 % zum Gesamtumsatz der Lambertz-Gruppe bei. Weiss ist nach eigenen Angaben Marktführer bei süddt. Lebkuchen.

DATEN UND FAKTEN

Markenname: Weiss, abgeleitet aus dem Familiennamen des Gründers

Gründer: Max Weiss, 1925, Ulm

Markenregistrierung: 03. 03. 1983, DPMA München

Jahresumsatz: 83,6 Mio. Euro (2005/06)

UNTERNEHMEN

Max Weiss Lebkuchenfabrik Neu-Ulm GmbH
Junkerstr. 4–6
89231 Neu-Ulm
✆ (07 31) 72-9 10
🖷 (07 31) 72-44 12
💻 www.weiss-lebkuchen.de

WEIßER RIESE

Das Waschmittel Weißer Riese von →Henkel ist ein Waschmittel, das sich an junge Familien richtet und die anfallende Wäsche ohne viel Aufwand reinigen soll. Seit der Einführung hat das Unternehmen das Sortiment der Marke beständig ausgebaut und setzt auf innovative Produkte. Zu den wichtigsten Neuerungen zählt die Nutzung der OXI-Energie. Diese 2004 in die Waschmittel integrierte Aktiv-Sauerstoff-Technologie soll Textilien auch ohne gesonderte Vorbehandlung schon ab 40 °C reinigen. Das im Jahr 2005 eingeführte Produkt *Weißer Riese Gel mit OXI-Effekt* entfernt hartnäckige Flecken aus weißer und bunter Wäsche auch bei 30 °C. Das erste Vollwaschmittel der Marke kam 1966 auf den Markt. Zu dieser Zeit schrieb sich der Markenname noch mit einem doppelten s, bis 1973 die Schreibweise auf die bis heute gültige Fassung umgestellt wurde. Die Begriffe Weiß und Riese nimmt auch das Markenlogo wieder auf, indem es den Markennamen als Schriftzug in dicken, großen, abgerundeten weißen Lettern zeigt. Im Jahr 1991 kam unter dem Namen *Weißer Riese Supra* das erste Kompaktwaschmittel der Marke auf den

Die Marke Weiss gehört seit 1994 zur Aachener Lambertz-Gruppe.

Die hist. Verpackung aus den 1960er-Jahren zeigt noch eine Krone statt eines i-Punktes im Markennamen (Mitte). Heute gibt es verschiedene Varianten des Waschmittels, so z. B. mit OXI-Energie (unten).

Schon zur Markteinführung 1966 wurde die außergewöhnliche Waschkraft von Weißer Riese in der Werbung besonders betont.

Markt. Seit 1996 sind die Varianten *Weißer Riese Megaperls* und *Weißer Riese Megaperls Color* im Handel erhältlich. In Tab-Form ist das Waschmittel seit 1999 auf dem Markt, im Jahr 2000 kam *Weißer Riese Gel* als weitere Produktvariante hinzu. In den ersten Werbespots ab 1966 ist der „Weiße Riese" als Figur zu sehen, der die Hausfrauen bei ihrer Arbeit unterstützt. Im bekanntesten Werbespot der Marke (1976) hängt strahlend saubere Wäsche auf einer langen Leine und weht im Wind. „Die längste Wäscheleine der Welt" sollte die Ergiebigkeit und hohe Reinigungskraft des Waschmittels betonen. Die Fernsehwerbung von 1998 zeigt Fleckenzwerge, denen das Waschmittel an den Kragen geht. Ab 2003 wirbt die Musikerin Nena für ein Jahr für die Marke. 2007 startete die als „Riesenwaschkraft-Wochen" betitelte Vertriebskampagne: Im Aktionszeitraum enthielten die Produkte zum gleichen Preis 15 % mehr Inhalt. Im gleichen Jahr erfuhr der Weiße Riese einen Duftrelaunch, bei dem alle Varianten den neuen Duft „wie frisch von der Wäscheleine" erhielten. Das Waschmittel wird unter dem Namen Weißer Riese nur in Deutschland und Österreich vertrieben. In den Niederlanden setzt Henkel auf den übersetzten Markennamen *Witte Reus*.

DATEN UND FAKTEN

Markenname: Weißer Riese, Kunstname, angelehnt an die ursprüngliche Werbefigur der Marke

Slogan: „Seine Waschkraft macht ihn so ergiebig" (ab 1976 und nochmals ab 1990), „Weißer Riese. Einfach riesig gegen Flecken" (ab 1999)

Markenregistrierung: 06. 07. 1965, DPMA München (Wortmarke Weisser Riese)

Markeneinführung: 1966 bundesweit

Innovationen: Weißer Riese flüssig (1989), Weißer Riese Supra, Weißer Riese Color (1993), Weißer Riese Megaperls (1996), Weißer Riese Megaperls Color (1996), Weißer Riese Tabs (1999), Weißer Riese Gel (2000), Weißer Riese mit Oxi-Energie bei allen Pulver- und Megaperls-Varianten (2004)

Markenbekanntheit: 98 % gest. (Ad-Tracking, 2005)

Markenwebsite: www.weisser-riese.de

UNTERNEHMEN

Henkel KGaA

Hauptsitz: Düsseldorf, Deutschland

Weitere Marken: s. → Henkel

Gesamtumsatz: 12,740 Mrd. Euro (2006)

Vertrieb: weltweit in über 125 Ländern

KONTAKT

Henkel KGaA
Henkelstr. 67
40589 Düsseldorf
☏ (02 11) 7 97–0
🖷 (02 11) 7 98–40 08
🖳 www.henkel.de

Ansprechpartner Presse:
Marion Schwenker
✉ press@henkel.com

SCHON GEWUSST?

- „Das größte Wäschestück der Welt" (600 Quadratmeter) wurde 1970 von einem Hubschrauber für einen Werbespot der Marke aus einem Schwimmbecken gezogen.
- 1985 wurde die 3 kg-Packung mit fünf verschiedenen Rückseiten vermarktet, die zusammengesetzt einen Bauernhof ergaben.

WELEDA

Die Weleda AG mit Hauptsitz in der Schweiz und der größten Niederlassung in Deutschland entwickelt und produziert Arzneimittel, Körperpflegeprodukte sowie Naturkosmetik nach dem anthroposophischen Naturverständnis des Gründers Rudolf Steiner. Das Unternehmen begann 1921 als pharmazeutischer Laborbetrieb mit eigenem Heilpflanzengarten. Der Markenname wurde von der

Im Einklang mit Mensch und Natur

Bekannte Produkte der Marke Weleda sind u. a. das Arnika Massageöl (Mitte) und die Sanddorn-Vitalisierungsdusche (unten).

Weleda-Flagshipstore „Espace Weleda" in Paris

germanischen Priesterin der Heilkunst und Prophetin „Veleda" hergeleitet und 1924 rechtlich geschützt. In Anspielung auf das Geschäftsfeld Pharmazie zeigt das Logo einen stilisierten Aesculapstab als Symbol für den ärztlichen und pharmazeutischen Stand. Der Schriftzug steht unter der Bildmarke und erscheint in einer eigens entwickelten Typografie namens „New Weleda". Heute ist Weleda ein internat. agierendes Unternehmen, das vor allem qualitäts- und umweltbewusste Menschen anspricht. Die Marke wird mit dem Slogan „Im Einklang mit Mensch und Natur" beworben. Gemäß seiner anthroposophischen Grundsätze kultiviert das Unternehmen Heilpflanzen nach den Richtlinien des biologisch-dynamischen Anbaus und engagiert sich für den Umweltschutz. 2006 organisierte Weleda eine internat. Umweltkonferenz und arbeitet seitdem an einer klimaneutralen Herstellung. Zum Markenportfolio zählen über 90 Produkte für die Körperpflege und 2.400 Fertigarzneimittel. Zur Selbstmedikation von Erkältungskrankheiten, Arthrosen, Verletzungen, Verbrennungen gibt es 100 Arzneimittel. 2006 eröffnete das Unternehmen nahe den Pariser Champs-Elysées seinen ersten Flagshipstore unter dem Namen „Espace Weleda". Auf 300 Quadratmetern, in einer „Oase des Friedens und der Gelassenheit" (so Geschäftsleiter Patrick Sirdey), werden Kosmetikbehandlungen und Massagen angeboten und Produkte vorgestellt und verkauft. Das Unternehmen beschäftigt weltweit 1.600 Mitarbeiter und schrieb 2006 mit der internat. Dachmarke einen Umsatz von 200,8 Mio. Euro. Weleda ist in 51 Ländern vertreten. Vorsitzender der internat. Weleda Gruppenleitung ist Mathieu van den Hoogenband.

DATEN UND FAKTEN

Markenname: Weleda, inspiriert von der germanischen Priesterin der Heilkunst „Veleda"

Slogan: „Im Einklang mit Mensch und Natur"

Erfinder: Rudolf Steiner, 1921

Markeneinführung: 1924

Innovationen: Weleda Edelweiß-Sonnenmilch

Auszeichnungen:
„Innovationspreis", BioFach 2004 für die Weleda Edelweiß-Sonnenmilch (2004)
„Renner des Jahres", Vivaness 2007 für Sanddorn-Vitalisierungsdusche (2007)
„sehr gut", Test Kosmetikanbieter, Öko-Test (2007)

MEILENSTEINE

1921 Firmengründung als pharmazeutischer Laborbetrieb

1924 Weleda wird als Firmenname eingeführt.

1932 Erstes Erscheinen der Weleda Nachrichten (Auflage heute: 1 Mio. Erscheint viermal jährlich)

1956 Beginn des Heilpflanzenanbaus in Schwäbisch Gmünd/Wetzau

2001 30.000 Besucher zum 80-jährigen Jubiläum; in der Babypflege drittgrößter Hersteller in Deutschland

2002 Vergabe des „Weleda Preises" gemeinsam mit dem Bund für Umwelt und Naturschutz in Deutschland (BUND)

2006 Die erste Weleda Umweltkonferenz: Eine „Energiewende" herbeizuführen und möglichst energiesparend zu produzieren hat für Weleda Priorität.

UNTERNEHMEN

Weleda AG

Hauptsitz: Arlesheim, Schweiz

Vorstand: Mathieu van den Hoogenband

Gesamtumsatz: 200,8 Mio. Euro (2006)

Vertrieb: weltweit

KONTAKT

Weleda AG
Möhlerstr. 3–5
73525 Schwäbisch Gmünd
✆ (0 71 71) 9 19–0
🖷 (0 71 71) 9 19–3 62
💻 www.weleda.de

Ansprechpartner Presse:
Theo Stepp
✆ (0 71 71) 9 19–1 78
✉ tstepp@weleda.de

Ansprechpartner Marketing:
Michael Mucha
✆ (0 71 71) 9 19–5 82
✉ mmucha@weleda.de

WELLA

Die Dachmarke Wella steht für Produkte im Bereich Kosmetik, hier insbesondere in den Segmenten Haarpflege und Haarstyling. Die Wella AG beliefert Friseursalons mit Haarpflege- und Stylingprodukten („Professional Care") sowie mit Friseurtechnik. Mit seinen Konsumgütermarken wendet sich Wella seit 1971 zudem an Endkunden. Ständige Produktinnovation als Charakteristikum der Wellaprodukte manifestiert sich nicht zuletzt in dem Konzept „Trend Vision", zu dem auch die Auslobung eines Preises für Haarmode gehört. Der Markenname Wella leitet sich von einem Dauerwellgerät ab. Das Logo umfasst die Wortmarke „Wella". Sie wurde 1927 beim Patentamt angemeldet – in dem Jahr, in dem auch das Wella-Dauerwellgerät Serienreife erlangte. Drei Jahre später wurde die Bildmarke, ein stilisierter Frauenkopf mit wehendem Haar, eingetragen. In seiner heutigen Form – rot, mit Frauenkopf und darunter befindlichem, kursiv und in Versalien gesetztem Markennamen – gibt es das Logo seit 1992. Der Friseur Franz Ströher begründete 1880 den Erfolg der heutigen Wella AG mit der Produktion von Perücken u.a. aus Echthaar. Durch die Erfindung des Tüllemoid konnte Ströher Perücken sicheren Halt geben (1900). 1960 wurde mit Ascorbinsäure erstmals ein nachwachsender Rohstoff als Haarfärbemittel eingesetzt. Wella ist heute in mehr als 150 Ländern einer der führenden Anbieter. Seit 2003 gehört die Firma zum Procter & Gamble-Konzern. Durch Akquisitionen wird die Marktstellung kontinuierlich behauptet und ausgebaut. 2005 erzielte das Unternehmen einen Umsatz von 2,7 Mrd. Euro. Knapp 13.000 Mitarbeiter sind für die Wella AG tätig. Stammsitz des Unternehmens ist Darmstadt.

UNTERNEHMEN

Wella AG
Berliner Allee 65
64 274 Darmstadt
✆ (0 61 51) 34–0
🖷 (0 61 51) 34 27 48
💻 de.wella.com

WELT

→ Die Welt

WELT AM SONNTAG

Der Newsroom der Welt-Redaktion (Mitte). Welt am Sonntag Chefredakteur Christoph Keese (unten)

DIE WELT am SONNTAG ist die größte überregionale dt. Sonntagszeitung. Erstmals erschienen ist sie am 1. August 1948. Der Verleger Axel Springer kaufte die Zeitung 1953. Sie ist eine Premium-Marke der WELT-Gruppe, zu der auch die Zeitungen → DIE WELT und deren Tabloid-Ableger *WELT KOMPAKT* sowie das Internetangebot *WELT ONLINE* gehören. Die Markenfamilie wird mit dem Slogan „Die Welt gehört denen, die neu denken" beworben. Vorher gab es einen separaten Werbespruch für die WELT am SONNTAG. Von 2005 bis 2006 war das: „Kein Sonntag ohne WELT am SONNTAG". Das aus dem Namens-Schriftzug bestehende Logo hat Bruno Karberg 1948 entwickelt. Im Laufe der Zeit wurde die Positiv- zu einer weißen Negativschrift auf blauem Hintergrund verändert. Die redaktionellen Inhalte der Zeitung entstehen heute überwiegend im WELT-Newsroom, in dem rund 400 Journalisten für verschiedene Medien des Verlags arbeiten. Die WELT am SONNTAG definiert sich als meinungsbildende Qualitätszeitung, die Dinge auf den Punkt bringt. Sie richtet sich an Menschen mit einem gehobenen Einkommen und einer optimistischen Grundhaltung. Dieser Markenphilosophie entspricht auch das Luxusmagazin *ICON*, das als Beilage der WELT am SONNTAG erscheint. Die Zeitung ist außer in Deutschland in 30 weiteren Ländern und als E-Paper erhältlich. Ihre Auflage liegt bei

404.343 Exemplaren (IVW II/2007), die Reichweite bei 1,17 Mio. Lesern (AWA). Die Axel Springer AG verlegt insgesamt 170 Zeitungen und Zeitschriften im In- und Ausland. Nach eigenen Angaben ist sie damit der größte dt. Zeitungsverlag und der drittgrößte dt. Zeitschriftenverlag. Für den Medienkonzern mit einem Jahresumsatz von 2,376 Mrd. Euro (2006) arbeiten weltweit 9.733 Mitarbeiter.

Die Welt am Sonntag erschien zum ersten Mal im Jahr 1948.

DATEN UND FAKTEN

Markenname: WELT am SONNTAG, zusammengesetzt aus dt. Substantiv und Erscheinungstag

Slogan: „Die Welt gehört denen, die neu denken" (2000)

Gründer: Bernhard Menne, 1948

Markenregistrierung: 19.12.1973, DPMA München

Markenbekanntheit: 68 % gest. (AWA, 2007)

Verkaufte Auflage: 404.343 (IVW QII/2007)

Reichweite: 1,17 Mio. Leser

Markenwebsite: www.welt.de

UNTERNEHMEN

Axel Springer AG

Hauptsitz: Berlin, Deutschland

Gründer: Axel Springer

Vorstand: Dr. Mathias Döpfner

Weitere Marken: 170 Printmedien, darunter → Die Welt, Bild, Hörzu, Maxim, AutoBild, Jolie

Gesamtumsatz: 2.376 Mio. Euro (2006)

Vertrieb: in 30 Ländern weltweit

KONTAKT

Axel Springer AG
Axel-Springer-Str. 65
10888 Berlin
(0 30) 25 91-0
www.axelspringer.de

Ansprechpartner Presse:
Dr. Dirk Meyer-Bosse
(0 30) 25 91-7 76 41
dirk.meyer-bosse@axelspringer.de

Ansprechpartner Marketing:
Phillip Zwez
(0 30) 25 91-7 36 67
phillipp.zwez@axelspringer.de

Lead-Agentur:
EURO RSCG Gruppe
www.eurorscg.de

MEILENSTEINE

1948 Mit der WELT am SONNTAG entsteht eine überparteiliche Sonntagszeitung sechs Wochen nach der Währungsreform

1953 Axel Springer erwirbt die WELT am SONNTAG

WELTHUNGERHILFE

Die Deutsche Welthungerhilfe e.V. ist eine private, gemeinnützige, politisch und konfessionell unabhängige Hilfsorganisation. Dabei teilt sich die Arbeit der Welthungerhilfe in unmittelbare Nothilfe nach Katastrophen und in nachhaltige Projekte mit dem Anspruch, Menschen die Chance zu eröffnen, ihr Leben frei von Hunger selbst zu gestalten. Die Anfänge der Welthungerhilfe gehen in die frühen 1960er-Jahre zurück, als eine Hungerkatastrophe in Indien die Öffentlichkeit bewegte. Auf Initiative des damaligen Bundespräsidenten Heinrich Lübke wurde ein Komitee gegründet, das später den Namen Deutsche Welthungerhilfe erhielt. Seit ihrer Gründung förderte die Welthungerhilfe rund 5.000 Projekte in 70 Ländern mit rund 1,8 Mrd. Euro. Der Verein finanziert sich aus privaten Spenden und öffentlichen Zuschüssen, z.B. vom Welternährungsprogramm, der EU oder der Bundesregierung. 2006 standen der Welthungerhilfe insgesamt 175,5 Mio. Euro zur Verfügung, von denen 1,4 % in Verwaltungsausgaben und 4,3 % in Werbung und Öffentlichkeits-

welt hunger hilfe

Generalsekretär Dr. Hans-Joachim Preuß (Mitte), Vorstandsvorsitzende Ingeborg Schäuble im Gespräch mit einem tadschikischen Kind (unten)

arbeit flossen. Mit der Gesamtsumme förderte die Welthungerhilfe 298 Projekte in 48 Ländern. In seiner aktuellen Form zeigt das Logo der Welthungerhilfe eine Kombination aus Wort- und Bildmarke in einer grünen

Die aktuelle Kampagne der Welthungerhilfe zum Thema „Wasser ist kostbar"

Fahne (Pantone 362): Eine stilisierte Ähre bildet gemeinsam mit einem Globus das in Weiß gehaltene Symbol, daneben befinden sich untereinander die Worte Welt, Hunger und Hilfe in weißen Kleinbuchstaben. Vor 2002 tauchte noch der Namenszusatz „Deutsche" im Logo auf. Die Welthungerhilfe sucht mit zahlreichen Kampagnen eine breite Aufmerksamkeit zu wecken, dazu gehören z. B. die Aktionen „WeltGewänder", „WeltFrühstück", „LebensLäufe" oder die Imagekampagne „Ihr Geld wird sich gut entwickeln". Neben zahlreichen anderen Prominenten unterstützen die TV-Moderatoren Dieter Thomas Heck und Jörg Pilawa seit Jahren die Welthungerhilfe. Mit der regelmäßigen Kontrolle durch das unabhängige Deutsche Zentralinstitut für soziale Fragen unterstreicht der Verein seinen Anspruch auf Transparenz und Effizienz. Die Deutsche Welthungerhilfe e.V., die Platz 6 (Stand 2005) unter den 30 größten Spenden-Siegel-Organisationen einnimmt, hat ihren Sitz in Bonn und arbeitet im Rahmen der Projekte mit Auslandsbüros und einheimischen Partnern zusammen. Insgesamt beschäftigt die Organisation 319 Mitarbeiter, davon 155 in Deutschland (2006). Zusätzliche Fördermöglichkeiten zur Arbeit der Welthungerhilfe bietet die 1998 gegründete Stiftung Deutsche Welthungerhilfe.

DATEN UND FAKTEN

Markenname: Welthungerhilfe

Slogan: „Welthungerhilfe – Der Anfang einer guten Entwicklung"

Gründer: gegründet als nat. Komitee zur Unterstützung der UN-Ernährungs- und Landwirtschaftsorganisation, 1962

Markenregistrierung: 21. 09. 2004, DPMA München

Markenbekanntheit: 12,3 % ungest. (Entwicklungshilfeorganisationen, TNS Infratest 2006), 60,1 % gest. (TNS Infratest 2006)

Jahresumsatz: 175,5 Mio. Euro (Erträge 2006)

Werbung und allg. Öffentlichkeitsarbeit: 7,5 Mio. Euro (Aufwendungen 2006)

Auszeichnungen:
„Transparenzpreis", 2. Platz (2005 und 2006)
„Client Award" in Silber für „Wasser ist kostbar" (2006)
„Lead Award" (2006)

MEILENSTEINE

1962 Gründung der Deutschen Welthungerhilfe, erste Projekte in Äthiopien, Indien, Ghana und Peru

1973 Erste große Hilfsaktion für Hungerkatastrophe in Sahel

1985 „Ein Tag für Afrika"

Ab 1992 Jährliches Spendenprüfsiegel des Deutschen Zentralinstituts für soziale Fragen

1994 Erste Stargala mit Dieter Thomas Heck im ZDF

1996 Erster „LebensLauf"

2000 Erste Werbekampagne „hungerleiden"

2006 Start der Millenniumsdörfer-Initiative – 15 Dörfer als Projektbeispiele zur Umsetzung der UN-Millenniumsziele

UNTERNEHMEN

Deutsche Welthungerhilfe e.V.

Hauptsitz: Bonn, Deutschland

Vorstand: Ingeborg Schäuble (Vorstandsvorsitzende), Dr. Hans-Joachim Preuß (Generalsekretär)

KONTAKT

Deutsche Welthungerhilfe e.V.
Friedrich-Ebert-Str. 1
53173 Bonn
✆ (02 28) 22 88-0
🖷 (02 28) 22 88-3 33
💻 www.welthungerhilfe.de

Ansprechpartner Presse:
Marion Aberle
✆ (02 28) 22 88-1 14
✉ marion.aberle@welthungerhilfe.de

Ansprechpartner Werbung & Markenbildung:
Christina Plaßmann
✆ (02 28) 22 88-2 61
✉ christina.plassmann@welthungerhilfe.de

Lead-Agentur:
Scholz & Friends Berlin
💻 www.s-f.com

WEMPE

Die Gerhard D. Wempe KG steht für Uhren, Schmuck und Juwelen im mittleren und oberen Preissegment. Aus dem Handelsunternehmen entwickelte sich in den letzten 20 Jahren die Marke Wempe. Marken- und Firmenname gehen auf den Familiennamen des Gründers Gerhard Diedrich Wempe zurück. 1878 eröffnete der gelernte Uhrmacher in Elsfleth als 21-jähriger mit einem Startkapital von 80 Mark ein Juweliergeschäft. Heute verkauft das Unternehmen seine Produkte in über 25 Niederlassungen mit Schwerpunkt auf Europa und den USA sowie auf dem Kreuzfahrtschiff „Europa". Zum 125-jährigen Jubiläum wurden Logo und Verpackungsdesign vollständig überarbeitet. Das neue Logo zeigt den Markenschriftzug in dunkelroten Versalien einer eigens entwickelten Schrift; darunter den Schriftzug „Feine Uhren und Juwelen". Dasselbe „Wempe-Rot" ist auch für die Verpackungen charakteristisch. Der Claim „Wempe. Zeigen Sie, was Sie wirklich fühlen." wendet sich an eine luxusaffine Zielgruppe von Frauen und Männern ab ca. 30 Jahren mit gehobenem Einkommen. Seit 2006 bietet Wempe eigene Uhren-Kollektionen an. 2007 wurde die Wempe Zeitmeister Damenuhr von den Lesern von → DIE WELT, der → WELT am SONNTAG und des Magazins ARMBANDUHREN zur „Uhr des Jahres" gewählt. Das Unternehmen ist nach eigenen Angaben Marktführer in der Branche für feine Uhren und Juwelen in Deutschland. Wempe betreibt an zwei Standorten die größte Uhrenwerkstatt eines europäischen Einzelhändlers und produziert in Glashütte eigene Armbandchronometer. Dafür restaurierte das Unternehmen die alte Sternwarte des Ortes, die nicht nur als Produktionsstätte dient, sondern auch als Sternwarte wieder in Betrieb genommen wurde. Die Gerhard D. Wempe KG ist ein Familienunternehmen in dritter und vierter Generation. Hellmut Wempe und seine Tochter Kim-Eva leiten das Unternehmen gemeinsam. Weltweit beschäftigt es ca. 500 Mitarbeiter, die einen Jahresumsatz von 220,8 Mio. Euro erwirtschaften.

DATEN UND FAKTEN

Markenname: Wempe, Familienname des Gründers Gerhard D. Wempe

Claim: „Wempe. Zeigen Sie, was Sie wirklich fühlen."

Gründer: Gerhard D. Wempe, 1878, Elsfleth

Markenregistrierung: 07.06.2004, DPMA München

Innovationen: eigene Schmucklinie BY KIM (seit 2000), eigene Uhrenlinien: Wempe Chronometerwerke und Wempe Zeitmeister Glashütte i/SA (seit 2006)

Jahresumsatz: 220,8 Mio. Euro

Auszeichnungen:
Wempe Collier „Chronos und Cosmos" aus der Linie BY KIM: Aufnahme in die Gewinnerkollektion beim Wettbewerb der DTC „Diamonds. A Nature's Miracle" (7/2004)
„Uhr des Jahres", Leserumfrage von DIE WELT, WELT am SONNTAG und dem Magazin ARMBANDUHREN für die Wempe Zeitmeister Damenuhr (2007)

UNTERNEHMEN

Gerhard D. Wempe KG
Steinstr. 23
20095 Hamburg
✆ (0 40) 33 44 80
🖷 (0 40) 33 18 40
💻 www.wempe.de

WEMPE
FEINE UHREN & JUWELEN

Ein Solitaire-Ring von Wempe, präsentiert in einem Etui mit dem Claim „Zeigen Sie, was Sie wirklich fühlen"

Konzernzentrale der WestLB in Düsseldorf

WEST

West ist eine Zigarettenmarke der Reemtsma Cigarettenfabriken GmbH. Die 1980 registrierte und heute in 90 Ländern vertriebene Marke steht nach Aussage von Reemtsma für innovative Produkte, limitierte Sondereditionen und ungewöhnliche Werbung. Kernzielgruppe sind erwachsene Raucher in der Altersklasse 18 bis 34. Der Markenname möchte amerikanisches Lebensgefühl im Sinne von Freiheit und Unabhängigkeit vermitteln. Einprägsame Kampagnen gestaltete u.a. der Fotograf David La Chapelle. Der aktuelle Slogan lautet „Test it." und löste frühere Slogans wie „Let's go West!", „Test the West!", „The Power of Now" und „The Taste of Now" ab. Die Bekanntheit der Marke lag lt. Research International Trace 2006 ungest. bei 85 % und gest. bei 97 %. Das Logo in der Trägerfarbe Rot mit dem Spiegelmännchen soll lt. Unternehmen für Toleranz, Offenheit, Grenzüberschreitung, Andersartigkeit und Lebenslust stehen. Zu den Produktinnovationen gehören die West Single Packs, die Geschmackssondereditionen West Cola, West Lemon und West Ice. Reemtsma bezeichnet West als die zweitbeliebteste Marke Deutschlands. Zum Portfolio von Reemtsma gehören u.a. *JPS*, →R1, *Davidoff*, *Peter Stuyvesant*, *Ernte 23*, *Route 66*, *Cabinet*, *Drum*, *VanNelle* und *Rizla*. Das Unternehmen beschäftigt weltweit ca. 14.500 Mitarbeiter, davon 2.200 in Deutschland. 1910 übernahm Bernhard Reemtsma in Erfurt eine Zigarettenfabrik. Die ersten echten eigenen Marken wie *Ernte 23* und *R6* führte Reemtsma um 1921 ein. Ab 1923 produzierte die Firma in Hamburg Altona. 1980 ging das Unternehmen in den Mehrheitsbesitz der Tchibo AG über. Seit 2002 gehört Reemtsma der Imperial Tobacco Group, dem viertgrößten Tabakunternehmen der Welt mit Hauptsitz in Bristol, Großbritannien.

UNTERNEHMEN

Reemtsma Cigarettenfabriken GmbH
Max-Born-Str. 4
22761 Hamburg
(0 40) 82 20–14 65
(0 40) 82 20–11 13
www.reemtsma.de

WESTLB

Die europäische Geschäftsbank WestLB bietet ein breites Spektrum an Finanzdienstleistungen. Zu den Schwerpunkten des Produktportfolios gehören Kredite, Spezialfinanzierungen, Kapitalmarkt- und Private-Equity-Produkte. Kernzielgruppe sind mittelständische Unternehmen und internat. Großunternehmen, institutionelle Investoren und öffentliche Kunden. Als Sparkassenzentralbank versorgt die WestLB, die Teil der Sparkassen-Finanzgruppe ist, die Sparkassen in Nordrhein-Westfalen und Brandenburg mit anspruchsvollen Finanzprodukten und sichert ihnen den Zugang zu internat. Finanzmärkten. 1969 entstand durch die Fusion der rheinischen und westfälischen Landesbank die Westdeutsche Landesbank Girozentrale, die seither unter der Abkürzung WestLB firmiert. Die Vorgängerinstitute waren schon zur Mitte des 19. Jh. als „provinziale Hülfskassen" gegründet worden. Im Jahr 2002 wurde das öffentliche Auftragsgeschäft in die NRW. Bank abgespaltet und die WestLB in eine Aktiengesellschaft umgewandelt. Mit weltweit rund 6.100 Mitarbeitern und einer Konzernbilanzsumme von 285,3 Mrd. Euro ist die WestLB AG das neuntgrößte dt. Kreditinstitut. Die „Global Project Finance Review" zählte die WestLB 2006 zu den zehn größten dt. Banken im Bereich „internat. Projektfinanzierung". Das Gesamtvolumen der WestLB in diesem Bereich betrug im Jahr 2006 ca. 4 Mrd. USD. Die Bildmarke des Logos wurde 1996 von Aberham Design entwickelt. Sie stellt den Buchstaben W dar, der durch grafische Abstraktion die Kernaussage „Dynamik auf festem Grund" vermitteln soll. Die parallel laufenden, leicht gebogenen Linien sollen Aufstieg und Partnerschaft symbolisieren, das auf der Spitze stehende Dreieck Kraft und Solidarität.

Evolution der Bildmarke der WestLB

DATEN UND FAKTEN

Markenname: WestLB

Slogan: „Bank der neuen Antworten"

Markenregistrierung: 14.04.1997, DPMA München

Werbespendings: 4,325 Mio. Euro (Deutschland, Nielsen S & P 06)

UNTERNEHMEN

WestLB AG

Hauptsitz: Düsseldorf, Deutschland

Vorstandsvorsitzender:
Alexander Stuhlmann

Konzernbilanzsumme: 285,3 Mrd. Euro (per 31. 12. 2006)

Vertrieb: 28 Niederlassungen weltweit

KONTAKT

WestLB AG
Herzogstr. 15
40217 Düsseldorf
✆ (02 11) 8 26-01
🖷 (02 11) 8 26-61 19
💻 www.westlb.de

Ansprechpartner Presse:
Marc-Sven Kopka
✆ (02 11) 8 26-23 08
✉ marc_sven_kopka@westlb.de

Ansprechpartner Marketing:
Dr. Anneke Neuhaus
✆ (02 11) 8 26-23 09
✉ anneke_neuhaus@westlb.de

Lead-Agentur:
Kolle Rebbe Werbeagentur GmbH
💻 www.kolle-rebbe.de

SCHON GEWUSST?

- Die WestLB ist mit 28 Niederlassungen die Landesbank mit den meisten Standorten weltweit.
- Mehr als die Hälfte ihrer Erträge erwirtschaftet die WestLB im Ausland.

WHISKAS

Unter dem Markennamen Whiskas stellt das im niedersächsischen Verden ansässige Unternehmen Mars GmbH Katzennahrung her. Das Produktportfolio bietet Katzenbesitzern Feucht- und Trockennahrung, lactosereduzierte Katzenmilch sowie Snacks, die unter Berücksichtigung von Mineralstoffen, Vitaminen, Proteinen und Kohlenhydraten hergestellt werden. Die Nahrung wird für drei verschiedene Altersgruppen, Kätzchen (Kitten), erwachsene Katzen (Adult) und ältere Katzen (Senior) hergestellt und gewährleistet eine individuelle ausgewogene Ernährung. Der Markenname ist an das engl. Wort „whiskers", das Bart bzw. Schnurrbart bedeutet, angelehnt. Der Slogan „Katzen würden Whiskas kaufen" transportiert Vertrauen und greift das Qualitätsversprechen der Marke auf. In Bezugnahme auf das Produkt erscheint das Logo als stilisierter Katzenkopf, der in der Mitte den Schriftzug Whiskas trägt. Die lila Farbgebung assoziiert Wörter wie „putzig" und „niedlich", die oft in Verbindung mit Katzen gebraucht werden. Whiskas-Produkte werden sowohl in Dosen als auch in Schalen und Portionsbeuteln, die eine Portionierung erleichtern, angeboten. Whiskas wird in Verden sowie an anderen europäischen Standorten des Unternehmens hergestellt und ist in 25 Ländern vertreten.

UNTERNEHMEN

Mars GmbH
Eitzer Str. 215
27283 Verden (Aller)
✆ (0 42 31) 94-0
💻 www.whiskas.de

„Katzen würden Whiskas kaufen" lautet der Markenclaim der Tiernahrungsmarke Whiskas der Mars GmbH.

WICK

1985 erwarb der amerikanische Konsumgüterkonzern Procter & Gamble die Richardson-Vicks Inc. Der Markenname geht auf den Apotheker Lunsford Richardson zurück, der 1890 den Grundstein für das Unternehmen legte. Mit der Erfindung der Erkältungssalbe Vick VapoRub, die aus vorwiegend natürlichen Substanzen wie Menthol, Kampfer und Eukalyptusöl besteht, wurde Richardson international berühmt. Seit der Einführung der Marke in Deutschland 1954 kamen zahlreiche Produkte zur Bekämpfung von Erkältungen und grippalen Infekten auf den Markt. Heute reicht das Portfolio von Erkältungssalben über Hustensaft, Hustenpastillen und Bonbons bis hin zu Nasensprays und Inhalierstiften. Besonders populär sind die Wick-Hustenbonbons, die bereits eine über 50-jährige Geschichte hinter sich haben. Den Anfang machten die Sorten Eukalyptus, Wildkirsche und Zitrone. Mittlerweile gibt es sie auch in den Varianten Sonnenorange, Wilder Apfel, Schwarze Johannisbeere und mit elf Kräuterextrakten. In Anlehnung an die typisch dreieckige Bonbonform zeigt das Logo den dunkelblauen Schriftzug Wick in Versalien in einem auf der Spitze stehenden Dreieck. Ein weiteres kleines Dreieck ist dort ebenso angeordnet und symbolisiert durch den kräftigen Farbton Rot die Wirksamkeit der Produkte. Procter & Gamble stellt weitere bekannte Produkte her wie → Meister Proper, Lenor, → Duracell, → Ariel, Fairy, → Max-Factor und viele mehr. Mit dem Verkauf der Markenartikel erreicht das Unternehmen einen weltweiten Umsatz von mehr als 1 Mrd.

USD. Die dt. Hauptverwaltung Procter & Gamble Service GmbH wurde 1970 nach Schwalbach am Taunus verlegt.

DATEN UND FAKTEN

Markenname: Wick, USA, abgeleitet vom Konsumgüterkonzern Richardson-Vicks

Erfinder: Lunsford Richardson, 1890

Innovationen: Wick Energy (2005)

Markenwebsite: www.wick.de

UNTERNEHMEN

Procter & Gamble Service GmbH

Hauptsitz: Schwalbach am Taunus, Deutschland

Weitere Marken: u. a. → Ariel, → Olaz, → Gillette, → Head and Shoulders, → MaxFactor, → Pantene Pro-V

KONTAKT

Procter & Gamble Service GmbH
Sulzbacher Str. 40–50
65824 Schwalbach am Taunus
✆ (0 61 96) 89-01
🖷 (0 61 96) 89-47 08
💻 www.procterundgamble.de

SCHON GEWUSST?

▮ Um seinem Sohn zu helfen, der an Husten und Atemwegsbeschwerden litt, entwickelte der Apotheker Lunsford Richardson eine Erkältungssalbe mit den natürlichen Inhaltsstoffen Eukalyptusöl, Kampfer und Menthol. Die Wick VapoRub Salbe war geboren und befreite von nun an Millionen von Menschen von ihren Erkältungsbeschwerden.

WIKING

Wiking Automobilmodelle gibt es seit 1939.

Die Wiking Modellbau GmbH & Co. KG steht mit ihrer Solitärmarke Wiking für die hochwertige Nachbildung von Fahrzeugen aller Art in Miniaturform. Firmengründer Friedrich Karl Peltzer machte seine private Leidenschaft, den Schiffs- und Automodellbau, zu seinem Beruf, als er am 3. März 1939 in Berlin seine Firma gründete. Heute produziert das Unternehmen seine detailgetreuen Modelle überwiegend in den Maßstäben 1:87 und 1:160. Das vom Gründer selbst entworfene Logo wurde bis 1986 kontinuierlich bis zu seiner heutigen Form weiterentwickelt. Der weiße Schriftzug in der CI-Schrift Times füllt ein rotes Schild aus, das in der Farbkennung HKS 14 gehalten und an den Ecken leicht abgerundet ist. Die CI zieht sich durch alle Werbemaßnahmen des Unternehmens, vornehmlich in Fachmagazinen und an POS, und soll eine lange Tradition hoher Präzision zum Ausdruck bringen. Den Namen Wiking übernahm der Firmengründer von einem Segelschiff aus den 1930er-Jahren. Heute ist das Unternehmen nach eigenen Angaben Weltmarktführer in den beiden produzierten Modell-Maßstäben. Die Nachbildungen aktueller und hist. Fahrzeuge sprechen vor allem Sammler im mittleren und höheren Alterssegment an. Vertrieben wird die Marke durch den Modellfachhandel und große Spielzeugfilialisten. Die aktuell von Volker Sieper und Ulrich Urban geführte Herstellerfirma bietet daneben auch produktbegleitende Publikationen an, die die Modellvorlagen detailliert dokumentieren. Zu Letzteren gehören Lkw und Busse, Einsatzfahrzeuge von Polizei, Feuerwehr und Notdienst, Nutzfahrzeuge, Pkw und Helikopter. Auch zur Aufbewahrung der Sammlerstücke vertreibt Wiking Behältnisse wie Sammel- und Setzkästen. Das Stammwerk in Berlin beschäftigt derzeit 60 Mitarbeiter, der Vertrieb im westfälischen Lüdenscheid zehn Mitarbeiter.

UNTERNEHMEN

Wiking Modellbau GmbH & Co. KG
Schlittenbacher Str. 60
58511 Lüdenscheid
✆ (0 23 51) 8 76-0
🖷 (0 23 51) 8 76-4 15
💻 www.wiking.de

WILESCO

Die voll funktionsfähige Dampfwalze *Old Smoky* ist das bekannteste Spielzeug aus der Wilesco-Kollektion.

Die Marke Wilesco steht für Metallwaren. Das Produktportfolio umfasst sowohl qualitativ hochwertige Spielwaren als auch Schaufeln, Möbelbeschläge sowie Zink- und Aluminiumdruckgussteile nach Zeichnung. Der Name Wilesco ist eine Zusammensetzung ausgewählter Buchstaben aus der Firmenbezeichnung Wilhelm Schröder & Co. Mit der Fertigung der Dampfmaschinen begann Wilesco erst nach dem 2. Weltkrieg, als das Unternehmen eine ortsansässige Firma zur Produkterweiterung übernahm. Wilesco-Dampfmaschinen sind voll funktionsfähige Spielzeuge und Sammlerobjekte. Sie demonstrieren anschaulich physikalische Gesetzmäßigkeiten und verbinden so funktionell Geschichte mit Neuzeit. Bekanntestes Modell ist die Dampfwalze *Old Smoky.* Das Markenlogo besteht aus dem weißen, geschwungenen, fast handschriftlich anmutenden Namenszug Wilesco auf einem roten Rechteck. Dabei beschreibt das Häkchen des o am Namensende einen Bogen und unterstreicht in einem Zug den ganzen Namen. Das Logo wurde 1912 bei der Firmengründung von Wilhelm Schröder entwickelt. Nach dem 2. Weltkrieg veränderten sich Hintergrundfarbe und Umrandung. Der Werbeslogan der Marke lautet „Mach Dampf mit Wilesco". Die Marke wird weltweit von Deutschland aus in Zusammenarbeit mit ausländischen Importeuren und Industriekunden vertrieben. Wilesco verfolgt eine Einmarkenstrategie. Heute wird der Familienbetrieb in dritter Generation von Thomas Schröder geführt und beschäftigt 80 Mitarbeiter. Stammsitz ist Lüdenscheid.

DATEN UND FAKTEN

Markenname: Wilesco, Akronym, zusammengesetzt aus ausgewählten Buchstaben des Firmennamens **Wil**helm **Sc**hröder & **Co**.

Slogan: „Mach Dampf mit Wilesco"

Gründer: Wilhelm Schröder, 1912, Lüdenscheid

Markenregistrierung: 26.01.1955, DPMA München

Jahresumsatz: 5 Mio. Euro

UNTERNEHMEN

Wilhelm Schröder GmbH & Co. KG
Schützenstr. 12
58511 Lüdenscheid
✆ (0 23 51) 98 47-0
🖷 (0 23 51) 98 47-47
💻 www.wilesco.de

WILK

Wilk ist eine Marke aus dem Portfolio des Wohnwagenherstellers →Knaus Tabbert Group. Wilk wendet sich vor allem an die Best-Ager. Die Marke ist auf Caravans spezialisiert und gilt als Klassiker in der Branche. Der Erfinder und Namensgeber Helmut Wilk machte sich einen Namen als Pionier des Caravanbaus, dessen Ideen die Gestaltung von Wohnwagen insgesamt wesentlich geprägt haben. Er gründete seine Firma im Jahr 1951 und erledigte zunächst auch den Vertrieb für Wohnwagen und Zubehör anderer Hersteller. Gleichzeitig arbeitete er an eigenen Entwicklungen. So baute er z. B. 1957 einen Anhänger, der in ein Motorboot oder mithilfe von Seitenteilen in ein Wochenendhäuschen umfunktioniert werden konnte. Im Jahr 1969 produzierte das Unternehmen in Bad Kreuznach als erstes der Branche mehr als 30.000 Fahrzeuge und wurde nach dem Zusammenschluss mit Caravan International zu einem der größten Hersteller Europas. In einer blauen, ovalen Vignette steht der Namensschriftzug in weißen Versalien, im hinteren Teil überdacht von einer waagerechten Linie. Das Design erinnert an ein dreidimensionales Blechsignet und soll die traditionellen Charakteristika der Marke - klassisch, robust und zuverlässig - vermitteln, auf die auch der Slogan „Wilk - Die neue Klassik" verweist. Zuvor wurde die Marke mit dem Slogan „Alte Hasen fahren Wilk" beworben. Zur Markenpflege gehört auch der Anspruch, durch kontinuierliche Innovationen zu überzeugen. So gibt es heute z. B. auch ein behindertenfreundliches *Wilk-S-4-Modell* mit einem Raumkonzept, das sich durch eine rollstuhlgerechte Tür und einen mit Rollstuhl befahrbaren Waschraum auszeichnet. 1986 übernahm die Tabbert Caravan GmbH die Marke. Als Teil der Tabbert Industrie AG (TIAG) ging sie damit im Jahr 2002 in das Portfolio der Knaus Tabbert Group über, das außerdem die Marken →Knaus, →Tabbert, →T@b, →Weinsberg und →Eifelland beinhaltet.

DATEN UND FAKTEN

Markenname: Wilk, Familienname des Gründers

Slogan: „WILK - Die neue Klassik"

Erfinder: Helmut Wilk, 1951

Innovationen: behindertengerechter Wohnwagen WILK S4 (2007)

Markenwebsite: www.wilk.de

UNTERNEHMEN

Knaus Tabbert Group GmbH
Helmut Knaus Str. 1
94118 Jandelsbrunn
✆ (0 85 83) 21-1
🖷 (0 85 83) 21-3 87
💻 www.knaus-tabbert-group.de

Wilk gehört seit den 1970er-Jahren zu den größten Caravan-Herstellern Europas.

WILKHAHN

Die Möbelmarke Wilkhahn steht für hochwertige Konferenz- und Büroeinrichtungen unter dem Label „Design made in Germany". Seit den 1950er-Jahren werden Wilkhahn-Möbel auf Grundlage von Deutschem Werkbund, Bau-

Die Polsterei und Näherei sind in Pavillons untergebracht, die sich durch ihre humane Architektur auszeichnen (unten). Der Bürostuhl der FS-Linie zählt zu den Klassikern des Möbelprogramms von Wilkhahn (Mitte).

Die Konferenztisch-Anlagen von Wilkhahn sind variabel und mobil. Sie sind weltweit einzigartig.

haus und Ulmer Hochschule für Gestaltung entwickelt und gestaltet. Ziel ist es, den Gebrauchsnutzen der Möbelstücke zu optimieren und zeitstabiles Design mit hoher Produktqualität zu verbinden. Gegründet wurde das Unternehmen Wilkening & Hahne 1907 von Christian Wilkening und Friedrich Hahne in Bad Münder. Der Markenname Wilkhahn entstand in den 1950er-Jahren aus der Zusammenziehung der Familiennamen der beiden Firmengründer. Zu den Käufern der hochwertigen Büro- und Konferenzmöbel zählen Firmen wie BMW oder Nike, aber auch das Bundeskabinett, die OECD und die Weltbank sind Nutzer von Wilkhahn-Möbeln. Generell, betont der heute in dritter Generation geführte Familienbetrieb, richte sich sein Möbelportfolio an alle, die Arbeits- und Kundenräume anspruchsvoll gestalten wollen. Seit den 1970er-Jahren kultiviert das Unternehmen das Konzept des sog. dynamischen Sitzens. Neben Stühlen mit beweglichen Sitzschalen entwickelte Designer Nick Roericht die Stehhilfe *Stitz* als Alternative zum Sitzen. In den 1980er-Jahren folgte das Bürostuhlprogramm der *FS-Linie*. Entworfen haben es Klaus Franck und Werner Sauer. Heute zählt Wilkhahn zu den führenden Herstellern modern gestalteter, hochwertiger sowie ergonomisch durchdachter Objektmöbel. 30 Produktlinien werden unter der Unternehmensmarke Wilkhahn angeboten. Seit den 90er-Jahren gehören Konferenzeinrichtungen als zweiter Produktschwerpunkt zum Portfolio. 550 Mitarbeiter hat der Möbelhersteller weltweit, 400 sind am dt. Stammsitz in Niedersachsen beschäftigt. 91 Länder auf allen Kontinenten werden mit Wilkhahn-Möbeln beliefert.

DATEN UND FAKTEN

Markenname: Wilkhahn, Akronym, abgeleitet aus den Familiennamen der Firmengründer **Wilk**ening und **Hahn**e

Slogan: „Design made in Germany"

Gründer: Christian Wilkening und Friedrich Hahne, 1907 Bad Münder

Auszeichnungen:
„Deutscher Marketingpreis" (1992)
„Deutscher Umweltpreis" (1996)
„Corporate Conscience Award", Council in Economic Priorities, New York (1997)
„Bundespreis für Förderer des Design" (1999)
„Zukunft der Arbeit", weltweites Projekt zur Expo 2000 (2000)
Ausgezeichneter Ort der Bundesinitiative „Deutschland - Land der Ideen" (2007) etc.

UNTERNEHMEN

Wilkening & Hahne GmbH & Co. KG

Hauptsitz: Bad Münder, Deutschland

Geschäftsführer: Dr. Jochen Hahne (Vorsitz), Holger Jahnke

Exportquote: rund 70 % (bezogen auf Gesamtumsatz 2006)

Mitarbeiter: 550 weltweit, 400 davon in Niedersachsen

Fertigung: in Deutschland, Australien, Spanien, Japan, USA und Südafrika

Vertrieb: vertreten in 91 Ländern

KONTAKT

Wilkening & Hahne GmbH & Co. KG
Fritz-Hahne-Str. 8
31848 Bad Münder
(0 50 42) 9 99-0
(0 50 42) 9 99-2 26
www.wilkhahn.com

SCHON GEWUSST?

- Die Konferenzen des EU-Rats unter dt. Ratspräsidentschaft (2007) fanden auf Wilkhahn-Sesseln und an einer variablen Wilkhahn-Konferenztischanlage statt. Nach jeder Veranstaltung wanderte das Equipment in Flight Cases und wurde zum nächsten Tagungsort geflogen.
- Die Arbeitsweltarchitektur der Wilkhahn-Zentrale in Niedersachsen ist beispielhaft: Berühmte Architekten wie Herbert Hirche (1960) und Thomas Herzog (1992) gestalteten Gebäude auf dem Firmengelände. Besonders bekannt sind die Produktionspavillons von Frei Otto (1988).

Ansprechpartner Presse:
Burkhard Remmers
✆ (0 50 42) 9 99–1 69
✉ burkhard.remmers@wilkhahn.de

Ansprechpartner Marketing:
Andreas Schulz
✆ (0 50 42) 9 99–1 70
🖷 (0 50 42) 9 99–2 30
✉ andreas.schulz@wilkhahn.de

WILKIN & SONS TIPTREE

Unter der Marke Tiptree vertreibt das engl. Unternehmen Wilkin & Sons Ltd. hochwertige Marmeladen und Konfitüren. In Tiptree – ein kleiner Ort im engl. Essex – gehören seit 1757 einige Ländereien der Familie von Arthur Charles Wilkin. Zunächst handelte die Familie mit frischem Obst. 1885 entschied A. C. Wilkin zusammen mit zwei Partnern, in einer eigens gegründeten Firma Marmeladen und Konfitüren zu produzieren. Die ersten Gläser waren von so guter Qualität, dass ein australischer Kaufmann sofort die gesamte Produktion erstand. Dabei forderte er, dass die Konfitüre ohne Glukose, Farb- und Konservierungsstoff herzustellen und als „Conserve" zu bezeichnen ist. Während das Sortiment laufend erweitert wurde, begann man den Begriff „Conserve" für Produkte zu verwenden, die aus Früchten von der eigenen Farm in Essex hergestellt wurden. Erzeugnisse aus importierten Früchten hießen „Preserve". 1905 wurde die Britannia Fruit Preserving Company in Wilkin & Sons Ltd. umgewidmet. 1911 erhielt Wilkin & Sons, bereits schon in mehrere Länder exportierend, die „Royal Warrant" von König Georg V, eine Auszeichnung des engl. Hofes als Hoflieferant, die bis zum heutigen Tag von den jeweiligen Regenten erneuert wurde. Ausgewählte Früchte und entsprechende Verarbeitung zeichnen die Tiptree-Erzeugnisse in ihrer Qualität aus. Konfitüren werden heute als „Conserve" bezeichnet. Eines der am häufigsten verkauften Produkte ist Little Scarlet, eine Wilderdbeer-Konfitüre aus einer kleinen, ursprünglich aus den USA stammenden Wilderdbeere mit sehr intensivem Aroma. Mehr als 70 Wilderdbeeren werden pro Glas verarbeitet. Seit Beginn der 1920er-Jahre ist das Etikett unverändert oval und nur mit dem schwarzen Schriftzug und der jeweiligen Royal Warrant versehen. Die in leicht schräg gestellter Schreibschrift gehaltene Wortmarke sowie das gesamte Design sollen traditionell hohe Qualität symbolisieren. Wilkin & Sons Ltd. ist nach wie vor ein Familienbetrieb mit derzeit knapp 200 Mitarbeitern. Die Produktpalette wurde im Lauf der Zeit erweitert, u.a. um Christmas Pudding, Tee und Honig. In Deutschland werden die Produkte von der Castle Tea Co. GmbH vertrieben.

Unter der Marke Wilkin & Sons Tiptree werden zahlreiche engl. Marmeladen und Konfitüren angeboten.

DATEN UND FAKTEN

Markenname: Tiptree, Ort in Großbritannien

Slogan: „Verarbeite so viel wie möglich maschinell, aber nutze des Menschen Hand dort, wenn sie es besser kann"

Erfinder: Arthur Charles Wilkin, 1885, Tiptree/Großbritannien

Markenregistrierung: 16.01.1945, Großbritannien (06.02.1967, DPMA München)

Auszeichnungen:
„Royal Warrant" seit 1911

Markenwebsite: www.tiptree.com

UNTERNEHMEN

Wilkin & Sons Ltd.

Hauptsitz: Tiptree, Großbritannien

Geschäftsführung: Ian Thurgood

Vertrieb: Deutschland

SCHON GEWUSST?

▮ A. C. Wilkin sandte einige der ersten Gläser Tiptree auch an den Premierminister Mr. Gladstone, der sich dafür mit einem persönlichen Brief bedankte.

▮ Schon 1905 wurden knapp 300 t Erdbeeren geerntet und 170 t Konfitüre daraus hergestellt. Die Fabrik hatte bereits Strom, während der Rest des Ortes noch 30 Jahre warten musste.

Arthur Charles Wilkin (unten) gründete 1885 im engl. Tiptree eine Firma zur Marmeladenherstellung.

Unter dem WILO-Logo mit dem internat. gültigen Claim „Pumpen Intelligenz" die Hocheffizienzpumpe WILO-Stratos

KONTAKT

Castle Tea Co. GmbH
Brandstücken 16
22549 Hamburg
✆ (0 40) 80 78 79-0
🖷 (0 40) 80 78 79-80
💻 www.castletea.com

WILKINSON

Hinter der Marke Wilkinson verbirgt sich ein brit. Hersteller von Rasierklingen, Essbestecken und Gartengeräten mit dt. Sitz in Solingen. Die Ursprünge des Unternehmens Wilkinson Sword gehen auf das Jahr 1772 zurück, als der Klingenschmied Henry Nock Männer mit Schwertern belieferte. Um 1805 übernimmt dessen Schwiegersohn James Wilkinson das Unternehmen und stellt unter seinem Namen vergleichbare Klingen her. Über 90 Jahre später entwickelte das Unternehmen den ersten Nassrasierer, der den Namen „Pall Mall" erhält und die Grundlage für neue Entwicklungen bildete. Diese bestanden zunächst aus Fahrrädern, Motorrädern und Automobilen. Hauptaugenmerk richtete das Unternehmen dann später wieder auf die Rasierklingenproduktion. Nach der Erfindung der ersten Klinge mit dreifach beschichteten Schneiden 1962 setzt das Unternehmen einen Meilenstein und startet eine revolutionäre Entwicklung. Neueste Produktinnovation ist der „Quattro Titanium Energy", der batteriebetrieben ist und eine einfache und schnelle Rasur ermöglicht. Im Hinblick auf die Historie zeigt das Logo zwei gekreuzte Schwerter, die auf den ursprünglichen Tätigkeitsbereich des Unternehmens verweisen. Der Markenname Wilkinson steht dabei im Schnittpunkt der beiden Klingen und trägt den Zusatz Sword unter sich. Seit 2003 gehört Wilkinson Sword zu der Energizer Holdings, Inc., die bekannt ist durch ihren gleichnamigen Batteriehersteller. Neben dem Segment Rasierzubehör stellt das Unternehmen auch Rasierpflege sowie Maniküre- und Pediküreprodukte her.

UNTERNEHMEN

Wilkinson Sword GmbH
Schützenstr. 110
42659 Solingen
✆ (02 12) 4 05-0
🖷 (02 12) 4 05-3 40
💻 www.wilkinson.de

WILLY BOGNER

→ Bogner

WILO

Unter der Marke Wilo bietet das gleichnamige Industrieunternehmen Pumpen und Systeme in nahezu allen Größen und Leistungsklassen für die Heiz- und Kühltechnik, Klimatisierung, Wasserversorgung sowie Abwasserentsorgung und -aufbereitung. Wilo-Produkte finden Anwendung in gewerblichen Gebäuden, kommunalen Einrichtungen, der Industrie und in privaten Haushalten. Das Produktportfolio ist internat. ein Begriff für dt. Ingenieurskunst auf höchstem Niveau. Sämtliche Neuentwicklungen sind dem Gedanken der Nachhaltigkeit verpflichtet. Bestes Beispiel ist die Wilo-Stratos, die erste Hocheffizienzpumpe der Welt für Heizungs-, Kälte- und Klimatechnik, mit der bis zu 80 % Strom im Vergleich zu herkömmlichen ungeregelten Heizungspumpen eingespart werden können. Hohe Qualität und Innovationskraft sowie Kunden- und Serviceorientierung sind Merkmale, für die Wilo steht. Energieeffizienz und geringe Lebenszykluskosten kennzeichnen sämtliche Produkte von Wilo. Diese Werte münden in dem dt. Markenclaim „Pumpen Intelligenz", der durch die Wilo-Mitarbeiter in einer weltweiten Befragung bestätigt wurde und seitdem internat. in der Markenkommunikation von Wilo eingesetzt wird. 1872 als Messing- und Kupferwarenfabrik Louis Opländer in Dortmund gegründet, setzte das Unternehmen ab 1920 den Schwerpunkt auf die Heizungs- und Sanitärtechnik. 1928 begann man mit der Fertigung der ersten patentierten Umlaufbeschleuniger. Diese in der Heiztechnik bahnbrechende Konstruktion wurde durch den westfälischen Ingenieur Wilhelm Opländer entwickelt, der später dem Unternehmen Wilo auch seinen Namen gab. Schon 1965 begann Wilo mit dem Aufbau eigener Tochterfirmen im Ausland. 2002 erfolgte die Umstrukturierung zur Wilo AG, seitdem wächst das Familienunternehmen kontinuierlich. Heute arbeiten über 5.600 Mitarbeiter für den in Dortmund ansässigen Konzern, der mit 44 Gesellschaften global vertreten ist. Wilo hat sich mit seinen Tochtergesellschaften zu einem der weltweiten Technologieführer bei Pumpen für die Flüssigkeitsförderung entwickelt. Wilo-Pumpen werden regelmäßig mit Design- und Innovationspreisen ausgezeichnet.

DATEN UND FAKTEN

Markenname: Wilo, Akronym, abgeleitet aus **Wil**helm **O**pländer, Erfinder des ersten Umlaufbeschleunigers, 1928

Slogan: „Pumpen Intelligenz"

Gründer: Louis Opländer, 1872, Dortmund

Markenregistrierung: 1928 Patent für Umlaufbeschleuniger; ca. 30 Patentanmeldungen pro Jahr

Innovationen: Erste vollelektronische Umwälz-Pumpe (1988), Erste mehrstufige Nassläufer-Hochdruckkreiselpumpe in vertikaler Bauform (1995), Erstes Dreiflügel-Tauchrührwerk (1995), Einführung korrosionsresistenter CERAM-Beschichtungen auf Schmutz- und Abwasserprodukten (1997), Erster Abwassertauchmotor mit hermetisch geschlossenem Kühlkreislauf (2001), Erste Hocheffizienzpumpe für Heizung, Klima, Kälte (2001)

Markenbekanntheit: 93,1 % (ungest.), 99,4 % (gest.), lt. Umfrage bei Installateuren (2005)

Auszeichnungen:
„red dot award: product design" für die Wilo-Stratos (2001)
„IF Product Design Award" für die Wilo-Stratos PARA (2006)
„red dot award: product design" für Wilo-Star-Z 15 TT (2006)

UNTERNEHMEN

WILO AG

Hauptsitz: Dortmund, Deutschland

Vorstand: Dr. Horst Elsner

Weitere Marken: Salmson, Intec, Mather & Platt

Gesamtumsatz: 873 Mio. Euro (2006)

Vertrieb: weltweit auf vier Kontinenten, in über 50 Ländern

KONTAKT

WILO AG
Nortkirchenstr. 100
44263 Dortmund
✆ (02 31) 41 02-0
🖷 (02 31) 41 02-73 63
💻 www.wilo.de

Ansprechpartner Corporate Brand Management & Media

Lars Brandstäter
✆ (02 31) 41 02-73 79
✉ lars.brandstäter@wilo.de

SCHON GEWUSST?

▌ In der 2005 eröffneten Allianz Arena in München wird die Bewässerung des Spielfelds durch zwei Wilo Druckerhöhungsanlagen im Fluss gehalten. Je nach Witterung kommen pro Jahr rund 3.000 bis 4.000 Kubikmeter Wasser zusammen, damit das Grün auch grün bleibt.

▌ 35 km westlich von Seoul entstand als architektonischer Meilenstein der größte Flughafen Asiens. Auf dem gesamten Flughafengelände mit einer Fläche von rund 50 Quadratkilometer wurden insgesamt 358 Wilo Pumpen installiert, die u. a. Wasserversorgung, Klimatisierung und Brandbekämpfung des Flughafens gewährleisten.

▌ Das Energiesparpotenzial durch die Umstellung auf Hocheffizienzpumpen ist so groß, dass in Europa mehrere Kernkraftwerke stillgelegt werden könnten.

WILVORST

Der Schwerpunkt der Marke Wilvorst liegt auf exkl. Herrenmode für festliche Anlässe. Das Angebotsspektrum reicht von Anzügen, Smokings und Fräcken bis hin zu Hemden und Westen. Accessoires wie Krawatten und Schuhe runden das Portfolio ab. Wilvorst wurde 1916 von Wilhelm Vordemfelde in Stettin gegründet. Der Markenname setzt sich zusammen aus den Anfangsbuchstaben seines Vor- und Nachnamens und des Gründungsortes. Mit der 1975 eingeführten Kollektion *After-Six Fashion* ist Wilvorst nach eigenen Angaben marktführend im Segment Mode für den Bräutigam. 2001 brachte das Unternehmen die Kollektion *Tziacco by Wilvorst* für junge Käuferschichten auf den Markt, 2003 folgte mit *Wilvorst Prestige* eine Kollektion im Premiumsegment. Eine besondere Innovation sind Galaanzüge mit sog. Nano-Protection: die Hightech-Kunstfaser bietet Schutz vor Flecken aller Art. Für Werbemaßnahmen wendet das Unternehmen jährlich 3 % des Umsatzes – rund 600.000 Euro – auf. Das Markenlogo besteht aus der in Versalien geschriebenen Wortmarke, der ein pommerscher Greif zur Seite gestellt ist. Er verweist auf den Ursprung der Marke im polnischen Stettin. Die Produkte werden in über 35 europäischen Ländern und im Nahen

WILVORST

Die Bekleidungsmarke Wilvorst steht für klassische Herrenmode für festliche Anlässe.

Osten über den Fachhandel verkauft. Herrenausstatter, Facheinzelhändler, Filialisten und Brautmodenhändler führen die Marke Wilvorst. Die Wilvorst Herrenmoden GmbH, die ihren Sitz in Northeim hat, erzielte 2006 einen Umsatz in Höhe von ca. 20 Mio. Euro und beschäftigte 196 Mitarbeiter. Das Unternehmen gehört zur Herforder Brinkmann Gruppe, deren Portfolio zahlreiche weitere Modemarken wie → Bugatti, Eres und Odermark umfasst.

DATEN UND FAKTEN

Markenname: Wilvorst, Akronym, zusammengesetzt aus dem Namen des Gründers **Wil**helm **Vor**demfelde und dem Gründungsort **St**ettin

Gründer: Wilhelm Vordemfelde, 1916, Stettin

Markenregistrierung: 25. 01. 1961, DPMA München

Innovationen: Wilvorst Prestige (2003), Nano-Protection (2007)

Jahresumsatz: 20 Mio. Euro (2006)

Werbespendings: ca. 600.000 Euro

UNTERNEHMEN

Wilvorst – Herrenmode GmbH
Stettiner Str. 6–8
37154 Northeim
✆ (0 55 51) 7 01-0
Fax (0 55 51) 7 01-2 12
www.wilvorst.de

WINCOR NIXDORF

Zum Portfolio von Wincor Nixdorf gehören u. a. Kassensysteme (Mitte) sowie Geldautomaten und Kontoauszugsdrucker (unten).

Die Marke Wincor Nixdorf steht für ein umfangreiches Portfolio an IT-Lösungen für Retailbanken und Handelsunternehmen. Das Leistungsangebot der Wincor Nixdorf AG umfasst Hardwarelösungen, Software sowie Consulting- und Service-Leistungen. Es ist darauf ausgerichtet, Geschäftsprozesse in Banken und Handelsketten zu optimieren, die über ein großes Filialnetz verfügen. Wincor Nixdorf stellt u. a. Geldautomaten und Kontoauszugsdrucker mit der dazugehörigen Software sowie Kassen- oder Leergutrücknahmesysteme für den Handel her. 2003 entwickelte Wincor Nixdorf nach eigenen Angaben die erste intelligente Deposit-Lösung, mit der sich der Prozess der Scheck- und Bargeldeinzahlung abbilden lässt. Für die innovative Gestaltung des Vertriebskanals Filiale wurde das Unternehmen 2006 mit dem Banker Technology Award des brit. Fachmagazins The Banker in der Kategorie New Channels Project of the Year ausgezeichnet. Das Knowhow aus dem Kerngeschäft nutzt Wincor Nixdorf zur Expansion in weitere Branchen. Die Marke Wincor Nixdorf geht zurück auf Heinz Nixdorf, der 1952 die Nixdorf Computer AG gründete. 1990 wurde die Firma von Siemens übernommen. Nach der Herauslösung aus dem Siemens-Konzern wurde Wincor Nixdorf 1999 als eigenständiges Unternehmen gegründet. Der Markenname Wincor Nixdorf ist eine Wortschöpfung aus den engl. Begriffen win und core competencies sowie dem Nachnamen des Gründers der Vorgängergesellschaft, Heinz Nixdorf. Das Logo zeigt den Markennamen Wincor Nixdorf, übereinander in schwarzer Schrift, getrennt durch einen roten Balken. Nach eigenen Angaben ist Wincor Nixdorf Marktführer bei Geldautomaten und Kassensystemen in Deutschland und weltweit Nummer drei. Mit mehr als 8.000 Mitarbeitern erwirtschaftete die Wincor Nixdorf AG im Geschäftsjahr 2005/06 einen Umsatz in Höhe von 1,95 Mrd. Euro. Das Unternehmen produziert in Paderborn, São Paulo, Shanghai und Singapur und ist weltweit in 34 Ländern mit eigenen Tochtergesellschaften und in mehr als 60 Ländern über Partnerunternehmen vertreten.

Wincor Nixdorf ist seit 1999 ein eigenständiges Unternehmen.

DATEN UND FAKTEN

Markenname: Wincor Nixdorf, zusammengesetzt aus dem Kunstwort Wincor (**win** und **core** competencies) sowie dem Nachnamen des Gründers der Vorgängergesellschaft

Slogan: „Experience meets vision" (1999)

Gründung: 1999, mit der Herauslösung aus dem Siemens-Konzern

Markenregistrierung: 10. 04. 2000, DPMA München

Innovationen: erste intelligente Deposit-Lösung, mit der sich der Prozess der Scheck-

und Bargeldeinzahlung abbilden lässt (2003)

Auszeichnungen:
„Banker Technology Award", New Channels Project of the Year, The Banker (2006)
„Gold Award", New Channel Innovation für Kiosksysteme, The Banker (2006)

UNTERNEHMEN

Wincor Nixdorf AG

Hauptsitz: Paderborn, Deutschland

Vorstand: Eckhard Heidloff, Dr. Jürgen Wunram, Jürgen Wilde, Stefan Auerbach

Gesamtumsatz: 1,95 Mrd. Euro (2005/06)

Vertrieb: in 90 Ländern, davon in 34 mit eigenen Tochtergesellschaften

KONTAKT

Wincor Nixdorf AG
Heinz-Nixdorf-Ring 1
33106 Paderborn
✆ (0 52 51) 6 93-30
🖷 (0 52 51) 6 93-67 67
🖳 www.wincor-nixdorf.com

Ansprechpartner Presse:
Andreas Bruck
✆ (0 52 51) 6 93-52 00
✉ andreas.bruck@wincor-nixdorf.com

MEILENSTEINE

1952 Heinz Nixdorf gründet die Nixdorf Computer AG.

1990 Übernahme der Nixdorf Computer AG durch die Siemens AG

1999 Mit der Herauslösung aus dem Siemens-Konzern wird Wincor Nixdorf als selbstständiges Unternehmen gegründet.

2004 Nach der Umwandlung in eine Aktiengesellschaft geht die Wincor Nixdorf AG an die Börse.

WINDSOR

Unter der Marke windsor vertreibt die Windsor GmbH exkl. Damen- und Herrenmode. Das Unternehmen ist im Premiumsegment positioniert und arbeitet lt. Firmenangaben konsequent mit hochwertigen ital. Stoffen. Das Markenlogo besteht aus dem windsor-Schriftzug und ist in schlichtem Schwarz gehalten. Klarer Stil und elegante Gestaltung bestimmen das Corporate Design der windsor GmbH und finden sich neben dem Markenlogo auch in den verschiedenen Kollektionen und den windsor-Stores wieder. Gegründet wurde die Windsor GmbH 1889 als Hersteller hochwertiger Businesskleidung für Herren. Mit der Einführung der Linie windsor. men im Jahr 1960 spezialisierte sich das Unternehmen auf die Herstellung von Herrenanzügen und Mänteln. Seit 1977 gibt es auch die windsor. women, die sich schnell zu einer eigenständigen Marke entwickelt hat. 1991 übernahm die Windsor GmbH die Lizenz des Designerlabels *Joop! Menswear.* 2004 folgte die Lizenz für *Joop! Jeans Men* und *Women,* zudem ab 2007 auch die *Joop! Womenswear.* Ende 2004 wurde die Markenführung der Windsor GmbH von der *Strellson AG* in Kreuzlingen (Schweiz) übernommen. In Deutschland betreibt das Unternehmen zwei windsor-Stores in Düsseldorf und Hamburg.

UNTERNEHMEN

Windsor GmbH
Am Ellerbrocks Hof 2-6
33617 Bielefeld
✆ (05 21) 14 53-0
🖷 (05 21) 14 53-2 16
🖳 www.windsor.de

Die Modemarke windsor wurde 1889 erfunden.

WINDSOR-CASTLE

Windsor-Castle Tea of London steht als Genussmittelmarke für ein engl. Teesortiment in hoher Qualität. Zum Angebot der seit 1956 bestehenden Marke zählt u.a. die typisch kleinblättrige Teemischung Orange Pekoe aus Ceylon Tee. Im Deutschland der Nachkriegsjahre war Windsor-Castle Orange Pekoe Tea einer der Wegbereiter für einen neuen Teekonsum. Das kleinere Blatt erzeugte im Gegensatz zu den bisher erhältlichen Tees eine weitaus kräftigere Tasse Tee, deren Geschmack nicht mehr an das kaum aromatische Getränk früherer Zeiten erinnerte. Eine weitere in Deutschland erfolgreiche typische engl. Mischung war Earl Grey's Tea, der auf der Aromatisierung mit Bergamottöl und im Gegensatz zum Original auf einer China-Darjeeling-Mischung basierte. Die Produktpalette von Windsor-Castle Tea passte sich an die mit der Zeit veränderten Verbrauchergewohnheiten an. Bedingt durch einen zunehmend hektischen Alltag und den Wunsch nach unkomplizierter Tee-Zubereitung setzten sich die Aufgussbeutel durch. Um auch bei den Teebeuteln die geschmackliche Qualität der losen Teemischungen zu erreichen,

Hermann J. Schmidt (unten) ist Gründer der Castle Tea Co. GmbH.

WINI MEIN BÜRO.

Carolina Schmidt-Karsch, geschäftsführende Gesellschafterin der Wini GmbH

wird ein hochwertiger Ceylon Fannings für Windsor-Castle Aufgussbeutel verwendet. Das Markenlogo setzt sich aus einer im Halbrund geformten Banderole mit der Aufschrift „Windsor-Castle" und der darunter abgebildeten stilisierten Darstellung des Schlosses „Windsor Castle" zusammen. Den unteren Abschluss des Logos bildet der Schriftzug „Tea of London". Nach eigenen Angaben ist Windsor-Castle in Deutschland Marktführer im engl. Teesortiment. Als Erfolgsfaktor betrachtet der Hersteller die über Jahrzehnte in Geschmack und Präsentation beständige Tradition. Die Castle Tea Co. GmbH mit Sitz in Hamburg vertreibt neben Tee auch ein breites Feinkostsortiment wie Marmeladen, Pasta, Öle etc. Dabei beliefert das Unternehmen ausschließlich den Groß- und Einzelhandel.

Unter der Marke Windsor-Castle werden hochwertige englische Teesorten vertrieben.

DATEN UND FAKTEN

Markenname: Windsor-Castle, England, abgeleitetet von der gleichnamigen Residenz der brit. Königsfamilie

Slogan: „Englisch, aromatisch und erlesen"

Erfinder: Hermann J. Schmidt, 1956

Markenregistrierung: 02.03.1956, DPMA München

UNTERNEHMEN

Castle Tea Co. GmbH

Hauptsitz: Hamburg, Deutschland

Geschäftsführung: Hans Otto Grelck

SCHON GEWUSST?

Das Original von Earl Grey's Tea war im Ursprung Lapsang Souchong Tee, ein typischer China-Tee, der über dem Holzfeuer getrocknet wurde und daher seinen Rauchgeschmack erhielt. Diese Verbindung wurde von den Europäern nicht als wohlschmeckend empfunden, sodass sich der Erfolg des Earl Grey's Tee erst mit dem veränderten Basis-Blend einstellte.

Weitere Marken: → Wilkin & Sons Tiptree, Opie's, Sammy's, Kettle Chips, Britannia

Vertrieb: Deutschland

KONTAKT

Castle Tea Co. GmbH
Brandstücken 16
22549 Hamburg
(0 40) 80 78 79-0
www.castletea.com

WINI

Die Büromöbelmarke Wini setzt auf die Herstellung hochwertiger und funktionaler Büromöbel mit eigenständigem Design. Die Entwicklung kundenindividueller Einrichtungslösungen steht dabei im Vordergrund. Zur Markenphilosophie des mittelständischen Herstellers gehören demnach Individualität, Design und Nachhaltigkeit. Wini richtet sich an alle Kunden, die Büroarbeitsplätze benötigen, insbesondere jedoch an Industrie, Dienstleister, Architekten und Planer. Dem entspricht das Produktportfolio, das Schreibtisch-, Regal- und Schranksysteme umfasst sowie Konferenz- und Organisationsmöbel. In diesem Bereich gehört Wini zu den Top 10 der Branche. Die Firma wurde 1908 von Wilhelm Niemeyer gegründet, aus dessen Initialen sich zugleich der Marken- und Firmenname zusammensetzt. Heute wird das 220 Mitarbeiter starke Unternehmen in dritter Familiengeneration von den geschäftsführenden Gesellschaftern Carolina Schmidt-Karsch und Hans F. Karsch geleitet. Mit der 2006 neu eingeführten Corporate Identity „Wini. Mein Büro" wird auch das Markenlogo einem Relaunch unterzogen. Die Farbe Silbergrau hat sich als Hausfarbe etabliert und unterstreicht die wesentlichen Materialkomponenten der Wini-Produkte: Aluminium und Edelstahl. Die beiden roten Dreiecke im Logo sollen die Anforderungen des Kunden einerseits und die daran angepasste Leistung von Wini andererseits symbolisieren.

DATEN UND FAKTEN

Markenname: Wini, Akronym, abgeleitet aus den Namen des Firmengründers **Wi**lhelm **Ni**emeyer

Slogan: „Wini. Mein Büro"

Gründer: Wilhelm Niemeyer, 1908, Duingen

Markenregistrierung: 10.01.1983, DPMA München

Innovationen: ISI 4 (1990er-Jahre): Schreibtischprogramm, TWISTER (2005) Klapptisch, WINEA MATRIX (2005): Schranksystem

Markenbekanntheit: über 90 % im Bürofachhandel ungest. (eigene Angaben)

Auszeichnungen:
„iF product design award" (1983, 1994, 2001, 2005)
„Der blaue Engel"
„Quality Office-Siegel für Produkt- und Beratungsqualität" (seit 2006)

UNTERNEHMEN

WINI Büromöbel G. Schmidt GmbH & Co. KG

Hauptsitz: Coppenbrügge, Deutschland

Geschäftsführer: Carolina Schmidt-Karsch, Hans F. Karsch, Rudolf Bandick

Gesamtumsatz: 35 Mio. Euro (2006)

Vertrieb: über Fachhandel und Lizenzfertigung (USA)

KONTAKT

WINI Büromöbel G. Schmidt GmbH & Co. KG
Auhagenstr. 79
31863 Coppenbrügge OT Marienau
(0 51 56) 97 90
(0 51 56) 97 91 00
www.wini.de

Ansprechpartner Presse:
Diana Repenning
repenning@wini.de

Ansprechpartner Marketing:
Janina Richter
richter@wini.de

Die neue Corporate Identity mit „Wini. Mein Büro" wurde 2006 eingeführt.

Lead-Agentur:
brunsmiteisenberg werbeagentur gmbh
www.bme-im-netz.de

MEILENSTEINE

1908 Gründung von Wini durch Wilhelm Niemeyer

1956 Georg Schmidt gründet in Marienau die Firma Ith-Möbelfabrik, die später mit dem ursprünglichen Unternehmen Wini fusioniert.

1994 Einführung der fraktalen Organisation bei Wini, die flexible Prozesse ermöglicht.

2006 Neue Corporate Identity mit „Wini. Mein Büro" unterstreicht die Kompetenz für kundenindividuelle Lösungen.

WK WOHNEN

Unter der Einrichtungsmarke WK Wohnen vertreibt die MHK Group AG Möbel, Leuchten, Textilien und Teppiche im gehobenen Segment. Die Marke existiert seit 1912. Damals gründeten Arthur Schubert, Moritz Langenbach und Ernst Lewent die heutige WK Gruppe unter dem Namen „Deutsche Werkstätten für Wohnkunst". Ihr Ziel war „Die Verbreitung des guten Geschmacks". Um diese Wohnkultur - kurz WK - zu erreichen, beauftragten die Gründer freischaffende Künstler und Architekten mit dem Entwurf von modernen Möbeln. Die Entwürfe ließen sie dann von kleineren Werkstätten realisieren. An diesem Grundkonzept wird bis heute festgehalten. Zielgruppe von WK Wohnen sind Kunden, die Wert auf individuelles Einrichten legen. Bei vielen Entwicklungen im Produktbereich übernahm WK Wohnen eine Vorreiterrolle. Demnach stammen die ersten Baukastensysteme und die erste Küche aus Einzelmöbeln von WK Wohnen. Das aktuelle Markenlogo existiert seit 1987 und wurde zum 75. Geburtstag von WK Wohnen durch den Hamburger Designer Peter Schmidt entwickelt. Es ist in Schwarz und Weiß gehalten und nutzt in seiner rechteckigen Form eine minimalistische Linienführung. Slogan der Marke ist „Kultur leben – WK Wohnen". Seit 2001 gehört WK Wohnen zur MHK Group. Marketing und Vertrieb der Marke werden ausschließlich über Vertragshändler gesteuert. Dabei nutzt WK Wohnen die Synergieeffekte, die ihr als Teil der MHK Group zur Ver-

WK Wohnen steht seit 1912 für designorientierte Möbel.

fügung stehen, und geht darüber hinaus Vertriebspartnerschaften ein. Aktuell wandelt sich WK Wohnen zu einer internat. Kollektion: Mittlerweile wird sie auch in Russland, Asien und den USA angeboten.

Die Entwicklung des Logos von WK Wohnen.

DATEN UND FAKTEN

Markenname: WK Wohnen, WK Abkürzung von Wohnkultur

Slogan: „Kultur leben – WK Wohnen"

Gründer: Arthur Schubert, Moritz Langenbach, Ernst Lewent, 1912

Markenregistrierung: 12.01.1978, DPMA München

Auszeichnungen:
„iF product design award" für *WK 420 ultimo* von Thomas Althaus (1996)
„red dot award: product design" für *WK 687 gaetano* von Kleene und Assmann (1997)

Literatur:
H. Wichmann: Aufbruch zum neuen Wohnen. Deutsche Werkstätten und WK Verband 1898 – 1990 (1992)

UNTERNEHMEN

WK Wohnen GmbH & Co Möbel Marketing KG

Hauptsitz: Dreieich, Deutschland

Geschäftsführung: Hans Strothoff, Martin Schmitz-Strothoff, Dieter Faber, Ulrich Watty

Vertrieb: Deutschland, Österreich, Schweiz, Liechtenstein, Luxemburg, Niederlande, Russland, USA, Asien

KONTAKT

WK Wohnen GmbH & Co
Möbel Marketing KG
Im Gefierth 9a
D-63303 Dreieich
(0 61 03) 3 91–6 50
(0 61 03) 3 91–6 40
www.wkwohnen.de

Ansprechpartner Presse & Marketing:
Dr. Daniel C. Schmid
(0 61 03) 3 91–2 64
d.schmid@mhk.de

Lead-Agentur:
info-text Werbeagentur, Dreieich

SCHON GEWUSST?

- Nach dem 2. Weltkrieg war Deutschland verarmt und zerbombt. Viele hatten ihre Wohnung nebst Einrichtung verloren. Im Jahr 1949 stellte der WK Verband zusammen mit dem „Sozialwerk für Wohnung und Hausrat" die ersten seiner neu hergestellten Möbel aus. Die möblierten zweieinhalb Zimmer wurden rasch zum Wunschtraum unzähliger Menschen.
- Das WK-Archiv gehört seit 1991 zur neuen Sammlung des Staatlichen Museums für angewandte Kunst in München und steht dort für wissenschaftliche Arbeit zur Verfügung.

WMF

Das WMF-Besteck Nomos (Mitte), eine Anzeige für das WMF-Besteck New York aus dem Jahr 1958

Die internat. Dachmarke WMF gehört dem gleichnamigen Traditionsunternehmen WMF AG. Das Markenportfolio umfasst ein komplettes Sortiment für Tisch, Küche, Wohnen, Kaffeemaschinen und Gastronomieausstattung. Weltweit steht die WMF-Entwicklung *Cromargan*® als Synonym für Edelstahl und hochwertiges WMF-Besteck. Neben Besteck bietet WMF seinen qualitätsorientierten privaten und gewerblichen Abnehmern u.a. Kochgeschirr, Küchenzubehör sowie Tisch- und Wohnaccessoires in exkl. Design. Neueste Produktentwicklung ist die kleinste Kaffee-Pad-Maschine der Welt, die in weniger als einer Minute frischen Kaffee auf Knopfdruck zubereitet. Bei Kaffeemaschinen für den Gastronomiebereich gehört die WMF zu den führenden Anbietern. Das Unternehmen wurde 1853 als Straub & Schweizer gegründet und fusionierte 1880 mit der Esslinger Metallwarenfabrik A. Ritter & Co. zur WMF Aktiengesellschaft. Aktuell erwirtschaftet die WMF AG mit ihrer Marke einen Anteil von 61,5 % am Gesamtumsatz des Konzerns, der 2006 bei 731,8 Mio. Euro lag. Die Wortmarke zeigt die drei in schwarz gehaltenen Buchstaben, wobei das „W" über den beiden anderen Lettern angeordnet ist. Das Logo ist vermutlich von einem Stahlgraveur um 1900 erfunden worden. Für die Überarbeitung des Corporate Designs wurde 2007 ein eigener Farbkanon konzipiert, der aus 16 verschiedenen, in der Anmutung an Nahrungsmittel angelehnten Farben besteht. Die durch TV-Sendungen bekannten Köche Johann Lafer und Sarah Wiener stehen als Testimonials für WMF-Produkte. Das Sortiment wird in über 183 eigenen Filialen, über den Facheinzelhandel, Kaufhäuser oder Versender vertrieben, weltweit über Vertriebspartner und Tochtergesellschaften. Neben der Marke WMF gehören weitere Markengesellschaften zum WMF Konzern, u.a. →alfi, *Auerhahn*, *Boehringer*, *W. F. Kaiser*, *Schaerer* oder *Silit*. Das im württembergischen Geislingen ansässige Unternehmen beschäftigt konzernweit 5.688 Mitarbeiter.

WMF produziert neben Bestecken und anderen Haushaltswaren auch Kaffeemaschinen für Konsumenten und Großverbraucher.

DATEN UND FAKTEN

Markenname: WMF, hergeleitet von **W**ürttembergische **M**etallwaren**f**abrik

Slogan: „Das Leben schmeckt schön."

Gründer: Daniel Straub gemeinsam mit den Brüdern Schweizer, 1853, Geislingen als Straub & Schweizer

Markenregistrierung: 02.02.1931, Reichspatentamt Berlin

Innovationen: WMF 1 - kleinste Kaffee-Pad-Maschine der Welt

Markenbekanntheit: 94 % gest. (Sinus Sociovision, 2001)

Jahresumsatz: 430,3 Mio. Euro (Marke WMF, 2006

Auszeichnungen:
„red dot award: product design", 44 Preise (bis 2007)
„iF product design award", 421 Preise (seit 1954)
„Internationaler Designpreis Baden-Württemberg", 17 Preise
„Good Design", The Chicago Anthenaeum, 12 Preise
„Design Plus", Messe Frankfurt, 13 Preise

Literatur:
V. Hecht: Die Württembergische Metallwarenfabrik, Geschäftspolitik und Unternehmensentwicklung (1995)
D. Altgeld-Peters: Die Württembergische Metallwarenfabrik WMF (2000)
H. Scheiffele (Hg.): Wilhelm Wagenfeld und WMF, 25 Jahre Zusammenarbeit (2003)

UNTERNEHMEN

WMF AG

Hauptsitz: Geislingen, Deutschland

Vorstand: Thorsten Klapproth

Weitere Marken: →alfi, Auerhahn, Boehringer, W. F. Kaiser, Silit, Schaerer, Hepp

Gesamtumsatz: 731,8 Mio. Euro (Konzern, 2006)

Vertrieb: eigene Filialen, Facheinzelhandel, Warenhäuser, Wohnkaufhäuser, Versand, weltweit über Tochtergesellschaften und Vertriebspartner

KONTAKT

WMF AG
Eberhardstr.
73312 Geislingen/Steige
✆ (0 73 31) 25 71 76

MEILENSTEINE

1853 Gründung der Metallwarenfabrik Straub & Schweizer

1880 Fusion mit A. Ritter & Co., Esslingen zur WMF AG

1892 Patentiertes Versilberungsverfahren

1927 Erste Großkaffeemaschine und Erfindung des Schnelltopfes *Sicomatic*

1930 Eintragung des Warenzeichens *Cromargan*®

1987 Beginn des Aufbaus des WMF Konzerns

2006 Erste vollautomatische Kaffeemaschine für zu Hause

2007 Komplette Überarbeitung des Corporate Design

WO & WO aus Österreich fertigt innovative Sonnenschutz- und Beschattungssysteme für drinnen und draußen.

Das gelb-rote Logo mit dem markanten Wolfskopf (oben) findet sich auf allen WOLF-Garten Produkten wieder, so auch auf den Produktverpackungen (Mitte). Jürgen Hörmann, Geschäftsführer der WOLF-Garten GmbH & Co. KG (unten)

🖷 (0 73 31) 25 89 97
🖳 www.wmf.de

Ansprechpartner Presse:
Jürgen Vogler
✆ (0 73 31) 25 85 29
✉ juergen.vogler@wmf.de

Ansprechpartner Corporate Identity:
Stephen Schuster
✆ (0 73 31) 25 71 76
✉ stephen.schuster@wmf.de

WO & WO

Die österreichische Marke WO & WO steht für Sonnenschutz und Beschattungssysteme. Die Produktpalette, aufgeteilt in die beiden Sortimentsgruppen Indoor und Outdoor, umfasst Markisen, Jalousien und Rollläden sowie Faltstore und Insektenschutzgitter. Walter Grün legte 1952 mit der Gründung der Firma PLASTICA in Graz den Grundstein der heutigen WO & WO Sonnenlichtdesign GmbH & Co. KG. Die Marke WO & WO wurde 1986 eingeführt, nachdem die Söhne des Firmengründers, Friedl und Klaus Grün, das Geschäft weiter ausgebaut hatten. Die Abkürzung WO & WO steht für „Wohnen drinnen" und „Wohnen draußen". Stetige Investitionen in Forschung und Entwicklung sind ein wichtiger Bestandteil der Unternehmensstrategie. Eine der neusten Entwicklungen ist die patentierte Innenjalousie *Isodesign* mit einem neu entwickelten Klappmechanismus, der eine einfache Reinigung der Jalousie und der Fenster ermöglicht. Das Logo der Premiummarke WO & WO besteht aus zwei nebeneinander gesetzten, gleichseitigen Dreiecken in Gelb, in denen jeweils das Wort „Wo" eingefasst ist. Die geometrische und farbliche Gestaltung soll die formende Kontrolle über das einfallende Licht widerspiegeln. Der Claim „Sonnenlicht Design" unterstützt diesen Gedanken. In Österreich bestreitet WO & WO nach Angaben des Herstellers im Segment des Sonnenschutzes die Marktführerschaft. Die WO & WO Sonnenlichtdesign GmbH & Co. KG beschäftigt 300 Mitarbeiter und erzielt einen Jahresumsatz von ca. 39 Mio. Euro. Das Unternehmen verfügt über Fertigungsstandorte in Graz, Hall in Tirol und Breclav in Tschechien. Darüber hinaus unterhält WO & WO Vertriebsniederlassungen in Paris und Bratislava. Seit September 2006 ist das Unternehmen Teil der dt. HAAS Group, einem der führenden Anbieter von Qualitätsprodukten rund um die Vielfalt des Bauens. Die Unternehmensgruppe vertreibt u. a. Fertighäuser (→HAAS FERTIGBAU) sowie Bauelemente unter den Marken HOCO (→HOCOHOLZ, →HOCOPLAST), →BAYERWALD und →STABIL.

DATEN UND FAKTEN

Markenname: WO & WO, Österreich, Abkürzung für **Wo**hnen drinnen & **Wo**hnen draußen

Claim: „Sonnenlicht Design"

Erfinder: Firma PLASTICA, 1986, Graz/Österreich

Markenregistrierung: 22. 12. 1986, Österreichisches Patentamt

Jahresumsatz: ca. 39 Mio. Euro

Werbespendings: 1,5 % vom Jahresumsatz

UNTERNEHMEN

WO & WO Sonnenlichtdesign GmbH & Co. KG
Hafnerstr. 193
A-8054 Graz
✆ +43 03 16 28 07-0
🖷 +43 03 16 28 07-1 00
🖳 www.woundwo.at

WOLF-GARTEN

Unter der Marke WOLF-Garten vertreibt die WOLF-Garten GmbH & Co. KG ein breites Sortiment an Gartenprodukten – vom einzelnen Samen bis zum multifunktionalen Rasenmäher. Die Produkte der Marke richten sich an Hobbygärtner jeden Alters. Ihnen möchte WOLF-Garten eine hohe Qualität und anwenderfreundliche Produkte „made in Germany" bieten. Wesentliche Merkmale der WOLF-Garten Produkte liegen in der Kombination aus Qualität, Nutzen und modernem, anwenderfreundlichem Design. Bereits 1923 wurde der Wolfskopf als prägnantes Markenerkennungsmerkmal im Unternehmenslogo eingeführt. Er soll für Qualität und Innovation stehen und nimmt zugleich Bezug auf den Familiennamen des Unternehmensgründers. Die Schrift des Logos und der Wolfskopf sind in gelb gehalten, der Hintergrund ist rot eingefärbt. Der Kopf ist in der Mitte des Logos platziert und trennt den Markennamen WOLF-Garten grafisch. Die Firmierung hat sich im Laufe der Jahre verändert: 1943 sollte der Name WOLF-Geräte kommunizieren, dass sich das Unternehmen auf den Bereich Gartenbearbeitung spezialisiert, mit dem Namenswechsel zu WOLF-Garten wurde die Sortimenterweiterung der Marke betont. Eine Innovation des Unternehmens aus dem

Die Produkte von WOLF-Garten unterstützen Gartenliebhaber seit gut 80 Jahren bei ihrer Gartenarbeit.

Jahr 2000 ist die Konzeptstudie des mit Laserlicht arbeitenden Rasentraktors *zero*. Im Jahr 2005 brachte WOLF-Garten eine neue Rasenmähergeneration auf den Markt. Mit diesen Mähern kann gemäht, gefangen und gemulcht werden. WOLF-Garten ist eine der führenden Marken in der Gartenbranche und wird regelmäßig von unabhängigen Institutionen und Organisationen ausgezeichnet. Und für ihre hervorragende Markenführung erhielt die Marke 2004 eine Auszeichnung von Superbrands. Produkte der Marke WOLF-Garten werden weltweit vertrieben. Im Jahr 2007 startete WOLF-Garten eine neue Dachmarkenkampagne unter dem Motto „von Natur inspiriert". Nach Angaben des Unternehmens hat die Marke einen überdurchschnittlichen Bekanntheitsgrad, der auf die gut 80-jährige Tradition zurückzuführen ist. Die WOLF-Garten Gruppe beschäftigt weltweit 700 Mitarbeiter, davon etwa 130 in eigenen Niederlassungen in Europa.

DATEN UND FAKTEN

Markenname: Wolf, abgeleitet vom Familiennamen des Gründers

Gründung: 1922, Betzdorf

Markenregistrierung: 06.04.1968, DPMA München

Innovationen: WOLF-Garten Heckenscheren HSE 45 V, HSE 55 V, HSE 656 V mit bis zu 180 Grad schwenkbarem Messerkopf (2007)

Auszeichnungen:
„Saarländischer Staatspreis für Design" für Vielzweckschere RA-X (2005)
„Marke des Jahrhunderts", Deutsche Standards EDITIONEN (2004, 2007)

UNTERNEHMEN

WOLF-Garten GmbH & Co. KG

Hauptsitz: Betzdorf, Deutschland

Geschäftsführer: Jürgen Hörmann

Vertrieb: weltweit

KONTAKT

WOLF-Garten GmbH & Co. KG
Industriestr. 83–85
57518 Betzdorf
✆ (0 27 41) 2 81-0
(0 27 41) 2 81-2 10
www.wolf-garten.de

Ansprechpartner Presse:
Manfred Eckermeier
✆ (0 22 48) 91 47 33
✉ manfred.eckermeier@wolf-garten.com

Ansprechpartner Marketing:
Jürgen Herrmann
✆ (02 21) 27 79 33-18
✉ juergen.herrmann@wolf-garten.com

SCHON GEWUSST?

- WOLF-Garten betreibt seit 1969 auf mehr als 100.000 Quadratmetern Fläche das größte Rasenforschungsinstitut in Europa.
- Deutschland ist 1990 auf Rasen von WOLF-Garten Fußball-Weltmeister geworden. Eurogreen, ein Unternehmensbereich von WOLF-Garten, hat 1990 bei der WM in Italien in neun von zwölf Fußballstadien die Rasenflächen ausgetauscht und während der WM die Pflege betreut.

WOLFIN

Als einer der führenden Hersteller von Dach- und Dichtungsbahnen aus Kunststoff verfügt →Henkel über ein umfangreiches Portfolio. Neben den Produktlinien Wolfin, *Tectofin RV*, *Alkorflex* und *Alkorplan* gibt es ein umfassendes Systemprogramm. Zu dem gehören insbesondere Verbundbleche, Entwässerungs- und Lüfterelemente aus Edelstahl sowie das Abdichtungssystem *Terotec*. Die Marke Wolfin richtet sich vor allem an Handwerker, Architekten und Bauherren – vornehmlich im Bereich der Flachdächer. Zu den Wolfin-Referenzprojekten gehört u. a. der internat. Flughafen von Luxemburg. Etabliert wurde die Marke im Jahr 1962 vom Chemiekonzern Degussa, der vom Abdichtungshersteller Vedag den Auftrag bekam, eine inno-

WOLFIN Henkel BAUTECHNIK

Unter der Marke Wolfin werden innovative Dach- und Dichtungsbahnen hergestellt.

Im Jahr 1993 brachte Henkel die weltweit erste selbstklebende gewebeverstärkte Dach- und Dichtungsbahn aus Kunststoff auf den Markt. Hier eine Dachbahn der Marke Wolfin

vative Dach- und Dichtungsbahn aus Kunststoff zu entwickeln. Mittlerweile gehört Wolfin Henkel in Düsseldorf. Die Produkte der Marke werden in Wächtersbach und seit einigen Jahren auch im ungarischen Barcz produziert. Erst kürzlich hat Henkels neues Produkt *Wolfin GW SK* den Brandtest nach DIN 4102 bei direkter Verklebung auf Polystyrol und auf allen Dachneigungen bestanden. Im Jahr 1993 brachte Henkel zudem die weltweit erste selbstklebende gewebeverstärkte Dach- und Dichtungsbahn aus Kunststoff auf den Markt. Das Wolfin-Markenlogo besteht aus dem Namen in weißen Großbuchstaben auf grünem Grund. Unter dem Schriftzug befindet sich auf weißem Grund in grünem Rahmen das Henkel-Logo mit der schwarzen Unterzeile Bautechnik. Der Gesamtumsatz im Henkel-Unternehmensbereich Adhesives Technologies (Klebstoff Technologien) betrug im Jahr 2006 rund 5,5 Mrd. Euro. Henkel ist sowohl im Konsumenten- als auch im Profi- und Industriebereich einer der bedeutendsten Produzenten von Klebstoffen.

DATEN UND FAKTEN

Markenname: Wolfin, Kunstname

Slogan: „Bauen mit Dachverstand."

Erfinder: Degussa, 1962

Markenregistrierung: 13. 11. 1952, DPMA München

Innovationen: Wolfin GW SK weltweit erste selbstklebende Kunststoff-Dach- und Dichtungsbahn (1993), Wolfin GW SK DA speziell für Sanierung optimiert (2002)

Markenwebsite: www.wolfin.de

UNTERNEHMEN

Henkel KGaA

Hauptsitz: Düsseldorf, Deutschland

Weitere Marken: s. → Henkel

Gesamtumsatz: 12,740 Mrd. Euro (2006)

Vertrieb: weltweit in über 125 Ländern

KONTAKT

Henkel KGaA
Henkelstr. 67
40589 Düsseldorf
(02 11) 7 97-0
(02 11) 7 98-40 08
www.henkel.de

Ansprechpartner Presse:
Peter Lienkamp
press@henkel.com

MEILENSTEINE

1962 Vedag erteilt Degussa einen Auftrag zur Entwicklung einer innovativen Dach- und Dichtungsbahn aus Kunststoff.

1963 Wolfin IB wird vorgestellt, die erste polymere diffusionsoffene Kunststoff-Dach- und Dichtungsbahn der Welt.

1968 Degussa produziert und vermarktet Wolfin IB, später übernimmt das die Chemische Fabrik Grünau (Henkel-Tochterfirma ab 1986).

1998 Die Produktion wird nach Wächtersbach verlagert. Die DLW Bautechnik (Delifol) und die Benecke-Kaliko AG (Gekaplan) wurden zuvor übernommen.

2000 Integration in die Henkel Bautechnik GmbH

2004 Zweite Produktionsstätte wird in Barcz/Ungarn eröffnet.

WOLFORD

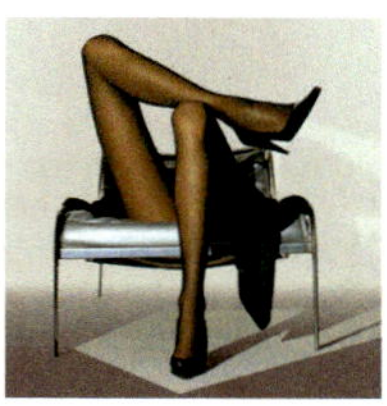

Wolford produziert hochwertige Strumpfwaren (Mitte). Der Vorstand der Wolford AG (unten, v. l. n. r.): Roberto Geronzi, Holger Dahmen, Peter Simma

Die globale Luxusmarke Wolford zählt traditionell zu den Marktführern für Damen-Strumpfwaren, bietet aber unter ihrem Dach heute auch die Produktgruppen Bodywear, Ready-to-wear, Wäsche, Bademoden und Accessoires an. Auf einer Reise nach Ox*ford* in England ersannen die Gründer Reinhold *Wol*ff und Walter Palmers den Markennamen Wolford, den sie 1950 in Wien registrieren ließen. In der Nachkriegszeit waren Strümpfe sehr gefragt und die Geschäftsidee war vielversprechend. Wolff, der aus einer Textilfa-

Die Zentrale von Wolford im österreichischen Bregenz am Bodensee

milie stammte, verlegte sich mit Hilfe von Rundstrickmaschinen auf die qualitativ hochwertige Fertigung von Strümpfen erstmalig ohne Naht. Bis heute hebt sich das Unternehmen vor allem durch innovative Herstellungstechnologie von seinen Konkurrenten ab. So stammen sowohl exkl. Strumpfgarne als auch innovative Strumpfmodelle aus der Strickerei in Bregenz. In den 1990er-Jahren fand die Erweiterung des Produktsortiments um Bademode und Wäsche statt, seit 2004 vermarktet Wolford auch Damenoberbekleidung und Accessoires aus Textil und Leder. Saisonal begrenzte Kooperationen mit Gastdesignern ergänzen das Produktangebot. Lagerfeld, Westwood, Missoni, Kenzo, Zac Posen und Valentino sind nur einige der Modehäuser und Designer, die im Co-Branding mit Wolford aufgetreten sind. Giorgio Armani lässt seine Leg- & Bodywear in Bregenz in Lizenz fertigen. Die Kommunikation macht vor allem durch ihre Fotografie auf sich aufmerksam, denn die Stars stehen bei Wolford hinter der Kamera: Fotografen wie Helmut Newton, Jean Baptiste Mondino, Francis Giacobetti u.a. verhalfen der Marke zu ihrer Bekanntheit. Wolfords Zielgruppe sind Frauen mit Qualitätsbewusstsein und Sinn für zeitlos klassische Eleganz. Einzig eine kleine Herrensocken-Kollektion wendet sich an männliche Kunden. Die Marke ist in über 65 Ländern in eigenen und von Partnern betriebenen Monomarken-Boutiquen, in Shop-in-Shop-Systemen von Kauf- und Warenhäusern und im Fachhandel erhältlich. Die Wolford AG mit Sitz in Bregenz am Bodensee unterhält weltweit zwölf Tochtergesellschaften, beschäftigte im Geschäftsjahr 2006/07 insgesamt 1.759 Mitarbeiter und erzielte einen Gesamtumsatz von 141,7 Mio. Euro.

DATEN UND FAKTEN

Markenname: Wolford, Akronym, abgeleitet vom Namen des Gründers Reinhold **Wol**ff und der Stadt Ox**ford**

Slogan: „Devoted to women" (dt. den Frauen gewidmet.)

Gründer: Reinhold Wolff und Walter Palmers, 1946, Hard/Österreich

Markenregistrierung: 28.06.1950, Wien, und 02.06.1952, DPMA München

Innovationen: Fatal, die rundum nahtlose Strumpfhose, StarckNaked, das multifunktionelle Schlauchkleid, Miss W, die transparenteste Stützstrumpfhose, Garninnovationen wie Individual Nature, Satin Touch, Synergy, Velvet etc.

Markenbekanntheit: 14 % gest. (Brigitte KA 06, nur Deutschland)

Werbespendings: 6,7 Mio. Euro (Geschäftsjahr 2006/07)

Auszeichnungen:
„Innovationspreis des Landes Vorarlberg", 2. Preis für die Materialinnovation *Individual Nature* (2002)

UNTERNEHMEN

Wolford AG

Hauptsitz: Bregenz, Österreich

Vorstand: Holger Dahmen (Vorsitz), Peter Simma, Roberto Geronzi

Gesamtumsatz: 141,7 Mio. Euro (Geschäftsjahr 2006/07, 01.05.06–30.04.07)

Vertrieb: internat.: in eigenen und von Partnern betriebenen Monomarken-Boutiquen, in Kaufhäusern und im Fachhandel

KONTAKT

Wolford AG
Wolfordstr. 1
A-6901 Bregenz
✆ +43 5 57 46 90-0
Fax +43 5 57 47 95 44
www.wolford.com

SCHON GEWUSST?

Ein bekannter Designer war bei den Vertragsverhandlungen erkältet. Als man ihm ein Hustenbonbon anbot und er es aus dem glitzernden Papier wickelte, kam ihm die Idee: „Genau so muss eine Strumpfhose aussehen." So entstand die erfolgreiche Strumpfhose mit dem Namen *Versailles*, die nach beinahe zwei Jahrzehnten nach wie vor im Sortiment ist.

Push-up-BH *Multiplunge* (Mitte), Wonderbra setzt auf erotisch provokante Werbung (unten).

Ansprechpartner Presse:
Alina Ivanescu
✆ +43 5 57 46 90-14 54
✉ press@wolford.com

Ansprechpartner Marketing:
Sabine Winner
✆ +43 5 57 46 90-19 06
✉ wisa@wolford.com

WONDERBRA

Die Textilmarke Wonderbra ist für ihre Büstenhalter mit „Push-up-Effekt" bekannt. Die Dessous sprechen insbesondere modebewusste Frauen zwischen 20 und 40 Jahren auf der ganzen Welt an, die beim Wäschekauf auf Sexappeal und selbstbewusste Ausstrahlung Wert legen. Die Erfinderin des „Wunder-BHs" ist die kanadische Wäschedesignerin Louise Poirier. Sie entwarf 1961 die erste Version des Büstenhalters, der dank seiner raffinierten Konstruktion Frauen zu einem größeren Dekolletee verhalf. 30 Jahre später erwarb der amerikanische Konzern Sara Lee das Patent und brachte den BH 1994 unter dem Namen Wonderbra auf den Markt. Eine Überkreuz-Konstruktion und insgesamt 42 Teile machen aus einem BH einen Wonderbra. Er schiebt die Brüste zusammen und hebt sie um bis zu 25 mm. Ausgepolsterte Seiten sorgen dafür, dass der Busen optisch größer wirkt. Eine Innovation ist das Model *Multiplunge*, das mehr als 100 Tragevarianten verspricht. Bei Wonderbra setzt das Unternehmen auf erotisch provokante Werbung und sorgte gleich mit der ersten Kampagne für Aufsehen. Riesige Plakate zeigten das Model Eva Herzigová mit tief ausgeschnittenem Dekolletee. Der aktuelle Slogan „The Original" verdeutlicht, dass nur der Marken-BH auf die spezielle Wonderbra-Konstruktion zurückgreift. Das Logo entstand kurz vor der Markteinführung des BHs und zeigt den Markennamen in fetten schwarzen Lettern auf gelbem Grund. Das Farbschema Gelb/Schwarz bestimmt das visuelle Erscheinungsbild der Marke. In Deutschland werden die Wonderbra-Produkte vom Lizenznehmer →Playtex GmbH im westfälischen Rheine vertrieben. Die Rechte an der Marke Wonderbra liegen beim amerikanischen Konzern DIM Brands Apparel.

DATEN UND FAKTEN

Markenname: Wonderbra, Kunstwort zusammengesetzt aus **Wonder**, engl. für Wunder, und **bra**, dem engl. Begriff für Büstenhalter

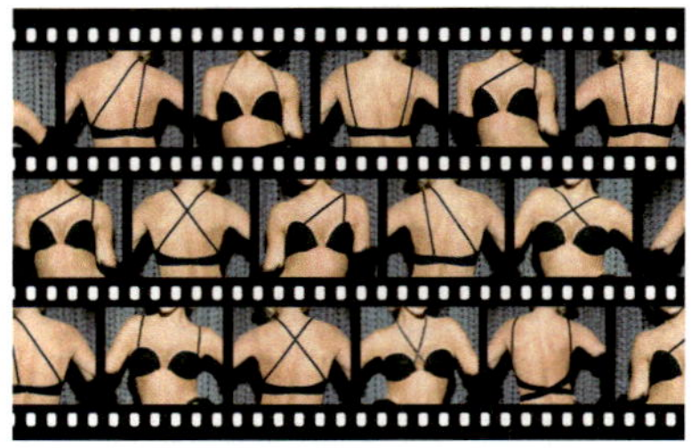

Eine Innovation der Marke Wonderbra ist das Model *Multiplunge*. Es verspricht mehr als 100 Tragevarianten.

Slogan: „Wonderbra THE ORIGINAL"

Erfinder: Louise Poirier, 1961, Kanada

Markenregistrierung: 02.03.1992, DPMA München

Innovationen: Wonderbra Multiplunge (2007)

Auszeichnungen: „Meistverkaufter BH der Welt!", Guinessbuch der Rekorde

UNTERNEHMEN

Playtex GmbH Deutschland

Hauptsitz: Rheine, Deutschland

Geschäftsführer: Bernd Brasch, Thomas Scheuermann

Weitere Marken: Playtex, Shock Absorber

Vertrieb: weltweit

KONTAKT

Playtex GmbH Deutschland
Birkenallee 110-134
48432 Rheine

SCHON GEWUSST?

- Als der Konzern Sara Lee im Mai 1994 eine Kampagne mit einem riesigen Plakat der damals noch unbekannten Eva Herzigová im Wonderbra am New Yorker Times Square startete, hatte dies ungeahnte Folgen: Männer holten die Plakate von Werbetafeln, Frauen rissen sich um den „Wunder-BH". 20 Mio. Exemplare verkaufte Sara Lee allein in Europa.
- Das Wort Wonderbra steht inzwischen im dt. Duden.
- Eva Herzigová wurde als „Miss Wonderbra" weltberühmt.

(0 59 71) 9 93–0
(0 59 71) 9 93–2 93
www.wonderbra.de

WOOLITE

Die Konsumgütermarke Woolite steht ursprünglich für Waschmittelprodukte speziell für Kleidung aus Wolle. Diese reinigen schonend und sind für besonders empfindliche Kleidungsstücke entwickelt worden. Die Woolite Color Protection Tücher schützen Buntwäsche zusätzlich vor Verfärbungen durch andere Kleidungsstücke. Woolite-Produkte können sowohl für Handwäschen als auch für Schonwaschgänge mit der Maschine verwendet werden und sind weltweit in 30 Ländern erhältlich. Woolite ist weltweiter Marktführer im Segment Feinwaschmittel. Das Markenlogo präsentiert den Schriftzug „Woolite" in enger Laufweite vor einem wasserblauen Kreis. Woolite wird von dem brit. Unternehmen Reckitt Benckiser produziert und vertrieben, das auch Marken wie →Calgon, →Calgonit, →Sagrotan, →Clearasil, Hoffmanns, →Kukident oder Dobendan führt. Das Unternehmen entstand aus zahlreichen Fusionen und Zukäufen und geht u.a. auf das 1823 von Johann Adam Benckiser gegründete chemische Unternehmen zurück. Reckitt Benckiser erzielte 2006 einen Umsatz von 4,9 Mrd. Euro und ist Weltmarktführer im Bereich Haushaltsreiniger. In Deutschland ist das Unternehmen durch mehrere Tochterfirmen vertreten, darunter die Reckitt Benckiser Deutschland GmbH, die als Vertriebs- und Marketinggesellschaft tätig ist, sowie die Reckitt Benckiser Produktions GmbH, die in Ladenburg die Produkte der Marken Calgonit und Calgon herstellt.

Das Logo der Waschmittel-Marke Woolite

UNTERNEHMEN

Reckitt Benckiser Deutschland GmbH
Theodor-Heuss-Anlage 12
68165 Mannheim
(06 21) 32 46–0
(06 21) 32 46–5 00
www.reckittbenckiser.de

WORLD OF TUI

World of TUI ist die Dachmarke für die touristischen Aktivitäten des TUI Konzerns. Weltweit operieren über 100 Reiseveranstalter unter dem Dach der World of TUI, wodurch unterschiedliche Konsumentenansprüche abgedeckt werden sollen. Wichtige dt. Konsumentenmarken der World of TUI sind, neben einem internat. Markenportfolio, die preisorientierte *1-2-FLY*, die Generalistenmarke *TUI* für den Volumenmarkt, die auf den Premiummarkt ausgerichteten Marken *airtours* und *ROBINSON* sowie Spezialanbieter wie *Dr. Tigges*. In diesem Markensystem ist die Bindung der Einzelmarken an die Dachmarke unterschiedlich ausgeprägt. Neben den Veranstaltern gehören 3.500 Reisebüros, über 150 Flugzeuge, 35 Incoming-Agenturen und 279 Hotels in diversen Ketten zur TUI. Das Markenlogo der World of TUI zeigt die drei Buchstaben TUI, die zu einem Lächeln stilisiert sind. Das Lächeln als Zeichen der Zufriedenheit soll den Anspruch der Marke unterstreichen, den Kunden einen angenehmen und sicheren Urlaub zu bieten. Gegründet wurde die damalige Touristik Union International 1968 als Holding der Veranstalter Dr. Tigges-Fahrten, Touropa, Scharnow-Reisen und Hummel Reise. Seit 1990 erfolgte der Ausbau

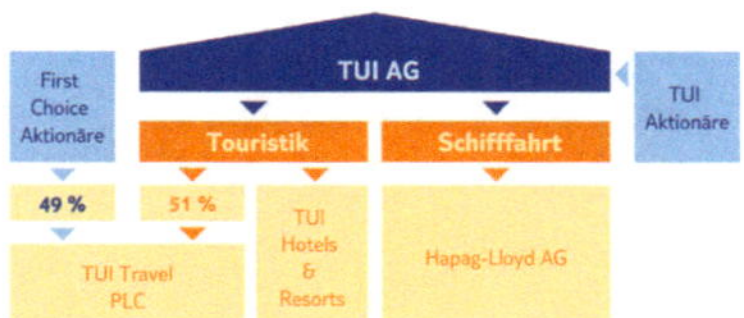

Die Organisationsstruktur der TUI AG

der TUI zur Dachmarke. Ziel der einheitlichen Markenstrategie war es, den Kunden ein integriertes Reiseerlebnis von der Buchung bis zur Rückreise zu bieten. 1997 gehörte der Hauptanteil der TUI-Aktien der →Hapag-Lloyd AG, die wiederum Teil der Preussag AG war. 1998 erfolgte die Eingliederung der TUI in die Hapag Touristik Union, die zwei Jahre später in TUI GROUP GmbH umbenannt wurde. Diese wurde wiederum 2001 in die Preussag AG überführt. Ein Jahr später benannte sich die Preussag AG in TUI AG um und vollzog damit eine Umstrukturierung vom Industriekonglomerat zu einem reinen Touristik- und Logistikkonzern. Seit 2001 wird World of TUI als Dachmarke für die touristischen Einzelmarken des TUI Konzerns verwendet. 2007 wurden alle touristischen Aktivitäten der TUI AG, mit Ausnahme des Hotelgeschäfts und des dt. Kreuzfahrtbereichs, mit dem brit. Unternehmen First Choice verschmolzen. Die neu gegründete Aktiengesellschaft TUI Travel PLC, an der die TUI AG 51 % hält, hat ihren Sitz in Großbritannien. Heute ist die TUI AG gemessen an Gästezahlen und Umsatz der erfolgreichste Touristikkonzern

Das Logo von World of TUI (oben) zeigt ein stilisiertes Lächeln.
Dr. Michael Frenzel (unten) ist Vorstandsvorsitzender der TUI AG.

Europas. Das Unternehmen beschäftigte 2006 rund 54.000 Mitarbeiter und erwirtschaftete einen Umsatz von 20,9 Mrd. Euro, wovon 14,1 Mrd. Euro auf die Touristik entfallen.

DATEN UND FAKTEN

Markenname: World of TUI, Dachmarke für die touristischen Einzelmarken der TUI AG

Markenanmeldung: 20.08.2001, HABM Alicante/Spanien

Markenbekanntheit: 88 % ungest., 99 % gest. (MSS, 2006)

Jahresumsatz: 14,1 Mrd. Euro (touristischer Umsatz, 2006)

Auszeichnungen:
„Internationaler Corporate Design Preis" (2002)
„Deutscher Kommunikationspreis" (2003)
„Grand Prix Festival du Creusot" und „red dot award: communications design" für den Imagefilm *Die Entdeckung des Lächelns* (2005)

Literatur:
M. Lambertz: Management von komplexen Markenportfolios – Markenführung in der World of TUI, in: H. Meffert et al.: Markenmanagement (2005)

UNTERNEHMEN

TUI Aktiengesellschaft

Vorstand: Dr. Michael Frenzel

Weitere Marken: TUIfly, ROBINSON, airtours, l'tur, Thomson, Jetair, First Choice Holidays, Wolters, etc.

Gesamtumsatz: 20,9 Mrd. Euro (2006)

Vertrieb: weltweit über 3.500 Reisebüros und Internet

KONTAKT

TUI AG
Karl-Wiechert-Allee 4
30625 Hannover
(05 11) 5 66-00
(05 11) 5 66-19 01
www.tui-group.com

Ansprechpartner Presse:
Robin Zimmermann
(05 11) 5 66-14 88
robin.zimmermann@tui.com

Ansprechpartner Marketing:
Ina zur Oven-Krockhaus

MEILENSTEINE

1968 Gründung der Touristik Union International (TUI) durch Touropa, Scharnow-Reisen, Hummel Reise und Dr. Tigges-Fahrten in Hannover

1990 Die Marke *TUI Schöne Ferien* ersetzt eine Vielzahl von Veranstaltermarken.

1998 Eingliederung von TUI in die Hapag Touristik Union (HTU) der Preussag AG

2000 Umbenennung der HTU in TUI GROUP

2001 Die TUI GROUP geht in die Preussag AG über. Einführung der touristischen Dachmarke *World of TUI*

2002 Umbenennung der Preussag AG in TUI AG

2007 Fusion des touristischen Bereichs der TUI AG mit der brit. First Choice Holidays PLC zur TUI Travel PLC

(05 11) 5 66-21 33
ina.krockhaus@tui.com

WRANGLER

Der Namensschriftzug in Form eines geschwungenen Lassos ist das Kernelement des Logos der Marke Wrangler.

Wrangler ist eine der bekanntesten amerikanischen Jeansmarken. Sie steht für funktionale und robuste Hosen und gehört im Bereich der Herren-Jeans lt. Hersteller zu den Marktführern. Wrangler ist aus der Hudson Overall Company hervorgegangen, die auf die Produktion von Arbeitsbekleidung spezialisiert war. Das Unternehmen wurde 1904 von den Brüdern C. C. und Homer Hudson in Greensboro, North Carolina/USA, gegründet. Dort liegt bis heute der Firmensitz. Als das Unternehmen eine Jeanslinie für Cowboys auf den Markt bringen wollte, setzte sich der Name Wrangler bei einem Mitarbeiter-Wettbewerb durch. Das Wort steht für arbeitender Cowboy. Auch bei der Entwicklung der funktionellen Hose aus Denim-Stoff waren Cowboys gemeinsam mit dem Designer „Rodeo Ben" beteiligt. Die heutige Zielgruppe soll sich jung fühlen und auf eine gutes Preis-Leistungs-Verhältnis Wert legen. Die Bildmarke von Wrangler stellt ein geschwungenes Lasso dar. Der Logo-Schriftzug besteht in seiner heutigen Form seit den 1970er-Jahren. Typische Markenzeichen sind außerdem die W-förmige Naht auf der Gesäßtasche der Hosen sowie ein Leder-Aufnäher. Die Markenrechte liegen heute bei der Wrangler Apparel Corp., Delaware, die eine Tochtergesellschaft der VF Corp., Greensboro, ist. Zu dem Konzern gehören auch andere Lifestyle-Marken wie *Lee*, *Napapijri*, *The North Face*, *Vans* oder *Eastpak*. Eine Innovation von Wrangler aus dem Jahr 2007 ist die *Organics Linie*, deren Produkte aus rein ökologisch produzierter Baumwolle hergestellt werden.

UNTERNEHMEN

VF Germany Textil-Handels GmbH
Otto-Hahn-Str. 36
63303 Dreieich

WRIGLEYS SPEARMINT

Wrigley's Spearmint gehört zu den bekanntesten Kaugummimarken der Welt. Die Produktpalette von Wrigley umfasst neben dem Klassiker Wrigley's Spearmint zahlreiche weitere Kaugummivarianten. Zu den in Deutschland verkauften Marken zählen neben Wrigley's Spearmint auch Wrigley's Extra, Airwaves, Orbit, Doublemint, Big Red, Juicy Fruit und Hubba Bubba. William Wrigley jun. begann 1891 mit dem Verkauf von Seife. Als Beigabe verteilte er an seine Kunden zunächst Backpulver. Da dieses bald beliebter war als die Seife selbst, entschloss er sich, Backpulver zu verkaufen, dem er nun Kaugummi beilegte. Der Erfolg dieser Give-aways überzeugte ihn, ins Kaugummigeschäft einzusteigen. 1893 kam Wrigley's Spearmint als zweite Kaugummimarke aus dem Hause Wrigley auf den US-amerikanischen Markt. Der nach „Grüner Minze" (dt. Übersetzung von Spearmint) schmeckende Kaugummi avancierte bald zum weltweit beliebten Klassiker. Der Firmengründer investierte dabei als einer der Ersten weltweit in Print-Werbung und konnte damit Markenbekanntheit und Verkaufszahlen erheblich steigern. Das aktuelle Wrigley's Spearmint-Logo wurde 2001 überarbeitet, hält sich aber fast unverändert an das Originaldesign von 1893. Der charakteristische Pfeil steht für den lang anhaltenden und authentischen Geschmack des Produktes. Ein Werbehighlight war während der 1980er-Jahre ein Fernsehspot mit eingängigem Titelsong („Wrigley's Spearmint Gum, Gum, Gum ..."), der vielen Fernsehzuschauern bis heute im Gedächtnis blieb. Der Vertrieb von Wrigley's Spearmint erfolgt weltweit in über 180 Ländern der Erde. Das expandierende Unternehmen beschäftigt insgesamt rund 16.000 Mitarbeiter, davon ca. 415 in Deutschland. Der Gesamtumsatz im Jahr 2006 lag bei rund 4,7 Mrd. USD. Damit ist Wrigley weltweit größter Hersteller und Vermarkter von Kaugummi und eines der führenden Süßwarenunternehmen (Euromonitor, 2006).

DATEN UND FAKTEN

Markenname: Wrigley's, abgeleitet vom Familiennamen des Firmengründers William Wrigley jun., Spearmint, sog. „Grüne Minze", die ätherische Öle, aber kaum Menthol enthält

Slogan: „Nimm die große echte Frische" (1970er-Jahre), „Wrigley's Spearmint Gum, Gum, Gum ..." (1980er-Jahre), „War gut. Ist gut. Bleibt gut." (seit 1990er-Jahre)

Erfinder: William Wrigley Jr., 1893, Chicago/USA

Markeneinführung: 1893, USA

Markenbekanntheit: 96 % gest. (Consumer Tracking, 2007)

Markenwebsite: www.spearmint.de

UNTERNEHMEN

Wrigley GmbH
Biberger Str. 18
82008 Unterhaching
✆ (0 89) 66 51 0-0
🖷 (0 89) 66 51 0-3 09
🖳 www.wrigley.de

WUNSCHKEKS.DE

Auf der Internetseite von Wunschkeks.de können Kunden individuell betextete Glückskekse in Kleinstmengen oder in Masse für private und gewerbliche Zwecke bestellen. Im Jahr 2003 gründete Kai Schmidhuber das Unternehmen in Neuss und bietet seitdem die asiatischen Glückskekse mit personalisierten Textnachrichten an. Auf dem weißen Papierstreifen in den Keksen lassen sich Texte mit bis zu 300 Zeichen unterbringen, egal ob als Liebeserklärung, Heiratsantrag oder für die Gäste einer Veranstaltung. Das Unternehmen bietet ferner den Service, die Verpackung der Kekse mit dem ausgewählten Text zu beschriften, falls der Kunde vor dem Verschenken wissen muss, was für eine Nachricht im Keks verborgen ist. Die Beschriftung lässt sich vor dem Überreichen einfach entfernen, sodass die Überraschung für den Beschenkten erhalten bleibt. Das ausgefallene Konzept der Firma spiegelt sich auch in seinem Logo wider: Zwischen den bunten Lettern des Markennamens schaut ein stilisierter Glückskeks

Wrigley's Spearmint-Werbung 1959

Auch kleine Wünsche erfüllt Wunschkeks.de. Die Mindestbestellmenge liegt bei einem Stück.

neugierig den Betrachter an. Die Zielgruppe von Wunschkeks.de sind alle Personen, die auf der Suche nach einer kreativen Geschenkidee sind. Das Unternehmen gewinnt seine Kunden vorwiegend über Mundpropaganda und Empfehlungen. Wunschkeks.de war zudem in Tageszeitungen und im Fernsehen mit seiner Idee des persönlichen Spruchbandes in einem Gebäckstück zu sehen. Für das Jahr 2008 ist die Ausweitung des Verkaufs nach Österreich und in die Schweiz geplant. Die drei beliebtesten Sprüche in Wunschkeksen sind: „Ich liebe Dich“, „Willst Du mich heiraten?“ und „Ich bin schwanger“.

UNTERNEHMEN

Wunschkeks.de
Rilkestr. 5
41469 Neuss
✆ (02 11) 2 90 70 32
💻 www.wunschkeks.de

WÜRTH

Reinhold Würth (unten) übernahm die Leitung des Firmenbetriebs und machte Würth zu einem internat. Konzern.

Die Marke Würth steht für Schrauben- und Verbindungstechniken aller Art. Das Sortiment umfast über 100.000 Produkte und reicht von Schrauben und Schraubenzubehör über Dübel, chemisch-technische Produkte und Werkzeuge bis hin zu Möbel- und Baubeschlägen sowie Bevorratungs- und Entnahmesystemen. Die Produkte sind für Profi-Handwerker (Auto, Metall, Holz, Bau) sowie Industriekunden gedacht. Dabei wird die Produktpalette ständig an die Erfordernisse der Zielgruppen angepasst. Zu den Produktinnovationen gehört die 1994 von Würth erfundene Spezial-Schraube für die Arbeit mit Spanplatten (Assy plus). Mit ihrer Bohrspitze und ihrem asymmetrischen Gewinde verhindert sie das Spalten von Holz. Diesem und zahlreichen weiteren Schraubentypen ist im firmeneigenen Museum am Hauptsitz eine gesonderte Abteilung gewidmet. Die Geschichte des Unternehmens geht auf das Jahr 1945 zurück: Adolf Würth gründete in Künzelsau einen regional tätigen Zweimannbetrieb. Nach dem frühen Tod seines Vaters übernahm Reinhold Würth 1954 die Firma. Unter seiner Leitung wuchs das Unternehmen kontinuierlich und expandierte ins Ausland. Auf ihn ist auch der Entwurf des Logos zurückzuführen, das in seiner Grundidee bereits 1957 konzipiert wurde. Das prägnante Markenzeichen stellt in stilisierter Form den Kopf einer Zylinderkopfschraube und einer dagegengestellten Rundkopfschraube dar. Die Würth-Gruppe ist Weltmarktführer für Montage- und Befestigungsmaterial und mit über 380 Gesellschaften in 86 Ländern vertreten. Neben der Markenlinie Würth gehören weitere Unternehmen dazu, die unter anderen Namen firmieren. Ergänzend vertreiben Gesellschaften der Würth-Gruppe z. B. Arbeitsschutzkleidung, elektronische Bauteile, Finanzdienstleistungen oder Solarmodule. Der Konzern erwirtschaftete 2006 insgesamt einen Umsatz von 7,75 Mrd. Euro. Von den weltweit über 60.000 Mitarbeitern des Unternehmens arbeiten mehr als 30.000 im Direktvertrieb.

Würth vertreibt Schrauben- und Verbindungstechniken sowie passende Werkzeuge aller Art und nimmt dabei eine führende Position ein.

DATEN UND FAKTEN

Markenname: Würth, abgeleitet vom Familiennamen des Gründers

Slogan: „Der Montageprofi“

Gründer: Adolf Würth, 1945, Künzelsau

Markenregistrierung: 23. 04. 1965, DPMA München

Markenbekanntheit: 90 % ungest. (eigene Umfrage, 2005)

Jahresumsatz: rund 4,53 Mrd. Euro (Würth-Linie, 2006)

Auszeichnungen:
„Produkt des Jahres“, FVKK Fachverband für Kunststoff Konsumwaren für die Koffersysteme *ORSY100* (2004) und *ORSY200* (1997)
„Bundesinnovationspreis“ für Teilreiniger (2007)

Markenwebsite: www.wuerth.de

Literatur:
K. Schönherr: Nach oben geschraubt. Reinhold Würth, die Karriere eines Unternehmers (1991)
U. Grau und B. Guttmann: Reinhold Würth. Der Unternehmer und sein Unternehmen (2005)

UNTERNEHMEN

Würth-Gruppe

Hauptsitz: Künzelsau, Deutschland

Geschäftsführer: Robert Friedmann (Sprecher der Konzernführung)

Gesamtumsatz: 7,75 Mrd. Euro (Würth-Gruppe, 2006)

Vertrieb: in 86 Ländern

KONTAKT

Adolf Würth GmbH & Co. KG
Reinhold-Würth-Str. 12–17
74653 Künzelsau-Gaisbach
✆ (0 79 40) 15–0
🖷 (0 79 40) 15–10 00
💻 www.wuerth.com

Ansprechpartner Presse:
Presseabteilung
✆ (0 79 40) 15–25 74
✉ presse@wuerth.com

MEILENSTEINE

1945 Adolf Würth gründet das Unternehmen in Künzelsau.

1954 Übernahme des Unternehmens durch Reinhold Würth im Alter von 19 Jahren

1962 Die erste Auslandsgesellschaft in den Niederlanden wird gegründet.

1970 25-jähriges Firmenjubiläum – die Würth Gesellschaft in Südafrika wird gegründet.

1987 Würth ist mit einer Firmengründung in Malaysia und einem Ankauf in Japan auf allen fünf Kontinenten vertreten.

2000 Der Umsatz der Gruppe steigt auf über 5 Mrd. Euro.

2007 Einstellung des 60.000 Mitarbeiters

WÜSTENROT

Die Wüstenrot Bausparkasse AG ist die älteste Bausparkasse in Deutschland. Ihre Anfänge gehen auf das Jahr 1921 zurück, als der Drogist Georg Kropp in Stuttgart mit Gleichgesinnten zur Behebung der sozialen Not den gemeinnützigen Verein „Gemeinschaft der Freunde" als eine Art Baugenossenschaft gründete. Nach der Inflation im Jahr 1923 ging 1924 aus dem Verein die erste dt. Bausparkasse hervor, benannt nach dem Gründungsort, dem schwäbischen Dorf Wüstenrot. Seit der Fusion mit der Württembergischen Versicherung zum Vorsorge-Spezialisten Wüstenrot & Württembergische AG im Jahr 1999 bietet das Unternehmen unter der Marke Wüstenrot nahezu alle Finanzdienstleistungen für private Haushalte an. Das aktuelle Logo von Wüstenrot im hauseigenen Rot (HKS 8 oder HKS 10, je nach Druckverfahren) ist in der Schriftart Officina Sans gesetzt und wurde 1971 von dem dt. Maler und Grafiker Hansjörg Dorschel entwickelt. Die Wortmarke soll für Klarheit, Einfachheit und Seriosität stehen. Der Slogan „Wünsche werden wüstenrot" löste im Jahr 2000 den bekannten Werbespruch „Am 31.12. ist Wüstenrot-Tag!" ab. Wüstenrot ist nach eigenen Angaben die drittgrößte private Bausparkasse in Deutschland, die gest. Markenbekanntheit liegt bei 83 % (TNS Infratest, 2006). Die Bilanzsumme der Wüstenrot Bausparkasse AG betrug 2006 ca. 19 Mio. Euro. Insgesamt beschäftigt das Unternehmen 3.000 Mitarbeiter. Schwesterunternehmen am Stammsitz Ludwigsburg sind u.a. die Wüstenrot Bank AG Pfandbriefbank und die Wüstenrot Immobilien GmbH. Seit den 1990er-Jahren expandiert Wüstenrot vor allem nach Osteuropa. Der wichtigste Auslandsmarkt ist Tschechien.

UNTERNEHMEN

Wüstenrot Bausparkasse AG
Hohenzollernstr. 46
71638 Ludwigsburg
✆ (0 71 41) 16–70 00
🖷 (0 71 41) 16–54 00
💻 www.wuestenrot.de

WÜSTHOF

Die internat. Konsumgütermarke Wüsthof steht für ein umfangreiches Programm an Schneidwerkzeugen für Hobby- und Profiköche. Das 1814 von Johann-Wilhelm Wüsthof in Solingen gegründete Unternehmen entwickelte sich in den vergangenen zwei Jh. von einer traditionellen Manufaktur zum modernen Industrieunternehmen. Die Produktpalette umfasst über 200 verschiedene Typen geschmiedeter Messer, deren hohe Qualität durch aktuelle Schmiedeverfahren, neue Technologien und den Produktionsstandort Solingen garantiert werden soll. Das in siebter Generation geführte Familienunternehmen verzeichnet einen Gesamtumsatz von

wüstenrot

Die Marke Wüstenrot wurde nach dem Gründungsort benannt, einer kleinen Gemeinde in Schwaben.

WÜSTHOF

Das Wüsthof-Logo mit dem Dreizack als Symbol für Form und Qualität

ca. 50 Mio. Euro und investiert nach eigenen Angaben 10 % des Jahresumsatzes in neue Fertigungstechniken wie die 2003 in Betrieb genommene vollautomatische Härteanlage. Darüber hinaus erweiterte Wüsthof seine Produktionsfläche in Solingen auf knapp 22.000 Quadratmeter. Das Markenlogo besteht aus dem in Schwarz gehaltenen Markenschriftzug und dem separaten Bildzeichen des Dreizacks in Silber auf rotem Untergrund, welcher Form und Qualität assoziieren soll. Wüsthof exportiert in über 80 Länder und wird weltweit im gehobenen Facheinzelhandel, in Spezialabteilungen der Warenhäuser und über den Gastronomiefachhandel vertrieben. Das DREIZACKWERK ist offizieller Schneidwarenpartner des Verbands der Köche Deutschlands e.V. und Ausrüster der dt. Nationalmannschaft der Köche. Das Unternehmen beschäftigt 350 Mitarbeiter.

UNTERNEHMEN

Ed. Wüsthof Dreizackwerk KG
Kronprinzenstr. 49
42655 Solingen
(02 12) 20 67-0
(02 12) 20 67-48
www.wuesthof.de

WWF

Die Umweltstiftung WWF will der weltweiten Naturzerstörung Einhalt gebieten und eine Zukunft gestalten, in der Mensch und Natur in Harmonie leben.

Der World Wide Fund For Nature (WWF) ist eine der größten global tätigen Umweltschutzorganisationen. Die Stiftung will der weltweiten Naturzerstörung Einhalt gebieten und eine Zukunft gestalten, in der Mensch und Natur in Harmonie leben. Ziele sind die Bewahrung der biologischen Vielfalt der Erde, die naturverträgliche Nutzung erneuerbarer Ressourcen und die Eindämmung von Umweltverschmutzung und verschwenderischem Konsum. Zielgruppe sind Menschen aller Altersklassen, Berufsgruppen und Nationalitäten. Grund- und Leitgedanken für die Tätigkeit des WWF sind Glaubwürdigkeit, Unabhängigkeit und Verantwortung. Als Themenfelder bezeichnet die Organisation Artenschutz, Wälder, Süßwasser, Meere und Küsten, Klimaschutz, Landwirtschaft, Tourismus, Kampagnen und Politik. 1961 wurde die damals noch World Wildlife Fund genannte Umweltorganisation in der Schweiz gegründet. Seit 1986 operiert die Organisation unter dem Namen World Wide Fund For Nature. Gründungsziel war damals der Artenschutz und die Ausweisung von Schutzgebieten. Der WWF Deutschland wurde 1963 als nat. WWF-Organisation in Bonn gegründet und hat seinen Hauptsitz in Frankfurt/Main. Der WWF will sich durch Projektbezogenheit und einen lösungsorientierten Ansatz von anderen Umweltorganisationen abheben. Mit über 5 Mio. Förderern und 4.000 Mitarbeitern weltweit gehört der WWF zu den größten unabhängigen Naturschutzorganisationen und ist in über 100 Ländern tätig. In Deutschland beschäftigt der WWF 114 hauptamtliche Mitarbeiter. Wichtige Testimonials waren bisher u.a. Prinz Bernhard der Niederlande und Prinz Philip, Herzog von Edinburgh sowie Steffi Graf. Den Vorschlag für das Bild-Logo mit dem stilisierten Panda-Bären lieferte Sir Peter Scott, einer der Gründer der Organisation, zusammen mit einer Skizze des vom Aussterben bedrohten Großen Pandas nach einem Entwurf des Umweltschützers und Künstlers Gerald Watterson.

DATEN UND FAKTEN

Markenname: WWF, World Wide Fund For Nature, Beschreibung des Gründungszweckes

Slogan: „WWF – for a living planet"

Gründer: Sir Julian Huxley, Max Nicholson, Sir Peter Scott, Victor Stolan, Guy Mountford, Lord Aubrey Buxton, 1961, Schweiz

Markenbekanntheit: 33 % ungest., 83 % gest. (Forsa omninet, visuelle Befragung, 2006)

Jahresumsatz: 27,3 Mio. Euro (2006)

Auszeichnungen:
„Nagel in Bronze", Art Directors Club für Anzeige *Stammbäume* (2005)
Finalist „Social Effi", Gesamtverband Kommunikationsagenturen GWA für Tiger-Kampagne (2005) und Orang-Utan-Kampagne (2006)

Literatur:
K.-H. Groth (Hg.): Das große Buch des WWF (2003)

UNTERNEHMEN

WWF Deutschland
Rebstöcker Str. 55
60326 Frankfurt/Main
(0 69) 7 91 44-0
(0 69) 7 91 44-1 12
www.wwf.de

XYZ

Die Marke Xella bündelt alle Baustoff- und Rohstoffaktivitäten der Xella-Gruppe.

XELLA

Unter der Unternehmensmarke Xella ist die Xella-Gruppe international in den drei Geschäftsfeldern Baustoffe, Trockenbau-Systeme und Rohstoffe tätig. Xella produziert Kalksandsteine und ist mit den Traditionsmarken →Ytong und →Hebel der größte Produzent von Porenbeton und mit →Fermacell führend in der Herstellung von Trockenbau-Systemen. Rohstoffe aus dem Kalk- und Kalksteinbereich werden unter der Marke Fels hergestellt und vertrieben. Die Marke Xella wurde im Jahr 2002 entwickelt und auf der Messe BAU 2003 in München erstmals dem Fachpublikum vorgestellt. Xella ist hervorgegangen aus der Übernahme der Fels-Werke GmbH sowie der Ytong Holding AG durch die ehemalige Haniel Bau-Industrie GmbH. Das Xella-Logo greift den Unternehmensnamen auf und wird in deutschsprachigen Ländern mit dem Claim „Neues Bauen" verbunden. Das Xella-Logo wird in Pantone Reflex Blue gedruckt. Das klare Königsblau symbolisiert Sicherheit, Frische und Verlässlichkeit. Das Xella-Logo und die Produktmarken basieren auf der Schrifttype FF DIN. Sie steigert im Rahmen der Corporate Identity den Wiedererkennungswert bei Kunden in Baustoffindustrie und -handel. Die Zielgruppen rekrutieren sich zudem aus Bauunternehmen, Planern, Architekten sowie Handwerkern und Verarbeitern im Holz- und Trockenausbau. Als Premium-Markenhersteller mit einem weit reichenden Produktportfolio und umfassenden Dienstleistungen betreibt Xella ein eigenes Technologie- und Forschungszentrum. In der Nähe von Berlin entwickelt Xella innovative, wirtschaftliche und nachhaltige Lösungen für das Bauen von morgen. Zu den aktuellen Neuentwicklungen gehört neben dem Ytong-Stein mit dem Wärmeleitwert Lambda 0,08 auch das wasserresistente Trockenausbau-Element Powerpanel H_2O der Marke Fermacell. Der Vertrieb von Produkten der Xella-Gruppe erfolgt weltweit und wird durch internat. Internetpräsenz, klassische Marketingmaßnahmen wie Messen und Sponsoring aber auch durch Imagemaßnahmen wie dem Xella Studentenwettbewerb unterstützt. Mit dem 2004 erstmalig ausgelobten Wettbewerb knüpft Xella an die 18-jährige Tradition der Hebel Studentenwettbewerbe an und führt sie unter neuem Namen weiter. Der Ideenwettbewerb soll angehende Architekten und Bauingenieure mit praxisnahen Aufgaben auf die Herausforderungen des späteren Berufslebens vorbereiten. Die Xella International GmbH mit Stammsitz in Duisburg beschäftigt weltweit 7.400 Mitarbeiter in über 30 Ländern. Der Gesamtumsatz der Xella-Gruppe lag im Geschäftsjahr 2006 bei rund 1,2 Mrd. Euro.

Xella bildet ein gemeinsames Dach für die Baustoffe Porenbeton, Kalksandstein, für Trockenbau-Systeme und den Rohstoff Kalk.

DATEN UND FAKTEN

Markenname: Xella, abgeleitet vom griech./lat. Wort *Cella* nach dem antiken Baumeister Vitruv, die Bezeichnung für den Hauptraum bzw. das Zentrum eines antiken griechischen oder römischen Tempels

Slogan: „Xella - Neues Bauen"

Markenregistrierung: 13.09.2002, DPMA München

UNTERNEHMEN

Xella International GmbH

Hauptsitz: Duisburg, Deutschland

Geschäftsleitung: Jan Buck-Emden, Hans Joachim Koch, Dr. Matthias Stein

Weitere Marken: →Fermacell, →Hebel, →Ytong

Gesamtumsatz: 1,2 Mrd. Euro (2006)

Mitarbeiter: 7.400 (2006)

Vertrieb: weltweit in über 30 Ländern

KONTAKT

Xella International GmbH
Franz-Haniel-Platz 6–8

SCHON GEWUSST?

▌Xella entstand 2002 als Resultat aus der Übernahme der Ytong Holding AG und der Fels-Werke GmbH durch die ehemalige Haniel Bau-Industrie GmbH. Xella bündelt alle Baustoff- und Rohstoffaktivitäten des Unternehmens.

47119 Duisburg
✆ (02 03) 8 06–90 02
🖷 (02 03) 8 06–95 40
💻 www.xella.com

Ansprechpartner Presse:
Ernst Arelmann
✆ (02 03) 8 06–96 25
✉ ernst.arelmann@xella.com

XING

XING ist eine Marke der börsennotierten XING AG und steht für eine internetbasierte Business-Networking-Plattform. Sie bietet Geschäftsleuten weltweit die Möglichkeit, Kontakte zu knüpfen, Informationen auszutauschen, gemeinsam Ideen zu entwickeln, Vertriebskanäle zu erschließen oder Aufträge zu vergeben. Jeder Nutzer legt ein eigenes Profil an und kann andere Nutzer als Kontakte seinem persönlichen Netzwerk hinzufügen. Über eine differenzierte Suche können Kandidaten für neue Kontakte recherchiert werden. Die Benutzeroberfläche von XING ist in 16 Sprachen verfügbar. Die Plattform ist beitragsfinanziert: Neben einer beitragsfreien Basis-Mitgliedschaft wird für das erweiterte Leistungsspektrum der Premium-Mitgliedschaft eine monatliche Pauschale berechnet. Für Premium-Mitglieder gibt es seit 2006 das Bonusprogramm Premium-World, das die Nutzung von Spezialangeboten und Rabatten bei Partnerunternehmen ermöglicht. 2007 wurde als neue Plattformfunktion „Marketplace" mit der Kategorie „Jobangebote" eingeführt. XING ist ein Markenname, der den globalen Charakter des Netzwerks aufgreift und so konzipiert ist, dass er in verschiedenen Kulturen verstanden wird. So steht Xing etwa im Chinesischen für die optimistische „Can-do"-Einstellung und Begegnungen. Das Logo präsentiert den Markennamen in dunkelgrüner, gedrängter Schrift auf weißem Fond, ergänzt durch ein stilisiertes X in Dunkelgrün und Hellgrün rechts oberhalb des Schriftzugs. Das Unternehmen mit Sitz in Hamburg wurde 2003 vom heutigen Vorstandsvorsitzenden Lars Hinrichs gegründet, im gleichen Jahr wurde die Plattform in Betrieb genommen. Seit Dezember 2006 ist die XING AG an der Börse notiert. Derzeit hat XING zusammen mit den Tochterunternehmen bei schnellem Wachstum 4 Mio. Mitglieder aus 190 Ländern und kann auf 68 Mio. Page Impressions pro Monat verweisen (Stand: September 2007, einschließlich der Tochtergesellschaften eConozco und Neurona; Quelle: ComScore, Media Metrix 2.0 Reports).

UNTERNEHMEN

XING AG
Gänsemarkt 43
20354 Hamburg
💻 www.xing.com

Der Markenname XING ersetzte 2006 den ursprünglichen Namen openBC.

XYLADECOR

Der lasierende Holzanstrich Xyladecor wurde 1968 von der Desowag Bayer Holzschutz GmbH entwickelt. Ziel war es, der Holzstruktur ihre natürliche Schönheit zu lassen, sie hervorzuheben, Farbe zu bekennen und trotzdem einen idealen Holzschutz für jede Wetterlage zu bieten. Dieser Anspruch spiegelt sich auch im Produktnamen wider: Xyladecor hat seinen Ursprung in *xylos*, dem griech. Begriff für Holz, und dem Begriff *Decor*. Das Produkt wurde von Beginn an ausschließlich in rechteckigen Blechkanistern angeboten, um eine aufmerksamkeitsstarke Präsentation zu gewährleisten und einen hohen Wiedererkennungswert zu erreichen. Diesen Kriterien entspricht auch das Corporate Design der Marke: Markantes Gestaltungselement ist ein gelber Balken (Pantone 109 C), auf dem die in schwarzen Lettern gezeichnete Wortmarke platziert ist. Xyladecor hat sich in den letzten Jahren trotz starken Konkurrenz- und Preiskämpfen am Markt etabliert und gilt im Bereich der Holzpflege als Innovationsführer. Aktuelle Produktentwicklungen sind z. B. die Dauerschutz-Lasur *2in1* (Lasur und Grundierung in einem) und ein Komplett-Sprühsystem für Flächenanwendungen im Garten. Mit der Xyladecor-Produktlinie *Pro Verde* steht dem Verbraucher zudem eine besonders umweltschonende Holzpflege-Range zur Verfügung. Xyladecor ist zusammen mit →Consolan Markenführer im Segment Holzschutz (GfK, 2007). Xyladecor ist eine Marke der ICI Paints Deco GmbH, zu denen speziell im Bereich Holzpflege →Consolan und im Heimwerkerbereich →Moltofill, →Hammerite und →Dulux zählen.

UNTERNEHMEN

ICI Paints Deco GmbH
Düsseldorfer Str. 96–100
40721 Hilden
✆ (0 21 03) 2 05–8 00
🖷 (0 21 03) 2 05–8 63
💻 www.xyladecor.de

Die Marke Xyladecor bietet Holzschutz, -pflege und -veredelung.

Yakult

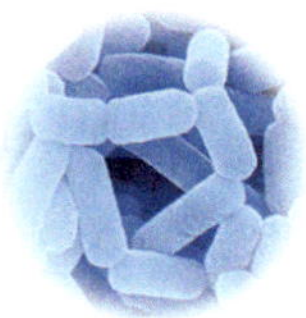

Dr. Minoru Shirota (Mitte) entdeckte als Student an der medizinischen Fakultät der Universität von Kyoto in Japan das Bakterium *Lactobacillus casei* Shirota (unten), das in dem fermentierten Getränk Yakult enthalten ist.

YAKULT

Yakult ist der Pionier der probiotischen Produkte. Der jap. Wissenschaftler Dr. Minoru Shirota entwickelte das Gesundheitsgetränk vor über 70 Jahren. Es enthält Milliarden aktiver Shirota-Gesundheitsbakterien. In den 1920er-Jahren war Japan ein armes Land. Schlechte Ernährung und schlechte hygienische Bedingungen führten zu Krankheiten. Deshalb setzte sich der Medizinstudent Minoru Shirota ein großes Ziel: Er wollte mit Hilfe seiner Forschung den Menschen eine bessere Gesundheit zu erschwinglichen Preisen ermöglichen. Shirota war überzeugt, dass die Gesundheit des Menschen von der Gesundheit des Darms abhängt. 1930 entdeckte er den nach ihm benannten Lactobacillus. Dieser gelangt lebend und aktiv in den Darm. Dort wirkt er sich positiv auf das Gleichgewicht der Darmflora aus und unterstützt so ein intaktes Immunsystem. 1935 entwickelte er auf dieser Basis das fermentierte Getränk Yakult. Damit war er seinem Ziel, für alle Menschen einen Beitrag zu einem gesunden Leben zu leisten, nähergekommen. 1955 gründete er das Unternehmen „Yakult Honsha Co., Ltd.". Seit 1996 wird Yakult auch in Deutschland vertrieben. Weltweit trinken heute täglich 25 Mio. Menschen Yakult. Seit 1968 gibt es die Yakult Flasche in ihrer heute bekannten Form und Farbgebung. Heute ist Yakult in 28 Ländern erhältlich. Die Firmenphilosophie lautet „Working on a healthy society". Dabei versteht Yakult Gesundheit ganzheitlich: Körperliches, geistiges und soziales Wohlbefinden bilden eine Einheit. In vielen Ländern zeigt Yakult seine Nähe zu den Menschen in einer besonderen Vertriebsform: In Asien und Südamerika bringen 80.000 „Yakult Ladies" täglich persönlich und mit einem Lächeln Yakult zu den Kunden. In den übrigen Bereichen beschäftigt Yakult weltweit 27.000 Angestellte. Von April 2005 bis März 2006 setzte Yakult 1,87 Mrd. Euro um.

DATEN UND FAKTEN

Markenname: Yakult, Kunstname, abgeleitet von Yahurto, Esperanto für Joghurt

Philosophie: „Working on a healthy society"

Gründer: Dr. Minoru Shirota, 1935, Kyoto/Japan

Markenregistrierung: 16. 08. 1995, DPMA München

Die typische Yakult-Flasche erinnert in ihrer Form an ein jap. Milchkännchen.

Markenbekanntheit: 81 % gest. (Millward Brown, Total Brand Awareness, 2006)

Auszeichnungen:
„FOSHU Siegel", Foods für Specific Health Use (Japan, 1998)
„sehr gut", Öko-Test (2001)

UNTERNEHMEN

Yakult Honsha Co., Ltd

Hauptsitz: Tokyo, Japan

Vorstand: Sumiya Hori

Mitarbeiter: 27.000 weltweit (plus 80.000 Yakult Ladies)

Gesamtumsatz: 1,87 Mrd. Euro (04/2005–03/2006)

Vertrieb: in Europa über Einzelhandel, in Asien und Südamerika durch Yakult Ladies

KONTAKT

Yakult Deutschland GmbH
Forumstr. 2

SCHON GEWUSST?

- Seit 1963 bringen in Japan Yakult Ladies das Produkt persönlich zum Kunden. In Japan übernehmen heute 47.000 von ihnen 65 % des Verkaufs.
- Yakult betreibt zwei Forschungszentren, das „Yakult Central Institute für Microbiological Research" in Tokio, Japan, und das „Yakult Honsha European Research Center" in Gent, Belgien.
- Yakult Deutschland unterstützt seit seiner Gründung die Kinderoper in der Yakult-Halle im Kölner Opernhaus.

41468 Neuss
✆ (0 21 31) 34 16-0
✉ info@yakult.de
🖳 www.yakult.de

Ansprechpartner Presse:
Monika Wien
✆ (0 21 31) 34 16-43
✉ mwien@yakult.de

Ansprechpartner Marketing:
Sandra Meesters
✆ (0 21 31) 34 16-30
✉ smeesters@yakult.de

YAMAHA

Die Marke Yamaha steht im Segment Motoren u. a. für Motorräder, Roller, ATVs, Schiffsmotoren, Boote, Generatoren und Golfcars. Das Logo zeigt drei gekreuzte Stimmgabeln in einem Kreis, der von einer weiteren Kreislinie umgeben ist. Dahinter findet sich der Schriftzug „Yamaha" in roten serifenlosen Versalien, darunter der Untertitel „Touching Your Heart" (dt.: „Dein Herz berührend"). Die Anfänge des Unternehmens liegen allerdings im Segment Musik, das heute als Yamaha Corporation firmiert. 1887 baute der Japaner Torakusu Yamaha sein erstes Harmonium. Zehn Jahre später wurde die Nippon Gakki Co., Ltd., mit Yamaha an der Spitze gegründet. In den nächsten Jahrzehnten kamen u. a. Klaviere, Grammophone und Orgeln ins Portfolio. 1954 entwickelte Yamaha seinen ersten Hifi-Player und stellte das erste Motorrad her. Ein Jahr später wurde aufgrund ihres Erfolgs die Motorradsparte in die Yamaha Motor Co., Ltd. ausgegliedert. Ihr erster Präsident, Genichi Kawakami, ist eine der prägenden Figuren der Unternehmensgeschichte. Seinem Leitspruch fühlt sich das Unternehmen noch heute verpflichtet: „Wenn du etwas unternimmst, sieh zu, dass du der Beste darin bist." Ca. 42.000 Mitarbeiter erwirtschafteten 2006 einen Umsatz von ca. 1.600 Mrd. Yen. Den größten Anteil daran hatte die Motorradsparte. Die dt. Vertretung ist die Yamaha Motor Deutschland GmbH in Neuss. Die Musiksparte, Yamaha Corporation, ist Weltmarktführer in der Herstellung von Musikinstrumenten. In Deutschland wird sie durch die Yamaha Music Central Europe GmbH in Rellingen vertreten.

UNTERNEHMEN

Yamaha Motor Deutschland GmbH
Hansemannstr. 12
41468 Neuss
✆ (0 21 31) 20 13-0
🖷 (0 21 31) 20 13-3 00
🖳 www.yamaha-motor.de

YELLO STROM

Die Energiemarke Yello Strom ist Deutschlands erster Markenstrom und vertreibt darüber hinaus weitere Produkte und Dienstleistungen für Haushalt und Gewerbe. Die Farbe Gelb – das sog. Yello Gelb – steht für das Markenversprechen, günstigen Strom und einfache Produkte mit gutem Service anzubieten. Das Unternehmen wurde 1999 nach der Liberalisierung des bis dato monopolisierten Strommarktes von der Energie Baden-Württemberg AG gegründet. Seitdem treibt Yello den Wettbewerb bei der freien Anbieterwahl nach vorne und wirkt als Treiber für Liberalisierung und faktisch funktionsfähigen Wettbewerb. Yello Strom wirbt mit dem Claim „Gelb. Gut. Günstig." Das Firmenlogo besteht aus einem Kreis, der durch eine Wellenlinie in zwei Hälften geteilt wird. Yello Strom gehört zu Deutschlands bekanntesten Marken, mit einer Markenbekanntheit von 97 %. Im Jahr 2006 belief sich der Jahresumsatz auf 730 Mio. Euro. Das Unternehmen mit Sitz in Köln zählte Anfang 2007 über 1,3 Mio. Kunden. Mit dem gelben *Sparzähler online* öffnet Yello auch in dem bisherigen Monopolbereich Zähl- und Messwesen bundesweit den Wettbewerb. In ausgewählten Marktgebieten startet Yello auch mit einem Gasangebot. Weitere Produkte im Portfolio sind *Yello Tel*, für Telefonie und Internet, so-

Die Farbe Gelb ist Leitmotiv der Yello Markenkommunikation.

„Gelb. Gut. Günstig": Der Sitz der nat. Strommarke Yello Strom ist Köln.

wie *Yello Karte Gewerbe*, eine Rabattkarte für Geschäftskunden. Der Vertrieb erfolgt über eine Multikanalstrategie: durch Callcenter, E-Commerce, Direktvertrieb und Direktmarketing.

DATEN UND FAKTEN

Markenname: Yello, Kunstname, soll für Markenattribute wie Gelb, einfach, frisch, sympathisch, gut, pfiffig, transparent und günstig stehen.

Slogan: „Gelb. Gut. Günstig."

Gründer: Energie Baden-Württemberg AG, 1999

Markenregistrierung: 19. 07. 1999, DPMA München

Markenbekanntheit: 62 % ungest., 97 % gest. (in der werberelevanten Zielgruppe, GfK, 2006)

Jahresumsatz: 730 Mio. Euro (2006)

UNTERNEHMEN

Yello Strom GmbH

Hauptsitz: Köln, Deutschland

Geschäftsführer: Dr. Peter Vest (Sprecher), Martin Vesper

Weitere Produkte: Yello Sparzähler online, Yello Tel, Yello Karte Gewerbe, Gas

Kunden: 1,3 Mio. (2007)

Vertrieb: Callcenter, E-Commerce, Direktvertrieb und Direktmarketing in Deutschland

KONTAKT

Yello Strom GmbH
Taubenholzweg 1
51105 Köln
(02 21) 2 61 21 00
www.yellostrom.de

Ansprechpartner Kommunikation & Marketing
Andreas Müller
(02 21) 2 61 25 19
andreas.mueller@yellostrom.de

SCHON GEWUSST?
- Yello Strom erreichte nach nur einem Jahr eine Markenbekanntheit von über 90 %.

Lead-Agentur:
Jung von Matt/Spree GmbH
www.jvm.de

YTONG

Der Massivbaustoff Ytong zeichnet sich durch besonders gute wärmedämmende Eigenschaften aus.

Ytong steht heute als Industriegütermarke für schnelles, wirtschaftliches Bauen mit Porenbeton. Dieser Wandbaustoff ist weiß und besteht aus Kalk, Sand, Zement und Wasser. In seinem Inneren enthält er Millionen an Luftporen, die ihm auch den Namen gaben: Porenbeton. Im Jahr 1929 startete im schwedischen Yxhult die erste Produktion. Aus „Yxhults Anghärdade Gasbetong" wurde kurze Zeit später die eingetragene Marke „Ytong", die erste Baustoffmarke der Welt. In

Seit 1967 werden Ytong-Produkte in gelber Folie auf dem Baustoffmarkt verkauft.

Deutschland begann der Aufstieg in den Jahren des Wiederaufbaus und vor allem während der Wirtschaftswunderzeit in den frühen 1960er-Jahren. Das Logo der Marke zeigt den schwarzen Schriftzug in Versalien als Wort-Marke auf gelbem Hintergrund. Die Ytong-Steine werden seit 1967 in gelber Folie verkauft. Die Gelbfolierung ist Bestandteil der Markenstrategie, die auf Wiedererkennung ausgerichtet ist. Das Ytong-Logo richtet sich nach den Maßgaben der Unternehmensmarke →Xella im Rahmen eines einheitlichen Corporate Designs. Daher basieren die verwendeten Schriften auf der Schrifttype FF DIN. Ytong ist heute global mit Produktionsstandorten vertreten. Im gewerblichen Wohnungs- und Industriebau ist der Baustoff Ytong als eine feste Größe im Markt etabliert. Durch das umfangreiche Produktspektrum kann ein Gebäude vom Keller bis zum Dach komplett aus Porenbeton gebaut werden. Auch private Bauherren, die ein Eigenheim planen, setzen verstärkt auf Ytong. Der Vertrieb erfolgt weltweit durch die Xella-Gruppe über Tochtergesellschaften und Lizenznehmer, auf dem dt. Markt vor allem über den Baustoffgroßhandel und in Baumärkten. Die Xella International GmbH mit

Stammsitz in Duisburg beschäftigt weltweit rund 7.400 Mitarbeiter in über 30 Ländern. Der Gesamtumsatz der Xella-Gruppe lag im Geschäftsjahr 2006 bei rund 1,2 Mrd. Euro. Unter der Dachmarke Xella stehen die Produktmarken Ytong und →Hebel im Geschäftsbereich Baustoffe für Porenbetonprodukte. →Fermacell deckt das Segment der Trockenbau-Systeme ab.

DATEN UND FAKTEN

Markenname: Ytong, Akronym, Zusammensetzung aus **Y**xhult (Firmensitz) und dem schwed. Begriff Gasbe**tong** (dt. Porenbeton)

Erfinder: Dr. Axel Erikson, 1923, Stockholm/Schweden

Markenregistrierung in Deutschland: 20. 05. 1952, DPMA München

Markenbekanntheit: 100 % gest. (facit Marktforschung, München 2004)

Auszeichnungen:
„Baustoffmarkt-Oskar" für die beste praktizierte Marktpartnerschaft zwischen Baustoff-Fachhandel und Vertriebspartnern (1993)

Markenwebsite: www.ytong.de

UNTERNEHMEN

Xella International GmbH

Hauptsitz: Duisburg, Deutschland

Geschäftsleitung: Jan Buck-Emden, Hans Joachim Koch, Dr. Matthias Stein

Weitere Marken: →Fermacell, →Hebel, →Xella

SCHON GEWUSST?

Bereits 1952 forderte der damalige Wirtschaftsminister Ludwig Erhard die Bauindustrie auf, Ytong als „anerkannt guten und modernen Baustoff" zu verwenden, der zudem vergleichsweise kostengünstig sei. Die schnell wachsende Akzeptanz ist eng verbunden mit der Einführung des Ytong-Planblocks im Jahr 1960. Der neu entwickelte großformatige Stein von bis dahin unbekannter Maßgenauigkeit, der mit Dünnbettmörtel zu einer fast fugenlosen Wand zusammengefügt werden konnte, veränderte die traditionelle Mauerwerkstechnik nachhaltig und grundlegend.

Gesamtumsatz: 1,2 Mrd. Euro (2006)

Vertrieb: weltweit in über 30 Ländern

KONTAKT

Xella International GmbH
Franz-Haniel-Platz 6–8
47119 Duisburg
(02 03) 8 06–90 02
(02 03) 8 06–95 40
www.xella.com

Ansprechpartner Presse:
Ernst Arelmann
(02 03) 8 06–96 25
ernst.arelmann@xella.com

YVES ROCHER

Die Marke Yves Rocher steht für ein breites Spektrum an Kosmetika auf Pflanzenbasis. Das Portofolio umfasst u. a. Anti-Age-Pflege, Produkte für Gesicht- und Körperpflege sowie Düfte für Frauen jeden Typs und jeden Alters. Das Unternehmen wurde 1959 von Monsieur Yves Rocher in La Gacilly in Frankreich gegründet. Es begann mit einer auf dem elterlichen Dachboden angerührten Pflanzencreme und dem Wunsch, neue Perspektiven für das von der damaligen Landflucht betroffene Dorf in der Bretagne zu schaffen. Yves Rocher wollte Frauen Kosmetik mit pflanzlichen Wirkstoffen zugänglich machen. Heute sind in La Gacilly alle zur Herstellung und zum Vertrieb der Produkte erforderlichen Unternehmensbereiche angesiedelt, rund 4.000 Menschen arbeiten vor Ort. Das Unternehmen legt bei der Produktion ein Hauptaugenmerk auf die Verwendung von ressourcenschonenden Rohstoffen, ökologischen Herstellungsverfahren und umweltfreundlichen Verpackungen. Yves Rocher wird auf allen Kontinenten in mehr als 90 Ländern über den klassischen und den Internet-Versandhandel, Schönheitsfachgeschäfte und Home-Partys vertrieben. Unterstützt wird die Marke durch Werbung in Print- und TV-Medien. Das grüne Markenlogo in einem an eine Unterschrift erinnernden Schriftzug assoziiert die Nähe zur Natur. Weltweit existieren über 1.500 Yves-Rocher-Fachgeschäfte, in denen neben pflanzenbasierter Kosmetik meist auch Kosmetikbehandlungen angeboten werden. Die Marke Yves Rocher ist neben weiteren Marken wie *Daniel Jouvance* und *Petit Bateau* eine der insgesamt acht Marken der Unternehmensgruppe Yves Rocher. Diese beschäftigt ca.

Steht für Kosmetik auf Pflanzenbasis: Yves Rocher

15.000 Mitarbeiter und erwirtschaftete 2006 einen Gesamtumsatz von 2 Mrd. Euro.

UNTERNEHMEN

Yves Rocher
Albstadtweg 10
70567 Stuttgart
✆ (07 11) 78 34-0
🖷 (01 80) 52 08-1
💻 www.yves-rocher.de

YXLON

Bildmarke der YXLON GmbH (oben), CT Aufnahme eines Motorkolbens (Mitte), Geschäftsführer Dr. Joseph Kosanetzky (unten)

Unter der Industriemarke YXLON vertreibt die gleichnamige Firma weltweit Röntgenprüf- und CT-Systeme zur industriellen Materialprüfung. Mit der Röntgentechnik und seinen Komponenten lassen sich Bauteile schnell und zuverlässig untersuchen, bei denen es vor allem auf Sicherheit und Langlebigkeit ankommt. Die Lösungen von YXLON finden vor allem in der Automobilindustrie, der Luft- und Raumfahrt, dem Schiffs- und Kesselbau sowie der Elektroindustrie Verwendung. Dabei reicht das Spektrum von in den Produktionsprozess integrierten Anlagen zur Serienprüfung bis zu mobilen Lösungen für Untersuchungen vor Ort. Der Markenname YXLON ist ein Kunstwort, das gemeinsam mit der Unternehmensleitung in einem Kreativseminar unter der Moderation von Istvan und Silke Barra von der Bonner Agentur DNF entwickelt wurde. Die Wortmarke YXLON setzte sich durch, da sie internat. verwendbar war und keine negativen Konnotationen beim Hörer auslöste. Der Markenname nimmt Bezug auf die Kernkompetenz von YXLON – Röntgenstrahlen, engl. X-Ray - und verweist mit den beiden Buchstaben X und Y darauf, dass die Firma aus zwei Unternehmen hervorging. Die YXLON International X-Ray GmbH entstand im Jahr 1997 aus dem Zusammenschluss der beiden Firmen Philips Industrial X-Ray GmbH und Andrex AS. Das Markenlogo wurde ebenfalls von Istvan Barra entwickelt und steht symbolhaft für zwei Teile, die zu einem Ganzen fusionieren. Das Logo vereint die beiden Anfangsbuchstaben des Markennamens in den Unternehmensfarben Türkis und Blau (RAL 5018 und RAL 5012). Die Farben dominieren zusammen mit Schwarz auch die anderen Bereiche der Unternehmenskommunikation. Als Hausschrift fungieren die Rotis San Serif und die Trebuchet. YXLON hat seit seiner Gründung zahlreiche eigene Softwarelösungen zum Patent angemeldet und sich einen weltweiten Ruf

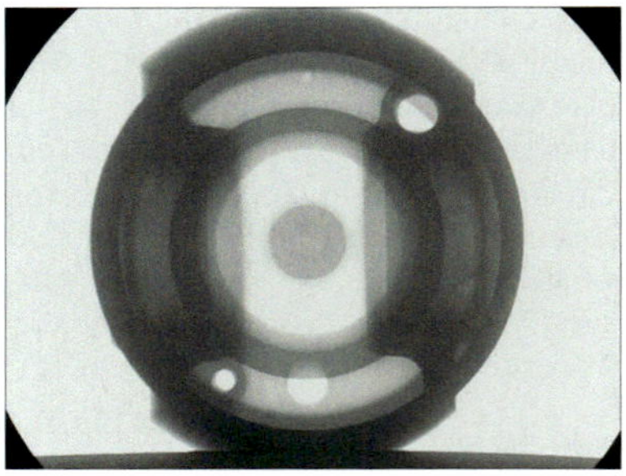

Mit Röntgentechnik lassen sich Bauteile schnell und zuverlässig untersuchen.

im Bereich der Röntgentechnologien erarbeitet.

DATEN UND FAKTEN

Markenname: YXLON, Kunstname, X für X-Ray (Röntgenstrahlen), X und Y verweisen zudem auf die zwei Gründungsfirmen

Slogan: „YXLON. The reason why"

Markenregistrierung: 09. 10. 1998, DPMA München

Werbespendings: 770.000 Euro

Auszeichnungen:
„IF Product Design Award" (2006)
„Focus in Silber", Internationaler Designpreis Baden-Württemberg (2006)

UNTERNEHMEN

YXLON International X-Ray GmbH

Hauptsitz: Hamburg, Deutschland

Geschäftsführer: Dr. Joseph Kosanetzky

Gesamtumsatz: 66 Mio. Euro (2006)

Mitarbeiter: ca. 220 (Deutschland), ca. 300 (weltweit)

Vertrieb: weltweit, Niederlassungen in Deutschland, Dänemark, USA, Japan und China, über 50 Vertriebspartner

KONTAKT

YXLON International X-Ray GmbH
Essener Bogen 15
22149 Hamburg
✆ (0 40) 5 27 29-0
🖷 (0 40) 5 27 29-2 71
💻 www.yxlon.com

Ansprechpartner Presse & Marketing:
Bettina Ihlenfeldt
✆ (0 40) 5 27 29-4 01

🖷 (0 40) 5 27 29-2 71
✉ bettina.ihlenfeldt@hbg.yxlon.com

Lead-Agentur:
ZeBARRA
💻 www.zebarra.de

SCHON GEWUSST?

- Im Gegensatz zur Anwendung beim Menschen ist die Behandlung mit Röntgenstrahlen für die untersuchten Produkte völlig ungefährlich und hinterlässt keinerlei Veränderungen im Material.
- Röntgentechnik bietet die Möglichkeit, Produkte sehr genau auf Materialfehler hin zu untersuchen. Überall dort, wo hohe Qualität und Sicherheit besonders wichtig ist, kommt sie deshalb seit Jahren als Prüfverfahren zum Einsatz.

ZACK

Das Sortiment der Marke Zack steht für Wohnaccessoires aus Edelstahl. Dabei umfasst die Produktpalette Edelstahl-Accessoires für die Bereiche Bar, Küche, Tisch, Wohnen, Büro und Bad. Mit diesem knapp 400 Artikel umfassenden Angebot richtet sich Zack an stilbewusste Menschen mit mittlerem und gehobenem Einkommen ab 28 Jahren. Bernd Mackenroth, Inhaber der Zack GmbH, erfand im Rahmen der Firmengründung 1985 auch die Marke. Zwar transportiert der Name keine konkrete Bedeutung, soll jedoch durch seine Kürze und Prägnanz eine Verbindung zum klaren, reduzierten Artikeldesign herstellen. Hausfarbe (Pantone 326) und Schrift (Neue Helvetica) bestimmen das Corporate Design der Marke. Das von der Zack Inhouse-Agentur entwickelte Logo orientiert sich grafisch mit klaren, reduzierten Formen an der Designsprache der Edelstahlkollektion. Unter dem Markenschriftzug, bei dem das „A" durch ein Dreieck ersetzt ist, steht der seit 1992 verwendete Claim „Follow your Style". Im Laufe der Jahre wurde das Logo dreimal aktualisiert und angepasst. Seit 2001 präsentieren sich die Zack-Produkte in einem neuen, anthrazit gehaltenen Verpackungsdesign. Mit Blick auf die Markenpflege erfolgt ein regelmäßiger Abgleich des kommunikativen Erscheinungsbildes mit der Formensprache des Produktdesigns. Dazu wurden die Bereiche Produktdesign und Grafikdesign/Marketing in den Jahren 1998 bzw. 2000 in das Unternehmen integriert. Zack gehört nach Herstellerangaben zu den erfolgreichsten Marken im Bereich Edelstahl-Wohnaccessoires in Europa. Die Zack GmbH mit Sitz in Oststeinbek bei Hamburg vertreibt ihre Produkte über weltweit 2.500 Einzelhandelspartner. Im Jahr 2006 beschäftigte das Unternehmen 50 Mitarbeiter inkl. der Kooperationspartner Zack Benelux und Zack Scandinavia.

DATEN UND FAKTEN

Markenname: Zack, Kunstname ohne inhaltliche Herleitung

Slogan: „Zack – Follow your Style."

Gründer: Bernd Mackenroth, 1985

Markenregistrierung: 08.03.1999, DPMA München

Mitarbeiter: 50 (2006)

UNTERNEHMEN

Zack GmbH
Im Hegen 5
22113 Oststeinbek
✆ (0 40) 71 37 46-0
🖷 (0 40) 71 37 46-46
💻 www.zack.info

Zack entwickelt und produziert exkl., designorientierte Wohnaccessoires aus Edelstahl.

ZARGES

Unter dem Dach der Industriegütermarke ZARGES versammeln sich Aluminiumprodukte für die unterschiedlichsten Anwendungsbereiche. Zum Produktportfolio gehören neben Kisten u. a. Leitern sowie fahrbare Podeste und Docks für die Flugzeugwartung. Die heutige ZARGES GmbH wurde 1933 in Stuttgart als OHG von den Brüdern Walther und Hellmuth Zarges gegründet. Das Unternehmen war die erste Leichtmetallbau-Gesellschaft in Europa. 1938 begann ZARGES als erstes europäisches Unternehmen mit der Serienfertigung von Leitern. 1951 stellte das Unternehmen erstmals Leichtmetall-Faltkisten für die Deutsche Bundesbahn her. Heute kommen Kästen und Rollwagen der Marke ZARGES in den verschiedensten Bereichen zum Einsatz, z. B. in Krankenhäusern, beim Gefahrguttransport, zum Schutz empfindlicher Elektronik, aber auch in Wäschereien oder bei Fußballvereinen. Die universell einsetzbaren, stapelbaren Kisten der Baureihe *Eurobox* gingen 1999 in Serie. Charakteristisches Erkennungszeichen dieser Produktlinie sind die blauen Stapelecken. Neu auf den Markt kamen 2007 die *Clip-On Rollen*, die für eine größere Mobilität der ZARGES-Kisten

Eines der bekanntesten Produkte der Marke ZARGES ist die Leichtmetall-Faltkiste der Baureihe Eurobox.

sorgen. Dank eines speziellen Mechanismus können die Vollgummi-Räder ohne Werkzeug am unteren Randprofil der Kisten festgeklemmt werden. Das ZARGES-Logo nimmt Bezug auf den ursprünglichen Schwerpunkt der Unternehmenstätigkeit: Auf blauem Grund (Cyan) ist in einem Kreis eine nach rechts oben strebende Stufenabstraktion abgebildet. Unter der Bildmarke steht die Wortmarke in blauen Versalien. Die ZARGES GmbH vertreibt ihre Produkte über Tochtergesellschaften und Partner in weltweit 60 Ländern, der Auslandsanteil liegt bei ca. 50 %. Das Unternehmen hat rund 1.300 Mitarbeiter, die 2006 einen Umsatz von ca. 200 Mio. Euro erwirtschafteten.

DATEN UND FAKTEN

Markenname: ZARGES, Familienname der Gründer

Slogan: „ZARGES – weil ich mehr will"

Gründer: Walter Zarges, Hellmuth Zarges, 1933, Stuttgart

Markenregistrierung: 31.03.1977, DPMA München

Innovationen: Eurobox (1999), Clip-On Rollen (2007)

Jahresumsatz: ca. 200 Mio. Euro (Unternehmen)

UNTERNEHMEN

ZARGES GmbH
Zargesstr. 7
82362 Weilheim
✆ (08 81) 6 87-0
🖷 (08 81) 6 87-2 95
🖳 www.zarges.de

ZDF

„heute" ist die wichtigste Nachrichtensendung im ZDF (Mitte); Intendant Markus Schächter (unten).

Das ZDF ist einer der wichtigsten europäischen Fernsehsender. Am 1. April 1963 ging es als Programmalternative zur föderal strukturierten ARD (→ Das Erste) auf Sendung. Als öffentlich-rechtlicher Programmanbieter unterscheidet sich das ZDF von kommerziellen Angeboten durch die Werte, die es für den Einzelnen wie für die Gesellschaft erbringt - gesellschaftliche Relevanz, die nicht den Gesetzen des Marktes gehorcht, sondern den Bedürfnissen einer demokratischen Gesellschaft entspricht (Public Value). Es fokussiert nicht allein die werberelevante Zielgruppe, sondern bietet ein vielfältiges Qualitätsprogramm für alle, das seinen Content

Das ZDF bietet in seiner ZDFmediathek auch zeit- und ortsunabhängiges „Fernsehen auf Abruf".

auf den unterschiedlichen Plattformen allen zur Verfügung stellt. Dabei leistet das ZDF mit einem Informationsanteil von rund 50 % mehr für die Meinungsbildung in Deutschland als jedes andere Vollprogramm. Das ZDF ist einer der führenden und beliebtesten Programmveranstalter. Seine Markenwerte orientieren sich vor allem an Objektivität, Integrität und Überparteilichkeit. Für die Qualitätsmarke ZDF stehen u.a. *heute* und *heute-journal*, die politischen Magazine, Dokumentationen, kulturelle Sendungen wie *Lesen!*, aber auch *WISO*, *das aktuelle sportstudio* mit der legendären Torwand, vielfach ausgezeichnete Fernsehfilme und Serien, große Shows wie *Wetten, dass..?* und das Kinderprogramm *ZDFtivi*. Im Rahmen einer Dachmarkenstrategie erfolgt eine einheitliche und integrierte Kommunikation der Marke über alle Kanäle (Media-Mix). Der Slogan „Mit dem Zweiten sieht man besser" ist seit Ende 1999 die Basis für alle kommunikativen Maßnahmen, on air wie off air. Er wird mit der markentypischen Geste visualisiert, die in Verbindung mit prominenten Leitfiguren die Kampagne prägt. Das aktuelle Logo und die Hausfarbe „ZDF-Orange" sind seit 2001 im Einsatz und markieren prägnant die Position des ZDF in der Medienlandschaft. Der moderne Auftritt in Orange und Silber (seit 2005) unterstreicht die Identität und Dynamik des Unternehmens. Durch neue Formate setzt das ZDF immer wieder Akzente (beispielsweise erste dt. Telenovela, Shows wie *Unsere Besten*, Zukunfts-Dokus wie *2030 - Aufstand der Alten*). Das Zweite ist aber auch Vorreiter beim Umstieg auf die digitale Technik und zeigt innovative Wege wie Programmangebote in der Welt der neuen Medien auf, z.B. zeitsouveränes Abruffernsehen via ZDFmediathek. Insgesamt sorgen rund 3.600 festangestellte sowie zahlreiche freie Mitarbeiter für das ZDF-Programm. Sie arbeiten in gut 110 Berufsgruppen im Sendezentrum Mainz, in den 16 Inlandstudios, dem Hauptstadtstudio sowie an 20 weiteren Plätzen in der Welt. ZDF-Partnerprogramme sind 3sat, ARTE, KI.KA, PHOENIX und DeutschlandRadio.

DATEN UND FAKTEN

Markenname: ZDF, Abkürzung für **Z**weites **D**eutsches **F**ernsehen

Slogan: „Mit dem Zweiten sieht man besser"

Markenregistrierung: Mit Inkrafttreten des ersten ZDF-Staatsvertrages am 01. 12. 1961 wurde der Name des ZDF durch die Länder gesetzlich festgelegt.

Innovationen: Science Fiction-Serie *Ijon Tichy: Raumpilot*, Online-Angebot *Forum am Freitag* mit Online-Sendung, Fernsehen auf Abruf via ZDFmediathek

Auszeichnungen:
„Deutscher Fernsehpreis" für *Neues aus der Anstalt, KDD - Kriminaldauerdienst, Ijon Tichy: Raumpilot* (Förderpreis), *Sperling und die kalte Angst* (2007)
„Goldene Kamera" für *Frontal 21* (2007)

Literatur:
ZDF (Hg.): ZDF-Jahrbuch (jährliche Erscheinungsweise)
ZDF (Hg.): Der Wert des ZDF für die Menschen in Deutschland (2006)

UNTERNEHMEN

Zweites Deutsches Fernsehen
Anstalt des öffentlichen Rechts

Hauptsitz: Mainz, Deutschland

Intendant: Markus Schächter

Weitere Marken: neben dem Hauptprogramm und Online- sowie Videotextangebot auch die digitalen Kanäle ZDFinfokanal, ZDFdokukanal, ZDFtheaterkanal

Vertrieb: weltweit

KONTAKT

ZDF
55100 Mainz
(0 61 31) 70-1
(0 61 31) 70-21 57
www.zdf.de

Ansprechpartner Kommunikation:
Alexander Stock
(0 61 31) 70-21 10
stock.a@zdf.de

Ansprechpartner Presse:
Walter Kehr
(0 61 31) 70-21 24
presse@zdf.de

SCHON GEWUSST?

- Die längste Schwarzblende im ZDF wurde 1987 gesendet: Durch einen Stromausfall auf dem Mainzer Lerchenberg und ein nicht funktionierendes Notstrom-Aggregat blieb der Bildschirm 17 Minuten und 17 Sekunden lang schwarz.
- Neuer Quotenrekord im dt. Fernsehen: Am 4. Juli 2006 verfolgten knapp 30 Mio. Zuschauer (Marktanteil: 84,1 %) im ZDF das Halbfinale der FIFA-Fußball-WM zwischen Italien und Deutschland (höchster jemals gemessener Zuschauerwert).

ZEISS

Unter der Dachmarke ZEISS produziert und vertreibt die Carl Zeiss AG Produkte und Lösungen für die Märkte Medical & Research Solutions, Industrial Solutions und Lifestyle Products. Dazu gehören Brillengläser, Ferngläser, Zielfernrohre, Foto- und Filmobjektive ebenso wie Licht- und Elektronenmikroskope, medizinische Instrumente für Augenheilkunde und Mikrochirugie, Optiken für die Herstellung von Halbleiterchips, industrielle Messsysteme, Planetarien und Brillengläser. Das Unternehmen wurde 1846 in Jena von Carl Zeiss gegründet. Aus der damaligen Werkstatt für Feinmechanik und Optik ist über die Jahre eine weltweit agierende Unternehmensgruppe der optischen und optoelektronischen Industrie mit über 11.000 Beschäftigten entstanden. Neben kontinuierlichen Innovationen auf höchstem technischem Niveau prägen Eigenschaften wie Präzision, Qualität und Verantwortung gegenüber Mensch und Natur das Markenimage. Die vielfältige Produktpalette der Marke spricht eine Vielzahl unterschiedlicher Kundenkreise an. Den Markennamen als gestalteten Schriftzug schuf Prof. Otto Eckmann im Jahr 1900 in seiner ersten Form. Damals zeigt das Logo den Schriftzug ZEISS in geschwungenen Buchstaben. 1920 bekam das Logo die Form einer Linse. Der Maler Erich Kuithan entwickelte das neue Design in Anlehnung an eine Linsengruppe des berühmten Photoobjektivtyps *Tessar.* 1971 entstand dann das Logo „ZEISS, West Germany". Dieser Zusatz ist

Produkte wie Mikroskope, Foto-Objektive und Ferngläser (Mitte) haben die Marke ZEISS weltweit bekannt gemacht. Die Zentrale der Carl Zeiss AG (unten) liegt in Oberkochen/ Baden-Württemberg.

Mit Lithographieobjektiven für die Halbleiterfertigung ist Carl Zeiss die Nr. 1 am Weltmarkt (VLSI Research, 5/2007).

nach dem Zusammenschluss der beiden Firmen in Ost und West entfallen. 1993 entstand dann das neue Logo, in dem das Quadrat und der Bogen des Linsenzeichens zusammengefügt sind. 1997 erhielt das Logo einen etwas dunkleren Blauton (Pantone Reflex Blue C), der Sympathie und höhere Wertigkeit vermittelt. Die Marke ZEISS dient auch anderen Premiummarken als Nachweis höchster optischer Qualität. Lizenzpartner wie →Sony, →Nokia und Logitech setzen in ihren anspruchsvollen Produktreihen auf ZEISS Objektive und die Strahlkraft der blauen Marke. Mit dem Schriftzug Carl Zeiss signalisieren diese Marken die hohe optische Qualität ihrer Produkte. Die Carl Zeiss AG hat Niederlassungen in mehr als 30 Ländern. Der Hauptsitz ist in Oberkochen in Baden-Württemberg.

DATEN UND FAKTEN

Markenname: Zeiss, Familienname des Unternehmensgründers Carl Zeiss

Slogan: „We make it visible"

Erfinder: Carl Zeiss, 1846

Markenregistrierung: 26. 06. 1920, Reichspatentamt Berlin

Innovationen: *i.Scription®* - Brillenglas-Optimierung auf Hundertstel-Dioptrien genau (2007), *METROTOM®* – Computertomograph für industrielle Anwendungen (2006), *Starlith® 1700i* – kombiniert erstmals Linsen und Spiegel in einem Lithographieobjektiv zur Chipfertigung (2005), *UHRTEM* – erstes Elektronenstrahlmikroskop mit Auflösung im subatomaren Bereich (2005), *OPMI Pentero®* – Operationsmikroskop mit umfassenden digitalen Visualisierungsmöglichkeiten (2004), *ApoTome®* - mikroskopisches Abbildungsverfahren zeigt optische Schnitte durch biologische Proben (2003)

Jahresumsatz: 2.433 Mio. Euro

UNTERNEHMEN

Carl Zeiss AG
Carl-Zeiss-Str. 22
73446 Oberkochen
☏ (0 73 64) 20-0
🖷 (0 73 64) 68-08
💻 www.zeiss.de

ZEIT

→Die Zeit

ZENTIS

Seit 2007 im Sortiment: belFruit 75 % Frucht und weniger Zucker

Seit weit über 100 Jahren steht der Name Zentis für Konfitüren, Süßwaren und Fruchtzubereitungen für die Milch- und Backindustrie. Lt. eigenen Angaben verfügt Zentis auf dem europäischen Markt über eine fast 100 %ige Distribution bei Molkereien. Damit ist Zentis Marktführer im Bereich Fruchtzubereitungen für Joghurts, Quarks, Desserts und Backerzeugnisse. Im Jahr 2006 sorgten rund 1.300 Mitarbeiter für einen Umsatz von 600 Mio. Euro. Der Name Zentis geht zurück auf den Firmengründer Franz Zentis. Im Jahre 1893 eröffnete der Unternehmer in Aachen ein Kolonialwaren- und Lebensmittelgeschäft. Wenig später begann er, getrocknete Aprikosen und Zucker zu einer Konfitüre zu verarbeiten. Diese trug den Namen *Famos* und verkaufte sich sehr erfolgreich. Zentis weitete die Produktion von Konfitüre in den Folgejahren kontinuierlich aus. 1930 wurde der Lebensmittelfilialvertrieb ganz eingestellt, und das expandierende Unternehmen konzentrierte sich auf die Herstellung von Konfitüren und Backmarmelade. Der Name Zentis wurde als Marke etabliert. Täglich werden mittlerweile mehrere 100 t Frucht verarbeitet. Damit zählt Zentis zu den größten Frucht verarbeitenden Betrieben Europas und ist für Industrie und Handel nach Selbsteinschätzung ein führender Ansprechpartner in diesem Bereich. Das erste Logo stellte eine gezeichnete Ananas und einen darüber stehenden Zentis Schriftzug dar. Bereits früh wurde so die Fruchtkompetenz unterstrichen.

Am Standort in Aachen werden die Konfitüren von Zentis produziert.

Im Laufe der Zeit verwandelte sich das Logo dahin, dass als Zeichen für den Qualitätsanspruch der Marke die Ananas durch eine Krone ersetzt wurde. Produkte von Zentis werden mittlerweile weltweit vertrieben. Die internat. Präsenz wird kontinuierlich ausgebaut: 2003 wurde ein Vertriebsbüro in Moskau, 2005 eines in Shanghai eröffnet.

DATEN UND FAKTEN

Markenname: Zentis, Familienname des Erfinders Franz Zentis

Slogan: „Viel Frucht. Feel good."

MEILENSTEINE

1893 Gründung der Firma durch Franz Zentis

1900 Die Herstellung von Marmelade wird neben dem Warenhandel neuer, eigenständiger Bereich der Firma Zentis.

1946/47 Wiederaufnahme des Produktionsbetriebes

1954 Die Süßwarenherstellung wird als neuer Produktionszweig eingeführt.

1989 Produktionssteigerungen machen einen Neubau auf dem Betriebsgelände notwendig.

1997/99 Eröffnung einer Produktionsstätte für Fruchtzubereitung in Polen und Ungarn

2003 Eröffnung eines Vertriebsbüros und eines Warenlagers in Moskau/Russland

2005 Repräsentanz in Shanghai/China eröffnet

2006 Baubeginn für Produktionsstätte für Fruchtzubereitung in Plymouth/USA

Gründer: Franz Zentis 1893, Aachen

Auszeichnungen:
„Milch-Marketing-Förderpreis" (1988)

UNTERNEHMEN

Zentis GmbH & Co. KG

Hauptsitz: Aachen, Deutschland

Geschäftsführung: Karl-Heinz Johnen, Dietmar Otte

Mitarbeiter: 1.300 weltweit (2006)

Gesamtumsatz: 600 Mio. Euro (2006)

Vertrieb: weltweit

KONTAKT

Zentis GmbH & Co. KG
Jülicher Str. 177
52070 Aachen
(02 41) 47 60-0
(02 41) 47 60-3 69
www.zentis.de

ZEPPELIN

Zu Beginn des 20. Jh. war der Name Zeppelin für Menschen auf der ganzen Welt ein Symbol für Innovation und Fortschritt. Firmengründer Ferdinand Graf von Zeppelin erhielt 1895 sein erstes Patent auf einen „lenkbaren Luftfahrtzug mit mehreren hintereinander angeordneten Tragkörpern". Nach dem Jungfernflug des Zeppelin Luftschiffes LZ 1 am 2. Juli 1900 wurden mehrere Jahrzehnte weit über hundert Zeppeline zur Personen- und Frachtbeförderung eingesetzt. Mit dem Unglück des LZ 129 „Hindenburg" am 7. Mai 1937 und dem Ausbruch des Zweiten Weltkrieges fand die Ära der Luftschiffe jedoch ein Ende. Im Juli 1950 gründete die auf Vermächtnis des Grafen entstandene und von der Stadt Friedrichshafen verwaltete Zeppelin-Stiftung die Metallwerk Friedrichshafen GmbH, die heutige ZEPPELIN GmbH. Die jahrzehntelange Erfahrung in der Verarbeitung von Aluminium bildete die Basis für die Gründung des Zeppelin Industriebereiches, der mit der Produktion von Leichtmetall-Großbehältern für die chemische Industrie startete. Den Grundstein für den Handelsbereich legte Zeppelin im Jahr 1954, als sich das Unternehmen den Exklusiv-Vertrieb und den Service der Baumaschinen und Motoren von Caterpillar Inc., Peoria (IL, USA), für Westdeutschland sicherte. Nach einer dynamischen Expansions- und Internationalisie-

Zum Hauptgeschäftsfeld des Zeppelin Konzerns zählen heute Vertrieb, Service und Vermietung von Caterpillar Baumaschinen, Motoren und Hyster Flurförderzeugen (Mitte) sowie Anlagen, Silos und Komponenten für die Herstellung und Verarbeitung von hochwertigen Schüttgütern (unten).

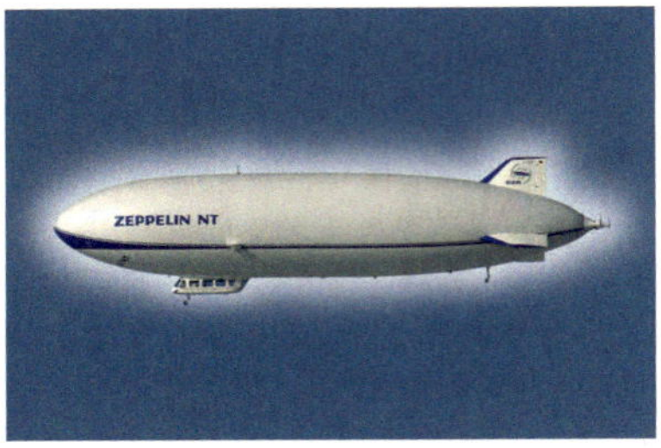

Populärstes Produkt der Firma Zeppelin ist der Zeppelin NT.

rungsphase in den 1990er-Jahren, bei der Zeppelin von Caterpillar die Exklusivvertriebsrechte für weitere Länder Osteuropas und Mittelasiens übernahm, ist der Konzern zu Europas führender Vertriebs-, Service- und Vermietorganisation der Branche herangewachsen. Der Industriebereich von Zeppelin unterhält heutzutage Standorte in allen internationalen Ballungsorten der chemischen Industrie. Zeppelin ist auch an der Zeppelin Luftschifftechnik GmbH & Co. KG beteiligt, die den Zeppelin NT baut. Der Konzern beschäftigt weltweit an 180 Standorten ca. 5.000 Mitarbeiter und erwirtschaftete im Jahr 2007 einen Umsatz von rund 2 Mrd. Euro. Die Wortmarke Zeppelin, ein schlichter Schriftzug in Versalien, steht nach wie vor für Pionier-, Erfinder- und Innovationsgeist sowie industrielle Tradition. Als Hausfarben verwendet die ZEPPELIN GmbH Schwarz, Weiß und Grau/Silber.

DATEN UND FAKTEN

Markenname: Zeppelin, Familienname des Gründers

Slogan: „Tradition verpflichtet – zu Wandel und Wachstum" (Konzernslogan)

Gründer: Ferdinand Graf von Zeppelin, 1908, Friedrichshafen

Markenregistrierung: 20. 10. 1984, Deutschland u. a. Länder

Innovationen: Luftschifftechnik: Zeppelin NT (1997), Anlagen, Silos und Komponenten zur Förderung und Verarbeitung von hochwertigen Schüttgütern

UNTERNEHMEN

ZEPPELIN GmbH

Hauptsitz: Friedrichshafen, Konzernzentrale in Garching bei München, Deutschland

Geschäftsführung: Ernst Susanek (Vors.), Alexander Bautzmann, Peter Gerstmann, Michael Heidemann

Weitere Marken: Caterpillar, Hyster (Generalvertretungen)

Gesamtumsatz: ca. 2 Mrd. Euro (2007)

KONTAKT

ZEPPELIN GmbH
Graf-Zeppelin-Platz 1
85748 Garching
☏ (0 89) 3 20 00-0
Fax (0 89) 3 20 00-4 82
www.zeppelin.de

Ansprechpartner Presse & Marketing:
Arantxa Dörrié
Leitung Unternehmenskommunikation
☏ (0 89) 3 20 00-4 40
✉ presse@zeppelin.de

MEILENSTEINE

1900 Erstflug Luftschiff LZ 1

1908 Gründung der Zeppelin-Stiftung und der Luftschiffbau Zeppelin GmbH

1950 Neugründung als Metallwerk Friedrichshafen GmbH

1954 Übernahme der Caterpillar-Generalvertretung für West-Deutschland

1991 ff. Übernahme weiterer Caterpillar-Generalvertretungen in Osteuropa und Mittelasien

1994 Neustrukturierung und Neufirmierung in ZEPPELIN GmbH

1997 Erstflug des Zeppelin NT

2002 Übernahme der Generalvertretung für Hyster Flurförderzeuge in Deutschland und zahlreichen Ländern Mittel- und Osteuropas

ZEWA

Unter dem Dach der Marke Zewa befindet sich ein umfassendes Sortiment an hochwertigen Hygienepapieren. Die Produktpalette umfasst Haushaltstücher, Taschentücher und Toilettenpapier. Zewa kommt aus dem Hause der Zellstofffabrik Waldhof, die 1884 von den Brüdern Carl und Rudolf Christian Haas sowie Carl Clemm in Mannheim gegründet wurde und deren Anfangsbuchstaben der Hygiene-

Zewa

Die Zewa Produktpalette umfasst Haushaltstücher, Taschentücher und Toilettenpapier.

Zewa Wisch&Weg kam 1972 als erstes Haushaltstuch auf den dt. Markt.

marke 1960 ihren Namen gab. 1972 kam mit Zewa *Wisch&Weg* das erste Haushaltstuch auf den dt. Markt, das mit dem Slogan „Mit einem Wisch ist alles weg" beworben wird und seit seiner Markteinführung als Synonym für Haushaltstücher gilt. 1977 wurden Zewa *Softis*, die ersten Papiertaschentücher in einer wieder verschließbaren Tüchertasche, in das Produktsortiment aufgenommen. 2005 wurde mit Zewa *Sensitive* das erste Toilettenpapier mit Kamille-Lotion eingeführt, das nachweislich Hautrötungen lindert. Die Marke wendet sich an markenbewusste Verbraucher aller Altersgruppen. Sie ist in Deutschland in den Bereichen Toilettenpapier und Haushaltstücher Marktführer und Nummer zwei bei Taschentüchern (AC Nielsen, 2006). Die gest. Markenbekanntheit von Zewa liegt bei 98 % (GfK, 2007). Das Logo besteht aus dem Markenschriftzug in geschwungenen weißen Lettern in einer blauen, tropfenartig gestalteten Ellipse. Es soll Hochwertigkeit, Qualität und Reinheit symbolisieren. In der Werbung greift Zewa gerne auf bekannte Persönlichkeiten zurück. Während in den 1980er-Jahren die Schauspielerin Uschi Glas Zewa *Wisch&Weg* bewarb, standen bei der Zewa Fußball-Kampagne 2006 Bastian Schweinsteiger und andere Fußballstars im Mittelpunkt. Zewa gehört heute zum Geschäftsbereich Tissue der schwed. →SCA-Gruppe und wird in mehr als 30 Länder vertrieben. Neben Deutschland sind Österreich sowie weite Teile Osteuropas die Hauptabsatzmärkte.

DATEN UND FAKTEN

Markenname: Zewa, aus den Anfangsbuchstaben des ursprünglichen Firmennamens **Ze**llstofffabrik **Wa**ldhof

Slogan: „Zewa macht den Unterschied", „Mit einem Wisch ist alles Weg" (für Zewa *Wisch&Weg*)

Gründer: Carl Haas, Rudolf Christian Haas, Carl Clemm, 1884, Mannheim

Markenregistrierung: 23.01.1918, Kaiserliches Patentamt Berlin

Innovationen: Zewa Wisch&Weg (1972), Zewa Softis (1977), Zewa Sensitive (2005), Zewa Haus & Garten (2007)

Markenbekanntheit: 98 % gest. (GfK, 2007)

Markenwebsite: www.zewa.de

UNTERNEHMEN

SCA Tissue Europe

Hauptsitz: München, Deutschland

Präsident: Mats Berencreutz

Weitere Marken: →Danke, →Tena, Tork, →Tempo

Gesamtumsatz: 2. Mrd. Euro

Vertrieb: europaweit

KONTAKT

SCA Hygiene Products GmbH
Sandhofer Str. 176
68305 Mannheim
✆ (06 21) 7 78-0
🖷 (06 21) 7 78-31 46
💻 www.sca.com

Ansprechpartner Presse:
Jeschenko MedienAgentur Köln GmbH
✆ (02 21) 30 99-0
✉ info@jeschenko.de

Ansprechpartner Marketing:
Jochen Sendelbach
✆ (06 21) 7 99-24 74
✉ jochen.sendelbach@sca.com

SCHON GEWUSST?

▮ Obwohl Zewa-Produkte aus Zellstoff und damit letztlich aus Holz sind, muss für ihre Herstellung kein einziger Baum gefällt werden. Für die Herstellung verwendet SCA ausschließlich Rest- und Durchforstungshölzer, die bei der Produktion anderer Güter oder bei der Walddurchforstung ohnehin anfallen.

ZEYKO

Die Marke Zeyko steht für hochwertige Einbauküchen aus dem Schwarzwald im mittleren bis oberen Preissegment. Der Name ist ein

Das Credo des Küchenherstellers Zeyko lautet „Finden Sie die Küche, die zu Ihnen passt".

Akronym, zusammengesetzt aus den ersten Buchstaben der Namen der beiden Gesellschafterfamilien Zeyher und Kopp. Neuestes Produkt der Marke ist die preisgekrönte Innenausstattungslinie *Zeyko Inline* in heller Kristallbuche und Nussbaum. Sie ist seit 2006 zum EU-Geschmacksmuster angemeldet und gewann 2007 einen red dot award: product design und den Innovationspreis des BMK. Für 2008 plant Zeyko neue Multifunktionsschränke mit Schiebetüren. Das Unternehmen verwendet massive Hölzer und legt Wert auf hohe Funktionalität. So will die Marke ihre Qualitäts- und Individualitätsstandards wahren und sich von den optisch ähnlich produzierenden Mitbewerbern abheben. Zeyko-Küchen sprechen durch die Verwendung natürlicher und hochwertiger Materialien insbesondere Best Ager auf der ganzen Welt an. Das 1970 vom damaligen Geschäftsführer Josef Hasl entworfene Markenlogo besteht aus dem grünen Namenszug Zeyko, bei dem das obere Ende des Buchstaben K zu einer Tanne stilisiert ist. Die Tanne ist ein Symbol für den Schwarzwald und soll somit auch Schwarzwälder Wertarbeit assoziieren. Aktuell wird die Marke mit dem Slogan „Finden Sie die Küche, die zu Ihnen passt" beworben. Das Unternehmen Zeyko entstand 1970 durch die Fusion der beiden Küchenhersteller Zeyher und Kopp. 1999 wurde die Zeyko Möbelwerk GmbH & Co. KG von der Lacour-Gruppe übernommen. Stammsitz des Unternehmens ist bereits seit 1976 Mönchweiler. Vertrieben wird die Marke Zeyko über autorisierte Fachhändler mit regionaler Verantwortung.

UNTERNEHMEN

Zeyko Möbelwerk GmbH & Co. KG
Am Fohrenwald 1
78087 Mönchweiler
(0 77 21) 94–20
(0 77 21) 94–22 22
www.zeyko.de

ZIMBO

Die Marke ZIMBO steht für einen Lebensmittelhersteller mit Schwerpunkt in der Schinken- und Wurstherstellung. Das Portfolio umfasst verschiedene Produktreihen wie ZIMBO Gourmet, ZIMBO Bio, ZIMBO Vital und ZIMBO Snack. 1953 gründete Max Zimmermann die Firma in Witten/Ruhr mit der Idee, heimische Fleisch- und Wurstwaren per Frischdienst direkt an den Lebensmittelhandel zu verkaufen. 1971 zog das Unternehmen auf die Initiative des Gründersohns Reinhold nach Bochum, um sich einen verkehrsgünstigen und dicht bevölkerten Standort zu sichern. 1980 gründete ZIMBO unter dem Namen „Feine Kost Becker" eine Kette von Metzger-Fachgeschäften als Shop-in-Shop-System. Anfang der 1990er-Jahre eröffnete ein weiterer Standort in Suhl (Thüringen) und ab Mitte der 1990er-Jahre expandierte das Unternehmen nach Ungarn und in die Tschechische Republik. 2007 schloss sich ZIMBO mit dem Feinkosthersteller Dahl zusammen und agiert damit neben dem Schinken- und Wurstwarenmarkt auch in weiteren Geschäftsbereichen wie dem Convenience-, Tiefkühl-, Käse- und dem Feinkostmarkt. 2003 entwickelte der Wurstwarenhersteller die FreshBox für den SB-Markt, eine wieder verschließbare Verpackung, die Frische und Aroma gewährleisten soll. 2006 wurde das Markendesign grundlegend überarbeitet. Der ZIMBO-Schriftzug steht in weißer Schrift auf rotem Grund. Das neue Verpackungsdesign wird von appetitanregenden Produktfotos bestimmt. ZIMBO beschäftigt über 3.000 Mitarbeiter und verfügt bundesweit über ein großes Zentrallager, fünf Regionallager, 14 Depots und 65 eigene Verkaufsfahrer.

UNTERNEHMEN

ZIMBO GmbH und Co. KG
Wasserstr. 223
44799 Bochum
(02 34) 95 53–0
(02 34) 95 53–4 45
www.zimbo.de

ZIMMER+ROHDE

Ein Familienunternehmen in vierter Generation: Zimmer + Rohde

Das Textilunternehmen Zimmer + Rohde steht mit seinen sechs Produktmarken für exkl. Stoffe und Möbel. Die Stoffe finden vor allem als Vorhänge, Dekorationen sowie zum Beziehen von Möbeln Verwendung. Eine eigene Kreativabteilung entwirft jedes Jahr neue Stoffe für die unterschiedlichen Kollektionen. Die Gründung der Firma erfolgte 1899 unter dem Namen Marx & Rohde. Der Markenname geht auf einen der Gründer des Unternehmens, Ernst Rohde, sowie den späteren Teilhaber Georg Zimmer zurück. Der 2. Weltkrieg hatte 1941 die Änderung des Firmennamens in Zimmer + Rohde zur Folge. Das Markenlogo zeigt die beiden Kürzel „Z" und „R" in einer Serifenschrift unter einem horizontalen Balken, darunter in serifenlosen Versalien den Markennamen. Das

Unternehmen war traditionell als Textilgroßhändler tätig. In den 1970er- und 1980er-Jahren fand mit der Entwicklung von eigenen Kollektionen ein Strategiewechsel statt. Seit 1994 übernahm Zimmer + Rohde die Firmen Ardecora, Etamine, Hodsoll McKenzie, Warner Fabrics und Travers. Diese werden von Zimmer + Rohde als Marken weitergeführt. Das Unternehmen verfügt über zahlreiche Showrooms in großen Metropolen und gründete eigene Vertriebsgesellschaften für das Export-Geschäft. Geleitet wird das Unternehmen mit ca. 200 Mitarbeitern in vierter Generation der Familie von Andreas Zimmer.

UNTERNEHMEN

Zimmer + Rohde GmbH
Zimmersmühlenweg 14–18
61440 Oberursel bei Frankfurt/Main
✆ (0 61 71) 6 32–02
Fax (0 61 71) 6 32–2 44
www.zimmer-rohde.com

ZIPPO

Das erste Zippo-Feuerzeug wurde 1932 in Bradford in den USA entwickelt. Der Firmengründer George G. Blaisdell wollte ein Feuerzeug herstellen, das gut aussah und einfach zu bedienen war. Blaisdell erwarb die Rechte an einem Sturmfeuerzeug mit abnehmbarer Kappe und gestaltete es nach seinen eigenen Vorstellungen um. Er machte das Gehäuse rechteckig und verband Deckel und Körper mit einem geschweißten Scharnier. Den Docht umhüllte er mit einem Windschutz. Inspiriert durch eine andere Erfindung der damaligen Zeit, den Reißverschluss, der im Amerikanischen zipper heißt, nannte er das Feuerzeug Zippo. Seitdem wurden in der Zippo Fabrik bis heute über 450 Mio. Feuerzeuge hergestellt. Mit Ausnahme von Verbesserungen an der Mechanik für den Feuerstein und der Gestaltung des Gehäuses ist Blaisdells ursprüngliches Design bis heute praktisch unverändert geblieben. Heute noch wird jedes Zippo kostenlos vom Hersteller repariert. 1962 wagte man mit der Marke den ersten Schritt in die Diversifikation. Das Unternehmen führte ein Maßband von sechs Fuß Länge aus flexiblem Stahl ein. Der Erfolg dieses Produkts bestätigte Zippo darin, die Ausweitung zur heutigen Produktfamilie durchzuführen, die aus Maßbändern, Messern, Geld-Clips, Schreibinstrumenten und Schlüsselanhängern besteht. Seine Zielgruppe der 18- bis 50-jährigen Männer spricht Zippo mit dem Design seiner Produkte und dem Kultstatus an, den sich das Unternehmen erarbeitet hat. Dies soll auch das in den Hausfarben Schwarz, Rot, Silber und Weiß gehaltene Logo dokumentieren. Der i-Punkt im Firmenname ist als rote Flamme dargestellt, um einen hohen Wiedererkennungswert zu gewährleisten und den Status der Feuerzeuge, die in über 1.000 Hollywood-Filmen zu sehen sind, zu verdeutlichen. Zippo hat seinen Vertrieb durch Aufbau eines internat. Vertriebsnetzes verstärkt. In mehr als 100 Ländern werden die Produkte mit rund 1.000 Mitarbeitern über Vertriebspartner vertrieben. Seit September 2006 gibt es die Zippo European Repair Clinic (ERC) in Deutschland. Diese übernimmt den europaweiten Reparatur-Service für nahezu alle Zippo-Produkte.

DATEN UND FAKTEN

Markenname: Zippo, USA, Ableitung von zipper (amerikanisch für Reißverschluss)

Slogan: „Zippo - the name in flame"

Erfinder: George G. Blaisdell, 1932

Markeneinführung: 1932, USA

Absatzmenge: 450 Mio. Feuerzeuge bis heute

UNTERNEHMEN

Zippo Manufacturing Company

Hauptsitz: Bradford, USA

Geschäftsführung: Greg Booth (CEO)

Mitarbeiter: ca. 1.000 weltweit (2007)

Vertrieb: weltweit über Vertriebspartner oder über eigene Niederlassungen

SCHON GEWUSST?

- Die Jahresproduktion an Zippo Feuerzeugen beläuft sich zzt. auf ca. 15 Mio. Stück.
- 1936 begann Zippo damit, Initialen und Abbildungen auf Feuerzeuge zu gravieren. Die Bildelemente bestimmen das Design des jeweiligen Produktes; die Grundform des Sturmfeuerzeuges ist seit nahezu 75 Jahren unverändert.
- In Deutschland gibt Zippo eine 30-jährige Garantie.

Neben dem Benzinfeuerzeug stellt Zippo u. a. auch Maßbänder, Messer, Geldscheinklammern, Schreibinstrumente und Schlüsselanhänger her.

ZURICH®

Das Zurich-Logo steht für eine der größten Versicherungsgruppen der Welt.

KONTAKT

Zippo GmbH
Groendahlscher Weg 87
46446 Emmerich am Rhein
✆ (0 28 22) 96 02-75
🖷 (0 28 22) 96 02-80
💻 www.zippo.de

Ansprechpartner Presse & Marketing:
Guido Heuvelmann
✆ (0 28 22) 96 02-75
✉ info@zippo.de

ZURICH

Unter der Marke Zurich bietet die gleichnamige Unternehmensgruppe eine Palette von Finanzdienstleistungen für Privat-, Firmen- und Industriekunden, die über das traditionelle Versicherungsgeschäft hinaus reichen. Das Produktportfolio umfasst Lebensversicherungen, private Renten-, Berufsunfähigkeitsversicherungen, alle Durchführungswege der betrieblichen Altersversorgung und Sachversicherungen sowie Kapitalanlagen und Vermögensverwaltung. Die Zurich Gruppe Deutschland kooperiert außerdem mit Partnern wie z.B. der Deutschen Bank Gruppe. Der Markenname Zurich entspricht der engl. Schreibweise für die Schweizer Stadt Zürich. Dort wurde 1872 der Versicherungs-Verein, der Vorläufer des heutigen Unternehmens, gegründet. Erkennungszeichen ist das Logo mit einem weißen Z im blauen Kreis. Es soll Sympathie, Offenheit und Zuverlässigkeit vermitteln, der Schwung des Z ein Lächeln signalisieren. Seit 2005 wirbt die Zurich Gruppe mit dem Slogan „Because change happenz". Zurich vermittelt damit das Markenversprechen, aktiv Veränderungen im Umfeld der Kunden zu analysieren und daraus innovative und maßgeschneiderte Versicherungslösungen zu entwickeln. Im Jahr 2006 waren in Deutschland für die Zurich Gruppe 5.689 Mitarbeiter im Innendienst tätig, die Bruttobeitragseinnahmen beliefen sich auf 6,8 Mrd. Euro. Damit gehört das Unternehmen zu den größten Versicherungen in Deutschland. Weltweit ist die Zurich Gruppe als zweitgrößter Versicherer im Unternehmensgeschäft positioniert und in mehr als 170 Ländern mit rund 58.000 Mitarbeitern aufgestellt. Zur Zurich Gruppe gehören auch die Marken Zurich connect, DA Direkt, Bonnfinanz, Deutscher Herold und der Deutsche Pensionsfonds, ein Joint Venture der Zurich Gruppe Deutschland und der Deutschen Bank.

UNTERNEHMEN

Zurich Gruppe Deutschland
Poppelsdorfer Allee 25-33
53115 Bonn
✆ (02 28) 2 68 35 44
🖷 (02 28) 2 68 35 48
💻 www.zurich.de

ZWECKFORM

→Avery Zweckfom

ZWILLING

ZWILLING J.A.HENCKELS

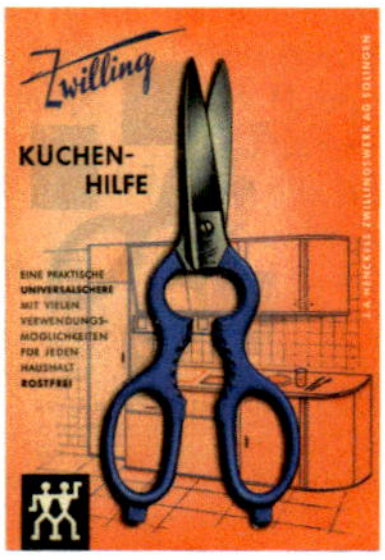

Anzeigenmotiv von 1938 – die ZWILLING Küchenhilfe

Die Marke Zwilling steht für hochwertige Produkte in den Bereichen Küche und Beauty. Internat. verkauft das Unternehmen Messer, Scheren, Küchenhelfer, Kochgeschirr und Bestecke sowie Beautyinstrumente. Die Marke wird weltweit mit eigenen Tochtergesellschaften vertrieben. Der Markenname Zwilling geht auf den Messermacher Peter Henckels aus Solingen zurück. Er ließ seine Marke im Juni - also im Tierkreiszeichen des Zwillings - 1731 schützen. Zwilling gehört damit zu den ältesten Marken der Welt. Die Initialen in der Firmierung Zwilling J. A. Henckels stammen von Johann Abraham Henckels, einem Nachfahren des Erfinders. Zwilling entwickelte eine spezifische Legierung für Rostbeständigkeit und Härte und perfektionierte damit rostfreien Stahl für die Schneidwarenindustrie. Die Marke verspricht ambitionierten Hobby- und Profiköchen Funktionalität und Design in 50 Produktserien unter dem Credo „form follows function". Das heutige Markenlogo zeigt ein weißes Zwillingspaar, das mittig zu verschmelzen scheint. Den Hintergrund bildet ein rotes Quadrat. Nachdem bereits im Jahr 1731 die Zwillinge als Firmenlogo eingeführt wurden, entstand das Logo in seiner heutigen Form 1969 im eigenen Haus. Mit 2.300 Mitarbeitern in über 100 Ländern arbeitet Zwilling u.a. an permanenten Produktinnovationen und Patenten. 2006 erwirtschaftete die ZWILLING J. A. HENCKELS AG einen Umsatz von 270 Mio. Euro. Damit ist Zwilling Marktführer im Premiumsegment. Vorstandsvorsitzender der AG mit Stammsitz in Solingen ist Claus Holst-Gydesen.

DATEN UND FAKTEN

Markenname: ZWILLING J. A. HENCKELS AG

Slogan: „ZWILLING. Passion for the best. Since 1731."

Erfinder: Peter Henckels, 1731

Markenregistrierung: 1731, Solingen

Innovationen: FRIODUR (Klingen, herstellt nach einem speziellen Eishärteverfahren), SIGMABOND (Topfböden, nach einem zum Patent angemeldeten Verfahren hergestellt), SIGMAFORGE (Messer, aus einem Stück geschmiedet)

Jahresumsatz: 270 Mio. Euro (2006)

Literatur:
Stadtarchiv, Solingen
Deutsches Klingenmuseum, Solingen

UNTERNEHMEN

ZWILLING J. A. HENCKELS AG
Grünewalder Str. 14–22
42657 Solingen
✆ (02 12) 8 82–0
🖷 (02 12) 8 82–3 00
💻 www.zwilling.com

A

Abbe, Ernst 932
Abraham, Jürgen 20
Abraham, Rolf 20
Ackermann, Dr. Josef 302
Ackermann, Dr. Karl 1007
Adams, Gary 1025
Adlon, Lorenz 32
Aguirre, Fernando 238
Ahrens, Dr. Hans Jürgen 67
Aicher, Otl 200, 208, 331, 371, 430, 431, 576, 670, 949, 985, 986
Aigner, Etienne 43
Alber, Dr. Axel 447
Albrecht, Karl 47
Albrecht, Theodor 47
Alessi, Alberto 48
Alessi, Giovanni 49
Allen, Paul 720
Almond, Phil 916
Alocci, Cristiano 655
Altenbuchinger, Markus 128
Arentsen, Rudolf 441
Armani, Giorgio 82
Arnoldi, Ernst-Wilhelm 466
Arntz, Emil 776
Augstein, Rudolf 299
August der Starke 336
Aurenz, Helmut 87
Austermann, Günter 96
Auwärter, Gottlob 749
Ayliffe, Peter 1098

B

Baatz, Dr. Erfried 435, 521
Babor, Dr. Michael 113
Bacardi, Don Facundo 107
Bachmüller, Tobias 37, 588
Backes, Lutz 845
Baden, Prinz Max von 936
Baehny, Albert M. 444
Baensch, Dr. rer. nat Ulrich 1039
Bahlsen, Hermann 108, 645
Bahlsen, Werner M. 109
Baier, Wilhelm 1129
Baldessarini, Werner 110
Baldwin, Gerald 996
Ballack, Michael 585
Ballantine, George 111
Bally, Fritz und Carl 112
Bals, Marc Christian 981
Banchi, Dr. Alessandro 171
Barbour, John 114
Bardot, Brigitte 188
Baresel, Robert 675
Barnack, Oskar 645
Bauer, Andreas 589
Bauer, Dr. Walter 821
Bauer, Friedrich Carl 451
Bauer, Heinz 188
Bauknecht, Gottlob 121
Baumann, Frank 483
Bäunlich, Burkhard 354
Baur, Friedrich 122
Baurecht, Helmut 84, 85
Beck, Hans 817
Beck, Heinrich 133
Becker, Bertha 132
Becker, Boris 69, 407, 614, 763, 1004
Becker, Frank 253
Becker, Jakob 620
Becker, Walter 746
Beckmann, Heinrich 163, 207, 292, 328
Beffa, Jean-Luis 906
Behrens, Peter 35, 909
Beiersdorf, Paul Carl 134, 382, 500
Beike, Markus 240
Beindorf, Dr. Jörg 755
Beisheim, Otto 713
Beisse, Rolf 718
Beltle, Theodor 37
Bender, Marcel 342
Beneking, Dr. Claus 377
Bensinger, Friedrich 923
Bentz, Dr. Stephan 706
Bentz, Dr. Thomas 706
Bentz, Melitta 705, 706
Benz, Karl 708
Benz, Markus 1122
Berchtold, Johann 507
Berdi, Christoph 21
Berencreutz, Mats 1177
Berentzen, Johann Bernhard 138
Berger, Edgar 384
Bergstraße, Wolf 463
Berliner, Emil 302
Bernadini, Georg 261
Bernardo, António 886
Berner, Albert 140
Berner, Dr. Joachim 202
Berner, Jörn 140
Bernhard, Henry 1006, 1007
Berni, Dott. Arrigo 730
Berthan, Rainer 294
Beutelmann, Dr. h.c. Josef, 117
Bezos, Jeff 64
Biagiotti, Lavinia 194
Bielefeld, Dr. Christian 499
Bierhof, Oliver 157
Biffar, Oskar D. 147
Birkenstock, Alex 156
Birkenstock, Johann Adam 156
Birkenstock, Stephan 156
Black, Richard 705

Blaisdell, George G. 1179
Blanchard, Maguerite 649
Blank, Richard 639
Blänkner, Claus 499
Blatz, Helmtraud 557
Blatz, Wilhelm 557
Bless, Conrad 267
Blickle, Jürgen 956
Blickle, Rainer 956
Blümel, Otto 244
Böck, Werner 690
Bode, Dr. Kurt 532
Bodum, Peter 166
Boehringer, Albert 170, 340
Boenisch, Peter 187
Boesner, Klaus 167
Boesner, Wolfgang 167
Bogner, Maria 169
Bogner, Willy 169
Bohlen, Jim 472
Bollinger, Heribert 411
Bonduelle Dalle, Louis 174
Bonduelle, Christophe 175
Bonetti, Cornelio 311
Bongers, Hans 671
Born, Dr. Karl Peter 476
Borowski-Forster, Susanne 1014
Borrmann, Fritz 359
Bosch, Pedro Ferrer 426
Bosch, Robert 176
Bose, Amar G. 178
Boss, Hugo Ferdinand 179
Bowker, Gordon 996
Brachmann, Walter 153
Bracken, Lou 163
Brackmann, Klaus 183
Brandt, Adolf 824
Brandt, Carl-Jürgen 185
Brandt, Marianne 1028
Brasch, Bernd 820, 958, 1156
Braun, Johann 186, 187
Braun, Julius Wilhelm 104
Braun, Karl-Heinz 186
Braun, Max 186
Braun, Prof. Dr. h.c. Ludwig Georg 104
Braun-Wogau, Max 246, 877, 1085
Brechmann, Udo 431
Brecht, Bertolt 1010
Bree, Axel 190
Bree, Philipp 190
Bree, Wolf Peter 189
Bremer, Karl Bernd 156
Bremicker, August 23
Brenninkmeyer, August 214
Brenninkmeyer, Bart 214
Brenninkmeyer, Clemens 214
Bretz, Johann 192
Brice, Pierre 1082
Brin, Sergey 464
Brinkmann, Wolfgang 359
Broch, Hermann 1010
Brockhaus, Friedrich Arnold 199
Brody, Adrien 968
Brokemper, Dr. Andreas 435, 521
Brombach, Werner 373
Bronder, Dr. Christoph 1108
Brost, Erich 1126
Brunk, Christiane 186
Büchel, Prof. Karl Heinz 217
Buck-Emden, Jan 404, 513, 1164, 1169
Budden, Paul 143
Buderus I., Johann Wilhelm 202
Bühlbecker, Dr. Hermann 522
Bulling, Hartmut 657
Bullrich, August Wilhelm 207
Bulthaup, Gerd 208
Bündchen, Giselle 782
Burda, Dr. Hubert 183, 419
Burda, Franz 209
Bürger, Alfons 28
Bürkner, Dr. Hans-Paul 184, 1041
Burmeister, Bernhard 165
Buschmann, Bodo 183
Bushnell, Nolan 92
Bussalb, Frank 105
Büttner, Feliks 42
Buxton, Lord Aubrey 1162
Byrne, David 557

C

Campari, Gaspare 216
Caparros, Alain 870
Carasso, Isaac 277
Carls, Dr. Andre 254
Carls, Otto Wilhelm 1050
Carlstedt, Ragnar 80
Carstens, Daniel H. 224
Casey, James E. 1077
Cavalli, Roberto 482
Chivas, James 239
Chivas, John 239
Christ, Wilhelm Alexander 239
Christiansen, Ole Kirk 644
Christie, George 240
Citterio, Antonio 501
Claas, August 244
Claas, Helmut 244
Clausen, Mads 275
Clements, Walter L. 78
Clemm, Carl 1177
Cloer, Achim 248
Cloer, Caspar 247
Cloppenburg, Heinrich Anton Adolph 802
Clüsener, Otto 267
Cocker, Joe 133

Cohen, Ben 137
Colani, Prof. Luigi 626, 1097
Colbert 906
Colgate, William 251, 252
Conran, Terence 485
Conzen, Friedrich Georg 260
Coppeneur, Oliver 261
Coppenrath, Aloys 262
Cordes, Dr. Eckhard 714
Cramer, Albert 1123
Cramer, Antonius 1123
Cramer, Günther 976
Cristiano, Alocci 462
Czilwa, Winfried 489

D

Dachser, Thomas 272
Dahle, Wilhelm 273
Dahm, Axel 138, 846
Daimler, Gottlieb 708
Dalsey, Adrian 309
Daniel, Jasper Newton Jack 566
Daniel, Oliver 175
Dankbar, Paul 143
Dannemann, Jürgen 1007, 1008
Darius, Rolf 175
Dassler, Adolf 30
David, Bieber 292
Davis, Jacob 652
de Beukelaer, Edouard 285, 838, 1065
de Carbon, Bourcier 151
de Groot, Lucas 278
De´Longhi, Giuseppe 291
Debald, Otmar W. 793
Deere, John 575
Deichmann, Heinrich 288
Dekeyser, Bobby 286, 287
Delbrück, Adelbert 302
DeLorenzo, David 322
Demant, Hans H. 775
Denicke, Holger 267
Dennert, Heinz 553
Denter, Dirk 553
Depero, Fortunato 216
Deschaumes, Caroline 924
Deters, Hans-Hermann 594
Dethleffs, Arist 300, 301
Detmers, Albert 711
Detmers, Fritz 711
Devrient, Alphonse 453
Dewitz, Albrecht von 1086
Diaz, Cameron 968
Dibbern, Bernd T. 312
Dickenberger, Thomas 607, 1020
Diebels, Josef 316
Diekmann, Michael 53
Diercke, Carl 317
Dierig, Christian 415
Dieter, Ralf 347
Dill, Horst 267
Dior, Christian 1015
Disney, Walt 1120
Dittmeyer, Rolf H. 1082
Dix, Otto 926
Dole, James D. 322
Donapai, Brando 286
Donovan, Marion 792
Döpfner, Dr. Mathias 149, 315, 540, 1135
Dormann, Michael 1087
Dormann, Monika 1087
Dornbracht, Aloys F. 324
Dowidat, Karen 445
Dowidat, Otto, Karl und Willi 445
Dräger, Johann Heinrich 333
Dressler, Heinz 359, 360
Drew, Richard G. 943
Drews, Peter 976
Duden, Konrad 339
Duffner, Elmar 822
Dulger, Viktor 841
Düllmann, Hans-Jörg 339
Dunant, Henry 306
Dunlop, John Boyd 341
Durach, Michael 669
Düring, Walter 1127
Dürolf, Dr. Peter 1001
Dürr, Paul 346
Duschek, Karl 1095
Düsterberg, Karl 70
Dyson, James 349

E

Eberle, Dr. Josef 1007
Eble, Klaus J. 497
Eckes, Peter 607
Edison, Thomas Alva 442
Eging, Wolfgang 910
Ehm, Andreas 774
Ehrmann, Alois und Anton 56
Einhelliger, Frank 572
Eisenschmidt, Jan-Dierk 95
Eisert, Klaus 812
Elb, Max 221
Eliot, T. S. 1010
Elizabeth II, Königin 31, 208
Ellison, Lawrence J. 777
Elsener, Carl 1094
Elsener, Karl 1093
Elsner, Hannelore 325
Eltner, Daniel 1119
Emil, Rathenau 35
Engel, Dr. Klaus 36, 821, 837, 971
Engelhard, Karl Philipp 843
Engelhardt, Andreas 844

Epinius, Johann Daniel 622
Erasmi, Charlotte 224
Erasmi, Paul 370
Erfurt, Frank 69
Erfurt, Friedrich 374
Erfurt, Hugo 374
Erfurt, Martin 374
Erich, Bachem 546
Erikson, Dr. Axel 1169
Erlemann, Gustav 793, 794
Eskew, Mike 1077
Esser, Judith 222, 767

F

Faber, Caspar 391
Faber, Dieter 1150
Falke, Franz 395
Falke-Rohen, Franz 395
Faller, Edwin 396
Faller, Hermann 396
Färber, Otto 1006
Farina, Franz 16
Farina, Johann Maria 396
Faßbender, Dr. Paul-Otto 77
Faßbender, Heinrich 77
Fassin, Bastian 37, 588
Fassin, Klaus 588
Fastenmeier, Heribert 603
Fastrich, Beate 247
Fehlbaum, Rolf 1102
Fehlbaum, Willi 1102
Feld, Peter 130, 222, 576, 752, 767, 805
Feldmann, Jürgen 817
Fendt, Johann Georg 401
Ferner, Wolfgang 153
Ferrari, Enzo 404
Ferrero, Pietro 763
Fetköters, Theodor 573
Fiege, Heinz 406
Fiege, Joan Joseph 406
Fink, Johann Georg 457, 470
Finkbeiner, Prof. Gerd 684
Fischbach, Gerhard 201
Fischer von Poturzyn, Stephan 244
Fischer, Artur 409
Fischer, August 1069
Fischer, Josef 410
Fischer, Klaus 409
Fischer, Torsten 224
Fischer, Walter 857
Fissler, Carl Philipp 411
Flach, Karl 36, 164
Flatten, Dr. Ulrich 848
Fleißer, Marieluise 1010
Flick, Carl 543
Flick, Matthias 543
Folds, Joseph B. 370
Ford, Henry 420
Foster, Jeffrey 862
Foster, Sir Norman 76, 77, 255, 513, 966, 1045, 1121
Fraling, Rainer 1104
Frank, Dr. Mario 299, 685
Frankenstein, Michael 150, 761
Freier, Bernd 902
Fremer, Ingo 866
Frenzel, Dr. Michael 1158
Frenzel, Frieda 668
Frenzel, Otto 668
Frey, Hans-Georg 579
Freye, Dr. Theo 244
Friedmann, Robert 1161
Friedrich III, Kaiser 133
Friedrich, Albert 1076
Friedrich, Heinz 337
Friedrichs, Gottfried 427
Fritz, Thomas 301
Fromant, Edmont 751
Fry, Art 835
Fuchs, Dieter 432
Fuchs, Otto-Robert 689
Fuhler, Johannes Bernhard 679

G

Gaebler, Eduard 317
Gaevert, Lieven 41
Gaigg, Lois 986
Galbani, Egidio 438
Garbe, Bernhard 1001
Gast, Wilfried 471
Gates, Bill 720
Gatzke, Eckard 852
Gause, Carl 31
Gebauer, Gabriele 718
Gebauer, Hermann 718
Gebert, Caspar Melchior Albert 444
Geilen, Norbert 922
Geisser, Erich 350
Gent, Sir Christopher 457, 768
Gerckens, Dr. Claus 181
Gervais, Charles 277
Geschke, Chuck 33
Ghibely, Bruno 273, 761
Gierichs, Dr. Wolfgang 839
Giers, Gordon 248
Gies, Adam Joseph 452
Giesecke, Hermann 453
Gillette, King Camp 453
Gillhausen, Rolf 449
Gipkens, Prof. Julius 912
Glas, Uschi 1177
Glaser, Lewis H. 869
Glöckl, Josef 1016
Goldschmeding, Frits 852

Golizyn, Graf Lev 616
Göransson, Claes 1081
Gorbatschow, Michail 31
Görtz, Johann Ludwig 465
Gosebruch, Dr. Harald 491
Götz, Heinz 248
Graef, Hermann 468
Graf von Faber-Castell, Anton Wolfgang 391
Graf von Krockow, Matthias 907
Graf, Steffi 71
Graff, Manfred 737
Granseyer, Ulrich 199, 339
Grau, Werner 61
Graves, Michael 49
Gray, Eileen 244
Grcic, Konstantin 245
Greenfield, Jerry 137
Grégoire, Marc 1030
Greim, Thomas 295
Gries, Hans 473
Gries, Heinz 473
Gröger, Rudolf J. 183
Grohe, Hans 502
Grohe, Klaus 502
Gropius, Walter 1028
Gross, Dr. Herbert 495
Grossi, Dante 243, 1080
Grundig, Max 476
Grundke, Manfred 872
Grupp, Wolfgang 1062
Güde, Franz 476
Güde, Karl 476
Guerin, Georges 1091
Guillaume-Grabisch, Beatrice 250
Gumpert, Roland 477
Gütermann, Max 478
Gutmann, Eugen 335

H

Haacke, Albert 482
Haas, Carl 1177
Haas, Franz Xaver 484
Haas, Rudolf Christian 1177
Haasis, Heinrich 986
Hachez, Joseph Emile 486
Hafer, Hertha 162
Hagen, Thomas H. 294
Hagenbeck, Carl 487
Hahn, Carl 767
Hahn, Jan Heinrich 488
Hahn, Otto 488
Hainer, Herbert 30, 862, 1025
Hamann, Achim 96
Hamberger, Franz Paul 506
Hamberger, Peter 506
Hambrecht, Dr. Jürgen 118
Hamill, David 732
Handler, Elliott 695
Handler, Ruth 695
Händlmaier, Johanna 495
Hanhart, Johann A. 497
Hanika, Armin 498
Hanika, Helmut 497
Hankammer, Heinz 198
Hankammer, Markus 198
Hanke, Klaus 447
Hansemann, David 19
Hansen, Krag 206
Hansen, Rolf 970
Hares, Anette 778
Hares, Gottfried 778
Haring, Keith 22, 1097
Harman, Sidney 505
Harry, Johan Hinrich 507
Harting, Dietmar 508
Harting, Margrit 508
Harting, Marie 508
Harting, Wilhelm 508
Hartmann, Paul sen. 509
Hartz, Hans 133
Hatschek, Ludwig 381
Hauff, Wilhelm 298
Haughton, Russell 547
Haupt, Hans 610
Hauschka, Dr. Rudolf 331
Hebel, Josef 513
Hecht, Axel 84
Hechter, Daniel 276
Hecker, Dr. Rainer 664
Heckmann, Sepp D. 304
Heiber, Dr. Horst J. 294
Hein, Rolf 846
Heine, Friedrich 492
Heine, Thomas 649
Heineken, Gerard Adriaan 515
Heino 546, 848
Heinrich, Carlo 236
Heinz, Henry John 516
Heise, Hans 313
Heissner, August 517
Hengstenberg, Richard Alfried 518
Henkel, Dr. Hugo 788, 807
Henkel, Fritz 91, 519, 807
Henkell, Adam 521
Hennerici, Günther 362
Henzirohs, Leo 580
Heraeus, Dr. Jürgen 524
Heraeus, Wilhelm Carl 524
Herb, Andreas W. 361
Herlitz, Carl 526
Hermes, Ewald 201
Herrenknecht, Dr. Martin 528
Herrmann, Hans 584
Hesser, Petra 556
Heuwing, Ralph 347

Hewlett, Bill 531
Hiemstra, Douwe 521
Higgins, Arthur J. 90
Hilbert, Frank 499
Hillblom, Larry 309
Hindrichs, Dirk U. 936
Hinrich Haake, Cord 483
Hinrichs, Lars 1165
Hipp, Georg 533
Hipp, Prof. Dr. Claus 533
Hirschmann, Richard 534
Hochstetter, Carl 1022
Höfer, Johannes 21
Hoffmann, Dr. Felix 89
Hoffmann, Frank 1115
Hoffmann, Gustav 364
Hoffmann, Hugo 912
Hofmann, Ricarda Manuela 873
Hohl, Ludwig 1010
Hohlfeldt, Peter 809
Hohner, Matthias 537
Hölker, Wolfgang 314
Holschbach, Albert 50
Holthausen, Hans-Jochen 507
Holy, Oliver 245
Holz, Mathias 1000
Hombach, Bodo 1126
Honda, Soichiro 538
Hoof, Thomas 686
Horadam, Josef 926
Horch, August 94
Hori, Sumiya 1166
Horlitz, Archibald 471
Hornbach, Otmar 538
Hornemann, Carl 803
Horváth, Ödön von 1010
Hösel, Jens 316
Hotzan, Carsten 1029
Hövel, Wilhelm von 540
Hubert, Wulf 33
Hübinger, Gerhard 96
Hübschmann, Manfred 290
Hugendubel, Heinrich Carl Gustav 541
Hüls, Karl 542
Hüls, Ludwig 542
Hundertwasser, Friedensreich 926
Hunke, Karl 344
Hunzelmann, Antonie 535
Hunzelmann, Gustav 535
Huober, Emil 544
Huober, Grete 544
Huober, Karl 544
Hurley, Elizabeth 379
Hüser, Gustav 924
Huss, Göte 690
Hussel, Rudolf 545
Huxley, Sir Julian 1162
Hymer, Erwin 546

I

Ibuka, Masaru 984
Illy, Francesco 557
Imhoff, Dr. Hans 59
Isbruch, Ursula 602
Ito, Kenji 217

J

Jacobs, Marc 667
Jacobsen, Ebbe Pelle 292
Jammers, Heinz 759
Jaschek, Axel 657
Jassner, Wolfgang 201
Jensen, Jørgen Tang 1089
Joachims, A. C. C. 948
Jobs, Steven P. 75
Jochheim, Wilkelm 344
Joha, Hermann 26
Johansson, Jan 915
Johnson, Fisk 97, 197, 762, 797, 842
Johnson, Robert 575
Johnson, William R. 516, 983
Jonas, Ellen 576
Joop, Jette 239, 545, 1094
Joop, Wolfgang 576
Jung, Horst R. 832
Jung, Reinhard 975
Junghans, Dieter 840
Junghans, Lothar 840
Jungheinrich, Dr. Friedrich 578
Junkers, Hugo 579
Jürgens, Peter 361
Just, Adolf 673

K

Kaestner, Ariane 673
Käfer, Gerd 545
Käfer, Michael 183
Kaldewei, Franz 584
Kamprad, Ingvar 556
Kamps, Heiner 586
Kandziora, Dr. Bertram 1001
Karajan, Herbert von 303
Kardon, Bernard 505
Kartsotis, Tom 421
Kasack, Hermann 1010
Kashio, Tadao 224
Kaske, Siegfried 698
Kaspers, Dr. Ing. Rüdiger 400
Kaspers, Rüdiger 80
Kässbohrer, Karl 815
Kastholm, Prof. Jorgen 626
Kauka, Alexandra 413
Kauka, Rolf 413
Kawakami, Genichi 1167

Kawasaki, Shozo 589
Keller, Jean-Marc von 923
Keller, Josef 624
Kellerhals, Erich 701
Kellerhals, Helga 701
Kellner, Carl 645
Kellogg, William Keith 591
Kempf, Prof. Dieter 281
Kenngott, Hans 592
Kenngott, Jörg 592
Keppler, Stefanie 866
Kerner, Johannes B. 173
Kespohl, Horst 860, 1003
Kettler, Dr. Karin 594
Kettler, Heinz 593
Keys, Alicia 968
Kind, Theodor 329
Kinkartz, Wilhelm 598
Kirch, Leo 835
Kirches, Bruno 895
Kita, Toshiyuki 1028
Klaeson, Klaas 165
Klafs, Erich 599
Klapproth, Thorsten 1151
Klebelsberg, Stefan von 462, 655
Klein, Dr. Wolfgang 834
Klein, Johannes 620
Kleine, Franz Josef 650
Kleine, Oliver 650
Klement, Vaclav 974
Klenk, Hans 489, 490
Klepper, Johann 602
Klöpfer, Harry 36
Klum, Heidi 325, 782
Klusen, Prof. Dr. Norbert 1026
Knappich, Jakob 624
Knaus, Helmut 606
Kneipp, Sebastian 608
Knipschild, Michael 627
Knobloch, Lars 618
Knoll, Walter 1122
Knoll, Wilhelm 1122
Knümann, Hugo 812
Kobelt, Dr. André 790
Koch, Dr. Jürgen 624
Koch, Hans 491
Koch, Hans Joachim 404, 513, 1164, 1169
Koch, Paul 651
Koch, Ulrich 72
Kockmann, Christian 144
Koenig, Friedrich 589
Köffers, Wilhelm 357
Kofler, Dr. Georg 183, 842
Kokoschka, Oskar 926
Kolberg, Justus 626
Kölling, Willem 441
Könecke, Karl 613
König, Diedrich 573
König, Theodor 614
Könnecke, Erich 1040
Kopp, Inge 257
Kormann, Dr. Hermut 1107
Kortüm, Franz-Josef 1129
Kosanetzky, Dr. Joseph 1170
Kosmann, Armand 1015
Kraft, James Lewis 616
Kramer, Ann-Kathrin 325
Kratz, Josef 376
Kraus, Karl 1010
Kraus, Thomas 1053
Krauss, Gerhard 163, 207, 292, 328
Kraut, Erich 362, 363
Krekeler, Richard 123
Kremers, Rolf W. J. 795
Kremers, Wilhelm 795
Kress, Beatrice 125, 175
Kreuger, Ivar 915
Kreuzberg, Georg 71
Kröckel, Lars 359
Krumm, Theodor 1030
Krupp, Friedrich 1046
Krups, Robert 619
Kube, Frank D. 1101
Kufferath, Josef 456
Kufferath-Kassner, Dr. Stephan 456
Kufferath-Kassner, Ingo 456
Kühne, Stephan Ph. 304
Kümmerling, Hugo 621
Kunert, Maria 625
Kunisch, Dr. Rolf 183
Kurtz, Rainer 376
Kusch, Dieter 627
Kusch, Ernst 626
Kusch, Ricarda 627
Küsel, Ottmar C. 891

L

La Chapelle, David 1138
Lackner, Michael 610
Lacoste, René 633
Lacroix, Christian 194
Lafer, Johann 619, 1151
Lafley, Alan George 454, 512
Lagerfeld, Karl 460, 482
Lagerfeld, Otto 460
Lambertz, Henry 522, 635
Lampatz, Holger 697
Lancia, Vincenco 636
Land, Andreas 473
Land, Edwin Herbert 823
Landsbek, Sepp 949
Lang, Walter 54
Lange, Gerd 1045
Lange, Walter 638
Langen, Eugen 307

Langenbach, Moritz 1150
Langenscheidt, Andreas 639
Langenscheidt, Dr. Florian 183
Langenscheidt, Gustav 639
Lange-Svarowski, Markus 183
Langmann, Jürgen 415
Langnese, Viktor Emil Heinrich 640, 641
Lara, Alexandra Maria 1004
Lauda, Niki 404
Lauder, Estée 379
Lauder, Joseph 379
Lauder, William P. 380
Laue, Hermann 517
Laue, Kurt 517
Laue, Matthias 344
Laurin, Vaclav 974
Lauscher, Dr. Thomas F. 357
Lechler, Christian 651
Ledig-Rowohlt, Heinrich Maria 890
Lee, K. Y. 136
Lee, Steven K. 646
Lehmann, Theodor 85
Lehnen, Bert 16
Lehner, Prof. Dr. Ulrich 519
Leibnitz, Robert 31
Leifheit, Günter 646
Leifheit, Ingeborg 646
Leineweber, Bernward 188
Leipold, Dieter 154
Leisner, Dietrich 999
Leitner-Schönherr, Martha 647
Leitz, Louis 648
Lellé, Klaus 493
Leupoldt, Adam 803
Leupoldt, Heinrich 803
Lewent, Ernst 1150
Liebeskind, Daniel 513
Liepert, Bernd 624
Lieven, Theo 1104
Lifschütz, Dr. Isaac 756
Lind, Rolf 690
Lindner, Hartmut 185
Lindt, Rodolphe 659
Lingner, Karl August 457, 768
Linkenheil, Dipl. Ing. Konrad 991
Lipton, Sir Thomas 660
Loesch, Prof. Uwe 626
Loewe, David Ludwig 664
Loewe, Dr. Siegmund 664
Lofthouse, James 410
Loh, Rudolf 489
Lohmann, Arno 185
Löser, Rolf 1179
Löw, Glen Oliver 1045
Lübke, Hans 561
Lübke, Heinrich 1135
Lübke, Leo 263, 561
Ludwig II., König 127
Lüling, Alfred 211
Lundgren, Kim 43
Lundström, Karl Edvard 1124
Lyons, Sir William 570

M

Maack, Tim Henrik 371
Maas, Michael 853
Machalke, Christoph 679
Mack, Franz 384
Mack, Roland 384
Mackay, David 591
Mackenroth, Bernd 1171
Madaus, Gerhard 357
Magnussen, Erik 1045
Mahlau, Alfred 752
Maier-Hunke, Horst-Werner 344
Maitani, Yoshihisa 773
Majer, Peter 474, 634, 728
Mallory, Philip Rogers 345
Maly, Peter 1045
Mannesmann, Max 910
Mannesmann, Reinhard 910
Marchionne, Sergio 405
Märklin, Theodor Friedrich Wilhelm 692
Markwort, Helmut 419
Marr, Günter 150, 761
Mars, Frank C. 693
Martens, Rolf 507
Martin, Maria Clementine 604
Marx, Axel 995
Masotti, Ada 630
Maßner, Wolf-Christian 226
Mast, Curt 569
Mateschitz, Dietrich 860
Matson, Harold 695
Matsuda, Jujiro 698
Matsushita, Konusuke 793
Mattus, Reuben 483
Matzker, Hans-Jürgen 337
Maybach, Karl 698
Maybach, Wilhelm 698
Mayer, Eugen 1062
Mayer, Josef 1062
Mayr, H. Julius 905
Mayrhuber, Wolfgang 671
Meffert, Prof. Heribert 406
Meggle, Josef Anton 702
Meggle, Toni 701
Mehl, Laurence 495
Meier, Karl 584
Meier, Thomas 585
Meier-Andrae, Marian 585
Meier-Scheuven, Wolf D. 168
Meinen, Fritz 702
Mei-Pochtler, Dr. Antonella 183
Meister, Dr. Jürgen 221

Mekelburger, Natalie 266
Mendini, Alessandro 966
Menne, Bernhard 1135
Mercier, Vincent 886
Merschroth, Hermann 401
Mertin, Dr.-Ing. Michael 572
Merz, Friedrich 710, 1037
Mestemacher, Wilhelm 711
Meyer, Friedrich Theodor 403
Meyer, Maria 1120
Meyer, Rudolf 1120
Meyer, Siegmund Paul 1119
Michel, Edmond 974
Miele, Dr. Markus 721
Miethe, F. A. 493
Milewski, Heinz 53
Miller, David L. 383
Mills, Victor 792
Milte, Norbert 937
Mindrum, Tom 227
Miner, Bob 777
Mocken, Wilfried 1072
Moeck, Hermann Johannes sen. 728
Mohrhoff, Heinrich Adolf 258
Moizi, Peter 730
Moll, Andreas 731
Mollenhauer, Wolfgang 1039
Möller, Hans-Dieter 317
Momberger, Wolfgang 183
Mönig, Markus 681
Monroe, Marylin 170, 701, 817
Moore, Gordon 559
Moos, Rudolf 908
Morita, Akio 984
Morszeck, Dieter 878
Morszeck, Richard 878
Mountford, Guy 1162
Muelhens, Ferdinand 16
Muelhens, Wilhelm 16
Müller, Adolf 1085
Müller, Anton 933
Müller, Carl 898
Müller, Dieter 933, 1081
Müller, Dipl.-Ing. Harald 366
Müller, Dr. Werner 36, 264, 387
Müller, Erwin 365, 760
Müller, Fritz 265
Müller, Harald 761
Müller, Heinrich 934
Müller, Klaus-Peter 255
Müller, Otto 774
Müller, Theo 738
Müller, Udo 1005
Müller, Wolfgang E. 931
Müller-Vivil, August 1103
Müller-Vivil, Axel Michael 1104
Müller-Vivil, Dr. Alexander Constantin 1104
Mumm, Godefroy H. von 738
Mundt, Horst 312
Münster, Edmund 688
Murjahn, Dr. Klaus 218
Murjahn, Dr. Robert 60, 218
Murjahn, Eduard 218
Murphy, Carolyn 379
Muszik, Dr. Janos Arpad 839
Mutter, Anne Sophie 303

N

Naber, Hermann 744
Näder, Prof. Hans-Georg 784
Nadler, Til 248
Nannen, Henri 998
Nanninga, Hermann 376
Nardi, Guiseppe 633
Nast, Condé 1105
Nauck, Hasso 486
Neff, Carl Andreas 747
Netrebko, Anna 303
Neubauer, Christine 367
Neuerbourg, Oliver 280, 281, 446
Neumann, Heinrich Ludwig 912, 913
Nicholson, Max 1162
Niederegger, Johann Georg 752
Niehaus, Gerrit 618
Nippel, Dr. Harald 181
Nitsch, Ulrich 492
Nixdorf, Heinz 1146
Nobel, Alfred 45
Nolde, Emil 926
Nothdurft, Albert 57
Nottebom, Carl Ludwig 1096
Noyce, Robert 559

O

O'Brien, Mike 227
Oates, Ed 777
Oberegger, Peter R. 1114
Oetinger, Prof. Dr. Bolko von 1041
Oetker, Dr. August 183, 258, 330
Off, George 227
Ohlenroth, Klaus 224
Oho, Fuijo 653
Oliver, Jamie 1030
Omidyar, Pierre 353
Onitsuka, Kihachiro 87
Opel, Adam 775
Opel, Irmgard von 236
Opländer, Louis 1145
Oppenheim, Salomon jr. 907
Orentreich, Dr. Norman 247
Osborne, Peter 1064
Ostmann, Karl 781
Ostwald, Walter 78
Otto, Alexander 355

Otto, Nicolaus August 307
Otto, Prof. Dr. h.c. Werner 355, 783
Owen, James 240

P

Packard, Dave 531
Padberg, Eva 782
Page, Larry 464
Pahlke, Fritz 722
Pähr, Christian 956
Paillot, Nicolas 146, 1050
Palmer, Ludwig 790
Paltrow, Gwyneth 379
Pannier, Fritz 364
Panter, Werner 1069
Pap, Gyula 1028
Paul, Bruno 244
Paul, Christiane 1004
Paul, Michael 692
Pauly, Emil 724
Pawlik, Kay 371
Peek, Johann Theodor 802
Peeters, Fons 381
Pemberton, Dr. John Styth 250
Pensi, Jorge 626
Pernod, Henri-Louis 806
Petters, Tom 824
Peugeot, Armand 810
Peugeot, Jean-Pierre 810
Pfahl, Wilhelm 853
Pfeffer, Thomas 793
Pfeilschifter, Dr. Peter 447
Pfützenreuter, Thomas 877
Picasso, Paloma 1097
Pilz, Hermann 814
Pilz, Renate 814
Pinternagel, Werner 348
Pischetsrieder, Bernd 946
Plange, Georg 311
Poggenpohl, Friedemir 822
Pohl, Heinz 129
Pommery, Louis-Alexandre 828
Pommery, Louise 828
Pöppel, Prof. Dr. Ernst 183
Porsche, Dr. Ing. h.c. Ferdinand 831
Porsche, Ferdinand 1110
Pott, Carl Hugo 835
Pott, Stefan 1000
Preuß, Dr. Hans-Joachim 1137
Prym, Hans 844
Przyrembel, Hans 1028
Pünjer, Hans-Heinrich 1057
Putsch, Carl Gustav 608
Putsch, Ralf 608

Q

Quaas, Thomas 18, 94, 134, 382, 500, 532, 632, 756
Quandt, Günther 1085

R

Raab, Alexander 1001
Raacke, Peter 733
Ragge, Robert 541
Raiffeisen, Friedrich Wilhelm 1109
Ramazotti, Ausano 63
Rams, Dieter 1028
Rappard, Dr. Gerhard 289
Rasch, Emil 855
Rasch, Hugo 855
Rasmussen, Villum Kann 1089
Rathke, Joachim A. F. 290
Rau, Hubertus 290
Rau, Walter 989
Rauber, Richard 768
Raue, Ernst 304
Rauffus, Christian 899
Rauschenberg, Robert 557
Rausing, Dr. Ruben 1038
Ray, Carluccio 917
Reagan, Ronald 768
Reber, Peter 858
Rebhuhn, Werner 890
Rebitzer, Karl-Heinz 226
Rebscher, Prof. Dr. h.c. Herbert 274
Reclam, Anton Philipp 860
Redlefsen, Hans 248, 861
Rehder, Henning 326
Reich-Ranicki, Marcel 280
Reimspieß, Franz Xaver 1110
Reinert, Ewald 864
Reinert, Hermann 864
Reinert, Jürgen 266
Reininghaus, Arnold 371
Reiter, Dirk 886
Reithofer, Dr. Norbert 164, 725, 888
Reitze, Karlheinz 999
Reitzle, Prof. Dr. Wolfgang 658
Remington, Eliphalet 866
Renault, Louis 868
Renner, Paul 367
Rhein, Eduard 539
Rhoda, Hilary 379
Richardson, Lunsford 1140
Richartz, Heinrich 874
Richartz, Johann 874
Richartz, Stefan 874
Riegel, Hans 503
Riekel, Patricia 65, 208, 559
Riese, Max 804
Rihs, Ernst 813

Riske, Gordon 307
Ritter, Alfred Theodor 881
Ritter, Clara 880
Ritter, Franz 880
Rittweger, Alexander 801
Ritz, César 115
Ritzenhoff, Dr. Andreas 950
Rodriguez, Miguel 405
Roeber, Bertha 688, 689
Rohde, Ernst 1178
Röhm, Dr. Otto 821
Rolfes, Dr. Karl-H. 955
Rolls, Charles 887
Römer, Hans 889
Rorison, John 774
Röseler, Paul 76
Röseler, Robert 76
Röseler, Ute 355
Rosenberg, Michael 1092
Rosenquist, James 557
Rosenthal, Geheimrat Dr. h.c. Philipp 891
Rösle, Karl Theodor 892
Ross, Theodor 1034
Rossi, Aldo 49
Roßmann, Dirk 893
Rossnagel, Volker 1035
Rosso, Renzo 318
Rotermund, Dirk 779
Rothfuß, Bernd 129
Roy, Disney 1120
Royce, Henry 887
Ruben, Samuel 345
Ruddies, Dieter 210
Ruge, Nina 545
Runkel, Guido 830
Rutenberg, Armin 761

S

Sachs, Ernst 376
Sackett, Augustine 876
Sahm, Sabine 856
Sahm-Rastal, Raymond 856
Sahm-Rastal, Stefan 856
Sala Vivé, Dolores 426
Salzenbrodt, Paul 253
Salzenbrodt, Walter 253
Sälzer, Dr. Bruno 179
Sander, Ludwig 684
Sapper, Richard 49
Sarhage, Oscar 23
Scavi, Joe 917
Schaaf, Thomas 483
Schächter, Markus 1173
Schadeberg, Bernhard 942
Schaefer, Thomas 868
Schaeffler, Dr. Georg 558, 672, 917
Schaeffler, Dr. Wilhelm 918
Schaeffler, Maria Elisabeth 917
Schäferkordt, Anke 896
Schamel, Hanns-Thomas 919
Schamel, Hartmut 919
Schamel, Johann Wilhelm 919
Schanzlin, Friedrich 620
Schäuble, Ingeborg 1137
Schaufler, Senator h.c. Peter 158
Scheitz, Georg 66
Scheller, Dr. Hans-Ulrich 73
Scheller, Dr. Karl-Heinz 686
Schenck, Carl 922
Schenk, Wolfgang 1001
Scheuermann, Thomas 820, 958, 1156
Schickedanz, Gustav 679, 847
Schiefelbein, Dr. Kai 999
Schiffer, Claudia 1004
Schinkel, Tim 1049, 1050
Schlecker, Anton 925
Schlecker, Lars 925
Schlecker, Meike 925
Schlesiger, Carl 400
Schmed, Arthuro 905
Schmedding, Paul 228
Schmidhuber, Kai 1159
Schmidt, Eric 465
Schmidt, Helmut 315
Schmidt, Herbert 993
Schmidt, Hermann J. 1148
Schmidt, Peter 568
Schmidt, Werner 127
Schmidt-Holtz, Rolf 183
Schmied, Anneliese 969
Schmied, Arnold jr. 969
Schmied, Klaus 969
Schmincke, Hermann 926
Schmit, Claude 1055
Schmitt, Dr. Wolfgang 620
Schmitz, Albert 469
Schmitz, Josef 469
Schmitz-Strothoff, Martin 1150
Schneider, Andreas 115
Schneider, Christian 928
Schneider, Franz 431
Schneider, Hanjo 527
Schneider, Philipp Adam 372
Schneider, Reinhard 373, 430
Schneider, Roland 928
Schnell, Dr. Hermann 682
Schnepel, Walter 1029
Schnizler, Albrecht 712
Schnyder, Conrad Wolfgang 269
Schoettle, Erwin 1006
Scholl, Dr. William M. 929
Schoschnig, Klaus 313
Schösser, Fritz 67
Schott, Otto 932
Schrader, Hans-Otto 783

Schramm, Axel jun. 934
Schramm, Karl sen. 934
Schreiter, Mark Oliver 371
Schreyer, Heinrich 934
Schröder, Rudolf Alexander 1010
Schröder, Wilhelm 1141
Schübeler, Anja 772
Schubert, Andreas F. 623, 1013
Schubert, Arthur 1150
Schülke, Rudolf 905
Schulpig, Karl 52
Schulte-Frankenfeld, Heinrich 459
Schultz, Howard 996
Schultze-Delitzsch, Hermann 1109
Schulz-Isenbeck, Dr. Tobias 21
Schumacher, Michael 157, 404, 459, 1103
Schumacher, Ralf 749, 902
Schumann, Dr. Klaus 793
Schürmann, Hein 935
Schwaiger, Dr. Josef 723
Schwanhäußer, Sebastian 994
Schwarm, Dr. Hans-Martin 474, 634, 728
Schwarz, Wolf-Peter 233
Schwarzkopf, Hans 106, 194, 309, 334, 458, 825, 826, 867, 920, 940, 947
Schweiger, Til 614
Schweinsteiger, Bastian 1177
Schwenker, Dr. Burkhard 886
Schweppe, Johann Jacob 942
Schwerdtle, Willi 793
Scott, Jeffrey L. 570, 638
Scott, Sir Peter 1162
Scroggie, Mike 227
Seeger, Dr. Ernst 340
Sefranek, Heiner 739
Segel, Joseph 848
Seibel, Herbert 734
Seick, Harald 657
Seick, Thomas 657
Seidel, Louis 950
Seidensticker, Walter 951
Seifert, Prof. Richard 768
Seltmann, Christian Wilhelm 952
Sendler, Margarethe Ingrid 688
Sennheiser, Dr. Fritz 953
Sennheiser, Dr. Jörg 954
Seyfang, Will 410
Seyferth, Karl 640
Sharpe, Robert A. II 69
Shaw, Bernard 1010
Sherman, Patsy 943
Shirota, Dr. Minoru 1166
Shrimpton, Jean 930
Shwayder, Jesse 911
Sieburg, Heinrich 983
Siedle, Matthäus 961
Siegl, Zev 996
Siekmann, August 963
Siekmann, Ulrich W. 963
Sievers, Rainer 737
Sigmund, Elisabeth 331
Sihler, Prof. Dr. Helmut 183
Sikkens, Wiert Willem 966
Silberman, Gilles 342
Silver, Dr. Spencer 835
Sixt, Erich 973
Sixt, Martin 973
Smith, Lars Olsson 22
Söhngen, Markus 266
Söhnlein, Johann Jacob 434
Sonnemann, Rudolf 999
Spanel, Abram Nathaniel 819
Spiekermann, Erik 470
Spielberg, Steven 653
Spinetta, Jean-Cyril 44
Spoerr, Eckhard 425
Sprenger, Ernst Hendrik 256
Springer, Axel 148, 314, 539, 1125, 1135
Staedtler, Johann Sebastian 995
Stahlschmidt, Dr. Dirk 371
Stam, Mart 1045
Stankowski, Anton 394, 1095
Starck, Philippe 49, 501, 845
Stechmann, Peter 61
Steffens, Frank 316
Stein, Dr. Matthias 404, 513, 1164, 1169
Stein, Uli 545
Steiner, Rudolf 1133
Steinhauser, Jürgen 1001
Steinhoff, Roman 560
Steinway, Henry Engelhard 997
Steinweg, Heinrich Engelhard 997
Stellmann, Dr. Johannes 331, 1119
Sternjakob, Alfred 945
Stewing, Thomas 221
Stiebel, Dr. Theodor 998
Stiebel, Dr. Ulrich 998
Stiebel, Frank 998
Stiebig, Thorsten 110
Stiegelmeyer, Johann 1000
Stiegler, Thomas 698
Stolan, Victor 1162
Stolaroff, Emanuel 751, 752
Stollwerck, Franz 59
Stowe, Irving 472
Strauss, Levi 652
Strehle, Gabriele 1004
Strehle, Gerd 1004
Ströer, Heinz W. 1005
Strothoff, Hans 740, 741, 1150
Struppek, Rolf 168
Struve, Dr. Günter 278
Stuck, Franz 768
Stuhlmann, Alexander 1139
Stürken, Axel 651
Stürken, Kurt 651

Stürken, Max 651
Suhrkamp, Peter 1010
Swarovski, Daniel 1015

T

Tabbert, Alfred 1022
Taube, Helmut 1024
Taxis, Franz von 304
Tengelmann, Emil 583
Terada, Shintaro 773
Teuffel, Wikhart 990
Thaller, Georg 411
Theiss, Dr. Peter 51, 633
Thoma, Helmut 896
Thomas D. 546
Thomas, Dr. Uwe 161
Thomas, Ken 1053
Thomas, Patrick W. 126, 682
Thonet, Claus M. 1046
Thonet, Michael 1046
Thormählen, Carsten 1087
Thyssen, August 1046
Tietz, Leonard 439
Todenhagen, Franz 256
Tompkins, Susie und Doug 378
Töpfer, Max 1058
Toyoda, Eiji 652
Treppner, Ulrich 226
Trevisan, Tobias 422
Troplowitz, Dr. Oscar 93, 133, 382, 632, 755, 1035
Troska, Silvia 48
Tupper, Earl S. 1066
Twiggy 930

U

Uecker, Rolf 84
Ufermann, Bert 28
Uhse, Beate 129
Uhse, Klaus 779
Unbehaun, Carsten 88
Underberg, Hubert 1072
Ungeheuer, Prof. Dr. Udo 932
Unger, Gerard 52, 1007
Unna, Prof. Paul Gerson 756
Unseld, Siegfried 1010
Unseld-Berkéwicz, Ulla 1010

V

Vaart, Sylvie van der 782
Vaillant, Johan 1081
van den Hoogenband, Mathieu 1134
van der Rohe, Mies 855, 1045
van Elderen, C. W. T. 182
van Elderen, Johannes Martinus 182
van Fürden, Frank 267
van Laack, Heinrich 1083
Vatter, Claus 375
Vester, Hartwig 363
Viebrock, Andreas 1095
Viebrock, Gustav 1095
Viessmann, Dr. Martin 1096
Viessmann, Johann 1096
Vikuk, Klaus 226
Vinnen, Adolf 758
Voelkel, Margret und Karl 1105
Vogelsang, Jürg K. 343
Vogler, Dr. Winfried 615
Voith, Johann Matthäus 1106
Völkl, Franz 1107
Vollmann, Dieter 51
Vollmers, Markus 316
Volmary, Franz sen. 596
Volmary, Heinrich 596
Volmary, Hubertus 596
Volmary, Nicolaus 596
Volquartz, Angelika 595
Volteler, Hansjörg 269
von Blomberg, Markus 1114
von Daniels, Christian 1083
von Ehren, Johannes 665
von Elm, Adolph 1109
von Finck, Wilhelm 52
von Kaskel, Carl Freiherr 335
von Klebelsberg, Stefan 586
von Linde, Carl 658
von Schuckmann, Jan 526
von Thieme, Carl 52
von Zwanziger, Friedrich Adolph 226
Vordemfelde, Wilhelm 1146

W

Waffenschmidt, Anni 914
Waffenschmidt, Friedrich 914
Wagenfeld, Prof. Wilhelm 1028
Wagner, Ernst 778
Wagner, Günter 778
Wagner, Günther 803
Wagner, Lorenz 668
Wahl, Holger 186
Wallenborn, Peter 157
Walmsley, William 570
Walser, Robert 1010
Walter, Dr. Hannes 704
Walter, Dr. Herbert 336
Walther, Otto 824
Walz, Alons 106
Wankel, Prof. Felix 1123
Warhol, Andy 22, 1033
Warnock, John 33
Watteron, Gerald 1162
Watts, Garry 930

Watty, Ulrich 1150
Weber, Anette 559
Weber, Dr. Hermann 807
Wegely, Wilhelm Caspar 615
Weil, Dr. Robert 882
Weil, Wilhelm 883
Weinlig-Hagenbeck, Joachim 488
Weis, Franz 1015
Weiß, Ernst 1010
Weiss, Max 1131
Weisweiler, Hennes 59
Wempe, Gerhard D. 1137
Wennemer, Manfred 259
Wennrich, Karl-Heinz 210
Werner, Helmut 183
Werner, Prof. Dr. Götz 183
Westermann, Friedrich 317
Westermann, George 317
Westermann, Heiko 895
Westermann, Wilhelm 895
Westkamp, Michael 19
Wettlaufer, Reiner 976
Weyrauch, Dr. Jochen 922
Weyrich, Arnim 256
Wiech, Karsten 248
Wiecking, Guido 855
Wiedeking, Dr. Wendelin 832
Wiedemann, Gerhard 624
Wiegmann, Dr. Hans-Henning 435, 521
Wiener, Sarah 1151
Wiese, Josef 262
Wijers, Hans 46
Wilk, Helmut 1141
Wilkening, Heinz 776
Wilkin, Arthur Charles 1143
Wilkinson, James 1144
Wilks, Maurice Fernand Cary 637
Williams, Colin J. 916
Williams, John D. 916
Williams, Robin 968
Winkelmann, Jörn 952
Winkenbach, Marion 199, 339
Winkenbach, Marion 339
Winter, Philipp M. 1078
Winter, Rolf 449
Winterkorn, Dr. rer. nat. Martin 1110
Winterling, Dr. Hans-Joachim 256
Wirtz, Dr. Hermann 16
Wittig, Dr. Martin 886
Wöhrmann, Dietmar 519
Wolf, Marianne 33
Wolff, Andrea 772
Wolff, Carl Michael 772
Wolff, Dr. August 58
Wolff, Manfred A. 772
Wozniak, Stephen G. 75
Wrigley Jr., William 1159
Wührmann, Heino 1099
Wulff, Graham 770, 771
Würth, Adolf 1160

Y

Yamaha, Torakusu 1167
Yamahita, Takeshi 773
Yanar, Kaya 280
Yeatman, Brian 227

Z

Zahn, Wolfgang 1001
Zanetti, Massimo 949
Zapf, Gerhard 273
Zappe, Frank 266
Zappella, Sergio 905
Zarges, Hellmuth 1172
Zarges, Walter 1172
Zeiss, Carl 571, 932, 1174
Zeiss, Roderich 932
Zeitz, Jochen 845
Zentis, Franz 1175
Zerelles, Herbert 537
Zernisch, Peter 521
Zetsche, Dr. Dieter 183
Ziegelmeier, Ralph 618
Zimmer, Andreas 1179
Zimmer, Georg 1178
Zinkann, Dr. Reinhard 183
Zumwinkel, Dr. Klaus 305, 309

3M Deutschland GmbH 834, 942, 943, 944

A

A.T. Cross Deutschland GmbH 268
Adolf Hanhart GmbH & Co. KG 496
Aachener Printen- und Schokoladenfabrik Henry Lambertz GmbH & Co. KG 635
AachenMünchener Lebensversicherung AG 18
AachenMünchener Versicherung AG 18
Aareal Bank AG 19
ABC Verbindungstechnik GmbH & Co. KG 987
ABUS August Bremicker Söhne KG 23
Accenture 24
Accor Hotellerie Deutschland GmbH 551, 759
ACE Auto Club Europa e.V. 24
Action Concept Film- und Stuntproduktion GmbH 25
ADAC e.V. 27
Adam Opel GmbH 774
ADCO Umweltdienste Holding GmbH 319
Adecco Personaldienstleistungen GmbH 27
ADELTA Bert Ufermann Personenges. 27
adidas AG 29, 861, 1024
Adler Modemärkte GmbH 30
ADO Gardinenwerke GmbH & Co. KG 32
Adobe Systems GmbH 33
Advocard Rechtsschutzversicherung AG 33
aeris-Impulsmöbel GmbH & CoKG 1016
AGCO GmbH 401
Agfa Deutschland Vertriebsgesellschaft mbh & Cie. KG 38, 39, 40
Aida Cruises 42
Air Berlin PLC & Co. Luftverkehrs KG 43
Air France 43
Akzo Nobel Deco GmbH 524, 966
Akzo Nobel GmbH 45, 651
ALD AutoLeasing D GmbH 46
ALDI Einkauf GmbH & Co. oHG 47
alessandro International GmbH & Co. KG 47
Alessi, s.p.a. 48
Alfi GmbH 49
Alfred Kärcher GmbH & Co. KG 586
Alfred Ritter GmbH & Co. KG 880
Alfred Schladerer - Alte Schwarzwälder Hausbrennerei GmbH 923
Alfred Scholpp GmbH & Co. KG 930
Alfred Sternjakob GmbH & Co. KG 944
ALHO Holding GmbH & Co. KG 50
Alitalia - Linee Aeree Italiane S.p. A. 50
Allgäuer Alpenmilch GmbH 114, 460
Allianz SE 52
Allos Walter Lang GmbH 54
Alltours Flugreisen GmbH 55
Alnatura Produktions- und Handels GmbH 57
Alno AG 57
Alois Müller GmbH & Co. KG 737
Aloys F. Dornbracht GmbH & Co. KG 324
alpi Krawattenmode GmbH 58
Alpina International Sport + Optik-Vertriebs-GmbH 61
Alpine Electronics (Europe) GmbH 61
American Express International, Inc. Niederlassung Deutschland Frankfurt a. M. 64
AMICA Verlag GmbH & Co. KG 65
amnesty international 65
Andechser Molkerei Scheitz GmbH 66
AOK Bundesverband 66
AOL Deutschland Medien GmbH 69
Aoste SB GmbH 69
apetito AG 70
Apollinaris GmbH 71
Apollo-Optik GmbH & Co. KG 71
Apotheker Walter Bouhon GmbH & Co. KG 425
Appel Feinkost GmbH & Co. KG 73
APPLE Deutschland GmbH 74
ara Shoes AG 75
ARAG Allgemeine Rechtsschutz-Versicherungs-AG 76
Aral Aktiengesellschaft 78
ARCA Regler GmbH 79
ARBURG GmbH + Co KG 79
ARCOR AG & Co. KG 81
ARD 278
ARLA FOODS GmbH 206
Arlington GmbH & Co. KG 212
ARRI AG 83
Artdeco cosmetic GmbH 84
Arzberg-Porzellan GmbH 85
Asbach GmbH 87
ASB-Grünland Helmut Aurenz GmbH 86
ASICS Deutschland GmbH 87
ATARI Deutschland GmbH 92
Audi AG 94
August Storck KG 1003
Augustinum GmbH 95
Aurora Mühle 311
AURORA Mühlen GmbH 95
Ausstellungs- und Messe GmbH 423
Autobahn Tank & Rast GmbH 954
Avery Dennison Zweckform Office Products Europe GmbH 97
Avis Autovermietung GmbH & Co. KG 98
AWD Holding AG 99
Axa Konzern AG 100
Axel Springer AG 148, 314, 539, 1134

B

B. Braun Melsungen AG 104
B. T. Dibbern GmbH & Co. KG 312
Bacardi GmbH 107, 172, 693, 780

Bahlsen GmbH & Co. KG 108, 644
Baldessarini GmbH & Co. KG 109
Bally Deutschland GmbH 112
Bang & Olufsen Deutschland GmbH 112
Barbour (Europe) Ltd. 113
Barilla Wasa Deutschland GmbH 116, 1124
Barmenia Allgemeine Versicherungs-AG 116
Barmenia Krankenversicherung a. G. 116
Barmenia Lebensversicherung a. G. 116
BARMER Ersatzkasse 117
Barthels-Feldhoff GmbH & Co. KG Textilwerke 879
BASF AG 118, 1008
Basler Fashion GmbH 119
Bauer Verlagsgruppe 187
Bau-Fritz GmbH & Co. KG, seit 1896 119
BAUHAUS AG 120
Bauknecht Hausgeräte GmbH 121
Baumschule Lorenz von Ehren GmbH & Co. KG 665
BAUR Versand GmbH & Co. KG 122
Bausparkasse Schwäbisch Hall AG 939
Bayer HealthCare AG 89
Bayer MaterialScience AG 125, 681
Bayer Vital GmbH 137, 217, 643, 838, 1022
Bayerische Staatsbrauerei Weihenstephan 1130
Bayerische Landesbank 126
Bayerwald® - Fenster Haustüren GmbH & Co. KG 128
BAYROL Deutschland GmbH 128
BBT Thermotechnik GmbH 579
Beam Global Spirits & Wine Deutschland GmbH 433, 567, 620
Beate Uhse AG 129
beckers bester GmbH & Co. KG 132
Beiersdorf AG 17, 93, 133, 382, 499, 531, 631, 755
Belmondo Vertriebsgesellschaft 135
Ben & Jerry's GmbH 137
BenQ Deutschland GmbH 135
Berentzen-Gruppe AG 138, 845
Bergader Privatkäserei GmbH 125, 175
Bergal, Nico & Solitaire Vertriebsgesellschaft mbH 980
Berlebach Stativtechnik 139
Berlitz Deutschland GmbH 139
Berner GmbH 140
Best Western Hotels Deutschland GmbH 141
Betty Barclay GmbH 142
Bianca Moden GmbH & Co. KG 142
Bibliographisches Institut & F. A. Brockhaus AG 198, 338
BIC Deutschland GmbH & Co. OHG 143, 144, 145, 1050
Biffar GmbH & Co. KG 147
Biodroga Cosmetic GmbH 151
Bioland e.V. 152
BIOMARIS GmbH & Co. KG 153
BIONADE GmbH 154
Birkel Teigwaren GmbH 17, 155, 736, 936
Birkenstock Orthopädie GmbH & Co. KG 155
Bitburger Braugruppe GmbH 157
Bitzer Kühlmaschinenbau GmbH 157
Bizerba GmbH & Co. KG 159
BKS GmbH 159
Black & Decker GmbH 160
Blaupunkt GmbH 160
BMW Group 164, 724, 887
Boehringer Ingelheim Pharma GmbH & Co. KG 170, 340, 736, 1043
boesner GmbH holding + innovations 166
Bofrost* Dienstleistungs GmbH & Co. KG 167
BOGE KOMPRESSOREN Otto Boge GmbH & Co. KG 168
Böklunder Plumrose GmbH & Co. KG 171
Bonduelle Deutschland GmbH 174
BOSCH Communications Systems EVI Audio GmbH 348
Bosch Rexroth AG 871
Bosch Thermotechnik GmbH 202
Bose GmbH 178
BÖWE SYSTEC AG 180
Brabantia International bv 182
Brabus GmbH 183
Brandt Zwieback-Schokoladen GmbH & Co. KG 184
Brauerei C. & A. VELTINS GmbH & Co. 1087
Brauhaus Riegele Augsburg KG 875
Braun GmbH 186
Braun GmbH & Co. KG 186
Brawa Artur Braun Modellspielwarenfabrik GmbH & Co. 188
Bree Collection GmbH & Co. KG 189
Bremer Hachez Chocolade GmbH & Co. KG 486
Bretz Wohnträume GmbH 192
Bridgestone Deutschland GmbH 193
BRILL GLORIA Haus- und Gartengeräte GmbH 194
Brillux GmbH & Co. KG 195
Brio GmbH Deutschland 196
BRITA GmbH 197
Britax Römer Kindersicherheit GmbH 889
Brown-Forman Beverages, Europe, Ltd. 566
Brühl & sippold GmbH 200
bruno banani underwear GmbH 200
Bruno Nebelung GmbH & Co. KG 595
Bübchen Werk Ewald Hermes 201
Buchhandlung Heinrich Hugendubel GmbH & Co. KG 541
Budweiser Budvar N. C. 203
Bulgari S.p. A. 206
Bulthaup GmbH & Co. KG 208

Bundesgeschäftsstelle Landesbausparkassen im Deutschen Sparkassen- und Giroverband 643
Bundesverband der Dt. Volksbanken und Raiffeisenbanken BVR 1108
BUNTE Entertainment Verlag GmbH 208, 559
Burgbad AG 209
Burger King GmbH 210
BURG-WÄCHTER KG 210
Bürstner GmbH 212

C

C & A Mode KG 214
C. Bechstein Pianofortefabrik AG 131
C. Josef Lamy GmbH 636
C. Riethmüller GmbH 875
Campari Deutschland GmbH 216
Campbell's Germany GmbH 369, 370
Canon Deutschland GmbH 217
Caparol Farben Lacke Bautenschutz GmbH 217
Caramba Chemie GmbH & Co. KG 220
Carl Hagenbeck GmbH 487
Carl Kühne KG (GmbH & Co.) 622, 1013
Carl Zeiss AG 1173
Carlo Colucci Vertriebs GmbH & Co. KG 222
Carstens Lübecker Marzipan 224
Casio Europe GmbH 224
Castle Tea Co. GmbH 1143, 1147
Catalina Marketing Deutschland GmbH 226
Cavendish & Harvey Confectionery GmbH 172, 227
CCC Confiserie Coppeneur et Compagnon GmbH 260
CEAG AG 427
Central Krankenversicherung AG 228
Cereal Partners Deutschland 750
CFP Brands 410
CFP Brands Süßwarenhandels GmbH & Co. KG 708, 977
Chabeso International, Inh. RIEGELE KG 231
Chanel GmbH 232
Chantelle Lingerie GmbH 799
Charité - Universitätsmedizin Berlin 232
CHEVROLET Deutschland GmbH 234
Chicco Babyausstattung GmbH 235
Chiemsee AG & Co. KG 236
Chiquita Deutschland GmbH 237
Chocoladefabriken Lindt & Sprüngli GmbH 658
Christie + Co 239
Cinque Moda GmbH 241
Citibank Privatkunden AG & Co. KGaA 242
Citizen Watch Europe GmbH 242, 1080
Citroën Deutschland AG 243
Claas KGaA 243
ClassiCon GmbH 244
Clinique Division Estée Lauder Companies GmbH 246
Cloer Elektrogeräte GmbH 247
Closed GmbH 248
Club Méditerranée Deutschland GmbH 248
Coca-Cola GmbH 173, 249, 396, 656, 719, 992
Cofresco Frischhalteprodukte GmbH & Co. KG 1058
Colgate-Palmolive GmbH 45, 250, 251, 295, 791
comdirect bank AG 253
Commerzbank Aktiengesellschaft 254
COMPO GmbH & Co. KG 256
Concordia Versicherungsgruppe 257
Condé Nast Verlag GmbH 80, 467, 1084, 1105
Conditorei Coppenrath & Wiese GmbH & Co. KG 261
Condor Versicherungsgruppe 258
ConocoPhillips Germany GmbH 573
Continental Aktiengesellschaft 259
Coppenrath Verlag GmbH & Co. KG 313
COR Sitzmöbel Helmut Lübke GmbH & Co KG 262
Coronet International GmbH & Co. KG 264
Coroplast Fritz Müller GmbH & Co. KG 265
Cosmos Direkt 266
Costa Meeresspezialitäten GmbH & Co. KG 266
Coty Deutschland GmbH 90, 877
Cristall GmbH 267
Curver Germany GmbH 269

D

Dachser GmbH & Co. KG 272
Dahle Bürotechnik GmbH 272
Daimler AG 698, 708, 977, 1075
Danfoss GmbH 275
Dänisches Bettenlager GmbH & Co. KG 276
Danone GmbH 277
Danone Waters Deutschland GmbH 385, 1112
DATEV eG 281
DAW Stiftung & Co KG, Geschäftsbereich Alpina Farben 60
De'Longhi Deutschland GmbH 291
DEDON GmbH 286
Dekra e.V. 288
Dell GmbH 290
Delsey Reiseartikel & Lederwaren GmbH 291
delta pronatura Dr. Krauss & Dr. Beckmann KG 162, 207, 292, 327
Demag Cranes & Components GmbH 293
Demeter-Bund e.V. 294
Dennert Massivhaus GmbH 552
Dennert Poraver GmbH 830

dennree GmbH 295
Der Grüne Punkt - Duales System Deutschland GmbH 297
Der kleine Muck GmbH & Co. KG 298
Dertour GmbH & Co. KG 300
DeTeMedien, Deutsche Telekom Medien GmbH 279, 280, 446
Dethleffs GmbH & Co. KG 300
DAK 273
Deutsche Bahn AG 283
Deutsche Bank AG 301
Deutsche Grammophon Gesellschaft mbH 302
Deutsche Lufthansa Aktiengesellschaft 670
Deutsche Messe AG 228, 303, 498
Deutsche Post AG 304, 308
Deutsche Postbank AG 833
Deutsche Rockwool Mineralwoll GmbH & Co. OHG 883
Deutsche Shell Holding GmbH 957
Deutsche Sinalco GmbH Markengetränke & Co. KG 970
Deutsche SiSi-Werke GmbH & Co. Betriebs KG 219
Deutsche Telekom AG 305
Deutsche Welthungerhilfe e. V, 1135
Deutscher Lotto- und Totoblock 666
Deutscher Sparkassen- und Giroverband (DSGV) 985
Deutsches Komitee für UNICEF e.V. 1072
Deutsches Rotes Kreuz e.V. 306
Deutz AG 307
Develey Senf & Feinkost GmbH 124
Dextro Energy GmbH & Co. KG 308
Dickie-Schuco GmbH & Co. KG 934
Dierig Holding AG 415
Diesel Deutschland GmbH 318
Diners Club Deutschland 318
Dirk Rossmann GmbH 893
Dittrich-Design GmbH 319
DKV Deutsche Krankenversicherung AG 320
Dole Fresh Fruit Europe OHG 321
Dorint Hotels & Resorts 322
DORMA GmbH & Co. KG 323
Douglas Holding AG 239, 325, 545, 1040
DPD Deutscher Paket Dienst GmbH & Co. KG 326
Dr. August Oetker Nahrungsmittel KG 329
Dr. Babor GmbH & Co. KG 113
Dr. C. Soldan GmbH 366
Dr. Ing. h.c.F. Porsche AG 831
Dr. Kurt Wolff GmbH & Co. KG 58
Dr. Rolf Hein GmbH & Co. KG 846
Dr. Scheller Cosmetics AG 72, 686
Dr. Theiss Naturwaren GmbH 51, 632
Draenert Studio GmbH 332
Drägerwerk AG 332
Dremel Deutschland 335
Dresdner Bank AG 335
Dressler Bekleidungswerke Brinkmann GmbH & Co. KG 359
Druck- und Verlagshaus Frankfurt am Main GmbH 423
dtv - Deutscher Taschenbuch Verlag GmbH & Co. KG 337
Ducati Motor Deutschland GmbH 338
Dunlop GmbH & Co. KG 341
Dunlopillo GmbH 341
DURABLE Hunke & Jochheim GmbH & Co. KG 344, 345
Dürr AG 346
Düsseldorfer Löwensenf GmbH 668
Dyckerhoff AG 347
Dyson GmbH 349

E

E. ON AG 352
eBay GmbH 352
Eberhard Faber GmbH 353
Ecco Schuhe GmbH 354
ECE Projektmanagement GmbH & Co. KG 355
Echt Sylter Brisen-Klömbjes GmbH 357
Ed. Wüsthof Dreizackwerk KG 1161
edding AG 358
EDEKA-Gruppe 359
EDEKA Zentrale AG & Co. KG 359
Edelweiss GmbH & Co. KG 192
Edmund Münster GmbH & Co. KG 687
Edwin Mieg OHG 1051
EganaGoldpfeil Accessoires GmbH 257, 463
Ehinger-Schwarz GmbH & Co. KG 232
Ehrmann AG Oberschönegg im Allgäu 56, 361
ELBA Buerosysteme GmbH & Co. KG 362
Electronic Arts GmbH 352
Elektrolux Hausgeräte Vertriebs GmbH 35
EMSA GmbH 367
Engelhard Arzneimittel Gmbh & Co. KG 843
E-Plus Mobilfunk GmbH & Co. KG 368
Epson Deutschland GmbH 369
Eratex GmbH 649
Erco Leuchten GmbH 371
Erfurt & Sohn KG 374
Ergee Textilgruppe GmbH 375
Ersa GmbH 376
ersol Solar Energy AG 376
Erste Bayreuther Porzellanfabrik Walküre Siegmund Paul Meyer GmbH 1119
Erwin Müller GmbH (Holding) 365
Esprit Europe GmbH 377
Esselte Leitz GmbH & Co KG 648
ESSO Deutschland GmbH 378, 727
Estée Lauder Companies GmbH 379
eterna Mode GmbH 380
Eternit AG 380

Etienne Aigner AG 42
Europa-Park Freizeit- und Familienpark Mack KG 384
EUROPCAR Autovermietung GmbH 385
Euryza GmbH 780, 864
Evonik Degussa GmbH 820
Evonik Industries AG 25, 35, 264, 287, 382, 386, 837, 958, 971, 1070
Exxon Mobil Central Europe Holding GmbH 378, 727

F

F. G. Conzen GmbH 260
F. W. Breithaupt & Sohn GmbH & Co. KG 191
F. W. Brinkmann GmbH 205
Faber-Castell AG 390
FACHINGEN Heil- & Mineralbrunnen GmbH 992
Fachverlag der Verlagsgruppe Handelsblatt GmbH 20
Fackelmann GmbH & Co. KG 392
Fakir Hausgeräte GmbH 393
FALKE KGaA 394
Federal Express Europe Deutsche Niederlassung 397
Felina GmbH 398
FELUWA Pumpen GmbH 399
Feodora Chocolade GmbH & Co. KG 402
Ferrari Deutschland GmbH 404
Ferrero Deutschland GmbH 763
Festina Uhren GmbH 404
Fiat Group Automobiles Germany AG 49, 405, 636
Fiege Holding Stiftung & Co. KG 406
Fila Deutschland GmbH 407
Filofax GmbH 407
Financial Times Deutschland GmbH & Co. KG 408
FingerHaus GmbH 408
Fischer GmbH 410
Fischer Möbel GmbH 409
fischerwerke Artur Fischer GmbH & Co. KG 408
Fissler GmbH 411
Fitness Company Freizeitanlagen GmbH 412
Fixies GmbH 414
Fleurop AG 416
Floragard Vertriebs GmbH für Gartenbau 417
Florena Cosmetic GmbH 418
FOCUS Magazin Verlag GmbH 418
Ford-Werke GmbH 420
Fossil (Europe) GmbH 420
Francotyp-Postalia GmbH 421
Frankfurter Allgemeine Zeitung GmbH 421
Franz Güde GmbH 476
Franz Kaldewei GmbH & Co. KG 583
Fraport AG 424
freenet AG 424
Freixenet GmbH 426
Freudenhaus Optik Vertriebs GmbH 426
Friesisches Brauhaus zu Jever 573
Frosta Tiefkühlkost GmbH 430
FSB Franz Schneider Brakel GmbH + Co KG 430
FUCHS Gewürze GmbH 432
Fujifilm Deutschland 432
Fürst von Metternich Sektkellerei GmbH 434
Fürstlich Castell'sche Bank, Credit-Casse AG 225

G

Gaba GmbH 82, 709
Gardena GmbH 439
gardeur ag 440
Gazelle GmbH 441
GAZPROM Germania GmbH 441
GE (General Electric Company) 442
GE Money Bank GmbH 443
Geberit AG 443
Gebr. Abraham Schinken GmbH 20
Gebr. Faller GmbH 395
Gebr. Fleischmann GmbH & Co. KG 414
Gebr. Graef GmbH & Co. KG 468
Gebr. Märklin & Cie GmbH 692
Gebrüder Mey GmbH & Co. KG 718
GEDORE Werkzeugfabrik Otto Dowidat KG 445
Gehring-Bunte Getränke-Industrie GmbH & Co. KG 240
GELITA AG 447
General Mills GmbH 482, 605
Generali Versicherungen 448
Geobra Brandstätter GmbH & Co. KG 817
Georg Plange KG 311
Georg Westermann Verlag, Druckerei und kartographische Anstalt GmbH & Co KG 317
Gerhard D. Wempe KG 1137
Germanwings GmbH 449
Gerolsteiner Brunnen GmbH & Co. KG 450
GEZE GmbH 450
GF Wärmetechnik GmbH 852
Giant Deutschland GmbH 451
Gies Kerzen GmbH 452
Giesecke & Devrient GmbH 452
Giorgio Armani Spa 82
Gizeh Raucherbedarf GmbH 455
GKD - Gebr. Kufferath AG 456
Glasbau Hahn GmbH & Co. KG 488
glaskoch B. Koch jr. GmbH + Co. KG 650
GlaxoSmithKline Consumer Healthcare GmbH & Co. KG 22, 328, 457, 470, 767, 954
Gloria GmbH 459
Glunz AG 460

GMX GmbH 461
Goodyear GmbH CO. KG 464
Google Germany GmbH 464
Gothaer 466
Gottfried Friedrichs KG 426
Grafschafter Krautfabrik Josef Schmitz KG 469
GRAVIS Computervertriebsgesellschaft mbH 470
Greenpeace e.V. 471
Gretsch-Unitas GmbH 472
Griesson - de Beukelaer GmbH & Co. KG 285, 472, 473, 646, 838, 1030, 1065
Grohe AG 475
Groupe SEB Deutschland GmbH 895, 1030
Grundig Intermedia GmbH 475
Gruner + Jahr AG & Co. KG 83, 193, 378, 448, 661, 931, 997
Gruppo La Perla Deutschland GmbH 630
Gumpert Sportwagenmanufaktur GmbH 477
Gütermann AG 477

H

H&M Hennes & Mauritz B. V. & Co. KG 482
H. & E. Reinert Westfälische Privat-Fleischerei GmbH & Co. KG 863
H. von Gimborn GmbH 152, 454
H. J. Heinz GmbH 515, 982
H. Redlefsen GmbH & Co. KG 861
H. Schmincke & Co. GmbH & Co. KG 926
Haacke + Haacke GmbH & Co. KG 482
HAAS FERTIGBAU GmbH 484
Habit Wohnformen Ulrich Lodholz GmbH 484
Habitat Deutschland GmbH 485
Haeberlein-Metzger 486
Hailo-Werk – Rudolf Loh GmbH & Co. KG 488
Hakle-Kimberly Deutschland GmbH 216, 489, 601
Hako-Werke GmbH 490
Halberstädter Würstchen- und Konservenfabrik GmbH & Co. KG 491
Halloren Schokoladenfabrik AG 492
Hamberger Industriewerke GmbH 505
Hamburg-Mannheimer 493
Hanika Gitarrenbau 497
Hannoversche Lebensversicherung AG 498
Hans Adler OHG 31
HanseMerkur Versicherungsgruppe 500
Hansgrohe AG 501
Hapag-Lloyd AG 502
Haribo GmbH & Co. KG 503
Harley-Davidson GmbH 504
Harman Deutschland GmbH & Co. KG 504
Harry-Brot GmbH 506
HARTING KGaA 507
Hasbro Deutschland GmbH 509
Hasseröder Brauerei GmbH 509
Hawesta Feinkost Hans Westphal GmbH & Co. KG 511
HECTAS Gebäudedienste Stiftung & Co. KG 514
Heilerde Gesellschaft Luvos Just GmbH & Co. KG 673
Heineken Deutschland GmbH 514
Heinrich Deichmann-Schuhe GmbH & Co. KG 287, 364
Heinrich Leupoldt KG 803
Heinrich Nölke GmbH & CO. KG 478
HEINZ KETTLER GmbH & Co. KG 593
Heissner GmbH 516
Hela Gewürzwerk Hermann Laue GmbH und Co. KG 517
Hella KGaA Hueck & Co. 517
Helmut Taube GmbH 1023
Henkel KGaA 28, 67, 91, 106, 146, 173, 190, 194, 230, 282, 296, 309, 310, 333, 363, 390, 458, 519, 547, 659, 662, 715, 788, 799, 806, 808, 824, 826, 827, 829, 836, 838, 867, 919, 940, 946, 959, 960, 967, 972, 979, 981, 988, 1022, 1027, 1034, 1042, 1044, 1089, 1126, 1127, 1131, 1153
Henkell & Co Sektkellerei KG 521
Henry Lambertz GmbH 522
Heraeus Holding GmbH 523
Heraeus Kulzer GmbH 417, 550, 965
Heraeus Medical GmbH 790
HERCULES Fahrrad GmbH & Co. KG 525
Herlitz PBS AG 176, 526, 1014
Hermes Logistik GmbH & Co. KG 527
Herrenknecht AG 527
Hertz Autovermietung GmbH 529
HEWI Heinrich Wilke GmbH 530
Hewlett Packard GmbH 531
Hilton International (Germany) GmbH 532
Hipp Werk Georg Hipp OHG 533
Hirschmann Automation and Control GmbH 534
Hochland Deutschland GmbH 55, 534, 799, 1081
Hochland Kaffee Hunzelmann GmbH & Co. KG 535
HOCOPLAST BAUELEMENTE GmbH 536
Hofstetter & Co. Holzindustrie GmbH 536
Hohner Musikinstrumente GmbH & Co. KG 537
Homann Feinkost GmbH 538
Honda Motor Europe (North) GmbH 538
Hornbach-Baumarkt-Aktiengesellschaft 538
Hotel Adlon Kempinski 31
Hövels Hausbrauerei GmbH 540
HRS – Hotel Reservation Service Robert Ragge GmbH 540
HTS Deutschland GmbH & Co. KG 165, 269
HUGO BOSS AG 179

hülsta werke Hüls GmbH & Co. KG 541
Hummel Küchenwerk GmbH 542
Huober Brezel GmbH & Co. KG 544
Hüppe GmbH & Co. KG 545
HYMER AG 546

I

Ibena Textilwerke GmbH 551
IBM Deutschland GmbH 552
ICI Paints Deco GmbH 259, 340, 494, 731, 1165
IDB Deutschland GmbH 593
Ideal Standard GmbH 553
Idealspaten-Bredt GmbH & Co. KG 554
iglo GmbH 554
iittala b.v. 555
IKEA Deutschland GmbH & Co. KG 555
Ille Papier-Service GmbH 556
illycaffé s.p.A. Niederlassung Deutschland 557
INA-Holding Schaeffler KG 917
InBev Deutschland Brauerei Beck GmbH & Co. KG 132, 483
InBev Deutschland/ Brauerei Diebels GmbH & Co. KG 316
Intel GmbH 559
Interflex Datensysteme GmbH & Co. KG 560
interlübke, Gebr. Lübke GmbH & Co. KG 561
Intersnack Vertriebs GmbH 236, 433, 463, 827

J

J. G. Niederegger GmbH & Co. KG 752
JACK WOLFSKIN AUSRÜSTUNG FÜR DRAUSSEN GmbH & Co. KGaA 566
Jafra Cosmetics GmbH & Co. KG 568
Jaguar Deutschland GmbH 569
JaingConsult 1111
Jamba! GmbH 571
JENOPTIK AG 571
JK-Holding GmbH 375
jobs in time holding GmbH 573
Joh. Stiegelmeyer & Co. GmbH (Holding) 999
Johann Maria Farina gegenüber dem Jülichs-Platz GmbH seit 1709 396
John Deere Vertrieb Zweigniederlassung der Deere & Company 574
Johnson & Johnson GmbH 130, 221, 575, 751, 766, 804
Jonas & Jonas DesignMöbel GmbH 576
JOOP! GmbH 576
Josef Seibel Schuhfabrik GmbH 577
Junghans Uhren GmbH 577
Jungheinrich AG 578
Jura Elektroapparate AG 579
Juvena Produits de Beauté GmbH 580

K

Käfer GmbH & Co. Verwaltungs- und Beteiligungs KG 582
Kaiser's Tengelmann AG 583
Kamei GmbH & Co. KG 584
Kamps Bakeries GmbH 585
Kamps Brot- und Backwaren GmbH 462, 655
Karl Könecke Fleischwarenfabrik GmbH & Co. KG 613
Kässbohrer Geländefahrzeug AG 815
Käthe Kruse Puppen GmbH 587
Katjes Fassin GmbH & Co. KG 37, 587
Kaufhof Warenhaus AG 438
Kauka Promedia Andromeda Central Community Medien GmbH 412
Kawasaki Motors Europe N. V. 589
Kellogg (Deutschland) GmbH 590
Kenngott International GmbH & Co. KG 591
Keppler & Fremer GmbH 865
Keramag Keramische Werke Aktiengesellschaft 592
Kieser Training AG 596
KiK Textilien und Non-Food GmbH 597
Kimberly-Clark Professional 598
Klafs GmbH & Co. KG 598
Klasmann-Deilmann GmbH 599
Kleine Wolke Textilgesellschaft mbH und Co. KG 601
Klepper Faltbootwerft AG 602
Klinikum Ingolstadt GmbH 603
Klosterfrau Healthcare Group 744
Knauf Gips KG 605
Knaus Tabbert Group GmbH 361, 606, 607, 1130, 1141
Kneipp-Werke GmbH & Co. KG 608
KNIPEX-Werk C. Gustav Putsch KG 608
Knirps Licence Corporation GmbH & Co. KG 609
Kodak GmbH 611
Koelnmesse GmbH 611
Koenig & Bauer AG 589
Koinor Polstermöbel GmbH & Co. KG 612
Konica Minolta Business Solutions Deutschland GmbH 613
König-Brauerei GmbH 614
Konrad Hornschuch AG 285, 974
KPM Königliche Porzellan-Manufaktur Berlin GmbH 614
Kraft Foods Deutschland GmbH 567, 583, 616, 721, 726, 810
Kraft Foods Schweiz AG 1053
Krewel Meuselbach GmbH 88, 514, 682, 863
Krombacher Brauerei Bernhard Schadeberg GmbH & Co. KG 617
KRONE GMBH 617
Kronenbrot KG Franz Mainz 618
Krups GmbH 619, 1030

KSB AG 619
Kühne + Nagel (AG & Co) KG 623
KUKA AG 623
Kunert AG 625
Kurtz Holding GmbH & Co. 625
Kusch+Co Sitzmöbelwerke GmbH & Co KG 626

L

L. Bösendorfer Klavierfabrik GmbH 178
L. Meindl GmbH & Co. KG 703
L'Oréal Luxusprodukte GmbH 154
L'Oréal Paris – ein Geschäftsbereich der L'Oréal Haarkosmetik und Parfümerie GmbH & Co. KG 665
L'Tur Tourismus AG 669
La Prairie GmbH 631
Laboratoires Vichy 1091
Lacoste S. A. 633
Lactalis Deutschland GmbH 438
Land Rover Deutschland GmbH 637
Landeshauptstadt Kiel 594
Landwirtschaftlicher Versicherungsverein Münster a. G. 674
Lange Uhren GmbH 638
Langenscheidt KG 639
Langnese Honig GmbH & Co. KG 641
Läufer & Gutenberg GmbH 641
LEGO GmbH 644
Leica Camera AG 645
LEIFHEIT AG 646, 978
Leineweber GmbH & Co. KG 188
Leitner GmbH Ausstellungssysteme 647
Lemken GmbH & Co. KG 649
Leuchtturm Albenverlag GmbH & Co. KG 651
Levi Strauss Germany GmbH 652
LG Electronics Deutschland GmbH 654
Lidl Dienstleistung GmbH & Co. KG 654
Lifta Lift und Antrieb GmbH 656
Linde AG 657
Lloyd Shoes GmbH & CO. KG 662
Loewe AG 663
Longchamp GmbH 664
Louis Vuitton Deutschland GmbH 667
LOWA Sportschuhe GmbH 667
Loyalty Partner GmbH 801
Ludwig Görtz GmbH 465
Ludwig Reiter Schuhmanufaktur GmbH 669
Ludwig Schokolade GmbH & Co. KG 427, 670, 695, 1064
Luigi Lavazza Deutschland GmbH 642
Luise Händlmaier Senffabrikation GmbH & Co. KG 495
LuK GmbH & Co. oHG 672
Luxhaus GmbH & Co. KG 674
LYTTRON Technology GmbH 675

M

MAC Mode GmbH & Co. KgaA 678
Machalke Polsterwerkstätten GmbH 678
MADAUS GmbH 356
Madeleine Mode GmbH 679
Maggi GmbH 680
MainConcept AG 680
MAN Roland Druckmaschinen AG 683
manager magazin Verlagsgesellschaft mbH 684
Mannesmannröhren-Werke GmbH 909
Manufactum Hoof & Partner KG 686
Mapa GmbH 149, 161, 428, 761
Marc Aurel Textil GmbH 689
Marc O'Polo International GmbH 690
Margarete Steiff GmbH 996
Maritim Hotelgesellschaft mbH 691
Marker Tecnica Völkl GmbH 1107
Marketing Pilots 691
Marlies Möller Beauty Hair Care 693
Mars GmbH 428, 693, 801, 977, 1063, 1066, 1071, 1139
MÄRZ München AG 694
Mastercard Europe 694
Mast-Jägermeister AG 568
Mattel GmbH 695
MÄURER & WIRTZ GmbH & Co. KG 16, 1020
Max Weiss Lebkuchenfabrik Neu-Ulm GmbH 1131
Maxdata AG 135, 697
MaxXium Deutschland GmbH 21
Mazda Motors (Deutschland) GmbH 698
MBG International Premium Brands GmbH 360, 777, 908, 917
McCain GmbH 699
McDonald's Deutschland Inc. 699
McKinsey & Company, Inc. 700
MCM Klosterfrau Vertriebsgesellschaft mbH 604, 748, 1024, 1047
Media Markt Management GmbH 701
Meica Ammerländische Fleischwarenfabrik Fritz Meinen GmbH & Co KG 185, 268, 307, 702, 725
Melitta Gruppe 705
Melitta Haushaltsprodukte GmbH & Co. KG 1016
Menerga Apparatebau GmbH 707
Mercure Hotels Deutschland 709
Merz Consumer Care GmbH 709, 1036
Messe München GmbH 121
Mestemacher GmbH 710
Metabowerke GmbH 712
METRO Cash & Carry International 713
METRO Group 714
Metten Fleischwaren GmbH & Co. KG 715
Meusch Wohnen-Bad und Freizeit GmbH 717

MEWA Textil-Service AG & Co. Management OHG 717
Meyer Werft GmbH 718
MHK Group AG 740
Michelin Reifenwerke AG & Co. KGaA 719
Microsoft Deutschland GmbH 720
Miele & Cie. KG 720
Milch-Union Hocheifel eG 736
Miltenberger Otto Aulbach GmbH 276
Milupa GmbH 75, 723
Mineralbrunnen Überkingen-Teinach AG 36, 163
Minit Deutschland GmbH & Co. KG 726
Moeck Musikinstrumente + Verlag e. K. 728
Moët Hennessy Deutschland GmbH 729, 1091
Moizi Möbel GmbH 729
Moleskine srl 730
Molkerei MEGGLE Wasserburg GmbH & CO KG 701
Molkerei Söbbeke GmbH 978
moll Funktionsmöbel GmbH 731
Monier GmbH 181
Montblanc International GmbH 734
MOTIP DUPLI Group 342
Motorola GmbH 735
möve frottana Textil GmbH & Co. KG 735
MTS Sportartikel Vertriebs GmbH 923
Mundorgel Verlag GmbH 312
MUSTANG - Bekleidungswerke GmbH. + Co. KG 739
Musterring International Josef Höner GmbH & Co. KG 741

N

Naber GmbH 744
Nadler Feinkost GmbH 744
NaturEnergie AG 745
Naturin GmbH & Co. KG 746
NEFF GmbH 747
NEOPLAN Bus GmbH 748
Nespresso Deutschland GmbH 750
Nestlé Deutschland AG 205, 223, 529, 1045
Nestlé Nutrition GmbH 750
Nestlé Purina PetCare Deutschland GmbH 399, 467
Nestlé Waters Deutschland AG 902, 1102
Nike Deutschland GmbH 753
Nikon GmbH 753
Nintendo of Europe GmbH 754
NKL Nordwestdeutsche Klassenlotterie 756
nora systems GmbH 757
Nord/LB Norddeutsche Landesbank Girozentrale 757
NORDMILCH AG 722
„Nordsee" Fisch-Spezialitäten GmbH 758
Novartis Consumer Health GmbH 402, 635, 782, 1111
Novoferm GmbH 758
Novus GmbH & Co. KG 760
Nycomed Deutschland GmbH 204, 394

O

O2 (Germany) GmbH & Co. OHG 766
Obst- und Gemüseverarbeitung Spreewaldkonserve Golßen GmbH 990
ÖGER TOURS GmbH 769
Ohropax GmbH 769
Okal Haus GmbH 770
Olsen GmbH & Co. KG 771
Olymp Bezner GmbH & Co KG 772
Olympus Europa GmbH 773
One Drop Only chemische-pharmazeutische Vertriebs GmbH 773
Optibelt GmbH 775
ORACLE Deutschland GmbH 777
ORION Versand GmbH & Co. KG 779
Ospa-Apparatebau Pauser GmbH & Co. KG 781
Ostfriesische Tee Gesellschaft Laurens Spethmann GmbH & Co. KG 710
Ostmann Gewürze GmbH 781
Otto Bock HealthCare GmbH 783
Otto Group 782
Oui Gruppe GmbH & Co. KG 785

P

Paidi Möbel GmbH 789
Palmers Textil AG 790
Panasonic Marketing Europe GmbH 793
Paradies GmbH 794
Parador GmbH & Co. KG 796
PARSHIP GmbH 797
Paschen & Companie GmbH & Co. KG 797
PAUL HARTMANN AG 508
Paul Reber GmbH & Co. KG 858
Peek & Cloppenburg KG Düsseldorf 802
Pelikan Vertriebsgesellschaft mbH & Co. KG 803
PepsiCo Deutschland GmbH 805
Pernod Ricard Deutschland GmbH 63, 111, 238, 510, 806
Peter Bodum AG 165
Peter Kölln KGaA 156, 612, 661, 791
petra-electric GmbH & Co. KG 809
Peugeot Deutschland GmbH 810
Pfizer Pharma GmbH 810
Philipp Reclam jun. Verlag GmbH 860
Philips GmbH 811
Phoenix Contact GmbH & Co. KG 811
Phonak GmbH 813
Picard Lederwaren GmbH & Co. KG 813

Pilz GmbH & Co. KG 814
Pirelli Deutschland GmbH 815
Playboy Deutschland Publishing GmbH 816
Playtex GmbH Deutschland 819, 957, 1156
Poggenpohl Möbelwerke GmbH 821
Polar Electro GmbH Deutschland 822
Polaroid GmbH 823
Poliboy Brandt & Walther GmbH 824
Portas Deutschland Folien GmbH & Co. Fabrikations KG 832
Porzellanfabrik Weiden Gebr. Bauscher 123
Porzellanfabriken Christian Seltmann GmbH 952
Porzellanmanufaktur Fürstenberg GmbH 435
Premiere AG 835
Privatbrauerei ERDINGER Weißbräu 373
Pro-Idee GmbH & Co. KG 840
Procter & Gamble GmbH 453, 511, 696, 770, 793
Procter & Gamble Service GmbH 82, 162, 234, 345, 705, 777, 792, 1139
ProMinent Dosiertechnik GmbH 841
ProSieben Television GmbH 842
Puky GmbH & Co. KG 844
Puma AG Rudolf Dassler Sport 845

Q

Quelle GmbH 847
QVC Inc. & Co. KG 847

R

Radeberger Gruppe KG 245, 850
Randstad Deutschland GmbH & Co. KG 851
Rapunzel Naturkost AG 853
Rastal GmbH & Co. KG 855
Rational Einbauküchen GmbH 857
Ratiopharm GmbH 857
Ravensburger AG 858
RC Ritzenhoff Cristal AG 881
Recaro GmbH & Co. KG 858, 1002
Reckitt Benckiser Deutschland GmbH 214, 241, 245, 625, 905, 1083, 1086, 1157
RECTICEL SCHLAFKOMFORT GmbH 924
Red Bull Deutschland GmbH 860
Reemtsma Cigarettenfabriken GmbH 850, 1138
Renault Deutschland AG 868
RENÉ LEZARD Mode GmbH 868
Revell GmbH & Co. KG 869
REWE Group 805, 869
REWE-Zentral AG 869
Ricarda M. Designer World 872
Rich. Hengstenberg GmbH & Co. KG 518
Richartz GmbH 873
Riedel Tiroler Glashütte Ges.m.b.H. 874
Rimowa GmbH 878
ritterwerk GmbH 879
Robbe & Berking 881
Robert Bosch GmbH 176
Robert Bosch GmbH – Vertrieb SKIL Deutschland 974
Roche Pharma AG 883
Rodenstock GmbH 884
Roeckl Handschuhe & Accessoires GmbH & Co. KG 884
Roland Berger Strategy Consultants 885
Rolf Benz AG & Co. KG 886
ROMA Rolladensysteme GmbH 888
Romika Shoes GmbH 890
Rosenthal AG 890
RÖSLE GmbH & Co. KG 892
Rotkäppchen-Mumm Sektkellereien GmbH 738, 893
Rotkäppchen Peter Jülich GmbH & Co. KG 894
Rowohlt Verlag GmbH 890
ROY ROBSON Fashion GmbH & Co. KG 895
RTL DISNEY Fernsehen GmbH & Co. KG 1012, 1054, 1056
RTL Television GmbH 895
Ruf-Bett International GmbH & Co. KG 897
Rügenwalder Mühle Carl Müller GmbH & Co. KG 898
Runners Point Warenhandelsgesellschaft mbH 899
RWE AG 900

S

S. Siedle & Söhne Telefon- und Telegrafenwerke OHG 961
s.Oliver Bernd Freier GmbH & Co. KG 902
Saab Deutschland GmbH 903
Sachsenmilch AG 904
Saeco GmbH 904
Saint-Gobain Rigips GmbH 246, 876, 1084
Saint-Gobain Sekurit Deutschland GmbH & Co. KG 905
Sal. Oppenheim jr. & Cie. KGaA 907
Salamander GmbH 908
Salzenbrodt GmbH & Co. KG 252
Samsonite GmbH 910
Sanford GmbH 894
Sanofi-Aventis Deutschland GmbH 911
Santander Consumer Bank AG 911
SAP AG 912
Sara Lee Household & Body Care ZN der Sara Lee Deutschland GmbH 347, 745
Sat.1 GmbH 913
Saturn Management Gesellschaft 913
SC Johnson GmbH 96, 196, 333, 761, 785, 796, 841, 995
SCA Hygiene Products GmbH 276, 914, 1031, 1032, 1176

SCA Packaging Deutschland 915
SCA Tissue Europe 1176
Scania Deutschland GmbH 916
Schaeffler KG 392, 558
Schamel Meerrettich GmbH & Co. KG 918
Schenck Process GmbH 921
Schenker Deutschland AG 922
Schiesser AG 922
Schlecker 925
Schneekoppe GmbH & Co. KG 926
SCHNEIDER Schreibgeräte GmbH 927
Schoeller Süssen GmbH 96, 928
Schönox GmbH 932
Schott AG 932
Schramm Werkstätten GmbH 933
Schüco International KG 935
Schule Schloss Salem 936
Schulte Fleisch- und Wurstwaren GmbH 938
Schulte-Ufer KG 938
Schutzverband Dresdner Stollen e.V. 336
Schwartauer Werke GmbH & Co. KGaA 939
Schweppes Deutschland GmbH 941
Scotts Celaflor GmbH & Co. KG 1008
Scout24 Holding GmbH 945
Seat Deutschland GmbH 945
Sebapharma GmbH & Co KG 946
seca gmbh & co.kg. 947
Sedus Stoll AG 948
Segafredo Zanetti Deutschland GmbH 949
Seibel Designpartner GmbH 733, 835
Seidel GmbH + Co. KG 949
Seidensticker GmbH 950
Selective Beauty GmbH 688
Selters Mineralquelle Augusta Victoria GmbH 951
Semper Idem Underberg AG 1071
Sennheiser electronics GmbH & Co. KG 953
Severin Elektrogeräte GmbH 955
SEW-EURODRIVE GmbH & Co KG 955
Sieger Heizsysteme GmbH 961
SieMatic Möbelwerke GmbH & Co. KG 962
Siemens Aktiengesellschaft 963
Siemens-Electrogeräte GmbH 964
Sieper GmbH 967
Sigikid, H. Scharrer & Koch GmbH & Co. KG 965
Silhouette International Schmied AG 968
Silit-Werke GmbH & Co. KG 969
Simba Toys GmbH & Co. KG 970
Simex Vertrieb GmbH & Co. KG 616, 734
simyo GmbH 970
Sixt AG 973
Škoda Auto Deutschland GmbH 974
SMA Technologie AG 976
Sony BMG Music Entertainment (Germany) GmbH 383
Sony Computer Entertainment Deutschland GmbH 818
Sony Deutschland GmbH 983
Sony Ericsson Mobile Communications International AB 984
Spezi Markengetränkeverband Deutschland e.V. 990
SPIEGEL-Verlag Rudolf Augstein GmbH & Co. KG 298
Spielkartenfabrik Altenburg GmbH 90
SSL Healthcare Deutschland GmbH & Co. KG 346, 929
Staatliche Molkerei Weihenstephan GmbH & Co. KG 1129
Staatliche Porzellan-Manufaktur Meissen GmbH 704
STABIL BAUELEMENTE GmbH 992
STABILO International GmbH & Co. 993
Stabilus GmbH 994
STADA GmbH 474, 634, 727
Stadlbauer Marketing + Vertrieb GmbH 223
STAEDTLER Mars GmbH & Co. KG 995
Starbucks Coffee Deutschland GmbH 996
Steinway & Sons 997
Stiebel Eltron GmbH & Co. KG 998
STIHL Vertriebszentrale AG & Co. KG 1000
stilwerk Center-Management GmbH 1001
Stollwerck GmbH 59, 912
Stratic Lederwaren Jacob Bonifer GmbH 1003
Strenesse AG 1004
Ströer Out-of-Home Media AG 1005
Stuttgarter Nachrichten Verlagsgesellschaft mbH 1006
Stuttgarter Zeitung Verlagsgesellschaft mbH 1007
Südzucker AG 1009
Suhrkamp Verlag GmbH und Co. KG 1009
Sunpoint SP-GmbH & Co. KG 1011
Suzuki International Europe GmbH 1015
Swarovski (Deutschland) GmbH 1015
Swatch AG 1015
Symantec Deutschland GmbH 1018
Sympatex Technologies GmbH 1018

T

T. H. Deutschland GmbH 1057
Tabbert Caravan GmbH 1020, 1021
Tapetenfabrik Gebr. Rasch GmbH & Co. KG 855
Tchibo GmbH 438, 1025
Techniker Krankenkasse 1026
TECNOLUMEN GmbH & Co. KG 1028
Teekanne GmbH & Co. KG 1029, 1030
teNeues Verlag GmbH & Co. KG 1032
Terraplan 1035
tesa AG 1035
Tetra GmbH 1038
Tetra Pak GmbH & Co KG 1037

Teutonia Kinderwagenfabrik GmbH 1039
The Boston Consulting Group GmbH 183, 1040
The Timberland World Trading GmbH 1047
The Walt Disney Company (Germany) GmbH 1120
Theodor Kattus GmbH 589
Thomas Wagner GmbH 1051
Thonet GmbH 1045
ThyssenKrupp AG 1046
ThyssenKrupp Bilstein Suspension GmbH 150
ThyssenKrupp Nirosta GmbH 754
Timex + TX Deutschland/Österreich 1048
Timkid GmbH 1049
TNT Express GmbH 1052
Togal-Werk München 1054
Tom Tailor GmbH 1056
Töpfer GmbH 1057
Toshiba Europe GmbH 1059
TOTAL Deutschland GmbH 1059
TouchLife-Schule Leder & von Kalckreuth 1060
Toyota Deutschland GmbH 652, 1061
Toys'R'Us GmbH Zentraleuropa 1061
Trevira GmbH 1062
Trigema GmbH & Co. KG 1062
Tristyle Mode GmbH & Co. KG 366
Triumph International Vertriebsgesellschaft AG 1063
TROIKA demovari GmbH 1064
TUI Aktiengesellschaft 1157
Tumi, Inc. 1065
Tupperware Deutschland GmbH 1066

U

UFA Film & TV Produktion GmbH 1068
UHU GmbH & Co. KG 1068
Ulla Popken Junge Mode ab Größe 42 GmbH 1069
ültje GmbH 1070
Unilever Deutschland Foods GmbH 147
Unilever Deutschland GmbH 101, 131, 141, 263, 322, 338, 610, 640, 641, 660, 733, 850, 870, 1010, 1073
Unilever Deutschland Holding GmbH 325
Unilux AG 1075
Universal Music Entertainment GmbH 1076
UPS Deutschland Inc. & Co OHG 1076
USM U. Schärer Söhne GmbH 1078
Uvex Winter Holding GmbH und Co. KG 1078

V

Vaillant GmbH 1080
Valensina GmbH 1082
van Laack GmbH 1082
VARTA AG 1085
VARTA Consumer Batteries GmbH & Co. KGaA 866, 1085
Vaude Sport GmbH & Co. KG 1085
Veloflex Carsten Thormählen GmbH & Co. KG 1086
VELUX Deutschland GmbH 1088
Verband der Automobilindustrie e.V. (VDA) 550
Verlagsgruppe Handelsblatt GmbH 494
Verpoorten GmbH & Co. KG 1090
Versandhaus Walz GmbH 106
VF Germany Textil-Handels GmbH 1158
Victoria Krankenversicherung AG 1091
Victoria Lebensversicherung AG 1091
Victoria Versicherung AG 1091
Victorinox AG 1093
Viebrockhaus AG 1094
Viessmann Werke GmbH & Co KG 1095
Vileda GmbH 1096
Villeroy & Boch AG 1097
Visa Europe Ltd. 1097
Vitakraft-Werke Wührmann & Sohn GmbH & Co. KG mit Sitz in Bremen 1099
Vitamalz GmbH & Co. KG 1099
Vitra AG 1101
Vivanco Gruppe AG 105
Vivil A. Müller GmbH & Co. KG 1102
Vobis AG 1104
Vodafone D2 GmbH 1104
Voelkel GmbH 1105
Voith AG 1106
Volksfürsorge 1109
Volkswagen AG 1110
Volvo Car Germany GmbH 1113
Vorwerk & Co. KG 1113
VOX Film- und Fernseh- GmbH & Co. KG 1114
VRANKEN-POMMERY MONOPOLE 828

W

W. I. S. Holding GmbH & Co. KG 1118
Wagner Tiefkühlprodukte GmbH 778
WALA Heilmittel GmbH 330, 1118
Walter Knoll AG & Co. KG 1121
Walter Rau Lebensmittelwerke GmbH & Co. KG 289
Walter Rau Speickwerk GmbH & Co. KG 989
WANKEL AG 1122
Warsteiner Brauerei Haus Cramer KG 1123
Webasto AG 1128
Weingut Robert Weil KG 882
Weleda AG 1132
Wella AG 1134
Werner & Mertz GmbH 372, 429
Westdeutsche Allgemeine Zeitungsverlagsgesellschaft E. Brost & J. Funke GmbH & Co. KG 1125

WestLB AG 1138
Whitehall-Much GmbH 110, 215, 229, 984, 1100
Wiking Modellbau GmbH & Co. KG 1140
Wilhelm Altendorf GmbH & Co. KG 62
Wilhelm Kinkartz GmbH & Co. KG 598
Wilhelm Schröder GmbH & Co. KG 1140
Wilkening & Hahne GmbH & Co. KG 1141
Wilkinson Sword GmbH 1144
William Prym GmbH & Co. KG 843
Willy Bogner GmbH & Co. KGaA 168
WILO AG 1144
Wilvorst - Herrenmoden GmbH 1145
Wincor Nixdorf AG 1146
Windsor GmbH 1147
WINI Büromöbel G. Schmidt GmbH & Co. KG 1148
WK Wohnen GmbH & Co Möbel Marketing KG 1149
WMF AG 1150
WO & WO Sonnenlichtdesign GmbH & Co. KG 1152
WOLF-Garten GmbH & Co. KG 1152
Wolford AG 1154
Wrigley GmbH 1159
WSI Education GmbH 1120
Wunschkeks.de 1159
Würth-Gruppe 1160
Wüstenrot Bausparkasse AG 1161
WWF Deutschland 1162

X

Xella International GmbH 403, 512, 1164, 1168
XING AG 1165

Y

Yakult Deutschland GmbH 1166
Yamaha Motor Deutschland GmbH 1167
Yello Strom GmbH 1167
YUM! International Ltd. & Co. KG 816
Yves Rocher 1169
YXLON International X-Ray GmbH 1170

Z

Zack GmbH 1171
ZARGES GmbH 1171
Zeiler Möbelwerk GmbH & Co. KG 53
Zeitverlag Gerd Bucerius GmbH & Co. KG 315
Zentis GmbH & Co. KG 1174
ZEPPELIN GmbH 1175
Zeyko Möbelwerk GmbH & Co. KG 1177
ZGS Schülerhilfe GmbH 937
ZIMBO GmbH und Co. KG 1178
Zimmer + Rohde GmbH 1178
Zippo GmbH 1179
Zurich Gruppe Deutschland 1180
Zweites Deutsches Fernsehen Anstalt des öffentlichen Rechts 1172
Zwiesel Kristallglas AG 933
ZWILLING J. A. HENCKELS AG 1180

ABKÜRZUNGSVERZEICHNIS

Abkürzung	Bedeutung
AG	Aktiengesellschaft
Anm.	Anmerkung
belg.	belgisch
brasil.	brasilianisch
BRD	Bundesrepublik Deutschland
brit.	britisch
bzw.	beziehungsweise
CEO	Chief Executive Officer
chin.	chinesisch
cm	Zentimeter
d. h.	das heißt
dän.	dänisch
DDR	(ehemalige) Deutsche Demokratische Republik
DKK	Danske kroner (Dänische Krone), Währung von Dänemark
DLG	Deutsche Landwirtschafts-Gesellschaft e. V.
DM	Deutsche Mark
DPMA	Deutsches Patent- und Markenamt
dt.	deutsch
ebd.	ebenda
engl.	englisch
EU	Europäische Union
ev.	evangelisch
exkl.	exklusiv
f./ff.	folgende
finn.	finnisch
franz.	französisch
GBP	Great Britain Pound, Währung von Großbritannien
gest.	gestützt
GfK	Gesellschaft für Konsumforschung
ggf.	gegebenenfalls
griech.	griechisch
HABM	Harmonisierungsamt für den Binnenmarkt
Hg.	Herausgeber
hist.	historisch
hl	Hektoliter
IfD	Institut für Demoskopie Allensbach
inkl.	inklusive
innerdt.	innerdeutsch
internat.	international
ital.	italienisch
jap.	japanisch
Jh.	Jahrhundert
jun.	junior
kath.	katholisch
Kfz	Kraftfahrzeug
KG	Kommanditgesellschaft
km	Kilometer
l	Liter
lat.	lateinisch
Lkw	Lastkraftwagen
lt.	laut
m	Meter
Mio.	Million(en)
Mrd.	Milliarden
multinat.	multinational
n. Chr.	nach Christi Geburt
Nachdr.	Nachdruck
nat.	national
niederl.	niederländisch
norw.	norwegisch
Nr.	Nummer
OHG	Offene Handelsgesellschaft
Pkw	Personenkraftwagen
POS	Point of Sale
Prof.	Professor
röm.	römisch
russ.	russisch
S.	Seite
schwed.	schwedisch
schwz.	schweizerisch
sen.	senior
sog.	sogenannt
span.	spanisch
stellv.	stellvertretend
Str.	Straße
t	Tonnen
Tsd.	Tausend
u. a.	unter anderem
u. Ä.	und Ähnliches
ungest.	ungestützt
US / USA	United States (of America)
USD	US-Dollar, Währung der USA
usw.	und so weiter
v. Chr.	vor Christi Geburt
WIPO	World Intellectual Property Organization
z. B.	zum Beispiel
z. T.	zum Teil
z. Z.	zur Zeit
zzt.	zurzeit

Der Verlag, der Herausgeber und die gesamte Redaktion bedanken sich an dieser Stelle für die Unterstützung der Presse- & Marketingabteilungen der Unternehmen für die intensive und gute Zusammenarbeit, aber auch für die Geduld bei den z.T. aufwendigen Recherche- und Abstimmungsprozessen. Viele Unternehmen haben für dieses Buch viel Zeit in ihren Archiven verbracht und Informationen z.B. über ihre Gründungszeit und historische Aufnahmen zur Verfügung gestellt. Ohne das Engagement der jeweiligen Ansprechpartner wäre die Realisierung des Deutschen Markenlexikons in dieser Form nicht möglich gewesen.
Ganz besonderer Dank gebührt Volker Krug, Head of Corporate Brand Management bei Henkel, der das Markenlexikon bereits seit den ersten Planungen mit großem Interesse begleitet und uns bei unserem Vorhaben sehr unterstützt und ermutigt hat.
Weiterhin danken wir der Bibliographischer Institut & F. A. Brockhaus AG (BIFAB) für die tatkräftige Unterstützung in vielen Bereichen. Vorstandsmitglied Marion Winkenbach und Dr. Herbert Wolfsteller danken wir für die Vermittlung zu den richtigen Ansprechpartnern, Gudrun Vogel für den mehr als hilfreichen Einblick in die redaktionelle Arbeit. Dr. Matthias Schütze und dem gesamten Team der A-Z Satztechnik GmbH gilt unser ganz besonderer Dank, da sie dieses Projekt über ein Jahr hinweg mit viel Engagement und Sachverstand, mit der perfekten Programmierung und gezielten Ratschlägen, aber auch mit Geduld und Humor unterstützt und begleitet haben.
Vielen Dank an Karsten Kilian vom markenlexikon.com, der uns vor allem in der Konzeptphase dieses Werkes viel Theorie und Wissen rund um das Thema Marke zuteil werden ließ.
Wir danken Roland Große Holtforth und Mathias Voigt vom Literaturtest in Berlin für ihre sehr gute Arbeit und ihre „Feuerwehrmentalität".
Das Gleiche gilt für Klaus Malek und für die Druckerei Appl in Wemding, die die Herstellung dieses Buches in kürzester Zeit, aber dafür mit dem besten Ergebnis realisiert haben.
Last but not least bedanken wir uns ausdrücklich bei unseren vielen freien Mitarbeitern, die uns mit überdurchschnittlichem Engagement und Freude redaktionell, mit sehr guten Texten und Recherchen unterstützt und zum Gelingen dieses Werkes erheblich beigetragen haben.

Die Deutsche Bibliothek – CIP-Einheitsaufnahme

Deutsches Markenlexikon /
Dr. Florian Langenscheidt (Hg.)
[Bearb. von Steffen Heemann, Isa Hetzer, Olaf Salié und Cläre Stauffer]
Köln : Deutsche Standards EDITIONEN, 2007

ISBN: 978-3-8349-0629-8
1. Auflage

Redaktionsleitung: Olaf Salié
Projektleitung: Steffen Heemann und Cläre Stauffer
Endlektorat: Julian von Heyl, Henning Röhr
Gestaltung: Stefan Laubenthal
Satz: A-Z Satztechnik GmbH, Mannheim
Herstellung: Firmengruppe APPL, Aprinta Druck, Wemding
Vertrieb: Gabler Verlag, Wiesbaden
Gedruckt auf LuxoArt Silk, holzfrei, weiß, matt gestrichen 90 g/qm.